Memento Pratico

FISCALE

2023
MARZO

Aggiornato al 23 febbraio 2023

MEMENTO
GIUFFRÈ FRANCIS LEFEBVRE

L'opera è stata ideata e realizzata dalla

Redazione Fiscale Memento

Giuffrè Francis Lefebvre

Direttore responsabile
Antonella Sciara

Autorizzazione del Tribunale di Milano n. 638 del 12 novembre 2001

Fotocomposizione a cura di GFL Prepress

Finito di stampare nel mese di marzo 2023
dalla L.E.G.O. S.p.a.

Presentazione

5

Il Memento è lo strumento che consente, nel modo più concreto e chiaro possibile, di trovare soluzioni pratiche ai problemi che sorgono relativamente alla disciplina fiscale.
Ha un duplice obiettivo:
– permettere all'utilizzatore di avere a disposizione **informazioni aggiornate**, elaborate sintetizzando tutti i dati vigenti (legislazione, prassi amministrativa, giurisprudenza);
– fornire all'utilizzatore i mezzi per **rispondere rapidamente** alle domande che si può porre relativamente alle diverse imposte e tasse: soggetti d'imposta ed esclusioni, base imponibile, modalità di pagamento, aliquote, accertamento, ricorsi.
La trattazione è suddivisa in **5 parti**:
– prima parte: imposte sui redditi;
– seconda parte: IRAP;
– terza parte: IVA;
– quarta parte: altre imposte;
– quinta parte: disposizioni comuni.
Ogni parte è strutturata in diversi capitoli, ciascuno dei quali è preceduto da un **sommario analitico**.
La trattazione delle **sanzioni** è concentrata in un capitolo dedicato delle disposizioni comuni, salvo eccezioni evidenziate nell'indice.
Il Memento, inoltre, è corredato da un'**appendice** contenente informazioni relative a: aliquote delle addizionali regionali, definizione di piccola e media impresa, Stati collaborativi e paradisi fiscali, definizioni agevolate temporanee introdotte con la legge di bilancio 2023.
Completano il Memento una **tavola di principali tributi** trattati e un esauriente **indice analitico**, strutturato facendo riferimento a casi concreti, permettendo così un rapido accesso all'argomento che si vuole affrontare.
Per facilitare la ricerca il Memento è suddiviso in **paragrafi numerati a margine**, ai quali vengono effettuati tutti i rinvii, sia quelli da una parte all'altra del testo (evitando ripetizioni inutili), sia quelli dall'indice analitico. La numerazione è **discontinua**.
La **versione on line** è continuamente aggiornata non appena si presentano nuovi provvedimenti normativi o di prassi, oltre che con la giurisprudenza e la dottrina più autorevole.
Il volume cartaceo è **pubblicato 2 volte l'anno**, a marzo e a settembre.

N.B. L'opera è aggiornata con le novità della **Legge di Bilancio 2023** (L. 197/2022), del DL **Aiuti quater** (DL 176/2022 conv. in L 6/2023), del DL **Milleproroghe** (DL 198/2022) e DL **Trasparenza** (DL 5/2023) nonché del DL 11/2023, gli ultimi 3 in corso di conversione in legge.

Piano dell'opera

Principali novità

Nella tavola seguente si riportano le principali novità fiscali contenute nel MEMENTO PRATICO 10
FISCALE, con accanto il riferimento al relativo numero di paragrafo e la relativa fonte normativa, amministrativa o giurisprudenziale.

MF nº	Argomento	Provvedimento
	IRPEF: regole generali	
1510	Detrazione per l'acquisto di abitazioni «green» da imprese costruttrici e fondi immobiliari	art. 1 c. 76 L. 197/2022
1615	Prorogata la detrazione per eliminazione barriere architettoniche	art. 1 c. 365 L. 197/2022
1641 e s.	Bonus mobili: modificato il limite massimo	art. 1 c. 277 L. 197/2022
1700 e s.	Superbonus 110%: modifiche alla disciplina con riduzione dell'aliquota al 90%	art. 1 c. 894 L. 197/2022
1725	Blocco degli sconti in fattura e delle cessioni dei crediti derivanti dai bonus edilizi	art. 2 DL 11/2023
1739	Correzione errori nella comunicazione delle opzioni per i bonus edilizi e remissione in bonis	Circ. AE 6 ottobre 2022 n. 33/E
2420	Credito di imposta per sistemi di accumulo integrati: disposizioni di attuazione	Provv. AE 11 ottobre 2022 n. 382045
2425	Credito di imposta per attività sportiva dei disabili: disposizioni di attuazione	Provv. AE 11 ottobre 2022 n. 382131
	IRPEF: impresa	
5100	Possibilità di applicare un'imposta sostitutiva del 15% sulla quota di reddito determinato analiticamente (non in forfettario) nel 2023 in eccedenza rispetto al più elevato tra quelli del triennio precedente	art. 1 c. 55-57 L. 197/2022
5340	Soglie regime semplificato per le imprese di minori dimensioni	art. 1 c. 54 L. 197/2022
5650	Fuoriuscita immediata dal regime forfettario in caso di superamento del limite di € 100.000 di ricavi	art. 1 c. 54 L. 197/2022
	IRPEF: fondiari	
7145	Estesa al 2023 l'esclusione dalla base imponibile IRPEF e relative addizionali dei redditi dominicali e agrari dei terreni dichiarati dai coltivatori diretti e IAP iscritti nella previdenza agricola	art. 1 c. 80 L. 197/2022
	IRPEF: lavoro dipendente	
8180	Aumento franchigia esente fringe benefit per il 2022	art. 12 DL 115/2022 conv. in L. 142/2022, Circ. AE 4 novembre 2022 n. 35/E
8183	Buoni carburante esenti fino a € 200 nel 2022 e € 200 nel 2023	art. 2 DL 21/2022 conv. in L. 51/2022, art. 1 c. 1 DL 5/2023,
8523	Mance al personale di alberghi e ristoranti soggette al 5%	art. 1 c. 58 L. 197/2022
8940 e s.	Premi di risultato: ridotta al 5% l'imposta sostitutiva	art. 1 c. 63 L. 197/2022
	IRPEF: lavoro autonomo	
10020	Possibilità di applicare un'imposta sostitutiva del 15% sulla quota di reddito determinato analiticamente (non in forfettario) nel 2023 in eccedenza rispetto al più elevato tra quelli del triennio precedente	art. 1 c. 55-57 L. 197/2022
10030	Innalzato da 65mila a 85mila euro il limite di compensi per accedere e permanere nel regime forfetario	art. 1 c. 58 L. 197/2022
10030	Fuoriuscita immediata dal regime forfettario in caso di superamento del limite di € 100.000 di ricavi	art. 1 c. 54 L. 197/2022

MF nº	Argomento	Provvedimento
	IRPEF: finanziari	
11166	Rivalutazione partecipazioni anche negoziate in mercati regolamentati	art. 1 c. 107 e s. L. 197/2022
11570	Tassazione delle cripto-attività	art. 1 c. 126 e s. L. 197/2022
	Redditi diversi	
13130	Riapertura rivalutazione terreni edificabili	art. 1 c. 108 L. 197/2022
	IRPEF: non residenti	
17100	Eliminata l'esenzione per le plusvalenze su partecipazioni non qualificate (non quotate) in società italiane, se il loro valore deriva in parte preponderante da immobili situati in Italia	art. 1 c. 97 e 98 L. 197/2022
17102	Prevista la tassazione in Italia delle plusvalenze su partecipazioni in società non residenti, se il loro valore deriva in parte preponderante da immobili situati in Italia	art. 1 c. 96 e 98 L 197/2022
	IRES: società di capitali	
21330 e s.	Assegnazione agevolata ai soci di beni immobili e mobili iscritti in pubblici registri diversi da quelli strumentali	art. 1 c. 100-105 L. 197/2022
21506	Correzione errori contabili relativi alla competenza: procedura semplificata limitata ai soggetti che sottopongono il proprio bilancio a revisione legale dei conti	art. 1 c. 273 e s. L. 197/2022
21960	Affrancamento degli utili e delle riserve di utili risultanti dal bilancio 2021 delle partecipate estere	art. 1 c. 87-95 L. 197/2022
22727	Bonus al consulente	Cass. 7 ottobre 2022 n. 29342
22770	Limiti alla deduzione dei costi sostenuti in Paesi non cooperativi	art. 1 c. 84 L. 197/2022
23600	Sospensione ammortamenti anche nel 2023	art. 3 c. 8 DL 198/2022
23645	Esercenti attività del commercio di beni al dettaglio con ammortamento 6% del costo dei fabbricati strumentali	art. 1 c. 65 e s. L. 197/2022
23948	Ammortamento diritti di concessione	Risp. AE 19 gennaio 2023 n. 92
	IRES: società di comodo	
35300	Trasformazione agevolata in società semplice	art. 1 c. 100 - 105 L. 197/2022
	Principali agevolazioni	
38002	Credito d'imposta investimenti in beni strumentali: proroga della consegna per i beni materiali 4.0 prenotati nel 2022	art. 1 c. 423 L. 197/2022
38019	Credito d'imposta investimenti immateriali: aumentata l'aliquota	art. 21 DL 50/2022 conv. in L. 91/2022
38260 e s.	Credito d'imposta per investimenti in aree svantaggiate: proroga al 31 dicembre 2023	art. 1 c. 265 L. 197/2022
38296 e s.	Sanatoria credito d'imposta R&S: prorogato al 30 novembre 2023 il termine per accedere alla procedura	art. 1 c. 271 L. 197/2022
	IVA	
46765	Nuovi prodotti ad aliquota ridotta (prodotti per infanzia e per igiene intima femminile, pellet)	art. 1 c. 72, 73 L. 197/2022
46765	IVA 5% per il gas per combustione, servizio energia e teleriscaldamento	art. 1 c. 13 e 14 L. 197/2022
48120	Strumentalità degli immobili	Cass. 28 aprile 2022 n. 13259
52035	Controlli rafforzati per contrastare partite IVA apri e chiudi	art. 1 c. 148 L. 197/2022
52940	Proroga al 31 dicembre 2026 del reverse charge per prodotti elettronici, gas ed energia	art. 22 DL 73/2022 conv. in L. 122/2022
53859	Credito d'imposta per adeguamento strumenti per trasmissione dei corrispettivi	art. 8 DL 176/2022

MF nº	Argomento	Provvedimento
56300	Comunicazione dati per vendite tramite interfacce elettroniche	art. 1 c. 151 L. 197/2022
60705	Agevolazione prima casa: sospensione termine trasferimento residenza	art. 3 DL 198/2022
60725	Agevolazione prima casa: sospensione termine vendita immobile preposseduto	art. 3 DL 198/2022
60730	Proroga al 2023 agevolazione prima casa under 36	art. 1 c. 74 L. 197/2022
64510	Chiarimenti sui vincoli per l'adesione al Gruppo IVA	Risp. AE 26 ottobre 2022 n. 528 Risp. AE 24 gennaio 2023 n. 148
65125	Scade l'esenzione per gli acquisti IC di vaccini e strumenti diagnostici per l'emergenza Covid-19	Circ. AD 14 febbraio 2023 n. 5/D
65198	Fatturazione trasferimento a sé stesso intra UE	Risp. AE Telefisco 26 gennaio 2023
65525 e s.	Aggiornamento della guida alla compilazione delle fatture elettroniche e dell'esterometro	Guida AE alla compilazione FE ed esterometro vers. 1.8
66020	Scade l'esenzione per le importazioni di vaccini e strumenti diagnostici per l'emergenza Covid-19	Circ. AD 14 febbraio 2023 n. 5/D
67016	Splafonamento postumo di esportatore abituale	Cass. 19 ottobre 2022 n. 30800
67230	Forniture alle navi tramite intermediari	Risp. AE 22 novembre 2022 n. 568
67240	Chiarimenti sul regime del call-off stock	Risp. AE 25 novembre 2022 n. 574, Risp. AE 17 gennaio 2023 n. 49
	Imposte di registro, ipotecaria e catastale	
71240	Registrazione telematica dei contratti di comodato	
71566	Estensione agevolazione acquisto terreni agricoli per soggetti non ancora IAP	art. 1 c. 110 L. 197/2022
71568	Estensione agevolazione acquisto terreni montani	art. 1 c. 111 L. 197/2022
	Imposte sugli immobili:IMU	
74550	Prevista l'esenzione IMU per i fabbricati non utilizzabili né disponibili in quanto oggetto di occupazione abusiva	art. 1 c. 81 L. 197/2022
74938	Posticipato al 30 giugno 2023 il termine di presentazione della dichiarazione IMU per il 2021	art. 3 c. 1 DL 198/2022
	Imposte patrimoniali mobiliari	
77022	IVAFE: dal 2023 sono tassate le criptoattività	art. 1 c. 146 L. 197/2022
	Sanzioni	
87320	Ravvedimento speciale agevolato	art. 1 c. 174 L. 197/2022
	Contenzioso	
87600	Definizione liti pendenti	art. 1 c. 153 e s. L. 197/2022
87857	Conciliazione speciale agevolata	art. 1 c. 206 L. 197/2022
	Strumenti contro le doppie imposizioni internazionali	
95144	Credito d'imposta per dividendi soggetti a ritenuta alla fonte	Cass. 1° settembre 2022 n. 25698
	Appendice	
99000	Nuove aliquote delle addizionali regionali	Leggi regionali diverse
99300	Definizioni agevolate varie	art. 1 c. 153 e s. L. 197/2022, Provv. AE 30 gennaio 2023 n. 27629, Provv. AE 1° febbraio 2023 n. 30294, Circ. AE 13 gennaio 2023 n. 1, Circ. AE 27 gennaio 2023 n. 2

Principali abbreviazioni

AD/ADM	Agenzia delle Dogane e dei Monopoli
Adc	Associazione dottori commercialisti
AdR	Agente della Riscossione
AE	Agenzia delle Entrate
AF	Amministrazione Finanziaria
AGO	Autorità Giudiziaria Ordinaria
Aidc	Associazione italiana dottori commercialisti
AIRE	Anagrafe degli italiani residenti all'estero
App.	Corte d'appello
Assonime	Associazione fra le società italiane per azioni
AT	Agenzia del Territorio (ora Agenzia delle Entrate)
B2B/B2C	Business to business/Business to consumer
CAF	Centri di assistenza fiscale
Cass.	Cassazione civile
Cass. pen.	Cassazione penale
Cass. SU	Cassazione sezioni unite
CCGG	Tassa sulle concessioni governative
CCIAA	Camera di commercio
C.Cost.	Corte costituzionale
CFC	Controlled foreign companies
C.Giust. UE	Corte di Giustizia UE
CGT 1°/2°	Corte di Giustizia Tributaria di primo grado/di secondo grado
CICR	Commissione interministeriale credito e risparmio
CIPE	Comitato interministeriale per la programmazione economica
Circ. AD/AE/AT/Min.	Circolare Agenzia Dogane/Entrate/Territorio/Ministero
CNDCEC	Consiglio nazionale dottori commercialisti ed esperti contabili
Conv. int.	Convenzioni internazionali
Cpgt	Consiglio di presidenza della giustizia tributaria
CTC/P/R	Commissione tributaria centrale/provinciale/regionale
DD	Decreto direttoriale
DDT/DdT/ddt	Documento di trasporto
Dir. UE	Direttiva UE
Disp. att.	Disposizione di attuazione
DM	Decreto ministeriale
DPCM	Decreto presidente del consiglio dei ministri
DPR	Decreto presidente repubblica
DRE	Direzione regionale delle entrate
FASI	Fondo assistenza sanitaria integrativa
GdF	Guardia di Finanza
GEIE	Gruppo europeo di interesse economico
GU	Gazzetta ufficiale della repubblica italiana
IAS/IFRS	Principi contabili internazionali
IC	Intracomunitari/a/e
IFEL	Istituto per la finanza e l'economia locale
Interr. parl.	Interrogazione parlamentare
II.RR.	Imposte sui redditi
IP	Intellectual property (beni immateriali)
IRDCEC	Istituto di ricerca dottori commercialisti ed esperti contabili
L. Fall.	Legge fallimentare
LIPE	Comunicazione delle liquidazioni periodiche
MAR/MC/MCT/MIVA/ML/MS/MIFRS	Memento Accertamento e riscossione/Contabile/Contenzioso/IVA/Lavoro/Società commerciali/Principi Contabili Internazionali
MIBAC	Ministero per i beni e le attività culturali
Mise	Ministero dello sviluppo economico
OICR	Organismi di investimento collettivo del risparmio
OICVM	Organismi di investimento mobiliare
OPCM	Ordinanza del presidente del consiglio dei ministri
PA	Pubblica amministrazione
Princ. dir.	Principio di diritto
Princ. OIC	Principi contabili nazionali dell'Organismo Italiano di Contabilità
RD	Regio decreto
Rel. Min.	Relazione ministeriale
RF	Ricevuta fiscale
Ris. AD/AE/AT/Min.	Risoluzione Agenzia Dogane/Entrate/Territorio/Ministero
Risc.	Riscossione
Risp. AE	Risposta Agenzia Entrate
SECIT	Servizio centrale degli ispettori tributari
SF	Scontrino fiscale
SGR	Società di gestione del risparmio
S.O.	Stabile organizzazione
Succ.	Successioni
TAR	Tribunale amministrativo regionale
TFR	Trattamento di fine rapporto
Trib.	Tribunale
TU	Testo unico
TUIR	Testo unico delle imposte sui redditi
U.i.	Unità immobiliare
UTF (UTIF)	Ufficio tecnico di finanza

PARTE I

IMPOSTE SUI REDDITI

Sono le imposte direttamente commisurate alla capacità contributiva del soggetto, in quanto si 20
calcolano sul reddito.
Le principali imposte sui redditi sono l'imposta sul reddito delle persone fisiche (**IRPEF**) e l'imposta sul reddito delle società (**IRES**). A queste si aggiungono le imposte **sostitutive** che sono applicabili sia ai soggetti IRPEF (in relazione ad alcune forme di reddito) che ai soggetti IRES.

Nella presente parte vengono trattate le imposte sui redditi applicabili, rispettivamente, alle 25
persone fisiche e alle **società** ed **enti commerciali**; per quanto riguarda le imposte applicabili agli enti non commerciali, viste le peculiarità che le caratterizzano, si rinvia alla trattazione unitaria - imposte sui redditi e IVA - effettuata al n. 97000 e s.
Le **imposte sostitutive**:
– quando riguardano singole categorie di reddito dei **soggetti IRPEF** vengono analizzate, in linea di massima, nel capitolo riguardante il singolo reddito, altrimenti vengono trattate nel capitolo seguente, relativo alle regole generali IRPEF (v. n. 3530 e s.);
– quando riguardano un **soggetto IRES** (es. imprese cooperative), sono trattate nel capitolo dedicato alle società ed enti commerciali.

TITOLO I

Persone fisiche

Il presente titolo è interamente dedicato alla trattazione dell'IRPEF che colpisce i redditi delle 30
persone fisiche. Dopo un'esposizione dei principi generali dell'imposta - soggetti passivi, base imponibile, criteri di determinazione, regimi speciali - sono illustrati i criteri di determinazione delle diverse categorie di reddito che concorrono alla formazione del reddito complessivo dei **soggetti residenti**:

- redditi di impresa;
- redditi fondiari;
- redditi di lavoro dipendente;
- redditi di lavoro autonomo;
- redditi finanziari;
- redditi diversi.

Al termine della trattazione delle diverse categorie di reddito si espongono, separatamente, le disposizioni relative alla presentazione della **dichiarazione dei redditi** e quelle relative alla tassazione dei redditi prodotti in Italia da **soggetti non residenti**.

CAPITOLO 1

Regole generali IRPEF

SOMMARIO

L'imposta sul reddito delle persone fisiche (IRPEF) presenta le seguenti caratteristiche principali: **100**
1) presupposto è il possesso di redditi in denaro o in natura (come verrà evidenziato nella trattazione di ciascuna categoria di reddito);
2) colpisce le persone fisiche residenti in Italia, per i redditi derivanti da tutte le loro attività, e quelle non residenti in Italia, per i redditi qui prodotti;
3) nella determinazione dell'imposta si tiene conto della situazione personale e familiare del contribuente, mediante la previsione di detrazioni in rapporto ai familiari a carico del contribuente o all'attività esercitata e mediante la deducibilità o la detraibilità di alcuni costi sostenuti dal contribuente e/o dal familiare;
4) è l'unica imposta sul reddito progressiva; ciò comporta che aumenta più che proporzionalmente rispetto all'incremento del reddito, secondo i principi costituzionali della capacità contributiva e della progressività (art. 53 Cost.);
5) è dovuta per ciascun anno solare e, in generale, il pagamento avviene mediante autoliquidazione da parte del contribuente, sulla base di una apposita dichiarazione, anch'essa annuale.

Le caratteristiche suddette si riferiscono principalmente al regime ordinario, ossia quello applicato normalmente nella determinazione dell'imposta dovuta. In determinate situazioni particolari, tuttavia, sono previsti dei regimi speciali alternativi che prevedono l'applicazione di imposte proporzionali, determinate in misura fissa (imposte sostitutive o forfettarie) o calcolando l'aliquota media relativa al reddito prodotto nel biennio precedente (tassazione separata). **110**
Di seguito, sono illustrate le regole generali relative al **regime ordinario**, con particolare riferimento ai soggetti passivi, alle modalità di determinazione del reddito imponibile e al calcolo dell'imposta.
I **regimi speciali** sono illustrati al n. 3310 e s.

SEZIONE 1

Soggetti passivi

200 L'IRPEF colpisce tutte le persone fisiche, indipendentemente dalla cittadinanza, dall'età, dal sesso e dallo stato civile.
I redditi da tassare variano a seconda che le persone siano residenti o meno in Italia. Inoltre, anche l'esistenza di vincoli familiari o la presenza di alcune situazioni particolari (decesso, fallimento, usufrutto, ecc.), possono determinare l'imputazione dei redditi a soggetti diversi da coloro che li hanno prodotti.

I. Residenza fiscale

201 La residenza è fondamentale ai fini dell'individuazione dei redditi da assoggettare a IRPEF, mentre è irrilevante la cittadinanza:
– le persone **residenti** in Italia sono tassate sull'insieme dei loro redditi, compresi quelli loro imputabili in seguito a partecipazione in società, indipendentemente da dove questi siano prodotti;
– le persone **non residenti**, invece, sono imponibili solo per i redditi prodotti nel territorio dello Stato. Per le questioni relative si rimanda alla specifica trattazione effettuata al n. 17004 e s.
Eccezioni a tali regole sono costituite dalle «norme interne» per **evitare le doppie imposizioni** e dalle disposizioni delle **Convenzioni Internazionali** contro le doppie imposizioni (v. n. 95000 e s.).
La nozione di residenza fiscale non coincide completamente con quella di **domicilio fiscale** (rilevante al fine di stabilire la competenza territoriale degli uffici finanziari).

205 **DEFINIZIONE** La residenza fiscale è generalmente determinata in base alla presenza o assenza di determinati requisiti di fatto; è tuttavia prevista anche una presunzione di residenza per i soggetti italiani **emigrati nei c.d. paradisi fiscali**.
Regimi particolari basati su imposte sostitutive applicabili ai redditi esteri riguardano i **neo residenti facoltosi** e i **pensionati esteri** che si trasferiscono nel Sud Italia.

210 **Regola generale** (art. 2 c. 2 DPR 917/86) Si considerano residenti in Italia le persone fisiche che, per la **maggior parte dell'anno solare** (v. n. 215), abbiano **uno** dei seguenti requisiti, il primo formale e gli altri di fatto:
a) risultano **iscritte nelle anagrafi** della popolazione residente in Italia, anche se hanno soggiornato per gran parte del periodo d'imposta all'estero;
b) non sono iscritte nelle anagrafi, ma hanno **in Italia**, alternativamente:
– il **domicilio**, cioè, hanno ivi stabilito la sede principale dei loro affari e interessi, anche morali e sociali (art. 43 c.c.);
– la **residenza**, cioè la loro dimora abituale, ossia il luogo nel quale normalmente si trovano (art. 43 c.c.).

212 Ai fini della determinazione del **luogo di domicilio** occorre che esista la volontà della persona di stabilire in un luogo il centro delle proprie relazioni o interessi familiari, sociali ed economici (Cass. 22 maggio 1963 n. 1342).
Se tali relazioni sono concentrate **in più Stati** - es. interessi familiari localizzati nello Stato X e interessi economici localizzati nello Stato Y - per la giurisprudenza maggioritaria prevalgono i primi (Cass. 21 gennaio 2015 n. 961, Cass. 15 giugno 2010 n. 14434, Cass. 14 aprile 2008 n. 9856, Circ. Min. 2 dicembre 1997 n. 304/E); per la prevalenza degli interessi economici v. Cass. 31 marzo 2015 n. 6501.

> **Precisazioni 1)** L'AE considera fiscalmente residente in Italia un soggetto che, pur avendo trasferito la propria residenza all'estero e svolgendo la propria attività fuori dal territorio nazionale, mantenga il centro dei propri interessi familiari e sociali in Italia sulla base degli indici indicati di seguito.

Ciò avviene, ad esempio, se la famiglia dell'interessato ha mantenuto la dimora in Italia (Circ. AE 26 gennaio 2001 n. 9/E, Ris. AE 7 agosto 2008 n. 351/E).
I principali **indici significativi della residenza fiscale** individuati dall'AE sono (Circ. Min. 2 dicembre 1997 n. 304/E):
• disponibilità di una abitazione permanente;
• presenza della famiglia;
• accreditamento di propri proventi, ovunque conseguiti;
• possesso di beni, anche mobiliari;
• partecipazione a riunioni d'affari;
• titolarità di cariche sociali;
• sostenimento di spese alberghiere o di iscrizione a circoli o clubs;
• organizzazione della propria attività e dei propri impegni, anche internazionali, direttamente o attraverso soggetti operanti nel territorio italiano.
2) Mentre l'**iscrizione all'anagrafe** della popolazione residente (per la maggior parte dell'anno solare) è sufficiente per conferire la residenza fiscale al contribuente, la sua **cancellazione** dall'anagrafe e l'iscrizione nell'Anagrafe degli italiani residenti all'estero (AIRE) non costituisce elemento determinante per escludere il domicilio o la residenza in Italia, in quanto questi ultimi possono essere desunti con ogni mezzo di prova anche in contrasto con le risultanze dei registri anagrafici (Circ. Min. 2 dicembre 1997 n. 304/E, Cass. 15 marzo 2013 n. 6598).

Il requisito della **maggior parte dell'anno solare** è verificato se il periodo di permanenza è di almeno 183 giorni (184 giorni negli anni bisestili), anche **non continuativi**. Non rileva il periodo complessivo, superiore a 183 giorni, se è a cavallo di 2 anni solari e se in ciascun anno è inferiore a 183 giorni (Circ. AE 8 giugno 2004 n. 22/E). **215**
Ai fini del conteggio dei giorni di permanenza (in Italia o all'estero) è necessario adottare il criterio dell'effettiva presenza fisica.

>Precisazioni 1) I **giorni di presenza fisica** di un soggetto che lavora all'estero come dipendente sono calcolati includendo (Circ. Min. 16 novembre 2000 n. 207/E, Circ. Min. 17 agosto 1996 n. 201/E):
• frazioni di giorno, giorno di arrivo e quello di partenza (pertanto i giorni in cui si ha la presenza fisica sia in Italia che all'estero vanno considerati, Risp. AE 13 dicembre 2019 n. 521);
• periodo di ferie, festività, riposi settimanali e altri giorni non lavorativi, indipendentemente dal luogo in cui sono trascorsi;
• congedi per malattia, a meno che la malattia non impedisca alla persona di lasciare il Paese quando avrebbe dovuto;
• giorni trascorsi nel Paese in cui è svolta l'attività per le seguenti ragioni: decesso o malattia di un familiare; interruzione dovuta a scioperi o serrate; interruzione dovuta a ritardi nelle consegne.
2) I cittadini residenti all'estero per **ragioni di servizio** nell'interesse dello Stato o di altri enti pubblici sono considerati residenti solo se mantengono l'iscrizione nelle anagrafi della popolazione residente in Italia oppure hanno in Italia il domicilio per almeno 183/184 giorni.
3) Se, in base alle norme interne di due Stati diversi che prevedono criteri differenti, il soggetto è considerato **residente in ambedue gli Stati**, occorre fare ricorso alle norme specifiche previste nelle **convenzioni internazionali** contro le doppie imposizioni.
4) Il predetto requisito si considera verificato quando la permanenza supera la metà del periodo compreso tra la **nascita** e la fine dell'anno o l'inizio dell'anno e il **decesso**.

Cittadini italiani emigrati in paradisi fiscali (art. 2 c. 2 bis DPR 917/86) Si presumono residenti i cittadini italiani **cancellati dalle anagrafi** della popolazione residente ed emigrati in Stati e territori aventi un regime fiscale privilegiato (v. n. 99110), anche quando l'emigrazione sia avvenuta **transitando** anagraficamente per uno **Stato non ricompreso** fra tali c.d. paradisi fiscali. **220**

Spetta al contribuente - anziché all'AF - provare l'**effettività del trasferimento** e la conseguente perdita di residenza in Italia. **222**
La **dimostrazione** dell'assunzione di un reale e duraturo rapporto con lo Stato di immigrazione e della conseguente insussistenza nel nostro Paese della dimora abituale (residenza) o del complesso dei rapporti afferenti gli affari e gli interessi, allargati, oltre che agli aspetti economici, a quelli familiari, sociali e morali (domicilio), può essere data con qualsiasi mezzo di prova di natura documentale o dimostrativa.
Le **prove** vanno considerate e valutate globalmente.

Fra i **principali aspetti** utili per dimostrare l'effettività del trasferimento all'estero figurano la sussistenza della dimora abituale all'estero, effettiva frequenza dei figli presso istituti scolastici del Paese estero, rapporto lavorativo a carattere continuativo stipulato nello stesso Paese estero, acquisto o locazione di residenze, fatture di erogazione di gas, luce, telefono, ecc. (Circ. Min. 24 giugno 1999 n. 140/E, Cass. 4 settembre 2013 n. 20285).

224 **Neoresidenti facoltosi: imposta sostitutiva su redditi esteri** (art. 24 bis DPR 917/86, Provv. AE 8 marzo 2017 n. 47060, Circ. AE 23 maggio 2017 n. 17/E) I soggetti neo residenti, che non siano mai stati residenti in Italia e quelli che sono non residenti da almeno 9 anni, possono **optare**, per i redditi prodotti all'estero (anche se riscossi tramite conti esteri presso intermediari italiani, Ris. AE 18 febbraio 2021 n. 12/E), per l'applicazione di un'imposta sostitutiva di **€ 100.000** per ciascun periodo di imposta.

L'opzione viene esercitata nella **dichiarazione dei redditi** (quadro NR) oppure presentando un **interpello all'AE** (v. n. 80075); in attesa della risposta dell'AE l'opzione va ribadita nella dichiarazione dei redditi.

In tutti i casi, con l'opzione è possibile scegliere i **Paesi** di origine dei redditi esteri assoggettati a tassazione sostitutiva, inoltre si può richiedere anche l'inclusione dei propri **familiari** (assoggettati a una ulteriore imposta sostitutiva di € 25.000 ciascuno).

I redditi prodotti nei **Paesi non inclusi** sono tassati secondo le regole ordinarie, fra cui anche l'utilizzo del credito per le imposte pagate all'estero (escluso per i redditi soggetti all'imposta sostitutiva).

Effettuata l'opzione o ottenuto il parere favorevole dell'AE, la tassazione sostitutiva si applica per 15 anni; l'imposta è **versata** in un'unica soluzione con F24 versamenti con elementi identificativi entro la data prevista per il versamento del saldo delle imposte sui redditi (cod. tributo NRPP).

I beneficiari del regime sostitutivo, per tutto il periodo di durata dell'opzione, sono **esonerati** dall'obbligo di **monitoraggio fiscale** e non saranno soggetti all'**IVIE**, all'**IVAFE** e, per i beni siti all'estero, all'imposta sulle **successioni e donazioni**.

Il sostituto di imposta può applicare la ritenuta d'acconto esclusivamente sui redditi prodotti in Italia, **solo dopo** l'esercizio dell'opzione in dichiarazione. A tal fine, il sostituto deve richiedere al dipendente la copia della dichiarazione dei redditi in cui lo stesso ha esercitato l'opzione, nonché copia del modello F24 che attesta il versamento dell'imposta sostitutiva; eventuali ritenute effettuate in relazione al reddito di fonte estera nel periodo del trasferimento nonché nel periodo prima dell'esercizio dell'opzione, possono essere recuperate mediante **istanza di rimborso** (Risp. AE 14 febbraio 2022 n. 83).

> **Precisazioni 1)** In caso di **manager** neo residenti che risultano già destinatari e continueranno a beneficiare di alcuni **piani di incentivazione** - premio in denaro connesso al raggiungimento di determinati obiettivi e un piano azionario, che riconosce il diritto a sottoscrivere gratuitamente azioni del gruppo - la **ritenuta** ordinaria va effettuata solo sulla quota parte di reddito prodotto in Italia, mentre quella prodotta all'estero è coperta dall'imposta sostitutiva. Per individuare il reddito estero occorre fare riferimento al rapporto tra il numero di giorni durante i quali la prestazione lavorativa è stata esercitata nel Paese estero e il numero totale dei giorni necessari a maturare il diritto a ricevere le azioni o il premio (Risp. AE 14 febbraio 2022 n. 83, Risp. AE 27 febbraio 2020 n. 78).
>
> **2)** I redditi realizzati con la cessione di **valute virtuali**, detenute in un *cold storage wallet* localizzato nel Regno Unito e in un conto giacente su una piattaforma gestita da una società di diritto statunitense, sono redditi diversi prodotti all'estero, e sono ricompresi nell'ambito applicativo dell'imposta sostitutiva (Risp. AE 1° agosto 2022 n. 397).

226 **Pensionati esteri trasferiti nel Sud Italia** (art. 24 ter DPR 917/86, Provv. AE 31 maggio 2019, Circ. AE 17 luglio 2020 n. 21/E) Le persone fisiche, titolari di redditi da pensione erogati da soggetti esteri (pensioni di ogni genere e assegni a esse equiparati), indipendentemente dalla nazionalità (italiana o straniera), **possono optare** per un regime impositivo favorevole che prevede l'applicazione di un'imposta sostitutiva del 7% sui redditi prodotti all'estero (es. interessi su c/c e depositi bancari, dividendi e plusvalenze derivanti dalla cessione di lingotti d'oro detenuti nelle cassette di sicurezza di banche oltre confine, considerati al lordo di eventuali ritenute operate all'estero, Risp. AE 9 novembre 2021 n. 766), a **condizione** che:

a) trasferiscano la propria residenza fiscale in un Comune:

– delle regioni del Mezzogiorno (Sicilia, Calabria, Sardegna, Campania, Basilicata, Abruzzo, Molise e Puglia), con popolazione non superiore a 20.000 abitanti;

– delle zone colpite dai sismi del 6 aprile 2009, del 24 agosto 2016, del 26 e 30 ottobre 2016 e del 18 gennaio 2017, con popolazione non superiore a 20.000 abitanti (fino al 28 marzo 2022 era escluso il sisma del 6 aprile 2009 a L'Aquila e, in relazione agli altri, i Comuni dovevano avere popolazione non superiore a 3.000 abitanti);

b) non siano state fiscalmente residenti in Italia nei 5 periodi d'imposta precedenti a quello in cui l'opzione diviene efficace;

c) trasferiscano la residenza da Paesi con i quali sono in vigore accordi di cooperazione amministrativa.

›Precisazioni 1) Per conoscere la **popolazione del Comune** interessato rileva il dato che risulta dalla Rilevazione comunale annuale del movimento e calcolo della popolazione pubblicata sul sito dell'ISTAT in relazione al 1° gennaio dell'anno antecedente al primo anno di validità dell'opzione (1° gennaio 2022 per opzione dal 2023).
2) La titolarità di una **pensione INPS** in aggiunta a quella estera, non preclude il regime sostitutivo (Risp. AE 27 agosto 2020 n. 280); tale pensione non beneficia del regime sostitutivo (Risp. AE 27 settembre 2022 n. 471, Risp. AE 10 marzo 2021 n. 170).
3) I soggetti esteri beneficiari di una **polizza previdenziale** stipulata dal datore di lavoro **estero** con una società di assicurazione (c.d. secondo pilastro) possono accedere al regime sostitutivo (Risp. AE 7 luglio 2021 n. 462).
4) I soggetti esteri beneficiari di rendite aventi natura di **investimenti finanziari** a contenuto speculativo (es. polizze sottoscritte con società assicurativa che investe in fondi unit linked) non sono considerati pensionati e non possono accedere al regime sostitutivo (Risp. AE 13 aprile 2021 n. 244). Analogamente, sono esclusi i soggetti che percepiscono prestazioni percepite da uno Stato estero, derivanti dalla sua adesione a un **fondo integrativo complementare** al regime di previdenza sociale obbligatorio, la cui riscossione può avvenire in qualsiasi momento, dunque non qualificabili come trattamento pensionistico (Risp. AE 23 marzo 2022 n. 150).

L'**opzione** va espressa nella dichiarazione dei redditi (tempestiva o tardiva, entro 90 gg. dalla scadenza) - quadro RM, la sezione XVIII - relativa al periodo d'imposta in cui viene trasferita la residenza in Italia e **opera** a partire da tale periodo, per i primi 9 periodi d'imposta successivi a quello in cui è divenuta efficace. Essa rimane efficace anche se a partire dal secondo periodo d'imposta di validità, il contribuente **trasferisce la residenza** in un altro Comune con non più di 20.000 abitanti. **227**
L'**imposta** sostitutiva va **pagata** con F24 in un'unica soluzione entro il termine previsto per il versamento del saldo delle imposte sui redditi (codice tributo 1899).

›Precisazioni 1) È possibile non applicare l'imposta sostitutiva in relazione a **redditi prodotti in uno o più Stati** o territori esteri, indicandoli in dichiarazione (nell'opzione o con una sua successiva modifica). Per tutti i redditi prodotti negli Stati o territori esteri indicati, si applica il regime ordinario e si ha diritto al credito d'imposta per i redditi prodotti all'estero.
2) Resta ferma la possibilità di esercitare l'opzione per il **regime dei neo residenti facoltosi** (v. n. 224).
3) Coloro che esercitano l'opzione, per i periodi d'imposta in cui la stessa è valida (art. 1 c. 274 L. 145/2018):
– non sono tenuti alla presentazione del **quadro RW** della dichiarazione dei redditi;
– sono esenti dal pagamento dell'**IVIE** e dell'**IVAFE**.

Il contribuente può **revocare l'opzione** in uno dei periodi d'imposta successivi a quello di esercizio, comunicandola nella dichiarazione dei redditi relativa all'ultimo periodo d'imposta di validità dell'opzione. **228**
In caso di revoca sono fatti salvi gli effetti prodotti nei periodi d'imposta precedenti.
Gli **effetti** dell'opzione:
1) non si producono se viene accertata l'insussistenza dei requisiti previsti;
2) decadono (cioè cessano dall'esercizio successivo):
– al venir meno dei medesimi **requisiti**;
– in caso di **omesso o parziale versamento** dell'imposta sostitutiva dovuta, salvo che il versamento venga effettuato entro la data di scadenza del pagamento del saldo relativo al periodo d'imposta successivo a quello a cui l'omissione si riferisce (con sanzioni e interessi).
La revoca o la decadenza dal regime precludono l'esercizio di una nuova opzione.

DOMICILIO FISCALE (artt. 58 e 59 DPR 600/73) La nozione di domicilio fiscale è rilevante al fine di stabilire la **competenza** territoriale degli **uffici finanziari**. **229**
Per le persone fisiche **residenti** in Italia il domicilio fiscale coincide normalmente con il Comune nella cui anagrafe sono iscritte; tuttavia, l'AF per un'esigenza di controllo può stabilire il domicilio fiscale del contribuente nel Comune ove è svolta in modo continuativo l'attività.

I cittadini italiani **residenti all'estero** hanno il domicilio fiscale nel Comune nel quale il reddito si è prodotto. Se il reddito si è prodotto in più Comuni, si considera il Comune in cui è prodotto il reddito più elevato. In caso di accertamento di un maggior reddito rileva, a tal fine, il reddito accertato dall'Ufficio e non quello indicato nella dichiarazione del contribuente (Cass. 26 aprile 1999 n. 4150). **231**
I cittadini italiani residenti all'estero in forza di un rapporto di **servizio con la PA** (es. personale statale o di enti pubblici) e quelli considerati residenti in quanto **emigrati in paradisi fiscali**, hanno il domicilio nel Comune di ultima residenza in Italia.

235 **Variazione della residenza** In caso di cambiamento della residenza durante l'anno, **volontario** o per **provvedimento dell'AF**, varia anche il domicilio fiscale.
L'**efficacia** della variazione non è però immediata:
– il mutamento **volontario** di residenza anagrafica comporta la variazione del domicilio fiscale decorsi 60 giorni, compreso quello iniziale, senza che occorra alcuna comunicazione all'AF da parte del contribuente (Cass. 4 aprile 2001 n. 4997);
– nel caso di domicilio fiscale **stabilito con atto dell'AF**, la variazione ha efficacia dall'anno successivo a quello in cui il cambiamento è stato comunicato al contribuente.

II. Imputazione dei redditi

240 Le imposte sui redditi sono **personali**, in quanto sono generalmente dovute da ciascun contribuente per i redditi a questi singolarmente imputabili. Tuttavia, l'esistenza di vincoli familiari o la presenza di alcune situazioni particolari (decesso, fallimento, usufrutto, ecc.), possono influire sui criteri ordinari di imputazione dei redditi, giungendo anche a determinare uno spostamento dell'obbligazione tributaria in capo ad un altro soggetto.

A. Famiglia

250 Nell'ambito della famiglia, la presenza del coniuge e di figli può far variare il reddito complessivo da imputare al singolo componente oppure può far variare il soggetto a cui imputare i redditi prodotti.

a. Coniugi o parti di un'unione civile

(art. 4 DPR 917/86)

260 Indipendentemente dal regime legale che disciplina i rapporti patrimoniali dei coniugi (o delle parti di un'unione civile), i proventi derivanti dall'esercizio dell'**attività lavorativa** esercitata separatamente da ciascun coniuge sono imputati per intero in capo a questi.
Per gli altri proventi, invece, la determinazione del reddito complessivo di ciascuno dei coniugi dipende dal **regime patrimoniale** adottato, di comunione o di separazione dei beni.
Il reddito complessivo dei coniugi può inoltre essere influenzato dall'esistenza del **fondo patrimoniale** o di beni dei figli minori soggetti a **usufrutto legale**.

280 **REDDITI DEI BENI IN COMUNIONE** (art. 4 c. 1 lett. a DPR 917/86) I redditi derivanti dai beni dei coniugi in regime di comunione legale generalmente sono imputati a ciascuno di essi per metà del loro ammontare netto (o per la diversa quota, se così è stabilito da una convenzione modificativa).

Beni in comunione
– beni **acquistati**, congiuntamente o separatamente, durante il matrimonio, tranne quelli esclusi, indicati al n. 290; – beni **acquisiti per donazione e successione quando** l'atto specifica che sono attribuiti alla comunione; – **aziende** gestite da entrambi i coniugi e costituite dopo il matrimonio. Se invece l'azienda **cogestita** apparteneva a uno dei coniugi anteriormente al matrimonio, vi rientrano solo gli utili e gli incrementi patrimoniali successivi al matrimonio.
N.B. Vi sono casi in cui i beni si considerano compresi nella comunione legale solo se sussistono al momento dello **scioglimento** di questa (c.d. **comunione de residuo**) (v. n. 295).

290 I redditi dei **beni esclusi** sono imputati, invece, unicamente al coniuge che li possiede, come nel caso già citato dei proventi dell'attività lavorativa separata di ciascun coniuge.

Altri beni esclusi (art. 179 c.c.)
– beni di cui il coniuge era proprietario prima del matrimonio o, rispetto ai quali, era titolare di un diritto reale di godimento (superficie, usufrutto, uso, abitazione, ecc.); – beni di uso strettamente personale di ciascun coniuge ed i loro accessori; – beni che servono all'esercizio della professione del coniuge, tranne quelli destinati alla conduzione di un'azienda facente parte della comunione; – beni acquisiti successivamente al matrimonio per effetto di donazione o successione, quando nell'atto di liberalità o nel testamento non è specificato che essi sono attribuiti alla comunione; – beni ottenuti a titolo di risarcimento del danno, nonché la pensione attinente alla perdita parziale o totale della capacità lavorativa; – beni acquistati con le somme ricavate dal trasferimento di beni sopra elencati o con il loro scambio, purché ciò sia espressamente dichiarato all'atto dell'acquisto.

Scioglimento della comunione Quando la comunione si scioglie - es. separazione giudiziale dei beni, mutamento convenzionale del regime, ecc. - i beni vengono **divisi tra i coniugi**, i quali, per il futuro, sono titolari solo dei redditi derivanti dai beni loro spettanti. 295

I **frutti dei beni propri** e i **proventi dell'attività personale** percepiti e **non consumati** al momento dello scioglimento si considerano appartenenti alla comunione, c.d. comunione de residuo, come ad es. dividendi di azioni di proprietà individuale; riserve accumulate e derivanti dall'attività separata di ciascun coniuge (di lavoro dipendente, professionale o imprenditoriale).
Tuttavia tali beni, a nostro avviso, non danno origine ad alcun reddito tassabile, in quanto tali assegnazioni non vanno considerate reddito ma patrimonio. Infatti, i beni che formano oggetto della comunione sono già stati tassati in origine, al momento della loro produzione.

REDDITI DEI BENI IN REGIME DI SEPARAZIONE (art. 215 c.c.) Se i coniugi mantengono ciascuno la **titolarità esclusiva** dei beni acquistati durante il matrimonio, a ognuno è imputato il reddito derivante dai beni di sua proprietà. 310

In caso di **passaggio dal regime di separazione a quello di comunione** i redditi verranno proporzionalmente imputati al coniuge o a entrambi, in rapporto alla durata nell'anno dei rispettivi diritti.

FONDO PATRIMONIALE (art. 4 c. 1 lett. b DPR 917/86) I redditi derivanti dai beni costituenti il fondo patrimoniale sono imputati, per metà del loro ammontare netto, a **ciascun coniuge**. 320

Cessazione del fondo Nel caso di cessazione del fondo patrimoniale si applicano le medesime regole relative allo scioglimento della comunione (v. n. 295). 325
Se vi sono **figli minorenni**, è previsto che il fondo duri fino alla maggiore età del figlio più giovane e i redditi dei beni che vi restano destinati sono interamente imputati al coniuge superstite o a quello a cui è stata esclusivamente attribuita l'amministrazione del fondo.

b. Figli

(art. 4 lett. c DPR 917/86)

FIGLI MAGGIORENNI A partire dal giorno del compimento della maggiore età (18 anni) o della emancipazione (in caso di matrimonio del minore, avente almeno 16 anni) tutti i redditi appartenenti ai figli sono loro direttamente imputabili. 350

FIGLI MINORENNI Per quanto riguarda i redditi derivanti dai beni appartenenti ai figli minori, non emancipati, occorre distinguere se ricadono o meno nell'usufrutto legale dei genitori. 360

I redditi relativi ai **beni soggetti all'usufrutto legale** dei genitori sono imputati a ciascun genitore per metà del loro ammontare netto. 361
Se vi è **un solo genitore** o se l'usufrutto legale spetta a uno solo di loro, i redditi sono a questi imputati interamente.

365 I redditi relativi agli **altri beni** (vedi **tabella**) sono ricondotti direttamente al minore, in qualità di autonomo soggetto passivo di imposta.

Beni esclusi dall'usufrutto legale
– proventi derivanti da attività proprie di lavoro ed i beni con questi acquisiti; – pensioni di reversibilità attribuite pro-quota al figlio minore (CTC 16 giugno 1981 n. 6706); – beni lasciati o donati specificamente al minore per intraprendere una carriera, un'arte, una professione; – beni lasciati, diversi da quelli a titolo di legittima, o donati, con la condizione che i genitori, o uno di essi, non ne abbiano l'usufrutto; – beni accettati nell'interesse del figlio contro la volontà dei genitori o di uno solo di essi (in questo caso, l'usufrutto spetta solo al genitore consenziente).

B. Casi particolari

455 **DECESSO DEL CONTRIBUENTE** (art. 187 DPR 917/86)

<table>
<tr><th colspan="2">Caso</th><th>Soggetto passivo</th></tr>
<tr><td rowspan="3">Casi comuni</td><td>a) prima dell'accettazione dell'eredità</td><td>Non esiste un soggetto passivo d'imposta; se questa situazione si protrae oltre il periodo di imposta del decesso, responsabile per la dichiarazione dei redditi e per il versamento delle imposte gravanti sull'eredità è il curatore dell'eredità.
Il reddito imponibile è calcolato, in via provvisoria, applicando le regole proprie di ciascuna categoria di reddito.</td></tr>
<tr><td>b) accettazione con beneficio d'inventario</td><td>L'erede è soggetto obbligato per i debiti d'imposta (comprensivi di interessi ma non di sanzioni) del defunto nei limiti del valore dei beni ereditati.</td></tr>
<tr><td>c) dopo l'accettazione ordinaria</td><td>Soggetti passivi diventano gli eredi, con effetto retroattivo sin dal momento dell'apertura della successione, ed è possibile effettuare la liquidazione definitiva.
A prescindere dalla loro residenza, sono responsabili per le obbligazioni relative ai beni ed ai redditi del defunto residente. Tali obbligazioni, tuttavia, si dividono in due gruppi, a seconda del momento nel quale è percepito il reddito.
Per i redditi posseduti dal contribuente defunto (o nella sua disponibilità), anteriormente alla sua morte gli eredi sono solo responsabili dell'imposta dovuta e rispondono in solido delle obbligazioni tributarie (art. 65 DPR 600/73). La sanzione eventualmente addebitabile al defunto non può essere richiesta all'erede (intrasmissibilità dell'obbligazione al relativo pagamento, art. 8 D.Lgs. 472/97).
Per i redditi prodotti dal defunto, ma percepiti direttamente dagli eredi sono soggetti passivi gli eredi, anche se con criteri di determinazione particolari (art. 7 c. 3 DPR 917/86) (v. n. 3410).</td></tr>
<tr><td rowspan="3">Altri casi</td><td>a) devoluzione dell'eredità sotto condizione sospensiva</td><td>Prima del verificarsi della condizione non esiste un soggetto passivo d'imposta; se questa situazione si protrae oltre il periodo di imposta del decesso, responsabile per la dichiarazione dei redditi e per il versamento delle imposte gravanti sull'eredità è l'amministratore dell'eredità.</td></tr>
<tr><td>b) devoluzione dell'eredità nei confronti di un nascituro non ancora concepito</td><td>Il reddito imponibile è calcolato, in via provvisoria, applicando le regole proprie di ciascuna categoria di reddito.
Dopo il verificarsi della condizione soggetti passivi sono gli eredi, con effetto retroattivo sin dal momento dell'apertura della successione, ed è possibile effettuare la liquidazione definitiva.</td></tr>
<tr><td>c) scomparsa e dichiarazione di morte presunta</td><td>Soggetti passivi d'imposta sono gli immessi nel possesso dei beni dell'assente o del defunto presunto.</td></tr>
</table>

460 **USUFRUTTO E ALTRI DIRITTI REALI** In caso di concessione di usufrutto o di altro diritto reale (uso, abitazione, ecc.), soggetto passivo dell'imposta è solo l'**usufruttuario** o il

titolare del diritto reale di godimento. Questo perché il reddito va imputato al soggetto che ha la disponibilità del bene nel periodo d'imposta.
Se l'usufrutto è **parziale** e non totale, il reddito deve essere imputato pro-quota anche al proprietario.

COMUNIONE E CONDOMINIO Non sono soggetti passivi d'imposta. Il reddito è imputato pro-quota ai **singoli proprietari** o titolari di diritti reali di godimento (uso, usufrutto, abitazione, ecc.). **462**

FALLITO Il fallito resta il contribuente sul quale grava il prelievo tributario; il **curatore** fallimentare o il commissario liquidatore agiscono solo come organo di gestione per la liquidazione del patrimonio del contribuente. **465**
Pertanto, il curatore fallimentare deve far riferimento al **domicilio fiscale** del contribuente fallito (Circ. Min. 10 aprile 1979 n. 18/7/1043).

INCAPACI Rientrano in questa categoria, gli **interdetti** e gli **inabilitati** dichiarati tali dalla legge (oltre ai minori non emancipati già illustrati al n. 360). I redditi che si producono o, comunque, si realizzano in loro favore, vanno loro imputati. **467**

SEZIONE 2

Redditi esclusi da tassazione

(art. 3 c. 3 DPR 917/86)

Non rientrano nella definizione di reddito tassabile i seguenti redditi (esclusi). **500**

Assegni	– **periodici** spettanti al coniuge risultanti da provvedimenti dell'autorità giudiziaria, che si percepiscono in conseguenza di separazione legale ed effettiva o, comunque, di cessazione degli effetti civili del matrimonio, destinati al **mantenimento dei figli** (anche naturali, Circ. AE 13 maggio 2011 n. 20/E) – **di divorzio non periodico**, cioè stabilito dal tribunale e corrisposto al coniuge in un'unica soluzione (Cass. 12 ottobre 1999 n. 11437, Ris. AE 15 giugno 2009 n. 157/E) – **di maternità** per la donna non lavoratrice (art. 74 D.Lgs. 151/2001) – **familiari** e somme loro sostitutive od integrative
Indennità e altre somme	– indennità corrisposte a titolo di risarcimento di un danno consistente in una perdita patrimoniale, c.d. **danno emergente** (v. n. 640) – **indennità di mobilità** reinvestita nella costituzione di società cooperative – **maggiorazione sociale** dei trattamenti pensionistici prevista per gli **over 65** con redditi minimi (v. art. 1 L. 544/88) – indennità erogate a seguito di pronunce di riparazione pecuniaria per **ingiusta detenzione** e per **errore giudiziario** (Risp. AE 27 aprile 2021 n. 295) – **indennità Covid-19** corrisposte una tantum ai propri iscritti da un ente previdenziale (Risp. AE 23 settembre 2020 n. 395)
Redditi esenti	– **reddito di cittadinanza** (art. 3 c. 4 DL 4/2019) – **pensioni di guerra**, pensioni privilegiate dei militari di leva, pensioni sociali – certe **borse di studio** (v. n. 9960) – sussidi a favore degli **hanseniani** – compensi percepiti dai **componenti dei seggi elettorali** per le consultazioni politiche, amministrative, europee e per i referendum, in Italia e all'estero, tranne quelli, tassabili, percepiti dai componenti degli uffici elettorali centrali (L. 53/90, Ris. AE 11 aprile 2008 n. 150/E) – assegni percepiti per il **servizio civile universale** (restano imponibili quelli per la leva civica volontaria regionale, Risp. AE 22 novembre 2018 n. 82) – **altre ipotesi** previste nell'ambito della disciplina delle singole categorie di reddito o in altre disposizioni speciali (es. buoni lavoro corrisposti per lavori occasionali, c.d. voucher, reddito dei fabbricati non locati soggetti a IMU, reddito dei terreni di coltivatori diretti e IAP per gli anni 2017-2023, ecc.)

SEZIONE 3

Redditi soggetti alla tassazione ordinaria

610 La legge non fornisce una definizione di base imponibile o di reddito tassabile, ma si limita ad indicare quali sono le categorie di reddito soggette alla tassazione ordinaria, cioè alla tassazione mediante l'applicazione delle aliquote IRPEF progressive (art. 3 DPR 917/86).
Perché un reddito sia tassabile esso deve:
– essere compreso in tali categorie (v. n. 620 e s.);
– non rientrare tra i redditi esenti (v. n. 500);
– essere posseduto dal contribuente, cioè nella disponibilità del medesimo, secondo criteri appositamente individuati (v. n. 830);
– non essere tassato con sistemi particolari: redditi soggetti a tassazione separata, in assenza di opzione per la tassazione ordinaria (v. n. 3320 e s.) e redditi soggetti a imposta sostitutiva (incluse le ritenute alla fonte a titolo di imposta) (v. n. 3530 e s.).

620 **CATEGORIE DI REDDITO** (art. 6 DPR 917/86) Vengono individuate sei categorie di reddito, esaustive di tutti i redditi imponibili.

redditi di impresa	n. 5000 e s.	**redditi di lavoro autonomo**	n. 10010 e s.
redditi fondiari	n. 7000 e s.	**redditi di capitale**	n. 11000 e s.
redditi di lavoro dipendente	n. 8000 e s.	**redditi diversi**	n. 13000 e s.
I redditi prodotti da **società di persone** e assimilate sono denominati redditi di **partecipazione** e hanno una loro disciplina particolare, anche se non costituiscono un'autonoma categoria di reddito (come risulta anche dalle istruzioni ministeriali alle dichiarazioni dei redditi) (v. n. 34000 e s.).			

640 **SOMME RISARCITORIE** (art. 6 c. 2 DPR 917/86) In generale, non sono tassate le somme percepite a titolo di risarcimento di un danno consistente in una perdita patrimoniale (c.d. **danno emergente**), mentre sono tassate le somme che risarciscono un danno consistente nella perdita di redditi (c.d. **lucro cessante**) (Cass. 13 maggio 2009 n. 10972, Cass. 16 settembre 2005 n. 18369, Cass. 21 ottobre 1998 n. 10419).
Per lo stesso principio, non sono inoltre tassati i proventi dipendenti da **invalidità** permanente, non autosufficienza o da **morte**. Questi ultimi, se derivano da **contratti di assicurazione sulla vita**, sono esenti solo per la parte che deriva dalla copertura del rischio demografico (differenza tra durata della vita di una persona e la durata media della vita della popolazione). L'eventuale componente finanziaria, presente nelle assicurazioni miste, è tassata con la ritenuta del 26% (v. n. 11400 e s.).

641 **ESEMPIO**

Danno emergente (non tassabile)	– indennizzi percepiti dai soggetti danneggiati da complicazioni di tipo irreversibile a causa di vaccinazioni obbligatorie, trasfusioni, ecc. (Ris. Min. 15 aprile 1994 n. III-5-393) – indennizzi percepiti da chi aveva acquistato strumenti finanziari da Banche che hanno violato gli obblighi di informazioni e che sono state poste successivamente in liquidazione (Ris. AE 18 dicembre 2017 n. 153/E, Ris. AE 12 gennaio 2017 n. 3/E) – contributi assistenziali concessi da enti privati di previdenza e assistenza ai professionisti in attività o in pensione, propri assicurati, per calamità naturali che hanno procurato danni ad immobili adibiti a prima abitazione o studio professionale (Circ. AE 13 maggio 2011 n. 20/E). Se sono utilizzati per sostenere oneri deducibili/detraibili, non rilevano ai fini della deduzione/detrazione (Risp. AE 4 novembre 2019 n. 468) – penale percepita per il mancato rilascio nei termini contrattuali dell'immobile dato in comodato o in locazione (Circ. AE 12 giugno 2002 n. 50/E) – somme corrisposte a titolo di risarcimento per il c.d. danno all'immagine, purché tale danno sia concretamente provato dal contribuente, mentre se è fissato forfettariamente è tassato, quale lucro cessante (Ris. AE 7 dicembre 2007 n. 356/E, Ris. AE 22 aprile 2009 n. 106/E). Si vedano altri casi pratici, riguardanti il **reddito di lavoro dipendente**, al n. 8155

Lucro cessante (tassabile)	rimborsi per il mancato guadagno giornaliero corrisposti a lavoratori autonomi facenti parte di organizzazioni di volontariato riconosciute e impiegati in attività di protezione civile (Risp. AE 7 novembre 2019 n. 474)

Pertanto, i **proventi conseguiti in sostituzione di redditi**, anche in seguito alla cessione del credito relativo, e le indennità, anche assicurative, conseguite a titolo di risarcimento danni, consistenti nella perdita di redditi sono tassati (es. caparra confirmatoria, Cass. 31 maggio 2016 n. 11307); tali somme vengono dunque equiparate ai redditi sostituiti. **642**
Peraltro, l'importo dei proventi e indennità da tassare deve essere diminuito della quota di **contributi** eventualmente pagati (es. contributi assistenziali) che, per lo stesso periodo d'imposta, ha concorso a formare il reddito imponibile del percettore (Circ. Min. 4 marzo 1999 n. 55/E).

Una **deroga** a tale principio è costituita dalle somme e i valori rientranti nel c.d. welfare aziendale percepiti **in sostituzione dei premi di risultato** (deroga valida entro i limiti e le condizioni illustrati al n. 8965).

Indennità sostitutive	
Indennità erogate a dipendenti da enti bilaterali di assistenza	Le somme pagate a titolo di **premio per la nascita del figlio**, di contributo malattia o infortunio, di **iscrizione all'asilo** nido/scuola materna, non sono tassate. Le somme pagate per l'**iscrizione alla scuola secondaria** di primo grado, sono equiparate alle borse di studio (n. 9960) e sono tassate, anche se corrisposte per il tramite del datore di lavoro (Risp. AE 4 ottobre 2018 n. 24).
Trattamento sostitutivo del reddito agrario	I trattamenti assistenziali corrisposti dall'**INAIL** ai titolari di reddito agrario hanno i seguenti riflessi (Ris. AE 18 aprile 2001 n. 50/E): – sono sostitutivi del reddito agrario, ma il relativo ammontare è assorbito nella determinazione forfettaria del reddito stesso; – i soggetti titolari degli stessi sono tenuti a presentare la dichiarazione dei redditi per indicare l'imponibile determinato su base catastale; – per essi non si applicano ritenute alla fonte; – nel caso in cui siano state applicate delle ritenute, queste devono essere riconosciute in sede di presentazione della dichiarazione dei redditi. Tuttavia, le indennità corrisposte dall'INAIL ai **familiari coadiuvanti** dell'imprenditore agricolo individuale non sono tassate nel caso in cui, in mancanza di un'impresa familiare, i familiari coadiuvanti non conseguono alcun reddito per l'attività svolta (Circ. AE 30 dicembre 2003 n. 59/E).

INTERESSI (art. 6 c. 2 DPR 917/86) Gli interessi **moratori** e quelli per **dilazione di pagamento** costituiscono redditi della medesima categoria di quelli che hanno generato i relativi crediti. **645**

REDDITI DI FONTE ILLECITA (art. 14 c. 4 L. 537/93) Rientrano tra i redditi tassabili e, in alcuni casi, è prevista altresì l'indeducibilità dei costi relativi. **655**

Si tratta di **proventi derivanti da fatti**, atti o attività classificabili come illecito civile, penale o amministrativo, se non sono stati sottoposti a sequestro o confisca penale nel periodo d'imposta cui si riferiscono (Cass. 13 maggio 2003 n. 7337) o se non sono stati volontariamente restituiti. **656**

ESEMPIO
Proventi illeciti percepiti nell'esercizio di una impresa: interessi usurari, profitti di un centro estetico in cui avviene anche lo sfruttamento della prostituzione, profitti derivanti dall'utilizzo di lavoratori non regolari, profitti della vendita di oggetti rubati (Cass. 14 novembre 2002 n. 15984).

Tali redditi **sono determinati** secondo le ordinarie disposizioni che disciplinano le diverse categorie di appartenenza (nell'esempio sopra, reddito di impresa). Se **non sono classificabili** in alcuna categoria di reddito (es. tangenti), sono inquadrati nella categoria dei redditi diversi (art. 36 c. 34 bis DL 223/2006 conv. in L. 248/2006).

La condanna alla **restituzione** o al **risarcimento del danno** per fatto illecito esclude la tassabilità dei proventi che ne sono derivati solo se è stata eseguita prima dell'accertamento, altrimenti può costituire perdita deducibile dal reddito d'impresa o di lavoro autonomo professionale nell'anno di competenza (Cass. 5 giugno 2000 n. 7511).

660 **Costi relativi ad attività illecite** Nella determinazione dei redditi non sono ammessi in deduzione i costi direttamente utilizzati per il compimento di attività delittuose non colpose (puniti con la reclusione, con la multa o con l'ergastolo), in presenza di una delle condizioni sottoindicate (art. 14 c. 4 bis L. 537/93, Circ. AE 3 agosto 2012 n. 32/E):
– il PM, valutati gli elementi raccolti durante le indagini preliminari, ha esercitato l'azione penale formulando la **richiesta di rinvio a giudizio** (non ritenendo quindi sussistenti i presupposti per una richiesta di archiviazione);
– il giudice ha emesso il decreto che **dispone il giudizio** o una sentenza di non luogo a procedere per intervenuta prescrizione (sempreché il contribuente non rinunci alla prescrizione, al fine di ottenere l'assoluzione e il relativo rimborso di quanto versato).
Se **tutta l'attività è illecita** - es. esercizio abusivo della professione o dell'attività bancaria e finanziaria - tutti i costi sono indeducibili.

664 **>Precisazioni 1)** Se una società autorizzata all'attività di **smaltimento di rifiuti** smaltisce anche rifiuti rientranti in categorie non autorizzate sono indeducibili solo i costi diretti alla commissione del relativo delitto ambientale, mentre sono deducibili, secondo le regole generali, i costi sostenuti per lo smaltimento dei rifiuti autorizzati.
2) Secondo l'AE l'utilizzo diretto dei costi per il compimento di delitti si ha nei seguenti casi:
– **pagamento di una tangente** per corrompere un pubblico ufficiale per ottenere un appalto pubblico (ma non dei costi relativi alla realizzazione dell'appalto illecitamente conseguito),
– **spese postali** sostenute per realizzare **truffe**,
– **commissione riconosciuta alla cartiera** in cambio dell'emissione di fatture false per costi oggettivamente inesistenti,
– acquisto di **merce di illecita provenienza** - delitto di ricettazione (art. 648 c.p.) - mentre è irrilevante l'acquisto di cose di sospetta provenienza (art. 712 c.p.).

666 L'indeducibilità riguarda, altresì, la **quota dei costi** afferenti all'ordinaria attività che abbiano avuto un rapporto di **strumentalità** con la commissione del reato, seppur sostenuti non esclusivamente per il compimento dello stesso, ivi compresi interessi passivi, accantonamenti, sopravvenienze passive, ammortamenti, minusvalenze, ecc.
Se **successivamente** viene emessa una **sentenza definitiva favorevole per il contribuente** - di assoluzione o di non luogo a procedere fondata sulla sussistenza di motivi diversi dalla prescrizione o una sentenza definitiva di non doversi procedere - al contribuente compete il rimborso delle maggiori imposte versate, dei relativi interessi e delle sanzioni (anche nei casi in cui il pagamento è avvenuto mediante gli istituti definitori quali: accertamento con adesione, acquiescenza, ecc.).

Secondo l'AE il recupero a tassazione di costi e spese relativi a beni o servizi utilizzati per il compimento di delitti non colposi comporta anche l'applicazione delle **sanzioni** per infedele dichiarazione (v. n. 86950); inoltre può configurare anche un reato tributario (v. n. 87450 e s.).

677 In relazione ai **costi per operazioni inesistenti** occorre distinguere a seconda che siano soggettivamente o oggettivamente inesistenti (art. 8 c. 2 DL 16/2012, Circ. AE 3 agosto 2012 n. 32/E).

Operazione	Caratteristiche e disciplina
soggettivamente inesistente (1)	Operazioni reali effettuate tra soggetti diversi da quelli risultanti nei documenti, per permettere all'utilizzatore di dedurre costi effettivamente sostenuti, ma non documentati o non documentabili ufficialmente per varie ragioni (es. acquisti in nero da criminali). I relativi costi sono **deducibili**, sempreché ricorrano i requisiti generali di deducibilità (es. effettività, inerenza, competenza, ecc.).
oggettivamente inesistente	Operazioni in tutto o in parte inesistenti sul piano materiale e fatture utilizzate per consentire la riduzione del reddito mediante la deduzione di costi fittizi. I costi sono **indeducibili**, ma ai fini dell'**accertamento**, non concorrono alla formazione del reddito oggetto di rettifica i ricavi direttamente afferenti ai citati costi, entro i limiti dell'ammontare non ammesso in deduzione; spetta al contribuente dimostrare la fittizietà di tali componenti e la loro correlazione rispetto ai costi falsi (Cass. 12 luglio 2018 n. 18390).

Operazione	Caratteristiche e disciplina
	In tal caso si applica la **sanzione** dal 25% al 50% dell'ammontare dei costi relativi a beni o servizi non effettivamente scambiati o prestati indicati nella dichiarazione dei redditi, a fronte dei quali sia stata riconosciuta la non imponibilità, per pari importo, dei ricavi direttamente afferenti ai predetti costi **(2) (3)**.

(1) Es. **frodi carosello**, il cui costo è deducibile anche nel caso in cui l'acquirente sia consapevole del carattere fraudolento delle operazioni (Cass. 11 febbraio 2013 n. 3258).

(2) Il versamento va effettuato con il Mod. F24 (cod. tributo 9695, Ris. AE 7 agosto 2012 n. 83/E).
In caso di **concorso e continuazione del reato**, non si applicano le disposizioni che limitano le sanzioni (c.d. cumulo giuridico delle sanzioni, v. n. 87225); resta invece la possibilità di **definizione agevolata** delle sanzioni (v. n. 88085).

(3) Se non ci sono componenti positivi afferenti a componenti negativi relativi a operazioni inesistenti, oppure se questi ultimi sono di ammontare superiore ai correlati componenti positivi, si applicano le ordinarie sanzioni, quali quelle per infedele dichiarazione.

SEZIONE 4

Determinazione dell'imposta

Per determinare l'imposta annuale dovuta occorre, nell'ordine: **760**
a) determinare il **reddito complessivo** (v. n. 800 e s.);
b) individuare il **reddito imponibile**, sottraendo al reddito complessivo gli oneri deducibili e le eventuali perdite di anni precedenti prodotte dall'attività di impresa in contabilità ordinaria (v. n. 5220);
c) calcolare l'**imposta lorda**, applicando al reddito imponibile le aliquote progressive corrispondenti ai diversi scaglioni (v. n. 1000);
d) calcolare l'**imposta netta**, sottraendo dall'imposta lorda le detrazioni (comprese quelle afferenti gli oneri detraibili) e i crediti d'imposta (v. n. 1110 e s.).

L'imposta effettivamente da versare, potrà essere ancora diversa, in quanto devono essere scomputate anche le **ritenute** d'acconto subite (v. n. 37515 e s.) e gli **acconti** versati (v. n. 37000 e s.).

Vanno inoltre applicate le **addizionali** locali (v. n. 2490 e s.).

PERIODO D'IMPOSTA (art. 7 DPR 917/86) L'**anno solare** (1° gennaio-31 dicembre) costituisce il normale periodo di imposta individuato per calcolare il reddito tassabile delle persone fisiche. Di conseguenza, l'imposta deve essere determinata con riferimento alle sole vicende o fatti economici fiscalmente rilevanti accaduti nell'anno. **780**
C'è quindi una **obbligazione tributaria annuale autonoma** (c.d. principio dell'annualità dell'obbligazione tributaria) (art. 7 c. 1 DPR 917/86).

I redditi vanno attribuiti all'**intero anno** solare, secondo le regole proprie della categoria di appartenenza (Ris. Min. 3 luglio 1975 n. 2/332), anche se il tempo occorso per la loro produzione è stato inferiore all'anno ed anche in caso di nascita o decesso del contribuente nel corso dell'anno.

Questo principio subisce unicamente **2 eccezioni**: **785**
– l'una, in presenza di attività di impresa in contabilità ordinaria, nel caso di eventuali **perdite riportabili** da anni precedenti (v. n. 5220);
– l'altra in sede di pagamento dell'imposta dovuta, essendo prevista la possibilità di **compensare** eventuali **crediti di imposta** dell'anno precedente con il debito dell'anno corrente (v. n. 37220).

I. Reddito complessivo

NOZIONE (art. 8 c. 1 DPR 917/86) Il reddito complessivo dei residenti è dato dalla **somma algebrica dei redditi** imponibili **netti** di ciascuna categoria, calcolati secondo le regole loro **800**

proprie e ovunque prodotti. Esso è negativo se le **perdite** di certe categorie superano i redditi delle altre categorie.
Concorrono alla formazione del reddito complessivo i redditi per i quali si è eventualmente **rinunciato** alla **tassazione separata** (v. n. 3360).

805 **N.B.** Il reddito complessivo **(RC)** rileva in **misura diversa** per la determinazione degli importi delle detrazioni (per familiari a carico, per lavoro) e per la determinazione dei limiti relativi ai diversi oneri deducibili e/o detraibili.
Per la determinazione degli **importi delle detrazioni** esso va considerato (Istr. dichiarazioni dei redditi):
– escludendo il reddito dell'abitazione principale e delle relative pertinenze (soggetto o meno ad IMU), e il reddito dei premi di risultato soggetti all'imposta sostitutiva (v. n. 8940 e s.);
– comprendendo il reddito dei fabbricati locati assoggettato alla cedolare secca (anche se questo è escluso dalla tassazione ordinaria progressiva, v. n. 7080 e s.);
– al lordo degli oneri deducibili.
Per la determinazione dei limiti relativi ai diversi **oneri deducibili e/o detraibili** il reddito complessivo appena delineato include anche il reddito dell'abitazione principale e delle relative pertinenze, se non soggetto ad IMU (non include quindi gli immobili c.d. di lusso, categorie catastali A/1, A/8, A/9). Fa **eccezione** il reddito rilevante per determinare la detrazione parziale o nulla in caso di reddito superiore, rispettivamente, a € 120.000 e € 240.000, che va considerato al netto del reddito dell'abitazione principale e delle relative pertinenze (v. n. 1276).

820 **DETERMINAZIONE DEI REDDITI DI CATEGORIA** La determinazione del reddito derivante da ciascuna categoria è un passaggio essenziale per calcolare il reddito complessivo del contribuente.
Sono previste **regole** di determinazione **diverse** per ogni categoria, in virtù della diversità delle attività sottostanti, le quali verranno illustrate nei capitoli successivi. I redditi appartenenti ad una **stessa categoria** devono essere determinati unitariamente, in base al risultato complessivo netto di tutti i beni o di tutte le attività che vi rientrano (art. 9 c. 1 DPR 917/86).

ESEMPIO
Un contribuente può avere più immobili, tuttavia, avrà un solo reddito fondiario che li comprenderà tutti; analogamente, i redditi conseguiti nell'esercizio di più attività commerciali vanno considerati nella loro globalità facenti parte dell'unica categoria dei redditi d'impresa (Ris. Min. 11 luglio 1974 n. 2/197).

Solo due categorie di redditi possono dare origine a **perdite**: si tratta del reddito d'impresa e di quello di lavoro autonomo propriamente detto, sia prodotti individualmente, che in forma associata (art. 8 DPR 917/86).

830 **MOMENTO IMPOSITIVO** Il legislatore ha individuato i seguenti differenti criteri per stabilire il momento in cui il reddito diviene disponibile, quindi, imponibile.

Redditi interessati	Criteri	Descrizione
Lavoro autonomo	**Cassa**	I redditi sono disponibili al momento della loro percezione
Lavoro dipendente		
Di capitale **(1)**		
Diversi **(1)**		
Impresa (contabilità semplificata **(2)** e regime forfettario)		
Impresa (contabilità ordinaria)	**Competenza**	Si prende in considerazione la competenza economica, a prescindere dalla effettiva percezione
Fondiari **(3)**	**Titolarità**	Non conta la percezione, ma rileva la mera disponibilità del bene in base alla proprietà o ad altro diritto reale (es. usufrutto)

(1) Salvo il caso di applicazione del regime del **risparmio gestito**.
(2) Salvo le **eccezioni** previste dal regime per cassa.
(3) Eccezione parziale per le **locazioni di abitazioni**, in quanto è possibile non dichiarare i canoni non percepiti, se ciò risulta dal procedimento di convalida di sfratto, ma in tal caso va comunque dichiarata la rendita catastale.

PRINCIPI GENERALI DI VALUTAZIONE (art. 9 c. 1 e 2 DPR 917/86) Accanto ai criteri **specifici** per la determinazione dei redditi netti di ogni categoria (a cui si rimanda), la legge stabilisce anche alcuni principi generali di valutazione, applicabili quando le componenti di reddito **non sono costituite da moneta corrente**. 840

Proventi ed oneri in valuta estera (art. 9 c. 2 DPR 917/86) Sono valutati: 842
– secondo il **cambio del giorno** in cui sono stati percepiti (proventi) o sostenuti (spese) o quello del giorno antecedente più prossimo;
– in mancanza del precedente cambio, secondo il **cambio del mese** in cui sono stati percepiti o sostenuti, accertato con decreto ministeriale, da pubblicarsi nella Gazzetta Ufficiale (art. 110 c. 9 DPR 917/86).

Il cambio in vigore in un determinato giorno **può essere consultato** sul sito Internet: https://tassidicambio.bancaditalia.it/.

Beni e servizi in natura (art. 9 c. 2 e 3 DPR 917/86) Sono valutati secondo il **valore normale** dei beni o servizi che li compongono e cioè il prezzo o il corrispettivo mediamente praticato: 845
– per i beni e i servizi della stessa specie o similari;
– in condizioni di libera concorrenza ed al medesimo stadio di commercializzazione (produzione, commercio all'ingrosso, commercio al dettaglio);
– nel tempo e nel luogo in cui i beni o servizi sono stati acquistati o prestati (in mancanza, nel tempo e nel luogo più prossimi).
Il prezzo o il corrispettivo suddetti vanno assunti al netto dell'IVA (Ris. AE 26 marzo 2004 n. 54/E).
Sono previsti alcuni **parametri di confronto**, di tipo oggettivo, per facilitare la valutazione. A seconda della tipologia di beni o servizi ceduti, il loro valore normale può essere così determinato:
a) se i beni sono soggetti alla **disciplina legale** dei prezzi, con riferimento alle leggi in vigore;
b) per quelli in condizioni di **libero mercato**, con riferimento:
– se possibile, al prezzo normalmente praticato dal fornitore, desunto da listini o tariffe;
– in mancanza, in base alle mercuriali e ai listini delle camere di commercio e alle tariffe professionali, tenendo conto degli sconti d'uso.

Diritti reali di godimento (art. 9 c. 5 DPR 917/86) Agli atti a titolo oneroso di costituzione e di trasferimento di diritti reali di godimento (usufrutto, uso, abitazione, cessione di cubature, ecc.) si applicano le disposizioni riguardanti le **cessioni a titolo oneroso**. 850
Il valore dell'**usufrutto** e quello della **nuda proprietà** si determinano secondo i criteri indicati ai fini dell'imposta di registro (v. n. 71630).

Titoli La valutazione è effettuata con criteri differenti a seconda della tipologia dei titoli. 855

Tipologia	Metodi di valutazione
Titoli quotati in mercati regolamentati italiani o esteri di cui al n. 22590 (azioni, obbligazioni, ecc.) (art. 9 c. 4 DPR 917/86)	Media aritmetica dei prezzi dell'ultimo mese **(1)**, cioè per il periodo che va dal giorno di riferimento (quello della valutazione) allo stesso giorno del mese solare precedente (Circ. Min. 25 febbraio 2000 n. 30/E)
Altri titoli (art. 9 c. 4 DPR 917/86)	– se si tratta di **azioni**, **quote** o **titoli di partecipazione** (es. quote di società a responsabilità limitata) rileva il valore della quota spettante di patrimonio netto della società o dell'ente partecipato (così come risulta da una stima, non dalla contabilità) **(2)** – **per gli altri titoli**, comprese le obbligazioni non quotate, si effettua una comparazione con il valore normale dei titoli aventi analoghe caratteristiche negoziati in mercati regolamentati italiani o esteri e, in mancanza, si devono considerare altri elementi determinabili in modo obiettivo **(3)**

(1) Ai fini del calcolo si assumono, quale divisore, soltanto i **giorni di effettiva quotazione** del titolo, cioè quelli cui si riferiscono le quotazioni prese a base del calcolo. Se nel mese considerato non sono state effettuate rilevazioni dei prezzi, si fa riferimento al primo mese antecedente (inteso nel senso sopra chiarito) nel corso del quale risulta effettuata la rilevazione.
(2) Se si tratta di **società o enti di nuova costituzione**, si considera la quota proporzionale dei conferimenti complessivi.
In caso di **assegnazione di azioni a dipendenti** (v. n. 8210) la stima deve essere riferita al patrimonio sociale esistente ad una data compresa nei 30 giorni che precedono quella in cui l'assegnazione è stata deliberata (Risp. AE 25 ottobre 2019 n. 427, Circ. AE 21 maggio 1999 n. 112).
(3) Ad esempio, è stato ritenuto valido il **valore fornito da information provider** di qualificata esperienza che tenga conto di elementi obiettivi, quali i prezzi di scambio di tali titoli sui mercati non regolamentati (c.d. «over the counter») (Ris. AE 25 luglio 2005 n. 99/E).

860 **Conferimenti in società** (art. 9 c. 2 e 5 DPR 917/86) Sono equiparati alle **cessioni a titolo oneroso**. Ai fini della valutazione, accanto alla regola generale vi sono alcune regole particolari che interessano il conferimento in società quotate e il conferimento di opere o servizi.

	Metodi di valutazione
Regola generale	Si considera generalmente corrispettivo, per il conferente, il **valore normale dei beni e dei crediti conferiti**, indipendentemente dal tipo di bene ricevuto in controprestazione e indipendentemente dalla sussistenza di un rapporto di proporzionalità del conferimento. È pertanto irrilevante il valore normale delle partecipazioni ricevute in cambio dal soggetto conferitario **(1)**. La parte del corrispettivo che eccede il costo dei beni e dei crediti conferiti è tassato come reddito in natura (Ris. AE 16 marzo 2005 n. 35/E). Se il conferente svolge **attività d'impresa**, imputa per competenza, come ricavo, la prestazione per la quota maturata, corrispondente al costo dedotto dalla società conferitaria. Se svolge le **altre attività**, l'imputazione del reddito avviene al momento del pagamento, che coincide con il momento in cui la società conferitaria opera la compensazione tra il credito iscritto all'atto della sottoscrizione e il debito correlato alla prestazione ricevuta (Ris. AE 16 marzo 2005 n. 35/E)
Conferimenti in società quotate in mercati italiani o esteri	Conferimento **proporzionale** al capitale sociale sottoscritto e corrispondente al valore del conferimento: il corrispettivo non può comunque essere inferiore alla media aritmetica dei prezzi dell'ultimo mese **(2)**. Conferimento **non proporzionale (1)**, si applica la regola generale (Ris. AE 16 febbraio 2006 n. 29/E)
Conferimenti di opere o servizi	Il conferimento **non genera alcun reddito immediato** (cioè al momento della sottoscrizione di quote o azioni) (Ris. AE 4 ottobre 2005 n. 138/E). L'effettivo assoggettamento, corrispondente al valore delle quote o azioni ricevute, avviene successivamente ed è riconducibile al tipo di attività svolta dal conferente (d'impresa, di lavoro autonomo o di lavoro dipendente) **(3)**

(1) Esempio di conferimento non proporzionale:
– socio Rossi conferisce nella X spa un immobile del valore normale di € 100.000;
– socio Bianchi conferisce nella stessa X spa un altro bene immobile del valore normale di € 400.000.
La X spa emette 500.000 nuove azioni con valore nominale € 1, ma le assegna ai due soci in uguale misura, 50% (cioè non proporzionale rispetto al valore dei rispettivi conferimenti).
Il socio Rossi, pur ricevendo partecipazioni aventi un valore di € 250.000, ha un corrispettivo da conferimento di € 100.000.
Il socio Bianchi, pur ricevendo partecipazioni aventi un valore di € 250.000, ha un corrispettivo da conferimento di € 400.000.
(2) Ai fini del calcolo della media occorre assumere, quale divisore, soltanto i **giorni di effettiva quotazione** del titolo, cioè quelli cui si riferiscono le quotazioni prese a base del calcolo. Pertanto, se nel mese considerato non sono state effettuate rilevazioni dei prezzi, si deve fare riferimento al primo mese antecedente (inteso nel senso sopra chiarito) nel corso del quale risulta effettuata la rilevazione.
(3) L'impresa che **riceve il conferimento** rileva il costo (deducibile) delle prestazioni ricevute man mano che queste sono ultimate.

II. Reddito imponibile

900 Il reddito imponibile costituisce il valore sul quale si deve calcolare l'imposta.

Mentre il reddito complessivo tiene conto esclusivamente degli oneri e delle passività sostenuti nell'anno per la produzione dei singoli redditi di categoria, ove la legge ne preveda la possibilità di deduzione, per la determinazione del reddito imponibile si prendono in considerazione **2 tipi di valori negativi** (che dunque vanno sottratti):
– gli **oneri deducibili** pagati nell'anno (v. **tabella** al n. 1265, colonna 1);
– le **perdite** relative ad **anni precedenti**, se derivanti da attività d'impresa in contabilità ordinaria (v. n. 5220).

III. Calcolo dell'imposta lorda

Sul reddito imponibile, arrotondato ai centesimi di euro, individuato mediante i criteri esposti in precedenza, si applicano le aliquote progressive al fine di determinare la c.d. imposta lorda. 990

ALIQUOTE (art. 11 DPR 917/86) L'imposta lorda viene determinata applicando aliquote diverse per scaglioni di reddito (senza addizionali locali, v. n. 2490 e s.). 1000
Le aliquote sono **progressive**, cioè aumentano più che proporzionalmente rispetto all'aumentare del reddito.
La somma delle imposte dovute sui diversi scaglioni di reddito costituisce l'**imposta lorda**.
Del 2022 le aliquote sono state ridotte a 4, con conseguente modifica degli scaglioni.

Anno 2022 e s.		
Scaglioni	**Aliquota (*)**	**Imposta €**
fino a 15.000	23%	23% sull'intero importo
oltre 15.000 fino a 28.000	25%	3.450 + 25% sulla parte eccedente € 15.000
oltre 28.000 fino a 50.000	35%	6.700 + 35% sulla parte eccedente € 28.000
oltre 50.000	43%	14.400 + 43% sulla parte eccedente 50.000

(*) Ai fini della determinazione dell'IRPEF dovuta sui **trattamenti di fine rapporto**, sulle **indennità equipollenti** e sulle **altre indennità** e somme connesse alla cessazione del rapporto di lavoro, si applicano, se più favorevoli, le aliquote e gli scaglioni di reddito vigenti al 31 dicembre 2006 (art. 1 c. 9 L. 296/2006).
Quando le somme sono pagate da un datore di lavoro sostituto d'imposta, la verifica per l'applicazione delle aliquote più favorevoli deve essere effettuata dallo stesso. Successivamente, l'AF effettuerà una nuova riliquidazione (Circ. AE 16 marzo 2007 n. 15/E).

IV. Calcolo dell'imposta netta

Per determinare l'imposta netta, si sottraggono dall'imposta lorda le **detrazioni** previste. 1090
L'imposta netta non rappresenta ancora l'imposta da versare per l'anno di riferimento, perché per calcolare quest'ultima si devono sottrarre gli eventuali **crediti d'imposta** spettanti e le eventuali **ritenute** d'acconto subite (v. n. 2290 e s.).

CARATTERISTICHE GENERALI DELLE DETRAZIONI Le detrazioni riducono l'ammontare dell'imposta dovuta. Spettano nei casi tassativamente stabiliti dalla legge: alcune spettano a tutti i contribuenti per il solo fatto di avere familiari a carico o perché hanno sostenuto determinati oneri; altre spettano solamente se si svolge una determinata attività lavorativa o se si possiede un determinato reddito. 1110

Le detrazioni sono **personali** e in genere devono essere usufruite solo dal contribuente cui spettano. Per esempio, il coniuge dichiarante non può utilizzare le detrazioni eccedenti dell'altro coniuge, salvo le **eccezioni** dei mutui ipotecari stipulati da coniugi, di cui uno a carico (v. n. 1413) e delle spese sanitarie sostenute per i familiari affetti da gravi patologie (v. n. 1960). Nel caso di **detrazioni eccedenti** rispetto all'imposta lorda, normalmente la parte eccedente non può essere riportata all'esercizio successivo ma è persa; sono previste alcune eccezioni 1115

(detrazione per figli a carico spettante a genitori separati, detrazioni per famiglie con almeno 4 figli a carico, detrazione per locazioni).
La **misura** delle detrazioni può essere determinata forfettariamente oppure commisurata agli oneri rilevanti.

Il possesso di **redditi soggetti a tassazione separata** che non devono essere indicati nella dichiarazione dei redditi, per i quali quindi non è possibile optare per la tassazione ordinaria (es. TFR, arretrati, ecc. - v. n. 3330 e s.), **non impedisce** la fruizione della detrazione IRPEF, ma l'opzione per far concorrere tali redditi al regime di tassazione ordinaria può essere esercitata solo dopo il ricevimento della comunicazione di liquidazione dell'imposta da parte dell'AE, rivolgendosi al competente ufficio dell'AE (v.n. 3420) (Risp. AE 31 agosto 2020 n. 290).

1117 **TIPOLOGIE** Le detrazioni spettano nei casi tassativamente stabiliti dalla legge e riguardano:
1) la presenza di **familiari a carico**;
2) lo svolgimento di attività di lavoro **dipendente**, **autonomo** o d'**impresa** e la presenza di altri redditi particolari;
3) il sostenimento di alcuni **oneri** indicati al n. 1348 e s.

A. Detrazioni per familiari a carico

(art. 12 DPR 917/86)

1120 Per i familiari a carico - aventi cioè un reddito personale complessivo modesto - il contribuente residente ha diritto a una riduzione dell'imposta, stabilita in misura forfettaria.

1125 **FAMILIARI** I soggetti rientranti nella nozione di familiari, per i quali possono teoricamente spettare le detrazioni in esame, sono indicati nella colonna A); nella colonna B) sono indicate le condizioni richieste per il godimento concreto delle detrazioni (oltre ovviamente al reddito personale complessivo RC non superiore a € 2.840,51, v. n. 1140).

A)	B)
Familiari	**Condizione di rilevanza**
coniuge o **parte dell'unione civile (1) (2)** (marito o moglie, esclusi i semplici conviventi)	non legalmente ed effettivamente separato, anche se non convivente o residente all'estero **(3)**
	separato o divorziato (anche a seguito di scioglimento dell'unione civile), solo se convivente o se percepisce assegni alimentari volontari, non risultanti da provvedimenti dell'autorità giudiziaria
figli di età pari o superiore a 21 anni (art. 10 D.Lgs. 230/2021 (compresi i figli naturali riconosciuti, i figli adottivi o affidati)	a prescindere dalla residenza in Italia o all'estero **(3)**, dalla convivenza con i genitori e dalla eventuale circostanza che il figlio sia portatore di handicap (Circ. AE 16 marzo 2007 n. 15/E)
genitori (compresi i genitori naturali e quelli adottivi)	solo se conviventi o se percepiscono assegni alimentari volontari, non risultanti da provvedimenti dell'autorità giudiziaria, da ripartire tra coloro che hanno diritto alla deduzione
nonni (anche naturali)	
discendenti dei figli (nipoti)	
fratelli e **sorelle** (anche unilaterali)	
suoceri, **nuore** e **generi**	

(1) art. 1 c. 20 L. 76/2016 (c.d. **Legge Cirinnà** che equipara al coniuge le parti dell'unione civile formata tra persone dello stesso sesso).
(2) La detrazione compete al dichiarante per il coniuge considerato a carico; se **entrambi i coniugi** possono essere considerati a carico, la detrazione deve essere attribuita ad uno solo.
(3) I cittadini extra UE devono essere in possesso di una **documentazione specifica** attestante lo status di familiare: documentazione originale rilasciata dall'autorità consolare del Paese d'origine, tradotta in lingua italiana e asseverata da parte del prefetto competente per territorio, o documentazione analoga (vedi Istr. Mod. 730 o Mod. Redditi).

LIMITI DI REDDITO **In generale**, per essere considerati familiari a carico, il reddito personale **non deve superare** € 2.840,51, al lordo degli oneri deducibili; tuttavia per i **figli di età non superiore a 24 anni** il limite aumenta a € 4.000 (art. 1 c. 252, 253 L. 205/2017). Il requisito dell'età è rispettato purché sussista anche per una sola parte dell'anno, pertanto, il limite ordinario di € 2.840,51 torna rilevante nell'anno in cui si compiono 25 anni. 1140

I predetti limiti devono riferirsi ai redditi di ciascun familiare, sono quindi esclusi i redditi dei figli minori soggetti ad usufrutto legale dei genitori (v. n. 360).

N.B. Se durante l'anno viene **superato il limite** di reddito, la deduzione non spetta nemmeno parzialmente. Infatti, il limite di reddito suddetto è fissato con riferimento all'intero periodo d'imposta.

Per il calcolo del limite di reddito si deve tener conto dei redditi che rientrano nel **reddito complessivo (RC)** (v. n. 800), a cui vanno **aggiunti solo i seguenti redditi** (esclusi dal reddito complessivo): 1141
- i canoni di locazione tassati con la cedolare secca (v. n. 7080);
- il reddito di impresa o di lavoro autonomo assoggettati al regime forfettario;
- la quota esente delle retribuzioni percepite all'estero dai frontalieri e da coloro che lavorano a Montecarlo e a S. Marino (€ 7.500, v. n. 8055);
- le retribuzioni corrisposte da Enti e Organismi Internazionali, Rappresentanze diplomatiche, nonché dalla Santa Sede e da Enti gestiti direttamente dalla stessa.

I contributi e le indennità di qualsiasi natura, erogati in via eccezionale a seguito dell'emergenza da **Covid-19**, non concorrono alla formazione del reddito imponibile ai fini delle imposte sui redditi e sono esclusi dal calcolo del limite di reddito (art. 10 bis c. 1 DL 137/2020 conv. in L. 176/2020).

REGOLE DI ATTRIBUZIONE DELLE DETRAZIONI Le detrazioni per i familiari a carico sono **rapportate a mese** e competono dal mese in cui si sono verificate le condizioni richieste. Pertanto, nel caso di **mutamento della situazione familiare** nel corso dell'anno, la misura delle detrazioni spettanti cambia in proporzione ai mesi per i quali sussistono le condizioni richieste. 1143

ESEMPIO
Nel caso di matrimonio avvenuto il 21 settembre la detrazione per il coniuge a carico spetta per 4 mesi.
In caso di nascita di un figlio il 30 novembre la detrazione spetta per 2 mesi.
Analogo discorso vale in caso di decesso, separazione legale, divorzio intervenuti in corso d'anno.

CONIUGE (O PARTE DELL'UNIONE CIVILE) A CARICO La **misura** della detrazione, come illustrato nella **tabella** seguente, è variabile a seconda del reddito complessivo del coniuge dichiarante e **non spetta se** il reddito supera € 80.000 (Circ. AE 16 marzo 2007 n. 15/E). 1150

1152

Reddito complessivo (RC) (1)	Importo detrazione (€)
non superiore a 15.000	800 – [110 × (RC / 15.000)] **(2) (3)**
compreso tra 15.000 e 29.000	690
tra 29.000 e 29.200	700 **(4)**
tra 29.200 e 34.700	710 **(4)**
tra 34.700 e 35.000	720 **(4)**
tra 35.000 e 35.100	710 **(4)**
tra 35.100 e 35.200	700 **(4)**
tra 35.200 e 40.000	690
tra 40.000 e 80.000	690 × [(80.000 – RC) / 40.000] **(3)**
oltre 80.000	0

(1) RC è costituito dalla somma dei redditi percepiti (v. n. 805).
(2) Se il rapporto è uguale a 1, la detrazione compete nella misura di € 690.
(3) Se i rapporti sono uguali a 0, la detrazione non compete.
Negli altri casi, il risultato dei predetti rapporti si assume nelle prime 4 cifre decimali.
(4) La detrazione eccedente € 690 (€ 10, 20 o 30) non va rapportata al periodo in cui il coniuge è stato a carico.

ESEMPIO
Reddito complessivo pari a 10.000:
detrazione = 800 – [110 × (10.000 / 15.000)] = 800 – 73,33 = 726,67.
In caso di matrimonio contratto il 12 dicembre il coniuge risulta a carico dell'altro coniuge per un mese. Quindi la detrazione spettante va divisa per 1/12, ed è quindi pari a € 60,56.

1160 **FIGLI A CARICO** Dal 1° marzo 2022 la detrazione per i figli a carico spetta solo a quelli di età pari o superiore a 21 anni; per i figli di età inferiore è infatti prevista la corresponsione dell'**assegno unico e universale** da parte dell'Inps (D.Lgs. 230/2021).
La detrazione varia a seconda del reddito complessivo (**RC**) - costituito dalla somma dei redditi percepiti (v. n. 805) - come illustrato nella tabella seguente.

Importo detrazione dal 1º marzo 2022	
Numero figli	**Importo detrazione per ciascun figlio (€) (*)**
1	950 × [(95.000 – RC) / 95.000]
2	950 × [(110.000 – RC) / 110.000]
3	950 × [(125.000 – RC) / 125.000]
4	950 × [(140.000 – RC) / 140.000]
5	950 × [(155.000 – RC) / 155.000]
oltre 5	L'importo sopraindicato di € 155.000 è aumentato per tutti di € 15.000 per ogni figlio successivo al 5°

(*) Se i rapporti suddetti sono uguali a 0, la detrazione non compete. Negli altri casi, il risultato dei predetti rapporti si assume nelle prime 4 cifre decimali.

1165 **Ripartizione detrazione** (Circ. AE 16 marzo 2007 n. 15/E, Circ. AE 4 aprile 2008 n. 34/E) Come evidenziato nella **tabella** sottostante, ai fini della ripartizione della detrazione **spettante**, bisogna distinguere in base alla situazione familiare dei genitori (non separati, separati, non coniugati, coniuge mancante). Tuttavia, in caso di **coniuge fiscalmente a carico dell'altro**, la detrazione per i figli compete a quest'ultimo per l'intero importo.

Situazione familiare	Criterio di ripartizione
a) Genitori non separati	Ripartizione del 50% ciascuno oppure, previo accordo tra i genitori, è attribuita al 100% a quello che possiede il reddito complessivo più elevato **(1)**.
b) Genitori separati (2)	Ripartizione variabile a seconda delle modalità di affidamento dei figli: – **affidamento ad uno solo dei genitori**: la detrazione spetta interamente al genitore affidatario, a meno che un diverso accordo ripartisca la detrazione nella misura del 50% o la attribuisca interamente al genitore che ha il reddito più elevato; – **affidamento congiunto o condiviso** oppure **figli maggiorenni** (quindi non affidabili, Circ. AE 1° giugno 2012 n. 19/E): la detrazione è ripartita tra i genitori nella misura del 50% salvo un diverso accordo che attribuisca l'intera detrazione al genitore che ha il reddito più elevato **(3)**. Quando il genitore affidatario (o uno dei genitori affidatari, in caso di affidamento congiunto) ha un reddito incapiente (tale cioè da non consentirgli di usufruire in tutto o in parte della detrazione), questa è assegnata per intero all'altro genitore. In questo caso, salvo diverso accordo tra le parti, il genitore che sfrutta l'intera detrazione ha l'obbligo di riversare all'altro genitore affidatario un importo pari alla maggiore detrazione fruita **(4)**.
c) Genitori non coniugati	Se sono presenti **provvedimenti di affidamento** relativi ai figli, si applica la medesima disciplina prevista con riferimento ai genitori separati **(3)**. Invece, **in assenza** di provvedimenti, la detrazione va ripartita al 50% tra i genitori, salvo accordo per attribuire l'intera detrazione a quello dei due con il reddito più elevato.
d) Coniuge mancante (vedovo...)	Se il coniuge manca, perché deceduto (o non ha riconosciuto il figlio naturale), la detrazione spetta per intero al coniuge vivente (o a quello che ha riconosciuto il figlio), anche se si è risposato. Lo stesso nel caso di figli adottivi o affidati a un solo contribuente.

(1) La detrazione va considerata **unitariamente per tutti i figli** dei medesimi genitori; non è quindi possibile avere la detrazione al 100% per un figlio e al 50% per l'altro, salvo che per i figli nati da genitori diversi (Circ. AE 13 maggio 2011 n. 20/E). Se un genitore applica il regime **forfettario** (v. 5580), il relativo reddito va considerato per stabilire chi sia il genitore con reddito più elevato (Ris. AE 22 luglio 2019 n. 69).

(2) Oppure in caso di **annullamento, scioglimento o cessazione** degli effetti civili del matrimonio.

(3) Quando la legge richiede la condizione dell'affidamento disgiunto o congiunto per l'assegnazione della detrazione, rispettivamente, nella misura intera o nella misura del 50%, i genitori possono continuare, salvo diverso accordo, a fruire per il **figlio maggiorenne** (e non portatore di handicap), della detrazione ripartita nella medesima misura in cui era ripartita nel periodo della minore età del figlio.

(4) L'ipotesi ricorre anche quando il genitore, originariamente affidatario, pur avendo un **reddito più elevato** rispetto a quello dell'altro genitore, non possa fruire della detrazione a causa di oneri deducibili e/o detraibili che azzerano l'imposta.

ALTRI FAMILIARI A CARICO (Circ. AE 16 marzo 2007 n. 15/E) **Ciascuno** degli altri familiari a carico, diversi dal coniuge non separato (o dalla parte di un'unione civile non sciolta) e dai figli (v. n. 1125), se ha un reddito complessivo (RC, v. n. 805) non superiore a € 2.840,51 dà diritto, al contribuente con reddito complessivo **non superiore** a € 80.000, ad una detrazione di € 750 variabile in funzione del reddito complessivo, determinata secondo la seguente formula: 1180

750 × (80.000 – RC) / 80.000.

In presenza di **più soggetti che hanno diritto** alla detrazione, la stessa deve essere ripartita in misura uguale tra i soggetti che hanno effettivamente sostenuto il carico risultante dalla convivenza o dall'erogazione di un assegno alimentare.

In caso di **richiesta degli Uffici**, il contribuente può dimostrare la **sussistenza dei requisiti** con qualsiasi mezzo di prova: es. per la convivenza, l'intestazione delle utenze o del contratto di affitto dell'immobile; per la corresponsione di assegni alimentari (anche all'estero), la documentazione bancaria o di altro operatore finanziario, attestante il trasferimento degli stessi (Circ. AE 21 aprile 2009 n. 18/E).

B. Detrazioni per attività di lavoro

(art. 13 DPR 917/86)

Questa categoria di detrazioni prende in considerazione alcune determinate attività lavorative riepilogate nella **tabella** seguente, ove è specificato il paragrafo che esamina la specifica detrazione spettante. 1200

Reddito	v. n.
Lavoro dipendente	1210
Collaborazioni coordinate e continuative	1210 (*)
Lavoro autonomo (**) (professionale e non)	1240
Impresa minore (**) (escluse, quindi, quelle in contabilità ordinaria)	1240
Occasionale (di impresa o di lavoro autonomo)	1240
Pensioni	1230 e s.
Assegni periodici percepiti dal coniuge	1238
Assegni periodici percepiti da soggetti diversi (v. n. 10000)	1240
Compensi corrisposti a soci di cooperative	1210 (*)
Borse di studio	1210 (*)
Compensi corrisposti da terzi	1210 (*)
Compensi a soggetti impegnati in lavori socialmente utili	1210 (*)
Rendite vitalizie e a tempo determinato	1240
Indennità e compensi per pubbliche funzioni	1240
Indennità per cariche elettive	1240
Capitali e rendite da fondi pensione	1210 (*)

Reddito	v. n.
Compensi per l'attività libero professionale intramuraria svolta dal personale dipendente del SSN	1240
Remunerazioni dei sacerdoti	1210 (*)

(*) Redditi **assimilati a quello di lavoro dipendente** in relazione alla detrazione spettante.
(**) La detrazione **non si applica** ai redditi di lavoro autonomo o di impresa minore e minimi, assoggettati ad imposta sostitutiva. Trova, invece, applicazione in tutti i casi in cui il reddito, anche se determinato in misura forfetizzata, confluisce nel reddito complessivo, come, ad esempio, per le attività di agriturismo.

1202 **REGOLE COMUNI** Le detrazioni per attività di lavoro spettano esclusivamente ai soggetti aventi un **reddito complessivo non superiore** a € 50.000.
In caso di possesso di **redditi di differenti tipologie**, le diverse detrazioni non sono generalmente cumulabili fra loro. Pertanto, il contribuente che possieda redditi di lavoro dipendente in aggiunta a redditi di lavoro autonomo e/o d'impresa deve, in sede di dichiarazione dei redditi, scegliere la detrazione che per lui è più conveniente.
La detrazione spetta una sola volta, anche se sussistono più redditi della medesima categoria considerata (es. più pensioni o più redditi assimilati a quello di lavoro dipendente, ecc.).

1210 **REDDITI DI LAVORO DIPENDENTE E ASSIMILATI** I soggetti titolari di redditi di lavoro dipendente e di alcuni redditi assimilati sopra segnalati, hanno diritto ad una detrazione di **importo variabile** in funzione del reddito complessivo (vedi **tabella**).
La detrazione va **rapportata al periodo di lavoro** nell'anno. In particolare, i giorni per i quali spetta la detrazione coincidono con quelli che hanno dato diritto alla retribuzione assoggettata a ritenuta. Pertanto, nel numero di giorni rilevanti per la detrazione si devono comprendere le festività, i riposi settimanali e gli altri giorni non lavorativi, mentre vanno sottratti i giorni per i quali non spetta alcuna retribuzione (Circ. AE 16 marzo 2007 n. 15/E). Non vanno computati i giorni di **assenza ingiustificata** per violazione dell'obbligo di possesso della certificazione verde COVID-19 (Circ. AE 18 febbraio 2022 n. 4).

>Precisazioni 1) In caso di particolari modalità di articolazione dell'orario di lavoro (**part-time** orizzontale, verticale o ciclico) o in caso di giornate di **sciopero**, nessuna riduzione delle detrazioni va effettuata. Inoltre, ai fini dell'attribuzione delle detrazioni, l'**anno** deve essere sempre assunto come composto di 365 giorni, **anche** quando è **bisestile**.
2) In caso di **rapporto di lavoro a tempo determinato** con una durata complessiva di 12 mesi **ricadenti in due periodi d'imposta** (es. 3 novembre 2022 - 2 novembre 2023), nel secondo anno è possibile calcolare le detrazioni tenendo conto anche del periodo dell'anno precedente per il quale il dipendente, non avendo percepito per intero la retribuzione maturata (es. perché pagata il mese successivo a quello in cui è esercitata l'attività lavorativa), non ha potuto beneficiarne (Ris. AE 18 ottobre 2017 n. 127/E).
3) In presenza di **più redditi di lavoro dipendente o assimilati**, nel calcolare il numero dei giorni per i quali spettano le detrazioni, i giorni compresi in periodi contemporanei devono essere computati una sola volta.

1212

Anno 2022 e s.	
Reddito complessivo (RC) (€) (1)	**Importo detrazione (€) (2)**
non superiore a 15.000	1.880 **(3)**
compreso tra 15.000 e 28.000	1.910 + [1190 × (28.000 – RC) / 13.000] **(4)**
tra 28.000 e 50.000	1.910 × [(50.000 – RC) / 22.000] **(4)**
oltre 50.000	0

(1) RC è costituito dalla somma dei redditi percepiti (v. n. 805).
(2) Se il **risultato dei rapporti** è maggiore di 0, lo stesso si assume nelle prime 4 cifre decimali.
(3) L'ammontare della **detrazione effettivamente spettante** non può essere inferiore a € 690 o, per i rapporti di **lavoro a tempo determinato** (fra cui si comprendono anche i periodi di inattività per i quali si percepiscono le indennità temporanee sostitutive di reddito erogate dall'INPS), a € 1.380. In entrambi i casi suddetti, il limite non va rapportato al periodo di lavoro.
Le detrazioni minime citate **non sono cumulabili** tra loro né con quelle minime previste per i pensionati (€ 713) né con quelle previste per i redditi diversi (assimilati al lavoro dipendente, lavoro autonomo, impresa minore). Il contribuente che si trova nella possibilità astratta di fruire di più di una delle menzionate detrazioni minime, può scegliere quella favorevole.
(4) Per i redditi da 25.000 a 35.000 l'importo risultante va aumentato di 65.

ESEMPIO
Se un soggetto è percettore di reddito di lavoro dipendente per 120 giorni dal 16 gennaio al 31 maggio, ed ha un reddito complessivo di € 26.000, l'importo di € 1.910 deve essere rapportato al periodo di lavoro nell'anno e, quindi, il contribuente ha diritto alla detrazione determinata nel modo seguente:
(1.910 : 365 × 120) + [1.190 × (28.000 – 26.000) / 13.000] = (628 + 183) = 811. A tale importo, essendo redditi compresi tra 25.000 e 35.000, va aggiunto 65, per un totale di 876.

REDDITI DI PENSIONE I soggetti titolari di uno o più redditi di pensione, hanno diritto ad una specifica detrazione, rapportata al periodo di pensione nell'anno e **non cumulabile** con quella prevista per i redditi di lavoro dipendente (quando nelle medesime giornate in cui si svolge il rapporto di lavoro viene percepita anche la pensione). 1230
Gli importi dal 2022 sono i seguenti.

1235

Anno 2022 e s.	
Reddito complessivo (RC) (1)	**Importo detrazione (€) (2)**
non superiore a 8.500	1.955 **(3)**
compreso tra 8.500 e 28.000	700 + [1.255 × (28.000 – RC) / 19.500] **(4)**
tra 28.000 e 50.000	700 × [(50.000 – RC) / 22.000] **(4)**
oltre 50.000	0

(1) RC è costituito dalla somma dei redditi percepiti (v. n. 805).
(2) Se il **risultato dei rapporti** è maggiore di 0, lo stesso si assume nelle prime 4 cifre decimali.
(3) L'ammontare della **detrazione effettivamente spettante** non può essere inferiore a € 713. Tale limite non va rapportato al periodo di lavoro.
(4) Per i redditi da 25.000 a 29.000 l'importo risultante va aumentato di 50.

ASSEGNI PERIODICI PERCEPITI DA CONIUGI SEPARATI O DIVORZIATI La detrazione sopra esaminata prevista per i pensionati spetta ai **coniugi** che, in seguito alla separazione legale ed effettiva, allo scioglimento, all'annullamento del matrimonio ed al divorzio, percepiscono assegni periodici (v. n. 10000). 1238
Nel caso di percezione di assegni **solo per una parte dell'anno**, la detrazione non va rapportata ad alcun periodo nell'anno.

ALTRI REDDITI I titolari di redditi di lavoro diversi da quelli indicati in precedenza (n. 1210 e s.), hanno diritto a una detrazione il cui importo è **correlato all'ammontare del reddito** complessivo (RC), come indicato nella **tabella**. 1240
La detrazione **non deve essere ragguagliata** al periodo di svolgimento dell'attività (Circ. AE 16 marzo 2007 n. 15/E).

1250

Anno 2022 e s.	
Reddito complessivo (RC) (1)	**Importo detrazione (€) (2)**
non superiore a 5.500	1.265
compreso tra 5.500 e 28.000	500 + [765 ×(28.000 – RC) / 22.500] **(3)**
compreso tra 28.000 e 50.000	500 × [(50.000 – RC) / 22.000]
oltre 50.000	0

(1) RC è costituito dalla somma dei redditi percepiti (v. n. 805).
(2) Se il **risultato dei rapporti** è maggiore di 0, lo stesso si assume nelle prime 4 cifre decimali.
(3) Per i redditi da 11.000 a 17.000 l'importo risultante va aumentato di 50.

SEZIONE 5
Oneri

Indipendentemente dagli oneri (o spese) considerati per la produzione di ciascuna tipologia di redditi, vi sono altri oneri che hanno rilevanza fiscale. 1260

Tali oneri si dividono in due categorie:
- oneri **deducibili** dal reddito complessivo;
- oneri che danno diritto ad una **detrazione dall'imposta**.

I primi sono presi in considerazione nella determinazione del reddito imponibile, prima del calcolo dell'imposta, mentre i secondi sono considerati dopo avere determinato l'imposta dovuta.
Sono previsti alcuni **criteri comuni** ad entrambi gli oneri, che si illustrano immediatamente dopo la **tabella** sottostante.

1265 Per facilitare il lettore, nella **tabella** seguente sono elencati sia gli oneri deducibili dal reddito complessivo (colonna 1) che quelli che danno diritto ad una detrazione (colonna 2) e il relativo paragrafo del Memento ove sono illustrati.

Oneri	Colonna 1	Colonna 2
	Deducibili MF n.	Detraibili MF n.
assegni periodici (al coniuge o alla parte di un'unione civile, alimentari o a seguito di testamento o donazione)	1300	
assicurazioni (1) e contributi previdenziali volontari		2000 e s.
contributi previdenziali ed assistenziali	1308	
liberalità (a enti religiosi, ONG, Onlus, Università e scuole, associazioni sportive, attività culturali **(2)**, ecc.)	1323 e s.	2110 e s., 2150 e s.
fabbricati (acquisti, leasing, ristrutturazioni, misure antisismiche, restauro facciate, risparmio energetico, polizze assicurative per calamità naturali, intermediazioni, mobili e arredi, assicurazioni, canoni di locazione, giardini, colonnine per ricaricare veicoli elettrici)		1360 e s.
attività agricole		1870 e s.
salute e assistenza persone (spese mediche comuni **(1)**, spese mediche per portatori di handicap e soggetti affetti da gravi patologie **(3)**, badanti **(3)**, cani guida per ciechi)	1930	1890, 1935 e s.
veterinari		1990
somme restituite dal contribuente a chi le ha erogate	1335	
funebri (1)		2180
asili, scuola e conservatori (1), sport (1) e trasporti pubblici (1)		2045 e s.
adozione internazionale	1337	
altri oneri deducibili (indennità per perdita di avviamento, oneri fondiari quali canoni, censi ed altri oneri su immobili, contributi ai consorzi obbligatori, compensi dati ai dipendenti che hanno svolto funzioni elettorali, donazioni di immobili vincolati)	1339	

(1) Oneri sostenibili anche a favore di familiari a carico.
(2) Per le liberalità a favore di determinate attività culturali e di spettacolo, in luogo della detrazione è previsto un credito d'imposta (c.d. **art-bonus** - v. n. 2385).
(3) Oneri sostenibili anche a favore di familiari non a carico.

I. Regole comuni

1270 **CONDIZIONI DI DEDUCIBILITÀ/DETRAIBILITÀ** (artt. 10 c. 1 e 15 c. 1 DPR 917/86)
Perché l'onere sia deducibile o dia diritto alla detrazione occorre che vengano rispettate le seguenti condizioni (le ultime due riguardano solo le detrazioni per determinati oneri):
a) l'onere deve rientrare tra quelli tassativamente **previsti dalla legge**;
b) il contribuente deve avere effettivamente sostenuto la spesa nel corso dell'**anno di imposizione** - principio di cassa, con l'eccezione del contributo di solidarietà - e questa deve essere **rimasta a suo carico** (è possibile che venga richiesta una attestazione in tale senso, nonché eventuali informazioni relative al percettore delle somme). In caso di pagamento mediante

carta di credito on line, rileva la data dell'utilizzo della carta stessa e non la data dell'addebito sul conto corrente (Circ. AE 31 marzo 2016 n. 7/E, Ris. AE 23 aprile 2007 n. 77/E);
c) deve risultare da idonea **documentazione** intestata al contribuente (fattura, ricevuta, documento commerciale v. n. 53870, bollettino di c/c postale, ecc.) avente la data del pagamento e conservata secondo le regole ordinarie illustrate al n. 16065;
d) per gli oneri che danno diritto alla **detrazione del 19%** è richiesto che il pagamento venga effettuato con sistemi tracciabili (v. n. 1273);
e) la maggior parte delle **detrazioni** spettano generalmente solo se il **reddito complessivo** non supera € 240.000. Se è compreso tra € 120.000 e € 240.000 la detrazione spetta parzialmente (v. n. 1276).

Obbligo di pagamento con strumenti tracciabili (art. 1 c. 679 e 680 L. 160/2019) Per poter fruire delle **detrazioni** IRPEF del **19%** per oneri fiscalmente rilevanti, disciplinati non soltanto dall'art. 15 DPR 917/86, è obbligatorio utilizzare sistemi di pagamento tracciabili (assegni, bonifici, carte di credito, bancomat, smartphone con app collegati ai conti correnti, ecc.). Al riguardo, è possibile utilizzare la carta di credito intestata al coniuge, a condizione che la spesa sia effettivamente sostenuta dal soggetto intestatario del documento di spesa (circostanza che si ritiene soddisfatta ove la carta di credito si appoggi ad un conto corrente cointestato tra i coniugi). 1273
Il contribuente può **dimostrare** l'utilizzo del mezzo di pagamento tracciabile alternativamente mediante (Circ. AE 25 giugno 2021 n. 7/E):
- annotazione in fattura, ricevuta fiscale o documento commerciale, da parte del percettore delle somme che cede il bene o effettua la prestazione di servizio;
- ricevuta della carta di debito o della carta di credito, copia bollettino postale, MAV, dei pagamenti con PagoPA, estratto conto, ecc.). In caso di pagamento con app via smartphone serve il documento fiscale che attesti l'onere sostenuto e la documentazione che attesti che il pagamento è avvenuto per il tramite delle predette app (es. e-mail di conferma dell'Istituto di moneta elettronica o della piattaforma su cui si sta effettuando l'operazione) oppure l'estratto del conto corrente della banca a cui è collegata l'app.

Sono **esclusi** dall'obbligo:
- i medicinali e i dispositivi medici;
- le prestazioni sanitarie rese da strutture pubbliche o da strutture private accreditate al SSN (es. tamponi covid richiesti alle farmacie convenzionate);
- gli oneri detraibili con percentuali diverse dal 19% (oltre a tutti gli oneri deducibili, non toccati dalla norma).

ESEMPIO
Devono quindi essere pagati con strumenti tracciabili i **medici di famiglia** per i certificati di sana e robusta costituzione o i **medici specialisti** che esercitano la libera professione (dentisti, ginecologi, dermatologi, ecc.).

> **Precisazioni 1)** Il **circuito di credito** commerciale, che consente agli iscritti la compravendita di beni e servizi con lo strumento dello scambio multilaterale attraverso operazioni in compensazione non rispetta i requisiti di tracciabilità, quindi le relative spese sono indetraibili (Risp. AE 11 giugno 2020 n. 180).
2) È ammesso il pagamento con **smartphone** tramite l'applicazione di un Istituto di moneta elettronica riconosciuto, collegato ai conti correnti bancari, se dall'estratto conto bancario o dalle transazioni della app è possibile l'identificazione dell'autore del pagamento e del beneficiario (Risp. AE 29 luglio 2020 n. 230).

Rilevanza del reddito complessivo (art. 1 c. 629 L. 160/2019) Per i contribuenti con reddito complessivo superiore a € 120.000, la detrazione per gli oneri detraibili di cui all'art. 15 DPR 917/86, indipendentemente dall'aliquota applicabile (19%, 26%, ecc.) spetta in misura pari al rapporto tra € 240.000, meno il reddito complessivo, e € 120.000 (vedi esempio); oltre € 240.000 di reddito, la detrazione non spetta. 1276
La **limitazione non si applica**:
- a tutte le spese sanitarie;
- agli interessi passivi pagati in dipendenza di prestiti o mutui agrari e di mutui ipotecari per l'acquisto o costruzione dell'abitazione principale;
- agli oneri disciplinati da disposizioni diverse dal suddetto art. 15 (detrazioni per i canoni di locazione, quelle per gli interventi di recupero del patrimonio edilizio, ecc.).

Ai fini del computo, il **reddito complessivo è determinato** considerando i redditi fondiari e diversi soggetti alla cedolare secca, i redditi professionali e di impresa soggetti al regime forfettario, sottraendo il reddito dell'abitazione principale e delle relative pertinenze e sommando la quota ACE eventualmente attribuita dalla società partecipata o di spettanza dell'imprenditore. Sono quindi **esclusi** i redditi finanziari e diversi soggetti ad imposta sostitutiva (es. dividendi, interessi, plusvalenze finanziarie).

Pertanto, salvo le esclusioni suddette:
a. detrazione integrale con reddito complessivo inferiore a € 120.000;
b. detrazione parziale con reddito complessivo superiore a € 120.000 ma non a € 240.000.

ESEMPIO
Contribuente con reddito complessivo di € 150.000
Le detrazioni per spese scolastiche spettano nella misura del 75%: (240.000 – 150.000) / 120.000 = 0,75

1277 **ONERI SOSTENUTI NELL'INTERESSE DI TERZI** (artt. 10 c. 2 e 15 c. 2 DPR 917/86) Alcuni di questi oneri, come si vedrà nella disamina specifica, sono deducibili/detraibili anche se sostenuti dal contribuente nell'interesse delle persone che sono **fiscalmente a suo carico**, compresi i figli minori di 21 anni, per i quali non spettano le detrazioni per figli a carico (v. n. 1140 e s.).
In questi casi, se la persona a favore della quale sono stati pagati è **a carico di più soggetti** (es. genitori), l'onere va ripartito nella proporzione in cui è stato effettivamente sostenuto. Se i genitori intendono ripartirlo in misura diversa dal 50%, devono annotare nel documento comprovante l'onere la percentuale di ripartizione.
Naturalmente se uno dei coniugi è fiscalmente a carico dell'altro, quest'ultimo può dedurre l'intero importo dell'onere.

La detrazione o deduzione su oneri sostenuti per familiari a carico **spetta anche se non si fruisce delle detrazioni per carichi di famiglia**, attribuite interamente ad un altro soggetto (es. nonno che paga le spese universitarie del nipote convivente per il cui carico la detrazione forfettaria di cui al n. 1120 e s. spetta ai genitori); in questi casi chi ha sostenuto la spesa nel prospetto Familiari a carico indica il codice fiscale del familiare e il numero dei mesi a carico, ma la percentuale di detrazione è pari a zero.

1279 In genere, le spese sostenute per familiari **non a carico**, non sono deducibili né per la persona che ha sostenuto l'onere né per la persona che ha beneficiato della prestazione (Circ. AE 14 giugno 2001 n. 55/E). Fanno **eccezione** a tale regola le spese sanitarie sostenute nell'interesse di familiari non a carico affetti da gravi patologie (v. n. 1960), nonché le spese mediche e di assistenza specifica dei portatori di handicap (v. n. 1930 e s.).

1281 **RIMBORSI DI SOMME GIÀ DEDOTTE O DETRATTE** (artt. 17 c. 1 lett. n bis DPR 917/86) Per i rimborsi da parte di **terzi** di oneri precedentemente dedotti o che hanno dato diritto a detrazione, occorre considerare la **data del rimborso**:
– se avvengono **nello stesso anno** in cui sono stati sostenuti (es. spese rimborsate da assicurazioni o contributi di enti previdenziali o assistenziali pubblici o privati) rendono ininfluenti le spese sostenute ai fini delle detrazioni spettanti;
– se avvengono in **periodi di imposta successivi**, sono soggetti, salvo diversa opzione, a tassazione separata (v. n. 3400).

Unica eccezione riguarda i rimborsi di **spese mediche** che sono irrilevanti a certe condizioni (v. n. 1905).

1283 **CALAMITÀ PUBBLICHE** (art. 9 L. 212/2000, art. 36 c. 32 DL 223/2006 conv. in L. 248/2006) Se la **sospensione o** il **differimento dei termini** di versamento di imposte o contributi deducibili dal reddito (o che non concorrono a formarlo) derivano dal verificarsi di eventi eccezionali (terremoti, alluvioni, ecc.), gli effetti possono essere differenti a seconda dei casi.

Sospensione/differimento	Effetti
previsti da una **norma specifica (1)** (per l'elenco si rinvia all'appendice delle istruzioni alla dichiarazione dei redditi)	permane la deducibilità degli oneri (o la non concorrenza al reddito). Nel periodo d'imposta in cui avviene il versamento, a seguito della cessazione della sospensione **(2)**, gli oneri non possono essere dedotti o esclusi dal reddito. In via transitoria, coloro che, durante la sospensione disposta per calamità pubbliche, non hanno dedotto (o dal cui reddito non sono stati esclusi) gli oneri, possono dedurre (o escludere gli stessi) dal reddito relativo al periodo d'imposta in cui, cessata la sospensione, sarà effettuato il versamento

Sospensione/differimento	Effetti
non previsti da alcuna norma specifica	le imposte e i contributi non versati concorrono a formare il reddito nel periodo di sospensione. La deduzione avviene nel periodo in cui saranno effettivamente versati **(3)** (Ris. AE 1° giugno 2005 n. 68/E)

(1) La sospensione suddetta comporta parallelamente, per un corrispondente periodo di tempo, la sospensione dei termini previsti per gli **adempimenti anche processuali**, nonché la sospensione dei **termini di prescrizione e decadenza** in materia di liquidazione, controllo, accertamento, contenzioso e riscossione a favore degli enti impositori e degli AdR.
I termini di prescrizione e decadenza relativi all'attività degli uffici degli enti impositori e degli AdR aventi sede nei territori dei Comuni colpiti dagli eventi eccezionali oppure nei territori di Comuni diversi ma riguardanti debitori aventi domicilio fiscale o sede operativa nei territori di Comuni colpiti da eventi eccezionali e per i quali è stata disposta la sospensione degli adempimenti e dei versamenti tributari, che scadono entro il 31 dicembre dell'anno o degli anni durante i quali si verifica la sospensione, sono prorogati fino al 31 dicembre del secondo anno successivo alla fine del periodo di sospensione.
L'AdR non procede alla notifica delle **cartelle di pagamento** durante il periodo di sospensione (art. 12 D.Lgs. 159/2015).
(2) Salvo diverse disposizioni, i versamenti sospesi sono **effettuati entro** il mese successivo al termine del periodo di sospensione (art. 12 D.Lgs. 159/2015). La ripresa dei versamenti avviene, senza applicazione di sanzioni, interessi e oneri accessori relativi al periodo di sospensione, anche mediante **rateizzazione** fino a un massimo di 18 rate mensili di pari importo, a decorrere dal mese successivo alla data di scadenza della sospensione.
Con decreto sono definiti le modalità e i termini della ripresa dei versamenti, tenendo anche conto della durata del periodo di sospensione (art. 9 c. 2 bis L. 212/2000).
(3) I contribuenti residenti o aventi sede (legale od operativa) nei territori colpiti da eventi calamitosi con danni riconducibili all'evento e individuati con la medesima ordinanza con la quale è dichiarato lo stato di emergenza possono **chiedere la rateizzazione**, fino a un massimo di 18 rate mensili di pari importo, dei tributi che scadono nei sei mesi successivi alla dichiarazione dello stato di emergenza, con istanza da presentare al competente ufficio, secondo modalità e termini stabiliti con decreto (art. 9 c. 2 ter L. 212/2000).

II. Oneri deducibili

Di seguito vengono proposti gli oneri deducibili dal reddito complessivo. 1290

ASSEGNI PERIODICI Comprendono le somme che per legge, per provvedimento giu- 1300
diziale o, in alcuni casi, per atti dei privati, devono essere corrisposte periodicamente (di solito mensilmente).
Sono interamente deducibili dal reddito complessivo lordo del **soggetto erogante** e, in contropartita, costituiscono reddito per il beneficiario.

1305

Tipologia di assegno	Descrizione
mantenimento coniuge o parte dell'unione civile (disposti dal giudice) (art. 10 lett. c DPR 917/86)	Sono corrisposti al coniuge o alla parte dell'unione civile, anche se residente all'estero, in seguito alla **separazione** legale ed effettiva (quella di fatto non rileva), allo scioglimento, all'annullamento del matrimonio o dell'unione civile **(1)** ed al **divorzio**. Sono deducibili, nella misura prevista dal provvedimento del giudice, anche straniero **(2)** o nell'accordo analogo raggiunto, a seguito della convenzione di negoziazione assistita da un avvocato o dinanzi all'ufficiale dello stato civile, solo gli **assegni periodici (3)** e non i pagamenti effettuati in un'**unica soluzione (4) (5)** (Circ. AE 12 giugno 2002 n. 50/E, C.Cost. 6 dicembre 2001 n. 383). Le quote dell'assegno attribuite dal giudice per il **mantenimento dei figli** non sono deducibili (a fronte di tali oneri al contribuente è concessa la detrazione per carichi di famiglia). Se il provvedimento del giudice **non distingue la quota** dell'assegno destinata al mantenimento dei figli, l'assegno si considera destinato al coniuge per 1/2 (art. 3 DPR 42/88) **(6)**.
alimentare (art. 10 lett. d DPR 917/86)	Gli assegni alimentari, pagati in adempimento dell'art. 433 c.c. - che prevede l'esistenza di una obbligazione alimentare reciproca, in caso di bisogno, tra i familiari di cui al n. 1125 - sono deducibili dal reddito complessivo del debitore **limitatamente** alla misura fissata dall'**autorità giudiziaria (7)**.

Tipologia di assegno	Descrizione
testamento o donazione (art. 10 lett. d DPR 917/86)	L'obbligo di corrisponderli deriva da un testamento o da una donazione modale, quindi anche dalla volontà di un terzo (testatore o donante). Tale obbligo può essere stabilito anche in favore di **persone estranee**, non aventi con il contribuente alcun legame di parentela o di matrimonio. Le somme corrisposte rimangono, comunque, deducibili per colui che le eroga nel **limite** fissato dal testamento o dall'atto di donazione, regolarmente registrati.

(1) Le somme analoghe corrisposte **dall'ex convivente** di fatto, a favore dell'altro ex convivente (di sesso diverso, non si tratta quindi in un'unione civile), per contribuire al pagamento del canone di locazione non sono deducibili (Risp. AE 5 ottobre 2021 n. 657).

(2) Sono pertanto indeducibili le somme corrisposte e **non determinate** nella misura dal giudice, come quelle corrisposte volontariamente a titolo di adeguamento ISTAT (Ris. AE 19 novembre 2008 n. 448/E).

Al contrario, è deducibile l'assegno formato da una parte fissa e da una parte variabile, quest'ultima costituita dall'IRPEF dovuta sull'assegno e rimborsata al coniuge percipiente (Cass. 3 maggio 2005 n. 9148).

È equiparato all'assegno di mantenimento, quindi deducibile, il c.d. **contributo casa**, cioè l'importo stabilito dal giudice a titolo di **spese per il canone di locazione** e spese condominiali, corrisposto periodicamente all'ex-coniuge (Circ. AE 24 aprile 2015 n. 17/E, Cass. 24 maggio 2013 n. 13029).

Se il coniuge beneficiario è **straniero** e non ha il **codice fiscale** in Italia (che va indicato in dichiarazione, pena la mancata deduzione), il contribuente che corrisponde l'assegno deve chiedere all'AE l'attribuzione sulla base di un'istanza motivata a cui va allegata la sentenza di divorzio (Risp. AE 17 dicembre 2020 n. 598).

(3) Anche se l'assegno **non viene corrisposto** ma viene **compensato** con un debito della ex moglie nei confronti del marito stesso (Ris. AE 15 giugno 2009 n. 157/E).

(4) L'indeducibilità permane anche se la **somma unica** prevista per dare risoluzione definitiva ad ogni rapporto tra i coniugi viene corrisposta in un numero definito di rate (Ris. AE 11 giugno 2009 n. 153/E). Al contrario, il pagamento in un'unica soluzione di **assegni periodici arretrati** scaduti è deducibile dal reddito imponibile del periodo di pagamento (Circ. AE 7 luglio 2022 n. 24/E, Cass. 24 febbraio 2014 n. 4402).

(5) Se una sentenza di separazione consensuale stabilisce che le **rate di mutuo** contratto per l'**acquisto della casa** saranno **pagate dal marito** per l'intero ammontare e senza poter chiedere alla moglie il rimborso della quota e, per tale ragione, la moglie (come corrispettivo) rinuncia all'assegno mensile di mantenimento, il marito non può considerare l'importo del mutuo come onere deducibile in sostituzione dell'assegno (Circ. AE 12 giugno 2002 n. 50/E). In senso contrario si è espressa la giurisprudenza:
- le somme corrisposte da un coniuge, in aggiunta all'assegno di mantenimento, per pagare le rate del mutuo gravanti sull'altro coniuge, in base ad un accordo di separazione omologato dal Tribunale, sono deducibili, a condizione che siano determinanti per il mantenimento del coniuge debole (Cass. 4 marzo 2021 n. 5984);
- in assenza della condizione citata, le somme sono indeducibili, a meno che non siano alternative all'assegno di mantenimento, nei limiti del relativo importo (Cass. 2 aprile 2015 n. 6794).

(6) Nella **dichiarazione dei redditi** va indicata solo la somma destinata al coniuge (non quella destinata ai figli).

(7) Le somme pagate **non risultanti da un provvedimento del giudice** sono indeducibili; è, tuttavia, riconosciuta la detrazione per familiari a carico (v. n. 1180).

1308 **CONTRIBUTI ASSISTENZIALI E PREVIDENZIALI** Ci sono diverse tipologie di contributi, assistenziali e previdenziali, versati a enti e casse, a fondi sanitari e a fondi pensione che sono deducibili dal reddito complessivo.

1310 **Contributi obbligatori e facoltativi** (art. 10 lett. e DPR 917/86) I versamenti aventi funzione assistenziale e previdenziale - versati obbligatoriamente o facoltativamente, in Italia o all'estero, sempreché le somme e i valori cui i contributi si riferiscono siano assoggettate a tassazione in Italia (Risp. AE 19 luglio 2019 n. 284) - alla gestione della **forma pensionistica obbligatoria di appartenenza**, sono interamente deducibili dal reddito complessivo del soggetto che li ha effettivamente sostenuti nell'**interesse proprio**.

Per quelli sostenuti nell'interesse delle **persone fiscalmente a proprio carico** (v. n. 1125 e s.) la deduzione può essere fruita indifferentemente dal soggetto nel cui interesse i contributi sono versati o dal soggetto di cui questi è a carico; la spesa può anche essere suddivisa fra i due soggetti, sempreché effettivamente rimasta a carico di chi intende fruire della deduzione. Inoltre, se la persona a favore della quale sono stati versati i contributi è **a carico di più soggetti**, i contributi si ripartiscono in proporzione alla spesa sostenuta da ciascuno, secondo le regole generali illustrate al n. 1270.

Se i contributi sono pagati **per conto di un altro soggetto**, ma è prevista la rivalsa, la deduzione spetta unicamente al soggetto per conto del quale i contributi sono stati versati, sempre che la rivalsa sia stata esercitata. Questa regola subisce una deroga in relazione ai contributi obbligatori versati dal datore di lavoro per gli addetti ai servizi domestici (c.d. **colf**) e all'assistenza personale e familiare (es. **baby sitter**, assistenti agli anziani), che sono deducibili per il datore stesso (entro il limite di € 1.549,37).

ESEMPIO
In caso di **impresa familiare artigiana** o **commerciale**, il titolare dell'impresa è obbligato al versamento dei contributi previdenziali anche per i familiari che collaborano nell'impresa; tuttavia, poiché per legge il titolare ha diritto di rivalsa sui collaboratori stessi non può mai dedurli, neppure se di fatto non ha esercitato la rivalsa, a meno che il collaboratore non sia anche fiscalmente a carico. I collaboratori, invece, possono dedurre i contributi soltanto se il titolare dell'impresa ha effettivamente esercitato detta rivalsa.
Invece in caso di impresa familiare **agricola**, anche in caso di rivalsa, il collaboratore non può dedurre i contributi (Risp. AE 16 luglio 2019 n. 248).

> Precisazioni 1) I contributi sostenuti per una **badante assunta tramite agenzia di somministrazione** (ex interinale) e rimborsati all'agenzia stessa sono deducibili se quest'ultima rilascia una certificazione attestante: gli importi pagati, gli estremi anagrafici e il codice fiscale del soggetto utilizzatore che paga e della badante (Circ. AE 4 aprile 2017 n. 7/E).
2) I **contributi dovuti dal defunto** (ma omessi) e versati dall'erede (coniuge) al fine di vedersi riconosciuta la pensione di reversibilità, sono deducibili (al netto di sanzioni e interessi) dal reddito complessivo del coniuge (Ris. AE 28 aprile 2009 n. 114/E). Invece, se il versamento dovuto a seguito di adesione all'accertamento del reddito del defunto non è preordinato al conseguimento di una controprestazione previdenziale a favore degli eredi, la deduzione non spetta (Risp. AE 18 luglio 2019 n. 267).
3) Non possono essere dedotte le spese sostenute in un anno e che nello stesso anno sono state rimborsate dal datore di lavoro **in sostituzione delle retribuzioni premiali** e indicate nella sezione «rimborsi di beni e servizi non soggetti a tassazione - art. 51 del TUIR» (Circ. AE 27 aprile 2018 n. 7/E).

1312

Esempi di contributi deducibili	
previdenziali obbligatori	– i contributi **INPS**, inclusi quelli della gestione ex SCAU versati per costituire la propria posizione previdenziale e assistenziale e per avere l'assicurazione obbligatoria per gli infortuni (Circ. AE 20 aprile 2005 n. 15/E) **(1)**; – i contributi pagati a favore dei relativi Enti dagli **imprenditori** e dagli **esercenti arti e professioni**. Ad esempio quelli pagati dagli spedizionieri doganali, dagli artigiani, dagli avvocati, commercialisti, ingegneri ed architetti, geometri, notai alle rispettive Casse di previdenza **(2) (3)**; – i contributi versati da **farmacisti, chirurghi**, odontoiatri e veterinari all'ANAOSI (Circ. AE 18 maggio 2006 n. 17/E); – i contributi previdenziali pagati alle loro rispettive **Casse** nazionali dai **lavoratori UE** che svolgono attività lavorativa in Italia (Ris. Min. 7 maggio 1979 n. 12/377).
previdenziali facoltativi	I contributi versati volontariamente alla gestione della **forma pensionistica obbligatoria di appartenenza**, qualunque sia la causa che origina il versamento (es. riscatto degli anni di laurea ai fini sia della pensione che della buonuscita **(4)**, compreso il riscatto relativo al coniuge deceduto, prosecuzione volontaria, ricongiunzione di differenti periodi assicurativi). Si comprendono i contributi versati da parte dei soggetti che vi si sono iscritti volontariamente, in quanto svolgono, senza vincolo di subordinazione, lavori non retribuiti in relazione a responsabilità familiari, che non prestano attività lavorativa autonoma o alle dipendenze di terzi e che non sono titolari di pensione diretta (es. **casalinghe**) **(5)**.
assistenziali	– i contributi **sanitari** obbligatori - escluso quello versato con il premio di assicurazione RC per veicoli e natanti (art. 12 c. 2 bis DL 102/2013 conv. in L. 124/2013); – i premi **INAIL** a carico dei collaboratori coordinati e continuativi (Circ. AE 14 giugno 2001 n. 55/E) e quelli pagati per assicurare le casalinghe (Circ. AE 7 giugno 2002 n. 48/E).

(1) Si considerano anche i contributi versati dal lavoratore per ricostruire la propria posizione previdenziale per gli anni pregressi (nell'ambito del programma di **emersione del lavoro nero**, Circ. AE 11 ottobre 2001 n. 88/E), nonché il contributo alla gestione separata INPS, nella misura rimasta a carico del contribuente che percepisce il compenso, se non è già stata considerata dal datore di lavoro.

(2) Secondo la Cassazione, i contributi sono dei costi (deducibili) che partecipano alla formazione del reddito di lavoro autonomo (o di impresa) prodotto dai professionisti (o imprenditori) (Cass. 4 settembre 2020 n. 18395, Cass. 10 gennaio 2018 n. 321, Cass. 27 gennaio 2009 n. 1939 e Cass. 26 febbraio 2001 n. 2781).
In **senso contrario**, l'AE ritiene che questi contributi siano deducibili dal reddito complessivo (Ris. AE 8 marzo 2002 n. 79/E), tranne che per i notai, che li possono dedurre dal reddito professionale in virtù del criterio particolare di liquidazione (Ris. AE 12 ottobre 2020 n. 66/E).

(3) In proposito, si comprende anche il **contributo integrativo minimo** pagato alla propria Cassa dai Ragionieri e Periti commerciali o dai biologi, che abbiano realizzato un limitato volume d'affari o un volume d'affari pari a zero (Ris. AE 18 maggio 2006 n. 69/E, Ris. AE 3 marzo 2011 n. 25/E). Invece i contributi integrativi addebitati dai commercialisti ai propri

clienti non sono deducibili (Cass. 13 giugno 2014 n. 13465), a meno che non resti a carico del commercialista perché la rivalsa sul cliente non ha avuto successo.
(4) Per i contributi versati per il **riscatto del corso di laurea dei familiari a carico** è prevista la detrazione del 19% (v. n. 2035).
(5) Non sono deducibili i contributi pagati ad **associazioni** che si occupano di **servizi socio assistenziali** a portatori di handicap (Ris. Min. 15 luglio 1995 n. 204).

1313 **Contributi a fondi e a forme pensionistiche complementari** (art. 10 lett. e bis DPR 917/86) In genere, sono deducibili i contributi versati a (Circ. AE 18 dicembre 2007 n. 70/E):
- fondi pensione nazionali (chiusi o aperti);
- forme pensionistiche complementari istituite negli Stati membri dell'UE e in Norvegia e Islanda;
- forme pensionistiche individuali (attuate mediante adesione a fondi pensione aperti o mediante contratti di assicurazione).

Salvo i casi particolari sotto esaminati, la deducibilità è ammessa **entro il limite di** € 5.164,57, per il cui computo:
- rilevano i versamenti a carico del contribuente e/o del datore di lavoro. Si deducono, quindi, anche se versati solo dal datore di lavoro (Risp. AE 15 settembre 2021 n. 589);
- rilevano le quote accantonate dal datore ai fondi di previdenza interni di cui al n. 24325;
- non rileva il conferimento del TFR maturando ai fondi pensione.

In caso di **versamenti di importo inferiore** a € 5.164,57, l'ammontare residuo della deduzione non utilizzata non può essere riportato e utilizzato nei periodi di imposta successivi (Circ. AE 4 aprile 2017 n. 7/E).

Se, in aggiunta al contributo, è previsto il versamento di una **quota associativa**, il relativo importo non è deducibile, anche se è trattenuto dal datore (Ris. AE 25 luglio 2005 n. 96/E).

1314

Casi particolari	
1) situazione di squilibrio finanziario	I contributi versati alle forme pensionistiche complementari per le quali sia stata accertata una situazione di squilibrio finanziario (es. Fondo Mario Negri per dirigenti del commercio), sono **interamente deducibili**, senza alcun limite. Se si è iscritti anche ad **altre forme di previdenza complementare**, la deducibilità dei contributi versati a queste ultime è ammessa solo nel limite complessivo di € 5.164,57 (considerando anche i contributi versati al fondo in squilibrio finanziario).
2) giovani lavoratori	I lavoratori di **prima occupazione successiva al 1° gennaio 2007** - cioè che a tale data non erano titolari di una posizione contributiva aperta presso un qualsiasi ente di previdenza obbligatoria - se nei primi 5 anni di partecipazione alle forme pensionistiche complementari hanno effettuato versamenti di importo inferiore al limite predetto, possono godere di un maggior limite di deducibilità, a partire dal 6° anno di partecipazione alle forme pensionistiche e per i 20 anni successivi. Infatti il limite annuo ordinario di € 5.164,57 è incrementato di un importo pari alla differenza positiva tra € 25.822,85 ed i contributi effettivamente versati nei primi 5 anni e, comunque, di un importo annuo non superiore a € 2.582,29 (art. 8 D.Lgs. 252/2005, Circ. AE 18 dicembre 2007 n. 70/E). **Esempio** Un dipendente che dal 2007 al 2011 ha versato complessivamente contributi per € 15.822,85, negli anni 2012-2031 ha a disposizione € 10.000 che può versare oltre il limite annuo di € 5.164,57 per un importo annuo non superiore a € 2.582,29 (il versamento annuo quindi non può essere superiore a € 7.746,86). Non è necessario che i versamenti annui siano costanti; la quota dei € 10.000 non versata entro il 2031, si perde definitivamente (Ris. AE 27 dicembre 2011 n. 131/E).
3) contributi versati a favore di persone a carico	La deduzione spetta (nel rispetto del limite complessivo di € 5.164,57): - innanzitutto, al soggetto a carico; - poi, in caso di incapienza del reddito di quest'ultimo, al soggetto che lo ha in carico. Se i contributi versati **non sono stati dedotti**, anche parzialmente (ad esempio perché di importo superiore ai limiti), il contribuente comunica al fondo pensione l'importo non dedotto o che non sarà dedotto in sede di presentazione della dichiarazione dei redditi, in modo che la loro restituzione, sotto forma di capitale o di rendita, non sarà tassata. La **comunicazione** va effettuata entro il 31 dicembre dell'anno successivo a quello in cui è stato effettuato il versamento o, se antecedente, alla data in cui sorge il diritto alla prestazione.

Contributi a fondi sanitari integrativi (art. 10 c. 1 lett. e ter DPR 917/86) Sono deducibili i contributi versati ai fondi integrativi del Servizio sanitario nazionale, istituiti o adeguati ai sensi del decreto sul riordino della disciplina sanitaria (art. 9 D.Lgs. 502/92) che erogano prestazioni sanitarie negli ambiti di intervento stabiliti con decreto (vedi **tabella**). **1319**

Prestazioni sanitarie e socio sanitarie (DM 31 marzo 2008)
1) prevenzione, cura e riabilitazione (es. medicina non convenzionale, cure termali, assistenza odontoiatrica);
2) recupero della salute dei soggetti temporaneamente inabilitati da malattia o infortunio;
3) assistenza odontoiatrica non compresa nei livelli essenziali di cui al precedente punto 1).

La deduzione spetta **limitatamente a** € 3.615,20; ai fini del calcolo del limite si tiene conto anche dei contributi di assistenza sanitaria eventualmente versati dal datore di lavoro o dal lavoratore di cui al n. 8400 (Circ. AE 19 giugno 2002 n. 54/E).
Per i contributi versati nell'interesse dei **familiari a carico** per i quali il contribuente fruisce delle detrazioni IRPEF, la deduzione spetta per l'ammontare non dedotto dai familiari stessi, fermo restando l'importo complessivamente stabilito. Se invece i contributi sono versati in favore di familiari non a carico, la deduzione non spetta (Ris. AE 2 agosto 2016 n. 65/E).

N.B. I Fondi in esame **non sono equiparabili agli enti e casse** aventi esclusivamente fine assistenziale di cui al n. 8400, previsti in relazione ai contributi versati nell'ambito di rapporti di lavoro dipendente. Pertanto, non sono deducibili per un **lavoratore autonomo** i contributi versati ai predetti enti e casse (Ris. AE 3 dicembre 2014 n. 107/E).

LIBERALITÀ I versamenti a titolo gratuito sono presi in considerazione quando sono effettuati a vantaggio di organismi che operano nel c.d. **terzo settore** (effettuando iniziative sociali e/o umanitarie) o di **Università** ed enti di ricerca. **1321**
Il regime di deducibilità di queste erogazioni varia a seconda del soggetto beneficiario.
Certe liberalità danno **alternativamente** diritto alla detrazione di imposta e, in certi casi, il donante può scegliere se avvalersi della **deduzione** o della **detrazione**. In ogni caso una liberalità a favore di un ente non può **cumularsi** con altre agevolazioni che consentono la deduzione o la detrazione correlate a liberalità erogate agli stessi enti (es. quelle in denaro illustrate al n. 2160). La non cumulabilità prescinde dall'importo delle liberalità erogate (es. se l'erogazione è superiore al limite specifico, l'eccedenza non rileva per altre deduzioni o detrazioni). La scelta tra un'agevolazione e l'altra rimane ferma per tutto il periodo d'imposta.

Per i soggetti che effettuano le erogazioni liberali nell'esercizio di **attività d'impresa**, queste, se rispettano alcune regole particolari, sono comprese tra i costi deducibili dal reddito d'impresa.

In generale, le erogazioni seguenti sono deducibili **a condizione che** siano effettuate mediante **sistemi tracciabili** di pagamento: versamento postale o bancario, carte di debito, carte di credito, carte prepagate, assegni bancari e circolari (Istr. dichiarazione dei redditi). Per le erogazioni effettuate con assegno bancario bisogna farsi rilasciare apposita quietanza liberatoria su bollettini prestampati e numerati, contenente i dati del donatore. Per le erogazioni effettuate tramite **carta di credito** è sufficiente la tenuta e l'esibizione, in caso di eventuale richiesta dell'AF, dell'estratto conto della società che gestisce la carta di credito. **1322**

A enti religiosi (art. 10 lett. i, l DPR 917/86) Sono deducibili dal reddito complessivo, entro il **limite** massimo di € 1.032,91 per ciascuna, i versamenti in denaro effettuati nell'anno in favore delle Istituzioni religiose indicate nella **tabella**. **1323**

1) Istituto centrale per il sostentamento del Clero della Chiesa cattolica italiana **(*)**;
2) Unione Italiana delle Chiese cristiane avventizie del settimo giorno **(*)**;
3) Ente Assemblee di Dio in Italia;
4) Tavola Valdese **(*)**;
5) Comunità evangelica luterana in Italia e le comunità ad esse collegate **(*)**;
6) Unione Cristiana Evangelica Battista d'Italia **(*)**;
7) Comunità ebraiche e l'Unione delle Comunità ebraiche italiane **(*)**;
8) Sacra arcidiocesi ortodossa d'Italia ed Esarcato per l'Europa Meridionale;
9) Ente patrimoniale della Chiesa di Gesù Cristo dei Santi degli ultimi giorni;

10) Chiesa Apostolica in Italia;
11) Unione Buddhista Italiana;
12) Unione Induista Italiana;
13) Istituto buddista italiano Soka Gakkai (DM 23 febbraio 2017)

(*) Anche in **contanti**, purché risultino da attestazione rilasciata dal beneficiario (Ris. AE 19 giugno 2017 n. 72/E).

1325 **A Paesi in via di sviluppo** (art. 10 lett. g DPR 917/86) Sono deducibili, nella **misura massima del 2%** del reddito complessivo (v. n. 805), i versamenti e le donazioni effettuati a favore delle ex **ONG** (organizzazioni non governative) riconosciute idonee, ora iscritte all'Anagrafe unica delle **ONLUS**; l'elenco delle ONG riconosciute idonee si può consultare sul il sito www.esteri.it.
La deducibilità è ammessa **a condizione** che per le medesime erogazioni il soggetto donante non usufruisca della detrazione per gli analoghi versamenti illustrati al n. 2160; in caso di distinte erogazioni liberali, anche a favore del medesimo beneficiario, si può scegliere per ciascuna se applicare la deduzione o la detrazione (Circ. AE 24 aprile 2015 n. 17/E).
Poiché le ONG sono **ONLUS** di diritto, è possibile usufruire delle più ampie agevolazioni illustrate al n. 1327, che però precludono la scelta di usufruire (anche per altre erogazioni) della deduzione in esame o della predetta detrazione.

1327 **A ONLUS e simili** (art. 14 DL 35/2005, Circ. AE 19 agosto 2005 n. 39/E) Possono essere beneficiari delle liberalità in esame:
- ONLUS, comprese quelle di diritto elencate al n. 98050;
- associazioni nazionali di promozione sociale iscritte nel registro nazionale, operanti da almeno un anno (comprese le organizzazioni territoriali e i circoli affiliati);
- fondazioni e associazioni riconosciute (con personalità giuridica) aventi per oggetto statutario la tutela, la promozione e la valorizzazione, anche con mostre ed esposizioni dei beni di interesse artistico, storico e paesaggistico (Ris. AE 17 giugno 2008 n. 249/E);
- trust e fondi speciali istituiti in favore di persone con disabilità grave (art. 6 c. 9 L. 112/2016);
- fondazioni e associazioni riconosciute (con personalità giuridica) aventi per oggetto statutario lo svolgimento o la promozione di attività di ricerca scientifica, individuate con DPCM 4 febbraio 2015.

Non è richiesta l'assenza del **fine di lucro** (Ris. AE 18 ottobre 2007 n. 299/E).

1328 Le liberalità in denaro o in natura erogate in favore dei soggetti sopra elencati sono deducibili per il soggetto erogatore nel **limite** del 10% del reddito complessivo dichiarato (v. n. 805), e comunque nella misura massima di € 70.000 annui (in pratica si considera il minore fra i due importi). Per quelle a favore di trust e fondi speciali (istituiti in favore di persone con disabilità grave), i suddetti limiti sono elevati, rispettivamente, al 20% del reddito complessivo dichiarato e a € 100.000 (art. 6 c. 9 L. 112/2016).
Per le erogazioni liberali di beni **in natura**, si considera il valore normale (v. n. 845); in relazione alla natura di particolari beni (es. opere d'arte, gioielli, ecc.) si può ricorrere alla stima di un perito.

1329 L'agevolazione spetta a **condizione** che il **soggetto beneficiario**:
- tenga le scritture contabili atte a rappresentare con completezza e analiticità le operazioni poste in essere nel periodo di gestione e rediga, entro 4 mesi dalla chiusura dell'esercizio, un apposito documento che rappresenti adeguatamente la situazione patrimoniale, economica e finanziaria;
- non usufruisca (sia per le stesse erogazioni che per erogazioni distinte, effettuate anche ad altre ONLUS) delle detrazioni d'imposta di cui al n. 2160 né della deduzione di cui al n. 1325 (Circ. AE 24 aprile 2015 n. 17/E).
L'AE controlla la sussistenza effettiva dei caratteri solidaristici e sociali in capo all'ente beneficiario dell'erogazione; in loro assenza la **deduzione è indebita** (e l'ente beneficiario e i suoi amministratori sono **obbligati in solido** con i soggetti erogatori per le maggiori imposte accertate e per le sanzioni applicate).

In caso di indebita detrazione per assenza dei requisiti del beneficiario, la **sanzione** illustrata al n. 86950 è maggiorata del 200%. La maggiorazione non si applica in caso di mancato rispetto degli obblighi contabili da parte dell'ente beneficiario.

A università ed enti di ricerca (art. 10 lett. l quater DPR 917/86) Le erogazioni liberali in denaro effettuate a favore dei seguenti enti sono deducibili senza alcun limite: **1331**
- università, fondazioni universitarie e istituzioni universitarie pubbliche, incluse le aziende ospedaliero-universitarie (Ris. AE 7 luglio 2010 n. 68/E) e gli Istituti di ricovero e cura a carattere scientifico (IRCCS), sia pubblici che privati (Ris. AE 19 agosto 2011 n. 87/E);
- enti di ricerca pubblici o enti di ricerca vigilati dal Ministero dell'istruzione, dell'università e della ricerca, ivi compresi l'Istituto superiore di sanità e l'Istituto superiore per la prevenzione e la sicurezza del lavoro;
- enti parco regionali e nazionali.

A soggetti che fruiscono del patrocinio a spese dello Stato (art. 10 c. 1 lett. l ter DPR 917/86) Sono deducibili dal reddito le erogazioni liberali per gli oneri difensivi corrisposte a favore dei soggetti non abbienti che fruiscono del patrocinio a spese dello Stato. In particolare, sono potenzialmente interessati, come beneficiari dell'erogazione, i titolari di un reddito imponibile IRPEF, risultante dall'ultima dichiarazione, non superiore a € 11.528,41 (limite da aggiornare ogni 2 anni in base all'indice ISTAT). **1332**

SOMME RESTITUITE DAL CONTRIBUENTE A CHI LE HA EROGATE (art. 10 c. 1 lett. d bis e c. 2 bis DPR 917/86, Circ. AE 14 luglio 2021 n. 8/E) Bisogna distinguere a seconda che le somme restituite - che hanno concorso a formare il **reddito in anni precedenti** (redditi di lavoro dipendente, di lavoro autonomo e diversi) o sono state **tassate separatamente** - siano state o meno assoggettate a **ritenuta** (d'acconto o d'imposta o a imposta sostitutiva). **1335**

Somme	Disciplina
Non assoggettate a ritenuta (es. datore di lavoro privato)	Onere deducibile. In linea di principio, la deduzione spetta a condizione che il **soggetto che restituisce** le somme sia lo stesso che ha assolto l'IRPEF in precedenza (senza ritenuta); tuttavia, nel caso di **eredi** che restituiscono all'inquilino canoni di locazione percepiti dal soggetto deceduto, l'identità tra i due soggetti non è necessaria (Ris. AE 14 novembre 2001 n. 184/E) **(1)**.
Assoggettate a ritenuta (2)	Non è un onere deducibile, la restituzione va effettuata **al netto** delle ritenute subite (IRPEF e relative addizionali). Al sostituto d'imposta, spetta un **credito d'imposta** del 30% di quanto ricevuto **(3)**, utilizzabile senza limiti di importo in compensazione dal momento in cui non può più essere eccepita la legittimità della pretesa alla restituzione (es. sentenza definitiva); sono irrilevanti le vicende e le modalità relative alla restituzione dell'indebito (es. pagamento rateale) **(4)**. Tale credito rileva ai fini della determinazione del reddito (art. 150 DL 34/2020 conv. in L. 77/2020, Istruzioni CU) **(5)**.

(1) I **datori di lavoro** a cui sono restituite le somme, su richiesta dei sostituiti (contenente i dati relativi all'ammontare delle somme non dedotte), riconoscono la non concorrenza alla formazione del reddito di **lavoro dipendente**. Se il datore è diverso da quello a cui sono state restituite le somme, la comunicazione deve essere corredata della CU con evidenziati i dati relativi all'ammontare delle somme restituite e di quelle eventualmente già dedotte.

(2) Questa disposizione si applica alle somme **restituite dal 1° gennaio 2020**. Tuttavia occorre precisare (Risp. AE 26 settembre 2022 n. 470):
- se le somme da restituire sono state determinate a seguito di un **contenzioso**, qualora il presupposto per la restituzione delle somme sia un atto amministrativo (es. delibera della Giunta di una Cassa di Previdenza obbligatoria) emesso in esecuzione di una sentenza passata in giudicato ante 19 maggio 2020 (entrata in vigore della norma), la restituzione deve essere fatta al lordo (senza credito d'imposta), anche se avviene dopo il 1° gennaio 2020, salvo diverso accordo tra le parti;
- se la restituzione consegue ad un **atto amministrativo unilaterale**, ma in assenza di contenzioso, esso non è un titolo esecutivo, quindi non diventa definitivo, pertanto, il sostituto d'imposta non può fruire del credito d'imposta, a meno che, nelle more della definitività della pretesa, il sostituito corrisponda al netto le somme precedentemente percepite (vedi nota 4).

(3) Se le somme da restituire erano state **tassate parzialmente**, il credito è determinato senza considerare le somme non tassate.

(4) Se **nelle more della definitività** della pretesa, il sostituito **corrisponde le somme** precedentemente percepite, il sostituto può comunque avvalersi del credito d'imposta nel periodo d'imposta in cui è avvenuta la restituzione.

(5) Le somme restituite e il credito di imposta vanno indicati, rispettivamente, nella **CU** (punto 475 o, per redditi non da lavoro dipendente, punto 22) e nel mod. **770** (quadro SX).

ESEMPIO
Il sostituto Rossi ha pagato il dipendente Bianchi nel 2020 € 28.000, trattenendo le ritenute per € 6.960. Nel 2022 Bianchi deve restituire un quarto della somma complessivamente (28.000 x 1/4), € 7.000; per stabilire l'importo netto dell'indebito oggetto di restituzione, Rossi deve sottrarre da € 7.000 1/4 delle ritenute Irpef operate (6.960 x 1/4), cioè € 1.740. Conseguentemente, l'importo da restituire è € 5.260.

1336 Se nel periodo d'imposta di restituzione la deduzione, se spettante, **non è stata effettuata**, in tutto (contribuente non obbligato alla presentazione della dichiarazione) o in parte (per incapienza del reddito), essa può essere recuperata in uno dei seguenti modi **alternativi**:
1) effettuando la **deduzione dal reddito** complessivo dei periodi d'imposta successivi, fino a capienza dei relativi importi;
2) chiedendo il **rimborso** dell'imposta corrispondente all'importo non dedotto, determinata applicando all'intero ammontare delle somme non dedotte l'aliquota corrispondente al primo scaglione di reddito. La richiesta è effettuata con **istanza** irrevocabile in carta libera da presentare all'AE **entro 2 anni** dalla data di scadenza del termine di presentazione della dichiarazione dei redditi relativa al periodo di imposta nel quale sono state restituite le somme (Decreto MEF 5 aprile 2016).

I **contribuenti obbligati alla presentazione della dichiarazione** dei redditi possono presentare istanza di rimborso solo se hanno prioritariamente dedotto la somma restituita dal reddito complessivo (risultato incapiente) (Faq AE Videoforum 23 gennaio 2019).

1337 **SPESE PER ADOZIONI INTERNAZIONALI** (art. 10 c. 1 lett. l bis DPR 917/86) Si tratta delle spese sostenute dagli aspiranti **genitori adottivi** per l'espletamento della procedura di adozione dei minori stranieri: assistenza ricevuta, legalizzazione e traduzione dei documenti, richiesta di visti, trasferimenti e soggiorno, eventuale quota associativa nel caso in cui la procedura sia stata curata da enti ed altre spese documentate finalizzate all'adozione del minore nonché le spese relative alle verifiche post adozione a condizione che le verifiche siano obbligatorie in base all'accordo stipulato con il Paese di origine del minore (Ris. AE 9 ottobre 2019 n. 85/E).
Tali spese sono deducibili per cassa **nella misura** del 50% del loro importo, **a condizione** che siano certificate dall'ente autorizzato che ha ricevuto l'incarico di curare la procedura di adozione (l'elenco aggiornato degli enti è consultabile sul sito Internet www.commissioneadozioni.it); al riguardo, i coniugi gli comunicano quale sia l'importo delle spese sostenute da ciascuno di essi (se sono sostenute in parti uguali, ciascuno deduce il 25% delle spese complessive) (Circ. AE 24 aprile 2015 n. 17/E).
La deduzione **spetta dal momento** in cui si conferisce all'ente autorizzato il mandato all'adozione (L. 184/83); non è necessaria l'effettiva conclusione della procedura ed il buon esito della stessa (Ris. Min. 8 maggio 2000 n. 55/E; Ris. AE 28 maggio 2004 n. 77/E).

Per le erogazioni liberali a favore di **Onlus** in relazione ad **adozioni a distanza** v. n. 2160.

1339 **ALTRI ONERI DEDUCIBILI** Nella **tabella** seguente sono riportati i rimanenti oneri deducibili dal reddito complessivo, con l'indicazione della relativa norma (ove non precisato si intende il DPR 917/86) e con una breve descrizione delle caratteristiche.

Onere	Descrizione
Indennità per perdita di avviamento (art. 10 c. 1 lett. h)	Il proprietario locatore di **immobili urbani** adibiti ad **uso commerciale** deve corrispondere al conduttore (affittuario) una somma di denaro a seguito della cessata locazione (per la perdita del c.d. avviamento commerciale) **(1)**. L'importo è deducibile dal reddito complessivo del proprietario non imprenditore **(2)** e costituisce reddito per il percipiente.
Indennità per funzioni elettorali (art. 10 c. 1 lett. f)	Sono le somme che il **datore di lavoro** deve corrispondere **ai dipendenti** chiamati a svolgere funzioni presso gli uffici elettorali in occasione di elezioni.
Oneri fondiari (art. 10 c. 1 lett. a)	Si tratta degli oneri gravanti sugli immobili e non considerati dalle stime catastali: **canoni**, **censi**, **livelli** e **altri** oneri gravanti sui redditi degli immobili che concorrono a formare il reddito complessivo, compresi i **contributi** ai consorzi la cui adesione sia **obbligatoria** per legge o in dipendenza di **atti** della **PA** (es. consorzi obbligatori di bonifica) **(3)**. L'onere costituisce reddito per chi lo percepisce.

Onere	Descrizione
Donazioni di immobili vincolati (L. 394/91)	Si tratta del **controvalore** in denaro dei beni immobili vincolati di rilevante interesse paesaggistico ed ambientale donati allo Stato o agli altri enti previsti dalla legge, allo scopo di assicurare la conservazione del bene. La deduzione è consentita nel **limite massimo** del 25% del reddito imponibile.

(1) Tali immobili devono essere adibiti all'esercizio di attività **commerciale, industriale e artigiana** la quale comporti il contatto diretto e continuo con il pubblico dei consumatori (es.: uffici, negozi, ecc.).
(2) Se il proprietario possiede l'**immobile in regime di impresa** l'importo è deducibile nell'ambito del reddito di impresa, secondo il criterio di competenza (AIDC, Norma di comportamento giugno 2013 n. 188).
(3) I contributi ai consorzi obbligatori sono deducibili anche se il reddito degli immobili cui si riferiscono non è soggetto all'IRPEF ma all'IMU (immobili non affittati o non locati). Per gli immobili locati, se il relativo reddito è tassato con la cedolare secca, la deduzione dei contributi non spetta (Ris. AE 4 luglio 2013 n. 44/E).
Non sono inoltre deducibili: i contributi ai **consorzi di miglioramento fondiario**, i contributi agricoli unificati relativi ai lavoratori dipendenti dell'agricoltore, le somme corrisposte a titolo di **vitalizio** in corrispettivo della cessione di un immobile, i contributi corrisposti ai consorzi a titolo **volontario**, la **Tosap**.

III. Oneri detraibili

Vi sono degli specifici oneri che, pur costituendo impiego di reddito, non sono deducibili dal reddito complessivo, ma danno diritto ad una detrazione dall'imposta, fino alla concorrenza dell'ammontare dell'imposta stessa; naturalmente ciò si verifica se tali oneri non sono deducibili nella determinazione del singolo reddito (art. 15 DPR 917/86). **1348**
Per le **caratteristiche generali** degli oneri detraibili si rinvia al n. 1110.

MISURA DELLA DETRAZIONE (art. 15 c. 1 DPR 917/86) Per la **maggioranza** degli oneri la detrazione viene computata applicando la percentuale fissa del **19%** sull'importo totale o parziale di ogni tipologia di oneri. La misura così ottenuta, inoltre, in alcuni casi, è soggetta a dei limiti massimi dettati dalla particolare disciplina del singolo onere. **1350**
Per **alcuni** oneri - es. quelli derivanti da interventi vari su fabbricati, da locazioni abitative e da cani per ciechi, alcune erogazioni liberali, ecc. - la detrazione è di **percentuale diversa** o in **misura determinata**, fissa o variabile.

A. Oneri relativi a fabbricati

Il panorama degli oneri detraibili concernenti i fabbricati è molto ampio. Al fine di fornire un quadro generale degli stessi e di rendere più comprensibile la complessa materia, li abbiamo riepilogati nella seguente **tabella**, distinguendoli a seconda che riguardino la sola **abitazione principale** o **tutti i fabbricati**. **1360**

1361

Tipologia di immobile	Oneri (1)	MF n.
Abitazione principale	Mutui ipotecari per l'acquisto	1370
	Intermediazione	1455
	Mutui ipotecari per la costruzione/ristrutturazione	1480
	Acquisti in leasing	1500

Tipologia di immobile	Oneri (1)	MF n.
Abitazioni in generale	Acquisto di abitazioni da imprese costruttrici o fondi immobiliari	1510
	Interventi di recupero su immobili residenziali **(2)**	1520
	Interventi per il recupero/restauro delle facciate **(2)**	1600
	Acquisto di immobili demoliti e ricostruiti ubicati in zone sismiche	1636
	Interventi su beni culturali vincolati	1652
	Interventi di risparmio energetico **(2)**	1655
	Superbonus per interventi misti, energetici e antisismici **(2)**	1700
	Polizze assicurative sulle calamità naturali	1800
	Locazioni abitative	1805
	Interventi di sistemazione a verde e giardini pensili	1860
	Colonnine per ricaricare veicoli elettrici **(2)**	1867

(1) L'esposizione che segue riguarda le **detrazioni attualmente previste**, mentre per quelle **vigenti in passato**, ma ancora utilizzabili (es. mutuo trentennale stipulato nel 1992) vedi MF 2017 n. 1860 e s.
(2) In alcuni casi può accadere che i medesimi interventi possano usufruire potenzialmente di **diverse detrazioni** (es. restauro facciate, ristrutturazioni, risparmio energetico; al riguardo, il contribuente può avvalersi, per le **medesime spese**, di una sola delle predette agevolazioni, rispettando gli adempimenti specifici. In caso di interventi realizzati sulle parti comuni di un **condominio**, ciascun condomino può stabilire, per la parte di spesa a lui imputabile, di quale detrazione fruire, indipendentemente dalla scelta operata dagli altri condomini. L'**amministratore** di condominio deve poi comunicare all'AE, secondo le regole ordinarie riguardanti la dichiarazione precompilata (v. n. 16105), il tipo di detrazione usufruita dai diversi condomini (Ris. AE 1 settembre 2020 n. 49/E, Risp. AE 1 settembre 2020 n. 294).

a. Abitazione principale

(art. 15 c. 1 lett. b DPR 917/86)

1365 Prima di esaminare i diversi oneri, si espongono le caratteristiche che un immobile deve avere per essere considerato abitazione principale.

1368 **NOZIONE** È considerata abitazione principale quella nella quale il contribuente o i suoi familiari dimorano abitualmente; pertanto sono necessari i **requisiti** indicati nella **tabella** seguente.
La **destinazione** ad abitazione principale non deve essere necessariamente immediata, ma deve comunque avvenire entro termini ben precisi, variabili a seconda che si tratti di acquisto o di costruzione.

Il fabbricato posseduto da un **residente all'estero** non può essere considerato dimora abituale, salvo che sia adibito ad abitazione principale di un familiare (Ris. AE 8 aprile 2008 n. 136/E).

Requisiti	Caratteristiche
Abitazione	Deve trattarsi di costruzioni idonee ad **alloggiare** singole persone o nuclei familiari, cioè, di regola, unità immobiliari (u.i.) **catastalmente classificate** o classificabili nel gruppo catastale A, esclusa l'A/10 (v. n. 7006) **(1) (2)**
Dimora abituale (3)	È tale l'abitazione nella quale dimora abitualmente il **contribuente** o un suo **familiare** (v. n. 1125), compreso il coniuge separato finché non intervenga l'annotazione della sentenza di divorzio **(4)**. Tale situazione deve risultare dai registri anagrafici o da apposita autocertificazione (quest'ultima può attestare che la dimora abituale si trova in luogo diverso da quello indicato nei registri anagrafici)

(1) Non rientrano le pertinenze acquistate singolarmente (es. box e cantine, v. n. 60880), i residence, le case albergo ed i complessi similari. Pertanto, ad esempio, gli interessi relativi a mutui stipulati unicamente per l'acquisto di pertinenze non sono detraibili. Tuttavia, in caso di **acquisto cumulativo** dell'abitazione principale e della pertinenza la detraibilità spetta.
(2) In caso di acquisto di **2 abitazioni** - una principale e l'altra che verrà accorpata alla prima dopo i lavori di ristrutturazione - la detrazione spetta inizialmente solo per gli interessi imputabili alla prima abitazione; solo dopo l'accorpamento, risultante dalle conseguenti variazioni catastali, è possibile fruire della detrazione in relazione agli interessi imputabili alla seconda abitazione (Ris. AE 29 aprile 2009 n. 117/E). Se il prezzo di acquisto e l'importo del mutuo stipulato sono unici, occorre ripartirli percentualmente (v. n. 1415). In caso di acquisti separati nel tempo, con stipula di un nuovo mutuo per la seconda abitazione, il limite di € 4.000 va riferito agli interessi e oneri relativi ad entrambi i mutui (Circ. AE 21 maggio 2014 n. 11/E).

(3) Il requisito della dimora abituale non è richiesto al personale delle **Forze armate e di polizia** a ordinamento sia militare che civile. Per essi è sufficiente che l'acquisto o la costruzione riguardi un immobile costituente unica abitazione (art. 66 c. 2 L. 342/2000).
(4) Pertanto, la detrazione spetta al contribuente acquirente ed intestatario del mutuo, anche se l'immobile è adibito ad **abitazione principale del familiare**.

1. Mutui ipotecari per l'acquisto
(art. 15 c. 1 lett. b DPR 917/86)

La detrazione è correlata agli interessi passivi pagati dal mutuatario in relazione ad un mutuo stipulato al fine di acquistare un immobile da destinare ad abitazione principale del mutuatario stesso o di un suo familiare entro, generalmente, un anno dall'acquisto. **1370**
Non importa che l'immobile sia di nuova o di vecchia costruzione e quali siano le caratteristiche costruttive.

CONDIZIONI GENERALI (art. 15 c. 1 lett. b DPR 917/86) Per avere diritto alla detrazione devono innanzitutto coesistere le seguenti condizioni. **1375**

Condizione	Precisazioni
a) esistenza di un contratto di mutuo (artt. 1813 e s. c.c.) finalizzato all'acquisto dell'abitazione principale (situata in Italia, Risp. AE 13 dicembre 2019 n. 524) **(1)**	Sono esclusi i contratti di finanziamento diversi dal mutuo, quali le aperture di credito bancarie, la cessione dello stipendio, la sottoscrizione di cambiali ipotecarie. La **destinazione del mutuo** a finanziare l'acquisto dell'abitazione principale può risultare dal contratto di mutuo, dal contratto di acquisto dell'immobile o da altra documentazione rilasciata dalla banca su apposita richiesta del contribuente (Circ. AE 20 aprile 2005 n. 15/E) **(2)**
b) ipoteca su immobili a garanzia della somma ricevuta a mutuo	Ogni altro tipo di garanzia, per esempio fideiussione, non è sufficiente. L'ipoteca può essere iscritta anche su immobili diversi da quello acquistato, anche se di proprietà di un soggetto diverso da quello che ottiene il prestito (Circ. AE 26 gennaio 2001 n. 7/E, CTC 5 maggio 1992 n. 3250 e n. 3253)
c) residenza dell'ente finanziario (mutuante) in Italia o UE	Rileva anche una stabile organizzazione in Italia
d) annotazione degli **estremi dell'atto** di acquisto dell'immobile	L'annotazione va fatta sul documento attestante il pagamento degli interessi (Circ. Min. 2 giugno 1982 n. 29/9/1449)

(1) La detrazione spetta anche se il mutuo è **finalizzato all'acquisto di un'ulteriore quota** di proprietà dell'abitazione principale (Ris. AE 14 novembre 2007 n. 328/E).
(2) Se la banca non è in grado di attestare tale destinazione, il contribuente può ricorrere alla **dichiarazione sostitutiva di atto di notorietà** (art. 47 DPR 445/2000), dichiarando che il mutuo è stato contratto per l'acquisto dell'abitazione principale, assumendosi la responsabilità penale e civile delle dichiarazioni rese (Ris. AE 22 dicembre 2006 n. 147/E). Per un **fac-simile** si veda l'allegato alla Circ. AE 4 aprile 2017 n. 7/E.
La stessa dichiarazione sostitutiva vale anche nel caso di mutui **stipulati per l'acquisto e la ristrutturazione** dell'immobile (c.d. **mutui misti**), se la destinazione del mutuo per l'acquisto della casa di abitazione non risulta nel contratto di mutuo, in quello di acquisto della proprietà dell'immobile, da altra documentazione della banca mutuante (Circ. AE 13 maggio 2011 n. 20/E).

TERMINE DI DESTINAZIONE AD ABITAZIONE PRINCIPALE (art. 15 c. 1 lett. b DPR 917/86) La detrazione spetta se l'immobile a cui è collegato il mutuo venga destinato ad abitazione principale del contribuente o di un suo familiare, entro un determinato periodo variabile a seconda della situazione (acquisto di abitazione libera, di abitazione locata, di abitazione ristrutturata, ecc.). **1385**

Ipotesi di acquisto	Descrizione (1)
Caso comune: abitazione non locata e/o non oggetto di lavori di ristrutturazione	La destinazione ad abitazione principale deve avvenire entro 1 anno dall'acquisto e quest'ultimo deve avvenire nei 12 mesi successivi o antecedenti alla data di stipula del mutuo **(2)**. Ciò significa che si può prima acquistare ed entro un anno stipulare il contratto di mutuo, oppure prima stipulare il contratto di mutuo ed entro un anno stipulare il contratto di acquisto **(3)**
Abitazione locata	La detrazione spetta, sin dalla prima rata pagata, a condizione che entro 3 mesi dall'acquisto sia stato notificato al locatario l'atto di intimazione di licenza o di sfratto per finita locazione e che entro 1 anno dal rilascio (anche se questo avviene prima della naturale scadenza del contratto) l'u.i. sia adibita ad abitazione principale **(4)**
Abitazione oggetto di lavori di ristrutturazione edilizia (v. n. 61490), comprovata dalla relativa concessione edilizia o atto equivalente	La detrazione spetta a decorrere dalla data in cui l'u.i. è adibita a dimora abituale, e comunque entro 2 anni dall'acquisto o entro un maggior termine se il differimento dipende da ritardi del Comune nel rilascio delle abilitazioni amministrative richieste (Circ. AE 26 gennaio 2001 n. 7/E). Per i casi di mutui misti, riguardanti sia l'acquisto che la ristrutturazione dell'abitazione acquistata, si rinvia al n. 1490
Abitazione (occupata) ad un'asta giudiziaria	La disciplina sopra esposta per l'abitazione locata si applica anche per l'acquisto di un immobile all'asta giudiziaria che ha comportato l'instaurarsi di un procedimento esecutivo di rilascio nei confronti dell'ex proprietario che si rifiuta di rilasciarlo. Pertanto, la detrazione spetta a condizione che l'azione esecutiva per il rilascio sia stata attivata entro 3 mesi dal decreto di trasferimento e che l'abitazione sia stata adibita ad abitazione principale entro un anno dal rilascio (Ris. AE 14 ottobre 2008 n. 385/E)

(1) Tutti i termini menzionati non rilevano:
– se la destinazione ad abitazione principale non avviene a causa di un **trasferimento per motivi di lavoro** avvenuto dopo l'acquisto (v. n. 1417). In questo caso la detrazione spetta anche se l'immobile viene concesso in locazione (Circ. AE 20 aprile 2005 n. 15/E). La deroga vale anche se il trasferimento avviene all'estero, purché il contribuente non abbia acquistato un immobile da adibire ad abitazione principale nello Stato estero di residenza (Circ. AE 24 aprile 2015 n. 17/E);
– se l'originario **contratto è estinto** e ne viene **stipulato uno nuovo**, anche con una banca diversa, di importo non superiore alla residua quota di capitale da rimborsare, maggiorata delle spese e degli oneri correlati (v. n. 1440).
(2) Quando il mutuo originario è stato stipulato dall'**impresa costruttrice** e successivamente **trasferito all'acquirente** con atto di accollo di mutuo, la destinazione ad abitazione principale deve sussistere entro 1 anno a decorrere dalla stipulazione dell'accollo (Circ. Min. 27 maggio 1994 n. 73/E).
(3) Esempio: se il mutuo è stato stipulato il 20 aprile 20XX, l'acquisto deve avvenire entro il 19 aprile 20XX + 1 e la destinazione ad abitazione principale entro il 19 aprile 20XX + 2.
(4) Nel caso di **acquisto** di **2 immobili**, un'abitazione principale e un'abitazione locata da destinare ad abitazione principale di un familiare, la **detrazione spetta** solo in relazione all'abitazione principale dell'acquirente (Circ. AE 12 giugno 2002 n. 50/E).

1390 **SOGGETTI BENEFICIARI** (art. 15 c. 1 lett. b DPR 917/86) Possono di regola beneficiare della detrazione gli **acquirenti** degli immobili che siano anche **intestatari** del contratto di mutuo. La detrazione spetta anche in caso di **mutuo cointestato** a più persone o nel caso di **più acquirenti** con **mutuo intestato solo ad uno** (Circ. Min. 3 maggio 1996 n. 108/E).
In caso di **mancata coincidenza** tra intestatario del mutuo e acquirente dell'abitazione, bisogna distinguere fra le seguenti ipotesi.

Intestatario del mutuo	Acquirente dell'abitazione	Detrazione
entrambi i coniugi **(*)**	uno dei coniugi (o parte di unione civile)	compete solo al coniuge acquirente e solo in proporzione alla sua quota (Circ. Min. 12 maggio 2000 n. 95/E)
uno dei coniugi **(*)**	entrambi i coniugi (o parti di unione civile)	spetta all'intestatario del mutuo in relazione a tutti gli interessi pagati e non solo al 50% (Circ. AE 18 maggio 2006 n. 17/E)
nudo proprietario	nudo proprietario (100%) che la concede in usufrutto al figlio	spetta al nudo proprietario in relazione a tutti gli interessi pagati, rapportati all'intero valore dell'abitazione (se risultano soddisfatte le altre condizioni richieste) (Circ. AE 13 maggio 2011 n. 20/E)

Intestatario del mutuo	Acquirente dell'abitazione	Detrazione
usufruttuario	nudo proprietario (100%) che la concede in usufrutto al figlio	secondo la Cassazione spetta all'usufruttuario (Cass. 3 novembre 2016 n. 22191); secondo l'AE non spetta la detrazione (Circ. Min. 12 maggio 2000 n. 95/E)
(*) O parti di unione civile, o padre e figlio, zio e nipote, fratelli, sorelle, ecc.		

Nelle seguenti ipotesi la detrazione può spettare anche a **soggetti diversi dagli originari intestatari** del mutuo: 1395
– **acquirente accollatario** del mutuo, anche quando le quietanze di pagamento risultino rilasciate a nome del venditore e gli interessi passivi risultino pagati dal venditore per conto dell'acquirente;
– **erede** o **legatario** che si sia accollato il mutuo stipulato dal contribuente deceduto (sempreché sussistano gli altri requisiti). La detrazione è riconosciuta agli eredi anche nel periodo che precede la regolarizzazione del contratto di mutuo tra gli stessi e la banca; in caso di **più eredi**, se solo uno paga l'intera quota del mutuo, la detrazione degli interessi gli spetta nella misura massima consentita, a condizione che tra gli eredi intervenga un accordo (con scrittura privata autenticata o atto pubblico), da cui risulti il soggetto tenuto al pagamento dell'intero debito (Circ. AE 13 maggio 2011 n. 20/E). Peraltro, è possibile che il reddito dell'immobile sia dichiarato legittimamente da un soggetto diverso (es. coniuge superstite), titolare del diritto di abitazione, e ciò non impedisce agli eredi di fruire della detrazione. Il mutuo si considera stipulato alla data dell'accollo (Circ. Min. 1° giugno 1999 n. 122/E).

Per le conseguenze della **separazione** e/o del **divorzio** fra coniugi si veda al n. 1419.

SPESE AMMESSE (art. 15 c. 1 lett. b DPR 917/86) La detrazione concerne le somme che: 1400
a) sono state effettivamente **pagate nel periodo** d'imposta, **indipendentemente** dalla data di scadenza della rata di mutuo;
b) sono pagate in relazione all'acquisto dell'abitazione principale e **nei limiti del suo costo** specifico;
c) sono rimaste effettivamente **a carico del contribuente**.

Se si beneficia di un **contributo** regionale, statale, ecc. a fronte del mutuo, occorre distinguere in base alla sua natura: 1401
1) se è in **conto capitale** non rileva, e quindi l'onere su cui calcolare la detrazione va considerato interamente (Circ. Min. 3 maggio 1996 n. 108/E);
2) se è in **conto interessi**, generalmente rileva solo l'ammontare di interessi e oneri accessori eccedenti il contributo. Tuttavia va rilevato che se il contributo:
– viene **erogato in un periodo d'imposta successivo** a quello in cui il contribuente ha fruito della detrazione per l'intero importo, il suo ammontare è soggetto a tassazione separata a titolo di onere rimborsato (v. n. 3400);
– è successivamente **restituito**, perché non dovuto, si può recuperare la detrazione precedentemente non goduta, nel periodo in cui avviene la restituzione, alle condizioni di fatto e di diritto vigenti nel periodo in cui si erano originariamente pagati gli interessi non detratti, nel rispetto del limite massimo di spesa allora vigente (Ris. AE 2 agosto 2010 n. 76/E).

Le istruzioni al Mod. Redditi forniscono il dettaglio delle spese ammesse e di quelle escluse (v. **tabella**). 1402

	Spese ammesse	Spese escluse
A)	**interessi** relativi all'acquisto **(1)**	–
B)	relativi **oneri accessori** quali: – l'onorario del notaio relativamente alla stipula del contratto di mutuo **(2)** – la commissione dovuta agli istituti di credito per la loro attività di intermediazione – le spese che il notaio sostiene per conto dei clienti (es. iscrizione e cancellazione ipoteca)	– onorario del notaio per il contratto di **compravendita** – spese di **assicurazione** dell'immobile, anche se richiesta dall'istituto che concede il mutuo, quale ulteriore garanzia nel caso di eventi che danneggino l'immobile, determinando una riduzione del suo valore ad un

	Spese ammesse	Spese escluse
	– l'imposta sostitutiva sui finanziamenti a medio e lungo termine (v. n. 72425) – la penalità per anticipata estinzione del mutuo – la c.d. provvigione per scarto rateizzato nei mutui in contanti **(3)** – le spese di istruttoria, di perizia, ecc.	ammontare inferiore rispetto a quello ipotecato – spese di **mediazione** immobiliare (agenzie immobiliari) per cui è prevista detrazione specifica (v. n. 1455 e s.) – **imposte** di registro, IVA, imposte ipotecarie e catastali
C)	**quote di rivalutazione** dipendenti da clausole di indicizzazione	–
D)	per i **mutui contratti in valuta estera**, perdite su cambio	–

(1) In caso di **mutuo eccedente il costo** sostenuto per l'acquisto dell'immobile, gli interessi rilevano solo parzialmente (v. n. 1413).

(2) Se l'acquirente corrisponde al notaio, nel dicembre 2022, una **somma in deposito** per l'onorario e per le spese da sostenere in nome e per conto e il notaio emette fattura a febbraio 2023 (cioè entro 60 gg. in linea con quanto previsto dall'art. 3 DM 31 ottobre 1974, v. n. 52905) l'onorario rileva come spesa nel 2022 (Circ. AE 1° giugno 2012 n. 19/E).

(3) Essa costituisce l'onere complessivo relativo all'ammortamento di un **mutuo suppletivo** concesso dall'Istituto di credito per coprire la perdita incontrata nel collocamento delle cartelle sul mercato dei risparmiatori.

1410 **IMPORTO DELLA DETRAZIONE** (art. 15 c. 1 lett. b DPR 917/86) La detrazione del 19% spetta su di un importo complessivo **non superiore a** € 4.000 (detrazione massima spettante = € 760).

In caso di **contitolarità** del contratto di mutuo o **di più contratti** di mutuo relativi all'acquisto dello stesso immobile, il limite suddetto va riferito complessivamente a tutti i cointestatari od ai diversi contratti di mutuo (es. coniugi cointestatari di mutuo che grava sulla propria abitazione, la detrazione spetta metà per ciascuno). Tuttavia, nel caso di **coniuge fiscalmente a carico** dell'altro, la detrazione spetta all'altro coniuge per entrambe le quote.

1413 **CASI PARTICOLARI Mutuo di importo superiore al costo dell'abitazione** (Circ. AE 31 maggio 2005 n. 26/E, Circ. AE 20 aprile 2005 n. 15/E, Ris. AE 23 settembre 2005 n. 128/E) In tal caso, gli **interessi** su cui calcolare la detrazione vanno **ridotti proporzionalmente**, come illustrato nell'esempio.

In proposito, rileva il **costo di acquisto** risultante dall'atto di acquisto comprensivo dei seguenti **oneri accessori**: onorario del notaio (sia per l'acquisto che per il mutuo), spese di mediazione, imposta di registro o IVA, imposte ipocatastali, spese sostenute per autorizzazioni del Giudice Tutelare (acquisto di minore, interdetto, inabilitato, ecc., spese sostenute nei procedimenti di esecuzione individuale o concorsuale).

ESEMPIO

Se viene stipulato un mutuo di € 160.000 per acquistare un'abitazione costata 120.000 €, i relativi interessi, di importo complessivo pari a 4.000, danno diritto alla detrazione in relazione al seguente importo: 120.000 × 4.000 / 160.000 = 3.000 €

1415 **Mutuo per l'acquisto di più abitazioni** In caso di mutuo relativo all'acquisto di più abitazioni **con un prezzo unico**, di cui solo una è l'abitazione principale, la percentuale (del prezzo di acquisto e degli interessi passivi sul mutuo) riferita a ciascuna abitazione si determina in proporzione alle rendite catastali delle due abitazioni (Ris. AE 29 aprile 2009 n. 117/E).

Per il caso di acquisto di 2 abitazioni - una principale e l'altra che **verrà accorpata alla prima** dopo dei lavori di ristrutturazione - si rinvia al n. 1368.

1417 **Cambio di destinazione** In caso di variazione della destinazione dell'immobile, che perde quindi i requisiti per essere considerato abitazione principale, la detrazione spetta ancora integralmente nell'anno della variazione, mentre **nell'anno successivo** non spetta più (Circ. Min. 3 maggio 1996 n. 108/E).

La variazione di destinazione è tuttavia irrilevante quando avviene:

– per **motivi di lavoro** (in un comune limitrofo a quello in cui si trova la sede di lavoro e finché permangono i motivi di lavoro);

– per **ricoveri permanenti** in istituti di ricovero o sanitari, a condizione che l'u.i. non risulti locata.
Se vengono meno i motivi di lavoro, dall'anno successivo il contribuente perde il diritto alla detrazione (Circ. AE 23 aprile 2010 n. 21/E).
In ogni caso, se in **anni successivi** lo stesso immobile torna ad essere utilizzato come abitazione principale, il contribuente può ricominciare ad usufruire della detrazione in relazione agli interessi passivi inclusi nelle rate pagate dal momento in cui l'immobile assume le caratteristiche di abitazione principale (Circ. AE 14 giugno 2001 n. 55/E).

ESEMPIO
Un contribuente acquista l'abitazione principale nel 2019 e detrae correttamente gli interessi pagati per il mutuo. Se nel 2021, a seguito di matrimonio, si trasferisce in altra abitazione, perde, dal 2022, il diritto alla detrazione. Se nel 2023 la madre del contribuente si trasferisce nell'abitazione acquistata nel 2019 dal figlio, da tale momento quest'ultimo può usufruire della detrazione (Circ. AE 20 giugno 2002 n. 55/E).

In caso di **separazione** la detrazione continua a spettare se un familiare del coniuge separato, ad esempio il figlio o l'altro coniuge separato, ha la dimora abituale nell'immobile finché non interviene una sentenza di divorzio. Tuttavia, se si concorda, dando esecuzione al decreto di omologazione della separazione, che la quota di proprietà del coniuge, ad es. il marito (50%), sia trasferita alla moglie e quest'ultima si accolli - secondo lo schema dell'accollo interno - il relativo contratto di mutuo per la parte riferibile al marito, la detrazione spetta interamente alla moglie, purché (Circ. AE 13 maggio 2011 n. 20/E): **1419**
– l'accollo risulti formalizzato in un atto pubblico o in una scrittura privata autenticata;
– le quietanze relative al pagamento degli interessi siano integrate dall'attestazione che l'intero onere è stato sostenuto dal coniuge proprietario, anche per la quota riferita all'ex coniuge.
Se nella sentenza di separazione risulta in capo al marito l'obbligo di assolvere il debito relativo al mutuo contratto per l'abitazione, la detrazione spetta al marito - alle medesime condizioni formali (atto pubblico, quietanza integrata, ecc.) e nel rispetto di quelle sostanziali - anche se il mutuo è intestato alla moglie.
Se, a seguito di **divorzio**, l'immobile perde la destinazione ad abitazione principale per un coniuge, quest'ultimo perde la detrazione, a meno che non vi dimorino i figli; se non vi dimorano i figli, ma solo l'ex coniuge, quest'ultimo mantiene il diritto alla detrazione, sempre nel limite massimo di € 2.000 (50% del limite ordinario) (Istr. Mod. Redditi).

Cooperative e imprese costruttrici Per i mutui sottoscritti da cooperative e da imprese costruttrici la detrazione spetta ai **soci assegnatari** o agli **acquirenti**, in relazione agli interessi passivi che rimborsano alle cooperative (a proprietà indivisa) o alle imprese costruttrici, per mutui ipotecari ancora **indivisi** da queste sottoscritti. **1430**
Inoltre, per le cooperative, il rispetto delle **condizioni di detraibilità** in capo al socio (es. utilizzo quale abitazione principale entro 1 anno) va verificato al momento della delibera di assegnazione dell'alloggio, con conseguente immissione in possesso del socio (non al momento dell'atto notarile di assegnazione) (Circ. Min. 1° giugno 1999 n. 122/E, Ris. AE 18 aprile 2007 n. 71/E).

Nuovo mutuo sostitutivo del precedente In caso di estinzione del contratto di mutuo originario e conseguente stipulazione di un nuovo contratto, anche con una **banca diversa**, la detrazione è **limitata** all'importo del nuovo mutuo che non supera la **residua quota di capitale** da rimborsare del vecchio mutuo, maggiorata delle spese e degli oneri accessori (v. n. 1400) correlati con l'estinzione del vecchio mutuo e l'accensione del nuovo. **1440**
Se il nuovo contratto **risulta di importo superiore** alla residua quota di capitale, la detrazione è ammessa in misura percentuale dell'importo del secondo mutuo rispetto all'importo della residua quota di capitale da rimborsare del primo, applicando la seguente formula (Ris. AE 21 dicembre 2007 n. 390/E):
100 × residua quota di capitale da rimborsare del vecchio mutuo, maggiorata delle spese e degli oneri correlati / importo del nuovo mutuo.

Se il mutuo **stipulato originariamente da 2 coniugi** è estinto e sostituito da uno nuovo stipulato da **un solo coniuge** per l'intero importo del mutuo residuo, comprensivo quindi della quota dell'altro coniuge, la detrazione permane nel suo ammontare complessivo (Ris. AE 21 febbraio 2008 n. 57/E). **1442**

Specularmente, se l'originario mutuo, stipulato da uno solo dei coniugi per l'acquisto in comproprietà, è estinto e sostituito da un **nuovo mutuo cointestato** ad entrambi i coniugi, dei quali uno fiscalmente a carico dell'altro, la detrazione spetta al coniuge non a carico anche per la quota dell'altro coniuge, entro il limite complessivo di € 4.000 (Circ. AE 23 aprile 2010 n. 21/E).

1445 **Rinegoziazione del mutuo** La disciplina ora esaminata si applica anche in caso di rinegoziazione del mutuo, ossia la modifica di alcune condizioni del contratto per mutuo consenso delle parti. Pertanto, il diritto alla detrazione permane **nei limiti** riferiti all'importo della residua quota di capitale da rimborsare, maggiorata delle spese e degli oneri accessori correlati (v. n. 1400).
Le parti contraenti si considerano invariate anche nel caso in cui la rinegoziazione avviene, anziché con il contraente originario, tra la banca e chi è subentrato nel mutuo a seguito di **surroga** o **accollo** (Circ. AE 25 giugno 2021 n. 7/E, Circ. Min. 12 maggio 2000 n. 95/E).

Eccezione Nel caso di rinegoziazione dei **mutui a tasso variabile** stipulati anteriormente al 29 maggio 2008, mediante l'accensione di un **conto di finanziamento accessorio**, al fine di mantenere fissa la rata di mutuo variabile e **prolungare la durata** originaria del mutuo, gli interessi passivi derivanti dal c/c accessorio, così come quelli derivanti dal mutuo originario, sono detraibili (Ris. AE 12 aprile 2011 n. 43/E).

2. Oneri di intermediazione per l'acquisto
(art. 15 c. 1 lett. b bis DPR 917/86)

1455 È possibile detrarre una parte dei compensi corrisposti ai soggetti di intermediazione immobiliare per l'acquisto definitivo (proprietà o di diritti reali) dell'u.i. da adibire ad abitazione principale (l'acquisto separato di una pertinenza non rileva).
Condizione vincolante per usufruire della detrazione è che l'acquisto venga concluso effettivamente; in caso contrario la detrazione non spetta (Circ. AE 4 aprile 2008 n. 34/E).

1460 Se è stato stipulato un **compromesso di vendita** e, contestualmente o anche antecedentemente (es. accettazione proposta di acquisto), il futuro acquirente ha pagato il compenso di intermediazione, la detrazione compete a condizione che il compromesso di vendita sia stato regolarmente registrato e purché l'acquisto sia effettivamente concluso (Ris. AE 30 gennaio 2009 n. 26/E, Circ. AE 1° luglio 2010 n. 39/E).

1465 **LIMITI E CRITERI DI RIPARTIZIONE** La detrazione del 19% si applica su un importo **non superiore** a € 1.000 per ciascuna annualità.
Se l'**acquisto è effettuato da più proprietari**, la detrazione deve essere ripartita tra i comproprietari in ragione della percentuale di proprietà, a condizione che la fattura sia intestata almeno ad un proprietario; in caso di **mancata coincidenza** fra l'intestazione della fattura e i proprietari dell'immobile si deve osservare la disciplina indicata nella **tabella** seguente (Circ. AE 13 maggio 2011 n. 20/E, Circ. AE 4 agosto 2006 n. 28/E).

Fattispecie	Ripartizione detrazione
acquisto di immobile da X e Y; fattura per intermediazione intestata a X	la detrazione spetta pro-quota sia a X che a Y; va integrata la fattura indicando i dati di Y
acquisto di immobile da parte di X; fattura per intermediazione cointestata a X e a Y (non acquirente)	la detrazione spetta interamente a X; è necessario integrare la fattura, annotando che l'onere per l'intermediazione è stato sostenuto interamente da X
fattura per intermediazione intestata solo a X non proprietario dell'immobile (es. il padre o il coniuge del proprietario Y)	la detrazione non spetta né a Y (proprietario) né a X (coniuge o padre)

3. Mutui ipotecari per la costruzione/ristrutturazione
(art. 15 c. 1 ter DPR 917/86)

1480 La detrazione riguarda i mutui ipotecari stipulati per la costruzione dell'u.i. da adibire ad abitazione principale o per la sua ristrutturazione edilizia.

La detrazione è **cumulabile** con quella prevista per l'acquisto dell'abitazione principale **solo** per tutto il periodo di durata dei lavori di costruzione dell'u.i., nonché per il periodo di 6 mesi successivi al termine dei lavori stessi (v. n. 1490).
È inoltre cumulabile con la **detrazione delle spese** per ristrutturazioni edilizie (v. n. 1520).

CONCETTO DI COSTRUZIONE Per costruzione si intendono tutti gli **interventi** realizzati in conformità al provvedimento di abilitazione comunale che autorizzi una **nuova costruzione** o una **ristrutturazione edilizia** (v. n. 61490) o di un'analoga sottoscrizione del responsabile del competente ufficio comunale (Ris. AE 18 ottobre 2017 n. 129/E). **1482**
La detrazione spetta anche nei seguenti casi:
- lavori effettuati su un immobile precedentemente acquistato da un'impresa costruttrice **allo stato grezzo**, cioè non ancora ultimato, a condizione che sia richiesta la voltura del permesso di costruire concesso precedentemente all'impresa cedente, al fine della verifica del rispetto della condizione legata alla data di inizio e di ultimazione dei lavori (v. **tabella** sottostante) (Ris. AE 5 novembre 2007 n. 310/E);
- costruzione di un **fabbricato rurale** da adibire ad abitazione principale del coltivatore diretto (Circ. Min. 12 maggio 2000 n. 95/E).

LIMITI DI SPESA La detrazione del 19% spetta su un **importo complessivo** non superiore a € 2.582,28 (detrazione massima spettante € 490,63). In caso di **contitolarità** del mutuo o di **più contratti**, il limite si riferisce all'ammontare complessivo (es. 50% a testa per coniugi contitolari). In caso di **coniuge a carico** dell'altro, quest'ultimo non può portare in detrazione la quota di interessi del primo, al contrario di quanto avviene in caso di mutuo per l'acquisto dell'abitazione principale (Circ. AE 21 maggio 2014 n. 11/E). **1483**
Gli oneri danno diritto alla detrazione solamente in relazione alla parte di **mutuo effettivamente utilizzato** nella costruzione/ristrutturazione dell'immobile. A tale riguardo, si considerano le spese risultanti al termine dei lavori di costruzione/ristrutturazione, mentre non rilevano i costi di acquisto del **terreno** (Circ. AE 18 maggio 2006 n. 17/E).
Nel caso in cui l'ammontare del mutuo sia superiore alle spese sostenute, la detrazione non spetta sugli interessi che si riferiscono alla parte di mutuo eccedente l'ammontare delle stesse (Circ. AE 3 maggio 2005 n. 17/E).

CONDIZIONI GENERALI Per l'approfondimento di numerosi concetti presenti nella disposizione in esame - caratteristiche dei mutui, residenza del mutuante, spese ammesse, mantenimento della detrazione in caso di estinzione con successiva stipula di nuovo mutuo, detraibilità in caso di coniuge superstite che si accolla interamente il mutuo (Ris. AE 18 ottobre 2017 n. 129/E), effetti del cambio di destinazione dell'abitazione, estensione ai soci assegnatari delle cooperative edilizie a proprietà indivisa, ecc. - si rinvia a quanto già esposto in relazione ai mutui per l'**acquisto** di fabbricati (v. n. 1375 e s.). **1485**

CONDIZIONI SPECIFICHE (DM 30 luglio 1999 n. 311) **1488**

Contraente del mutuo	Chi avrà il possesso dell'abitazione a titolo di proprietà o di altro diritto reale (usufrutto, uso, abitazione); la detrazione spetta anche al figlio per l'abitazione di un familiare (madre), purché quest'ultimo abbia preso la residenza entro 6 mesi dalla fine dei lavori (Cass. 16 giugno 2021 n. 16984)
Data di stipula del mutuo	Nei 6 mesi antecedenti o nei 18 mesi successivi dalla data di inizio dei lavori di costruzione **(1)**. La data di inizio dei lavori è quella ordinariamente desumibile dalla DIA (dichiarazione di inizio attività) che il contribuente deve presentare all'ente locale **(2)**
Data di utilizzo quale abitazione principale	Entro 6 mesi dalla conclusione dei lavori **(3) (4)**
Conclusione dei lavori	Entro il termine previsto dal provvedimento amministrativo che ha consentito la costruzione o in quello successivamente prorogato **(1)**

Documenti da conservare	– originale o copia di quietanze di pagamento degli interessi passivi relativi al mutuo, – contratto di mutuo ipotecario dal quale risulti che lo stesso è assistito da ipoteca e che è stato stipulato per la costruzione dell'immobile da destinare ad abitazione principale **(5)**, – abilitazioni amministrative richieste dalla vigente legislazione edilizia di analoga dichiarazione sottoscritta dal responsabile del competente ufficio comunale (Circ. AE 4 aprile 2017 n. 7/E), – copia delle fatture o ricevute fiscali comprovanti le spese effettivamente sostenute per la costruzione dell'immobile stesso **(6)**

(1) Il diritto alla detrazione non viene meno se i termini previsti non sono rispettati per **ritardi imputabili** esclusivamente all'**amministrazione comunale** nel rilascio delle abilitazioni amministrative richieste dalla vigente legislazione edilizia.
(2) Nel caso di prosecuzione di **lavori già iniziati** dal precedente proprietario, è stata ritenuta rilevante la data di voltura della DIA a nome del nuovo proprietario (Ris. AE 3 marzo 2008 n. 73/E).
(3) La **mancata destinazione** ad abitazione principale entro i 6 mesi comporta la perdita del diritto alla detrazione (il termine ordinario a disposizione dell'AE per rettificare la dichiarazione decorre dalla data di conclusione dei lavori).
(4) Tale condizione non è richiesta per il personale in servizio permanente appartenente alle **Forze Armate e di polizia** ad ordinamento militare e/o civile.
(5) La **destinazione del mutuo** alla costruzione dell'abitazione principale può risultare anche dalla dichiarazione o altra documentazione rilasciata dalla banca su richiesta del contribuente o, da dichiarazione sostitutiva di atto di notorietà resa dal contribuente (Ris. AE 7 settembre 2007 n. 241/E). Per un **fac-simile** si veda l'allegato alla Circ. AE 4 aprile 2017 n. 7/E.
(6) Se il **mutuo è intestato al 50% fra due coniugi**, in relazione alla costruzione di un immobile di proprietà al 50% ciascuno e le **fatture di spesa** sono tutte **intestate ad un coniuge**, è possibile attestare sulle fatture che le spese sono state sostenute al 50% da ciascun coniuge, al fine di consentire al coniuge non intestatario delle fatture di portare in detrazione la sua quota (50%) (Circ. AE 9 maggio 2013 n. 13/E).

1490 **MUTUI MISTI** In caso di mutuo contratto sia per l'**acquisto** che per la **ristrutturazione** dell'immobile (v. n. 1520 e s.), la **cumulabilità** della detrazione degli interessi passivi presuppone che l'immobile venga adibito ad abitazione principale entro 6 mesi dalla conclusione dei lavori e solo se non siano ancora trascorsi 2 anni dall'acquisto.
Se l'immobile è adibito (Circ. AE 27 aprile 2018 n. 7/E, Risp. AE 12 febbraio 2019 n. 38):
– ad abitazione principale **oltre 6 mesi** ma **entro 2 anni** dall'acquisto, spetta solo la detrazione degli interessi relativi al mutuo per l'acquisto;
– ad abitazione principale **oltre 2 anni** dall'acquisto, ma **entro 6 mesi** dalla conclusione dei lavori, spetta solo la detrazione degli interessi relativi al mutuo per la ristrutturazione;
– ad abitazione principale **oltre 2 anni** dall'acquisto e **oltre 6 mesi** dalla chiusura dei lavori, le detrazioni non spettano.

---

4. Acquisti in leasing

(art. 15 c. 1 lett. i sexies.1, i sexies.2 DPR 917/86, Circ. AE 4 aprile 2017 n. 7/E)

1500 I costi derivanti da contratti di locazione finanziaria su u.i., anche di lusso (canoni e prezzo di riscatto), da adibire ad **abitazione principale entro un anno** dalla consegna, sostenuti in relazione a contratti stipulati nel **periodo 2016/2020**, danno diritto alle seguenti detrazioni:
– se sostenute da giovani di **età inferiore a 35 anni** (alla stipula del contratto), il 19% sui canoni e i relativi oneri accessori (come individuati in caso di mutuo, v. n. 1402), per un importo non superiore a € 8.000, e sul costo di acquisto a fronte dell'esercizio dell'opzione finale (riscatto), per un importo non superiore a € 20.000;
– se sostenute da soggetti di **età non inferiore a 35 anni** il 19% sui canoni e i relativi oneri accessori, per un importo non superiore a € 4.000, e sul costo di acquisto a seguito del riscatto, per un importo non superiore a € 10.000.
Se nello stesso anno sono pagati sia dei canoni che il prezzo di riscatto, le rispettive detrazioni sono cumulabili.
La detrazione spetta:
– ai soggetti con un **reddito complessivo non superiore** a € 55.000 all'atto della stipula del contratto di locazione finanziaria e **che non sono titolari** di diritti di proprietà su abitazioni (è dubbio se rilevano i diritti reali di godimento e il possesso di quote di proprietà);
– alle medesime **condizioni** previste per i mutui stipulati per l'acquisto dell'abitazione principale (v. n. 1370 e s.).

Nel **contratto** deve essere **indicata l'intenzione** dell'utilizzatore di adibire ad abitazione principale l'immobile.

Se l'immobile **non è adibito** ad abitazione principale (dell'utilizzatore o di un suo familiare) entro un anno, la detrazione non spetta (e se è stata applicata, va restituita con le relative sanzioni).

La detrazione interessa, alternativamente, **abitazioni già completate** e dichiarate agibili, **terreni** su cui costruire l'abitazione, **abitazioni in corso di costruzione** o **da ristrutturare**; è dubbio se interessa anche le **pertinenze** dell'abitazione principale. **1501**
Essa opera per tutti i periodi d'imposta interessati dalla **durata del contratto** di locazione finanziaria (quindi anche oltre il 2020).
Se il contratto è **cointestato** a soggetti in possesso dei requisiti, spetta a ciascun soggetto in misura proporzionalmente corrispondente alla percentuale di intestazione del contratto; se uno dei cointestatari è a carico dell'altro, quest'ultimo può fruire della detrazione anche per la sua quota (Circ. AE 4 aprile 2017 n. 7/E).
Il **superamento del limite** di età o del limite di reddito nel corso della durata del contratto è irrilevante.

b. Acquisto di abitazioni «green» da imprese costruttrici o fondi immobiliari

(art. 1 c. 76 L. 197/2022)

In caso di acquisto, effettuato **dal** 1° gennaio **al** 31 dicembre 2023, di abitazioni di **classe energetica A o B**, anche di lusso, cedute dalle imprese costruttrici o ristrutturatrici delle stesse o da fondi immobiliari (Oicr), si ha diritto ad una detrazione del 50% dell'importo corrisposto nel 2023 per il pagamento dell'**IVA** (4%, 10% o 22%). **1510**
La detrazione spetta anche per le **pertinenze** (cantina, posto auto, ecc., senza limiti di numero), a condizione che l'acquisto della stessa avvenga contestualmente all'acquisto dell'abitazione o comunque nel 2023.

> Precisazioni 1) La detrazione è ammessa anche se gli **interventi** riguardano la **demolizione e ricostruzione** dell'abitazione sono effettuati tramite imprese appaltatrici. Non è ammessa se l'immobile è acquisito per effetto di un contratto di appalto di costruzione dello stesso (e non attraverso un atto di compravendita).
2) La detrazione non dovrebbe essere ammessa se la spesa è stata sostenuta nell'interesse di un'altra **persona a carico** (es. padre che acquista un'abitazione intestandola al figlio).
3) La detrazione spetta anche se l'impresa di costruzione, in attesa di vendere l'abitazione, l'abbia **precedentemente locata.**

Sia l'acquisto che il **pagamento** devono avvenire nel 2023. **1512**
La detrazione è **ripartita in 10 quote** costanti nell'anno in cui sono state sostenute le spese e nei 9 periodi d'imposta successivi.
La detrazione è **cumulabile** con quella relativa all'acquisto di abitazioni facenti parte di edifici ristrutturati (v. n. 1588) purché non vengano applicate sullo stesso importo (v. esempio).

ESEMPIO
Un contribuente acquista da un'impresa di ristrutturazione una abitazione «prima casa», all'interno di un fabbricato interamente ristrutturato, al prezzo di € 200.000 + IVA al 4% (€ 208.000).
Detrazioni spettanti:
- 50% dell'Iva pagata sull'acquisto (8.000 * 50%) = 4.000;
- 50% calcolato sul 25% di € 204.000 (costo dell'immobile al netto della detrazione precedente) = 25.500.

c. Interventi di recupero su immobili residenziali

(art. 16 bis DPR 917/86)

Per gli interventi di recupero su immobili residenziali sono previste delle detrazioni rilevanti, con riferimento a molteplici tipi di spese: manutenzioni, ristrutturazioni, risparmio energetico, rinnovo impianti, cablatura, ecc. **1520**
La percentuale della detrazione è diversa da quella ordinaria (19%) ed è variata diverse volte nel corso degli anni.

Cumulabilità con altre detrazioni
Fino al 31/12/2024 sono state previste detrazioni fiscali (50% - 65%) per le spese sostenute per la **riqualificazione energetica** di edifici esistenti. Tale agevolazione non è cumulabile con quella in esame in relazione alle medesime spese. Per la disciplina relativa si rinvia al n. 1655 e s.
L'agevolazione in oggetto è invece cumulabile: – con quella relativa agli **immobili vincolati** (v. n. 1652), ma quest'ultima è ridotta nella misura del 50%; – con quella relativa alla detrazione degli interessi passivi su **mutui per l'acquisto** dell'abitazione (v. n. 1370).

1521 **SCHEMA DELLA TRATTAZIONE** Le spese che danno diritto alla detrazione sono di numerose tipologie, alcune molto comuni altre più particolari; per agevolare il lettore la trattazione esamina inizialmente i **casi più comuni**, riguardanti gli interventi sulle singole abitazioni e quelli sulle parti comuni di edifici condominiali residenziali.
La disciplina delle spese relative ai **casi particolari**, è illustrata separatamente e riguarda gli interventi relativi:
- all'acquisto di una abitazione facente parte di un edificio ristrutturato (v. n. 1588 e s.);
- alla realizzazione e acquisto di autorimesse o posti auto pertinenziali (v. n. 1596);
- al recupero/restauro delle facciate degli edifici (v. n. 1600 e s.);
- all'adozione di misure antisismiche effettuate entro il 31 dicembre 2024 su edifici ricadenti nelle zone sismiche (v. n. 1628);
- all'acquisto, entro il 31 dicembre 2024, di beni mobili da utilizzare per arredare immobili oggetti di precedenti interventi di recupero (v. n. 1641).

Infine, per le spese sostenute per **interventi complessi**, di ristrutturazione e di risparmio energetico, effettuati dal 1° luglio 2020 al 31 dicembre 2023, è previsto un **superbonus** del 110% (v. n. 1700 e s.), poi ridotto al 70% nel 2024 e al 65% nel 2025.

In generale, sono **esclusi** gli interventi di **nuova costruzione**, salvo il caso di parcheggi pertinenziali illustrati al n. 1596 (Ris. AE 4 gennaio 2011 n. 4/E).

---

1. Interventi su singole abitazioni e su condomini

1525 **SOGGETTI AMMESSI** (art. 16 bis c. 1 DPR 917/86) Possono fruire della detrazione tutti i soggetti passivi dell'IRPEF che **possiedono** o **detengono l'immobile** sul quale sono stati effettuati gli interventi rimasti a loro carico, in base ad un titolo idoneo **al momento** di avvio dei lavori o al momento del sostenimento delle spese, se antecedente il predetto avvio (es. promissario acquirente immesso in possesso dell'immobile, a condizione che il contratto preliminare sia registrato entro la data di presentazione della dichiarazione dei redditi in cui si fa valere la detrazione).

proprietario (persona fisica, società semplice, s.n.c. e s.a.s. ed equiparati **(1)**)
nudo proprietario
titolare di un diritto reale sull'immobile (2) (uso, usufrutto, abitazione ed enfiteusi)
inquilino, con contratto regolarmente registrato **(2)**
comodatario, con contratto regolarmente registrato **(2) (3)**
soci di cooperative di costruzione (2)
ex coniuge separato del proprietario della casa coniugale cui è stato concesso il diritto di abitazione (Circ. AE 9 maggio 2013 n. 13/E)
familiari di tutti i soggetti predetti (v. n. 1125), purché **conviventi** nell'immobile ristrutturato e aventi fatture e bonifici (non necessariamente le abilitazioni comunali) a loro intestati o con un'annotazione del familiare che ha sostenuto la spesa (v. n. 1577) **(4) (5)**
convivente di fatto (c.d. more uxorio) risultante dai registri anagrafici o da un'autocertificazione, ai sensi della Legge Cirinnà, L. 76/2016 (Circ. AE 25 luglio 2022 n. 28/E, Ris. AE 28 luglio 2016 n. 64/E) **(4)**

(1) Per gli immobili **non strumentali o beni merce** di società di persone, imprenditori individuali, anche agricoli, e imprese familiari.
(2) Se in possesso della **dichiarazione di consenso ai lavori** del proprietario o della cooperativa a proprietà indivisa (anche dopo l'inizio dei lavori, purché entro la data di presentazione della dichiarazione dei redditi nella quale si intende utilizzare la detrazione) (Risp. AE 22 maggio 2020 n. 140).
In caso di **nuovi soci di cooperative a proprietà indivisa**, la detrazione spetta per le spese effettuate a partire dalla detenzione dell'immobile, avvenuta dopo il parere favorevole del consiglio di amministrazione della cooperativa all'ingresso del nuovo socio (Risp. AE 14 luglio 2020 n. 215).
(3) La **registrazione** del contratto può mancare, se viene dimostrata l'esistenza del contratto (c.d. data certa) in altro modo, es. lettera **raccomandata** spedita dal genitore al figlio comodatario con cui gli attribuiva la detenzione (Cass. 18 maggio 2021 n. 13424).
(4) Non può fruire della detrazione il **padre non convivente** che ha sostenuto le spese su un immobile di proprietà della figlia fiscalmente a suo carico.
(5) Il **convivente** può avvalersi della detrazione solo se **dimostra** che la detenzione dell'immobile da parte sua era precedente la data di inizio dei lavori (ma non è necessario che permanga per l'intero periodo di fruizione della detrazione) (Cass. 5 novembre 2008 n. 26543); inoltre, non serve alcun contratto di comodato registrato (Cass. 21 febbraio 2022 n. 5584). L'immobile oggetto della ristrutturazione deve essere una delle abitazioni in cui si esplica il rapporto di convivenza, es. abitazione principale o a disposizione (Ris. AE 12 giugno 2002 n. 184/E), quindi se locato a terzi la detrazione non spetta.
Non serve la dichiarazione di consenso ai lavori del proprietario/possessore (Cass. 21 febbraio 2022 n. 5584).

Normalmente il **soggetto che sostiene le spese** per l'intervento coincide con il beneficiario della detrazione. Vi sono tuttavia dei casi, relativi prevalentemente a **soggetti collettivi** (condominio, società di persone) in cui il beneficiario **è diverso** e per poter usufruire della detrazione deve possedere un'apposita documentazione integrativa (v. n. 1581). **1526**
Può richiedere la detrazione anche chi **esegue in proprio i lavori** sull'immobile, limitatamente alle spese di acquisto dei materiali utilizzati.

IMMOBILI INTERESSATI (art. 16 bis c. 1 DPR 917/86) Gli interventi di recupero devono essere generalmente effettuati su: **1528**
- immobili a **destinazione abitativa** situati in Italia, di qualsiasi categoria catastale (rileva la situazione di fatto), compresi quelli collabenti o quelli in corso di definizione e destinati a diventare abitativi (cat. F/2 e F/4, Risp. AE 13 aprile 2021 n. 241) (v. n. 74550) e quelli rurali e quelli ad **uso promiscuo**, cioè adibiti anche all'esercizio di attività commerciali, artistiche e professionali (occasionali o abituali, es.: bed & breakfast);
- **pertinenze** collocate all'interno degli immobili suddetti (garage, cantine, ecc. v. n. 60880);
- **edifici condominiali residenziali** limitatamente agli interventi effettuati sulle parti comuni.

Tali immobili devono essere **censiti** all'ufficio del catasto o per i medesimi deve essere stata fatta la **richiesta di accatastamento**.
Sono escluse le u.i. non abitative, comprese quelle che, originariamente abitative, al termine dei lavori, **perdono la destinazione abitativa** (es. u.i. cat. A/3 data in comodato a un soggetto che la usa come studio professionale; se ha i requisiti può usufruire dell'ecobonus Risp. AE 17 settembre 2021 n. 611). Nel caso inverso, da studio ad abitazione, la detrazione spetta (vedi esempio al n. 1546, Circ. AE 25 giugno 2021 n. 7).

INTERVENTI RILEVANTI (art. 16 bis c. 1 DPR 917/86) Gli interventi ammessi variano a seconda del tipo di immobile oggetto della spesa. **1530**

Singole abitazioni **1531**

	Interventi
A) Manutenzione	• di **manutenzione straordinaria**, di **restauro**, di **risanamento** conservativo e di **ristrutturazione edilizia** (definiti al n. 61490), effettuati sulle singole u.i. residenziali, anche rurali, e sulle loro pertinenze (anche se gli interventi sono realizzati soltanto su queste ultime) **(1) (2)**
B) Risparmio energetico	• opere finalizzate al conseguimento di risparmi energetici con particolare riguardo all'installazione di impianti basati sull'impiego delle **fonti rinnovabili di energia (3)** (es. **pannelli fotovoltaici** per la produzione di energia elettrica da utilizzare per far fronte ai bisogni energetici dell'abitazione, quindi non per attività commerciali - Ris. AE 2 aprile 2013 n. 22/E, anche se installati su edifici adiacenti all'abitazione)

1531
(segue)

Interventi	
C) Impianti elettrici e a metano	• messa a norma degli edifici per quanto riguarda gli **impianti elettrici** e gli **impianti a metano**
D) Eliminazione delle barriere architettoniche	• aventi ad oggetto **ascensori** e **montacarichi**, alla realizzazione di ogni strumento che, attraverso la comunicazione, la robotica e ogni altro mezzo di tecnologia più avanzata, sia adatto a favorire la mobilità interna ed esterna all'abitazione per le persone portatrici di handicap in situazione di gravità, sia sulle parti comuni che sulle u.i. Vanno rispettate le caratteristiche tecniche contenute nel DM 236/89 (Risp. AE 26 maggio 2020 n. 147) **(4)**
E) Prevenzione furti	• volti all'adozione di misure finalizzate a prevenire il rischio del compimento di **atti penalmente illeciti** da parte di terzi. Rilevano solo le spese sostenute per realizzare interventi sugli immobili (es. sistemi elettronici di allarme, inferriate antifurto, tapparelle metalliche con bloccaggi, porte blindate, casseforti a muro, vetri antisfondamento, ecc.), quindi non rileva il contratto stipulato con un istituto di vigilanza
F) Cablatura edifici e simili	• opere finalizzate alla cablatura degli edifici (es. reti via cavo, teleriscaldamento), al contenimento dell'**inquinamento acustico** (es. sostituzione di vetri degli infissi)
G) Misure antisismiche	• opere finalizzate all'adozione di misure antisismiche, con particolare riguardo all'esecuzione di opere per la messa in sicurezza statica e al rilascio della documentazione atta a comprovare la **sicurezza statica** del patrimonio edilizio **(5)**. Gli interventi devono essere realizzati sulle **parti strutturali degli edifici** o complessi di edifici collegati strutturalmente e comprendere interi edifici. Se riguardano i centri storici, devono essere eseguiti sulla base di progetti unitari, intesi come singole unità strutturali e non all'intero aggregato edilizio che lo individua (Risp. AE 16 settembre 2021 n. 598) **(6)**
H) Prevenzione infortuni e malattie	• opere volte a **evitare gli infortuni domestici (7)** • **bonifica dall'amianto** effettuati sulle u.i. a carattere residenziale **(8)**
I) Eventi calamitosi	• necessari alla **ricostruzione** o al **ripristino** dell'immobile danneggiato a seguito di eventi calamitosi, compresi quelli di manutenzione ordinaria e di ristrutturazione urbanistica (v. n. 61490), sempreché sia stato dichiarato lo stato di emergenza
L) Gruppi elettrogeni di emergenza a gas	• interventi di **sostituzione** del gruppo elettrogeno di emergenza esistente con generatori di emergenza a gas di ultima generazione

(1) Gli interventi di **manutenzione ordinaria** (es. sostituzione vasca da bagno e/o sanitari), normalmente esclusi, sono ammessi se sono collegati ad interventi di recupero più complessi (Circ. AE 2 marzo 2016 n. 3/E).
Le modifiche introdotte alle definizioni degli interventi dal D.Lgs. 222/2016, in relazione ai **titoli abilitativi** richiesti (es. comunicazione asseverata di inizio lavori, c.d. **CILA**) o meno (**edilizia libera**) per ciascun tipologia di intervento, non hanno effetto ai fini della detrazione in esame (Ris. AE 16 settembre 2019 n. 383).
Riguardo agli interventi di ristrutturazione edilizia, relativamente ai casi di **ampliamento**, è stato chiarito che:
– per la demolizione e ricostruzione con ampliamento, la detrazione non spetta;
– se la ristrutturazione avviene senza demolire l'edificio esistente e con ampliamento dello stesso, la detrazione spetta solo per le spese riguardanti la parte esistente (l'ampliamento configura una «nuova costruzione»).
Gli interventi di demansionamento del cappotto termico e del cordolo sismico non concorrono al conteggio della distanza e dell'altezza, in deroga alle distanze minime riportate dall'art. 873 c.c. (art. 119 c. 3 DL 34/2020 conv. in L. 77/2020).
(2) Esempi: sostituzione di **condizionatori o caloriferi**, riparazione o installazione di singoli elementi, installazione di macchinari esterni, a condizione che tali opere siano finalizzate al risparmio energetico; sostituzione o riparazione con innovazioni di **caldaie**; installazione o sostituzione con modifiche di **grondaie**; sostituzione del **tetto** o modifica della pendenza delle falde; costruzione del **soppalco** o innovazione rispetto alla struttura preesistente.
(3) Tali opere possono essere realizzate anche in **assenza di opere edilizie** propriamente dette (es. schermatura mobile solare), acquisendo idonea documentazione attestante il conseguimento di risparmi energetici in applicazione della normativa vigente in materia. Per i pannelli fotovoltaici non è necessaria la documentazione suddetta (Ris. AE 2 aprile 2013 n. 22/E).
Rileva anche l'installazione di un **sistema di accumulo di energia**, purché sia collegato ad un impianto fotovoltaico precedentemente installato, anche senza aver fruito della detrazione (Risp. AE 19 settembre 2018 n. 8).
La detrazione spetta anche alle **comunità energetiche rinnovabili** costituite in forma di enti non commerciali o da parte di condomìni che aderiscono alle configurazioni, limitatamente alle spese sostenute per impianti a fonte rinnovabile gestiti dai predetti soggetti e fino alla soglia di 200 kW (Ris. AE 12 marzo 2021 n. 18/E). Per tali spese può spettare anche il superbonus (v. n. 1702).
(4) Per gli interventi effettuati nel 2022-2025 è prevista una detrazione più favorevole (75%) (v. n. 1615 e s.).
(5) È prevista, in alternativa, una maggiore detrazione (v. n. 1631).

(6) La detrazione spetta anche se gli **interventi antisismici** sono effettuati sugli elementi di edifici o complessi di edifici collegati strutturalmente, come per esempio le **villette** a **schiera**, anche in assenza di un **progetto unitario** (Commissione consultiva monitoraggio DM 58/2017, quesito n. 4 luglio 2021).

(7) **Esempi:** installazione di apparecchi di rilevazione di presenza di gas, montaggio di vetri antinfortunistica, installazione di corrimano lungo le scale.

(8) La detrazione spetta a prescindere dalla realizzazione di un intervento di recupero del patrimonio edilizio e riguarda anche il **trasporto da parte di aziende specializzate** dell'amianto in discarica (Circ. AE 27 aprile 2018 n. 7/E).

Interventi su parti comuni di condomini residenziali Sono agevolabili gli interventi già descritti per le singole u.i. residenziali, a cui si aggiungono quelli di **manutenzione ordinaria** (v. n. 61490), effettuati sulle parti comuni di edifici condominiali residenziali, anche se appartenenti ad un unico proprietario. 1533

Sono **parti comuni** il suolo su cui sorge l'edificio, le fondazioni, i muri maestri, i tetti e i lastrici solari, le scale, i portoni d'ingresso, i vestiboli, gli anditi, i portici, i cortili, tutte le parti dell'edificio necessarie all'uso comune, compreso l'alloggio del portiere, gli ascensori, i locali per la lavanderia e/o il riscaldamento centrale, i pozzi, le cisterne e gli impianti per acqua, gas, energia elettrica, ecc. (art. 1117 c.c.).

SPESE AMMISSIBILI (art. 16 bis c. 1 e 2 DPR 917/86) In relazione a **tutti gli interventi rilevanti**, danno diritto alla detrazione le seguenti spese. 1540

Spese ammesse (*)	Spese escluse
acquisto di materiali, esecuzione dei lavori (**)	interessi passivi pagati per mutui (o anticipazioni, scoperti di conto corrente, ecc.) eventualmente stipulati per sostenere le spese per gli interventi
progettazione dei lavori e altre prestazioni professionali richieste dal tipo di intervento	consulenza fiscale, costi di trasloco e di custodia in magazzino dei mobili per tutto il periodo di esecuzione dei lavori di ristrutturazione
IVA, imposta di bollo e diritti pagati per le concessioni, le autorizzazioni, le denunzie di inizio lavori, Tosap relativa all'area necessaria per l'impianto degli eventuali ponteggi (Ris. AE 18 agosto 2009 n. 229/E)	
oneri di urbanizzazione	
perizie e sopralluoghi	
rilascio del visto di conformità dei dati e dell'attestazione di congruità delle spese oggetto delle opzioni di cessione del credito o di sconto in fattura	
relazione di conformità degli stessi alle leggi vigenti	
redazione della documentazione obbligatoria atta a comprovare la sicurezza statica del patrimonio edilizio	
altri eventuali costi strettamente inerenti la realizzazione degli interventi e gli adempimenti posti dal regolamento di attuazione delle disposizioni in esame	

(*) In caso di **immobili danneggiati** (ad esempio, da incendio o da altri eventi atmosferici) per i quali i contribuenti hanno beneficiato di un **risarcimento del danno** da parte di assicurazioni, le spese sostenute rilevano senza considerare l'indennizzo (Risp. AE 20 settembre 2022 n. 458 e n. 459).

(**) Nel caso di **lavori eseguiti in proprio**, sono ammesse solo le spese sostenute per l'acquisto dei materiali utilizzati (Circ. Min. 11 maggio 1998 n. 121/E).

IMPORTO DETRAZIONE (art. 16 bis c. 1 e 4 DPR 917/86) La percentuale della detrazione ammessa e il limite massimo di spesa ammissibile sono variati diverse volte nel corso degli anni (v. **tabella**). L'importo che risulta detraibile va ripartito in 10 anni (v. n. 1555). 1545

Il limite di spesa ammissibile è riferito generalmente a ciascun anno e a ciascun intervento; tuttavia, per gli **interventi pluriennali**, il limite va riferito all'intervento nel suo complesso (v. n. 1550).

In ogni caso si deve trattare di spese effettivamente **rimaste a carico** nell'anno, restando, pertanto, escluse quelle rimborsate da terzi (es. assicurazioni; contributi erogati a professionisti dalle casse previdenziali e assistenziali - Risp. AE 4 novembre 2019 n. 468).

Periodi di sostenimento della spesa (principio di cassa) (*)	Limite (€)	%	Fonti
26-6-2012 / 31-12-2024	96.000	50	art. 16 c. 1 DL 63/2013 conv. in L. 90/2013
dall'1-1-2025	48.000	36	art. 16 bis DPR 917/86
(*) Per gli interventi effettuati sulle **parti comuni dell'edificio**, il beneficio compete nell'anno di effettuazione del bonifico da parte dell'amministrazione del condominio (o della cooperativa a proprietà indivisa), a condizione che la quota a carico del singolo condomino sia stata effettivamente versata al condominio entro i termini di presentazione della dichiarazione dei redditi (Circ. AE 7 aprile 2017 n. 8/E, Risp. AE 14 luglio 2020 n. 215).			

N.B. Se gli interventi interessano abitazioni ad **uso promiscuo**, cioè adibite anche all'esercizio di attività commerciali, professionali o artistiche (occasionali o abituali), la spesa sostenuta rileva solo per il 50% (art. 16 bis c. 5 DPR 917/86, Ris. AE 24 gennaio 2008 n. 18/E).
Si evidenzia che l'abitazione in cui è stabilita la **sede amministrativa dell'imprenditore individuale** che svolge un'attività tipicamente in cantieri (impiantisti, imbianchini, ecc.) non può definirsi utilizzata promiscuamente, quindi per gli interventi non opera la riduzione del 50% (Circ. AE 23 giugno 2022 n. 23/E).

1546 **Determinazione del limite** Il limite massimo di spesa si applica **per ogni abitazione**, nel caso di **più comproprietari** va ripartito tra gli stessi.
Il limite stabilito per ogni abitazione comprende anche le sue **pertinenze** (pure se accatastate distintamente, Ris. AE 12 luglio 2007 n. 167/E, Ris. AE 29 aprile 2008 n. 181/E). Per l'individuazione del limite occorre tenere conto del **numero iniziale** di u.i. sulle quali si eseguono i lavori (purché siano a destinazione abitativa, dopo l'intervento): la **suddivisione di un appartamento** in due, lascia il limite invariato.
Le **parti comuni** dell'edificio danno diritto ad un ulteriore tetto di spesa rispetto a quello relativo all'abitazione (Ris. AE 3 agosto 2007 n. 206/E). Inoltre, il limite massimo è riferito ad ogni **singola abitazione** posseduta nel condominio stesso dalla medesima persona (ovviamente da ripartire con gli eventuali comproprietari) (Ris. AE 25 gennaio 2008 n. 19/E).

ESEMPIO
Un edificio composto da 7 u.i. a destinazione non abitativa che, post interventi, diviene un edificio composto da 4 u.i. a destinazione abitativa e 3 u.i. pertinenziali, è considerato come un edificio a prevalente destinazione abitativa con un numero di 7 u.i.

1550 **Interventi pluriennali** (art. 16 bis c. 4 DPR 917/86) Se gli interventi consistono nella **prosecuzione di lavori** iniziati negli anni precedenti, sulla singola u.i., ai fini della determinazione del limite massimo delle spese detraibili occorre tenere conto delle spese sostenute negli anni pregressi. Pertanto, se negli anni precedenti i limiti erano già stati superati, non si ha diritto ad alcuna detrazione, se non in relazione a nuovi interventi (art. 9 c. 1 L. 448/2001).

ESEMPIO
Per le spese sostenute nel corso del 2022 per lavori iniziati in anni precedenti, si ha diritto all'agevolazione solo se la spesa per la quale si è già fruito della relativa detrazione non ha superato il limite complessivo di € 96.000.

1552 **Interventi pluriennali più un nuovo intervento** Se per la **stessa u.i. abitativa** nel corso del **medesimo anno** vengono proseguiti interventi di manutenzione iniziati in anni precedenti e al contempo vengono sostenute spese per nuovi interventi (autonomi dai precedenti), l'importo massimo di spesa sostenuta sul quale calcolare la detrazione spettante non può comunque superare la misura complessiva prevista per il periodo di sostenimento della spesa (Circ. AE 5 marzo 2003 n. 15/E).

1553 **Interventi autonomi** Se su un immobile già oggetto di interventi negli anni precedenti, è effettuata una nuova ristrutturazione che non consiste nella mera prosecuzione degli interventi già realizzati, il contribuente può avvalersi della detrazione nei **limiti in vigore** al momento dei bonifici di pagamento.
L'intervento per essere considerato autonomamente detraibile, rispetto a quelli eseguiti in anni precedenti sulla medesima u.i., deve essere autonomamente certificato dalla documentazione

richiesta dalla normativa vigente (autonoma pratica edilizia, denuncia di inizio attività, collaudo, dichiarazione di fine lavori). Non è tuttavia necessario che sia trascorso un periodo di tempo minimo tra i diversi interventi di recupero (Circ. AE 24 aprile 2015 n. 17/E).

ESEMPIO
Ristrutturazione dell'immobile abitativo, anche se non ancora completata, e realizzazione dell'autorimessa con un'autonoma pratica edilizia (Risp. AE 28 agosto 2020 n. 285).

RIPARTIZIONE TEMPORALE DELLA DETRAZIONE (art. 16 bis c. 7 e 8 DPR 1555
917/86) La detrazione, che va effettuata dall'imposta lorda, è ripartita in **10 quote annuali** di pari importo, nell'anno in cui è sostenuta la spesa e in quelli successivi, secondo le disposizioni riassunte nella **tabella** seguente, ove si analizzano i casi più ricorrenti (art. 9 c. 1 L. 448/2001).

N.B. Per le spese effettuate negli anni 2020-2024 (limitatamente a quelle di cui al n. 1531, lett. A, B, D e G, sia sui singoli edifici che sulle parti comuni, alle cui ultime vanno aggiunti anche quelli di manutenzione ordinaria) l'importo della detrazione (credito) può essere **ceduto ai terzi** o può essere richiesto ai fornitori lo **sconto in fattura**, con facoltà di **successiva cessione** limitata a favore di banche e intermediari finanziari (v. n. 1745). Per le opzioni trasmesse all'AE **dal 12 novembre 2021** - se non riguardano interventi in edilizia libera o interventi di importo complessivo non superiore a € 10.000, salvo per il bonus facciate di cui al n. 1600 - è richiesto, come per il superbonus (v. n. 1733), il **visto di conformità** e l'attestazione della **congruità delle spese** (non richiesti in caso di detrazione in dichiarazione); quest'ultima può essere rilasciata purché i lavori siano iniziati, anche se non ultimati (Circ. AE 29 novembre 2021 n. 16/E, v. n. 1720 e s.). Ai fini del calcolo dell'importo complessivo di € 10.000, nel caso in cui vengano realizzati vari interventi riconducibili a diverse agevolazioni fiscali - all'interno o della singola u.i. o sulle parti comuni dell'edificio - occorre prendere in considerazione il valore degli interventi agevolabili risultanti dal titolo edilizio (anche se sostenuti in anni diversi). Se nell'ambito di tali interventi sono effettuati anche lavori di edilizia libera necessari per il completamento degli stessi, occorre avere riguardo anche al valore di tali interventi (Circ. AE 27 maggio 2022 n. 19/E).
Inoltre, dal **2023**, se l'opzione riguarda lavori di importo **superiore a € 516.000**, l'esecuzione deve essere affidata ad imprese in possesso della certificazione **SOA** (v. n. 1733, lett. g).

Disciplina dei casi più ricorrenti	
Ipotesi	**Disciplina**
Interventi eseguiti sulle parti comuni di edifici residenziali	La detrazione compete con riferimento all'**anno di effettuazione del bonifico bancario** da parte dell'amministratore e nel **limite delle rispettive quote** imputate ai singoli condomini **(1)** e da questi ultimi effettivamente versate al condominio al momento della presentazione della dichiarazione, anche anticipatamente o posticipatamente rispetto alla data di effettuazione del bonifico. Se il pagamento avviene successivamente, la detrazione non spetta (Circ. AE 7 aprile 2017 n. 8/E)
Vendita o donazione o permuta dell'u.i. (non di una semplice quota) oggetto degli interventi o sua **cessione gratuita o donazione o permuta** prima che sia trascorso il periodo di godimento della detrazione	La **detrazione non utilizzata** in tutto o in parte **dal venditore** si trasferisce all'acquirente persona fisica dell'u.i. per i rimanenti periodi di imposta, salvo diverso accordo delle parti nell'atto di trasferimento (cessione, donazione o permuta) (Circ. AE 19 giugno 2012 n. 25/E). In mancanza di tale specifico accordo nell'atto, la conservazione della detrazione in capo al venditore si può desumere da un'altra scrittura privata, autenticata dal notaio o da altro pubblico ufficiale, sottoscritta da entrambe le parti, in cui si dà atto che l'accordo esisteva sin dalla data del rogito (Circ. AE 4 aprile 2017 n. 7/E) **(2)**
Costituzione di **usufrutto**	La **detrazione** resta al nudo proprietario (Circ. AE 4 aprile 2017 n. 7/E)
Vendita di una quota dell'abitazione	La detrazione generalmente **continua a spettare al venditore** (Circ. AE 10 giugno 2004 n. 24/E). Tuttavia, se la quota viene **ceduta al proprietario della quota restante**, che diventa quindi proprietario esclusivo dell'immobile, la detrazione è trasferita all'acquirente, salvo diverso accordo delle parti (Circ. AE 19 giugno 2012 n. 25/E, Risp. AE 22 maggio 2020 n. 142)
Cessazione dello stato di detenzione, locazione o comodato	Se le spese sono state sostenute dall'inquilino o dal comodatario o dal socio della cooperativa a proprietà indivisa, il **diritto alla detrazione permane** anche dopo la detenzione in capo all'inquilino o al comodatario o al socio predetto (Risp. AE 14 luglio 2020 n. 215)

Disciplina dei casi più ricorrenti	
Ipotesi	**Disciplina**
Decesso del contribuente	
a) proprietario	La detrazione non utilizzata si trasmette per intero all'**erede che conserva la detenzione materiale** e diretta del bene, a prescindere dal fatto che sia utilizzato come abitazione principale (Circ. AE 10 giugno 2004 n. 24/E). Se la detenzione dell'immobile è esercitata congiuntamente da più eredi, la detrazione va ripartita tra gli stessi in parti uguali **(3)**. Se l'immobile, anche solo una parte, viene successivamente locato o dato in comodato dall'erede (anche solo per una parte dell'anno), questi non può continuare a beneficiare della detrazione, che non si trasferisce (Circ. AE 13 maggio 2011 n. 20/E, Risp. AE 22 dicembre 2022 n. 594) **(4)**. Se la locazione o il comodato cessa, l'erede, riprendendo la detenzione del bene, può fruire delle eventuali rate residue di competenza (Circ. AE 24 aprile 2015 n. 17/E).
b) conduttore/inquilino	Nel caso di decesso del conduttore che ha eseguito i lavori di ristrutturazione nell'immobile ricevuto in locazione, la detrazione non utilizzata si trasmette solo **all'erede del conduttore** che **subentri nel contratto di locazione** e che conservi la **detenzione materiale** e diretta del bene (Circ. AE 9 maggio 2013 n. 13/E) **(4)**.
c) genitore comodatario di immobile di proprietà del figlio	Nel caso di spese sostenute dal genitore comodatario, il figlio proprietario può fruire delle quote residue della detrazione purché abbia la **detenzione materiale** e diretta dell'immobile (Circ. AE 6 maggio 2016 n. 18/E)
Mancata fruizione nell'anno della detrazione spettante	L'importo della quota di detrazione spettante per ciascun periodo d'imposta, non fruito in uno degli anni (es. per dimenticanza, mancata indicazione in dichiarazione o perché superiore all'imposta dovuta per lo stesso anno) **si perde definitivamente**. Resta possibile, negli anni successivi, fruire della detrazione per le quote restanti

(1) Normalmente la detrazione deve essere calcolata in base alle **quote millesimali** di proprietà, tuttavia se la spesa è **sostenuta da un solo condòmino** (Tizio) e gli **altri condòmini vi acconsentono** (all'unanimità), la detrazione spetta solo a Tizio ma entro i limiti massimi ordinari; in sostanza, Tizio non può avvalersi dei limiti attribuibili alle altre u.i. del medesimo condominio (Risp. AE 28 giugno 2019 n. 219, Risp. AE 27 giugno 2019 n. 213).

(2) In generale, per stabilire chi può fruire della quota di detrazione relativa a un anno, occorre individuare il soggetto che **possedeva l'immobile al 31 dicembre** di quell'anno. Esempio: se Tizio acquista un immobile a gennaio dell'anno X, lo ristruttura e lo vende a Caio a novembre dello stesso anno, la detrazione spetta di diritto a Caio.
Se l'**acquirente è una società**, in assenza di accordo nell'atto, la detrazione delle quote residue si perde.

(3) Il **coniuge** che **rinuncia all'eredità** e mantiene il solo diritto di abitazione non può fruire delle quote residue di detrazione, in quanto assume la qualità di legatario e non di erede (Circ. AE 10 giugno 2004 n. 24/E).

(4) Se l'**erede** che ha acquisito le quote di detrazione non fruite dal defunto, **vende** o **dona** l'immobile, oppure **muore** a sua volta, le quote residue non si trasferiscono, rispettivamente, all'acquirente, al donatario o al successivo erede (Circ. AE 25 giugno 2021 n. 7/E, Risp. AE 20 settembre 2021 n. 612).

1560 **ADEMPIMENTI FORMALI** (DM 18 febbraio 1998 n. 41, Circ. Min. 24 febbraio 1998 n. 57/E) Il soggetto che sostiene le spese, che non sempre coincide con il beneficiario della detrazione (v. n. 1581), per poter usufruire della stessa deve osservare gli adempimenti formali riassunti nella **tabella** seguente, ove sono indicate anche le conseguenze della loro inosservanza.

Periodo in cui sorge	Adempimento	Inosservanza
prima dell'inizio lavori	– avere le eventuali abilitazioni amministrative che consentono l'esecuzione dei lavori (Cila, Scia, ecc.)	detrazione non riconosciuta (e importo eventualmente fruito recuperato dagli uffici) **(2)**
	– inviare una comunicazione alla ASL, se sussiste l'obbligo ai sensi delle disposizioni speciali in materia **(1)**	
	per i lavori edili avviati **dal 27 maggio** 2022, se di **importo superiore a € 70.000**, gli esecutori dei lavori, se hanno dipendenti, devono applicare i **contratti collettivi** del settore edile; tale requisito, certificato dal c.d. Durc di congruità, va indicato nei contratti e nelle fatture (v. n. 1733). Inoltre, dal **2023**, se l'intervento riguarda lavori di importo **superiore a € 516.000**, l'esecuzione deve essere affidata ad imprese in possesso della certificazione **SOA** (v. n. 1733, lett. G)	
durante e dopo i lavori	– effettuare il pagamento tramite bonifico correttamente intestato alla persona che richiede la detrazione	
	– richiedere le fatture e le ricevute relative agli interventi	
	– conservare i documenti dei suddetti adempimenti	
	– solo per gli interventi sul risparmio energetico di cui al n. 1531 lett. B, comunicazione all'Enea simile a quella di cui al n. 1689 e s. (art. 16 c. 2 bis DL 63/2013 conv. in L. 90/2013) **(3)**	nessuna sanzione **(4)**
	– indicare i dati catastali nella dichiarazione dei redditi	sanzione da € 258 a € 2.065
	– in caso di **sconto in fattura** o di **cessione del credito** - salvo il caso di lavori in edilizia libera o di importo complessivo non superiore a € 10.000 (v. n. 1555) - è necessario il visto di conformità e l'asseverazione della congruità dei costi (v. n. 1733).	invalidità dello sconto o della cessione

(1) È inoltre opportuno che il contribuente si faccia rilasciare dall'impresa esecutrice dei lavori una **dichiarazione sostitutiva di atto notorio**, con la quale dichiari di aver adempiuto a tutti gli **obblighi in materia di sicurezza** del lavoro e in **materia contributiva** (v. nota seguente).
(2) Lo stesso anche nel caso in cui:
– le opere edilizie eseguite non rispettano le norme urbanistiche ed edilizie comunali;
– sono accertate violazioni di norme in materia di tutela della salute e della sicurezza sul luogo di lavoro da parte della ditta, a meno che il contribuente esibisca la dichiarazione della nota precedente (Circ. Min. 11 maggio 1998 n. 121/E).
(3) La comunicazione va fatta on line entro **90 giorni** dalla data di ultimazione dei lavori o del collaudo.
(4) Il mancato invio all'Enea delle informazioni non determina la perdita del diritto alla detrazione (Ris. AE 18 aprile 2019 n. 46/E).

Formalità iniziali Prima di iniziare i lavori occorre possedere le eventuali **abilitazioni amministrative** (concessione, autorizzazione o comunicazione di inizio lavori) che consentono l'esecuzione dei lavori stessi. 1565
Inoltre, sempre prima di iniziare i lavori, il contribuente deve generalmente **comunicare** alle ASL competenti per territorio, mediante lettera raccomandata A.R., la data di inizio dei lavori stessi, la loro ubicazione, la natura delle opere, il committente e l'impresa esecutrice. Le comunicazioni si considerano tempestive anche se presentate nel giorno stesso dell'inizio dei lavori, purché in un momento antecedente l'inizio medesimo (Circ. AE 20 aprile 2005 n. 15/E).

> Se le abilitazioni amministrative **non sono necessarie** per il tipo di intervento da effettuare, occorre una dichiarazione sostitutiva dell'atto di notorietà con indicata la data di inizio dei lavori ed attestata la circostanza che gli interventi fatti rientrano tra quelli agevolabili.
> La **comunicazione alla ASL** non va effettuata in tutti i casi in cui le norme relative alle condizioni di sicurezza nei cantieri non ne prevedono l'obbligo.

Modalità di pagamento Il pagamento delle spese deve essere effettuato generalmente mediante bonifico **bancario o postale** (anche on-line) o attraverso un **istituto di pagamento** (ente non bancario autorizzato dalla Banca d'Italia) aderente alla Rete nazionale interbancaria (Ris. AE 20 gennaio 2017 n. 9/E) a favore dell'esecutore dei lavori. 1575
Sono ammessi **sistemi di pagamento diversi** dal bonifico, solo nei seguenti casi:
- spese relative agli oneri di urbanizzazione;

– Tosap (Ris. AE 18 agosto 2009 n. 229/E);
– imposta di bollo e diritti pagati per le concessioni, le autorizzazioni e le denunce di inizio lavori.

Sull'importo del bonifico al netto dell'IVA del 22% (anche in caso di applicazione di un'aliquota ridotta), la banca o l'ufficio postale o l'istituto di pagamento che ricevono l'accredito della somma a favore del beneficiario effettuano una **ritenuta d'acconto dell'8%** che esclude l'applicazione di altre ritenute, quale quella del 20% sui compensi dei professionisti o quella del 4% dei condomini sui corrispettivi dovuti per prestazioni relative a contratti d'appalto di opere o servizi (art. 25 DL 78/2010 conv. in L. 122/2010, Circ. AE 28 luglio 2010 n. 40/E).

Se il pagamento è effettuato con sistemi diversi, per non perdere la detrazione occorre rifare il pagamento con il bonifico accordandosi con il fornitore per ottenere la restituzione della somma pagata originariamente.

1576 **Contenuto del bonifico** Devono risultare la causale del versamento con riferimenti normativi (art. 16 bis DPR 917/86), il codice fiscale del soggetto che beneficia della detrazione (solitamente chi paga) e il codice fiscale o numero di partita IVA del beneficiario del pagamento (c.d. **bonifico parlante**).

Per gli interventi realizzati su **parti comuni** di edifici residenziali il bonifico deve recare il codice fiscale dell'amministratore del condominio o di uno qualunque dei condomini che provvede al pagamento (con c/c proprio o intestato al condominio), nonché quello del condominio (o della cooperativa a proprietà indivisa), se è stato richiesto (la richiesta non è necessaria se ci sono meno di 9 condòmini - c.d. mini condominio -, in tal caso i condòmini devono inserire nella dichiarazione dei redditi il codice fiscale del condòmino che ha effettuato il relativo bonifico o, se ogni condomino ha effettuato il bonifico per la propria quota di competenza riferita al documento di spesa a lui intestato, il proprio Circ. AE 2 marzo 2016 n. 3/E, Risp. AE Telefisco 26 gennaio 2023). In questi casi, la detrazione compete al singolo condòmino, nel limite della quota a lui imputabile (v. n. 1555).

> Precisazioni 1) Se il bonifico **non è stato compilato correttamente**, la detrazione spetta a condizione che il beneficiario attesti con dichiarazione sostitutiva di aver ricevuto le somme e di averle incluse nella contabilità dell'impresa per farle concorrere alla determinazione del reddito (Circ. AE 18 novembre 2016 n. 43/E).

2) In presenza di **più soggetti** che sostengono la spesa e tutti intendono fruire della detrazione, il bonifico deve riportare il numero di codice fiscale delle persone interessate al beneficio fiscale. Tuttavia, se è stato indicato solo il codice fiscale di un soggetto, gli altri non perdono il diritto alla detrazione, purché espongano nella dichiarazione dei redditi, nello spazio predisposto nella sezione relativa agli oneri detraibili, il codice fiscale già riportato sul bonifico stesso.

3) Chi **ordina il bonifico** può essere un soggetto diverso da chi vi risulta indicato come beneficiario della detrazione (Circ. AE 24 aprile 2015 n. 17/E). Ad esempio il marito può ordinare un bonifico sul suo c/c personale per pagare le spese per la cui detrazione ne beneficia, totalmente o parzialmente, la moglie (che indica sui documenti di spesa il proprio nome e la relativa percentuale di detrazione).

4) Se le spese sono **pagate da una società finanziaria** per conto dell'acquirente, la detrazione spetta a condizione che la società finanziaria paghi il cedente/prestatore con un bonifico da cui risulti il nome e il codice fiscale dell'acquirente a cui va garantita una copia della ricevuta del bonifico stesso. La spesa si considera sostenuta alla data del bonifico della società finanziaria (Circ. AE 21 maggio 2014 n. 11/E).

1577 **Fatture, ricevute e documenti condominiali** Il soggetto che sostiene le spese e che intende fruire della detrazione (persona fisica, condominio o società di persone) deve possedere le fatture e le ricevute fiscali e i documenti rilasciati dall'amministratore di condominio per le spese comuni che documentino la spesa sostenuta.

Tali documenti devono essere regolarmente **intestati** al soggetto che sostiene le spese; in caso di intestazione ad un **soggetto diverso** (es. familiare comproprietaria), occorre annotare sulla fattura i dati anagrafici del soggetto che ha sostenuto la spesa e la relativa percentuale. Tale annotazione va effettuata fin dal primo anno di fruizione del beneficio; è esclusa la possibilità di modificare, nei periodi successivi, la ripartizione della spesa sostenuta (Circ. AE 21 maggio 2014 n. 11/E).

ESEMPIO

La suddetta annotazione consente la detrazione integrale a favore di chi ha sostenuto la spesa nei seguenti casi:

– fatture e bonifico riportano per errore **anche il nominativo del coniuge a carico** (Circ. Min. 12 maggio 2000 n. 95/E);

– documenti condominiali **intestati solo al proprietario** esclusivo (senza altri redditi) convivente con il coniuge che le ha sostenute interamente, anche se con assegno tratto su c/c cointestato ad entrambi (Circ. AE 21 maggio 2014 n. 11/E).

CONSERVAZIONE DEI DOCUMENTI (Provv. AE 2 novembre 2011) Bisogna infine conservare la seguente documentazione, variabile in funzione dei soggetti che hanno sostenuto le spese, individuali o collettivi. Infatti, quando le spese sono sostenute da soggetti collettivi, il beneficiario finale della detrazione non coincide con i medesimi e per poter usufruire della detrazione deve possedere, in aggiunta ai documenti di cui alla lettera A) della **tabella** seguente, un'apposita documentazione integrativa. 1580

Soggetti individuali	
Fattispecie	**Tipo di documento**
A) Tutti gli interventi	– **fatture**, **ricevute** fiscali o altra idonea documentazione fiscale intestate al soggetto che intende fruire della detrazione, che documentino la spesa sostenuta – **ricevuta del bonifico** bancario o postale – **abilitazioni amministrative** che consentono l'esecuzione dei lavori stessi o la comunicazione di inizio lavori o, se non necessarie per il tipo di intervento da effettuare, **dichiarazione sostitutiva** dell'atto di notorietà con indicata la data di inizio dei lavori ed attestata la circostanza che gli interventi fatti rientrano tra quelli agevolabili (vedi **fac-simile** allegato alla Circ. AE 4 aprile 2017 n. 7/E) – **documentazione catastale** relativa all'immobile oggetto di intervento o, per gli immobili non accatastati, la domanda di accatastamento – prova del pagamento dell'**IMU** (se dovuta)
B) Soggetto non proprietario dell'immobile oggetto di intervento (se diverso dal coniuge, parte dell'unione civile, dai figli e dai genitori conviventi)	**in aggiunta** ai documenti di cui alla lettera A): **dichiarazione** di consenso ai lavori **del proprietario (*)**

(*) Essa non occorre per i soci di **cooperative a proprietà divisa** e per il **futuro acquirente**.

1581

Soggetti collettivi		
Soggetto che sostiene le spese	**Beneficiario della detrazione**	**Documenti aggiuntivi che evidenziano il trasferimento della detrazione al beneficiario**
condominio **(1)** (per lavori condominiali)	singolo condòmino	– **tabelle millesimali** di ripartizione delle spese **(2)** – fotocopia della **deliberazione dell'assemblea condominiale (3)**
società di persone	singolo socio	la detrazione spettante è determinata dalla società nella propria dichiarazione (quadro RP Redditi SP) e comunicata ai soci i quali ne potranno beneficiare, in proporzione alla rispettiva quota di partecipazione agli utili, all'interno della propria dichiarazione dei redditi (quadro RP Redditi PF)

(1) Rappresentato generalmente dall'amministratore o, in presenza di un condominio con non più di 8 condòmini per i quali la nomina dell'amministratore è facoltativa, in assenza di nomina, da un condòmino.
(2) Se **l'importo preventivato viene superato**, è necessario conservare la nuova **tabella** di ripartizione delle spese.
(3) Tutta la documentazione può essere sostituita da una **certificazione dell'amministratore del condominio**, in cui si attesta il corretto adempimento di tutti gli obblighi previsti, con l'indicazione della somma di cui il contribuente può tenere conto ai fini della detrazione (quota millesimale effettivamente pagata) (Circ. Min. 1° giugno 1999 n. 122/E).
In **assenza** dell'amministratore, la documentazione dovrà essere rilasciata da un condòmino (Circ. AE 21 maggio 2014 n. 11/E).

2. Casi particolari

1585 Nell'esposizione dei seguenti casi, per quanto non indicato (es. ripartizione della detrazione in 10 anni, pagamento con bonifico, conservazione documenti, ecc.), si rinvia alla disciplina generale illustrata per le spese riferite alle singole abitazioni o alle parti comuni dei condomini.

1588 **ACQUISTO DI ABITAZIONI FACENTI PARTE DI EDIFICI RISTRUTTURATI** (art. 16 bis c. 3 DPR 917/86) L'agevolazione interessa anche gli interventi di restauro e risanamento conservativo e di ristrutturazione edilizia (v. n. 61490) riguardanti **interi fabbricati**, eseguiti integralmente da imprese di costruzione o ristrutturazione immobiliare (anche attraverso imprese appaltatrici, Risp. AE 11 ottobre 2018 n. 956-1602/2018) o da cooperative edilizie che provvedano alla successiva alienazione o assegnazione dell'immobile **entro** 18 mesi dal termine dei lavori (termine non sospeso a causa del Covid-19, Risp. AE 25 marzo 2021 n. 205).
In questi casi, la detrazione spetta al **successivo acquirente** o **assegnatario** delle singole u.i. (o all'utilizzatore in **leasing**, Risp. AE 20 aprile 2022 n. 202), in ragione della percentuale ordinaria (50% o, dal 2025, 36%) da applicare sul valore degli interventi eseguiti. Tale valore si assume pari al **25% del prezzo** (IVA compresa) dell'u.i. risultante nell'atto pubblico di compravendita o di assegnazione, fermo restando il limite massimo di spesa ordinario riportato al n. 1545, variabile a seconda del periodo di sostenimento.

ESEMPIO
Prezzo di acquisto dell'abitazione (2022): € 180.000
Costo forfettario di ristrutturazione (25% di € 180.000) = € 45.000
Detrazione (50% di € 45.000) = € 22.500 (ripartibile in 10 anni).

Se la **cooperativa a proprietà indivisa**, oltre a **ristrutturare** gli immobili da assegnare ai soci, proceda a realizzare **appartamenti da cedere a terzi**, agli acquirenti degli stessi spetta, nel rispetto di tutte le condizioni previste, la detrazione in esame a condizione che ci sia una distinta fatturazione relativa ai diversi lavori (quelli che concorrono alla detrazione analitica in capo ai soci e quelli relativi alle u.i. cedute) oppure una separata contabilità di cantiere o, infine, un'attestazione rilasciata dall'impresa di costruzione che indichi secondo criteri oggettivi gli importi relativi a ciascuna tipologia di intervento (Risp. AE 14 luglio 2020 n. 215).

1591 Se l'atto di acquisto (o di leasing) è stato **stipulato prima della fine dei lavori** riguardanti l'intero fabbricato, la detrazione spetta comunque, ma può essere fruita solo a partire dall'anno d'imposta in cui i lavori sull'intero fabbricato siano stati ultimati, con la presentazione al Comune della dichiarazione di fine lavori (Risp. AE 21 novembre 2022 n. 565, Circ. AE 4 aprile 2017 n. 7/E, Risposta Interrogazione parlamentare 14 settembre 2017 n. 5-12157).
In caso di **più acquirenti** (es. coniugi), la detrazione spetta a ciascuno di loro in relazione alla quota di proprietà (Circ. AE 13 maggio 2011 n. 20/E).
In relazione agli **acquisti di più u.i.** i limiti di spesa, indipendentemente dal periodo di sostenimento della stessa vanno così considerati (Circ. AE 10 giugno 2004 n. 24/E):
– se con il medesimo atto vengono acquistate **due abitazioni**, il limite massimo di spesa va riferito ad ogni singolo immobile (quindi raddoppia);
– se l'acquisto riguarda un **appartamento** e una **pertinenza** (es. box), il limite va riferito per entrambi, quindi è unico.

1593 L'acquisto dell'abitazione non va necessariamente pagato con bonifico, ma sono ammessi anche **sistemi di pagamento diversi** (es. assegni circolari, assegni bancari, ecc.).
La detrazione spetta, facoltativamente, anche con riferimento agli **importi versati in acconto** a condizione che alla data di presentazione della dichiarazione dei redditi in cui si applica siano stati registrati il preliminare di acquisto o il rogito (Circ. AE 18 novembre 2016 n. 43/E).

Se la ristrutturazione è stata effettuata da **cooperative edilizie**, l'acconto consente la detrazione a condizione che sia redatto un verbale di accettazione della domanda di assegnazione da parte del Consiglio di amministrazione (Circ. AE 10 giugno 2004 n. 24/E).
Inoltre, fra i documenti da conservare c'è l'atto di assegnazione dell'immobile al socio.

1594 **Successiva vendita dell'u.i.** (Ris. AE 1° dicembre 2008 n. 457/E) Come per le altre spese oggetto dell'agevolazione, le **detrazioni non utilizzate** in tutto o in parte **dal venditore** sono trasferite all'acquirente persona fisica dell'u.i. per i rimanenti periodi di imposta, salvo diverso accordo delle parti nell'atto di trasferimento. In questo caso, il trasferimento opera a condizione

che l'acquirente sia in possesso della documentazione necessaria (copia della concessione edilizia, dichiarazione di ultimazione lavori, atto di compravendita da cui risulti il corrispettivo su cui calcolare la detrazione).
L'eventuale **mancata fruizione** della detrazione da parte **dell'acquirente originario** (ora cedente) non esclude la possibilità di avvalersene per il nuovo acquirente, a partire dalla data dell'acquisto e limitatamente alle rate mancanti al compimento del decennio.

AUTORIMESSE O POSTI AUTO PERTINENZIALI È agevolabile la **realizzazione** e 1596
l'**acquisto** di nuove autorimesse o nuovi posti auto pertinenziali ad una abitazione esistente o in fase di realizzazione, anche a proprietà comune. La realizzazione dell'autorimessa può essere stata ultimata anche prima dell'abitazione a cui è adibita, purché il vincolo pertinenziale risulti costituito e riportato nel contratto prima della data di presentazione della dichiarazione dei redditi nella quale il contribuente chiede la detrazione.
Se la costruzione è fatta **in economia**, l'esistenza del vincolo pertinenziale deve risultare dalla concessione edilizia.
In caso di **acquisto** (es. dal costruttore) si considerano, però, solo le spese sostenute per la realizzazione, purché attestate dal venditore. L'acquisto va necessariamente pagato con bonifico, secondo le regole ordinarie. La detrazione spetta a condizione che alla data di presentazione della dichiarazione dei redditi siano stati registrati il preliminare di acquisto o il contratto definitivo (rogito). La detrazione spetta anche con riferimento agli **importi versati in acconto**, alle condizioni illustrate al n. 1593.
Il **limite** di € 96.000 o € 48.000 opera per ogni abitazione e comprende anche i box pertinenziali (v. n. 1545 e s.).
Dal 2022 al 2024 è possibile, in alternativa alla detrazione, chiedere lo **sconto in fattura** o **cedere a terzi** il relativo importo, secondo le regole ordinarie (v. n. 1721); la cessione può riguardare anche gli 8/10 delle spese 2020 e i 9/10 delle spese 2021. Per gli **acconti** versati dal 1° gennaio 2022, l'acquirente deve registrare il preliminare di acquisto o il contratto definitivo entro la data di invio della comunicazione di esercizio delle predette opzioni (Circ. AE 27 maggio 2022 n. 19/E).

> **Precisazioni** 1) L'acquisto derivante da un **intervento di ristrutturazione** di un'abitazione con cambio di destinazione d'uso (anziché un intervento di nuova costruzione), non è agevolabile (Risp. AE 19 settembre 2018 n. 6).
> 2) Nel caso di acquisto da parte di entrambi i coniugi, con **bonifico cointestato**, la detrazione può essere goduta anche solo da un coniuge, quello che ha sostenuto interamente la spesa, annotando tale circostanza sulla fattura (Circ. AE 13 maggio 2011 n. 20/E).
> 3) In **assenza di bonifico** (es. pagamento con assegni), la detrazione spetta purché il ricevimento delle somme risulti dall'atto notarile e il venditore rilasci all'acquirente una dichiarazione sostitutiva di atto notorio attestante che i corrispettivi a suo favore sono stati inclusi nella contabilità dell'impresa (Circ. AE 18 novembre 2016 n. 43/E).

INTERVENTI PER IL RECUPERO/RESTAURO FACCIATE (art. 1 c. 219-224 L. 1600
160/2019, Circ. AE 14 febbraio 2020 n. 2/E) Per le spese sostenute **nel 2020/2022**, relative agli interventi finalizzati al recupero o restauro della facciata esterna degli **edifici esistenti** spettava una detrazione dall'IRPEF lorda pari al **90%**, ridotta al **60%** per le spese effettuate nel 2022 (c.d. **bonus facciate**), senza limiti massimi di spesa. La detrazione spettava anche se gli interventi sono eseguiti successivamente al 2022, purché siano avviati entro la stessa data. Dal **2023** il bonus è cessato.
Esso andava **ripartito in 10 quote annuali** di pari importo nell'anno di sostenimento delle spese e in quelli successivi.
La detrazione spettava solo per gli interventi su **edifici ubicati** in centri storici, nelle aree abitate circostanti e nelle zone già urbanizzate, anche solo parzialmente (zona A o B ai sensi DM Lavori pubblici n. 1444/1968 e zone assimilate in base alla normativa regionale e ai regolamenti edilizi comunali); per l'individuazione concreta della **localizzazione dell'edificio** è sufficiente l'accesso all'ufficio tecnico comunale, per consultare la mappa dello strumento urbanistico generale e farsi rilasciare una certificazione urbanistica (non è sufficiente quella di un semplice professionista, architetto o ingegnere Risp. AE 11 giugno 2020 n. 182).
Per gli interventi analoghi su edifici **ubicati altrove** (es. zone rurali) si può applicare la detrazione ordinaria per le ristrutturazioni (50% o, dal 2025, 36%) o per il risparmio energetico (50% o 65% o 70%, ecc.).

Per i **dettagli** relativi alle **caratteristiche degli interventi** ammessi si rinvia all'edizione 2022 del Memento fiscale.

In considerazione della **possibile sovrapposizione** delle diverse detrazioni, il contribuente poteva avvalersi, per le medesime spese, di **una sola** delle stesse, rispettando i relativi adempimenti specifici. Se si effettuavano interventi sull'involucro riconducibili a **diverse detrazioni**, il contribuente poteva fruire di entrambe a condizione che fossero **distintamente contabilizzate** le spese riferite ai diversi interventi. La detrazione in esame tuttavia **non era cumulabile** con la detrazione spettante ai soggetti obbligati alla manutenzione, protezione o restauro dei beni soggetti al regime vincolistico (v. n. 1652).

1615 **INTERVENTI PER L'ELIMINAZIONE DELLE BARRIERE ARCHITETTONICHE**
(art. 119 ter DL 34/2020 conv. in L. 77/2020) Per gli interventi volti al superamento e all'eliminazione delle **barriere architettoniche**, le cui spese sono sostenute dal 1° gennaio 2022 al **31 dicembre 2025**, è prevista una **detrazione del 75%** a favore dei detentori di immobili, così come identificati al n. 1702 in relazione al superbonus.
Sono interessati gli interventi effettuati su edifici **già esistenti**, non solo abitativi, ma anche strumentali, patrimoniali (es. locati) o beni merce di imprese (Risp. AE 6 settembre 2022 n. 444), escluse quindi le nuove costruzioni e le demolizioni e successive ricostruzioni, classificate come ristrutturazioni (Circ. AE 23 giugno 2022 n. 23/E).
Gli interventi riguardano non solo ascensori, montacarichi, piattaforme elevatrici ma anche adeguamento di bagni, cucine, ecc. e devono rispettare i **requisiti** previsti dal DM 236/89.
La detrazione spetta anche per gli interventi di **automazione** degli impianti di edifici e delle singole u.i. funzionali ad abbattere le barriere architettoniche.
Dal 2023, per le **deliberazioni** in sede di **assemblea condominiale** relative ai lavori in esame è necessaria la maggioranza dei partecipanti all'assemblea che rappresenti almeno 1/3 del valore millesimale dell'edificio.

Questi lavori rientrano tra quelli che, per i periodi diversi dal 2022 al 2025, danno diritto alla detrazione per **ristrutturazioni** del 50% (36% dal 2025) (v. n. 1520 e s.).

1617 La detrazione si applica sul costo dell'investimento, nel rispetto dei seguenti **limiti**, ed è ripartibile in **5 quote** annuali.

Tipologia	Ammontare massimo (1)
edifici unifamiliari (villette e simili) o singole u.i. situate all'interno di edifici plurifamiliari che siano funzionalmente indipendenti e dispongano di uno o più accessi autonomi dall'esterno	€ 50.000
edifici composti da 2 a 8 u.i.	€ 40.000 per u.i.
edifici composti da oltre 8 u.i.	€ 30.000 per u.i. **(2)**

(1) In caso di **sostituzione dell'impianto** sono detraibili le spese per lo smaltimento e la bonifica dei materiali e dell'impianto sostituito.
(2) Come per il superbonus i limiti si applicano a **scaglioni** (v. n. 1713, nelle note) (Risp. AE 23 maggio 2022 n. 291).

1620 In alternativa alla detrazione è possibile optare per la **cessione del credito** o per il c.d. **sconto sul corrispettivo** secondo le regole ordinarie illustrate al n. 1721.

1621 **Relazione con altre detrazioni** La detrazione 75% si aggiunge a quella IRPEF generica del 50% illustrata al n. 1525 e s. (ripartibile in 10 quote) e a quella del superbonus 110%, senza che necessitino interventi trainanti (v. n. 1700 e s.); da ciò ne consegue che, ad esempio, in caso di **interventi iniziati nel 2021** e **proseguiti nel 2022** è possibile beneficiare, per le spese sostenute nel **2022**:
– della detrazione IRPEF del 50% per le spese sostenute nel 2021 e della detrazione del 75% anche se le spese riguardano il medesimo intervento e indipendentemente dalla data di avvio degli interventi (Risp. AE 23 maggio 2022 n. 291 e n. 293);
– del superbonus nel limite di spesa di € 96.000, comprensivo anche delle spese sostenute nel 2021 per il medesimo intervento, oppure della detrazione del 75% delle spese sostenute (per un edificio unifamiliare nel limite di € 50.000 (Risp. AE 23 maggio 2022 n. 292).
Invece, se nel **2022 e s.** vengano realizzati **nuovi interventi**, indipendenti rispetto a quelli trainati nel superbonus 110% avviati nel 2021, si può beneficiare alternativamente (Risp. AE 23 maggio 2022 n. 292):
– del bonus barriere del 75%, entro i previsti limiti di spesa;

– del superbonus del 110%/90%, nel limite di spesa previsto di € 96.000, a condizione che tali interventi trainati siano effettuati congiuntamente agli interventi trainanti.
Resta fermo che con riguardo alle medesime spese è possibile beneficiare di una sola detrazione.

MISURE ANTISISMICHE PER EDIFICI Sono previste 2 tipologie di detrazione: **1628**
– la prima riguarda le **spese per l'adozione di misure antisismiche** (c.d. sismabonus);
– la seconda riguarda l'**acquisto di immobili** ubicati in zone a rischio sismico 1, 2 e 3, demoliti e ricostruiti interamente con elevati standard di edilizia antisismica (c.d. sismabonus acquisti).
Inoltre, per le spese sostenute per **interventi complessi**, antisismici e di risparmio energetico, effettuati dal 1° luglio 2020 al 31 dicembre 2022, è previsto un **superbonus** del 110%, ridotto poi al 90% nel 2023, al 70% nel 2024 e al 65% nel 2025 (v. n. 1700 e s.).
Infine, per le spese sostenute nel 2020/2024 l'importo della detrazione (credito) può essere **ceduto ai fornitori** o può essere richiesto agli stessi lo **sconto in fattura**. In entrambi casi, è prevista la facoltà di successiva cessione del credito d'imposta ad altri soggetti, ivi inclusi gli istituti di credito e gli altri intermediari finanziari (v. n. 1720 e s.) (art. 121 DL 34/2020 conv. in L. 77/2020).

Spese sostenute nel periodo 2017/2024 (art. 16 c. 1 bis-1 septies DL 63/2013 conv. in L. 90/2013) Per gli interventi antisismici richiamati al n. 1531, lett. G, effettuati su **qualsiasi edificio** (adibiti ad abitazione, anche non principale o ad attività produttive), ricadente nelle zone sismiche pericolose (**zone 1** e, dal 1° maggio 2019, **2** e **3**, indicate nell'allegato A dell'OPCM 20 marzo 2003, aggiornata con la mappa pubblicata sul sito della protezione civile, https://rischi.protezionecivile.it/it/sismico/attivita/classificazione-sismica, Risp. AE 27 luglio 2021 n. 516) è prevista una detrazione (c.d. **sismabonus**), a condizione che, per le spese effettuate dal 2021, sia stato rilasciato il titolo edilizio dopo il 1° gennaio 2017 (anche se le relative procedure autorizzatorie per la loro effettuazione siano state attivate prima) (Risp. AE 6 ottobre 2021 n. 674). **1631**
La **detrazione ordinaria**, in assenza cioè delle particolari condizioni indicate al n. 1634, è del **50%** della spesa fino ad un ammontare annuo complessivo **non superiore a** € 96.000 per u.i., comprese le pertinenze (anche se accatastate separatamente, Risp. AE 27 agosto 2020 n. 281) (limite unico che riguarda tutti gli interventi di recupero, salvo quelli di risparmio energetico di cui al n. 1655, Risp. Interpello AE n. 954-1191/2017). Se però gli interventi realizzati in ciascun anno consistono nella **mera prosecuzione di interventi iniziati** in anni precedenti, ai fini del computo del limite massimo delle spese si tiene conto anche delle spese sostenute negli stessi anni per le quali si è già fruito della detrazione.
Per gli **interventi di demolizione e ricostruzione** la detrazione spetta solo se si tratta di una ristrutturazione edilizia che conservi l'edificio esistente, anche con volumetria superiore o inferiore (anche con più appartamenti, se le norme urbanistiche lo permettono) e non, generalmente, di una nuova costruzione (Risp. AE 27 agosto 2020 n. 281). Tuttavia, se la demolizione e ricostruzione riguarda una u.i. danneggiata e inagibile di pari volumetria, di diversa forma e prospetti in modo da risultare a norma con le normative antisismiche, energetiche, di accessibilità e impiantistica, ed è stata effettuata in un Comune che ha dichiarato lo stato di emergenza, la detrazione spetta anche se, per vincoli paesaggistici riguardanti l'u.i., il Comune ha rilasciato il titolo di nuova costruzione (Risp. AE 3 giugno 2021 n. 389).
In caso di ristrutturazione **senza demolizione ma con ampliamento** la detrazione spetta ma limitatamente alle spese sostenute sulla parte esistente dell'edificio (Risp. AE 8 gennaio 2021 n. 24).
Tra le **spese** si comprendono anche quelle effettuate per la **classificazione e verifica sismica**.
La detrazione è **ripartita** in 5 quote annuali di pari importo nell'anno di sostenimento delle spese e in quelli successivi.

> **Precisazioni 1)** Per gli interventi effettuati nelle **zone 4**, si applica la detrazione per gli interventi di ristrutturazione sulle **sole abitazioni** (50% fino al 31/12/2024, poi ridotto al 36% nel 2025) da ripartire in 10 quote annuali (v. n. 1525 e s.).
> Quest'ultima detrazione può essere utilizzata anche volontariamente per gli interventi effettuati nelle zone sismiche pericolose, **in alternativa** a quella in esame (Ris. AE 29 novembre 2017 n. 147/E).
> **2)** La detrazione può essere applicata anche alle **spese di manutenzione** ordinaria e straordinaria necessarie al completamento dell'opera, fermo restando il limite di € 96.000 per immobile (Ris. AE 29 novembre 2017 n. 147/E).
> **3)** La detrazione spetta anche agli **IACP** e agli enti aventi le stesse finalità, istituiti nella forma di società che rispondono ai requisiti della legislazione europea in materia di in house providing e che siano costituiti e

operanti al 31/12/2013, per interventi realizzati su immobili, di loro proprietà o gestiti per conto dei comuni (esclusi quindi quelli locati a terzi, Risp. AE 7 ottobre 2019 n. 393), adibiti ad edilizia residenziale pubblica, nonché dalle **cooperative di abitazione a proprietà indivisa** per interventi realizzati su immobili dalle stesse posseduti e assegnati in godimento ai propri soci.

4) Il **contributo pubblico** ottenuto per riparare i danni causati a un edificio dal terremoto del 2009 non impedisce la fruizione della detrazione in relazione ad **interventi successivi**, volti alla riduzione del rischio sismico, sullo stesso edificio (Risp. AE 19 febbraio 2019 n. 61).

5) Il cittadino che ha **acquistato** i **diritti edificatori** di immobili da demolire ha diritto, nel rispetto delle ulteriori condizioni previste, alla **detrazione** (Risp. AE 26 giugno 2020 n. 194).

1634 Se per effetto degli interventi c'è una riduzione del rischio sismico che determina il **passaggio ad una classe di rischio inferiore** (in base ai dettami contenuti nel DM Infrastrutture 28 febbraio 2017, che prevede 8 classi di rischio, A+, A, B, C, D, E, F e G), la **detrazione è maggiore** e cresce ulteriormente nel caso di interventi relativi a parti comuni di condomini.
Inoltre, se l'intervento avviene in forma congiunta con quelli previsti per il **risparmio energetico** (v. n. 1655 e s.) è possibile optare per una detrazione alternativa.

Miglioramento classe di rischio sismico	Detrazione		
	Interventi su edifici non condominiali	Interventi su parti comuni di condomini	
		intervento autonomo	intervento congiunto per risparmio energetico (c.d. **sisma-ecobonus combinato**)
Una classe	70%	75% **(1)**	80% **(2)**
Due classi	80%	85% **(1)**	85% **(2)**

(1) La detrazione si applica su un **ammontare delle spese** non superiore a € 96.000 moltiplicato per il numero delle u.i., sia principali che pertinenziali, di ciascun edificio (art. 14 c. 2 quater.1. DL 63/2013 conv. in L. 90/2013). Per l'individuazione del limite occorre tenere conto del **numero iniziale** di u.i. sulle quali si eseguono i lavori: la suddivisione di un appartamento in due, lascia il limite invariato.
I beneficiari, anche se forfettari, possono in alternativa:
a) optare per la **cessione del corrispondente credito a terzi**. Gli adempimenti da osservare per effettuare la cessione, per le spese effettuate nel periodo 2020-2024 sono simili a quelli illustrati per l'ecobonus (comunicazione del cedente all'AE entro il 16 marzo dell'anno successivo, accettazione del cessionario nel cassetto fiscale sul sito dell'AE, ecc. v. n. 1720 e s.), ferme restando le percentuali della detrazione e la ripartizione in 5 quote annuali (anziché 10);
b) optare per uno **sconto**, pari alla detrazione, sul corrispettivo dovuto per i lavori, anticipato dal fornitore che ha eseguito gli interventi (v. n. 1720 e s.).
Per le opzioni trasmesse all'AE **dal 12 novembre 2021** - se non riguardano interventi in edilizia libera o di importo complessivo non superiore a € 10.000 (v. n. 1555) - come per il superbonus, è richiesto il **visto di conformità** e l'attestazione della **congruità delle spese** (non richiesti in caso di detrazione in dichiarazione); quest'ultima può essere rilasciata purché i lavori siano iniziati, anche se non ultimati (Circ. AE 29 novembre 2021 n. 16/E).
Inoltre, dal **2023**, se l'intervento riguarda lavori di importo **superiore a € 516.000**, l'esecuzione deve essere affidata ad imprese in possesso della certificazione **SOA** (v. n. 1733, lett. G).
(2) In questi casi la detrazione alternativa è **ripartibile** in 10 quote e **il limite di spesa** sale a € 136.000 per u.i., sia principale che pertinenziale.

1635 **Operativamente**, il proprietario dell'immobile che intende usufruire della detrazione deve innanzitutto **incaricare il professionista** che si occupa di progettazione strutturale, direzione dei lavori e collaudo statico - ingegnere, architetto, geometra o perito industriale iscritti al relativo albo - della valutazione della classe di rischio e della predisposizione del progetto di intervento (DM Infrastrutture 28 febbraio 2017).
A seguito dell'incarico, il professionista:
– individua la classe di rischio della costruzione nello stato di fatto prima dell'intervento;
– progetta l'intervento di riduzione del rischio sismico e determina la classe di rischio della costruzione a seguito del completamento dell'intervento;
– assevera i valori delle classi di rischio e l'efficacia dell'intervento. L'**asseverazione** deve essere allegata alla Scia (segnalazione certificata di inizio attività o alla richiesta di permesso di costruire), tempestivamente e comunque prima dell'inizio dei lavori (Risp. AE 24 febbraio 2021 n. 127).
Al termine dell'intervento il **direttore dei lavori** e il **collaudatore** statico attestano la conformità al progetto, presentando l'attestazione allo Sportello unico delle Attività Produttive (SUAP).

Un'**asseverazione tardiva**, presentata cioè successivamente all'inizio dei lavori, non consente di avvalersi della detrazione (Risp. AE 26 giugno 2020 n. 194, Risp. AE 11 ottobre 2018 n. 31). Tuttavia, in caso di passaggio da zona sismica 4 a zona sismica 3, dopo la richiesta del titolo abilitativo, l'asseverazione può essere prodotta anche successivamente, purché entro la data di stipula del rogito o di opzione per la cessione del credito o per lo sconto in fattura (v. n. 1636).

Acquisto, anche in leasing, di immobili demoliti e ricostruiti (art. 16 c. 1 septies DL 63/2013 conv. in L. 90/2013) Per gli acquisti o le permute (Risp. AE 29 agosto 2019 n. 354) o le concessioni in leasing (Risp. AE 20 aprile 2022 n. 202) di immobili adibiti ad abitazione, anche non principale o ad attività produttive, facenti parte di edifici demoliti e ricostruiti interamente da imprese di costruzione o ristrutturazione immobiliare che li hanno acquistati allo scopo di ridurne il rischio sismico, è riconosciuta una detrazione (c.d. **sismabonus acquisti**) alle seguenti **condizioni**: 1636

– gli immobili siano **ubicati** nelle zone classificate a rischio sismico 1, 2 e 3 (indicate nell'allegato A dell'Opcm 20 marzo 2013, aggiornata con la mappa pubblicata sul sito della protezione civile, https://rischi.protezionecivile.it/it/sismico/attivita/classificazione-sismica, Risp. AE 27 luglio 2021 n. 516);
– l'intervento edilizio è effettuato in base a un **titolo edilizio rilasciato dopo il 1° gennaio 2017** (anche se, per gli acquisti fatti nel 2021, le relative procedure autorizzatorie per la loro effettuazione siano state attivate prima del 2017, Risp. AE 6 ottobre 2021 n. 674);
– l'acquisto (o la permuta o il leasing) siano effettuati **entro** 30 mesi dalla conclusione dei lavori, e comunque con atto stipulato **entro il 31/12/2024** (anticipato al **30/6/2022** o al **31/12/2022** - vedi N.B. - se rientra nel **superbonus**) (Risp. AE 31 gennaio 2022 n. 57); non occorre il pagamento con bonifico (Risp. AE 16 gennaio 2020 n. 5).

N.B. Alle seguenti condizioni, purché presenti il 30 giugno 2022, il **rogito** può essere **concluso entro la fine del 2022**, anziché entro il 30 giugno 2022 (art. 18 c. 4 ter DL 36/2022 conv. in L. 79/2022):
– sottoscrizione di un **contratto preliminare** di vendita dell'immobile regolarmente registrato;
– versamento **acconti** con emissione di fattura relativa al loro pagamento teorico con l'indicazione che lo **sconto in fattura** è praticato dall'impresa venditrice ai sensi dell'art. 121 DL 34/2020 (Ris. AE 15 dicembre 2022 n. 77/E);
– ottenimento **dichiarazione** di **ultimazione dei lavori strutturali**;
– ottenimento **collaudo** degli stessi e attestazione del collaudatore statico che asseveri il raggiungimento della riduzione di rischio sismico;
– accatastamento dell'u.i. almeno in categoria F/4.

L'intervento di ricostruzione può essere effettuato sia **direttamente** dall'impresa titolare del titolo abilitativo che da un'impresa **esecutrice terza**, a condizione che la prima abbia nell'oggetto sociale la previsione espressa dell'attività di costruzione o di ristrutturazione immobiliare (Risp. AE 14 luglio 2020 n. 213).
La detrazione, diversamente da quella per l'ecobonus, spetta integralmente anche in presenza di una **variazione volumetrica** rispetto all'edificio preesistente (se consentita dalle norme urbanistiche vigenti, anche se il titolo abilitativo è stato emesso per una nuova costruzione o se è dovuta esclusivamente all'adeguamento antisismico, Risp. AE 15 luglio 2021 n. 481, Risp. AE 30 giugno 2020 n. 195) e anche se l'edificio è ricostruito in una zona diversa del Comune (Risp. AE 15 luglio 2021 n. 478); non rileva, pertanto, il fatto che il fabbricato ricostruito contenga un **numero maggiore di u.i.** (Ris. AE 3 luglio 2020 n. 38/E, Risp. AE 10 ottobre 2019 n. 409).
I beneficiari possono optare per la **cessione del corrispondente credito** o per lo **sconto** sul corrispettivo, secondo quanto indicato al n. 1634, senza però la necessità di richiedere l'attestazione di congruità delle spese (Circ. AE 29 novembre 2021 n. 16/E).

Documentazione necessaria
1) atto di acquisto dell'immobile; **2)** documenti contenenti le seguenti **indicazioni**: – tipologia di intervento effettuato; – zona sismica nella quale è ubicato l'immobile; – data di conclusione dei lavori; – efficacia degli interventi finalizzati alla riduzione del rischio sismico, dimostrata mediante **asseverazione** di un professionista presentata dall'impresa insieme alla richiesta del titolo abilitativo; se l'intervento riguarda le zone 2 e 3, con richiesta del titolo abilitativo effettuata prima del 1° maggio 2019 (quando l'agevolazione riguardava solo la zona 1), oppure un immobile che era in zona 4 ma poi, dopo la richiesta del titolo abilitativo ma prima che i lavori siano terminati, è passato in zona 3, l'asseverazione può essere prodotta anche successivamente, purché entro la data di stipula del rogito (Risp. AE 10 novembre 2021 n. 773, Risp. AE 24 maggio 2021 n. 366, Ris. AE 3 luglio 2020 n. 38/E, Risp. AE 30 giugno 2020 n. 196) **(*)**;

Documentazione necessaria
3) attestazione del **direttore dei lavori** e del **collaudatore** statico relativa alla conformità al progetto, presentata allo sportello unico edilizia (SUE, ex SUAP), anche dopo la stipula del rogito (Risp. AE 8 ottobre 2021 n. 688).
(*) In caso di opzione per lo sconto in fattura o la cessione del credito, l'asseverazione preventiva va presentata **prima** dell'esercizio di tale opzione (Risp. AE 8 novembre 2021 n. 764). L'**assenza** di asseverazione non consente di usufruire della detrazione (Risp. AE 5 agosto 2020 n. 244).

1638 La detrazione ha le seguenti **caratteristiche** (Risp. AE 16 gennaio 2020 n. 5):
– si calcola sul valore dell'immobile acquistato (indicato nell'atto di compravendita), entro un **ammontare massimo** di € 96.000 per ciascuna u.i. e relative pertinenze (è irrilevante il fatto che l'immobile demolito ne aveva meno di quello ricostruito);
– originariamente era del 75% se con la ricostruzione si aveva il passaggio ad una classe inferiore di rischio sismico e dell'85% se la riduzione del rischio era di due classi (v. n. 1634). Dal 1° luglio 2020 al **30 giugno 2022** (o al **31 dicembre 2022**, v. N.B. precedente) l'agevolazione resta assorbita dalla maggiore detrazione (**110%**) introdotta dal superbonus; ciò significa che se ci sono le condizioni per il superbonus, l'interessato non può decidere di avvalersi delle detrazioni in esame, meno complesse dal punto di vista burocratico (v. n. 1700 e s.) (Risp. AE 10 maggio 2021 n. 318);
– spetta dall'anno di imposta in cui avviene l'**ultimazione dei lavori** riguardanti l'intero edificio (es. acquisto u.i. nel 2021 ma completamento dell'intero edificio nel 2022, il superbonus spetta dal 2022);
– è **ripartita** in 5 quote annuali di pari importo nell'anno di sostenimento delle spese e in quelli successivi;
– è **compatibile** con l'**ecobonus** a favore dell'impresa di costruzione (non con il sisma bonus della medesima). Pertanto, l'impresa che effettua i lavori può usufruire della detrazione per le spese sul risparmio energetico mentre il cliente può contemporaneamente usufruire del superbonus (sismabonus acquisti per periodi ante 1° luglio 2020, Risp. AE 2 febbraio 2021 n. 70).
Inoltre, l'acquirente delle case antisismiche può beneficiare **anche** del superbonus sulle spese fotovoltaiche, se gli impianti sono installati dall'impresa di ristrutturazione prima dell'ultimazione degli interventi trainati di riduzione del rischio sismico e le relative spese sono pagate dall'acquirente all'atto del rogito, subordinatamente però alla condizione che tali spese siano distintamente contabilizzate rispetto al corrispettivo dovuto per l'acquisto delle u.i. e che il relativo pagamento sia effettuato, salvo l'importo del corrispettivo oggetto eventualmente di sconto in fattura, mediante bonifico parlante (Risp. AE 31 gennaio 2022 n. 57).

> Si può beneficiare della detrazione anche con riferimento ad eventuali **acconti**, a condizione che:
> 1) il contratto preliminare di vendita dell'immobile sia registrato entro la data di presentazione della dichiarazione dei redditi nella quale si intende fruire della detrazione e che il rogito sia stipulato nel periodo di vigenza dell'agevolazione (31/12/2024);
> 2) nello stesso periodo di imposta siano ultimati i lavori riguardanti l'intero fabbricato.
> Se gli acconti sono **pagati in un anno diverso** da quello in cui è stipulato il rogito (purché dopo l'ultimazione dei lavori dell'intero edificio), il contribuente può far valere la detrazione riferita agli acconti o nel periodo di imposta in cui questi sono stati pagati o nel periodo di imposta in cui ha stipulato il rogito (Risp. AE 16 gennaio 2020 n. 5).

1641 **ACQUISTO MOBILI PER ABITAZIONI RISTRUTTURATE** (art. 16 DL 63/2013 conv. in L. 90/2013, Circ. AE 18 settembre 2013 n. 29/E) Per gli acquisti effettuati nel **2020-2024**, anche all'estero (Circ. AE 21 maggio 2014 n. 11/E), dei seguenti beni **nuovi**, destinati all'arredo dell'immobile oggetto di interventi di ristrutturazione di cui al n. 1647, iniziati l'anno precedente l'acquisto, è prevista una **detrazione** IRPEF del 50% della spesa sostenuta, entro il limite di € 10.000 nel 2022, € 8.000 nel 2023 e € 5.000 nel 2024) di spesa effettuata nel biennio precedente (v. n. 1649).
Non è possibile **cedere a terzi** la detrazione o chiedere lo **sconto in fattura**.

Mobili ed elettrodomestici agevolabili (1)	
Mobili	letti, armadi, cassettiere, librerie, scrivanie, tavoli, sedie, comodini, divani, poltrone, credenze, nonché i materassi e gli apparecchi di illuminazione che costituiscono un necessario completamento dell'arredo dell'immobile oggetto di ristrutturazione **(2)**.

Grandi elettrodomestici aventi classe superiore di efficienza energetica (3)	frigoriferi, congelatori, lavatrici, asciugatrici, lavasciuga, lavastoviglie, apparecchi di cottura, stufe elettriche, piastre riscaldanti elettriche, forni a microonde, apparecchi elettrici di riscaldamento, radiatori elettrici, ventilatori elettrici, apparecchi per il condizionamento.

(1) L'acquisto è agevolabile anche se i beni sono **destinati all'arredo di una stanza diversa** da quella oggetto dell'intervento edilizio, purché l'immobile sia comunque oggetto degli interventi di ristrutturazione agevolati.
Sono comprese le **spese di trasporto e montaggio**.
(2) Non sono agevolabili **porte, pavimentazioni** (es. parquet), **tende** e altri complementi di arredo.
(3) Devono avere una **classe non inferiore** a: **forni**: classe A; **lavatrici**, lavasciugatrici e lavastoviglie: classe E; **frigoriferi** e congelatori: classe F (Circ. AE 1° aprile 2022 n. 9/E). L'acquisto di grandi elettrodomestici **sprovvisti di etichetta energetica** è agevolabile solo se per quella tipologia non sia ancora previsto l'obbligo di etichetta energetica. Per gli acquisti ante 2022 devono essere di classe A+ o superiore, salvo i forni che devono essere di classe A o superiore (Risp. a interr. parl. 4 maggio 2022 n. 5-08007).

Condizioni di detraibilità La detrazione spetta soltanto in presenza delle seguenti condizioni: 1644

Data acquisto	Condizioni
2022	**1)** i soggetti IRPEF acquirenti devono aver sostenuto spese, esclusivamente con bonifico, per gli **interventi di ristrutturazione** indicati nelle seguenti tabelle A, B e C detraibili dall'IRPEF al 50% o al 40% purché **iniziati** dal 2021 o dal 2022 (non rilevano quelli iniziati precedentemente); **2)** i suddetti interventi devono essere **iniziati prima del pagamento** effettuato per i mobili e i grandi elettrodomestici. Non è invece necessario che le spese di ristrutturazione siano anche pagate prima di quelle per i mobili e gli elettrodomestici dell'abitazione; **3) pagamenti** dei mobili/elettrodomestici devono essere effettuati con bonifico ordinario (non serve quello specifico per le ristrutturazioni edilizie, Circ. AE 31 marzo 2016 n. 7/E), carta di credito o di debito (es. bancomat) **entro** il 31/12/2022 e vanno conservati i relativi documenti (fatture, scontrini con codice fiscale dell'acquirente e indicazione dei beni acquistati, Circ. AE 21 maggio 2014 n. 11/E) **(*)**.
2023	spetta soltanto in relazione agli interventi di ristrutturazione indicati al punto 1) purché iniziati dal 2022 o dal 2023 ferme restando le altre condizioni 2) e 3) suindicate (quest'ultima con pagamento entro il 31/12/2023) **(*)**.
2024	spetta soltanto in relazione agli interventi di ristrutturazione indicati al punto 1) purché iniziati, rispettivamente, dal 2023 o dal 2024 ferme restando le altre condizioni 2) e 3) suindicate (quest'ultima con pagamento entro il 31/12/2024) **(*)**.

(*) In caso di **grandi elettrodomestici** occorre anche inviare un'apposita comunicazione all'Enea, secondo quanto indicato al n. 1560.
Per i lavori di ristrutturazione di importo complessivo **superiore a € 70.000 iniziati dal** 27 maggio 2022, la detrazione spetta solo se i lavori sono eseguiti da datori che, in presenza di lavoratori dipendenti, applicano i **contratti collettivi di lavoro** del settore edile (Circ. AE 27 maggio 2022 n. 19/E, v. n. 1733).

>Precisazioni 1) La **data di inizio dei lavori** può essere comprovata dalle eventuali abilitazioni amministrative o comunicazioni richieste dalla vigente legislazione edilizia in relazione alla tipologia di lavori da realizzare (Dia, Scia o Cila), dalla Comunicazione preventiva all'ASL, se la stessa è obbligatoria, oppure dalla dichiarazione sostitutiva di atto di notorietà (vedi **fac-simile** allegato alla Circ. AE 4 aprile 2017 n. 7/E).
2) La detrazione spetta anche al contribuente che ha sostenuto solo **una parte delle spese relative all'intervento edilizio** o che abbia pagato solo il compenso del professionista o gli oneri di urbanizzazione (Circ. AE 27 aprile 2018 n. 7/E).
3) Per gli **acquisti effettuati all'estero** il pagamento va eseguito con ordinario bonifico internazionale (bancario o postale) e deve riportare il codice fiscale del beneficiario della detrazione e la causale del versamento e il codice identificativo eventualmente attribuito al fornitore dal Paese estero (Circ. AE 21 maggio 2014 n. 11/E).
4) La detrazione è ammessa anche se i beni sono **acquistati con un finanziamento** a rate, alle stesse condizioni indicate al n. 1576 (Circ. AE 4 aprile 2017 n. 7/E).

1647 **Tabella A**

Interventi su singole abitazioni (v. n. 1531)	
Manutenzione, restauro, ristrutturazione, ecc.	• di **manutenzione straordinaria (1)**, di **restauro**, di **risanamento** conservativo e di **ristrutturazione edilizia**, effettuati sulle singole u.i. residenziali, anche rurali, e/o sulle loro pertinenze **(2) (3)**
eventi calamitosi	• necessari alla **ricostruzione** o al **ripristino** dell'immobile danneggiato a seguito di eventi calamitosi, compresi quelli di manutenzione ordinaria e di ristrutturazione urbanistica, sempreché sia stato dichiarato lo stato di emergenza

(1) Si comprendono anche gli **interventi antisismici** (v. n. 1628) che danno o meno diritto al superbonus (v. n. 1700 e s.), e quelli finalizzati al **risparmio energetico** indicati al n. 1655 e s. (es. sostituzione della caldaia) se non beneficiano della detrazione specifica del 65% (Circ. AE 21 maggio 2014 n. 11/E, Circ. AE 2 marzo 2016 n. 3/E). È irrilevante che al posto della detrazione il contribuente beneficiario opti per lo **sconto** in fattura o la **cessione** del credito (Circ. AE 22 dicembre 2020 n. 30/E).
(2) Sono **irrilevanti** i singoli interventi diversi da quelli indicati nelle presenti tabelle quali, ad esempio, gli interventi per il recupero delle **facciate** (v. n. 1600), gli interventi per la **prevenzione di atti illeciti** da parte di terzi: serrature, spioncini, sensori, ecc. se non inquadrabili nei predetti interventi di più ampia portata, gli interventi per la realizzazione di **box pertinenziali**, ecc. (Circ. AE 21 maggio 2014 n. 11/E, Circ. AE 14 maggio 2014 n. 10/E).
(3) Il condomino che ha provveduto all'ampliamento o all'installazione di un **impianto fotovoltaico**, sito su un **lastrico solare condominiale**, al servizio della propria u.i. può fruire del bonus mobili per l'acquisto di mobili per la propria u.i. (Risp. int. parl. 8 marzo 2022 n. 5-07599).

Tabella B

Interventi su parti comuni di edifici condominiali residenziali (*) (v. n. 1533 e s.)
Gli interventi già descritti per le singole u.i. residenziali, a cui si aggiungono quelli di **manutenzione ordinaria**, effettuati sulle parti comuni di edifici condominiali residenziali, anche se appartenenti ad un unico proprietario.

(*) La detrazione spetta solo per l'acquisto di mobili da destinare all'**arredo delle parti comuni** come guardiole o appartamento del portiere, lavatoi, ecc.

Tabella C

Acquisto di abitazioni facenti parte di interi edifici ristrutturati (v. n. 1588)
Interventi di restauro, di risanamento conservativo e di ristrutturazione edilizia, riguardanti interi fabbricati, eseguiti da imprese di costruzione o ristrutturazione immobiliare e da cooperative edilizie, che provvedano **entro 18 mesi** dal termine dei lavori alla successiva alienazione o assegnazione dell'immobile.

1649 **Importo detraibile** La detrazione spetta nella misura del 50%, nel limite massimo di spesa di € 8.000 (€ 10.000 nel 2022) per immobile (indipendentemente dall'importo speso per i lavori di ristrutturazione dell'immobile); tale limite va considerato al netto delle spese sostenute nell'anno precedente per cui si è già fruito della detrazione (non rilevano, pertanto, le spese già sostenute anteriormente all'anno precedente).

La detrazione va **ripartita** in 10 rate (lo sconto massimo è quindi di € 400 o € 500 all'anno). In caso di **decesso** del contribuente o di cessione dell'**immobile**, la detrazione non utilizzata in tutto o in parte, non si trasferisce agli eredi o all'acquirente per i rimanenti periodi di imposta (Circ. AE 4 aprile 2017 n. 7/E). Pertanto, il cedente può continuare a beneficiare della detrazione fino al termine del decennio.

Chi esegue **lavori di ristrutturazione su più u.i.** può usufruire della detrazione più volte. Se gli interventi comportano l'accorpamento di più u.i. abitative o la suddivisione in più immobili di un'unica u.i. abitativa, per l'individuazione del limite di spesa vanno considerate le u.i. censite in catasto all'inizio degli interventi edilizi (Circ. AE 27 aprile 2018 n. 7/E).

> **Esempio** A fronte di interventi di ristrutturazione effettuati nel 2022 su un'abitazione che comportino costi rispettivamente per € 49.000 più € 12.000 per arredi - la detrazione complessiva è di € 29.500 (24.500 + 5.000) da ripartire in 10 anni.

d. Interventi su beni culturali vincolati

(art. 15 c. 1 lett. g DPR 917/86)

Le spese sostenute dai soggetti obbligati alla **manutenzione**, **protezione** e **restauro** dei beni vincolati, ai sensi del D.Lgs. 42/2004, danno diritto alla detrazione del 19% per la parte effettivamente **rimasta a carico** del contribuente. **1652**
Per **soggetti obbligati** si intendono i proprietari del bene culturale o i possessori o detentori (es. a seguito di contratto di comodato per una durata superiore a quella necessaria all'esecuzione dei lavori di restauro, ecc.) (Ris. AE 9 gennaio 2009 n. 10/E).
Se le spese non sono obbligatorie per legge, la detrazione spetta se viene dimostrata la loro necessità mediante una apposita certificazione rilasciata dalla competente soprintendenza del MIBAC entro la data di presentazione della dichiarazione relativa o mediante un'apposita dichiarazione sostitutiva dell'atto di notorietà presentata dal contribuente al MIBAC (art. 40 c. 9 DL 201/2011 conv. in L. 214/2011).
Se la certificazione non è rilasciata entro la data predetta e in assenza della dichiarazione sostitutiva, la detrazione spetta nell'anno del rilascio.

N.B. L'agevolazione è **cumulabile** con quella relativa alle spese di **ristrutturazione** di cui al n. 1520 e s., compresi il sismabonus e il superbonus (limitatamente agli interventi antisismici), esclusi il bonus facciate e l'ecobonus; ma in tal caso la detrazione in oggetto è **ridotta** del 50% (cioè 9,5%) fino ad un importo di spesa di € 48.000 o 96.000, a seconda della data di sostenimento. Per le spese eccedenti la detrazione in oggetto si applica sull'intero importo (Circ. AE 22 dicembre 2020 n. 30/E). **Non** è, invece, cumulabile con quella relativa alle spese per interventi conservativi sugli immobili di interesse storico e artistico (v. n. 2405).
Per le **spese non cumulabili** il contribuente deve scegliere la detrazione applicabile, a seconda della convenienza o del rispetto dei requisiti.

CAUSE DI DECADENZA Si decade dal beneficio in esame quando: **1653**
- si varia la destinazione dei beni senza la preventiva autorizzazione dell'Amministrazione per i beni culturali ed ambientali;
- non si assolvono gli obblighi di legge per consentire l'esercizio del diritto di prelazione da parte dello Stato sui beni vincolati, sia mobili che immobili;
- si tenta l'esportazione non autorizzata di beni mobili vincolati.

In questi casi, la competente Amministrazione per i beni culturali ed ambientali dà immediata comunicazione al competente ufficio delle entrate e, dal momento della ricezione di questa comunicazione, inizia a decorrere il termine per la rettifica delle dichiarazioni dei redditi.

Quindi, limitatamente all'**indebita detrazione** derivante dalle contravvenzioni sopra elencate, il periodo di decadenza, per l'Amministrazione, dall'attività di accertamento può superare quello indicato al n. 81055.

e. Interventi di risparmio energetico

I soggetti che sostengono determinate spese relative a interventi per il **contenimento dei consumi energetici** di **edifici esistenti** possono usufruire di una detrazione dall'imposta lorda (c.d. **ecobonus**) che deve essere ripartita in più anni in quote uguali (art. 14 DL 63/2013 conv. in L. 90/2013). **1655**
In generale, il beneficio è concesso per le spese sostenute **entro il 31 dicembre 2024**.

Dal 1° gennaio **2025**, se non ci saranno proroghe, l'agevolazione prevista per gli interventi singoli (non quella relativa agli interventi condominiali) confluirà nella detrazione generica per le spese di ristrutturazioni edilizie (per cui v. n. 1525 e s.).

Nella trattazione distinguiamo gli interventi che riguardano il **singolo edificio**, da quelli relativi ai **condomini**; infine si analizzano gli **adempimenti comuni** che devono essere eseguiti per qualsiasi tipo di intervento. **1656**
Infine, per le spese sostenute per **interventi complessi**, di ristrutturazione e di risparmio energetico, effettuati fino al 31 dicembre 2023, è previsto un **superbonus** del 110%, poi ridotto al 70% nel 2024 e al 65% nel 2025 (v. n. 1700 e s.).

1. Interventi singoli

1658 **BENEFICIARI** (art. 4 DM Mise 6 agosto 2020, Circ. AE 31 maggio 2007 n. 36/E) Possono fruire dell'agevolazione tutti i **soggetti IRPEF** - persone fisiche, artisti e professionisti, società semplici e associazioni tra professionisti, imprenditori individuali **titolari di reddito d'impresa**, enti pubblici e privati che non svolgono attività commerciali (cui vanno aggiunte le società commerciali per le quali si rinvia al n. 38830 e s.) - sempre che siano soddisfatte le **condizioni** elencate in **tabella**.
Tra le **persone fisiche** possono fruire dell'agevolazione **anche** i titolari di un diritto reale sull'immobile, gli inquilini e coloro che hanno l'immobile in comodato (v. n. 1525).

Per gli **artisti e professionisti** gli interventi possono riguardare sia immobili abitativi che **immobili strumentali** all'esercizio dell'attività, per i quali il contribuente può fruire dell'agevolazione anche con riferimento alle spese sostenute e dedotte ai fini della determinazione del reddito di lavoro autonomo (v. n. 1663).

Condizioni	Descrizione
Sostenimento della spesa che dà diritto alla detrazione	Spesa **effettivamente a carico** del beneficiario che la detrae
Detenzione dell'immobile su cui sono eseguiti gli interventi agevolati	**in base a**: proprietà, nuda proprietà, un diritto reale o anche solo per locazione, anche finanziaria, o per comodato **(*)**
(*) I soggetti diversi dal proprietario devono essere in possesso della **dichiarazione di consenso ai lavori** del proprietario (v. n. 1525).	

1662 **Familiari** Il coniuge, la parte di un'unione civile, i parenti (entro il 3°) e gli affini (entro il 2°) possono fruire della detrazione, sempreché la spesa sostenuta sia rimasta effettivamente a loro carico, a condizione che **convivano** con il possessore o detentore dell'immobile oggetto dell'intervento agevolato. La convivenza deve essere **stabile** (non è sufficiente quella episodica) e deve sussistere **fin dal momento** in cui iniziano i lavori che danno diritto alla detrazione (Circ. AE 4 aprile 2008 n. 34/E). Anche il convivente more uxorio può fruire della detrazione (Ris. AE 28 luglio 2016 n. 64/E).

Gli immobili che consentono la detrazione ai conviventi sono solo quelli appartenenti all'ambito «privatistico» della famiglia (sono quindi esclusi gli **immobili strumentali** all'attività di impresa, arte o professione).

1663 **EDIFICI AGEVOLATI** L'agevolazione interessa i fabbricati (interi edifici, loro parti o singole u.i.), anche strumentali, appartenenti a qualsiasi categoria catastale, purché già **esistenti** (Circ. AE 31 maggio 2007 n. 36/E); può considerarsi esistente anche il **fabbricato inagibile** a seguito di eventi sismici, con classificazione catastale di «unità collabente (F2)», seppur non suscettibile di produrre reddito, Ris. AE 12 agosto 2009 n. 215/E.
La **prova dell'esistenza** è data dall'iscrizione del fabbricato in catasto o dalla richiesta del suo accatastamento e dal pagamento dell'IMU su esso gravante, se dovuta.
Se l'oggetto dell'intervento è composto da **più fabbricati** censiti con unica **categoria catastale**, essa spetta per ciascuno, a prescindere dalla connotazione catastale attribuita alla costruzione edilizia (Ris. AE 12 dicembre 2007 n. 365/E).
Gli immobili devono essere **dotati di impianto termico** (v. n. 1664), tranne che nel caso di installazione di pannelli, collettori o schermature solari ed installazione (o sostituzione) di caldaie a biomasse.
Le spese sostenute per gli interventi agevolati realizzati su **immobili utilizzati in modo promiscuo** (come sede dell'attività e come abitazione) originano una detrazione che si somma alla deduzione delle stesse spese, già conteggiata ai fini della determinazione del reddito (ad es. di lavoro autonomo) (Circ. AE 13 maggio 2011 n. 20/E).
Nella **tabella** sono esaminate ipotesi particolari di interventi.

Ristrutturazioni	Detrazione compete solo
con **frazionamento** dell'u.i. (e conseguente aumento del numero delle stesse)	se comporta la realizzazione di un impianto termico centralizzato a servizio di tali u.i. (Circ. AE 31 maggio 2007 n. 36/E)
con demolizione e ricostruzione	anche con **diversa sagoma** o, se previsto dalla legislazione vigente o dagli strumenti urbanistici comunali, con **incrementi di volumetria** (v. n. 61490)
senza demolizione dell'esistente e con ampliamento	per le spese riferibili alla parte di immobile già esistente. La detrazione: – non spetta per gli interventi di **riqualificazione energetica globale** dell'edificio di cui alla tabella A) che segue al n. 1665 (perché per tali interventi occorre individuare il fabbisogno di energia primaria annua riferita all'intero edificio, comprensivo anche dell'ampliamento); – compete per gli interventi di cui alle tabelle B), C) e D) al n. 1665, per i quali la detrazione è subordinata alle caratteristiche tecniche dei **singoli elementi costruttivi** (pareti, infissi, ecc.) o dei **singoli impianti** (pannelli solari, caldaie, ecc.). Se con tali interventi si realizzano **impianti al servizio dell'intero edificio** la detrazione va calcolata solo sulla parte imputabile all'edificio esistente, con un criterio di ripartizione proporzionale della spesa basato sulle quote millesimali (Circ. AE 1° luglio 2010 n. 39/E)

Impianto termico È tale un impianto tecnologico destinato ai servizi di climatizzazione invernale o estiva degli ambienti, con o senza produzione di acqua calda sanitaria, indipendentemente dal vettore energetico utilizzato, comprendente eventuali sistemi di produzione, distribuzione e utilizzazione del calore nonché gli organi di regolarizzazione e controllo (art. 2 c. 1 punto l tricies D.Lgs. 192/2005). Sono compresi gli impianti individuali di riscaldamento e le **stufe** a legna o a pellet, i **caminetti** e **termocamini**, purché fissi. **1664**

Non sono considerati impianti termici i sistemi dedicati esclusivamente alla produzione di acqua calda sanitaria al servizio di singole u.i. ad uso residenziale ed assimilate.

>Precisazioni 1) Nel caso di **3 camini** presenti nell'edificio, l'impianto si considera presente purché sia funzionante o riattivabile con un intervento di manutenzione, anche straordinaria (Risp. AE 4 novembre 2020 n. 523).

2) È difficile che l'intervento di **dismissione di impianto a biomasse** consenta l'accesso alla detrazione dato che, anche in presenza delle condizioni indicate, la biomassa è considerata fonte fossile solo al 30%, e ciò non è quindi sufficiente a realizzare un vero intervento di risparmio energetico (FAQ n. 24 e n. 27 sul sito dell'Enea).

INTERVENTI AGEVOLABILI (Circ. AE 31 maggio 2007 n. 36/E) Le **tipologie** di interventi agevolabili e la **misura massima di detrazione** fruibile per ciascun intervento sono indicate nelle seguenti **tabelle A, B, C, D, E**. **1665**

Se sono realizzati **più interventi** che danno diritto a più di una detrazione fra quelle indicate, il limite massimo di detrazione applicabile è dato dalla somma degli importi previsti per ciascuna di esse. Tuttavia, se si realizza un **intervento** che può essere **inquadrato anche in una diversa tipologia** di interventi agevolati (ad es., sostituendo l'impianto di climatizzazione o gli infissi si consegue anche una riqualificazione energetica globale) si può beneficiare, in generale, di un'unica detrazione e conviene scegliere quella con il limite massimo più alto (le diverse detrazioni cui darebbero diritto gli altri interventi s'intendono comunque assorbite da quella scelta); fa eccezione la detrazione per l'installazione di **pannelli solari**, che può essere goduta anche in aggiunta alle altre.

Se l'intervento **non risulta agevolabile** in base alle regole indicate nelle tabelle che seguono, potrebbe esserlo sfruttando quelle sulle ristrutturazioni edilizie (v. n. 1531 e s.).

N.B. Per gli interventi la cui **richiesta** del **titolo edilizio**, ove necessario, sia stata presentata **dopo il 15 aprile 2022**, i **limiti** sotto indicati devono essere confrontati con i **massimali** stabiliti per ciascuna tipologia di intervento dal DM 14 febbraio 2022. Per gli interventi la cui **data di inizio lavori**, comprovata tramite idonea documentazione, sia antecedente, ma **successiva al 5 ottobre 2020**, rilevano i limiti stabiliti dall'allegato A DM 6 agosto 2020. In entrambi i casi, se i costi risultano superiori, l'eccedenza non rileva per la detrazione spettante.
Per gli interventi iniziati **fino al 5 ottobre 2020** si continuano ad applicare le disposizioni di cui al DM 19 febbraio 2007.

1665 (segue)

Tabella A

Riqualificazione energetica globale (art. 1 c. 344 L. 296/2006 e art. 1 DM Mise 6 agosto 2020)			
Scopo	Precisazioni	Ammontare massimo di (1)	
		detrazione usufruibile	spesa agevolabile
Conseguire un **indice di prestazione energetica per la climatizzazione invernale** non superiore ai valori definiti dal DM Mise 6 agosto 2020 **(2)**	Non sono specificate le opere e gli impianti attraverso i quali raggiungere il risultato richiesto **(3)**. L'indice di risparmio è calcolato in riferimento al **fabbisogno energetico** dell'intero edificio	€ 100.000	€ 153.846,15

(1) Riferito all'u.i. oggetto di intervento: **va suddiviso** tra i possessori o detentori dell'immobile che partecipano alla spesa in base all'onere da ciascuno effettivamente sostenuto (Circ. AE 31 maggio 2007 n. 36/E). Per la spettanza della detrazione in caso di **più edifici censiti con unica connotazione catastale**, v. n. 1663.

(2) I **parametri di risparmio energetico** da conseguire sono quelli applicabili alla data di inizio lavori.

(3) Esempi: sostituzione o installazione di impianti di climatizzazione invernale con pompe di calore, con scambiatori per teleriscaldamento, impianti di cogenerazione, rigenerazione, impianti geotermici e interventi di coibentazione non aventi le caratteristiche indicate per gli altri interventi agevolati.

Tabella B

Sull'involucro (art. 1 c. 345 L. 296/2006 e art. 1 DM Mise 6 agosto 2020)		
Scopo	Ammontare massimo di (1)	
	detrazione usufruibile	spesa agevolabile
Consentire che le **strutture opache verticali e orizzontali** (coperture, pareti esterne e pavimenti) e le finestre comprensive di infissi **(2)** delimitanti il volume riscaldato, verso l'esterno e verso vani non riscaldati, rispettino i requisiti di trasmittanza termica U indicati dal DM Mise 6 agosto 2020 **(3) (4) (5)**	€ 60.000	€ 92.307,69 (x finestre € 120.000) (v. n. 1668)

(1) V. nota 1 della **Tabella A**).

(2) I costi per **finestre e infissi** sono agevolabili anche nel caso di interventi di spostamento e variazione dimensionale degli stessi, ma a condizione che la superficie «totale» degli infissi nella situazione post intervento sia minore o uguale di quella ex ante (Risp. AE 30 luglio 2021 n. 524).

Gli infissi sono comprensivi anche delle strutture accessorie che hanno effetto sulla dispersione di calore (es. **scuri** o **persiane**) o che risultino strutturalmente accorpate al manufatto (es. **cassonetti incorporati** nel telaio dell'infisso).

(3) V. nota 2 della **Tabella A**).

(4) I **valori di trasmittanza** sono stati definiti con DM Mise 6 agosto 2020. Per i dettagli tecnici si rinvia al sito internet dell'ENEA: www.acs.enea.it.

(5) Vi rientra anche la sostituzione del **portone d'ingresso**, a **condizione** che si tratti di serramenti che delimitano l'involucro riscaldato dell'edificio, verso l'esterno o verso locali non riscaldati dell'edificio e risultino rispettati gli indici di trasmittanza termica richiesti per la sostituzione delle finestre (Circ. AE 23 aprile 2010 n. 21/E).

Tabella C

Installazione di pannelli solari (1) (art. 1 c. 346 L. 296/2006 e art. 1 DM Mise 6 agosto 2020)			
Scopo	Precisazioni	Ammontare massimo di (2)	
		detrazione usufruibile (v. n. 1684)	spesa agevolabile (v. n. 1667)
Produrre acqua calda per usi domestici o industriali e per coprire il **fabbisogno** di acqua calda in piscine, strutture sportive, case di ricovero e cura, istituti scolastici e università	L'elencazione non ha carattere esaustivo **(3)**: i fabbisogni di acqua calda attengono all'**ambito commerciale, ricreativo o socio assistenziale**	€ 60.000	€ 92.307,69

1665 (segue)

(1) I pannelli solari devono presentare una **certificazione di qualità** conforme alle norme UNI EN 12975 o 12976 rilasciata da un laboratorio accreditato o da un organismo certificatore nazionale di un Paese membro UE o della Svizzera (DM Mise 6 agosto 2020). Non sono agevolabili le installazioni di:
– un impianto di «**solar cooling**», che permette di generare acqua fredda per la climatizzazione estiva a partire dall'acqua calda prodotta da pannelli solari (Ris. AE 14 luglio 2008 n. 299/E);
– un **sistema fototermico** che recupera l'energia prodotta in eccesso da un impianto fotovoltaico per riscaldare resistenze poste all'interno di boiler e/o accumulatori (Risp. AE 27 dicembre 2018 n. 135).
Sono esclusi gli **impianti fotovoltaici**, che possono usufruire del superbonus in presenza di interventi trainanti (v. n. 1718).
(2) V. nota 1 della **Tabella A**).
(3) Vi rientrano anche i **sistemi termodinamici a concentrazione solare** per produzione di acqua calda o per produzione combinata di energia elettrica e termica (in quest'ultimo caso, l'agevolazione spetta solo per la parte di energia termica prodotta); tali sistemi devono essere **certificati** secondo la normativa europea vigente per i collettori solari (EN 12975) o, se questa non è applicabile, con una relazione sulle prestazioni del sistema approvata dall'ENEA (Ris. AE 7 febbraio 2011 n. 12/E).

Tabella D

Sostituzione di impianti di climatizzazione invernale (art. 1 c. 347 L. 296/2006 e art. 1 DM Mise 6 agosto 2020)			
Scopo	**Precisazioni**	**Ammontare massimo di (1)**	
		detrazione usufruibile	**spesa agevolabile**
Installare impianti dotati di **caldaie a condensazione** con efficienza pari o superiore alla classe A **(2)** e contestuale messa a punto del sistema di distribuzione, impianti dotati di **pompe di calore ad alta efficienza** o **impianti geotermici a bassa entalpia (3)** e contestuale messa a punto ed equilibratura del sistema di distribuzione. Rilevano anche gli interventi di **sostituzione di scaldacqua tradizionali** con scaldacqua a pompa di calore dedicati alla produzione di acqua calda sanitaria (art. 14 DL 63/2013 conv. in L. 90/2013 e Circ. AE 18 settembre 2013 n. 29/E)	Si deve trattare di sostituzione di impianti di climatizzazione **esistenti (4)**. Vi rientrano anche la **trasformazione degli impianti individuali autonomi in** impianti centralizzati con contabilizzazione del calore e la trasformazione dell'impianto **centralizzato per** rendere applicabile la contabilizzazione del calore **(5) (6)**	€ 30.000	€ 46.153,84

(1) V. nota 1 della **Tabella A**).
(2) Per le spese per le caldaie a condensazione la detrazione è però ridotta al 50% (v. n. 1668) con incremento della spesa agevolabile fino a € 60.000.
(3) L'installazione di una **pompa di calore** ad alta efficienza rientra in questa tipologia solo se si realizza la sostituzione dell'impianto originario con un altro dotato delle caratteristiche indicate (non è prevista la semplice sostituzione parziale). Per gli **interventi parziali** che non prevedono la sostituzione integrale dell'impianto di climatizzazione invernale si può eventualmente fruire dell'agevolazione, come intervento di riqualificazione energetica globale, nel rispetto delle relative condizioni (Ris. AE 1° dicembre n. 458/E). Invece, la semplice installazione di condizionatori d'aria estivi (senza alcuna sostituzione), se dotati anche di pompa di calore, consente la detrazione ordinaria del 50% (v. n. 1531).
(4) Se si realizza un **nuovo impianto centralizzato** di climatizzazione invernale in uno stabile in cui **solo alcuni appartamenti hanno il riscaldamento** ed altri no, la detrazione è limitata alla parte di spesa imputabile alle u.i. nelle quali l'impianto era preesistente e la **quota di spesa detraibile** va individuata mediante un criterio di ripartizione proporzionale basato sulle quote millesimali riferite a ciascun appartamento (Circ. AE 23 aprile 2010 n. 21/E).
(5) Un tecnico abilitato deve stabilire **quali costi sono strettamente connessi** alla sostituzione dell'impianto (ad es. per quelli di dismissione e sostituzione a regola d'arte di impianti di climatizzazione invernale), quindi agevolabili e quali invece rientrano eventualmente tra le spese generali di ristrutturazione edilizia agevolabili in base a tale disciplina (Risposta Faq n. 2 sul risparmio energetico tratta dal sito internet del Mise).
(6) Sono **escluse la trasformazione** dell'impianto di climatizzazione invernale da centralizzato a individuale o autonomo **e l'installazione** di sistemi di climatizzazione invernale in edifici che ne erano sprovvisti (Ris. AE 7 luglio 2008 n. 283/E).

Tabella E

Spese agevolabili diverse (art. 1 c. 47 lett. a L. 190/2014)			
Tipologia	Precisazioni	Ammontare massimo di detrazione usufruibile	Ammontare massimo di spesa agevolabile
schermature solari e/o chiusure tecniche mobili oscuranti (di cui all'allegato M del D.Lgs. 311/2006 e con i requisiti esplicitati dall'ENEA all'indirizzo https://www.efficienzaenergetica.enea.it/detrazioni-fiscali.html) (es. tende da sole)	da indicare in dichiarazione con apposito codice 5	€ 60.000	€ 120.000
impianti di **climatizzazione invernale** con impianti dotati di **generatori di calore alimentati da biomasse combustibili**	da indicare in dichiarazione con apposito codice 6	€ 30.000	€ 60.000
dispositivi multimediali per il controllo da remoto degli impianti di riscaldamento o produzione di acqua calda o di climatizzazione delle u.i. abitative (c.d. **building automation**): devono mostrare, attraverso canali multimediali, i consumi energetici, mediante la fornitura periodica dei dati, le condizioni di funzionamento correnti e la temperatura di regolazione degli impianti e consentire l'accensione, lo spegnimento e la programmazione settimanale degli impianti da remoto (art. 1 c. 88 L. 208/2015) **(1)**	da indicare in dichiarazione con apposito codice 7	65% (per i lavori iniziati dal 6 ottobre 2020 importo massimo € 15.000)	spese sostenute (per i lavori iniziati dal 6 ottobre 2020 importo massimo € 23.077)
contatori individuali per misurare l'effettivo consumo di calore o di raffreddamento o di acqua calda per ciascuna u.i. o **sistemi di termoregolazione e contabilizzazione** del calore individuali per misurare il consumo di calore in corrispondenza a ciascun radiatore posto all'interno delle u.i. (Circ. AE 6 maggio 2016 n. 18/E)	i dispositivi devono essere **installati in concomitanza** con la sostituzione, integrale o parziale, di impianti di climatizzazione invernale esistenti con impianti dotati di caldaie a condensazione - e contestuale messa a punto del sistema di distribuzione - oppure con pompe di calore ad alta efficienza o con impianti geotermici a bassa entalpia **(2)**	v. **tabella** D	v. **tabella** D
micro-cogeneratori acquistati in sostituzione di impianti esistenti (art. 14 c. 2 lett. b bis DL 63/2013 conv. in L. 90/2013) (v. n. 1668)	l'intervento deve condurre ad un **risparmio di energia primaria** (PES) pari almeno al 20%	€ 100.000	€ 153.846,15

(1) La detrazione spetta anche se l'acquisto, l'installazione e la messa in opera dei dispositivi indicati sono effettuati successivamente o anche in assenza di interventi di riqualificazione energetica. Non rientrano tra le spese ammissibili l'acquisto di dispositivi che permettono di interagire da remoto con le predette apparecchiature quali telefoni cellulari, tablet e personal computer o dispositivi similari comunque denominati (Circ. AE 8 luglio 2020 n. 19/E).
(2) Se l'installazione **prescinde** dagli interventi di sostituzione descritti o se l'impianto di climatizzazione invernale è sostituito con un impianto che non presenta le caratteristiche tecniche richieste, le spese sono ammesse alla **detrazione generica** relativa agli interventi per il **conseguimento di risparmio energetico** (di cui al n. 1531 e s.).

1666 **INTERVENTI PLURIENNALI** (art. 3 c. 3 DM Mise 6 agosto 2020) Se gli interventi realizzati sono una mera **prosecuzione** di interventi, appartenenti alla medesima tipologia, già iniziati sullo stesso immobile in periodi d'imposta precedenti, per il calcolo del limite massimo di detrazione bisogna tener conto anche dell'eventuale detrazione già fruita negli anni passati. Inoltre, per gli interventi ancora **in corso** di realizzazione **alla fine del periodo d'imposta**, la detrazione spetta comunque nel periodo in cui la spesa è, in generale, sostenuta.

SPESE AGEVOLABILI (art. 5 DM Mise 6 agosto 2020) Sono detraibili tutte le spese (v. n. 1540 e s.), opportunamente documentate, sostenute in ciascun anno, **fino al 31 dicembre 2024** (v. n. 1686 e n. 1668), **per la realizzazione** degli interventi agevolati (art. 14 c. 1 e 2 DL 63/2013 conv. in L. 90/2013). **1667**

ESEMPIO
Sono agevolabili le spese per **lavori edili connessi** con l'intervento di risparmio energetico, le prestazioni professionali necessarie per la realizzazione dell'intervento (escluse quindi le consulenze fiscali) e quelle per acquisire la certificazione energetica, se richiesta (Circ. AE 31 maggio 2007 n. 36/E).
In caso di **immobili danneggiati** (es. incendio o altri eventi atmosferici) per i quali i contribuenti hanno beneficiato di un **risarcimento del danno** da parte di assicurazioni, le spese sostenute rilevano senza considerare l'indennizzo (Risp. AE 20 settembre 2022 n. 458 e n. 459).

CARATTERISTICHE DELLA DETRAZIONE La detrazione deve essere **ripartita**, in generale, in **10 quote annuali** di pari importo. **1668**
La **misura** della detrazione è in generale pari al 65%, tranne nei casi indicati in **tabella**, per i quali può variare a seconda del tipo di intervento realizzato.
In alternativa alla detrazione, è possibile chiedere lo **sconto in fattura** o la **cessione del credito**, secondo quanto indicato per il superbonus (v. n. 1720 e s.). Per le opzioni trasmesse all'AE **dal 12 novembre 2021** - se non riguardano interventi in edilizia libera o di importo complessivo non superiore a € 10.000 (v. n. 1555) - al pari del superbonus, è necessario il **visto di conformità** (non richiesto in caso di detrazione in dichiarazione); (v. n. 1733). Inoltre, dal **2023**, se l'intervento riguarda lavori di importo **superiore a € 516.000**, l'esecuzione deve essere affidata ad imprese in possesso della certificazione **SOA** (v. n. 1733, lett. G).

Spese sostenute per	% detrazione
1) acquisto e posa in opera di **finestre** comprensive di infissi	50
2) acquisto e posa in opera di **schermature solari**	50
3) sostituzione di impianti di climatizzazione invernale **con** impianti dotati di **caldaie a condensazione** con efficienza **pari o superiore** alla classe A di prodotto prevista dal regolamento delegato (UE) n. 811/2013 (anche per caldaia a biomasse)	50
4) sostituzione di impianti di climatizzazione invernale **con** impianti dotati di **caldaie a condensazione** con efficienza **pari o superiore** alla classe A **e** contestuale installazione di **sistemi di termoregolazione evoluti** (classi V, VI o VIII della comunicazione della Commissione 2014/C/207/02)	65
5) sostituzione di impianti di climatizzazione invernale **con** impianti dotatati di **apparecchi ibridi** (pompa di calore integrata con caldaia a condensazione, assemblati in fabbrica e concepiti per funzionare in abbinamento fra loro)	65
6) acquisto e posa in opera di **generatori d'aria calda a condensazione**	65
7) **micro-cogeneratori** acquistati in sostituzione di impianti esistenti, diversi da quelli di cui alla **tabella E** del n. 1665	50

Variazione del detentore dell'immobile Se la persona che detiene l'immobile su cui sono stati eseguiti gli interventi agevolati **cambia durante il periodo di godimento** dell'agevolazione, le quote residue di detrazione usufruibile si trasferiscono, in generale, al nuovo detentore, salvo particolari ipotesi descritte in **tabella**. **1669**

Disciplina dei casi più ricorrenti	
Ipotesi	**Disciplina**
Cessazione del contratto di **locazione o comodato**	Le quote residue di detrazione usufruibile permangono in capo al conduttore o comodatario che abbia sostenuto le relative spese agevolate
Vendita dell'u.i. residenziale	Le quote della **detrazione non ancora utilizzate** dal cedente, per i rimanenti periodi d'imposta, si trasferiscono all'acquirente, salvo diverso accordo, secondo la regola già descritta per gli interventi di ristrutturazione edilizia (v. n. 1555)

Disciplina dei casi più ricorrenti	
Ipotesi	**Disciplina**
Decesso del beneficiario	La detrazione non utilizzata si trasmette per intero all'erede **che conserva la detenzione materiale diretta** del bene su cui l'intervento è stato realizzato

1670 **Cumulabilità** La detrazione **non può** essere cumulata con altre agevolazioni previste per i medesimi interventi da **leggi nazionali** (DM Mise 6 agosto 2020, Circ. AE 31 maggio 2007 n. 36/E).
La detrazione risulta però compatibile con gli incentivi disposti a livello **comunitario** e a livello locale da **regioni, province, comuni**. Tuttavia, la cumulabilità è ammessa solamente se la normativa che disciplina l'incentivo **non vieta espressamente** la cumulabilità dello stesso con detrazioni o agevolazioni fiscali attribuite per le medesime finalità e con riferimento alla sola **quota di spesa eccedente** quanto già agevolato in base all'incentivo stesso (Circ. AE 4 aprile 2017 n. 7/E).

>Precisazioni 1) La detrazione **non è cumulabile con**:
– le detrazioni previste per **manutenzione e restauro di beni vincolati** (v. n. 2180) e per le **ristrutturazioni edilizie** (v. n. 1520 e s.) (Ris. AE 5 luglio 2007 n. 152/E). Se gli interventi realizzati rientrano sia nelle agevolazioni previste per il risparmio energetico sia in quelle previste per le ristrutturazioni edilizie, si può fruire, per le medesime spese, soltanto dell'uno o dell'altro beneficio fiscale, rispettando gli adempimenti previsti per l'agevolazione prescelta;
– l'erogazione della tariffa incentivante per la produzione di energia da fonti rinnovabili di cui all'art. 7 c. 2 D.Lgs. 387/2003 (Ris. AE 20 maggio 2008 n. 207/E) e, per la persona fisica, l'applicazione dell'incentivo legato al c.d. **«conto termico»** (art. 28 D.Lgs. 28/2011 e DM 28 dicembre 2012).
2) Resta applicabile l'eventuale **aliquota IVA ridotta** al 10% nel caso l'intervento di riqualificazione energetica si realizzi attraverso servizi per i quali vige tale riduzione (es. manutenzione, ordinaria e straordinaria, realizzata su immobili residenziali, recupero edilizio, ecc.) (Circ. AE 31 maggio 2007 n. 36/E).

---

2. Interventi condominiali

1674 Se gli interventi descritti in precedenza (v. n. 1665) sono realizzati sulle **parti comuni** degli edifici residenziali **oppure** se riguardano **tutte le u.i.** di cui si compone il singolo condominio, sono agevolabili le spese rimaste a carico del contribuente che le detrae.
Normalmente la detrazione deve essere calcolata in base alle **quote millesimali** di proprietà, tuttavia se la spesa è sostenuta da **un solo condòmino** (Tizio) con il consenso degli altri la detrazione spetta solo a Tizio ma entro i limiti massimi ordinari (v. n. 1555).
In caso di intervento per la **riqualificazione energetica globale** (**tabella A** al n. 1665) la detrazione usufruibile dev'essere ripartita tra tutti i soggetti che ne hanno diritto (essendo l'intervento riferito all'intero edificio e non alle singole u.i. che lo compongono).

>Precisazioni 1) La detrazione compete con riferimento all'**anno di effettuazione del bonifico bancario** da parte dell'amministratore e nel **limite delle rispettive quote** imputate ai singoli condomini e da questi ultimi effettivamente versate al condominio, al momento della presentazione della dichiarazione, anche anticipatamente o posticipatamente rispetto alla data di effettuazione del bonifico.
2) Il concetto di «parti comuni» deve essere interpretato in senso oggettivo, non soggettivo (anche a prescindere dalla sussistenza o meno di più proprietari, Risp. AE 22 luglio 2019 n. 293, Risp. AE 22 maggio 2020 n. 139). Esso quindi presuppone l'esistenza di **più u.i. funzionalmente autonome** e non si riferisce alle parti comuni di un'unica u.i., anche nel caso faccia capo a più possessori (Risp. AE 31 ottobre 2018 n. 56).
3) Anche gli **IACP**, istituti autonomi case popolari, comunque denominati, e gli enti di **house providing** hanno diritto alla detrazione, per le spese sostenute, fino al 31 dicembre 2024, per interventi, relativi alle parti comuni, realizzati sugli immobili di loro proprietà adibiti ad edilizia residenziale pubblica (esclusi quindi quelli locati a terzi, Risp. AE 7 ottobre 2019 n. 393); stessa detrazione spetta alle **cooperative di abitazione** a proprietà indivisa per gli interventi realizzati su immobili dalle stesse posseduti ed assegnati in godimento ai propri soci (art. 14 c. 2 septies DL 63/2013 conv. in L. 90/2013).

1675 **ALIQUOTA MAGGIORATA** Per alcune spese, la misura della detrazione ordinaria illustrata in precedenza può essere più alta, come indicato in **tabella** (art. 14 c. 2 quater, 2 quinquies e 2 sexies DL 63/2013 conv. in L. 90/2013):

Condizioni	Detrazione maggiorata	Fonte
gli interventi **sull'involucro** riguardano più del 25% della superficie disperdente lorda dell'edificio	**70% (1) (2)**	art. 14 c. 2 quater e 2 quinquies DL 63/2013 conv. in L. 90/2013
gli interventi sono finalizzati a **migliorare la prestazione energetica invernale ed estiva**, conseguendo almeno la qualità media di cui ad apposito decreto (DM Mise 26 giugno 2015)	**75% (1) (2)**	
gli interventi sono relativi ad edifici ricadenti nelle **zone sismiche 1, 2, e 3 e sono** finalizzati **congiuntamente** alla riduzione del rischio sismico e alla riqualificazione energetica, e determinano il **passaggio**:		art. 14 c. 2 quater.1 DL 63/2013 conv. in L. 90/2013
– ad una classe inferiore;	**80% (2) (3) (4)**	
– a due classi inferiori	**85% (2) (3) (4)**	

(1) Le detrazioni sono calcolate su un **ammontare complessivo delle spese** non superiore a € 40.000, moltiplicato per il numero delle u.i., anche pertinenziali, che compongono l'edificio. L'ammontare di spesa così determinato costituisce il limite massimo di spesa agevolabile riferito all'intero edificio (e non quello riferito alle singole u.i. che lo compongono). Pertanto, ciascun condomino può calcolare la detrazione in funzione della spesa a lui imputata (in base ai millesimi di proprietà o ai diversi criteri applicabili ed effettivamente rimborsata al condominio) anche in misura superiore. **Esempio**: condominio di 5 u.i.; realizzati interventi di isolamento termico (limite 40.000 × u.i. = 200.000), ciascun condomino può calcolare la detrazione anche su un importo di spesa a lui imputata superiore a € 40.000 (Circ. AE 8 luglio 2020 n. 19/E).
La **sussistenza delle condizioni** richieste per l'incremento delle aliquote al 70% o al 75% deve essere **asseverata** dai professionisti abilitati. La mancata veridicità dell'attestazione, accertata dall'ENEA, comporta la decadenza dal beneficio.
(2) La detrazione è **ripartita** in 10 quote annuali di pari importo. L'agevolazione può comprendere, con gli stessi limiti di spesa e con la stessa percentuale di detrazione, la sostituzione degli infissi e l'installazione delle schermature solari insistenti sulle stesse pareti oggetto degli interventi e gli interventi sugli impianti comuni centralizzati (nota *** Allegato B DM 6 agosto 2020 n. 159844).
(3) È **alternativa** sia alla detrazione del 70% e del 75% di cui alle righe che precedono, sia di quella di cui al n. 1634 (art. 16 c. 1 quinquies DL 63/2013 conv. in L. 90/2013).
(4) Le detrazioni sono calcolate su un **ammontare complessivo delle spese** non superiore a € 136.000 moltiplicato per il numero delle u.i. (sia principali che pertinenziali) che compongono l'edificio prima dell'intervento di ristrutturazione (Risp. AE 22 luglio 2019 n. 293).

CESSIONE DEL CREDITO O SCONTO IN FATTURA (art. 121 DL 34/2020 conv. in L. 1676
77/2020) Come per gli interventi su edifici singoli, in alternativa alla detrazione relativa agli interventi sulle parti comuni (sia quella ordinaria, sia quelle maggiorate), se effettuati **nel 2020-2024**, il beneficiario può optare (v. n. 1668):
1) per la **cessione** del proprio credito a terzi (es. parenti, fornitori, banche, ecc.) secondo modalità simili a quelle previste per il superbonus;
2) per uno **sconto** in fattura, secondo le modalità illustrate per il superbonus.

3. Adempimenti comuni

I soggetti che intendono beneficiare della detrazione devono adempiere agli obblighi indicati in 1682
tabella, illustrati nel paragrafo ivi richiamato.
La **mancata acquisizione o presentazione** all'AE della documentazione richiesta comporta la decadenza dal beneficio (Circ. AE 31 maggio 2007 n. 36/E).

Descrizione	v. n.
Acquisire l'asseverazione del tecnico abilitato (in alcuni casi, alternativa ad altri documenti)	1684
Pagare le spese generalmente **mediante** bonifico bancario o postale o assimilato (per i soggetti diversi dai titolari di reddito d'impresa)	1686
Inviare all'ENEA la documentazione indicata	1689 e s.
Conservare ed esibire, su richiesta degli Uffici, la documentazione indicata	1695

Descrizione	v. n.
Dal 27 maggio 2022, per le opere di **importo superiore a € 70.000**, deve indicare nel contratto di prestazione d'opera o di appalto, che i lavori edili sono eseguiti in applicazione dei contratti collettivi del settore edile	1733
Dal **2023**, se l'intervento riguarda lavori di importo **superiore a € 516.000**, l'esecuzione deve essere affidata ad imprese in possesso della certificazione **SOA**	1733, lett. G.

1684 **ASSEVERAZIONE DEGLI INTERVENTI** (art. 8 DM Mise 6 agosto 2020) Un **tecnico abilitato** - ingegneri, architetti, geometri e periti industriali, se regolarmente iscritti al proprio ordine o collegio professionale - deve attestare la rispondenza degli interventi ai requisiti tecnici richiesti per ognuno di essi, per cui il suo **contenuto** dev'essere quello espressamente previsto dall'Allegato 1 al DM Mise 6 agosto 2020. Per i lavori **iniziati dal 6 ottobre 2020** deve contenere anche la verifica della **congruità delle spese** e quindi il relativo computo metrico (vedi Allegato 1 predetto).

Essa **può essere sostituita**:

– dall'asseverazione resa dal **direttore lavori** sulla conformità al progetto delle opere realizzate (obbligatoria ai sensi dell'art. 8 c. 2 D.Lgs. 192/2005) oppure esplicitata nella relazione che attesta la rispondenza alle prescrizioni sul contenimento del consumo di energia degli edifici e relativi impianti termici, che il proprietario dell'edificio, o chi ne ha titolo, deve depositare, in doppia copia, presso le Amministrazioni competenti assieme alla denuncia dell'inizio dei lavori (ai sensi dell'art. 28 c. 1 L. 10/91):

– in alcuni casi - es. sostituzione finestre, infissi, caldaie condensazione con potenza inferiore a 100 kW, pompe di calore di potenza elettrica assorbita minore di 100 KW e per i sistemi di dispositivi multimediali - una **certificazione dei produttori**.

> **Precisazioni** 1) Per i **pannelli solari in autocostruzione** l'asseverazione può essere sostituita dall'attestato di partecipazione al corso di formazione indicato nella **tabella C** al n. 1665 (nota 1).
> 2) In caso di **più interventi** realizzati **sul medesimo edificio**, l'asseverazione può avere carattere unitario e fornire in modo complessivo i dati e le informazioni richieste (Circ. AE 31 maggio 2007 n. 36/E).

1686 **MODALITÀ DI PAGAMENTO DELLE SPESE** Le spese devono essere pagate **mediante** bonifico bancario o postale o attraverso un istituto di pagamento assimilato, secondo le modalità previste al n. 1575 e s.

Sono **esclusi dall'obbligo** di pagamento mediante bonifico gli imprenditori (non in contabilità semplificata - Risp. AE 22 ottobre 2018 n. 46) per i quali rileva, anziché la data di pagamento, il momento di imputazione dei costi (c.d. principio di competenza, v. n. 21400) (Circ. AE 31 maggio 2007 n. 36/E e Circ. AE 13 maggio 2011 n. 20/E).

Per i soggetti diversi dagli imprenditori vale sempre l'imputazione in base al principio di cassa. Pertanto, le spese sostenute e rimaste a carico in un determinato anno devono essere detratte nell'anno in cui avviene il relativo pagamento (anche se **riferite ad un unico intervento** che prosegue **per più periodi** d'imposta, v. n. 1666) (Circ. AE 13 maggio 2011 n. 20/E).

In caso di **sconti o abbuoni riconosciuti successivamente** all'invio della scheda informativa all'ENEA (v. n. 1689), il beneficiario della detrazione già usufruita ha l'obbligo di assoggettare a tassazione separata le somme ricevute a tale titolo. Eventuali **rimborsi** devono essere indicati nella dichiarazione dei redditi dell'anno in cui sono stati ricevuti.

> Se l'**intestatario del bonifico** con cui sono effettuati i pagamenti è stato indicato in un **soggetto diverso** da quello già comunicato all'ENEA come beneficiario dell'agevolazione, affinché il primo abbia comunque diritto alla detrazione occorre che venga annotato in fattura che la spesa è rimasta effettivamente a suo carico (Circ. AE 4 aprile 2008 n. 34/E).

1687 All'atto dell'accredito dei pagamenti relativi ai **bonifici** disposti dal contribuente, l'istituto di pagamento opera una **ritenuta**, secondo quanto indicato al n. 1575 e s.

Nei casi in cui il pagamento può essere effettuato con **modalità diverse** dal bonifico (assegno, vaglia, carta di credito), la ritenuta non va operata.

> **Precisazioni** 1) Il **destinatario del bonifico** che ha un regime fiscale di tassazione del reddito mediante imposta sostitutiva dell'IRPEF, può scomputare dall'imposta sostitutiva la suddetta ritenuta, operata sulle somme ad esso accreditate (Circ. AE 28 luglio 2010 n. 40/E).
> 2) I **Consorzi di imprese** con attività esterna e senza finalità lucrative possono trasferire le ritenute subite, per le prestazioni di riqualificazione energetica (o recupero edilizio), ai singoli consorziati che hanno effettivamente eseguito i lavori: azzerato il proprio eventuale debito IRES, i Consorzi possono trasferire la residua quota di ritenuta dell'8% ai predetti consorziati, purché la volontà di effettuare il trasferimento

risulti da un atto di data certa quale, ad es., il verbale del CdA o dallo stesso atto costitutivo del Consorzio (Ris. AE 4 gennaio 2011 n. 2/E).

INVIO DI DOCUMENTAZIONE ALL'ENEA (DM Mise 6 agosto 2020) Il fascicolo da trasmettere all'ENEA deve contenere: 1689
a) la **scheda informativa** relativa agli interventi realizzati, redatta secondo gli appositi schemi previsti dalla normativa attuativa;
b) i dati contenuti nell'**attestato di certificazione** energetica (**o qualificazione energetica**), senza il computo metrico, prodotto da un tecnico abilitato (che può essere lo stesso di quello che produce l'asseverazione di cui al n. 1684).
Tale documentazione **non è richiesta**:
– per la sostituzione di finestre comprensive di infissi in singole u.i. e per gli interventi di installazione di pannelli solari di cui alle tabelle B) e C) al n. 1665 (art. 1 c. 24 lett. c) L. 244/2007, Circ. AE 19 febbraio 2008 n. 12/E);
– per la sostituzione di impianti di climatizzazione invernale con impianti dotati di caldaie a condensazione e sistema di distribuzione e/o dotati di pompe di calore e geotermici con bassa entalpia, di cui alla **tabella D**) al n. 1665 (art. 31 L. 99/2009).
Nel caso di **interventi ancora in corso di realizzazione**, per i quali quindi non si dispone della documentazione descritta, per fruire della detrazione per le spese sostenute in ciascun periodo d'imposta il beneficiario deve attestare che i lavori non sono ultimati.

>Precisazioni 1) Possono **rilasciare l'attestato** richiesto, oltre a ingegneri, architetti, geometri e periti industriali, se regolarmente iscritti al proprio ordine o collegio professionale, anche dottori agronomi, dottori forestali e periti agrari e, comunque, dal 2008, tutti i professionisti iscritti agli specifici ordini e collegi (Circ. AE 31 maggio 2007 n. 36/E e DI 26 ottobre 2007).
2) In caso di **più interventi** realizzati **sul medesimo edificio** l'attestato e la scheda informativa possono avere carattere unitario e fornire in modo complessivo i dati e le informazioni richieste (DI 26 ottobre 2007).
3) L'**omessa comunicazione** all'ENEA comporta la decadenza dalla detrazione (Cass. 21 novembre 2022 n. 34151), ma è possibile usufruire della c.d. remissione in bonis (v. n. 1739 e n. 87190). In tale caso, l'adempimento deve essere realizzato entro il termine di presentazione della prima dichiarazione utile e deve essere pagata la sanzione di € 250 (art. 11 D.Lgs. 471/97).
4) L'ENEA esegue **controlli a campione**, sulle richieste pervenute per usufruire delle detrazioni spettanti, secondo modalità e criteri specifici. Il richiedente le detrazioni controllato viene avvisato dell'avvio dei controlli nei suoi confronti mediante lettera raccomandata A/R ovvero, ove disponibile, mediante posta elettronica certificata (PEC) (DM Mise 11 maggio 2018).

Il fascicolo deve essere **inviato entro** 90 giorni dalla data di fine dei lavori, che coincide con quella del c.d. **collaudo** dei lavori per gli interventi che lo richiedono; per gli interventi che non lo richiedono, il contribuente può provare la data di fine lavori anche con **altra documentazione** emessa dal soggetto che li ha eseguiti, o tecnico che compila la scheda informativa, ma non mediante dichiarazione resa in sede di autocertificazione (Circ. AE 23 aprile 2010 n. 21/E). 1691
L'invio deve essere effettuato al sito: bonusfiscali.enea.it; per gli interventi con **fine lavori** compresa tra il 1° e il **31 gennaio 2023**, i 90 giorni decorrono dal 1° febbraio 2023.

Solo se la **complessità dei lavori eseguiti** è tale per cui non risulta possibile un'adeguata descrizione degli stessi con gli schemi informatici resi disponibili dall'ENEA, la trasmissione può essere effettuata **mediante raccomandata** con ricevuta semplice, sempre entro 90 giorni dalla fine dei lavori, all'indirizzo: ENEA, Dipartimento ambiente, cambiamenti globali e sviluppo sostenibile, via Anguillarese n. 301, 00123 Santa Maria di Galeria (Roma), specificando come rif. «Detrazioni fiscali - riqualificazione energetica».

Rettifica della documentazione inviata (Circ. AE 27 aprile 2018 n. 7/E) Se la **scheda informativa** inviata con l'intero fascicolo **conteneva errori** (ad es. errori sui dati anagrafici dei beneficiari della detrazione, dei dati identificativi dell'immobile oggetto di intervento, degli importi di spesa indicati in misura diversa da quella effettiva) è possibile inviare una nuova comunicazione in rettifica entro il termine per la presentazione della dichiarazione del periodo nel quale la detrazione si utilizza. 1693

Se nel fascicolo inviato è prevista l'indicazione dell'ubicazione dell'immobile oggetto di intervento o, in alternativa, i relativi dati catastali, l'**errore nell'indicazione** di uno dei due elementi non comporta il disconoscimento della detrazione spettante (Risp. AE 28 dicembre 2018 n. 163).

CONSERVAZIONE DELLA DOCUMENTAZIONE (art. 6 DM Mise 6 agosto 2020) Il beneficiario della detrazione deve conservare ed eventualmente esibire all'AF richiedente: 1695
– l'asseverazione del tecnico abilitato;
– la ricevuta comprovante la trasmissione del fascicolo all'ENEA;

– le fatture o ricevute fiscali comprovanti le spese effettivamente sostenute;
– la ricevuta del bonifico effettuato in relazione al sostenimento delle spese (per beneficiari diversi dai titolari di reddito d'impresa);
– per gli interventi su **parti condominiali comuni** dell'edificio, la copia della delibera assembleare e della tabella millesimale di ripartizione delle spese;
– per gli interventi **effettuati dal detentore** dell'immobile, la dichiarazione del possessore di consenso all'esecuzione dei lavori.

Se gli interventi sono stati realizzati da **soggetti non tenuti all'osservanza della normativa IVA**, la prova del sostenimento delle spese può essere costituita da altra idonea documentazione (Circ. AE 31 maggio 2007 n. 36/E).

f. Superbonus per interventi misti, energetici e/o antisismici

(art. 119 e s. DL 34/2020 conv. in L. 77/2020, Circ. AE 6 ottobre 2022 n. 33/E, Circ. AE 25 luglio 2022 n. 28/E, Circ. AE 23 giugno 2022 n. 23, Circ. AE 27 maggio 2022 n. 19/E)

1700 È stata prevista una detrazione del **110%**, destinata a **diminuire progressivamente dal 2023 al 2025**, sulle spese sostenute per interventi specifici effettuati su immobili residenziali non di pregio (unifamiliari o condominiali), caratterizzati da una certa complessità, riguardanti: risparmio energetico, riduzione del rischio sismico, installazione di impianti fotovoltaici e di colonnine per la ricarica di veicoli elettrici.
Per il 110% rilevano le spese effettuate **dal 1° luglio 2020 al 31 dicembre 2022**, salvo alcune ulteriori condizioni per le u.i. **unifamiliari** e le u.i. **indipendenti** e autonome site in edifici plurifamiliari - es. **villette** e loft funzionalmente indipendenti e con ingresso indipendente (v. n. 1703), anche se demolite e conseguentemente ricostruite (Risp. int. parl. 8 marzo 2022 n. 5-07599), per i cui dettagli si rinvia al n. 1706.
Per i lavori effettuati **dal 1° gennaio 2023**, salvo l'eccezione ora segnalata e altre indicate nella tabella al n. 1706 (lavori condominiali iniziati nel 2022, immobili danneggiati da eventi sismici, IACP e Onlus), la detrazione si riduce al **90%**.

>Precisazioni 1) Restano invariate le altre detrazioni previste per gli interventi volti al **recupero del patrimonio edilizio** (detrazione 50%), compreso il sismabonus (50%-85%, a seconda del tipo di intervento), e quelli di **risparmio energetico** (50% o 65%).
Fanno **eccezione** le spese antisismiche, per le quali, **dal 1° luglio 2020** la detrazione ordinaria resta assorbita dal superbonus, se ci sono le condizioni (non si può pertanto decidere di avvalersi delle detrazioni inferiori, meno complesse dal punto di vista burocratico (Risp. AE 10 maggio 2021 n. 318).
2) Se si effettuano **interventi riconducibili a diverse detrazioni** - es., nell'ambito della ristrutturazione dell'edificio, sia interventi ammessi al superbonus sia interventi edilizi esclusi, ma rientranti tra quelli di ristrutturazione edilizia, il contribuente può fruire di entrambe le agevolazioni a condizione che siano distintamente contabilizzate le spese riferite ai due diversi interventi e siano rispettati gli adempimenti specificamente previsti in relazione a ciascuna detrazione.
In caso di determinati interventi realizzati sulle **parti comuni** di un **condominio** che potenzialmente rientrano nell'ambito applicativo di più detrazioni, ciascun condomino può stabilire, per la parte di spesa a lui imputabile, di quale detrazione fruire, indipendentemente dalla scelta operata dagli altri condomini (Ris. AE 1 settembre 2020 n. 49/E, Risp. AE 1 settembre 2020 n. 294).
3) Nel caso di **condomini**, l'approvazione di interventi sotto esaminati è subordinata al seguente **quorum assembleare**, ancorché questi comportino un'alterazione del decoro architettonico (Risp. int. parl. 8 marzo 2022 n. 5-07599):
– numero di voti che rappresenti la maggioranza degli intervenuti;
– almeno 1/3 del valore dell'edificio (in millesimi).

1702 **SOGGETTI BENEFICIARI** Il superbonus si applica innanzitutto agli interventi effettuati da condomini, persone fisiche e cooperative di abitazione a proprietà indivisa, purché titolari di redditi imponibili, ancorché assoggettati a regimi di imposizione sostitutiva, compreso quello teorico derivante dal possesso dell'abitazione principale.
Nel dettaglio:
a) **condomini** (compresi quindi i **lavoratori autonomi** e le **imprese**, individuali o collettive, che detengono immobili in un condominio che esegue interventi agevolati sulle parti comuni). Al riguardo, **due edifici differenti**, se presentano delle parti in comune (es. tetto sostenuto da muro portante), possono considerarsi come condominio unico (Risp. AE 18 marzo 2021 n. 196). Ai fini del superbonus è **equiparato** al condominio l'edificio di proprietà (o in comproprietà) di una sola persona fisica **composto da 2 a 4 u.i.** distintamente accatastate

(senza considerare le pertinenze, che però rilevano ai fini del limite di spesa detraibile, v. n. 1713, Risp. AE Telefisco 23 giugno 2021, Risp. AE 13 aprile 2021 n. 242); **1702** (segue)

b) **persone fisiche** (proprietari, inquilini, comodatari, loro conviventi, ecc. nel rispetto dei requisiti di cui al n. 1525), residenti e non, per interventi su u.i. al di fuori dell'esercizio di attività di impresa, arti e professioni (quindi non strumentali, non beni merce né beni patrimoniali dell'impresa; spetta invece per gli interventi sulle parti comuni degli stessi). Gli interventi sul risparmio energetico possono riguardare al massimo 2 u.i., oltre a quelli sulle parti comuni di edifici condominiali (questi senza limiti), mentre per gli interventi antisismici non ci sono limiti, purché siano effettuati su immobili siti nelle zone sismiche 1, 2 e 3. Per il **2023**, limitatamente alle abitazioni unifamiliari e/o indipendenti e autonome, possono beneficiare solo i proprietari e i titolare di diritti reali di godimento;

c) **cooperative** di abitazione a proprietà indivisa, per interventi realizzati su immobili dalle stesse posseduti e assegnati in godimento ai propri soci (sono escluse le cooperative a proprietà divisa, Risp. AE 16 marzo 2021 n. 184). Se le abitazioni sono assegnate solo in parte ai soci (il resto è locato a terzi), il superbonus spetta sugli interventi trainanti, solo se le assegnazioni sono superiori al 50% delle abitazioni, e sugli interventi trainati effettuati solo sulle abitazioni assegnate ai soci (Risp. AE 23 giugno 2021 n. 430 e n. 431). Se la cooperativa possiede solo parzialmente l'immobile, si è in presenza di un condominio, con la relativa disciplina (superbonus spetta per interventi trainanti sulle parti comuni e trainati sulle u.i. assegnate ai soci).

> **Precisazioni 1)** Se gli interventi sono eseguiti mediante **contratti di locazione finanziaria**, la detrazione compete all'utilizzatore ed è determinata in base al costo sostenuto dalla società concedente (art. 4 c. 3 DM Mise 6 agosto 2020).

2) Gli **inquilini**, **comodatari**, ecc. possono usufruire del superbonus per interventi sul risparmio energetico indipendentemente dal fatto che il **proprietario** abbia o meno usufruito del superbonus per interventi effettuati su **altre 2 u.i.**

3) Il superbonus può essere utilizzato dai **titolari dell'impresa agricola** e dagli altri soggetti ammessi (comproprietari, familiari conviventi, affittuari, conduttori, ecc.), nonché dai soci o amministratori di **società semplici agricole** (persone fisiche), e dai dipendenti esercenti attività agricole nell'azienda (ovviamente per gli interventi effettuati su fabbricati rurali a uso abitativo). Analogamente per i soci di **società semplici** di gestione **immobiliare**. Non spetta:
- ai soci di una società **commerciale** che sostengono le spese per interventi effettuati su immobili residenziali di proprietà della predetta società;
- al proprietario persona fisica di un immobile residenziale affittato a una società che lo utilizza per la propria attività.

Spetta al conduttore o al comodatario persona fisica (non socio) al di fuori dell'esercizio di attività di impresa, arti o professioni, detentore di una u.i. residenziale, situata in un edificio condominiale parzialmente di proprietà di una società o detentore di una u.i. funzionalmente indipendente e con accesso autonomo situata in un edificio interamente di proprietà della società.

4) Un cittadino **frontaliero** che lavora e paga le tasse esclusivamente in Svizzera e che in Italia è comproprietario al 50% con la moglie della casa in cui vive, può accedere al superbonus 110% tramite lo sconto in fattura o la cessione del credito di cui al n. 1720, essendo titolare di reddito fondiario (Risp. AE 19 ottobre 2020 n. 486).

Altri soggetti beneficiari	
d) **IACP e simili**	IACP, enti aventi le stesse finalità sociali (adeguatamente comprovate), istituiti nella forma di **società «in house providing»** per interventi realizzati su immobili adibiti ad edilizia residenziale pubblica, di loro proprietà ovvero gestiti per conto dei Comuni (Risp. AE 8 marzo 2021 n. 162); rilevano anche i costi del personale interno (prestazioni di progettazione, verifica e validazione dei progetti, direzione lavori, coordinamento della sicurezza e collaudo dei lavori), purché documentati (Risp. AE 30 novembre 2021 n. 795)
e) **ONLUS e simili**	ONLUS (comprese le cooperative sociali), organizzazioni di **volontariato** (Odv) e associazioni di **promozione sociale** (Aps), enti del **Terzo settore**, se non sono esenti totalmente dalle imposte sui redditi (Risp. AE 15 aprile 2021 n. 253)
f) associazioni e società **sportive dilettantistiche**	Limitatamente ai lavori destinati ai soli immobili o parti di immobili adibiti a **spogliatoi** effettuati **fino al 30 giugno 2022** (posseduti o detenuti, anche in virtù di una convenzione con un ente locale, Risp. AE 16 febbraio 2021 n. 114) **(1)**
g) **comunità energetiche rinnovabili**	Costituite in forma di **enti non commerciali** o da parte di **condomìni** che aderiscono alle configurazioni, limitatamente alle spese sostenute per impianti a fonte rinnovabile gestiti dai predetti soggetti. La detrazione si applica per l'installazione di impianti solari fotovoltaici connessi alla rete elettrica su edifici ovvero di impianti solari fotovoltaici su strutture pertinenziali agli edifici **(2)**

(1) Se gli interventi riguardano anche altri locali, la detrazione spetta limitatamente ai costi riferiti agli spogliatoi, che andranno fatturati o attestati in maniera separata (Risp. AE 10 novembre 2021 n. 774).
(2) Per **approfondimenti** vedi Ris. AE 12 marzo 2021 n. 18/E (superbonus su spese di importo non superiore a € 48.000 e, comunque, nel limite di € 2.400 per ogni kW di potenza nominale dell'impianto solare fotovoltaico, da ripartire tra gli aventi diritto in 5 quote annuali di pari importo e in 4 quote per la parte di spesa sostenuta nell'anno 2022). Dal 2023 l'intero ammontare della spesa, sino al **limite massimo** di € 6.000 euro, fruisce la detrazione **110%** sino a tutto il 2025 (art. 1 c. 10 lett. b L. 197/2022).

1703 **IMMOBILI INTERESSATI** Il superbonus spetta generalmente in relazione agli interventi effettuati su immobili **esistenti residenziali**, compresi i fabbricati collabenti o quelli in corso di definizione e destinati a diventare abitativi, ovviamene privi dell'Ape di cui al n. 1733 (cat. F/2 e F/4, v. n. 74550) e alle relative **pertinenze**; fanno **eccezione** le Onlus, Odv e Aps, nonché le Comunità energetiche, i cui interventi possono interessare anche gli immobili non residenziali (categoria B o D), purché riguardino l'intero edificio o le singole u.i., esclusi quelli di pregio (Risp. AE 13 aprile 2021 n. 239, Risp. AE 25 marzo 2021 n. 206).
Sono ammesse anche le spese sostenute per interventi realizzati su immobili non residenziali ma che **al termine** degli stessi sono **destinati ad abitazione**. Tale possibilità è subordinata alla condizione che nel provvedimento amministrativo che autorizza i lavori risulti il **cambio di destinazione** d'uso del fabbricato. Non osta all'agevolazione la circostanza che l'immobile classificato in una categoria ammessa alla detrazione possa cambiare, in futuro, destinazione d'uso (es. u.i. cat. A/4, di proprietà di una persona fisica oggetto di interventi agevolabili che 2 anni dopo il termine dei lavori diventi strumentale di una attività di impresa: il superbonus non decade, salvo l'ipotesi in cui l'AE, in sede di controllo, accerti l'utilizzo dell'agevolazione non in conformità alla legge).
Sono **esclusi** gli interventi sui seguenti immobili:
– appartenenti, al termine dei lavori, alle categorie catastali A/1, A/8 e, se non sono aperti al pubblico, A/9;
– in corso di costruzione, cioè grezzi, categoria F/3, privi di un impianto di climatizzazione invernale (necessario in caso di interventi energetici);
– posseduti in regime di impresa o di arte o professione, anche se hanno categoria catastale residenziale (se non per la quota degli interventi condominiali sulle parti comuni di edifici a prevalente destinazione residenziale, vedi sotto);
– costruiti abusivamente, se ultimati dopo il 1° settembre 1967 (quindi sprovvisti del titolo abilitativo originario o di quello che ha sanato l'assenza di un titolo abilitativo originario).
Se gli interventi agevolati sono effettuati su **immobili residenziali adibiti promiscuamente** all'esercizio di arti/professioni o di attività commerciali (es. bed & breakfast, occasionale o abituale), la detrazione spetta sul 50% delle spese, anche se le stesse sono sostenute dal coniuge comproprietario del professionista/imprenditore (Risp. AE 9 dicembre 2020 n. 570, Risp. AE Telefisco 23 giugno 2021). Va tuttavia evidenziato che l'abitazione in cui è stabilita la **sede amministrativa dell'imprenditore individuale** che svolge un'attività tipicamente in cantieri (impiantisti, imbianchini, ecc.) non può definirsi utilizzata promiscuamente quindi per gli interventi non opera la riduzione del 50%.
Per gli immobili esclusi restano applicabili le detrazioni ordinarie, ecobonus, sismabonus, ecc.

ESEMPIO
Gli interventi devono essere realizzati sui seguenti edifici residenziali:
– edifici **unifamiliari** e relative **pertinenze**. In caso di comproprietari, non rileva il fatto che l'immobile sia in comproprietà con una persona fisica estranea al suo nucleo familiare (Risp. AE 5 ottobre 2021 n. 656);
– u.i. **funzionalmente indipendenti** - cioè dotate di almeno 3 dei seguenti impianti: acqua; gas; energia elettrica; climatizzazione invernale o allacciamento ad un sistema di teleriscaldamento, gestito da un condominio, che serve anche altre u.i. - e con uno o più **accessi autonomi** dall'esterno (cioè non comune ad altre u.i., chiuso da cancello o portone d'ingresso che consenta l'accesso dalla strada, pubblica o privata, anche in multiproprietà, o da cortile o giardino di proprietà anche non esclusiva, o da strada privata di altre proprietà gravata di servitù di passaggio a servizio dell'immobile (Risp. AE 5 gennaio 2021 n. 9) es.: villetta bifamiliare in cui entrambe le u.i. accedono alla strada da giardino comune, o accedono alla porta di ingresso tramite un cortile comune ad entrambe, anche in proprietà esclusiva ma indivisa) site all'interno di edifici plurifamiliari e relative pertinenze (c.d. **villette a schiera** e simili) (art. 119 c. 1 bis DL 34/2020 conv. in L. 77/2020). Per essere considerate indipendenti non è sufficiente l'installazione di un contatore «a defalco» nel caso in cui l'allaccio condominiale sia unico (Risp. AE 15 dicembre 2021 n. 810). Tali u.i. indipendenti, ai fini del superbonus, sono equiparate agli edifici unifamiliari, anche se inserite in edifici plurifamiliari, quindi danno diritto al superbonus anche se ubicate in un edificio escluso dal medesimo in quanto composto da più di 4 u.i. possedute da un unico

proprietario o in quanto edifici strumentali di proprietà di una società commerciale e locati a un socio congiuntamente al suo coniuge (Risp. AE 13 luglio 2022 n. 376).

Condominio In relazione agli edifici condominiali (a cui sono assimilati gli **edifici da 2 a 4 u.i. posseduti da un solo proprietario**) bisogna distinguere tra quelli a prevalente destinazione residenziale e edifici diversi, considerando i primi quelli con superficie complessiva delle u.i. destinate a residenza ricomprese nello stesso, comprese quelle di pregio, escluse le pertinenze e gli spazi comuni, quali atrii e vani scale (Risp. AE 26 maggio 2022 n. 306, Risp. AE 7 gennaio 2022 n. 5), superiore al 50% (nella superficie totale si considera anche quella di u.i. censite in categoria D7 o F/7 e di edifici indipendenti facenti parte del condominio, senza servizi energetici in comune con gli altri edifici ed eventualmente con accesso autonomo dall'esterno, Risp AE 21 settembre 2022 n. 464, Risp. AE 11 gennaio 2022 n. 10). **1704**

La prevalenza residenziale sussiste anche quando:
- l'u.i. su cui si effettuano i lavori non è a uso **abitativo**, ma lo diventa al **termine dei lavori**;
- gli interventi comportano il **cambio di destinazione di uso** di una o più u.i all'interno di un edificio e, al termine dei lavori, l'edificio assume prevalentemente destinazione residenziale.

Ebbene, per gli edifici **prevalentemente residenziali** il superbonus è ammesso a tutti i **proprietari** e i **detentori** di u.i. che sostengono spese per interventi agevolati sulle **parti comuni** dell'edificio (cioè sia i proprietari e i detentori di u.i. residenziali, sia quelli di u.i. non residenziali, come imprese e professionisti, questi ultimi 2 solo per gli interventi c.d. trainanti). Per gli edifici **diversi** sono ammessi al superbonus solo i proprietari e i detentori di u.i. residenziali (interventi sia trainanti che, per le u.i. non di pregio, trainati). Sono quindi escluse le spese per gli interventi su u.i. non residenziali e le spese sugli edifici da 2 a 4 u.i. posseduti da un solo proprietario (Risp. AE 7 gennaio 2022 n. 5).

ESEMPIO
Gli interventi devono essere realizzati sui seguenti edifici residenziali:
- **parti comuni** di edifici in **condominio**;
- **singole u.i.** e relative pertinenze all'interno di edifici in condominio (solo per interventi trainati, v. n. 1709).

Un soggetto che possiede, nell'ambito di un **condominio**, una **u.i. funzionalmente indipendente** e con accesso autonomo, può effettuare, alternativamente, l'intervento agevolabile o come condomìno sull'intero edificio, o come proprietario della singola u.i. (Risp. AE Videoforum 25 gennaio 2022).

ALIQUOTA Per le spese effettuate **dal 1° luglio 2020 al 31 dicembre 2022** si applica generalmente l'aliquota del 110%. Tuttavia, per le u.i. **unifamiliari** e le u.i. **indipendenti** e autonome site in edifici plurifamiliari - es. **villette** e loft funzionalmente indipendenti e con ingresso indipendente (v. n. 1703), anche se demolite e conseguentemente ricostruite (Risp. interr. parl. 8 marzo 2022 n. 5-07599), bisogna tuttavia distinguere: **1706**
- il termine del 31 dicembre 2022 è anticipato al **30 giugno 2022**, se non si raggiunge il 30% al 30 settembre 2022. In tal caso le spese pagate rilevano purché siano corrispondenti allo stato effettivo degli interventi effettuati (Risp. a interr. parl. 21 giugno 2022 n. 5-08270). Le spese sostenute successivamente possono usufruire delle altre detrazioni, se ricorrono i requisiti;
- il termine del 31 dicembre 2022 è differito al **31 marzo 2023** - a condizione che alla data del **30 settembre 2022** vengano effettuati lavori per almeno il **30%** dell'intervento complessivo (nel computo della percentuale si può facoltativamente comprendere anche l'importo dei lavori eventualmente non ammessi al superbonus o ammessi ad altre detrazioni, es. 50%). Non rileva l'importo pagato o le fatture ricevute per materiali già consegnati.

Per **dimostrare** il superamento del 30% dell'intervento complessivo il **direttore dei lavori** deve redigere una apposita **dichiarazione** basata su idonea documentazione probatoria allegata, quale libretto delle misure, stato d'avanzamento lavori, rilievo fotografico della consistenza dei lavori, copia di bolle e/o fatture. La dichiarazione con gli allegati va trasmessa al committente e all'impresa, attraverso PEC o raccomandata (Commissione consultiva presso il Consiglio Superiore dei Lavori Pubblici, Quesito settembre 2022 n. 1).

Per i lavori effettuati e le spese sostenute **dal 1° gennaio 2023**, ad esclusione delle eccezioni indicate nella tabella sottostante, la detrazione si riduce al **90%**.

1706 (segue)

Tabella riepilogativa

Disciplina delle spese sostenute nel 2023	
abitazioni unifamiliari e/o **indipendenti e autonome di edifici plurifamiliari** (**villette, loft**)	**110%**: per le spese effettuate **fino al 31 marzo 2023 (1)**, se entro il 30 settembre 2022 aveva completato il 30% dei lavori complessivi, presentando la dichiarazione del direttore dei lavori attestante tale requisito. **90%**: per gli interventi **avviati dal 2023**, limitatamente all'**abitazione principale** del **proprietario** o titolare di diritti reali di godimento (es. **usufruttuario**, esclusi quindi i locatari, comodatari, utilizzatori in leasing, familiari conviventi, ecc.) se il beneficiario possiede un reddito complessivo (v. n. 800 e s.), nel 2022 (anno precedente a quello di sostenimento della spesa), variabile a seconda del numero dei componenti il nucleo familiare (vedi tabella A) **negli altri casi**: non spetta
Condomini	**110%**: lavori deliberati dall'assemblea entro il 18 novembre 2022 **(2)** e deposito della CILAS entro il 31 dicembre 2022 oppure lavori deliberati tra il 19 e il 24 novembre 2022 **(2)** e deposito della CILAS entro il 25 novembre 2022. Per gli interventi di demolizione e ricostruzione degli edifici per i quali risulti presentata l'istanza per l'acquisizione del titolo abilitativo entro il 31 dicembre 2022 **90%**: negli altri casi
Unico proprietario (o comproprietari) di un **edificio da 2 a 4 u.i.**	**110%**: deposito della CILAS entro il 25 novembre 2022. Per gli interventi di demolizione e ricostruzione degli edifici per i quali risulti presentata l'istanza per l'acquisizione del titolo abilitativo entro il 31 dicembre 202 **90%**: negli altri casi
Immobili danneggiati nei **comuni dei territori colpiti da eventi sismici** verificatisi dal 1° aprile 2009, dove sia stato dichiarato lo stato di emergenza	**110%**
IACP e simili	**110%**: spese effettuate fino al 31 dicembre 2023 a condizione che il 60% dei lavori sia effettuato al 30 giugno 2023 (altrimenti 110% per le spese effettuate fino al 30 giugno 2023)
Onlus e simili	**110%**: lavori iniziati nel 2022, con una CILAS presentata **entro il 25 novembre 2022**; installazione di impianti solari fotovoltaici realizzata in aree o strutture non pertinenziali, anche di proprietà di terzi (diversi dagli immobili ove sono realizzati gli interventi trainanti), sempre che questi si trovino in centri storici soggetti ai vincoli per immobili e aree di notevole interesse pubblico e aree tutelate di interesse paesaggistico **90%**: negli altri casi Per il maggior beneficio concesso ai soggetti che svolgono **attività** di prestazione di servizi **socio-sanitari** e **assistenziali** v. n. 98135.

(1) In caso di **cessione del credito** o **sconto in fattura**, occorre anche che i lavori, cui si riferiscono le spese, siano realizzati, essendo alla base delle relative asseverazioni (il semplice pagamento quindi non basta).

(2) Il rispetto della data deve essere **attestato dall'amministratore** (o dal condomino che ha presieduto l'assemblea) con dichiarazione sostitutiva di atto notorio.

Tabella A (art. 119 c. 8 bis1 DL 34/2020)

Nucleo familiare composto da:	Limite di reddito complessivo 2022 del nucleo familiare (€) (*)
Contribuente	15.000
Contribuente + coniuge (o parte dell'unione civile o convivente di fatto dichiarato in anagrafe) anche non a carico	30.000
Contribuente + coniuge (o parte dell'unione civile o convivente) + 1 figlio (o 1 familiare) a carico	37.500
Contribuente + coniuge (o parte dell'unione civile o convivente) + 2 figli (o 2 familiari) a carico	45.000
Contribuente + coniuge (o parte dell'unione civile o convivente) + 3 o più figli (o 3 o più familiari) a carico	60.000

(*) Non rilevano i familiari **non a carico** né il **patrimonio** dei componenti il nucleo familiare.

Disciplina spese sostenute nel 2024 e 2025 (art. 1 c. 3, 4, 5 e 8 DL 59/2021 conv. in L. 101/2021)
In generale, la detrazione suddetta sarà estesa anche alle spese effettuate nel 2024 e 2025, ma l'aliquota sarà ridotta, rispettivamente, al 70% e al 65%. Tuttavia, per gli interventi effettuati nei **comuni dei territori colpiti da eventi sismici** verificatisi dal 1° aprile 2009, dove sia stato dichiarato lo stato di emergenza, su immobili residenziali danneggiati (per i quali sia stato accertato mediante scheda AeDES o documento analogo - il nesso causale tra danno dell'immobile ed evento sismico, Risp. AE 9 dicembre 2022 n. 584), la detrazione 110% spetta per le spese sostenute entro il **31 dicembre 2025** (Ris. AE 15 febbraio 2022 n. 8/E).

1708

INTERVENTI AMMESSI Gli interventi sono di vario genere, ciascuno dei quali ha un limite specifico di spesa che consente la detrazione. Gli interventi **A Risparmio energetico** - suddivisi **A1** (condomini) e **A2** (edifici unifamiliari, comprese le villette a schiera) - e **B Antisismici** sono detti **trainanti** perché la loro effettuazione consente di usufruire della detrazione anche per i sotto indicati interventi minori effettuati congiuntamente, a condizione che siano conclusi (es.: intervento di risparmio energetico su parti comuni trascina interventi minori effettuati dai condomini sulla singola abitazione). 1709

Le spese per gli interventi trainati possono anche essere sostenute da un **soggetto diverso** da quello che ha sostenuto le spese per gli interventi trainanti. Pertanto, possono, ad esempio, fruire del superbonus (Risp. AE Telefisco 15 giugno 2022):

– a fronte di spese per interventi trainanti realizzati sulle parti comuni di un condominio sostenute da un contribuente e di spese sostenute dal **coniuge o un fratello** per interventi trainati realizzati sulla singola u.i. entrambi i soggetti con riferimento alle spese da ciascuno sostenute;

– per gli interventi trainati realizzati sulla singola u.i. anche i **condòmini** a cui, in base alla delibera assembleare, non sono state imputate le spese per gli interventi trainanti realizzati sulle parti comuni del condominio, in quanto un solo condomino si era accollato l'intera spesa. Tali interventi, anche se riguardanti parti strutturali degli edifici o i prospetti, con l'esclusione di quelli comportanti la demolizione e la ricostruzione degli edifici, costituiscono **manutenzione straordinaria**.

Le **spese rilevanti** ai fini del superbonus sono tutte quelle che afferiscono **direttamente** all'esecuzione degli interventi agevolati, ivi comprese quelle sostenute prima dell'inizio dei lavori (v. n. 1540). Tra le spese detraibili rientrano anche:

– quelle sostenute per **prestazioni professionali**, purché direttamente **connesse** all'esecuzione degli interventi e alla messa a norma degli edifici ai sensi della legislazione vigente in materia;

– quelle sostenute per il rilascio delle **attestazioni** e delle **asseverazioni** e del **visto di conformità**, ove richiesti per la detrazione (vedi paragrafi successivi).

In presenza di **più interventi**, tali spese professionali **comuni** ai diversi interventi vanno **ripartite** tra gli stessi, proporzionalmente all'importo di ciascuno (nota Consiglio superiore dei lavori pubblici 16 marzo 2021 n. 2821).

ESEMPIO
Intervento oggetto di superbonus: € 80.000
Intervento oggetto di bonus ristrutturazione: € 20.000
Spese professionali complessive: € 10.000
Le spese professionali vanno così ripartite: € 8.000 per superbonus (10.000/100.000 x 80.000) e € 2.000 per bonus ristrutturazione (10.000/100.000 x 20.000)

Sono **escluse:**

– le eventuali **spese straordinarie per l'amministratore** del condominio, a meno che non svolga il ruolo di responsabile dei lavori (ai sensi art. 89 c. 1 lett. c D.Lgs. 81/2008);

– le spese per l'eventuale corrispettivo corrisposto al **General Contractor** (GC), per l'attività di **mero coordinamento** svolto, trattandosi di costi non direttamente imputabili alla realizzazione dell'intervento. Invece, danno diritto alla detrazione le spese che vengono fatturate dal GC al committente degli interventi, quale (Risp. AE 15 luglio 2021 n. 480, Risp. AE 15 aprile 2021 n. 254):

– corrispettivo per le prestazioni direttamente eseguite dal medesimo (es. studio di fattibilità) o,

– per le prestazioni che il general contractor si è limitato ad affidare a terzi, il mero ribaltamento del corrispettivo di cui il GC ha ricevuto l'addebito dal prestatore. Se il prestatore è forfettario (fattura senza addebito di IVA), il ribaltamento del corrispettivo fatto dal GC va comunque assoggettato ad IVA.

Se il professionista (progettista incaricato) ha un contratto direttamente con il Condominio, ma quest'ultimo **delega al GC il pagamento** del compenso dovuto in nome e per conto dello stesso condominio, in forza di un mandato con rappresentanza, il professionista emette fattura al Condominio e il GC la paga e riaddebita le relative somme al Condominio senza applicazione dell'IVA (Risp. AE 15 luglio 2021 n. 480).

Le stesse regole si applicano nel caso di **rete di imprese** che fattura al committente per conto dei retisti (mandato senza rappresentanza) o che paga i retisti per conto del committente (mandato con rappresentanza) (Risp. AE 24 settembre 2021 n. 623).

Committente	Mandato al GC	Fornitore/professionista	Adempimenti del GC (importi detraibili per Committente)
Affida incarico al GC per coordinamento fornitori e professionisti	senza rappresentanza	Fattura al GC con IVA (salvo sia forfettario)	GC fattura con IVA ordinaria senza ricarico per l'attività di coordinamento (anche l'importo del fornitore forfettario)
	con rappresentanza	Fattura al committente con IVA (salvo sia forfettario) e pagamento da parte del GC per conto del Committente	GC fattura senza IVA senza ricarico per l'attività di coordinamento

1711 In genere, rilevano le spese **sostenute dal** 1° luglio 2020 e al 31 dicembre 2025 (30 giugno 2022 o 31 marzo 2023 per le villette; 30 giugno 2023 o 31 dicembre 31 dicembre 2023 per IACP, v. n. 1700), indipendentemente dalla data di effettuazione degli interventi; tuttavia per gli interventi **trainati** è altresì necessario che le spese siano sostenute **nel periodo fra** la data di inizio e la data di fine dei lavori per la realizzazione degli interventi trainanti. Al riguardo, l'impresa che esegue i lavori deve rilasciare attestazione specifica.

ESEMPIO
Se il contribuente ha sostenuto spese per interventi trainanti a marzo 2020, non ammesse al superbonus, non può beneficiare di tale agevolazione neanche per le spese sostenute per interventi trainati collegati ancorché i relativi pagamenti siano effettuati a settembre 2020.

1713

A1) Interventi trainanti di risparmio energetico su condomini (compresi anche gli interventi di **demolizione e ricostruzione**)		
Descrizione	**Condizione essenziale**	**Limite di spesa (1)**
Interventi di isolamento termico delle superfici opache (escluse quindi le vetrate) verticali, orizzontali e inclinate che interessano l'involucro dell'edificio, quindi le pareti esterne (c.d. **cappotto termico**), con un'incidenza superiore al 25% della superficie disperdente lorda del condominio nel rispetto dei requisiti di trasmittanza «U» - potenza termica dispersa per m2 di superficie e per grado Kelvin di differenza di temperatura, espressa in W/m2K. Sono comprese anche le spese per le opere **provvisionali** e **accessorie**, quelle per interventi strettamente collegati, come quelle per la **coibentazione del tetto** (anche se non racchiudono un volume riscaldato) **(2)**.	Deve rispettare i requisiti tecnici del DM Mise 6 agosto 2020 e comportare (anche congiuntamente agli altri interventi di risp. energetico e all'installazione di impianti fotovoltaici e sistemi di accumulo) il miglioramento di almeno 2 classi energetiche del condominio, ovvero, se non possibile, il conseguimento della classe energetica più alta (da dimostrare mediante l'attestato di prestazione energetica - A.P.E. con metodo completo - ante e post intervento, rilasciato da un tecnico abilitato indipendente con dichiarazione asseverata) **(3)**	Condomini da **2 a 8** u.i. = < € 40.000 × numero delle u.i. dell'edificio Condomini con **oltre 8 u.i** = < € 30.000 per ogni u.i. **(4) (5)**
Interventi sulle **parti comuni** degli edifici per la sostituzione degli impianti di climatizzazione invernale esistenti con impianti: – per il **riscaldamento** centralizzati, il **raffrescamento** o la fornitura di acqua calda sanitaria (a condensazione, con efficienza almeno pari alla classe A, o a pompa di calore), ivi inclusi gli impianti ibridi o geotermici **(6) (7)**; – di **microcogenerazione**; – a **collettori solari**.		Condomini **da 2 a 8** u.i. = < € 20.000 × u.i. Condomini con **oltre 8** u.i = < € 15.000 per u.i. **(4) (5)**

1713 (segue)

(1) Se sul medesimo immobile sono effettuati **più interventi** agevolabili (es. cappotto termico, pannelli fotovoltaici, impianto di climatizzazione, ecc.), il limite massimo di spesa detraibile è costituito dalla somma degli importi previsti per ciascuno degli interventi realizzati, a **condizione**, tuttavia, che siano distintamente contabilizzate le spese riferite ai diversi interventi e siano rispettati gli adempimenti specifici (Risp. AE 19 maggio 2022 n. 279, Risp. AE 18 marzo 2021 n. 196). In caso di accorpamento di più u.i., ai fini dei limiti rileva il numero delle u.i. esistenti all'inizio dei lavori (come per la generalità delle detrazioni su interventi edilizi), salvo il caso di sismabonus acquisti, a seguito di demolizione e ricostruzione (v. nota 5 al n. 1716). Se l'intervento comporta un **ampliamento dell'edificio** esistente, a differenza di quanto avviene per gli interventi anti sismici, la detrazione va calcolata solo sulla parte imputabile all'edificio esistente, mentre l'APE post intervento deve considerare l'edificio nella sua configurazione finale (Risp. AE 16 marzo 2021 n. 175).
Nell'ambito dei **territori colpiti dagli eventi sismici** dopo il 1° aprile 2009 la detrazione spetta per l'importo eccedente il contributo riconosciuto per la ricostruzione, sia a fronte dello stesso intervento che in relazione a opere di ulteriore consolidamento degli stessi edifici (Ris. AE 23 aprile 2021 n. 28/E).
Inoltre, in assenza di contributi pubblici, anche se destinati al proprietario precedente (Risp. AE 26 agosto 2021 n. 563), i **limiti** delle **spese** ammesse per interventi ecobonus (risparmio energetico) e sismabonus, sostenute entro il 31 dicembre 2025, **sono aumentati** del 50% (es. da € 50.000 il limite passa a € 75.000, da € 80.000 passa a € 120.000, oppure per gli interventi antisismici da € 96.000 il limite passa a € 144.000) **se** riguardanti i comuni colpiti dagli eventi sismici avvenuti dopo il 2008, dove sia stato dichiarato lo stato di emergenza, con esclusione delle spese sostenute per il recupero degli immobili destinati all'esercizio delle attività produttive. In tal caso, se si desidera cioè fruire del **superbonus «rafforzato»** in alternativa al contributo alla ricostruzione (se spettante, in quanto l'immobile è inagibile perché danneggiato dal sisma), il professionista deve trasmettere via Pec (contestualmente, alla struttura commissariale, all'Ufficio speciale ricostruzione e al Comune territorialmente competente) la dichiarazione del proprietario dell'edificio, resa ai sensi dell'art. 47 DPR 445/2000, di rinuncia al contributo alla ricostruzione spettante (Risp. AE 5 ottobre 2021 n. 662).
(2) Se il **sottotetto non è riscaldato**, le spese sostenute per la coibentazione del tetto rientrano teoricamente nel superbonus, ma poiché nel computo del 25% della superficie non entra la misura del tetto, è necessario che tale percentuale sia superata con riferimento alle superfici diverse dal tetto e dal sottotetto, se non riscaldato (Risp. AE 16 novembre 2021 n. 779, Risp. AE 7 ottobre 2021 n. 680, Risp. AE 6 ottobre 2021 n. 665).
Le spese di rimozione, demolizione e riposizionamento dei **decori architettonici** che caratterizzano la fisionomia dell'edificio condominiale, sottoposto a lavori agevolabili di coibentazione della facciata e del tetto, rientrano nel superbonus solo se il tecnico abilitato competente rilascia le dovute attestazioni relative alla connessione dell'intervento accessorio con quello principale (Risp. AE 7 ottobre 2021 n. 685).
Gli interventi di dimensionamento del cappotto termico e del cordolo sismico non concorrono al **conteggio della distanza e dell'altezza**, in deroga alle distanze minime riportate dall'art. 873 c.c.
(3) Se un condominio è **costituito da più edifici** e la sostituzione dell'impianto consente il miglioramento di due classi energetiche solo per alcuni edifici oggetto di ulteriori interventi trainanti o trainati, possono accedere al superbonus solo i condòmini che possiedono le u.i. all'interno degli edifici oggetto dei predetti ulteriori interventi.
Per i lavori **iniziati prima del 6 ottobre 2020**, l'**APE ante intervento** può essere redatto anche successivamente all'inizio dei lavori e deve riferirsi alla situazione esistente alla data di inizio degli stessi, che può essere anche anteriore al 1° luglio 2020. Si utilizza l'APE di cui all'art. 6 D.Lgs. 192/2005 (Risp. AE 9 dicembre 2020 n. 571).
Gli edifici privi di APE perché sprovvisti di copertura, di uno o più muri perimetrali, o di entrambi (es. edifici collabenti), sono ammessi purché, al termine degli interventi, che devono comprendere anche quelli di isolamento termico sugli involucri, anche in caso di demolizione e ricostruzione o di ricostruzione su sedime esistente, raggiungano una classe energetica in fascia A.
(4) Nel caso di interventi realizzati su **parti comuni** di edifici in condominio, per i quali il limite di spesa è calcolato in funzione del numero delle u.i. di cui l'edificio è composto all'inizio dell'intervento (considerando anche quelle di **categoria A/1** nonché le **pertinenze collocate all'interno** del medesimo, anche se prive di impianto termico, ed escludendo quelle in corso di costruzione, **categoria F3**), l'ammontare di spesa così determinato costituisce il limite massimo di spesa agevolabile riferito all'intero edificio (e non quello riferito alle singole u.i. che lo compongono). Pertanto, ciascun condomino può calcolare la detrazione in funzione della spesa a lui imputata (in base ai millesimi di proprietà o ai diversi criteri applicabili ed effettivamente rimborsata al condominio) anche in misura superiore.
Esempio: condominio di 5 u.i. (rilevano anche quelle non funzionalmente indipendenti); realizzati interventi di isolamento termico (limite 40.000 × u.i. = 200.000), ciascun condomino può calcolare la detrazione anche su un importo di spesa a lui imputata superiore a € 40.000; in caso di pagamento complessivo a carico di un solo condomino, come da autorizzazione dell'assemblea condominiale, questo può considerare l'intera spesa di 200.000 e le fatture devono essere intestate al condominio (Risp. AE 27 ottobre 2020 n. 499).
In caso di **condominio con più di 8 u.i.**, i limiti si applicano a scaglioni: per le prime 8 rileva il limite maggiore (40.000 o 20.000), mentre per le successive rileva il limite minore (30.000 o 15.000). **Esempio**: cappotto termico in un condominio di 10 u.i.: 40.000 × 8 + 30.000 × 2 = € 380.000 (limite complessivo).
È possibile accedere alla detrazione per gli interventi autorizzati dall'assemblea condominiale che interessino la parte di involucro dell'edificio di pertinenza di **una sola u.i. abitativa**. Questo a condizione che siano rispettati i due limiti generali: doppio salto di classe energetica (di tutto l'edificio) e superamento del tetto del 25% (Risp. AE 24 settembre 2020 n. 408).
(5) La detrazione del 110% spetta anche per tutti gli **altri interventi di risparmio energetico** indicati al n. 1655 e s. (es. sostituzione infissi, cappotto termico interno, ecc.) **nei limiti di spesa** o di **detrazione** - in quest'ultimo caso per stabilire la spesa massima si divide il limite di detrazione per 1,1 (DM 6 agosto 2020, allegato 2) - previsti per ciascun intervento (v. n. 1665 e s.), a condizione che gli stessi siano eseguiti congiuntamente all'intervento c.d. trainante. Tale condizione non è

richiesta per gli edifici sottoposti ad almeno uno dei **vincoli** previsti dal **codice dei beni culturali** e del paesaggio (D.Lgs. 42/2004), o se gli interventi trainanti sono vietati da regolamenti edilizi, urbanistici e ambientali, purché la prestazione energetica dell'edificio (o, se l'intervento non riguarda tutte le u.i. riscaldate che compongono l'edificio, dell'u.i. oggetto dell'intervento medesimo, es. cappotto termico interno) sia migliorata di 2 classi o sia conseguita quella più alta (Circ. AE 22 dicembre 2020 n. 30/E, Risp. AE 16 dicembre 2020 n. 595). Tale agevolazione per gli immobili vincolati non si applica però all'installazione di impianti solari fotovoltaici, ai sistemi di accumulo integrati e alle colonnine per la ricarica di veicoli elettrici (Risp. AE 23 giugno 2022 n. 341).

(6) Anche **abbinati** all'installazione di **impianti solari fotovoltaici** connessi alla rete elettrica e relativi sistemi di accumulo. In tal caso, al limite di spesa previsto si aggiunge quello relativo a tali impianti (fino a € 48.000).

Sono comprese le spese relative allo smaltimento e alla bonifica dell'impianto sostituito e, dal 29 aprile 2022, le spese per **sonde geotermiche** utilizzate per gli impianti geotermici.

L'intervento può trainare anche le u.i. che non utilizzano direttamente l'impianto, purché costituiscano l'edificio oggetto di intervento.

Nei **comuni montani** (non interessati da procedure di infrazione) la detrazione spetta anche per le spese di allaccio a sistemi di **teleriscaldamento** efficiente.

Sono comprese anche le spese per la sostituzione della **canna fumaria collettiva** esistente, mediante sistemi fumari multipli o collettivi nuovi, compatibili con apparecchi a condensazione, con marcatura CE.

(7) È ammissibile la **trasformazione degli impianti individuali** autonomi in impianti di climatizzazione invernale centralizzati con contabilizzazione del calore, mentre è esclusa la trasformazione o il passaggio da impianti di climatizzazione invernale **centralizzati** per l'edificio o il complesso di edifici ad impianti individuali autonomi (Risp. AE 24 febbraio 2021 n. 127).

1715

A2) Interventi di risparmio energetico su edifici unifamiliari o villette a schiera (v. n. 1703)
(compresi anche gli interventi di **demolizione e ricostruzione**)

Descrizione	Condizione essenziale	Limite di spesa (1)
Interventi di isolamento termico delle superfici opache (escluse quindi le vetrate) verticali, orizzontali e inclinate che interessano l'involucro dell'edificio (c.d. **cappotto termico**) con un'incidenza superiore al 25% della superficie disperdente lorda dell'edificio unifamiliari o villette a schiera indipendenti **(2)**. Sono comprese anche le spese per le opere **provvisionali** e **accessorie**, quelle per interventi strettamente collegati, come quelle per la **coibentazione del tetto** (anche se non racchiudono un volume riscaldato).	Deve rispettare i requisiti tecnici del DM Mise 6 agosto 2020 e comportare (anche congiuntamente agli altri interventi di risp. energetico e all'installazione di impianti fotovoltaici e sistemi di accumulo) il miglioramento di almeno 2 classi energetiche dell'u.i. singola, ovvero, se non possibile, il conseguimento della classe energetica più alta (da dimostrare mediante l'attestato di prestazione energetica - A.P.E. - ante e post intervento, rilasciato da un tecnico abilitato indipendente con dichiarazione asseverata) **(3)**	< € 50.000
Interventi per la sostituzione degli impianti di climatizzazione invernale esistenti con impianti: – per il **riscaldamento**, il **raffrescamento** o la fornitura di acqua calda sanitaria (a condensazione, con efficienza almeno pari alla classe A, a pompa di calore), ivi inclusi gli impianti ibridi o geotermici **(4)** **(5)**; – di **microcogenerazione**; – a **collettori solari**. Per gli interventi realizzati su edifici siti in **aree non metanizzate** (nei comuni non interessati da procedure di infrazione sulla qualità dell'aria), la detrazione spetta anche per la sostituzione degli impianti con **caldaie a biomassa** aventi prestazioni emissive con i valori previsti almeno per la classe 5 stelle.		Importo non superiore a € 30.000 **(6)**

(1) Vedi nota (1) e (5) della tabella al n. 1713, tenendo presente che per gli **edifici unifamiliari** l'ammontare massimo di spesa ammessa va riferito a ciascuna unità abitativa e alla sua **pertinenza** unitariamente considerata, anche se accatastata separatamente (Risp. AE 9 novembre 2021 n. 765, Risp. AE 9 aprile 2021 n. 231, Risp. AE 10 marzo 2021 n. 167).

(2) In caso di ristrutturazione **senza demolizione ma con ampliamento** la detrazione spetta ma limitatamente alle spese sostenute sulla parte esistente dell'edificio (Risp. AE 8 gennaio 2021 n. 24).
(3) Vedi nota (3) della tabella al n. 1713.
(4) Vedi note (6) e (7) della tabella al n. 1713.
(5) È agevolata anche la sostituzione, in un edificio unifamiliare, di **una caldaia** a gasolio che riscalda l'abitazione e produce acqua calda sanitaria con uno **scaldabagno** a pompa di calore per la produzione di acqua calda sanitaria (intervento trainante) e una **termostufa a pellet** per il riscaldamento dell'abitazione (intervento trainato) (Risp. AE 17 dicembre 2020 n. 600).
Sono comprese anche le spese per la sostituzione della **canna fumaria collettiva** esistente, mediante sistemi fumari multipli o collettivi nuovi, compatibili con apparecchi a condensazione, con marcatura CE.
(6) Vedi nota (5) della tabella al n. 1713.

1716

B) Interventi antisismici trainanti		
Descrizione	**Condizione essenziale**	**Limite di spesa (1)**
Interventi illustrati al n. 1631 e s. solo su edifici unifamiliari o su parti comuni di edifici composti da più u.i. **(2)**, compreso l'acquisto, entro il 30 giugno 2022, di immobili demoliti e ricostruiti, c.d. sismabonus acquisti (v. n. 1636, Risp. AE 9 settembre 2020 n. 325) **(3) (4)**	edifici ubicati in zona sismica 1, 2 e 3	**non superiore a** € 96.000 per u.i. per ciascun anno **(5)**

(1) Vedi nota (1) della tabella al n. 1713.
(2) Sono esclusi gli interventi sulle **singole u.i.** funzionalmente indipendenti presenti in condomini (Risp. AE 8 febbraio 2021 n. 87). Infatti, l'intervento di riduzione del rischio sismico deve necessariamente riguardare l'intera struttura, come nel caso di villette a schiera facenti parte di un condominio (Risp. AE 16 novembre 2021 n. 780, Risp. AE 9 giugno 2021 n. 397).
Sono ammessi anche interventi su **elementi** strutturali **esterni al perimetro** del fabbricato (es. consolidamento dei muri di contenimento staccati o posti a valle rispetto all'edificio oggetto dei lavori), purché un professionista valuti l'efficacia degli stessi al fine della riduzione del rischio sismico (Risp. AE 14 ottobre 2021 n. 706) (v. n. 1733).
Se l'intervento riguarda edifici siti in **centri storici** occorre solitamente un progetto unitario (per il significato v. n. 1531), tuttavia la sua assenza non preclude il superbonus se c'è il via libera del professionista che ne valuta la rispondenza rispetto ai requisiti stabiliti alla norma (Risp. AE 28 settembre 2021 n. 630).
(3) In caso di **acconto** la detrazione spetta alle condizioni illustrate al n. 1636.
(4) Gli immobili **demoliti** possono appartenere anche alle **categorie di pregio** (es. A/1), purché quelli ricostruiti siano di categorie diverse (Risp. AE 10 maggio 2021 n. 318).
A tali interventi si aggiunge la realizzazione di **sistemi di monitoraggio strutturale** continuo a fini antisismici, purché eseguita congiuntamente agli altri interventi che danno diritto al sismabonus.
(5) Ai fini del **limite**:
– in caso di **sismabonus acquisti** (v. n. 1636), a seguito di **demolizione e ricostruzione** di un immobile, rileva il numero di u.i. dopo l'intervento (negli altri casi invece rileva il numero ante intervento, v. n. 1546);
– per gli **interventi pluriennali** si considerano anche le spese pregresse.
Nel caso di **cessione del credito** ad un'impresa di assicurazione con contestuale stipula di una **polizza** che copra il rischio di eventi calamitosi, la detrazione sul premio assicurativo (v. n. 1800) spetta nella misura del 90%, anziché del 19%. Tale detrazione non può essere ceduta.

1718

Interventi trainati			
Tipo di intervento	**Descrizione**	**Condizione essenziale**	**Limite di spesa (1)**
C) Interventi di efficientamento energetico	interventi di efficientamento energetico previsti al n. 1655 e s.	intervento congiunto con uno di quelli sopra inclusi alla lett. A1, A2 (vedi nota 5 al n. 1713)	nei limiti di spesa previsti per ciascun intervento dalla legislazione vigente (v. n. 1665)

1718
(segue)

Interventi trainati			
Tipo di intervento	**Descrizione**	**Condizione essenziale**	**Limite di spesa (1)**
D) Impianti fotovoltaici	Interventi di installazione, su edifici, di impianti solari fotovoltaici connessi alla rete elettrica **(2)**	intervento congiunto con uno di quelli sopra inclusi alla lett. A1, A2 e B **(3)** e cessione in favore del GSE dell'energia non autoconsumata in sito o non condivisa per l'autoconsumo (occorre almeno che il contribuente abbia ricevuto l'accettazione dell'istanza da parte del GSE, non occorre il perfezionamento del contratto, Risp. AE 23 giugno 2022 n. 23) **(4)**	non superiore a € **48.000** per u.i. e, comunque, nel limite di € 2.400 per ogni kW di potenza nominale dell'impianto fotovoltaico **(5)**
E) Sistemi di accumulo integrati	Sistemi di accumulo integrati (contestualmente o successivamente) negli impianti fotovoltaici di cui alla lett. C **(2)**		non superiore a € **48.000** per u.i. e comunque nel limite di € **1.000** per ogni kW di potenza nominale dell'impianto fotovoltaico **(5)**
F) Colonnine per ricarica veicoli elettrici	Installazione di infrastrutture per la ricarica di veicoli elettrici negli edifici, compresi i costi iniziali per la richiesta di potenza addizionale fino ad un massimo di 7 kW (per le caratteristiche v. n. 1867)	intervento congiunto con uno di quelli sopra inclusi alla lett. A1 e A2	Non superiore a: – € 2.000 edifici unifamiliari o u.i. situate in edifici plurifamiliari, funzionalmente indipendenti e con uno o più accessi autonomi – € 1.500 edifici plurifamiliari o condomìni che installano al massimo 8 colonnine – € 1.200 edifici plurifamiliari o condomìni che installano più di 8 colonnine, limitatamente a quelle eccedenti le 8 colonnine **(6)**
G) Eliminazione barriere architettoniche	Lavori finalizzati all'eliminazione delle barriere architettoniche di cui al n. 1531 lett. D, anche in assenza di persone di età superiore a 65 anni o di disabili **(7)**	intervento congiunto con uno di quelli sopra inclusi alla lett. A1, A2 e B	Non superiore a € 96.000 per u.i. (dal 2025 € 48.000, salvo ulteriori proroghe della detrazione ordinaria rinforzata, v. n. 1545)

(1) Vedi nota **(1) tabella** al n. 1713. Una **sintesi** degli interventi e dei relativi limiti è riportata nell'allegato B al DM 6 agosto 2020 (DM requisiti).
Si ricorda che gli interventi trainati sul risparmio energetico possono riguardare al massimo 2 u.i., oltre a quelli sulle parti comuni di edifici condominiali. Se riguardano più di 2 u.i. il contribuente è libero di sceglierne 2 qualsiasi (da indicare in dichiarazione dei redditi, Risp. AE Telefisco 23 giugno 2021).
(2) Si comprende anche il **potenziamento** di un impianto fotovoltaico esistente.
L'installazione di impianti fotovoltaici può essere effettuata: sulle parti comuni di un condominio, sulle singole u. i. del condominio, su edifici unifamiliari e su u.i. funzionalmente indipendenti e con accesso autonomo dall'esterno, sul tetto del fabbricato adiacente a quello da ristrutturare (di cui il committente è comproprietario), nonché sulle **pertinenze** dei predetti edifici e u.i. (es. terreni, pensiline del parcheggio, ecc.). Essa può essere effettuata anche su un'**abitazione di nuova costruzione**, purché sia eseguita congiuntamente agli interventi trainanti, teoricamente ammessi al superbonus (ma esclusi in quanto non relativi a un edificio esistente), e a condizione che sia effettuata prima dell'accatastamento dell'abitazione stessa (Risp. AE 20 luglio 2021 n. 488).
La detrazione **non è cumulabile** con altri incentivi pubblici o altre forme di agevolazione di qualsiasi natura previste dalla normativa europea, nazionale e regionale, compresi i fondi di garanzia e di rotazione e gli incentivi per lo scambio sul posto.

Tra gli interventi trainati rientrano quelli relativi ai dispositivi multimediali per il controllo da remoto del riscaldamento e della climatizzazione (c.d. **building automation** o **domotica**), i quali, dal 6 ottobre 2020, danno diritto a una detrazione massima di € 15.000 (Istr. Mod. Redditi, DM 6 agosto 2020, c.d. requisiti), quelle antecedenti non hanno limiti.
(3) Vedi **nota (3) tabella** al n. 1713.
(4) La detrazione spetta anche se l'**intestatario** dell'utenza elettrica e del contratto con il Gse non coincide con il beneficiario, es. comproprietario residente (Risp. AE 4 novembre 2022 n. 545).
(5) Il limite di € 48.000 è stabilito distintamente per l'installazione degli impianti fotovoltaici e dei sistemi di accumulo integrati nei predetti impianti, quindi in caso di entrambi gli interventi, il limite raddoppia (Ris. AE 28 settembre 2020 n. 60/E); in caso di **intervento congiunto** con interventi **antisismici**, i limiti suddetti vanno ulteriormente sommati a quello previsto per gli interventi antisismici (Risp. Interr. parlamentare 20 ottobre 2021 n. 5-06751).
In caso di intervento congiunto con interventi di **ristrutturazione edilizia**, **nuova costruzione** o di ristrutturazione **urbanistica**, spesati nel 2021, il limite è ridotto a € 1.600 per ogni kW di potenza nominale dell'impianto fotovoltaico. Dal **2022**, se riguardano una nuova costruzione non sono più ammessi, se riguardano una ristrutturazione edilizia sono ammessi secondo le regole ordinarie (es. limite di 2.400 per kW, ecc.). Per le **spese sostenute nel 2022**, in alternativa è previsto un credito di imposta (v. n. 2420).
(6) La detrazione va riferita a **una sola colonnina per u.i.** (comprese le pertinenze); in aggiunta si può considerare anche la quota a carico del condomino relativamente alle colonnine installate sulle **parti comuni del condominio** (Circ. AE 23 giugno 2022 n. 23/E).
Per gli interventi **in corso di esecuzione al 1° gennaio 2021**, il superbonus è calcolato su un ammontare massimo delle spese pari a € 3.000 (limite massimo anche in caso di più colonnine nello stesso anno).
(7) Se l'intervento riguarda l'installazione di un **ascensore** nelle parti comuni dell'edificio, l'eventuale costo per l'acquisto di una **cantina** di proprietà di uno dei condomini che ospiterà il vano motore e la fossa di termine corsa inferiore non è compreso nell'importo agevolabile (Risp. AE 4 novembre 2022 n. 547).

UTILIZZO DELLA DETRAZIONE La detrazione spettante, sia per gli interventi trainanti che per quelli trainati, nel rispetto dei **limiti** indicati al n. 1709 e s., può essere utilizzata secondo una delle seguenti **modalità alternative**, la prima (detrazione) valida fino al **2025**, mentre le altre due (cessione e sconto in fattura) valide **fino al 16 febbraio 2023**, salve le eccezioni indicate al n. 1725, anche con riferimento al pagamento di eventuali **acconti** (art. 121 DL 34/2020 conv. in L. 77/2020, Risp. AE Telefisco 23 giugno 2021): **1720**
– **direttamente** dai beneficiari, ripartendola tra i medesimi in **4 rate annuali** di pari importo (**5** per le spese sostenute **ante 2022**), secondo le regole comuni alle altre detrazioni analoghe (v. n. 1540 e s. - es.: importi al lordo dell'IVA, criterio di cassa per persone fisiche e enti non commerciali, di competenza per imprese, anche minori, e società, rilevanza della data del bonifico condominiale, indipendentemente dal pagamento della rata condominiale da parte del condomino persona fisica, trasmissione della detrazione in caso di vendita dell'immobile o in caso di decesso, ecc.);
– trasformata in **credito di imposta e ceduta**, anche parzialmente purché, dal 1° maggio 2022, non inferiore alla rata annuale (v. n. 1746), ad altri soggetti (es. parenti, fornitori, istituti di credito e altri intermediari finanziari, ecc.), in esenzione da IVA, v. n. 40710 (Risp. AE 24 maggio 2021 n. 369), secondo i limiti stabiliti al n. 1745 e s. L'accettazione del credito da parte di cessionari e fornitori sulla piattaforma online (v. n. 1750) è una condizione di validità della cessione (infatti, in caso di rifiuto del cessionario, il credito torna nella disponibilità del cedente che può decidere di conservare la detrazione, facendola valere in dichiarazione dei redditi o, dopo una nuova comunicazione all'AE, di cedere ancora il credito ad altri soggetti);
– **scontata** in fattura dal fornitore (nei limiti di capienza del corrispettivo con IVA), il quale potrà recuperare la somma, pari all'importo della detrazione (110%, 90% ecc.), sotto forma di credito d'imposta, con facoltà di successiva cessione secondo i limiti stabiliti al n. 1745 e s. (anche in questo caso è necessaria l'accettazione del credito da parte del cessionario). Lo sconto non riduce l'imponibile ai fini IVA e va indicato nel campo 2.1.1.8.3 Importo del file XML della fattura elettronica, presente nel blocco 2.1.1.8 ScontoMaggiorazione, che, a sua volta, è compreso nella sezione 2.1, relativa ai dati generali del documento. Occorre inoltre riportare, nel campo 2.2.1.16.2 RiferimentoTesto (contenuto nel blocco AltriDatiGestionali), la dicitura: Sconto praticato in base all'articolo 121 del DL 34/2020.

1720
(segue)

Deroga per cessione e/o sconto
Limitatamente al superbonus, il cessionario/fornitore, per i crediti d'imposta derivanti dalle **comunicazioni** di cessione o di sconto in fattura inviate all'AE entro il **31 ottobre 2022**, se non ancora utilizzati, può utilizzare i crediti stessi in **10 rate annuali** di pari importo (anziché in 4 o 5 rate). A tal fine, dovrà inviare all'AE, anche tramite intermediari, un'apposita comunicazione secondo le modalità attuative che verranno definite da un successivo provvedimento. Anche in questo caso, la quota di credito d'imposta non utilizzata nell'anno continua a non poter essere fruita negli anni successivi né a poter essere richiesta a rimborso (art. 9 DL 176/2022).

Eventuali **addebiti aggiuntivi** fatturati al cliente per remunerare gli aggravi finanziari legati all'attualizzazione del credito sono soggetti ad IVA ordinaria (Risp. AE 4 maggio 2022 n. 243).
Per i **professionisti** che applicano lo sconto in fattura, il provento si ritiene incassato alla data di emissione della fattura che implica l'esercizio dell'opzione (non va applicata la ritenuta del 20%).
Le 3 modalità alternative si possono applicare anche **parzialmente**, in relazione a uno stesso cantiere con interventi diversi, trainanti e trainati (es. cappotto termico: detrazione, pannello fotovoltaico: sconto o cessione), purché sia mantenuta l'uniformità del tipo di opzione per ciascun fornitore (Risp AE Telefisco 26 gennaio 2023). Analogamente, se le spese sono sostenute in anni diversi, l'opzione esercitata con riferimento alle spese sostenute in un anno non condiziona la modalità di fruizione delle agevolazioni con riferimento alle spese sostenute negli anni successivi.
I predetti crediti di imposta possono essere utilizzati in **compensazione** con il mod. F24 (senza limiti di importo e senza il divieto in presenza di debiti iscritti a ruolo di importo superiore a € 1.500) (cod. tributo v. n. 1722).

ESEMPIO
1) Bonifico condominiale Nel caso di bonifico eseguito dal condominio dopo il 1° luglio 2020, danno diritto al superbonus anche le rate versate dal condomino nel 2019, nel 2020 e nel 2021 se in data antecedente alla scadenza dei termini della presentazione della dichiarazione dei redditi relativa al 2020.
2) Sconto totale Il contribuente sostiene una spesa di € 10.000 + IVA 1.000 (10%) a cui corrisponde una detrazione di € 12.100 euro (110%), lo sconto in fattura ottenuto è di € 11.000 mentre il credito che il fornitore può cedere è di € 12.100. La fattura emessa indica lo sconto praticato in applicazione dell'art. 121 del DL 34/2020.
3) Sconto parziale Se lo sconto è 1/3 della spesa di € 30.000 (€ 10.000), il fornitore può cedere il credito di € 11.000, mentre il contribuente può far valere la detrazione in dichiarazione dei redditi per € 22.000, oppure può cedere il credito a terzi.

>Precisazioni 1) La scelta per la cessione o lo sconto è particolarmente utile per i forfettari e soggetti simili, che versano un'imposta sostitutiva o meno, senza usufruire di detrazioni (es. frontalieri). Essa può essere esercitata in relazione a ciascuno stato di avanzamento dei lavori (**SAL**), massimo 2 e ciascuno riferito ad almeno il 30% del costo complessivo del medesimo intervento (non solo di quello ammesso alla detrazione, Risp. AE 9 novembre 2020 n. 538). Se in uno stesso intervento vengono effettuati lavori **energetici** e lavori **antisismici**, il calcolo della percentuale del SAL deve essere effettuato separatamente (Risp. AE 27 gennaio 2022 n. 53).
In caso di spese sostenute in **anni diversi** (ad esempio 2021 e 2022), coperte da un unico SAL emesso nel 2022, l'opzione può essere esercitata, se le somme complessivamente versate sono superiori al 30% dell'importo complessivo, solo con riferimento alle spese sostenute nel 2022, ossia nell'anno di emissione del SAL (per le spese 2021 è possibile la detrazione in dichiarazione dei redditi, con opzione per la cessione delle rate residue) (Risp. AE 31 gennaio 2022 n. 56).
2) Se **più soggetti** sostengono spese per interventi realizzati sul medesimo immobile di cui sono possessori (es. comproprietari di singole abitazioni, ecc.), ciascuno può decidere l'opzione preferita fra quelle previste, indipendentemente dalla scelta operata dagli altri.
Tuttavia, in caso di **spese sostenute da un condominio**, limitatamente al superbonus, la scelta è effettuata dell'assemblea del condominio con la maggioranza indicata al n. 1700 (art. 119 c. 9 bis DL 34/2020 conv. in L. 77/2020). Per le **altre detrazioni**, invece, la scelta è individuale, come indicato al periodo precedente.
3) In caso di fattura emessa con l'**indicazione dello sconto**, sconto poi non ottenuto per **mancato invio della comunicazione** dell'opzione (per assenza di asseverazione), la fattura resta comunque valida; il prestatore dovrà integrare la fattura con un documento extra fiscale, che segnala il mancato pagamento della prestazione attraverso lo sconto in fattura (Risp. AE 5 dicembre 2022 n. 581).
4) In caso di **decesso** del beneficiario della detrazione o di **trasferimento della proprietà** dell'immobile oggetto dell'intervento, si applicano le regole previste per la detrazione relativa alle spese di ristrutturazione edilizia (v. n. 1555).
5) Ai fini del **controllo relativo alla spettanza della detrazione**, i fornitori e i cessionari rispondono solo per l'eventuale utilizzo del credito d'imposta in modo irregolare o in misura maggiore rispetto allo sconto praticato o al credito ricevuto.

L'**opzione** per la cessione del credito o lo sconto in fattura, possibile **fino al 16 febbraio 2023,** salvo le deroghe illustrate al n. 1725, va comunicata all'AE (v. n. 1736) ed è soggetta a specifici controlli dell'AE (v. n. 1743); essa può essere altresì esercitata anche sulla base delle **rate residue** di detrazione non fruite (vanno considerate tutte le rate restanti ed è irrevocabile), con la stessa ripartizione in quote annuali in base alla quale sarebbe stata utilizzata la stessa. **1721**
A partire dalle comunicazioni della **prima** cessione o dello sconto in fattura inviate all'AE **dal 1° maggio 2022** le rate annuali dei crediti ceduti o scontati, sono identificate da uno specifico **codice univoco** che va indicato nelle comunicazioni delle eventuali successive cessioni (v. n. 1746).

ESEMPIO
Un contribuente fruisce delle prime 2 rate di detrazione e poi cede il credito delle restanti 3 rate.

N.B. La scelta alternativa alla detrazione è stata inizialmente **estesa** anche ad altre spese (effettuate entro il 2024 o, per il bonus barriere, il 2025) che consentono **altre detrazioni**, salvo poi prevedere il **blocco** dal 17 febbraio 2023, con le relative deroghe (v. n. 1725). Si tratta di spese legate ai seguenti interventi (per le quali va fatto l'invio della comunicazione all'AE nel rispetto dei Provv. AE 12 ottobre 2020 n. 326047, Provv. AE 20 luglio 2021 n. 196548 come modificati dal Provv. AE 12 novembre 2021 n. 312528):
– ristrutturazioni edilizie - ma limitatamente alla manutenzione straordinaria su singole u.i. o ordinaria su parti comuni di condomini, compresi eventuali interventi minori di completamento (autonomamente non cedibili o scontabili), nonché gli interventi per l'eliminazione delle barriere architettoniche, sia ordinario (50%) che maggiorato (75%, v. n. 1615), gli interventi di installazione di impianti fotovoltaici e sistemi di accumulo integrati negli impianti e, dal 2022, l'acquisto di box e posti auto (v. n. 1596);
– rifacimento facciate;
– antisismici (compreso l'acquisto di case oggetto di interventi antisismici);
– risparmio energetico (compresa quelle per l'installazione di colonnine per la ricarica di veicoli elettrici).
La scelta in esame è segnalata nella corrispondente trattazione (la disposizione sui SAL, max 2, però vale solo per il superbonus, mentre quella sul **visto di conformità** e sull'attestazione di **congruità** valgono, dal 12 novembre 2021, per tutte le opzioni comunicate all'AE, a meno che non riguardino interventi in edilizia libera o, salvo per il bonus facciate, interventi di importo complessivo non superiore a € 10.000). Pertanto, per le altre agevolazioni, se per l'effettuazione dell'intervento **non sono previsti SAL** (occorre solo che i lavori siano almeno iniziati, Circ. AE 29 novembre 2021 n. 16/E), l'opzione per la cessione del credito o per lo sconto in fattura, può essere fatta con riferimento alla data dell'**effettivo pagamento** dell'importo dovuto (al netto dello sconto eventualmente concesso dal fornitore), ferma restando la necessità che gli interventi oggetto dell'agevolazione siano effettivamente realizzati, anche in periodi successivi a quelli agevolati (Risp. a Interr. parlamentare 7 luglio 2021 n. 5-06307).
Anche per i bonus sopra indicati, la **successiva cessione** non è libera, ma è limitata a favore di banche e intermediari finanziari (v. n. 1745).
Infine, dal **2023**, se le opzioni riguardano lavori di **importo superiore a € 516.000**, le imprese esecutrici dovranno essere in possesso della certificazione **SOA** (v. n. 1733, lett. G).

1722

Codici tributo					
Detrazione	**Opzioni comunicate ante 17/2/22**	**Opzioni comunicate dal 17/2/22 al 31/10/22**		**Opzioni comunicate dal 1/11/22**	
		Cessione	**Sconto**	**Cessione**	**Sconto**
Superbonus	6921	7701	7711	7708	7718
Ecobonus e impianti fotovoltaici	6922	7702	7712	7702	7712
Sismabonus	6923	7703	7713	7703	7713
Colonnine ricarica	6924	7704	7714	7704	7714
Bonus facciate	6925	7705	7715	7705	7715
Ristrutturazioni edilizie	6926	7706	7716	7706	7716
Eliminazione barriere arch.	6926	7707	7717	7707	7717

Blocco delle cessioni dei crediti e degli sconti in fattura (art. 2 DL 11/2023) **1725**
Dal 17 febbraio 2023, sono vietate le opzioni per le cessioni dei crediti e per lo sconto in fattura, resta dunque possibile solo la detrazione, sia in relazione al **superbonus** che agli **altri bonus edilizi**, salvo le **deroghe** riportate nelle tabelle seguenti.

Superbonus: condizioni che consentono le opzioni	
Tipologia di intervento	**Adempimenti effettuati ante 17/2/2023**
Interventi condominiali	adozione delibera assembleare di approvazione dei lavori e presentazione CILA
Interventi di demolizione e ricostruzione degli edifici	presentazione istanza per l'acquisizione del titolo abilitativo
Interventi diversi	presentazione CILA

Bonus edilizi diversi: condizioni che consentono le opzioni	
Tipologia di intervento	**Adempimenti effettuati ante 17/2/2023**
Che necessita della CILA	presentazione CILA
Che non necessita della CILA (interventi di edilizia libera)	iniziati i lavori
Acquisto di u.i. da imprese che hanno effettuato i lavori (v. n. 1588 e n. 1636)	registrazione contratto preliminare o stipula contratto definitivo di compravendita

1733 **ADEMPIMENTI FORMALI** (Circ. AE 8 agosto 2020 n. 24/E, Circ. AE 22 dicembre 2020 n. 30/E, Circ. AE 29 novembre 2021 n. 16/E, Circ. AE 27 maggio 2022 n. 19/E) Per il superbonus, in linea generale, è necessario effettuare gli adempimenti ordinariamente previsti per gli interventi di recupero del patrimonio edilizio e di risparmio energetico degli edifici, inclusi quelli antisismici (es. fatture intestate al beneficiario, pagamento con bonifico parlante per le persone fisiche, con ritenuta dell'8%, per lavori condominiali: fattura al condominio, delibera assembleare, consenso del proprietario per i lavori effettuati dall'inquilino, conservazione fatture e documenti predetti, ecc., v. n. 1560).

Fra gli adempimenti, si segnala la **Comunicazione inizio lavori asseverata** da un tecnico, c.d. Cila e le necessarie **asseverazioni** da rilasciare solitamente al **termine dei lavori** o per ogni SAL (vedi tabella).

Inoltre, in caso di **cessione** a terzi del credito e/o **sconto** in fattura, oltre alle asseverazioni suddette, occorre il **visto di conformità** dei dati relativi alla documentazione, con l'attestazione della sussistenza dei presupposti che danno diritto alla detrazione (visto rilasciato dai soggetti indicati alla lett. a) del n. 37865 - es. commercialisti e consulenti del lavoro - e dai responsabili dell'assistenza fiscale dei CAF). Per le fatture emesse e i pagamenti effettuati **dal 12 novembre 2021**, il visto, limitato ai documenti relativi al superbonus, serve anche in caso di detrazione utilizzata nella propria dichiarazione dei redditi, a meno che questa non sia presentata direttamente dal contribuente utilizzando la precompilata predisposta dall'AE, anche modificata (mod. 730 o mod. Redditi) o tramite il sostituto d'imposta (mod. 730). In tutti i casi, il visto specifico non serve se il contribuente è tenuto a richiedere il visto di conformità sull'intera dichiarazione in tutti i casi previsti (es. 730 presentato a un CAF, compensazione di importi superiori a € 5.000); in tal caso è detraibile solo il costo del visto relativo al superbonus, purché sia evidenziato separatamente nella parcella.

Infine, **dal 2023**, per i lavori di **importo superiore a € 516.000**, la detrazione è ammessa solo se l'esecuzione dei lavori è affidata ad imprese in possesso della qualificazione così detta **SOA** (Società Organismi di Attestazione, vigilata dall'Anac, la cui certificazione è solitamente richiesta per partecipare ad appalti pubblici e per la quale servono molti requisiti, quali la regolarità degli obblighi contribuivi e previdenziali e una rilevante capacità economica, misurata in base ai lavori effettuati in passato).

Il visto può essere rilasciato anche da un **amministratore di condominio** che sia anche commercialista, o da un professionista che sia anche beneficiario della detrazione (Risp. AE 28 gennaio 2021 n. 61).

Formalità (1)	Interventi di risparmio energetico (interventi A1 e A2 di cui al n. 1709 e s.)	Interventi antisismici (interventi B di cui al n. 1716)
a) Cila	Indica, per gli immobili costruiti dopo il 1° settembre 1967, gli estremi del titolo abilitativo che ha previsto la costruzione dell'immobile o del provvedimento che ne ha consentito la legittimazione, senza la necessità di attestare lo stato legittimo dell'immobile (salvo per gli interventi effettuati in un contesto di **demolizione e ricostruzione** dell'edificio, per i quali occorre la **Scia** o il permesso di costruire con la dichiarazione di **stato legittimo** dell'immobile) **(2)**.	

1733 (segue)

Formalità (1)	**Interventi di risparmio energetico** (interventi A1 e A2 di cui al n. 1709 e s.)	**Interventi antisismici** (interventi B di cui al n. 1716)
	La Cila si utilizza anche per gli interventi sulle parti strutturali degli edifici o sui prospetti. In caso di varianti in corso d'opera, queste sono comunicate a fine lavori e costituiscono integrazione alla Cila presentata (non serve quindi annullare quella esistente, come avviene di solito). Dal 5 agosto 2021, per gli interventi diversi da quelli realizzati mediante demolizione e ricostruzione integrale, si usa un **nuovo modello semplificato** di Cila superbonus per velocizzare le procedure. Se l'intervento edilizio comprende anche lavori non agevolati con il superbonus, per questi occorre una pratica specifica	
b) Ape	attesta il conseguimento del risultato del **doppio salto di classe energetica** dell'immobile (ovvero il conseguimento della classe energetica più alta) con invio telematico di copia all'Enea, con le modalità stabilite dal DM Mise 6 agosto 2020 (v.n. 1689). La comunicazione eventuale all'AE per la cessione/sconto del credito (v. n. 1736), va fatta a decorrere dal 5° giorno lavorativo successivo al rilascio dell'ENEA della relativa ricevuta di avvenuta trasmissione	–
c) Requisiti tecnici	sono quelli previsti dal DM Mise 6 agosto 2020	
d) Efficacia degli interventi	–	va redatta **documentazione** dai progettisti strutturali, dai direttori dei lavori strutturali o dai collaudatori statici che attesti la riduzione del rischio sismico **(3)**
e) Congruità	Va redatto un **computo metrico** facendo riferimento ai prezzi riportati nei **prezzari** predisposti dalla **Dei**, dalle **regioni** e dalle province autonome, ai **listini ufficiali** o ai listini delle locali CCIAA o, in difetto, ai prezzi correnti di mercato in base al luogo di effettuazione degli interventi, considerando quelli individuati con DM Mise 6 agosto 2020, allegato I (Nota Enea 18 febbraio 2021). Per gli interventi la cui **richiesta** del **titolo edilizio** sia stata **presentata** dal 16 aprile 2022 (se il titolo non è necessario, per i lavori iniziati dal 16 aprile 2022), si fa riferimento, per i lavori ivi considerati, anche ai massimali indicati nel DM 14 febbraio 2022 **(4) (5) (6)**	Rileva l'attestazione del professionista (**computo metrico** fondato sui prezzari indicati a fianco), che però non serve in caso di sismabonus acquisti di cui al n. 1636 (Risp. AE 17 marzo 2021 n. 190) **(6)**
f) Visto di conformità	Inizialmente previsto solo in caso di **cessione** a terzi del credito e/o **sconto** in fattura, con l'attestazione della sussistenza dei presupposti che danno diritto alla detrazione è stato esteso anche in caso di **detrazione in dichiarazione**, se diversa dalla precompilata o dal 730 presentato tramite il sostituto di imposta. Per gli atti di affidamento stipulati **dal 27 maggio 2022** e i **lavori** e le opere **avviati** successivamente (appalti, subappalti, ecc.), se di **importo superiore a € 70.000** (limite parametrato al valore dell'opera complessiva e non solo alla parte di lavori edili), tra le condizioni per il rilascio del visto si aggiunge quella dell'indicazione, nell'atto di affidamento dei lavori e nelle fatture relative, che i lavori stessi sono eseguiti da datori che, in presenza di lavoratori dipendenti, applicano i **contratti collettivi di lavoro** del settore edile, nazionale e territoriali, stipulati dalle associazioni datoriali e sindacali comparativamente più rappresentative sul piano nazionale (condizione certificata dal Durc - documento unico di regolarità contributiva - di congruità) **(7)**	
g) SOA	Dal **2023**, per i lavori di **importo superiore a € 516.000**, la detrazione è ammessa solo se l'esecuzione dei lavori è affidata ad imprese in possesso della qualificazione così detta **SOA** (di cui art. 84 D.Lgs. 50/2016). In particolare, l'impresa deve essere in possesso di tale attestazione fin dal momento di **sottoscrizione** del contratto di **appalto** o, in caso di **subappalto**, fin dalla sottoscrizione del contratto di subappalto; per il primo semestre 2023 è sufficiente che l'impresa, nei momenti suddetti, dimostri al committente o all'impresa subappaltante, di aver sottoscritto un contratto finalizzato al rilascio della SOA; tuttavia, per le spese sostenute dal 1° luglio 2023, se la SOA (precedentemente richiesta) non viene rilasciata, si perde la detrazione.	

Formalità (1)	Interventi di risparmio energetico (interventi A1 e A2 di cui al n. 1709 e s.)	Interventi antisismici (interventi B di cui al n. 1716)
	Dal 1° luglio 2023 i lavori dovranno essere affidati ad imprese in possesso della SOA al momento della sottoscrizione del contratto (art. 10 bis DL 21/2022 conv. in L. 51/2022) **(8)**	

(1) Per chi rilascia attestazioni o asseverazioni **infedeli**: **sanzione** da € 2.000 a € 15.000 per ciascuna di esse. Inoltre, il tecnico abilitato che espone **informazioni false** o omette di riferire informazioni rilevanti sui requisiti tecnici del progetto di intervento o sulla effettiva realizzazione dello stesso ovvero attesta falsamente la congruità delle spese, è punito con la reclusione da 2 a 5 anni e con la multa da € 50.000 a € 100.000. Se il fatto è commesso al fine di conseguire un ingiusto profitto per sé o per altri la pena è aumentata.
I responsabili delle **attestazioni e asseverazioni** relative al solo superbonus (non ai bonus diversi) devono stipulare una **polizza assicurativa** per ogni intervento comportante attestazioni o asseverazioni, con massimale pari agli importi dell'intervento oggetto delle predette attestazioni o asseverazioni. In particolare il professionista può, in alternativa, stipulare un contratto di assicurazione:
– per ogni intervento comportante attestazioni o asseverazioni, con massimale pari agli importi dell'intervento oggetto delle predette attestazioni o asseverazioni (polizza single project);
– per la responsabilità civile che preveda un massimale non inferiore a € 500.000 specificamente destinato al rilascio delle asseverazioni o attestazioni, da integrare a cura del professionista se non risulta capiente rispetto al valore degli interventi sottostanti (polizza multiprogetto o a consumo);
– specifico, ossia dedicato alla sottoscrizione di asseverazioni o attestazioni relative agli interventi rientranti nel superbonus, con un massimale adeguato al numero delle attestazioni o asseverazioni rilasciate e agli importi degli interventi oggetto delle predette attestazioni o asseverazioni e, comunque, non inferiore a € 500.000 (polizza multiprogetto o a consumo).
La non veridicità delle dichiarazioni, compresa quella relativa al massimale della polizza assicurativa (limitatamente al superbonus), comporta la decadenza dal beneficio. Analogamente, l'asseverazione rilasciata da un tecnico non abilitato non consente l'accesso al superbonus.
(2) La presenza di un **abuso edilizio** non ha conseguenze preclusive ai fini del diritto al superbonus (Risp. Interrogazione parlamentare 15 settembre 2021 n. 5-06630).
(3) Ad esempio, in relazione alla messa in sicurezza di un muro di contenimento (Risp. AE 14 ottobre 2021 n. 706).
(4) In pratica, dal 16 aprile 2022 l'asseverazione della spesa sostenuta deve prevedere un **doppio controllo**, sia rispetto ai prezzari suddetti, sia rispetto al DM 14 febbraio 2022. Il controllo con i vari prezzari comporta la verifica della spesa sostenuta rispetto all'opera compiuta (prestazioni professionali valorizzate in base al DM 17 giugno 2016, fornitura e installazione), mentre il controllo rispetto al DM 14 febbraio 2022 comporta la verifica della spesa sostenuta rispetto alla sola fornitura dei beni; la **spesa ammissibile** asseverata è quindi pari al **valore minore** tra quella derivante dai due controlli e la spesa sostenuta (FAQ Mite 12 aprile 2022).
(5) I massimali, che saranno rivisti annualmente, non comprendono l'**IVA**, gli **oneri professionali** (es. per gli interventi, per l'APE e per l'asseverazione) e i costi di **installazione** e **posa in opera** (e di eventuali costi per la dismissione dei vecchi materiali).
(6) Le **spese non congrue** sono indetraibili per la parte eccedente il limite congruo.
(7) È onere del committente dei lavori richiedere l'inserimento dell'indicazione e verificarne l'inserimento (anche se il contratto di affidamento dei lavori è stipulato per il tramite di un general contractor o se i lavori edili sono oggetto di sub appalto). La **mancata indicazione** del contratto collettivo nelle fatture emesse comporta il mancato riconoscimento dei benefici fiscali, solo se tale indicazione non è presente nell'atto di affidamento.
Se per errore in una fattura non è stato indicato il contratto collettivo applicato, il contribuente, in sede di richiesta del visto di conformità, deve essere in possesso di una dichiarazione sostitutiva di atto di notorietà, rilasciata dall'impresa, con cui quest'ultima attesta il contratto collettivo utilizzato nell'esecuzione dei lavori edili.
(8) L'obbligo di avere la SOA non trova applicazione con riferimento:
– ai lavori in corso di esecuzione al 21 maggio 2022;
– ai contratti di appalto o subappalto aventi data certa anteriore al 21 maggio 2022 con esecuzione dei lavori in data successiva.
Per i contratti stipulati dal 21 maggio 2022 al 31 dicembre 2022 occorre la SOA al 1° gennaio 2023 (o un contratto sottoscritto per richiederla).

1736 **Comunicazione all'AE** (Provv. AE 3 febbraio 2022 n. 35873, Circ. AE 6 ottobre 2022 n. 33/E) I dati relativi all'opzione per la cessione o per lo sconto in fattura del superbonus devono essere **comunicati** in via telematica all'AE da chi appone il visto di conformità (anche tramite intermediari abilitati alla trasmissione della dichiarazione dei redditi), mentre per le detrazioni per le quali non serve il visto di conformità (es. interventi di edilizia libera o di importo complessivo non superiore a € 10.000), dal beneficiario o, per gli interventi condominiali, dall'amministratore di condominio o dal singolo condomino incaricato.
La trasmissione va fatta **entro il 16 marzo** dell'anno successivo a quello in cui sono state sostenute le spese che danno diritto alla detrazione (per le spese 2022, un emendamento al milleproroghe sposta il termine al 31 marzo 2023) con l'apposito modello disponibile sul sito

dell'AE (Servizi Entratel > Servizi Per > Comunicare > Comunicazione opzioni per interventi edilizi e superbonus). Se la comunicazione riguarda opzioni esercitate per le rate residue non fruite delle detrazioni riferite alle spese sostenute negli anni precedenti (2020-2025) va trasmessa entro il 16 marzo dell'anno di scadenza del termine ordinario di presentazione della dichiarazione dei redditi in cui avrebbe dovuto essere indicata la prima rata ceduta non utilizzata in detrazione.
Se l'opzione riguarda **più interventi** sulla stessa u.i. o sullo stesso edificio (es. uno trainante e uno trainato, oppure interventi antisismici, di efficienza energetica e sostituzione infissi), oppure su **più edifici** dello stesso condominio, bisogna trasmettere più modelli (Risp. AE 13 gennaio 2022 n. 23).
Il **mancato invio della comunicazione** all'AE nelle modalità e nei termini previsti rende l'opzione inefficace nei confronti della stessa AE con conseguente impossibilità per il destinatario della cessione e per il soggetto che ha concesso lo sconto in fattura di utilizzarlo in detrazione, salvo la **remissione in bonis entro** il 30 novembre (v. n. 1740).
La gestione dei crediti ceduti avviene poi con la **piattaforma online** creata dall'AE (v. n. 1750); pertanto, per le eventuali successive cessioni non occorre fare la comunicazione con il modello sopra indicato.

>Precisazioni 1) Nel modello si **indicano i dati** del soggetto che trasmette la comunicazione, l'opzione esercitata, la tipologia di intervento effettuato, l'ammontare della spesa sostenuta e del credito ceduto/contributo sotto forma di sconto, i dati identificativi dell'immobile oggetto dell'intervento e i dati dei beneficiari e dei cessionari/fornitori.
Nella sezione riservata a chi appone il visto di conformità, da compilare solo in caso di superbonus, vanno indicati anche i dati identificativi delle asseverazioni previste per gli interventi ecobonus e sismabonus.
2) La **comunicazione dell'amministratore di condominio** deve riferirsi all'ammontare ceduto proporzionato al rapporto tra quanto versato da ciascun condomino entro il 31 dicembre dell'anno di riferimento della spesa e quanto dovuto dal condomino stesso.
Se il condomino ha ceduto il credito a soggetti terzi, diversi dai fornitori, l'amministratore comunica l'opzione per la cessione del credito solo se il condomino ha versato al condominio quanto a lui imputato e, in caso di versamenti parziali, solo in proporzione a quanto pagato rispetto al dovuto.
Se il **condomino è moroso** l'amministratore non deve comunicare nessun dato riferito allo stesso.

Errori e remissione in bonis (Circ. AE 6 ottobre 2022 n. 33/E) In caso di errori nella **1739**
comunicazione è possibile, **entro** il 5° giorno del mese successivo a quello di invio, annullarla o sostituirla presentandone un'altra. Oltre il predetto termine, ogni comunicazione non può sostituirsi, ma soltanto aggiungersi alle precedenti. Decorso il 5° giorno il credito viene messo a disposizione del cessionario, che potrà accettarlo (ai fini dell'utilizzo in compensazione o dell'ulteriore cessione) oppure rifiutarlo, se non ritiene che la cessione sia conforme alle pattuizioni con il cedente. In caso di **rifiuto**, il cedente potrà inviare una nuova comunicazione corretta entro il 16 marzo dell'anno successivo a quello di sostenimento della spesa.
Se viene accettata e, successivamente, ci si accorge di aver commesso degli errori **dopo il termine** suddetto, occorre distinguere in base al tipo di errore, formale o sostanziale.
In caso di **errori formali**, che riguardano l'indicazione o l'omissione dei recapiti, dei dati catastali, il numero dei SAL e la tipologia del cessionario, la detrazione non è pregiudicata ma gli errori devono comunque essere segnalati all'AE all'indirizzo Pec annullamentoaccettazionecrediti@pec.agenziaentrate.it. Il credito può essere ulteriormente ceduto dal cessionario o compensato, nei limiti ordinari, oppure utilizzato in detrazione.

Casi particolari di errori formali
1) Se la Comunicazione si riferisce al **primo SAL** deve essere indicato il valore «1» e, nelle successive, il numero di SAL a cui si riferiscono e il protocollo telematico di invio della Comunicazione relativa al primo SAL. La mancata indicazione del valore «1» impedisce di inviare correttamente le comunicazioni dei SAL successivi. In tal caso il cedente può trasmettere le comunicazioni omettendo di indicare il numero di SAL a cui si riferiscono e il protocollo telematico di invio della prima Comunicazione comunicando l'accaduto all'AE, all'indirizzo suddetto.
2) Se l'**ammontare** comunicato del credito ceduto o scontato è **inferiore** all'importo della detrazione spettante che si intende effettivamente cedere, il beneficiario può inviare, entro il termine previsto per l'invio delle comunicazioni relative all'anno della spesa, un'altra Comunicazione con le consuete modalità, indicando gli stessi dati, ma un ammontare del credito ceduto pari alla differenza tra l'importo corretto e quello indicato nella precedente Comunicazione.
Se è stata indicata una **spesa inferiore** a quella effettivamente sostenuta e conseguentemente un ammontare del credito ceduto inferiore alla detrazione spettante, è possibile presentare un'altra Comunicazione in cui deve essere riportato il solo importo residuo della spesa e del corrispondente credito ceduto.
3) Se l'ammontare comunicato del credito ceduto o scontato è invece **superiore** all'importo della detrazione spettante, si rientra nell'ipotesi di errori sostanziali sotto esaminata.

1740 In caso di errori **sostanziali** di prime cessioni o sconti - ammontare della spesa e della detrazione spettante, codice dell'intervento, codice fiscale del cedente - occorre distinguere:
1) se sono rilevati **prima della scadenza del termine** previsto per l'invio (16 marzo, o i termini prorogati nel 2022) è possibile richiedere l'annullamento dell'accettazione, a cura di **entrambe le parti** (cedente - per interventi condominiali l'amministratore o il condomino che ha trasmesso la comunicazione errata - e primo cessionario/fornitore), inviando una richiesta all'indirizzo Pec suddetto, utilizzando il modello allegato alla circolare in oggetto. La richiesta va **sottoscritta** digitalmente o con firma autografa dal cessionario e dal cedente (in caso di firma autografa deve essere allegata copia del documento di identità). Dopo la comunicazione alle parti dell'avvenuto annullamento, se non è scaduto il termine per l'invio, è possibile presentare una nuova comunicazione (Faq AE 27 dicembre 2022);
2) se sono **rilevati successivamente**, in presenza delle seguenti **condizioni**, è possibile presentare una Comunicazione **entro** il 30 novembre (termine di presentazione della prima dichiarazione dei redditi utile successiva all'ordinario termine annuale di trasmissione dell'opzione) (c.d. **remissione in bonis**):
– sussistono tutti i requisiti sostanziali per usufruire della detrazione di imposta relativa alle spese dell'anno di riferimento;
– i contribuenti hanno tenuto un comportamento coerente con l'esercizio dell'opzione, in particolare, nelle ipotesi in cui tale esercizio risulti da un accordo o da una fattura precedenti al termine di scadenza per l'invio della comunicazione;
– non sono già state poste in essere attività di controllo in ordine alla spettanza del beneficio fiscale;
– è versata la sanzione di € 250 con F24 Elide, cod. tributo 8114 (non ravvedibile) (Ris. AE 11 ottobre 2022 n. 58/E).
La remissione in bonis è applicabile anche nel caso di **omessa presentazione** nei termini della comunicazione.

> **N.B.** In entrambi i casi (punti 1 e 2) la correzione non è possibile se il primo cessionario ha effettuato una **ulteriore cessione** (situazione molto frequente).

1743 **Controlli preventivi dell'AE** (art. 122 bis DL 34/2020, Provv. AE 1° dicembre 2021 n. 340450) L'AE, entro 5 giorni lavorativi dall'invio della comunicazioni di cessione o sconto in fattura, può **sospendere fino a 30 giorni** gli effetti delle comunicazioni stesse (anche quelle successive alla prima) e delle opzioni che presentano **profili di rischio** (individuati utilizzando criteri relativi alla diversa tipologia di crediti ceduti e riferiti, es. coerenza e regolarità dei dati indicati con quelli presenti nell'Anagrafe tributaria oppure ad analoghe cessioni effettuate in precedenza dagli stessi soggetti).
Tutto ciò per consentire il controllo preventivo della correttezza delle operazioni:
– se sono **confermati i rischi di frode** che hanno determinato la sospensione, la comunicazione si considera non effettuata e tale circostanza è comunicata in via telematica a chi l'ha trasmessa;
– in caso contrario, decorsi 30 giorni dalla presentazione, la comunicazione produce gli effetti previsti dalla norma di riferimento, cioè l'efficacia della cessione o dello sconto. In questo caso il termine finale di utilizzo del credito esposto nella comunicazione è prorogato per un periodo pari al periodo di sospensione della comunicazione stessa (che può essere al massimo di 30 giorni).

> Gli **intermediari** bancari e finanziari obbligati al rispetto della **normativa antiriciclaggio**, se sono cessionari del credito, non procedono alla relativa acquisizione se dalla valutazione congiunta sul cedente e sull'operazione da cui scaturisce il credito hanno motivi ragionevoli per sospettare che siano in corso operazioni di riciclaggio o di finanziamento del terrorismo.

1745 **UTILIZZO DEL CREDITO** (Provv. AE 3 febbraio 2022 n. 35873, Circ. AE 27 maggio 2022 n. 19/E) I **cessionari** del credito e i **fornitori** che hanno concesso lo sconto in fattura possono utilizzare, nel rispetto dei nuovi limiti indicati al n. 1725, il credito d'imposta ottenuto e accettato tramite la Piattaforma indicata al n. 1750, in compensazione con tutte le somme da versare con il modello F24 (ordinario o accise), sulla base delle rate residue di detrazione non fruite dal beneficiario originario. Anche la comunicazione delle successive cessioni va effettuata esclusivamente dal cedente tramite la stessa Piattaforma. L'**accettazione** del credito ceduto e/o il rifiuto da parte dei cessionari/fornitori sono irreversibili e mai parziali, salvo casi particolari che saranno disciplinati dall'AE con apposite istruzioni, per consentire di revocare la scelta (Guida AE Piattaforma giugno 2022).

Lo **sconto** è fruito con la stessa ripartizione in quote annuali con la quale sarebbe stata utilizzata la detrazione, **a decorrere** dal 10 del mese successivo alla corretta ricezione della comunicazione e comunque **non prima del 1° gennaio** dell'anno successivo a quello di sostenimento delle spese (1° gennaio 2022 per le spese effettuate nel 2021). La quota di credito d'imposta non utilizzata nell'anno non può essere usufruita negli anni successivi, e non può essere richiesta a rimborso o ulteriormente ceduta.

In **alternativa** all'utilizzo diretto, i cessionari e i fornitori **fino al 27 gennaio 2022** potevano **cedere ulteriormente** i crediti d'imposta ad altri soggetti, compresi gli istituti di credito e gli altri intermediari finanziari, a partire dal 10 del mese successivo alla corretta ricezione della comunicazione, con facoltà di successiva cessione.
Per le comunicazioni all'AE effettuate **dal 28 gennaio 2022 al 16 febbraio 2022**, la prima cessione poteva essere oggetto di una ulteriore cessione a chiunque e di due cessioni a favore di banche e intermediari finanziari iscritti all'albo o società - Sim, Sgr, Sicav e Sicaf - appartenente ad un gruppo bancario iscritto all'albo, o nei confronti di un'impresa di assicurazione autorizzata ad operare in Italia (c.d. soggetti qualificati).
Per le comunicazioni all'AE effettuate **dal 17 febbraio** (fino al 1° maggio 2022), la prima cessione poteva essere oggetto di successive due cessioni ma solo a favore dei soggetti qualificati (per chi ha fatto lo sconto vale la regole precedente). Invece, per le cessioni successive alla prima comunicate entro il 16 febbraio 2022 e effettuate a favore di chiunque, comunicata all'AE dal 17 febbraio 2022, il credito poteva essere ceduto due volte a soggetti qualificati.
È stata successivamente prevista la possibilità per le **banche**, anche per le comunicazioni antecedenti il 1° maggio 2022, di effettuare la **cessione** del credito a favore dei loro **correntisti**, clienti diversi dai consumatori (es. partite IVA) che potranno utilizzare i crediti acquistati esclusivamente in compensazione (art. 40 quater DL 73/2022 conv. in L. 122/2022) (vedi tabella riepilogativa). Inoltre, dal **18 gennaio 2023**, anche per le comunicazioni antecedenti al 1° maggio 2022, la prima cessione può ora essere oggetto di **tre cessioni** a soggetti **qualificati** (art. 9 c. 4 bis e 4 ter DL 176/2022 conv. in L. 6/2023).

Disciplina comunicazioni ante 1° maggio 2022		
Evento	**Tipo**	**Ulteriori cessioni**
Prime cessioni o sconti	Prime cessioni o sconti comunicati **entro il 16 febbraio 2022**	I crediti possono essere ceduti 1 volta a chiunque (*jolly*) + 3 volte a soggetti «qualificati». Questi ultimi possono sempre cedere i crediti ai propri correntisti non consumatori
	Prime cessioni comunicate **dal 17 febbraio 2022**	I crediti possono essere ceduti soltanto 3 volte a soggetti «qualificati». Questi ultimi possono sempre cedere i crediti ai propri correntisti non consumatori
	Sconti comunicati **dal 17 febbraio 2022**	I crediti possono essere ceduti 1 volta a chiunque (*jolly*) + 3 volte a soggetti «qualificati». Questi ultimi possono sempre cedere i crediti ai propri correntisti non consumatori
Cessioni successive	Cessioni successive alla prima comunicate **entro il 16 febbraio 2022**	I crediti possono essere ceduti 1 volta a chiunque (*jolly*) + 3 volte a soggetti «qualificati». Questi ultimi possono sempre cedere i crediti ai propri correntisti non consumatori
	Cessioni successive alla prima comunicate entro il 16 febbraio 2022 e cessione *jolly* comunicata **dal 17 febbraio 2022**	I crediti possono essere ceduti soltanto 3 volte a soggetti «qualificati». Questi ultimi possono sempre cedere i crediti ai propri correntisti non consumatori

Infine, per le comunicazioni effettuate dal **1° maggio 2022**, la disciplina applicabile dal 17 febbraio va così integrata: **1746**
– da parte delle **banche**, è ammessa in ogni momento la cessione (non necessariamente la quinta), anche di singole annualità di cui si compone il credito, esclusivamente a favore dei loro correntisti, clienti diversi dai consumatori (es. partite IVA) che potranno utilizzare i crediti

acquistati esclusivamente in compensazione (possibilità poi estesa anche alle comunicazioni ante 1° maggio 2022), ma senza facoltà di ulteriore cessione per il correntista;
– ciascuna rata annuale del credito verrà targata con un **codice** (v. n. 1721), fermo restando il **divieto** di cedere quote parziali della singola rata annuale.
L'utilizzo in compensazione di ciascuna rata può avvenire anche in più soluzioni; in ogni caso, prima della compensazione occorre **comunicare**, mediante le apposite funzionalità della Piattaforma, la propria **scelta irrevocabile** di destinare per intero quella rata annuale alla sua fruizione mediante compensazione sul modello F24.

Tutte le cessioni suddette per essere valide devono essere **accettate** dal cessionario, come indicato al n. 1720.

1747 **Controlli successivi AE e responsabilità dei soggetti coinvolti** (art. 121 c. 6 e s. DL 34/2020 conv. in L. 77/2020, Circ. AE 6 ottobre 2022 n. 33/E) L'attività di controllo dell'AE si basa sull'**analisi del rischio** e, se viene accertata la mancata integrazione dei requisiti (anche parziale), procede al recupero dell'importo corrispondente con applicazione di interessi e sanzioni.
L'azione di recupero è effettuata nei confronti del **beneficiario**, mentre i **fornitori** (compreso il general contractor) e i **cessionari** rispondono solo in caso di:
– **concorso** nella violazione con **dolo** o **colpa grave** (v. n. 87175), limitazione, questa, applicabile anche agli **altri bonus** edilizi per i cui **crediti** sono stati acquisiti, nel rispetto della legge, i visti di conformità, le asseverazioni e le attestazioni richieste;
– **utilizzo irregolare** del credito d'imposta (es. in misura maggiore rispetto al credito d'imposta ricevuto).
Inoltre, il concorso nella violazione è escluso per il cessionario o il fornitore in possesso di una completa **documentazione**, relativa alle opere che hanno originato il credito di imposta: titolo edilizio abilitativo, notifica all'ASL di avvio dei lavori, visura catastale ante operam, fatture, Ape, asseverazioni, delibere, ecc. In ogni caso, la mancanza della documentazione non costituisce, da sola, causa di responsabilità solidale per dolo o colpa grave del cessionario, il quale può fornire, con ogni mezzo, prova della propria diligenza o non gravità della negligenza; l'onere della prova del dolo o colpa grave è a carico dell'AE (art. 1 DL 11/2023).
Tuttavia, secondo la Cassazione, i crediti ceduti dal beneficiario della detrazione a terzi - banche, fornitori, ecc. - se inesistenti, perché frutto del reato di truffa, possono essere **sequestrati in via cautelare**, anche se i terzi sono in buona fede (Cass. pen. 16 novembre 2022 n. 45558, Cass. pen. 21 settembre 2022 n. 40865, n. 40866, n. 40867, n. 40868, n. 40869). Ai terzi cessionari in buona fede non resta che la richiesta di **risarcimento dei danni** nei confronti del cedente il credito.

ESEMPIO
Si ha il **dolo** quando il cessionario (correntisti, banche, altri intermediari finanziari) è consapevole dell'inesistenza del credito: cessionario ha preventivamente concordato con il beneficiario originario le modalità di generazione e fruizione del credito; il carattere fittizio del credito è manifestamente evidente ad un primo esame, da chiunque condotto, e ciononostante si sia acquisito e compensato lo stesso nel modello F24.
Si ha **colpa grave** quando il cessionario ha omesso la diligenza richiesta: acquisto dei crediti eseguito in assenza di documentazione richiesta a supporto degli stessi o in presenza di una palese contraddittorietà della documentazione prodotta dal cedente (asseverazione si riferisce a un immobile diverso da quello oggetto degli interventi agevolati).

>Precisazioni 1) Per i crediti diversi dal superbonus sorti **prima del 12 novembre 2021** (introduzione degli obblighi di acquisizione dei visti, asseverazioni e attestazioni per cessione/sconto bonus diversi dal superbonus) la limitazione della responsabilità di fornitori e cessionari ai casi di dolo o colpa grave sussiste se si acquisisce, ora per allora, la documentazione riguardante visti, asseverazioni e attestazioni (art. 14 c. 1 bis2 DL 50/2022 conv. in L. 91/2022). La documentazione non dovrebbe essere inviata all'AE, ma solo conservata dal fornitore o cessionario.
2) Per le opere classificate come attività di **edilizia libera** e per gli interventi, diversi da quelli di edilizia libera, di **importo complessivo non superiore a € 10.000**, eseguiti sulle singole unità immobiliari o sulle parti comuni dell'edificio, per i quali sono esclusi – fatta eccezione per gli interventi relativi al c.d. Bonus facciate – l'obbligo del visto di conformità e delle relative attestazioni di congruità della spesa, la presenza della richiamata documentazione ora per allora attenua la responsabilità solidale in caso di concorso in violazione ai casi di dolo o colpa grave.
3) Il **correntista** che acquista dalla banca, ai fini della valutazione della sua diligenza non è tenuto a effettuare ex novo la medesima istruttoria già svolta dalla banca cedente al momento dell'acquisto del credito, a condizione che la banca cedente gli consegni tutta la documentazione idonea a dimostrare di aver osservato essa stessa, all'atto dell'acquisto del credito ceduto, la necessaria diligenza.

Nella pratica, le banche difficilmente offrono la documentazione ma, in alternativa, garantiscono in sede contrattuale i correntisti sull'immediato rimborso del credito, in caso di contestazioni con l'AE.

PIATTAFORMA CESSIONE CREDITI Per gestire le cessioni delle **rate annuali** dei crediti e le relative acquisizioni, è stata prevista l'apposita **procedura web** «Piattaforma Cessione Crediti» presente nell'area riservata del sito AE. La piattaforma è **utilizzabile** da cedenti, cessionari e fornitori (non tramite **intermediari** o procedure automatiche, Guida AE giugno 2022). **1750**

La Piattaforma Cessione Crediti è composta dalle 4 **funzioni** indicate in tabella, accessibili dalla homepage. Nella versione aggiornata a giugno 2022 le diverse funzioni trattano **distintamente** i crediti **tracciabili**, rispetto ai crediti **non tracciabili** (es. per i crediti tracciabili è vietata la cessione parziale delle rate annuali).

Funzioni	Descrizione
Monitoraggio crediti	Crediti visibili: – ricevuti – ceduti – ricevuti e accettati dall'utente – residui
Cessione crediti	Crediti visibili: – ceduti. Per ogni riga è possibile indicare l'importo ceduto e il codice fiscale del cessionario
Accettazione crediti/sconti	– crediti di cui l'utente risulta cessionario – comunicazioni in cui l'utente risulta come fornitore che ha praticato gli sconti
Lista movimenti	Lista delle comunicazioni di cessione dei crediti (fino a 300), consultabile specificando il periodo temporale o il codice fiscale di cedente/cessionario
Le comunicazioni effettuate tramite la piattaforma **non** possono essere **annullate**. La presenza dei crediti sulla piattaforma non significa che essi siano stati certificati dall'AE come certi, liquidi ed esigibili: l'AE si riserva di controllare in capo al titolare originario del credito o della detrazione l'esistenza dei presupposti.	

DECADENZA DAL SUPERBONUS Il superbonus può essere **revocato** in alcune **ipotesi tassative**: **1760**

- mancata presentazione della CILA;
- interventi realizzati in difformità dalla CILA;
- assenza dell'attestazione del titolo abilitativo o dell'epoca di realizzazione dell'edificio;
- non corrispondenza al vero delle attestazioni.

Resta impregiudicata ogni **valutazione circa la legittimità** dell'immobile oggetto di intervento (cioè la spettanza del superbonus non corrisponde ad un qualunque condono o sanatoria delle opere); in particolare, ciò significa che:

1) le **violazioni meramente formali** che non arrecano pregiudizio all'esercizio delle azioni di controllo non comportano la decadenza delle agevolazioni fiscali limitatamente alla irregolarità od omissione riscontrata;

2) nel caso in cui le violazioni riscontrate nell'ambito dei controlli da parte delle autorità competenti siano **rilevanti** ai fini dell'erogazione degli incentivi, la decadenza dal beneficio si applica limitatamente al **singolo intervento** oggetto di irregolarità od omissione.

> Quest'ultima disposizione non è di agevole comprensione: nell'ambito di **interventi complessi**, infatti, se la violazione rilevante riguarda un intervento **trainante** che incide sull'ammontare della detrazione, l'agevolazione decadrebbe limitatamente a detto intervento, o come sembra più probabile, fa decadere il superbonus anche per gli interventi trainati (che non possono goderne autonomamente)?

g. Polizze su calamità naturali

Per le nuove **polizze stipulate o rinnovate dal 2018**, i premi per assicurazioni aventi per oggetto il rischio di eventi calamitosi stipulate relativamente ad abitazioni danno diritto alla detrazione IRPEF del 19%. Sono detraibili anche le **polizze multirischio**, limitatamente alle **1800** componenti di premio relative alle garanzie a copertura degli eventi calamitosi (art. 15 c. 1 lett. f bis DPR 917/86, Circ. AE 31 maggio 2019 n. 13/E).

h. Locazioni abitative

1805 Sono previste **diverse tipologie** di detrazioni in relazione alle spese sostenute dai conduttori (c.d. inquilini) per la locazione di abitazioni; si veda la seguente **tabella** che sintetizza le caratteristiche illustrate successivamente.

Locazioni abitative		
Oggetto/Soggetti del contratto	**Limite detrazione spettante (€)**	**v. n.**
Generalità degli inquilini **(*)**: – abitazione principale locata con canone controllato – abitazione principale locata con canone diverso dal precedente	 495,80/247,90 300/150	 1810
Giovani tra i 20 e i 31 anni **(*)**	991,60	1820
Studenti universitari fuori sede	500	1830
Dipendenti trasferiti in altra regione **(*)**	991,60/495,80	1840
(*) In caso di **incapienza** dell'imposta è riconosciuto un credito (v. n. 1855).		

1808 **REGOLE COMUNI** Le detrazioni spettano generalmente nel caso in cui il contratto sia stato stipulato ai sensi della L. 431/98 (c.d. legge sulle locazioni ad uso abitativo); tale condizione non è richiesta per le locazioni dei lavoratori dipendenti trasferiti e quelle di immobili siti all'estero.
Le diverse detrazioni, se riferite ad un medesimo periodo dell'anno, **non sono tra loro cumulabili** e il contribuente ha diritto, a sua scelta, di fruire della detrazione più favorevole.
In caso di contratto di locazione **stipulato da più inquilini**, ciascuno può fruire della detrazione per quota, nella percentuale a lui spettante, facendo riferimento al proprio reddito complessivo (Circ. Min. 29 dicembre 1999 n. 247/E, Circ. AE 4 aprile 2008 n. 34/E).
Nel caso in cui vi siano **variazioni nel corso dell'anno** che abbiano comportato diverse percentuali di spettanza, bisogna tener conto della relativa incidenza.

ESEMPIO
Se un contratto è cointestato a 2 persone (50%) per un periodo di 165 giorni e intestato ad una di esse (100%) per il resto dell'anno (200 giorni) la percentuale di spettanza della detrazione è così determinata:

$$\frac{(50 \times 165) + (100 \times 200)}{165 + 200} = 77{,}39\% \text{ (percentuale media).}$$

1810 **GENERALITÀ DEGLI INQUILINI** (art. 16 c. 1 DPR 917/86) Agli inquilini di u.i. adibite ad **abitazione principale** degli stessi (v. n. 1368), con **reddito complessivo** (v. n. 805) non superiore a € 30.987,41, spetta una detrazione il cui importo varia a seconda delle situazioni indicate in tabella.
Le sottoelencate detrazioni vanno **rapportate al periodo** di destinazione dell'immobile ad abitazione principale.

Tipologia di contratto o di u.i.	**Detrazione (€)**
A) Contratti stipulati o rinnovati in Italia in base agli accordi definiti in sede locale tra le associazioni degli inquilini e quelle dei proprietari (c.d. locazioni **a canone controllato** o **convenzionato** o **concordato**) **(1)** – reddito complessivo non supera € 15.493,71 – reddito complessivo superiore a € 15.493,71 ma non a € 30.987,41	 495,80 247,90
B) Contratti stipulati o rinnovati in Italia senza tali procedure (c.d. locazioni **a canone libero**, di durata minima di 8 anni, 4 + 4 di rinnovo automatico) **(2)**	

– reddito complessivo non superiore € 15.493,71	300
– reddito complessivo superiore a € 15.493,71 ma non a € 30.987,41	150

(1) Per i contratti di locazione a canone concordato **stipulati dal 15 marzo 2017** e non assistiti dalle organizzazioni della proprietà edilizia e dei conduttori firmatarie degli accordi territoriali, occorre un'apposita attestazione (v. n. 7065 - Circ. AE 27 aprile 2018 n. 7/E).

(2) La detrazione spetta **anche se il contratto non richiama espressamente** le disposizioni della L. 431/98 (Ris. AE 16 maggio 2008 n. 200/E).

Se il contribuente è titolare di **2 contratti di locazione**, uno adibito ad abitazione principale propria, l'altro a quella dei familiari (es.: figlio), può scegliere la detrazione più favorevole; non è possibile avvalersi 2 volte della detrazione.

La detrazione è **cumulabile** con la deduzione per l'abitazione principale (v. n. 7027), in presenza dei presupposti: contribuente proprietario della propria abitazione principale che paga il canone di locazione di un proprio familiare che la utilizza come abitazione principale (Circ. AE 21 maggio 2014 n. 11/E).

1820 **GIOVANI TRA I 20 E I 31 ANNI** (art. 16 c. 1 ter DPR 917/86, Circ. AE 4 aprile 2008 n. 34/E) Ai giovani di età compresa fra i 20 e i 31 anni, **con reddito complessivo** (v. n. 805) non superiore a € 15.493,71, che stipulano in Italia un contratto di locazione a canone libero per l'u.i. o una sua porzione (es. una stanza) da destinare a propria residenza (dal 2022 non è più richiesto che sia abitazione principale), spetta per i primi 4 anni una detrazione pari al **20%** dell'ammontare del canone di locazione e comunque entro il limite massimo di € **2.000** e minimo di € **991,60**.

ESEMPIO
1) Canone annuo € 10.800 euro: detrazione € 2.000 (il 20% di 10.800 = 2.160 supera il tetto massimo).
2) Canone annuo di € 4.000: detrazione € 991,60 (il 20% di 4.000 = 800 è inferiore al limite minimo).

Il **requisito dell'età** è soddisfatto se ricorre alla stipula del contratto, anche per una parte del periodo d'imposta: se il giovane compie 31 anni in data 30 giugno 2022 e stipula il contratto di locazione precedentemente, ha diritto a fruire della detrazione per il 2022; se invece stipula il contratto di locazione il 30 giugno 2022 o successivamente, non può usufruire della detrazione (Circ. AE 1° aprile 2022 n. 9/E). Inoltre, deve permanere in ciascuno degli anni del quadriennio in cui si intende usufruire della detrazione. Pertanto, se un giovane stipula un contratto all'età di 30 anni (compiuti il 20 aprile), la detrazione spetta per i primi 2 anni, ma non per il 3° e il 4°.
La detrazione è **suddivisa in base ai cointestatari** del contratto di locazione dell'abitazione. Se il contratto è stipulato da più conduttori e solo uno ha i requisiti di età previsti dalla norma, solo quest'ultimo può fruire della detrazione in esame per la sua quota.

1830 **STUDENTI UNIVERSITARI FUORI SEDE** (art. 15 c. 1 lett. i sexies DPR 917/86) È prevista una detrazione del 19% sui canoni di locazione derivanti dai contratti stipulati o rinnovati dagli studenti iscritti ad un corso di laurea (non ad un master o a un Istituto Tecnico Superiore o a corsi post laurea quali dottorati o corsi di specializzazione, Circ. AE 27 aprile 2018 n. 7/E) presso una **università ubicata**:
1) in un comune **distante almeno 100 Km** dal comune di residenza purché sia in una provincia diversa. La distanza si determina con riferimento a una qualsiasi delle vie di comunicazione esistenti, ferroviaria o stradale;
2) in uno **Stato UE** o in **Norvegia** e **Islanda**.
La locazione deve riguardare u.i. situate nello stesso comune in cui ha sede l'università o in comuni limitrofi.
La detrazione è ammessa su un **importo complessivo non superiore a** € 2.633 (detrazione massima € 500).
I predetti canoni di locazione rilevano anche se sono stati sostenuti nell'interesse delle persone considerate fiscalmente a carico (v. n. 1125 e s.); il limite massimo detraibile resta comunque lo stesso anche nel caso di più contratti stipulati da un genitore per più di un figlio (Circ. AE 4 aprile 2008 n. 34/E). Tuttavia, nel caso di genitori con a carico due figli universitari titolari di due distinti contratti di locazione (non necessariamente in 2 città diverse), la detrazione può essere fruita da ciascun genitore per intero (max € 2.633 ciascuno) (Circ. AE 13 maggio 2011 n. 20/E). Se il figlio a carico di entrambi i genitori è uno, il limite di € 2.633 va ripartito fra i medesimi (Circ. AE 8 aprile 2016 n. 12/E).

La detrazione spetta anche per i canoni relativi ai **contratti di ospitalità**, nonché gli atti di assegnazione in godimento o locazione, stipulati con enti per il diritto allo studio, università, collegi universitari legalmente riconosciuti, enti senza fine di lucro e cooperative.
Invece, non spetta per i contratti di **sub-locazione** (Circ. AE 23 aprile 2010 n. 21/E).

1840 **LAVORATORI DIPENDENTI TRASFERITI** (art. 16 c. 1 bis DPR 917/86) È inoltre prevista una detrazione a favore dei lavoratori dipendenti (esclusi i percettori di redditi assimilati) con **reddito complessivo non superiore** a € 30.987,41 che contemporaneamente:
– hanno **trasferito** o trasferiscono la propria **residenza** nel comune di lavoro o in uno di quelli limitrofi nei 3 anni antecedenti quello di richiesta della detrazione;
– sono titolari di **qualunque tipo di contratto** di locazione di u.i. adibite ad abitazione principale degli stessi e situate nel nuovo comune di residenza, **a non meno di 100 Km** di distanza dal precedente e comunque al di **fuori della propria regione**.

La detrazione spetta anche:
– ai soggetti che trasferiscono la residenza a seguito di un contratto di lavoro dipendente **appena stipulato** (Circ. AE 12 giugno 2002 n. 50/E);
– ai soggetti che si **trasferiscono all'estero**, fino a quando permane la residenza in Italia (es. trasferimento a settembre spetta per il medesimo anno, poi il successivo non più) (Risp. AE 28 agosto 2020 n. 288).

1845 La detrazione **spetta per i primi 3 anni** ed è rapportata al periodo dell'anno durante il quale sussiste tale destinazione; essa è prevista nei seguenti **importi** variabili in funzione del reddito complessivo (v. n. 805):
– se il reddito complessivo non supera € 15.493,71, è di € 991,60;
– se il reddito complessivo supera € 15.493,71 ma non € 30.987,41, è di € 495,80.
Se nel triennio il contribuente cessa di essere lavoratore dipendente, la detrazione non spetta a partire dall'anno successivo (Circ. AE 12 giugno 2002 n. 50/E).

Se il contratto di locazione è **intestato a più soggetti**, la detrazione va divisa tra i soli intestatari del contratto in possesso della qualifica di lavoratori dipendenti, nella misura a ciascuno spettante in relazione al proprio reddito. Ad esempio, in caso di contitolarità tra 3 soggetti, uno dei quali lavoratore dipendente, la detrazione spetta solo a quest'ultimo, nella misura del 100% (Circ. AE 10 giugno 2004 n. 24/E).

1850 **ADEMPIMENTI** Tutte le detrazioni spettanti agli inquilini spettano a seguito di apposita richiesta, le cui modalità variano a seconda delle caratteristiche del beneficiario.
Inoltre, se la detrazione spettante è superiore all'imposta lorda diminuita delle altre detrazioni, si ha diritto ad un credito d'imposta.

1853 **Richiesta della detrazione** (DM 11 febbraio 2008)

Inquilino beneficiario	Modalità
Titolari di soli redditi di lavoro dipendente (1) o di pensione o assimilati	Richiesta del lavoratore al datore di lavoro contenente gli estremi di registrazione del contratto di locazione, i requisiti richiesti per fruire della detrazione, il numero dei mesi per i quali l'immobile oggetto del contratto di locazione è adibito ad abitazione principale, l'assenza di redditi ulteriori rispetto a quelli di lavoro dipendente e assimilati. La detrazione è poi riconosciuta dal datore di lavoro in sede di effettuazione delle operazioni di conguaglio (v. n. 8790).
Titolari di altri redditi (2)	Nella dichiarazione dei redditi, Mod. Redditi o Mod. 730, compilando l'apposito rigo.

(1) Diversi dagli studenti universitari.
(2) Esclusivi o in aggiunta a quelli di lavoro dipendente.

1855 **Detrazione superiore all'imposta lorda diminuita delle detrazioni** (art. 16 c. 1 sexies DPR 917/86) Se la detrazione spettante agli inquilini (diversi dagli studenti universitari) è di ammontare superiore all'imposta lorda diminuita, nell'ordine, delle detrazioni per familiari a carico e delle detrazioni di lavoro, **è riconosciuto un credito** di ammontare pari alla quota di detrazione che non ha trovato capienza nella predetta imposta.

ESEMPIO
Imposta lorda: 2.800
Detrazioni spettanti per familiari a carico e per lavoro: 690 + 1.480 + 900 = 2.070

Detrazione per canone di locazione pagati da dipendenti trasferiti: 991
Imposta lorda diminuita delle detrazioni: 730
Detrazione per canone di locazione: 991
Credito riconosciuto: (991 – 730) = 261

Presupposto del credito è il possesso di un reddito imponibile su cui calcolare un'imposta lorda; il suo riconoscimento avviene con le medesime modalità sopra esaminate per la detrazione, variabili in funzione del tipo di reddito posseduto: se di lavoro dipendente o assimilato, nelle operazioni di conguaglio (codice tributo 1633) altrimenti con il Mod. Redditi o Mod. 730.

i. Interventi di sistemazione a verde e giardini pensili (c.d. bonus verde)

CAMPO DI APPLICAZIONE (art. 1 c. 12, 14, 15 L. 205/2017, Circ. AE 31 maggio 2019 n. 13/E) Per le spese sostenute **fino al 2024** per gli interventi straordinari sotto elencati è prevista una detrazione: **1860**
- sistemazione a verde di aree scoperte private di edifici esistenti, u.i., pertinenze o recinzioni;
- realizzazione di impianti di irrigazione, pozzi, coperture a verde e di giardini pensili.

Le spese di **progettazione** (incluse quelle necessarie per indagini e stime del sito oggetto dell'intervento) e quelle di **manutenzione** (es. potatura alberi), purché **connesse** agli interventi predetti, sono ricomprese nell'agevolazione; invece, le spese di **manutenzione ordinaria** annuale non connesse ai detti interventi sono escluse, al pari dei **lavori in economia**.

> **>Precisazioni 1)** Sono, dunque, agevolabili le opere che si inseriscono in un intervento di sistemazione a verde dell'intero giardino o area interessata, consistente nella **riqualificazione** ex novo dell'area a verde o nel **radicale rinnovamento** dell'esistente.
> La collocazione di **piante e altri vegetali in vasi** è agevolabile solo se permanente e facente parte di un più ampio intervento. In questi casi, il contribuente può rivolgersi a **fornitori diversi** per l'acquisto di piante per la realizzazione dell'intervento.
> **2)** Sono compresi anche gli interventi mirati al mantenimento del buono stato vegetativo e alla **difesa fitosanitaria di alberi secolari** o di notevole pregio paesaggistico, naturalistico, monumentale, storico e culturale, la cui conservazione è strettamente collegata alla tutela del territorio e dell'ecosistema.
> **3)** Non sono agevolabili le spese per il solo acquisto di sistemi di **illuminazione** e complementi di arredo (Risp. int. parl. 8 marzo 2022 n. 5-07599).

Spese condominiali (art. 1 c. 13, 14, 15 L. 205/2017) Per i lavori effettuati **sulle parti comuni esterne** degli edifici condominiali è previsto un distinto e ulteriore limite di spesa di € 5.000, da ripartire tra i condomini; in tal caso la detrazione spetta **a condizione** che il pagamento al condominio avvenga entro i termini di presentazione della dichiarazione dei redditi. **1861**

CARATTERISTICHE DELLA DETRAZIONE La detrazione è del **36%** e va calcolata su un **tetto massimo di spesa** di € 5.000 per ciascuna **abitazione** (detrazione massima € 1.800). Deve trattarsi di spese sostenute ed effettivamente **rimaste a carico** dei contribuenti che detengono l'immobile sul quale sono effettuati gli interventi; spetta anche ai familiari conviventi, secondo i criteri già utilizzati per le spese di ristrutturazione e per il risparmio energetico; in caso di interventi effettuati da un contribuente **su più immobili**, la detrazione spetta per ciascuno di essi. **1863**

Spetta a **condizione** che i pagamenti siano effettuati con strumenti **tracciabili** (bonifici, assegni, carte di credito, bancomat, ecc.) e va **ripartita in 10 quote annuali** di pari importo, nell'anno di sostenimento delle spese e in quelli successivi.

Infine, per i lavori edili avviati **dal 27 maggio** 2022, se di **importo superiore a € 70.000**, gli esecutori dei lavori, se hanno dipendenti, devono applicare i **contratti collettivi** del settore edile; tale requisito va indicato nei contratti e nelle fatture (v. n. 1733).

CASI PARTICOLARI (art. 1 c. 15 L. 205/2017) Si applicano le seguenti disposizioni relative alla detrazione per le **spese di ristrutturazione**. **1865**

Ipotesi	Soluzione	MF n.
immobili ad uso promiscuo	se gli interventi sono realizzati su abitazioni utilizzate anche per l'esercizio dell'arte o della professione o dell'attività commerciale, la detrazione spettante è ridotta al 50%	1545
vendita dell'abitazione	la detrazione non utilizzata in tutto o in parte è trasferita per i rimanenti periodi di imposta, salvo diverso accordo delle parti, all'acquirente persona fisica dell'u.i.	1555
decesso del beneficiario	la detrazione residua si trasmette, per intero, esclusivamente all'erede che conservi la detenzione materiale e diretta del bene	1555
immobili vincolati	la detrazione è cumulabile con le agevolazioni già previste sugli immobili vincolati, ma è ridotta del 50%	1520

I. Interventi per infrastrutture di ricarica dei veicoli elettrici

(art. 16 ter DL 63/2013 conv. in L. 90/2013, Circ. AE 8 luglio 2020 n. 19/E)

1867 Per le spese sostenute fino al 31 dicembre 2021 o, se rientranti nel superbonus, fino al 31 dicembre 2023 (v. n. 1868), da contribuenti che possiedono o detengono un immobile o un'area in base ad un titolo idoneo, per l'acquisto e la posa in opera di infrastrutture di ricarica dei veicoli alimentati ad energia elettrica, dotate di uno o più punti di ricarica di potenza standard non accessibili al pubblico, è prevista una detrazione del **50%** delle spese sostenute. Essa è calcolata su un **ammontare complessivo**, per ciascun intervento, non superiore a **€ 3.000** annui; fra le spese sono compresi i costi iniziali per la richiesta di potenza addizionale fino ad un massimo di 7 kW, le opere strettamente funzionali alla realizzazione dell'intervento (es. i costi di allaccio) e le spese effettuate sulle parti comuni degli **edifici condominiali**. Se nel medesimo anno il contribuente ha acquistato e posato in opera **più infrastrutture di ricarica** il limite non varia.
Se la spesa è **sostenuta da più soggetti**, il limite va ripartito tra gli aventi diritto.

ESEMPIO
Tizio ha sostenuto spese per l'installazione nell'abitazione privata di una infrastruttura di ricarica (€ 2.500) e anche per l'installazione di un'altra infrastruttura di ricarica su parti comuni degli edifici (€ 1.500). La detrazione spettante resta di € 1.500 (50% del limite massimo di € 3.000).

Le infrastrutture di ricarica devono essere **dotate di uno o più punti di ricarica** di potenza standard non accessibili al pubblico. Per le **definizioni** vedi art. 2 c. 1 lett. d) e h) D.Lgs. 257/2016.
Si considera **non accessibile al pubblico** una colonnina collocata in uno stabile privato riservato esclusivamente ai residenti e dotata di apposita **barriera** anti parcheggio che ne limita l'accesso (Risp. AE 9 dicembre 2022 n. 585).

1868 Se l'intervento è effettuato **congiuntamente** con uno di quelli di **risparmio energetico** che danno diritto al **superbonus** illustrato al n. 1700 e s., la detrazione è del **110%**, da applicare su un importo variabile (v. n. 1718) e può comprendere le spese effettuate **entro il 31 dicembre 2023**.

1869 I **pagamenti** vanno normalmente effettuati dai contribuenti con mezzi **tracciabili** (bonifici, assegni, carte, ecc.), a meno che si tratti di versamenti a favore di pubbliche amministrazioni. La detrazione spettante agli aventi diritto va **ripartita in 10 quote** annuali di pari importo.

L'importo della detrazione (credito) può essere **ceduto ai fornitori** o può essere richiesto agli stessi lo **sconto in fattura**. In entrambi casi, è prevista la facoltà di successiva cessione del credito d'imposta ad altri soggetti (v. n. 1720 e s.). Per le opzioni trasmesse all'AE **dal 12 novembre 2021** - se non riguardano interventi in edilizia libera o di importo complessivo non superiore a € 10.000 (v. n. 1555) - è richiesto il **visto di conformità** e l'attestazione della **congruità delle spese** (non richiesti in caso di detrazione in dichiarazione) (v. n. 1733); quest'ultima può essere rilasciata purché i lavori siano iniziati, anche se non ultimati (Circ. AE 29 novembre 2021 n. 16/E), (v. n. 1720 e s.). Inoltre, dal **2023**, se l'intervento riguarda lavori di importo **superiore a € 516.000**, l'esecuzione deve essere affidata ad imprese in possesso della certificazione **SOA** (v. n. 1733, lett. G).

B. Attività agricole

PRESTITI E MUTUI AGRARI (art. 15 lett. a DPR 917/86) Danno diritto a detrazione gli interessi passivi, gli oneri accessori e le quote di rivalutazione monetaria relativi a prestiti e mutui agrari, sia di esercizio che di miglioramento, quale che sia la durata del contratto. 1870
La detrazione spetta alle seguenti **condizioni**:
- esistenza di un **contratto di credito agrario** (prestito o mutuo) previsto dagli artt. 43 e s. D.Lgs. 385/93;
- i soggetti che erogano il prestito sono **residenti** nel territorio italiano o di uno Stato UE, oppure sono S.O. nel territorio nazionale di soggetti non residenti.

Misura della detrazione Le **somme da considerare** ai fini della detrazione sono analoghe a quelle che danno diritto alla detrazione in relazione agli interessi sui mutui ipotecari per l'acquisto dell'abitazione principale (v. n. 1400). 1872
Gli interessi su cui calcolare la detrazione del 19% sono considerati nel limite dei redditi dei terreni dichiarati (sia dominicale che agrario).

SPESE PER L'AFFITTO DI TERRENI AGRICOLI (art. 16 c. 1 quinquies 1 DPR 917/86) 1875
Ai **coltivatori diretti** (compresi i familiari coadiuvanti - v. n. 7145) e agli imprenditori agricoli professionali (IAP) iscritti nella previdenza agricola **di età inferiore ai** 35 anni, spetta, nel rispetto della regola de minimis prevista per il settore agricolo, una detrazione sulle spese sostenute per i canoni di affitto dei terreni agricoli diversi da quelli di proprietà dei genitori.
La detrazione **spetta entro il limite** di € 80 per ciascun ettaro preso in affitto e fino a un massimo di € 1.200 annui (quindi il canone di affitto annuo rileva fino ad un massimo di € 6.318). A tal fine, il contratto di affitto deve essere redatto in forma scritta.
Nel caso di **detrazione superiore all'imposta lorda** diminuita delle detrazioni, è riconosciuto un credito identico a quello previsto per gli inquilini di abitazioni (v. n. 1855).

C. Spese per la salute e l'assistenza di persone

Per una serie di spese, riguardanti la salute e l'assistenza di persone, si ha diritto a delle detrazioni d'imposta in misura variabile. 1880
Le spese interessate sono:
- spese mediche comuni (prestazioni specialistiche, chirurgiche, analisi, ecc.);
- spese relative a portatori di handicap e soggetti affetti da gravi patologie;
- spese per addetti all'assistenza personale (c.d. badanti);
- contributi associativi a società di mutuo soccorso;
- spese per cani guida per ciechi.

a. Spese mediche comuni

Le spese mediche danno generalmente diritto alla detrazione del **19%** calcolata sull'ammontare complessivo delle stesse (non delle singole fatture) che eccede la **franchigia** di € 129,11. 1890
In caso di spese di **importo superiore** a € 15.493,71 annui, è possibile ripartire la detrazione in 4 quote annuali di pari importo. In caso di **decesso** del beneficiario dell'intera detrazione, l'erede tenuto a presentare la dichiarazione dei redditi per conto del defunto, può detrarre in un'unica soluzione le rate residue; la detrazione infatti non si trasmette agli eredi (Risp. AE 6 febbraio 2023 n. 192).

BENEFICIARIO Beneficiario della detrazione è il contribuente che ha effettivamente sostenuto le spese, al quale è intestato il documento di spesa, nell'**interesse proprio** e/o delle persone fiscalmente a **proprio carico** (v. n. 1125). Se il documento è intestato al tribunale (es. 1891

spese per perizia medico legale) non rileva se il pagamento è fatto dal contribuente (Risp. AE 24 settembre 2021 n. 625).
La detrazione spetta inoltre agli **eredi**, anche non fiscalmente a carico, per le spese sostenute dopo il decesso per conto del defunto (Circ. Min. 1° giugno 1999 n. 122/E).

1900 **SPESE AMMISSIBILI** (art. 15 lett. c DPR 917/86) Danno luogo a detrazione le spese sanitarie sostenute per le operazioni elencate nella **tabella** seguente. Possono essere detratte anche le spese sostenute **all'estero**, secondo gli stessi criteri applicabili a quelle sostenute in Italia (con esclusione delle spese per il trasferimento e per il soggiorno all'estero), purché la relativa documentazione rispetti i requisiti illustrati al n. 1910.

Tipologia (1)	Caratteristiche (spese sostenute per):
prestazioni **chirurgiche**	interventi necessari al recupero della normalità sanitaria della persona, compresi gli interventi di **piccola chirurgia** che sono eseguiti ambulatorialmente (anche da un medico generico) e che non richiedono solitamente alcuna degenza **(2)**
prestazioni **ospedaliere**	degenze o ricoveri, **anche non collegati a un'operazione** chirurgica (es. differenza di classe per presenza del bagno, anestesia, acquisto di medicinali e del plasma sanguigno, ecc.). Sono **esclusi** i servizi extra, quali telefono, televisore, ecc., così come le spese sostenute per il pernottamento di congiunti del malato e le spese di trasporto con l'autoambulanza. In caso di **ricovero di un anziano in un istituto** di assistenza, la retta non dà diritto alla detrazione; essa spetta solo per le spese mediche, purché siano indicate separatamente nella documentazione rilasciata dall'Istituto
trapianti di organi **(3)**	tutte le spese relative, comprese quelle necessarie per trasferire l'organo da trapiantare
prestazioni **specialistiche** (comprese le perizie medico legali)	prestazioni di **dentisti**, **oculisti**, ginecologi, cardiologi, oncologi, **psicologi**, psicoterapeuti, ecc. (esclusi i pedagogisti, Circ. AE 2 marzo 2016 n. 3/E)
analisi, ricerche, radiografie ed indagini speciali eseguite in centri autorizzati e sotto la responsabilità di uno specialista	– **esami di laboratorio**, elettrocardiogrammi ed altri controlli ordinari; – esami complessi quali **Tac**, **ecografie**, indagini laser, ecc.; – particolari terapie quali **dialisi**, sedute di neuro-psichiatria, **psicoterapia**, cobaltoterapia, iodioterapia, ecc.
acquisto di **protesi dentarie e sanitarie**	– dentiere, capsule e **apparecchi ortodontici** che correggono talune malformazioni dentarie o difetti della masticazione (il materiale impiegato può essere di qualsiasi genere: resina, porcellana, metalli preziosi); – apparecchi di protesi oculistica: occhi e cornee artificiali, **occhiali** da vista e **lenti a contatto** (per queste ultime si comprende anche il costo per i liquidi relativi). È esclusa la montatura degli occhiali in metallo prezioso (oro, argento, platino); – apparecchi di **protesi fonetica** (laringectomitizzati) e simili; apparecchi per facilitare l'audizione ai sordi, come modelli tascabili a filo, auricolare a occhiali, ecc.; – apparecchi da inserire nell'organismo: **stimolatori** o protesi cardiache, ecc.; – arti artificiali e **apparecchi di ortopedia** (scarpe e tacchi ortopedici e cinture medico-chirurgiche fatte su misura), apparecchi per fratture, busti, stecche, **stampelle**, ecc.; – **parrucche** volte a sopperire un danno estetico causato dalle cure (es. chemioterapia) e idonee a supportare un grave disagio psicologico nelle relazioni di vita quotidiana (Ris. AE 16 febbraio 2010 n. 9/E); – ausili per incontinenti, compresi i **pannoloni** (Circ. AE 18 maggio 2006 n. 17/E)
acquisto e affitto di **attrezzature sanitarie e dispositivi medici**	ad esempio, **macchine per aerosol** o per la misurazione della pressione sanguigna, **apparecchi acustici**, strumenti per la magnetoterapia, **fasce elastiche** con magneti a campo stabile, apparecchiatura per fisiokinesiterapia, apparecchi per laserterapia, **materassi antidecubito** e/o **ortopedico**, **siringhe**, aghi, contenitori, cerotti, bende, ecc. **(4)**
acquisto **medicinali**, inclusi quelli preparati in farmacia (c.d. preparazioni galeniche)	riguarda medicinali **con o senza prescrizione medica (5)**, quelli senza prescrizione anche se acquistati **online** da farmacie autorizzate alla vendita a distanza (l'elenco è consultabile sul sito www.salute.gov.it) (Circ. AE 4 aprile 2017 n. 7/E)

Tipologia (1)	Caratteristiche (spese sostenute per):
prestazioni mediche **generiche**	prestazioni diagnostiche rese da un medico generico, comprese quelle per **cure termali** (con l'esclusione di quelle di soggiorno e di viaggio). Si comprendono anche quelle sostenute per **il rilascio di certificati medici** per usi sportivi (sana e robusta costituzione), per la patente, ecc. (Circ. AE 27 aprile 2018 n. 7/E).
prestazioni **varie**	– visite e cure di **medicina omeopatica**, mesoterapia e **ozonoterapia** e haloterapia (o Grotte di sale), prestazioni di **dietisti**, **fisioterapisti (6)**, podologi, ortottisti, **chiropratici (7)**, **biologi** nutrizionisti; – prestazioni di crioconservazione di ovociti ed embrioni per la **procreazione assistita**, nonché quelle relative al trattamento di iniezione intracitoplasmatica dello spermatozoo (ICSI), anche se sostenute all'estero purché per le finalità consentite in Italia (Circ. AE 24 aprile 2015 n. 17/E, Circ. AE 6 maggio 2016 n. 18/E); – prestazioni di **luce pulsata** per sopperire ai danni estetici provocati dall'**irsutismo** (Guida AE alle agevolazioni fiscali sulle spese sanitarie)
assistenza specifica	prestazioni di personale paramedico abilitato (**infermieri** professionali), o di personale autorizzato a effettuare prestazioni sanitarie specialistiche (es. prelievi ai fini di analisi, applicazioni con apparecchiature elettromedicali, esercizio di attività riabilitativa)

(1) Se le prestazioni o i medicinali sono resi nell'ambito del **servizio sanitario nazionale** è detraibile l'importo del ticket pagato.
L'eventuale **onere aggiuntivo** addebitato al paziente in fattura per la prestazione pagata con sistemi diversi dalla carta di credito, rappresenta un onere amministrativo e, in quanto tale, non è detraibile (Risp. AE 25 agosto 2020 n. 268).
(2) Gli interventi di **chirurgia plastica** sono compresi solo se sono diretti ad eliminare deformità funzionali o estetiche particolarmente deturpanti (sono esclusi, quindi, quelli che hanno scopo diverso, per esempio rendere più gradevole l'aspetto di una persona).
Danno diritto alla detrazione le spese per l'intervento chirurgico di ricostruzione degli organi genitali **per cambiare sesso**, autorizzate dal tribunale (Ris. AE 3 agosto 2015 n. 71/E).
(3) Non danno diritto alla detrazione le spese per la conservazione delle **cellule staminali** del cordone ombelicale ad uso autologo (Ris. AE 12 giugno 2009 n. 155/E).
(4) Per i **dispositivi medici** di uso comune si veda l'elenco, esemplificativo, riportato nella Circ. AE 27 aprile 2018 n. 7/E (es. protesi acustiche, comprese le batterie, termometri, test di gravidanza e altri test, penna pungidito, parrucca, ecc.); devono avere la **marcatura CE** e possono essere acquistati anche in erboristeria (Circ. AE 1° giugno 2012 n. 19/E). Rilevano anche quelli **fabbricati su misura** per un paziente, ma se non hanno la marcatura occorre una attestazione di conformità al D.Lgs. 46/1997 (Guida AE alle agevolazioni fiscali sulle spese sanitarie).
(5) Non danno invece diritto alla detrazione i **parafarmaci**, cioè gli integratori alimentari, i prodotti fitoterapici, i colliri e le pomate, anche se acquistati con la prescrizione medica (Ris. AE 22 ottobre 2008 n. 396/E, Ris. AE 20 giugno 2008 n. 256/E).
(6) Sono equiparate le prestazioni dei **massofisioterapisti** iscritti nel relativo elenco speciale ad esaurimento (Risp. AE 24 giugno 2020 n. 8).
(7) Le prestazioni degli **osteopati** non danno diritto alla detrazione, a meno che questi non siano iscritti a una professione sanitaria riconosciuta (Circ. AE 21 maggio 2014 n. 11/E).

Spese rimborsate (art. 15 c. 1 lett. c DPR 917/86) Sono detraibili le spese rimborsate da assicurazioni o da fondi di assistenza a fronte di **premi di assicurazione o contributi** che: **1905**
- sono versati dal contribuente e non sono detraibili o deducibili;
- pur essendo versati da altri (es. datore), concorrono a formare il reddito del contribuente, salvo che il datore ne abbia riconosciuto la detrazione in sede di ritenuta.

Se i contributi sono **detraibili parzialmente o concorrono solo in parte** a formare il reddito (es. contributi di assistenza sanitaria versati dal datore in misura superiore a € 3.615,20 - v. n. 8400), le spese sono detraibili in proporzione ai contributi che formano il reddito.

ESEMPIO
Tizio in un anno ha versato € 6.000 di contributi per assistenza sanitaria, ha sostenuto spese per € 10.000 e ha ricevuto un rimborso di € 8.000.
Detrazione (nella dichiarazione dei redditi):
1) importo non rimborsato, detraibile: € 2.000 (10.000 – 8.000)
2) quota detraibile delle spese rimborsate così calcolata:
– rapporto tra i contributi versati in eccedenza, rispetto al limite di € 3.615,20, e il totale dei contributi versati: (6.000 – 3.615,20) / 6.000 = 39,74%;
– quota detraibile delle spese rimborsate: 8.000 × 39,74% = € 3.179;
– detrazione totale: € 5.179 (2.000 + 3.179).

Non sono detraibili le **spese**: rimborsate a fronte di contributi o premi, **detraibili**, anche se il contribuente ha rinunciato alla detrazione (Circ. AE 19 giugno 2002 n. 54/E); **risarcite** dal danneggiante o da altri per suo conto (Istr. Mod. 730).

1910 **DOCUMENTAZIONE** Nella **tabella** seguente è indicata la documentazione necessaria per **provare** il diritto alla detrazione, distinguendo fra spese sostenute in Italia e spese sostenute all'estero. La stessa deve essere **conservata** dal contribuente fino alla scadenza dei termini per l'accertamento (v. n. 81055).

Spese sostenute in Italia	
Spesa	**Descrizione (1)**
Prestazioni **mediche generiche e specialistiche**	Fattura, ricevuta o parcella quietanzata su carta intestata del medico da cui risulti la diagnosi
Ticket	Fattura o scontrino fiscale integrato
Medicinali	Fattura o scontrino fiscale integrato, con la specificazione della natura (attestata mediante l'indicazione di «farmaco» o «medicinale» o «omeopatico» o «preparazione galenica», oppure sigle quali SOP o OTC o abbreviazioni tipo med. o f.co), qualità (attestata mediante l'indicazione del codice alfanumerico posto sulle confezioni di ogni medicinale, c.d. AIC), e quantità dei beni e l'indicazione del codice fiscale del destinatario (Circ. AE 17 febbraio 2010 n. 5/E, Circ. AE 30 luglio 2009 n. 40/E) **(2)**
Protesi dentarie o sanitarie	Prescrizione preliminare su carta intestata del medico e fatture o parcelle quietanzate su carta intestata dei soggetti autorizzati. In alternativa alla prescrizione, si può presentare, a richiesta degli Uffici, un'autocertificazione attestante la necessità dell'acquisto **(3)**. La prescrizione non è necessaria per le attività per le quali è consentito intrattenere rapporti diretti con il paziente, per esempio: gli ottici optometristi per la vendita degli occhiali da vista, ecc. In questo caso, se viene emesso lo scontrino non integrato, è necessaria una attestazione (dell'ottico) dalla quale risulti che l'acquisto della protesi serve a sopperire ad una patologia (della vista) del contribuente o dei suoi familiari a carico (Circ. Min. 12 maggio 2000 n. 95/E)
Per **dietisti, biologi nutrizionisti (4), fisioterapisti, podologi, logopedisti, ortottisti,** ecc. (DM 29 marzo 2001)	Fattura quietanzata (non occorre la prescrizione del medico) (Circ. AE 1° giugno 2012 n. 19/E)
Prestazioni **chiropratiche**, trattamenti di **mesoterapia** e **ozonoterapia**, **cure termali**	Fattura quietanzata e prescrizione del medico (Circ. AE 4 aprile 2017 n. 7/E)
Dispositivi medici	Scontrino integrato o fattura con la descrizione del dispositivo medico (o DM) e documentazione che provi che il dispositivo ha la marcatura CE (es. confezione) (Circ. AE 13 maggio 2011 n. 20/E) o, per quelli su misura, attestazione di conformità al D.Lgs. 46/97 (v. n. 1900) **(5)**
Assistenza specifica	Fattura, ricevuta o parcella quietanzata

(1) La documentazione deve essere intestata al beneficiario (v. n. 1891).
Se le spese sono di **importo superiore a € 77,47**, sulla fattura o ricevuta relativa il prestatore deve apporre il contrassegno dell'**imposta di bollo** di € 2; se ciò non avviene, l'imposta deve essere regolarizzata dal cliente e in tal caso il relativo importo può essere computato nella determinazione della spesa che dà diritto alla detrazione. Discorso analogo vale nel caso in cui il prestatore addebita in fattura o ricevuta l'importo dell'imposta di bollo (Ris. AE 18 novembre 2008 n. 444/E).
(2) Il codice fiscale del destinatario può risultare sia dalla tessera sanitaria che da apposita comunicazione, anche verbale, dell'acquirente (Circ. Min. Salute 15 gennaio 2008 n. DGPROG/280/P21).
Per i **prodotti omeopatici**, per i quali non è stata ancora attivata la procedura per l'attribuzione del codice di autorizzazione all'immissione in commercio (AIC), è possibile individuare univocamente ciascun medicinale attraverso un codice valido sull'intero territorio nazionale, attribuito da organismi privati, rilevabile mediante lettura ottica. Pertanto, sul documento di spesa la qualità del medicinale omeopatico va riportata utilizzando tale numero identificativo (Circ. AE 23 aprile 2010 n. 21/E).

(3) La firma dell'**autocertificazione** può non essere autenticata se accompagnata da copia fotostatica del documento d'identità del sottoscrittore.
(4) Nella fattura rilasciata dal **biologo** nutrizionista dovranno risultare la specifica attività professionale e la descrizione della prestazione sanitaria resa, mentre non è necessaria la prescrizione medica (Circ. AE 21 maggio 2014 n. 11/E).
(5) Chi vende il **dispositivo medico** può assumersi l'onere di individuare i prodotti che danno diritto alla detrazione integrando le indicazioni da riportare sullo scontrino fiscale/fattura con la dicitura «prodotto con marcatura CE», con l'indicazione, per i dispositivi medici diversi da quelli di uso comune elencati nella Circ. AE 13 maggio 2011 n. 20/E, del numero della direttiva comunitaria di riferimento (Circ. AE 1° giugno 2012 n. 19/E).

1912

Spese sostenute all'estero	
Spesa	**Descrizione**
Prestazioni comuni	Dalla documentazione deve essere possibile ricavare le stesse indicazioni previste per ciascun tipo di spesa sostenuta in Italia; nel caso in cui il farmacista estero abbia rilasciato un documento di spesa da cui non risultino le indicazioni richieste, il codice fiscale del destinatario deve essere riportato a mano sullo stesso e la natura, qualità e quantità del farmaco devono risultare da una documentazione rilasciata dalla farmacia recante le predette indicazioni (Circ. AE 4 aprile 2008 n. 34/E). Inoltre, se la documentazione è in **lingua straniera** occorre predisporre una traduzione in italiano nel rispetto dei seguenti criteri: a) se la documentazione è redatta in inglese, francese, tedesco o spagnolo, è sufficiente che la traduzione sia eseguita a cura del contribuente e da lui sottoscritta; b) se, invece, è redatta in lingua diversa, è necessaria una traduzione giurata. I contribuenti aventi domicilio fiscale in Valle d'Aosta e nella provincia di Bolzano non debbono allegare alcuna traduzione se la documentazione è scritta, rispettivamente, in francese o in tedesco.
Prestazioni riguardanti la procreazione assistita	Documentazione rilasciata da una struttura di procreazione medicalmente assistita autorizzata dall'Autorità competente del Paese estero secondo le normative vigenti. Dalla stessa documentazione o da dichiarazione di un medico specializzato italiano, deve risultare che la prestazione è conforme ai trattamenti consentiti dalla normativa italiana.

b. Portatori di handicap e soggetti affetti da gravi patologie

Esistono **regole specifiche** per i portatori di handicap e per le persone affette da patologie che danno diritto all'esenzione dalla partecipazione alla spesa sanitaria. 1920
In particolare, per i portatori di handicap rilevano non solo le spese medico sanitarie, ma anche altre spese tendenti a migliorare l'autosufficienza del soggetto.

Alle spese in esame si applica la stessa disciplina prevista in caso di **rimborso** per effetto di polizze malattie o di contributi e premi (v. n. 1905).

1. Portatori di handicap

DEFINIZIONE Si considerano invalidi e portatori di handicap coloro che presentano una **minorazione** fisica, psichica o sensoriale, stabilizzata o progressiva, che è causa di difficoltà di apprendimento, di integrazione lavorativa tale da determinare un processo di svantaggio sociale o di emarginazione. 1925
L'**invalidità** deve essere stata **riconosciuta** da commissioni mediche pubbliche ai sensi della L. 104/92, salvo per i grandi invalidi di guerra. Non è invece sufficiente il solo riconoscimento dell'invalidità civile, ma occorre anche la grave e permanente invalidità o menomazione (es. invalidità totale o altre ipotesi in cui è attribuita l'indennità di accompagnamento) (Ris. AE 23 settembre 2016 n. 79/E, Circ. AE 14 giugno 2001 n. 55/E).
La sussistenza delle **condizioni** personali può essere attestata mediante autocertificazione.

Rilevano diverse varietà di spese che si possono raggruppare in **2 tipologie**, in funzione della loro qualificazione: oneri deducibili e oneri detraibili. 1926

1930 **ONERI DEDUCIBILI** (art. 10 lett. b DPR 917/86) Sono interamente deducibili dal reddito complessivo le spese mediche **generiche** e quelle per la loro **assistenza specifica**, che per i soggetti comuni danno solitamente diritto alla detrazione d'imposta (v. n. 1900). Sono deducibili anche le spese sostenute per i **familiari** di cui al n. 1125, anche se **non a carico** fiscalmente.

Beneficiari della detrazione sono coloro che hanno effettivamente sostenuto il costo.

>**Precisazioni 1)** In caso di **ricovero** di un portatore di handicap in un **istituto di assistenza** non si può dedurre l'intera retta pagata, ma solo la parte che riguarda le spese mediche e quelle paramediche di assistenza specifica (le quali devono essere indicate separatamente nella documentazione rilasciata dall'istituto).

2) Sono deducibili anche le spese per prestazioni di **ippoterapia** e **musicoterapia** se (Circ. AE 1° giugno 2012 n. 19/E):
- un medico ne attesta la necessità per la cura della patologia del portatore di handicap;
- sono eseguite in centri specializzati direttamente da personale medico o sanitario specializzato (psicoterapeuta, fisioterapista, psicologo, terapista della riabilitazione, ecc.), oppure sotto la loro direzione e responsabilità tecnica.

3) Tra le spese di **assistenza specifica** rientrano le prestazioni rese da **personale paramedico abilitato** (es. infermieri professionali) ovvero da **personale autorizzato** a effettuare prestazioni sanitarie specialistiche (es. prelievi ai fini di analisi, applicazioni con apparecchiature elettromedicali, esercizio di attività riabilitativa). Non sono, invece, deducibili le spese sostenute per prestazioni rese dal **pedagogista** (Circ. AE 7 luglio 2022 n. 24/E).

1931 **Documentazione** Per gli obblighi di documentazione si rinvia a quanto illustrato per le spese mediche comuni (v. n. 1910). Tuttavia, per quanto riguarda l'**intestazione del documento** di spesa bisogna distinguere:
- se il portatore di handicap è **titolare di redditi di importo** superiore a € 2.840,51, l'intestazione deve essere riferita al soggetto stesso;
- se invece è titolare di un reddito inferiore a € 2.840,51, e quindi è **a carico di un familiare**, l'intestazione può essere riferita indifferentemente al portatore di handicap o al familiare che lo ha a carico (Circ. Min. 12 aprile 2000 n. 74/E).

Se l'unico **intestatario della fattura è il paziente** ricoverato, il familiare che ha sostenuto effettivamente tutto o parte del costo, per poter dedurre le spese mediche e di assistenza specifica, deve integrare la fattura, annotando sulla stessa l'importo da lui versato (Circ. AE 1° luglio 2010 n. 39/E).

1935 **ONERI DETRAIBILI** (art. 15 lett. c, c ter DPR 917/86) Le seguenti spese, anche se sostenute dal familiare che ha a carico il portatore di handicap, danno diritto alla detrazione del 19% da calcolare sull'intero importo (senza limiti, salvo che per i veicoli):

A) spese per **sussidi tecnici e informatici** rivolti a facilitare l'autosufficienza e le possibilità di integrazione dei soggetti suindicati (es. fax, modem, computer, telefono a viva voce, costi di abbonamento al servizio di soccorso rapido telefonico, cucine, limitatamente alle componenti dotate di dispositivi preposti a facilitare il controllo dell'ambiente), nonché spese sostenute per i **servizi di interpretariato** dei soggetti riconosciuti sordomuti (affetti cioè da sordità congenita o acquisita durante l'età evolutiva, con esclusione quindi dei sordomuti di natura psichica o dipendente da causa di guerra, lavoro o servizio, Circ. AE 27 aprile 2018 n. 7/E);

B) spese relative ai **mezzi necessari per la deambulazione**, la locomozione (v. n. 1940), l'accompagnamento ed il sollevamento, quali poltrone e veicoli per invalidi azionati con qualsiasi meccanismo di propulsione, spese sostenute in occasione del trasporto in autoambulanza, ecc. Tali spese rilevano anche se sostenute all'estero, purché documentate regolarmente secondo i principi esposti al n. 1945 (Circ. AE 13 maggio 2011 n. 20/E).

La detrazione per le spese di cui alla lettera B) spetta anche ai soggetti con **handicap psichico o mentale** di gravità tale da aver determinato il riconoscimento dell'indennità di accompagnamento e agli **invalidi** con grave limitazione della capacità di deambulazione o affetti da pluriamputazioni (art. 30 c. 7 L. 388/2000).

1940

Strumenti per locomozione	**Descrizione**	
1) automobili e **autocaravan**	si distingue a seconda delle **caratteristiche dei soggetti portatori di handicap**, risultanti dalla certificazione della commissione per l'accertamento dell'handicap o di altra commissione medica pubblica preposta all'accertamento dello stato di invalidità, purché, in quest'ultimo caso, la stessa evidenzi in modo esplicito la gravità della patologia e la natura della stessa (Circ. AE 11 maggio 2001 n. 46/E, Circ. AE 23 aprile 2010 n. 21/E):	
	a) invalidi affetti da una **ridotta** o **impedita capacità motoria** permanente	la detrazione spetta **solo se c'è l'adattamento** funzionale del veicolo risultante dalla carta di circolazione - anche se prodotto in serie e a prescindere dalla cilindrata - alle necessità del portatore di handicap. Sono compresi i veicoli con cambio automatico (per questi ultimi è necessaria la prescrizione della Commissione medica locale)
	b) invalidi con **grave limitazione della capacità di deambulazione** o con **pluriamputazioni**, soggetti con **handicap psichico** o mentale tale da aver determinato il riconoscimento dell'indennità di accompagnamento (es. soggetti affetti da sindrome di down), ciechi (totali, parziali o ipovedenti gravi) e sordomuti	la detrazione spetta **a prescindere dall'adattamento** del veicolo. Lo stato di portatore di handicap deve sussistere al momento dell'acquisto, pertanto la detrazione spetta anche se, successivamente, a seguito di trapianto, il disabile non ha più le gravi limitazioni della capacità di deambulazione (Circ. AE 10 giugno 2004 n. 24/E)
2) motoveicoli e motocarrozzette	vale quanto riportato sopra alle lett. a) e b)	
3) bicicletta elettrica a pedalata assistita	vale quanto riportato sopra alla lett. a) (Circ. AE 4 aprile 2017 n. 7/E)	
4) cani guida dei non vedenti	in aggiunta alle spese per l'acquisto, interamente detraibili, è prevista una detrazione forfettaria annua di € 1.000 per il suo mantenimento a favore del non vedente (v. n. 1980)	

Imputazione della detrazione La detrazione spetta **nell'anno** in cui si sono sostenute 1942
le spese relative o, alternativamente, può essere **ripartita in 4 quote** annuali costanti e di pari importo; la rateizzazione non può però riguardare le spese di manutenzione straordinaria (Circ. AE 20 aprile 2005 n. 15/E).

Per i **cani guida** e per i **veicoli** la detrazione spetta una sola volta in un periodo di **4 anni** 1943
decorrenti dalla data di acquisto (salvo i casi, diversi dall'esportazione, in cui dal Pubblico registro automobilistico risulti che il suddetto veicolo sia stato cancellato) e con riferimento a un solo veicolo (moto o auto), nei **limiti della spesa** di € 18.075,99. Tale limite si applica in relazione a un singolo disabile e si riferisce (Ris. AE 9 aprile 2002 n. 113/E, Ris. AE 17 settembre 2002 n. 306/E, Ris. AE 16 maggio 2006 n. 66/E):
- per gli invalidi affetti da una **ridotta** o **impedita capacità motoria** permanente, alla spesa per l'acquisto del veicolo comprensiva dell'adattamento, nonché alle spese per la manutenzione straordinaria del veicolo stesso sostenute nel quadriennio;
- per gli **altri soggetti** (lett. b **tabella** precedente), alla spesa concernente l'acquisto del veicolo e alle spese per la manutenzione straordinaria dello stesso sostenute nel quadriennio.

In caso di **trasferimento** (oneroso o gratuito) **prima di 2 anni** dall'acquisto, delle autovetture per le quali l'acquirente ha usufruito dei benefici fiscali, è dovuta la differenza fra l'imposta dovuta in assenza di agevolazioni e quella risultante dall'applicazione delle agevolazioni stesse. La restituzione non va effettuata per i disabili che, in seguito a mutate necessità dovute al proprio handicap, cedano il proprio veicolo per acquistarne un altro su cui realizzare nuovi e diversi adattamenti (art. 1 c. 37 L. 296/2006).

> Precisazioni 1) In caso di **decesso** nel quadriennio, l'erede che presenta la dichiarazione dei redditi del deceduto può detrarre in un'unica soluzione le eventuali rate mancanti (Circ. AE 1° giugno 2012 n. 19/E). **2)** Nei casi di **furto** del veicolo la detrazione spetta anche in caso di riacquisto entro il quadriennio, sempre nei limiti della spesa massima di € 18.075,99 da cui va, però, detratto l'eventuale **rimborso assicurativo**. Se il contribuente aveva scelto di rateizzare la detrazione relativa alla prima auto, il riacquisto derivante dal furto non pregiudica il diritto alla detrazione delle quote annuali mancanti, contemporaneamente alla detrazione relativa alla nuova auto (Circ. AE 20 aprile 2005 n. 15/E).

3) Un soggetto che **non ha usufruito della detrazione nell'anno di acquisto** del veicolo (per dimenticanza o perché esonerato dall'obbligo di presentare la dichiarazione) può usufruirne l'anno successivo in relazione alla seconda rata (Circ. AE 20 aprile 2005 n. 15/E).

4) Per **maggiori dettagli** sulle spese in esame si rinvia alle istruzioni al Mod. 730 o del Mod. Redditi.

1945 **Documentazione** Nella **tabella** seguente è indicata la documentazione necessaria per provare il diritto alla detrazione.

Spesa	Descrizione (1)
Sussidi tecnici e informatici (per portatori di handicap)	Fattura quietanzata e certificazione del medico curante che attesti che il sussidio è volto a facilitare l'autosufficienza
Mezzi per la deambulazione, la **locomozione**, l'**accompagnamento** ed il **sollevamento** per invalidi	Fattura o ricevuta quietanzata e certificazione rilasciata dall'apposita commissione medica attestante l'invalidità. In alternativa alla certificazione, si può presentare, a richiesta degli Uffici, un'autocertificazione **(2)**

(1) Se la documentazione giustificativa è in **lingua straniera**, occorre osservare gli adempimenti previsti per le spese mediche comuni (v. n. 1910).

(2) Per quanto riguarda l'**intestazione del documento** v. n. 1931.

2. Soggetti affetti da gravi patologie

1960 Le spese sostenute nell'interesse dei **familiari, anche non a carico**, affetti da patologie che danno diritto all'esenzione dalla partecipazione alla spesa sanitaria (c.d. ticket), consentono la detrazione del 19%. Si tratta di malattie croniche e/o rare quali diabete, demenza senile, aritmie cardiache, cirrosi epatiche, artriti reumatoidi, ecc.; l'elenco completo si può consultare sul sito www.salute.gov.it.

La detrazione spetta per la parte che non trova capienza nell'imposta dovuta dai suddetti familiari, relativamente alle sole spese riguardanti tali patologie ed **entro il limite annuo** di € 6.197,48, ridotto della franchigia di € 129,11 (anche se è stata già applicata dal familiare stesso e indipendentemente dal numero dei soggetti affetti dalle patologie suddette). A tale riguardo, la riferibilità della spesa alla patologia esente deve risultare o da documentazione medica o da autocertificazione sottoscritta dal familiare affetto dalla patologia (Circ. AE 20 aprile 2005 n. 15/E).

1965 È necessario che il **documento** che certifica la spesa sia **intestato** al contribuente che ha effettuato il pagamento e contenga l'indicazione del soggetto affetto dalla grave patologia. Nel caso in cui sia intestato a quest'ultimo, occorre che sia annotato quale parte della spesa è stata sostenuta dal familiare.

Infine, è necessario che il contribuente documenti il tipo di patologia di cui è affetto il familiare mediante **certificazione** rilasciata dalla azienda sanitaria locale.

Il soggetto affetto dalle patologie in esame, se **possiede redditi**, deve presentare la dichiarazione per operare la detrazione fino a concorrenza dell'imposta da lui dovuta.

Invece, se **non ha alcun reddito** o possiede redditi tali da comportare un'imposta assorbita dalle detrazioni soggettive, non è tenuto alla presentazione della dichiarazione. In questo caso il familiare che ha sostenuto la spesa può operare la detrazione per l'intero onere sostenuto, entro il limite di € 6.197,48 (Circ. AE 14 giugno 2001 n. 55/E).

c. Spese per addetti all'assistenza personale (c.d. badanti)

(art. 15 c. 1 lett. i septies DPR 917/86)

1970 **PRESUPPOSTI** Nei casi di **non autosufficienza** nel compimento degli atti della vita quotidiana, se il **reddito complessivo non supera** € 40.000, le spese sostenute per gli addetti all'assistenza personale danno diritto alla detrazione.

Sono considerati non autosufficienti i soggetti non in grado di assumere alimenti, di espletare le funzioni fisiologiche e provvedere all'igiene personale, di deambulare, di indossare gli indumenti. Lo stato di non autosufficienza deve essere comprovato da certificazione medica (Ris. AE 22 ottobre 2008 n. 397/E).
Le spese devono risultare da idonea **documentazione**, che può anche consistere in una ricevuta debitamente firmata, rilasciata dall'addetto all'assistenza. La documentazione deve contenere gli estremi anagrafici e il codice fiscale del soggetto che effettua il pagamento e di quello che presta l'assistenza. Se la spesa è sostenuta **in favore di un familiare**, nella ricevuta devono essere indicati anche gli estremi anagrafici e il codice fiscale di quest'ultimo.

>**Precisazioni 1)** La detrazione non compete per spese di assistenza sostenute a beneficio di soggetti come, ad esempio, i **bambini** quando la non autosufficienza non si ricollega all'esistenza di patologie.
2) Rilevano anche le prestazioni fornite da una **casa di cura** o **di riposo** ai degenti, da una cooperativa di servizi o da un'agenzia di somministrazione (ex interinale) (Circ. AE 4 aprile 2017 n. 7/E).

LIMITI La detrazione del 19% è ammessa in relazione ad un **importo di spesa non superiore** a € 2.100 (detrazione massima € 400). **1973**
Spetta anche se le spese sono sostenute per i **familiari** di cui al n. 1125, non importa se a carico o meno (art. 15 c. 2 DPR 917/86).
Il limite di € 2.100 deve essere considerato con riferimento al singolo contribuente a prescindere dal numero dei soggetti cui si riferisce l'assistenza.
Nel caso in cui **più familiari** hanno sostenuto spese per assistenza riferite allo stesso familiare, il limite massimo di € 2.100 va ripartito tra coloro che hanno sostenuto la spesa.

d. Contributi associativi a società di mutuo soccorso

(art. 83 c. 5 D.Lgs. 117/2017)

Per i soci di società di mutuo soccorso è prevista una detrazione del 19% dei contributi associativi, per un importo non superiore a € 1.300, versati alle società di mutuo soccorso per assicurare ai soci stessi un sussidio nei casi di **malattia**, di i**mpotenza al lavoro** o di **vecchiaia**, o, in caso di **decesso**, un aiuto alle loro famiglie. **1976**

e. Spese per cani guida per ciechi

(art. 15 c. 1 quater DPR 917/86)

Per le persone non vedenti è prevista una detrazione **forfettaria** di € 1.000 in relazione alle spese sostenute per il mantenimento dei cani guida, a prescindere dalla **documentazione** della spesa effettivamente sostenuta. **1980**
La detrazione può essere utilizzata esclusivamente dal soggetto **non vedente**, non dai familiari che l'hanno eventualmente a carico (Circ. Min. 22 dicembre 2000 n. 238/E).

D. Spese veterinarie

(art. 15 c. 1 lett. c bis DPR 917/86, DM 6 giugno 2001 n. 289)

Danno diritto alla detrazione del 19%, le spese veterinarie per gli **animali** legalmente detenuti a scopo di compagnia o per la pratica sportiva, anche se sostenute da un soggetto non proprietario (Circ. AE 14 giugno 2001 n. 55/E). **1990**
Sono spese veterinarie quelle per prestazioni professionali rese dal veterinario, le spese per analisi di laboratorio e interventi presso cliniche veterinarie; si comprendono anche quelle per medicinali specifici certificati da scontrino parlante (non occorre la prescrizione del veterinario, Ris. AE 27 febbraio 2017 n. 24/E). È **irrilevante il numero** degli animali posseduti.
La detrazione **compete fino** all'importo di € 550 e **limitatamente** alla parte che eccede € 129,11. Ad esempio, se la spesa documentata è di € 600 la detrazione si calcola su € 420,89 (550 – 129,11) ed è pari a € 80.

La detrazione **non compete** per le spese concernenti la cura di animali destinati a:
- allevamento, riproduzione o consumo alimentare;
- esercizio di attività commerciali o agricole;
- attività illecite.

E. Spese assicurative e previdenziali volontarie

2000 **INTRODUZIONE** Certe spese assicurative e previdenziali volontarie danno diritto ad una detrazione d'imposta del 19% **entro limiti variabili** a seconda della tipologia e dell'anno di pagamento.
Si evidenzia inoltre che alla **formazione dei diversi limiti** concorrono le differenti tipologie di oneri detraibili rientranti in questa trattazione (lettera E).

1. Contratti di assicurazione stipulati dal 2001
(art. 15 c. 1 lett. f DPR 917/86, Circ. AE 20 marzo 2001 n. 29/E)

2005 **RISCHIO RILEVANTE** Per i contratti di assicurazione stipulati o rinnovati dal 2001, danno diritto alla detrazione del 19%, entro il limite indicato in **tabella**, i premi per assicurazioni, anche se versati all'estero o a compagnie estere, aventi per oggetto uno dei rischi indicati nella tabella seguente.

Ai fini del raggiungimento dei diversi limiti, il **lavoratore dipendente** deve tenere conto anche dei premi assicurativi versati per suo conto dal datore di lavoro e dei quali questi ha tenuto conto in sede di determinazione della ritenuta (v. n. 8800).

Rischio (1) (2)	Limite (€)	Descrizione
morte	530 **(3)**	Compresi anche i **contratti di tipo misto**, cioè che prevedono l'erogazione sia in caso di morte sia in caso di permanenza in vita dell'assicurato alla scadenza del contratto stesso o di riscatto prima della scadenza (es. contratti che hanno per oggetto il c.d. rischio di morte a vita intera). In questi casi solo la parte del premio riferibile al rischio di morte può fruire della detrazione.
invalidità permanente non inferiore al 5%, da qualsiasi causa derivante (infortuni, malattia)	530	Se la polizza malattia o infortuni è finalizzata a garantire un risarcimento anche in caso di invalidità **inferiore al 5%**, la detrazione è riconosciuta con riferimento alla sola quota parte del premio corrisposto limitatamente alla copertura del rischio di invalidità non inferiore al 5% **(4)**
non autosufficienza nel compimento degli atti della vita quotidiana (5)	1.291,14	**Esempio**: assunzione degli alimenti, espletamento delle funzioni fisiologiche e dell'igiene personale, deambulazione, indossare gli indumenti. Si considera non autosufficiente anche il soggetto che necessita di sorveglianza continuativa. Con DM 22 dicembre 2000 sono state stabilite le **caratteristiche** dei contratti che possono essere stipulati sia nell'ambito dell'assicurazione malattia che in quello dell'assicurazione sulla vita.

(1) In ogni caso, condizione essenziale per usufruire della detrazione è che l'impresa di assicurazione non abbia facoltà di **recesso** dal contratto.
(2) Per i contratti di assicurazione che prevedono la copertura di **più rischi** aventi un regime fiscale differenziato, nella polizza è evidenziato l'importo del premio afferente a ciascun rischio (art. 13 c. 2 D.Lgs. 47/2000).
(3) Per i premi per assicurazioni aventi per oggetto il rischio di morte finalizzate alla tutela delle **persone con disabilità grave** l'importo è elevato a € 750, anche se ci sono più beneficiari, uno solo dei quali è disabile (art. 5 c. 1 L. 112/2016, Circ. AE 4 aprile 2017 n. 7/E).
(4) Nel caso di **premi indicizzati** o di **polizze di gruppo** la quota di premio cui spetta la detrazione di imposta potrà essere individuata anche in modo forfettario, sulla base di dati obiettivi desunti dall'esperienza del portafoglio assicurativo.
(5) Cosiddette **polizze Ltc** (Long term care).

Se i contratti hanno natura **esclusivamente previdenziale**, cioè sono rivolti semplicemente alla costituzione di una pensione, i relativi premi sono dedotti dal reddito complessivo nei limiti illustrati al n. 1313. Invece, i contratti aventi natura **finanziaria** sono irrilevanti.

Solitamente è necessario che **contraente e assicurato** siano la medesima persona. Tuttavia, la detrazione spetta anche nei seguenti casi: **2010**
– quando il contribuente (contraente) stipula un'assicurazione per il figlio minorenne (assicurato e beneficiario) e, quindi, versa i premi **nell'interesse di un familiare a carico** (v. n. 1125) (Circ. Min. 12 maggio 2000 n. 95/E, Circ. AE 14 giugno 2001 n. 55/E);
– quando il **familiare a carico** del contribuente (es. moglie) stipula un contratto e versa i relativi premi, risultando quindi sia come contraente che come assicurato. Ovviamente in questo caso la detrazione spetta al contribuente che ha a carico il familiare (Circ. AE 18 maggio 2006 n. 17/E).

STIPULAZIONE E RINNOVO I rischi suddetti interessano i contratti di assicurazione stipulati dal 2001 e quelli stipulati in precedenza e rinnovati dal 2001. Il contratto si intende rinnovato quando l'assicurato, con la sua manifestazione di volontà, esercita alla scadenza, anche tacitamente, il diritto di accettazione che gli è stato irrevocabilmente attribuito. **2015**

Non costituiscono rinnovo, e quindi resta applicabile la disciplina fiscale del contratto originario, se stipulato prima del 2001:
– la semplice trasformazione di un contratto, es. trasformazione di una polizza rivalutabile di tipo tradizionale in una polizza di tipo «unit linked» (Ris. AE 15 maggio 2003 n. 111/E);
– l'integrazione di un contratto consistente nell'inserimento di nuove clausole che prevedono il versamento di premi aggiuntivi (Ris. AE 3 dicembre 2002 n. 378/E).

---

2. Contratti di assicurazione stipulati ante 2001

I premi sostenuti per contratti di assicurazione stipulati prima del 2001 e **non rinnovati successivamente**, danno diritto alla detrazione del 19%, da calcolare su un importo massimo di € 530 (detrazione massima € 101), quando riguardano assicurazioni **sulla vita** e **contro gli infortuni**. I premi delle assicurazioni contro infortuni danno diritto alla detrazione solo se garantiscono, in caso di infortunio dell'assicurato (inabilità temporanea, invalidità permanente, morte), il pagamento di una somma a titolo di **indennità**. **2030**

>Precisazioni 1) Tra le assicurazioni sulla vita si comprendono anche le **polizze collettive** stipulate in nome e per conto del contraente-assicurato; la detrazione compete relativamente alla quota di premio riferita alla singola posizione individuale (Circ. Min. 12 maggio 2000 n. 95/E).
2) Tra le assicurazioni contro gli infortuni sono comprese quelle relative al **conducente auto**, stipulate normalmente in aggiunta alla ordinaria polizza **R.C. auto** (Circ. Min. 12 maggio 2000 n. 95/E).
Sono **escluse** quelle assicurazioni aventi natura **assistenziale**, come ad esempio le assicurazioni contro le malattie, le quali non danno diritto ad alcuna detrazione (CTC 15 maggio 1985 n. 5104).
3) Ai fini del raggiungimento dei diversi limiti, il **lavoratore dipendente** deve tenere conto anche dei premi assicurativi versati per suo conto dal datore di lavoro e dei quali questi ha tenuto conto in sede di determinazione della ritenuta (v. n. 8800).

---

3. Contributi versati per il riscatto degli anni di laurea
(art. 2 c. 5 bis D.Lgs. 184/97)

I contributi volontari versati per il riscatto del corso di laurea hanno una rilevanza diversa a seconda del soggetto cui si riferiscono: **2035**
– quelli versati per il riscatto del corso di laurea dei **familiari a carico** danno diritto al contribuente che li versa a una detrazione del 19%, da calcolare su un importo massimo di € 1.291,14 (detrazione massima € 245);
– quelli versati per il riscatto del corso di laurea di un **soggetto che** è iscritto (o lo è stato anche solo in passato), ad una qualsiasi gestione previdenziale, avendo un'attività lavorativa, sono deducibili dal reddito di quest'ultimo (v. n. 1312).

4. Altri contributi previdenziali volontari versati per contratti ante 2001

2040 I contributi previdenziali volontari, diversi da quelli per il riscatto degli anni di laurea, versati per contratti stipulati fino al 31 dicembre 2000 con enti che corrispondono sul piano collettivo (e non al singolo contribuente) delle rendite o pensioni, danno diritto alla detrazione del 19% da calcolare su un importo massimo di € 1.291,14 (detrazione massima € 245). Si tratta in particolare dei contributi versati facoltativamente alla gestione della **forma pensionistica obbligatoria** di appartenenza, qualunque sia la causa che origina il versamento (es. prosecuzione volontaria, ricongiunzione di differenti periodi assicurativi).

I contributi versati per **contratti stipulati dal 2001** sono deducibili dal reddito complessivo (v. n. 1308 e s.).

F. Asili, scuole, sport e trasporti pubblici

2045 Le spese riguardanti la frequenza di asili, scuole, conservatori e impianti sportivi danno diritto alla **detrazione del 19% entro** limiti variabili a seconda della tipologia.
Le spese relative agli asili nido e alla pratica sportiva rilevano solo se riguardano i figli, mentre le spese scolastiche rilevano anche se riguardano il contribuente o altri familiari a carico (oltre ai figli).

2050

Rette per la frequenza di asili nido (art. 1 c. 335 L. 266/2005, art. 2 c. 6 L. 203/2008)	
Spese sostenute dai genitori per il pagamento di rette relative alla frequenza di asili nido, **pubblici o privati** (comprese le c.d. sezioni primavera e i servizi a domicilio forniti nella provincia di Bolzano ai sensi della L. p. 8/96). In genere si tratta di bambini di età compresa tra i 3 mesi e i 3 anni.	Detrazione del 19% da applicare su un importo **non superiore a** € 632 annui **per ogni figlio** ospitato negli asili (detrazione massima € 120 per ogni figlio). La detrazione **va divisa** fra i genitori in base al costo sostenuto, annotando sul documento di spesa la ripartizione, se diversa dal 50% ciascuno. In presenza di più figli, la percentuale va applicata nella stessa misura per tutti i figli (Circ. AE 13 febbraio 2006 n. 6/E). La spesa va **documentata**, alternativamente, da fattura, bollettino bancario o postale, ricevuta o quietanza di pagamento.

Spese scolastiche (art. 15 c. 1 lett. e, e bis, e ter DPR 917/86)	
Tasse e contributi per la frequenza di **scuole materne**, scuole **elementari e medie** (inferiori e superiori), **pubbliche o private nazionali** (escluse quelle estere) **(1) (2)**	Detrazione del 19% da applicare su un importo annuo **non superiore** a € 800 per ogni studente. Sono comprese anche le spese per (Circ. AE 31 maggio 2019 n. 13/E): – **mensa scolastica (3)** e **servizi scolastici integrativi**, quali l'assistenza al pasto e il pre e post scuola; – spese per il servizio di **trasporto scolastico**, anche se reso per il tramite del Comune o di terzi; – **gite scolastiche**, **assicurazione** della scuola, **corsi** di lingua, teatro, ecc. deliberati dall'istituto scolastico **(4)** (svolti anche al di fuori dell'orario scolastico e senza obbligo di frequenza). Le spese sono detraibili anche se sostenute per **familiari a carico** (art. 15 c. 2 DPR 917/86).
– tasse e contributi per la frequenza di **università** italiane o straniere, **pubbliche o private (5)**	Detrazione del 19% commisurata alle tasse e contributi pagati per le **università statali** in relazione ai seguenti **corsi** (Circ. AE 31 maggio 2019 n. 13/E): – di specializzazione per laureati (c.d. corsi post universitari e master); – di perfezionamento; – di dottorato di ricerca; – degli Istituti tecnici superiori (ITS); – presso i Conservatori di musica e gli Istituti musicali pareggiati. Per le **università private** (comprese quelle telematiche), il limite è stabilito annualmente con DM per ciascuna facoltà universitaria e per ciascuna zona territoriale in cui

2050 (segue)

Spese scolastiche (art. 15 c. 1 lett. e, e bis, e ter DPR 917/86)	
– spese per la partecipazione ai **test di accesso** ai corsi di laurea **(6)**	ha sede il corso (per il 2022 DM 23 dicembre 2022) **(7)**; l'eccedenza rispetto a tale importo, non dà diritto ad alcuna detrazione. Per la frequenza di corsi universitari **all'estero** occorre fare riferimento all'importo massimo stabilito dal DM suddetto con riferimento all'area disciplinare del corso e all'area geografica in cui ricade il domicilio fiscale del contribuente (Circ. AE 6 maggio 2016 n. 18/E). Le spese sono detraibili anche se sostenute per **familiari a carico**.
Studio e pratica della musica	Detrazione del 19% sulle spese, per un importo non superiore a € 1.000, sostenute da contribuenti con reddito complessivo non superiore a € 36.000 per l'iscrizione annuale e l'abbonamento di ragazzi di età compresa tra 5 e 18 anni (anche se per una sola parte dell'anno) a conservatori di musica, istituzioni di alta formazione artistica, musicale e coreutica (AFAM) legalmente riconosciute (L. 508/99), a scuole di musica iscritte nei registri regionali nonché a cori, bande e scuole di musica riconosciuti da una pubblica amministrazione, per lo studio e la pratica della musica. Le spese sono detraibili anche se sostenute per **familiari a carico**.
Spese in favore di soggetto con DSA	Per le spese sostenute in favore di minori o di maggiorenni, con diagnosi di disturbo specifico dell'apprendimento (DSA), **fino al completamento della scuola secondaria** di secondo grado, è prevista la detrazione IRPEF del 19% per le seguenti spese (Provv. AE 6 aprile 2018 n. 75067): – **acquisto di strumenti compensativi** (es. sintesi vocale, registratore, programmi di video scrittura con correttore ortografico, calcolatrice, ecc.) e di **sussidi tecnici e informatici** (computer per programmi di video scrittura), necessari all'apprendimento; – **uso di strumenti compensativi** che favoriscano la comunicazione verbale e che assicurino ritmi graduali di apprendimento delle lingue straniere. È necessario che: – la DSA sia certificata dal SSN o da specialisti o da strutture accreditate e che lo stesso **certificato** (o una **prescrizione medica**) attesti il collegamento funzionale tra i sussidi e gli strumenti acquistati e il tipo di disturbo diagnosticato; – la spesa sia **documentata** da fattura o scontrino fiscale parlante (CF del soggetto con DSA). La detrazione spetta anche se le spese sono state sostenute nell'interesse dei familiari a carico.

(1) Sono comprese le spese per la **scuola di specializzazione** per l'insegnamento secondario (c.d. SILSIS) (Ris. AE 17 febbraio 2010 n. 11/E, Ris. AE 4 marzo 2008 n. 77/E). Sono, invece, escluse le spese per la frequenza di scuole all'estero (Risp. AE 28 dicembre 2018 n. 158) e i contributi pagati alle scuole per il **riconoscimento del titolo di studio conseguito all'estero** (Circ. AE 1° luglio 2010 n. 39/E).

(2) Sono escluse quelle per l'acquisto di **testi scolastici** e di materiale di cancelleria.

(3) Il **servizio mensa** può essere **reso dalla** scuola, dal Comune o da soggetti terzi. La spesa va **documentata** con la ricevuta del bollettino postale o del bonifico bancario intestata al soggetto destinatario del pagamento (scuola, Comune o altro fornitore del servizio) e deve riportare nella causale l'indicazione del servizio mensa, la scuola di frequenza e il nome e cognome dell'alunno. Se è previsto il pagamento in **contanti** o con **bancomat** o con l'acquisto di **buoni mensa** (cartacei o elettronici), la spesa va documentata con attestazione, esente da bollo, rilasciata da chi ha ricevuto il pagamento o dalla scuola, con l'indicazione dell'ammontare della spesa sostenuta nell'anno e dei dati dell'alunno (Circ. AE 6 maggio 2016 n. 18/E).

(4) Se le spese sono **pagate a soggetti diversi** dalla scuola (es. agenzia viaggi) occorre conservare una copia della delibera (Circ. AE 4 aprile 2017 n. 7/E).

(5) **Esempi**: spese per iscrizione all'appello di laurea e rilascio della pergamena, frequenza a corsi singoli, finalizzati o meno all'ammissione a un corso di laurea magistrale (compresa l'imposta di bollo), ricongiunzione di carriera, trasferimenti di ateneo, passaggi di corso, ricognizione a seguito di un periodo di interruzione degli studi (Risp. AE 28 ottobre 2019 n. 434); frequenza dei Tirocini Formativi Attivi (TFA) per la formazione iniziale dei docenti istituiti presso le facoltà universitarie o le istituzioni di alta formazione; le spese possono riferirsi anche a più anni, compresa l'iscrizione fuori corso.
Sono, invece, esclusi i contributi pagati a università pubbliche per il riconoscimento del titolo di studio **conseguito all'estero** (Circ. AE 1° luglio 2010 n. 39/E) e le spese sostenute per **rimborsare un prestito d'onore** contratto dal figlio nei confronti dello Stato (Risp. AE 23 luglio 2019 n. 302).

(6) Sono invece esclusi dalla detrazione i costi per i **test di orientamento** o per **corsi di preparazione** alle prove di ammissione.

(7) Se si sostengono **più prove di ammissione**, occorre distinguere a seconda che lo studente proceda o meno ad iscriversi ad una delle facoltà per cui ha sostenuto il test:
– se si iscrive si considera il limite proprio del corso;
– se non si iscrive si fa riferimento al limite di spesa più elevato tra quelli stabiliti per i corsi/facoltà per le quali ha svolto il test.

Spese destinate alla pratica sportiva dei minori (art. 15 c. 1 lett. i quinquies DPR 917/86)	
Spese sostenute per l'**iscrizione annuale** e l'**abbonamento**, per i ragazzi di età compresa tra 5 e 18 anni (anche se compiuti durante l'anno in oggetto), ad associazioni sportive e ad impianti sportivi destinati alla pratica sportiva dilettantistica **(*)**	Detrazione del 19% su una spesa, per ciascun ragazzo a carico, di **importo non superiore** a € 210 (detrazione massima € 40). Nel caso di **spesa sostenuta da entrambi i genitori**, ciascun genitore può usufruire della detrazione nei limiti di € 105 (Ris. AE 25 febbraio 2009 n. 50/E). La spesa va documentata con bollettino bancario o postale oppure con fattura, ricevuta o quietanza di pagamento rilasciata dai soggetti indicati a fianco (destinatari della spesa). Tali documenti devono comprendere le **seguenti indicazioni**: – ditta, denominazione o ragione sociale e sede legale, oppure, se persona fisica, nome, cognome e residenza, nonché codice fiscale, soggetti presso i quali viene svolta l'attività sportiva; – causale del pagamento; – attività sportiva esercitata; – importo corrisposto per la prestazione resa; – dati anagrafici del praticante l'attività sportiva e codice fiscale del soggetto che effettua il pagamento.
(*) Devono avere le seguenti caratteristiche (DM 28 marzo 2007): – **associazioni sportive**: società ed associazioni sportive dilettantistiche, con o senza personalità giuridica (art. 90 c. 17 e s. L. 289/2002), che recano nella propria denominazione sociale l'espressa indicazione della finalità sportiva e della ragione o denominazione sociale dilettantistica; – **impianti sportivi**: tutti gli impianti, comunque organizzati (es. palestre, piscine, altre strutture simili), destinati all'esercizio della pratica sportiva non professionale, agonistica e non agonistica, ivi compresi gli impianti polisportivi, gestiti da soggetti giuridici diversi dalle associazioni sportive di cui sopra, pubblici o privati, anche in forma d'impresa, individuale o societaria, secondo le norme del codice civile.	

2060

Spese di abbonamento per trasporti pubblici locali (art. 15 c. 1 lett. i decies DPR 917/86, Circ. AE 31 maggio 2019 n. 13/E)	
Spese sostenute per l'acquisto di abbonamenti relativi a trasporti pubblici locali, regionali e interregionali	Detrazione del 19% su una spesa di **importo non superiore** a € 250 (detrazione massima € 47,5). La detrazione spetta anche se le spese sono sostenute nell'interesse dei familiari a carico, fermo restando il limite massimo di detrazione. Tale limite costituisce, inoltre, anche il limite massimo di spesa ammesso alla detrazione per ogni singolo abbonato (es.: se il costo dell'abbonamento di € 400 è suddiviso tra i 2 genitori al 50%, l'ammontare massimo di spesa oggetto di detrazione, è di € 125 per genitore). La spesa va documentata da un titolo di viaggio, ricevute di pagamento o altra documentazione attestante il pagamento da cui risulti soggetto utilizzatore, periodo di validità, spesa sostenuta e data di sostenimento della spesa. Se la ricevuta di pagamento è intestata a un familiare a carico, deve essere prodotta una dichiarazione sostitutiva di atto di notorietà (DPR 445/2000) con l'indicazione del soggetto che ha sostenuto la spesa.
In applicazione del principio di cassa, la detrazione va calcolata sulla spesa sostenuta nell'anno, indipendentemente dal **periodo di validità dell'abbonamento** (es.: abbonamento acquistato a dicembre 2022 con validità 1° gennaio 2023-30 giugno 2023 è detraibile nel 2022). In **assenza dell'indicazione della data** di sostenimento della spesa, la stessa si presume sostenuta in coincidenza con la data di inizio della validità dell'abbonamento.	

G. Investimenti in imprese sociali

(art. 18 c. 3, 5 e 6 D.Lgs. 112/2017)

2070 Le somme investite, dal 20 luglio 2017, nel capitale sociale di una o più società, incluse società cooperative, che abbiano acquisito la qualifica di impresa sociale da non più di 5 anni danno diritto alla **detrazione del 30%**. L'investimento **massimo detraibile** non può superare, in ciascun periodo d'imposta, € 1.000.000 e deve essere mantenuto per almeno 5 anni.

L'ammontare, in tutto o in parte, non detraibile nel periodo d'imposta di riferimento può essere detratto **nei periodi d'imposta successivi**, ma non oltre il terzo.
L'eventuale **cessione anticipata**, anche parziale, dell'investimento (prima del decorso dei 5 anni), comporta la decadenza dal beneficio e l'obbligo per il contribuente di restituire l'importo detratto, unitamente agli interessi legali.
Le **modalità di attuazione** delle disposizioni saranno illustrate con decreto.

La detrazione spetta anche per gli atti di dotazione e i contributi di qualsiasi natura, posti in essere dal 20 luglio 2017, in favore di **fondazioni** che abbiano acquisito la qualifica di impresa sociale da non più di 5 anni.

H. Liberalità

Le liberalità effettuate a favore dei soggetti o delle attività sotto indicate danno diritto a una detrazione d'imposta. **2100**
Per quanto riguarda la problematica del **cumulo** con le analoghe liberalità costituenti oneri deducibili e l'obbligo di utilizzo di **sistemi tracciabili di pagamento** in caso di liberalità in denaro, si rinvia al n. 1321 e s.

ASSOCIAZIONI E SOCIETÀ SPORTIVE DILETTANTISTICHE (art. 15 c. 1 lett. i ter DPR 917/86) Le erogazioni liberali **in denaro** effettuate in favore delle società e associazioni sportive dilettantistiche, danno diritto ad una detrazione del 19% calcolata su un importo complessivo, in ciascun periodo di imposta, **non superiore a** € 1.500, a condizione che il **versamento** di tali erogazioni sia eseguito tramite banca o ufficio postale, carte di credito, bancomat, assegni non trasferibili intestati alla società sportiva o secondo altre modalità stabilite con decreto (Circ. Min. 16 novembre 2000 n. 207/E). **2110**

Per **società sportive** dilettantistiche si intendono: CONI e Federazioni sportive nazionali, enti di promozione sportiva e qualunque altro soggetto che persegua finalità sportive dilettantistiche e che sia riconosciuto da uno degli organismi citati (Circ. Min. 8 marzo 2000 n. 43/E).

ATTIVITÀ CULTURALI, ARTISTICHE E DI SPETTACOLO (art. 15 c. 1 lett. h, h bis, i DPR 917/86, art. 1 DL 83/2014 conv. in L. 106/2014) È riconosciuta una detrazione del 19% per le erogazioni **in denaro** effettuate a favore delle attività culturali, artistiche e di spettacolo che non danno diritto al più vantaggioso credito d'imposta (c.d. art-bonus - v. n. 2385), quali, ad **esempio**, l'acquisto di beni culturali (Circ. AE 31 luglio 2014 n. 24/E). Tali attività possono essere svolte sia direttamente che indirettamente, tramite erogazione di fondi ad altri enti che perseguono gli stessi fini (Ris. AE 12 maggio 2017 n. 59/E). **2115**
La detrazione, limitatamente alle attività di **spettacolo**, spetta su un **importo non superiore al 2%** del reddito complessivo (che comprende anche il reddito dei fabbricati assoggettato a cedolare secca).

Per le erogazioni liberali in denaro a favore della società di cultura La **Biennale di Venezia** è prevista una detrazione del 19%; l'importo massimo detraibile è pari al 30% del reddito complessivo (art. 1 L. 28/99).

La detrazione spetta anche per le **cessioni gratuite di beni** effettuate, in base ad apposita convenzione, per le attività e a favore dei soggetti indicati in **tabella**. Si applica con riferimento al **costo specifico** o, in mancanza, al **valore normale** dei beni ceduti. **2117**

Attività interessate	Beneficiari della liberalità
a) svolgimento o promozione di attività di studio, ricerca e documentazione di rilevante valore culturale e artistico, al fine di acquistare, mantenere, proteggere o restaurare beni vincolati di rilevante interesse storico, artistico o archeologico (di cui al D.Lgs. 42/2004); **b)** organizzazione e realizzazione di attività culturali, effettuate in base ad apposita convenzione stipulata tra il soggetto erogatore e il beneficiario che attua l'iniziativa culturale, che hanno lo stesso fine di cui al punto precedente; **c)** organizzazione di mostre ed esposizioni (in Italia e all'estero) di rilevante inte-	– Stato, enti locali ed enti pubblici – comitati organizzatori di iniziative culturali istituiti con decreto, fondazioni, associazioni riconosciute **(1) (2)**

Attività interessate	Beneficiari della liberalità
resse scientifico-culturale, riguardanti i beni anzidetti nonché studi e ricerche a tal fine necessari; **d)** organizzazione e realizzazione di ogni altra manifestazione di rilevante interesse scientifico-culturale, comprese le iniziative a scopo didattico-promozionale, quali studi, ricerche e attività di documentazione, catalogazione, pubblicazione.	
(1) In possesso dei seguenti **requisiti** (Ris. AE 18 ottobre 2007 n. 299/E, Ris. AE 17 giugno 2008 n. 249/E): hanno personalità giuridica e svolgono o promuovono le attività sopraindicate; non hanno scopo di lucro. **(2)** Sono comprese le **parrocchie** (Ris. AE 11 luglio 2017 n. 89/E, Ris. AE 5 aprile 2005 n. 42/E).	

2150 **PARTITI POLITICI** (art. 15 c. 1 bis DPR 917/86) Le erogazioni liberali in denaro effettuate dalle persone fisiche in favore dei partiti politici (o di loro articolazioni regionali, Ris. AE 3 dicembre 2014 n. 108/E, o provinciali, dotate di autonomia amministrativa e negoziale) (Risp. AE 6 luglio 2020 n. 201) iscritti nella prima sezione dell'apposito registro (previsto dall'art. 4 DL 149/2013 conv. in L. 13/2014), danno diritto a una detrazione del 26% per **importi compresi tra** € 30 e € 30.000 annui (art. 11 DL 149/2013 conv. in L. 13/2014).

Tale agevolazione si applica anche:

– ai versamenti effettuati dai candidati e dagli eletti alle cariche pubbliche in conformità a previsioni regolamentari o statutarie deliberate dai partiti politici beneficiari;

– alle erogazioni in favore dei partiti o delle associazioni promotrici di partiti effettuate prima dell'iscrizione al suddetto registro a condizione che entro la fine dell'esercizio tali partiti vi risultino iscritti.

> **Precisazioni** 1) Il versamento effettuato **a fronte del tesseramento** non dà diritto alla detrazione (Circ. AE 10 giugno 2004 n. 24/E).
> 2) Un'altra norma interessa i partiti politici (art. 12 DL 149/2013 conv. in L. 13/2014): per tutte le persone fisiche è prevista la possibilità di destinare il **2 per mille** dell'IRPEF a favore di uno tra i partiti politici di cui alla Ris. AE 17 marzo 2015 n. 27/E, segnalandolo nell'apposita scheda da presentare con la dichiarazione dei redditi (Provv. AE 3 aprile 2014) (v. n. 16002).

2160 **LIBERALITÀ VARIE** (art. 15 lett. i bis, i quater, i octies, i novies DPR 917/86) Si ha diritto alla detrazione del 19%, salvo le **differenti aliquote** sotto indicate, anche per i seguenti versamenti liberali.

Destinatari	Limite rilevante	% di detraibilità
A) ONLUS e **associazioni di promozione sociale** iscritte nei registri previsti dalla legge **(1)**	non superiore a € 30.000	26 **(2)**
B) fondazioni, associazioni, comitati ed enti individuati con decreto, che gestiscono **iniziative umanitarie, religiose o laiche**, rivolte ai Paesi non appartenenti all'OCSE	non superiore a € 30.000	30 **(2)**
C) popolazioni colpite da eventi di calamità pubblica o da altri eventi straordinari, anche in altri Stati, purché le liberalità siano eseguite tramite soggetti identificati da DPCM 20 giugno 2000	non superiore a € 2.065,83	19
D) istituti scolastici statali e paritari senza scopo di lucro, nonché a favore degli istituti tecnici superiori o di istituzioni dell'alta formazione artistica, musicale e coreutica e delle **università**, limitatamente alle liberalità **finalizzate** all'innovazione tecnologica (es. acquisto di cartucce stampanti), all'edilizia scolastica e universitaria (es. pagamento piccoli e urgenti lavori di manutenzione o di riparazione) e all'ampliamento dell'offerta formativa (es. acquisto di fotocopie per verifiche o approfondimenti) (Circ. AE 2 marzo 2016 n. 3/E).	–	19 **(3)**
E) ospedale Galliera di Genova **(4)**	–	intero importo **(5)**
F) fondo per l'ammortamento dei titoli di Stato (6) (presso la Banca d'Italia)	–	19

(1) La detrazione **preclude la deduzione** prevista al n. 1327, anche in relazione ad erogazioni liberali distinte (Circ. AE 24 aprile 2015 n. 17/E). È ammessa anche se il datore di lavoro, con il consenso del dipendente, promuove un'iniziativa di raccolta fondi da destinare ad una ONLUS trattenendo direttamente dallo stipendio le somme destinate dal dipendente all'erogazione (Circ. AE 4 aprile 2017 n. 7/E).

(2) Per erogazioni, in denaro o in natura (salvo quelle destinate alle organizzazioni di volontariato, ai trust e ai fondi speciali) a enti non commerciali la percentuale è del 30% o 35% (art. 83 D.Lgs. 117/2017, c.d. Codice **terzo settore** e art. 31 c. 2 D.Lgs. 105/2018).

(3) Tale detrazione **non** è **cumulabile** con la detrazione prevista per le spese riguardanti la frequenza di scuole materne, scuole elementari e medie (v. n. 2050).

(4) Donazioni finalizzate all'attività del Registro nazionale dei **donatori di midollo osseo**.

(5) Nei **limiti** del 30% dell'imposta lorda dovuta dal contribuente.

(6) Le erogazioni liberali in denaro rilevano se derivano da donazioni o da disposizioni testamentarie destinate al conseguimento delle finalità del fondo (ridurre la consistenza dei titoli di Stato in circolazione). Devono essere effettuate mediante versamento bancario o postale.

I. Spese funebri

(art. 15 c. 1 lett. d DPR 917/86)

Danno diritto alla detrazione del 19% le spese funebri sostenute dal contribuente in occasione della **morte di persone**, anche se diverse dai familiari (es. convivente). 2180
Per spese funebri devono intendersi quelle occorrenti per il **trasporto al cimitero** e per la **sistemazione della salma**, ad esempio nei loculi cimiteriali.
L'**importo massimo** su cui calcolare la detrazione è di € 1.550 per ciascun decesso, anche se la spesa è ripartita in più anni.
Se la spesa funebre è sostenuta da **soggetti diversi dall'intestatario** della fattura, per fruire della detrazione è necessario che sia riportata in fattura una dichiarazione di ripartizione della stessa sottoscritta anche dall'intestatario del documento (Circ. AE 4 aprile 2017 n. 7/E).

SEZIONE 6

Imposta dovuta

Per determinare l'imposta dovuta occorre sottrarre dall'imposta netta i **crediti d'imposta** 2290
spettanti (es. per imposte pagate all'estero, ecc.). L'importo così ottenuto è quello che deve essere complessivamente versato per l'anno in questione.
Da tale somma occorre infine detrarre le eventuali **ritenute** subite sui redditi che concorrono a formare il reddito complessivo (comprese, facoltativamente, anche quelle operate nell'anno successivo a quello di competenza dei redditi ma anteriormente alla presentazione della dichiarazione dei redditi) e gli eventuali **acconti** già versati (art. 22 DPR 917/86).
Per le modalità e i termini di **pagamento** si rinvia al n. 37000 e s.

Crediti d'imposta

I crediti d'imposta indicati al n. 2310 **riducono** l'imposta netta dovuta. 2300
Se i crediti sono **superiori** all'imposta netta, il contribuente ha generalmente diritto al **riporto** all'anno successivo.

TAVOLA RIEPILOGATIVA Si riassumono nella seguente **tabella** i crediti d'imposta 2310
spettanti e i paragrafi relativi alla loro trattazione.

Crediti d'imposta	V. n.
Bonus IRPEF (100 € mensili) per redditi di lavoro dipendente e simili non superiori a € 28.000	2320 e s.
Arbitrato e negoziazione assistita	2370 e s.
Indennità di mediazione	2380
Art-bonus	2385 e 23465
Erogazioni liberali destinate al finanziamento di interventi su immobili pubblici	2398
Credito d'imposta per interventi conservativi su immobili di interesse storico e artistico	2405
Social bonus	2415
Credito di imposta per sistemi di accumulo integrati in impianti di produzione elettrica	2420
Somme restituite dal contribuente a chi le ha precedentemente erogate e tassate	1335
Spese per attività fisica di disabili	2425
Imposta versata su canoni di locazione non percepiti	7060
Crediti specifici per le imprese	37950 e s.
Investimenti pubblicitari (lavoratori autonomi e imprese)	38950 e s.
Bonus sistema di filtraggio dell'acqua **(*)**	38995
Acquisto prima casa soggetto ad IVA da under 36	60730
Riacquisto di prima casa dopo la vendita della precedente	60770 e s.
Imposte pagate all'estero	95090

(*) Si applica la stessa disciplina delle imprese con la particolarità che spetta per le spese sostenute fino a un massimo di € 1.000 per ciascuna unità immobiliare.

2320 **BONUS IRPEF DIPENDENTI E ASSIMILATI** (art. 1 DL 3/2020 conv. in L. 21/2020, Circ. AE 14 dicembre 2020 n. 29/E) Per i lavoratori dipendenti e per alcuni soggetti assimilati, aventi un **reddito complessivo** non superiore a € 28.000, è previsto un trattamento integrativo (c.d. bonus IRPEF) (art. 13 c. 1 bis DPR 917/86).
Le somme percepite non sono imponibili ai fini delle imposte sui redditi, comprese le relative addizionali regionale e comunale.

2324 **Soggetti beneficiari** Sono interessati al bonus le persone fisiche che percepiscono i seguenti redditi.

Reddito	MF n.	Reddito	MF n.
Lavoro dipendente e di pensione	8010 e s.	Collaborazioni coordinate e continuative	9900
Compensi corrisposti a soci di cooperative	9950	Borse di studio	9960
Compensi corrisposti da terzi	9970	Capitali e rendite periodiche corrisposte dai fondi pensione	9815
Compensi a soggetti impegnati in lavori socialmente utili	10005	Remunerazioni dei sacerdoti	10007

2325

Casi particolari	
Caso	**Soluzioni**
Cassaintegrati, lav. in mobilità e disoccupati	Il bonus spetta anche per i lavoratori che percepiscono **somme indirizzate a sostegno del reddito** (l'INPS lo determina e lo paga ai beneficiari)
Lav. in aspettativa non retribuita	**Non spetta**
Lav. part time	Spetta, **indipendentemente dal tipo** di part time (verticale o orizzontale)
Non residenti	Spetta, **a meno che** il loro reddito di lavoro non sia imponibile in Italia per effetto delle convenzioni contro le doppie imposizioni

Casi particolari	
Caso	**Soluzioni**
Lavoratori deceduti	Spetta in relazione al periodo di lavoro effettuato nell'anno ed è calcolato nella dichiarazione dei redditi del lavoratore deceduto presentata da uno degli **eredi**. Se il lavoratore è deceduto **dopo l'inizio del pagamento** del bonus, la parte eventualmente maturata nel periodo di paga in cui è avvenuto il decesso, e materialmente percepita dagli eredi, non costituisce reddito per gli stessi
Residenti che lavorano all'estero	Se il reddito di lavoro dipendente è determinato in base alle **retribuzioni convenzionali** (v. n. 8055), i lavoratori possono fruire del bonus in presenza dei requisiti ordinari

Requisiti Per beneficiare del bonus i soggetti citati devono soddisfare **2 requisiti** legati all'importo del reddito complessivo e alla sussistenza di un'imposta a debito dopo aver considerato le detrazioni per lavoro. Le condizioni sono variate dal **2022**. 2327

Requisiti	Descrizione
Reddito complessivo non superiore a € 15.000	Il limite, che rileva per l'anno d'imposta in cui spetta il credito, si riferisce al reddito complessivo, assunto al netto del reddito dell'**abitazione principale** e delle relative **pertinenze**, nonché dei **premi di risultato** soggetti all'imposta sostitutiva (v. n. 8940 e s.). Rilevano invece i redditi provenienti dall'**affitto di immobili** assoggettati a cedolare secca, nonché quelli esenti percepiti dai soggetti **impatriati** e quelli dei lavoratori autonomi in **regime forfettario**
Reddito complessivo compreso tre € 15.000 e € 28.000	I beneficiari devono avere un'imposta lorda, **determinata sul reddito complessivo**, di ammontare non superiore alle detrazioni per carichi di famiglia (v. n. 1120 e s.), per redditi di lavoro dipendente (v. n. 1210 e s.), per interessi su mutui contratti fino al 31 dicembre 2021, per le rate relative alle detrazioni per spese sanitarie e per detrazioni edilizie, per spese sostenute fino al 31 dicembre 2021, nelle misure applicabili nell'anno interessato dal credito

2330

Casi particolari	
Caso	**Soluzioni**
Variazioni della retribuzione	Se l'**aumento** di retribuzione (es. promozione o premio), comporta il pagamento di un reddito superiore a € 28.000, il bonus non spetta e il sostituto d'imposta può recuperare l'eventuale importo già erogato nei periodi di paga successivi, anche prima del conguaglio di fine anno o di fine rapporto. Il bonus si può perdere anche in caso di **diminuzione** della retribuzione (es. riduzione dell'orario di lavoro), che comporti l'incapienza dell'imposta lorda sui redditi da lavoro rispetto alle detrazioni per lavoro. Se invece le variazioni di retribuzione, in aumento o in diminuzione, comportano la **maturazione a favore** del lavoratore del bonus, **in precedenza non spettante**, il sostituto deve riconoscerlo in via automatica a partire dal primo periodo di paga utile o, in mancanza, in sede di conguaglio di fine anno o di fine rapporto
Frontalieri	La verifica della spettanza del bonus (e la determinazione del relativo importo in relazione al reddito complessivo) va effettuata tenendo conto del reddito di lavoro dipendente imponibile, ossia di quello eccedente l'importo di € 7.500 (v. n. 8055)

Importo del credito Dal **2022** il credito spettante è di € 100 mensili (€ 1.200 annui) per chi ha redditi non superiori a € 15.000, mentre per chi ha redditi compresi tra 15.000 e 28.000 occorre la presenza delle condizioni illustrate al n. 2327 e, in tal caso, il trattamento integrativo è riconosciuto per un ammontare, comunque non superiore a € 1.200, determinato in misura pari alla differenza tra la somma delle detrazioni sopra elencate e l'imposta lorda. 2335
L'importo va poi **rapportato** in relazione alla durata, eventualmente inferiore all'anno, del rapporto di lavoro, considerando il numero di giorni lavorati nell'anno. Pertanto, i lavoratori assunti o cessati durante l'anno, hanno diritto a un bonus di importo inferiore.

Modalità di erogazione I **sostituti d'imposta** riconoscono il credito eventualmente spettante, **in via automatica**, cioè senza attendere alcuna richiesta esplicita da parte dei beneficiari, **a partire dalle retribuzioni** erogate a gennaio. 2337

Se il lavoratore richiede la non applicazione del bonus, il datore deve ometterne la concessione. I sostituti di imposta devono **determinare** la spettanza del credito e il relativo importo cioè in base al reddito previsionale e alle detrazioni riferiti alle somme e valori che il sostituto stesso corrisponderà durante l'anno, nonché in base ai dati di cui i sostituti d'imposta entrano in possesso, ad esempio, per effetto di comunicazioni da parte del lavoratore, relative ai redditi derivanti da altri rapporti di lavoro avuti nello stesso anno.

> I soggetti potenzialmente beneficiari, le cui **retribuzioni sono erogate** da un soggetto che **non è sostituto di imposta** (es. colf, baby sitter, badanti, ecc.), possono richiedere il credito nella dichiarazione dei redditi e, conseguentemente, utilizzarlo in compensazione o richiederlo a rimborso.
> La stessa possibilità (richiesta nella dichiarazione dei redditi) spetta anche ai contribuenti per i quali il credito, pur spettante, **non è stato riconosciuto**, in tutto o in parte, dai sostituti d'imposta.

2339 Generalmente, il sostituto d'imposta, per erogare il credito ai lavoratori, **utilizza** l'ammontare complessivo di **tutte le imposte e i contributi** che si versano con il modello F24 (codice tributo 1655).
La compensazione del bonus anticipato ai lavoratori dal sostituto d'imposta (datore di lavoro o committente), che avviene mediante il modello F24 (cod. tributo 1701), con le ritenute (e eventualmente i contributi previdenziali):
- **non intacca il limite annuo** di € 2.000.000 (art. 1 c. 72 L. 234/2021) previsto per le compensazioni orizzontali ordinarie (Circ. AE 14 maggio 2014 n. 9/E);
- è ammesso anche in presenza di **debiti iscritti a ruolo**, per imposte erariali ed accessori, di ammontare superiore a € 1.500 (che solitamente impediscono la compensazione) (Circ. AE 11 luglio 2014 n. 22/E).

L'importo del trattamento integrativo è indicato nella Certificazione Unica (**CU**).

2355 **Riscossione di credito non spettante** (Circ. AE 14 maggio 2014 n. 9/E) I contribuenti che **non hanno i requisiti** per il riconoscimento del credito, ad esempio perché titolari di un reddito complessivo superiore a € 28.000 derivante da redditi diversi da quelli erogati dal sostituto d'imposta, devono **comunicarlo al sostituto d'imposta**; quest'ultimo può recuperare il credito eventualmente erogato dagli emolumenti corrisposti nei periodi di paga successivi a quello della comunicazione e, comunque, entro i termini di effettuazione delle operazioni di **conguaglio** di fine anno o di fine rapporto.
In ogni caso, il contribuente che ha erroneamente percepito dal sostituto d'imposta un credito in tutto o in parte non spettante è tenuto alla sua **restituzione** in sede di dichiarazione dei redditi.
Se l'importo da restituire supera € 60, il recupero è effettuato in 8 rate di pari ammontare a partire dalla retribuzione che sconta gli effetti del conguaglio (cod. tributo 1066, tranne per Valle d'Aosta: 4935 se versate fuori regione, altrimenti 4934, Ris. AE 28 gennaio 2021 n. 6/E).
In caso di **cessazione del rapporto** di lavoro, il sostituto d'imposta in sede di conguaglio di fine rapporto di lavoro deve recuperare i benefici fiscali non spettanti in un'unica soluzione, indipendentemente dall'importo. In caso di **incapienza**, il sostituto d'imposta deve comunicare all'interessato l'importo dovuto, che dovrà provvedere al versamento entro il 15 gennaio dell'anno successivo.

2370 **ARBITRATO E NEGOZIAZIONE ASSISTITA** (art. 21 bis DL 83/2015 conv. in L. 132/2015, DM 23 dicembre 2015) Alle parti che hanno corrisposto un compenso ai loro avvocati, al termine di una negoziazione assistita conclusa con successo, o agli arbitri, al termine di un arbitrato richiesto in pendenza di un processo civile e concluso con un lodo, è riconosciuto un credito d'imposta.
La **domanda** per ottenerlo va inviata dal 10 gennaio al 10 febbraio dell'anno successivo a quello di corresponsione del compenso, compilando l'apposito modulo sul sito del Ministero della giustizia (www.giustizia.it).
L'**importo** del credito è **commisurato** al compenso corrisposto, fino a concorrenza di € 250, ed è **comunicato** alle parti dal Ministero della giustizia entro il 30 aprile dell'anno in cui è presentata la domanda.

2375 Il credito è **utilizzabile** dalla data di ricevimento della comunicazione del Ministero, con le seguenti **modalità**:
- per le persone fisiche titolari di reddito d'impresa o di lavoro autonomo, in compensazione col Mod. F24 (cod. trib. 6866 - Ris. AE 20 maggio 2016 n. 40/E);

– per tutti gli altri, in diminuzione delle imposte sui redditi.
Deve essere **indicato nella dichiarazione** dei redditi (rigo G11 del Mod. 730 o rigo CR16 del Mod. Redditi).
Non dà luogo a rimborso e non rileva ai fini IRPEF, IRAP né ai fini della deducibilità degli interessi passivi o delle spese generali.

Il credito è **revocato se**: **2378**
– si accerta l'insussistenza dei requisiti per ottenerlo (es. negoziazione non conclusa con successo);
– i documenti allegati alla domanda sono incompleti o non veritieri;
– le spese utilizzate per determinare il credito non sono eleggibili.
In tali casi, si provvede al recupero del credito indebitamente fruito, maggiorato di interessi e sanzioni.

INDENNITÀ DI MEDIAZIONE (art. 20 D.Lgs. 28/2010) In caso di procedimento di mediazione, procedura alternativa al processo civile, svolta da un terzo imparziale per la risoluzione di una controversia civile o commerciale (c.d. **conciliazione**), alle parti che corrispondono l'indennità ai conciliatori abilitati è riconosciuto, in caso di **successo** della mediazione, un credito d'imposta commisurato all'indennità stessa, **fino a concorrenza** di € 500. **2380**
In caso di **insuccesso** della mediazione, il credito d'imposta è ridotto della metà.
Il credito spetta sia alle persone fisiche comuni che ai professionisti, imprenditori individuali.
L'**importo preciso del credito** spettante risulta dalla comunicazione trasmessa all'interessato dal Ministero della giustizia entro il 30 maggio di ciascun anno; esso va indicato, a pena di decadenza, nella dichiarazione dei redditi ed è utilizzabile a partire dalla data di ricevimento della predetta comunicazione. Se la comunicazione è pervenuta in data successiva alla presentazione della dichiarazione dei redditi, il credito d'imposta può essere indicato nella dichiarazione relativa all'anno in cui è stata ricevuta la comunicazione.
Il credito d'imposta **non dà luogo a rimborso** e non concorre alla formazione del reddito ai fini delle imposte sui redditi.

Le persone fisiche comuni devono indicarlo nel **quadro CR** mentre gli altri soggetti, che possono utilizzare il credito solo in compensazione con il Mod. F24, devono indicarlo nel **quadro RU**.

EROGAZIONI LIBERALI PER ATTIVITÀ CULTURALI, ARTISTICHE E DI SPETTACOLO (art. 15 c. 1 lett. h, h bis, i DPR 917/86, art. 1 DL 83/2014 conv. in L. 106/2014) Per le erogazioni in denaro effettuate a favore di determinate attività culturali, artistiche e di spettacolo, è previsto un credito d'imposta pari al 65% dell'erogazione (c.d. **art-bonus**), illustrato dettagliatamente al n. 23465 per i soggetti IRES e per i titolari di reddito d'impresa, con le particolarità di seguito evidenziate: **2385**
– il credito spetta **nel limite** del 15% del reddito imponibile;
– il soggetto erogante fruisce della **prima quota** del credito nella dichiarazione dei redditi relativa all'anno in cui è stata effettuata l'erogazione (rigo G9 del Mod. 730 o rigo CR14 del Mod. Redditi);
– la quota non utilizzata può essere riportata negli anni successivi (Circ. AE 31 luglio 2014 n. 24/E).

Per le erogazioni in denaro a favore di **attività diverse** da quelle sopra indicate, quali, ad esempio, l'acquisto di beni culturali, è prevista la detrazione del 19% (v. n. 2115 - Circ. AE 31 luglio 2014 n. 24/E).

EROGAZIONI LIBERALI PER FINANZIARE INTERVENTI SU IMMOBILI PUBBLICI (art. 1 c. 156-161 L. 145/2018, DPCM 10 dicembre 2021) Alle erogazioni liberali in denaro, effettuate per finanziare interventi su **edifici** e **terreni** pubblici, sulla base di progetti presentati dagli enti proprietari, ai fini di **bonifica ambientale**, **prevenzione** e **risanamento** del dissesto idrogeologico, realizzazione o **ristrutturazione** di parchi e aree verdi attrezzate e **recupero** di aree dismesse di proprietà pubblica, spetta un credito d'imposta **pari al** 65% delle erogazioni effettuate nel **limite** del 20% del reddito imponibile (per i soggetti titolari di reddito d'impresa nel limite del 10 per mille dei ricavi annui). **2398**
Il credito è riconosciuto anche per le erogazioni liberali destinate ai soggetti concessionari o affidatari dei beni oggetto di tali interventi.
Il soggetto interessato individua l'intervento sul **portale web** gestito dal Ministero della transizione ecologica, contatta la P.A. proprietaria del bene per concordare l'importo e i termini

e prenota il contributo. Entro 10 giorni dalla prenotazione, il Ministero comunica l'ammissione al credito ed entro i successivi 10 giorni il beneficiario effettua il versamento. Entro 30 giorni dal versamento, la P.A. inserisce i dati dell'intervento sul portale web a cui successivamente accede il beneficiario per scaricare l'apposita **dichiarazione** attestante l'erogazione.
Il credito d'imposta è **ripartito** in 3 quote annuali di pari importo. Le persone fisiche e gli enti non commerciali fruiscono del credito nella **dichiarazione dei redditi**, utilizzando la prima quota annuale nella dichiarazione relativa all'anno in cui è stata effettuata l'erogazione. Per i soggetti titolari di reddito d'impresa, il credito è utilizzabile esclusivamente in **compensazione**. La prima quota è utilizzabile dal giorno 10 del mese successivo all'acquisizione sul portale web della citata dichiarazione, le altre due sono utilizzabili, rispettivamente, dal primo giorno di ciascuno dei due anni successivi.
Il credito non concorre alla formazione del reddito ai fini IRES e IRAP e **non** è **cumulabile** con altre agevolazioni fiscali previste da altre disposizioni di legge a fronte delle medesime erogazioni.

2405 **INTERVENTI CONSERVATIVI SU IMMOBILI DI INTERESSE STORICO E ARTISTICO** (art. 65 bis DL 73/2021 conv. in L. 106/2021, DM 6 ottobre 2021) Per il 2021 e 2022 alle persone fisiche che detengono a qualsiasi titolo immobili di interesse storico e artistico, tutelati dal codice dei beni culturali e del paesaggio, è riconosciuto un credito d'imposta (a condizione che l'immobile non sia utilizzato nell'esercizio di impresa) **pari al** 50% fino a un importo massimo del credito di € 100.000 per ogni immobile, nel **limite** di spesa di € 1 milione per ciascun anno.
Il credito spetta per le seguenti **spese**:
- manutenzione, protezione o restauro;
- impianti di miglioramento della sicurezza e della conservazione del bene (con esclusione di quelli di mero adeguamento funzionale e tecnologico);
- eliminazione di barriere architettoniche.

Per beneficiare del credito è necessario presentare un'**istanza** in via telematica al Ministero della Cultura **dal** 1° al 28 febbraio dell'anno successivo a quello di sostenimento della spesa contenente:
- estremi del provvedimento di tutela dell'edificio;
- copia del provvedimento di autorizzazione degli interventi;
- data di inizio e fine dei lavori;
- costo complessivo dell'intervento;
- elenco delle lavorazioni, ciascuna con il relativo costo;
- attestazione di effettività delle spese sostenute redatta da un professionista abilitato.

È stato predisposto e reso disponibile online il modulo da utilizzare per l'istanza.
Il credito d'imposta è indicato nella dichiarazione dei redditi relativa al periodo in cui è stato riconosciuto ed è **utilizzabile**, dal 10° giorno successivo al riconoscimento dello stesso, in compensazione col Mod. F24 da presentare in via telematica (cod. tributo 6979). **Non** è **cumulabile** con qualsiasi altro contributo o finanziamento pubblico e con la detrazione per gli interventi su beni culturali vincolati (v. n. 1652 e s.).
I beneficiari possono, in luogo dell'utilizzo diretto, optare per la **cessione**, anche parziale, dello stesso credito ad altri soggetti, compresi istituti di credito e altri intermediari finanziari, che però non possono cedere ulteriormente il credito ad altri. Ai fini della cedibilità, i beneficiari devono richiedere l'**attestazione** del diritto al credito maturato alla Direzione generale archeologia belle arti e paesaggio (c.d. Dg Abap) che, entro 60 giorni dalla ricezione della richiesta, se sussistono i presupposti, la rilascia. Ai fini dell'utilizzo in compensazione, il cedente deve comunicare alla Dg Abap i dati anagrafici e il codice fiscale del cessionario stesso, nonché l'importo del credito ceduto.

2415 **SOCIAL BONUS** (art. 81 D.Lgs. 117/2017, DM 23 febbraio 2022) Per le erogazioni liberali in denaro effettuate da persone fisiche in favore di enti del Terzo settore per il **recupero** di immobili pubblici inutilizzati e/o beni mobili e immobili confiscati alla criminalità organizzata è previsto un credito d'imposta **pari al** 65% delle erogazioni (per i titolari di reddito d'impresa, 50%) nei limiti del 15% del reddito imponibile (per i titolari di reddito d'impresa, nei limiti del 5 per mille dei ricavi annui).
Il bonus è **ripartito** in 3 quote annuali di pari importo e spetta a condizione che le erogazioni siano effettuate mediante sistemi di pagamento tracciabili; la causale del pagamento deve

contenere il riferimento al social bonus, all'ente del terzo settore beneficiario e all'oggetto dell'erogazione.
Il bonus è **utilizzabile** nella dichiarazione dei redditi relativa all'anno in cui è stata effettuata l'erogazione liberale; la quota annuale non utilizzata può essere riportata nelle dichiarazioni dei periodi di imposta successivi.
Il bonus non rileva ai fini delle imposte sui redditi e dell'IRAP.

> L'individuazione dei **progetti** di recupero presentati dagli enti al Ministero del lavoro e sostenibili mediante le erogazioni liberali avviene con un procedimento a sportello, diretto a verificare la sussistenza dei presupposti (art. 6 DM 23 febbraio 2022).

CREDITO DI IMPOSTA PER SISTEMI DI ACCUMULO INTEGRATI (art. 1 c. 812 L. 234/2021, DM 6 maggio 2022, Provv. AE 11 ottobre 2022 n. 382045) Per le spese documentate, sostenute dal 1° gennaio 2022 al 31 dicembre **2022**, relative all'installazione di sistemi di accumulo integrati in impianti di produzione elettrica alimentati da fonti rinnovabili, anche se già esistenti e beneficiari degli incentivi per lo scambio sul posto è previsto un credito d'imposta. Per il riconoscimento del credito si deve inoltrare, in via telematica, **dal** 1° **al** 30 marzo 2023, un'apposita istanza. **2420**
Entro 5 giorni dall'inoltro, l'AE rilascia una **ricevuta** che ne attesta la presa in carico o lo scarto, con le relative motivazioni.
Fino al 30 marzo 2023, i contribuenti possono inviare una nuova istanza, che sostituisce integralmente quella precedentemente trasmessa, o presentare la rinuncia.
L'AE determinerà la **percentuale** della spesa sostenuta da ciascun soggetto riconosciuta a titolo di credito d'imposta e la comunicherà con provvedimento entro il 10 aprile 2023.
Il credito **non è cumulabile** con altre agevolazioni aventi ad oggetto le medesime spese. Il credito d'imposta riconosciuto è **utilizzabile** nella dichiarazione dei redditi relativa al periodo d'imposta nel quale sono state sostenute le spese agevolabili, in diminuzione delle imposte dovute. L'eventuale ammontare del credito d'imposta non utilizzato può essere fruito nei periodi di imposta successivi.

SPESE PER ATTIVITÀ SPORTIVA DI DISABILI (art. 1 c. 737 L. 234/2021, DM 5 maggio 2022, Provv. AE 11 ottobre 2022 n. 382131) Per le spese documentate sostenute, dal 1° gennaio 2022 al **31 dicembre 2022**, per fruire di attività fisica adattata per disabili e soggetti con malattie croniche, è previsto un credito d'imposta. **2425**
Per il suo **riconoscimento**, le persone fisiche, direttamente o tramite un incaricato, inoltrano in via telematica un'**apposita istanza** all'AE **dal** 15 febbraio **al** 15 marzo 2023; nel modello (allegato al provvedimento in oggetto) deve essere indicato l'importo della spesa.
Entro 5 giorni dall'inoltro, l'AE rilascia una **ricevuta** che ne attesta la presa in carico o lo scarto, con le relative motivazioni.
Fino al 15 marzo, i contribuenti possono inviare una nuova istanza, che sostituisce integralmente quella precedentemente trasmessa, o presentare la rinuncia.
L'AE determinerà la **percentuale** della spesa sostenuta da ciascun soggetto riconosciuta a titolo di credito d'imposta e la comunicherà con provvedimento entro il 25 marzo 2023.
Il credito d'imposta è **utilizzabile nella dichiarazione** dei redditi relativa al periodo d'imposta nel quale sono state sostenute le spese agevolabili, in diminuzione delle imposte dovute. L'eventuale ammontare del credito d'imposta non utilizzato può essere fruito nei periodi di imposta successivi.

SEZIONE 7

Addizionali IRPEF

Le addizionali IRPEF vigenti sono imposte sul reddito e possono essere suddivise in due tipologie a seconda dell'ente locale beneficiario: addizionale regionale e addizionale comunale. **2490**

I. Addizionale regionale

2500 L'addizionale regionale all'IRPEF si applica ai contribuenti - residenti e non residenti - per i quali, nell'anno di riferimento, **risulta dovuta l'IRPEF** dopo aver scomputato le detrazioni d'imposta e i crediti d'imposta per i redditi prodotti all'estero (art. 50 D.Lgs. 446/97).

Non sono soggetti i contribuenti (Circ. Min. 9 gennaio 1998 n. 3/E):
- soggetti a IRES;
- che possiedono soltanto redditi esenti dall'IRPEF o soggetti a imposta sostitutiva dell'IRPEF o soggetti a tassazione separata (salvo, in quest'ultimo caso, opzione per la tassazione ordinaria);
- che possiedono un reddito complessivo cui corrisponde un'IRPEF che, al netto delle detrazioni e dei crediti di imposta, non supera € 12.

2502 **ALIQUOTA** In generale l'addizionale si determina applicando l'aliquota dell'**1,23%** o quella eventualmente maggiore fissata da ciascuna regione - tra 1,23% e **3,33%** (art. 6 D.Lgs. 68/2011).

Le **Regioni a statuto ordinario** possono inoltre:
- stabilire aliquote differenziate esclusivamente in relazione agli scaglioni di reddito corrispondenti a quelli IRPEF;
- disporre detrazioni in favore della famiglia, maggiorando le detrazioni IRPEF già previste.

Le **Regioni a statuto speciale** e le province autonome di **Trento** e di **Bolzano**, possono maggiorare fino ad un massimo di 1 punto percentuale l'aliquota base dell'addizionale regionale (1,23%).
Se viene accertato un **disavanzo sanitario eccessivo**, l'aliquota vigente, con riferimento a tutti gli scaglioni eventualmente stabiliti, è aumentata di 0,30 punti percentuali (art. 2 c. 86 L. 191/2009, Ris. MEF 15 giugno 2015 n. 5/DF).

La **fissazione** dell'aliquota da parte della regione deve avvenire con provvedimento, i cui dati salienti sono inviati al Dipartimento delle Finanze, ai fini della pubblicazione sul sito internet dell'AE entro il 31 gennaio dell'anno a cui l'addizionale si riferisce (DM 3 aprile 2015). Il mancato inserimento dei dati nel sito internet comporta l'inapplicabilità di sanzioni e di interessi.
In ogni caso, i contribuenti devono applicare l'aliquota stabilita dalla **regione** in cui **risiedono** al 1° gennaio dell'anno di riferimento.
Al momento di andare in stampa l'aumento di aliquota, con percentuali e scaglioni differenziati, è previsto solo in alcune regioni (v. n. 99000).

2503 **BASE IMPONIBILE** L'aliquota stabilita dalla regione si applica al **reddito complessivo** determinato ai fini dell'IRPEF, al netto degli oneri deducibili.
L'addizionale non è pertanto dovuta sui redditi soggetti a **tassazione separata** (TFR, arretrati, ecc.) o ad **imposizione sostitutiva** (interessi bancari, cedolare secca, ecc.).

I redditi di locazione assoggettati alla **cedolare secca** rilevano ai fini della verifica dell'eventuale soglia di esenzione (Circ. AE 1° giugno 2012 n. 19/E).

2505 **MODALITÀ DI TASSAZIONE** Occorre distinguere i redditi di lavoro dipendente e assimilati dagli altri.

2506 **Redditi di lavoro dipendente e assimilati** L'addizionale dovuta è **determinata dai datori di lavoro** (di seguito datori) all'atto della effettuazione delle **operazioni di conguaglio** (al termine del periodo di imposta o alla cessazione del rapporto, se antecedente).
Il relativo importo è **trattenuto**, a partire dal periodo di paga successivo a quello in cui sono effettuate le operazioni di conguaglio, in un numero di **rate** mensili - anche non costanti - variabile da un minimo di 9 ad un massimo di 11, in relazione alla data del conguaglio: se il conguaglio è effettuato a dicembre le rate da trattenere sono 11, mentre se è effettuato a gennaio o a febbraio, esse sono, rispettivamente, 10 e 9. Ciò in quanto le rate non possono essere trattenute oltre il periodo di paga relativamente al quale le ritenute sono versate nel mese di dicembre (in genere non oltre novembre).

>**Precisazioni 1)** È, tuttavia, possibile adottare una **rateazione di durata inferiore** nei seguenti casi (Comunicato stampa 14 gennaio 2000):
- accordo in tal senso preso tra il datore e il lavoratore dipendente;

– iniziativa del datore, nel caso in cui l'importo totale è tale da giustificarlo, in relazione anche alla rata di emolumento che si corrisponde da cui si detraggono le addizionali;
– se le cadenze di pagamento degli emolumenti non consentono di adottare il numero massimo di rate previste dalla norma.
2) In caso d'**incapienza delle retribuzioni**, anche per effetto di periodi di aspettativa non retribuita, il datore deve prelevare l'importo non ancora trattenuto dalle retribuzioni successive riducendo, pertanto, il numero delle rate. Resta fermo che l'ultima rata deve essere comunque versata a dicembre, anche se non è stato possibile effettuare completamente la trattenuta.
3) In caso di **cessazione del rapporto**, l'importo relativo all'anno in corso e quello delle rate residue relative all'anno precedente sono trattenuti in unica soluzione nel periodo di paga in cui sono svolte le predette operazioni di conguaglio (o, nel caso di compensi corrisposti in unica soluzione, al momento della loro corresponsione).

Nel caso di **compensi** corrisposti al **collaboratore** in **unica soluzione** nel periodo di imposta (es. gettoni di presenza), se il datore è a conoscenza dell'importo annuo che corrisponde e della periodicità della corresponsione deve determinare l'ammontare delle addizionali in sede di conguaglio di fine anno ed effettuarne il prelievo in rate l'anno successivo. Se, invece, non è nota la predetta periodicità di corresponsione, lo stesso deve determinare l'importo dovuto dal collaboratore in sede di conguaglio di fine anno ed effettuarne il prelievo in unica soluzione l'anno successivo sulla prima corresponsione di emolumenti (Circ. AE 6 luglio 2001 n. 67/E). **2507**

Il sostituto deve **versare** l'addizionale alla regione in cui il dipendente/collaboratore ha il domicilio fiscale (v. n. 229) all'atto della effettuazione delle operazioni di conguaglio relative a detti redditi (cod. tributo 3802 se è versata; se è rimborsata a seguito di conguaglio di fine anno o di fine rapporto: 1669) e deve indicarla nella certificazione (CU) che i sostituti sono obbligati a consegnare al sostituito. **2508**

Altri redditi L'addizionale è versata in unica soluzione (senza acconti) e con le modalità e nei termini previsti per il versamento del **saldo IRPEF**, alla regione in cui il contribuente ha il domicilio fiscale al 1° gennaio dell'anno cui si riferisce l'addizionale stessa (cod. tributo 3801 o, in caso di assistenza fiscale, 3803 se è versata e 3796 se è rimborsata). **2510**
Per tutti i contribuenti è possibile effettuare il **versamento unitario** e la **compensazione** dei debiti e crediti di imposte e contributi secondo le regole relative.
Eventuali **istanze di rimborso** devono essere rivolte direttamente alla regione competente entro i termini previsti per le istanze di rimborso dell'IRPEF.

>Precisazioni 1) Ricordiamo che la **variazione del domicilio** fiscale ha effetto dopo che siano decorsi 60 giorni.
2) Per le modalità del rimborso in caso di **assistenza fiscale**, v. n. 37660.

RINVIO DISPOSIZIONI IRPEF Per la dichiarazione, la liquidazione, l'accertamento, la riscossione, il contenzioso, le sanzioni e tutti gli aspetti non disciplinati espressamente, si applicano le disposizioni previste per l'IRPEF (es. irrilevanza degli **importi a credito o a debito non superiori a € 12**, salvo che per le ritenute effettuate dai datori di lavoro). **2512**

II. Addizionale comunale

L'addizionale comunale all'IRPEF si applica ai **contribuenti** - residenti e non residenti - per i quali, nell'anno di riferimento, risulta **dovuta l'IRPEF** dopo aver scomputato le detrazioni e l'eventuale credito d'imposta per i redditi prodotti all'estero (art. 1 D.Lgs. 360/98). **2520**

Pertanto, **sono esclusi** dall'addizionale i contribuenti:
– soggetti a IRES;
– che possiedono solo redditi esenti dall'IRPEF o soggetti a imposta sostitutiva dell'IRPEF o soggetti a tassazione separata (salvo, in quest'ultimo caso, opzione per la tassazione ordinaria);
– che possiedono un reddito complessivo cui corrisponde un'IRPEF che, al netto delle detrazioni e dei crediti di imposta, non supera € 12.

ALIQUOTA I comuni possono deliberare l'applicazione di un'addizionale **non superiore allo 0,8%** ed, eventualmente, una **soglia di esenzione**, al superamento della quale va tassato **2523**

l'intero reddito complessivo. In caso di **mancato rispetto del patto di stabilità** previsto per i bilanci degli enti locali, l'aliquota è aumentata ulteriormente dello 0,3%, anche se nel Comune è stata deliberata l'aliquota massima dello 0,8% (art. 1 c. 692 L. 296/2006).
I comuni possono anche stabilire **più aliquote**, ma in tal caso devono utilizzare esclusivamente gli stessi scaglioni di reddito stabiliti ai fini IRPEF nel rispetto del principio di progressività (v. n. 1000). Quindi si avrà o un'aliquota unica o 4 aliquote diverse per 4 scaglioni.
I dati salienti della delibera che fissa l'aliquota e le eventuali esenzioni sono **pubblicati** sul sito internet dell'AE **entro** il 20 dicembre dell'anno cui la delibera si riferisce (art. 14 c. 8 D.Lgs. 23/2011); in assenza di delibera, normalmente si applicano le aliquote dell'anno precedente (Circ. Mef 22 novembre 2019 n. 2/DF). Per il 2022, in coerenza con la nuova articolazione degli scaglioni di reddito, in assenza di delibera si applicano le aliquote del 2021 sulla base dei nuovi scaglioni IRPEF e delle prime 4 aliquote vigenti, con eliminazione dell'ultima (art. 20 DL 73/2022 conv. in L. 122/2022).
Il **comune di riferimento** per ciascun contribuente è quello del domicilio fiscale al 1° gennaio dell'anno cui si riferisce l'addizionale (v. n. 229).

> **Precisazioni** 1) Ricordiamo inoltre che gli effetti delle **variazioni di domicilio fiscale** decorrono dal 60° giorno successivo a quello in cui si sono verificate, pertanto, il soggetto che lo ha variato alla data del 3 novembre 2012, deve pagare l'addizionale comunale deliberata dal precedente comune di appartenenza.
> 2) I redditi di locazione assoggettati alla **cedolare secca** rilevano ai fini della verifica dell'eventuale **soglia di esenzione** (Circ. AE 1° giugno 2012 n. 19/E).

2526 **BASE IMPONIBILE** L'addizionale è determinata applicando l'aliquota deliberata dal comune al **reddito complessivo** individuato ai fini IRPEF, al netto degli oneri deducibili riconosciuti per tale imposta.
L'addizionale non è pertanto dovuta sui redditi soggetti a **tassazione separata** (TFR, arretrati, ecc.) o a **imposizione sostitutiva** (interessi bancari, ecc.).

2529 **MODALITÀ DI TASSAZIONE** Occorre distinguere in base al tipo di reddito percepito (lavoro dipendente o altri).
In ogni caso, è dovuto un **acconto** del 30% dell'addizionale ottenuta applicando le aliquote (e le eventuali soglie di esenzione) nella misura vigente nell'anno precedente.
È tuttavia possibile effettuare il versamento di un acconto inferiore a quello determinato secondo il metodo storico ordinariamente previsto o non effettuarlo, se il contribuente ritiene che non dovrà l'imposta per l'anno cui si riferisce l'acconto, a causa del sostenimento di oneri o della produzione di un reddito inferiore a quello dell'anno precedente (c.d. metodo previsionale).

> I soggetti che rientrano nella **soglia di esenzione** eventualmente deliberata dal comune, non sono tenuti al versamento dell'acconto (Circ. AE 16 marzo 2007 n. 15/E).

2532 **Redditi di lavoro dipendente e assimilati** L'addizionale è determinata e trattenuta dal datore di lavoro, il quale poi la versa al comune in cui il dipendente ha il domicilio fiscale al 1° gennaio dell'anno cui si riferisce l'addizionale stessa.
L'**acconto** dovuto è trattenuto in un numero **massimo di 9 rate mensili**, effettuate a partire dal mese di marzo.
Per i soggetti **assunti nel corso dell'anno** cui l'acconto si riferisce, non va versato (Circ. AE 16 marzo 2007 n. 15/E).

> Le **esenzioni** eventualmente deliberate dal comune hanno effetto direttamente anche in sede di determinazione dell'acconto se, in base al reddito imponibile dell'anno precedente, il contribuente rientra nella fascia di esenzione deliberata. Se il reddito erogato dal datore nel periodo d'imposta precedente risulta inferiore alla soglia di esenzione, il datore stesso non deve applicare la ritenuta, anche in assenza di esplicita richiesta da parte del dipendente. In questo caso, se il rapporto di lavoro cessa nel corso dell'anno, nelle annotazioni del CU il datore dovrà indicare che non sono state operate le relative ritenute in applicazione automatica dell'esenzione.
> Se, poi, in sede di **conguaglio** (di fine anno o per cessazione del rapporto di lavoro) il reddito risulta superiore a quello stabilito per l'esenzione, la relativa ritenuta è operata dal datore, senza applicazione di interessi e sanzioni.
> Analogamente, se in sede di **dichiarazione dei redditi** il reddito risulta superiore a quello stabilito per l'esenzione, l'addizionale comunale all'IRPEF è versata direttamente dal contribuente (Circ. AE 20 aprile 2007 n. 23/E).

Il **saldo** è determinato all'atto delle operazioni di conguaglio e il relativo importo è trattenuto in un **numero massimo di 11 rate**, a partire dal periodo di paga successivo a quello in cui le stesse sono effettuate e non oltre quello relativamente al quale le ritenute sono versate nel mese di dicembre. In caso di **cessazione del rapporto** di lavoro l'addizionale residua dovuta è prelevata in unica soluzione. 2535

Il **pagamento** può essere effettuato telematicamente oppure, se non si è obbligati, agli sportelli bancari, del concessionario o agli uffici postali, utilizzando il **modello F24** (cod. tributo v. n. 2555). È possibile effettuare un **unico versamento** anche se l'addizionale è riferita a sostituti d'imposta domiciliati in comuni o province diversi. 2538
L'importo da trattenere e quello trattenuto vanno indicati nella certificazione (CU) che i datori di lavoro consegnano al lavoratore.

> Se la **CU non espone l'importo dovuto**, il contribuente ha l'obbligo di presentare la dichiarazione dei redditi (Circ. Min. 12 maggio 2000 n. 95/E).
> Tale obbligo sussiste anche nel caso in cui il **rapporto** di lavoro sia **cessato prima** che la delibera di variazione dell'aliquota sia pubblicata sul sito informatico apposito, in quanto il sostituto d'imposta non ha potuto tenerne conto, mentre dovrà farlo il lavoratore (Circ. AE 22 ottobre 2001 n. 92/E).

Altri redditi L'addizionale è versata in acconto e a saldo al comune in cui il contribuente ha il domicilio fiscale alla data del 1° gennaio dell'anno cui si riferisce l'addizionale stessa. 2542
L'**acconto** (Circ. AE 16 marzo 2007 n. 15/E):
– se di importo **superiore a € 12**, deve essere versato in **una sola rata**, entro il termine previsto per il saldo dell'IRPEF: 16 giugno o 16 luglio con la maggiorazione dello 0,40% a titolo di interesse;
– se è **inferiore a € 12**, il versamento va effettuato direttamente a saldo, sempreché il saldo stesso sia superiore a € 12.
Il **saldo** è versato con le modalità e nei termini previsti per il versamento del saldo IRPEF.

> Nelle regioni **Valle d'Aosta** e **Friuli-Venezia Giulia** e nelle province autonome di **Trento** e **Bolzano** l'addizionale è versata direttamente alle regioni e alle province stesse che provvederanno ai trasferimenti finanziari a favore degli enti locali. Sono inoltre previsti dei codici tributo specifici.

Tutti i contribuenti possono effettuare il **versamento** e la **compensazione** dei debiti e crediti di imposte e contributi secondo le regole relative utilizzando il Mod. F24. In particolare, il versamento è effettuato con il Mod. F24 direttamente ai comuni di riferimento, utilizzando gli appositi codici tributo individuati dall'AE (v. n. 2555), i quali devono essere associati al codice catastale del comune beneficiario, desumibile dalla «Tabella dei codici catastali dei comuni», nella sezione «Codici attività e tributo» del sito Internet www.agenziaentrate.gov.it (o sulle istruzioni alla dichiarazione dei redditi) (DM 5 ottobre 2007, Ris. AE 12 dicembre 2007 n. 368/E). 2545
Gli eventuali **rimborsi** richiesti dagli interessati, con la dichiarazione dei redditi o con apposita istanza, sono effettuati dall'AE con modalità automatizzate simili a quelle utilizzate per l'IRPEF (DM 26 aprile 2013).

RINVIO DISPOSIZIONI IRPEF Per la dichiarazione, la liquidazione, l'accertamento, la riscossione, il contenzioso, le sanzioni e tutti gli aspetti non disciplinati espressamente, si applicano le disposizioni previste per l'IRPEF (v. n. 2512). 2550

PRINCIPALI CODICI TRIBUTO (Ris. AE 12 dicembre 2007 n. 368/E) I seguenti codici tributo vanno utilizzati per il pagamento dell'addizionale comunale. Essi sono da esporre nella sezione «IMU ED ALTRI TRIBUTI LOCALI». 2555

Autotassazione - acconto	3843	Autotassazione - saldo	3844
Trattenuta dal sostituto d'imposta - Mod. 730 - acconto	3845	Trattenuta dal sostituto d'imposta - Mod. 730 - saldo	3846 **(1)**
Trattenuta dal sostituto d'imposta - acconto	3847	Trattenuta dal sostituto d'imposta - saldo	3848 **(2)**

(1) Se invece è rimborsata si usa il codice 3797.
(2) Se invece è rimborsata si usa il codice 1671.

SEZIONE 8

Regimi speciali di imposizione

3310 In questa parte esamineremo quei regimi impositivi che derogano alle regole generali del calcolo dell'IRPEF.
I regimi riguardano varie tipologie di redditi e, per comodità, li abbiamo distinti nei seguenti **3 gruppi**:
- tassazione separata (v. n. 3320);
- imposte sostitutive (v. n. 3530);
- tassazione di tipo forfettario (v. n. 3620).

I. Tassazione separata

3320 I redditi soggetti a tassazione separata derivano, in genere, da fatti economici a **formazione pluriennale** o, comunque, non periodici. Sono redditi percepiti **una tantum** e non a produzione ripetitiva o con scadenze regolari (come per esempio le indennità percepite a seguito della cessazione di attività lavorative).
Essi non costituiscono una categoria di reddito a sé stante, ma sono ipotesi particolari rientranti in differenti categorie reddituali (artt. 17 e 21 DPR 917/86).

Caratteristiche della tassazione separata
a) elencazione tassativa;
b) applicazione, in linea generale, ai soli redditi conseguiti dalle persone fisiche **non imprenditori**, tranne che per le indennità di fine rapporto di agenzia. Se sono percepiti da **società in nome collettivo o in accomandita semplice**, la tassazione separata è esclusa anche per i soci di queste (i redditi vengono, dunque, tassati con le modalità e le aliquote ordinarie);
c) tassazione a sé stante per ogni **singolo reddito**. Sono pertanto esclusi dal cumulo con gli altri redditi prodotti nell'anno dal contribuente e non sono soggetti all'applicazione delle aliquote progressive;
d) applicazione, in genere, di **aliquote** non predeterminate, ma **variabili** in base al reddito del contribuente negli anni precedenti.

3330 **OPZIONI** In alcuni casi, il contribuente può optare per la **tassazione ordinaria** (v. n. 3360).
Tale opzione deve essere indicata espressamente nella dichiarazione dei redditi relativa all'anno in cui è avvenuta la percezione, in tutto o in parte, del reddito.
In caso di possesso di più **redditi dello stesso tipo** tassabili separatamente, l'opzione per la tassazione ordinaria esercitata per uno di essi, è vincolante per tutti gli altri. Al contrario, tale opzione non è vincolante per i redditi appartenenti a categorie diverse, i quali continuano ad essere assoggettati a tassazione separata.

3335 **Imprenditori individuali** Per alcuni redditi, distintamente indicati al n. 3360, conseguiti da imprenditori individuali nell'esercizio dell'impresa commerciale - di regola tassati secondo il metodo ordinario - il contribuente può **optare per la tassazione separata**, purché sia espressamente richiesta nella dichiarazione dei redditi relativa all'anno in cui i redditi rientrano nel reddito d'impresa. In caso contrario, si applica il regime ordinario di imposizione.

3350 **SCHEMA DELLA TRATTAZIONE** Elenchiamo nella seguente **tabella** i redditi soggetti alla tassazione separata, indicando per ciascuno il paragrafo in cui sono trattate le relative regole di determinazione.
Alcuni redditi sono, infatti, trattati nei capitoli relativi ai redditi della medesima categoria. Illustreremo successivamente le regole riguardanti il calcolo dell'imposta dovuta.

REDDITI IMPONIBILI 3360

Reddito	Opzione per tassaz. ordinaria	Rinvio n.	Soci di società di persone	Opzione da parte degli impr. indiv.
• TFR, somme equipollenti ed indennità e somme corrisposte alle cessazioni di rapporto di lavoro dipendente	no	9150 e s.		
• Prestazioni in forma capitale e riscatti anticipati (maturati fino al 31/12/2006) corrisposti da fondi pensione integrativi a dipendenti o soci lavoratori di cooperative	sì	9830 e s.		
• Arretrati di lavoro dipendente di anni precedenti	no	9340		
• Arretrati di redditi assimilati a quelli di lav. dip.	no	9855		
• Indennità di mobilità corrisposta anticipatamente	no	9400		
• Trattamento di integrazione salariale corrisposto anticipatamente	no	9625		
• Indennità e somme relative alla cessazione del rapporto di collaborazione coordinata e continuativa (nei limiti di € 1 milione)	no	9925		
• Corrispettivi percepiti da artisti e professionisti a seguito della cessione di elementi immateriali comunque riferibili all'attività artistica o professionale, se percepiti in un'unica soluzione	sì	10062		
• Corrispettivi percepiti da artisti e professionisti a seguito della cessione della clientela, se percepiti in un'unica soluzione	sì	10070		
• Prestazioni in forma capitale e riscatti anticipati corrisposti da fondi pensione integrativi a lavoratori autonomi	sì	–		
• Indennità per la cessazione di rapporti di agenzia corrisposte a persone fisiche e a società di persone	sì	10700	sì	
• Indennità per la cessazione funzioni notarili prelevate da un apposito fondo, alimentato anche in parte con i versamenti degli aventi diritto (art. 17 c. 1 lett. e, art. 21 c. 5 DPR 917/86, art. 33 c. 4 DPR 42/88)	sì	–		
• Indennità percepite da sportivi professionisti per la cessazione dell'attività (art. 17 c. 1 lett. f, art. 21 c. 5 DPR 917/86, art. 33 c. 4 DPR 42/88)	sì	–		
• Plusvalenze dovute alla cessione onerosa o alla liquidazione di azienda posseduta da più di 5 anni	sì	89070 e s. e 92815	no	
• Trasferimento della sede o della residenza all'estero	sì	93760	no	sì
• Plusvalenze dovute alla cessione a titolo oneroso di aree edificabili	sì	13120	no	sì
• Indennità risarcitoria	sì	3410	no	sì
• Indennità per perdita di avviamento	sì	3410	no	sì
• Redditi corrisposti ai soci	sì	3370	no	sì
• Redditi di capitale a maturazione ultraquinquennale	sì	3390	no	sì
• Rimborso di imposte e di oneri dedotti o che hanno dato diritto a detrazioni in anni precedenti	sì	1281	no	sì
• Riscatto di assicurazioni sulla vita	no	3410		
• Redditi percepiti dagli eredi	sì	3410		

3370 **REDDITI CORRISPOSTI AI SOCI DI SOCIETÀ DI PERSONE** (art. 17 c. 1 lett. l DPR 917/86) Si tratta delle somme attribuite o del valore normale dei beni assegnati ai soci di società di persone nei casi di **riduzione del capitale** o **scioglimento** del rapporto societario. I redditi sono soggetti a tassazione separata sulla base di precise **condizioni**.
In particolare, le somme o valori in natura assegnati ai soci (o ai loro eredi) di società di persone ed assimilate (es. associazioni professionali) nei casi di **morte** del socio, **recesso, esclusione e riduzione del capitale sociale** sono assoggettate a tassazione separata, a **condizione** che tra la data di costituzione della società e quella della morte del socio, della comunicazione del recesso, della esclusione o della delibera di riduzione di capitale siano trascorsi più di 5 anni.

3375 Lo stesso trattamento è previsto per i **redditi** imputati ai soci di società di persone in dipendenza di **liquidazione**, anche **concorsuale**. Anche in questo caso è necessario che tra la data di costituzione della società e l'inizio della liquidazione siano trascorsi più di 5 anni.

> **Precisazioni** 1) Per i redditi derivanti da **liquidazione di imprese e società di persone**, v. anche n. 92815.
> 2) Per le società di persone la cessazione dell'attività economica in genere coincide con l'inizio della fase di liquidazione del patrimonio aziendale, preludio al definitivo scioglimento dell'organismo societario.
> 3) Per i soci di **società di capitali** la tassazione separata non si applica.

3390 **REDDITI DI CAPITALE A MATURAZIONE ULTRA QUINQUENNALE** (art. 17 c. 1 lett. n DPR 917/86) Si tratta di:
- mutui, depositi, conti correnti;
- obbligazioni e titoli assimilati;
- gestioni patrimoniali collettive;
- associazioni in partecipazioni costituite con apporti di capitale;
- contratto di cointeressenza agli utili di impresa (cioè, con esclusione della partecipazione alle eventuali perdite);
- contratto di attribuzione di utili di impresa senza contropartita specifica (art. 2554 c.c.).

Si applica la tassazione separata a **condizione** che:
1) non vengano assoggettati a ritenuta di imposta o ad imposta sostitutiva all'atto del pagamento;
2) il contratto o il titolo da cui derivano abbia una durata superiore a 5 anni.

3400 **RIMBORSO/COMPENSAZIONE DI IMPOSTE E ONERI DI PERIODI PRECEDENTI** (art. 17 c. 1 lett. n bis DPR 917/86) Sono soggette a tassazione separata le imposte rimborsate dall'AF o compensate dal contribuente e le **somme percepite da terzi** a titolo di rimborso di oneri dedotti dal reddito complessivo o che hanno dato diritto a detrazioni di imposta in anni precedenti. È il caso, ad esempio, dei contributi previdenziali obbligatori, delle spese mediche, degli interessi passivi su mutui stipulati per l'acquisto di un'abitazione locata divenuti non detraibili per mancata destinazione ad abitazione principale entro 1 anno, delle spese per interventi di recupero per le quali si è usufruita la detrazione del 50% o del 36%, per la quota riferita al mutuo non utilizzato per il sostenimento delle spese agevolabili, ecc.

> Se l'onere rimborsato è relativo a spese per le quali la detrazione avviene in maniera **rateizzata** (es. spese per interventi di recupero) la tassazione riguarda ovviamente la parte della somma rimborsata per la quale negli anni precedenti si è beneficiato della detrazione. Per le restanti rate il contribuente applica la detrazione sull'importo ridotto degli oneri rimborsati.

ESEMPIO
Se la spesa è stata sostenuta nel 2018 per 20.000 di cui 5.000 sono state oggetto di rimborso nel 2022 e se si è optato per la rateizzazione in 10 rate, la quota da tassare nel 2022 è data dal risultato della seguente operazione:

$$\frac{5.000 \times 4}{10} \text{ (n° di rate detratte nel 2018, 2019, 2020 e 2021)} = 2.000$$

Negli anni successivi la detrazione sarà applicata su 15.000 (20.000 – 5.000) che andrà ripartito per le restanti 6 rate.

Sono tuttavia **esclusi** dalla tassazione:
1. i rimborsi di imposte pagate e non ammesse in deduzione, quale i rimborsi di IRPEF;

2. quei rimborsi o quelle restituzioni che sono presi in considerazione nell'ambito di una categoria reddituale. Per esempio i rimborsi di somme a suo tempo dedotti dal reddito d'impresa saranno considerati sopravvenienze attive;
3. i rimborsi conseguiti in virtù di assicurazioni private contro le malattie e gli infortuni a condizione che il premio non rientri tra gli oneri deducibili e i rimborsi conseguiti per effetto di contributi o premi che, pur essendo versati da altri, abbiano concorso a formare il reddito del contribuente (v. n. 1905).

Se il soggetto beneficiario è un **lavoratore dipendente**, la tassazione si applica se il datore di lavoro ha riconosciuto, per i premi pagati, la detrazione in sede di ritenuta.

ALTRI REDDITI TASSATI SEPARATAMENTE 3410

Ipotesi	Descrizione
Indennità risarcitorie (art. 17 c. 1 lett. i DPR 917/86)	Sono quelle indennità destinate a risarcire il contribuente per la **perdita di un reddito** che si è **prodotto in più anni**. Sono comprese anche le indennità corrisposte in forma assicurativa.
Indennità per la perdita di avviamento (art. 17 c. 1 lett. h DPR 917/86)	L'indennità spetta al conduttore in caso di cessazione della locazione di immobili urbani ad uso non abitativo (ad esempio negozi, uffici), anche se non comprese tra quelle di cui alla L. 392/78 (c.d. equo canone).
Riscatto di assicurazioni sulla vita (ex art. 13 bis lett. f DPR 917/86, Circ. Min. 12 maggio 2000 n. 95/E)	Vanno assoggettati a tassazione separata i **premi** di assicurazione sulla vita stipulate prima del 2001 per i quali si è usufruito negli anni precedenti della detrazione d'imposta, se si procede al riscatto della polizza nel corso del **primo quinquennio** di durata del contratto (v. n. 2030).
Redditi prodotti dal defunto e percepiti dagli eredi (art. 7 c. 3 DPR 917/86)	In caso di decesso i redditi di lavoro autonomo, **di lavoro dipendente, di capitale e diversi** prodotti dal contribuente deceduto sono soggetti a tassazione separata in capo agli eredi, salvo opzione contraria.

Determinazione dell'imposta

Per i redditi soggetti a tassazione separata l'imposta, nel suo intero ammontare, è **liquidata dall'AE** (non dal contribuente); essa comunica ai contribuenti l'esito dell'attività di liquidazione. 3420
La relativa imposta (o la maggiore imposta dovuta) è **versata** mediante modello F24 precompilato dall'Agenzia. È possibile effettuare il pagamento in **rate trimestrali**, applicando la disciplina illustrata al n. 88085 e s. (art. 3 bis D.Lgs. 462/97, art. 1 c. 412 L. 311/2004).

Se il contribuente ritiene che le **somme richieste non siano dovute**, totalmente o parzialmente, può chiedere l'annullamento o la rettifica presso qualsiasi ufficio dell'AE. Se l'importo dovuto risulterà diverso, verrà inviata una nuova comunicazione secondo la procedura sopra descritta (Circ. AE 6 giugno 2005 n. 30/E).

I **criteri di calcolo** dell'imposta sono diversi a seconda del tipo di reddito. Possiamo pertanto distinguere una **regola generale**, applicabile alla maggior parte dei redditi e alcune regole specifiche applicabili ad alcuni **casi particolari**. 3422
Inoltre, indipendentemente dalle modalità di tassazione, per alcuni redditi è previsto un versamento di **acconto** mentre per altri una **ritenuta** di acconto (per quest'ultima si rinvia al n. 37430 e s.).

REGOLA GENERALE In linea di massima si tratta di applicare l'**aliquota media** calcolata relativamente ad un biennio di riferimento. 3425
Per fare ciò, per ogni reddito, si deve individuare:
1) il periodo d'imposta nel quale deve essere tassato;
2) il periodo d'imposta di riferimento per individuare il biennio;
3) l'aliquota media del biennio applicabile.

Forniamo nel seguente **prospetto** un riassunto delle varie ipotesi di reddito, con l'eccezione di quelli derivanti da lavoro dipendente (illustrati analiticamente al n. 9120 e s.), riportando le modalità di determinazione dei periodi di riferimento per il calcolo dell'imposta dovuta. 3430

Tipo di reddito	Periodo di imposta di imputazione del reddito	Anno di riferimento per il biennio anteriore
Indennità di fine rapporto di collaborazione coordinata e continuativa	Anno di percezione	Anno in cui è sorto il diritto
Indennità fine rapporto agenzia	Anno di percezione	Anno in cui è sorto il diritto
Indennità cessazione funzioni notarili	Anno di percezione	Anno in cui è sorto il diritto
Indennità sportivi professionisti	Anno di percezione	Anno in cui è sorto il diritto
Plusvalenze derivanti da cessione azienda e dal trasferimento della sede o della residenza all'estero	Anno in cui è sorto il diritto	Anno in cui è sorto il diritto
Plusvalenze derivanti da cessione di terreni edificabili	Anno di percezione	Anno in cui è sorto il diritto
Indennità perdita avviamento	Anno di percezione	Anno in cui è sorto il diritto
Indennità risarcitorie	Anno di percezione	Anno in cui è sorto il diritto
Redditi attribuiti ai soci diversi da quelli di seguito indicati	Anno di percezione	Anno in cui è sorto il diritto
Redditi attribuiti ai soci di società personali in sede di liquidazione anche concorsuale	Anno in cui il reddito è stato imputato al socio	Anno in cui il reddito è stato imputato al socio
Redditi percepiti dagli eredi	Anno di percezione	Anno di apertura successione
Oneri rimborsati o compensati	Anno di percezione	Anno di percezione

3435 **Calcolo dell'aliquota media** In linea di massima, l'aliquota media applicabile è quella corrispondente alla imposta calcolata sulla media del reddito complessivo netto del biennio di riferimento diviso per il reddito medio stesso.
Se in **uno dei due anni anteriori** non è stato conseguito reddito, si applica l'aliquota corrispondente alla metà del reddito complessivo netto dell'altro anno.
Se in **nessuno dei due anni anteriori** a quello di riferimento è stato conseguito reddito imponibile si applica, al reddito tassabile, la aliquota corrispondente al primo scaglione di reddito in vigore nell'anno in cui il reddito deve essere imputato, sulla base delle regole prima descritte.
Non spettano **deduzioni** dal reddito imponibile soggetto a tassazione separata.

3450 CASI PARTICOLARI

Ipotesi	Descrizione
Riscatto di assicurazioni sulla vita e rimborso di oneri	Per il riscatto di premi di assicurazioni sulla vita ed il rimborso di oneri sostenuti l'aliquota non può superare le seguenti percentuali, variabili in funzione degli anni in cui i premi e gli oneri sono stati corrisposti **(1)**: dal 1992 al 1994: 27% dal 1995 al 1997: 22% dal 1998: 19%
Eredità giacente **(2)** (art. 187 DPR 917/86)	Se il chiamato all'eredità è una persona fisica (o non è noto) i redditi di lavoro **autonomo**, di lavoro **dipendente**, di **capitale** e **diversi** maturati in capo al contribuente deceduto ma percepiti dopo la morte, sono tassati separatamente e vanno pertanto dichiarati dal curatore. La **tassazione** è fatta a titolo provvisorio con l'aliquota prevista per il primo scaglione di reddito ai fini IRPEF. Al **conguaglio definitivo**, a carico dell'erede, si procede nell'anno in cui si verifica l'accettazione della eredità. In quest'ultimo caso l'imposta si calcola sulla base della **aliquota media**, relativa a ciascun erede, del biennio precedente alla apertura della successione.
Liquidazione di imprese e società	v. n. 92815

(1) L'art. 21 c. 1 DPR 917/86 testualmente afferma che l'aliquota non può essere superiore al 27%, che corrispondeva alla iniziale percentuale di detrazione applicabile ai citati oneri. Tale percentuale è stata poi gradualmente ridotta prima al 22% e poi al 19% e quindi, vista la finalità della disposizione, la dottrina maggioritaria ritiene sia più equo applicare le medesime percentuali anche in sede di tassazione separata.
(2) Le stesse disposizioni si applicano in caso di **devoluzione** della eredità sotto condizione sospensiva o in favore di nascituro.

ACCONTO (art. 1 c. 3 DL 669/96 conv. in L. 30/97) Per i redditi da indicare nella dichiarazione dei redditi e **non soggetti a ritenuta** alla fonte, è dovuto un versamento, a titolo di acconto, nella misura del **20%**. **3460**
La norma riguarda **prevalentemente** i seguenti redditi:
- indennità risarcitorie (v. n. 3410);
- plusvalenze da cessione d'azienda (v. n. 89045 e s.);
- plusvalenze da cessione di terreni edificabili (v. n. 13120);
- indennità per perdita di avviamento (v. n. 3410);
- redditi corrisposti ai soci (v. n. 3370);
- redditi di capitale a maturazione ultra quinquennale (v. n. 3390);
- somme rimborsate per imposte ed oneri in precedenza dedotti o detratti (v. n. 3400).

Tuttavia l'acconto è dovuto anche con riferimento agli **altri redditi** soggetti a tassazione separata (TFR, indennità per cessazione dei rapporti di collaborazione coordinata e continuativa, arretrati) quando sono corrisposti da soggetti non tenuti ad operare la ritenuta (es. privati) (Circ. Min. 6 febbraio 1997 n. 25/E).

Il **versamento** è effettuato nei termini e con le modalità previsti per quello a saldo delle imposte sui redditi (codice tributo 4200). Se il contribuente si avvale dell'**assistenza fiscale** il sostituto d'imposta deve utilizzare il codice tributo 4201. **3462**

II. Imposte sostitutive

Alcuni proventi sono soggetti ad imposte sostitutive e pertanto non concorrono alla formazione del reddito complessivo. **3530**
Le imposte sostitutive sono così denominate perché sostituiscono le imposte normalmente applicabili ai redditi interessati. Esse hanno lo scopo di **semplificare** e/o **agevolare** la tassazione di determinati redditi.

N.B. In questa parte, tuttavia, con il termine imposte sostitutive indichiamo sia i veri e propri regimi sostitutivi dell'IRPEF, sia, come è ormai d'uso comune, le **ritenute** alla fonte a **titolo di imposta**.

Questa imposizione è **caratterizzata** dalla: **3532**
1) predeterminazione delle aliquote;
2) mancanza dell'obbligo per il contribuente di dichiarare i relativi redditi, ad eccezione dei redditi di capitale e diversi soggetti al regime della dichiarazione e dei redditi di capitale di fonte estera.
Le imposte sostitutive possono essere raggruppate in **2 categorie**, a seconda che l'applicazione avvenga nell'ambito di un **regime sostitutivo** - opzionale o obbligatorio - oppure mediante la semplice effettuazione obbligatoria di una **ritenuta a titolo d'imposta**.

REGIMI SOSTITUTIVI Possono essere assoggettati ad imposte sostitutive i seguenti redditi realizzati mediante l'applicazione di un regime sostitutivo alternativo a quello ordinario: **3540**
- canoni di locazione di fabbricati abitativi, c.d. cedolare secca (v. n. 7080 e s.);
- c.d. capital gains derivanti da cessione di attività diverse dalle partecipazioni (titoli non partecipativi, valute, ecc.), quando sono tassati mediante il regime della dichiarazione (v. n. 11054 e s.);
- redditi d'impresa e di lavoro autonomo, in caso di adozione del regime forfettario previsto per i soggetti di piccole dimensioni (v. n. 5580 e s. e n. 10030 e s.) o, limitatamente al 2023, nel caso di adozione della flat tax incrementale (v. n. 10020);
- premi di risultato fino a € 3.000 a dipendenti del settore privato (v. n. 8940);
- mance a favore di dipendenti del settore privato ricettivo o della ristorazione (v. n. 8523);
- redditi derivanti dal noleggio occasionale di imbarcazioni e navi da diporto per i quali il

percipiente ha optato per l'imposta sostitutiva del 20% (v. n. 6670);
- rivalutazioni annuali dei fondi del TFR (v. n. 9430);
- redditi esteri dei neo residenti facoltosi (v. n. 224);
- redditi esteri dei pensionati esteri che si trasferiscono nel sud Italia (v. n. 226);
- redditi derivanti da lezioni private svolte dai docenti di scuola (v. n. 10700).

3550 **RITENUTE A TITOLO D'IMPOSTA** I redditi tassati con il sistema della ritenuta alla fonte a titolo di imposta possono essere distinti in **3 gruppi**.
Tale regime è applicabile alle persone fisiche **non imprenditori** o, se esercenti tale attività, per i redditi percepiti a titolo personale, e solamente se il soggetto erogante è un **sostituto di imposta** (v. n. 37405).

3555

Redditi	Disciplina
Redditi di natura finanziaria	Sono quelli derivanti dall'**impiego di capitali**, in genere, nel mercato mobiliare. Rientrano nelle categorie dei redditi di capitali e dei redditi diversi (questi ultimi, solamente se tassati con il regime del risparmio amministrato o del risparmio gestito). Ai n. 37445 e 37450 sono riportate le diverse fattispecie con le relative ritenute.
Provvigioni percepite da venditori a domicilio (1) (art. 25 bis c. 6 DPR 600/73)	Le imprese commerciali che operano nella attività di vendita a domicilio si servono di incaricati alla **vendita porta a porta** a cui corrispondono una remunerazione di tipo provvigionale. Tali provvigioni sono soggette a ritenuta di imposta del **23%**, commisurata al 78% del totale delle somme percepite. Tale trattamento si estende **ai premi, agli incentivi, e a tutte le competenze accessorie** (es. rimborsi spese) comunque denominate, percepite, in aggiunta alle provvigioni, in dipendenza del rapporto di lavoro tra la ditta mandante e i venditori **(2)**.
Altri proventi	I seguenti proventi sono esclusi dal computo del reddito complessivo del contribuente, in quanto assoggettati a ritenuta a titolo di imposta: a. **indennità di esproprio** (v. n. 13250); b. **capitali** percepiti in dipendenza di polizze di **assicurazione sulla vita** (v. n. 11400); c. **premi e vincite** (v. n. 14900).

(1) Se l'attività è svolta **occasionalmente**, i soggetti esercenti non sono obbligati alla tenuta di scritture contabili (Ris. Min. 12 luglio 1995 n. 180/E).
(2) Tale trattamento non trova, invece, applicazione se il rapporto tra società e addetto alla vendita è basato su un **contratto di agenzia** (Circ. Min. 10 giugno 1983 n. 24).

III. Regimi forfettari

3620 La determinazione dei redditi basata su criteri forfettari può riguardare sia singole categorie di reddito, sia l'intera base imponibile.
Si tratta generalmente di situazioni per le quali il legislatore vuole concedere un trattamento di carattere agevolativo.

3625 Segue una **tabella** con l'indicazione dei redditi in esame e del paragrafo nel quale sono trattati più diffusamente.

Redditi	MF n.
fondiari	7000 e s.
derivanti dall'utilizzazione di opere dell'ingegno	10700
derivanti dall'attività d'impresa o di lavoro autonomo svolta da contribuenti di piccole dimensioni	5580/10030
derivanti da attività di autotrasporto per conto di terzi	6420
derivanti da attività agricole	6170
derivanti da attività di agriturismo	6350
derivanti dall'allevamento	6230
derivanti da cessioni di metalli preziosi	11526

CAPITOLO 2

Impresa

SOMMARIO

Nel presente capitolo si illustrano le modalità di determinazione del reddito d'impresa prodotto in forma individuale. Esso deriva esclusivamente dall'esercizio di attività propriamente commerciali o di altre attività considerate tali dalla legge; pertanto, al fine di verificare se si tratti o meno di esercizio d'impresa, occorre sempre verificare la natura dell'attività concretamente svolta. **5000**

La legge, nel dettare le regole di determinazione del reddito per le imprese individuali, rinvia alle disposizioni stabilite per le società di capitali in ambito IRES, salvo prevedere alcune norme specifiche e, in alcuni casi, regole particolari. **5005**
Le norme specifiche riguardano la diversa misura di partecipazione al reddito di alcuni componenti positivi (es. dividendi e assimilati, plusvalenze esenti) o di deduzione di alcuni componenti negativi (es. prestazioni di lavoro da familiari, minusvalenze). Le regole particolari introducono dei regimi speciali per alcuni tipi di attività (agricoltura, agriturismo e allevamento), nonché la possibilità per le imprese di piccole dimensioni di determinare il reddito, anziché secondo il regime ordinario, secondo criteri semplificati.

In questa sede si prendono in esame le disposizioni che riguardano l'imprenditore individuale con particolare attenzione alla definizione di attività d'impresa, alla territorialità, ai regimi di determinazione del reddito, ai regimi fiscali particolari e alle attività occasionali. **5010**

SEZIONE 1

Campo di applicazione

ATTIVITÀ D'IMPRESA **5020**

Attività	Descrizione/condizioni	Fonte
propriamente commerciali	– industriale diretta alla produzione di beni o servizi – di intermediazione nella circolazione dei beni – di trasporto – bancaria e assicurativa – ausiliarie delle precedenti (es. agenti e rappresentanti di commercio; promotori finanziari - Ris. Min. 11 novembre 1995 n. 267/E)	art. 55 DPR 917/86 e art. 2195 c.c.

Attività	Descrizione/condizioni	Fonte
agricole	– allevamento, se il reddito prodotto eccede quello normalmente ritraibile dal fondo (v. n. 6230) **(*)** – produzione e vendita di prodotti agricoli o zootecnici, se riguarda prodotti non provenienti prevalentemente dai terreni o prodotti diversi da quelli individuati con apposito DM (v. n. 6180) – produzione di vegetali in strutture fisse o mobili, se la produzione avviene in misura superiore a una determinata percentuale rispetto al terreno su cui insistono (v. n. 6180) – acquacoltura, se i redditi che ne derivano non sono prevalenti rispetto a quelli di altre attività commerciali svolte dallo stesso soggetto (v. n. 6180) – sfruttamento delle miniere, cave, torbiere, saline, laghi, stagni e altre acque interne, anche se non vi è proprietà di tali beni, ma solo il loro sfruttamento	art. 55 DPR 917/86
didattiche, **sanitarie**, di **cure estetiche**, di **laboratorio** e **fotografiche**	se organizzate e gestite dal contribuente con un'evidente prevalenza della struttura sulla figura del singolo prestatore del servizio e a rischio del contribuente stesso	–
locazione breve	è attività d'impresa la locazione: – di più di quattro appartamenti all'anno – di non più di quattro appartamenti all'anno con prestazione di servizi aggiuntivi non strettamente connessi all'utilizzo dell'immobile (es. colazione, somministrazione di pasti, messa a disposizione di auto a noleggio o di guide turistiche, presenza di personale dipendente)	art. 1 c. 595 L. 178/2020, Circ. AE 12 ottobre 2017 n. 24/E e Risp. AE 26 agosto 2020 n. 278
unica operazione consistente nella **realizzazione e successiva vendita** di **immobili**	è d'impresa solo se rilevante economicamente, da valutarsi caso per caso (es. realizzazione e vendita di 49 box auto oppure di 5 appartamenti e 8 box auto). Anche se si utilizzano solo mezzi finanziari, senza avvalersi di un'organizzazione di persone e di beni strumentali	Risp. AE 24 ottobre 2019 n. 426, Ris. AE 20 giugno 2002 n. 204/E, Cass. 29 agosto 1997 n. 8193, Cass. 31 maggio 1986 n. 3690 e Cass. 20 gennaio 1973 n. 267
assistenza fiscale	svolta da associazioni sindacali e di categoria, anche se prevista nei documenti statutari e richiesta dagli associati	Ris. Min. 21 maggio 1992 n. 11/175

(*) Compresa l'attività di **allevamento** e **vendita** di cavalli e partecipazione a **gare** (CTC 14 giugno 1989 n. 4308).

5030 Producono reddito d'impresa purché vengano **svolte** professionalmente, cioè in modo non occasionale, anche se non in via esclusiva; diversamente producono redditi diversi (v. n. 6670 e s.).

5035 **TERRITORIALITÀ** Sono tassabili in Italia sia le imprese esercitate da soggetti residenti nello Stato italiano sia le imprese che in Italia hanno il luogo di esercizio dell'attività (v. n. 201 e s.).

Per gli **imprenditori residenti**, il reddito comprende non solo i redditi prodotti in Italia, ma anche quelli prodotti all'estero.

Per gli imprenditori **non residenti**, è reddito d'impresa tassabile in Italia solo il reddito conseguito nel territorio nazionale da una S.O. (v. n. 36010) (art. 23 c. 1 lett. e DPR 917/86).

SEZIONE 2

Regimi di determinazione del reddito

Oltre al regime di determinazione ordinario, per le **imprese di dimensioni più ridotte**, che rispettano determinate condizioni, sono previsti regimi semplificati che richiedono minori adempimenti contabili. Se, infatti, il regime ordinario comporta la redazione di un bilancio d'esercizio per la rilevazione analitica dei vari componenti di reddito, in caso di adozione del regime di contabilità semplificata l'obbligo del bilancio è sostituito dalla semplice compilazione di un prospetto della dichiarazione dei redditi. Ulteriori semplificazioni sono previste in caso di adozione del regime forfettario previsto per le imprese di più piccole dimensioni. **5100**
È comunque possibile passare da uno dei regimi semplificati al regime ordinario e, ricorrendone le condizioni, dal regime ordinario a quelli semplificati.
Infine, per il **2023**, gli imprenditori non forfettari possono applicare l'imposta **sostitutiva** (di IRPEF e addizionali) pari al 15% su un importo pari alla differenza tra il reddito determinato nel 2023 e quello d'importo più elevato dichiarato nei tre anni precedenti, ridotto del 5% di quest'ultimo ammontare, e comunque non superiore a 40.000 euro (art. 1 c. 55-57 L. 197/2022) (v. n. 10020).

Le imprese possono fruire delle varie **agevolazioni** (per investimenti, per risparmio energetico, ecc.) illustrate nell'apposito capitolo (v. n. 37950 e s.).

La scelta o l'obbligo di adottare uno specifico regime di determinazione del reddito è basata, in primo luogo, su un criterio dimensionale quantificato in base all'ammontare dei ricavi annui, come riassunto nella **tabella** seguente. **5105**

Caratteristiche dimensionali	Ulteriori requisiti	Soggetti che possono accedervi	Regime	V. n.
ricavi > € 500.000 (servizi) o > € 800.000 (attività diverse)	–	tutte le imprese (obbligatorio in caso di superamento dei limiti dimensionali)	ordinario: con determinazione analitica del reddito	5110 e s.
ricavi ≤ € 500.000 (servizi) o ≤ € 800.000 (attività diverse)	–	imprese minori	semplificato: con determinazione analitica del reddito	5340 e s.
ricavi ≤ € 85.000	spese per collaboratori o dipendenti ≤ € 20.000	imprese di piccole dimensioni	forfettario: con determinazione forfettaria del reddito e applicazione di imposta sostitutiva del 15% (5% per i primi cinque anni di attività); non si applica IVA e IRAP	5580 e s.

In via residuale, i soggetti che stanno utilizzando il **regime dei minimi**, possono mantenerlo fino a naturale scadenza (v. MF 2016 n. 4970 e s.). **In alternativa**, possono **transitare** nel regime forfettario applicando, se ricorrono le condizioni, l'aliquota del 5% per il periodo che residua al compimento del quinquennio dall'inizio dell'attività (art. 1 c. 87 L. 190/2014). Possono transitare nel regime forfettario anche i soggetti che superano il limite di € 45.000 di ricavi, senza dover prima applicare il regime ordinario per tre anni (Risp. AE 14 maggio 2019 n. 140).

I. Regime ordinario

a. Regole generali

È il regime naturale e obbligatorio per le imprese che nell'anno precedente a quello in corso e relativamente a tutte le attività esercitate hanno conseguito ricavi superiori ai seguenti **limiti**: **5110**

– se prestano **servizi**, € 500.000;
– se esercitano **attività diverse** (es. cessione di beni, produzione, ecc.), € 800.000.
Per gli imprenditori che esercitano **attività miste**, v. n. 5125.

5115 Per prestazioni di servizi si intendono le attività indicate in **tabella** (DM 17 gennaio 1992):

Attività
1) prestazioni dipendenti da contratti d'opera, appalto, trasporto, mandato, spedizione, agenzia, mediazione, deposito e quelle derivanti da obbligazioni di fare, non fare e permettere quale ne sia la fonte; **2)** concessioni di beni in locazione, affitto, noleggio e simili; **3)** cessioni, concessioni, licenze e simili relative a diritti d'autore, quelle relative a invenzioni industriali, modelli, disegni, processi, formule e simili e quelle relative a marchi e insegne; **4)** prestiti di denaro e di titoli non rappresentativi di merci, compreso lo sconto di crediti, cambiali o assegni bancari. Non sono considerati prestiti i depositi di denaro presso aziende e istituti di credito o presso amministrazioni statali, anche se regolati in conto corrente; **5)** somministrazioni di alimenti e bevande; **6)** cessioni di contratti di ogni tipo e oggetto; **7)** assegnazioni ai soci fatte a qualsiasi titolo da società di ogni tipo e oggetto, nonché le assegnazioni e le analoghe operazioni fatte da altri enti privati o pubblici, compresi i consorzi e le associazioni o altre organizzazioni senza personalità giuridica, quando hanno per oggetto cessioni, concessioni o licenze di cui ai numeri 2), 3) e 6); **8)** prestazioni rese o ricevute dai mandatari senza rappresentanza, anche nei rapporti tra mandante e mandatario; **9)** prestazioni dei mandatari nei rapporti di mandato senza rappresentanza; **10)** cessioni, concessioni, licenze e simili relative a diritti d'autore effettuate dagli autori e loro eredi o legatari, tranne quelle relative ai disegni e opere dell'architettura, opere dell'arte cinematografica muta o sonora e alle opere di ogni genere utilizzate da imprese ai fini di pubblicità commerciale; **11)** prestiti obbligazionari, nonché le prestazioni di mandato e di mediazione relative ai prestiti obbligazionari; **12)** cessioni dei contratti aventi ad oggetto cessioni di denaro o crediti in denaro, cessioni di aziende (compresi i complessi aziendali relativi a singoli rami dell'impresa) e cessioni di terreni non suscettibili di utilizzazione edificatoria; **13)** prestazioni di mandato e di mediazione relative ai diritti d'autore, tranne quelli concernenti opere di cui al numero 9) e le prestazioni relative alla protezione dei diritti d'autore di ogni genere, comprese quelle di intermediazione nella riscossione dei proventi; **14)** prestazioni dei commissionari relative ai passaggi nei rapporti di commissione.

5120 **Determinazione dei limiti** I ricavi devono essere determinati in base al principio di competenza. In caso di **inizio attività**, si determinano ragguagliando ad anno i ricavi presunti dichiarati in sede di presentazione della dichiarazione di inizio attività ai fini IVA.
Sono considerati **ricavi** i corrispettivi derivanti dalle cessioni di beni o prestazioni di servizi oggetto dell'attività d'impresa (v. n. 21795 e s.).
Non si considerano i seguenti proventi (art. 56 c. 3 DPR 917/86):
– di cespiti esenti da imposta;
– soggetti a ritenuta alla fonte a titolo d'imposta o a imposta sostitutiva;
– plusvalenze, indennità per la perdita dell'avviamento e altri redditi, se, su richiesta del contribuente, sono tassati separatamente (v. n. 3320);
– indennità per la cessazione di rapporti di agenzia (considerate reddito di lavoro autonomo - v. n. 10700).

I ricavi dei **rivenditori** di giornali, libri e periodici e dei distributori di **carburanti** vanno considerati al netto del prezzo corrisposto al fornitore. Per le cessioni di **generi di monopolio**, valori bollati e postali, marche assicurative e valori similari sono ricavi anche gli aggi spettanti ai rivenditori.

5125 **Attività miste** (art. 18 c. 1 DPR 600/73) Se l'imprenditore svolge contemporaneamente prestazioni di servizi e altre attività, il limite dei ricavi varia a seconda che questi tenga la contabilità unica o contabilità separate per ogni attività.
In caso di **contabilità unica** per tutte le attività esercitate, si considerano prevalenti le attività diverse dai servizi; pertanto, il limite da prendere in considerazione è sempre di € 800.000.
In caso di contabilità **con separata annotazione** dei ricavi per ciascuna attività, si deve considerare l'ammontare dei ricavi relativo all'effettiva attività prevalente, individuata con

riferimento a quella che ha conseguito il maggiore ammontare dei ricavi; quindi, se è prevalente l'attività di prestazione di servizi il limite è di € 500.000, altrimenti di € 800.000.

ESEMPIO
Il sig. Alfa svolge le attività di seguito elencate per le quali ha realizzato nell'anno X i seguenti ricavi:

– attività di bar e caffetteria (cod. Ateco 56.30.00) da considerarsi prestazione di servizi	€ 314.680
– attività riguardanti lotterie, scommesse, case da gioco (cod. Ateco 92.00.01) da considerarsi prestazione di servizi	€ 172.966
– attività di commercio al dettaglio di prodotti del tabacco (cod. Ateco 47.26.00) da considerarsi attività diversa da prestazione di servizi	€ 169.549
ricavi complessivi	€ 657.195

Il sig. Alfa ha tenuto contabilità separata per ciascuna delle attività esercitate.
L'attività prevalente è quella di prestazione di servizi (bar e lotterie) per la quale, nel suo complesso, il sig. Alfa realizza un ammontare di ricavi pari a € 287.646. Tale importo è inferiore al limite di € 500.000 stabilito per le prestazioni di servizi; pertanto il sig. Alfa nell'anno X+1 può applicare la contabilità semplificata.

b. Determinazione e tassazione del reddito

Il reddito d'impresa va determinato distintamente per ogni singolo anno partendo dal risultato contabile di gestione, cioè dalla differenza tra i componenti positivi e negativi quali risultano dal **bilancio dell'esercizio** chiuso nell'anno; ad esso vanno apportate le **variazioni** previste dalle norme fiscali. 5130
Per l'esame completo dei **singoli componenti** di reddito e degli **adempimenti** contabili fiscali si rinvia alla trattazione effettuata per le società di capitali (v. n. 21390 e s. e n. 26055 e s.), tenendo presente che non si applica il principio di derivazione «rafforzata» di cui al n. 21190 (Circ. Assonime 21 giugno 2017 n. 14).
Nei paragrafi seguenti si esaminano alcune **regole specifiche** previste per l'imprenditore individuale.

>Precisazioni 1) La legge fiscale **non** prevede uno **schema obbligatorio di bilancio**. Da un punto di vista civilistico, esiste uno schema obbligatorio solo per le società di capitali, mentre per l'imprenditore individuale (e per le società di persone) il bilancio può essere redatto con qualsiasi metodo e secondo qualsiasi schema. Tuttavia, è consigliabile adottare lo schema previsto per le società di capitali, per via delle varie norme fiscali che fanno riferimento alla classificazione delle voci come risultanti da tale schema.
2) Il reddito prodotto dagli imprenditori che **trasferiscono** la **residenza** in Italia e che vi iniziano un'attività, è imponibile parzialmente al ricorrere di determinati requisiti (v. n. 8050).

PERIODO D'IMPOSTA **In generale**, coincide con l'anno solare: dal 1° gennaio al 31 dicembre (art. 7 DPR 917/86). 5138
Può non coincidere a causa di **situazioni eccezionali**, quali: morte dell'imprenditore, cessazione volontaria dell'attività, cessione, affitto o liquidazione dell'impresa, trasferimento all'estero della residenza dell'imprenditore.

Il reddito d'impresa, in ogni caso, è determinato con riferimento al conto dei profitti e delle perdite relativo all'esercizio chiuso nel periodo d'imposta (art. 83 DPR 917/86) anche se è previsto un **esercizio non coincidente** con l'anno solare, senza l'obbligo di redigere un apposito bilancio infrannuale ai soli fini fiscali (Ris. AE 20 settembre 2011 n. 92/E).

PATRIMONIO DELL'IMPRESA (art. 65 DPR 917/86) Nella **tabella** sono elencati i beni che rientrano nel patrimonio dell'impresa. 5140

Patrimonio
– **beni** alla cui produzione o al cui scambio è destinata l'attività dell'impresa
– **materie** prime e sussidiarie, semilavorati e altri beni mobili acquistati o prodotti per essere utilizzati nella produzione
– **crediti** acquisiti nell'esercizio dell'impresa
– **beni mobili strumentali**, anche se adibiti **promiscuamente** all'impresa e all'utilizzo personale

Patrimonio
– **immobili strumentali** appartenenti all'imprenditore a **condizione** che: a) se strumentali **per natura**, siano stati indicati nell'inventario **(1)**; b) se strumentali **per destinazione (2)**: – risultino indicati nell'inventario come relativi all'impresa se siano stati acquisiti dopo il 1° gennaio 1992; – non siano stati esclusi dal patrimonio dell'impresa mediante il pagamento dell'imposta sostitutiva (di cui all'art. 58 c. 2 L. 413/91), se sono stati acquisiti anteriormente al 1° gennaio 1992. Di diverso avviso è la **giurisprudenza** che distingue tra immobili utilizzati dal possessore esclusivamente per l'esercizio dell'impresa e immobili non utilizzati nell'esercizio dell'impresa o dati in locazione o in comodato a terzi (Cass. 14 gennaio 2011 n. 772 e Cass. 20 ottobre 2006 n. 22587): – i primi sono considerati strumentali a prescindere dalla loro iscrizione nell'inventario; – i secondi sono considerati beni dell'impresa solo se sono strumentali per natura o, in caso contrario, se sono iscritti nell'inventario **(3)**
– qualunque **altro bene** indicato come bene d'impresa **nell'inventario**
(1) Sono strumentali per natura, anche se non utilizzati nell'impresa o dati in locazione o in comodato a terzi, gli immobili che hanno **caratteristiche** tali da non poter essere destinati a usi diversi dall'esercizio dell'impresa senza radicali trasformazioni. Si tratta di beni appartenenti ai gruppi catastali B, C, D, E, A/10 (es. stabilimenti, capannoni industriali, negozi, teatri, alberghi, ecc.). **(2)** Sono strumentali per destinazione gli immobili posseduti dallo stesso soggetto che esercita l'impresa, per i quali c'è un **utilizzo effettivo** ed esclusivo per l'esercizio dell'impresa, nonché gli immobili concessi in **uso a dipendenti** che hanno trasferito la loro residenza per esigenze di lavoro nel comune in cui prestano l'attività, limitatamente al periodo d'imposta in cui c'è il trasferimento e ai due successivi (v. n. 22895). **(3)** Le **quote di ammortamento** e i **costi** relativi all'**alloggio** dell'imprenditore sono indeducibili anche se l'alloggio è inserito nel fabbricato che comprende i locali destinati alla sua attività commerciale, è sprovvisto di ingresso autonomo ed è stato costruito sulla base di un'unica licenza edilizia relativa anche ai locali commerciali (Cass. 12 luglio 2021 n. 19820).

5145 I beni appartenenti all'impresa possono essere distinti in **immobilizzazioni** e **attivo circolante** a seconda che formino o meno oggetto dell'attività dell'impresa. Pertanto, lo stesso bene appartenente a imprese che svolgono attività diverse può essere considerato immobilizzazione o bene-merce: ad **esempio**, i fabbricati che in genere sono classificati come immobilizzazioni, sono beni-merce per le imprese edili (v. n. 21285 e s.).

5148 **Beni a uso promiscuo** Si tratta di beni utilizzati sia per l'attività d'impresa che per uso personale dell'imprenditore. La deducibilità delle spese relative a tali beni è limitata alla quota utilizzata per l'esercizio dell'impresa (v. n. 23695 e s.).

5150 Se i beni provengono dal **patrimonio privato**, il costo fiscalmente riconosciuto è così determinato (art. 65 c. 3 bis DPR 917/86 e artt. 4 e 5 DPR 689/74):

Beni	Costo fiscalmente riconosciuto
immobili e **mobili** iscritti in **pubblici registri**	valore accertato ai fini dell'imposta di registro o, in mancanza, prezzo indicato nell'atto di acquisto, maggiorato degli oneri accessori di diretta imputazione
costruiti in economia o in **appalto**	costo di produzione documentato o da stimare, con riferimento alla data di ultimazione della costruzione
in corso di costruzione	costo sostenuto fino alla data di iscrizione in contabilità
mobili non iscritti in pubblici registri, raggruppati in categorie omogenee per anno di acquisizione e secondo i coefficienti di ammortamento **(*)**	costo di acquisto, maggiorato degli oneri accessori di diretta imputazione
(*) Vale quanto detto per i beni costruiti in economia o in corso di costruzione. Se manca la documentazione del costo, si assume il valore normale alla data di acquisizione. Se non risulta la data di acquisizione, il bene si considera acquisito alla data di iscrizione in contabilità.	

5152 **ESTROMISSIONE AGEVOLATA DI IMMOBILI** (art. 1 c. 106 L. 197/2022)
L'imprenditore individuale che, al 31 ottobre 2022, possiede beni immobili strumentali per natura o destinazione, può, **entro il** 31 maggio 2023, estrometterli dal patrimonio dell'impresa pagando un'imposta sostitutiva.
È necessario che abbia rivestito la qualifica di imprenditore almeno fino al 1° gennaio 2023, data in cui ha **effetto** l'estromissione.

L'**imposta sostitutiva** dell'IRPEF e dell'IRAP si applica alla differenza tra il valore normale (o il valore catastale determinato con le modalità indicate al n. 71585) e il valore fiscalmente riconosciuto dei beni ed è pari all'8%. 5154
L'imposta va **versata** con le modalità ordinarie (v. n. 37110 e s.) in due rate:
- 60%, entro il 30 novembre 2023;
- 40%, entro il 30 giugno 2024.

UTILI DA PARTECIPAZIONI (art. 59 c. 1 DPR 917/86) Concorrono a formare il reddito nell'esercizio in cui sono stati percepiti (**principio di cassa**) e non subiscono alcuna ritenuta. 5160
L'**importo tassabile** varia in funzione delle caratteristiche del soggetto partecipato che distribuisce l'utile, come evidenziato in **tabella**.

Soggetto partecipato	Importo tassabile	Precisazioni
A) **soggetti IRES residenti** (dividendi)	– se formati dal 2017: 58,14% – se formati negli anni precedenti: 49,72%	– per presunzione si intendono **prioritariamente distribuiti** i dividendi prodotti prima del 2008, poi dal 2008 al 2016, poi dal 2017 (criterio FIFO) (DM 26 maggio 2017) – se sono percepiti in qualità di **socio fondatore e promotore**, sono considerati proventi assimilati a quelli di lavoro autonomo e concorrono al reddito in base all'effettiva misura percepita (art. 53 c. 2 lett. d DPR 917/86)
B) **ass. in partecipazione o cointeressenza** con apporto di solo capitale o di capitale e lavoro	come lett. A), limitatamente alla quota non deducibile per la società che li distribuisce (indipendentemente dall'entità dell'apporto)	–
C) società e associanti **non residenti**	come lett. A) o integralmente o per trasparenza, in base alle regole illustrate al n. 21900 e s.	spetta il credito d'imposta per le imposte pagate all'estero (v. n. 95090)

DEDUZIONE PER INCREMENTI DEL CAPITALE PROPRIO (ACE) La base ACE è determinata come sommatoria dei componenti indicati in tabella (art. 8 DM 3 agosto 2017 e Relazione illustrativa al DM). 5170

Per le modalità di utilizzo e monitoraggio della c.d. **Super ACE** v. MF 2022 Ed. settembre n. 2600 e s.

Elementi da sommare	Precisazioni
a) differenza positiva fra il PN (comprensivo dell'utile d'esercizio) al 31 dicembre 2015 e il PN al 31 dicembre 2010 o, se l'impresa è costituita dopo il 31 dicembre 2010, dell'ultimo esercizio del quinquennio 2011-2015 in contabilità ordinaria	se l'impresa era in **contabilità semplificata** nel 2010 ed eventualmente in alcuni degli anni successivi, si assume la differenza positiva o negativa tra PN dell'ultimo esercizio del quinquennio dal 2011 al 2015 in regime di contabilità ordinaria e PN desumibile dall'apposito prospetto relativo all'esercizio di prima applicazione del regime di contabilità ordinaria (n. 5470)
b) incremento patrimoniale formatosi dal 2016 determinato con le regole previste per le società di capitali (v. n. 25943 e s.), tenendo conto che gli **incrementi** di capitale proprio derivanti dall'**accantonamento di utili** rilevano nell'esercizio di maturazione dell'utile al netto dei prelevamenti in conto utile del medesimo esercizio	se l'impresa applica in **uno o più anni** il regime di contabilità **semplificata**, l'incremento patrimoniale rilevante al termine dell'esercizio in cui è ripristinato il regime di contabilità ordinaria è ridotto dell'eventuale differenza negativa tra il PN desumibile dall'apposito prospetto relativo allo stesso esercizio (n. 5470) e il PN dell'ultimo esercizio in regime di contabilità ordinaria

5175 **Utilizzo** La deduzione ACE calcolata in riferimento all'impresa va sommata alle quote di deduzione ACE eventualmente attribuite per trasparenza da società partecipate (tali operazioni vanno indicate in apposite colonne del rigo RS37 della dichiarazione dei redditi); tuttavia, l'**importo utilizzabile** in diminuzione del reddito complessivo non può superare la somma dei redditi d'impresa di spettanza dell'imprenditore (rigo RS37 colonna 13).
La quota ACE **eccedente** può essere utilizzata in aumento dell'importo deducibile dei periodi d'imposta successivi o trasformato in credito d'imposta IRAP (v. n. 25974), applicando a tale eccedenza le aliquote corrispondenti agli scaglioni IRPEF (v. n. 1000). Infine, su richiesta dell'impresa, può essere riconosciuta anche a scomputo del maggior imponibile accertato in sede **accertamento con adesione** (v. n. 88018 precisazione 1) - Circ. AE 21 marzo 2019 n. 5/E).
La **quota** ACE di cui beneficia l'imprenditore **va considerata** nella determinazione del reddito complessivo ai fini dell'**individuazione delle aliquote** per scaglioni di reddito, nonché delle **detrazioni** spettanti per carichi di **famiglia**, lavoro, per oneri e per canoni di locazione (di cui agli artt. 12, 13, 15 e 16 DPR 917/86 - v. n. 1120 e s.). A tal fine, al reddito complessivo di riferimento (RN1 colonna 1 per le detrazioni e RN5 per il calcolo dell'imposta lorda) va sommato l'importo risultante dal rigo RS37 colonna 14 che comprende sia la quota ACE dedotta dall'imprenditore che, in caso di partecipazione in società trasparenti, quella dedotta dalle società partecipate (Istr. Mod. Redditi PF).

Anche ai fini previdenziali, la base imponibile va determinata sul reddito d'impresa al lordo dell'ACE (Circ. INPS 27 giugno 2012 n. 90).

5185 **DEDUCIBILITÀ DEGLI INTERESSI PASSIVI** (art. 61 DPR 917/86) Gli interessi passivi **inerenti** all'esercizio d'impresa sono deducibili per la parte corrispondente al rapporto tra l'ammontare dei ricavi e altri proventi che concorrono a formare il reddito d'impresa o che non vi concorrono in quanto esclusi e l'ammontare complessivo di tutti i ricavi e proventi.

La parte di interessi passivi non deducibile non dà diritto alla detrazione dall'imposta prevista a fronte di interessi pagati per mutui agrari o per l'acquisto della prima casa (v. n. 1370 e n. 1870).

5195 **COMPENSI DELL'IMPRENDITORE E DEI FAMILIARI** (art. 60 DPR 917/86)
Le somme trattenute dall'imprenditore (c.d. salario figurativo) o corrisposte, a titolo di compenso, ai seguenti familiari non sono deducibili:
- coniuge e ascendenti;
- figli, nonché affidati o affiliati, minori o permanentemente inabili al lavoro.

Al di fuori dei casi suddetti la deduzione è sempre ammessa.

>**Precisazioni 1)** I compensi corrisposti al coniuge, ai figli minorenni e/o permanentemente inabili e agli ascendenti **non** concorrono a formare il **reddito dei percipienti**.
2) Per i compensi ai collaboratori dell'**impresa familiare**, v. n. 34160.

5210 **UTILE** (art. 8 DPR 917/86) Se il risultato fiscale dell'esercizio dà luogo a un reddito imponibile, esso confluisce nel reddito complessivo del soggetto che forma oggetto di dichiarazione annuale e assoggettato a imposta con **aliquota** progressiva (v. n. 800 e s.).

5220 **PERDITA** (art. 8 c. 2 e 3 DPR 917/86) Se il risultato fiscale dell'esercizio dà luogo a una perdita, questa può essere **compensata** con eventuali altri redditi d'impresa o di partecipazione posseduti.
L'eventuale eccedenza può essere **riportata negli esercizi successivi** senza limiti temporali, per compensarla con redditi della stessa categoria:
- se la perdita è realizzata nei primi tre anni di una nuova attività produttiva, integralmente (e per l'intero importo che trova capienza in essi);
- in tutti gli altri casi (dal quarto esercizio o se si tratta di prosecuzione di un'attività preesistente), in misura non superiore all'80% dei redditi (e per l'intero importo che trova capienza in essi).

Se anche negli esercizi successivi si ha una perdita, questa deve comunque essere utilizzata per prima; pertanto, la perdita **riportata** dagli anni precedenti è utilizzata solo se residuano ulteriori redditi compensabili (Istr. Mod. Redditi).

>Precisazioni 1) In caso di accertamento di un **maggior reddito** imponibile, l'impresa può utilizzare in compensazione le perdite maturate in esercizi precedenti ancora disponibili (Ris. Min. 5 novembre 1976 n. 10/1429). In sostanza occorre verificare, da una parte, la presenza di **perdite ancora disponibili** alla chiusura del periodo d'imposta oggetto di accertamento e, dall'altra, la persistenza dell'ammontare nei periodi d'imposta successivi fino a quello in cui è eseguito l'accertamento (Circ. Assonime 11 giugno 2012 n. 18).
2) Secondo l'AIDC, a certe condizioni è ammesso il riporto delle perdite sorte in un anno per il quale è stata **omessa** la **dichiarazione** dei redditi (v. n. 25930).

Rettifica (art. 56 c. 2 e 4 DPR 917/86) La perdita compensabile può subire una riduzione pari all'ammontare di **proventi esenti**, conseguiti nell'attività d'impresa, eccedenti gli interessi passivi e le spese generali non deducibili per effetto del pro-rata (v., rispettivamente, n. 5185 e n. 23490 e s.). **5225**
A tal fine, rilevano soltanto i proventi esenti conseguiti nello **stesso anno** in cui si verifica la perdita, mentre non rileva la quota esente delle plusvalenze derivanti dalla cessione di partecipazioni «Pex» (v. n. 24705).

ESEMPIO
Perdita fiscale 5.000; proventi esenti 3.000; interessi passivi non dedotti nell'esercizio pari a 1.200; quindi, proventi esenti residui 1.800. La perdita utilizzabile può essere pari a 3.200 (5.000 – 1.800).

PERDITE DA PARTECIPAZIONE IN SOCIETÀ DI PERSONE (art. 56 c. 2 DPR 917/86) Le perdite derivanti dalla partecipazione in s.n.c. e s.a.s. sono deducibili dal reddito secondo le regole illustrate al n. 34055. **5240**

II. Regime semplificato per imprese minori

REGOLE GENERALI (art. 18 c. 1 e 7 DPR 600/73) È il regime naturale per le imprese che, nell'anno precedente a quello in corso, hanno percepito o conseguito (in base al principio di cassa o competenza allora adottato) **ricavi complessivi** non superiori a: **5340**
– se prestano **servizi** (indicati al n. 5115), € 500.000;
– se esercitano **attività diverse** (es. cessione di beni, produzione, ecc.), € 800.000.
Se le imprese svolgono **contemporaneamente** sia servizi che attività diverse, il limite varia a seconda che tengano o meno la contabilità separata, come per le imprese in regime ordinario (v. n. 5125).

Se **non** vengono **superati** i **limiti** di ricavo prescritti, il regime semplificato si protrae di anno in anno, salvo opzione per il regime ordinario. La verifica dei limiti deve essere effettuata all'inizio di ogni anno con riferimento all'anno precedente. **5345**
Se vengono **superati** i limiti, l'impresa deve adottare la contabilità ordinaria. Allo stesso modo deve riadottare il regime semplificato dall'anno successivo a quello in cui i ricavi non hanno superato i predetti limiti.
In tutti i casi di passaggio da un regime all'altro, l'impresa deve rispettare gli adempimenti illustrati al n. 5450 e s.

ESEMPIO
Attività di commercio - limite previsto dei ricavi € 700.000 (fino al 2022, poi € 800.000)

Ricavi dell'anno precedente		Regime applicabile nell'anno	
2019	€ 300.000	2020	semplificato
2020	€ 800.000	2021	ordinario
2021	€ 400.000	2022	semplificato
2022	€ 750.000	2023	semplificato

5350 Il regime prevede due **criteri** di determinazione del **reddito**: uno generale misto di cassa/competenza (c.d. «regime di cassa») e uno opzionale, ancor più semplificato, basato sulle registrazioni effettuate ai fini IVA.
A seconda del criterio scelto sono previsti **adempimenti** contabili diversi, in ogni caso ridotti rispetto a quelli previsti nel regime ordinario.

Il reddito prodotto dagli imprenditori che **trasferiscono** la **residenza** in Italia e che vi iniziano un'attività, è imponibile parzialmente al ricorrere di determinati requisiti (v. n. 8050).

5355 I **casi particolari** riguardanti la **determinazione dei ricavi** (es. imprese che iniziano una nuova attività) e la determinazione **del reddito** sono illustrati al n. 5440.

a. Criteri di determinazione del reddito

1. Criterio generale misto di cassa/competenza (c.d. «regime di cassa»)

5360 **COME FUNZIONA** Si devono sommare algebricamente i **componenti** di reddito indicati in **tabella** (art. 66 DPR 917/86 e Circ. AE 13 aprile 2017 n. 11/E).
I componenti inerenti le principali operazioni attive e passive dell'impresa (vendite, prestazioni e acquisti di beni e servizi) sono assunti in base al principio di **cassa**; tutti gli altri, in base al principio di **competenza**. In ogni caso, occorre considerare anche gli **altri principi** generali illustrati al n. 5370.
Le **rimanenze** non rilevano, ad eccezione di quelle che hanno concorso al reddito dell'anno precedente a quello di entrata nel regime secondo il principio di competenza e che sono interamente deducibili (art. 1 c. 18 L. 232/2016).

Il **momento** in cui i componenti assunti in base al principio di cassa si considerano incassati o pagati varia a seconda del mezzo di pagamento/riscossione utilizzato, come per i professionisti (v. n. 10045 - Circ. AE 13 aprile 2017 n. 11/E).

5365

Componenti di reddito		Cassa/competenza	Disciplina dei componenti di reddito
positivi	ricavi e proventi equiparati:		
	– autoconsumo e simili	competenza	21815
	– tutti gli altri	cassa	21795, 22070-22080
	plusvalenze **(1)**	competenza	24560
	dividendi	cassa	21880
	interessi attivi		21985
	proventi immobiliari	competenza	22035
	sopravvenienze attive:		24915, 22085
	– derivanti dallo storno o integrazione di componenti che concorrono per cassa	cassa	
	– tutte le altre	competenza	

Componenti di reddito		Cassa/competenza	Disciplina dei componenti di reddito
negativi	spese per prestazioni di lavoro: – compensi agli amministratori – tutte le altre	 cassa competenza	5195, 22865-22930
	spese di manutenzione **(2)**: – ordinaria (deducibili nei limiti del 5%) – straordinaria	 cassa competenza	24125
	spese di ricerca (di base e applicata), di pubblicità e rappresentanza	cassa	23305 e 23315
	spese di impianto e ampliamento, di sviluppo, aventi natura pluriennale (che soddisfano cioè i criteri dell'OIC 24)	competenza	
	spese generali	cassa	23490
	interessi passivi		5185
	quote di ammortamento di beni materiali e immateriali **(2)** **(3)**	competenza	23575
	canoni di leasing (compreso il maxicanone)		23755
	minusvalenze **(4)**		24795
	oneri fiscali e contributivi	cassa	23195
	sopravvenienze passive: – derivanti dallo storno o integrazione di componenti che concorrono per cassa – tutte le altre	 cassa competenza	24985
	perdite di beni strumentali e su crediti	competenza	24490-24535
	oneri di utilità sociale		23435
	quote di accantonamento ai fondi di quiescenza e previdenza **(5)**		24325

(1) Non si applica la Pex.
(2) Purché annotate nel registro dei beni ammortizzabili o nel registro IVA acquisti o fornite, su richiesta dell'AE, in forma sistematica.
(3) Non si applica l'ammortamento finanziario di cui al n. 23930 e s.
(4) Le minusvalenze da cessione di immobilizzazioni finanziarie sono interamente deducibili.
(5) Devono essere iscritte nei registri indicati al n. 5385 e s. (art. 66 c. 2 DPR 917/86).

Principi generali Le imprese devono osservare, oltre ai principi di cassa e competenza 5370
sopra citati, i seguenti principi generali validi per le imprese in contabilità ordinaria.

Principi	Disciplina
certezza e determinabilità	21545
inerenza dei costi	22720
valutazione degli elementi che concorrono a formare il ricavo o il costo: – espressi in valuta estera – costituiti da beni e servizi (valore normale) – riferiti a esercizio di durata diversa dall'anno	 21625 845 21070
individuazione dei beni facenti parte del patrimonio dell'impresa	5140

Utile o perdita d'esercizio (art. 8 DPR 917/86, art. 1 c. 25 e 26 L. 145/2018) L'**utile d'esercizio** 5380
va a formare il reddito complessivo dell'impresa.
La **perdita** può essere utilizzata per compensare altri redditi d'impresa o di partecipazione posseduti, con le stesse regole esposte per il regime ordinario (v. n. 5220 e s.).

OBBLIGHI DICHIARATIVI E CONTABILI (art. 18 c. 1-6 DPR 600/73, art. 9 DL 69/89 conv. in 5385
L. 154/89) Le imprese devono indicare il reddito prodotto nel quadro RG del Mod. Redditi e tenere i registri e le scritture contabili indicati in **tabella** (sono esonerati i produttori agricoli di cui al n. 62290). Non sono obbligate a redigere il bilancio.

Scritture/registri	Annotazioni
registro incassi **(1)**	– i ricavi sono annotati entro 60 giorni dall'incasso, indicando per ciascuno: importo; generalità, indirizzo e comune di residenza anagrafica del cliente o solo codice fiscale; estremi della fattura o altro documento che certifica l'incasso – gli altri componenti positivi sono annotati entro il termine di presentazione della dichiarazione dei redditi
registro pagamenti **(1)**	– le spese sono annotate entro 60 giorni dal pagamento, indicando per ciascuna: generalità, indirizzo e comune di residenza anagrafica del fornitore o solo codice fiscale; estremi della fattura o altro documento che certifica il pagamento – gli altri componenti negativi sono annotati entro il termine di presentazione della dichiarazione dei redditi
registri IVA (fatture emesse/corrispettivi e acquisti)	l'impresa può tenere i registri IVA classici (per il cui contenuto, le modalità e i termini di registrazione v. n. 54350 e s.) oppure può utilizzarli in sostituzione dei registri degli incassi e dei pagamenti (in tal caso v. n. 5388) **(2)**
registro dei beni ammortizzabili o loro annotazione nel registro IVA acquisti	per le modalità di compilazione v. n. 26080. È possibile non tenerlo purché l'impresa sia in grado di fornire all'AE gli stessi dati che devono risultare da tale registro (art. 13 DPR 435/2001)
libro unico del lavoro	è previsto per i sostituti di imposta ed è relativo ai dipendenti
altri registri previsti da leggi speciali	es. pubblica sicurezza, sanitarie, ecc.

(1) L'impresa può sostituirlo con i registri IVA (v. n. 5388).
(2) Le spese e i componenti negativi devono essere registrati nei registri IVA ai fini della loro deducibilità. Tuttavia, quelli non registrati ma specificamente afferenti a ricavi e altri proventi sono sempre deducibili.

5388 **Registri IVA sostitutivi dei registri incassi e pagamenti** Le imprese vi annotano le **operazioni rilevanti ai fini IVA** secondo le regole ordinarie, con le seguenti particolarità:
– devono registrare le **fatture d'acquisto** entro 60 giorni dal pagamento o, comunque, nell'anno in corso. Inoltre, in luogo delle singole annotazioni dei pagamenti, possono annotare, entro il termine di presentazione della dichiarazione dei redditi, l'importo complessivo dei mancati pagamenti, con le relative fatture; devono poi annotare i costi nell'anno del pagamento (entro 60 giorni), indicando la fattura già registrata (Circ. AE 13 aprile 2017 n. 11/E);
– in luogo delle singole annotazioni degli **incassi**, possono annotare l'importo complessivo dei mancati incassi, nei termini e con le modalità sopra indicati per i pagamenti (Circ. AE 13 aprile 2017 n. 11/E).

I **commercianti al minuto** devono anche indicare nel registro dei corrispettivi le generalità e gli importi dei debitori a cui si riferiscono i mancati pagamenti ed annotarne gli importi entro 60 giorni dall'incasso, con le generalità del pagatore (Circ. AE 13 aprile 2017 n. 11/E).

5393 Le imprese annotano le operazioni **non rilevanti ai fini IVA** ma rilevanti ai fini dell'imposta sui redditi, entro i termini indicati in **tabella** (DM 2 maggio 1989, art. 9 DL 69/89 conv. in L. 154/89).

Le imprese che adempiono agli obblighi IVA di fatturazione e registrazione tramite il **bollettario a madre e figlia** (v. n. 57220), possono annotarvi, ai fini delle imposte sui redditi, anche eventuali operazioni attive non soggette a IVA, senza dover usare il registro delle fatture emesse (art. 2 c. 2 DPR 695/96, Circ. Min. 19 febbraio 1997 n. 45/E).

Operazioni	Descrizione	Termine
costi e ricavi che concorrono al reddito secondo il principio di cassa	es. interessi attivi e passivi, premi di assicurazione, tasse di concessione governativa, ecc.	60 giorni da incasso/pagamento

Operazioni		Descrizione	Termine
altre operazioni	rettifiche a ricavi e costi in base al principio di competenza	es. ratei e risconti, fatture da emettere e da ricevere	presentazione dichiarazione dei redditi
	rilevazione di quote di ammortamento deducibili	ammortamenti dei beni materiali e immateriali costituenti immobilizzazioni	
	rilevazione di elementi straordinari di reddito	plusvalenze e minusvalenze, sopravvenienze attive e passive, perdite di beni strumentali	
	altre annotazioni rilevanti per la determinazione del reddito	spese per personale dipendente, oneri di utilità sociale, accantonamenti di quiescenza e di previdenza, spese relative a più esercizi, partecipazioni agli utili spettanti agli associati in partecipazione **(1)**	
	indicazione del valore delle rimanenze **(2)**	quantità e valori per singole categorie di beni, nonché criteri seguiti per la valutazione	

(1) Inclusi i compensi spettanti agli amministratori delle s.n.c. e s.a.s.
(2) La distinta indicazione delle rimanenze deve essere effettuata nel registro IVA degli acquisti o in apposito prospetto di dettaglio allegato. La mancata indicazione non giustifica da sola l'accertamento in rettifica del reddito (Ris. Min. 26 febbraio 1982 n. 7/2649, CTC 2 ottobre 1989 n. 5709).

2. Criterio delle registrazioni IVA

COME FUNZIONA (art. 18 c. 5 DPR 600/73, Circ. AE 13 aprile 2017 n. 11/E) Le imprese possono determinare il reddito sulla base delle registrazioni effettuate nei registri IVA, previa **opzione** vincolante per almeno 3 anni che va **comunicata** nella prima dichiarazione IVA (quadro VO) da presentare successivamente alla scelta operata. In caso di **omessa** comunicazione, resta valido il comportamento concreto. 5400

Il vincolo triennale **non rileva** per le imprese che:
– avendone i requisiti, decidono di transitare nel regime forfettario (illustrato al n. 5580 e s.) (Ris. AE 14 settembre 2018 n. 64/E, Risp. DRE Emilia Romagna 27 settembre 2021 n. 909/1960). Se, ad esempio, decidono di transitarvi nel 2022, devono registrare entro la fine del 2021 tutti i componenti di reddito non ancora registrati, così da tassarli nel 2021 (Circ. AE 10 aprile 2019 n. 9/E);
– decidono di optare per il regime ordinario (secondo autorevole dottrina).

In base a tale criterio, per i costi, i ricavi e gli altri componenti soggetti al **principio di cassa** si presume che la data di registrazione dei documenti coincida con quella dell'incasso/pagamento. Ne deriva che il volume d'affari rappresenta anche l'ammontare dei ricavi percepiti, mentre le fatture d'acquisto registrate rappresentano le spese sostenute. 5405
Per i componenti soggetti al **principio di competenza e** le **rimanenze** si applicano le regole previste per il criterio generale misto (v. n. 5360 e s.).

In caso di **perdita d'esercizio** v. n. 5380.

OBBLIGHI DICHIARATIVI E CONTABILI (art. 18 c. 1-6 DPR 600/73, art. 9 DL 69/89 conv. in L. 154/89) Si applica quanto illustrato per le imprese che adottano il criterio generale misto (v. n. 5385 e s.), con la particolarità che, ai fini contabili, non vanno annotati gli incassi e pagamenti ma resta ferma la separata annotazione nei registri IVA delle **operazioni non soggette** a tale imposta. 5408

b. Casi particolari

5440

Caso		Descrizione	Fonte
determinazione ricavi per accedere al regime	inizio attività	quelli presunti indicati nella dichiarazione di inizio attività ragguagliati ad anno	art. 18 c. 9 DPR 600/73
	rivenditori di giornali, libri e periodici	al netto del prezzo corrisposto al fornitore	art. 18 c. 10 DPR 600/73
	distributori di carburanti		
	cessione di generi di monopolio, valori bollati e postali, marche assicurative e simili	inclusi gli aggi spettanti ai rivenditori	
determinazione reddito	imprese che esercitano **(*)**: – intermediazione e rappresentanza di commercio; – somministrazione di alimenti e bevande o prestazioni alberghiere (di cui all'art. 1 c. 1 DM 13 ottobre 1979)	al reddito determinato con le regole sopra illustrate (v. n. 5350 e s.) si applica una deduzione forfettaria di spese non documentate, calcolata applicando ai ricavi le seguenti percentuali: – fino a € 6.197,48, 3%; – oltre € 6.197,48 fino a € 77.468,53, 1%; – oltre € 77.468,53 fino a € 92.962,24, 0,5%	art. 66 c. 4 e 5 DPR 917/86

(*) Se esercitano **diverse attività**, tra cui una o più rientranti tra quelle elencate, devono avere contabilità separate per usufruire delle deduzioni nella misura appropriata (Ris. Min. 11 maggio 1981 n. 9/1071).

c. Passaggio ad altri regimi

5450

Caso		Descrizione	Fonte
passaggio al regime **ordinario**	per opzione	v. n. 5455	art. 18 c. 8 DPR 600/73, art. 10 DL 69/89 conv. in L. 154/89
	per superamento dei limiti di ricavi	occorre rispettare alcuni adempimenti previsti in caso di opzione per il regime ordinario (v. n. 5470)	–
ritorno al regime **semplificato**	per revoca opzione per regime ordinario	v. n. 5490	art. 18 c. 8 DPR 600/73, art. 10 DL 69/89 conv. in L. 154/89
	per mancato superamento dei limiti di ricavi	occorre rispettare alcuni adempimenti previsti in caso di revoca dell'opzione per il regime ordinario (v. n. 5500)	–
passaggio al regime **forfettario**		non è necessaria alcuna comunicazione né specifica opzione e non occorre rispettare alcun vincolo di durata, trattandosi di due regimi naturali	Circ. AE 10 aprile 2019 n. 8/E

5455 **OPZIONE PER IL REGIME ORDINARIO** (art. 18 c. 8 DPR 600/73, art. 10 DL 69/89 conv. in L. 154/89) L'impresa la esercita con le modalità, i termini e le conseguenze di seguito illustrate.

Modalità (DPR 442/97, Circ. Min. 27 agosto 1998 n. 209/E) L'opzione si desume dal comportamento concludente posto in essere dall'impresa e consistente nel corretto adempimento degli obblighi previsti. **5457**
L'impresa deve comunque **comunicare** l'opzione all'AE nella prima dichiarazione annuale IVA (quadro VO) da presentare successivamente alla scelta operata. Se è **esonerata** dall'obbligo di presentazione della dichiarazione annuale IVA e l'esonero permane anche a seguito dell'opzione, deve presentare il quadro VO in allegato alla dichiarazione dei redditi, con le modalità e nei termini previsti per quest'ultima (art. 4 DPR 404/2001).

In caso di **mancata comunicazione** si applica la sanzione da € 250 a € 2.000.

Termini di validità Il comportamento concreto è valido se è posto in essere **sin dall'inizio** dell'anno o dell'attività. L'opzione ha effetto da tale data e vincola l'impresa alla sua concreta applicazione almeno per 3 anni. **5460**
Successivamente essa resta valida per ciascun anno, fino a quando permane la concreta applicazione della scelta operata.

Effetti L'impresa deve tenere una contabilità ordinaria e redigere il bilancio. **5470**
A tal fine, deve **compilare**, **entro** il termine di presentazione della dichiarazione dei redditi relativa all'anno precedente, un prospetto delle attività e delle passività esistenti all'inizio dell'anno che permetta di individuare e valutare i beni appartenenti all'impresa. Può anche semplicemente riportarlo sul libro degli inventari (art. 1 DPR 126/2003).
Nella **tabella** si illustrano i criteri da utilizzare per la valutazione dei beni (DPR 689/74).

Oggetto	Criteri di valutazione
beni immobili e mobili strumentali:	
– costruiti in economia o in appalto	costo di produzione documentato o da stimare con riferimento alla data di ultimazione della costruzione
– diversi dai precedenti	costo di acquisto maggiorato: • degli oneri accessori di diretta imputazione (compresa l'IVA indetraibile) • delle spese incrementative documentate o, alternativamente, del 3% annuo in relazione al periodo che va dall'acquisto all'immissione nell'impresa
rimanenze **(*)**:	
– prodotti in corso di lavorazione	costi sostenuti fino al 31 dicembre dell'anno precedente
– merci, materie prime, sussidiarie, prodotti finiti, ecc.	costo medio risultante, al 31 dicembre dell'anno precedente, dalle fatture di acquisto registrate ai fini IVA (facendo riferimento a tutti gli acquisti, non solo a quelli relativi ai beni non pagati - Circ. AE 13 aprile 2017 n. 11/E)
fondi ammortamento	ammontare pari alle quote dedotte negli anni precedenti
cassa, crediti e debiti	valore nominale
altre attività	costo di acquisto

(*) Ai fini fiscali rilevano come esistenze iniziali solo le rimanenze di merci il cui costo non è stato ancora sostenuto (Circ. AE 13 aprile 2017 n. 11/E).

I **ricavi**, i **compensi** e le **spese** che **hanno già concorso** alla formazione del reddito in base alle regole del regime semplificato, non rilevano nella determinazione del reddito degli anni successivi (art. 1 c. 19 L. 232/2016). Viceversa, se **non hanno** ancora concorso, rilevano negli anni successivi secondo le regole del regime semplificato. **5475**
È consigliabile che l'impresa **mantenga evidenza** extra-contabile di tali componenti di reddito (Circ. AE 13 aprile 2017 n. 11/E).

ESEMPIO
Se un'impresa opta per il regime ordinario nel 2022:
– i ricavi derivanti dalla vendita di beni consegnati nel 2022 ma il cui corrispettivo è stato incassato nel 2021, non costituiscono ricavi imponibili nel 2022;
– i ricavi derivanti dalla vendita di beni consegnati nel 2021 ma il cui corrispettivo è stato incassato nel 2022, costituiscono ricavi imponibili nel 2022.

5490 **REVOCA OPZIONE PER IL REGIME ORDINARIO** (art. 18 c. 8 DPR 600/73, art. 10 DL 69/89 conv. in L. 154/89) Per tornare al regime semplificato è necessario che nell'anno precedente sia stato conseguito un ammontare di ricavi non superiore ai limiti indicati al n. 5340.
Per le **modalità** di esercizio della revoca **e**, secondo l'AE, i **termini di validità** della stessa si applica quanto illustrato per l'opzione per il regime ordinario (v. n. 5457 e n. 5460).

5500 **Conseguenze** (art. 1 c. 19 L. 232/2016, art. 5 DM 27 settembre 1989 n. 352) Per i **ricavi**, i **compensi** e le **spese** che hanno (o meno) **già concorso** al reddito in base alle regole del regime ordinario (principio di competenza), si applica quanto sopra illustrato in caso di opzione per il regime ordinario (v. n. 5475).
I componenti di reddito **relativi ad anni precedenti**, la cui tassazione o deduzione è stata **rinviata** (es. rateazione della plusvalenza o deduzione delle spese di manutenzione eccedenti il 5% del valore dei beni strumentali), concorrono al reddito in base alle regole del regime ordinario.

5510 Il **fondo accantonamento sopravvenienze attive** (eventualmente costituito a fronte di contributi in conto capitale - v. n. 22085) concorre interamente al reddito nell'anno in cui avviene il passaggio di regime.
I fondi costituiti da accantonamenti di **quiescenza e previdenza**, accantonamenti **per rischi su crediti** e **altri accantonamenti** (v. n. 24295 e s.) non concorrono al reddito dell'anno in cui avviene il passaggio di regime, a **condizione** che siano iscritti nel registro degli acquisti tenuto ai fini IVA. Le spese e le perdite, riferibili a tali fondi, che si verificano negli anni successivi in cui il reddito si determina in regime semplificato, sono deducibili per la parte eccedente i predetti accantonamenti.

III. Regime forfettario per imprese di piccole dimensioni

5580 È il regime naturale che prevede modalità semplificate di determinazione del reddito e di tassazione; esso comporta anche semplificazioni ai fini IVA e l'esenzione dall'IRAP.
Vi possono accedere sia i soggetti che iniziano una nuova attività sia coloro che sono già in attività, con le modalità sotto illustrate.

> I produttori agricoli che gestiscono la produzione dei **prodotti selvatici non legnosi**, non ricompresi nella classe ATECO 02.30 (in cui rientrano funghi, tartufi, bacche, frutta in guscio, ecc.), e che realizzano un volume d'affari superiore a € 7.000, possono applicare il regime forfettario. Tuttavia, il reddito è determinato su base catastale con le regole illustrate al n. 7177 e s. (art. 1 c. 699 L. 145/2018).

5582 **SOGGETTI ESCLUSI** (art. 1 c. 57 L. 190/2014) Non possono accedere al regime i soggetti che si trovano in **una** delle seguenti situazioni:

– residenza all'estero, salvo il caso in cui siano residenti in uno Stato membro UE o aderente al SEE e producano in Italia almeno il 75% del reddito complessivo prodotto
– effettuazione, in via esclusiva o prevalente, di attività di: • cessioni di fabbricati o porzioni di fabbricato e di terreni edificabili (c.d. immobiliari) • cessioni intra UE di mezzi di trasporto nuovi (v. n. 65320 e s.)
– partecipazione, contemporaneamente all'esercizio dell'attività, a società di persone (comprese le s.s. che producono redditi d'impresa o di lavoro autonomo), associazioni professionali, società di fatto commerciali, imprese familiari e aziende coniugali **(1) (2)**
– controllo diretto o indiretto di s.r.l. o associazioni in partecipazione, che esercitano attività economiche direttamente o indirettamente riconducibili a quelle svolte dall'imprenditore (v. n. 5584)
– adozione di altri regimi forfettari di determinazione del reddito (es. allevamento), del regime del Patent box, del regime per i lavoratori impatriati (Risp. AE 19 luglio 2019 n. 283) o dei seguenti regimi speciali IVA **(3)**: • agricoltura e attività connesse e pesca o agriturismo • editoria • agenzie di viaggi e turismo • intrattenimenti, giochi e altre attività simili

• rivendita di beni usati, di oggetti d'arte, d'antiquariato o da collezione, agenzie di vendite all'asta di oggetti d'arte, d'antiquariato o da collezione • vendita sali e tabacchi o commercio di fiammiferi • gestione di servizi di telefonia pubblica, rivendita di documenti di trasporto pubblico e di sosta • vendite a domicilio
– attività prevalente svolta nei confronti di: datore di lavoro con cui sono in corso rapporti di lavoro o erano intercorsi nei due anni precedenti; soggetti a lui riconducibili (v. n. 5592)
– percezione, nell'anno precedente, di redditi di lavoro dipendente e assimilati superiori a € 30.000, salvo che il rapporto di lavoro sia cessato **(4)**
(1) Comprese le partecipazioni detenute a titolo di nuda proprietà (Circ. AE 10 aprile 2019 n. 9/E). **(2)** Se durante l'anno l'imprenditore riceve la partecipazione in eredità o in donazione, non fuoriesce dal regime se la rimuove entro quell'anno (Risp. AE Telefisco 30 gennaio 2020). **(3)** L'adozione dei regimi forfettari di determinazione del reddito o dei regimi speciali IVA esclude l'applicazione del regime forfettario anche per tutte le altre attività eventualmente svolte (Circ. AE 4 aprile 2016 n. 10/E). **(4)** Ai fini del computo del limite di € 30.000 sono esclusi i redditi soggetti a tassazione separata (Risp. AE 14 aprile 2020 n. 102).

Controllo di s.r.l. o associazioni in partecipazione (art. 1 c. 57 lett. d L. 190/2014) L'imprenditore è escluso dal regime se ricorrono entrambe le seguenti **condizioni**: **5584**
– controlla direttamente o indirettamente una s.r.l. o un'associazione in partecipazione;
– la s.r.l. o l'associazione in partecipazione esercita un'attività economica direttamente o indirettamente riconducibile a quella svolta dall'imprenditore.

Il **controllo** sussiste **se** l'imprenditore, alternativamente (art. 2359 c. 1 e 2 c.c. e Circ. AE 10 aprile 2019 n. 9/E): **5586**
– dispone della **maggioranza** dei **voti** esercitabili nell'assemblea ordinaria (es. se possiede una partecipazione del 51%);
– dispone di voti sufficienti per esercitare un'**influenza dominante** nell'assemblea ordinaria (es. se possiede una partecipazione del 50% o anche del 49% - Risp. AE 23 aprile 2019 n. 126);
– esercita un'influenza dominante in virtù di particolari **vincoli contrattuali** (es. se è l'unico o il principale fornitore della società - Risp. AE 8 ottobre 2019 n. 398) (c.d. **controllo di fatto**).
Nei primi due casi, si computano anche i voti spettanti a società **controllate**, **fiduciarie** e a **persona interposta** (tra cui sono compresi i familiari: coniuge, parenti entro il terzo grado e affini entro il secondo), mentre non si computano i voti spettanti per conto di terzi.

> Ad **esempio**, è escluso dal regime l'imprenditore la cui moglie detiene una partecipazione del 50% in una s.r.l. che esercita un'attività economica direttamente o indirettamente riconducibile a quella svolta dall'imprenditore.

L'**attività** svolta dalla s.r.l. o dall'associazione in partecipazione si considera **direttamente o indirettamente riconducibile** a quella svolta dall'imprenditore **se**, congiuntamente (Circ. AE 10 aprile 2019 n. 9/E): **5588**
– appartiene alla stessa sezione ATECO (es. sezione I - servizi di alloggio e ristorazione). Rilevano le sezioni ATECO attribuibili in base all'attività effettivamente svolta (non quelle formalmente dichiarate);
– l'imprenditore effettua cessioni di beni o prestazioni di servizi tassabili nei confronti della s.r.l. o dell'associazione in partecipazione;
– la s.r.l. o l'associazione in partecipazione deduce i relativi costi.
La **presenza** di tutte e tre le condizioni può essere **verificata** solo a fine anno, comportando, in caso di esito positivo, la fuoriuscita dal regime dall'anno successivo.

In **tabella**, si riportano alcuni **casi pratici** esaminati dall'AE. **5589**

Caso	Stessa sezione ATECO	Applicazione regime forfettario		Fonte
		2021	2022	
Liquidatore di due s.r.l., di cui ha chiesto la cancellazione a inizio 2021: in una detiene il 10% del capitale sociale, nell'altra il 60%			Sì, se non effettua cessioni o prestazioni alla s.r.l. controllata	Risp. AE 23 aprile 2019 n. 121
Proprietario del 50% del capitale sociale di una s.r.l. in cui percepisce compensi da amministratore				Risp. AE 16 aprile 2019 n. 108
Proprietario del 20% del capitale sociale di una s.r.l. e membro del consiglio di amministrazione insieme ai genitori, proprietari del 60% del capitale sociale	Sì		NO, salvo cessazione dalla carica di amministratore nel 2021	Risp. AE 23 aprile 2019 n. 117
Proprietario del 50% del capitale sociale di una s.r.l. in cui percepisce compensi da amministratore				Risp. AE 23 aprile 2019 n. 118
Proprietario dell'1% del capitale sociale di una s.r.l.		Sì	Sì	Risp. AE 23 aprile 2019 n. 119
Proprietario di due quote di partecipazione di minoranza in due s.r.l. e amministratore unico delle stesse (i compensi per tale carica rappresentano il suo reddito prevalente). La quota di maggioranza è detenuta dal padre	NO		NO, poiché l'attività di amministratore unico svolta in via prevalente determina la diretta riconducibilità dell'attività svolta dalle s.r.l. a quella di amministratore	Risp. AE 30 maggio 2019 n. 169
Proprietario del 40% del capitale sociale di una s.r.l. e co-amministratore della stessa. Il reddito deriva esclusivamente da prestazioni professionali specifiche svolte nei confronti della s.r.l.	Sì		NO, se è l'unico o il principale fornitore della società	Risp. AE 8 ottobre 2019 n. 398
Soggetto che: – nel 2021 non è proprietario di quote in s.r.l.; – nel 2022 costituisce una s.t.p. s.r.l., di cui possiede il 9% del capitale sociale (il 91% è posseduto da un altro socio che è l'amministratore unico). Il reddito derivante dalle prestazioni rese alla società non supera il 40% del totale	Sì	Sì	Potrebbe sussistere il controllo di fatto, da valutarsi in sede di eventuale accertamento	Risp. AE 27 novembre 2019 n. 501
Proprietario del 25% del capitale sociale di una s.r.l.	Sì	Sì		Risp. AE 28 novembre 2019 n. 504

5592 **Attività svolta nei confronti del datore di lavoro** (art. 1 c. 57 lett. d bis L. 190/2014 e Circ. AE 10 aprile 2019 n. 9/E) È escluso dal regime l'imprenditore che svolge l'attività d'impresa **prevalentemente** nei confronti di:
– datore di lavoro con cui **è in corso** un rapporto di lavoro dipendente o assimilato **oppure era** intercorso nei due anni precedenti;
– **soggetti** direttamente o indirettamente **riconducibili** al datore di lavoro: si tratta di soggetti controllanti, controllati e collegati o di persona interposta (tra cui sono compresi i familiari: coniuge, parenti entro il terzo grado e affini entro il secondo).
La prevalenza **va verificata** a fine anno facendo riferimento ai ricavi conseguiti, che, se superiori al 50% dei ricavi complessivi, comportano la fuoriuscita dal regime dall'anno successivo.

5594 Non tutte le attività di lavoro dipendente o assimilato comportano l'esclusione dal regime, come indicato in **tabella**.

Attività svolta	Esclusione dal regime	V. n.
Dipendente	SÌ	8010
Pensionato	SÌ, salvo che il pensionamento sia obbligatorio per legge	9600
Collaboratore coordinato e continuativo: – revisori e sindaci di società – altri soggetti (es. amministratori)	 NO SÌ	9900
Socio lavoratore di cooperative di produzione e lavoro, di servizi, agricole e di prima trasformazione dei prodotti agricoli, artigiane e della piccola pesca	SÌ	9950
Percettore di borsa di studio, assegno, premio per fini di studio o di addestramento professionale	NO	9960
Dipendente che percepisce indennità e compensi a carico di soggetti diversi dal datore di lavoro, per incarichi svolti in relazione alla propria qualifica e in dipendenza del proprio rapporto di lavoro	SÌ	9970
Percettore di rendite vitalizie e a tempo determinato	NO	9980
Membri delle Corti tributarie, giudici di pace, esperti del Tribunale di sorveglianza e altri soggetti che svolgono funzioni pubbliche	NO	9985
Membri del Parlamento, consiglieri comunali, regionali, provinciali, delle comunità montane, delle unioni di comuni, amministratori locali, giudici della Corte Costituzionale, che percepiscono indennità per le cariche elettive	NO	9995
Percettori di assegni periodici	NO	10000
Soggetti impegnati in lavori socialmente utili	NO	10005
Percettori di capitali e rendite periodiche corrisposte da fondi pensione	NO	9815
Soggetti che svolgono attività libero professionale intramuraria	SÌ	10007

a. Nuova attività

REQUISITI (art. 1 c. 54-56 L. 190/2014) Possono accedere al regime i soggetti che, **nell'anno** 5600
di inizio della propria attività, **presumono** di:
– conseguire ricavi non superiori a € 85.000 (ragguagliati ad anno). Ai fini della verifica del limite: in caso di esercizio di più attività con codici ATECO differenti (v. **tabella** n. 5610), si assume la somma dei ricavi relativi alle diverse attività esercitate; non si considera l'indennità di maternità percepita (Risp. AE Telefisco 30 gennaio 2020);
– sostenere spese non superiori a € 20.000 per: lavoratori dipendenti, collaboratori coordinati e continuativi, prestazioni di lavoro accessorio, titolari di borse di studio, di assegno o sussidio, o di addestramento professionale, utili da partecipazione erogati agli associati che apportano solo lavoro (contratti in essere al 25 giugno 2015), prestazioni di lavoro effettuate dall'imprenditore o dai suoi familiari (v. n. 5195).

INGRESSO (Provv. AE 3 giugno 2015 n. 75295, Circ. AE 4 aprile 2016 n. 10/E) Per accedere al 5603
regime occorre presentare la **dichiarazione di inizio attività** con le modalità illustrate al n. 52122, indicando il codice «2» nell'apposita **casella** del quadro B (non va indicato il volume d'affari presunto nel riquadro specifico).
In caso di **omessa indicazione**, resta valido il comportamento concludente ma si applica la sanzione da € 250 a € 2.000.

1. Determinazione e tassazione del reddito

5605 **DETERMINAZIONE DEL REDDITO** (art. 1 c. 64 e 65 L. 190/2014) Il reddito imponibile è determinato applicando all'ammontare dei ricavi **percepiti** un **coefficiente di redditività** in **misura** variabile a seconda del tipo di attività svolta, individuata in base al codice ATECO (v. **tabella** seguente). Sono ininfluenti le sopravvenienze attive e passive, nonché le plusvalenze o le minusvalenze realizzate in corso di regime (Circ. AE 4 aprile 2016 n. 10/E).

Gli unici **costi rivelanti** sono i contributi previdenziali dovuti per legge (compresi quelli corrisposti per conto dei collaboratori dell'impresa familiare fiscalmente a carico, o, se non fiscalmente a carico, se il titolare non ha esercitato la rivalsa sui collaboratori stessi), che sono deducibili dal reddito d'impresa; l'eventuale eccedenza è deducibile dal reddito complessivo (v. n. 1308 e s.).

> **Precisazioni 1)** Se l'imprenditore ha versato e dedotto i contributi previdenziali **in misura superiore** al dovuto, l'eccedenza rimborsata dall'INPS va tassata con le regole del regime forfettario (non si applica la tassazione separata - Risp. AE 9 ottobre 2019 n. 400).
2) Tra i ricavi si comprendono anche quelli derivanti da operazioni **con l'estero** (inclusi San Marino e Città del Vaticano) (Circ. AE 19 febbraio 2015 n. 6/E).
3) In caso di **cessione d'azienda** in corso di regime, secondo l'AE il corrispettivo relativo all'**avviamento** è un ricavo (e non una plusvalenza) e va tassato con le regole del regime forfettario oppure, al ricorrere delle condizioni (v. n. 89080), in via separata (Risp. AE 11 novembre 2019 n. 478).

5610

Settori di attività	Codici attività ATECO 2007 (*)	Coefficiente di redditività
– industrie alimentari e delle bevande	(10 - 11)	40%
– commercio all'ingrosso e al dettaglio	45 - (da 46.2 a 46.9) - (da 47.1 a 47.7) - 47.9	40%
– commercio ambulante di prodotti alimentari e bevande	47.81	40%
– commercio ambulante di altri prodotti	47.82 - 47.89	54%
– costruzioni e attività immobiliari	(41 - 42 - 43) - (68)	86%
– intermediari del commercio	46.10	62%
– attività dei servizi di alloggio e di ristorazione	(55 - 56)	40%
– attività professionali, scientifiche, tecniche, sanitarie, di istruzione, servizi finanziari e assicurativi	(64 - 65 - 66) - (69 - 70 - 71 - 72 - 73 - 74 - 75) - (85) - (86 - 87 - 88)	78%
– altre attività economiche	(01 - 02 - 03) - (05 - 06 - 07 - 08 - 09) - (12 - 13 - 14 - 15 - 16 - 17 - 18 - 19 - 20 - 21 - 22 - 23 - 24 - 25 - 26 - 27 - 28 - 29 - 30 - 31 - 32 - 33) - (35) - (36 - 37 - 38 - 39) - (49 - 50 - 51 - 52 - 53) - (58 - 59 - 60 - 61 - 62 - 63) - (77 - 78 - 79 - 80 - 81 - 82) - (84) - (90 - 91 - 92 - 93) - (94 - 95 - 96) - (97 - 98) - (99)	67%

(*) In caso di **esercizio contemporaneo** di attività con codici ATECO differenti, occorre applicare ai ricavi imputabili a ciascuna attività il relativo coefficiente di redditività (Circ. AE 4 aprile 2016 n. 10/E).

5615 **TASSAZIONE** (art. 1 c. 64, 67 e 75 L. 190/2014, Circ. AE 4 aprile 2016 n. 10/E) Per i **primi 5 anni** di attività, se sono rispettate le **condizioni** indicate in **tabella**, sul reddito imponibile si applica un'imposta sostitutiva dell'IRPEF, delle addizionali regionali e comunali e dell'IRAP pari al 5%. **Trascorsi** i 5 anni **o** in caso di **mancato rispetto** delle condizioni, l'imposta è pari al 15%.

Condizioni	Precisazioni
a) il contribuente non ha esercitato, nei **3 anni precedenti** l'inizio dell'attività, un'attività d'impresa (o professionale), anche in forma di impresa familiare o associata **(*)**	il triennio si riferisce all'effettivo svolgimento dell'attività e non al periodo d'imposta (es. se un soggetto inizia una nuova attività a ottobre 2022, può beneficiare dell'imposta del 5% se ha concluso la precedente attività entro settembre 2019)
b) l'attività non costituisce mera prosecuzione di altra attività precedentemente svolta **dallo stesso soggetto** sotto forma di lavoro dipendente o autonomo, escluso il caso in cui essa consista nel periodo di pratica obbligatoria per l'esercizio di un'arte o professione	non vi è mera prosecuzione nei seguenti casi: la nuova attività o il mercato di riferimento sono diversi; il lavoro dipendente o assimilato è stato svolto in base a contratti a tempo determinato o di collaborazione continuativa per un periodo non superiore a un anno e mezzo
c) in caso di prosecuzione di un'attività svolta in precedenza **da altro soggetto**, l'ammontare dei relativi ricavi, realizzati nel periodo d'imposta precedente quello di inizio della nuova impresa, non è superiore a € 85.000	se l'attività è ceduta in corso d'anno, la verifica del superamento dei limiti va fatta cumulando i ricavi riferibili al cedente e quelli riferibili al cessionario, relativi all'anno di cessione
(*) Rilevano anche le **attività svolte all'estero** dal soggetto che rientra in Italia, avviando un'attività (Risp. AE 20 aprile 2022 n. 197).	

L'imposta va **versata** secondo le regole ordinarie (v. n. 37110 e s.). 5617
I ricavi **non** sono soggetti a eventuali **ritenute d'acconto**; a tal fine, l'imprenditore deve rilasciare un'apposita dichiarazione al sostituto da cui risulti che le somme indicate in fattura sono soggette a imposta sostitutiva. Le ritenute **subite erroneamente** che non è possibile correggere, possono essere chieste a rimborso o scomputate in dichiarazione, se correttamente certificate dal sostituto (Circ. AE 4 aprile 2016 n. 10/E).
Non si applicano gli **ISA** (art. 2 c. 1 lett. b DM 23 marzo 2018, art. 2 c. 1 lett. b DM 28 dicembre 2018 e art. 3 c. 1 lett. b DM 24 dicembre 2019).
Nel caso di **impresa familiare**, l'imposta sostitutiva, calcolata sul reddito al lordo delle quote assegnate al coniuge e ai collaboratori familiari, è dovuta dall'imprenditore. Nel caso di **azienda tra coniugi in comunione**, è dovuta dal coniuge titolare (Circ. AE 10 aprile 2019 n. 9/E).

> **Precisazioni** 1) Il reddito deve essere computato nel **reddito complessivo** dell'imprenditore ai fini della spettanza o determinazione di deduzioni, detrazioni e altri benefici anche non tributari.
> 2) È possibile fruire dei **crediti d'imposta** per: R&S (v. n. 38306 e s. - art. 1 c. 199 L. 160/2019); acquisto di beni strumentali nuovi destinati a strutture produttive situate nel Mezzogiorno (v. n. 38260 e s. - Circ. AE 4 aprile 2016 n. 10/E); canoni relativi ai contratti di locazione, leasing, concessione, affitto d'azienda e servizi a prestazioni complesse (v. n. 38220 e s. - Circ. AE 6 giugno 2020 n. 14/E); investimenti nuovi effettuati nel 2020-2022 (v. n. 37980 e s.). **Non** è possibile fruire del credito per le imposte pagate all'estero (Ris. AE 15 marzo 2019 n. 36/E).

ADEMPIMENTI (art. 1 c. 69 L. 190/2014) L'imprenditore deve: 5620
- effettuare le **ritenute** alla fonte solo sui redditi di lavoro dipendente e assimilati erogati (art. 6 c. 1-3 DL 34/2019 conv. in L. 58/2019). Se le effettua anche sui redditi diversi da quelli di lavoro dipendente e assimilati, ciò non comporta la fuoriuscita dal regime (Circ. AE 10 aprile 2019 n. 9/E). Deve presentare la CU e il Mod. 770, contenenti le ritenute e i redditi ad esse soggetti, con le modalità e nei termini ordinari (v. n. 37515 e s.);
- presentare il **Mod. Redditi** con le modalità e nei termini ordinari (v. n. 16030 e s.), integrandolo, eventualmente, con il codice fiscale del percettore dei redditi diversi da quelli di lavoro dipendente e assimilati (per i quali non è stata operata la ritenuta) e con l'ammontare dei redditi stessi. In caso di **infedele indicazione** in dichiarazione dei dati attestanti i requisiti e le cause di esclusione dal regime, si applica una sanzione (da € 250 a € 2.000), che è aumentata del 10% se il maggior reddito accertato supera del 10% quello dichiarato (art. 1 c. 74 L. 190/2014);
- conservare i **documenti** ricevuti ed emessi.

È **esonerato** dagli obblighi di registrazione e tenuta delle scritture contabili.

---

2. Semplificazioni IVA
(art. 1 c. 58-60 L. 190/2014)

L'imprenditore **non può** addebitare l'IVA a titolo di rivalsa né può detrarre l'imposta assolta sugli acquisti nazionali e intra UE. 5623

Inoltre, è esonerato dalla maggior parte degli adempimenti IVA, restando soggetto solo ad alcuni. Nella **tabella** seguente si illustrano gli obblighi e gli esoneri.
Per le particolarità relative alla **fattura elettronica** v. n. 5630.

5625

Operazioni (1)	Obblighi/esoneri
cessioni e prestazioni nazionali	– vanno sempre certificate con l'emissione di fattura o scontrino, pur senza addebito dell'IVA **(2)** – la fattura deve indicare che si tratta di «operazione in franchigia da IVA ai sensi dell'art. 1 c. 54 e s. L. 190/2014» (Circ. AE 27 marzo 2015 n. 14/E) – esonero dall'obbligo di registrazione delle fatture e dei corrispettivi – obbligo di trasmissione telematica dei corrispettivi, salvo emissione di fattura
cessioni di beni intra UE	– si considerano cessioni interne senza diritto alla rivalsa – la fattura deve indicare che l'operazione non costituisce cessione intra UE ai sensi dell'art. 41 c. 2 bis DL 331/93 conv. in L. 427/93 – esonero dall'obbligo di registrazione delle fatture
acquisti	– numerazione e conservazione delle fatture di acquisto e delle bollette doganali – esonero dall'obbligo di registrazione (e quindi dell'istituzione del relativo registro) – se trova applicazione il meccanismo del **reverse charge** (v. n. 52940 e s.), integrazione della fattura ricevuta – se **intra UE**, sono soggetti a IVA se viene superata la **soglia annua** di € 10.000 (art. 1 c. 58 lett. c L. 190/2014 - v. n. 65330 e s.); in tal caso, l'imprenditore deve iscriversi al VIES, deve integrare la fattura con l'indicazione dell'aliquota e della relativa imposta e, se supera le soglie previste, deve presentare gli elenchi Intrastat
importazioni ed esportazioni	si applicano le regole ordinarie, ma non è possibile avvalersi del plafond per l'acquisto di beni e servizi con dichiarazione d'intento. Le esportazioni saranno ammesse nei limiti stabiliti con apposito DM (art. 1 c. 58 lett. e L. 190/2014)
liquidazioni e versamenti	esonero dall'obbligo, ad **eccezione** dell'imposta relativa alle fatture per acquisti intra UE che superano la soglia annua di € 10.000 e per altre operazioni per cui il contribuente risulta debitore IVA in base al reverse charge (v. sopra); in tal caso, il versamento va effettuato **entro** il giorno 16 del mese successivo a quello di effettuazione delle operazioni
dichiarazioni e altri adempimenti	esonero da presentazione della dichiarazione annuale, della comunicazione dei dati delle liquidazioni e della comunicazione dei dati delle operazioni transfrontaliere (c.d. esterometro)

(1) Per le **prestazioni di servizi** ricevute da non residenti o rese agli stessi si applicano le regole ordinarie sulla territorialità (v. n. 43150 e s.).
(2) Salvo che si tratti delle attività esonerate previste dall'art. 2 DPR 696/96 (v. n. 53370 e s.), i cui corrispettivi devono comunque essere annotati in un apposito registro cronologico con le modalità indicate al n. 54600 (Circ. AE 10 aprile 2019 n. 9/E).

5630 **Fattura elettronica** (art. 1 c. 3 D.Lgs. 127/2015, Faq AE novembre 2018 e luglio 2019, Circ. AE 10 aprile 2019 n. 9/E par. 4.1) Fino al 30 giugno 2022, l'imprenditore era **esonerato** dall'obbligo di **emettere** le fatture elettroniche (salvo quelle nei confronti della PA). **Dal 1° luglio 2022** al 31 dicembre 2023, l'esonero permane solo se l'imprenditore, nell'anno precedente, ha conseguito ricavi non superiori a **€ 25.000**, ragguagliati ad anno (dal 2024 l'emissione sarà obbligatoria a prescindere dal volume di ricavi).
La fattura elettronica va emessa utilizzando il **codice RF19**, specifico per il regime fiscale dei forfettari, e il **codice natura N2.2** (v. n. 52648). Poiché le operazioni effettuate dai forfettari non sono soggette ad IVA, per quelle di **importo superiore a** € 77,47 si applica l'imposta di bollo di € 2 (v. n. 74055).
All'imprenditore che nel **terzo trimestre 2022** emette la fattura elettronica entro il mese successivo a quello di effettuazione dell'operazione, **non si applica** la sanzione dal 5% al 10% dei corrispettivi non documentati (v. n. 87040) per violazione di documentazione o registrazione di operazioni non imponibili, esenti o non soggette (art. 18 c. 3 DL 36/2022).
L'imprenditore può **conservare** quelle emesse dai propri fornitori con i sistemi tradizionali (conservazione cartacea dell'originale oppure con microfilm, microfiche, nastri magnetici, pellicole, ecc.) o elettronicamente.
Per la **trattazione completa** della fattura elettronica e della sua conservazione si rinvia, rispettivamente, al n. 52731 e s. e al n. 52827 e s.

Se l'imprenditore ha un **fatturato annuo** costituito esclusivamente da fatture elettroniche, il termine di decadenza per l'accertamento è ridotto di un anno (art. 1 c. 74 L. 190/2014).

3. Fuoriuscita

VOLONTARIA (art. 1 c. 70 L. 190/2014) L'imprenditore può **optare** per l'applicazione dell'IVA e dell'IRPEF nei modi ordinari, **comunicandolo** nella prima dichiarazione annuale IVA (quadro VO) da presentare successivamente alla scelta operata. Se è **esonerato** dall'obbligo di presentazione della dichiarazione annuale IVA e l'esonero permane anche a seguito dell'opzione, deve presentare il quadro VO in allegato alla dichiarazione dei redditi, con le modalità e nei termini previsti per quest'ultima. In caso di **omessa comunicazione**, resta valido il comportamento concreto ma si applica la sanzione da € 250 a € 2.000 (Circ. AE 4 aprile 2016 n. 10/E). **5640**
L'opzione è **valida** per almeno 3 anni, trascorsi i quali resta valida per ciascun anno successivo fino a quando ne permane la concreta applicazione. Se l'imprenditore ha optato per il regime semplificato, può, avendone i requisiti, ritornare al regime forfettario senza dover rispettare tale vincolo triennale (Circ. AE 10 aprile 2019 n. 8/E).

Effetti (art. 1 c. 72 e 61 L. 190/2014) Il passaggio al regime ordinario di determinazione del reddito comporta i **seguenti** effetti: **5645**

ai fini **IRPEF**	– i ricavi che **hanno già concorso** a formare il reddito in base al principio di cassa non assumono rilevanza nella determinazione del reddito degli anni successivi anche se di competenza di tali periodi; viceversa, i ricavi che **non hanno** ancora concorso a formare il reddito imponibile assumono rilevanza nei periodi successivi in cui sono incassati
	– in caso di **cessione di beni strumentali** acquisiti nel corso del regime forfettario, ai fini del calcolo della plusvalenza o della minusvalenza, si assume come costo non ammortizzato il prezzo di acquisto
	– le **spese** sostenute **durante il regime forfettario** non assumono rilevanza nella determinazione del reddito degli anni successivi
	– occorre porre in essere tutti gli **adempimenti** contabili ed extracontabili ordinariamente previsti
ai fini **IVA**	– si applica la **rettifica della detrazione** da effettuare nella dichiarazione del primo anno di applicazione delle regole ordinarie
	– l'imprenditore deve porre in essere tutti gli adempimenti da cui era precedentemente esonerato **(*)**
(*) Se il **corrispettivo** relativo a una fattura emessa nel corso del regime forfettario è **incassato** nell'anno in cui si applica il regime ordinario, la fattura non va integrata con l'IVA (Circ. AE 4 aprile 2016 n. 10/E).	

OBBLIGATORIA (art. 1 c. 71 e 74 L. 190/2014) Se nell'anno si verifica una causa di esclusione (v. n. 5582) o viene meno uno dei requisiti di cui al n. 5600, il regime cessa a partire dall'anno successivo con gli effetti sopra illustrati. Tuttavia, dal **2023**, la fuoriuscita dal regime è automatica e immediata nel caso in cui, in corso d'anno, i ricavi o i compensi percepiti superino il limite di € 100.000 (art. 1 c. 54 L. 197/2022). In tal caso: **5650**
- ai fini delle imposte dirette, il reddito dell'intero anno è determinato con le modalità ordinarie con applicazione di IRPEF e relative addizionali;
- ai fini IVA, è dovuta l'imposta a partire dalle operazioni effettuate che comportano il superamento del predetto limite.

Pertanto, dal momento del superamento del limite il soggetto deve emettere regolarmente fattura e, ove lo prevede la legge, applicare/subire regolarmente le ritenute d'acconto (Risp. AE Videoforum 24 gennaio 2023).

> La cessazione avviene dall'anno successivo a quello accertato **anche a seguito di** accertamento divenuto definitivo delle suddette cause, con conseguente applicazione delle sanzioni (v. n. 5620) e rettifica del reddito (es. se l'accertamento relativo al 2021 diventa definitivo nel 2026, il regime si considera cessato già dal 2022 - Circ. AE 4 aprile 2016 n. 10/E).

PER CESSATA ATTIVITÀ (Circ. AE 4 aprile 2016 n. 10/E) Se l'imprenditore cessa l'attività quando ancora esistono ricavi fatturati e non riscossi o costi per i quali manca il pagamento, **5653**

può **determinare il reddito** relativo all'ultimo anno di attività, tenendo conto anche delle operazioni che non hanno avuto ancora manifestazione finanziaria. **In alternativa**, **compila** il quadro LM del Mod. Redditi fino all'ultima operazione relativa alla riscossione dei crediti e al pagamento dei debiti, senza poter chiedere, fino a tale data, la chiusura della partita IVA.

b. Attività già esistente

5655 Si applica quanto detto sopra per le nuove attività, con le particolarità di seguito illustrate.

5660 **REQUISITI** (art. 1 c. 54-55 L. 190/2014) L'imprenditore deve verificare che **nell'anno precedente** quello di adozione del regime forfettario abbia rispettato i requisiti illustrati al n. 5600. La **verifica** del limite dei **ricavi** va fatta in base al regime allora adottato e senza considerare quelli derivanti dall'adeguamento agli ISA.

5663 **ADEMPIMENTI INIZIALI** (art. 1 c. 61-63 L. 190/2014, Circ. AE 4 aprile 2016 n. 10/E) Ai fini IVA, l'imprenditore è tenuto a:

Adempimenti	Precisazioni
Barrare l'apposita casella del rigo VA14 ed effettuare la **rettifica** della detrazione nella dichiarazione annuale IVA dell'ultimo anno di applicazione delle regole ordinarie	Se dalla dichiarazione risulta un'eccedenza d'imposta detraibile, questa può essere chiesta a rimborso (senza dover rispettare le ordinarie condizioni per ottenerlo) o utilizzata in compensazione. Per la rettifica occorre predisporre un'apposita documentazione in cui indicare, per categorie omogenee, la quantità e i valori dei beni del patrimonio aziendale
Computare anche l'imposta relativa alle operazioni per le quali non si è ancora verificata l'esigibilità nell'ultima liquidazione IVA effettuata **(*)**	L'imprenditore che aveva optato per l'applicazione dell'IVA per cassa può detrarre l'imposta non ancora detratta sugli acquisti effettuati in precedenza, i cui corrispettivi non sono stati ancora pagati al fornitore (v. n. 46340)
(*) Se l'imprenditore che aveva optato per l'applicazione dell'IVA per cassa non incassa dal committente l'IVA al termine della **procedura concorsuale** cui quest'ultimo era sottoposto, può recuperarla tramite istanza di rimborso (v. n. 55815 - Risp. AE 13 giugno 2019 n. 190).	

5665 **DETERMINAZIONE DEL REDDITO** (art. 1 c. 66 L. 190/2014) I componenti positivi e negativi di reddito **relativi ad anni precedenti**, la cui tassazione o deduzione è stata **rinviata** in base alle regole ordinarie di determinazione del reddito d'impresa (es. rateazione della plusvalenza o deduzione delle spese di manutenzione eccedenti il 5% del valore dei beni strumentali), partecipano per le quote residue alla formazione del reddito (e della base imponibile IRAP) dell'**esercizio precedente** a quello di adozione del regime forfettario.

Ciò vale anche per le **rimanenze** di merci di anni precedenti (Circ. AE 4 aprile 2016 n. 10/E).

5666 **Perdite** (art. 1 c. 68 L. 190/2014) Le perdite fiscali generatesi negli **anni precedenti** possono essere computate in diminuzione del reddito secondo le regole ordinarie:
- se si utilizzava il regime ordinario, v. n. 5220;
- se si utilizzava il regime semplificato, v. n. 5380.

5667 **TASSAZIONE** Si applica un'**imposta sostitutiva** dell'IRPEF, delle addizionali regionali e comunali e dell'IRAP pari al 15%.

5668 **FUORIUSCITA** Ai fini del calcolo dell'eventuale plusvalenza o minusvalenza derivante dalla **cessione di beni strumentali** acquisiti **prima** dell'adozione del regime, si assume come costo non ammortizzato quello risultante alla fine dell'esercizio precedente a quello dal quale decorre il regime.

SEZIONE 3

Regimi fiscali particolari

Oltre al regime di tassazione ordinaria e a quelli semplificati per le piccole imprese, esistono altri regimi fiscali che si applicano alle imprese operanti in alcuni specifici settori: **6160**
- **attività agricole** connesse che non rientrano nel reddito agrario (v. n. 6170);
- **agriturismo** (v. n. 6350);
- imprese di **autotrasporto** (v. n. 6420);
- imprese di **distribuzione di carburanti** (v. n. 6510).

I. Attività agricole

Le attività svolte da imprenditori individuali e dirette alla produzione, trasformazione e vendita di prodotti agricoli e zootecnici, alla produzione di vegetali in serra e all'acquacoltura e le attività di allevamento, seguono **regimi impositivi diversi** a seconda che l'attività si limiti allo sfruttamento delle potenzialità del terreno o le ecceda (artt. 32 c. 2 e 55 DPR 917/86). **6170**
Nel **primo caso**, il reddito ritratto dal terreno rientra nella categoria dei redditi fondiari, come reddito agrario, ed è determinato con il sistema catastale (v. n. 7150 e s.). Nel **secondo caso**, l'eccedenza costituisce reddito d'impresa e si determina secondo le regole sotto illustrate.
In caso di attività di produzione e cessione di **energia da fonti rinnovabili**, v. n. 6300 e s.

I redditi derivanti dall'esercizio delle attività agricole se riferiti a **società di capitali**, a **enti pubblici e privati**, a **s.n.c. e s.a.s.** sono determinati in via analitica, secondo gli ordinari criteri del reddito d'impresa, salvo quanto previsto al n. 7190 e s. per i soggetti che hanno optato per la determinazione catastale del reddito.

Relativamente agli **adempimenti contabili**, gli imprenditori agricoli sono soggetti agli adempimenti previsti per le altre categorie di imprese. Fanno eccezione: **6175**
- imprenditori con volume d'affari non superiore a € 7.000, che sono esonerati, salvo opzione contraria, dalla tenuta della contabilità (v. n. 62290 e s.);
- imprenditori che applicano i regimi forfettari previsti per le attività connesse e per l'attività di fornitura di servizi che devono tenere solo i registri IVA (v. n. 6205).

a. Produzione, trasformazione e vendita di prodotti agricoli e ittici

TIPO DI ATTIVITÀ L'esercizio di attività che, pur comportando operazioni di tipo agricolo, eccedono i limiti di sfruttamento delle **potenzialità del terreno**, fissati dalla legge, sono considerate commerciali e quindi produttive di reddito di impresa (art. 55 c. 1 DPR 917/86). Si tratta di: **6180**
a) attività agricole connesse, cioè dirette alla manipolazione, trasformazione, conservazione, commercializzazione e valorizzazione di prodotti agricoli, anche se non svolte sul terreno, a condizione che non abbiano i requisiti per rientrare nel reddito agrario, ad esempio perché riguardano beni diversi da quelli indicati nella **tabella** riportata al n. 7170 o perché non sono ottenuti prevalentemente dalla coltivazione o dall'allevamento (art. 32 c. 2 lett. c DPR 917/86);
b) coltivazione di vegetali effettuata tramite **strutture fisse o mobili**, anche provvisorie (es. **serre**), se la superficie adibita alla produzione eccede il doppio di quella del terreno su cui la produzione insiste (art. 32 c. 2 lett. b DPR 917/86);
c) attività di allevamento ittico (**acquacoltura**) per la parte eccedente la quota di reddito agrario di cui al n. 7174 (art. 3 ter DL 106/2005 conv. in L. 156/2005);
d) attività di **funghicoltura** se esercitata oltre i limiti indicati al n. 7176 (art. 32 c. 2 lett. b DPR 917/86).

Non costituiscono mai attività commerciali le attività agricole in senso stretto (v. n. 7153).

DETERMINAZIONE DEL REDDITO Bisogna dividere il reddito in **due parti**: **6190**

1) la parte relativa all'attività agricola, che rientra **nei limiti** indicati dalla legge, è determinata in base alle risultanze catastali, secondo i criteri previsti per la determinazione del reddito agrario (v. n. 7150 e s.). Perciò i componenti positivi e negativi relativi a tale attività non concorrono in via analitica alla determinazione del reddito;
2) la parte che **supera i limiti** è generalmente determinata analiticamente secondo le regole ordinarie del reddito di impresa, quindi, secondo costi, ricavi e rimanenze. Tuttavia, è possibile avvalersi dei **regimi forfettari** di seguito illustrati in funzione del tipo di attività agricola svolta. Resta salva la possibilità di **optare** per l'applicazione delle predette regole ordinarie con le modalità illustrate al n. 5455.

>**Precisazioni** 1) In caso di adozione dei regimi forfettari **non** si applicano gli **ISA** (art. 2 c. 1 lett. b DM 23 marzo 2018, art. 2 c. 1 lett. b DM 28 dicembre 2018 e art. 3 c. 1 lett. b DM 24 dicembre 2019).
2) L'attività di **impollinazione** è attività agricola per connessione e il reddito imponibile può essere determinato applicando all'ammontare dei ricavi conseguiti il coefficiente di redditività del 25% (salva la possibilità di optare per le regole ordinarie) (art. 9 L. 313/2004).

6195 **Produzione di vegetali in serra** (art. 56 bis c. 1 DPR 917/86) Si tratta delle attività dirette alla produzione di vegetali in serra, esercitate **oltre il limite** che consente l'inclusione tra i redditi fondiari (v. n. 7163 e n. 7176).
Il reddito relativo alla parte eccedente concorre a formare il reddito d'impresa nell'ammontare corrispondente al reddito agrario relativo alla superficie sulla quale la produzione insiste in proporzione alla superficie eccedente.

ESEMPIO
Se la serra insiste su una superficie di 100 mq con un reddito agrario di € 100 e l'impresa agricola produce su una superficie complessiva di 300 mq, è necessario determinare il reddito relativo a una superficie di 100 mq (la superficie di 200 mq è coperta infatti dal reddito agrario del terreno su cui insiste la serra, v. n. 6180). L'eccedenza di 100 mq determina un ulteriore reddito di € 100.

6200 **Attività agricole connesse** (art. 56 bis c. 2 DPR 917/86, Circ. AE 15 novembre 2004 n. 44/E) Per le attività **dirette alla** manipolazione, trasformazione, conservazione, valorizzazione e commercializzazione di prodotti agricoli diversi da quelli indicati nel decreto di cui al n. 7170, purché ottenuti prevalentemente dalla coltivazione del fondo o del bosco o dall'allevamento di animali (anche se occasionali), il reddito è determinato applicando all'ammontare dei corrispettivi delle operazioni registrate o soggette a registrazione ai fini IVA il coefficiente di redditività del 15%.
La determinazione forfettaria si applica, quindi, anche in relazione a **prodotti agricoli acquistati presso terzi**, a condizione che questi ultimi non siano prevalenti rispetto ai prodotti propri.

>**Precisazioni** 1) Le attività di **trasformazione** riconducibili al regime forfettario d'impresa sono solamente quelle che riguardano la trasformazione in prodotti diversi da quelli indicati nel predetto decreto. Le attività non usualmente esercitate nell'ambito dell'attività agricola che intervengono in una fase successiva a quella che ha originato i beni oggetto del decreto, atte a trasformarli ulteriormente fino a realizzare prodotti nuovi non connessi con l'attività agricola, producono reddito d'impresa da determinarsi analiticamente. Ad **esempio**, la trasformazione dello yogurt in gelato, in quanto frutto di una successiva trasformazione dello yogurt, prodotto derivato dal latte compreso nell'elenco del decreto.
2) Per l'analisi delle ipotesi in cui è ammesso l'**acquisto presso terzi** e per l'analisi del **concetto di prevalenza**, v. n. 7167.
3) I soggetti che si avvalgono del regime forfettario devono tenere esclusivamente i **registri IVA** (art. 18 ter DPR 600/73).
4) Per le attività dirette alla commercializzazione di **piante vive e** prodotti della **floricoltura** acquistati, nei limiti del 10% del volume d'affari, da altri imprenditori agricoli florovivaistici, il reddito si determina applicando all'ammontare dei corrispettivi relativi alle operazioni registrate o soggette a registrazione ai fini IVA il coefficiente di redditività del 5% (art. 56 bis c. 3 bis DPR 917/86).

6205 **Attività di fornitura di servizi** (art. 56 bis c. 3 DPR 917/86) Per le attività dirette alla fornitura di servizi **mediante** l'**utilizzo prevalente di attrezzature o risorse dell'azienda** normalmente impiegate nell'attività agricola (anche se occasionali, come, ad **esempio**, l'attività di sgombero neve esercitata principalmente mediante l'utilizzo del trattore), il reddito è determinato applicando all'ammontare dei corrispettivi delle operazioni registrate o soggette a registrazione ai fini IVA il coefficiente di redditività del 25%.
Tra tali attività si comprendono anche quelle svolte dalle imprese agricole sociali che prestano **servizi sociali** (inserimento disabili, affiancamento a terapie psicologiche, ecc.) (art. 1 L. 141/2015), nonché l'attività **faunistico-venatoria** (Ris. AE 27 settembre 2018 n. 73/E).

I soggetti che si avvalgono del regime forfettario devono tenere esclusivamente i **registri IVA** (art. 18 ter DPR 600/73).

Per usufruire del regime forfettario, l'attività di fornitura di servizi non deve assumere per dimensione, organizzazione di capitali e risorse umane, la connotazione di attività principale. **6210**
L'imprenditore agricolo, che intenda fornire servizi a terzi, **può utilizzare sia attrezzature** normalmente impiegate nell'attività principale **sia attrezzature** usate solo nell'attività di servizi per conto terzi. Per fruire del regime forfettario tuttavia è necessario, in tal caso, che siano **prevalentemente** utilizzate attrezzature normalmente impiegate nell'attività principale rispetto ad attrezzature che sono impiegate solo nell'attività di servizi per conto terzi (Risp. AE 24 giugno 2021 n. 446).
Tale confronto va effettuato sulla base del fatturato realizzato con l'impiego di ciascuna specifica attrezzatura: il requisito della prevalenza è rispettato quando il fatturato derivante dall'impiego delle attrezzature normalmente impiegate nell'attività agricola principale è superiore al fatturato ottenuto attraverso l'utilizzo delle altre attrezzature.

Nell'effettuare questo confronto, non possono essere annoverate fra le attrezzature «normalmente impiegate nell'attività agricola esercitata» della propria azienda beni le cui potenzialità siano sproporzionate rispetto all'estensione dei terreni dell'imprenditore agricolo o che non siano necessari nello svolgimento delle sue colture.

ESEMPIO
Un'attività di servizi svolta utilizzando:
– un trattore normalmente impiegato nell'attività agricola principale (ciò che soddisfa il requisito della normalità),
– una mototrebbiatrice normalmente non utilizzata per l'attività principale.
Il requisito della prevalenza sussiste se il fatturato ottenuto con l'utilizzo del trattore nell'attività di servizi per conto terzi (es. € 20.000) è superiore al fatturato ottenuto con la mototrebbiatrice (es. € 15.000).

b. Reddito da allevamento

Le attività di allevamento producono reddito d'impresa per la parte eccedente quella considerata agricola (v. n. 7157). Le imprese individuali che soddisfano le condizioni di cui al n. 6250 possono determinare il reddito da allevamento con un particolare sistema forfettario, salvo opzione per la determinazione in base alle risultanze della contabilità. **6230**

>Precisazioni 1) Sono escluse dal regime forfettario le **s.n.c.**, **s.a.s.** e le **società di capitali**.
2) L'**opzione** per la determinazione del reddito in base alle risultanze della contabilità, ordinaria o semplificata, si effettua compilando il quadro del reddito d'impresa (quadro RF o RG Mod. Redditi) della dichiarazione dei redditi, anziché il quadro specifico del reddito forfettario di allevamento (RD).
3) L'**apicoltura** rientra fra le ipotesi di allevamento di animali anche se non vincolata necessariamente alla gestione del terreno (art. 2 L. 313/2004). Se è condotta da apicoltori con **meno di 20 alveari e** ricadenti nei **comuni montani**, i relativi proventi sono esenti da IRPEF (art. 1 c. 511 L. 205/2017).

TIPO DI ATTIVITÀ (art. 56 c. 5 DPR 917/86) Le attività di allevamento si considerano produttive di redditi d'impresa se il **numero dei capi** allevati supera il limite di quelli allevabili con mangimi producibili per almeno 1/4 dal terreno. **6240**
Con decreto è stabilito per ciascuna specie animale (v. Istr. Mod. Redditi) il numero dei capi che rientra nei limiti delle **potenzialità del terreno**, e quindi nell'esercizio dell'attività agricola, tenuto conto della capacità produttiva dei terreni a produrre il mangime e delle quantità dello stesso (c.d. unità foraggere) occorrenti a seconda della specie allevata. Dal raffronto tra il mangime producibile dal terreno e quello occorrente per il nutrimento del singolo animale, si determina se il numero dei capi è allevato con mangimi ottenibili per almeno 1/4 dal terreno. Se tale limite viene superato, il reddito eccedente è considerato d'impresa.

Le attività di macellazione, manipolazione e vendita di bestiame poste in essere da una **cooperativa** e l'attività di allevamento di animali da cortile o da stalla posta in essere dai **soci** di tale cooperativa non si considerano commerciali se si verificano queste condizioni:
– tutti i soci sono proprietari di diritti reali sui terreni ed esercitano, su tali terreni, attività di allevamento;
– i mangimi utilizzati per l'allevamento sono ottenuti prevalentemente dai terreni stessi;
– la macellazione, la manipolazione e la vendita risultano poste in essere dalla cooperativa utilizzando prevalentemente bestiame fornito dai soci.
Pertanto, i redditi derivanti da queste attività sono redditi agricoli (CTC 8 febbraio 1995 n. 435).

6250 **CONDIZIONI** Le imprese individuali di allevamento possono applicare il particolare regime forfettario se soddisfano entrambe le **seguenti** condizioni:

1) esercitano attività di allevamento su **terreni** posseduti a titolo di **proprietà**, **usufrutto o altro diritto reale o** condotti in **affitto**. Non è richiesto che i terreni siano sede materiale dell'allevamento; è sufficiente che gli stessi siano collegati all'attività di allevamento mediante la destinazione della produzione di mangime al nutrimento del bestiame. Inoltre, per verificare se il mangime ottenuto dal terreno supera, o meno, 1/4 di quello necessario per l'allevamento, è sufficiente la potenzialità del terreno a produrre mangime. Non ha, quindi, rilievo la quantità effettivamente prodotta dal terreno;

2) allevano gli **animali** elencati nelle tabelle riportate nelle istruzioni al quadro RD del Mod. Redditi.

I soggetti che **non rispettano le condizioni** suddette (es. assenza di terreni agricoli) determinano il reddito che deriva dall'attività di allevamento secondo le regole ordinarie stabilite per la determinazione del reddito di impresa, cioè a costi e ricavi effettivi (Ris. Min. 15 luglio 1986 n. 7/1236).

6260 **DETERMINAZIONE DEL REDDITO** (art. 56 c. 5 DPR 917/86) Il reddito derivante dall'attività di allevamento deve essere diviso in due parti:

– la parte che **rientra** nelle **potenzialità del fondo** è determinata secondo i criteri catastali (v. n. 7150 e s.). I relativi componenti di reddito, positivi e negativi, non concorrono in via analitica al calcolo del reddito, poiché sostituiti dall'estimo catastale;

– la parte che **eccede tali limiti** è calcolata forfettariamente, eccetto il caso di **opzione** per la determinazione del reddito d'impresa in base alle risultanze della contabilità. In caso di calcolo forfettario, **non** si applicano gli **ISA** (art. 2 c. 1 lett. b DM 23 marzo 2018, art. 2 c. 1 lett. b DM 28 dicembre 2018 e art. 3 c. 1 lett. b DM 24 dicembre 2019).

Se il **periodo d'imposta** è superiore o inferiore a 12 mesi, i redditi sono ragguagliati alla durata del periodo stesso.

> Nella **valutazione forfettaria** del reddito attribuibile ai capi eccedenti resta assorbita anche la redditività delle attività dirette alla manipolazione, trasformazione e alienazione dei capi stessi rientranti nell'esercizio normale dell'agricoltura secondo la tecnica che la governa e aventi per oggetto prodotti ottenuti per almeno la metà dagli animali allevati sul terreno.

6265 **Calcolo forfettario** A ciascun animale eccedente il numero previsto entro il quale l'attività è agricola, è attribuito un reddito ottenuto dal valore medio del reddito agrario per ciascun capo, moltiplicato per un coefficiente idoneo a tener conto delle diverse incidenze dei costi. Il valore medio del reddito agrario e il coefficiente moltiplicatore sono stabiliti con apposito DM (per il biennio 2018-2019, DM 15 marzo 2019).

Le relative **spese** e gli altri componenti negativi non sono deducibili.

6270 In pratica si devono eseguire le seguenti **operazioni**:

a) si **convertono i redditi agrari** relativi alle diverse fasce di terreno in un unico reddito agrario normalizzato alla fascia base (sesta fascia di qualità). A tal fine, si moltiplica il reddito agrario di ogni fascia per il relativo coefficiente desunto dalla Sez. 1 tabella Istr. quadro RD Mod. Redditi (inclusi i redditi agrari dei terreni posseduti dal coniuge in comunione legale o condotti in affitto);

b) si **converte il numero degli animali** allevati di ogni specie a un valore normalizzato della specie base (cioè piccioni e altri volatili). A tal fine, si moltiplica il numero dei capi allevati per i coefficienti desunti dalla Sez. 2 della suddetta tabella. Per determinare il numero degli animali allevati entro i limiti della potenzialità del terreno si deve moltiplicare, a sua volta, il reddito agrario normalizzato per un apposito coefficiente (pari a 219,08) e dividere il risultato per 51,64569;

c) si **sottrae dal numero degli animali** allevati normalizzati alla specie base, il numero degli animali allevati entro i limiti del reddito agrario e si ottiene il numero degli animali allevati in eccedenza espresso in termini di unità base di allevamento;

d) si **moltiplica** il numero dei capi eccedenti per il coefficiente 0,058532, ottenuto moltiplicando l'imponibile di ogni capo eccedente previsto per la specie base (0,029266) per il coefficiente di maggiorazione 2. Quest'ultimo non si applica in caso di allevatori che si avvalgono esclusivamente dell'opera dei **propri familiari**, se non vi è impresa familiare.

SCRITTURE CONTABILI PARTICOLARI (artt. 18 bis e 20 DPR 600/73) Per la determinazione del reddito d'impresa, deve essere tenuto un **registro cronologico** di carico e scarico degli animali allevati nel periodo di imposta, distinti per specie e ciclo di allevamento, con l'indicazione degli incrementi e decrementi verificatisi, per qualsiasi causa, nel periodo di imposta. 6280

L'obbligo nasce nel momento in cui si supera il limite delle potenzialità del terreno e cessa quando, dalla situazione contabile alla fine del periodo d'imposta, non risultano capi eccedenti i limiti stessi.

Il registro cronologico deve essere **numerato** prima della messa in uso; inoltre:
- le registrazioni devono essere eseguite entro 60 giorni dalla data in cui è stata effettuata l'operazione soggetta a registrazione;
- deve essere conservato fino a quando non siano definiti gli accertamenti relativi al corrispondente periodo d'imposta (Circ. Min. 1° dicembre 1978 n. 150).

c. Produzione e cessione di energia da fonti rinnovabili

(art. 1 c. 423 L. 266/2005)

FONTI DIVERSE DAL FOTOVOLTAICO **Si tratta** delle fonti indicate in **tabella**. 6300

Fonti (Circ. AE 6 luglio 2009 n. 32/E)	
• fonti rinnovabili agroforestali	biomasse, cioè la parte biodegradabile dei prodotti, rifiuti e residui provenienti dall'agricoltura (comprendente sostanze vegetali e animali) e dalla silvicoltura (es. biomasse legnose che si ottengono da legna da ardere, cippato di origine agroforestale o pellet derivante dalla segatura di legno)
• carburanti derivanti da produzioni vegetali	prodotti quali il bioetanolo (etanolo ricavato dalla biomassa o dalla parte biodegradabile dei rifiuti, destinato a essere usato come carburante), il biodiesel (etere metilico ricavato da un olio vegetale o animale, destinato a essere usato come carburante), il biogas carburante e altri carburanti simili
• prodotti chimici derivanti da prodotti agricoli	prodotti quali biopolimeri, bioplastiche, ecc. che si ottengono ad esempio da amido e miscele di amido, ecc. (prodotti della c.d. chimica verde)

La produzione e la cessione di energia elettrica e calorica da fonti rinnovabili agroforestali, fino a 2.400.000 kWh anno, e di carburanti e prodotti chimici di origine agroforestale, provenienti prevalentemente dal fondo, sono considerate **attività connesse a quella agricola**, purché effettuate da imprenditori agricoli. 6305

Per **verificare** la **prevalenza** occorre effettuare un confronto quantitativo tra i prodotti propri e quelli acquistati (Circ. AE 6 luglio 2009 n. 32/E e Ris. AE 18 luglio 2016 n. 54/E).

Se non è possibile, perché i beni sono di **natura diversa**, si fa riferimento al loro valore, rapportando il valore normale dei prodotti agricoli ottenuti dall'attività agricola svolta nel fondo e il costo dei prodotti acquistati da terzi. In tal caso, il requisito della prevalenza è soddisfatto se il valore dei prodotti propri è superiore al costo sostenuto per acquistare prodotti di terzi. Se non è possibile effettuare il confronto in quanto i prodotti **non** sono **suscettibili di valutazione** (es. residui zootecnici), la prevalenza può essere riscontrata effettuando una comparazione «a valle» del processo produttivo dell'impresa, tra l'energia derivante da prodotti propri e quella derivante da prodotti acquistati da terzi.

Il **reddito** derivante dalle attività connesse è considerato reddito agrario. 6310

Se deriva dalla produzione e cessione di energia elettrica e calorica da fonti rinnovabili **agroforestali**, il reddito è agrario solo entro il **limite** di 2.400.000 kWh anno. Per la produzione di energia **eccedente**, il reddito è d'impresa ed è determinato forfettariamente applicando all'ammontare dei corrispettivi delle operazioni soggette a registrazione ai fini IVA, relativamente alla componente riconducibile alla valorizzazione dell'energia ceduta, con esclusione della quota incentivo, il coefficiente di redditività del 25%. È fatta **salva** l'**opzione** per la determinazione nei modi ordinari (per l'esercizio e la durata dell'opzione, v. n. 5455).

In caso di determinazione forfettaria del reddito **non** si applicano gli **ISA** (art. 2 c. 1 lett. b DM 23 marzo 2018, art. 2 c. 1 lett. b DM 28 dicembre 2018 e art. 3 c. 1 lett. b DM 24 dicembre 2019).

6315 **FONTI FOTOVOLTAICHE** **Si tratta** dei moduli o pannelli fotovoltaici, in grado di convertire l'energia solare in energia elettrica (Circ. AE 6 luglio 2009 n. 32/E).
Si applica quanto sopra illustrato per le fonti diverse, con le seguenti particolarità.

6320 La produzione e cessione di energia elettrica e calorica, effettuate da imprenditori agricoli, si considerano sempre **attività connesse a quella agricola** entro il **limite** di 260.000 kWh anno.
La produzione di energia **eccedente** può essere considerata connessa all'attività agricola se sussiste **uno** dei seguenti requisiti (Circ. AE 6 luglio 2009 n. 32/E e Risp. AE 12 febbraio 2019 n. 33):
a) la produzione di energia deriva da impianti integrati architettonicamente su strutture aziendali esistenti;
b) il volume d'affari derivante dall'attività agricola (esclusa la produzione di energia fotovoltaica) è superiore a quello derivante dalla produzione di energia fotovoltaica eccedente i 260.000 kWh anno (detto volume va calcolato senza tenere conto degli incentivi per la produzione di energia fotovoltaica);
c) entro il limite di 1 MW per azienda, per ogni 10 kW di potenza installata eccedente il limite dei 260.000 kWh anno, l'imprenditore deve dimostrare di detenere almeno 1 ettaro di terreno utilizzato per l'attività agricola (in pratica, la produzione di 1 MW di energia è considerata attività agricola se il produttore coltiva almeno 80 ettari).

6325 Il **reddito** derivante dalle attività connesse è considerato agrario solo entro il **limite** di 260.000 kWh anno. Per la produzione di energia **eccedente**, il reddito è d'impresa ed è determinato forfettariamente, salvo opzione per la determinazione nei modi ordinari (v. n. 6310).

II. Agriturismo

6350 **DEFINIZIONE** (L. 96/2006) Sono attività di agriturismo le attività di **ricezione e ospitalità** esercitate dagli **imprenditori agricoli** attraverso l'utilizzazione della propria azienda.
Rientrano tra le attività agrituristiche anche:
– **enoturismo**, che comprende tutte le attività di conoscenza del vino espletate nel luogo di produzione, le visite nei luoghi di coltura, di produzione o di esposizione degli strumenti utili alla coltivazione della vite, la degustazione e la commercializzazione delle produzioni vinicole aziendali, anche in abbinamento ad alimenti, le iniziative a carattere didattico e ricreativo nell'ambito delle cantine (art. 1 c. 502-505 L. 205/2017 e DM 12 marzo 2019);
– **oleoturismo**, che comprende tutte le attività di conoscenza dell'olio d'oliva espletate nel luogo di produzione, le visite nei luoghi di coltura, di produzione o di esposizione degli strumenti utili alla coltivazione dell'ulivo, la degustazione e la commercializzazione delle produzioni aziendali dell'olio d'oliva, anche in abbinamento ad alimenti, le iniziative a carattere didattico e ricreativo nell'ambito dei luoghi di coltivazione e produzione (art. 1 c. 513-514 L. 160/2019).

6355 Fiscalmente l'attività agrituristica ha natura commerciale; tuttavia, le attività agricole proprie (v. n. 6170) devono rimanere principali rispetto a quelle agrituristiche.

6360 **DETERMINAZIONE DEL REDDITO** (art. 5 c. 1 e 3 L. 413/91) Gli imprenditori agricoli che svolgono attività di agriturismo possono usufruire di un **regime forfettario** di determinazione del reddito di impresa, salvo opzione per la determinazione ordinaria con le modalità illustrate al n. 5455.
Col regime forfettario, il reddito è determinato applicando all'ammontare dei ricavi conseguiti, al netto dell'IVA, la **percentuale** di redditività del 25%. Non sono deducibili le **spese** e i componenti negativi registrati e inerenti l'attività e sono irrilevanti i **contributi** in conto impianti eventualmente percepiti (Ris. AE 22 gennaio 2010 n. 2/E). **Non** si applicano gli **ISA** (art. 2 c. 1 lett. b DM 23 marzo 2018, art. 2 c. 1 lett. b DM 28 dicembre 2018 e art. 3 c. 1 lett. b DM 24 dicembre 2019).
Ai fini contabili, occorre tenere solo i **registri IVA** (art. 18 ter DPR 600/73).

III. Imprese di autotrasporto

Sono: esercenti l'autotrasporto di cose per conto di terzi, iscritti nell'apposito albo; concessionari di autoservizi di linea o titolari di licenze per il trasporto di persone; esercenti attività di locazione di autoveicoli; titolari di scuole-guida. 6420
Il reddito è determinato secondo le regole generali a seconda del tipo di regime adottato (ordinario o semplificato). Sono previste regole particolari per la deduzione delle **spese di manutenzione** degli automezzi, nonché per la deduzione delle **spese non documentate**.

Le imprese autorizzate all'autotrasporto di merci, in alternativa alla deduzione, anche analitica, delle **spese sostenute dai dipendenti per trasferte** effettuate fuori dal territorio comunale, possono dedurre un importo forfettario giornaliero (v. n. 22885).

SPESE DI MANUTENZIONE (DM 13 luglio 1981) Alle imprese di autotrasporto è consentito dedurre i costi di manutenzione, riparazione, ammodernamento e trasformazione relativi agli automezzi fino al **limite del 25%** del costo complessivo di tali beni risultante all'inizio dell'anno dal registro dei beni ammortizzabili o dai libri sostitutivi di cui al n. 26075; a tal fine, i costi vanno **rilevati** distintamente nelle scritture contabili. L'**eccedenza** non spesabile nell'esercizio è deducibile in quote costanti nei tre periodi d'imposta successivi. 6430

I costi relativi agli **pneumatici** sono deducibili integralmente nell'esercizio in cui ha inizio l'utilizzo.

SPESE NON DOCUMENTATE (art. 66 c. 5 DPR 917/86, art. 13 c. 4 DL 90/90 conv. in L. 165/90, art. 1 c. 652 L. 208/2015) Sono previste due deduzioni forfettarie, una per i **trasporti effettuati personalmente** dall'imprenditore e una per **ciascun motoveicolo/autoveicolo** utilizzato nell'attività d'impresa avente **massa** complessiva a pieno carico non superiore a 3.500 chilogrammi. 6440
Possono beneficiare delle deduzioni solo le imprese di autotrasporto merci per conto terzi che conseguono **ricavi non superiori** ai limiti previsti per le imprese minori (v. n. 5340), anche se hanno optato per la contabilità ordinaria.

Importo delle deduzioni Gli importi della deduzione prevista per i **trasporti** sono determinati annualmente dal MEF in misura differente a seconda che si tratti di trasporti effettuati all'interno del Comune in cui ha sede l'impresa oppure oltre tale ambito. 6445
Per l'**anno 2021** sono, rispettivamente, € 19,25 e € 55 (Com. Stampa MEF 28 giugno 2022).
La deduzione spetta **una sola volta** per **ogni giorno** di trasporto, indipendentemente dal numero di viaggi effettuati nello stesso giorno e a condizione che questi ultimi siano effettuati personalmente dal titolare dell'autorizzazione o dai soci della società di persone (Circ. Min. 27 giugno 2000 n. 129/E).

La deduzione annua prevista per ciascun **motoveicolo e autoveicolo** utilizzato è di € 154,94. 6447
Per i veicoli **acquistati e ceduti** nel corso dell'anno occorre ragguagliare la deduzione in relazione ai giorni di effettivo possesso del mezzo (Circ. AE 26 gennaio 2001 n. 5/E).

Adempimenti Deve essere **conservato**, fino alla scadenza del termine per l'accertamento (v. n. 81040), un prospetto, sottoscritto dal dichiarante, contenente per i viaggi effettuati l'indicazione della loro durata, della località di destinazione e degli estremi degli eventuali documenti di trasporto emessi o delle fatture o delle lettere di vettura. 6450

IV. Esercenti impianti di distribuzione carburante

Per gli esercenti impianti di distribuzione carburante **per autotrazione**, il reddito d'impresa, determinato in base alle regole ordinarie (indipendentemente dal regime contabile adottato), è ridotto di un importo forfettario, determinato applicando al volume d'affari (v. n. 57170) le percentuali indicate in **tabella** (art. 34 c. 1-2 L. 183/2011). 6510

In ogni caso, l'**acconto** dovuto deve essere calcolato senza tener conto degli effetti della deduzione.

Volume d'affari	Percentuale
fino a € 1.032.000	1,1%
tra € 1.032.001 e € 2.064.000	0,6%
oltre € 2.064.000	0,4%

6515 Per le **cessioni di carburante** effettuate nei confronti di soggetti che hanno **pagato con** carte di credito, di debito o prepagate, spetta un credito d'imposta pari al 50% del totale delle commissioni addebitate, nel rispetto delle condizioni e dei limiti previsti per gli aiuti «de minimis» (v. n. 37956) (art. 1 c. 924, 925 e 927 L. 205/2017, art. 16 DL 34/2019 conv. in L. 58/2019 e Circ. AE 30 aprile 2018 n. 8/E).
Il credito è **utilizzabile** in compensazione (cod. trib. 6896 - Ris. AE 14 gennaio 2019 n. 3/E), dall'anno successivo a quello di maturazione.

Se gli esercenti impianti di distribuzione carburante **non contabilizzano separatamente** le commissioni addebitate per le transazioni diverse da quelle per cessioni di carburante, il credito d'imposta spetta per la quota parte delle commissioni calcolata in base al rapporto tra il volume d'affari annuo derivante da cessioni di carburante e il volume d'affari annuo complessivo.

SEZIONE 4
Attività commerciali occasionali

6670 I proventi relativi alle attività commerciali svolte in maniera occasionale (cioè non abitualmente), senza vincolo di subordinazione e senza organizzazione di mezzi, sono ricompresi nei redditi diversi (art. 67 c. 1 lett. i DPR 917/86).
Sono tali, ad esempio, i redditi derivanti dalle seguenti attività:
- **noleggio di imbarcazioni e navi da diporto** (art. 49 bis D.Lgs. 171/2005, Provv. AE 13 dicembre 2013, Istr. Mod. Redditi);
- **procacciamento** di affari a domicilio (Ris. Min. 24 novembre 1988 n. 550326);
- **affitto di camere** ammobiliate, con prestazione di servizi aggiuntivi non strettamente connessi all'utilizzo dell'immobile (es. colazione, somministrazione di pasti, messa a disposizione di auto a noleggio o di guide turistiche - Circ. AE 12 ottobre 2017 n. 24/E);
- trasporto e distribuzione di **guide telefoniche** (Ris. AE 1° marzo 2004 n. 21/E);
- produzione di **energia elettrica da impianto fotovoltaico** per la parte ceduta alla rete;
- **raccolta** di **prodotti selvatici non legnosi** (codice ATECO 02.30 - es. tartufi) e di **piante officinali spontanee** (v. n. 6685).

6675 **Determinazione del reddito** (art. 71 DPR 917/86) Il reddito è determinato sulla base dei proventi percepiti nell'anno (**principio di cassa**), al netto delle spese sostenute e documentate.
Per alcune **attività agricole accessorie** (es. manipolazione, conservazione, ecc.) è prevista l'applicazione di detrazioni forfettarie del 15% o del 25% (v. n. 6200 e s.).

In caso di determinazione forfettaria del reddito **non** si applicano gli **ISA** (art. 2 c. 1 lett. b DM 23 marzo 2018, art. 2 c. 1 lett. b DM 28 dicembre 2018 e art. 3 c. 1 lett. b DM 24 dicembre 2019).

6680 **Tassazione** I redditi sono **soggetti a** ritenuta se lo sono quelli prodotti in via continuativa. Pertanto, ad esempio, se è svolta occasionalmente l'attività di procacciatore d'affari senza collaboratori, il compenso è soggetto alla ritenuta del 23% sul 50% del compenso (v. n. 37440). Al contrario, nel caso di servizi di trasporto e di distribuzione di guide telefoniche, i compensi non subiscono alcuna ritenuta (Ris. AE 1° marzo 2004 n. 21/E).

6683 Nel caso di **noleggio** di imbarcazioni e navi da diporto **non superiore a** 42 giorni l'anno, il percipiente può chiedere che i proventi siano assoggettati a imposta sostitutiva del 20% da versare entro il termine di versamento a saldo dell'IRPEF (cod. trib. 1847) (non sono detraibili/deducibili le spese sostenute). Il reddito va sommato agli altri redditi per la determinazione dell'acconto IRPEF (art. 49 bis D.Lgs. 171/2005, Provv. AE 13 dicembre 2013, Istr. Mod. Redditi).

Tale disciplina si applica anche alle **società ed enti non commerciali**, non aventi come oggetto sociale il noleggio o la locazione di unità da diporto.

Raccolta di prodotti selvatici non legnosi e di piante officinali spontanee (art. 1 c. 692-698 L. 145/2018) La raccolta di prodotti selvatici non legnosi (codice ATECO 02.30: funghi, tartufi, bacche, frutta in guscio, ecc.) e di piante officinali spontanee è **occasionale se** i corrispettivi percepiti dalla vendita non superano il limite annuo di € 7.000 (non si cumulano con altri eventuali redditi). **6685**
Sui corrispettivi percepiti si applica un'**imposta sostitutiva** di IRPEF e addizionali pari a € 100, da versare entro il 16 febbraio dell'anno di riferimento tramite Mod. F24 ELIDE (cod. trib. 1853 - Ris. AE 13 febbraio 2019 n. 10/E).
L'**acquirente** deve **emettere** un documento d'acquisto dal quale risultino: data di cessione; nome, cognome e codice fiscale del cedente; codice ricevuta del versamento dell'imposta sostitutiva (rappresentato da: data del versamento dell'imposta sostitutiva, codice fiscale del soggetto che ha effettuato il pagamento, codice tributo 1853, importo versato e anno di riferimento); natura e quantità del prodotto ceduto; ammontare del corrispettivo pattuito.

> Precisazioni 1) Se i **corrispettivi** percepiti dalla vendita dei tartufi **superano** il limite annuo di € 7.000, si applica l'apposita ritenuta di cui al n. 37450.
2) **Ai fini IVA**, i raccoglitori sono esonerati dal versamento dell'imposta e da tutti gli obblighi documentali e contabili, compresa la dichiarazione annuale.

CAPITOLO 3

Fondiari

SOMMARIO

Sono redditi fondiari quelli derivanti dalla proprietà (o altro diritto reale) e/o utilizzo di fabbricati e terreni situati in Italia, iscritti o iscrivibili in catasto. **7000**
Nella trattazione che segue si distingue tra reddito dei fabbricati e reddito dei terreni. Quest'ultimo è composto dal reddito dominicale (imputato al proprietario o titolare di altro diritto reale) e dal reddito agrario (imputato a chi effettivamente coltiva il terreno).

Le **società agricole** che esercitano apposita opzione possono determinare il reddito secondo le regole del reddito agrario (v. n. 7190 e s.).

I. Fabbricati

A. Regole generali

I fabbricati iscritti (o iscrivibili) nel catasto edilizio urbano e dotati di rendita producono, in generale, reddito fondiario (artt. 25 e 36 c. 1-2 DPR 917/86). **7006**
Si considera parte integrante del fabbricato l'**area** occupata dallo stesso e quella che ne costituisce pertinenza.
Il regime fiscale applicabile non è uniforme per tutte le unità immobiliari costitutive di fabbricati. È dunque indispensabile precisare le diverse categorie catastali nella **tabella** seguente.

Immobili	Simbolo categoria
I - Destinazione ordinaria	
Gruppo A (Unità immobiliari uso abitazione o assimilabile):	
Abitazioni di tipo signorile	A/1
Abitazioni di tipo civile	A/2
Abitazioni di tipo economico	A/3
Abitazioni di tipo popolare	A/4
Abitazioni di tipo ultrapopolare	A/5
Abitazioni di tipo rurale	A/6
Abitazioni in villini	A/7
Abitazioni in ville	A/8

Immobili	Simbolo categoria
Castelli, palazzi di eminenti pregi artistici e storici	A/9
Uffici e studi privati	A/10
Abitazioni e alloggi tipici dei luoghi	A/11
Gruppo B (Unità immobiliare per uso di alloggi collettivi):	
Collegi e convitti, educandati, orfanotrofi, ospizi, conventi, seminari, caserme	B/1
Case di cura e ospedali (compresi quelli costruiti o adattati per tali speciali scopi e non suscettibili di destinazione diversa senza radicali trasformazioni)	B/2
Prigioni e riformatori	B/3
Uffici pubblici	B/4
Scuole e laboratori scientifici	B/5
Biblioteche, pinacoteche, musei, gallerie, accademie che non hanno sede in edifici della categoria A/9	B/6
Cappelle e oratori non destinati all'esercizio pubblico dei culti	B/7
Magazzini sotterranei per depositi di derrate	B/8
Gruppo C (Unità immobiliare a destinazione ordinaria commerciale e varia):	
Negozi e botteghe	C/1
Magazzini e locali di deposito	C/2
Laboratori per altri mestieri	C/3
Fabbricati e locali per esercizi sportivi	C/4
Stabilimenti balneari e di acque curative	C/5
Rimesse, autorimesse, stalle, scuderie	C/6
Tettoie chiuse o aperte	C/7
II - Destinazione speciale	
Opifici e in genere fabbricati costruiti per le speciali esigenze di un'attività industriale o commerciale e non suscettibili di una destinazione estranea alle esigenze suddette senza radicali trasformazioni	da D/1 a D/9
Fabbricati rurali strumentali	D/10
III - Destinazione particolare	
Altre unità immobiliari che, per le singolarità delle loro caratteristiche, non sono raggruppabili in classi	da E/1 a E/9
IV - Categorie fittizie	
Area urbana	F/1
Unità collabenti	F/2
Unità in corso di costruzione	F/3
Unità in corso di definizione	F/4
Lastrico solare	F/5
Fabbricato in attesa di dichiarazione	F/6

7007 **FABBRICATI ESCLUSI** (artt. 36 c. 3, 42 e 43 DPR 917/86 e art. 5 bis DPR 601/73)
Non producono reddito fondiario i seguenti fabbricati:
- strumentali di **professionisti** e **imprenditori** individuali, che concorrono a formare, rispettivamente, il reddito di lavoro autonomo (v. n. 10370) o d'impresa (v. n. 23630 e s.);
- **rurali** (v. n. 7130 e s.), produttivi di reddito dei terreni;
- destinati esclusivamente al **culto**, compresi i monasteri di clausura, salvo che siano locati;
- con destinazione a usi **culturali** (es. musei, biblioteche, archivi, emeroteche, cineteche), se al possessore non deriva alcun reddito dall'utilizzo. L'assenza di reddito va denunciata all'AE entro tre mesi dalla data in cui ha avuto inizio;
- **ristrutturati**, restaurati o risanati sulla base di licenza, concessione o autorizzazione, per il periodo di validità del provvedimento che autorizza i lavori;
- **lastrici solari** e aree **urbane** (es. giardini), produttivi di redditi diversi (v. n. 14650);
- **collabenti** (fabbricati diruti, con tetto crollato e inutilizzabili);
- **distrutti o inagibili** a seguito di eventi sismici o altri eventi calamitosi che per legge sono stati esclusi da tassazione, a condizione che il comune abbia rilasciato apposito certificato;
- **inagibili per altre cause**, se è stata richiesta la **revisione** della **rendita** catastale. La richiesta va inoltrata entro il 31 gennaio e ha effetto per l'anno di inoltro e per i successivi, a condizione che il fabbricato non sia di fatto utilizzato.

TITOLARI DEL REDDITO (art. 26 DPR 917/86) **Sono** il proprietario o i titolari di diritti reali di godimento (uso, usufrutto, enfiteusi, superficie, abitazione, esclusa la servitù). 7010
In **tabella** le soluzioni ai **casi particolari**.

Caso particolare	Titolare del reddito	Fonte
Contitolarità della proprietà o di altro diritto reale o coesistenza di più diritti reali	Ciascun soggetto, per la parte corrispondente al suo diritto	Art. 26 c. 2 DPR 917/86
Trasferimento proprietà o diritto reale in corso d'anno	Sia il cedente che l'acquirente, in proporzione alla durata del possesso	Art. 26 c. 3 DPR 917/86
Parti comuni di condominio (es. portineria, alloggio del portiere e altri servizi di proprietà condominiale)	– Non locate e non negozi: ciascun condomino, purché la quota di reddito spettante sia superiore a € 25,82 – Locate o negozi: ciascun condomino, indipendentemente dall'ammontare della quota	Art. 36 c. 3 bis DPR 917/86, Circ. Min. 10 agosto 1994 n. 150
Vendita con riserva di proprietà	Cedente, fino al pagamento dell'ultima rata	Risp. AE 22 luglio 2019 n. 296
Trasferimento della residenza del titolare del diritto di abitazione presso altro fabbricato e locazione del precedente	Proprietario	Risp. DRE 21 maggio 2021 n. 901-886/2021
Costituzione di diritto di superficie con costruzione realizzata dal superficiario	Superficiario	–
Fabbricato locato dal comodatario a terzi percependo materialmente il canone	Proprietario	Ris. AE 22 ottobre 2008 n. 394/E
Assegnazione:		
– provvisoria di alloggi effettuata da cooperative edilizie a proprietà divisa	Socio assegnatario, anche se non titolare di mutuo	Ris. Min. 9 aprile 1976 n. 7/880
– di alloggio a riscatto o con patto di futura vendita (es. alloggio IACP)	Assegnatario	Ris. Min. 19 novembre 1981 n. 7/2796

RENDITA CATASTALE (art. 37 c. 1 e 4 bis DPR 917/86) Per i fabbricati a **destinazione ordinaria** (categorie A, B e C - v. n. 7006) la rendita è determinata moltiplicando la consistenza catastale del fabbricato (individuata sulla base della dimensione) per le tariffe d'estimo elaborate dall'AE in base alla zona di ubicazione. 7013
Per i fabbricati a destinazione **speciale o particolare** (categorie D ed E), la rendita è determinata tramite stima diretta dell'AE, tenendo conto del suolo e delle costruzioni, nonché degli elementi strutturalmente connessi che ne accrescono la qualità e l'utilità. Sono **esclusi** dalla stima diretta i **macchinari**, **impianti**, congegni e attrezzature, funzionali allo specifico processo produttivo (c.d. «imbullonati» - art. 1 c. 21 L. 208/2015).
Gli **atti** con i quali sono attribuite le rendite sono **efficaci dalla** loro notifica da parte dell'AE ai soggetti intestatari del fabbricato (art. 74 L. 342/2000).

La rendita **si ottiene** richiedendo la visura catastale presso un qualsiasi ufficio provinciale Territorio dell'AE oppure tramite il servizio telematico dell'AE denominato «Consultazione rendite catastali», indicando il proprio codice fiscale e i dati catastali (comune, sezione, foglio, particella). 7015
In caso di **revisione** della rendita (effettuata nei casi indicati al n. 74570), si può presentare reclamo (v. n. 87700).

B. Abitativi

7020 **Sono** tutti i fabbricati **iscritti in** catasto nella categoria A (A/1-A/9 e A/11) o per i quali è stata presentata domanda di accatastamento in detta categoria.
Le relative **pertinenze** sono fabbricati classificati in categorie diverse dalla A - tipicamente cat. C/2 (depositi o cantine), C/6 (autorimesse), C/7 (tettoie) - destinati ed effettivamente utilizzati in modo durevole al servizio del fabbricato abitativo (art. 817 c.c. e Ris. AE 26 giugno 2008 n. 265/E).

a. Abitazioni non locate

7025 **ABITAZIONE PRINCIPALE** (art. 10 c. 3 bis DPR 917/86) **Si intende** uno dei seguenti fabbricati:
– in cui il contribuente dimora abitualmente (in generale, è quello utilizzato nel comune di iscrizione anagrafica);
– che costituisce la dimora principale solo dei familiari del contribuente (v. n. 1125);
– posseduto da anziani e disabili, che trasferiscono la residenza in istituti di ricovero o sanitari a seguito di ricovero permanente.

7027 Il **reddito** è costituito dalla rendita catastale rivalutata del 5%, ridotta del 50% per i fabbricati di interesse storico o artistico (cat. A/9) (art. 3 c. 48 L. 662/96). Sul reddito non sono dovute l'IRPEF e le addizionali, come indicato in **tabella**.

Abitazione principale (1) (2)		IRPEF e addizionali
non di lusso (cat. A/2-A/7, A/11)	dimora abituale del contribuente	non dovute: la rendita concorre al reddito complessivo, ma si applica una deduzione di pari importo
	– dimora abituale solo dei familiari – posseduta da anziani e disabili ricoverati	non dovute: – se assimilata all'abitazione principale ai fini IMU (v. n. 74607), come sopra; – altrimenti, assorbite dall'IMU
di lusso (cat. A/1, A/8 e A/9)		non dovute (assorbite dall'IMU)

(1) Le **pertinenze** (anche se più di una) seguono la stessa disciplina dell'abitazione principale.
(2) Per la definizione di abitazione principale valida ai fini IMU (v. n. 74590 e s.).

7030 **ALTRE ABITAZIONI** (art. 41 DPR 917/86) Si possono avere le seguenti situazioni.

Abitazione	Reddito	IRPEF e addizionali
tenuta a disposizione del titolare o dei familiari (v. n. 7033) **(*)**	calcolato come per l'abitazione principale (v. n. 7027) e maggiorato di 1/3	– se è situata nello stesso comune dell'abitazione principale, dovute sul 50% del reddito (si applica anche l'IMU - art. 9 c. 9 D.Lgs. 23/2011) – se è situata in comune diverso, non dovute (assorbite dall'IMU) – relative pertinenze, non dovute (assorbite dall'IMU)
data in uso a persone diverse dai familiari (es. comodato)		

(*) È considerata tale l'abitazione posseduta in aggiunta a quella utilizzata come principale (anche se questa non è di proprietà).

7033 Nei casi di seguito elencati, l'abitazione non si considera tenuta a disposizione, quindi non si applica la maggiorazione. In via ordinaria, l'IRPEF sarà assorbita dall'IMU, qualora dovuta (artt. 8 c. 1 e 9 c. 9 D.Lgs. 23/2011). Nella **tabella** sono indicate le particolarità IMU con rinvio al relativo paragrafo.

Utilizzo	Particolarità IMU
data in uso gratuito a un familiare che vi dimora abitualmente e vi ha l'iscrizione anagrafica (se il proprietario ha già un'abitazione principale);	per le condizioni che consentono la riduzione a metà della base imponibile IMU v. n. 74568
tenuta a disposizione in Italia da soggetti residenti all'estero o da contribuenti trasferiti temporaneamente per ragioni di lavoro in altro comune;	riduzione IMU per non residenti titolari di pensione 74663
posseduta in comproprietà e utilizzata integralmente come residenza principale da uno o più comproprietari, limitatamente a quelli che la utilizzano	per chi la utilizza come abitazione principale vale quanto detto al n. 7027, gli altri pagano l'IMU che assorbe l'IRPEF
priva di allacciamento alle reti di energia elettrica, acqua, gas e di fatto non utilizzate, a condizione che ciò risulti da apposita autocertificazione (Circ. Min. 27 maggio 1994 n. 73/E).	per le condizioni che consentono la riduzione a metà della base imponibile IMU v. n. 74568

b. Abitazioni locate

All'**ordinaria** modalità di **tassazione del reddito** si è aggiunta la possibilità di optare per l'applicazione di un'imposta sostitutiva non solo dell'IRPEF e relative addizionali ma anche dell'imposta di registro e di bollo (c.d. **cedolare secca** - v. n. 7080 e s.). **7040**
In ogni caso, il reddito è **tassato indipendentemente** dall'effettiva percezione dei canoni.

1. Regole ordinarie

Si illustrano le modalità di tassazione del reddito a seconda del contratto utilizzato e nel caso particolare di un'abitazione principale in parte locata. **7045**

LOCAZIONE A CANONE LIBERO (artt. 1-3 L. 431/98 e art. 37 c. 4 bis DPR 917/86) **È** un contratto in cui le parti sono libere di determinare l'ammontare del canone, restando vincolate solo alla **durata** minima stabilita dalla legge (4 anni con rinnovo automatico di altri 4 anni) e alle modalità di rinnovo o recesso. **7050**

Il **reddito** è pari al maggiore tra la rendita catastale rivalutata del 5% e il canone risultante dal contratto ridotto del 5% a titolo di deduzione forfettaria delle spese. **7051**
Se il canone è comprensivo del **rimborso** delle **spese** di condominio e dei consumi (acqua, luce, gas, portiere, ascensore, ecc.), queste non vanno incluse nel reddito.

>**Precisazioni 1)** Va aggiunta la maggiorazione prevista in caso di **sublocazione**.
2) Il proprietario **non** può **detrarre** analiticamente le spese sostenute per il fabbricato locato (es. manutenzioni straordinarie).

Per i fabbricati riconosciuti di **interesse storico o artistico** (cat. A/9), il reddito è pari al maggiore tra il 50% della rendita catastale rivalutata del 5% e il canone ridotto del 35% (Ris. AE 31 dicembre 2012 n. 114/E). **7053**
Per i fabbricati di **Venezia centro** e delle isole della **Giudecca**, di **Murano** e di **Burano,** il reddito è pari al maggiore tra la rendita catastale rivalutata del 5% e il canone ridotto del 25%.

In caso di locazione per **parte dell'anno** o non decorrente dal **1° gennaio**, va confrontata la rendita catastale attribuita per l'intero anno con la somma dei canoni relativi alla frazione di anno. **7055**
In caso di locazione di abitazione e relative **pertinenze**, va ripartito il canone fissato in modo globale tra le diverse unità immobiliari, in proporzione alle rispettive rendite catastali.

ESEMPIO
Se il canone totale è pari a € 20.000 e le rendite sono pari a € 450 (abitazione) e a € 50 (box), la quota relativa all'abitazione è pari a € 18.000 (20.000 × 450 / 500) mentre la quota relativa al box è pari a € 2.000 (20.000 × 50 / 500).

7057 **Cessazione locazione** Se la locazione cessa **per scadenza del contratto** o per il verificarsi di una causa di **risoluzione** (compreso l'inadempimento, in presenza di una clausola risolutiva espressa), il reddito è determinato sulla base della rendita catastale (C.Cost. 26 luglio 2000 n. 362).

7060 Se cessa **per sfratto** dovuto a morosità del conduttore, i **canoni scaduti e non percepiti** non sono tassati, purché ne venga provata la mancata percezione tramite intimazione di sfratto per morosità o ingiunzione di pagamento; se sono successivamente riscossi, sono soggetti a tassazione separata (con le modalità illustrate al n. 3400) (art. 26 c. 1 DPR 917/86 e art. 6 septies c. 1-2 DL 41/2021 conv. in L. 69/2021).
In **mancanza** di **prova**, nonché per i **canoni scaduti e non percepiti fino al 2019**, si applica l'IRPEF sui canoni, fino a conclusione del procedimento giurisdizionale di convalida dello sfratto. Se il giudice conferma la morosità anche per i periodi precedenti per i quali sono già state versate imposte, è riconosciuto al locatore un credito d'imposta, determinato riliquidando le relative imposte (si sostituisce la rendita catastale ai canoni non riscossi) e utilizzato (entro il termine di prescrizione decennale) in uno dei seguenti modi (Circ. Min. 7 luglio 1999 n. 150/E):
– scomputandolo nella prima dichiarazione dei redditi successiva alla conclusione del procedimento giurisdizionale. L'eccedenza può essere utilizzata in compensazione con il Mod. F24 o chiesta a rimborso;
– presentando istanza di rimborso per l'intero ammontare all'AE.
Se i canoni per i quali si è usufruito del credito d'imposta sono successivamente riscossi, sono soggetti a tassazione separata.

7063 **Presunzioni di reddito minimo** (art. 41 ter DPR 600/73) Il locatore è soggetto a due presunzioni:
– se dichiara un **reddito almeno pari** al maggiore tra il canone di locazione ridotto del 15% e il 10% del valore catastale del fabbricato, non può essere sottoposto alle attività di indagine finanziaria, di rettifica o di accertamento;
– in caso di **omessa registrazione** del contratto si presume, salva prova contraria, l'esistenza del rapporto di locazione anche per i 4 anni anteriori a quello nel corso del quale è accertato, assumendo, quale importo del canone, il 10% del valore catastale del fabbricato.

Il **valore catastale** è determinato con le modalità indicate al n. 71585, applicando i coefficienti previsti per le abitazioni diverse dalla prima casa.

7065 **LOCAZIONE A CANONE CONCORDATO** (artt. 2 c. 3 e 8 c. 1-4 L. 431/98) **È** un contratto in cui le parti devono determinare il canone tra un limite minimo e un limite massimo fissati da appositi accordi territoriali. A tal fine, possono richiedere l'**assistenza** delle organizzazioni della proprietà edilizia e dei conduttori firmatarie degli accordi territoriali; se non la richiedono, devono farsi rilasciare da almeno una organizzazione firmataria un'**attestazione di conformità** del contenuto del contratto all'accordo territoriale (art. 1 c. 8 DM 16 gennaio 2017 e Ris. AE 20 aprile 2018 n. 31/E). L'attestazione può essere fatta valere per tutti i contratti di locazione, stipulati successivamente al suo rilascio, fino ad eventuali variazioni delle caratteristiche dell'immobile o dell'accordo territoriale del comune a cui si riferisce (art. 7 DL 73/2022 conv. in L. 122/2022).
La **durata** è di 3 anni più 2 di rinnovo automatico alla prima scadenza.

> **Precisazioni** 1) L'attestazione **non** è **richiesta** per i contratti stipulati (Ris. AE 20 aprile 2018 n. 31/E): prima del 15 marzo 2017 (data di entrata in vigore del DM sopra citato); dopo tale data, in assenza di accordi territoriali che abbiano recepito le previsioni del DM.
2) In caso locazione di **singole stanze** a **studenti universitari** con singoli contratti che sono stipulati contestualmente e che presentano tutti lo stesso contenuto economico e normativo, è sufficiente un'unica attestazione (Risp. AE 12 dicembre 2018 n. 105).

7066 Per la locazione di abitazioni situate nei comuni seguenti, il **reddito**, calcolato come per la locazione a canone libero (v. n. 7050 e s.), è **ulteriormente ridotto** del 30%:
a) Bari, Bologna, Catania, Firenze, Genova, Milano, Napoli, Palermo, Roma, Torino e Venezia;
b) comuni confinanti con i precedenti;
c) altri comuni capoluogo di provincia;
d) comuni ad alta tensione abitativa (individuati nella Delib. CIPE 13 novembre 2003 n. 87), diversi da quelli di cui alle lettere precedenti. L'elenco è consultabile sul sito delle principali associazioni di categoria (Confedilizia, Sunia, ecc.) ed è soggetto a revisione biennale. Se, a

seguito della revisione, un comune ne è escluso, il proprietario del fabbricato non può fruire della riduzione del 30% sin dall'inizio dell'anno della delibera (Ris. AE 7 aprile 2005 n. 44/E);
e) comuni della Campania e Basilicata colpiti da eventi sismici dei primi anni ottanta.

Se nello stesso anno il fabbricato è **locato per alcuni mesi** con canone libero e per altri mesi con canone concordato, la riduzione va ragguagliata in proporzione (Circ. AE 14 giugno 2001 n. 55/E).

La riduzione si applica anche ai **contratti di natura transitoria** (durata da 1 a 18 mesi), stipulati: 7067
- per l'alloggio a studenti universitari sulla base di contratti tipo promossi dai comuni sede di università, purché siano comuni diversi da quello di residenza dello studente (Circ. AE 14 giugno 2001 n. 55/E);
- da enti locali in qualità di conduttori.

In caso di **cessazione** del **contratto** v. n. 7057 e s.

ABITAZIONE PRINCIPALE IN PARTE LOCATA Se la **rendita catastale** (pro-quota) è **maggiore** del canone di locazione, l'IRPEF non è mai dovuta: 7070
- se l'abitazione non è di lusso (cat. A/2-A/7, A/11), la rendita catastale concorre a formare il reddito complessivo ma si applica una deduzione di pari importo;
- altrimenti (cat. A/1, A/8 e A/9), l'IRPEF è assorbita dall'IMU.

Se il **canone** di locazione è **maggiore** della rendita, si applica l'IRPEF con le regole ordinarie (v. n. 7045 e s.) o la cedolare secca (v. n. 7080 e s.).

---

2. Cedolare secca
(art. 3 D.Lgs. 23/2011)

La cedolare secca è un'imposta sostitutiva di IRPEF, addizionali, registro e bollo, applicabile per opzione dalle persone fisiche, diverse da imprenditori o professionisti. 7080
L'opzione **comporta** la rinuncia all'aggiornamento periodico dei canoni di locazione.
Il reddito deve essere computato nel **reddito complessivo** del locatore ai fini della spettanza o determinazione di deduzioni, detrazioni e altri benefici anche non tributari.

Le imposte di registro e di bollo non sono dovute nemmeno sulla **fideiussione** prestata per il conduttore (art. 3 c. 2 D.Lgs. 23/2011).

FABBRICATI INTERESSATI Sono i fabbricati locati per **finalità abitative** e le relative pertinenze. 7083
Vi rientrano anche i fabbricati locati a **cooperative edilizie** per la locazione o associazioni e **fondazioni** senza scopo di lucro, **purché** sublocati a studenti universitari e dati a disposizione dei comuni.

Le **pertinenze** possono essere locate congiuntamente all'abitazione o con contratto separato e successivo, a **condizione** che: 7085
- la locazione intercorra tra le medesime parti contrattuali;
- nel contratto di locazione della pertinenza si faccia riferimento a quello dell'abitazione e sia evidenziata la sussistenza del vincolo pertinenziale con l'abitazione (art. 817 c.c.).

Non vi è un limite numerico alle pertinenze.

Secondo l'AE, sono **esclusi** i fabbricati (Circ. AE 1° giugno 2011 n. 26/E e Circ. AE 8 aprile 2016 n. 12/E): 7087
- dati in locazione a conduttori che svolgono attività d'impresa o che sono professionisti, anche se utilizzati dai loro collaboratori e dipendenti. Di diverso avviso è la prevalente giurisprudenza di merito (CTP Firenze 7 gennaio 2022 n. 20, CTR Lazio 11 marzo 2021 n. 1425, CTR Emilia Romagna 20 giugno 2019 n. 1236, CTP Bari 2 maggio 2019 n. 825, CTP Firenze 20 settembre 2018 n. 812, CTR Umbria 24 ottobre 2017 n. 370 e CTR Lombardia 27 febbraio 2017 n. 754);
- locati per uso ufficio o promiscuo;
- concessi in sublocazione (salvo in caso di locazioni brevi - v. n. 7128);
- situati all'estero.

7090 **OPZIONE** (Provv. AE 7 aprile 2011 e Circ. AE 1° giugno 2011 n. 26/E) Il locatore deve innanzitutto **comunicare al conduttore**, tramite lettera raccomandata (se consegnata a mano, anche con ricevuta sottoscritta del conduttore, non è valida), la scelta di optare per la cedolare secca e la rinuncia all'aggiornamento del canone per tutta la durata dell'opzione.

La comunicazione **non è richiesta** per i contratti:

- in cui è inserita una specifica clausola di rinuncia all'aggiornamento del canone, anche se successivamente prorogati (Ris. AE 1° settembre 2017 n. 115/E);
- di durata non superiore a 30 giorni complessivi nell'anno, formati con scrittura privata non autenticata o con contratto verbale (v. n. 7095) (Circ. AE 4 giugno 2012 n. 20/E).

Dovrebbe essere possibile optare per la cedolare secca anche se le parti stabilissero un **canone crescente** negli anni, così come concesso dall'AE per i fabbricati non abitativi (v. n. 7129).

7093 Dopo aver comunicato l'opzione al conduttore, il locatore deve presentare all'AE il Mod. RLI con le **modalità** illustrate al n. 71070 ed **entro** 30 giorni, che **decorrono** da momenti diversi a seconda che l'opzione sia esercitata:

- in sede di registrazione, dalla stipula;
- in un'annualità successiva, dalla scadenza dell'anno (termine per il versamento dell'imposta di registro dovuta sul canone di ciascun anno). Deve presentare il Mod. RLI anche se ha versato l'imposta di registro in unica soluzione al momento della registrazione per l'intera durata del contratto;
- in sede di proroga, dalla proroga.

>**Precisazioni 1)** Le **imposte** di bollo e di registro **già versate** non sono rimborsabili (art. 3 c. 4 D.Lgs. 23/2011).

2) La **mancata comunicazione** della **proroga** del contratto soggetto a cedolare secca non determina la revoca dell'opzione, purché il locatore abbia tenuto un comportamento coerente con la volontà di optare per la cedolare secca (sia in sede di versamenti che di dichiarazione) (art. 3 c. 3 D.Lgs. 23/2011). Non si applicano sanzioni.

7095 **Locazioni non superiori a 30 giorni complessivi nell'anno** Per le locazioni di durata non superiore a 30 giorni complessivi nell'anno, formate con scrittura privata non autenticata o con contratto verbale (es. case per vacanze), il locatore può optare in **due modi** (Provv. AE 7 aprile 2011):

- se registra il contratto, in sede di registrazione con le modalità illustrate al n. 7090 e s.;
- se non lo registra, in sede di dichiarazione dei redditi relativa all'anno in cui è prodotto il reddito. Se dopo la presentazione della dichiarazione registra il contratto, non è dovuta l'imposta di registro (Circ. AE 1° giugno 2011 n. 26/E par. 2.2).

In ogni caso, il locatore deve versare l'**acconto** della cedolare secca, ove dovuto.

ESEMPIO
1) Contratto di locazione di durata 7-28 agosto 20XX registrato volontariamente in data 10 agosto 20XX. L'opzione deve essere esercitata in sede di registrazione del contratto.
2) Contratto di locazione di durata 4-20 luglio 20XX non registrato. La cedolare secca è applicata in sede di dichiarazione dei redditi 20XX+1 per i redditi 20XX.

7097 **Revoca** Occorre presentare il modello RLI **entro** il termine per il pagamento dell'imposta di registro relativa all'anno di riferimento. La revoca comporta il versamento dell'imposta di registro.

È possibile esercitare **di nuovo l'opzione** nelle annualità successive.

Pur non essendo previsto alcun obbligo in tal senso, è opportuno che il locatore comunichi la revoca anche al conduttore, tenuto conto che questi è responsabile solidale del pagamento dell'imposta di registro e, inoltre, a decorrere dall'anno della revoca viene meno la rinuncia agli aggiornamenti del canone di locazione.

7100 **CALCOLO** (art. 3 c. 2 e 6 D.Lgs. 23/2011 e art. 9 c. 2 bis e 2 bis1 DL 47/2014 conv. in L. 80/2014) La **base imponibile** è pari al maggiore tra il canone di locazione (senza le deduzioni forfettarie di cui al n. 7051) e la rendita catastale rivalutata del 5% (Circ. AE 1° giugno 2011 n. 26/E).

Nel caso di immobili di **interesse storico-artistico**, il raffronto va effettuato tra i canoni e il 50% della rendita catastale rivalutata del 5%.

In generale, alla base imponibile si applica un'**aliquota** del 21%. 7103
Per i **seguenti** contratti di **locazione** a **canone concordato** (inclusi quelli di tipo transitorio) si applica un'aliquota del 10%:
a) relativi ad abitazione situata in uno dei comuni ad alta tensione abitativa (v. n. 7066);
b) stipulati per studenti universitari sulla base di apposite convenzioni nazionali;
c) stipulati nei comuni per i quali è stato deliberato, nei 5 anni precedenti la data del 28 maggio 2014, lo stato di emergenza a seguito di eventi calamitosi. Secondo l'AE, sono i comuni indicati nei provvedimenti dei commissari delegati (Risp. AE 7 novembre 2019 n. 470);
d) stipulati nei comuni interessati dal sisma che ha colpito Abruzzo, Lazio, Marche e Umbria dal 24 agosto 2016 (si tratta dei comuni indicati nell'art. 1 c. 1 DL 189/2016 conv. in L. 229/2016), in cui è stata individuata una c.d. «zona rossa» da un'ordinanza sindacale.

>**Precisazioni** 1) Per la **nozione** di locazione a canone concordato v. n. 7065.
2) Se nei comuni indicati alla lett. c) **non** sono mai stati definiti **accordi** tra le organizzazioni della proprietà edilizia e dei conduttori per la determinazione del canone, è possibile fare riferimento all'accordo vigente nel comune demograficamente omogeneo più vicino (Circ. AE 8 aprile 2016 n. 12/E).

Esempi 1) Canone annuo superiore alla rendita 7107
Nel 20XX, l'abitazione è stata oggetto di diverso utilizzo:
- dal 1° gennaio al 30 aprile 20XX è tenuta a disposizione;
- dal 1° maggio è locata con un canone annuo pari a € 12.000.

La rendita (rivalutata del 5%) è pari a € 6.000.
Il locatore opta per la cedolare secca in sede di registrazione del contratto.
Per il periodo dal 1° gennaio al 30 aprile 20XX non è dovuta l'IRPEF in quanto assorbita dall'IMU (supponendo che il fabbricato sia situato in comune diverso dall'abitazione principale).
Per il periodo 1° maggio - 31 dicembre il reddito da assoggettare a cedolare secca è così determinato:
- canoni 1° maggio - 31 dicembre = 12.000 × 245 / 365 = 8.054,79;
- rendita 1° maggio - 31 dicembre = 6.000 × 245 / 365 = 4.027,39.

Va assoggettato a cedolare secca l'importo del canone di € 8.054,79.

2) Canone superiore alla rendita e revoca dell'opzione
Riprendendo l'esempio precedente, per la seconda annualità (decorrente dal 1° maggio 20XX+1) è revocata l'opzione per la cedolare secca. L'immobile resta comunque locato.
Il locatore deve comunicare la revoca e provvedere al pagamento dell'imposta di registro.
Il reddito relativo al 20XX+1 va determinato come segue:
- canoni relativi alla prima annualità (periodo 1° gennaio - 30 aprile 20XX+1) = 12.000 × 120 / 365 = € 3.945,21 da assoggettare a cedolare secca;
- canoni relativi alla seconda annualità (periodo 1° maggio - 31 dicembre 20XX+1) = [(12.000 × 245 / 365) – 5%] = € 7.652,05 da assoggettare a IRPEF e addizionali.

VERSAMENTO (art. 3 c. 4 D.Lgs. 23/2011, Provv. AE 7 aprile 2011 n. 55394 e Circ. AE 1° giugno 2011 n. 26/E) La cedolare secca è dovuta a **saldo** per l'anno precedente e in **acconto** per l'anno in corso. 7110
L'acconto **non** è **dovuto** nel primo anno di applicazione della cedolare secca né nel caso in cui l'importo su cui calcolarlo non superi € 51,65.

Se è stata **revocata** l'opzione e, quindi, il reddito è da assoggettare a cedolare secca solo per una parte dell'anno, è possibile determinare l'acconto con metodo previsionale.

L'acconto e il saldo vanno **determinati e versati** seguendo le regole previste per l'IRPEF (per l'acconto, v. n. 37127 e s.; per il saldo, v. n. 37170 e s.). 7112
Codici tributo: 1840 (acconto prima rata), 1841 (acconto seconda rata o acconto in unica soluzione) e 1842 (saldo) (Ris. AE 25 maggio 2011 n. 59/E).

>**Precisazioni** 1) In caso di **più contratti**, si versa con un unico Mod. F24 quanto dovuto complessivamente.
2) Per i soggetti che presentano il **Mod. 730**, il versamento è effettuato tramite il sostituto d'imposta (v. n. 37640 e s.).

CASI PARTICOLARI (Circ. AE 1° giugno 2011 n. 26/E, Circ. AE 4 giugno 2012 n. 20/E) Nella **tabella** seguente sono indicati alcuni casi risolti dall'AE. 7114

Caso	Soluzione AE
Trasferimento per successione o per atto tra vivi di abitazione locata	L'**opzione** esercitata dal dante causa continua ad avere **effetto** fino alla fine dell'anno per l'imposta di registro e di bollo. I **nuovi titolari** possono optare entro 30 giorni dal subentro
Unico contratto con più immobili (tutti abitativi o alcuni abitativi e altri diversi)	Il locatore può optare anche in relazione a **uno solo** di essi. Se è previsto un **canone unitario**, la quota riferibile all'immobile per il quale si applica la cedolare secca e la quota riferibile all'altro immobile soggetta a imposta di registro vanno determinate proporzionalmente alla rendita catastale. L'imposta di bollo va versata in misura intera (v. esempio)
Abitazione posseduta pro-quota	Ciascun proprietario può optare **disgiuntamente** e indipendentemente dagli altri. L'opzione ha effetto solo in capo a coloro che la esercitano. I proprietari che **non hanno esercitato** l'opzione rinunciano comunque all'aggiornamento dei canoni e sono tenuti solidalmente al versamento dell'imposta di registro in proporzione alla quota di possesso. In analoga misura è coobbligato il conduttore. L'imposta di bollo va versata in misura piena
Locazione di una/più porzioni di abitazione	L'esercizio dell'opzione per un contratto di locazione relativo a una porzione dell'abitazione **vincola** all'esercizio dell'opzione anche per il reddito derivante dalla contemporanea locazione di altre porzioni
Abitazione di proprietà condominiale (es. del custode)	**Non** è possibile esercitare l'opzione. Può optarvi il locatore persona fisica che loca l'abitazione al condominio (Risp. AE 24 novembre 2021 n. 790)
Cessazione del contratto **per sfratto** dovuto a morosità del conduttore	V. n. 7060
Immobili in fondo patrimoniale (v. n. 320)	Anche il **coniuge non proprietario** può optare per la cedolare sui canoni di locazione a lui imputati

ESEMPIO
Contratto di locazione annuale avente a oggetto i seguenti immobili con un corrispettivo complessivo di € 9.000:
A) immobile abitativo (cat. A/3), rendita € 700;
B) immobile a uso non abitativo (cat. C/6), che non è pertinenza dell'immobile abitativo, rendita € 80.
Il locatore può optare per la cedolare secca solo per l'immobile A.
L'imposta di registro deve essere corrisposta solo sul canone relativo all'immobile B, determinato sulla base della rendita catastale attribuita:
– canone immobile: 9.000 × 80 / (700 + 80) = € 923.
– imposta di registro: 923 × 2% = € 18,46. Poiché è inferiore alla misura minima prevista per la registrazione, l'imposta da corrispondere è pari a € 67.

7116 SANZIONI

Violazione	Sanzioni	Fonti
Omessa registrazione del contratto	Dal 120% al 240% dell'imposta di registro; se la registrazione è effettuata con ritardo non superiore a 30 giorni, dal 60% al 120%, con un minimo di € 200 (v. n. 87072)	Art. 3 c. 3 D.Lgs. 23/2011 e Circ. AE 1° giugno 2011 n. 26/E
Presentazione del **Mod. RLI** oltre il termine per il pagamento dell'imposta di registro (30 giorni), in caso di opzione in un'annualità successiva alla prima	Il locatore può avvalersi della «remissione in bonis» e fruire della cedolare secca, a condizione che: – presenti il Mod. RLI entro i termini del Mod. Redditi (v. n. 16035); – versi la sanzione di € 250; – la violazione non sia stata contestata e non siano iniziate verifiche a conoscenza del locatore	Art. 2 c. 1 DL 16/2012 conv. in L. 44/2012 e Circ. AE 20 dicembre 2012 n. 47/E

3. Caso particolare: locazioni brevi
(art. 4 DL 50/2017 conv. in L. 96/2017, Provv. AE 12 luglio 2017 n. 132395)

Le locazioni brevi **sono** contratti stipulati tra locatore e conduttore, non imprenditori, direttamente oppure tramite intermediari immobiliari o soggetti che gestiscono portali online (di seguito, solo intermediari), aventi **durata** pari o inferiore a 30 giorni, inclusi quelli che prevedono, oltre alla locazione, la fornitura di biancheria, la pulizia dei locali e altri servizi strettamente connessi all'utilizzo dell'abitazione (utenze, wi-fi, aria condizionata). **7118**
Occorre locare **non più** di quattro appartamenti all'anno. In caso contrario, l'attività di locazione e il relativo reddito sono considerati attività d'impresa (art. 1 c. 595 L. 178/2020 - v. n. 5020).
La durata massima dei contratti va considerata in relazione a ogni singolo contratto, anche nel caso di più contratti stipulati nell'anno tra le stesse parti (Circ. AE 12 ottobre 2017 n. 24/E).
Ai contratti di locazione breve sono equiparati i contratti di **sublocazione** e quelli stipulati dal **comodatario**, aventi le stesse caratteristiche (v. n. 7128).

Intermediari immobiliari sono non solo i mediatori ma più genericamente tutti coloro attraverso i quali vengono stipulati i contratti (es. coloro che abitualmente offrono strumenti tecnici e informatici per facilitare l'incontro di domanda e offerta - Circ. AE 12 ottobre 2017 n. 24/E).

TASSAZIONE DEL REDDITO (art. 4 c. 2 DL 50/2017 conv. in L. 96/2017) Il reddito è tassato applicando le regole della **locazione a canone libero** (v. n. 7050 e s.) **o**, previa opzione, la **cedolare secca** (v. n. 7080 e s., con la particolarità che, per le modalità di opzione, si applicano le semplificazioni previste al n. 7095). **7120**

ADEMPIMENTI DI INTERMEDIARI (art. 4 c. 4-6 DL 50/2017 conv. in L. 96/2017, Provv. AE 12 luglio 2017 n. 132395) **Sono** tre: la trasmissione all'AE dei dati dei contratti; l'applicazione di una ritenuta; la conservazione dei dati. **7122**
Sono posti in essere dall'intermediario a cui il locatore ha affidato l'incarico, anche se questi si avvale a sua volta di altri intermediari (es. agenzia immobiliare che ha ricevuto dal proprietario l'incarico e inserisce l'offerta di locazione su una piattaforma online) (Circ. AE 12 ottobre 2017 n. 24/E).
Se gli intermediari sono **non residenti**, vi provvedono tramite S.O. o, in mancanza, tramite rappresentante fiscale nominato tra i soggetti indicati al n. 37405 (in caso di mancata nomina, gli intermediari residenti, appartenenti allo stesso gruppo, sono solidalmente responsabili per l'effettuazione e il versamento della ritenuta).
In caso di **recesso** dal contratto v. n. 7127.

Trasmissione dati Gli intermediari tramite i quali sono conclusi i contratti, devono trasmettere **in via** telematica all'AE i seguenti dati, precedentemente richiesti al locatore, **entro** il 30 giugno dell'anno successivo a quello di conclusione del contratto: **7123**
- nome, cognome e codice fiscale del locatore;
- durata e canone del contratto;
- indirizzo dell'abitazione;
- anno di riferimento del contratto;
- dati catastali dell'abitazione (la trasmissione è obbligatoria per i dati riferiti agli anni 2023 e successivi).

Non devono verificarne l'**autenticità**.
In caso di **omessa**, **incompleta o infedele** trasmissione si applica la sanzione da € 250 a € 2.000, ridotta alla metà se i dati sono trasmessi entro 15 giorni dalla scadenza. Se l'incompleta o errata trasmissione è causata dal comportamento del locatore, la sanzione non si applica (Circ. AE 12 ottobre 2017 n. 24/E).

>Precisazioni 1) Se gli intermediari operano la **ritenuta** di cui al n. 7124, assolvono l'obbligo di trasmissione dei dati tramite la CU.
2) Se il locatore si avvale dell'intermediario solo per proporre l'abitazione in locazione ma il **conduttore comunica** direttamente **al locatore** l'**accettazione** della proposta, l'intermediario non deve comunicare nulla (Circ. AE 12 ottobre 2017 n. 24/E).

Ritenuta Gli intermediari, **se incassano** i **canoni o intervengono nel pagamento**, devono operare, in qualità di sostituti d'imposta, una ritenuta del 21% all'atto del pagamento **7124**

al locatore, salvo il caso di pagamento tramite **assegno** bancario a lui intestato (anche se consegnatogli per il loro tramite).
Devono assoggettare a ritenuta, oltre al canone, le **spese per servizi accessori** pagate dal locatore e riaddebitate a titolo forfettario al conduttore, nonché la **provvigione** trattenuta sul canone. Sono esclusi: eventuali penali, caparre o depositi cauzionali; spese per servizi accessori pagate direttamente dal conduttore o quelle pagate dal locatore e riaddebitate analiticamente al conduttore; provvigione addebitata direttamente al conduttore o al locatore, il quale non la ribalta sul conduttore (v. esempi - Circ. AE 12 ottobre 2017 n. 24/E).
Se si è optato per la cedolare secca, la ritenuta è a **titolo** d'imposta; altrimenti, d'acconto.

> **Precisazioni** 1) L'intermediario deve operare la ritenuta anche se **delega** terzi all'incasso del canone e all'accredito al locatore (Circ. AE 12 ottobre 2017 n. 24/E).
> 2) In caso di **mancata effettuazione** della ritenuta, si applica la sanzione indicata al n. 87015.

ESEMPIO
1) Canone di locazione: € 1.000
Spese per pulizia non comprese nel canone: € 100
Ritenuta: € 210
2) Canone di locazione (comprensivo del servizio di pulizia): € 1.100
Ritenuta: € 231
3) Provvigione dovuta dal conduttore: € 80
Canone di locazione: € 1.000
Ritenuta: € 210
4) Provvigione dovuta dal locatore: € 80
Canone di locazione: € 1.000
Ritenuta: € 210
Se il locatore ribalta la provvigione sul conduttore, il canone è € 1.080 (1.000 + 80) e la ritenuta € 227.

7125 Dopo aver operato la ritenuta, gli intermediari devono **versarla** (cod. trib. 1919 - Ris. AE 5 luglio 2017 n. 88/E), **dichiararla** e **certificarla** con le modalità ordinarie (v. n. 37500 e s.). Mediante la CU assolvono l'obbligo di trasmissione dei dati dei contratti.

7126 **Conservazione dati** Gli intermediari devono conservare, per il **periodo** previsto per l'accertamento (v. n. 81055):
- elementi posti alla base dei dati comunicati all'AE;
- dati dei pagamenti o dei corrispettivi incassati.

7127 **Recesso** (Circ. AE 12 ottobre 2017 n. 24/E) Se il recesso è **precedente** alla trasmissione dei dati del contratto e/o al versamento della ritenuta, gli intermediari:
- non devono trasmettere i dati all'AE;
- possono restituire la ritenuta al locatore, recuperandola poi in compensazione.

Se il recesso è **successivo**:
- devono rettificare la comunicazione in via telematica;
- non possono recuperare la ritenuta versata (vi provvede il locatore in dichiarazione o chiedendola a rimborso).

7128 **SUBLOCAZIONE/COMODATO** (art. 4 c. 3 DL 50/2017 conv. in L. 96/2017)
Sono equiparati ai contratti di locazione breve, purché abbiano le stesse caratteristiche.
Si applica quanto sopra illustrato per le locazioni brevi. Se si opta per la **cedolare secca** (Circ. AE 12 ottobre 2017 n. 24/E):
- nel caso della sublocazione, i relativi proventi rimangono redditi diversi;
- nel caso di contratti stipulati dal comodatario, il comodante rimane titolare del reddito fondiario derivante dal possesso dell'abitazione mentre il comodatario diventa titolare del reddito diverso derivante dal contratto di concessione in godimento.

> Il **reddito** derivante dalla sublocazione o dalla locazione del comodatario va **tassato** nell'anno in cui il corrispettivo è percepito senza tener conto di quando il soggiorno ha avuto effettivamente luogo (Istr. Mod. 730 e Mod. Redditi).

C. Non abitativi

Sono tutti i fabbricati iscritti in catasto nelle **categorie** A/10, B, C, D, E. 7129

Fabbricati	Tassazione	Precisazioni	Fonti
Non locati	**NO** IRPEF (assorbita dall'IMU)	–	Art. 8 c. 1 D.Lgs. 23/2011
Locati	**Ordinaria** con regole della locazione a canone libero dei fabbricati abitativi	Per la disciplina v. n. 7050 e s. (**escluso** il n. 7060)	Artt. 37 c. 4 bis e 26 c. 1 DPR 917/86, art. 41 ter DPR 600/73
	Cedolare secca per i fabbricati locati con contratti stipulati nel 2019, iscritti in cat. C/1 (negozi e botteghe) e di superficie fino a 600 mq (escluse le pertinenze), e per le relative pertinenze locate congiuntamente	– **Non si applica se** al 15 ottobre 2018 risulta in corso un contratto non scaduto tra gli stessi soggetti e per lo stesso immobile, interrotto anticipatamente rispetto alla scadenza naturale – Per la **disciplina** v. n. 7080 e s., con la particolarità che il fabbricato può essere **locato** anche **a** un'**impresa** (individuale o società) (Ris. AE 17 maggio 2019 n. 50/E) – Se nel 2019 non si è optato per la cedolare secca, è possibile farlo negli **anni successivi**, nonché in sede di **proroga** (Risp. AE 12 giugno 2020 n. 184) – Sono assimilati ai contratti stipulati nel 2019 quelli **prorogati o rinnovati** in tale anno (Risp. AE 22 luglio 2019 n. 297 e Risp. AE 22 settembre 2020 n. 388) – Si applica anche se le parti stabiliscono un **canone** costituito da una parte fissa e da una **variabile** legata al fatturato del conduttore (Risp. AE 23 agosto 2019 n. 340)	Art. 1 c. 59 L. 145/2018

D. Rurali

(art. 42 DPR 917/86 e art. 9 DL 557/93 conv. in L. 133/94)

Sono i fabbricati, comprese le relative pertinenze, a uso abitativo o strumentali all'attività agricola, che soddisfano alcuni requisiti. 7130
Vengono iscritti in catasto in categoria A/6 (fabbricati a uso abitativo) o D/10 (fabbricati strumentali) o in categorie diverse, con specifica annotazione di ruralità.
Non sono produttivi di reddito dei fabbricati, bensì di reddito dei **terreni**.

In caso di **fabbricato non utilizzato** v. n. 7137.

REQUISITI Fabbricati a uso abitativo (art. 9 c. 3-5 DL 557/93 conv. in L. 133/94) 7133
Occorre rispettare alcuni requisiti connessi alle caratteristiche del fabbricato e del terreno cui lo stesso è asservito, nonché dei soggetti che lo utilizzano e che conducono il fondo (questi ultimi possono anche non coincidere), come illustrato in **tabella**.

Caratteristiche	Requisiti	Precisazioni
Fabbricato	Non deve essere di lusso (cat. A/1, A/8 e A/9)	–
Terreno cui il fabbricato è asservito	– deve essere situato nello stesso comune o in comuni confinanti – deve avere superficie non inferiore a 10.000 mq ed essere censito al catasto con attribuzione di reddito agrario – può essere diverso da quello su cui il fabbricato insiste	Per le colture in serra o la funghicoltura o altra coltura intensiva, oppure se il terreno è ubicato in un comune montano, la superficie non deve essere inferiore a 3.000 mq

Caratteristiche	Requisiti	Precisazioni
Soggetti utilizzatori del fabbricato	Uno dei seguenti: a) titolare del diritto di proprietà o di altro diritto reale sul terreno per esigenze connesse all'attività agricola b) affittuario o soggetto che con altro titolo conduce il terreno c) familiari conviventi a carico dei soggetti suddetti, risultanti dalle certificazioni anagrafiche o coadiuvanti iscritti come tali a fini previdenziali d) titolari di pensioni agricole e) socio o amministratore di società agricola (v. n. 7190), con qualifica di IAP	I soggetti di cui alle lett. a), b), e) devono rivestire la qualifica di imprenditore agricolo ed essere iscritti nel registro delle imprese (Sezione Speciale - 1ª parte)
Soggetti che conducono il fondo	Il volume d'affari derivante da attività agricole deve essere superiore alla metà del reddito complessivo, determinato senza considerare le pensioni agricole. Se il terreno è ubicato in un comune montano, deve essere superiore a 1/4 del reddito complessivo	Per i soggetti che non presentano la dichiarazione IVA, il volume d'affari si presume pari a € 7.000 (limite di esonero IVA dei produttori agricoli - v. n. 62290)

7134 **Fabbricati strumentali** (art. 9 c. 3 bis DL 557/93 conv. in L. 133/94 e DM 14 settembre 2011) Si tratta dei fabbricati necessari alle attività di coltivazione del fondo, selvicoltura, allevamento di animali e attività connesse (art. 2135 c.c.), destinati ai seguenti **usi**:
- protezione delle piante;
- conservazione dei prodotti agricoli;
- custodia delle macchine agricole, degli attrezzi e delle scorte occorrenti per la coltivazione e l'allevamento;
- allevamento e ricovero degli animali;
- agriturismo (art. 3 c. 3 L. 96/2006). La destinazione del fabbricato ad attività di agriturismo deve risultare dall'elenco regionale dei soggetti abilitati a svolgere tale attività, i quali devono essere in possesso di autorizzazione comunale (Cass. 1° agosto 2008 n. 20955);
- abitazione dei dipendenti esercenti attività agricole nell'azienda a tempo indeterminato o a tempo determinato per un numero annuo di giornate lavorative superiore a cento;
- utilizzate da persone addette all'attività di alpeggio in zona di montagna;
- uso di ufficio dell'azienda agricola;
- manipolazione, trasformazione, conservazione, valorizzazione o commercializzazione dei prodotti agricoli (anche se effettuate da cooperative e loro consorzi purché utilizzino per lo svolgimento delle attività agricole prevalentemente prodotti dei soci o forniscano prevalentemente ai soci beni e servizi diretti alla cura e allo sviluppo del ciclo biologico);
- attività agricola in maso chiuso.

7135 **Riconoscimento della ruralità** Occorre **presentare** apposita **domanda** all'Ufficio provinciale Territorio competente entro 30 giorni da quello in cui il fabbricato ha acquistato i requisiti, mediante: consegna diretta (in duplice originale), raccomandata A/R, fax o PEC.
Gli **indirizzi** degli uffici e i **modelli** per la domanda sono disponibili sul sito dell'AE (www.agenziaentrate.gov.it, nella sezione: cittadini/fabbricati e terreni/aggiornamento dati catastali e ipotecari/fabbricati rurali).
Alla domanda vanno **allegate** le autocertificazioni redatte in conformità ai modelli contenuti nel DM 26 luglio 2012.

In caso di **perdita** dei **requisiti**, la comunicazione deve avvenire con le stesse modalità entro 30 giorni da quello in cui è avvenuta la perdita.

7137 **FABBRICATO NON UTILIZZATO** (art. 9 c. 6 DL 557/93 conv. in L. 133/94) I fabbricati a uso abitativo che, pur possedendo tutti i requisiti per essere considerati rurali (v. n. 7133), non sono utilizzati dal possessore, sono considerati rurali a **condizione** che nella domanda di iscrizione o variazione sia allegata apposita autocertificazione con firma autenticata attestante l'assenza di allacciamenti ai servizi pubblici di energia elettrica, acqua e gas.

II. Terreni

A. Regole generali

CAMPO DI APPLICAZIONE Producono reddito fondiario i terreni iscritti (o iscrivibili) nel catasto terreni con attribuzione di rendita (art. 25 DPR 917/86). **7140**
Ne sono **esclusi** (artt. 27 c. 2, 32 c. 4 e 43 DPR 917/86):
– terreni strumentali all'esercizio dell'impresa (es. aree di deposito);
– terreni dati in affitto per uso non agricolo (es. campeggi, riserve di caccia, ecc.), produttivi di reddito diverso (v. n. 14650);
– terreni che costituiscono pertinenze di fabbricati urbani (es. giardini interni o esterni a fabbricati);
– terreni, parchi e giardini aperti al pubblico o la cui conservazione è riconosciuta di pubblico interesse da parte del MIBACT, purché il proprietario non abbia ricavato alcun reddito dall'utilizzo (art. 5 bis DPR 601/73). La mancanza di reddito va comunicata all'AE entro tre mesi dalla data in cui è avvenuto il riconoscimento di pubblico interesse.

> **Precisazioni** 1) Producono reddito dei terreni anche i **fabbricati rurali** (v. n. 7130 e s.).
> 2) I redditi derivanti da **cave**, **miniere**, **torbiere**, **laghi**, **stagni** e altre acque interne sono redditi d'impresa (v. n. 5020).

TITOLARI DEL REDDITO Il reddito dei terreni **si distingue in** reddito dominicale e reddito agrario: **7143**
– il primo è imputato al proprietario o titolare di altro **diritto reale** di godimento (v. n. 7010 - art. 26 DPR 917/86) (d'ora in poi, solo proprietario);
– il secondo è imputato a **chi** effettivamente **coltiva** il terreno: se il terreno è concesso in **affitto**, è l'affittuario (dalla data del contratto); negli altri casi, il proprietario (art. 33 DPR 917/86).
Se proprietà e attività di coltivazione sono in capo a **un unico soggetto**, entrambi i redditi gli sono attribuiti.
Possono essere titolari di reddito agrario anche le **società agricole** che optano per determinare il reddito secondo le regole del reddito agrario (v. n. 7190 e s.).

> **Precisazioni** 1) Nel caso di terreno concesso in **comodato**, è discusso se il reddito agrario vada imputato a chi effettivamente vi esercita l'attività (comodatario), come sembra indicare l'AF (Ris. AD 19 marzo 2003 n. 2/D), o al comodante.
> 2) In caso di **conduzione associata** del terreno, il reddito agrario va imputato a ciascun associato, per la quota di sua spettanza risultante da atto sottoscritto da tutti gli associati o, in mancanza, in parti uguali.

IRPEF/IMU Nella **tabella** seguente si riassumono i casi in cui il reddito dominicale e il reddito agrario sono soggetti a IRPEF e/o a IMU, distinguendo a seconda che il proprietario sia o meno coltivatore diretto o IAP, iscritto nella previdenza agricola. **7145**

Soggetto		Reddito dominicale		Reddito agrario	
		IRPEF	IMU	IRPEF	IMU
Coltivatore diretto/IAP, iscritto alla previdenza agricola		NO **(1)**	NO	NO **(1)**	NO
Non coltivatore diretto/IAP, che:	Affitta a coltivatore diretto/IAP	SÌ	SÌ	NO **(1)**	NO
	Affitta a soggetto diverso	SÌ	SÌ	SÌ	SÌ
	Tiene a disposizione	NO **(2)**	SÌ	–	
	Utilizza direttamente			SÌ	SÌ

(1) Nel periodo 2017-2023 (art. 1 c. 44 L. 232/2016).
(2) È dovuta in caso di terreni esenti da IMU (indicati al n. 74880).

È **coltivatore diretto** il soggetto che coltiva il fondo col lavoro prevalentemente proprio o dei suoi familiari, sempreché tale forza lavorativa costituisca almeno 1/3 di quella richiesta per la normale coltivazione del fondo, tenuto conto anche dell'impiego di macchine agricole (Circ. DF 18 maggio 2012 n. 3/DF). I **familiari coadiuvanti** del coltivatore diretto, appartenenti allo stesso nucleo familiare e iscritti nella gestione assistenziale e previdenziale agricola quali coltivatori diretti, beneficiano della disciplina fiscale dei titolari dell'impresa agricola purché partecipino attivamente all'esercizio dell'impresa (art. 1 c. 705 L. 145/2018); tale disposizione si applica anche per gli anni precedenti al 2019 (art. 78 bis c. 1 DL 104/2020 conv. in L. 126/2020).
È **IAP** il soggetto che, in possesso di conoscenze e competenze professionali, dedica alle attività agricole (art. 2135 c.c.), direttamente o in qualità di socio di società, almeno il 50% del proprio tempo di lavoro complessivo, ricavandone almeno il 50% del proprio reddito globale da lavoro (escluse le pensioni e i compensi per cariche pubbliche o in enti operanti nel settore agricolo) (art. 1 D.Lgs. 99/2004).

B. Reddito dominicale e reddito agrario

a. Definizione

(artt. 27 e 32 DPR 917/86)

7150 Il reddito **dominicale** è il reddito relativo al valore del terreno che spetta al proprietario del fondo.
Il reddito **agrario** esprime la redditività media derivante dall'esercizio di **attività agricole** nei limiti della potenzialità del terreno. Vi sono attività considerate agricole in senso stretto e attività che sono considerate tali se rispettano i limiti o i requisiti fissati dalla legge.

1. Attività agricole in senso stretto

7153 **Sono** le attività volte alla coltivazione del terreno e alla silvicoltura (art. 32 c. 2 lett. a DPR 917/86).
Quest'ultima è diretta alla cura per la riproduzione del bosco e la conservazione della sua consistenza. Non costituisce attività di silvicoltura il semplice disboscamento e il taglio del legname.

Vi rientrano le **attività vivaistiche e di floricoltura** che si estrinsecano nella produzione e vendita di piante da vivaio, comprese le prestazioni accessorie di imballo, trasporto, messa a dimora e garanzia di attecchimento (Ris. Min. 7 febbraio 1981 n. 9/2810).

2. Altre attività considerate agricole

7155 Alcune attività sono considerate **agricole se rispettano i limiti** o i requisiti fissati dalla legge. Se superano tali limiti o non rispettano i requisiti, ricadono nel reddito d'impresa (v. n. 6170 e s.).
Si tratta di allevamento di animali, produzione di vegetali in serra, coltivazione di vegetali per conto terzi, attività di manipolazione, trasformazione e alienazione di prodotti agricoli che soddisfano determinate condizioni (c.d. attività connesse), acquacoltura e funghicoltura.

7157 **ALLEVAMENTO DI ANIMALI** (art. 32 c. 2 lett. b DPR 917/86) **Consiste** nello sviluppo e nella crescita degli animali destinati all'alimentazione umana o ad altri usi; non è necessario che si svolga l'intero ciclo biologico dalla nascita al completo sviluppo fisico (Cass. 13 gennaio 1976 n. 104).

>**Precisazioni** 1) L'allevamento può essere svolto anche con una particolare organizzazione, ad esempio con specifici **macchinari e attrezzature**, con **personale specializzato**, ecc. (Cass. 14 febbraio 1992 n. 1821). 2) L'attività di **apicoltura** rientra fra quelle di allevamento di animali; tuttavia, se è condotta da apicoltori con meno di 20 alveari e ricadenti nei comuni montani, i relativi proventi sono esenti da IRPEF (art. 1 c. 511 L. 205/2017). Per l'attività di **impollinazione** v. n. 6190.

Per rientrare tra le attività agricole, l'allevamento deve avvenire con **mangimi** ottenibili dal 7160
terreno per **almeno 1/4** del fabbisogno degli animali allevati. A tal fine, è irrilevante non solo la quantità complessivamente prodotta dal terreno ma anche l'eventuale acquisizione di mangimi da parte di terzi.
Il **numero dei capi** posseduti non deve essere superiore a quello stabilito con apposito decreto per ciascuna specie animale, tenuto conto della potenzialità dei terreni a produrre il mangime e delle quantità dello stesso occorrenti a seconda della specie allevata (per il biennio 2018-2019, DM 15 marzo 2019).
Se i limiti fissati sono superati, il reddito eccedente è d'impresa (v. n. 6230 e s.).

I **puledri**, se non è ancora iniziata la preparazione specifica per le corse, gli stalloni e le fattrici (che hanno terminato l'attività agonistica) sono da considerare capi dell'azienda agricola (Circ. Min. 14 agosto 1981 n. 27/7/2648).

PRODUZIONE DI VEGETALI IN SERRA (art. 32 c. 2 lett. b DPR 917/86, Circ. Min. 15 maggio 7163
1997 n. 137/E e Ris. Min. 11 marzo 1998 n. 15/E) Rientra tra le attività agricole se effettuata utilizzando strutture fisse o mobili, stabili o provvisorie, purché la **superficie adibita** alla produzione non sia superiore al doppio di quella del terreno su cui la produzione insiste. Si possono verificare le seguenti situazioni:
- **serre su uno o due ripiani**: l'attività è agricola;
- serre su **più di due ripiani**: l'attività eccedente è d'impresa (v. n. 6195).

COLTIVAZIONE DI VEGETALI PER CONTO TERZI (art. 33 c. 2 bis DPR 917/86) È il 7165
caso dell'imprenditore agricolo che riceve da un committente le sementi, le talee o piantine appena germogliate, le coltiva utilizzando terreno e strutture proprie e poi consegna il prodotto finito al committente.
Tale attività rientra nel reddito agrario se svolta nei limiti indicati al par. precedente per la produzione di vegetali in serra. L'eccedenza è attività d'impresa.

ATTIVITÀ CONNESSE (art. 32 c. 2 lett. c DPR 917/86) Rientrano nel reddito agrario con 7167
regole diverse a seconda che siano dirette esclusivamente alla conservazione, commercializzazione e valorizzazione di prodotto o alla manipolazione e trasformazione.

Attività dirette	Condizioni	Qualifica reddito
Esclusivamente alla conservazione, commercializzazione e valorizzazione **(1)**	– di **prodotti propri**, cioè ottenuti dalla coltivazione o dall'allevamento di animali	Agrario
	– di prodotti **acquistati** da terzi	D'impresa, determinato analiticamente (v. n. 6190)
Alla manipolazione e trasformazione, eventualmente accompagnate dalle attività di cui sopra, anche se non svolte sul terreno **(2)**	Di beni rientranti nell'**elenco** al n. 7170: – **ottenuti prevalentemente** dalla coltivazione o dall'allevamento **(3)**	Agrario
	– negli **altri casi**	Agrario il reddito dalla trasformazione dei prodotti nei limiti del doppio delle quantità prodotte in proprio. D'impresa (determinato analiticamente - v. n. 6190) il reddito dalle quantità eccedenti
	Di beni **diversi**: – **ottenuti prevalentemente** dalla coltivazione o dall'allevamento **(3)**	D'impresa, determinato forfettariamente (v. n. 6200)
	– negli **altri casi**	D'impresa, determinato analiticamente (v. n. 6190)

(1) Esempio L'imprenditore agricolo produce 100 quintali di ciliegie e ne acquista altri 50 per commercializzarli insieme ai propri. I redditi derivanti dalla produzione dei 100 quintali propri sono redditi agrari, mentre i redditi che derivano dall'acquisto presso terzi e successiva commercializzazione dei 50 quintali sono d'impresa.
(2) Anche se la realizzazione di **una o più fasi** del processo produttivo è **affidata a terzi** (es. agricoltore si avvale del frantoio di terzi per la molitura delle olive).

(**3**) Per verificare la **prevalenza** dei prodotti propri rispetto a quelli acquistati, va fatto un confronto quantitativo tra i prodotti (Cass. 21 luglio 2017 n. 18071). Se i prodotti acquistati sono di **specie diversa** rispetto ai propri (es. mele e pere), vanno confrontati il valore normale dei prodotti propri e il costo di quelli acquistati.
L'**acquisto** di prodotti **presso terzi** è consentito se i prodotti soddisfano una delle caratteristiche indicate al n. 7172 (Circ. AE 15 novembre 2004 n. 44/E).

7170 Elenco (Tabella allegata al DM 13 febbraio 2015)

Beni		Codice attività
produzione	carni e prodotti della loro macellazione	10.11.0 - 10.12.0
	carne essiccata, salata o affumicata, salsicce e salami	ex 10.13.0
	succhi di frutta e ortaggi	10.32.0
	olio di oliva e di semi oleosi	01.26.0 - 10.41.1 - 10.41.2
	olio di semi di granturco (olio di mais)	ex 10.62.0
	farina o sfarinati di legumi da granella secchi, radici o tuberi, frutta in guscio commestibile	ex 10.61.4
	pane	ex 10.71.1
	paste alimentari fresche e secche	ex 10.73.0
	vini	01.21.0 - 11.02.1 - 11.02.2
	grappa	ex 11.01.0
	aceto	ex 10.84.0
	sidro e altri vini a base di frutta	11.03.0
	malto e birra	11.06.0 e 11.05.0
	sciroppi di frutta	ex 10.81.0
	filetti di pesce	ex 10.20.0
	derivati del latte	01.41.0 - 01.45.0 - 10.51.1 - 10.51.2
produzione e conservazione	pesce, crostacei e molluschi (**1**), mediante congelamento, surgelamento, essicazione, affumicatura, salatura, immersione in salamoia, inscatolamento	ex 10.20.0
lavorazione	granaglie	da 10.61.1 a 10.61.3
lavorazione e conservazione	frutta e ortaggi	10.39.0
	patate, escluse le produzioni di purè di patate disidratato, di snack a base di patate, di patatine fritte e la sbucciatura industriale delle patate	ex 10.31.0
lavorazione, raffinazione e confezionamento	miele	ex 10.89.0
trattamento igienico	latte	01.41.0 - 01.45.0 - 10.51.1 - 10.51.2
disidratazione	erba medica	ex 10.91.0
manipolazione	prodotti derivanti dalle coltivazioni di cui alle classi 01.11, 01.12, 01.13, 01.15, 01.16, 01.19, 01.21, 01.23, 01.24, 01.25, 01.26, 01.27, 01.28 e 01.30, nonché di quelli derivanti dalle attività di cui ai sopraelencati gruppi e classi (**2**)	
	prodotti derivanti dalla silvicoltura di cui alle classi 02.10.0 - 02.20.0, comprendenti la segagione e la riduzione in tondelli, tavole, travi e altri prodotti similari compresi i sottoprodotti, i semilavorati e gli scarti di segagione delle piante	

(**1**) Compreso il caviale di storione (Risp. Interpello AE n. 954-1328/2016).
(**2**) Comprese le attività di concimazione, trattamento delle zolle, potatura e simili effettuate su piante prodotte in vivaio (Ris. AE 29 gennaio 2018 n. 11/E).

Prodotti acquistati presso terzi Devono avere una delle caratteristiche indicate in **tabella** (Circ. AE 15 novembre 2004 n. 44/E). 7172

Caratteristiche	Esempi	Precisazioni
Sono utilizzati per **migliorare la qualità** del prodotto finale	Acquisto di vino da taglio da parte di un produttore vitivinicolo per migliorare la qualità di quello prodotto con le proprie uve	–
Sono utilizzati per ottenere un **aumento quantitativo** della produzione	Acquisto di latte per produrre formaggio della stessa qualità di quello ottenuto da latte di propria produzione	Le attività di trasformazione non usualmente esercitate che intervengono in una **fase successiva** a quella che ha originato i beni elencati al n. 7170 e che li trasformano fino a realizzare prodotti nuovi non connessi con l'attività agricola, producono reddito d'impresa (es. trasformazione dello yogurt in gelato o dei funghi in asta al fungo - Ris. AE 5 luglio 2007 n. 158/E)
Sono utilizzati per **migliorare la gamma di beni** venduti, purché i beni acquistati siano dello stesso comparto produttivo in cui opera l'agricoltore	Acquisto di ciliegie per produrre marmellata parallelamente alla produzione di marmellata di fragole ottenute con coltivazione propria	Se i **beni ottenuti** dalla trasformazione di prodotti acquistati da terzi **non rientrano** nella tipologia di appartenenza dei beni ottenuti dalla trasformazione dei prodotti propri, il reddito è d'impresa (es. attività conserviera di pomodori svolta con prodotti acquistati da terzi, da parte di un imprenditore che produce formaggio con latte proprio)

ACQUACOLTURA (artt. 1 e 2 L. 102/92) **È** l'insieme delle pratiche volte alla produzione di proteine animali in ambiente acquatico mediante il controllo, parziale o totale, diretto o indiretto, del ciclo di sviluppo degli organismi acquatici. 7174
È assimilabile all'attività di allevamento. Pertanto, è considerata agricola se rientra nei **limiti** stabiliti dalla legge (v. n. 7157), mentre il reddito eccedente è d'impresa (v. n. 6180 e s.).
Per le superfici acquatiche **non censite in catasto** (es. acque demaniali), il reddito è determinato applicando la tariffa d'estimo più alta del seminativo di classe prima in vigore nella provincia di appartenenza o, nel caso di allevamento marino, in quella prospiciente (art. 3 ter DL 106/2005 conv. in L. 156/2005).

FUNGHICOLTURA (art. 1 L. 126/85, Ris. AE 27 gennaio 2006 n. 20/E e Ris. Min. 26 settembre 2000 n. 148/E) È attività agricola se diretta alla produzione del fungo (compresa la fase di produzione del micelio) tramite l'utilizzo di **strutture fisse o mobili** nel rispetto dei limiti indicati al n. 7163. Il reddito relativo alla superficie eccedente è d'impresa (v. n. 6195). 7176

b. Determinazione

(artt. 27-35 DPR 917/86)

Si illustrano le modalità di determinazione del reddito dominicale e del reddito agrario, nonché le perdite degli stessi per eventi naturali e le cause di variazione e/o riduzione. 7177
Ove non specificato, con il termine reddito si intende sia il reddito dominicale che il reddito agrario.

MODALITÀ Il reddito è **calcolato** sulla base delle tariffe d'estimo (TE) stabilite dalla legge catastale, a cui si applica, a seconda dei casi, una rivalutazione base (RB) e/o un'ulteriore rivalutazione (UR), come indicato in **tabella**. 7178

È **attribuito** a ogni particella catastale, in base alla qualità e classe di coltura svolta sul terreno.

Proprietario	Dominicale		Agrario		Fonti
	Reddito	IRPEF	Reddito	IRPEF	
a) Coltivatore diretto/IAP, iscritto nella previdenza agricola	TE + RB (80%)	Esente **(1)**	TE + RB (70%)	Esente **(1)**	Art. 1 c. 44 L. 232/2016, art. 1 c. 512 L. 228/2012, art. 3 c. 50 L. 662/96
b) Non coltivatore che **affitta** a:					
– coltivatore diretto/IAP con più di 40 anni	TE + RB (80%) + UR (30%)	Sì	TE + RB (70%) + UR (30%)	Esente **(1)**	Art. 1 c. 44 L. 232/2016, art. 1 c. 512 L. 228/2012, art. 3 c. 50 L. 662/96, art. 14 c. 3 L. 441/98
– coltivatore diretto/IAP con meno di 40 anni, con contratto inferiore a 5 anni	Stessa disciplina dell'affitto a coltivatore diretto/IAP con più di 40 anni				
– coltivatore diretto/IAP con meno di 40 anni **(2)**, con contratto di almeno 5 anni	TE + UR (30%)	Sì	TE + UR (30%)	Esente **(1)**	
– soggetto diverso	TE + RB (80%) + UR (30%)	Sì	TE + RB (70%) + UR (30%)	Sì	Art. 1 c. 512 L. 228/2012, art. 3 c. 50 L. 662/96
c) Non coltivatore diretto/IAP che lo **utilizza direttamente**	TE + RB (80%) + UR (30%)	Esente **(3)**	TE + RB (70%) + UR (30%)	Sì	
d) Non coltivatore diretto/IAP che lo **tiene a disposizione**			–		

(1) Nel periodo 2017-2023 (art. 1 c. 44 L. 232/2016). L'esenzione si applica anche ai **soci** di una **società semplice** (s.s.), purché questi siano coltivatori diretti/IAP iscritti nella previdenza agricola e la s.s. abbia la qualifica di IAP.
(2) Anche in **forma societaria**, purché la maggioranza delle quote o del capitale sociale sia detenuto da giovani in possesso della qualifica di coltivatore diretto/IAP (la qualifica si può acquisire entro due anni dalla firma del contratto di affitto).
(3) È dovuta in caso di terreni **esenti da IMU** (indicati al n. 74880).

>**Precisazioni** 1) Per le **colture** prodotte **in serra e funghicoltura**, se manca la corrispondente qualità nel quadro di qualificazione catastale, si applica la tariffa d'estimo più elevata in vigore nella provincia in cui è situato il terreno (artt. 28 c. 4 bis e 34 c. 4 DPR 917/86).
2) Per i terreni in affitto soggetti a **regimi vincolistici** (che vietano la libera contrattazione del canone), il reddito dominicale è pari al minore tra il canone d'affitto e la rendita catastale diminuita di 1/5 (20%), mentre il reddito agrario è determinato in base alle regole ordinarie e imputato all'affittuario (artt. 33 e 185 c. 1 DPR 917/86).

7180 **PERDITA PER EVENTI NATURALI** (artt. 31 e 35 DPR 917/86) **Se** è di **almeno** il 30% del prodotto ordinario del fondo preso a base per determinare le tariffe d'estimo, comporta l'annullamento del reddito.
Sono danni provocati da eventi naturali: infortuni atmosferici (grandine, siccità, gelate, ecc.); danni periodici o quasi periodici derivanti a terreni prossimi a vulcani in attività; i danni provenienti da inondazioni che si verificano a intervalli regolari.

7182 L'**evento** deve essere **denunciato** all'Ufficio dell'AE competente **entro** tre mesi dalla data in cui si è verificato o, se la **data non** è **determinabile** esattamente, almeno 15 giorni prima dell'inizio del raccolto.
La denuncia deve **contenere** tutti gli elementi necessari per individuare il fondo danneggiato, l'esatta indicazione della ditta iscritta nei registri catastali, la natura dell'evento dannoso, le colture danneggiate e la presunta entità del danno.

> Se l'evento interessa **più terreni**, la denuncia può essere presentata dai sindaci dei comuni interessati (in via amministrativa tale facoltà è estesa alle associazioni di categoria).

7184 **VARIAZIONI DEL REDDITO** (artt. 29, 30 e 34 c. 3 DPR 917/86) **Si verificano** quando si sostituisce la coltura o si ha una diminuzione permanente della produttività del terreno. In questi casi occorre variare il classamento risultante dal catasto.

Non rilevano le diminuzioni intenzionali della produttività del terreno e le variazioni causate da circostanze transitorie.

Sostituzione della coltura Può determinare un aumento o una diminuzione del reddito, che vanno **denunciati** all'AE con le modalità indicate in **tabella**. 7186
In caso di terreno dato in **affitto**, la denuncia può essere presentata dall'affittuario.
Sono **esonerati** dalla denuncia gli agricoltori che richiedono all'**AGEA** (Agenzia per le erogazioni in agricoltura) i contributi agricoli UE (v. n. 7188).

Situazione	Denuncia			
	Contenuto	Software/modello	Termini	Effetti
a) Aumento reddito	Partita catastale e particelle cui le variazioni si riferiscono. Se le variazioni riguardano porzioni di particelle, deve essere unita la dimostrazione grafica del frazionamento	Software Docte 2.0 o Mod. 26 (dichiarazione variazioni coltura)	31 gennaio dell'anno successivo a quello in cui è stata sostituita la coltura	Dall'anno di sostituzione della coltura
b) Diminuzione reddito			– 31 gennaio dell'anno successivo a quello in cui si è verificata la sostituzione – successivamente	Dall'anno di sostituzione della coltura Dall'anno di presentazione della denuncia

Se a seguito di **variazioni permanenti** nello stato delle colture e in determinati comuni o sezioni censuarie è necessario istituire nuove qualità e classi in sostituzione di quelle esistenti, vi provvede il MEF con DM. La variazione ha effetto dall'anno successivo a quello di pubblicazione del DM (art. 29 c. 5 DPR 917/86).

Il **reddito** variato è **determinato** in catasto in via provvisoria applicando la tariffa media attribuibile alla nuova coltura praticata, finché la stessa non sarà allibrata. 7187
La **tariffa media** è data dal rapporto tra la somma delle tariffe imputate alle diverse classi in cui è suddivisa la qualità di coltura e il numero delle classi (art. 29 c. 4 DPR 917/86).

ESEMPIO
Il proprietario di un appezzamento di terreno avente superficie di 26a e 07ca, precedentemente coltivato a vigneto (coltura che risulta allibrata in catasto in classe 1, con tariffa di € 150 e deduzioni fuori tariffa di € 1), nel 20XX muta la coltivazione in frutteto.
Egli effettua la relativa denuncia entro il 31 gennaio 20XX+1; pertanto, in sede di dichiarazione dei redditi per il 20XX, il proprietario può tenere conto della variazione.
Supponendo che, in relazione alla coltura a frutteto, la tariffa di reddito dominicale della stessa zona censuaria preveda **due classi**, rispettivamente di € 182 e € 137, e deduzioni fuori tariffa di € 1, il proprietario deve calcolare la tariffa media in base all'operazione: (182 + 137 – 1) / 2 = € 159.
Pertanto, per l'anno 20XX il contribuente dichiara un reddito dominicale di € 41,45, pari a 159 × 0,2607.

Gli agricoltori che richiedono all'**AGEA** l'erogazione di **contributi agricoli UE** sono esonerati dalla presentazione della denuncia. A tal fine, la richiesta deve contenere la dichiarazione relativa all'uso del terreno e gli elementi necessari per l'aggiornamento del catasto. 7188
L'AGEA trasmette all'AE una proposta di aggiornamento della banca dati catastale; sulla base di quest'ultima, l'AE aggiorna i redditi e ne dà comunicazione ai comuni interessati, pubblicando un apposito comunicato in GU.
La rendita aggiornata ha effetto dal 1° gennaio dell'anno in cui è presentata la dichiarazione relativa all'uso dei terreni (art. 2 c. 33 DL 262/2006 conv. in L. 286/2006).

Contro la variazione del reddito è possibile presentare **ricorso** alla CGT 1° entro 120 giorni dalla pubblicazione del comunicato.

Diminuzione della produttività **Può derivare** da: 7189
– naturale esaurimento del terreno, che si verifica se le particelle catastali, a seguito di irruzione dei fiumi o torrenti, di frane o scoscendimenti, hanno perso totalmente la capacità produttiva. In tal caso, la qualificazione catastale è mutata in quella di incolto sterile, a meno che le particelle siano scomparse del tutto;
– altra causa di forza maggiore, anche se non vi è stato cambiamento della qualità di coltura;

– per le piantagioni, eventi fitopatologici o entomologici (ossia malattie proprie delle piante e infestazioni di insetti).
Va **denunciata** nei termini e con gli effetti indicati nella tabella n. 7186 (situazione b).

Se la perdita della produttività riguarda solo una **porzione del terreno**, si distingue la porzione produttiva da quella divenuta sterile. La prima conserva la qualità e la classe; la seconda è qualificata incolta sterile.

C. Società agricole

(art. 1 c. 1093 L. 296/2006 e DM 27 settembre 2007 n. 213)

7190 Le **s.n.c., s.a.s., s.r.l.** e **società cooperative** aventi la qualifica di società agricole possono, previa opzione, determinare il reddito secondo le regole del reddito agrario.
Per le modalità di esercizio dell'**opzione** e i termini di validità della stessa si applica quanto illustrato nel capitolo sui redditi d'impresa in caso di opzione per il regime ordinario di determinazione del reddito (v. n. 5457 e n. 5460).

In caso di produzione e cessione di **energia da fonti rinnovabili** v. n. 6300 e s.

7191 **REQUISITI** I requisiti per avere la qualifica di società agricola sono due (art. 2 D.Lgs. 99/2004):
– comprendere nella **denominazione o ragione sociale** la dizione «società agricola»;
– prevedere come **oggetto sociale** l'esercizio esclusivo delle attività agricole (v. n. 7153 e s.).
Devono **sussistere** fin dall'inizio del periodo d'imposta.

7192 L'**esercizio esclusivo** di attività agricole deve essere **effettivo**. Esso sussiste anche se la società concede in locazione, affitto o comodato fabbricati ad uso abitativo, terreni o fabbricati strumentali all'attività agricola, a condizione che i ricavi derivanti dalla locazione o dall'affitto non superino il 10% dei ricavi complessivi.
Viceversa, **non sussiste** (o viene meno) se la società (Circ. AE 1° ottobre 2010 n. 50/E):
– esercita anche attività **commerciali** o **industriali** (v. n. 5020), salvo che queste siano strumentali a quella principale (ossia finalizzate a potenziare o migliorare l'attività agricola);
– possiede **partecipazioni** in altre società, salvo che si tratti di società agricole e i dividendi siano inferiori ai ricavi derivanti dalle attività agricole svolte dalla partecipante.

7193 **DETERMINAZIONE DEL REDDITO** A seguito dell'opzione il reddito derivante dalle **attività agricole** è determinato in base alle regole del reddito agrario (v. n. 7177 e s.). Mantiene comunque la natura di reddito d'impresa; pertanto, se **imputato ai soci**, non consente l'esenzione dall'IRPEF prevista per coltivatori diretti e IAP per gli anni 2017-2023 (Circ. AE 7 aprile 2017 n. 8/E par. 9).
Il reddito derivante dalle attività **diverse** da quelle agricole **o** che ne **eccedono i limiti** (v. n. 7155 e s.) è determinato secondo le regole del reddito d'impresa.

>Precisazioni 1) Le società agricole **non** possono fruire dell'**ACE**, **salvo** che i ricavi derivanti dall'attività per la quale hanno esercitato l'opzione non siano prevalenti rispetto ai ricavi complessivi (art. 9 DM 3 agosto 2017 e Relazione al DM).
2) I **ricavi** derivanti dalla **locazione/affitto** di fabbricati abitativi o strumentali all'attività agricola nonché di terreni (nei limiti del 10% dei ricavi complessivi) sono tassati in base alle regole ordinarie (non rientrano, quindi, nel reddito agrario).
3) Non si applicano gli **indici sintetici di affidabilità fiscale** (Circ. AE 2 agosto 2019 n. 17/E par. 4).

7194 **Beni strumentali** Non sono deducibili i **costi** inerenti all'attività, comprese le quote di ammortamento dei beni strumentali.
Non rilevano le **plusvalenze e minusvalenze** derivanti dal realizzo degli stessi, ad **eccezione** che si tratti di:
– immobili, le cui plus o minusvalenze sono sempre rilevanti e si determinano con le regole ordinarie (v. n. 24565 e s., il costo fiscale del bene da confrontare con il corrispettivo di cessione va assunto al netto anche degli ammortamenti accantonati in vigenza dell'opzione - Circ. AE 1° ottobre 2010 n. 50/E). Le plusvalenze sono rateizzabili (Ris. AE 11 aprile 2018 n. 28/E);

– beni strumentali acquisiti in un periodo di applicazione del regime d'impresa. La plus o minusvalenza si determina come differenza tra il corrispettivo conseguito, al netto degli oneri di diretta imputazione, e il costo non ammortizzato dell'ultimo esercizio antecedente a quello di esercizio dell'opzione.

Componenti di esercizi precedenti all'opzione I componenti positivi e negativi realizzati in esercizi precedenti a quello di efficacia dell'opzione, la cui tassazione o deduzione è stata **rinviata in esercizi futuri** (es. plusvalenza rateizzata, spese di rappresentanza, ecc.), concorrono alla determinazione del reddito d'impresa. Sono esclusi i risconti e le rimanenze. Gli **interessi passivi indeducibili** non sono riportabili (Ris. AE 11 aprile 2018 n. 28/E). **7195**

Perdite Le perdite, formatesi in periodi anteriori a quello da cui ha effetto l'opzione o nei periodi di efficacia dell'opzione, sono riportabili in diminuzione del reddito agrario secondo le regole ordinarie del reddito d'impresa (v. n. 25915 e s.). **7196**

Consolidato nazionale (Ris. AE 11 aprile 2018 n. 28/E) La s.r.l. agricola può optare per il consolidato (per la cui trattazione v. n. 27045 e s.). **7197**

Se **non** può fruire dell'**ACE**, le eventuali eccedenze ACE prodotte dalle altre società partecipanti sono deducibili dal reddito consolidato, diminuito del reddito della s.r.l. agricola.

ADEMPIMENTI L'impresa deve tenere le **scritture contabili** ordinariamente previste, a seconda della natura giuridica e delle dimensioni dell'impresa. **7198**
Deve continuare a determinare i **valori fiscali degli elementi dell'attivo e del passivo** secondo le regole del reddito d'impresa (es. deve continuare ad effettuare gli ammortamenti in base ai coefficienti ministeriali con conseguente riduzione del valore fiscale dei beni) e indicare tali valori in un apposito prospetto del Mod. Redditi.

Nel prospetto vanno indicati anche i **risconti** e le **rimanenze** di esercizi precedenti a quello di efficacia dell'opzione.

CESSAZIONE DELL'OPZIONE In caso di **perdita di efficacia o revoca** dell'opzione, la società deve determinare il reddito in base alle regole del reddito d'impresa per tutto il periodo in cui si verifica una delle due ipotesi. **7199**
Gli **elementi** dell'**attivo** e del **passivo** sono valutati in base al prospetto della dichiarazione dei redditi (v. n. 7198).

CAPITOLO 4

Lavoro dipendente

SOMMARIO

La categoria dei redditi di lavoro dipendente comprende le **retribuzioni** percepite in dipen- **8000**
denza di un rapporto di lavoro subordinato, le **pensioni** e gli assegni ad esse equiparate.
Vi rientrano inoltre i **redditi assimilati**, identificati da un elenco tassativo, che pur non presentando le caratteristiche proprie del reddito di lavoro dipendente, sono assoggettati allo stesso regime fiscale, salvo le particolarità precisate successivamente nell'analisi di ciascuna tipologia.

SEZIONE 1

Retribuzioni

DEFINIZIONE (art. 49 c. 1 DPR 917/86) Le retribuzioni sono costituite dal compenso del **8010**
lavoratore e **comprendono** tutte le somme e i valori (dei beni e servizi) percepiti, a qualunque titolo, in relazione al rapporto di lavoro (c.d. principio di onnicomprensività).
Si comprendono **anche** le erogazioni liberali e i rimborsi spese erogati in relazione al rapporto di lavoro, **ad eccezione** dei seguenti rimborsi:
- corrisposti in occasione di **trasferte** e **trasferimenti** (v. n. 8590 e s.);
- che riguardano spese documentate di competenza del datore di lavoro (di seguito datore) **anticipate dal dipendente** per snellezza operativa, ad esempio per l'acquisto di beni strumentali di piccolo valore, quali la carta della fotocopiatrice o della stampante, le pile della calcolatrice, ecc. (Circ. Min. 23 dicembre 1997 n. 326/E).

Sono, inoltre, escluse dal reddito di lavoro dipendente le ipotesi riepilogate nella **tabella** seguente, al paragrafo sotto richiamato.

8011

Somme e valori esclusi dal reddito (*)	n.
– retribuzioni percepite dal coniuge, dai figli minori o invalidi e dagli ascendenti di lavoratori autonomi e imprenditori individuali	8140
– compensi reversibili	8140
– somme corrisposte ai dipendenti a titolo di risarcimento per un danno subìto	8155
– alcuni compensi in natura	8175 e s.
– benefici previdenziali e assistenziali	8390

Somme e valori esclusi dal reddito (*)	n.
– somme e i valori rientranti nel welfare aziendale percepiti in sostituzione dei premi di risultato	8965
– spese sanitarie di assistenza specifica a soggetti portatori di handicap	8440
– premi assicurativi pagati nell'esclusivo interesse del datore	8455
– oneri deducibili	8530
– indennità, somme e rimborsi spese connessi a trasferte e trasferimenti	8590 e s.
– proventi derivanti dalla partecipazione a società enti o OICR nel rispetto di precisi requisiti (c.d. carried interest), esclusi in quanto considerati redditi di capitale o diversi (soggetti a ritenuta del 26%)	11112 e 11054
– strumenti finanziari assegnati da società start-up	38500
(*) Nei relativi paragrafi sono esaminati i limiti e le condizioni dell'esclusione eventualmente previsti dalla legge.	

8020 **LAVORATORI DIPENDENTI** (art. 49 c. 1 DPR 917/86) Sono tutti coloro che svolgono un'attività alle **dipendenze** e sotto la **direzione di altri**, senza assunzione di rischio, con rispetto dell'orario di lavoro, per una retribuzione erogata periodicamente e predeterminata (vedi ML).
Il rapporto di lavoro, pubblico o privato, può essere svolto con qualsiasi qualifica, compresa quella dirigenziale.
Possono essere lavoratori dipendenti anche i **minori** di 18 anni; inoltre vi rientrano anche i **lavoratori a domicilio**, se considerati tali ai sensi della legislazione sul lavoro (art. 1 L. 877/73).

8025 **Dipendenti soci** La condizione di socio di una società, di persone o di capitali, non esclude a priori quella di lavoratore dipendente.

Socio di	Descrizione
società di persone	I soci, **anche se amministratori**, generalmente non sono qualificati lavoratori dipendenti, essendo le due figure (soci e dipendenti) in posizioni nettamente distinte tra di loro. È riscontrabile un rapporto di lavoro dipendente quando il socio presta la propria attività sotto il controllo gerarchico di altro socio munito di poteri di supremazia (amministratore) sempre che la prestazione non integri un conferimento (Ris. AE 27 maggio 2002 n. 158/E).
società di capitali	I soci **non amministratori** possono essere dipendenti se la prestazione ha tutti i requisiti e l'attività è diversa da quella svolta in qualità di socio e la retribuzione si aggiunge alla quota di partecipazione agli utili. I soci **amministratori** possono essere dipendenti quando l'attività espletata non rientri nel mandato e sia svolta in forma subordinata, ossia sotto la direzione di altro organo sociale (es. consiglio di amministrazione, amministratore delegato). È necessario accertare in concreto l'oggettivo svolgimento di mansioni estranee al rapporto organico con la società. Non può sussistere un rapporto di lavoro subordinato nei confronti dell'amministratore unico, del socio unico o dell'amministratore delegato che abbia una delega generale con facoltà di agire senza il consenso del CdA (Cass. 23 novembre 2021 n. 36362, Mess. INPS 17 settembre 2019 n. 3359, Cass. 13 novembre 2006 n. 24188).

I. Regole generali

8040 Le retribuzioni percepite da lavoratori residenti rilevano in maniera differente a seconda che l'attività lavorativa sia stata prestata in Italia o all'estero.
Una volta stabilita l'imponibilità delle retribuzioni, occorre identificare il momento in cui devono essere tassate.

8045 **ATTIVITÀ PRESTATA IN ITALIA** (art. 3 DPR 917/86) Se l'attività lavorativa è prestata in Italia da **dipendenti ivi residenti**, tutte le somme percepite sono tassate secondo le modalità ordinarie di seguito illustrate, fatte salve le agevolazioni indicate nella **tabella** seguente, che **non sono cumulabili** fra loro.

Agevolazioni per favorire il rientro dei cervelli Di seguito si espone la disciplina in vigore per A) **Docenti e ricercatori** e B) **Impatriati** (Laureati e lavoratori, anche autonomi e imprenditori) che trasferiscono la residenza **dal 30/4/2019** (salvo la nota 3 della tabella A al n. 8051 e la nota 10 della tabella B al n. 8053, che interessano chi si è trasferito, rispettivamente, prima del 2020 e prima del 30/4/2019). **8050**

8051

A) Docenti e ricercatori (1) (2) (art. 44 DL 78/2010 conv. in L. 122/2010)
I redditi di lavoro dipendente di ricercatori/docenti residenti all'estero, sia italiani che stranieri, che vengono a svolgere la loro attività in Italia sono imponibili solo per il **10% nel periodo d'imposta** in cui il ricercatore diviene fiscalmente residente in Italia e **nei 5 successivi** (prorogati di altri 8, 11 o 13 in presenza di determinate condizioni sotto indicate alle lettere A e B) **(3)**. Se il docente/ricercatore **trasferisce la residenza all'estero** nel periodo agevolato, l'agevolazione viene meno dal periodo d'imposta in cui risulta non più fiscalmente residente in Italia. L'agevolazione interessa docenti/ricercatori che (Circ. AE 23 maggio 2017 n. 17/E): a) hanno un **titolo di studio universitario** o equiparato (se conseguito all'estero deve essere riconosciuto dall'ambasciata o consolato italiani all'estero); b) sono stati **residenti all'estero** per almeno 2 anni consecutivi **(4)** (anche se in aspettativa non retribuita in Italia nel medesimo periodo, Ris. AE 14 luglio 2017 n. 92/E) e non devono avere già acquisito in precedenza la residenza in Italia dopo aver svolta l'attività di docenza/ricerca di cui al punto c) (Risp. AE 28 giugno 2019 n. 220); c) hanno svolto all'estero **documentata attività di ricerca e/o docenza** per almeno **2 anni continuativi** (anche non immediatamente precedenti il rientro in Italia), presso centri di ricerca pubblici o privati o università; d) svolgono l'**attività di docenza e ricerca** in Italia, ove hanno acquisito la **residenza** fiscale in Italia (indifferentemente prima o dopo l'inizio dell'attività di docenza e ricerca) **(5)**. Non osta all'agevolazione il fatto che il docente abbia già fruito del regime agevolativo in anni precedenti (es. tra il 2016 e il 2019), dopo essere rientrato da un quinquennio all'estero (Risp. AE 29 aprile 2022 n. 239). Per eventuali altre attività svolte (es. assistenziale), in Italia o all'estero, il relativo reddito è tassato interamente, se non si rientra nel caso sottostante (impatriati) (Ris. AE 29 novembre 2017 n. 146/E). L'agevolazione si applica: A) **per altri 2 anni** ai lavoratori che hanno, alternativamente: 1) **almeno un figlio** minorenne o a carico, anche in affido preadottivo **(6)**; 2) diventino proprietari (per acquisto diretto del lavoratore impatriato o del suo coniuge o convivente o dei suoi figli, anche in comproprietà), di almeno **un'abitazione in Italia**, successivamente al trasferimento in Italia o nei 12 mesi precedenti al trasferimento: B) **per altri 5 anni** o 7 anni, ai lavoratori che hanno, rispettivamente, **almeno 2 e almeno 3 figli** minorenni o a carico, anche in affido preadottivo. Per la disciplina agevolativa concernente l'**IRAP** v. n. 39156.
(1) Il **dipendente** deve presentare **richiesta scritta** al datore, contenente le proprie generalità, la sussistenza dei requisiti richiesti, ecc. (vedi art. 2 Provv. AE 3 marzo 2021 n. 60353, Circ. AE 23 maggio 2017 n. 17/E) per godere dell'agevolazione dal periodo di paga successivo alla richiesta e, in sede di conguaglio, dalla data dell'assunzione; il **lavoratore autonomo** può richiedere al committente la riduzione della ritenuta. In assenza di richiesta, si può usufruire del beneficio nella dichiarazione dei redditi. Se l'agevolazione non viene richiesta nemmeno in dichiarazione dei redditi, limitatamente all'anno interessato essa si perde; può essere chiesta con le modalità suddette per i restanti anni del periodo agevolato (Risp. AE 13 febbraio 2020 n. 59), mentre è preclusa la possibilità di presentare una dichiarazione dei redditi integrativa a favore per gli anni persi (Circ. AE 28 dicembre 2020 n. 33/E). Secondo la CGT 1° di Milano, in presenza dei presupposti, è possibile chiedere il rimborso dell'IRPEF pagata in più (CTP Milano 22 dicembre 2021 n. 4779). Se, invece, nonostante la richiesta del dipendente, il datore **applica erroneamente la tassazione ordinaria**, anche solo su una parte della retribuzione, il datore può effettuare il ricalcolo applicando il regime agevolato, rimborsando le trattenute eccedenti ai dipendenti, presentando il 770 integrativo e rettificando la CU; quest'ultima consentirà ai dipendenti di regolarizzare la propria posizione presentando una dichiarazione integrativa (Risp. AE 18 maggio 2022 n. 275). Anche il **TFR** (e indennità simili) gode della riduzione; per ottenerla bisogna fare richiesta all'AE di applicazione della tassazione ordinaria agevolata, dopo aver ricevuto la comunicazione dell'esito della liquidazione di cui al n. 9173 (Risp. AE Telefisco 26 gennaio 2023). **(2)** Se una persona (ricercatore, manager, ecc.) trasferisce la propria residenza anagrafica in Italia **dopo il 2 luglio**, diviene fiscalmente residente solo dal 1° gennaio successivo, anno in cui decorre la tassazione agevolata. In ogni caso, rileva anche il trasferimento di residenza in Italia avvenuto prima ancora di iniziare l'attività lavorativa, a condizione che sia ravvisabile un collegamento tra i due eventi (Risp. AE 13 febbraio 2020 n. 59). **(3)** L'estensione del regime agevolato può essere chiesta anche da docenti e ricercatori **iscritti all'AIRE** trasferitisi in Italia **prima del 2020** (e beneficiari della tassazione agevolata) versando, con F24 ELIDE, gli importi variabili - 5% (cod. tributo 1881) o 10% (cod. tributo 1880) - indicati alla nota 10 della tabella al n. 8053. L'agevolazione interessa anche i lavoratori che hanno terminato di godere del regime nel 2019 e 2020, ma in tal caso l'estensione decorre dal 2022 e la durata complessiva sarà sempre di 8, 11 o 13 anni a partire dal periodo in cui si è trasferita la residenza fiscale (Circ. AE 25 maggio 2022 n. 17/E).

Il **versamento** fa fatto entro il 30 giugno dell'anno successivo a quello di conclusione del primo periodo di fruizione dell'agevolazione. Entro le stesse date i lavori dipendenti presentano al datore la richiesta scritta (vedi sopra nota 1); i lavoratori autonomi, invece, esercitano l'opzione in dichiarazione dei redditi (art. 5 c. 5 ter e 5 quater DL 34/2019 conv. in L. 58/2019, Provv. AE 31 marzo 2022 n. 102028).

(4) La **residenza all'estero** può essere dimostrata con l'iscrizione all'AIRE oppure, nei Paesi in cui esistono Convenzioni contro le doppie imposizioni, sulla base delle regole dettate dalle singole Convenzioni (art. 5 DL 34/2019 conv. in L. 58/2019).

(5) Se un docente/ricercatore instaura un rapporto con il datore per svolgere l'attività all'estero (es. 2020) e **solo successivamente rientra in Italia** per svolgerla (2022), l'agevolazione non spetta, per mancanza del nesso fra i due eventi (Risp. AE 11 ottobre 2018 n. 33).

(6) Il figlio o i figli possono essere nati/affidati/adottati anche **prima del trasferimento** in Italia, ma devono essere presenti nel corso del primo quinquennio dell'agevolazione (Risp. AE 26 agosto 2020 n. 274); analogamente, i figli **non residenti al momento del rientro** in Italia, devono trasferirvi la residenza entro il primo quinquennio (Circ. AE 28 dicembre 2020 n. 33/E).

8053

B) Impatriati (1) (2)
(art. 16 D.Lgs. 147/2015, DM 26 maggio 2016)

1) Laureati

Interessa il reddito di lavoro dipendente e quello di lavoro autonomo, prodotto in Italia da **cittadini UE** ed **extra UE** con i quali è in vigore una convenzione per evitare le doppie imposizioni o un accordo sullo scambio di informazioni in materia fiscale, che trasferiscono la residenza in Italia e che abbiano uno dei seguenti **requisiti** (Circ. AE 23 maggio 2017 n. 17/E):

– titolo di **laurea** (triennale o magistrale) e svolgimento continuativo di almeno 24 mesi di un'attività di lavoro dipendente, autonomo o di impresa fuori dall'Italia **(3)**;

– svolgimento continuativo di un'**attività di studio** fuori dall'Italia di almeno 24 mesi, conseguendo un titolo di laurea (triennale o magistrale) o una specializzazione post lauream (il conseguimento del titolo di studio rileva anche se avviene successivamente al completamento del suddetto periodo di 24 mesi, anche se avviene dopo il rientro in Italia, Circ. AE 28 dicembre 2020 n. 33/E).

In entrambi i casi devono dunque essere stati **residenti all'estero** per almeno 2 anni (Ris. AE 6 luglio 2018 n. 51/E) **(4)**. L'attività di studio all'estero non si cumula con quella di lavoro, ai fini del raggiungimento del periodo di 24 mesi (Princ. dir. AE 14 febbraio 2020 n. 4).

Dal periodo di imposta in cui è avvenuto il trasferimento della residenza in Italia e per i 4 periodi successivi, tale reddito concorre alla formazione del reddito complessivo **limitatamente al** 30% (10% per i soggetti che trasferiscono la residenza in Abruzzo, Molise, Campania, Puglia, Basilicata, Calabria, Sardegna, Sicilia, anche se lavorano fuori regione), a condizione che si impegni a permanere in Italia per almeno 2 anni **(5)**.

Il periodo agevolato può essere esteso per altri 5 anni in presenza della stesse condizioni sotto indicate per i lavoratori (presenza di almeno un figlio o acquisto di abitazione).

2) Lavoratori

Interessa il reddito di lavoro dipendente prodotto in Italia da **lavoratori** (italiani o stranieri, a tempo determinato o indeterminato) che trasferiscono la residenza in Italia (esclusi quelli che rientrano in Italia al termine del periodo di aspettativa, con conseguente prosecuzione del rapporto di lavoro sospeso, Circ. AE 28 dicembre 2020 n. 33/E, ed i funzionari e gli agenti che, in ragione esclusivamente dell'esercizio delle loro funzioni al servizio dell'UE, stabiliscono la loro residenza sul territorio di uno Stato UE estero, Risp. AE 8 novembre 2019 n. 475).

Dal periodo di imposta in cui è avvenuto il trasferimento della residenza in Italia e per i 4 periodi successivi (prorogati di altri 5 in presenza delle condizioni 1) e 2) sotto indicate), tale reddito concorre alla formazione del reddito complessivo **limitatamente al** 30% **(6)** al ricorrere delle seguenti **condizioni** (Circ. AE 23 maggio 2017 n. 17/E):

a) i lavoratori **non sono stati residenti** in Italia nei 2 anni precedenti il predetto trasferimento e si impegnano a permanere in Italia per almeno 2 anni **(4) (5) (7)**;

b) l'attività lavorativa è **prestata prevalentemente in Italia** (anche se alle dipendenze di una società estera **(8)**);

c) l'attività lavorativa è prestata nel **territorio italiano** per un periodo superiore a **183 giorni** nell'arco di ciascun periodo d'imposta (comprensivo di ferie, festività, riposi settimanali e altri giorni non lavorativi, nonché dei giorni di trasferta all'estero; è escluso il distacco). Se il requisito sussiste solo per alcuni dei periodi di imposta del quinquennio (o decennio, vedi oltre), il lavoratore si avvale dell'agevolazione per i soli anni in cui il requisito è soddisfatto **(5)**.

L'agevolazione interessa anche i **lavoratori autonomi** e gli **imprenditori** individuali (entrambi non in regime forfettario, Risp. AE 6 febbraio 2023 n. 1901 **(9)**) che hanno trasferito la residenza in Italia che rispettano i requisiti indicati alle lettere a) e c) sopra indicate (anche se mantiene le cariche amministrative svolte quando risiedeva all'estero presso una holding che controlla la società in Italia, Risp. AE 25 ottobre 2022 n. 524). Se successivamente al rientro, nel quinquennio, vengono prodotti altri redditi di lavoro - es. dipendente rientrato nel 2020 che nel 2022 produce anche redditi di impresa o professionale - gli ulteriori redditi godono della stessa agevolazione (Circ. AE 28 dicembre 2020 n. 33/E).

8053 (segue)

B) Impatriati (1) (2) (art. 16 D.Lgs. 147/2015, DM 26 maggio 2016)
L'agevolazione si applica **per altri 5 anni (10)** ma con concorrenza al reddito per il 50% (ridotto al 10% se si hanno almeno 3 figli minorenni o a carico) ai lavoratori che, nel quinquennio iniziale, alternativamente: 1) hanno **almeno un figlio** minorenne o a carico, anche in affido preadottivo **(11)**; 2) diventino proprietari (per acquisto diretto del lavoratore impatriato o del suo coniuge o convivente o dei suoi figli, anche in comproprietà), di almeno **un'abitazione in Italia**, successivamente al trasferimento in Italia o nei 12 mesi precedenti al trasferimento (non rileva l'acquisto della sola nuda proprietà o del solo diritto di usufrutto). Anche per la proroga vedi **(1)**.

(1) e **(2)** vedi stesse note tabella al n. 8051.
Il regime, originariamente destinato ad attrarre personale altamente qualificato o con formazione universitaria, oggi assume la funzione di attrarre forza lavoro in Italia, essendo ammessi al beneficio tutti i lavoratori indipendentemente dal livello di formazione o esperienza professionale.
(3) Il requisito della continuità del rapporto di lavoro per 24 mesi, in caso di **cambiamento del posto di lavoro**, è soddisfatto anche se si verifica un'interruzione tra il primo ed il secondo contratto, dovuta al ricorrere di un giorno festivo (Risposta Mef 31 luglio 2018 a interrogazione parlamentare). Non rileva il fatto che l'attività all'estero sia stata prestata con società appartenenti allo stesso gruppo (Ris. AE 26 settembre 2018 n. 72/E).
(4) vedi nota **(4)** tabella al n. 8051.
(5) Se il beneficiario **trasferisce la propria residenza** fuori dall'Italia prima che siano decorsi 2 anni dal suo trasferimento in Italia, decade dall'agevolazione. In tal caso si provvede al recupero dei benefici già fruiti, con applicazione delle relative sanzioni e interessi.
Il **biennio** di permanenza in Italia **decorre** dal periodo di imposta in cui il lavoratore diviene fiscalmente residente:
– se il lavoratore si è trasferito in Italia a maggio 2021, acquisendo la residenza fiscale per l'intero anno, il biennio è compiuto il 3 luglio del 2022;
– se si è trasferito in Italia a novembre 2021, il biennio comincia a decorrere dal periodo di imposta successivo (2022) e si compie il 3 luglio 2023.
In caso di **contratto di lavoro dipendente a tempo determinato** con scadenza anteriore al citato biennio, o in ipotesi di risoluzione del rapporto di lavoro a tempo indeterminato anteriormente allo scadere del biennio per cause non imputabili al lavoratore, questi non decade dall'agevolazione purché non trasferisca la residenza fuori dall'Italia prima del biennio.
(6) La percentuale è:
– ridotta al 10% per i soggetti che trasferiscono la residenza **al Sud** (Abruzzo, Molise, Campania, Puglia, Basilicata, Calabria, Sardegna, Sicilia), anche se lavorano fuori regione;
– aumentata al 50% per i lavoratori rientrati in Italia dal 30 aprile 2019 **al 2 luglio 2019**;
– aumentata al 50% per gli **sportivi professionisti** che si trasferiscono in Italia purché versino annualmente con F24 Versamenti con elementi identificativi (cod. tributo 1900) un contributo dello 0,5% della base imponibile, entro il termine di versamento del saldo IRPEF relativa al periodo di imposta di riferimento. Contestualmente al versamento devono comunicare al dipartimento per lo Sport, mediante il modulo disponibile sul sito istituzionale dello stesso dipartimento i propri dati (DPCM 26 gennaio 2021, Ris. AE 10 marzo 2021 n. 17/E). Per i contratti stipulati **dal 21 maggio 2022** l'agevolazione è limitata agli sportivi professionisti che hanno compiuto il 20° di età e con un reddito complessivo superiore a € 500.000 o € 1.000.000 a seconda della disciplina sportiva (art. 16 c. 5-quater e 5-quinquies DLgs. 147/2015).
La riduzione non spetta per i compensi percepiti nei periodi d'imposta in cui l'impatriato ha acquisito la residenza fiscale in Italia, ma che si riferiscono a prestazioni lavorative **svolte in periodi d'imposta precedenti al rientro**, durante i quali lo stesso si qualifica come fiscalmente residente all'estero; analogamente, la riduzione non spetta sui compensi variabili (MBO, long term incentive, ecc.) riferibili al periodo di godimento del regime di favore, ma pagati in un periodo d'imposta in cui il contribuente non si avvantaggia del regime agevolato. In tal caso, i compensi concorrono alla formazione del reddito complessivo secondo le regole ordinarie (Circ. AE 28 dicembre 2020 n. 33/E).
(7) Il beneficio non spetta solitamente ai soggetti che rientrano in Italia dopo essere stati in **distacco** all'estero ed aver acquisito la residenza estera, salvo che il rientro in Italia sia in discontinuità con la precedente posizione lavorativa in Italia, in quanto viene svolto un ruolo aziendale differente rispetto a quello originario, basato su un **nuovo contratto di lavoro** (Circ. AE 28 dicembre 2020 n. 33/E, Risp. AE 11 dicembre 2019 n. 512, Risp. AE 25 novembre 2019 n. 492, Ris. AE 5 ottobre 2018 n. 76/E, Risp. AE 23 ottobre 2018 n. 45). Non è sufficiente una promozione con un aumento di stipendio se l'ex distaccato ha mantenuto il datore di lavoro e le originali condizioni contrattuali (Risp. AE 28 marzo 2022 n. 159); tuttavia se la posizione lavorativa assunta al rientro è del tutto nuova, sia dal punto di vista professionale che della retribuzione e, quindi, non in continuità con la precedente, considerando l'effettivo radicamento all'estero del professionista via dall'Italia con la propria famiglia ormai da diversi anni, anche in assenza di un nuovo contratto, l'agevolazione spetta (Ris. AE 11 maggio 2022 n. 259).
(8) L'agevolazione si applica anche:
– al **lavoratore che si trasferisce in Italia** per prestare la propria attività presso una S.O. di una impresa estera di cui è già dipendente;
– al **lavoratore che si trasferisce in Italia** pur continuando a prestare la propria attività (in smart working) nei confronti dello stesso datore di lavoro estero presso cui era occupato (Risp. AE 31 gennaio 2022 n. 55);
– al **lavoratore che si trasferisce in Italia** alle dipendenze di un datore di lavoro con cui aveva intrattenuto in precedenza (quando risiedeva all'estero, quindi da remoto), rapporti di collaborazione, seppur di natura diversa (Risp. AE 19 gennaio 2022 n. 32);

– al **lavoratore distaccato in Italia** in forza di un rapporto di lavoro instaurato all'estero con una società collegata alla società italiana.
In caso di dipendenti trasferiti in Italia che risultano **già destinatari** e continueranno a beneficiare di alcuni **piani di incentivazione** - premio in denaro connesso al raggiungimento di determinati obiettivi e un piano azionario, che riconosce il diritto a sottoscrivere gratuitamente azioni del gruppo - tali somme e valori non fruiscono della ridotta tassazione, se derivanti dalle attività all'estero, ancorché percepiti nel periodo d'imposta in cui il soggetto è già fiscalmente residente in Italia. Il datore deve quindi applicare le ritenute in misura piena sulla retribuzione variabile collegata all'attività di lavoro estera, con l'eventuale riconoscimento di un credito per le imposte pagate all'estero sulla medesima retribuzione, e alla parte riferibile all'attività lavorativa italiana la ritenuta sulla base imponibile ridotta (Risp. AE 27 febbraio 2020 n. 78).
(9) I **lavoratori autonomi** e gli **imprenditori** accedono all'agevolazione direttamente in dichiarazione dei redditi; i soli lavoratori autonomi, in alternativa, possono chiedere ai committenti, con una richiesta scritta simile a quella dei dipendenti, l'applicazione della ritenuta d'acconto sui compensi percepiti computati in misura ridotta (30% o 10%) (Circ. AE 28 dicembre 2020 n. 33/E).
(10) L'estensione interessa anche **chi ha trasferito la residenza in Italia prima del 30 aprile 2019** applicando il regime previgente, a condizione che sia stato iscritto all'AIRE durante la permanenza all'estero, non sia extracomunitario (non considerando tali i britannici, Risp. AE 6 aprile 2022 n. 172) e che sia versato un importo pari al 10% (5% se al momento dell'opzione ha almeno 3 figli minorenni e un'abitazione) dei redditi agevolati prodotti in Italia (considerati per intero, cioè al lordo dell'agevolazione) relativi all'annualità precedente a quella di esercizio dell'opzione (art. 1 c. 50 L. 178/2020, Risp. AE 24 novembre 2021 n. 789, Risp. AE 12 ottobre 2021 n. 703). Il **versamento** va effettuato con F24 (cod. tributo 1860 per il 10% e 1861 per il 5%) tra il 1° gennaio e il 30 giugno dell'anno successivo a quello di conclusione del primo periodo di fruizione dell'agevolazione, senza la possibilità di avvalersi della compensazione orizzontale (Provv. AE 3 marzo 2021 n. 60353). L'omesso o insufficiente versamento non può essere sanato con il ravvedimento operoso, quindi l'estensione del beneficio non si verifica (Risp. AE 12 luglio 2022 n. 372, Risp. AE 18 luglio 2022 n. 383). Entro gli stessi termini va presentata dai dipendenti al datore la **richiesta scritta** di cui alla **nota (1)**.
(11) Il figlio o i figli possono essere nati/affidati/adottati anche **prima del trasferimento** in Italia, ma devono essere presenti nel corso del primo quinquennio dell'agevolazione (Risp. AE 26 agosto 2020 n. 274); analogamente, i figli **non residenti al momento del rientro** in Italia, devono trasferirvi la residenza entro il primo quinquennio (Circ. AE 28 dicembre 2020 n. 33/E).

8055 **ATTIVITÀ PRESTATE ALL'ESTERO** (art. 3, art. 51 c. 8 bis DPR 917/86) Per le attività prestate all'estero occorre distinguere a seconda delle modalità di svolgimento e della durata del soggiorno all'estero.

Tipologia	Descrizione
A) lavoro prestato in via **continuativa** e come **oggetto esclusivo (1)** del rapporto, da dipendenti del settore privato, residenti in Italia	Se il lavoratore residente in Italia, nell'arco di 12 mesi - quindi anche a cavallo di 2 anni solari - soggiorna all'estero per **più di 183 giorni (2)**, la tassazione avviene obbligatoriamente sulla base delle retribuzioni convenzionali **(3) (4)** definite annualmente con apposito decreto (per il 2022 vedi DM 23 dicembre 2021), senza tener conto dei compensi effettivamente erogati (compresi i fringe benefits, quali ad es. stock option), anche se pagati dopo la cessazione del rapporto (se maturati in relazione all'attività lavorativa svolta all'estero, Risp. AE 17 novembre 2021 n. 783). Se sono corrisposte retribuzioni prima dell'entrata in vigore del predetto decreto, si deve fare riferimento al decreto dell'anno precedente salvo conguaglio di fine anno **(5) (6)**;
B) frontalieri	Se il lavoro è prestato da soggetti residenti in Italia che non soggiornano all'estero ma prestano l'attività, in via continuativa e come oggetto esclusivo del rapporto, nelle zone di frontiera (es. Francia, Austria, Slovenia) e in altri Paesi limitrofi (es. Principato di Monaco), la retribuzione è soggetta a una disciplina specifica agevolata che considera tassabile solo l'importo effettivamente percepito che eccede **€ 7.500** (art. 1 c. 175 L. 147/2013, art. 1 c. 690 L. 190/2014). Su tale eccedenza si applica l'imposta secondo le disposizioni ordinarie (detrazioni per lavoro dipendente, per familiari a carico, ecc.) **(7)**;
C) lavoratori diversi	Se il lavoro è prestato **senza uno dei requisiti** presenti nell'ipotesi A) o senza le caratteristiche dell'ipotesi B), la tassazione avviene secondo le regole ordinarie, cioè sulla base delle retribuzioni effettivamente percepite (al netto dei contributi previdenziali obbligatori versati all'estero), eventualmente con l'attribuzione del trattamento previsto per le trasferte o di assegni di sede o indennità analoghe (v. n. 8650). Tale modalità riguarda, ad esempio, quanto è corrisposto a titolo d'indennità ai dipendenti di imprese italiane inviati temporaneamente all'estero per «missioni», «comandi» o «trasferte».

(1) L'**esclusività** dell'oggetto del rapporto di lavoro ricorre quando la prestazione all'estero è oggetto di uno specifico contratto di lavoro o di specifici accordi integrativi o modificativi dell'originario contratto stipulato con il datore e quando il dipendente è collocato in uno speciale ruolo estero. In pratica, la prestazione lavorativa deve essere **integralmente svolta all'estero** (Ris. AE 11 settembre 2007 n. 245), anche se in Paesi differenti (DRE Emilia Romagna 13 maggio 2019 n. 909-4/2019).

(2) Ai fini del **computo dei giorni**, il periodo da considerare può risultare non continuativo (v. n. 215). Se il contratto prevede la permanenza all'estero per un periodo superiore a 183 giorni, il datore di lavoro applica la tassazione sulla retribuzione convenzionale a partire dalla prima retribuzione erogata, salvo rettifica da effettuare in sede di conguaglio se vengono meno le condizioni richieste (Circ. AE 26 gennaio 2001 n. 7/E).
Per il lavoratore distaccato all'estero che **rientra in Italia** e ivi svolge la sua attività lavorativa in modalità **smart working**, le giornate in Italia non vengono computate ai fini del limite di 183 giorni di permanenza all'estero necessari per l'applicazione delle retribuzioni convenzionali (Risp. AE 15 settembre 2021 n. 590, Risp. AE 17 maggio 2021 n. 345).

(3) Le **retribuzioni convenzionali** sono desunte dai valori riportati nelle tabelle del decreto, suddivise in base ai settori economici; la mancata previsione nel decreto del settore economico in cui viene svolta l'attività da parte del dipendente non consente l'applicazione delle retribuzioni convenzionali (Circ. AE 13 maggio 2011 n. 20/E). In caso di **assunzioni**, **risoluzioni** del rapporto di lavoro, **trasferimenti** da o per l'estero, nel corso del mese, i valori convenzionali sono divisibili in ragione di 26 giornate (art. 3 DM 20 dicembre 2017).
Nel caso di **rapporti di lavoro a tempo parziale** la retribuzione convenzionale è ridotta proporzionalmente alla riduzione dell'orario di lavoro (Circ. AE 13 maggio 2011 n. 20/E).
Per i lavoratori per i quali sono previste **fasce di retribuzione**, la retribuzione convenzionale imponibile è determinata sulla base del raffronto con la fascia di retribuzione nazionale corrispondente; in caso di passaggio ad una fascia superiore (aumento retributivo, passaggio ad una qualifica superiore), con la stessa decorrenza va attribuita la retribuzione convenzionale corrispondente (Circ. INPS 29 gennaio 2018 n. 16).

(4) La disciplina suddetta dovrebbe valere anche con riferimento agli emolumenti **arretrati**: se è stata tassata la retribuzione convenzionale, eventuali arretrati corrisposti successivamente non sono tassati.

(5) Per i **lavoratori marittimi** italiani imbarcati su **navi battenti bandiera estera**, per i quali non è applicabile il calcolo sulla base della retribuzione convenzionale, è escluso dalla base imponibile fiscale il reddito derivante dall'attività prestata su tali navi per un periodo superiore a 183 giorni nell'arco di 12 mesi. Tali lavoratori non sono considerati fiscalmente a carico (art. 5 c. 5 L. 88/2001).

(6) È **controversa** la disciplina applicabile ai compensi connessi all'attività prestata in Italia percepiti mentre si è all'estero e quella applicabile alle retribuzioni afferenti il periodo di permanenza all'estero ma pagate dopo il rientro in Italia. Secondo la dottrina prevalente:
– il compenso erogato mentre il **lavoratore è all'estero**, ma legato **all'attività italiana**, dovrebbe essere tassato in via ordinaria;
– il compenso corrisposto **dopo il rientro in Italia** e riferito al periodo di lavoro nel Paese straniero dovrebbe essere assorbito nelle retribuzioni convenzionali a suo tempo applicate.

(7) In base alle Convenzioni stipulate dall'Italia con la **Francia** e l'**Austria**, il reddito prodotto dai frontalieri è tassato nello Stato di residenza. La Convenzione tra Italia e **Svizzera**, invece, prevede l'imponibilità solo nello Stato in cui l'attività è svolta quindi, per i residenti in comuni italiani compresi in una fascia di 20 km dal confine (Cantoni del Ticino, dei Grigioni e del Vallese), solo in Svizzera. Per i residenti in comuni più distanti il reddito è tassato anche in Italia con la franchigia sopra indicata (Ris. AE 28 marzo 2017 n. 38/E). Il lavoratore che svolge parte (es. 25%) delle giornate lavorative di un anno solare in smart working dalla propria abitazione situata in Italia, non è frontaliere e pertanto (Risp. AE 26 gennaio 2023 n. 171):
– la quota di reddito relativa ai giorni lavorati in Svizzera (es. 75%) è tassata sia in Italia che in Svizzera con credito di imposta per le imposte pagate in Svizzera;
– la quota di reddito percepito per l'attività svolta in Italia è tassata solo in Italia.

Indennità di fine rapporto In linea teorica, le indennità di fine rapporto (o TFR, v. n. 8165) maturate per un'attività lavorativa **prestata all'estero** sono soggette a tassazione per l'importo effettivamente corrisposto, se sono corrisposte dallo Stato, da soggetti residenti o da stabili organizzazioni in Italia di soggetti non residenti (Circ. Min. 23 dicembre 1997 n. 326/E, Circ. Min. 16 novembre 2000 n. 207/E). 8060
In pratica, poiché restano salve le regole alternative contenute nelle **Convenzioni internazionali**, anche nei casi suddetti capita frequentemente che sia tassata la sola parte riferibile alle prestazioni svolte in Italia (Ris. AE 1° agosto 2008 n. 341/E, v. n. 95600 e s.).

Corrispettivi per patto di non concorrenza Se corrisposti da un'impresa estera all'atto della cessazione del rapporto di un lavoratore residente in Italia che ha lavorato all'estero, tali importi sono generalmente soggetti alla tassazione separata in Italia, salvo norme convenzionali che dispongano diversamente (Risp. AE 17 novembre 2021 n. 783). 8063

8070 **MOMENTO IMPOSITIVO** (art. 51 c. 1 DPR 917/86) I redditi di lavoro sono imponibili al momento della loro percezione (criterio di **cassa**). Per i **redditi in natura** bisogna far riferimento al momento in cui il bene o il servizio escono dalla disponibilità dell'erogante per entrare nel compendio patrimoniale del percettore, essendo irrilevante il momento in cui avviene l'effettivo consumo (Circ. AE 16 marzo 2007 n. 15/E).
Inoltre, si considerano percepiti nel periodo d'imposta **anche** le somme e i valori relativi al periodo stesso ma **corrisposti entro** il 12 gennaio del periodo successivo (c.d. criterio di **cassa allargato**).

Se è concesso al dipendente un **diritto di opzione** non cedibile sulle azioni, esso si considera percepito nel momento in cui è esercitato effettivamente (acquisto delle azioni). Se invece il diritto d'opzione è cedibile, si considera percepito nel momento della sua attribuzione.

II. Determinazione della base imponibile

8130 Nella trattazione che segue si illustrano le somme e i valori che, a vario titolo, possono essere percepiti in relazione al rapporto di lavoro. Nell'ambito di ogni tipologia sono evidenziate le eventuali ipotesi di esclusione dal reddito di lavoro dipendente.
Un'attenzione particolare è poi rivolta ai seguenti aspetti:
a) compensi in natura, se non corrisposti dal datore nel suo esclusivo interesse (v. n. 8170);
b) benefici previdenziali e assistenziali (v. n. 8390);
c) erogazioni liberali e altri oneri (v. n. 8520);
d) somme corrisposte in relazione a trasferte e simili (v. n. 8590).

8140 **ELEMENTI DELLA RETRIBUZIONE** (art. 51 c. 1 DPR 917/86) Fanno parte della retribuzione **varie componenti** spettanti al dipendente come conseguenza del lavoro prestato o per il solo sussistere del rapporto di lavoro dipendente: dirette, indirette o sostitutive, a maturazione immediata o differita (es. TFR). Vi rientrano anche i compensi **corrisposti da terzi**, appartenenti alla categoria dei redditi assimilati, a condizione che non debbano essere riversati al datore o allo Stato (v. n. 9970).

>Precisazioni 1) Le retribuzioni percepite dal **coniuge**, dai **figli minori o invalidi e** dagli **ascendenti** di lavoratori autonomi e imprenditori individuali per prestazioni di lavoro dipendente sono **escluse** dal reddito di lavoro dipendente dei percipienti e, di conseguenza, non sono soggette a ritenute fiscali.
2) I **compensi corrisposti da terzi**, se devono essere **riversati** al datore o allo Stato, restano esclusi dalla formazione del reddito di lavoro dipendente, unitamente ai compensi corrisposti dallo Stato e dagli enti locali per l'esercizio di pubbliche funzioni che, per legge, devono essere riversati allo Stato (art. 51 c. 2 lett. e DPR 917/86).

8145 **Retribuzione diretta** È costituita da tutte le somme in **denaro** e i **valori** relativi ai beni e servizi (c.d. retribuzione in **natura**) percepiti, anche sotto forma di erogazioni liberali, in relazione al rapporto di lavoro (salario o stipendio base, tredicesima o altre mensilità aggiuntive, scatti di anzianità, compensi per lavoro straordinario corrisposti nel periodo di paga e gratifiche di bilancio, ecc.).

Casi particolari Si includono anche:
– **premi percepiti per operazioni a premio** organizzate dal datore o da terzi purché, in quest'ultimo caso, la corresponsione avvenga in relazione alla prestazione di lavoro dipendente, anche se in assenza di uno specifico accordo o convenzione tra datore e terzo (Ris. AE 27 luglio 2005 n. 101/E);
– **interessi su crediti di lavoro** (moratori e per dilazione di pagamento) e somme a titolo di rivalutazione monetaria, percepite in dipendenza di una sentenza di condanna del datore o di una transazione o di un adempimento spontaneo del medesimo (art. 49 c. 2 DPR 917/86).
Inoltre, gli **assegni per il nucleo familiare** e gli emolumenti per carichi di famiglia, pur facendo parte della retribuzione, sono soggetti a imposta solamente se dovuti in virtù di accordi particolari (contratto aziendale, ecc.), mentre non sono soggetti se dovuti per legge (art. 3 c. 3 lett. d DPR 917/86).

8150 **Retribuzione indiretta o sostitutiva** È quella corrisposta al dipendente a **prescindere dall'effettiva prestazione** dell'attività di lavoro.
Ne fanno parte le **indennità** aventi natura previdenziale (anche se anticipate dal datore) a carico dell'**INPS** e ogni altra indennità come ad esempio:
– indennità di malattia, maternità, disoccupazione (Naspi), le integrazioni salariali;

– indennità di disponibilità prevista dai contratti di lavoro ad intermittenza (DRE Toscana Parere 28 ottobre 2004 n. 2004/32340/C2);
– somme corrisposte in sostituzione dei **giorni di riposo settimanale non goduti** (Circ. Min. 30 ottobre 1992 n. 31, Cass. 24 settembre 2019 n. 23717, Cass. 18 agosto 2004 n. 16101);
– indennità per **ferie non godute** per esigenze dell'imprenditore (Circ. Min. 30 ottobre 1992 n. 31, Cass. 18 ottobre 2002 n. 14793);
– indennità a titolo di ristoro per la permanente **esposizione** sul luogo di lavoro **al rischio** scaturente dalla gestione di attrezzature radiologiche (Cass. 10 dicembre 2015 n. 24988).
Tali forme di retribuzione sono soggette a imposizione se corrisposte a titolo d'integrazione o di sostituzione della retribuzione (indennità giornaliera INAIL per inabilità temporanea - Telegramma Min. Fin. 27 novembre 1979 n. 8/2141).

Somme risarcitorie Per principio generale non sono tassate le somme percepite a titolo **8155**
di risarcimento di un danno consistente in una perdita patrimoniale (c.d. **danno emergente**), mentre sono tassate le somme che risarciscono un danno consistente nella perdita di redditi (c.d. **lucro cessante**, v. n. 640; es. indennità erogate in esecuzione dei contratti di prossimità allo scopo di ristorare il lavoratore per la riduzione del salario, Ris. AE 15 febbraio 2018 n. 16/E).
In virtù di tale principio, non sono soggetti a imposta i seguenti importi:

Rendite INAIL	– rendita di inabilità permanente (totale o parziale); – assegno per assistenza personale continuativa a seguito di inabilità generale; – rendita per caso di morte spettante ai superstiti; – assegno di morte; – rendita di passaggio per i lavoratori affetti da silicosi e asbestosi con invalidità permanente o superiore all'80%.
Altre somme (1) (2)	– somme percepite dal dipendente in via transattiva per aver subìto perdite di energie psicofisiche a seguito di **lavoro straordinario** prestato oltre l'orario massimo (Cass. 8 aprile 2002 n. 9111, Cass. 9 dicembre 2008 n. 28887); – somme percepite dal dipendente a titolo di risarcimento per **danno biologico** derivante da un **demansionamento** o dequalificazione o mancata promozione da lui subita e da un atteggiamento persecutorio e mortificante posto in essere dal datore, con un danno alla salute e all'immagine (Risp. AE 8 aprile 2022 n. 185, Cass. 9 dicembre 2008 n. 28887, Cass. 11 giugno 2004 n. 11186, Cass. 4 dicembre 2003 n. 18545) **(3)**; – somme percepite per risarcire i **danni all'immagine** subiti dal dipendente (Ris. AE 22 aprile 2009 n. 106/E) o i danni derivanti da **mobbing**; – **rimborsi** di **spese** sostenute nell'**esclusivo interesse del datore**, in quanto assumono natura risarcitoria: es. € 0,50 al giorno corrisposte ai propri dipendenti in **smart working** per rimborsare analiticamente una quota dei costi riferibile a consumi sostenuti nell'interesse esclusivo del datore di lavoro (energia elettrica per l'utilizzo del pc e di una lampada, i costi per l'utilizzo dei servizi igienici e il riscaldamento, Risp. AE 30 aprile 2021 n. 314) **(4)**; nel caso di **telelavoro**, il rimborso dei costi per i collegamenti telefonici (Ris. AE 7 dicembre 2007 n. 357/E); indennità corrisposte a dipendenti per il compimento di ispezioni fuori dalla sede lavorativa (Cass. 26 maggio 1999 n. 5081).

(1) L'esclusione è condizionata alla **concreta dimostrazione** della sussistenza di un danno che non si traduce in un mancato guadagno.
(2) Se un datore stipula una polizza di **assicurazione** per garantire a se stesso (non al dipendente) un indennizzo in caso di **infortuni** professionali o extra professionali da cui derivi la morte o l'invalidità permanente, totale o parziale, dei propri dipendenti, le eventuali somme erogate, facoltativamente, ai dipendenti o ai loro eredi, ancorché conseguenti ai predetti infortuni, sono tassabili (Ris. AE 4 dicembre 2001 n. 200/E).
(3) Se il **danno non è provato concretamente** dal contribuente, la somma percepita è tassata (v. n. 640).
(4) Se la somma da rimborsare è determinata in maniera **forfettaria**, anziché analitica, il relativo importo va tassato (Risp. AE 11 maggio 2021 n. 328). Lo stesso se il rimborso non è relativo al solo costo riferibile all'esclusivo interesse del datore di lavoro, ma riguarda tutte le spese sostenute dal lavoratore per l'attivazione e per i canoni di abbonamento al servizio di connessione dati internet (fornitore scelto liberamente dal dipendente, le cui spese che riguardano anche la sfera privata del dipendente stesso) (Risp. AE 24 maggio 2021 n. 371).
Per il **2022**, tuttavia, il datore può versare ai dipendenti, anche non in smart working, fino a € 600, senza alcuna tassazione, per il pagamento delle utenze domestiche di acqua, luce e gas (v. n. 8180).

Compensi e indennità di fine rapporto Vi rientrano le somme percepite in dipen- **8165**
denza della cessazione del rapporto di lavoro come il trattamento economico di fine rapporto e altre indennità collegate (es. indennità di preavviso, corrispettivo del patto di non concorrenza, ecc. - v. n. 9120).

Sono comprese anche le indennità percepite dai dipendenti **a titolo risarcitorio** (es. indennità per ingiustificato licenziamento del dirigente) o a seguito di **transazioni** o a seguito di provvedimenti esecutivi dell'autorità giudiziaria. Queste ultime sono soggette a imposte al netto delle **spese legali** sostenute (art. 17 c. 1 lett. a DPR 917/86).
Sono infine comprese le indennità equipollenti che spettano ai **pubblici dipendenti** a seguito della cessazione del servizio, ad es.: buonuscita, indennità di anzianità, ecc.
Tutti questi emolumenti sono generalmente **assoggettati** al particolare regime della tassazione separata.

A. Compensi in natura

8170 Sono costituiti da quella parte della retribuzione non corrisposta in denaro ma in **beni e servizi**, anche prodotti dallo stesso datore (art. 51 c. 2, 3 DPR 917/86). Vi rientrano anche i beni e servizi corrisposti al coniuge del dipendente o ai familiari fiscalmente a suo carico (fra cui è compresa la parte dell'unione civile, Risp. AE 27 giugno 2019 n. 212).
Si distinguono dalle **erogazioni liberali** di cui al n. 8520, in quanto derivano generalmente da obblighi contrattuali assunti dal datore.
Possono essere generali, se corrisposti a determinate categorie di lavoratori, oppure speciali se attribuiti ad alcuni soltanto (c.d. **fringe benefits**). Questi ultimi costituiscono vantaggi accessori rispetto alla retribuzione di cui fanno parte integrante e vengono concessi a singoli lavoratori in funzione delle mansioni svolte (c.d. ad personam).

>**Precisazioni** 1) La **casistica** dei fringe benefits tassati è assai ricca e le ipotesi più ricorrenti sono:
– vantaggi di natura finanziaria, come i prestiti agevolati, le partecipazioni agli utili, la concessione di una garanzia fideiussoria nell'interesse di un dipendente (o un amministratore) per un finanziamento richiesto per motivi esclusivamente personali, ecc.;
– benefici di natura personale e/o familiare, come l'abitazione, l'autovettura, i telefoni cellulari, le borse di studio, i corsi di specializzazione, iscrizioni a circoli privati, buoni carburante, ecc.
2) Non costituiscono fringe benefits i **premi di assicurazione** corrisposti dal datore nel suo esclusivo interesse, senza che ciò comporti un arricchimento patrimoniale del dipendente (es. assicurazione contro gli **infortuni professionali**, v. n. 8450; assicurazioni di **responsabilità civile** per danni causati da dipendenti nell'esercizio delle proprie funzioni, v. n. 8455). Analogamente, non sono tassati i costi pagati dal datore per un **servizio di monitoraggio dei dati personali** dei dipendenti per evitare furti di identità e di altri dati sensibili da parte di pirati informatici - c.d. **dark web monitoring** (Ris. AE 12 agosto 2019 n. 77/E).

8175 Le retribuzioni in natura sono generalmente tassate, fatte salve alcune eccezioni illustrate nei seguenti paragrafi (es. compensi di modico valore, v. n. 8180). Per quelle tassate sorge il problema della loro **valutazione**: è prevista una regola generale basata sul valore normale dei beni e servizi e, per alcune tipologie, appositi criteri di valutazione, al fine di semplificare la determinazione della base imponibile.

8177 **VOUCHER** (art. 51 c. 3 bis DPR 917/86, art. 6 DM 25 marzo 2016, Circ. AE 15 giugno 2016 n. 28/E, Circ. AE 29 marzo 2018 n. 5/E) L'erogazione di beni, prestazioni, opere e servizi sotto illustrati (tassati o meno) da parte del datore può avvenire anche attraverso il rilascio di **documenti di legittimazione**, in formato **cartaceo o elettronico**, riportanti un valore nominale (c.d. voucher).
Essi non possono essere:
– utilizzati da persona diversa dal titolare, monetizzati o ceduti a terzi;
– rappresentativi di somme di denaro.
Devono invece:
– dare diritto ad un solo bene, prestazione, opera o servizio per l'intero valore nominale (corrispondente al valore normale) senza integrazioni a carico del titolare;
– essere **intestati al soggetto beneficiario** della prestazione, opera o servizio (non può essere rappresentativo di somme di denaro) anche nei casi di utilizzo da parte dei familiari del dipendente.
Ai fini **IVA** ai voucher si applicano le regole ordinarie che distinguono a seconda che siano monouso o multiuso (Risp. AE 23 gennaio 2020 n. 10) (v. n. 45875).
L'uso del voucher agevola l'utilizzo di **strutture di soggetti terzi** per erogare ai dipendenti le prestazioni e i servizi rappresentati, alle quali, il datore di lavoro può fare ricorso a condizione che il dipendente non intervenga nel rapporto economico con la struttura che eroga la

prestazione (v. n. 8220). La prestazione rappresentata dal voucher, fruibile presso una delle strutture convenzionate, deve essere individuata nel suo oggetto e nel suo valore nominale e può consistere anche in **somministrazioni continuative** o ripetute nel tempo, indicate nel loro valore complessivo (es. abbonamenti annuali a teatri, alla palestra, cicli di terapie mediche, pacchetto di lezioni di nuoto, ecc.).
In ogni caso, il benefit **si considera percepito** dal dipendente, ed assume quindi rilevanza reddituale, nel momento in cui la sua utilità entra nella disponibilità del lavoratore, a prescindere che il servizio venga fruito in un momento successivo.

Eccezioni In deroga a tale principio:
– i beni e servizi di **modico valore** (€ 258,23 o cifre superiori - v. n. 8180) possono essere **cumulativamente indicati in un unico voucher** purché il valore complessivo degli stessi non ecceda il limite di importo. Il voucher cumulativo può rappresentare una pluralità di beni, determinabili anche attraverso il rinvio ad una elencazione contenuta su una piattaforma elettronica che il dipendente può combinare a sua scelta;
– i **buoni pasto** o ticket restano soggetti alle regole specifiche tradizionali (es. integrazione monetaria da parte del dipendente, v. n. 8190).

a. Compensi in natura non tassati

BENI E SERVIZI DI MODICO VALORE (art. 51 c. 3 DPR 917/86) Non concorre a formare il reddito il valore (normale) dei beni ceduti e dei servizi prestati, anche con l'utilizzo di appositi voucher, se **complessivamente non supera**, nel periodo d'imposta, € 258,23, limite aumentato a € 3.000 per il **2022** (c.d. franchigia esente) (art. 12 DL 115/2022 conv. in L. 142/2022, Circ. AE 4 novembre 2022 n. 35/E); inoltre, sempre per il **2022** (cioè entro il 12 gennaio 2023, per il principio di cassa allargato), il limite: **8180**
– non considera i **buoni carburante** sotto illustrati al n. 8183, nel limite di € 200 per dipendente (considera invece l'eventuale eccedenza);
– comprende anche le somme riconosciute per il pagamento delle **utenze domestiche** di acqua, luce e gas (per Assonime dovrebbe essere escluso il collegamento a internet), con riferimento a immobili ad uso abitativo posseduti o detenuti, sulla base di un titolo idoneo, dal dipendente, dal coniuge o dai suoi familiari, a prescindere che negli stessi abbiano o meno stabilito la residenza o il domicilio, a condizione che ne sostengano effettivamente le relative spese. Si considerano anche le medesime utenze:
1) intestate al **condominio**, che vengono ripartite fra i condomini (per la quota rimasta a carico del singolo condomino);
2) intestate al coniuge o ai familiari del lavoratore (v. n. 1125);
3) che pur essendo **intestate al proprietario** dell'immobile (**locatore**), nel contratto di locazione è prevista espressamente una forma di addebito analitico e non forfettario a carico del lavoratore (locatario) o dei propri coniuge e familiari.
Le somme erogate dal datore possono riferirsi anche a fatture che saranno emesse nell'anno 2023 purché riguardino **consumi** effettuati nell'anno 2022.

Il datore deve acquisire e conservare, per eventuali controlli, la relativa **documentazione** per giustificare la somma spesa o, in alternativa, farsi rilasciare dal dipendente una **dichiarazione sostitutiva** di atto di notorietà, con la quale attesta di essere in possesso della documentazione comprovante il pagamento delle utenze domestiche, di cui riporti gli elementi necessari per identificarle (numero e intestatario della fattura, tipologia di utenza, importo pagato, data e modalità di pagamento).
Inoltre, il datore deve acquisire un'altra **dichiarazione sostitutiva** di atto di notorietà attestante che le medesime fatture non siano già state rimborsate, in tutto o in parte, dal medesimo datore o anche da altri.

Se, invece, i beni ceduti e/o i servizi prestati e/o le somme rimborsate hanno un **valore superiore**, questo concorre interamente a formare il reddito (es. se nel 2022 il valore è di € 3.100, senza buoni carburanti, è tassato interamente). **8181**

Se il rapporto di lavoro ha una **durata inferiore** al periodo d'imposta il limite suddetto non deve essere ragguagliato, ma va considerato interamente. In caso di **diversi rapporti di lavoro** nel corso dell'anno, ai fini del computo del limite, si considerano tutti i beni e i servizi ricevuti dal dipendente.

Buoni carburante (art. 2 DL 21/2022 conv. in L. 51/2022, Circ. AE 14 luglio 2022 n. 27/E) Per il **2022** e per il **2023** (estesi ai primi 12 giorni del 2023 e del 2024, per il principio di cassa allargato), non concorrono a formare il reddito i buoni carburante e simili - da utilizzare per rifornimenti di benzina, gasolio, GPL e metano, o per la ricarica di veicoli elettrici - concessi a dipendenti (anche **8183**

singoli, ma esclusi i collaboratori assimilati) di datori di lavoro privati - imprese, società, professionisti, studi professionali, enti pubblici economici - nei **limiti** di € 200 per il 2022 e € 200 per il **2023**).
La concessione dei buoni può avvenire senza necessità di preventivi accordi contrattuali, sempreché gli stessi non siano erogati in sostituzione dei premi di risultato (vedi oltre).
Se il buono ha un **valore superiore**, l'intero importo è tassato regolarmente, a meno che l'eccedenza non superi, insieme ad altri beni e servizi e rimborsi di utenze, l'importo della franchigia esente di cui al n. 8180.

ESEMPIO
Un dipendente beneficia nel 2022 di buoni carburante per € 100 e di altri benefit (diversi) per un valore pari a € 3.100, quest'ultima somma è interamente tassata. Invece se il valore dei buoni carburante è € 250 e quello degli altri benefit è di € 2.900, l'intera somma di € 3.150 non è tassata.

La differente disciplina determina l'esigenza che le erogazioni dei buoni effettuate a favore del dipendente siano **conteggiate e monitorate in maniera distinta** da quelle degli altri benefit.

Se il dipendente chiede l'erogazione dei **premi di risultato** in buoni carburante, ha diritto all'esenzione da imposta sia per il paniere di beni e servizi offerti fino ad un valore di € 258,23 (€ 3.000 per il 2022), sia per i predetti buoni carburante per un valore di € 200. In caso di superamento di ognuno dei predetti limiti, ciascun importo, per l'intero, è soggetto a tassazione ordinaria (Circ. AE 4 novembre 2022 n. 35/E).

8190 **VITTO, MENSE, PRESTAZIONI E INDENNITÀ SOSTITUTIVE** (art. 51 c. 2 lett. c DPR 917/86) I seguenti valori sono esclusi dalla base imponibile:

Valori	Descrizione/Note (1)
A) somministrazioni di vitto da parte del datore	Pasti consumati dai camerieri o dal cuoco di un ristorante, pasti forniti al personale imbarcato su navi o aerei, fornitura di cestini preconfezionati contenenti il pasto dei dipendenti, ecc.
B) somministrazioni di pasti in **mense** organizzate direttamente dal datore o gestite da terzi **(2)**	Sono comprese quelle derivanti da **convenzioni con ristoranti**. Tuttavia, il **rimborso** al dipendente della spesa sostenuta per pasti consumati in **ristoranti** non convenzionati, in occasione diversa dalla trasferta, quindi nel Comune ove viene svolta la prestazione, è **tassato**.
C) prestazioni sostitutive (**ticket restaurant**, **app mobile per smartphone** **(3)**, somministrazione di alimenti e bevande effettuate da pubblici esercizi, cessioni di prodotti di gastronomia pronti per il consumo immediato)	L'esclusione opera **fino all'importo** complessivo giornaliero, al netto dei contributi previdenziali e assistenziali e delle somme poste a carico dei lavoratori, di € 4; se sono rese in forma elettronica, l'importo è aumentato a € 8 (Circ. Min. 7 febbraio 1997 n. 29/E, Circ. Min. 23 dicembre 1997 n. 326/E). Si applica anche ai lavoratori in **smart working** (Risp. AE 21 febbraio 2021 n. 123), ai **lavoratori a tempo parziale**, il cui orario di lavoro non preveda il diritto alla pausa per il pranzo (Ris. AE 30 ottobre 2006 n. 118/E). Se il valore dei ticket è **superiore al limite** l'eccedenza è tassata e non si considera nel calcolo della franchigia esente di cui al n. 8180 (Ris. AE 29 marzo 2010 n. 26/E).
D) indennità sostitutiva di mensa, consistente in un'erogazione in denaro	L'esclusione opera **fino all'importo** complessivo giornaliero di € 5,29, **solamente se** corrisposta agli addetti ai **cantieri edili**, ad altre strutture lavorative a **carattere temporaneo** o ad unità produttive situate in zone prive di strutture o servizi di ristorazione. Il requisito della temporaneità ricorre anche nei casi di stagionalità dell'attività svolta dal dipendente **(4)** **(5)**.

(1) Il datore può prevedere **più sistemi contemporaneamente**, in funzione delle proprie esigenze organizzative (es. servizio mensa per una categoria di dipendenti, ticket restaurant per un'altra categoria ed erogazione di una indennità sostitutiva per gli addetti ai cantieri e simili). Lo stesso dipendente, con riferimento alla stessa giornata, non può fruire di più sistemi (Circ. Min. 23 dicembre 1997 n. 326/E).
(2) La somministrazione di alimenti e bevande a mezzo **card elettroniche** che consentono di verificare in tempo reale l'utilizzo conseguente alla maturazione del diritto da parte del dipendente, è assimilata alla mensa aziendale «diffusa», quindi non concorre alla formazione del reddito di lavoro dipendente, a prescindere dal superamento del limite di € 8 (Ris. AE 17 maggio 2005 n. 63/E).
(3) Princ. dir. AE 8 ottobre 2018 n. 3.
(4) L'esclusione dal reddito dell'**indennità di mensa**, fino a € 5,29, può riguardare soltanto quelle categorie di lavoratori per le quali ricorrano contemporaneamente le seguenti condizioni (Ris. Min. 30 marzo 2000 n. 41/E):

– avere un orario di lavoro che comporti la pausa per il vitto (con esclusione dei dipendenti a cui viene attribuita una indennità sostitutiva di mensa proprio in funzione della particolare articolazione dell'orario di lavoro che non consente di fruire della pausa pasto);
– essere addetti ad una unità produttiva (sono esclusi coloro che non sono stabilmente assegnati ad una «unità» intesa come sede di lavoro);
– l'unità produttiva sia ubicata in un luogo che, in relazione al periodo di pausa concesso per il pasto, non consenta di recarsi, senza l'utilizzo di mezzi di trasporto, al più vicino luogo di ristorazione, per l'utilizzo di buoni pasto.
L'esclusione si applica anche all'indennità sostitutiva pagata ai dipendenti **impossibilitati all'uso del** *badge* a seguito dell'**emergenza Covid-2019** (luoghi di ristorazioni chiusi), purché sussistano le altre condizioni suddette (Risp. AE 2 settembre 2020 n. 301).
(5) L'indennità corrisposta ai propri dipendenti tramite **un'applicazione per smartphone** concorre integralmente alla determinazione del reddito, in quanto non si tratta di un servizio di mensa diffusa, ma solo di un rimborso delle spese per i pasti (Risp. AE 24 aprile 2020 n. 122).

AZIONI DEL GRUPPO SOTTOSCRITTE DALLA GENERALITÀ DEI DIPENDENTI (art. 51 c. 2 lett. g e c. 2 bis DPR 917/86) È previsto **un regime di favore** applicabile esclusivamente alle assegnazioni alla generalità dei dipendenti di azioni emesse dall'impresa con la quale il contribuente intrattiene il rapporto di lavoro o da società italiane o estere che, direttamente o indirettamente, controllano la medesima impresa, ne sono controllate o sono controllate dalla stessa società che controlla l'impresa. 8200
L'agevolazione interessa i c.d. **piani di azionariato diffuso** e, in presenza delle condizioni indicate in **tabella**, concede una **franchigia** all'interno della quale il valore delle azioni offerte non concorre alla formazione del reddito dei dipendenti.

>**Precisazioni** 1) Il requisito del **controllo** è individuato dall'art. 2359 c.c.: può essere di diritto (maggioranza dei voti esercitabili nell'assemblea ordinaria) o di fatto (voti sufficienti per esercitare un'influenza dominante nell'assemblea ordinaria). Esso non sussiste in caso di partecipazione paritetica del 50% per ciascun socio, nell'ambito di una joint venture che prevede il consenso di entrambi i soci per le decisioni più importanti (Ris. AE 17 dicembre 2007 n. 376/E).
2) Le agevolazioni in esame non si applicano alle assegnazioni di azioni effettuate a soggetti che, pur avendo lavorato per l'azienda, non sono più in forza presso di essa, c.d. **ex dipendenti** (Ris. AE 25 luglio 2005 n. 97/E).

8201

Condizioni
A) le azioni devono essere offerte a tutti i dipendenti con contratto a **tempo indeterminato**, sia a tempo pieno che part-time (Ris. AE 8 gennaio 2002 n. 3/E) **(1)**.
B) le azioni **non devono essere riacquistate** dalla società emittente o dal datore, o dalla società che controlla l'emittente (indipendentemente dal periodo di possesso delle stesse) (Ris. AE 18 gennaio 2007 n. 5/E).
C) le azioni devono essere **mantenute per un periodo di 3 anni** dall'assegnazione (si considera il periodo che va dal giorno dell'assegnazione allo stesso giorno del 3° anno solare successivo). Il datore deve informare i destinatari dell'assegnazione agevolata circa l'obbligo di comunicargli tempestivamente le eventuali cessioni delle azioni, anche successivamente all'eventuale cessazione del rapporto di lavoro. Se le azioni sono **cedute prima del triennio** (o, in qualunque momento, sono riacquistate dalla società emittente o dal datore), l'importo che non ha concorso a formare il reddito al momento dell'acquisto è tassato, quale compenso in natura, nel periodo di paga in cui avviene la cessione (salvo l'eccezione nel caso di azioni ottenute in sostituzione del premio di risultato, v. n. 11163). A tal fine assume rilevanza la comunicazione dell'avvenuta cessione effettuata del dipendente (Ris. AE 12 giugno 2002 n. 186/E) **(2)**.

(1) Tale condizione è verificata anche quando:
– le azioni possono essere sottoscritte solo dai dipendenti che sono in servizio presso la società da un certo periodo di tempo (es. almeno da 3 mesi) (Ris. AE 12 ottobre 2004 n. 129/E);
– è prevista un'ulteriore assegnazione di azioni gratuite a coloro che non cedono le azioni originarie per un determinato periodo (Ris. AE 25 luglio 2005 n. 97/E).
(2) Se, tuttavia, la **cessione nel triennio** avviene in forma **obbligatoria**, perché imposta dalla legge, il valore delle azioni assegnate gratuitamente non è tassato (Ris. AE 12 agosto 2005 n. 118/E). Al contrario, se la cessione nel triennio **è imposta dal regolamento** del piano azionario (es. in caso di dimissioni o di pensionamento), il valore delle azioni assegnate è tassato (Ris. AE 20 luglio 2007 n. 174/E).
Nel caso di **cessazione del rapporto** di lavoro durante il triennio, se il dipendente che cede le azioni (nel triennio) intrattiene un rapporto con un nuovo datore (o ente pensionistico), il precedente datore deve comunicare a quest'ultimo l'importo del valore che questi deve assumere a tassazione, unitamente al reddito di lavoro dipendente o al trattamento pensionistico erogato. In mancanza o in caso di ritardata comunicazione da parte dell'ex datore, il nuovo datore (o l'ente pensionistico), informato dal dipendente, è tenuto ad attivarsi al fine di conoscere il predetto importo.
Se il dipendente ha ricevuto una **pluralità di assegnazioni** in diverse annualità, al fine di individuare le azioni cedute successivamente e il rispetto del termine triennale, si considerano cedute per prime le azioni acquisite in data meno recente (c.d. **FIFO**). Tale criterio non deve considerare le azioni ottenute in sostituzione di un premio di risultato, che vanno pertanto gestite autonomamente (Circ. AE 29 marzo 2018 n. 5/E).

8205 **Franchigia** In presenza delle suddette condizioni, il valore delle azioni sottoscritte o acquistate dai dipendenti (quindi sia azioni di nuova emissione che già in circolazione) è escluso dal reddito per un importo, al netto di quanto corrisposto dal dipendente a fronte dell'assegnazione, **non superiore** complessivamente nel periodo d'imposta a € 2.065,83. Se un dipendente beneficia di **diverse attribuzioni** di azioni nello stesso periodo d'imposta, bisogna sommarle per verificare l'eventuale superamento della franchigia (Ris. AE 25 luglio 2005 n. 97/E).
Se il predetto valore **supera tale importo**, viene tassata solo la parte eccedente (vedi esempio seguente).
Il **valore delle azioni** da prendere come riferimento si determina in base alle disposizioni illustrate al n. 855 (c.d. valore normale). Nella determinazione del valore non rilevano eventuali limitazioni quantitative e temporali in ordine alla spettanza dei dividendi (Circ. Min. 25 febbraio 2000 n. 30/E).
L'assegnazione **si intende effettuata** quando viene rilasciata, dal titolare del diritto di opzione, la dichiarazione di esercizio del diritto di opzione medesimo. Generalmente è irrilevante la data di emissione o di consegna dei titoli (v. n. 8210); tuttavia se il piano prevede un diritto del dipendente a ricevere denaro, salvo facoltà della società di consegnare azioni, in quest'ultimo caso, il momento impositivo si verifica al momento della effettiva assegnazione delle azioni (Risp. AE 26 gennaio 2023 n. 167).

ESEMPIO
In caso di assegnazione di azioni del valore di € 5.000 per un corrispettivo di € 2.000, l'importo tassato è di € 934,17 (€ 3.000 meno 2.065,83 di franchigia).

8210 **Singoli dipendenti** Per le **assegnazioni**, anche a seguito di aumenti di capitale, la differenza tra il valore delle azioni (v. n. 855) al momento dell'assegnazione e l'ammontare corrisposto dal dipendente stesso è tassata come reddito di lavoro dipendente (cumulativamente con la retribuzione del periodo in cui è avvenuta l'assegnazione) mediante l'applicazione dell'aliquota IRPEF progressiva.
L'assegnazione **si intende effettuata** quando viene rilasciata, dal titolare del diritto di opzione, la dichiarazione di esercizio del diritto di opzione medesimo; è irrilevante la data di emissione o di consegna dei titoli (Circ. AE 9 settembre 2008 n. 54/E, Ris. AE 12 dicembre 2007 n. 366/E, Risp. AE 5 febbraio 2020 n. 23).

>Precisazioni 1) È inoltre prevista un'**addizionale del 10%** per le stock options percepite da dirigenti e/o collaboratori coordinati e continuativi del **settore finanziario** che eccedono la parte fissa della retribuzione (v. n. 8745).
2) Costituiscono in ogni caso redditi di capitale (o diversi), soggetti a ritenuta del 26%, i proventi, percepiti da **dipendenti e amministratori**, relativi ad azioni, quote o altri strumenti finanziari aventi diritti patrimoniali rafforzati (c.d. **carried interest**) che soddisfino particolari condizioni (v. n. 11112).
3) In caso di azioni assegnate ad un dirigente a seguito di stock option, se questo ha **cambiato residenza**, il reddito relativo è tassato nello Stato in cui è stata svolta l'attività lavorativa nel periodo di maturazione del diritto ad esercitare le opzioni ricevute (c.d. «**vesting period**»); non rileva la residenza al momento dell'assegnazione delle azioni (Risp. AE 7 settembre 2020 n. 316).

8220 **SERVIZI E SOMME DI CARATTERE SOCIALE E COLLETTIVO** (art. 51 c. 2 lett. d, d bis, f, f bis, f ter, f quater DPR 917/86) Sono esclusi dalla tassazione alcuni servizi ed erogazioni di somme che perseguono finalità di carattere sociale e collettivo, quando sono forniti alla **generalità dei dipendenti** o a **intere categorie** degli stessi.

Sono **categorie di dipendenti** non solo quelle previste nel codice civile (dirigenti, operai, ecc.), ma anche quelle relative a tutti i dipendenti di un certo tipo (es. tutti i dipendenti di un certo livello o di una certa qualifica, tutti gli operai del turno di notte, i lavoratori che hanno convertito il premio di risultato in welfare, dipendenti a maggior rischio di non impiegabilità e di fragilità sociale in base a diversi fattori, soggettivi e oggettivi, ecc.), purché tali inquadramenti siano sufficienti a impedire, in senso teorico, che siano concesse erogazioni ad personam in esenzione totale o parziale da imposte (Risp. AE 18 luglio 2019 n. 273, Circ. AE 29 marzo 2018 n. 5/E).

8220 (segue)

Servizi/somme	Descrizione
A) servizio di **trasporto collettivo** per lo spostamento dei lavoratori **dall'abitazione al luogo di lavoro** e viceversa	Può essere **organizzato dal datore** oppure da questi **affidato a terzi**, ivi compresi gli esercenti di servizi pubblici, con o senza un esborso da parte dei lavoratori **(1)**. Sono, invece, **tassati**: – l'**indennità sostitutiva del servizio di trasporto** corrisposta in via forfettaria dal datore; – i **rimborsi chilometrici** (Ris. Min. 13 dicembre 2000 n. 191/E).
B) somme erogate o rimborsate per l'acquisto di **abbonamenti per il trasporto pubblico** (c.d. buoni TPL)	Sono escluse sia le somme erogate che quelle rimborsate dal datore di lavoro o le spese da quest'ultimo direttamente sostenute, volontariamente e/o in conformità a disposizioni di contratto di accordo o di regolamento aziendale (anche se vigenti già nel 2017), per l'acquisto degli **abbonamenti per il trasporto pubblico** locale, regionale e interregionale del dipendente e dei familiari (indicati al n. 1125) dei dipendenti a carico. L'esclusione compete anche se la somma erogata non copre completamente il costo dell'abbonamento **(2)**. Nei casi di erogazione o rimborso delle somme al dipendente il datore deve indicare gli importi relativi nella CU e deve **conservare la documentazione** comprovante l'utilizzo delle somme da parte del dipendente coerentemente con le finalità per le quali sono state corrisposte (titoli di viaggio nominativi, o comunque riconducibili all'avente diritto, se non riconducibili, occorre anche un'autocertificazione del dipendente, Risp. AE Telefisco 31 gennaio 2019). Il trasporto non deve necessariamente riguardare il tragitto casa - luogo di lavoro del dipendente; inoltre, rispetto all'ipotesi A) non è richiesta una convenzione e neppure un accordo con il prestatore del servizio di trasporto. Sono esclusi dall'agevolazione i **singoli titoli di viaggio**, anche se con una durata oraria superiore a quella giornaliera (es. biglietti a tempo che durano 72 ore) e le **carte di trasporto** integrate con altri servizi (es. ingresso a musei o a spettacoli) (Circ. AE 29 marzo 2018 n. 5/E), nonché i **voucher** corrisposti ai dipendenti per favorire gli spostamenti casa-lavoro-casa tramite biciclette, car sharing o altre forme di mobilità sostenibile (c.d. **buoni mobilità**), a meno che non superino, insieme agli altri fringe benefit, il limite annuo indicato al n. 8180 (Risp. AE 31 agosto 2020 n. 293).
C) somme, servizi e prestazioni erogati per **servizi di educazione e istruzione** anche in età prescolare (asili nido e scuole materne), compresi i **servizi integrativi e di mensa** ad essi connessi, l'acquisto di libri di testo, ausili per la DSA, nonché per la frequenza di ludoteche e di **centri estivi e invernali**	Si tratta delle somme e dei servizi erogati, **volontariamente** o in **conformità ad accordi** o contratti di lavoro **(3)**, dal datore ai **familiari** (indicati al n. 1125) dei dipendenti, anche se non a carico. Rilevano anche le prestazioni delle **scuole non paritarie** (Ris. AE Telefisco 31 gennaio 2019). Il datore deve acquisire e conservare la documentazione comprovante il soggetto che ha fruito del servizio e l'utilizzo delle somme da parte del dipendente per le finalità suddette; la fattura può essere intestata sia al dipendente che al familiare che ha fruito il servizio (Ris. AE Telefisco 31 gennaio 2019, Circ. Min. 22 dicembre 2000 n. 238/E). Se il dipendente ha beneficiato del bonus asilo nido dell'INPS, il rimborso del datore non è tassato solo per la parte effettivamente rimasta a carico del dipendente (differenza tra rimborso e bonus asilo) (Risp. AE 28 dicembre 2018 n. 164). Sono incluse le somme e i servizi corrisposti: – ai dipendenti per le spese sostenute per l'acquisto di *pc, tablet* o *laptop*, al fine di consentire la frequenza della **didattica a distanza (Dad)** ai loro figli (Ris. AE 28 maggio 2021 n. 37/E); – ai **dipendenti esteri trasferiti** in Italia (categoria di dipendenti), per rimborsare loro le spese sostenute per la frequenza, da parte dei propri figli, di asili e scuole (Ris. AE 17 dicembre 2007 n. 378/E).
D) utilizzo di opere e servizi aventi **finalità di** istruzione, educazione, ricreazione, assistenza sociale e sanitaria o culto	Si tratta di opere e servizi di proprietà dell'azienda o messi a disposizione da strutture esterne all'azienda, aventi le finalità indicate (es. corsi di lingua, di informatica, di musica, teatro, danza, circoli ricreativi aziendali, impianti sportivi, infermerie; servizi di car pooling aziendale - Risp. AE 31 ottobre 2019 n. 461, ecc.) **(4)**, le cui spese sono sostenute dal datore **volontariamente** o in **conformità a disposizioni** di contratto o di accordo **(3)** e fruibili dai dipendenti e dai loro familiari o conviventi (anche non a carico). Se sono messi a disposizione da **strutture esterne all'azienda** (anche tramite app e un apposito voucher, v. n. 8177, Risp. AE 18 maggio 2022 n. 273), per non tassarli, è necessario che il dipendente risulti estraneo al rapporto che intercorre tra l'azienda e l'effettivo prestatore del servizio; in particolare il dipendente non deve risultare beneficiario dei pagamenti effettuati dalla propria azienda in relazione alla fornitura dei servizi suddetti **(5)**.

Servizi/somme	Descrizione
E) somme erogate per **borse di studio** o simili (es. rimborsi spese scolastiche)	Si tratta delle somme erogate dal datore per le borse assegnate ai **familiari** (indicati al n. 1125) dei dipendenti, anche se non a carico. Sono compresi (Circ. AE 15 giugno 2016 n. 28/E): – i **contributi** versati dal datore di lavoro per **rimborsare** al lavoratore le spese sostenute per le rette scolastiche, **tasse universitarie**, libri di testo scolastici; – gli **incentivi economici** agli studenti che conseguono livelli di eccellenza nell'ambito scolastico (se le somme non sono vincolate al raggiungimento di un risultato di eccellenza, sono tassabili integralmente, Risp. AE 30 aprile 2021 n. 311); – servizio di **trasporto scolastico**, il rimborso di somme destinate alle **gite didattiche**, alle visite d'istruzione ed alle altre iniziative incluse nei piani di offerta formativa scolastica; – l'offerta, anche sotto forma di rimborso spese, di servizi di **baby-sitting**. Il datore deve acquisire e conservare la documentazione comprovante l'utilizzo delle somme da parte del dipendente per le finalità suddette.
F) somme e prestazioni per servizi di **assistenza** (anche psicologica) a familiari **anziani** (almeno 75 anni) **o non autosufficienti**	Si tratta delle somme erogate dal datore, volontariamente o in base a contratti aziendali **(3)**, per i **familiari** indicati al n. 1125 dei dipendenti, anche se non a carico. Tra i non autosufficienti sono esclusi i bambini (a meno che la non autosufficienza non derivi da patologie). Lo stato di **non autosufficienza** deve risultare da certificazione medica (Circ. AE 15 giugno 2016 n. 28/E).
G) contributi e premi per prestazioni **socio-sanitarie** a persone **non autosufficienti** o con **gravi patologie**	I contributi e i premi versati dal datore di lavoro, volontariamente o in base a contratti aziendali **(3)**, a favore di dipendenti (non anche i familiari **(6)**) per prestazioni, anche in forma assicurativa, aventi per oggetto il rischio di non autosufficienza nel compimento degli atti della vita quotidiana (v. n. 2005) o aventi per oggetto il rischio di gravi patologie, fra cui quelle derivanti da Covid-19 **(7)** (vedi elenco pubblicato con DM 18 aprile 1973 e aggiornato con DM 10 giugno 2014). Si tratta solitamente dei premi versati per **polizze** volte ad assicurare le terapie di lungo corso e le malattie gravi, polizze c.d. **Long Term Care** e **Dread Disease** (Circ. AE 29 marzo 2018 n. 5/E).

(1) È tassato forfettariamente il trasporto ferroviario prestato gratuitamente dalle **aziende ferroviarie** ai propri dipendenti (v. n. 8310).

(2) La **quota parte** dell'abbonamento rimasta **a carico del datore** va indicata nella CU, nella sezione «Rimborsi di beni e servizi non soggetti a tassazione – art. 51 del TUIR», con il codice 40.
La quota parte a carico del lavoratore va riportata nella sezione «oneri detraibili» della CU (Risp. AE 19 luglio 2019 n. 280).

(3) O di **regolamento aziendale** o di **Ccnl**, accordo **interconfederale** o **contratto collettivo territoriale** (Circ. AE 29 marzo 2018 n. 5/E).

(4) Il costo sostenuto dal datore per iscrivere un singolo dipendente a un **circolo tennistico** non appartenente al datore, è tassato (Circ. Min. 22 dicembre 2000 n. 238/E).

(5) Sono pertanto **tassate le somme erogate** dal datore direttamente al dipendente in relazione alle predette opere o servizi prestati da strutture esterne all'azienda (Circ. AE 15 giugno 2016 n. 28/E, Ris. AE 29 marzo 2010 n. 26/E, Ris. AE 10 marzo 2004 n. 34/E).
Non è tassato il **servizio di ricarica** gratuito - limitato in termini di importo e/o di Kw totali di ricariche effettuabili - che il datore offre per alcuni mesi a tutti i dipendenti che proveranno di avere acquistato **auto elettriche**, entro un determinato periodo di tempo, utilizzando ove possibile l'energia elettrica prodotta dai propri impianti fotovoltaici o idroelettrici o, in alternativa, stipulando una convenzione con un soggetto terzo fornitore del servizio di ricarica, in quanto soddisfa il requisito della **finalità educativa** (in termini di tutela **ambientale**) previsto dalla norma (Risp. AE 10 giugno 2022 n. 329).

(6) Se la polizza garantisce prestazioni sia al dipendente che ai familiari, occorre scorporare la quota riferita alla posizione dei **familiari**, in quanto tassabile, se supera la franchigia esente indicata al n. 8180 (Circ. AE 29 marzo 2018 n. 5/E).

(7) Circ. AE 6 maggio 2020 n. 11/E.

8230 **PERSONAL COMPUTER NUOVI** (art. 7 c. 3 ter DL 35/2005, Circ. AE 13 giugno 2006 n. 20/E) La cessione a dipendenti di personal computer di nuova fabbricazione acquistati da imprese o da enti soggetti all'IRES non costituisce reddito se sussistono entrambe le seguenti condizioni:
– l'acquisto deve essere effettuato dal datore **nello stesso esercizio** della cessione al dipendente;
– al dipendente viene addebitato un importo pari al **prezzo di acquisto** sostenuto dal datore.
L'**agevolazione** - rappresentata dalla differenza tra il valore di mercato del PC ed il costo di

acquisto addebitato al dipendente - sussiste anche se la cessione comprende i relativi programmi di funzionamento del PC.

b. Valutazione dei compensi in natura tassati

REGOLA GENERALE (art. 51 c. 3 DPR 917/86) Salvo i casi di valutazione convenzionale illustrati nei paragrafi successivi, la base imponibile dei compensi in natura tassati è costituita dal **valore normale** dei beni e dei servizi, determinato in base alle disposizioni generali illustrate al n. 842. In conformità a tali disposizioni, per i beni e servizi offerti dal datore, il valore normale può essere costituito dal prezzo scontato praticato dal fornitore sulla base di apposite convenzioni stipulate dal datore (Ris. AE 29 marzo 2010 n. 26/E). 8250
Per i generi in natura **prodotti dall'azienda** (non quelli solamente commercializzati) e ceduti ai dipendenti, il valore tassabile è determinato in misura pari al prezzo mediamente praticato dalla stessa azienda nelle cessioni al grossista. Tale regola non si applica, ovviamente, ai dipendenti di artisti e professionisti, di aziende che producono servizi o che producono beni per la vendita solo al dettaglio.
Si ricorda che la **tassazione** dei compensi in natura **avviene solamente** se il valore dei beni e servizi supera il limite stabilito (v. n. 8180); ciò vale anche per i beni tassati in base al valore convenzionale.
In ogni caso, se il datore **addebita al dipendente** una quota a titolo di concorso per le spese relative al bene o servizio, il reddito imponibile deve essere diminuito per il medesimo importo addebitato.

> **Precisazioni** 1) Se l'addebito avviene in un **anno successivo**, il compenso in natura è tassato per il suo intero valore nell'anno in cui è erogato e la somma addebitata costituisce un onere deducibile per il dipendente (v. n. 1335).
> 2) Non è tassato l'**acquisto scontato** dei prodotti del datore se il prezzo pagato dai dipendenti supera quello pagato dai soggetti legati con accordi di franchising o di somministrazione (Risp. AE 29 marzo 2021 n. 221) o quello applicato alla clientela in campagne promozionali (Risp. AE 25 marzo 2022 n. 158).
> Se in aggiunta al bene prodotto dall'azienda, ceduto a un prezzo superiore di quello praticato al grossista, è offerto in **omaggio** un altro bene (a titolo di premio), il valore di quest'ultimo concorre interamente a formare il reddito (Ris. AE 29 ottobre 2003 n. 202/E).
> 3) L'utilizzo per fini personali di un **telefono cellulare** messo a disposizione del dipendente dal datore costituisce un compenso in natura la cui base imponibile è rappresentata dai costi delle telefonate private addebitati dall'azienda telefonica al datore.
> Se il telefono è di **proprietà del dipendente** e il datore rimborsa una quota forfettaria per l'utilizzo dello stesso a fini aziendali, tale quota concorre alla determinazione del reddito del dipendente (Ris. AE 20 giugno 2017 n. 74/E).

Valore convenzionale

Le ipotesi per le quali il legislatore ha stabilito **appositi criteri** di valutazione riguardano principalmente i fabbricati, i mezzi di trasporto aziendali ad uso promiscuo, i prestiti agevolati, il trasporto ferroviario prestato gratuitamente dalle aziende ferroviarie ai propri dipendenti e l'assistenza contrattuale agli sportivi professionisti. 8260

FABBRICATI (art. 51 c. 4 DPR 917/86) Per i fabbricati, di proprietà del datore o dallo stesso presi in locazione, concessi in **locazione**, in **uso** o in **comodato** al dipendente, **si assume la differenza** tra: 8265
- la rendita catastale del fabbricato, effettiva o, in mancanza, presunta, aumentata di tutte le spese inerenti il fabbricato, diverse da quelle già considerate per la determinazione della rendita, purché non sostenute dal dipendente utilizzatore (es. spese condominiali, utenze per gas, energia elettrica, acqua, ecc.);
- e quanto corrisposto dal dipendente stesso per il suo godimento.

Se il fabbricato è concesso a **più dipendenti**, l'importo come sopra determinato deve essere ripartito in proporzione alle parti del fabbricato assegnate a ciascuno di loro.
Per i fabbricati concessi ai **custodi di aziende** e simili, cioè soggetti per i quali è previsto l'obbligo di dimorare nell'alloggio stesso, si considera compenso in natura tassabile il 30% di tale differenza.

>Precisazioni 1) Per i fabbricati che **non** devono essere **iscritti nel catasto** - es. fabbricati rurali, fabbricati esteri - si considera reddito la differenza tra il valore del canone di locazione determinato in regime vincolistico (o, in mancanza, in regime di libero mercato) e quanto corrisposto per il godimento del fabbricato.
2) Se, invece, il datore riconosce una somma per **contribuire al pagamento del canone** di locazione sostenuto direttamente dal dipendente, l'intera somma è soggetta a tassazione.

8280 **MEZZI DI TRASPORTO AZIENDALI** (art. 51 c. 4 DPR 917/86) L'utilizzo di mezzi di trasporto aziendali ha rilevanza per il dipendente solamente se l'uso avviene esclusivamente per motivi personali o per motivi sia personali che aziendali (c.d. uso promiscuo). Questa ipotesi si verifica anche quando il dipendente utilizza il mezzo per recarsi al lavoro.

8281 Per l'**uso esclusivamente personale** non sono previste disposizioni particolari, pertanto resta applicabile il criterio generale di valutazione in base al valore normale.
Se, invece, i mezzi di trasporto sono utilizzati **promiscuamente**:
– per i contratti di concessione del veicolo stipulati **fino al 30 giugno 2020**, si assume il 30% dell'importo corrispondente a una percorrenza convenzionale di 15 mila chilometri calcolato sulla base delle tabelle ACI aggiornate approvate annualmente;
– per i contratti **stipulati dal 1° luglio 2020** ma relativi a veicoli **immatricolati precedentemente**, rileva il valore normale del servizio consistente nell'uso privato del veicolo (dal valore normale complessivo va quindi scorporato il valore relativo all'uso nell'interesse del datore Ris. AE 14 agosto 2020 n. 46/E);
– per i contratti stipulati **dal 1° luglio 2020** e relativi a veicoli **immatricolati dopo** la suddetta data, si distingue in funzione dei valori di emissione di anidride carbonica:

valori di emissione di Co2	% dell'importo corrispondente a una percorrenza convenzionale di 15 mila km
non superiori a 60 gr per km	25%
tra 61 e 160 gr per km	30%
tra 161 e 190 gr per km	50%
da 191 gr per km in poi	60%

In tutti i casi predetti, le tabelle ACI sono disponibili sul sito Internet: www.aci.it.
L'importo risultante va considerato **al netto** degli importi, comprensivi di IVA, eventualmente trattenuti al dipendente (o da questo corrisposti). Pertanto, se la trattenuta (o il corrispettivo) è superiore all'importo forfettario derivante dalle tabelle ACI, nessun ammontare va tassato per l'utilizzo del mezzo.
Poiché la percorrenza convenzionale è determinata su base annua, il **compenso deve** essere ragguagliato al periodo dell'anno durante il quale al dipendente è concesso l'uso promiscuo del veicolo. A tal fine si deve conteggiare il numero dei giorni per i quali il veicolo è assegnato, indipendentemente dal suo effettivo utilizzo.

ESEMPIO
Ipotizzando che il veicolo sia concesso in uso per il periodo compreso tra il 3 febbraio e il 30 aprile anno n, occorre effettuare il seguente calcolo:
– costo complessivo chilometrico di esercizio relativo a un'ipotetica auto corrispondente a una percorrenza di 15.000 Km = 1.225,59;
– costo complessivo totale (15.000 × 1.225,59 × 30%) = 5.515.155;
– reddito da attribuire (5.515.155 × 87 : 365) = 1.314.571.

>Precisazioni 1) Se il mezzo di trasporto **non è compreso nelle tabelle** ACI, si deve prendere in considerazione il mezzo più simile fra quelli inclusi nelle tabelle.
2) La **misura del compenso** in natura è determinata in base a una presunzione assoluta ed è pertanto del tutto indipendente dalla effettiva percorrenza del veicolo.

8290 **PRESTITI AGEVOLATI** (art. 51 c. 4 DPR 917/86) Per tutte le forme di finanziamento **erogate dal datore**, indipendentemente dalla loro durata e dalla valuta utilizzata, o **da terzi** con i quali il datore abbia stipulato accordi o convenzioni, si assume come **reddito** il 50% della differenza tra l'importo degli interessi calcolato al tasso ufficiale di riferimento vigente al termine di

ciascun anno (nel 2022 è del 2,50%) e l'importo degli interessi calcolato al tasso applicato sui prestiti.
L'agevolazione **si applica anche** quando il datore (Circ. Min. 23 dicembre 1997 n. 326/E, Ris. AE 28 maggio 2010 n. 46/E):
– **non sostiene alcun onere specifico**, come ad esempio nel caso di prestiti concessi sotto forma di scoperto di conto corrente, di mutuo ipotecario e di cessione dello stipendio;
– **versa direttamente** ad un istituto di credito scelto dal dipendente, un contributo in conto interessi sul conto corrente del dipendente dedicato al pagamento del prestito (il cui piano di ammortamento è stato inviato precedentemente al datore) e senza che la somma entri nella disponibilità del dipendente medesimo. In tale ipotesi, il dipendente deve presentare al datore, entro il 31 gennaio di ogni anno, la certificazione attestante la regolarità dei pagamenti delle rate del finanziamento, rilasciata periodicamente dall'istituto di credito, a conferma che le somme accreditate sono state utilizzate per sostenere gli oneri finanziari attinenti al mutuo; l'azienda, a sua volta, deve indicare nel 770 l'ammontare del contributo erogato.

Il reddito così determinato va **tassato** (mediante ritenuta d'acconto) al momento del paga- **8291**
mento delle singole rate del prestito stabilite dal relativo piano di ammortamento.
Durante l'anno il datore deve applicare in via provvisoria la ritenuta sul fringe benefit tassabile considerando il tasso ufficiale vigente alla fine del periodo d'imposta precedente. Successivamente regolarizza il tutto con le operazioni di conguaglio, quando sarà conosciuto il tasso vigente al termine dell'anno.
In caso di **cessazione del rapporto** durante l'anno, ai fini della valutazione del reddito, si deve considerare il tasso ufficiale vigente alla data della cessazione.

8295

Esclusioni
Non sono tassati: – prestiti aventi una **durata inferiore a 12 mesi** concessi, a seguito di accordi aziendali, dal datore ai dipendenti in contratto di solidarietà o in Cassa integrazione guadagni o ai dipendenti vittime dell'usura o ammessi a fruire delle erogazioni pecuniarie a ristoro dei danni conseguenti a rifiuto opposto a richieste estorsive; – **acconti** e **anticipazioni** di retribuzione, trattandosi di una modalità di pagamento della retribuzione; – **dilazioni di pagamento** previste per beni e servizi ceduti o prestati direttamente dal datore.
N.B. Gli **acconti** e le **anticipazioni di TFR** erogati al di fuori dei casi previsti dalla legge, o in misura superiore rispetto a quella fissata dalla legge o dal contratto, sono soggetti all'applicazione della norma sulla tassazione del valore convenzionale.

TRASPORTO FERROVIARIO PRESTATO GRATUITAMENTE DALLE AZIENDE **8310**
FERROVIARIE (art. 51 c. 4 DPR 917/86) Per i servizi di trasporto ferroviario di **persone** prestati gratuitamente dalle aziende ferroviarie ai propri dipendenti o a dipendenti di società dello stesso gruppo societario (c.d. carte di circolazione) concorre a formare il reddito, al netto degli ammontari eventualmente trattenuti, l'**importo forfettario** di € 0,072 al chilometro (DM Infrastrutture e trasporti 21 novembre 2017 e Circ. AE 5 marzo 2003 n. 15/E).

B. Benefici previdenziali e assistenziali

Nella presente parte è illustrata la disciplina relativa a **differenti tipologie** di contributi, premi **8390**
e spese che, frequentemente, i datori di lavoro versano in conformità a disposizioni di contratti collettivi, regolamenti o accordi aziendali. Tali versamenti godono di un **trattamento fiscale di favore** - esclusione o tassazione ridotta - in virtù del carattere previdenziale e assistenziale che li contraddistingue.

> Naturalmente restano completamente esclusi dai redditi di lavoro dipendente **i contributi** previdenziali e assistenziali **obbligatori per legge** (es. contributi INPS), per la cui disamina si rinvia al Memento Lavoro.

CONTRIBUTI PER ASSISTENZA SANITARIA (art. 51 c. 2 lett. a DPR 917/86) **8400**
I contributi versati dal datore o dal lavoratore (anche congiuntamente) ad enti e casse aventi esclusivamente fine assistenziale in conformità a disposizioni di contratto o di accordo o di

regolamento aziendale (es. Fasi per i dirigenti, Fondo Mario Negri, ecc.) non sono tassabili (quindi non concorrono a formare il reddito), limitatamente a un **importo non superiore**, complessivamente, a € 3.615,20.
Gli enti e le casse suddette, per consentire la deduzione dei contributi, devono erogare (ed attestare di aver erogato) su base annua, singolarmente o congiuntamente, prestazioni coincidenti con quelle dei fondi sanitari integrativi del Ssn (v. n. 1319), presso strutture autorizzate all'esercizio, nella misura non inferiore al 20% dell'ammontare complessivo delle risorse destinate alla copertura di tutte le prestazioni garantite ai propri assistiti (per la determinazione del 20% vedi DM 31 marzo 2008).

>Precisazioni 1) Gli **enti** e le **casse beneficiarie** dei contributi sono quelle che erogano prestazioni sanitarie e socio-sanitarie e che partecipano alla spesa sostenuta dai cittadini nella fruizione delle prestazioni del Ssn e agli oneri per l'accesso alle prestazioni erogate in regime di libera professione intramuraria.
I contributi e premi versati a **enti e casse diverse**, cioè prive dei requisiti suddetti, possono rientrare fra quelli illustrati al n. 8220 lett. G (Circ. AE 29 marzo 2018 n. 5/E).
2) Tuttavia quando, per ciascun iscritto/dipendente, c'è una **stretta correlazione** fra **quanto percepito dalla cassa** a titolo di contribuzione ed il **valore della prestazione resa** nei confronti del lavoratore, o dei suoi familiari e conviventi, al punto che la prestazione sanitaria (prestazione diretta o rimborso della spesa) non può mai eccedere, in termini di valore, il contributo versato dal dipendente o dal suo datore, i contributi concorrono alla formazione del reddito di lavoro dipendente (di conseguenza al dipendente spetta la detrazione prevista per spese sanitarie rimaste a carico) (Circ. AE 29 marzo 2018 n. 5/E).

8401 Ai fini del **computo del limite** di € 3.615,20 si tiene conto anche dei contributi versati al di fuori del rapporto di lavoro (v. n. 1319).
L'esclusione dal reddito vale anche se sono versati in favore dei **familiari** del dipendente, a carico o meno (Circ. AE 12 giugno 2002 n. 50/E). Eventuali contributi versati in eccedenza al predetto limite complessivo concorrono a formare il reddito soltanto per l'eccedenza.
Se i versamenti sono fatti per **mera facoltà** del contribuente, concorrono a formare il suo reddito imponibile, ma le spese sanitarie sostenute sono detraibili per l'importo che supera la franchigia di € 129,11, secondo le disposizioni esaminate dettagliatamente al n. 1890 (Circ. Min. 12 maggio 2000 n. 95/E).
Se il rapporto di lavoro è **durato meno di 12 mesi**, il limite di € 3.615,20 resta **invariato**, così come nel caso di più rapporti di lavoro intrattenuti nel corso dell'anno (Circ. Min. 23 dicembre 1997 n. 326/E).

8402

Contributi versati dal pensionato
Occorre distinguere in funzione delle concrete modalità di funzionamento delle singole casse: – contributi **interamente a carico del pensionato**: deducibili dal reddito di pensione (Ris. AE 11 luglio 2008 n. 293/E), anche se versati a favore di familiari non a carico (Ris. AE 2 agosto 2016 n. 65/E); – contributi **versati dal pensionato e dall'ex datore** senza consentire l'imputazione diretta al pensionato del contributo a carico dell'ex datore (es. Fasi): non concorrono alla formazione del reddito del pensionato e la quota versata da quest'ultimo non è deducibile; di conseguenza sono detraibili le spese mediche sostenute dal pensionato stesso, anche se rimborsate dal Fasi. Tale disciplina si applica anche ai rimborsi fatti al pensionato delle spese sostenute dal coniuge non a carico del medesimo, per effetto dei contributi versati da quest'ultimo (Risp. AE 21 ottobre 2020 n. 491, Circ. AE 23 aprile 2010 n. 21/E); – contributi **versati dal pensionato e dall'ex datore riferibili distintamente alla posizione del pensionato**: quelli versati da quest'ultimo sono esclusi dal suo reddito e quelli versati dall'ex datore non concorrono a formare il reddito medesimo, ovviamente nei limiti di € 3.615,20 (Ris. AE 28 maggio 2004 n. 78/E). Se l'ex datore versa per il dipendente in pensione alla Cassa di assistenza sanitaria un **importo superiore al limite** di € 3.615,20, tale maggiore importo dovrà essere comunicato all'ente pensionistico al fine di consentirne la tassazione in capo al pensionato unitamente al reddito derivante dalla pensione. Se invece i contributi versati al fondo complessivamente considerati (sia la quota versata dall'azienda che quella a carico del lavoratore pensionato) non eccedono il limite stabilito, l'intero importo non deve concorrere alla formazione del reddito del pensionato (Ris. AE 23 maggio 2003 n. 114/E). I contributi versati al **Fasi** dalle imprese industriali per i **dirigenti in pensione** devono essere tenuti distinti da quelli relativi a dirigenti in servizio e il loro importo non rileva ai fini della verifica del limite complessivo di € 3.615,20 del dirigente in servizio (Circ. Min. 4 marzo 1999 n. 55/E).

8410 **CONTRIBUTI PER ASSISTENZA SOCIALE** (art. 51 c. 2 lett. a DPR 917/86) I contributi versati **in conformità a** disposizioni di contratto o di accordo o di regolamento aziendale, sono tassabili integralmente. Se, tuttavia, il contratto, l'accordo o il regolamento aziendale prevedono **soltanto l'obbligo** per il datore di fornire talune prestazioni assistenziali, se quest'ultimo, anziché attendere l'evento e sopportare interamente il costo delle prestazioni, sceglie di garantirsi una copertura economica stipulando una **polizza assicurativa** o iscrivendosi ad un **ente o cassa**, l'eventuale pagamento del premio o dei contributi non concorre a formare il reddito di lavoro dipendente (Circ. Min. 4 marzo 1999 n. 55/E).

Contributi a Casse edili (*) (Circ. Min. 4 marzo 1999 n. 55/E)
La quota di essi che alimenta **prestazioni di tipo assistenziale**, sia per la parte a carico del dipendente sia per la parte a carico del datore, concorre a formare interamente il reddito di lavoro dipendente, mentre la quota che va ad alimentare **prestazioni di tipo sanitario** concorre a formare il reddito stesso soltanto per l'eccedenza rispetto al limite di € 3.615,20. Non concorrono, tuttavia, a formare il reddito: – i contributi che il datore versa alle Casse edili per la fornitura di indumenti da lavoro e di protezione individuale, nonché quelli per la formazione professionale, o quelli per le spese di gestione, ecc.; – gli accantonamenti effettuati dai datori di lavoro presso la Cassa edile per il pagamento (a luglio e a dicembre) ai dipendenti della tredicesima mensilità e delle ferie.
(*) I chiarimenti in esame valgono come criteri interpretativi di carattere generale validi per tutti gli **enti bilaterali** analoghi (Risp. AE 4 ottobre 2018 n. 24). Le **prestazioni** ottenute dai dipendenti a seguito dei contributi versati sono redditi sostitutivi, per la cui disciplina si rinvia al n. 642.

8415

CONTRIBUTI A FONDI PENSIONE (art. 10 lett. e bis DPR 917/86) I contributi versati (dal lavoratore e/o dal datore) ai fondi pensione nazionali (chiusi o aperti), a forme pensionistiche complementari istituite negli Stati UE e nella Norvegia e Islanda e alle forme pensionistiche individuali (attuate mediante adesione a fondi pensione aperti o mediante contratti di assicurazione), sono deducibili per un **importo** complessivamente non superiore a € 5.164,57; tale limite non si applica alle forme pensionistiche complementari per le quali sia stata accertata una **situazione di squilibrio finanziario**, i cui contributi sono pertanto interamente deducibili (v. n. 1313 e s.). 8430

SPESE SANITARIE (art. 51 c. 2 lett. h DPR 917/86; art. 23 c. 3 DPR 600/73) Le erogazioni effettuate dal datore **in conformità a** contratti collettivi o ad accordi e regolamenti aziendali a fronte delle spese mediche di assistenza specifica relative ai soggetti **portatori di handicap** (v. n. 1930) non concorrono a formare il reddito. 8440

Le medesime erogazioni fatte dal datore a fronte di spese sanitarie (v. n. 1890) sostenute dal lavoratore, **anche nell'interesse del coniuge e dei familiari a carico** del lavoratore stesso, godono invece di un trattamento agevolato: rientrano nel reddito del dipendente nel periodo di paga in cui sono effettuate, tuttavia, in sede di effettuazione del conguaglio di fine anno (o di fine rapporto), il datore deve riconoscere al dipendente stesso una corrispondente detrazione d'imposta pari al 19% della quota di tali oneri eccedente € 129,11.

In entrambi i casi suddetti le spese devono essere **indicate nella certificazione** unica rilasciata dal datore al lavoratore.

> **Precisazioni 1)** Non concorrono integralmente alla formazione del reddito i **rimborsi** al dipendente di spese sanitarie sostenute in relazione a **malattia contratta a causa del servizio**, in considerazione del carattere tipicamente risarcitorio delle stesse (Circ. Min. 19 maggio 2000 n. 101/E).
2) Se le erogazioni in esame sono fatte dal datore **in forma assicurativa** (premi assicurativi) costituiscono reddito per il dipendente (art. 3 c. 2 L. 662/96). Il dipendente potrà tuttavia indicare le spese rimborsate nella dichiarazione dei redditi al fine di usufruire della detrazione del 19% per la quota eccedente € 129,11 (Circ. Min. 6 febbraio 1997 n. 25/E).

PREMI DI ASSICURAZIONI SULLA VITA E CONTRO GLI INFORTUNI (art. 23 c. 3 DPR 600/73 e art. 15 DPR 917/86) Il trattamento previsto per i rimborsi di spese sanitarie detraibili si applica anche ai premi assicurativi per polizze sulla vita e contro gli infortuni **extraprofessionali** stipulate a favore dei dipendenti. 8450

Essi infatti sono tassabili nel periodo di paga in cui sono corrisposti e, in sede di effettuazione del conguaglio di fine anno (o di fine rapporto), danno diritto al dipendente a una corrispondente **detrazione** d'imposta del 19% dei premi, calcolata su un importo variabile (v. n. 2005). Parte del premio può essere trattenuta a carico del lavoratore.

8451 La detrazione è ammessa **a condizione che**:
- le polizze assicurative siano previste da contratti collettivi o da accordi o regolamenti aziendali;
- i premi siano indicati nella certificazione unica rilasciata dal datore;
- siano rispettate le specifiche condizioni di detraibilità, variabili in relazione alla data di stipula dell'assicurazione, illustrate al n. 2000 e s.

Il trattamento in esame spetta anche con riferimento ai contratti di assicurazione **stipulati dal lavoratore**, per i quali il **datore si limita** al solo versamento dei premi.

> I premi pagati per polizze contro gli **infortuni** e le **malattie professionali** non costituiscono reddito per i dipendenti (Circ. Min. 23 dicembre 1997 n. 326/E).

8455 **Premi assicurativi pagati nell'interesse del datore** (Ris. AE 9 settembre 2003 n. 178/E) I premi assicurativi pagati nell'esclusivo interesse dal datore e quelli che possono **determinare dei rimborsi** ai dipendenti (o amministratori) a titolo di mera reintegrazione del danno patrimoniale subìto per aver corrisposto delle somme al terzo danneggiato per effetto dell'attività professionale svolta dal dipendente, non concorrono alla formazione del reddito dei dipendenti (e amministratori).

Ciò si verifica, ad **esempio**, nel caso di premi assicurativi corrisposti - in dipendenza di un obbligo derivante da legge o da contratto collettivo o da una delibera dell'assemblea dei soci - per la stipula di polizze volte a garantire la copertura delle perdite di carattere patrimoniale che i dipendenti (e gli amministratori) dovessero subire in seguito ad **azioni di responsabilità civile** intentate, nei loro confronti o direttamente nei confronti del datore, dai soggetti terzi lesi da atti compiuti dai dipendenti stessi (o amministratori) nell'esercizio dei loro incarichi e funzioni.

> **Precisazioni 1)** L'**esclusivo interesse del datore** si sostanzia:
- nell'obbligo di risarcire il danno patrimoniale subìto dal dipendente (o dall'amministratore) a causa di un'attività da cui trae beneficio il datore;
- nel perseguimento di politiche aziendali rese più efficaci da un'attività di gestione snella e libera da remore, grazie alla tranquillità psicologica dei propri dipendenti (e amministratori) non frenati dal timore di eventuali ripercussioni patrimoniali.

2) L'irrilevanza del premio è condizionata dal fatto che nessun rimborso deve essere previsto nel caso di **atti dolosi o fraudolenti** dei dipendenti (e amministratori) e nel caso in cui questi abbiano ottenuto profitti o vantaggi personali o ricevuto compensi cui non avevano diritto.

C. Erogazioni liberali e altri oneri

8520 **EROGAZIONI LIBERALI** Le liberalità, in denaro o in natura, che il datore o soggetti terzi erogano a favore dei dipendenti in relazione al rapporto di lavoro (es. mancia all'autista di un camion di un fornitore) **concorrono** generalmente a formare il reddito per l'intero importo (art. 51 c. 2 lett. b, i DPR 917/86, Cass. 30 settembre 2021 n. 26512).

Fanno eccezione le seguenti **mance**:

1) **ai croupiers** escluse nella misura del 25% dell'ammontare percepito nel periodo di imposta (art. 51 c. 2 lett. b, i DPR 917/86). L'ammontare imponibile va cumulato con le retribuzioni di lavoro corrisposte nello stesso periodo di paga e deve essere comunicato dai croupiers stessi al datore che opera la ritenuta;

2) ai lavoratori del settore privato **ricettivo** e della **ristorazione**, acquisite, anche tramite Pos, dal datore di lavoro e, da questi riversate ai destinatari, soggette, in presenza di certe condizioni, ad imposta sostitutiva del 5% dell'IRPEF e delle addizionali regionali e comunali (v. n. 8523).

8523 **Mance in alberghi e ristoranti** (art. 1 c. 58 L. 197/2022) Le somme in esame - offerte a camerieri, facchini, baristi, receptionist, ecc. - se il beneficiario è titolare di reddito di lavoro dipendente **non superiore a € 50.000**, non concorrono alla formazione del reddito (salvo rinuncia scritta del beneficiario) ma sono tassate al 5%, **entro il limite** del 25% del reddito percepito dal beneficiario nell'anno per le relative prestazioni di lavoro.

L'imposta sostitutiva è applicata dal datore.

Il reddito assoggettato a imposta sostitutiva va considerato ai fini del riconoscimento di deduzioni, detrazioni e benefici di qualsiasi titolo, anche di natura non tributaria.

ALTRI ONERI DEDUCIBILI E DETRAIBILI (art. 51 c. 2 lett. h DPR 917/86) Non concorrono a formare il reddito **le somme trattenute al dipendente** per gli altri oneri deducibili elencati al n. 1290, purché siano rispettate le condizioni previste per la deducibilità di ciascun onere. **8530**

Come per le spese sanitarie e per i premi sulle assicurazioni vita e infortuni, anche per gli altri oneri detraibili (v. n. 1348) a fronte dei quali il datore ha effettuato **trattenute**, il dipendente gode, in sede di conguaglio di fine anno (o di fine rapporto), di una **detrazione** del 19%.
Gli importi di tali somme ed erogazioni devono essere attestati dal datore.

> **Precisazioni 1)** Un caso emblematico riguardante delle **erogazioni liberali** alle Onlus, effettuate tramite il datore che trattiene ai dipendenti che l'hanno autorizzato l'equivalente di un'ora di lavoro è stato analizzato dalla Ris. AE 17 novembre 2008 n. 441/E e, in maniera analoga, dalla Ris. AE 15 giugno 2009 n. 160/E.
> **2)** Il dipendente non può pretendere l'attribuzione della detrazione per **oneri** che, pur spettandogli, **non sono stati sostenuti** per il tramite del **datore**, il quale ha solo rimborsato le relative spese; in pratica, il datore tassa le somme rimborsate e il dipendente detrae le spese sostenute direttamente (Risp. AE 5 gennaio 2021 n. 6). È prevista un'eccezione in sede di conguaglio, v. n. 8800.

D. Trasferte e simili

Per trasferta si intende uno **spostamento provvisorio e temporaneo** del lavoratore in una sede diversa da quella in cui è svolta abitualmente l'attività lavorativa. **8590**

Ai fini del trattamento delle **somme corrisposte** al riguardo (indennità e rimborsi spese), si distinguono le ipotesi di trasferta effettuata nell'ambito del territorio comunale ove si trova la sede abituale di lavoro, da quella effettuata fuori dallo stesso.
In entrambi i casi occorre prendere in considerazione l'ammontare dell'indennità al netto dei contributi previdenziali pagati sulla stessa (Circ. Min. 20 novembre 1974 n. 13/RT).

> **Precisazioni 1)** Non rientrano tra le indennità di trasferta gli **indennizzi** (tassabili) che si riferiscono al normale **percorso casa-lavoro**, in qualunque modo essi siano determinati (es. indennità chilometriche, costo biglietti di viaggio, ecc.) (Ris. Min. 23 marzo 1999 n. 54/E); in senso contrario, esclusione da tassazione vedi Cass. 28 luglio 2022 n. 23634. Il **servizio di trasporto collettivo** per i dipendenti organizzato dal datore è invece escluso da tassazione (v. n. 8220).
> **2)** È assimilabile all'indennità di trasferta l'indennità corrisposta ai **dipendenti trasferiti** «per il tempo necessario per la sistemazione della nuova residenza, per un minimo di 20 giorni, ed un massimo normalmente di 30 giorni». Trattasi infatti di indennità temporanea mirante a contemperare i disagi del trasferimento per il limitato tempo necessario alla nuova sistemazione (Cass. 14 dicembre 1999 n. 14006).

TRASFERTA NEL TERRITORIO COMUNALE (art. 51 c. 5 DPR 917/86) L'indennità di trasferta, i rimborsi spese e le indennità chilometriche corrisposte al dipendente per l'utilizzo del proprio automezzo sono tassabili interamente, indipendentemente dall'ampiezza del territorio comunale (Ris. Min. 8 febbraio 1993 n. 8/724, Ris. AE 16 luglio 2002 n. 232/E). **8600**

Sono esclusi da tassazione solo i rimborsi delle **spese di trasporto sostenute e documentate** da biglietti di autobus, metropolitana, tram, ricevute di taxi, fatture di società di car sharing contenenti anche luogo di partenza e di arrivo, distanza e durata, ecc. (Ris. AE 28 settembre 2016 n. 83/E).

TRASFERTA FUORI DAL TERRITORIO COMUNALE (art. 51 c. 5 DPR 917/86) Il regime fiscale di quanto corrisposto al dipendente per la trasferta (o missione) è differente a seconda delle modalità di corresponsione utilizzate. Sono infatti previsti i **3 differenti sistemi** riportati nella tabella seguente. **8610**

In ogni caso, la **scelta** fra i 3 differenti sistemi va fatta **con riferimento** all'intera trasferta; non è, infatti, consentito usare sistemi diversi per le singole giornate comprese nella stessa trasferta (Circ. Min. 23 dicembre 1997, n. 326/E). Se ciò avviene, restano applicabili solo le disposizioni di un sistema (a scelta del datore), mentre è necessario tassare le somme erogate in base all'altro (o agli altri).

8611

Modalità	Regime
a) Sola indennità forfettaria di trasferta	Imponibile solo la parte eccedente € 46,48 al giorno (trasferte nel **territorio nazionale**) e € 77,47 giornaliere (**all'estero**), al netto delle spese di viaggio e di trasporto **(1)**. Se **alloggio o vitto** sono forniti gratuitamente, l'indennità esente è ridotta di 1/3 (30,99 o 51,65) **(2) (3)**. Se sono forniti gratuitamente **sia** il vitto **che** l'alloggio, l'indennità è ridotta di 2/3 (15,49 e 25,82). Ogni **altro eventuale rimborso** di spese diverso da quelle di viaggio (es. parcheggio) è assoggettato interamente a tassazione (Risp. AE 31 gennaio 2019 n. 5).
b) Rimborso a piè di lista	Il rimborso delle spese di viaggio, trasporto, vitto e alloggio non è imponibile, **purché** vi sia idonea documentazione (salvo la franchigia di cui al n. 8620). Se il dipendente usa la **propria autovettura**, il rimborso delle spese di viaggio è quantificato mediante indennità chilometriche calcolate in base alle tariffe ACI, avuto riguardo alla percorrenza, al tipo di automezzo usato dal dipendente e al costo chilometrico ricostruito secondo il tipo di autovettura (vedi www.aci.it.). Detti elementi dovranno risultare dalla documentazione interna conservata dal datore **(4)**. Se il rimborso è superiore alle tariffe ACI, l'eccedenza è considerata reddito.
c) Indennità forfettaria e rimborso a piè di lista	Se il datore eroga l'indennità forfettaria di trasferta, in aggiunta al rimborso a piè di lista delle spese di vitto o di alloggio o di entrambe, si **rientra nell'ipotesi** di cui alla precedente lett. a), con riferimento al caso in cui il vitto e/o l'alloggio sono forniti gratuitamente: il **limite di esenzione** dell'indennità di trasferta è ridotto di 1/3 o di 2/3. Per le **spese di viaggio**, l'esenzione permane anche se il rimborso avviene in aggiunta all'indennità di trasferta. Ogni **altro eventuale rimborso** di spese (es. parcheggio) è assoggettato interamente a tassazione (Risp. AE 31 gennaio 2019 n. 5).

(1) Il limite esente non subisce alcuna riduzione in relazione alla **durata della trasferta** e quindi resta tale anche nell'ipotesi di trasferta inferiore a 24 ore o, più in generale, di trasferta che per la sua durata non comporti alcun pernottamento fuori sede.

(2) La **riduzione di un terzo** si applica indipendentemente da eventuali accordi retributivi intervenuti tra il datore e il dipendente (es. indennità corrisposta solo se l'orario in cui ha luogo la trasferta comprende quello di consumazione del pasto pomeridiano e/o di quello serale) (Ris. Min. 2 luglio 1997 n. 151/E).

(3) L'attribuzione di buoni pasto (c.d. **ticket restaurant**) è assimilabile alla fornitura gratuita del vitto.

(4) Normalmente **rileva la distanza** fra il luogo abituale di lavoro del dipendente e la località della trasferta; tuttavia, se il datore rimborsa l'indennità facendo riferimento ai chilometri **percorsi dalla residenza del lavoratore** al luogo della trasferta, bisogna distinguere (Ris. AE 30 ottobre 2015 n. 92/E):
– se la distanza percorsa dal dipendente è inferiore rispetto a quella calcolata dal luogo abituale di lavoro, il rimborso chilometrico non è imponibile;
– se la predetta distanza è maggiore, il rimborso chilometrico è imponibile per la differenza fra l'importo corrisposto e quello calcolato considerando la distanza dal luogo abituale di lavoro.
Le **indennità chilometriche**, determinate **analiticamente** in base ai chilometri percorsi (dunque non forfettariamente) e corrisposte dal datore a un dipendente (medico) per le spese di viaggio sostenute per raggiungere i vari distretti sanitari partendo dalla propria residenza, non sono imponibili, avendo natura risarcitoria e non retributiva (Cass. 20 dicembre 2021 n. 40860, Cass. 2 aprile 2015 n. 6793). Tale orientamento giurisprudenziale, riguardante **medici** specialisti, non dovrebbe essere generalizzato a tutti i dipendenti, in contrasto ai principi più volte enunciati dall'AE.

8620 **DOCUMENTAZIONE DEI RIMBORSI** (art. 3 DPR 696/96) Si è già accennato che in caso di **rimborso analitico** delle spese per trasferte o missioni fuori del territorio comunale, non concorrono a formare il reddito i rimborsi di spese documentate relative al vitto, all'alloggio, al viaggio e al trasporto. Va aggiunto che, per le altre spese, anche **non documentabili** (es. mance, spese telefoniche, parcheggi, depositi bagagli, servizi igienico sanitari, ecc.), eventualmente sostenute dal dipendente, esiste una **franchigia** di non tassabilità fino all'importo massimo giornaliero di € 15,49, elevate a € 25,82 per le trasferte all'estero; a tal fine **occorre** che le spese siano analiticamente attestate dal dipendente stesso.

Per quanto riguarda, invece, le spese documentate, sono validi, alternativamente, i seguenti **documenti** da allegare alla nota spese (esente da bollo, v. n. 74062), che indica i dati anagrafici del lavoratore, il giorno e il luogo in cui sono state sostenute le spese, la tipologia di spesa e il relativo ammontare:
– fattura (elettronica o cartacea);
– documento commerciale emesso dal registratore telematico o, per i soggetti esonerati, ricevuta integrata con i dati identificativi del cliente e i dati relativi alla natura, alla qualità e alla quantità dell'operazione;

– ricevute e scontrini fiscali, anche non integrati, nonché i biglietti di trasporto di autobus, metropolitana, tram, ricevute di taxi, fatture di società di car sharing, ecc.;
– estratto conto rilasciato dalla società emittente la carta di pagamento al datore di lavoro. Non occorre che siano stampati ed allegati anche i biglietti di viaggio elettronici (Risp. AE 4 ottobre 2018 n. 22).

›Precisazioni 1) Possono essere adottati anche i seguenti sistemi semplificati di documentazione delle spese previsti in relazione al DPR 597/73 (Circ. Min. 4 aprile 1997 n. 97/E):
– utilizzo di **carte di credito** intestate a studi o aziende (Ris. Min. 5 ottobre 1985 n. 8/727);
– uso di distinte bollate sottoscritte per l'acquisto di **valori bollati** (Ris. Min. 29 ottobre 1976 n. 9/1684).
2) Tutti i citati documenti vanno **conservati** secondo le disposizioni ordinarie (v. n. 8830).

Nota spese digitale (Risp. AE 20 ottobre 2021 n. 740) È sempre più frequente l'**utilizzo** e la **conservazione** di note spese digitali (dematerializzate), con la relativa documentazione. **8623**
Occorre al riguardo considerare i seguenti principi:
– la nota spese può essere **generata tramite** pc o smartphone, direttamente dal dipendente mediante la procedura di accesso alla rete aziendale ovvero tramite il sistema SSO (single sign-on), utilizzando credenziali di accesso univoche e personali, oppure tramite un delegato;
– i **documenti** devono essere immodificabili, integri e autentici e possono essere prodotti dal dipendente, sempre **tramite** pc o smartphone (non è necessaria l'apposizione della firma digitale ovvero un altro tipo di firma elettronica qualificata o avanzata);
– solitamente non è richiesto l'intervento di un **pubblico ufficiale**. Tuttavia, se il giustificativo allegato alla nota spese non consente di risalire al suo contenuto attraverso altre scritture o documenti di cui sia obbligatoria la conservazione (in ciò costituendo un documento analogico originale «unico») ai fini della conservazione sostitutiva, è necessario l'intervento di un pubblico ufficiale (può essere questo il caso dei giustificativi emessi da soggetti economici esteri di Paesi extra UE, con i quali non esiste una reciproca assistenza in materia fiscale ovvero non è assicurato un «effettivo scambio di informazioni);
– al termine del processo di conservazione sostitutiva, i **documenti analogici** possono essere distrutti (v. n. 52843).

TRASFERTISTI (art. 51 c. 6 DPR 917/86) Sono i lavoratori tenuti per contratto all'espletamento delle attività lavorative **in luoghi sempre variabili** e diversi e per i quali sussistono tutte le seguenti condizioni (art. 7 quinquies DL 193/2016 conv. in L. 225/2016): **8630**
– mancata indicazione, nel contratto o nella lettera di assunzione, della sede di lavoro;
– svolgimento di un'attività lavorativa che richiede la continua mobilità del dipendente;
– corresponsione al dipendente di una indennità o maggiorazione di retribuzione in misura fissa, attribuite senza distinguere se il dipendente si è effettivamente recato in trasferta e dove la stessa si è svolta (es. giorni festivi, di ferie e di malattia).
Le **indennità** e le maggiorazioni di retribuzione loro spettanti **concorrono** a formare il reddito per il **50%** del loro ammontare; ciò a prescindere dalla continuità della loro erogazione, da ritenersi solo eventuale (Cass. SU 15 novembre 2017 n. 27093).
In assenza anche di una delle condizioni suddette (es. indennità variabile) si applicano le regole sulle trasferte comuni (Cass. 8 settembre 2022 n. 26436, v. n. 8610).

›Precisazioni 1) Se l'attività deve svolgersi in luoghi sempre diversi, ma **all'interno di un territorio delimitato**, l'occasionale svolgimento, per incarico del datore, in un luogo diverso, dà diritto, per le indennità o rimborsi eventualmente percepiti, al trattamento previsto per le trasferte comuni.
2) Eventuali **rimborsi analitici** delle spese sostenute dal trasfertista sono tassati e devono essere assoggettati a ritenuta.

INDENNITÀ DI TRASFERIMENTO, PRIMA SISTEMAZIONE ED EQUIPOLLENTI **8640**
(art. 51 c. 7 DPR 917/86) Le indennità corrisposte ai lavoratori che vengono **trasferiti in una sede di lavoro diversa** da quella stabilita contrattualmente - anche nell'ipotesi in cui la corresponsione avvenga in occasione di un trasferimento a richiesta del dipendente, oppure nel caso di una assegnazione del dipendente ad una sede diversa da quella originaria in relazione al trasferimento in altro comune del datore stesso - concorrono alla formazione del reddito **nella misura del** 50% del loro ammontare, **limitatamente** ai primi 365 giorni di corresponsione in relazione allo stesso trasferimento.
L'indennità tassata parzialmente non può comunque essere di **importo complessivo** annuo superiore a € 1.549,37 per i trasferimenti all'interno del territorio italiano e € 4.648,11 per

quelli all'estero o per quelli con partenza dall'estero e destinazione in Italia (€ 6.197,48 se nello stesso anno il dipendente subisce un trasferimento all'estero e uno in Italia).

Una volta fissato l'importo dell'indennità e la relativa quota esente, la materiale erogazione può anche avvenire in più periodi d'imposta se ciò è più agevole per la parte.

8641 Inoltre, anche le seguenti **spese**, se **rimborsate** dal datore e analiticamente documentate non concorrono a formare il reddito (anche in caso di contemporanea erogazione delle indennità predette):

1) spese di viaggio, comprese quelle dei familiari fiscalmente a carico (ma escluse quelle dei successivi viaggi che il dipendente nel corso dell'anno faccia, ad esempio, per visitare la famiglia che non si è trasferita con lui);

2) spese di trasporto delle cose;

3) spese e oneri sostenuti dal dipendente in qualità di conduttore, per recesso dal contratto di locazione in dipendenza dell'avvenuto trasferimento della sede di lavoro.

>**Precisazioni** 1) I rimborsi spese di **viaggio** e di **trasporto delle cose** sono esenti anche quando sono erogati, per previsione **contrattuale**, al dipendente che lascia la sede di servizio a seguito del **pensionamento**. L'esenzione sussiste indipendentemente dalla data di erogazione (prima o dopo il pensionamento) (Ris. Min. 14 maggio 1999 n. 82/E).

2) Il regime agevolato è applicabile solo nei confronti dei lavoratori assunti prima del trasferimento. È pertanto escluso quando le indennità e i rimborsi sono corrisposti ai lavoratori **neoassunti**: in questi casi quindi le indennità sono interamente imponibili (Ris. AE 23 aprile 2003 n. 95/E).

8650 **ALTRE INDENNITÀ** (art. 51 c. 6, 7 e 8 DPR 917/86) Concorrono a formare il reddito **nella misura del** 50% del loro ammontare anche le seguenti indennità:

1) le indennità **di navigazione e di volo** previste dalla legge o dal contratto collettivo. La riduzione si applica anche alla quota delle suddette indennità che confluisce nella tredicesima mensilità (Ris. AE 4 maggio 2004 n. 67/E);

2) gli **assegni di sede** e le altre indennità percepite per servizi prestati all'estero, purché in via non continuativa o, se in via continuativa, riguardi dipendenti di amministrazioni statali (Ris. AE 1° giugno 2005 n. 71/E). Se invece è svolta in via continuativa da dipendenti del settore privato è tassata solamente la retribuzione convenzionale (v. n. 8055);

3) le indennità di trasferta degli **ufficiali giudiziari**.

Per quanto concerne i **servizi prestati all'estero**, se viene applicata la disposizione in esame non è possibile applicare quella relativa alle indennità di trasferta di cui al n. 8610.

>**Precisazioni** 1) Se per i servizi prestati all'estero dai dipendenti delle **Amministrazioni statali** la legge prevede la corresponsione di una indennità base e di maggiorazioni a essa collegate, concorre a formare il reddito la sola indennità base nella misura del 50%.

2) Se l'indennità per **servizi prestati all'estero** comprende emolumenti spettanti anche con riferimento all'attività prestata nel territorio nazionale, la riduzione compete solo sulla parte eccedente tali emolumenti.

III. Tassazione

8710 Le regole di imposizione dei redditi di lavoro dipendente si basano fondamentalmente sull'applicazione della **ritenuta alla fonte**.

A regime sono previsti **due criteri di tassazione**: ordinaria e separata; quest'ultima riguarda i compensi imputabili ad anni precedenti ma percepiti in un unico periodo (v. n. 9120). Inoltre, per le somme corrisposte a titolo di **premi di risultato** è prevista, in sostituzione della tassazione ordinaria, una imposta sostitutiva del 5% (v. n. 8940 e s.)

Tutti i criteri di tassazione suddetti verranno esaminati tenendo presente le modalità di applicazione e gli obblighi gravanti sul datore e sul lavoratore.

8720 **RITENUTA ALLA FONTE** (art. 23 c. 1 e 2 DPR 600/73) I redditi di lavoro sono soggetti alla ritenuta d'acconto con riferimento al **periodo di paga** (mese, quindicina, settimana, giornata) in cui sono effettivamente corrisposti. Al momento dell'erogazione della retribuzione, infatti, il datore (o il soggetto terzo erogatore) deve determinare l'imposta dovuta ed effettuare la ritenuta sulla **parte imponibile**, sia in denaro che in natura, effettuando le **detrazioni** previste (detrazioni per lavoro dipendente e per familiari a carico), rapportate al periodo di paga.

Il datore è obbligato alla **rivalsa** nei confronti del dipendente, in quanto è quest'ultimo il debitore d'imposta.
A seconda del criterio di tassazione, ordinaria o separata, cambia il sistema di calcolo della ritenuta.

SOGGETTI OBBLIGATI AD OPERARE LA RITENUTA (artt. 23 c. 1, 1 bis e 29 c. 1 DPR 600/73) La ritenuta deve essere effettuata dai soggetti che erogano redditi di lavoro, se rientrano nella categoria dei **sostituti di imposta** (v. n. 37405). 8730
La ritenuta va operata dal sostituto d'imposta anche quando corrisponde redditi di lavoro dipendente a **soggetti diversi dai propri dipendenti** (es. ex dipendenti, pensionati, cassaintegrati, dipendenti di società clienti a cui sono corrisposti premi legati al raggiungimento di un determinato quantitativo di vendite, ecc.).
Inoltre, sui redditi di lavoro dipendente **prestato all'estero**, la ritenuta deve essere effettuata dai soggetti che adempiono ai relativi obblighi contributivi, anche se non corrispondono direttamente la retribuzione; ad esempio, se la retribuzione è corrisposta materialmente da un soggetto straniero, la ritenuta va effettuata dal datore italiano.

Nel caso di premi assegnati in relazione allo svolgimento della prestazione di lavoro dipendente, se esiste un qualche collegamento (ad esempio, un accordo formale o una convenzione) tra il soggetto che organizza la **manifestazione a premi** ed il datore dei destinatari della manifestazione, la ritenuta è operata dal datore, altrimenti è operata dal soggetto organizzatore (Ris. AE 24 marzo 2009 n. 76/E).

A. Tassazione ordinaria

È il **sistema normale** di calcolo dell'imposta dovuta sulle somme e valori percepiti dal lavoratore. Sintetizzando, essa si attua applicando le aliquote progressive e, successivamente, attribuendo le detrazioni spettanti (detrazioni per reddito di lavoro dipendente, per familiari a carico, ecc.). 8740
In particolare la procedura si sviluppa in **2 fasi**:
1) all'atto della corresponsione della retribuzione periodica;
2) in sede di conguaglio di fine anno o di fine rapporto (v. n. 8790).
Le regole impositive si applicano uniformemente sia per le retribuzioni dei lavoratori a **tempo indeterminato** che per quelle dei lavoratori a tempo **determinato** (es. stagionali). Per questi ultimi è prevista una detrazione specifica.

Nel caso di somme e valori corrisposti agli **eredi** del lavoratore deceduto si veda il n. 9375.

CALCOLO DELL'IMPOSTA PERIODICA (art. 23 c. 1 e 2 DPR 600/73) Nel determinare la ritenuta sui compensi del lavoratore, il datore deve procedere secondo i criteri generali, tuttavia gli **scaglioni di reddito** devono essere commisurati al periodo di paga. Degli altri elementi, quali oneri detraibili e crediti d'imposta, terrà conto eventualmente in sede di **conguaglio** di fine anno o di fine rapporto. 8745

Nei contratti di **somministrazione lavoro** (ex interinale) la ritenuta va effettuata dall'impresa fornitrice in relazione alle somme e valori corrisposti sia dalla stessa che, eventualmente, dal soggetto utilizzatore (Ris. AE 19 aprile 2002 n. 121/E).

Ai fini della determinazione della ritenuta, il datore, **ad ogni pagamento ordinario** della retribuzione, **deve** effettuare i passaggi indicati nella tabella seguente: 8746

Fasi del calcolo	
A)	considerare tutta la **parte imponibile della retribuzione** (escluse le mensilità aggiuntive, v. n. 8750), sia in denaro che in natura, a qualunque titolo corrisposta, anche sotto forma di erogazioni liberali e comprese le erogazioni per spese sanitarie, premi per assicurazioni versati in conformità a contratti collettivi o ad accordi e regolamenti aziendali (v. n. 1890 e n. 2000 e s.), nonché le indennità corrisposte dagli enti previdenziali, quali quelle di malattia e di maternità, che devono essere comunicate dal lavoratore al datore **(1)**;

Fasi del calcolo	
B)	applicare, sulla retribuzione imponibile, la **ritenuta** sulla base delle **aliquote** progressive per scaglioni di reddito (v. n. 1000) ragguagliati al periodo di paga (e al netto delle **addizionali** regionale e comunale) utilizzando un numero di decimali a piacere. È comunque possibile, in accordo con il dipendente, applicare una aliquota più elevata per evitare in seguito un conguaglio troppo oneroso **(2)** **(3)**;
C)	sottrarre al risultato ottenuto (imposta lorda) le **detrazioni** spettanti al lavoratore (v. n. 8770), ragguagliate al periodo di paga, ottenendo così l'imposta netta che dovrà essere versata all'erario dal datore.

(1) Dalla retribuzione lorda occorre pertanto detrarre le **somme che non concorrono** alla formazione del reddito quali i contributi previdenziali a carico del lavoratore e i contributi a fondi pensione (se trattenuti dal datore), i compensi esenti in tutto o in parte, i compensi reversibili a carico di terzi.

(2) Nell'ipotesi in cui la ritenuta da operare **non trovi capienza**, in tutto o in parte, sui contestuali pagamenti in denaro (per la presenza di retribuzione in natura di valore rilevante), il dipendente deve versare al datore l'importo corrispondente all'ammontare della ritenuta. Il datore è tenuto comunque a versare le ritenute all'erario nei termini ordinariamente previsti, anche se il dipendente non ha ancora provveduto al pagamento.

(3) Ai dirigenti e/o collaboratori coordinati e continuativi del **settore finanziario** (banche, SGR, SIM, intermediari finanziari, holding che gestiscono partecipazioni in società finanziarie e creditizie, escluse quindi le holding industriali, Risp. interr. parl. 12 gennaio 2022 n. 5-07328) che percepiscono remunerazioni sotto forma di **bonus e stock options** (es. importi riconosciuti a titolo di patto di non concorrenza o di patto sul termine di preavviso) che eccedono la parte fissa della retribuzione, il datore deve trattenere, al momento dell'erogazione, un'**addizionale del 10%**; ad esempio: parte fissa = 100 e parte variabile = 130; l'addizionale si applica su 30 (art. 33 DL 78/2010 conv. in L. 122/2010, art. 23 c. 50 bis e 50 ter DL 98/2011 conv. in L. 111/2011). Se il beneficiario ha diversi rapporti contrattuali - dirigente di A spa e amministratore della consociata B spa - il datore di lavoro applica l'addizionale considerando separatamente i compensi delle 2 attività (Risp. AE 11 gennaio 2022 n. 11). In caso di datore di lavoro estero, l'addizionale va versata direttamente dal dipendente utilizzando l'F24, codice tributo 1684 (Ris. AE 9 marzo 2011 n. 29/E).

8750 **Mensilità aggiuntive e compensi analoghi** (art. 23 c. 2 lett. b DPR 600/73) La 13ª, la 14ª mensilità e quei compensi corrisposti saltuariamente durante l'anno (gratifiche natalizie e pasquali, le 200 ore degli edili, le gratifiche annuali di bilancio, i cosiddetti premi trimestrali, semestrali e annuali), **non si cumulano** con la retribuzione erogata nello stesso periodo di paga, ma vengono considerati a parte.
Le **aliquote** da applicare sono sempre ragguagliate a mese, ma le detrazioni non devono essere operate.

8755 **Arretrati in corso d'anno** (art. 23 c. 2 lett. c DPR 600/73) Sono tali le retribuzioni relative a **mensilità precedenti** ma appartenenti allo **stesso anno solare**. Esse vanno tassate al momento della corresponsione **cumulandole** con la retribuzione del periodo.
Non si tiene conto delle detrazioni, in quanto già calcolate sulle retribuzioni erogate nel periodo di paga di riferimento.

8770 **DETRAZIONI** I lavoratori dipendenti, in aggiunta alle eventuali detrazioni per familiari a carico (v. n. 1120), hanno diritto a delle detrazioni dall'imposta lorda, una di carattere generale, spettante a tutti, e una specifica, spettante solo in caso di trasferimento di residenza per motivi di lavoro e conseguente stipula di un contratto di locazione.
La **detrazione di carattere generale** è di importo variabile in funzione del reddito complessivo, come illustrato al n. 1210. A tale riguardo, il datore deve assumere, in luogo del reddito complessivo, quello di lavoro dipendente dallo stesso corrisposto, salvo eventuale diversa indicazione del lavoratore circa il presumibile importo del proprio reddito complessivo per l'anno cui si riferisce la detrazione (Circ. AE 16 marzo 2007 n. 15/E).
La detrazione va **rapportata** al periodo di lavoro nell'anno.

> Normalmente anche le **detrazioni minime** previste per i **redditi non superiori a € 8.000** (€ 690 o, per i rapporti di lavoro a tempo determinato, € 1.380) vanno rapportate al periodo di lavoro nell'anno. Il lavoratore potrà comunque fruire della parte di detrazione eventualmente non goduta in sede di dichiarazione dei redditi o, su richiesta, in sede di conguaglio (Circ. AE 16 marzo 2007 n. 15/E).

8775 **Detrazione per trasferimento della residenza** Per la determinazione dell'effettiva somma che deve essere trattenuta al lavoratore, è necessario **sottrarre** dall'ammontare dell'imposta (lorda) la detrazione prevista in caso di trasferimento della propria residenza nel

comune di lavoro o in uno limitrofo, con conseguente stipula di un contratto di locazione dell'abitazione principale (v. n. 1840).
In particolare, il lavoratore, per usufruire della detrazione, deve **dichiarare** di avervi diritto e si deve impegnare a comunicare tempestivamente le eventuali variazioni.
La detrazione **varia** in funzione del reddito complessivo (compresi i canoni di locazione tassati con la cedolare secca), ma non è ragguagliata in relazione al periodo di lavoro nell'anno. Pertanto, il relativo importo va considerato per intero anche se il rapporto di lavoro ha durata inferiore all'anno.
Inoltre spetta **fino a concorrenza** dell'imposta lorda relativa all'ammontare del reddito complessivo (tutti i redditi posseduti, non solo di quello di lavoro dipendente), al fine di evitare che l'importo delle detrazioni superi quello dell'imposta.

Ai fini della detrazione, **variabile** in funzione del **reddito complessivo**, il datore, in assenza di diversa indicazione del lavoratore, deve considerare il reddito di lavoro dipendente da lui corrisposto nel corso dell'anno (Circ. AE 5 marzo 2003 n. 15/E).

CONGUAGLIO FISCALE (art. 23 c. 3 DPR 600/73) Il datore deve effettuare il conguaglio tra l'ammontare delle **ritenute operate** e l'**imposta dovuta** sulla totalità dei compensi erogati nello stesso periodo, effettuando l'arrotondamento al centesimo di euro. **8790**
L'operazione di conguaglio deve avvenire:
– per i compensi dell'**anno precedente**, entro il 28 febbraio;
– in caso di **cessazione del rapporto** durante l'anno, quando questa avviene.

> **Precisazioni 1)** Se necessario il conguaglio di fine anno può anche **essere ripetuto**, ad esempio per tener conto di altre somme e valori non considerati in precedenza, purché, in ogni caso, i relativi effetti economici si concludano entro il mese di febbraio dell'anno successivo.
2) Le operazioni di conguaglio possono essere effettuate anche **non contemporaneamente** per tutti i dipendenti.

Importi da computare Nelle operazioni di conguaglio il datore deve tener conto dei seguenti importi, in aggiunta a quanto considerato nei singoli periodi di paga: **8795**
– **addizionali** regionale e comunale (v. n. 2490 e s.);
– **somme e valori** corrisposti dal datore stesso **entro** il 12 gennaio dell'anno successivo (v. n. 8060);
– **compensi e indennità** percepiti dai prestatori di lavoro dipendente e **a carico di terzi**, comunicati al sostituto entro il 12 gennaio dell'anno successivo (v. n. 9970);
– importi non concessi o concessi in misura superiore nei periodi di paga a causa degli **arrotondamenti** e del numero di decimali prescelto, se diverso da due;
– **se richiesto** dal lavoratore entro il 12 gennaio dell'anno successivo, redditi di lavoro dipendente o assimilati percepiti nel corso di **precedenti rapporti** intrattenuti, ma non più in corso al 31 dicembre (c.d. conguaglio riassuntivo). La richiesta è effettuata con la consegna al datore della CU concernente i redditi di lavoro dipendente o assimilati erogati da altri soggetti, compresi quelli erogati da soggetti non obbligati a effettuare le ritenute.

> **Precisazioni 1)** In caso di **incapienza delle retribuzioni** a subire il prelievo delle imposte, il lavoratore deve comunicare quale delle opzioni previste intende adottare (v. n. 8805).
2) Se il lavoratore ha chiesto nel corso dell'anno l'applicazione di un'**aliquota maggiore**, la maggiore imposta può non essere restituita in sede di conguaglio. In tal caso l'aliquota maggiore deve essere evidenziata nella certificazione CU (Ris. AE 30 novembre 2001 n. 199/E).

Detrazioni e bonus All'imposta calcolata sugli importi sopracitati, il datore deve sottrarre le seguenti detrazioni eventualmente spettanti: **8800**
– per erogazioni effettuate dal datore, in conformità a contratti collettivi o ad accordi e regolamenti aziendali, a fronte di **spese sanitarie e premi di assicurazione** (v. n. 1890 e n. 2000 e s.);
– il **bonus IRPEF** spettante ai lavoratori con un reddito non superiore a € 28.000 (v. n. 2320 e s.);
– per **altri oneri** deducibili o detraibili a fronte dei quali il datore ha effettuato trattenute (v. n. 1260);
– per **imposte pagate all'estero** a titolo definitivo, se alla formazione del reddito di lavoro dipendente (del periodo stesso o di periodi precedenti) concorrono somme o valori prodotti all'estero. La detrazione spetta fino a concorrenza dell'IRPEF relativa ai redditi prodotti all'estero. Se concorrono redditi prodotti in più Stati esteri, la detrazione si applica separatamente per ciascuno Stato.

Il datore in sede di conguaglio tiene conto anche delle detrazioni per **familiari a carico** e quelle specifiche **per lavoro dipendente** (v. n. 8770) che, pur applicabili durante l'anno, per qualsiasi ragione (incapienza della retribuzione, sospensione della stessa, errore materiale, ecc.) non siano state concesse.

Il dipendente non può pretendere l'attribuzione della detrazione per **oneri** che, pur spettandogli, **non sono stati sostenuti** per il tramite del **datore**, il quale ha solo rimborsato le relative spese (v. n. 8530). Resta comunque ferma la **possibilità** per il datore di acconsentire ad una simile richiesta in sede di conguaglio (Circ. Min. 23 dicembre 1997 n. 326/E). In questo caso, per gli oneri deducibili che fanno riferimento ad una percentuale del reddito complessivo - es. erogazione liberale ad ente pubblico che svolge attività spettacolistica o ad una ONG - bisogna considerare il reddito corrisposto, senza tener conto degli abbattimenti dovuti al riconoscimento, in sede di conguaglio, di oneri deducibili sostenuti dal dipendente (Circ. Min. 22 dicembre 2000 n. 238/E).

8805 **Effetti** Il conguaglio ha delle conseguenze che variano in funzione del risultato che determina. Si possono, infatti, verificare le seguenti ipotesi:

Importo delle ritenute operate inferiore all'imposta dovuta	Il datore recupera la relativa differenza effettuando una maggiore ritenuta al dipendente. In caso di **incapienza** delle retribuzioni a subire il prelievo delle imposte dovute, il lavoratore può optare, con dichiarazione scritta presentata al datore, fra una delle seguenti soluzioni: • **versamento** al datore dell'importo corrispondente alle ritenute ancora dovute. Il datore deve poi versare interamente all'erario le somme dovute dal dipendente nel mese successivo a quello di effettuazione del conguaglio, indipendentemente dal materiale rimborso delle stesse (cod. tributo 1013); • autorizzazione a effettuare il **prelievo** sulle retribuzioni dei periodi di paga successivi al secondo dello stesso periodo di imposta (se il periodo di paga è mensile il prelievo è effettuato da marzo). Sugli importi di cui è differito il pagamento oltre il mese di febbraio si applica l'**interesse** dello 0,50% mensile, che è trattenuto e versato nei termini e con le modalità previste per le somme cui si riferisce. L'importo che al termine del periodo d'imposta non è stato trattenuto (per cessazione del rapporto di lavoro o per incapienza delle retribuzioni) deve essere comunicato all'interessato che deve provvedere al versamento entro il **16 gennaio** dell'anno successivo (cod. tributo 1013)
Importo delle ritenute operate superiore all'imposta dovuta	Il datore non deve applicare alcuna ritenuta sulla retribuzione del mese di dicembre (o del mese in cui il conguaglio è effettuato), ma deve restituire al dipendente la differenza che risulti eventualmente trattenuta in più. Il datore rimborsa il credito riducendo le ritenute determinate sulla retribuzione periodica del dipendente creditore, previa annotazione sul libro paga. In caso d'**incapienza** provvede alla restituzione del credito utilizzando le ritenute effettuate agli altri dipendenti o quelle relative alla retribuzione dei periodi successivi. Ciò vale anche nell'ipotesi in cui il conguaglio è effettuato in corso d'anno a causa della cessazione del rapporto di lavoro, anche se per decesso del sostituito (Circ. Min. 22 dicembre 2000 n. 238/E)

1. Adempimenti del datore di lavoro

8830 I soggetti che operano la ritenuta alla fonte devono osservare gli adempimenti elencati nella **tabella** seguente.

Adempimenti	
Scritture contabili (art. 21 c. 1 DPR 600/73)	Sono quelle regolate dalla legislazione del lavoro: **libro unico del lavoro (1)**
Versamento delle ritenute (art. 3 c. 1 n. 1 DPR 602/73)	Il versamento delle ritenute, comprese quelle derivanti dai conguagli di fine anno o di fine rapporto, va effettuato entro i **termini** e con le **modalità** illustrati, rispettivamente, ai n. 37500 e n. 37037

Adempimenti	
Certificazioni del sostituto d'imposta (art. 4 c. 6 quater DPR 322/98)	Occorre rilasciare a ciascun dipendente, entro il **16 marzo** di ogni anno, un'apposita **certificazione unica** sottoscritta anche mediante sistemi di elaborazione automatica (c.d. **CU sintetica**) **(2) (3)**. La CU può essere inviata anche a mezzo posta o, nei confronti di quanti siano dotati degli strumenti necessari per riceverla e stamparla, per via elettronica (Ris. AE 21 dicembre 2006 n. 145/E). Dal certificato devono risultare i dati contenuti nello schema approvato con apposito provvedimento (v. n. 37517) (ammontare delle somme e dei valori corrisposti, ammontare delle ritenute operate, delle detrazioni di imposta effettuate e dei contributi previdenziali e assistenziali, ecc.). I dati vanno **inviati all'AE** in via telematica con la **CU ordinaria**, entro il 16 marzo.
Dichiarazione del sostituto d'imposta (art. 7 c. 1 DPR 600/73)	Va presentata annualmente per tutti i percipienti (**Mod. 770**). Contiene il riepilogo dei dati riguardanti le retribuzioni corrisposte nell'anno precedente. Per i dettagli relativi alle modalità e ai termini di presentazione si rinvia al n. 37530
Conservazione della documentazione (art. 3 c. 3 DPR 600/73, art. 2, 3, 4 DM 17 giugno 2014)	I registri e i documenti vanno conservati, in forma tradizionale o in forma elettronica, secondo le regole ordinarie previste per le imprese e i professionisti (v. n. 52838 e s.) **(4)**.

(1) I datori di lavoro che hanno alle proprie dipendenze dei lavoratori che svolgono la propria **attività all'estero** in via continuativa (v. n. 8055) devono annotare su appositi registri, denominati ruolo estero, i dati riguardanti il personale suddetto: dati del dipendente, data di inizio dello specifico rapporto estero, Stato estero interessato, ammontare della retribuzione, ecc. (Circ. Min. 18 ottobre 1977 n. 95).

(2) I datori di lavoro **non obbligati alla ritenuta** (v. n. 8730) sono esonerati dal compilare la certificazione; tuttavia per agevolare la dichiarazione annuale dei lavoratori possono rilasciare un'attestazione che contenga l'ammontare dei compensi corrisposti (Circ. Min. 28 gennaio 1988 n. 2).

Il datore deve rilasciare la CU anche se corrisponde redditi esenti al fine di indicarli nelle annotazioni (es. redditi percepiti in Stati esteri con cui è in vigore una Convenzione, borse di studio, assegni di ricerca, retribuzioni corrisposte a dipendenti residenti da Enti e Organismi internazionali o da rappresentanze diplomatiche, ecc.).

(3) In caso di **interruzione del rapporto** di lavoro nel corso dell'anno i certificati devono essere consegnati entro 12 giorni dalla (eventuale) richiesta degli stessi. Se la richiesta è effettuata prima che siano state liquidate le ultime competenze soggette a tassazione ordinaria, i 12 giorni decorreranno da detta liquidazione.

(4) I giustificativi allegati alle **note spese dei dipendenti** per **trasferte** e/o missioni, se conservati elettronicamente, richiedono l'intervento di un pubblico ufficiale solo se i medesimi non consentano di risalire al loro contenuto attraverso altre scritture o documenti di cui sia obbligatoria la conservazione, anche se in possesso di terzi, come nel caso di giustificativi emessi da soggetti economici esteri di **Paesi extra Ue**, con i quali non esiste una reciproca assistenza in materia fiscale (v. n. 52843). Se la **nota spese è digitale**, diversamente dalle fatture elettroniche, può essere conservata anche in maniera tradizionale; naturalmente, se è conservata in forma digitale (con garanzia della sua autenticità, immodificabilità, integrità e leggibilità), gli originali cartacei possono essere distrutti (Risp. AE 20 ottobre 2021 n. 740, Risp. AE 17 ottobre 2019 n. 417, Risp. AE 9 ottobre 2019 n. 403, Risp. AE 20 settembre 2019 n. 388).

2. Adempimenti del lavoratore

Il lavoratore deve solamente presentare la dichiarazione annuale, se non è esonerato, ed eventualmente effettuare una dichiarazione al datore per richiedere l'applicazione delle detrazioni spettanti. **8860**

Adempimenti	
Dichiarazione annuale (art. 1 DPR 600/73)	I lavoratori dipendenti, se non hanno altri redditi, sono generalmente esonerati dall'obbligo di presentazione della dichiarazione dei redditi. In presenza di altri redditi, invece, devono presentare la dichiarazione (Mod. Redditi o Mod. 730), salvo i casi di esonero specifici (v. n. 16009 e s.). In ogni caso, anche se esonerati, i lavoratori possono ugualmente presentare la dichiarazione dei redditi se hanno oneri deducibili/detraibili da far valere, in quanto non considerati dal datore (v. n. 8530). Per le modalità di presentazione dei modelli Redditi e 730 si rinvia, rispettivamente, al n. 16030 e al n. 37610.

Adempimenti	
Dichiarazione al datore di lavoro (art. 23 c. 2 DPR 600/73)	Per **usufruire delle detrazioni** per familiari a carico, il lavoratore deve presentare una dichiarazione (cartacea o telematica, Ris. AE 30 gennaio 2009 n. 29/E) al datore per informarlo sulle condizioni di spettanza delle medesime e per indicare il codice fiscale dei soggetti a carico. La dichiarazione presentata **ha effetto** anche per gli anni successivi; infatti il lavoratore è tenuto a presentare una nuova dichiarazione solamente se i dati dichiarati precedentemente sono variati. Il lavoratore può comunque chiedere che non gli vengano applicate le detrazioni per familiari a carico.

B. Tassazione agevolata dei premi di risultato e degli utili dell'impresa

(art. 1 c. 182 e s. L. 208/2015, DM 25 marzo 2016, Circ. AE 15 giugno 2016 n. 28/E e Circ. AE 29 marzo 2018 n. 5/E)

8940 L'agevolazione riguardante i premi di risultato erogati ai lavoratori dipendenti del **settore privato** ha, tra gli altri, lo scopo di incentivare la produttività delle risorse umane.

8950 **CAMPO DI APPLICAZIONE** I **premi** di risultato - corrisposti in esecuzione dei contratti aziendali o territoriali in relazione ad incrementi di produttività, redditività, qualità, efficienza ed innovazione - e le somme pagate a titolo di **partecipazione agli utili**, sono generalmente soggetti a una **imposta sostitutiva** dell'IRPEF e delle addizionali regionali e comunali del **5%** (10% nel 2022), **entro il limite** di importo complessivo (premi + utili) di € 3.000 (€ 4.000 per alcune aziende che coinvolgono pariteticamente i lavoratori, v. n. 8978), considerati al lordo della ritenuta del 5% (10%) e al netto delle trattenute previdenziali obbligatorie.
Tale **limite comprende** tutti i premi percepiti dal dipendente nell'anno, a prescindere dal fatto che siano erogati in base a contratti diversi o da diversi datori o che abbiano avuto differenti momenti di maturazione.

8953 Il lavoratore può richiedere al datore, in alternativa ai premi in denaro e in osservanza dell'accordo aziendale o territoriale, particolari **benefit sostitutivi** (v. n. 8965), per alcuni dei quali si ha la detassazione integrale, oppure può **rinunciare** espressamente al beneficio (v. n. 8970).

8955 **Soggetti beneficiari** Il beneficio si applica solo ai **dipendenti del settore privato** (di imprese, di lavoratori autonomi, di enti pubblici economici, di enti non commerciali) titolari nell'**anno precedente** di un **reddito** di lavoro dipendente di importo **non superiore** a € 80.000, comprensivo delle somme soggette all'imposta sostitutiva del 5%, delle pensioni di ogni genere e degli assegni equiparati e della quota di TFR liquidata in busta paga, c.d. Quir; non si comprendono nel limite di € 80.000 eventuali altri redditi di lavoro soggetti a tassazione separata e i premi di risultato sostituiti dalle prestazioni di welfare nei limiti in cui sono esclusi da tassazione (v. n. 8965).

> **Precisazioni 1)** Il beneficio non spetta ai titolari di **redditi assimilati** al lavoro dipendente (es. amministratori, collaboratori coordinati e continuativi, ecc.).
> **2)** Il beneficio spetta anche:
> – in caso di **assenza di redditi** di lavoro dipendente;
> – se il **limite** di € 80.000 è stato **superato** per effetto del conseguimento di **redditi diversi** da quelli di lavoro dipendente, compresi i redditi assimilati;
> – se **nel corso dell'anno interessato** dalla agevolazione il lavoratore **supera** il limite di € 80.000.
> **3)** Ai fini del limite di € 80.000 va considerato anche il reddito di lavoro dipendente riconducibile ad una **attività di lavoro svolta all'estero**, anche se non tassato in Italia. Per quelli che determinano il reddito in base alla **retribuzione convenzionale** (v. n. 8055), non rileva quella effettivamente percepita.
> In caso di lavoratori **impatriati** e simili (v. n. 8050), rileva l'intero reddito di lavoro percepito, non quello tassato (parzialmente).

Premi tassati al 5%-10% I premi di risultato tassati in misura agevolata devono essere: **8958**
– di **ammontare variabile**, la cui corresponsione sia legata ad incrementi di produttività, redditività, qualità, efficienza ed innovazione. Il riferimento alla variabilità delle somme non va intesa necessariamente come gradualità dell'erogazione in base al raggiungimento dell'obiettivo definito nell'accordo sotto indicato. Sono comunque ammessi premi differenziati in base a diversi criteri (v. n. 8981);
– erogati **in esecuzione dei contratti aziendali o territoriali** stipulati da associazioni sindacali comparativamente più rappresentative sul piano nazionale e, per i contratti collettivi aziendali, dalle loro rappresentanze sindacali aziendali o dalla rappresentanza sindacale unitaria (sono irrilevanti gli accordi o contratti collettivi nazionali o gli accordi individuali).
L'**incremento** di produttività, ecc. a cui sono legati i premi agevolati deve essere effettivo, non potenziale; spetta ai contratti collettivi suddetti prevedere i **criteri di misurazione** specifici sulla base delle caratteristiche di ciascun settore economico o di ciascuna azienda, così come la verifica di tali incrementi. Al riguardo, è necessario che gli **obiettivi** previsti dai contratti collettivi siano **incrementali** rispetto al risultato antecedente l'inizio del periodo congruo di maturazione del premio (v. n. 8961) (Ris. AE 19 ottobre 2018 n. 78/E). Inoltre, l'individuazione dell'indicatore di misurazione dell'incremento deve avvenire con ragionevole anticipo rispetto al periodo di riferimento, dovendo riguardare una eventuale produttività futura non ancora realizzatasi (Risp. AE 25 giugno 2019 n. 205). Pertanto, se gli indicatori di misurazione sono individuati con un accordo integrativo a metà anno (es. il 2 luglio 2022) e a fine anno si rileva un incremento del loro valore rispetto a quello registrato al 30 giugno 2022, l'applicazione dell'imposta sostitutiva riguarda solo il **50%** del premio di risultato corrisposto nel 2022 (Risp. AE 31 ottobre 2019 n. 456). Tuttavia, se nel contratto è attestato che il raggiungimento dell'obiettivo incrementale è (anche per circostanze eccezionali) effettivamente incerto al momento della sua sottoscrizione, essendo in tale sede suscettibile di variabilità, l'azienda, sotto la propria responsabilità, può applicare l'imposta sostitutiva se al termine del periodo congruo sia stato raggiunto il risultato incrementale. In questo caso, la data di sottoscrizione dell'accordo non rileva ai fini dell'agevolazione che è applicata sull'intero importo stabilito nel contratto (Ris. AE 26 giugno 2020 n. 36/E).

In sostanza, la Risp. AE 31 ottobre 2019 n. 456 che ha ritenuto applicabile la detassazione in forma parziale, ha **finalità antielusive**, poiché ha cercato di arginare condotte abusive rappresentate da una sistematica modifica degli indicatori durante il periodo di misurazione, per ottenere l'applicazione della detassazione, una volta constatata l'impossibilità del raggiungimento dei risultati incrementali previsti nell'accordo originario. Pertanto, se al momento della sottoscrizione dell'accordo (integrativo o originario) l'azienda non è certa del raggiungimento del risultato incrementale degli obiettivi concordati con le rappresentanze sindacali nell'accordo, indipendentemente da quando quest'ultimo è sottoscritto, l'intero ammontare del premio è tassabile al 5%.

Gli incrementi rilevanti possono consistere: **8959**
– nell'aumento della produzione (es. rapporto fra volume della produzione e numero dei dipendenti, riduzione degli scarti di lavorazione, riduzione dell'assenteismo - c.d. premi di presenza, Cass. Lav. 16 agosto 2022 n. 24814, ecc.);
– in risparmi dei fattori produttivi (es. riduzione dei consumi energetici, riduzione del rapporto costi effettivi e costi previsti);
– nel miglioramento della qualità dei prodotti e dei processi, anche attraverso la riorganizzazione dell'orario di lavoro non straordinario o il ricorso al lavoro agile quale modalità flessibile di esecuzione del rapporto di lavoro subordinato (sono quindi escluse le maggiorazioni di retribuzione e gli straordinari corrisposti a seguito di un processo di riorganizzazione del lavoro).

›Precisazioni 1) Se l'azienda è **priva di rappresentanza sindacale interna** può, alternativamente:
– stipulare un contratto collettivo aziendale con le articolazioni territoriali delle organizzazioni sindacali comparativamente più rappresentative a livello nazionale, seppur esterne (Risp. AE 16 marzo 2021 n. 176);
– recepire unilateralmente il contratto collettivo territoriale di settore (Circ. AE 29 marzo 2018 n. 5/E). In assenza anche di questo, può adottare il contratto territoriale che ritiene più aderente alla propria realtà (es. contratto dello stesso settore presente in un ambito territoriale limitrofo), dandone comunicazione ai lavoratori.
2) Se il contratto territoriale prevede l'erogazione di premi in base ad **incrementi di risultato raggiunti a livello territoriale** dalle aziende cui quel contratto si riferisce, ai fini dell'applicazione del beneficio fiscale, è comunque necessario che l'incremento di risultato sia verificabile nei confronti della singola azienda che eroga il premio.
La singola azienda, pur essendo tenuta ad erogare il premio, in quanto il settore ha raggiunto complessivamente un risultato incrementale positivo, non può riconoscere ai dipendenti l'agevolazione fiscale se il proprio risultato non sia incrementativo rispetto all'analogo parametro del periodo precedente.

Lo stesso discorso vale anche nell'ambito dei **gruppi aziendali**, quando la contrattazione collettiva aziendale subordini l'erogazione del premio di risultato al raggiungimento di un obiettivo di gruppo: il premio è agevolato solo se l'incremento di produttività, redditività, ecc. è raggiunto dalla singola azienda, non essendo sufficiente il raggiungimento del risultato registrato dal Gruppo stesso.
Unica **eccezione** riguarda l'ipotesi in cui i rapporti di lavoro subordinato sono gestiti, nell'ambito del Gruppo, in maniera unitaria ed uniforme e la contrattazione collettiva, vincolante per tutte le aziende del Gruppo, è centralizzata in capo ad una sola società (di solito la casa-madre). In tale fattispecie rilevano gli obiettivi di gruppo (solo per società residenti in Italia).
Il beneficio non si applica invece ai premi riconosciuti ai dipendenti, sulla base di una *policy* globale di gruppo mediante un **regolamento aziendale**, in quanto trattasi di atto unilaterale del datore (Risp. AE 17 maggio 2022 n. 265).
3) Sono ammessi al beneficio anche i **ristorni ai soci lavoratori di cooperative** nella misura in cui siano conformi alle disposizioni suddette.

8961 La **misurazione** va rilevata rispetto ad un **periodo congruo** definito dall'accordo (annuale o infrannuale o ultrannuale), il cui raggiungimento sia verificabile in modo obiettivo attraverso il riscontro di indicatori quali quelli contenuti nel modello allegato al DM 25 marzo 2016 (es. volume della produzione, del fatturato, Ebitda, indice di soddisfazione del cliente, riduzione tempi di consegna o degli scarti di lavorazione, diminuzione riparazioni o rilavorazioni, riduzione degli infortuni o dei consumi energetici, riduzione dei giorni di assenza, senza penalizzare quelle dovute al periodo obbligatorio di congedo di maternità, ecc.).

La **rideterminazione** del periodo congruo in seguito all'emergenza **Covid-19** non osta all'applicazione della tassazione agevolata, poiché la durata del periodo di maturazione del premio è rimessa all'accordo delle parti (Risp. AE 20 aprile 2021 n. 270).

8963 **Utili dell'impresa** La tassazione agevolata riguarda anche le somme erogate sotto forma di **partecipazione agli utili** dell'impresa (art. 2012 c.c.); spetta a prescindere dagli incrementi di produttività.

8965 **Sostituzione dei premi con beni e servizi** Il lavoratore, se **espressamente previsto negli accordi** aziendali o territoriali, può optare per la sostituzione dei premi con le somme e i valori rientranti nel c.d. **welfare aziendale** e cioè:
1) quelli considerati **compensi in natura** non tassati (v. n. 8180 e s.),
2) quelli rientranti tra i **benefici previdenziali e assistenziali** non tassati (v. n. 8390 e s.),
3) quelli tassati in base a **valori convenzionali** (es. auto aziendale, fabbricati, prestiti, azioni, v. n. 8250 e s.).
In questi casi di sostituzione non si applica l'imposta sostitutiva del 5%. Ciò comporta che:
– mentre nei casi 1) e 2) i beni e i servizi sostitutivi non vengono tassati, fino all'importo stabilito per ciascun tipo di benefit e comunque non oltre quello solitamente soggetto ad imposta sostitutiva (€ 3.000 o 4.000), ad eccezione di quelli indicati nella tabella seguente, in cui i limiti del benefit sotto indicati non rilevano;
– nel caso 3) sono soggetti alla tassazione ordinaria in base al valore convenzionale.

Premi esenti senza limiti

Tipologia	Limite € (irrilevante)	Importo complessivo (+ € 3.000)	MF n.
Contributi per assistenza sanitaria integrativa	3.615,20	6.615,20	8400
Contributi a fondi pensione **(1)**	5.164,57	8.164,57 **(2)**	8430
Azioni del gruppo (c.d. piani di azionariato) **(3)**	2.065,83	5.065,83	8200

(1) Le **prestazioni** erogate dal fondo derivanti da tali contributi non saranno tassate.
(2) Per i **lavoratori di prima occupazione** il limite può arrivare a € 10.746,86 (v. n. 1314).
(3) La sostituzione del premio con azioni avviene in esenzione da imposta anche quando **non sono rispettate le condizioni** di cui al n. 8201 (attribuzione alla generalità dei dipendenti, riacquisto dell'emittente, non cedibilità prima di un triennio, ecc.) (Circ. AE 29 marzo 2018 n. 5/E)

8966 **ESEMPIO**
1) Il lavoratore può chiedere al proprio datore di versare il premio di risultato, ad enti o casse aventi esclusivamente fine assistenziale in aggiunta ai contributi già versati dal datore o dallo stesso dipendente. Tale versamento aggiuntivo avviene in esenzione di imposta entro un importo massimo lordo di € 3.000 (o 4.000). Conseguentemente, la parte di premio destinata alla medesima finalità eccedente tali importi concorre alla determinazione del reddito di lavoro dipendente.

L'esenzione dei contributi opera anche oltre il limite complessivo di € 3.615,20. Se sono stati già versati alla cassa contributi per € 3.500, il premio di risultato di € 3.000 può essere convertito in contributi esenti per l'intero importo.
2) 1 febbraio 20XX: assegnazione azioni, alla generalità dei dipendenti, per complessivi € 2.000;
10 marzo 20XX: assegnazione di azioni a seguito della conversione del premio di risultato di € 3.000;
30 marzo 20XX: riacquisto da parte della società emittente di azioni convertite con il premio di risultato per un valore di € 1.500;
2 aprile 20XX: cessione a terzi di azioni convertite con il premio di risultato per il restante valore di € 1.500.
Per il dipendente beneficiario delle azioni in sostituzione del premio, la cessione delle stesse può generare reddito diverso, ma non reddito di lavoro dipendente.
3) Premio di risultato agevolabile € 3.000
– Interessi dovuti dal dipendente in base al contratto di mutuo € 4.000
– Interessi calcolati al tasso ufficiale di sconto € 2.000
– Interessi rimasti a carico del dipendente dopo la conversione del premio € 1.000 (€ 4.000 – € 3.000)
– Base imponibile del benefit € 500 (€ 2.000 – € 1.000 = € 1.000 * 50%)
– Base imponibile da assoggettare ad imposta sostitutiva o, a scelta del lavoratore, a tassazione ordinaria o sostituita con gli altri benefit, € 2.500 (€ 3.000 – € 500).
4) Premio di risultato agevolabile € 3.000
– Valore imponibile dell'auto ad uso promiscuo € 1.885,50 (€ 0,4190 * km. 15.000 * 30%)
– Base imponibile a seguito della conversione del premio di risultato, € 1.885,50, da assoggettare a tassazione ordinaria
– Base imponibile da assoggettare ad imposta sostitutiva o, a scelta del lavoratore, a tassazione ordinaria € 1.114,50 (€ 3.000 – € 1.885,50).
Se al lavoratore dipendente è trattenuta una somma per l'uso del veicolo aziendale (quota di reddito già assoggettata a tassazione), la base imponibile del benefit è ridotta di pari importo.

Il lavoratore può chiedere al datore di lavoro che il proprio premio di risultato sia utilizzato per il **sostenimento degli oneri deducibili,** alle condizioni e nei limiti previsti per ciascuna tipologia (es. assegno alimentare per il coniuge separato, versamento a un fondo di previdenza complementare, ecc., v. n. 8800). **8968**
In caso di **sostituzione parziale**, la **parte di premio non sostituita** dal benefit è assoggettata all'imposta sostitutiva o alla tassazione ordinaria, a scelta del dipendente.

ESEMPIO
Se un premio di risultato di € 4.500 è convertito in contributi alla previdenza complementare, 3.000 sono detassati e 1.500 non concorrono al reddito di lavoro dipendente (quale onere deducibile).

L'eventuale disciplina di dettaglio, riguardante le **modalità di esercizio** di tale scelta o la possibilità di **revoca**, resta demandata alla autonomia delle parti o al contratto stesso.
Il benefit erogato in sostituzione del premio di risultato, va valorizzato in base al **valore normale** e può consistere anche in una **somma di denaro**, ove ciò sia previsto per lo specifico benefit (es. rimborso spese scolastiche), o essere erogato mediante **voucher** (v. n. 8177).
L'eventuale rilevanza reddituale dei benefit sostitutivi del premio si ha al momento in cui il dipendente opta per la fruizione del medesimo.

MODALITÀ DI TASSAZIONE L'imposta sostitutiva si applica sulle **somme** complessivamente erogate per incrementi di produttività (esclusi quindi i compensi in natura). **8970**
L'imposta è generalmente **trattenuta dal datore**, come le ritenute ordinarie; la trattenuta va operata, dopo aver sottratto dalla retribuzione le trattenute previdenziali obbligatorie.
Normalmente il pagamento del premio avviene solo **dopo la verifica del risultato** conseguito dalla azienda. Il datore di lavoro quando **accerta ex post** che la retribuzione ha i presupposti richiesti per l'agevolazione può applicarla e **recuperare le maggiori ritenute** operate con la prima retribuzione utile, senza attendere le operazioni di conguaglio.
Operativamente occorre distinguere:
– se il datore **ha rilasciato la CU per l'intero anno** precedente (e quindi è in grado di verificare la presenza delle condizioni richieste), l'imposta è trattenuta in via automatica;
– se il datore tenuto ad applicare l'imposta sostitutiva **non è lo stesso che ha rilasciato la CU** per l'anno precedente (o l'ha rilasciato per un periodo inferiore all'anno), applica l'imposta, a condizione che il lavoratore gli attesti in forma scritta il rispetto del requisito per usufruire dell'agevolazione (reddito di lavoro dipendente conseguito, non superiore a € 80.000).
Analoga comunicazione deve essere fatta dal lavoratore che nell'anno precedente non abbia percepito alcun reddito di lavoro dipendente.

>Precisazioni 1) Il dipendente è in ogni caso, **tenuto a comunicare** al datore l'**insussistenza del diritto** ad avvalersi del beneficio, nelle ipotesi in cui:
– nel corso dell'anno precedente, oltre al rapporto di lavoro con il datore che eroga i compensi assoggettabili ad imposta sostitutiva, abbia intrattenuto un altro rapporto di lavoro dipendente, in tal modo superando il limite di € 80.000 di reddito da lavoro dipendente;
– nel corso dell'anno attuale abbia intrattenuto altri rapporti di lavoro dipendente percependo somme già assoggettate a imposta sostitutiva, fino a concorrenza del limite di € 3.000 (o € 4.000) prestabilito dalla norma.
2) Il lavoratore anche quando il datore è direttamente tenuto all'applicazione della imposta sostitutiva, può comunque **rinunciare al beneficio**, facendone richiesta per iscritto al proprio datore.
In **assenza di rinuncia**, il datore, ricorrendone i presupposti, procede all'applicazione dell'imposta sostitutiva. Ciò non toglie, tuttavia, che ove riscontri che la tassazione sostitutiva risulti meno favorevole per il dipendente, pur in assenza di rinuncia da parte di questi, applichi la tassazione ordinaria, portandone a conoscenza il dipendente.

8971 **Pagamento di acconti sui premi di risultato** L'imposta sostitutiva può applicarsi anche agli acconti a **condizione** che sia riscontrabile, al momento del pagamento, un incremento in linea con l'obiettivo individuato dal contratto.
Se sono previsti **più acconti** (es. trimestrali) la condizione è rispettata se, sommando il risultato registrato nel periodo di riferimento con quelli registrati nei periodi precedenti il risultato complessivo dei periodi considerati risulti incrementale rispetto al parametro di riferimento.
Resta fermo che se al termine del **periodo congruo** non si registri l'incremento individuato dal contratto, il datore deve emettere una nuova CU e recuperare le minori imposte versate in occasione del pagamento degli acconti o indicare al dipendente di provvedervi in sede di dichiarazione.

Se l'imposta sostitutiva non è stata applicata entro la data del conguaglio (es. perché occorre attendere i dati di bilancio per verificarne la spettanza), può essere applicata sugli **acconti** dei premi di risultato, già assoggettati a tassazione ordinaria, da parte dei lavoratori dipendenti in sede di dichiarazione dei redditi, sulla base di una **nuova CU** rilasciata dal datore.
In tale ipotesi il tardivo invio della nuova CU all'AE non comporta l'applicazione di sanzioni.
In **alternativa** il lavoratore dipendente può presentare **istanza di rimborso** (v. n. 80450) sulla base di una documentazione rilasciata dal datore che comprovi il raggiungimento dell'obiettivo incrementale.

8974 **ADEMPIMENTI DEL DATORE** Il datore deve:
– **depositare in via telematica** il contratto aziendale o territoriale **entro** 30 giorni dalla sottoscrizione, unitamente alla dichiarazione di conformità del contratto alle disposizioni del DM 25 marzo 2016, redatta con il modello disponibile sul sito www.lavoro.gov.it e seguendo le istruzioni della Nota Min. Lav. 22 luglio 2016 n. 4274 (entrambi gli adempimenti possono essere effettuati anche successivamente, purché prima dell'attribuzione dei premi di risultato o del pagamento degli utili di impresa);
– **indicare separatamente nella CU** la parte di reddito assoggettata ad imposta sostitutiva e l'importo di quest'ultima trattenuto sulle somme spettanti al dipendente;
– **attestare** che sono state erogate in attuazione di quanto previsto da uno specifico accordo o contratto collettivo territoriale o aziendale;
– **versare** l'imposta trattenuta con F24 oppure **compensarla**, secondo le modalità ordinarie.

8976 **CASI PARTICOLARI** Si esaminano i casi particolari che riguardano i premi pagati ai lavoratori coinvolti pariteticamente nell'organizzazione del lavoro e i premi determinati in misura differenziata.

8978 **Aziende che coinvolgono pariteticamente i lavoratori nell'organizzazione del lavoro** Si deve distinguere a seconda della data di stipula dei contratti aziendali o territoriali in esecuzione dei quali sono corrisposti i premi di risultato.

contratti stipulati fino al 24 aprile 2017	Il **limite** di € 3.000 è **aumentato** fino a € 4.000. I **contratti collettivi** devono prevedere strumenti e modalità di coinvolgimento dei lavoratori nell'organizzazione del lavoro mediante **un piano che stabilisca**, ad esempio, la costituzione di gruppi di lavoro nei quali operano pariteticamente responsabili aziendali e lavoratori finalizzati al miglioramento o all'innovazione di aree produttive o sistemi di produzione e che prevedano: – strutture permanenti di consultazione e monitoraggio degli obiettivi da perseguire e delle risorse necessarie;

	– la predisposizione di rapporti periodici che illustrino le attività svolte e i risultati raggiunti. Si veda più nel dettaglio l'analisi della Circ. AE 29 marzo 2018 n. 5/E, in cui si forniscono **esempi** di schemi organizzativi di organizzazione partecipata (**SOP**) e i programmi di gestione partecipata (**PGP**) **(*)**.
contratti stipulati dopo (o stipulati prima ma modificati o integrati dopo)	Fermo restando il limite ordinario di € 3.000, è prevista una **riduzione dell'onere contributivo IVS** di 20 punti percentuali dell'aliquota contributiva a carico del datore di lavoro su una quota delle erogazioni premiali non superiore a € 800 annui e sulla medesima quota non è dovuta alcuna contribuzione a carico del lavoratore (vedi ML).
(*) In caso di erogazione dei premi **da più datori di lavoro**, il limite di € 4.000 vale solo se tutti i premi di risultato sono erogati da aziende che abbiano adottato tali schemi organizzativi. Se invece solo un datore adotta il coinvolgimento paritetico dei lavoratori, il totale dei premi è agevolabile nel limite di € 3.000, se di ammontare superiore, per l'importo erogato dalla azienda che adotta il coinvolgimento paritetico dei lavoratori.	

Premi di risultato in misura differenziata La tassazione ridotta (o nulla) è ammessa anche quando viene previsto un premio di risultato differenziato, graduato in ragione della **retribuzione annua lorda** dei lavoratori dipendenti o in ragione dell'appartenenza del lavoratore ad un **determinato settore aziendale** o anche in ragione dei **giorni di assenza** registrati nel corso del periodo di maturazione del premio, fermo restando l'obbligo previsto dalla legge di computare il periodo obbligatorio di congedo di maternità ai fini della determinazione dei premi. 8981

Se il premio è subordinato al raggiungimento di **diversi obiettivi**, fra di essi **alternativi**, è sufficiente il raggiungimento incrementale di uno solo di questi, indipendentemente dalla circostanza che, con riferimento alle modalità di determinazione del quantum, le parti abbiano concordato di graduarne l'erogazione in ragione del raggiungimento degli stessi o di diversi obiettivi.

ESEMPIO

Il risultato incrementale, rispetto al 2021, è valutato in almeno uno dei seguenti obiettivi previsti nel contratto:
1) la redditività dell'azienda, parametrata al valore dell'Ebitda;
2) l'efficienza del lavoro, connessa alla posizione dell'azienda sul mercato.
In questo contesto viene previsto un premio di € 1.000 così strutturato:
A) 50% legato alla qualità della produzione, misurata dal numero di pezzi difettosi prodotti (la riduzione anche soltanto di un punto percentuale rispetto all'anno precedente determina l'erogazione di € 500; per un risultato uguale si eroga € 250; mentre per valori inferiori nessun premio);
B) 50% legato all'innovazione tecnologica, misurata dal numero di brevetti depositati nell'anno dall'azienda (per un numero di brevetti superiore al valore dell'anno precedente (5) è erogata l'intera quota di € 500 euro; per numeri uguali a 5 si corrispondono € 250; per numeri inferiori nessun premio).
Se l'impresa ha raggiunto un risultato incrementale con riferimento all'obiettivo della redditività (es. il valore dell'Ebitda del 2022 è superiore al valore del 2021) e registra una riduzione del numero di pezzi difettosi, mentre non ha incrementato il numero di brevetti, l'ammontare del premio erogato è di € 750 (500 per indicatore A e 250 per indicatore B).

Se invece il contratto prevede il raggiungimento di **diversi obiettivi non alternativi** tra di loro, l'imposta sostitutiva si applica esclusivamente sulla parte di premio i cui relativi parametri/indicatori hanno rispettato il requisito dell'incrementalità. 8982

ESEMPIO

Premio di risultato di € 1.000, il cui ammontare è determinato in ragione di diversi obiettivi che rilevano autonomamente:
– € 500 a fronte del raggiungimento di un incremento del numero dei brevetti depositati;
– € 500 in caso di riduzione del numero di pezzi difettosi prodotti.
L'agevolazione opera esclusivamente sul premio relativo agli obiettivi raggiunti (es. riduzione della percentuale di pezzi difettosi prodotti rispetto al periodo di riferimento stabilito nel contratto).

8995 **IRREGOLARITÀ** (Ris. AE 9 giugno 2017 n. 67/E) In presenza di irregolarità **compiute dal datore**, derivanti sia dall'applicazione dell'agevolazione - imposta sostitutiva o premi esenti - in assenza dei presupposti che dalla mancata applicazione della stessa in presenza dei presupposti, il dipendente deve rimediare rispettando le seguenti indicazioni.

Irregolarità del datore	Adempimento del dipendente
applica l'imposta sostitutiva ai premi in assenza dei presupposti (es. per superamento del limite di reddito)	indica nella dichiarazione dei redditi i premi di risultato fra gli importi soggetti ad imposta sostitutiva e barra la colonna che include gli stessi nel reddito complessivo da tassare ordinariamente (Tassazione ordinaria)
applica la detassazione ai premi esenti in assenza dei presupposti	indica nella dichiarazione dei redditi i premi esenti fra gli importi soggetti ad imposta sostitutiva (anche se nella CU sono indicati fra i benefit esenti) e barra la colonna che include gli stessi nel reddito complessivo da tassare ordinariamente (Tassazione ordinaria)
non applica l'agevolazione in presenza dei presupposti	applica l'imposta sostitutiva o l'esenzione nella dichiarazione dei redditi

C. Tassazione separata

9120 **REDDITI SOGGETTI** (art. 17 DPR 917/86) Sono assoggettati alla tassazione separata **diverse tipologie** di reddito, indicate nelle seguenti tabelle.

Redditi percepiti alla cessazione del rapporto (1) (2)
– trattamento economico di fine rapporto (**TFR**) e indennità equipollenti commisurate alla durata dei rapporti di lavoro dipendente; – **altre indennità** e somme corrisposte una tantum in occasione della cessazione del rapporto di lavoro, comprese quelle erogate, anch'esse una tantum, a titolo definitivo in relazione alla cessazione del rapporto che intercorre fra il soggetto erogante e il beneficiario in base ad un presupposto non connesso alla cessazione del rapporto di lavoro. **Esempio:** Indennità di preavviso, corrispettivo del patto di non concorrenza, premio di prepensionamento, somme corrisposte da fondi pensione, premio per l'esodo incentivato dei lavoratori, contributi facoltativi per riscattare gli anni di studio universitari versati dal datore di lavoro all'Inps per conto del dipendente, per agevolare la risoluzione anticipata di un rapporto di lavoro **(3)**, capitalizzazione di pensioni, interessi per ritardato pagamento del TFR, ecc. Sono infine comprese le somme ed i valori percepiti, anche se a **titolo risarcitorio** o a seguito di procedure esecutive, per provvedimenti dell'autorità giudiziaria o per **transazioni** relative alla **risoluzione** del rapporto di lavoro (es. indennità supplementare corrisposta ai dirigenti per ingiustificato licenziamento) **(4)**.
(1) Quando riguardano i **pubblici dipendenti**, le somme sono denominate diversamente, ad esempio: indennità di anzianità, di fine lavoro, di buonuscita (c.d. indennità equipollenti), ma seguono la stessa disciplina. Sono compresi in questa categoria anche gli emolumenti erogati da **Fondi o Casse di previdenza** che, per ciascuna categoria di dipendenti pubblici, solitamente corrispondono un trattamento aggiuntivo di fine servizio. **(2)** Se di importo **superiore a € 1.000.000** vedi precisazione sotto. **(3)** Risp. AE 21 ottobre 2020 n. 490. **(4)** Sono esclusi da tassazione il vero e proprio **risarcimento di danni patrimoniali** subiti dal dipendente e le somme erogate per premorienza e invalidità permanente (Circ. Min. 9 ottobre 1998 n. 235/E).

Le indennità e i compensi di **importo superiore a € 1.000.000** sono soggetti a tassazione ordinaria limitatamente alla quota dell'importo che eccede € 1.000.000; pertanto, tale importo concorre alla formazione del reddito complessivo (art. 24 c. 31 DL 201/2011).
Nel caso di erogazione **sia del TFR** (o di un'indennità equipollente) **che di altre indennità** e somme, tutte le somme concorrono alla formazione dell'importo eccedente € 1.000.000; in tale ipotesi, al fine di determinare a quale importo applicare la tassazione ordinaria, si deve tener presente un **ordine di priorità** illustrato con Circ. AE 28 febbraio 2012 n. 3/E.

Arretrati		9121
Definizione	**Precisazioni**	
Emolumenti relativi a prestazioni di lavoro **riferibili ad anni precedenti**, percepiti per effetto di legge, contratti collettivi, sentenze o atti amministrativi successivi o per altre cause non dipendenti dalla volontà delle parti **(*)**	**(1)** Un caso frequente è rappresentato dalle somme erogate **una tantum** in occasione del **rinnovo del contratto** collettivo, anche integrativo, a titolo sostitutivo degli aumenti contrattuali che avrebbero dovuto interessare periodi pregressi ma che non sono stati corrisposti a causa del ritardo nell'approvazione del nuovo contratto collettivo (Risp. AE 22 settembre 2022 n. 468, Risp. AE 10 giugno 2020 n. 177, Ris. AE 16 marzo 2004 n. 43/E). **(2)** Si comprende anche l'**indennità di disoccupazione**, se percepita in un periodo d'imposta successivo a quello di riferimento. **(3) Non sono arretrati**, quindi sono tassati in maniera ordinaria: – emolumenti accessori, quali mensilità supplementari o premi di rendimento, pagati posticipatamente rispetto all'anno di riferimento per accordo collettivo (Ris. Min. 31 dicembre 1975 n. 8/50309); – altri redditi corrisposti in un periodo d'imposta successivo **a causa dei tempi tecnici fisiologici** occorrenti per l'erogazione, per ritardi burocratici o quando la determinazione delle somme dovute può essere effettuata solo alla conclusione del periodo temporale cui le stesse si riferiscono (es. incentivo collegato alla produttività di un determinato anno) (Risp. AE 22 settembre 2022 n. 468, Ris. AE 9 ottobre 2008 n. 377/E, Ris. Min. 22 giugno 2000 n. 90/E, Ris. AE 3 dicembre 2002 n. 379/E). Il fatto che il pagamento avvenga **oltre l'anno immediatamente successivo** a quello di maturazione di per sé non è sufficiente a ritenere applicabile la tassazione separata, se il pagamento avviene con una tempistica costante, quindi con un ritardo fisiologico (Ris. AE 13 dicembre 2017 n. 151/E) **(**)**.	
(*) Esempio Accertata situazione di grave dissesto finanziario, o tardivo pagamento della cassa integrazione (Circ. Min. 5 febbraio 1997 n. 23/E), oppure l'introduzione di un nuovo sistema gestionale, o il blocco temporaneo del medesimo (Cass. 8 febbraio 2022 n. 3925). **(**) Esempi** Se nel 2022, a seguito della semplificazione delle procedure burocratiche che ha comportato una accelerazione dei pagamenti, sono pagate **retribuzioni** di risultato relative agli anni 2019, 2020 e 2021, la tassazione separata si applica sicuramente alle retribuzioni relative al 2019 e 2020 (ritardo certamente non fisiologico), mentre per quella relativa al 2021 solo se il ritardo non è fisiologico. I **compensi ai giudici** delle Corti tributarie pagati in ritardo sono soggetti a tassazione separata, indipendentemente dalla causa del ritardo (Ris. Cpgt 19 novembre 2019 n. 6, Cass. 19 dicembre 2002 n. 18067). In particolare, è stato recentemente deciso che si considerano arretrati solo i compensi corrisposti oltre 120 giorni dal termine dell'anno di maturazione senza che sussistano circostanze giustificative eccezionali (Cass. 13 febbraio 2020 n. 3582).		

Altre Tipologie	Identificazione
Redditi di eredi	Redditi percepiti dagli eredi del lavoratore defunto.
Indennità di mobilità	Indennità di mobilità di cui all'art. 7 c. 5 L. 223/91 **corrisposta anticipatamente**, per la parte non reinvestita nella costituzione di società cooperative **(*)**.
Tratt. di integraz. salariale	Di cui all'art. 1 bis DL 357/94 **corrisposto anticipatamente**.
(*) La parte reinvestita nella **costituzione** di società **cooperative** non è, invece, imponibile (art. 15 c. 1 L. 133/99). Resta imponibile quella investita per associarsi a cooperative già esistenti.	

Le tipologie suindicate sono **tassate con modalità diverse** e senza cumularsi con gli altri redditi percepiti nell'anno. Inoltre, in sede di calcolo definitivo dell'imposta, l'AF provvede a tassare i redditi derivanti da indennità di fine rapporto (ed indennità equipollenti) e gli emolumenti arretrati applicando il criterio di tassazione - separata o ordinaria - più favorevole al contribuente. 9125

>Precisazioni 1) Resta tuttavia fermo l'obbligo del datore di effettuare le **ritenute** calcolate con le modalità previste per la tassazione separata, nonché gli obblighi già illustrati per la tassazione ordinaria (v. n. 8830 e s.).

2) A carico del **lavoratore dipendente** non è previsto alcun obbligo; tuttavia, per gli eredi in caso di riscossione di somme non collegate con il TFR è previsto l'obbligo di presentare la dichiarazione dei redditi (v. n. 9375).

a. Calcolo dell'imposta

9140 I criteri per il calcolo dell'imposta variano a seconda del tipo di somma percepita.

1. TFR ed indennità equipollenti
(art. 19 c. 1, 1 bis e 1 ter DPR 917/86)

9150 Il diritto del lavoratore di percepire il TFR o l'indennità equipollente nasce il giorno successivo a quello della cessazione del rapporto di lavoro; invece, **l'obbligo per il datore** di effettuare la **ritenuta** d'acconto sorge al momento della corresponsione dell'indennità.
Sia per il TFR che per le indennità equipollenti è possibile che vengano corrisposte **anticipazioni** e **acconti**; infine il datore può **stipulare un'assicurazione** per garantire al lavoratore una somma da liquidare all'atto della cessazione del rapporto.

9155 **BASE IMPONIBILE DEL TFR** Per il TFR le modalità di determinazione della base imponibile **variano** a seconda che le quote siano maturate prima o dopo il 1° gennaio 2001. Pertanto, per i soggetti che hanno iniziato il rapporto di lavoro prima del 2001 occorre dividere le somme corrisposte in 2 quote, in funzione del periodo di maturazione, ed applicare provvisoriamente l'aliquota calcolata con le modalità illustrate successivamente.
Le **quote maturate fino al 31 dicembre 2000** sono tassate definitivamente dal datore, mentre **quelle maturate successivamente** sono tassate provvisoriamente dal datore, in quanto l'imposta definitiva è determinata successivamente dall'AF.

9156

TFR maturato	Determinazione
al 31/12/2000	Rileva l'ammontare netto del TFR (quota spettante al lavoratore dedotti eventuali contributi posti a suo carico). Le quote annuali versate ai **fondi pensione** a carico del TFR non sono tassate (art. 11 L. 335/95). L'**imponibile** si determina sottraendo dal TFR maturato al 31 dicembre 2000 una detrazione pari a € 309,87 per ogni anno di anzianità effettiva. I periodi di anzianità convenzionale, ossia quelli che per accordo collettivo sono ulteriormente concessi ai dipendenti rispetto ai periodi di effettiva prestazione, non rilevano ai fini della riduzione **(*)**.
dal 2001	La base imponibile del TFR è costituita dal suo importo al netto delle **rivalutazioni** già assoggettate ad imposta sostitutiva del 17% (v. n. 9430) (Circ. AE 20 marzo 2001 n. 29/E).

(*) Per i periodi di servizio inferiori all'anno (**lavoratori stagionali**), la riduzione viene rapportata a mese - ad esempio, per un'attività di 6 mesi la riduzione sarà di € 154,94. Se il periodo di servizio è inferiore al mese, la riduzione spetta per un mese (€ 25,82).
Nel caso di lavoro a orario ridotto (**part-time**) la riduzione del TFR e altre indennità pari a € 309,87 è proporzionalmente decurtata.
Se parte del TFR è destinato a **fondi pensione**, l'ammontare della riduzione annua è ridotta proporzionalmente al rapporto fra la quota di TFR destinata al fondo pensione e quella accantonata.

9170 **CALCOLO DELL'IMPOSTA SUL TFR** Dopo avere determinato la base imponibile complessiva del TFR si deve **determinare l'aliquota media** applicabile alla stessa. Tale aliquota si ottiene calcolando l'aliquota media corrispondente al reddito di riferimento, mediante le operazioni riportate nella **tabella** seguente con le rispettive definizioni.

Reddito di riferimento $$RR = \frac{TFR1 + (TFR2 - R)}{n} \times 12$$

Legenda
– TFR1 e TFR2 si intendono i TFR maturati, rispettivamente, fino al 31 dicembre 2000 e dal 1° gennaio 2001 alla data della cessazione del rapporto di lavoro, comprendendo anche le relative quote destinate al finanziamento delle forme pensionistiche e le relative anticipazioni già erogate
– R = rivalutazioni relative al TFR2 assoggettate ad imposta sostitutiva
– n = numero di anni e frazione di anno di anzianità effettiva e convenzionale (i mesi hanno un valore ciascuno pari a 0,83). Se il contratto di lavoro è di durata inferiore a 1 anno, deve essere indicato «1» (Circ. AE 6 agosto 2001 n. 78/E).

Aliquota media

$$A = \frac{IRR}{RR} \times 100$$

Legenda
– IRR = imposta calcolata applicando al reddito di riferimento le aliquote IRPEF (al netto delle addizionali locali) in vigore nell'anno in cui è maturato il diritto alla percezione del TFR. In proposito, il diritto alla percezione sorge il giorno successivo a quello di cessazione del rapporto. Pertanto, se un lavoratore termina il rapporto il 31 dicembre 200X, il diritto alla percezione del TFR sorge il 1° gennaio 200X+1, quindi si devono considerare le aliquote vigenti nel 200X+1 (Circ. AE 20 marzo 2001 n. 29/E). Se invece un lavoratore termina il rapporto il 30 dicembre 200X si considerano le aliquote vigenti nel 200X.

In seguito, applicando l'aliquota media alla somma delle basi imponibili relative, rispettivamente, al TFR maturato prima e dopo il 2001, si ottiene l'**imposta dovuta**. 9171
Sono inoltre previste **2 tipologie di detrazioni** nei seguenti casi:
– TFR avente un reddito di riferimento non superiore a € 30.000;
– rapporti di lavoro a tempo determinato, di durata effettiva non superiore a 2 anni.

TFR con reddito di riferimento non superiore a € 30.000
(art. 2 c. 514 L. 244/2007, DM 20 marzo 2008)

Reddito di riferimento	Importo detrazione (*)
non superiore 7.500 €	70 €
superiore a 7.500 ma non a 28.000 €	50 € + € [20 × (28.000 – reddito di riferimento) / 20.500] (**)
superiore a 28.000 ma non a 30.000 €	50 € × € (30.000 – reddito di riferimento) / 2.000 (**)

(*) La detrazione è riconosciuta dai datori di lavoro in relazione ad **una sola cessazione** del rapporto di lavoro nel corso di ciascun periodo d'imposta. I beneficiari devono attestare in forma scritta, su richiesta del datore, di non aver già fruito di detta detrazione in relazione ad altro rapporto di lavoro cessato nel medesimo periodo.
Per i dipendenti di un datore non sostituto d'imposta, la detrazione spettante è determinata in sede di dichiarazione dei redditi.
La detrazione non compete in caso di somme liquidate a titolo di **anticipazione**, mentre spetta in relazione agli **acconti**.
(**) Se il risultato del rapporto è maggiore di zero, lo stesso si assume nelle prime 4 cifre decimali.

9172

Rapporti di lavoro a tempo determinato, di durata effettiva non superiore a **2 anni** (*)

Detrazione di 61,97 € per ciascun anno (esclusi i periodi in cui non è maturato il TFR) ed entro il limite dell'imposta calcolata sul TFR maturato dal 1° gennaio 2001.
Per i **periodi inferiori all'anno**, la detrazione è rapportata a mese.
Se il rapporto si svolge per un **numero di ore** inferiore a quello ordinario previsto dai contratti collettivi nazionali di lavoro (c.d. part-time), la somma è proporzionalmente ridotta. Se il rapporto part-time varia nel corso dell'anno, la riduzione si effettua avendo presente il tempo medio trascorso in part-time nell'anno.
La detrazione non compete in caso di somme liquidate a titolo di **anticipazione**, mentre spetta in relazione agli **acconti**.
Nel caso in cui l'intero TFR maturato dal 1° gennaio 2001 sia stato trasferito a un **fondo pensione**, la detrazione non spetta (Circ. AE 6 agosto 2001 n. 78/E).

(*) Per i TFR liquidati alla cessazione di rapporti di lavoro che, sorti come contratti a tempo determinato, siano stati **trasformati**, senza liquidazione del TFR ad esso relativo, in contratti a tempo indeterminato, non spetta la detrazione suddetta.
Per stabilire la **durata del rapporto** non rilevano i periodi di sospensione per infortunio, malattia, gravidanza e puerperio. Di conseguenza, la detrazione compete anche se il rapporto nel suo complesso ha avuto una durata superiore a due anni, ma detta detrazione è commisurata alla durata effettiva del rapporto (al netto del periodo di sospensione).

9173 Successivamente gli **uffici finanziari** riliquidano l'imposta in base all'aliquota media di tassazione dei 5 anni precedenti a quello della cessazione del rapporto, e se le maggiori o le minori imposte sono di importo non inferiore a € 100, notificano la cartella di pagamento o rimborsano l'imposta a credito (entro il 31 dicembre del 4° anno successivo a quello di presentazione della dichiarazione del sostituto d'imposta).

> **Precisazioni** 1) Se in uno o più dei 5 anni considerati **non vi è stato reddito imponibile**, l'aliquota media si calcola con riferimento agli anni in cui vi è stato reddito imponibile; se non vi è stato reddito imponibile in alcuno di tali anni, si applica l'aliquota stabilita per il primo scaglione di reddito (v. n. 1000).
Se tale **aliquota è variata** nel corso del quinquennio, si deve tener conto della media delle aliquote del primo scaglione nei 5 anni considerati.
2) Per i TFR erogati da **soggetti non obbligati ad effettuare ritenute** d'acconto, la riliquidazione deve essere operata entro il 31 dicembre successivo a quello di presentazione della dichiarazione dei redditi.

9180 **INDENNITÀ EQUIPOLLENTI** Le indennità equipollenti al TFR, comunque denominate, commisurate alla durata dei rapporti di lavoro dipendente, sono generalmente **imponibili per un importo che si determina** riducendo il loro ammontare netto di una somma pari a € 309,87 per ciascun anno preso a base di commisurazione (anzianità effettiva, con esclusione dei periodi di anzianità convenzionale).
Inoltre, nel caso di **reddito di riferimento non superiore a** € 30.000, è prevista un'ulteriore detrazione (v. n. 9171).

Per i **periodi inferiori all'anno** la riduzione è rapportata a mese. Se il rapporto si svolge per un **numero di ore inferiore** a quello ordinario previsto dai contratti collettivi nazionali di lavoro, la somma è proporzionalmente ridotta.

L'**imposta** è determinata applicando l'aliquota - in vigore nell'anno in cui è cessato il rapporto (non in quello del pagamento, se diverso) e al netto delle addizionali locali - corrispondente all'importo che risulta dalla seguente operazione:

$$\frac{\text{(Indennità + somme versate a fondi pensione)}}{\text{n° anni e frazione di anno di anzianità effettiva e convenzionale}} \times 12$$

N.B. Per le **indennità di fine servizio** di importo superiore a **€ 50.000** corrisposte a **dipendenti pubblici**, l'aliquota applicabile è ridotta progressivamente, dall'1,5% al 7,5%, in base al ritardo della sua corresponsione rispetto alla data di cessazione del rapporto o, se anteriore, al 1° gennaio 2019 (rilevano ritardi superiori a 12 mesi, art. 24 DL 4/2019).

9181 L'ammontare netto delle indennità, alla cui formazione concorrono anche **contributi previdenziali** posti a carico dei lavoratori dipendenti e assimilati, è computato previa **detrazione** di una somma pari alla percentuale di tali indennità corrispondente al seguente rapporto, alla data del collocamento a riposo o alla data in cui è maturato il diritto alla percezione:

$$\frac{\text{aliquota del contributo previdenziale posto a carico dei lavoratori dipendenti e assimilati}}{\text{aliquota complessiva del contributo stesso versato all'ente, cassa o fondo di previdenza}}$$

ESEMPIO
- aliquota contributiva complessiva versata dall'ente di previdenza = 9,60%
- aliquota contrib. a carico del lavoratore = 2,50%
- rapporto in termini percentuali tra le due aliquote:

2,50 : 9,60 = X : 100
X = 26,04% somma da detrarre dall'ammontare dell'indennità di buonuscita.

N.B. Questa disposizione non è applicabile nelle ipotesi di contribuzione **totalmente a carico del lavoratore** (Cass. 28 ottobre 1997 n. 10584).

9190 **ANTICIPAZIONI** (art. 19 c. 4 DPR 917/86) Le anticipazioni sono quote del TFR (o delle indennità equipollenti) che vengono corrisposte **prima della cessazione** del rapporto di lavoro su richiesta del lavoratore; non si considerano, invece, tali le somme e i valori (es. TFR cartolarizzato) destinati ai fondi pensione, che quindi non sono immediatamente tassate, al contrario delle somme diverse, es. incentivo all'esodo, destinate ai fondi stessi, che vanno tassate con l'aliquota del TFR (Risp. AE 3 giugno 2022 n. 323, Circ. AE 18 dicembre 2007 n. 70/E).

Le modalità di determinazione della **base imponibile** variano a seconda che le anticipazioni siano maturate prima o dopo il 1° gennaio 2001. Per i soggetti che hanno iniziato il rapporto di lavoro prima del 2001, occorre dividere le somme corrisposte in 2 quote, in funzione del periodo di maturazione, ed applicare provvisoriamente l'aliquota calcolata con le modalità illustrate successivamente.
Per le anticipazioni di **ammontare non superiore** al TFR maturato entro il 31 dicembre 2000 la base imponibile è costituita dall'importo della anticipazione corrisposta, diminuita della riduzione di € 309,87 annui commisurate all'anzianità di servizio. Per la eventuale **parte** delle anticipazioni **eccedente** l'ammontare del TFR maturato entro il 31 dicembre 2000, la base imponibile è costituita dall'importo dell'anticipazione, ridotto delle rivalutazioni già assoggettate all'imposta sostitutiva del 17% ad esso riferibili (cioè quelle relative al TFR maturato al 31 dicembre dell'anno precedente alla data di richiesta dell'anticipazione, Circ. AE 6 agosto 2001 n. 78/E).

Sull'intero importo delle anticipazioni si applica l'**aliquota** determinata secondo le disposizioni previste, rispettivamente, per il TFR o per le indennità equipollenti, a seconda che l'anticipazione si riferisca all'uno o alle altre. In proposito, bisogna considerare l'importo accantonato (non quello pagato), aumentato delle somme destinate alle forme pensionistiche, delle anticipazioni e degli acconti complessivamente erogati e al netto delle rivalutazioni già assoggettate ad imposta sostitutiva del 17% o dell'11% (cioè quelle relative al TFR maturato al 31 dicembre dell'anno precedente alla data di richiesta dell'anticipazione, Circ. AE 6 agosto 2001 n. 78/E). Tuttavia, non competono le **detrazioni** indicate al n. 9171 e s. **9195**

Al fine di **semplificare** gli adempimenti dei sostituti d'imposta, la determinazione dell'aliquota applicabile può essere effettuata, assumendo gli importi suddetti (TFR accantonato, anticipazioni, ecc.), le aliquote IRPEF e gli scaglioni di reddito con riferimento al 31 dicembre dell'anno precedente alla data di richiesta dell'anticipazione, invece che alla data della richiesta (Circ. AE 20 marzo 2001 n. 29/E).

Se l'anticipazione è seguita da **altre anticipazioni**, le medesime devono essere conguagliate con quelle precedentemente percepite. **9197**
Successivamente, all'atto della **liquidazione definitiva** che si eseguirà alla cessazione del rapporto di lavoro, il datore effettuerà il **conguaglio**, sulla base delle vigenti aliquote IRPEF. In pratica dovrà effettuare nuovamente il calcolo utilizzando i dati definitivi (ammontare complessivo dell'indennità, anzianità globale) e dovrà detrarre quanto ha già corrisposto (anticipazione e ritenuta sulla stessa).
Naturalmente, in seguito gli uffici finanziari effettueranno la **riliquidazione** dell'intero TFR.

ACCONTI (art. 19 c. 4 DPR 917/86) Gli acconti si distinguono dalle anticipazioni in quanto vengono erogati **dopo la cessazione** del rapporto di lavoro ma **prima** che si conosca definitivamente l'importo preciso del TFR da corrispondere. **9210**
Le **modalità di tassazione** variano a seconda che gli acconti si riferiscano a TFR maturato prima o dopo il 1° gennaio 2001.
Nel primo caso, le modalità di tassazione differiscono da quelle previste per le anticipazioni perché i calcoli, ai fini della determinazione del reddito di riferimento, vengono effettuati sulla base dell'intero TFR noto al momento del pagamento anziché sulla somma corrisposta a titolo di acconto. L'imponibile resta però quello derivante dall'acconto.
In seguito, quando sarà noto l'importo definitivo del TFR, si eseguirà il conguaglio.
Invece, per gli acconti relativi al TFR maturato **dopo il 1° gennaio 2001** si applicano le stesse disposizioni previste per le anticipazioni maturate dalla stessa data (v. n. 9195).

ASSICURAZIONI A GARANZIA DEL TFR Nel caso di assicurazione stipulata dal datore per assicurare al lavoratore una somma da liquidare all'atto della cessazione del rapporto, quest'ultima deve essere **distinta in due parti** aventi natura diversa (Cass. 24 aprile 1998 n. 4229): **9220**
- il **capitale** corrispondente al TFR, a cui si applica il relativo regime di tassazione sopra illustrato;
- il **rendimento** della polizza vita, soggetto a ritenuta alla fonte a titolo d'imposta variabile a seconda della data di stipula (12,50% o 20% o 26%) secondo le disposizioni illustrate al n. 11400.

2. Capitali corrisposti da fondi pensione

9250 La disciplina dei capitali (e delle rendite) corrisposti dai fondi pensione prevede, dal 2007, l'applicazione di una ritenuta a titolo d'imposta; tuttavia per i **capitali maturati precedentemente** resta applicabile la disciplina previgente che prevede la tassazione separata.
La trattazione è effettuata unitariamente al n. 9815 e s.

3. Altre somme corrisposte per cessazione del rapporto

(art. 19 c. 2 DPR 917/86)

9300 Le **modalità di tassazione** variano a seconda che siano riferibili ad importi maturati fino al 31 dicembre 2000 o ad importi maturati dal 1° gennaio 2001.
Nel primo caso, tutte queste somme, sia che vengano corrisposte direttamente dal datore, sia che vengano corrisposte da altri soggetti (come Fondi o Casse di previdenza, Casse edili), sono imponibili per il loro ammontare netto (senza la riduzione di € 309,87 per anno) il quale è costituito dalla parte eccedente l'importo complessivo dei contributi non obbligatori versati dal lavoratore, sempreché tale importo non superi il **limite** del 4% del reddito di lavoro dipendente.
Ai fini della determinazione dell'**aliquota** applicabile occorre distinguere due ipotesi:
1) per le somme **erogate dal datore** l'aliquota applicata è quella calcolata per il TFR;
2) per le somme erogate **da soggetti diversi** dal datore bisogna ancora distinguere se:
– erogate a seguito della **cessazione del rapporto di lavoro**, l'aliquota applicabile è la stessa che si applica sul TFR (ad esempio le indennità corrisposte da fondi, casse, ecc.);
– erogate **indipendentemente** dalla cessazione del rapporto di lavoro (come nel caso di un dipendente pubblico che passa da un'amministrazione statale ad un'altra), si utilizza il medesimo criterio previsto per il TFR, con la differenza che al posto degli anni di anzianità si conteggiano gli anni di contribuzione.

9305 Se le somme sono riferibili ad importi maturati **dal** 1° gennaio 2001, sono imponibili per il loro ammontare complessivo, al netto dei contributi previdenziali obbligatori per legge, con la stessa aliquota applicata al TFR, anche se la percezione delle indennità avviene successivamente. Inoltre, la detrazione prevista per chi ha un reddito di riferimento non superiore a € 30.000 (v. n. 9171), spetta nella sola ipotesi di integrale destinazione del trattamento di fine rapporto alle forme di previdenza complementare (a questi effetti, il reddito di riferimento del TFR è determinato in modo virtuale).
Se le somme sono corrisposte a titolo definitivo ma in relazione ad un presupposto non connesso alla cessazione del rapporto di lavoro che ha generato il TFR, sono imponibili per il loro ammontare netto con l'aliquota determinata con i medesimi criteri previsti per la tassazione del TFR.
In entrambi i casi suddetti, successivamente gli uffici finanziari provvedono a **riliquidare** l'imposta in base all'**aliquota media** di tassazione dei 5 anni precedenti a quello della cessazione del rapporto (v. n. 9173).

9310 **ANTICIPAZIONI** (art. 19 c. 4 DPR 917/86) Le **modalità di tassazione** variano a seconda che le anticipazioni siano maturate prima o dopo il 1° gennaio 2001.
Per le anticipazioni **maturate**:
– **fino al 31 dicembre 2000**, sul relativo importo netto, si applica l'aliquota del TFR (calcolata secondo le disposizioni vigenti fino alla data suddetta), salvo successiva effettuazione del conguaglio applicando l'aliquota prevista per le altre indennità o somme corrisposte in dipendenza della cessazione del rapporto;
– **dal 2001**, si applica l'aliquota determinata secondo le disposizioni previste per le anticipazioni del TFR (v. n. 9195), considerando l'importo accantonato, aumentato delle somme destinate alle forme pensionistiche, delle anticipazioni e degli acconti complessivamente erogati e al netto delle rivalutazioni già assoggettate ad imposta sostitutiva (anche se quest'ultima non sia stata ancora effettivamente versata). Qualora dette anticipazioni siano erogate da un soggetto diverso dal datore, quest'ultimo deve comunicare, dietro richiesta del soggetto

erogante, gli importi rilevanti (ammontare del TFR accantonato alla data di cessazione del rapporto, anticipazioni, ecc.).
Resta naturalmente salvo il conguaglio dell'imposta all'atto della liquidazione definitiva.
Per le anticipazioni di **altre indennità e somme non connesse alla cessazione** del rapporto di lavoro, la tassazione separata è effettuata con le modalità già esposte con riferimento alle medesime altre indennità e somme.

4. Arretrati
(art. 21 DPR 917/86, art. 23 c. 2 lett. c DPR600/73)

Sugli arretrati la **ritenuta** si determina applicando all'ammontare percepito, al netto dei contributi previdenziali, l'**aliquota** corrispondente alla metà dell'ammontare globale dei redditi di lavoro dipendente corrisposti dal datore nel biennio anteriore all'anno in cui sono percepiti. **9340**
Nel caso in cui in **uno dei due anni** non ci sia stato reddito, si applica l'aliquota che corrisponde alla metà del reddito complessivo netto dell'altro anno. Se non vi è stato **alcun reddito** nei due anni precedenti si applica l'aliquota minima delle tabelle IRPEF vigenti al momento del pagamento.
Infatti, l'aliquota applicabile (e i relativi scaglioni di reddito) è quella in vigore nell'anno di effettiva percezione.

ESEMPIO
Diritto a percepire l'arretrato di € 20.000 sorto nel 2021; effettiva percezione nel 2022; indennità dichiarata nel 2023.
L'aliquota applicabile si determina considerando gli scaglioni in vigore nel 2022 e i redditi complessivi netti del 2020 (28.000) e del 2021 (34.000):

– metà reddito complessivo del biennio 2019/2020	=	31.000
– imposta (con aliquota del 2022)	=	8.100 (**al netto di addizionali**)
aliquota media $\frac{8.100 \times 100}{31.000}$	=	26,13%
imposta dovuta: 26,13% di € 20.000	=	5.226

> **Precisazioni 1)** Il lavoratore può dedurre dall'imposta come sopra calcolata le eventuali **detrazioni non usufruite** relative agli anni cui si riferiscono gli arretrati. In tal caso dovrà dichiararne l'ammontare.
2) Non si procede all'iscrizione a ruolo delle somme a debito né all'effettuazione del rimborso di quelle a credito se l'imposta risultante **è inferiore a € 100** (art. 37 c. 43 DL 223/2006 conv. in L. 248/2006).

5. Compensi liquidati agli eredi
(art. 7 c. 3, art. 19 c. 5, art. 21 c. 2 DPR 917/86)

È sottoposta al regime di tassazione separata anche tutta una serie di compensi di spettanza del **lavoratore deceduto**, tassati però con **modalità diverse** a seconda che siano collegati alla cessazione del rapporto di lavoro oppure siano maturati in costanza di rapporto. **9370**

N.B. Il datore, prima di liquidare le somme, deve farsi rilasciare dagli interessati un **atto notorio** con l'indicazione della loro qualità di avente diritto o di erede e della relativa quota spettante.

9375

Tipologia	Tassazione (1)	
Indennità di fine rapporto: si possono verificare i seguenti **2 casi (2)**:	a) il lavoratore **muore durante lo svolgimento** del rapporto di lavoro	– le indennità liquidate agli eredi (coniuge, parte di un'unione civile, figli se a carico del lavoratore, parenti entro il 3° grado ed affini entro il 4° grado - art. 2122 c.c.), sono tassate con i criteri visti per la tassazione del TFR e imputate agli stessi in proporzione all'ammontare percepito. Queste somme non entrano nell'attivo ereditario;
	b) il lavoratore **cessa il rapporto** di lavoro e **subito dopo muore** senza aver percepito le sue spettanze	– le indennità cadono in successione, scontano l'imposta per un ammontare calcolato secondo le regole viste per la tassazione del TFR e vengono imputate agli eredi proporzionalmente a quanto percepito **(3)**.

Tipologia	Tassazione (1)
Somme non collegate all'indennità di fine rapporto	Nel caso di morte del lavoratore le altre somme **maturate ma non percepite**, quali retribuzione in corso, ratei di mensilità aggiuntive, arretrati, ferie non godute, ecc., dovranno essere corrisposte agli eredi, trattenendo la somma risultante dall'applicazione dell'aliquota relativa allo scaglione minimo dell'IRPEF **(4)**.

(1) Per tutte le indennità e somme spettanti agli eredi non si applica la disposizione che prevede la tassazione ordinaria per gli **importi eccedenti € 1.000.000** (v. n. 9120).
(2) Il datore deve, in entrambi i casi, **rilasciare a ciascun percettore** una certificazione, c.d. CU (v. n. 8830), con l'indicazione dei dati relativi al TFR (ammontare netto, ritenute, ecc.). Nessun obbligo è invece previsto per l'erede.
(3) Il datore, prima di pagare le competenze agli eredi, deve richiedere la **prova di presentazione** della dichiarazione di successione (v. n. 73050).
(4) Il datore deve **certificare** la ritenuta e l'imponibile utilizzando l'apposito modello, c.d. CU. Gli eredi, successivamente, in sede di **dichiarazione annuale**, indicano i redditi percepiti nel quadro RM sezione VI del Modello Redditi; tali redditi non vanno sommati con gli altri dichiarati nella stessa dichiarazione.

6. Indennità di mobilità e trattamento di integrazione salariale
(art. 21 c. 1 DPR 917/86)

9400

Tipologia	Tassazione
Indennità di mobilità (art. 7 c. 5 L. 223/91)	Per le indennità **corrisposte anticipatamente**, limitatamente alla parte imponibile (parte non reinvestita nella costituzione di società cooperative) l'imposta è determinata con le stesse modalità previste per gli arretrati e illustrate al n. 9340 (**aliquota media** del biennio anteriore all'anno in cui sono percepite)
Trattamento di integrazione salariale (art. 1 bis DL 357/94)	Per il trattamento di integrazione salariale **corrisposto anticipatamente**, l'imposta è determinata con le stesse modalità previste per gli arretrati e illustrate al n. 9340 (**aliquota media** del biennio anteriore all'anno in cui sono percepite)

b. Rivalutazioni del TFR

9430 **TASSAZIONE** (art. 11 c. 3 D.Lgs. 47/2000, Circ. AE 12 giugno 2002 n. 50/E) Sui redditi derivanti dalle rivalutazioni dei fondi per il TFR è applicata, dal datore/sostituto d'imposta, un'**imposta sostitutiva** del 17%.
Essa è **calcolata** sulle rivalutazioni maturate in ciascun anno, imputata a riduzione del fondo ed è **versata** con il modello F24 in 2 parti:

Versamento (*)	
acconto	90% delle rivalutazioni maturate nell'anno solare precedente (tenendo conto anche delle rivalutazioni relative ai TFR erogati nel corso di detto anno), entro il 16 dicembre di ciascun anno (cod. tributo 1712). In alternativa, l'acconto può essere determinato presuntivamente, facendo riferimento al 90% delle rivalutazioni che maturano nell'anno in corso: l'imponibile è costituito dal TFR maturato fino al 31 dicembre dell'anno precedente relativo ai dipendenti ancora in forza al 30 novembre dell'anno in corso. Per i dipendenti cessati entro il 30 novembre dell'anno in corso, l'acconto è dovuto nella misura del 90% dell'imposta trattenuta sulle rivalutazioni all'atto della cessazione del rapporto;
saldo	entro il 16 febbraio dell'anno successivo (cod. tributo 1713)

(*) Le **imprese di nuova costituzione** nell'anno iniziale non devono versare l'imposta sostitutiva, in quanto è assente la rivalutazione del TFR.

>**Precisazioni** 1) Se il TFR è **corrisposto** da **soggetti diversi** dal datore/sostituto d'imposta, l'imposta sostitutiva è complessivamente liquidata dal soggetto percettore nella **dichiarazione dei redditi** del periodo d'imposta in cui viene corrisposto, anche a titolo di anticipazione, e versata nei termini previsti per il versamento a saldo delle imposte derivanti dalla medesima dichiarazione (cod. tributo 1714).

2) Se il datore effettua versamenti di **quote di TFR al Fondo di Tesoreria INPS**, la base di calcolo dell'imposta sostitutiva non cambia: la rivalutazione va infatti computata sia sul fondo TFR accantonato in azienda che su quello versato al Fondo di Tesoreria INPS. Il datore provvede poi a conguagliare secondo le istruzioni che saranno fornite dall'INPS l'importo versato relativo alla rivalutazione della quota di accantonamento maturato presso il fondo di tesoreria nella denuncia contributiva, compensando il credito maturato attraverso l'assolvimento dell'imposta sostitutiva con il debito contributivo (Circ. AE 18 dicembre 2007 n. 70/E).

SEZIONE 2
Pensioni

DEFINIZIONE (art. 49 c. 2 DPR 917/86) I redditi derivanti da pensione o assegni equiparati sono **tassati secondo le modalità** dei redditi di lavoro dipendente, salvo alcune particolarità che verranno esaminate più avanti (v. n. 9690). La nozione di pensione o di assegno equiparato - distinzione ininfluente a fini fiscali - viene data dalla legislazione del lavoro. **9600**
Per pensione **si deve intendere** un trattamento economico periodico e continuativo, erogato da enti pubblici di previdenza sociale e da altri organismi, anche privati, di previdenza speciale.
Possono beneficiarne sia i lavoratori dipendenti e gli autonomi, che hanno cessato l'attività e hanno maturato determinati requisiti, sia semplici cittadini non titolari di alcun rapporto assicurativo, meritevoli di assistenza sociale a causa delle loro condizioni di salute o di età.

Regole particolari sono previste per le somme, capitali e rendite periodiche, corrisposte dai **fondi pensione**, in quanto rientrano tra i redditi assimilati a quelli di lavoro dipendente (v. n. 9815 e s.).

A. Campo di applicazione

TERRITORIALITÀ (artt. 3 e 23 DPR 917/86) In via generale costituiscono reddito tassabile le pensioni: **9610**
– **nazionali**, cioè quelle che lo Stato, i soggetti residenti in Italia o stabili organizzazioni in Italia di soggetti non residenti, corrispondono a soggetti residenti o non residenti;
– **estere** percepite da soggetti residenti in Italia, cioè quelle corrisposte da un ente pubblico o privato di uno Stato estero a seguito di lavoro prestato in quello Stato.

CATEGORIE In via generale si considerano **tassabili tutte** le pensioni che presuppongono un precedente rapporto assicurativo e che quindi costituiscono un reddito. Costituiscono redditi della stessa natura anche gli eventuali **compensi in natura** (c.d. fringe benefit) elargiti dall'ex datore dopo la cessazione del rapporto di lavoro; in tal caso l'ex datore deve comunicare all'ente pensionistico il valore dei fringe benefit erogati, al fine di consentirne la tassazione (Ris. AE 29 maggio 2009 n. 137/E). **9620**
È al contrario esente una serie di trattamenti che hanno una funzione **assistenziale o risarcitoria**.

Medesimo trattamento riservato alle pensioni - imponibilità o esenzione - spetta alle somme di carattere accessorio eventualmente corrisposte, quali **interessi moratori** e **rivalutazioni monetarie** (Ris. AE 8 novembre 2002 n. 348/E).

Al riguardo sembra opportuno suddividere le pensioni in **4 categorie** generali. **9625**

Tipo di pensione	Caratteristiche
– di quiescenza	Es.: pensione di vecchiaia, di anzianità, quella minima, quella supplementare, quella di reversibilità, ecc. Spettano ai lavoratori dipendenti privati e pubblici, ai lavoratori autonomi, quali commercianti o coltivatori diretti che abbiano cessato il servizio o l'attività e maturato i requisiti necessari di anzianità e contribuzione, nonché ai familiari superstiti del lavoratore deceduto.

Tipo di pensione	Caratteristiche
	In tutti i casi, sono **imponibili**, ad **eccezione** dei trattamenti di reversibilità corrisposti ai superstiti delle vittime del terrorismo e della criminalità organizzata, che sono esenti (L. 407/98).
– di invalidità	Competono ai lavoratori dipendenti invalidi che in base ad un certo rapporto assicurativo abbiano maturato i requisiti necessari. Sono **imponibili** l'assegno ordinario di invalidità, la pensione ordinaria di inabilità, le pensioni privilegiate ordinarie, civili e militari, spettanti per infermità o lesioni per causa di servizio, integrative della normale pensione, comprese quelle di reversibilità (C.Cost. 31 marzo 1988 n. 394 e Cass. 29 ottobre 1997 n. 10646) **(*)**.
– assistenziali	Sono **esenti** e interessano i cittadini affetti da particolari menomazioni psicofisiche, i c.d. invalidi civili, e quelli con più di 65 anni privi di redditi e non garantiti da contribuzioni precedenti, quali ad esempio, le pensioni sociali e l'indennità di accompagnamento dei ciechi civili. Sono inoltre esenti i sussidi corrisposti dallo Stato e da altri enti pubblici a titolo assistenziale (art. 34 c. 2 e 3 DPR 601/73).
– di guerra	Spettano agli invalidi di guerra, agli orfani ed alle vedove di guerra. Sono **esenti** le pensioni di guerra di ogni tipo e denominazione e le indennità accessorie, nonché i soprassoldi connessi alle medaglie al valore militare e le pensioni connesse all'ordine militare d'Italia (art. 34 c. 1 DPR 601/73).

(*) Sono invece **esenti**:
– gli assegni connessi alle pensioni privilegiate come quelle di super invalidità, accompagnamento, cumulo di invalidità, ecc. di cui al n. 8155;
– le pensioni privilegiate ordinarie tabellari erogate a seguito di menomazione riportata durante il servizio militare di leva (C.Cost. 11 luglio 1989 n. 387) e quelle corrisposte a vittime del terrorismo e della criminalità organizzata (L. 407/98);
– l'indennità integrativa speciale collegata alla pensione base tabellare (Circ. Min. 12 ottobre 1989 n. 16);
– le pensioni erogate da **enti previdenziali esteri** a soggetti residenti in Italia a seguito di malattia professionale o incidente sul lavoro. In questa ipotesi i beneficiari, entro il termine per la presentazione della dichiarazione dei redditi, devono inviare al Dipartimento entrate - Direzione centrale per gli affari giuridici e per il contenzioso tributario, Servizio VII, divisione XIV, una dichiarazione sostitutiva di atto di notorietà relativa alla natura risarcitoria della pensione di fonte estera (Ris. Min. 3 marzo 1997 n. 39/E).
L'esenzione permane anche con riferimento alla rendita erogata al coniuge superstite, dopo la morte del titolare della rendita stessa (Circ. Min. 25 novembre 1997 n. 302/E).

B. Tassazione

9690 Le modalità di imposizione delle pensioni sono **simili** a quelle previste per il reddito di **lavoro dipendente**, soprattutto per ciò che riguarda la ritenuta alla fonte, i criteri di calcolo e le deduzioni; per queste ultime si veda in particolare la disciplina dei contributi versati da pensionati a casse assistenziali (v. n. 8400).
In sostanza, fra le disposizioni che disciplinano il reddito di lavoro dipendente restano **inapplicabili** nella determinazione del reddito dei pensionati, solo quelle che intendono disciplinare fattispecie comunque collegate allo svolgimento della prestazione lavorativa, quali la disciplina delle trasferte (Ris. AE 23 maggio 2003 n. 114/E).
È inoltre prevista un'ipotesi di esclusione in caso di **pensioni di importo inferiore** a € 7.500 percepite unitamente ad altri redditi limitati.
Alle pensioni è infine applicabile il sistema della **tassazione separata**, limitatamente ai soli emolumenti arretrati per i quali si rinvia al n. 9340.
Si evidenziano nelle tabelle seguenti le sole **particolarità** che contraddistinguono le pensioni; per le **pensioni estere** percepite da residenti si veda al n. 9810 e s.

9695

Oggetto	Descrizione
Soggetti obbligati ad operare la ritenuta (art. 23 DPR 600/73)	Sono tutti gli Enti ed organismi che erogano le pensioni, quali ad esempio il Ministero del Tesoro per i dipendenti statali, l'INPS per la generalità dei lavoratori privati e per gli iscritti ai fondi di previdenza gestiti dall'istituto stesso, la CPDEL per i dipendenti degli Enti locali, i vari Enti autonomi che gestiscono forme sostitutive e alternative di previdenza come l'INPDAI per i dirigenti di aziende industriali, ecc.

Oggetto	Descrizione
Detrazioni	Se alla formazione del reddito complessivo concorrono uno o più redditi di pensione, spetta una specifica detrazione non cumulabile con quella prevista per i redditi di lavoro dipendente. Gli importi, variabili in funzione del reddito e dell'età del pensionato, sono riportati al n. 1230 e s.
Contributi per assistenza sanitaria	Si rinvia alla trattazione effettuata al n. 8402.
Esclusione dalla tassazione per pensioni ridotte (art. 11 c. 1 DPR 917/86)	Se alla formazione del reddito complessivo concorrono soltanto redditi di pensione **non superiori a** € 7.500, redditi di **terreni** per un importo non superiore a € 185,92, l'imposta non è dovuta. In caso di possesso di pensioni relative a un periodo inferiore all'anno, ai fini dell'esclusione, il limite di € 7.500 va rapportato all'intera annualità (Circ. AE 16 marzo 2007 n. 15/E). Se, alle medesime condizioni suddette, i redditi di pensione sono **superiori** a € 7.500 **ma non** a € 7.800, non è dovuta la parte d'imposta netta eventualmente eccedente la differenza tra il reddito complessivo, diminuito degli eventuali citati redditi di terreni e € 7.500.
Rateazione gratuita del conguaglio di fine anno (art. 38 c. 7 DL 78/2010 conv. in L. 122/2010)	Per chi ha redditi di pensione **non superiori** a € 18.000, se le imposte dovute in sede di conguaglio di fine anno sono di **importo complessivamente superiore** a € 100, queste sono prelevate in un numero massimo di 11 rate, senza applicazione di interessi, a partire dal mese successivo a quello in cui è effettuato il conguaglio e non oltre quello relativamente al quale le ritenute sono versate nel mese di dicembre. In caso di cessazione del rapporto, il sostituto comunica al contribuente, o ai suoi eredi, gli importi residui da versare.

9696

Certificazione dei sostituti d'imposta (art. 7 bis DPR 600/73)
Gli enti eroganti devono consegnare al pensionato la **certificazione unica**, fiscale e contributiva (c.d. CU), **entro** il 31 marzo dell'anno successivo a quello di erogazione (v. n. 8830). Gli enti previdenziali rendono disponibile la CU in modalità telematica; il pensionato può tuttavia richiedere la trasmissione in forma cartacea (art. 1 c. 114 L. 228/2012).

9697

Adempimenti del pensionato (art. 1 DPR 600/73 e art. 8 D.Lgs. 314/97)
Se il pensionato ha percepito un altro reddito (lavoro dipendente, autonomo, fabbricati, ecc.), oppure ha avuto detrazioni d'imposta non spettanti, deve presentare la **dichiarazione** dei redditi (Mod. Redditi o Mod. 730). Sono **esonerati** dall'obbligo di presentare la dichiarazione dei redditi (art. 8 D.Lgs. 314/97): • i titolari di una sola pensione; • i titolari di più pensioni assoggettate alla procedura prevista dalla legge sul casellario centrale dei pensionati; • i soggetti esonerati in base alle regole generali illustrate al n. 16009 e s.

PENSIONI ESTERE PERCEPITE DA RESIDENTI Sono pensioni estere quelle **corrisposte** da un ente pubblico o privato di uno Stato estero a seguito di lavoro prestato in quello Stato. 9810

A volte le **Convenzioni internazionali** prevedono che la tassazione avvenga sia in Italia che nello Stato dell'ente pensionistico (es. le pensioni sulla sicurezza sociale - es. pensioni sociali e d'invalidità - corrisposte in Francia, Finlandia, Svezia, Lussemburgo) (Circ. AE 21 luglio 2003 n. 41/E). In questo caso le imposte versate nello Stato estero possono essere detratte, quale credito d'imposta, nella dichiarazione dei redditi, dall'imposta dovuta in Italia (v. n. 95090).

In alcune Convenzioni internazionali, inoltre, la **disciplina è diversa** a seconda che la pensione sia corrisposta dallo Stato (o da un ente pubblico) oppure da organismi privati.

Mentre le pensioni **private** sono per lo più tassate esclusivamente in Italia, per quelle **pubbliche** la medesima disciplina si applica, in alcuni casi, solo se il beneficiario ha anche la nazionalità italiana; in altri casi, è richiesta, oltre alla nazionalità italiana, anche l'assenza della nazionalità estera, altrimenti è tassata all'estero.

Nella **tabella** sono schematizzate le regole di tassazione delle pensioni pubbliche in base alle vigenti Convenzioni.

N.B. Per i **pensionati esteri che si trasferiscono nel Sud Italia** è previsto un regime speciale agevolato (v. n. 226).

9811

Regole per la tassazione delle pensioni pubbliche		
Paese di provenienza	**Condizione**	**Luogo di tassazione**
Argentina, Regno Unito, Spagna, Stati Uniti, Venezuela	contribuente ha nazionalità italiana	Italia
	contribuente non ha nazionalità italiana	Paese di provenienza
Belgio, Germania, Francia	contribuente ha nazionalità italiana e non quella estera	Italia
	ha anche nazionalità estera	Paese di provenienza
Australia	sempre	Italia
Canada	importo della pensione < 12.000 dollari canadesi o l'equivalente in euro	Italia
	importo della pensione > 12.000 dollari canadesi o equivalente in euro	Sia in Italia che in Canada con credito per imposta pagata in Canada in via definitiva
Svizzera **(*)**	contribuente ha nazionalità italiana e non svizzera	Italia
	contribuente ha nazionalità svizzera	Svizzera

(*) Le rendite corrisposte, con o senza l'intervento di intermediari residenti nel pagamento, da parte dell'Assicurazione Svizzera per la vecchiaia e per i superstiti (**rendite AVS**) nonché le pensioni **LPP** (c.d. secondo pilastro, previdenza professionale per la vecchiaia, i superstiti e l'invalidità svizzera) sono assoggettate a ritenuta alla fonte a titolo d'imposta (5%) (art. 1 c. 79 L. 197/2022). In assenza di intermediari residenti (es. pagamento in conti esteri), le somme vanno indicate in dichiarazione dei redditi.
Disciplina identica, dal 2023, sulle somme della previdenza professionale per la vecchiaia, i superstiti e l'invalidità del **principato di Monaco** corrisposte a residenti (art. 1 c. 79 L. 197/2022).

SEZIONE 3

Capitali e rendite periodiche corrisposti dai fondi pensione

(art. 50 c. 1 lett. h bis DPR 917/86)

9815 I capitali e le rendite periodiche corrisposti dai fondi pensione sono redditi assimilati a quelli di lavoro dipendente.
Si tratta dei capitali e delle rendite periodiche erogati, al momento del **raggiungimento dell'età pensionabile**, dai fondi pensione di cui al D.Lgs. 124/93. Vi rientrano anche le rendite percepite dal lavoratore dipendente o dal socio delle cooperative esaminate al n. 9950.
La disciplina attuale, in vigore dal 2007, prevede una ritenuta a titolo d'imposta; tuttavia per i **capitali maturati precedentemente** resta applicabile la disciplina previgente. Bisogna pertanto distinguere la nuova disciplina da quella previgente.

N.B. Nel caso di **riscatto** (parziale o integrale) di importi maturati in vigenza dei **diversi regimi fiscali**, l'importo del riscatto della posizione individuale maturata, va imputato prioritariamente all'intero montante maturato per primo; tuttavia, per le somme maturate prima del 2000 e fino al 31 dicembre 2006, il percipiente può scegliere fra i 2 regimi previgenti (Ris. AE 22 ottobre 2008 n. 399/E).

9820 **CAPITALI E RENDITE MATURATI DAL 2007** (art. 11 c. 6 e art. 14 c. 4 e 5 D.Lgs. 252/2005, Circ. AE 18 dicembre 2007 n. 70/E, Ris. AE 16 febbraio 2022 n. 9/E) Sulla parte imponibile delle prestazioni (v. **tabella**) - erogate sia come capitale che come rendita (es. rendita integrativa temporanea anticipata, c.d. Rita) - è operata una **ritenuta a titolo d'imposta** con l'aliquota del 15%, **riducibile** di una quota pari a 0,30 punti percentuali per ogni anno eccedente il 15° anno di partecipazione ai fondi pensione, con un limite massimo di riduzione di 6 punti percentuali (quindi la ritenuta minima è del 9%). Negli anni di partecipazione ai fondi si considerano anche quelli in cui non si sono versati contributi, pur rimanendo iscritti al fondo stesso. Se la data di

iscrizione al fondo è anteriore al 2007, gli anni di iscrizione prima del 2007 rilevano fino a un massimo di 15.
Nel caso di prestazioni erogate in forma di capitale la ritenuta è applicata dal fondo a cui risulta iscritto il lavoratore; nel caso di prestazioni erogate in forma di rendita tale ritenuta è applicata dai soggetti eroganti (quindi se l'erogante è un'impresa assicuratrice deve essere effettuata dalla stessa).

Parte imponibile	
Capitale	importo del capitale al netto dei contributi eventualmente non dedotti e degli interessi maturati durante la fase di accumulazione (già tassati in capo al fondo) **(*)**.
Rendite	importo della rendita (pensione) ridotto dei contributi eventualmente non dedotti, degli interessi maturati durante la fase di accumulazione (già tassati in capo al fondo) nonché della rivalutazione annua della rendita stessa **(*)**.
(*) Gli importi sono al netto anche degli eventuali contributi **versati in sostituzione dei premi di risultato** (v. n. 8965), nonostante questi siano stati dedotti dal reddito del contribuente; ciò anche in caso di **anticipazioni** o di **riscatto** della prestazione (Circ. AE 29 marzo 2018 n. 5/E).	

In caso di **riscatto anticipato**, se esso è dovuto alla perdita dei requisiti di partecipazione al fondo pensione (morte, invalidità permanente, cessazione dell'attività lavorativa, assoggettamento a procedura di mobilità o di Cig ordinaria o straordinaria), si applica la disciplina suddetta (ritenuta 15% a titolo definitivo, riducibile fino al 9%); se invece il riscatto avviene per motivi diversi, si applica una ritenuta del 23% a titolo d'imposta.
In caso di **anticipazione**, se è richiesta per far fronte a spese sanitarie, a seguito di situazioni gravissime, si applica la disciplina suddetta (ritenuta 15% a titolo definitivo); se invece l'anticipazione è richiesta per l'acquisto o la ristrutturazione della prima casa o per altre esigenze personali, si applica una ritenuta del 23% a titolo d'imposta.
L'anticipazione può essere successivamente **reintegrata** mediante uno o più versamenti di contributi eccedenti il limite di 5.164,57 (v. n. 1313). Sulle somme eccedenti tale limite spetta un credito d'imposta, utilizzabile in compensazione, pari all'imposta pagata al momento della riscossione dell'anticipazione.

DISCIPLINA PREVIGENTE (art. 52 lett. d ter DPR 917/86) Bisogna distinguere a seconda **9825**
che si tratti di capitali o di rendite (maturati prima del 2007). I capitali si distinguono inoltre a seconda che siano soggetti a tassazione separata o a tassazione ordinaria.

Capitali soggetti a tassazione separata **9830**

Somme maturate	Tassazione
al 31/12/2000 (1) (art. 13 c. 9, 10 D.Lgs. 124/93)	L'**aliquota** è determinata con le medesime regole previste per il TFR maturato fino al 31 dicembre 2000, ma tenendo conto dell'anzianità di appartenenza del lavoratore al fondo pensione (quindi può essere diversa da quella applicata al TFR contestualmente liquidato dal datore). L'aliquota deve essere **applicata** sul capitale erogato dalle forme pensionistiche complementari al netto della contribuzione del lavoratore non eccedente il 4% dell'importo annuo percepito in dipendenza del rapporto di lavoro, con esclusione delle quote di TFR, destinate alle forme pensionistiche complementari. È inoltre prevista la **riduzione annuale** di € 309,87, che va proporzionata alla quota di accantonamento TFR destinata al fondo pensione (v. n. 9156, nota (1)).
dal 2001 al 2006 (art. 20 DPR 917/86)	Il sostituto d'imposta applica provvisoriamente l'**aliquota** determinata con i medesimi criteri previsti per il TFR (v. n. 9170 e s.), assumendo però: – il numero degli **anni** e frazione di anno di effettiva contribuzione; – l'importo **imponibile** della prestazione maturata, al netto dei redditi già assoggettati da imposta, se determinabili; – le aliquote e gli **scaglioni** vigenti alla data in cui è sorto il diritto alla prestazione pensionistica. Se successivamente ci sono variazioni di aliquote o scaglioni aventi effetto dall'inizio dell'anno, saranno gli uffici finanziari, in sede di riliquidazione, a tenerne conto. L'aliquota risultante viene poi applicata alla **base imponibile** così determinata: – se la prestazione in forma capitale è **non superiore a** 1/3 dell'importo complessivamente maturato alla data di accesso alla prestazione stessa, si considera l'importo **al netto** dei redditi già assoggettati ad imposta sostitutiva dell'11% ed, eventualmente, dei contributi non dedotti dal reddito complessivo;

Somme maturate	Tassazione
	– se la prestazione in forma capitale è **superiore a** 1/3 dell'importo predetto, si considera l'importo **al lordo** dei redditi già assoggettati ad imposta (ma al netto, eventualmente, dei contributi non dedotti dal reddito complessivo) **(2) (3)**.

(1) Nei confronti dei soggetti **iscritti** alle predette forme pensionistiche **entro il 28 aprile 1993**, indipendentemente dalla data in cui è sorto il diritto alla percezione, si applica (Ris. AE 26 novembre 2012 n. 102/E, Cass. SU 22 giugno 2011 n. 13642):
– sul capitale corrispondente ai **contributi versati** e sui **rendimenti finanziari maturati dal** gennaio 2001, l'aliquota prevista per il TFR, secondo quanto illustrato al n. 9300 e s.;
– sui **rendimenti finanziari maturati anteriormente** al 1° gennaio 2001, la ritenuta a titolo d'imposta del 12,50%. Tale ritenuta va applicata anche all'atto del trasferimento delle posizioni pensionistiche, ai medesimi rendimenti finanziari certificati dal fondo di provenienza e imputabili all'iscritto.
(2) La base imponibile è comunque considerata al netto dei redditi già tassati, non rilevando il **limite di 1/3**, nei seguenti casi:
– prestazione corrisposta agli eredi del lavoratore;
– riscatto della posizione individuale esercitato a seguito di pensionamento o di cessazione del rapporto di lavoro per mobilità o per altre cause non dipendenti dalla volontà delle parti (es. licenziamento derivante da fallimento del datore o da altra procedura concorsuale);
– importo annuo della prestazione pensionistica, che deriva dai 2/3 dell'importo maturato alla data di accesso alla prestazione, inferiore al 50% dell'assegno sociale.
(3) Se la prestazione è erogata in caso di **riscatto parziale** o a titolo di **anticipazione**, si considera il suo intero importo (al netto, eventualmente, dei contributi non dedotti dal reddito complessivo). Tuttavia, in seguito, all'atto della liquidazione definitiva della prestazione stessa si effettua il **conguaglio** secondo i criteri sopra indicati.

9845 **Rendite** Sono soggette a tassazione ordinaria (salvo il caso di morte dell'avente diritto). La base imponibile è differente a seconda del periodo di maturazione, come illustrato nella **tabella** seguente.

	Base imponibile (1) (2)
A) fino al 31 dicembre 2000:	87,5% dell'ammontare percepito **(3) (4)**;
B) dal 1° gennaio 2001 al 31 dicembre 2006:	ammontare percepito al netto: – della parte corrispondente ai redditi già assoggettati, in capo al fondo pensione, ad imposta sostitutiva dell'11% e dei redditi esenti; – della parte derivante dai rendimenti finanziari delle rate erogate dai fondi pensione di cui al n. 11430 se determinabili; – eventualmente dei contributi non dedotti dal reddito complessivo.

(1) È irrilevante la quota di prestazione erogata in **forma di capitale** rispetto all'importo complessivamente erogato; pertanto la quota capitale può essere superiore o inferiore ad 1/3 dell'importo complessivamente maturato alla data di accesso alla prestazione stessa.
(2) I soggetti **già iscritti** ai fondi pensione al 1° gennaio 2001, devono dividere le rendite corrisposte in 2 importi, in funzione del periodo di maturazione, ed applicare, per ciascun importo, le differenti disposizioni.
(3) Tuttavia, in caso di **morte** dell'avente diritto alla prestazione, le rendite corrisposte agli eredi sono assoggettate a tassazione separata con l'aliquota media del biennio precedente applicata all'87,5% dell'ammontare (v. n. 9340).
(4) Per i fondi in regime di **prestazione definita**, l'importo riferibile a ciascun iscritto al 31 dicembre 2000, qualora per essi non risulti una posizione individuale maturata a tale data, è determinato sulla base dei criteri e delle metodologie attuariali usualmente impiegate per la definizione delle posizioni individuali, ad esempio, in caso di chiusura integrale o di trasformazione del fondo (Circ. AE 6 agosto 2001 n. 78/E).

SEZIONE 4

Redditi assimilati a quelli di lavoro dipendente

(art. 50 DPR 917/86)

9850 La disciplina dei redditi di lavoro dipendente è stata estesa, oltre che alle somme corrisposte dai fondi pensione, ad altri redditi che sono definiti assimilati in quanto sono percepiti in **mancanza di un rapporto di lavoro subordinato**.

Per ogni tipologia di reddito si evidenziano le **particolarità** rispetto ai criteri di determinazione dei redditi di lavoro dipendente.
Per alcuni dei redditi seguenti spettano le **detrazioni per reddito di lavoro dipendente**: al n. 1200 c'è un quadro completo dei redditi interessati (e di quelli esclusi).
Prima di esaminare le diverse tipologie di reddito, esponiamo le disposizioni comuni.

REGOLE COMUNI (art. 24 DPR 600/73, art. 52 DPR 917/86) Ai fini della determinazione dei redditi assimilati, la legge rinvia alle disposizioni stabilite per i redditi di lavoro dipendente (es. disciplina dei buoni pasto, delle trasferte, ecc.), salvo alcune deroghe che verranno evidenziate nella trattazione delle singole fattispecie. **9855**
In particolare, per i redditi in argomento la **ritenuta d'acconto** è applicata dai sostituti d'imposta sulla parte imponibile di tutti i redditi corrisposti entro il 12 gennaio dell'anno successivo a quello cui si riferiscono, tenendo conto delle aliquote previste per i differenti scaglioni di reddito (al netto delle addizionali regionale e comunale, v. n. 8745).
Se vengono corrisposti anche **redditi in natura** e la ritenuta non trova capienza, in tutto o in parte, sui contestuali pagamenti in denaro, il percettore è tenuto a versare al sostituto l'importo corrispondente all'ammontare della ritenuta.
I sostituti d'imposta devono, inoltre, effettuare le operazioni di **conguaglio di fine anno**, tenendo conto anche delle addizionali IRPEF, e rilasciare l'apposita **certificazione** entro la scadenza ordinaria (v. n. 8830).
Infine, tutti gli emolumenti **arretrati** dei redditi in esame sono soggetti a tassazione separata secondo i criteri illustrati al n. 9340 (art. 5 c. 1 lett. c D.Lgs. 314/97).

a. Collaborazioni continuative

(art. 50 c. 1 lett. c bis DPR 917/86)

DEFINIZIONE Sono rapporti di collaborazione continuativa: **9900**
a) i rapporti espressamente **elencati** dalla legge e altre fonti (v. **tabella**); o
b) quelli diversi che hanno le **seguenti caratteristiche** (Ris. Min. 2 giugno 1995 n. 130/E e Circ. AE 6 luglio 2001 n. 67/E):
- sono unitari, cioè non limitati a uno o più affari definiti, e continuativi nel tempo;
- si realizzano attraverso l'inserimento funzionale del collaboratore nell'organizzazione economica del committente, il quale può esprimere delle direttive di massima ai fini dell'esecuzione della prestazione;
- sono svolti con remunerazione periodica prestabilita;
- senza vincolo di subordinazione;
- senza impiego di mezzi organizzati dal collaboratore.

Possono avere ad oggetto attività manuali e operative (escluse quelle meramente esecutive o ripetitive - Circ. AE 26 gennaio 2001 n. 7/E).

Nella **tabella** si elencano i rapporti di collaborazione indicati dalla legge e quelli individuati come tali dalla prassi e dalla giurisprudenza. **9903**

Tipo di collaborazione	Art. DPR 917/86, prassi e giurisprudenza
– attività di amministratori, sindaci e revisori di società, associazioni e altri enti, con o senza personalità giuridica	50 c. 1 lett. c bis (v. n. 9905)
– alcune collaborazioni a giornali, riviste, enciclopedie e simili	50 c. 1 lett. c bis (v. n. 10700)
– partecipazione a collegi e commissioni (se derivante da incarichi attribuiti a dipendenti o nell'esercizio di pubbliche funzioni, v. rispettivamente n. 9970 e n. 9985)	50 c. 1 lett. c bis
– attività di amministratore di condominio, svolta senza altre attività di lavoro autonomo	Circ. Min. 24 dicembre 1992 n. 77/430400
– attività di sportivi professionisti	Ris. AE 21 maggio 2001 n. 73/E
– partecipazione a organi collegiali in rappresentanza delle confederazioni sindacali a cui il soggetto è iscritto	Ris. Min. 19 aprile 1974 n. 10/479

Tipo di collaborazione	Art. DPR 917/86, prassi e giurisprudenza
– partecipazione a commissioni o collegi arbitrali, senza esercitare altre attività di lavoro autonomo	CTC 12 aprile 1996 n. 1641
– partecipazione a commissioni giudicatrici di esami da parte di pensionati	Ris. Min. 15 dicembre 1986 n. 8/1095

9905 **COLLABORATORE CHE SVOLGE LAVORO DIPENDENTE O AUTONOMO** (Circ. AE 6 luglio 2001 n. 67/E) Se l'attività di collaborazione svolta rientra nelle **proprie mansioni** di lavoro dipendente, i relativi compensi sono attratti tra i redditi di lavoro dipendente.

Se, oltre alla collaborazione, viene esercitata anche un'attività di lavoro autonomo, occorre valutare se per lo svolgimento dell'incarico di collaborazione sono necessarie le conoscenze tecnico-giuridiche direttamente **collegate alle mansioni tipiche** dell'attività professionale esercitata abitualmente. In caso affermativo, i relativi compensi sono assoggettati alla disciplina prevista per i redditi di lavoro autonomo.

>Precisazioni 1) La carica di **amministratore di società**, in alcuni casi, può richiedere l'utilizzo di conoscenze strettamente inerenti all'attività di lavoro autonomo eventualmente svolto. Per qualificare l'attività come lavoro autonomo o come rapporto di collaborazione, occorre far riferimento a quanto disposto dagli ordinamenti professionali. In assenza di una previsione espressa, occorre valutare il singolo caso ed evidenziare se vi è una connessione oggettiva con le mansioni tipiche dell'attività professionale esercitata (Circ. AE 12 dicembre 2001 n. 105/E).

Ad **esempio**, se gli amministratori di una società sono **commercialisti** o **esperti contabili**, poiché la mansione di amministratore rientra tra le loro attività tipiche, i compensi percepiti devono essere sempre qualificati come redditi di lavoro autonomo (art. 1 c. 2 D.Lgs. 139/2005). Se amministratore è un **ingegnere edile** all'interno di una **società di ingegneria** o di costruzioni, i compensi percepiti sono anch'essi attratti nella categoria dei redditi di lavoro autonomo, data la connessione tra l'attività societaria e le mansioni tipiche dell'attività professionale abituale.

2) Per l'incarico di **revisore** o di **sindaco** di società, ricoperti da soggetti iscritti all'albo dei **dottori commercialisti o** dei **revisori legali**, è dubbio se i relativi compensi siano o meno attratti nel reddito professionale. In senso positivo, Circ. AE 6 luglio 2001 n. 67/E; in senso negativo, Risp. AE 11 giugno 2019 n. 183 e Risp. AE 11 giugno 2019 n. 186.

9910 **DETERMINAZIONE DEL REDDITO** (art. 52 DPR 917/86) Il reddito di collaborazione si determina con le stesse modalità previste per il **reddito di lavoro dipendente**, con la **particolarità** che, per le **trasferte** e i **rimborsi** per spese di viaggio, vitto e alloggio (v. n. 8590), rileva la sede naturale in cui il collaboratore è tenuto contrattualmente a svolgere il proprio lavoro (di norma la sede del committente). Pertanto, non possono essere dedotti dal reddito i rimborsi delle spese sostenute per il raggiungimento della sede di lavoro (Circ. Min. 16 novembre 2000 n. 207/E), salvo il caso in cui non sia prevista un'apposita sede di lavoro, per il quale rileva il domicilio fiscale del collaboratore (Circ. AE 18 giugno 2001 n. 58/E).

Ove si fa **riferimento** a **categorie** o alla **generalità** dei dipendenti, le disposizioni sono applicabili anche a specifiche categorie o alla generalità dei collaboratori (Circ. AE 6 luglio 2001 n. 67/E).

9915 **RITENUTA** **Compensi in denaro** Si applicano le ritenute previste per i lavoratori dipendenti, con modalità che variano in funzione della periodicità dei compensi e della preventiva determinabilità del loro ammontare, come illustrato in **tabella** (Circ. AE 5 marzo 2003 n. 15/E e Circ. AE 6 luglio 2001 n. 67/E).

Compenso (*)	Modalità
Periodico e **conosciuto preventivamente** nel suo importo annuo	Come per i lavoratori dipendenti, ragguagliando gli scaglioni annui di reddito al periodo di paga e considerando le detrazioni spettanti, se richieste, ragguagliate al periodo di paga
Unica soluzione	Le ritenute e le detrazioni devono essere commisurate all'intero ammontare del compenso e non devono essere ragguagliate al periodo di paga
Periodico, non conosciuto preventivamente	Ritenuta applicata considerando gli scaglioni annui. A ogni compenso erogato, ai fini della determinazione della ritenuta applicabile, si cumulano i pagamenti precedenti. Le detrazioni sono, invece, riconosciute solo all'atto del conguaglio di fine anno o di fine rapporto

Compenso (*)	Modalità
A **periodicità variabile** e **conosciuto** preventivamente	Come al punto precedente

(*) Se i compensi devono essere riversati al datore terzo (c.d. **reversibili**), non sono tassati in capo al collaboratore, ma concorrono a formare il reddito imponibile del datore (artt. 50 c. 1 lett. b e 51 c. 2 lett. e DPR 917/86, Ris. Min. 17 maggio 1977 n. 8/166). **Esempio**: un collaboratore della società Alfa nominato amministratore della società controllata Beta a cui riversa il compenso percepito per tale carica.

Compensi in natura La ritenuta va effettuata in ciascun **periodo di paga**, a prescindere dall'esistenza di un contestuale pagamento in denaro. Se non è stato fissato un periodo di paga, la ritenuta deve essere effettuata al momento dell'erogazione del primo compenso in denaro. In caso di **assenza o** di **incapienza** dei compensi in denaro, il collaboratore è tenuto a versare al datore, in sede di conguaglio, l'importo corrispondente alla ritenuta. 9920
Nell'ipotesi di compensi **reversibili**, l'eventuale corresponsione è tassata in capo al collaboratore (Circ. AE 18 giugno 2001 n. 58/E).

COMPENSI DI FINE RAPPORTO (art. 17 c. 1 lett. c DPR 917/86, art. 24 c. 1 DPR 600/73, art. 24 c. 31 DL 201/2011 conv. in L. 214/2011) Nella **tabella** seguente si illustra la tassazione prevista per i compensi di fine rapporto percepiti dal collaboratore. 9925

Tipo di compenso	Condizione	Tassazione
Indennità di fine rapporto (o trattamento di fine mandato, TFM)	Il diritto risulta da atto con data certa anteriore all'inizio del rapporto **(1)**	**Separata**, con il criterio ordinario (v. n. 3425), previa ritenuta d'acconto del 20%, purché l'importo sia inferiore a € 1.000.000; l'eventuale eccedenza è soggetta a tassazione ordinaria (v. n. 9120) **(2) (3)**
	In tutti gli altri casi	**Ordinaria**, previa ritenuta d'acconto sulla base delle aliquote progressive per scaglioni di reddito. L'indennità complessiva è considerata compenso del periodo in cui è percepita.
Somme e valori percepiti a titolo risarcitorio o per provvedimenti esecutivi, a seguito di provvedimenti dell'autorità giudiziaria o di transazioni relativi alla cessazione del rapporto	In tutti i casi	**Separata**, previa ritenuta d'acconto del 20%.

(1) La **data certa** può essere ottenuta attraverso: la registrazione del contratto (v. n. 70375); un estratto notarile del libro delle deliberazioni oppure l'invio del contratto o della delibera con raccomandata in plico senza busta.
(2) Resta salva, da parte dell'AE, l'applicazione della tassazione ordinaria se più favorevole per il collaboratore (v. n. 9173).
In caso di **rinuncia** del TFM bisogna distinguere:
– per gli **amministratori-soci**, l'importo è comunque soggetto a tassazione separata, previa ritenuta del 20%, per il c.d. principio dell'incasso giuridico del credito (criticato dalla dottrina prevalente, v. AIDC, Norma di comportamento n. 201/2018) secondo cui la rinuncia determina comunque un arricchimento patrimoniale costituito dall'incremento del costo della partecipazione nella propria società;
– per gli **amministratori non soci**, non c'è tassazione ma comporta una sopravvenienza attiva tassata in capo alla società nei limiti in cui abbia dedotto gli accantonamenti effettuati in passato (Ris. AE 13 ottobre 2017 n. 124/E, Cass. 14 aprile 2022 n. 12222, Cass. 26 gennaio 2016 n. 1335, Cass. 18 dicembre 2014 n. 26842).
(3) Per le indennità il cui diritto alla percezione è sorto **dal 1° gennaio 2011**, la tassazione separata non si applica sulla quota dell'importo che eccede **€ 1.000.000**. Pertanto, tale importo è soggetto a tassazione ordinaria (v. n. 9120).

Se il datore ha stipulato una **polizza assicurativa** per assicurarsi la provvista finanziaria per la futura liquidazione delle indennità di fine rapporto (v. n. 24335), bisogna distinguere a seconda che il **beneficiario** del capitale sia il datore o il collaboratore: 9930
– se è il **datore**, la somma ricevuta deve essere versata al collaboratore previa ritenuta d'acconto del 20%, da applicare sull'intero importo, al netto del contributo Inps a carico del collaboratore (1/3);

– se è il **collaboratore**, la società assicuratrice applica la ritenuta specifica sul rendimento delle polizze, con le modalità illustrate al n. 11405.

9935 **PLURALITÀ DI RAPPORTI** (Circ. AE 6 luglio 2001 n. 67/E) Il collaboratore può intrattenere più rapporti di collaborazione con **diversi datori** di lavoro.
Ai fini delle **ritenute**, **ciascun datore** nel corso del periodo d'imposta deve far riferimento alle somme e ai valori corrisposti al collaboratore in relazione al rapporto con lui intrattenuto.
Tuttavia, il collaboratore può richiedere a **uno solo dei datori**, alternativamente:
– attribuzione delle detrazioni, specificando le condizioni di spettanza e l'ammontare complessivo dei redditi che, in via presuntiva, percepisce nel corso del periodo d'imposta dai vari rapporti di collaborazione intrattenuti;
– determinazione del conguaglio sulla base anche degli altri redditi percepiti nel corso del periodo d'imposta, consegnando al datore, entro il 12 gennaio del periodo d'imposta successivo, le CU rilasciate dagli altri datori di lavoro (evitando così di presentare la dichiarazione dei redditi).

9940 Se il collaboratore ha con lo **stesso datore** due rapporti diversi, uno di lavoro dipendente e uno di collaborazione (ovviamente non collegati: ad esempio un amministratore di una società finanziaria che è anche dirigente del personale), l'applicazione delle ritenute e delle detrazioni varia a seconda della cadenza periodica dei compensi percepiti per i due rapporti di lavoro (Circ. AE 6 luglio 2001 n. 67/E).

b. Altri redditi

9950 **COMPENSI CORRISPOSTI A SOCI DI COOPERATIVE** (artt. 50 c. 1 lett. a e 52 DPR 917/86) I compensi percepiti dai soci lavoratori di cooperative possono derivare direttamente dal rapporto associativo, da un rapporto di lavoro dipendente vero e proprio oppure di lavoro autonomo o di collaborazione coordinata e continuativa (L. 142/2001).
Sono redditi assimilati a quelli di lavoro dipendente solamente i **compensi** percepiti, **nell'ambito del rapporto associativo**, dai soci lavoratori di cooperative di produzione e lavoro, di servizi, agricole e di prima trasformazione dei prodotti agricoli nonché di cooperative artigiane e di cooperative della piccola pesca (escluse le cooperative di consumo, edilizie, di credito, ecc.), purché non eccedano i **limiti** dei salari correnti maggiorati del 20%.
L'assimilazione ai redditi di lavoro dipendente sussiste a **condizione** che:
a) la cooperativa sia iscritta nel registro prefettizio o nello schedario generale della cooperazione;
b) lo statuto contempli i principi della mutualità stabiliti dalla legge e questi siano effettivamente osservati nel periodo d'imposta e nei 5 precedenti o nel minor tempo trascorso dall'approvazione degli statuti.

> **Precisazioni** 1) Nel caso in cui la **maggiorazione** dei salari **superi** il 20%, i compensi ulteriori assumono la natura di utili societari (indeducibili per la cooperativa) e rientrano quindi tra i redditi di capitale (Ris. AE 2 luglio 2002 n. 212/E).
> 2) Si consideri, ad **esempio**, una cooperativa di produzione e lavoro che può erogare trattamenti economici ulteriori a titolo di ristorno non superiori al 30% dei trattamenti economici complessivi aumentati dei trattamenti economici ulteriori erogati a titolo di maggiorazione retributiva. I ristorni corrisposti mediante aumento di capitale non sono soggetti a tassazione. Al momento della successiva restituzione, le somme ricevute saranno tassate, per il 20% come redditi di lavoro dipendente; per il restante 10% come redditi di capitale.
> 3) Per i redditi assimilati non è richiesto un vero e proprio rapporto di lavoro subordinato del socio nei confronti della cooperativa, ma è **sufficiente** che venga prestata una **attività lavorativa di qualsiasi genere** nei confronti ed a favore della cooperativa (Ris. Min. 18 dicembre 1979 n. 9/2282).

9955 Gli **altri redditi** derivanti dai rapporti sorti in base alla L. 142/2001, invece, seguono il regime fiscale applicabile in base alla natura del rapporto instaurato: di lavoro dipendente vero e proprio (nei limiti stabiliti dagli accordi collettivi), di lavoro autonomo o di collaborazione. In via ordinaria, le eventuali somme corrisposte a titolo di **ristorno mediante** aumento del capitale sociale non sono tassate al momento della corresponsione, ma solamente al momento dell'eventuale successiva restituzione a seguito di recesso o riduzione del capitale (art. 6 c. 2 DL 63/2002 conv. in L. 112/2002); in tal caso sono soggetti a ritenuta pari al 26%. Tuttavia, la

cooperativa può applicare, **previa deliberazione** dell'assemblea, la **ritenuta** del 12,50% a titolo d'imposta all'atto della loro attribuzione a capitale sociale (ciò non vale nei confronti di persone fisiche imprenditori o detentori di partecipazione qualificata), **versando** la ritenuta **entro** il giorno 16 del mese successivo a quello di scadenza del trimestre solare in cui è stata adottata la deliberazione dell'assemblea (anche anteriore al 1° gennaio 2021) (art. 6 c. 2 DL 63/2002 come modif. dall'art. 1 c. 42 e 43 L. 178/2020).
Per quanto concerne i **criteri di determinazione del reddito**, l'unica particolarità rispetto ai redditi di lavoro dipendente riguarda le cooperative (di produzione e lavoro e/o di servizi) autorizzate all'autotrasporto di merci, in relazione alle spese sostenute dai soci lavoratori per **trasferte** effettuate fuori dal territorio comunale. Infatti, queste cooperative, se non hanno potuto dedurre né l'importo forfettario di € 59,65 al giorno (v. n. 22885), né le spese effettivamente sostenute, ad esempio perché soggetti esenti da IRES, possono far utilizzare la deduzione forfettaria da tutti i soci lavoratori, compresi quelli non inviati in trasferta, ai fini della determinazione del proprio reddito (art. 62 L. 342/2000).
In questo caso, le indennità ed i rimborsi delle spese sostenute in occasione di trasferte effettuate fuori del territorio comunale percepite dal socio lavoratore, concorrono alla formazione del reddito nei limiti ordinari previsti per le trasferte (v. n. 8610), ad esempio per la parte eccedente € 46,48 al giorno se la trasferta è in Italia, ecc. (Circ. AE 15 febbraio 2001 n. 17/E e Ris. AE 11 febbraio 2002 n. 39/E).

> Come per i dipendenti, è applicabile il regime di favore previsto in caso di **assegnazione di azioni** delle società cooperative di produzione e lavoro ai soci lavoratori (v. n. 8200). Naturalmente, il riferimento alla generalità dei dipendenti deve essere inteso come alla generalità dei soci lavoratori.

BORSE DI STUDIO (artt. 50 c. 1 lett. c e 52 DPR 917/86) Le somme da chiunque corrisposte a titolo di borsa di studio, assegno, premio per fini di studio o di **addestramento professionale**, sono generalmente redditi assimilati a quello di lavoro dipendente se il **beneficiario non è dipendente** del soggetto erogante. Sono compresi, ad esempio, i compensi corrisposti a praticanti commercialisti, ragionieri, consulenti del lavoro, avvocati (se non fatturati con IVA, quali compensi di lavoro autonomo professionale, o senza IVA, quali compensi di lavoro autonomo occasionale) (Circ. CNDC 20 ottobre 2004 n. 25) e le somme erogate, anche tramite «Carta Ila» (Individual learning account) per corsi di formazione finalizzati ad un futuro ed eventuale inserimento nel mondo del lavoro (Risp. AE 21 settembre 2021 n. 619, Ris. AE 21 novembre 2002 n. 365/E). **9960**
Sono previste delle **esenzioni** riportate nella **tabella** sottostante.
Ai beneficiari delle somme tassate spettano le **detrazioni** per i redditi di lavoro dipendente con riferimento ai giorni compresi nel periodo assunto ai fini dell'erogazione delle borse di studio, anche se relativo ad anni precedenti rispetto a quello di effettiva erogazione. Pertanto, se la borsa di studio è stata corrisposta in relazione alla frequenza di un particolare corso, le detrazioni spettano per il periodo di durata del corso stesso (Ris. AE 12 giugno 2009 n. 156/E).

> Le stesse somme, se corrisposte a **dipendenti** o a loro **familiari** anche non a carico, sono, in linea di principio, escluse da tassazione in quanto sono considerate somme di carattere sociale (v. n. 8220).

9965

Esenzioni
Sono totalmente esenti da IRPEF, le seguenti borse di studio (Ris. AE 23 aprile 2009 n. 109/E, Ris. AE 22 novembre 2010 n. 120/E): – corrisposte agli studenti universitari dalle Regioni a statuto ordinario, dalle Regioni a statuto speciale e dalle Province autonome di Trento e Bolzano (art. 4 L. 476/84); – corrisposte dalle Università e dagli istituti di istruzione universitaria per la frequenza dei corsi di perfezionamento e delle scuole di specializzazione, per i corsi di dottorato di ricerca, per attività di ricerca post-lauream o post-dottorato e per i corsi di perfezionamento all'estero **(1)** (art. 6 L. 398/89, art. 4 L. 210/98); – bandite nell'ambito del programma comunitario **Socrates**, nonché le somme aggiuntive corrisposte dalle università, a condizione che l'importo complessivo annuo non sia superiore a € 7.746,85 (art. 6 c. 13 L. 488/99) **(2)**; – corrisposte dal governo italiano **a cittadini stranieri** in forza di accordi e intese internazionali (art. 3 c. 3 lett. d ter DPR 917/86) **(3)**.
(1) Ad esempio, per i medici l'esenzione riguarda solo le borse di studio corrisposte per la frequenza di **corsi di specializzazione** e per **attività di ricerca** post-lauream, mentre sono imponibili quelle corrisposte per corsi di formazione specifica in medicina generale (Ris. AE 30 ottobre 2002 n. 338). **(2)** Se le somme corrisposte **superano tale ammontare**, le stesse sono tassate integralmente (Circ. Min. 22 dicembre 2000 n. 238/E).

(3) Es.: borse di studio del programma **Erasmus Mundus** (Ris. AE 23 aprile 2009 n. 109/E) o del programma **Erasmus +** per studenti universitari (art. 1 c. 50 L. 208/2015, Circ. AE 18 maggio 2016 n. 20/E). Eventuali somme aggiuntive corrisposte dalle università sono tassate (Risp. AE 6 aprile 2022 n. 171).

9970 **COMPENSI CORRISPOSTI DA TERZI** (artt. 50 c. 1 lett. b e 52 DPR 917/86) Vi rientrano le indennità ed i compensi corrisposti ai dipendenti, privati o pubblici, da soggetti diversi dal loro datore, per **incarichi svolti** in relazione alla propria qualifica e **in dipendenza** del proprio rapporto di lavoro. È quindi necessario che l'incarico sia reso in connessione con la carica del dipendente o in rappresentanza dell'ente di appartenenza, altrimenti (es. assenza di autorizzazione da parte del datore) i compensi percepiti vanno qualificati, a seconda delle caratteristiche, redditi derivanti da rapporti di collaborazione coordinata e continuativa o prestazioni occasionali di lavoro autonomo (Ris. AE 17 maggio 2007 n. 101/E). Se invece le somme sono corrisposte da una **amministrazione pubblica diversa** da quella cui appartiene il dipendente pubblico, costituiscono redditi di lavoro dipendente (Risp. AE 22 luglio 2019 n. 289).
Tali somme sono **tassabili a condizione** che non debbano essere riversate al datore o allo Stato, per obbligo di legge o di contratto (altrimenti costituiscono reddito imponibile a favore del datore).

ESEMPIO
Sono tali i compensi per la partecipazione a comitati tecnici, organi collegiali, commissioni di esame, quelli dei sindacalisti collocati in aspettativa, dei docenti universitari di Atenei non statali per convegni tenuti in altre Università, di magistrati che svolgono funzioni arbitrali, di dipendenti statali che abbiano assunto incarichi in enti locali (e viceversa), ecc.

9975 Il reddito percepito è assoggettato a **ritenuta alla fonte** nel suo intero ammontare e, quindi, anche per la parte relativa al rimborso spese (Ris. Min. 17 settembre 1996 n. 220/E).
I dipendenti che percepiscono indennità e compensi, se desiderano farli entrare nel **conguaglio di fine anno** del proprio datore devono consegnare a quest'ultimo, entro il 12 gennaio del periodo d'imposta successivo, la certificazione rilasciata dall'ente erogante con indicato l'ammontare delle somme corrisposte, delle ritenute effettuate e dei relativi contributi (v. n. 8795).
Se la certificazione dell'ente erogante il compenso è rilasciata al contribuente **successivamente al 12 gennaio**, o se il contribuente non la consegna al proprio datore entro la data suddetta, il contribuente medesimo deve presentare la dichiarazione dei redditi.

9980 **RENDITE VITALIZIE E A TEMPO DETERMINATO** (artt. 50 c. 1 lett. h e 52 DPR 917/86) Si tratta delle erogazioni, in denaro o in natura, ricevute a titolo di rendite vitalizie e a tempo determinato a condizione che siano costituite a **titolo oneroso**.
Pertanto, vi rientrano:
– le rendite costituite per un periodo di tempo inferiore alla vita del beneficiario, per esempio rendite derivanti da contratti di **assicurazione in caso di sopravvivenza**, nel caso in cui l'assicuratore si impegna a corrispondere una rendita periodica per un limitato periodo di tempo;
– il c.d. **vitalizio alimentare** che assicura al beneficiario il diritto ad un vero e proprio mantenimento, comprensivo di vitto, alloggio, ecc.

>**Precisazioni 1**) Sono **escluse**:
– le rendite **perpetue** e le prestazioni perpetue annue che rientrano tra i redditi di capitale (v. n. 11305);
– le rendite aventi **funzione previdenziale** - cioè quelle derivanti da contratti di assicurazione sulla vita stipulati con imprese autorizzate dall'ISVAP ad operare nel territorio dello Stato, che non consentano il riscatto della rendita successivamente all'inizio dell'erogazione - che sono soggette ad imposta sostitutiva del 12,50%.
2) Sono, invece, **esenti** gli assegni vitalizi corrisposti a **vittime del terrorismo** e della **criminalità organizzata** (L. 407/98).

9982 Le rendite si **presumono percepite**, salvo prova contraria, nella misura e alle scadenze risultanti dai relativi titoli.
Il **reddito imponibile** è costituito dall'intero importo percepito, salvo che per le rendite derivanti da contratti stipulati fino al 31 dicembre 2000, per le quali il reddito è costituito dal 60% dell'importo percepito.
In caso di rinnovo o di proroga anche tacita dei contratti stipulati prima del 31 dicembre 2000, il reddito è costituito dall'intero importo percepito (Ris. AE 12 luglio 2002 n. 229/E).

INDENNITÀ ED ALTRI COMPENSI PER L'ESERCIZIO DI FUNZIONI PUBBLICHE (artt. 50 c. 1 lett. f e c. 3 e 52 DPR 917/86) Sono assimilati ai redditi di lavoro dipendente i compensi corrisposti ai seguenti **magistrati**: membri delle Corti tributarie, esperti del Tribunale di sorveglianza; dal 15 agosto 2021, i giudici onorari, compresi i giudici di pace, sono redditi di lavoro autonomo (Risp. AE 6 luglio 2020 n. 202). **9985**
Limitatamente a questi soggetti, l'assimilazione opera indipendentemente dal fatto che siano dipendenti pubblici, privati o pensionati o che svolgano attività di lavoro autonomo (Ris. AE 10 maggio 2004 n. 68/E).

Invece i seguenti compensi, corrisposti anche sotto forma di indennità o di gettoni di presenza, sono assimilati ai redditi di lavoro dipendente **solo quando** le prestazioni non sono rese da soggetti che esercitano un'arte o professione e quando non sono effettuate nell'esercizio di impresa commerciale. **9990**

Compensi (*) (**)
– corrisposti dallo Stato, Regioni, Province e Comuni per l'esercizio di funzioni pubbliche assunte **senza alcuna elezione** (altrimenti si rientra nell'ipotesi di cui al n. 9995); – corrisposti ai **giudici popolari** (Circ. Min. 15 dicembre 1973 n. 1/RT/50550), ai membri del **comitato regionale di controllo** (Ris. Min. 30 dicembre 1978 n. 8/1091), agli **esperti amministrativi** eletti a componenti delle sezioni del comitato regionale di controllo (CTC 6 aprile 1982 n. 3164); – corrisposti dai Comuni ai **giudici conciliatori** (Ris. Min. 16 maggio 1979 n. 8/1449); – corrisposti a **medici dipendenti delle ASL** per l'attività di consulenza prestata al magistrato nell'ambito di un giudizio penale **(2)**; – corrisposti agli **esperti** dei tribunali e delle sezioni di corti di appello per minorenni (Ris. AE 10 maggio 2004 n. 68/E); – corrisposti al **difensore civico**, nonostante la carica sia nella maggior parte delle ipotesi elettiva (Ris. AE 9 dicembre 2010 n. 126/E); – corrisposti ai **commissari ad acta** in sede di giudizio di ottemperanza nel processo tributario (v. n. 87883) (Ris. AE 12 marzo 2008 n. 88/E); – corrisposti ai **richiamati alle armi** (Ris. Min. 7 aprile 1975 n. 10/481).
(*) Se le prestazioni suddette sono rese da soggetti che esercitano un'**arte o professione** (anche nell'ambito di uno studio associato, Ris. AE 11 dicembre 2007 n. 363/E) o sono effettuate nell'esercizio di **impresa commerciale**, i compensi suddetti rientrano, rispettivamente, nel reddito di lavoro autonomo professionale e nel reddito di impresa. **(**)** Se invece la **consulenza** è resa in un giudizio civile, per finalità assicurative o amministrative, rientra nel reddito di lavoro autonomo o, se occasionale, nei redditi diversi (Ris. AE 12 marzo 2007 n. 42/E).

INDENNITÀ CORRISPOSTE PER CARICHE ELETTIVE (artt. 50 c. 1 lett. g e c. 3 e 52 DPR 917/86) Vi rientrano, innanzitutto, le **indennità** percepite per le cariche elettive dei seguenti soggetti: **9995**
- **membri del Parlamento** nazionale;
- **consiglieri** comunali, regionali, provinciali, delle comunità montane, delle unioni di comuni;
- **amministratori locali** (sindaci, assessori comunali, presidente e assessori provinciali, presidenti e assessori delle comunità montane, componenti degli organi delle unioni di comuni, componenti degli organi di accentramento, presidente e componenti di organi esecutivi di consorzi tra enti locali e loro aziende);
- **giudici della Corte Costituzionale**.

Inoltre, sono compresi gli **assegni vitalizi** percepiti in dipendenza della cessazione delle cariche sopracitate.

Per quanto riguarda le indennità, non concorrono tuttavia a formare il reddito, e pertanto non sono soggette a ritenuta, le somme erogate a titolo di **rimborso spese**, purché l'erogazione e i relativi criteri siano disposti dagli organi competenti a determinare i trattamenti dei soggetti stessi (Parlamento, Consiglio regionale, ecc.); per gli amministratori locali le misure dei rimborsi sono stabilite dal decreto 12 febbraio 2009 (Ris. AE 13 agosto 2009 n. 224/E). **9997**
Gli **assegni vitalizi** sono, invece, tassati per la quota parte che non deriva da fonti riferibili a trattenute effettuate al percettore già assoggettate a ritenute fiscali. Detta quota parte è determinata, per ciascun periodo d'imposta, in misura corrispondente al rapporto complessivo delle trattenute effettuate, assoggettate a ritenute fiscali, e la spesa complessiva per assegni vitalizi. Il rapporto va effettuato separatamente dai distinti soggetti erogatori degli assegni stessi, prendendo a base ciascuno i propri elementi.

10000 **ASSEGNI PERIODICI** (artt. 50 c. 1 lett. i e 52 DPR 917/86) Si tratta degli assegni periodici, comunque denominati, che non costituiscono remunerazione di lavoro o di capitale. Vi rientrano in particolare i seguenti assegni:
– assegni periodici corrisposti **al coniuge** o alla parte di un'unione civile, in conseguenza di **separazione** legale ed effettiva e di **divorzio** (scioglimento o di annullamento di matrimonio o di un'unione civile o di cessazione dei suoi effetti civili). L'assegno costituisce reddito imponibile nella misura determinata dal provvedimento del giudice e dà diritto ad una specifica detrazione d'imposta (v. n. 1238). Per la stessa misura del reddito corrisposto, il soggetto erogante può effettuare una deduzione dal suo reddito complessivo (v. n. 1300);
– assegni periodici corrisposti **al beneficiario in forza di testamento**, in adempimento di oneri modali a carico del donatario (v. n. 1300);
– assegni periodici **alimentari** corrisposti **ai familiari** (art. 433 c.c.). L'imponibilità è limitata alla misura decisa dal giudice che, per converso, costituisce anche onere deducibile dal reddito complessivo dell'erogante, come chiarito al n. 1300.
Gli assegni ora esaminati si presumono percepiti, salvo prova contraria, nella misura e alle scadenze risultanti dai relativi titoli.

>**Precisazioni** 1) L'assegno di **divorzio** stabilito dal tribunale, su accordo delle parti, e corrisposto al coniuge in **un'unica soluzione**, quindi non periodicamente, non è tassato in quanto non è qualificabile come reddito (Cass. 12 ottobre 1999 n. 11437, Ris. AE 15 giugno 2009 n. 157/E).
2) L'importo corrispondente all'assegno di mantenimento è tassato anche se **non viene percepito**, ma viene **compensato** con un debito (della ex moglie) nei confronti del marito (Ris. AE 15 giugno 2009 n. 157/E).
3) Gli assegni periodici spettanti al coniuge separato del **lavoratore dipendente** possono essere trattenuti dal datore decurtandoli dallo stipendio del lavoratore. In questo caso il **datore** deve effettuare la ritenuta anche sull'assegno spettante al coniuge.

10005 **LAVORI SOCIALMENTE UTILI** Sono assimilati ai redditi di lavoro dipendente i compensi percepiti da soggetti (**anche non lavoratori**) impegnati in lavori socialmente utili in conformità a specifiche disposizioni normative, non necessariamente leggi (ma anche regolamenti e altre norme secondarie) (Ris. AE 10 ottobre 2008 n. 378/E).
Nel caso di compensi percepiti dai soggetti **anziani** (es. il c.d. nonno vigile) che hanno raggiunto l'età prevista dalla vigente legislazione per la pensione di vecchiaia (65 anni gli uomini e 60 le donne) e che possiedono un **reddito complessivo di importo non superiore** a € 9.296,22 al netto dei compensi per lavori socialmente utili, è prevista un'agevolazione: è reddito solo la parte dei compensi che **eccede** complessivamente nel periodo d'imposta € 3.098,74 (art. 52 c. 1 lett. d bis DPR 917/86 e Circ. AE 14 giugno 2001 n. 55/E).

Per l'**applicazione del regime agevolato** il percipiente deve comunicare al datore il possesso dei requisiti richiesti. Non sono previste detrazioni di imposta specifiche (Ris. AE 10 ottobre 2008 n. 378/E).

Sulla parte imponibile di tali compensi si applica una **ritenuta a titolo d'imposta** con l'aliquota prevista per il primo scaglione di reddito, maggiorata delle addizionali vigenti (art. 24 c. 1 bis DPR 600/73). La maggiorazione delle addizionali deve avvenire contestualmente all'applicazione della ritenuta (Circ. Min. 22 dicembre 2000 n. 238/E).

10007 **ALTRI REDDITI ASSIMILATI** (art. 50 c. 1 lett. d, e, l DPR 917/86) Si tratta dei compensi percepiti dai seguenti soggetti per lo svolgimento delle rispettive attività richiamate nella **tabella**.

A) attività libero professionale intramuraria svolta dai seguenti soggetti: – personale dipendente del Servizio sanitario nazionale **(1)**; – docenti e ricercatori universitari che esplicano attività assistenziale presso le cliniche e gli istituti universitari di ricovero e cura convenzionati; – personale laureato in medicina e odontoiatria di ruolo presso le facoltà di medicina e chirurgia (v. Circ. Min. 25 marzo 1999 n. 69/E); – personale di Università, docente e non docente, che svolge attività di ricerca e consulenza; **B)** personale dei **conservatori** di musica, delle accademie di belle arti e delle **accademie** nazionali di arte drammatica e di danza (art. 26 c. 7 L. 448/98, Circ. Min. 25 marzo 1999 n. 69/E); **C) sacerdoti (2)**.

10007
(segue)

(1) I compensi percepiti per l'**attività esercitata presso studi professionali privati** a seguito di autorizzazione del direttore generale dell'ASL, costituiscono reddito nella misura del 75% (art. 52 lett. a bis DPR 917/86). La detrazione non spetta se l'attività è svolta, anziché in studi professionali privati, presso strutture private non accreditate o presso strutture convenzionate (Ris. AE 22 novembre 2001 n. 190/E).
L'assimilazione comprende anche i compensi per l'attività intramuraria svolta dai medici in formazione specialistica **erogati da un soggetto diverso** dall'ASL (Università) (Ris. AE 29 settembre 2009 n. 254/E).
(2) Si tratta delle **remunerazioni** previste da leggi speciali, comprensive delle congrue e dei supplementi di congrua.
Godono dello stesso trattamento anche gli **assegni pagati per il sostentamento** dei ministri dall'Unione delle Chiese cristiane avventiste del 7° giorno, dalle Assemblee di Dio in Italia, dall'Unione Cristiana Evangelica Battista d'Italia, dalla Chiesa Evangelica Luterana in Italia, dalla Sacra Arcidiocesi ortodossa d'Italia ed Esarcato per l'Europa Meridionale, dalla Chiesa apostolica in Italia, dall'Unione Buddhista Italiana e dagli organismi da essa rappresentati, dall'Unione Induista Italiana e dagli organismi da essa rappresentati.

10007

[illegible]

CAPITOLO 5

Lavoro autonomo

SOMMARIO

Per attività di lavoro autonomo si intendono le attività artistiche, intellettuali e di servizi svolte senza vincolo di subordinazione, diverse da quelle d'impresa. **10010**

Nella trattazione che segue si distingue tra:

– professioni abituali, svolte, anche se non in via esclusiva, con regolarità e stabilità, che comportano obblighi contabili diversi a seconda del regime di determinazione del reddito adottato;

– attività diverse che non comportano alcun obbligo contabile (es. lavoro autonomo occasionale e collaborazioni sportive dilettantistiche).

> In caso di **impedimento** nell'espletamento delle attività dovuto al **Covid-19** o di **malattia**, **infortunio** o **intervento chirurgico** sono sospesi i termini per gli adempimenti (v. n. 37602 e s.).

SEZIONE 1

Professioni abituali

(art. 53 c. 1 DPR 917/86)

Si tratta delle attività svolte da professionisti iscritti a un albo (es. commercialisti, avvocati, notai, guardie mediche), da artisti (es. musicisti) oppure da altri soggetti (es. fotografi, guide turistiche, laboratori di analisi mediche in cui prevale la figura del medico sull'organizzazione e sull'attrezzatura, medici analisti che gestiscono laboratori di analisi chimiche, medici radiologi o terapisti fisici, esercenti servizi di pulizia o vigilanza). **10015**

Possono essere svolte in **forma** individuale o associata, tramite associazioni professionali (v. n. 34140 e s.), società tra professionisti (c.d. s.t.p. - art. 10 c. 3-10 L. 183/2011) o società tra avvocati (art. 4 bis L. 247/2012). **10017**

Secondo l'AE il reddito prodotto da s.t.p. o da società tra avvocati, in forma di **società commerciali**, è d'impresa (Consulenza giuridica AE 16 ottobre 2014 n. 954-55, Ris. AE 7 maggio 2018 n. 35/E); secondo la giurisprudenza della Suprema Corte, solo se si fornisce la **prova** che l'attività è organizzata in forma d'impresa (Cass. 17 marzo 2021 n. 7407).

> Il **conferimento** di uno studio professionale individuale in una s.t.p. s.r.l. è un'operazione fiscalmente rilevante, con conseguente tassazione delle plusvalenze (Risp. AE 21 dicembre 2018 n. 125).

REGIMI DI DETERMINAZIONE E TASSAZIONE DEL REDDITO Se i soggetti percepiscono **compensi**: **10020**

– **pari o inferiori a** € 85.000, è previsto un regime forfettario, con imposta sostitutiva del 15% (ridotta al 5% per i primi 5 anni di attività) e adempimenti contabili ridotti;

– **superiori a** € 85.000, è previsto un regime di determinazione analitico, con tenuta della contabilità semplificata (o ordinaria, su opzione) e con applicazione delle aliquote progressive IRPEF ordinarie. **Per il 2023**, tali soggetti possono applicare l'imposta **sostitutiva** (di IRPEF e addizionali) pari al 15% su un importo pari alla differenza tra il reddito determinato nel 2023

e quello d'importo più elevato dichiarato nei tre anni precedenti, ridotto del 5% di quest'ultimo ammontare, e comunque non superiore a 40.000 euro (art. 1 c. 55-57 L. 197/2022).
Ovviamente, se manca il presupposto del possesso di redditi di lavoro autonomo pregressi relativi agli anni compresi tra il 2020 e il 2022, non è possibile fruirne (Risp. AE Telefisco 26 gennaio 2023).

ESEMPIO
Il professionista nel 2023 dichiara un reddito pari a € 100.000. I redditi degli anni precedenti risultano pari a:
2022: € 90.000
2021: € 70.000
2020: € 85.000
Differenza tra il reddito 2023 e quello più elevato del triennio precedente: 100.000 – 90.000 = 10.000
Franchigia del 5% calcolata sul reddito più elevato del triennio (90.000 x 5% = 4.500)
Base imponibile, da tassare al 15%: 10.000 – 4.500 = € 5.500 (Imposta sostitutiva dovuta € 825 euro)
Sulla ulteriore quota di redditi continua ad applicarsi la tassazione IRPEF progressiva.

Nella determinazione degli **acconti** per il periodo d'imposta 2024 si assume, quale imposta del periodo precedente, quella che si sarebbe determinata non applicando l'imposta sostitutiva. La quota di reddito soggetta a imposta sostitutiva rileva per il riconoscimento della spettanza o per la determinazione di deduzioni, detrazioni o benefici di qualsiasi titolo, anche di natura non tributaria.

I. Regime forfettario

(art. 1 c. 54-89 L. 190/2014)

10030 **DISCIPLINA** **Possono adottarlo** i soggetti di ridotte dimensioni che nell'anno precedente quello di adozione hanno percepito compensi, ragguagliati ad anno, non superiori a € 85.000 (c.d. **principio di cassa**) e sostenuto spese per prestazioni di lavoro non superiori a € 20.000.
Se iniziano l'attività, devono **presumere** di non superare il limite indicato.
In tutti i casi, è prevista la possibilità di optare per il regime analitico.
Per l'**analisi completa** del regime, comprese le **cause di esclusione**, v. n. 5580 e s.

> **Precisazioni** 1) Per la nozione di **compenso** v. n. 10060, con la particolarità che ai fini della verifica del limite non rileva l'indennità di maternità percepita (Risp. AE Telefisco 30 gennaio 2020).
2) Il **momento** in cui i compensi o le spese si considerano incassati o pagati varia a seconda del mezzo di pagamento/riscossione utilizzato, come illustrato al n. 10045.

10035 **CASI PARTICOLARI**

Caso	Soluzione	Fonte
iscrizione, dopo la **pratica obbligatoria**, a un ordine o collegio professionale	è possibile adottare il regime forfettario continuando a esercitare l'attività prevalentemente nei confronti del datore di lavoro presso il quale è stata svolta la pratica	art. 1 c. 57 lett. d bis L. 190/2014 e Circ. AE 10 aprile 2019 n. 8/E punto 1.1
percezione di compensi derivanti dall'**utilizzazione** di **opere** dell'**ingegno**	se correlati all'attività di lavoro autonomo **(*)**, concorrono al limite di € 85.000 e sono soggetti all'imposta sostitutiva prevista dal regime forfettario ma sono determinati con le regole ordinarie illustrate al n. 10700. Tali compensi non sono soggetti a eventuali ritenute d'acconto; a tal fine, occorre rilasciare un'apposita dichiarazione al sostituto da cui risulti che i compensi sono correlati all'attività di lavoro autonomo	Circ. AE 10 aprile 2019 n. 9/E e Risp. AE 12 dicembre 2019 n. 517

Caso	Soluzione	Fonte
collaborazione svolta prevalentemente nei confronti di una fondazione per la quale negli anni precedenti il professionista aveva lavorato sulla base di un **contratto di somministrazione**	non è possibile adottare il regime forfettario in quanto nel contratto di somministrazione si considera datore di lavoro l'utilizzatore (la fondazione) e non l'agenzia interinale	Risp. AE 4 giugno 2019 n. 179
attività di **sindaco** o di **revisore**	se i compensi percepiti rientrano tra i redditi assimilati a quelli di lavoro dipendente non è possibile adottare il regime forfettario	Risp. AE 11 giugno 2019 n. 183 e n. 186
(*) Si considerano **correlati** i compensi che, in assenza dell'attività di lavoro autonomo, non sarebbero stati conseguiti (es. compensi derivanti da pubblicazioni in riviste professionali su materie oggetto della professione).		

II. Regime analitico

(art. 54 DPR 917/86)

Il reddito è determinato analiticamente dalla **differenza tra** i compensi incassati e le spese pagate (c.d. **principio di cassa**). **10040**
Vi **concorrono anche** le plusvalenze e le minusvalenze dei beni strumentali, mentre sono **escluse** le sopravvenienze e le perdite di beni o su crediti.

Il **risultato positivo** si somma in dichiarazione dei redditi con gli altri eventuali redditi prodotti. **10042**
La **perdita** può essere utilizzata per compensare altri redditi, di qualsiasi natura, realizzati nello stesso anno. L'eventuale **eccedenza** non può essere utilizzata negli anni successivi (art. 8 c. 2 DPR 917/86).

Il **momento** in cui un compenso si considera **incassato** o una spesa si considera **pagata** varia a seconda del mezzo di pagamento/riscossione utilizzato, come indicato in **tabella**. **10045**

Mezzo di pagamento/riscossione	Momento rilevante	Prassi/giurisprudenza
contanti	pagamento/riscossione	–
bonifico bancario: – in entrata – in uscita	 accredito (c.d. data disponibile) data dell'ordine di bonifico	Circ. AE 23 giugno 2010 n. 38/E
assegno bancario o circolare	consegna/ricevimento	Cass. 21 giugno 2017 n. 15439, Circ. AE 23 giugno 2010 n. 38/E e Ris. AE 29 maggio 2009 n. 138/E
carta di credito/debito	data di utilizzo	Ris. AE 23 aprile 2007 n. 77/E
cambiale	– se rilasciata con la clausola «non cedibile in via ordinaria», pagamento – negli altri casi, rilascio	Ris. Min. 14 marzo 1981 n. 330541 e Ris. Min. 29 marzo 1983 n. 352856

In alcuni casi, indicati di volta in volta, non si applica il principio di cassa, bensì quello di **competenza** (vedi, ad esempio, il caso pratico illustrato al n. 10060).

> Si considerano **incassati** anche i compensi indicati da un professionista in una **parcella che non è mai stata saldata**. Nonostante la fattura possa essere emessa anche anteriormente al pagamento, la Cassazione ha presunto l'incasso della stessa nel momento della relativa emissione (Cass. 28 settembre 2022 n. 28253). Tale orientamento è **criticato dalla dottrina**, in quanto è in contrasto con i criteri che stanno alla base del principio di cassa.

Per determinate categorie di lavoratori autonomi - **docenti** e **ricercatori residenti all'estero**, lavoratori **altamente qualificati** - sia italiani che stranieri, che vengono a svolgere l'attività in Italia diventando fiscalmente residenti, il reddito prodotto è imponibile parzialmente, anche ai fini IRAP (v. n. 8050). **10050**

A. Compensi

10060 Sono tutti i proventi incassati nell'anno.
In **tabella** sono riportati i compensi più comunemente indicati in fattura.

compensi per la **prestazione (*)**	vanno dichiarati/fatturati anche eventuali compensi in natura
marca da bollo su fatture **esenti** addebitata al cliente	(v. n. 52660)
rimborsi per **spese** sostenute per lo svolgimento del **proprio incarico** e riaddebitate al cliente	es. biglietti di viaggio, ricevute di ristoranti e alberghi (Circ. AE 30 dicembre 2014 n. 31/E)
4% del **contributo INPS** addebitato al cliente dal professionista senza autonoma Cassa di previdenza. Viceversa i contributi previdenziali e assistenziali addebitati dai professionisti iscritti alle Casse di previdenza non sono compensi	Ris. Min. 11 luglio 1996 n. 109/E
contributi previdenziali e assistenziali a carico degli artisti	Ris. AE 12 luglio 2001 n. 118/E

ESEMPIO
Se il professionista riceve **somme miste** comprendenti sia il compenso che il rimborso delle spese anticipate in nome e per conto del cliente, es. per pagamento di tasse, marche da bollo, diritti di cancelleria, non rileva la data di incasso ma quella in cui è emessa la fattura (entro 60 giorni dal deposito - v. n. 52905). Infatti, solo in tale momento è possibile distinguere i compensi (tassabili) dai rimborsi spese (non tassabili).

Non sono compensi tutte le spese **pagate direttamente dal cliente** a favore del professionista (es. spese di viaggio, vitto e alloggio, ecc. - art. 54 c. 5 DPR 917/86).

10062 Sono considerati compensi anche:
– indennità di **maternità**;
– **interessi moratori** e per dilazione di pagamento, maturati su crediti da prestazioni professionali (art. 6 c. 2 DPR 917/86);
– utili da **partecipazione** in società;
– **indennità** o **risarcimenti** conseguiti per la **perdita del reddito** professionale (es. per danno all'immagine, Ris. AE 7 dicembre 2007 n. 356/E; per spese processuali sostenute per il risarcimento danni a fronte di mancati guadagni, Ris. AE 13 ottobre 2010 n. 106/E; per mancato guadagno giornaliero a professionisti facenti parte di organizzazioni di volontariato riconosciute e impiegati in attività di protezione civile, Risp. AE 7 novembre 2019 n. 474);
– somme percepite a titolo di **restituzione di canoni** di locazione pagati in eccesso e precedentemente dedotti (a seguito di una mediazione per risolvere una controversia, Risp. AE 28 settembre 2022 n. 482);
– corrispettivi incassati in più anni a seguito della **cessione** di **elementi immateriali** (es. segno grafico distintivo dello studio professionale; diritto di sfruttamento dell'immagine; contratto di leasing, Risp. AE 13 luglio 2020 n. 209) o di **parte della clientela** ad altro professionista; se incassati nello stesso anno o in unica soluzione, fruiscono della tassazione separata (v. n. 3320 e s. - Circ. AE 16 febbraio 2007 n. 11/E).

10065 Sui compensi pagati dal cliente sostituto d'imposta (v. n. 37405), si applica una **ritenuta** d'acconto del 20% (v. n. 37440).

10070 **Cessazione attività** Se **non** si **cede** la **clientela**, le somme eventualmente incassate dopo la cessazione rientrano tra i redditi diversi (si applica la disciplina del lavoro autonomo occasionale - v. n. 10700).
Viceversa, se si cede la clientela, occorre distinguere come indicato in **tabella**.

Corrispettivo	Conseguenze
incassato in **unica soluzione** (o a rate ma nello stesso anno)	tassazione separata (v. n. 3320 e s.)
incassato **in più anni**	è compenso professionale e occorre mantenere la partita IVA fino all'incasso dell'ultima rata, salvo che venga fatturato l'intero importo stabilito per la cessione (Circ. AE 16 febbraio 2007 n. 11/E, Ris. AE 20 agosto 2009 n. 232/E)
senza corrispettivo	la cessione è irrilevante, anche se avviene a seguito della costituzione di un'associazione professionale e consente una maggiore partecipazione agli utili, purché sia esclusa una specifica remunerazione all'atto del recesso (Circ. AE 13 marzo 2009 n. 8/E, Ris. AE 9 luglio 2009 n. 177/E)

In caso di **decesso**, le somme incassate dagli eredi o legatari sono soggette a tassazione separata (v. n. 3410, Cass. 27 febbraio 2009 n. 4785).
Per la **chiusura della partita IVA** v. n. 52355.

B. Spese

Le spese sono deducibili, in tutto o in parte, se sono **attinenti** all'attività svolta **e** se sono **documentate** tramite un qualsiasi documento fiscalmente valido (es. fattura, ricevuta fiscale, scontrino fiscale integrato). 10220
Si può distinguere fra spese correnti, sostenute quotidianamente per lo svolgimento della professione, e spese relative all'acquisto o utilizzo di beni strumentali, destinati a essere utilizzati durevolmente nell'attività.
Ove non precisato diversamente, le spese sono deducibili secondo il principio di cassa.

Per le seguenti spese è possibile fruire dei **crediti d'imposta** previsti per le imprese: 10223
- canoni di locazione e simili di immobili non abitativi (v. n. 38220 e s., con la particolarità che spetta anche per gli immobili ad uso promiscuo sul 50% del canone di locazione, a condizione che non si disponga nello stesso comune di un altro immobile adibito esclusivamente all'attività professionale - Circ. AE 6 giugno 2020 n. 14/E);
- beni nuovi materiali e immateriali (diversi da quelli industria 4.0), esclusi i veicoli, acquistati dal 2020 al 2022 (v. n. 37980 e s.);
- investimenti pubblicitari (v. n. 38950 e s.);
- commissioni per i pagamenti elettronici (v. n. 38980 e s.);
- sistema di filtraggio dell'acqua (v. n. 38995).

a. Correnti

A titolo esemplificativo, si riportano le spese più frequenti indicando se sono deducibili integralmente o parzialmente. 10225

Secondo l'AE, i **contributi previdenziali** pagati dal professionista per sé sono deducibili dal reddito complessivo; secondo la Cassazione, sono deducibili dal reddito di lavoro autonomo (v. n. 1312).

Spese	Deducibilità	Fonti e/o precisazioni
a) per prestazioni di lavoro subordinato e assimilato	v. n. 10230	art. 33 c. 2 DL 41/95 conv. in L. 85/95 e Circ. Min. 29 luglio 1981 n. 26/8/009
b) premi di assicurazione dell'attività professionale	integrale	art. 54 c. 5 DPR 917/86. Es. responsabilità civile professionale, assicurazione contro il mancato pagamento della prestazione

10225 (segue)

Spese		Deducibilità	Fonti e/o precisazioni
c) libri, riviste, enciclopedie e sussidi per aggiornamento professionale		integrale	Ris. Min. 15 marzo 1980 n. 8/490
d) convegni, congressi, corsi di formazione o aggiornamento professionale, master	iscrizione viaggio e trasporto alberghi e ristoranti	integrale nel limite annuo di € 10.000 (secondo le Istr. Mod. Redditi PF, spese per alberghi e ristoranti deducibili al 75%)	art. 54 c. 5 DPR 917/86. È compresa la formazione obbligatoria degli iscritti in albi (Circ. AE 20 settembre 2012 n. 35/E), quella a distanza e quella fruita tramite tecnologie multimediali. Nelle società semplici o associazioni professionali il limite è riferito a ciascun socio o associato (Istr. Mod. Redditi SP)
e) cancelleria		integrale	–
f) valori bollati e postali		integrale	devono risultare da una distinta firmata recante il bollo della posta o il timbro della rivendita, la specificazione dei valori e gli estremi dell'acquirente
g) energia elettrica, riscaldamento, acqua		integrale	se il professionista è intestatario delle utenze dell'ufficio utilizzato in comune con altri colleghi, v. n. 10235
h) telefoniche		80% dell'importo (v. n. 10305)	
i) alberghi e ristoranti	per l'esecuzione di un incarico e riaddebitate analiticamente al cliente	integrale	art. 54 c. 5 DPR 917/86
	non riaddebitate (per incarico o meno)	75% dell'importo, nel limite del 2% dei compensi dell'anno	
	per clienti o per rappresentanza	75% dell'importo, nel limite dell'1% dei compensi dell'anno	
l) viaggio e trasporto		integrale	
m) di rappresentanza		nel limite dell'1% dei compensi dell'anno	art. 54 c. 5 DPR 917/86. Es. omaggi alla clientela, cene offerte a clienti, ecc., comprese le spese per l'acquisto o l'importazione di beni da cedere a titolo gratuito
n) acquisto o importazione di oggetti d'arte, d'antiquariato o da collezione			art. 54 c. 5 DPR 917/86
o) di pubblicità o propaganda		integrale	–
p) IMU		– se relativa a immobili esclusivamente strumentali, integrale; – negli altri casi, indeducibile	art. 1 c. 772-773 L. 160/2019, v. n. 23215
q) imposte sui redditi		indeducibili	art. 99 c. 1 DPR 917/86
r) imposte diverse (TARI, imposta di bollo, di registro, ecc.)		integrale, salvo che sia esercitata la rivalsa sul cliente	
s) somme pagate a terzi per servizi		integrale	es. somme pagate ad altri professionisti in funzione strumentale o collaterale dell'attività

Spese	Deducibilità	Fonti e/o precisazioni
t) interessi passivi per finanziamenti o per dilazioni di pagamento sull'acquisto di beni strumentali	integrale	–
u) servizi di certificazione delle competenze, orientamento, ricerca e sostegno all'auto-imprenditorialità	integrale nel limite annuo di € 5.000	art. 54 c. 5 DPR 917/86. Devono essere erogati da organismi accreditati (es. agenzie del lavoro e centri per l'impiego). Nelle società semplici o associazioni professionali il limite è riferito a ciascun socio o associato (Istr. Mod. Redditi SP)
v) somme pagate per utilizzo, su carta intestata o targa, di un segno grafico di un noto studio legale, per apparire come studio collegato	integrale	Ris. AE 16 febbraio 2006 n. 30/E

Prestazioni di lavoro subordinato (art. 33 c. 2 DL 41/95 conv. in L. 85/95, Circ. Min. 29 luglio 10230
1981 n. 26/8/009) In generale, i compensi, i contributi e le altre spese sostenute per i **dipendenti non familiari** sono integralmente deducibili.
Fanno eccezione solo le spese di **vitto e alloggio** rimborsate al dipendente in caso di trasferta fuori dal comune in cui si trova la sede di lavoro, che sono deducibili nei seguenti importi giornalieri: € 180,76 (in Italia) e € 258,23 (all'estero).
Per le **quote** di TFR accantonate per i dipendenti o i premi assicurativi che possono sostituire le quote maturate nell'anno, nonché per le eventuali quote d'accantonamento per le indennità di fine rapporto di collaborazione continuativa, si applica il principio di competenza.

Le spese sostenute per i dipendenti **familiari** sono deducibili con le regole sopra illustrate, salvo 10233
quelle per il coniuge, i figli minori o invalidi e gli ascendenti. In tal caso, i compensi e gli accantonamenti per il TFR (o gli eventuali premi assicurativi pagati in sostituzione degli accantonamenti) non sono deducibili mentre sono deducibili i contributi sociali obbligatori.

I compensi non concorrono a formare il reddito complessivo del familiare.

Spese per uso comune dell'ufficio (Circ. AE 23 giugno 2010 n. 38/E, Circ. AE 18 giugno 2001 10235
n. 58/E) Le spese **riaddebitate** dal professionista intestatario delle utenze agli altri colleghi non sono compensi (vanno comunque riaddebitate con IVA).
Questi deduce le spese per la parte riferibile all'attività da lui svolta. I colleghi, a loro volta, deducono la quota di costo a loro riaddebitata. Se il professionista **rinuncia** ad addebitare la spesa ai colleghi, non può dedurre l'intera quota (Cass. 29 luglio 2015 n. 16035).

b. Beni strumentali

1. Immateriali

In generale, le spese (es. per acquisto di software applicativo) sono interamente deducibili. 10250
Fanno **eccezione** le spese per l'acquisto di una banca dati su cd-rom, considerata un bene materiale e quindi soggetta alla disciplina illustrata al n. 10270 e s. (coefficiente di ammortamento del 15% - Ris. AE 25 maggio 2006 n. 72/E). Se la banca dati è online, quindi senza cd-rom, il costo dovrebbe essere deducibile interamente.

2. Mobili
(art. 54 c. 2-3 DPR 917/86)

10270 La deducibilità varia a seconda che si tratti di spese relative a beni acquistati in piena proprietà o utilizzati in base a un contratto di leasing o di noleggio, esclusivamente per l'attività o anche per uso personale o familiare (uso promiscuo).
I **mezzi di trasporto a motore** (autovetture, autocaravan, ciclomotori e motocicli) e i **telefoni** sono sempre considerati beni a uso promiscuo, indipendentemente dall'utilizzo che ne è fatto (v. n. 10300 e s.).

10280 **DI PROPRIETÀ** Il **costo d'acquisto** del bene, anche se non entrato in funzione, è deducibile in quote d'ammortamento in base al principio di competenza. Se l'**utilizzo** è **promiscuo** la deducibilità è al 50%.
L'ammortamento si calcola applicando al costo d'acquisto i coefficienti ministeriali (c.d. ammortamento ordinario - DM 31 dicembre 1988, gruppo XXII). È possibile calcolarlo anche in misura inferiore (c.d. ammortamento ridotto).
Per i beni di **valore unitario inferiore a** € 516,46, in alternativa all'ammortamento, è possibile dedurre interamente il costo nell'anno del pagamento.
Le **spese d'impiego** (es. utilizzo, manutenzione) sono interamente deducibili nell'anno del pagamento.

> **Precisazioni** 1) Le spese per l'acquisto o l'importazione di **oggetti d'arte**, **d'antiquariato** o **da collezione** sono considerate spese di rappresentanza (v. **tabella** n. 10225 - art. 31 DL 41/95 conv. in L. 85/95).
2) Eventuali **contributi** percepiti per l'acquisto di beni non concorrono alla determinazione del reddito ma riducono il costo del bene acquistato (Ris. AE 22 ottobre 2001 n. 163/E).

10290 **IN NOLEGGIO O IN LEASING** I canoni di noleggio sono interamente deducibili nell'anno del pagamento, mentre i canoni di leasing sono deducibili nell'anno in cui maturano, per un **periodo minimo** non inferiore a metà del periodo di ammortamento ordinario, rapportando il costo totale del contratto, al netto del prezzo di riscatto, al periodo minimo (**Esempio**: per i computer, ammortizzabili in 5 anni in base al coefficiente ministeriale del 20%, il periodo minimo di deduzione è di 2 anni e mezzo). Se il contratto ha **durata inferiore** al periodo minimo, v. n. 23780).
Le **spese d'impiego** (es. utilizzo, manutenzione) sono interamente deducibili nell'anno del pagamento. In caso di **uso promiscuo**, gli importi sono deducibili al 50%.
In caso di **cessione** del **contratto** di leasing, il corrispettivo rileva come compenso (v. n. 10062).

10300 **MEZZI DI TRASPORTO** (art. 164 DPR 917/86) Se sono **utilizzati direttamente**, le quote di ammortamento, i canoni di leasing o di noleggio e le spese sono deducibili al 20%, secondo le regole previste per i soggetti IRES al n. 23715 e s. La deducibilità è ammessa su un solo veicolo (per l'**attività in forma associata**, su un veicolo per ogni associato).
Se sono **dati ai dipendenti** per la maggior parte dell'anno (≥ 183 giorni), le spese sono deducibili al 70%. Se al dipendente è addebitata una somma per utilizzo dell'auto, la quota deducibile resta invariata mentre l'addebito rientra tra i proventi tassati.

> Le spese per l'acquisto di **carburanti e lubrificanti per autotrazione** sono deducibili solo se effettuate tramite strumenti di pagamento tracciabili (art. 164 c. 1 bis DPR 917/86, art. 1 c. 927 L. 205/2017, Provv. AE 4 aprile 2018 n. 73203).

10305 **TELEFONI** (art. 54 c. 3 bis DPR 917/86, Circ. AE 18 giugno 2008 n. 47/E) Le quote di ammortamento, i canoni di leasing o di noleggio e le spese per i telefoni fissi e cellulari (sia **apparati** telefonici sia **spese per utilizzo**, compreso fax, connessione a internet, ecc.) sono deducibili all'80%.

3. Immobili

10370 **DI PROPRIETÀ** (art. 54 c. 2 e 3 DPR 917/86, DL 90/90 conv. in L. 165/90) Le quote di **ammortamento** sono indeducibili.

Sono, invece, deducibili le seguenti spese:
- di **ammodernamento**, **ristrutturazione** e **manutenzione**, nel **limite** del 5% del costo complessivo di tutti i beni materiali ammortizzabili risultante all'inizio dell'anno dal registro incassi e pagamenti, dal registro dei beni ammortizzabili o dal registro IVA acquisti. L'**eccedenza** è deducibile nei 5 anni successivi;
- diverse (es. **condominiali** e per **riscaldamento**, interessi passivi per acquisto) sono integralmente deducibili.

In caso di **uso promiscuo**, sono deducibili al 50%, oltre alle spese suddette, anche la rendita catastale, a **condizione** che non si disponga nello stesso comune di un altro immobile adibito esclusivamente all'attività professionale (anche se in parte locato ad altri professionisti - Cass. 4 dicembre 2019 n. 31621).

Per i beni **acquistati prima del 2010**, si applicano le regole vigenti al momento dell'acquisto (v. MF 2016 n. 9875).

IN LEASING (art. 54 c. 2 e 3 DPR 917/86, DL 90/90 conv. in L. 165/90) Per i contratti di leasing **stipulati dal 2014**: 10380
- i **canoni** di leasing sono deducibili per competenza, per un periodo minimo non inferiore a 12 anni, con le regole previste per i soggetti IRES (costo d'acquisto ridotto del 20% quale costo forfettario delle aree, condizioni di deducibilità, ecc. - v. n. 23775 e s.). In caso di **riscatto**, le relative quote di ammortamento sono indeducibili;
- le spese d'**ammodernamento**, di **ristrutturazione** e di **manutenzione** sono deducibili nel limite del 5% del costo complessivo di tutti i beni materiali ammortizzabili risultante all'inizio dell'anno dal registro degli incassi e pagamenti, dal registro dei beni ammortizzabili o dal registro IVA acquisti. L'eccedenza è deducibile nei 5 anni successivi;
- le spese diverse (es. spese **condominiali** e per **riscaldamento**, interessi passivi per acquisto) sono integralmente deducibili.

In caso di **uso promiscuo**, i canoni e le spese sono deducibili al 50%, a **condizione** che non si disponga nello stesso comune di un altro immobile adibito esclusivamente all'attività professionale (anche se in parte locato ad altri professionisti - Cass. 4 dicembre 2019 n. 31621).
Per i contratti di leasing **stipulati prima del 2014**, si applicano le regole vigenti al momento della stipula del contratto (v. MF 2016 n. 9880).

In caso di **cessione** del contratto, il corrispettivo rileva come compenso (v. n. 10062).

IN LOCAZIONE (art. 54 c. 2 e 3 DPR 917/86) I **canoni** di locazione e le **spese** sono deducibili integralmente, salvo quelle di ammodernamento, di ristrutturazione e di manutenzione che sono deducibili nel limite del 5% del costo complessivo di tutti i beni materiali ammortizzabili, quale risulta all'inizio dell'anno dal registro degli incassi e pagamenti, dal registro dei beni ammortizzabili o dal registro IVA acquisti. L'eccedenza è deducibile nei 5 anni successivi (Ris. AE 8 aprile 2009 n. 99/E, Circ. AE 18 giugno 2008 n. 47/E). 10385
In caso di **uso promiscuo**, i canoni e le spese sono deducibili al 50%, a **condizione** che non si disponga nello stesso comune di un altro immobile adibito esclusivamente all'attività professionale (anche se in parte locato ad altri professionisti - Cass. 4 dicembre 2019 n. 31621).

---

4. Plusvalenze e minusvalenze
(art. 54 c. 1 bis e 1 ter DPR 917/86, Ris. AE 21 luglio 2008 n. 310/E)

Rilevano: 10450
- le plusvalenze e le minusvalenze **realizzate** mediante cessione a titolo oneroso di **beni strumentali mobili** (esclusi gli oggetti d'arte, di antiquariato o da collezione) o mediante risarcimento, anche in forma assicurativa, per la perdita o il danneggiamento degli stessi. Per i beni **mobili** la rilevanza si ha solo per quelli acquistati dal 2007 al 2009.
- le plusvalenze derivanti dalla destinazione dei beni al **consumo personale** o familiare o a finalità estranee all'attività (es. donazione dello studio professionale al figlio).

Non rilevano le plusvalenze relative agli **immobili promiscui**.

L'**ammontare** della plusvalenza o minusvalenza è pari alla differenza, positiva o negativa, tra il corrispettivo percepito (in mancanza, il valore normale) e il costo non ammortizzato. 10460

Concorre alla formazione del reddito nell'anno in cui il corrispettivo è percepito o, in mancanza, nel momento in cui la plusvalenza o la minusvalenza si determina, secondo il principio di competenza.

Per ulteriori **approfondimenti** sulla determinazione della plusvalenza si rinvia al capitolo IRES (v. n. 24565 e s.). Tuttavia, a differenza delle società, non è possibile rateizzare in più esercizi la plusvalenza realizzata.

C. Obblighi contabili e dichiarativi

10500 Indipendentemente dall'ammontare dei compensi incassati, il lavoratore autonomo può tenere una contabilità semplificata (v. n. 10510 e s.), che prevede minori obblighi contabili rispetto alla contabilità ordinaria, utilizzabile su opzione (v. n. 10550).
Occorre compilare il quadro RE del Mod. Redditi e l'eventuale utile o perdita risultante va sommato algebricamente agli altri redditi prodotti.

10510 **CONTABILITÀ SEMPLIFICATA** Sono **obbligatorie** le seguenti scritture (artt. 19 c. 1-2 e 21 DPR 600/73, art. 3 c. 1 DPR 695/96):
a) registro incassi e pagamenti;
b) registri IVA acquisti e vendite, che può anche sostituire il registro incassi e pagamenti;
c) libro unico del lavoro.
Tutti i registri possono essere tenuti in **forma** cartacea o telematica (DM 20 dicembre 1990), direttamente nei luoghi in cui si esercita l'attività o presso altri soggetti (commercialisti, centri elaborazione dati, ecc.).
Il libro unico del lavoro è tenuto in forma cartacea o telematica con le modalità indicate nel Memento Lavoro, cui si rinvia.

10520 **Registro incassi e pagamenti** Vi si annotano cronologicamente le somme incassate e le spese inerenti, entro 60 giorni dall'incasso/pagamento.
Per ciascuna somma incassata **deve essere indicato**:
a) importo, al lordo e al netto dei rimborsi di spese non inerenti, e ammontare della ritenuta d'acconto subita;
b) generalità, comune di residenza anagrafica e indirizzo del soggetto che ha effettuato il pagamento;
c) estremi del documento (fattura, parcella, nota o altro).
Per le spese, oltre a quanto detto alle lett. b) e c), deve essere indicato, entro il termine per la presentazione della dichiarazione dei redditi, anche il valore dei beni per i quali si chiede la deduzione dell'ammortamento (raggruppati per categorie omogenee e distinti per anno di acquisizione).

Il registro deve avere le **pagine numerate** progressivamente, secondo i criteri previsti per le società (v. n. 26145).

10525 **Registri IVA acquisti e vendite** Per il contenuto, le modalità e i termini di registrazione si rinvia al n. 54350 e s.
Se si utilizzano in **sostituzione** del registro incassi e pagamenti, le somme incassate e le spese vi si annotano separatamente, entro 60 giorni dall'incasso o dal pagamento, con le seguenti modalità (Circ. Min. 19 febbraio 1997 n. 45/E):
– gli incassi vanno annotati in apposite sezioni del registro delle fatture emesse, del registro dei corrispettivi o del registro unico e i pagamenti in un'apposita sezione del registro degli acquisti o del registro unico;
– se l'incasso o il pagamento non è effettuato nell'anno in cui è stata registrata la fattura, vanno effettuate specifiche registrazioni da cui risultano gli importi complessivi dei mancati incassi e pagamenti. Gli stessi devono poi essere annotati nell'anno in cui sono ricevuti o effettuati.

Per le fatture di **importo inferiore a** € 300 pagate integralmente è possibile registrare, al posto delle singole fatture, un documento riepilogativo (v. n. 54500 e n. 54765). Come unica data associata al documento riepilogativo può essere utilizzata quella dell'ultimo incasso e/o pagamento (Ris. AE 24 luglio 2012 n. 80/E).

CONTABILITÀ ORDINARIA Può essere tenuta su **opzione**, avente validità annuale, esercitata mediante il comportamento concreto, poi formalizzato con apposita comunicazione in dichiarazione (v. n. 5455 e s. - art. 3 c. 2 DPR 695/96). **10550**

Sono **obbligatorie** le seguenti scritture:

a) registro cronologico: va numerato progressivamente (v. n. 26145) e può essere tenuto anche con la partita doppia (DM 20 dicembre 1990). Vi si annotano, **entro** 60 giorni dall'incasso/pagamento, i dati del soggetto che ha effettuato o ricevuto il pagamento, la descrizione dell'operazione, l'importo incassato o pagato e relative modalità (contanti, assegni/bonifici bancari o postali) e le somme ricevute dal cliente e da versare per suo conto (c.d. operazioni conto terzi). Entro il termine di presentazione della dichiarazione dei redditi, vanno annotati anche gli ammortamenti e le quote TFR per i dipendenti;

b) registro dei beni ammortizzabili (v. n. 26080) e registri IVA acquisti e vendite (v. n. 54350 e s. - possono sostituire il registro dei beni ammortizzabili). È possibile **non tenerli** a condizione che:

– le registrazioni siano effettuate nel registro cronologico, nei termini previsti dalla disciplina IVA per i relativi registri e nel termine di presentazione della dichiarazione per il registro dei beni ammortizzabili;

– su richiesta dell'AE siano forniti gli stessi dati che sarebbero stati annotati nei menzionati registri;

c) libro unico del lavoro.

Per la **tenuta**, v. n. 10510.

SEZIONE 2

Attività diverse

10700

Tipologia	Caratteristiche	Tassazione	Fonte
lavoro **autonomo occasionale**	attività svolta saltuariamente, in modo non professionale, senza vincolo di subordinazione e senza organizzazione di mezzi	sui **compensi** si applica una ritenuta d'acconto del 20%. Sono compensi anche i **rimborsi spese** per viaggio, vitto e alloggio sostenute dal lavoratore e riaddebitate al cliente (Ris. AE 21 marzo 2003 n. 69/E) mentre non lo sono le spese pagate direttamente dal cliente a favore del lavoratore **(1)**. Il lavoratore, nella **dichiarazione dei redditi**, deve dichiarare il reddito prodotto (reddito diverso), al netto delle spese inerenti, sostenute, anche in un periodo d'imposta diverso, e documentate. Tali spese non possono essere superiori ai compensi percepiti	artt. 67 c. 1 lett. l e 71 c. 2 DPR 917/86 e art. 25 c. 1 DPR 600/73
utilizzazione di **opere dell'ingegno**	brevetti industriali, processi, formule o informazioni relativi a esperienze acquisite in campo industriale, commerciale o scientifico, disegni e modelli ornamentali di utilità, articoli per giornali e riviste e software	se utilizzate **dall'autore o inventore** non nell'esercizio d'impresa, il reddito è pari all'ammontare dei proventi percepiti ridotto del 25% o, per soggetti di età inferiore a 35 anni, del 40% a titolo di deduzione forfettaria delle spese. Se utilizzate dagli **aventi causa a titolo gratuito** (es. eredi) **o** dall'**acquirente** del diritto di utilizzazione, il reddito (diverso) è pari ai proventi percepiti, ridotti del 25% solo in caso di acquisti a titolo oneroso	artt. 53 c. 2 lett. b, 54 c. 8, 67 c. 1 lett. g e 71 c. 1 DPR 917/86, Istr. Mod. 730 e Circ. Min. 15 dicembre 1973 n. 1/RT/50550

10700
(segue)

Tipologia	Caratteristiche	Tassazione	Fonte
collaborazione a **giornali e riviste**	può consistere in: – **redazione** di **articoli** in totale autonomia – **correzione** di **bozze**, predisposizione di notizie utili alla redazione di articoli o attività di traduzione	v. quanto detto sopra per l'utilizzazione di opere dell'ingegno il reddito è di collaborazione continuativa o di lavoro autonomo occasionale, a seconda delle caratteristiche del rapporto	Circ. Min. 3 maggio 1996 n. 108/E
collaborazioni **sportive dilettantistiche**	v. n. 10710		
collaborazioni continuative di carattere amministrativo gestionale, rese **in favore di società o associazioni sportive dilettantistiche**	**non professionali**, aventi ad oggetto lo svolgimento dei **compiti** tipici **di segreteria** quali la raccolta delle iscrizioni, la tenuta della cassa e della contabilità da parte di soggetti non professionisti	si applica il **regime** agevolativo previsto per gli **sportivi dilettanti** (v. n. 10710)	art. 67 c. 1 lett. m DPR 917/86 e Circ. AE 22 aprile 2003 n. 21/E
lezioni private	lezioni private e ripetizioni, svolte dai docenti titolari di cattedre nelle scuole di ogni ordine e grado	ai **compensi** si applica un'imposta sostitutiva di IRPEF e addizionali del 15%, da determinare compilando il quadro RM del Mod. Redditi e da versare con le regole previste per l'IRPEF (per i cod. trib. v. Ris. AE 12 aprile 2019 n. 43/E). È possibile **optare** per il regime ordinario di tassazione, comunicandolo in dichiarazione dei redditi (quadro RL Mod. Redditi)	art. 1 c. 13-16 L. 145/2018
obblighi di fare, non fare, permettere	ad **esempio**: – proventi per cessione in esclusiva di intervista o propria immagine a un giornale – caparra trattenuta dal promissario venditore in seguito a mancata stipula da parte del promittente acquirente della compravendita – plusvalenza realizzata dal promissario acquirente per aver ceduto a terzi il preliminare sottoscritto e il conseguente diritto a subentrare nel contratto definitivo (Ris. AE 19 gennaio 2015 n. 6/E)	per le modalità di **determinazione, tassazione e dichiarazione** del reddito prodotto (reddito diverso) v. quanto detto sopra per il lavoro autonomo occasionale	artt. 67 c. 1 lett. l e 71 c. 2 DPR 917/86 e art. 25 c. 1 DPR 600/73
giudici onorari di pace e vice procuratori onorari	–	il reddito **è pari** alle indennità (in denaro o in natura) percepite	artt. 53 c. 2 lett. f bis e 54 c. 8 DPR 917/86
cessazione rapporto di agenzia	–	il reddito **è pari** alle indennità percepite (indennità proporzionale all'ammontare delle provvigioni liquidate dal mandante nel corso del contratto, indennità di mancato preavviso e indennità suppletiva di clientela) ed è **soggetto a** tassazione separata, salvo	artt. 53 c. 2 lett. e, 17 c. 1 lett. d e c. 3 DPR 917/86 e Ris. Min. 21 luglio 1976 n. 8/931

Tipologia	Caratteristiche	Tassazione	Fonte
		opzione per quella ordinaria (prevista solo per gli agenti non imprenditori) **(2)**	
direttori artistici e collaboratori tecnici di **cori**, **bande musicali** e **filodrammatiche** con finalità dilettantistiche	prestazioni **non professionali**	si applica il **regime** agevolativo previsto per gli **sportivi dilettanti** (v. n. 10710)	art. 67 c. 1 lett. m DPR 917/86
rapporti di **cooperazione tra ONG e volontari o cooperanti**	per la definizione di volontari e cooperanti v. art. 28 c. 1 e 2 L. 125/2014	il reddito **è pari** ai compensi convenzionali fissati con DM 16 dicembre 2015, indipendentemente da durata e natura del contratto. È di lavoro autonomo o dipendente (o assimilato), a seconda dell'attività svolta (Circ. AE 1° febbraio 2002 n. 15/E par. 7)	art. 54 c. 8 bis DPR 917/86

(1) Se per la prestazione di lavoro è previsto solo il rimborso delle **spese strettamente necessarie** per la sua esecuzione, sull'importo rimborsato non si applica la ritenuta e non va dichiarato quanto percepito (Ris. AE 11 luglio 2013 n. 49/E).
(2) Se l'agente è una **società di persone** si applica quanto sopra illustrato; se è una **società di capitali**, il reddito è d'impresa (v. n. 24345).

COLLABORAZIONI SPORTIVE DILETTANTISTICHE Si tratta delle seguenti attività (Ris. AE 17 maggio 2010 n. 38/E): **10710**
– formazione, didattica, **preparazione** e assistenza all'attività sportiva, anche se tali attività non sono collegate direttamente con una manifestazione sportiva, purché risultino necessarie per lo svolgimento dell'attività sportivo-dilettantistica in base ai regolamenti e alle indicazioni della singola federazione (art. 35 c. 5 DL 207/2008 conv. in L. 14/2009, Risp. AE 13 aprile 2022 n. 190);
– attività svolte dai soggetti che **partecipano** direttamente alla realizzazione della **manifestazione** sportiva: atleti dilettanti, allenatori, giudici di gara, commissari speciali che durante le gare devono visionare o giudicare l'operato degli arbitri, dirigenti dell'associazione, che di solito presenziano direttamente a ciascuna manifestazione consentendone il regolare svolgimento.

> **Precisazioni** 1) Sono **escluse** le attività svolte da **custodi**, **giardinieri** e **addetti alle pulizie** di palazzetti dello sport (Risp. AE 12 aprile 2022 n. 189).
2) Se la **manifestazione** sportiva è **di tipo professionistico** o i **soggetti** che vi partecipano sono **professionisti**, la disciplina in esame non si applica. Ad **esempio**: attività di un arbitro dilettante che dirige una gara professionistica o attività di un atleta professionista impegnato in una manifestazione sportiva dilettantistica (Ris. AE 26 marzo 2001 n. 34/E).

Reddito imponibile (artt. 67 c. 1 lett. m, 69 c. 2 DPR 917/86) Il reddito imponibile è costituito dalle indennità di trasferta, dai rimborsi forfettari di spesa, dai premi e dai compensi corrisposti dal CONI, dalla società Sport e salute s.p.a., dalle federazioni sportive nazionali, dall'UNIRE, dagli enti di promozione sportiva, dagli enti VSS e USSA operanti prevalentemente nella provincia autonoma di Bolzano e da qualunque organismo da essi riconosciuto che persegue finalità sportive dilettantistiche, **per** la **parte che supera** il limite annuale di € 10.000. **10715**
Non sono reddito i rimborsi di spese documentate relative al vitto, all'alloggio, al viaggio (incluse le indennità chilometriche) e al trasporto sostenute in occasione di prestazioni effettuate fuori dal territorio comunale di residenza o dimora abituale dello sportivo.

> Le **indennità chilometriche** si considerano documentate quando sono quantificate in base al tipo di veicolo e alla distanza percorsa, tenendo conto degli importi contenuti nelle tabelle dell'ACI (Ris. AE 11 aprile 2014 n. 38/E).

Ritenuta (art. 25 c. 1 L. 133/99, Ris. AE 11 dicembre 2012 n. 106/E) Se il reddito non supera il limite di € 10.000, non è tassato. **10720**
Sulla parte eccedente, chi eroga il compenso opera una **ritenuta** del 23%, maggiorata delle **addizionali** regionali e comunali IRPEF stabilite dalla regione e dal comune in cui lo sportivo ha il domicilio fiscale, come segue:

– da € 10.000,01 a € 30.658,28, a titolo d'imposta;
– da € 30.658,29, a titolo d'acconto. In tal caso, lo sportivo deve anche dichiarare il reddito prodotto (reddito diverso) nel Mod. Redditi (quadro RL) o nel Mod. 730 (quadro D), considerando anche la parte già assoggettata a ritenuta a titolo d'imposta ai soli fini della determinazione dell'aliquota marginale.

ESEMPIO
Uno sportivo dilettante percepisce compensi pari a € 35.000, così tassati:
- i primi € 10.000 non sono tassati;
- un ulteriore importo di € 20.658,28 è soggetto a ritenuta d'imposta (23%), maggiorata delle addizionali regionali e comunali IRPEF;
- sui rimanenti € 4.341,72 si applica una ritenuta d'acconto (23%).

10725 **Pluralità di sostituti d'imposta** (Circ. AE 19 giugno 2001 n. 60/E) Ai fini della verifica dei limiti previsti per l'applicazione delle ritenute, il **percipiente** che ha rapporti con diversi organismi sportivi deve rilasciare loro, all'atto del pagamento, un'autocertificazione che attesti gli eventuali compensi della stessa natura erogati da altri soggetti.
Gli **organismi sportivi**, in ogni caso, devono rilasciare ai percettori una certificazione con l'indicazione di tutte le somme corrisposte, anche se di importo inferiore a € 10.000.

CAPITOLO 6

Finanziari

SOMMARIO

Si esaminano di seguito i proventi, in denaro o natura, derivanti dall'impiego di denaro (o di altri beni) percepiti da persone fisiche non imprenditori (se sono imprenditori individuali v. n. 5160) nonché i proventi derivanti dalla cessione di titoli e partecipazioni. **11000**
I primi costituiscono **redditi di capitale** (artt. 44 e s. DPR 917/86) imponibili **nell'anno** in cui sono percepiti (principio di cassa), salvo alcune eccezioni, e la cui base imponibile è costituita dall'intero ammontare percepito senza alcuna deduzione (salvo le eccezioni indicate).

I proventi da cessione di titoli e partecipazione costituiscono invece **redditi diversi** e riguardano le plusvalenze realizzate da cessione a titolo oneroso di (art. 67 c. 1 lett. c-c quinquies DPR 917/86): **11005**
- partecipazioni in società ed enti, residenti e non residenti, e altri titoli o diritti di natura partecipativa;
- titoli non partecipativi, strumenti finanziari non assimilabili alle azioni, valute estere, metalli preziosi allo stato grezzo o monetario;
- contratti derivati e altri contratti a termine;
- altri strumenti finanziari, non rientranti nelle categorie sopra elencate, quali i contratti produttivi di redditi di capitale, nonché i crediti.

Quando il reddito è di capitale, nella maggior parte dei casi è erogato da un **sostituto d'imposta** che opera una ritenuta a titolo d'imposta, senza necessità di ulteriori adempimenti. L'aliquota della ritenuta, salvo le eccezioni segnalate di volta in volta, è del 26% (art. 3 DL 66/2014 conv. in L. 89/2014). Se il reddito è erogato **senza sostituto**, deve essere indicato in dichiarazione per poter essere tassato (quadro RL del Mod. Redditi o quadro D del Mod. 730). **11035**
Quando il reddito è diverso, è determinato secondo diversi regimi.

SEZIONE 1

Redditi prodotti in Italia

A. Partecipazioni societarie

11045 I proventi derivanti dalla partecipazione al **capitale di rischio** di **società ed enti soggetti IRES** (v. n. 21015) possono generare redditi diversi o di capitale quando derivano da:
- distribuzione di utili o riserve di utili;
- distribuzioni particolari connesse col mantenimento o meno della partecipazione;
- cessione della partecipazione.

I proventi distribuiti da società di capitali che hanno optato per il **regime della trasparenza** non sono tassati, in quanto la tassazione è già avvenuta in capo ai soci alla chiusura dell'esercizio (v. n. 26945).

11048

Utili			
Derivanti da:	**Evento da cui si originano i redditi**	**Fonte**	**v. n.**
Società ed enti soggetti a IRES	Distribuzione di utili o riserve di utili	art. 44 c. 1 lett. e DPR 917/86	11060
	Distribuzione di riserve di capitale	art. 47 c. 6 DPR 917/86	11090
	Distribuzione a seguito di particolari eventi legati alla vita della società	art. 47 c. 7 DPR 917/86	11122
Associazioni in partecipazione	Partecipazione agli utili (nel caso di cointeressenza: non alle perdite) dell'impresa dell'associante, o di uno o più affari di essa, verso il corrispettivo di un determinato apporto costituito solo da capitale o da capitale e lavoro (c.d. apporto misto)	art. 44 c. 1 lett. f DPR 917/86	11145
Cointeressenza			11154

11050 **STRUMENTI DI PARTECIPAZIONE** La partecipazione al capitale di rischio è rappresentata dagli strumenti indicati in tabella.

Strumenti di partecipazione	Descrizione	Fonti
Azioni emesse da s.p.a. e s.a.p.a.	ordinarie, privilegiate e di risparmio, quotate o non quotate nei mercati regolamentati (come definiti al n. 22590)	art. 44 c. 1 lett. e DPR 917/86
Quote di partecipazione in s.r.l.		art. 44 c. 2 DPR 917/86
Titoli emessi da istituti di credito pubblici e dalle casse di risparmio, rappresentativi del loro capitale	es. quote di partecipazione, di risparmio e di risparmio partecipativo	
strumenti finanziari **(1) (2)**	titoli e altri strumenti finanziari, non necessariamente collegati al capitale sociale, rappresentati da certificati (Circ. AE 16 giugno 2004 n. 26/E), la cui remunerazione è costituita totalmente dalla **partecipazione ai risultati economici** della società emittente o di altre società appartenenti allo stesso gruppo o dell'affare in relazione al quale i titoli e gli strumenti finanziari sono stati emessi.	

(1) Se tali strumenti prevedono come remunerazione una **quota fissa** e una **quota variabile** in funzione dei risultati economici, il relativo provento è assimilato agli interessi.
(2) I **contratti derivati e** gli altri contratti **a termine** di natura finanziaria non rientrano fra gli strumenti finanziari in esame. I relativi proventi rientrano fra i redditi diversi, anche se sono costituiti da una partecipazione ai risultati economici della società emittente o di altra società del gruppo (Circ. AE 16 giugno 2004 n. 26/E).

Qualificazione della partecipazione Le partecipazioni riguardanti i titoli di seguito indicati si considerano qualificate quando è superata, almeno per un giorno, una delle percentuali indicate nel par. seguente (art. 67 c. 1 lett. c DPR 917/86): **11051**
- **azioni** emesse da s.p.a. e s.a.p.a. residenti, escluse quelle di godimento e comprese: quelle privilegiate; quelle di risparmio convertibili in azioni ordinarie o di altro tipo al momento della cessione e senza condizioni (Circ. Min. 24 giugno 1998 n. 165/E);
- **quote** sociali e **altre partecipazioni** al capitale o al patrimonio di società ed enti commerciali, residenti, compresi gli strumenti finanziari assimilabili alle azioni di cui al n. 11050 lett. d punto 1 (si veda però quanto detto al n. 11056) ed escluse le quote di partecipazione in associazioni professionali;
- azioni e ogni altra partecipazione al capitale o al patrimonio di **non residenti**;
- **altri titoli** partecipativi (diritti di opzione su azioni, obbligazioni convertibili, certificati rappresentativi di partecipazioni, ogni altro diritto sui titoli che non ha natura di interesse, come il warrant).

Ai fini della verifica del **superamento delle percentuali di qualificazioni** e dei relativi **casi particolari**, v. MF 2018 rispettivamente al n. 13345 e al n. 13360.

Percentuale di qualificazione Sono qualificate le **partecipazioni** che superano le seguenti percentuali del capitale sociale: **11052**
- per le **azioni negoziate** in mercati regolamentati (come definiti al n. 22590), italiani o esteri (v. n. 855), 5%;
- per gli **altri titoli**, 25%.

Se non sono superate le suddette percentuali, per le sole **società di capitali** e per gli **enti forniti di organo assembleare** la partecipazione è comunque qualificata se rappresenta una percentuale di diritti di voto esercitabili nell'assemblea ordinaria superiore a:
- per le azioni negoziate in mercati regolamentati, italiani o esteri (v. n. 855), 2%;
- per tutti gli altri titoli, 20%.

Per la cessione di **altri titoli partecipativi**, le suddette percentuali del capitale sociale e dei diritti di voto vanno calcolate prendendo a riferimento le partecipazioni che possono essere acquisite tramite tali titoli.

>Precisazioni 1) Il calcolo della percentuale deve essere effettuato in base alle **caratteristiche oggettive del titolo**; non rileva se le azioni sono prive del diritto di voto, se ciò è dovuto a cause legate alla posizione soggettiva dell'azionista (es. azioni proprie, omessa comunicazione alla Consob delle partecipazioni rilevanti, ecc.).
2) Nel caso di cessione di partecipazioni detenute in parte in **piena proprietà** e in parte in **nuda proprietà**, per stabilire la percentuale dei diritti di voto, si fa riferimento solo alla percentuale detenuta a titolo di piena proprietà. Se la percentuale non è superata, si deve verificare l'eventuale superamento di quella riferita al capitale o al patrimonio della società sommando, in tal caso, anche la percentuale di partecipazione a titolo di nuda proprietà.
Viceversa, se le partecipazioni sono detenute in parte in piena proprietà e in parte in **usufrutto** o in nuda proprietà con spettanza del diritto di voto, per il calcolo della percentuale dei diritti di voto esercitabili in assemblea si considerano anche tali partecipazioni (Ris. AE 1° agosto 2008 n. 332/E).

Nei casi di seguito illustrati, la verifica delle percentuali va effettuata tenendo conto delle **particolarità** degli strumenti finanziari e di alcune categorie di azioni oggetto di cessione. **11053**

Strumenti finanziari particolari	Verifica percentuali di qualificazione
strumenti finanziari partecipativi assimilati alle azioni	la partecipazione è qualificata se il valore dell'apporto è superiore al 5% o al 25% del patrimonio netto contabile della società emittente

Strumenti finanziari particolari		Verifica percentuali di qualificazione
categorie di azioni speciali (Circ. AE 10 dicembre 2004 n. 52/E e Circ. AE 16 marzo 2005 n. 10/E)	– azioni acquisite sulla base di un conferimento non proporzionale (art. 2346 c. 4 c.c.)	rileva la percentuale di capitale sociale o di diritti di voto nell'assemblea ordinaria assicurata dalla partecipazione ceduta **(1)**
	– azioni con voto limitato a una misura massima o scaglionato (art. 2351 c. 3 c.c.)	rileva l'effettiva percentuale di diritti di voto assicurata globalmente da tali partecipazioni
	– azioni con voto limitato a particolari argomenti e quelle occasionalmente prive del diritto di voto	vanno computate al pari di quelle con diritto di voto pieno per il calcolo della percentuale dei diritti di voto esercitabili nell'assemblea ordinaria
possesso contemporaneo di azioni ordinarie e di strumenti finanziari (Circ. AE 10 dicembre 2004 n. 52/E)	– assimilati alle azioni	va fatta separatamente per le partecipazioni e per gli strumenti finanziari, prendendo in considerazione, nel primo caso, la percentuale di partecipazione al capitale o quella di diritti di voto e, nel secondo caso, la percentuale di partecipazione al patrimonio
	– non rappresentativi di quote di patrimonio	sono considerati cessioni qualificate, pertanto non incidono sulla qualificazione delle azioni ordinarie. Occorre verificare autonomamente il superamento delle percentuali previste
possesso di quote di fondi immobiliari (art. 32 c. 3 bis e 4 DL 78/2010 conv. in L. 122/2010)		sono assimilate alle partecipazioni in società di persone e assimilate **(2)**. La partecipazione è qualificata se supera il 5% del valore del fondo; la verifica della percentuale è effettuata al termine del periodo d'imposta **(3)**

(1) La regola vale per le **quote di s.r.l.** i cui diritti di voto non siano proporzionali al capitale posseduto e agli utili di cui all'art. 2468 c. 3 c.c.
(2) Pertanto, il costo è dapprima aumentato o diminuito dei redditi e delle perdite imputate ai partecipanti; quindi, da tale importo si scomputano, fino a concorrenza dei redditi di gestione già imputati, i proventi effettivamente distribuiti ai partecipanti (v. n. 11345).
(3) Se, a quella data, il partecipante non possiede una quota superiore al 5%, alle plusvalenze relative alle cessioni effettuate nel corso dei 12 mesi successivi, anche se superiori al 5% per effetto di reiterate operazioni di acquisto e vendita, si applica l'imposta sostitutiva del 20% (Ris. AE 18 luglio 2013 n. 54/E).

11054 **Partecipazioni non qualificate** (art. 67 c. 1 lett. c bis DPR 917/86) Sono tali i seguenti:
- titoli elencati al n. 11051, se non sono superate le percentuali di qualificazione;
- azioni di risparmio non convertibili;
- partecipazioni in enti non commerciali;
- contratti di associazione in partecipazione e di cointeressenza con apporto diverso da quello di opere o servizi, se gli apporti sono pari o inferiori alle percentuali indicate al n. 11056 lett. b).

Per i proventi percepiti da **dipendenti e amministratori**, derivanti dalla partecipazione a società, enti o OICR, che si qualificano come **carried interest**, v. n. 11112.

11056 **ALTRI STRUMENTI** (art. 67 c. 1 lett. c n. 1-3 DPR 917/86) Ai fini del calcolo della plusvalenza da cessione, sono assimilate alle cessioni di partecipazioni qualificate quelle aventi a oggetto gli strumenti finanziari e i contratti indicati in **tabella**, purché ricorrano determinate condizioni.

Strumento finanziario/contratto	Condizioni
a) strumenti finanziari assimilati alle azioni di cui al n. 11050 lett. d	non rappresentano una partecipazione al patrimonio **(1)**

Strumento finanziario/contratto	Condizioni
b) contratti di associazione in partecipazione e di cointeressenza	– l'**apporto** è diverso da quello di opere o servizi; – il **valore** dell'apporto è **superiore al 5%** del valore del patrimonio netto contabile risultante dall'ultimo bilancio approvato prima della stipula del contratto **o al 25%** del medesimo, a seconda che si tratti di società i cui titoli sono negoziati in mercati regolamentati (come definiti al n. 22590) o di altre partecipazioni **(2)**
c) associazione in partecipazione e cointeressenza con **associanti non residenti** (a prescindere dal valore dell'apporto)	la remunerazione non è totalmente indeducibile per l'associante nello Stato estero di residenza dello stesso o l'indeducibilità non risulta da una dichiarazione dell'associante o da altri elementi precisi e certi
(1) La partecipazione al patrimonio va intesa come **diritto alla restituzione** del capitale apportato (Circ. AE 10 dicembre 2004 n. 52/E). **(2)** Nel caso di apporto in **impresa in contabilità semplificata**, la qualificazione esiste se l'apporto è superiore al 25% della somma delle rimanenze finali e del costo complessivo dei beni ammortizzabili al netto dei relativi ammortamenti.	

1. Utili e riserve distribuiti

I proventi derivanti dalla partecipazione in società sono tassati al momento della loro distribuzione con ritenuta a titolo d'imposta del 26% (art. 3 DL 66/2014 conv. in L. 89/2014) (per la definizione di ritenuta v. n. 37410). La distribuzione può avere ad oggetto utili, riserve di utili o riserve di capitale. **11057**

La società informa il socio sulla natura della riserva tramite la certificazione che deve rilasciare a seguito della distribuzione (v. n. 11110).

a. Distribuzione ordinaria

UTILI E RISERVE DI UTILE (art. 44 c. 1 lett. e DPR 917/86, art. 3 DL 66/2014 conv. in L. 89/2014, DM 26 maggio 2017 e art. 1 c. 1005 e 1006 L. 205/2017) Per gli utili prodotti **fino** all'esercizio in corso **al 31 dicembre 2017** e distribuiti con delibera **entro** il 31 dicembre 2022 (anche se l'effettivo pagamento avvenga in data successiva, Princ. dir. AE 6 dicembre 2022 n. 3) occorre tener distinti gli utili derivanti da partecipazioni qualificate, tassate con le aliquote IRPEF ordinarie applicate su basi imponibili ridotte, dalle non qualificate, tassate sempre con ritenuta d'imposta. **11060**

Dal 1° gennaio 2018 la distribuzione degli utili è tassata con ritenuta a titolo d'imposta del 26%, senza distinzione tra partecipazioni qualificate e non; per le distribuzioni di utili derivanti da partecipazioni qualificate deliberate dal 1° gennaio 2018 al 31 dicembre 2022 e formatesi con utili prodotti fino al 31 dicembre 2017 ai fini della tassazione vige la suddetta distinzione.

Dal 1° gennaio 2023 la distribuzione di utili, anche se deliberati in precedenza, sarà sempre tassata con ritenuta a titolo d'imposta del 26% (Risp. AE 16 settembre 2022 n. 454).

Periodo di formazione dell'utile	Partecipazioni qualificate		Partecipazioni non qualificate
Dal 2018	Ritenuta 26%		Ritenuta 26%
Nel 2017	IRPEF su base imponibile al:	58,14%	
Dal 2008 al 2016		49,72%	
Prima del 2008		40%	
Per presunzione si intendono prioritariamente distribuiti gli utili prodotti prima del 2008, poi dal 2008 al 2016, quindi nel 2017 (esercizi successivi a quello in corso al 2016) (criterio FIFO).			

Per gli **utili distribuiti** ai soci e agli amministratori, ma da questi **non ritirati**, si applica la presunzione di cui al n. 11270 (Cass. 29 aprile 2009 n. 10030).

11085 **Utili in natura** (art. 47 c. 3 DPR 917/86 e art. 27 c. 2 DPR 600/73) Se l'utile non è assegnato tramite una somma liquida ma attraverso un bene, ai fini del pagamento di quest'ultimo, i beneficiari devono **versare** alla società distributrice una somma corrispondente alla ritenuta da operare.
Tale ritenuta va determinata sul valore imponibile dell'utile in natura, calcolato in base al valore normale del bene (art. 9 c. 3 DPR 917/86) alla data della messa in pagamento (ossia, per i beni mobili: data di consegna o spedizione, per gli immobili e per le aziende: data di stipula dell'atto notarile o, se diversa e successiva, data in cui si trasferisce o si costituisce la proprietà o altro diritto reale) (art. 109 c. 2 lett. a DPR 917/86).

ESEMPIO
La società Alfa assegna un'autovettura. Il valore su cui quantificare la ritenuta è quello corrispondente al valore dell'auto alla data di consegna. In quella data, il beneficiario deve pagare alla società l'ammontare della ritenuta.

11090 **RISERVE DI CAPITALE E FONDI** (art. 47 c. 5 e 6 DPR 917/86) Le somme e i beni ricevuti dai soci a titolo di ripartizione di riserve o altri fondi **costituiti con** soprapprezzi di emissione delle azioni o quote, interessi di conguaglio versati dai sottoscrittori di nuove azioni o quote, versamenti fatti dai soci a fondo perduto o in conto capitale e saldi di rivalutazione monetaria esenti da imposta **non** sono utili (quindi non sono tassabili). Tuttavia le somme o il valore normale dei beni ricevuti riducono il costo fiscalmente riconosciuto delle connesse azioni o quote possedute.
In caso di **aumento del capitale** sociale mediante passaggio di riserve o altri fondi a capitale, le azioni gratuite di nuova emissione e l'aumento gratuito del valore nominale delle azioni o quote già emesse non costituiscono utili per i soci.
Se invece l'aumento avviene mediante passaggio a capitale di riserve o fondi diversi da quelli indicati al c. 5, la differenza è tassata come utile secondo le ordinarie regole (v. n. 11060) (Circ. AE 16 giugno 2004 n. 26/E).

11105 **COMPRESENZA DI RISERVE DI CAPITALE E UTILI** (art. 47 c. 1 DPR 917/86) Se per la distribuzione possono essere utilizzate sia riserve di capitale sia riserve di utili, indipendentemente da quanto affermato nella delibera assembleare **si presumono** prioritariamente distribuiti l'utile dell'esercizio e le riserve di utili, per la quota di esse non accantonata in sospensione d'imposta, salva l'ipotesi di utilizzo per copertura perdite.

>**Precisazioni 1)** La presunzione **determina** solo un diverso ordine di distribuzione delle riserve, anticipando l'emersione di materia imponibile.
2) La presunzione **non** opera in caso di **restituzione ai soci dei versamenti** in conto futuro aumento di capitale in conseguenza del verificarsi della mancata effettuazione dell'aumento, nonché in caso di rimborso dei mutui (finanziamenti fruttiferi o infruttiferi) erogati dai soci alla società (Norma di comportamento ADC gennaio 2006 n. 162).

11107 Se le riserve di capitale sono utilizzate per la **copertura di perdite**, la presunzione non si applica a condizione che le riserve di utili presenti nel patrimonio siano liberamente disponibili. Ciò non accade con riferimento al quinto della riserva legale (i 4/5 della riserva legale fanno invece scattare la presunzione - Norma di comportamento ADC gennaio 2006 n. 162), alla riserva di acquisto azioni proprie e alle riserve in sospensione d'imposta, come quelle di rivalutazione monetaria.

11108 Se la **delibera di distribuzione** delle riserve di capitale **precede quella di approvazione del bilancio**, con la quale viene accertata e deliberata la distribuzione dell'utile di esercizio, la presunzione non dovrebbe ugualmente applicarsi, non essendo ancora formalmente accertata l'esistenza e la disponibilità dell'utile.

11110 **ADEMPIMENTI** La società distributrice utili e riserve deve:
– effettuare apposita **comunicazione** ai percettori (e agli intermediari obbligati a svolgere il ruolo di sostituti di imposta) (v. n. 37515) in cui deve essere evidenziata la natura delle riserve distribuite e il conseguente regime fiscale applicabile (v. esempio sotto);
– compilare **apposito prospetto** nella dichiarazione dei redditi (prospetto del capitale e delle riserve) per consentire all'AF il controllo della struttura patrimoniale della società, così come

riclassificata agli effetti fiscali, in caso di applicabilità della presunzione di prioritaria distribuzione.

ESEMPIO
Se la società distribuisce riserve di capitale - riserve da sovrapprezzo azioni, ecc. - deve specificare che, in mancanza di utili e di riserve di utili, la distribuzione non costituisce reddito tassabile; se ci sono riserve di utili disponibili, deve specificare che, nonostante stia distribuendo civilisticamente riserve di capitale, la distribuzione costituisce utile tassabile (Circ. AE 16 giugno 2004 n. 26/E, Circ. Assonime 14 luglio 2004 n. 32).

CASI PARTICOLARI In tabella si riporta la tipologia di reddito che costituiscono gli utili **11112**
distribuiti ai soggetti elencati a seconda dei casi.

Soggetti	Attività	Tipologia di reddito
amministratori di società	amministrativa	lavoro dipendente (v. n. 9903) o autonomo (v. n. 9905) **(1)**
lavoratori dipendenti	partecipazione diretta o indiretta a società, enti o OICR o a soggetti ad essi legati da un rapporto diretto o indiretto di controllo o gestione, relativi ad azioni, quote o altri strumenti finanziari aventi diritti patrimoniali rafforzati (c.d. carried interest)	capitale con ritenuta a titolo d'imposta del 26% (v. n. 11057) **(2)** (art. 60 DL 50/2017 conv. in L. 96/2017 e Circ. AE 16 ottobre 2017 n. 25/E)
	remunerazione per il rapporto di lavoro	lavoro dipendente (v. n. 8170) **(1)**
lavoratori autonomi	attività professionale o artistica da cui deriva un compenso	lavoro autonomo (v. n. 10062)
promotori e **soci fondatori**	in società di capitali	lavoro autonomo (v. n. 5160)

(1) In tema di carried interest, la presenza di clausole di **leavership** (che si distinguono in bad leavership, quando la risoluzione del rapporto avviene per dolo o colpa grave e good leavership se riconducibili a casi di cessazione naturale del rapporto di lavoro non derivato da eventi negativi) che condizionano la distribuzione di proventi all'esistenza del rapporto di lavoro costituisce un elemento suscettibile di attrarre i proventi nella categoria del reddito di lavoro; al contrario, il mantenimento della titolarità degli strumenti finanziari dopo la cessazione del rapporto di lavoro è un elemento che indica la natura finanziaria del reddito (Circ. AE 16 ottobre 2017 n. 25/E).
(2) I proventi costituiscono redditi di capitale a **condizione** che (art. 60 c. 1 DL 50/2017 conv. in L. 96/2017):
a) l'investimento complessivo di tutti i dipendenti e amministratori titolari di diritti patrimoniali rafforzati comporti un esborso effettivo pari ad almeno l'1% del patrimonio netto della società o ente o dell'investimento complessivo effettuato dall'OICR (se nel regolamento di un fondo vi è una clausola, non modificabile né integrabile, che pone dei limiti massimi all'investimento inferiori all'1%, la condizione non si applica - Princ. dir. AE 12 febbraio 2019 n. 3, Risp. AE 11 ottobre 2021 n. 696). In caso di investimento in società, il raggiungimento della soglia minima di investimento dell'1% non è un requisito statico ma dinamico, dovendosi guardare sia al momento nel quale il piano di incentivazione è implementato, sia a momenti successivi - quali aumenti di capitale o acquisto di partecipazioni societarie da parte di altri soggetti diversi dai manager - per misurare l'adeguatezza dell'investimento minimo (Risp. AE 25 maggio 2022 n. 295);
b) i diritti di rimborso del capitale o di incasso del provento sorgano solo dopo che sono stati rimborsati gli altri investitori, cioè dopo che questi hanno percepito il capitale investito e un rendimento minimo (previsto nello statuto o nel regolamento) o, nel caso di cambio di controllo, se gli altri soci o partecipanti dell'investimento hanno realizzato con la cessione un prezzo di vendita almeno pari al capitale investito e al suddetto rendimento minimo;
c) i dipendenti e gli amministratori (o, in caso di decesso, i loro eredi) detengano lo strumento finanziario per almeno 5 anni o fino alla data di cambio di controllo o di sostituzione dell'incaricato della gestione.
La **carenza** di una o più delle condizioni sopracitate non determina l'automatica qualificazione dei proventi come redditi di lavoro ma richiede lo svolgimento di un'analisi volta a verificare l'idoneità dell'investimento a determinare l'allineamento che consente di attribuire alle somme natura finanziaria (Circ. AE 16 ottobre 2017 n. 25/E).
Nella determinazione dell'esborso effettivo di cui alla lett. a) si tiene conto anche di ammontare tassato come reddito in natura di lavoro dipendente o assimilato o di lavoro autonomo in sede di attribuzione o sottoscrizione delle azioni, quote o strumenti finanziari, valore delle azioni assegnate e degli strumenti finanziari senza diritti patrimoniali rafforzati. L'esborso monetario effettivo va raffrontato al patrimonio netto effettivo della società, da computarsi a valori correnti determinabili sulla base di apposite perizie di stima, tenendo conto anche dell'investimento effettuato da dipendenti e amministratori (Risp. AE 4 ottobre 2021 n. 654).

b. Distribuzioni a seguito di eventi particolari
art. 47 c. 7 DPR 917/86

11122 In caso di recesso, esclusione, liquidazione (sia ordinaria che concorsuale), riscatto delle azioni si possono originare proventi che sono tassati in capo ai soci secondo le regole previste per la riduzione del capitale (v. n. 11134).
La **tassazione** delle distribuzioni è uguale per tutte le ipotesi citate e quindi è descritta, una sola volta, con riferimento al recesso.

11124 **RECESSO** Può avvenire tramite annullamento o vendita. In entrambi i casi, quanto ricevuto deve essere confrontato con il costo fiscalmente riconosciuto delle azioni o quote possedute. La parte eccedente è tassata secondo le regole che seguono.

11126 **Annullamento** La parte eccedente costituisce utile e deve essere tassata secondo le regole ordinarie, distinguendo fino a una certa data se il percipiente possiede una partecipazione qualificata o non qualificata.
Se **il percipiente non comunica** il valore fiscalmente riconosciuto della partecipazione, la ritenuta dovuta si applica sull'intero ammontare delle somme o dei valori corrisposti (art. 47 DPR 917/86, art. 27 c. 1 e 1 bis DPR 600/73).

ESEMPIO
Società con capitale sociale e riserve di capitale di € 1.000 e altre riserve di € 3.000; se un socio che possiede l'1% del capitale (acquistato al prezzo di 10) recede ricevendo la somma di € 50, la somma tassata è di 40 (50 - 10) (Circ. Min. 17 maggio 2000 n. 98/E).

L'**eventuale rivalutazione** operata a seguito della perizia giurata di stima illustrata al n. 11166 non ha rilevanza per la determinazione del costo di acquisto della partecipazione ed è, pertanto, ininfluente per la quantificazione dell'ammontare da tassare (Circ. AE 16 marzo 2005 n. 10/E).

11128 **Vendita** Può avvenire avendo come controparte gli altri soci, con cessione proporzionale alle loro partecipazioni, oppure a un terzo, concordemente individuato dai soci stessi (art. 2473 c. 4 c.c.).
La parte eccedente costituisce, per il recedente, un reddito diverso (v. n. 11005) (Circ. AE 16 giugno 2004 n. 26/E).

c. Variazione di capitale sociale
(art. 47 c. 6 DPR 917/86)

11132 Mentre l'aumento di capitale sociale è irrilevante per i soci (v. n. 11136), la sua riduzione per esuberanza può rappresentare, in alcuni casi, una distribuzione di utile.

11134 **RIDUZIONE PER ESUBERANZA** La riduzione, deliberata **successivamente al passaggio a capitale di riserve**, si considera distribuzione di utili se l'aumento è avvenuto mediante utilizzo di riserve diverse da quelle di cui al n. 11090.
Se il **precedente aumento** del capitale è stato eseguito **mediante passaggio a capitale di entrambe** le riserve (di capitale e di utili), la successiva riduzione si imputa, con precedenza, alla parte dell'aumento derivante dai passaggi a capitale di riserve tassate (diverse da quelle indicate al n. 11090), a partire dal meno recente.
Per le **conseguenze** della riduzione, v. n. 11090.

11136 **AUMENTO MEDIANTE PASSAGGIO DI RISERVE A CAPITALE** Le **azioni gratuite** di nuova emissione o l'**incremento gratuito** del valore dei titoli in circolazione, derivanti dall'aumento del capitale sociale mediante passaggio di riserve a capitale, non costituiscono distribuzione di utili ai soci, indipendentemente dalla natura della riserva portata a capitale (Circ. Min. 16 maggio 1978 n. 122).

L'eventuale **assegnazione di azioni proprie** è assimilabile all'aumento gratuito del capitale sociale (Ris. AE 7 marzo 2011 n. 26/E).

2. Proventi da altri contratti di partecipazione

art. 44 c. 1 lett. f DPR 917/86

ASSOCIAZIONE IN PARTECIPAZIONE È il contratto con cui l'associante attribuisce all'associato una partecipazione agli utili della sua impresa o di uno o più affari verso il corrispettivo di un determinato apporto, che può consistere in una somma di denaro o in beni mobili o immobili (art. 2549 c.c.). **11145**
I **proventi** sono assimilati agli utili e costituiscono redditi di capitale; l'eventuale **perdita** non è deducibile.

L'associazione in partecipazione è **riconosciuta solo se** (Circ. AE 12 giugno 2002 n. 50/E, Ris. Min. 13 maggio 1987 n. 999999): **11148**
– il contratto risulta da atto pubblico o scrittura privata autenticata o registrata;
– il contratto contiene il **tipo di apporto** dell'associato; se l'apporto è costituito da denaro o da altri valori, ne deve essere comprovata l'effettiva corresponsione;
– le **quote di utili** spettanti all'associato, che devono essere giustificate dall'entità dell'apporto di capitale fornito;
– gli associati in caso di apporto costituito da **prestazione di lavoro** non sono familiari dell'associante.

Non è configurabile un'associazione in partecipazione:
– tra due soggetti legati da un rapporto di lavoro dipendente;
– tra soggetti legati da un rapporto di società;
– tra professionisti (Ris. Min. 31 dicembre 1977 n. 8/1250);
– quando l'apporto dell'associante è rappresentato dall'emissione di titoli i cui proventi sono soggetti a ritenuta d'imposta (Com. Stampa Min. 13 maggio 1987).

Il provento percepito dall'associato è **tassato** come reddito di capitale con ritenuta a titolo d'imposta del 26% (art. 27 c. 1 DPR 600/73). **11150**
Se l'associante è un'**impresa in contabilità semplificata**, occorre distinguere come indicato in tabella.

Tipologia di apporto	Tassazione	Fonte
non qualificato **(1)**	come reddito di capitale con ritenuta a titolo d'imposta 26%	art. 27 c. 1 DPR 600/73
qualificato **(2)**	58,14%	art. 47 c. 2 DPR 917/86

(1) È pari o inferiore al 25% della somma delle rimanenze finali e del costo complessivo dei beni ammortizzabili al netto dei relativi ammortamenti.
(2) È superiore al 25% della somma di cui al punto 1).

Per i redditi a **maturazione ultraquinquennale** è applicabile la tassazione separata (v. n. 3390).

In caso di **scioglimento (o scadenza) del contratto**, la somma di denaro che riceve l'associato è formata sia dalla restituzione dell'apporto a suo tempo conferito - ove previsto - sia dagli utili maturati e non percepiti, sia eventualmente dalla somma pattuita nel contratto per i casi di risoluzione. **11152**
La somma percepita, al netto della parte corrispondente all'apporto conferito, costituisce reddito di capitale. La tassazione avviene secondo le regole esaminate al n. 11150 (Ris. AE 16 maggio 2005 n. 61/E).

CONTRATTI DI COINTERESSENZA (art. 2554 c. 1 c.c.) Si distingue dal contratto di associazione in partecipazione in quanto: **11154**
1) l'associato è escluso dalla partecipazione alle perdite (cointeressenza **impropria**). Se l'apporto è costituito:
– esclusivamente da **prestazione di lavoro**, i proventi incassati costituiscono redditi di lavoro autonomo (art. 53 c. 2 lett. c DPR 917/86);

– da **capitale** o capitale e lavoro, i proventi incassati costituiscono redditi di capitale per i quali si applicano le regole previste per i contratti di associazione in partecipazione (v. n. 11145 e s.);
2) l'associato partecipa sia agli utili che alle perdite ma senza il corrispettivo di un determinato apporto (cointeressenza **propria**). In questo caso si applica la ritenuta a titolo d'imposta del 26% (art. 27 c. 1 DPR 600/73).

11156 Alla **scadenza** del contratto, **la differenza tra** la somma percepita e le somme o il valore normale dei beni apportati all'inizio costituisce reddito imponibile, da tassare secondo quanto indicato al n. 11152.

3. Cessione di partecipazione (plusvalenze e minusvalenze)

11158 La cessione a titolo oneroso (anche tramite permuta) di partecipazioni in società ed enti, residenti e non, può originare **plusvalenze** (c.d. **capital gain**) o **minusvalenze**, che costituiscono redditi diversi (artt. 67 e 68 DPR 917/86). Le plusvalenze **si intendono realizzate** nel momento in cui si perfeziona la cessione, cioè quando avviene il trasferimento. Il momento di realizzo serve a determinare il regime impositivo applicabile (della dichiarazione, del risparmio amministrato e del risparmio gestito).
La plusvalenza è poi **tassata** quando avviene il pagamento del corrispettivo (Circ. AE 27 giugno 2014 n. 19/E). Tuttavia, in caso di **acconti** percepiti nell'anno precedente quello di perfezionamento della cessione, questi sono tassati nell'anno successivo (Circ. Min. 24 giugno 1998 n. 165/E).

> Se la cessione di partecipazioni è subordinata a **opzioni di vendita e di acquisto** (c.d. «call option» e «put option»), la tassazione avviene al momento in cui le opzioni sono esercitate e quindi si perfeziona il contratto, anche se sono stati corrisposti acconti (Ris. AE 21 luglio 2008 n. 313/E).

11159 **TASSAZIONE** Le plusvalenze sono assoggettate ad imposta sostitutiva con **aliquota** del 26% applicata alla **base imponibile** determinata con **regime**:
– della dichiarazione (ordinario);
– del risparmio amministrato (opzionale);
– del risparmio gestito (opzionale).

11160 Indipendentemente dal regime impositivo, le **plusvalenze** derivanti dalla cessione di partecipazione al capitale in società se, entro un anno dal loro conseguimento, sono reinvestite in **start-up** o **PMI innovative** (v. n. 38430 e s.), mediante la sottoscrizione del capitale sociale entro il 31 dicembre 2025, sono esenti (art. 14 c. 3 DL 73/2021 conv. in L. 106/2021).

a. Regime della dichiarazione

11162 **Consiste** nel calcolare analiticamente il risultato di ogni singola cessione.
Il **reddito globale** del periodo si ottiene sommando algebricamente le plusvalenze con le minusvalenze. Se il reddito è positivo, deve essere riportato nella dichiarazione dei redditi relativa al periodo d'imposta in cui si è verificata la cessione e ivi assoggettato a tassazione (a seconda dei casi, con imposta sostitutiva o con aliquote IRPEF).
Di seguito si analizzano le modalità con cui si determina il risultato della singola cessione, come si calcola il reddito globale del periodo e quali sono gli adempimenti (del cedente, degli intermediari e della società emittente).

11163 **Costo della partecipazione** **È** dato dal costo o valore di acquisto ed è **determinato** in modo diverso a seconda delle modalità di acquisizione della partecipazione, come indicato in **tabella**.
Deve essere **documentato** dal contribuente.

11163 (segue)

Modalità di acquisizione	Costo della partecipazione	Precisazioni
Sottoscrizione dei titoli o precedente acquisto a titolo oneroso	Prezzo di acquisto	In caso di acquisizione tramite conferimento di opere o servizi, dato che i conferimenti sono tassati in capo al socio all'atto della prestazione, il costo della partecipazione va aumentato del valore delle prestazioni (Ris. AE 16 marzo 2005 n. 35/E)
Sottoscrizione di titoli per acquisto separato di diritti d'opzione	Prezzo pagato in sede di sottoscrizione, aumentato del costo del diritto d'opzione	–
Successione ereditaria aperta dal 3 ottobre 2006 o anteriore al 25 ottobre 2001	Valore definito o dichiarato agli effetti dell'imposta di successione, anche se non dovuta per effetto della franchigia. Per i titoli esenti: valore normale alla data di apertura della successione (Circ. AE 19 febbraio 2008 n. 12/E punto 3.2)	–
Successione ereditaria aperta dopo il 25 ottobre 2001 ed entro il 2 ottobre 2006	Costo sostenuto dal de cuius (Circ. AE 18 ottobre 2001 n. 91/E)	Se il de cuius ha a suo tempo rivalutato la partecipazione, rileva il costo della partecipazione rideterminato (Ris. AE 17 aprile 2008 n. 158/E)
Donazione	Costo di acquisto per il donante	Se i titoli sono ceduti entro 5 anni, la plusvalenza è calcolata in capo al beneficiario come se la donazione non fosse avvenuta anche in merito alla qualificazione o meno della partecipazione. In tal caso, dall'imposta sostitutiva pagata sono deducibili le imposte assolte per la donazione (art. 16 c. 1 L. 383/2001)
Aumenti gratuiti di capitale	Prezzo originariamente pagato diviso per il numero complessivo dei titoli, compresi quelli ricevuti a titolo gratuito	Nel caso di assegnazione gratuita, da parte di una controllante, di azioni della controllata ai soci della stessa, il costo della partecipazione è pari a zero; pertanto, al momento della cessione da parte del socio, è tassato l'intero corrispettivo percepito (Ris. AE 25 febbraio 2005 n. 26/E)
Aumenti a pagamento di capitale	Vedi riga sopra	–
Dividendo in natura	Valore normale delle azioni o partecipazioni alla data di assegnazione (Circ. AE 13 febbraio 2006 n. 6/E)	–
Sottoscrizione dal dipendente in relazione al rapporto di lavoro	Valore di acquisto delle azioni assoggettato a tassazione (v. n. 8200)	In caso di azioni assegnate in sostituzione del premio di risultato (v. n. 8965), il valore di acquisto è pari al valore delle azioni ricevute (anche se non assoggettato a tassazione)
Rivalutata in base ad apposite leggi di rivalutazione (v. n. 11166 e s.)	Valore di perizia	–

>Precisazioni 1) **Riducono il valore d'acquisto** delle partecipazioni le somme e il valore normale di beni ricevuti dai soci di società soggette all'IRES a titolo di ripartizione di riserve di capitale o altri fondi costituiti con sovrapprezzo di emissione azioni, con interessi di conguaglio versati da sottoscrittori di nuove azioni o quote, con versamenti fatti dai soci a fondo perduto o in conto capitale o con saldi di rivalutazione monetaria esenti da imposta (v. n. 11090). La riduzione va imputata in proporzione a ciascuna stratificazione di costo relativo alle partecipazioni interessate (Ris. AE 16 marzo 2005 n. 35/E).
2) Modalità particolari di valutazione sono previste per le **partecipazioni acquisite prima del** 1° luglio 1998 o del 28 gennaio 1991, se sono soddisfatte determinate condizioni (art. 14 D.Lgs. 461/97 - v. MF 2016 n. 13405 e n. 13410).
3) Le partecipazioni non qualificate **possedute al 31 dicembre 2011**, che sono state oggetto di **affrancamento**, si assumono al valore al 31 dicembre 2011, non in base al costo o valore d'acquisto (art. 2 c. 29-34 DL 138/2011 conv. in L. 148/2011 e DM 13 dicembre 2011).

11164 Al costo o valore di acquisto vanno **aggiunti**:
– spese incrementative inerenti: costi accessori all'acquisto (bolli, commissioni, imposte, comprese quelle di successione e donazione), spese notarili, compensi a intermediari rimborsati;
– versamenti in denaro o in natura fatti a fondo perduto o in conto capitale, nonché i crediti a cui i soci hanno rinunciato; sono riconosciuti in capo a chi effettivamente li effettua.

ESEMPIO
Versamenti o rinunce ai crediti per coprire eventuali perdite effettuati, in deroga al principio generale (art. 2352 c.c.), dal nudo proprietario anziché dall'usufruttuario, sono riconosciuti in capo al primo.

Sono **esclusi** gli interessi passivi, nonché gli oneri relativi al rapporto di custodia e amministrazione dei titoli, in quanto non inerenti.

11165 Per le partecipazioni nelle **società di persone** e assimilate, nonché nelle **società di capitali** che optano per la tassazione per **trasparenza** (v. n. 26455) e per le quote di **fondi immobiliari** (v. **tabella** al n. 11053), il costo è prima aumentato o diminuito dei redditi e delle perdite imputate al socio, poi decurtato, fino a concorrenza dei redditi di partecipazione già imputati, degli utili a questi effettivamente distribuiti (art. 68 c. 6 DPR 917/86).

11166 **Rivalutazione** (art. 1 c. 107 L. 197/2022, art. 1 c. 1123 L. 178/2020, art. 2 c. 2 DL 282/2002 conv. in L. 27/2003 e art. 5 L. 448/2001) È possibile rivalutare le partecipazioni anche negoziate in mercati regolamentati **possedute al** 1° gennaio 2023.
A tal fine occorre redigere, **entro** il 15 novembre 2023, apposita **perizia** giurata di stima ad opera di uno dei seguenti soggetti:
– iscritti all'albo dei dottori commercialisti, ragionieri e periti commerciali;
– iscritti nell'elenco dei revisori contabili;
– periti regolarmente iscritti alle CCIAA (art. 1 c. 428 L. 311/2004).
Per i titoli, le quote o i diritti negoziati nei **mercati regolamentati o nei sistemi multilaterali** di negoziazione, ai fini del calcolo della plusvalenza può essere assunto, in luogo del costo o valore di acquisto, il valore normale (v. n. 845) determinato con riferimento al mese di dicembre 2022, a condizione che venga versata l'imposta sostitutiva di cui al paragrafo successivo.

11167 Il **valore di perizia** deve essere assoggettato a **imposta sostitutiva** delle imposte sui redditi pari al 16% (sia per le partecipazioni qualificate sia per quelle non qualificate), da versare tramite Mod. F24 in unica soluzione entro il 15 novembre 2023 oppure in 3 rate annuali di pari importo a partire da tale data (cod. trib. 8055 - Ris. AE 25 maggio 2006 n. 75/E). Sulle rate successive alla prima si applicano gli interessi pari al 3% annuo.
La rivalutazione **si perfeziona** con il versamento dell'intera imposta sostitutiva o della prima rata (Cass. 1° dicembre 2020 n. 27387, Cass. 12 marzo 2018 n. 5981, Cass. 15 luglio 2016 n. 14491, Cass. 20 febbraio 2015 n. 3410, Circ. AE 22 gennaio 2021 n. 1/E).

11168 Il valore di perizia rappresenta l'**importo minimo** su cui determinare il risultato in caso di cessione e **non** consente la realizzazione di **minusvalenze** utilizzabili in compensazione (v. n. 11171).
Se la perizia è stata **predisposta per conto dei possessori** delle partecipazioni, il valore di perizia va incrementato del costo della perizia sostenuto da ciascun possessore pro-quota. Se è stata predisposta per conto **della società** in cui la partecipazione è posseduta, il costo è deducibile dal reddito d'impresa in quote costanti nell'esercizio in cui è sostenuto e nei quattro successivi.

In caso di rivalutazione di **partecipazioni** che sono **già** state **rivalutate** in base a leggi precedenti, si applicano le regole previste in caso di rivalutazione dei terreni.

Il contribuente deve **conservare ed esibire**, a richiesta dell'AF: perizia, dati identificativi dell'estensore, codice fiscale del titolare del bene periziato, ricevute di versamento dell'imposta. **11169**
In caso di **rimborso di partecipazioni** a seguito di recesso, esclusione del socio o liquidazione della società, i proventi percepiti non possono tenere conto della rivalutazione, in quanto costituiscono redditi di capitale (v. n. 11122) o di partecipazione (v. n. 34065 e s.), né il contribuente ha diritto al rimborso dell'imposta sostitutiva versata (Circ. AE 4 agosto 2004 n. 35/E).

In caso di **merger leveraged cash out**, in cui i soci persone fisiche di una società (target) rivalutano le partecipazioni e le cedono a un'altra società (veicolo) - partecipata da uno dei quattro soci cedenti e dai suoi due figli (soci di maggioranza) - che successivamente viene incorporata dalla target, potrebbe fare ottenere un vantaggio fiscale consistente nell'azzeramento della tassazione dell'incasso diretto degli utili da parte dei cedenti ritenuto dall'AE indebito (Princ. dir. AE 23 luglio 2019 n. 20).

RISULTATO DELLA SINGOLA CESSIONE (art. 68 c. 6 DPR 917/86) Si ottiene dalla **differenza** fra corrispettivo incassato e costo della partecipazione e può essere positivo (plusvalenza) o negativo (minusvalenza). **11170**
Dal corrispettivo percepito e dal costo della partecipazione **si scomputano** i redditi di capitale maturati ma non riscossi, diversi da quelli derivanti dalla partecipazione in società ed enti soggetti a IRES.
In caso di cessione di partecipazioni acquisite in più tranche, si considerano cedute per prime quelle acquisite in data più recente (criterio Lifo - art. 67 c. 1 bis DPR 917/86).

>Precisazioni 1) In caso di **riscossione** in **più anni** del corrispettivo v. n. 13040.
2) In caso di **corrispettivo in natura**, si applica il valore normale (es. permuta di partecipazioni).
3) In caso di cessione di partecipazioni gravate da **usufrutto** (anche se rotativo), il corrispettivo va ripartito tra usufruttuario e nudo proprietario in base al valore dell'usufrutto e della nuda proprietà (determinati con le regole dell'imposta di registro - v. n. 71630) (Risp. AE 17 settembre 2019 n. 384).

REDDITO GLOBALE DEL PERIODO (art. 68 c. 4 e 5 DPR 917/86) Va **calcolato** separatamente suddividendo le diverse attività finanziarie in due comparti distinti e sommando algebricamente per ciascun comparto le plusvalenze alle relative minusvalenze. **11171**
In presenza di attività appartenenti ad entrambi i comparti, si devono determinare due risultati indipendenti, ognuno dei quali partecipa alla formazione del reddito secondo le proprie regole (v. **tabella**).

Plusvalenze/minusvalenze	Determinazione del reddito globale del periodo
Comparto A) realizzate mediante la cessione di: **1)** contratti di associazione in partecipazione e cointeressenza e di strumenti finanziari; **2)** partecipazioni relative a società con sede in Stati a regime fiscale privilegiato che siano quotate in mercati regolamentati o per le quali sia stato richiesto e ottenuto interpello con esito positivo da parte dell'AE **(1) (2)**	Si può applicare il regime della dichiarazione o i regimi facoltativi (risparmio amministrato o risparmio gestito. Se si applica il regime della dichiarazione il reddito globale del periodo è dato dalla somma algebrica delle plusvalenze/minusvalenze delle singole cessioni. Se il risultato è: – positivo, va assoggettato a tassazione con imposta sostitutiva del 26% (art. 5 D.Lgs. 461/97 e art. 3 DL 66/2014 conv. in L. 89/2014). L'imposta va versata dal cedente (cod. trib. 1100) con le modalità e i termini stabiliti per il versamento delle imposte dovute a saldo in base alla dichiarazione dei redditi (v. n. 37180); – negativo, l'eccedenza può essere computata in diminuzione dell'ammontare delle plusvalenze dei successivi periodi d'imposta, ma non oltre il quarto **(3) (4)**
Comparto B) realizzate mediante la cessione di partecipazioni e strumenti assimilati, relativi a società ed enti non quotati in mercati regolamentati con sede in Stati a fiscalità privilegiata per le quali non è stato chiesto né ottenuto un interpello disapplicativo da parte dell'AE	È obbligatorio il regime della dichiarazione. Il reddito globale del periodo è dato dalla somma algebrica delle plusvalenze/minusvalenze delle singole cessioni. Se il risultato è: – positivo, concorre alla formazione del reddito complessivo nella misura del 100% del suo ammontare ed è soggetto a tassazione ordinaria insieme a tutti gli altri redditi del contribuente;

Plusvalenze/minusvalenze	Determinazione del reddito globale del periodo
	– negativo, l'eccedenza può essere compensata integralmente delle plusvalenze della stessa natura dei periodi successivi ma non oltre il quarto **(3) (4)**

(1) Se **non è stato presentato interpello** o se, avendolo presentato, **non è stata ottenuta risposta favorevole**, la percezione delle plusvalenze derivanti dalla cessione di partecipazioni a regime fiscale privilegiato va indicata in dichiarazione dei redditi dal socio residente. In caso di mancata o incompleta indicazione si applica la sanzione amministrativa da € 500 a 4.000 (v. n. 87015).

(2) La sussistenza dell'esimente deve verificarsi, ininterrottamente, sin dal primo periodo di possesso della partecipazione; tuttavia, per i rapporti detenuti **da più** di 5 periodi d'imposta e oggetto di realizzo con controparti **non appartenenti allo stesso gruppo** del cedente, è sufficiente che la condizione sussista ininterrottamente per i 5 periodi d'imposta anteriori al realizzo.

(3) A condizione che l'eccedenza negativa sia **indicata nella dichiarazione** dei redditi relativa al periodo di imposta nel quale le minusvalenze sono state realizzate.

(4) Le minusvalenze derivanti dalla cessione di partecipazioni **oggetto di rivalutazione** (v. n. 11166) non sono mai compensabili.

11172 **ADEMPIMENTI** (art. 10 D.Lgs. 461/97) Il **cedente** della partecipazione deve presentare la dichiarazione dei redditi indicando il risultato positivo da assoggettare a tassazione o quello negativo da riportare nei periodi di imposta successivi. Gli **intermediari autorizzati** e le **società emittenti** che intervengono nella cessione devono:
– rilasciare certificazione alle parti intervenute nella cessione (Mod. CU);
– comunicare all'AF i dati relativi alle singole cessioni in cui sono intervenuti nell'anno precedente (quadro SO Mod. 770) e i redditi non imponibili o imponibili in misura ridotta, imputabili a soggetti non residenti.

b. Regime del risparmio amministrato
(art. 6 D.Lgs. 461/97)

11173 È un regime applicabile su **opzione** del contribuente che comporta l'applicazione dell'**imposta sostitutiva** su ciascuna plusvalenza realizzata. L'imposta è liquidata dai soggetti abilitati; il contribuente mantiene l'anonimato non dovendo indicare tali operazioni in dichiarazione dei redditi.
Se il risultato della singola cessione è una minusvalenza, questa può essere utilizzata per compensare i risultati positivi di successive operazioni.

11174 **OPZIONE** (DM 22 maggio 1998) È esercitabile a **condizione** che i titoli siano in custodia o in amministrazione presso determinati soggetti abilitati - banche, Sim, società fiduciarie, Sgr, Poste Italiane e agenti di cambio iscritti nel ruolo unico nazionale. Il contribuente deve presentare una **comunicazione** sottoscritta rilasciata al soggetto gestore, contestualmente o successivamente alla stipula del contratto o all'instaurazione del rapporto. Nel primo caso, l'opzione ha effetto immediato; nel secondo, ha effetto dal primo giorno dell'anno successivo a quello in cui è stata esercitata.
L'opzione può essere **revocata**, sempre tramite comunicazione sottoscritta, solo entro la scadenza di ciascun anno solare, con effetto per il periodo d'imposta successivo.
Nel caso di **intrattenimento di più rapporti** di gestione con lo stesso soggetto abilitato, l'opzione può riguardare uno o più di essi.
Nel caso di **contratti cointestati**, l'esercizio o la revoca dell'opzione hanno effetto solo se esercitati da tutti i cointestatari. Essa è **esclusa** nel caso di cointestazione del rapporto fra una persona fisica e una società o ente non commerciale.
Per i soggetti **non residenti** l'imposta sostitutiva sui redditi finanziari è applicata dagli intermediari anche in mancanza di esercizio dell'opzione, salva la facoltà del contribuente di rinunciare a tale regime con effetto dalla prima operazione successiva.

La **rinuncia** può essere esercitata anche dagli **intermediari non residenti** relativamente ai rapporti di custodia, amministrazione e deposito ad essi intestati e sui quali siano detenute attività finanziarie di terzi; in tal caso gli intermediari n.r. sono tenuti ad assolvere gli obblighi di comunicazione di cui al n. 11172, nominando quale rappresentante uno degli intermediari di cui al n. 11173.

CARATTERISTICHE PRINCIPALI 11175

Oggetto	Descrizione
risultato della singola cessione (plus o minusvalenza)	vale quanto esposto al n. 11170. In caso di: – **pluralità di titoli** appartenenti a categorie omogenee il costo è dato dal costo o valore medio ponderato relativo a ciascuna categoria dei predetti titoli; – cessione di partecipazioni il cui **valore** è stato **rideterminato** in base a perizia giurata di stima (v. n. 11166) **(1)**, occorre preventivamente fornire all'intermediario la copia della perizia con i dati identificativi dell'estensore e il codice fiscale della società, nonché copia del modello di versamento dell'intero importo o di ciascuna rata (Circ. AE 6 novembre 2002 n. 81/E)
prelievi e trasferimenti di titoli	sono assimilati a una cessione, quindi, se i titoli sono: – prelevati o trasferiti ad altri rapporti di amministrazione o custodia intestati agli **stessi soggetti**, il risultato da tassare è determinato secondo le regole ordinarie sopra esposte; se sono intestati a **diversi soggetti**, con esclusione dei trasferimenti per successione o donazione, il risultato è determinato con riferimento al valore degli stessi alla data del loro trasferimento; – trasferiti a un **rapporto di gestione**, con esclusione dei trasferimenti per successione o donazione, le plusvalenze maturate fino al momento del trasferimento scontano l'imposta secondo le regole ordinarie del regime del risparmio amministrato, mentre le eventuali **minusvalenze** potranno essere dedotte in dichiarazione o fruite in un nuovo rapporto di amministrazione, non potendo in ogni caso incidere sulla determinazione del risultato del rapporto di gestione
revoca dell'opzione	il risultato (plusvalenza o minusvalenza) relativo ai titoli in amministrazione o custodia va tassato: il contribuente indica il risultato nella propria dichiarazione dei redditi e l'intermediario effettua gli adempimenti illustrati al n. 37400 e s.
minusvalenza	è dedotta dall'importo delle plusvalenze realizzate nelle successive operazioni realizzate nell'ambito del medesimo rapporto, nello stesso periodo d'imposta e nei successivi, ma non oltre il quarto. Non sono compensabili le minusvalenze derivanti dalla cessione di partecipazioni il cui valore è stato **rivalutato** in base ad apposita perizia (v. n. 11166). In caso di **revoca** dell'opzione o di **chiusura** del rapporto o se sono **rimborsate o cedute** anche parzialmente le **quote o azioni di OICR**, le minusvalenze, perdite o differenziali negativi possono essere dedotti, non oltre il quarto periodo d'imposta successivo a quello del realizzo, dalle plusvalenze realizzate nell'ambito di altro rapporto di risparmio amministrato, intestato agli stessi soggetti titolari del rapporto o deposito di provenienza, o in sede di dichiarazione dei redditi dai contribuenti stessi **(2)**
imposta sostitutiva	**è** pari al 26% ed è applicata su ciascuna plusvalenza dagli intermediari abilitati i quali provvedono anche al relativo versamento, trattenendone l'importo su ciascun reddito realizzato o ricevendone provvista dal contribuente **(3)**

(1) Gli intermediari devono tenere distinta evidenza della quota della partecipazione per la quale è stata effettuata la **rivalutazione** in quanto per essa si ha l'**indeducibilità delle minusvalenze** realizzate (Ris. AE 26 novembre 2002 n. 372/E).
(2) I soggetti abilitati **rilasciano** al contribuente **apposita certificazione** dalla quale risultino i dati e le informazioni necessarie a consentire la deduzione delle minusvalenze.
(3) Gli intermediari devono rilasciare al contribuente un'apposita **attestazione**, entro il mese di marzo dell'anno successivo o entro 12 giorni dalla richiesta degli interessati.

---

c. Regime del risparmio gestito
(art. 7 D.Lgs. 461/97)

11176 È un regime adottabile su **opzione** del contribuente. Il gestore del patrimonio si occupa della relativa tassazione, applicando l'imposta sostitutiva al risultato positivo della gestione maturato nel periodo d'imposta. A differenza degli altri due regimi, la **tassazione** avviene in base alla maturazione e non in base al realizzo.

11177 **OPZIONE** (DM 31 marzo 1999) È esercitabile a **condizione** che il contribuente conferisca a intermediari autorizzati - banche, Sim, Sgr, società fiduciarie, agenti di cambio iscritti nel ruolo unico nazionale, loro S.O. in Italia (DM 31 marzo 1999 e DM 12 novembre 1999) - l'incarico di gestire le proprie partecipazioni.
Si effettua mediante comunicazione sottoscritta rilasciata al gestore all'atto della stipula di ciascun contratto di gestione, con effetto immediato, oppure successivamente, con effetto a partire dal periodo d'imposta successivo.
Può essere **revocata**, sempre tramite comunicazione sottoscritta, solo entro la scadenza di ciascun anno solare, con effetto per il periodo d'imposta successivo.
Nel caso di intrattenimento di **più rapporti di gestione** con lo stesso soggetto abilitato, l'opzione può riguardare uno o più di essi.
Nel caso di **contratti cointestati**, l'esercizio o la revoca hanno effetto solo se esercitati da tutti i cointestatari.
Se le **percentuali** di diritti di voto o di partecipazione complessivamente posseduti dal contribuente, anche nell'ambito di rapporti soggetti alla disciplina del risparmio amministrato (v. n. 11173 e s.), sono **superiori** alle percentuali di qualificazione di cui al n. 11052 oppure in caso di **cointestazione** del rapporto fra una persona fisica e una società o ente non commerciale, l'opzione non può essere esercitata.

11178 **RISULTATO DELLA GESTIONE** **È determinato** dal gestore, calcolando la differenza tra il valore del patrimonio gestito al termine di ciascun anno solare (al lordo dell'imposta sostitutiva) e il valore dello stesso all'inizio dell'anno solare, e apportando una serie di **rettifiche** alla stessa, tenendo conto che i risultati relativi ai titoli del debito pubblico ed equiparati sono computati in misura pari al 48,08% dell'ammontare realizzato (v. n. 11534). La tassazione avviene come illustrato nella **tabella** al n. 11179.
Il risultato va assunto al netto degli oneri e delle commissioni relative al patrimonio gestito (spese di deposito e custodia, commissioni di gestione e di negoziazione, eventuale imposta di successione e donazione, imposta di bollo dovuta sugli estratti conto o sui rendiconti relativi alle gestioni di portafogli individuali).
La **revoca dell'opzione** comporta la tassazione delle plusvalenze maturate sui titoli.

Nel caso di cessione di partecipazioni il cui valore è stato **rideterminato** in base a perizia giurata di stima (v. n. 11166 e s.), occorre preventivamente fornire all'intermediario la copia della perizia con i dati identificativi dell'estensore e il codice fiscale della società, nonché copia del modello di versamento dell'intero importo o di ciascuna rata (Circ. AE 6 novembre 2002 n. 81/E).

11179 **Tassazione** Avviene con le modalità illustrate in tabella. In caso di **revoca dell'opzione**, sono tassate le plusvalenze maturate sui titoli.

Risultato	Tassazione
Positivo	Il gestore applica l'**imposta sostitutiva** pari al 26% e la versa **entro** il 16 febbraio dell'anno successivo **(1) (2)**

Risultato	Tassazione
Negativo	Il risultato è computato in diminuzione del risultato **dei periodi d'imposta successivi** ma non oltre il quarto. Le minusvalenze derivanti dalla cessione di partecipazioni il cui valore è stato rivalutato sulla base di apposita perizia di stima (v. n. 11166) non sono compensabili. In caso di **conclusione del contratto** (per scadenza o per revoca dell'opzione) il risultato negativo, risultante da apposita certificazione rilasciata dal soggetto gestore al mandante, **può essere dedotto da**: • plusvalenze dichiarate in dichiarazione dei redditi; • plusvalenze realizzate nell'ambito del regime del risparmio amministrato; • risultato positivo conseguito in altro rapporto di gestione intestato al contribuente (nel caso di esistenza o successiva apertura di altro rapporto di gestione soggetto al regime del risparmio gestito). Ai fini della determinazione del **periodo** temporale **entro cui** il risultato negativo è **computabile** in diminuzione si tiene conto di ciascun periodo d'imposta in cui il risultato negativo è maturato

(1) In caso di **revoca del mandato** di gestione, entro il 16 del secondo mese solare successivo a quello della revoca (art. 7 c. 11 D.Lgs. 461/97).

(2) Se le **disponibilità liquide** esistenti nel patrimonio gestito sono **inferiori** all'imposta sostitutiva dovuta, il gestore può effettuare i disinvestimenti necessari al versamento dell'imposta, salvo che il contribuente non fornisca direttamente le somme entro il 15 del mese in cui l'imposta deve essere versata. In caso di prelievo, trasferimento e revoca dell'opzione, il gestore può sospendere l'esecuzione delle prestazioni fino a che non ottenga dal contribuente provvista per il versamento dell'imposta.

B. Interessi

Costituiscono **redditi di capitale** gli interessi derivanti da mutuo, conto corrente, deposito, obbligazioni e titoli similari, da altri titoli diversi dalle azioni e dai certificati di massa. **11180**

Interessi		
Derivanti da:	**Fonte**	**v. n.**
Contratti di: – mutuo (art. 1813 c.c.) – conto corrente ordinario e bancario (artt. 1823 e 1852 c.c.) – deposito di denaro o di altre cose fungibili (artt. 1782 e 1834 c.c.)	art. 44 c. 1 lett. a DPR 917/86	11185
– Obbligazioni e titoli similari – Titoli diversi dalle azioni e titoli similari – Certificati di massa	art. 44 c. 1 lett. b DPR 917/86	11200
Versamenti fatti dai soci alle società commerciali, dai partecipanti agli enti commerciali, dagli associati alle associazioni e dai partecipanti ai consorzi	art. 46 DPR 917/86	11270
Altre tipologie di rapporti **(*)**, da cui non conseguono differenziali positivi e negativi in dipendenza di un evento incerto (es. interessi di mora o per dilazione di pagamento) - categoria residuale	art. 44 c. 1 lett. h DPR 917/86	11280

(*) Le **remunerazioni** corrisposte in base ad un contratto di **finanziamento** di **capitale di rischio** (c.d. Venture Loan Agreement), si considerano quali interessi passivi (Risp. AE 15 luglio 2021 n. 477).

1. Mutuo, conto corrente e deposito

(art. 44 c. 1 lett. a DPR 917/86)

11185

Tipologia (1)	Descrizione	Fonte
Mutuo	una parte consegna all'altra una determinata quantità di denaro e l'altra si obbliga a restituirne altrettanta della stessa specie e qualità	art. 1813 c.c.

Tipologia (1)	Descrizione	Fonte
Conto corrente	le parti annotano in un conto i crediti derivanti da reciproche rimesse, considerandoli inesigibili e indisponibili fino alla chiusura del conto. Alla scadenza stabilita il saldo è esigibile ma, se non ne è richiesto il pagamento, esso diviene la prima rimessa di un nuovo conto che risulta così rinnovato a tempo indeterminato	art. 1823 c.c.
Deposito	il depositario (di solito una banca), che ha la facoltà di servirsi del denaro depositato, ne acquista la proprietà ed è obbligato a restituirne altrettanto, all'atto della richiesta del depositante (art. 1782 c.c.). Se il deposito è regolato in conto corrente, il correntista può disporre in qualsiasi momento delle somme risultanti a suo credito, salva l'osservanza del preavviso eventualmente pattuito **(2)**	artt. 1782 e 1852 c.c.

(1) I **proventi collegati** ai contratti indicati (es. le prestazioni di fare o non fare stabilite dal contratto, le partecipazioni agli utili previste nel c.d. mutuo quotativo, i diritti di commissione previsti per il contratto di conto corrente) rientrano nella casistica e ne subiscono lo stesso trattamento fiscale.
(2) Sono compresi i **certificati di deposito** emessi a fronte di depositi bancari o postali (Circ. AE 28 marzo 2012 n. 11/E).

11190 **TASSAZIONE Regola generale** Gli interessi e i proventi sono:
– **imponibili** al momento della percezione che di regola coincide con quello di **effettivo incasso**, ad eccezione di casi particolari (v. n. 11195 e s.);
– **tassati** con applicazione di una **ritenuta** a titolo d'imposta del 26% (art. 26 c. 5 DPR 600/73 e art. 3 DL 66/2014 conv. in L. 89/2014).

Per i redditi a **maturazione ultraquinquennale** è applicabile la tassazione separata (v. n. 3390).

11195 **Regole particolari** Gli interessi su mutuo possono essere tassati prima dell'effettivo incasso e, salvo prova contraria, si presumono percepiti a seconda di quanto stabilito o meno nel contratto, come indicato in **tabella**.

Oggetto	Momento di percezione (1)	Fonte
Scadenza di incasso	– se stabilita per iscritto, rileva la data indicata nel contratto **(2)**; – se non stabilita per iscritto, gli interessi sono percepiti nell'ammontare maturato nel periodo d'imposta (cioè giorno per giorno)	art. 45 c. 2 DPR 917/86
Misura interessi	– se stabilita per iscritto, rileva quanto indicato nel contratto **(2)**; – se non stabilita per iscritto, gli interessi si computano al saggio legale annuo (v. n. 87300)	

(1) Il contribuente può **provare** che gli interessi non sono stati effettivamente percepiti dimostrando che:
– l'effettiva percezione è avvenuta in un diverso periodo d'imposta;
– il diritto alla percezione si è estinto o è stato rinunciato. Se tale diritto è escluso dal titolo (es. nel caso del mutuo infruttifero), la presunzione non si applica;
– il debitore è inadempiente e l'inadempienza risulta dalla notifica di intimazione di pagamento o dal compimento di atti giudiziari tendenti al recupero.
(2) La **prova scritta** del diritto agli interessi può essere fornita anche con una mera scrittura privata; è tuttavia preferibile che questa abbia data certa (corrispondenza commerciale, verbali, registrazioni contabili, atto registrato) (AIDC Norma di comportamento n. 194).

11197 Gli interessi relativi ai **contratti di conto corrente** e alle **operazioni bancarie** regolate in conto corrente ordinario si presumono **percepiti**, al più tardi, quando avviene la compensazione a norma di legge o di contratto, cioè, di norma, in sede di chiusura periodica del conto corrente e di determinazione del saldo (art. 45 c. 3 DPR 917/86).

2. Obbligazioni, titoli diversi dalle azioni e certificati di massa

(art. 44 c. 1 lett. b e 2 DPR 917/86)

Oltre agli interessi percepiti nel periodo d'imposta, sono da tassare come redditi di capitale, pertanto d'ora in poi **rientrano nel concetto più generico di interessi**, anche le somme percepite dal possessore delle obbligazioni e titoli in esame determinate: 11200
- dalla differenza tra somma percepita, o valore normale dei beni ricevuti, alla scadenza e prezzo di emissione (per le obbligazioni, c.d. disaggio di emissione);
- dalle maggiori somme riscosse, a titolo di rivalutazione del capitale, per i titoli con capitale indicizzato (ad es. obbligazioni indicizzate);
- dagli scarti di emissione dei titoli in cui la remunerazione del capitale impiegato è espressa, in tutto o in parte, come differenza tra il prezzo di emissione ed il valore nominale (ad es. obbligazioni con scarto di emissione, obbligazioni senza cedola, BOT e numerosi titoli atipici di cui al n. 11265).

a. Obbligazioni

In **tabella** sono riportate le varie tipologie di obbligazioni e titoli assimilati. 11205

Classificazione	Descrizione
Obbligazioni in senso stretto	Nominative o al portatore, sono emesse e collocate presso il pubblico da società per azioni, società in accomandita per azioni, ed enti pubblici. Si distinguono in: – condizioni del prestito: ordinarie, convertibili, indicizzate; – diritti che incorporano: a premio, con scarto di emissione o senza cedola (c.d. zero coupon bond), con warrant (contratto che conferisce al possessore il diritto di acquistare un numero prestabilito di azioni della società a un dato prezzo entro una data stabilita) o commodity warrant, ecc.
Titoli assimilati	– **buoni postali** fruttiferi ordinari e a termine **(1)** (Ris. Min. 9 maggio 2000 n. 58/E): sono emessi dalla Cassa depositi e prestiti, sono garantiti dallo Stato e sono collocati in esclusiva da Poste Italiane. Garantiscono sempre la restituzione del capitale investito e gli interessi maturati; – **buoni fruttiferi** emessi da società autorizzate esercenti la vendita a rate di autoveicoli (art. 44 c. 2 lett. c 1) DPR 917/86); – **certificati d'investimento**: sono rappresentativi dell'investimento in quote di fondi comuni di investimento emessi dalla banca depositaria in favore degli investitori partecipanti al fondo; – **altri titoli (2)** con precise caratteristiche: presenza di un'obbligazione incondizionata di pagare alla scadenza una somma non inferiore a quella indicata nel titolo; scadenza fissa, senza limiti di durata; natura di titoli di massa, potenzialmente destinati ad essere offerti al pubblico; non incorporanti il diritto di partecipare, sia direttamente sia indirettamente, alla gestione o al controllo dell'impresa emittente o all'affare in relazione al quale sono stati emessi

(1) Per entrambe le tipologie non sono dovuti interessi se il rimborso è chiesto prima che sia trascorso un anno dalla sottoscrizione (Ris. Min. 9 maggio 2000 n. 58/E).
(2) Ad esempio, i titoli di debito **emessi da una s.r.l.** per finanziare la propria attività (art. 2483 c.c.) (Ris. AE 3 marzo 2009 n. 54/E).

La **tassazione** degli interessi derivanti da obbligazioni varia a seconda del soggetto che le emette. 11215

Soggetti emittenti	Descrizione	Tassazione
Grandi emittenti (art. 1 D.Lgs. 239/96)	società quotate **(1)** in Borsa o in mercati regolamentati di Stati membri dell'UE e di Norvegia e Islanda (v. n. 22590)	Imposta sostitutiva del 26% (art. 1 c. 1 D.Lgs. 239/96 e art. 3 DL 66/2014 conv. in L. 89/2014) **(2) (3)**. La misura è ridotta al 5% per i titoli di risparmio per l'economia meridionale (art. 2 c. 7 DL 138/2011 conv. in L. 148/2011, DM 1° dicembre 2011, Circ. AE 30 aprile 2013 n. 10/E) **(4)**. L'imposta sostitutiva è applicata dagli intermediari (banche, SIM, altri enti finanziari e agenti di cambio) residenti in Italia che intervengono non soltanto nel pagamento delle cedole ma anche nelle operazioni di compravendita e di trasferimento dei titoli (art. 2 c. 2 D.Lgs. 239/96)
	banche	
	società-veicolo che effettuano operazioni di cartolarizzazione dei crediti (c.d. securitisation)	
	intermediari finanziari vigilati dalla Banca d'Italia, assicurazioni e soggetti simili vigilati dall'ISVAP (istituto per la vigilanza sulle assicurazioni) (Circ. AE 28 marzo 2012 n. 11/E)	
	enti pubblici economici trasformati in s.p.a. in base a disposizioni di legge (Enel, Eni, Iri, Ina, ecc.)	
Altri emittenti	società non quotate	Ritenuta alla fonte del 26% a titolo definitivo, indipendentemente dal tasso di interesse applicato e dalla scadenza dei titoli (art. 3 DL 66/2014 conv. in L. 89/2014) **(2)**
		Se gli interessi derivano da titoli negoziati in mercati regolamentati (o sistemi multilaterali di negoziazione equiparati, v. n. 22590), emessi dal 26 giugno 2012: imposta sostitutiva del 26% (art. 32 c. 9 DL 83/2012 conv. in L. 134/2012)
	società di progetto - s.p.a. o s.r.l. - anche consortili, appositamente costituite per iniziativa dei soggetti aggiudicatari di concessioni, per la realizzazione e/o gestione di infrastrutture o di nuovi servizi di pubblica utilità	Sugli interessi delle obbligazioni derivanti dai c.d. project bond **(5)**: imposta sostitutiva ridotta al 12,50% (art. 1 c. 1 e 4 DL 83/2012 conv. in L. 134/2012)

(1) La quotazione deve sussistere al momento dell'emissione dei titoli.

(2) Nel caso di proventi a maturazione quinquennale il reddito può essere assoggettato a tassazione separata (v. n. 3390).

(3) In caso di cointestazione dei titoli posseduti da soggetti cui si applicano regimi fiscali diversi (con o senza applicazione dell'imposta), l'imposta sostitutiva si applica sull'intero ammontare dei proventi (Circ. Min. 23 dicembre 1996 n. 306/E).

(4) I requisiti per l'applicazione dell'aliquota ridotta (essere persone fisiche non imprenditori o non detenere i titoli nell'ambito dell'attività d'impresa) devono risultare da un'apposita dichiarazione degli interessati rilasciata all'emittente dei titoli o all'intermediario. Se, anche successivamente all'acquisto, su tali titoli si costituisce un diritto di usufrutto, l'aliquota da applicare dipende dalle caratteristiche del beneficiario dell'usufrutto: se è una persona fisica non esercente attività d'impresa o professionale si applica il 5%, altrimenti il 26% (Circ. AE 30 aprile 2013 n. 10/E).

(5) L'equiparazione dei project bond ai titoli del debito pubblico è esclusivamente riferibile al trattamento fiscale degli interessi maturati: non si estende anche a quello degli altri redditi di capitale (es. ai proventi dei pronti contro termine) né a quello dei redditi diversi di natura finanziaria derivanti dalla cessione o dal rimborso dei titoli in questione (Circ. AE 6 marzo 2013 n. 4/E).

11235 **Se l'imposta sostitutiva non è stata applicata**, il percipiente deve:

– indicare nella dichiarazione annuale dei redditi i proventi maturati nel periodo di possesso e incassati nel relativo periodo d'imposta;

– versare l'imposta sostitutiva con le modalità e nei termini previsti per il versamento a saldo delle imposte sui redditi dovute in base alla dichiarazione.

b. Titoli diversi dalle azioni e certificati di massa

11250

Gruppo	Descrizione	Tassazione
Titoli pubblici (ed equiparati)	Emessi: – per finanziare il debito dello Stato: BOT, BTP, CCT, ecc.; – dagli enti pubblici territoriali (Regioni, Province e Comuni), fra cui si includono i Buoni ordinari comunali, provinciali o regionali (BOC, BOP e BOR), i prestiti obbligazionari emessi dagli stessi enti o dalle unioni di comuni, città metropolitane, comunità montane, consorzi tra enti locali e i buoni fruttiferi postali (e non altri titoli diversi) emessi dalla Cassa Depositi e Prestiti s.p.a. (Circ. AE 28 marzo 2012 n. 11/E); – da enti e organismi internazionali **(1)** costituiti in base ad accordi internazionali resi esecutivi in Italia (es. obbligazioni emesse in Italia da Bei, UE, Ceca, Unesco, FAO, ONU, OCSE, NATO, Euratom, Bers, Birs, IFC, ecc.), che sono equiparati ai titoli di Stato (art. 3 c. 2 D.Lgs. 201/98)	Sulla parte maturata nel periodo di possesso dei proventi percepiti si applica un'imposta sostitutiva del 12,50% **(2)** a titolo definitivo (art. 3 c. 2 DL 66/2014 conv. in L. 89/2014)
Altri titoli	Titoli individuali, in serie, diversi dalle azioni e titoli similari, nonché i certificati di massa, che rappresentano operazioni di finanziamento e che sono destinati alla circolazione presso il pubblico (art. 44 c. 1 lett. b DPR 917/86)	Vale lo stesso regime previsto per gli interessi sulle obbligazioni, salvo che nei casi particolari di titoli atipici descritti nella **tabella** successiva

(1) Una lista, non esaustiva, dei principali enti ed organismi internazionali è riportata dalla prassi (Circ. AE 28 marzo 2012 n. 11/E).
(2) Per i titoli emessi dal 21 settembre 1986 al 31 agosto 1987, l'aliquota è del 6,25%.

11265

Titoli	Caratteristiche	Tassazione
Accettazioni bancarie	Cambiali, girabili con clausola senza garanzia, emesse da un imprenditore e accettate da un'azienda di credito. Devono contenere l'indicazione dei proventi e avere scadenza non superiore a 12 mesi (art. 1 c. 3 DL 546/81 conv. in L. 692/81)	Alla scadenza, il legittimo possessore presenta il titolo per il pagamento alla banca accettante, che opera una ritenuta a titolo d'imposta del 26% (art. 26 c. 1 DPR 600/73)
Cambiali finanziarie	Titoli di credito all'ordine (equiparati ad ogni effetto alle cambiali ordinarie) emessi in serie ed aventi scadenza compresa fra 1 e 36 mesi (art. 1 L. 43/94)	Come per le obbligazioni emesse dai grandi emittenti (v. n. 11215) **(1)**
Commercial papers	Documento con cui un soggetto riconosce il proprio debito con scadenza predeterminata (art. 1988 c.c.). L'importo riconosciuto è comprensivo degli interessi	La differenza tra il prezzo di emissione e il valore nominale rimborsato alla scadenza, se corrisposta da sostituti d'imposta, è soggetta a ritenuta d'acconto del 26% (art. 26 c. 5 DPR 600/73) **(2)**
Titoli atipici	Non assimilabili alle azioni (la remunerazione non è costituita totalmente dalla partecipazione ai risultati economici dell'emittente, di società dello stesso gruppo o di un affare) o alle obbligazioni (non garantendo la restituzione del capitale o, pur garantendola, assicurano anche una partecipazione diretta o indiretta alla gestione dell'emittente o dell'affare in relazione al quale sono stati emessi, es. certificati mobiliari, immobiliari, agricoli, finanziari, ecc., Delibera CICR 3 marzo 1994)	Base imponibile: intera differenza tra somma corrisposta (a titolo di rimborso o di prezzo della cessione) e il prezzo di emissione, ma al netto della ritenuta già effettuata al momento della precedente negoziazione. Sui proventi corrisposti, periodicamente o al momento del rimborso del titolo, se non relativi all'impresa, si applica la ritenuta d'imposta del 26% (art. 26 c. 1 DPR 600/73) **(3)**
Certificati di massa	Documenti offerti in sottoscrizione al pubblico e che, pur essendo rappresentativi di crediti, non costituiscono titoli di credito	Sui relativi proventi corrisposti (non relativi all'impresa) si applica la ritenuta a titolo d'imposta del 26% (art. 26 c. 1 DPR 600/73)

(1) Salvo per le obbligazioni emesse fino al 25 giugno 2012 da soggetti diversi dai grandi emittenti (società non quotate diverse dalle banche): all'atto del pagamento le aziende emittenti operano una ritenuta d'imposta del 26%.
(2) Non sono assoggettati a ritenuta i proventi derivanti dalle cessioni effettuate prima della scadenza.
(3) La ritenuta deve essere effettuata anche quando gli emittenti o i soggetti incaricati riacquistano dai possessori i titoli o certificati o li negoziano per loro conto, corrispondendone il prezzo. In tal caso, la ritenuta è applicata, al momento del riacquisto o della negoziazione, sulla differenza tra il prezzo corrisposto al cedente e il prezzo di emissione. Se la negoziazione non è effettuata dall'emittente o dall'incaricato, quali intermediari o acquirenti, nessuna ritenuta è applicata.

3. Versamenti dei soci

(art. 46 DPR 917/86)

11270 I versamenti effettuati **a favore di società commerciali** (di persone ed assimilate o di capitali) o **di enti commerciali residenti** soggetti ad IRES, se dai bilanci della società non risultano fatti ad altro diverso titolo (es. ripianamento perdite, in conto aumento capitale, ecc.), generano interessi imponibili, in quanto si considerano dati a mutuo, al tasso determinato in base a quanto indicato al n. 11195. Secondo la dottrina, la presunzione vale salvo diversa volontà delle parti, che si dovrebbe poter provare con qualsiasi mezzo, del tipo: scambio di corrispondenza anche in forma elettronica, atto pubblico, scrittura privata in qualunque forma, delibera assembleare o dell'organo di amministrazione, ecc. (AIDC Norma di comportamento n. 194/2016).
I versamenti effettuati a **società di persone in contabilità semplificata** si considerano sempre dati a mutuo, in quanto queste società non hanno un bilancio fiscalmente rilevante da cui possa risultare che i versamenti sono stati fatti ad altro titolo.
Per la **sussistenza della presunzione** è irrilevante che i versamenti siano proporzionali alle quote di partecipazione o che risultino da formale deliberazione assembleare.

11275 Sugli interessi che si presumono derivanti dai versamenti si applica la **ritenuta d'acconto** del 26% (art. 26 c. 5 DPR 600/73), che va effettuata indipendentemente dalla materiale erogazione degli interessi (Cass. 16 febbraio 2018 n. 3819).

4. Altre tipologie residuali

(art. 44 c. 1 lett. h DPR 917/86)

11280 **Rientrano** in questo gruppo non soltanto i redditi che sono determinati o predeterminabili, ma anche quelli **variabili** nei quali la relativa misura non è collegata a parametri prefissati, o anche quelli che non hanno un collegamento diretto fra la concessione in godimento del capitale ed il reddito conseguito.
Se risultano **imponibili**, sono soggetti a **ritenuta** d'acconto del 26%, che, in caso di intervento del sostituto d'imposta, è trattenuta direttamente da quest'ultimo (art. 26 c. 5 DPR 600/73).

11285

Tipologie di interessi (fra le più ricorrenti)	Caratteristiche	Da tassare?
Di mora	Si originano a seguito di inadempimento di un'obbligazione pecuniaria e sono dovuti dal giorno della messa in mora del debitore, indipendentemente dall'eventuale maggior danno (art. 1224 c.c.)	Costituiscono **redditi della stessa categoria** di quelli da cui derivano i crediti sui quali tali interessi sono maturati: costituiscono redditi di capitale **solo** quando sono relativi a proventi che a loro volta costituiscono redditi di capitale (art. 6 c. 2 DPR 917/86)
Per dilazione di pagamento	Si fondano su un accordo negoziale fra le parti (che consente all'acquirente il pagamento in forma dilazionata), non essendo regolati dal codice civile	

Tipologie di interessi (fra le più ricorrenti)	Caratteristiche	Da tassare?
Corrispettivi	Costituiscono il **prezzo** per la disponibilità del denaro che il debitore deve al creditore. Quindi, i crediti, liquidi ed esigibili, producono questi interessi fino al giorno della mora (dalla quale cominciano a decorrere gli interessi moratori) (art. 1282 c.c.). Essi **comprendono** gli interessi: – derivanti da somme soggette a **collazione in sede di divisione ereditaria**, dal giorno in cui si è aperta la successione (art. 745 c.c.); – dovuti **dal mandatario al mandante** sulle somme riscosse da lui, a partire dal giorno in cui avrebbe dovuto farne la consegna o spedizione o impiegarle secondo le istruzioni ricevute (art. 1714 c.c.) e quelli che il mandante deve al mandatario sulle anticipazioni fatte da quest'ultimo per suo conto, dal momento in cui è avvenuto l'esborso (art. 1720 c.c.); – spettanti al **fideiussore che ha pagato il debito**, dal giorno del pagamento (art. 1950 c. 3 c.c.); – spettanti al **gestore di affari** sulle spese necessarie e sugli utili rimborsabili, decorrenti dal giorno in cui sono sostenute (art. 2031 c.c.); – dovuti, in caso di **indebito oggettivo o soggettivo**, dal ricevente in mala fede, dal momento del pagamento dell'indebito (artt. 2033 e 2036 c.c.)	Sì, come redditi di capitale
Compensativi (*)	Sono gli interessi che, salvo diverso patto, maturano sul prezzo, anche se non ancora esigibile, della cosa produttiva di frutti o altri proventi, venduta e consegnata al compratore (art. 1499 c.c.). Sono relativi ai c.d. **contratti di scambio**, caratterizzati dalla contemporaneità delle reciproche prestazioni. Servono per compensare il mancato godimento della cosa consegnata all'altra parte prima di ricevere la controprestazione. Sono dovuti a prescindere da mora, inadempimento e liquidità ed esigibilità del credito. **Esempi**: – interessi percepiti sul deposito cauzionale dall'inquilino di un appartamento; – interessi legali dovuti a seguito di controversie di lavoro; – interessi attribuiti a risarcimento di un danno per responsabilità extracontrattuale	No, la tassazione è esclusa
(*) Le somme percepite a titolo di **rivalutazione monetaria** sono assimilate agli interessi compensativi: escluse da tassazione, a meno che non vi siano norme specifiche che dispongano diversamente, quali ad esempio quelle relative ai mutui o alle obbligazioni indicizzate (CTC 2 giugno 1995 n. 2336).		

C. Altri proventi finanziari

1. Impiego di capitale

Le altre tipologie di redditi di capitale, diverse dagli utili e dagli interessi, sono indicate in tabella e descritte di seguito. **11300**

Altri proventi finanziari			
Derivanti da:	**Evento da cui si originano i redditi**	**Fonte**	**v. n.**
Rendite	Sottoscrizione di contratti di: – rendita perpetua (art. 1861 c.c.) – prestazioni annue perpetue (art. 1869 c.c.)	art. 44 c. 1 lett. c DPR 917/86	11305
Compensi per particolari prestazioni di garanzia	– rilascio di fideiussione o altra garanzia – concessione di mutuo di titoli garantito	art. 44 c. 1 lett. d, g ter DPR 917/86	11310
Gestione di masse patrimoniali e investimenti di terzi	Affidamento del proprio patrimonio a gestori professionali (compresi fondi comuni di investimento, mobiliari e immobiliari, SICAV, ecc.)	art. 44 c. 1 lett. g DPR 917/86	11330
Impiego di capitale per esigenze assicurativo/previdenziali	– contratti di assicurazione sulla vita e di capitalizzazione – prestazioni pensionistiche complementari – rendite vitalizie con funzione previdenziale	art. 44 c. 1 lett. g quater e g quinquies DPR 917/86	11400
Operazioni speculative	– pronti contro termine su titoli – pronti contro termine su valute – riporto	art. 44 c. 1 lett. g bis DPR 917/86	11475
Investimenti in determinati strumenti a lungo termine	Piani individuali di risparmio (PIR)	art. 1 c. 100-114 L. 232/2016 e art. 1 c. 211-215 L. 145/2018	11480

a. Rendite
(art. 44 c. 1 lett. c DPR 917/86)

11305 La rendita **perpetue** consistono nel diritto di esigere in perpetuo la prestazione periodica di una somma di denaro (o di una certa quantità di cose fungibili), quale corrispettivo dell'alienazione di un immobile o della cessione di un capitale o quale onere dell'alienazione gratuita di un immobile o della cessione gratuita di un capitale (art. 1861 c.c.).
Alle rendite perpetue sono assimilate tutte le **prestazioni annue** perpetue costituite a qualsiasi titolo e anche per atto di ultima volontà (art. 1869 c.c.).
Se i redditi derivanti da tali rendite sono corrisposti da sostituti d'imposta si applica una **ritenuta d'acconto** del 26% (art. 26 c. 5 DPR 600/73) e vanno indicati nel Mod. 730 (quadro D) o nel Mod. Redditi (quadro RL).

I redditi derivanti dai contratti la cui durata è commisurata alla vita del beneficiario o di altra persona fisica determinata (c.d. rendite **vitalizie**) costituiscono redditi assimilati a quelli di lavoro dipendente (v. n. 9980).

b. Compensi per garanzie particolari

11310 **PRESTAZIONE DI FIDEIUSSIONE O ALTRA GARANZIA** (art. 44 c. 1 lett. d DPR 917/86) Se è a titolo oneroso, i compensi derivanti costituiscono redditi di capitale, vedi **tabella**.

Garanzia	Descrizione	Tassazione
Pegno (art. 2784 c.c.)	È costituito a garanzia dell'obbligazione dal debitore o da un terzo per il debitore. Possono essere **dati in pegno** i beni mobili, le universalità di mobili, i crediti e altri diritti aventi per oggetto beni mobili	Se i redditi derivanti sono corrisposti da sostituti d'imposta, si applica una **ritenuta d'acconto** del 26% (art. 26 c. 5 DPR 600/73) e vanno indicati nel Mod. 730 (quadro D) o nel Mod. Redditi (quadro RL)
Ipoteca (art. 2808 c.c.)	Attribuisce al creditore il **diritto di espropriare**, anche in confronto del terzo acquirente i beni vincolati a garanzia del suo credito **e di essere soddisfatto** con preferenza sul prezzo ricavato dall'espropriazione. Può avere ad **oggetto** beni del debitore o di un terzo e si costituisce mediante iscrizione nei registri immobiliari	
Anticresi (art. 1960 c.c.)	È il contratto col quale il debitore o un terzo si **obbliga a consegnare** un immobile al creditore a garanzia del credito, affinché il creditore ne percepisca i frutti, imputandoli agli interessi, se dovuti, e quindi al capitale	
Avallo	Il garante s'impegna (con la sottoscrizione sul titolo cambiario, preceduta dalle parole «per avallo» o espressione equivalente) a pagare un assegno o una cambiale, in caso di mancato pagamento da parte del debitore	

MUTUO DI TITOLI GARANTITO (art. 44 c. 1 lett. g ter DPR 917/86) È diverso e autonomo rispetto al contratto di mutuo ordinario (di denaro o di titoli non garantito). **11320**
Il **mutuante**, o prestatore, consegna al **mutuatario**, o prestatario, titoli di credito fungibili dietro pagamento di un compenso; il mutuatario, a sua volta, s'impegna a restituire alla scadenza del contratto titoli nella stessa quantità e della stessa specie di quelli ricevuti.
Il contratto si perfeziona con la **consegna dei titoli** al mutuatario, che ne diviene proprietario, per un termine concordato (di solito non superiore ad un anno), e conseguentemente i proventi dei titoli, quali l'incasso delle cedole e dei dividendi, e gli altri diritti accessori e gli obblighi a loro inerenti (ad es. eventuale esercizio del diritto di opzione), dati in prestito, spettano a quest'ultimo.
Alla **scadenza** del contratto, il mutuatario restituisce i titoli e paga il prezzo del prestito e il mutuante restituisce il controvalore iniziale aumentato del margine stabilito a garanzia, trattiene i titoli e incassa il prezzo convenuto (compenso).

Il soggetto che corrisponde il reddito di capitale (sostituto d'imposta o chi interviene nel contratto anche in qualità di intermediario) applica una **ritenuta a titolo d'imposta** del 26%, ridotta al 12,50%, se il contratto ha ad oggetto titoli pubblici e assimilati, compresi quelli emessi all'estero dagli Stati che consentono lo scambio di informazioni (v. n. 99115) (art. 26 c. 3 bis DPR 600/73). **11322**

Se, nel corso dell'operazione, **scade una cedola** il cui valore viene girato dal mutuatario al mutuante, nessuna ritenuta è operata sulla somma corrispondente agli interessi maturati prima dell'accensione del mutuo. Se il mutuante è un nettista, questi continua ad essere soggetto all'imposta sostitutiva anche sui ratei di interessi maturati durante tutta la durata del prestito, pur se non avviene alcuno scambio di ratei.
Per i **mutui su obbligazioni**, se l'operazione si svolge a cavallo della cedola, l'importo della stessa deve essere retrocesso al lordo e gli interessi, maturati durante il periodo di valenza del contratto, vengono assoggettati ad imposta se il soggetto che ha prestato i titoli è un nettista.

---

c. Peer to peer lending

(art. 44 c. 1 lett. d bis DPR 917/86 e art. 1 c. 44 L. 205/2017)

Sono redditi di capitale i proventi derivanti da prestiti erogati tramite apposite **piattaforme** (c.d. di peer to peer lending), che sono **rivolte a** finanziatori non professionali (persone fisiche) **e gestite da** società iscritte all'albo degli intermediari finanziari o da istituti di pagamento, autorizzati dalla Banca d'Italia. **11325**
I gestori delle piattaforme applicano ai proventi una **ritenuta d'imposta** del 26%.

Se i **gestori non** hanno i **requisiti** sopra indicati, i proventi sono tassati con le regole previste per gli interessi e altri proventi derivanti da mutui, conti correnti e depositi (v. n. 11185 e s.) (Risp. AE 9 giugno 2020 n. 169).

d. Gestione di masse patrimoniali e investimenti

11330 I proventi derivanti dalla gestione, nell'interesse di più soggetti, di masse patrimoniali, costituite con **denaro e beni affidati da terzi** o provenienti dai relativi investimenti, mobiliari o immobiliari, costituiscono redditi di capitale (art. 44 c. 1 lett. g DPR 917/86). Si tratta dei proventi che provengono dagli OICR, che possono assumere la forma di **fondi comuni di investimento**, che investono in patrimoni immobiliari o mobiliari o di **SICAV** o di **SICAF**.
L'affidamento in gestione può seguire le regole del risparmio:
- amministrato, rileva il momento di percezione (v. n. 14110);
- gestito, rileva la maturazione (v. n. 14150).

11335 **BASE IMPONIBILE** (art. 45 c. 1 DPR 917/86) È data dalla somma dei proventi e degli utili attribuiti al contribuente dai gestori del patrimonio affidato; tuttavia, la quota dei proventi relativi ai titoli di debito pubblico ed equiparati e delle obbligazioni emesse dagli Stati che consentono lo scambio di informazioni (v. n. 99115) rileva nei limiti del 48,08% (in precedenza 62,5%) del loro ammontare (art. 1 DM 13 dicembre 2011).
I proventi sono determinati valutando le somme impiegate, apportate o affidate in gestione, nonché le somme percepite o il valore normale dei beni ricevuti. Se si tratta di strumenti **in valuta**, il calcolo avviene secondo il cambio del giorno in cui le somme o i valori sono, rispettivamente, impiegati o incassati (quindi le eventuali oscillazioni valutarie non rilevano autonomamente come redditi diversi di natura finanziaria).
Concorrono a formare i proventi imponibili anche le **plusvalenze**, cioè le eventuali differenze tra l'ammontare percepito alla scadenza e quello affidato in gestione.

11340 I redditi sono assoggettati a **ritenuta d'imposta** del 26% (art. 26 c. 5 DPR 600/73) e vanno indicati nel Mod. 730 (quadro D) o nel Mod. Redditi (quadro RL).

Per i redditi a **maturazione ultraquinquennale** è applicabile la tassazione separata (v. n. 3390).

11345 **FONDI COMUNI DI INVESTIMENTO** Sono organismi di investimento collettivo del risparmio (c.d. OICR, con quote di partecipazione rappresentate da certificati nominativi o al portatore), distinti, a seconda delle tipologie di attività su cui investono, come descritto in **tabella**.

Fondo (1)	Tassazione	Fonti
Mobiliare	Ritenuta a titolo d'imposta del 26% (art. 26 quinquies DPR 600/73) (v. n. 11352). Non sono soggetti a ritenuta i proventi percepiti da: – gestioni individuali di portafoglio con opzione per il risparmio gestito, – forme pensionistiche complementari, – fondi d'investimento mobiliare **(2)** italiani ed esteri, – soggetti residenti in Paesi «white list» che assicurano un adeguato scambio d'informazioni, non sono soggetti a ritenuta se è attestato, per il periodo di possesso delle azioni o quote, il deposito dei titoli presso un intermediario residente in Italia (v. n. 99115)	art. 73 c. 5 quinquies DPR 917/86, D.Lgs. 47/2012, Circ. AE 15 luglio 2011 n. 33/E
Immobiliare (3)	Ritenuta d'imposta **(4)** del 26% a cura della società di gestione o, se le quote sono immesse in un deposito accentrato, dell'intermediario **(5)**. La ritenuta non si applica sui proventi che hanno scontato sia l'imposta sostitutiva (5%) sul patrimonio netto del fondo, sia l'imposta (7%) sui proventi derivanti dalla liquidazione la ritenuta non si applica **(6)**	art. 7 DL 351/2001 conv. in L. 410/2001, art. 32 c. 3 bis e 4 DL 78/2010 conv. in L. 122/2010, Provv. AE 16 dicembre 2011 n. 180987, Circ. AE 15 febbraio 2012 n. 2/E, Ris. AE 18 luglio 2013 n. 54/E

(1) A seconda delle modalità con cui viene raccolto il patrimonio da investire si possono ulteriormente distinguere in fondi **aperti** (variabilità del patrimonio raccolto presso il pubblico dei risparmiatori) e fondi **chiusi** (invariabilità).
(2) I proventi che derivano dalla partecipazione ai **Fondi di Venture Capital** c.d. FVC (che investono almeno il 75% dei capitali raccolti in società non quotate con sede operativa in Italia nella fase di sperimentazione, seed financing, di costituzione, start-up financing, di avvio dell'attività, early-stage financing, o di sviluppo del prodotto, expansion financing), non sono, a determinate condizioni, soggetti a imposizione (art. 31 c. 4 DL 98/2011 conv. in L. 111/2011, DM 21 dicembre 2012).
(3) Il trattamento fiscale degli OICR immobiliari **esteri** è stato equiparato a quello degli OICR immobiliari italiani (art. 13 D.Lgs. 44/2014).
(4) I redditi conseguiti (e rilevati nei rendiconti di gestione) da persone fisiche con partecipazioni superiori al 5% del valore del fondo sono imputati in proporzione alla quota di partecipazione, indipendentemente dalla loro percezione; quindi vanno indicati nella dichiarazione dei redditi, con scomputo della ritenuta del 26% subita, che in questo caso risulta d'acconto.
(5) Per la verifica della percentuale di partecipazione, si tiene conto delle partecipazioni detenute direttamente o indirettamente per il tramite di società controllate, di società fiduciarie o per interposta persona, nonché delle partecipazioni imputate ai familiari (v. n. 34150). Il partecipante è tenuto ad attestare alla società di gestione del risparmio la percentuale di possesso di tali quote.
(6) Si tratta delle imposte dovute a seguito di adeguamento (o di liquidazione del fondo, in caso di mancato adeguamento) alla normativa civilistica, eseguito nel 2010 (Provv. AE 16 dicembre 2011 n. 180987).

La ritenuta **si applica**: **11352**
a) agli utili distribuiti in costanza di partecipazione al fondo;
b) alla differenza tra il valore di riscatto, cessione, liquidazione, successione o donazione delle quote o azioni e il costo medio ponderato di sottoscrizione o acquisto;
c) alle ipotesi assimilate di:
– trasferimento di quote o azioni a rapporti di custodia, amministrazione o gestione intestati a soggetti diversi dagli intestatari dei rapporti di provenienza, anche se il trasferimento è avvenuto per successione o donazione;
– operazioni di switch.

> **Precisazioni** 1) Il valore e il costo delle quote o azioni è rilevato con riguardo ai valori di acquisto e vendita (non più ai valori dei prospetti periodici). Per stabilire l'**ordine di distribuzione** del patrimonio ai sottoscrittori, si fa riferimento alle indicazioni che fornite dall'OICR sulla base delle previsioni regolamentari. Nel caso di **rimborso parziale**, se la distribuzione pro-quota comporta una riduzione, di pari ammontare, del valore nominale delle quota del fondo, il rimborso è considerato come distribuzione di capitale e non deve essere effettuata alcuna ritenuta; resta ferma la riduzione del costo medio di sottoscrizione o acquisto delle quote in capo ai partecipanti (Risp. AE 18 luglio 2019 n. 269).
> 2) La **differenza negativa** tra corrispettivo percepito e costo di acquisto, anche se derivante dal risultato di gestione dell'OICR e non da negoziazione, rappresenta una minusvalenza compensabile, secondo le modalità indicate per i redditi diversi di natura finanziaria, con le eventuali plusvalenze realizzate (v. n. 11532).

La ritenuta è **applicata dal** sostituto d'imposta: SGR, soggetti residenti incaricati del collocamento delle azioni o quote dei fondi lussemburghesi storici o della negoziazione o intermediario, se le quote sono immesse in un sistema di deposito accentrato. **11354**
Nel caso di **SGR estera** che istituisce in Italia OICR, la ritenuta è applicata direttamente dalla società di gestione estera operante nel territorio dello Stato in regime di libera prestazione di servizi o da un rappresentante fiscale, che risponde in solido con l'impresa estera per gli obblighi di determinazione e versamento dell'imposta e provvede alla dichiarazione annuale delle somme.
Il percipiente è tenuto a comunicare, ove necessario, i dati e le informazioni utili per la determinazione dei redditi consegnando, anche in copia, la relativa documentazione o, in mancanza, una dichiarazione sostitutiva nella quale attesti i predetti dati e informazioni.
In mancanza di applicazione della ritenuta, tali proventi sono soggetti ad imposta sostitutiva con aliquota pari al 26%.

> In caso di **quote depositate** presso un intermediario (A) che non aderisce direttamente ad un sistema di deposito accentrato ma che sub deposita le stesse presso un altro intermediario (B) che aderisca a tale sistema, la ritenuta va applicata dal primo intermediario (A) (Circ. AE 19 giugno 2006 n. 22/E).

SICAV (art. 14 D.Lgs. 84/92, art. 1 c. 1 D.Lgs. 58/98) Sono società d'investimento a capitale variabile che hanno per oggetto esclusivo l'investimento collettivo in valori mobiliari del patrimonio raccolto, mediante l'offerta al pubblico, in via continuativa, di proprie azioni. Seguono **11365**

regole analoghe a quelle che disciplinano i **Fondi comuni d'investimento mobiliare** (v. n. 11345).

11370 **SICAF** (art. 9 D.Lgs. 44/2014, art. 1 c. 1 lett. i bis D.Lgs. 58/98) Sono società d'investimento a capitale fisso che hanno per oggetto esclusivo l'investimento collettivo in valori mobiliari o immobiliari del patrimonio raccolto, mediante l'offerta al pubblico di proprie azioni e di altri strumenti finanziari partecipativi.
Alle SICAF che **investono in beni immobili** si applicano le stesse regole fiscali valide per i fondi comuni di investimento immobiliare (v. n. 11345); per **quelle diverse** da quelle immobiliari si applicano le regole dei fondi comuni mobiliari (v. n. 11345).

---

e. Impieghi per esigenze assicurativo/previdenziali

11400 **ASSICURAZIONE SULLA VITA E CAPITALIZZAZIONE** (artt. 44 c. 1 lett. g quater e 45 c. 4 DPR 917/86, art. 2 c. 6, 23 e 27 DL 138/2011 conv. in L. 148/2011) I proventi che derivano dai contratti nei quali l'impresa di assicurazione assume l'obbligo di pagare un capitale o di corrispondere una rendita al contraente o a un terzo, a fronte del versamento di un premio unico o periodico possono, in alcuni casi, sono redditi di capitale.
La corresponsione dei capitali può avvenire in caso di **decesso** dell'assicurato o in caso di **sopravvivenza** e i trattamenti fiscali cambiano a seconda dei due casi.

Esiste l'ipotesi di **prestazioni ricorrenti** sia in caso di vita sia in caso di decesso (v. n. 11407).

11402 **Decesso** (art. 34 c. 5 DPR 601/73 e Circ. AE 1° aprile 2016 n. 8/E) Le somme corrisposte alla morte dell'assicurato al beneficiario sono:
– **limitatamente** alla parte erogata a **copertura del rischio demografico**: esenti (in caso di polizza c.d. di «temporanea caso morte» l'esenzione è totale, perché essa copre il puro rischio morte);
– in relazione alla parte di reddito relativa ai **rendimenti di natura finanziaria** (in tutti i casi di polizza di tipo «misto», che comprende anche una componente di natura finanziaria): tassate.
L'**ammontare** della prestazione **imponibile** corrisponde alla **differenza fra**:
– il valore di riscatto che sarebbe stato riconosciuto all'assicurato, determinato al momento individuato dalle condizioni contrattuali della polizza, e
– i premi pagati al netto di quelli corrisposti per la copertura del rischio morte.

ESEMPIO
Polizza «mista» stipulata il 1° gennaio 20XX; premi corrisposti per € 1.200 (di cui € 1.000 riferibili alla componente finanziaria e € 200 al rischio demografico) e morte avvenuta il 31 gennaio 20XX+5. Possibilità diverse:
1) Capitale erogato caso morte (€ 4.000) > valore di riscatto (€ 3.000): reddito imponibile: 3.000 – 1.000 = € 2.000;
2) Capitale erogato caso morte (€ 2.000) < valore di riscatto (€ 3.000): reddito imponibile: 2.000 – 1.000 = € 1.000.

>Precisazioni 1) Se le **condizioni contrattuali** della polizza:
– stabiliscono un termine specifico per l'erogazione della prestazione, il valore di riscatto è quello determinato a tale termine;
– non prevedono espressamente un termine, il riferimento è la data del decesso.
2) Se la morte si verifica in un momento in cui il contratto **non** prevede **ancora** la possibilità di **riscatto**, il valore da considerare è la riserva matematica rilevata alla data della morte.

11403 Il reddito di capitale così determinato è **tassato con imposta sostitutiva** (art. 26 ter DPR 600/73) con l'aliquota vigente (12,5%, 20% e 26%) a seconda dei periodi di maturazione della correlata quota (rispettivamente: fino al 31 dicembre 2011, dal 1° gennaio 2012 al 30 giugno 2014, dal 1° luglio 2014). Inoltre dal 1° gennaio 2012 la base imponibile deve essere ridotta della quota riferibile ai titoli pubblici ed equiparati e alle obbligazioni emesse da Stati che assicurano un adeguato scambio di informazioni, come descritto nella **tabella** sotto riportata.

Sopravvivenza Le somme erogate sono tassate con **imposta sostitutiva**, trattenuta 11405
direttamente dall'impresa di assicurazione, con aliquota diversa a seconda della data di stipula del contratto.

L'aliquota è applicata sulla differenza tra il capitale percepito e la somma dei premi pagati (plusvalenza), con equalizzatore per rendere la tassazione equivalente alla tassazione anno per anno, e/o con una riduzione del carico fiscale in funzione dei titoli pubblici presenti negli investimenti sottostanti, come di seguito indicato.

Stipula	Modalità di determinazione della base imponibile	Aliquota
a) dal 1° luglio 2014	redditi maturati al netto del 51,92% dei proventi riferibili ai titoli pubblici ed equiparati e alle obbligazioni emesse dagli Stati che consentono lo scambio di informazioni (v. n. 2300), in proporzione alla percentuale media dell'attivo investito nei titoli medesimi direttamente o indirettamente per il tramite di OICR **(*)**	26%
b) dal 1° gennaio 2012 al 30 giugno 2014	– parte di reddito maturata dal 1° luglio 2014 determinato come sopra	26%
	– parte di reddito maturata dal 2012 al 30 giugno 2014, al netto del 37,50% dei proventi riferibili a titoli di Stato e equiparati di cui sopra	20%
c) dal 2001 al 31 dicembre 2011	– parte di reddito maturata dal 1° luglio 2014, determinata come al punto a)	26%
	– parte di reddito maturata dal 2012 al 30 giugno 2014, al netto del 37,50% dei proventi riferibili a titoli di Stato e equiparati di cui al punto a)	20%
	– parte di reddito riferita al periodo intercorrente tra la data di sottoscrizione o acquisto della polizza ed il 31 dicembre 2011, determinato come differenza tra l'ammontare percepito e quello dei premi pagati (si considera corrisposto anche il capitale convertito in rendita a seguito di opzione)	12,5%
d) entro il 31 dicembre 2000	– parte di reddito maturata fino al 31 dicembre 2000, determinato come differenza tra l'ammontare del capitale corrisposto e quello dei premi riscossi, ridotta del 2% per ogni anno successivo al decimo se il capitale è corrisposto dopo almeno dieci anni dalla conclusione del contratto	12,5%
	– parte di reddito maturata nei periodi successivi si determina come illustrato al punto c) per le polizze stipulate dal 2001	v. sopra

(*) La percentuale è rilevata con cadenza annuale nel corso della durata del contratto sulla base dei rendiconti di periodo approvati, riferibili alla gestione assicurativa nella quale è inserito il contratto o, in mancanza, sulla base dell'ultimo rendiconto approvato (art. 2 DM 13 dicembre 2011). Per i criteri di determinazione della percentuale media (basati sui rendiconti/prospetti di periodo approvati riferibili alla gestione assicurativa nella quale è inserito il contratto) si rinvia alle indicazioni contenute nella Circ. AE 28 marzo 2012 n. 11/E.

>**Precisazioni** 1) La **semplice trasformazione** di un contratto - es. trasformazione di una polizza rivalutabile di tipo tradizionale in una polizza di tipo «unit linked» - non integra un'ipotesi di rinnovo e quindi resta applicabile la disciplina fiscale del contratto originario (Ris. AE 15 maggio 2003 n. 111/E).
2) L'**integrazione di un contratto** stipulato entro il 2000, consistente nell'inserimento di nuove clausole che prevedono il versamento di premi aggiuntivi, non costituisce un rinnovo del contratto, pertanto ai fini della disciplina applicabile rileva la data originaria di stipulazione (Ris. AE 3 dicembre 2002 n. 378/E).

Polizze legate a titoli strutturati (Circ. AE 1° aprile 2016 n. 8/E) Sono polizze assicurative 11407
a vita intera collegate ad un titolo che, oltre a corrispondere un capitale a scadenza, che potrebbe essere però anche inferiore alla somma dei premi versati, prevedono la corresponsione di **prestazioni**:

– ricorrenti programmate: l'ammontare corrisposto viene finanziato mediante annullamento o riscatto di quote di un fondo interno detenuto dall'impresa di assicurazione o di un OICR collegato al contratto nel quale sono investiti i premi versati;

– che dipendono dalla morte dell'assicurato o dal riscatto anticipato: il capitale è determinato in funzione del valore delle quote del predetto fondo o OICR, al verificarsi dell'evento.

La **tassazione delle prestazioni** è sospesa fino al momento dell'erogazione del capitale assicurato, a seguito di riscatto o scadenza.

L'**imposta sostitutiva** si applica sull'eventuale reddito che si determina al momento dell'erogazione, se sussiste una differenza positiva fra l'ammontare delle prestazioni ricorrenti programmate, aumentato della prestazione erogata a scadenza o al riscatto anticipato, e il totale dei premi versati.

In caso di **morte** dell'assicurato, il reddito è attribuito in maniera proporzionale fra l'ammontare delle prestazioni ricorrenti erogate durante la vita dell'assicurato e l'ammontare erogato alla morte, escludendo comunque dal reddito imponibile gli importi (prestazione e premio) riferiti al rischio demografico.

Il **criterio proporzionale** descritto, e illustrato nell'esempio sotto, si utilizza **solo se** l'assicurazione non è in grado, sulla base di dati certi, di distinguere, rispetto alla somma che eroga, la quota imputabile alla copertura del rischio demografico (esente) da quella relativa alla parte finanziaria (diversamente, per la tassazione valgono le regole generali, non il criterio proporzionale) (Ris. AE 16 settembre 2016 n. 76/E).

ESEMPIO
Premio unico € 800, prestazione complessivamente erogata di € 1.800 (di cui € 450 riferibili alle prestazioni ricorrenti già erogate all'assicurato nel corso del contratto - cedole - e € 1.350 erogate alla morte: € 500 a copertura del rischio demografico e € 850 per la componente finanziaria).
Reddito complessivo: prestazione erogata 1.800 – premio 800 = 1.000 (per cui: incidenza del reddito sulla prestazione erogata = 1.000 / 1.800 = 55,56%), da ripartire come segue:
– quota da tassare (quota della prestazione da attribuire al rendimento finanziario dell'investimento): 55,56% × (450 + 850) = € 722;
– quota esente (quota della prestazione da attribuire alla copertura del rischio demografico): 56% × 500 = € 278.

11410 **Trattamenti previdenziali integrativi** Le polizze di assicurazione sulla vita stipulate da **casse o enti di previdenza di lavoratori dipendenti** e finalizzate alla realizzazione di tali trattamenti subiscono una diversa tassazione a seconda della data entro la quale il soggetto si è iscritto alla forma pensionistica complementare.

Se iscritto:
– **entro** il 28 aprile 1993: il trattamento è lo stesso di quello previsto per i contratti di assicurazione sulla vita;
– **dopo** il 28 aprile 1993: le prestazioni erogate in forma di capitale subiscono lo stesso trattamento previsto per i capitali corrisposti dai fondi pensione (v. n. 9250 e n. 9815).

Ai rendimenti maturati **anteriormente al** 1° gennaio 2001 dai vecchi iscritti ai **vecchi fondi** (entro il 28 aprile 2001) gestiti mediante convenzioni con le imprese di assicurazione, continua ad applicarsi a scadenza la ritenuta a titolo d'imposta del 12,50%. Tale ritenuta va applicata anche all'atto del trasferimento delle posizioni pensionistiche da una delle predette forme ad una forma pensionistica di altro tipo.
In caso di trasferimento delle posizioni pensionistiche da un fondo assicurativo ad un altro tale ritenuta non va applicata, dato che l'impresa di assicurazione che ha acquisito la posizione individuale la applicherà quando verrà erogata la prestazione (Circ. AE 20 marzo 2001 n. 29/E).

11415 **Riscatti parziali** (Circ. AE 1° aprile 2016 n. 8/E) Occorre innanzitutto calcolare l'importo dei **premi riferibili** al capitale erogato per effetto del riscatto, che si determina come rapporto tra tale capitale e il valore economico della polizza (cioè quello che verrebbe corrisposto se la polizza scadesse alla data del riscatto parziale).

Si calcola poi la differenza tra la riserva matematica al 31 dicembre 2011, per la quota riferibile ai premi versati fino a tale data, che va tassata al 12,50%, e il rendimento maturato successivamente a tale data, che va tassato al 26% (al netto dei proventi riferibili ai titoli pubblici ed equiparati).

11430 **FONDI PENSIONE** (artt. 44 c. 1 lett. g quinquies e 45 c. 4 ter DPR 917/86) Costituiscono i rendimenti finanziari relativi alle rendite, anche vitalizie, erogate dai fondi pensione o comunque aventi funzione previdenziale, il **reddito** è costituito dalla differenza tra l'importo di ciascuna rata erogata e quello della corrispondente rata calcolata senza tener conto dei rendimenti finanziari.

I redditi maturati sono determinati al netto dei proventi riferibili ai titoli pubblici ed equiparati, come nel caso di capitali corrisposti per contratti di assicurazione sulla vita (v. n. 11400).

Su tale importo i fondi pensione (o le imprese di assicurazione che erogano le rendite, anche se non residenti, v. n. 12520) applicano un'**imposta sostitutiva** del 26% che va versata il 16 febbraio di ogni anno (art. 26 ter DPR 600/73).

11435 In caso di **rendite differite** il risultato netto di gestione maturato in ciascun periodo d'imposta è così calcolato:

• valore attuale della rendita in via di costituzione al termine di ciascun anno solare o alla data di accesso alla prestazione
–
• premi versati nell'anno (se la rendita vitalizia non è costituita con premio unico)
–
• valore attuale della rendita stessa all'inizio dell'anno

Il **risultato negativo** è computato in riduzione del risultato dei periodi d'imposta successivi, per l'intero importo che trova in essi capienza.

---

f. Operazioni speculative
(art. 44 c. 1 lett. g bis DPR 917/86)

RIPORTO Costituisce reddito di capitale in quanto le attività finanziarie oggetto del contratto di riporto non danno luogo ad una duplice cessione a titolo oneroso, ma ad un **duplice impiego** di capitale. 11455

Determinazione del reddito (art. 45 c. 1 DPR 917/86) I proventi sono tassabili a prescindere che siano conseguiti dal cedente o dal compratore, salvo che abbiano ad oggetto titoli non rappresentativi di partecipazione (obbligazioni e titoli similari). 11460
Quindi sono tassabili sia i proventi che il **cedente a termine** consegue cedendo i titoli o la valuta ad un corrispettivo, a corso secco, superiore al corrispettivo di acquisto a pronti, che quelli che consegue il **compratore a termine**, acquistando i titoli o la valuta ad un corrispettivo, a corso secco, inferiore a quello di cessione a pronti.
I proventi delle operazioni in argomento devono essere determinati calcolando la **differenza positiva** tra i corrispettivi globali di trasferimento dei titoli e delle valute.

In pratica, quando le operazioni speculative interessano le **partecipazioni**, sono interamente tassati in capo al compratore a termine se e quando sono incassati nel corso dell'operazione. 11463
Quando il pronti contro termine e il riporto sono stipulati con **titoli non rappresentativi di partecipazioni** (obbligazioni e titoli similari), i proventi conseguiti dal compratore a termine non sono tassabili. Inoltre, dalla differenza positiva ottenuta tra i corrispettivi globali devono essere dedotti gli interessi e gli altri proventi maturati nel periodo di durata del rapporto e soggetti a tassazione. Sono, pertanto, esclusi i redditi oggettivamente esenti dalle imposte sui redditi.

Se le operazioni speculative riguardano **valute o titoli in valuta**, ai fini della quantificazione dei corrispettivi, originariamente espressi in valuta estera, **si utilizza il cambio** del giorno in cui sono pagati (corrispettivi a pronti) o incassati (corrispettivi a termine), assumendo i prezzi al netto degli interessi e altri proventi maturati nel periodo di durata del rapporto e soggetti a tassazione. 11465
Rileva anche l'eventuale **variazione** del cambio della valuta avvenuta dalla data di acquisto a quella di vendita (c.d. differenza di cambio).

ESEMPIO

Prezzo a pronti	100
Prezzo a termine	105
Cambio alla data dell'operazione a pronti	500
Cambio alla data dell'operazione a termine	550
Reddito da assoggettare a ritenuta	(105 × 550) – (100 × 500) = 7.750

I redditi derivanti dai pronti contro termine e dai riporti sono soggetti ad una **ritenuta** a titolo d'**imposta** del 26%, ridotta al 12,50%, se il contratto ha ad oggetto titoli pubblici e assimilati, compresi quelli emessi all'estero dagli Stati che consentono lo scambio di informazioni (v. n. 99115). 11470

La ritenuta è applicata a **titolo di acconto** se ai proventi derivanti dai titoli sottostanti non sarebbe applicabile la ritenuta a titolo d'imposta (art. 26 c. 3 bis DPR 600/73).
Per le operazioni in **valuta estera** la ritenuta si applica sul valore più alto tra il rateo di interessi, premi e altri frutti maturati nel corso del contratto, convertito al cambio del giorno di scadenza del contratto stesso, e la differenza positiva tra il prezzo globale a termine, convertito al cambio del giorno dell'incasso del corrispettivo, e il prezzo globale a pronti convertito al cambio del giorno del pagamento (Circ. Min. 26 ottobre 1999 n. 207/E).
La ritenuta deve essere effettuata solo dai **sostituti di imposta** che intervengono nell'operazione, anche come acquirenti o per qualunque altra causa (art. 67 c. 2 DL 331/93 conv. in L. 427/93). Se il venditore non ha la qualifica di sostituto d'imposta e nella cessione non interviene un intermediario che assume tale qualifica, non si applica alcuna ritenuta. In tal caso, i proventi della cessione a termine concorrono a formare il reddito complessivo e devono essere inclusi nella dichiarazione dei redditi, secondo le modalità ordinarie.

11475 **PRONTI CONTRO TERMINE** Se le parti intendono trasferire la **proprietà** dei titoli (obbligazioni, titoli similari e valute) a:
- **titolo temporaneo**, costituiscono redditi di capitale;
- titolo **definitivo**, costituiscono redditi diversi.

---

g. Piani individuali di risparmio a lungo termine (PIR)

(art. 1 c. 100-114 L. 232/2016, art. 1 c. 211-215 L. 145/2018, DM 30 aprile 2019, Circ. AE 26 febbraio 2018 n. 3/E, Circ. AE 29 dicembre 2021 n. 19/E e Circ. AE 4 maggio 2022 n. 10/E)

11480 Per gli investimenti effettuati tramite piani individuali di risparmio a lungo termine (c.d. PIR), come di seguito descritti, è prevista la non imponibilità dei redditi di capitale conseguiti.
Di seguito, si distingue a seconda che gli investimenti siano effettuati in:
- strumenti finanziari non superiori a € 40.000 annui;
- strumenti finanziari, prestiti alle imprese e crediti delle stesse, non superiori a € 300.000 annui (c.d. PIR alternativi).

> **Precisazioni** 1) Non sono tassati nemmeno i redditi diversi di natura finanziaria.
> 2) Non si applica l'imposta di successione e non è obbligatorio includere nella dichiarazione di successione gli strumenti finanziari che confluiscono nel PIR.
> 3) Per i PIR alternativi costituiti dal 2021 è riconosciuto, a determinate condizioni, un credito d'imposta pari alle minusvalenze, perdite e differenziali negativi derivanti dagli investimenti qualificati (v. n. 11522 e s.).

11482 **INVESTIMENTI NON SUPERIORI A € 40.000 ANNUI Beneficiari dei PIR** (art. 1 c. 100 e 112 L. 232/2016) **Sono** le persone fisiche residenti non imprenditori.
Una persona fisica non può essere titolare di più PIR contemporaneamente e ciascun PIR non può avere più di un titolare (salvo quanto detto al n. 11520).

Anche i **minori** possono essere titolari di PIR, purché non contemporanei (anche il genitore usufruttuario, cui è imputato per legge il reddito del minore, non deve essere titolare contemporaneamente di altro PIR).

11485 La nozione di strumento finanziario è molto ampia.
Si tratta innanzitutto degli strumenti finanziari contenuti nel TUF (art. 1. c. 2 D.Lgs. 58/98): ad esempio, azioni e altri titoli rappresentativi di capitale di rischio negoziabili sul mercato dei capitali, obbligazioni, titoli di Stato e altri titoli di debito negoziabili sul mercato dei capitali, quote di fondi comuni di investimento, titoli normalmente negoziati sul mercato monetario, ecc.
Possono rientrarvi **anche** altri strumenti finanziari, quali, ad esempio, gli investimenti in quote di s.r.l. offerte tramite piattaforme di crowdfunding.

Sono **esclusi** i crediti in denaro erogati tramite piattaforme gestite da società iscritte all'albo degli intermediari finanziari (c.d. peer to peer lending) (Risp. AE 5 aprile 2019 n. 96).

11486 Se gli investimenti hanno ad oggetto **partecipazioni qualificate** e sono effettuati:
- tramite **OICR** o **polizze assicurative**, non sono imponibili;
- direttamente dalla **persona fisica**, sono imponibili.

Per determinare la natura qualificata o meno delle partecipazioni, si tiene conto anche delle percentuali di partecipazione o diritti di voto possedute dai **familiari** della persona fisica e delle società o enti da loro direttamente o indirettamente controllati. Per maggiori dettagli sulla nozione di partecipazione qualificata si rinvia al capitolo sui redditi diversi (v. n. 11051 e s.).

In ogni caso, gli strumenti finanziari devono essere **detenuti** per almeno 5 anni. 11487

Costituzione dei PIR (art. 1 c. 101, 112 e 113 L. 232/2016) I PIR si costituiscono **destinando** somme o valori non superiori a € 40.000 in ciascun anno, nel limite complessivo di € 200.000, a determinati investimenti (c.d. qualificati - v. par. seguente). 11488

I PIR sono **gestiti** da un intermediario finanziario abilitato ad applicare il regime di risparmio amministrato o da imprese di assicurazione, residenti oppure non residenti con S.O. o in regime di libera prestazione di servizi con nomina di un rappresentante fiscale in Italia scelto tra gli stessi intermediari.

Sono costituiti **tramite**:
- rapporto di custodia o amministrazione titoli;
- rapporto di gestione di portafoglio (o altro stabile rapporto);
- contratto di assicurazione sulla vita o di capitalizzazione.

L'intermediario o l'impresa di assicurazione acquisisce dal titolare, all'atto dell'incarico, un'autocertificazione con la quale lo stesso dichiara di non essere titolare di un altro PIR. Deve tenere separata evidenza delle somme destinate nel PIR in anni differenti, nonché degli investimenti effettuati.

In ciascun anno di durata del PIR, per almeno 2/3 dell'anno, le somme o i valori destinati nel PIR devono essere investiti, per almeno il 70% del valore complessivo, in strumenti finanziari, anche non negoziati nei mercati regolamentati o nei sistemi multilaterali di negoziazione (v. n. 22590), emessi o stipulati con imprese residenti in Italia o nell'UE o in Paesi SEE (comprese le quote o azioni di OICR) (art. 1 c. 102-105 L. 232/2016). Si veda la descrizione in **tabella**. 11490

Costituzione PIR	Investimento quota del 70%	Fonti
dal 2020 (c.d. **PIR 3.0**)	– almeno per il 25% in strumenti finanziari di imprese diverse da quelle inserite nell'indice FTSE MIB della Borsa italiana o in indici equivalenti di altri mercati regolamentati **(*)** – almeno per il 5% in strumenti finanziari di imprese diverse da quelle inserite nell'indice FTSE MIB e FTSE Mid Cap della Borsa italiana o in indici equivalenti di altri mercati regolamentati **(*)**	art. 13 bis DL 124/2019 conv. in L. 157/2019
nel 2019 (c.d. **PIR 2.0**)	– almeno per il 5% in strumenti finanziari ammessi alle negoziazioni sui sistemi multilaterali di negoziazione, emessi dalle PMI aventi determinati requisiti (v. n. 11495) – almeno per il 30% in strumenti finanziari di imprese diverse da quelle inserite nell'indice FTSE MIB della Borsa italiana o in indici equivalenti di altri mercati regolamentati – almeno per il 5% in quote o azioni di fondi di venture capital residenti in Italia o in Stati UE o SEE (compresi gli investimenti in equity e quasi-equity)	art. 1 c. 212 L. 145/2018 e DM 30 aprile 2019
fino al 2018 (c.d. **PIR 1.0**)	almeno per il 30% in strumenti finanziari di imprese diverse da quelle inserite nell'indice FTSE MIB della Borsa italiana o in indici equivalenti di altri mercati regolamentati	art. 1 c. 102 L. 232/2016

(*) Per gli OICR, il limite d'investimento:
- deve essere raggiunto entro la data specificata nel regolamento o nei documenti costitutivi dell'OICR;
- se l'OICR vende le attività per rimborsare le quote o le azioni degli investitori, cessa di applicarsi;
- se l'OICR raccoglie o riduce il capitale, è sospeso per un periodo non superiore a 12 mesi.

›Precisazioni 1) Se il contribuente nel 2017 costituisce un PIR in cui ogni anno investe € 30.000 (limite annuale), nel 2022 può investire € 40.000 e nel 2023 i restanti € 10.000 per raggiungere il limite complessivo di € 200.000. Se, invece, il contribuente costituisce un PIR nel 2020 in cui ogni anno investe € 30.000, dal 2022 al 2024 può investire € 40.000 e nel 2025 i restanti € 20.000 per raggiungere il limite complessivo di € 200.000 (Circ. AE 4 maggio 2022 n. 10/E).

2) Non possono essere investiti le somme o i valori destinati nei PIR:
- per una quota superiore al 10% del totale in strumenti finanziari di uno stesso emittente o stipulati con la stessa controparte o con altra società dello stesso gruppo dell'emittente o della controparte o in depositi e conti correnti;
- in strumenti finanziari emessi o stipulati con soggetti residenti in Stati o territori diversi da quelli che consentono un adeguato scambio di informazioni.

11495 La **PMI** che emette gli strumenti finanziari detenuti nei PIR, al momento dell'investimento iniziale **deve** (art. 5 DM 30 aprile 2019):
a) non essere quotata;
b) soddisfare una delle seguenti condizioni:
i) non aver operato in alcun mercato;
ii) aver operato in un mercato qualsiasi da meno di 7 anni dalla prima vendita commerciale;
iii) avere necessità di un investimento iniziale per il finanziamento del rischio che, sulla base di un piano aziendale elaborato per il lancio di un nuovo prodotto o l'ingresso su un nuovo mercato geografico, è superiore al 50% del suo fatturato medio annuo registrato negli ultimi 7 anni.
È possibile effettuare **investimenti ulteriori** nelle PMI ammissibili anche dopo il periodo di 7 anni dalla prima vendita commerciale (di cui al punto b ii che precede), se sono soddisfatte le seguenti condizioni:
a) non è superato l'importo massimo (€ 15 milioni) di risorse finanziarie ricevute dalla PMI a titolo di aiuto per il per il finanziamento del rischio;
b) il piano aziendale prevede l'effettuazione di tali investimenti supplementari;
c) l'impresa non è diventata collegata di un'altra impresa, a meno che la nuova impresa risultante sia una PMI.

Le quote o azioni di una PMI non quotata possono essere acquistate da un investitore precedente solo in combinazione con un apporto di nuovo capitale pari almeno al 50% dell'ammontare complessivo dell'investimento.

11500 La PMI deve rilasciare una **dichiarazione** che attesti che non ha ricevuto un ammontare complessivo di risorse finanziarie a titolo di qualsiasi misura di aiuto per il finanziamento del rischio superiore a € 15 milioni e in cui risulti il rispetto delle condizioni per l'accesso all'aiuto.
Al momento dell'**investimento iniziale**, la PMI deve consegnare il piano aziendale e, al momento di effettuare gli investimenti ulteriori, una dichiarazione, sottoscritta dal legale rappresentante dell'impresa, che attesti che la PMI non è quotata e che non è diventata collegata.
Le stesse dichiarazioni devono essere acquisite dai fondi di venture capital.

11505 Se non sono rispettate le **condizioni** sopra illustrate, i redditi derivanti dagli strumenti finanziari detenuti nel PIR sono tassati e vanno corrisposte le imposte non pagate e gli interessi (senza applicazione di sanzioni) con le modalità illustrate in caso di «recapture» (v. n. 11510) (art. 1 c. 107 L. 232/2016).

In caso di strumenti finanziari appartenenti alla medesima categoria omogenea si considerano ceduti per primi i titoli acquistati per primi considerando come costo quello medio ponderato dell'anno.

11510 In **tabella** sono riportati alcuni **casi particolari**.

Caso	Descrizione	Fonti
Trasferimento della residenza all'estero	Comporta che: – i redditi maturati e realizzati alla data di trasferimento restano non tassati, a condizione che il sottoscrittore continui a detenere tali strumenti per la durata minima dei 5 anni previsti per l'esenzione; – si applica il regime fiscale dei non residenti sui redditi maturati dalla data di perdita della residenza (con effetto dal 1° gennaio dello stesso anno). Di conseguenza, non si applica il credito per le imposte pagate all'estero. Se, dopo il trasferimento ma prima dello scadere del quinquennio, il sottoscrittore richiede il **rimborso** o la **cessione** del PIR, il reddito è tassato, anche in caso di reinvestimento (v. n. 11510). In caso di **successivo trasferimento in Italia** e contestuale conferimento degli strumenti che stanno completando il quinquennio in un nuovo PIR, il reddito non è tassato	Circ. AE 26 febbraio 2018 n. 3/E
Contratti derivati	Possono essere oggetto solo di investimenti effettuati tramite OICR nell'ambito della c.d. quota libera del 30% allo scopo di ridurre il rischio negli investimenti qualificati (c.d. derivati di copertura)	Circ. AE 26 febbraio 2018 n. 3/E

Caso	Descrizione	Fonti
Investimenti in **start-up** e **PMI innovative**	I benefici sono cumulabili	Circ. AE 26 febbraio 2018 n. 3/E
«**Recapture**»	Se gli strumenti finanziari sono **ceduti** prima dei 5 anni (e fino al completamento del periodo minimo richiesto), i redditi derivanti dall'investimento sono tassati (c.d. «recapture»), secondo le regole ordinarie del risparmio amministrato, con applicazione dell'aliquota di imposta vigente al momento della percezione del reddito, con interessi e senza sanzioni. Le somme dovute vanno **versate** dall'intermediario entro il giorno 16 del secondo mese successivo alla cessione (cod. trib. 1070 - Ris. AE 9 marzo 2018 n. 21/E). I versamenti possono essere effettuati **anche cumulativamente** per le somme dovute per tutti i titolari dei PIR decaduti dal beneficio fiscale, senza la necessità di indicarne il codice fiscale (Ris. AE 15 marzo 2018 n. 23/E)	Art. 1 c. 106 L. 232/2016
Reinvestimento in caso di **rimborso**	Se gli strumenti finanziari sono **rimborsati** prima della scadenza dei 5 anni, le somme conseguite devono essere reinvestite entro i successivi 90 giorni. Se **non** sono **reinvestite** entro 90 giorni, si applica quanto indicato in caso di «recapture». L'obbligo di reinvestimento riguarda anche (Circ. AE 26 febbraio 2018 n. 3/E): – quota del 30% (c.d. **quota libera**); – **plus e minusvalenze** eventualmente realizzate	
Ritenute e imposte sostitutive non dovute	Le ritenute alla fonte e le imposte sostitutive, applicate e non dovute sui redditi derivanti da investimenti dei PIR (es. ritenute sugli utili derivanti da azioni e strumenti finanziari non immessi in sistemi di deposito accentrato), sono **compensabili** dall'intermediario o imprese di assicurazione con Mod. F24 (cod. trib. 1629), senza indicarle nel Mod. 770. Ai fini del computo **non si applicano** il limite annuale di € 250.000 per l'utilizzo dei crediti di imposta né quello di compensabilità pari a € 2.000.000 (art. 1 c. 72 L. 234/2021)	Art. 1 c. 108 L. 232/2016
Trasferimento dei PIR	Il trasferimento dall'intermediario presso cui è stato costituito il PIR a un altro intermediario autorizzato alla gestione dello stesso **non** rileva ai fini del computo dei cinque anni e dunque non comporta la decadenza dal regime	Art. 1 c. 111 L. 232/2016

INVESTIMENTI NON SUPERIORI A € 300.000 ANNUI (C.D. PIR ALTERNATIVI) (art. 13 bis c. 2 bis DL 124/2019 conv. in L. 157/2019 e art. 1 c. 219-225 L. 178/2020) È possibile investire, in ciascun anno di durata del PIR e per almeno 2/3 dell'anno, le somme o i valori destinati nel PIR, per almeno il 70% del valore complessivo in: **11515**
a) strumenti finanziari, anche non negoziati nei mercati regolamentati o nei sistemi multilaterali di negoziazione, emessi o stipulati con imprese residenti in Italia o nell'UE o in Paesi SEE con S.O. in Italia, diverse da quelle inserite nell'indice FTSE MIB e FTSE Mid Cap della Borsa italiana o in indici equivalenti di altri mercati regolamentati (come definiti al n. 22590);
b) prestiti erogati alle imprese di cui alla lett. a;
c) crediti delle imprese di cui alla lett. a.

Si applicano le stesse regole sopra illustrate per gli investimenti non superiori a € 40.000 annui (v. n. 11482 e s.), con le seguenti particolarità: **11520**
– i PIR si **costituiscono** destinando somme o valori non superiori a € 300.000 in ciascun anno, nel limite complessivo di € 1.500.000 (art. 1 c. 101 L. 232/2016);
– una persona fisica può essere contemporaneamente **titolare** al massimo di due PIR: uno che riguarda gli investimenti non superiori a € 300.000 annui, l'altro gli investimenti non superiori a € 40.000 annui;
– le somme o i valori destinati nei PIR **non possono essere investiti** per una quota superiore al 20% del totale in strumenti finanziari di uno stesso emittente o stipulati con la stessa controparte o con altra società dello stesso gruppo dell'emittente o della controparte o in

depositi e conti correnti. In caso di OICR, tale limite deve essere raggiunto entro la data specificata nel regolamento o nei documenti costitutivi dell'OICR; cessa di applicarsi se l'OICR vende le attività per rimborsare le quote o le azioni degli investitori; è sospeso per un periodo non superiore a 12 mesi se l'OICR raccoglie o riduce il capitale;
– **non** si applicano i **limiti d'investimento** indicati nella **tabella** n. 11490.

11522 Per i PIR costituiti nel 2022 è riconosciuto un credito d'imposta pari alle minusvalenze, perdite e differenziali negativi derivanti dagli **investimenti qualificati effettuati entro** il 31 dicembre 2022, a **condizione** che il credito d'imposta non ecceda il 10% delle somme investite.

>**Precisazioni** 1) In caso di strumenti finanziari appartenenti alla **stessa categoria omogenea**, si considerano ceduti per primi i titoli acquistati per primi considerando come costo quello medio ponderato.
2) Le minusvalenze, le perdite o i differenziali negativi non possono essere utilizzati o riportati seguendo le regole ordinarie.

11524 Il credito d'imposta è **utilizzabile**, in quindici quote annuali di pari importo, nelle dichiarazioni dei redditi a partire da quella relativa all'anno in cui le minusvalenze, perdite e differenziali negativi si considerano realizzati o in compensazione col Mod. F24.
Il credito d'imposta **non rileva** ai fini IRPEF.
Non si applica il limite annuale di utilizzo pari a € 250.000 (di cui al n. 37965) né il limite massimo di crediti compensabili pari a € 2.000.000 (art. 1 c. 72 L. 234/2021).

2. Categorie residuali

a. Titoli non partecipativi, valute, metalli preziosi, ecc.

11526 Vi rientrano le plusvalenze derivanti dalla cessione a titolo oneroso o dal rimborso o chiusura delle seguenti attività finanziarie, anche se sottoscritte all'emissione o comunque non acquistate da terzi per effetto di cessione a titolo oneroso (art. 67 c. 1 lett. c ter e 1 quater DPR 917/86):
1) ogni tipo di **titoli** o certificati di massa di **natura non partecipativa**, esclusi i titoli rappresentativi di merci. Vi rientrano, ad esempio: obbligazioni, titoli c.d. atipici, certificati di deposito, cambiali e accettazioni bancarie, certificati di partecipazione a organismi d'investimento, quote di fondi di investimento immobiliare (in percentuale inferiore al 5% - v. n. 11053), titoli individuali quali certificati di deposito, cambiali e accettazioni bancarie (Circ. Min. 26 ottobre 1999 n. 207/E);
2) **metalli preziosi**, allo stato grezzo o monetato;
3) **valute estere** rivenienti da depositi e conti correnti od oggetto di cessione a termine;
4) **quote** di partecipazione a organismi d'**investimento collettivo** (c.d. OICR - v. n. 11345), anche realizzate mediante conversione di quote o azioni da un comparto ad altro comparto dello stesso OICR;
5) **strumenti finanziari partecipativi** non assimilabili alle azioni, in quanto la relativa remunerazione non è costituita totalmente dalla partecipazione ai risultati economici dell'emittente.

> Rilevano anche i **differenziali** derivanti dall'oscillazione della valuta estera di denominazione dell'attività finanziaria; le **perdite** conseguenti al sostenimento di commissioni o altri oneri dovuti in relazione alle operazioni di sottoscrizione e rimborso delle attività finanziarie; le perdite derivanti dalla restituzione di un capitale inferiore rispetto a quello impiegato (Circ. Min. 26 ottobre 1999 n. 207/E) e le operazioni **Forex** con modalità roll over (Ris. AE 25 ottobre 2011 n. 102/E).

11528 **Valute estere** (art. 67 c. 1 ter DPR 917/86) Il **prelievo dal deposito** o **conto corrente** si considera cessione a titolo oneroso, a condizione che nel periodo di imposta la giacenza dei depositi e conti correnti complessivamente intrattenuti dal contribuente, calcolata secondo il cambio vigente all'inizio del periodo di riferimento, sia **superiore** a € 51.645,69 per almeno 7 giorni lavorativi continui. In caso contrario, la plusvalenza conseguita non concorre alla formazione del reddito.

Utility token (Risp. AE 28 settembre 2018 n. 14) Il reddito che si genera a seguito della cessione di tali strumenti è tassato con **imposta sostitutiva** al 26% (da liquidare attraverso la compilazione del quadro RT del Modello redditi persone fisiche). I token rientrano, infatti, fra i rapporti che conferiscono al detentore il diritto ad acquistare a termine il prodotto o servizio erogato dalla società emittente generando reddito rientrante nella categoria dei diversi (ai sensi dell'art. 67 c. 1 lett. c quater DPR 917/86). 11530

Trattasi, nel dettaglio, di **strumenti digitali** che l'impresa emittente offre al pubblico (c.d. **ICO** Initial Coin Offerings, forma innovativa di finanziamento, utilizzata in prevalenza da start up, tramite tecnologia **blockchain**) per finanziare (generalmente tramite un c.d. whitepaper) un determinato progetto da cui si originano beni o servizi nuovi offerti dalla stessa emittente, che possono poi essere scambiati sul mercato secondario tramite la piattaforma dell'emittente o su altre piattaforme di scambio. Concretamente, i soggetti che aderiscono all'iniziativa e acquistano utility token, eventualmente pagando anche mediante valute virtuali (bitcoin o ethereum), effettuano un investimento remunerato con l'attribuzione di un diritto ad utilizzare il prodotto o servizio che l'emittente intende realizzare (ad es. licenza per l'utilizzo di un software ad esito del processo di sviluppo).

Quote di partecipazione in OICR Per la **determinazione** delle plusvalenze o delle minusvalenze da cessione o rimborso di quote **possedute al 30 giugno 2011**, si assume, quale **costo fiscalmente riconosciuto**, il costo o valore originario di acquisto aumentato o diminuito, rispettivamente, di un ammontare pari alla differenza positiva o negativa fra il valore delle quote rilevato dai prospetti periodici alla data del 30 giugno 2011 e quello rilevato alla data di sottoscrizione o acquisto (art. 2 c. 74 DL 225/2010 conv. in L. 10/2011). 11532

ESEMPIO
Valore di sottoscrizione del fondo al 30 settembre 20XX: 100
valore al 30 giugno 20XX+1: 150
valore di rimborso: 120
reddito da capitale: 0
costo fiscalmente riconosciuto al 30 giugno 20XX+1: 100 + (150 – 100) = 100 + 50 = 150
120 – 150 = – 30 (minusvalenza).

REGIMI IMPOSITIVI **Sono** gli stessi previsti per le partecipazioni: regime della dichiarazione, del risparmio amministrato o del risparmio gestito. In caso di quote di partecipazione in **OICR**, il regime naturale è quello del risparmio amministrato con possibilità di optare per uno degli altri due. Per le regole di applicazione dei diversi regimi si rinvia al n. 13784 e s., con le particolarità di seguito illustrate per il regime della dichiarazione e del risparmio amministrato. Qualunque sia il regime adottato, i redditi (plusvalenze o minusvalenze) derivanti dalle seguenti attività finanziarie sono computati nella misura del 48,08% (Circ. AE 27 giugno 2014 n. 19/E): 11534
- **titoli** del **debito pubblico ed equiparati** (v. **tabella** al n. 11250);
- **obbligazioni** emesse dagli Stati con i quali è attuabile lo **scambio di informazioni** per l'esonero dall'imposta sostitutiva sugli interessi obbligazionari (v. n. 99115).

Per i detentori dei **bond argentini** che hanno avviato un **arbitrato internazionale** e che, in esito ad esso, ricevono un rimborso pari al 150% del valore nominale delle obbligazioni annullate, si applica l'aliquota del 12,5% sulla plusvalenza incassata (Circ. AE 28 giugno 2016 n. 30/E).

Regime della dichiarazione Ai fini del calcolo della plusvalenza o della minusvalenza (art. 68 c. 6 e 7 DPR 917/86): 11536
• in caso di **rimborso**, il corrispettivo percepito è dato dalla somma o il valore normale dei beni rimborsati;
• per le cessioni di titoli, certificati e diritti nonché valute e metalli preziosi, il costo di acquisto è calcolato sulla base del criterio LIFO; non si considerano i redditi di capitale maturati e non ancora riscossi;
• per le **valute estere prelevate da depositi e conti correnti** si assumono:
– come **corrispettivo**: il valore normale della valuta alla data di effettuazione del prelievo;
– come **costo** (in mancanza della documentazione del costo di acquisto) il valore della valuta al minore dei cambi mensili accertati con DM, nel periodo di imposta in cui la plusvalenza è realizzata;
• per le **valute estere cedute a termine** si assume come **costo di acquisto** il valore della valuta al cambio a pronti vigente alla data di stipula del contratto di cessione;

• per le cessioni di **metalli preziosi**, in mancanza della documentazione del costo di acquisto, le plusvalenze sono determinate in misura pari al 25% del corrispettivo della cessione.
Sulla plusvalenza si applica l'**imposta sostitutiva** pari al 26%, che deve essere versata dal cedente con le modalità e i termini stabiliti per il versamento delle imposte dovute a saldo in base alla dichiarazione dei redditi (v. n. 37180).

11538 Per i **titoli già posseduti al** 1° luglio 1998, il costo o valore di acquisto è quello risultante da documentazione di data certa, anche proveniente dalle scritture contabili degli amministratori o dei gestori dei titoli (art. 14 c. 10 D.Lgs. 461/97). In luogo del costo o valore di acquisto può essere assunto:
– nel caso dei titoli, diritti, valute estere, metalli preziosi **negoziati in mercati regolamentati** (come definiti al n. 22590): il valore risultante dalla media aritmetica dei prezzi rilevati nel mese di giugno 1998 presso i mercati italiani o, per quelli negoziati solo in mercati esteri, il valore risultante dalla media aritmetica dei prezzi degli ultimi 5 giorni lavorativi dello stesso mese di giugno;
– nel caso dei titoli, certificati, diritti, valute estere, metalli preziosi **non negoziati in mercati regolamentati**: il valore al 1° luglio 1998 risultante da apposita relazione di stima.

In caso di plusvalenza derivante da rimborso di attività finanziarie in valuta estera sottoscritte all'emissione, in luogo del costo d'acquisto può essere assunto il valore dell'attività al 1° luglio 1998, assumendo il cambio rilevato a tale ultima data (Circ. Min. 26 ottobre 1999 n. 207/E).

11540 I notai e gli altri **intermediari professionali** che intervengono nelle cessioni, nonché le **società emittenti**, oltre agli adempimenti illustrati al n. 11172 devono indicare le generalità e, se esistente, il codice fiscale dei soggetti che nell'anno solare precedente hanno intrattenuto rapporti di deposito o conto corrente in valuta estera, la cui giacenza massima, calcolata secondo il cambio vigente all'inizio del periodo di riferimento, è stata superiore a € 51.645,69.

Tale comunicazione non deve essere effettuata con riferimento ai depositi e conti correnti intrattenuti da soggetti non residenti o da soggetti diversi dalle persone fisiche, esercenti attività d'impresa.

11542 **Regime del risparmio amministrato** Sono previste le seguenti disposizioni (art. 6 c. 1 e 2 D.Lgs. 461/97):
– l'**opzione** è esercitata mediante comunicazione sottoscritta rilasciata al gestore: contestualmente alla stipula del contratto o all'instaurazione del rapporto, con effetto immediato o successivamente, con effetto dal primo giorno dell'anno successivo a quello in cui è stata esercitata l'opzione;
– le **valute estere** prelevate da depositi o conti correnti sono escluse da tale regime;
– per le operazioni **non** aventi **a oggetto titoli**, l'opzione è ammessa a condizione che esista un rapporto di deposito o conto corrente con i soggetti abilitati;
– nelle **cessioni a termine di valute estere** i soggetti abilitati all'amministrazione dei titoli devono intervenire come intermediari professionali o come controparti.
Nel caso di plusvalenze derivanti da **quote o azioni di OICR** o nel caso di soggetti **non residenti** l'imposta sostitutiva è applicata dagli intermediari anche in mancanza di opzione, ma il contribuente può rinunciare a tale regime con effetto dalla prima operazione successiva. In tal caso, la plusvalenza o la minusvalenza devono essere indicate in dichiarazione e l'intermediario deve effettuare gli adempimenti illustrati al n. 11172.

La **rinuncia** può essere esercitata anche dagli intermediari non residenti relativamente ai rapporti di custodia, amministrazione e deposito a essi intestati e sui quali sono detenute attività finanziarie di terzi. In tal caso gli intermediari devono assolvere gli obblighi di comunicazione di cui al n. 11172, nominando quale rappresentante uno degli intermediari di cui al n. 11173.

---

b. Contratti derivati e altri contratti a termine

11544 Vi rientrano i contratti a termine (art. 67 c. 1 lett. c quater DPR 917/86):
– c.d. di **scambio**, da cui deriva il diritto o l'obbligo di cedere o acquistare a termine strumenti finanziari, valute, metalli preziosi o merci (es. contratti futures e contratti di opzione sui suddetti beni, contratti di compravendita a termine e contratti a premio eseguiti attraverso il pagamento di un differenziale in denaro);
– c.d. **differenziali**, da cui deriva il diritto di ricevere o l'obbligo di effettuare a termine uno o più pagamenti collegati a tassi di interesse, a quotazioni o valori di strumenti finanziari, di valute

estere, di metalli preziosi o di merci e a ogni altro parametro di natura finanziaria (es. contratti future e contratti di opzione su tassi di interesse o altri indici finanziari, vari contratti di swap con esclusione del currency swap, contratti di forward rate agreement, titoli PIL);
– che hanno a oggetto **altri** contratti a termine (come i contratti di opzione su futures).
Vi rientrano anche i redditi realizzati mediante **rimborso** o **chiusura** dei rapporti sopra indicati, sottoscritti all'emissione o comunque non acquistati da terzi per effetto di cessione a titolo oneroso (art. 67 c. 1 quater DPR 917/86).

REDDITO DEL PERIODO (art. 68 c. 8 DPR 917/86) È costituito dalla **somma algebrica** dei differenziali positivi o negativi, nonché degli altri proventi od oneri, percepiti o sostenuti in relazione a ciascun contratto (ossia dalla somma algebrica degli utili e delle perdite riscossi e pagati su ciascun contratto). 11546
I **premi** pagati e riscossi **su opzioni** concorrono a formare il reddito nel periodo d'imposta in cui l'opzione è esercitata o scade il termine per il suo esercizio, salvo che non sia stata chiusa anticipatamente o ceduta.
I premi pagati e riscossi su **opzioni di vendita e di acquisto** delle attività finanziarie sottostanti non concorrono a formare il reddito in via autonoma, ma come elementi di calcolo della plusvalenza o minusvalenza derivante dalla cessione dell'attività sottostante o del costo di acquisto.
Se il reddito è positivo, si applica l'**imposta sostitutiva** del 26%.

REGIMI IMPOSITIVI **Sono** gli stessi previsti per le partecipazioni: regime della dichiarazione, del risparmio amministrato o del risparmio gestito. 11548
Si rinvia alla trattazione effettuata al n. 11170 e n. 11171, con alcune particolarità relative ai regimi della dichiarazione e del risparmio gestito indicate nella **tabella**.

Regime	Particolarità
Dichiarazione	Per il calcolo della plusvalenza o minusvalenza, il **corrispettivo** è costituito dal prezzo di cessione (cioè dal prezzo originariamente concordato dalle parti), eventualmente aumentato o diminuito dei premi pagati o riscossi su opzioni **(*)**
Risparmio gestito	L'**opzione** può essere esercitata, con apposita comunicazione, contestualmente alla stipula del contratto o all'instaurazione del rapporto oppure alla conclusione del primo contratto da cui trae origine l'intervento dell'intermediario. Ha **effetto** immediato
(*) Per i contratti **già posseduti** al 1° luglio 1998, il costo di acquisto può essere determinato con le regole esposte al n. 11538.	

c. Altre attività

Vi rientrano le plusvalenze e gli altri proventi, diversi da quelli precedentemente indicati, realizzati mediante cessione a titolo oneroso, chiusura o rimborso delle seguenti attività, anche sottoscritte all'emissione o comunque non acquistate da terzi per effetto di cessione a titolo oneroso (art. 67 c. 1 lett. c quinquies e 1 quater DPR 917/86): 11550
– contratti produttivi di redditi di capitale (es. contratti di cointeressenza senza apporto);
– crediti pecuniari o di strumenti finanziari;
– contratti attraverso cui possono essere conseguiti differenziali positivi e negativi in dipendenza di un evento incerto.

REGIMI IMPOSITIVI (art. 68 c. 9 DPR 917/86) **Sono** gli stessi previsti per le partecipazioni: regime della dichiarazione, del risparmio amministrato o del risparmio gestito. 11552
Si rinvia alla trattazione effettuata al n. 11170 e al n. 11171, con alcune particolarità relative ai regimi della dichiarazione e del risparmio gestito indicate nella **tabella**.

Regime	Particolarità
Dichiarazione	Le **plusvalenze** sono costituite dalla differenza tra i corrispettivi percepiti per la cessione dei crediti o contratti (o le somme rimborsate o il valore normale) e i corrispettivi pagati per il loro acquisto (o le somme corrisposte). Il corrispettivo di cessione deve essere aumentato o diminuito dei premi pagati o riscossi su opzioni. Dallo stesso vanno scomputati i redditi di capitale derivanti dal rapporto ceduto, maturati ma non riscossi, e i redditi di capitale maturati a favore del creditore originario ma non riscossi **(*)**
Risparmio gestito	L'**opzione** può essere esercitata, con apposita comunicazione, contestualmente alla stipula del contratto o all'instaurazione del rapporto oppure alla conclusione del primo contratto da cui trae origine l'intervento dell'intermediario. Ha **effetto** immediato
(*) Per i contratti **già posseduti al** 1° luglio 1998, il costo di acquisto può essere determinato con le regole esposte al n. 11538.	

11554 Sul reddito si applica l'**imposta sostitutiva** pari al 26%.
Non sono deducibili le eventuali **minusvalenze** conseguite.

---

d. Cripto-attività

(art. 67 c. 1 lett. c sexies DPR 917/86)

11570 Per cripto-attività **si intende** una rappresentazione digitale di valore o di diritti che possono essere trasferiti e memorizzati elettronicamente, utilizzando la tecnologia di registro distribuito o una tecnologia analoga.
Le **plusvalenze** e gli **altri proventi** realizzati mediante rimborso o cessione a titolo oneroso, permuta o detenzione di cripto-attività, comunque denominate, non inferiori complessivamente a 2.000 euro nel periodo d'imposta, costituiscono redditi diversi.
Le **minusvalenze** sono rilevanti secondo quanto di seguito riportato.
È irrilevante la **permuta tra cripto-attività aventi eguali caratteristiche** e funzioni.

11573 Le plusvalenze e minusvalenze sono **costituite dalla** differenza tra il corrispettivo percepito ovvero il valore normale delle cripto-attività permutate e il costo o il valore di acquisto.
Le plusvalenze sono sommate algebricamente alle relative minusvalenze e:
– le **plusvalenze** superiori a 2.000 euro nel periodo d'imposta sono soggette a imposta sostitutiva con aliquota del 26% senza alcuna deduzione;
– le **minusvalenze** superiori alle plusvalenze, per un importo superiore a 2.000 euro, sono riportate per l'eccedenza in deduzione integralmente dall'ammontare delle plusvalenze dei periodi successivi, ma non oltre il 4°, a condizione che sia indicata nella dichiarazione dei redditi relativa al periodo di imposta nel quale le minusvalenze sono state realizzate.
Il contribuente può fare **opzione** per l'applicazione dell'imposta sostitutiva su ciascuna plusvalenza o altro reddito diverso realizzato.
L'opzione può essere resa agli operatori non finanziari (v. art. 6 D.Lgs. 461/97).

> **Precisazioni** 1) Nel caso di acquisto per **successione**, si assume come costo il valore definito o, in mancanza, quello dichiarato agli effetti dell'imposta di successione; nel caso di acquisto per **donazione** si assume come costo il costo del donante.
> 2) Il **costo o valore di acquisto è documentato** con elementi certi e precisi a cura del contribuente; in mancanza il costo è pari a zero.
> 3) Le plusvalenze relative a **operazioni** su cripto-attività, eseguite **prima del 1° gennaio 2023** si considerano realizzate e le relative minusvalenze possono essere portate in deduzione. Per la determinazione della plusvalenza, v. art. 68 c. 6 DPR 917/86.

11575 Per ciascuna cripto-attività **posseduta al 1° gennaio 2023** è possibile affrancarne il valore versando, **entro** il 30 giugno 2023, un'imposta sostitutiva del 14% sul valore normale dell'attività (art. 1 c. 133 e s. L. 197/2022).
L'imposta sostitutiva può essere rateizzata in 3 rate annuali sempre con scadenza 30 giugno. Sulle rate successive alla prima sono dovuti gli interessi nella misura del 3% annuo.
L'affrancamento non consente emersione di **minusvalenze** rilevanti.

SEZIONE 2

Redditi prodotti all'estero

In questa sezione si analizzano i redditi prodotti all'estero e percepiti da soggetti **residenti** in Italia. Per i redditi prodotti in Italia e percepiti da soggetti **non** residenti v. n. 12400. 12390

In tutti i casi, è fatta salva la possibilità di applicare:
- le **Convenzioni internazionali**, se contenenti disposizioni più favorevoli (v. n. 95450 e s.);
- le disposizioni particolari relative alla disciplina **Controlled Foreign Companies** (**CFC**) (v. n. 21938 e s.).

Si tratta, a titolo esemplificativo, dei redditi indicati in **tabella**. 12392

Redditi di fonte estera (1)
– interessi su obbligazioni estere, su conti correnti e depositi esteri e derivanti da beni che si trovano all'estero – interessi derivanti dai titoli di debito pubblico dello Stato italiano e da quelli con regime fiscale equiparato emessi all'estero (dal 10 settembre 1992) – proventi (utili) derivanti dalla partecipazione in società ed enti non residenti – proventi derivanti dalla partecipazione a fondi comuni UE di diritto estero non collocati in Italia – proventi derivanti da operazioni di riporto, pronti contro termine su titoli e valute, corrisposti da soggetti non residenti – proventi derivanti da mutuo di titoli garantito – proventi compresi nei capitali corrisposti in dipendenza di contratti di assicurazione sulla vita e di capitalizzazione stipulati con un'assicurazione estera – redditi (interessi, premi o altri proventi) compresi in modo sia implicito sia esplicito nel corrispettivo stabilito per la cessione di titoli obbligazionari e simili a soggetti non residenti – redditi imputati per trasparenza da trust non residenti a beneficiari individuati residenti, nonché redditi corrisposti da trust e istituti aventi analogo contenuto, stabiliti in paradisi fiscali a beneficiari residenti (individuati o non individuati) (art. 44 c. 1 lett. g sexies DPR 917/86) **(2)**
(1) Rileva il soggetto debitore (cioè il mutuatario o depositario, l'emittente delle obbligazioni o delle azioni, ecc.) e non già il soggetto incaricato del mero pagamento: il reddito non può considerarsi prodotto nel territorio dello Stato se è pagato da una banca residente, ma per incarico di un debitore non residente. **(2)** Se non è possibile distinguere tra reddito e patrimonio, l'intero ammontare percepito dal beneficiario residente costituisce reddito (art. 45 c. 4 quater DPR 917/86).

A. Partecipazioni in società ed enti

1. Utili

REGOLA GENERALE Se percepiti da persone fisiche residenti costituiscono **redditi di capitale**: 12400
- **imponibili** indipendentemente dal luogo della loro percezione (art. 3 c. 1 DPR 917/86);
- **tassati** con modalità diversa a seconda che vi sia o meno l'intervento di intermediari nell'amministrazione o nell'incasso dei redditi (vedi **tabella**).

Intermediari (1)	Disciplina	Fonte
Presenza	– i redditi percepiti sono assoggettati a **ritenuta d'imposta** del 26% operata dagli intermediari; – i redditi non vanno indicati in dichiarazione dei redditi **(2)**	art. 26 c. 3 DPR 600/73
Assenza	– i redditi percepiti sono assoggettati a **imposta sostitutiva**, con l'applicazione della medesima **aliquota** dell'imposta sostitutiva di cui al n. 11215, relativa al tipo di reddito di capitale a cui corrisponde quello di provenienza estera; – si può **optare** per l'**imposizione ordinaria**: spetta il credito d'imposta per i redditi prodotti all'estero (v. n. 95090);	art. 18 DPR 917/86

Intermediari (1)	Disciplina	Fonte
	– i redditi vanno indicati in **dichiarazione dei redditi** (quadro RM) cui consegue il versamento dell'imposta sostitutiva o di quella ordinaria	

(1) Sono **intermediari**:
– aziende di credito abilitate e istituti di credito speciale abilitati (DPR 148/88);
– società finanziarie, società di intermediazione mobiliare (SIM), società fiduciarie, società di gestione accentrata di strumenti finanziari;
– intermediari diversi dai precedenti, che per motivi professionali effettuano o intervengono nei trasferimenti da e per l'estero.
(2) Il reddito potrebbe scontare anche la **ritenuta estera**, la cui misura potrebbe essere limitata dalle norme Convenzionali (v. n. 95510 e s.).

12450 **UTILI DA PARTECIPAZIONE** (art. 27 c. 4 e 4 bis DPR 600/73, Circ. AE 16 giugno 2004 n. 26/E, Circ. AE 6 ottobre 2010 n. 51/E) Sono assoggettati con le stesse modalità illustrate nella tabella di cui al n. 12400.
Se percepiti da **imprenditori individuali**, v. n. 5160.
Sono tassati con modalità diversa a seconda che siano percepiti da società residenti o meno in **paradisi fiscali** (per la definizione in presenza di controllo v. n. 21916 e s. e in mancanza v. n. 21950 e s.) o da **CFC**.

12460 **Da società non residenti in paradisi fiscali** Sono tassati con modalità diverse a seconda che siano prodotti prima o dopo il 2018 (v. n. 11060 e s.). Per gli utili prodotti:
1) **fino al 31 dicembre 2017** e distribuiti (con delibera) entro il 31 dicembre 2022, occorre distinguere le partecipazioni qualificate dalle non qualificate (art. 1 c. 1006 L. 205/2017);
2) **dal 1° gennaio 2018**, sempreché la remunerazione sia totalmente indeducibile per la società emittente e a prescindere che la partecipazione sia qualificata o non, si applica:
– in **presenza** di **intermediari**, una ritenuta a titolo d'imposta del 26% sull'intero ammontare degli utili percepiti (al netto delle eventuali ritenute applicate nello Stato estero, c.d. «netto frontiera»);
– in **assenza** di intermediari, un'imposta sostitutiva nella stessa misura della ritenuta a titolo di imposta di cui sopra. Vanno inseriti nel quadro RM della dichiarazione dei redditi, indicando nel rigo RM12 (colonna 3), l'ammontare del reddito **al lordo** di eventuali ritenute subite nello Stato estero Denuncia AIDC 3 dicembre 2020 n. 15).

12465 **Da società residenti in paradisi fiscali** (art. 47 c. 4 DPR 917/86) Gli utili da partecipazione sono integralmente imponibili per il percettore tramite una ritenuta a titolo di acconto del 26% operata dagli intermediari. Le diverse casistiche con la relativa tassazione sono indicate in **tabella**.

Utili da partecipazioni	Tassazione
Se la società è quotata in **mercati regolamentati** (come definiti al n. 22590)	concorso integrale dell'utile alla formazione del reddito imponibile con ritenuta d'imposta del 26%
Per cui si dimostra, anche mediante interpello **(1)**, che, sin dal primo periodo di possesso della partecipazione:	
– il soggetto non residente svolge **un'attività economica effettiva**, mediante l'impiego di personale, attrezzature, attivi e locali **(2)**	concorso integrale dell'utile alla formazione del reddito imponibile con ritenuta **d'acconto** del 26% e obbligo di presentazione della dichiarazione dei redditi per il percettore **(3)**
oppure	
– **non** è stato conseguito l'effetto di **localizzare i redditi** in un paradiso fiscale	concorso integrale dell'utile alla formazione del reddito imponibile con ritenuta d'imposta del 26% **(3)**
Corrisposti al socio italiano che ha **partecipazioni di controllo** (v. n. 21908), anche di fatto, diretto o indiretto, in società con sede in Stati non considerati paradisi fiscali che però partecipano in soggetti residenti in paradisi fiscali **(4)**	concorso integrale dell'utile alla formazione del reddito imponibile con ritenuta **d'acconto** del 26%

(1) Se **non è stato presentato interpello o se**, avendolo presentato, **non è stata ottenuta risposta favorevole**, la percezione degli utili deve essere segnalata in dichiarazione dei redditi.
(2) Se lo svolgimento dell'attività è dimostrato dal socio italiano (o dalle sue controllate residenti che percepiscono gli utili) spetta un **credito per le imposte assolte all'estero** con le modalità illustrate al n. 21934 e s.
(3) La ritenuta si applica al netto delle eventuali **ritenute già applicate dallo Stato estero** (art. 27 c. 4 bis DPR 600/73).
(4) La **provenienza degli utili** va documentata dalla holding, in mancanza, gli utili provenienti da paradisi fiscali si considerano distribuiti, in via prioritaria e fino a concorrenza. Lo stesso vale per le distribuzioni di poste patrimoniali formate con utili pregressi.

Da CFC Gli utili distribuiti, in qualsiasi forma, dalla CFC non concorrono alla formazione del reddito del socio italiano fino a concorrenza dei redditi assoggettati a tassazione per trasparenza, anche nei periodi d'imposta precedenti (v. n. 21942 e s.). **12467**

DA ASSOCIAZIONE IN PARTECIPAZIONE E CONTRATTI DI COINTERESSENZA Per gli utili percepiti dagli associati in partecipazione o dai partecipanti ai contratti di cointeressenza, che apportano **solo** capitale o capitale e lavoro, si applicano le regole previste di cui al n. 11145 e s., a condizione che la **remunerazione** risultante da apposita dichiarazione dell'associante o da elementi certi e precisi sia totalmente **indeducibile** per lo stesso (art. 44 c. 2 lett. a DPR 917/86). **12490**
Se la remunerazione è **deducibile** per l'associante, anche solo parzialmente, si applica la ritenuta d'acconto del 26% sull'intero ammontare (art. 27 c. 3 DPR 600/73), indipendentemente dal valore dell'apporto.

---

2. Cessione partecipazione

Sono tassate con il sistema del regime della dichiarazione e concorrono a determinare il reddito globale di periodo con le modalità indicate al n. 11171. **12496**

B. Altri proventi finanziari

INTERESSI DA TITOLI PUBBLICI Per gli interessi e altri proventi delle obbligazioni - che prevedono il rimborso a scadenza di una somma almeno pari a quella mutuata (v. n. 11205) - emesse dagli Stati che consentono un adeguato scambio di informazioni (v. n. 99115), gli intermediari che intervengono nella riscossione o nei trasferimenti (anche in qualità di acquirenti) applicano, nei confronti dei c.d. nettisti (soggetti che percepiscono i proventi al netto della ritenuta), un'**imposta sostitutiva** del 12,50%, indipendentemente dalla scadenza, inferiore o superiore a 18 mesi dall'emissione (art. 2 c. 7 DL 138/2011 conv. in L. 148/2011). Si applica il regime illustrato al n. 11250 e l'imposta si applica sulla parte degli interessi maturata nel periodo di possesso. **12497**

INTERESSI DA OBBLIGAZIONI E TITOLI SIMILARI (art. 2 c. 1 bis D.Lgs. 239/96) Per gli interessi e altri proventi delle obbligazioni e titoli similari, emessi all'estero, gli intermediari che intervengono nella riscossione o nei trasferimenti (anche in qualità di acquirenti) applicano, nei confronti dei c.d. nettisti (soggetti che percepiscono i proventi al netto della ritenuta), un'**imposta sostitutiva** del 26%. L'imposta è applicata anche in occasione dei prelievi dai depositi costituiti presso gli intermediari. Si applica il regime illustrato al n. 11215 e l'imposta si applica sulla parte degli interessi maturata nel periodo di possesso. **12498**
Anche il **prelievo materiale** dei titoli dai depositi costituiti presso gli intermediari rappresenta un'ipotesi di tassazione.
Tali redditi vanno dichiarati nel quadro RM.

> In caso di operazioni di **riporto** o di **pronti contro termine** aventi per oggetto i titoli esteri soggetti ad imposta sostitutiva, sui relativi interessi non si applica la ritenuta di cui al n. 11470.

12500 **FONDI COMUNI D'INVESTIMENTO DI DIRITTO ESTERO** Per i proventi derivanti da tali fondi (denominati tecnicamente Organismi di investimento collettivo in valori mobiliari, **O.I.C.V.M.**) occorre distinguere tra le varie tipologie, in relazione alle quali sono tuttavia previste disposizioni comuni.

12505 **Disposizioni comuni** Accanto alle norme specifiche illustrate nella **tabella** seguente, a tutti i fondi esteri si applica anche la disposizione, prevista per i fondi comuni d'investimento nazionale, che comprende fra i redditi di capitale i proventi percepiti a seguito di **cessione, riscatto o liquidazione di quote** dei fondi (v. n. 11345). Tuttavia, in caso di **minusvalenza**, la stessa è integralmente deducibile (anche per la parte in cui sia riferibile alla partecipazione al fondo).

In caso di percezione di un **provento in valuta estera** rileva soltanto il cambio alla data in cui il provento stesso è percepito (Circ. Min. 24 giugno 1998 n. 165/E).

12506

Fondi comuni d'investimento di diritto estero

Tipologia	Disciplina	Fonte
A) OICVM di diritto estero situati nei Paesi UE, nei Paesi SEE e in quelli inclusi nella «white list»: – **conformi** alla Dir. 2009/65/CE – **non conformi** ma il cui gestore è soggetto a vigilanza nei Paesi ove sono istituiti **(1)**	I proventi percepiti da persone fisiche residenti non imprenditori sono soggetti alla **ritenuta** a titolo d'imposta del 26% (proventi relativi a imprese, società o enti commerciali: ritenuta a titolo d'acconto). La ritenuta **si applica a (2)**: – eventuali utili distribuiti in costanza di partecipazione al fondo (cioè sui proventi derivanti dal possesso del titolo); – differenza tra il valore di riscatto, di cessione o di liquidazione delle quote o azioni e il costo medio ponderato di sottoscrizione o acquisto (cioè sulla plusvalenza realizzata in occasione del riscatto o della cessione del titolo) **(3)**. Il valore o costo delle quote o azioni è rilevato dai prospetti periodici **(4)**. Se le quote sono **collocate nel territorio dello Stato**, la ritenuta deve essere operata dai soggetti residenti incaricati del pagamento dei proventi o del riacquisto o negoziazione delle quote o azioni. Se sono collocate **all'estero** o comunque i relativi proventi sono conseguiti all'estero, la ritenuta è applicata dai sostituti d'imposta che intervengono nella riscossione	art. 10 ter c. 1 e 2 L. 77/83, art. 7 c. 3 DL 351/2001 conv. in L. 410/2001, Circ. AE 4 giugno 2013 n. 19/E e Provv. AE 16 dicembre 2011
B) Altri fondi comuni di diritto estero (OICVM non armonizzati e non sottoposti a vigilanza)	I proventi concorrono a formare il reddito imponibile dei partecipanti, sia che vengano percepiti sotto forma di utili distribuiti, sia che vengano percepiti quale differenza tra il valore di riscatto o di cessione delle quote o azioni ed il costo medio ponderato di sottoscrizione o di acquisto **(3)**. Il valore o costo delle quote o azioni è rilevato dai prospetti periodici. Se percepiti in Italia tramite soggetti residenti incaricati del pagamento degli utili, del riacquisto o della negoziazione delle quote o azioni, tali soggetti devono operare una **ritenuta** a titolo d'acconto del 26%. Tali proventi concorrono alla formazione del reddito imponibile del partecipante. Non è prevista l'applicazione della tassazione separata	art. 10 ter c. 6 L. 77/83, Circ. AE 4 giugno 2013 n. 19/E

(1) L'essere soggetto a vigilanza può essere attestato anche attraverso strumenti alternativi (es. per un fondo delle Cayman è sufficiente la registrazione del relativo gestore statunitense presso la Sec - Ris. AE 27 giugno 2017 n. 78/E).

(2) Ai redditi derivanti da quote immesse in rapporti di risparmio gestito, fondi mobiliari italiani e fondi pensione non si applica la ritenuta.

(3) È assimilato agli **eventi realizzativi** di cui sopra il trasferimento di quote o azioni a diverso intestatario, anche se il trasferimento è avvenuto per successione o donazione. Rilevano le operazioni di **switch**.

(4) La quota di proventi riferibili ai titoli di debito pubblico ed equiparati e delle obbligazioni emesse dagli Stati inclusi che consentono lo scambio di informazioni (v. n. 99115) rileva per il 48,08% del loro ammontare (v. n. 11335).

ASSICURAZIONI SULLA VITA (art. 26 ter c. 3 DPR 600/73) I redditi derivanti da contratti di assicurazione sulla vita stipulati con **imprese assicuratrici non residenti** sono soggetti a discipline variabili a seconda del luogo di riscossione. 12520
Se sono **percepiti direttamente all'estero** (senza l'intervento di intermediari residenti), sono soggetti a imposta sostitutiva del 26% (per i redditi maturati dal 1° luglio 2014; per quelli maturati in precedenza, v. aliquote in **tabella** n. 11405). Devono essere esposti in dichiarazione dei redditi (quadro RM) e in tale occasione va versata l'imposta sostitutiva (Risp. AE 23 luglio 2019 n. 300).
È possibile optare per l'imposizione ordinaria; in tal caso spetta il credito d'imposta per i redditi prodotti all'estero (v. n. 95090).

Se i redditi sono percepiti **in Italia**, l'impresa estera ivi operante può **optare** nel Mod. 770, in relazione a tutte le polizze in essere, per l'applicazione dell'imposta sostitutiva. L'imposta sostitutiva è applicata direttamente dall'impresa estera o tramite un suo rappresentante fiscale avente la natura di sostituto d'imposta che risponde in solido con l'impresa estera per gli obblighi di determinazione e versamento dell'imposta. 12525
In **assenza** di opzione, l'imposta sostitutiva va applicata dagli intermediari finanziari residenti attraverso cui sono riscossi i redditi (per lo più, banche e società fiduciarie). Per consentire il corretto adempimento di tale obbligo, l'intermediario deve avere la documentazione necessaria per individuare la base imponibile da assoggettare a tassazione. A tal fine il contribuente deve fornirgli i dati necessari per il calcolo dell'imposta dovuta (importo dei premi versati, durata della polizza, data di stipula del contratto, composizione del patrimonio investito, ecc.) sulla base dei rendiconti ricevuti dalla compagnia estera (Circ. AE 31 ottobre 2012 n. 41/E).

CAPITOLO 7

Diversi

SOMMARIO

Si tratta di una categoria residuale di redditi percepiti da persone fisiche che non svolgono abitualmente un'attività professionale o imprenditoriale e che, per la carenza di alcuni requisiti, non possono rientrare nelle altre categorie (es. esercizio occasionale di attività commerciali o di lavoro autonomo). **13000**
Sono tassativamente elencati dalla legge (artt. 67-71 DPR 917/86).
Alcuni di essi, indicati in **tabella**, sono esaminati nei capitoli relativi alle categorie reddituali più prossime.

Redditi		V. n.
attività occasionali	commerciali	6670
	lavoro autonomo	10700
	agricole	6200-6205
indennità di trasferta e rimborsi spese a sportivi dilettanti		10715
sfruttamento opere dell'ingegno		10700
operazioni straordinarie	plusvalenze in casi particolari di cessione di azienda	89170-89190
	affitto o usufrutto d'azienda	90410
	plusvalenze realizzate a seguito di trasformazione eterogenea	91155
immobili situati all'estero		75660 e s.
proventi di natura illecita		655 e s.

SEZIONE 1

Plusvalenze da cessione

Sono redditi diversi le plusvalenze derivanti dalla cessione a titolo oneroso di fabbricati e terreni, al ricorrere di determinate condizioni di volta in volta indicate (art. 67 c. 1 lett. a-b DPR 917/86). **13010**
Rientrano nel concetto di cessione a titolo oneroso (art. 9 c. 5 DPR 917/86): **conferimento** in società; **permuta**; costituzione o trasferimento di **diritti reali di godimento** (per l'usufrutto v. n. 14650).

In caso di **esproprio o occupazione** di terreni v. n. 13250 e s.

I. Fabbricati

13020 **DEFINIZIONE** **Sono** le plusvalenze derivanti dalla cessione a titolo oneroso dei **seguenti** fabbricati, anche se situati all'estero (art. 67 c. 1 lett. b DPR 917/86):
– acquistati o costruiti da non più di 5 anni;
– in caso di donazione il quinquennio si calcola dalla data di acquisto del donante.
Per il **calcolo** del **quinquennio** v. n. 13030.
In caso di **cessione a terzi di un preliminare** di compravendita, l'eventuale maggiore somma incassata dal promissario acquirente è tassata (Ris. AE 19 gennaio 2015 n. 6/E).
In caso di cessione di fabbricati costruiti su **terreni precedentemente lottizzati** da parte del cedente, v. n. 13200 e s.

Secondo consolidata Cassazione, la cessione di un qualunque fabbricato (anche se **da demolire od oggetto di** un **piano di recupero**) non può mai essere considerata come cessione di terreno fabbricabile, essendo il terreno già edificato (Cass. 12 febbraio 2020 n. 3380, Cass. 6 settembre 2019 n. 22409, Cass. 21 luglio 2019 n. 19642, Cass. 21 febbraio 2019 n. 5088, Cass. 9 luglio 2014 n. 15629 e Cass. 21 febbraio 2014 n. 4150). Dello stesso avviso è la recente AE (Circ. AE 29 luglio 2020 n. 23/E).

13025 **Non generano plusvalenze** le cessioni di fabbricati (art. 67 c. 1 lett. b DPR 917/86):
– acquisiti per successione o usucapione (Ris. AE 31 marzo 2003 n. 78/E);
– che, per la maggior parte del periodo intercorso tra l'acquisto/costruzione e la cessione, anche inferiore a 5 anni, sono stati adibiti ad abitazione principale del cedente o dei suoi familiari (comprese le pertinenze cedute congiuntamente - Risp. AE 22 novembre 2018 n. 83). Se l'abitazione principale è stata **in parte locata a terzi**, va tassato solo il corrispettivo relativo alla parte locata, determinato sulla base dei mq destinati alla locazione (Cass. pen. 7 settembre 2016 n. 37169).

> Precisazioni 1) Per la definizione di **abitazione principale** v. n. 1368.
2) Se in caso di **lesione** dei **diritti** di **legittima** si rinuncia all'azione di riduzione con atto di transazione a fronte del ricevimento di un fabbricato, in caso di cessione del fabbricato l'eventuale plusvalenza è tassata (Risp. AE 27 dicembre 2018 n. 129).

13030 Calcolo del quinquennio

Fabbricati		Quinquennio decorre da	Fonte
costruiti	rustici non ultimati ma esistenti ai fini civilistici (con mura perimetrali e copertura completata - art. 2645 bis c. 6 c.c.)	realizzazione	Ris. AE 28 gennaio 2009 n. 23/E
	tutti gli altri	ultimazione della costruzione, indipendentemente da accatastamento o data di certificazione rilasciata in sede di collaudo	Ris. AE 6 giugno 2008 n. 231/E
concessi **in usufrutto**		– in caso di morte dell'usufruttuario, acquisto nuda proprietà	Ris. AE 30 maggio 2008 n. 218/E
		– in caso di acquisto della nuda proprietà e poi del diritto di usufrutto da parte del nudo proprietario, occorre considerare separatamente la data di acquisto della nuda proprietà e quella dell'usufrutto **(1)**	Ris. AE 20 luglio 2009 n. 188/E
acquistati **con riserva di proprietà**		pagamento dell'ultima rata **(2)**	Ris. AE 30 gennaio 2009 n. 28/E
rientrati nella titolarità del donante a seguito di risoluzione di precedente **donazione**		quando è stato stipulato l'originario atto di acquisto da parte del donante	Ris. AE 14 febbraio 2014 n. 20/E

(1) Il calcolo della plusvalenza va effettuato valutando separatamente la nuda proprietà e l'usufrutto, determinati applicando al prezzo di vendita i coefficienti previsti ai fini dell'imposta di registro (come illustrato al n. 71630).
(2) Per il cedente, si considera invece il momento di stipula dell'atto (Cass. 27 giugno 2019 n. 17264).

DETERMINAZIONE DELLA PLUSVALENZA (art. 68 c. 1 DPR 917/86) La plusvalenza è data dalla **differenza tra** il corrispettivo incassato e il costo di acquisizione aumentato delle spese inerenti documentate. 13035
Il **costo di acquisizione e** le **spese inerenti** sono determinati diversamente a seconda delle modalità di acquisizione del fabbricato, come indicato in **tabella**.
In caso di **riscossione** del corrispettivo **in più anni** v. n. 13040.

Modalità di acquisizione	Costo	Spese inerenti
acquisto	prezzo di acquisto	– costi relativi all'acquisto (oneri fiscali - imposte di registro, ipotecaria e catastale - spese notarili, di mediazione, ecc.) – spese incrementative della consistenza economica o del valore del bene (manutenzioni straordinarie, di liberazione da servitù o vincoli, ecc.) **(1) (2)**
costruzione	oneri sostenuti per costruzione (costo dell'appalto, oneri di progettazione e di urbanizzazione, ecc.)	– spese per demolire le costruzioni esistenti sull'area da edificare, per liberare l'immobile da servitù o altri vincoli e oneri tributari – manutenzioni straordinarie eseguite dopo la costruzione **(1) (2)**
donazione	prezzo di acquisto o costo di produzione sostenuto dal donante	oneri e spese sostenuti dal donante al momento dell'acquisto o della costruzione come specificato sopra

(1) v. Cass. 22 giugno 2018 n. 16538.
(2) Vi rientrano anche le spese incrementative sostenute dal Condominio e imputate al proprietario e anche se hanno dato diritto a detrazione fiscale o a sconto in fattura (es. per superbonus) (Risp. AE 24 marzo 2021 n. 204).

>**Precisazioni** 1) In caso di **corrispettivo in natura** (es. permuta), si considera il valore normale.
2) In caso di cessione dei **fabbricati assegnati da società di comodo** a seguito di scioglimento (in base alla L. 449/97), il costo di acquisto è pari al valore indicato nell'ultimo bilancio approvato dalla società sciolta. La regola dovrebbe valere anche per lo scioglimento agevolato in base alla L. 296/2006.

La plusvalenza è imponibile nell'anno in cui è percepito il corrispettivo (c.d. **principio di cassa**). In caso di riscossione **in più anni**, la plusvalenza è determinata in base a quanto percepito (art. 68 c. 7 lett. f DPR 917/86). Il **costo d'acquisizione** e gli **altri costi** sono dedotti in proporzione. 13040

ESEMPIO
Acquistato fabbricato nel 20XX per 300.000
Imposta di registro pagata: 10.000
Spese notarili e accessorie sostenute all'atto dell'acquisto: 5.000
Costi per manutenzioni straordinarie: 80.000
Spesa totale sostenuta: 395.000
Cessione del fabbricato nel 20XX+2 per 500.000, di cui 400.000 percepite nel 20XX+2 e 100.000 nel 20XX+3
Ripartizione delle spese

Anno	Corrispettivo incassato	Percentuale corrispettivo incassato nell'anno	Spese deducibili (1)	Plusvalenza imponibile (2)
20XX+2	400.000	80%	316.000	84.000
20XX+3	100.000	20%	79.000	21.000

(1) Così determinate: spese totali × percentuale prezzo incassato nell'anno.
(2) Così determinata: corrispettivo incassato – spese deducibili.

Se il corrispettivo è **percepito prima della cessione** del bene (es. nell'anno precedente a quello in cui è stipulato il rogito notarile), la plusvalenza è imponibile nell'anno in cui vi è il passaggio di proprietà (Cass. 24 luglio 2013 n. 17960). 13045

TASSAZIONE La plusvalenza **concorre**, in sede di dichiarazione annuale, alla determinazione del reddito imponibile con gli altri eventuali redditi del venditore ed è assoggettata a tassazione ordinaria. 13050

13055 **In alternativa**, il venditore può **optare** per l'applicazione di un'**imposta sostitutiva** pari al 26%, tramite dichiarazione resa al notaio all'atto della cessione (art. 1 c. 496 L. 266/2005). Il **notaio**, entro 30 giorni dalla stipula della compravendita, deve in via telematica:
- **versare** l'imposta sostitutiva applicata sull'intero importo della plusvalenza (anche in caso di incasso frazionato);
- **presentare** all'AE un apposito modello contenente i dati relativi alla cessione, insieme al contratto di compravendita da registrare (il modello è contenuto nel Provv. AE 12 gennaio 2007 n. 133524).

In caso di opzione l'AF **non** può **rettificare** la dichiarazione presentata (art. 1 c. 498 L. 266/2005).

>**Precisazioni** 1) Nel caso di **più venditori**, l'opzione può essere esercitata solo da quello che vi ha interesse (Circ. AE 13 febbraio 2006 n. 6/E).
2) Se il fabbricato è **situato all'estero**, il venditore può optare solo se la vendita è stipulata tramite un notaio italiano. Se l'atto è formato all'estero e il notaio italiano interviene solo a legalizzarlo per il riconoscimento in Italia, l'opzione non è esercitabile (Ris. AE 21 giugno 2007 n. 143/E).

II. Terreni

13100 Si distingue a seconda che si tratti di terreni edificabili o non edificabili.
Sono trattati a parte i casi particolari riguardanti la cessione di terreni soggetti a **lottizzazione o** a **esecuzione di opere per** l'**edificabilità**, nonché l'**esproprio e** l'**occupazione** (v. n. 13200 e s.).

A. Edificabili

13120 Per terreno edificabile **si intende** il terreno utilizzabile a scopo edificatorio in base allo strumento urbanistico generale adottato dal comune, indipendentemente dall'approvazione della regione e dall'adozione di strumenti attuativi (art. 35 c. 2 DL 223/2006 conv. in L. 248/2006). Se è approvato un piano regionale che qualifica il terreno in senso difforme da quanto disposto dal comune, il piano regionale prevale (Ris. AE 2 dicembre 2008 n. 460/E).
Le plusvalenze derivanti dalla cessione a titolo oneroso di un terreno edificabile sono sempre **imponibili**, anche se il terreno è acquisito a seguito di successione o donazione e a prescindere dalla durata del possesso (art. 67 c. 1 lett. b DPR 917/86).

Vi rientrano anche le cessioni effettuate da **imprenditori agricoli** (Ris. AE 7 maggio 2002 n. 137/E).

13125 **DETERMINAZIONE DELLA PLUSVALENZA** (art. 68 c. 1 e 2 DPR 917/86) Si rinvia a quanto illustrato per i fabbricati (v. n. 13035 e s.), con la **particolarità** che il costo d'acquisto e le spese inerenti sono determinati in modo diverso a seconda delle modalità con cui il terreno è stato acquisito o nel caso in cui è stato oggetto di rivalutazione, come indicato in **tabella**.

Terreno		Determinazione del costo
acquisito:	a titolo oneroso	costo d'acquisto più spese inerenti (es. imposta di registro e imposte ipo-catastali pagate all'acquisto, spese notarili, oneri di urbanizzazione), rivalutati in base alla variazione dell'indice ISTAT dei prezzi al consumo
	a titolo gratuito per successione o donazione	valore dichiarato nelle relative denunce aumentato delle spese inerenti, comprensive di eventuali imposte di successione e donazione (Circ. AE 6 novembre 2002 n. 81/E), rivalutato in base alla variazione dell'indice ISTAT (C.Cost. 9 luglio 2002 n. 328)
	per usucapione	valore venale del bene alla data in cui è passata in giudicato la sentenza dichiarativa dell'usucapione (Ris. AE 31 marzo 2003 n. 78/E)
rivalutato in base ad apposite leggi di rivalutazione (v. par. seguenti)		valore della perizia giurata di stima, rivalutato in base alla variazione dell'indice ISTAT in caso di cessione negli anni successivi alla rivalutazione (Circ. AE 13 febbraio 2006 n. 6/E)

In caso di **permuta** di un terreno edificabile in cambio della realizzazione e consegna futura di un fabbricato finito, la plusvalenza è tassata nel momento in cui il fabbricato viene a esistenza, a nulla rilevando la data dell'atto di identificazione catastale (Cass. 23 febbraio 2017 n. 4711).

Rivalutazione (art. 1 c. 108 L. 197/2022, art. 2 c. 2 DL 282/2002 conv. in L. 27/2003 e art. 7 L. 448/2001) È possibile rivalutare i terreni **posseduti al** 1° gennaio 2023. **13130**
A tal fine occorre richiedere un'apposita **perizia** giurata di stima a uno dei seguenti soggetti:
– iscritti all'albo degli architetti, ingegneri, geometri, dottori agronomi, agrotecnici, periti agrari e periti industriali edili;
– periti regolarmente iscritti alle CCIAA (art. 1 c. 428 L. 311/2004).
La perizia va **redatta entro** il 15 novembre 2023 (prima della cessione). Secondo la giurisprudenza consolidata della Cassazione e l'AE, possono **asseverarla** anche successivamente all'atto di vendita (Cass. 14 maggio 2014 n. 10561, Cass. 9 maggio 2013 n. 11062, Cass. 13 dicembre 2012 n. 22990, Cass. 30 dicembre 2011 n. 30729 e Ris. AE 27 maggio 2015 n. 53/E).

Il **valore di perizia** deve essere assoggettato a **imposta sostitutiva** delle imposte sui redditi pari al 16%, da versare tramite Mod. F24 in unica soluzione entro il 15 novembre 2023 oppure in 3 rate annuali di pari importo a partire da tale data (cod. trib. 8056 - Ris. AE 25 maggio 2006 n. 75/E). Sulle rate successive alla prima si applicano gli interessi pari al 3% annuo. **13135**
La rivalutazione **si perfeziona** con il versamento dell'intera imposta sostitutiva o della prima rata (Cass. 1° dicembre 2020 n. 27387, Cass. 12 marzo 2018 n. 5981, Cass. 15 luglio 2016 n. 14491, Cass. 20 febbraio 2015 n. 3410, Circ. AE 22 gennaio 2021 n. 1/E).

Il valore di perizia costituisce **valore normale minimo** di riferimento ai fini delle imposte sui redditi (nonché dell'imposta di registro e delle imposte ipotecaria e catastale). **13137**
Nel calcolo della plusvalenza tale valore va incrementato del **costo** della **perizia** rimasto a carico del titolare del terreno e da questi sostenuto.
Questi non è obbligato a indicare nell'atto di cessione il valore di perizia né a stabilire un corrispettivo di cessione pari o superiore a detto valore (Cass. SU 31 gennaio 2020 n. 2321 e n. 2322).

›Precisazioni 1) Se dopo la perizia sopraggiungono fatti che rendono il valore di perizia **non più attuale** (es. il terreno ha subito un deprezzamento per cause naturali), il contribuente può discostarsene, evidenziandone la causa nell'atto di vendita (Circ. AE 1° febbraio 2002 n. 15/E e Circ. AE 4 agosto 2004 n. 35/E).
2) Il contribuente deve **conservare ed esibire**, a richiesta dell'AF: perizia, dati identificativi dell'estensore, codice fiscale del titolare del bene periziato, ricevute di versamento dell'imposta.

TASSAZIONE (art. 17 c. 1 lett. g bis e 3 DPR 917/86) Le plusvalenze sono soggette a tassazione **separata** (v. n. 3320), salvo che si opti per la tassazione **ordinaria** nella dichiarazione dei redditi. **13145**

CASI PARTICOLARI Diritto di superficie (Cass. 4 luglio 2014 n. 15333 e Circ. AE 20 aprile 2018 n. 6/E) La cessione del diritto di superficie **realizza** sempre una plusvalenza, determinata come differenza tra corrispettivo percepito e costo di acquisto del diritto. **13150**
Se il diritto è concesso **senza un precedente acquisto** a titolo oneroso, il costo di acquisto si stabilisce in base a un criterio proporzionale: rapporto fra valore complessivo attuale del terreno edificabile e corrispettivo percepito per la costituzione del diritto di superficie, da applicare al costo originario di acquisto del terreno.

Cubatura (Norma di comportamento AIDC 30 ottobre 2013 n. 189 e Ris. AE 20 agosto 2009 n. 233/E) La cessione di cubatura **è** un contratto tra due o più proprietari di aree limitrofe, mediante il quale uno cede agli altri, in tutto o in parte, un volume del proprio spazio edificabile, così che questi possano utilizzarlo per l'edificazione. È assimilata alla costituzione e cessione di un diritto reale atipico di godimento su cosa altrui e, pertanto, la relativa plusvalenza è tassabile. **13155**
Per il **calcolo** della plusvalenza occorre scorporare dal costo di acquisto (o dal valore rivalutato) del terreno il valore della sola cubatura ceduta, procedendo come descritto in **tabella**.

Caso	Quota del costo attribuibile alla cubatura
nel contratto originario di acquisto del terreno è individuato il prezzo della volumetria e la destinazione urbanistica del terreno e l'entità della cubatura non sono variate in modo significativo dall'acquisto alla vendita	valore cubatura ceduta al momento della vendita / valore del terreno edificabile al momento della vendita = X%; prezzo di acquisto del terreno × X% = costo del diritto di edificabilità ceduto
altri casi	determinata con perizia di stima

Se la cessione è effettuata da un'**impresa**, si configura un ricavo o una plusvalenza patrimoniale.

13160 **Rinuncia a servitù «non aedificandi»** (Ris. AE 22 maggio 2008 n. 210/E) Secondo l'AE è assimilata alla cessione di terreno edificabile.
La plusvalenza è data dalla **differenza** tra il corrispettivo della rinuncia percepito e il prezzo d'acquisto originario, che, se non è individuabile, può essere estrapolato utilizzando un metodo proporzionale (rapporto tra corrispettivo percepito per la rinuncia alla servitù e valore complessivo attuale dell'immobile comprensivo della rinuncia alla servitù).

B. Non edificabili

13180 **Sono** imponibili le plusvalenze derivanti dalla cessione a titolo oneroso di terreni (art. 67 c. 1 lett. b DPR 917/86):
- acquistati da non più di 5 anni;
- acquisiti a seguito di donazione, se il donante li ha acquistati da non più di 5 anni.

Non sono imponibili le cessioni di terreni acquisiti per successione.

> **Precisazioni** 1) In caso di terreno acquistato tramite **vendita con riserva di proprietà**, per il calcolo del quinquennio si veda quanto detto per i fabbricati (v. n. 13030).
> 2) È imponibile la plusvalenza derivante dalla cessione del **diritto di superficie** costituito su un terreno posseduto da meno di 5 anni, con le regole illustrate al n. 13150 (Cass. 4 luglio 2014 n. 15333 e Circ. AE 20 aprile 2018 n. 6/E).

13185 **DETERMINAZIONE DELLA PLUSVALENZA** (art. 68 c. 1 DPR 917/86) Si rinvia a quanto illustrato per i fabbricati (v. n. 13035 e s.), con la particolarità che come **costo di acquisto** si assume il prezzo sostenuto per l'acquisto del terreno (in caso di donazione, prezzo sostenuto dal donante) aumentato di tutte le **spese inerenti**, quali la parcella notarile, l'imposta di registro e le imposte ipotecarie e catastali.
Per i terreni che sono stati **rivalutati** in base ad apposite leggi - previa presentazione di perizia giurata di stima e pagamento dell'imposta sostitutiva - si considera il valore della perizia (v. n. 13125 e s.).

13190 **TASSAZIONE** La plusvalenza **concorre**, in sede di dichiarazione annuale, con gli altri eventuali redditi alla determinazione del reddito imponibile, **salvo** opzione per l'applicazione dell'**imposta sostitutiva** (v. n. 13055).

C. Casi particolari

1. Terreni oggetto di lottizzazione o di esecuzione di opere per edificabilità

13200 Le plusvalenze derivanti dalla cessione di terreni su cui il cedente ha effettuato opere di lottizzazione o qualsiasi opera intesa a renderli edificabili, anche se abusive, sono sempre imponibili, indipendentemente dal momento in cui avviene la cessione del terreno o degli edifici realizzati sullo stesso (art. 67 c. 1 lett. a DPR 917/86).

Tale disciplina si applica anche alla cessione di **edifici costruiti** su tali terreni da parte dello stesso soggetto che ha eseguito la lottizzazione o le opere di edificabilità.

Il **piano di lottizzazione** deve essere autorizzato dal comune, previa stipula della relativa **convenzione** di lottizzazione che stabilisce tutti gli oneri a carico del privato relativi all'urbanizzazione dell'area (Ris. AE 24 luglio 2008 n. 319/E). **13205**
L'autorizzazione comunale va assunta come **momento di inizio** della lottizzazione ai fini della determinazione della plusvalenza (non occorrerebbe nemmeno attendere la stipula della successiva convenzione con cui sono previsti i vari oneri a carico del proprietario, Cass. 19 maggio 2006 n. 11819).

Nel caso di **lottizzazione abusiva** rileva ogni opera obiettivamente considerata di lottizzazione o di esecuzione di opere per l'edificabilità, anche se realizzata al di fuori o in contrasto con i vincoli urbanistici (art. 30 DPR 380/2001). Si fa riferimento all'inizio delle opere.

DETERMINAZIONE DELLA PLUSVALENZA (art. 68 c. 2 DPR 917/86) Si rinvia a quanto illustrato per i fabbricati (v. n. 13035 e s.), con la **particolarità** che la determinazione del **costo di acquisto** dipende dalle modalità di acquisto del terreno e dal tempo intercorso tra la data di acquisto e quella di lottizzazione, come indicato in **tabella**. **13210**

Acquisto	Determinazione del costo
a titolo oneroso effettuato entro i 5 anni precedenti la lottizzazione	prezzo di acquisto del terreno
a titolo oneroso effettuato da oltre 5 anni precedenti la lottizzazione	valore normale (v. n. 842) nel quinto anno anteriore all'inizio della lottizzazione o della costruzione dell'edificio (Cass. 1° dicembre 2006 n. 25611)
a titolo gratuito (successione o donazione)	valore normale dello stesso alla data di inizio della lottizzazione o della costruzione del relativo fabbricato
terreni rivalutati in base ad apposite leggi (v. n. 13130 e s.)	valore di perizia

Il costo di acquisto è aumentato di ogni **spesa** sostenuta e documentata relativa all'acquisto del terreno e alle successive opere di lottizzazione (spese notarili, imposta registro, ipotecarie e catastali, spese sostenute per liberare gli immobili da servitù o altri vincoli e per demolire le eventuali costruzioni esistenti). **13215**

Tra le spese rientrano anche quelle previste dalla convenzione di lottizzazione, quali:
– spesa per la **cessione gratuita al comune** della proprietà delle aree destinate all'urbanizzazione (Cass. 30 maggio 2018 n. 13633);
– spesa per l'**acquisto di terreni limitrofi**, diversi da quello oggetto di permuta, ceduti gratuitamente al comune (Cass. 1° ottobre 2018 n. 23702).

In caso di cessione dei **fabbricati** realizzati sul terreno, dal corrispettivo si detraggono tutti i costi di costruzione. **13220**

TASSAZIONE La plusvalenza **concorre**, in sede di dichiarazione annuale, con gli altri eventuali redditi alla determinazione del reddito imponibile. **13225**

---

2. Esproprio e occupazione

(art. 35 DPR 327/2001, art. 11 c. 5 e 6 L. 413/91 e Circ. Min. 24 luglio 1998 n. 194/E)

Sono imponibili le plusvalenze realizzate a seguito di esproprio o occupazione dei terreni destinati a: **13250**
– opere pubbliche o infrastrutture urbane ricadenti, all'inizio della procedura esecutiva, all'interno delle zone omogenee di tipo A, B, C e D (indicate nel DM 2 aprile 1968). Rilevano sia i terreni edificabili che quelli non edificabili (es. terreni destinati a verde agricolo - Ris. Min. 11 luglio 1996 n. 111/E e Risp. AE 28 dicembre 2018 n. 162);
– interventi di edilizia residenziale pubblica ed economica popolare, indipendentemente dalla collocazione del terreno.

13255 Le plusvalenze **rilevano** al momento della percezione del denaro ottenuto a titolo di:
- indennità di esproprio;
- cessione volontaria nel corso di procedimenti di espropriazione;
- risarcimento danni per acquisizione coattiva conseguente a occupazioni d'urgenza divenute illegittime;
- indennità di occupazione, se riferita alle zone indicate nel par. precedente (art. 1 c. 444 L. 266/2005);
- interessi per il ritardato pagamento delle somme di cui sopra.

Non sono tassate le **indennità di servitù**.

13260 **DETERMINAZIONE DELLA PLUSVALENZA** La plusvalenza è **pari** alla differenza tra le somme sopra indicate e il costo di acquisto aumentato delle spese inerenti determinati con le regole illustrate per la cessione di terreni edificabili (v. n. 13125).

13265 **TASSAZIONE** Gli enti che erogano le indennità e le somme derivanti dalle operazioni in esame applicano una ritenuta d'imposta del 20%.
Se il contribuente, in sede di dichiarazione dei redditi, **opta** per la tassazione nei modi ordinari (tassazione separata o ordinaria), la ritenuta già operata si considera d'acconto.

Se il contribuente ha **rivalutato** il valore dell'area posseduta versando la relativa imposta sostitutiva (v. n. 13130 e s.), può optare per la tassazione in base alle regole ordinarie. In tal caso, se a seguito della rivalutazione la plusvalenza risulta minima o inesistente, il contribuente utilizza come credito la ritenuta subita all'atto dell'erogazione dell'indennità (Circ. AE 6 novembre 2002 n. 81/E).

SEZIONE 2

Affitto, usufrutto, locazione e altre concessioni in uso

14650

<table>
<tr><th colspan="2">Fattispecie</th><th>Reddito</th><th>Fonte</th></tr>
<tr><td colspan="2">usufrutto di immobili **(1)**</td><td rowspan="4">differenza fra importo percepito (principio di cassa) e spese di produzione inerenti documentate</td><td rowspan="2">artt. 67 c. 1 lett. h e 71 c. 2 DPR 917/86, Ris. Min. 12 gennaio 1993 n. 77/2020</td></tr>
<tr><td colspan="2">affitto e usufrutto d'azienda (v. n. 90410 e s.)</td></tr>
<tr><td colspan="2">sublocazione di immobili **(2)**</td><td rowspan="2">artt. 67 c. 1 lett. h e 71 c. 2 DPR 917/86</td></tr>
<tr><td colspan="2">affitto, locazione, noleggio, concessione in uso di veicoli, macchine e altri beni mobili</td></tr>
<tr><td rowspan="3">redditi non determinabili catastalmente</td><td>censi, decime e quartesi (antichi oneri gravanti sulla proprietà fondiaria)</td><td rowspan="3">corrispettivi percepiti senza alcuna deduzione</td><td rowspan="3">artt. 67 c. 1 lett. e-f e 70 DPR 917/86</td></tr>
<tr><td>altri redditi derivanti dal possesso di terreni e fabbricati non considerati per il calcolo della rendita catastale **(3)**</td></tr>
<tr><td>redditi derivanti dai lastrici solari e dalle aree urbane (giardini)</td></tr>
<tr><td colspan="4">**(1)** Secondo autorevole dottrina, vi rientra solo la cessione di usufrutto da parte dell'usufruttuario mentre il reddito derivante dalla costituzione di usufrutto è tassato con le regole illustrate al n. 13020 e al n. 13100, a seconda che si tratti di fabbricato o di terreno (Studio Notariato 32-2017/T).
(2) Per i contratti brevi di sublocazione (di durata non superiore a 30 giorni) è possibile optare per la cedolare secca (v. n. 7128).
(3) Esempi: indennizzo percepito da un agricoltore per un'occupazione temporanea del suo terreno; corrispettivo pagato al proprietario dell'immobile per utilizzo temporaneo a scopo pubblicitario di alcune pareti; canoni percepiti per l'affitto di una porzione di fabbricato rurale strumentale da parte di un soggetto diverso dall'affittuario del terreno (Ris. AE 23 novembre 2007 n. 340/E).</td></tr>
</table>

SEZIONE 3
Altri redditi

A. Premi e vincite

Si tratta di proventi derivanti da (art. 67 c. 1 lett. d DPR 917/86): 14900
- vincite alle lotterie, concorsi a premio, giochi e scommesse organizzati per il pubblico;
- premi derivanti da prove di abilità o dalla sorte;
- premi attribuiti per il riconoscimento di particolari meriti artistici sociali o scientifici.

I premi e le vincite suddette, escluse quelle corrisposte da case da gioco autorizzate in Italia o negli altri Stati UE o SEE, costituiscono **reddito** per l'intero ammontare percepito, senza alcuna deduzione (art. 69 c. 1 e 1 bis DPR 917/86).
Nel caso di **premi in natura** si assume come base imponibile il valore normale complessivo dei premi assegnati, al netto dell'IVA (Ris. AE 26 marzo 2004 n. 54/E).

Per la definizione di concorsi e operazioni a premio v. DPR 430/2001.

Corrisposti da sostituti d'imposta Salvo i casi indicati al n. 14907, sono soggetti a ritenuta a titolo d'imposta (con aliquote indicate in **tabella**), con facoltà di rivalsa. 14905

Vincita/premio (1)	Aliquota	Fonte
lotto	8%	art. 6 c. 2 DL 50/2017 conv. in L. 96/2017
lotterie, tombole, pesche o banchi di beneficenza	10%	art. 30 c. 2 DPR 600/73
giochi radio TV, competizioni sportive o altre manifestazioni basate su abilità e/o su rischio	20%	
vincite o premi diversi da quelli suindicati **(2)**	25%	

(1) Per le seguenti vincite e premi, la ritenuta è compresa nelle imposte specifiche previste per le singole attività (art. 30 c. 4-6 DPR 600/73): giochi di abilità e concorsi pronostici esercitati dal CONI e dall'Unione Nazionale Incremento Razze Equine; scommesse al totalizzatore e al libro; derivanti da apparecchi che si attivano solo con l'introduzione di moneta metallica (Circ. AE 13 maggio 2005 n. 21/E); lotterie nazionali, giochi di abilità e concorsi pronostici esercitati dallo Stato. In quest'ultimo caso, per le vincite derivanti da Win for life, Win for life gold, Si vince tutto Superenalotto, lotterie nazionali ed estrazione istantanea, Enalotto e Superstar è trattenuto un importo a titolo di PREU (v. n. 76521).
(2) Es. premi assegnati da apposita giuria ad artisti che preparano i carri allegorici che sfilano a carnevale (Ris. Min. 2 ottobre 2000 n. 150/E).

La ritenuta **non si applica** se: 14907
- i proventi sono corrisposti a dipendenti, lavoratori autonomi, agenti e rappresentanti per i quali altre disposizioni prevedono una specifica ritenuta d'acconto;
- il valore complessivo dei premi derivanti da operazioni a premio attribuiti dal sostituto d'imposta è pari o inferiore a € 25,82; se è superiore, la ritenuta si applica sull'intero importo. Quanto indicato non si applica ai premi che concorrono a formare il reddito di lavoro dipendente;
- la vincita è corrisposta da case da gioco autorizzate.

Corrisposti da soggetti diversi (art. 30 DPR 600/73) Il percettore deve **dichiarare** l'ammontare percepito nella dichiarazione dei redditi e ivi **tassarlo**. 14910

B. Beni in godimento a soci o familiari dell'imprenditore

(art. 67 c. 1 lett. h ter DPR 917/86 e Circ. AE 15 giugno 2012 n. 24/E)

15020 Se i soci di società o i loro familiari (residenti e non residenti), nonché i familiari dell'imprenditore individuale, ricevono in godimento beni relativi all'impresa (nonché beni di società controllate o collegate a quella partecipata) per un **corrispettivo** annuo **inferiore** al valore normale, la differenza costituisce reddito diverso.
Per l'individuazione dei **beni interessati** v. n. 23865.

La norma si applica anche al soggetto, residente o non residente, che nella sfera privata utilizza i beni della sua impresa residente in Italia.

15025 **DETERMINAZIONE DEL REDDITO** Il reddito è dato dalla **differenza** tra il valore normale del diritto di godimento e il corrispettivo annuo pattuito o pagato e si considera conseguito alla data di maturazione (principio di competenza). In **assenza di corrispettivo** contrattualmente stabilito, il reddito è rappresentato dall'intero valore normale del diritto di godimento.
Il **valore normale** è determinato secondo i criteri indicati al n. 845. Se non è possibile utilizzare tali criteri, può risultare da apposita **perizia** che descriva in maniera esaustiva il bene oggetto del diritto di godimento motivando il valore attribuito al diritto stesso.
Nel caso di **autoveicoli**, il valore normale è determinato, in maniera semplificata, secondo quanto illustrato al n. 8280 per la valutazione dei compensi in natura dei lavoratori dipendenti (Circ. AE 24 settembre 2012 n. 36/E).

15035 Se l'utilizzatore è un **imprenditore individuale** o il **socio di società di persone** o di società **trasparenti per opzione**, il reddito è dato dalla differenza tra il reddito diverso come sopra determinato e il maggior reddito d'impresa imputato all'utilizzatore (pari ai costi indeducibili) (Circ. AE 24 settembre 2012 n. 36/E).
Ciò si applica anche se sono concessi in godimento beni a deducibilità forfetizzata.

15040 **TASSAZIONE E DICHIARAZIONE** Il reddito così determinato deve essere dichiarato dal soggetto che ha in godimento il bene nella dichiarazione dei redditi e tassato con la propria aliquota IRPEF progressiva.

CAPITOLO 8

Dichiarazione

SOMMARIO

I. Regole generali

La dichiarazione è lo strumento ordinario con il quale si portano a conoscenza dell'AE i redditi dell'anno. **16000**
La legge non ne dà la **definizione**, ma ne delinea le **caratteristiche**, con riferimento ai soggetti, ai termini di presentazione e ai contenuti.

16002

Caratteristiche	Descrizione
annuale	si riferisce ai redditi dell'anno solare precedente
unica	comprende tutti i redditi imputabili al contribuente (esclusi quelli esenti o soggetti a ritenuta alla fonte a titolo d'imposta) e le relative imposte
atto formale	redatto su appositi modelli
atto non negoziale e non dispositivo	contiene una semplice manifestazione di scienza e di giudizio (Cass. SU 25 ottobre 2002 n. 15063, Cass. 19 ottobre 2007 n. 21944)
opzioni	si possono esercitare delle opzioni circa il regime di tassazione di alcuni redditi (es. tassazione separata o ordinaria) o per la destinazione di una quota dell'imposta a scopi religiosi, sociali, umanitari o politici (8, 5 e 2 per mille)
vale per la riscossione/rimborso	costituisce titolo per la riscossione dell'imposta, volontaria o coattiva, e vale quale istanza per il rimborso delle imposte non dovute

a. Chi deve presentarla

SOGGETTI OBBLIGATI A TENERE LE SCRITTURE CONTABILI Gli imprenditori, gli artisti e i professionisti devono presentarla **sempre**, anche se nel periodo considerato non hanno conseguito redditi (art. 1 DPR 600/73). **16004**

SOGGETTI DIVERSI Salvo i casi di esonero sotto indicati, devono presentare la dichiarazione solo se hanno conseguito **redditi** (compresi quelli per cui si è optato per la cedolare secca) e anche se dalla dichiarazione stessa non consegue alcun debito d'imposta. **16006**

Soggetti esonerati Sono esonerati coloro che hanno conseguito redditi per i quali è dovuta un'imposta **non superiore a** € 10,33, calcolata sottraendo all'imposta lorda le detra- **16009**

zioni (per carichi di famiglia, per redditi di lavoro dipendente, pensione e/o altri redditi) e le ritenute operate. A tal fine, dunque, non basta far riferimento solo all'importo da versare a saldo (Circ. Min. 12 maggio 2000 n. 95/E).

Se l'imposta è **superiore**, si è comunque esonerati se si conseguono **esclusivamente** i redditi elencati nella prima riga della **tabella** seguente oppure, al ricorrere di certe **condizioni**, i redditi indicati nelle righe successive (ove sono indicate le condizioni).

> **Precisazioni** 1) In ogni caso, è possibile **presentare** la **dichiarazione** per far valere oneri deducibili o detrazioni non attribuite oppure per chiedere il rimborso di eccedenze d'imposta dell'anno precedente o di maggiori acconti versati in corso d'anno.
>
> 2) Se vogliono **destinare** l'8, il 5 e il 2 **per mille**, possono presentare l'apposita scheda (reperibile sul sito dell'AE) **entro** il 30 novembre, direttamente in via telematica oppure consegnandola in busta chiusa a un intermediario abilitato (professionista o CAF) o all'ufficio postale. La **busta** deve **contenere**: indicazione «Scheda per le scelte della destinazione dell'otto, del cinque e del due per mille dell'IRPEF», codice fiscale, cognome e nome dell'interessato (Istr. Mod. Redditi).

16011

Redditi		Condizioni per l'esonero
redditi esonerati senza condizioni	– esenti (es. pensioni sociali, pensioni di guerra, ecc.) – soggetti a imposta sostitutiva (diversi da quelli soggetti a cedolare secca - es. interessi sui BOT o su altri titoli pubblici) o a ritenuta alla fonte a titolo d'imposta (es. interessi sui conti correnti) – da abitazione principale non di lusso e relative pertinenze – da altri fabbricati non locati, situati in un comune diverso da quello dell'abitazione principale – TFR erogato dal sostituto d'imposta	–
lavoro dipendente e/o assimilati	solo lavoro dipendente o di collaborazione coordinata e continuativa **(1)**	è corrisposto da un unico datore di lavoro obbligato a effettuare le ritenute d'acconto oppure da più datori, purché l'ultimo tenga conto dei redditi erogati nei rapporti precedenti e abbia effettuato il conguaglio **(2)**
	lavoro dipendente + abitazione principale non di lusso, relative pertinenze e altri fabbricati non locati situati in un comune diverso da quello dell'abitazione principale	v. sopra
	lavoro dipendente o assimilato + altre tipologie di reddito	– reddito complessivo non superiore a € 8.000 **(2) (3)** – periodo di lavoro non inferiore a 365 giorni
	assimilati e altri per i quali la detrazione prevista non è rapportata al periodo di lavoro (es. lavoro autonomo occasionale)	reddito complessivo non superiore a € 4.800
pensione	senza altri redditi	è corrisposto da un unico ente o da più enti, purché l'ultimo tenga conto dei redditi erogati nei rapporti precedenti e abbia effettuato il conguaglio in base alla procedura sul casellario centrale (v. n. 9695) **(2)**
	+ abitazione principale non di lusso, relative pertinenze e altri fabbricati non locati situati in un comune diverso da quello dell'abitazione principale	v. sopra
	+ abitazione principale non di lusso e sue pertinenze + terreni	– reddito di pensione non superiore a € 7.500 **(2)** – reddito di terreni non superiore a € 185,92 – periodo di pensione non inferiore a 365 giorni
	+ altre tipologie di reddito	– reddito complessivo non superiore a € 8.000 **(2) (3)** – periodo di pensione non inferiore a 365 giorni

Redditi		Condizioni per l'esonero
terreni	senza altri redditi	reddito complessivo non superiore a € 500
	+ fabbricati (compresa l'abitazione principale non di lusso e sue pertinenze)	
altri redditi	assegno periodico corrisposto dal coniuge **(4)** + altre tipologie di reddito	reddito complessivo non superiore a € 8.000 **(3)**
	solo compensi derivanti da attività sportive dilettantistiche	reddito complessivo non superiore a € 30.658,28

(1) Sono escluse le collaborazioni di carattere amministrativo-gestionale di natura non professionale rese in favore di società e associazioni **sportive dilettantistiche**.
(2) Le **detrazioni** per coniuge e familiari **a carico** sono spettanti e non sono dovute le addizionali regionale e comunale.
(3) Va calcolato senza tener conto del reddito derivante dall'abitazione principale e pertinenze.
(4) È escluso l'assegno destinato al **mantenimento** dei **figli**.

b. Modulistica

I **soggetti** obbligati alla tenuta delle **scritture contabili** devono presentare il Mod. Redditi, nella versione approvata con riferimento all'anno interessato e disponibile nella forma **ordinaria** e nella forma **precompilata** dall'AE. I **soggetti diversi** possono in molti casi utilizzare, in alternativa, il Mod. 730, anch'esso approvato annualmente e disponibile nella forma ordinaria o precompilata. **16012**
Il Mod. Redditi può essere sempre utilizzato, a prescindere dal tipo di reddito percepito. Viceversa, l'uso del Mod. 730 è consentito solo in presenza di determinati redditi. In alcuni casi particolari, anche se si presenta il Mod. 730, occorre presentare alcuni quadri del Mod. Redditi (v. n. 16200).
Nella **tabella** seguente, in base al tipo di reddito prodotto si indica se è possibile o meno presentare il Mod. 730 e il numero di paragrafo in cui il reddito è trattato.
In caso di possesso di **più redditi**, alcuni dei quali non possono essere dichiarati con il Mod. 730, occorre presentare il Mod. Redditi.

Redditi percepiti			Mod. 730	V. n.
soggetti a tassazione ordinaria	lavoro dipendente		SÌ	8000 e s.
	pensioni			
	assimilati al lavoro dipendente			
	lavoro autonomo	se è richiesta partita IVA	NO	10015 e s.
		altrimenti (es. proventi derivanti dall'utilizzazione economica di opere dell'ingegno da parte dell'autore o inventore)	SÌ	10700 e s.
	impresa		NO	5000 e s.
	fondiari		SÌ	7000 e s.
	capitale	utili, interessi, ecc.	SÌ	11000 e s.
		provenienti da trust	NO	–
	diversi	compresi nel quadro D del Mod. 730 (es. lavoro autonomo occasionale)	SÌ	10700 e s.
		non compresi (es. proventi da cessione totale o parziale di aziende)	NO	89170 e s.
	di partecipazione in società di persone e altre forme associative		NO	34000 e s.
soggetti a tassazione separata **(1)**	– da eredi e legatari a causa di morte dell'avente diritto (di capitale, di lavoro autonomo non esercitato abitualmente, diritti d'autore) – premi di assicurazione sulla vita e contro gli infortuni (se tassati, cioè nel caso di riscatto nel corso del quinquennio) – imposte e oneri rimborsati (in precedenza dedotti o per i quali si è fruito della detrazione)		SÌ	3320 e s.
	diversi dai precedenti		NO	

(1) Se si intende optare per la **tassazione ordinaria**, va utilizzato il Mod. Redditi.

II. Modello Redditi

a. Contenuto

16020 Riguarda tutti i redditi del contribuente (salvo quelli indicati al n. 16025), compresi quelli appartenenti ad altre persone ma a lui imputabili (es. figli minori, v. n. 360), e deve contenere (art. 2 DPR 600/73):
- elementi idonei all'**identificazione** del contribuente e dei membri della famiglia indicati in dichiarazione, compreso il codice fiscale;
- elementi attivi e passivi necessari per la **determinazione** dell'**imposta**;
- eventuali **opzioni** circa il regime di tassazione di alcuni redditi (es. tassazione separata o ordinaria) o per la destinazione di una quota dell'IRPEF a scopi religiosi, sociali, umanitari o politici.

È composto da tre **fascicoli** suddivisi in quadri per l'indicazione delle diverse tipologie di reddito, oneri, spese e opzioni e per il calcolo dell'imposta.

> **Precisazioni** 1) Per le regole riguardanti il **pagamento** delle imposte (acconto, saldo), la **compensazione** o il **rimborso** del credito, v. n. 37100 e s.
> 2) Per l'analisi del **quadro RW** relativo agli Investimenti all'estero e alle attività estere di natura finanziaria v. n. 16085 e s.

16025 **REDDITI NON COMPRESI IN DICHIARAZIONE** Non vanno compresi i redditi **esenti** e i redditi **soggetti a imposta sostitutiva**, fatti salvi eventuali casi espressamente previsti dalla legge (es. redditi da locazioni soggetti a cedolare secca, capital gain o redditi prodotti all'estero e non percepiti tramite un intermediario residente).

b. Modalità e termini di presentazione

16030 La dichiarazione deve essere presentata in via **telematica** direttamente o tramite intermediari abilitati (art. 3 DPR 322/98).

In alcuni casi da ritenersi residuali è consentita la presentazione **cartacea** (v. n. 16060).

1. Trasmissione telematica

16035 **TERMINE** È il **30 novembre** dell'anno successivo a quello cui i redditi si riferiscono (art. 2 DPR 322/98).

La dichiarazione si considera tempestiva se trasmessa nel termine predetto anche se successivamente è scartata dal servizio telematico per la presenza di **errori**, purché sia correttamente ritrasmessa entro i 5 giorni successivi alla comunicazione telematica dell'AE (Circ. AE 25 gennaio 2002 n. 6/E).

La dichiarazione presentata entro 90 giorni dalla scadenza si considera valida, salvo l'applicazione delle sanzioni (v. n. 86950). Se presentata oltre tale termine, si considera omessa ma costituisce titolo per la riscossione delle imposte; se contiene un credito, questo può essere recuperato con le modalità indicate al n. 37270 e s.

È possibile presentare, anche oltre i termini ordinari, una **dichiarazione integrativa**, per correggere omissioni o errori (v. n. 16070).

La sola causa di **forza maggiore** (es. terremoto) non esonera dal rispetto dei termini di presentazione della dichiarazione (Ris. Min. 14 ottobre 1977 n. 7/3728, Ris. Min. 23 agosto 1989 n. 7/794).

MODALITÀ La dichiarazione può essere presentata direttamente o attraverso intermediari abilitati o, in alcuni casi, tramite un ufficio locale dell'AE. **16040**

Diretta La trasmissione diretta è solitamente effettuata mediante il servizio telematico **Fisconline**, per la cui abilitazione v. n. 16113. Tuttavia, i soggetti che svolgono un'**attività economica organizzata** - imprenditori, professionisti, ecc. - e che pagano stipendi e compensi a diversi soggetti, e sono conseguentemente obbligati a presentare il Mod. 770 in relazione a un numero di soggetti superiore a 20, devono utilizzare il servizio telematico **Entratel**, per la cui abilitazione bisogna presentare all'AE apposito modulo disponibile presso i suoi uffici o sul sito internet www.agenziaentrate.gov.it. **16043**

>**Precisazioni** 1) Se un soggetto ha i requisiti per utilizzare il canale Fisconline ma è già autorizzato all'utilizzo di Entratel, può continuare a utilizzare quest'ultimo servizio.
2) Con le credenziali Fisconline è possibile accedere al Mod. Redditi **precompilato**, che contiene gli stessi dati del Mod. 730 precompilato. Pertanto, ad esempio, non contiene i redditi d'impresa e di lavoro autonomo che vanno inseriti dal contribuente.
Ci sono **2 tipologie** di modelli precompilati:
– modello **Redditi PF Web** precompilato, versione semplificata per cui non occorre scaricare alcun software;
– modello **Redditi PF Online** precompilato, che necessita di apposito software scaricabile sul proprio Pc.

La dichiarazione **si considera presentata** il giorno in cui è trasmessa all'AE; la prova della presentazione è data dalla **comunicazione** dell'AE attestante l'avvenuto ricevimento. **16045**
Il dichiarante deve conservarne una copia cartacea **firmata**; in caso di controlli, l'assenza della firma va sanata entro 30 giorni dall'invito dell'AE (in mancanza la dichiarazione è nulla - art. 1 c. 3 DPR 322/98).

In caso di **divergenza** tra il contenuto della dichiarazione telematica e quello della copia cartacea, prevale la versione telematica (Cass. 30 agosto 2013 n. 20047, Cass. 27 luglio 2012 n. 13440).

Tramite intermediari Occorre rivolgersi ai soggetti in possesso dell'abilitazione rilasciata dagli uffici finanziari, quali, **ad esempio** (art. 3 DPR 322/98, DM 31 luglio 1998, DM 18 febbraio 1999, DM 12 luglio 2000, DM 21 dicembre 2000, DM 19 aprile 2001, Provv. AE 11 giugno 2012, Provv. AE 9 marzo 2018 n. 53616 e Provv. AE 9 marzo 2020 n. 118737): **16047**
a) iscritti agli albi dei dottori commercialisti, ragionieri, periti commerciali e consulenti del lavoro;
b) iscritti al 30 settembre 1993 nei ruoli dei periti ed esperti tenuti dalla CCIAA, purché laureati in giurisprudenza o in economia e commercio o equipollenti oppure diplomati in ragioneria;
c) avvocati (comprese le associazioni e società tra avvocati) e revisori contabili;
d) studi associati e società semplici in cui almeno la metà degli associati o dei soci è costituita dai soggetti di cui alle lett. a) e b);
e) società commerciali di servizi contabili le cui azioni o quote sono possedute per più della metà del capitale sociale dai soggetti di cui alle lett. a) e b);
f) società tra professionisti iscritte all'albo dei dottori commercialisti e degli esperti contabili o dei consulenti del lavoro;
g) CAF, notai;
h) soggetti che esercitano abitualmente l'attività di consulenza fiscale;
i) associazioni tra avvocati e società tra avvocati, ecc.
Per le attività di trasmissione **non** spetta alcun **compenso** (art. 4 c. 33 L. 183/2011).

ESEMPIO
L'abilitazione spetta ad un'**associazione professionale** composta da avvocati (in prevalenza) e da commercialisti, iscritti presso i rispettivi Albi professionali. In tal caso però l'associazione non può inviare dichiarazioni con il visto di conformità e i commercialisti associati non possono ricorrere ai servizi

dell'associazione per il rilascio del visto ma devono essere abilitati personalmente, oppure si devono avvalere di una società di servizi di cui hanno la maggioranza del capitale (Risp. AE 13 aprile 2021 n. 245).

16050 L'incarico è affidato con apposita **delega** da consegnare, unitamente a una copia del documento di identità, all'intermediario (Provv. AE 19 maggio 2022 n. 173218).
Gli intermediari delegati trasmettono le deleghe ricevute all'AE e le numerano e registrano in un **apposito registro cronologico** (v. n. 52773).
La dichiarazione va presentata all'intermediario in tempo utile per consentirgli il rispetto dei termini. A tale riguardo, l'intermediario può **accettare o rifiutare** l'incarico di trasmettere la dichiarazione predisposta dal contribuente, mentre è **obbligato** a trasmettere le dichiarazioni da lui stesso predisposte, nonché quelle per le quali ha accettato l'incarico della trasmissione (art. 3 c. 3 bis DPR 322/98 e Circ. AE 22 maggio 2001 n. 48/E).

> **Precisazioni** 1) Le eventuali **variazioni dei dati anagrafici** intercorse nel periodo compreso tra la presentazione della dichiarazione all'intermediario e la sua trasmissione in via telematica non obbligano a modificare la dichiarazione presentata.
2) Le dichiarazioni presentate all'intermediario **dopo la scadenza** del termine di presentazione devono essere trasmesse in via telematica entro un mese dalla data della ricevuta rilasciata al contribuente (art. 3 c. 7 ter DPR 322/98).
3) È possibile **controllare** la correttezza dei dati trasmessi dall'intermediario consultando sul sito internet dell'AE il **cassetto fiscale**, servizio online a disposizione dei soggetti che si registrano.

16053 La dichiarazione si considera presentata nel giorno in cui è trasmessa all'AE, mentre la **prova della presentazione** è data dalla comunicazione dell'AE attestante l'avvenuto ricevimento.
Gli intermediari rilasciano al contribuente anche se non richiesto:
– nel momento in cui ricevono la dichiarazione o assumono l'incarico per la sua predisposizione, l'impegno a trasmettere in via telematica i dati in essa contenuti. In caso di conferimento dell'incarico per la predisposizione di **più dichiarazioni**, rilasciano un impegno cumulativo, che può essere contenuto direttamente nell'incarico se sono ivi indicate le dichiarazioni; l'impegno cumulativo è valido, al massimo, fino al 31 dicembre del terzo anno successivo a quello in cui è stato rilasciato, salva revoca (art. 3 c. 6 bis DPR 322/98);
– entro 30 giorni dal termine previsto per la presentazione in via telematica, la dichiarazione trasmessa, redatta su modello conforme, e copia della comunicazione dell'AE di ricezione della dichiarazione. Su richiesta scritta del contribuente, possono inviargli tali documenti tramite posta elettronica (ordinaria o certificata) oppure inserendoli sul sito internet di loro proprietà in cui il contribuente può consultarli/scaricarli (Risp. AE 12 dicembre 2019 n. 518 e Risp. AE 6 dicembre 2018 n. 97).
Il semplice **impegno a trasmettere** la dichiarazione, rilasciato dall'intermediario, non esclude la responsabilità del contribuente in caso di mancata presentazione (Circ. AE 25 gennaio 2002 n. 6/E). Anche la dichiarazione sostitutiva dell'atto di notorietà rilasciata dal professionista in cui si dichiara che la dichiarazione è stata trasmessa regolarmente ma la ricevuta dell'AE non è reperibile non ha valore (Cass. 29 maggio 2015 n. 11236).

> Il contribuente in **possesso dell'attestazione**, rilasciata dall'intermediario, della presentazione della dichiarazione in via telematica, assolve il suo obbligo fiscale anche se poi vengono riscontrate incongruenze di dati di trasmissione, trattandosi eventualmente di riflessi negativi che possono ricadere sul terzo, ma non sul contribuente (Cass. 1° giugno 2012 n. 8805).

16055 Il dichiarante deve apporre la propria **firma** sulla copia conservata dall'intermediario; in caso di controlli, l'assenza della firma non sanata entro 30 giorni dal ricevimento dell'invito dell'AE comporta la nullità della dichiarazione. La firma non occorre se l'intermediario effettua la conservazione su **supporto informatico** (Ris. AE 8 agosto 2008 n. 354/E).

16057 **Tramite ufficio dell'AE** I soggetti **non obbligati** alla tenuta delle **scritture contabili** possono anche presentare la dichiarazione a un ufficio locale dell'AE, abilitato a prestare assistenza per la compilazione, che ne cura l'invio telematico.

2. Dichiarazione cartacea

Tale modalità, ormai **residuale**, consiste nella consegna del modello cartaceo a un **ufficio postale entro** il termine che va dal 1° maggio al 30 giugno dell'anno successivo a quello cui i redditi si riferiscono. 16060
Essa infatti può essere presentata esclusivamente dai **soggetti che** (Istr. Mod. Redditi):
– pur avendo redditi che possono essere dichiarati con il Mod. 730, non possono presentare tale modello;
– pur potendo presentare il Mod. 730, devono dichiarare alcuni redditi o comunicare dati utilizzando i relativi quadri del Mod. Redditi (RM, RT, RW) (v. n. 16200);
– devono presentare la dichiarazione per conto di soggetti deceduti.

> Se la dichiarazione cartacea è presentata da soggetti **diversi** da quelli sopra indicati, è nulla (Cass. 18 luglio 2018 n. 19058).

La dichiarazione deve essere **firmata** dal contribuente; in caso di controllo, l'assenza della firma può essere sanata entro 30 giorni dal ricevimento dell'invito dell'AE, altrimenti la dichiarazione è nulla (art. 1 c. 3 DPR 322/98). 16062
La dichiarazione **si considera presentata** nel giorno in cui è consegnata dal contribuente ai suddetti sportelli, che rilasciano apposita ricevuta.

> I modelli possono essere scaricati gratuitamente connettendosi al **sito** dell'**AE** (www.agenziaentrate.gov.it).

c. Documenti da conservare

Tutti i contribuenti devono conservare per i **5 anni successivi** a quello di presentazione (art. 3 c. 3 DPR 600/73): 16065
– certificazioni dei sostituti d'imposta per ritenute subite;
– documenti probatori dei crediti d'imposta;
– documenti probatori dei versamenti eseguiti con riferimento alla dichiarazione;
– documenti giustificativi degli oneri deducibili o detraibili;
– ogni altro documento previsto dalla dichiarazione (es. comunicazione delle opzioni relative a interventi edilizi).
Coloro che presentano la dichiarazione in **via telematica**, direttamente o tramite intermediari, conservano la dichiarazione che hanno sottoscritto, nonché i documenti rilasciati dal soggetto incaricato di predisporre la dichiarazione.
I soggetti **incaricati della trasmissione** delle dichiarazioni conservano, per lo stesso periodo, copia delle dichiarazioni trasmesse (senza l'obbligo di sottoscriverle, Risp. AE 26 aprile 2022 n. 217).

> Il **termine quinquennale** sopra indicato non va inteso in maniera statica, ossia fino al 31 dicembre del quinto anno successivo a quello in cui è stata presentata la dichiarazione, ma come **termine per l'accertamento** del periodo d'imposta di riferimento, che può quindi anche essere inferiore o superiore (es. investimenti in paradisi fiscali) (Risp. AE 26 aprile 2022 n. 217).

In caso di **conservazione elettronica**, occorre osservare le modalità operative illustrate al n. 52843 e s. In particolare, la conservazione deve essere eseguita entro il terzo mese successivo alla scadenza per la presentazione della dichiarazione dei redditi relativa all'anno in cui la dichiarazione è stata prodotta e trasmessa (DM 17 giugno 2014 e Ris. AE 29 gennaio 2018 n. 9/E). Ad **esempio**, per la dichiarazione dei redditi 2022 (anno 2021), il termine è il 29 febbraio 2024. 16067

Se il contribuente ha ricevuto la dichiarazione dall'intermediario **tramite posta elettronica** (ordinaria o certificata) **oppure** l'ha scaricata dal **sito internet** di proprietà dell'intermediario su cui questi l'aveva caricata (v. n. 16053), può decidere di conservarla (Risp. AE 12 dicembre 2019 n. 518 e Risp. AE 6 dicembre 2018 n. 97): 16068
– solo in formato elettronico, rispettando le regole di cui al par. precedente;
– sia in formato cartaceo che in formato elettronico. In tal caso, non deve rispettare le regole indicate nel par. precedente e, in caso di richiesta dell'AE, deve esibire la dichiarazione cartacea con sottoscrizione autografa.

d. Come si rettifica la dichiarazione

16070 Per rettificare spontaneamente una dichiarazione in cui, dopo la presentazione (tempestiva o entro i 90 giorni successivi), si sono riscontrati **errori** od **omissioni**, il contribuente deve presentare una **nuova dichiarazione** da redigere su modelli conformi a quelli approvati con riferimento al periodo d'imposta interessato.

Gli **effetti** variano a seconda che la rettifica intervenga prima o dopo la scadenza del termine per la presentazione della dichiarazione oppure durante l'accertamento o il contenzioso.

Non è considerato errore od omissione il ripensamento sull'indicazione di precise **scelte** già operate in dichiarazione (es. tassazione della plusvalenza per l'intero ammontare o in 5 quote costanti). Di conseguenza la rettifica può essere effettuata solo prima della scadenza del termine per la presentazione della dichiarazione o, al massimo, entro i 90 giorni successivi (Ris. AE 14 ottobre 2002 n. 325/E, Cass. 5 settembre 2014 n. 18757). Si discute se l'omessa indicazione dei **crediti d'imposta** sia rettificabile: secondo alcune sentenze della Cassazione no, in quanto l'indicazione è prevista a pena di decadenza (Cass. 15 dicembre 2017 n. 30172, Cass. 13 settembre 2017 n. 21242); per Cass. 21 dicembre 2016 n. 26550 e per la dottrina, sì.

16072 **PRIMA DELLA SCADENZA** In tal caso, non si applicano le sanzioni.

Nella **dichiarazione correttiva** deve essere riprodotto il contenuto della dichiarazione originaria con le necessarie correzioni o integrazioni; occorre, inoltre, barrare la casella «Correttiva nei termini».

Se la rettifica è **a sfavore** (maggior debito o minor credito), occorre versare integralmente la maggiore imposta (o la differenza rispetto al credito originario).

Se, invece, è **a favore** (es. oneri precedentemente non dichiarati), la maggiore imposta versata o il maggior credito possono essere richiesti a rimborso o portati in diminuzione da ulteriori importi a debito (c.d. compensazione).

Si rientra nell'ipotesi in esame anche quando un contribuente che ha presentato una **dichiarazione cartacea** in posta entro il relativo termine di presentazione (30 giugno), ne presenta poi una **correttiva in via telematica** entro il relativo termine (v. n. 16035).

16074 **DOPO LA SCADENZA** Occorre compilare una **dichiarazione integrativa**, utilizzando il modello di dichiarazione relativo all'anno cui si riferisce, e barrare la casella «Dichiarazione integrativa».

Gli effetti variano a seconda che la rettifica sia a sfavore (maggior imposta o minor perdita o minor credito) o a favore (minore imposta a debito, maggior perdita o maggior credito), come illustrato in **tabella**.

16075

Tipo rettifica	Data rettifica	Disciplina	Fonti
a sfavore	**entro** i limiti temporali del **ravvedimento**	sanzioni ridotte variabili in base al tipo di errore (v. n. 87331)	art. 2 c. 8 DPR 322/98
a favore	**entro** il termine per presentazione della dichiarazione relativa all'anno successivo	– il credito risultante dalle predette dichiarazioni può essere utilizzato in compensazione nei limiti indicati al n. 37245 – no sanzioni	art. 2 c. 8 e 8 bis DPR 322/98, Istr. Mod. Redditi e Risp. AE Telefisco 30 gennaio 2020
	successivamente (comunque entro i termini per accertamento - c.d. integrativa ultrannuale)	– se riguarda errori contabili di competenza, il credito può essere utilizzato immediatamente in compensazione entro la fine dell'anno oggetto della dichiarazione ordinaria **(1)**. La quota non compensata entro la fine dell'anno è compensabile nei limiti indicati al n. 37245 – altrimenti, può essere compensato con debiti maturati dall'anno successivo a quello di presentazione della dichiarazione integrativa, nei limiti indicati al n. 37245 **(2)** – in entrambi i casi, no sanzioni	

(1) Si tratta della dichiarazione relativa all'anno in cui è presentata quella integrativa, in cui va indicato il credito risultante da quest'ultima (quadro DI) (es. il credito risultante dalla dichiarazione integrativa relativa al 2018 presentata nel 2021 va indicato nella dichiarazione da presentarsi nel 2022).
(2) Esempio: integrativa presentata a maggio 2022 per l'anno 2019 con emersione di un credito IRPEF di € 100 che può essere compensato dal 1° gennaio 2023.
Secondo l'AE, se il credito indicato nella dichiarazione integrativa è superiore a € 5.000, può essere compensato solo dopo che sia stato indicato nella dichiarazione ordinaria relativa all'anno in cui è presentata quella integrativa e che abbia partecipato alla liquidazione della relativa imposta.

DURANTE L'ACCERTAMENTO O IL CONTENZIOSO (art. 2 c. 8 bis DPR 322/98) Gli errori che consentirebbero la **rettifica a favore del contribuente**, in assenza di questa, possono essere comunque fatti valere anche in caso di accertamento da parte dell'AF e/o, eventualmente, in sede contenziosa. 16077

e. Dichiarazioni presentate da soggetti diversi dal titolare del reddito

Si esaminano le regole applicabili nei casi di dichiarazioni presentate da soggetti diversi dal titolare del reddito, trattando separatamente l'ipotesi del contribuente deceduto. 16079

In caso di **liquidazione** e **fallimento**, v. n. 92590 e s. e n. 93375 e s.

IPOTESI 16080

Caso	Soggetti obbligati	Termini di presentazione	Sottoscrizione
figli minori	i **genitori** devono includere nella propria dichiarazione i redditi sui quali hanno l'**usufrutto legale** (v. n. 360). Gli altri redditi vanno dichiarati da uno dei genitori con apposita dichiarazione intestata a nome del figlio	ordinari	genitore esercente la patria potestà
figli divenuti maggiorenni in corso d'anno	i redditi soggetti a **usufrutto legale** dei genitori vanno suddivisi tra i genitori e il figlio in rapporto al periodo intercorso tra la maggiore età e la fine dell'anno, in quanto, con la maggiore età, cessa l'usufrutto legale (Circ. Min. 7 aprile 1976 n. 5/2464). I **redditi propri** del figlio (es. redditi di lavoro) sono interamente imputabili allo stesso, senza distinguere per la frazione d'anno in cui era ancora minorenne **(1)**	ordinari	figlio divenuto maggiorenne
nomina di rappresentante	il contribuente può nominare un rappresentante per la presentazione della dichiarazione dei redditi, conferendo una **procura** speciale o generale avente data certa anteriore alla presentazione della dichiarazione	ordinari	chi ha ricevuto la procura
incapaci (interdetti, inabilitati)	rappresentante legale (es. curatori, tutori)	ordinari	tutore o curatore (Circ. Min. 30 aprile 1977 n. 7/1496)
soggetti indiziati di mafia (2)	amministratore giudiziario	ordinari	amministratore giudiziario

(1) Esempio: compimento dei 18 anni il 1° luglio 2022; redditi soggetti a usufrutto legale € 20.000. Nel 2023 il figlio deve dichiarare la metà dei redditi (€ 10.000) e i genitori (che fino a luglio 2022 erano usufruttuari) l'altra metà (€ 10.000).
(2) Per gli effetti derivanti dal sequestro dell'attività e dalla successiva **confisca** si veda Ris. AE 31 agosto 2017 n. 114/E.

16081 **CONTRIBUENTE DECEDUTO** Si distingue a seconda che l'eredità sia stata accettata oppure sia giacente o devoluta sotto condizione sospensiva o in favore di nascituro non ancora concepito.

16082 **Eredità accettata dall'erede** (art. 65 DPR 600/73 e Istr. Mod. Redditi) La dichiarazione va presentata e firmata da uno degli eredi entro i **termini** indicati in **tabella**.
Al riguardo, a seguito del decesso gli eredi devono comunicare, per raccomandata A/R o direttamente all'AE, le proprie generalità e il domicilio fiscale.

16083

Modalità di presentazione	Data decesso	Termini presentazione
a ufficio postale	1° gennaio 2022 - 28 febbraio 2023	ordinari (30 giugno 2023)
	1° marzo 2023 - 30 giugno 2023	prorogati di 6 mesi (31 dicembre 2023)
telematica	1° gennaio 2022 - 31 luglio 2023	ordinari (30 novembre 2023)
	1° agosto 2023 - 30 novembre 2023	prorogati di 6 mesi (31 maggio 2024)

Per quanto riguarda il **pagamento**:
– per le persone decedute **entro** il **28 febbraio 2023**, resta valido il termine ordinario (30 giugno 2023);
– per le persone decedute **successivamente**, il termine scade il 30 dicembre 2023.

16084 **Eredità giacente o devoluta** (art. 5 ter DPR 322/98) La dichiarazione va presentata e firmata:
– in caso di eredità giacente, dal **curatore**;
– in caso di eredità devoluta sotto condizione sospensiva in favore di nascituro non ancora concepito, dall'**amministratore**.
Il **termine** di presentazione varia a seconda della durata della giacenza:
– normalmente, entro 6 mesi dall'assunzione delle funzioni, la dichiarazione dei redditi relativa all'anno in cui è deceduto il contribuente e quelle relative agli anni precedenti eventualmente già decorsi anteriormente alla sua nomina;
– se la giacenza si protrae oltre l'anno, la dichiarazione va presentata per ogni anno nei termini ordinari.

f. Quadro RW - Monitoraggio dei capitali all'estero

(artt. 1, 2 e 4 DL 167/90 conv. in L. 227/90 e Circ. AE 23 dicembre 2013 n. 38/E)

16085 **CAMPO DI APPLICAZIONE** Le persone fisiche residenti (nonché gli enti non commerciali e le società semplici), con **investimenti** all'estero **o attività** estere di natura finanziaria attraverso cui possono essere conseguiti redditi di fonte estera imponibili in Italia o redditi di fonte italiana detenuti all'estero, devono compilare e presentare il quadro RW del Mod. Redditi.
L'obbligo non riguarda solo i **possessori diretti** (o formali) e coloro che ne hanno la disponibilità o la possibilità di movimentazione, ma anche i soggetti considerati, anche per un solo giorno durante l'anno, **titolari effettivi** dalla normativa antiriciclaggio, considerata con alcune sfumature particolari ai fini del monitoraggio (v. **tabella**); in sostanza, l'obbligo riguarda anche i casi in cui le attività estere, pur essendo intestate a società di qualsiasi tipo o a fondazioni o trust, siano riconducibili a persone fisiche (o a enti non commerciali o a società semplici).
L'obbligo sussiste anche se il contribuente nel corso dell'anno ha totalmente **disinvestito** i capitali.

Il quadro RW va compilato anche in relazione all'**IVIE** e all'**IVAFE**, nel rispetto delle relative disposizioni (che prevedono esoneri distinti da quelli relativi al monitoraggio illustrati al n. 16088).

Titolari effettivi (artt. 1 c. 2 lett. pp e 20 D.Lgs. 231/2007)	
Società (1)	– persone fisiche che possiedono o controllano un'entità giuridica, attraverso il possesso o il controllo diretto o indiretto di una percentuale sufficiente **(2) (3)** delle partecipazioni al capitale sociale o dei diritti di voto, anche tramite azioni al portatore, purché non si tratti di una società ammessa alla quotazione su un mercato regolamentato e sottoposta a obblighi di comunicazione conformi alla normativa comunitaria o a standard internazionali equivalenti
	– persone fisiche che esercitano in altro modo il controllo sulla direzione della società (o di un'entità giuridica) **(4)**
Entità giuridiche quali **fondazioni e trust** che amministrano e distribuiscono fondi	– fondatori, ove in vita e/o beneficiari, quando questi ultimi sono individuati o facilmente individuabili (esclusi il presidente del consiglio di amministrazione e il direttore generale) (Ris. AE 29 maggio 2019 n. 53/E)

(1) L'obbligo in capo al titolare effettivo sussiste solo in caso di partecipazioni in **società di diritto estero** e non riguarda, invece, anche l'ipotesi di partecipazioni dirette in **società residenti** che effettuano investimenti all'estero.
Le partecipazioni in società residenti **rilevano se**, unitamente alla partecipazione diretta o indiretta del contribuente in società estere, concorrono a integrare, in capo al contribuente, il requisito di titolare effettivo.
(2) 25% più uno di partecipazione al capitale sociale.
(3) Ai fini della determinazione della percentuale rilevante si devono computare anche le **partecipazioni imputate ai familiari** indicati al n. 34150.
(4) Gli **amministratori** di società, con **delega a operare** su conti esteri della stessa senza essere beneficiari dei relativi redditi, non devono indicarli nel quadro RW (Circ. AE 14 maggio 2014 n. 10/E); al contrario, l'obbligo sussiste per i **procuratori** che hanno un rapporto di natura extracontabile riferibile a una società di capitali (che cioè non figura in tutto o in parte nelle scritture contabili obbligatorie della società) (Circ. AE 16 luglio 2015 n. 27/E). Secondo la Cassazione, anche il semplice potere di firma sui conti altrui determina l'obbligo di presentare il quadro RW (Cass. 5 agosto 2015 n. 16404, Cass. 21 luglio 2010 n. 17051). La dottrina ha criticato tale posizione, ritenendo preferibile quella dell'AE sopra esposta.

Casi particolari Se le attività finanziarie o patrimoniali sono **in comunione o cointestate**, l'obbligo è a carico di ciascun intestatario con riferimento all'intero valore delle attività e con l'indicazione della percentuale di possesso.
Se sul bene sussistono più diritti reali (es. **nuda proprietà e usufrutto**), sono tenuti alla compilazione del quadro RW sia il titolare del diritto di usufrutto sia il titolare della nuda proprietà. In caso di nuda proprietà e usufrutto su di un **immobile**: i **nudi proprietari** devono indicare il valore della nuda proprietà così come riportato nell'atto costitutivo del diritto; gli **usufruttuari** la quota parte di competenza dell'usufrutto come riportata nell'atto di acquisto del diritto e nella misura del costo storico di acquisto del diritto, senza obbligo di aggiornamento di tale valore negli anni successivi.

16086

Attività oggetto di monitoraggio (salvo gli **esoneri** indicati al n. 16088)	
Tipo di attività/investimento detenuti all'estero	**Obbligo di compilazione del quadro RW (1)**
Attività finanziarie estere o i cui redditi sono corrisposti da non residenti (attività emesse da non residenti **(2)**, titoli pubblici italiani emessi all'estero)	Sì
Immobili all'estero	Sì, solo se sono intervenute variazioni nell'anno **(3)**
Preziosi e opere d'arte	Sì
Yacht	Sì
Attività finanziarie italiane (emesse da residenti, compresi titoli degli enti e organismi internazionali equiparati ai titoli di Stato)	In caso di cessione o rimborso suscettibili di generare plusvalenze imponibili (v. n. 11005)
Polizza di assicurazione sulla vita e di capitalizzazione contratte con società assicuratrici non residenti	Sì **(4)**

(1) Anche se immesse in **cassette di sicurezza** e anche se non hanno prodotto **redditi** (es. finanziamenti infruttiferi o che producono redditi in anni successivi).
(2) Si comprendono le **valute estere** e le valute virtuali (c.d. **cripto valute**, es.: bitcoin) a queste assimilate (anche se detenute all'estero in c/c - wallet - con chiave privata, Risp. AE 24 novembre 2021 n. 788), da indicare nella colonna 3 con il codice 14; per queste ultime si può omettere il codice Stato estero (Istruzioni quadro RW Mod. Redditi); se invece il wallet è detenuto presso una società italiana, il quadro RW non va compilato (Risp. AE 24 agosto 2022 n. 433).
I diritti d'opzione su azioni estere (c.d. **stock-option**), se sono cedibili, vanno indicati anche prima del loro esercizio; se non

sono cedibili (es. durante il vesting period), vanno indicati solo se il prezzo di esercizio è inferiore al valore corrente delle azioni. Le azioni estere acquisite tramite l'esercizio di stock-option vanno indicate anche se sono state cedute contestualmente all'esercizio delle stock-option (Ris. AE 25 luglio 2014 n. 73/E).
Vanno altresì indicati i proventi derivanti dagli investimenti di **peer to peer (P2P) lending**, riconducibili a contratti di mutuo con soggetti italiani ed esteri mediante una **piattaforma**, indipendentemente dalla circostanza che la piattaforma sia italiana o estera o che il finanziamento sia erogato a soggetti italiani o esteri (Risp. AE 24 marzo 2022 n. 155).
(3) Ai soli fini della corretta determinazione dell'IVIE complessivamente dovuta, in caso di variazioni intervenute anche per un solo immobile, il quadro va compilato con l'indicazione di **tutti gli immobili** situati all'estero, **compresi** quelli **non variati**.
(4) Sempreché la compagnia estera **non abbia optato per** l'applicazione dell'imposta sostitutiva e dell'imposta di bollo e non sia stato conferito a un intermediario finanziario italiano l'incarico di regolare tutti i flussi connessi con l'investimento, con il disinvestimento e il pagamento dei relativi proventi.

16088 **ESONERI** (art. 38 c. 13 DL 78/2010 conv. in L. 122/2010, Circ. AE 23 dicembre 2013 n. 38/E) Gli esoneri dall'obbligo di compilazione del quadro RW riguardano sia determinate **categorie di soggetti** che, per le categorie diverse, **determinate operazioni e/o attività** finanziarie. Resta fermo, per i soggetti esonerati sotto indicati, l'obbligo di indicare nella dichiarazione annuale i redditi derivanti dalle attività estere di natura finanziaria e dagli investimenti esteri.

Soggetti esonerati		Attività
Lavoratori all'estero per lo Stato italiano o organizzazioni internazionali	– persone fisiche che prestano lavoro all'estero per lo Stato italiano, per una sua suddivisione politica o amministrativa o per un suo ente locale; – persone fisiche che lavorano all'estero presso organizzazioni internazionali cui aderisce l'Italia (es. ONU, Nato, UE, OCSE) la cui residenza fiscale in Italia sia determinata in base ad accordi internazionali ratificati **(1)**	Tutte le attività finanziarie e patrimoniali detenute all'estero **(2)**
Frontalieri	Soggetti residenti in Italia che prestano la propria attività lavorativa in via continuativa all'estero in zone di frontiera e in altri Paesi limitrofi	Attività finanziarie e patrimoniali detenute nel Paese in cui tali soggetti svolgono la propria attività lavorativa **(2)**

(1) L'esonero si applica anche al **coniuge**, sempreché non eserciti una propria attività lavorativa, nonché ai figli e ai minori a carico dei **dipendenti pubblici**.
(2) L'esonero si applica limitatamente al **periodo** di tempo in cui l'attività è svolta all'estero (in caso di successivo pensionamento o di cessazione dell'attività lavorativa, l'obbligo di compilazione va assolto regolarmente) e alle seguenti **condizioni**:
– l'attività lavorativa dev'essere prestata all'estero in via continuativa per un numero di giorni maggiore di 183 nell'arco dell'anno (anche non continuativi);
– il lavoratore al rientro in Italia trasferisce entro 6 mesi le attività detenute all'estero (altrimenti, se il contribuente entro tale data non ha riportato le attività in Italia o dismesso le stesse, deve indicare tutte le attività detenute all'estero durante l'intero periodo d'imposta).

Soggetti diversi: attività esonerate dal monitoraggio
– depositi e conti correnti bancari tenuti all'estero, il cui valore massimo complessivo (saldo) raggiunto nel periodo d'imposta non sia superiore a € 15.000 **(1)** – attività finanziarie e patrimoniali affidate in gestione o in amministrazione agli intermediari finanziari residenti **(2)** – contratti produttivi di redditi di natura finanziaria conclusi attraverso l'intervento di intermediari finanziari residenti **(2)** – attività finanziarie e patrimoniali i cui redditi siano riscossi attraverso l'intervento degli intermediari **(2)** – somme versate per obbligo di legge a forme di previdenza complementare organizzate o gestite da società ed enti di diritto estero (es. secondo pilastro svizzero), trattandosi di forme di previdenza obbligatoria seppure complementare – forme di previdenza complementare estere obbligatorie per effetto di contratti collettivi nazionali (esclusi quindi quelle derivanti da accordi individuali) – tutti i beni di natura finanziaria e/o patrimoniale oggetto di scudo fiscale, sempreché siano detenuti in Italia o siano oggetto di deposito custodia, amministrazione o gestione presso un intermediario residente

(1) Non rileva l'ammontare dei movimenti effettuati. Resta fermo l'obbligo di compilazione ai fini **IVAFE**, se dovuta (valore media di giacenza annuo superiore a € 5.000, v. n. 77045).
(2) A **condizione** che i redditi di natura finanziaria e patrimoniale siano stati tassati con imposta sostitutiva o con ritenute a titolo d'imposta o d'acconto o con ritenuta d'ingresso; in assenza di ritenuta l'esonero sussiste nel caso di comunicazione dell'intermediario depositario nel quadro SK del Mod. 770 (Risp. AE 7 ottobre 2021 n. 678).
L'obbligo sussiste in caso di incarico ad una società **fiduciaria** residente – nell'interesse dei beneficiari di un trust e senza intestazione di amministrazione dei redditi e degli altri proventi del trust – riguardante i flussi reddituali eventualmente percepiti dai beneficiari (Risp. AE 8 ottobre 2021 n. 693).

MODALITÀ DI COMPILAZIONE In presenza di **partecipazioni rilevanti in società estere** le modalità di compilazione variano a seconda che lo Stato in cui la società è residente o localizzata sia collaborativo o meno: **16090**
– se risiede in uno **Stato collaborativo** (c.d. Stati white list, v. n. 99115), occorre indicare il valore complessivo della partecipazione nella società estera detenuta (direttamente e indirettamente) e la percentuale di partecipazione determinata tenendo conto dell'effetto demoltiplicativo relativo alla partecipazione indiretta;
– se risiede in uno Stato **non collaborativo**, occorre indicare, in luogo del valore della partecipazione, il valore degli investimenti detenuti all'estero dalla società e delle attività estere di natura finanziaria intestati alla società, nonché la percentuale di partecipazione posseduta nella società stessa.

ESEMPIO
1) Una persona fisica detiene una partecipazione del 15% al capitale sociale di una società estera localizzata in un Paese collaborativo (partecipazione diretta) e una partecipazione in una società italiana nella misura del 50% che, a sua volta, detiene una partecipazione nella medesima società estera nella misura del 50% (partecipazione indiretta).
Il contribuente titolare effettivo nella società estera (15% partecipazione diretta + 25% partecipazione indiretta; 50% × 50%), deve indicare il valore della partecipazione nella società estera e la percentuale di partecipazione (40%).
2) Una persona fisica detiene una partecipazione del 26% al capitale sociale di una società estera localizzata in un Paese non collaborativo la quale detiene investimenti e attività finanziarie in Italia.
Il contribuente deve indicare esclusivamente il valore della partecipazione nella società estera, posto che il contribuente non è il titolare effettivo di attività estere.
3) Una persona fisica detiene una partecipazione del 15% al capitale sociale di A, società estera localizzata in un Paese non collaborativo (partecipazione diretta), la quale detiene all'estero investimenti e attività estere di natura finanziaria (tra cui una partecipazione al 100% nella società estera B residente in Paese collaborativo), nonché una partecipazione in una società italiana nella misura del 50% che a sua volta detiene una partecipazione nella medesima società estera A nella misura del 50% (partecipazione indiretta).
Il contribuente, titolare effettivo nella società estera A (15% partecipazione diretta + 25% partecipazione indiretta), deve indicare il valore complessivo degli investimenti e attività estere della società A (obbligazioni, immobili e partecipazione in B) e la percentuale di partecipazione (40%). Non deve indicare le attività estere della società B, in quanto localizzata in Paese collaborativo.

Nel quadro RW le consistenze degli investimenti e delle attività sono valorizzate **all'inizio** di ciascun periodo d'imposta o al primo giorno di detenzione e **al termine** dello stesso o al termine del periodo di detenzione nello stesso, nonché il periodo di possesso; per i conti correnti e i libretti di risparmio detenuti in Paesi non collaborativi occorre indicare anche l'ammontare massimo che l'attività ha raggiunto nel corso del periodo d'imposta. **16091**
In presenza di un **dossier titoli** (unitario rapporto finanziario) presso un intermediario estero, rileva il valore complessivo (non le eventuali singole variazioni di ciascun titolo); pertanto, in assenza di apporto di capitale (es. versamento di contanti e/o conferimento di titoli), va compilato un solo rigo. Tuttavia, per consentire l'attività di controllo, il contribuente deve predisporre e conservare un apposito prospetto in cui sono specificati i dati delle singole attività finanziarie valorizzate in conformità ai criteri contenuti nella Circ. AE 23 dicembre 2013 n. 38/E (Circ. AE 8 aprile 2016 n. 12/E).

La **valorizzazione** va effettuata secondo i medesimi criteri utilizzati ai fini IVIE (immobili) e IVAFE (attività finanziarie), anche se non dovute. Se sono cedute attività finanziarie appartenenti alla stessa categoria (ma non rientranti in un dossier titoli), acquistate a prezzi e in tempi diversi, per stabilire quale delle attività finanziarie è detenuta nel periodo di riferimento il metodo che deve essere utilizzato è il cosiddetto LIFO e, pertanto, si considerano ceduti per primi quelli acquisiti in data più recente. **16092**

Gli **importi in valuta** vanno indicati utilizzando il controvalore in euro previsto da apposito provvedimento che individua i cambi medi mensili tenendo presente che (Circ. AE 14 maggio 2014 n. 10/E, Ris. AE 16 settembre 2016 n. 77/E):
– se si è indicato **costo di acquisto** (immobili), si applica il cambio medio del mese di acquisto (non sarà quindi necessario aggiornare il valore indicato nelle successive dichiarazioni);
– se si è indicato il **valore di mercato** (attività finanziarie negoziate), rilevabile al termine dell'anno (o del periodo di detenzione), si applica il cambio medio del mese del citato termine (quindi sarà necessario aggiornare annualmente il valore indicato nella dichiarazione).
Per i valori iniziali si utilizza il cambio della dichiarazione precedente.

16094 **PRESUNZIONI PER REDDITI NON DICHIARATI E PER CAPITALI IN PARADISI FISCALI** Gli investimenti esteri e le attività estere di natura finanziaria trasferiti o costituiti all'estero, di cui **non** sono **dichiarati** i **redditi** effettivi, si presumono produttivi di reddito, che è determinato applicando a tali attività un'**aliquota** pari al tasso ufficiale medio di sconto vigente in Italia nell'anno in cui avrebbero dovuto essere dichiarati i redditi (art. 6 DL 167/90 conv. in L. 227/90).

>Precisazioni 1) L'**AF**, per avvalersi della presunzione, **deve provare** con elementi idonei l'esistenza di investimenti esteri non dichiarati. La detenzione di estratti conto intestati ad altri soggetti, seppure con nomi di fantasia, non consente di ricondurre, senza altri elementi, alla detentrice dei documenti la titolarità dei conti correnti bancari citati (Cass. 2 ottobre 2013 n. 22508).
Ai fini della prova dell'AE è legittima la **quantificazione** presuntiva delle disponibilità finanziarie calcolata applicando il tasso ufficiale medio di sconto sulla semplice somma aritmetica dei bonifici ricevuti sul c/c estero (Cass. 14 giugno 2021 n. 16701).
2) La presunzione ammette la **prova contraria** (che può consistere nella dimostrazione che i redditi devono essere dichiarati nell'anno successivo, oppure che sono esenti o soggetti a ritenuta a titolo di imposta), da presentare **entro** 60 giorni dal ricevimento della richiesta notificata dall'ufficio dell'AE competente (l'eventuale avviso di accertamento dovrebbe quindi essere emanato dopo i suddetti 60 giorni).

16095 Per gli investimenti e le attività di natura finanziaria detenute nei **paradisi fiscali** (v. n. 99110) in violazione dell'obbligo di dichiarazione, ai soli fini fiscali opera una **presunzione di costituzione** con redditi sottratti a tassazione (art. 12 DL 78/2009 conv. in L. 102/2009). Non sono ancora chiare le modalità di tassazione del reddito presunto (categoria reddituale, periodo di imputazione, ecc.).

La presunzione ammette la **prova contraria**; tuttavia non opera per le attività emerse in Italia tramite **scudo fiscale** (Circ. AE 29 gennaio 2010 n. 3/E punto 6, Circ. AE 10 ottobre 2009 n. 43/E).

16096 **PRESENTAZIONE** Va effettuata **entro** il termine stabilito per l'inoltro della dichiarazione dei redditi; in caso di **esonero** dalla presentazione della stessa o nel caso di presentazione del Mod. 730, il quadro RW dev'essere compilato in via autonoma, unitamente al frontespizio del Mod. Redditi, e presentato nei termini previsti per quest'ultimo.

16097 **SANZIONI** (art. 5 DL 167/90 conv. in L. 227/90) La **mancata o infedele compilazione** del quadro RW è punita con la sanzione **dal** 3% **al** 15% dell'ammontare non dichiarato (in caso di investimenti o attività estere detenute in **paradisi fiscali**, dal 6% al 30%).
La sanzione si applica ai seguenti **importi**:
a) in relazione ai **titoli**:
– se il capitale iniziale (colonna 7) è sempre stato investito in un solo titolo che si è rivalutato, al valore al termine del periodo di detenzione, rappresentato dall'intero anno (colonna 8);
– se lo stesso capitale è stato oggetto di disinvestimento e reinvestimento in un singolo titolo al termine di ciascun mese, al valore al termine di ciascun periodo di detenzione, ponderato per i giorni di possesso. La somma delle sanzioni riferibili a ciascun periodo di detenzione determina la sanzione complessiva dovuta;
b) in relazione ai **conti correnti o libretti di risparmio**, il valore medio di giacenza (colonna 8).

In presenza di **eccezionali circostanze** che rendono manifesta la **sproporzione** tra il tributo e la sanzione, gli Uffici possono ridurre le sanzioni fino alla metà del minimo (Circ. AE 23 dicembre 2013 n. 38/E).

16098 Le sanzioni si applicano anche se non è presentato l'apposito quadro previsto in caso di **esonero** dalla **presentazione** della **dichiarazione** dei redditi.
Il contribuente può **sanare** la **mancata compilazione** del quadro RW entro 90 giorni dallo scadere del termine per la presentazione della dichiarazione annuale, con il pagamento di una

sanzione pari a € 258, oppure successivamente, con il ravvedimento (v. n. 87352), presentando una dichiarazione integrativa (Cass. 4 novembre 2021 n. 31626).

III. Modello 730

CHI PUÒ UTILIZZARLO Possono utilizzarlo i soggetti indicati in **tabella**, anche se non hanno un datore di lavoro (v. n. 37810), **a condizione** che possiedano solo determinati redditi indicati al n. 16012. 16100

I **casi particolari**, riguardanti, ad **esempio**, la dichiarazione congiunta dei coniugi o quella per conto di minori e incapaci, sono trattati al n. 16170 e s.

Soggetti	V. n.
a) lavoratori dipendenti	8020
b) pensionati	9600
c) assimilati:	
– lavoratori soci di cooperative di produzione e lavoro, di servizi, agricole e di prima trasformazione dei prodotti agricoli e della piccola pesca, titolari di redditi assimilati a quelli di lavoro dipendente	9950
– lavoratori che possiedono solo redditi di collaborazione continuativa	9900
– percettori di indennità sostitutive di reddito di lavoro dipendente (trattamento di integrazione, indennità di mobilità)	9400
– parlamentari nazionali, giudici costituzionali e altri titolari di cariche pubbliche elettive (consiglieri comunali, provinciali, regionali, ecc.)	9995 e s.
– soggetti impegnati in lavori socialmente utili	10005
– produttori agricoli esonerati dalla presentazione della dichiarazione 770, IRAP e IVA. Se hanno ricevuto il contributo a fondo perduto, devono anche presentare il frontespizio del Modello Redditi insieme al quadro RS	62290 e s., 39910
– sacerdoti della Chiesa cattolica, anche se percepiscono congrue e supplementi di congrue	10007

TIPOLOGIE Esistono **due** tipologie di Mod. 730: ordinario e precompilato dall'AE. 16101
Il modello precompilato è alternativo a quello ordinario.

Se l'anno precedente è stata presentata una dichiarazione **correttiva o integrativa** sulla quale è ancora in corso l'attività di liquidazione automatizzata, non è possibile utilizzare il modello precompilato.

TERMINE DI PRESENTAZIONE (artt. 13 c. 1, 16 c. 1 e 1 bis e 17 c. 1 DM 31 maggio 1999 n. 164, 16102
art. 4 c. 3 bis D.Lgs. 175/2014 e Provv. AE 30 aprile 2020 n. 183002) Il Mod. 730 va presentato all'AE **a partire** dal 14 maggio (solo se precompilato) ed **entro** i termini indicati in **tabella**, che variano a seconda delle modalità di presentazione.
In caso di presentazione tramite **datore di lavoro**, **CAF** o **professionista**, occorre rivolgersi a questi in tempo utile per consentire loro di rispettare i termini.

Modalità di presentazione	Termine di presentazione all'AE
diretta	30 settembre
tramite datore di lavoro, CAF o professionista (v. n. 16050)	se il dipendente presenta loro la dichiarazione: – entro il 31 maggio, 15 giugno; – dal 1° al 20 giugno, 29 giugno; – dal 21 giugno al 15 luglio, 23 luglio; – dal 16 luglio al 31 agosto, 15 settembre; – dal 1° al 30 settembre, 30 settembre

SCHEMA DELLA TRATTAZIONE Di seguito, si illustrano le regole per l'utilizzo del Mod. 730, distinguendo a seconda che sia precompilato o ordinario. 16103

Per gli **adempimenti** conseguenti alla presentazione del Mod. 730, di competenza dei **datori di lavoro** e dei **CAF o professionisti** (controlli, liquidazione, trasmissione, conservazione, ecc.), si rinvia al n. 37620 (datori di lavoro) e al n. 37765 (CAF e professionisti).

a. 730 precompilato

16105

Dati		Trasmessi da	Entro
contenuti nelle CU ordinarie		sostituti d'imposta	16 marzo
oneri detraibili/ deducibili	spese sanitarie e relativi rimborsi **(1) (2) (3) (4)**	medici, odontoiatri, ottici, psicologi, ASL, farmacie, aziende ospedaliere, istituti di ricovero e cura, policlinici universitari, presidi di specialistica ambulatoriale, strutture per erogazione delle prestazioni di assistenza protesica e assistenza integrativa, altri presidi e strutture accreditati per l'erogazione dei servizi sanitari, altri soggetti individuati con DM (es. DM 16 luglio 2021, DM 28 novembre 2022, dietista, tecnico ortopedico, fisioterapista, logopedista, ottico, ecc.)	31 gennaio
	spese veterinarie e relativi rimborsi **(2) (3) (4)**	veterinari iscritti agli albi professionali	16 marzo
	interessi passivi sui mutui	coloro che erogano mutui agrari e fondiari	
	bonifici per interventi di recupero del patrimonio edilizio e di riqualificazione energetica	banche	
	spese sostenute dal condominio per interventi di recupero e/o riqualificazione energetica su parti comuni di edifici residenziali, nonché per acquisto di mobili e di grandi elettrodomestici per l'arredo delle parti comuni	amministratori di condominio **(5)**	
	spese universitarie e relativi rimborsi	università statali e non, altri soggetti che erogano i rimborsi (es. enti per il diritto allo studio)	
	tasse scolastiche **(6)**, contributi ed erogazioni liberali a favore di istituti scolastici, nonché relativi rimborsi	scuole statali e non, altri soggetti che erogano i rimborsi (es. enti per il diritto allo studio)	
	rette per frequenza di asili nido e per servizi formativi infantili, nonché i relativi rimborsi	asili nido (pubblici e privati), altri soggetti a cui sono versate le rette o che erogano i rimborsi	
	premi di assicurazione sulla vita, causa morte e contro gli infortuni	imprese assicuratrici	
	contributi previdenziali e assistenziali	enti previdenziali, forme pensionistiche complementari	
	erogazioni liberali in denaro effettuate tramite strumenti di pagamento tracciabili a favore degli enti del terzo settore, nonché relativi rimborsi **(7)**	ONLUS, associazioni di promozione sociale, organizzazioni di volontariato, fondazioni e associazioni riconosciute che si occupano di beni culturali e paesaggistici o di ricerca scientifica	
	spese funebri	agenzie del settore	

(1) Vanno trasmessi al **Sistema Tessera Sanitaria**, che, a sua volta, li invia all'AE **salvo opposizione** del contribuente (v. n. 16107).
(2) I **rimborsi erogati da fondi o casse con finalità assistenziali** (es. assicurazioni, associazioni) sono portati direttamente in diminuzione delle spese, salvo che si riferiscano a spese sostenute in anni precedenti. In tal caso, l'AE li inserisce nel Mod. 730 tra i redditi soggetti a tassazione separata. Se nelle precedenti dichiarazioni il contribuente non ha detratto le spese rimborsate o le ha detratte già al netto dei relativi rimborsi, deve modificare il Mod. 730.
(3) Dal 14 maggio di ogni anno, il contribuente può **rettificare** i dati delle spese e dei relativi rimborsi (es. codice fiscale, data documento, tipo di spesa, importi) attivando le funzionalità di compilazione agevolata all'interno dell'area autenticata del sito dell'AE (Provv. AE 30 settembre 2021 e DM 27 aprile 2018).
(4) I dati relativi alle spese sostenute nel **primo semestre** 2023 vanno inviati entro il 30 settembre 2023; quelle sostenute nel **secondo semestre** 2023 vanno inviate entro il 31 gennaio 2024 (16 marzo per spese veterinarie); per quelle sostenute **dal 2024**, l'invio sarà mensile, entro la fine del mese successivo alla data del documento fiscale (DM 27 dicembre 2022).
(5) Se l'amministratore amministra **più condomìni**, può inviare i dati utilizzando un'unica utenza telematica (v. n. 37520). Per le spese 2022 il termine è posticipato al 31 marzo 2022 (emendamento al DL Milleproroghe, DL 198/2022).
(6) Escluse quelle versate tramite Mod. F24 (art. 1 c. 4 DM 10 agosto 2020).
(7) La trasmissione è **obbligatoria solo se** dal bilancio approvato nell'anno cui si riferiscono tali dati, risultano ricavi, rendite o altre entrate superiori a € 220.000 (art. 1 DM 3 febbraio 2021).

Opposizione È possibile opporsi all'inserimento nel Mod. 730 di alcune **spese** sopra indicate (sanitarie, universitarie, per la frequenza di asili nido e per servizi formativi infantili, a favore degli enti del terzo settore) **e** dei relativi **rimborsi**, con le **modalità** illustrate in **tabella**. 16107

Spese	Come opporsi	Fonti
sanitarie	In caso di scontrino parlante, non comunicando al soggetto che lo emette il codice fiscale; negli altri casi, chiedendo verbalmente al medico o alla struttura sanitaria l'annotazione dell'opposizione sul documento fiscale. In alternativa: – dal 1° ottobre dell'anno di riferimento al 31 gennaio dell'anno successivo, inviando una mail (opposizioneutilizzospesesanitarie@agenziaentrate.it), telefonando a un centro di assistenza multicanale (800909696) o consegnando l'apposito modello reperibile sul sito dell'AE a un qualsiasi ufficio territoriale dell'AE; – dal 9 febbraio all'8 marzo dell'anno successivo a quello di riferimento, accedendo all'area autenticata del sito www.sistemats.it tramite tessera sanitaria TS-CNS o credenziali Fisconline e selezionando le voci per cui ci si oppone	art. 3 DM 31 luglio 2015, Provv. AE 30 settembre 2021 e Provv. 22 gennaio 2021 n. 20765
universitarie	inviando, entro il 28 febbraio, l'apposito modello reperibile sul sito dell'AE via e-mail (opposizioneutilizzospeseuniversitarie@agenziaentrate.it) o via fax (06/50762273)	Provv. AE 19 febbraio 2016 n. 27065
scolastiche ed **erogazioni liberali** a favore di istituti scolastici	– comunicandolo direttamente al destinatario al momento del sostenimento della spesa e/o effettuazione dell'erogazione o comunque entro il 31 dicembre dell'anno in cui la spesa è stata sostenuta e/o l'erogazione è stata effettuata – inviando, dal 1° gennaio dell'anno successivo a quello di sostenimento della spesa e/o di effettuazione dell'erogazione fino al 16 marzo, l'apposito modello reperibile sul sito dell'AE via mail (opposizioneutilizzospesescolastiche@agenziaentrate.it)	Provv. AE 9 febbraio 2021 n. 39069
rette per **frequenza** di **asili nido** e per **servizi formativi infantili**	inviando, dal 1° gennaio al 28 febbraio, l'apposito modello reperibile sul sito dell'AE via mail (opposizioneutilizzospeseasilinido@agenziaentrate.it) o via fax (06/50762651)	Provv. AE 9 febbraio 2018 n. 34419
erogazioni liberali in denaro effettuate con strumenti di pagamento tracciabili, a favore degli enti del **terzo settore**	alternativamente: – comunicandolo al destinatario dell'erogazione al momento di effettuazione della stessa o comunque entro il 31 dicembre dell'anno in cui è stata effettuata; – inviando, dal 1° gennaio al 20 marzo dell'anno successivo a quello di riferimento, l'apposito modello reperibile sul sito dell'AE via mail (opposizioneutilizzoerogazioniliberali@agenziaentrate.it) o via fax (06/50762650)	Provv. AE 9 febbraio 2018 n. 34431 e Provv. AE 19 febbraio 2021 n. 49889

1. Come si usa

16110 La dichiarazione è resa disponibile in un'area dedicata del **sito internet** dell'AE (www.agenziaentrate.gov.it), **entro** il 30 aprile di ogni anno (art. 1 c. 1 D.Lgs. 175/2014).
È possibile **accedervi** direttamente oppure conferendo un'apposita delega ai seguenti soggetti (art. 1 c. 1 e 3 D.Lgs. 175/2014 e Provv. AE 30 aprile 2020 n. 183002):
– proprio datore di lavoro, se ha dato la propria disponibilità (v. n. 37630), se il rapporto di lavoro sussiste nel periodo utile per effettuare il conguaglio (v. n. 16170) e se ha trasmesso entro i termini la CU all'AE;
– CAF o professionisti abilitati indicati al n. 37755 e s., purché il datore di lavoro abbia trasmesso entro i termini la CU all'AE.

16113 **ACCESSO DIRETTO** Avviene **tramite** il sito dell'AE, utilizzando (Istr. Mod. 730):
– un'identità SPID - Sistema pubblico d'identità digitale;
– CIE - Carta di identità elettronica;
– CNS - una Carta Nazionale dei Servizi.

> **Precisazioni** 1) Le credenziali dispositive rilasciate dall'**Inps** sono utilizzabili solo per i **cittadini residenti all'estero** non in possesso di un documento di riconoscimento italiano (Circ. INPS 12 agosto 2021 n. 127).
2) In tabella sono riportate le modalità per la **richiesta di abilitazione** all'utilizzo dei servizi on line AE (dichiarazione precompilata, cassetto fiscale, avvisi di irregolarità, ecc.) tramite le proprie credenziali SPID/CIE/CNS per conto di **altri soggetti** (Provv. AE 19 maggio 2022 n. 173217, Guida AE maggio 2022).

Soggetto	Procedura
Tutore/amministratore di sostegno/curatore speciale **(1)**	– invia tramite **sito AE** l'apposito modulo (All. 1, All. 2 o All. 3 Provv. AE 19 maggio 2022 n. 173217) con sottoscrizione digitale/firma autografa unitamente alla documentazione attestante la condizione; o – invia modulo e documentazione tramite **PEC** a qualunque direzione provinciale AE **(4)**; o – esibisce modulo e documentazione **presso un ufficio** AE
Genitore **(2)**	
Che nomina una persona di fiducia **(1) (3)**	

(1) Le abilitazioni di rappresentante e persona di fiducia sono valide fino al 31 dicembre dell'anno in cui sono attivate, salvo richiesta di disabilitazione.
(2) Deve sempre trasmettere anche la copia del **documento d'identità del figlio** minore. Se ha presentato in nome e per conto del figlio la precompilata nell'anno precedente, tramite il servizio web del sito AE, e se il figlio è ancora minorenne, l'accesso è autorizzato anche per l'anno corrente.
(3) Ogni soggetto può **nominare una sola persona di fiducia** e a sua volta ogni persona di fiducia può essere designata al massimo da 3 persone. Se il rappresentato è impossibilitato a presentare la procura a causa di **patologie**, la procedura può essere eseguita dalla persona di fiducia presso un qualsiasi ufficio AE, allegando copia del documento di identità di entrambi e l'attestazione dello stato di impedimento del rappresentato rilasciata dal medico di famiglia.
(4) Se il modulo è **redatto su carta**, può essere inviata la copia informatica per immagine di documento analogico insieme alla copia del documento d'identità del delegato.

16115 Una volta effettuato l'accesso, è possibile visualizzare i **seguenti documenti**:
– **dichiarazione**;
– prospetto con l'**indicazione sintetica** dei **redditi** e delle **spese** presenti in dichiarazione, nonché delle principali **fonti** utilizzate per la sua elaborazione (es. dati del datore di lavoro che ha inviato la CU, dati della banca che ha comunicato gli interessi passivi sul mutuo);
– prospetto ulteriore con le **informazioni** che risultano **incomplete o incongruenti da controllare** prima di inserirle in dichiarazione (es. interessi passivi comunicati dalla banca di ammontare superiore rispetto a quelli indicati nella dichiarazione dell'anno precedente, dati dei bonifici per interventi di recupero del patrimonio edilizio e di riqualificazione energetica);
– esito della **liquidazione** (rimborso che sarà erogato dal datore di lavoro e/o somme che saranno trattenute in busta paga o versate direttamente);
– dettaglio dei **risultati** della liquidazione (Mod. 730-3).

> **Precisazioni** 1) Se manca un elemento essenziale per la compilazione della dichiarazione (es. destinazione d'uso di un immobile), è possibile visualizzare l'esito della liquidazione **solo dopo** aver integrato la dichiarazione, ma comunque prima della sua presentazione (Circ. AE 23 marzo 2015 n. 11/E).
2) Se è **in corso** l'attività di liquidazione automatizzata sulla dichiarazione dell'anno precedente, l'AE **non riporta** i dati che potrebbero essere modificati al termine di tale attività, come, ad esempio, l'eccedenza a credito (Circ. AE 23 marzo 2015 n. 11/E).

Il contribuente, dopo aver effettuato l'accesso, a partire dalla data indicata annualmente dall'AE, invia all'AE la dichiarazione accettata, modificata o integrata. 16117
Per effettuare l'**invio** occorre (art. 4 D.Lgs. 175/2014):
– verificare che i dati indicati in dichiarazione siano corretti e completi e, in caso affermativo, inviarla telematicamente all'AE. Se alcuni dati risultano **non corretti o incompleti** (ad es. mancano le spese mediche o un reddito), bisogna modificarli o integrarli. In tal caso, l'AE elabora una nuova dichiarazione e un nuovo modello 730-3 con i risultati della liquidazione effettuata a seguito delle modifiche;
– indicare i dati del datore di lavoro che effettuerà il conguaglio. Se non c'è il datore, se si è a **debito**, è possibile versare le somme dovute col Mod. F24, reso disponibile già precompilato; se, invece, si è a **credito**, va indicato il conto corrente bancario su cui ricevere il rimborso (Provv. AE 30 aprile 2020 n. 183002);
– compilare il Mod. 730-1 per la scelta della **destinazione** dell'8, del 5 e del 2 **per mille** dell'**IRPEF**, anche se non si esprime alcuna scelta.
Entro cinque giorni dalla presentazione, si ottiene la **ricevuta** con il numero di protocollo telematico del file inviato (Provv. AE 30 aprile 2020 n. 183002).

ACCESSO CON DELEGA (art. 4 D.Lgs. 175/2014, Provv. AE 30 aprile 2020 n. 183002, Circ. AE 23 marzo 2015 n. 11/E e Circ. AE 7 luglio 2015 n. 26/E) La delega al datore di lavoro, CAF o professionista deve **contenere**: proprio codice fiscale e dati anagrafici, anno d'imposta cui si riferisce la dichiarazione, data di conferimento della delega e indicazione che essa si riferisce sia all'accesso alla dichiarazione sia alla consultazione delle informazioni contenute nei prospetti indicati al n. 16115. 16120
Può essere **consegnata** su carta o in formato elettronico, insieme a copia del documento d'identità. Se è in formato elettronico, deve essere **sottoscritta** elettronicamente (nel rispetto delle regole tecniche di cui all'art. 71 D.Lgs. 82/2005).
La delega ha **validità** annuale ed è revocabile.

> Se il contribuente è in possesso di **utenza e password** personali, forniti dal datore di lavoro per l'accesso al sistema informativo aziendale o a un'area dedicata, può consegnare la delega al datore utilizzando le suddette credenziali.

Al datore di lavoro Occorre **consegnargli**: 16123
– delega per l'accesso alla dichiarazione (v. n. 16120);
– busta chiusa contenente il Mod. 730-1 per la scelta della destinazione dell'8, 5 e 2 per mille. Il modello va inserito nella busta anche se non si esprime alcuna scelta, indicando il proprio codice fiscale e i dati anagrafici;
– dati relativi agli oneri detraibili e deducibili che non sono stati inseriti in dichiarazione.
Non devono essere **consegnati** i certificati dei datori di lavoro, le attestazioni relative alle detrazioni per carichi di famiglia, le ricevute di oneri detraibili e deducibili, ecc., ma devono essere conservati per un'eventuale esibizione o trasmissione all'AE.

> In caso di possesso di **più redditi di lavoro** dipendente e/o di pensione, occorre rivolgersi prioritariamente al datore di lavoro che eroga il reddito più elevato.

Al CAF o professionista abilitato Occorre **consegnare** loro: 16125
– delega per l'accesso alla dichiarazione (v. n. 16120);
– Mod. 730-1, in busta chiusa; il modello va inserito nella busta anche se non si esprime alcuna scelta, indicando il proprio codice fiscale e i dati anagrafici;
– documentazione, anche in copia (v. **tabella**), necessaria per verificare la conformità dei dati esposti ai fini del rilascio del **visto di conformità** (v. n. 37800 e s.).

Documentazione per il rilascio del visto di conformità
– documentazione attestante le ritenute d'acconto indicate nella dichiarazione (CU o altra certificazione del datore di lavoro); – fatture di oneri deducibili e detraibili con la documentazione necessaria per il loro riconoscimento (es. per gli interessi passivi, copia del contratto di mutuo per l'acquisto dell'immobile adibito ad abitazione principale; per i premi di assicurazione sulla vita, documentazione attestante i requisiti richiesti per la relativa detrazione; per le spese sostenute, per la prima volta, per interventi di recupero del patrimonio edilizio: copia dei bonifici, ecc.) **(*)**; – dichiarazione sostitutiva attestante la sussistenza dei requisiti soggettivi normativamente previsti per la fruizione delle detrazioni d'imposta e delle deduzioni dal reddito;

Documentazione per il rilascio del visto di conformità
– attestati di versamento degli acconti; – in caso di eccedenza d'imposta per la quale si è richiesto il riporto nella successiva dichiarazione, la dichiarazione dei redditi dell'anno precedente con, eventualmente, la comunicazione dell'AF che, a seguito della liquidazione automatizzata, rettifica l'eccedenza da riportare.
(*) Se in precedenti dichiarazioni erano già esposte le **spese per il recupero del patrimonio edilizio** e ora si chiede il riconoscimento di una rata in cui era stato diviso l'onere, non occorre consegnare la relativa documentazione. Analogamente, se il CAF o il professionista è già in possesso di documentazione (es. contratti di assicurazione o di mutuo) perché prodotta in anni precedenti, si può attestare con l'autocertificazione la sussistenza dei requisiti richiesti.

16127 **Non** è necessaria l'esibizione della **documentazione relativa** all'ammontare dei redditi indicati in dichiarazione (es. certificati catastali dei terreni e dei fabbricati posseduti, contratti di locazione stipulati) e alle detrazioni soggettive d'imposta (es. certificati di stato di famiglia).

---

2. Come si rettifica

16135 Dopo la presentazione, è possibile rettificare la dichiarazione con modalità ed effetti diversi a seconda che questa sia stata presentata direttamente o tramite soggetti terzi e a seconda che la modifica sia a favore o a sfavore, come indicato in **tabella**.

Presentazione originaria	Tipo di modifica	Adempimenti
Diretta	**A favore →** rimborso o minor debito (es. per oneri non precedentemente indicati) o imposta invariata	Si può presentare, **alternativamente**: – nuovo Mod. 730 ordinario (c.d. modello integrativo), a cui va allegata tutta la documentazione (non solo quella integrativa), entro il 25 ottobre successivo a un CAF o a un professionista abilitato **(*)**; – Mod. Redditi entro: termini ordinari, termine per la presentazione del Mod. Redditi relativo all'anno successivo o 31 dicembre del 5° anno successivo a quello in cui è stato presentato il Mod. 730. In quest'ultimo caso, per la compensazione del credito v. n. 16075
	A sfavore → maggior debito o minor credito	Si presenta un Mod. Redditi nei termini sopra indicati in caso di modifica a favore. Si versano direttamente le maggiori imposte, gli interessi e le sanzioni in misura ridotta (v. n. 87270 e s.), senza possibilità di rateizzarle
Tramite datore di lavoro	A favore o a sfavore come sopra	Stesse modalità sopra illustrate
Tramite CAF o professionista	A favore o a sfavore come sopra	Stesse modalità sopra illustrate in caso di **presentazione diretta**, con la particolarità che in caso di presentazione di un nuovo Mod. 730 ordinario, questo può essere consegnato **anche ad altri** CAF o professionisti (diversi da quelli della dichiarazione originaria). In tal caso occorre consegnare anche **tutta** la documentazione (e non solo quella integrativa)
(*) Tale modello va utilizzato anche se l'AE non riesce a fornire il **risultato contabile** al datore di lavoro indicato dal contribuente (es. per indicazione di sede telematica errata) o se il datore che lo ha ricevuto **non** è tenuto a effettuare il **conguaglio** (perché il rapporto di lavoro non è mai esistito o è cessato prima della data di avvio della presentazione del Mod. 730) e ne dà comunicazione in via telematica all'AE. In tal caso, l'AE avvisa il contribuente, che può presentare un Mod. 730 integrativo, oltre che tramite CAF o professionista, anche da sé, modificando solo i dati del datore di lavoro o indicandone l'assenza (Provv. AE 30 aprile 2020 n. 183002, Circ. AE 12 marzo 2018 n. 4/E e Circ. AE 23 marzo 2015 n. 11/E).		

3. Come si effettuano i controlli
(art. 5 D.Lgs. 175/2014)

Il Mod. 730 precompilato è sottoposto agli stessi controlli effettuati dall'AE sugli altri modelli di **16140**
dichiarazione (Mod. 730 ordinario e Mod. Redditi), con alcune particolarità illustrate in **tabella**, a seconda delle modalità di presentazione e della presenza o meno di modifiche.

Modalità di presentazione	**Modifiche** (v. n. 16143 e s.)	**Controlli che subiscono variazioni/limitazioni**
Diretta o tramite datore di lavoro	NO	È **escluso**: – controllo formale sugli oneri detraibili e deducibili comunicati all'AE **(1)**; – controllo preventivo sui rimborsi d'imposta (v. n. 37665)
	SÌ	Il controllo formale è eseguito, dal 2022, solo sui dati modificati. **Destinatario** è il contribuente **(2)**
Tramite CAF o professionista abilitato	NO	Fino al **2022**, il controllo formale è ammesso su tutti i dati indicati in dichiarazione. **Destinatario** è il CAF o il professionista abilitato **(3)**. Dal **2023**, è escluso il controllo formale; i documenti relativi alle **spese sanitarie** possono non essere conservati (a tal fine il CAF o il professionista acquisisce dal contribuente il dettaglio delle spese sanitarie e lo confronta con il dato aggregato del 730 precompilato) **(1)**. È **escluso** il controllo preventivo sui rimborsi d'imposta (v. sopra)
	SI	Fino al **2022**, il controllo formale è ammesso su tutti i dati indicati in dichiarazione. **Destinatario** è il CAF o il professionista abilitato **(3)**. Dal **2023**, il controllo formale sugli **oneri** permane, salvo che per i documenti relativi alle **spese sanitarie**, se non modificati, che possono non essere conservati (il CAF o il professionista acquisisce dal contribuente il dettaglio delle spese sanitarie e lo confronta con il dato aggregato del 730 precompilato) **(1)**. È previsto il controllo preventivo sui rimborsi d'imposta (v. sopra)

(1) L'AE può comunque controllare i **requisiti soggettivi** che danno diritto alla detrazione o alla deduzione degli oneri.
(2) Il contribuente deve **conservare** la **documentazione** alla base della dichiarazione secondo le regole ordinarie illustrate al n. 16065 (Circ. AE 7 luglio 2015 n. 26/E).
(3) Se dal controllo emerge che il **visto di conformità** da questi apposto è **infedele**, v. n. 37805.

La dichiarazione si considera **accettata senza modifiche** anche se si effettuano delle modifi- **16143**
che che non incidono sulla determinazione del reddito o dell'imposta. Sono considerate tali (Circ. AE 23 marzo 2015 n. 11/E):
- indicazione o modifica dei dati anagrafici del contribuente, ad eccezione del comune del domicilio fiscale che potrebbe incidere sul calcolo delle addizionali regionale e comunale IRPEF;
- indicazione o modifica dei dati identificativi del soggetto che effettua il conguaglio;
- indicazione o modifica del codice fiscale del coniuge non a carico;
- scelta di utilizzare in compensazione l'eventuale credito che risulta dal Mod. 730 (quadro I);
- scelta di non versare gli acconti dovuti o di versarli in misura inferiore a quanto calcolato da chi presta assistenza fiscale (quadro F);
- richiesta di rateizzazione delle somme dovute a titolo di saldo e acconto nei casi previsti dalla legge (quadro F).

In tutti gli altri casi, la dichiarazione si considera accettata **con modifiche**. In pratica, si tratta di **16145**
tutte le variazioni o integrazioni che incidono sulla determinazione del reddito o dell'imposta, comprese le variazioni che, pur non modificando il risultato finale della dichiarazione, intervengono sui singoli importi.

ESEMPIO
Si elimina un reddito e se ne aggiunge un altro diverso ma di pari importo; si conferma un maggior credito emerso dal controllo automatico della dichiarazione dell'anno precedente; si inseriscono in dichiarazione i dati ritenuti incompleti o incongruenti dall'AE e contenuti nel prospetto separato (v. n. 16115 e Circ. AE 19 febbraio 2015 n. 6/E).

b. 730 ordinario

16150 Il contribuente può presentare il Mod. 730 ordinario quando non può o non vuole utilizzare il modello precompilato. A tal fine, può rivolgersi al proprio datore di lavoro (se ha dato la propria disponibilità), a un CAF o a un professionista abilitato (v. n. 16110) senza la necessità di presentare una delega.
Non può presentare il Mod. 730 direttamente.

È possibile **prelevare** il modello gratuitamente sul sito dell'AE (www.agenziaentrate.gov.it).

16155 **Presentazione tramite datore di lavoro** Occorre consegnare la dichiarazione, **sottoscritta** sotto la propria responsabilità, e la **busta chiusa** contenente il Mod. 730-1 per la destinazione dell'8, 5 e 2 per mille. Il modello va inserito nella busta anche se non si esprime alcuna scelta, indicando il proprio codice fiscale e i dati anagrafici. La dichiarazione non sottoscritta e non accompagnata dalla busta non è accettata dal datore.
La dichiarazione deve **contenere** gli elementi necessari per la determinazione dei redditi e per la liquidazione dell'IRPEF, della cedolare secca sulle locazioni e delle addizionali locali.
Inoltre, se si intendono versare minori acconti o non versarne, occorre comunicarlo, sotto la propria responsabilità, al datore, compilando l'apposito spazio del Mod. 730.

> **Precisazioni 1) Non** va consegnata la documentazione prevista in caso di presentazione della dichiarazione tramite CAF o professionista.
2) Si rinvia al n. 16123 per le ulteriori particolarità.

16157 La dichiarazione può essere **consegnata** materialmente oppure in via telematica. In quest'ultimo caso è necessario che il datore abbia istituito un sito internet dedicato e abbia fornito ai dipendenti un'utenza e una password personale.

È possibile **rettificare** la dichiarazione (v. n. 16135).

16160 **Presentazione tramite CAF o professionista abilitato** La dichiarazione può essere consegnata già compilata oppure si può chiedere assistenza per la compilazione.
Se è già **compilata**, deve contenere gli elementi necessari per la determinazione dei redditi e per la liquidazione dell'IRPEF, della cedolare secca sulle locazioni e delle addizionali locali, nonché i dati identificativi del datore di lavoro che opera il conguaglio.

I dipendenti di aziende sottoposte a **procedure concorsuali** che non hanno rilasciato la CU non possono usufruire dell'assistenza dei CAF o dei professionisti abilitati (Circ. AE 20 aprile 2005 n. 15/E).

16163 In ogni caso, va **esibita**, anche in copia, la **documentazione** indicata nella **tabella** al n. 16125 e va **allegato**, in busta chiusa, il Mod. 730-1 per la destinazione dell'8, 5 e 2 per mille. Tale modello va inserito nella busta anche se non si esprime alcuna scelta, indicando il proprio codice fiscale e i dati anagrafici.
È possibile **rettificare** la dichiarazione (v. n. 16135).

c. Casi particolari

16170

Caso	Descrizione
Coniugi	V. n. 16173 e s.
Assenza del **datore sostituto** (art. 51 bis DL 69/2013 conv. in L. 98/2013, Provv. AE 22 agosto 2013, Circ. AE 22 agosto 2013 n. 28/E)	In caso di 730 precompilato **presentato direttamente** all'AE, occorre: – indicare la lettera A nella casella «730 senza sostituto» nelle informazioni relative al contribuente; – barrare la casella «Mod. 730 dipendenti senza sostituto», nel riquadro «Dati del sostituto d'imposta che effettuerà il conguaglio». Se la dichiarazione è a debito, si esegue il pagamento online nell'area dedicata del sito dell'AE oppure con le modalità ordinarie, previa stampa del Mod. F24. Se è a credito, l'AE effettua il rimborso con le modalità indicate al n. 37305. In caso di 730 (precompilato o ordinario) presentato **tramite CAF o professionista abilitato**, v. n. 37810

Caso	Descrizione
Lavoratori a tempo determinato e stagionali (art. 13 c. 2 DM 31 maggio 1999 n. 164 e Istr. Mod. 730) **(1)**	In caso di contratti di lavoro a tempo determinato **inferiore all'anno**, possono presentare il Mod. 730 precompilato direttamente all'AE oppure possono rivolgersi a: – se il contratto dura almeno dal mese di presentazione della dichiarazione al terzo mese successivo, datore di lavoro; – se ricorre la condizione di cui al punto precedente e si conoscono i dati del datore di lavoro che effettua il conguaglio, CAF o professionista
Lavoratori cessati in corso d'anno	Se il rapporto di lavoro è cessato **al momento** della presentazione della dichiarazione, non è possibile richiedere l'assistenza al datore di lavoro, ma solo al CAF o al professionista
Nuovi lavoratori (Circ. Min. 16 aprile 1999 n. 87/E)	Possono chiedere assistenza a: – nuovo datore di lavoro, se hanno cambiato datore **nel corso dell'anno** a cui si riferisce la dichiarazione **o tra** gennaio e giugno dell'anno di presentazione (purché il nuovo rapporto di lavoro continui almeno fino al mese di luglio); – CAF e professionisti, sempre
Persone decedute	V. n. 16185
Minori e incapaci	I redditi prodotti sono dichiarati dal genitore, tutore o rappresentante legale, i quali possono utilizzare il Mod. 730 **(2)**, se il minore/incapace ha i requisiti per utilizzarlo, altrimenti usano il Mod. Redditi. **Nella pratica**, si presentano **due** distinti Mod. 730, ambedue sottoscritti dal soggetto che li presenta: – in uno indica i suoi dati identificativi, il codice fiscale del minore/incapace e barra la casella «Rappresentante o tutore»; – nell'altro riporta il suo codice fiscale, i dati identificativi e reddituali del minore/incapace e barra le caselle «Dichiarante» e «Tutelato» o «Minore»
Soggetti titolari di redditi particolari	V. n. 16200

(1) Il **personale della scuola** può presentare il Mod. 730 precompilato direttamente all'AE oppure, se il contratto di lavoro ha durata **almeno dal** mese di settembre dell'anno cui si riferisce la dichiarazione **al** mese di giugno dell'anno successivo, può rivolgersi al datore di lavoro, a un CAF o a un professionista.
(2) Se utilizzano il Mod. 730 **precompilato**, devono prima **abilitarsi** presso un ufficio dell'AE e poi possono accedere alla dichiarazione con le credenziali utilizzate per il proprio 730 precompilato. Se il genitore ha presentato per conto del figlio la dichiarazione relativa all'anno precedente, può ottenere l'abilitazione in via telematica.
In ogni caso, l'abilitazione è valida fino al 31 dicembre dell'anno in cui è stata rilasciata (Provv. AE 30 aprile 2020 n. 183002).

CONIUGI (art. 13 c. 4 DM 31 maggio 1999 n. 164) I coniugi **non** legalmente o effettivamente **16173**
separati possono presentare il Mod. 730 **in forma congiunta**, purché entrambi possiedano solo i redditi ammessi (v. n. 16012).
La dichiarazione congiunta **non** può essere presentata nelle **seguenti** situazioni:
- decesso di uno dei coniugi (v. n. 16178);
- presentazione di dichiarazioni per conto di persone incapaci, compresi i minori.

È possibile utilizzare sia il **modello** precompilato sia quello ordinario. **16175**
Il modello precompilato in forma congiunta si considera sempre modificato, dato che il prospetto di liquidazione finale è diverso rispetto a quelli relativi alle dichiarazioni dei singoli coniugi (art. 4 c. 5 D.Lgs. 175/2014 e Circ. AE 23 marzo 2015 n. 11/E).

La dichiarazione congiunta **si compila** indicando come «**dichiarante**» il coniuge che ha come **16177**
datore di lavoro il soggetto al quale viene presentata la dichiarazione oppure quello scelto per l'effettuazione delle operazioni di conguaglio.
I **Mod. 730-1** per la scelta della destinazione dell'8, del 5 e del 2 per mille, relativi ad ambedue i coniugi, devono essere inseriti in **due buste** distinte, su cui vanno riportati i dati del coniuge che esprime la scelta.

>**Precisazioni** 1) Se i coniugi hanno due **datori di lavoro diversi**, possono presentare la dichiarazione congiunta indifferentemente al datore di uno dei due.
2) Se entrambi i coniugi **non hanno** un **datore** che possa effettuare il conguaglio nei tempi previsti, possono comunque presentare la dichiarazione congiunta purché nel modello relativo al primo dichiarante sia indicato un reddito di lavoro dipendente e assimilato a quello di lavoro dipendente; tale condizione non è necessaria per il secondo dichiarante (Ris. AE 30 maggio 2014 n. 57/E).

16178 Se uno dei coniugi è **deceduto prima della presentazione** della dichiarazione congiunta, questa non può essere presentata.
Se uno dei coniugi è deceduto **prima** delle operazioni **di conguaglio**, il coniuge superstite deve separare la propria posizione da quella dell'altro coniuge dichiarante. Pertanto, devono essere calcolate le somme a debito o a credito di ciascun coniuge. Se il coniuge superstite è a debito, deve versare tempestivamente le somme dovute; se è a credito, può farlo valere nella prima dichiarazione dei redditi utilmente presentata (Circ. AE 25 maggio 2012 n. 15/E).

16185 **PERSONE DECEDUTE** (Istr. Mod. 730) Gli eredi di una persona deceduta **nel** 2022 **o entro** il 30 settembre 2023 possono presentare il Mod. 730 per suo conto:
– tramite CAF o professionista abilitato. Se precompilato, non devono conferire la delega per l'accesso (Faq AE);
– inviandolo direttamente all'AE (se precompilato).
Se nel 2022 la persona deceduta aveva presentato il Mod. 730 dal quale risultava un **credito non rimborsato** dal sostituto d'imposta, gli eredi possono indicarlo nel rigo F3 del Mod. 730.

Per le persone decedute **dopo** il 30 settembre 2023, è obbligatorio l'utilizzo del Mod. Redditi (v. n. 16081 e s.).

16190 I **versamenti** derivanti dal Mod. 730 vanno fatti dagli eredi nei seguenti termini:
– per le persone decedute entro il 28 febbraio 2023, ordinari (per gli acconti v. n. 37150 e s.; per il saldo, v. n. 37180 e s.);
– per le persone decedute dal 1° marzo 2023, entro il 30 dicembre 2023.

16200 **SOGGETTI TITOLARI DI REDDITI PARTICOLARI** Coloro che possiedono i redditi elencati nella **tabella** seguente, devono presentare, oltre al Mod. 730 (ordinario o precompilato), i relativi **quadri del Mod. Redditi** nei modi e nei termini previsti per quest'ultimo (v. n. 16030 e s.).

Redditi da indicare nel Mod. Redditi (*)	Quadro
Redditi di capitale di fonte estera a cui non sono state applicate le ritenute d'imposta	RM
Interessi, premi e altri proventi delle obbligazioni e titoli similari a cui non è stata applicata l'imposta sostitutiva prevista dal D.Lgs. 239/96	
Redditi derivanti dalla partecipazione in società estere residenti in Paradisi fiscali (c.d. «CFC», v. n. 21942 e s.)	
TFR erogato da soggetti che non sono sostituti d'imposta	
Dati relativi alla rivalutazione dei terreni	
Compensi derivanti da lezioni private e ripetizioni, percepiti da docenti titolari di cattedre nelle scuole che intendono fruire dell'imposta sostitutiva di cui al n. 10700	
Plusvalenze e altri redditi diversi di natura finanziaria soggetti a imposta sostitutiva	RT
Dati relativi alla rivalutazione delle partecipazioni	
Investimenti all'estero o attività estere di natura finanziaria	RW (v. n. 16085 e s.)
Immobili situati all'estero soggetti a IVIE	

(*) Il Mod. 730 non può essere presentato dai soggetti tenuti a presentare il quadro **RR** del Mod. Redditi relativo ai **contributi previdenziali** (Circ. AE 14 giugno 2001 n. 55/E).

CAPITOLO 9

Non residenti

SOMMARIO

Le persone fisiche non residenti sono tassate in Italia solo per i redditi qui prodotti (art. 3 DPR 917/86). **17000**
Le Convenzioni contro le doppie imposizioni stipulate dall'Italia con gli Stati esteri (di seguito solo «**Convenzioni**») possono, tuttavia, prevedere per alcune tipologie di reddito, che la tassazione avvenga, esclusivamente o solo in parte, nello Stato estero di residenza.
Per la **nozione** italiana di **residenza**, si veda il n. 201.
Nel capitolo vengono esaminati i presupposti che possono dare origine ad un reddito tassato in Italia, evidenziando le modalità di tassazione e gli adempimenti conseguenti.

I. Presupposti e regole di tassazione

(art. 23DPR917/86)

In generale, il presupposto della tassazione in Italia è il legame con il territorio italiano che, a seconda dei casi, può essere dato dal fatto che la prestazione è ivi effettuata; che il reddito derivi da beni immobili ivi situati o, in casi specifici, dal fatto che il reddito sia corrisposto dallo Stato italiano, da soggetti residenti o da stabili organizzazioni in Italia di non residenti. **17004**
Nella **tabella** sono indicate le diverse ipotesi che possono rappresentare un presupposto di tassazione in Italia, con l'indicazione di come si determina l'imposta, l'eventuale esclusione e le modalità di tassazione. In molti casi è prevista l'applicazione di una ritenuta a titolo d'imposta applicata direttamente dal soggetto che eroga il reddito; pertanto la persona fisica non residente non ha alcun adempimento aggiuntivo.

Presupposto		Condizione	Determinazione/ Tassazione
Possesso/vendita di beni immobili situati in Italia	– proprietà o altro diritto reale di godimento (uso, usufrutto, ecc.) di immobili (terreni o fabbricati)	gli immobili sono situati in Italia	stesse regole previste per i residenti (v. n. 7000 e s.) il reddito va dichiarato con il Mod. Redditi (v. n. 17185)
	– vendita (o esproprio od occupazione) dei suddetti beni	gli immobili sono situati in Italia	tassati o esclusi con le stesse regole previste per i residenti (v. n. 13010)

17004 (segue)

Presupposto		Condizione	Determinazione/ Tassazione
Proventi da attività di lavoro	– lavoro dipendente	l'attività è svolta in Italia in maniera non occasionale	si determina con regole illustrate al n. 17020
	– collaborazione coordinata e continuativa	corrisposti dallo Stato, da soggetti residenti in Italia o da S.O. in Italia di soggetti non residenti	ritenuta a titolo d'imposta (v. n. 17040)
	– lavori socialmente utili	come sopra	tassato con le regole previste per i residenti (v. n. 10005)
	– lavoro autonomo	l'attività è svolta in Italia	ritenuta a titolo d'imposta (v. n. 17045)
	– esercizio di attività impresa	se svolta in Italia mediante stabile organizzazione	tassato con le regole ordinarie del reddito d'impresa (v. n. 36010)
	– esercizio di pubbliche funzioni	se corrisposte da Stato, regioni, ecc.	tassati con le regole previste per i residenti (v. n. 17056)
Proventi da cessazione di attività lavorative	– TFR e altre indennità per cessazione di attività di lavoro subordinato e simili (es. rapporti di collaborazione coordinata e continuativa); – indennità per la cessazione di attività professionali (rapporti di agenzia, sportivi professionisti, funzioni notarili)	se corrisposte dallo Stato, da soggetti residenti in Italia o da stabili organizzazioni di soggetti non residenti	tassazione separata (v. n. 17060)
	– pensioni ed assegni equiparati	come sopra	v. n. 17065
Proventi di natura partecipativa o finanziaria	– azioni e titoli similari in società di capitali o enti commerciali residenti	corrisposti da società ed enti residenti o da stabili organizzazioni in Italia di soggetti non residenti	soggetti a ritenuta a titolo d'imposta con possibilità di chiedere parziale rimborso dell'imposta pagata all'estero o l'applicazione delle Convenzioni (v. n. 17090)
	– partecipazione in società di persone, associazioni professionali o s.r.l. trasparenti	corrisposti da società ed enti residenti o stabili organizzazioni in Italia di non residenti	sono imputati dalla società partecipata al socio non residente e da questo deve essere dichiarato con le modalità ordinarie (v. n. 17105)
	– obbligazioni e titoli pubblici; – partecipazioni in OICR italiani e fondi lussemburghesi storici o in fondi immobiliari italiani; – altri strumenti finanziari non partecipativi (es. mutui, fideiussioni, prestiti di denaro, operazioni di pronti contro termine, ecc.)	corrisposti dallo Stato, da soggetti residenti in Italia o da stabili organizzazioni di soggetti non residenti	soggetti a ritenuta a titolo d'imposta o non tassati, a seconda dei casi (v. n. 17124)

17004 (segue)

Presupposto		Condizione	Determinazione/ Tassazione
	– depositi e conti correnti bancari e postali, buoni fruttiferi e certificati di deposito bancari	intrattenuti in Italia presso banche italiane, filiali italiane di banche estere o Poste	non tassati (v. n. 17124)
	– vendita di azioni e titoli similari in società residenti	se rappresentano una partecipazione qualificata	la plusvalenza è tassata anche se detenuta all'estero (v. n. 17100)
		se rappresentano una partecipazione non qualificata	in via ordinaria, la plusvalenza e la minusvalenza non rilevano ai fini della tassazione, salvo eccezioni (v. condizioni n. 17100)
	– vendita di quote di partecipazione in società di persone residenti	come sopra	come sopra (v. n. 17115)
	– vendita di partecipazioni in società non residenti	se le azioni e i titoli si trovano in Italia, o se il loro valore deriva in parte preponderante da immobili situati in Italia	(v. n. 17102)
	– vendita obbligazioni, titoli pubblici, altri titoli non partecipativi	che si trovano in Italia anche se emessi all'estero	in via ordinaria non rilevano in Italia (v. n. 17148)
– chiusura o cessazione di rapporti, conti correnti, ecc.	intrattenuti in Italia	come sopra	
Proventi diversi	– sfruttamento di opere dell'ingegno, brevetti industriali, marchi di impresa, software	se corrisposte dallo Stato, da soggetti residenti in Italia o da stabili organizzazioni di soggetti non residenti	soggetti a ritenuta alla fonte a titolo d'imposta (v. n. 17170)
	– concessione in uso di attrezzature industriali, commerciali, scientifiche	site in Italia	come sopra
	– borse di studio e premi corrisposti per fini di studio o addestramento professionale	come sopra	(v. n. 17175)
	– prestazioni pensionistiche erogate dai fondi pensione di cui al D.Lgs. 124/93	come sopra	come pensioni (v. n. 17065)
	– rendite vitalizie o a tempo determinato diverse da quelle aventi funzione previdenziale	come sopra	tassati con le regole previste per i residenti (v. n. 9980)
	– assegni periodici percepiti a seguito di separazione o divorzio o per il mantenimento o per esecuzione di testamento e simili	come sopra	tassati con le regole previste per i residenti (v. n. 10000)

Presupposto	Condizione	Determinazione/ Tassazione
I compensi per **prestazioni artistiche** o **professionali** effettuate in Italia **per conto di imprese**, società o enti **non residenti** sono sempre imputabili a tali soggetti ai fini della tassazione anche se sono materialmente percepiti dalle persone fisiche incaricate dell'esecuzione delle prestazioni (art. 23 c. 2 lett. d DPR 917/86). In pratica, tali redditi sono tassati in Italia se erogati dallo Stato, da soggetti residenti e da stabili organizzazioni in Italia di non residenti, indipendentemente dalla qualificazione degli stessi come redditi di lavoro dipendente, d'impresa, ecc. o dalla qualifica del percettore non residente (Circ. Min. 12 dicembre 1981 n. 42/12/1587, Circ. Assonime 27 aprile 1988 n. 60).		

17008 **APPLICAZIONE DELLE CONVENZIONI** Nei casi in cui il reddito risulta **tassabile in Italia** e la Convenzione prevede un **trattamento più favorevole**, il non residente può chiederne l'applicazione, **direttamente** a chi eroga il reddito o, in alternativa, può chiedere il **rimborso** delle imposte pagate o **trattenute in più**, rispetto a quanto previsto dalla Convenzione, all'AE, Centro Operativo di Pescara - via Rio Sparto 21, 65100 - Italia (tel: 085/5771; mail: cop.pescara@agenziaentrate.it), **entro** 48 mesi dalla data di effettuazione del pagamento o delle ritenute subite. In entrambi i casi si deve compilare un apposito **modello** contenente, tra le altre informazioni, l'attestazione di residenza nello Stato estero, rilasciata dalla competente autorità fiscale. L'**attestato** di **residenza fiscale** può essere rilasciato da parte dell'AF estera su un proprio modello, anche con procedura elettronica, purché la validità del documento sia verificabile; il modello deve attestare la residenza del beneficiario ai sensi della pertinente norma convenzionale nel periodo d'imposta o alla data di rilascio dell'attestato (Risposte a quesiti pubblicati sul sito dell'AE www.agenziaentrate.gov.it).
Le modalità pratiche di compilazione verranno esposte di volta in volta.
Negli altri casi, è possibile chiedere l'applicazione della Convenzione per **evitare** il fenomeno della **doppia tassazione**, normalmente risolto con il riconoscimento di un **credito d'imposta** pari all'imposta sul reddito pagata in Italia.
Per l'elenco delle Convenzioni v. n. 95540; i testi sono consultabili anche sul sito www.finanze.gov.it, nella sezione «Fiscalità internazionale».

a. Attività di lavoro

1. Lavoro dipendente
(art. 23 c. 1 lett. c DPR 917/86)

17020 **PRESUPPOSTO** Se il lavoratore è residente in un Paese con cui **non è stipulata** alcuna Convenzione, i redditi percepiti per attività di lavoro dipendente sono sempre tassati in Italia (oltre che nello Stato estero di residenza) **se prestati nel territorio** italiano.
Se il lavoratore è residente in un Paese in cui vige una Convenzione, i redditi percepiti per attività di lavoro dipendente **prestato in Italia** sono tassati **esclusivamente nel Paese di residenza** del percettore quando esistono **congiuntamente** le seguenti condizioni:
– il lavoratore soggiorna in Italia per un periodo o periodi che non oltrepassano in totale 183 giorni;
– le remunerazioni sono pagate da o per conto di un datore di lavoro residente all'estero;
– l'onere non è sostenuto da una stabile organizzazione o base fissa che il datore di lavoro ha in Italia.
Il riferimento per il **computo dei 183 giorni**, illustrato per la normativa italiana al n. 215, varia nelle singole Convenzioni: nella maggior parte (es. Austria, Francia, Spagna, Svizzera, Germania, Irlanda, Brasile, Stati Uniti), si contano i giorni nel corso dell'anno fiscale considerato; in alcune, il riferimento è all'anno solare considerato (es. Argentina, Belgio, Polonia, Giappone); in altre, i 183 giorni si computano in un periodo di 12 mesi che inizi o termini nel corso dell'anno solare/fiscale considerato (es. Canada, Georgia, Slovenia, Croazia); altre ancora considerano un periodo o periodi che non oltrepassano in totale 183 giorni nel corso di un qualsiasi anno fiscale (Regno Unito).

Le Convenzioni prevedono disposizioni specifiche se i compensi corrisposti **dallo Stato**, ente locale o una sua suddivisione amministrativa o a **categorie particolari** (professori, ricercatori o dipendenti che prestano l'attività a bordo di **navi** o **aeromobili** in traffico internazionale). Ad **esempio**, una persona residente in Austria che insegna musica alle dipendenze della provincia di Bolzano è assoggettata a tassazione esclusiva in Italia e può fruire delle detrazioni indicate ai n. 17200 e s. (Risp. AE 19 luglio 2019 n. 281).
In **concreto**, è opportuno consultare la singola Convenzione stipulata con il Paese di residenza della persona fisica interessata, all'apposita voce «lavoro subordinato» al fine di stabilire con precisione se il reddito è tassabile in Italia, anche in base al computo dei giorni di permanenza in Italia.

Sono considerati redditi di lavoro dipendente anche i compensi percepiti da **lavoratori soci di cooperative** ed i compensi percepiti a carico di terzi dai prestatori di lavoro dipendente per incarichi svolti in relazione a tale qualità.

Se vi sono le condizioni perché **non sia tassato** in Italia, il lavoratore può chiedere, **direttamente** al datore di lavoro, che non vengano applicate le ritenute oppure il **rimborso** delle ritenute eventualmente già applicate, compilando l'apposito **Modello D** (approvato con Provv. AE 10 luglio 2013) con le modalità indicate al n. 17095. **17023**

Se il reddito va **tassato in Italia**, il datore di lavoro effettua una ritenuta a titolo d'imposta sul reddito corrisposto, con le regole ordinarie previste per i residenti (v. n. 8710), applicando le **detrazioni** per redditi di **lavoro dipendente** (v. n. 1210) e, se il lavoratore produce **almeno il 75% del reddito in Italia**, anche quelle per familiari a carico con le modalità indicate al n. 17207. **17025**
Il lavoratore non è obbligato a presentare la dichiarazione dei redditi, salvo che voglia far valere il diritto di fruire di ulteriori detrazioni/deduzioni (es. per mutui, erogazioni liberali, ecc. - v. n. 17200) o sia titolare di altri redditi tassabili in Italia per i quali vi è obbligo di presentare la dichiarazione annuale. In quest'ultimo caso, i redditi da lavoro dipendente vanno indicati nell'apposito quadro RC - Sezione I - del Mod. Redditi PF (v. n. 17185).
È possibile chiedere l'applicazione delle Convenzioni per evitare la doppia tassazione del reddito tassato in Italia.

Il **datore di lavoro**, per **determinare** il reddito di lavoro dipendente imponibile in Italia (e le relative detrazioni per lavoro dipendente spettanti), deve fare riferimento al rapporto tra il numero di giorni durante i quali la prestazione lavorativa è svolta nel territorio italiano e il periodo totale - espresso anch'esso in giorni - che dà diritto ad ottenere la retribuzione: il numero dei giorni indicati al numeratore e al denominatore del rapporto deve essere individuato con criteri omogenei, ossia entrambi al netto delle festività, weekend e ferie (Circ. AE 23 maggio 2017 n. 17/E).
Per la corretta **compilazione** della CU da parte del datore di lavoro v. Risp. AE 7 febbraio 2020 n. 36.

TRASFERIMENTO RESIDENZA IN ITALIA Se il dipendente trasferisce la residenza in Italia **nel corso del primo semestre** dell'anno, la retribuzione diventa interamente tassabile in Italia; in tal caso il datore deve normalmente applicare le ritenute fiscali dalla prima retribuzione erogata in Italia, mentre dovrà tenere conto delle mensilità erogate nel periodo in cui il dipendente era residente all'estero in sede di conguaglio di fine anno (Circ. AE 26 gennaio 2001 n. 7/E). **17032**

FRONTALIERI Si tratta delle persone residenti in uno Stato confinante con il territorio italiano che prestano attività di lavoro dipendente in Italia attraversando ogni giorno il confine per recarsi al lavoro. In base alle Convenzioni stipulate dall'Italia con Francia ed Austria, il reddito da essi prodotto da suddetta attività è tassato solo nello Stato di residenza. La Convenzione tra Italia e Svizzera, invece, prevede l'imponibilità nello Stato in cui l'attività è svolta (v. n. 8055). **17036**
Slovenia e Croazia non prevedono disposizioni particolari; quindi si applica la regola ordinaria sopra illustrata (v. n. 17020).
I **sostituti d'imposta** possono, sotto la propria responsabilità, applicare direttamente l'esenzione soltanto previa presentazione, da parte lavoratore, della **documentazione idonea** a dimostrare l'effettivo possesso di tutti i requisiti previsti dalla Convenzione per la sua applicazione. Se, in caso di **incertezza** sulla sussistenza dei requisiti, il sostituto opera le ritenute sui compensi erogati al lavoratore, questi può chiederne il rimborso presentando apposita istanza (v. n. 17008) senza dover presentare la dichiarazione dei redditi (Risp. AE 28 ottobre 2019 n. 433).

2. Altre attività di lavoro

17040 **COLLABORAZIONE COORDINATA E CONTINUATIVA** (artt. 23 c. 2 lett. b e 50 c. 1 lett. c bis DPR 917/86) Sono tali, ad **esempio**, le attività di: amministratore, sindaco o revisore di società; collaborazione a giornali e riviste non inquadrabili fra i diritti d'autore; altre attività di collaborazione non occasionali e senza vincolo di subordinazione (v. n. 9903). In via generale, i redditi percepiti per tali attività sono tassati in Italia se corrisposti da soggetti residenti, dallo Stato italiano o da stabili organizzazioni in Italia di soggetti non residenti, indipendentemente dal fatto che le prestazioni siano effettuate in Italia o all'estero.
Se il collaboratore risiede in un Paese con cui **vige una Convenzione**, la potestà impositiva di ciascun Paese è ripartita con **regole analoghe** a quelle previste per i redditi di lavoro dipendente (Risp. AE 18 luglio 2019 n. 271); pertanto, se l'attività è svolta nel Paese di residenza, il reddito è tassato solo in quello Stato, se è svolta in Italia, è tassato nel nostro Paese, salvo che ricorrano le condizioni indicate al n. 17020 per la tassazione nel solo Paese di residenza.
In caso di tassazione in Italia, il committente/datore di lavoro residente effettua una **ritenuta**, a titolo d'imposta, **pari al** 30%, sulle somme corrisposte, escludendo quelle documentate e rimborsate per spese di viaggio, vitto e alloggio relative alle prestazioni effettuate fuori dalla sede (art. 24 c. 1 ter DPR 600/73 e Ris. Min. 25 febbraio 2000 n. 20/E). Il non residente può attivare, **presso il proprio Stato** di residenza, la procedura per ottenere il **rimborso** delle imposte pagate in Italia, con le regole stabilite dalla Convenzione.

> **Precisazioni 1)** Se il collaboratore ha fatto richiesta di un **codice fiscale** in Italia (v. n. 17220), il datore di lavoro/committente certifica i compensi pagati con una normale CU; viceversa, il datore rilascia una certificazione in forma libera (Circ. AE 18 aprile 2002 n. 34/E).
> **2)** Anche sui **compensi reversibili** versati al datore non residente del collaboratore, la ritenuta va applicata (Associazione italiana dottori commercialisti, Norma di comportamento n. 169, ottobre 2007).

17045 **LAVORO AUTONOMO** (art. 23 c. 1 lett. d DPR 917/86) Le Convenzioni stabiliscono che i redditi derivanti dalle professioni indipendenti sono imponibili soltanto nello Stato di residenza del professionista, a meno che questi non operi in Italia mediante una **base fissa** (ad esempio, uno studio medico, l'ufficio di un notaio, di un architetto o di un avvocato). In questo caso, sono tassati i redditi attribuibili alla base fissa con le modalità ordinarie illustrate al n. 10015 e s.
Se il professionista è residente in uno Stato con cui non vige alcuna Convenzione, il reddito conseguito dall'attività svolta in Italia è sempre tassato.

> In generale, le Convenzioni fanno riferimento ai redditi che sono qualificati di lavoro autonomo in senso stretto, quindi: le attività indipendenti di carattere scientifico, letterario, artistico, educativo o pedagogico; le attività indipendenti dei medici, avvocati, ingegneri, architetti, dentisti e contabili o ad altre attività indipendenti di carattere analogo. Per quanto riguarda gli **altri redditi** che per la norma italiana sono **assimilati** al lavoro autonomo, è necessario verificare se rientrano nella clausola o se, invece, trovano la loro disciplina in specifici articoli della Convenzione (ad esempio, art. 14 delle Convenzioni con l'Austria e con la Francia).

17048 **Modalità di tassazione** Se il reddito è imponibile in Italia, è tassato nel seguente modo (art. 25 c. 2 DPR 600/73):
- se il **committente** è un **privato** (persona fisica non imprenditore né professionista), il professionista non residente deve dichiarare il reddito compilando il Mod. Redditi (v. n. 17185); in tal caso può fruire delle detrazioni per lavoro autonomo (v. n. 1240);
- se il committente è un **sostituto d'imposta** - impresa (individuale, società, ente), professionista, ecc. - questi deve effettuare una **ritenuta d'imposta** in misura pari al 30% sull'intero ammontare corrisposto, comprese le somme corrisposte a titolo di rimborso delle **spese di viaggio**, **vitto e alloggio** sostenute e documentate dal professionista (Ris. AE 21 marzo 2003 n. 69/E).

> **Precisazioni 1)** La ritenuta non si applica se il compenso è **corrisposto da un ente non commerciale** per prestazione di lavoro autonomo occasionale di ammontare non superiore a € 25,82.
> **2)** Per le detrazioni spettanti in caso di soggetto che produce **almeno il 75% del reddito in Italia** v. n. 17200.

17052 **ARTISTI E SPORTIVI** Le Convenzioni stabiliscono, in linea generale, la tassazione in Italia, dei compensi percepiti da artisti e sportivi per l'attività qui svolta; fra questi compensi si comprendono **anche** quelli **corrisposti ad un soggetto diverso** dall'artista o sportivo (es. dal suo procuratore) se riguardanti l'attività svolta da quest'ultimo.

In concreto, il non residente può consultare la singola Convenzione stipulata con il proprio Paese di residenza per verificare se sussistono specifiche condizioni o requisiti per la tassazione esclusiva nel proprio Stato di residenza.
Si applicano le modalità di tassazione sopra illustrate per il lavoro autonomo.

I compensi percepiti da **modelli**, **testimonial** ed influencer non residenti fiscalmente in Italia, per sessioni di photoshooting **effettuate sul territorio italiano** ma su incarico ricevuto da una committente residente all'estero (in Francia) sono qualificabili come reddito da lavoro autonomo e lo stesso inquadramento va applicato alla concessione dei diritti di utilizzazione delle immagini realizzate. **17053**
La società estera non è comunque tenuta ad applicare la ritenuta a titolo d'imposta (Risp. AE 11 ottobre 2021 n. 700).

INDENNITÀ E GETTONI DI PRESENZA PER FUNZIONI PUBBLICHE (artt. 23 c. 2 lett. b e 50 c. 1 lett. f DPR 917/86) In generale, sono tassabili in Italia, con le regole ordinarie previste per i residenti (v. n. 9985), le indennità, i gettoni di presenza e gli altri compensi corrisposti dallo Stato, dalle regioni, dalle province e dai comuni per l'esercizio di pubbliche funzioni, purché non siano rese nell'esercizio di professioni o d'impresa, nonché i compensi corrisposti ai membri delle Corti tributarie, ai giudici di pace e agli esperti del tribunale di sorveglianza, ad esclusione di quelli che per legge devono essere riversati allo Stato. **17056**
Occorre, tuttavia, far riferimento alle singole **Convenzioni** per la verifica delle condizioni che prevedono la tassazione esclusiva nello Stato di residenza al verificarsi di determinate condizioni.

b. Cessazione di attività lavorative

1. TFR e altre indennità di cessazione
(art. 23 c. 2 lett. a DPR 917/86)

Le somme corrisposte a seguito della cessazione di attività lavorative prestate in Italia, indicate nella **tabella** seguente, sono tassate se corrisposte da residenti, dallo Stato italiano o da stabili organizzazioni in Italia di non residenti. **17060**

Causale	Tipo indennità
A) Cessazione di attività di lavoro subordinato e simili (art. 17 c. 1 lett. a, c DPR 917/86)	– TFR e indennità equivalenti commisurate alla durata del rapporto di lavoro anche se corrisposte agli eredi a seguito del decesso del lavoratore (Ris. AE 26 settembre 2013 n. 61/E) **(*)**;
	– percepite una tantum a seguito della cessazione del rapporto; – di preavviso; – somme risultanti dalla capitalizzazione di pensioni; – attribuite a fronte dell'obbligo di non concorrenza;
	– di cessazione dei rapporti di collaborazione coordinata e continuativa, se il diritto all'indennità risulta da atto avente data certa anteriore all'inizio del rapporto;
	– somme o valori percepiti, al netto delle spese legali sostenute, anche a titolo risarcitorio o nel contesto di procedure esecutive, a seguito di provvedimenti dell'autorità giudiziaria o di transazioni relativi alla risoluzione del rapporto di lavoro o di collaborazione.
B) Cessazione di attività professionali (art. 17 c. 1 lett. d, e, f DPR 917/86)	– per cessazione di rapporti di agenzia;
	– percepite da sportivi professionisti al termine dell'attività sportiva;
	– per cessazione da funzioni notarili.

(*) Compresi quelli derivanti dalla qualifica di socio lavoratore delle cooperative, per l'esercizio del sacerdozio o in qualità di membro del parlamento europeo.

Si tratta di redditi soggetti a **tassazione separata**; pertanto l'imposta su tali somme è calcolata in maniera distinta, direttamente da chi corrisponde il reddito o dal percipiente. **17062**

Nel caso delle indennità rientranti nella categoria **A)**, l'imposta è calcolata e versata direttamente dall'ex datore di lavoro che corrisponde la somma al netto della ritenuta fiscale (per le modalità di determinazione dell'imposta v. n. 9150). Il non residente, se ha percepito solo tali redditi, non deve fare ulteriori adempimenti. Nei 5 anni successivi alla percezione della somma, però, potrebbe ricevere, dall'AE, un rimborso o una richiesta di una differenza di imposta dovuta a seguito di riliquidazione (per ulteriori dettagli, v. n. 9173).
Nel caso di indennità della categoria **B)**, il professionista deve compilare l'apposita Sezione I - Quadro RM del Mod. Redditi PF, indicando le somme percepite e le relative ritenute subite nell'anno precedente. L'imposta è liquidata dall'AE che invia apposita comunicazione al soggetto (v. n. 3420).

---

2. Pensioni
(art. 23 c. 2 lett. a DPR 917/86)

17065 In assenza di Convenzioni, le somme percepite a titolo di pensione sono imponibili in Italia se corrisposte dallo Stato italiano, da soggetti residenti o da stabili organizzazioni in Italia di non residenti.
Alcune **Convenzioni** stabiliscono per le pensioni **private** (es. quelle erogate dall'INPS, da casse professionisti, Enasarco, ecc.) la tassazione esclusiva nello Stato di residenza del beneficiario; per quelle **pubbliche** (erogate dallo Stato italiano o una sua divisione politica o amministrativa, ad esempio, ex Inpdap), la tassazione nello Stato di residenza o in Italia a seconda della nazionalità del beneficiario.
Per le pensioni di vecchiaia, anzianità, reversibilità e invalidità erogate dall'INPS o altri enti assimilati (c.d. «di sicurezza sociale») alcune Convenzioni stabiliscono la tassazione sia nello Stato di residenza che in Italia. In tal caso al non residente spetta un credito d'imposta nel proprio Stato di residenza che tenga conto dell'imposta applicata in Italia.
Nella **tabella** viene fornita una sintesi del trattamento previsto da alcune Convenzioni per le pensioni pubbliche e private.
In tutti gli altri casi, il pensionato può consultare la singola Convenzione stipulata dall'Italia con lo Stato di residenza e verificare che tipo di tassazione è previsto.

Stato estero di residenza	**Pensioni pubbliche**		**Pensioni private**	
	Condizione	**Luogo di tassazione**	**Condizione**	**Luogo di tassazione**
Argentina, Regno Unito, Spagna, Stati Uniti, Venezuela, Portogallo (*)	il beneficiario ha la nazionalità dello Stato estero in cui risiede	Stato estero	nessuna	Stato di residenza
	viceversa	Italia	nessuna	Stato di residenza
Belgio, Germania	il beneficiario ha nazionalità dello Stato estero (belga o tedesca) e non quella italiana	Stato estero	nessuna	Stato di residenza
	negli altri casi	Italia	nessuna	Stato di residenza
Francia	il beneficiario ha nazionalità francese e non quella italiana	Francia	pensioni di vecchiaia, anzianità, invalidità, reversibilità pagate dagli enti elencati nell'Accordo amichevole 20/12/2000 (tra cui INPS)	sia Francia che Italia
	negli altri casi	Italia	tutte le altre	solo Francia
Australia	in tutti i casi	Australia	in tutti i casi	Australia

Stato estero di residenza	Pensioni pubbliche		Pensioni private	
	Condizione	Luogo di tassazione	Condizione	Luogo di tassazione
Canada	in tutti i casi	Italia	se di ammontare fino a 12.000 dollari canadesi o l'equivalente in euro	solo Canada
			se di ammontare superiore	sia Canada che Italia
Svizzera	il beneficiario non ha nazionalità italiana	Svizzera	nessuna	Svizzera
	il beneficiario ha nazionalità italiana	Italia		

(*) Anche nel caso di pensioni da lavoro autonomo erogate da INPS ed Enasarco in base all'art. 21 della Convenzione Italia-Portogallo (Risp. AE 12 febbraio 2019 n. 35).

APPLICAZIONE DELLE CONVENZIONI L'applicazione delle Convenzioni non è automatica. In generale, al pensionato conviene chiederne l'applicazione all'ente che eroga la pensione in tutti i casi in cui il trattamento ivi previsto risulta **più favorevole** rispetto alla regola generale: ad esempio quando la tassazione in Italia è prevista solo in caso di superamento di determinate soglie di esenzione (es. Convenzione con il Canada). Inoltre, se la pensione risulta tassata in entrambi gli Stati, al pensionato spetta normalmente un credito d'imposta nel proprio Stato di residenza pari all'imposta pagata in Italia. **17069**

Se dalla Convenzione risulta che la pensione è **tassata solo nello Stato di residenza**, il pensionato può presentare **domanda di esenzione** dall'imposizione italiana all'ente erogante (es. l'INPS) utilizzando il **modello EP-I** predisposto in italiano con la traduzione in quattro lingue (inglese, francese, tedesco e spagnolo), disponibile in genere presso le sedi dei Patronati e Consolati all'estero o sul sito www.inps.it. In questo modo, l'ente eroga la pensione senza effettuare le ritenute alla fonte e questa viene tassata solo nello Stato estero. **17073**
Il modello, compilato in duplice copia, deve essere presentato all'autorità fiscale dello Stato di residenza, che vi appone la propria attestazione e ne trattiene una copia; l'altra deve essere inviata all'ente italiano che eroga la pensione, facendo attenzione che pervenga **entro** il 30 settembre dell'anno per il quale si chiede l'esenzione, altrimenti ha effetto a decorrere dall'anno successivo (istruzioni modello EP-I). In caso di **più pensioni** erogate da **enti diversi** va compilato un modello per ciascun ente.
Se **non** viene **presentata** la domanda fin dal primo anno e l'ente ha effettuato le ritenute sulle pensioni erogate, il pensionato può presentare **istanza di rimborso** dell'imposta pagata in Italia (v. n. 17008).

MODALITÀ DI TASSAZIONE Se la pensione è tassata in Italia, è effettuata una ritenuta a titolo d'imposta da parte dell'ente erogante con le regole ordinarie previste per i residenti (v. n. 9690 e n. 9815). Il pensionato non è obbligato a presentare la dichiarazione dei redditi, salvo che non voglia far valere il diritto di fruire di particolari detrazioni o deduzioni dal reddito (es. per mutui, erogazioni liberali, ecc. - v. n. 17200) o non sia titolare di altri redditi tassabili in Italia per i quali vi è obbligo di presentare la dichiarazione annuale. In quest'ultimo caso, i redditi di pensione vanno indicati nell'apposito quadro RC - Sezione I - del Mod. Redditi PF. **17078**

c. Proventi di natura partecipativa o finanziaria

(art. 23 c. 1 lett. b, f, g e art. 23 c. 1 bis DPR 917/86)

Si tratta dei **redditi** derivanti dall'impiego di capitale in strumenti finanziari (azioni, quote, obbligazioni, ecc.) o rapporti (es. conti correnti, mutui, ecc.) **corrisposti da soggetti residenti**, da stabili organizzazioni di non residenti o dallo Stato, oppure derivanti dalla **cessione a titolo oneroso** (di seguito per semplicità «vendita») o dalla **liquidazione o chiusura** degli stessi strumenti e rapporti. **17085**
Con riferimento alle **partecipazioni in società** ed enti **non residenti**, invece, la rilevanza del ai fini reddituali è riservata ad alcune situazioni specifiche (v. n. 17102).

1. Azioni e titoli similari in società residenti

17090 **POSSESSO** (art. 27 c. 3 DPR 600/73, Circ. AE 28 marzo 2012 n. 11/E) Nel caso di possesso di azioni e titoli similari emessi da società di capitali (incluse le cooperative) residenti o da stabili organizzazioni di non residenti, quote di s.r.l. e partecipazioni in enti commerciali residenti o in stabili organizzazioni in Italia di enti non residenti, gli **utili** percepiti in qualunque forma (es. distribuzione dividendi, recesso, riduzione del capitale, esclusione, ecc.) sono soggetti a **ritenuta a titolo d'imposta**, operata dalla società o ente che li distribuisce, in **misura** pari al 26%, con diritto ad ottenere il rimborso, fino a concorrenza degli 11/26 della stessa, dell'imposta pagata all'estero in via definitiva sui medesimi utili (previa certificazione dell'ufficio fiscale straniero). Per i possessori di **azioni di risparmio** non è prevista la possibilità di fruire del rimborso.
In **alternativa**, il soggetto residente in un Paese in cui vige una **Convenzione** con l'Italia può chiedere alla società che distribuisce gli utili di applicare la minore imposta eventualmente prevista o, se la maggiore ritenuta è già stata applicata, il rimborso con la procedura di seguito illustrata.

Sono **similari alle azioni**, i titoli emessi da società di capitali ed enti commerciali la cui remunerazione è costituita totalmente dalla partecipazione ai risultati economici della società emittente o di altre società del gruppo o dell'affare in relazione al quale i titoli sono stati emessi (art. 44 c. 2 DPR 917/86).

17095 **Applicazione della Convenzione**

Procedura
– **compilazione**, in duplice copia, del **Modello A** (approvato con Provv. AE 10 luglio 2013), con indicazione dei propri dati e di quelli della società che distribuisce i dividendi e dichiarazione di possedere i requisiti richiesti dalla Convenzione. Il modello contiene anche l'attestazione di residenza dell'Autorità fiscale del Paese estero (che può utilizzare anche una propria modulistica da allegare alla domanda) e che ha validità a decorrere dalla data di rilascio fino al termine del periodo d'imposta indicato nello stesso; – una copia va **consegnata** alla società partecipata (o all'intermediario), per avere l'applicazione direttamente dell'aliquota convenzionale **(1)**; – oppure, per avere il rimborso, va **inviata** all'AE, Centro operativo di Pescara - via Rio Sparto 21, 65129 Pescara - Italia (fax. 085/52145 - indirizzo email: cop.pescara.rimborsinonresidenti@agenziaentrate.it), **entro** 48 mesi dalla data dell'effettuazione della ritenuta, con allegata la documentazione comprovante il diritto al rimborso (ad esempio quella riguardante i requisiti relativi alla detenzione della partecipazione, copia delle certificazioni relative ai proventi erogati in Italia, documentazione originale o copia autentica comprovante l'effettiva corresponsione dei dividendi) **(2)**.
(1) La società deve conservare la documentazione ricevuta fino a quando sono decorsi i termini per l'accertamento relativo al periodo d'imposta in cui è avvenuto il pagamento dei dividendi. **(2)** Se il rimborso si riferisce a **ritenute operate in anni diversi**, l'attestazione dell'autorità fiscale estera contenuta nel modello può coprire diverse annualità.

ESEMPIO
Una persona residente in Francia che riceve dividendi da una partecipata italiana può chiedere l'applicazione dell'imposta in misura pari al 15%, anziché al 26%, presentando alla società partecipata il modello A in cui attesta il possesso dei requisiti per l'applicazione della Convenzione Italia-Francia.
In tal caso non può chiedere il rimborso parziale dell'imposta pagata in Francia.

17100 **VENDITA** (art. 23 c. 1 lett. f DPR 917/86, art. 5 c. 5 e 5 bis D.Lgs. 461/97) La cessione a titolo oneroso di azioni e titoli similari può generare una plusvalenza tassabile o una minusvalenza deducibile a seconda che i titoli ceduti rappresentino una partecipazione qualificata o non qualificata (per la definizione e il calcolo della percentuale di qualificazione, v. n. 11052).

Alle cessioni di **diritti** (d'opzione) o di **titoli** attraverso cui possono essere acquisite le partecipazioni si applicano le medesime regole.

Partecipazione	Condizioni	Trattamento
qualificata (anche detenuta all'estero)	nessuna	plusvalenza tassata in Italia e minusvalenza deducibile con le stesse modalità previste per i residenti (v. n. 11162) **(*)**

Partecipazione	Condizioni	Trattamento
non qualificata	a) il cedente risiede in uno Stato con il quale è attuabile lo **scambio di informazioni** (v. n. 99115), salvo che ricorra la condizione del punto c)	plusvalenza e minusvalenza non sono rilevanti in Italia
	b) si tratta di titoli **negoziati in mercati regolamentati** (v. n. 22590), anche se la cessione è effettuata al di fuori del mercato regolamentato	
	c) si tratta di titoli **non negoziati** in mercati regolamentati, il cui **valore**, per **più della metà**, deriva, in qualsiasi momento nel corso dei 365 giorni che precedono la loro cessione, direttamente o indirettamente, **da immobili** situati in **Italia** diversi da quelli alla cui produzione o scambio è effettivamente diretta l'attività di impresa e quelli utilizzati direttamente nell'esercizio dell'impresa	(dal 2023) plusvalenza e minusvalenza rilevano con le **modalità** previste per i residenti **(**)**

(*) Il cedente può chiedere **al proprio Stato di residenza** di applicare quanto previsto dalla Convenzione per eliminare la doppia imposizione (normalmente, art. 23 o 24 della Convenzione) che consisterà, a seconda dei casi, in un credito d'imposta (fino a concorrenza di quella pagata in Italia), come nel caso della Francia, o un'esenzione anche parziale del reddito, come nel caso della Svizzera.
(**) Trattandosi di partecipazioni di scarso rilievo, saranno detenute tramite intermediari abilitati con applicazione del regime del risparmio amministrato o gestito (v. n. 11173 e n. 11176), salva la possibilità di chiedere l'applicazione della Convenzione se si prevede un trattamento più conveniente.

2. Partecipazioni in soggetti non residenti

Le plusvalenze realizzate mediante la cessione a titolo oneroso di partecipazioni in società ed enti non residenti sono tassate in Italia se (art. 23 c. 1 bis DPR 917/86 aggiunto dall'art. 1 c. 96 L. 197/2022): 17102
- **non** sono **negoziate** in mercati regolamentati;
- il loro valore deriva per **più della metà**, direttamente o indirettamente, in qualsiasi momento nel corso dei 365 giorni che precedono la loro cessione, da **immobili situati** in Italia **diversi** da quelli alla cui produzione o scambio è effettivamente diretta l'attività di impresa e quelli utilizzati direttamente nell'esercizio dell'impresa (art. 1 c. 98 L. 197/2022).

Inoltre, secondo l'AE, le plusvalenze **rilevano** in tutti i casi in cui le partecipazioni **si trovano in Italia**, ad esempio, perché depositate presso una fiduciaria o altro intermediario italiano (Circ. Min. 26 ottobre 1999 n. 207/E).
Non sono invece rilevanti gli **utili** eventualmente percepiti dal soggetto non residente.

Anche in questo caso, il non residente può invocare la Convenzione stipulata dall'Italia col proprio Stato di residenza per neutralizzare eventuali doppie imposizioni.

3. Partecipazione in società e associazioni «trasparenti» residenti
(art. 23 c. 1 lett. g DPR 917/86)

SOCIETÀ DI PERSONE In caso di partecipazione in s.n.c., s.a.s. o società di fatto residenti, gli **utili imputati per trasparenza**, anche se non effettivamente percepiti, sono tassati in Italia con le modalità illustrate al n. 34030 e s. 17105
Il non residente può chiedere **al proprio Stato di residenza** di applicare quanto previsto dalla Convenzione per eliminare la doppia imposizione, che consisterà, a seconda dei casi, in un credito d'imposta (fino a concorrenza di quella pagata in Italia), come nel caso della Francia, o un'esenzione anche parziale del reddito, come nel caso della Svizzera.

N.B. Per il socio non residente il reddito da partecipazione mantiene la propria natura di reddito d'impresa; pertanto, la partecipazione nella società di persone da parte di un soggetto non residente è di per sé **presunzione** di possesso di una **base fissa d'affari in Italia**, a prescindere dalla prevalenza o meno della propria attività lavorativa.

17110 **Fuoriuscita** In caso di **recesso**, esclusione, **liquidazione** della quota di partecipazione, la **differenza** tra la somma ricevuta dal socio e il costo fiscalmente riconosciuto della quota annullata è soggetta a tassazione separata o ordinaria a seconda che la società sia costituita da più o meno di 5 anni (v. n. 3370 e s.).
La **vendita** può determinare una plusvalenza o una minusvalenza cui si applica la disciplina illustrata al n. 17100.
Anche in questo caso, il socio non residente può applicare la Convenzione per eliminare la doppia imposizione nel proprio Stato di residenza (vedi sopra).

17115 **S.R.L. E COOPERATIVE TRASPARENTI** In caso di partecipazione in una s.r.l. o una cooperativa che ha optato per l'applicazione della tassazione per trasparenza, gli **utili imputati per trasparenza** dalla società sono tassati in Italia con le regole indicate al n. 17105. In caso di **distribuzione** di utili e/o riserve si applicano le regole illustrate al n. 26645.
La **vendita** della quota può determinare una plusvalenza o una minusvalenza cui si applica la disciplina illustrata al n. 17100.

17118 **ASSOCIAZIONI TRA PROFESSIONISTI** Gli **utili imputati per trasparenza**, anche se non effettivamente percepiti, sono tassati in Italia come indicato al n. 17105.
In caso di **recesso**, esclusione, liquidazione della quota di partecipazione, la somma eventualmente percepita quale indennità di recesso o esclusione è soggetta a tassazione separata o ordinaria a seconda che l'associazione sia costituita da più o meno di 5 anni (v. tabella n. 34143).

---

4. Rendite finanziarie

17120 Gli interessi e proventi similari derivanti dall'impiego di capitale in Italia mediante l'acquisto di strumenti finanziari **non partecipativi** (obbligazioni, certificati di deposito, ecc.) o apertura/sottoscrizione di **depositi** bancari o postali e altri tipi di **prestito** sono esclusi da tassazione in Italia, salvo poche eccezioni, se percepiti da soggetti residenti in Stati o territori che consentono un adeguato scambio di informazioni (v. n. 99115), di seguito, per semplicità «Stati collaborativi». Se i proventi sono percepiti da soggetti residenti in Stati diversi (per semplicità «Stati non collaborativi») vi sono meno casi di esclusione.

> **›Precisazioni** 1) Nei casi in cui il soggetto può essere **considerato residente in più Stati**, si deve far riferimento al centro degli interessi vitali (Circ. AE 27 marzo 2003 n. 20/E).
> 2) Se il soggetto **non** risulta residente all'estero per la **maggior parte del periodo d'imposta**, perché, ad esempio, ha soggiornato in Italia per oltre 183 giorni, deve essere assoggettato alla tassazione prevista per i residenti, sin dall'inizio del periodo d'imposta; pertanto, se ha **già percepito** dei **proventi** che non sono stati tassati, deve dichiararli nella dichiarazione annuale dei redditi (Mod. Redditi) relativa al periodo d'imposta in cui sono stati percepiti (Circ. Min. 26 ottobre 1999 n. 207/E).

17124 **RESIDENTI IN STATI COLLABORATIVI** Nella **tabella** seguente è indicato il trattamento fiscale in Italia (tassazione o esclusione) degli interessi e proventi derivanti dalle principali tipologie di strumenti finanziari o rapporti (depositi, prestiti, ecc.) **nel corso della loro durata**.

	Tipi di strumenti finanziari/rapporti	Tassazione in Italia dei relativi interessi e proventi
a)	depositi e conti correnti bancari e postali intrattenuti in Italia presso banche italiane, filiali italiane di banche estere o Poste	NO (art. 23 c. 1 lett. b DPR 917/86)
b)	buoni fruttiferi e certificati di deposito bancari	NO (Circ. Min. 26 ottobre 1999 n. 207/E)
c)	titoli di Stato italiani (BOT, BTP, CCT, ecc.), titoli emessi da enti pubblici territoriali (Regioni, province, comuni)	NO se rispettano l'**ulteriore condizione** illustrata al n. 17135 (art. 6 D.Lgs. 239/96)
d)	obbligazioni e titoli similari emessi da banche e società quotate con azioni negoziate in mercati regolamentati (v. n. 11215)	
e)	obbligazioni negoziate in mercati regolamentati emesse da società non quotate a partire dal 26 giugno 2012	

	Tipi di strumenti finanziari/rapporti	Tassazione in Italia dei relativi interessi e proventi
f)	partecipazione di OICR italiani e fondi lussemburghesi storici depositati presso un intermediario residente in Italia	NO relativamente ai proventi maturati nel periodo di possesso (art. 26 quinquies c. 5 DPR 600/73)
g)	partecipazioni in fondi immobiliari italiani	SÌ ritenuta del 26% (v. n. 11345)
h)	mutui, depositi e conti correnti intrattenuti con soggetti diversi dalle banche o poste quali, ad esempio, imprese industriali, purché non diano luogo a prestiti di denaro	NO (art. 26 bis DPR 600/73)
i)	prestiti aventi ad oggetto beni diversi dal denaro	
j)	rendite perpetue e prestazioni annue perpetue	
k)	prestazioni di fideiussioni e di ogni altra garanzia	
l)	operazioni di pronti contro termine e di riporto su titoli e valute	
m)	operazioni di mutuo di titoli garantito	
n)	prestiti di denaro	SÌ ritenuta del 26% a titolo d'imposta (art. 26 c. 5 DPR 600/73)
o)	operazioni di pronti contro termine, di riporto e di mutuo di titoli garantito che hanno per oggetto azioni e strumenti similari (art. 26 bis c. 2 DPR 600/73)	SÌ ritenuta del 26% a titolo d'imposta solo sulla quota del provento corrispondente all'ammontare degli utili disposti in pagamento nel periodo di durata del contratto (art. 26 c. 5 DPR 600/73)

Condizione per la non tassazione Per far valere la non tassazione in Italia, il soggetto interessato deve rilasciare agli intermediari un'**autocertificazione** redatta sulla base dello schema approvato con DM 12 dicembre 2001, in cui attesta di essere residente in uno Stato estero compreso tra quelli «collaborativi». 17128

La dichiarazione **resta valida** fino a revoca e deve essere ripresentata solo se sono variati alcuni dati rilevanti (Circ. AE 1° marzo 2002 n. 23/E).

In caso di **cointestazione** dei titoli o rapporti a più soggetti non residenti, l'**esclusione da tassazione** in Italia si ha solo se tutti sono residenti in Stati con cui è attuabile lo scambio di informazioni e l'autocertificazione è rilasciata da ciascun cointestatario. Diversamente, si applica la tassazione con le regole indicate al n. 17145 (Circ. Min. 7 agosto 1997 n. 234/E).

Se i depositi, conti, ecc. sono intrattenuti da **intermediari non residenti** per conto di propri clienti non residenti, la dichiarazione deve essere resa dagli intermediari stessi.

Ulteriori condizioni per obbligazioni e titoli di Stato (art. 7 D.Lgs. 239/96, DM 12 dicembre 2001) Per avere l'esclusione da tassazione degli interessi da obbligazioni e titoli di Stato il soggetto non residente deve **depositare**, direttamente o indirettamente, i titoli presso una banca o una Sim, che intrattiene rapporti diretti in via telematica con il Ministero delle finanze - cosiddetta «banca di secondo livello». 17135

Questa deve acquisire l'**autocertificazione** dell'effettivo beneficiario degli interessi e proventi con cui attesta la propria residenza in uno Stato collaborativo e comunica i propri dati identificativi e gli elementi necessari a determinare gli interessi, premi ed altri frutti, non soggetti ad imposta sostitutiva, di sua pertinenza.

La **mancata acquisizione** dell'autocertificazione determina l'applicazione dell'imposta in Italia (v. n. 17145), salva la possibilità per il non residente di chiedere il **rimborso** (con le modalità illustrate al n. 80450), **entro** 48 mesi dalla data in cui è stata applicata, presentando l'autocertificazione a suo tempo omessa (Circ. AE 27 marzo 2003 n. 20/E).

Vendita degli strumenti o cessazione dei rapporti Le eventuali **plusvalenze** o **minusvalenze** derivanti dalla cessione a titolo oneroso, dal rimborso dei diversi strumenti, dalla 17142 cessazione dei rapporti, nonché dalla cessione o da prelievo di valute estere provenienti dai depositi e conti correnti, non sono rilevanti in Italia (art. 5 c. 5 D.Lgs. 461/97).

17145 **RESIDENTI IN STATI NON COLLABORATIVI** (art. 23 c. 1 lett. b DPR 917/86, Circ. Min. 26 ottobre 1999 n. 207/E) Nella **tabella** seguente è indicato il trattamento fiscale in Italia (tassazione o esclusione) degli interessi e proventi derivanti dalle diverse tipologie di strumenti finanziari o rapporti **nel corso della loro durata**.

	Tipi di strumenti finanziari/rapporti	Tassazione in Italia dei relativi interessi e proventi
1)	depositi e conti correnti bancari e postali intrattenuti in Italia presso banche italiane, filiali italiane di banche estere o Poste	NO (*) (art. 23 c. 1 lett. b DPR 917/86)
2)	buoni fruttiferi e certificati di deposito bancari	NO (*) (Circ. Min. 26 ottobre 1999 n. 207/E)
3)	titoli di Stato italiani (BOT, BTP, CCT, ecc.), titoli emessi da enti pubblici territoriali (Regioni, province, comuni) e buoni fruttiferi postali	SÌ imposta sostitutiva pari al 12,5% (art. 3 DL 66/2014 conv. in L. 89/2014)
4)	partecipazione di OICR italiani e fondi lussemburghesi storici depositati presso un intermediario residente in Italia	SÌ ritenuta del 26% (v. n. 11345)
5)	partecipazioni in fondi immobiliari italiani	SÌ ritenuta del 26% (v. n. 11345)
6)	attività finanziarie e rapporti diversi dai precedenti (es. obbligazioni emesse da banche o società, mutui, depositi e conti correnti intrattenuti con soggetti diversi da banche e poste, fideiussioni, ecc.)	SÌ ritenuta del 26% a titolo d'imposta (art. 26 c. 5 DPR 600/73)
(*) A tal fine, deve rilasciare l'**autocertificazione** di cui al n. 17128 in cui dichiara di essere residente in uno Stato estero (anche black list).		

17148 **Vendita degli strumenti o cessazione dei rapporti** (art. 23 c. 1 lett. f DPR 917/86) Non sono tassate le eventuali **plusvalenze** o **minusvalenze** derivanti da:
– cessione a titolo oneroso o rimborso dei titoli obbligazionari e similari (titoli di Stato, certificati di deposito, quote di fondi di investimento, ecc. - v. n. 11526), negoziati in mercati regolamentati, anche se la cessione è effettuata al di fuori del mercato;
– cessione o prelievo di valute estere provenienti dai depositi e conti correnti;
– redditi provenienti da contratti derivati (futures, options, ecc. - n. 11544), da cessione o chiusura di contratti produttivi di redditi di capitale (es. contratto di cointeressenza), nonché da cessione o rimborso di crediti in denaro, ecc. (n. 11550) derivanti da contratti conclusi, anche attraverso l'intervento di intermediari, in mercati regolamentati.
Per ottenere l'esclusione dalla tassazione, l'interessato deve presentare l'autocertificazione di cui al n. 17128 in cui dichiara di essere residente in uno Stato estero (anche black list).

17158 **APPLICAZIONE DELLE CONVENZIONI** In tutti i casi in cui il reddito risulta tassato in Italia, i residenti in Stati che hanno stipulato una Convenzione con l'Italia possono chiedere l'**applicazione** della tassazione eventualmente **più favorevole** ivi prevista, oppure il **rimborso** della maggiore imposta eventualmente già applicata seguendo la procedura indicata al n. 17095, compilando, in tal caso, il **Modello B** per gli interessi o **Modello D** per plusvalenze e altri proventi.

5. Altri proventi finanziari tassabili

17165 Nella **tabella** seguente sono indicati alcuni casi in cui un soggetto non residente può produrre redditi tassabili in Italia.

Tipo di attività/strumento finanziario	Casi in cui si ha reddito imponibile (Circ. Min. 26 ottobre 1999 n. 207/E)
Associazione in partecipazione con apporto di solo capitale o di capitale e lavoro (per i contratti in essere al 25 giugno 2015)	si applica la disciplina illustrata per le azioni e titoli similari (v. n. 17090)
Titoli non partecipativi che si trovano nel territorio dello Stato, anche se emessi all'estero	è tassabile l'eventuale plusvalenza derivante dalla cessione o dal rimborso con le stesse regole di esclusione e tassazione illustrate al n. 17142 e n. 17148
Metalli preziosi allo stato grezzo o monetato	è tassabile la plusvalenza derivante dalla loro cessione con le regole previste per i soggetti residenti (v. n. 11536)

d. Proventi diversi

CANONI E ROYALTIES (art. 23 c. 1 lett. f e c. 2 lett. c DPR 917/86) Si tratta dei proventi 17170
derivanti dalla concessione in uso o dallo sfruttamento di opere dell'ingegno, software, opere cinematografiche, brevetti industriali, attrezzature industriali o scientifiche per i quali è prevista la tassazione in Italia mediante applicazione di una ritenuta a titolo d'imposta e uno specifico trattamento, generalmente **più favorevole**, nelle diverse **Convenzioni**.
Pertanto, al percipiente residente in uno Stato in cui vige una Convenzione con l'Italia conviene chiederne l'applicazione direttamente al soggetto che eroga il compenso o, in alternativa, chiedere il rimborso della maggiore ritenuta subita, seguendo la procedura indicata al n. 17095 e compilando, in tal caso, il **Modello C**.
Nella **tabella** seguente si illustra la tassazione prevista in Italia e quella prevista dalle Convenzioni a seconda della tipologia e natura dei compensi.

Natura dei compensi	Tassazione in Italia (art. 25 c. 4 DPR 600/73)	Applicazione delle Convenzioni
– utilizzazione di **opere dell'ingegno** (compresi i diritti d'autore su opere letterarie, artistiche o scientifiche), **brevetti** industriali, **marchi** d'impresa, processi, formule e informazioni relativi ad esperienze acquisite nel campo industriale, commerciale o scientifico	ritenuta del 30% a titolo d'imposta sul 75% dell'ammontare corrisposto, se il percipiente è l'autore, o sul 100% se il percipiente è l'erede o donatario (v. n. 10700)	la maggior parte delle Convenzioni stabilisce la tassazione esclusiva nello Stato di residenza del beneficiario
– cessione di **software** acquistato al fine di concederlo in uso a terzi (c.d. acquisto per sfruttamento commerciale) **(1)**	come sopra	è stabilita la tassazione nello Stato di residenza del percipiente e l'applicazione in Italia di una ritenuta minima, che varia tra il 5% e il 20% a seconda dei Paesi (ad esempio, Francia e Germania stabiliscono il 5%, gli USA il 5% per i software e l'8% per gli altri casi)
– sfruttamento di **pellicole cinematografiche** ed altre registrazioni di suoni o di immagini	come sopra	
– uso o concessione in **uso di attrezzature industriali**, commerciali o scientifiche che si trovano in Italia **(2)**	ritenuta del 30% a titolo d'imposta sull'intero ammontare percepito	è stabilita la tassazione nello Stato di residenza del percipiente e l'applicazione in Italia di una ritenuta minima, che varia tra il 5% e il 20% a seconda dei Paesi (ad esempio, Francia, Germania, USA stabiliscono il 5%, l'Austria il 10%)

(1) Non rientrano tra le royalties i compensi per l'acquisto di software finalizzato all'**utilizzo personale** o di **software standardizzato** (Ris. Min. 30 luglio 1997 n. 169/E, Ris. AE 3 aprile 2008 n. 128/E).
(2) Si tratta di beni **destinati** allo svolgimento di un'attività d'impresa, ad **esempio**: macchinari per la produzione di manufatti (robot industriali), container, macchine per l'edilizia (gru, betoniere) e l'agricoltura (trattori, trebbiatrici), veicoli per il trasporto di beni e persone per terra, aria e mare (automobili, treni, aerei e navi). Si considerano situate in Italia quando vengono ivi utilizzate per la **maggior parte del periodo** di competenza del canone. Se l'utilizzatore **dimostra**, tramite le scritture contabili e la relativa documentazione giustificativa, l'**utilizzo** esclusivo o prevalente all'**estero** dell'attrezzatura, l'intero compenso non è tassato (Circ. AE 2 novembre 2005 n. 47/E).

17175 **BORSE DI STUDIO** (art. 23 c. 2 lett. b DPR 917/86) Sono tassate in Italia le somme corrisposte a titolo di borsa di studio o di assegno, premio o sussidio per lo studio o per l'addestramento professionale corrisposte da soggetti residenti, stabili organizzazioni in Italia di non residenti o dallo Stato italiano ad esclusione delle borse di studio corrisposte dal Governo a seguito di accordi e intese internazionali (art. 3 c. 3 lett. d ter DPR 917/86), anche se erogate da altri soggetti che agiscono per suo conto (es. borse di studio del programma Erasmus Mundus che sono erogati dalle università - Ris. AE 23 aprile 2009 n. 109/E o quelle del programma Erasmus + per studenti universitari - Circ. AE 18 maggio 2016 n. 20/E).

II. Adempimenti

17185 **DICHIARAZIONE DEI REDDITI** Il soggetto non residente, che deve (o vuole) presentare la dichiarazione dei redditi, utilizza il **Mod. Redditi PF** compilando, oltre ai quadri relativi ai redditi soggetti a tassazione in Italia (es. RB se deve dichiarare il reddito di fabbricati; RC se dichiara un reddito di lavoro dipendente, ecc.), i seguenti quadri:

Frontespizio	– nella sezione «Residenza anagrafica», indica il proprio luogo di **domicilio fiscale in Italia**, ossia il comune nel quale il reddito italiano si è prodotto o, se il reddito si è prodotto in più comuni, il comune in cui si è prodotto il reddito più elevato; – nella sezione «Residente all'estero», tutti i dati di residenza all'estero compreso il codice fiscale attribuitogli dallo Stato estero di residenza
RP «Oneri e spese»	– vanno indicati gli oneri deducibili e detraibili eventualmente spettanti (v. n. 17200)
RN «Calcolo dell'IRPEF»	– calcolo dell'IRPEF dovuta ed eventuale indicazione delle detrazioni per familiari a carico (se non già fruita tramite le detrazioni effettuate dal datore di lavoro - v. n. 17025)
RV «Addizionale regionale e comunale»	– calcolo delle addizionali (se risulta dovuta l'IRPEF dopo aver sottratto gli importi di tutte le detrazioni d'imposta spettanti e dei crediti d'imposta per redditi prodotti all'estero che, sempre all'estero, hanno subìto il pagamento di imposte a titolo definitivo) **(*)**
(*) Le addizionali regionale e comunale (in base al domicilio fiscale del non residente) si calcolano applicando l'aliquota deliberata al reddito complessivo determinato ai fini dell'IRPEF, al netto dei soli oneri deducibili riconosciuti ai fini dell'IRPEF stessa.	

17195 **Presentazione** Può essere presentata **dall'Italia** entro il **termine** e con le **modalità** stabiliti per le persone fisiche residenti (v. n. 16030) o, in alternativa, **dall'estero** (entro il medesimo termine):

tramite raccomandata o altro mezzo equivalente, dal quale risulti con certezza la data di spedizione	→	La busta deve recare scritto, a carattere evidente, cognome, nome e codice fiscale del contribuente e la dicitura «Contiene dichiarazione Modello Redditi Persone Fisiche (anno di presentazione)» e deve essere indirizzata ad: «Agenzia delle Entrate - Centro Operativo di Venezia, via Giorgio De Marchi n. 16, 30175 Marghera (VE) - Italia». In tal caso, la prova è data dal documento comprovante la data della consegna all'ufficio postale (art. 1 c. 218 L. 244/2007)
oppure trasmessa tramite il canale Fisconline	→	avvalendosi di un codice Pin rilasciato dall'AE collegandosi al sito https://telematici.agenziaentrate.gov.it, seguendo la procedura ivi indicata

17200 **Detrazioni e deduzioni fruibili in dichiarazione** (art. 24 DPR 917/86) Salvo quanto detto al n. 17207, i soggetti non residenti che subiscono tassazione in Italia, possono fruire solo di alcuni oneri deducibili dal reddito o detraibili dall'imposta specificamente indicati dalla legge (v. **tabelle**).

Oneri deducibili	V. n.
Erogazioni liberali ad enti religiosi	1323
Erogazioni liberali a favore di ONG che operano in aiuto di Paesi in via di Sviluppo	1325

Oneri deducibili	V. n.
Somme restituite a chi le ha erogate (si tratta generalmente di redditi di lavoro dipendente, di compensi di lavoro autonomo, ecc. che sono state tassate in anni precedenti)	1335
Oneri fondiari	1339
Indennità per perdita di avviamento	1339
Donazione di beni immobili vincolati	1339

17205

Oneri che danno diritto a detrazione	V. n.
Detrazione delle spese per interventi di recupero del patrimonio edilizio e di riqualificazione energetica degli edifici	1520
Mutui ipotecari per l'acquisto dell'abitazione principale **(*)**	1370
Mutui ipotecari agrari	1870
Costo specifico o, in mancanza, il valore normale dei beni ceduti gratuitamente, in base ad apposita convenzione, a favore di determinati organismi aventi finalità culturali, artistiche o di spettacolo	2117
Erogazioni liberali in denaro effettuate a favore di determinate attività culturali e di spettacolo. Per tali erogazioni è previsto, in luogo della detrazione, un credito d'imposta (c.d. **art-bonus**)	2385
Spese sostenute per la manutenzione, protezione e restauro di beni culturali vincolati	1652

(*) La detrazione per interessi su mutui stipulati per l'acquisto dell'abitazione principale, pur essendo inclusa tra le detrazioni ammesse, nella pratica può essere fruita solamente se l'immobile è utilizzato come dimora principale; essa viene meno dal periodo d'imposta successivo a quello in cui l'immobile non è più utilizzato come tale.

I soggetti che producono **almeno il 75% del proprio reddito** complessivo in Italia e non godono di agevolazioni fiscali analoghe nello Stato di residenza possono fruire di tutte le deduzioni e detrazioni previste per i residenti (v. n. 1290 e s.), in base alle regole di seguito illustrate (DM 21 settembre 2015). 17207

Reddito complessivamente prodotto	Ai soli fini della determinazione del reddito complessivamente prodotto, sono computati i redditi soggetti a imposizione nello Stato di residenza o di produzione sulla base dei dati indicati nella dichiarazione dei redditi presentata nello stesso o in altra certificazione fiscale ivi prevista. I redditi prodotti all'estero, che siano oggetto di tassazione corrente nello Stato di residenza e in quello di produzione, sono computati in base ai dati della dichiarazione dei redditi dello Stato di residenza o in altra certificazione fiscale ivi prevista. I redditi prodotti in Italia e qui dichiarati, che siano oggetto di tassazione concorrente in base alle Convenzioni internazionali, non rilevano quali redditi prodotti all'estero.
Dati da attestare al sostituto d'imposta da parte dei titolari di redditi di lavoro dipendente o di redditi assimilati al lavoro dipendente	I soggetti non residenti devono attestare, mediante dichiarazione sostitutiva di atto di notorietà: a) lo Stato nel quale risultano avere la residenza fiscale; b) di aver prodotto in Italia almeno il 75% del reddito complessivamente conseguito nel periodo d'imposta, assunto al lordo degli oneri deducibili e comprensivo dei redditi prodotti anche al di fuori dello Stato di residenza; c) di non godere nel Paese di residenza, e in nessun altro Paese diverso, di benefici fiscali analoghi a quelli richiesti nello Stato italiano; d) i dati anagrafici e il grado di parentela del familiare per il quale si intende fruire della detrazione per carichi di famiglia, con l'indicazione del mese nel quale si sono verificate le condizioni richieste e del mese in cui le predette condizioni sono cessate; e) che il familiare per il quale si chiede la detrazione possiede un reddito complessivo, al lordo degli oneri deducibili e comprensivo dei redditi prodotti anche fuori dello Stato di residenza, riferito all'intero periodo d'imposta, non superiore a € 2.840,51.
Documenti da conservare (ed esibire su richiesta dell'AF)	– copia della dichiarazione dei redditi presentata nello Stato di residenza o negli Stati di produzione del reddito, relativa al periodo d'imposta per il quale sono state richieste le agevolazioni in Italia; – certificazione del datore di lavoro estero dalla quale risulti il reddito prodotto ed eventuali benefici fiscali fruiti; – copia del bilancio relativo all'eventuale attività d'impresa svolta all'estero.

17210 **Pagamento** I non residenti possono effettuare il pagamento dell'IRPEF con le **modalità** ordinarie (utilizzando il modello F24 presso una qualsiasi banca o agli sportelli delle Poste Italiane o tramite intermediari - v. n. 37055) oppure:
– se possiedono il **codice Pin** e sono titolari di un **conto corrente** presso una delle banche convenzionate con l'AE (l'elenco è disponibile sul sito www.agenziaentrate.gov.it) o presso le Poste Italiane S.p.A., possono effettuare il versamento tramite il servizio telematico Internet (in pratica con lo stesso sistema che usano per inviare la propria dichiarazione - v. n. 17195);
– in **mancanza**, possono effettuare un **bonifico bancario** in euro, in favore dei capitoli/articoli di entrata del bilancio dello Stato, secondo lo standard SWIFT MT 103, indicando:
• codice BIC: BITAITRRENT;
• causale del bonifico: codice fiscale del contribuente, codice tributo e periodo di riferimento (MM/AAAA);
• IBAN corrispondente al codice relativo all'imposta da versare, ad esempio: IRPEF saldo (capitolo 1023 - articolo 13) codice IBAN IT 68X 01000 03245 348 0 06 1023 13.

Gli **elenchi completi** dei codici tributo e dei codici IBAN sono disponibili, rispettivamente, sui siti internet dell'AE www.agenziaentrate.gov.it e del Dipartimento della Ragioneria Generale dello Stato www.rgs.mef.gov.it.

17215 **ACCERTAMENTO** I non residenti che producono redditi in Italia possono essere soggetti all'attività di **controllo formale** o **di merito**, secondo le ordinarie disposizione. Tuttavia, si ritiene che non sia utilizzabile il redditometro (Circ. Min. 10 giugno 1993 n. 7).

La **notificazione** degli atti può essere effettuata con le seguenti modalità a seconda che il non residente abbia o meno eletto domicilio o costituito un rappresentante fiscale in Italia.
Per i soggetti residenti in uno Stato UE la notifica può essere effettuata dall'autorità competente dello Stato stesso secondo le norme ivi vigenti (art. 60 bis DPR 600/73).

Domicilio o rappresentante fiscale in Italia	Modalità di notifica
SÌ	lettera raccomandata A/R o a mani proprie dal messo comunale o speciale
NO	– se ha comunicato, con apposito **modello** (Provv. AE 2 novembre 2011 n. 116331), l'indirizzo estero per la notificazione degli avvisi e degli altri atti che li riguardano, la notifica è eseguita con lettera raccomandata con A/R all'indirizzo estero comunicato
	– in mancanza, è eseguita con lettera raccomandata A/R o con notifica consolare all'indirizzo della residenza estera rilevato dall'AIRE; all'indirizzo estero indicato nelle domande di attribuzione del numero di codice fiscale o variazione dati
	– in via residuale, se manca uno dei suddetti riferimenti, mediante deposito dell'atto presso la casa comunale e affissione all'albo comunale dell'avviso di deposito

17220 **CODICE FISCALE** In alcuni casi, alla persona non residente può essere richiesta l'attribuzione di un codice fiscale in Italia; ad **esempio**, nei rapporti di lavoro dipendente per consentire al datore di lavoro di rilasciare la certificazione dei compensi erogati e delle ritenute effettuate.
Più in generale, il codice fiscale identifica il soggetto in tutti i rapporti con la Pubblica Amministrazione; pertanto, il non residente che non si trovi solo saltuariamente in Italia può essere interessato a richiederlo.
La richiesta va **effettuata** utilizzando un apposito modello (**Mod. AA4/8** approvato con Provv. AE 24 giugno 2013 n. 77107), scaricabile gratuitamente dal sito www.agenziaentrate.gov.it. Il modello può essere **presentato** a un qualunque ufficio dell'AE, anche tramite un terzo soggetto appositamente delegato, oppure presso la rappresentanza diplomatica consolare italiana nel Paese di residenza.
Nella compilazione del modello, il non residente oltre ai propri dati anagrafici e di residenza nel Paese estero (quadri B e D del modello), deve indicare il domicilio fiscale in Italia (v. n. 17185) o, in mancanza, l'eventuale luogo di dimora (in mancanza, non va indicato nulla).

TITOLO II

Società ed enti commerciali

20000 Le società, e gli enti ad esse equiparati, sono soggetti collettivi dotati di personalità giuridica distinta da quella dei soci; esse, pertanto, sono soggette a tassazione per il reddito prodotto nell'esercizio della propria attività.
In particolare, i redditi prodotti da società di capitali e soggetti assimilati, residenti e non, nonché da enti commerciali e non commerciali sono soggetti all'IRES; i redditi prodotti da società di persone sono tassati in capo ai soci e ivi soggetti ad IRPEF.

20005

Soggetti esclusi	Fonti
– **organi e amministrazioni dello Stato**, compresi quelli ad ordinamento autonomo, anche se dotati di personalità giuridica, quali la Presidenza della Repubblica, la Camera, il Senato, la Presidenza del consiglio dei ministri, i ministeri, la Corte costituzionale, il Consiglio di Stato, la Corte dei conti, l'Avvocatura dello Stato – **comuni**, consorzi tra enti locali, a condizione che non abbiano rilevanza economica e imprenditoriale, associazioni ed enti gestori di demani collettivi, comunità montane, **province** e **regioni**	art. 74 c. 1 DPR 917/86
– **fondi pubblici di agevolazione**, istituiti e regolati da leggi dello Stato o delle regioni	art. 39 L. 342/2000
– **fondi pensione**	art. 17 D.Lgs. 252/2005

20010 Nella trattazione che segue si analizzano le regole di determinazione del reddito e dell'imposta distintamente per:
- società di capitali ed enti commerciali residenti (v. n. 21000 e s.);
- società di persone e associazioni commerciali (v. n. 34000 e s.);
- società di comodo (v. n. 35000 e s.);
- non residenti (v. n. 36000 e s.);

Per la determinazione dei redditi degli **enti non commerciali** residenti si rinvia al n. 97000 e s., per i non residenti al n. 36085 e s.

CAPITOLO 1

Società di capitali ed enti commerciali

SOMMARIO

Nel presente capitolo si tratta delle modalità di determinazione e di tassazione del reddito prodotto dalle società di capitali e dagli enti commerciali residenti. Esso, da qualunque fonte provenga, è considerato reddito d'impresa ed è determinato apportando, all'utile o alla perdita risultanti dal bilancio, le variazioni in aumento o in diminuzione conseguenti all'applicazione delle disposizioni dell'IRES. **21000**

SCHEMA DELLA TRATTAZIONE Dopo aver definito l'ambito soggettivo e le regole generali riguardanti la territorialità ed il periodo d'imposta, si illustrano le regole di determinazione del reddito d'impresa e dell'imposta, con i relativi adempimenti necessari alla tenuta delle scritture contabili e alla presentazione della dichiarazione. **21005**
Infine, si analizzano i regimi fiscali disponibili per opzione: la tassazione direttamente in capo ai soci (c.d. per trasparenza - v. n. 26455) e il consolidato fiscale nazionale (v. n. 27045); per il consolidato mondiale considerando la rarissima applicazione si rinvia al MIRES.

SEZIONE 1

Regole generali

21015 **SOCIETÀ DI CAPITALI** (art. 73 c. 1 lett. a DPR 917/86) Vi rientrano le seguenti forme sociali:
- società per azioni (art. 2325 c.c.);
- società a responsabilità limitata (art. 2462 c.c.);
- società in accomandita per azioni (art. 2452 c.c.);
- società cooperative (art. 2511 c.c.);
- società di mutua assicurazione (art. 2546 c.c.);
- società europee (di cui al Reg. CE 2157/2001) e società cooperative europee (di cui al Reg. CE 1435/2003) residenti nel territorio dello Stato;
- aziende speciali (ex aziende municipalizzate) istituite da comuni e province per la gestione dei servizi pubblici.

21025 **ENTI COMMERCIALI E ASSIMILATI** (art. 73 c. 1 lett. b e 2 DPR 917/86) Sono tali:
- enti pubblici, diversi dagli organi e amministrazioni dello Stato (v. n. 20005);
- enti privati che esercitano attività commerciale in modo esclusivo o principale;
- CAF, per le prestazioni di assistenza fiscale;
- trust residenti;
- OICR residenti in Italia.

Per **enti pubblici** e **privati** si intendono, oltre a quelli con personalità giuridica (associazioni riconosciute, fondazioni, ecc.), anche quelli che ne sono privi ma che hanno un'organizzazione unitaria e autonoma (non appartenente ad altri soggetti passivi) come: le associazioni non riconosciute (art. 36 c.c.), i consorzi (art. 2602 c.c.), i comitati, le congregazioni, le casse mutue, i circoli ricreativi e culturali, le associazioni sportive, ecc.

21030 Per definire l'esercizio di **attività commerciale** (n. 5020 e s.) come esclusivo o principale, occorre individuare l'attività essenziale che è svolta per il raggiungimento degli scopi dell'ente, facendo riferimento sia all'oggetto determinato in base alla legge, all'atto costitutivo o allo statuto, se esistenti in forma di atto pubblico o di scrittura privata autenticata, sia, in mancanza di questi, all'attività effettivamente esercitata nel territorio dello Stato (art. 73 c. 4 DPR 917/86).

In caso di difformità tra le previsioni dell'atto costitutivo e l'attività effettivamente svolta, deve farsi riferimento a quest'ultima (Istr. Mod. Redditi e Cass. 4 ottobre 1991 n. 10409).

Per un'analisi delle attività considerate «non commerciali» si rinvia al n. 97010 e s.

> Non esclude a priori l'esercizio di un'attività commerciale:
> - l'assenza dello scopo di lucro (Ris. Min. 27 ottobre 1989 n. 11/1259, Cass. 4 ottobre 1991 n. 10409);
> - il corrispettivo fissato al costo senza l'applicazione di margini di ricarico (Ris. Min. 28 marzo 1980 n. 11/228, Ris. Min. 4 agosto 1981 n. 11/935);
> - il perseguimento di un interesse pubblico e la presenza di disposizioni legislative che determinino gli scopi dell'attività (Ris. Min. 9 luglio 1975 n. 11/906, Ris. Min. 17 febbraio 1977 n. 10/268).

21045 **RESIDENZA** (art. 73 c. 3, 5 bis, 5 ter, 5 quater DPR 917/86) Si considera residente la società o l'ente che, per la **maggior parte del periodo d'imposta** (es. 183 giorni per un anno), ha in Italia almeno uno degli elementi elencati nella **tabella** sottostante.

La nozione di residenza è diversa da quella di **domicilio fiscale**: quest'ultimo può essere attribuito anche ad un non residente e riguarda maggiormente gli aspetti procedimentali dell'accertamento e della riscossione (v. n. 82205).

Nella pratica possono verificarsi situazioni in cui il medesimo soggetto risulta essere residente, ai fini impositivi, **in più Stati** o, viceversa, situazioni in cui il soggetto, per un certo lasso di tempo, non risulta più residente nel Paese d'origine, ma non ancora residente in quello di destinazione. In tali ipotesi, l'AF deve verificare caso per caso i criteri di collegamento dell'impresa con l'ordinamento interno o con quello estero (Ris. AE 17 gennaio 2006 n. 9/E). Se con gli Stati interessati è in vigore una **convenzione internazionale** (v. n. 95540), si adottano gli specifici rimedi ivi previsti (salvo che la normativa nazionale non ne offra uno più favorevole, art. 165 DPR 917/86).

Sono residenti in Italia gli **OICR** ivi istituiti.

Per superare eventuali conflitti di doppia imposizione, secondo l'OCSE, la società si considera residente nello Stato in cui si trova la sede della **direzione effettiva** intesa quale luogo ove l'attività viene effettivamente esercitata, anche se diverso da quello in cui si trova fisicamente la sede della società o dell'impresa (art. 4 par 3 modello Ocse).

21046

Elementi indicativi di residenza (1)	Descrizione
sede legale	sede stabilita dall'atto costitutivo o dallo statuto
sede amministrativa	– luogo nel quale gli amministratori esercitano l'attività di gestione della società o dell'ente – nel caso specifico di società ed enti che detengono direttamente partecipazioni di controllo in società di capitali ed enti commerciali residenti, esiste una presunzione legale al verificarsi delle condizioni illustrate al par. seguente
oggetto principale dell'attività	attività concretamente svolta per raggiungere gli scopi sociali **(2)**

(1) L'AF, nel **contestare** la residenza fiscale fittizia, non deve dimostrare l'eventuale finalità abusiva del contribuente e, di conseguenza, neppure il vantaggio fiscale indebito (Cass. 25 luglio 2022 n. 23225).
(2) Se tale attività è svolta in parte in Italia e in parte all'estero, occorre verificare la prevalenza quantitativa dell'attività Italiana rispetto a quella estera. La semplice presenza in Italia di un **ufficio di rappresentanza** e **pubbliche relazioni** non determina l'acquisizione della residenza (Ris. Min. 18 maggio 1978 n. 9/724).

È prevista una **presunzione legale di residenza** in Italia di soggetti esteri (c.d. esterovestizione) nei due casi seguenti. **21048**
In caso di **accertamento** di fittizia localizzazione all'estero, i valori delle attività e passività sono valutati in base ai criteri indicati al n. 94050 e s. (Relazione illustrativa all'art. 12 D.Lgs. 147/2015).

Soggetti esteri con investimenti in fondi immobiliari chiusi (art. 73 c. 5 quater DPR 917/86) Si presumono residenti, salvo prova contraria, le società ed enti con sede all'estero, il cui patrimonio è investito in misura prevalente in quote di fondi di investimento immobiliare chiusi e **controllate direttamente o indirettamente** (ai sensi dell'art. 2359 c. 1 e 2 c.c.), per il tramite di società fiduciarie o per interposta persona, da soggetti residenti in Italia. **21050**

Soggetti esteri che controllano società residenti (art. 73 c. 5 bis e 5 ter DPR 917/86 e Circ. AE 4 agosto 2006 n. 28/E) Per le società ed enti con sede all'estero che detengono direttamente partecipazioni di controllo, disponendo della maggioranza dei voti in assemblea ordinaria (art. 2359 c. 1 c.c.), in società di capitali ed enti commerciali residenti, sussiste una **presunzione legale** - salvo prova contraria - di localizzazione in Italia della **sede amministrativa** quando, alternativamente, gli stessi sono: **21055**
a) controllati, anche indirettamente, da soggetti residenti in Italia che dispongono della maggioranza dei voti in assemblea ordinaria (art. 2359 c. 1 c.c.);
b) amministrati da un consiglio di amministrazione, o altro organo equivalente di gestione, composto in prevalenza di consiglieri residenti in Italia. La residenza va verificata sull'intero periodo d'imposta secondo le disposizioni di cui al n. 201 e s. (Circ. AE 16 febbraio 2007 n. 11/E).

Ai fini della **verifica** del requisito del **controllo** (dei soggetti residenti sul soggetto estero e viceversa) rileva la situazione alla data di chiusura dell'esercizio del soggetto controllato. Per le persone fisiche si tiene conto anche dei voti spettanti ai familiari entro il terzo grado ed agli affini entro il secondo. **21056**
In pratica, al ricorrere di una delle suddette presunzioni, spetta alla società l'onere di dimostrare, con argomenti adeguati e documentati (elementi di fatto, situazioni o atti), che la sede di direzione effettiva non è in Italia ma concretamente radicata nello Stato estero.

>Precisazioni 1) La norma è applicabile anche nelle ipotesi in cui tra soggetti residenti controllanti e controllati si interpongano più **sub-holding estere**.

2) Se **la presunzione** risulta verificata, la società diviene soggetta a tutti gli obblighi previsti per le società residenti (contabilità, dichiarazioni fiscali, ecc.) e, al contempo, non subisce più ritenute su dividendi, interessi e royalties in uscita dall'Italia. Le ritenute eventualmente subite nel periodo di imposta per il quale è da considerare residente, anche se originariamente operate a titolo di imposta, sono scomputabili in dichiarazione dei redditi.
3) Se il soggetto estero è in grado di fornire la prova di effettiva residenza estera potrebbe trovare applicazione la disciplina CFC (ricorrendo entrambi i presupposti) con conseguente imputazione del suo reddito in capo alla controllante residente (v. n. 21938 e s.).

21065 **PERIODO D'IMPOSTA** (art. 76 DPR 917/86) Il reddito d'impresa va determinato distintamente per ogni singolo esercizio o periodo di gestione, che è stabilito dalla legge o dall'atto costitutivo. Il periodo d'imposta **può non coincidere** con l'anno solare o con un periodo di 12 mesi.
Nei due casi seguenti, tuttavia, il periodo d'imposta fiscalmente corrisponde **all'anno solare**:
– se la durata del periodo stesso non è prevista esplicitamente dalla legge o dall'atto costitutivo;
– se è determinato in due o più anni.
L'imposta deve essere determinata esclusivamente con riferimento al reddito prodotto nell'esercizio, in quanto per **ciascun** esercizio è dovuta un'**obbligazione tributaria autonoma**.

Rappresenta un'eccezione alla regola dell'autonomia, la possibilità di riportare negli anni successivi le perdite e le eccedenze di crediti d'imposta e di ritenute.

21070 **Periodo d'imposta inferiore o superiore a 12 mesi** (art. 110 c. 5 DPR 917/86) Si verifica ad esempio quando il primo esercizio di attività supera 12 mesi, o quando l'ultimo termina prima, in questi casi i componenti di reddito esposti in **tabella** devono essere **ragguagliati** alla maggiore o minore durata del periodo.

Componente da ragguagliare	Descrizione
redditi	– degli immobili non strumentali, determinati con i criteri catastali propri dei redditi fondiari – derivanti dall'esercizio di attività di allevamento
ammortamenti	– del costo dei beni strumentali materiali – finanziari dei beni gratuitamente devolvibili
spese di manutenzione, riparazione, ammodernamento e trasformazione	– dei beni strumentali, limitatamente all'ammontare deducibile delle stesse
accantonamenti e svalutazioni	– per rischi su crediti – per lavori ciclici di manutenzione e revisione delle navi e degli aeromobili – a fronte delle spese di ripristino o di sostituzione dei beni in concessione gratuitamente devolvibili alla scadenza

SEZIONE 2

Determinazione del reddito d'impresa

21185 **PRINCIPI GENERALI** (art. 83 DPR 917/86) Il reddito complessivo d'impresa è determinato apportando all'**utile** o alla **perdita** risultante dal conto economico (C/E) dell'esercizio chiuso nel periodo d'imposta, le **variazioni** in aumento o in diminuzione disciplinate dalle norme IRES. In mancanza, rimangono valide anche ai fini IRES le rilevazioni a C/E effettuate secondo i principi contabili adottati, nazionali o IAS/IFRS.
Si tratta dell'applicazione del c.d. **principio di derivazione** del reddito dal risultato del bilancio che, in linea generale, subordina la deduzione dal reddito dei componenti negativi alla previa imputazione a C/E (v. n. 22745).

La derivazione del dato fiscale da quello contabile presuppone la corretta applicazione dei principi contabili, l'AE può infatti **contestare i criteri di redazione** del bilancio applicati dalle imprese, effettuando una rettifica del reddito imponibile, senza dover impugnare il bilancio in sede civile (Circ. Min. 15 maggio 1997 n. 137/E, Cass. 24 agosto 2018 n. 21106, Cass. 30 luglio 2018 n. 20122, Cass. 18 dicembre 2014 n. 26824).

PRINCIPIO DI DERIVAZIONE «RAFFORZATA» (art. 83 c. 1 2° per. DPR 917/86) **21190**
Come già per i soggetti IAS/IFRS, a seguito dell'evoluzione dei principi contabili e dei necessari aggiornamenti per il coordinamento con le norme fiscali, anche per i soggetti OIC il principio di derivazione ha via via assunto connotati più incisivi. È stata attribuita rilevanza fiscale ai **criteri contabili** di **qualificazione**, **imputazione temporale** e **classificazione** previsti dai rispettivi principi contabili, anche in deroga alle norme IRES per la determinazione della base imponibile contenute negli artt. 84-116 DPR 917/86.
Per un'analisi approfondita dei nuovi OIC si rinvia al Memento Contabile.

>**Precisazioni 1)** Il trattamento contabile dei casi **non contemplati** dai principi OIC, che vanno risolti istruendo politiche contabili create ad hoc ricorrendo alle disposizioni previste per casi simili e, in mancanza, ai postulati e alle finalità di bilancio, assume piena rilevanza fiscale (OIC 11, Ris. AE 15 maggio 2018 n. 37/E).
2) Per le regole relative alla **prima adozione** dei principi contabili OIC vedi n. 21214.

Esclusioni La derivazione rafforzata non si applica alle **microimprese** come definite nella **tabella**, che non optano per redigere il **bilancio in forma ordinaria** (modifica in vigore dal periodo di imposta in corso al 22 giugno 2022, art. 8 c. 1 lett. a DL 73/2022 conv. in L. 122/2022). **21191**

Pertanto, le norme tributarie esposte nel seguito della trattazione, continuano ad applicarsi alle microimprese che non optino per la contabilità ordinaria, determinando, ove divergenti dal dato contabile, la necessità della tenuta extra-contabile del dato fiscale (c.d. **doppio binario**).

21192

Soggetti	Limiti (1)			Principi OIC		Norma fiscale
	Ricavi	Attivo stato patrimoniale	Dipendenti (occupati medi)	Iscrizione crediti/debiti al costo ammortizzato	Valutazione derivati al fair value	Derivazione rafforzata
Microimprese (art. 2435 ter c.c.)	350.000	175.000	5	Facoltativa	Non consentita	Non si applica **(2)**
Piccole imprese (bilancio abbreviato - art. 2435 bis c.c.)	8.800.000	4.400.000	50	Facoltativa	Obbligatoria	Si applica

(1) Rientrano nella categoria i soggetti che non superano due dei tre limiti indicati nel primo esercizio di attività ed in seguito per due esercizi consecutivi.
(2) A partire dal 2022, la derivazione rafforzata si applica alle microimprese che redigono il bilancio ordinario.

Coordinamento tra principi contabili e fiscali (artt. 2 e 3 DM 1° aprile 2009 n. 48, DM 8 giugno 2011 e DM 3 agosto 2017) Per applicare il principio di derivazione rafforzata, sono state estese ai soggetti OIC le regole di coordinamento tra principi contabili e norme fiscali a suo tempo dettate per i soggetti IAS/IFRS, con particolare impatto sull'applicazione del **principio di competenza** (n. 21395). Più in generale gli impatti più rilevanti sono indicati nella **tabella** n. 21210. **21195**
Continuano invece ad applicarsi le **norme** del TUIR che prevedono **limiti**, **esenzioni**, **esclusioni**, la **ripartizione** in più esercizi o la rilevanza **del pagamento**, ai fini della concorrenza al reddito imponibile di componenti economici. Pertanto nel seguito della trattazione, tali norme si intendono di generale applicazione salvo diversa espressa indicazione.

Per coordinare l'interazione tra soggetti **a principi contabili diversi** è stato stabilito che: **21197**
a) non deve verificarsi doppia o nessuna deduzione/tassazione di componenti di reddito con riferimento al **singolo contribuente**; la stessa condizione non è richiesta in relazione agli altri partecipanti alla medesima relazione negoziale;

b) ciò anche con riferimento alle operazioni **tra soggetti** OIC e microimprese, ed anche tra soggetti OIC che rappresentano, avendone la facoltà, operazioni intercorse tra di loro con criteri non omogenei.

21199 Il principio di derivazione rafforzata subisce le seguenti **eccezioni**:
- le operazioni su **partecipazioni**, incluse azioni, quote e titoli similari alle azioni, escluse quelle su azioni proprie, sono qualificate sulla base della natura giuridica (contratto) (art. 3 c. 3 DM 1° aprile 2009 n. 48);
- per i **finanziamenti ad una controllata infruttiferi** o con tassi significativamente inferiori a quelli di mercato, il criterio del costo ammortizzato non assume rilevanza fiscale;
- l'onere per il mancato esercizio di **diritti connessi a strumenti finanziari** rappresentativi di capitale (es. obbligazioni convertibili) in capo al detentore di tali diritti è deducibile nel limite dei maggiori interessi attivi figurativi contabilizzati e tassati per l'emittente, onde evitare l'asimmetria fiscale che diversamente si verificherebbe. Tale meccanismo non si applica nell'ipotesi in cui il detentore iscriva in bilancio uno strumento finanziario derivato ex art. 112 DPR 917/86.

21210 Il **riferimento** contenuto nelle norme di natura fiscale ai componenti positivi o negativi di **conto economico** di cui alle lettere A) e B) dell'art. 2425 c.c. va inteso come riferito ai medesimi componenti assunti al netto dei componenti positivi e negativi di **natura straordinaria** derivanti da trasferimenti di azienda o di rami di azienda (art. 13 bis c. 4 D.Lgs. 244/2016).
Nella **tabella** sono indicati alcuni degli esempi più significativi dell'impatto diretto che l'evoluzione dei principi contabili può avere sulla base imponibile IRES, in base al principio della derivazione rafforzata.

Tema	Cambiamenti bilancio / principi OIC	Impatto sulla base imponibile IRES
Componenti straordinari	eliminazione sezione - E - del C/E riclassificazione per natura nelle altre sezioni	– plafond spese di rappresentanza (v. n. 23345) – deduzione oneri utilità sociale (v. n. 23440) – esimenti società di comodo (v. n. 35152) (escluse le componenti da trasferimenti azienda/ramo)
Iscrizione di **crediti**, **debiti** e **titoli**	applicazione del criterio del costo ammortizzato conseguente emersione di componenti finanziarie a C/E	– prima iscrizione di crediti, debiti e titoli (v. n. 21300) – deduzione/imposizione interessi figurativi (v. n. 23045 e s.) – accantonamenti/svalutazione crediti (v. n. 24505 e s.)
Costi di **pubblicità** e **ricerca applicata**	capitalizzazione non più consentita imputazione al C/E dell'esercizio	– tempistica della deduzione (v. n. 23307 e 23360)
Derivati	rilevazioni a C/E o a PN	– variazioni di fair value (v. n. 22015 e s.)
Azioni proprie	rilevazioni solo a PN no plus/minusvalenze da realizzo	– irrilevanza IRES
Avviamento	rileva vita utile, se non è stimabile, ammortamento massimo 10 anni immodificabilità della vita utile definita inizialmente	– tempistica della deduzione (v. n. 23968)

21214 **Cambiamenti nei principi contabili per soggetti OIC** (art. 13 bis c. 5 e s. DL 244/2016 conv. L. 19/2017)

Efficacia fiscale dei cambiamenti nelle regole contabili	
Nel **primo esercizio** di applicazione in caso di: – variazioni ai **principi contabili** – cambiamento degli **obblighi di bilancio** per modifiche dimensioni dell'impresa	La **previa imputazione** a C/E, risulta soddisfatta anche per i componenti imputati direttamente a patrimonio.
	Il ripristino e l'eliminazione, nell'**attivo patrimoniale**, rispettivamente, di costi già imputati a C/E di precedenti esercizi e di costi iscritti e non più capitalizzabili non rilevano ai fini della determinazione del reddito né del valore fiscalmente riconosciuto; resta ferma per questi ultimi la deducibilità sulla base dei criteri applicabili negli esercizi precedenti.
	L'**eliminazione** nel passivo patrimoniale di **passività** e **fondi** di accantonamento, considerati dedotti ai fini IRES, non rileva ai fini della determinazione del reddito. Resta ferma l'indeducibilità degli oneri a fronte dei quali detti fondi sono stati costituiti, nonché l'imponibilità dell'eventuale relativa sopravvenienza.

Per le regole specifiche riguardanti gli strumenti finanziari **derivati** v. n. 22015.

SOGGETTI IAS/IFRS (art. 83 DPR 917/86, art. 15 c. 1 DL 185/2008 conv. in L. 2/2009, DM 1° aprile 2009 n. 48 e DM 8 giugno 2011, Circ. AE 28 febbraio 2011 n. 7/E) Come per i soggetti OIC si applica il principio di derivazione rafforzata, con le precisazioni che seguono. **21215**

I componenti reddituali fiscalmente rilevanti, **imputati** direttamente a patrimonio netto o al prospetto delle altre componenti di conto economico complessivo (**OCI**), concorrono alla formazione del reddito imponibile, salvo quelli che assumono rilievo fiscale solo per effetto dell'imputazione a conto economico. Per i componenti per i quali non è prevista comunque l'imputazione a conto economico, la rilevanza fiscale è determinata dalle disposizioni applicabili ai componenti aventi la stessa natura e imputati a conto economico (art. 2 c. 1 DM 8 giugno 2011, DM 3 agosto 2017), facendo riferimento allo IAS/IFRS rilevante e, in mancanza, come indicato dall'IFRS 8, al corrispondente principio OIC.

Restano invece valide le norme del DPR 917/86 che definiscono:
- criteri di valutazione dei componenti positivi di reddito;
- casi in cui si applica il principio di cassa (v. n. 21485);
- limitazioni alla deduzione dei costi e ammortamenti;
- casi di esenzione ed esclusione da tassazione di componenti positivi di reddito;
- concorso frazionato nel tempo alla formazione del reddito di costi e di ricavi.

Nel caso in cui, all'inizio del periodo d'imposta di prima applicazione o di quello successivo all'applicazione di variazioni, sussistano delle divergenze tra valori di bilancio e fiscali, l'impresa può **optare per il riallineamento** (valido anche a fini IRAP) (v. n. 21220).

> **›Precisazioni** 1) Disposizioni particolari sono previste per la **prima applicazione degli IAS/IFRS**. Se ad esempio, in quella sede, vengono ripristinati nell'attivo patrimoniale dei costi già imputati al C/E di precedenti esercizi o vengono eliminati dei costi già iscritti e non più capitalizzabili (es. avviamento), tali operazioni non rilevano ai fini della determinazione del reddito né del valore fiscalmente riconosciuto. Per i costi non più capitalizzabili resta comunque ferma la deducibilità sulla base dei criteri applicabili negli esercizi precedenti (art. 13 D.Lgs. 38/2005).
> **2)** Per gli **IAS adottati dalla UE dal 2011**, il principio di derivazione rafforzata non opera più automaticamente, essendo necessario che questi siano recepiti con appositi decreti di coordinamento (art. 4 c. 7 quater D.Lgs. 38/2005).

Riallineamento delle divergenze fra valori civili e fiscali (art. 15 DL 185/2008 conv. in L. 2/2009 e DM 30 luglio 2009) I soggetti che adottano gli IAS possono optare per il riallineamento delle divergenze esistenti all'inizio del periodo d'imposta di prima applicazione. **21220**

I soggetti che optano per tale riallineamento, possono anche riallineare le divergenze derivanti dalla **variazione dei principi** contabili già adottati, con le modalità previste dall'art. 11 DM 8 giugno 2011.

In **assenza** di opzione, la società mantiene il doppio binario con le divergenze fra valori civilistici e fiscali.

Le differenti ipotesi di riallineamento esperibili sono riportate nella **tabella** seguente e rilevano anche a fini IRAP.

21222

Divergenze	Modalità (1)	Adempimenti
Esistenti all'inizio del periodo d'imposta di prima applicazione degli IAS e derivanti dalla mancata adozione del principio di stretta derivazione (nei periodi d'imposta precedenti) escluse quelle: – esaminate al punto successivo; – emerse a causa delle deduzioni extracontabili mediante utilizzo del rigo RF6 (v. n. 22755); – che si sarebbero comunque determinate (c.d. divergenze strutturali) **(2)**	Sono previste due modalità **alternative** **a)** Determinazione del **saldo globale** dei riallineamenti ed applicazione separata allo stesso di IRES ed IRAP con aliquote ordinarie. Non è consentita la **compensazione** con eventuali perdite (d'esercizio o pregresse). L'eventuale **saldo negativo** è deducibile in quote costanti in 5 periodi **b)** Determinazione del saldo di riallineamento di **singoli componenti** reddituali e patrimoniali delle operazioni aventi la medesima natura ai fini della qualificazione di bilancio e dei relativi rapporti di copertura ed applicazione a detto saldo di un'**imposta sostitutiva** (di IRES ed IRAP) con aliquota del 16%. L'eventuale **saldo negativo** è indeducibile	**Opzione** nella dichiarazione dei redditi relativa al periodo d'imposta precedente a quello di prima applicazione e **versamento** in unica soluzione dell'imposta sostitutiva entro il termine di versamento a saldo delle imposte relative al periodo precedente
Derivanti, in sede di prima applicazione degli IAS, da: – continuazione della valutazione delle rimanenze, solo a fini fiscali, con metodo LIFO **(3)**; – eliminazione di ammortamenti, di rettifiche di valore e di fondi di accantonamento che per effetto delle disposizioni transitorie non hanno avuto immediata rilevanza fiscale (art. 13 D.Lgs. 38/2005) **(4)**	Per le modalità di riallineamento e la determinazione dell'imposta sostitutiva si applicano le disposizioni per l'affrancamento delle divergenze sorte a seguito delle **deduzioni extracontabili** effettuate nel rigo RF6 (v. n. 22755 e s.)	
Esistenti all'inizio dell'esercizio di efficacia della variazione degli IAS (a partire dal terzo esercizio successivo a quello in corso al 31.12.2007) che hanno effetto da un esercizio successivo a quello di omologazione **(5)**	Come punti precedenti	**Opzione** nella dichiarazione dei redditi relativa al periodo d'imposta precedente a quello di efficacia della variazione e **versamento** in unica soluzione dell'imposta sostitutiva entro il termine di versamento a saldo delle imposte relative al periodo precedente
Esistenti all'inizio del periodo di imposta successivo a quello da cui decorrono le variazioni degli IAS (a partire dal terzo esercizio successivo a quello in corso al 31.12.2007) con effetto dall'esercizio di omologazione **(5)**	Come punti precedenti	**Opzione** nella dichiarazione dei redditi relativa al periodo di prima applicazione della variazione e **versamento** in unica soluzione dell'imposta sostitutiva entro il termine di versamento a saldo delle imposte relative al periodo di prima applicazione

(1) Si considerano i disallineamenti rilevanti ai fini IRES.

(2) Si tratta di divergenze riconducibili ai diversi criteri di qualificazione, classificazioni, valutazioni e imputazioni temporali derivanti da operazioni realizzate in periodi precedenti al 2008 di prima applicazione del principio di derivazione rafforzata e derivanti, ad **esempio**: dei fenomeni di derecognition degli strumenti finanziari (quali, le cartolarizzazioni dei crediti), diversamente trattati dagli IAS rispetto ai criteri tradizionali; delle fattispecie locazione/vendita di beni (cioè locazioni che sono contabilizzate come vere e proprie cessioni); dell'imputazione temporale dei ricavi (come quelli relativi ad allacci telefonici). Si tratta delle operazioni che in assenza di riallineamento rientrano nell'ambito di applicazione della normativa transitoria (Circ. AE 10 luglio 2009 n. 33/E).

(3) In caso di rimanenze di beni fungibili di talune imprese operanti nel **settore degli idrocarburi**, si applicano le disposizioni dettate dall'art. 81 c. 21, 23 e 24 DL 112/2008 conv. in L. 133/2008. È previsto un periodo triennale di sorveglianza.
(4) Per le divergenze identificate nel rigo RF6 si può applicare anche il riallineamento previsto per tutte le imprese. La portata innovativa rispetto al riallineamento ordinario (v. n. 22755), è nel consentire di riallineare, oltre agli ammortamenti e ai fondi dedotti in via extracontabile, anche quelli cancellati in sede di prima applicazione dei principi internazionali.
(5) Si può trattare, ad **esempio**, della modifica, richiesta dalla crisi finanziaria dei mercati internazionali, dello IAS 39 relativo alla valutazione degli strumenti finanziari e dello IAS 23 sugli oneri finanziari.

Ritorno agli OIC (art. 7 bis D.Lgs. 38/2005) Il saldo degli effetti contabili connessi al passaggio dagli IAS/IFRS agli OIC, se positivo, è iscritto in una riserva indisponibile che: 21225
– si riduce per l'importo delle plusvalenze realizzate, anche attraverso l'ammortamento, o assorbite dalla svalutazione;
– è indisponibile anche ai fini dell'imputazione a capitale e degli utilizzi ex artt. 2350, 2357, 2358, 2359 bis, 2432 e 2478 bis c.c.;
– può essere utilizzata a copertura perdite solo dopo le riserve di utili disponibili e la riserva legale, con obbligo di reintegro con gli utili degli esercizi successivi.
Gli effetti reddituali e patrimoniali delle operazioni pregresse che a seguito del passaggio agli OIC risultino diversamente qualificate, classificate, valutate o imputate temporalmente seguono la disciplina previgente fino ad esaurimento.

I. Categorie di beni

PATRIMONIO DELL'IMPRESA Tutti i beni, mobili e immobili, appartenenti alle società rientrano nel patrimonio dell'impresa; possono essere distinti in immobilizzazioni e attivo circolante a seconda che gli stessi formino o meno oggetto dell'attività dell'impresa. 21285
Pertanto, lo stesso bene appartenente a imprese che svolgono attività diverse può essere considerato immobilizzazione o bene-merce (per esempio, i fabbricati che in genere sono classificati come immobilizzazioni, sono beni-merce per le imprese edili).

La **distinzione** dei beni in attivo circolante e immobilizzazioni implica le seguenti **conseguenze**: 21290
– i beni dell'attivo circolante, quando ceduti, danno origine a ricavi, mentre le immobilizzazioni a plusvalenze (o minusvalenze);
– i criteri di valutazione differiscono;
– i costi di acquisto dei beni, se riguardanti beni inclusi nell'attivo circolante sono immediatamente deducibili; se relativi ad immobilizzazioni vengono dedotti in più anni.

N.B. In diversi casi, la distinzione rileva solamente se è effettuata nel **bilancio**, quando previsto (es. valutazione titoli, effetti della loro cessione).

21295

IMMOBILIZZAZIONI (art. 2424 c.c.)	
Beni non destinati alla vendita:	
materiali	beni mobili e immobili **(1)**, quali terreni, fabbricati, capannoni, impianti, macchinari, ecc.;
immateriali	creazioni intellettuali, quali brevetti, licenze, marchi, concessioni, diritti di know-how, member list, con una raccolta sistematica di informazioni essenziali e funzionali allo svolgimento della vendita on line **(2)**, ecc. compreso l'eventuale avviamento **(3)**;
finanziarie	derivanti da operazioni di impiego durevole di capitale in attività finanziarie, quali titoli di Stato, obbligazioni di società commerciali, partecipazioni in altre imprese, crediti verso altri, ecc.

(1) Per le **società di fatto** i beni strumentali, siano essi mobili o immobili, appartengono al patrimonio dell'impresa solo in caso di utilizzo esclusivo per l'esercizio della stessa.
(2) Risp. AE 18 dicembre 2020 n. 609
(3) Se i diritti di **know-how** non hanno un valore significativo (es. tra l'uno e il due per mille del totale dell'attivo), possono essere inglobati tra le immobilizzazioni materiali nella voce impianti e macchinari (App. Roma 14 ottobre 1991).

21300

Valore fiscale	
Criterio generale	In generale è **determinato analiticamente** per ciascun bene tenendo conto del costo originario di acquisto o di produzione, comprensivo degli oneri accessori di diretta imputazione (trasporto, posa in opera, intermediazioni, oneri fiscali e finanziari). Se il costo originario di un bene non è più rappresentativo dell'effettiva capacità produttiva può essere utile aggiornare il valore mediante la **rivalutazione**. Tuttavia, se la rivalutazione non deriva da una norma specifica (es. rivalutazione prevista dall'art. 1 c. 696-704 L. 160/2019) la plusvalenza iscritta finché non è realizzata non costituisce reddito tassabile (v. n. 24585) **(*)**.
Fabbricati strumentali	Per destinazione o per natura, dal costo va esclusa la quota di terreno su cui insiste e l'area pertinenziale (v. n. 23630). Quelli **non** strumentali (per natura o per destinazione) se situati in Italia, concorrono alla formazione del reddito con i criteri propri dei redditi fondiari (v. n. 22035). Per i soggetti OIC la strumentalità degli immobili è determinata dalla presenza dei requisiti di cui all'art. 43 DPR 917/86 (art. 2 c. 1 lett. b n. 2 DM 3 agosto 2017), non dai principi contabili. Si determinano di conseguenza le seguenti **tre categorie** di immobili strumentali: – per destinazione, quando utilizzati esclusivamente per l'esercizio dell'impresa (es. quelli accatastati come unità abitative, di fatto adibiti a sede di un'impresa); – per natura, quando in sé non suscettibili di diversa utilizzazione senza radicali trasformazioni (es. capannoni); – pro tempore, quando concessi ai propri dipendenti trasferiti per esigenze di lavoro (v. n. 22895).
Crediti, titoli di debito	L'iscrizione in bilancio applicando il **criterio del costo ammortizzato**, previa attualizzazione per tener conto del fattore temporale, e tenendo conto del valore di presumibile realizzo, assume rilevanza anche ai fini fiscali per il principio di derivazione rafforzata (salvo per le microimprese). Tale criterio **si applica** solo se fa emergere differenze significative rispetto ai metodi tradizionali e cioè in presenza di: – importi significativi, – costi della transazione rilevanti, – differenze rilevanti tra tasso applicato e mercato o tra valore iniziale e a scadenza, – scadenza superiore ai 12 mesi. Per costo ammortizzato si intende il valore a cui l'attività o passività è valutata al momento della rilevazione iniziale, al netto dei rimborsi di capitale, aumentato o diminuito dell'ammortamento cumulato utilizzando il criterio dell'interesse effettivo su qualsiasi differenza fra il valore iniziale e quello a scadenza e dedotta qualsiasi riduzione a seguito di una riduzione di valore (per le attività). Ad esempio per una **dilazione di pagamento** a tasso zero concessa ad un cliente per un credito commerciale, la rilevazione iniziale del credito deve essere ridotta della differenza con il valore attuale netto del credito stesso calcolato al tasso di mercato, e la differenza va rilevata in ogni esercizio con interessi attivi figurativi aventi piena rilevanza fiscale. Per un **finanziamento** concesso ad un **dipendente** ad un **tasso agevolato**, la differenza tra il valore nominale e il valore attuale del credito rappresenta una forma di retribuzione, quindi da rilevare nei costi del personale con piena rilevanza fiscale. Per i dettagli sull'applicazione del metodo vedi MC.
(*) Per le **obbligazioni** la non concorrenza al reddito si applica limitatamente alla parte eccedente eventuali minusvalenze precedentemente dedotte (art. 110 c. 1 lett. c DPR 917/86).	

21305

ATTIVO CIRCOLANTE (art. 2424 c.c.)
– beni prodotti per essere venduti alla fine del processo produttivo. Sono assimilate le azioni e gli altri titoli e partecipazioni in soggetti IRES, di proprietà dell'impresa, se non iscritti nelle immobilizzazioni;
– merci acquistate per essere utilizzate nel processo produttivo, quali materie prime, semilavorati, ecc. **(*)**;
– crediti commerciali.
(*) Sono beni-merce anche: – terreno di proprietà di un'impresa il cui oggetto sociale prevede la compravendita di immobili (CTC 6 giugno 1991 n. 4507); – fabbricato destinato alla vendita edificato su un terreno bene strumentale su cui in precedenza sorgeva un immobile utilizzato per l'attività di impresa (Ris. Min. 14 ottobre 1976 n. 9/1334); – prodotti-campionario concessi in comodato ai commercianti perché siano esposti al pubblico (Ris. Min. 18 maggio 1976 n. 9/746).

21310

Valore fiscale
Determinato per masse omogenee tenendo presente il costo originario di acquisto (v. n. 22575 e s.). Eventuali plusvalenze iscritte a seguito di **rivalutazioni** concorrono a formare il reddito (art. 110 c. 1 lett. c DPR 917/86). La classificazione per **masse omogenee** ha rilevanza anche per la determinazione del valore delle rimanenze. Per l'iscrizione in bilancio dei **crediti commerciali** al costo ammortizzato vedi n. 21300.

21315

Soggetti IAS/IFRS	
Attivo circolante	Si considerano **beni prodotti** per essere venduti tutti gli **strumenti finanziari** destinati alla negoziazione (c.d. strumenti di trading). L'eventuale riclassificazione effettuata in bilancio ha diretta efficacia fiscale (art. 4 DM 8 giugno 2011).
Immobilizzazioni materiali	La strumentalità degli immobili va valutata indipendentemente dall'indicazione in bilancio (art. 3 DM 8 giugno 2011 e art. 43 DPR 917/86).
Immobilizzazioni finanziarie	Si considerano tali tutti gli strumenti finanziari diversi da quelli destinati alla negoziazione - c.d. strumenti di trading (art. 85 c. 3 DPR 917/86). Se uno strumento viene riclassificato ad un'altra categoria, il nuovo valore al quale è stato iscritto assume rilievo ai fini fiscali e la riclassificazione ai fini dei requisiti per la Pex (v. n. 24705, art. 4 DM 8 giugno 2011). **Valore fiscale** (art. 110 c. 1 bis DPR 917/86): – le **rivalutazioni** e le **svalutazioni** imputate a C/E in base alla corretta applicazione di tali principi, assumono rilievo anche ai fini fiscali quando si riferiscono alle obbligazioni, e quindi sono tassate o deducibili (per le azioni restano irrilevanti, v. n. 24820 e s.); – se le azioni, le quote e gli strumenti finanziari similari alle azioni sono posseduti per un periodo inferiore a 12 mesi, ma sono in possesso degli altri requisiti Pex indicati al n. 24705, il costo di acquisto è ridotto dei relativi utili percepiti durante il periodo di possesso per la quota esclusa dalla formazione del reddito (art. 1 c. 60 L. 244/2007). In proposito ha diretta efficacia l'eventuale riclassificazione dello strumento finanziario effettuato in bilancio (art. 4 DM 8 giugno 2011).

Assegnazione/cessione agevolata di beni ai soci
(art. 1 c. 100-105 L. 197/2022)

Le società che, entro il 30 settembre 2023, assegnano o cedono ai propri soci determinati beni immobili o mobili registrati, possono, ricorrendo determinate condizioni, versare un'**imposta sostitutiva** delle **imposte sui redditi e dell'IRAP** sulla plusvalenza, evitando che questa concorra a formare il reddito. 21330
Di seguito, si illustrano le modalità per fruire dell'agevolazione, integrate con alcuni chiarimenti della prassi relativi a precedenti leggi sull'assegnazione/cessione di beni, ritenuti tuttora validi.

Per la possibilità di **trasformazione** in società semplice da parte dei soggetti che hanno per oggetto esclusivo o principale la gestione dei suddetti beni v. n. 35300.

CONDIZIONI È necessario che: 21335
– l'assegnazione/cessione sia effettuata **entro** il 30 settembre 2023;
– tutti i soci beneficiari (persone fisiche o società, residenti o non residenti) siano iscritti nel **libro soci** alla data del 30 settembre 2022 o vengano iscritti entro il 31 gennaio 2023 in base a un titolo di trasferimento con data certa anteriore al 1° ottobre 2022. In **assenza** del libro soci, l'identità degli stessi va provata mediante un atto avente data certa.
La **percentuale di partecipazione** del socio rilevante ai fini dell'assegnazione è quella esistente alla data dell'assegnazione stessa.

> **Precisazioni 1)** Se sulla partecipazione è stato costituito un diritto di **usufrutto**, la qualità di socio va riferita al titolare della nuda proprietà.
2) L'agevolazione non decade in caso di **subentro**, dopo il 30 settembre 2022, **dell'erede** nella qualità di socio, a seguito all'accettazione dell'eredità.
3) Se le quote del socio effettivo sono intestate a una **società fiduciaria**, questa deve risultare iscritta nel libro soci al 30 settembre 2022 e va provato che il rapporto fiduciario sia sorto anteriormente alla predetta data.

21338 **BENI INTERESSATI** Sono i beni **mobili** iscritti in pubblici registri, non strumentali all'attività d'impresa, e i seguenti beni **immobili**:
- strumentali per natura o patrimonio, non direttamente utilizzati dall'impresa;
- merce.

Le **caratteristiche** dei beni vanno **verificate** all'atto dell'assegnazione/cessione.

21340 **IMPOSTA SOSTITUTIVA** Si applica con **aliquota** pari all'8% sulla **differenza** tra:
- in caso di **assegnazione**, il valore normale e il costo fiscalmente riconosciuto; per gli immobili, in luogo del valore normale può essere utilizzato il valore catastale (determinato con le modalità indicate al n. 71585);
- in caso di **cessione**, il corrispettivo e il costo fiscalmente riconosciuto; se il primo è inferiore al valore normale o catastale del bene, è computato in misura non inferiore a uno dei due valori.

Le **riserve** in sospensione d'imposta eventualmente **annullate** per effetto dell'assegnazione sono assoggettate a imposta sostitutiva del 13%.

21344 **VERSAMENTO E DICHIARAZIONE** L'imposta va **versata** con le modalità ordinarie (v. n. 37037), in due rate:
- 60%, entro il 30 settembre 2023;
- 40%, entro il 30 novembre 2023.

In linea con le precedenti assegnazioni agevolate, nella dichiarazione dei redditi dell'anno in cui si effettua la assegnazione agevolata, andranno compilati appositi righi indicandovi i beni assegnati/ceduti, l'imposta da versare e le riserve in sospensione d'imposta annullate.

21346 **ALTRE IMPOSTE** Si applica l'**IVA** secondo le regole generali previste per le assegnazioni di beni (v. n. 40505).
L'imposta di **registro** si applica in misura fissa o proporzionale, a seconda che l'assegnazione/cessione sia o meno imponibile IVA (v. n. 72120 e 71505 s.); le aliquote **proporzionali** sono **ridotte** alla metà.
Per gli immobili si applicano anche le imposte **ipotecarie e catastali**, sempre in **misura fissa**.

21348 **EFFETTI** Se l'assegnazione avviene mediante distribuzione delle **riserve di capitale**, il costo fiscalmente riconosciuto della partecipazione del socio deve essere incrementato della plusvalenza tassata in capo alla società e poi ridotto del valore normale dei beni assegnati, al netto dei debiti accollati. Se il valore normale è maggiore rispetto al costo fiscalmente riconosciuto incrementato della plusvalenza, l'eccedenza è tassata in capo al socio.
Se, invece, sono utilizzate riserve **di utili**, il costo fiscalmente riconosciuto rimane inalterato. Il socio riceve un dividendo pari al valore normale del bene, che concorre a formare il reddito limitatamente alla parte non assoggettata a imposta sostitutiva (Circ. AE 1° giugno 2016 n. 26/E).
Le riserve possono essere distribuite senza l'obbligo di utilizzare prioritariamente quelle di utili.

> Per il **socio**, il **costo fiscalmente riconosciuto** del bene assegnato è pari al valore (normale o catastale) assunto dalla società per l'applicazione dell'imposta sostitutiva. In caso di cessione, è pari al corrispettivo.

II. Componenti di reddito: principi generali

21390 I componenti di reddito, **positivi e negativi**, devono essere quantificati nel rispetto dei seguenti principi:
a) attribuzione al periodo d'imposta (principio di competenza);
b) presenza di caratteristiche sostanziali e formali (certezza e determinabilità);
c) corretta valutazione;
d) continuità dei valori iscritti in bilanci successivi (principio di continuità).
Mentre i seguenti principi, riguardano **solo** i componenti **negativi**:
a) riconducibilità all'attività dell'impresa (principio di inerenza: v. n. 22720);
b) contabilizzazione a C/E (v. n. 22745);
c) indeducibilità della remunerazione su strumenti finanziari assimilati alle azioni (v. n. 22805).

N.B. L'introduzione del principio di derivazione rafforzata (v. n. 21190), ha determinato **rilevanti cambiamenti** anche nell'applicazione dei principi generali di determinazione del reddito d'impresa per i soggetti che applicano i principi **OIC**, diversi dalle microimprese. Nel seguito della trattazione vengono illustrati i principi vigenti che continuano ad applicarsi alle **microimprese**, evidenziando la diversa applicazione o la totale disapplicazione con riferimento agli altri soggetti interessati (OIC o IAS/IFRS). **Dal 2022**, la derivazione rafforzata si applica alle microimprese che optano per il bilancio in forma ordinaria (v. n. 21191).

A. Principio di competenza

Per i **soggetti OIC**, escluse le microimprese che non redigono il bilancio ordinario (v. n. 21191), e **IAS/IFRS**, l'individuazione del periodo di competenza dei componenti reddituali è affidata alle regole contabili correttamente applicate (salvo le eccezioni distintamente evidenziate). Pertanto, nei casi in cui i criteri fiscali della competenza (art. 109 c. 1 e 2 DPR 917/86) divergono dalle regole contabili, si applicano, prevalendo su queste ultime, solo alle **microimprese** (che non redigono il bilancio ordinario). **21395**

Contabilmente l'effetto delle operazioni e degli altri eventi deve essere rilevato quando le operazioni o gli eventi hanno avuto origine ed attribuito all'esercizio al quale si riferiscono e non a quello in cui esse vengono regolate finanziariamente. L'unità minima, che identifica un componente da rilevare, è la singola operazione. Quando un'operazione si compone di parti identificabili, occorre separarle e rilevare i relativi importi secondo i presupposti fissati dal principio contabile (per una vendita, per un servizio prestato, ecc.). Può accadere anche il contrario, il principio della prevalenza della sostanza sulla forma può imporre, cioè, di accorpare più operazioni, rilevando i relativi ricavi come se fossero una sola. Per un'analisi approfondita si rinvia al Memento Contabile.

Generalmente rileva il **momento di maturazione** dei fatti gestionali e non quello dell'incasso o del pagamento (art. 109 c. 1 DPR 917/86), salvo le eccezioni per cui è prevista la rilevazione **per cassa** (v. n. 21485). I criteri di determinazione della maturazione differiscono per le cessioni di beni e le prestazioni di servizi. **21400**

Il principio di competenza presuppone anche la corrispondenza in ciascun esercizio tra **ricavi** e **costi** relativi alla stessa operazione (c.d. **principio della correlazione**). Sulla base di questo principio, determinato l'esercizio di competenza dei ricavi, divengono deducibili nello stesso esercizio i costi ad esso correlati (Ris. AE 10 gennaio 2002 n. 5/E, Ris. Min. 2 giugno 1998 n. 52/E).

ESEMPIO
I costi di pertinenza di un dato anno vanno dedotti in tale anno, anche se le relative **fatture pervengono** al contribuente nel **periodo d'imposta successivo** (CTC 11 luglio 1992 n. 4529).

1. Cessioni di beni
(art. 109 c. 2 lett. a DPR917/86)

21415

Regole generali	
Tipologia	**Periodo di competenza**
beni mobili (*)	Data della **consegna** o **spedizione** del bene. Non rilevano né la conclusione del contratto (Cass. 11 settembre 2001 n. 11604), né l'emissione della fattura (Cass. 8 agosto 2005 n. 16698). Rileva il momento in cui l'acquirente entra nell'effettiva disponibilità del bene, quindi, se il **trasporto** è effettuato: – dall'acquirente: immediatamente, – dal venditore: alla consegna materiale, – da terzi, vettori o spedizionieri: data del documento di trasporto e/o data desumibile dalle condizioni generali del contratto (rilevanti in caso di mancata coincidenza tra la data di spedizione e l'effettivo trasferimento della disponibilità giuridica dei beni, Cass. 22 gennaio 1999 n. 578).

Regole generali	
Tipologia	**Periodo di competenza**
immobili e aziende	Data di **stipula** dell'atto, salvo che il trasferimento della proprietà si abbia in un momento successivo, nel qual caso, rileva questo secondo momento. Non essendo richiesto l'atto pubblico per gli immobili (art. 1350 c.c.) se la scrittura privata è idonea a trasferire il diritto, non rileva la successiva data del rogito notarile (Circ. Min. 27 maggio 1994 n. 73/E, Cass. 4 ottobre 2000 n. 13174).
Crediti	Nella **cessione** dei crediti **pro-soluto** rileva, ai fini della tassazione della plusvalenza, la data in cui si sono trasferiti il relativo diritto e i rischi connessi al credito; non rilevano invece né il pagamento da parte del debitore né il successivo rilascio della garanzia sull'esistenza del credito. Nella **cessione** dei crediti **pro-solvendo** rileva la data del pagamento, data in cui si sono trasferiti il relativo diritto e i rischi connessi al credito (Cass. 24 ottobre 2022 n. 31407).
(*) Compresi gli **autoveicoli** che devono essere trascritti nei pubblici registri.	

21420

Regole particolari	
Operazione	**Periodo di competenza**
vendita a rate	Per i beni: – **mobili**: esercizio di consegna; – **immobili**: esercizio di stipula dell'atto. Quindi, in pratica la clausola di riserva della proprietà non rileva.
locazione con clausola di trasferimento della proprietà	Se la clausola è: – **vincolante** per ambedue le parti: come per la vendita a rate (Ris. AE 1° agosto 2008 n. 338/E); – **non** vincolante, ma facoltà del conduttore (es. **rent to buy**): momento di esercizio della facoltà (Circ. AE 19 febbraio 2015 n. 4/E).
vendita a prova (riserva di gradimento - art. 1520 c.c.)	Esercizio in cui si verifica l'esito (positivo) della prova o del gradimento (Ris. Min. 26 giugno 1980 n. 9/1370).
vendita di cosa futura (anche bene immobile)	Esercizio di consegna (quindi non prima della conclusione della costruzione). Gli incassi anticipati hanno natura di acconti, con effetto finanziario, quindi non rilevano.

21425

Soggetti	Derivazione rafforzata	Applicazione al principio di competenza
microimprese	NO	Le regole del TUIR (v. n. 21415 e n. 21420) prevalgono su quelle contabili.
OIC	SÌ	Rileva il passaggio sostanziale della proprietà dei beni inteso come trasferimento dei rischi-benefici. Per la maggior parte dei contratti sul piano pratico non si riscontrano significativi scostamenti con le regole del TUIR. In caso diverso è necessario valutare caso per caso le clausole contrattuali.
IAS/IFRS	SÌ	Rileva il trasferimento dell'effettivo controllo sui beni ceduti, ossia il potere di disporne e beneficiarne effettivamente ed esclusivamente (il trasferimento dei rischi-benefici resta uno degli elementi di valutazione), come desumibile dal contratto. L'analisi del quale è considerata determinante e da svolgere secondo un processo codificato in fasi ben precise dall'IFRS 15 (vedi MIFRS). È necessaria un'analisi specifica in caso di clausole particolari: – consegna differita su richiesta del compratore; – significative operazioni di installazione o controlli di conformità successivi alla cessione; – impegni del venditore non coperti dalla normale garanzia; – facoltà di restituzione; – dipendenza dei ricavi del venditore da quelli realizzati dall'acquirente; – diritto di riacquisto. Occorre infine che sia possibile stimare attendibilmente l'ammontare dei ricavi e i relativi costi. In questo senso sono state espressamente previste due eccezioni al principio di derivazione rafforzata per due casi tipici di

Soggetti	Derivazione rafforzata	Applicazione al principio di competenza
		variabilità del corrispettivo: le **penali** ed i **resi**, che concorrono al reddito solo nell'esercizio in cui risultano certi ed oggettivamente determinabili (DM 10 gennaio 2018).

2. Prestazioni di servizi
(art. 109 c. 2 lett. b DPR917/86)

In generale, i corrispettivi delle prestazioni di servizi (es. appalti, intermediazioni, lavorazioni, ecc.) si considerano conseguiti (e sostenuti) quando le prestazioni sono ultimate. L'eventuale contestazione di una prestazione ultimata e il conseguente mancato pagamento del prezzo pattuito non incidono sull'imputazione a periodo dei ricavi (Cass. 9 agosto 2007 n. 17566); l'onere della prova relativa all'ultimazione del servizio spetta a chi sostiene il costo (Cass. 14 aprile 2022 n. 12127). **21445**

Anche il principio contabile (OIC 15) fa riferimento al momento in cui il servizio è stato reso, per cui anche per i **soggetti OIC**, rileva l'ultimazione della prestazione conformemente alla regola fiscale.

In relazione a ciascun tipo di prestazione, non sempre è agevole stabilire il momento in cui si considerano ultimate; occorre pertanto far riferimento alla prassi e alla giurisprudenza che hanno affrontato la questione (v. **tabella**).

Per i **contratti di durata** si applicano regole particolari (v. n. 21455).

Operazione	Periodo di competenza
agenti e **ditte mandanti**	Per l'**agente** la provvigione è di competenza dell'esercizio in cui viene stipulato il contratto tra mandante (preponente) e terzo-cliente (cioè quando è ultimata la prestazione dell'agente). L'eventuale differimento, stabilito dalle parti, del momento in cui la provvigione è esigibile (es. quando le somme sono incassate dalla ditta mandante) è irrilevante (Cass. 23 settembre 2021 n. 25805, Ris. AE 8 agosto 2005 n. 115) **(1)**. Per il **mandante** il costo della provvigione segue la competenza dei ricavi conseguiti con il terzo-cliente, per il principio di correlazione; quindi, nei contratti stipulati a fine anno, se la consegna del bene dal mandante al cliente avviene nell'esercizio successivo, la provvigione va dedotta in quest'ultimo esercizio (Ris. AE 12 luglio 2006 n. 91/E, Cass. 29 aprile 2011 n. 9539).
compensi sindacali percepiti dai commercialisti	Sono attribuibili al periodo d'imposta di esecuzione della specifica prestazione gli emolumenti per (Circ. AE 19 giugno 2002 n. 54/E): – **verifiche trimestrali** e partecipazione alle **riunioni degli organi societari** (consiglio di amministrazione, assemblea, comitato esecutivo, ecc.); – controlli sul **bilancio di esercizio** e redazione della relazione dei sindaci. In genere queste attività, essendo eseguite successivamente alla chiusura dell'esercizio, sono di competenza dell'esercizio successivo a quello cui si riferisce il bilancio oggetto di controllo. Il costo del **servizio di revisione contabile**, obbligatorio o volontario, essendo un servizio unitario, si considera sostenuto quando il servizio è ultimato, con l'emissione della relazione finale **(1)**.
spese legali percepite da avvocati	La prestazione si considera ultimata al momento della decisione/sentenza che **chiude ciascun grado di giudizio** (Cass. 11 agosto 2016 n. 16969) **(1)**.
costi e ricavi oggetto di contestazione e decisi da sentenze e lodi arbitrali	Rileva il periodo in cui la sentenza che **chiude ciascun grado del giudizio** (o il lodo) viene ad esistenza, non importa se può essere modificata nelle fasi successive del contenzioso (impugnazione). In caso di **ribaltamento** del giudizio, si avrà una sopravvenienza (Risp. AE 4 agosto 2020 n. 9).
prestazioni di lavoro dipendente	La deduzione delle spese concernenti gli stipendi del **mese di dicembre** va effettuata nel periodo d'imposta che comprende tale mese, anche se l'uscita viene contabilizzata nell'anno successivo (CTC 11 luglio 1992 n. 4529).

Operazione	Periodo di competenza
appalti	Si considera ultimato a partire dal giorno in cui è intervenuta l'**accettazione dell'opera** senza riserve da parte del committente **(2)**. Nel caso di ripartizione dell'opera **per partite**, ogni singola partita va considerata autonomamente, quindi l'accettazione di uno stato di avanzamento lavori (**SAL**) relativo ad una singola partita determina l'ultimazione della stessa; se, tuttavia, il SAL è liquidato a titolo provvisorio, il relativo importo ha generalmente natura di credito/debito (salvo che nei rapporti tra appaltatore e subappaltatore, v. n. 22480). Se, dopo l'accettazione dell'opera realizzata, il committente intende apportare **modifiche o aggiunte al progetto originario**, le nuove pattuizioni intercorse tra committente ed appaltatore, determinano l'insorgere di un nuovo contratto di appalto che sarà assoggettato ad autonoma disciplina fiscale (Circ. Min. 17 maggio 2000 n. 98/E). Con riferimento agli **appalti pubblici**, l'accettazione dell'opera avviene alla conclusione del procedimento relativo all'emissione del certificato di collaudo provvisorio, cioè quando sorge il diritto alla liquidazione del corrispettivo (Ris. AE 26 settembre 2005 n. 133/E).
interessi	**Maturano** in funzione del tempo.
royalties	I compensi per l'utilizzo di opere dell'ingegno maturano in base a quanto previsto dal **contratto**, cioè solitamente in base al trascorrere del tempo oppure in base al valore delle vendite, alle quantità fisiche prodotte o a qualsiasi altro parametro determinato dalle parti.
licenze di brevetto e di **know-how** funzionalmente collegate	Consistono nella costituzione di un **diritto di godimento su di un bene immateriale** esteso fino al termine del periodo di durata del brevetto unitamente alla comunicazione delle conoscenze tecniche segrete utili per il suo sfruttamento economico anche successivamente alla scadenza. Sono da considerare ultimate al momento della sottoscrizione del contratto (Ris. AE 10 gennaio 2002 n. 5/E). Viceversa ove le prestazioni abbiano contenuto economico costante nel tempo, come il caso di **abbonamenti pluriennali**, è consentito ripartire i ricavi pro rata temporis sugli esercizi interessati, quando l'abbonamento annuale è attivato e ai successivi rinnovi annuali (Risp. AE 7 agosto 2020 n. 253).

(1) Per i **soggetti OIC**, diversi dalle microimprese che non redigono dal 2022 il bilancio ordinario (v. n. 21191), e **IAS/IFRS**, si tratta di casi tipici in cui i compensi e le spese iscritte in bilancio in base a corretti principi contabili possono differire dalle regole fiscali, pertanto, in applicazione del principio di derivazione rafforzata, rilevano anche ai fini fiscali, senza necessità del doppio binario.
(2) Rileva anche l'**accettazione tacita**, attraverso cioè comportamenti concludenti (v. n. 38013, in relazione al bonus investimenti).

21455 **CONTRATTI DI DURATA** Nel caso di contratti che prevedono **corrispettivi periodici** che maturano costantemente nel tempo, quali i contratti di locazione, di leasing, di rent to buy, di mutuo, di assicurazione, di somministrazione lavoro, i corrispettivi (e le spese) vanno imputati agli esercizi di maturazione.
In applicazione di questa regola della «maturazione», se all'inizio del contratto di **leasing** è stato corrisposto un **maxicanone**, bisogna procedere a riscontarlo sulla base del contratto, non potendo incidere totalmente sul c/economico dell'esercizio di corresponsione (Ris. Min. 13 settembre 1984 n. 9/1740-83).

21457 **ESEMPIO**
Maxicanone iniziale 12.000; canoni mensili 600; durata 40 mesi; riscatto 500. Si dovrà, quindi, procedere a:
1) determinare il totale dovuto per contratto: 12.000 (maxicanone) + 24.000 (totale dei canoni) = 36.000 (il prezzo del riscatto è irrilevante);
2) rideterminare il canone mensile per competenza: 36.000 : 40 = 900 (canone mensile di competenza);
3) considerare gli oneri relativi al leasing già contabilizzati. Se l'impresa ha corrisposto il maxicanone il 1° settembre 20XX e l'importo dei canoni di settembre, ottobre, novembre e dicembre, in c/economico avrà:
– 12.000 per maxicanone,
– 2.400 per i canoni (a 600 ciascuno),
per un totale di 14.400;
4) riscontare i costi eccedenti le **spese di competenza** dell'esercizio. Esse sono pari a 4 rate di 900 (3.600). Solo queste ultime possono incidere come spesa dell'esercizio 20XX (specularmente, lo stesso sarà per il concedente sotto l'aspetto del ricavo). L'importo di 10.800 (14.400 – 3.600) costituirà un «risconto attivo» per l'utilizzatore, un «risconto passivo» per il concedente.

>Precisazioni 1) Se la detenzione del bene avviene in conseguenza di un **trasferimento** di un **diritto reale** (es. diritto di superficie o diritto d'uso) non si applica il criterio di maturazione sopra esposto ma, trattandosi di una cessione, quello previsto per le cessioni di beni (Ris. AE 7 agosto 2002 n. 272/E).
2) I componenti di reddito derivanti dalla costituzione del **diritto di superficie a tempo determinato** sono stati assimilati a quelli derivanti dalla locazione, sul piano contabile e quindi anche fiscale per i soggetti OIC diversi dalle microimprese che non redigono il bilancio ordinario, dal 2022 v. n. 21191, (Ris. AE 15 maggio 2018 n. 37/E).

Soggetti IAS/IFRS	**21460**
Bisogna far riferimento al trasferimento del controllo, da rilevare nella prospettiva del cliente, con riferimento al momento in cui questi riceve e beneficia del servizio commissionato (IFRS 15). Si distinguono i casi in cui ciò avviene istantaneamente, per i quali l'attribuzione della competenza è immediata, da quelli che si dispiegano nel corso del tempo, per i quali il ricavo va rilevato seguendone il progresso. È possibile utilizzare un metodo di rilevazione basato sulle risorse utilizzate, da rapportare a quelle totali richieste per la produzione del servizio (input), o sul valore dei beni/servizi trasferiti al cliente rispetto a quelli commissionati (output). Per i dettagli sulle metodologie da applicare vedi MIFRS.	

3. Deroghe al principio di competenza

In alcuni casi, tassativamente previsti, le norme fiscali sulla competenza sono derogate direttamente da altre norme fiscali che richiedono l'applicazione del «**criterio di cassa**» (vedi **tabella** seguente). **21485**

Tali deroghe si applicano alla generalità dei soggetti (**microimprese**, **OIC** e **IAS/IFRS**) (art. 2 c. 2 DM 1° aprile 2009 n. 48).

Criterio di cassa
– utili da partecipazioni in società ed enti soggetti ad IRES (v. n. 21886) **(*)**; – interessi di mora, sia attivi (v. n. 21985) che passivi (v. n. 23045); – spese di emissione delle cambiali finanziarie, delle obbligazioni e dei titoli similari emessi, dal 26 giugno 2012, da società (anche non quotate) che li hanno negoziati in mercati regolamentati o sistemi multilaterali di negoziazione degli Stati UE o di Norvegia e Islanda (v. n. 22590); – imposte, pagate nell'anno, diverse da quelle sui redditi e da quelle per le quali è prevista la rivalsa (v. n. 23217); – contributi associativi e sindacali (v. n. 23235); – contributi in conto capitale (v. n. 22085); – compensi agli amministratori, ai promotori e ai soci fondatori (v. n. 22920); – perdite su crediti nei confronti di debitori assoggettati a procedure concorsuali e accordi di ristrutturazione dei debiti (v. n. 24535 e s.); – proventi derivanti dalla partecipazione a fondi comuni d'investimento, comprese le quote relative alle polizze unit linked (Circ. Min. 24 novembre 2000 n. 213/E).
(*) I dividendi rilevano quando sorge il diritto degli azionisti a ricevere il pagamento, generalmente alla delibera assembleare. L'art. 89 c. 2 bis DPR 917/86 impone ai soggetti **IAS** di tassare gli utili percepiti relativi ad azioni, quote o strumenti finanziari similari alle azioni, detenuti per la negoziazione, per il loro intero ammontare nell'esercizio in cui sono percepiti (v. n. 21886).

4. Violazione del principio

Indipendentemente dalle diverse regole sopra illustrate, la violazione del principio - consistente nell'imputazione di un costo o di un ricavo in un esercizio diverso da quello di competenza - ha un duplice effetto: **21505**
– obbligo di versamento della maggiore imposta derivante dalla **tassazione dei ricavi** non dichiarati (nell'esercizio di competenza) o dalla **indeducibilità dei costi** dichiarati (nell'esercizio non di competenza), con applicazione delle relative sanzioni;
– possibilità di **recuperare** la maggiore imposta versata nel periodo di effettiva competenza del costo o di erronea imputazione dei ricavi.

>**Precisazioni** 1) Anche se nel caso concreto **non emerge un danno erariale**, l'accertamento della violazione del principio di competenza deve considerarsi legittimo, per non lasciare alla discrezionalità del contribuente il periodo in cui dichiarare i costi e i ricavi (Cass. 24 gennaio 2013 n. 1648).
2) Non si può invocare il principio di **derivazione rafforzata**, e considerare fiscalmente rilevante la correzione a posteriori, in quanto la correzione di un errore non è logicamente riconducibile alla corretta imputazione temporale di un componente, semmai un chiaro indice di violazione (Circ. AE 24 settembre 2013 n. 31/E).

21506 **MODALITÀ OPERATIVE** Per il recupero dell'imposta le modalità **variano** a seconda che il contribuente si accorga spontaneamente dell'errore oppure che la violazione sia oggetto di rettifica da parte dell'AF.
In caso di **rettifica spontanea**, bisogna poi distinguere a seconda che la rettifica sia a favore della società o a suo sfavore (v. n. 16074 e s.). In tutti i casi diversi da quelli di cui al N.B. seguente, la rettifica **contabile** effettuata nel bilancio relativo all'esercizio in cui si è scoperto l'errore va sterilizzata fiscalmente nella dichiarazione dei redditi mediante una variazione in diminuzione (ricavo) o in aumento (costo).

N.B. Per le **dichiarazioni** relative al **periodo d'imposta 2022 e s.**, per i soggetti che applicano il principio di **derivazione rafforzata** (incluse le microimprese che optano per la redazione del\u202fbilancio in forma ordinaria) e che sottopongono il **bilancio a revisione legale**, non serve più, per la correzione degli **errori contabili**, presentare le **dichiarazioni integrative** indicate nelle tabelle seguenti per rideterminare gli imponibili degli anni precedenti, in quanto i criteri di imputazione temporale valgono anche ai fini fiscali (IRES e IRAP). Pertanto, la base imponibile è determinata tenendo conto anche di quelle poste contabili che sono iscritte per correggere errori commessi in precedenti esercizi (art. 83 c. 1 DPR 917/86). La disposizione, che costituisce una importante semplificazione della procedura, non si applica però ai componenti negativi di reddito per i quali è scaduto il termine per la presentazione della dichiarazione integrativa (i componenti positivi invece restano imponibili) (art. 8 DL 73/2022conv. in L. 122/2022).
La semplificazione sembra utilizzabile anche in relazione agli errori corretti nel 2022 e relativi a componenti di reddito di competenza di **precedenti esercizi**. Essa non è invece utilizzabile in caso di errori di qualificazione, per la cui correzione occorre presentare la dichiarazione integrativa.

Rettifica spontanea della violazione a favore della società (art. 2 c. 8 bis DPR 322/98)		
Data della rettifica	**Disciplina**	**Esempi**
Non oltre i termini ordinari di decadenza dell'azione di accertamento (5 anni **(1)**, v. n. 81055)	Non si applicano sanzioni e il credito risultante dopo la rettifica può essere utilizzato in compensazione nella dichiarazione relativa al periodo d'imposta in cui è presentata l'integrativa **(2)**.	Costo di competenza del 2019 indicato nel bilancio 2021 La società presenta una dichiarazione integrativa (vedi **N.B.** sopra) a favore di Unico 2020 (fermo restando la ripresa a tassazione del componente rilevato in bilancio nell'esercizio 2021) **(3)**. Il credito risultante può essere utilizzato in compensazione (v. n. 16075).

(1) Per le **dichiarazioni integrative presentate nel 2022** si possono rettificare i redditi fino al 2017. Inoltre, in presenza di tali dichiarazioni, i termini ordinari di decadenza dell'attività di controllo sono calcolati a partire dall'anno di presentazione della dichiarazione integrativa, in relazione e nei limiti degli elementi rigenerati in tale dichiarazione.
Esempio: se il contribuente nel 2022 fa valere l'esistenza di elementi di costo non dedotti nel 2017 presentando la dichiarazione integrativa a favore di UNICO 2021, gli uffici potranno controllare i nuovi elementi «rigenerati» entro il 31 dicembre 2027.
In presenza di **denuncia penale**, il raddoppio dei termini di accertamento (previsto per i periodi d'imposta fino al 2015) rileva solo per l'AF, non può quindi essere utilizzato a favore del contribuente (Ris. AE 8 giugno 2015 n. 57/E).
(2) Se l'imputazione del costo precedentemente omesso ha determinato una **perdita** o un incremento della perdita dichiarata nell'anno, la rettifica ne comporta il riconoscimento complessivo, al fine dell'utilizzo futuro in qualità di perdite pregresse (v. n. 25915 e s.).
(3) La riliquidazione della dichiarazione deve considerare anche gli **effetti indiretti** del nuovo componente reddituale, quali quelli sulla disciplina delle società di comodo, gli ISA e sul credito per le imposte pagate all'estero.

21507

Rettifica spontanea della violazione a sfavore della società (art. 2 c. 8 DPR 322/98)		
Data della rettifica	**Disciplina**	**Esempi**
entro il termine di decadenza dell'azione di accertamento (4 o 5 anni **(1)**, v. n. 81055)	Si applicano sanzioni ridotte secondo le misure del ravvedimento.	Ricavo di competenza del 2020 indicato nel bilancio 2021 La società presenta una dichiarazione integrativa (vedi **N.B.** sopra) a sfavore entro il termine di presentazione di Redditi 2022 e versa la maggiore IRES dovuta **(2)**.
(1) V. nota (1) **tabella** precedente. **(2)** V. nota (3) **tabella** precedente.		

21508

Rettifica dell'AF	
Principio applicabile	Il recupero dei ricavi erroneamente non dichiarati e dei costi detratti irregolarmente non è ostacolato dalla circostanza che essi siano stati, rispettivamente, **dichiarati o detratti in un esercizio diverso** (precedente o successivo): ciò finirebbe, infatti, per lasciare il contribuente arbitro della scelta del periodo più conveniente (es. periodo in perdita) (Cass. 31 gennaio 2011 n. 2213, Cass. 24 settembre 2008 n. 23987, Cass. 8 luglio 2009 n. 16023, Cass. 28 luglio 2006 n. 17195).
Modalità operative	In caso di rettifica, l'impresa può richiedere il **rimborso** della maggiore imposta versata nel periodo di effettiva competenza del costo o di erronea imputazione dei ricavi. La **richiesta** è effettuata con apposita istanza da presentare **entro** 2 anni dal giorno in cui è sorto il diritto al rimborso della maggiore imposta (es. sentenza definitiva, acquiescenza, accertamento con adesione, ecc. - v. n. 80450 e s. - Circ. AE 20 settembre 2012 n. 35/E, Circ. AE 27 giugno 2011 n. 29/E, Circ. AE 4 maggio 2010 n. 23/E). Contro l'eventuale **silenzio-rifiuto** dell'amministrazione è ammesso ricorso nel termine di prescrizione ordinaria decennale (art. 19 D.Lgs. 546/92). La richiesta può essere presentata anche nel caso in cui l'esercizio oggetto dell'imputazione del costo di competenza si sia **chiuso in perdita**, e pertanto la deduzione del costo incrementa la stessa, non influendo sul versamento di imposta. Se negli esercizi precedenti a quelli in cui l'accertamento è divenuto definitivo non vi è stato reddito imponibile in grado di riassorbire la maggior perdita, questa può essere utilizzata a partire da tale esercizio, indicandola nella relativa dichiarazione, senza limiti temporali alla sua utilizzabilità (Ris. AE 28 novembre 2013 n. 87/E). Infine, in sede di **accertamento con adesione** relativo alle suddette controversie il contribuente può chiedere la **compensazione** fra l'imposta accertata e quella rimborsabile (v. n. 87985).

B. Certezza e determinabilità

Dopo aver verificato la competenza, è necessario verificare anche che il componente di reddito risulti, **entro la chiusura** dell'esercizio, certo nell'esistenza, nella prospettiva giuridico-contrattuale, ed oggettivamente determinabile nell'ammontare, in applicazione di criteri di calcolo oggettivi e rigorosi (art. 109 c. 1 DPR 917/86). Per il principio di derivazione rafforzata, tali requisiti si applicano in questi termini solo alle **microimprese** che non redigono il bilancio ordinario (dal 2022 v. n. 21191) . Infatti per i **soggetti OIC** resta valido quanto determinato applicando i principi contabili per i quali i principi di certezza e determinabilità pure esistono, ma sono interpretati in senso più sostanzialistico, valutando, per il primo, quando i benefici economici di un'operazione confluiscono nell'impresa, e per il secondo basandosi su criteri di congruità ed attendibilità (OIC n. 19 e n. 29). 21545
Sul piano pratico, un costo, se iscritto in bilancio in contropartita di un debito è deducibile nello stesso esercizio, se a titolo di accantonamento no, **salvo** i casi previsti al n. 24295.
Di seguito le regole applicative dei due principi che valgono per entrambe le categorie di soggetti ove non diversamente specificato.

Ai fini della verifica del principio di certezza è necessario distinguere tra gli **eventi accaduti** (v. esempi al n. 21560): 21550

– **entro la chiusura** dell'esercizio, che rilevano, **anche se** sono conosciuti successivamente;
– **dopo** la chiusura, che non rilevano, potendo al massimo essere recepiti in bilancio per aggiornare la stima di poste già esistenti alla chiusura dell'esercizio, ma non per cambiarne la natura (es. da accantonamento a fondo rischi a debito, Risposte AE in Forum maggio 2018).

Per la Cassazione i **costi sostenuti dopo la chiusura**, ma incidenti sul ricavo netto dell'anno chiuso, devono concorrere al relativo bilancio e quindi al reddito in base al principio di correlazione (Cass. 22 febbraio 2017 n. 4579, Cass. 27 maggio 2015 n. 10903).

21560 **ESEMPIO**
Un'impresa deduce:
a) nell'esercizio 20XX+1:
– una penalità definitivamente inflitta con **sentenza** emessa nei primi mesi del 20XX+1;
– il costo di una **transazione**, sostenuto per risolvere una controversia (con un cliente o un fornitore) sorta nel 20XX, siglata nei primi mesi del 20XX+1;
b) nell'esercizio **20XX**:
– premi aziendali per i dipendenti (**MBO**) legati ai risultati dell'anno 20XX sulla base di accordi contrattuali in essere e in base a dati consuntivi dello stesso esercizio, anche se consuntivati/verificati entro la redazione del bilancio 20XX+1. Per i soggetti OIC è discriminante l'iscrizione a C/E come costo con contropartita una posta di debito e non accantonamento (Risp. AE 9 gennaio 2019 n. 1);
– **sconti** o **resi** ai clienti per casistiche note prima e calcolate dopo la chiusura dell'esercizio ma entro il bilancio 20XX+1;
– **perdita su crediti** per fallimento di un cliente nell'esercizio 20XX, conosciuto nell'esercizio 20XX+1;
– **danni** per **inadempimento contrattuale** commesso nel 20XX, con penale prevista nell'atto, anche in mancanza di formale contestazione del fatto da parte dell'ente pubblico (Circ. AE 27 giugno 2011 n. 29/E);
– danni subiti nel 20XX **per cui ha** diritto a riscuotere **un indennizzo** assicurativo il cui importo complessivo verrà determinato nel 20XX+1. Se nel 20XX riscuote un acconto corrispondente al 50% dei danni minimi già quantificati con certezza, deduce questi ultimi già nel 20XX, non solo l'acconto percepito (Ris. AE 14 settembre 2007 n. 251/E);
– **danni per risoluzione** contrattuale illegittima del contratto (appalto) effettuata il 20XX-2 risarciti a seguito di **lodo arbitrale** emesso nel 20XX (Risp. AE 19 dicembre 2018 n. 119).

21565 Il principio dell'**oggettiva determinabilità** presuppone che i componenti positivi e negativi di reddito risultino da atti o **documenti probatori** (contratti, fatture, ricevute e scontrini fiscali integrati, convenzioni) che consentano la quantificazione oggettiva, non basata quindi su stime discrezionali (Ris. Min. 11 marzo 1981 n. 9/375). La determinabilità dei ricavi non va dunque collegata alla fondatezza del credito o al pagamento di quanto preteso (Cass. 9 agosto 2007 n. 17566).

>Precisazioni 1) Le **fotocopie** dei documenti non hanno lo stesso valore probatorio degli originali; pertanto se il contribuente non è in grado di giustificare la mancanza degli originali (es. smarrimento o distruzione o altre cause analoghe), il costo relativo è indeducibile (Cass. 31 luglio 2018 n. 20365, Cass. 6 febbraio 2009 n. 2898, Cass. 25 febbraio 2009 n. 4502).

2) Un **appalto** di importo rilevante va stipulato con atto scritto, in assenza del quale i costi, documentati solo da fatture, sono indeducibili in quanto non provati in modo idoneo dal contribuente (Cass. 28 marzo 2013 n. 7897).

3) La **fattura** redatta correttamente è, di regola, idonea a giustificare un costo; spetta quindi all'AF dimostrare (anche attraverso presunzioni semplici) il difetto delle condizioni per la deduzione del costo e, in particolare, che la fattura concerna operazioni oggettivamente inesistenti. Se ciò avviene spetta all'imprenditore dimostrare l'effettiva esistenza delle operazioni contestate, ma tale prova non può consistere nella esibizione della fattura con indicazioni generiche o di «contratti di collaborazione» non registrati intervenuti tra le parti (facenti parte dello stesso gruppo), privi dell'indicazione del corrispettivo o nella sola dimostrazione della regolarità formale delle scritture contabili o dei mezzi di pagamento adoperati (Cass. 27 giugno 2014 n. 14704).

4) Per le **spese** sostenute all'**estero** è idonea la documentazione rilasciata nello Stato estero, ancorché non conforme alla legge italiana. Sono validi anche i documenti di spesa privi degli estremi di identificazione dell'imprenditore, sempre che siano identificati il fornitore e i beni o servizi acquistati e sempre che la legislazione estera non preveda l'obbligatorietà, su richiesta del cliente, dell'emissione di un documento con i requisiti sopra indicati (Circ. Min. 16 giugno 1984 n. 20).

5) Gli oneri relativi ai c.d. **bollini sconto** sulle merci vendute ai clienti sono di competenza dell'esercizio in cui tali bollini sono presentati dai clienti, perché solo allora diviene certo l'incasso (Ris. Min. 26 marzo 1975 n. 2/110-75).

C. Criteri di valutazione

Al fine della loro inclusione nel C/E, gli elementi positivi e negativi di reddito devono essere necessariamente espressi in moneta corrente, anche quando siano in **natura** o in **valuta estera**. 21625
Nel rispetto di tale principio:
– le operazioni **tra imprese italiane e società estere**, legate fra loro da **rapporti di controllo**, in alcuni casi devono essere valutate in base al valore di mercato (v. n. 21645);
– le operazioni **tra imprese italiane**, legate fra loro da **rapporti di controllo**, in alcuni casi possono essere oggetto di un sindacato di congruità da parte dell'AF che potrebbe ritenerle elusive (v. n. 21675);
– i ricavi o i costi consistenti in **beni** o in **servizi** (es. permuta di beni) devono essere quantificati al valore normale, secondo le disposizioni illustrate al n. 845 (art. 110 c. 2 DPR 917/86).

Inoltre, per i soggetti **IAS/IFRS**, i componenti positivi e negativi derivanti dalla valutazione dei titoli immobilizzati (v. n. 21315) e delle passività, se questa è operata in base alla corretta applicazione di tali principi, assumono rilievo anche ai fini fiscali (v. n. 21215, art. 110 c. 1 bis e 1 ter DPR 917/86). 21630
Per i soggetti **OIC** invece, il principio di derivazione rafforzata riguarda i criteri di qualificazione, imputazione temporale e classificazione del bilancio, escludendo, quindi, quelli di valutazione dei componenti del reddito. Pertanto, in linea generale le differenti valutazioni eventualmente emergenti dall'applicazione dei principi OIC non assumono rilevanza fiscale, restando in tali casi applicabili le regole del TUIR.

PROVENTI ED ONERI IN VALUTA ESTERA (artt. 9 e 110 c. 2 e 3 DPR 917/86) I crediti e i debiti in valuta estera di qualsiasi natura - iscritti o meno fra le immobilizzazioni - **prima del loro incasso o pagamento** vanno valutati secondo i cambi vigenti al momento della loro insorgenza (c.d. cambio storico). 21635
Se contabilmente sono valutati in maniera differente, la conseguente perdita o il conseguente utile sono irrilevanti prima dell'incasso o pagamento (e determinano quindi delle variazioni in aumento o in diminuzione nella dichiarazione dei redditi e la compilazione del quadro RV, Sez. I).
Il **cambio in vigore** in un determinato giorno può essere consultato sul sito Internet: https://tassidicambio.bancaditalia.it/. Sono applicabili i tassi di cambio alternativi forniti da operatori internazionali indipendenti con quotazioni disponibili da fonti di informazione pubbliche e verificabili (es. Bloomberg, Reuters, ecc.) (art. 110 c. 9 DPR 917/86).

> **Precisazioni** **1)** Tra i crediti e i debiti in esame si comprendono anche le **obbligazioni**, i titoli cui si applica la disciplina delle obbligazioni nonché i titoli assimilati.
> **2)** Gli utili e le perdite su cambi di fine esercizio sui **depositi bancari** e **conti correnti in valuta** sono invece fiscalmente rilevanti, pertanto non dovranno essere indicati nelle variazioni di reddito, né inclusi nel quadro RV (Risp. AE alla stampa specializzata, 30 maggio 2019).

Successivamente, **all'atto del loro incasso o pagamento**, la conversione in euro dei proventi e degli oneri relativi ai crediti e ai debiti in valuta estera va effettuata al seguente cambio: 21638
– al cambio del giorno in cui i corrispettivi si considerano sostenuti o percepiti (se l'incasso o il pagamento è avvenuto in data precedente, il cambio da applicare è quello del giorno di incasso o pagamento);
– in mancanza del precedente, al cambio del giorno antecedente più prossimo;
– in mancanza dei precedenti, infine, al cambio del mese relativo (accertato con decreto).

ESEMPIO
1) Acquisto di valuta estera per apertura di un conto in valuta: il costo fiscalmente riconosciuto è valorizzato in base al cambio del giorno di acquisto della valuta (o, in mancanza, di quello del giorno antecedente più prossimo, ecc.).
2) Acquisto di azioni in valuta estera con prelievo dal conto in valuta estera di cui sopra.
Il prelievo della valuta estera per acquistare le azioni - a prescindere se si tratta di immobilizzazioni finanziarie o di titoli del circolante - concorre alla formazione del reddito imponibile di periodo per le differenze di cambio, positive o negative, maturate fino a tale momento, essendo realizzato il differenziale di valore maturato dalla valuta estera tra la sua data di acquisto e quella di utilizzo per l'acquisto dei titoli.

Di conseguenza, il costo fiscalmente riconosciuto in valuta estera delle azioni acquistate corrisponde al costo di acquisizione, valutato secondo il cambio del giorno di acquisto o del giorno antecedente più prossimo, ecc. (Ris. AE 6 giugno 2019 n. 57/E).

Per i crediti e i debiti in valuta, che risultano **coperti da strumenti finanziari derivati**, quali contratti a termine, assicurazione, swap, ecc. (per i quali il rischio di cambio è insussistente), è possibile utilizzare il cambio di fine esercizio, solo se anche per le operazioni di copertura è adottato lo stesso cambio di fine esercizio; in pratica, la valutazione del contratto di copertura porta all'emersione di un componente reddituale di segno opposto a quello che deriva dalla valutazione del debito o credito in base al cambio di fine esercizio, annullando la rilevanza fiscale di quest'ultimo. In caso contrario (operazioni di copertura valutate ai cambi storici), i crediti e i debiti coperti dalle variazioni di cambio delle predette operazioni, devono essere valutati in base ai cambi storici.

> **Precisazioni** 1) Si applica il cambio utilizzato nel bilancio in base ai corretti principi contabili (OIC 26, per le poste patrimoniali: cambio corrente alla data del bilancio; per le voci di conto economico: cambio della data dell'operazione o cambio medio del periodo) sia nel caso di **contabilità plurimonetaria** (utilizzata dalle imprese che intrattengono sistematicamente rapporti in valuta estera), sia in caso di saldi di conto di **S.O. all'estero**. Eventuali differenze rispetto ai saldi di conto dell'esercizio precedente non concorrono alla formazione del reddito.
> 2) La conversione in euro effettuata all'atto dell'incasso o del pagamento dei crediti/debiti in valuta estera, origina **utili su cambi** tassabili e/o **perdite** su cambi deducibili.

21645 **OPERAZIONI INTERNAZIONALI INFRAGRUPPO (C.D. «TRANSFER PRICING»)** (art. 110 c. 7 DPR 917/86, DM 14 maggio 2018 in vigore dal 23 maggio 2018) In **deroga** al principio generale di valutazione in base ai corrispettivi pattuiti, le operazioni internazionali infragruppo, ossia tra imprese associate come definite al n. 21647, sono determinate con riferimento alle condizioni e ai prezzi che sarebbero stati pattuiti tra soggetti indipendenti operanti in condizioni di libera concorrenza e in circostanze comparabili, se ne deriva **aumento del reddito** imponibile.
La norma è tesa sostanzialmente ad evitare che, manovrando i corrispettivi, i redditi vengano attribuiti a società del gruppo situate in Paesi a bassa fiscalità (Cass. 30 giugno 2016 n. 13387, Cass. 25 settembre 2013 n. 22010) o che venga distorto il regime di libera concorrenza (Cass. 6 settembre 2017 n. 20805).
Una variazione in **diminuzione** può avvenire solo a seguito di (art. 31 quater DPR 600/73):
- **procedure amichevoli** previste dalle convenzioni internazionali;
- controlli effettuati nell'ambito di attività di **cooperazione internazionale**;
- **istanza** dell'impresa residente a fronte di una variazione in aumento definitiva subita da una società associata in un altro Stato con il quale sia in vigore una convenzione per evitare la doppia imposizione e un adeguato scambio di informazioni. In caso di mancato accoglimento, l'istanza costituisce la prima fase per l'instaurazione di una procedura bilaterale (per le relative istruzioni operative si rinvia al Provv. AE 30 maggio 2018 n. 108954).

Le società residenti possono chiedere all'AE un **accordo preventivo** per la definizione dei prezzi di trasferimento presentando apposita istanza di **interpello** secondo le disposizioni illustrate al n. 80180 e s.

> **Precisazioni** 1) La sostituzione del riferimento al «valore normale», con quello alle condizioni pattuibili tra soggetti indipendenti in libera concorrenza (c.d. «arm's length»), introdotto dall'art. 59 c. 1 DL 50/2017, ha allineato la definizione normativa ormai obsoleta agli standard internazionali (Linee Guida OCSE).
> 2) La disciplina si applica **anche ai fini IRAP** (art. 1 c. 281-284 L. 147/2013).
> 3) Le controversie in materia di transfer pricing possono generare fenomeni di doppia imposizione, per i quali le Convenzioni modello OCSE hanno previsto le c.d. **procedure amichevoli**. Gli interlocutori esclusivi sono le autorità competenti dei due Paesi, uniche legittimate a sottoscrivere l'accordo bilaterale, che però non sono obbligate a raggiungere. Per **approfondimenti** si veda l'analisi dettagliata contenuta nella Circ. AE 5 giugno 2012 n. 21/E.

21647 La norma **si applica** alle operazioni effettuate tra **imprese associate**, ossia:
1) tra una **impresa** italiana ed una **società estera**, incluse le stabili organizzazioni (pertanto escluse le operazioni con imprese estere e quelle tra soggetti entrambi residenti, v. n. 21675);
2) a condizione che tra tali soggetti vi sia un rapporto di **controllo diretto** o **indiretto**.
Il controllo **si presume** quando:

– un soggetto partecipa direttamente o indirettamente per oltre il 50% al capitale o nei diritti di voto, o negli utili dell'altro, o entrambi sono partecipati da un terzo soggetto;
– l'uno esercita un'influenza dominante sull'altro sulla base di vincoli azionari o contrattuali (DM 14 maggio 2018).

Tale **nozione** di controllo non corrisponde a quella civilistica dell'art. 2359 c.c., ma è più ampia, in quanto comprende le ipotesi di influenza economica (Cass. 22 aprile 2016 n. 8130, Cass. 15 novembre 2017 n. 27018 e Circ. Min. 22 settembre 1980 n. 32/9/2267) che si verificano ad esempio in caso di:
– vendita di merci o fabbricazione o lavorazione di prodotti di un soggetto per contro di un altro;
– partecipazione a cartelli o consorzi finalizzati alla fissazione dei prezzi;
– dipendenza per il funzionamento dai capitali, dai prodotti o dalla cooperazione tecnica di un altro soggetto;
– diritto di nominare il Consiglio di Amministrazione o gli organi direttivi di un altro soggetto;
– condivisione dei membri dei Consigli di Amministrazione.

Metodi per la determinazione di prezzi di trasferimento conformi al principio di libera concorrenza	21650
a) confronto del prezzo (CUP - comparable uncontrolled price method): confronta direttamente il corrispettivo della transazione oggetto di verifica con quelli praticati a condizioni contrattuali e di mercato comparabili tra soggetti indipendenti; **b) prezzo di rivendita** (resale price method): confronta il margine lordo che un acquirente realizza nella successiva rivendita effettuata a condizioni di mercato, con quello praticato in operazioni effettuate a condizioni comparabili tra soggetti indipendenti; **c) costo maggiorato** (cost plus method): confronta il margine lordo sui costi diretti e indiretti di produzione della cessione del bene o del servizio oggetto di verifica, con quello praticato in operazioni effettuate a condizioni comparabili tra soggetti indipendenti; **d) margine netto** della transazione (c.d. transactional net margin method o TNMM): confronta il margine netto percentuale (in rapporto ad una base idonea rispetto all'attività: costi, attività, ricavi, ecc.) della transazione oggetto di verifica, con quelli conseguiti da entità operanti sul mercato a condizioni comparabili; **e) ripartizione dei profitti** (Profit Split): attribuisce all'impresa associata la quota di utile o perdita, determinata in base alla ripartizione che sarebbe concordata in operazioni indipendenti comparabili, tenendo conto del contributo offerto dai partecipanti, o l'utile (o perdita) che residua dopo aver remunerato le funzioni svolte in relazione all'operazione che è possibile valorizzare sulla base di uno dei metodi descritti nelle lettere da a) a d).	

Scelta del metodo Il metodo più appropriato tra i 5 elencati in **tabella** deve essere scelto valutando caso per caso **sulla base** delle caratteristiche economiche dell'operazione (o dell'aggregato omogeneo di operazioni), della disponibilità di informazioni, in particolare in relazione ad operazioni comparabili indipendenti (cioè operazioni non soggette alle condizioni di cui al n. 21650) e del grado di comparabilità tra le operazioni oggetto di verifica e quelle indipendenti utilizzate per il confronto. Per valutare il **grado di comparabilità** sono rilevanti: 21652
– i termini contrattuali;
– le funzioni svolte, i rischi assunti e gli asset utilizzati dalle parti coinvolte;
– le caratteristiche dei beni e servizi;
– le circostanze economiche e di mercato;
– le strategie aziendali.

Non rilevano le **differenze non significative** o che possono essere eliminate apportando le opportune rettifiche. A parità di affidabilità sono **preferibili** i metodi transazionali rispetto a quelli reddituali, con preferenza per il metodo del confronto del prezzo.

Il contribuente può applicare un metodo diverso qualora dimostri che nessuno dei metodi previsti può essere applicato in modo affidabile per valorizzare un'operazione controllata in base al principio di libera concorrenza e che tale diverso metodo produce un risultato coerente con quello che otterrebbero imprese indipendenti nel realizzare operazioni non controllate comparabili.

Se il metodo scelto dall'impresa rispetta i requisiti suindicati, per la verifica l'**AF è tenuta** ad applicare lo stesso metodo.

> Precisazioni 1) Le società che operano nel settore della raccolta di **pubblicità on line** e servizi ausiliari, devono utilizzare criteri diversi dal costo maggiorato, a meno che non ottengano un accordo preventivo con l'AE attraverso la procedura illustrata al n. 80180 e s. (art. 1 c. 177 L. 147/2013).

2) Il metodo transazionale di **ripartizione dei profitti** può essere utilizzato per dimostrare che la cessione di **know-how** sia stata effettuata in base al valore normale, perché affidabile al pari degli altri metodi. L'impresa può usare una chiave di allocazione dei profitti basata sui costi se sia possibile riscontrare che il costo abbia aggiunto valore alla transazione (Cass. 30 giugno 2021 n. 18436).

21653 Per i c.d. **servizi a basso valore aggiunto** è previsto un criterio semplificato, con l'applicazione di un margine del 5% sui costi diretti e indiretti, previa predisposizione di apposita documentazione. Rientrano nella definizione i servizi di supporto, non inclusi tra le attività principali e strategiche del gruppo, che per essere forniti non richiedono beni immateriali distintivi o di valore, né contribuiscono a crearne, non comportano significativi rischi e non sono prestati anche a terzi indipendenti. Può trattarsi ad esempio dei servizi di contabilità e revisione, gestione delle risorse umane, informatici, di comunicazione, legali, ecc. (Linee Guida OCSE).

21654 **Se** le operazioni indipendenti **sono tutte parimenti comparabili**, si considera conforme al principio di libera concorrenza tutto l'intervallo dei valori delle operazioni indipendenti comparabili risultanti dall'applicazione del metodo (art. 6 DM 14 maggio 2018).
Se alcune delle operazioni indipendenti presentano **difetti di comparabilità** che non possono essere identificati (e quindi rimossi) o rettificati, è preferibile l'utilizzo di metodi statistici che determinano un intervallo più ristretto (es. intervallo interquartile, cioè quello dei valori centrali contenente il 50% delle osservazioni) che escludendo i valori limite ne rafforzi l'affidabilità (Circ. AE 24 maggio 2022 n. 16/E).
Se l'indicatore finanziario di un'operazione controllata, o di un insieme di operazioni aggregate, **non rientra nell'intervallo** di libera concorrenza, l'AE effettua una rettifica al fine di riportare l'indicatore all'interno dell'intervallo, fatti salvi il diritto per l'impresa associata di presentare elementi che attestino che l'operazione controllata soddisfa il principio di libera concorrenza e la potestà per l'AE di non tenere conto di tali elementi adducendo idonea motivazione.

21655 **Onere della prova** Secondo la **giurisprudenza** ormai **prevalente**, la norma sul transfer pricing non ha natura antielusiva e quindi l'AE ha l'onere di dimostrare soltanto l'esistenza di operazioni infragruppo realizzate ad un prezzo inferiore al prezzo di libera concorrenza, il contribuente, per contro, di averle effettuate a valori di mercato (Cass. 18 gennaio 2022 n. 1374, Cass. 30 giugno 2021 n. 18436, Cass. 12 gennaio 2021 n. 230, Cass. 18 giugno 2020 n. 11837, Cass. 5 aprile 2019 n. 9615, Cass. 7 novembre 2018 n. 28335, Cass. 19 aprile 2018 n. 9673); non è, pertanto, più richiesto che l'AE dimostri l'antieconomicità dell'operazione (Cass. 6 aprile 2016 n. 6656, Cass. 27 febbraio 2013 n. 4927, Cass. 27 marzo 2007 n. 11226).

> **Precisazioni 1)** L'AF non deve provare il **vantaggio fiscale** perseguito dal contribuente nella fissazione dei propri prezzi intercompany derivante dal più basso livello di tassazione presente nello Stato estero (Cass. 15 settembre 2017 n. 21410, Cass. 6 settembre 2017 n. 20805, Cass. 5 agosto 2015 n. 16399, Cass. 16 aprile 2014 n. 8849 e Cass. 8 maggio 2013 n. 10739).
2) La concessione di un **finanziamento infruttifero** (tasso zero) che una società italiana fa a una controllata non residente è soggetta alle disposizioni sul transfer pricing (Cass. 12 ottobre 2021 n. 27636, Cass. 30 giugno 2016 n. 13387, Cass. 15 aprile 2016 n. 7493); in senso contrario, vedi Cass. 19 dicembre 2014 n. 27087 e Cass. 17 luglio 2015 n. 15005, secondo cui si applicano solo alle operazioni a titolo oneroso. Se non riesce a dimostrare che il finanziamento è avvenuto a condizioni di mercato, il contribuente deve provare che lo scostamento dal valore normale è dipeso da «ragioni commerciali» interne del gruppo, connesse al ruolo assunto dalla controllante a sostegno delle consociate (Cass. 12 maggio 2021 n. 13850).
3) Relativamente all'utilizzo del **marchio** della controllante, l'AF può contestare la deducibilità dei costi che ritiene fuori mercato (Cass. 5 aprile 2019 n. 9615). La prova gravante sull'AE riguarda solo l'esistenza di transazioni infragruppo ad un prezzo inferiore a quello normale, e non il concreto vantaggio fiscale conseguito dal contribuente.

21656 **Aggiustamenti spontanei dei prezzi** Se la società effettua degli specifici aggiustamenti ai prezzi di gruppo applicati nell'anno alle imprese associate estere (transfer pricing adjustment), al fine di rispettare il criterio di libera concorrenza ed evitare la rettifica dell'AF, questi importi sono, in linea di principio, irrilevanti **ai fini IVA**, in quanto privi di un legame diretto con le singole cessioni di beni effettuate tra le parti. Se invece sussiste un legame diretto tra uno specifico aggiustamento e una singola cessione, allora il relativo corrispettivo deve essere variato ai fini IVA, in aumento o in diminuzione, secondo le regole ordinarie (Risp. AE 2 novembre 2018 n. 60).

ESEMPIO
L'aggiustamento di prezzo trimestrale calcolato per singolo prodotto sulla base di un meccanismo di «**profit true up**», cioè concordato tra le associate per allineare i rispettivi profitti al livello di libera concorrenza, va rilevato con nota di credito/debito rilevante ai fini IVA (Risp. AE 6 agosto 2021 n. 529).

Disapplicazione delle sanzioni (art. 1 c. 6 D.Lgs. 471/97, Circ. AE 15 dicembre 2010 n. 58/E, Provv. AE 23 novembre 2020 n. 360494) Nelle ipotesi di **rettifica da transfer pricing** (escluse quindi le altre, es. per violazione dell'inerenza) da cui derivi una maggiore imposta o un credito inferiore, è prevista la non applicazione della sanzione per infedele dichiarazione a condizione che il contribuente adotti una **specifica documentazione** (v. n. 21665 e s.). **21660**
In particolare, riguardo a tale documentazione è necessario:
a) completarla in **formato** elettronico con **firma** elettronica e marca temporale **entro** la presentazione della dichiarazione dei redditi, secondo le modalità di cui al n. 21670;
b) **comunicarne** preventivamente il possesso all'AF, nella dichiarazione dei redditi. A tal fine, è stato inserito, nel quadro RS, un apposito rigo, nel quale va barrata la casella «possesso documentazione»;
c) **consegnarla** all'AF entro 20 giorni dalla richiesta. Se nel corso del controllo o di altra attività istruttoria emerga l'esigenza di disporre di informazioni supplementari rispetto a quelle contenute nella documentazione consegnata all'AF, le stesse devono essere fornite entro 7 giorni dalla richiesta ovvero entro un periodo più ampio in funzione della complessità delle operazioni sottoposte ad analisi, sempreché tale periodo sia compatibile con i tempi del controllo;
d) che sia considerata **idonea** all'esame preliminare dell'AF, in senso sostanziale più che formale, in grado cioè di fornire i dati e le informazioni necessarie all'analisi dei prezzi di trasferimento, a prescindere dalla presenza di omissioni o inesattezze, che possono essere rettificate o integrate su richiesta, o dal fatto che il criterio adottato coincida con quello scelto dall'AF. Può essere considerata idonea anche se:
– il metodo di determinazione dei prezzi o la selezione delle operazioni o dei soggetti comparabili sono diversi da quelli adottati dall'AE;
– presenti omissioni o inesattezze parziali non suscettibili di compromettere l'analisi degli organi di controllo.
La documentazione deve riguardare **uno specifico periodo d'imposta**; la sua adozione per un periodo lascia impregiudicata la facoltà del contribuente di adottarla o meno anche per altri periodi.

> **Precisazioni 1)** La disapplicazione delle sanzioni riguarda anche le **ritenute** correlate ad una transazione intragruppo, ad esempio su royalties e interessi (art. 2 c. 4 ter D.Lgs. 471/97).
> **2)** Il Provv. AE 29 settembre 2010 n. 137654 è sostituito, con efficacia a partire dagli esercizi in corso al 23 novembre 2020 (quindi per le documentazioni da predisporre a partire dal 2021) dal Provv. AE 23 novembre 2020 n. 360494.

La **documentazione** completa è costituita da (entrambi i seguenti documenti, anche per le controllate a partire dalla documentazione da predisporre dal 2021): **21665**
– un **Masterfile**, che raccoglie informazioni relative al gruppo nel suo complesso e descrive le attività svolte. Se il gruppo opera con linee di attività diverse e indipendenti (c.d. «divisioni»), è possibile incentrare il documento sulla divisione in cui opera l'entità locale, fornendo eventualmente in sede di controllo le informazioni richieste in merito alle altre. Al Masterfile deve essere allegato il **bilancio** consolidato del gruppo e una breve descrizione degli accordi preventivi stipulati sui prezzi di trasferimento e dei ruling preventivi transfrontalieri, relativi al periodo di imposta di riferimento;
– un **Countryfile** (documentazione nazionale), che riporta la descrizione generale dell'entità locale e delle operazioni infragruppo che l'entità locale intende documentare. Ciascuna **operazione** non marginale (> 5% del totale in valore assoluto dei componenti positivi e negativi di reddito indicati in dichiarazione) deve essere descritta con indicazione degli enti coinvolti e dell'ammontare dei pagamenti effettuati e/o ricevuti, suddivisi per giurisdizione fiscale della controparte. Le categorie omogenee possono essere trattate unitariamente. Per i **servizi a basso valore aggiunto,** occorre redigere un'apposita documentazione, con la descrizione dei servizi e dei contratti stipulati a tale fine, i calcoli per la determinazione dei costi diretti e indiretti aggregati connessi alla fornitura del servizio e del margine di profitto applicato.
Alla documentazione nazionale devono essere allegati il **bilancio** di esercizio ed il rendiconto economico e patrimoniale dell'entità locale per il periodo di imposta considerato.

La documentazione può riguardare anche **solo una parte** delle operazioni poste in essere, in tal caso limitando a queste la copertura dalle sanzioni.

> **Precisazioni** 1) Nel caso in cui sia stato **scelto un metodo** transazionale reddituale (cioè il metodo del margine netto della transazione, ovvero quello della ripartizione degli utili) per documentare il rispetto del principio di libera concorrenza, invece di uno dei metodi transazionali tradizionali (cioè il metodo del confronto del prezzo, quello del prezzo di rivendita, quello del costo maggiorato), occorre dare una spiegazione di tale scelta, così come occorre dare una spiegazione nel caso della scelta di un metodo diverso da quello del confronto del prezzo.
> 2) Bisogna descrivere le **rettifiche di comparabilità** effettuate per garantire una migliore affidabilità dei risultati.

21670 La documentazione va presentata in **formato elettronico** e deve essere firmata dal legale rappresentante del contribuente o da un suo delegato mediante **firma** elettronica con marca temporale da apporre **entro la data** di presentazione della dichiarazione dei redditi.
La documentazione può essere anche fornita in formato **cartaceo**, a condizione che sia resa disponibile anche in formato elettronico e con la marca temporale apposta entro il termine di presentazione della dichiarazione dei redditi (Provv. AE 23 novembre 2020 n. 360494, Circ. AE 26 novembre 2021 n. 15/E).
I documenti devono essere redatti in **lingua** italiana, **salvo** il Masterfile relativo all'intero gruppo multinazionale, che può essere in lingua inglese. Se gli allegati alla documentazione nazionale o le appendici del Masterfile sono redatti in una lingua differente dall'inglese o dall'italiano, deve esserne fornita una traduzione, qualora tale necessità emerga in fase di controllo.
Per le **piccole e medie imprese** (ricavi non superiori a € 50 milioni), è previsto che, a determinate condizioni, possano aggiornare ogni 3 anni (anziché annualmente), alcuni dati dell'analisi di comparabilità contenuta nella documentazione nazionale, purché l'analisi di comparabilità si basi su fonti pubblicamente disponibili e purché gli elementi dell'analisi di comparabilità non subiscano sostanziali modificazioni in detti periodi di imposta.

> Il regime documentale risponde ad una duplice esigenza che si manifesta in particolare in **sede di controllo**:
> – certezza da parte dei contribuenti, in quanto si condividono gli elementi conoscitivi utilizzati dall'AF;
> – adeguata collaborazione del contribuente, essendo caratterizzata da elementi di rilevante complessità, anche tecnica.

21672 È possibile **comunicare** il possesso della documentazione nella dichiarazione (tardiva o integrativa) presentata **entro** 90 giorni dopo la scadenza del termine, salva l'applicazione delle sanzioni. È inoltre possibile ricorrere al ravvedimento operoso; in tali casi, la marca temporale va apposta entro la data di effettiva presentazione della dichiarazione tardiva.
Se anche tale termine è scaduto, è possibile **sanare** la comunicazione avvalendosi della remissione in bonis, se non sono iniziati accessi, ispezioni o verifiche, inviando la comunicazione entro il termine della prima dichiarazione successiva. Anche in tal caso, però, sulla documentazione deve risultare apposta la marca temporale, al più entro il termine di 90 giorni dalla scadenza ordinaria per la presentazione della dichiarazione (Circ. AE 26 novembre 2021 n. 15/E).

21673 Per **correggere** eventuali **errori** derivanti dalla non conformità al principio di libera concorrenza è possibile presentare una dichiarazione integrativa «a sfavore», per sanare l'indicazione di un minore imponibile, di un minore debito d'imposta o di un maggiore credito, in tale caso la documentazione può essere integrata o modificata e se ne deve dare comunicazione unitamente alla presentazione della dichiarazione.
Se la documentazione presentata è stata considerata idonea, in caso di rettifica, le sanzioni per infedele dichiarazione non sono applicate ai maggiori imponibili oggetto della dichiarazione integrativa a sfavore (Circ. AE 26 novembre 2021 n. 15/E).

21675 **OPERAZIONI NAZIONALI INFRAGRUPPO** La disciplina del transfer pricing sopra esaminata non si applica alle transazioni tra società appartenenti allo stesso gruppo e residenti in Italia (art. 5 c. 2 D.Lgs. 147/2015, Cass. 24 marzo 2021 n. 8176, Cass. 25 giugno 2019 n. 16948). L'AF può **sindacarne la congruità** o contestarne integralmente la deducibilità solamente in presenza di ulteriori elementi probatori (Cass. 29 settembre 2017 n. 22879), quali ad esempio:

1) sussistenza di un **comportamento antieconomico** che comporta un vantaggio fiscale del gruppo, applicando la nuova disciplina dell'**abuso del diritto** (v. n. 81480 e s.). La valutazione di antieconomicità, tuttavia, deve essere effettuata tenendo in debita considerazione la logica del gruppo, valorizzando il possibile contemperamento dell'interesse collettivo rispetto a quello delle singole società sorelle (Cass. 24 marzo 2021 n. 8176);
2) la **mancanza di inerenza**, in presenza delle seguenti **condizioni** (Cass. 10 aprile 2015 n. 7214, Cass. 8 ottobre 2014 n. 21184, Cass. 22 ottobre 2014 n. 22403):
- il contratto è laconico;
- la descrizione in fattura è generica mentre il costo è ingente;
- l'operazione non ha dato un'effettiva utilità all'acquirente, se non quella di ridurre il carico fiscale del gruppo.

Le contestazioni riguardano prevalentemente le spese relative a **consulenze generiche** e, in alcuni casi, le c.d. **spese di regia** pagate alla società capogruppo (v. n. 22727); in diversi casi, si tratta di operazioni effettuate con società del gruppo che fruiscono di **agevolazioni territoriali**, quali quelle per il Mezzogiorno (Cass. 24 luglio 2013 n. 17955).

In caso di contestazioni, il giudice deve considerare fra gli elementi di prova, la **relazione di certificazione** al bilancio della società di revisione, comparandola con gli elementi forniti dall'AF (Cass. 26 giugno 2015 n. 13252); tale relazione, tuttavia, non può limitare il potere di verifica dell'AF e il potere di valutazione delle prove del giudice (Cass. 8 giugno 2007 n. 13491).
Naturalmente, il sindacato non può spingersi sino alla verifica dell'opportunità del sostenimento dei costi e della strategia commerciale dell'impresa (Cass. 15 settembre 2017 n. 21405, Cass. 20 maggio 2015 n. 10319).

D. Principio di continuità

Il principio della continuità è mutuato dai principi contabili, secondo cui le valutazioni di bilancio devono essere fatte nella prospettiva della continuità dell'attività aziendale. Ciò significa che i beni dell'impresa hanno un valore unicamente in funzione della capacità di produrre un reddito futuro. **21725**
Tale principio, ad esempio, è alla base del fatto che le **rimanenze** di esercizio costituiscono sia una componente positiva che una componente negativa di reddito, in quanto il valore che hanno alla fine dell'esercizio precedente è anche il loro valore iniziale nell'esercizio successivo (art. 92 c. 7 DPR 917/86). Infatti, i costi delle materie prime e delle merci acquistate e non sfruttate per la generazione di ricavi dell'esercizio vanno **sospesi** e **rinviati** all'esercizio in cui daranno luogo a ricavi.

Per il principio di continuità, nel caso di **rettifica delle valutazioni** da parte dell'Ufficio, questa rettifica ha effetto anche per gli esercizi successivi e l'Ufficio è obbligato a tenerne conto automaticamente, senza bisogno di alcuna richiesta da parte del contribuente (art. 110 c. 8 DPR 917/86). Non è invece corretto il principio contrario, cioè la rettifica delle rimanenze iniziali non ha effetto per le rimanenze finali dell'esercizio precedente (Cass. 17 giugno 2021 n. 17312).

III. Ricavi e proventi

Sono quelli generati da **scambi** di **beni** o da prestazioni di **servizi** che formano **oggetto dell'attività** dell'impresa, non solo quella principale. **21785**
Sono inclusi i ricavi veri e propri ed i proventi equiparati, gli utili da partecipazioni, gli interessi attivi e assimilati, i proventi da strumenti finanziari derivati, quelli immobiliari, determinati secondo le regole proprie dei redditi fondiari nonché quelli derivanti da contributi ricevuti in conto esercizio ed in conto capitale (non quelli in conto impianti, qui comunque trattati per completezza).
Il tema della **competenza** dei ricavi è trattato al n. 21395 e s.

21790

Proventi esclusi dal reddito (art. 91 DPR 917/86)
– proventi di cespiti esenti da imposta
– proventi soggetti a ritenuta alla fonte a titolo d'imposta o ad imposta sostitutiva
– sovrapprezzi di emissione delle azioni o quote e gli interessi di conguaglio (art. 91 lett. d DPR 917/86): è la riserva che si origina se il prezzo di emissione di nuove azioni (o quote) è maggiore del valore nominale delle stesse (art. 2431 c.c.). Gli interessi di conguaglio sono versati dai sottoscrittori di nuove azioni (o quote) alle quali viene attribuito godimento a decorrere da una data anteriore a quella dell'emissione stessa. Tali valori sono parte del patrimonio e pertanto non concorrono alla formazione del reddito d'impresa **(1)**.
– differenza tra il costo delle azioni annullate e la corrispondente quota di patrimonio netto, in caso di riduzione del capitale sociale per **annullamento** di **azioni proprie** (art. 91 lett. c DPR 917/86): l'annullamento di azioni proprie precedentemente acquistate (art. 2357 c.c.) non rileva ai fini della formazione del reddito in quanto ha natura patrimoniale. Dal momento che il costo di acquisto di tali azioni può essere **superiore** o **inferiore** alla quota del patrimonio netto corrispondente alla riduzione del capitale sociale, la differenza può essere sia positiva che negativa; essa non concorre in ogni caso alla formazione del reddito né come provento né come onere **(2)**. A seguito dell'introduzione del principio di derivazione rafforzata quanto sopra rileva solo per le **microimprese** (che non redigono il bilancio ordinario dal 2022 v. n. 21191), posto che per i **soggetti OIC**, come già per i soggetti IAS/IFRS, le operazioni su azioni proprie non hanno alcuna rilevanza reddituale.
(1) L'eventuale **successiva distribuzione** ai soci delle riserve costituite a fronte di sovrapprezzi di emissione e di interessi di conguaglio, non costituisce reddito per il socio. **(2)** L'operazione rimane fiscalmente **neutra** se si procede alla copertura della suddetta differenza, dopo aver azzerato la riserva azioni proprie, attingendo a riserve disponibili, tra cui non rientra la riserva da rivalutazione monetaria. L'utilizzo di quest'ultima, comporta l'assoggettamento a tassazione del relativo ammontare (Ris. AE 1° marzo 2005 n. 32/E).

21792

Emergenza Covid-19
Sono esclusi i **contributi** e le **indennità** di qualsiasi natura ricevute in via eccezionale, a seguito dell'emergenza epidemiologica (art. 10 bis DL 137/2020 conv. in L. 176/2020). L'esclusione opera anche se i contributi sono percepiti dopo il periodo di emergenza scadente il 31 marzo 2022 (Risp. AE 18 ottobre 2022 n. 516).

A. Ricavi e proventi equiparati

(art. 85 DPR 917/86)

21795 **RICAVI PROPRIAMENTE DETTI** Sono i corrispettivi derivanti dalla cessione dei beni o dei servizi che rientrano nell'**oggetto dell'attività** dell'impresa, cioè alla cui produzione o commercializzazione è diretta l'attività dell'impresa (esclusi pertanto ad esempio i beni strumentali all'attività).

I corrispettivi vanno considerati al netto di **resi**, **sconti**, abbuoni o premi, dell'esercizio di competenza (se concessi in esercizi successivi costituiscono sopravvenienze passive).

> Per **individuare l'oggetto** dell'attività di una società bisogna far riferimento allo statuto sociale. Se questo ha un oggetto generico o complesso occorre aver riguardo all'attività effettivamente svolta (Ris. Min. 12 luglio 1982 n. 9/1730).

21800 Sono esempi di ricavi per le **imprese industriali**, le vendite di prodotti; per le imprese **di distribuzione** (supermercati, ecc.) le vendite dei beni commercializzati; per le imprese **edili**, i proventi dei fabbricati costruiti per essere destinati alla vendita; per le imprese **immobiliari**, i canoni di locazione (compresa la quota del contratto di rent to buy riferibile alla locazione); per le imprese **di servizi**, i proventi per il compimento dell'opera o per il servizio reso.

Costituiscono ricavi anche i corrispettivi derivanti dalla cessione di **materie prime**, **sussidiarie**, **semilavorati** e altri beni prodotti o acquistati per essere impiegati nella produzione (che, se non ceduti, costituiscono a fine esercizio le rimanenze di magazzino). **21805**

Le **imprese di servizi** possono conseguire ricavi anche dalla cessione autonoma di beni normalmente utilizzati per rendere la prestazione. Per esempio la cessione di carburante fatta da un'impresa di autotrasporto.

PROVENTI EQUIPARATI **21815**

Provento	Descrizione
Corrispettivi da cessioni di attività finanziarie **(1) (2) (3)**	Derivano dalla cessione delle seguenti attività, se in bilancio **non sono iscritte tra le immobilizzazioni finanziarie**, indipendentemente dall'oggetto sociale dell'impresa (quindi anche se non rientrano fra i beni al cui scambio è diretta l'attività): 1. azioni o quote di partecipazione in società o enti soggetti ad IRES **(4)**, comprese le partecipazioni non rappresentate da titoli (quali le quote di s.r.l.), e strumenti finanziari simili (v. n. 11050), purché diverse da quelle alla cui cessione si applica l'esenzione, parziale o totale, sulle relative plusvalenze (v. n. 24705); 2. obbligazioni; 3. altri titoli in serie o di massa (es. quote di fondi comuni d'investimento).
Indennità risarcitorie	Somme conseguite a titolo di risarcimento del danno subìto per la **perdita** o il **danneggiamento dei beni** (che danno luogo a ricavi). Il risarcimento può essere conseguito anche in forma assicurativa. Secondo il principio generale già esposto al n. 640, l'indennità è considerata come sostitutiva del corrispettivo che sarebbe derivato dalla cessione **(5)**.
Autoconsumo e simili (art. 85 c. 2 DPR 917/86 e art. 57 DPR 917/86)	Cioè il **valore normale** dei **beni** utilizzati per le seguenti finalità: – destinazione al consumo personale o familiare dell'imprenditore; – assegnazione ai soci; – destinazione a finalità estranee all'esercizio dell'impresa **(6)**, salvo le cessioni gratuite riportate nella **tabella** seguente. Non è previsto l'autoconsumo dei servizi.
Trasferimento all'estero (c.d. **Exit tax**) (art. 166 DPR 917/86)	Determinazione di un reddito tassabile, determinato in base alla differenza tra valore di mercato e costo fiscalmente riconosciuto, al verificarsi di eventi che comportano lo spostamento di materia imponibile all'estero nei casi di: trasferimento della **residenza** o di attivi all'estero da parte di imprese residenti (v. n. 93760 e s.); di operazioni straordinarie comunitarie (v. n. 93952); trasferimento all'estero di una **S.O. italiana** di un soggetto non residente o di attivi facenti parte del patrimonio di una S.O. italiana (v. n. 36124 e s.).
Contributi	Spettanti in base a (v. n. 22065): – contratto – esclusivamente in conto esercizio a norma di legge.

(1) Solo per i soggetti **IAS/IFRS**:
danno origine a ricavi le cessioni di strumenti finanziari detenuti per la negoziazione (indipendentemente dall'iscrizione in bilancio) (art. 85 c. 3 bis DPR 917/86) e non quelli considerati immobilizzazioni finanziarie;
la riclassificazione di uno strumento finanziario assume rilievo a fini fiscali (art. 4 DM 8 giugno 2011).

(2) Non danno luogo a ricavi, ma a plus o minusvalenze, le cessioni di **quote** di partecipazione in **s.n.c.** e **s.a.s.** aventi sede in Italia.

(3) Le operazioni su **azioni proprie**, a seguito dell'introduzione del principio della derivazione (v. n. 21190), sono rilevate solo nel patrimonio netto, senza rilevanza reddituale (salvo per le microimprese, per le quali i differenziali realizzati rilevano, a prescindere dalla contabilizzazione).

(4) Quelle in società o enti **non residenti** sono assimilate alle azioni o obbligazioni (v. n. 11050 e n. 11205).

(5) Vi rientra l'**indennità di maternità** percepita da artigiani o commercianti, anche se è certificata dall'INPS con la CU, normalmente utilizzata per i redditi di lavoro dipendente (Circ. Min. 21 settembre 1999 n. 189/E).

(6) Rientra nel concetto di autoconsumo per destinazione a finalità estranee anche l'ipotesi di **assegnazione gratuita** di azioni effettuata da una società (A) ai **dipendenti di un'altra società** (B) dello stesso gruppo (c.d. **stock-option**). Se però B paga un corrispettivo ad A, esso concorre a formare il reddito di A secondo le regole ordinarie, mentre costituisce costo deducibile per B (Circ. Min. 17 maggio 2000 n. 98/E).

21820

Cessioni gratuite che non determinano ricavi	
1)	a favore di **enti** pubblici o privati costituiti per il perseguimento, **senza scopo di lucro**, di finalità civiche e solidaristiche (es. associazioni riconosciute o fondazioni, Onlus, Enti del Terzo Settore iscritti al Registro unico) in relazione ai seguenti beni (art. 16 L. 166/2016): – **eccedenze alimentari** (es. invenduti a causa di danni provocati da eventi meteorologici, ritirati dalla vendita in quanto non conformi ai requisiti aziendali di vendita, ecc., art. 2 c. 1 lett. c L. 166/2016), medicinali, articoli di medicazione, prodotti destinati all'**igiene** e alla **cura della persona**, dei prodotti per l'igiene e la **pulizia della casa**, degli **integratori** alimentari, dei biocidi, dei presidi medico chirurgici, dei **prodotti di cartoleria e di cancelleria**, idonei all'utilizzo, ma non più commercializzati o, a causa di imperfezioni, alterazioni, danni o vizi che non ne modificano l'idoneità all'utilizzo o per altri motivi similari, non idonei alla commercializzazione (Risp. AE 22 giugno 2021 n. 8); – **beni non di lusso** oggetto dell'attività dell'impresa (diversi dai precedenti), che presentano vizi e imperfezioni che non ne consentono la vendita, se il costo specifico complessivo non è superiore al 5% del reddito d'impresa dichiarato. Sono tali anche i beni esclusi dal mercato in quanto ormai tecnologicamente scadenti, cioè obsoleti (Ris. AE 20 giugno 2008 n. 254/E); – prodotti tessili e di **abbigliamento**, **mobili** e complementi di arredo, **giocattoli**, materiali per l'**edilizia** (inclusi quelli per la pavimentazione), **elettrodomestici** ad uso civile ed industriale, **televisori**, **pc**, **tablet**, **e-reader** e altri dispositivi simili, non più commercializzati o non più idonei alla commercializzazione (es. imperfezioni, alterazioni, danni o vizi). A tale scopo, vanno rispettate determinate **condizioni (1) (2).**
2)	di beni alle popolazioni colpite da eventi di **calamità pubblica** o da altri eventi straordinari (es. Covid-19) - anche avvenuti in altri Stati - per il tramite di Onlus, fondazioni, associazioni, comitati e altri enti individuati con DPCM 20 giugno 2000 (art. 27 L. 133/99);
3)	di **prodotti editoriali** e di **dotazioni informatiche** - non più commercializzati o non idonei alla commercializzazione - a favore di enti locali, istituti di prevenzione e pena, istituzioni scolastiche, orfanotrofi ed enti religiosi (art. 54 L. 342/2000). I prodotti si considerano **fuori commercio** quando (DM 25 maggio 2001 n. 264): – abbiano raggiunto la loro obsolescenza tecnologica; – non sono più inseriti in distribuzione; – abbiano difetti e vizi di produzione tali da renderli inadatti all'immissione nel mercato.

(1) Condizioni:
– per ogni singola cessione va predisposto un **DdT progressivamente numerato**;
– il cedente invia una **comunicazione telematica mensile** (manca ancora il relativo provvedimento attuativo), entro il giorno 5 del mese successivo a quello cui si riferiscono le cessioni gratuite, agli uffici dell'AF o ai comandi della GdF competenti, con l'indicazione, per ognuna di esse, dei dati contenuti nel relativo DdT nonché del valore dei beni ceduti, calcolato sulla base dell'ultimo prezzo di vendita. La comunicazione può essere omessa per le cessioni delle eccedenze alimentari facilmente deperibili (es. yogurt) o per quelle, singolarmente considerate, di valore non superiore a € 15.000;
– il soggetto beneficiario effettua **una dichiarazione trimestrale** di utilizzo dei beni ceduti, da conservare agli atti dell'impresa cedente, con l'indicazione degli estremi dei DdT corrispondenti ad ogni cessione, e in cui attesta il proprio impegno a utilizzare direttamente i beni ricevuti in conformità alle finalità istituzionali e che, a pena di decadenza dai benefici fiscali, ne realizza l'effettivo utilizzo diretto a fini di solidarietà sociale senza scopo di lucro.
Il donatore o l'ente donatario possano **incaricare un terzo** di adempiere per loro conto ai suddetti adempimenti (comunicazione del donatore e dichiarazione trimestrale dell'ente donatario), ferma restando la responsabilità del soggetto obbligato (donatore o donatario).
(2) Il costo di acquisto o produzione dei suddetti beni gratuitamente ceduti non concorre alla determinazione del limite di deducibilità delle erogazioni liberali di cui al n. 23440.

B. Utili da partecipazioni

21880 Normalmente concorrono a formare il reddito complessivo o, per gli imprenditori individuali, il reddito d'impresa (art. 59 DPR 917/86).
Si distinguono le partecipazioni in società ed enti residenti e non residenti.

a. In società ed enti residenti

IN SOGGETTI IRES Gli utili concorrono a formare il reddito nell'esercizio in cui sono percepiti (**principio di cassa**) nei limiti del 5% del loro ammontare (art. 89 DPR 917/86). 21886
La stessa disciplina si applica agli utili percepiti dai **soci fondatori e promotori**.

Nella **tabella** sono elencate le tipologie di **proventi** assimilati agli utili, e come tali tassati, e quelle che invece non subiscono tassazione. 21888

Somme (art. 89 c. 2, 3, 3 bis DPR 917/86)	**Tassazione: assimilate agli utili?**
a) proventi degli **strumenti finanziari partecipativi** assimilati alle azioni, limitatamente alla quota derivante dalla partecipazione ai risultati economici della società emittente o di soggetti similari (v. n. 22805 e s.)	SÌ
b) **recesso**, **esclusione**, **riscatto** e **riduzione** del capitale esuberante o di **liquidazione** anche concorsuale delle società o enti, relativamente alle somme e valore normale dei beni ricevuti a titolo diverso dalla ripartizione di riserve di capitale di cui al n. 11090 (se sono ricevute a titolo di riserve di capitale, vedi lett. c) seguente)	SÌ: rilevano contemporaneamente quali dividendi e come plus/minusvalenze **(1)**
c) somme provenienti dalla **ripartizione di riserve** di capitale e di determinati **fondi assimilati** (fatta salva la regola della presunzione di prioritaria distribuzione delle riserve di utili, che potrebbe determinarne la tassazione - v. n. 11090)	NO: nei limiti del costo fiscalmente riconosciuto alle azioni/quote possedute (costo che viene conseguentemente ridotto per il relativo importo distribuito) **(2)**
d) attribuzione di **azioni gratuite** o l'**aumento gratuito** del valore nominale (Ris. AE 7 marzo 2011 n. 26/E e Ris. AE 7 febbraio 2012 n. 12/E)	NO

(1) Esempi
a) Alfa s.r.l. recede da una s.p.a. e riceve complessivamente 4.500, di cui 4.000 a titolo di ripartizione capitale e riserve di capitale e 500 a titolo diverso.
500 è considerato utile da partecipazione ed è quindi imponibile nella misura del 5% (o se Alfa fosse Tizio, persona fisica, del 49,72%/58,14% - v. n. 5160).
b) A seguito dell'annullamento di azioni del valore di 800 è assegnato un patrimonio di 1.000 così composto: 500 capitale, 200 riserve di capitale e 300 riserve di utili.
300 è tassato come dividendo (5%) mentre 100 (differenza tra 800 e 700) è una minusvalenza da realizzo.
(2) L'eventuale somma eccedente il costo riconosciuto alle azioni o quote è considerata plusvalenza ed è soggetta al relativo regime illustrato al n. 24595, compresa la Pex (Circ. AE 4 agosto 2004 n. 36/E).

IN SOCIETÀ DI PERSONE (art. 89 c. 1 DPR 917/86) Gli utili derivanti da tali partecipazioni concorrono a formare il reddito nell'esercizio in cui maturano (in cui sono prodotti), **indipendentemente** dalla percezione, proporzionalmente alla quota di partecipazione (pertanto concorrono per **competenza**, non per cassa). 21891

DA ASSOCIAZIONI IN PARTECIPAZIONE E CONTRATTI DI COINTERESSENZA Gli utili derivanti da tali tipologie di contratti (per le cui definizioni v. n. 11145), con **apporto** di solo **capitale** o di **capitale e lavoro** (c.d. apporto misto) sono equiparati agli utili da partecipazione in soggetti IRES e quindi sono tassati in base al principio di cassa, limitatamente alla quota non deducibile per la società che li distribuisce. 21893
Sono tassati **nella misura del** 5% del loro ammontare (art. 89 c. 2 DPR 917/86).

> **Precisazioni** 1) L'abrogazione dei contratti di apporto di **solo lavoro** (opere e servizi) ha fatto salvi quelli già in essere al 25 giugno 2015, che fino a cessazione continuano a essere tassati per competenza.
> 2) L'apporto di capitale **in natura** (es. beni al prezzo di costo) si considera cessione a titolo oneroso il cui corrispettivo è il valore normale dei beni ceduti, comprensivo della quota di prezzo corrisposta dall'associante. Tale valore normale è da considerare ricavo per la società associata (Ris. AE 16 maggio 2005 n. 62/E).

b. In società non residenti

(art. 89 c. 2, 3, 3 bis e 3 ter DPR 917/86)

21900 Sono assimilati ai dividendi, gli utili derivanti da partecipazioni al capitale o al patrimonio, da titoli e strumenti finanziari emessi da società ed enti non residenti e da contratti di associazione in partecipazione, a **condizione** che la relativa erogazione sia totalmente indeducibile nella determinazione del reddito nello Stato estero di residenza del soggetto emittente e che essa risulti da una dichiarazione dell'emittente stesso o da altri elementi certi e precisi.
Se si tratta di **società UE** in regime **madre-figlia** (v. n. 95205) non è richiesta la totale indeducibilità e l'assimilazione opera **limitatamente** alla quota non deducibile.

> In generale, se la **remunerazione** è **deducibile** dal reddito (nazionale o estero) il titolo è assimilato ad un'obbligazione o ad un titolo atipico, se sussiste anche la partecipazione alle perdite e quindi non essendo garantita la restituzione dell'intero capitale investito. I relativi proventi sono considerati interessi e le eventuali perdite non sono deducibili, ma rilevano esclusivamente ai fini della valutazione dello strumento finanziario (Circ. AE 13 febbraio 2006 n. 6/E).

21904 Le modalità di partecipazione al reddito della società residente variano a seconda che la società estera sia o meno localizzata/residente in un paradiso fiscale con le regole illustrate ai n. 21905 e s.
Inoltre, gli utili e le riserve di utile **risultanti dal bilancio** della società estera relativo all'**esercizio chiuso** nel periodo di imposta antecedente a quello in corso al 1° gennaio 2022 (per semplicità, di seguito, utili risultanti dal bilancio 2021) e **non ancora distribuiti** al 1° gennaio 2023, possono essere **affrancati** col versamento di un'imposta sostitutiva (v. n. 21960 e s.).

21905 **MODALITÀ DI TASSAZIONE** Per individuare la corretta modalità di tassazione, occorre **verificare** se la società residente «controlla» il soggetto estero e se questo è localizzato o residente in uno Stato a regime fiscale privilegiato (c.d. «paradiso fiscale»). La **definizione** di paradiso fiscale, infatti, in caso di **controllo** si basa sul confronto tra **tassazione effettiva** subita dal soggetto estero e quella virtuale a cui sarebbe assoggettato se residente in Italiana; in **assenza di controllo**, invece, il confronto avviene tra i due **livelli nominali** di tassazione - estera e italiana.

21907 **Individuazione della «provenienza» degli utili** (art. 1 c. 1007 e 1008 L. 205/2017)

> Al fine di **stabilire la provenienza** degli utili da un paradiso fiscale, si fa riferimento **al momento** della loro **maturazione**, considerando, comunque, prodotti in Stati **a regime fiscale ordinario** gli utili prodotti in periodi in cui la controllata non era considerata residente in un paradiso fiscale. Questi si considerano distribuiti in via prioritaria, c.d. principio del galleggiamento.
> Nello specifico, si considerano **provenienti** da territori a regime fiscale **ordinario** gli utili **maturati**:
> – in periodi d'imposta precedenti a quello in corso al 31 dicembre 2014 nei quali le società partecipate erano residenti in Stati non inclusi nell'allora vigente Black list (di cui al DM 21 novembre 2001) e percepiti a partire dal periodo d'imposta successivo;
> – in periodi successivi a quello in corso al 31 dicembre 2014 in Stati o territori a regime fiscale ordinario, anche se percepiti in periodi d'imposta in cui la società è considerata residente in paradiso fiscale in base alle disposizioni attuali **(*)**.
> In caso di **cessione delle partecipazioni**, la preesistente stratificazione delle riserve di utili si trasferisce al cessionario.
>
> **(*)** La norma non disciplina l'**ipotesi inversa**: dividendi maturati quando la società era residente in paradisi fiscali ma percepiti in un periodo in cui la società è considerata residente in Stati a fiscalità ordinaria; in tal caso, si considerano prodotti in Stati a regime fiscale ordinario, dunque sono tassati parzialmente, c.d. sbiancatura dell'utile (Princ. dir. 29 maggio 2019 n. 17).

21908 **Requisito del controllo** (art. 167 c. 2 DPR 917/86) Il requisito del controllo si verifica quando la società residente, **alternativamente** :
1) controlla il soggetto estero, direttamente o indirettamente, anche tramite società fiduciaria o interposta persona, ai sensi dell'art. 2359 c.c. (che prevede anche il controllo di fatto - in presenza del quale si prescinde dalla verifica della partecipazione al voto e/o agli utili);
2) detiene una quota di partecipazione ai loro utili superiore al 50%, direttamente, o indirettamente, mediante una o più società controllate ai sensi dell'art. 2359 c.c. o tramite società

fiduciaria o interposta persona. In caso di partecipazione indiretta, la percentuale di partecipazione agli utili è determinata tenendo conto della eventuale demoltiplicazione prodotta dalla catena societaria partecipativa.

---

1. Sussiste il controllo

MODALITÀ DI PARTECIPAZIONE ALLA DETERMINAZIONE DEL REDDITO Se la controllata è residente in un paradiso fiscale, gli utili partecipano alla determinazione del proprio reddito **in misura** intera, **salvo** che quest'ultima dimostri che il soggetto estero è stato assoggettato a **tassazione congrua**, sin dal primo periodo di possesso della partecipazione (partecipano in misura pari al 5%), o che questo svolge un'**attività economica effettiva** (partecipano in misura pari al 50%). **21910**
Se **oltre un terzo dei proventi** realizzati dal soggetto estero rientra tra quelli considerati «**passive income**», e il suo tax rate effettivo è inferiore al 50% di quello virtuale italiano, l'intero reddito va attribuito per trasparenza alla società controllante residente, indipendentemente dall'effettiva percezione di utili (c.d. «disciplina CFC»), **anche** se lo Stato estero è UE o SEE o si tratta di una stabile organizzazione all'estero di un soggetto controllato o di stabile organizzazioni all'estero di soggetto residente che abbia optato per il regime di branch exemption (v. n. 95300) (art. 167 c. 3 e 4 DPR 917/86).

DEFINIZIONE DI PARADISO FISCALE (art. 47 bis c. 1 lett. a DPR 917/86 22 dicembre 1986) Il soggetto estero è considerato residente o localizzato in un paradiso fiscale se è ivi assoggettato a tassazione effettiva **inferiore** al 50% di quella cui sarebbe assoggettato se fosse residente in Italia, sono **esclusi** gli Stati UE e SEE collaborativi (Islanda, Norvegia e Liechtenstein). **21916**
In pratica, è necessario un confronto tra:
– **tassazione effettiva estera** (o tax rate effettivo estero, di seguito ETR) dato dal rapporto imposte estere/utile ante imposte risultante dal bilancio della controllata;
– **tassazione virtuale italiana**, ottenuta ponendo al numeratore l'imposta che la controllata avrebbe pagato in Italia, corrispondente al reddito imponibile rideterminato secondo le disposizioni fiscali italiane in materia di reddito d'impresa.
Nei paragrafi seguenti si riportano le modalità di determinazione dei suddetti valori ai fini dell'**ETR test** (Provv. AE 27 dicembre 2021 n. 376652 e Circ. AE 27 dicembre 2021 n. 18/E).

> Per i casi relativi a soggetto residente (o S.O. in Italia di non residente) che controlla una entità estera la quale controlli a sua volta un'altra entità di un terzo Stato (**c.d. CFC «a cascata»**), e a S.O. all'estero di un soggetto controllato estero si rinvia ai chiarimenti contenuto nella Circ. AE 27 dicembre 2021 n. 18/E par. 4.1.1, iii) e 4.2 e 4.3).

Tassazione effettiva estera Per determinare l'ETR occorre dare rilievo alle **imposte**: **21917**

– effettivamente dovute dalla controllata **nello Stato di localizzazione (1)**, **al netto** dell'utilizzo di eventuali crediti d'imposta per i redditi prodotti in Stati diversi **(2) (3)**
– versate anche **in altre giurisdizioni** a titolo definitivo e non suscettibili di rimborso (dovute sia dalla controllata sia da altri soggetti, in relazione al reddito della controllata stessa) **(3)**
– che trovano **evidenza** nel bilancio o rendiconto di esercizio della controllata, nella relativa dichiarazione dei redditi presentata alle competenti autorità fiscali, nelle ricevute di versamento, nella documentazione relativa alle eventuali ritenute subite ad opera di sostituti d'imposta o soggetti locali
(1) Nel caso di **Confederazione di Stati**, si considerano, oltre che le imposte federali, anche le imposte sul reddito proprie di ciascuno Stato federato e delle amministrazioni locali, anche se non espressamente incluse nell'eventuale Convenzione contro le doppie imposizioni in vigore tra l'Italia e lo Stato di localizzazione della controllata. **(2)** Se la controllata aderisce a una forma di **tassazione di gruppo**, assumono rilievo solo le imposte sul reddito di competenza della medesima, singolarmente considerata. **(3)** Se tra Italia e lo Stato estero è in vigore una Convenzione, si considerano le imposte sul reddito ivi individuate o quelle di natura identica o analoga che siano intervenute successivamente.

Ai fini del calcolo, vanno considerati gli effetti di qualsiasi **agevolazione** fruita dalla controllata ovvero accordata in base ad un apposito accordo concluso con l'Amministrazione fiscale estera. **21918**
Sono **irrilevanti** le **variazioni:**

– temporanee dal riversamento non certo e predeterminato che abbiano dato luogo, all'estero, ad una imposizione anticipata di componenti positivi di reddito o a una deduzione posticipata di componenti negativi di reddito rispetto a quanto rilevato in bilancio;
– in diminuzione della base imponibile estera di natura temporanea e prive di riversamento certo e predeterminato (e relativi riassorbimenti), qualora trovino corrispondenza in variazioni analoghe a quelle dettate dalla disciplina interna sul piano della qualità, della quantità e della cadenza temporale;
– non permanenti della base imponibile, con riversamento certo e predeterminato in base alla legge o per piani di rientro (ad esempio, gli ammortamenti).
Non rilevano **limitazioni** analoghe a quelle previste in Italia per l'utilizzo delle perdite pregresse (v. n. 25915 e s.).

L'eventuale versamento di **imposte sostitutive** per il riconoscimento di maggiori valori fiscali che determinano un disallineamento rispetto ai valori civilistici assume rilevanza nei periodi di imposta in cui emerge il componente reddituale ai fini contabili e/o si verifica il correlato riassorbimento fiscale.

21919 **Tassazione virtuale italiana** Rileva solo l'**IRES** al lordo di eventuali crediti di imposta per i redditi prodotti in uno Stato diverso da quello di localizzazione della controllata. **Non rilevano** l'IRAP ed eventuali addizionali all'IRES.
Il **calcolo** è eseguito partendo dai dati risultanti dal bilancio o rendiconto della controllata, redatti secondo le norme dello Stato di localizzazione; se questi sono redatti in conformità ai **principi contabili internazionali**, il socio residente è tenuto a determinare il reddito della controllata secondo le disposizioni appositamente previste.
Non rilevano:
– eventuali regimi fiscali opzionali cui la controllata avrebbe potuto aderire qualora fosse stata residente in Italia;
– gli effetti delle disposizioni relative ad: ACE, ISA, società di comodo e in perdita sistematica;
– il limite di utilizzo delle perdite fiscali pregresse (v. n. 25915 e s.)
Il regime Pex si considera equivalente a un regime di esenzione totale che preveda, nello Stato di localizzazione della controllata, l'integrale indeducibilità dei costi connessi alla partecipazione.

Il principio della **derivazione rafforzata** trova applicazione anche per le CFC che redigono il bilancio in base alla direttiva 2013/34/UE, in conformità a quanto avviene per i c.d. soggetti Nuovi OIC (v. n. 21190 e s.). Resta, invece, esclusa per le CFC da qualificare microimprese (che non redigono il bilancio ordinario, dal 2022 v. n. 21191).

21920 Sono **irrilevanti le seguenti variazioni**, a condizione che le medesime poste non abbiano già rilevato ai fini del calcolo della tassazione virtuale interna in periodi d'imposta precedenti a quello di applicazione del decreto ATAD:

Variazioni	Esempi
non permanenti della base imponibile, con riversamento certo e predeterminato in base alla legge o per piani di rientro (ad esempio, gli ammortamenti)	– plusvalenze patrimoniali rateizzate in cinque periodi d'imposta – sopravvenienze attive rateizzate in cinque periodi d'imposta – ammortamenti dei beni materiali e immateriali eccedenti i limiti fiscali – svalutazione dei beni ammortizzabili – spese di manutenzione eccedenti i limiti fiscali – componente di lungo periodo della variazione della riserva sinistri del ramo danni
temporanee dal riversamento non certo e predeterminato che avrebbero dato luogo, in Italia, a una deduzione anticipata di componenti negativi di reddito o a una tassazione posticipata di componenti positivi di reddito rispetto a quanto rilevato in bilancio	– rinvio della tassazione dei dividendi al momento dell'incasso – rinvio della tassazione degli interessi attivi di mora al momento dell'incasso
in aumento della base imponibile virtuale italiana di natura temporanea e prive di riversamento certo e predeterminato (e relativi riassorbimenti), qualora trovino corrispondenza in variazioni analoghe a quelle dettate dalla disciplina estera sul piano della qualità, della quantità e della cadenza temporale	– accantonamenti a un fondo rischi – interessi passivi eccedenti i limiti del ROL a deducibilità differita sia all'estero che in Italia

Non possono essere oggetto di sterilizzazione altre **variazioni prive** delle caratteristiche sopra indicate, quali, ad **esempio**:
– svalutazione dei crediti eccedenti i limiti fiscali, il cui riversamento si sarebbe verificato soltanto in caso di capienza dei limiti fiscali o realizzo della perdita;
– accantonamenti per fondi rischi e oneri non riconosciuti fiscalmente o eccedenti i limiti fiscali, il cui riversamento si sarebbe verificato quando il rischio o l'onere sarebbe divenuto certo ovvero il fondo sarebbe stato rilasciato a conto economico;
– interessi passivi non deducibili ai sensi dell'art. 96 DPR 917/86 (dal momento che il loro riversamento sarebbe avvenuto soltanto in presenza di future eccedenze di interessi attivi o di ROL);
– compensi agli amministratori;
– contributi ad associazioni sindacali e di categoria.

PROVENTI DA PASSIVE INCOME (art. 167 c. 4 lett. b DPR 917/86) Sono considerati tali 21922
i proventi rientranti in una delle seguenti categorie (risultanti in contabilità e a prescindere dalla loro valenza fiscale).

1) interessi o qualsiasi altro reddito generato da attivi finanziari;
2) canoni o qualsiasi altro reddito generato da proprietà intellettuale;
3) dividendi e redditi derivanti dalla cessione di partecipazioni;
4) redditi da leasing finanziario;
5) redditi da attività assicurativa, bancaria e altre attività finanziarie;
6) proventi derivanti da prestazione di servizi o da operazioni di compravendita di beni con valore economico aggiunto scarso o nullo, effettuate con soggetti che, direttamente o indirettamente, controllano il soggetto estero, ne sono controllati o sono controllati dallo stesso soggetto che controlla il soggetto estero **(*)**.
(*) Ai fini del test rilevano sia i proventi derivanti dalla rivendita a terzi indipendenti di beni acquistati da imprese associate, sia quelli derivanti dalla rivendita a imprese associate di beni acquistati da terzi indipendenti, nonché le operazioni di compravendita realizzate sia dal lato passivo che dal lato attivo con controparti del medesimo gruppo di appartenenza. Ai fini dell'individuazione di servizi e beni con valore economico aggiunto scarso o nullo si tiene conto delle indicazioni previste in materia di transfer price (v. n. 21653).

Si possono verificare le seguenti situazioni. 21924

<table>
<tr><th>Proventi da PI > 1/3</th><th>Stato estero residenza</th><th>Verifica livello TEE</th><th>Paradiso fiscale?</th><th>Modalità di partecipazione al reddito</th></tr>
<tr><td rowspan="5">NO</td><td>UE o SEE</td><td>non necessario</td><td>NO</td><td>in misura pari al 5%</td></tr>
<tr><td rowspan="4">extra UE/SEE</td><td>TEE > 50% TVI</td><td>NO</td><td>come sopra</td></tr>
<tr><td rowspan="3">TEE < 50% TVI</td><td rowspan="3">SÌ</td><td>in misura pari al 100%</td></tr>
<tr><td>– 5% se la controllante dimostra, anche tramite interpello, che dalla partecipazione non consegue l'effetto di localizzare i redditi in Stati o territori a regime fiscale privilegiato (tassazione congrua), sin dal primo periodo di possesso della partecipazione (1)</td></tr>
<tr><td>– 50% se la controllante dimostra, anche tramite interpello, che il soggetto estero svolge un'attività economica effettiva, mediante l'impiego di personale, attrezzature, attivi e locali
+
credito d'imposta (v. n. 21934)</td></tr>
</table>

Proventi da PI > 1/3	Stato estero residenza	Verifica livello TEE	Paradiso fiscale?	Modalità di partecipazione al reddito
SÌ	QUALUNQUE	TEE > 50% TVI	NO	in misura pari al 5%
		TEE < 50% TVI	SÌ	– il reddito realizzato dal soggetto estero è attribuito per trasparenza alla società controllante residente con le modalità illustrate al n. 21942 e s.
				– non si ha imputazione per trasparenza e gli utili sono tassati in capo al percipiente in misura pari al: • 50% + credito d'imposta, se la controllante residente dimostra, anche tramite interpello, lo svolgimento di un'attività economica effettiva del soggetto controllato estero; • 5% se si dimostra anche il livello congruo di tassazione.

(1) Tale condizione deve essere dimostrata con riferimento ai soli periodi di imposta per i quali gli utili si considerano provenienti da regimi fiscali privilegiati.

21926 **NON SI HA PI > 1/3** (art. 89 c. 3 DPR 917/86) Si considerano provenienti da società residenti in paradisi fiscali (v. n. 21916), gli utili relativi al possesso sia di partecipazioni **dirette** in tali società, sia di partecipazioni **indirette** detenute per il tramite di **società controllate** (v. n. 21908) intermedie estere residenti in uno Stato a regime fiscale ordinario.

In quest'ultimo caso, l'assimilazione opera:

– anche se la controllata estera detiene una partecipazione non di controllo in quella residente in un paradiso fiscale (v. **esempi** 1 e 2);

– limitatamente alla parte di dividendi **effettivamente** provenienti dalla società residente nel paradiso fiscale, individuati con adeguata documentazione da parte della società residente (delibere di destinazione dell'utile da parte dell'assemblea della società estera, contabilizzazione separata ed analitica dei dividendi ricevuti e delle riserve di patrimonio che si formano). La presenza della documentazione consente di distinguere gli utili provenienti da Paesi a fiscalità ordinaria, tassati parzialmente; in mancanza di documentazione, si presumono distribuiti, in via prioritaria e fino a concorrenza, gli utili non provenienti da paradisi fiscali (art. 1 c. 1008 L. 205/2017);

– in caso di **partecipazioni a catena** in più società estere, se il requisito del controllo è riscontrato per ciascuna delle società interposte, mentre non è necessario che riguardi anche la società residente nel paradiso fiscale (v. **esempio** 3).

ESEMPIO

1) Il socio residente detiene una partecipazione di controllo (60%) nella società A, localizzata in un Paese a fiscalità ordinaria, che a sua volta detiene una partecipazione di minoranza (10%) nella società X, residente in un paradiso fiscale: i dividendi sono considerati provenienti da paradisi fiscali.

2) Il socio residente ha una partecipazione minoritaria (20%) nella società B, localizzata in un Paese a fiscalità ordinaria, che a sua volta detiene una partecipazione di controllo (70%) nella società Y, residente in un paradiso fiscale: i dividendi si tassano parzialmente.

3) Il socio residente Alfa detiene una partecipazione di controllo in Beta (100%) che ne detiene una analoga in Gamma (80%) che ne detiene una minoritaria in X (20%) residente in un paradiso fiscale: i dividendi sono considerati provenienti da paradisi fiscali.

Al contrario se il Socio italiano A detiene una partecipazione di controllo in B (100%) che ne detiene una minoritaria in C (20%) che ne detiene una di controllo in X (70%) residente in un paradiso fiscale: i dividendi sono tassati parzialmente.

21930 Gli utili **partecipano** alla determinazione del reddito della controllante in **misura** intera oppure in misura ridotta se quest'ultima **dimostra**, rispettivamente che:

a) dalla partecipazione non consegue l'effetto di localizzare i redditi in Stati o territori a regime fiscale privilegiato (**tassazione congrua**), sin dal primo periodo di possesso della partecipazione (in **misura** pari al 5%);

b) il soggetto estero svolge un'**attività economica effettiva**, mediante l'impiego di personale, attrezzature, attivi e locali (in **misura** pari al 50%). In tal caso, spetta anche un credito d'imposta con le modalità illustrate al par. seguente.

La dimostrazione può avvenire preventivamente **mediante interpello**; se **non** è stato presentato interpello o non si è avuta risposta favorevole, l'importo escluso da tassazione va evidenziato nella dichiarazione dei redditi.

L'esimente della «**tassazione congrua**» può essere soddisfatta anche dimostrando che l'investimento non ha dato origine a un significativo risparmio d'imposta, valorizzando il carico fiscale complessivamente gravante sui redditi della controllata (Risp. AE 17 luglio 2019 n. 254). In particolare, occorre considerare il carico impositivo complessivo subito dal reddito della società estera partecipata a prescindere dal luogo in cui il reddito si considera prodotto e dallo Stato (o dagli Stati) in cui avviene detta tassazione, nonché tenendo conto del prelievo subito dai diversi soggetti del gruppo societario, includendo anche l'imposizione sui dividendi distribuiti ai soci non residenti (Circ. AE 6 ottobre 2010 n. 51/E).

Credito d'imposta Il credito d'imposta spetta (per le imposte pagate dal 2010) alla controllante residente o alle sue controllate residenti in ragione delle imposte assolte dalla società partecipata sugli utili maturati durante il periodo di possesso della partecipazione, in proporzione alla quota imponibile degli utili conseguiti dal socio residente e nei limiti della relativa imposta italiana, secondo le disposizioni generali illustrate al n. 95090 e s. 21934

Ai soli fini dell'**applicazione dell'imposta**, l'ammontare del credito d'imposta fruibile (nell'anno stesso e nei successivi, cioè l'imposta estera) è computato in aumento del reddito complessivo (vedi esempio seguente) e va indicato nel quadro CE del modello Redditi SC.

>Precisazioni 1) Se nel modello Redditi è stato **omesso** soltanto il computo del credito d'imposta in aumento del reddito complessivo, si può procedere d'ufficio alla correzione anche in sede di liquidazione dell'imposta dovuta in base alla dichiarazione dei redditi.

2) In caso di **catene partecipative**, sono le società interposte di primo livello a poter fruire del credito (vedi Circ. AE 4 agosto 2016 n. 35/E, figura 6).

3) Il credito d'imposta spetta anche se gli utili derivanti da società residenti in paradisi fiscali, che hanno ottenuto la disapplicazione della disciplina CFC (prima esimente) siano **incassati tramite una CFC intermedia** tassata in Italia per trasparenza (Ris. AE 24 novembre 2016 n. 108/E).

ESEMPIO 21936

1) Tassazione parziale (50%)

Dividendo estero	100
Dividendo estero imponibile	50
Imposta estera	40
Reddito domestico	900
Reddito complessivo	970 (900 + 50 + 20)
Imposta italiana (IRES 24%)	232,8
Quota d'imposta italiana relativa al reddito estero (RE/RCN × IMP.IT)	70/970 × 232,8 = 16,8
Credito spettante	16,8 (16,80 < 20)
Eccedenza imposta estera	3,2
Eccedenza imposta italiana	0
Imposta italiana da pagare (al netto del credito)	216

Inoltre, l'imposta italiana va liquidata, tenendo conto delle detrazioni e delle deduzioni spettanti, assumendo come base di calcolo il reddito al lordo del credito d'imposta.

2) Tassazione integrale (100%)

Dividendo estero imponibile	100
Imposta estera	30
Reddito domestico	900
Reddito complessivo	1.030 (900 + 100 + 30)
Imposta italiana (24%)	247,2
Quota d'imposta italiana relativa al reddito estero (RE/RCN × IMP.IT)	130/1.030 × 247,2 = 31,2
Credito spettante	30 (30 < 31,2)
Eccedenza imposta estera	0
Eccedenza imposta italiana	1,2
Imposta italiana da pagare (al netto del credito)	217,2

Inoltre, l'imposta italiana va liquidata, tenendo conto delle detrazioni e delle deduzioni spettanti, assumendo come base di calcolo il reddito al lordo del credito d'imposta.

21938 **SI HA PI > 1/3** (art. 167 c. 1-5 DPR 917/86) Se **oltre un terzo dei proventi** realizzati dal soggetto estero rientra tra quelli considerati «**passive income**» (v. n. 21922) e il suo tax rate effettivo è inferiore al 50% di quello virtuale italiano (v. n. 21916), l'intero reddito va attribuito per trasparenza alla società controllante residente, **indipendentemente** dall'effettiva percezione di utili (c.d. «disciplina CFC» - v. n. 21942 e s.), **anche** se il soggetto estero è residente in un Paese UE o SEE o si tratta di una stabile organizzazione all'estero di un soggetto controllato (v. n. 21908) o di stabile organizzazioni all'estero di soggetto residente che abbiano optato per il regime di branch exemption (v. n. 95300).
La controllante residente, se ne ricorrono i **presupposti**, può **disapplicare** la disciplina (v. par. seguente).

La disciplina si applica anche nel caso in cui il controllante residente è persona fisica, società di persone, ente o stabile organizzazione italiana di soggetto non residente che controlla un soggetto estero.

N.B. Poiché la disciplina trova applicazione solo se ricorrono **entrambe le condizioni** (ETR test e passive income), se in un determinato periodo una o entrambe le condizioni **vengono meno**, la controllante può fuoriuscire dal regime CFC (senza bisogno di dimostrare l'esimente).
Resta fermo che, nei periodi in cui la tassazione per trasparenza non trova applicazione, il **monitoraggio** dei valori fiscalmente riconosciuti degli elementi patrimoniali, dei redditi e delle perdite (anche virtuali) della CFC (v. n. 21943) deve comunque continuare qualora la controllante intenda utilizzare le eventuali perdite residue (virtuali), nonché le eventuali eccedenze di interessi e/o di ROL e i valori fiscali aggiornati degli elementi patrimoniali della CFC in sede di eventuale e successivo rientro nel regime al ricorrere di nuovo delle condizioni (Circ. AE 28 luglio 2022 n. 29/E).

21940 **Disapplicazione** (art. 167 c. 11 e 12 DPR 917/86) La controllante residente può disapplicare la disciplina se **dimostra** che il soggetto estero svolge un'**attività economica effettiva**; in tal caso, il reddito non va imputato per trasparenza e gli utili partecipano alla determinazione del reddito della controllata in misura pari al 50%, con l'attribuzione di un credito d'imposta (v. n. 21934). Un elenco esemplificativo dei documenti da produrre ai fini della suddetta dimostrazione è contenuto nella Circ. AE 27 dicembre 2021 n. 18 (Allegati n. 4 e n. 5).
Ovviamente, se viene dimostrata **anche** la sussistenza del requisito della **tassazione congrua** in capo al soggetto estero, gli utili partecipano alla determinazione del reddito in misura pari al 5%.
La disapplicazione può avvenire:
– a seguito di **risposta positiva** ad istanza di interpello (v. n. 80075); in tal caso, la controllante non deve fare alcuna segnalazione;
– **senza** aver presentato interpello, o, avendolo presentato, in assenza di risposta favorevole; in tal caso, la controllante deve **segnalare** tale situazione nella dichiarazione dei redditi.

L'AE, in caso intenda procedere ad **accertamento**, deve notificare all'interessato un **apposito avviso** con il quale viene concessa la possibilità di fornire, nel **termine** di 90 giorni, le prove della **sussistenza** dell'attività economica effettiva.

Se le prove non vengono considerate idonee, l'AE deve darne specifica motivazione nell'avviso di accertamento.

Determinazione e tassazione del reddito (art. 167 c. 6-10 DPR 917/86, Circ. AE 4 agosto 2016 n. 35/E) Il reddito del soggetto estero va **imputato per trasparenza** al controllante residente, nel periodo d'imposta di quest'ultimo in corso alla data di chiusura dell'esercizio o periodo di gestione del soggetto estero, in **proporzione** alla quota di partecipazione agli utili detenuta direttamente o indirettamente (in tal caso, si tiene conto della demoltiplicazione prodotta sugli utili dalla catena societaria partecipativa). 21942

Esso è determinato in base alle disposizioni applicabili ai soggetti IRES residenti (indipendentemente dalla forma giuridica della CFC o del controllante residente), ad **esclusione** di quelle relative: alle società di comodo e in perdita sistemica, agli ISA, alla rateazione delle plusvalenze patrimoniali e all'ACE.

Se il **risultato del periodo è una perdita**, questa rimane in capo alla controllata estera la quale può computarla in diminuzione dei redditi dei periodi successivi in base alle regole ordinarie (v. n. 25915).

Se nel corso dell'esercizio la CFC percepisce dividendi da proprie partecipate estere residenti o localizzate in Paesi o territori diversi da quelli considerati paradisi fiscali, tali proventi concorrono a formare il reddito da imputare per trasparenza nella misura del 5% (v. n. 21886).

Per il **primo esercizio** nel quale si rende applicabile la disposizione, i valori indicati nei bilanci della società partecipata estera nell'esercizio precedente sono riconosciuti, purché i valori di partenza siano conformi a quelli derivanti dall'applicazione dei criteri contabili adottati nei precedenti esercizi o ne venga attestata la congruità da soggetti iscritti nel Registro dei Revisori contabili (art. 2 c. 2 DM 429/2001). 21943

Tuttavia, il controllante residente può scegliere di tenere il **monitoraggio dei valori fiscali** degli elementi dell'attivo e del passivo della CFC - sia ai fini dell'ETR test (v. n. 21916), sia ai fini della determinazione del reddito da imputare per trasparenza - sin **dall'acquisizione del controllo** della stessa, indipendentemente dalla circostanza che siano o meno integrate le altre condizioni per l'applicazione della disciplina CFC.

A tal fine, il controllante deve **barrare** l'apposita casella del quadro FC («monitoraggio»), compilando l'apposita sezione del Modello redditi. In tal modo, anche nel caso in cui l'imputazione per trasparenza non abbia luogo (per carenza delle altre condizioni), i redditi, le perdite e le eccedenze di interessi passivi e ROL virtuali della CFC vengono comunque determinati, così da aggiornare e continuare a tenere memoria dei valori fiscali degli elementi patrimoniali di riferimento e consentire il riporto in avanti delle perdite e delle altre eccedenze (virtuali) ai fini di un loro possibile utilizzo nell'eventuale successivo momento di avvio della tassazione per trasparenza (per il verificarsi delle altre condizioni) (Circ. AE 27 dicembre 2021 n. 18/E).

In pratica, il **controllante residente** deve indicare, nel **quadro FC** della propria dichiarazione dei redditi, l'utile o la perdita dell'esercizio o periodo di gestione della CFC, quale risulta dal bilancio (o da altro documento riepilogativo della contabilità) redatto secondo le disposizioni dello Stato estero di residenza e vi apporta le **variazioni** in aumento e in diminuzione ivi indicate. 21944

Il reddito imponibile risultante, imputato al soggetto residente **in proporzione** alla relativa quota di partecipazione, va, quindi, trasfuso nel **quadro RM** della dichiarazione al fine dell'assoggettamento a **tassazione separata**. A tal fine, si applica l'aliquota media (imposta/imponibile) di tassazione del reddito complessivo netto del soggetto residente, comunque non inferiore all'aliquota ordinaria IRES.

Dall'imposta così determinata sono ammesse in detrazione, fino a concorrenza della stessa, le **imposte pagate all'estero** a titolo definitivo dalla CFC, sul reddito imputato per trasparenza (v. n. 95090), considerando non solo quelle assolte nel proprio Stato di residenza ma anche quelle pagate in altri Paesi (Ris. AE 11 agosto 2017 n. 112/E); l'imposta netta va versata con F24 con le modalità ed entro i termini previsti per le imposte sui redditi.

>Precisazioni 1) Il **bilancio** o altro documento riepilogativo della contabilità d'esercizio, redatto secondo le norme dello Stato o territorio in cui risiede o è localizzata la controllata estera, devono essere tenuti a disposizione dell'AF per i necessari controlli. Inoltre, il controllante residente deve fornire, entro 30 giorni dalla richiesta dell'AF, idonea documentazione dei costi di acquisizione dei beni relativi all'attività esercitata nonché delle componenti reddituali rilevanti per la determinazione dei redditi o delle perdite, o dei compensi a qualsiasi titolo corrisposti ai controllanti non titolari di reddito d'impresa.

2) In caso di **controllo** su **più imprese**, società o enti residenti in paradisi fiscali, occorre compilare un

quadro FC per ciascuna impresa controllata (o collegata). Se il controllo è esercitato da un soggetto **non titolare di reddito d'impresa**, completamente per il tramite di una società o ente residente, l'incombenza è a carico di quest'ultima.

3) In caso di **catene societarie**, caratterizzate da più società intermedie residenti, spetta al controllante residente di «ultimo livello» la determinazione del reddito della CFC nell'ambito del proprio quadro FC (Circ. AE 26 maggio 2011 n. 23/E).

4) Se la società controllante residente ha optato per la **tassazione consolidata** deve compilare il **quadro GN** anziché il quadro RM; inoltre, ai fini della determinazione dell'**aliquota applicabile** ai redditi da assoggettare a tassazione separata, il reddito imponibile per il calcolo dell'aliquota media è il reddito complessivo netto individuale, non rilevando quindi le rettifiche di consolidamento (Ris. AE 12 febbraio 2008 n. 43/E).

21946 Al fine di **evitare duplicazioni** di tassazione è stabilito che:
- gli **utili distribuiti**, in qualsiasi forma, dalla CFC non concorrono alla formazione del reddito del soggetto residente, **fino all'ammontare** del reddito assoggettato a tassazione per trasparenza, anche in periodi d'imposta precedenti; inoltre, quest'ultimo può detrarre le imposte pagate all'estero su tali utili, fino ad un ammontare pari alla differenza tra l'imposta calcolata sui redditi imputati per trasparenza e le imposte pagate all'estero dalla CFC a titolo definitivo.
- il **costo delle partecipazioni** nella controllata estera è aumentato dei redditi imputati per trasparenza al soggetto residente e diminuito, fino a concorrenza di tali redditi, degli utili distribuiti.

Gli utili **eccedenti** e quelli **provenienti da** riserve pregresse, costituite in periodi in cui il reddito non è stato imputato per trasparenza, partecipano alla determinazione del reddito secondo le regole ordinarie, a seconda che si tratti di CFC residenti in Stati a fiscalità ordinaria (v. n. 21886) o paradisi fiscali (v. n. 21926 e s.).

---

2. Non sussiste il controllo

21950 **DEFINIZIONE DI PARADISO FISCALE** (art. 47 bis c. 1 lett. b DPR 917/86) Il soggetto estero è considerato residente o localizzato in un paradiso fiscale se il **livello nominale** di tassazione risulta **inferiore** al 50% di quello applicabile in Italia. Sono comunque sempre **esclusi** gli Stati UE e i Paesi SEE collaborativi (Islanda, Norvegia, e Liechtenstein).

Per individuare tali regimi, è possibile consultare le **aliquote nominali vigenti** sui siti internet istituzionali dei vari ordinamenti esteri oppure nella banca dati dell'OCSE sul sito: http://stats.oecd.org//Index.aspx?; sul sito internet della Banca Mondiale o di altri istituti o centri di studio e ricerca internazionali.

21952 **Confronto del livello di tassazione nominale** Per l'**imposizione italiana**, rilevano l'aliquota IRES, vigente nel periodo d'imposta in cui si effettua la verifica (senza considerare eventuali addizionali) e l'IRAP con aliquota ordinaria (attualmente pari al 3,9%).

Per l'**imposizione estera**, si considerano le imposte sui redditi applicate nell'ordinamento fiscale di localizzazione della controllata, individuate con riferimento alla Convenzione per evitare le doppie imposizioni eventualmente vigente con lo Stato estero (tenendo conto anche delle eventuali imposte di natura identica o analoga intervenute in sostituzione di quelle menzionate espressamente nella Convenzione).

Occorre, inoltre tenere conto di eventuali **regimi speciali** (v. par. seguente).

Se è prevista un'**imposta progressiva a scaglioni** o una **progressività per detrazione**, occorre calcolare la media aritmetica ponderata delle aliquote. Per la ponderazione viene individuato, in via convenzionale, un parametro reddituale pari a 1 milione di euro.

ESEMPIO

1) Il regime fiscale dello Stato di residenza della controllata prevede che l'imposta sul reddito delle società sia basata sul seguente sistema progressivo a scaglioni:
- fino a 30.000 euro: aliquota del 12%;
- da 30.001 euro a 60.000 euro: aliquota del 20%;
- da 60.001 euro in poi: aliquota del 30%.

L'aliquota calcolata sulla base della media aritmetica ponderata, assumendo, in via convenzionale, un reddito massimo di 1.000.000 di euro è pari al 29% ottenuta col seguente calcolo:
[(30.000 – 0) × 0,12 + (60.000 – 30.001) × 0,20 + (1.000.000 – 60.001) × 0,30] / 1.000.000

2) Nello Stato etero è prevista un'aliquota nominale di imposizione del 20% che trova applicazione solo per i redditi superiori a 100.000 euro.
L'aliquota media ponderata, supponendo un reddito massimo di 1.000.000 di euro, è pari a:
(100.000 – 0) × 0 + (1.000.000 – 100.001) × 0,20 / 1.000.000 = 17%

Rilevano i **regimi speciali** che **non** sono applicabili strutturalmente **alla generalità dei soggetti** svolgenti analoga attività del soggetto estero partecipato, che risultino fruibili soltanto in funzione delle **specifiche caratteristiche** soggettive o temporali del beneficiario e che, pur non incidendo direttamente sull'aliquota, prevedano esenzioni o altre riduzioni della base imponibile idonee a ridurre il prelievo nominale al di sotto del limite del 50% rispetto a quello italiano. Nel caso in cui il regime speciale riguardi solo **particolari aspetti** dell'attività economica **complessivamente** svolta dal soggetto estero, se ne terrà conto solo se l'attività ricompresa nell'ambito dello stesso risulti prevalente, in termini di ricavi ordinari, rispetto alle altre attività svolte. **21954**

In pratica, per **regime speciale** si può intendere quella disciplina fiscale **applicabile a determinati soggetti** in ragione della tipologia di attività esercitata (ad esempio attività industriali svolte in «zone franche»), ovvero delle particolari categorie di appartenenza (ad esempio le «microimprese»), ovvero in virtù di accordi o provvedimenti su misura dell'AF estera, laddove nell'ordinamento estero è presente un regime ordinario, strutturale e differente applicabile ad altri contribuenti che svolgono analoga attività industriale, commerciale o finanziaria.
Ad **esempio**, sono da ritenersi speciali quei regimi che prevedono una codificata deduzione, oltre ai costi confluiti nel conto economico, soltanto **per un limitato periodo di tempo** (ad es., forme di agevolazione sulla falsariga del c.d. «super-ammortamento») oppure quei regimi che prevedano delle **esenzioni** soltanto a determinate imprese in virtù di una peculiare **caratteristica speciale soggettiva**, ad esempio, perché localizzate in una determinata area dello Stato estero.

MODALITÀ DI TASSAZIONE (art. 89 c. 3 DPR 917/86) Gli utili **partecipano** alla determinazione del reddito della percipiente italiana in **misura** intera oppure in misura ridotta se quest'ultima **dimostra**, rispettivamente che: **21956**
a) dalla partecipazione non consegue l'effetto di localizzare i redditi in Stati o territori a regime fiscale privilegiato (**tassazione congrua**), sin dal primo periodo di possesso della partecipazione (in **misura** pari al 5%);
b) il soggetto estero svolge un'**attività economica effettiva**, mediante l'impiego di personale, attrezzature, attivi e locali (in **misura** pari al 50%, senza fruire di alcun credito d'imposta).
La dimostrazione può avvenire preventivamente **mediante interpello**; se **non** è stato presentato interpello o non si è avuta risposta favorevole, l'importo escluso da tassazione va evidenziato nella dichiarazione dei redditi.

---

3. Affrancamento degli utili risultanti dal bilancio 2021
(art. 1 cc. 87-95 L. 197/2022)

La società residente può **affrancare** gli utili e le riserve di utile risultanti dal bilancio dei soggetti partecipati (sia direttamente che indirettamente) relativo all'esercizio chiuso nel periodo di imposta antecedente a quello in corso al 1° gennaio 2022 e **non ancora distribuiti** al 1° gennaio 2023, col versamento di un'imposta sostitutiva. **21960**

Le disposizioni attuative verranno emanate da apposito DM.

Misura L'imposta sostitutiva è **pari** al 9%, ma si **riduce** al 6% se: **21962**
– gli utili vengono **percepiti entro** la scadenza del versamento del saldo IRES dovuto per il 2023 (generalmente, il 30 giugno 2024)**;**
– **e** sono **accantonati**, per un periodo non inferiore a due esercizi, in una specifica riserva di patrimonio netto.
Il **mancato rispetto** di uno dei due requisiti comporta l'obbligo di versare la differenza tra l'imposta sostitutiva ordinaria e quella ridotta - maggiorata del 20% e dei relativi interessi - **entro** 30 giorni decorrenti dal termine di scadenza stabilito per il rimpatrio degli utili o dalla data di riduzione dell'utile accantonato prima del decorso del biennio.

In caso di **partecipazioni indirette** per il tramite di società controllate (v. n. 21908), l'imposta sostitutiva è **determinata** in **proporzione** alla partecipazione detenuta nella partecipata estera e tenendo conto dell'effetto demoltiplicativo della quota di possesso.

Se l'affrancamento è eseguito da **imprenditore persona fisica** o da **società di persone**, l'**aliquota** dell'imposta sostitutiva è pari al 30%, ridotta al 27% se si verificano le condizioni del rimpatrio entro il 30 giugno 2024 con accantonamento degli utili in apposita riserva.

21964 **Versamento** Va versata in un'unica soluzione **entro** il termine di scadenza del saldo delle imposte sui redditi dovute per il periodo di imposta in corso al 31 dicembre 2022 (normalmente 30 giugno 2023), senza possibilità di compensarla con altre imposte a credito.

21968 **Opzione** L'opzione va indicata nella dichiarazione dei redditi relativa al periodo d'imposta in corso al 31 dicembre 2022 (normalmente da presentarsi nel 2023) ed è **efficace** a decorrere dall'inizio del periodo di imposta successivo a quello in corso al 31 dicembre 2022.
Può essere esercitata **distintamente** per ciascuna partecipata estera e con riguardo a **tutti o a parte** dei relativi utili e riserve di utile,.

21972 **Effetti** Gli utili **distribuiti** si considerano prioritariamente formati con quelli assoggettati all'imposta sostitutiva.
Ai fini del computo della plusvalenza o della minusvalenza, il **costo fiscalmente riconosciuto** della partecipazione è incrementato, fino a concorrenza del corrispettivo della cessione, dell'importo degli utili e delle riserve di utili assoggettati all'imposta sostitutiva e diminuito dell'importo dei medesimi utili e riserve di utili distribuiti.

C. Interessi attivi e proventi assimilati

21985 **INTERESSI ATTIVI** (art. 89 c. 5, 7 DPR 917/86) Occorre distinguere gli interessi di mora dalle altre tipologie di interessi attivi (interessi derivanti da mutui, depositi o conti correnti bancari e postali, obbligazioni e simili, interessi per dilazione di pagamento, se derivano da crediti riguardanti cessioni che producono ricavi, interessi per ritardati rimborsi d'imposta, ecc.).
Gli **interessi di mora**, infatti, concorrono a formare il reddito d'impresa nell'esercizio in cui sono incassati, secondo il c.d. criterio di cassa (art. 109 c. 7 DPR 917/86).
Se la misura del tasso di interesse non risulta da contratto, per i rapporti fra imprese e privati si deve applicare il tasso legale (per il 2022: 1,25% annuo; per il 2021: 0,01% annuo) e, per i rapporti fra imprese commerciali, il tasso è comunicato sulla GU, secondo le disposizioni del D.Lgs. 231/2002. Per il triennio 2020/2022 è rimasto dell'8%.

21986 Gli **interessi attivi diversi** da quelli di mora, invece, concorrono a formare il reddito d'impresa per l'ammontare maturato nell'esercizio, secondo l'ordinario criterio di competenza. Se la misura del tasso di interesse non risulta da contratto, si deve applicare il tasso legale.
Sono soggetti alle stesse regole anche gli interessi attivi **figurativi** eventualmente contabilizzati in applicazione del criterio del costo ammortizzato ai crediti, debiti e titoli (v. n. 21300).

>Precisazioni 1) Per i rapporti di **conto corrente** e le **operazioni bancarie** regolate in conto corrente, si considerano maturati e concorrono, quindi, a formare il reddito d'impresa anche gli **interessi** che sono **compensati** a norma di legge o di contratto. Tali interessi concorrono pertanto alla determinazione del reddito per il loro intero ammontare e non solo per l'importo corrispondente all'eventuale saldo attivo (differenza tra interessi attivi e passivi).
2) Gli interessi **corrisposti da società consociate residenti in Stati UE** sono esenti in presenza delle condizioni illustrate al n. 95230 (percentuale di partecipazione non inferiore al 25% dei diritti di voto, detenzione ininterrotta per un anno, ecc.).
3) Le **remunerazioni** corrisposte in base ad un contratto di **finanziamento** di **capitale di rischio** (c.d. Venture Loan Agreement), si considerano quali interessi passivi (Risp. AE 15 luglio 2021 n. 477).

21995 **OPERAZIONI DI PRONTI CONTRO TERMINE E DI PRESTITO TITOLI** (art. 89 c. 6 DPR 917/86, art. 7 c. 2 DL 6/96 conv. in L. 110/96) In queste operazioni (v. n. 11475 e n. 11320) il compratore a pronti - che ha l'obbligo di rivendere a termine i titoli - è considerato come un soggetto che presta denaro e che, quindi, consegue un reddito di natura finanziaria. Ne discende che i titoli restano nel patrimonio dell'impresa che li cede a pronti e li riacquista a termine, conservando lo stesso costo e la stessa categoria di appartenenza che avevano prima dell'operazione.

> **Precisazioni** 1) Quanto detto vale sia per le operazioni di pronti contro termine iniziate e concluse durante l'esercizio, sia per quelle **ancora in svolgimento** a fine esercizio.
> 2) Nel caso vi sia solo la **facoltà** (e non l'obbligo) di rivendere a termine i titoli, non ci si trova di fronte a vere e proprie operazioni di pronti contro termine, bensì a operazioni **traslative** di titoli che possono originare ricavi e costi o, se iscritti tra le immobilizzazioni finanziarie, plusvalenze e minusvalenze. Questi titoli, pertanto, sono iscritti nel bilancio dell'acquirente e non in quello del cedente.

Tali operazioni danno luogo a **due tipi di proventi**: gli interessi e lo scarto tra il prezzo pagato dal primo acquirente ed il prezzo di rivendita a termine.

Interessi Le operazioni pronti contro termine realizzano un «prestito» reciproco di beni fruttiferi (denaro e titoli). Pertanto chi riceve il denaro gode della sua naturale redditività ed il compratore a pronti deve considerare gli interessi cartolari maturati dal momento dell'acquisto a pronti fino alla data di cessione a termine. **22000**

Scarto Lo scarto rappresenta la differenza tra il prezzo a pronti e quello a termine e concorre a formare il reddito per la quota maturata nell'esercizio. **22005**
Può essere indifferentemente stabilito a favore di ognuna delle due parti e va calcolato al netto degli **interessi maturati** sui titoli oggetto dell'operazione.
Costituisce un **provento** finanziario per la parte che lo riceve ed un onere per quella che lo subisce; in quanto tale è soggetto alla disciplina illustrata al n. 23045.

> Se in **bilancio** lo scarto non è stato **autonomamente evidenziato**, ma è stato portato in aumento o in diminuzione degli interessi attivi maturati a favore del compratore a pronti o di quelli passivi sostenuti dal cedente a pronti, sarà necessario evidenziarlo appositamente ai fini fiscali. In sede di **dichiarazione dei redditi** occorrerà, quindi, effettuare una variazione in aumento o in diminuzione per la differenza, positiva o negativa, tra il corrispettivo a pronti e quello a termine (depurato degli interessi maturati pro-rata temporis) sui titoli oggetto dell'operazione.

Dal punto di vista del **compratore a pronti** (rivenditore a termine), la determinazione del reddito è differente a seconda che lo scarto sia positivo o negativo. **22008**
Nel caso sia **positivo** lo scarto costituisce l'ulteriore provento finanziario che integra gli interessi prodotti dai titoli stessi.
Solo per gli interessi cartolari, il compratore potrà scomputare pro-quota le ritenute operate dal soggetto emittente e potrà, pertanto, godere degli eventuali regimi di esenzione connessi a tali interessi, senza che tali vicende influiscano sul trattamento dello scarto.
Se invece lo scarto è **negativo**, concorre autonomamente come onere a formare il reddito.

SCARTI DI EMISSIONE (art. 5 DL 250/95 conv. in L. 349/95) Altro non sono che la **differenza** tra le somme da ricevere e le somme pagate per l'acquisto dei titoli a reddito fisso. Tale differenza costituisce componente positiva di reddito, limitatamente alla quota maturata nell'esercizio. **22010**

D. Strumenti finanziari derivati

Concorrono alla formazione del reddito d'impresa i **componenti positivi** e **negativi** che risultano dalla **valutazione alla** data di **chiusura** dell'esercizio dei derivati al fair value secondo i principi contabili (OIC e IAS /IFRS) (art. 112 c. 2 e 3 bis DPR 917/86). **22015**
Regole specifiche sono previste per i derivati con **finalità di copertura** (come definita dai principi contabili, vedi MC).

> Con riguardo alla prima applicazione dei **principi OIC**, la valutazione dei derivati **non di copertura** che nell'ultimo bilancio risultano:
> – non iscritti, rileva per la determinazione del reddito al momento del realizzo;
> – iscritti, continuano ad applicare le norme di valutazione previgenti (art. 112 DPR 917/86 versione ante 2016).

Nel caso di operazioni con finalità di **copertura di attività o passività** (art. 112 c. 6 DPR 917/86), i relativi componenti derivanti da valutazione o da realizzo concorrono a formare il **22020**

reddito secondo le medesime disposizioni che disciplinano i componenti, derivanti dalle attività o passività coperte (art. 112 c. 4 DPR 917/86).
Ad **esempio**, se l'operazione è posta in essere dalla società con finalità di copertura dal rischio di **variazione dei prezzi** delle materie prime, i relativi componenti positivi o negativi concorrono alla formazione del reddito secondo le regole proprie delle rimanenze di materie prime.

Per i **soggetti OIC**, come per i soggetti IAS/IFRS, ai fini della copertura rileva quanto segue (art. 7 c. 4 DM 8 giugno 2011 come mod. dal DM 3 agosto 2017):
– la finalità di copertura del derivato può risultare alternativamente da atto di data certa anteriore alla negoziazione del relativo strumento o dal primo bilancio approvato successivamente;
– i flussi finanziari derivanti da derivati di copertura risultano fiscalmente irrilevanti fino all'imputazione a conto economico;
– la qualificazione di strumento derivato di copertura viene riconosciuta anche per le coperture designate solo per le variazioni dei flussi finanziari o di fair value al di sopra o al di sotto di un determinato prezzo.

22022 Nel caso di operazioni poste in essere con finalità di **copertura** dei **rischi** relativi ad **attività e passività produttive di interessi**, i componenti concorrono a formare il reddito se si tratta di **rischi connessi** (art. 112 c. 5 DPR 917/86):
– a specifiche attività e passività, secondo lo stesso criterio degli interessi (v. n. 21880 e s.);
– ad insiemi di attività e passività, secondo la durata del contratto.

22025 Nel caso di **derivati incorporati** in strumenti finanziari «ibridi», lo scorporo contabile operato in bilancio in base alla corretta applicazione dei principi contabili è riconosciuto fiscalmente, in applicazione della derivazione rafforzata, a condizione che nessuno degli strumenti derivanti dallo scorporo integri uno strumento finanziario similare alle azioni (DM 10 gennaio 2018).

E. Proventi immobiliari

22035 I proventi derivanti da **immobili patrimonio** (diversi da quelli alla cui produzione/scambio è diretta l'attività d'impresa e da quelli strumentali per natura o destinazione), in tutti gli esercizi in cui perdura il titolo di proprietà, concorrono alla formazione del reddito secondo criteri di valutazione particolari e non secondo le risultanze del Conto economico (art. 90 DPR 917/86, Circ. AE 13 marzo 2006 n. 10/E).
In quanto immobilizzazioni, in caso di vendita, il provento concorre a determinare il reddito d'impresa come **plusvalenza** o **minusvalenza**, secondo le regole ordinarie esposte al n. 24560.

> **Precisazioni** 1) Poiché in base al nuovo OIC 16 anche questi immobili sono soggetti ad ammortamento (salvo poche eccezioni), ciò comporterà la necessità di rilevare una **variazione in aumento** in sede di dichiarazione dei redditi in modo da neutralizzare il costo dedotto nel conto economico della società.
2) Le modalità che seguono non si applicano ai redditi, dominicali e agrari, dei **terreni** derivanti dall'esercizio delle **attività agricole** di cui al n. 7150 e s. (anche se nei limiti ivi stabiliti).

22045 **DETERMINAZIONE DEI PROVENTI** I proventi concorrono a formare il reddito d'impresa con **modalità** diverse a seconda che siano situati in Italia o all'estero.

22046 **Immobili situati in Italia** (art. 90 c. 1 DPR 917/86)

Tipologie	Proventi tassati
terreni	si considera il reddito dominicale rivalutato (v. n. 7178)
fabbricati non locati	si considera la rendita catastale rivalutata del 5% (v. n. 7025 e s. e n. 7129)
fabbricati locati (1)	si considera il canone di locazione ridotto delle spese sostenute dal locatore (documentate) e rimaste a suo carico, per la realizzazione di interventi di manutenzione ordinaria (v. n. 61490), che tuttavia rilevano fino ad un massimo del 15% del canone medesimo **(2)**. Se il canone, al netto della riduzione suddetta o al lordo delle citate spese (se a carico dell'inquilino), è inferiore alla rendita catastale rivalutata, è quest'ultima che rileva **(3)**

Tipologie	Proventi tassati
immobili di **interesse storico e artistico**	– se **non locati**, la rendita catastale rivalutata è ridotta del 50%; – se **locati**, si assume il maggiore tra il canone di locazione risultante dal contratto, ridotto del 35%, e la rendita catastale rivalutata del 5% ridotta del 50% (Ris. AE 31 dicembre 2012 n. 114/E)

(1) Si considerano anche quelli oggetto di **rent to buy**, limitatamente alla quota del provento riferibile alla locazione (Circ. AE 19 febbraio 2015 n. 4/E).

(2) Considerato che solitamente le **spese di manutenzione ordinaria** sono a carico dell'inquilino conduttore, l'impresa locatrice, di fatto, non usufruisce di alcuna deduzione.

(3) Si applicano anche le seguenti disposizioni relative ai redditi fondiari:
– **fabbricati situati in comuni ad alta densità abitativa** concessi in affitto a canone concordato, con riduzione ulteriore del 30% (v. n. 7066);
– **canoni delle abitazioni non riscossi** a seguito di **sfratto** convalidato per morosità del conduttore (v. n. 7060).

ESEMPIO
Canone di locazione annuo............................ 10.000
Spese di manutenzione ordinaria.......................2.000
Deduzione teorica massima..............................1.500
Deduzione consentita..1.500
L'eccedenza non deducibile (500) non può essere recuperata negli esercizi successivi, ancorché in tali periodi le spese sostenute siano inferiori al limite del 15%.

Immobili situati all'estero (art. 90 c. 1 DPR 917/86) Si considera l'ammontare netto risultante dalla valutazione effettuata nello Stato estero per il corrispondente periodo d'imposta. Se vi è **difformità dei periodi d'imposta** tra i due Stati, si prende in considerazione la valutazione effettuata per il periodo d'imposta estero che si chiude nel corso di quello italiano. Se tali immobili **non sono soggetti a imposta nello Stato estero**, il loro reddito è dato dall'ammontare percepito nel periodo di imposta ridotto forfettariamente del 15%. **22047**

SPESE E COMPONENTI NEGATIVI Tutte le spese e gli altri componenti negativi **riguardanti tali immobili** - es. ammortamenti, spese di manutenzione e riparazione, ordinaria e straordinaria, spese di gestione, comprese quelle del personale addetto alla portineria, all'amministrazione, ecc. - **non** sono generalmente **deducibili** (Ris. Min. 3 giugno 1977 n. 9/903, Cass. 27 novembre 2002 n. 16780). **22050**
Fanno **eccezione** le spese di **manutenzione ordinaria** relative agli immobili locati che sono deducibili nel limite del 15% del canone di locazione e gli **interessi passivi** che seguono regole specifiche (v. n. 22055).
Al contrario, le spese **non riguardanti** specificamente gli immobili - personale addetto alla contabilità, spese di consulenza fiscale e societaria, emolumenti dell'organo amministrativo (salvo quello corrisposto a chi eventualmente si occupa solo della gestione degli immobili) - sono integralmente **deducibili**.

ESEMPIO
Immobile ad uso abitazione di proprietà di una società di capitali non immobiliare e dato in locazione.
Conto economico: Ricavi (canoni di locazione 20.000 + spese condominiali rimborsate per 3.000) = 23.000;
Costi: (ammortamenti 4.000, spese condominiali 3.000 e spese di manutenzione ordinaria 3.500) = 10.500.
Pertanto, in dichiarazione dei redditi, si effettueranno:
– variazioni in aumento: 10.500 + reddito fondiario 17.000, cioè 20.000 – 15% di detrazione forfettaria (in quanto 3.000 è inferiore delle spese di manutenzione ordinaria di 3.500), presumendo che il canone al netto della riduzione sia superiore alla rendita catastale;
– variazioni in diminuzione: 23.000.

Interessi passivi e oneri assimilati (art. 1 c. 35 e 36 L. 244/2007, Circ. AE 21 aprile 2009 n. 19/E, Circ. AE 22 luglio 2009 n. 37/E) Gli interessi passivi sostenuti in relazione agli immobili patrimonio sono soggetti alle seguenti regole di deducibilità: **22055**
– quelli sostenuti in relazione a finanziamenti (compreso lo scoperto di conto corrente) contratti specificamente per l'**acquisto** o la **costruzione** dell'immobile sono **deducibili** con le

regole ordinarie illustrate al n. 23055 e s., anche nel caso in cui siano stati patrimonializzati, cioè imputati in bilancio ad incremento del costo di acquisto;
– gli interessi **diversi dai precedenti**, compresi quelli di funzionamento, sono completamente **indeducibili**; sono, ad **esempio**, indeducibili gli interessi relativi a finanziamenti contratti a fronte di interventi di manutenzione straordinaria.

22060 In aggiunta a quanto sopra, le società che svolgono **in via effettiva e prevalente** attività immobiliare possono dedurre integralmente gli interessi relativi a **finanziamenti garantiti da ipoteca** (per l'acquisto o la costruzione o l'acquisizione in leasing) su immobili destinati alla locazione, sia che si tratti di immobili tipicamente patrimoniali (unità abitative) che di immobili strumentali per natura (capannoni, magazzini, negozi, ecc.). La deduzione integrale spetta anche a fronte di rifinanziamenti nel limite della residua quota capitale del finanziamento originario e sempreché la liquidità ottenuta rimborsi il finanziamento originario (relazione illustrativa al D.Lgs. 147/2015).
Sono tali le società il cui valore dell'attivo patrimoniale è costituito per la maggior parte dal valore normale degli immobili destinati alla locazione e i cui ricavi sono rappresentati per almeno due terzi da canoni di locazione o affitto di aziende il cui valore complessivo sia prevalentemente costituito dal valore normale di fabbricati.

F. Contributi

22065 **Dal punto di vista aziendale** i contributi si distinguono, a seconda della loro natura, nelle seguenti 3 categorie:
– contributi in conto esercizio: hanno la funzione di costituire un abbattimento dei costi di esercizio;
– contributi in conto capitale: hanno lo scopo di potenziare complessivamente l'apparato produttivo dell'impresa, ma non sono collegati all'obbligo di effettuare uno specifico investimento;
– contributi in conto impianti: sono concessi specificamente in relazione all'acquisto di beni ammortizzabili.

22066 **Dal punto di vista fiscale**, invece, le tipologie suddette si possono raggruppare in 2 grosse categorie: i contributi spettanti in base a contratto e i contributi spettanti a norma di legge.
Mentre per i primi è irrilevante la natura del contributo, per i contributi derivanti dalla legge la loro natura determina il trattamento fiscale. Spesso, è la legge che ne prevede la concessione che stabilisce la natura del contributo (es. art. 16 L. 317/91). Può accadere anche che la legge assegni al contributo una **destinazione multipla**.
I contributi possono essere in **denaro** o in **natura**: in quest'ultimo caso, si considera il valore normale dei beni concessi.

> **Precisazioni** 1) Si rinvia al Memento Contabile per alcuni **esempi** di contributi.
> 2) I contributi **in conto leasing** (o in conto canoni), a prescindere dalla qualificazione giuridica come contributo in conto impianti o contributo in conto esercizio, sono tassati integralmente in proporzione agli ammontari dei canoni - incluso il maxi-canone - dedotti in ciascun esercizio.
> 3) Il contributo **al locatario per interventi di ristrutturazione** sull'immobile locato imputati pro-rata lungo la durata del contratto secondo i corretti principi contabili, è imponibile nella stessa misura (Risp. AE 6 dicembre 2018 n. 100).

a. Contributi in base a contratto

22070 Derivano da rapporti contrattuali tra soggetti privati e soprattutto **fra imprese** (ad esempio, nell'ambito di un rapporto di fornitura, il committente versa al fornitore somme di denaro a titolo di contributo per l'approntamento da parte del fornitore stesso dei mezzi tecnici necessari per la fornitura oggetto del contratto).

Indipendentemente dalla loro natura (conto esercizio, conto capitale o conto impianti), sono considerati **ricavi** per l'impresa percipiente e, pertanto, concorrono alla formazione del reddito nell'esercizio di competenza secondo le modalità di maturazione previste nel contratto (art. 85 c. 1 lett. g DPR 917/86, Ris. Min. 21 aprile 1979 n. 9/559, Ris. Min. 16 maggio 1979 n. 9/521).

b. Contributi spettanti a norma di legge

Il trattamento fiscale varia in funzione della natura del contributo; pertanto, si analizzano distintamente le diverse tipologie. **22075**

CONTRIBUTI IN CONTO ESERCIZIO (art. 85 c. 1 lett. h DPR 917/86) Possono essere erogati da qualunque soggetto, anche diverso dallo Stato o da altri enti pubblici. **22080**
Sono da considerarsi dei **ricavi** e concorrono a formare il reddito per **competenza**, indipendentemente quindi dalla effettiva percezione del contributo. In particolare rileva il momento in cui esiste la certezza giuridica di aver diritto al contributo, cioè quando l'ente erogatore ha **emesso la delibera di approvazione** all'emissione del mandato di pagamento.

CONTRIBUTI IN CONTO CAPITALE (art. 88 c. 3 lett. b DPR 917/86) Rilevano nel momento in cui entrano nella disponibilità materiale e giuridica del percettore, ovvero al momento dell'incasso. Costituiscono una **sopravvenienza** e possono concorrere alla formazione del reddito o **interamente** nell'esercizio in cui sono incassati o, in **quote costanti**, in questo e nei successivi esercizi, ma non oltre il quarto. **22085**

> **Precisazioni** 1) Nel caso in cui il diritto al conseguimento di un contributo già incassato sia sottoposto a **condizione sospensiva**, il contributo stesso rileva fiscalmente soltanto al verificarsi della condizione. I contributi soggetti a condizione risolutiva sono invece di competenza dell'esercizio in cui vengono incassati.
> 2) Se il contributo è erogato mediante riconoscimento di uno specifico **credito d'imposta** lo stesso si considera incassato nel momento in cui il credito è utilizzato per il pagamento delle imposte.
> 3) La **restituzione del contributo** incide secondo gli stessi criteri con i quali era stato originariamente ripartito ai fini della tassazione; pertanto, per i contributi per i quali la tassazione è già avvenuta (esercizi precedenti), si ha, nell'esercizio in cui avviene la restituzione, una sopravvenienza passiva per l'importo corrispondente (Circ. Min. 17 maggio 2000 n. 98/E).

CONTRIBUTI IN CONTO IMPIANTI (art. 88 c. 3 lett. b DPR 917/86) I contributi la cui concessione è specificamente condizionata dalla legge all'acquisto di **beni ammortizzabili** (o al recupero o ristrutturazione di fabbricati strumentali, Ris. AE 22 gennaio 2010 n. 2/E), non costituiscono **né sopravvenienze attive né ricavi** e concorrono alla formazione del reddito, come contributi in conto impianti, in base al principio di competenza (es. contributo concesso sulla Sabatini ter, Circ. Mise 15 febbraio 2017 n. 14036). **22095**

> Se il contributo riguarda anche il **valore del terreno** su cui insiste un bene ammortizzabile (fabbricato e/o impianto), la quota connessa al valore del terreno medesimo va considerata come contributo in conto capitale. Ciò in quanto il valore del terreno citato non è ammortizzabile (v. n. 23630).

Operativamente l'imputazione al reddito può avvenire in base a **2 sistemi di contabilizzazione** del contributo e dell'impianto: al netto e al lordo. **22096**
A) Nel caso in cui il costo di acquisto del bene, cui inerisce il contributo, è contabilizzato **al netto** dello stesso, il contributo concorre alla formazione del reddito sotto forma di minori quote di ammortamento deducibili nei periodi di imposta di durata del processo di ammortamento.
B) Nel caso in cui, invece, il costo di acquisto del bene cui inerisce il contributo è contabilizzato **al lordo** dello stesso, il contributo - risultante, pertanto, tra i componenti positivi del C/E - concorre alla formazione del reddito d'impresa sotto forma di quote di risconto passivo proporzionalmente corrispondenti alle quote di ammortamento dedotte in ciascun esercizio.
Se, in tale seconda ipotesi, la **quota** di ammortamento imputata al C/E è **superiore** a quella fiscalmente ammessa in deduzione - nel Bilancio non si applicano, per esempio, i coefficienti di ammortamento ministeriali - occorre procedere oltreché al rinvio della deduzione di detta eccedenza anche al rinvio della tassazione della parte di contributo imputata al C/E ad essa proporzionalmente corrispondente.

ESEMPIO
Costo dell'immobilizzazione pari a 1.200; contributo pari al 30% del costo e ammortamento civilistico del bene con l'aliquota del 20%, anziché con quella ministeriale del 10%. La conseguenza è che, pur essendo l'ammortamento a Bilancio pari a 240, l'ammortamento deducibile fiscalmente è pari a 120; pertanto, in dichiarazione si deve effettuare una variazione in aumento per 120. Ovviamente, una variazione in diminuzione per 36 (1.200 × 30%) × 10% deve essere fatta per quel che concerne il contributo, a C/E per 72, cioè 20% × 360. Ne discende che l'importo che concorre a formare il reddito è 84 (– 240 + 120 + 72 – 36).

22097 Può accadere che il contributo venga **deliberato in un esercizio successivo** a quello in cui il bene è stato acquistato e in cui ne è iniziato l'utilizzo. In tale caso, la quota del contributo che, se deliberato, avrebbe concorso positivamente alla formazione del reddito negli anni precedenti alla sua deliberazione (e iscrizione in bilancio) costituisce sopravvenienza attiva, imponibile nell'esercizio in cui esso è deliberato (Associazione Dottori Commercialisti, Norma n. 155 marzo 2004).
Infine, nel caso in cui l'importo del **contributo sia superiore al costo** dell'impianto (ad esempio perché comprensivo dell'IVA detraibile), l'eccedenza costituisce una sopravvenienza attiva, tassabile nel periodo d'imposta in cui inizia il processo di ammortamento (Ris. AE 31 maggio 2002 n. 162/E).

22105 **CONTRIBUTI A DESTINAZIONE MULTIPLA** Con riguardo alle ipotesi di contributi accordati in relazione a **piani di investimento complessi** che comprendono sia spese di acquisizione di beni strumentali ammortizzabili sia spese di diversa natura (spese per consulenze, studi di fattibilità, indagini di mercato, ecc.), l'applicazione delle regole fiscali proprie del contributo in conto impianti sono applicabili solo se il contributo in conto impianti è determinato come percentuale delle spese ammesse al beneficio o in base ad altri criteri obiettivi che ne consentano la ripartizione tra l'una e l'altra categoria di spesa. Diversamente, l'intero importo del contributo erogato deve essere assoggettato alla disciplina dei contributi in conto capitale o in conto esercizio a seconda della natura dell'altra tipologia di spesa sovvenzionata dal contributo erogato.

IV. Rimanenze

22115 **BENI INTERESSATI**

Tipologia	Descrizione
prodotti finiti (n. 22135)	beni oggetto dell'attività dell'impresa che hanno terminato in modo definitivo il ciclo produttivo
semilavorati e prodotti in corso di lavorazione (n. 22345) **(1)**	beni oggetto dell'attività dell'impresa non ancora ultimati. In particolare: – **semilavorati**: beni in uno stato intermedio di trasformazione destinati ad entrare in una successiva fase del ciclo produttivo; – **prodotti in corso di lavorazione**: beni e servizi in corso di formazione o prelevati durante il processo produttivo
materie prime (n. 22135)	materie e materiali sussidiari utilizzati nel processo produttivo
titoli (n. 22565)	titoli di credito iscritti nell'attivo circolante

(1) Si considerano anche le forniture, opere e servizi svolte su ordinazione (v. n. 22415 e s.)

22120 La loro **variazione**, ovvero la differenza nelle quantità registrate alla fine dell'esercizio rispetto all'inizio, influisce sul risultato di esercizio. Sono previsti diversi criteri di valutazione fiscalmente ammissibili.
Tra le rimanenze vanno considerati anche i beni dell'imprenditore che si trovano presso terzi, mentre devono essere esclusi quelli di terzi che si trovano presso l'imprenditore.

> **Precisazioni** 1) Nel caso di **smarrimento**, **furto**, o **eliminazione** di beni durante l'esercizio, la perdita incide sulla situazione patrimoniale/economica dell'impresa attraverso un minor valore complessivo delle

rimanenze finali di magazzino. In tali evenienze, particolari registrazioni contabili sono previste per le imprese obbligate alla tenuta della contabilità di magazzino (v. n. 26075). Per le modalità e gli adempimenti da seguire per l'eliminazione dei beni di magazzino, si rinvia al n. 24495.
2) I valori del magazzino iscritti tra i componenti positivi di esercizio come rimanenze finali costituiscono le esistenze iniziali del periodo successivo (c.d. **principio di continuità** dei valori di bilancio, v. n. 21725) e assolvono alla funzione di rettificare, per pari importo, il costo delle merci invendute registrato tra i costi al momento dell'acquisto, così da neutralizzarne l'incidenza economica, che viene rinviata all'esercizio successivo (art. 92 c. 7 DPR 917/86).

A. Prodotti finiti e materie prime

Per i prodotti finiti e le materie prime la valutazione può essere fatta, a scelta del contribuente, per **singoli beni** o per **categorie omogenee**. Inoltre, i **commercianti al minuto** possono facoltativamente adottare un criterio particolare (v. n. 22275). **22135**

DEFINIZIONE DI COSTO Prima di tutto è fondamentale delimitare il concetto di costo da prendere a riferimento, qualunque sia la metodologia concretamente adottata per valutare prodotti finiti e materie prime. **22140**
Il costo da attribuire alle merci e alle materie prime, sia acquistate che prodotte nell'esercizio, comprende sia gli **oneri accessori** di diretta imputazione (per esempio, le spese di trasporto) sia le **spese indirette** di produzione (art. 110 c. 1 lett. b DPR 917/86, Cass. 12 luglio 2021 n. 19749, Circ. Assonime 10 novembre 1994 n. 139, Circ. Min. 26 novembre 1981 n. 40). Si veda la **tabella** seguente.

Beni costituenti il magazzino	Elementi di costo da considerare	Elementi esclusi
A) beni acquistati presso terzi (materie prime, sussidiarie o anche semilavorati, ecc.)	– di acquisto del bene (risultante dalla fattura o dalla bolletta doganale) – oneri accessori di diretta imputazione: spese di trasporto, provvigioni, dazi, ecc.	– commerciali – vendita – commerciali – marketing – generali e amministrativi – pubblicità e ricerca – interessi passivi, salvo quelli indicati nella prima colonna
B) beni finiti prodotti dall'impresa	– materiali impiegati; – manodopera diretta; – industriali per la produzione del bene; – interessi passivi, se imputati secondo corretti principi contabili ad incremento del costo delle rimanenze di beni (o servizi) **(*)**	

(*) Ad esempio per la **costruzione** o **ristrutturazione** di immobili oggetto dell'attività d'impresa (c.d. immobili merce) o di beni mobili che solitamente richiedono un processo produttivo di anni (es. formaggi stagionati, liquori) (Ris. DF 14 febbraio 2008 n. 3/DF).

a. Valutazione per singoli beni

La valutazione per singoli beni è fatta secondo il **costo specifico**, cioè imputando a ciascun bene il relativo costo di acquisto o di produzione come sopra determinato (art. 92 c. 1 DPR 917/86). **22155**
Questo criterio di valutazione, a differenza di quello utilizzato per categorie di beni omogenee, non ha alcun limite, minimo o massimo, di valore in quanto corrisponde al costo reale del bene. Pertanto, un'eventuale svalutazione contabile dovuta ad una riduzione di valore del bene - es. immobile acquistato come edificabile, previo condono, ma in seguito risultato non condonabile - non è deducibile (Ris. AE 12 novembre 2013 n. 78/E), così come un'eventuale maggior valutazione delle rimanenze è irrilevante (Circ. AE 14 maggio 2014 n. 10/E).
Di regola il criterio del costo specifico è utilizzato dalle imprese produttrici di beni **altamente specifici**, non prodotti in serie in quanto diversi l'uno dall'altro: immobili merce di imprese edili, grandi impianti, navi, aeromobili, ecc.

Le **imprese produttrici** che adottano la valutazione a costi specifici, se sono obbligate alla tenuta della **contabilità di magazzino** (v. n. 26075), devono tenere apposite schede di lavorazione ove annotare i costi sostenuti per la costruzione del bene.

b. Valutazione per categorie omogenee di beni

22175 Se si valutano i beni per categorie omogenee, occorre formare le suddette categorie tenendo conto della **natura** e del **valore** dei beni oggetto della valutazione. Per esempio, un'impresa che produce elettrodomestici dovrà formare differenti gruppi, uno per i frigoriferi, uno per i televisori, un altro per le cucine, ecc.
Non sono, infatti, ammesse forme di aggregazione tra beni della stessa natura ma con valore diverso, così come non sono ammesse aggregazioni di beni di natura diversa anche se di uguale valore.

22185 **REGOLE DI VALUTAZIONE** Se si effettua la valutazione per categorie omogenee di beni, la norma individua un **valore minimo** da attribuire alle rimanenze. Se queste risultano in bilancio per un valore inferiore, si deve effettuare una variazione in aumento in sede di dichiarazione dei redditi fino a raggiungere tale valore minimo.
Il valore minimo è ottenuto applicando uno dei **metodi di valutazione** sotto indicati o sulla base del **valore normale** (v. n. 845), quando quest'ultimo risulta inferiore (art. 92 c. 1 e 4 DPR 917/86).

>**Precisazioni** 1) Il **valore minimo** fa in modo che non risultino fiscalmente valide eccessive svalutazioni dei beni. Tali svalutazioni, fatte ad esempio per previsioni sfavorevoli di mercato, non sono vietate civilisticamente, se consentono di evidenziare l'effettivo valore dei beni. Tuttavia, ai fini fiscali, esse devono essere rettificate in aumento in sede di dichiarazione dei redditi, sino a concorrenza del valore minimo previsto.
2) Per il **settore editoriale-librario** la prassi ha previsto l'applicazione, al costo dei beni, di percentuali di svalutazione crescenti con il passare degli anni dalla pubblicazione (Ris. Min. 11 agosto 1977 n. 9/995).

22186 Prima di esaminare singolarmente i diversi metodi di valutazione, bisogna innanzitutto considerare quale criterio è stato utilizzato per le valutazioni di **bilancio**.
Infatti, possono distinguersi due categorie di metodi:
- metodi riconosciuti dalla disciplina fiscale;
- metodi non riconosciuti.

In caso di **mutamento** - civilisticamente giustificato - dei criteri di valutazione adottati nei precedenti esercizi, il contribuente deve darne comunicazione nel quadro RS del Mod. Redditi (art. 110 c. 6 DPR 917/86). Per l'ipotesi di cambiamento dei criteri a seguito dell'adozione dei principi contabili internazionali v. n. 22191.

22190 **Metodi riconosciuti** Se in bilancio è stato utilizzato il metodo del **costo medio ponderato**, oppure il metodo del **FIFO** (primo entrato primo uscito) o del **LIFO** (ultimo entrato primo uscito) in tutte le sue varianti, il valore minimo fiscalmente ammesso coincide con quello civilistico.
Questo valore potrà successivamente essere confrontato con il valore normale (v. n. 22245).

>**Precisazioni** 1) Per una **trattazione analitica dei metodi** di valorizzazione suddetti si veda MC.
2) Disposizioni particolari sono dettate per la valutazione delle rimanenze in oggetto da parte di alcune **imprese del settore petrolifero**, del gas e dei derivati. Queste imprese devono valutare le rimanenze secondo i metodi della media ponderata e del FIFO (art. 92 bis DPR 917/86).

22191 **Deroga**: le società che, nell'esercizio di **prima applicazione degli IAS/IFRS**, anche per opzione, cambiano il criterio di valutazione, passando dal LIFO al FIFO o al costo medio ponderato, possono continuare ad adottare, ai fini fiscali, i precedenti criteri di valutazione effettuando in dichiarazione dei redditi apposita opzione irrevocabile (con le conseguenti variazioni in diminuzione e/o in aumento); in tal caso, devono adottare due criteri di valutazione, uno civilistico e uno fiscale extracontabile (c.d. doppio binario). L'opzione in esame può essere effettuata solo dalle società che hanno adottato i suddetti criteri di valutazione per i 3 periodi d'imposta precedenti a quello di prima applicazione degli IAS/IFRS o dal minor periodo che intercorre dalla costituzione (art. 13 c. 2 e 4 D.Lgs. 38/2005 e art. 5 DM 1° aprile 2009 n. 48).

Metodi non riconosciuti Se l'impresa adotta un metodo diverso da quelli suindicati, il valore fiscalmente ammissibile delle rimanenze deve essere **almeno eguale** a quello risultante dall'applicazione del metodo LIFO a scatti o al valore normale (v. n. 22205 e n. 22245). **22195**
Tuttavia, si badi che se la valutazione fatta in bilancio risulta **superiore** ai minimi fiscali, non può essere effettuata alcuna variazione in diminuzione per l'eccedenza.

---

1. LIFO a scatti annuali
(art. 92 c. 2 e 3 DPR 917/86)

È il criterio di valutazione espressamente **previsto dalla normativa fiscale**, anche se non è l'unico ammesso. Si fonda sul presupposto che le unità acquistate nel periodo più recente vengano cedute per prime. **22205**
Esso implica la determinazione, per il primo esercizio, del costo unitario medio dei beni e, per gli esercizi successivi, degli incrementi o decrementi delle rimanenze finali.
La valutazione delle rimanenze di magazzino, quindi, non è fatta a prezzi correnti, ma a «prezzi storici» ed è effettuata per esercizio di formazione, tenendo quindi distinto il **primo esercizio** in cui si verificano rimanenze di magazzino dai **successivi**.

22210

Esercizio di riferimento	Modalità di valutazione
Primo esercizio (artt. 92 c. 2 e 110 c. 1 lett. b DPR 917/86)	Le rimanenze vanno valutate attribuendo ad ogni unità il costo medio ponderato ottenuto dividendo il costo complessivo dei beni prodotti e acquistati nell'esercizio (come determinato al n. 22140) per la quantità totale acquistata.
Esercizi successivi (art. 92 c. 3 DPR 917/86)	Occorre distinguere a seconda che la variazione subita dalle rimanenze, rispetto all'esercizio precedente, sia positiva o negativa. Se le rimanenze dei beni sono **invariate** rispetto all'esercizio precedente, il magazzino fiscale mantiene un valore inalterato.
1) aumento delle rimanenze	Sulla quantità di beni pari a quella in rimanenza nell'esercizio precedente si applica il valore attribuito nell'esercizio precedente. Sulla parte eccedente (che va ad aggiungersi) si applica, invece, il valore medio attribuibile con riferimento agli acquisti dell'esercizio corrente. La **quantità eccedente** è valutata attribuendo ad ogni unità il valore risultante dalla divisione del costo complessivo dei beni acquistati o prodotti nell'esercizio per il totale dei beni acquistati o prodotti (come se, per queste unità aggiuntive, fosse il primo esercizio).
2) diminuzione delle rimanenze	È necessario distinguere se si tratta di rimanenze relative al secondo esercizio o rimanenze relative ad esercizi successivi al secondo. Nel **secondo esercizio** si considerano uscite tutte le quantità acquistate nell'anno ed eventualmente una parte delle esistenze iniziali. Il valore da attribuire alle rimanenze finali è dato moltiplicando il costo medio unitario determinato nel primo esercizio per la quantità di beni esistenti alla fine dell'esercizio. Negli **esercizi successivi** al secondo, si considerano uscite le quantità acquistate nell'anno e eventualmente quelle comprate negli esercizi precedenti a cominciare dal più recente. Rimangono, quindi, i beni acquistati negli esercizi più vecchi.

ESEMPIO **22215**
1) Primo esercizio Rimanenze finali 50 unità; acquisti complessivi dell'anno: 200 unità; costo complessivamente sostenuto: 450.000. Pertanto, costo medio unitario (450.000/200) = 2.250 e valore delle rimanenze (50 unità × 2.250) = 112.500.
2) Esercizi successivi al primo
a) aumento rimanenze Esistenze iniziali (che sono le rimanenze finali dell'esercizio precedente) n. 50; acquisti nell'esercizio per 100 a complessive 300.000. Rimanenze finali n. 70.
La valutazione del magazzino, pertanto, avverrà applicando il costo unitario del precedente esercizio alle prime 50 unità, ottenendo, supponiamo, 112.500; per l'eccedenza rispetto alle rimanenze dell'esercizio precedente pari a 20 unità si dovrà, invece, calcolare il costo medio unitario dell'esercizio in cui sono state acquistate, cioè: (300.000 : 100) = 3.000, e attribuirlo alle 20 unità. Si ottiene così che la valorizzazione per l'incremento di rimanenze è pari a 60.000 (20 × 3.000). Quindi, il magazzino a rilevanza fiscale è pari a 112.500 + 60.000 = 172.500.
b) diminuzione rimanenze Esistenze iniziali n. 3.000 a un valore di 60.000, in quanto il costo unitario era pari a 20.

Acquisti effettuati nell'esercizio: n. 5.000; vendite fatte nell'esercizio: n. 7.000. Le rimanenze finali (ottenute come: esistenze iniziali – vendite + acquisti) sono pari a 1.000 e assumono un valore pari a 20.000 (cioè 20 × 1.000).

3) Esercizi successivi al secondo Esistenze iniziali al 1° gennaio 2022 n. 10.000 formate fiscalmente nei seguenti esercizi:

2019:	n. 3.000	a costo unitario pari a 20 =	60.000
2020:	n. 5.000	a costo unitario pari a 30 =	150.000
2021:	n. 2.000	a costo unitario pari a 40 =	80.000
Tot.	10.000	=	290.000

Le rimanenze finali al 31 dicembre 2021 sono di 5.000 unità.

La valutazione di magazzino è fatta nel seguente modo: poiché nell'anno 2021 non vi sono stati acquisti, si considerano uscite 2.000 unità per il 2020 e 3.000 unità per il 2019, per un totale di 5.000. Le restanti 5.000 unità sono, pertanto, valutate con i valori residui degli esercizi 2020 e 2019:

2019:	n. 3.000	a costo unitario pari a 20 =	60.000
2020:	n. 2.000	a costo unitario pari a 30 =	60.000
Tot.	n. 5.000	=	120.000

2. Valutazione al valore normale
(art. 92 c. 5 DPR 917/86)

22245 Se in un esercizio il valore unitario medio dei beni, calcolato secondo uno dei metodi sopra descritti (c.d. valore minimo), risulta **superiore** al valore normale medio di essi nell'**ultimo mese** dell'esercizio, l'imprenditore può valutare le rimanenze secondo quest'ultimo valore.

In questa ipotesi, il valore delle rimanenze è determinato moltiplicando l'intera quantità dei beni, **indipendentemente dall'esercizio di formazione**, per il valore normale.

I minori valori così determinati valgono anche per gli **esercizi successivi**, a meno che le rimanenze di magazzino non siano iscritte nello stato patrimoniale per valori superiori. Dovrebbe essere irrilevante l'indicazione di un valore superiore solo nella nota integrativa.

c. Valutazione per il commercio al minuto
(art. 92 c. 8 DPR 917/86)

22275 Un particolare criterio di valutazione è previsto nel caso di esercizio del commercio al minuto. Viene, infatti, data al commerciante la **facoltà** di utilizzare il c.d. **prezzo al dettaglio**. Tale metodologia, in genere, è utilizzata dalle imprese della grande distribuzione (esempio supermercati), caratterizzate da un elevato numero di prodotti.

Il prezzo del dettaglio consiste nel rilevare i beni entrati e usciti dal magazzino a **valori** e non a quantità come nei criteri in precedenza illustrati; è pertanto necessaria una **particolare contabilità di magazzino**, in quanto la valorizzazione delle rimanenze finali avviene scorporando dalla percentuale di ricarico il prezzo di vendita (Circ. Min. 18 maggio 1983 n. 23/9/786).

La normativa fiscale non disciplina quale sia il **calcolo** da applicare al metodo del dettaglio; ne subordina solo l'applicabilità alla predisposizione di un **prospetto** nel quale siano illustrati i criteri e le modalità di applicazione con riferimento all'oggetto e alla struttura organizzativa dell'impresa. Il prospetto va **conservato** per tutto il periodo in cui sono effettuabili controlli da parte degli Uffici finanziari (v. n. 81055).

B. Semilavorati e prodotti in corso di lavorazione

22345 In questa parte trattiamo i prodotti che l'impresa **produce in proprio**, **non ancora ultimati** al termine dell'esercizio, senza considerare la variabile di tempo impiegato per la loro fabbricazione.

Rinviamo al n. 22415 e s. la trattazione per quel che concerne quei prodotti **fabbricati su ordinazione** (o commessa).

VALUTAZIONE (art. 92 c. 6 DPR 917/86) Per i prodotti in corso di lavorazione al termine dell'esercizio, la valutazione viene effettuata prendendo come riferimento le **spese sostenute**, inclusi gli **oneri accessori** di diretta imputazione (art. 110 c. 1 lett. b DPR 917/86). **22355**
Sono escluse solo le spese generali, quelle di ricerca e, fatta eccezione per le imprese edili, gli interessi passivi.
Il costo da rilevare ai fini del magazzino è rappresentato, quindi, dagli elementi indicati alla lettera b della **tabella** riportata al n. 22140 (Circ. Min. 26 novembre 1981 n. 40).
Contabilmente, la valutazione avviene sospendendo, mediante l'iscrizione della posta risconti attivi, tutte quelle spese che sono state sostenute nell'esercizio e che ancora non sono imputabili alla parte di lavorazione ultimata.

Questo criterio costituisce la regola per le **imprese edili** che realizzano per conto proprio edifici destinati alla successiva vendita (Ris. Min. 8 luglio 1975 n. 2/668).

C. Forniture, opere e servizi

Si tratta di quelle forniture, opere e servizi, svolte su ordinazione (es. **commesse**) e stabilite come **oggetto unitario** di un contratto, ancora in corso di lavorazione alla fine dell'esercizio. **22415**
Dal contratto devono cioè derivare una serie di obbligazioni a carico del prestatore che, se pur distinte e singolarmente individuabili, sono tra di loro oggettivamente connesse in modo da perdere autonoma rilevanza e costituire un'unica, indivisibile prestazione volta al conseguimento di un risultato finale diverso e ulteriore rispetto alle singole prestazioni, esempio tipico la fornitura «chiavi in mano» di un sistema informatico personalizzato (Ris. AE 31 ottobre 2002 n. 342/E).

Prestazioni indivisibili (Circ. Min. 22 settembre 1982 n. 36/9/1918)	
Contratto	**Descrizione**
Appalto di opere	Occorre verificare innanzitutto se dal contratto risulta possibile frazionare il corrispettivo complessivo in più importi, a fronte di singoli lotti o partite dell'intera opera con una loro precisa individualità e suscettibili di distinte consegne al committente: – opera **frazionabile**: i corrispettivi conseguiti per la parte di opera eseguita e distintamente consegnata al committente hanno titolo definitivo e la loro imputazione va fatta direttamente a ricavo (non si ha perciò valutazione a carattere provvisorio di rimanenza); – opera **non frazionabile**: il corrispettivo ricevuto nel corso del contratto costituisce una liquidazione provvisoria di stati di avanzamento lavori e l'opera concorre alla formazione delle rimanenze.
Somministrazione	Si deve distinguere tra contratti: – a **carattere periodico**: i corrispettivi relativi alle prestazioni eseguite costituiscono ricavi solo se liquidati in via definitiva, altrimenti concorrono alla determinazione del valore delle rimanenze; – a **carattere continuativo**: i corrispettivi sono sempre ricavi, in quanto si rendono dovuti alle scadenze pattuite, senza che rivesta importanza che sia avvenuto o meno il loro pagamento.
Appalto di servizi	Il trattamento è analogo a quello del contratto di somministrazione.

Invece le prestazioni **divisibili** danno luogo a ricavi imputabili a ciascun esercizio nel quale la parte di opera completata viene consegnata al cliente (per esempio prestazioni stradali commisurate a chilometro e non a ultimazione dell'opera, oppure un servizio ultrannuale di manutenzione).

22420 Per i soggetti **OIC**, diversi dalle microimprese che non redigono il bilancio ordinario (a partire dal 2022, v. n. 21191), e **IAS/IFRS** sui criteri fiscali appena descritti, prevalgono per il principio di derivazione rafforzata i principi contabili c.d. del **combining** e **segmenting**, che impongono rispettivamente di aggregare gruppi di commesse negoziati come un unico pacchetto, strettamente connesse come oggetto di un singolo progetto con un margine di profitto globale, o di dividere una commessa per la produzione di beni diversi, per i quali sono state presentate offerte distinte, ciascuno oggetto di distinta negoziazione con propri costi e ricavi.

Valutazione delle commesse per i soggetti OIC

22425 I criteri di valutazione delle commesse in chiusura di esercizio sono **differenti a seconda che la durata** del contratto sia o meno inferiore all'anno. Per determinarla è irrilevante la data della stipula, rilevano solamente la data di inizio dell'esecuzione e quella della consegna dei lavori o dell'ultimazione dei servizi e delle forniture indicati nel contratto.
Se i lavori originariamente di durata infrannuale si protraggono oltre il termine previsto, non vi sono conseguenze rilevanti se non nel caso in cui si vada oltre la chiusura dell'esercizio successivo.

ESEMPIO
Impresa con esercizio coincidente con l'anno solare. Commessa infrannuale la cui esecuzione ha inizio il 1° aprile 20XX.
Al 31 dicembre 20XX essa viene valutata con il criterio specifico per le commesse infrannuali (spese sostenute).
Se i lavori proseguono dopo il 31 marzo 20XX+1 la commessa diventa ultrannuale ma non vi sono conseguenze sui criteri di valutazione se non nell'ipotesi in cui al 31 dicembre 20XX+1 i lavori non siano ultimati. In tal caso infatti alla data suddetta si dovranno applicare i criteri di valutazione previsti per le commesse ultrannuali.

Nei confronti delle imprese con **esercizio superiore all'anno**, le disposizioni in esame si applicano se la durata dell'esecuzione è superiore a quella dell'esercizio.

ESEMPIO
L'applicazione in bilancio del criterio della percentuale di completamento determina l'obbligo di effettuare una variazione in dichiarazione dei redditi (Risp. AE 19 gennaio 2023 n. 93).

1. Durata inferiore all'anno
(art. 92 c. 6 DPR 917/86)

22435 I lavori su ordinazione per i quali le parti hanno stabilito per contratto una durata non superiore a 12 mesi, anche se non sono effettivamente completati entro tale termine, sono valutati applicando alla parte non ancora ultimata il criterio basato sulle **spese sostenute nell'esercizio** (v. n. 22355).

Tale criterio si applica a tutti i **soggetti OIC**, per i quali pertanto non rileva il metodo della commessa completata previsto dall'OIC n. 23, trattandosi di un tema di valutazione per il quale non trova applicazione la derivazione rafforzata (v. n. 21630). Diversamente dai soggetti IAS/IFRS, per i quali v. n. 22485.

ESEMPIO
L'applicazione in bilancio del criterio della percentuale di completamento determina l'obbligo di effettuare una variazione in dichiarazione dei redditi (Risp. AE 19 gennaio 2023 n. 93).

2. Durata ultrannuale
(art. 93 DPR 917/86)

22465 I lavori su ordinazione con tempo di esecuzione previsto contrattualmente superiore a 12 mesi e riguardanti almeno 2 periodi di imposta (da 13 mesi in su), sono valutati sulla base dei corrispettivi pattuiti o liquidati (per la parte coperta da stati di avanzamento). Anche in questo caso ai **soggetti OIC** non si applica la derivazione rafforzata, pertanto non rileva il criterio alternativo contemplato dall'OIC n. 23 della commessa completata (vedi MC).

È prevista la tenuta di un particolare **prospetto** per tutto il periodo di tempo in cui è possibile l'azione di controllo da parte degli Uffici finanziari. Tale prospetto deve **contenere**: gli estremi del contratto; le generalità e la residenza del committente; la scadenza prevista nel contratto per l'esecuzione dei lavori; gli elementi considerati per la valutazione e la collocazione di tali opere, forniture e servizi nei conti dell'impresa. **22467**

Se il prospetto **non viene predisposto**, l'Amministrazione può rettificare le valutazioni dell'imprenditore, anche basandosi su presunzioni semplici, purché gravi, precise e concordanti.

CRITERI DI VALUTAZIONE (art. 93 c. 1-3 DPR 917/86) L'imprenditore deve calcolare alla fine di ogni esercizio, sulla porzione di opera già eseguita, la parte di corrispettivo pattuito **già maturato** e comprensivo di un margine di utile; se il corrispettivo è in valuta estera, rileva il cambio rilevato alla chiusura dell'esercizio, che va applicato sul valore globale dell'opera eseguita (Ris. AE 17 settembre 2009 n. 249). L'importo così determinato costituisce rimanenza a fine esercizio, a prescindere dalla sua effettiva percezione. **22475**
Ogni metodo adottato per la sua determinazione è da ritenersi valido purché rispondente a corretti principi contabili (Ris. Min. 31 gennaio 1981 n. 9/2492).
In proposito, il metodo preferibile è il c.d. **cost to cost**, in base al quale i costi sostenuti ad una certa data vengono rapportati ai costi totali stimati. La percentuale che ne risulta viene poi applicata al totale dei ricavi stimati (OIC n. 23). Inoltre, in presenza di **contratti di subappalto** (tra appaltatore e subappaltatore), nella valutazione delle rimanenze delle opere, l'appaltatore include tra i costi anche quelli relativi ai SAL liquidati in via provvisoria al subappaltatore che hanno concorso alla valutazione delle opere medesime (Ris. AE 5 novembre 2010 n. 117/E).

ESEMPIO
di applicazione del cost to cost
Lavoro su ordinazione da eseguirsi in 16 mesi: inizio 1° agosto 2018, ultimazione 30 novembre 2019. Corrispettivo pattuito 90.000. Costo complessivo presunto 60.000.
Se a fine esercizio 2018, l'imprenditore ha eseguito parte dell'opera sostenendo la spesa di 20.000, iscriverà tra i componenti positivi la parte di utile già maturato sulla parte di opera eseguita, pari a 30.000 in quanto risultante dall'operazione seguente: **Corrispettivo complessivo** × **(costo già sostenuto : costo complessivo presunto)**; e perciò: 90.000 × 20.000 : 60.000 = **30.000.**

>Precisazioni 1) Nel valore delle rimanenze sono compresi anche gli **interessi passivi** relativi a prestiti contratti per la realizzazione dei lavori, purché correttamente imputati in bilancio ad aumento del valore delle rimanenze; diversamente, gli stessi interessi passivi non imputati ad aumento delle rimanenze possono essere dedotti dal reddito dell'esercizio in base a quanto disposto dalle regole ordinarie illustrate al n. 23055 (Circ. AE 21 aprile 2009 n. 19/E).
2) Contabilmente, per determinare la percentuale di completamento della prestazione in corso, sono utilizzabili anche **altri metodi** esplicati dai principi contabili (Principio contabile OIC n. 23), delle ore lavorate, delle unità consegnate e delle misurazioni fisiche.
È stato anche ammesso il ricorso, in alcuni casi, a costi standard mediante i quali si risale alle opere eseguite e, quindi, ai corrispettivi corrispondenti (Ris. Min. 31 gennaio 1981 n. 9/2492).
Le eventuali **perdite** che si verificano nel corso dell'esecuzione delle opere devono gravare nei periodi d'imposta in cui si sono verificate; non è consentito, sopravvalutando le rimanenze, trasferire le perdite negli esercizi successivi (Cass. 26 aprile 2001 n. 6084).

Prestazioni coperte da stato di avanzamento lavori Se le opere, i servizi e le forniture sono coperti da stati di avanzamento lavori (**SAL**), la valutazione deve essere fatta sulla base dei corrispettivi liquidati in via provvisoria. **22477**
Si ricorda in proposito che i citati corrispettivi erogati in base ai SAL (v. n. 22480):
– si distinguono dai meri acconti in quanto i SAL sono erogati per prestazioni già eseguite mentre i secondi costituiscono anticipi in conto lavori da eseguire;
– non si devono confondere con quelli liquidati in via definitiva, che costituiscono ricavi di esercizio.
Spesso i SAL contengono anche delle **ritenute di garanzia** per assicurare, nei limiti del loro importo, il risarcimento del danno al committente in caso di inesatto adempimento del contratto. In tal caso, ai fini della valutazione delle opere, gli importi liquidati in base ai SAL sono assunti al lordo delle predette ritenute, che costituiscono mere movimentazioni finanziarie e

sono prive di effetti reddituali (Circ. Min. 22 settembre 1982 n. 36/9/1918 e Ris. AE 22 ottobre 2009 n. 260/E).

22480 Somme corrisposte durante l'esecuzione

Oggetto	Descrizione
Acconti	Corrisposti dal committente in corso d'opera quali anticipi in conto lavori da eseguire, **non hanno rilevanza**, determinano semplici **crediti/debiti** tra le parti contraenti; vanno assunti al lordo delle eventuali ritenute a garanzia effettuate dal committente (Circ. Min. 22 settembre 1982 n. 36/9/1918, Ris. AE 22 ottobre 2009 n. 260/E).
Corrispettivi liquidati in via provvisoria in base a SAL	Per le prestazioni coperte da SAL, la valutazione delle rimanenze è effettuata sulla base dei corrispettivi liquidati (non a titolo definitivo). Tali corrispettivi non costituiscono ricavi ma partite di debito/credito utilizzabili come criterio di valutazione delle rimanenze. Si distinguono dagli acconti in quanto sono erogati per prestazioni già eseguite (Ris. AE 22 ottobre 2009 n. 260/E).
Corrispettivi liquidati a titolo definitivo	Nei rapporti tra committente e appaltatore, sono considerati **ricavi** per l'appaltatore e **costi** per il committente e quindi non si considerano ai fini della valutazione (come rimanenze); la valutazione con il criterio del corrispettivo maturato è limitata quindi alla sola parte dell'opera non ancora liquidata o liquidata a titolo provvisorio (art. 93 c. 4 DPR 917/86, Ris. AE 22 ottobre 2009 n. 260/E).
Revisione prezzi (art. 93 c. 2 DPR 917/86)	Nel corso del rapporto, possono essere richieste delle maggiorazioni di prezzo, anche a seguito di aumenti o variazioni delle opere commissionate. Bisogna distinguere 2 ipotesi: – se tali richieste sono avanzate in applicazione di **disposizioni di legge** o di **clausole contrattuali** (es. varianti in corso d'opera, circostanze imprevedibili, difficoltà di esecuzione derivanti da cause geologiche, idriche o simili), finché non sono definitivamente approvate, se ne tiene conto nella valutazione delle rimanenze in misura non inferiore al 50% dell'importo della maggiorazione stessa. Quando vengono accettate dal committente sono interamente imputate a ricavi (Circ. Min. 22 settembre 1982 n. 36/9/1918, Cass. 2 novembre 2001 n. 13582); – se le richieste costituiscono **semplici pretese** dell'imprenditore nei confronti del committente (es. per risarcimento danno, per prolungamento delle attività del cantiere oltre ai termini stabiliti, ecc.), sono imputate quali componenti positivi di reddito solamente se e quando vengono accettate da quest'ultimo **(*)**, cioè in presenza dei requisiti generali di certezza e determinabilità (Ris. Min. 30 dicembre 1977 n. 9/2214, Associazione dottori commercialisti di Milano, Norma di comportamento n. 157, ottobre 2004).
(*) Gli importi pagati dal committente a fronte di una richiesta di maggiorazione di prezzo costituiscono una **implicita parziale accettazione** della richiesta stessa e, pertanto, vanno contabilizzati come ricavi (Circ. Min. 22 settembre 1982 n. 36/9/1918).	

22485 **SOGGETTI IAS/IFRS** Per i servizi non ultimati alla fine dell'esercizio (infra o ultrannuali), l'IFRS n. 15 prevede lo stesso approccio dei servizi in generale (v. n. 21460), sostanzialmente bisogna rilevare il ricavo via via che il controllo (utilità/beneficio) del bene/servizio commissionato passa al cliente. Tale inquadramento risulta pertanto un tema di **qualificazione** (ricavo invece di rimanenza), non di valutazione (diversamente dagli OIC), per cui, in nome del principio di derivazione rafforzata, il principio contabile prevale anche se in contrasto con le pertinenti norme fiscali (art. 93 DPR 917/86 e Risp. AE Telefisco 1° febbraio 2018).
Le **perdite attese** rilevate in bilancio come costo, avendo comunque natura di accantonamento non hanno invece rilevanza fiscale (v. n. 24300).
Anche le **penali contrattuali** previste contrattualmente non rilevano finché non diventano certe e determinate (art. 2 c. 1 DM 10 gennaio 2018).

D. Titoli

22565 I titoli di proprietà dell'impresa, non iscritti in bilancio come immobilizzazioni finanziarie, ma nell'**attivo circolante**, quindi non destinati ad investimento duraturo, costituiscono il c.d. portafoglio titoli.
Vi rientrano le **partecipazioni**, anche quelle non rappresentate da titoli (es.: quote di s.r.l.), le

obbligazioni e gli altri titoli in serie o di massa, compresi gli **strumenti finanziari** similari alle azioni (v. n. 21815).

Per la loro valutazione a fine esercizio, i titoli vanno raggruppati in **categorie omogenee per natura**, intendendo della stessa natura i titoli emessi dallo stesso soggetto e aventi uguali caratteristiche, a nulla rilevando il valore (art. 94 c. 3 DPR 917/86, art. 30 c. 8 L. 724/94). Quindi: **22570**
– le **azioni** e gli strumenti finanziari similari sono raggruppati per società emittente e per categoria: ordinarie, privilegiate, azioni di risparmio;
– i **titoli obbligazionari** in base all'emittente, al tasso, alla durata o alle caratteristiche loro proprie, come la convertibilità, l'indicizzazione, ecc.;
– le **quote di fondi comuni** di investimento sono raggruppate per ciascun fondo comune.

Le cessioni di titoli, derivanti da contratti di **riporto** o di **pronti contro termine** o ancora di **prestito titoli**, che prevedono per il cessionario l'obbligo di rivendita a termine, non determinano variazioni delle rimanenze del magazzino titoli (art. 94 c. 2 DPR 917/86). Quindi, i titoli trasferiti continuano a figurare nel bilancio dell'impresa cedente e non in quello della cessionaria (v. n. 21995).

Per la **prima iscrizione** in bilancio dei titoli di debito (OIC 20) si applica il criterio del costo ammortizzato (v. n. 21300) con piena rilevanza fiscale delle componenti di reddito derivanti. **22572**

Nel caso di compresenza di titoli fungibili in parte soggetti alla derivazione rafforzata, in parte al regime transitorio per la prima applicazione dei nuovi principi OIC (v. n. 21214), per determinare il regime fiscale applicabile, la riduzione del portafoglio va imputata alle due categorie proporzionalmente (Ris. AE 29 gennaio 2018 n. 10/E).

La **valutazione** a fine anno è effettuata secondo criteri analoghi a quelli delle rimanenze di merci (v. n. 22135), fatte salve le disposizioni specifiche sotto esaminate che riguardano: **22575**
– la determinazione del valore normale;
– la valutazione degli aumenti gratuiti di capitale, dei versamenti a fondo perduto o in conto capitale e delle rinunce dei crediti.

Il **costo complessivo di acquisto** dei titoli comprende, oltre al costo di acquisizione, anche gli eventuali oneri accessori di diretta imputazione come, ad esempio, le commissioni bancarie (art. 110 c. 1 lett. b DPR 917/86). **22580**
Inoltre:
– per le **obbligazioni** non si deve tenere conto degli eventuali interessi già maturati. Infatti, l'interesse deve trovare imputazione nel C/E, mentre il costo relativo ai titoli acquistati va imputato al conto «titoli di proprietà», quale voce dell'attivo dello stato patrimoniale (Ris. Min. 28 marzo 1979 n. 9/390);
– il costo delle **partecipazioni in società** che optano per l'imputazione del reddito **per trasparenza** (v. n. 26455) è aumentato o diminuito, rispettivamente, dei redditi e delle perdite imputati ai soci ed è altresì diminuito degli utili distribuiti agli stessi fino a concorrenza dei redditi imputati per trasparenza (art. 115 c. 12 DPR 917/86).

VALORE NORMALE (art. 94 c. 4 DPR 917/86) Se il **valore normale** dei titoli è inferiore rispetto alla valutazione effettuata in base ai criteri fiscalmente ammessi (FIFO, LIFO, costo medio ponderato), il **valore minimo** attribuibile alle rimanenze di titoli è il valore normale. **22585**
Mentre per le **azioni** e i titoli similari esiste un unico criterio di determinazione del valore normale, per le **obbligazioni** bisogna distinguere a seconda che siano o meno quotate.

N.B. Tuttavia, per i soggetti **IAS adopter**, in deroga alle disposizioni seguenti, la valutazione operata in base alla corretta applicazione di tali principi assume rilievo anche ai fini fiscali (art. 94 c. 4 bis DPR 917/86).

22590

Tipologia	Valore normale
Azioni e simili	Si considera il **costo** relativo, **non comprensivo** dei maggiori o minori valori iscritti che conseguentemente non concorrono alla formazione del reddito, né alla determinazione del valore fiscalmente riconosciuto delle rimanenze (art. 110 c. 1 lett. d DPR 917/86).
Obbligazioni quotate (1)	È ottenuto come **media aritmetica** dei prezzi rilevati nell'ultimo mese dell'esercizio. Eventuali **minori valutazioni** discendenti, ad esempio, dal corso dei titoli successivo alla data di chiusura dell'esercizio, ancorché opportune civilisticamente, non potranno assumere rilevanza fiscale. In alternativa, è possibile considerare come valore normale il prezzo rilevato nell'ultimo giorno dell'esercizio.

Tipologia	Valore normale
Obbligazioni non quotate	Il valore minimo è determinato dal **raffronto**, quando possibile, con titoli aventi caratteristiche analoghe, quotati in Borsa o negoziati al mercato ristretto. Se ciò non è possibile, il valore si determina facendo riferimento ad altri elementi di valorizzazione accertabili in modo obiettivo **(2)**.

(1) Si tratta delle obbligazioni quotate in **mercati regolamentati** o in sistemi multilaterali di negoziazione italiani o esteri (es.: Borsa valori, mercati ristretti, mercato dei future, ecc.). In particolare, sono mercati regolamentati esteri quelli situati in Stati **UE** o **SEE** oppure quelli diversi, **riconosciuti da CONSOB** e indicati in apposito elenco, oppure quelli che le associazioni di categoria delle SGR considerano regolamentati alla luce della normativa di settore (Circ. AE 23 dicembre 2020 n. 32/E).

(2) Esempio: è valido il valore fornito da information provider di qualificata esperienza che tenga conto di elementi obiettivi, quali i prezzi di scambio di tali titoli sui mercati non regolamentati (c.d. «over the counter») (Ris. AE 25 luglio 2005 n. 99/E).

22605 **AUMENTI GRATUITI DI CAPITALE** (art. 94 c. 5 DPR 917/86) Se è avvenuto un aumento di capitale (con passaggio di riserve a capitale) mediante distribuzione di azioni gratuite (cui è equiparata l'assegnazione di azioni proprie, Ris. AE 7 marzo 2011 n. 26/E), la valutazione dei titoli deve tenerne conto. In questo caso, le nuove azioni vanno ad aggiungersi a quelle già possedute, proporzionalmente alle quantità esistenti per singola categoria omogenea.

Il nuovo **valore unitario** è ottenuto dividendo il costo delle azioni per il numero complessivo delle stesse (vecchie e nuove). In concreto, aumenta il numero delle azioni restando invariato il loro **costo complessivo**; quindi diminuisce il costo medio unitario.

ESEMPIO

Azioni acquistate nell'anno n: n. 2.000 a € 1 ciascuna; azioni acquistate nell'anno n+1: n. 500 a € 1,20 l'una. Totale valore delle azioni in portafoglio: 2.600. Azioni ricevute gratuitamente: 300.

Le 300 azioni gratuite vanno attribuite proporzionalmente al gruppo delle azioni di valore unitario 1 e a quelle di valore unitario 1,20 come segue:

– azioni da attribuire a quelle acquistate nell'anno n: 300 × (2.000 : 2.500) =	240 azioni
– azioni da attribuire a quelle acquistate nell'anno n+1: 300 × (500 : 2.500) =	60 azioni
	tot. 300 azioni

Nuovo valore unitario per ciascun anno di formazione:

– anno n: (2.000 × 1) : (2.000 + 240) =	0,89285
– anno n+1: (500 × 1,20) : (500 + 60) =	1,07142

Valore complessivo del portafoglio = 2.600 e cioè (2.240 × 0,89285) + (560 × 1,07142). Quindi, è solo il valore unitario di ciascuna azione ad essere mutato, mentre il valore complessivo del portafoglio titoli è rimasto immutato.

22615 **VERSAMENTI** (artt. 94 c. 6, 101 c. 2, 7 DPR 917/86) Nel valutare il costo delle azioni o delle quote (anche se iscritte fra le immobilizzazioni), va incluso anche l'ammontare dei versamenti fatti a **fondo perduto** o in **conto capitale**.

L'ammontare del versamento si aggiunge al costo delle azioni o quote e strumenti assimilati, in proporzione alla quantità delle singole voci della corrispondente categoria. In tal caso, infatti, il costo medio unitario è pari al rapporto tra la somma del costo di acquisto più i versamenti a fondo perduto e il numero delle azioni.

ESEMPIO

Costo di acquisto della partecipazione 100; versamento a fondo perduto 150; quindi, nuovo costo della partecipazione: 250.

22620 **Copertura di perdite** Anche nel caso di versamenti effettuati a copertura di perdite (compresa la parte che eventualmente eccede il patrimonio netto della società partecipata, c.d. versamenti sottozero), l'impresa partecipante deve **aggiungere il relativo importo al costo** della partecipazione, secondo le medesime regole applicabili per gli altri versamenti a fondo perduto o in conto capitale sopra esposte (v. n. 22615). Pertanto, l'intero ammontare del versamento concorre a formare il costo fiscale della partecipazione.

I versamenti in esame **non si possono dedurre come costi**. L'indeducibilità opera anche per i versamenti effettuati con riferimento alle partecipazioni in possesso dei requisiti per l'esenzione (v. n. 24705) (Ris. AE 11 luglio 2005 n. 90/E).

In conseguenza di questo orientamento, il versamento potrà essere **recuperato** fiscalmente solo in caso di successiva cessione della relativa partecipazione, in quanto determinerà una plusvalenza inferiore o una minusvalenza superiore. Tuttavia in caso di partecipazioni con i requisiti Pex, l'indeducibilità della minusvalenza renderà impossibile il recupero del maggior costo.

RINUNCIA A CREDITI (art. 94 c. 6 DPR 917/86) Nel valutare il costo delle azioni o delle quote va incluso l'ammontare dei crediti ai quali i soci abbiano rinunciato, **nei limiti** del valore fiscale del credito oggetto di rinuncia. Ciò in quanto la rinuncia è inerente, non essendo fatta a titolo di liberalità ma al fine di patrimonializzare la società partecipata. Pertanto, il **costo delle azioni** può risultare **maggiorato** anche di questo importo. **22635**
Tale disposizione si applica a qualsiasi credito abbia rinunciato il socio, non quindi solo a quelli a titolo di finanziamento (es. credito commerciale acquistato in sconto da un fornitore della società).

Per la **società beneficiaria** la rinuncia al credito non costituisce sopravvenienza attiva **nei limiti** del valore fiscale del credito oggetto di rinuncia.

Anche le rinunce a crediti effettuate dai soci **a copertura di perdite**, a favore sia di soggetti IRES che di s.n.c. o s.a.s., vanno ad aumentare il costo dei titoli e delle quote, limitatamente al valore fiscale del credito oggetto di rinuncia (art. 101 c. 7 DPR 917/86). **22640**
La parte che eccede il valore fiscale del credito si considera sopravvenienza attiva imponibile (v. n. 24967).

Diverso è il caso, in cui la rinuncia al credito avvenga nell'ambito di riduzioni dei debiti in occasione di concordato fallimentare o preventivo liquidatorio, di risanamento, di accordo di ristrutturazione dei debiti omologato o di un piano attestato, casi in cui non costituisce sopravvenienza attiva per la parte che eccede le perdite, pregresse e di periodo, calcolate senza considerare il limite dell'ottanta per cento, la deduzione di periodo e l'eccedenza relativa all'aiuto alla crescita economica, e gli interessi passivi e gli oneri finanziari assimilati di cui all'art. 96 c. 4 DPR 917/86.

V. Costi

Sono previsti principi generali che si applicano ai costi sostenuti nell'esercizio dell'impresa, che si aggiungono alle disposizioni specifiche riferite alle singole categorie di costi. **22705**
Il principio della derivazione rafforzata, per i **soggetti OIC**, diversi dalle microimprese che non redigono il bilancio ordinario (dal 2022 v. n. 21191), e **IAS/IFRS**, attribuisce rilevanza fiscale ai criteri contabili di qualificazione, imputazione temporale e classificazione previsti dai principi contabili, anche in deroga alle norme IRES per la determinazione della base imponibile; continuano invece ad applicarsi le norme del TUIR che prevedono limiti, esenzioni, esclusioni, la ripartizione in più esercizi o la rilevanza del pagamento, ai fini della concorrenza al reddito imponibile di componenti economici.
Pertanto, nel seguito della trattazione, vengono espressamente evidenziate le differenze nell'applicazione delle norme ai diversi soggetti; in assenza di una specifica indicazione le norme fiscali si intendono applicabili in maniera generalizzata.

A. Principi generali relativi ai costi

I costi e gli altri oneri sostenuti per l'acquisizione dei fattori produttivi sono deducibili dal reddito d'impresa se, oltre a rispettare i principi riguardanti tutti i componenti di reddito (v. n. 21390) - rispettano anche i principi di inerenza e, salvo le deroghe previste, di contabilizzazione in bilancio. **22715**
Se la durata dell'esercizio è diversa dagli ordinari 12 mesi, per alcuni componenti di reddito negativi occorre effettuare il ragguaglio ad anno (v. n. 21070).

A partire dal 1° gennaio 2023 la deduzione dei costi sostenuti per **acquisti da Paesi non collaborativi** ai fini fiscali è soggetta a particolare condizioni (v. n. 22770).
Sono indeducibili le **remunerazioni da strumenti finanziari** assimilati alle azioni (v. n. 22805).

22720 **PRINCIPIO DI INERENZA** Secondo la **dottrina** maggioritaria e la **giurisprudenza** più recente (Cass. 6 luglio 2022 n. 21362, Cass. 11 gennaio 2018 n. 450, Cass. 9 febbraio 2018 n. 3170) quello di inerenza è un principio immanente nell'ordinamento tributario, derivante dal principio costituzionale di capacità contributiva (art. 53 Cost.) e riferibile ad una nozione economica dell'attività d'impresa, che richiede, come requisito per dedurre un costo dal reddito, che esso sia **riferibile all'attività** dell'impresa, anche se in via indiretta, potenziale od in proiezione futura. Al contrario non sono deducibili i costi sostenuti per far fronte a **bisogni estranei all'attività** d'impresa (es. bisogni personali e familiari dei soci o degli amministratori).
Il giudizio sull'inerenza non comprende più anche la congruità e ciò perché è di carattere **qualitativo** e non quantitativo (Cass. 9 giugno 2021 n. 16003); pertanto la **congruità** è un mero indice rivelatore, solo sintomatico, di assenza dell'inerenza, ma non si identifica con essa (Cass. 15 novembre 2022 n. 33568, Cass. 7 aprile 2022 n. 11324).

Secondo **altra giurisprudenza** avrebbe rilevanza anche un'accezione dell'inerenza di tipo più **quantitativo**, per la quale sarebbero indeducibili anche i costi non congrui, cioè sproporzionati o eccessivi rispetto ai ricavi o all'oggetto dell'impresa (Cass. 15 giugno 2018 n. 15856, Cass. 30 maggio 2018 n. 13596).

22725 Il principio di inerenza non è pertanto rinvenibile nell'art. 109 c. 5 DPR 917/86, come è stato a lungo ritenuto, da cui si deduce semmai un principio di **correlazione**, in base al quale i costi e le spese sostenuti per:
– beni o attività da cui derivano ricavi e altri proventi che concorrono a formare il reddito o che non vi concorrono in quanto esclusi (es. spese di gestione partecipazioni con utili esclusi al 95%, v. n. 21886), sono deducibili;
– attività che producono ricavi esenti sono indeducibili (es. i costi non di gestione - v. n. 22730 - ma connessi con la cessione di partecipazioni che originano plusvalenze esenti, o le minusvalenze o le perdite relative a titoli che generano interessi esenti).

22726 Se i costi relativi ai beni destinati alla vendita (o ai servizi prestati), si riferiscono indistintamente sia ad attività o beni produttivi di reddito imponibile, sia ad attività o beni produttivi di **ricavi esenti**, la loro deducibilità è limitata (v. n. 23490).
Per la deducibilità dei costi risulta comunque condizione sufficiente che l'inerenza sia rapportabile all'**attività dell'impresa** e non, quindi, a una specifica singola componente di reddito positiva. Pertanto, sono deducibili anche i costi e gli oneri sostenuti per conseguire vantaggi di impresa futuri; si pensi, in proposito, alle spese promozionali (Ris. Min. 12 febbraio 1985 n. 9/1603).

22727 Solitamente è l'**imprenditore** (non l'AF) a dover **dimostrare** l'esistenza delle spese e l'inerenza all'attività espletata; ciò è richiesto, soprattutto, con riferimento ai casi di **dubbio collegamento** del costo con l'impresa, ossia in relazione a spese suscettibili di essere utilizzate anche per scopi privati: alberghi, ristoranti, ecc. (Cass. 7 settembre 2001 n. 11514, Cass. 24 luglio 2002 n. 10802, Cass. 16 aprile 2008 n. 9919); è pertanto legittimo negare la deducibilità di un costo, per la genericità della descrizione della prestazione nella fattura e per la laconicità del contratto che regola il rapporto (Cass. 10 aprile 2015 n. 7214, Cass. 8 ottobre 2014 n. 21184).
Viceversa, quando si tratta di **spese strettamente necessarie** alla produzione del reddito o comunque riconducibili alla sfera imprenditoriale (es. costi per l'acquisto di materie prime, o di macchinari o strumenti indispensabili a produrre certi beni o di manufatti necessari per la loro custodia) che, in quanto tali, possono ritenersi intrinsecamente inerenti all'attività di impresa, è l'AF che intenda disconoscerne l'inerenza a dover fornire la prova relativa (Cass. 20 maggio 2015 n. 10319, Cass. 27 aprile 2012 n. 6548, Cass. 30 ottobre 2001 n. 13478).
In ogni caso, l'AF può negare la deduzione dei costi che riflettono **comportamenti** dell'imprenditore ritenuti dalla stessa **antieconomici**, dunque parzialmente non inerenti (Cass. 29 gennaio 2008 n. 1915) o che riguardano **operazioni infragruppo** avente carattere elusivo (v. n. 21675).

22727 (segue)

Casi pratici relativi all'inerenza	
Spese di regia (e simili) sostenute all'estero	Le c.d. spese di regia sostenute all'estero dalla sede centrale della società e addebitate alla filiale italiana sono inerenti (e deducibili) quando la filiale italiana provi che le stesse derivino da servizi resi dalla casa madre con costi documentati ritenuti congrui (Cass. 8 novembre 2017 n. 26435, Cass. 18 luglio 2014 n. 16480). Se la ripartizione dei costi è formalizzata in un contratto scritto e i costi risultano regolarmente fatturati, documentati, contabilizzati e di effettiva utilità e la relativa corrispondenza dei dati di bilancio alle risultanze delle scritture contabili è stata certificata da una società di revisione, le spese sono deducibili (Cass. 18 maggio 2018 n. 12285, Cass. 4 ottobre 2017 n. 23164). Al contrario, se l'addebito avviene in base a una percentuale prestabilita contrattualmente, ma senza la possibilità di verificare il rapporto tra costi e benefici economici ottenuti, le spese non sono deducibili (Cass. 27 ottobre 2017 n. 25566, Cass. 12 aprile 2017 n. 9466). I servizi devono essere funzionali al coordinamento tra le varie filiali e la sede centrale (es. seminari, opuscoli illustrativi dell'attività sociale, analisi e ricerche di mercato, visite di responsabili centrali, ecc.). Se, invece, rispondono ad esigenze di governo e gestione dell'impresa multinazionale, non sono deducibili per la filiale (Cass. 22 marzo 2021 n. 8001, Cass. 1° agosto 2000 n. 10062, Cass. 14 dicembre 1999 n. 14016). Infine, non è sufficiente a dare la prova dell'effettività e dell'inerenza dei costi il fatto che siano minimi rispetto al fatturato annuo della società (Cass. 6 luglio 2021 n. 19166).
Polizze assicurative	I premi pagati per le polizze assicurative relative agli infortuni del personale dirigente, quadro e impiegato, sono indeducibili (Cass. 30 dicembre 2009 n. 28004). In senso contrario, se il beneficiario della polizza è la società, vedi Norma di comportamento Adc 154/2004 e, indirettamente, Ris. AE 9 settembre 2003 n. 178/E. Recentemente, la giurisprudenza sembra orientata per la deducibilità, in virtù di una nozione di inerenza avente una valenza «allargata», nel senso che tutti i costi sostenuti dall'impresa a fronte di ricavi, anche solo potenziali, devono essere considerati inerenti e pertanto deducibili (Cass. 11 gennaio 2018 n. 450, Cass. 9 febbraio 2018 n. 3170).
Difesa legale a dipendenti e amministratori	I rimborsi a dipendenti delle spese sostenute per difendersi in sede penale dalla querela di altri dipendenti non sono inerenti, e quindi sono indeducibili (Cass. 10 marzo 2017 n. 6185). Analogamente nel caso di amministratori, anche se il capo di imputazione concerne fatti compiuti nello svolgimento dell'incarico (Cass. 9 marzo 2012 n. 3737).
Consulenze generiche	Non basta limitarsi a fornire i relativi documenti di spesa o a dimostrare la contabilizzazione dei costi. L'impresa deve precisare quanto meno la tipologia della consulenza e la relativa correlazione con l'attività della stessa da cui derivano ricavi o proventi che concorrono a formare il reddito di impresa (Cass. 11 maggio 2021 n. 12380, Cass. 9 maggio 2017 n. 11241). Inoltre, l'eventuale maggior costo, rispetto a quanto originariamente pattuito dalle parti, che l'impresa spontaneamente riconosce al consulente, non è inerente (assunto molto criticato da unanime dottrina) (Cass. 7 ottobre 2022 n. 29342).
Tangenti	Il pagamento di una tangente per evitare indagini fiscali, indipendentemente dal fatto che derivi da concussione o corruzione, è indeducibile (Cass. 19 aprile 2001 n. 5796). Si veda anche al n. 664.
Condono edilizio	Le spese sostenute per aderire al condono edilizio per rendere utilizzabile un immobile facente parte del complesso produttivo, sono deducibili. È onere dell'AF dimostrare quale parte delle spese ha natura sanzionatoria e quindi è indeducibile (Cass. 24 maggio 2005 n. 10952, Cass. 7 settembre 2007 n. 18860).
Operazione isolata a favore dei soci/amministratori	Un'operazione economica isolata, compiuta da una società commerciale, non diretta al mercato ma ai soci e amministratori (acquisto, ristrutturazione e gestione immobili), anche se prevista dall'atto costitutivo o dallo statuto sociale, di per sé sola non può giustificare la sua inerenza. La società deve dimostrare o che l'operazione, apparentemente singola, non sia isolata e che sia inserita in una specifica attività imprenditoriale oppure che essa si inserisca in una attività immobiliare vera e propria, così che, in entrambi i casi, sia destinata, almeno in prospettiva, a generare un lucro in proprio favore (Cass. 25 febbraio 2015 n. 3746, Cass. 29 gennaio 2014 n. 1859). È pertanto fondamentale che i soci/amministratori paghino un corrispettivo in linea con le condizioni di mercato per il godimento del bene e che questo concorra alla formazione del reddito d'impresa.

22730 **Deroghe** Vi sono casi in cui la **deducibilità dei costi** è consentita anche se non è dimostrata l'inerenza ed altri in cui sono previsti dei limiti forfettari, in quanto la legge presume un'inerenza parziale (entrambi elencati in **tabella**, mentre per le cessioni gratuite per scopi sociali vedi tabella al n. 21820):

Oneri	Precisazioni	Rinvio
interessi passivi	la deroga riguarda gli interessi passivi complessivi, indipendentemente dall'inerenza degli stessi **(1)**	23020 e s.
oneri fiscali / contributivi e di utilità sociale	la deducibilità è limitata da regole specifiche	23195 23435
costi per beni o servizi utilizzati anche per motivi personali, o comunque extra aziendali	mezzi di trasporto	23705
	telefoni	23700
	spese di rappresentanza	23335
costi di gestione delle partecipazioni	possedute da soggetti IRES **(2)** se, in caso di cessione, danno diritto a plusvalenze esenti sono comunque deducibili **(3)**	24705

(1) In questo senso vedi: Cass. 1° giugno 2022 n. 17875, Cass. 4 marzo 2016 n. 4339, Cass. 14 maggio 2014 n. 10501, Cass. 3 febbraio 2010 n. 2440, Circ. AE 13 febbraio 2006 n. 6/E, Cass. 21 novembre 2001 n. 14702, Ris. AE 9 novembre 2001 n. 178/E; in senso **contrario** - i limiti di deducibilità specifici previsti per gli interessi passivi riguardano comunque gli interessi inerenti all'attività di impresa, mentre gli interessi riguardanti attività extra imprenditoriali sarebbero totalmente indeducibili - vedi: Cass. 20 febbraio 2014 n. 4115, Cass. 25 novembre 2011 n. 24930, Circ. AE 14 aprile 2009 n. 16/E, (D. Stevanato, G. Ferranti).

(2) Per quelle possedute da **imprese individuali e società di persone**, invece, i costi di gestione delle partecipazioni che danno luogo a plusvalenze tassate al 40% o al 49,72% o al 58,14% sono deducibili, per la stessa percentuale (v. n. 24710) (art. 64 c. 1 DPR 917/86).

(3) Sono deducibili le spese sostenute in relazione alla gestione di partecipazioni da cui derivino **dividendi esclusi da tassazione per il 95%**, salvo quelle sostenute per l'acquisto del **diritto d'usufrutto** o altro analogo, es. stock lending (Cass. 12 maggio 2017 n. 11872, art. 109 c. 8 DPR 917/86); rimangono deducibili i casi in cui non viene trasferita la titolarità dei dividendi agli effetti fiscali, es. nudo proprietario che concede all'usufruttuario il solo esercizio del diritto di voto (Circ. AE 16 giugno 2004 n. 26/E).

22745 **PRINCIPIO DI IMPUTAZIONE A C/E** (art. 109 c. 4 DPR 917/86) In base al c.d. principio di derivazione del reddito dal risultato del bilancio, le spese e gli altri componenti negativi sono ammessi in deduzione se e nella misura in cui risultano imputati al C/E dell'esercizio di competenza. Si considerano imputati a C/E anche le spese e gli altri componenti negativi **annotati nelle scritture contabili**, a condizione che i costi abbiano concorso alla determinazione del risultato netto del C/E (art. 2 c. 6 bis DL 90/90 conv. in L. 165/90, Ris. AE 14 gennaio 2008 n. 10/E). In tal caso è necessario dare evidenza dei costi compensati in un apposito prospetto da conservare con la dichiarazione dei redditi.

Per i **soggetti OIC** e **IAS/IFRS**, si considerano imputati a C/E anche i componenti **imputati al patrimonio netto** in ossequio ai rispettivi principi contabili (si deve trattare di componenti di natura reddituale, es. spese per aumento di capitale, rilevazione di errori, ecc.). Ciò a condizione che non siano contabilizzati in voci dell'attivo patrimoniale (Ris. AE 12 ottobre 2007 n. 289/E).

L'obbligo di iscrizione, salvo le deroghe specifiche illustrate al n. 22750, ha 2 **conseguenze**:

– se il costo **non è stato imputato** in bilancio, esso non può essere considerato né dal contribuente, in occasione della determinazione del reddito imponibile nella dichiarazione dei redditi, né dall'Amministrazione in sede di accertamento (salvo l'eccezione di cui al n. 22750 punto 3);

– se il costo viene imputato in bilancio **in misura inferiore** alla quota fiscalmente ammessa in deduzione, la conseguente deduzione è limitata al valore risultante dal bilancio.

22750 **Deroghe** La regola dell'indeducibilità per mancata imputazione del costo al C/E prevede alcune deroghe, tra le quali spicca quella derivante dal c.d. disinquinamento del bilancio, abrogata a partire dal 2008 (periodo d'imposta successivo a quello in corso al 31 dicembre 2007) ma da tenere ancora presente per gli effetti che si trascinano in caso di distribuzione di utili.

Prima di esaminare quest'ultima deroga, si illustrano nella seguente **tabella** le altre.

Deroghe	Precisazioni ed esempi
1) deducibilità di oneri prevista espressamente dalla legge	l'imputazione al C/E è oggettivamente impossibile o non obbligatoria (es.: sospensione ammortamenti 2020, v. n. 23600, maxi ammortamenti, utili spettanti agli amministratori, ai lavoratori dipendenti, agli associati in partecipazione che apportano solo lavoro)
2) deducibilità di oneri già **imputati** (legittimamente) **in esercizi precedenti**	deducibilità prevista per legge al pagamento (v. n. 21485) o comunque in esercizi successivi a quello di rilevazione nelle scritture contabili **(1)**
3) deducibilità di oneri **specificamente afferenti ricavi** e altri proventi che concorrono a formare il reddito, se e nella misura in cui risultano da **elementi certi** e **precisi**	in caso di **accertamento** da parte dell'AF di maggiori ricavi e proventi, la deroga consente di dedurre le spese specificamente afferenti, anche se non imputate al C/E **(2)**. Il diverso avviso dell'AF dovrebbe ritenersi superato (Ris. AE 14 gennaio 2008 n. 10/E)
4) per i soggetti **IAS/IFRS**, deducibilità dei costi dei marchi e dell'avviamento	per la relativa disciplina v. n. 23937 e n. 23968

(1) Esempi:
compensi agli amministratori di società. Il compenso va imputato nel C/E dell'esercizio di competenza, ma la deducibilità fiscale è rinviata all'esercizio del pagamento (v. n. 22915).
rateizzazione in 5 anni delle spese di manutenzione per effetto dell'art. 102 DPR 917/86.
Per lo **sfasamento temporale** tra momento di imputazione a C/E e momento di deducibilità, il contribuente apporta una variazione in aumento al reddito dell'esercizio in cui la spesa non può essere dedotta e una variazione in diminuzione nell'esercizio (o negli esercizi) in cui risulta deducibile.
(2) Esempio: accertamento di maggiori ricavi non fatturati per € 100.000, è possibile tener conto del costo delle merci acquistate inerenti tali maggiori ricavi, anche se il costo non è stato imputato al C/E ma risulta, ad esempio, da documenti di trasporto.

Le disposizioni relative al **disinquinamento del bilancio** (v. MF 2016 n. 17175 e s.) **non sono più operative**, **salvo** quelle riguardanti il **vincolo sulle riserve in sospensione** in caso di distribuzione che restano in vigore, in via transitoria, per il recupero delle eccedenze risultanti alla fine del periodo d'imposta 2007. Anche queste ultime disposizioni potrebbero tuttavia aver perso validità nel 2008, in caso di eliminazione del vincolo con il pagamento (nel 2008) di un'imposta sostitutiva dell'1% (art. 1 c. 34 L. 244/2007). **22755**
Per la disciplina dell'imposta sostitutiva (IRPEF, IRES ed IRAP) che è possibile applicare per **eliminare le differenze pregresse** fra valori fiscali e valori di bilancio, sorte a seguito delle deduzioni extracontabili effettuate nel quadro EC fino al 2007 vedi MF 2019 Ed. marzo n. 22780 e s.

ACQUISTI DA PAESI «NON COOPERATIVI» (art. 110 c. 9 bis - 9 quinquies DPR 917/86, art. 1 c. 84 L. 197/2022) A partire dal 1° gennaio 2023 i costi sostenuti presso fornitori residenti o localizzati in Paesi non cooperativi ai fini fiscali, sono **deducibili limitatamente** al valore normale dei beni e servizi acquistati (come definito al n. 845), **salvo che** l'imprenditore dimostri che le operazioni hanno avuto concreta esecuzione e rispondono ad un effettivo interesse economico (v. n. 22772). **22770**
I Paesi non collaborativi **sono individuati** con provvedimento del **Consiglio dell'UE**. L'elenco, normalmente aggiornato due volte l'anno, è reperibile alla pagina web: «www.consilium.europa.eu/it/policies/eu-list-of-non-cooperative-jurisdictions/». Nella **tabella** l'elenco con l'indicazione della data di inserimento del Paese, a partire dalla quale gli acquisti sono assoggettati alla disciplina.

Paesi non cooperativi	Acquisti a partire dal:	Paesi non cooperativi	Acquisti a partire dal:
American Samoa	1° gennaio 2023	Palau	1° gennaio 2023
Anguilla	1° gennaio 2023	Panama	1° gennaio 2023
Bahamas	1° gennaio 2023	Russia	14 febbraio 2023
British Vergin Islands	14 febbraio 2023	Samoa	1° gennaio 2023
Costa Rica	14 febbraio 2023	Trinidad and Tobago	1° gennaio 2023
Fiji	1° gennaio 2023	Turks and Caicos Islands	1° gennaio 2023

Paesi non cooperativi	Acquisti a partire dal:	Paesi non cooperativi	Acquisti a partire dal:
Guam	1° gennaio 2023	US Virgin Islands	1° gennaio 2023
Marshall Islands	14 febbraio 2023	Vanuatu	1° gennaio 2023

> **Precisazioni** 1) Il limite alla deducibilità riguarda anche le prestazioni di servizi rese da **professionisti** domiciliati nei Paesi non cooperativi.
> 2) Poiché la norma ricalca quella in vigore fino al 2016 per i costi da Paradisi fiscali, nel seguito sono riproposte le principali **interpretazioni** al tempo sviluppate dalla prassi e dalla giurisprudenza (Circ. AE 6 ottobre 2010 n. 51/E, Circ. AE 26 gennaio 2009 n. 1/E).

22772 **Requisiti per la deduzione integrale** Tali costi sono deducibili integralmente se l'impresa italiana prova che le operazioni:
– hanno avuto concreta effettuazione (ordini di acquisto, contratti di fornitura, fatture, documenti doganali, documenti bancari ecc.);
– rispondono ad un effettivo interesse economico.
La **valutazione** della sussistenza dell'effettivo interesse economico va effettuata tenendo conto di tutti gli elementi e le circostanze che caratterizzano il caso concreto:
– il prezzo della transazione (ma la deducibilità integrale dei costi non può essere disconosciuta solo perché il prezzo dei beni e servizi acquistati è superiore a quello mediamente praticato sul mercato, in quanto ciò può essere giustificato dalla valutazione delle altre condizioni che regolano la transazione);
– la presenza di costi accessori (stoccaggio, magazzino, ecc);
– la possibilità di acquisire il medesimo prodotto presso altri fornitori;
– vincoli organizzativi/commerciali/produttivi che inducono ad effettuare la transazione o che renderebbero eccessivamente onerosa la medesima transazione con altro fornitore;
– puntualità e serietà del fornitore (Cass. 8 maggio 2013 n. 10749).
La **prova** dell'effettivo interesse economico può essere fornita ricorrendo, in **via preventiva**, alla procedura di interpello **oppure successivamente**, su richiesta dell'AF. In assenza di interpello, infatti l'AF, prima dell'emissione dell'avviso di accertamento, invita le imprese interessate a fornire le prove circa la sussistenza di uno dei requisiti nel termine di 90 giorni.

> **Precisazioni** 1) In caso di **operazioni infragruppo**, resta fermo il limite alla deduzione stabilito dalle disposizioni sul transfer pricing (v. n. 21645).
> 2) In caso di operazioni con **soggetti controllati non residenti** a cui si applica la disciplina delle **CFC** (v. n. 21938), nei confronti del socio italiano tassato per trasparenza, non si applica il limite alla deducibilità.

22775 **Adempimenti dichiarativi** Le spese ritenute deducibili (sia parzialmente che integralmente), anche per effetto di una risposta positiva ad un'istanza di interpello, devono essere **indicate separatamente** nella dichiarazione dei redditi.
Nel caso di **mancata o incompleta** indicazione, resta ferma la deducibilità dei costi, ma è prevista una sanzione del 10% dell'importo delle spese omesse con un minimo di € 500 e un massimo di € 50.000 (art. 8 c. 3 bis D.Lgs. 471/97). Se, tuttavia, non viene fornita prova delle circostanze esimenti, alla sanzione suddetta si aggiunge quella per infedele dichiarazione (dal 100% al 200% della maggior imposta, Circ. AE 3 novembre 2009 n. 46/E).

22805 **REMUNERAZIONE SU STRUMENTI FINANZIARI ASSIMILATI ALLE AZIONI** (art. 109 c. 9 lett. a DPR 917/86) Si tratta di strumenti finanziari previsti e regolati dal Codice Civile che non attribuiscono la qualità di socio, in quanto non correlati al conferimento di valori imputati a capitale, pur potendo essere dotati del diritto di voto su argomenti specificamente indicati quali la nomina del consiglio di amministrazione o di un sindaco.
Essi hanno **caratteristiche differenti** a seconda della tipologia:
– strumenti finanziari partecipativi forniti di diritti patrimoniali o anche di diritti amministrativi, escluso il voto in assemblea generale degli azionisti, emessi anche a seguito dell'apporto di opere e servizi (art. 2346 c.c.);
– strumenti finanziari emessi a seguito degli apporti effettuati a favore di patrimoni destinati ad uno specifico affare (art. 2447 ter c. 1 lett. e c.c.);
– strumenti finanziari che condizionano i tempi e l'entità del rimborso del capitale all'andamento economico della società (art. 2411 c. 3 c.c.).
Sono assimilati alle azioni quando la relativa remunerazione comporti direttamente o indirettamente la **partecipazione ai risultati economici** della società emittente o di altre società appartenenti allo stesso gruppo o dell'affare in relazione al quale gli strumenti finanziari sono

stati emessi, indipendentemente dal fatto che sia prevista anche la partecipazione alle perdite e indipendentemente dalla natura dell'apporto.
La **remunerazione** è pertanto equiparata ai dividendi e non è deducibile, per la **società emittente**, limitatamente alla quota che direttamente o indirettamente comporta la partecipazione ai risultati economici suddetti. Se uno strumento finanziario assicura una remunerazione solo **parzialmente parametrata** ai risultati economici della società emittente, è indeducibile la sola quota variabile parametrata ai suddetti risultati (Circ. AE 16 giugno 2004 n. 26/E).

>**Precisazioni 1)** Sono deducibili i proventi:
– corrisposti per i **contratti derivati** e per gli altri **contratti a termine** di natura finanziaria;
– costituiti dalla parte variabile del corrispettivo derivanti dal possesso di **obbligazioni partecipative subordinate** (con il vincolo a non distribuire capitale sociale se non nei limiti dei dividendi sull'utile di esercizio) emesse da società non emittenti strumenti finanziari rappresentativi del capitale sociale quotati in mercati regolamentati o in sistemi multilaterali di negoziazione (v. n. 22590), diverse dalle banche e dalle microimprese, **a condizione** che il corrispettivo non sia costituito esclusivamente dalla parte variabile stessa (art. 32 c. 24 DL 83/2012 conv. in L. 134/2012, Circ. AE 6 marzo 2013 n. 4/E);
– per i quali la **connessione con i risultati economici** dell'impresa riguardi unicamente il diritto alla percezione, ma non l'ammontare da percepire (es. titoli con tasso di rendimento prestabilito, per i quali il pagamento degli interessi in una certa misura sia subordinato all'esistenza di utili o all'effettiva distribuzione di dividendi da parte dell'emittente o di altra società del gruppo). Inoltre, il legame con i risultati della società va riferito ai redditi attuali; sono quindi deducibili gli oneri relativi a quei titoli il cui rendimento è ancorato, in qualche modo, a risultati pregressi (ad es. alla media dell'ultimo triennio) (Relazione governativa).
2) Per i **soggetti IAS/IFRS** e **OIC** indipendentemente dalla qualificazione e dalla classificazione adottata in bilancio, si considerano similari alle azioni gli strumenti finanziari individuati dall'art. 5 c. 1-3 DM 8 giugno 2011 (art. 2 c. 1 lett. b DM 3 agosto 2017). Le remunerazioni degli strumenti finanziari similari alle obbligazioni contabilizzate nel patrimonio netto si considerano imputate a conto economico.

Per contro, **per i percipienti**, la remunerazione è assimilata agli utili da partecipazione per la parte costituita dalla partecipazione ai risultati economici (v. n. 21888, l'eventuale parte residua è assimilata agli interessi attivi). **22808**

B. Spese per prestazioni di lavoro

Le spese per prestazioni di lavoro nell'ambito dell'impresa possono riguardare i dipendenti, gli amministratori, i promotori, i soci fondatori, gli associati in partecipazione. **22865**

I compensi dell'**imprenditore individuale** e dei suoi familiari, sono esaminati al n. 5195.
Poiché non può sussistere un rapporto di lavoro subordinato nei confronti dell'**amministratore unico**, del **socio unico**, ecc. (v. n. 8025) le eventuali retribuzioni corrisposte non sono deducibili (Cass. 23 novembre 2021 n. 36362). Contestato invece, da dottrina, prassi e altre sentenze, l'accostamento che la sentenza fa, ai fini della indeducibilità, con il ruolo di **Presidente del consiglio di amministrazione** che deve comunque rispondere al consiglio stesso (Mess. INPS 17 settembre 2019 n. 3359, Cass. 25 settembre 2015 n. 19050, Cass. Lav. 28 giugno 2004 n. 11978).

SPESE E COMPENSI AI LAVORATORI DIPENDENTI (art. 95 DPR 917/86) **22875**
Sono quelle sostenute in **denaro** o in **natura** a favore dei lavoratori dipendenti (salari, stipendi, contributi previdenziali, accantonamenti ai fondi di quiescenza e previdenza, indennità per ferie non godute, ecc.). Sono comprese, sebbene con alcuni limiti di deducibilità, anche le liberalità. Pertanto, salvo alcuni casi particolari - riguardanti le trasferte, i veicoli e i fabbricati concessi in uso, le strutture ricettive, i versamenti a fondi pensione complementari e i compensi ai familiari - tutto quanto corrisposto (sia in denaro che in natura) in dipendenza del rapporto di lavoro subordinato è, per l'impresa, **costo deducibile per competenza** dal reddito imponibile.

>**Precisazioni 1)** Le spese per la **selezione del personale** sono deducibili nell'anno di competenza, mentre le spese per la **formazione** e l'**aggiornamento** del personale sono da considerarsi pluriennali e quindi vanno imputate in più esercizi solo se, in base all'OIC 24, sono riferite ad un'attività di avviamento di una nuova impresa o di una nuova attività dell'impresa oppure ad un processo di riconversione o ristrutturazione comportante un profondo cambiamento nella struttura aziendale che generi positivi flussi di reddito futuri (v. n. 23360). In sostanza, è necessario che le spese sostenute per il personale abbiano una utilità pluriennale (Cass. 31 marzo 2022 n. 10271, Cass. 18 dicembre 2019 n. 33648).
2) Se l'impresa decide di attribuire ai propri dipendenti una **quota di partecipazione agli utili** in aggiunta

alla normale retribuzione, per individuare l'esercizio di **competenza** bisogna distinguere fra le seguenti ipotesi (Ris. Min. 8 luglio 1976 n. 9/1095):
– se la percentuale di partecipazione agli utili è prestabilita, essa è deducibile nell'esercizio in cui gli utili sono prodotti;
– se la percentuale è fissata annualmente in sede di approvazione del bilancio, la quota di partecipazione è deducibile nell'esercizio in cui il bilancio è approvato.
3) Il rimborso spese accordato al **dipendente in smart working** per l'attivazione e per i canoni di abbonamento al servizio di connessione dati *internet* (attraverso un *device* mobile oppure un impianto fisso domiciliare) è deducibile (Risp. AE 24 maggio 2021 n. 371).

22880 **Liberalità** Le erogazioni liberali, fatte alla **generalità dei dipendenti** (per esempio, la strenna di Natale), pur non costituendo reddito per il dipendente (se di importo non superiore a € 258,23 - v. n. 8180), sono deducibili dal reddito di impresa. Si comprendono anche le spese sostenute per acquistare azioni di società del proprio gruppo da assegnare gratuitamente ai propri dipendenti, c.d. **stock-option** (Circ. Min. 17 maggio 2000 n. 98/E).

Per i soggetti **IAS-adopter**, i componenti negativi relativi alla remunerazione di prestazione di servizi a dipendenti sono deducibili anche quando si tratta di remunerazioni relative ad azioni o altri strumenti assimilati (art. 6 DM 8 giugno 2011).

Inoltre, le spese sostenute **volontariamente** dall'imprenditore per opere o servizi aventi fini di educazione, istruzione, ricreazione (es. cena aziendale, viaggi, ecc.), culto, assistenza sociale (es. servizi di car pooling aziendale, Risp. AE 31 ottobre 2019 n. 461) e sanitaria e destinati alla generalità dei dipendenti o a categorie dei medesimi (come definite al n. 8220) sono deducibili per un ammontare complessivo non superiore al **5 per mille del totale** delle spese per prestazioni di lavoro dipendente dell'esercizio (art. 100 c. 1 DPR 917/86).

>Precisazioni 1) Fra le spese per prestazioni di lavoro dipendente su cui calcolare il 5 per mille possono essere inclusi anche i **contributi previdenziali e assistenziali** a carico del datore di lavoro, nonché gli **accantonamenti** ai fondi di quiescenza e previdenza. In presenza di contratti di somministrazione del lavoro (ex interinali), si considerano anche le spese relative ai lavoratori somministrati e, ai fini della verifica del limite di deducibilità, si considerano le spese per le prestazioni di lavoro al netto del compenso spettante all'impresa fornitrice.
2) La disciplina delle spese volontariamente sostenute dall'imprenditore non si estende anche a quelle per i **collaboratori coordinati e continuativi** (Circ. AE 18 giugno 2001, n. 57/E).
3) Se le spese suddette sono **obbligatorie**, perché previste dal contratto collettivo o da un accordo aziendale sono integralmente deducibili. Fra queste rientrano le spese per i compensi in natura costituenti il c.d. welfare aziendale, corrisposti in sostituzione dei **premi di risultato** (v. n. 8965).

22885 **Trasferte** Le spese sostenute dal dipendente o dal percettore di reddito assimilato (es. collaboratore coordinato e continuativo, tirocinante, Ris. AE 21 marzo 2002 n. 95/E) in trasferta e **rimborsate dall'impresa** sono componenti negative di reddito deducibili, se documentate (v. n. 8620), secondo le seguenti regole.

Tipo di rimborso	Deducibilità
rimborsi analitici per vitto e alloggio	– spese per vitto e alloggio sostenute **nel comune** ove l'imprenditore ha la sede dei propri affari: deducibili al 75% (v. n. 24238) (costituiscono reddito per il percettore, per l'intero importo); – sostenute **fuori** da tale comune: deducibili nella misura giornaliera massima di € 180,76 (se sostenute in Italia) o € 258,23 (estero) **(1)**.
rimborsi dei biglietti di viaggio	deducibili integralmente.
rimborsi chilometrici	se il dipendente è stato autorizzato, anche informalmente, a usare il veicolo per una specifica trasferta, sono deducibili nei limiti del costo di percorrenza o delle tariffe di noleggio di automezzi con cilindrata non superiore a **17 CF**, se a benzina, o a **20 CF**, se diesel (non sono previsti limiti di cilindrata per le auto elettriche) **(2)**.

(1) Se l'**alloggio è fornito gratuitamente**, ai fini del computo del predetto limite, si deve tener conto dei costi specifici sostenuti dal datore di lavoro per i servizi di alloggio. Tali costi potranno essere dedotti (nei limiti giornalieri suindicati) soltanto per i giorni di effettiva trasferta effettuata nell'anno.
Tali limiti non riguardano i rimborsi **forfettari** e **misti** - lett. a e c di cui al n. 8611 - che sono pertanto integralmente deducibili (Circ. Min. 16 luglio 1998 n. 188/E).
(2) Tale disposizione non è applicabile agli autoveicoli di proprietà dell'impresa (v. n. 22890). Invece un regime analogo sussiste per i rimborsi delle **spese di noleggio di un'auto** per una trasferta.
Per la **quantificazione dei costi** di percorrenza si deve far riferimento alla media dei costi appositamente calcolata dall'**ACI** (vedi sito internet: www.aci.it) o, nelle ipotesi di noleggio, alla media delle tariffe relative.

Le imprese autorizzate all'**autotrasporto di merci**, in alternativa alla deduzione, anche analitica, delle spese sostenute dai dipendenti per trasferte effettuate fuori dal territorio comunale, possono dedurre un importo forfettario di € 59,65 al giorno, elevato a € 95,80 per le trasferte all'estero, al netto delle spese di viaggio e di trasporto (art. 95 c. 4 DPR 917/86).

Veicoli dati in uso (Circ. Min. 10 febbraio 1998 n. 48/E, Circ. AE 18 giugno 2008 n. 47/E) I veicoli di proprietà dell'impresa possono essere concessi in uso ai dipendenti con modalità diverse. 22890

Modalità	Deducibilità
uso esclusivo personale	deducibile l'importo che costituisce reddito in capo ai dipendenti (quantificato sulla base del valore normale).
uso promiscuo (aziendale e personale)	le relative spese sono considerate spese relative a beni ammortizzabili. Inoltre bisogna distinguere (v. n. 23725): – se il veicolo è concesso al dipendente per la maggior parte del periodo di imposta (metà più uno dei giorni che compongono il periodo d'imposta), è deducibile il 70% delle spese relative (senza alcun limite quantitativo); – se il veicolo è dato in uso promiscuo per un periodo inferiore, è deducibile il 20% delle spese relative. In entrambe le ipotesi non rileva il costo che costituisce fringe benefit per il dipendente.
uso esclusivo aziendale	si tratta di costi relativi a beni ammortizzabili, deducibili secondo le regole specifiche, quindi in genere nei limiti del 20% da calcolare su un importo non superiore a € 18.075,99.

Fabbricati dati in uso I canoni di locazione, anche finanziaria, e le spese di manutenzione dei fabbricati concessi in uso ai dipendenti sono soggetti ad un trattamento differente a seconda dell'utilizzo cui sono destinati. 22895

Utilizzo	Disciplina
Alloggio dei dipendenti in trasferta	Per i fabbricati utilizzati a titolo di alloggio dei dipendenti in trasferta, i costi sono deducibili entro i limiti giornalieri di € 180,76 o, per quelli siti all'estero, € 258,23 (v. n. 22885).
Concessione a dipendenti che hanno trasferito la loro residenza per esigenze di lavoro	Per i fabbricati concessi in uso a dipendenti, sia italiani che stranieri, che abbiano trasferito la loro residenza anagrafica per esigenze di lavoro nel Comune in cui prestano l'attività, i costi suddetti sono interamente deducibili limitatamente al periodo d'imposta in cui c'è il trasferimento e ai 2 successivi. Può trattarsi sia di soggetti neo assunti sia di dipendenti già in forza nell'impresa che debbano trasferirsi in altra sede situata in un comune diverso (Ris. AE 3 luglio 2002 n. 214/E) **(1)**.
Altri scopi	Se sono utilizzati per scopi diversi dai precedenti (es. abitazione messa a disposizione del dirigente che non ha trasferito la residenza per esigenze di lavoro, concessione in uso ai dipendenti del punto precedente negli anni successivi al triennio iniziale), la deducibilità è ammessa per un importo non superiore a quello che costituisce reddito per il dipendente **(2)**.

(1) Se prima dello scadere del triennio il dipendente **lascia il fabbricato**, da quel momento le spese relative sono deducibili secondo la disposizione ordinaria, cioè per un importo non superiore a quello che costituisce reddito per il dipendente. Ovviamente, se in seguito il fabbricato viene nuovamente concesso ad un dipendente, torna applicabile l'integrale deducibilità per un triennio.

(2) Esempio: fabbricato preso in locazione dall'impresa e concesso in uso gratuito al dipendente
- Canoni di locazione pagati dall'impresa per il fabbricato € 15.000;
- Spese di manutenzione € 4.500;
- Rendita catastale del fabbricato € 5.000;
- Spese condominiali € 3.000.

Il dipendente provvede a pagare le utenze relative ai consumi di energia elettrica, gas e acqua.
- Reddito convenzionale per il dipendente € (5.000 + 3.000) = 8.000; l'impresa può dedurre € 8.000.

22900 Strutture ricettive e versamenti a Fondi pensione complementari

Oggetto	Disciplina
Strutture ricettive	I **canoni di locazione**, anche finanziaria, e le spese relative al funzionamento di strutture ricettive per i dipendenti sono indeducibili, fatta eccezione per i **servizi di mensa** (v. n. 24235) destinati alla generalità dei dipendenti (e, naturalmente, per i servizi di alloggio destinati a dipendenti in trasferta temporanea).
Versamenti a Fondi pensione complementari	Sono deducibili: – i **versamenti diretti** dei contributi ad un Fondo pensione, integralmente **(*)**; – un importo pari al 4% del **TFR annualmente destinato a Fondi pensione** (6% per le imprese con meno di 50 addetti) (v. n. 24325).

(*) Oltre agli altri ordinari oneri contributivi versati:
a) ad **enti o casse** aventi esclusivamente fini assistenziali in conformità a disposizioni di legge, di contratto o di accordo o regolamento aziendale;
b) ad **enti** esclusivamente a fine previdenziale in conformità a disposizioni di legge.

22915 **COMPENSI AD AMMINISTRATORI, PROMOTORI E SOCI FONDATORI** (art. 95 c. 5 DPR 917/86) Tali compensi possono essere stabiliti in misura **fissa** oppure **variabile** (ad esempio come percentuale sugli utili).

In entrambi i casi essi sono deducibili, se rispettata la **condizione** illustrata al n. 22920, nell'esercizio in cui sono stati corrisposti (**criterio di cassa**). Per le società con periodo di imposta coincidente con l'anno solare, i compensi ad amministratori che li considerano redditi assimilati a quelli di lavoro dipendente (v. n. 9900), **corrisposti entro il 12 gennaio** e relativi all'anno precedente, sono deducibili nel citato anno precedente, in virtù del c.d. criterio di cassa «allargato» di cui al n. 8070 (Circ. AE 18 giugno 2001 n. 58/E, Circ. AE 12 dicembre 2001 n. 105/E, Cass. 12 settembre 2012 n. 15241). In caso di bonifico rileva la data dell'accreditamento (Cass. 11 agosto 2017 n. 20033).

>Precisazioni 1) Anche i **compensi reversibili** (v. n. 9915), che gli amministratori riversano al proprio datore di lavoro, sono deducibili per cassa (Nota 20 giugno 2002 n. 124734); per la dottrina, invece, sono deducibili per competenza, essendo compensi attribuiti ad un soggetto imprenditore (AIDC, Norma di comportamento n. 169, ottobre 2007). Per lo stesso principio, la stessa dottrina ritiene che anche i compensi spettanti ad una società commerciale nominata amministratore di un'altra società, siano deducibili per competenza (AIDC, Norma di comportamento n. 182, novembre 2011).
2) L'eventuale **indennità di cessazione del rapporto** di collaborazione è deducibile secondo il criterio di maturazione solo se, secondo l'AF, il diritto alla stessa risulta da atto di data certa anteriore all'inizio del rapporto; in caso contrario, è deducibile nel periodo d'imposta in cui avviene il relativo pagamento. Secondo la dottrina invece il criterio di maturazione si applica in ogni caso (v. n. 24345).
3) I compensi dell'**amministratore unico** sono stati considerati deducibili (Risposta Interrogazione parlamentare 5 febbraio 2020 n. 5-02714), in contrasto con la Cassazione che ha costantemente sostenuto l'equiparazione tra amministratore unico ed imprenditore (Cass. 14 novembre 2013 n. 25572, Cass. 13 novembre 2006 n. 24188). Non vi sono indicazioni diverse per il caso in cui anche il socio è unico (es. s.r.l. unipersonale).
4) I compensi corrisposti ad amministratori privi di potere (c.d. **amministratori di comodo**), sono indeducibili per assenza del requisito di inerenza (Cass. 21 settembre 2016 n. 18448).

22920 **Condizione di deducibilità** Ai fini della deducibilità del compenso, se non è stabilito nell'atto costitutivo o nello statuto dell'impresa, è necessario che sia stabilito da una **preventiva delibera assembleare o consiliare**, che conferisce certezza al costo dedotto; non è sufficiente la ratifica implicita avvenuta in sede di approvazione del bilancio (Cass. SU 29 agosto 2008 n. 21933, Cass. 8 giugno 2016 n. 11779, Cass. 28 ottobre 2015 n. 21953, Cass. 7 marzo 2014 n. 5349, Cass. 19 luglio 2013 n. 17673, Cass. 4 settembre 2013 n. 20265). Pertanto, se la delibera è formalizzata successivamente al pagamento, la deduzione dal reddito deve essere differita nell'esercizio della delibera (così come la tassazione del compenso in capo all'amministratore).

Assonime critica la tesi giurisprudenziale in quanto non sembra che l'eventuale violazione di una norma civilistica (o amministrativa) possa comportare, quale conseguenza, l'indeducibilità fiscale di un costo inerente ed effettivamente sostenuto (Assonime 10 ottobre 2022 n. 7). Recentemente, la Cassazione ha riconosciuto che il **difetto di specifica delibera** dell'assemblea in ordine alla determinazione del compenso degli amministratori **può essere sanato** in sede di delibera di approvazione del bilancio, ma solo se detta delibera abbia espressamente approvato la relativa voce, non essendo sufficiente la semplice approvazione del bilancio contenente detta voce (Cass. 10 agosto 2022 n. 24652).

Congruità del compenso Si dibatte, inoltre, con soluzioni contrastanti, se l'AF possa o meno **valutare la congruità** dei compensi liquidati agli amministratori. 22921
Secondo l'**AF** e parte della **giurisprudenza**, in sede di attività di controllo è possibile disconoscere totalmente o parzialmente la deducibilità dei costi nei casi in cui essi appaiano insoliti, sproporzionati o strumentali all'ottenimento di indebiti vantaggi (Ris. AE 31 dicembre 2012 n. 113/E, Cass. 30 novembre 2016 n. 24379, Cass. 15 aprile 2013 n. 9036, Cass. 11 febbraio 2013 n. 3243).
Secondo altra **giurisprudenza**, invece, se i costi sono inerenti, non è possibile valutarne la congruità, in assenza di negozi simulati o in frode alla legge, in quanto non esistono indicazioni vincolanti che limitino l'ammontare del costo deducibile (Cass. 10 dicembre 2010 n. 24957, Cass. 2 dicembre 2008 n. 28595, Cass. 31 ottobre 2005 n. 21155, Cass. 9 maggio 2002 n. 6599).
Il contrasto interpretativo della Corte rende opportuno l'intervento delle Sezioni Unite per dirimere la questione.

Secondo autorevole **dottrina**, i compensi dovrebbero essere contestabili dall'AF solo nei casi in cui il carico impositivo gravante sull'amministratore risulti apprezzabilmente inferiore alle imposte risparmiate dalla società attraverso la deduzione di compensi insoliti o sproporzionati (G. Ferranti).

Trasferte Ai **rimborsi delle spese** sostenute dagli amministratori per l'effettuazione delle trasferte si applicano le medesime regole illustrate per i dipendenti (v. n. 22885). 22925

Veicoli dati in uso (Circ. Min. 10 febbraio 1998 n. 48/E) I veicoli possono essere concessi agli amministratori per uno dei seguenti usi. 22930

Modalità	Deducibilità
uso esclusivo personale	I costi e le spese relative ai veicoli possono essere dedotti per un importo non eccedente il compenso in natura attribuito all'amministratore, da determinarsi sulla base del valore normale.
uso promiscuo (aziendale e personale)	È deducibile un importo pari all'ammontare del compenso in natura spettante all'amministratore, da determinarsi in base al criterio convenzionale (v. n. 8280). L'eventuale eccedenza delle spese sostenute dall'impresa, rispetto al compenso in natura, è deducibile sulla base delle regole proprie dei costi relativi ai beni ammortizzabili, quindi, in genere, nei limiti del 20%, da calcolare su un importo non superiore a € 18.075,99 **(1) (2).**
uso esclusivo aziendale	Le spese sono deducibili secondo le regole proprie dei costi relativi ai beni ammortizzabili quindi, in genere, nei limiti del 20%, da calcolare su un importo non superiore a € 18.075,99.

(1) Esempio Un'impresa nel corso del periodo d'imposta X ha sostenuto spese per € 10.329,14 (6.455,71 per ammortamento annuo e 3.873,43 per spese di manutenzione); il compenso in natura è di € 7.746,85.
Posto che le spese sostenute dall'impresa rilevano fiscalmente per 8.392,42 (pari alle spese di manutenzione più l'ammortamento annuo fiscalmente deducibile, che rapportato al limite di 18.075,99 è pari a 4.519,00: v. n. 23715):
- 7.746,85 sono interamente deducibili perché costituiscono compenso agli amministratori;
- le restanti 645,57 sono deducibili solo al 20% e cioè per 129,11.

In sostanza, quindi, la società non potrà dedursi 2.453,18 (e cioè: 10.329,14 – 7.746,85 – 129,11).
(2) In caso di **lavoratori dipendenti** che rivestono anche la carica di **amministratori**, se questo ufficio rientra nei loro compiti istituzionali, l'eccedenza è deducibile al 70% (v. n. 22890).

COMPENSI AD ASSOCIATI IN PARTECIPAZIONE (art. 95 c. 5 e 6 DPR 917/86) 22945
In relazione ai contratti di associazione in partecipazione (per la cui definizione e caratteristiche v. n. 11145), bisogna distinguere fra quelli che prevedono l'apporto di solo lavoro (ipotesi possibile solo per i contratti in essere al 25 giugno 2015) da quelli che prevedono l'apporto di solo capitale o di capitale e lavoro (apporto misto).
Infatti, se l'apporto è di **solo lavoro** (o non è previsto un corrispettivo per l'apporto) i compensi sono deducibili in base al criterio di competenza, indipendentemente dall'imputazione a C/E, purché siano rispettate le seguenti **condizioni** (Circ. AE 12 giugno 2002 n. 50/E):
- il contratto deve risultare da atto pubblico o da scrittura privata registrata che deve, tra l'altro, contenere la specificazione dell'apporto;
- gli associati non devono essere familiari (coniuge, ascendenti, figli, affidati o affiliati, minori o permanentemente inabili al lavoro) (Cass. 25 novembre 2003 n. 17963, Cass. 17 luglio 2000 n. 9417, Ris. Min. 16 maggio 1980 n. 9/574);

– l'attribuzione delle quote di utili spettanti agli associati in partecipazione, deve trovare obiettiva giustificazione nel lavoro effettivamente prestato o nell'entità dell'apporto di altri beni.

> **Precisazioni** 1) In **contrasto con la tesi ministeriale** si è espressa l'associazione dottori commercialisti di Milano (ADC norma di comportamento ottobre 2003 n. 153), secondo la quale i compensi sono deducibili anche se il **contratto** di associazione con apporto di solo lavoro è **verbale** e quindi non risulta da atto pubblico o da scrittura privata registrata.
> 2) Per l'individuazione dell'**esercizio di competenza** delle quote di partecipazione agli utili si applicano i medesimi criteri previsti per i dipendenti (v. n. 22875).
> 3) I **compensi** erogati ad associati in partecipazione **in misura eccessiva** rispetto ai ricavi e all'oggetto dell'impresa sono indeducibili. L'AF può infatti valutare la congruità dei costi e dei ricavi e procedere alla loro rettifica anche se non ricorrano irregolarità nella tenuta delle scritture contabili (Cass. 25 settembre 2006 n. 20748). L'orientamento in esame non è tuttavia consolidato, sia in giurisprudenza (v. n. 22920) che in dottrina, ove è considerato accettabile solo per i casi patologici di manifesta antieconomicità dei comportamenti imprenditoriali (D. Stevanato in Corriere Tributario n. 45/2006 p. 3569).

22947 Se l'apporto è di **solo capitale** o di **capitale e lavoro**, la relativa remunerazione a titolo di partecipazione agli utili è indeducibile, indipendentemente dalla natura giuridica dell'associato (persona fisica non imprenditore, imprenditore individuale, società di persone o società di capitali) (art. 109 c. 9 DPR 917/86).
Ferma restando l'indeducibilità della remunerazione corrisposta all'associato, se l'apporto di capitale è **in natura** (es. beni al prezzo di costo) bisogna però considerare che esso rappresenta una cessione a titolo oneroso il cui corrispettivo è il valore normale dei beni ceduti, comprensivo della quota di prezzo corrisposta dall'associante. Ebbene, tale valore normale è deducibile per la società associante (Ris. AE 16 maggio 2005 n. 62/E).

> Se sono emessi **strumenti finanziari** che incorporano i contratti di associazione in partecipazione (o quelli di cointeressenza esaminati successivamente), le remunerazioni sono indeducibili, anche se l'apporto è costituito da solo lavoro o non è previsto (Circ. AE 16 giugno 2004 n. 26/E).

22950 Il medesimo regime di indeducibilità previsto per i contratti di associazione in partecipazione si applica ai **contratti di cointeressenza** (v. n. 11154) con apporto di solo capitale o misto, di capitale e lavoro; in assenza di apporto, la remunerazione è deducibile (art. 109 c. 9 DPR 917/86).

C. Interessi passivi

a. Modalità di imputazione

23020 Generalmente gli interessi passivi e gli oneri assimilati rappresentano costi d'esercizio e si **imputano** al conto economico nell'esercizio in cui maturano; tuttavia, in casi specifici, tali costi possono essere capitalizzati.

23025 **INTERESSI CAPITALIZZABILI** (art. 110 c. 1 lett. b DPR 917/86) Gli interessi capitalizzabili - cioè imputabili ad **aumento del costo** dei beni - sono quelli che generalmente maturano sui prestiti che l'impresa ha contratto per finanziare la costruzione di **beni strumentali** materiali e immateriali (impianti, capannoni, macchinari, ecc.). Tuttavia, la capitalizzazione può riguardare anche interessi derivanti da **finanziamenti generici**, cioè non specificamente richiesti per il bene strumentale o, in casi eccezionali, interessi su finanziamenti contratti per far fronte alla produzione di **beni merce** che richiedono cicli produttivi estremamente prolungati (v. n. 22140) o per la realizzazione di lavori su commessa (purché imputati ad aumento delle rimanenze - v. n. 22475).
Il riferimento, contenuto nella norma, agli interessi passivi **iscritti in bilancio** ad aumento del costo del bene stesso per effetto di disposizioni di legge, fa sì che la capitalizzazione effettuata in bilancio nel rispetto dei principi contabili, sia nazionali che internazionali, venga riconosciuta anche fiscalmente; in altre parole, la capitalizzazione effettuata in bilancio comporta l'obbligo di effettuarla, negli stessi termini, anche ai fini fiscali.

Si ricorda che, a prescindere dai principi contabili adottati per la redazione del bilancio, la capitalizzazione non è consentita per l'acquisto di beni già pronti per l'uso, ma solo per beni che richiedono una fase di ultimazione prima del loro utilizzo.

Imprese di costruzione (art. 110 c. 1 lett. b DPR 917/86) Per le imprese di costruzione, ossia quelle che hanno come oggetto dell'attività d'impresa la costruzione, la ristrutturazione, la vendita o lo scambio di beni immobili, è ammessa la possibilità di capitalizzare anche gli interessi su prestiti contratti per la **realizzazione** o la **ristrutturazione** (non anche per l'acquisto) di immobili da destinare alla vendita (c.d. «immobili-merce»). A tal fine, la ristrutturazione rileva anche se effettuata su **immobili acquistati** da terzi. **23030**
Anche in questo caso, si ritiene che la capitalizzazione sia consentita a condizione che sia effettuata anche in bilancio (principio di derivazione).
Per le regole relative alla deducibilità degli interessi passivi su finanziamenti contratti per l'acquisto di immobili non strumentali (c.d. «**immobili patrimonio**») si rinvia al n. 22055.

La capitalizzazione riguarda gli interessi relativi alla parte di finanziamento **effettivamente utilizzata** per la costruzione dell'immobile e, quindi, se parte del finanziamento è destinata ad altri scopi, i relativi interessi non sono capitalizzabili (Ris. Min. 5 luglio 1976 n. 9/1211).

INTERESSI DIVERSI Gli interessi passivi e oneri assimilati, diversi da quelli compresi nel costo dei beni di cui ai paragrafi precedenti, normalmente, riguardano prestiti contratti, sotto qualsiasi forma (finanziamenti, aperture di credito, sconto effetti, anticipazioni, ecc.), per finanziare l'attività tipica dell'impresa: ad esempio, acquisto di beni e servizi che daranno luogo a ricavi. **23045**
Sono generalmente imputabili nel periodo di maturazione, ad **eccezione** degli **interessi di mora** che, invece vanno imputati nell'esercizio in cui sono corrisposti (art. 109 c. 7 DPR 917/86).
Rientrano tra questi ultimi anche gli interessi relativi ad **imposte e tasse** (es. interessi per ritardato, omesso o insufficiente versamento delle imposte, per iscrizioni a ruolo, ecc.); essi sono deducibili, indipendentemente dal fatto che si riferiscano ad imposte o tasse deducibili dal reddito (Cass. 4 giugno 2007 n. 12990), ad **eccezione** degli interessi dell'1% per il versamento dell'IVA trimestrale per opzione, che sono indeducibili per legge (art. 66 c. 11 DL 331/93 conv. in L. 427/93).
Normalmente sono soggetti alle stesse regole anche gli interessi passivi **figurativi** contabilizzati per l'applicazione del criterio del costo ammortizzato ai crediti, debiti e titoli di debito (v. n. 21300).

ESEMPIO
Un debito del valore nominale di 100 viene iscritto al costo ammortizzato per 90 (valore fiscale del debito). In ciascun anno successivo si contabilizzano interessi passivi per 2 così da riportare il debito a 100 alla scadenza. Viceversa, un credito nominale di 100 iscritto al costo ammortizzato per 80 (valore fiscale del credito) determina la successiva contabilizzazione di interessi attivi per complessivi 20 così da riportare il credito a 100 alla data dell'incasso.

›Precisazioni 1) Anche le **somme versate dai soci** a beneficio della società possono generare interessi passivi, in quanto si presumono date a mutuo se dal bilancio non risulta che i versamenti sono stati fatti ad altro titolo (v. n. 11270).
2) Il criterio del costo ammortizzato è disapplicato (v. n. 21199) per i **finanziamenti** infruttiferi o con tassi significativamente inferiori a quelli di mercato, erogati dal socio **nei confronti di una controllata**. Per cui, per il socio che, applicando tale criterio in bilancio, ha rilevato l'incremento del costo della partecipazione e degli interessi attivi figurativi e per la partecipata che ha rilevato l'incremento della riserva e gli interessi passivi figurativi, tali componenti non assumono rilevanza fiscale, restano rilevanti solo gli interessi (nominali) previsti dal contratto.
3) Sono deducibili, con le regole ordinarie sotto descritte, gli interessi passivi derivanti da operazioni di **leveraged buy out** o di **merger LBO**, sostenuti dalla SPV (società veicolo) o dalla MergerCo, sia in caso di operazioni poste in essere con soggetti esclusivamente residenti in Italia quanto nell'ipotesi di soci o finanziatori residenti all'estero (Circ. AE 30 marzo 2016 n. 6/E).
4) Le **remunerazioni** corrisposte in base ad un contratto di **finanziamento** di **capitale di rischio** (c.d. Venture Loan Agreement), si considerano quali interessi passivi (Risp. AE 15 luglio 2021 n. 477).

b. Deducibilità

(art. 96 DPR 917/86)

23055 Tutti gli interessi passivi e gli oneri assimilati aventi **natura finanziaria** (per la definizione v. n. 23065), anche se capitalizzabili, sono deducibili in ciascun periodo d'imposta, entro un **limite quantitativo** determinato.
Ciò comporta, per gli interessi capitalizzabili, la necessità di verificare la deducibilità nell'anno in cui sono rilevati contabilmente e capitalizzati, con conseguente eventuale loro indeducibilità totale o parziale, fermo restando il riconoscimento integrale, ai fini fiscali, del valore contabile del bene ad incremento del quale è stata operata la capitalizzazione (Rel. Illustrativa al D.Lgs. 142/2018).

>**Precisazioni 1)** Secondo l'AF, la norma non ha natura antielusiva quindi non può essere chiesta la disapplicazione (Risp. AE 17 dicembre 2021 n. 825, Ris. AE 3 luglio 2008 n. 268/E).
2) Per le particolarità che riguardano le società che adottano il **consolidato fiscale** e per le società risultanti da operazioni di **fusione** e **scissione** si rinvia, rispettivamente ai n. 27315, 91610 e 92050.

1. Ambito di applicazione

23065 **Interessi passivi e oneri rilevanti** Sono soggetti alla deducibilità limitata:
a) gli interessi passivi e oneri finanziari ad essi assimilati, che sono **qualificati** come tali dai principi contabili adottati dall'impresa, (e per i quali tale qualificazione è confermata dai DM 1° aprile 2009 n. 48, DM 8 giugno 2011, DM 3 agosto 2017, due DM 10 gennaio 2018 e dai decreti che saranno eventualmente emanati in futuro al fine di disciplinare i profili fiscali di nuovi principi contabili emanati dallo IASB o dall'OIC) e che **derivano**:
• da un'operazione o da un rapporto contrattuale **aventi causa finanziaria**, oppure;
• da un rapporto contrattuale contenente una **componente di finanziamento significativa**;
pertanto, rientrano nell'ambito di applicazione anche gli interessi derivanti da **debiti di natura commerciale**, qualora essi siano rilevati contabilmente, in quanto il contratto di fornitura di beni o di prestazione di servizi contiene una componente di finanziamento da ritenersi significativa ai sensi dell'IFRS 15;
b) gli **oneri** che, pur derivando da strumenti finanziari che in base alla corretta applicazione dei principi contabili adottati sono qualificati come strumenti rappresentativi di capitale, sono **deducibili** in capo, all'erogante.

Gli interessi di **mora** per ritardato pagamento di debiti pecuniari e gli interessi compensativi per **ritardato pagamento delle imposte**, non dovrebbero rientrare nella norma limitativa (quindi sono interamente deducibili) in quanto componenti reddituali che, pur avendo natura di interessi, non sottendono alcun rapporto di finanziamento volontario (Circ. Assonime 18 novembre 2009 n. 46). Per contro, dovrebbero rientrare nell'ambito di applicazione della norma gli interessi di mora relativi a crediti di natura finanziaria (in base al criterio di cassa loro proprio) e quelli derivanti dalla rateazione delle imposte.

23070 **Interessi e oneri esclusi dal calcolo** Non rientrano nell'ambito di applicazione della norma, a titolo esemplificativo (Rel. illustrativa al D.Lgs. 142/2018):
– interessi contabilizzati in relazione a operazioni di **pronti contro termine** aventi ad oggetto titoli azionari o strumenti finanziari assimilati alle azioni (v. n. 21995), la precisazione dovrebbe riguardare l'irrilevanza ai fini fiscali degli interessi attivi e passivi sul titolo di debito sottostante contabilizzati dal cedente a pronti nel proprio bilancio (Circ. AE 21 aprile 2009 n. 19/E);
– interessi calcolati dalle **microimprese** che applicano facoltativamente il costo ammortizzato (Risp. AE Telefisco 31 gennaio 2019);
– **costi di transazione** (commissioni, perizie, spese legali) di un finanziamento che le società che non applicano il criterio del costo ammortizzato iscrivono nei risconti attivi facendoli poi transitare nel conto economico lungo la durata del prestito (integrando gli interessi passivi nominali) (AIDC Norma di comportamento n. 207);
– interessi contabilizzati per effetto dell'**attualizzazione** delle **passività** di scadenza o ammontare incerti;
– **interest cost** del TFR e il valore temporale delle opzioni e dei contratti **forward**;
– interessi passivi relativi a **finanziamenti garantiti da ipoteca** su immobili destinati alla locazione, se sostenuti da **immobiliari di gestione** (v. n. 22060);

– oneri finanziari la cui deducibilità è regolata da **norme specifiche** (v. elenco tabella seguente).

Interessi e oneri disciplinati da norme specifiche	Norma di riferimento	v. n.
– interessi diversi da quelli contratti per l'acquisizione o la costruzione di immobili-patrimonio	art. 90 c. 2 DPR 917/86	22055
– interessi e oneri da operazioni infragruppo tra imprese italiane ed estere non deducibili a seguito della disciplina sui prezzi di trasferimento	art. 110 c. 7 DPR 917/86	21645
– interessi corrisposti a soci di società cooperative (per la parte che supera una misura minima)	art. 1 c. 465 L. 311/2004	25470
– interessi passivi relativi a prestiti utilizzati per finanziare un progetto infrastrutturale pubblico a lungo termine rientrante tra quelli cui si applicano le disposizioni del D.Lgs. 50/2016 Parte V (c.d. Codice appalti)	art. 96 c. 8-11 DPR 917/86	–

23071

2. Determinazione dell'ammontare deducibile nel periodo

In ciascun periodo d'imposta, l'ammontare di interessi passivi deducibile si calcola con le seguenti modalità: 23080
1) **fino a concorrenza** dell'ammontare complessivo degli interessi attivi e proventi finanziari assimilati di competenza del periodo d'imposta e di quelli riportati da periodi d'imposta precedenti (v. n. 23110);
2) l'eventuale **eccedenza**, nel **limite** dell'ammontare risultante dalla somma tra il 30% del risultato operativo lordo della gestione caratteristica (ROL) del periodo d'imposta e il 30% del ROL riportato da periodi d'imposta precedenti (v. n. 23110), utilizzando prioritariamente il primo e, successivamente, quello riportato da periodi d'imposta precedenti, a partire da quello relativo al periodo d'imposta meno recente (criterio FIFO).

L'importo eccedente di interessi passivi, che comunque risulta **indeducibile** in un periodo d'imposta, può essere **portato in deduzione** nei periodi d'imposta successivi con le regole illustrate al n. 23100 e s., ad eccezione del caso in cui si siano verificate **acquisizioni rilevanti** di partecipazioni della società e **variazioni dell'attività** principale come illustrato ai n. 25940 e 25941, salva la possibilità di proporre interpello disapplicativo (art. 84 c. 3 DPR 917/86). 23084

INTERESSI ATTIVI E PROVENTI RILEVANTI Specularmente a quanto detto per gli interessi passivi, assumono rilevanza: 23086
– gli interessi attivi e i proventi finanziari assimilati **qualificati come tali** dai principi contabili adottati dall'impresa e derivanti da un'operazione o da un rapporto contrattuale aventi causa finanziaria o da un rapporto contrattuale che contiene una componente di finanziamento significativa (v. n. 23065 lett. a), nella misura in cui sono imponibili;
– i proventi che, pur derivando da **strumenti finanziari** che, in base alla corretta applicazione dei principi contabili adottati, sono qualificati come strumenti rappresentativi di capitale, sono imponibili in capo al percettore. Si tratta, ad **esempio**, dei proventi relativi a titoli qualificati come strumenti rappresentativi di capitale emessi da soggetti non residenti che risultano deducibili dal reddito dell'emittente (es. i proventi derivanti da Juros Sobre o Capital Pròprio di diritto brasiliano).
Per i soggetti operanti con la **pubblica amministrazione**, sono rilevanti anche gli interessi legali di mora previsti dalla normativa di riferimento (art. 5 D.Lgs. 231/2002).

ROL DELLA GESTIONE CARATTERISTICA (art. 96 c. 4 DPR 917/86) Il ROL della gestione caratteristica si ottiene dalla differenza tra il **valore e i costi della produzione** di cui alle lettere A) e B) del C/E redatto in base allo schema dell'art. 2425 c.c., **escludendo** le quote di ammortamento delle immobilizzazioni materiali e immateriali (voci comprese nel n. 10, lett. a e b) e i canoni di locazione finanziaria di beni strumentali, assunti nella misura risultante dall'applicazione delle disposizioni sul reddito di impresa (c.d. «**ROL fiscale**») (ad **esempio**, i costi per utenze telefoniche, classificati in una voce di conto economico rilevante ai fini del ROL, 23091

saranno assunti non integralmente ma per l'importo fiscalmente deducibile, pari all'80%). Per i soggetti **IAS/IFRS** si assumono le voci di C/E corrispondenti.
Non è possibile computare, nel calcolo del ROL, i dividendi incassati relativi a partecipazioni in società controllate non residenti (art. 1 c. 994-995 L. 205/2017).

Per le **regole transitorie** di determinazione del «ROL fiscale» volte a evitare distorsioni nel passaggio dal regime di deducibilità degli interessi passivi parametrato al «ROL contabile» e per la regola specifica applicabile in caso di presenza di interessi passivi relativi a prestiti stipulati **prima del** 17 giugno 2016, si rinvia al MF 2021 Ed. marzo n. 23093 e s. (art. 13 c. 3-5 D.Lgs. 142/2018).

Conseguenze della rilevanza del ROL fiscale rispetto a quello contabile
La rilevanza, ai fini del calcolo del ROL, dei valori fiscali comporta che, nel caso di **doppio binario contabile-fiscale**, i valori rilevanti saranno quelli previsti dalla normativa fiscale. Ad **esempio**, un soggetto che valuta in bilancio le opere di durata ultrannuale con il metodo della commessa completata secondo i principi OIC, ai fini della determinazione del ROL fiscale deve assumere i ricavi e le variazioni di rimanenze nella misura determinata in base all'art. 93 DPR 917/86 (v. n. 22465 e s.), indipendentemente dalla loro mancata contabilizzazione nel conto economico del reddito d'impresa. Specularmente, va tenuto conto anche di eventuali componenti contabilizzate in voci diverse da quelle rilevanti ai fini del ROL, qualora le stesse concorrano a formare il valore fiscale di altre da computare a tali fini, come accade, ad **esempio**, per i soggetti **IAS adopter**, per i quali, ai fini del calcolo del «ROL fiscale», il costo annuo del TFR sarà assunto nella misura fiscalmente rilevante, comprensiva tanto dell'interest cost quanto delle actuarial gain and losses. I provvedimenti che **escludono da tassazione una quota del reddito**, incidono negativamente sul ROL solo se hanno un collegamento specifico con componenti positivi di reddito contabilizzati nel ROL (come, ad esempio, nel caso del patent box e della branch exemption); la quota esente degli utili accantonati a riserva indivisibile delle cooperative mutualistiche, pertanto, non dovrebbe incidere negativamente sul ROL. Infine, i **componenti straordinari** derivanti dai **trasferimenti d'azienda** non sono più esclusi dal ROL.

3. Riporto delle eccedenze

23100 **Interessi passivi non dedotti** Gli interessi passivi che risultano indeducibili in un determinato periodo d'imposta, sono deducibili dal reddito dei successivi periodi d'imposta, per un ammontare pari all'eventuale differenza positiva tra:
a) la somma degli interessi attivi di competenza del periodo d'imposta e del 30% del ROL;
b) gli interessi passivi di competenza del periodo d'imposta.

23110 Se in un periodo d'imposta risultano delle eccedenze di **interessi attivi** o di **ROL**, queste sono riportabili nei periodi d'imposta successivi con le seguenti regole:

interessi attivi di competenza del periodo > (interessi passivi di competenza + interessi passivi riportati da periodi precedenti)	l'eccedenza è riportabile nei periodi successivi senza limitazioni
30% ROL del periodo > (eccedenza interessi passivi di cui al n. 23080 punto 2 + interessi passivi riportati da periodi precedenti)	l'eccedenza può essere portata ad incremento del ROL dei successivi 5 periodi d'imposta

D. Oneri fiscali, contributivi e sanzioni

23195 Non tutti gli oneri fiscali e contributivi sono deducibili; si distingue pertanto fra quelli interamente o parzialmente indeducibili e quelli deducibili interamente. Le **sanzioni** sono invece per loro natura indeducibili.
Relativamente alle imposte deducibili, è ammesso in deduzione anche l'**accantonamento** per maggiori imposte accertate e non ancora definite (v. n. 24385).

La sospensione o il differimento dei termini di versamento di **imposte o contributi deducibili** dal reddito (o che non concorrono a formarlo), adottati in conseguenza di **calamità pubbliche**, ha gli effetti illustrati al n. 1283 per le persone fisiche.

TRIBUTI INDEDUCIBILI E SANZIONI (art. 99 c. 1 DPR 917/86) 23205

Tipologia	Descrizione (1)	Eccezioni
Imp. sul reddito (**IRPEF** e **IRES** (2) (3))	L'indeducibilità vale anche per le imposte sui redditi **pagate all'estero**, recuperate in Italia col meccanismo del credito d'imposta descritto al n. 95090.	–
IVA	L'IVA, in genere, grava sul consumatore finale e non rappresenta un costo per le imprese, se non nel caso di cessioni gratuite senza addebito (c.d. rivalsa facoltativa) o quando sussiste una causa di indetraibilità.	Quando sussiste una causa di indetraibilità l'IVA è deducibile (v. n. 23220).
Altre imposte **addebitate a terzi** per rivalsa	Imposta sostitutiva dovuta dalle imprese di assicurazione (n. 76200), ritenute sui premi e sulle vincite (n. 14905).	–
IRAP	Per disposizione di legge è indeducibile, salvo le eccezioni a fianco.	Deducibile parzialmente in presenza di spese per il personale dipendente e/o spese per interessi passivi (n. 23207).
IMU	Quella relativa agli immobili patrimonio e agli immobili merce è indeducibile.	Deducibile parzialmente quella relativa agli immobili strumentali (es. capannoni) (v. n. 23215).
Tobin tax	Indeducibile (v. n. 72251).	–
Sanzioni	Sia penali che amministrative, e ogni altro tipo di sanzione pecuniaria, quali quelle irrogate dalla UE o da altri organismi (es. Consob, Autorità garante della concorrenza) sono indeducibili, in quanto i comportamenti illeciti non sono inerenti all'attività d'impresa (Circ. Min. 17 maggio 2000 n. 98/E, Cass. 7 giugno 2017 n. 14137, Cass. 26 ottobre 2012 n. 18368, Cass. 3 marzo 2010 n. 5050, Ris. AE 12 giugno 2001 n. 89/E, Circ. AE 26 settembre 2005 n. 42/E) **(4)**.	Sono deducibili: – le **penalità** previste nel contratto per inadempimenti contrattuali (es. ritardata consegna, Cass. 27 settembre 2011 n. 19702); – le spese di adesione al **condono edilizio** (Cass. 24 maggio 2005 n. 10952).

(1) I **rimborsi** delle imposte indeducibili non sono soggetti a tassazione, in quanto relativi ad un costo non dedotto.
(2) Le variazioni economiche che derivano dalla contabilizzazione delle **imposte differite** non hanno effetto fiscale (Circ. Min. 19 maggio 2000 n. 101/E).
(3) Sono indeducibili anche le imposte trattenute mediante **ritenuta alla fonte** dall'imprenditore e che sono a carico del terzo (vedi esempio sottostante).
(4) Secondo la **dottrina maggioritaria**, mentre le sanzioni relative alle imposte sul reddito sono indeducibili, quelle diverse relative ad illeciti commessi nell'esercizio di impresa (es. Consob, Autorità garante della concorrenza), dovrebbero essere deducibili, se e in quanto inerenti (ad es. non sono inerenti le multe stradali) (G. Ferranti).

ESEMPIO
Un'impresa organizza un concorso a premio. Il vincitore ha diritto a un premio di € 1.000. L'impresa erogante trattiene 250 a titolo di ritenuta d'imposta (25%). Il vincitore incassa solo 750.
Se l'impresa non effettuasse la ritenuta, il vincitore otterrebbe l'intero premio di 1.000 e l'imposta resterebbe a carico dell'impresa, per cui non sarebbe deducibile. In quest'ultima ipotesi, l'imposta registrata tra i componenti negativi del conto economico, dovrà essere recuperata a tassazione con una variazione in aumento.

IRAP È deducibile parzialmente solo nel caso in cui si sostengano **spese per il personale dipendente** o assimilato e/o spese per **interessi passivi**. La prima tipologia di spese dà diritto ad una deduzione analitica mentre la seconda ad una deduzione forfettaria. 23207

IRAP rilevante L'IRAP rilevante da cui calcolare la quota deducibile è quella **versata nel periodo** di imposta di riferimento a titolo di (Circ. AE 3 aprile 2013 n. 8/E): 23208
- **saldo** del periodo di imposta precedente;
- **acconto** di quello successivo, **nei limiti**, per quanto concerne l'acconto, dell'imposta effettivamente dovuta per il medesimo periodo di imposta (in sostanza, l'IRAP versata in acconto concorre al calcolo dell'importo deducibile solo se e nei limiti in cui rifletta l'imposta effettivamente dovuta).

Per l'anno **2020** bisogna considerare che i soggetti che hanno fruito dell'agevolazione riguardante la **possibilità di non versare il saldo** relativo al 2019 e il **primo acconto** 2020 (v. n. 39928), ai fini del calcolo della quota deducibile nel 2020, i suddetti importi non versati non dovrebbero essere computati.

23209 **Deduzione analitica per spese per il personale** In presenza di spese per **redditi di lavoro dipendente** e per redditi **assimilati**, è prevista una deduzione analitica dalle imposte sui redditi dell'IRAP.

In pratica, è deducibile l'IRAP relativa alla quota imponibile delle spese per il personale dipendente e assimilato - inclusi gli amministratori non professionisti e, in genere, i collaboratori coordinati e continuativi indicati al n. 9900 (Circ. AE 19 giugno 2012 n. 25/E).

Poiché per le spese per il personale dipendente **a tempo indeterminato** è prevista, dal 2021, una deduzione piena ai fini IRAP, attualmente per la deduzione in esame rileva solamente l'IRAP pagata sui costi per il personale **a tempo determinato** (v. n. 39150 e s.).

Tra le spese rilevanti, sono da considerare anche le **indennità di trasferta**, le indennità **chilometriche** erogate per l'uso dell'auto propria del dipendente, le somme corrisposte a titolo di **incentivo all'esodo** e quelle **accantonate per il TFR** o per altre erogazioni attinenti il rapporto di lavoro dipendente e assimilato da effettuarsi negli esercizi successivi (Circ. AE 3 aprile 2013 n. 8/E). Non si considerano invece i rimborsi analitici a piè di lista poiché sono dedotti al valore della produzione netta.

Se la quota accantonata del TFR o simili **risulta successivamente superiore** a quella effettivamente sostenuta, occorre recuperare a tassazione la quota IRAP dedotta in eccesso.

> **Precisazioni** 1) In caso di soggetto residente nel territorio dello Stato che **svolge attività anche all'estero**, il costo del lavoro (e il valore della produzione) da considerare ai fini del calcolo della deduzione analitica devono essere assunti al netto della quota estero.

2) La deduzione analitica compete anche se nel periodo d'imposta di riferimento è emersa una **perdita** ai fini delle imposte sui redditi. In tal caso, la maggiore perdita derivante può essere utilizzata in diminuzione del reddito relativo al primo periodo d'imposta utile successivo, alle condizioni e nei limiti ordinari.

23210 Per determinare l'IRAP deducibile occorre quindi **estrapolare la base imponibile IRAP sul costo del lavoro** a tempo determinato; il calcolo va fatto **distintamente** per il periodo d'imposta cui si riferisce il saldo e per quello relativo agli acconti. Successivamente si deve determinare la **percentuale di incidenza** della medesima sul totale del valore della produzione; tale percentuale va poi calcolata distintamente all'IRAP versata a saldo e a quella versata in relazione agli acconti.

Inoltre, si può tener conto anche dell'eventuale IRAP versata nell'anno interessato dalla rideterminazione della base imponibile in conseguenza di **versamenti effettuati a seguito di ravvedimento operoso** o di **iscrizione a ruolo** di imposte dovute per effetto della riliquidazione della dichiarazione o di attività di accertamento, sempreché afferenti alle spese per il personale a tempo determinato. Se il versamento riguarda solo in parte l'IRAP afferente le spese per il personale a tempo determinato, l'IRAP rileva proporzionalmente alla quota afferente tali spese.

ESEMPIO

Per effetto del versamento nell'anno 2018 della maggiore IRAP accertata relativa all'anno 2016, il contribuente ha diritto ad assumere nel 2018 una ulteriore deduzione, determinata sulla base dei parametri del costo del lavoro e del valore della produzione relativi al 2016.

23211 **Deduzione forfettaria per interessi passivi** In presenza nel periodo d'imposta di spese per interessi passivi, anche per un importo minimo, accanto alla deduzione analitica sul costo del lavoro, si somma la deduzione forfettaria del 10%.

La deduzione forfettaria **si determina** applicando il 10% dell'IRAP totale del periodo d'imposta, al lordo della deduzione analitica e dell'eventuale credito d'imposta spettante a chi non si è avvalso di dipendenti (v. n. 39240) (Circ. AE 9 giugno 2015 n. 22/E).

Con riguardo ad un periodo d'imposta la cui base imponibile IRAP **non risulta incisa dei costi per interessi passivi**, non è consentito tener conto del versamento effettuato a saldo; al contrario, si può tenere conto del versamento in acconto relativo al periodo di imposta successivo, se i predetti costi hanno influenzato la base imponibile del periodo medesimo.

23212 **Importo massimo deducibile** L'IRAP complessiva ammessa in deduzione (forfettaria e analitica) ai fini delle imposte sui redditi **non può in alcun modo eccedere** l'imposta complessivamente versata/dovuta.

ESEMPIO
Se in un periodo d'imposta l'IRAP versata/dovuta sia pari a € 200 e in relazione al medesimo periodo d'imposta l'IRAP analiticamente deducibile afferente alle spese del lavoro dipendente e assimilato risulti pari a € 199 e quella forfettariamente deducibile riferibile agli oneri finanziari pari a 20 (200 × 10%), l'IRAP ammessa in deduzione - teoricamente pari a 219 - non può essere superiore a quella versata/dovuta (200).

IMU (art. 14 D.Lgs. 23/2011) L'IMU relativa agli **immobili esclusivamente strumentali**, per natura e/o per destinazione (v. n. 5140), è deducibile al 100% dal 2022 (art. 1 c. 772, 773 L. 160/2019). **23215**
Invece l'IMU relativa agli immobili acquistati a fini d'investimento (c.d. immobili **patrimonio**) e a quelli alla cui produzione o scambio è diretta l'attività d'impresa (c.d. immobili **merce**) così come quella per gli immobili ad **uso promiscuo** (strumentale per destinazione e ad uso personale) è totalmente indeducibile.
L'IMU è deducibile applicando un **criterio misto** di «cassa-competenza», si calcola l'importo di competenza del periodo d'imposta ma la deduzione è soggetta alla condizione che sia stato pagato (Circ. AE 14 maggio 2014 n. 10/E).

La medesima disciplina si applica anche all'imposta municipale immobiliare (IMI) della provincia di **Bolzano** e all'imposta immobiliare semplice (IMIS) della provincia di **Trento** (art. 1 c. 508 L. 190/2014) e, dal 2023, all'imposta locale immobiliare autonoma (ILIA) per la regione **Friuli Venezia Giulia** (LR FVG 17/2022).

TRIBUTI DEDUCIBILI (art. 99 c. 1 DPR 917/86) I tributi diversi dai precedenti sono generalmente deducibili nell'esercizio in cui sono pagati, cioè **per cassa**. **23217**
Tuttavia sono deducibili per **competenza** l'IVA, quando costituisce un costo (v. n. 23220), e alcune tasse e tributi indiretti (v. n. 23225).

IVA indetraibile Quando l'IVA sugli acquisti è indetraibile e quindi resta a carico dell'impresa, occorre distinguere in funzione della **causa** di indetraibilità (v. n. 48080 e s.). **23220**

Causa di indetraibilità	Disciplina (1) (2) (3)
A) per **destinazione**, ind. **oggettiva** e per effetto dell'opzione per la **dispensa degli adempimenti**	L'IVA è un elemento di costo del bene o servizio cui afferisce e va ad aggiungersi al costo deducibile degli stessi. Se l'IVA indetraibile è relativa all'acquisto di un bene strumentale, essa concorre alla formazione del valore da assoggettare al processo di ammortamento (Ris. Min. 19 gennaio 1980 n. 9/869, Ris. AE 12 settembre 2002 n. 297/E).
B) per **pro-rata** generato dalle operazioni esenti **(4)**	Costituisce un costo di C/E ed è deducibile secondo le regole previste per le spese generali dell'impresa (v. n. 23490), integralmente nell'esercizio di sostenimento (per cassa), anche se il pro-rata è determinato unicamente dall'acquisto di un bene strumentale (Cass. 19 luglio 2021 n. 20435). In quest'ultimo caso l'AE è sempre stata di diverso avviso ritenendo che dovesse dedursi con il processo di ammortamento del bene (Ris. Min. 19 gennaio 1980 n. 9/869, Circ. Min. 15 maggio 1997 n. 137/E).
C) per contestazione di utilizzo di fatture per **operazioni soggettivamente inesistenti**	Deducibile come costo accessorio al bene o servizio acquistato, come per lett. A) sopra (CTP Reggio Emilia 17 luglio 2017 n. 203).
D) IVA divenuta indetraibile a seguito di accordi di **conciliazione giudiziale**	L'accordo deriva da un contenzioso relativo al comportamento adottato dalle società committenti che hanno dedotto l'IVA sulle fatture ricevute dai consorzi per le prestazioni di servizi comprensive dei contributi e riaddebitano con fattura agli stessi consorzi i contributi senza però applicare l'IVA, considerandoli delle anticipazioni in nome e per conto (v. n. 45310, Risp. AE 31 ottobre 2022 n. 541).

(1) Salvo il caso del pro-rata, l'IVA è **dedotta per competenza** (Circ. Min. 5 luglio 2000 n. 136/E).
(2) Se l'IVA indetraibile viene successivamente resa detraibile, anche parzialmente, per effetto della **rettifica della detrazione** (v. n. 48230), il costo del bene a cui era stata capitalizzata si riduce in misura pari all'IVA detratta (Ris. AE 31 ottobre 2002 n. 344/E); se invece l'IVA era stata iscritta fra i costi, l'importo che diventa detraibile va registrato come sopravvenienza attiva (Ris. AE 9 luglio 2009 n. 178/E).
(3) L'IVA pagata per **prestazioni alberghiere e di ristorazione**, nei casi in cui, per esigenze di semplificazione amministrativa, non venga richiesta la fattura e quindi non detratta, è deducibile come costo (v. n. 24240).
(4) I soggetti con **esercizio non coincidente con l'anno solare** applicano il pro-rata provvisorio; l'importo dell'eventuale conguaglio determinato in occasione del calcolo del pro-rata definitivo sarà considerato sopravvenienza attiva o passiva nel successivo periodo d'imposta (Ris. Min. 23 gennaio 1984 n. 9/1565).

23225 **Altre imposte e tasse** L'imposta di registro, le imposte ipotecarie e catastali, le tasse di concessione governativa, l'imposta di bollo, l'imposta sugli intrattenimenti, il Canone unico patrimoniale, la TARI e i dazi doganali, purché inerenti ed effettivamente pagati, sono generalmente deducibili dal reddito di impresa nell'esercizio in cui avviene il pagamento (**principio di cassa**).
Si applica invece il **principio di competenza** per gli oneri tributari riferibili direttamente ai beni e servizi relativi all'esercizio dell'impresa, in quanto considerati quali costi accessori ai beni o ai servizi stessi.

Oneri tributari deducibili per competenza
– per le **imprese che chiedono dei finanziamenti** e a cui le banche chiedono il rimborso dell'imposta sostitutiva sui medesimi (v. n. 72425), questa somma non va considerata come un tributo, ma come un onere pluriennale deducibile in quote costanti per la durata del finanziamento (Cass. 25 febbraio 2015 n. 3770); – **diritti doganali relativi a beni importati**, che vanno inclusi nel costo dei beni stessi. Se, per effetto di una revisione dell'accertamento doganale, sono richiesti maggiori diritti, questi sono deducibili al momento in cui viene notificato l'avviso di accertamento (Ris. AE 21 agosto 2007 n. 228/E); – per gli **istituti di credito**: imposta di bollo assolta in modo virtuale e l'imposta sostitutiva sulle operazioni di finanziamento (Circ. Min. 5 luglio 2000 n. 136/E). In senso contrario - deducibilità per cassa - si veda Cass. 27 giugno 2003 n. 10221; – per le **compagnie petrolifere**: accise sui prodotti petroliferi (Ris. AE 13 novembre 2001 n. 182/E).

23230 **CONTRIBUTI INPS E INAIL** (art. 83 DPR 917/86 I contributi **versati** o **accertati** sono deducibili secondo il criterio di competenza adottato in base ai principi contabili, secondo l'ordinario principio di derivazione rafforzata (Risp. AE 5 dicembre 2018 n. 102).
Con riferimento a contributi accertati per **annualità precedenti**, **riguardanti** sia la quota a carico dell'azienda che quella a carico dei dipendenti ma versata obbligatoriamente dall'impresa, in caso di omesso o ritardato versamento, bisogna distinguere (Risp. AE 4 agosto 2022 n. 412):
– la quota **a carico dell'impresa** è deducibile nel periodo d'imposta in cui è avvenuto il pagamento (l'accantonamento effettuato nell'esercizio della notifica, secondo i principi contabili, è indeducibile);
– la **quota riferita ai dipendenti** versata dall'impresa, che non può rivalersi sui medesimi, è indeducibile (in quanto equiparata a una sanzione civile);
– le relative **sanzioni** e gli **interessi** sono indeducibili (v. n. 23205).

23235 **CONTRIBUTI AD ASSOCIAZIONI SINDACALI O DI CATEGORIA** (art. 99 c. 3 DPR 917/86) I contributi ad associazioni sindacali e di categoria sono deducibili nell'esercizio in cui sono corrisposti (**criterio di cassa**) se e nella misura in cui sono dovuti in base a formale delibera dell'associazione. Non sono, pertanto, deducibili le somme aventi natura di **liberalità** che l'associato eroga all'associazione.

> Ai fini della deducibilità non è richiesta la periodicità dei contributi: sono deducibili anche quelli corrisposti **una tantum**.

E. Costi di ricerca e sviluppo

23305 Sono i costi che l'impresa sostiene perché siano condotti studi e ricerche finalizzati ad **apportare migliorie** ai prodotti, ai processi produttivi o all'organizzazione aziendale.
I costi di ricerca e sviluppo possono essere così distinti (Circ. AE 10 maggio 2005 n. 20/E):
– costi per la «**ricerca di base**», sostenuti per studi, esperimenti, indagini e ricerche che non hanno una finalità precisamente definita con riferimento al processo di produzione, da considerarsi di utilità generica per l'impresa;
– costi per la «**ricerca applicata**» o finalizzata ad uno specifico prodotto o processo produttivo, vale a dire l'insieme di studi, esperimenti, indagini e ricerche direttamente funzionali alla possibilità di realizzare uno specifico progetto;
– costi per lo «**sviluppo**», sostenuti prima dell'inizio della produzione commerciale o dell'utilizzazione e finalizzati all'applicazione dei risultati della ricerca o di altre conoscenze possedute

o acquisite in un progetto o programma per la produzione di materiali, strumenti, prodotti, processi, sistemi o servizi nuovi o sostanzialmente migliorati.

> **Precisazioni** 1) Anche le spese sostenute per i **prototipi** di produzione possono essere considerate spese pluriennali di ricerca, a condizione che tali prototipi siano incommerciabili. Tale principio vale anche se nei periodi d'imposta precedenti i beni in oggetto sono stati iscritti in bilancio tra le rimanenze finali (Circ. AE 10 maggio 2005 n. 20/E, CTC 18 marzo 1994 n. 762).
2) Sono oneri pluriennali le spese per l'attività di ricerca e di sperimentazione di un prodotto, anche quando il prodotto si riveli di difficile realizzazione e ne venga quindi **cessata anticipatamente la realizzazione**, con conseguente perdita del materiale grezzo (Cass. 23 ottobre 2006 n. 22786).
3) Rientrano tra i costi pluriennali anche le spese per l'**aggiornamento professionale** dell'imprenditore e dei suoi dipendenti, comprese quelle finalizzate al potenziamento dell'impresa tramite le energie intellettuali (Cass. 19 aprile 2000 n. 5193, Cass. 1° marzo 2006 n. 4581). Tale interpretazione è stata criticata perché, salvo ipotesi straordinarie di ristrutturazioni o riorganizzazioni aziendali, tali costi andrebbero interamente imputati al C/E, nel rispetto dei principi contabili nazionali e internazionali.

Salvo la **ricerca di base**, che risulta sempre costo di esercizio, per gli altri rileva l'importo imputato a C/E. **23307**
I costi per ricerca **applicata** non sono più capitalizzabili (OIC n. 24), per cui vanno dedotti interamente nell'esercizio di sostenimento. Quelli capitalizzati **prima del 2016** continuano la deduzione per i quinti residui.
Per i costi di **sviluppo** bisogna distinguere:
- sono capitalizzabili (v. n. 23360) quelli che soddisfano i criteri dell'OIC n. 24 (prodotto/processo definito, disponibilità di studi di fattibilità e recuperabilità dell'investimento, vedi MC);
- gli altri vanno dedotti interamente nell'esercizio.
Se a seguito delle ricerche e degli studi si ottiene un **bene immateriale** (v. n. 23935) (ad esempio un'invenzione o un brevetto commerciale), la spesa per la ricerca non ancora dedotta dal reddito concorre a formare il costo del bene immateriale ed è ammortizzata con le regole a questo proprie (Ris. AE 25 luglio 2006 n. 95/E).

Eventuali **contributi** corrisposti a norma di legge dallo Stato o da enti pubblici a fronte delle spese per studi e ricerche, si considerano contributi in conto capitale, soggetti alla disciplina delle sopravvenienze attive illustrata al n. 22085 (tassazione integrale all'atto dell'incasso o in quote costanti non inferiori ad un quinto). Per i contributi diversi dai predetti - contributi spettanti in base a contratto o corrisposti da enti diversi - si applicano le regole ordinarie di imputazione e tassazione (v. n. 22070 e n. 22080). **23310**

Per incentivare le attività di ricerca e sviluppo è prevista l'attribuzione di uno specifico **credito d'imposta** (v. n. 38306 e s.), nonché un regime agevolato per la determinazione del reddito prodotto da **brevetti**, **software** ed altri **beni immateriali** (c.d. Patent box v. n. 25305 e s.).

F. Spese di pubblicità e rappresentanza

PUBBLICITÀ Sono quelle spese che l'imprenditore sostiene al fine di **portare a conoscenza** della generalità dei consumatori l'**offerta del prodotto** o **servizio**, nel tentativo di stimolarne la domanda sul mercato. **23315**
Devono essere oggetto di un contratto di carattere sinallagmatico tra le parti - pertanto normalmente **non gratuito** - col quale una di esse si obbliga, a fronte di un corrispettivo, a pubblicizzare e/o propagandare il prodotto, il marchio, i servizi o, comunque, l'attività produttiva dell'altra (Ris. Min. 17 settembre 1998 n. 148/E).
Tra le spese di pubblicità si includono le spese di **sponsorizzazione**:
- si pensi alla squadra sportiva che ha l'obbligo di esporre il marchio dello sponsor sulla propria divisa;
- o ai personaggi famosi, quali campioni sportivi e attori (VIP), che si obbligano a diffondere il nome dello sponsor durante lo svolgimento della propria attività (Ris. Min. 17 giugno 1992 n. 9/204);
- oppure al bene culturale oggetto di restauro finanziato da uno sponsor in cambio della diffusione del suo nome o dell'immagine o del marchio o dei prodotti (al riguardo non è

sufficiente un semplice pubblico ringraziamento in favore del soggetto erogatore) (allegato al DM 19 dicembre 2012).
Le spese di sponsorizzazione sono correlate ad iniziative finalizzate ad **accrescere il prestigio** e l'**immagine** dell'impresa e del marchio relativo, e a potenziarne le possibilità di sviluppo, senza alcuna aspettativa di incremento dei ricavi, se non in via mediata e indiretta attraverso l'aumento di notorietà (Cass. 25 febbraio 2022 n. 6386, Cass. 21 aprile 2021 n. 10440). Spesso l'AE, negli accertamenti, richiede erroneamente che l'evento sponsorizzato non sia estraneo all'attività commerciale che viene svolta dalla società, e/o abbia la capacità di incrementare direttamente i ricavi di quest'ultima (dovendo pertanto essere rivolto ad un pubblico non estraneo all'attività della società sponsorizzata) (es. Cass. 28 febbraio 2022 n. 6528, Cass. 26 ottobre 2021 n. 30024).

>**Precisazioni** 1) La deducibilità è ammessa anche se lo **sponsor non è il titolare del marchio** sponsorizzato, ma il mero distributore del medesimo, sempreché riesca a dimostrare concretamente le potenziali utilità del costo sostenuto per la propria attività commerciale o i futuri vantaggi conseguibili attraverso la pubblicità svolta dall'impresa in favore del terzo titolare del marchio (Cass. 22 dicembre 2014 n. 27198, Cass. 27 aprile 2012 n. 6548).
Se però i capi di abbigliamento sono **ceduti gratuitamente ai VIP** al di fuori di ogni patto che li obblighi ad indossarli, il relativo costo rientra tra le spese di rappresentanza (Cass. 4 maggio 2018 n. 10636, Cass. 22 aprile 2016 n. 8121).
2) Il contribuente può presentare istanza di **interpello** per conoscere in anticipo il parere dell'AE circa la **qualificazione** di determinate spese tra quelle in esame o tra quelle di rappresentanza (art. 108 c. 4 bis DPR 917/86).

23317 Inoltre, per il soggetto erogante si considerano comunque spese di pubblicità (per presunzione assoluta, Cass. 27 luglio 2021 n. 21452, Cass. 6 aprile 2017 n. 8981), i corrispettivi in denaro o in natura di importo annuo non superiore a € 200.000 in favore di **società**, **associazioni sportive dilettantistiche** e fondazioni costituite da **istituzioni scolastiche**, nonché di associazioni sportive scolastiche che svolgono attività nei settori giovanili riconosciuta dalle Federazioni sportive nazionali e da enti di promozione sportiva (art. 12 D.Lgs. 36/2021, Cass. 14 settembre 2017 n. 21333, Cass. 21 marzo 2017 n. 7202). La presunzione (assoluta) è subordinata alla sussistenza delle seguenti **condizioni** (Circ. AE 22 aprile 2003 n. 21/E, Cass. 23 marzo 2016 n. 5720):
– i corrispettivi devono essere destinati alla promozione dell'immagine o dei prodotti del soggetto erogante;
– a fronte dell'erogazione, deve essere riscontrata una specifica attività del beneficiario.
È inoltre **consigliabile**:
– conservare la **documentazione** che dimostri la materiale esecuzione della sponsorizzazione (depliant, brochure, articoli di stampa, ecc.) per evitare la contestazione dell'inesistenza dell'operazione;
– effettuare il **versamento** con mezzi tracciabili (bonifico, assegno, carte di credito, ecc.), anche se il versamento in contanti consente comunque la deducibilità del costo, se documentato (Ris. AE 6 maggio 2015 n. 45/E).

>**Precisazioni** 1) La **mancata iscrizione nel registro del Coni** comporta il difetto di prova in capo al beneficiario dello status di società o associazione sportiva dilettantistica e conseguentemente il venir meno della presunzione legale assoluta (Cass. 21 marzo 2017 n. 7202).
2) In caso di corrispettivi erogati **in misura superiore a € 200.000**, l'eccedenza è eventualmente deducibile in capo al medesimo erogante secondo le regole ordinarie, e cioè nel rispetto dei criteri di competenza, certezza, esistenza del costo e dell'oggettiva determinabilità dello stesso, nonché nel rispetto dell'inerenza della spesa ad attività o beni da cui derivino ricavi o altri proventi imponibili (Ris. AE 23 giugno 2010 n. 57/E).

23320 **Modalità di deduzione** Le spese di pubblicità si deducono interamente nell'esercizio di sostenimento, non essendo più capitalizzabili (OIC n. 24), **salvo** che possano essere iscritte tra i costi di impianto e ampliamento, nel qual caso sono deducibili secondo le quote imputate a C/E (v. n. 23360).

Le spese sostenute **prima del 2016** continuano ad essere dedotte per i quinti residui.

23335 **RAPPRESENTANZA** (art. 108 c. 2 DPR 917/86, DM 19 novembre 2008, Circ. AE 13 luglio 2009 n. 34/E) In linea di massima, sono tali le spese dirette a promuovere e consolidare gli affari dell'impresa, mediante l'offerta ad alcune persone, direttamente o indirettamente collegate all'impresa, di un'immagine positiva e prestigiosa dell'impresa e della sua attività in termini di organizzazione e di efficienza.

Caratteristica principale delle spese di rappresentanza, che le distingue dalle spese di pubblicità sopra esaminate, è la gratuità, cioè la mancanza di un corrispettivo o di uno specifico obbligo di dare o di fare a carico dei destinatari.

N.B. Il contribuente può presentare istanza di **interpello** per conoscere in anticipo il parere dell'AE circa la **qualificazione** di determinate spese tra quelle in esame o quelle di pubblicità e propaganda (art. 108 c. 4 bis DPR 917/86).

Definizione In generale, sono considerate spese di rappresentanza dotate del requisito dell'inerenza, le spese effettivamente sostenute per **erogazioni a titolo gratuito** di beni o servizi, effettuate con **finalità promozionali** (divulgazione sul mercato dell'attività svolta, dei beni e servizi prodotti, a beneficio dei clienti, attuali e/o potenziali) o di **pubbliche relazioni** (diffusione e consolidamento dell'immagine dell'impresa). 23340

Condizione essenziale per la deducibilità delle spese è l'idoneità a generare, anche potenzialmente, benefici economici per l'impresa o la coerenza con pratiche commerciali del settore in cui l'impresa si trova ad operare e competere. Non ha alcuna rilevanza l'oggetto del messaggio promozionale, che può essere indifferentemente il prodotto o l'impresa.

›Precisazioni 1) L'**assenza del requisito della gratuità** esclude dalla definizione le spese relative all'acquisto di beni distribuiti gratuitamente in occasione di operazioni o concorsi a premio e, in generale, le spese finalizzate a manifestazioni pubblicitarie del tipo prendi 3 paghi 2.
2) La presenza di tali elementi garantisce il **collegamento delle spese in questione con l'attività d'impresa** e le distingue rispetto ad altre fattispecie in cui l'erogazione gratuita di reddito, soprattutto in funzione del beneficiario, risponde evidentemente ad altre finalità (erogazioni ai soci o a loro familiari, autoconsumo, liberalità a dipendenti o collaboratori).

23341

Spese di rappresentanza	
Tipologia	**Descrizione**
a) spese per **viaggi turistici**	in occasione dei quali siano programmate e in concreto svolte (e documentate) significative **attività promozionali** dei beni o dei servizi la cui produzione o il cui scambio costituisce oggetto dell'attività caratteristica dell'impresa **(1)**.
b) spese per **feste**, **ricevimenti** e altri eventi di intrattenimento	organizzati nelle seguenti occasioni **(2)**: – ricorrenze aziendali o festività nazionali o religiose; – inaugurazione di nuove sedi, uffici o stabilimenti dell'impresa; – mostre, fiere ed eventi simili in cui sono esposti i beni e i servizi prodotti dall'impresa.
c) ogni altra spesa per **beni e servizi distribuiti** o erogati **gratuitamente (3)**	fattispecie residuale, nella quale va attentamente riscontrata la sussistenza del requisito di inerenza (es. omaggi di fine anno a clienti, spese sostenute per instaurare o mantenere rapporti con i rappresentanti delle Amministrazioni statali, degli enti locali, ecc. o con associazioni di categoria, sindacali, ecc.).

(1) Spese analoghe sostenute **per dipendenti**, non avendo scopo promozionale, rientrano invece tra gli oneri di utilità sociale illustrati al n. 22880, deducibili nei limiti del 5 per mille del costo del lavoro.
(2) È necessario **documentare** la tipologia dei destinatari delle spese (clienti, fornitori, agenti, autorità, ecc.), tenendo presente che l'eventuale presenza esclusiva di dipendenti determina l'esclusione della spesa dalla qualificazione di spesa di rappresentanza.
(3) Inclusi i **contributi** erogati gratuitamente per **convegni**, **seminari** e manifestazioni simili il cui sostenimento risponda ai criteri di inerenza indicati alle lettere a) e b) e i **voucher** acquistati per essere regalati ai clienti per l'acquisto gratuito di beni e servizi (Risp. AE 12 dicembre 2019 n. 519).

23342

Eccezioni
1) Le spese di **viaggio**, **vitto** e **alloggio** sostenute per ospitare clienti (per la Cassazione anche agenti) in occasione di fiere e simili, rientrano tra le spese di pubblicità interamente deducibili (v. n. 23350). **2)** I costi che non siano di modico valore sostenuti per l'acquisto di beni o servizi destinati, anche indirettamente, a **medici**, **veterinari** o **farmacisti**, allo scopo di agevolare, in qualsiasi modo, la diffusione di specialità medicinali, dispositivi medici o di ogni altro prodotto ad uso farmaceutico, sono interamente indeducibili (art. 2 c. 9 L. 289/2002). Si tratta, in particolare, di costi sostenuti per l'acquisto di beni durevoli, anche se strumentali all'attività medica (computer, telefoni cellulari, borse professionali, ecc.) o per l'acquisto di servizi per soggiorni e ospitalità, che non rientrano nell'organizzazione di convegni e congressi (Circ. AE 18 gennaio 2006 n. 3/E). Sono invece deducibili le spese per l'acquisto di integratori e prodotti cosmetici (in quanto non assimilabili ai farmaci), nonché, se di modico valore, quelle per l'acquisto di materiale di consumo (es. ricettari, cancelleria) e di riviste a carattere scientifico (Risp. AE 17 gennaio 2023 n. 39). **3)** Per le **imprese farmaceutiche** le spese sostenute **per organizzare i convegni e congressi** sono deducibili nei limiti del 20% del relativo importo (ad esempio, le spese per l'affitto dei locali e di eventuali attrezzature, per il soggiorno dei relatori e dei partecipanti, ecc.) (art. 36 L. 449/97) **(*)**.

(*) Tuttavia, le spese sostenute per **rendere noto un farmaco** presso la classe medica anche attraverso riunioni o incontri di breve durata e con un ristretto numero di specialisti costituiscono spese di **pubblicità**, perché il consumo del farmaco non è regolato dal criterio del piacere ma unicamente dall'utilità, mediata dalla classe medica, che è destinataria di una forma particolare di pubblicità che mira a renderla edotta delle utilità del farmaco (Cass. 30 novembre 2017 n. 28695).

23345 **Importo deducibile** Le spese di rappresentanza sono deducibili nel periodo d'imposta di sostenimento, **entro un limite** determinato in misura percentuale variabile in relazione all'ammontare dei ricavi della gestione ordinaria, cioè quelli imputabili alla voce A1 e A5 del C/E, ma anche, ad esempio, i dividendi e gli interessi conseguiti dalle holding e dalle società finanziarie, voci C15 e C16, esclusi i componenti straordinari classificati nelle stesse voci ma derivanti da trasferimenti di azienda o ramo d'azienda (v. n. 21210). Vedi **tabella** seguente.

L'eventuale **eccedenza** è indeducibile e non può essere recuperata negli anni successivi, salvo che per le imprese di nuova costituzione (vedi N.B. 2 in **tabella**); analogamente, l'eventuale importo teoricamente deducibile, se non è utilizzato nell'anno di riferimento, non può essere utilizzato negli anni successivi.

Le spese per **prestazioni alberghiere e di ristorazione** vanno prima ridotte al 75% (v. n. 24237).

Ricavi della gestione caratteristica (€)	Limite deducibile (%)	Limite di spesa deducibile (plafond)
fino a 10 milioni	1,5	150.000
parte eccedente 10 milioni fino a 50 milioni	0,6	150.000 + 240.000
parte eccedente 50 milioni	0,4	390.000 + (0,4% dell'eccedenza)

N.B.

1) Per il limite di deducibilità, non rilevano le spese relative a **beni distribuiti gratuitamente** di valore unitario non superiore a € **50**, che sono sempre deducibili. Nel caso di un omaggio composto di più beni, il valore di € 50 deve essere riferito al valore complessivo dell'omaggio e non al valore dei singoli beni che lo compongono.

Per i beni **autoprodotti** dall'impresa, ai fini dell'identificazione del tipo di deduzione applicabile - intera o parziale - si considera il valore di mercato degli stessi; tuttavia, una volta individuato il tipo di deduzione, si considera il costo di produzione effettivamente sostenuto (Ris. AE 12 marzo 2014 n. 27/E).

2) Per le **imprese di nuova costituzione** (c.d. start-up, identificate coi medesimi criteri previsti per il riporto illimitato delle perdite, v. n. 25920), le spese di rappresentanza sostenute nei periodi di imposta anteriori a quello in cui sono conseguiti i primi ricavi e proventi della gestione caratteristica possono essere dedotte dal reddito dello stesso periodo e di quello successivo se e nella misura in cui le spese sostenute in tali periodi siano inferiori a quelle deducibili entro il limite sopra illustrato.

Quindi, in caso di società costituita nel corso del 2020 e di conseguimento dei primi ricavi nel 2022, le spese di rappresentanza sostenute nel 2020 e nel 2021 possono essere dedotte nel 2022 e nel 2023, fermo restando, per ciascuno dei due periodi, il rispetto del limite di congruità.

Se tali limiti non sono capienti né per il primo esercizio di conseguimento dei ricavi né per il successivo, le spese eccedenti diventano definitivamente indeducibili.

23350 **Spese di viaggio, vitto e alloggio** Le seguenti spese di viaggio, vitto e alloggio non sono considerate spese di rappresentanza e pertanto sono **deducibili senza limiti**, in quanto ritenute spese commerciali completamente inerenti, **a condizione** che sia tenuta un'apposita documentazione dalla quale risultino anche le generalità dei soggetti ospitati, la durata e il luogo di svolgimento della manifestazione e la natura dei costi sostenuti. In assenza della documentazione indicata, tali spese dovrebbero essere deducibili nei limiti indicati al n. 23345.

Soggetti interessati	Spese di viaggio, vitto e alloggio sostenute per:
Generalità delle imprese (c.d. spese di ospitalità)	– **ospitare clienti**, anche potenziali **(1)**, in occasione di **mostre**, **fiere**, **sfilate** ed eventi simili (esclusi i viaggi turistici) in cui sono esposti i beni e i servizi prodotti dall'impresa o in occasione di visite a sedi, stabilimenti o unità produttive dell'impresa;
Imprese individuali	– **trasferte** effettuate per la partecipazione a **mostre, fiere** ed eventi simili in cui sono esposti beni e servizi prodotti dall'impresa o attinenti all'attività caratteristica della stessa (beni e servizi di fornitori o concorrenti) **(2)**;

Soggetti interessati	Spese di viaggio, vitto e alloggio sostenute per:
Imprese che organizzano fiere e altri eventi simili (3)	– **ospitare clienti (1)**, anche potenziali, nell'ambito di iniziative finalizzate alla promozione di specifiche manifestazioni espositive o altri eventi simili (non, quindi, se è genericamente presentata l'attività dell'impresa). Si tratta delle spese sostenute non durante le fiere, ma durante la promozione di fiere già programmate o in fase di realizzazione.

(1) La **documentazione** sopra indicata deve comprovare il nesso esistente tra la spesa sostenuta a favore dei clienti, anche potenziali, e la loro partecipazione all'evento promozionale.
Le medesime spese sostenute per ospitare **soggetti diversi dai clienti** - es. fornitori, agenti, giornalisti, vip e testimonial - e aventi finalità promozionali o di pubbliche relazioni rientrano fra le spese di rappresentanza (Risp. AE 1° febbraio 2019 n. 22). La stessa qualifica spetta alle spese per viaggio, vitto o alloggio **sostenute in maniera indistinta** sia per i clienti che per altri destinatari (es. buffet offerto a partecipanti di fiere e mostre, indistintamente clienti, dipendenti, giornalisti, autorità invitate, ecc.). Per la Cassazione, anche le spese per ospitare **agenti** e **giornalisti** sono deducibili integralmente quali spese di pubblicità, se la loro partecipazione conferisce all'evento un certo prestigio (Cass. 23 gennaio 2019 n. 1795, Cass. 4 maggio 2016 n. 8850, Cass. 29 novembre 2016 n. 24227).
Se le spese sostenute per ospitare soggetti diversi dai clienti **non hanno finalità promozionali** o di pubbliche relazioni (es. spese per ospitare i componenti del collegio sindacale durante le verifiche), la loro deducibilità è disciplinata dai principi generali, quindi se l'ospitalità offerta tende ad una migliore economicità nella gestione degli affari dell'azienda la spesa va inclusa tra gli oneri di gestione inerenti, con la conseguente deducibilità integrale (Norma di comportamento AIDC marzo 2010 n. 177).
(2) Le spese per **prestazioni alberghiere e di ristorazione** sono tuttavia deducibili al 75% (v. n. 24235).
(3) L'organizzazione di tali eventi deve rappresentare l'**attività caratteristica** dell'impresa.

G. Oneri pluriennali

Sono costi che non esauriscono la loro utilità nell'esercizio in cui sono sostenuti, diversi da quelli sostenuti per beni materiali o immateriali e per l'avviamento. Includono i costi per: **23355**
- impianto e di ampliamento,
- sviluppo (v. n. 23307),
- migliorie su beni di terzi (v. n. 24175),
- emissione di prestiti obbligazionari.

COSTI DI IMPIANTO E AMPLIAMENTO (art. 108 c. 1 DPR 917/86, Circ. Min. 27 maggio 1994 **23360**
n. 73/E) Sono costi non ricorrenti che si sostengono in occasioni non ordinarie del ciclo di vita della società, quali la fase **pre-operativa** (cosiddetti costi di **start-up**) o di accrescimento della capacità operativa. Possono essere iscritti nell'attivo di bilancio a condizione che ne siano comprovati i benefici futuri e ne sia stimabile la recuperabilità, previo consenso del collegio sindacale.
Si tratta ad esempio di costi sostenuti per:
- la costituzione di una **rete commerciale** o l'ampliamento della **capacità produttiva**;
- l'**aumento di capitale**, per migliorare la situazione finanziaria dell'impresa. In caso contrario sono integralmente deducibili nell'esercizio di sostenimento (Cass. 11 gennaio 2006 n. 377), es. costi di **organizzazione aziendale** per i quali non è accertata l'utilità futura DRE Lombardia 20 aprile 1999 n. 10180;
- la **formazione** e l'aggiornamento del **personale** (non per la selezione, Cass. 8 aprile 2009 n. 8482);
- l'**istruttoria per un finanziamento**, o per **usufrutto azionario** (Ris. AE 19 luglio 2002 n. 240/E, Cass. 2 maggio 2001 n. 6172).

> Il costo sostenuto per la **consulenza** relativa all'erogazione di un **mutuo**, se non è qualificato contabilmente come pluriennale, è deducibile interamente nell'esercizio di erogazione, indipendentemente dalla durata del piano di restituzione (Cass. 6 ottobre 2017 n. 23338).

Sono deducibili nei limiti della quota imputabile a ciascun esercizio secondo i **criteri civilistici** **23362**
e **contabili** cioè entro un periodo non superiore a 5 anni (art. 2426 n. 5 c.c.).
Per le **imprese di nuova costituzione** sono deducibili a partire dall'esercizio in cui sono conseguiti i primi ricavi (art. 108 c. 4 DPR 917/86).

L'AF può **verificare l'attendibilità** economica delle rappresentazioni esposte nel bilancio e nella dichiarazione (Circ. AE 28 febbraio 2011 n. 7/E, Cass. 18 dicembre 2014 n. 26824).

23365 **PRESTITI OBBLIGAZIONARI** Nel caso di emissione di obbligazioni o titoli similari, il costo per la società, derivante dalla **differenza tra** le somme dovute dalla stessa alla scadenza del prestito obbligazionario e quelle ricevute al momento dell'emissione (c.d. **disaggio**), è **deducibile** in più periodi d'imposta e precisamente in quote proporzionali al piano di ammortamento del prestito stesso (art. 109 c. 2 lett. c DPR 917/86).

Le **spese di emissione** (legali, notarili, fiscali, ecc.) delle cambiali finanziarie, delle obbligazioni e dei titoli similari emessi, dal 26 giugno 2012, da società (anche non quotate) che li hanno negoziati in mercati regolamentati o sistemi multilaterali di negoziazione degli Stati UE o di Norvegia e Islanda (v. n. 22590) possono essere dedotte in base al **principio di cassa**, indipendentemente dal momento di imputazione a bilancio (art. 32 c. 13 DL 83/2012 conv. in L. 134/2012).

Trattandosi di facoltà, è possibile anche la deduzione per competenza, in più esercizi secondo i criteri civilistici illustrati al n. 23360 (Circ. AE 26 settembre 2014 n. 29/E); in tal caso, le spese concorrono alla formazione dell'ammontare di interessi passivi e oneri assimilati **deducibili nei limiti del ROL** in base alla corretta imputazione temporale (v. n. 23055 e s.) (Ris. AE 28 luglio 2017 n. 102/E).

Per i **soggetti OIC** (e IAS/IFRS) le spese di emissione rilevano nell'applicazione del meccanismo del costo ammortizzato.

H. Oneri di utilità sociale

23435 Oltre alle spese di utilità sociale in favore dei dipendenti di cui al n. 22880, sono deducibili altre **erogazioni liberali** e determinate somme investite in società con la qualifica di **impresa sociale**.

23437 **EROGAZIONI LIBERALI** Normalmente sono in denaro o in natura, salvo limitazioni di legge (art. 100 c. 2 DPR 917/86). Le erogazioni **in natura** rilevano secondo il valore effettivo (del bene o del servizio), non il valore contabile (Ris. AE 17 luglio 2002 n. 234/E).

La **deducibilità** delle erogazioni avviene in base al principio di **cassa** (Ris. AE 1° luglio 2003 n. 147/E); normalmente è soggetta a **limiti** determinati dal tipo di erogazione e/o del beneficiario.

Gli oneri in oggetto sono tipicamente **privi** del requisito **dell'inerenza**, per cui, risultano deducibili solo se e nella misura in cui sono contemplati dalla presente disposizione (Ris. AE 1° luglio 2003 n. 147/E).

23438 Si vedano nelle **tabelle** seguenti le erogazioni deducibili raggruppate in funzione dello scopo perseguito, con a fianco l'indicazione dell'eventuale limite di deducibilità, tenendo presente che per le erogazioni in denaro effettuate a favore di determinate **attività culturali e di spettacolo** e quelle effettuate per interventi su **impianti sportivi e** per la realizzazione di **nuove strutture sportive pubbliche**, sono previsti, in luogo della deduzione, dei crediti d'imposta (c.d. **art-bonus** e **sport-bonus**, v. n. 23465 e s.).

23440

Iniziative sociali e umanitarie	
Tipologia	**Limite di deducibilità**
a) erogazioni fatte a **persone giuridiche** (anche estere, es. pontefice) che perseguono esclusivamente finalità di educazione, istruzione, ricreazione, assistenza sociale e sanitaria, culto (es. università, aziende ospedaliere universitarie, ecc.) **(1)**	ammontare non superiore al 2% del reddito d'impresa (dichiarato al netto delle liberalità stesse)
b) contributi e donazioni erogati a organizzazioni non governative riconosciute idonee per gli aiuti ai **Paesi in via di sviluppo** ai sensi della abrogata L. 49/87 (vedi L. 125/2014 e DM 22 luglio 2015 n. 113)	(come caso precedente)
c) erogazioni in denaro alle **Onlus** o alle aziende pubbliche di servizi alla persona o alle iniziative umanitarie, religiose o laiche, gestite da fondazioni, associazioni, comitati ed enti individuati con decreto e rivolte ai Paesi non appartenenti all'OCSE	importo non superiore al 2% del reddito di impresa assunto al netto delle erogazioni liberali **(2)**

Iniziative sociali e umanitarie	
Tipologia	**Limite di deducibilità**
d) spese per l'impiego di lavoratori dipendenti (assunti dall'impresa a tempo indeterminato) utilizzati per eseguire prestazioni di servizi, chiaramente non inerenti all'attività di impresa, a favore delle **Onlus**	importo non superiore allo 0,5% dell'ammontare complessivo delle spese per prestazioni di lavoro dipendente risultante dalla dichiarazione dei redditi **(3)**
e) erogazioni in denaro effettuate - a popolazioni colpite da **eventi di calamità pubblica** o da altri eventi straordinari, anche avvenuti in altri Stati - per il tramite di Onlus, fondazioni, associazioni, comitati e altri enti individuati con DPCM 20 giugno 2000 (art. 27 L. 133/99)	interamente deducibili
f) erogazioni liberali in denaro a favore dello Stato e dei comuni, per contributi volontari versati in seguito ad **eventi sismici o calamitosi** che hanno colpito l'ente beneficiario (individuato con decreto)	interamente deducibili
g) erogazioni in denaro effettuate a partiti e movimenti politici	v. n. 2150
h) somme corrisposte, anche su base volontaria al fondo istituito, con mandato senza rappresentanza, presso uno dei **consorzi** cui le imprese aderiscono in ottemperanza a obblighi di legge, in conformità alle disposizioni di legge o contrattuali, a condizione che siano utilizzate in conformità agli scopi di tali consorzi (art. 1 c. 987 L. 208/2015)	interamente deducibili

(1) Lo svolgimento di **attività commerciali** non è rilevante se si tratta di attività non particolarmente significative svolte in diretta attuazione delle finalità indicate e con finalità e modalità non lucrative, così come risultanti da una previsione statutaria.
La deduzione è ammessa anche per le erogazioni effettuate da società commerciali a fondazioni che a loro volta le versano a soggetti terzi che direttamente esercitano le attività sociali sopra indicate, purché entrambe le erogazioni siano effettuate con sistemi tracciabili (Ris. AE 29 luglio 2014 n. 74/E).
(2) Se la deduzione è superiore al reddito complessivo dichiarato, diminuito di tutte le deduzioni, l'eccedenza può essere computata in aumento dell'importo deducibile dal reddito complessivo dei periodi di imposta successivi, ma non oltre il quarto, fino a concorrenza del suo ammontare (artt. 83 e 89 D.Lgs. 117/2017).
La deduzione di tali oneri non è cumulabile con le deduzioni previste alle precedenti lettere a) e b) e con quella prevista alla lettera a) della **tabella** al n. 23445 relativa all'Università e alla ricerca scientifica.
Alla determinazione del limite deducibile, non concorre il valore dei **beni oggetto dell'attività** d'impresa, gratuitamente ceduti alle Onlus secondo quanto riportato al n. 21820 (Circ. AE 26 marzo 2008 n. 26/E).
(3) La **parte eccedente** tale limite è indeducibile dal reddito di impresa (Circ. Min. 22 gennaio 1999 n. 22/E).

23445

Università, ricerca scientifica	
Tipologia	**Limite di deducibilità**
a) erogazioni fatte a **persone giuridiche** (diverse da quelle indicate nella sottostante lett. c) che perseguono esclusivamente finalità di ricerca scientifica	ammontare non superiore al 2% del reddito d'impresa (dichiarato al netto delle liberalità stesse)
b) erogazioni fatte a persone giuridiche aventi sede legale nel **Mezzogiorno** che perseguono esclusivamente finalità di **ricerca scientifica**	ammontare non superiore al 2% del reddito d'impresa (dichiarato al netto delle liberalità stesse)
c) i fondi trasferiti per il **finanziamento della ricerca**, a titolo di contributo o liberalità, a università, fondazioni universitarie, enti di ricerca pubblici **(*)**, fondazioni e associazioni regolarmente riconosciute, aventi per oggetto statutario lo svolgimento o la promozione di attività di ricerca scientifica (individuate con DPCM 31 ottobre 2016) o enti di ricerca vigilati dal Ministero dell'istruzione, dell'università e della ricerca, INAIL, nonché enti parco regionali e nazionali (art. 1 c. 353 L. 266/2005)	interamente deducibili

Università, ricerca scientifica	
Tipologia	**Limite di deducibilità**
d) erogazioni in denaro allo **Stato**, alle regioni, agli enti territoriali, ad enti o istituzioni pubbliche, a fondazioni e ad associazioni legalmente riconosciute, per la realizzazione di **programmi di ricerca scientifica** nel settore della **sanità** autorizzate dal Ministro della sanità con apposito DM	limiti stabiliti dal DM
e) erogazioni liberali con sistemi tracciabili a **istituti scolastici** di ogni ordine e grado, nonché a **istituti tecnici superiori**, finalizzate all'**innovazione tecnologica**, all'edilizia scolastica e all'ampliamento dell'offerta formativa	2% del reddito d'impresa dichiarato e comunque nella misura massima di € 70.000 annui (in pratica, si considera il minore fra i due importi)
(*) Compresi gli Istituti di ricovero e cura a carattere scientifico (**IRCCS**), sia pubblici che privati (Ris. AE 19 agosto 2011 n. 87/E).	

23450

Beni vincolati, parchi e riserve naturali	
Tipologia	**Limite di deducibilità**
a) controvalore di beni di interesse culturale o ambientale, vincolati, che siano **ceduti gratuitamente** ad enti obbligati ad assicurarne la conservazione e il godimento alle presenti e future generazioni (art. 37 c. 2 L. 394/91)	fino ad un massimo del 25% del reddito annuo imponibile
b) spese di manutenzione, protezione o restauro di **beni vincolati non strumentali**, obbligatoriamente sostenute, di cui al n. 1652 **(1)**	interamente deducibili
c) erogazioni in denaro ad organismi di **gestione di parchi e riserve** naturali e di ogni altra zona di tutela speciale paesistico-ambientale, nonché gestita dalle associazioni e fondazioni private legalmente riconosciute che, senza scopo di lucro, svolgono o promuovono attività dirette alla tutela del patrimonio ambientale **(2)**	interamente deducibili
(1) Per i **beni strumentali** la deducibilità delle spese è ammessa in base alle regole ordinarie, cioè secondo il principio di competenza (Ris. AE 1° luglio 2003 n. 147/E). **(2)** Con **decreto** sono individuati, periodicamente, i soggetti e le categorie di soggetti che possono beneficiare delle predette erogazioni liberali, nonché le quote assegnate a ciascun ente o soggetto beneficiario.	

23455

Cultura, arte e spettacolo	
Tipologia	**Limite di deducibilità**
a) erogazioni in denaro a **Stato**, **regioni**, **enti** locali territoriali, enti o istituzioni pubbliche, **fondazioni** e **associazioni** legalmente riconosciute, per la realizzazione di programmi culturali nei settori dei beni culturali e dello spettacolo **(1) (2). I soggetti che possono beneficiare delle predette erogazioni liberali e le quote loro assegnate sono stati individuati con DM Beni culturali 3 ottobre 2002 (3). È opportuno che le erogazioni siano effettuate con sistemi di pagamento tracciabili**	interamente deducibili
b) erogazioni in denaro effettuate alla Società di cultura **La Biennale di Venezia**	ammontare non superiore al 2% del reddito d'impresa (dichiarato al netto delle liberalità stesse) **(4)**
c) erogazioni ai concessionari privati per la **radiodiffusione sonora a carattere comunitario**	ammontare complessivo non superiore all'1% del reddito imponibile (al netto degli oneri deducibili) del soggetto erogante
d) erogazioni in denaro o in natura alle **Onlus** (anche se destinate in settori diversi dall'arte, cultura, ecc.) o alle associazioni di **promozione sociale** o alle **fondazioni e associazioni** riconosciute aventi per oggetto statutario la tutela, la promozione e la valorizzazione dei **beni di interesse artistico, storico e paesaggistico** o lo svolgimento o la promozione di attività di ricerca scientifica. Per le condizioni di deducibilità e le sanzioni in caso di violazioni v. n. 1327 **(5)**	nel limite del 10% del reddito complessivo dichiarato **(6)**

Cultura, arte e spettacolo	
Tipologia	**Limite di deducibilità**
e) erogazioni in denaro effettuate a soggetti - Stato, enti o istituzioni pubbliche, fondazioni e associazioni legalmente riconosciute (comprese le parrocchie) - che, senza scopo di lucro, svolgono o promuovono attività di **studio**, di **ricerca** e di **documentazione** di rilevante valore culturale e artistico, **per acquistare** beni vincolati di rilevante interesse storico, artistico o archeologico (di cui al D.Lgs. 42/2004). Tutte le attività, per godere del vantaggio fiscale, devono essere **autorizzate** dal Ministero per i beni culturali (Soprintendenza di settore)	interamente deducibili

(1) Non sono deducibili le erogazioni effettuate dalle imprese finalizzate al restauro e alla conservazione della casa canonica di una **parrocchia** (Ris. AE 20 ottobre 2003 n. 198/E).
(2) Se l'erogazione è destinata anche a scopi diversi (es. sportivi), è deducibile solo la parte della stessa destinata, in sede di delibera, alla realizzazione di programmi culturali nei settori dei beni culturali e dello spettacolo (Ris. AE 20 dicembre 2007 n. 387/E).
(3) Gli **eroganti** devono, entro il 31 gennaio dell'anno successivo a quello di erogazione della liberalità, **comunicare telematicamente** al sistema informativo dell'AE i dati delle erogazioni effettuate e i relativi beneficiari, utilizzando il software di controllo distribuito gratuitamente dall'Agenzia stessa (Provv. AE 15 marzo 2002, Circ. AE 31 dicembre 2001 n. 107/E).
(4) Il limite del 2% è elevato al **30%** per le somme versate al patrimonio della **Società di cultura** e per le somme versate come contributo alla gestione della medesima. La destinazione a fondo di dotazione non costituisce mancato utilizzo da parte del percettore.
(5) Resta comunque ferma la facoltà di beneficiare, in alternativa, delle altre disposizioni in tema di deduzioni delle erogazioni liberali riportate nelle **tabelle** in esame. Ad esempio potrebbe essere più conveniente avvalersi della deduzione prevista alla lettera b) nel caso in cui il 2% del reddito d'impresa sia superiore all'importo di € 70.000.
(6) Se la **deduzione è superiore** al reddito complessivo dichiarato, diminuito di tutte le deduzioni, l'eccedenza può essere computata in aumento dell'importo deducibile dal reddito complessivo dei periodi di imposta successivi, ma non oltre il quarto, fino a concorrenza del suo ammontare (art. 83 D.Lgs. 117/2017).
Per erogazioni a favore di **trust** e fondi speciali istituiti in favore di persone con **disabilità grave**, i suddetti limiti sono elevati, rispettivamente, al 20% del reddito complessivo dichiarato e a € 100.000 (art. 6 c. 9 L. 112/2016).

Art-bonus (art. 1 DL 83/2014 conv. in L. 106/2014) Per le erogazioni in denaro effettuate con sistemi tracciabili (banca, posta, carte, assegni) per le attività e a favore dei soggetti indicati in **tabella**, è previsto un credito d'imposta **pari al** 65% dell'erogazione, nel **limite** del 5 per mille dei ricavi annui. **23465**

Attività interessate (1) (2)	Beneficiari delle erogazioni
a) manutenzione, protezione e restauro di **beni culturali pubblici (3)**	– PA, regioni, province, comuni, città metropolitane e altre amministrazioni dello Stato – concessionari o affidatari dei beni citati
b) interventi di **sostegno**	– istituti e luoghi di cultura pubblici: musei, aree e parchi archeologici, archivi, biblioteche, complessi monumentali (art. 101 D.Lgs. 42/2004). Compresi quelli gestiti da soggetti privati (es. fondazioni) che rispettano almeno una delle seguenti caratteristiche, indicate dall'AE a titolo esemplificativo (Ris. AE 7 novembre 2017 n. 136/E): sono costituiti per iniziativa di soggetti pubblici e mantengono una maggioranza pubblica dei soci e partecipanti; sono finanziati solo con risorse pubbliche; gestiscono un patrimonio culturale pubblico; sono sottoposti ad alcune regole della PA (es. trasparenza, appalti pubblici); sono sottoposti al controllo analogo di una PA – fondazioni lirico-sinfoniche, teatri di tradizione, istituzioni concertistico-orchestrali, teatri nazionali, teatri di rilevante interesse culturale, festival **(4)**, imprese e centri di produzione teatrale e di danza, circuiti di distribuzione, complessi strumentali, società concertistiche e corali, circhi e spettacoli viaggianti
c) realizzazione di nuove strutture, **restauro e potenziamento** di quelle esistenti	enti pubblici che operano, esclusivamente e senza scopo di lucro, nello spettacolo (es. teatri comunali)

(1) La **deduzione** prevista dall'art. 100 c. 2 lett. f-g DPR 917/86 resta in vigore per le erogazioni a favore di attività diverse, quali, ad esempio, l'acquisto di beni culturali (Circ. AE 31 luglio 2014 n. 24/E).
(2) Per la **lista** degli interventi finanziabili si rinvia al sito internet www.artbonus.gov.it.
(3) Compresi i beni colpiti dai **terremoti** verificatisi dal 24 agosto 2016, per le erogazioni effettuate dal 19 ottobre 2016 (art. 17 DL 189/2016 conv. in L. 229/2016).
(4) Purché l'organizzatore sia in possesso dei **requisiti** indicati nel DM 27 luglio 2017 (Risp. AE 28 settembre 2018 n. 18 e Risp. AE 28 dicembre 2018 n. 154).

Il credito spetta anche alle **fondazioni bancarie** che non effettuano erogazioni a favore dei beneficiari sopra indicati ma pagano **direttamente** le fatture relative al restauro e alla valorizzazione di beni culturali, nel rispetto del proprio statuto e dei protocolli d'intesa stipulati con gli enti pubblici (Ris. AE 15 ottobre 2015 n. 87/E).

23470 **Per fruire** del credito è sufficiente che la società erogante presenti una **dichiarazione** sostitutiva dell'atto di notorietà, relativa alle spese sostenute, al MIBAC.
Il credito va ripartito in tre **quote annuali** di pari importo, **utilizzabili in** compensazione con il mod. F24 (cod. tributo 6842); non rilevano gli ordinari limiti di compensabilità, compreso quello riguardante la presenza di debiti iscritti a ruolo di importo superiore a € 1.500. La **prima** quota è fruibile a partire dal primo giorno del periodo d'imposta successivo a quello dell'erogazione.
In caso di **mancato utilizzo**, totale o parziale, di ogni quota, l'ammontare residuo può essere utilizzato nel corso dei periodi d'imposta successivi, secondo le modalità proprie del credito (Circ. AE 31 luglio 2014 n. 24/E).

Per le erogazioni effettuate da un **imprenditore individuale** a titolo **personale**, si applicano le modalità e i limiti previsti per le persone fisiche (v. n. 2385 - Circ. AE 31 luglio 2014 n. 24/E).

23475 **Sport-bonus** (art. 1 c. 190 L. 234/2021, art. 1 c. 621-627 L. 145/2018 e DPCM 30 aprile 2019) Per le erogazioni in denaro effettuate nel 2022 con sistemi tracciabili (banca, posta, carte, assegni) per interventi di manutenzione e restauro di impianti sportivi pubblici e per la realizzazione di nuove strutture sportive pubbliche è previsto un credito d'imposta **pari al** 65% delle erogazioni, nel **limite** del 10 per mille dei ricavi annui.

Il credito spetta anche se le erogazioni sono destinate ai **concessionari o affidatari** degli impianti.

23480 **Per fruire** del credito occorre farne richiesta all'Ufficio per lo sport presso la Presidenza del Consiglio dei ministri, nei termini e con le modalità indicati sul sito dell'Ufficio per lo sport (www.sport.governo.it).
Il credito va ripartito in 3 **quote annuali** di pari importo, **utilizzabili** in compensazione con il Mod. F24 (non rilevano gli ordinari limiti di compensabilità) (cod. trib. 6892 - Ris. AE 18 settembre 2018 n. 65/E).
Non rileva ai fini IRES e IRAP e non è cumulabile con altre agevolazioni. Va indicato nella **dichiarazione dei redditi** relativa all'anno in corso alla data di riconoscimento dello stesso e nelle dichiarazioni dei redditi relative agli anni successivi fino a quello in cui se ne conclude l'utilizzo.

23485 **INVESTIMENTI IN IMPRESE SOCIALI** (art. 18 c. 4-6 D.Lgs. 112/2017) Le somme investite, dal 20 luglio 2017, nel capitale sociale di una o più società, incluse società cooperative, che abbiano acquisito la qualifica di impresa sociale da non più di 5 anni danno diritto a una **deduzione del 30%**. L'investimento **massimo deducibile** non può superare, in ciascun periodo d'imposta, € 1.800.000 e deve essere mantenuto per almeno 5 anni.
L'eventuale **cessione anticipata**, anche parziale, dell'investimento (prima del decorso dei 5 anni), comporta la decadenza dal beneficio e l'obbligo per il contribuente di tassare l'importo dedotto, unitamente agli interessi legali.
Le **modalità di attuazione** delle disposizioni illustrate saranno stabilite con decreto.

La deduzione spetta anche per gli atti di dotazione e i contributi di qualsiasi natura, posti in essere dal 20 luglio 2017, in favore di **fondazioni** che abbiano acquisito la qualifica di impresa sociale da non più di 5 anni.

I. Spese generali

Sono spese che **si riferiscono indistintamente** ad attività produttive di ricavi imponibili e ad attività produttive di ricavi esenti, non specificamente imputabili ad attività o beni che producono ricavi o proventi imponibili (art. 109 c. 5 DPR 917/86). **23490**
Non si tratta pertanto di spese specificamente riferibili ad attività direttamente produttive, ma in senso più ampio alla gestione della struttura organizzativa. In quest'ottica esse si definiscono non tanto per una caratteristica oggettiva quanto in relazione con l'attività dell'impresa (Circ. Assonime 2 aprile 1993 n. 53).

LIMITE DI DEDUCIBILITÀ È pari al **rapporto** tra l'ammontare dei ricavi e degli altri proventi che concorrono a formare il reddito e l'ammontare complessivo di tutti i ricavi e proventi. **23495**
Nella **tabella** sono elencate le voci da includere e da escludere dal calcolo (Circ. AE 2 novembre 2005 n. 46/E).

Voci	Descrizione
incluse	– ricavi da **cessioni** di **titoli** e **valute estere**, per la sola parte che eccede i relativi costi, senza tener conto delle rimanenze **(1)**; – **plusvalenze rateizzate**, per l'ammontare che concorre a formare il reddito dell'esercizio **(2)**; – **interessi di provenienza estera** e **dividendi**, per l'intero ammontare, indipendentemente dal loro concorso parziale alla formazione del reddito; – **proventi** degli immobili che non costituiscono beni strumentali per l'esercizio dell'impresa (c.d. immobili patrimonio), secondo le regole ordinarie illustrate al n. 22035; – **rimanenze** di merci e di opere, forniture e servizi di durata ultrannuale, nei limiti degli incrementi formati nell'esercizio (i decrementi non rilevano).
escluse	– **plusvalenze esenti** (art. 87 DPR 917/86, v. n. 24705); – **sopravvenienze attive accantonate**, in quanto derivanti da risarcimento dovuto alla perdita o al danneggiamento di beni posseduti da almeno 3 anni (a norma dell'art. 88 DPR 917/86, v. n. 24945); – **proventi esclusi** dall'imposizione perché assoggettati a ritenuta a titolo d'imposta o a imposta sostitutiva; – **saldi di rivalutazione monetaria** che per disposizione di legge speciale non concorrono a formare il reddito; – componenti di natura straordinaria derivanti da **trasferimenti di azienda o ramo** (v. n. 21210).

(1) Pertanto, i corrispettivi in oggetto rilevano per la parte corrispondente all'**utile lordo** della cessione **meno** il costo dei titoli ceduti, determinato sommando agli acquisti dell'esercizio la differenza tra le rimanenze iniziali e quelle finali.
(2) Normalmente la plusvalenza concorre a formare il reddito, per l'intero ammontare, nell'esercizio in cui è realizzata. Tuttavia, se essa è realizzata in seguito alla cessione di beni **posseduti per un periodo non inferiore a** 3 anni e il contribuente ha scelto di tassarla in quote costanti (nel periodo stesso e nei successivi, ma non oltre il quarto), la plusvalenza rileva, ai fini del rapporto, solo per la quota imponibile nell'esercizio.

Onde **evitare l'applicazione** del limite alla deducibilità, è possibile porre in essere una struttura organizzativa dell'impresa mirata alla separazione delle attività e delle correlate spese onde fornire la dimostrazione della specificità delle stesse (Circ. Assonime 2 aprile 1993 n. 53). **23505**

L. Ammortamenti

DEFINIZIONE L'ammortamento è una procedura tecnico-contabile mediante la quale il costo d'acquisto di **beni strumentali** all'esercizio dell'impresa di **durata pluriennale** viene ripartito su tutti gli esercizi di utilizzo. **23575**
Per **esercizio dell'impresa** deve intendersi non solo lo svolgimento dell'attività «propria» dell'impresa, ma anche di tutte quelle operazioni - collaterali all'attività principale - che l'impresa compie in vista del raggiungimento delle finalità aziendali (produzione di ricavi).

Sono **non strumentali** e pertanto non ammortizzabili: beni merce o fabbricati di civile abitazione posseduti dall'impresa e non utilizzati (es. non locati), aeromobili da turismo, navi e imbarcazioni da diporto che non siano destinati ad un utilizzo esclusivamente strumentale.
L'ammortamento è altresì escluso per i **terreni**, in quanto ritenuti beni non deperibili (Ris. AE 23 febbraio 2004 n. 19/E, Cass. 26 settembre 2018 n. 22932). Nel caso di terreno asservito ad un fabbricato strumentale, il relativo costo va sottratto a quello del fabbricato (v. n. 23630).

Possono essere considerati strumentali sia i beni utilizzati direttamente dall'impresa che i beni dati in **comodato a terzi** se ciò è funzionale al raggiungimento degli scopi aziendali, come nel caso dello sviluppo dei rapporti commerciali con il comodatario finalizzato alla diffusione sul mercato dei prodotti commercializzati (Cass. 12 agosto 2015 n. 16730, Cass. 21 gennaio 2011 n. 1389).

23580 La **finalità** dell'ammortamento è quella di evitare che il costo dei beni a utilità pluriennale concorra come componente negativo al reddito imponibile sul solo esercizio di acquisto. Ne consegue che, **all'acquisto**, nell'attivo di stato patrimoniale si iscrive il bene al costo storico e, in ogni esercizio di utilizzo, si deduce da tale valore la quota di ammortamento di competenza.
Se in un esercizio il **bene non viene utilizzato**, l'ammortamento deve essere sospeso (Cass. 13 settembre 2017 n. 21239). In senso contrario, è stato sostenuto che l'ammortamento è deducibile anche nel caso in cui il bene non è utilizzato per alcuni anni, in quanto sottoposto a sequestro giudiziario (Cass. 18 aprile 2019 n. 10902).

23590 L'ammortamento deve essere **effettuato sino a che** l'intero valore del bene non sia stato azzerato, salvo ovviamente il caso di cessioni o dismissioni anteriori.
Nel caso di **cessioni** o **dismissioni** del bene strumentale **in corso d'anno** si calcola l'ammortamento relativo alla frazione dell'esercizio nel quale il bene è stato utilizzato, nel rispetto dei principi contabili.

Per i beni dati in **comodato**, in caso di risoluzione anticipata o di cessazione naturale del contratto, la quota di ammortamento deducibile deve essere ragguagliata ai giorni che intercorrono tra l'inizio del periodo d'imposta e la data della cessazione nel caso in cui il bene, una volta rientrato nella disponibilità del comodante, non venga immediatamente utilizzato (Ris. AE 16 maggio 2008 n. 196/E).

23595 L'ammortamento riguarda sia i **beni materiali** (immobili, macchine, impianti, ecc.), che quelli **immateriali** (brevetti, avviamento, ecc.).

23600 Sospensione ammortamenti 2020-2023 per emergenze varie

Emergenze (Covid-19, Ucraina ecc.) (art. 60 c. 7 bis - 7 quinquies DL 104/2020 conv. in L. 126/2020)
Nei bilanci dell'esercizio 2020 (in corso al 15 agosto 2020) e nei 3 successivi, esclusi quelli dei soggetti IAS/IFRS **(1)**, è consentito differire fino all'intera quota dell'ammortamento annuo del costo delle immobilizzazioni materiali e immateriali, compreso l'avviamento e i beni in concessione gratuitamente devolvibili di cui al n. 23930 (singoli beni, singoli gruppi di beni o tutti), allungando il piano di ammortamento civilistico originario di uno o più anni (in base alla durata della sospensione), previo accantonamento di una riserva indisponibile di utili in misura corrispondente e apposita informativa in nota integrativa **(2)**. In caso di utili di esercizio di importo inferiore a quello delle suddette quote di ammortamento, la riserva è integrata utilizzando riserve di utili o altre riserve patrimoniali disponibili; in mancanza, la riserva è integrata, per la differenza, accantonando gli utili degli esercizi successivi. In pratica, il **recupero** della quota di ammortamento non imputata nei singoli anni 2020-2023 avviene **al termine del piano** di ammortamento. Tuttavia, se al minor ammortamento del bene non è associata un'estensione della sua vita utile (es. per vincoli contrattuali, tecnici o legislativi), la quota di ammortamento dell'esercizio successivo (pari al rapporto tra valore del bene ammortizzabile e vita utile residua aggiornata) si modifica, in quanto la vita utile rimane la stessa. Pertanto, l'ammortamento non effettuato nel corso dell'esercizio si spalma lungo la vita utile residua del bene, aumentandone pro quota la misura degli ammortamenti da effettuare **(3)** (OIC, documento interpretativo 14 aprile 2021 n. 9). Sul piano **fiscale**, le imprese hanno la **facoltà** (non l'obbligo) di dedurre, in via extracontabile, le quote di ammortamento non imputate a conto economico, nei limiti previsti dalle norme fiscali (IRES e IRAP) (Risp. AE 17 settembre 2021 n. 607), ma considerando i piani di ammortamento effettivamente utilizzati dal contribuente negli esercizi precedenti. In pratica, chi vuole avvalersi della citata facoltà, in dichiarazione dei redditi relativa ai singoli periodi d'imposta 2020-2023 deve fare una **variazione in diminuzione** (rigo RF 55 codice 81) pari alle quote di ammortamento non stanziate nei bilanci 2020, 2021, 2022 e 2023; la variazione determina un disallineamento tra valore civile e valore fiscale generando quindi fiscalità differita (il disallineamento va evidenziato nel quadro RV, sezione I, codice 5). Al termine del processo di ammortamento civilistico, quando verrà ripresa in bilancio la quota di ammortamento sospesa andrà effettuata una variazione in aumento (rigo RF31 codice 67) **(4)**.

(1) La sospensione può essere chiesta anche dalle **società di persone** e dagli **imprenditori individuali**, se in contabilità ordinaria (Istr. Mod. Redditi).
(2) Si tratta di una deroga legale ai principi civilistico-contabili motivata, originariamente, dalla volontà di sostenere i conti economici delle società in difficoltà a causa degli effetti negativi del Covid. Tale riferimento è stato poi soppresso quindi, si presume che rilevino anche altre situazioni di emergenza (es. contrazione dell'attività a causa della guerra in Ucraina, ecc.) da indicare nella nota integrativa.
(3) Esempio: società che nel 2021 ha acquistato diritti di sfruttamento *software* al costo di 1.000, per una durata contrattuale di 5 anni, decide di avvalersi della deroga, in quanto la differenza tra valore della produzione e costi della produzione (A-B) è diminuita di oltre il 100% rispetto all'anno precedente a causa della pandemia. Al 1° gennaio 2022 il fondo ammortamento è pari a 200 euro. La società, dal 2023, effettua un ammortamento annuale di 267, pari 800 (valore da ammortizzare): 3 (vita utile).
(4) La sospensione degli ammortamenti civilistici non determina alcun rinvio delle quote di **super-ammortamento** e di **iper ammortamento** da dedurre nel periodo d'imposta di competenza (Risp. AE 3 febbraio 2022 n. 66).

a. Beni materiali

Per i beni materiali di **proprietà** utilizzati esclusivamente nell'attività d'impresa la norma fiscale fissa un tetto massimo di deducibilità dell'ammortamento imputato a C/E, da calcolare applicando al costo dei differenti beni ammortizzabili i relativi coefficienti ministeriali. **23605**

Regole particolari riguardano in particolare: i beni ad **uso promiscuo**, sia aziendale che personale (v. n. 23695), i beni in **leasing** (v. n. 23755) e i beni in **affitto** o usufrutto (v. n. 23835). **23607**

1. Di proprietà ad uso aziendale

PERIODO INIZIALE (art. 102 c. 1 DPR 917/86) La norma fiscale prevede che l'ammortamento cominci nel **periodo** di entrata in funzione, salvo per i beni in **leasing**, per i quali rileva la data di consegna (v. n. 23795). **23610**
Per i soggetti **OIC**, diversi dalle microimprese che non redigono il bilancio ordinario (dal 2022 v. n. 21191), comincia dal periodo in cui il bene è disponibile e pronto per l'uso (OIC n. 16).

Tuttavia, per i beni la cui funzione è quella di essere pronti ad essere impiegati in caso di necessità **per sostituire beni** in uso necessariamente continuativo (motori di ricambio), l'entrata in funzione coincide con quella del bene in uso (Cass. 4 giugno 2014 n. 12502, Cass. 4 aprile 2008 n. 8773).

COSTO DA AMMORTIZZARE (art. 102 c. 1 DPR 917/86) Per i beni materiali diversi dai fabbricati strumentali (per i quali si veda al n. 23630), l'ammortamento va calcolato sul **costo storico**, a cui vanno aggiunti gli **interessi passivi** se ricorrono le condizioni indicate al n. 23025, gli **oneri accessori** di diretta imputazione (v. n. 21300) e le **spese di manutenzione**, riparazione, ecc. imputate in bilancio ad incremento del costo stesso (v. n. 24125). **23625**
L'eventuale **contributo in conto impianti** (v. n. 22095), se è stata adottata la tecnica contabile di iscrivere a bilancio il costo di acquisto del bene al netto del contributo, va sottratto al costo da ammortizzare.
Per i beni di **costo unitario non superiore a** € 516,46 il contribuente **può** decidere di dedurre il costo di acquisto interamente nell'esercizio di sostenimento (art. 102 c. 5 DPR 917/86), previa imputazione del 100% del costo a conto economico.

>Precisazioni 1) I beni strumentali **provenienti dal patrimonio privato** dell'imprenditore individuale vanno ammortizzati, prendendo a riferimento i costi determinati secondo i criteri esposti al n. 5150.
2) Per la verifica che il bene abbia un **costo** unitario **non superiore a € 516,46**, si devono prendere in considerazione unicamente i beni «suscettibili di autonoma utilizzazione»; quindi, il tavolo, la scrivania, le sedie, non, invece, la tastiera del computer (Ris. Min. 4 gennaio 1979 n. 9/1751).
3) In presenza di spese di **manutenzione**, **riparazione**, **ammodernamento** e **trasformazione capitalizzate** ad incremento del valore dei beni ammortizzabili, gli ammortamenti si calcolano sull'intero valore complessivo, anche se il bene era già stato ammortizzato completamente. Anche se le spese suddette aumentano la vita utile del bene, il piano di ammortamento non cambia.
Ad esempio, se il bene aveva un costo di 1.000 (completamente ammortizzato con aliquota annua del 10%) e le spese capitalizzate sono di 100, il costo da ammortizzare è di 1.100, quindi la spesa capitalizzata viene ammortizzata in un solo esercizio.
4) Per i **soggetti OIC**, l'acquisto di una immobilizzazione materiale con **dilazione di pagamento** oltre i 12

mesi, comporta l'applicazione del costo ammortizzato. Il bene viene pertanto iscritto in contabilità al netto della componente finanziaria. Ad esempio acquisto di un macchinario per € 500.000, pagamento in 48 mesi, con scorporo degli interessi passivi per un importo di € 40.000. Sotto il profilo contabile, il costo iniziale da imputare tra le immobilizzazioni materiali è pari a € 460.000. Su questo importo si determinano le quote di ammortamento che hanno rilevanza anche fiscale, in applicazione del principio di derivazione rafforzata.

23626

Determinazione del valore da ammortizzare in caso di rivalutazioni e svalutazioni	
Rivalutazioni	Il maggior valore rileva solo per le rivalutazioni avvenute in applicazione di specifiche disposizioni di legge che consentono l'ammortamento dei maggiori valori iscritti (es. art. 1 c. 556-564 L. 232/2016).
Svalutazioni	Il minor valore iscritto ai fini contabili normalmente non rileva. Tuttavia, se ante svalutazione gli **ammortamenti civilistici erano inferiori ai limiti fiscali**, è deducibile un importo massimo pari alla differenza tra la quota di ammortamento fiscale (v. n. 23645) e quella imputata a conto economico. La deduzione va effettuata con delle variazioni in diminuzione in dichiarazione dei redditi, obbligatoriamente nella misura massima consentita dalla normativa fiscale, a partire dall'esercizio in cui si generano le condizioni per la deducibilità, in modo da evitare ogni possibile arbitraggio (Ris. AE 19 dicembre 2013 n. 98/E) **(*)**. Per la disciplina IRAP v. tabella al n. 39126.

(*) Una situazione analoga si verifica in caso di **mutamento**, durante il periodo di ammortamento, **della durata utile** del bene in base ai criteri civilistici (v. n. 23668)

23630 **Fabbricati strumentali** (art. 36 c. 7, 8 DL 223/2006 conv. in L. 248/2006, Circ. AE 19 gennaio 2007 n. 1/E) Nel costo del fabbricato strumentale, per destinazione o per natura, determinato secondo le regole ordinarie sopra illustrate, va escluso, in quanto non ammortizzabile, il costo delle **aree occupate** dalla costruzione e di quelle che ne costituiscono pertinenza.

Nel **concetto di fabbricati** si comprendono anche:
– le **singole unità immobiliari** presenti all'interno di un fabbricato (ossia gli immobili che non possono essere definiti «cielo-terra» e per i quali i principi contabili internazionali non richiedono la separata indicazione in bilancio del valore del terreno);
– gli **impianti e i macchinari infissi al suolo**, se realizzano una struttura che nel suo complesso costituisca una unità immobiliare iscrivibile nel catasto urbano, in quanto rientrante nelle categorie catastali previste per l'attribuzione delle rendite catastali dei fabbricati (immobili a destinazione ordinaria, speciale e particolare). Tra questi si comprendono le torri a sostegno degli aerogeneratori delle centrali eoliche, mentre si escludono le componenti impiantistiche delle **centrali fotovoltaiche** ed **eoliche** (pannelli, rotori) che sono considerati beni mobili (ammortizzabili generalmente al 9%) (Circ. AE 30 marzo 2017 n. 4/E).

23635 Il **costo delle aree** è determinato distinguendo a seconda che le stesse siano state o meno acquistate autonomamente dal fabbricato soprastante, secondo le disposizioni illustrate nella **tabella** seguente.

Determinazione del costo delle aree	
A) **aree acquistate autonomamente** a scopo edificatorio (senza un fabbricato, costruito successivamente)	**Costo di acquisto**. Tale principio si applica anche nei seguenti casi assimilati: – fabbricati costruiti su un'area già utilizzata per la costruzione o che risulta libera a seguito della **demolizione del fabbricato** che la occupava **(1)**; – sull'area esistono opere che **non configurano un edificio significativo**, quali recinzioni, fondazioni stradali, marciapiedi, aiuole, ecc. **(2)** (Ris. AE 12 novembre 2008 n. 434/E).
B) **casi diversi** (es. acquisto di fabbricato esistente su un'area, anche se i costi di acquisizione sono indicati separatamente)	**Maggior valore tra**: – quello esposto in bilancio nell'anno di acquisto, al netto quindi delle spese incrementative sostenute successivamente all'acquisto **(3)** e – quello corrispondente al 20% del costo complessivo o, per i fabbricati industriali **(4)**, al 30% del costo stesso **(5)** **(6)**.

(1) I **fabbricati edificati successivamente** sono ammortizzabili per un importo pari al costo di edificazione sostenuto (le spese di bonifica relative alla demolizione e capitalizzate insieme ai costi della nuova costruzione sono da imputare al terreno e ne incrementano il valore fiscalmente riconosciuto).
(2) Un edificio si considera **significativo** se è stato eseguito il rustico (comprensivo delle mura perimetrali delle singole unità) ed è stata completata la copertura.
(3) Per i **soggetti in contabilità semplificata** rilevano i valori risultanti dal registro dei beni ammortizzabili o dai registri IVA.

(4) Sono **fabbricati industriali** quelli destinati alla produzione o trasformazione di beni; occorre fare riferimento alla loro effettiva destinazione nel periodo d'imposta in cui sono entrati in funzione e non alla classificazione catastale o di bilancio. Nel caso di **fabbricati misti**, in cui viene svolta sia un'attività industriale che un'attività diversa (es. commerciale), il fabbricato si considera industriale se i metri quadri utilizzati per l'attività di produzione o trasformazione sono prevalenti rispetto a quelli destinati all'attività diversa. Se le aree sono utilizzate indistintamente per le due differenti attività, la prevalenza si stabilisce in base ad altri criteri oggettivi, quali ad esempio il personale impiegato per ciascuna attività (Ris. AE 19 dicembre 2007 n. 383/E).
In caso di **fabbricati locati a terzi**, rileva l'attività svolta dall'inquilino (locatario).
(5) Si tratta di un limite quantitativo alla deducibilità, pertanto si applica anche ai **soggetti OIC**, non rilevando in questo caso la derivazione rafforzata (Risp. AE Telefisco 31 gennaio 2019).
(6) Tale disposizione si applica anche in caso di **lease-back** immobiliare (Risp. AE 19 febbraio 2020 n. 63).

ESEMPIO
Una società ha acquistato un opificio al prezzo di 1.000. Supponendo che in contabilità abbia indicato un valore del terreno di 250 (inferiore al 30%), l'ammortamento viene calcolato applicando le aliquote previste per il settore di appartenenza (es. 3%), sul seguente valore:
Costo ammortizzabile = 1.000 – 1.000 × 30% = 700
Ammortamento dell'esercizio: 700 × 3% = 21

L'acquisto del **diritto di superficie a tempo indeterminato** è assimilabile all'acquisto in proprietà del terreno. Pertanto il relativo costo va escluso dal costo del fabbricato strumentale esistente o da costruire. Se invece il diritto di superficie è acquistato **a tempo determinato**, il relativo costo è deducibile (Ris. AE 5 luglio 2007 n. 157/E, Ris. AE 27 luglio 2007 n. 192/E); stessa sorte spetta al diritto di **usufrutto** sui terreni (Risp. AE 11 novembre 2019 n. 480).
Se la concessione prevede il pagamento di rate periodiche, esse sono deducibili per competenza; se invece viene pagata una somma complessiva, il relativo costo, se iscritto tra le immobilizzazioni immateriali, va ammortizzato in base alle regole illustrate al n. 23948, se iscritto tra le immobilizzazioni materiali, va ammortizzato secondo le regole sotto illustrate.

COEFFICIENTI L'ammortamento annuo (c.d. ammortamento ordinario) si calcola applicando i coefficienti stabiliti specificamente dal DM 31 dicembre 1988 in relazione alla tipologia di bene interessato e al settore di utilizzo del possessore; le relative quote di ammortamento vanno annotate nel **registro dei beni ammortizzabili** (o in quelli ad esso alternativi, v. n. 26075), altrimenti sono indeducibili (Cass. 30 novembre 2016 n. 24385). **23645**
Ai fini della scelta del coefficiente, secondo l'AE, rileva, in linea di principio, il **settore di attività** in cui opera il possessore del bene materiale, anche se lo stesso concede il bene in **locazione** o in **comodato** a imprese di altri settori (Ris. AE 9 aprile 2004 n. 56/E); pertanto, se l'impresa tessile A concede in locazione un fabbricato strumentale per natura all'impresa chimica B, l'impresa A dovrà utilizzare i coefficienti previsti per le imprese operanti nel settore tessile. In senso contrario la dottrina e la giurisprudenza, secondo cui rileva l'attività esercitata dall'utilizzatore, in quanto è l'effettivo utilizzo del bene che influisce sulla sua vita utile (Norma di comportamento AIDC n. 213, maggio 2021, Cass. 13 ottobre 2006 n. 22021). Tale principio è stato accolto dall'AE solo per le imprese che operano nel **settore del noleggio**: si applica il coefficiente riferito al settore di attività dell'utilizzatore, purché il bene venga impiegato per tutta la sua vita utile nel medesimo settore, anche da parte di più utilizzatori (altrimenti si considera il coefficiente del gruppo residuale «Altre attività non precedentemente specificate», Ris. AE 20 dicembre 2010 n. 133/E).
Il coefficiente da applicare quando un bene può essere utilizzato in **più settori** è quello relativo al settore economico in cui avviene materialmente l'utilizzo del bene (Cass. 12 maggio 1995 n. 5241).
Se per un dato bene **manca**, per il settore interessato, il relativo coefficiente, è necessario far riferimento al coefficiente previsto per lo stesso bene con riferimento a un settore con caratteristiche similari (Ris. Min. 22 marzo 1980 n. 9/074).

>Precisazioni 1) La **normativa civilistica** sull'argomento non coincide con quella fiscale (art. 2426 n. 2 c.c.). Essa, infatti, stabilisce che il costo delle immobilizzazioni deve essere «sistematicamente ammortizzato in ogni esercizio in relazione con la **residua possibilità di utilizzo**». Ciò comporta che l'imprenditore o gli amministratori debbano, di volta in volta, valutare qual è la vita residua del bene, senza rifarsi a una percentuale fissa predeterminata. L'eventuale **differenza** tra l'ammortamento effettuato e quello deducibile fiscalmente non può essere dedotto (v. n. 23365).
2) I soggetti che esercitano attività di distribuzione e trasporto di **gas naturale** e di distribuzione di **energia elettrica** e **gestione della rete** di trasmissione nazionale dell'energia elettrica, per alcuni beni materiali strumentali, applicano dei coefficienti di ammortamento diversi, correlati alla vita utile del bene così come determinata ai fini tariffari dall'Autorità per l'energia elettrica e il gas. Inoltre è previsto che in caso di beni utilizzati in locazione finanziaria, la deduzione delle quote di ammortamento, al contrario di ciò che avviene

generalmente, compete all'impresa utilizzatrice (art. 102 bis DPR 917/86, Circ. AE 28 novembre 2005 n. 50/E). Se il **proprietario** della rete è **diverso dal gestore**, i diversi coefficienti sono applicati da entrambi (Cass. 12 luglio 2013 n. 17253).

3) Per le imprese che esercitano l'attività del **commercio di beni al dettaglio** (alimentari e non, vedi codici ATECO specificati dalla norma), **limitatamente al periodo 2023-2027**, l'ammortamento del costo dei fabbricati strumentali **aumenta** dal 3 **al 6%**. L'aumento interessa anche le società immobiliari di gestione aderenti al regime di tassazione di gruppo in relazione ai fabbricati concessi in locazione a imprese operanti nei settori suddetti e aderenti al medesimo regime di tassazione di gruppo (art. 1 c. 65 e s. L. 197/2022). Le modalità applicative saranno disciplinate con provvedimento.

23650

Casi particolari	Descrizione
Esercizio di **entrata in funzione**	Nel primo esercizio di entrata in funzione del bene, la quota calcolata con i coefficienti ministeriali, è ridotta alla metà, indipendentemente dal mese di entrata in funzione.
Imprese di **nuova costituzione**	L'ammortamento va **ragguagliato** alla durata dell'esercizio (art. 110 c. 5 DPR 917/86). Pertanto, nell'esercizio iniziale l'aliquota del coefficiente ministeriale ridotta alla metà deve essere ragguagliata in funzione della durata dell'esercizio stesso.

23665 **UTILIZZO DI COEFFICIENTI DIVERSI DA QUELLO ORDINARIO** (art. 102 c. 2 DPR 917/86) L'imprenditore può solo effettuare l'ammortamento **in misura inferiore** a quella ordinaria derivante dall'applicazione dei coefficienti di cui al n. 23645 (c.d. ammortamento ridotto). Non è infatti più possibile effettuare, con rilevanza fiscale, ammortamenti in misura superiore a quella ordinaria, ossia i c.d. ammortamenti anticipati e accelerati.

L'ammortamento ridotto può essere applicato senza alcun limite minimo, purché ciò avvenga nel rispetto dei criteri civilistici di redazione del bilancio (Ris. AE 17 giugno 2005 n. 78/E). Ciò vale sia per i beni di nuova acquisizione che per quelli acquisiti in anni precedenti. In tal caso, la parte di costo non ammortizzata e non dedotta nell'esercizio di effettuazione dell'ammortamento ridotto viene recuperata (e quindi dedotta) negli esercizi successivi, fermo restando il limite massimo dei coefficienti ministeriali previsto per ogni esercizio.

23668 **RELAZIONE TRA AMMORTAMENTI CIVILISTICI E FISCALI** In via generale, non si possono calcolare discrezionalmente gli ammortamenti fiscali, cioè in misura diversa dagli ammortamenti civilistici e, quindi, in modo avulso dalle indicazioni di bilancio. Se i coefficienti fiscali sono stati applicati discrezionalmente in **misura inferiore** a quelli civilistici con conseguente variazione in aumento in dichiarazione dei redditi la differenza non può essere dedotta fiscalmente negli esercizi successivi mediante una variazione in diminuzione e pertanto andrà persa definitivamente; fa **eccezione** a tale regola il caso in cui l'ammortamento civilistico sia **superiore al limite massimo fiscale**, giustificando quindi la variazione in aumento in dichiarazione e il conseguente recupero negli anni successivi (Ris. AE 17 giugno 2005 n. 78/E).

Se durante il periodo di ammortamento di un bene in cui c'è stata inizialmente una diversa dinamica temporale dell'ammortamento civilistico rispetto a quello fiscale - la quota civilistica era superiore rispetto a quella massima fiscale (con conseguente variazione in aumento) - emerge che la sua **vita utile effettiva è maggiore** rispetto a quella adottata civilisticamente in precedenza, e di conseguenza la società imputa contabilmente una quota di ammortamento **inferiore** rispetto a quella massima fiscalmente deducibile, l'assorbimento del maggiore ammortamento civilistico effettuato in precedenza avviene, sempre con variazione in diminuzione, **nel primo periodo di imposta** in cui vi è capienza per la deduzione di un'ulteriore quota di ammortamento fiscale, fino alla quota massima calcolata in applicazione delle aliquote fiscali (Risp. AE 3 novembre 2021 n. 761).

Il **mutamento dei criteri civilistici** di ammortamento - utilizzo, in un anno, di un'aliquota pari al 50% di quella prevista fiscalmente e, nell'anno successivo, di un'aliquota doppia, 100% di quella fiscale - è legittimo solo se c'è un'adeguata giustificazione nella nota integrativa di bilancio (Cass. 17 ottobre 2014 n. 22016).

2. Di proprietà ad uso promiscuo

23695 Le regole fin qui esaminate sono soggette a **limitazioni aggiuntive** nei casi di beni ad uso promiscuo.

In genere, sono ad uso promiscuo quei beni utilizzati sia per l'**attività dell'impresa** che per l'**uso personale** dell'imprenditore. Vi sono, però, casi in cui la promiscuità del bene è presunta dal legislatore, indipendentemente dall'uso che l'imprenditore fa effettivamente del bene: ciò avviene per i **telefoni** e i **mezzi di trasporto** a motore.

In generale, bisogna distinguere fra beni immobili e beni mobili e, nell'ambito di questi ultimi, occorre tenere distinti i telefoni (art. 64 c. 2 DPR 917/86). **23700**

Bene a uso promiscuo	Disciplina
Immobili	È deducibile una somma pari al 50% della rendita catastale o del canone di locazione, anche finanziaria, a condizione che il contribuente non disponga - si presume nell'intero territorio nazionale - di altro immobile adibito esclusivamente all'esercizio dell'impresa.
Mobili	Le quote di ammortamento e tutte le spese ad essi relative sono generalmente deducibili al 50%.
Telefoni (1) (2) (3) sia cellulari che fissi (compreso fax, connessione a internet, ecc.)	Le quote di ammortamento, i canoni di locazione finanziaria o di noleggio e le spese di impiego (es. ricariche telefoniche, schede prepagate) e di manutenzione sono deducibili nella misura dell'80% (art. 102 c. 9 DPR 917/86). La limitazione si applica anche ai costi dei beni, materiali e immateriali, compreso il software, utilizzati per la connessione telefonica: es. spese per l'acquisto del modem o del router ADSL, ma non ai costi relativi al personal computer, in quanto utilizzabile per molte altre funzioni (Ris. AE 17 maggio 2007 n. 104/E).
Mezzi di trasporto	Vedi n. 23705.

(1) La deducibilità parziale dei costi dei telefoni prescinde dall'effettiva destinazione del bene a finalità strettamente connesse con l'esercizio d'impresa (Ris. AE 22 maggio 2008 n. 214/E).
Il **limite non si applica** (quindi, deduzione al 100%, se sussiste l'inerenza) ai costi:
– relativi ad impianti di telefonia dei **veicoli utilizzati per il trasporto di merci** da parte delle imprese di autotrasporto, limitatamente a un impianto per ciascun veicolo (art. 102 c. 9 DPR 917/86). Le spese relative agli impianti eccedenti il numero dei veicoli, sono deducibili nella misura dell'80% (Circ. AE 13 maggio 2002 n. 40/E);
– relativi ad **apparecchiature terminali** non suscettibili, in virtù delle proprie specificità tecniche, di essere usate per finalità diverse da quelle **esclusivamente imprenditoriali** (es. linee telefoniche dedicate per la trasmissione di dati alle banche) (Ris. AE 24 luglio 2008 n. 320/E);
– che costituiscono l'**oggetto dell'attività dell'impresa**, in quanto direttamente afferenti a ricavi e proventi che concorrono a formare il reddito (Ris. AE 18 giugno 2009 n. 162/E).
(2) Se una società acquista servizi telefonici per conto di altre società del gruppo o di società clienti (**mandato senza rappresentanza**), la limitazione dell'80% interessa solo il costo sostenuto dall'utilizzatore del bene (mandante), mentre non si applica all'acquirente (mandatario) che riaddebita il costo alla società del gruppo (Ris. AE 21 luglio 2008 n. 309/E, Ris. AE 18 giugno 2009 n. 162/E).
(3) Si ritiene che siano deducibili al 100% anche i costi delle **telefonate effettuate dai dipendenti** per scopi personali con i telefoni cellulari aziendali e costituenti reddito di lavoro dipendente (c.d. fringe-benefit).

MEZZI DI TRASPORTO (art. 164 DPR 917/86) Le regole di deducibilità variano in funzione sia del **tipo di veicolo** che del suo **utilizzo** per l'esercizio dell'attività di impresa. **23705**
In particolare, è possibile distinguere i mezzi di trasporto a seconda che siano utilizzati esclusivamente come strumentali nell'attività dell'impresa oppure siano utilizzati «non esclusivamente» come strumentali oppure siano utilizzati dagli agenti e rappresentanti in via non esclusiva oppure siano dati in uso promiscuo a dipendenti.

Utilizzo strumentale esclusivo e utilizzi assimilati Sono **integralmente deducibili** le quote di ammortamento e le spese di impiego relative agli aeromobili da turismo, navi e imbarcazioni da diporto, autovetture e autocaravan, ciclomotori e motocicli, a condizione che siano utilizzati esclusivamente come beni strumentali nell'attività propria dell'impresa. **23710**

ESEMPIO
Rientrano in questa ipotesi i veicoli senza i quali l'attività stessa non può essere esercitata, come ad esempio, le autovetture per le imprese che effettuano noleggi, le imbarcazioni da diporto utilizzate dalle scuole per l'addestramento alla navigazione (Circ. Min. 13 febbraio 1997 n. 37/E, Ris. AE 23 marzo 2007 n. 59/E) le autovetture dotate di particolari dispositivi, non rimuovibili e appositamente approvati dalla Prefettura che li rendono inutilizzabili per scopi privati (Risp. AE 7 novembre 2022 n. 553).

La deduzione integrale è prevista **anche per i seguenti mezzi** di trasporto:
– **autocarri, autobus**, autoveicoli ad **uso speciale** per trasporti specifici (es. autopompe, autoambulanze, autofunebri, autoveicoli uso ufficio, Ris. AE 12 novembre 2001 n. 179/E);
– mezzi di trasporto adibiti ad **uso pubblico** (riconosciuto attraverso un atto proveniente dalla pubblica amministrazione);
– autoveicoli immatricolati ed effettivamente utilizzati per il **trasporto promiscuo di persone e cose**. Tale utilizzo c'è effettivamente, indipendentemente dall'immatricolazione, quando il veicolo ha un abitacolo che risulta, almeno per la metà della sua superficie e in modo permanente, riservato al trasporto di cose. Ciò avviene, per esempio, nel caso di autoveicoli sprovvisti dei sedili posteriori, oppure nel caso di autoveicoli dotati di sedili posteriori la cui residua superficie dell'abitacolo, di estensione comunque non inferiore a quella destinata al trasporto di persone, sia esclusivamente riservata al trasporto di cose (Circ. Min. 10 febbraio 1998 n. 48/E).

>**Precisazioni** 1) Non rientrano tra i veicoli per il **trasporto promiscuo**, ma tra quelli a deducibilità parziale sottoindicati, quelli che risultano da adattamenti e con i **requisiti tecnici** indicati nel Provv. AE 6 dicembre 2006 che non ne impediscono l'utilizzo per il trasporto di persone (4 o più posti e un rapporto tra la potenza del motore e la portata del veicolo uguale o superiore a 180).
2) La deducibilità del costo per **carburanti** è ammessa solo se il pagamento avviene con mezzi diversi dal denaro contante (assegni, bonifici, carte, ecc.) (art. 164 c. 1 bis DPR 917/86, Provv. AE 4 aprile 2018 n. 73203). I pagamenti possono essere fatti anche in via mediata **da terzi**, o con l'utilizzo di **buoni e card**, nel rispetto delle indicazioni esposte nella tabella (Circ. AE 30 aprile 2018 n. 8/E).

Pagamenti effettuati dal contribuente in via mediata, attraverso soggetti terzi dipendenti		Sono validi i pagamenti effettuati dal soggetto passivo d'imposta in via mediata, ma a lui riconducibili secondo una **catena ininterrotta di corresponsioni** con strumenti tracciabili. **Esempi**: **1) dipendente in trasferta** con vettura aziendale effettua rifornimento con carta di credito a lui intestata (e non all'azienda) e viene, poi, rimborsato dall'azienda con strumento tracciato (es. bonifico bancario unitamente alla retribuzione); **2)** acquisto carburante da parte di **ente associativo** con strumenti tracciabili e fattura elettronica, successiva rivendita agli autotrasportatori associati, con fattura elettronica, regolamento mediante conto corrente e pagamento degli eventuali importi non compensati con mezzi tracciabili (Risp. AE 14 novembre 2019 n. 19).
Buoni e card	**monouso** (v. n. 40340)	buoni carburante, carte ricaricabili o non ricaricabili, che consentono di recarsi presso un impianto stradale di distribuzione gestito dalla medesima compagnia e rifornirsi di benzina secondo l'accordo tra le parti: obbligo di emissione di fattura elettronica al momento della cessione/ricarica.
	multiuso (titoli di legittimazione)	buoni carburante, carte ricaricabili o non ricaricabili, che consentono di rifornirsi presso plurimi soggetti (impianti gestiti da diverse compagnie, da singoli imprenditori, pompe c.d. «bianche», ecc.) o che consentono l'acquisto di più beni e servizi: la cessione/ricarica non è soggetta a IVA e, conseguentemente, a fatturazione elettronica.

23715 **Utilizzo strumentale non esclusivo** Per i veicoli aziendali strumentali ma utilizzati in via non esclusiva (es. auto utilizzata dagli amministratori), la **quota di ammortamento** deducibile e i **canoni di leasing o di noleggio** sono soggetti a 2 distinte limitazioni; la prima concerne la percentuale di deducibilità ammessa - **20%** - mentre la seconda riguarda l'ammontare massimo di costi cui applicare la percentuale suddetta, che è riportato nella **tabella** seguente, in cui si distingue in funzione delle modalità di acquisizione e del mezzo di trasporto (Circ. Min. 10 febbraio 1998 n. 48/E). In proposito, va rilevato che la percentuale va applicata all'ammontare della spesa sostenuta a rilevanza fiscale, comprensiva degli oneri accessori di diretta imputazione, come l'IVA indetraibile, naturalmente entro i limiti riportati nella **tabella**.
Le **spese relative** ai mezzi di trasporto (carburante, lubrificante, ecopass, spese di manutenzione, ecc.) sono anch'esse deducibili parzialmente (20%); per la deduzione del costo il pagamento deve essere tracciabile (v. n. 23710).
In ogni caso, nessun vincolo è previsto circa il **numero di veicoli** i cui costi sono deducibili dal reddito di impresa.

23717

LIMITI DI RILEVANZA (€)		
Mezzi	**Acquisto/Leasing (1)**	**Noleggio (1) (2)**
	Limite	**Limite**
Autovetture e autocaravan	18.075,99	3.615,20
Motocicli	4.131,66	774,69
Ciclomotori	2.065,83	413,17

(1) In caso di **leasing** contabilizzato con il criterio patrimoniale, va rispettato il periodo minimo di deducibilità, legato o meno alla durata del contratto a seconda che sia stato stipulato prima o dopo il 29 aprile 2012 (v. n. 23780); inoltre, il limite di importo va applicato sull'ammontare dei canoni proporzionalmente corrispondente al costo di acquisto. A tal fine i canoni vanno assunti nell'ammontare risultante dal contratto di leasing, mentre per il costo da assumere ai fini della proporzione occorre aver riguardo al costo sostenuto dalla società di leasing (vedi esempio 2 successivo).
Tutte le volte in cui il **periodo di durata del contratto** risulta inferiore all'anno, i limiti indicati devono essere ragguagliati ad anno.
(2) Nei contratti di **noleggio full service**, nei quali il canone periodico è comprensivo anche del costo delle prestazioni accessorie (es. manutenzione ordinaria, assicurazione, tassa di proprietà, sostituzione dell'autovettura in caso di guasto, ecc.), il costo da rapportare al limite di deducibilità deve essere nettato dei costi riferibili alle prestazioni accessorie, le quali sono deducibili, se inerenti, secondo le regole proprie della categoria dei costi di appartenenza, senza limiti di importo (es. assicurazione 20%).
Se la parte relativa alla tariffa di noleggio **non è evidenziata** rispetto alle spese per i servizi accessori, il costo addebitato dal prestatore del servizio dovrà essere considerato nella sua unitarietà ai fini del raffronto con il limite suesposto.
La ripartizione delle quote è operata attraverso il riferimento ai listini che riportano le tariffe mediamente praticate per i contratti di noleggio e locazione, che non prevedono prestazioni accessorie, relativi a veicoli della stessa specie o similari, in condizione di libera concorrenza e al medesimo stadio di commercializzazione, nel tempo e nel luogo più prossimi.

ESEMPIO

1) Un'autovettura viene **acquistata** al prezzo di € 20.000,00. Il coefficiente di ammortamento è pari al 25%.
Poiché la quota di ammortamento deducibile è pari al 20% dell'ammortamento di un bene con costo di acquisto non superiore a € 18.075,99, la quota di ammortamento fiscalmente ammessa in deduzione è la seguente:
(18.075,99 × 25%) × 20% = 903,80.
Pertanto, risultano indeducibili € 4.096,20, cioè la differenza tra l'ammortamento sul costo effettivo e la parte fiscalmente ammessa.

ESEMPIO

2) Il contratto di **leasing** è stato stipulato da un'impresa con periodo d'imposta coincidente con l'anno solare. I canoni dovranno essere corrisposti in 4 annualità (dal 1° luglio 2018 al 30 giugno 2022) per un totale di € 36.151,98. Il numero dei giorni di durata del contratto è, quindi, pari a **1.460**. Il costo sostenuto dal concedente per acquistare l'autovettura è stato di € 30.987,41.
Premesso che nel 2018 l'utilizzazione del bene avviene per **184 giorni**, i canoni ammessi in deduzione risultano dalle seguenti operazioni:

– 18.075,99 : 30.987,41 = 58,33%;
– 36.151,98 × 58,33% = 21.087,45 ammontare dei canoni proporzionalmente corrispondente al costo fiscalmente rilevante dell'autovettura
– (21.087,45 : 1.460) × 184 = 2.657,69
– 2.657,69 × 20% = 531,54 (**costo deducibile**).

Per gli anni 2019, 2020 e 2021 i canoni ammessi in deduzione risultano così determinati:

– (21.087,45 : 1.460) × 365 = 5.271,99
– 5.271,99 × 20% = 1.054,4 (**costo deducibile**).

Per il 2022 si effettua un'operazione analoga a quella per il 2018.

ESEMPIO
3) Trattamento analogo al precedente si applica nel caso di un'autovettura utilizzata promiscuamente da un **collaboratore coordinato e continuativo**: deducibilità integrale come spesa per prestazione di lavoro per la quota dei costi che costituisce reddito per il collaboratore e deducibilità parziale (20%) per la differenza, nei limiti previsti nella **tabella**.

23720 **Agenti e rappresentanti** Per i veicoli utilizzati dagli agenti e rappresentanti di commercio, dai promotori finanziari e dagli agenti di assicurazione, sia che svolgano l'attività in forma individuale sia che la svolgano in forma societaria, sono previste le seguenti **disposizioni specifiche** che si inseriscono, modificandola, nella disciplina ordinaria esaminata al n. 23715 (Circ. Min. 10 febbraio 1998 n. 48/E):
– la **percentuale di deducibilità** delle spese è pari all'80% (anziché 20%);
– il limite massimo di € 18.075,99 applicabile agli **acquisti/leasing** di autovetture e agli autocaravan, è elevato a € 25.822,84;
– il limite massimo applicabile ai **noleggi** di autovetture e agli autocaravan è € 5.164,57.

La qualifica di agente o rappresentante può risultare, alternativamente, dall'iscrizione al registro delle imprese o dall'iscrizione all'apposito ruolo tenuto presso la Camera di commercio.

23725 **Uso promiscuo ai dipendenti** Le quote di ammortamento e le spese relative ai mezzi di trasporto dati in uso promiscuo ai dipendenti (non ai collaboratori coordinati e continuativi assimilati) per la **maggior parte del periodo** d'imposta (cioè metà più uno dei giorni che compongono il periodo stesso) sono deducibili nella misura del 70%, senza alcun limite quantitativo.
Va evidenziato che l'utilizzo del mezzo di trasporto per motivi personali oltre che di lavoro deve essere sempre documentato (per esempio, tramite contratto di lavoro).
Non sono previste specifiche disposizioni per la **locazione ordinaria** o per il **noleggio**, quindi i relativi costi, senza alcuna limitazione di importo, sono deducibili al 70%.
Se il mezzo di trasporto è dato in uso promiscuo per un **periodo inferiore** al suddetto, le spese relative sono deducibili al 20%.

Nel caso di mezzi **acquisiti** o **ceduti nel corso del periodo d'imposta**, ai fini della deduzione dei costi relativi è necessario che gli stessi siano stati dati in uso ai dipendenti per la maggior parte del periodo di possesso nel corso dell'esercizio. Ai fini del conteggio dell'effettiva durata dell'utilizzo del veicolo da parte del dipendente, non è necessario che questo sia avvenuto in modo continuativo, né che il veicolo sia stato utilizzato dallo stesso dipendente (Circ. Min. 10 febbraio 1998 n. 48/E).

3. In leasing
(art. 102 c. 7 DPR 917/86)

23755 I beni strumentali in locazione finanziaria (c.d. leasing finanziario o semplicemente leasing), hanno un trattamento differente a seconda che si consideri l'impresa utilizzatrice o l'impresa concedente.
Per i **soggetti OIC** le disposizioni che seguono si applicano alle ipotesi comuni di leasing, ove è prevista la facoltà di riscattare il bene al termine della locazione da parte dell'impresa utilizzatrice (c.d. **leasing finanziario**). Nel caso invece di beni acquisiti in locazione operativa (o **leasing operativo**) - ove non è prevista la clausola di riscatto del bene al termine della locazione - si applicano le regole ordinarie (comprese quelle riguardanti i fabbricati strumentali) illustrate per i beni di terzi (v. n. 23835) e, per l'impresa concedente, le regole previste per i beni di proprietà dell'impresa stessa (v. n. 23610) (Ris. AE 12 agosto 2003 n. 175/E).
Per i **soggetti IAS/IFRS** che adottano l'IFRS 16, sia sul piano contabile che sul piano fiscale non c'è distinzione fra leasing finanziario e leasing operativo; la trattazione è stata quindi effettuata a parte, al n. 23790.

23765 **IMPRESA UTILIZZATRICE** Ai **fini contabili** i beni strumentali presi in leasing possono essere rilevati secondo 2 criteri.

Criterio contabile	Disciplina
Patrimoniale	è previsto dai **principi contabili nazionali**, consente l'iscrizione nell'attivo dello stato patrimoniale solamente quando, alla scadenza del contratto, l'impresa decide eventualmente di riscattare il bene. Fino ad allora si rilevano i canoni di locazione maturati nel corso dell'esercizio, poiché il bene non è di proprietà dell'impresa utilizzatrice. Questo approccio, basato sulla forma giuridica del contratto, è rimasto invariato anche a seguito delle modifiche apportate dal D.Lgs. 139/2015.
Finanziario	spesso utilizzato dai **soggetti IAS/IFRS** (ma non solo, v. n. 23771), assimila il leasing all'acquisto vero e proprio e di conseguenza prevede l'iscrizione immediata nell'attivo patrimoniale del bene e l'imputazione nel C/E del relativo ammortamento del costo pluriennale.

Ai **fini fiscali**, i costi sono deducibili solo se il leasing si riferisce a beni strumentali ammortizzabili. Non sono quindi deducibili i canoni di leasing pagati per i seguenti beni: **23770**
- **azioni** (contratto di leasing azionario, Ris. AE 10 maggio 2004 n. 69/E);
- **terreni**.

>Precisazioni 1) Resta comunque deducibile la quota parte del canone costituita dagli **interessi passivi impliciti** relativi al medesimo contratto di leasing.
2) Per i terreni su cui **insistono fabbricati strumentali**, vi sono delle limitazioni specifiche, illustrate al n. 23775.
3) Il canone pagato per un leasing immobiliare, limitatamente alla quota parte relativa ai locali utilizzati per l'**abitazione di un socio**, non sono deducibili per l'assenza del requisito di inerenza (Cass. 10 febbraio 2006 n. 2934).

I **criteri di deduzione** variano in funzione del criterio contabile adottato. **23771**

Criterio contabile (1)	Criterio fiscale di deduzione (2)
Patrimoniale	Prima dell'eventuale riscatto del bene (cioè lungo tutta la durata del contratto di leasing), sono deducibili esclusivamente i **canoni**, nel rispetto del principio di competenza esposto al n. 21455. Per i contratti **stipulati dal 29 aprile 2012**, la relativa durata, se inferiore al periodo minimo stabilito dalla legge, è irrilevante (v. n. 23780), mentre per i contratti stipulati fino al 28 aprile 2012, la durata minima, variabile in funzione del bene oggetto del leasing, è una condizione di deducibilità **(3)**.
Finanziario **(4)**	Sono deducibili l'**ammortamento** e gli **interessi passivi** (entrambi) imputati a C/E. In pratica, un bene acquisito in leasing è da considerarsi come un normale bene strumentale acquisito in proprietà; tale assimilazione comporta una serie di ulteriori conseguenze, fra cui si segnalano l'irrilevanza dei limiti di durata del contratto e l'applicazione alle spese di manutenzione della disciplina prevista per i beni propri (v. n. 24140).

(1) In entrambi i criteri, la **quota di interessi impliciti** è soggetta alle regole ordinarie applicabili agli interessi passivi (v. n. 23055). I soggetti che non applicano gli IAS/IFRS, possono determinare l'ammontare di interessi impliciti forfettariamente in base ai criteri previsti dal DM 24 aprile 1998 (Circ. AE 21 aprile 2009 n. 19/E). Per i **contratti stipulati dal** 29 aprile 2012, il relativo calcolo forfettario va riferito alla durata fiscale e non, come propugnato da Assonime, all'eventuale diversa durata contrattuale (Circ. AE 29 maggio 2013 n. 17/E). Di conseguenza, gli interessi impliciti vanno dedotti dal canone deducibile (non da quello di competenza).
(2) A seconda del **tipo di bene** preso in leasing (bene strumentale, bene a uso promiscuo quale un mezzo di trasporto o un apparecchio radiomobile - v. n. 23695 - bene diverso come un aeromobile da turismo o un'imbarcazione da diporto), il costo relativo è interamente deducibile, parzialmente deducibile oppure indeducibile.
(3) I soggetti che esercitano attività di distribuzione e trasporto di **gas naturale** e di distribuzione di **energia elettrica** e **gestione della rete** di trasmissione nazionale dell'energia elettrica deducono le quote di ammortamento (v. n. 23645).
(4) Tale criterio dovrebbe valere anche per le imprese che, **pur non adottando gli IAS/IFRS**, contabilizzano costantemente i beni acquisiti in leasing secondo il criterio finanziario (CTP Modena 12 gennaio 2011 n. 5, CTP Reggio Emilia 12 giugno 2012 n. 231).

N.B. Se il **bene** oggetto del leasing **non esiste o non è stato consegnato**, l'operazione non può considerarsi realizzata, in quanto fittizia, e i relativi canoni non sono deducibili (Cass. 27 ottobre 2006 n. 23230).

23775 Regole particolari sono previste per i **fabbricati strumentali**.

Fabbricati strumentali (per natura o per destinazione)	
Disposizione specifica	La **quota capitale** va riferita al costo di acquisto assunto al netto del costo delle aree, secondo le disposizioni analoghe previste per gli immobili di proprietà; pertanto la quota capitale riferita all'area resta indeducibile. Per i contratti stipulati dal 29 aprile 2012, la quota di capitale si determina con riguardo alla durata fiscale del leasing (non a quella contrattuale, se inferiore, v. n. 23780). La **quota interessi** è invece deducibile, anche quella riferibile alle aree; se non è conosciuta, deve essere ricavata dal piano di ammortamento finanziario desumibile dal contratto.
Determinazione valore area	– per le aree **acquisite autonomamente**, rileva il costo effettivo dell'area stessa; – per le aree **acquisite con il fabbricato** esistente, rileva il costo percentuale - 20% o, per fabbricati industriali 30% **(1)** - sul costo complessivo (v. n. 23635).
Leasing-appalto	Quando la società di leasing acquisisce l'area dietro indicazione dell'utilizzatore (che si assume i rischi riguardanti la costruzione dell'immobile e l'onere della stipula dei contratti di appalto con le imprese terze), **rileva il costo dell'area effettivo**, determinato applicando alla quota capitale complessiva (area + fabbricato) la percentuale derivante dal rapporto tra il costo dell'area (comprensivo dell'imposta di registro direttamente riferibile alla sua acquisizione) e il costo complessivo sostenuto dalla società di leasing (Ris. AE 8 agosto 2007 n. 211/E).
Disposizione transitoria	Per i contratti di leasing stipulati nei **periodi di imposta precedenti a quello in corso al 4 luglio 2006**, occorre calcolare la residua quota capitale, riferibile al fabbricato, fiscalmente deducibile, tenendo presente che le quote già dedotte devono imputarsi proporzionalmente al fabbricato e all'area.
(1) Per individuare la **percentuale forfettaria** relativa all'area rileva il concreto utilizzo del conduttore.	

23780 **Condizioni di deducibilità specifiche per il criterio patrimoniale** La **durata del contratto** di leasing rileva fiscalmente solo se è **superiore al periodo minimo** indicato nella **tabella** seguente (v. n. 23782); in tal caso i canoni sono deducibili sulla base dell'imputazione a conto economico, secondo le regole ordinarie. Se invece il contratto di leasing ha una durata **inferiore al minimo fiscale**, rileva il periodo minimo stabilito dalla legge; in questo caso, i canoni sono deducibili in un arco temporale maggiore rispetto a quello di imputazione a conto economico. Si determina pertanto un disallineamento tra valori di bilancio e valori fiscali, in quanto le quote dei canoni eccedenti quelle derivanti dall'applicazione del periodo minimo, durante la vita contrattuale sono tassate con una variazione in aumento. Al termine del contratto poi vengono dedotte in via extracontabile mediante una variazione in diminuzione nella dichiarazione dei redditi, sempre nei limiti dell'importo massimo deducibile annualmente. La deduzione extracontabile è in parte riferibile alla quota interessi e pertanto quest'ultima deve essere assoggettata alle regole ordinarie di deducibilità illustrate al n. 23055 (Circ. AE 29 maggio 2013 n. 17/E).

N.B. Per i beni nuovi, **diversi dai fabbricati** e da determinati altri beni, presi in leasing è previsto un **credito d'imposta**, illustrato al n. 37980 e s.

23781 Eventuali canoni di prefinanziamento (c.d. **maxicanoni**) corrisposti prima della consegna del bene, rilevano nel rispetto del principio di competenza e sono deducibili fiscalmente a partire dalla consegna del bene e proporzionalmente alla durata del contratto di leasing o, se questo è inferiore al periodo minimo, alla durata di quest'ultimo (v. n. 21455).
Al momento del **riscatto**, invece, il valore di riscatto deve essere fiscalmente ammortizzato sulla base dei coefficienti ordinari di cui al n. 23645; se il riscatto del bene non supera € 516,46, l'impresa può dedurre l'intero valore di riscatto nell'esercizio di effettuazione dello stesso. Per i contratti con durata inferiore al minimo fiscale, dopo il riscatto del bene, l'ammortamento del costo di acquisto si affianca alla deduzione extracontabile dei canoni precedentemente non dedotti. Tale interpretazione è stata criticata aspramente da Assonime, secondo cui i canoni sospesi dovrebbero essere sommati al prezzo del riscatto e ammortizzati insieme ad esso.
La deduzione extracontabile prosegue anche nel caso di **omesso riscatto** o di **cessione del bene riscattato** prima della conclusione del periodo minimo di deduzione del leasing; in quest'ultimo caso, la plus/minusvalenza si determina avendo come base di calcolo il prezzo del riscatto, senza considerare la deduzione extracontabile.

Per gli **immobili strumentali** occorre determinare, con le regole appena esaminate (incluse quelle sui canoni di prefinanziamento, Cass. 11 aprile 2018 n. 8897), la quota riferibile al terreno, che non va ammortizzata.

23782

Contratti stipulati dal 2014: periodo minimo di deduzione (1)	
mezzi di trasporto parzialmente deducibili (20%, v. n. 23715)	– almeno **pari al** periodo di ammortamento corrispondente al coefficiente ordinario (in genere 48 mesi) **(2)**
beni **mobili** diversi	– **non inferiore a** 1/2 del periodo di ammortamento corrispondente al coefficiente ordinario, stabilito con decreto in relazione all'attività esercitata dall'impresa utilizzatrice **(3) (4)**
beni **immobili**	– **non inferiore a** 12 anni

(1) Il **riscatto anticipato** del bene non ha conseguenze sui canoni dedotti in precedenza; le eventuali eccedenze precedentemente non dedotte si deducono sempre nei limiti dell'importo massimo previsto dalla legge.
(2) Quindi se un'impresa stipula un contratto di leasing per un'auto avente una durata di 24 mesi, deduce i canoni in 48 mesi.
Per i **mezzi di trasporto dati in uso promiscuo ai dipendenti** per la maggior parte del periodo d'imposta la durata minima è quella ordinaria riguardante i beni mobili in generale, quindi 24 mesi (con detrazione maggiorata del 70%, v. n. 23725) (Circ. AE 14 maggio 2014 n. 10/E).
(3) È irrilevante la circostanza che l'utilizzatore, nel caso concreto, utilizzi il bene in un **settore diverso** da quello in cui opera normalmente o non utilizzi direttamente il bene, ma lo conceda in locazione a terzi (Circ. AE 13 marzo 2006 n. 10/E).
(4) Esempio: coefficiente di ammortamento 20%: periodo minimo 30 mesi (corrispondente a 1/2 di 5 anni, che è il periodo di ammortamento corrispondente a tale coefficiente).

ESEMPIO
Leasing di bene mobile stipulato nel 2022

Durata contrattuale	Durata minima fiscale	Valore del bene	Interessi	Riscatto 10%
3 anni	5 anni	100.000	30.000	10.000

In questo caso si ha:
– un canone contrattuale di 40.000 (30.000 quota capitale + 10.000 quota interessi) per i 3 anni di durata del contratto;
– un canone deducibile fiscalmente di 24.000 (18.000 q. capitale + 6.000 q. interessi) con conseguente variazione in aumento di 16.000 (40.000 – 24.000) per i primi 3 anni e variazione in diminuzione di 24.000 per il 4° e il 5° anno (tenendo presente che in questi ultimi 2 anni la deduzione della quota interessi di 6.000 è soggetta alle ordinarie regole di deducibilità illustrate al n. 23055).
In caso di riscatto al termine del contratto, dal 4° anno il bene va ammortizzato.

Cessione anticipata del contratto (art. 88 c. 5 DPR 917/86) La cessione anticipata del contratto di leasing determina, per il **cedente che adotta il criterio patrimoniale**, anche in assenza di un corrispettivo e indipendentemente dal suo importo, l'insorgere di una **sopravvenienza attiva** (v. n. 24935). 23785
La sopravvenienza è **determinata** dal valore normale del bene, a cui va detratto il valore attuale dei seguenti costi (Circ. AE 29 maggio 2013 n. 17/E):
– canoni ancora da pagare;
– prezzo di riscatto;
– per i contratti stipulati dal 29 aprile 2012, se di durata inferiore a quella minima fiscale, le quote dei canoni non dedotti durante la durata del contratto e i relativi interessi impliciti.
In sostanza rileva il prezzo di mercato e non il corrispettivo ricevuto, se divergente dal primo.
Se la sopravvenienza attiva è **superiore al corrispettivo** pattuito per la cessione del contratto, la differenza è oggetto di variazione in aumento nel Mod. Redditi; altrimenti - corrispettivo superiore al valore normale - non occorre alcuna variazione (Ris. AE 8 agosto 2007 n. 212/E).

ESEMPIO
Cessione anticipata del contratto

Durata contrattuale	Durata minima fiscale	Valore del bene	Interessi	Riscatto 10%
3 anni	5 anni	100.000	30.000	10.000

Per i canoni contrattuali e i canoni deducibili, si riprendono i dati dell'esempio esposto al n. 23781; per semplicità, si è ipotizzato che l'importo dei canoni non dedotti attualizzati alla data di cessione corrisponda a quello delle quote capitali relative agli stessi canoni.
Se al termine del 2° anno l'impresa utilizzatrice cede il contratto di leasing a terzi per 85.000 (corrispondente al valore normale del bene) si ha che:
– a fini fiscali, una sopravvenienza attiva di 21.000 [85.000 (valore normale) – 54.000 (quote capitali canoni non dedotti: 18.000 × 3) – 10.000 (prezzo di riscatto)];
– a livello contabile, una sopravvenienza attiva di 45.000 [85.000 (corrispettivo di cessione) – 30.000 (quote capitali dei canoni non dedotti secondo la durata contrattuale) – 10.000 (prezzo di riscatto)].
La variazione in diminuzione da indicare nella dichiarazione dei redditi è quindi di 24.000 (45.000 – 21.000).

>**Precisazioni** 1) Se l'oggetto del leasing è un **fabbricato strumentale** i cui canoni relativi alle aree sottostanti, limitatamente alla quota capitale, sono indeducibili, la sopravvenienza attiva deve essere ridotta anche della quota capitale dei canoni, già pagati, riferita alle aree (e cioè indeducibili) (Circ. AE 21 giugno 2011 n. 28/E).
Se invece l'oggetto del leasing è un **bene a deducibilità ridotta** (es. autovettura), la tassazione della sopravvenienza dovrebbe essere in proporzione all'ammontare dei canoni dedotti rispetto a quelli complessivamente pagati, altrimenti si verificherebbe una doppia imposizione vietata dalla legge (art. 163 DPR 917/86). La legge tuttavia nulla dice in proposito, mentre una disposizione analoga è prevista per le plusvalenze e le minusvalenze relative alle cessioni di mezzi di trasporto (art. 164 DPR 917/86) (v. n. 24570).
2) Se la cessione del contratto avviene nell'ambito di un'**operazione straordinaria** (cessione o conferimento di azienda, scissione e fusione), non si verifica alcuna sopravvenienza tassabile.

23787 Per il **subentrante**, invece, il costo di acquisto del contratto subisce un trattamento particolare, in conseguenza della doppia causa caratterizzante l'acquisto stesso: il contratto infatti è finalizzato in parte all'acquisizione del diritto di godimento del bene nel residuo periodo di vigenza del contratto medesimo, e in parte all'acquisizione dell'opzione di acquisto della proprietà del bene. In particolare, il **costo di acquisto** va così **suddiviso** (Ris. AE 8 agosto 2007 n. 212/E):
– la parte corrispondente al **valore normale** del bene, al netto dei canoni residui, del prezzo di riscatto e delle eventuali quote sospese (che costituisce sopravvenienza attiva imponibile in capo al cedente), deve essere considerata come un costo sospeso e aggiunta al prezzo di riscatto che il subentrante iscriverà nell'attivo patrimoniale al momento del riscatto. L'importo complessivo andrà a formare la base da prendere a riferimento ai fini dell'ammortamento. Nell'eventualità in cui il riscatto non venisse esercitato, il costo è spesabile integralmente nel periodo d'imposta in cui diviene certo il mancato riscatto;
– l'eventuale **surplus**, pari alla differenza tra corrispettivo pagato e valore normale «netto» del bene al momento della cessione, costituisce una spesa relativa a più esercizi, deducibile nei limiti della quota imputabile a ciascun esercizio in base alla residua durata del contratto (v. n. 23360).

Per i **canoni pagati successivamente dal subentrante**, ai fini della loro deducibilità, ove rilevante, la durata minima del contratto va verificata continuando ad applicare i coefficienti riferibili al primo locatario (cedente), sempre che la modifica negoziale sia tale da non dare luogo ad un nuovo contratto di locazione finanziaria; in presenza di un nuovo contratto di leasing si avrà una nuova decorrenza del periodo di ammortamento, che andrà commisurato facendo riferimento ai coefficienti ministeriali applicabili al settore di attività che caratterizza il nuovo locatario finanziario (Circ. AE 13 marzo 2006 n. 10/E).

23790 **Soggetti IAS/IFRS** Per i soggetti che adottano l'IFRS 16 vige un **unico metodo di contabilizzazione** del leasing per l'impresa utilizzatrice (non esiste più alcuna distinzione tra leasing operativo e finanziario). Dal punto di vista fiscale, si applica il principio di derivazione rafforzata (art. 83 TUIR). A questo fine, sono state date specifiche indicazione sul corretto trattamento da seguire, che in alcuni casi divergono a seconda che con il contratto di leasing si trasferisca, o meno, la proprietà dell'attività sottostante al termine della durata del leasing stesso, oppure quando il costo del diritto d'uso (c.d. ROU) rifletta, o meno, il fatto che il locatario eserciterà l'opzione di acquisto, come indicato in tabella (DM 5 agosto 2019):

Tipologia di costo/ricavo	Trasferimento proprietà sottostante	Nessun trasferimento proprietà sottostante
deduzione dell'ammortamento	si applicano le regole fiscali (artt. 102, 102 bis e 103 TUIR) con riguardo all'attività sottostante (completa assimilazione tra attività sottostante e ROU, right of use, diritto di usufruirne)	si applicano le disposizioni (art. 103 c. 2 TUIR) in relazione alla durata del leasing, come stabilita dal principio contabile; la deducibilità è comunque sottoposta ai limiti quantitativi disposti dal DPR 917/86 (ad es. per le autovetture, valgono i limiti di rilevanza del costo disposti per la locazione e il noleggio)
pagamenti dovuti per il leasing e non inclusi nella valutazione della passività e del ROU	deducibili nell'esercizio di imputazione a conto economico, salva l'applicazione di limiti specifici	
modifiche successive al valore del ROU	assumono rilevanza fiscale come decrementi o incrementi del predetto valore, con conseguente modifica del costo ammortizzabile dell'attività consistente nel ROU	
svalutazioni del ROU effettuate in applicazione dello IAS 36	se originano una riduzione del valore non sono rilevanti	
rivalutazioni e svalutazioni scaturenti dal modello della rideterminazione del valore previsto dallo IAS 16	non sono rilevanti	
cessione del contratto di leasing	origina un componente positivo da tassare secondo le regole ordinarie (se plusvalenza patrimoniale, art. 86 DPR 917/86; se sopravvenienza, art. 88 c. 5 DPR 917/86)	

IMPRESA CONCEDENTE (art. 13 DPR 42/88) Le società di leasing sono ormai tutte **IAS/IFRS** e quindi applicano esclusivamente il criterio finanziario. **23795**

Pertanto, l'impresa concedente iscrive nello stato patrimoniale il **credito** per l'operazione di leasing e a C/E i relativi **interessi attivi**, mentre il canone di locazione, per la parte imputabile alla restituzione del capitale, va a riduzione del credito.

In pratica, fiscalmente sono tassati esclusivamente gli interessi attivi imputati nel C/E.

All'impresa concedente non si applicano le disposizioni riguardanti i **fabbricati strumentali**, relative all'indeducibilità della quota capitale riferita al costo delle aree (v. n. 23630) (Ris. AE 20 settembre 2007 n. 256/E).

LEASE-BACK Nel contratto c.d. di sale and lease-back un soggetto, proprietario di un bene, cede il medesimo a una società di leasing che, contemporaneamente, glielo assegna in leasing. **23805**

L'operazione è considerata lecita ed è soggetta alle **regole ordinarie** applicabili alle vendite (salvo la deroga riguardante la rilevanza delle plus/minusvalenze, n. 24600) e ai contratti di leasing, con le differenti discipline correlate al criterio contabile adottato (patrimoniale o finanziario). Resta ferma, naturalmente, l'irrilevanza fiscale dei contratti aventi **scopi illeciti** o **fraudolenti** (Circ. Min. 30 novembre 2000 n. 218/E, Cass. 10 maggio 2017 n. 11449, Cass. 26 agosto 2015 n. 17175, Cass. 5 dicembre 2014 n. 25758).

> Per i **soggetti OIC** il trattamento contabile delle operazioni di lease-back non è stato modificato dal D.Lgs. 139/2015.

---

4. In affitto e usufrutto

Nel caso di affitto o di usufrutto il soggetto che deduce gli ammortamenti nella determinazione del reddito imponibile (inclusi l'eventuale super ammortamento e iper ammortamento) varia a seconda che oggetto dell'affitto o dell'usufrutto sia l'azienda o il singolo bene (locazione, noleggio). **23835**

Oggetto	Disciplina
Aziende (art. 102 c. 8 DPR 917/86)	Generalmente, le quote di ammortamento devono essere dedotte dall'**utilizzatore** (affittuario o usufruttuario) (Cass. 13 luglio 2022 n. 22171). È tuttavia possibile prevedere contrattualmente che l'ammortamento sia dedotto al **proprietario** dell'azienda. Per l'esposizione analitica della materia si rinvia al n. 90590.
Singoli beni (Ris. Min. 13 settembre 1984 n. 9/1740-83)	L'**ammortamento** sugli stessi continua ad essere calcolato dall'impresa **concedente**, per la quale tali beni restano strumentali (ad esempio, impresa di concessione in uso di automezzi). L'impresa **utilizzatrice** deduce il **corrispettivo** pagato per l'affitto o l'usufrutto di competenza dell'esercizio (che costituisce, per l'impresa concedente, un ricavo); l'impresa può dedurre anche le spese sostenute per la **ristrutturazione di un immobile** utilizzato per lo svolgimento dell'attività e detenuto in locazione (Cass. 14 aprile 2022 n. 12128, Cass. 17 giugno 2011 n. 13327) o le **spese incrementative** che originano beni aventi autonoma funzionalità (con la procedura di ammortamento). Si veda in proposito al n. 24175 e s.

5. In godimento a soci

(art. 2 c. 36 quaterdecies, 36 quinquiesdecies DL 138/2011 conv. in L. 148/2011)

23865 Se i beni relativi all'impresa sono concessi **gratuitamente** in godimento ai soci (o loro familiari) oppure ai familiari dell'imprenditore, i relativi costi sono indeducibili dal reddito d'impresa. Se sono concessi in cambio di un **corrispettivo** annuo **inferiore** al valore di mercato, i costi sono parzialmente deducibili.

23870 **BENI INTERESSATI** Sono tutti i beni relativi all'impresa, di qualunque natura, a qualunque titolo detenuti dall'impresa (in proprietà o altro diritto reale, locazione, locazione finanziaria, noleggio, comodato, ecc.) e a qualunque titolo concessi in godimento, **a condizione** che vi sia reddito diverso in capo al socio o familiare e cioè che il valore di mercato dell'utilizzo del bene in godimento sia maggiore dell'eventuale corrispettivo annuo pagato (v. n. 15020) (Circ. AE 15 giugno 2012 n. 24/E).

>**Precisazioni** 1) Per le **società di fatto**, rilevano i beni merce e i beni strumentali utilizzati esclusivamente a fini commerciali, anche se iscritti in pubblici registri a nome dei soci.
2) Per l'**imprenditore individuale**, rilevano i beni indicati nell'inventario o nel libro dei beni ammortizzabili concessi in godimento ai familiari.

23875 **Esclusioni** Sono esclusi i seguenti beni:

– concessi a:	• amministratori • soci dipendenti o lavoratori autonomi se costituiscono «fringe benefits» tassati come redditi di lavoro • imprenditore individuale • enti non commerciali soci, che li utilizzano solo per fini istituzionali • alloggi di cooperative edilizie di abitazione a proprietà indivisa concessi ai soci
– a uso pubblico (es. taxi)	
– già sottoposti a deducibilità forfettaria (es. mezzi di trasporto di cui al n. 23715)	
– che non comportano reddito diverso per il beneficiario **(*)**	
(*) Ad **esempio**, se il corrispettivo pagato è maggiore o pari al valore di mercato del godimento oppure se l'utilizzatore per sua natura non può essere titolare di reddito diverso in quanto usa il bene come strumentale all'attività d'impresa.	

23880 **INDEDUCIBILITÀ DEI COSTI** L'eventuale indeducibilità riguarda tutti i costi relativi al bene concesso in godimento (es. costi di acquisizione, di manutenzione ordinaria e straordinaria, di gestione, ecc. - Circ. AE 15 giugno 2012 n. 24/E).
Se per il godimento è previsto un **corrispettivo**, inferiore al valore di mercato, la quota di costo indeducibile è calcolata facendo la moltiplicazione tra il costo relativo al bene e la differenza tra il valore di mercato del diritto di godimento e il corrispettivo pattuito. Il risultato è poi diviso per il valore di mercato stesso (v. esempio).
Se la concessione in godimento è **temporanea**, perdurando solo per una parte del periodo

d'imposta, l'indeducibilità è rapportata alla durata della concessione, ferma restando l'indeducibilità dei costi specificamente imputabili al periodo di utilizzo del bene. A tal fine, il corrispettivo e le altre condizioni contrattuali della concessione devono **risultare da apposita certificazione** scritta di data certa anteriore alla data di inizio dell'utilizzo del bene; in mancanza, l'impresa può comunque dimostrare quali sono gli elementi essenziali dell'accordo.
L'eventuale limitazione alla deducibilità delle **quote di ammortamento** dei beni in godimento comporta che gli stessi devono considerarsi relativi all'impresa nella corrispondente limitata misura e, di conseguenza, le eventuali plusvalenze e minusvalenze derivanti dalla cessione a terzi rilevano nella stessa misura.

ESEMPIO
Concessione in godimento al socio di un'unità immobiliare per il periodo 1° gennaio-30 giugno e dietro corrispettivo di € 2.000.
Costi complessivamente sostenuti nell'anno: € 1.500 (non specificamente imputabili al periodo di godimento).
Supponendo un valore di mercato della locazione annuale per immobili dello stesso tipo pari a € 10.000, la quota di costi indeducibile è così determinata:
Valore di mercato della locazione del periodo: 10.000 × 180 / 365 = 4.932 (arr.)
1.500 × (4.932 – 2.000) / 4.932 = 892 (arr.).

Per i beni concessi in godimento dalle **società di persone** o dalle società di capitali che hanno optato per la **trasparenza fiscale**, il maggior reddito derivante dall'indeducibilità è imputato esclusivamente al socio utilizzatore. **23885**

---

6. Beni in concessione

Per l'impresa concessionaria di **beni gratuitamente devolvibili alla scadenza** della concessione è possibile adottare, in alternativa all'ammortamento ordinario, una particolare procedura nota come ammortamento finanziario (art. 104 DPR 917/86). La possibilità di scegliere una delle due procedure dovrebbe operare anche con riferimento ai **singoli beni** rientranti in una stessa concessione (Istruzioni Mod. Redditi). **23930**

>**Precisazioni** 1) Sono esempio di beni gratuitamente devolvibili gli **impianti di pubblici esercizi** (autostrade, linee ferroviarie) che lo Stato o Ente pubblico dà in concessione all'impresa che li realizza, la quale è obbligata a devolverli gratuitamente alla fine della concessione.
2) Per i soggetti **IAS-adopter**, le attività immateriali iscritte in bilancio a fronte dei servizi resi al concedente secondo l'IFRIC 12, rientrano tra i beni gratuitamente devolvibili; per quelli concessionari di opere pubbliche e subconcessionari, il periodo di vita utile del bene si considera quello previsto dall'art. 102 bis DPR 917/86. I componenti negativi iscritti per le spese di ripristino sono assimilati agli accantonamenti a fronte del ripristino (art. 8 DM 8 giugno 2011).
3) L'ammortamento finanziario non è applicabile ai costi sostenuti per la costituzione di un **diritto di superficie a tempo determinato** da parte di un **soggetto privato**, cioè al di fuori di una concessione di diritto pubblico; in questo caso si applica l'ammortamento tecnico ordinario di cui al n. 23635 (Cass. 12 dicembre 2019 n. 32635).

In tal caso, per ogni anno di durata della concessione, è **deducibile** una quota di costo pari al costo complessivo del bene diviso il numero degli anni di durata della concessione, considerando tali anche le frazioni. **23931**
L'eventuale maggior ammortamento fiscale (teorico) rispetto a quello imputato in bilancio, non può essere dedotto; rileva infatti solamente l'importo indicato in contabilità (v. n. 22745).
Questo processo fa sì che, al momento della **devoluzione** del bene, questo sia completamente ammortizzato.

Sia per il calcolo dell'ammortamento tecnico che per quello dell'ammortamento finanziario, il costo del bene va assunto al netto dei **contributi ricevuti** per la realizzazione dell'opera (Ris. Min. 4 gennaio 1996 n. 7/E).

SUCCESSIVE VARIAZIONI Nel corso del rapporto di concessione possono variare la durata della concessione o il valore dei beni gratuitamente devolvibili; inoltre, può anche verificarsi la sostituzione del bene. **23933**
In caso di **modifica della durata** della concessione, la quota deducibile viene proporzionalmente ridotta o aumentata a partire dall'esercizio in cui la modifica è stata convenuta.

Se, invece, la **variazione** riguarda il **valore dei beni** (per effetto di ampliamenti, ammodernamenti, trasformazioni o perdite), la quota di ammortamento finanziario è rispettivamente aumentata o diminuita a partire dall'esercizio in cui si è verificata la modifica, in misura pari al relativo ammontare diviso per il numero dei residui anni di durata della concessione.

ESEMPIO
Durata della concessione 10 anni; costo dei beni 100; incremento di valore verificatosi al sesto esercizio pari a 20.
La quota deducibile per ammortamento finanziario a partire dal sesto esercizio di durata della concessione è pari a: (100 : 10) + (20 : 5) = 14.

Può, infine, verificarsi che durante la concessione venga effettuata la **sostituzione del bene**. In tal caso, la società concessionaria deve ammortizzare il costo del nuovo bene, calcolando le quote deducibili sulla base del numero degli anni di durata residua della concessione. Il costo non ammortizzato del bene sostituito, d'altra parte, è deducibile nell'esercizio in cui è avvenuta la sostituzione.

23934 **COSTRUZIONE ED ESERCIZIO DI OPERE PUBBLICHE** (art. 104 c. 4 DPR 917/86, Circ. AE 30 dicembre 2014 n. 31/E) Per le concessioni relative alla costruzione e all'esercizio di opere pubbliche, le singole **quote** di ammortamento finanziario possono anche non essere costanti, ma **differenziate** e calcolate sull'investimento complessivo realizzato, in relazione al **piano economico-finanziario** della concessione (nei limiti della quota imputata in bilancio).
Nel costo ammortizzabile si includono gli **interessi passivi** imputati correttamente in bilancio.

In aggiunta all'ammortamento è possibile effettuare un apposito **accantonamento** a titolo di spese di ripristino o di sostituzione e di spese di manutenzione, riparazione, trasformazione e ammodernamento dei beni gratuitamente devolvibili (v. n. 24405).

b. Beni immateriali

23935 Per i beni immateriali, le quote di ammortamento annuali sono determinate diversamente a seconda della **tipologia del bene** (art. 103 DPR 917/86). Comunque sia, l'ammortamento **decorre dall'acquisto** del diritto, indipendentemente dall'utilizzazione e, nel caso di affitto di **azienda** o di concessione in **usufrutto**, l'ammortamento spetta all'affittuario o all'usufruttuario così come previsto per i beni materiali (v. n. 90595).
Nel **costo ammortizzabile**, oltre a quelli di acquisto, si comprendono, fino al momento dell'entrata in funzione dei beni e per la quota ragionevolmente imputabile ai medesimi, gli interessi passivi relativi alla loro fabbricazione interna o presso terzi, nonché gli interessi passivi sui prestiti contratti per la loro acquisizione, a condizione che siano imputati nel bilancio ad incremento del costo stesso.
Per le particolarità che riguardano gli effetti dell'affrancamento dei **maggiori valori** attribuiti in bilancio a tali beni a seguito di **operazioni straordinarie**, si rinvia alla trattazione effettuata al n. 89680.

Per gli **IAS adopter**, vi rientrano anche i beni immateriali a vita utile indefinita per i quali la deduzione del costo è ammessa alle medesime condizioni previste per marchi e avviamento; tali soggetti, a prescindere dall'imputazione a conto economico, possono dedurre quote di ammortamento del costo in misura non superiore a 1/18 del costo del bene (art. 10 DM 8 giugno 2011).

23937 **PROPRIETÀ INTELLETTUALE** (art. 103 c. 1 DPR 917/86) I costi sostenuti per l'acquisto dei diritti di utilizzazione di opere dell'ingegno, dei brevetti industriali, dei processi, formule e informazioni relative ad esperienze acquisite in campo industriale, commerciale o scientifico (incluso il c.d. **know-how**, fra cui rientrano le **liste clienti** con informazioni complesse, Risp. AE 18 dicembre 2020 n. 609) sono **deducibili in quote**, anche non costanti, non superiori al 50% del costo per ogni esercizio. Se contabilmente le quote sono dedotte in misura inferiore, tale importo rileva anche fiscalmente (v. n. 22745); se in misura superiore, la deduzione spetta fiscalmente entro i limiti sopra indicati.
Nel caso in cui il bene sia di **produzione interna**, esso riveste, fin tanto che non è venuto ad esistenza, il connotato di «spese di ricerca» e, pertanto, l'ammortamento del bene immateriale

ha inizio solo in esito alla ricerca stessa e il suo costo è costituito dall'ammontare delle spese di ricerca non ancora ammortizzate (v. n. 23305).

Nel caso di leasing di **beni immateriali** ammortizzabili, ai fini della deducibilità dei canoni, il periodo di deducibilità varia in funzione della data di stipula del contratto (v. n. 23780).

Marchi di impresa Per i marchi di impresa il costo è deducibile in **quote non superiori** ad 1/18 dello stesso per ogni esercizio. Se la durata dell'ammortamento contabile è inferiore (es. 10 anni) a quella fiscale (es. 18 anni), dovrà essere effettuata una variazione in aumento nella dichiarazione dei redditi, in caso contrario l'ammortamento contabile anche fiscalmente (v. n. 22745). **23938**

Per i **soggetti IAS** l'ammortamento fiscale si applica a prescindere dall'imputazione al C/E.

DIRITTI DI CONCESSIONE (art. 103 c. 2 DPR 917/86) Il costo dei diritti di concessione (ad es.: concessione per l'occupazione di suolo pubblico; concessione per la derivazione di acque pubbliche, ecc.) e degli altri diritti iscritti nell'attivo del bilancio è deducibile in ragione della **durata dell'utilizzazione** prevista dal contratto o dalla legge. **23948**

In pratica, il periodo di ammortamento è quello **minore tra** la durata contrattuale o legale e quella economica:

– se la durata economica è superiore a quella contrattuale o legale, vale quest'ultima;

– se la durata contrattuale o legale è superiore a quella di sfruttamento economico, come nel caso di licenze rilasciate in perpetuo, la durata deve limitarsi al periodo di utilizzazione (Ris. AE 13 febbraio 2003 n. 35/E). Il costo è pertanto ripartito in base alla durata di utilizzazione dei diritti, ragguagliando l'ammortamento al periodo di possesso, nel caso questo sia inferiore ai 12 mesi.

Inoltre, gli ammortamenti delle concessioni rilevati in bilancio a **quote differenziate** (crescenti o decrescenti), sono deducibili purché il relativo sistema di calcolo sia coerente con le previsioni dei principi contabili utilizzati, sia utilizzato con riferimento a **tutte le concessioni** e non sia modificato, salvo situazioni eccezionali (Risp. AE 19 gennaio 2023 n. 92).

>Precisazioni 1) È da considerare diritto di concessione anche il corrispettivo pagato dall'affiliato nel **contratto di franchising** (a titolo di «front fee»). In assenza di specifiche disposizioni, si ritiene che l'ammortamento di tali costi, anche ai fini fiscali, segua le norme civilistiche, le quali prendono in considerazione la effettiva durata di utilizzazione dei beni.

2) Tra gli altri diritti non può essere incluso il diritto di **usufrutto su azioni**, in quanto l'azione non può essere identificata con l'idea suscettibile di utilizzazione economica, vale a dire con il prodotto dell'attività intellettuale di un determinato soggetto. Pertanto la deduzione dei relativi costi deve essere effettuata in base alla norma che disciplina le spese pluriennali di cui al n. 23360 (Cass. 26 gennaio 2000 n. 848). Tale interpretazione è stata, tuttavia, criticata dalla dottrina.

SOFTWARE In relazione alle caratteristiche, si distingue il software di base - che fornisce all'hardware le informazioni senza le quali il computer non potrebbe funzionare - da quello applicativo - es. programmi gestionali di contabilità, di traduzione, ecc. - il quale ultimo può essere a sua volta standardizzato o personalizzato. **23955**

Se il software è stato acquistato nel **2020/2022** spetta un **credito di imposta** variabile a seconda dell'anno di acquisizione (2020: v. n. 38007 e 2021/22 v. n. 38019).

Tipo di software	Descrizione e ammortamento
A) di base (o di sistema):	È solitamente acquistato per farne uso diretto, senza possibilità di sfruttarlo commercialmente, e si considera facente parte del computer sul quale è utilizzato. Il costo viene ammortizzato secondo l'aliquota propria del macchinario (hardware) che lo utilizza, a partire dall'esercizio di entrata in funzione del bene.
B) applicativo standardizzato:	È solitamente acquistato per farne uso diretto, senza possibilità di sfruttarlo commercialmente; è un costo con utilità per più esercizi, la cui deduzione va effettuata a seconda delle quote imputabili ai singoli esercizi (v. n. 23362). Se, invece, è stata acquistata la concessione in uso per lo sfruttamento commerciale, la deduzione va effettuata per quote costanti in base alla durata dell'utilizzazione, come prescritto per i diritti di concessione.

Tipo di software	Descrizione e ammortamento
C) personalizzato:	È solitamente acquistato da terzi o prodotto internamente e può costituire sia proprietà intellettuale che diritto di concessione, a seconda del titolo che legittima l'imprenditore ad usarlo.
– produzione interna o acquisto a titolo di proprietà o a titolo di licenza d'uso a tempo illimitato;	La deduzione avviene secondo la regola prevista per la proprietà industriale (quote non necessariamente costanti, non superiori al 50% del costo per ogni esercizio).
– acquisto a titolo di licenza d'uso a tempo limitato per sfruttamento commerciale.	La deduzione va effettuata per quote costanti in base alla durata dell'utilizzazione (es. software integrante programmi sorgente, Cass. 9 agosto 2016 n. 16673).

Le **banche dati su CD-rom** (es. in cui sono memorizzati numerosi file con schemi e modelli di documenti necessari per produrre istanze, comunicazioni e ricorsi, contratti, atti societari, bilanci, perizie, lettere tipo, ecc.) sono ammortizzati come bene materiale, applicando l'aliquota del 15% prevista per le attrezzature varie per il settore di attività non specificata (Ris. AE 25 maggio 2006 n. 72/E).

23968 **AVVIAMENTO** (art. 103 c. 3 DPR 917/86) L'avviamento acquisito a titolo oneroso, ammortizzato in bilancio secondo corretti principi contabili (stima della vita utile, se non stimabile massimo in 10 anni), è deducibile, in ciascun esercizio, in misura non superiore ad un **diciottesimo** (5,56%). Il periodo di 18 anni costituisce il **periodo minimo** della durata dell'ammortamento.

>Precisazioni 1) Tale misura si applica anche ai soggetti **IAS** a prescindere dall'imputazione al C/E.
2) La **rivalsa** corrisposta dall'**agente** subentrante alla **compagnia assicurativa** (a titolo di rimborso dell'indennità versata all'Agente cessato a compensazione della perdita dell'avviamento) è assimilabile all'avviamento (Cass. 25 ottobre 2021 n. 29987).

23973 **Rettifiche successive alla prima iscrizione** Se il valore iscritto originariamente in bilancio è **soggetto ad eventuali conguagli o rimborsi**, in dipendenza dei risultati ottenuti negli anni successivi, è necessario osservare i seguenti principi (Ris. AE 15 dicembre 2004 n. 154/E):
– la prima iscrizione ha immediato riconoscimento al fine di determinare la quota di ammortamento;
– in ciascun esercizio successivo all'iscrizione, la deduzione massima ammessa è individuata tenendo conto sia delle eventuali variazioni in aumento o in diminuzione che saranno apportate al costo del bene, sia del residuo periodo di ammortamento.
Il valore fiscale residuo dell'avviamento, risultante dalla differenza tra il nuovo valore di riferimento e le quote già dedotte negli esercizi precedenti, dovrà essere ammortizzato applicando un'aliquota non superiore al reciproco di 18 meno il numero di esercizi per i quali il relativo ammortamento è già stato dedotto dal reddito imponibile.

M. Spese di manutenzione, riparazione e trasformazione

(art. 102 c. 6 DPR 917/86)

24125 Sono deducibili le spese di manutenzione, riparazione, ammodernamento e trasformazione (nel seguito «spese di manutenzione») che riguardano sia i beni di proprietà sia i beni di terzi, anche se con regole diverse.
Tali spese possono essere:
– **capitalizzate**, quando comportano un aumento significativo e tangibile della produttività o della vita utile di un bene (OIC 16), quindi ad esso sommate e conseguentemente ammortizzate (v. n. 23625);
– **spesate**, quando sostenute in modo ricorrente per mantenere i cespiti in buono stato di funzionamento, ed in questo caso assoggettate ai limiti di deducibilità di seguito illustrati.

Secondo l'AE i principi contabili sarebbero vincolanti, per la Cassazione, invece, la scelta dell'imprenditore non è sindacabile, indipendentemente dalla natura incrementativa delle spese (Cass. 20 aprile 2016 n. 7885).

BENI DI PROPRIETÀ Se **non capitalizzate**, sono **deducibili nel limite** del 5% del costo complessivo dei beni materiali ammortizzabili quale risulta all'inizio dell'esercizio dal registro dei beni ammortizzabili o dai registri sostitutivi (v. n. 26075), senza quindi considerare le maggiorazioni derivanti dal super ammortamento e iper ammortamento. Per cui gli **acquisti**, le **costruzioni in economia** e le **vendite** non rilevano nell'esercizio in cui sono effettuati ma dall'esercizio successivo. **24135**
L'**eccedenza** è dedotta nei 5 esercizi successivi (v. n. 24145).

Per alcuni settori sono previste percentuali diverse oppure regole particolari:
a) **imprese siderurgiche** che svolgono le seguenti attività: limite di deducibilità 11%:
– siderurgia in genere, specie 1ª/A, gruppo VII, della tabella dei coefficienti di ammortamento (DM 31 dicembre 1988);
– siderurgia di seconda fascia, specie 1ª/C;
b) **imprese estrattive**: limite di deducibilità 15% (DM 9 maggio 1989);
c) **imprese di autotrasporto**: vedi regole particolari esaminate al n. 6420;
d) lavori ciclici di manutenzione di **navi e aeromobili**: v. n. 24425.

Costo È quello originario (v. n. 21300) complessivo dei beni materiali ammortizzabili quale risulta all'inizio dell'esercizio dal registro dei beni ammortizzabili o dai registri sostitutivi (v. n. 26075 e n. 5385), inclusi i beni per i quali non sono state sostenute spese di manutenzione ed i beni completamente ammortizzati. **24140**
Sono **esclusi** i costi dei beni oggetto di prestazioni periodiche di manutenzione di cui al n. 24150.

> **Precisazioni** 1) Il costo dei beni soggetti a **deducibilità parziale** si considera nella stessa misura (es. **veicoli** v. n. 23715, **telefoni** v. n. 23700, ecc.).
2) Per le imprese di **nuova costituzione** il limite percentuale si calcola, per il primo esercizio, sul costo complessivo dei beni ammortizzabili quale risulta a fine esercizio.
3) Per i soggetti **IAS**, la norma si applica anche ai beni ammortizzabili acquisiti in leasing in applicazione del metodo finanziario (Circ. AE 27 giugno 2011 n. 29/E) (v. n. 23765).

Eccedenza Le spese di manutenzione eccedenti il limite del 5% sono deducibili in **quote costanti** nei 5 esercizi successivi. Eventuali cessioni dei beni nei 5 esercizi non rilevano e la deduzione continua regolarmente (Ris. Min. 10 giugno 1981 n. 9/806). **24145**

Gli **indennizzi assicurativi** per spese di manutenzione derivanti da **eventi dannosi**, anche se eccedono il limite del 5%, sono tassati interamente nell'anno di competenza (Ris. AE 14 settembre 2007 n. 251/E).

Prestazioni periodiche in base a contratto I **canoni** di manutenzione periodica corrisposti sulla base di contratti con terzi, possono essere integralmente dedotti nell'esercizio ed il relativo costo non concorre al calcolo del 5%. L'**opzione** è vincolante per tutta la durata del contratto. **24150**

Registri I costi di manutenzione **non deducibili nell'esercizio** vanno iscritti in voci separate del registro dei beni ammortizzabili o dei registri sostitutivi (libro giornale, inventari o registri IVA, v. n. 26075 e n. 5385) a seconda dell'anno di formazione (art. 16 c. 5 DPR 600/73). **24155**

BENI DI TERZI In questo caso occorre distinguere tra spese: **24175**
– **ordinarie**, che sono deducibili interamente nell'esercizio di competenza;
– **straordinarie** che, se inerenti all'attività d'impresa dell'utilizzatore, possono essere poste a suo carico, in deroga al Codice Civile (Cass. SU 11 maggio 2018 n. 11533, Cass. 14 aprile 2022 n. 12128, Cass. 27 settembre 2018 n. 23278). Normalmente, costituendo una spesa relativa a più esercizi (v. n. 23360), sono deducibili nei limiti della quota imputata a C/E sulla base della minore tra vita utile e durata contrattuale residua (Risp. AE 19 gennaio 2023 n. 105);

Se il contratto (es. di locazione) prevede la **rinnovabilità** alla scadenza, e ne sussistono le condizioni ed intenzioni, si tiene conto anche di tali ulteriori periodi, sempre che i costi stessi svolgano la loro utilità anche nelle ulteriori annualità (Ris. Min. 27 dicembre 1983 n. 9/400; Ris. Min. 8 febbraio 1979 n. 9/543, Cass. 17 giugno 2011 n. 13327). In caso poi di mancato rinnovo precedentemente ipotizzato, le quote residue sono integralmente deducibili nell'esercizio in cui si verifica tale circostanza (Ris. Min. 10 luglio 1982 n. 9/2980). In **senso contrario**, v. Cass. 13 gennaio 2016 n. 382 e Cass. 21 giugno 2022 n. 19920, secondo cui l'impresa non è obbligata a considerare il periodo del rinnovo, trattandosi di una valutazione rientrante nella sua discrezionalità tecnica.

– **incrementative che generano beni** con una loro individualità e autonoma funzionalità rispetto al bene cui accedono e quindi rimovibili e riutilizzabili dal locatario (o comodatario) al termine del periodo di locazione (o comodato), che devono essere contabilizzate tra le immobilizzazioni materiali ed assoggettate ad ammortamento ordinario (Circ. AE 26 maggio 2016 n. 23/E, Ris. AE 4 marzo 2003 n. 55/E).

24177 **> Precisazioni 1)** Per i soggetti **IAS adopter**, i beni in leasing sono equiparati ai beni propri (v. n. 24140).
2) L'impresa che **acquista il bene** dal terzo dopo avervi sostenuto delle spese straordinarie, **può** (Ris. AE 19 dicembre 2007 n. 383/E):
– svalutare contabilmente parte delle spese che perdono la loro autonomia come immobilizzazione immateriale: tale svalutazione è deducibile nel periodo d'imposta di acquisto del bene;
– portare ad incremento del prezzo di acquisto del bene le restanti spese eventualmente riconosciute dal terzo a diminuzione del prezzo di vendita.
3) Per le imprese **concessionarie** di **opere pubbliche** v. n. 24405.

N. Spese per prestazioni alberghiere e di ristorazione

(art. 109 c. 5 DPR 917/86)

24235 Le spese alberghiere e per somministrazioni di alimenti e bevande, se inerenti (es. spese di rappresentanza, trasferte di lavoro, ecc.), sono **deducibili nella misura** del 75%, **salve** le eccezioni o precisazioni che seguono.
Sono deducibili **integralmente** le spese (Circ. AE 3 marzo 2009 n. 6/E):
– per **mense aziendali** (organizzate direttamente o gestite da terzi, anche tramite convenzioni con ristoranti);
– per **ticket restaurant** (sia per l'impresa che li acquista per i dipendenti, che per le imprese distributrici che li rimborsano agli esercizi convenzionati) o per un servizio sostitutivo reso tramite **App Mobile** per smartphone (Princ. dir. AE 8 ottobre 2018 n. 3);
– per alberghi e ristoranti dei **tour operator** e **agenzie di viaggi** che li destinano alla rivendita (ad es. includendoli nei pacchetti viaggio).

> Nel caso dell'organizzazione di un **congresso**, appaltata a terzi con **corrispettivo unitario forfettario**, il committente deve richiedere il dettaglio in fattura o, in mancanza, apposita documentazione delle spese alberghiere e di somministrazione alimenti e bevande, per poterne correttamente detrarre il 75% (Ris. AE 28 maggio 2010 n. 47/E).

24237 **Rappresentanza** (Circ. AE 5 settembre 2008 n. 53/E) Le spese di vitto e alloggio sostenute con finalità di rappresentanza (v. n. 23340 e s.), vanno prima ridotte al 75%, quindi sommate alle altre spese di rappresentanza per assoggettarle al relativo limite di deducibilità (v. n. 23345).

24238 **Trasferta** Si devono **distinguere** le spese per vitto e alloggio sostenute per trasferte:
1) da **dipendenti** e **collaboratori** coordinati e continuativi (es. amministratori):
– **fuori dal territorio comunale**, sono deducibili integralmente, entro il limite di € 180,76 per ogni giorno di trasferta in Italia e € 258,23 all'estero (v. n. 22885);
– **nel territorio comunale**, sono deducibili nella misura del 75% (Circ. AE 3 marzo 2009 n. 6/E);
2) da **soci di società di persone** (non amministratori) fuori dal territorio comunale, sono deducibili nella misura del 75%;
3) direttamente dall'impresa al **professionista** a cui ha commissionato un servizio, sono integralmente deducibili come corrispettivo della prestazione a condizione che nella fattura o ricevuta siano indicati i dati del professionista (art. 10 D.Lgs. 175/2014, Circ. AE 30 dicembre 2014 n. 31/E).

> In generale, quando la prestazione alberghiera o di ristorazione è fruita da un soggetto **diverso dal committente** del servizio, occorre l'indicazione nel documento contabile (es. fattura) o in nota allegata, nel contempo (Cass. 22 novembre 2021 n. 35925):
> – dei soggetti che hanno beneficiato della prestazione di vitto e alloggio;
> – delle motivazioni della relativa fruizione o in nota allegata.

24240 **IVA non detratta** (Circ. AE 19 maggio 2010 n. 25/E) L'IVA detraibile normalmente non concorre alla formazione del costo deducibile, salvo che, se la fattura:
– **non viene richiesta**, come può avvenire per ragioni di economicità per servizi di importo unitario limitato optando per scontrino o ricevuta fiscale, l'IVA non detratta (proprio in quanto manca la fattura) diviene un costo accessorio deducibile (soggetto a tutti limiti di cui sopra);

– **viene richiesta**, ma l'impresa non detrae l'IVA a credito (es. per negligenza o per scelta successiva), l'IVA non detratta non è deducibile.

Tale ultima limitazione è stata criticata dall'Assonime, favorevole alla deducibilità nel caso di scelta successiva alla richiesta della fattura (Circ. Assonime 15 giugno 2010 n. 20).

O. Accantonamenti

Con gli accantonamenti l'imprenditore **imputa** all'esercizio in corso una **quota di costi** che avranno la loro manifestazione numeraria in un esercizio futuro, per rispettare il principio di competenza. Si pensi all'accantonamento al fondo per l'indennità di fine rapporto del lavoratore dipendente: l'accantonamento delle quote annuali costituisce la provvista per un debito che sarà pagato dall'imprenditore solo nel momento di cessazione del rapporto di lavoro del dipendente. **24295**

Contabilmente, gli accantonamenti costituiscono componenti negativi del C/E che, se riferiti a voci dell'attivo, trovano contropartita nella loro riduzione. In caso di esercizio di durata diversa dall'anno, devono essere ragguagliati alla durata effettiva.

Non sono deducibili gli accantonamenti: **24300**

– **diversi** da quelli **espressamente contemplati** dalle norme fiscali, anche se operati in sintonia con le disposizioni civilistiche (es. l'accantonamento per manutenzione non ricorrenti) (art. 107 c. 4 DPR 917/86);

– **non imputati a C/E**.

>Precisazioni 1) Per i soggetti **OIC** tale limitazione si applica a tutti i componenti iscritti in contropartita di passività di scadenza o ammontare incerti che presentano i requisiti dell'OIC 31, anche se classificati in C/E per natura nelle classi (B, C o D) in voci diverse dagli accantonamenti (art. 9 DM 8 giugno 2011, DM 3 agosto 2017).

2) Per i soggetti **IAS adopter**, si considerano accantonamenti i componenti reddituali iscritti in contropartita di passività di scadenza o ammontare incerti che presentano i requisiti previsti dallo IAS 37 e anche se disciplinate da altro IAS/IFRS, nonché gli oneri derivanti all'attualizzazione delle predette attività, ma sono deducibili solo se rientranti fra quelli previsti dall'art. 107 c. 1-3 DPR 917/86 (art. 9 DM 8 giugno 2011). È da tener presente che il principio di «certezza» per i soggetti IAS/IRFS si trasforma in «prevedibilità», che consente ad esempio, a determinate condizioni, la deduzione della componente variabile annuale della remunerazione dei dipendenti c.d. MBO al momento dell'iscrizione in bilancio.

Accantonamenti deducibili **24305**

Tipologia	MF n.
accantonamento di quiescenza e previdenza	n. 24325 e s.
accantonamento e svalutazioni per rischi su crediti	n. 24505 **(*)**
accantonamento a fronte di maggiori imposte accertate	n. 24385
accantonamento per oneri derivanti da operazioni e concorsi a premi	n. 24395
accantonamento per spese di sostituzione e ripristino di beni gratuitamente devolvibili	n. 24405
accantonamento per lavori ciclici di manutenzione	n. 24425
(*) Illustrato insieme alle disposizioni che regolano le perdite su crediti.	

Casi particolari

1) Ai suddetti accantonamenti va aggiunto quello relativo alla parte variabile della remunerazione delle **obbligazioni partecipative subordinate** (v. n. 22805) effettuato nel periodo d'imposta in cui è prodotto l'utile, prima quindi della sua corresponsione (art. 32 c. 24 DL 83/2012 conv. in L. 134/2012, Circ. AE 6 marzo 2013 n. 4/E).

2) Gli accantonamenti al **fondo per recupero ambientale** (relativi ai costi sostenuti dopo aver rimosso un impianto fotovoltaico utilizzato per anni) non sono deducibili da soggetti OIC se non è certo il momento in cui gli oneri saranno effettivamente sostenuti (Risp. AE 18 maggio 2022 n. 272).

Al contrario sono deducibili gli accantonamenti relativi ai:

– costi di **chiusura di una discarica** (calcolati in base alla percentuale di riempimento della stessa), per i quali è certo il periodo di cessazione dell'attività, in quanto legato al riempimento oggettivo della discarica (Circ. AE 20 giugno 2012 n. 26/E);

– costi di **chiusura mineraria** e per il ripristino ambientale dei pozzi in produzione (Risp. AE 18 gennaio 2023 n. 64).

a. Accantonamenti di quiescenza e previdenza

24325 **LAVORO DIPENDENTE** (art. 105 c. 1-3 DPR 917/86) Gli accantonamenti al **fondo indennità di fine rapporto (TFR)** e al **fondo previdenza** sono deducibili diversamente a seconda dei principi contabili adottati.

Principi contabili adottati	Deduzione degli accantonamenti
soggetti OIC	– nei limiti delle **quote maturate nell'esercizio** in conformità alle disposizioni legislative e contrattuali che regolano il rapporto di lavoro dei singoli dipendenti (vedi Memento Lavoro); – solo se costituiti in **conti individuali** dei singoli dipendenti e sempreché rispecchino i requisiti di cui all'art. 2117 c.c. (c.d. fondi interni aventi il divieto di distrazione dal fine previdenziale/assistenziale e il divieto di esecuzione da parte dei creditori dell'imprenditore) **(1) (2).**
soggetti IAS	se l'accantonamento **in bilancio** è di importo inferiore al limite sopra indicato per i soggetti non IAS, rileva esclusivamente l'importo indicato in bilancio. Tuttavia, la quota inferiore al predetto limite può essere recuperata negli anni successivi nel caso in cui l'accantonamento in bilancio sia superiore al limite medesimo (v. art. 2 c. 4 DM 1° aprile 2009 n. 48 che attua il principio di derivazione dagli IAS).

(1) Gli accantonamenti **eccedenti** non sono deducibili, ferma la deducibilità delle somme erogate quando il dipendente lascia l'impresa. A tal fine, è necessario che nel libro unico del lavoro o in analoghi documenti contabili sostitutivi, siano iscritti gli accantonamenti imputabili a ciascun lavoratore dipendente (Circ. AE 20 marzo 2001 n. 29/E).

(2) La costituzione in conti individuali e il divieto di distrazione sono **in vigore dal** 1° gennaio 2001. Le imprese titolari di **fondi preesistenti** che non rispettano tali condizioni, hanno quindi una composizione fiscale non omogenea, in quanto i fondi risultano ora formati sia da accantonamenti dedotti (quelli eseguiti fino al 2000) che da accantonamenti non dedotti (quelli eseguiti successivamente). Le **prestazioni** pensionistiche erogate sono **deducibili in misura percentuale** corrispondente al rapporto tra la parte di fondo formata da accantonamenti non dedotti e la consistenza complessiva del fondo risultante alla fine dell'esercizio precedente all'erogazione delle prestazioni (Ris. AE 29 dicembre 2003 n. 232/E).

24328 In aggiunta alla deduzione del TFR, è stata prevista, per compensare le imprese della perdita del TFR, una ulteriore deduzione del 4% delle quote di accantonamento annuale del **TFR destinato a fondi pensione complementari**, che diviene del 6% per le imprese con meno di 50 addetti.

24330 **Adeguamenti** In caso di **sopravvenute modifiche** normative e retributive, è possibile dedurre i maggiori accantonamenti necessari per adeguare i fondi, nell'esercizio nel quale ha effetto la modifica, oppure in quote costanti in tre esercizi (quello nel corso del quale ha effetto la modifica e nei due successivi).
In caso di **rinnovi di contratti aziendali**, per esercizio dal quale ha effetto la modifica si intende quello in cui il nuovo contratto è stato sottoscritto e non quello da cui decorrono gli effetti del rinnovo (Ris. Min. 21 marzo 1981 n. 9/167).

24335 **Polizze assicurative** Se l'impresa stipula una polizza assicurativa per assicurarsi la provvista finanziaria per la futura liquidazione delle indicate indennità:
– è comunque tenuta ad effettuare gli **accantonamenti in bilancio**, nel rispetto del criterio della competenza economica, che sono deducibili;
– i **premi assicurativi** non rappresentano costi di esercizio, quindi, non sono deducibili. Infatti, tali somme (in bilancio risultano tra i crediti) costituiscono una forma di investimento per costituire una provvista finanziaria da utilizzare nel momento in cui adempiere alle obbligazioni assunte (Circ. Min. 17 giugno 1987 n. 14/8/128).

Anche se stipula una polizza assicurativa, l'imprenditore rimane **obbligato ad effettuare le ritenute** di legge per la liquidazione del TFR. A tal fine, al momento della cessazione del rapporto di lavoro, deve comunicare alla compagnia di assicurazione l'importo della ritenuta da operare, affinché questa possa stornarlo dalla somma da corrispondere al dipendente (Circ. Min. 9 ottobre 1998 n. 235/E).

ALTRI RAPPORTI DI LAVORO (art. 105 c. 4 DPR 917/86) Sempre in conformità alle disposizioni legislative e contrattuali che regolano il rapporto, sono deducibili gli **accantonamenti** per le indennità di cessazione dei rapporti indicati nella **tabella** seguente. 24345

Tipologia	Condizioni e limitazioni
Co.co.co.	Le quote accantonate per il trattamento di fine mandato (**TFM**) e il diritto a percepire l'indennità devono essere previste da atto scritto con data certa (v. n. 24347) anteriore a quella di inizio del rapporto, altrimenti - atto redatto in costanza di rapporto di lavoro, o mancanza di data certa - si deducono nell'esercizio del pagamento (Ris. AE 13 ottobre 2017 n. 124/E, Ris. AE 22 maggio 2008 n. 211/E, Cass. 17 giugno 2022 n. 19571, Cass. 16 febbraio 2021 n. 3994, Cass. 20 luglio 2018 n. 19368) **(1)**. È sufficiente che l'atto di data certa determini genericamente il diritto al TFM, rinviando a un successivo atto del consiglio di amministrazione la specificazione dell'importo (Risp. AE 27 aprile 2021 n. 292) **(2)**.
Agenzia	Sia per la risoluzione del rapporto (quote accantonate al **FIRR**) che per l'**indennità suppletiva di clientela** e l'**indennità meritocratica** (tutte previste dall'art. 1751 c.c. e dall'Accordo economico collettivo per la disciplina del rapporto di agenzia) (Circ. AE 8 novembre 2013 n. 33/E, Cass. 6 agosto 2019 n. 20946, Cass. 11 aprile 2011 n. 8134, Cass. 11 giugno 2009 n. 13506) **(3)**.
Attività sportiva	Solo per gli sportivi professionisti.

(1) Secondo la **dottrina prevalente**, invece, l'accantonamento è deducibile per competenza, senza che sia necessario un atto avente data certa anteriore all'inizio del rapporto di lavoro, poiché tale condizione riguarda solo l'applicazione della tassazione separata nei confronti del collaboratore (AIDC Norma di comportamento n. 180 del 2011).
Sono deducibili le quote di accantonamento al TFM anche se sono superiori al **compenso annuo diviso per 13,5**, soglia prevista dall'art. 2120 c.c. per il TFR dei dipendenti (Cass. 6 novembre 2020 n. 24848).
(2) Vedi **in senso parzialmente contrario**: l'atto scritto deve specificare anche la somma dovuta, se non lo fa si applica il criterio di cassa, ma nel caso di deduzione per competenza le sanzioni non sono dovute per l'incertezza della norma (Cass. 19 ottobre 2018 n. 26431).
(3) Agli **agenti che percepiscono** le indennità in esame, se persone fisiche o società di persone, si applica la tassazione separata (v. n. 10700). Invece se il percettore è una società di capitali, le indennità sono tassate in base al principio di competenza (v. n. 21445).

24347

Requisito della data certa (artt. 2702-2704 c.c., Risp. AE 27 aprile 2021 n. 292)
In generale: – formazione di un atto pubblico; – apposizione di autentica, deposito del documento o vidimazione di un verbale, in conformità alla legge notarile; – registrazione o produzione del documento a norma di legge presso un ufficio pubblico; – timbro postale su uno scritto che faccia corpo unico con il foglio sul quale è apposto; – utilizzo di procedure di protocollazione o di analoghi sistemi di datazione che offrano adeguate garanzie di immodificabilità dei dati successivamente alla annotazione; – invio del documento ad un soggetto esterno, ad esempio un organismo di controllo; – apposizione della marca temporale sui documenti informatici, sulla base della disciplina della firma digitale. Inoltre, la data della **scrittura privata** è certa quando: – il contenuto della scrittura non autenticata è stato riprodotto in **atti pubblici**; – chi l'ha sottoscritta è morto, oppure è sopravvenuta l'impossibilità fisica di sottoscrivere; – si verifica un altro fatto che stabilisca in modo ugualmente certo l'anteriorità della formazione del documento.
Esempio: per atto di data certa si intende, alternativamente (Cass. 1° luglio 2020 n. 13384): – la preventiva formazione del verbale assembleare di nomina degli amministratori e la **successiva accettazione** da parte degli stessi; – una preventiva comunicazione da parte della società al collaboratore, avente data certa e contenente l'indicazione della volontà assembleare di nominare il destinatario della missiva come collaboratore, riconoscendogli il diritto al TFM.

b. Altri accantonamenti

24385 **MAGGIORI IMPOSTE ACCERTATE** (art. 99 c. 2 DPR 917/86) È possibile dedurre gli accantonamenti effettuati a fronte di maggiori imposte accertate e non ancora definite, relativamente alle **imposte deducibili** per cassa (v. n. 23217).
L'**ammontare ammesso in deduzione** è limitato all'importo dichiarato o accertato o stabilito dai provvedimenti degli uffici e dalle decisioni delle Corti tributarie (rispettivamente, notificati o depositati entro la chiusura del periodo d'imposta).

Sono deducibili gli **adeguamenti** di precedenti accantonamenti effettuati per tenere conto di successive dichiarazioni presentate, atti dell'ufficio notificati o sentenze depositate (AIDC, norma di comportamento n. 210, settembre 2020)

24395 **OPERAZIONI E CONCORSI A PREMIO** (art. 107 c. 3 DPR 917/86) La deduzione è ammessa per le manifestazioni a premio definite agli art. 2 e 3 del DPR 430/2001, in proporzione agli **impegni assunti** nell'esercizio:
– per le operazioni a premio fino al 30%;
– per i concorsi a premio fino al 70%.
Gli oneri devono essere tenuti **distinti** per operazione ed esercizio di formazione, per poter essere rapportati ai corrispondenti accantonamenti. Le **eventuali differenze** costituiscono sopravvenienze attive (tassabili) o passive (deducibili).
L'ammontare degli accantonamenti **non utilizzato al termine del 3° esercizio** successivo a quello di formazione, concorre alla determinazione del reddito dell'esercizio stesso. Se l'operazione ha una **scadenza inferiore a 3 anni**, l'ammontare dell'accantonamento non utilizzato concorre alla determinazione del reddito dell'esercizio in cui si verifica tale scadenza (Ris. Min. 24 gennaio 1980 n. 9/1711).

Si ricorda che i **premi derivanti da concorsi** sono soggetti ad una ritenuta a titolo di imposta, con facoltà di rivalsa, da calcolare sul valore normale del premio stesso (v. n. 14905). Se la rivalsa non è esercitata dall'impresa, la ritenuta non è deducibile (v. n. 23205).

24405 **OPERE PUBBLICHE GRATUITAMENTE DEVOLVIBILI** (art. 107 c. 2 DPR 917/86) Le **imprese concessionarie** (e loro subconcessionarie) della costruzione e dell'esercizio di opere pubbliche, da devolvere gratuitamente alla scadenza allo Stato o altro ente pubblico concedente, possono dedurre, a titolo di spese di ripristino, sostituzione, manutenzione, riparazione, trasformazione e ammodernamento delle opere gratuitamente devolvibili un ammontare pari, in ciascun esercizio, al 5% del costo complessivo della singola opera (per le imprese concessionarie di costruzione e gestione di autostrade e trafori, la deduzione è ridotta all'1%); il costo complessivo rileva anche nel caso in cui l'opera sia stata costruita parzialmente dall'ente concedente (Ris. AE 5 gennaio 2011 n. 5/E).
A queste imprese pertanto non si applicano le disposizioni illustrate al n. 24125.

Le medesime spese, se sono **sostenute dopo la scadenza** della concessione, fino al periodo in cui sarà individuato un nuovo soggetto concessionario, non rientrano nella disciplina in esame ma sono spese sostenute su beni di terzi (v. n. 24175) e pertanto sono dedotte nei limiti della quota imputata a conto economico (Risp. AE 6 febbraio 2019 n. 26).

24415 L'accantonamento si può aggiungere agli **ammortamenti** tecnici ordinari o all'ammortamento finanziario (Circ. Min. 15 maggio 1997 n. 137/E). Esso non è più deducibile quando il totale degli accantonamenti ha raggiunto l'ammontare complessivo delle spese sostenute negli ultimi due esercizi per il medesimo bene. Per ultimi due esercizi dovrebbe intendersi l'esercizio in corso e il precedente.
Se le spese di un esercizio superano il fondo, l'eccedenza è deducibile in quote costanti nell'esercizio stesso e nei 5 successivi.
L'**ammontare** degli accantonamenti eventualmente **non utilizzato**, concorrerà a formare il reddito nell'esercizio in cui avviene la devoluzione del bene.

24425 **MANUTENZIONE E REVISIONE DI NAVI E AEROMOBILI** (art. 107 c. 1 DPR 917/86) È deducibile l'accantonamento per **lavori ciclici** di manutenzione e revisione delle navi e degli aeromobili nella misura del 5% del costo di ciascuna nave o aeromobile, quale

risulta, all'inizio dell'esercizio, dal registro dei beni ammortizzabili o dai registri sostitutivi (v. n. 26075).
L'eventuale **differenza** tra quanto effettivamente speso e quanto complessivamente accantonato concorre alla formazione del reddito nell'esercizio in cui ha termine il ciclo (sia come componente positiva sia come componente negativa).

P. Perdite

Si tratta di perdite di **beni patrimoniali**, ivi comprese quelle originate dalla loro distruzione, le perdite su **crediti** e le perdite su **cambi**. 24485
Salvo quanto si dirà in seguito, la regola generale prevede che la perdita possa essere dedotta solo quando risulta da **elementi certi e precisi**.

a. Perdite di beni patrimoniali

(art. 101 c. 5 DPR 917/86)

PERDITA INVOLONTARIA Perdite di beni si verificano in caso di **furto**, **smarrimento**, **incendio**, **distruzione**, ecc. avvenuti nello **stesso esercizio** in cui i beni sono entrati a far parte del patrimonio aziendale. 24490
Se gli stessi eventi si verificano in **esercizi successivi** si tratterà, invece, di sopravvenienze passive (v. n. 24985).
Le perdite di beni appartenenti al patrimonio dell'impresa sono deducibili sulla base del costo risultante dalla fattura di acquisto. Tuttavia, se i beni cui ineriscono sono a **deducibilità ridotta**, rilevano in misura proporzionale.

Per **dimostrare** la perdita involontaria dei beni, in linea generale, è necessario essere in possesso di idonea documentazione di un organo della pubblica amministrazione o, in mancanza, di dichiarazione sostitutiva di atto notorio, resa e firmata, entro 30 giorni dall'evento o dalla data in cui se ne ha conoscenza, da cui risulti il valore complessivo dei beni perduti. In caso di **richiesta** dell'AF, l'imprenditore è obbligato a fornire i criteri e gli elementi in base ai quali è stato determinato il valore complessivo dei beni perduti (art. 2 c. 3 DPR 441/97). 24492

La documentazione e la comunicazione di cui sopra non sono richieste nel caso di: 24494
- distruzioni non volontarie connesse a **situazioni ricorrenti** (es. **cali** e **sfridi**, il cui grado di incidenza necessita comunque una segnalazione periodica nella contabilità di magazzino, se tenuta e una giustificazione attendibile. In proposito dovrebbe essere emesso un decreto che stabilisce, per ogni bene, le percentuali di cali naturali e di sfridi usuali consentite; per le merci soggette a vincolo doganale e ad accise si applicano le percentuali stabilite con DM 13 gennaio 2000 n. 55);
- **trasformazione** delle merci in beni residuali rientrante nell'attività propria dell'impresa;
- **consegna a terzi** autorizzati allo smaltimento dei rifiuti;
- **cessione** ad altri imprenditori.

In caso di **distruzioni non volontarie ricorrenti** è consigliabile redigere, saltuariamente, un apposito verbale controfirmato dagli organi di controllo contabile (sindaci, revisori).

DISTRUZIONE VOLONTARIA Nel caso di distruzione volontaria dei beni (strumentali o di magazzino) al fine di eliminarli dal processo produttivo (o di trasformarli in beni di più modesto valore economico), occorre generalmente seguire un **particolare iter amministrativo** atto a fornire la certezza e la precisione invocate dalla norma generale per considerare effettivamente usciti dal patrimonio dell'impresa i beni distrutti (DPR 441/97). 24495

Eccezioni Tale iter non va osservato se la distruzione è disposta da un organo della pubblica amministrazione o nel caso di consegna a terzi autorizzati allo smaltimento dei rifiuti, tramite il formulario di identificazione (Ris. AE 4 aprile 2008 n. 131/E).

24497 In particolare l'imprenditore deve:
– inviare almeno 5 giorni prima dell'inizio delle operazioni di distruzione una **comunicazione scritta** all'Ufficio delle Entrate e al Comando della GdF competenti in relazione al luogo ove avviene la distruzione. In attesa dell'approvazione dello specifico modello, la comunicazione deve essere fatta in **carta libera**;
– **specificare** nella comunicazione, il luogo, la data e l'ora in cui si procederà alle operazioni, le modalità di distruzione, la quantità, qualità e ammontare complessivo, sulla base del prezzo di acquisto, dei beni da distruggere o da trasformare, l'eventuale valore residuale che si otterrà a seguito della distruzione o trasformazione;
– essere in possesso di un **verbale** (da cui devono risultare data, ora e luogo in cui avvengono le operazioni, nonché natura, qualità, quantità e ammontare del costo dei beni distrutti o trasformati) redatto da pubblici funzionari, ufficiali della GdF o da notai che hanno presenziato alla distruzione. La presenza dei funzionari degli Uffici deve costituire la regola: essi devono, infatti, riscontrare per iscritto, anche a mezzo fax, la comunicazione del contribuente, confermando, in tal modo, la propria presenza alle operazioni (Circ. Min. 19 ottobre 1998 n. 241/E).
Nel caso in cui l'ammontare del **costo dei beni** distrutti o trasformati **non sia superiore** a € 10.000, è sufficiente una dichiarazione sostitutiva di atto notorio;
– emettere il **documento di trasporto**, progressivamente numerato, relativo al trasporto dei beni eventualmente risultanti dalla distruzione o trasformazione.

24498

Medicinali scaduti
La distruzione dei medicinali scaduti da parte delle **farmacie** non è soggetta alla procedura prevista per la distruzione dei beni, in quanto la fattispecie viene equiparata alla distruzione ricorrente per alterazione naturale del prodotto. Al fine di vincere la presunzione di cessione, deve essere seguita la seguente **procedura** (Ris. Min. 8 gennaio 1996 n. 10/E): – consegna dei medicinali scaduti ad impresa specializzata per la distruzione; – emissione di documento di trasporto con il dettaglio analitico della natura, qualità e quantità dei prodotti consegnati, nonché l'indicazione nella causale che si tratta di prodotti medicinali scaduti avviati alla distruzione; – registrazione della fattura della ditta specializzata.

b. Svalutazioni e perdite su crediti

24500 I crediti rappresentano il diritto a ricevere un determinato ammontare sulla base di un contratto o di altra fonte prevista per legge e sono soggetti al rischio di **inesigibilità** da parte del debitore.
Tale rischio influenza la determinazione del reddito secondo criteri differenti, che distinguono l'inesigibilità probabile o **potenziale** dall'inesigibilità **definitiva**.
La prima origina un onere deducibile determinato in via forfettaria (svalutazioni e accantonamenti fondo per rischi su crediti); la seconda origina un onere deducibile determinato in via **analitica** (perdita).
Quando si verifica una perdita definitiva, le eventuali svalutazioni e/o accantonamenti al fondo per rischi su crediti già dedotte, ne riducono l'incidenza nell'esercizio: questa infatti va imputata in via prioritaria al fondo rischi fino alla sua completa utilizzazione e, solo per la parte eccedente, costituisce un componente negativo di reddito.

1. Svalutazioni e accantonamenti per rischi su crediti

24505 I **principi contabili** prevedono che i crediti siano iscritti al costo ammortizzato tenendo conto del valore di presumibile realizzo. Se successivamente il valore degli stessi si riduce l'impresa ha titolo per svalutarli.
La **norma fiscale** consente la deduzione di tali svalutazioni e accantonamenti, purché imputati a C/E, in misura limitata sia in termini qualitativi (crediti considerati) che in termini quantitativi (quota deducibile).
Per i **soggetti OIC** (salvo le microimprese che non redigono il bilancio ordinario, dal 2022, v. n. 21191) e **IAS/IFRS**, tali limiti non si applicano alle differenze derivanti dall'applicazione del

criterio del costo ammortizzato **alla prima iscrizione in bilancio** dei crediti (art. 2 c. 1 lett. a n. 1 DM 3 agosto 2017, art. 2 c. 3 DM 1° aprile 2009 n. 48, Circ. AE 28 febbraio 2011 n. 7/E).

Pertanto le regole fiscali di seguito illustrate si applicano:
- ai soggetti OIC e IAS/IFRS solo per le valutazioni relative agli esercizi successivi;
- alle microimprese che non redigono il bilancio ordinario.

CREDITI CONSIDERATI (art. 106 c. 1 DPR 917/86) Per la determinazione della quota da accantonare a fronte dei rischi su crediti devono considerarsi solamente i **crediti commerciali non assicurati** - iscritti in bilancio - da cui derivano ricavi di esercizio. Essi vanno considerati al netto delle perdite rilevate nell'esercizio. **24507**
Il requisito di commercialità deve essere verificato caso per caso facendo riferimento all'attività di ogni singola impresa. Pertanto, rientrano, ad esempio, nel calcolo dell'accantonamento i crediti per finanziamenti concessi ad imprese controllate o collegate da soggetti che abbiano per oggetto specifico l'assunzione di partecipazioni in società (Circ. Min. 1° agosto 1987 n. 19).
In tal senso, devono essere inclusi anche i crediti documentati dalle **ricevute bancarie** non ancora incassate, purché l'anticipo dei relativi importi da parte della banca sia avvenuto salvo buon fine.

Crediti esclusi
• crediti che nascono da **cessioni di beni** che non danno origine a ricavi (es. beni strumentali, crediti nei confronti di fornitori o di dipendenti, crediti di finanziamento); • crediti **coperti da garanzia assicurativa**, nei limiti di questa **(1)**; • crediti di **modesto importo** già dedotti fiscalmente a seguito della maturazione della scadenza dei 6 mesi (v. n. 24525, Circ. AE 4 giugno 2014 n. 14/E); • i crediti commerciali **ceduti** a titolo di **sconto** o ceduti in **factoring**, con la clausola **pro-soluto**, in base alla quale il cedente garantisce solo l'esistenza del credito, ma non il pagamento dello stesso **(2)**. Se invece la cessione avviene con la clausola **pro-solvendo** - in cui il cedente garantisce anche la solvibilità del debitore - ci sono 2 tesi opposte, la prima delle quali appare in declino: **a)** i crediti si possono comprendere solo in caso di una successiva loro retrocessione all'impresa cedente in dipendenza del mancato pagamento del debitore (Circ. Min. 1° agosto 1987 n. 19); **b)** i crediti vanno considerati nel calcolo della quota fin dalla loro cessione, se e nella misura in cui determinino una situazione di rischio per il cedente (Cass. 27 giugno 2005 n. 13803, Cass. 14 febbraio 2002 n. 2133, Cass. 11 ottobre 2002 n. 14506); • crediti relativi agli **interessi di mora** (perché rilevano nell'esercizio in cui vengono percepiti/corrisposti, c.d. criterio di cassa).
(1) La fidejussione non costituisce, per il prestatore, un credito nei confronti dei beneficiari ma solo una garanzia (Ris. Min. 23 marzo 1979 n. 9/414). **(2)** Coerentemente, l'accantonamento spetta non solo al cedente ma anche al cessionario; un doppio accantonamento, quindi, giustificato dall'esigenza di coprire i rischi gravanti su più soggetti in relazione ad un solo credito (Cass. 13 maggio 2003 n. 7317).

QUOTA DEDUCIBILE FISCALMENTE (art. 106 c. 1, 2 DPR 917/86) La legge consente la deducibilità, in ciascun esercizio, di un importo per svalutazione e accantonamento non superiore allo 0,5% del valore nominale o di acquisizione dei crediti, cioè di un valore non influenzato dai precedenti accantonamenti e/o svalutazioni. I **soggetti OIC** e **IAS/IFRS**, considerano il valore del credito iscritto in bilancio, che può differire dal valore di acquisizione, ad esempio per l'applicazione del costo ammortizzato. **24510**
Ai fini del limite bisogna considerare congiuntamente l'importo della svalutazione e quello dell'accantonamento ad apposito fondo di copertura di rischi su crediti effettuato in conformità alla legge.
Se **in bilancio** viene imputato un **importo inferiore** ai limiti suddetti, tale importo rileva anche fiscalmente; se non viene imputato alcun importo, in quanto non giustificato civilisticamente, non può essere effettuata alcuna deduzione.

In caso di esercizio di **durata diversa dall'anno**, l'accantonamento va ragguagliato alla durata effettiva.

La deduzione non è più consentita quando l'**ammontare complessivo** delle svalutazioni e degli accantonamenti **abbia raggiunto** il **5%** del valore nominale o di acquisizione dei crediti commerciali risultanti in bilancio alla fine dell'esercizio. **24512**
Se, per il diminuire dei crediti nel corso dell'esercizio, le svalutazioni operate e il fondo già

accantonato **risultano superiori al 5%** dei crediti a fine esercizio, l'eccedenza concorre a formare il reddito dell'esercizio stesso come sopravvenienza attiva.

L'**utilizzo del fondo rischi** per svalutare dei crediti - anziché per coprire una perdita su crediti effettiva - costituisce una sopravvenienza attiva tassabile (Ris. Min. 30 marzo 1999 n. 57/E).

---

2. Perdite su crediti

24515 L'insolvenza del debitore, se definitiva, dà origine a perdite su crediti; queste possono essere determinate da un **processo di stima** effettuato dagli amministratori, che mantengono il credito, sia pur ridotto, nel bilancio dell'impresa oppure possono derivare da un **atto realizzativo** che ne determina la cancellazione dal bilancio, come la rinuncia del credito o la sua cessione a terzi (v. n. 24519).

Le perdite su crediti definitive sono deducibili solo se risultano da elementi certi e precisi, secondo la regola generale sotto illustrata; inoltre, in caso di **crediti di modesto importo** (v. n. 24525) o in presenza di **procedure concorsuali** e di procedure **assimilate** (v. n. 24535) la sussistenza degli elementi certi e precisi è stabilita da regole specifiche di natura presuntiva.

Eventuali **somme ricevute in misura maggiore** rispetto al credito residuo dopo la rilevazione della perdita, sono tassate come sopravvenienze attive.

24517 **REGOLA GENERALE** (art. 101 c. 5 DPR 917/86, Circ. AE 1° agosto 2013 n. 26/E) Le perdite su crediti, sia nazionali che esteri, sono deducibili solo se sono **definitive**, cioè quando è esclusa l'eventualità che in futuro si riesca a riscuotere il credito (quindi deve trattarsi di un'insolvenza non temporanea).

Esse devono inoltre risultare da elementi **certi** e **precisi**, vale a dire circostanze sufficientemente definite che consentano di rilevare con una certa attendibilità l'entità della perdita e la sua collocazione nel tempo. Tali elementi solitamente sussistono quando il creditore dimostra di aver tenuto inutilmente un comportamento attivo volto alla riscossione coattiva del credito:

– mancanza di beni di proprietà del debitore documentata da un verbale di pignoramento negativo o da lettere di legali incaricati della riscossione del credito o da relazioni negative rilasciate dalle agenzie di recupero crediti;
– denuncia del debitore per truffa;
– decreto di accertamento di irreperibilità o latitanza del debitore.

È stata considerata rilevante anche la revoca al debitore degli affidamenti e dei finanziamenti da parte delle banche (Cass. 18 luglio 2012 n. 12431).

In tutti i casi, l'**anno di competenza** per operare la deduzione coincide con quello in cui si acquista certezza che il credito non può più essere soddisfatto, perché in quel momento stesso si materializzano gli elementi «certi e precisi» della sua irrecuperabilità. Pertanto, il contribuente non può, una volta che la perdita sia diventata certa, differire la deduzione ad un esercizio successivo (Cass. 21 aprile 2011 n. 9218, Cass. 3 agosto 2005 n. 16330).

24519 **Cancellazione dei crediti dal bilancio** Gli elementi certi e precisi sussistono quando il credito è stato cancellato dal bilancio **nel rispetto dei principi contabili**, nazionali (OIC 15) o internazionali (IFRS 9).

In sostanza, la cancellazione rende la perdita deducibile automaticamente, senza che l'imprenditore debba preventivamente dimostrare la sussistenza dei requisiti di certezza e precisione della stessa, quando avvenga in relazione agli eventi estintivi di tipo giuridico illustrati nella **tabella** seguente e illustrati negli **esempi** successivi.

La disposizione non si applica alle svalutazioni, parziali o integrali, del credito derivanti da processi interni valutativi, che sono rilevate contabilmente mediante un accantonamento al fondo svalutazione, lasciando quindi inalterato il valore contabile del credito (che figura nella nota integrativa).

Per i soggetti **OIC**, salvo le microimprese, che non redigono dal 2022 il bilancio ordinario v. n. 21191, (come già per i soggetti IAS), tutto ciò è ancora più assodato in applicazione della derivazione rafforzata (v. n. 21190).

24519 (segue)

Ipotesi	Definizione
Prescrizione del diritto alla riscossione del credito (a prescindere dall'applicazione dei principi della derivazione rafforzata)	Secondo le disposizioni civilistiche, avviene solitamente quando sono **decorsi** 10 anni, ridotti a 5 per somministrazioni di beni e servizi da cui scaturiscono pagamenti periodici (art. 2948 n. 4 c.c., Princ. dir. 29 dicembre 2021 n. 16/E). La deducibilità scatta nell'anno in cui matura la prescrizione (Cass. 21 aprile 2022 n. 12693, Assonime); se l'impresa si accorge successivamente, deve quindi presentare una dichiarazione integrativa per effettuare la correzione di errori contabili, compilando il quadro DI del modello Redditi (v. n. 16075).
Cessione pro-soluto del credito **(1)**	Quando cioè il cedente garantisce solo l'esistenza del credito (ma non la solvibilità del debitore), trasferendo sostanzialmente il rischio di insolvenza del debitore (Circ. AE 4 giugno 2014 n. 14/E) **(2) (3)**.
Transazione	Accordo con il debitore che prevede la riduzione definitiva del credito motivata da difficoltà finanziarie del debitore stesso **(4)**.
Rinuncia unilaterale del credito	Ad esempio quando è giustificata dalla volontà di mantenere buoni rapporti con l'impresa debitrice in vista di future commesse di lavori (Cass. 2 maggio 2013 n. 10256).

(1) Se la cessione riguarda crediti **non ancora scaduti**, l'eventuale componente finanziaria è soggetta ai limiti previsti per gli interessi passivi (v. n. 23055).
Per la perdita derivante dalla cessione del credito **pro-solvendo** si rinvia al n. 24540.
(2) Se la cessione di un credito nei confronti di una società partecipata direttamente avviene **insieme alla cessione della partecipazione nella società stessa**, l'operazione va considerata unitariamente. Pertanto, la perdita su crediti non è immediatamente deducibile, ma va considerata come una rinuncia ai crediti effettuata da soci (v. n. 22635) che aumenta il costo fiscalmente riconosciuto della partecipazione che dovrà essere confrontato con il corrispettivo di cessione della partecipazione stessa (Ris. AE 29 febbraio 2008 n. 70/E). Se la medesima cessione, credito e partecipazione, è effettuata nei confronti di una **società controllata indirettamente**, la perdita è deducibile (Risp. AE 24 gennaio 2023 n. 146).
(3) La cessione pro-soluto del credito ad un **prezzo simbolico**, nonché l'assenza della prova dell'esercizio – nei confronti del debitore – di qualsiasi tentativo di esazione prima della cessione, determina una perdita priva dei requisiti per la deducibilità (Cass. 23 maggio 2002 n. 7555). Essi si ritengono invece verificati quando il credito è ceduto a banche o altri intermediari finanziari vigilati, residenti in Italia o Stati che consentono un adeguato scambio di informazioni, che risultano indipendenti - ai sensi dell'art. 2359 c.c. - rispetto sia al creditore cedente che al debitore ceduto (Circ. AE 1° agosto 2013 n. 26 par. 3.2, Risp. AE 19 gennaio 2023 n. 102). In sostanza, vanno sempre dimostrate le ragioni di **convenienza economica** che hanno determinato l'accettazione di un corrispettivo molto inferiore al valore nominale dei crediti ceduti (Cass. 25 gennaio 2022 n. 2229).
(4) La scelta di transigere con un proprio cliente **non può essere contestata dall'AE** rendendo indeducibile la perdita, solo perché l'imprenditore avrebbe dovuto agire diversamente per recuperare le proprie spettanze (Cass. 4 maggio 2018 n. 10643).
Se la transazione deriva da una **lite sulla fornitura** (qualità, tempestività, ecc.), il relativo onere costituisce una sopravvenienza passiva deducibile direttamente, senza l'utilizzo del fondo per rischi su crediti (Circ. AE 1° agosto 2013 n. 26/E).

ESEMPIO
1) Per i **soggetti OIC** la cancellazione dal bilancio è ammessa nei seguenti casi (Circ. AE 4 giugno 2014 n. 14/E):
- forfaiting;
- dazione in pagamento (c.d. datio in solutum);
- conferimento del credito;
- estinzione dei diritti contrattuali sui flussi finanziari derivanti dal credito (es. pagamento, prescrizione, transazione, rinuncia);
- trasferimento della titolarità dei diritti contrattuali sui flussi finanziari derivanti dal credito (e di tutti i rischi inerenti il credito);
- vendita del credito, compreso factoring con cessione pro-soluto con trasferimento sostanziale di tutti i rischi del credito;
- cartolarizzazione con trasferimento sostanziale di tutti i rischi del credito.

Le somme sottoposte a sequestro preventivo non sono deducibili finché è possibile che il sequestro perda efficacia, cioè fino al momento di chiusura del procedimento, con l'irrogazione della pena accessoria della confisca delle somme (Risp. AE 20 aprile 2022 n. 196).

ESEMPIO
2) Per i **soggetti IAS**, la cancellazione rileva anche quando avviene in dipendenza di eventi estintivi di tipo contabile che consentono la c.d. derecognition di un credito (Circ. AE 1° agosto 2013 n. 26/E):
a) scadenza dei diritti contrattuali sui flussi finanziari derivanti dalla stessa;
b) l'impresa trasferisce i diritti contrattuali a ricevere i flussi finanziari dell'attività finanziaria, realizzando il sostanziale trasferimento di tutti i rischi e benefici della proprietà dell'attività finanziaria;

c) l'impresa mantiene i diritti contrattuali a ricevere i flussi finanziari dell'attività finanziaria, ma assume un'obbligazione contrattuale a pagare i flussi finanziari a uno o più beneficiari, realizzando il sostanziale trasferimento di tutti i rischi e benefici della proprietà dell'attività finanziaria.
In sostanza, la deduzione automatica non è limitata ai soli casi in cui viene meno la titolarità giuridica del credito, ma è estesa anche alle ipotesi in cui l'impresa trasferisce la titolarità sostanziale del credito, collegata ai rischi e ai benefici.
Invece, la cancellazione non rileva quando la riduzione del valore contabile del credito è basata su valutazioni di natura meramente estimativa, ai sensi dell'IFRS 9 che ha sostituito lo IAS 39 (Risp. AE 31 dicembre 2020 n. 638). Di parere contrario, rilevanza della cancellazione, vedi Assonime, secondo cui ha valore preminente il principio di derivazione rafforzata (Circ. Assonime 23 giugno 2021 n. 20).

24521 L'AF potrebbe **sindacare** la congruità della perdita sotto il profilo dell'elusività dell'operazione (v. n. 81480 e s.) e la sua inerenza in presenza di un'operazione antieconomica che nasconda una liberalità (Circ. AE 1° agosto 2013 n. 26/E, Cass. 20 novembre 2001 n. 14568, Circ. Assonime 13 maggio 2013 n. 15). Al riguardo, presentano un più **alto profilo di rischio**, le operazioni tra soggetti non indipendenti (società controllate e collegate).

24523 Crediti esteri

Crediti esteri
Salvo il caso di crediti di modesto importo, per i quali vale la regola specifica sotto esaminata, la definitività della perdita può essere ottenuta con una dichiarazione di insolvenza emessa dalla Sezione speciale per l'assicurazione del credito all'esportazione (Circ. AE 10 maggio 2002 n. 39/E). Per i crediti esteri **non garantiti** può assumere rilevanza probatoria anche una documentazione di parte, quale potrebbe essere un'apposita dichiarazione fornita dall'organo di controllo della società (Ris. Min. 1° aprile 1981 n. 9/016). Resta salvo il potere dell'AF di **contestare la deducibilità** della perdita nel caso in cui l'inattività del creditore (mancanza di atti formali che interrompano la prescrizione), sia derivata da una effettiva volontà liberale; è pertanto utile che il creditore acquisisca prove comprovanti lo stato di insolvenza del debitore straniero (Risp. AE 18 giugno 2019 n. 197).

24525 **CREDITI DI MODESTO IMPORTO** (art. 101 c. 5 e 5 bis DPR 917/86, Circ. AE 1° agosto 2013 n. 26/E, Circ. AE 4 giugno 2014 n. 14/E) Per i crediti di modesto importo, variabile a seconda della dimensione dell'impresa, gli elementi certi e precisi che consentono la deducibilità delle perdite sussistono se sono **trascorsi 6 mesi dalla scadenza** di pagamento del credito stesso. In pratica, ai fini della deducibilità delle perdite, non è più necessario dimostrare l'inesigibilità del credito per il riconoscimento fiscale della relativa perdita, salvo che non si desideri dedurre la perdita prima della scadenza dei 6 mesi suddetti.

ESEMPIO
Un'impresa nel 2021 imputa a conto economico una perdita relativa a un credito di € 2.100, nonostante i sei mesi dalla scadenza del pagamento maturino nel 2022, in quanto l'impresa è in grado di dimostrare la certezza e precisione della perdita già nel 2021.
In tal caso, la perdita sarebbe automaticamente deducibile nel 2022 ma l'impresa, se dimostra la presenza di elementi certi e precisi nel 2021, può anticipare di un anno la deduzione.

Per i crediti di modesto importo, ma **diversi** da quelli in esame, si può prescindere dalla ricerca di rigorose prove formali, essendo sufficiente dimostrare l'antieconomicità della prosecuzione nella riscossione del credito (costi per l'attivazione delle procedure di recupero, risultanti dai prezzi mediamente praticati sul mercato desunti dai preventivi rilasciati dagli operatori professionali, uguali o maggiori all'importo del credito da recuperare).
La deduzione della perdita è infatti consentita quando ha i caratteri della **inevitabilità** e risponde a una scelta di **convenienza** oggettiva dell'imprenditore (Ris. Min. 9 aprile 1980 n. 9/557).

24526 **Definizione** Al riguardo, un credito è ritenuto di modesto importo quando:
– per le **imprese di più rilevante dimensione** - cioè quelle che conseguono un volume d'affari o di ricavi non inferiore a € 100 milioni (art. 27 c. 10 DL 185/2008 conv. in L. 2/2009) - è di importo non superiore a € 5.000;
– per le **altre imprese**, è di importo non superiore a € 2.500.
Il modesto importo va considerato facendo riferimento al **valore nominale** del credito (compresa l'IVA oggetto di rivalsa nei confronti del debitore e, se è stato riscosso parzialmente, al

netto degli importi incassati) e prescindendo da eventuali svalutazioni effettuate in sede contabile e fiscale. Se l'impresa è subentrata nella titolarità del credito per effetto di **atti traslativi**, invece, occorre far riferimento al corrispettivo riconosciuto in sede di acquisto del credito (al netto ovviamente dell'importo eventualmente incassato).
Non assumono rilevanza, invece, i **crediti assistiti da garanzia assicurativa** (per l'Assonime dovrebbero dunque rilevare i crediti assistiti da garanzie reali o personali diverse da quelle assicurative), gli **interessi di mora** e gli **oneri accessori** addebitati in caso di inadempimento (questi ultimi due sono deducibili in maniera autonoma rispetto al valore del credito).

Per i **crediti in valuta**, ai fini dell'individuazione dell'importo, rileva il cambio storico, secondo le regole generali (v. n. 21635).

Se sussistono **più crediti** nei confronti del medesimo debitore, i predetti limiti rilevano in relazione al singolo credito corrispondente ad ogni obbligazione posta in essere dalle parti. Tale regola si applica, però, soltanto in presenza di obbligazioni riconducibili a rapporti giuridici autonomi. **24528**

ESEMPIO
Un'impresa di più rilevanti dimensioni che al termine del periodo d'imposta abbia nei confronti di un medesimo debitore due crediti derivanti da obbligazioni autonome scaduti da almeno 6 mesi con un valore nominale pari a € 3.000 e a € 4.000 può dedurre entrambe le perdite, in quanto i crediti sono entrambi di modesto importo. Non rileva che la somma del valore nominale dei due crediti (pari a € 7.000) supererebbe il limite degli € 5.000.

Se, invece, si è in presenza di un **rapporto contrattuale complesso e unitario** che contempli una pluralità di obbligazioni pecuniarie (es. contratti di fornitura o di somministrazione di beni o servizi, premi ricorrenti di una polizza assicurativa) il modesto importo va verificato con riguardo al saldo complessivo dei crediti scaduti da almeno 6 mesi al termine del periodo d'imposta riconducibile allo stesso debitore e al medesimo rapporto contrattuale.

Criteri di deducibilità La deduzione delle perdite può avvenire solo **a partire dall'esercizio** in cui sono trascorsi 6 mesi dalla scadenza di pagamento del credito. **24530**
Condizione per la deduzione è la previa imputazione delle stesse al conto economico, in ossequio al principio di derivazione; la deduzione può avvenire anche in un periodo successivo quello in cui sono decorsi i 6 mesi, purché non oltre quello in cui il credito deve essere cancellato dal bilancio in base ai principi contabili (v. n. 24519).
In relazione a tale momento, si possono verificare i seguenti 3 casi:
1) il creditore **ha già rilevato** una perdita nell'esercizio precedente a quello di scadenza dei 6 mesi, ma non l'ha dedotta fiscalmente (effettuando nella dichiarazione dei redditi una variazione in aumento del reddito): nell'esercizio successivo, in cui scadono i 6 mesi, la perdita è deducibile (mediante una variazione in diminuzione del reddito);
2) il creditore rileva una perdita **nell'esercizio di scadenza dei 6 mesi**: il relativo onere risulta subito deducibile;
3) il creditore rileva una perdita in un **esercizio successivo** a quello di scadenza dei 6 mesi: il relativo onere risulta deducibile in tale esercizio (se non è successivo a quello in cui il credito deve essere cancellato dal bilancio).
Si evidenzia che le **perdite non dedotte nel periodo in cui scadono i 6 mesi**, perché non ancora imputate al conto economico, non devono essere nuovamente sottoposte alla verifica del modesto importo nei successivi periodi d'imposta.

ESEMPIO
Un'impresa di più rilevanti dimensioni ha nei confronti del medesimo debitore due crediti derivanti da un contratto di somministrazione del valore nominale pari a 3.000 e a 1.500 scaduti da almeno 6 mesi al termine del periodo d'imposta 2021 e un credito di 2.000 per il quale il requisito dei 6 mesi risulta soddisfatto nel successivo periodo 2022.
Nel 2021 l'impresa, in assenza di imputazione a conto economico, non deduce la perdita di 4.500 (3.000 + 1.500).
Nel 2022 potrà dedurre sia la perdita di 4.500 sia la perdita riferita al credito di 2.000 (se imputata a conto economico).

Proroga della scadenza del credito Se avviene prima della scadenza del credito o dei 6 mesi successivi non consente la deduzione della perdita; se invece avviene dopo i 6 mesi è irrilevante e quindi la perdita è deducibile.

24532 In tutti i casi sopra esaminati, la deduzione della perdita su crediti dopo i 6 mesi dalla scadenza, è possibile anche quando l'imputazione al conto economico è già avvenuta in precedenza **a titolo di svalutazione** non dedotta fiscalmente. In caso di svalutazione **parziale** dei crediti, nell'esercizio di scadenza dei 6 mesi è deducibile il solo onere imputato a conto economico; la restante quota del credito originerà un costo deducibile nel periodo d'imposta successivo in cui confluisce a conto economico come ulteriore perdita.
La deduzione è ammessa anche nel caso in cui la svalutazione sia avvenuta **per masse**, cioè mediante un accantonamento al fondo svalutazione (v. n. 24505), pur se non dedotto fiscalmente (c.d. **fondo tassato preesistente**). In presenza di fondi tassati la deduzione è ammessa nell'esercizio in cui scade il semestre oppure negli esercizi successivi, purché non oltre quello in cui il credito è cancellato dal bilancio in applicazione dei principi contabili (v. n. 24519) (art. 13 c. 3 D.Lgs. 147/2015). In sostanza, la scelta dell'esercizio in cui dedurre la perdita è rimessa all'impresa creditrice con l'unico limite rappresentato dal periodo d'imposta nel corso del quale il credito viene cancellato dal bilancio. Resta fermo che la cancellazione in bilancio dei mini crediti già svalutati e dedotti in un esercizio precedente, non potendo implicare più alcuna deduzione, non può produrre effetti fiscali (Risp. AE 13 maggio 2021 n. 342).

Al verificarsi delle condizioni previste per dedurre una perdita sui crediti di modesto importo, è consentito all'imprenditore di imputarla al conto economico e, se esiste un fondo svalutazione crediti, lo stesso viene utilizzato iscrivendo un provento nel conto economico (che va a ridurre la perdita stessa).
Se il fondo svalutazione crediti era stato tassato (perché la svalutazione era di importo superiore allo 0,50% dei crediti ammesso annualmente), l'imprenditore apporta una variazione in diminuzione di ammontare pari all'utilizzo del fondo precedentemente tassato.

24535 **PROCEDURE CONCORSUALI E PROCEDURE ASSIMILATE** (art. 101 c. 5 DPR 917/86, Circ. AE 1° agosto 2013 n. 26/E) In presenza di procedure concorsuali e di procedure assimilate, è riconosciuta la sussistenza dei requisiti di certezza e precisione della perdita, che diviene pertanto **detraibile**:
1) per le procedure concorsuali: a partire dalla data in cui il debitore si considera assoggettato alla procedura e cioè dalla data:
– della sentenza dichiarativa del fallimento;
– del provvedimento che ordina la liquidazione coatta amministrativa;
– del decreto di ammissione alla procedura di concordato preventivo (nel caso di concordato in bianco, dovrebbe rilevare l'emissione del decreto del tribunale di concessione dei termini per il piano e di nomina del commissario giudiziale, purché il decreto di ammissione avvenga nello stesso periodo d'imposta, altrimenti rileva la presentazione del piano dei pagamenti, DRE Lombardia);
– del decreto che dispone la procedura di amministrazione straordinaria delle grandi imprese in crisi;
2) per gli accordi di ristrutturazione del debito (art. 182 bis L.Fall.): a partire dalla data del decreto del Tribunale di omologazione dell'accordo. Tale momento dovrebbe rilevare anche per i soggetti che non hanno aderito all'accordo;
3) per i piani di risanamento attestati da un professionista indipendente e qualificato (art. 67 c. 1 lett. d L.Fall.): dalla data di iscrizione nel registro delle imprese. Al riguardo, poiché tale iscrizione è facoltativa per il debitore, se non avviene, il creditore non può dedurre la perdita in base alla norma in esame, ma può dedurre solo la parte eventualmente stralciata in base all'accordo tra il debitore e i suoi creditori.

>**Precisazioni** 1) È ovvio che se il piano di risanamento prevede **solo un allungamento dei tempi di pagamento** del debito, ma non la riduzione del capitale che verrà rimborsato, non emerge alcuna perdita.
2) Sono equiparate alle procedure concorsuali quelle che derivano dalla disciplina della **composizione della crisi da sovraindebitamento** (L. 3/2012):
– il piano del consumatore e l'accordo del debitore, assimilabili al concordato;
– la liquidazione dei beni, assimilabile alla procedura fallimentare.
3) La medesima disciplina si applica alle **procedure estere** equivalenti a quelle nazionali, previste in Stati o territori con i quali esiste un adeguato scambio di informazioni (si presume che siano quelli elencati al n. 99115), a partire dalla data di ammissione (es. procedura fallimentare USA di ristrutturazione societaria, c.d. Chapter 11).

24537 Per la **determinazione del periodo** in cui dedurre la perdita su crediti, si fa riferimento all'esercizio in cui è avvenuta l'imputazione della stessa nel conto economico, il che può accadere nello stesso esercizio di emanazione dei provvedimenti suddetti o anche in esercizi

successivi, quando cioè l'imprenditore ritiene sussistenti, nel caso concreto, i requisiti di certezza e determinabilità della perdita (Circ. AE 1° agosto 2013 n. 26/E, Cass. 4 settembre 2002 n. 12831); termine ultimo per la deduzione è l'esercizio in cui si verificano le condizioni stabilite dai principi contabili per la cancellazione del credito (v. n. 24519). Pertanto, la perdita risulta deducibile nell'esercizio in cui è imputata a conto economico e nei limiti dell'onere rilevato, a condizione che ciò avvenga in conformità alla corretta applicazione dei principi contabili adottati.
La perdita può essere dedotta anche in modo **parziale** e **frazionato** nel corso del citato arco temporale. In questo caso, è possibile dedurre l'ulteriore perdita previa rilevazione a conto economico in base ai medesimi principi contabili (es. nuovi elementi idonei a dimostrare il verificarsi di una perdita maggiore di quella inizialmente rilevata e dedotta, come nel caso di credito vantato nei confronti di un soggetto ammesso a concordato preventivo e per il quale viene successivamente dichiarato il fallimento).
In presenza di **fondi svalutazione tassati preesistenti** costituiti da svalutazioni effettuate **per masse** non dedotte quali perdite su crediti (v. n. 24505 e s.), la deduzione è ammessa nell'esercizio in cui il debitore si considera assoggettato a procedura concorsuale oppure nell'esercizio in cui il credito è cancellato dal bilancio in applicazione dei principi contabili (v. n. 24519) (art. 13 c. 3 D.Lgs. 147/2015). La deduzione non dovrebbe essere consentita negli esercizi intermedi, anche se la relazione ministeriale sembra esprimersi diversamente.

IMPORTO DEDUCIBILE (Circ. AE 1° agosto 2013 n. 26/E) Se sono state effettuate delle **24539**
svalutazioni crediti o se esiste un **fondo per rischi su crediti** (v. n. 24505), la perdita è deducibile limitatamente alla parte che eccede le svalutazioni e gli accantonamenti al fondo dedotti nei precedenti esercizi; essa pertanto va prioritariamente imputata al fondo rischi fino alla sua completa utilizzazione.
Anche nel caso di **procedure concorsuali**, la perdita deve in primo luogo assorbire il fondo rischi su crediti, mentre il residuo importo non assorbito sarà dedotto interamente nell'anno di imputazione.
Per il concordato preventivo e per gli accordi di ristrutturazione dei debiti, la perdita deducibile è costituita dalla differenza tra crediti iscritti in bilancio e credito rimborsabile.

CASI PARTICOLARI (Circ. AE 1° agosto 2013 n. 26/E) Nel caso in cui l'impresa realizza il **24540**
credito tramite la **cessione pro solvendo** oppure nel caso di **decesso** del debitore, l'emersione di una perdita produce i seguenti effetti.

Eventi	Condizioni
Cessione del credito pro-solvendo	nella cessione in cui il cedente garantisce l'esistenza del credito e la solvibilità del debitore, la perdita non è deducibile, perché non è né certa né definitiva (Ris. Min. 13 marzo 1982 n. 9/634) (*).
Decesso del debitore	in assenza di eredi o se gli eredi hanno rinunciato all'eredità, la perdita è deducibile.
(*) Se il cedente garantisce solo parzialmente il credito ceduto, nei limiti del corrispettivo incassato dalla cessione, è ragionevole ritenere che la differenza sia una perdita definitiva e quindi deducibile come nel caso di cessione pro-soluto (v. n. 24519).	

3. Altre perdite

PERDITE SU CAMBI Non essendo ammessi gli accantonamenti per rischi di cambio (v. **24542**
n. 24305), le perdite su cambi derivanti da riscossioni o pagamenti effettuati nell'esercizio sono **integralmente deducibili**.

PERDITE DERIVANTI DALLA PARTECIPAZIONE IN SOCIETÀ DI PERSONE **24545**
(art. 101 c. 6 DPR 917/86) Le perdite attribuite per trasparenza da s.n.c. e s.a.s. sono utilizzabili solo in diminuzione degli utili attribuiti per trasparenza nei **successivi 5 periodi** d'imposta dalla stessa società che ha generato le perdite.

VI. Altri oneri e proventi

24555 Sono i componenti di reddito che possono essere sia positivi (plusvalenze e sopravvenienze positive) che negativi (minusvalenze e sopravvenienze negative). Nel primo caso sono soggetti ai principi generali di cui al n. 21390 e s. nel secondo, oltre a questi, a quelli specifici per i costi (v. n. 22715 e s.).

A. Plusvalenze e minusvalenze

24560 **Derivano** dalla cessione di beni appartenenti al patrimonio dell'impresa, la cui cessione non dà luogo a ricavi (es. beni immobili e mobili strumentali, immobilizzazioni finanziarie, aziende, quote di partecipazione in s.n.c. o s.a.s.). Pertanto, ad **esempio**, la vendita di un immobile dà luogo a ricavi se è effettuata da un'impresa edile, dà invece luogo a plusvalenze o minusvalenze se è effettuata da un'impresa di assicurazione, da una banca, ecc.

> **Precisazioni 1)** Una società in **liquidazione** che cede beni strumentali genera plus/minusvalenze (Ris. Min. 2 febbraio 1980 n. 11/115).
2) Una società che cede beni ai creditori in sede di **concordato preventivo** liquidatorio (cioè senza continuità aziendale), comprese rimanenze e avviamento, non genera mai plus/minusvalenze (art. 86 c. 5 DPR 917/86, Risp. AE 31 ottobre 2019 n. 462). Lo stesso per le vendite dei beni a terzi effettuate dal commissario giudiziale, per ricavare la liquidità necessaria a soddisfare i creditori (Ris. AE 1° marzo 2004 n. 29/E, Cass. 16 ottobre 2006 n. 22168).

24565 **DETERMINAZIONE** (artt. 86 c. 2 e 101 c. 1 DPR 917/86) La plus o minusvalenza è costituita dalla **differenza** tra il **corrispettivo** conseguito (o il risarcimento ottenuto per il danneggiamento o la perdita del bene), al netto degli oneri accessori di diretta imputazione (spese notarili, spese per perizie tecniche ed estimative, provvigioni dovute agli intermediari, ecc.), e il costo non ancora ammortizzato. Quest'ultimo calcolato tenendo conto della frazione di periodo in cui è avvenuta la cessione (v. n. 23590).
In caso di **autoconsumo**, si considera il valore normale in luogo del corrispettivo conseguito.

Per i **fabbricati strumentali**, le cui **aree** occupate non sono ammortizzabili (v. n. 23630), la plus/minusvalenza si calcola come differenza tra corrispettivo e costo fiscale dell'area comprensiva di fabbricato (Circ. AE 16 febbraio 2007 n. 11/E).

24567 **Immobilizzazioni finanziarie** La plus o minusvalenza normalmente è costituita dalla differenza tra il valore di realizzo, al netto degli oneri accessori di diretta imputazione, e il costo attribuito alla partecipazione - c.d. valore fiscalmente riconosciuto - assunto al netto delle eventuali svalutazioni dedotte nei periodi precedenti (v. n. 24820). Quest'ultimo, inoltre, va diminuito delle somme o valore normale dei beni ricevuti dai soci di società soggette all'IRES a titolo di ripartizione di capitale o di riserve di capitale (v. n. 11090) e va aumentato dei versamenti effettuati dai soci a fondo perduto o a copertura di perdite (v. n. 22615). Per le partecipazioni nelle **società di persone** e assimilate, nonché nelle **società di capitali** che optano per la **tassazione per trasparenza** (v. n. 26455), il costo è dapprima aumentato o diminuito dei redditi e delle perdite imputate al socio per trasparenza; quindi, da tale importo si scomputano, fino a concorrenza dei redditi di partecipazione già imputati, gli utili effettivamente distribuiti al socio (Ris. AE 22 ottobre 2008 n. 398/E).

> **Precisazioni 1)** Il **valore fiscalmente riconosciuto alla partecipazione** acquisita non cambia se il cedente aveva i requisiti per la «Pex» (v. n. 24705), rimane comunque il costo sostenuto dall'acquirente (Circ. AE 5 agosto 2004 n. 38/E).
2) Le operazioni su **azioni proprie**, a seguito dell'introduzione del principio della derivazione (v. n. 21190), sono rilevate solo nel patrimonio netto, senza rilevanza reddituale.

24570 **Beni a deducibilità ridotta** La plus o minusvalenza (ad es. per la cessione di un bene ad uso promiscuo) concorre al reddito in proporzione agli ammortamenti dedotti rispetto ai complessivi.
Se il bene è ceduto nello stesso periodo d'imposta in cui è acquistato, non essendo ancora cominciato l'ammortamento, la plusvalenza va considerata interamente.

>Precisazioni 1) Se, per effetto di **modifiche normative**, sullo stesso bene si è avuta per alcuni periodi la deducibilità integrale dell'ammortamento e per altri la deducibilità parziale o addirittura nulla, occorre rapportare gli ammortamenti deducibili a quelli complessivi e applicare la percentuale risultante alla plus o minusvalenza. **24572**

Ad **esempio**: bene acquistato per 30.000 e ammortizzato nel seguente modo:

n 7.500 (interamente deducibile)

n+1 15.000 (deducibili fiscalmente solo per 7.500).

Se è stato venduto nell'anno n+2 per 10.000, la plusvalenza di 2.500 è tassabile per la quota del 66,667% derivante dal rapporto ammortamenti deducibili fiscalmente/ammortamenti complessivi pari a:

$$\frac{15.000 \times 100}{22.500} = 66,667\%$$

Pertanto, la plusvalenza tassabile ammonta a 1.666,675.

2) Per i **beni acquisiti tramite leasing e poi riscattati**, ai fini del rapporto suddetto, bisogna distinguere (Circ. AE 18 giugno 2008 n. 47/E):

– se la cessione avviene nello stesso periodo d'imposta del riscatto, si calcola il rapporto tra l'ammontare dei canoni dedotti e quello complessivo dei canoni dovuti;

– se avviene successivamente, e quindi il bene è stato ammortizzato per almeno un periodo, si fa riferimento al rapporto tra l'ammontare dell'ammortamento dedotto fiscalmente e quello complessivamente effettuato.

3) Il principio sopra illustrato ricorre anche nel caso di cessione di **beni concessi in godimento ai soci** per corrispettivo inferiore al valore normale; in tali casi, infatti, i costi sono deducibili parzialmente, secondo quanto illustrato al n. 23865 e s.

Permuta di beni strumentali (art. 86 c. 2 DPR 917/86) Nel caso di permuta di un bene strumentale con altro bene strumentale (es.: cessione di un computer usato con uno nuovo), se il **bene ricevuto** in permuta viene **iscritto in bilancio** allo stesso valore al quale era iscritto il bene ceduto (inteso come valore residuo da ammortizzare), si considera plusvalenza soltanto il **conguaglio in denaro** eventualmente pattuito. **24575**

La disposizione si applica, anche nel caso in cui i beni ammortizzabili ceduti costituiscano un **complesso o ramo aziendale** (v. n. 89050).

Se i **beni ricevuti** in permuta **non sono ammortizzabili** (ad esempio, beni merce), la plusvalenza è determinata come differenza tra il valore normale dei beni ricevuti (corrispettivo conseguito) e il costo non ammortizzato del bene trasferito al terzo.

a. Plusvalenze

A seconda del fatto da cui generano, le plusvalenze possono essere distinte tra: **24585**

– realizzate, se è stato conseguito un corrispettivo (v. n. 24595);

– derivanti dalla destinazione dei beni ai soci, a finalità personali o estranee all'attività di impresa - c.d. autoconsumo (v. n. 24645).

Sono, inoltre, previste **regole particolari** per le plusvalenze che derivano dalle seguenti operazioni:

– conferimento di partecipazioni in società controllate o collegate (v. n. 24675);

– cessione di partecipazioni in società di capitali o enti commerciali aventi i requisiti per l'esenzione parziale (c.d. «Pex» - v. n. 24705);

– trasferimento della residenza o della sede all'estero (v. n. 93760).

Sono fiscalmente irrilevanti le plusvalenze **iscritte a soli fini contabili**, salvo che la **rivalutazione** sia avvenuta in applicazione di specifiche disposizioni di legge che consentono l'ammortamento dei maggiori valori iscritti (es. art. 1 c. 556-564 L. 232/2016).

1. Plusvalenze realizzate
(art. 86 c. 1 lett. a, b e 5 bis DPR 917/86)

Si tratta delle plusvalenze realizzate mediante: **24595**

a) cessione a titolo oneroso, a cui sono equiparati:

– il conferimento in società (art. 9 c. 5 DPR 917/86);

– le somme e il valore normale dei beni ricevuti a titolo di ripartizione del capitale e delle riserve di capitale, per la quota che eccede il valore fiscalmente riconosciuto delle partecipazioni, nelle seguenti ipotesi: recesso, esclusione, riscatto e riduzione del capitale esuberante o liquidazione anche concorsuale delle società o enti (v. n. 11122); attribuzione di riserve e fondi costituiti con sovrapprezzi di emissione azioni, interessi di conguaglio, saldi di rivalutazione monetaria (v. n. 11090);

b) risarcimento, anche in forma assicurativa, della perdita o del danneggiamento dei beni.

>Precisazioni 1) Le cessioni onerose di beni strumentali di **costo inferiore** a € 516,46, che è stato interamente dedotto nell'esercizio di acquisto, danno sempre luogo a plusvalenze.

2) Per la **cessione** d'**azienda** v. n. 89010.

3) Se il **bene danneggiato**, cui si riferisce il risarcimento, **continua ad essere utilizzato** perché il danno è ridotto, la plusvalenza deve essere determinata considerando il costo non ammortizzato proporzionalmente riferibile alla parte danneggiata. Ad **esempio** se l'indennizzo è di 30, il costo residuo da ammortizzare del bene danneggiato è 150 e il valore normale del bene prima del danno è 300, la plusvalenza risulta dalla seguente operazione:

$$30 - \frac{(30 \times 150)}{300} = 30 - 15 = 15$$

24600 **MODALITÀ DI TASSAZIONE** (art. 86 c. 4 DPR 917/86) La plusvalenza è tassata **interamente** nel periodo d'imposta del suo realizzo (v. n. 21415); tuttavia, se il bene è stato **posseduto** per un periodo **minimo di 3 anni** (1 anno per le società sportive professionistiche), la plusvalenza può essere tassata in **quote costanti**, al massimo in 5 esercizi, compreso quello in cui si è verificato il realizzo; la tassazione rateizzata è ammessa anche nel caso di beni immateriali (marchi, domini, ecc.) non iscritti in bilancio per assenza di costi (Risp. AE 4 febbraio 2020 n. 19).

Di seguito si esaminano le modalità di computo del periodo di possesso e gli adempimenti formali in caso di tassazione rateizzata.

>Precisazioni 1) Il riferimento agli esercizi, anziché ai periodi d'imposta, fa sì che, in presenza di **operazioni straordinarie** nel corso dell'esercizio (che viene quindi diviso in più periodi d'imposta), la quota della plusvalenza va abbinata al solo periodo d'imposta che matura al termine dell'esercizio statutario.

2) In deroga ai principi suddetti e in osservanza della disciplina civilistica, la plusvalenza (o la minusvalenza) derivante da operazioni di **sale and lease back** (v. n. 23805), per i soggetti diversi dalle microimprese che non redigono il bilancio ordinario (dal 2022 v. n. 21191), va ripartita in funzione della durata del contratto di leasing, a partire dal momento in cui inizia a decorrere il medesimo (Ris. AE 23 giugno 2017 n. 77/E, Cass. 23 giugno 2022 n. 20324, Cass. pen. 12 aprile 2016 n. 35294). Per le microimprese, invece, si applicano le regole ordinarie sopra descritte (Circ. AE 23 giugno 2010 n. 38/E).

24605 **Computo del periodo di possesso** Per tutti i beni patrimoniali, fatta eccezione per le immobilizzazioni finanziarie, il periodo di 3 anni di possesso deve essere:

– ininterrotto;

– computato dal giorno successivo a quello di acquisto: per esempio, se l'acquisto è avvenuto il 31 maggio 2016, i 3 anni scadono il 31 maggio 2019 (art. 2963 c.c.);

– prorogato al primo giorno non festivo successivo, se il termine cade in un giorno festivo.

Il tempo va calcolato **in anni** e non in esercizi sociali.

Nel caso di cessione di un bene precedentemente detenuto in **locazione finanziaria** che sia stato oggetto di riscatto, ai fini della verifica del possesso triennale, è rilevante anche il periodo in cui il bene è detenuto in leasing (Ris. AE 17 dicembre 2007 n. 379/E).

24610 Per le **immobilizzazioni finanziarie** (che non hanno i requisiti Pex di cui al n. 24705) il periodo di possesso viene computato con riferimento agli esercizi nei quali le stesse sono state **classificate** tra le immobilizzazioni finanziarie (v. n. 21295 e, per IAS adopter, n. 21315). Occorre verificare che l'iscrizione ricorra nei bilanci degli **ultimi 3 esercizi** anteriori a quello in corso alla data del realizzo. Per cui ad esempio, nel caso dell'esercizio inferiore o superiore ai 12 mesi la rateizzazione spetta se tra la data di acquisto e la data di vendita della partecipazione si sono, comunque, chiusi 3 esercizi. Viceversa, non spetta per le partecipazioni possedute per più di 3 anni, ma non per 3 esercizi.

Si considerano cedute per prime le immobilizzazioni finanziarie acquisite in data più recente (criterio LIFO).

>Precisazioni 1) La cessione di una partecipazione iscritta in bilancio per 3 esercizi come immobilizzazione finanziaria e nel bilancio precedente alla cessione nell'**attivo circolante**, determina ricavo dell'esercizio in cui è avvenuta (Circ. Min. 27 maggio 1994 n. 73/E).

2) Nei casi di **cessione obbligatoria di azioni o quote** di partecipazione (art. 82 DPR 917/86) che non hanno i requisiti Pex (v. n. 24705), è possibile optare per la tassazione rateizzata della plusvalenza a prescindere dal requisito temporale (Circ. AE 4 agosto 2004 n. 36/E); ciò si verifica per le **cessioni di**:

– azioni o quote della società controllante detenute dalla società controllata in misura superiore agli utili distribuibili e alle riserve disponibili risultanti dall'ultimo bilancio approvato (art. 2359 ter c.c.), da effettuare entro 6 mesi dall'approvazione del bilancio dal quale le azioni o quote risultano;
– azioni di società quotate in borsa detenute in misura superiore al 2% e alienazioni di azioni o quote detenute in misura superiore al 10%, in caso di partecipazioni reciproche (art. 121 c. 1 D.Lgs. 58/98).

Per le plusvalenze realizzate a seguito della cessione di partecipazioni in **soggetti esteri** controllati residenti in paradisi fiscali (v. n. 21916), per i quali si dimostri lo svolgimento di un'**attività economica effettiva**, mediante l'impiego di personale, attrezzature, attivi e locali, al cedente controllante residente (o alle cedenti residenti sue controllate), spetta un **credito** per le imposte pagate all'estero (v. n. 95090). Esso spetta in ragione delle imposte assolte dalla partecipata sugli utili maturati durante il periodo di possesso della partecipazione, in proporzione delle partecipazioni cedute e nei limiti dell'imposta italiana relativa a tali plusvalenze. La detrazione del credito spetta per l'ammontare non utilizzato a fronte delle imposte assolte sugli utili; si veda in dettaglio al n. 21934 (art. 86 c. 4 bis DPR 917/86). 24612

Il credito d'imposta è riconosciuto anche nel caso di realizzo di plusvalenze all'atto della cessione della partecipazione nella **CFC**. Spetta in misura proporzionalmente corrispondente alla quota di partecipazione agli utili posseduta e al periodo di detenzione della partecipazione, al netto di quello eventualmente già utilizzato dal cedente in occasione della percezione di dividendi derivanti dalla suddetta partecipazione.

Esercizio dell'opzione La **scelta di rateizzare** la plusvalenza va fatta nella dichiarazione dei redditi relativa all'esercizio in cui si è verificato il realizzo, compilando l'apposito prospetto. La scelta è irrevocabile e si considera validamente espressa anche per gli esercizi successivi. 24615
La disposizione ha valenza esclusivamente fiscale e pertanto nel **bilancio civilistico** l'imputazione avviene, in ogni caso, per l'intero importo. Il contribuente procede poi alle variazioni in aumento e in diminuzione in sede di dichiarazione.

Ovviamente se la **dichiarazione** dei redditi **non è presentata**, in sede di accertamento la plusvalenza è imputata interamente all'esercizio di realizzo.

2. Autoconsumo
(artt. 86 c. 1 lett. c, c. 3 e 58 c. 3 DPR 917/86)

Se i beni patrimoniali vengono assegnati ai soci o destinati a finalità estranee all'esercizio dell'impresa, danno luogo a plusvalenze, da determinarsi in base alla differenza tra il **valore normale** del bene e il costo fiscalmente riconosciuto. Rientra in tale ipotesi la destinazione al consumo personale o familiare dell'imprenditore individuale. 24645
La plusvalenza concorre interamente a formare il reddito dell'esercizio in cui si determina, non essendo prevista possibilità di tassazione rateizzata.

3. Conferimenti di partecipazioni di controllo o collegamento
(art. 175 DPR 917/86)

Per applicare la disciplina di seguito indicata deve trattarsi di operazioni **effettuate tra** soggetti residenti su partecipazioni in soggetti sia residenti che non residenti. Le partecipazioni conferite devono consentire di esercitare il controllo o il collegamento da (art. 2359 c. 1, 2 e 3 c.c.). 24675
Il **valore di realizzo** della partecipazione conferita (cioè l'equivalente del corrispettivo di cessione) è calcolato in base ai dati iscritti nella contabilità dei soggetti conferente e conferitario ed è fissato nel maggiore tra:
– il valore attribuito nelle scritture contabili del conferente ai titoli ricevuti in cambio della partecipazione conferita;
– e il valore attribuito nelle scritture contabili del conferitario alla partecipazione conferita.
Se il conferitario iscrive la partecipazione agli **stessi valori contabili**, fiscalmente riconosciuti, del conferente (e quest'ultimo mantiene tale valore per i titoli ricevuti in cambio), non si hanno plusvalenze tassabili e quindi il conferimento rappresenta un'operazione neutrale (c.d. conferimento a valori contabili).

Se il conferitario iscrive la partecipazione per **valori più alti**, la differenza rappresenta una plusvalenza tassabile per il conferente, mentre il conferitario avrà il riconoscimento fiscale di tali maggiori valori.
Per le **modalità di tassazione**, si applicano le regole ordinarie, compresa la possibilità di rateizzare la plusvalenza e di fruire della Pex se le partecipazioni hanno i requisiti illustrati al n. 24705

> **Precisazioni** 1) Nel caso di imprenditore individuale e società di persone in **contabilità semplificata**, i valori delle partecipazioni possono essere rilevati, oltre che dalle scritture contabili obbligatorie, anche dallo stato patrimoniale riportato nell'atto notarile di conferimento (Ris. Min. 26 febbraio 1999 n. 33/E).
> 2) Il regime di neutralità viene meno nel caso in cui in cambio del conferimento di partecipazioni **non aventi i requisiti** Pex si ricevano partecipazioni che, al contrario, li abbiano (senza considerare, in entrambi i casi, quello temporale - v. n. 24730) (Ris. AE 22 febbraio 2008 n. 60/E). In tal caso, il valore di realizzo si determina in base al valore normale (v. n. 855).

---

4. Plusvalenze parzialmente esenti (c.d. Participation exemption o Pex)
(art. 87 DPR 917/86, Circ. AE 29 marzo 2013 n. 7/E e Circ. AE 4 agosto 2004 n. 36/E)

24705 Le plusvalenze da realizzo (anche da autoconsumo, es. offerta di azioni ai dipendenti o amministratori) di partecipazioni, quote e strumenti finanziari assimilati, determinate secondo i criteri esposti ai paragrafi precedenti, sono parzialmente esenti se ricorrono determinati **requisiti** concernenti il periodo di possesso e la natura delle partecipate.
Nelle due **tabelle** seguenti sono individuate, rispettivamente, le attività finanziarie da cui possono derivare plusvalenze parzialmente esenti e le percentuali di esenzione previste per i soggetti IRES rispetto alle società di persone e agli imprenditori.

> **Precisazioni** 1) Rilevano anche le plusvalenze derivanti da **operazioni** effettuate a titolo oneroso **diverse** dalla cessione propriamente intesa, ma che producono i medesimi effetti giuridici, quali: conferimento, permuta, scambio di azioni.
> 2) Secondo l'AF sono **escluse** dal regime di esenzione le quote dei Fondi comuni di investimento mobiliare, anche se iscritte tra le immobilizzazioni finanziarie, nonché le quote di partecipazione nelle SICAV.

24710

Attività finanziarie e somme da cui possono emergere plusvalenze parzialmente esenti
– **azioni**, anche se cedute obbligatoriamente nei casi previsti dalla legge (v. n. 24610); – **quote di partecipazioni**, anche non rappresentate da titoli, in società di persone ed enti equiparati (escluse le società semplici e assimilate) e in società ed enti soggetti IRES; – **diritti di usufrutto e diritti d'opzione** ceduti dallo stesso proprietario della relativa partecipazione **(1)**; – partecipazioni al capitale o al patrimonio, titoli e altri strumenti finanziari **similari alle azioni** emessi da società ed enti residenti e non residenti (art. 44 c. 2 DPR 917/86 - v. n. 11050); – contratti di **associazione in partecipazione** e di **cointeressenza** solo se è previsto un apporto diverso da quello di opere o servizi e se si tratta di contratti stipulati con **associanti non residenti**, solo a condizione che la remunerazione sia totalmente indeducibile per l'associante nello Stato estero di residenza dello stesso e ciò risulti da una dichiarazione dell'associante o da altri elementi precisi e certi; – somme o valore normale dei beni ricevuti a titolo di **ripartizione del capitale e delle riserve** di capitale per la parte che eccede il valore fiscalmente riconosciuto della partecipazione, nei seguenti casi: distribuzione di riserve o altri fondi che non rappresentano utili (v. n. 11090); recesso, esclusione o riscatto, riduzione del capitale esuberante o liquidazione anche concorsuale di società ed enti (v. n. 11122) **(2)**.
(1) Non vi è esenzione nel caso in cui i diritti d'opzione siano **negoziati da un terzo** al quale tali diritti siano pervenuti separatamente dalle partecipazioni cui sono collegati o nel caso in cui il diritto di usufrutto sia ceduto dall'usufruttuario stesso o da un successivo avente causa. **(2)** Le somme corrisposte ai soci possono essere attinte dalle riserve di capitale o da altre riserve o fondi: solo nel primo caso la differenza (positiva) tra le somme e il valore fiscalmente riconosciuto della partecipazione è soggetta al regime proprio delle plusvalenze (tassate o parzialmente esenti se sono soddisfatti i requisiti); viceversa, se le somme o i beni in argomento sono attribuiti ai soci a titolo diverso dalla ripartizione di riserve di capitale, essi rilevano come dividendi, a nulla rilevando che le partecipazioni si qualifichino o meno per l'esenzione.

24715

<table>
<tr><th>Soggetto che realizza la plusvalenza</th><th>Percentuali di esenzione e tassazione della plusvalenza</th><th>Deducibilità costi e oneri accessori</th></tr>
<tr><td>società di capitali o ente commerciale</td><td>– esente per il 95%: la plusvalenza concorre a formare il reddito del periodo, senza possibilità di rateazione, per il 5%</td><td rowspan="3">nella stessa misura in cui è tassata la plusvalenza (Circ. AE 13 marzo 2006 n. 10/E) (2)</td></tr>
<tr><td>società di persone (esclusa società semplice e assimilate) in contabilità ordinaria anche per opzione (art. 58 c. 2 DPR 917/86 e art. 2 c. 1 DM 2 aprile 2008) (1)</td><td>– esente per il 50,28%: la plusvalenza concorre a formare il reddito del periodo, senza possibilità di rateazione, per il 49,72%</td></tr>
<tr><td>impresa individuale in contabilità ordinaria anche per opzione (art. 58 c. 2 DPR 917/86 e art. 2 c. 1 e 3 DM 26 maggio 2017) (1)</td><td>– realizzate fino al 2017, come per società di persone;
– realizzate dal 2018, esente per il 41,86%: la plusvalenza concorre a formare il reddito del periodo, senza possibilità di rateazione, per il 58,14%</td></tr>
</table>

(1) L'impresa in contabilità semplificata che **opta per la contabilità ordinaria** può godere dell'esenzione parziale purché iscriva le partecipazioni tra le immobilizzazioni finanziarie nel primo bilancio chiuso dopo l'esercizio dell'opzione stessa (Circ. AE 16 marzo 2005 n. 10/E).

(2) Gli oneri accessori **di diretta imputazione** sostenuti per la cessione, essendo portati direttamente a riduzione del corrispettivo di cessione, sono deducibili nella misura corrispondente alla tassazione subita dalla plusvalenza (es. corrispettivo di cessione 1.000; costi di dirette imputazione 100; costo fiscalmente riconosciuto della partecipazione 800; plusvalenza 100; plusvalenza tassabile 5%); si tratta degli oneri accessori e di tutti i costi sostenuti in occasione della cessione quali: gli oneri notarili, spese per perizie tecniche, provvigioni dovute agli intermediari. Per gli **altri costi** connessi alla cessione, **diversi dai precedenti**, si applica la regola generale secondo cui gli stessi devono essere ripresi a tassazione nella medesima misura in cui il provento correlato è considerato esente (Circ. AE 13 marzo 2006 n. 10/E).

I costi di consulenza relativi a una «**due diligence**» effettuata per valutare la situazione della società sono interamente deducibili perché non direttamente connessi alla cessione della partecipazione esente (CTR Lazio 27 settembre 2011 n. 225).

REQUISITI I requisiti per avere l'esenzione parziale delle plusvalenze possono essere così sintetizzati: 24725

1) periodo minimo di possesso (v. n. 24730);
2) classificazione tra le immobilizzazioni finanziarie (v. n. 24735);
3) residenza fiscale della partecipata (v. n. 24740);
4) esercizio di impresa commerciale da parte della partecipata (v. n. 24745).

Nei paragrafi successivi verranno analizzati in dettaglio i requisiti e le modalità con cui essi vanno verificati. A parte verranno evidenziate le **particolarità** che riguardano: le società con patrimonio prevalentemente immobiliare; le holding e i soggetti coinvolti in operazioni straordinarie.

>Precisazioni 1) Per le partecipazioni in società i cui titoli sono **negoziati** nei mercati regolamentati e per le plusvalenze realizzate mediante **offerte pubbliche di vendita** (OPV), vanno soddisfatti soltanto i primi tre requisiti.

2) Per le microimprese (dato che per i soggetti OIC le operazioni su azioni proprie hanno solo valenza patrimoniale) anche per le **azioni proprie** è necessario che ricorrano tutti i requisiti richiesti dalla norma, compresi quelli relativi alla durata minima del possesso e alla classificazione nella categoria delle immobilizzazioni finanziarie. Pertanto, ad esempio, la cessione di azioni proprie classificate sin dal primo bilancio nell'attivo circolante dà comunque luogo al realizzo di ricavi.

3) In presenza di plusvalenze realizzate su **strumenti finanziari** emessi da una società la cui remunerazione sia **collegata ai risultati** economici **di altra società** del gruppo, la verifica della sussistenza dei requisiti di residenza fiscale e di esercizio di un'impresa commerciale, deve essere effettuata sia in capo all'emittente sia alla società ai cui risultati è collegato il rendimento dello strumento finanziario.

Periodo minimo di possesso Le attività finanziarie considerate devono essere possedute **ininterrottamente dal** primo giorno del 12° mese precedente quello della cessione, considerando cedute per prime le azioni o quote acquisite in data più recente (criterio LIFO). Pertanto, al momento della cessione della partecipazione, occorrerà verificare se la plusvalenza realizzata si qualifichi in tutto o in parte per il regime di esenzione. 24730

Il computo del periodo non viene interrotto in caso di **trasformazione omogenea** sia progressiva che regressiva (Risp. AE 6 marzo 2019 n. 70). Il rispetto del periodo minimo di possesso deve sussistere anche in capo alle **società costituite da meno** di 12 mesi. Un caso particolare, invece, è costituito dalla nascita di un nuovo soggetto a seguito di operazioni straordinarie (v. n. 24760).

L'applicazione del **criterio LIFO** è richiesta al solo fine di **verificare la stratificazione** delle partecipazioni nel caso in cui le stesse siano state acquisite in momenti diversi. I contribuenti, pertanto, restano liberi di determinare il costo della partecipazione ceduta (ai fini del calcolo della plusvalenza) applicando il criterio di valutazione ordinariamente adottato per la valutazione dei titoli.

ESEMPIO

Numero azioni o quote	Data acquisto	Costo	Determinazione del costo medio ponderato (*)
250	05/10/2015	1.000	
400	10/03/2016	1.500	
350	15/05/2017	1.800	
Totale 1.000		4.300	4,3

(*) Nel caso in cui il costo medio ponderato sia il metodo di valutazione utilizzato per la movimentazione dei titoli.

Il 5 aprile 2018, la società cede la partecipazione a € 6.300. Supponendo che le altre condizioni siano verificate, si ha la seguente tassazione:
- Corrispettivo di cessione 6.300
- Costo fiscalmente riconosciuto 4.300
- Plusvalenza realizzata 2.000 di cui:
- quota plusvalenza imponibile parzialmente riferibile alle prime due tranche = 2.000/1.000 × (250 + 400) = 1.300
- quota plusvalenza totalmente tassata riferibile all'ultima tranche = 700
- plusvalenza tassata = 700 + (5% × 1.300) = 700 + 65 = 765

24733 Nella **tabella** seguente sono indicati alcuni **casi particolari** di decorrenza del periodo di possesso.

Partecipazioni acquisite a seguito dell'esercizio del **diritto di opzione** attribuito in relazione ad azioni già possedute	Si considerano acquisite alla data di acquisto delle azioni o delle quote «sottostanti», delle quali conservano anche la tipologia di iscrizione in bilancio
Partecipazioni o strumenti finanziari ceduti nell'ambito di **operazioni** di «**pronti contro termine**» o di contratti di **mutuo di valori mobiliari** garantito	L'operazione non interrompe il periodo di possesso, ai fini della verifica del requisito in esame **(1)**
Azioni **ricevute dai creditori** di una società in amministrazione straordinaria a compensazione dei propri crediti (ridotti in base alla percentuale concordataria)	Si considerano acquisite alla data di omologa della sentenza di approvazione del concordato (Ris. AE 20 febbraio 2008 n. 54)

(1) In generale, non costituiscono causa di interruzione del periodo di possesso i contratti in cui il trasferimento della proprietà dei titoli assume un'assorbente funzione di garanzia (Circ. AE 29 marzo 2013 n. 7/E).

24735 **Classificazione tra le immobilizzazioni finanziarie** Le partecipazioni devono risultare iscritte tra le immobilizzazioni finanziarie nel **primo bilancio chiuso** durante il periodo di possesso - anche se non ancora approvato dall'assemblea - purché l'approvazione intervenga entro il termine di presentazione della dichiarazione dei redditi nella quale è fatta valere l'esenzione.

Sono irrilevanti eventuali **riclassificazioni** del titolo nell'attivo circolante operate in esercizi successivi; pertanto, la cessione di una partecipazione iscritta in origine tra le immobilizzazioni darà sempre luogo (ricorrendone le altre condizioni) ad una plusvalenza esente o ad una minusvalenza non deducibile. In tal caso l'applicazione del criterio LIFO per la verifica del periodo di possesso va fatta separatamente per ciascun comparto e non per l'intero pacchetto azionario.

Viceversa, per i **soggetti IAS** la riclassificazione di uno strumento finanziario in una delle altre categorie previste dallo IAS 39 assume rilievo fiscale con conseguente interruzione del periodo di possesso previsto ai fini del regime in esame (DM 8 giugno 2011).

Secondo l'AE, in caso di partecipazioni **acquisite alla medesima data**, classificate **in parte tra le immobilizzazioni** e **in parte nel circolante** e, successivamente, oggetto di trasferimento da un comparto all'altro, a parità di condizioni, al fine di stabilire se i titoli ceduti siano da ricondurre a quelli originariamente qualificati per l'esenzione o a quelli privi di tale requisito, occorre considerare prioritariamente fuoriusciti i titoli iscritti in origine nel circolante in quanto destinati, per natura, alla negoziazione (Circ. AE 29 marzo 2013 n. 7/E). **24738**

ESEMPIO
La società Alfa, in data 1° febbraio 2014, ha acquistato 120 azioni della società Beta, iscrivendone 50 tra le immobilizzazioni finanziarie e 70 nel circolante.
In data 20 luglio 2015 tutte le azioni della società Beta - iscritte nel circolante - risultano trasferite nel comparto immobilizzato.
In data 25 settembre 2018, la società Alfa ha ceduto 100 azioni della società Beta (del comparto immobilizzato).
Si considerano cedute in via prioritaria quelle iscritte nel 2014 nell'attivo circolante (70), con la conseguenza che solo le restanti 30 azioni si qualificano per l'esenzione.

Residenza fiscale della partecipata La società partecipata deve risultare residente in uno Stato UE (o SEE con scambio di informazioni) oppure in uno Stato o territorio **diverso** da quelli considerati a fiscalità privilegiata, ininterrottamente **sin dal primo periodo** di possesso (comunque non precedente al 2002). Per la verifica, secondo l'AE bisogna fare riferimento alle regole attuali (v. n. 21916 e n. 21950, a seconda che si tratti o meno di partecipazioni di controllo - Risp. AE 27 settembre 2022 n. 481); secondo autorevole dottrina, invece, si dovrebbe fare riferimento alle regole pro tempore vigenti, salvo che quelle attuali risultino più favorevoli per il contribuente (Circ. Assonime 7 maggio 2021 n. 15). **24740**
Per i rapporti detenuti **da più** di 5 periodi d'imposta e oggetto di realizzo con controparti **non appartenenti allo stesso gruppo** del cedente, è sufficiente che la condizione sussista ininterrottamente per i 5 periodi d'imposta anteriori al realizzo.
Con **riguardo ai periodi** d'imposta in cui il soggetto partecipato **è considerato** residente in un paradiso fiscale, il contribuente può dimostrare, anche a seguito di interpello, l'esimente della tassazione congrua (v. n. 21930) (Relazione illustrativa al D.Lgs. 142/2018).
Se il contribuente decide di non presentare interpello o, avendolo presentato, non ha ricevuto risposta positiva, deve indicare la **quota di plusvalenza esente** in un apposito rigo della dichiarazione dei redditi.
Il problema non si pone se la società localizzata in un Paese a fiscalità privilegiata è stata tassata in capo al socio residente in applicazione della disciplina CFC (v. n. 21942 e s.).

Si considerano appartenenti allo **stesso gruppo** i soggetti residenti o esteri tra i quali sussiste un rapporto di controllo (v. n. 21908).

Esercizio di impresa commerciale La società partecipata deve esercitare un'attività che dia luogo a reddito d'impresa (v. n. 5020) e il requisito deve **sussistere** al momento del realizzo, senza interruzione, **dall'inizio** del terzo periodo d'imposta anteriore. **24745**
La **verifica** del requisito non può essere basata esclusivamente sul contenuto dell'oggetto sociale e sulla qualifica formale attribuita all'attività esercitata, ma deve trovare, di fatto, rispondenza nelle attività, in concreto, poste in essere dal soggetto partecipato (Risp. AE 27 ottobre 2021 n. 744).
Salvo il caso della partecipata con patrimonio prevalentemente immobiliare (v. n. 24750), il requisito si ritiene **soddisfatto** se la società è dotata di una **struttura operativa idonea** alla produzione e/o alla commercializzazione di beni o servizi potenzialmente produttivi di ricavi o se dispone della capacità, **anche solo potenziale**, di soddisfare la domanda del mercato nei tempi tecnici ragionevolmente previsti in relazione alle specificità dei settori economici di appartenenza (Risp. AE 11 gennaio 2021 n. 33, Circ. AE 29 marzo 2013 n. 7/E, Risp. AE 28 novembre 2019 n. 502).

Poiché la sussistenza del requisito deve essere **verificata in capo alla società partecipata**, è irrilevante sia che la partecipazione sia stata posseduta da soggetti diversi sia la modalità di acquisizione.

Per determinare il **momento a partire dal quale** l'impresa si qualifica come commerciale, occorre identificare le attività preparatorie finalizzate all'allestimento della struttura organizzativa necessaria all'esercizio dell'attività d'impresa (c.d. **fase di start up**) in funzione del settore economico di appartenenza e del tipo di attività svolta; ad **esempio**, attività relative a studi **24747** preparatori, all'ottenimento di permessi, licenze e autorizzazioni, alle ricerche di mercato, all'addestramento iniziale del personale, all'acquisizione delle risorse finanziarie e tecniche necessarie ad avviare l'attività dell'impresa.

Il periodo di start up può essere conteggiato per il computo del periodo di svolgimento di attività commerciale se, immediatamente dopo, la società intraprende l'attività per la quale è stata costituita; nella pratica, si possono individuare le situazioni riassunte in **tabella**, a seconda del momento in cui viene ceduta la partecipazione e della situazione (ordinaria o particolare) in cui si trova la partecipata.

L'eventuale **periodo di inattività**, in cui non viene svolta né attività preparatoria né commerciale, dopo la costituzione della società, non può mai essere considerato rilevante; ad esempio, non si dà rilevanza commerciale al periodo di **mera locazione** dell'impianto produttivo (Risp. AE 14 settembre 2018 n. 2).

Per le imprese operanti in alcuni **settori particolari**, l'esercizio di impresa commerciale si configura già con riferimento ad attività che potrebbero in astratto considerarsi di natura preparatoria. Ad **esempio**, si tratta delle fasi iniziali di progettazione e realizzazione dell'investimento per le imprese che operano nell'ambito delle concessioni dirette alla progettazione, esecuzione e gestione funzionale ed economica di **opere di interesse pubblico** o di pubblica utilità, oppure delle attività concernenti le operazioni di finanziamento, di ricerca dei siti, di progettazione e realizzazione degli impianti per le imprese operanti nel settore della **produzione di energia**.

24748

Situazione della partecipata / Momento della cessione		Verifica del requisito
ordinaria	**successivo** all'avvio dell'attività commerciale	rilevano la costituzione della società e le attività preparatorie che precedono l'attività commerciale
	durante il periodo di **start up**	il requisito non sussiste per il cedente perché non è ancora iniziata l'attività commerciale vera e propria. Il periodo di start up maturato in capo al cedente può rilevare per l'acquirente che a sua volta ceda la partecipazione (solo dopo l'inizio dell'attività commerciale)
particolare	società costituita da meno di tre anni	si fa riferimento al minor periodo intercorso tra l'atto costitutivo e la cessione della partecipazione
	in liquidazione (Circ. AE 16 marzo 2005 n. 10/E)	deve risultare verificato al momento in cui ha avuto inizio la procedura
	ha interrotto l'attività commerciale prima della cessione (Circ. AE 29 marzo 2013 n. 7/E)	se il periodo di interruzione dell'impresa commerciale: – è solo **momentaneo** (l'impresa continua a essere dotata di una struttura operativa che le consente di riprendere il processo produttivo in tempi ragionevoli) il periodo di inattività non rileva ai fini della verifica; – deriva da un **depotenziamento** dell'azienda (ad es. per cessione di asset rilevanti, licenziamento di personale, ecc.), occorre valutare caso per caso se non si configuri un'ipotesi di «liquidazione di fatto» quindi vale quanto sopra con riferimento al momento in cui si individua l'ipotesi di liquidazione di fatto (Risp. AE 18 ottobre 2021 n. 722)

24750 **Partecipata con patrimonio prevalentemente immobiliare** (art. 87 c. 1 lett. d DPR 917/86) Non sono considerate commerciali, salvo quanto al n. 24753, le società il cui valore del patrimonio è prevalentemente costituito da beni **immobili diversi** da quelli alla cui produzione o scambio è effettivamente diretta l'attività dell'impresa e dagli impianti e fabbricati direttamente utilizzati nell'esercizio d'impresa (di seguito, per semplicità immobili «patrimonio»). Si tratta, nella maggior parte dei casi, delle cosiddette **immobiliari di gestione** la cui attività consiste principalmente nella mera locazione di immobili a terzi.

L'uso dell'avverbio «effettivamente» sottintende la necessità di operare un esame dell'**attività di fatto esercitata** e dell'effettiva destinazione economica degli immobili ad un'attività di costruzione o scambio, anche prescindendo, eventualmente, dalle risultanze contabili e dalla configurazione dell'oggetto sociale (Ris. AE 15 dicembre 2004 n. 152/E).

24751 Si considerano **direttamente utilizzati** anche gli immobili concessi in locazione finanziaria e i terreni su cui la partecipata svolge attività agricola, nonché quelli utilizzati promiscuamente, tenendo conto che il 50% del valore dell'immobile promiscuo va considerato parte del patrimonio non destinato all'attività commerciale.

Viceversa, non si considerano direttamente utilizzati:

– i fabbricati **concessi in locazione** o godimento, anche attraverso contratti di affitto d'azienda;
– gli immobili **strumentali non ancora utilizzati** direttamente dall'impresa in quanto in corso di restauro (Ris. AE 9 novembre 2007 n. 323/E).

In caso di **affitto di ramo d'azienda**, la società ha il requisito della commercialità se viene stabilita la prevalenza dell'attività commerciale con i criteri indicati al n. 24754.

L'**entità** del **patrimonio rilevante** ai fini della verifica di prevalenza degli immobili, deve essere assunta a valori correnti e non a valori contabili; inoltre, la verifica va fatta sempre nell'arco del triennio. Occorre, pertanto, mettere a **confronto**: **24752**
– il valore corrente degli immobili «patrimonio» (compresi quelli acquisiti in base a contratti di leasing e successivamente locati a terzi, indipendentemente dall'iscrizione o meno in bilancio degli stessi);
– il totale dell'attivo patrimoniale, anch'esso a valori correnti.
Entrambi i termini del rapporto vanno assunti **al netto** di eventuali elementi che possano incidere sia negativamente sia positivamente sulla relativa valutazione, come ad **esempio** l'iscrizione di ipoteca su un immobile o l'inclusione di un terreno agricolo nel piano di fabbricazione.

Un'**eccezione** è rappresentata dal caso in cui, accanto all'attività di gestione dell'immobile si pone in essere un'attività di **servizi complementari** e funzionali all'utilizzazione unitaria del complesso immobiliare, con finalità diverse dal mero godimento dello stesso; ad **esempio**, è il caso di immobili che fanno parte di complessi quali villaggi turistici, centri sportivi, gallerie commerciali (Circ. AE 29 marzo 2013 n. 7/E). **24753**
Sotto il profilo **qualitativo**, i servizi devono riguardare il complesso immobiliare nel suo insieme (ad **esempio**, richiesta di autorizzazioni amministrative, gestione amministrativa e finanziaria relative alle attività svolte all'interno del complesso, promozione e pubblicità degli spazi commerciali, manutenzione e pulizia delle aree comuni, ecc.) e possono essere anche forniti tramite soggetti terzi; sotto il profilo **quantitativo**, devono essere di **significativa entità** in modo da rendere l'attività di locazione o di affitto non più prevalente in quanto inserita in una più ampia attività di prestazione di servizi. Quest'ultimo requisito si ha quando i **ricavi** derivanti dalla **gestione attiva** (che non siano meri addebiti o rigiri di costi per utenze) risultano di importo **superiore** ai ricavi relativi ai canoni di affitto/locazione. Se è stabilito un **canone unico** sia per la locazione dell'immobile, sia per i servizi complementari, per la determinazione della quota dello stesso riferibile all'immobile è possibile fare riferimento anche alle rilevazioni delle quotazioni dei valori immobiliari e delle locazioni dell'OMI.
Se i ricavi relativi ai servizi sono **inferiori**, la società può fornire prova, in sede di controllo, della significatività degli stessi; a tal fine può essere utile la presenza di una struttura organizzativa funzionale alla prestazione dei servizi stessi.

Esercizio congiunto di attività commerciali e non (Circ. AE 29 marzo 2013 n. 7/E) Occorre **verificare** se l'attività commerciale è **prevalente** rispetto a quella non commerciale facendo riferimento sia al valore corrente del patrimonio sia ad altri criteri di prevalenza di un'attività rispetto un'altra quali: l'ammontare dei ricavi, dei costi e dei redditi generati da ciascuna attività; il numero dei dipendenti ad esse addetti, ecc. **24754**

Holding residente Per le partecipazioni in società la cui attività consiste in via esclusiva o prevalente nell'assunzione di partecipazioni, i requisiti della **residenza** (v. n. 24740) e della **commercialità** (v. n. 24745) sono riferiti alle società da questa direttamente o indirettamente partecipate e alle relative stabili organizzazioni. I suddetti requisiti, pertanto, si considerano verificati quando sussistono nei confronti delle partecipate che rappresentano la maggior parte del valore del patrimonio sociale della holding (facendo il raffronto tra valore corrente delle partecipazioni e quello dell'intero patrimonio sociale, considerando anche gli avviamenti positivi e negativi anche se non iscritti). **24755**
Nel caso in cui la holding detenga partecipazioni in una **sub-holding**, occorrerà valutare anche le partecipazioni da quest'ultima possedute.

›Precisazioni 1) L'esclusività o la prevalenza dell'attività di assunzione di partecipazioni deve essere verificata solo al momento della cessione della partecipazione.

2) Per le **holding miste**, ossia la società che solo in via prevalente esercita l'attività di assunzione di partecipazioni, anche il patrimonio investito in attività non finanziarie (commerciali e non), sarà valutato a valori correnti.

ESEMPIO
La holding H si qualifica per l'esenzione, in quanto i requisiti sono soddisfatti dalle società direttamente o indirettamente partecipate che rappresentano il 66% del patrimonio sociale (B+D).

Patrimonio della holding H (espresso a valore «effettivo» delle singole partecipate)	
Partecipazione A	180.000 (18%) Residente in Paese black list
Partecipazione B	390.000 (39%) Residente in Italia e «commerciale»
Partecipazione SH	430.000 (16%) non commerciale (27%) commerciale
	Sub holding, con un patrimonio così costituito:
	=> Partecipazione C* 163.000 (38% SH)
	=> Partecipazione D** 267.000 (62% SH)
Totale attivo 1.000.000 (100%)	Totale attivo 430.000 (100% SH)

* «non commerciale»
** «commerciale»

24757 **Holding estera localizzata in paradiso fiscale** In caso di partecipazioni detenute in una holding localizzata in un Paese a fiscalità privilegiata, non è sufficiente verificare la sussistenza dei requisiti di **residenza** e di **commercialità** in capo alle società da questa partecipate, ma è necessario **dimostrare**, anche tramite interpello, che dalla partecipazione nella holding non si è conseguito, sin dall'inizio del periodo di possesso, l'effetto di localizzare i redditi in Stati o territori a regime fiscale privilegiato (v. n. 24740), ad **eccezione** del caso in cui il reddito della holding sia stato tassato per trasparenza in capo al socio residente in applicazione della disciplina CFC (v. n. 21942).

24758 **Holding estera diversa** Per le holding localizzate in Paesi diversi da quelli a regime fiscale privilegiato vale quanto detto per la holding residente (v. n. 24755).

24760 **Operazioni straordinarie** Se sono intervenute operazioni di riorganizzazione aziendale, occorre tenere conto dei possibili effetti sul mantenimento o meno dei requisiti per l'esenzione.

Operazione	Periodo di possesso e iscrizione in bilancio	Residenza e commercialità
fusioni	alle nuove azioni si trasmette sia il precedente periodo di possesso sia la precedente classificazione di bilancio, sia nel caso in cui l'operazione di riorganizzazione abbia interessato la partecipante che la partecipata. Quindi, se si decide di modificare la classificazione in bilancio delle «nuove» partecipazioni, queste si considerano comunque iscritte, ai fini dell'esenzione, nella medesima categoria di quelle «vecchie»	la società risultante eredita le caratteristiche rilevanti ai fini dei requisiti in esame; pertanto, occorre tenere conto delle caratteristiche dei soggetti preesistenti, per verificare, retroattivamente nel triennio, la loro sussistenza **(1)**
scissioni	come per fusioni	come per fusioni **(2)**
conferimenti in piena **neutralità fiscale** (v. n. 89640)	risultano neutrali sia nel caso in cui l'operazione abbia interessato la partecipante che la partecipata. Il soggetto conferitario verificherà la sussistenza del requisito temporale tenendo conto anche del periodo di detenzione già maturato in capo al conferente; inoltre, non potrà modificare la classificazione della partecipazione così come risultante nel bilancio del conferente	il soggetto conferitario eredita dal conferente anche le caratteristiche rilevanti ai fini dei requisiti in esame tenendo conto delle caratteristiche dello stesso **(3)**

(1) L'eventuale natura **non commerciale** di **una delle società fuse** non esclude che la partecipazione nella nuova società possa qualificarsi per l'esenzione, ma comporta la necessità di valutare comparativamente la consistenza dei patrimoni delle società fuse: la partecipazione nella nuova società è qualificata per l'esenzione soltanto se il patrimonio conferito dalla società fusa non commerciale è inferiore al 50% del patrimonio della società risultante dalla fusione. La prevalenza della componente commerciale deve sussistere ininterrottamente, al momento del realizzo della partecipazione, per un periodo non inferiore a 3 esercizi precedenti il realizzo stesso. Se la cessione interviene prima del decorso del triennio dalla fusione, occorre verificare che il requisito della commercialità sussista non solo con riguardo al periodo di possesso della partecipazione nella società risultante dalla fusione, ma anche per il periodo antecedente. A tal fine, il requisito della commercialità può considerarsi soddisfatto se il valore del patrimonio della società fusa commerciale, per tutto il periodo necessario al computo del triennio dalla cessione, è stato superiore a quello della società fusa «non commerciale».

(2) Per le scissioni occorre tenere presente le seguenti particolarità:

– in caso di scissione di **una società non commerciale** in due società, di cui l'una non commerciale e l'altra commerciale, al fine di qualificare la seconda per l'esenzione occorrerà attendere il decorso del periodo minimo triennale dalla data dell'operazione di scissione;

– se la società scissa è **prevalentemente commerciale**, invece, rileva il periodo ante scissione per il raggiungimento del triennio medesimo.

In entrambi i casi, la **beneficiaria** che «eredita» il ramo **prevalentemente non commerciale** non si qualifica mai per l'esenzione.

Secondo l'AF, inoltre, mentre nel caso di **beneficiaria preesistente** occorre valutare la prevalenza della commercialità nel triennio tenendo conto sia del patrimonio della scissa che di quello della beneficiaria, in caso di società **beneficiarie neocostituite** occorre riportarsi alla situazione patrimoniale in essere presso la scissa prima del compimento delle operazioni di riorganizzazione aziendale; pertanto, se la scissa fosse prevalentemente non commerciale, la beneficiaria del ramo d'azienda commerciale dovrebbe aspettare comunque il compimento del triennio per avere il requisito. Secondo la dottrina prevalente, invece, viceversa, la beneficiaria neocostituita subentra sin dall'origine nel possesso del ramo commerciale scisso, a nulla rilevando il patrimonio complessivo della scissa.

(3) Con riferimento alla **conferitaria neocostituita** si veda quanto indicato nella nota precedente in merito alla beneficiaria neocostituita (Ris. AE 18 agosto 2009 n. 227/E).

b. Minusvalenze

In genere le minusvalenze sono deducibili integralmente e immediatamente solo se sono **realizzate** mediante (art. 101 c. 1 DPR 917/86): **24795**

– **cessione** a titolo oneroso, quale la cessione di un credito (v. n. 21415 e n. 24519) o la cessione dell'azienda (v. n. 89010);

– **risarcimento** per la perdita o distruzione del bene.

Vi sono inoltre delle disposizioni particolari che riguardano le **immobilizzazioni finanziarie**.

La **destinazione a finalità estranee** all'esercizio dell'impresa compresa, in caso di società, l'assegnazione a soci (c.d. autoconsumo), non consente più la deduzione delle eventuali minusvalenze (mentre continuano ad essere tassate le eventuali plusvalenze).

IMMOBILIZZAZIONI FINANZIARIE Tra le disposizioni specifiche bisogna distinguere quelle relative alle minusvalenze da cessione (dunque realizzate) da quelle relative alle minusvalenze da valutazione. **24805**

Le minusvalenze derivanti dal **fallimento** o dalla **liquidazione volontaria** della partecipata si considerano realizzate al momento della chiusura della procedura di fallimento o di liquidazione volontaria. Prima di tale momento le minusvalenze possono rilevare solo come svalutazioni (Circ. AE 5 febbraio 2003 n. 7/E).

Minusvalenze da cessione Per le minusvalenze da cessione bisogna distinguere a seconda che le partecipazioni abbiano o meno i requisiti per l'esenzione (Pex). **24810**

Partecipazioni	Deducibilità delle minusvalenze
Pex (v. n. 24705)	Se realizzate da: – società di capitali ed enti commerciali, sono indeducibili totalmente; – imprese individuali e società di persone, sono deducibili per il 49,72% del loro ammontare (41,86% se realizzate dal 2018 da imprenditori individuali, v. n. 24715).

Partecipazioni	Deducibilità delle minusvalenze
Non Pex	Generalmente sono interamente deducibili, indipendentemente dalla natura del cedente. **Eccezione** Per i soggetti non IAS sono deducibili parzialmente **(1)** se derivano da vendite che presentano **congiuntamente i seguenti requisiti**, sempreché non venga accolto apposito **interpello disapplicativo** (v. n. 80040 e s.) (art. 109 c. 3 bis, 3 ter e 3 sexies DPR 917/86, Circ. AE 14 giugno 2006 n. 21/E): 1) azioni, quote e strumenti finanziari similari detenuti da non più di 36 mesi; 2) al momento dell'acquisto della partecipazione, sussistono i requisiti oggettivi Pex di commercialità (v. n. 24745) e di residenza al di fuori dei Paesi black list (v. n. 24740); 3) nei 36 mesi precedenti la vendita sono stati incassati dividendi non imponibili parzialmente **(2) (3) (4)**.

(1) L'**indeducibilità** della minusvalenza si applica nei limiti dell'importo delle quote non imponibili dei dividendi incassati nei 36 mesi precedenti. A tal fine rilevano solo i dividendi provenienti dalla partecipazione ceduta (priva dei requisiti Pex). Pertanto, se dalla cessione di un titolo avente i requisiti suddetti scaturisce una minusvalenza, è necessario individuare i dividendi relativi al titolo medesimo percepiti negli ultimi 36 mesi e confrontare la quota non imponibile di tali dividendi con la minusvalenza.
I **dividendi computati in diminuzione** di una minusvalenza vanno **stornati** dal monte dividendi da considerare per eventuali successive cessioni che generano minusvalenze.
(2) In caso di **titoli acquisiti in epoche diverse** è necessario individuare i titoli oggetto di cessione per valutarne le caratteristiche (possesso da non più di 36 mesi e sussistenza dei requisiti oggettivi della Pex) e correlarvi i dividendi non imponibili. Per i titoli iscritti nell'attivo circolante, si utilizza il metodo ordinariamente adottato in bilancio per la movimentazione e la valutazione del proprio magazzino titoli (es. Lifo continuo o a scatti annuali, Fifo, ecc.).
Nel caso di utilizzo di un **metodo a scatti annuali** - Lifo o Fifo - che non consente di memorizzare la data di acquisto dei titoli, tutti i titoli acquistati nei 3 periodi d'imposta precedenti quello di cessione si considerano posseduti da meno di 36 mesi.
In caso di **cessione frazionata** della medesima partecipazione, ogni cessione rileva autonomamente, non è quindi possibile compensare eventuali minusvalenze con plusvalenze (nemmeno in caso di transazioni avvenute nella medesima giornata); è inoltre necessario individuare, nell'ambito di una medesima cessione di titoli acquistati in momenti diversi, le eventuali differenze negative o positive che compongono il risultato globale. Ne consegue che anche se emergono - nell'ambito di una medesima cessione - differenze negative di importo diverso relativamente ai vari titoli ceduti, ciascuna di esse va analiticamente confrontata con la quota non imponibile dei dividendi relativi a ciascun titolo, senza possibilità di compensazione con eventuali plusvalenze relative ad altri titoli contestualmente ceduti.
Nella Circ. AE 14 giugno 2006 n. 21/E sono riportati **diversi esempi** per il calcolo della quota non deducibile.
(3) Se nel corso dei 36 mesi precedenti la cessione si è verificata la **cessione di tutti i titoli** di una determinata categoria, seguita poi da un **riacquisto** e da una **successiva vendita**, l'eventuale minusvalenza deducibile va ridotta solo dei dividendi percepiti successivamente al riacquisto di titoli predetti, mentre non rilevano quelli percepiti in relazione a titoli ceduti inizialmente.
(4) L'eccezione comprende le cessioni effettuate nell'ambito di attività di trading e si applica anche:
– alle **differenze negative** tra i ricavi derivanti dalla vendita di partecipazioni e strumenti finanziari che non costituiscono immobilizzazioni finanziarie e i relativi costi;
– ai **conferimenti di titoli** e alle **liquidazioni di partecipazioni** per effetto del recesso del socio o della liquidazione della società.

24811 **ESEMPIO**
Acquisto di azioni della X s.p.a. a 6.000 (non aventi requisiti PEX)
Riscosso successivamente un dividendo di 1.000 tassato solo per 50 (quota esente 950)
Vendita, entro 36 mesi dall'acquisto, delle azioni suddette a 5.000
La minusvalenza di 1.000 è indeducibile per 950, cioè per la quota non imponibile dei dividendi incassati in precedenza.

24815 Infine, per consentire all'AF di **monitorare** eventuali operazioni elusive, l'impresa deve comunicare, nel quadro RS di Redditi:
1) per le operazioni, anche plurime, effettuate in **mercati regolamentati** italiani o esteri (v. n. 22590), i dati relativi alle minusvalenze derivanti da operazioni - cessioni, permute, scambio, conferimenti ecc. - su azioni o altri titoli quotati (iscritte sia fra immobilizzazioni che attivo circolante), di ammontare **superiore a € 50.000** (rigo RS143) (art. 5 quinquies c. 3 DL 203/2005 conv. in L. 248/2005);
2) per le cessioni di **partecipazioni** che costituiscono immobilizzazioni finanziarie e operazioni equiparabili (permute, conferimenti, realizzi derivanti da fallimento e liquidazione volontaria della società partecipata) effettuate in **mercati diversi**, i dati relativi alle minusvalenze di ammontare **superiore a € 5 milioni** (rigo RS142) (art. 1 c. 4 DL 209/2002 conv. in L. 265/2002). Questo obbligo non interessa i soggetti IAS adopter (art. 1 c. 62 L. 244/2007).

Se le informazioni suddette sono **omesse** o contengono dati incompleti o sono infedeli, si applica la sanzione del 10%, con un minimo di € 500 e un massimo di € 50.000 (art. 11 c. 4 bis D.Lgs. 471/97).

Svalutazioni (art. 101 c. 2 DPR 917/86) Le minusvalenze da valutazione (c.d. svalutazioni) sono deducibili solamente quando si riferiscono alle **obbligazioni** e titoli similari; quelle relative a **partecipazioni** (azioni, quote, ecc.), sia qualificate che non qualificate, sono invece indeducibili. **24820**

L'indeducibilità delle svalutazioni relative alle partecipazioni potrebbe rendere conveniente l'opzione per l'istituto del consolidato nazionale (v. n. 27045) o per il regime della trasparenza (v. n. 26455), al fine di **utilizzare immediatamente le perdite fiscali delle società partecipanti**.

In particolare, le minusvalenze riferite alle obbligazioni sono deducibili interamente, se imputate nel C/E, in **misura non eccedente** la differenza tra il valore fiscalmente riconosciuto e quello determinato:

1) per i **titoli quotati**, dalla media aritmetica dei prezzi rilevati nell'ultimo semestre;

2) per i **titoli non quotati**, indipendentemente dalla loro entità, dal raffronto, quando possibile, con titoli aventi caratteristiche analoghe, quotati in Borsa o negoziati al mercato ristretto. Se ciò non è possibile, il valore si determina facendo riferimento ad altri elementi di valorizzazione accertabili in modo obiettivo.

Tuttavia, per i soggetti **IAS adopter**, in deroga alle disposizioni suddette, le svalutazioni delle obbligazioni sono deducibili (e le rivalutazioni sono tassabili) quando sono imputate a C/E in base alla corretta applicazione dei citati principi contabili. **24825**

Partecipazioni in imprese controllate e collegate (art. 101 c. 3 DPR 917/86) Un particolare regime di valutazione riguarda le immobilizzazioni finanziarie costituite da partecipazioni in imprese controllate o collegate. **24830**

Queste, infatti, possono essere valutate, oltre che in base al costo, in base al valore corrispondente alla **frazione di patrimonio netto** (c.d. equity method) (art. 2426 n. 4 c.c.) che implica una periodica modifica, anche in diminuzione pur senza effettivo realizzo, dei valori iscritti in bilancio.

L'eventuale **minor valore iscritto** (differenza negativa tra il valore del patrimonio netto risultante dall'ultimo bilancio dell'impresa partecipata e il costo di acquisto della partecipazione) non è deducibile, nemmeno a titolo di ammortamento.

Le **plusvalenze** emergenti dall'applicazione dell'equity method negli esercizi successivi all'emersione non sono tassate.

B. Sopravvenienze

Si tratta di componenti di reddito correlati ad eventi che hanno avuto manifestazione economica e reddituale in esercizi precedenti. **24905**

Rappresentano, pertanto, **elementi imprevedibili** che in linea di principio dovrebbero rettificare il reddito di precedenti esercizi. Si distinguono in attive e passive. L'eliminazione dal C/E dei componenti straordinari a seguito dei cambiamenti normativi di cui al n. 21190 e s. e la conseguente iscrizione dei costi e i ricavi straordinari nelle sezioni ordinarie di pertinenza, è stata considerata generalmente rilevante dalla norma di coordinamento, per cui, il richiamo contenuto nelle norme fiscali ai componenti reddituali iscritti nelle voci delle classi A) e B) del C/E va inteso letteralmente (salvo per le plusvalenze e minusvalenze straordinarie da trasferimenti di azienda o di rami di azienda che la stessa norma ha espressamente escluso). **Questo non implica** che le sopravvenienze, con particolare riguardo al tema della deducibilità di quelle passive, non siano soggette al rispetto del **principio di competenza**.

Pertanto, anche a seguito dell'introduzione della **derivazione rafforzata** (v. n. 21190), che ha modificato semmai le modalità di attribuzione di un componente al periodo di competenza ma non il principio in sé, rimangono di generale applicazione le norme fiscali dell'art. 88 DPR 917/86 di seguito illustrate.

a. Sopravvenienze attive

24915 Le sopravvenienze attive si distinguono in sopravvenienze in senso stretto e sopravvenienze presunte.
Sono generalmente tassate in base al criterio di competenza. Regole particolari sono previste per le indennità di risarcimento (v. n. 24940) e per i contributi in conto capitale (v. n. 22085).

24925 **SOPRAVVENIENZE IN SENSO STRETTO** (art. 88 c. 1 DPR 917/86) Sono costituite da:
– i ricavi e gli altri proventi conseguiti a fronte di spese, perdite e oneri dedotti o di passività iscritte in bilancio in precedenti esercizi (si pensi al credito, considerato alla dichiarazione di fallimento del debitore quale perdita, a fronte del quale, alla chiusura del fallimento, vengono ripartite somme). È tale anche il rimborso di imposte dedotte dal reddito in precedenti esercizi (Ris. Min. 28 giugno 1979 n. 9/813);
– i ricavi o gli altri proventi conseguiti per un ammontare superiore rispetto a quello che ha concorso a formare il reddito in precedenti esercizi;
– la sopravvenuta insussistenza di spese, perdite od oneri dedotti o di passività iscritte in bilancio in precedenti esercizi. Invece, la sopravvenienza attiva rilevata contabilmente per eliminare dei costi accertati in via definitiva come inesistenti (con conseguente ripresa a tassazione), non genera reddito imponibile (Risp. AE 5 marzo 2019 n. 71).

24935 **SOPRAVVENIENZE PRESUNTE** Si presume costituiscano sopravvenienze:
– la cessione di contratti di leasing, per la cui trattazione si rinvia al n. 23785;
– alcune indennità di risarcimento (v. n. 24940);
– i proventi in denaro o in natura conseguiti a titolo di liberalità o di contributo in conto capitale diversi da quelli spettanti in base a contratto, da quelli spettanti esclusivamente in conto esercizio e da quelli specificamente erogati per l'acquisto di impianti (v. n. 22065).

24940 **Indennità di risarcimento** (art. 88 c. 3 DPR 917/86) Si devono distinguere le indennità relative a danni subiti su beni facenti parte del patrimonio dell'impresa da quelle relative ad altri danni.
Si badi che per avere sopravvenienza attiva, occorre che il contribuente, in precedenti periodi di imposta, abbia iscritto a bilancio e dedotto dal reddito un componente negativo a titolo di danno (Cass. 3 luglio 1997 n. 5989).

24945 Le indennità derivanti da risarcimento, anche assicurativo, per **la perdita o il danneggiamento di beni** che generano plusvalenze (es.: l'indennizzo per la distruzione di un macchinario), possono dar luogo a sopravvenienze attive se il risarcimento è liquidato in un periodo di imposta successivo a quello in cui si è verificato il danno (se l'indennizzo è liquidato nello stesso esercizio in cui si è verificato il danno, si determina una plusvalenza).
In tal caso, se il bene risarcito è stato posseduto per un periodo minimo di 3 anni, secondo lo stesso criterio previsto per le plusvalenze (v. n. 24600), la differenza positiva tra l'indennità di risarcimento e il costo non ammortizzato del bene risarcito (se il bene danneggiato continua ad essere utilizzato, si considera solo il costo non ammortizzato attribuibile alla parte danneggiata, come specificato al n. 24595) può usufruire della **rateizzazione** in quote costanti per un massimo di 5 esercizi (art. 88 c. 2 DPR 917/86).

ESEMPIO
Perdita totale di un bene strumentale verificatasi nel 2017
Costo del bene € 10.000 – Ammortamenti calcolati € 8.000
Perdita deducibile nel 2017: € 2.000 (10.000 – 8.000)
Indennizzo percepito nel 2018: € 5.000
La sopravvenienza attiva di € 5.000 è rateizzabile per un importo pari a € 3.000 (5.000 – 2.000).

24950 Si presumono, inoltre, sopravvenienze attive le indennità da risarcimento, anche assicurativo, dei **danni riguardanti beni diversi** da quelli rientranti nel patrimonio dell'impresa o da quelli che generano ricavi. È tale, per esempio, il caso di un dipendente che, recedendo dal rapporto di lavoro senza rispettare il periodo di preavviso, è tenuto a corrispondere un'indennità sostitutiva del preavviso. L'indennità per il datore di lavoro costituisce sopravvenienza attiva (Ris. Min. 15 novembre 1976 n. 8/1289).

›Precisazioni 1) Si tratta, in sostanza, di ipotesi residuali di risarcimento danni, come l'indennizzo:
- su «polizze danni indiretti»;
- per un cespite non di proprietà ma condotto in affitto;
- per la violazione di un patto di esclusiva, di non concorrenza e analoghi;
- per la perdita dell'avviamento commerciale (v. n. 1339).

2) Se l'indennità si riferisce a danni subiti su **beni che generano ricavi** non è considerata sopravvenienza attiva ma ricavo (v. n. 21815).

3) Le indennità percepite in conseguenza di **sentenze** di condanna della **CEDU** e dei regolamenti amichevoli e simili non sono tassabili (art. 1 c. 431 L. 160/2019).

ESCLUSIONI (art. 88 c. 3 bis, 4, 4 bis e 4 ter DPR 917/86) Le operazioni indicate nelle **due tabelle** seguenti non si considerano sopravvenienze attive, integralmente o, ove indicato, parzialmente (l'eventuale eccedenza è una sopravvenienza attiva tassabile). 24965

24967

Fattispecie	Quota esclusa
A) **versamenti dei soci** in denaro o in natura a fondo perduto o in conto capitale a favore di società o enti commerciali **(1)**	intero versamento
B) **rinuncia dei soci ai crediti**, sia commerciali che finanziari, vantati nei confronti delle società. I crediti possono essere sorti originariamente in capo al socio oppure essere acquistati da terzi (compresa una procedura fallimentare, Risp. AE 17 dicembre 2019 n. 530) solitamente per cifre inferiori al valore nominale **(1)**	valore fiscale del credito in capo al socio (rinuncia equiparata ad un apporto) **(2) (3)**
C) **conversione** del credito in partecipazioni	valore fiscale del credito convertito in capo al socio (assunto in un importo pari al valore fiscale del credito, al netto delle perdite sui crediti eventualmente deducibili per il creditore per effetto della conversione stessa) **(4)**
D) **apporti** effettuati dai possessori di strumenti similari alle azioni	intero apporto
E) i **contributi** percepiti a titolo di **liberalità** dai soggetti sottoposti alle **procedure concorsuali** (v. n. 24535, esclusi i piani attestati), anche se percepiti nei 24 mesi successivi alla chiusura delle procedure, salvo quelli provenienti da società controllate dall'impresa o controllate dalla stessa società che controlla l'impresa (che sono imponibili)	intera somma
F) **somme erogate dalle regioni** alle società concessionarie della gestione degli **aeroporti** per l'acquisto di beni «gratuitamente devolvibili»	intera somma

(1) I versamenti e le rinunce al credito effettuata da **soggetti terzi**, anche se appartengono allo **stesso gruppo** societario, sono sopravvenienze tassabili integralmente (C.Cost. 13 dicembre 2017 n. 264). Ad esempio amministratori non soci che rinunciano al trattamento di fine mandato (TFM) per il quale la società aveva dedotto il relativo accantonamento (v. n. 24345).
L'esclusione può riguardare anche i medesimi versamenti effettuati da un fondatore a una fondazione commerciale; se i versamenti sono in conto esercizio sono ricavi tassabili per la fondazione (Risp. AE 22 giugno 2020 n. 189).
(2) A tal fine il socio - se persona fisica che svolge attività commerciale e/o in presenza di acquisto del credito da terzi (Ris. AE 13 ottobre 2017 n. 124/E) - deve **comunicare alla società** partecipata (prima del termine di presentazione della dichiarazione dei redditi di questa), con una dichiarazione sostitutiva di atto notorio, il valore fiscale del credito (vedi fac-simile), altrimenti il predetto valore è assunto uguale a zero e la sopravvenienza è imponibile interamente.
Se la rinuncia riguarda **una parte soltanto del credito**, il valore fiscale della quota rinunciata dovrebbe avvenire pro-quota: es. se un credito di 1.000, con valore fiscale di 500, è rinunciato per 500, il valore fiscale è 250, e dà origine a una sopravvenienza di 250. Un problema analogo si pone in caso di crediti formatisi in più tranche: la scelta del metodo - Lifo o Fifo o costo medio - dovrebbe essere libera. In questi casi il socio potrebbe indicare nella dichiarazione sostitutiva suddetta la propria scelta, da mantenere anche negli anni successivi, per evitare salti di imposta.
(3) Secondo la dottrina, la disposizione si applica solo se la rinuncia ha come oggetto un **credito sorto in Italia**, mentre per i crediti sorti all'estero l'intera sopravvenienza è esclusa (Fondazione Telos, Ordine dottori commercialisti ed esperti contabili di Roma, Febbraio 2019).
(4) Anche in tal caso il socio deve **comunicare** il valore fiscale con le modalità e gli effetti di cui alla nota (2).

Fac-simile di dichiarazione sostitutiva di atto notorio
Mittente Roberto Bianchi Milano, 10 settembre 20XX Spett.le Gamma Spa **Oggetto**: Comunicazione del valore fiscale del credito oggetto di rinuncia Il sottoscritto Roberto Bianchi, in qualità di socio della Gamma Spa, dichiara, ai sensi dell'art. 47 DPR 28 dicembre 2000 n. 445, che il credito vantato verso Gamma Spa di € 50.000 (cinquantamila/00), derivante dal finanziamento infruttifero concesso in data 15 maggio 20XX e per il quale è stata operata integrale rinuncia in data 5 settembre 20XX, ha un valore fiscale di € 50.000 (cinquantamila/00), pari al valore nominale. Firma....................

24968

Riduzione dei debiti dell'impresa (comprese le rinunce dei soci e la conversione di crediti in strumenti finanziari similari alle azioni Risp. AE 30 dicembre 2021 n. 887)	
Fattispecie	**Quota esclusa**
– in sede di **concordato fallimentare** o **preventivo liquidatorio** o di procedure estere equivalenti (relative a società italiana o S.O. italiana di società estera), previste in Stati/territori con i quali esiste un adeguato scambio di informazioni;	intera riduzione **(1)**
– in sede di **concordato di risanamento** (cioè concordati con continuità aziendale diretta), di **accordo di ristrutturazione** dei debiti omologato **(2)** (v. n. 24535) o in caso di **piano di risanamento** attestato da un revisore contabile indipendente designato dal debitore e pubblicato, entro il termine di presentazione della dichiarazione dei redditi (tempestiva o integrativa a favore), nel registro delle imprese (art. 67 c. 3 lett. d L.Fall.) o di procedure estere equivalenti a queste, previste in Stati/territori con i quali esiste un adeguato scambio di informazioni (es. procedura Chapter 11 degli USA);	parte che eccede le perdite, pregresse e di periodo (considerate per intero, anche se riportabili nel limite dell'80%) **(3)**, gli interessi passivi e gli oneri finanziari assimilati eccedenti rispetto al ROL (sia quelli indeducibili nel periodo d'imposta ma riportabili a nuovo che quelli riportati da esercizi precedenti) (v. n. 23055 e s.) **(4)** e l'ACE (sia di periodo che riportata da esercizi precedenti) **(1) (5) (6)**
– per effetto della **partecipazione alle perdite** da parte dell'associato in partecipazione.	intera riduzione

(1) Quando derivano da **accordi transattivi** o da situazioni di **insolvenza** non sfociate nelle procedure concorsuali suindicate sono tassabili. Il differente trattamento tra le diverse procedure dipende dalla loro finalità: liquidatoria, determina detassazione integrale; continuazione dell'attività, determina detassazione parziale.
Di conseguenza, in caso di concordati con continuità aziendale **indiretta**, cioè affidata ad altra impresa, è esclusa l'intera riduzione, a condizione che sia prevista l'immediata estinzione della società debitrice (Risp. AE 19 dicembre 2018 n. 120).
In caso di **transazione** avvenuta in fase di esecuzione del concordato, per chiudere giudizi introdotti per opporre la prescrizione decennale, le sopravvenienze attive emerse concorrono interamente alla formazione della base imponibile, in quanto esulano dall'originaria proposta accolta dai creditori (Risp. AE 20 aprile 2022 n. 201).
(2) Il regime di non imponibilità si applica anche se il **termine originario di scadenza**, previsto nell'intesa omologata dal tribunale, è stato **prorogato** con il consenso dei creditori aderenti - mediante apposita scrittura privata autenticata iscritta al registro delle imprese - al fine di consentire la vendita di un bene immobile (vendita che rappresentava una condizione sospensiva dell'accordo) (Risp. AE 11 ottobre 2019 n. 414).
(3) Poiché rileva la **perdita di periodo** (oltre alle perdite pregresse), occorre determinare, in una prima fase, il reddito d'impresa considerando la sopravvenienza attiva integralmente imponibile e, in una seconda fase, quantificare in misura conseguente la variazione in diminuzione da apportare. Pertanto, se la perdita di periodo è **superiore alla sopravvenienza**, quest'ultima è totalmente imponibile.
L'utilizzo delle **perdite pregresse** va indicato al rigo RN 4, col. 2 e, nel periodo successivo, l'ammontare delle perdite pregresse va ridotto per la quota utilizzata precedentemente (Risp. AE 19 dicembre 2018 n. 120).
Rilevano anche le perdite della società trasferite al **consolidato nazionale** e non ancora utilizzate; non rilevano le perdite di altre società che partecipano al consolidato (Risp. AE 23 novembre 2018 n. 85). In presenza di perdite apportate al gruppo da più società e compensate in parte, va individuata la quota di perdite residue riferibile alla società in concordato, secondo criteri non previsti dalla legge (potrebbero essere applicate le disposizioni previste dal regolamento interno di consolidato in merito ai criteri di riassegnazione, se previsti, delle perdite residue all'atto dell'interruzione del regime).
(4) Tali **interessi passivi** si considerano conseguentemente consumati e quindi non sono più riportabili negli esercizi successivi. Nel quadro RF, per la quota sottratta dalla sopravvenienza, va effettuata un'apposita variazione in diminuzione (codice 99) (Risp. AE 19 dicembre 2018 n. 120, Risp. AE 23 novembre 2018 n. 85).

(5) Esempio: debiti stralciati 1.000; perdita di periodo 200 (senza considerare la sopravvenienza di 1.000 derivante dai debiti stralciati); perdite pregresse 400; interessi passivi riportabili 100.
Quota non tassata come sopravvenienza attiva, da indicare fra le variazioni in diminuzione nel quadro RF (Risp. AE 19 dicembre 2018 n. 120): (1.000 – 200 – 400 – 100) = 300.
(6) Le riduzioni dei debiti contabilizzate in un **periodo antecedente** la pubblicazione del piano attestato di risanamento nel Registro delle imprese sono interamente imponibili (Risp. AE 29 luglio 2021 n. 522, Risp. AE 10 maggio 2021 n. 319).

b. Sopravvenienze passive

Sono sopravvenienze passive **deducibili** (art. 101 c. 4 DPR 917/86): **24985**
– il **mancato conseguimento di ricavi** o altri proventi che hanno concorso a formare il reddito di precedenti esercizi;
– la sopravvenuta insussistenza di attività iscritte in bilancio in precedenti esercizi, come nel caso di **dismissione di un'immobilizzazione immateriale**. Generalmente è deducibile il costo non ancora ammortizzato (salvo alcune ipotesi riguardanti le partecipazioni, v. n. 24990);
– le **maggiori spese**, perdite od oneri sostenuti a fronte di ricavi iscritti in bilancio in precedenti esercizi (es. maggiori contributi INPS accertati in un esercizio successivo, CTC 10 settembre 1987 n. 6130);
– le somme corrisposte a titolo di **risarcimento** per fatti commessi nell'espletamento dell'attività anche se in **violazione** di obblighi contrattuali (Risp. AE 5 ottobre 2022 n. 491).

ESEMPIO
Rientrano tra le sopravvenienze passive i resi, sconti, abbuoni e premi concessi in esercizi successivi a quello di competenza dei ricavi a cui si riferiscono.

Partecipazioni La sopravvenuta insussistenza di **partecipazioni con i requisiti «Pex»** **24990**
(ad esempio per azzeramento del capitale sociale o liquidazione della partecipata) possedute da:
– società IRES, è indeducibile totalmente;
– imprese individuali e società di persone, è deducibile solo per il 49,72% (58,14% se realizzate dal 2018 da imprenditori individuali).
Per l'analisi dei requisiti Pex si rinvia al n. 24705.
Nel caso di una **partecipazione** in **Snc** o **Sas** iscritta tra i beni dell'impresa, per quest'ultima non sono deducibili i versamenti, in conto capitale o a fondo perduto (in denaro o in natura). Ugualmente non è deducibile la rinuncia ai crediti che, simmetricamente, non costituisce sopravvenienza attiva per la società beneficiaria (come per il versamento a fondo perduto o in conto capitale).

Per i versamenti in **società di capitali** ed enti commerciali v. n. 22615.

VII. Regole particolari di determinazione

Disposizioni specifiche sono stabilite ai fini della determinazione del reddito di impresa da parte **25295**
di soggetti che svolgono **attività di ricerca e sviluppo** per produrre beni immateriali (brevetti, formule, ecc.) e di soggetti che operano in veste di **cooperative**.

A. Patent box

(art. 1 c. 37-45 L. 190/2014, DM 28 novembre 2017, art. 4 DL 34/2019 conv. in L. 58/2019)

Le imprese che svolgono attività di ricerca e sviluppo potevano optare per un regime di **25305**
tassazione agevolata (c.d. Patent box) dei redditi derivanti dallo sfruttamento economico di

determinate tipologie di beni immateriali (Intellectual property, «**IP**»), generati internamente e anche, in determinati casi, se acquisiti da terzi.
Ha **durata** di 5 anni ed è irrevocabile e rinnovabile.
Dal 2021, alle imprese spetta, a determinate condizioni, una **super deduzione** dei costi di ricerca e sviluppo su determinati beni immateriali, in luogo del Patent box (v. n. 38347 e s.).

a. Beneficiari e attività agevolabili

25307 **BENEFICIARI** (art. 2 DM 28 novembre 2017) Sono ammessi tutti i titolari di reddito di impresa **residenti** (società, enti e imprenditori individuali), salvo quelli assoggettati a fallimento, liquidazione coatta e amministrazione straordinaria (dall'inizio dell'esercizio in cui sono intervenuti i relativi provvedimenti).
Le società ed enti (compresi i trust con o senza personalità giuridica) **non residenti**, che hanno una S.O. in Italia a cui devono essere attribuiti i beni immateriali agevolabili, sono ammessi a condizione che siano residenti in Paesi con cui vi è uno scambio di informazioni effettivo (sono indicati al n. 99115).

25310 **ATTIVITÀ AGEVOLABILI** (art. 8 DM 28 novembre 2017) Sono le attività di ricerca e sviluppo (R&S) finalizzate allo sviluppo, al mantenimento e all'accrescimento del valore di determinati beni immateriali, comprese quelle svolte con contratti di ricerca stipulati con altre imprese (purché non dello stesso gruppo) o con Università o enti di ricerca e organismi equiparati.

Attività	Descrizione
ricerca e sviluppo	ricerca fondamentale, industriale e sviluppo competitivo di cui al n. 38307
design	ideazione e progettazione di prodotti, processi e servizi
ideazione e realizzazione del software protetto da copyright	implementazione, aggiornamento e personalizzazione, assistenza, manutenzione e sviluppo di funzionalità aggiuntive o migliorative (Ris. AE 9 marzo 2017 n. 28/E, Risp. AE 25 ottobre 2018 n. 52)
ricerche preventive, test e ricerche di mercato	inclusi studi e interventi anche finalizzati all'adozione di sistemi anticontraffazione, deposito, ottenimento, mantenimento, protezione e rinnovi dei relativi diritti

25312 **USO DEI BENI IMMATERIALI (IP)** (art. 6 DM 28 novembre 2017, Circ. AE 7 aprile 2016 n. 11/E) L'agevolazione riguarda i redditi derivanti dallo **sfruttamento economico** dei soli seguenti beni immateriali (IP), che può essere:
– **diretto**, quando sono utilizzati dal titolare nell'ambito della propria attività economica;
– **indiretto**, quando sono concessi a terzi in licenza d'uso (spetta sia al titolare del bene sia al licenziatario).

Beni	Caratteristiche necessarie
software	protetto da copyright (in quanto originale)
brevetti industriali	concessi o in corso di concessione (per invenzioni, modelli di utilità, varietà vegetali e topografie di prodotti a semiconduttori)
disegni e **modelli**	giuridicamente tutelabili
informazioni segrete (c.d. **know how**)	processi, formule e informazioni relativi ad esperienze acquisite nel campo industriale, commerciale o scientifico giuridicamente tutelabili

>**Precisazioni** 1) In caso di beni **complementari** v. n. 25316.
2) La **prova** delle **condizioni** indicate in tabella deve risultare da una dichiarazione sostitutiva di atto di notorietà; per i brevetti, disegni e modelli, dalla ricevuta rilasciata dall'ufficio competente (Ufficio italiano brevetti e marchi, Ufficio europeo brevetti, ecc.).
3) L'agevolazione si applica anche sulle **somme ricevute** a titolo di **risarcimento danni** per l'utilizzo improprio di un bene immateriale (Risp. AE 16 dicembre 2021 n. 821).

b. Come beneficiare dell'agevolazione

I beneficiari possono determinare il reddito agevolabile direttamente nella dichiarazione dei redditi (c.d. autodeterminazione) o richiedere l'accordo preventivo di ruling con l'AE (v. n. 25339 e s.), che prevede però tempi più lunghi. **25314**

Le suddette procedure possono coesistere tra loro, a condizione che siano riferite a diverse opzioni (ad esempio a diversi beni immateriali tra loro non complementari) (Risp. AE 5 marzo 2021 n. 153).

1. Opzione per l'autodeterminazione

(art. 1 c. 37-45 L. 190/2014, art. 4 DL 34/2019 conv. in L. 58/2019, Provv. AE 10 novembre 2015 n. 144042, Provv. AE 30 luglio 2019 n. 658445 e Circ. AE 29 ottobre 2020 n. 28/E)

La **scelta** dell'autodeterminazione implica: **25315**
- invio annuale di apposita documentazione allegata alla dichiarazione dei redditi;
- calcolo dell'agevolazione, che necessita di un sistema contabile o extracontabile che permette di identificare i costi e i ricavi di ogni singolo bene;
- ripartizione dell'agevolazione nel tempo.

Le imprese devono **predisporre** un adeguato **sistema di rilevazione** contabile o extracontabile dei costi di R&S relativi a ciascun bene e dei redditi ritraibili dal medesimo. Tale sistema deve dimostrare il legame fra costi, beni e redditi da esso ritraibili e, quindi, fra attività esercitata e reddito agevolato. I sistemi di rilevazione di costi e ricavi possono alternativamente far riferimento:
- a ciascun bene per cui si svolgono attività di R&S e rispetto al quale va calcolato il beneficio;
- per i casi più complessi, al prodotto o gruppo di prodotti che incorporano uno o più beni.

L'opzione **si effettua** nella dichiarazione dei redditi (quadro OP) relativa al periodo d'imposta a partire dal quale si fruisce dell'agevolazione. **25316**
Ha **durata** annuale; è irrevocabile e rinnovabile.
Tutti i **beni** devono essere **identificati**. In caso di più beni è possibile optare solo per alcuni di essi.
Se un nuovo bene è **complementare** a uno già agevolato (es. un software e un brevetto) e l'impresa intende considerarli un unico bene, la durata della nuova opzione coincide con quella residua.

DOCUMENTAZIONE Contenuto La documentazione è articolata in: **25317**
- **sezione A**, contenente le informazioni di carattere qualitativo riferibili al periodo dell'agevolazione, quali, ad esempio: struttura partecipativa dell'impresa anche in relazione alle imprese associate ed eventi straordinari; operazioni con imprese associate; modello organizzativo dell'impresa; caratteristiche del mercato di riferimento e dei principali fattori di competitività; descrizione della catena di valore dell'impresa; funzioni, rischi e beni dell'impresa; beni immateriali; attività di R&S; plusvalenze da cessione di beni agevolabili. Le informazioni relative alle operazioni con imprese associate devono riguardare le sole operazioni che coinvolgono i beni immateriali agevolabili anche indirettamente. La documentazione attestante i requisiti dei beni agevolabili richiede l'apposizione della marca temporale, salvo se già provvista di datazione ufficiale; lo svolgimento di attività di R&S non richiede tale apposizione;
- **sezione B**, contenente le informazioni di sintesi sulla determinazione del reddito in cui in riferimento al nexus ratio va inclusa l'indicazione del coefficiente utilizzato per il calcolo della quota di reddito agevolabile (elementi costruttivi del nexus ratio, modalità di tracciatura e rilevazione dei costi di R&S, rappresentano ulteriore documentazione facoltativa); valutazioni riferibili ai beni agevolabili; metodo adottato, dettagliando le informazioni secondo quanto richiesto, nonché le ragioni di selezione dello stesso.

Forma La documentazione deve essere: **25318**
– redatta in **lingua** italiana (gli elementi conoscitivi e i dati che si riferiscono ad operazioni con imprese associate estere o parti terze estere possono essere presentati in lingua inglese);
– **firmata elettronicamente** dal legale rappresentante dell'impresa o da un suo delegato con marca temporale da apporre entro la data di presentazione della dichiarazione dei redditi.

25319 **Durata e conservazione** La documentazione va redatta annualmente, produce effetti esclusivamente per il periodo d'imposta cui si riferisce e deve essere conservata fino allo scadere del termine di decadenza per l'accertamento.

25320 **Comunicazione all'AE** L'impresa deve comunicare all'AE il possesso della documentazione nella dichiarazione relativa al periodo d'imposta in cui beneficia dell'agevolazione.
Se l'AE richiede la documentazione, deve essere **consegnata** entro 20 giorni dalla richiesta.
Se nel corso del **controllo** o di altra **attività istruttoria** sono richieste informazioni supplementari o integrative, queste devono essere fornite entro 7 giorni dalla richiesta o entro un periodo più ampio in base alla complessità dell'operazione.

25321 **Violazioni** La mancanza della documentazione o della firma elettronica o la non corrispondenza al vero, in tutto o in parte delle informazioni fornite nella documentazione esibita, comporta l'integrale recupero dell'agevolazione con applicazione di interessi e sanzioni. È possibile presentare una dichiarazione integrativa per sanare la mancata comunicazione del possesso, prima della formale conoscenza dell'inizio di qualunque attività di controllo (art. 4 c. 5 DL 34/2019 conv. in L. 58/2019).

25322 **CALCOLO** (Circ. AE 7 aprile 2016 n. 11/E) Si divide in diverse **fasi**:
1) individuazione del reddito derivante dal bene;
2) quantificazione della quota agevolabile distinguendo a seconda che l'impresa faccia o meno parte di un gruppo;
3) ripartizione dell'agevolazione nel tempo.

Il calcolo va effettuato ogni anno.

25323 **Reddito derivante dal bene** Bisogna innanzitutto distinguere in base al tipo di utilizzo del bene.

25324 Se è **concesso a terzi in licenza d'uso**, il reddito è dato dai canoni (o royalties) conseguiti per la concessione (che risultano dal bilancio) al netto dei correlati costi fiscalmente rilevanti (spese per la tutela, lo sviluppo e la promozione del bene, ecc.), sia diretti che indiretti.

25325 Se è **utilizzato direttamente dall'impresa**, si deve individuare il contributo economico (positivo o negativo) da esso derivante che ha concorso a formare il reddito d'impresa (o la perdita). Se lo sfruttamento economico del bene genera una perdita (costi superiori ai ricavi ad esso attribuibili), l'**agevolazione** è **rinviata** agli esercizi in cui lo stesso bene produce un reddito al netto della perdita prodotta in corso di regime.

25326 **Quota di reddito agevolabile e ripartizione nel tempo** Si considerano tutti i costi relativi al bene, sostenuti nei diversi esercizi, compresi quelli relativi alla creazione dello stesso (Circ. AE 7 aprile 2016 n. 11/E).

I costi sono considerati in base al principio di competenza e di inerenza e prescindendo dal trattamento contabile e fiscale (es. capitalizzazione o meno di un costo, rilevanza fiscale parziale a titolo di ammortamento, applicazioni degli IAS, ecc.).

25327 La quota di reddito agevolabile è determinata sulla base del **rapporto** (c.d. nexus ratio) tra i costi sostenuti nel periodo di riferimento, indicati in **tabella**.

Numeratore (N) (c.d. **costi qualificati**)	1) costi per attività di R&S indicate al n. 25310 **(1)** 2) costi afferenti alle attività di R&S sostenuti dall'impresa nell'ambito di un **accordo** per la **ripartizione** dei **costi** (v. Provv. AE 29 settembre 2010 n. 137654), fino a concorrenza dei riaddebiti al CCA dei costi di cui al punto 1) 3) se la società fa parte di un **gruppo**: i costi afferenti le attività di R&S derivanti da operazioni **infragruppo** (imprese legate da rapporti di controllo diretto o indiretto) per la quota del **riaddebito di costi** sostenuti da queste ultime nei confronti di soggetti terzi (l'eventuale margine di intermediazione applicato va sottratto dalla quota di riaddebito dei costi sostenuti)
Denominatore (D) (c.d. **costi complessivi**)	1) costi di N 2) se la società fa parte di un **gruppo**: costi dello stesso tipo sostenuti presso altre imprese del gruppo 3) costi di acquisizione del bene immateriale (IP) (anche attraverso la licenza d'uso) **(2)**

(1) Se l'attività di R&S è **svolta dai soci**, questi per poter far rilevare, ai fini del beneficio, i costi relativi, devono **fatturare** all'impresa le proprie prestazioni professionali (Risp. AE 14 marzo 2019 n. 76).
(2) Le imprese in regime di **consolidato** fiscale non includono i costi per l'acquisizione dei beni immateriali (anche attraverso la licenza d'uso) da altre imprese consolidate legate da rapporti di partecipazione totalitari sussistenti ininterrottamente dall'esercizio in cui sono stati sostenuti i medesimi costi (art. 6 c. 2 DM 1° marzo 2018).

Il risultato di **N può essere maggiorato**, elevando la percentuale di agevolazione, della differenza fra D e N, fino però al 30% dell'importo di N.

ESEMPIO
Se le spese in N sono 1.000 e le altre spese eccedenti N (costi intercompany e acquisto del bene) sono 400, il numeratore maggiorato è 1.000 + 300 e il rapporto è del 93% (pari a 1.300 / 1.400).

L'agevolazione è data dalla moltiplicazione del reddito complessivo dell'anno interessato per il 50% e per il risultato del rapporto. **25330**

ESEMPIO
Riprendendo l'esempio precedente e supponendo un reddito pari a 5.000, si ha un'agevolazione pari a 2.325 (5.000 × 93% × 50%).

La variazione in diminuzione va **ripartita** in 3 quote annuali di pari importo da indicare nella dichiarazione dei redditi e IRAP relativa all'anno in cui viene esercitata l'opzione e in quelle relative ai 2 periodi d'imposta successivi.

Se la quota di reddito agevolabile è **superiore all'utile civilistico**, l'eccedenza concorre alla determinazione della perdita (Risp. AE 19 novembre 2018 n. 74).

RETTIFICA DEL REDDITO AGEVOLATO In caso di rettifica da parte dell'AE del reddito agevolato, da cui deriva una maggiore imposta o una differenza del credito, se nel corso di accessi, ispezioni, verifiche o di altra attività istruttoria l'impresa le consegna la documentazione (di cui al n. 25317 e s.), non si applica la sanzione per infedele dichiarazione. **25332**
In caso di contestazione dell'effettivo svolgimento delle attività di R&S, con rettifica del reddito agevolato, si applica la sanzione per infedele dichiarazione.

CASI PARTICOLARI Rinuncia alla procedura di Patent box Se l'impresa rinuncia alla procedura di Patent box attivata dopo il 1° maggio 2019, può esercitare l'autodeterminazione dall'anno in cui ha deciso di rinunciare alla stessa. **25334**

Plusvalenze da cessione di beni agevolabili In caso di cessioni di beni agevolabili, le plusvalenze sono escluse dal calcolo del reddito complessivo, a **condizione** che, entro la fine del secondo periodo di imposta successivo alla cessione, almeno il 90% del corrispettivo sia reinvestito nella manutenzione e sviluppo di altri beni agevolabili. **25335**
La quota detassata è **determinata** moltiplicando l'importo della plusvalenza per il nexus ratio del periodo e, successivamente, per il 50%.
Nel caso di **cessione infragruppo**, il prezzo di cessione e la relativa plusvalenza possono essere concordati tramite procedura di ruling di cui al n. 80180 (Circ. AE 7 aprile 2016 n. 11/E).

Operazioni straordinarie In caso di operazioni di **fusione**, **scissione e conferimento** di azienda, tra parti terze o dello stesso gruppo, il soggetto avente causa subentra al dante causa, per il computo degli anni e per il sostenimento dei costi per la determinazione della quota agevolabile, anche se non ha esercitato l'opzione (art. 5 DM 28 novembre 2017, Circ. AE 7 aprile 2016 n. 11/E). **25337**
In caso di **affitto d'azienda**, l'avente causa non può automaticamente subentrare nell'opzione in precedenza esercitata dal dante causa ma deve esercitarne una nuova (Risp. AE 25 marzo 2019 n. 88).

2. Opzione per il ruling
(art. 1 c. 39 L. 190/2014, Provv. AE 1° dicembre 2015)

25339 Si può richiedere, in alternativa all'autodeterminazione, l'accordo preventivo di ruling con l'AE (di cui al n. 80180) con le regole di seguito indicate. Per le modalità di **calcolo** del reddito agevolato si applicano le stesse regole previste per l'autodeterminazione (v. n. 25322 e s.).

> Per le **microimprese** e **PMI** (v. n. 99050) è prevista una procedura di ruling semplificata (per dettagli v. art. 12 c. 3 DM 28 novembre 2017).

25341 **PROCEDURA** Si suddivide in **due tappe preliminari**:
- presentazione dell'istanza **entro** la fine del periodo d'imposta in cui si intende applicare il regime;
- nei successivi 120 giorni, presentazione della documentazione di supporto.

25342 **Istanza** L'impresa deve presentarla in **carta libera** alle Direzioni Regionali e Provinciali di Trento e di Bolzano competenti in base al domicilio fiscale; se ha un volume d'affari (o ricavi), indicato nell'ultima dichiarazione presentata prima dell'invio, pari o superiore a € 300.000.000, alla Direzione Centrale Accertamento, Settore Internazionale (Provv. AE 6 maggio 2016 n. 67014).

25343 Deve:
- farla **firmare** dal legale rappresentante o da persona con poteri di rappresentanza;
- inviarla con **raccomandata** A/R o **consegnarla** direttamente all'ufficio competente che rilascia attestazione di avvenuta ricezione;
- produrre copia dell'istanza anche su **supporto elettronico**, contestualmente o con la documentazione successiva (Com. Stampa AE 22 dicembre 2015).

> Se le informazioni richieste sono **carenti**, l'AE comunica il rigetto dell'istanza **entro** 180 giorni dalla ricezione, con provvedimento motivato a mezzo raccomandata A/R, salvo che sia possibile desumere, mediante attività istruttoria, le predette informazioni.

25344 **Documentazione** Va **presentata** con le stesse modalità dell'istanza (su carta e in copia su supporto elettronico). Deve **contenere** una rappresentazione analitica di:
- beni dal cui utilizzo diretto o indiretto deriva la quota di reddito d'impresa agevolabile;
- vincolo di complementarietà, se esistente;
- attività di R&S effettuata;
- metodi e criteri di calcolo utilizzati.

25345 **Accordo previo contraddittorio** L'AE **invita** l'impresa **a comparire** per la verifica delle informazioni fornite e può richiedere integrazioni per il successivo contraddittorio.
Nel corso del procedimento, l'AE può **accedere presso le sedi** dell'impresa per constatare elementi utili ai fini istruttori.
La procedura si **perfeziona** con la sottoscrizione dell'accordo da parte del responsabile dell'ufficio e del legale rappresentante dell'impresa.
L'accordo è **vincolante** per entrambe le parti per l'anno di presentazione e per i quattro successivi.

> In caso di **mancato accordo** non è chiaro se si può presentare **ricorso** alla CGT 1°.

25346 Se **non** si raggiunge l'**accordo entro** il **termine** di presentazione della dichiarazione dei redditi relativa al periodo d'imposta in cui è stata presentata l'istanza, i beneficiari determinano inizialmente il reddito d'impresa secondo le regole ordinarie.
Poi, è possibile **recuperare** l'**eccedenza d'imposta o** la **maggiore perdita** relativa ai periodi d'imposta compresi tra la data di presentazione dell'istanza e quella di sottoscrizione dell'accordo:
- indicandola nella dichiarazione dei redditi del periodo d'imposta di sottoscrizione del ruling;
- presentando dichiarazione integrativa;
- presentando istanza di rimborso, se ricorrono i presupposti.

CONTROLLI SUCCESSIVI Nel corso dei 5 anni di durata del Patent box, l'AE può svolgere **accessi**, su **specifica richiesta**, presso le sedi dell'impresa, verificando il rispetto dei termini del ruling. **25347**
In caso di **violazione** (anche parziale), l'impresa ha 30 giorni per presentare memorie difensive. Se queste non sono ritenute idonee o in caso di decorso inutile del termine, l'accordo è risolto (anche solo parzialmente) dalla data di accertamento della violazione (se non è possibile identificare tale data, a decorrere da quella di efficacia dell'accordo originario).

MODIFICA DELL'ACCORDO Se cambiano le **condizioni** su cui si basa l'accordo, l'AE invita l'impresa per la sottoscrizione della modifica dello stesso. **25348**
Se si verificano **circostanze non previste** né prevedibili che possono incidere sulla validità delle conclusioni raggiunte nell'accordo, la modifica può essere chiesta direttamente dall'impresa.
In entrambi i casi, se nella successiva fase di contraddittorio **non** si giunge a una **decisione comune** sulla revisione dell'accordo, questo è inefficace dalla data in cui è intervenuto il suddetto mutamento (se non è possibile accertare tale data, dalla notifica dell'invito dell'AE o di ricezione della richiesta dell'impresa).

RINNOVO DELL'ACCORDO L'impresa, **per evitare** la **decadenza** dell'accordo, deve presentare l'istanza almeno 90 giorni prima della scadenza del quinquennio. **25350**
L'AE deve rispondere (assenso o rigetto) almeno 15 giorni prima della suddetta scadenza.
Se l'impresa **non rinnova** l'accordo, può esercitare l'opzione tramite:
- presentazione di nuova istanza;
- autodeterminazione del reddito agevolabile in dichiarazione (v. n. 25315 e s.) (Provv. AE 30 luglio 2019 n. 658445).

B. Cooperative

(art. 1 c. 460-466 L. 311/2004 e Circ. AE 15 luglio 2005 n. 34/E)

La determinazione del reddito delle cooperative viene effettuata con criteri analoghi a quelli previsti per le società e gli enti commerciali. Sono, tuttavia, previste alcune esenzioni e agevolazioni applicabili a seconda che le cooperative siano o meno a mutualità prevalente. **25435**

1. A mutualità prevalente

Per tutte le cooperative a mutualità prevalente e loro consorzi, **iscritte all'apposito Albo**, sono previste una serie di disposizioni generali che stabiliscono, da un lato, un tetto minimo di utili da assoggettare a tassazione e, dall'altro, agevolazioni consistenti: nel riconoscimento della detassazione di una parte degli utili se destinati a specifici fini mutualistici; nella eliminazione del c.d. «effetto imposte su imposte» e nell'esclusione dall'applicazione degli ISA. **25445**
Per le cooperative operanti nei settori dell'agricoltura e della pesca, quelle di lavoro, quelle sociali e per le banche cooperative sono in aggiunta previste ulteriori agevolazioni.

DISPOSIZIONI GENERALI (art. 2 c. 36 bis e 36 ter DL 138/2011 conv. in L. 148/2011) **25455**
Le cooperative a mutualità prevalente devono in ogni caso assoggettare a IRES:
- una **quota** minima **di utili netti** annuali, in **percentuale diversa** a seconda del **settore** di appartenenza della cooperativa, come indicato nella **tabella** sottostante;
- una quota pari al 10% degli utili accantonati a riserva minima obbligatoria; tenuto conto che la riserva obbligatoria è pari al 30% (art. 2545 quater c.c.), si tratta di un **ulteriore 3%** dei predetti utili netti.

La **restante quota di utili** netti può beneficiare delle agevolazioni in base alle quali essi **non concorrono** a formare il reddito imponibile se destinati a:
- riserve indivisibili (l'utilizzo a copertura di perdite è consentita e non comporta la decadenza dal beneficio a condizione che non si dia luogo a distribuzione di utili ai soci cooperatori fino a quando le riserve sono ricostituite) (art. 12 L. 904/77, art. 3 c. 1 L. 28/99);

– fondi mutualistici nella misura pari al 3% degli utili netti (art. 11 L. 59/92);
– aumento gratuito del capitale sociale, nei limiti consentiti (art. 7 L. 59/92). Per le società **cooperative di consumo** e loro consorzi, tale quota di utili non concorre a formare il reddito imponibile entro i limiti e alle condizioni del Reg. UE 1407/2013 (art. 17 bis c. 1 DL 91/2014 conv. in L. 116/2014).

Essendo parzialmente soggette a IRES, le cooperative possono detrarre, dall'imposta dovuta, la ritenuta d'acconto subita sugli interessi attivi.

Settori	Utili tassabili			Quota utili esclusi (se destinati a riserve, ecc.)
	% utili netti	10% riserva minima	Totale	
consumo	65%	3%	68%	32%
agricole e della pesca	20%	3%	23%	77%
sociali	0%	3%	3%	97%
banche di credito cooperativo	30%	7%	37%	63%
diverse dalle precedenti (edilizie, di lavoro, ecc.)	40%	3%	43%	57%

ESEMPIO
Cooperativa edilizia: va assoggettata a tassazione una quota minima di utili netti pari al 43%. Ne consegue che possono risultare esclusi dal reddito imponibile una quota di utili netti pari a:
– 27% in quanto destinata a riserva legale (al netto della tassazione del 10%);
– 3% in quanto destinata a fondo mutualistico;
– la restante quota pari al 27% se destinata a riserva indivisibile o a rivalutazione gratuita delle quote o delle azioni.

25460 **Ristorni** (Circ. AE 18 giugno 2002 n. 53/E e Circ. AE 9 aprile 2008 n. 35/E) Gli importi assegnati ai soci per l'attribuzione del vantaggio mutualistico (c.d. «ristorni») sono integralmente **deducibili**, ai fini IRES e IRAP, a **condizione** che tali somme siano erogate **entro il limite** dell'avanzo documentato di gestione mutualistica (per le cooperative di lavoro v. n. 25490). La parte di utile eventualmente attribuito ai soci, oltre il suddetto limite, si qualifica come distribuzione di dividendi ed è, quindi, soggetta ai limiti di distribuzione previsti dalla legge (artt. 2433 e 2478 bis c. 4 e 5 c.c.) e non risulta deducibile per la cooperativa (salvo il caso in cui l'utile è attribuito ad aumento gratuito del capitale sociale).
La cooperativa può operare la deduzione, nell'esercizio in riferimento al quale sono maturati gli elementi di reddito assunti per la commisurazione degli stessi, sia imputando i ristorni **direttamente a conto economico** (sotto forma di minori ricavi, maggiori costi, ecc., soluzione preferibile), sia operando una **variazione in diminuzione** in sede di dichiarazione dei redditi (art. 12 DPR 601/73).
In ogni caso, la deduzione del costo opera **in via prioritaria** rispetto all'applicazione della percentuale di tassazione dell'utile di cui al par. precedente.

>Precisazioni 1) L'assemblea dei soci può decidere di **attribuire** i ristorni mediante una delle seguenti **modalità** (art. 2545 sexies c. 3 c.c., Circ. AE 9 luglio 2003 n. 37/E):
– corresponsione di un importo in denaro;
– aumento proporzionale delle rispettive quote sociali;
– emissione di nuove azioni, anche in deroga ai limiti al possesso di azioni stabilito dalla legge;
– emissione di strumenti finanziari. In particolare, i ristorni possono essere anche attribuiti sotto forma di azioni di sovvenzione o di azioni di partecipazione cooperativa (L. 59/92).
2) Se i ristorni sono **attribuiti mediante destinazione** delle somme ad **aumento del capitale sociale**, non concorrono a formare il reddito imponibile in capo ai soci ai fini delle imposte sui redditi né il valore della produzione netta rilevante ai fini IRAP, se gli stessi sono soggetti a tale imposta. Tali somme, se **imponibili** al momento della loro attribuzione, sono tassate come redditi di capitale al momento della successiva restituzione a seguito di recesso o riduzione del capitale (art. 6 c. 2 DL 63/2002 conv. in L. 112/2002). Per le somme attribuite ad aumento del capitale sociale nei confronti di **soci persone fisiche**, la cooperativa può applicare, **previa deliberazione** dell'assemblea, la **ritenuta** del 12,50% a titolo d'imposta all'atto della loro attribuzione a capitale sociale (ciò non vale nei confronti di persone fisiche imprenditori o detentori di partecipazione qualificata) **versando** la ritenuta **entro** il giorno 16 del mese successivo a quello di scadenza del trimestre solare in cui è stata adottata la deliberazione dell'assemblea (anche anteriore al 1° gennaio 2021) (art. 6 c. 2 DL 63/2002 come modif. dall'art. 1 c. 42 e 43 L. 178/2020).

Eliminazione effetto imposte su imposte (art. 21 c. 10 L. 449/97) Le imposte sui redditi riferibili alle **variazioni fiscali in aumento** all'utile civilistico non concorrono a formare il reddito imponibile, a condizione che la conseguente variazione in diminuzione del reddito tassabile determini un utile o un maggior utile da destinare alle riserve indivisibili. La disposizione, pertanto, non si applica nell'ipotesi in cui l'utile sia distribuito ai soci o destinato a riserve libere. Inoltre, la variazione in diminuzione deve essere proporzionale alla quota di utile non tassata per effetto dell'applicazione delle agevolazioni (Circ. AE 16 marzo 2005 n. 10/E). **25465**
Nella pratica, la cooperativa calcola preventivamente l'IRES dovuta da stanziare in bilancio in misura pari a quella che risulterà dovuta in dichiarazione dei redditi.

Interessi passivi erogati ai soci (art. 1 c. 465 L. 311/2004) Accanto alle disposizioni agevolative è prevista anche una norma che limita la deducibilità degli interessi passivi corrisposti sulle somme che i soci persone fisiche versano alle società cooperative e ai loro consorzi, alle condizioni previste dall'art. 13 DPR 601/73. **25470**
Tali interessi sono **indeducibili** per la parte che **supera la misura minima** degli interessi spettanti ai detentori di buoni postali fruttiferi, aumentata dello 0,90%.
La disposizione in esame si applica, in via prioritaria, in aggiunta alla generica limitazione alla deduzione di interessi passivi di cui al n. 23055.

Per calcolare la quota di interessi indeducibile, occorre (Circ. AE 15 luglio 2005 n. 34/E): **25472**
– individuare nel periodo d'imposta i sottoperiodi intercorrenti tra una emissione e l'altra di buoni postali fruttiferi, al fine di individuare gli interessi minimi di ciascuna emissione;
– sommare a ciascuno di tali interessi minimi lo 0,90 per cento, al fine di calcolare il limite massimo di deducibilità per ciascun sottoperiodo;
– calcolare gli interessi deducibili nel periodo d'imposta utilizzando i tassi massimi deducibili di ciascun sottoperiodo, l'ammontare di ciascun prestito e la relativa scadenza. Pertanto, indicando con «C» il valore del prestito, con «G» la scadenza del prestito, con «I(1)», «I(2)», «I(n)», i tassi massimi deducibili per ciascun sottoperiodo e con «N» il numero di giorni del periodo, la misura massima degli interessi deducibili nel periodo d'imposta sarà pari a $[C \times G \times I(1) + C \times G \times I(2) + \ldots C \times G \times I(n)] / N$;
– confrontare l'ammontare massimo degli interessi deducibili nel periodo d'imposta con l'ammontare effettivo degli interessi spettanti, al fine di determinare l'ammontare degli eventuali interessi indeducibili.
Tale operazione andrà ripetuta per ciascun socio, in relazione ai vari prestiti erogati alle condizioni suddette.

AGEVOLAZIONI PER SPECIFICI SETTORI Nei paragrafi seguenti sono illustrate le ulteriori agevolazioni previste per le cooperative operanti nei settori dell'agricoltura e della piccola pesca; per le cooperative di produzione e lavoro, banche di credito cooperativo e cooperative sociali. **25485**

Cooperative agricole e della piccola pesca e loro consorzi Oltre alle disposizioni generali illustrate nei paragrafi precedenti, per le cooperative agricole e quelle della piccola pesca è prevista l'**esenzione da IRES** per i redditi conseguiti mediante l'allevamento di animali con mangimi ottenuti per almeno un quarto dai terreni dei soci nonché mediante alienazione, manipolazione, conservazione, valorizzazione e trasformazione di prodotti agricoli e zootecnici e di animali conferiti prevalentemente dai soci (art. 10 DPR 601/73); l'esenzione opera **sulle variazioni fiscali in aumento** effettuate in applicazione delle norme sul reddito di impresa. **25490**
In pratica, tali cooperative devono assoggettare, in ogni caso, a tassazione almeno una quota pari al 23% dell'utile netto annuale, potendo escludere dal reddito imponibile la quota di utili residua (pari al 77% dell'utile netto) se destinata a riserve indivisibili, fondi mutualistici o a rivalutazione gratuita di quote. In aggiunta, se si verifica la condizione suddetta, è possibile effettuare una **variazione in diminuzione** del reddito imponibile in sede di **dichiarazione dei redditi**, pari alle variazioni fiscali in aumento operate in applicazione delle norme sul reddito d'impresa. A tal fine va compilata un'apposita **sezione del quadro RS** «Agevolazioni territoriali e settoriali», indicando nella casella «Tipo» il codice 70 e nell'apposito spazio l'ammontare del reddito esente; tale importo va poi riportato tra le variazioni in diminuzione del reddito, nel rigo RF50 «Reddito esente o detassato».

>Precisazioni 1) Sono considerate cooperative della **piccola pesca** quelle che esercitano professionalmente la pesca in acque interne o la pesca marittima con l'impiego esclusivo di navi che per l'idoneità alla navigazione e per dotazione di attrezzi da pesca sono atte alla pesca costiera ravvicinata o alla pesca costiera locale (art. 8 DPR 1639/68 categorie 3 e 4).
2) L'istituto del **ristorno** non è applicabile alle cooperative agricole i cui statuti prevedano la valorizzazione dei prodotti conferiti dai soci solo alla chiusura dell'esercizio solare, dopo aver verificato l'andamento dello stesso (Circ. AE 9 aprile 2008 n. 35/E).
3) Nel caso di cooperativa che ha optato, in qualità di controllata, per il regime della **trasparenza fiscale** (v. n. 26455), il reddito eventualmente imputato a essa per trasparenza non può godere della specifica esenzione IRES per il reddito da allevamento o trasformazione di prodotti agricoli prevalentemente provenienti dai soci.

25495 **Cooperative di produzione e lavoro** Le cooperative di produzione e lavoro che rispettano le **condizioni** di seguito indicate, oltre alle disposizioni generali illustrate nei paragrafi precedenti, possono fruire dell'esenzione da IRES - per intero o al 50%, a seconda dei casi - della quota di imponibile derivante dall'indeducibilità dell'IRAP (art. 11 DPR 601/73). Nello specifico:
– se l'**ammontare delle retribuzioni** effettivamente corrisposte ai soci che prestano la loro opera con carattere di continuità **non è inferiore** al 50% dell'ammontare complessivo di tutti gli altri costi, tranne quelli relativi alle materie prime e sussidiarie, la quota di reddito imponibile derivante dall'indeducibilità IRAP è totalmente esente;
– se l'ammontare delle retribuzioni **è inferiore** al 50%, **ma non** al 25% dell'ammontare complessivo degli altri costi, la quota di reddito esente è ridotta al 50%.
In pratica, tali cooperative devono assoggettare, in ogni caso, a **tassazione** almeno una **quota pari** al 43% dell'utile netto annuale, potendo escludere dal reddito imponibile la quota di utili residua (pari al 57% dell'utile netto) se destinata a riserve indivisibili, fondi mutualistici o a rivalutazione gratuita di quote. In **aggiunta**, se si verifica una delle suddette condizioni, possono effettuare una **variazione in diminuzione** del reddito imponibile in sede di **dichiarazione dei redditi**, pari al 100% o al 50% dell'IRAP rimasta indeducibile dall'IRES. A tal fine va compilata un'apposita **sezione del quadro RS** «Agevolazioni territoriali e settoriali», indicando nella casella «Tipo» il codice 70 e nell'apposito spazio l'ammontare del reddito esente; tale importo va poi riportato tra le variazioni in diminuzione del reddito, nel rigo RF50 «Reddito esente o detassato».
Fermo restando il rispetto del limite dell'avanzo di gestione mutualistica (v. n. 25460), per le cooperative di produzione e lavoro è stabilito che i trattamenti economici erogati a titolo di **ristorno** non possono superare il 30% dei trattamenti retributivi complessivi erogati ai soci, costituiti dai trattamenti economici contrattuali cui si aggiungono gli ulteriori trattamenti erogati a titolo di maggiorazione retributiva (art. 3 c. 1 e 2 lett. a L. 142/2001). Questo limite specifico non può mai essere superato anche nel caso in cui l'avanzo documentato di gestione mutualistica sia di ammontare superiore; in pratica, occorre sempre fare riferimento al minore dei due limiti.

Ai fini della verifica del requisito della mutualità prevalente, i sindaci e gli amministratori devono evidenziare contabilmente che il costo del lavoro dei soci sia superiore al 50% del totale del costo del lavoro quale risulta dall'apposita voce di conto economico B9, computate le altre forme di lavoro inerenti lo scopo mutualistico (art. 2513 lett. b c.c.). Tale ultimo riferimento, va inteso tenendo conto delle forme di lavoro stabilite con contratti atipici diversi dal lavoro subordinato, come quelle di lavoro autonomo o di collaborazione, a condizione che abbiano un collegamento con l'attuazione dello scopo mutualistico; in pratica, per individuare il requisito della prevalenza, occorre considerare sia il costo delle prestazioni lavorative dei soci espresso nella voce B9 del conto economico, sia quello relativo alle altre forme di lavoro dei soci riportato nella voce B7 dello stesso. In tali voci non rientrano i corrispettivi pagati a terzi per le opere eseguite tramite contratti di **appalto**. Tali corrispettivi rilevano, invece, ai fini della verifica della **fruibilità** dell'esenzione IRES pari alla quota IRAP (Ris. AE 28 ottobre 2011 n. 104/E).

25505 **Cooperative sociali e loro consorzi** (art. 12 L. 904/77) Per le cooperative sociali vale quanto illustrato per le cooperative a mutualità prevalente in generale con le seguenti particolarità.
La **quota** di utili netti **da assoggettare** a IRES è pari solamente al 3% (10% della quota accantonata a riserva minima obbligatoria); in pratica il 97% dell'utile può beneficiare delle disposizioni agevolative in base alle quali non concorrono a formare il reddito imponibile le somme destinate a riserve indivisibili, fondi mutualistici o a rivalutazione gratuita di quote. L'agevolazione è estesa ai consorzi costituiti come società cooperative con base sociale formata almeno per il 70% da cooperative sociali (Circ. AE 18 giugno 2002 n. 53/E).

Inoltre, le cooperative sociali che hanno i **requisiti** per essere considerate cooperative **di produzione e lavoro** non tassano le riprese fiscali (ossia non applicano l'IRES neppure sui costi fiscali non deducibili) e possono beneficiare dell'esenzione da IRES del reddito prodotto, totale o parziale a seconda dei casi, come illustrato al n. 25495 (Ris. AE 25 marzo 2009 n. 80/E), ferma restando, la tassazione del 3% degli utili netti.

Si tratta delle cooperative sociali iscritte nell'albo delle società cooperative, tenuto presso le Camere di Commercio, che gestiscono i servizi socio sanitari ed educativi, o di quelle che hanno per oggetto lo svolgimento di attività diverse (agricole, industriali, commerciali o di servizi) finalizzate all'inserimento lavorativo di persone svantaggiate, che devono costituire almeno il 30% dei lavoratori della cooperativa (art. 1 c. 1 lett. a, b L. 381/91).

2. Cooperative non a mutualità prevalente

Non concorrono a formare il **reddito imponibile**: 25535
- la quota pari al 27% di utili netti se destinati a riserva indivisibile (si tratta degli utili accantonati a riserva minima pari al 30% di cui il 10% va assoggettato a tassazione, art. 2 c. 36 bis e 36 ter DL 138/2011 conv. in L. 148/2011);
- l'ulteriore quota di utili destinata a fondi mutualistici nella misura pari al 3% (art. 11 L. 59/92);
- le somme destinate a ristorni.

La **deducibilità** delle somme attribuite ai soci a titolo di ristorno è consentita entro i **limiti** indicati al n. 25460 ed è subordinata alla loro **imputazione al conto economico** e alle regole del TUIR in base al quale i ristorni sono deducibili nell'esercizio in cui si tiene l'assemblea che approva il bilancio relativo alla formazione degli elementi di reddito presi a base per la commisurazione degli stessi. La contabilizzazione a conto economico consente altresì di poter tenere conto dell'importo anche ai fini della determinazione della base imponibile IRAP.

A tali cooperative si applicano, inoltre, le disposizioni secondo cui le imposte sui redditi riferibili alle variazioni fiscali in aumento all'utile civilistico non concorrono a formare il reddito imponibile (v. n. 25465) e quella che limita la deducibilità degli **interessi passivi** corrisposti ai soci oltre certi limiti (v. n. 25470).

Per le **società cooperative di consumo** non a mutualità prevalente e loro consorzi, la quota di utili che non concorre a formare il reddito imponibile scende al 20% (art. 1 c. 464 L. 311/2004).

Per le cooperative di consumo è stata, infatti, ridotta dal 30% al 23% la quota di utili accantonati a riserva indivisibile che non è soggetta a tassazione; da tale percentuale, tuttavia, deve essere sottratta la quota di utili accantonati a riserva, comunque imponibili, pari al 3%.

SEZIONE 3
Determinazione dell'imposta

Di seguito si illustra la procedura che le società di capitali e gli enti commerciali devono 25835
generalmente seguire al fine di determinare l'imposta relativa al reddito di un dato periodo.

Per le regole particolari che riguardano le società che hanno optato per la trasparenza e il consolidato si rinvia all'apposita sezione (v. n. 26455).

Per le regole relative al **pagamento** della stessa, comprese quelle relative alle richieste di **rimborso** o di **compensazione**, si rinvia al n. 37110.

REDDITO COMPLESSIVO Ai fini della determinazione dell'imposta occorre calcolare, 25845
in primo luogo, il reddito complessivo e, successivamente, il reddito imponibile. Il reddito complessivo è determinato dall'applicazione delle regole del reddito d'impresa sopra esaminate. Esso può essere sia positivo (utile) che negativo (perdita).

Se il risultato è una **perdita**, non vi sarà reddito imponibile e la stessa potrà essere utilizzata con le regole illustrate al n. 25915. In caso di attività che fruiscono di regimi di **parziale o totale detassazione** del reddito, le relative perdite fiscali assumono rilevanza nella stessa misura in cui assumerebbero rilevanza i risultati positivi (art. 83 c. 1 u.p. DPR 917/86); si tratta dei soggetti che beneficiano di un'esenzione dal reddito calcolata applicando una percentuale di esenzione prestabilita (Ris. AE 13 dicembre 2010 n. 129/E).

a. Reddito imponibile

25855 Il reddito imponibile si determina partendo dal reddito risultante dal rigo RF63 (modello redditi SC), cui vanno apportate le opportune variazioni necessarie per tenere conto di eventuali liberalità erogate a favore di ONLUS (v. n. 23440), perdite di esercizi precedenti scomputabili (v. n. 25915), deduzione ACE (v. n. 25943 e s.), agevolazione per investimenti in Start-up (v. n. 38500 e s.).

25860 **CALCOLO DELL'IMPOSTA** L'imposta è determinata applicando al reddito imponibile l'aliquota e sottraendo le detrazioni spettanti all'impresa (v. n. 25870); i crediti d'imposta (v. n. 25872) e le ritenute d'acconto subite (v. n. 25874).
L'IRES effettivamente da versare (imposta a debito) o il credito spettante (imposta a credito) si ottiene sottraendo, ulteriormente, l'ammontare dei crediti d'imposta derivanti dal quadro RU, l'eventuale eccedenza di imposta risultante dalla precedente dichiarazione (al netto degli utilizzi in compensazione effettuati) e quanto già pagato dal contribuente a titolo di **acconto**.
È possibile per le società **cedere il credito** d'imposta ad altre società facenti parte dello stesso gruppo (v. n. 37355).

25864 **Aliquota** (art. 77 DPR 917/86, art. 1 c. 61 L. 208/2015) L'aliquota ordinaria è **pari al** 24%. È inoltre prevista una **riduzione** al 12% per i seguenti soggetti:
- enti elencati al n. 97135;
- imprese che intraprendono una nuova iniziativa economica nelle Zone economiche speciali (ZES) istituite ai sensi del DL 91/2017 conv. in L. 123/2017, a decorrere dal periodo d'imposta nel corso del quale è stata intrapresa la nuova attività e per i 6 periodi d'imposta successivi a **condizione** che mantengano la loro attività nella ZES e conservino i posti di lavoro creati nell'ambito dell'attività ivi avviata per **almeno 10 anni** (art. 1 c. 173-176 L. 178/2020).

Infine è prevista una maggiorazione per le **società di comodo** (v. n. 35280).

Per gli **enti creditizi e finanziari** (compresa la Banca d'Italia), escluse le società di gestione dei fondi comuni d'investimento e le società di intermediazione mobiliare, all'aliquota ordinaria è applicata una addizionale pari al 3,5%. Le società che hanno optato per il **consolidato** fiscale o la partecipata che ha optato per la **trasparenza** fiscale assoggettano autonomamente il proprio reddito imponibile all'addizionale e provvedono al relativo versamento. Le società partecipanti che hanno optato per la trasparenza assoggettano all'addizionale il proprio reddito imponibile senza tener conto del reddito imputato dalla partecipata (art. 1 c. 65, 66 e 69 L. 208/2015).

25870 **Detrazioni** (art. 78 DPR 917/86) Le detrazioni d'imposta spettanti alla società vanno indicate nel rigo RN10 colonna 5 fino a concorrenza dell'imposta lorda. Si tratta, ad esempio, di:

erogazioni liberali in denaro in favore delle società e delle associazioni sportive dilettantistiche	n. 2110
erogazioni liberali in denaro al Fondo per l'ammortamento dei titoli di Stato	n. 2160
rata indicata nel quadro RS, rigo RS88 relativamente alle spese di riqualificazione energetica del patrimonio edilizio esistente - «ecobonus» (art. 1 c. 344-349 L. 296/2006)	n. 38830 e s.
restauro facciate degli edifici strumentali	n. 38940
acquisto e posa in opera colonnine per ricarica veicoli elettrici	n. 1867
rata indicata nel quadro RS, rigo RS152, relativamente alle spese per interventi su edifici ricadenti nelle zone sismiche - «sismabonus»(art. 16 c. 1 bis-1 quater DL 63/2013 conv. in L. 90/2013)	n. 1628
investimenti in start-up attribuita per trasparenza da società di persone partecipate (importo desunto dal rigo RS171, colonna 2 e RS172, al netto degli utilizzi nel quadro RQ)	n. 38507
erogazioni liberali in denaro in favore di partiti politici (rigo RS156, colonna 3, al netto degli utilizzi nel quadro RQ)	n. 2150
donazioni effettuate in favore dell'ente ospedaliero «Ospedale Galliera» di Genova	n. 2160

Crediti d'imposta Si tratta dei crediti d'imposta spettanti all'impresa, da indicarsi nel rigo RN14 del modello redditi SC, tra cui: quello per gli immobili colpiti dal sisma in Abruzzo; il c.d. «Art-bonus» (v. n. 23465 e s.) e il c.d. «Sport-bonus» (v. n. 23475 e s.). 25872
Infine, in caso di redditi di fonte estera assoggettati a tassazione anche in Italia, all'impresa spetta un credito d'imposta determinato con le regole illustrate al n. 95090 e s., da indicarsi al rigo RN13.

Ritenute d'acconto Dall'imposta lorda si detraggono anche le ritenute d'acconto subite, sempreché siano riferite a redditi che concorrono alla formazione del reddito complessivo (art. 22 DPR 917/86). 25874
Le **ritenute** possono scomputarsi se **effettuate anteriormente** alla data di presentazione della dichiarazione dei redditi.
Quelle effettuate **successivamente** alla predetta data, possono essere detratte nel periodo d'imposta in cui sono state subite (cioè per cassa), anche se il relativo reddito è già stato dichiarato nel periodo precedente. A tale regola fanno **eccezione** i seguenti proventi, per i quali le ritenute (anche se non ancora operate) sono detraibili sempre e soltanto nel periodo di imposta nel quale gli stessi concorrono a formare il reddito complessivo (cioè per competenza) e indipendentemente dalla loro percezione (art. 79 c. 2 DPR 917/86):
- interessi, premi e altri frutti su obbligazioni e titoli similari emessi da società ed enti;
- interessi, premi e altri frutti corrisposti sui conti correnti e sui depositi presso aziende e istituti di credito e presso l'amministrazione postale;
- proventi delle accettazioni bancarie;
- titoli di Stato.

Nei suddetti casi, l'importo da detrarre a titolo di ritenuta è calcolato in proporzione all'ammontare dei proventi che concorre a formare il reddito imponibile (per le aliquote delle ritenute v. n. 11250).

b. Riporto delle perdite
(art. 84 DPR 917/86)

Se la società consegue una perdita fiscale, questa può essere portata in **diminuzione** dal reddito complessivo dei periodi d'imposta successivi con le regole sotto descritte, eccetto il caso in cui la società sia interessata da acquisizioni rilevanti di partecipazioni e dalla modifica dell'attività principale (v. n. 25940). L'ammontare della perdita riportabile è ridotto in presenza di proventi esenti e in caso di soggetti che fruiscono di regimi di esenzione del reddito o dell'utile (v. n. 25928). 25915

> Regole particolari sono previste per le **società di comodo** (v. n. 35280), per le procedure di **liquidazione** e di **fallimento** (v. n. 92818, n. 92634 e n. 93240).

In generale, le perdite sono utilizzabili in compensazione del reddito dei periodi successivi, **senza limiti temporali**, in misura **non superiore** all'80% del suddetto reddito, per l'intero importo che trova capienza in tale ammontare; in pratica, se in un periodo d'imposta la società produce un utile, pur in presenza di perdite riportabili, dovrà assoggettare a imposizione comunque una quota pari al 20% di predetto utile. La restante quota di perdite sarà riportabile nei periodi successivi con le medesime regole. 25920
Se si tratta di perdite realizzate nei **primi tre periodi d'imposta** dalla data di costituzione della società e si riferiscono a una nuova attività produttiva, è consentito il **riporto** in **misura** pari al 100% o, se ricorrono le condizioni illustrate al n. 25922, la possibilità di **cederle** totalmente.
Occorre, in tutti i casi, verificare che la perdita sia riferita a una **nuova attività** e non piuttosto alla continuazione di una vecchia attività in capo a un nuovo soggetto - come accade, ad esempio, nel caso del conferimento d'azienda in capo a una società neocostituita.
Nel caso in cui la società disponga di perdite pregresse, **in parte** riferibili **ai primi tre periodi** d'imposta e **in parte ai successivi**, ha la facoltà (e non l'obbligo) di utilizzare prioritariamente le prime potendo, in alternativa, scegliere di impiegare dapprima le seconde. In ogni caso, ai fini del calcolo del limite forfettario dell'80%, il predetto limite va calcolato sul reddito al lordo e non al netto delle perdite relative ai prime tre periodi d'imposta (Circ. AE 19 giugno 2012 n. 25/E).

Sono irrilevanti le modalità secondo cui la **perdita civilistica** viene ripianata (Ris. Min. 23 ottobre 1978, n. 9/959, Circ. Min. 27 luglio 1976, n. 9/1578, Ris. Min. 30 dicembre 1977 n. 9/1211).

ESEMPIO

1) La società Alfa nel periodo d'imposta X presenta la seguente situazione:
- reddito lordo di 12.000 euro;
- perdite prodotte nei primi tre periodi di attività (utilizzabili in misura intera) pari a 8.400 euro;
- perdite prodotte nei periodi successivi (utilizzabili nel limite dell'80% del reddito) pari a 4.000 euro.

Limite utilizzabilità delle perdite limitate: 12.000 × 80% = 9.600 > 4.000.
La società può utilizzare tutte le perdite «limitate» in quanto inferiori al massimo utilizzabile.
Le perdite non limitate possono essere utilizzate per compensare il restante reddito che viene, pertanto, azzerato: 12.000 - 4.000 = 8.000 - 8.000 = 0
La parte che residua delle perdite non limitate, pari a 400 euro, può essere a sua volta riportata negli esercizi successivi.

2) La società Beta nel periodo d'imposta X presenta la seguente situazione:
- reddito lordo di 12.000 euro;
- perdite prodotte nei primi tre periodi di attività (utilizzabili in misura intera) pari a 3.000 euro;
- perdite prodotte nei periodi successivi (utilizzabili nel limite dell'80% del reddito) pari a 10.000 euro.

Limite utilizzabilità delle perdite limitate: 12.000 × 80% = 9.600 < 10.000
Utilizzo in compensazione delle perdite: 12.000 – 9.600 (limitate) – 2.400 (non limitate) = 0.
Perdite riportabili all'esercizio successivo: 400 euro di perdite limitate e 600 di perdite non limitate.

25922 La cessione delle perdite fiscali può avvenire **a favore di** società quotate con cui intercorre un rapporto di partecipazione non inferiore al 20% dei diritti di voto in assemblea ordinaria e di partecipazione agli utili, qualora sussistano le seguenti **condizioni** (art. 1 c. 76-80 L. 232/2016):
- sussistenza del suddetto rapporto di partecipazione al termine del periodo d'imposta relativamente al quale avviene la cessione delle perdite fiscali;
- l'attività della società cedente non deve essere prevalentemente immobiliare;
- devono essere cedute tutte le perdite fiscali realizzate;
- identità di esercizio sociale della cedente e della cessionaria;
- perfezionamento della cessione entro il termine di presentazione della dichiarazione dei redditi;
- in relazione ai periodi d'imposta nei quali ha conseguito le perdite cedute, la società cedente non può optare per i regimi di trasparenza fiscale o consolidato nazionale e mondiale.

>**Precisazioni** 1) Per le **modalità della cessione** v. n. 37340 e s.
2) Le azioni della società cessionaria, o di quella che la controlla direttamente o indirettamente, devono essere negoziate in un mercato regolamentato o in un sistema multilaterale di negoziazione di uno degli Stati UE o aderenti al SEE.

25924 La **società cessionaria** può computare le perdite in diminuzione del reddito complessivo del medesimo periodo d'imposta (indicandole nel rigo RN4 colonna 3 modello redditi SC) e utilizzare l'eventuale eccedenza (da indicare nel rigo RS45 modello redditi SC), per l'intero importo, nei periodi di imposta successivi nel limite del reddito imponibile.
Essa deve remunerare la società cedente del vantaggio fiscale pari all'IRES calcolata sull'ammontare delle perdite acquisite, relativa al periodo d'imposta in cui esse sono state conseguite dalla cedente, **entro** trenta giorni dal termine per il versamento del saldo relativo allo stesso periodo d'imposta.
Tali somme non concorrono alla formazione del reddito imponibile sia per la cedente che per la cessionaria.
La **società cedente** indica le perdite cedute nel rigo RS45 del proprio modello redditi SC barrando la casella «Cessione» e indicando il codice fiscale della cessionaria.

25928 **Attività con proventi esenti o che fruiscono di un regime di esenzione** La perdita riportabile deve essere ridotta di un ammontare pari ai **proventi esenti**, eventualmente conseguiti nell'attività d'impresa, eccedenti la quota di spese generali non dedotte a fronte di proventi esenti (v. n. 23490 - art. 84 c. 1 DPR 917/86). Rilevano soltanto i proventi esenti conseguiti nello **stesso periodo** d'imposta in cui si verifica la perdita e non rileva la quota esente delle plusvalenze derivanti dalla cessione di partecipazioni «Pex» (v. n. 24705).
Per i soggetti che fruiscono di un **regime di esenzione** dell'utile (si tratta, ad esempio, delle cooperative e loro consorzi), la perdita è utilizzabile per l'ammontare che eccede l'utile che non ha concorso alla formazione del reddito negli esercizi precedenti.

In entrambi i casi, la perdita assoggettata alle specifiche limitazioni è quella di periodo e non anche quella formatasi in periodi d'imposta precedenti; pertanto, la perdita realizzata in un determinato periodo d'imposta, dopo aver subìto la limitazione in presenza di proventi esenti o di utili esentati in esercizi precedenti, non deve essere più assoggettata alle limitazioni in esame nei periodi d'imposta successivi.
Sull'ammontare che risulta utilizzabile a seguito dell'applicazione delle suddette limitazioni si applica la percentuale di deducibilità pari all'80% al momento dell'utilizzo per compensare i redditi degli esercizi successivi (Circ. IRDCEC 14 settembre 2011 n. 24/IR).

REGOLE DI IMPUTAZIONE (art. 84 DPR 917/86) La perdita deve essere dedotta per l'importo che trova capienza nel reddito dell'esercizio immediatamente successivo con le regole sopra illustrate (v. tuttavia n. 81100 per il caso di **rettifica della dichiarazione**). Le perdite che residuano vanno indicate in un apposito prospetto del Modello Redditi SC. **25930**
È possibile l'utilizzazione in misura inferiore nel caso in cui l'imposta corrispondente al reddito imponibile risulti compensata da:
- crediti di imposta;
- ritenute alla fonte subite a titolo di acconto;
- versamenti di imposta in acconto.

Secondo l'Aidc non è precluso il riporto delle perdite fiscali sorte in un periodo d'imposta per il quale sia stata **omessa** la **dichiarazione** dei redditi, qualora la stesse risultino sussistenti e siano dimostrabili sulla base della corretta applicazione delle disposizioni normative (Aidc Norma di comportamento n. 206).

DIVIETO DI RIPORTO DELLE PERDITE (art. 84 c. 3 DPR 917/86) Il riporto a nuovo delle perdite (anche relative a periodi precedenti) non è ammesso se si verificano situazioni particolari che riguardano acquisizioni rilevanti di partecipazioni della società interessata al riporto e variazioni dell'attività principale (v. par. seguente). **25940**
È possibile chiedere la **disapplicazione** della disposizione presentando interpello con le modalità illustrate al n. 80040 e s.

Situazioni che comportano il divieto Si devono verificare **contemporaneamente** le seguenti due situazioni: **25941**
1) trasferimento (della proprietà o di altri diritti, quali l'usufrutto) anche a titolo temporaneo, della **maggioranza delle partecipazioni** aventi diritto di voto nelle assemblee ordinarie della società che ha subìto le perdite (Circ. Min. 19 dicembre 1997 n. 320/E). L'acquirente delle partecipazioni deve acquisire il controllo della società: ciò si verifica sia nel caso di **trasferimento** di un pacchetto **di per sé di controllo**, sia in caso di **integrazione** della partecipazione già posseduta; anche quando il cambio di controllo è realizzato indirettamente attraverso la cessione della sua controllante indiretta (Risp. AE 20 gennaio 2022 n. 39);
2) nel periodo di imposta in cui è trasferita la partecipazione o nei due successivi o anteriori, viene **modificata** l'**attività principale** esercitata di fatto dalla società nel periodo in cui ha subìto le perdite (la verifica deve, pertanto, riguardare cinque periodi di imposta). L'attività principale è valutata in base all'ammontare dei relativi ricavi.
Il divieto **non si applica**, pur in presenza delle suddette operazioni, se la società interessata al riporto delle perdite nel **biennio precedente** a quello di trasferimento ha avuto un numero di dipendenti **mai inferiore** a 10 e nell'**esercizio precedente** a quello di trasferimento un ammontare di ricavi e di spese per prestazioni di lavoro subordinato e relativi contributi, risultanti dal conto economico (rispettivamente alle voci a) n. 1, b) n. 9 lett. a e b) superiore al 40% rispetto alla media degli ammontari relativi agli ultimi due esercizi anteriori.

c. Deduzione per incrementi del capitale proprio (ACE)

(art. 1 DL 201/2011 conv. in L. 214/2011 e DM 3 agosto 2017)

Le **società di capitali** (v. 21015) e gli **enti commerciali** pubblici e privati (compresi i consorzi e i trust) residenti, nonché le **stabili organizzazioni** in Italia di società ed enti non residenti possono dedurre dal reddito d'impresa, fino a concorrenza dello stesso, un importo (c.d. «rendimento nozionale») determinato in percentuale rispetto alla variazione in aumento, al **25943**

netto di quelle in diminuzione, del capitale proprio rispetto a quello esistente alla chiusura dell'esercizio in corso al 31 dicembre 2010 (costituito dal patrimonio netto risultante dal relativo bilancio, senza tener conto dell'utile del medesimo esercizio).
La parte del rendimento nozionale che **supera** il reddito complessivo netto dichiarato, oltre che in aumento dell'importo deducibile dal reddito dei periodi d'imposta successivi, può essere trasformato in un **credito d'imposta** utilizzabile in diminuzione dell'IRAP con le regole illustrate al n. 25974.
Infine, su richiesta dell'impresa, l'ACE può essere riconosciuta anche a scomputo del maggior imponibile accertato in sede accertamento con adesione (v. n. 88018 precisazione 1) - Circ. AE 21 marzo 2019 n. 5/E).

>**Precisazioni** 1) Il soggetto **residente all'estero che trasferisce la residenza in Italia** può fruire dell'ACE **a partire dal** periodo d'imposta in cui acquisisce la qualifica di soggetto residente, considerando tutti gli incrementi e decrementi di capitale proprio realizzati a partire dall'esercizio in corso al 31 dicembre 2011 (Circ. AE 23 maggio 2014 n. 12).
2) Sono **esclusi** dall'agevolazione gli **enti non commerciali**, anche se svolgono attività commerciali e le società assoggettate a procedure di **fallimento**, di **liquidazione coatta** o di **amministrazione straordinaria** delle grandi imprese in crisi (non finalizzata al risanamento della società), dall'inizio dell'esercizio in cui interviene, rispettivamente, la dichiarazione di fallimento, il procedimento che ordina la liquidazione, il decreto motivato che dichiara l'apertura della procedura.
3) Le società **agricole** che hanno optato per la determinazione del reddito secondo i **criteri catastali** e le **imprese marittime** in regime di tonnage tax, possono fruire dell'ACE a **condizione** che i ricavi derivanti dall'attività per la quale si è esercitata la relativa opzione non siano prevalenti rispetto ai ricavi complessivi (art. 9 DM 3 agosto 2017 e Relazione al DM).

25945 **PERCENTUALE APPLICABILE** Dal 2019 l'aliquota è fissata all'1,3% (art. 1 c. 287 lett. b L. 160/2019).

---

1. Variazioni del capitale proprio

25947 In ciascun esercizio la variazione in aumento (incrementi meno decrementi) **non può eccedere il patrimonio netto** (PN) risultante dal relativo bilancio. Ai fini del raffronto, l'importo del PN **include** l'utile o la perdita dell'esercizio determinati ipotizzando un carico fiscale teorico che non tenga conto dell'effetto dell'ACE (Istr. modello Redditi SC quadro RS) e le eventuali rettifiche operate in sede di prima adozione di nuovi principi contabili o di cambiamento di quelli già adottati (art. 11 c. 2 DM 3 agosto 2017).
Nei paragrafi seguenti si esaminano:
– gli elementi positivi che incrementano il capitale proprio (v. n. 25951);
– gli elementi negativi che lo riducono (v. n. 25959);
– le disposizioni antielusive previste per alcune operazioni infragruppo (v. n. 25965 e al n. 25967).
– alcune particolarità connesse all'adozione dei principi IAS e OIC (v. n. 25969).
Per le particolarità che riguardano le **stabili organizzazioni** di soggetti non residenti (v. n. 36060).

> In caso di **periodo di imposta superiore o inferiore all'anno**, le variazioni (in aumento o diminuzione) del capitale proprio vanno ragguagliate alla durata del periodo: (Incremento di capitale proprio × giorni di durata del periodo d'imposta) / 365.
> Pertanto per determinare il **momento di rilevanza** delle variazioni del capitale proprio derivanti da **conferimenti di denaro** occorre fare il seguente calcolo:
> (Incremento di capitale proprio × giorni di durata effettiva del periodo d'imposta) / 365 × (giorni dal versamento al termine del periodo d'imposta/giorni di durata effettiva del periodo d'imposta).

25951 **ELEMENTI POSITIVI** Nella **tabella** sono indicati gli elementi positivi che incrementano il capitale proprio e la rispettiva data di decorrenza, ossia da quando l'evento ha rilevanza ai fini del computo dell'agevolazione.
Per le imprese **costituite successivamente al 31 dicembre 2010**, si assume come incremento anche il patrimonio di costituzione, per l'ammontare derivante da conferimenti in denaro.

> **Non costituiscono incrementi** gli apporti a fronte dei quali **non si può acquisire la qualità di socio**, come, ad **esempio**, quelli riferiti a strumenti finanziari partecipativi ex art. 2346 c. 6 c.c.

25953

a) conferimenti in denaro versati dai soci o partecipanti nonché per acquisire la qualificazione di soci o partecipanti **(1)**	dalla data del versamento
b) rinuncia incondizionata dei soci al diritto alla restituzione dei crediti verso la società **(2)**	dalla data dell'atto di rinuncia
c) compensazione dei crediti in sede di sottoscrizione di aumenti di capitale **(2)**	dalla data in cui assume effetto la compensazione
d) utili accantonati a riserva, a **esclusione** di quelli destinati a riserve non disponibili o da plusvalenze iscritte per effetto di conferimenti d'azienda o ramo **(3)**	dall'inizio dell'esercizio in cui le relative riserve sono formate

(1) Condizione è l'**effettiva esecuzione** dei conferimenti. Rilevano i conferimenti tipici, destinati a incremento del capitale sociale, e quelli destinati al **ripianamento di perdite** o accantonati a riserva. Ad **esempio**, versamenti effettuati: per la ricostituzione o l'aumento del capitale sociale o del fondo di dotazione; a fondo perduto o in conto capitale (senza obbligo di restituzione); in conto futuro aumento di capitale; per sovrapprezzo azioni o quote; per interessi di conguaglio, effettuati dai sottoscrittori di nuove azioni o quote. Poiché i **conferimenti in natura** non rilevano come incremento del capitale, l'utile non viene neutralizzato delle quote di ammortamento del bene conferito.
(2) La rinuncia e le compensazioni rilevanti riguardano esclusivamente **crediti di natura finanziaria**, ossia derivanti da precedenti finanziamenti in denaro (Circ. AE 3 giugno 2015 n. 21/E).
(3) Si considerano **non disponibili** le riserve formate con utili diversi da quelli realmente conseguiti (ex art. 2433 c.c.) in quanto derivanti da processi di valutazione - ad **esempio**, dalla valutazione al fair value dei derivati - e quelle formate con utili realmente conseguiti che per obbligo di legge non sono distribuibili né utilizzabili ad altri fini (aumenti gratuiti di capitale e copertura delle perdite); queste ultime rientrano nella categoria delle riserve disponibili nell'ipotesi in cui è consentito almeno uno dei predetti utilizzi (es. riserva legale che non ha raggiunto il limite di legge) (art. 2430 c. 1 c.c.). Le riserve non disponibili assumono rilevanza nell'esercizio in cui viene meno la condizione di indisponibilità, ad **esempio**, le riserve formatesi in seguito alla rivalutazione dei beni nel momento in cui avviene il realizzo dei maggiori valori, a seguito di cessione o ammortamento dei beni stessi, assunti al netto della corrispondente imposta sostitutiva del 3% (Risp. AE 30 dicembre 2021 n. 889).

ELEMENTI NEGATIVI Di seguito sono indicate le variazioni del capitale proprio che rilevano come elementi negativi (a partire dall'inizio dell'esercizio in cui si sono verificate) e quelle che invece non sono considerate rilevanti (art. 5 c. 3 e 4 DM 3 agosto 2017 e Relazione illustrativa al DM). 25959

Tipo di variazione	Precisazioni	Rilevanza
riduzioni del PN con attribuzione, a qualsiasi titolo, ai soci o partecipanti	compresa la riduzione conseguente ad alcune ipotesi di acquisto di azioni proprie (v. n. 25969)	SÌ
incremento delle consistenze dei titoli e valori mobiliari diversi dalle partecipazioni, rispetto a quelli risultanti dal bilancio relativo all'esercizio in corso al 31/12/2010	si tratta di titoli e valori mobiliari di cui all'art. 1 c. 1 bis D.Lgs. 58/98, incluse le quote OICR, valorizzati nella misura in cui emergono dal bilancio di esercizio dando rilievo anche ai fenomeni valutativi, nonché di prodotti di investimento assicurativi definiti all'art. 1 c. 1 lett. w bis.3 TUF (Risp. AE 28 aprile 2022 n. 232)	SÌ
operazioni di pronti contro termine	vanno invece considerati ai fini della disciplina antielusiva (v. par. seguente)	NO
acquisto di titoli emessi da soggetti del medesimo gruppo	come sopra	NO
acquisti di titoli e valori immobiliari operati per fini strettamente funzionali ad assicurare la compensazione e la conclusione dei contratti sui mercati regolamentati di titoli (v. n. 22590)		NO
riduzioni di patrimonio derivanti da perdite		NO
distribuzioni dell'utile dell'esercizio		NO
decrementi conseguenti a operazioni di fusione o scissione		NO

25965 **GRUPPI SOCIETARI** (art. 10 c. 2 e 3 DM 3 agosto 2017, Circ. AE 3 giugno 2015 n. 21/E, Circ. AE 23 maggio 2014 n. 12/E) Ai soggetti appartenenti al medesimo gruppo, nell'ambito del quale è presente **almeno un soggetto che fruisce dell'agevolazione**, si applicano specifiche disposizioni antielusive volte ad evitare effetti moltiplicativi del beneficio (v. **tabella**). Un'ulteriore restrizione è prevista in caso di conferimenti in denaro provenienti da soggetti domiciliati in Stati non collaborativi (v. n. 25967).

Gli interessati possono **interpellare** l'AF, con le modalità illustrate al n. 80075 e s. al fine di dimostrare che la specifica operazione non comporta una duplicazione del beneficio; in **assenza** di interpello **o** in caso di **risposta negativa**, è possibile comunque non applicare la disposizione antielusiva, ma occorre indicare in dichiarazione dei redditi le informazioni ivi richieste (art. 1 c. 8 DL 201/2011 conv. in L. 214/2011) (v. rigo RS115 modello Redditi SC).

Si considerano **società del gruppo**, le società controllate, controllanti o controllate da un medesimo soggetto ai sensi dell'art. 2359 c.c. inclusi i soggetti diversi dalle società di capitali (per le persone fisiche si tiene conto anche delle partecipazioni possedute dai familiari) (v. n. 34150).

Operazioni rilevanti	Effetto	Disapplicazione
a) conferimenti in denaro effettuati, successivamente alla chiusura dell'esercizio in corso al 31 dicembre 2010, a favore di soggetti del gruppo o divenuti tali a seguito del conferimento **(1) (2)**	la variazione in aumento del capitale proprio del **soggetto che effettua l'operazione** viene ridotta in corrispondenza dell'ammontare dei conferimenti in denaro o dei corrispettivi in denaro per l'acquisto di partecipazioni/aziende, dell'incremento dei crediti (a prescindere dal fatto che i destinatari rientrino tra quelli che possono fruire dell'ACE: es. conferimento in favore di società non residenti)	occorre fornire informazioni e documentazione idonee a dimostrare che a fronte di una sola immissione di denaro non si sia generata una moltiplicazione della base di calcolo dell'ACE mediante una reiterazione di atti di apporti a catena all'interno delle società del gruppo, anche in caso di destinatari non residenti, per alcuni **esempi** di disapplicazione v. Risp. 10 maggio 2022 n. 250, Risp. AE 1° febbraio 2019 n. 21, Risp. AE 5 dicembre 2018 n. 95, Risp. AE 6 dicembre 2018 n. 99, Princ. dir. AE 6 novembre 2018 n. 11 e n. 12
b) acquisizione o l'incremento di partecipazioni in società controllate già appartenenti ai soggetti del gruppo		
c) acquisizione di aziende o rami già appartenenti ai soggetti del gruppo		
d) incremento dei crediti di finanziamento nei confronti dei soggetti del gruppo rispetto a quelli risultanti dal bilancio relativo all'esercizio in corso al 31/12/2010		

(1) Non assume rilevanza l'incremento di partecipazioni derivante dai **finanziamenti infruttiferi** o a tasso diverso da quello di mercato **erogati dai soci** a favore delle società del gruppo.
(2) La riduzione prescinde dalla persistenza del rapporto di controllo alla data di chiusura dell'esercizio.

25967 **Conferimenti da soggetti domiciliati in Stati non collaborativi** (art. 10 c. 4 e 5 DM 3 agosto 2017 e Relazione illustrativa al DM) Si tratta dei conferimenti in denaro provenienti da soggetti localizzati in stati o territori diversi da quelli che consentono un adeguato scambio di informazioni (elencati all'art. 6 c. 1 D.Lgs. 239/96 vigente al 1° gennaio 2011 - di seguito «Paesi white listed»), **anche** se **non appartenenti** al gruppo, che comportano una corrispondente **riduzione** della la variazione in aumento per il computo della base ACE.

In pratica, occorre **individuare la provenienza** dei conferimenti tenendo conto delle seguenti due **esimenti**:

– in presenza di una **società quotata**, si valuta solo la composizione dei soci controllanti in base ai requisiti del codice civile (art. 2359 c.c.) e se non è identificabile un controllante effettivo, l'indagine si conclude a livello della stessa società quotata;

– in presenza di un **fondo di investimento** regolamentato e localizzato in un Paese white listed, non si richiedono informazioni in merito ai sottoscrittori.

Se l'indagine evidenzia la provenienza da un soggetto domiciliato in un Paese non white listed, la **riduzione** della variazione di capitale proprio è **ripartita proporzionalmente** tra le società conferitarie del gruppo che hanno conseguito una base ACE positiva nel periodo d'imposta.

Il beneficiario del conferimento può chiedere la **disapplicazione** fornendo, contestualmente, le **informazioni** e la **documentazione** necessarie a dimostrare (in proposito, v. Princ. dir. AE 30 novembre 2018 n. 14 e Risp. AE 3 dicembre 2018 n. 88):

a) in modo inequivocabile, la provenienza dei conferimenti da un soggetto residente in un Paese white listed;
b) che a fronte di una sola immissione di denaro non possa essersi moltiplicata la base di calcolo ACE neanche mediante il trasferimento e il successivo reingresso di somme di denaro a favore di soggetti esteri.
Ai fini della verifica occorre ricorrere all'approccio «look through» risalendo l'intera catena societaria con riferimento alla data di esecuzione del conferimento.
Per alcuni esempi di disapplicazione v. Risp. AE 30 gennaio 2019 n. 17, Risp. AE 18 febbraio 2019 n. 58.

OPERAZIONI PARTICOLARI (DM 3 agosto 2017 e Relazione illustrativa al DM) Nella tabella 25969
seguente sono indicati gli effetti di alcune operazioni che coinvolgono principalmente le società che redigono i bilanci in base ai principi contabili IAS e OIC.

<table>
<tr><td colspan="2">emissione di diritti d'opzione (warrant) e di obbligazioni convertibili</td><td>rilevano come incremento del PN, a decorrere dall'esercizio in cui viene esercitata l'opzione</td></tr>
<tr><td colspan="2">emissione di strumenti finanziari partecipativi (rientranti nella categoria dei «convertendo»)</td><td>rilevano come incremento del PN al momento della conversione (Risp. AE 7 novembre 2022 n. 552)</td></tr>
<tr><td colspan="2">finanziamenti infruttiferi o a tasso diverso da quello di mercato erogati dai soci a favore delle società</td><td>non rilevano, né come incrementi del PN né ai fini della disposizione antielusiva, e non rilevano, di conseguenza, gli interessi figurativi iscritti in contropartita a conto economico</td></tr>
<tr><td rowspan="2">acquisto di azioni proprie</td><td>– effettuato ai sensi dell'art. 2357 bis c.c. (es. in esecuzione di una deliberazione dell'assemblea di riduzione del capitale, da attuarsi mediante riscatto e annullamento di azioni)</td><td>– la riduzione del PN rileva come elemento negativo</td></tr>
<tr><td>– in tutti gli altri casi (art. 2357 c.c.)</td><td>– la riduzione del PN rileva come elemento negativo nei limiti della variazione in aumento formata da utili accantonati a riserva (v. n. 25953 lett. d)</td></tr>
<tr><td colspan="2">rivendita delle predette azioni</td><td>si ripristina l'incremento di PN legato agli utili precedentemente sterilizzati dalla base ACE. Inoltre, si hanno i seguenti effetti:
– corrispettivo cessione > costo d'acquisto, l'incremento del PN rilevato in bilancio è assimilato ad un conferimento in denaro (v. n. 25953 lett. a);
– corrispettivo cessione < costo d'acquisto, la riduzione di base ACE diviene definitiva per un ammontare pari alla differenza dei predetti valori</td></tr>
<tr><td colspan="2">rilevazione di errori contabili c.d. «rilevanti» (in base a quanto previsto dai principi contabili)</td><td>la determinazione della base ACE è da operare mediante l'utilizzo degli istituti che consentono la correzione della dichiarazione originaria, con conseguente irrilevanza delle poste di correzione iscritte nello SP o nel CE (Risp. AE 21 aprile 2021 n. 279)</td></tr>
<tr><td rowspan="3">rettifiche operate in sede di prima adozione dei principi OIC</td><td>eliminazione costi di ricerca e pubblicità non più capitalizzabili</td><td>lo storno di questi costi riduce il patrimonio netto e quindi la base ACE; negli esercizi successivi i maggiori utili derivanti dall'assenza degli ammortamenti incrementeranno la base ACE</td></tr>
<tr><td>utilizzo del criterio del costo ammortizzato</td><td>si considerano rilevanti ai fini dell'incremento del capitale proprio gli effetti dell'applicazione retrospettica del costo ammortizzato; negli esercizi successivi diviene rilevante la diversa dinamica dei proventi/oneri finanziari di crediti, debiti e titoli</td></tr>
<tr><td>rettifiche diverse</td><td>non rilevano</td></tr>
</table>

2. Calcolo e utilizzo dell'agevolazione

25971 In pratica, per il calcolo della base ACE relativa a ciascun periodo d'imposta, si sommano algebricamente gli elementi positivi con quelli negativi tenendo conto anche delle sterilizzazioni dovute a operazioni infragruppo che vanno a ridurre la base imponibile. Il risultato così ottenuto va **raffrontato** con il **patrimonio netto** risultante dal bilancio dell'esercizio comprensivo dell'utile o della perdita (al netto delle riserve per acquisto azioni proprie a prescindere dai principi contabili adottati) (Circ. AE 20 settembre 2012 n. 35/E e Relazione al DM 3 agosto 2017); la **base** cui applicare la percentuale di cui al n. 25945 è pari al minore fra i due importi (se il patrimonio netto assume valore negativo o zero non vi è base imponibile su cui calcolare l'agevolazione). Tali operazioni sono rappresentate in apposite colonne del rigo RS113 del modello Redditi SC.

Per le modalità di utilizzo e monitoraggio della c.d. **Super ACE** v. MF 2022 Ed. settembre n. 2600 e s.

25973 L'importo della **deduzione complessiva** spettante alla società (compresa anche l'eventuale quota attribuita per trasparenza da società partecipate e quella riportata dal precedente periodo d'imposta) viene dedotto dal reddito complessivo netto (già ridotto di eventuali perdite pregresse) dichiarato dall'impresa fino a concorrenza dello stesso; a tal fine va riportato nel rigo RN6 colonna 6 del modello redditi SC.
Eventuali quote di ACE non utilizzate, in presenza di reddito capiente, fanno perdere la possibilità di riporto nei periodi successivi (Circ. AE 23 maggio 2014 n. 12).

25974 La parte di deduzione eventualmente **eccedente** il reddito netto, maturata in ciascun periodo d'imposta, può essere, **alternativamente**, utilizzata, in tutto o in parte, con una delle modalità descritte in tabella (Circ. AE 3 giugno 2015 n. 21/E).
Se si sono verificate **acquisizioni rilevanti** di partecipazioni della società interessata e **variazioni dell'attività** principale come illustrato al n. 25940 e n. 25941, l'utilizzo è **precluso**, salva la possibilità di proporre interpello disapplicativo (art. 84 c. 3 DPR 917/86).

Utilizzo (1)	Modalità
in aumento dell'importo deducibile dal reddito dei periodi d'imposta successivi senza limiti temporali	a tal fine va indicata in apposita colonna 14 del rigo RS113
conversione in un **credito d'imposta**, che va ripartito in 5 quote annuali utilizzabili esclusivamente **in diminuzione dell'IRAP** dei relativi periodi, compreso quello di formazione (non è utilizzabile in compensazione con altre imposte tramite modello F24) **(2)**	– il credito è **determinato** applicando, all'eccedenza che si intende convertire, l'aliquota IRES; – va **indicato**: nel modello Redditi SC, al rigo RS113 colonna 13; nel modello IRAP, nell'apposito prospetto Sez. XIII «Credito ACE» del quadro IS, indicando la quota utilizzabile (1/5 dell'importo) in diminuzione dell'imposta al rigo IR22. Se la **quota** utilizzabile è **superiore** all'IRAP dovuta in un periodo, la parte non utilizzata può essere portata in avanti nella dichiarazione IRAP dei periodi d'imposta successivi senza limiti temporali, ma non può essere oggetto di istanza di rimborso o di cessione (neppure in caso di consolidato fiscale); tuttavia, l'utilizzo dei residui è consentito solo allo scadere del quinquennio di utilizzo dei crediti maturati per le singole annualità. Il monitoraggio di tali utilizzi e della gestione delle eventuali eccedenze avviene con la compilazione della sezione XIII del quadro IS
in caso di accertamento con adesione	su richiesta dell'impresa, le eccedenze formate non oltre l'esercizio oggetto di accertamento, non ancora utilizzate, possono essere portate a scomputo del maggior imponibile accertato (v. n. 88018 prec. 1) (Circ. AE 21 marzo 2019 n. 5/E)

(1) La **scelta** effettuata in ciascun periodo è irrevocabile; quindi le eccedenze pregresse non possono essere trasformate in credito IRAP.
(2) L'utilizzo in dichiarazione non richiede visto di conformità; non è soggetto al limite di compensazione ordinario, né a quello previsto per l'utilizzo dei crediti agevolativi da quadro RU, né al divieto di compensazione in presenza di debiti iscritti a ruolo per importo superiore a 1.500 euro.

25977 **CASI PARTICOLARI** Per le particolarità che interessano l'attribuzione delle eccedenze in caso di società che hanno optato per la **trasparenza** e il **consolidato** fiscale si rinvia, rispet-

tivamente, al n. 26595, n. 26945 e n. 27515. In caso di società che partecipano a operazioni di **fusione** o **scissione**, v. n. 91614 e n. 92053.
Per il **conferimento d'azienda** l'incremento del capitale proprio rimane al conferente (non essendovi passaggio di posizioni soggettive).

SEZIONE 4

Adempimenti contabili e dichiarativi

Gli adempimenti fiscali posti a carico delle imprese riguardano essenzialmente: **26055**
- redazione e tenuta di scritture contabili (v. n. 26065), compresi il bilancio e l'inventario (v. n. 26235);
- dichiarazione dei redditi (v. n. 26295);
- dichiarazione dei sostituti d'imposta (v. n. 37530);
- rendicontazione Paese per Paese, per i gruppi internazionali (v. n. 26325 e s.).

Per l'attività di assistenza fiscale **in favore dei dipendenti**, posta a carico dell'imprenditore, v. n. 37610.

I. Scritture contabili

Per poter registrare le manifestazioni delle varie componenti del reddito societario, la normativa fiscale prevede l'utilizzazione di particolari scritture contabili obbligatorie, in aggiunta a quelle civilistiche. Tali scritture possono essere **tenute direttamente dall'imprenditore**, nei luoghi in cui viene esercitata l'attività (sede legale, amministrativa, filiali, stabilimenti, ecc.), oppure da **altri soggetti** (commercialisti, centri elaborazione dati, ecc.) presso le proprie sedi; in quest'ultimo caso il depositario deve rilasciare all'impresa una **attestazione** contenente la specificazione delle scritture in suo possesso e la propria disponibilità alla loro esibizione, su richiesta degli organi di controllo. **26065**
Di seguito si illustrano i diversi libri che devono essere tenuti dalle società di capitali e dagli enti commerciali e le modalità di tenuta e conservazione degli stessi.

N.B. Le disposizioni in esame si applicano anche alle **imprese individuali** e alle **società di persone** che adottano, per obbligo o per opzione, il regime contabile ordinario.

A. Libri obbligatori

Sono obbligatorie le scritture contabili elencate in **tabella** (artt. 14 e s. DPR 600/73). **26075**
In aggiunta, generalmente, vi è obbligo di tenuta dei registri previsti ai fini IVA, a meno che le registrazioni non siano effettuate sul libro giornale rispettando i termini e le modalità previsti dalla disciplina IVA (v. n. 54355).

Libro giornale (art. 2216 c.c.)	Deve contenere, in ordine cronologico, tutte le operazioni effettuate dall'imprenditore. È possibile istituire libri **sezionali** su cui vengono rilevate le operazioni appartenenti a una certa classe (es. fornitori, banche, clienti, ecc.) o a un ramo d'azienda (es. chimico, petrolifero, ecc.) o a una certa zona geografica (es. filiali, succursali, ecc.); in tal caso occorre tenere un libro giornale **riassuntivo** sul quale effettuare periodicamente (giornalmente, settimanalmente, mensilmente) le registrazioni necessarie per la redazione del bilancio (Ris. Min. 27 maggio 1981 n. 9/875 e Ris. AE 31 ottobre 2002 n. 341/E) **(1) (2) (3)**
Libro degli inventari (art. 2216 c.c.)	Oltre agli elementi prescritti dal Codice Civile o da leggi speciali, deve indicare la **consistenza dei beni** raggruppati in categorie omogenee per natura e valore e il **valore** attribuito a ciascun gruppo (comprensivo delle eventuali rivalutazioni operate) **(4)**.

	Devono, inoltre, essere dettagliatamente e separatamente indicate e valutate le **attività** e le **passività** relative all'impresa e deve essere trascritto il **bilancio** dell'esercizio (compresa la nota integrativa, se redatta)
Scritture ausiliarie (c.d. conti di mastro)	Devono contenere gli **elementi patrimoniali e reddituali**, raggruppati in categorie omogenee, in modo da consentire di desumere chiaramente e distintamente i componenti positivi e negativi che concorrono alla determinazione del reddito
Registro dei beni ammortizzabili	Contiene le annotazioni relative ai beni strumentali (per il dettaglio relativo a tali annotazioni v. n. 26080). In alternativa, le annotazioni possono essere effettuate su uno dei seguenti registri: – **libro inventari** (art. 2 DPR 695/96); – **libro giornale**, a condizione che, su richiesta dell'AF, siano forniti in forma sistematica gli stessi dati che andrebbero indicati sul registro dei beni ammortizzabili (art. 12 DPR 435/2001)
Libri obbligatori per la disciplina del lavoro	Si tratta del **libro unico del lavoro**, che ha sostituito il libro paga e matricola. Per la trattazione relativa si rimanda al ML
Scritture ausiliarie di magazzino	Indicano i movimenti e le variazioni del magazzino e della giacenza di fine esercizio. Sono **obbligatorie** solo per le imprese che per 2 esercizi consecutivi presentano **ricavi** superiori a € 5.164.000 e **rimanenze** totali superiori a € 1.100.000; l'obbligo **decorre** dal secondo anno successivo al verificarsi delle suddette condizioni (art. 1 c. 1 DPR 695/96) e **cessa** a partire dal primo periodo d'imposta successivo a quello in cui per la seconda volta consecutiva l'ammontare dei ricavi e il valore delle rimanenze risultano inferiori ai citati limiti **(5)**. Per le **modalità di rilevazione** dei movimenti e delle variazioni del magazzino si rinvia al n. 26085

(1) Il libro giornale si identifica, in tal caso, con l'insieme delle scritture di sintesi confluite nel c.d. libro giornale riassuntivo (o generale), ferma restando la possibilità di utilizzare mezzi diversi per la rappresentazione in dettaglio dei singoli accadimenti contabili (Ris. AE 6 ottobre 2008 n. 371/E).

(2) Gli imprenditori che esercitano **attività commerciali all'estero** mediante stabili organizzazioni e quelli **non residenti** che esercitano attività commerciali in Italia mediante stabili organizzazioni, devono rilevare nella contabilità distintamente i fatti di gestione che interessano le stabili organizzazioni, determinando **separatamente** i risultati dell'esercizio relativi a ciascuna di esse; a tal fine, la legge non prevede specifiche modalità (vi è quindi libertà di scelta tra registri sezionali, conti di mastro specifici, libri a sezioni contrapposte, ecc.).

(3) Gli imprenditori soggetti agli **ISA** che esercitano **due o più attività** di impresa devono annotare separatamente i ricavi relativi alle diverse attività esercitate, nonché, in alcuni casi, i componenti rilevanti ai fini dell'applicazione degli ISA stessi.

(4) Se dall'inventario **non si rilevano** gli elementi che costituiscono ciascun gruppo e il loro valore, devono essere tenute a disposizione dell'AF le distinte utilizzate per la compilazione dello stesso.

(5) Nella determinazione dei limiti non si tiene conto delle **risultanze di eventuali accertamenti**, se l'incremento non supera di oltre il 15% entrambi i valori dichiarati. La **tolleranza** del 15% si riferisce, infatti, disgiuntamente sia all'ammontare dei ricavi sia a quello delle rimanenze (Circ. Min. 19 febbraio 1997 n. 45/E). Se il periodo di imposta è **diverso dall'anno solare**, i ricavi devono essere ragguagliati ad anno.

26080 **Annotazioni obbligatorie relative ai beni strumentali** Le annotazioni obbligatorie relative ai beni strumentali, **da effettuarsi entro** il termine di presentazione della dichiarazione dei redditi, riguardano: l'anno di acquisizione, il costo originario, le rivalutazioni, le svalutazioni, il fondo di ammortamento nella misura raggiunta al termine del periodo d'imposta precedente, il coefficiente di ammortamento effettivamente praticato nel periodo d'imposta, la quota annuale di ammortamento e le eliminazioni dal processo produttivo. Per i **beni gratuitamente devolvibili** deve essere anche indicata la quota annua che affluisce al fondo di ammortamento finanziario.

Oltre ai dati relativi ai beni strumentali, occorre annotare nei suddetti registri anche i costi di manutenzione, riparazione, ammodernamento e trasformazione ammortizzabili (perché superiori all'importo massimo deducibile) e non capitalizzati a beni specifici, in voci separate a seconda dell'anno di formazione.

Gli **immobili** strumentali e i beni **mobili iscritti in pubblici registri** devono essere registrati singolarmente, cioè una pagina per ogni bene.

Gli **altri beni** possono essere iscritti con riferimento a categorie omogenee per anno di acquisizione e coefficiente di ammortamento.

Si ritiene che i **costi incrementativi** sostenuti per il bene possano essere aggiunti al costo originario.

Sullo specifico **registro dei beni ammortizzabili** è possibile riservare anche delle **pagine in bianco**, quando si presume occorrano per lo sviluppo degli ammortamenti. In tal caso, dette pagine dovranno essere espressamente intitolate al bene o alla categoria di beni cui sono riservate, con esplicita indicazione che trattasi di continuazione dello sviluppo dell'ammortamento del bene o categoria di beni con richiamo della pagina in cui è iscritto il bene o la categoria di beni medesimi (Circ. Min. 30 aprile 1977 n. 7/1496).

Modalità di rilevazione del magazzino Le scritture ausiliarie di magazzino devono essere **tenute in forma sistematica**. In esse devono essere registrate le quantità entrate e uscite dei seguenti beni: **26085**
- merci destinate alla vendita;
- semilavorati, se distintamente classificati in inventario, esclusi i prodotti in corso di lavorazione;
- prodotti finiti;
- materie prime e altri beni destinati a essere fisicamente incorporati nei prodotti finiti;
- imballaggi utilizzati per il confezionamento dei singoli prodotti;
- materie prime tipicamente consumate nella fase produttiva dei servizi, nonché materie prime e altri beni incorporati durante la lavorazione dei beni del committente.

›**Precisazioni** 1) Dalle scritture ausiliarie di magazzino **possono essere esclusi** tutti i movimenti relativi a singoli beni o a categorie inventariali il cui costo complessivo nel periodo di imposta precedente non eccede il 20% di quello sostenuto nello stesso periodo per tutti i beni sopraindicati. I beni o le categorie inventariali che possono essere esclusi devono essere scelti tra quelli di trascurabile rilevanza percentuale.
2) Per la produzione di beni, opere, forniture e servizi di **durata ultrannuale** (v. n. 22465), le scritture ausiliarie sono costituite da schede di lavorazione dalle quali devono risultare i costi specificamente imputabili. Le registrazioni sulle schede di lavorazione sostituiscono le rilevazioni di carico e di scarico dei singoli beni specificamente acquistati per le predette produzioni.

Le rilevazioni dei beni, singoli o raggruppati per categorie di inventario, possono essere effettuate **giornalmente** oppure **in forma riepilogativa**, con periodicità non superiore al mese. **26090**
Tali rilevazioni devono poi essere registrate nel termine di 60 giorni dalla scadenza del periodo prescelto (giorno, settimana, mese, ecc.).
Nelle stesse scritture possono inoltre essere annotati, anche alla fine del periodo d'imposta, i cali e le altre **variazioni** di quantità che determinano scostamenti tra le giacenze fisiche effettive e quelle desumibili dalle scritture di carico e scarico.

Per i **commercianti al minuto** le registrazioni vanno effettuate solo per i movimenti di carico e scarico dei magazzini interni centralizzati che forniscono due o più negozi o altri punti di vendita.

B. Modalità di tenuta e conservazione

ADEMPIMENTI INIZIALI (art. 22 DPR 600/73) Le scritture contabili, a eccezione di quelle ausiliarie e di quelle di magazzino, devono avere le **pagine numerate progressivamente** per ciascun anno, con l'indicazione, pagina per pagina, dell'anno di riferimento (es. 2022/1, 2022/2, ecc.), non di quello in cui si effettua la stampa. Anche i registri sezionali debbono essere autonomamente numerati. **26145**
Nel caso di società con **esercizio non coincidente con l'anno solare** si deve indicare il primo dei due anni di contabilità (es.: esercizio 1-7-2022/30-6-2023, si indica il 2022 anche per le rilevazioni del primo semestre 2023).
Per le **scritture di assestamento e rettifica** registrate nell'anno successivo a quello di riferimento si indica invece l'anno in cui avviene la rilevazione (Circ. AE 22 ottobre 2001 n. 92/E, Ris. AE 12 marzo 2002 n. 85/E, Ris. AE 22 gennaio 2003 n. 9/E).
La numerazione, progressiva nell'ambito di ciascun registro (o blocco di pagine), deve essere effettuata direttamente **dal contribuente**. Questi può anche non effettuarla preventivamente su tutto il registro (o per blocchi di pagine), limitandosi ad attribuire, **volta per volta**, un numero progressivo a ciascuna pagina, prima che venga utilizzata.
Per i registri a **fogli mobili**, inoltre, ciascuna pagina deve essere intestata al soggetto obbligato alla tenuta dei libri.

>Precisazioni 1) I libri contabili previsti dal codice civile (libro **giornale**, il libro **inventari**) nonché quelli previsti solo dalle norme fiscali (registri IVA, dei beni ammortizzabili, ecc.) non sono normalmente soggetti all'obbligo di bollatura e vidimazione; tuttavia, per le **società di capitali** (comprese quelle consortili), è previsto l'obbligo di versare annualmente una tassa sulle **concessioni governative** in misura **forfettaria** per la numerazione e la bollatura di libri e registri contabili. Per ulteriori approfondimenti si rimanda al n. 76070.
2) L'imprenditore che intende **bollare e vidimare facoltativamente** i libri contabili cartacei, si deve rivolgere all'Ufficio del Registro delle imprese (presso le Camere di Commercio) o a un notaio. In tal caso la numerazione delle pagine vidimate - progressiva per ciascun anno solare - deve essere apposta prima della vidimazione e con l'indicazione dell'anno di riferimento (quello in cui avviene la vidimazione), in base ai criteri illustrati dalla Circ. Min. Ind. 9 gennaio 1997 n. 3407/C (Circ. AE 1° agosto 2002 n. 64/E).
Non è possibile vidimare i **registri tenuti su supporti ottici** o altri mezzi simili idonei a garantire la non modificabilità dei dati memorizzati (Circ. AE 6 dicembre 2006 n. 36/E).
3) Se il libro degli **inventari** contiene annotazioni che occupano **poche pagine** per ciascuna annualità, l'indicazione dell'anno, accanto alla numerazione progressiva, può essere omessa (Circ. AE 1° agosto 2002 n. 64/E).

26155 **REGISTRAZIONI** Tutte le scritture devono essere tenute secondo le norme di un'**ordinata contabilità**, senza spazi in bianco (salvo l'eccezione del registro dei beni ammortizzabili - v. n. 26080), senza interlinee e senza trasporti in margine. Non si possono fare abrasioni e, se è necessaria qualche **cancellazione**, questa deve eseguirsi in modo che le parole cancellate siano leggibili (art. 2219 c.c.).

26160 **Termine di registrazione** Le registrazioni nelle scritture cronologiche e nelle scritture ausiliarie di magazzino devono essere generalmente eseguite non oltre **60 giorni**.
In caso di **tenuta** dei registri con sistemi **elettronici** valgono le regole illustrate al n. 54390.

Le **società** e gli **enti** il cui bilancio o rendiconto è soggetto per legge o per statuto all'**approvazione** dell'assemblea o di altri organi possono effettuare gli **aggiornamenti** consequenziali all'approvazione stessa fino al termine stabilito per la presentazione della dichiarazione (art. 14 c. 3 DPR 600/73).

26175 **CONSERVAZIONE** (art. 22 DPR 600/73) Le scritture contabili devono essere conservate rispettando i termini e le modalità illustrati nelle due **tabelle** sottostanti.
Per quanto riguarda il **luogo** in cui devono essere conservate le scritture - in sede o presso terzi - si rinvia al n. 54420.

Termini	
scritture contabili obbligatorie	fino a quando non siano definiti gli accertamenti relativi al corrispondente periodo di imposta (v. n. 81055), anche oltre il periodo minimo di 10 anni stabilito ai fini civilistici (art. 2220 c.c.) (Cass. 6 agosto 2020 n. 16752) **(1)**
originali delle lettere, dei telegrammi e delle fatture ricevuti e copie delle lettere e dei telegrammi spediti e delle fatture emesse	ordinatamente, per ciascun affare, fino al termine di cui sopra **(2)**

(1) La Corte Tributaria può limitare l'obbligo di conservazione alle sole scritture rilevanti per la risoluzione della controversia in corso.
(2) Le **fotocopie** dei documenti non hanno lo stesso valore probatorio degli originali; pertanto se l'impresa non è in grado di giustificare la mancanza degli originali (es. smarrimento o distruzione o altre cause analoghe), il costo relativo è indeducibile (Cass. 6 febbraio 2009 n. 2898, Cass. 25 febbraio 2009 n. 4502).

Modalità	
a fini fiscali	oltre alla modalità cartacea tradizionale, forma elettronica o su supporti di immagine (es. microfilm, microfiches e dischi ottici), a condizione che siano garantite la immodificabilità e la inalterabilità dei supporti stessi (v. n. 52843) **(1)**
a fini civilistici	si applicano regole analoghe a quelle fiscali; gli obblighi di regolare tenuta dei libri e delle scritture contabili sono assolti mediante apposizione, **ogni 12 mesi** dalla data di messa in opera, della c.d. **marcatura temporale** e della **firma digitale** del responsabile alla conservazione sostitutiva (per le società: presidente del consiglio di amministrazione o soggetto diverso a ciò delegato, anche esterno) (art. 2215 bis c.c.) **(2)**

(1) L'utilizzo della conservazione elettronica è **comunicato** dal contribuente nella dichiarazione dei redditi relativa al periodo d'imposta di riferimento (Quadro RS, rigo RS104, Mod. Redditi SC).
(2) Se per 12 mesi **non sono state eseguite registrazioni**, la marcatura temporale e la firma digitale devono essere apposte alla prima nuova registrazione. Il termine di 12 mesi decorre da tale momento.

II. Redazione del bilancio e dell'inventario

Le società di capitali e gli enti commerciali hanno, infine, il fondamentale obbligo di redigere e **conservare** l'inventario e il bilancio contenente il risultato dell'esercizio. **26235**
Tali documenti devono essere redatti osservando le disposizioni del Codice Civile, quindi, relativamente al bilancio, adottando lo schema obbligatorio previsto.
Il bilancio e l'inventario devono poi essere **trascritti** nel libro degli inventari, entro 3 mesi dal termine per la presentazione della dichiarazione dei redditi.

III. Dichiarazione dei redditi

La dichiarazione è lo strumento ordinario per mezzo del quale il contribuente **porta a conoscenza** dell'AF la propria **posizione fiscale**. Le caratteristiche generali e gli scopi della dichiarazione sono i medesimi previsti per le persone fisiche (v. n. 16000). **26295**
Va redatta, a pena di nullità, utilizzando appositi modelli conformi a quelli approvati ogni anno con provvedimento del direttore AE (sono disponibili anche gratuitamente in formato elettronico sul sito dell'AE, www.agenziaentrate.gov.it) e va presentata singolarmente entro i termini sotto indicati.

Nella seguente **tabella** sono riassunte le questioni che riguardano la dichiarazione annuale. **26300**

Oggetto	Descrizione
Soggetti obbligati (art. 1 DPR 600/73)	Tutti i soggetti IRES, anche quando dalla dichiarazione **non scaturisce un debito d'imposta** e anche in **mancanza di redditi** (art. 13 DPR 600/73)
Presentazione (art. 3 DPR 322/98)	Solo in **via telematica** (v. n. 16043)
Termine di presentazione (art. 2 c. 2 e 9 DPR 322/98)	Entro l'ultimo giorno dell'11° mese successivo a quello di chiusura del periodo di imposta, mentre è irrilevante la data di approvazione del bilancio. Per le società con esercizio coincidente con l'anno solare, questo cade il 30 novembre. In ogni caso se i termini scadono di **sabato**, sono prorogati al primo giorno feriale successivo **(1)**. Per quanto riguarda i **versamenti** si rinvia al n. 37150 e s. (acconti) e al n. 37180 e s. (saldo)
Sottoscrizione (art. 1 DPR 322/98)	A pena di **nullità (2)**, alternativamente dal: – rappresentante legale del soggetto passivo; – in mancanza di questo, da chi ne ha l'amministrazione anche di fatto; – da un rappresentante negoziale. Le società e gli enti **sottoposti al controllo contabile** ai sensi del Codice Civile o di leggi speciali devono farla sottoscrivere anche dai soggetti che firmano la relazione di revisione **(3)**. La sottoscrizione va apposta sulla copia (conservata dal dichiarante o dall'intermediario a seconda che sia trasmessa direttamente o tramite intermediari)

Oggetto	Descrizione
Conservazione	Per il periodo entro il quale è ammesso l'accertamento (v. n. 81055) **(4)**. In caso di **trasmissione telematica diretta** il soggetto deve conservare l'originale della dichiarazione (redatta su modello cartaceo e sottoscritta) e la comunicazione di avvenuta ricezione dell'AF. Se la trasmissione avviene **a mezzo intermediario**, il contribuente deve conservare anche l'impegno a trasmettere la dichiarazione che gli è stato rilasciato e l'intermediario deve conservare la copia della dichiarazione trasmessa (sottoscritta dal contribuente) **(5)**. È ammessa la conservazione **elettronica**, purché sia sempre possibile la riproduzione su carta in caso di controlli (Circ. AE 25 gennaio 2002 n. 6/E), con le modalità illustrate al n. 16065
Rettifiche di dichiarazioni già presentate	Si vedano le regole generali esposte al n. 16070

(1) Sono previsti termini particolari per le seguenti **operazioni straordinarie**:
– dichiarazione del curatore o del commissario liquidatore nei casi di fallimento e liquidazione coatta (v. n. 93375);
– dichiarazione nei casi di trasformazione (v. n. 90960), di fusione (v. n. 91625), di scissione (v. n. 92055) e liquidazione volontaria (v. n. 92622).

(2) L'**assenza della sottoscrizione** del contribuente potrà essere sanata se il soggetto obbligato vi provvede **entro** 30 giorni dal ricevimento dell'invito da parte dell'ufficio delle entrate. In tal caso la sottoscrizione deve essere effettuata dal **rappresentante pro-tempore** in relazione al momento della regolarizzazione, non da colui che aveva la rappresentanza all'epoca della dichiarazione (Circ. Min. 4 marzo 1998, n. 75/E).

(3) La dichiarazione priva della sottoscrizione relativa all'**organo di controllo** è valida, salva l'applicazione delle sanzioni di cui al n. 87025. La dichiarazione deve essere firmata dal soggetto che ha sottoscritto la relazione di revisione anche se, tra la data di approvazione del bilancio e il termine per la presentazione della dichiarazione, l'organo di controllo è mutato (Ris. AE 8 giugno 2011 n. 62/E e Circ. Assonime 25 settembre n. 41).

(4) Entro gli stessi termini devono essere conservati, per essere esibiti o trasmessi su richiesta degli uffici competenti: certificazioni dei sostituti d'imposta; documenti probatori dei versamenti eseguiti e degli oneri detraibili; ogni altra documentazione prevista dal modello di dichiarazione redditi, IVA e IRAP o correlata ad esse; nonché il bilancio d'esercizio, i relativi verbali e, in generale, i documenti richiesti dal codice civile, per il periodo ivi previsto (art. 5 DPR 600/73).

(5) Entro gli stessi termini gli **intermediari** devono essere conservati, per essere esibiti o trasmessi su richiesta degli uffici competenti: documenti probatori dei **versamenti** eseguiti; ogni altra documentazione prevista dal modello di dichiarazione o correlata ad esse (es. comunicazione delle opzioni relative agli interventi edilizi, modelli di variazione dei dati IVA, esterometro, dichiarazioni d'intento, richieste di registrazione dei contratti di locazione e affitto di immobili, c.d. modelli RLI, ecc.) (art. 3 c. 9 bis DPR 322/98, Risp. AE 26 aprile 2022 n. 217).

IV. Rendicontazione Paese per Paese

(art. 1 c. 145 e 146 L. 208/2015, DM 23 febbraio 2017, Provv. AE 28 novembre 2017, Provv. AE 27 ottobre 2020 n. 339016)

26325 Le società **controllanti** residenti in Italia, a capo di gruppi multinazionali, devono trasmettere all'AE una specifica rendicontazione, c.d. «**Country by Country reporting**» (CbCr), che viene poi inoltrata dall'AE alle altre giurisdizioni fiscali competenti, se:
– il gruppo di imprese multinazionali consegue un fatturato consolidato di almeno € 750 milioni nel periodo d'imposta precedente a quello cui si riferisce l'obbligo di rendicontazione;
– l'obbligo di redazione del bilancio consolidato;
– non sono a loro volta controllate da altre società o enti.

Sono **incluse** le sole entità che si consolidano integralmente o con il metodo del pro-rata, secondo i principi contabili applicabili, **escluse** quindi quelle consolidate con il metodo del patrimonio netto.

> Secondo la Guida OCSE (v. n. 26332), i CbC report dovrebbero includere anche le unità di business separate di una multinazionale che non sono incluse nel proprio bilancio consolidato per motivi di dimensioni o rilevanza, nonché organizzazioni permanenti per le quali sono preparati bilanci separati per scopi di rendicontazione finanziaria, regolamentazione, rendicontazione fiscale o controllo interno della gestione.

26327 Se si verifica una delle situazioni sotto elencate, l'obbligo di rendicontazione ricade sulla **controllata** residente, **salvo che** la controllante estera presenti la rendicontazione volontariamente alla propria autorità fiscale (in presenza di accordo qualificante con l'Italia) oppure abbia individuato una società «supplente» - se quest'ultima risiede fuori UE, previa verifica delle condizioni qualificanti, come l'esistenza di un obbligo di rendicontazione nella giurisdizione fiscale dell'entità incaricata o l'esistenza di un accordo vigente tra le autorità competenti per il periodo di imposta di rendicontazione.

Casi in cui la rendicontazione va presentata dalla controllata italiana
la controllante estera non è ancora tenuta ad adempiere nel proprio Paese
non è ancora in vigore un accordo qualificante col Paese di residenza della controllante estera che preveda lo scambio automatico delle rendicontazioni al termine dei 12 mesi utili per la presentazione
ci sono inadempienze sistemiche nella giurisdizione della capogruppo
la controllata italiana è designata come supplente della capogruppo estera

CONTENUTO La rendicontazione deve contenere, **per ciascuna giurisdizione** in cui il gruppo multinazionale opera: 26330
- **dati aggregati** di tutte le società appartenenti al gruppo riguardanti i ricavi, gli utili (o le perdite) al lordo delle imposte sul reddito, le imposte sul reddito pagate e maturate, il capitale dichiarato, gli utili non distribuiti, il numero di dipendenti e le immobilizzazioni materiali diverse dalle disponibilità liquide o mezzi equivalenti (v. schema Tabella 1 dell'allegato 1 DM 23 febbraio 2017 e per dettaglio contenuti Provv. AE 28 novembre 2017 par. 3.1 e 3.2);
- **identificazione** di ogni entità appartenente al gruppo, Stato di costituzione o di organizzazione, se diverso da quello di residenza fiscale, natura dell'attività o delle principali attività svolte. Le S.O. vanno elencate con riferimento al Paese in cui sono situate, precisando l'entità giuridica a cui fanno capo (v. schema Tabella 2 dell'allegato 1 DM 23 febbraio 2017 e per dettaglio contenuti Provv. AE 28 novembre 2017 par. 3.3);
- **informazioni supplementari** relativamente al periodo di imposta di riferimento, la fonte dei dati e ogni ulteriore informazione o spiegazione sintetica che si ritenga necessaria o che possa agevolare la comprensione delle informazioni obbligatorie fornite nella rendicontazione (v. Tabella 3 dell'allegato 1 DM 23 febbraio 2017).

I dati, espressi nella **valuta** della società tenuta all'adempimento, possono essere **desunti**, alternativamente: dal processo di preparazione del bilancio consolidato, dai singoli bilanci di esercizio predisposti dalle entità appartenenti al gruppo, dalla relativa contabilità interna, dalla contabilità tenuta per fini di vigilanza regolamentare. Se è necessario utilizzare **più fonti**, o in un anno viene **modificata la fonte** dei dati, occorre esporre le motivazioni nella Tabella 3, indicando le conseguenze dell'eventuale cambiamento. Non è necessario conciliare i dati della rendicontazione con quanto riportato nel bilancio consolidato, né effettuare adeguamenti per le differenze tra i principi contabili applicati nelle diverse giurisdizioni fiscali.

L'OCSE ha pubblicato una **guida** per la corretta applicazione delle procedure legate al CbC reporting e, a corredo, un elenco degli errori più comunemente commessi dalle società nella preparazione dei rapporti, consultabile sul sito OCSE al seguente indirizzo: https://www.oecd.org/tax/beps/common-errors-mnes-cbc-reports.pdf. 26332
La guida include un elenco di domande e risposte ad esempio sul: trattamento fiscale dei dividendi incassati (in particolare come interpretare la disposizione che indica la «quotazione presunta»); l'individuazione dei periodi contabili diversi dai 12 mesi classici; l'archiviazione dei dati; le informazioni che devono essere fornite in relazione alle fonti dei dati utilizzati (OECD 2019, Guidance on the Implementation of Country-by-Country Reporting - BEPS Action 13, OECD, Paris).

Di seguito, alcuni degli **errori** più comuni evidenziati:

– utilizzo di numeri abbreviati (in Tabella 1)	non consentito: vanno utilizzati numeri interi senza decimali
– arrotondamenti eccessivi	gli importi vanno forniti in numeri interi, tuttavia, la giurisdizione in cui risiede la capogruppo può accettare un ragionevole livello di arrotondamento, purché non determini la distorsione dei dati

– utilizzo di valute multiple	non ammesso, i dati vanno forniti in una sola valuta
– i ricavi totali risultano diversi dal totale dei ricavi delle parti correlate e non correlate	i ricavi totali devono essere pari alla somma dei ricavi delle parti correlate e non correlate
– i dividendi sono inclusi nell'utile (perdita) al lordo delle imposte nelle giurisdizioni in cui ciò non è consentito	i dividendi ricevuti da altre società europee non dovrebbero essere inclusi nell'utile (perdita) prima delle imposte
– le informazioni sulle fonti di dati non sono incluse, ove richiesto	
– uso errato dei codici di giurisdizione	le giurisdizioni devono utilizzare lo standard ISO 3166-1 Alpha 2 a due cifre e non devono utilizzare metodi alternativi

26335 **ADEMPIMENTI** La società **deve**:
– **comunicare** all'AE il proprio obbligo di rendicontazione, in qualità di capogruppo, di entità designata o supplente, **entro** il termine di presentazione della dichiarazione dei redditi relativa al periodo d'imposta oggetto di rendicontazione;
– **presentare** all'AE la rendicontazione **entro** 12 mesi successivi all'ultimo giorno del periodo d'imposta di rendicontazione del gruppo multinazionale, direttamente o tramite intermediari abilitati per via telematica, applicando le regole tecniche di compilazione dell'allegato al Provv. AE 27 ottobre 2020 n. 339016.
Le rendicontazioni **tardive** rimangono comunque acquisite (salvo l'applicazione dell'eventuale sanzione, v. n. 26337) ed è possibile inviare comunicazioni correttive (per i dettagli v. Provv. AE 28 novembre 2017 par. 10).

26337 **Omessa o errata presentazione** (art. 1 c. 145 ultimo periodo L. 208/2015) All'omessa presentazione della rendicontazione, così come all'invio con dati incompleti o non veritieri, si applica la **sanzione** da € 10.000 a € 50.000.
La stessa sanzione dovrebbe applicarsi anche per l'**invio tardivo**, che comunque può essere sanato tramite ravvedimento operoso.
Nel caso di presentazione della rendicontazione **entro 30 giorni** la sanzione è ridotta a 1/9 del minimo (art. 13 c. 1 lett. a bis D.Lgs. 472/97), il quale però viene ridotto alla metà (es. € 10.000 è ridotto a € 5.000) (art. 7 c. 4 bis D.Lgs. 472/97). In tutti gli altri casi di rendicontazione Paese per Paese inviata **oltre i 30 giorni** dalla scadenza, si fa riferimento alle riduzioni di volta in volta applicabili in via ordinaria (art. 13 c. 1 lett. a bis - b quater D.Lgs. 472/97), alla misura minima prevista come indicata sopra (Risp. AE Telefisco 1° febbraio 2018).

26340 **UTILIZZO** L'**AE trasmette** a ogni altro Stato membro UE (ed extra UE con cui sono in vigore accordi di scambio delle informazioni CbCr), le informazioni acquisite tramite la rendicontazione, relative alle entità appartenenti al gruppo residenti o aventi S.O. in tale Stato, **entro** 15 mesi dall'ultimo giorno del periodo d'imposta di rendicontazione del gruppo multinazionale cui si riferisce la rendicontazione.

>Precisazioni 1) Alla data dell'aggiornamento più recente, 12 marzo 2021, i Paesi sottoscrittori degli accordi in vigore erano 90 (per elenco completo ed aggiornato, v. https://www.oecd.org/tax/beps/country-by-country-reporting.htm).
2) I dati acquisiti tramite le procedure di scambio automatico delle informazioni sono forniti dall'AE, su richiesta, alla GdF per l'esecuzione delle attività di controllo fiscale o per finalità di analisi del rischio di evasione (art. 16 sexies c. 1 DL 119/2018 conv. in L. 136/2018).

26345 **EFFETTI** Le informazioni contenute nella rendicontazione **non** hanno **rilevanza diretta** sulla valutazione delle politiche di transfer pricing adottate dalle imprese appartenenti al gruppo (v. n. 21645); **eventuali rettifiche** da parte dell'AE possono essere operate solo a seguito di specifici controlli.

L'AE può, infatti, utilizzare la rendicontazione per **valutare il rischio** nella determinazione dei prezzi di trasferimento e dei rischi collegati all'erosione della base imponibile e al trasferimento di utili (oltre che per analisi economiche e statistiche).
In pratica, ai fini della valutazione dei rischi connessi ai prezzi di trasferimento, le informazioni contenute nel CbCr possono costituire **elementi per effettuare ulteriori** indagini concernenti gli accordi di transfer pricing o durante i controlli fiscali, a seguito dei quali possono emergere rettifiche della base imponibile.

V. Comunicazione dei meccanismi transfrontalieri (c.d. «DAC 6»)

(D.Lgs. 30 luglio 2020 n. 100, DM 17 novembre 2020, Provv. AE 26 novembre 2020 n. 364425, Circ. AE 13 maggio 2022 n. 12/E, Circ. AE 10 febbraio 2021 n. 2/E)

I contribuenti e gli intermediari che promuovono o pongono in essere un meccanismo tran- **26400**
sfrontaliero, ossia uno schema, un progetto o un accordo riguardanti l'Italia e uno o più Stati esteri, facenti parte di una pianificazione fiscale aggressiva in quanto diretti a conseguire una riduzione di imposta o altro vantaggio fiscale, devono comunicarlo all'AE.
I **soggetti** residenti, o con una S.O. italiana che interviene nel meccanismo, obbligati alla comunicazione sono:
– gli intermediari (banche, istituzioni finanziarie e assicurative, SIM, SGR, OICR, fiduciarie e trust, **nonché** i professionisti come: dottori commercialisti, esperti contabili, consulenti del lavoro, notai e avvocati) che elaborano, commercializzano, organizzano o mettono a disposizione tali meccanismi, o prestano consulenza o assistenza in merito, **escluse** le prestazioni successive all'attuazione es. pareri fiscali a posteriori (al contrario di quelli preventivi Circ. AE 13 maggio 2022 n. 12/E), invio delle dichiarazioni, documentazione dei prezzi di trasferimento, istanze di MAP, assistenza alle verifiche o al contenzioso);
– i contribuenti (inclusi anche i non residenti che percepiscono redditi prodotti in Italia o ivi svolgano l'attività attinenti il meccanismo rilevante), che attuano o beneficiano di tali operazioni, **in caso di** esonero o di assenza dell'intermediario, o in mancanza della prova dell'avvenuta comunicazione alle autorità da parte di quest'ultimo o di altri contribuenti.

> **Precisazioni 1)** Sono **esclusi** dall'obbligo i professionisti che siano venuti a conoscenza dei meccanismi in occasione di incarichi per procedimenti innanzi all'autorità giudiziaria o quando dal proprio intervento possa emergere una responsabilità penale, in questi casi sono tenuti ad informare dell'obbligo di comunicazione gli altri intermediari coinvolti o, in mancanza, il contribuente.
> **2)** Nel caso siano coinvolti **più intermediari**, l'obbligo di comunicazione spetta a ciascuno, **salvo** che non provi che l'operazione è già stata comunicata da altro intermediario all'AE o ad altra autorità competente in UE o in altre giurisdizioni estere con le quali sia in vigore l'accordo per lo scambio di informazioni, fornendo all'AE copia della documentazione già trasmessa (Circ. AE 13 maggio 2022 n. 12/E).

L'obbligo di comunicazione **riguarda** meccanismi suscettibili di determinare una riduzione **26405**
delle imposte o comunque un vantaggio fiscale in un Paese UE (o con cui è in vigore lo scambio di informazioni) o che determinano l'aggiramento di obblighi di comunicazione o di monitoraggio, come (All. 1, lett. A, B, C, D ed E D.Lgs. 100/2020):
– impegni a rispettare una clausola di riservatezza in ambito fiscale nei confronti di altri intermediari o delle autorità fiscali;
– remunerazioni corrisposte agli intermediari in funzione del vantaggio fiscale derivante dal meccanismo;
– schemi negoziali e strutture societari tipizzati e ripetibili;
– adozione di misure artificiose al fine di mettere a disposizione del beneficiario perdite fiscali (es. acquisizione di società estera in perdita, interruzione dell'attività principale e utilizzo della perdita);
– conversione del reddito in capitale o in altre categorie di reddito meno tassate o esenti da imposta nella giurisdizione straniera (anche tramite l'uso di strumenti finanziari derivati o ibridi);
– risparmi di imposta tramite l'utilizzo di strutture interposte o tramite il compimento di operazioni che si annullano o si compensano;
– pagamenti transfrontalieri tra imprese associate, deducibili per il pagante ed esenti o tassate

favorevolmente nella giurisdizione del destinatario, o in relazione ai quali quest'ultimo non risulta residente in alcuna giurisdizione o in una giurisdizione valutata come non cooperativa in ambito OCSE;
– sgravi dalla doppia tassazione per lo stesso elemento di reddito o di capitale in più di una giurisdizione;
– trasferimenti di attivi con differenze tra il valore attribuito al trasferimento ed il relativo valore di mercato;
– l'aggiramento dell'obbligo in materia di scambio di informazioni sui conti finanziari (CRS) o di individuazione del titolare effettivo nei rapporti continuativi o nelle prestazioni professionali;
– transazioni tra imprese associate che, per la loro complessità, potrebbero non rispettare il principio di libera concorrenza (safe harbour unilaterali, trasferimento di beni immateriali di difficile valutazione, trasferimento transfrontaliero di rischi, funzioni o attività).

26410 Devono essere trasmesse le seguenti **informazioni** (art. 6 D.Lgs. 30 luglio 2020 n. 100 e art. 2 del DM 17 novembre 2020):
– l'identificazione degli intermediari e dei contribuenti interessati (incluse le consociate di questi ultimi);
– gli elementi distintivi presenti nel meccanismo transfrontaliero oggetto di comunicazione;
– una sintesi del meccanismo transfrontaliero oggetto di comunicazione (in lingua italiana e traduzione in inglese);
– la data di avvio dell'attuazione del meccanismo transfrontaliero (il primo atto avente efficacia giuridica o la prima transazione finanziaria);
– le disposizioni nazionali che stabiliscono l'obbligo di comunicazione;
– il valore del meccanismo transfrontaliero oggetto di comunicazione (o il valore «0» quando non sia possibile determinarlo);
– l'identificazione delle giurisdizioni di residenza fiscale dei contribuenti interessati, nonché delle eventuali altre giurisdizioni potenzialmente interessate;
– l'identificazione di qualunque altro soggetto potenzialmente interessato dal meccanismo transfrontaliero nonché delle giurisdizioni a cui tale soggetto è riconducibile.

26415 La comunicazione deve essere trasmessa **telematicamente**, in formato XML, con le modalità indicate al Provv. AE 26 novembre 2020 n. 364425, **entro** 30 giorni a decorrere rispettivamente:
– per gli intermediari, dal giorno seguente l'attuazione o la messa a disposizione del meccanismo, se precedente, o da quello in cui hanno fornito la relativa consulenza o assistenza (rilascio del parere);
– per i contribuenti, dal giorno seguente la messa a disposizione o l'avviamento dell'attuazione.
Anche se contemplate in un unico parere, le diverse opzioni che singolarmente considerate configurano un meccanismo, vanno comunicate separatamente.
Per i **meccanismi «commerciabili»**, ossia suscettibili di essere messi a disposizione di più contribuenti senza sostanziali modifiche, gli intermediari presentano ogni 3 mesi una relazione periodica con cui aggiornano le informazioni relative alle operazioni comunicate.
Le **sanzioni** in caso di omessa, inesatta o incompleta comunicazione sono quelle previste per gli intermediari finanziari di cui al n. 87052.

> Il termine per la comunicazione di un meccanismo consistente in un **aggiustamento di transfer pricing** di fine esercizio, decorre dall'approvazione del bilancio della consociata che effettua l'aggiustamento (Ris. AE 31 dicembre 2021 n. 78/E).

SEZIONE 5

Regimi opzionali di tassazione

26455 In generale, le società di capitali possono, anziché determinare il reddito d'impresa con le modalità ordinarie appena descritte, optare per regimi diversi, e alternativi fra loro, di tassazione:
1) per **trasparenza**: con imputazione del reddito direttamente in capo ai soci (v. n. 26465);

2) di **gruppo**: con possibilità di calcolare l'IRES in modo unitario, cioè in capo ad un unico soggetto (c.d. consolidante), assumendo come base imponibile il reddito complessivo globale del gruppo (c.d. reddito consolidato). Ne sono previste due forme:
– **nazionale** (v. n. 27045), per le residenti in Italia (con l'aggiunta, a determinate condizioni, della stabile organizzazione di un soggetto non residente in qualità di consolidante);
– **mondiale**, nel caso di consolidate residenti all'estero (vedi MIRES).

I. Tassazione per trasparenza

(artt. 115 e 116 DPR 917/86, DM 23 aprile 2004, Circ. AE 22 novembre 2004 n. 49/E)

Tramite la tassazione per trasparenza, il reddito prodotto dalla società partecipata, determinato con le modalità ordinarie, non è tassato direttamente in capo alla stessa, ma è attribuito, in percentuale, a ciascun partecipante e ivi assoggettato a tassazione, a prescindere dall'effettiva percezione dello stesso. **26465**
Sono previsti **due sistemi di trasparenza** a seconda dei soggetti che compongono il gruppo: uno per le società di capitali partecipate da altre società di capitali e uno per le s.r.l. (e cooperative) partecipate da sole persone fisiche.

Il vantaggio principale del regime di trasparenza è che l'attribuzione diretta in capo ai soci del reddito prodotto dalla partecipata porta all'eliminazione della, sia pur parziale, doppia imposizione sui dividendi; infatti, come avviene per le società di persone, la distribuzione di utili, già tassati per trasparenza, è un'operazione fiscalmente neutra. Inoltre, per i soci vi è il vantaggio di poter compensare i propri redditi con le **perdite** attribuite dalla partecipata durante il periodo di trasparenza.
Con riferimento alle s.r.l. partecipate da persone fisiche, la **convenienza** a scegliere questo tipo di tassazione dovrà essere valutata tenendo conto che le aliquote marginali IRPEF da applicare al reddito imputato per trasparenza potrebbero essere più elevate dell'aliquota IRES ordinaria (pari al 24%) rendendo, quindi, meno vantaggiosa la tassazione in capo ai soci.

A. Società partecipate da altre società di capitali

Nella presente sezione è illustrato il regime di trasparenza utilizzabile da una società di capitali (più avanti «partecipata») al cui capitale partecipano altre società di capitali («soci» o «partecipanti»). **26475**
La società partecipata trasparente può a sua volta partecipare, in qualità di partecipante, al regime opzionale in questione. Tramite l'esercizio contemporaneo di più opzioni per la trasparenza si determina un effetto «a cascata» lungo la catena societaria dei redditi imputati.

a. Condizioni

Per l'adesione al regime, la società partecipata e tutti i soci devono rispettare precise condizioni. **26485**
Tutti i requisiti devono sussistere **a partire** dal primo giorno del periodo d'imposta della partecipata in cui si esercita l'opzione e **permanere** ininterrottamente fino al termine del triennio di validità della stessa. Il venir meno di uno dei requisiti comporta la cessazione del regime con le conseguenze che verranno analizzate nell'apposita sezione (v. n. 26835).

L'interposizione di una società **fiduciaria** tra la partecipata e i soci non comporta impedimento all'applicazione della trasparenza, né la decadenza, a condizione che i soci posseggano tutti i requisiti richiesti.
Non è richiesta la stessa **data di chiusura** degli esercizi tra i partecipanti (partecipata e soci) alla trasparenza.

PARTECIPATA La partecipata deve avere la **forma giuridica** di società di capitali e la **residenza** nel territorio dello Stato. **26495**
Non può optare per la trasparenza in qualità di partecipata la società che si trova in una delle seguenti situazioni:

– è assoggettata a **procedure concorsuali** - fallimento, liquidazione coatta amministrativa, concordato preventivo, amministrazione straordinaria;
– ha esercitato l'opzione per il **consolidato** nazionale o mondiale.

Il verificarsi di una delle suddette situazioni **successivamente** all'esercizio dell'opzione, ne fa decadere la validità (v. n. 26835).

26505 **SOCI** Le condizioni da rispettare sono relative alla forma giuridica, alla residenza e alla percentuale di diritti di voto e partecipazione agli utili nella partecipata.
Sono ammessi anche i soci che hanno optato per la tassazione **consolidata** di gruppo, sia come consolidanti che come consolidate in un diverso gruppo societario.
Viceversa, non è consentita l'opzione alle società che fruiscono della **riduzione dell'aliquota IRES** (v. n. 97135).

26510 **Residenza e forma giuridica** Tutti i soci **residenti** devono avere forma giuridica di società di capitali.
Può rivestire la qualifica di socio anche un soggetto (società ed enti di ogni tipo, con o senza personalità giuridica) **non residente**, a **condizione** che non sussista l'obbligo di ritenuta alla fonte sui dividendi attribuiti allo stesso o che la ritenuta, se effettuata, sia suscettibile di integrale rimborso. Questa ipotesi si verifica in due casi:
– la partecipante non residente ha in Italia una stabile organizzazione (S.O.) cui si riferisce la partecipazione nella società trasparente;
– si tratta di società comunitarie in possesso dei requisiti per l'applicazione della cosiddetta «disciplina madre-figlia» (v. n. 95200).

Se la condizione richiesta dalla disciplina «madre-figlia», del possesso ininterrotto da almeno un anno della partecipazione, non viene soddisfatta entro il primo esercizio di validità della trasparenza, l'opzione si considera come non perfezionata.

26515 **Requisiti partecipativi** Tutte le società partecipanti devono essere in possesso di una percentuale di **diritti di voto** esercitabili in assemblea generale e di **partecipazione agli utili** compresa tra il 10% e il 50%. La percentuale è determinata considerando solo la partecipazione detenuta **direttamente** nella società partecipata.

>Precisazioni 1) Non è possibile optare per la trasparenza nei casi in cui vi è dissociazione tra qualità di socio e titolarità dei suddetti diritti; ad **esempio**, se in capo anche a uno solo dei soci vi è **sequestro di azioni** o se i titoli vengono dati in **usufrutto a terzi** non soci. Viceversa, se il socio concede in **usufrutto** parte dei suoi titoli **ad un altro socio**, si dovrà verificare se, in base al nuovo assetto, permangano i requisiti, in termini di percentuali di diritti di voto e di partecipazione agli utili, in capo al concedente e all'usufruttuario. In caso di azioni date in **pegno**, l'opzione è ammessa o, se già esercitata, resta valida solamente se il socio e il suo creditore si accordano perché il primo mantenga i diritti di voto e agli utili.
2) Ai fini del rispetto dei limiti (tra il 10% e il 50%) valgono le seguenti regole:
a) le **azioni prive del diritto di voto** non si computano ai fini del calcolo della percentuale di partecipazione agli utili. Qualche dubbio si ha nel caso di acquisto di **azioni proprie**, situazione nella quale, relativamente a tali titoli, il diritto agli utili viene attribuito proporzionalmente alle altre azioni. Stessa cosa accade al diritto di voto, in quanto la sterilizzazione nel voto delle azioni proprie che vengono computate ai fini del calcolo del quorum costitutivo e deliberativo determina un riproporzionamento dei diritti esercitabili dalle altre azioni. Si ritiene che l'eventuale superamento del limite massimo del 50%, non essendo determinato da caratteristiche oggettive del titolo, non impedisca il soddisfacimento dei requisiti partecipativi;
b) le **azioni correlate** ai risultati dell'attività anche di un solo settore, ma prive del diritto di voto nell'assemblea generale si computano ai fini del calcolo della percentuale di partecipazione agli utili per un importo pari alla quota di partecipazione al capitale delle azioni medesime.

b. Esercizio dell'opzione

26535 L'opzione deve essere esercitata con le seguenti modalità:
– i soci comunicano alla partecipata la volontà di optare per la trasparenza, mediante raccomandata con ricevuta di ritorno (art. 4 c. 1 DM 23 aprile 2004);
– la società partecipata comunica l'opzione all'AE, compilando l'apposita sezione del quadro OP della **dichiarazione** dei redditi presentata nel periodo d'imposta a decorrere dal quale essa si intende esercitata (art. 115 c. 4 DPR 917/86).
È **irrevocabile per tre periodi d'imposta** della società partecipata e si intende tacitamente rinnovata per lo stesso periodo, **salvo revoca** comunicata in dichiarazione.

Per le cause di **perdita di efficacia** dell'opzione si rinvia al n. 26835.
Le società **neo costituite** o **trasformate** da società di persone, possono esercitare l'opzione presentando telematicamente, anche utilizzando il software «Regimi opzionali» disponibile sul sito www.agenziaentrate.gov.it, un apposito modello di comunicazione (Provv. AE 17 dicembre 2015).

Nel caso di detenzione delle quote tramite società **fiduciarie** tutti i fiducianti manifestano la volontà di avvalersi del regime di trasparenza alla fiduciaria la quale, a sua volta, provvederà a comunicarla alla partecipata; inoltre, la fiduciaria dovrà dichiarare alla partecipata la sussistenza dei requisiti soggettivi, quelli relativi alle percentuali di partecipazione dei soci nonché la situazione che i soci non beneficiano di riduzioni d'aliquota d'imposta sul reddito delle società. Se il socio è non residente viene dichiarata la sussistenza delle condizioni per beneficiare della direttiva madre-figlia. Pertanto, la partecipata deve indicare solamente i dati della fiduciaria.

Ingresso di nuovi soci In caso di ingresso di nuovi soci mediante la **cessione della partecipazione** a partecipanti aventi i requisiti per la trasparenza, il regime continua senza la necessità di ulteriore opzione da parte dei nuovi soci. Il socio cedente deve **comunicare** al nuovo socio acquirente, prima o contestualmente alla cessione stessa: **26545**
- l'avvenuto esercizio dell'opzione;
- l'ammontare degli utili e delle riserve formatisi nel periodo di validità dell'opzione che sono stati distribuiti senza concorrere alla formazione del reddito, nonché degli utili che in caso di distribuzione riducono l'importo fiscalmente riconosciuto della partecipazione (v. n. 26655).

La comunicazione può essere effettuata in qualsiasi forma e modalità; l'eventuale mancanza non comporta decadenza o interruzione della trasparenza.
Se l'ingresso di nuovi soci avviene a seguito di **aumento di capitale sociale**, l'obbligo di comunicazione spetta alla società partecipata.
In caso di nuovi soci **non aventi i requisiti** vale quanto detto al n. 26845.

c. Effetti

Nei paragrafi seguenti si analizzano gli effetti del regime relativamente ai seguenti aspetti: **26565**
- imputazione del reddito, di deduzione ACE e per start-up, di ritenute, crediti e oneri ai soci;
- distribuzione di utili e riserve;
- utilizzo delle perdite;
- versamento degli acconti.

1. Imputazione del reddito, di ritenute, crediti e oneri

IMPUTAZIONE DEL REDDITO (art. 7 c. 1 DM 23 aprile 2004) Il reddito della società partecipata, determinato secondo le regole ordinarie delle società di capitali, è imputato ai soci, nel periodo d'imposta in corso alla data di chiusura del periodo d'imposta della stessa, secondo i seguenti principi: **26575**
- **indipendentemente** dall'effettiva percezione;
- ai soggetti che assumono la **qualifica di socio** alla chiusura dell'esercizio della partecipata;
- in proporzione alle rispettive **quote di partecipazione** agli utili in essere alla stessa data.

Eventuali **variazioni nelle percentuali** di partecipazione che lasciano **immutata la compagine sociale** hanno effetto ai fini della determinazione della quota di reddito da attribuire a ciascun socio, a partire dal periodo d'imposta successivo a quello in cui le variazioni sono state poste in essere (Circ. AE 22 novembre 2004 n. 49/E par. 2.3 e 3.4).
Se la partecipata o le partecipanti sono **società di comodo** devono applicare autonomamente al proprio reddito la maggiorazione dell'aliquota IRES pari al 10,5% come illustrato al n. 35280.

Formalità La **partecipata** deve compilare la propria dichiarazione dei redditi, senza liquidare la relativa imposta, indicando il reddito da imputare per trasparenza in un apposito quadro (quadro TN del Mod. Redditi SC). I **soci** devono indicare i dati provenienti dal suddetto quadro nel proprio Mod. Redditi. **26580**

ESEMPIO
Nel caso di partecipata con esercizio coincidente con l'anno solare, il reddito prodotto nel 20XX è imputato per trasparenza ai soci nell'esercizio in corso al 31 dicembre 20XX. Ciascuno dei soci inserisce il reddito nella propria dichiarazione da presentarsi entro l'undicesimo mese successivo alla data di chiusura dei rispettivi periodi d'imposta.

26585 Nel caso di detenzione delle quote tramite società **fiduciarie** la partecipata deve trasmettere a questa l'attestazione delle quote di reddito che risultano imputabili ai soci fiducianti.
La corretta dichiarazione delle quote di reddito dei soci verrà verificata in base alle informazioni contenute nel modello 770 che deve essere presentato dalla fiduciaria.

26595 **DEDUZIONE ACE** (art. 7 DM 3 agosto 2017, Circ. AE 3 giugno 2015 n. 21/E) La società partecipata calcola l'importo dell'ACE in base alle regole ordinarie illustrate al n. 25943 e s. (facendo particolare attenzione alla disciplina antielusiva dettata per i gruppi societari) e la deduce dal proprio reddito complessivo netto (indicandola nel rigo TN4 del Mod. Redditi SC). L'eventuale **eccedenza** viene attribuita a ciascuna società partecipante in misura **proporzionale** alla rispettiva quota di partecipazione agli utili (indicandola nel rigo TN17 del Mod. Redditi SC) o può essere convertita in credito d'imposta IRAP (v. n. 25974). La quota attribuita a ciascun socio concorre a formare l'ACE ammessa in deduzione dal proprio reddito complessivo netto (indicandone l'importo al rigo RS113 colonna 9 della propria dichiarazione); l'eventuale eccedenza non utilizzata per incapienza resta in capo al socio che può dedurla dal reddito degli esercizi successivi o convertirla in credito d'imposta per ridurre la propria IRAP con le modalità illustrate al n. 25974.

Le eccedenze di ACE generatesi in capo alla partecipata **anteriormente all'opzione** per la trasparenza non sono attribuibili ai soci, potendo esser utilizzate in deduzione dal reddito complessivo netto dichiarato dalla stessa negli esercizi futuri (se non convertite in credito IRAP).

26600 **DEDUZIONE PER INVESTIMENTI IN START-UP INNOVATIVE** (art. 4 c. 6 DM 25 febbraio 2016) La partecipata che finanzia, mediante apporto di capitale, una start-up innovativa può fruire dell'apposita **deduzione** (v. n. 38500) dal proprio imponibile IRES, fino a capienza dello stesso.
Se si generano **eccedenze durante il periodo di validità dell'opzione**, queste sono ammesse in deduzione dal reddito complessivo di ciascun socio, in misura proporzionale alla sua quota di partecipazione agli utili. L'ulteriore eventuale **importo che non trova capienza** nel reddito complessivo del socio si deduce, dal reddito dello stesso, nei periodi di imposta successivi, ma non oltre il terzo.
Le **eccedenze** generatesi **prima** dell'opzione non sono attribuibili ai soci, ma sono ammesse in deduzione dal reddito della partecipata.

26605 **RITENUTE, CREDITI E ONERI** Le **ritenute** d'acconto sono attribuite obbligatoriamente ai soci nello stesso periodo e nella stessa percentuale cui sono attribuiti i redditi. In base agli stessi criteri ai soci sono attribuiti gli **oneri** per i quali spetta la detrazione d'imposta del 19% (v. n. 25870).
I **crediti** d'imposta vanno distinti secondo la loro natura, come di seguito schematizzato.

> **Precisazioni 1)** I soci non possono riattribuire alla società trasparente le ritenute che residuano una volta operato lo scomputo dal proprio debito IRES (Ris. AE 3 ottobre 2011 n. 99/E).
2) I crediti d'imposta fruibili nei limiti dell'IRES liquidata, nonché gli oneri, sono interamente attribuiti ai soci a prescindere dal limite di utilizzo di cui la partecipata avrebbe dovuto tenere conto se avesse liquidato l'imposta; il limite di utilizzo viene, infatti, calcolato con riferimento al reddito dichiarato da ciascun socio, comprensivo di quello imputato per trasparenza, tenendo, tuttavia, conto del limite annuo di 250.000 euro stabilito per i crediti indicati nel quadro RU del Mod. Redditi (v. n. 37965). Inoltre, i soci possono riportare nei periodi successivi l'eccedenza di crediti d'imposta non utilizzati mentre l'eccedenza di oneri non utilizzata andrà definitivamente persa.

Natura del credito	Trasferibilità ai soci	Importo
crediti utilizzabili in diminuzione della sola imposta sul reddito (ad es. eventuali acconti versati dalla partecipata o i crediti per imposte pagate all'estero)	obbligatoria	nella stessa percentuale di attribuzione degli utili
crediti d'imposta indicati nel quadro RU di Redditi SC utilizzabili in diminuzione dei debiti contributivi ed erariali	facoltativa	nei limiti di quanto residua dopo la fruizione da parte della partecipata. La partecipata è libera di stabilire quale sia l'ammontare da trasferire ai soci

RESPONSABILITÀ (artt. 12 e 13 DM 23 aprile 2004) La società partecipata è responsabile **solidalmente** con ciascun partecipante per l'imposta, le sanzioni e gli interessi relativi al solo reddito imputato per trasparenza. 26615
Tale disposizione non si applica per fatti ascrivibili al **comportamento del socio** o comunque riconducibili alla sua posizione fiscale, come nel caso di omessa o infedele dichiarazione da parte del socio del reddito imputatogli per trasparenza oppure nel caso di omesso o carente versamento di imposta da parte dei soci.

---

2. Distribuzione di utili e riserve

(art. 8 DM 23 aprile 2004 e Circ. AE 22 novembre 2004 n. 49/E)

Nel caso in cui la partecipata proceda alla distribuzione di utili o di riserve, occorre distinguere a seconda che si siano formati nei periodi in cui è efficace l'opzione o in periodi precedenti - ferma restando l'applicazione del vincolo derivante dalla norma sul disinquinamento del bilancio di cui al n. 22755. 26645

utili e riserve di utili formatesi nei periodi in cui è efficace l'opzione	non concorrono a formare il reddito dei soci, anche nel caso in cui le distribuzioni avvengano successivamente ai periodi di efficacia dell'opzione e in misura eccedente il reddito imputato per trasparenza, nonché quando i soci siano diversi da quelli cui sono stati imputati i redditi, a condizione che abbiano i requisiti soggettivi ai fini della trasparenza individuati al n. 26505
riserve costituite con utili di esercizi precedenti a quelli in cui si applica la trasparenza	soggette al regime fiscale ordinario (v. n. 21886). In caso di riserve costituite in **entrambi i periodi**, salvo diversa esplicita volontà assembleare, si considerano distribuiti per primi gli utili e le riserve di utili realizzati nel periodo di efficacia dell'opzione, anche se distribuiti in periodi diversi da quelli di efficacia della stessa, che, pertanto non sono tassati in capo ai soci. Se, invece, l'assemblea delibera di distribuire riserve di utili formatisi in **periodi precedenti** all'opzione, questi sono soggetti al regime ordinario (v. n. 21886 e s.)
riserve di capitale (costituite con sovrapprezzo di emissione azioni o quote, con interessi di conguaglio, con versamenti dei soci a fondo perduto o in conto capitale, ecc. - v. n. 11090)	soggette al regime fiscale ordinario (v. n. 21888). Ma, in caso di **esplicita volontà assembleare** di distribuzione di riserve di capitale, la norma secondo cui si presumono prioritariamente distribuiti l'utile dell'esercizio e le riserve che non hanno natura di riserve di capitale, per la quota di esse non accantonata in sospensione di imposta (v. n. 11090), si applica solo con riguardo alle riserve costituite con utili di periodi d'imposta nei quali non ha operato la tassazione per trasparenza. Tale regola vale anche se la distribuzione avviene successivamente ai periodi di efficacia dell'opzione e nei confronti di soci diversi, purché abbiano i requisiti soggettivi per la trasparenza individuati al n. 26505

ESEMPIO

L'assemblea della società trasparente Alfa delibera di distribuire riserve di capitale per un ammontare di 100.

Composizione del Patrimonio netto della partecipata Alfa:

Utili imputati per trasparenza	50
Utili pregressi	50
Riserve di capitale	100

Dal momento che il patrimonio netto è formato anche da riserve di utili pregressi, questi si considerano distribuiti prioritariamente e solo per la parte restante si assumono distribuite riserve di capitale.
La tassazione risultante sarà: 50 tassati (utili pregressi) e 50 non tassati (riserve di capitale).

26650 **Formalità** A causa del diverso trattamento fiscale in caso di distribuzione, le riserve di utili prodotti nei periodi d'imposta in cui ha effetto il regime di trasparenza devono essere indicate distintamente da quelle generatesi in periodi in cui l'opzione non è operante. A tal fine la partecipata deve compilare l'apposito rigo del **prospetto** del capitale e delle riserve presente nel Mod. Redditi SC.
Gli utili prodotti in periodi trasparenti, benché non soggetti a tassazione al momento della distribuzione, sono da indicare nell'apposita sezione della **certificazione** che la società dovrà rilasciare al percipiente (v. n. 37515).

26655 **Costo fiscale delle partecipazioni** Il costo fiscale delle partecipazioni è aumentato o diminuito rispettivamente dei redditi o delle perdite imputati per trasparenza ai soci ed è diminuito, fino a concorrenza dei redditi imputati, degli utili distribuiti agli stessi. Ciò accade anche in ipotesi di distribuzioni di utili «trasparenti» che avvengano in periodi in cui non è più efficace l'opzione (art. 8 c. 1 ultimo periodo DM 23 aprile 2004).

Questa precisazione comporta che, in caso di successiva cessione della partecipazione, il costo fiscalmente riconosciuto della stessa si riduce per effetto della distribuzione di una riserva di utili trasparenti anche in capo al cessionario al quale non era stato imputato il reddito per trasparenza.

3. Utilizzo delle perdite

26685 **PERDITE DELLA PARTECIPATA** (art. 7 c. 2 DM 23 aprile 2004) Alle perdite realizzate dalla partecipata sono applicate regole diverse a seconda del periodo in cui si sono prodotte.

26690 **Realizzate durante il periodo di trasparenza** Le perdite realizzate durante il periodo di trasparenza sono imputate ai soci:
– nel loro periodo d'imposta in corso alla **data di chiusura** del periodo d'imposta della società partecipata;
– **in proporzione** alle rispettive quote di partecipazione alle perdite (che possono essere diverse da quelle di partecipazione agli utili);
– entro il **limite** della quota di patrimonio netto contabile (assunto al lordo della perdita dell'esercizio e tenendo conto dei conferimenti, in denaro ed in natura, effettuati entro la data di approvazione del relativo bilancio) della partecipata detenuto da ciascun partecipante, considerato alla data di chiusura dell'esercizio. Pertanto, le perdite fiscali eventualmente **eccedenti** la quota di patrimonio netto, non imputabili per trasparenza ai soci, sono riportabili in diminuzione dal reddito complessivo della partecipata, nei periodi d'imposta successivi, secondo le regole ordinarie (v. n. 25915).

ESEMPIO
La partecipata Y, costituita da oltre 3 esercizi, realizza nell'esercizio X una perdita fiscale pari a 40.000 a fronte di una quota di patrimonio netto (capitale più riserve) pari a 30.000. La perdita massima imputabile ai soci è pari a 30.000. L'eccedenza, pari a 10.000, può essere utilizzata dalla società stessa in diminuzione degli eventuali utili realizzati negli esercizi successivi ma non oltre il quinto.

26695 La perdita imputata al socio confluisce nel reddito complessivo dello stesso determinandone la riduzione. Nel caso in cui il socio non riesca ad utilizzare integralmente la perdita nel periodo in cui gli viene attribuita, può utilizzarla in diminuzione dei redditi dei periodi successivi, sia attribuiti per trasparenza che propri. In tal caso, le regole ordinarie per il riporto delle perdite (v. n. 25915) si applicano con riferimento al socio cui sono attribuite; quindi, ad esempio, la perdita sarà riportabile senza limitazione se il socio stesso soddisfa tutte le condizioni (Circ. AE 22 novembre 2004 n. 49/E).

ESEMPIO
Si supponga una partecipata che in un determinato esercizio imputi ai soci una perdita di 1.000. I soci faranno confluire questo risultato nel proprio reddito di periodo, secondo l'esempio dello schema seguente.

Partecipanti	Reddito di periodo del socio	Quota di partecipazione alle perdite da parte delle partecipanti	Perdite attribuite	Reddito complessivo	Perdite riportate a nuovo
Socio A	400	25%	– 250	150	0
Socio B	200	25%	– 250	– 50	– 50
Socio C	– 100	25%	– 250	– 350	– 365
Socio D	250	25%	– 250	0	– 80

Perdite pregresse Le perdite realizzate dalla partecipata in periodi d'imposta precedenti a quello in cui viene esercitata l'opzione possono continuare ad essere dedotte, secondo le ordinarie regole (v. n. 25915), dal reddito prodotto dalla società partecipata prima dell'imputazione per trasparenza dello stesso ai soci. Non sono mai attribuibili direttamente ai soci, anche se in pratica vanno a diminuire il reddito che verrà poi imputato a loro per trasparenza. **26700**

Copertura delle perdite In caso di copertura di perdite della partecipata mediante utilizzo di riserve, anche se essa avviene in periodi successivi a quelli di efficacia dell'opzione, si considerano (per presunzione assoluta) utilizzati per primi gli utili imputati per trasparenza ai soci. Tuttavia, in caso di copertura delle **perdite non imputabili** per trasparenza, in quanto eccedenti la quota di patrimonio netto contabile, si genera un aumento del costo della partecipazione di pari importo. **26705**

PERDITE DEI SOCI Eventuali perdite prodotte dai soci **durante il periodo di trasparenza** sono compensabili con gli utili imputati per trasparenza dalla partecipata. **26715**
Viceversa, le perdite prodotte dai soci negli **esercizi precedenti** l'inizio della tassazione per trasparenza non possono essere utilizzate in compensazione con i suddetti utili. In pratica, i soci possono utilizzare le perdite pregresse solo per compensare redditi diversi da quelli che gli vengono imputati in regime di trasparenza applicando le regole ordinarie di riportabilità (v. n. 25915).

ESEMPIO
La Z SpA ha optato congiuntamente con i soci A Srl, B Srl e C SpA, per la trasparenza fiscale. Le quote di partecipazione agli utili (e le percentuali di diritti di voto) sono pari a 1/3 per ciascun socio. Nell'esercizio X, primo anno di validità dell'opzione, la partecipata Z attribuisce ai soci un reddito di 1.000 (333,33 a ciascun partecipante). La situazione della partecipante A Srl è la seguente: perdita esercizio X pari a 200 e perdite pregresse pari a 500.
A Srl compensa parzialmente l'utile attribuito per trasparenza (+ 333) con la perdita dell'esercizio X (– 200). Per l'eccedenza non può utilizzare le perdite pregresse, che restano riportabili nei successivi esercizi secondo le regole ordinarie.

4. Acconti
(art. 115 c. 7 DPR 917/86 e art. 9 DM 23 aprile 2004)

Il calcolo e il versamento degli acconti avvengono con criteri diversi a seconda che siano effettuati nel primo esercizio di efficacia dell'opzione o negli esercizi successivi. **26745**

Esercizio	Soggetti obbligati
primo esercizio di efficacia	l'acconto deve essere versato sia dalla partecipata che dai soci: – la **partecipata** può adottare il metodo storico o quello previsionale facendo riferimento, in quest'ultimo caso, all'imposta che si sarebbe determinata in assenza di opzione; l'importo versato può essere scomputato dall'imposta dovuta a saldo dai soci, in base alla rispettiva percentuale di partecipazione agli utili; – i **soci** possono adottare il metodo storico oppure quello previsionale che tenga conto degli effetti della trasparenza. In quest'ultimo caso, se venisse meno la possibilità di applicare concretamente il regime, le società devono integrare l'acconto se inferiore a quello dovuto.
esercizi successivi al primo	l'acconto deve essere versato solo dai soci, salvo quanto si dirà più avanti in caso di cessazione del regime (v. n. 26850).

d. Cessazione del regime

26835 La cessazione del regime può avvenire (artt. 6 e 10 DM 23 aprile 2004):
– allo **scadere del triennio**, se si è esercitata la revoca (v. n. 26535);
– **durante il triennio** di validità dell'opzione, perché vengono a mancare alcuni requisiti o si verificano determinati eventi (operazioni straordinarie, trasformazioni, ecc.) che comportano la perdita di efficacia della stessa.
Nella **tabella** n. 26845 sono elencate le diverse cause di decadenza con la relativa decorrenza. A parte sono analizzate le conseguenze sulla determinazione degli acconti (v. n. 26850).

26840 L'eventuale **mutamento della compagine sociale** o delle **percentuali** di diritti di voto o di partecipazione agli utili (con l'ingresso di nuovi soci o mediante una ridistribuzione interna delle quote) non comporta automaticamente la decadenza dell'opzione, purché permangano i requisiti richiesti in capo ai soci (v. n. 26505). Se tali mutamenti comportano la perdita dei requisiti, la partecipata deve **comunicare** telematicamente all'AE l'avvenuta decadenza, **entro** i successivi 30 giorni, tramite l'apposito modello di comunicazione, anche utilizzando l'apposito software «Regimi opzionali» disponibile sul sito www.agenziaentrate.gov.it (Provv. AE 17 dicembre 2015).

>Precisazioni 1) Se le quote sono detenute tramite società **fiduciaria**, questa deve comunicare alla partecipata il venir meno di uno qualsiasi dei requisiti in capo ai soci fiducianti in modo da consentire alla stessa di effettuare la comunicazione obbligatoria nei termini previsti.
2) Dubbi possono presentarsi nel caso di cessione della partecipazione da parte del socio non residente (a cui non si applica la ritenuta o che ha titolo per chiederne il rimborso integrale) ammesso ad optare per il regime della trasparenza **ad altro socio non residente**, estraneo alla compagine sociale. In questo caso infatti non verrebbe rispettato il dettato normativo che vuole la detenzione ininterrotta per almeno un anno della partecipazione qualificata.

26845

Cause di cessazione		Decorrenza
Revoca esercitata alla scadenza del triennio		dal periodo d'imposta successivo
Perdita dei requisiti durante il triennio		
a) Con riferimento ai soci	– venir meno dei requisiti soggettivi o partecipativi (v. n. 26505)	dall'inizio del periodo d'imposta in corso della società partecipata
	– trasformazione in un soggetto diverso da società di capitali	
	– trasferimento all'estero della residenza, con obbligo di assoggettamento a ritenuta alla fonte sugli utili distribuiti	

Cause di cessazione		Decorrenza
b) Con riferimento alla società partecipata	– assoggettamento della società partecipata a procedure concorsuali	dalla data della sentenza dichiarativa del fallimento, del provvedimento che ordina la liquidazione coatta, del decreto di ammissione al concordato preventivo o del decreto che dispone la procedura di amministrazione straordinaria
	– trasformazione della partecipata in altra società non soggetta all'IRES	dalla data in cui ha effetto la trasformazione
	– trasformazione della partecipata in un soggetto IRES diverso dalle società di capitali (ad esempio in un ente non commerciale)	dall'inizio del periodo d'imposta in cui sono venuti meno i requisiti soggettivi
	– trasferimento all'estero della residenza della società partecipata **(1)**	dal periodo d'imposta nel corso del quale è avvenuto il trasferimento
	– fusione propria – fusione per incorporazione (quando la partecipata è incorporata da altra società) – scissione totale	dalla data da cui l'operazione esplica i suoi effetti fiscali
	– fusione per incorporazione (quando la partecipata incorpora un'altra società) – scissione parziale	dall'inizio del periodo d'imposta in cui si esplicano gli effetti fiscali dell'operazione straordinaria, salvo conferma dell'opzione **(2)**

(1) Vale comunque il principio secondo cui è residente una società che per la maggior parte del periodo d'imposta ha la sede legale o amministrativa o l'oggetto principale nel territorio dello Stato. Ad **esempio**, il trasferimento avvenuto in data 31 marzo comporta la perdita d'efficacia dell'opzione a partire dal 1° gennaio; viceversa, il trasferimento avvenuto in data 30 ottobre, non comporta la decadenza per quell'anno, in quanto la società si considera residente fino alla fine del periodo d'imposta.

(2) Se ne ricorrono tutti i presupposti soggettivi e partecipativi l'**opzione** può essere **confermata** tramite l'apposito prospetto del Mod. Redditi (v. n. 26535) o, se non è possibile, inviando telematicamente l'apposito modello, anche utilizzando il software «Regimi opzionali» disponibile sul sito www.agenziaentrate.gov.it, **entro** il periodo d'imposta da cui decorrono gli effetti fiscali dell'operazione straordinaria (Provv. AE 17 dicembre 2015). La partecipata deve indicare sia i soci preesistenti, sia i soci eventualmente subentranti per effetto delle operazioni straordinarie.
Per poter confermare la validità dell'opzione è necessario che la partecipata, oggetto dell'operazione straordinaria, sia già esistente e operante in regime di trasparenza. Ne discende che la conferma **non potrà essere effettuata** nel caso di:
– fusione propria (il nuovo soggetto giuridico nasce a seguito dell'operazione);
– partecipata incorporata in altra società (il nuovo soggetto potrà esercitare ex novo l'opzione triennale).
Diversamente sarà possibile confermare la permanenza nel regime della trasparenza nel caso in cui la partecipata incorpori un'altra società. In quest'ultimo caso, verificandosi una modifica della compagine sociale, andrà prestata particolare attenzione alla permanenza dei requisiti (soggettivi e partecipativi) richiesti per accedere al regime.
Nel caso in cui la **partecipata** sia **beneficiaria** di un'operazione di scissione, sarà sufficiente che la partecipata vincoli all'opzione, già esercitata a suo tempo, anche i nuovi soci entranti. Infine in tutti i casi, devono essere assolti comunque gli obblighi di acconto previsti per le operazioni straordinarie (v. n. 91625).

Acconti Nella **tabella** seguente sono indicate le conseguenze sul calcolo degli acconti in caso di revoca dell'opzione o in caso di perdita d'efficacia della stessa durante il triennio. **26850**
In ogni caso, i **versamenti**, se dovuti, vanno eseguiti entro i termini ordinari o entro 30 giorni dal venir meno dell'efficacia, se questi sono successivi.

	Conseguenze
revoca	sia la partecipata che i soci, se intendono adottare il metodo storico, devono calcolare l'acconto assumendo come imposta del periodo precedente quella che si sarebbe determinata senza considerare gli effetti dell'opzione.
perdita d'efficacia	medesimo calcolo va effettuato da soci e partecipata per il periodo in cui si verifica la perdita di efficacia dell'opzione: – i **soci** devono integrare quanto già versato se inferiore a quanto dovuto per l'esercizio di cessazione della validità dell'opzione; se hanno effettuato versamenti maggiori di quelli dovuti, possono attribuire alla partecipata la parte eccedente afferente al reddito trasparente, con le modalità stabilite per le cessioni infragruppo **(*)**; – la **partecipata** deve effettuare un versamento integrativo se l'eccedenza attribuita dai soci non raggiunge l'importo da essa dovuto.

(*) Questa procedura è esperibile anche in deroga ai requisiti normalmente richiesti per accedervi (v. n. 37355).

B. S.r.l. (e cooperative) partecipate da sole persone fisiche

(art. 116 DPR 917/86)

a. Condizioni per l'opzione

26915 Il regime si applica a società partecipate da sole persone fisiche. Nella **tabella** seguente sono illustrati in dettaglio i requisiti che devono sussistere in capo alla società partecipata e in capo ai soci.
L'opzione è sempre **esclusa** se la società partecipata:
– è assoggettata a **procedure concorsuali**: fallimento, liquidazione coatta amministrativa, concordato preventivo, amministrazione straordinaria;
– ha esercitato l'opzione per il **consolidato** nazionale o mondiale.

Requisiti della partecipata e dei soci		
requisiti della partecipata	**natura giuridica**	l'opzione può essere esercitata da s.r.l. e società cooperative residenti **(1)**
	volume d'affari (2)	non deve essere superiore alle soglie previste per l'applicazione degli ISA (v. n. 81982) **(3) (4)**
requisiti dei soci	**natura giuridica**	i soci possono essere esclusivamente **persone fisiche** residenti, anche se esercenti attività di impresa, o non residenti purché la partecipazione sia riferibile ad una S.O. nel territorio dello Stato **(5)**
	numero dei soci (6)	non superiori a **10** o, in caso di società cooperativa, a **20**; è possibile, pertanto, optare per la trasparenza anche nel caso di s.r.l. **unipersonale**

(1) Secondo l'amministrazione, fermi restando tutti gli altri requisiti, sono ammessi anche i **consorzi** svolgenti attività commerciale, costituiti da imprenditori individuali sotto forma di s.r.l.
(2) Si tratta del volume d'affari indicato nella dichiarazione dei redditi del periodo precedente a quello dell'opzione, assunto al netto dei corrispettivi delle cessioni di azioni o quote di partecipazioni, di strumenti finanziari assimilati alle azioni e di obbligazioni ed altri titoli in serie o di massa, diversi dai precedenti, non costituenti immobilizzazioni finanziarie (v. n. 21815).
(3) Anche se la società esercita un'attività per la quale **non è stato approvato** uno specifico indice o in presenza di cause di esclusione o di **inapplicabilità**.
(4) Le società **neo costituite** possono optare per la trasparenza a partire dal primo esercizio senza verificare il limite; quest'ultimo sarà verificato, con ragguaglio ad anno, **a partire** dal secondo anno di costituzione.
(5) Eventuali negozi limitativi dei diritti di voto o di partecipazione agli utili, come, ad esempio, l'usufrutto o il pegno di azioni, non costituiscono causa di inapplicabilità o di decadenza della trasparenza, a condizione che il reddito non venga trasferito a soggetti estranei alla compagine sociale.
(6) Per verificare il numero di soci iscritti occorre fare riferimento alle risultanze del registro imprese per le s.r.l. o al libro soci per le cooperative e considerare anche tutti i **comproprietari** della medesima quota nel caso in cui i relativi diritti vengano esercitati a mezzo di rappresentante comune (art. 2468 c. 5 c.c.).

26920 **Opzione** Per le **modalità** di esercizio dell'opzione e la **durata** si rinvia a quanto illustrato per la trasparenza delle società di capitali in generale (v. n. 26535) con le seguenti particolarità:
– nel caso di detenzione delle quote tramite società **fiduciarie** tutti i fiducianti dovranno manifestare la volontà di avvalersi del regime di trasparenza alla fiduciaria la quale, a sua volta, provvederà a comunicarla alla partecipata; inoltre, la fiduciaria dovrà dichiarare alla partecipata la sussistenza dei requisiti soggettivi e quelli relativi al numero dei soci per le s.r.l. e le cooperative partecipate da sole persone fisiche. Pertanto, la partecipata deve indicare solamente i dati della fiduciaria e il numero di soci persone fisiche da essa rappresentati;
– eventuali **modifiche della compagine sociale** non influenzano l'applicabilità del regime a condizione che permangano tutti i requisiti visti sopra. Pertanto, sono ininfluenti le cessioni di partecipazioni che mantengano il numero dei soci al di sotto della soglia massima o mantengano inalterate le caratteristiche dei soci stessi. Inoltre, non comportano decadenza del regime, le variazioni nelle quote di partecipazione agli utili che non modificano il numero dei componenti la compagine sociale. Per la decorrenza di tali variazioni ai fini dell'attribuzione del reddito e gli obblighi di comunicazione si rinvia, rispettivamente, al n. 26575 e al n. 26840.

In caso di **società unipersonale**, l'opzione può essere esercitata anche se manca la lettera raccomandata con cui il socio deve comunicare alla società il proprio assenso (Ris. AE 11 dicembre 2007 n. 361/E).

b. Effetti

L'insieme degli effetti prodotti dall'opzione sono analoghi a quelli considerati per la trasparenza delle società di capitali partecipate da altre società di capitali (art. 14 c. 4 DM 23 aprile 2004). Di seguito si evidenziano le particolarità che riguardano le s.r.l. e le cooperative. 26935

Acconti Gli acconti vanno determinati con le stesse modalità e seguendo le stesse regole illustrate al n. 26745 e al n. 26850, tenendo presente che l'acconto IRES versato dalla partecipata per il primo periodo di trasparenza può essere scomputato pro-quota da ciascun partecipante in relazione all'IRPEF dovuta sui redditi imputati per trasparenza. 26940

Imputazione del reddito, ACE, ritenute, crediti e oneri Il reddito, le ritenute, i crediti d'imposta e gli oneri deducibili dal reddito sono imputati ai soci con le stesse regole illustrate al n. 26575. 26945

L'**eccedenza ACE** che supera il reddito complessivo netto del periodo d'imposta può essere attribuita a ciascun socio che la può utilizzare, solamente se ha un reddito d'impresa, con le modalità illustrate al n. 5175; in alternativa, può essere utilizzata direttamente dalla società in compensazione dell'IRAP, sotto forma di credito d'imposta, con le modalità illustrate al n. 25974 (art. 7 DM 3 agosto 2017). Tale credito si determina applicando alla quota di eccedenza ACE le aliquote corrispondenti agli scaglioni IRPEF senza tener conto del numero dei soci o delle eventuali aliquote marginali degli stessi.

Le **plusvalenze** da cessione di partecipazioni che hanno i requisiti Pex e i **dividendi** concorrono alla formazione del reddito esattamente come se le partecipazioni fossero state detenute direttamente dalla persona fisica (v. n. 24715 e n. 11060).

Le eccedenze ACE generatesi presso la partecipata **anteriormente** all'opzione per la trasparenza non sono attribuibili ai soci e sono ammesse in deduzione dal reddito complessivo netto dichiarato dalla stessa.

Perdite Le perdite d'esercizio vengono attribuite ai soci con le stesse regole e negli stessi limiti descritti al n. 26685 e sono utilizzabili dal socio **imprenditore** secondo le regole illustrate, rispettivamente, al n. 5220 e al n. 5380 e dal socio **non imprenditore**, in diminuzione di eventuali altri redditi di partecipazione. 26950

In caso di **attività con proventi esenti** o che fruiscono di un **regime di esenzione**, la perdita utilizzabile è ridotta in proporzione (v. n. 25928) mentre non è riportabile se si verificano situazioni particolari che riguardano **acquisizioni rilevanti** di partecipazioni della società interessata al riporto e **variazioni dell'attività** principale (v. n. 25940 e s.).

c. Cessazione del regime

Il regime cessa se, allo scadere di un triennio viene esercitata la revoca (v. n. 26535) o se, durante il periodo di validità dell'opzione, vengono a mancare alcuni presupposti o si verificano determinati eventi come illustrato nella **tabella** seguente (v. n. 26980). Per le **conseguenze** sugli obblighi di comunicazione all'amministrazione e sulla determinazione degli acconti si rinvia rispettivamente al n. 26840 e al n. 26850. 26975

26980

Cause di cessazione	Decorrenza
superamento della soglia massima di ricavi	a partire dal periodo d'imposta successivo **(1)**
variazioni della compagine sociale che comportino: – ingresso di nuovi soci che determini il superamento, anche per un solo giorno, della soglia massima di 10 (20 per le cooperative); – ingresso di un nuovo socio che non sia persona fisica; – presenza di socio non residente che non possegga la partecipazione tramite una S.O.	dall'inizio del periodo d'imposta della società partecipata in cui sono venuti meno i requisiti **(2)**

Cause di cessazione	Decorrenza
assoggettamento della società partecipata a procedure concorsuali	dalla data della sentenza dichiarativa del fallimento, del provvedimento che ordina la liquidazione coatta, del decreto di ammissione al concordato preventivo o del decreto che dispone la procedura di amministrazione straordinaria
trasformazione della partecipata in altra società non soggetta all'IRES	dalla data in cui ha effetto la trasformazione
trasformazione della partecipata in altra società soggetta ad IRES diversa da s.r.l. o cooperativa pur con tutti i soci persone fisiche	dall'inizio del periodo d'imposta in cui sono venuti meno i requisiti soggettivi
trasferimento all'estero della residenza della società partecipata **(3)**	dal periodo d'imposta nel corso del quale è avvenuto il trasferimento
fusione o scissione della società partecipata	dalla data da cui l'operazione esplica i suoi effetti fiscali salvo che l'opzione sia confermata da tutti i soggetti interessati, con le stesse modalità previste per l'esercizio dell'opzione stessa **(4)**

(1) Secondo l'amministrazione se i ricavi superano la soglia per effetto di un **accertamento**, la società decade dalla trasparenza con effetto retroattivo (Circ. AE 16 marzo 2005 n. 10/E). Il DM 23 aprile 2004 invece fa esclusivo riferimento ai ricavi della società partecipata **indicati in dichiarazione**, escludendo quindi gli importi che spesso vengono accertati a distanza di diversi anni, a periodi di imposta già chiusi.

(2) È previsto, inoltre, l'obbligo da parte della partecipata di **comunicare** l'avvenuta decadenza, **entro** 30 giorni dal verificarsi dell'evento, utilizzando il modello «Comunicazione relativa al regime di tassazione per trasparenza» rinvenibile sul sito internet www.agenziaentrate.gov.it (art. 4 c. 2 DM 23 aprile 2004).

(3) Vale comunque il principio secondo cui è residente una società che per la maggior parte del periodo d'imposta ha la sede legale o amministrativa o l'oggetto principale nel territorio dello Stato. Ad **esempio**, il trasferimento avvenuto in data 31 marzo comporta la perdita d'efficacia dell'opzione a partire dal 1° gennaio; viceversa, il trasferimento avvenuto in data 30 ottobre, non comporta la decadenza per quell'anno, in quanto la società si considera residente fino alla fine del periodo d'imposta.

(4) Se, ovviamente, sono verificati tutti i requisiti sia dimensionali che relativi alle persone dei soci. In particolare, non è possibile confermare l'opzione quando: la partecipata si fonde con altra società assumendo forma giuridica diversa da s.r.l., oppure quando si fonde con altra società partecipata da soggetti diversi da persone fisiche.

II. Consolidato fiscale nazionale

(artt. 117-129 DPR 917/86, DM 1° marzo 2018)

27045 Il consolidato fiscale nazionale è un **regime opzionale** che consente alle società appartenenti ad un gruppo di calcolare l'IRES in modo unitario, come somma algebrica dei redditi complessivi netti dei soggetti aderenti: la società consolidante (di seguito CDNTE) e le società consolidate (CDTE o CDTA).

I **vantaggi** di questo meccanismo di tassazione consistono nella possibilità di compensare utili e perdite, eccedenze e crediti d'imposta prodotti dalle singole imprese e di aumentare la deducibilità degli interessi passivi.

27055 **SOGGETTI NON AMMESSI** (art. 126 DPR 917/86, art. 4 DM 1° marzo 2018) Non possono optare per il consolidato i soggetti:

1) in gestione non ordinaria dell'attività legata a situazioni di **crisi dell'impresa** (fallimento, liquidazione coatta amministrativa e amministrazione straordinaria);

2) **beneficiari di regimi** di determinazione del reddito quali:
- riduzioni dell'aliquota IRES;
- la trasparenza in qualità di partecipate, v. n. 26465 e s.;
- il forfettario delle imprese marittime (art. 160 c. 1 DPR 917/86).

>**Precisazioni** 1) L'amministrazione straordinaria è preclusiva solo se finalizzata alla liquidazione e cessazione dell'attività (Circ. AE 20 dicembre 2004 n. 53/E par. 2.2.2).

2) La fruizione di un'aliquota IRES ridotta non è preclusiva nel solo caso in cui essa consegua ad agevolazioni territoriali o settoriali (Circ. AE 20 dicembre 2004 n. 53/E par. 2.2.1).

A. Condizioni di accesso al regime

Il consolidato può coinvolgere **due o più soggetti** di un gruppo, non necessariamente l'intero gruppo. 27065
La CDNTE non è obbligatoriamente la capogruppo, può anche essere una controllante intermedia nella catena di controllo. È possibile quindi che all'interno di un gruppo vi siano **più consolidati fiscali**, ma ciascuna entità legale **non** può assumere **più di un ruolo**: CDNTE o CDTA (art. 119 c. 1 DPR 917/86).
Le partecipanti devono inoltre rispondere a determinati requisiti in materia di **natura giuridica**, rapporti di **controllo** ed omogeneità di **esercizio sociale**.

NATURA GIURIDICA DEI PARTECIPANTI (art. 117 c. 1 e s. DPR 917/86) Sono previste condizioni di accesso distinte per controllanti e controllate, residenti e non residenti. Per chiarezza espositiva, le condizioni di accesso delle controllanti sono state distinte con riferimento alle tre configurazioni del consolidato. 27070
Le **controllate** in tutti i casi devono rispettare i seguenti requisiti:
a) se **residenti**, natura giuridica: s.r.l., s.p.a., s.a.p.a.;
b) se residenti **UE/SEE**:
- natura giuridica analoga a s.r.l., s.p.a., s.a.p.a., conforme all'Allegato 1, Parte A, della Direttiva n. 2011/96/UE, c.d. Madre-Figlia (Circ. AE 26 settembre 2016 n. 40/E);
- esercizio di attività di impresa mediante una S.O. italiana (quest'ultima oggetto del consolidamento).

> Se la consociata UE/SEE è **controllata tramite** un soggetto residente in un Paese **non UE/SEE**, con quest'ultimo deve essere in vigore un accordo per lo scambio informativo ed il consolidato è possibile solo con consolidante S.O. italiana (v. n. 27073, Circ. AE 26 settembre 2016 n. 40/E).

Controllante residente (art. 117 c. 1 DPR 917/86) Deve essere una società o un ente commerciale, incluse quindi le società consortili e gli enti commerciali (v. n. 21015). 27072

> Le società estere che vengono riqualificate come fiscalmente residenti in Italia (**c.d. esterovestite**) (v. n. 21055) possono, in presenza delle altre condizioni richieste dalla legge, optare per l'applicazione del regime del consolidato nazionale (Ris. AE 30 ottobre 2008 n. 409/E).

Controllante non residente con S.O. italiana (art. 117 c. 2 DPR 917/86, Circ. AE 26 settembre 2016 n. 40/E) Può consolidare alle seguenti **condizioni**, con la S.O. che assume la qualifica di CDNTE: 27073
- **residenza UE/SEE** (in un Paese con cui sia in vigore un adeguato scambio informativo, condizione nei fatti rispettata da tutti gli Stati SEE dopo l'entrata in vigore dell'accordo con il Liechtenstein);
- residenza **extra UE**, in un Paese con cui sia in vigore un adeguato **scambio informativo** (v. n. 99115);
- esercizio di attività di impresa mediante una **S.O. italiana**.

> Non è richiesto che le partecipazioni nelle CDTE siano incluse nel patrimonio della S.O. consolidante.

Controllante residente in UE/SEE senza S.O. italiana (art. 117 c. 2 bis DPR 917/86, Circ. AE 26 settembre 2016 n. 40/E) Può consolidare alle seguenti **condizioni, designando** una controllata che assume la qualifica di CDNTE (c.d. «controllata designata»): 27074
- **residenza UE/SEE**, dovendo inoltre escludersi la residenza fuori dall'UE/SEE sulla base di una convenzione con Paese terzo;
- effettivo esercizio di **attività economica**, escluse pertanto le costruzioni di mero artificio;
- **natura giuridica** conforme ad una delle forme ammesse dall'Allegato 1, Parte A, della Direttiva n. 2011/96/UE, c.d. Madre-figlia.

Il consolidato con **controllata designata** è soggetto alle seguenti ulteriori **condizioni**: 27087
- la controllata designata deve assumere tutti i diritti e gli obblighi propri della CDNTE;
- la controllata designata non può consolidare soggetti da cui è controllata (onde garantire che sia comunque il soggetto residente più a monte nella catena di controllo);
- la controllante non residente deve assumere le responsabilità della CDNTE (in via sussidiaria alla controllata designata);

– i requisiti del controllo di cui al n. 27105 e s. nei confronti delle CDTE devono risultare verificati sulla controllante non residente.

27088 La **procedura di designazione** (Provv. AE 6 novembre 2015) prevede che la controllante, identificata nel territorio dello Stato con attribuzione di codice fiscale, trasmetta in via telematica il «Modello di designazione».
Il Modello deve essere presentato entro il **termine** di esercizio dell'opzione per il consolidato (v. n. 27205); l'omissione è considerata violazione meramente formale di cui al n. 87190 e può essere sanata entro il termine della prima dichiarazione successiva.

27089 In caso di **interruzione** o **revoca** del consolidato, le perdite fiscali risultanti dalla dichiarazione consolidata sono attribuite esclusivamente alla CDTA che le ha prodotte e nei cui confronti viene meno il requisito del controllo, secondo i criteri stabiliti dai soggetti interessati. Se tali criteri non sono stati espressi nel Modello di designazione, vale il criterio proporzionale (Provv. AE 6 novembre 2015 punto 2.7).
Se **cessa il controllo** nei confronti della controllata designata, la controllante non residente può designare, fra le altre controllate appartenenti al consolidato, una nuova controllata designata. Quest'ultima assume, in solido con la precedente, le responsabilità relative anche ai precedenti periodi di vigenza del consolidato. Bisogna **trasmettere** apposito modello entro 30 giorni dal verificarsi dell'evento che ha comportato la perdita del requisito del controllo, con effetti a partire dallo stesso.

27105 **RAPPORTO DI CONTROLLO** (artt. 117 c. 1 e 120 c. 1 DPR 917/86, art. 3 DM 1° marzo 2018) Il consolidato fiscale richiede un rapporto di controllo **qualificato**, in cui la controllante possieda la maggioranza assoluta sia dei diritti di voto sia del capitale sociale sia della quota di partecipazione agli utili.

27110 **Maggioranza dei diritti di voto** (Circ. AE 20 dicembre 2004 n. 53/E) La CDNTE deve esercitare sulle partecipate il **controllo di diritto** di cui all'art. 2359 c. 1 n. 1 c.c., ossia disporre della maggioranza dei voti **esercitabili** nell'assemblea ordinaria (non rileva il controllo di fatto, Ris. AE 1° settembre 2009 n. 245/E).
A tal fine si computano i voti esercitabili grazie a **partecipazioni indirette** (c.d. «di secondo livello»), ossia attraverso **società intermedie** (anche fiduciarie o con persone interposte), tenendo conto del c.d. «**effetto demoltiplicativo**» prodotto dalla catena societaria di controllo. Le società intermedie (che non partecipano al consolidato), purché controllate di diritto, possono anche essere prive degli altri requisiti del consolidato (art. 1 c. 1 lett. b DM 1° marzo 2018).

ESEMPIO
Se la società A partecipa al capitale della società B all'80% e, a sua volta, la società B partecipa al 55% al capitale della società C, la partecipazione indiretta di A nel capitale di C è pari al 44%, come risulta dal seguente calcolo: 0,8 × 0,55 = 0,44 × 100 = 44%. Pertanto sono possibili solo i consolidati tra A e B e tra B e C.

27115 **Partecipazione al capitale sociale e agli utili** La CDNTE deve disporre della **maggioranza assoluta** sia del capitale sociale sia degli utili di bilancio delle CDTE. Ad esempio per una s.p.a. devono essere entrambe verificate:

$$\frac{\text{azioni della CDNTE con diritto di voto}}{\text{totale azioni con diritto di voto}} > 50\% \qquad \frac{\text{azioni della CDNTE con diritto agli utili}}{\text{totale azioni con diritto agli utili}} > 50\%$$

Non rilevano, né al numeratore né al denominatore:
– le azioni e gli strumenti finanziari partecipativi **senza diritto di voto** esercitabile in assemblea ordinaria (art. 2353 c.c. - azioni di godimento - artt. 2346 c. 6, 2349 c. 2, 2411 c. 3 e 2447 ter c. 1 lett. e c.c.);
– le azioni **con diritto di voto limitato** a determinati argomenti **o subordinato** a particolari condizioni (art. 2351 c. 2 c.c.), che siano irrilevanti anche ai fini della sussistenza del requisito del controllo di diritto (v. n. 27110);

– le **azioni proprie**, né le azioni della controllante possedute dalle controllate (Risp. AE 31 gennaio 2019 n. 20).

ESEMPIO
La società B ha un capitale formato da 100 azioni di cui 60 ordinarie (31 detenute da A) e 40 prive del diritto di voto (detenute da terzi). La società A può consolidare la società B in quanto la sua partecipazione al capitale di B è superiore al 50%: 31 (azioni ordinarie di A) / 60 (totale azioni ordinarie) = 51,67%. Le azioni prive del diritto di voto non rilevano né al numeratore, né al denominatore del rapporto.

>**Precisazioni** 1) Le azioni costituite in **pegno** rilevano ai fini del calcolo se e fino a quando il creditore pignoratizio non eserciti effettivamente il diritto di voto modificando i rapporti di controllo (Circ. AE 26 settembre 2016 n. 40/E).
2) Ai fini della verifica della partecipazione all'utile, rilevano tutte le **azioni vincolate**, non rileva la circostanza che il creditore pignoratizio possa fare propri gli eventuali utili distribuiti (Ris. AE 27 agosto 2009 n. 240/E).
3) Le **azioni c.d. «correlate»** che attribuiscono al titolare un diritto agli utili legato ai risultati dell'attività sociale di uno specifico settore (art. 2350 c. 2 c.c.) rilevano in misura della partecipazione al capitale sociale delle stesse (art. 3 c. 2 DM 1° marzo 2018).

ESEMPIO
La società B ha un capitale formato da 100 azioni di cui 80 ordinarie (41 detenute da A), 10 correlate (6 detenute da A) e 10 senza diritto di voto (4 detenute da A). A può consolidare B in quanto la partecipazione agli utili è pari al 52,22% (quindi superiore al 50%): [41 + 6 (totale azioni di A con diritto di voto) / 90 (totale azioni con diritto di voto)] = 52,22%.

Durata (art. 120 c. 2 DPR 917/86) I requisiti del controllo devono sussistere **sin dall'inizio** dell'esercizio per il quale ci si avvale del consolidato e **per tutto il periodo** della sua validità, ininterrottamente. **27120**
Se, nel corso di un esercizio, anche un solo requisito viene meno, si ha interruzione del regime con le conseguenze illustrate al n. 27645.

IDENTITÀ DI ESERCIZIO SOCIALE (art. 119 c. 1 lett. a e 2 DPR 917/86) La CDNTE e ciascuna CDTA devono avere l'esercizio sociale con la stessa data di chiusura. **27135**
Se, **prima di avviare il consolidato**, i soggetti deliberano l'**anticipazione della data di chiusura**, rendendola tra loro omogenea, l'opzione per il consolidato è ammessa fin dallo stesso esercizio (Circ. AE 20 dicembre 2004 n. 53/E par. 4.1).
Se, a consolidato **già avviato**, viene anticipata la data di chiusura dell'esercizio (Circ. AE 13 marzo 2009 n. 8/E):
– sia della CDNTE sia della CDTA, il consolidato prosegue;
– della CDNTE, il consolidato cessa nei confronti di tutte le partecipanti, con gli effetti prodotti dall'interruzione anticipata di cui al n. 27645;
– della CDTA, il consolidato si interrompe limitatamente a quest'ultima (v. n. 27645).
Se, all'interno dello stesso esercizio, si determinano **più periodi d'imposta**, per effetto di operazioni di fusione, scissione e di liquidazione volontaria, l'efficacia del consolidato non viene automaticamente meno (v. n. 27705).

SOCIETÀ NEOCOSTITUITE (Ris. AE 17 maggio 2018 n. 40/E, Circ. AE 20 dicembre 2004 n. 53/E par. 4.1) **Possono aderire** fin dall'esercizio di costituzione anche in caso di durata del primo esercizio superiore all'anno, a condizione (oltre ad avere stessa data di chiusura degli altri aderenti) che la data di costituzione: **27145**
– **preceda** il termine utile per l'esercizio dell'opzione (v. n. 27210) (art. 2 c. 1 DM 1° marzo 2018);
– **non** preceda la costituzione della controllante.

Se la **CDNTE** neocostituita **subentra ad un soggetto preesistente** per effetto di una fusione o di una scissione (ossia di un'operazione comportante successione a titolo universale, ad es. incorporazione in una neocostituita o scissione totale a favore di una neocostituita) può optare per il consolidato fin dall'esercizio di costituzione, a condizione che (Circ. AE 20 dicembre 2004 n. 53/E): **27146**

– il soggetto preesistente ed estinto abbia detenuto, sin dall'inizio del periodo d'imposta, una partecipazione di controllo nella società che si intende consolidare;
– non abbia già esercitato, a sua volta, l'opzione per il consolidato.

ESEMPIO
La società A controlla la società C al 60% sin dal 1° gennaio 20XX. A e C non hanno optato per il consolidato. Nel marzo 20XX viene costituita la società N che incorpora A. In questo caso, N può consolidare C sin dall'esercizio 20XX in quanto il controllo su C era già detenuto dal soggetto estinto (A) sin dall'inizio del periodo d'imposta di C.

27147 **SOCIETÀ NEO ACQUISITE** (Circ. AE 26 settembre 2016 n. 40/E) Analogamente **possono optare** per il consolidato, le società acquisite dalla CDNTE in corso di esercizio a condizione che, mediante apposita delibera, abbiano **fatto coincidere** la data:
a) di acquisizione con la data di chiusura dell'esercizio in corso al momento dell'acquisizione;
b) di chiusura del primo esercizio successivo all'acquisizione con la data di chiusura dell'esercizio della CDNTE.

Quanto sopra vale anche per la CDNTE neocostituita (Ris. AE 17 maggio 2018 n. 40/E).

B. Adempimenti iniziali

27205 **OPZIONE** (artt. 117 e 119 DPR 917/86) Devono esercitarla **congiuntamente** la controllante e ciascuna controllata, col risultato di tante opzioni «a coppia» quante sono le CDTE; ha **durata** per tre esercizi, durante i quali è irrevocabile, soggetta a tacito **rinnovo** salvo espressa revoca.
L'opzione può essere esercitata, in qualità di CDTA, anche a decorrere da un **esercizio successivo** a quello in cui ha avuto inizio la tassazione di gruppo (art. 2 c. 3 DM 1° marzo 2018). Anche in questo caso, la CDTA subentrante esercita con la CDNTE un'opzione vincolante per tre esercizi (Circ. AE 20 dicembre 2004 n. 53/E par. 2.1); per cui in un consolidato possono coesistere opzioni con decorrenze differenziate.

ESEMPIO
Le società A (CDNTE), B e C esercitano l'opzione per il consolidato per il triennio 20XX-20XX+2. La società D subentra con opzione nel 20XX+1. In tal caso, A deve continuare il consolidato con D almeno fino al 20XX+3 (salvi i casi di interruzione - v. n. 27625), con B e C almeno fino al 20XX+2.

27210 **Modalità e termini** (art. 119 c. 1 lett. d DPR 917/86) La CDNTE **comunica** all'AE l'avvenuto esercizio dell'opzione (e le revoche) compilando l'apposita sezione del quadro OP del Mod. Redditi SC da presentare nel periodo d'imposta a partire dal quale si intende dare effetto all'opzione.
Se il soggetto si trova nel **primo anno** di attività o non utilizza il Mod. SC (ad es. in caso di trasformazione da società di persone), l'esercizio dell'opzione va trasmesso con apposito modello disponibile sul sito www.agenziaentrate.gov.it, come anche l'**interruzione**, la **revoca** o la conferma dell'opzione a seguito di interpello (v. n. 27705).
L'**omessa** opzione entro i termini è considerata violazione formale e può essere sanata esercitandola:
– in dichiarazione integrativa relativa allo stesso esercizio da inviare entro 90 gg dalla scadenza (Risp. AE 15 novembre 2019 n. 488);
– nella prima dichiarazione successiva (non integrativa) con la sanzione di cui al n. 87190 (Risp. AE 25 marzo 2019 n. 82).

Nel quadro OP del Mod. SC devono essere **indicati**:
– la denominazione o ragione sociale e il codice fiscale dei soggetti partecipanti in qualità di CDTA;
– l'eventuale versamento dell'acconto in modo separato (v. n. 27545);
– il criterio da utilizzare per l'eventuale attribuzione delle perdite residue in caso di interruzione anticipata della tassazione di gruppo o di revoca dell'opzione (v. n. 27455).

ELEZIONE DOMICILIO (art. 119 c. 1 lett. c DPR 917/86) L'elezione di domicilio della CDTA presso la CDNTE è **obbligatoria** e **irrevocabile** fino al termine del periodo di decadenza dell'azione di accertamento o di irrogazione delle sanzioni (v. n. 81055) relative all'ultimo esercizio il cui reddito è stato incluso nella dichiarazione oggetto di controllo fiscale. 27225

ACCORDI DI CONSOLIDAMENTO La stipula per iscritto di accordi fra i soggetti aderenti, pur non obbligatoria, è adottata nella pratica per regolare i rapporti che si instaurano per effetto dell'adesione. Su base bilaterale o plurilaterale **si possono stabilire**: i criteri di utilizzo delle perdite fiscali, gli effetti dell'interruzione e della revoca della tassazione di gruppo e la conseguente riattribuzione delle perdite fiscali non utilizzate, nonché gli scambi di somme in contropartita degli eventuali vantaggi fiscali ricevuti o attribuiti. 27235

L'atto contenente tali accordi **non** è, in generale, **soggetto a registrazione** (ai sensi dell'art. 5 Tabella DPR 131/86). Tuttavia, nel caso in cui le somme corrisposte eccedano l'imposta teorica calcolata sull'eventuale imponibile negativo trasferito (realizzandosi un'ipotesi di prestazione di servizi, assoggettabile ad IVA), l'atto diviene soggetto all'obbligo di registrazione in caso d'uso, in base all'art. 5 DPR 131/86 (Ris. AE 12 luglio 2007 n. 166/E).

C. Effetti

L'adesione al consolidato comporta una particolare modalità di **determinazione del reddito** da assoggettare ad IRES (reddito complessivo globale di gruppo) e di **utilizzo delle perdite** (ante e post consolidato); nonché la possibilità di utilizzare, a favore del gruppo, eventuali **interessi passivi** indeducibili dalla singola partecipata, **eccedenze** d'imposta, **crediti d'imposta** e deduzioni **ACE** individuali. 27295

a. Determinazione del reddito complessivo globale

(art. 118 c. 1 DPR 917/86 e Circ. AE 20 dicembre 2004 n. 53/E)

Ciascuna partecipante determina il proprio reddito autonomamente, apportando al risultato del conto economico dell'esercizio le variazioni richieste dalle regole di tassazione del reddito d'impresa (v. n. 21185). 27305

Quindi la CDNTE **somma algebricamente** al proprio reddito i redditi complessivi netti di ciascuna CDTA, assumendoli per l'intero importo, **indipendentemente dalla quota di partecipazione** in esse detenuta, ed apporta l'eventuale variazione, c.d. «rettifica di consolidamento», relativa agli **interessi passivi** individualmente indeducibili.

Nel caso in cui, in passato, fossero state effettuate **cessioni di beni infragruppo in neutralità fiscale** si potrebbero ancora avere riflessi se si verifica una delle seguenti situazioni:

– la partecipante che ha acquisito i beni in continuità dei valori fiscali **cede** gli stessi **ad un soggetto esterno** al consolidato: la partecipante deve determinare la plusvalenza nel periodo d'imposta in cui è avvenuta la cessione, tenendo conto del disallineamento ancora esistente tra valore contabile e valore fiscale del bene stesso. La plusvalenza è tassata in capo alla partecipante stessa secondo le regole ordinarie (v. n. 24600), tenendo conto, ai fini del calcolo del periodo di possesso, anche del periodo maturato in capo al primo cedente in neutralità (art. 10 c. 2 DM 1° marzo 2018);

– il **consolidato cessa** anticipatamente o per revoca dell'opzione alla scadenza del triennio: la CDNTE deve rettificare il reddito da consolidato come illustrato al n. 27635.

Le eventuali **somme** percepite o versate tra i soggetti partecipanti al consolidato **in contropartita dei vantaggi fiscali** ricevuti o attribuiti a seguito della tassazione di gruppo (c.d. versamenti «compensativi») non concorrono alla formazione del reddito imponibile (art. 118 c. 4 DPR 917/86). 27310

Tali somme sono irrilevanti (anche ai fini IRAP e IVA) nei limiti dell'imposta teorica calcolata sul vantaggio o svantaggio trasferito (Circ. AE 20 dicembre 2004 n. 53/E e Circ. AE 19 febbraio 2008 n. 12/E). La regola si applica anche nel caso di versamenti effettuati per compensare gli oneri connessi all'**interruzione** o alla **revoca** del consolidato (artt. 124 c. 6 e 125 c. 3 DPR 917/86).

27315 **INTERESSI PASSIVI** (art. 96 c. 14 DPR 917/86) Gli interessi passivi **indeducibili in capo ad un partecipante** (v. n. 23055 e s.), possono essere compensati con eccedenze di ROL e di interessi attivi di altri partecipanti (v. n. 23110) anche pregresse, purché non generate in esercizi anteriori all'ingresso nel consolidato.

ESEMPIO
Le società B e C partecipano al consolidato con la controllante A. B ha un ROL pari a 1.000 ed interessi passivi (eccedenti quelli attivi) pari a 500 (di cui 200 indeducibili in quanto eccedenti il 30% del ROL pari a 300). C ha un ROL pari a 2.000 ed interessi passivi (eccedenti quelli attivi) pari a 100 (tutti deducibili, in quanto inferiori al 30% del ROL pari a 600). La controllante A, nella dichiarazione del consolidato, potrà dedurre anche gli interessi indeducibili di B pari a 200 (con apposita variazione in diminuzione) sfruttando la capienza del ROL di C non completamente esaurita. Può compensare anche eccedenze di B e C di esercizi precedenti (ma successive all'adesione al consolidato).

Onde evitare l'aggiramento del divieto di trasferire al consolidato perdite fiscali pregresse anteriori all'adesione, il partecipante che ha compensato con il proprio imponibile **perdite pregresse**, deve sottrarre l'importo compensato dagli interessi passivi indeducibili che intenda trasferire al consolidato (Ris. AE 11 luglio 2019 n. 67/E).

27325 Se al consolidato partecipano **sia società industriali che società finanziarie**, ai soli fini del calcolo della rettifica di consolidamento relativa agli interessi passivi, è necessario configurare una sorta di **doppio perimetro di consolidamento**, uno relativo alle società ed enti che svolgono attività industriale e uno relativo alle società che svolgono attività finanziaria, con riferimento ai quali verranno applicate le specifiche regole del consolidato. In pratica, la CDNTE deve operare come segue (Circ. AE 22 luglio 2009 n. 37/E):
– con riferimento al perimetro industriale, recupera le eccedenze di ROL a fronte degli interessi indeducibili, secondo le modalità descritte nei paragrafi precedenti;
– con riferimento al perimetro finanziario, calcola l'importo degli interessi passivi maturati in capo a società del gruppo a favore di altre società incluse nel consolidato (della stessa natura, ossia finanziarie), limitatamente ai quali operare la rettifica del 4%.
La variazione in diminuzione che la CDNTE deve apportare al reddito da consolidato in sede di predisposizione del modello CNM è pari alla somma delle rettifiche determinate distintamente.

b. Utilizzo delle perdite fiscali

27425 **PERDITE PRODOTTE ANTE CONSOLIDATO** (art. 118 c. 2 DPR 917/86, art. 7 c. 1 lett. a DM 1° marzo 2018) Le perdite realizzate negli esercizi anteriori all'inizio del consolidato possono essere **utilizzate solo** dai soggetti che le hanno prodotte: ciascuno (CDTA e CDNTE) compensa le proprie perdite pregresse con i propri imponibili individuali; la perdita eventualmente residua continua ad essere utilizzabile, negli esercizi successivi, solo dallo stesso soggetto che l'ha prodotta (Circ. AE 20 dicembre 2004 n. 53/E e Circ. AE 6 dicembre 2011 n. 53/E punto 1.6).

ESEMPIO
Esercizio n (precedente a quello di opzione per il consolidato): Alfa realizza una perdita pari a 15.000, mentre Beta realizza una perdita pari a 12.000.
Nell'esercizio n+1, in cui entrambe optano per l'applicazione del consolidato con la CDNTE C, Alfa realizza un utile di 10.000, mentre Beta un utile pari a 12.000. Si ottiene pertanto la seguente situazione:
1) Alfa: trasferisce a C 2.000 di utile (10.000 × 20%) e rinvia, per l'utilizzo in proprio negli esercizi futuri, la perdita non completamente utilizzata pari a 7.000 (15.000 – 8.000);
2) Beta: trasferisce a C 2.400 di utile (12.000 × 20%) e rinvia, per l'utilizzo in proprio negli esercizi futuri, la perdita non completamente utilizzata pari a 2.400 (12.000 – 9.600).

27435 **PERDITE PRODOTTE DURANTE IL CONSOLIDATO** (art. 118 c. 1 DPR 917/86, art. 9 c. 2 DM 1° marzo 2018) Le perdite individuali formatesi durante il periodo di validità del consolidato confluiscono interamente nella sommatoria dei risultati che determina il reddito di gruppo (Circ. AE 6 dicembre 2011 n. 53/E punto 1.6). Se le perdite sono di ammontare superiore agli imponibili il risultato è la perdita del consolidato.
La natura (a **utilizzo limitato** o **illimitato**) delle perdite realizzate dai singoli aderenti e gli utilizzi per la determinazione del reddito complessivo globale sono rilevate nel quadro CS del Modello CNM (Circ. AE 20 dicembre 2004 n. 53/E).

Una volta trasmesse al consolidato, le perdite rimangono nell'esclusiva disponibilità del consolidato e non possono più essere utilizzate dalle società che le hanno prodotte (art. 124 c. 4 TUIR).
Il **riporto a nuovo** spetta esclusivamente alla CDNTE secondo le regole ordinarie (v. n. 25915 e s.), salvo eventuale riattribuzione di parte delle perdite alle società che le hanno prodotte, a seguito di interruzione o revoca del consolidato (v. n. 27625 e s.).
Gli **imponibili positivi trasferiti** al consolidato **da società subentrate** in un consolidato già avviato, possono essere compensati con le perdite del consolidato riportate a nuovo e non attribuite ai soggetti eventualmente fuoriusciti dal consolidato stesso (art. 15 c. 2 DM 1° marzo 2018 e Circ. AE 20 dicembre 2004 n. 53/E).

> **Precisazioni** 1) Le perdite individuali riportabili confluite nel consolidato, **limitate** all'80% o **illimitate** dei primi tre esercizi di attività, possono essere utilizzate dalla CDNTE in compensazione senza **vincoli di priorità** (Circ. AE 20 dicembre 2004 n. 53/E).
> 2) Se al consolidato partecipa una **società di comodo**, l'utilizzo delle perdite è soggetto alle relative limitazioni (v. n. 35270 e s.).

Utilizzo a scomputo di rettifiche da accertamento (art. 40 bis c. 3 DPR 600/73) L'eventuale **rettifica del reddito** di un partecipante al consolidato a seguito di controllo delle dichiarazioni (v. n. 27550), anche mediante **accertamento con adesione** (v. n. 87995), può essere **imputata**, su richiesta della CDNTE, **alle perdite** del consolidato **ancora non utilizzate** alla data della richiesta (l'utilizzo va indicato al rigo CS7 del Mod. CNM). **27440**
Le perdite relative al **periodo oggetto di rettifica** devono essere utilizzate prioritariamente ed in misura piena (Circ. AE 6 dicembre 2011 n. 53/E), non rilevando il limite dell'80%; per le altre rilevano i limiti ordinari (di cui al n. 25920) ma sono utilizzabili senza vincoli di priorità.
L'istanza per l'utilizzo in compensazione delle perdite deve essere inoltrata, entro il **termine** per la presentazione dell'eventuale ricorso contro il relativo atto di accertamento, tramite trasmissione telematica del **Modello IPEC** (Provv. AE 20 ottobre 2014 n. 133104, Circ. AE 28 aprile 2017 n. 15/E). In alcuni casi (perdite anteriori all'adesione o riattribuite a seguito di interruzione o revoca, accertamento con atti distinti per CDTA e CDNTE e non atto unico) è possibile utilizzare il Modello **IPEA**, normalmente previsto per i soggetti non consolidati (v. n. 81100). In tali casi la CDTA può chiedere l'utilizzo delle perdite anteriori all'adesione, solo nella misura in cui eccedano quelle già trasferite al consolidato nell'anno accertato (Circ. AE 26 gennaio 2018 n. 2/E).
La CDNTE deve informare la CDTA dell'avvenuta presentazione del modello.
La presentazione del modello:
1) **sospende il termine per l'impugnazione** dell'atto di accertamento, sia per la CDTA sia per la CDNTE, per 60 giorni;
2) **non preclude** la possibilità di presentare istanza di **accertamento con adesione**.

> L'Ufficio, dopo aver riscontrato l'effettiva utilizzabilità delle perdite, **ricalcola l'eventuale maggiore imposta dovuta**, gli interessi e le sanzioni correlate, comunicando l'esito del ricalcolo (eventualmente anche tramite PEC), sia alla CDTA sia alla CDNTE, **entro 60 giorni** dalla presentazione del Modello. L'esito del ricalcolo non costituisce un atto autonomo rispetto all'atto unico notificato a CDNTE e CDTA.

PERDITE POST CONSOLIDATO (artt. 125 c. 2, 124 c. 4 DPR 917/86 e art. 13 c. 7 DM 1° marzo 2018) Le perdite del consolidato residue alla **cessazione del regime** possono essere **indifferentemente** attribuite: **27455**
– alla CDNTE;
– proporzionalmente alle società che le hanno prodotte e nei cui confronti viene meno il requisito del controllo;
– alle società che le hanno prodotte, secondo i criteri indicati in dichiarazione all'adesione. Il criterio scelto non deve essere unico per tutte le opzioni e può essere **modificato** ad ogni triennio comunicandolo in dichiarazione (Ris. AE 13 ottobre 2006 n. 113/E). Il criterio da applicare è l'ultimo comunicato indipendentemente da quando si sono formate le perdite (Circ. AE 26 gennaio 2018 n. 2/E).

> L'**importo massimo** della perdita imputabile alla società uscente non può eccedere l'importo delle perdite trasferite dalla stessa al netto degli utilizzi effettuati in sede di determinazione del reddito consolidato e devono avere la **stessa qualità** - quanto a periodo di formazione e limiti al riporto (quantitativi o temporali) - di quelle apportate (Circ. AE 20 dicembre 2004 n. 53/E).

c. Utilizzo di eccedenze, crediti d'imposta e deduzione ACE

27475 Ciascun partecipante può cedere, ai soli fini della **compensazione** dell'IRES consolidata e **nei limiti** del suo ammontare, le eccedenze d'imposta (sia IRES sia diverse) solitamente utilizzabili in compensazione (v. n. 37230). Tali eccedenze sono trasferite al consolidato solo dopo la maturazione e possono essere **utilizzate** dalla CDNTE **a partire dagli** acconti dovuti per il primo periodo di consolidamento (Circ. AE 20 dicembre 2004 n. 53/E).
I crediti trasferiti, che risultino ancora **non utilizzati** alla cessazione del consolidato, rimangono nella esclusiva disponibilità della CDNTE (art. 124 c. 4 DPR 917/86).

27485 **ECCEDENZE IRES** (art. 118 DPR 917/86 e art. 7 c. 1 lett. b DM 1° marzo 2018) I partecipanti trasferiscono al consolidato le eccedenze IRES prodotte:
– in periodi **antecedenti**, nei limiti dell'IRES consolidata, facoltativamente previa indicazione nella propria dichiarazione (quadro GN); in alternativa alla cessione di credito infragruppo (v. n. 37355 e s.);
– **durante** il **consolidato**, **obbligatoriamente** e per il loro intero ammontare (ad esempio, derivanti dalle ritenute subite o dagli acconti autonomamente versati).
Le eccedenze IRES possono essere trasferite da ciascuna CDTA, per ridurre l'IRES di gruppo, senza le **limitazioni quantitative** previste per le compensazioni «orizzontali» (v. n. 37240) (Circ. AE 20 dicembre 2004 n. 53/E).

27487 L'eccedenza IRES complessiva trasferita **spetta alla CDNTE** che può:
– chiederla a rimborso;
– riportarla a nuovo;
– trasferirla a sé stessa o agli altri partecipanti;
– trasferirla a consociate non partecipanti al consolidato con la cessione di credito infragruppo (v. n. 37355 e s.) (Circ. AE 18 luglio 2005 n. 35/E).
Il trasferimento deve essere **segnalato in dichiarazione** (quadro CK). La **mancata o incompleta indicazione** non determina l'inefficacia della cessione, ma una sanzione di € 2.065 (art. 43 ter c. 2 bis DPR 602/73, Circ. AE 28 settembre 2012 n. 38/E).

> **Precisazioni 1)** Le eccedenze di IRES, **trasferite ad altre società del gruppo** (CDTE o meno) con la cessione infragruppo di cui al n. 37355 e s., possono essere ulteriormente cedute solo al consolidato (Ris. AE 19 ottobre 2005 n. 147/E).
> **2)** Il trasferimento dell'eccedenza a favore di una **controllata neocostituita**, per effetto del conferimento di un ramo d'azienda della controllante, può essere effettuato, anche se non è rispettato il requisito dell'ininterrotto possesso della partecipazione dall'inizio del periodo precedente a quello cui tali eccedenze sono emerse (Ris. AE 6 dicembre 2007 n. 355/E).

27490 **Deduzione per investimenti in start-up innovative** (art. 4 c. 5 DM 25 febbraio 2016) La partecipante che finanzia, mediante apporto di capitale, una start-up innovativa può usufruire della **apposita deduzione** (v. n. 38500) dal proprio imponibile IRES, fino a capienza dello stesso.
Se si generano **eccedenze durante il periodo di validità dell'opzione**, queste possono essere trasferite per essere dedotte dal reddito di gruppo, fino a concorrenza dello stesso. L'ulteriore eventuale **importo che non trova capienza** nel reddito complessivo di gruppo, resta nella disponibilità della singola partecipante come eccedenza deducibile dal proprio reddito, nei periodi di imposta successivi, ma non oltre il terzo e per la parte che non trova capienza in esso, per un nuovo trasferimento a favore del gruppo (Circ. AE 11 giugno 2014 n. 16/E).
Se le **eccedenze** si sono **generate prima** dell'opzione, non sono attribuibili al gruppo, ma sono ammesse in deduzione esclusivamente dal reddito delle singole partecipanti che le hanno generate.

27495 **ECCEDENZE DIVERSE DALL'IRES** (art. 7 c. 1 lett. b DM 1° marzo 2018, Circ. AE 20 dicembre 2004 n. 53/E) Tutti i crediti utilizzabili in compensazione e le eccedenze d'imposta diversi dall'IRES (IVA, IRAP, ecc.) di competenza dei partecipanti al consolidato **possono essere ceduti** alla CDNTE, ai fini della compensazione «orizzontale» nei limiti dell'importo dovuto per l'imposta di gruppo. La cessione va segnalata in dichiarazione (quadro NX; in caso di mancata o incompleta indicazione, le conseguenze sono le medesime di cui al n. 27487).

In ogni caso, l'**importo trasferibile** singolarmente non può eccedere (Circ. AE 20 dicembre 2004 n. 53/E):
- per le **eccedenze d'imposta** diverse dall'IRES, il limite annuo di cui al n. 37240;
- per i **crediti** derivanti da **agevolazioni**, indicati nel quadro RU del Mod. SC, il limite annuo di € 250.000. L'ammontare eccedente tale soglia può essere interamente ceduto a favore del consolidato, a partire dal terzo anno successivo a quello in cui si genera tale eccedenza (v. n. 37965) (art. 3 c. 15 L. 244/2007).

Il trasferimento da parte di un partecipante al consolidato di crediti d'imposta derivanti da interventi di **risparmio energetico** o **antisismici**, acquisiti dagli originari beneficiari (v. n. 1668), non è soggetto al limite di cui al n. 37240 (Risp. AE 2 marzo 2021 n. 133).

In **pratica**, ogni soggetto che effettua il trasferimento deve verificare che il limite indicato non venga superato con riguardo alle proprie eccedenze e crediti, considerando anche gli eventuali utilizzi fatti in proprio per altre compensazioni. La CDNTE può invece utilizzare le eccedenze e i crediti così ricevuti per compensarli con l'IRES di gruppo, anche oltre il limite indicato, in quanto la verifica di esso va effettuata sulla singola CDTA (Circ. AE 18 luglio 2005 n. 35/E).

La CDNTE **compila** il modello F24 con la compensazione, indicando nel campo «codice identificativo» «61» e nella sezione «Contribuente» i propri dati. Nel campo «CODICE FISCALE del coobbligato, erede, genitore, tutore o curatore fallimentare» va indicato il codice fiscale della partecipante che ha ceduto il credito; se un credito dello stesso tipo (es. credito IVA) è stato **ceduto da più soggetti**, in quest'ultimo campo va indicato il codice fiscale del soggetto che ha ceduto l'ammontare del credito più elevato (Ris. AE 22 dicembre 2009 n. 286/E).

ESEMPIO

La società A (consolidante) ha liquidato l'IRES di gruppo, in misura pari ad € 400.000, a titolo di saldo e di acconto. La società B (consolidata) ha i seguenti crediti d'imposta:
- un credito IVA iniziale pari a € 1.200.000 (di cui € 100.000 utilizzati in compensazione «verticale» ed € 200.000 utilizzati in compensazione «orizzontale»). Conseguentemente, il credito IVA residuo è pari a € 900.000, di cui tuttavia può essere ceduto ad A solo l'importo che risulta dalla differenza tra il massimale utilizzabile in compensazione (1.000.000) e l'importo già utilizzato in compensazione da B (200.000). L'importo trasferibile è quindi pari a € 800.000;
- un credito per investimenti nelle aree svantaggiate iniziale pari a € 650.000 (di cui ha già utilizzato € 100.000), con un conseguente credito residuo pari a € 550.000, trasferibile però al consolidato per € 150.000 (250.000 – 100.000).

Benché l'importo totale del credito residuo di B potenzialmente trasferibile ammonti ad € 950.000 (800.000 + 150.000), esso non può essere trasferito integralmente, ma solo nei limiti dell'IRES complessivamente dovuta da A, pari ad € 400.000 (Circ. AE 20 dicembre 2004 n. 53/E).

CREDITO PER IMPOSTE PAGATE ALL'ESTERO (art. 118 c. 1 bis DPR 917/86, artt. 7 c. 1 lett. c e 9 c. 4 DM 1° marzo 2018) La **determinazione** del credito spetta alla CDNTE, le CDTE devono unicamente indicare nella propria dichiarazione il reddito prodotto all'estero e l'imposta estera pagata e trasmettere tali dati alla CDNTE. La CDNTE, in sede di dichiarazione consolidata, determina l'ammontare del credito secondo le disposizioni di cui al n. 95090 e s., con le seguenti **particolarità**: 27505
- assume come reddito complessivo il reddito globale del gruppo consolidato, al netto delle perdite di precedenti periodi d'imposta ammesse in diminuzione;
- assume come imposta italiana l'imposta dovuta dal gruppo;
- calcola la quota di imposta italiana (fino a concorrenza della quale è accreditabile l'imposta estera) separatamente per ciascun soggetto partecipante al consolidato e per ciascuno Stato estero di produzione.

In caso di **interruzione/revoca** del consolidato, il diritto al riporto in avanti o all'indietro dell'eventuale eccedenza d'imposta (italiana o estera) spetta esclusivamente ai soggetti che hanno prodotto i redditi all'estero, non alla CDNTE.

Credito d'imposta per utili e plusvalenze da paradisi fiscali (art. 3 D.Lgs. 147/2015) Al soggetto residente, o ad una propria controllata, che controllino società residenti in Paesi black list, spetta un credito d'imposta, **se è dimostrata l'esimente** dell'effettivo svolgimento di attività industriale o commerciale della partecipata black list. 27510

Il credito spetta:
- in ragione delle imposte assolte dalla società partecipata sugli utili maturati durante il periodo di possesso della partecipazione;
- in proporzione agli utili conseguiti;
- nei limiti dell'imposta italiana relativa a tali utili.

Analogo credito spetta per la **plusvalenza** da cessione della partecipazione in ragione delle imposte assolte dalla partecipata sugli utili maturati durante il periodo di possesso, in proporzione delle partecipazioni cedute e nei limiti dell'imposta italiana relativa alle plusvalenze realizzate.

La **determinazione** del credito d'imposta va eseguita distintamente per ciascun soggetto partecipante al consolidato, con riferimento a ciascuna controllata estera e al singolo periodo d'imposta di conseguimento dell'utile o di realizzo della plusvalenza. A tale scopo, nel **Modello CNM** sono stati inseriti appositi righi nel quadro NR e NE.

27515 **ECCEDENZA ACE** (art. 6 DM 3 agosto 2017, Circ. AE 3 giugno 2015 n. 21/E) L'importo della deduzione «ACE» è **calcolato** autonomamente da ciascuna società partecipante ed è utilizzato dalla stessa fino a concorrenza del proprio reddito complessivo netto con le modalità ordinarie illustrate al n. 25943 e s. (indicandola nel rigo GN6 del proprio Mod. SC), facendo particolare attenzione alla disciplina antielusiva specifica per i gruppi societari illustrata al n. 25965.
Le eventuali **eccedenze** di periodo possono essere portate in diminuzione del reddito consolidato **fino a concorrenza** dello stesso (indicandole nel rigo GN22 del proprio Mod. SC; nel rigo NX74 del Mod. CNM va indicata la quota trasferita dalla CDNTE, mentre nei righi da NX75 a NX79 quella trasferita da ciascuna CDTA; le corrispondenti deduzioni vanno poi indicate nel rigo CN4, colonna 3). Le eccedenze **non trasferite** in presenza di reddito di **gruppo capiente** non possono essere riportate nei periodi successivi (Circ. AE 23 maggio 2014 n. 12/E).
L'eccedenza che non trova capienza a livello di gruppo ritorna in capo alla consolidata che può utilizzarla nei periodi d'imposta successivi oppure trasformata in credito d'imposta IRAP (utilizzabile con le modalità illustrate al n. 25974).
In presenza di crediti d'imposta in scadenza e/o di perdite pregresse e di eccedenze ACE è possibile utilizzare prioritariamente le perdite ed i crediti d'imposta rispetto all'ACE, usufruendo della facoltà di riportare l'eccedenza eventualmente non trasferita nel gruppo per incapienza in capo alla consolidata nei periodi di imposta successivi, ferma restando la possibilità di utilizzare la stessa come credito d'imposta IRAP. Tale principio trova applicazione anche in assenza di perdite pregresse (Princ. Dir. 23 marzo 2021 n. 7, Risp. AE 26 luglio 2022 n. 391).

L'eccedenza di ACE generatasi **prima dell'opzione** per il consolidato non è attribuibile al gruppo e può esser utilizzata in deduzione dal reddito complessivo netto dichiarato dalla singola società negli esercizi futuri se non trasformata in credito d'imposta IRAP.

d. Dichiarazioni annuali e versamenti

27535 **DICHIARAZIONI ANNUALI** (artt. 121 c. 1 lett. a e 122 c. 1 DPR 917/86, art. 7 c. 1 lett. a DM 1° marzo 2018) Le dichiarazioni dei redditi vengono presentate, nei modi e secondo le scadenze ordinarie (v. n. 26300), da ciascun partecipante al consolidato e dalla CDNTE per conto del gruppo, con le particolarità riassunte in **tabella**.

Il **controllo delle dichiarazioni** individuali è demandato all'ufficio dell'AE competente alla data in cui le stesse sono state presentate; allo stesso modo, il controllo della dichiarazione consolidata è demandato all'ufficio dell'AE competente nei confronti della CDNTE alla data in cui è stata presentata (art. 40 bis DPR 600/73).

Tipologia	Descrizione
Dichiarazione individuale (di CDNTE e CDTE)	– è compilata in ogni sua parte **(1)** salvo il quadro RN, sostituito dal quadro GN nel quale sono indicati i dati da trasferire al consolidato (modello CNM);
	– include i dati di ritenute, detrazioni e crediti d'imposta, degli acconti autonomamente versati e dei componenti negativi di reddito dedotti extracontabilmente (v. n. 22750);
	– non include la liquidazione del credito per imposte estere, i cui dati sono trasmessi alla CDNTE per il calcolo consolidato;
	– il quadro RF include, oltre alle variazioni in aumento e diminuzione del reddito d'impresa, l'indicazione degli interessi passivi indeducibili e dell'eccedenza di ROL trasferiti al consolidato.

Tipologia	Descrizione
Dichiarazione consolidata, modello CNM (del gruppo) **(2)**	è compilata dalla CDNTE, con particolare attenzione alla rettifica relativa agli interessi passivi, nonché all'utilizzo delle perdite fiscali e delle eccedenze e dei crediti d'imposta.

(1) Se alla determinazione del reddito concorrono **costi parametrati** ad alcune tipologie di spese sostenute (es. oneri di utilità sociale - v. n. 23435) o a valori dell'attivo o del passivo di bilancio, ciascuna CDTA determina l'ammontare di tali costi con riferimento alle risultanze della propria dichiarazione, senza tenere conto degli effetti del consolidato. Viceversa, le **detrazioni per erogazioni liberali** a favore di partiti o movimenti politici (art. 78 DPR 917/86) devono essere commisurate all'imposta dovuta a livello consolidato (Circ. AE 20 dicembre 2004 n. 53/E).

(2) In caso di **omessa presentazione**, la tassazione consolidata non si interrompe e il reddito di gruppo viene determinato d'ufficio in base ai dati esposti nelle dichiarazioni individuali delle società partecipanti, comunque tempestivamente presentate. Tuttavia, in caso di risultato complessivo negativo (perdita fiscale di gruppo) viene meno la riportabilità, agli esercizi successivi, della perdita risultante dalle operazioni di consolidamento (Ris. AE 12 luglio 2007 n. 168/E).

VERSAMENTI (art. 118 c. 3 DPR 917/86) Durante il periodo di validità del consolidato, gli obblighi di versamento (saldo e acconto) competono esclusivamente alla CDNTE, sulla base della dichiarazione consolidata, secondo le regole ordinarie. Modalità particolari sono previste per la determinazione dell'acconto dovuto per il primo esercizio di validità dell'opzione e in caso di interruzione o revoca. 27545

In caso di esercizio dell'opzione per il c.d. **consolidato orizzontale fra sorelle** (v. n. 27074) alla controllata designata competono tutti gli obblighi di versamento, anche a titolo d'acconto. Se gli acconti sono stati versati, in tutto o in parte, separatamente dai soggetti partecipanti alla tassazione di gruppo, le sanzioni sono applicate alla designata CDNTE se l'importo dei versamenti complessivamente eseguiti risulta insufficiente (Provv. AE 6 novembre 2015 punto 7.4).

Modalità particolari di determinazione dell'acconto	
primo esercizio di validità dell'opzione (art. 6 DM 1° marzo 2018 e Circ. AE 20 dicembre 2004 n. 53/E) **(1)**	È calcolato dalla CDNTE come se il regime consolidato fosse operante sin dal precedente esercizio, cioè facendo riferimento all'imposta (al netto delle detrazioni, dei crediti d'imposta e delle ritenute d'acconto) corrispondente alla somma algebrica dei redditi relativi al periodo precedente dichiarati dalle singole CDTE, senza però tener conto dell'eventuale «rettifica di consolidamento». Rimane possibile calcolare l'acconto secondo il metodo previsionale (v. n. 37135).
interruzione del consolidato (art. 124 c. 2 e 3 DPR 917/86)	Entro i successivi 30 giorni: – la **CDNTE** ricalcola l'acconto complessivamente dovuto per i soggetti che rimangono nel consolidato: se il versamento effettuato è inferiore a quello dovuto, provvede ad un versamento integrativo; se invece è superiore, può attribuire (in tutto o in parte) i versamenti eccedenti alla CDTA nei cui confronti si sia verificata la causa di interruzione/decadenza. In ogni caso, l'attribuzione avviene secondo le modalità ordinariamente previste per la cessione delle eccedenze nell'ambito dei gruppi (v. n. 37355); – la **CDTA uscente** ricalcola l'acconto dovuto in base al proprio reddito individuale precedentemente comunicato alla CDNTE ed eventualmente effettua il versamento integrativo.
revoca del consolidato (art. 125 DPR 917/86)	Ciascuna società singolarmente considerata calcola l'acconto in base al proprio reddito individuale precedentemente comunicato alla CDNTE.

(1) Se le CDTE hanno **versato separatamente l'acconto** (o la prima rata) **prima** della comunicazione dell'opzione all'AE, le eventuali sanzioni per insufficiente versamento (considerando la totalità dei versamenti eseguiti) sono applicate (Circ. AE 20 dicembre 2004 n. 53/E):
– alla CDNTE, senza possibilità di avvalersi della responsabilità solidale delle CDTE per omesso versamento, se l'acconto è stato calcolato secondo il metodo «storico»;
– solo ai soggetti cui gli stessi si riferiscono, se l'acconto è stato calcolato secondo il metodo «previsionale».

Violazioni amministrative (art. 127 DPR 917/86 e Circ. AE 31 ottobre 2007 n. 60/E) La CDNTE è responsabile in via esclusiva per le violazioni degli **obblighi** connessi alla **determinazione** del reddito consolidato. È, invece, responsabile in via principale per le violazioni che riguardano: 27550
- le **maggiori imposte** (e relativi interessi) relative al reddito consolidato;
- le somme dovute a seguito dell'attività di liquidazione sulla dichiarazione dei redditi del consolidato o di controllo formale sulle dichiarazioni dei redditi individuali delle CDTE.

Ciascuna CDTA è responsabile in via solidale, rispettivamente, nei limiti della maggiore imposta (e interessi) relativa al reddito consolidato derivante dalla rettifica operata sul proprio reddito individuale e nei limiti delle somme dovute in relazione alla dichiarazione del consolidato derivanti dalle rettifiche o dalle attività di controllo formale operate sulla propria dichiarazione individuale (per le correlate sanzioni, invece, è responsabile in via principale la CDTA e in via solidale la CDNTE).

Le **rettifiche del reddito** proprio **di ciascun partecipante** sono effettuate con unico atto e CDNTE e CDTA sono litisconsorzi necessari (art. 40 bis DPR 600/73). Per l'**utilizzo delle perdite di periodo** a scomputo dei maggiori imponibili accertati, v. n. 27440.

27555 **Competenza del tribunale per violazioni penali** In caso di **delitti in materia di dichiarazione** commessi da più società appartenenti al medesimo gruppo, che ha optato per il consolidato fiscale, competente a decidere sulle sanzioni penali da infliggere è il Tribunale del luogo in cui è stata presentata la dichiarazione consolidata in cui sono confluite le condotte illecite commesse nelle dichiarazioni individuali delle società partecipanti (Cass. pen. 25 ottobre 2013 n. 43899).

D. Cessazione del regime

27625 Il consolidato può cessare:
– nel corso del triennio può verificarsi l'**interruzione anticipata**, nei confronti di tutti o solo di alcuni partecipanti, nei casi indicati in **tabella**;
– allo scadere del triennio in caso di **revoca** (v. n. 27635).
In entrambi i casi, **entro** 30 giorni, la CDNTE deve **trasmettere** telematicamente all'AE la revoca o l'interruzione tramite apposito software «Regimi opzionali» (Provv. AE 17 dicembre 2015 n. 161213).

Eventi che comportano l'interruzione anticipata (artt. 124 c. 1 e 126 c. 1 e 2 DPR 917/86 e art. 13 DM 1° marzo 2018)	**Decorrenza**
1. **Perdita** del requisito del **controllo** prima del triennio di validità	Nell'esercizio in cui si realizza l'evento
2. Fruizione di un'**aliquota IRES ridotta** da parte della CDNTE e/o della CDTA	
3. Esercizio dell'opzione da parte della CDNTE per un **nuovo consolidato** in qualità di CDTA **(1)**	
4. Alcune operazioni di **riorganizzazione societaria** (per il dettaglio si veda la tabella n. 27705)	
5. **Fallimento**, **liquidazione coatta amministrativa** o **amministrazione straordinaria** delle grandi imprese in stato di insolvenza (se finalizzata alla liquidazione e cessazione dell'attività) riguardanti la CDNTE e/o la CDTA	Nell'esercizio in cui interviene la dichiarazione di fallimento, il provvedimento che ordina la liquidazione coatta amministrativa o dispone l'amministrazione straordinaria (Circ. AE 20 dicembre 2004 n. 53/E)
6. **Liquidazione giudiziale**	Dall'inizio dell'esercizio nel corso del quale è disposta l'operazione

(1) Se tutte le CDTE del precedente consolidato optano per il nuovo con la neo-CDNTE nel medesimo esercizio, non si producono conseguenze, salvo le eventuali residue perdite, da considerare ante consolidato e riattribuire ai partecipanti (art. 13 c. 5 DM 1° marzo 2018).

27635 **REVOCA** (art. 125 DPR 917/86) Allo scadere del triennio, in caso di revoca la **CDNTE** deve:
1) destinare le **perdite residue** secondo le modalità prestabilite (v. n. 27455), dando indicazione, nella comunicazione della revoca, dell'importo attribuito alle partecipanti, ripartito in base all'utilizzabilità (limitata o piena) dello stesso;
2) effettuare una variazione in aumento del reddito consolidato per la residua differenza tra

valore di libro e quello fiscalmente riconosciuto dei **beni trasferiti in neutralità fiscale** (senza possibilità di optare per la rateizzazione della plusvalenza, Ris. AE 25 agosto 2009 n. 236/E).
Ciascuna partecipante (controllante e controllate) deve calcolare singolarmente gli **acconti** con riferimento ai redditi propri come illustrato al n. 27545.
I **crediti** chiesti a rimborso e le **eccedenze IRES** risultanti dall'ultima dichiarazione, restano nella disponibilità della CDNTE, salvo quanto previsto per l'acconto.

INTERRUZIONE ANTICIPATA (art. 124 DPR 917/86) In caso di interruzione nel corso del triennio, si verificano le stesse conseguenze illustrate sopra salvo che: **27645**
– la CDNTE effettua la variazione in aumento del reddito consolidato di cui al punto 2), solo se il consolidato è venuto meno nei confronti della cedente o cessionaria del bene trasferito;
– la CDNTE integra gli acconti versati o ne attribuisce le eccedenze alla CDTA uscente (che ricalcola l'acconto singolarmente).

E. Disconoscimento della validità del consolidato

(Circ. AE 21 febbraio 2014 n. 3/E)

L'AF può **contestare** la validità del consolidato **fin dall'origine o** la sua **interruzione per tutte** le società partecipanti. **27650**
In tal caso, gli Uffici competenti rettificano le dichiarazioni individuali presentate da ciascuna partecipante, con riferimento ai periodi d'imposta interessati, facendo emergere l'imposta dovuta da ciascuna.
L'**avviso di accertamento** che viene notificato a ciascuna società **contiene**:
– le motivazioni alla base del disconoscimento;
– il calcolo per la determinazione dell'imposta netta dovuta (base imponibile del reddito trasferito alla CDNTE moltiplicata per l'aliquota vigente nel periodo d'imposta accertato, diminuita, nei limiti dell'imposta lorda, delle eventuali detrazioni trasferite al consolidato);
– la sanzione per omesso versamento (che può essere richiesta con separato atto di contestazione).
La **definizione della pretesa**, da concordare solo mediante accertamento con adesione, comporta l'attribuzione, **su richiesta di tutti** i partecipanti, degli eventuali versamenti già eseguiti dalla CDNTE, a scomputo dall'imposta accertata in capo alle CDTE. In tal caso, la CDNTE deve comunicare agli Uffici i relativi criteri di attribuzione e tutte le partecipanti devono definire le pretese, accettando i suddetti criteri.

> Se la partecipante avesse trasferito una **perdita**, le verrebbe applicata solo la sanzione formale per errata compilazione della dichiarazione, con apposito atto di contestazione.

ACCERTAMENTO CON ADESIONE La rideterminazione dell'imposta dovuta a seguito di accertamento con adesione prevede: **27655**
1) l'individuazione della **quota di versamenti eseguiti dalla CDNTE** in F24, anche mediante compensazione orizzontale di crediti d'imposta, **attribuibili alle singole partecipanti**: tale riconoscimento compete solo nei limiti previsti, in generale, per le cessioni di crediti infragruppo, al di fuori del consolidato fiscale;

ESEMPIO
Possono quindi essere riconosciuti in capo alle società accertate i crediti che, benché ceduti a favore del consolidato fiscale, avrebbero comunque potuto formare oggetto di cessione alla controllante in base all'apposita norma (art. 43 ter DPR 602/73, v. n. 37355). Viceversa, i versamenti effettuati mediante compensazione con crediti IVA trasferiti secondo le regole del consolidato fiscale non sono riconosciuti.

2) la **formalizzazione**, da parte della CDNTE, dei **criteri di attribuzione** dei versamenti **e il calcolo dell'imposta** oggetto di definizione: la CDNTE deve dichiarare in atti di non essere legittimata all'utilizzo o al rimborso. L'imposta dovuta, cioè quella non versata, risulta dalla differenza tra l'imposta accertata e i versamenti attribuiti alla società debitrice secondo i criteri così formalizzati.
Sull'imposta definita sono poi rideterminati i relativi **interessi e** la **sanzione** per omesso versamento.

27660 **RIATTRIBUZIONE ELEMENTI TRASFERITI AL CONSOLIDATO** Possono essere riconosciuti ai partecipanti sia se non ancora utilizzati, sia se già utilizzati in maniera non valida (a causa del disconoscimento del regime).
Il riconoscimento di **perdite**, **eccedenze d'imposta**, **interessi passivi**, **ROL**, **crediti** avviene a **condizione** che le somme dovute divengano definitive a seguito della definizione stessa, con **apposita separata comunicazione** per ogni partecipante cui spettino che li richieda.
L'Ufficio informa la società che deve dare evidenza degli elementi riattribuiti mediante **presentazione di una dichiarazione integrativa**.
Nella dichiarazione integrativa **dovrà essere compilato** il prospetto previsto per la correzione degli errori contabili (**quadro RS**) in modo da riliquidare subito l'annualità cui l'elemento riattribuito si riferisce e i successivi periodi d'imposta.

F. Operazioni di riorganizzazione

27705 Le operazioni di riorganizzazione (fusioni, scissioni, conferimenti, ecc.) **che coinvolgono società partecipanti** al consolidato, possono comportarne l'interruzione o la continuazione, quest'ultima soggetta o meno ad istanza di interpello (art. 13 c. 2 DM 1° marzo 2018).
L'**interruzione** determina le conseguenze illustrate al n. 27645.
La **continuazione**, che richiede la persistenza dei requisiti per l'ammissione al consolidato (v. n. 27065 e s.), comporta che le **limitazioni al riporto delle perdite** previste in caso di fusione (v. n. 91580 e s.) o scissione (v. n. 92045) si applichino, per le società:
– **partecipanti** al consolidato solo alle perdite conseguite in periodi anteriori al consolidato;
– **non partecipanti** (prima della riorganizzazione) per tutte le proprie perdite (Circ. AE 9 marzo 2010 n. 9/E, Ris. AE 6 luglio 2009 n. 174/E e Ris. AE 20 marzo 2008 n. 103/E).
Diverso è stato considerato il caso di una società costituita come **veicolo** per la **quotazione** in borsa di una società industriale CDNTE, tramite acquisizione ed incorporazione di quest'ultima. In tal caso, non essendo l'incorporante dotata di una operatività propria, non si determina né interruzione del consolidato né riattribuzione delle perdite (Ris. AE 2 febbraio 2018 n. 13/E).
Per gli **interessi passivi indeducibili** le limitazioni previste per il riporto delle perdite di cui al n. 91580 valgono anche in caso di continuazione (Ris. AE 12 aprile 2011 n. 42/E).
Per le fusioni (anche inverse) **retrodatate** all'inizio del periodo d'imposta, l'eventuale perdita del periodo intermedio è considerata perdita pregressa (Ris. AE 9 aprile 2008 n. 139/E, Ris. AE 19 giugno 2008 n. 251/E).
Nelle **tabelle** seguenti sono analizzate le operazioni più frequenti con i relativi effetti sul consolidato.

27710

	Effetti sul consolidato	Riferimenti
Fusione (o incorporazione)		
• di CDTA con (o in) società esterna al consolidato	interruzione	art. 124 c. 5 DPR 917/86 e art. 13 c. 1 lett. f DM 1° marzo 2018
• tra CDNTE e CDTA/E	continuazione con le altre CDTE **(1)**	art. 11 c. 2 DM 1° marzo 2018
• della CDNTE con (o in) società esterna al consolidato	continuazione **(2)**	art. 124 c. 5 DPR 917/86
• fra società CDTE	continuazione **(3)**	art. 11 c. 1 DM 1° marzo 2018
Incorporazione di società esterna in una partecipante **(4)**	continuazione	art. 11 c. 3 DM 1° marzo 2018 e Ris. AE 20 marzo 2008 n. 103/E
Fusione «inversa» della CDNTE in una CDTA	continuazione	art. 11 c. 2 DM 1° marzo 2018
Scissione		
• **totale o parziale** di CDTA senza modifica della compagine sociale **(5) (6)** • **parziale** della CDNTE **(7)**	continuazione	art. 11 c. 4, 6 DM 1° marzo 2018 Circ. AE 26 settembre 2016 n. 40/E
• **totale o parziale** di società, anche esterna, con beneficiaria CDTA	continuazione	art. 11 c. 5 DM 1° marzo 2018

	Effetti sul consolidato	Riferimenti
• **totale** della CDNTE	continuazione **(2)**	art. 13 c. 2 DM 1° marzo 2018
Conferimento effettuato da soggetti partecipanti al consolidato	continuazione **(8)**	art. 11 c. 8 DM 1° marzo 2018

(1) Se l'incorporazione avviene tra **società estere** che consolidano **tramite S.O. italiane**, il consolidato si interrompe tra le incorporande senza gli effetti di cui al 27645, e continua con le altre consolidate, a condizione che la fusione nello Stato estero abbia gli stessi effetti previsti dalla normativa italiana (estinzione dei soggetti senza liquidazione, successione universale in tutte le posizioni del soggetto estinto) (Risp. AE 23 gennaio 2023 n. 140).

(2) Previa dimostrazione della permanenza dei requisiti, anche in sede di verifica. La CDNTE può interpellare l'AE con le modalità illustrate al n. 80075 e s. **Entro** 30 giorni dalla risposta all'interpello la **conferma dell'opzione** va comunicata telematicamente all'AE con l'apposito modello, anche utilizzando l'apposito software «Regimi opzionali» (Provv. AE 17 dicembre 2015).

La CDNTE che intende continuare ad avvalersi della tassazione di gruppo e non ha presentato interpello o, avendolo presentato non ha ricevuto risposta positiva, deve segnalare la circostanza in dichiarazione dei redditi (art. 124 c. 5 bis DPR 917/86).

(3) Se gli **effetti fiscali** della fusione decorrono da una **data successiva a quella di inizio del periodo d'imposta**, la società incorporante o risultante dalla fusione comunica alla controllante il reddito dell'intero esercizio, somma di redditi e perdite delle società fuse di entrambi i periodi infrannuali (pre/post fusione). Si applicano le disposizioni previste per le fusioni, salvo per i versamenti. Ai fini del riporto delle perdite l'esercizio sociale in cui ha effetto la fusione è considerato un unico periodo d'imposta (art. 12 c. 1 lett. a DM 1° marzo 2018). In senso contrario v. n. 27425.

(4) Lo stesso vale nel caso di **fusione inversa** di una capogruppo esterna al consolidato, nella propria controllata che risulta CDNTE (Ris. AE 19 giugno 2008 n. 251/E).

(5) La **compagine sociale** che non deve subire modifiche per effetto dell'operazione deve essere analizzata con riferimento all'intera area di consolidamento, non solo quindi con riguardo alle società interessate (scissa e beneficiaria) (Ris. AE 30 marzo 2007 n. 65/E).

(6) Le **società beneficiarie** che si costituiscono per effetto della scissione si considerano partecipanti alla tassazione di gruppo per un periodo pari a quello residuo della società scissa, ancorché non esercitino l'opzione (art. 11 c. 4 DM 1° marzo 2018). Se gli **effetti fiscali** della scissione decorrono da una **data successiva a quella d'inizio del periodo d'imposta**, vale quanto detto per la fusione (v. nota 2) (art. 12 c. 1 lett. b DM 1° marzo 2018).

(7) Anche la società beneficiaria neocostituita secondo l'AE può dimostrare in sede di interpello (v. n. 80075 e s.) che l'operazione non ha effetti distorsivi sul consolidato ed ottenerne la continuazione (Circ. AE 26 settembre 2016 n. 40/E).

(8) Tuttavia, il conferimento della **S.O.** di una CDNTE non residente a favore di società residente non facente parte del consolidato comporta l'interruzione del regime con le conseguenze illustrate al n. 27645.

27715

	Effetti per il consolidato	Riferimenti
Trasformazione		
• «regressiva» della CDNTE e/o della CDTA, **da soggetta** ad IRES a non soggetta; • della CDTA o della CDNTE in un soggetto con natura giuridica non ammessa al consolidato (v. n. 27070)	interruzione	art. 13 c. 1 lett. b, c, d DM 1° marzo 2018
• della CDNTE e/o della CDTA **da non soggetta ad IRES** (v. n. 90950) o da **ente non commerciale** (v. n. 91150), a soggetto IRES	ammissione al consolidato dalla data di effetto della trasformazione, non oltre la scadenza per l'esercizio dell'opzione (v. n. 27210)	
Liquidazione volontaria della CDNTE o della CDTA	continuazione **(*)**	art. 11 c. 7 DM 1° marzo 2018
Trasferimento della sede		
• **all'estero**, della CDNTE o CDTA, con destinazione non ammessa (v. n. 27070 e s.)	interruzione	art. 13 c. 1 lett. e DM 1° marzo 2018
• **in Italia** di soggetti esteri L'eventuale **doppia residenza** che, in base a convenzione, venga risolta considerando la società fiscalmente estera comporta la decadenza dal consolidato con efficacia retroattiva	ammissione con: – maturazione dello status di residente fiscale italiano (v. n. 21045 e s.) – forma giuridica compatibile con consolidato (v. n. 27070 e s.)	art. 2 c. 1 e 2 DM 1° marzo 2018 Circ. AE 20 dicembre 2004 n. 53/E Ris. AE 12 agosto 2005 n. 123/E

(*) Se la liquidazione è effettuata **in corso d'esercizio** vale, ove compatibile, quanto detto per la fusione (v. tabella n. 27710 nota 2). Se la liquidazione **si protrae oltre** l'esercizio in cui ha avuto inizio, il risultato di ciascuno degli esercizi compresi nella liquidazione si considera in ogni caso definitivo (art. 12 c. 1 lett. c DM 1° marzo 2018).

CAPITOLO 2

Società di persone e associazioni commerciali

SOMMARIO

Il reddito prodotto dalle società di persone e assimilate e da altre forme associative, residenti, quali le imprese familiari e le aziende tra coniugi in comunione è attribuito a ciascun socio o partecipante e ivi tassato come reddito di partecipazione (così indicato dalla prassi amministrativa nei modelli di dichiarazione dei redditi). L'IRAP, se dovuta, è assolta dalla società/associazione. **34000**

> **Precisazioni** 1) Sono considerate **residenti** le società/associazioni che rispettano i requisiti previsti per le società di capitali (v. n. 21045 e s.).
> 2) Per i contratti di **associazione in partecipazione** e di **cointeressenza** si rinvia al capitolo sui redditi di capitale (v. n. 11145 e s.).

SEZIONE 1

Società di persone e assimilate

(art. 5 c. 1-3 DPR 917/86)

a. S.n.c. e s.a.s.

Nei paragrafi seguenti si illustrano le regole di determinazione, attribuzione e tassazione del reddito applicabili alle società in contabilità semplificata e a quelle in contabilità ordinaria. **34010**

DETERMINAZIONE DEL REDDITO **In generale**, il reddito va determinato con le regole del reddito d'impresa, come indicato in **tabella**. **34020**

Società in contabilità	Regole di determinazione del reddito (1)
Semplificata	Regole previste per l'imprenditore individuale (v. n. 5340 e s.)
Ordinaria	Sui **seguenti argomenti**, regole previste per l'imprenditore individuale: – periodo d'imposta (v. n. 5138); – tassazione utili da partecipazione percepiti (v. n. 5160); – perdite (v. n. 5220 e s.) **(2)**; – deduzione per incrementi del capitale proprio (c.d. ACE - v. n. 5170). Per l'attribuzione ai soci v. n. 34058; – deducibilità degli interessi passivi (v. n. 5185). Sul **resto**, regole previste per i soggetti IRES (v. n. 21185 e s.) ma non si applica il principio di derivazione «rafforzata» di cui al n. 21190 (Risp. AE Telefisco 1° febbraio 2018 n. 25)

(1) La società può fruire delle agevolazioni e dei crediti d'imposta trattati al n. 37950 e s., nonché della detrazione per spese di ristrutturazione indicate al n. 1520 e s.
(2) Se si verificano acquisizioni rilevanti di partecipazioni della società e variazioni dell'attività principale, il riporto delle perdite non è ammesso (v. n. 25940 e s.).

34025 Dalle regole del reddito d'impresa sono **escluse** le società:
– **agricole** che hanno optato per la determinazione del reddito su **base catastale** (v. n. 7190 e s.);
– costituite da imprenditori **agricoli** che hanno optato per la determinazione del reddito applicando ai ricavi il coefficiente di **redditività del 25%** (art. 1 c. 1094 L. 296/2006).

34030 **ATTRIBUZIONE AI SOCI** (art. 5 c. 1 e 2 DPR 917/86) In generale, l'utile o la perdita d'esercizio, i crediti d'imposta, le ritenute d'acconto e l'eccedenza ACE vanno attribuiti a **coloro** che risultano soci alla chiusura del **periodo** d'imposta, nello stesso periodo di produzione del reddito e indipendentemente dall'effettiva percezione, in proporzione alle quote di partecipazione detenute all'inizio del periodo d'imposta (c.d. principio di trasparenza).
Le **quote** devono risultare dall'atto costitutivo, da altra scrittura privata autenticata o da atto pubblico anteriore all'inizio del periodo d'imposta. In mancanza, si presumono proporzionate al valore dei conferimenti dei soci o, se questo non è indicato, si presumono uguali.
In caso di **variazione delle quote** durante l'anno decisa dai soci, questa ha effetto a partire dall'anno successivo (Istr. quadro RO sez. II campo 8 Mod. Redditi SP), anche se è dovuta al cambiamento di qualifica da socio d'opera a socio di capitale (Risp. AE 23 aprile 2020 n. 116).
In caso di variazione del **numero dei soci**, l'intero reddito è attribuito ai soci risultanti alla chiusura dell'esercizio (Istr. quadro RO sez. II campo 8 Mod. Redditi SP).

>**Precisazioni** 1) In caso di quote:
– detenute tramite **fiduciaria**, il reddito va attribuito al fiduciante persona fisica (Ris. AE 7 dicembre 2006 n. 136/E);
– su cui è stato costituito un diritto di **usufrutto**, il reddito va attribuito all'usufruttuario (Ris. AE 16 maggio 2006 n. 61/E).
2) L'attribuzione del reddito ai soci si riflette sul **costo delle partecipazioni** possedute (art. 68 c. 6 DPR 917/86 - v. n. 11163).

34035 In caso di **perdite di s.a.s. eccedenti** il **capitale sociale**, l'eccedenza è attribuita solo ai soci accomandatari (art. 8 c. 2 DPR 917/86, Ris. AE 4 ottobre 2001 n. 152/E).

ESEMPIO
Capitale sociale: € 100.000.
Quote di partecipazione assegnate:
– soci accomandanti: A (15%) e B (22%);
– soci accomandatari: C (30%) e D (33%).
La perdita, pari a € 150.000, va così ripartita:
a) entro il limite del capitale sociale (€ 100.000), a tutti i soci in base alle rispettive quote: socio A (€ 15.000), socio B (€ 22.000), socio C (€ 30.000), socio D (€ 33.000);
b) eccedenza (€ 50.000), solo ai soci accomandatari:
– socio C: 23.810, ottenuta come 50.000 : 63% (che è la quota di capitale detenuta dagli accomandatari) × 30% (quota di C);
– socio D: 26.190, ottenuta come 50.000 : 63% × 33%.

34050 La società deve rilasciare a ciascun socio un **prospetto** con cui questi può dichiarare il proprio reddito di partecipazione. Tale prospetto deve **contenere**, tra gli altri, i seguenti dati (v. Istr. Mod. Redditi):
– dati identificativi della società e del socio;
– quota di partecipazione del socio;
– ammontare complessivo dell'utile o della perdita e quota attribuita al socio;
– quota delle ritenute e dei crediti d'imposta spettanti;
– spese sostenute per: interventi di recupero del patrimonio edilizio e di riqualificazione energetica; adozione di misure antisismiche; acquisto di mobili ed elettrodomestici; interventi misti, energetici e/o antisismici (c.d. superbonus) (v. n. 1520 e s., n. 1628, n. 1641, n. 1700 e s.);
– ACE fruita dalla società e quota attribuita al socio.

TASSAZIONE (art. 8 DPR 917/86) L'**utile o** la **perdita** concorrono alla determinazione del reddito del socio con regole diverse, a seconda che questi sia o meno un imprenditore. 34055

Socio		Tassazione – Utile	Tassazione – Perdita
non imprenditore		concorre al reddito complessivo per trasparenza	– deducibile solo da altri redditi di partecipazione conseguiti nell'anno – eccedenza riportabile per compensarla con redditi della stessa categoria (se la società è in contabilità ordinaria, v. n. 5220 e s.; se è in contabilità semplificata, v. n. 5380)
imprenditore	**persona fisica**	concorre al reddito d'impresa	deducibile con le regole illustrate per i non imprenditori
	società IRES		concorre al reddito d'impresa e l'eccedenza riduce gli utili attribuiti nei periodi d'imposta successivi (art. 101 c. 6 DPR 917/86)

I **crediti d'imposta** e le **ritenute** d'acconto che **residuano dopo** lo **scomputo** dal debito IRPEF dei soci, possono essere riattribuiti alla società, che può utilizzarli in compensazione (cod. tributo 6830), previo assenso dei soci. L'**assenso** deve risultare da un apposito atto avente data certa (es. scrittura privata autenticata o PEC) o dall'atto costitutivo e può essere revocato con le stesse modalità. 34057
Una volta che il credito è stato utilizzato in compensazione, eventuali importi residui non possono più essere ritrasferiti ai soci (Circ. AE 23 dicembre 2009 n. 56/E e Circ. AE 3 giugno 2010 n. 29/E).

Se la società utilizza l'agevolazione **ACE** in deduzione dal proprio reddito netto, la parte eventualmente eccedente è attribuita proporzionalmente a ciascun socio, che la può utilizzare a riduzione degli ulteriori redditi d'impresa da lui conseguiti con le modalità indicate al n. 5175. 34058
In alternativa, può essere utilizzata direttamente dalla società in compensazione dell'IRAP, sotto forma di credito d'imposta, fino a concorrenza dell'IRAP di periodo dovuta dalla stessa (art. 7 DM 3 agosto 2017 - per la modalità di utilizzo v. tabella n. 25974). Tale credito si determina applicando alla quota di eccedenza ACE le aliquote corrispondenti agli scaglioni IRPEF senza tener conto del numero dei soci o delle eventuali aliquote marginali degli stessi.
Infine, su richiesta dell'impresa, l'eccedenza ACE può essere riconosciuta anche a scomputo del maggior imponibile accertato in sede **accertamento con adesione** (v. n. 88018 precisazione 1).

CESSIONE DI QUOTE L'eventuale **plusvalenza** è tassata come reddito diverso (v. n. 11005 e s.) o, se i soci sono imprenditori, come reddito d'impresa (v. n. 24610). 34060

RIDUZIONE DI CAPITALE (artt. 17 c. 1 lett. l, c. 2-3 e 20 bis DPR 917/86, Ris. AE 25 febbraio 2008 n. 64/E) In caso di **morte**, **esclusione** o **recesso** del socio e negli altri casi di riduzione del capitale, le somme o il valore normale dei beni attribuiti ai soci o agli eredi sono costituite da **due componenti**: 34065
– una riferibile alla quota di patrimonio netto spettante al socio, costituita dal **rimborso** della quota di capitale sociale versato dal socio e dalla distribuzione delle riserve;
– una relativa al riconoscimento dell'eventuale maggior valore economico del complesso aziendale (dato da plusvalori latenti, avviamento e utili in corso di formazione) (c.d. «**differenza da recesso**»). Per la **società**, la «differenza da recesso» è deducibile nell'esercizio in cui sorge il diritto alla liquidazione della quota in capo al socio.

Per il **socio**, le somme o il valore normale dei beni ricevuti costituiscono **reddito di partecipazione** per la parte eccedente il costo fiscalmente riconosciuto delle quote annullate, soggetta di regola a tassazione ordinaria, salvo alcuni casi in cui si applica la tassazione separata (v. n. 3370 e s.). 34070

Se la **società si scioglie** perché viene meno la pluralità dei soci e il **socio superstite** continua l'attività in forma individuale, non si realizzano plusvalenze imponibili, a condizione che la 34075 continuazione avvenga mantenendo inalterati i valori precedentemente iscritti nel bilancio della società (Circ. AE 19 giugno 2002 n. 54/E e Ris. AE 30 luglio 2008 n. 329/E).

L'**assegnazione** del **patrimonio sociale** al socio superstite è soggetta a imposta di registro in misura fissa e, in presenza di immobili, anche a imposta ipotecaria e catastale in misura proporzionale (v. n. 72130).

b. Semplici

34090 Si illustrano le modalità di determinazione e attribuzione del reddito ai soci.
A parte sono trattati i **dividendi** corrisposti a società semplici, che si intendono percepiti direttamente dai soci (v. n. 34115).

34100 **DETERMINAZIONE DEL REDDITO** Le società semplici **possono produrre** redditi fondiari, di lavoro autonomo, di capitale e diversi, o essere socie, a loro volta, di società di persone.
Tali redditi devono essere **determinati** con le regole già illustrate per le persone fisiche nei rispettivi capitoli e quindi sommati per calcolare il reddito complessivo imponibile.

I **redditi esenti o** soggetti a **imposta sostitutiva o** a **ritenuta** d'imposta non concorrono al reddito complessivo imponibile (e alla relativa imputazione per trasparenza) e la successiva attribuzione non è tassata (Risp. AE 8 ottobre 2021 n. 689 e n. 691).

34105 **ATTRIBUZIONE AI SOCI** L'attribuzione del **reddito** avviene con le stesse regole previste per le s.n.c. (v. n. 34030 e s.).
Alcuni oneri sostenuti dalle società sono attribuiti direttamente ai soci i quali, a seconda dei casi, possono dedurli direttamente dal proprio reddito (art. 10 c. 3 DPR 917/86) o detrarli dall'imposta lorda (art. 15 c. 3 DPR 917/86), nella stessa proporzione prevista ai fini dell'imputazione del reddito (v. **tabella**).
Le eventuali **perdite** derivanti dall'attività di lavoro autonomo sono utilizzabili in compensazione con altri redditi, di qualsiasi natura, realizzati nello stesso anno. L'eventuale eccedenza non è riportabile.

Secondo l'AE, **non** è possibile applicare al reddito fondiario la **cedolare secca** (Provv. AE 7 aprile 2011 n. 55394 e Circ. AE 1° giugno 2011 n. 26/E).

34110

	Oneri	v. n.
deducibili	– indennità per perdita d'avviamento commerciale	1339
	– somme corrisposte ai dipendenti chiamati ad adempiere funzioni elettorali	1339
	– contributi e donazioni ai Paesi in via di sviluppo per un importo non superiore al 2% del reddito complessivo dichiarato	1325
detraibili	– spese sostenute su immobili residenziali per interventi di recupero edilizio e riqualificazione energetica; per adozione di misure antisismiche; per acquisto di mobili ed elettrodomestici; per interventi misti, energetici e/o antisismici (c.d. superbonus)	1520 e s., 1628, 1641, 1700 e s.
	– erogazioni liberali in denaro a favore di determinati organismi aventi finalità culturali, artistiche, di spettacolo o sociali (escluse quelle a partiti e movimenti politici)	2385
	– erogazioni liberali in denaro in favore di ONLUS, altre associazioni umanitarie e associazioni di promozione sociale, ecc.	2160
	– spese sostenute dai soggetti obbligati alla manutenzione, protezione o restauro dei beni vincolati	1594
	– interessi passivi e oneri accessori pagati a soggetti residenti in Italia o in uno Stato membro UE, in dipendenza di prestiti o mutui agrari di ogni specie	1870

34115 **DIVIDENDI CORRISPOSTI ALLA SOCIETÀ** (art. 32 quater DL 124/2019 conv. in L. 157/2019) I dividendi corrisposti alla società semplice si intendono **percepiti direttamente** dai soci, con applicazione del corrispondente regime fiscale (stessa regola in caso di somme/beni ricevuti a seguito di recesso, esclusione, liquidazione, riscatto di azioni o riduzione del capitale esuberante).

Nella **tabella** sono indicate le modalità di tassazione dei dividendi distribuiti da soggetti IRES residenti; se gli utili provengono da imprese o enti non residenti si rinvia a quanto detto ai n. 21905 e s. (socio percettore - società), e n. 12465 (socio percettore - persona fisica non imprenditore).

Soci percettori		Tassazione dividendi
residenti	società ed enti IRES	per il 5% del loro ammontare
	imprese individuali e società di persone commerciali	per il 58,14% del loro ammontare, nell'esercizio in cui sono percepiti
	persone fisiche non imprenditori	ritenuta a titolo d'imposta del 26% **(1) (2)**
	enti non commerciali	per il 100% del loro ammontare
non residenti	società ed enti soggetti a un'imposta sul reddito delle società in Paesi UE e SEE inclusi nell'elenco degli Stati collaborativi e ivi residenti	ritenuta a titolo d'imposta dell'1,20% **(1) (2)**
	soggetti diversi dai precedenti	ritenuta a titolo d'imposta del 26% **(1) (2) (3)**

(1) La ritenuta **è operata** sulla base delle informazioni fornite dalla società semplice.
(2) Sugli utili derivanti dalle azioni e strumenti finanziari similari, immessi nel sistema di **deposito accentrato** gestito da una società di gestione accentrata, è applicata un'imposta sostitutiva delle imposte sui redditi con la stessa aliquota. L'imposta sostitutiva è operata sulla base delle informazioni fornite dalla società semplice.
(3) Se più favorevoli, dovrebbero applicarsi le **Convenzioni** contro le **doppie imposizioni**.

c. Assimilate

Sono assimilate alle società di persone le società/associazioni indicate in **tabella**. 34120

Società/ associazioni	Definizione	Determinazione e tassazione del reddito	Fonti
Società di fatto	Si hanno quando due o più persone lavorano insieme utilizzando in comune beni e risorse economiche per realizzare e dividere gli utili, senza aver concluso tra loro un apposito contratto **(*)**	Se svolgono attività commerciale, si applicano le regole previste per le s.n.c. (v. n. 34020 e s.); negli altri casi, le regole previste per la società semplice (v. n. 34090 e s.)	Art. 5 c. 3 lett. b DPR 917/86
Società di armamento	Sono costituite dai comproprietari di una nave (o caratisti) mediante scrittura privata	Se vi è il consenso di tutti i comproprietari, questi sono equiparati ai soci delle s.n.c.; in caso contrario, a quelli delle s.a.s. (v. n. 34020 e s.)	Art. 278 c.nav., art. 5 c. 3 lett. a DPR 917/86
Associazioni professionali	V. n. 34140 e s.		Art. 5 c. 3 lett. c DPR 917/86

(*) Esempi:
– prosecuzione della gestione dell'impresa da parte degli eredi dell'imprenditore defunto, non meramente conservativa del patrimonio aziendale (Cass. 27 novembre 1979 n. 6211, CTC 5 giugno 1984 n. 6261);
– acquisto ad opera di due coniugi in regime di comunione legale di un'area fabbricabile, con successiva costruzione di un fabbricato poi rivenduto a terzi (CTC 8 novembre 1989 n. 6439).

ASSOCIAZIONI PROFESSIONALI (art. 5 c. 3 lett. c DPR 917/86) Sono **costituite da** più persone fisiche che si uniscono per esercitare professioni per le quali è richiesta l'iscrizione in albi o ordini professionali (c.d. studi associati - es. studi di avvocati, notai, commercialisti) o altre attività di lavoro autonomo per le quali non è richiesta una specifica abilitazione o autorizzazione. 34140

È possibile costituire un'associazione tra **professionisti con diversa specializzazione**, purché operanti nello stesso settore (giuridico, finanziario, edile, sanitario, ecc.) e in grado di effettuare autonomamente la prestazione richiesta. Pertanto, l'associazione cui partecipa, oltre a un medico, un tecnico radiologo non è ammessa (CTC 12 maggio 1982 n. 3178).

34143 Ai fini della **determinazione e tassazione del reddito**, si applicano le regole previste per le società semplici che svolgono attività di lavoro autonomo, con le particolarità indicate in **tabella**.

Determinazione del reddito	Si applicano le regole del regime analitico (v. n. 10040 e s.), ma in modo complessivo in relazione all'associazione. I costi relativi alla locazione finanziaria di un immobile strumentale sono deducibili a condizione che lo stesso risulti iscritto nei pubblici registri immobiliari a nome dei partecipanti dell'associazione (Risposta Interrogazione parlamentare 21 febbraio 2007 n. 5-00752). Le spese per uso comune dello studio sostenute da uno dei professionisti sono ripartite pro quota con gli altri, come da statuto, al lordo dell'IVA (Circ. AE 18 giugno 2001 n. 58/E)
Attribuzione ai soci	L'atto pubblico o la scrittura privata autenticata da cui risultano le quote di partecipazione può essere redatto fino alla data di presentazione della dichiarazione dei redditi
Dividendi distribuiti all'associazione professionale	Si applica quanto detto al n. 34115 per la società semplice, avendo riguardo agli associati che risultano tali al momento in cui viene effettuato il pagamento all'Associazione, in base alle quote di ripartizione individuate nella più recente scrittura notarile, comunicate dall'Associazione alla Società istante (Risp. AE 4 ottobre 2022 n. 486).
Recesso, esclusione o morte di un associato	L'indennità di recesso corrisposta all'associato o ai suoi eredi è soggetta a tassazione ordinaria o, se l'associazione è costituita da più di 5 anni, separata (Ris. AE 10 aprile 2008 n. 142/E). L'associato che recede non ha diritto allo scomputo delle ritenute alla fonte subite dall'associazione e relative all'importo ricevuto a seguito del recesso (Ris. Min. 24 maggio 1995 n. 127/E)
Scioglimento	Le somme liquidate in relazione a crediti professionali pendenti sono sempre soggetti a tassazione ordinaria (DRE Emilia Romagna 19 luglio 2000 n. 45090)
Trasformazione o conferimento in società tra professionisti s.a.s.	Secondo l'AE sono operazioni fiscalmente rilevanti (Risp. AE 12 dicembre 2018 n. 107): – in caso di trasformazione, si applicano le regole previste per la trasformazione di ente non commerciale (v. n. 91155). Pertanto, rilevano le plusvalenze realizzate mediante cessione a titolo oneroso di beni strumentali; per i beni diversi e i crediti, il corrispettivo è determinato in base al valore normale; – in caso di conferimento, il corrispettivo è determinato in base al valore normale. In ogni caso, il reddito prodotto dalla società tra professionisti s.a.s. è d'impresa (v. n. 10017)

SEZIONE 2

Altre forme associative

a. Imprese familiari

(art. 230 bis c.c. e art. 5 c. 4-5 DPR 917/86)

34150 Sono imprese individuali, in cui il titolare imprenditore è affiancato dall'opera di familiari collaboratori (d'ora in poi, familiari), ai quali è riconosciuta una quota degli utili in cambio della collaborazione.
I **familiari** che possono partecipare all'attività dell'impresa sono il coniuge, i parenti entro il terzo grado (es. figlio, genitore, zio) e gli affini entro il secondo grado (es. genero, cognato).
Le **imprese** familiari **possono svolgere** attività commerciali, industriali o agricole; è invece vietato lo svolgimento di attività bancarie, assicurative o professionali (es. medico, notaio, ecc. - Ris. Min. 13 dicembre 1986 n. 9/320).

Sono considerati coniugi anche le **parti** dell'**unione civile** (art. 1 c. 20 L. 76/2016) e i **conviventi di fatto** (Ris. AE 26 ottobre 2017 n. 134/E).

ATTO COSTITUTIVO Per l'esistenza dell'impresa familiare è necessario che venga redatto un atto costitutivo in **forma** di atto pubblico (cartaceo o informatico - art. 36 c. 1 ter DL 112/2008 conv. in L. 133/2008) o scrittura privata autenticata. Se è **posto in essere** contestualmente all'inizio dell'attività, l'impresa familiare ha efficacia immediata; altrimenti, dal periodo d'imposta successivo alla redazione (art. 5 c. 4 lett. a DPR 917/86 e Circ. Min. 17 maggio 2000 n. 98/E). 34155

Deve **contenere**:

- generalità del titolare e dei familiari;
- rapporto di **parentela o affinità** tra loro intercorrente;
- indicazione che le **quote** di partecipazione possono **annualmente variare** in proporzione alla quantità e qualità del lavoro effettivamente prestato in modo continuativo e prevalente dai familiari, con un **minimo** del 51% degli utili riservato al **titolare**.

Può avere **durata** annuale o valere fino a revoca. In tal caso, va integrato solo se ci sono **variazioni** nel numero dei familiari. Queste hanno efficacia, ai fini della ripartizione del reddito, dall'anno successivo alla modifica.

DETERMINAZIONE DEL REDDITO (art. 5 c. 4 DPR 917/86) Il reddito complessivo è determinato con le stesse regole previste per il reddito d'impresa, rispettivamente per il **regime** contabile ordinario (v. n. 5110 e s.) o semplificato (v. n. 5340 e s.). Se ne ricorrono le condizioni, è possibile adottare il regime forfettario previsto per le imprese di piccole dimensioni (v. n. 5580 e s.). 34160

In via ordinaria, i **compensi** erogati ai **familiari** non sono deducibili dal reddito d'impresa (art. 100 DPR 917/86).

Le imprese familiari possono usufruire dei **crediti d'imposta** e delle altre **agevolazioni** trattate al n. 37950 e s.

ATTRIBUZIONE L'**utile** va ripartito fra il titolare e i familiari in proporzione alle quote di partecipazione agli utili, nello stesso periodo d'imposta in cui è conseguito, indipendentemente da quanto effettivamente percepito. 34165

La **perdita** è attribuita al solo titolare, che la utilizza con regole diverse a seconda del regime contabile adottato dall'impresa (se in contabilità ordinaria, v. n. 5220 e s.; se in contabilità semplificata, v. n. 5380).

I **crediti d'imposta**, le **ritenute d'acconto** (v. n. 34057) e l'**ACE**, determinata con le modalità illustrate al n. 5170 e s. (Circ. AE 23 maggio 2014 n. 12/E), vanno attribuiti ai familiari nella stessa proporzione con cui sono attribuiti gli utili.

TASSAZIONE (art. 5 c. 4 lett. b, c DPR 917/86) La **quota di reddito** attribuita al **titolare** concorre alla formazione del suo reddito complessivo quale reddito d'impresa. 34175

Questi deve presentare la **dichiarazione** dei redditi in cui indica il reddito d'impresa e le quote di partecipazione spettanti ai familiari e attesta che sono proporzionate al lavoro effettivamente prestato.

Deve poi rilasciare ai familiari un **prospetto** con il quale possano dichiarare il loro reddito di partecipazione, contenente: dati identificativi del familiare; ammontare del reddito d'impresa; quote di tale reddito, delle ritenute d'acconto e dei crediti d'imposta spettanti a ciascun familiare; codice attività; regime di contabilità adottato.

Le quote di reddito attribuite ai **familiari** concorrono alla formazione del reddito complessivo quale reddito di partecipazione. 34180

Questi devono presentare la **dichiarazione** dei redditi in cui indicano il reddito di partecipazione, le quote delle ritenute d'acconto e dei crediti d'imposta spettanti e attestano di aver prestato il proprio lavoro nell'impresa.

SITUAZIONI STRAORDINARIE In caso di **recesso** del **familiare**, le somme corrispostegli a fronte della liquidazione della partecipazione all'impresa non sono imponibili in capo allo stesso e non rilevano come componenti negativi in capo all'impresa (Ris. AE 28 aprile 2008 n. 176/E). 34185

In caso di **cessazione** dell'**impresa**, vale quanto detto per il recesso del familiare (Cass. 15 marzo 2017 n. 6721 e Risp. AE 18 marzo 2021 n. 195), mentre, in caso di **cessione** o **conferimento**, si veda, rispettivamente, n. 89080 nota 1 e n. 89735.

34187 **ACCERTAMENTO** È controverso se il **maggior reddito** accertato **o** il reddito accertato in caso di **omessa dichiarazione** dell'imprenditore vada attribuito solo a quest'ultimo: in senso affermativo Cass. 22 marzo 2022 n. 9198, Cass. 18 marzo 2021 n. 7637, Cass. 20 dicembre 2019 n. 34222, Circ. AE 29 aprile 2003 n. 23 e Circ. Min. 20 febbraio 1984 n. 6; in senso contrario Cass. 29 aprile 2009 n. 10017, Cass. 15 ottobre 2007 n. 21535 e Cass. 29 novembre 2000 n. 15315.

b. Aziende tra coniugi in comunione

(art. 4 c. 1 lett. a DPR 917/86 22 dicembre 1986)

34190 **Si distingue** a seconda che siano costituite prima o dopo il matrimonio.
Si ritiene che per **coniugi** si intendano anche le parti dell'unione civile e i conviventi di fatto, purché in comunione dei beni.

34195 **COSTITUITE PRIMA DEL MATRIMONIO** Solo il coniuge che ha costituito l'azienda assume la **qualifica di imprenditore** ed è, quindi, titolare di un reddito d'impresa.
L'**altro coniuge** (non imprenditore) è titolare di un reddito di partecipazione secondo la quota che gli spetta.
Per la determinazione del reddito, l'imputazione degli utili (o delle perdite) e per il caso di cessione dell'azienda valgono le regole esposte per l'impresa familiare (v. n. 34160 e s.).
I **crediti d'imposta** spettano solo al coniuge imprenditore che deve indicarli, a pena di decadenza, nella propria dichiarazione dei redditi del periodo d'imposta di competenza.

34200 **COSTITUITE DOPO IL MATRIMONIO** Se l'azienda è **gestita da un solo coniuge**, mentre l'altro si limita a una collaborazione generica e/o subordinata senza assunzione di alcuna responsabilità verso i terzi, v. n. 34195.

34203 Se l'azienda è gestita **da entrambi** i coniugi (c.d. azienda coniugale), questa è assimilata alla società di persone; pertanto, il reddito dell'azienda deve essere **dichiarato** globalmente nel Mod. Redditi SP.
Per la **determinazione** del reddito, l'**attribuzione** ai coniugi e la determinazione delle quote di partecipazione si rinvia alla trattazione fatta per le s.n.c. (v. n. 34010 e s.).

> La **cogestione** può essere dimostrata con qualunque documento da cui risulti la qualità di imprenditore di entrambi i coniugi (es. sottoscrizione di cambiali e assegni, sottoscrizione di contratti, cointestazione della licenza commerciale). Può anche risultare dall'assunzione di obbligazioni da parte di tutti e due (es. stipula di contratti di acquisto o di cessione dei beni prodotti dall'azienda).

34205 In caso di **vendita o liquidazione** dell'azienda coniugale, le plusvalenze realizzate spettano, in proporzione alle rispettive quote, a entrambi i coniugi.
Se l'azienda è posseduta o esercitata da meno di 5 anni, si applica sempre la tassazione ordinaria; viceversa, è possibile optare per la tassazione separata.

CAPITOLO 3

Società di comodo

SOMMARIO

Per le società commerciali che si **presumono** non operative (c.d. società di comodo), in quanto costituite non per l'effettivo esercizio di attività d'impresa ma per il mero godimento di beni, sono stabilite regole particolari di determinazione del reddito minimo imponibile (sia ai fini IRES che IRAP), dell'imposta dovuta e limitazioni all'utilizzo del credito IVA. **35000**
Sono astrattamente soggette alla disciplina tutte le società commerciali salvo che ricorrano specifiche cause di esclusione o disapplicazione.
In ogni caso, è possibile non applicare la disciplina se si ritiene sussistano situazioni specifiche che hanno reso impossibile rientrare nei parametri previsti dalla legge, anche tramite interpello preventivo.
Nel corso del **2023**, inoltre, le società, che hanno per **oggetto esclusivo** o principale la **gestione** di immobili e/o beni mobili iscritti in pubblici registri non strumentali, possono **trasformarsi** in società semplici scontando una imposizione agevolata (v. n. 35300).

A. Campo di applicazione

Sono interessate alla disciplina, tutte le società commerciali residenti e le società ed enti di ogni tipo non residenti con stabile organizzazione in Italia, indipendentemente dal regime contabile utilizzato (contabilità ordinaria o semplificata), dai principi contabili applicati (nazionali o internazionali), salvo che ricorrano determinate cause di esclusione stabilite dalla legge. **35010**
Nelle tabelle sottostanti si elencano i soggetti interessati ed esclusi e le cause di esclusione.

Secondo l'AE, in caso di società holding che detengono partecipazioni in soggetti residenti in **Paesi a fiscalità privilegiata**, la disciplina delle società non operative è compatibile con l'attribuzione per trasparenza del reddito delle CFC (v. n. 21942 e s.) (Ris. AE 16 novembre 2007 n. 331/E).

SOGGETTI (art. 30 c. 1 L. 724/94 e Circ. AE 4 maggio 2007 n. 25/E par. 2) **35015**

Soggetto	Applicazione
Società per azioni	Sì
Società in accomandita per azioni	Sì
Società a responsabilità limitata	Sì
Società in nome collettivo	Sì
Società in accomandita semplice	Sì
Società di fatto	Sì
Società di armamento	Sì
Stabile organizzazione di società o ente non residente	Sì
Società ed ente non residente privo di stabile organizzazione in Italia **(*)**	No

Soggetto	Applicazione
Società semplice	No
Società cooperativa	No
Società di mutua assicurazione	No
Società consortile	No
Ente commerciale e non commerciale residente	No
Imprenditore individuale	No
(*) La disciplina, tuttavia, si applica nei confronti dei soggetti formalmente domiciliati all'estero che, pur privi di stabile organizzazione nel territorio dello Stato, sono considerati fiscalmente residenti in Italia per effetto della presunzione di c.d. «**esterovestizione**» (art. 73 c. 5 bis TUIR, v. n. 21055) (Circ. AE 4 maggio 2007 n. 25/E).	

35020 **CAUSE DI ESCLUSIONE** (art. 30 c. 1 L. 724/94) La disciplina sulle società di comodo non si applica quando ricorre una causa di esclusione tra quelle sotto elencate. La verifica della presenza di una causa di esclusione va effettuata con **riferimento** al periodo d'imposta «X» oggetto di dichiarazione e va ripetuta per ciascun periodo d'imposta successivo.

Il soggetto che rientra in una delle seguenti casistiche indica il **codice** corrispondente nell'**apposita casella** denominata «Esclusione» del prospetto del quadro RS riservato alla «Verifica dell'operatività» del modello di dichiarazione dei redditi. Nella dichiarazione IRAP, andrà barrata la casella «Esonero» della Sezione III - quadro IS.

In pratica, sono state individuate alcune categorie di soggetti che, per la loro struttura societaria, per l'attività esercitata o per il particolare periodo in cui si trovano, non possono essere ricondotti entro i parametri del test di operatività o possono, comunque, esserne esonerati in quanto le loro stesse caratteristiche escludono il possibile utilizzo a fini elusivi.

Cause di esclusione/disapplicazione «automatica»		Condizioni	Codice esclusione
I soggetti si trovano in particolari periodi della vita dell'impresa	– primo periodo d'imposta (Circ. Min. 26 febbraio 1997 n. 48/E, Circ. AE 4 maggio 2007 n. 25/E)	Si deve fare riferimento al momento di apertura della partita IVA, indipendentemente dall'effettivo svolgimento dell'attività produttiva. Non è considerato tale il primo periodo d'imposta successivo ad un'operazione straordinaria; pertanto, non beneficia di tale causa di esclusione: la società neo costituita a seguito di operazione di scissione, fusione propria o conferimento d'azienda, in quanto si ha la prosecuzione di un'attività già svolta dalle società fuse, dalla scissa o dal conferente; nonché la società risultante da un'operazione di trasformazione	**2**
	– periodo di start-up (art. 26 c. 4 DL 179/2012 conv. in L. 221/2012)	Le società di capitali che si qualificano come «start-up innovative» in base a quanto previsto da apposite norme (v. n. 38430), non applicano la disciplina per tutto il periodo di «start-up» (normalmente 4 anni)	Va barrata l'apposita casella presente nella parte del quadro RS riservata alla «Verifica dell'operatività e determinazione del reddito minimo»
	– situazioni di crisi d'impresa (fallimento, liquidazione, ecc.) **(1)**	– amministrazione straordinaria	**3**
		– fallimento; – concordato preventivo; – procedure di liquidazione giudiziaria o liquidazione coatta amministrativa	**8**

35020 (segue)

Cause di esclusione/disapplicazione «automatica»		**Condizioni**	**Codice esclusione**
Svolgimento di particolari attività	– attività per le quali una legge stabilisce l'obbligo di costituirsi in forma di società di capitali **(2)**	ad **esempio**, rientrano in tale causa di esclusione (Circ. AE 4 maggio 2007 n. 25/E): – le società finanziarie operanti nei confronti del pubblico iscritte nell'elenco previsto dall'art. 106 D.Lgs. 385/93; – CAF (centri autorizzati di assistenza fiscale alle imprese o ai lavoratori di cui agli artt. 32 e s. D.Lgs. 241/97); – le società costituite da enti locali territoriali per la gestione ed erogazione di servizi pubblici in base agli artt. 113 c. 4 lett. a e 116 D.Lgs. 267/2000; – le società, a prevalente partecipazione pubblica, derivanti dal programma di trasformazione in società per azioni delle c.d. «partecipazioni pubbliche», quali, ad esempio, quelli previsti dal DL 333/92	1
	– pubblici servizi di trasporti	è rilevante l'esercizio in via diretta dell'attività e, quindi, l'esclusione non opera nei confronti dei soggetti che si limitano a gestire una quota partecipativa in una società che opera in tale settore (Ris. AE 12 marzo 2007 n. 43/E)	5
Struttura societaria	– sono **quotati** in mercati regolamentati (v. n. 22590), controllano società ed enti quotati o sono controllati, anche indirettamente, da società quotate **(3)**	i titoli, sia **azionari** che **obbligazionari**, possono essere **negoziati** sia in mercati regolamentati nazionali che esteri e non rileva la circostanza che la società quotata (controllante o controllata) sia non residente. Inoltre, è sufficiente che entro la chiusura del periodo d'imposta sia intervenuta la delibera di ammissione alla negoziazione da parte della competente autorità nazionale di vigilanza sul mercato borsistico (Circ. AE 4 maggio 2007 n. 25/E)	4
	– hanno un numero di **soci non inferiore a 50**	il requisito deve sussistere per la maggior parte del periodo d'imposta (Circ. AE 14 febbraio 2008 n. 9)	6
	– sono **partecipati da enti pubblici** almeno nella misura del **20%** del capitale sociale	la soglia minima di partecipazione deve sussistere per la maggior parte del periodo d'imposta (Circ. AE 14 febbraio 2008 n. 9)	10
	– hanno un numero di **dipendenti mai inferiore a 10**	la condizione deve sussistere nell'esercizio in esame e nei due precedenti **(4)**	7
	– sono costituite come **società consortili**	finché permane tale forma societaria	12

Cause di esclusione/disapplicazione «automatica»		Condizioni	Codice esclusione
Risultanze economiche	– ammontare complessivo del valore della produzione (raggruppamento A del conto economico) superiore al totale attivo dello stato patrimoniale	il soggetto interessato deve porre a raffronto, nell'esercizio di riferimento, il totale del valore della produzione, quale risulta dal raggruppamento «A» dello schema di conto economico (art. 2425 c.c.) **(5)** e il totale dell'attivo dello schema di stato patrimoniale (art. 2424 c.c.) **(6)**	**9**
Soggetti che applicano gli ISA (v. n. 81995)	esito ISA ≥ 9	si tratta degli indici sintetici di affidabilità che hanno sostituito gli studi di settore	**11**

(1) Per il periodo d'imposta precedente all'inizio della procedura, i cui termini di presentazione della dichiarazione dei redditi scadono successivamente, è possibile far valere la disapplicazione automatica (v. n. 35125).

(2) L'esclusione opera limitatamente alle società che svolgono **in via esclusiva** un'attività per la quale un atto avente natura normativa (legge, decreto legge, legge regionale, ecc.) prescrive l'obbligo di assumere la forma giuridica di società di capitali, in considerazione della relativa specificità, nonché della generalità degli interessi riguardati (Circ. AE 4 maggio 2007 n. 25/E). Non è, pertanto, esclusa dalla disciplina la società per cui l'obbligatorietà della forma giuridica è prescritta da fonti secondarie o contrattuali quali, ad esempio, un bando per l'aggiudicazione di una gara pubblica (Ris. AE 12 marzo 2007 n. 43/E).

(3) Si tratta di tutte le ipotesi di **controllo**, sia di diritto che di fatto, previste dall'art. 2359 c.c.; se il requisito si verifica nel corso del periodo d'imposta, la società interessata può beneficiare della causa di esclusione se tale circostanza si è verificata per la maggior parte del periodo d'imposta considerato.

(4) Pertanto, se anche per un solo giorno il numero è stato inferiore a 10, la condizione non si ritiene soddisfatta. Si tratta dei lavoratori subordinati con contratto a tempo determinato o indeterminato; non si considerano coloro che percepiscono redditi assimilati a quelli di lavoro dipendente, quali i collaboratori a progetto o gli amministratori (Circ. AE 14 febbraio 2008 n. 9/E).

(5) Al netto dei componenti straordinari derivanti da trasferimento d'azienda o ramo (v. n. 21210).

(6) Le società **in contabilità semplificata** devono verificare la causa di esclusione tenendo conto degli stessi elementi e valori richiesti dalla norma evidenziati in apposito «prospetto» economico patrimoniale redatto sulla base delle risultanze contabili (Circ. AE 14 febbraio 2008 n. 9/E).

B. Indicatore di non operatività

35080 Le società che non rientrano in una causa di esclusione devono verificare, **in ciascun periodo d'imposta**, se sussistono le condizioni per essere considerate di comodo, effettuando il c.d. «test di operatività». È comunque possibile **non applicare** la disciplina se:
- si rientra in uno dei casi di **disapplicazione automatica** (v. n. 35125);
- si ritiene sussistano **oggettive situazioni** che hanno reso impossibile il superamento del test (**disapplicazione oggettiva**). In questo caso, si può presentare istanza di interpello con le modalità illustrate al n. 80075 e s.; in mancanza, o se la risposta è negativa, darne indicazione nella dichiarazione dei redditi.

Una società può risultare di comodo (o non operativa) in un esercizio e operativa nell'esercizio successivo o, viceversa (ad esempio, perché è venuto meno un motivo di esclusione).

> A decorrere **dal periodo d'imposta in corso** al 31 dicembre 2022, la disciplina delle società in perdita sistematica è stata abrogata (art. 9 c. 1 DL 73/2022 conv. in L. 122/2022).

Test di operatività

(art. 30 c. 1 e 2 L. 724/94 e Circ. Min. 26 febbraio 1997 n. 48/E)

35120 Il test di operatività consiste nel raffronto tra i **componenti positivi effettivi** di reddito

conseguiti e un importo forfettario, determinato applicando specifiche percentuali, al valore delle attività patrimoniali (**ricavi presunti**): se i primi risultano inferiori all'importo forfettario, la società è considerata di comodo, salvo la sussistenza di cause di disapplicazione automatica (v. **tabella** al n. 35125) e la possibilità di far valere la presenza di oggettive situazioni che hanno reso impossibile il superamento del test (v. n. 35170).
I calcoli, ai fini del raffronto, sono effettuati considerando i **valori medi** dell'esercizio in corso e dei due precedenti (v. n. 35150); la regola vale anche per le **start-up** che devono effettuare il test nel periodo successivo a quello in cui **viene meno la qualifica** (Circ. AE 11 giugno 2014 n. 16/E).
Il test di operatività della società deve risultare da un apposito **prospetto** presente nella dichiarazione dei redditi (nel quadro RS), che sostanzialmente riporta gli esiti dei suddetti calcoli. Il medesimo prospetto deve essere compilato in caso di interpello **parzialmente disapplicativo**; viceversa in caso di **esclusione** o **disapplicazione integrale** della disciplina, va barrata l'apposita casella e non deve essere compilato il prospetto.

Disapplicazione automatica (Provv. AE 14 febbraio 2008 e Circ. AE 14 febbraio 2008 n. 9/E) Se sussiste una delle situazioni sotto elencate nel periodo «X» oggetto di dichiarazione, la società deve **indicare**, nella casella «Disapplicazione», il **codice** corrispondente alla causa di disapplicazione (v. **tabella**) e non deve compilare le altre parti del modello per effettuare il test di operatività. **35125**

L'**emergenza Covid-19** non è stata considerata tra le cause di disapplicazione automatica (Risp. interpellanza parlamentare 22 giugno 2021 n. 5-06289).

Situazione in cui si trova la società	Condizioni o limitazioni	Codice disapplicazione
• in stato di **liquidazione**, a condizione che, con impegno assunto in dichiarazione dei redditi (barrando l'apposita **casella** «Impegno allo scioglimento»), richieda la cancellazione dal registro delle imprese entro il termine di presentazione della dichiarazione dei redditi successiva **(1)**	con riferimento al periodo di imposta in corso alla data di assunzione dell'impegno, a quello precedente e al successivo, o con riferimento all'unico periodo di imposta se la liquidazione non dura più di tre o cinque esercizi (a seconda che si tratti di società di persone o di capitali)	**99 (2)**
• assoggettata a una delle **procedure concorsuali** o ha concluso un accordo di ristrutturazione dei debiti omologato, indicati all'art. 101 c. 5 DPR 917/86	con riferimento ai periodi d'imposta precedenti all'inizio delle predette procedure, i cui termini di presentazione delle dichiarazioni dei redditi scadono successivamente all'inizio delle procedure medesime	**2**
• esercita esclusivamente **attività agricola** e rispetta le condizioni per essere considerata tale: nell'oggetto sociale è previsto l'esercizio esclusivo di attività agricole (art. 2135 c.c.) e ha nella denominazione sociale la dicitura «società agricola» (art. 2 D.Lgs. 99/2004)	no	**8**
• i cui **adempimenti** e i versamenti tributari sono stati **sospesi** o differiti da disposizioni normative adottate in conseguenza della dichiarazione dello stato di emergenza (ai sensi dell'art. 24 D.Lgs. 1/2018 che ha sostituito l'abrogato art. 5 L. 225/92)	limitatamente al periodo d'imposta in cui si è verificato l'evento e quello successivo	**9**
• sottoposta a **sequestro penale** o a **confisca** in base alla legge antimafia (D.Lgs. 159/2011) o in altre fattispecie analoghe in cui il Tribunale in sede civile abbia disposto la nomina di un amministratore giudiziario	con riferimento al periodo di imposta nel corso del quale è emesso il provvedimento di nomina dell'amministratore giudiziario ed ai successivi periodi di imposta nei quali permane l'amministrazione giudiziaria	**3**

(1) L'impegno può essere assunto anche in periodi successivi a quello di messa in liquidazione. In **mancanza dell'assunzione** dell'impegno di cessazione, la liquidazione volontaria non costituisce di per sé causa di esclusione automatica, ma può giustificare la richiesta di disapplicazione tramite interpello (v. n. 35172). Inoltre, il **mancato adempimento** dell'obbligo assunto, fa venir meno l'esclusione per tutti i periodi d'imposta interessati (Circ. AE 14 febbraio 2008 n. 9/E). L'esclusione **non si applica** alle società che potevano optare per lo scioglimento o trasformazione agevolata prevista dall'art. 1 c. 129 L. 244/2007 (Provv. AE 14 febbraio 2008).
(2) Il codice «99» va utilizzato nel periodo successivo a quello in cui la società ha assunto l'impegno allo scioglimento.

1. Calcoli per il test

35130 Nei paragrafi seguenti si illustra come si determinano le voci rilevanti per il test di operatività.

35140 **RICAVI PRESUNTI** I ricavi presunti sono determinati applicando specifici coefficienti percentuali stabiliti dalla legge ai valori medi (dell'esercizio in corso e dei due precedenti) di alcuni beni e attività patrimoniali della società.
Nella **tabella** al n. 35144 sono elencati i beni e le attività patrimoniali (con l'indicazione delle rispettive voci di bilancio in cui gli stessi sono allocati) rilevanti ai fini del calcolo, con le rispettive percentuali di moltiplicazione.
Non vanno considerati nel calcolo (Circ. AE 14 febbraio 2008 n. 9/E, Circ. AE 4 maggio 2007 n. 25/E):
- le immobilizzazioni in corso di realizzazione, in quanto non ancora idonee a produrre reddito;
- i beni posseduti in locazione non finanziaria, in comodato o a noleggio;
- gli acconti pagati per l'acquisto di immobilizzazioni materiali e immateriali;
- i beni che la società può escludere dal calcolo in quanto rientranti in un caso di disapplicazione automatica (v. n. 35142) o in quanto ha ottenuto l'accoglimento di apposita istanza di interpello (v. n. 35170).

N.B. Nel **caso particolare** in cui la società, nell'esercizio in corso e nei due precedenti, **non abbia** alcuno dei **beni** tra quelli **rilevanti**, deve limitarsi ad indicare il **codice «1»**; nella casella del «prospetto» denominata «Casi particolari» senza dover effettuare alcun adempimento ulteriore.
Se, invece, la mancanza di beni rilevanti interessa **solo l'esercizio in corso**, la società deve indicare il **codice «2»** nella casella «Casi particolari» e non compila la parte del prospetto relativa ai «Valori dell'esercizio» per la determinazione del reddito minimo.

35142 **Beni che possono essere esclusi** Di seguito sono indicate le tipologie di beni che, pur rientrando tra quelli rilevanti, possono essere esclusi dal calcolo «automaticamente» (c.d. **disapplicazione parziale**), senza bisogno di interpello preventivo. In pratica, la società può effettuare il calcolo dei ricavi presunti senza considerare tali beni, avendo cura, per contro, di escludere dal computo dei ricavi effettivi iscritti a conto economico (v. n. 35152) quelli direttamente correlabili ai medesimi beni (Circ. AE 14 febbraio 2008 n. 9/E).

Nel caso in cui **non vi siano altre attività** patrimoniali oltre a quelle escluse, la società deve compilare anche la casella «Casi particolari» - **codice «1»** se tale condizione interessa anche i due esercizi precedenti; **codice «2»** se la condizione interessa solo l'esercizio in corso.

Beni che possono essere esclusi automaticamente (Provv. AE 14 febbraio 2008)	**Codice disapplicazione**
– **immobili** concessi in locazione ad enti pubblici oppure a canone vincolato in base alla legge (L. 431/98) o in forza ad altre leggi regionali o statali	**4**
partecipazioni in: – società considerate non di comodo; – società escluse dalla disciplina sulle società di comodo anche a seguito di accoglimento di istanza di interpello **(1)**; – società estere collegate residenti in territori a regime fiscale privilegiato il cui reddito è dichiarato per trasparenza dal socio residente ai sensi dell'art. 168 DPR 917/86 **(2)**	**5**

(1) Sono, ad **esempio**, escluse dal calcolo le partecipazioni, anche di minoranza, in società quotate in mercati regolamentati (v. n. 35020) (Circ. AE 9 luglio 2007 n. 44/E).
(2) Tuttavia, se la società residente ha ottenuto, tramite interpello, la disapplicazione di tale disposizione, le medesime partecipazioni devono essere incluse nel calcolo (Ris. AE 16 novembre 2007 n. 331/E).

Elenco dei beni e attività rilevanti 35144

Beni e attività patrimoniali (Circ. AE 4 maggio 2007 n. 25/E)	Voci di bilancio (art. 2424 c.c.)	Percentuale
a) Valore delle seguenti **attività finanziarie** aumentato del valore dei crediti non commerciali (cioè dei crediti derivanti da operazioni di finanziamento) **(1) (2)**: – azioni e quote di partecipazione, anche non rappresentate da titoli, al capitale di società ed enti soggetti all'IRES (escluse le azioni proprie) e di società commerciali di persone (s.n.c., s.a.s. e assimilate); – strumenti finanziari assimilati alle azioni emessi da soggetti IRES; – obbligazioni e altri titoli in serie o di massa	– **immobilizzazioni finanziarie**: • B, III, 1 - partecipazioni; • B, III, 2 - crediti (esclusi gli acconti per l'acquisizione di immobilizzazioni finanziarie); • B, III, 3 - altri titoli – **attivo circolante**: • C, II - crediti (esclusi gli acconti a fronte di prestazioni di servizi); • C, III, 1, 2, 3 e 4 - partecipazioni; • C, III, 6 - altri titoli	2%
b) Immobili di proprietà o in leasing **(3)**:	– **immobilizzazioni materiali**: • B, II, 1 - terreni e fabbricati	
– categoria catastale A/10 (uffici)		5%
– a destinazione abitativa, acquisiti nell'esercizio e nei due precedenti		4%
– immobili diversi dai precedenti		6%
c) Navi destinate all'esercizio di attività commerciali di cui al n. 67215 comprese le unità da diporto destinate al noleggio (Circ. AE 9 luglio 2007 n. 44/E)	– **immobilizzazioni materiali**: • B, II, 4 - altri beni (per le navi)	6%
d) Altre immobilizzazioni materiali e immateriali - comprese quelle in leasing e i beni di costo inferiore a 516,46 euro e le **unità da diporto** non destinate al noleggio (v. sopra)	– **immobilizzazioni materiali**: • B, II, 2 - impianti e macchinari; • B, II, 3 - attrezzature industriali e commerciali; • B, II, 4 - altri beni, diversi dalle navi – **immobilizzazioni immateriali (4)**: • B, I, 1 - costi di impianto e ampliamento; • B, I, 2 - costi di sviluppo; • B, I, 3 - diritti di brevetto industriale e di utilizzazione delle opere dell'ingegno; • B, I, 7 - altre	15%
– impianti fotovoltaici (Circ. AE 19 dicembre 2013 n. 36/E)	(a prescindere dall'inquadramento come beni immobili o mobili)	6%

(1) Ivi incluse le partecipazioni delle quali la società detiene la nuda proprietà se l'usufrutto è detenuto dai soci (Circ. AE 9 luglio 2007 n. 44/E), nonché le partecipazioni dotate dei requisiti previsti per il regime di esenzione parziale (c.d. «Pex» - v. n. 24705). Sono invece escluse le azioni proprie in quanto non attribuiscono il diritto alla percezione di utili (art. 2357 ter c.c.) (Circ. AE 4 maggio 2007 n. 25/E, Circ. Min. 26 febbraio 1997 n. 48/E).

(2) L'esclusione dei crediti commerciali non opera se in base alle specifiche condizioni e modalità di pagamento pattuite può ritenersi che l'operazione sia di fatto riconducibile ad un vero e proprio negozio di finanziamento. Non vanno inoltre considerati i crediti per rimborsi di imposte. Per contro, gli interessi che maturano sui crediti diversi da quelli di finanziamento devono essere esclusi dai proventi rilevanti per il calcolo dei ricavi effettivi imputati a conto economico.
Per i soggetti **non tenuti alla redazione del bilancio**, non si considerano i crediti, in quanto non risultano dalle scritture contabili.

(3) Se ubicati in **Comuni con meno di 1.000 abitanti**, il coefficiente è sempre pari all'1%.
Non vanno considerati gli «immobili merce», quelli in locazione o a noleggio, in comodato o detenuti a titolo di nuda proprietà, salvo che l'usufrutto sia concesso a titolo oneroso (parallelamente, i proventi che ne derivano concorrono alla determinazione dei ricavi effettivi).

(4) Secondo l'amministrazione vanno considerate tutte le immobilizzazioni immateriali comprese quelle che rappresentano meri costi ad utilità pluriennale, quali le spese di ristrutturazione su beni di terzi (Ris. AE 24 luglio 2007 n. 180/E).

Criteri di valutazione dei beni Il valore dei beni deve essere ragguagliato in funzione 35145
del **periodo di possesso** e della **durata dell'esercizio** - se inferiore o superiore all'anno (Circ. Min. 15 maggio 1997 n. 137/E).
Per la determinazione del valore dei beni e delle immobilizzazioni l'amministrazione ha fornito le indicazioni illustrate in **tabella** (Circ. AE 4 maggio 2007 n. 25/E).

Beni	Criteri di determinazione
azioni, quote e strumenti finanziari similari alle azioni	si applica la regola generale secondo cui il costo si intende non comprensivo di maggiori o minori valori iscritti **(1)**
beni materiali in proprietà	la determinazione del valore si effettua secondo le regole ordinarie del reddito d'impresa ossia al lordo delle quote d'ammortamento già dedotte ed indipendentemente dai limiti di deducibilità previsti per particolari cespiti (es. veicoli a motore ed apparecchiature telefoniche) (v. n. 23700) **(2)**
beni che hanno fruito di contributi imponibili in conto impianti	si considera il valore che la società assume ai fini della determinazione del reddito d'impresa il quale dipende dalla modalità di rappresentazione contabile adottata **(3)**
fabbricati strumentali	si assume il valore comprensivo delle aree su cui essi insistono, a prescindere dalla circostanza che ai fini dell'ammortamento il valore sia assunto al netto delle medesime
immobilizzazioni immateriali costituenti beni immateriali, quali brevetti, marchi, ecc.	si valutano con gli stessi criteri previsti per le immobilizzazioni materiali
immobilizzazioni immateriali costituenti spese ad utilità pluriennale (es. costi d'impianto e di ampliamento, costi di ricerca e sviluppo e spese di pubblicità)	vanno assunte per il valore netto risultante dal bilancio, cioè al netto degli importi già dedotti in precedenti esercizi
beni in leasing	si assume il costo sostenuto dall'impresa concedente, anche nel caso in cui sia stata esercitata l'opzione di **riscatto (4)**

(1) Tuttavia, secondo autorevole dottrina le svalutazioni dedotte fino al 2003 dovrebbero ridurre la base di calcolo.

(2) La disposizione si applica anche ai beni **completamente ammortizzati** che non siano stati eliminati dal processo produttivo e ai beni di valore **inferiore a 516,46** euro il cui costo sia stato integralmente dedotto nell'esercizio di sostenimento.

(3) In tal modo, se il contributo è stato contabilizzato a diretta riduzione del valore del bene, l'importo su cui applicare i coefficienti di redditività minima presunta sarà più basso rispetto all'ipotesi in cui il contributo concorre alla determinazione del reddito con la tecnica dei risconti in correlazione con il processo di ammortamento (anche se, in quest'ultimo caso, il contributo contabilizzato nella voce A5 di conto economico andrà considerato tra gli elementi di reddito effettivo). Per tale motivo la prevalente dottrina ha criticato la posizione dell'Agenzia ritenendo, invece, che l'unico valore significativo possa essere l'importo effettivo del cespite al lordo del contributo in conto impianti.

(4) In **mancanza di documentazione** si considera la somma dei canoni di locazione e del prezzo di riscatto risultante dal contratto. Tale ultimo parametro è senz'altro più oneroso per l'impresa, in quanto comprende anche gli oneri finanziari che gravano sui canoni.

35150 **Media del triennio** Dopo averne determinato il valore dei beni, si calcolano le risultanze medie, su base triennale, distintamente per ogni categoria di beni e si applicano le rispettive percentuali forfettarie (v. esempio n. 35155).

La media si riferisce al periodo d'imposta per cui è predisposto il test di operatività ed i due precedenti, anche se questi ultimi sono interessati da **cause di esclusione** o **disapplicazione** (v. n. 35020 e n. 35125) (Circ. AE 4 maggio 2007 n. 25/E).

> **Precisazioni** 1) Per le società costituite da **meno** di **tre periodi d'imposta** le risultanze medie si determinano in funzione di tale minor periodo.
> 2) In caso di **operazioni straordinarie** in cui si ha la divisione in due periodi d'imposta (ante e post trasformazione) la verifica dell'operatività va effettuata per la trasformanda con riferimento al periodo d'imposta ante trasformazione e i due precedenti; la trasformata invece deve verificare l'operatività assumendo come primo periodo quello che va dalla trasformazione fino alla fine del periodo d'imposta (Circ. AE 9 luglio 2007 n. 44/E).

35152 **RICAVI EFFETTIVI** Si assumono i componenti positivi imputati a conto economico derivanti dalla gestione ordinaria, per i soggetti tenuti alla redazione del bilancio, si tratta dei componenti positivi classificati contabilmente nelle seguenti voci del conto economico (art. 2425 c.c.):

– per i ricavi, voci A.1 e A.5;
– per gli incrementi di rimanenze, voci A.2, A.3 e B.11;
– per i proventi: le voci C.15 e C.16 (proventi da partecipazioni e altri proventi finanziari).

Sono **escluse** le componenti straordinarie derivanti da cessione di azienda o ramo (v. n. 21210). Inoltre, in caso di **beni esclusi** dal calcolo dei ricavi presunti (v. n. 35142 e n. 35170), la società dovrà «sterilizzare» gli eventuali ricavi e proventi effettivi ad essi direttamente correlabili.

I ricavi, i proventi e gli incrementi delle rimanenze sono assunti sulla **media triennale** dell'esercizio in corso e dei due precedenti. Essa rappresenta il valore economico effettivo da raffrontare con i ricavi presunti.

>**Precisazioni** 1) Per le società costituite da **meno** di **tre periodi d'imposta** la media è calcolata su tale minor periodo.
2) Per le società e gli enti non residenti che svolgono attività commerciale in Italia mediante **stabile organizzazione** si deve tener conto dei soli ricavi, incrementi di rimanenze e proventi (esclusi quelli straordinari) conseguiti dalla stabile organizzazione (Circ. Min. 26 febbraio 1997 n. 48/E).

ESEMPI DI CALCOLO 35155

ESEMPIO

1) Con riferimento all'anno X, la società Alfa risulta proprietaria di quote di partecipazione in s.r.l. del valore di € 50.000 e di un immobile uso ufficio (A/10) del valore di € 100.000, acquistato in data 28 febbraio X-2.

Alfa ha conseguito negli anni i ricavi e i proventi finanziari riportati mentre non ha conseguito incrementi di rimanenze.

Determinazione componenti positivi effettivi				
	X-2	X-1	X	Media
Ricavi delle vendite	6.000	7.000	8.000	7.000
Incrementi rimanenze	0	0	0	0
Proventi finanziari	500	200	500	400
Totale ricavi e proventi	6.500	7.200	8.500	**7.400**

Determinazione ricavi presunti						
	X-2	X-1	X	Media	Coefficiente	Ricavo presunto
Partecipazioni	50.000	50.000	50.000	50.000	2%	1.000
Immobile uso ufficio (A/10)	100.000 × 306/365	100.000	100.000	94.611	5%	4.730
Totale (Ricavo presunto)						**5.730**

Alfa, per l'anno X, è operativa, poiché la media dei componenti positivi calcolata sull'esercizio in esame e sui due precedenti (7.400) è maggiore del ricavo presunto (5.730).

ESEMPIO

2) Con riferimento all'anno X, la società Beta risulta proprietaria di un terreno del valore di € 150.000, da cui consegue un ricavo annuo di € 15.000 per l'affitto, e di un immobile ad uso ufficio che utilizza direttamente del valore di € 400.000. Nel corso dell'anno X-2 ha conseguito una plusvalenza da cessione di ramo d'azienda di € 20.000 (che non verrà, pertanto, computato).

Determinazione componenti positivi effettivi				
	X-2	X-1	X	Media
Proventi	15.000	15.000	15.000	15.000
Plusvalenza	20.000	0	0	0
Totale ricavi e proventi	15.000	15.000	15.000	**15.000**

Determinazione ricavi presunti						
	X-2	X-1	X	Media	Coefficiente	Ricavo presunto
Terreno	150.000	150.000	150.000	150.000	6%	9.000
Immobile uso ufficio (A/10)	400.000	400.000	400.000	400.000	5%	20.000
Totale (Ricavo presunto)						**29.000**

Beta, per l'anno X risulta non operativa, poiché la media triennale dei componenti positivi (15.000), esclusa la plusvalenza, è inferiore al ricavo presunto (29.000).

2. Disapplicazione per situazioni oggettive

(art. 30 c. 4 bis e 4 quater L. 724/94, Circ. AE 15 marzo 2007 n. 14)

35170 In presenza di situazioni oggettive che abbiano reso impossibile il conseguimento dei ricavi, degli incrementi di rimanenze e dei proventi nonché del reddito minimo presunto, la società può non applicare la disciplina:
- **presentando** istanza di interpello probatorio con le **modalità** illustrate al n. 80075 e s.;
- **senza presentare** interpello o anche se ha ricevuto una risposta negativa ad un'istanza presentata, purché ne dia separata **indicazione** nella dichiarazione dei redditi.

Le circostanze possono riguardare anche singoli beni o annualità che, ricorrendone i presupposti, sono esclusi dal test di operatività, rendendone più agevole il superamento.
In caso di situazioni che condizionano la redditività di **più periodi d'imposta**, è possibile ottenere la disapplicazione per una pluralità di esercizi puntualmente individuati (Circ. AE 2 febbraio 2007 n. 5/E).
Nel modello Redditi (prospetto RS) nella casella «Imposta sul reddito», vanno indicati i seguenti codici:
- [**1**], in caso di **accoglimento** dell'istanza di interpello;
- [**2**], **mancata presentazione** dell'istanza e sussistenza delle condizioni per la disapplicazione della disciplina;
- [**3**], **presentazione** dell'istanza di interpello, in **assenza di risposta** positiva, e sussistenza delle condizioni per la disapplicazione.

Gli stessi codici vanno riportati nelle caselle IRAP e IVA del prospetto RS di Redditi SC se la disapplicazione riguarda anche le predette imposte. Inoltre, la società che non presenta istanza di interpello ma intende **chiedere il rimborso** dell'IVA annuale, può sottoscrivere l'apposita attestazione presente nel quadro VX della dichiarazione IVA.

Le situazioni oggettive possono essere fatte valere anche dalle società (Circ. AE 2 febbraio 2007 n. 5/E):
- che, pur risultando non operative, hanno conseguito un **reddito effettivo superiore** a quello minimo presunto, se si intende ottenere la disapplicazione della disciplina ai fini IRAP e del riporto del credito IVA (v. n. 35290);
- non operative che intendano evidenziare situazioni che hanno direttamente **impedito il conseguimento del reddito minimo** presunto perché, ad esempio, hanno sostenuto costi straordinari e che, pertanto, potranno ottenere la disapplicazione ai soli fini delle imposte sul reddito (non anche IRAP e IVA);
- per le quali ricorrono situazioni oggettive che si riferiscono solo ad **alcuni dei beni** considerati ai fini della determinazione dei ricavi presunti o riguardino solo **parte del triennio** rilevante, anche per tener conto degli effetti derivanti dalla natura **stagionale** dell'attività svolta (in proposito, v. anche CTR Emilia Romagna 8 settembre 2017 n. 2461). In tal caso, se l'interpello ha esito positivo, sarà cura del contribuente provvedere a neutralizzare l'effetto della presenza di tali situazioni, eliminando dal calcolo il valore dei beni interessati e i correlativi ricavi.

35172 **Oggettive situazioni** (Circ. AE 9 luglio 2007 n. 44/E) Nella **tabella** seguente sono indicati i casi individuati dall'AE, a titolo **esemplificativo**, come situazioni che possono giustificare l'esito positivo di un'istanza di interpello. Alcune di esse, pur essendo riferite a specifici soggetti, quali le immobiliari e le holding, possono essere fatte valere anche da società diverse, in relazione agli immobili o alle partecipazioni detenute.

35172 (segue)

Società	Casistica
In periodo di non normale svolgimento dell'attività	– **mancato avvio** dell'attività dovuto al protrarsi, oltre al primo periodo d'imposta e per cause non dipendenti dalla volontà dell'imprenditore, della costruzione dell'impianto da utilizzare **(1)**; – **liquidazione** volontaria (fuori dai casi previsti al n. 35125) se la società dimostra, mediante idonea documentazione, che l'attività è effettivamente indirizzata alla realizzazione del patrimonio **(2) (3)**; – mancata concessione delle **autorizzazioni amministrative** necessarie per lo svolgimento dell'attività, a condizione che le stesse siano state tempestivamente richieste e che rappresentino l'unica attività svolta; – svolgimento, in via esclusiva, di **attività di ricerca**, propedeutica ad altra attività produttiva di beni e servizi sempreché l'attività di ricerca non consenta di per sé la produzione di beni e servizi e, quindi, la realizzazione di proventi; – le società a responsabilità limitata, per il periodo in cui si procede alla nomina del custode giudiziario a seguito del **sequestro conservativo** delle quote sociali (Ris. Min. 14 marzo 1997 n. 43/E)
Immobiliari	– presenza di immobilizzazioni in corso; – impossibilità di praticare canoni di locazione sufficienti a superare il test di operatività o per conseguire un reddito effettivo superiore a quello minimo presunto **(4)**; – dimostrata impossibilità di modificare i canoni di locazione in corso; – temporanea inagibilità dell'immobile
Holding **(5) (6)**	– insufficienza di riserve distribuibili delle società partecipate; – partecipazione di minoranza in società quotate **(7)**; – le società partecipate operano in settori in crisi; – mancata distribuzione di dividendi da parte delle partecipate per la necessità di coprire perdite o perché l'utile è stato reinvestito nell'attività produttiva in attuazione di un piano di autofinanziamento sempreché venga dimostrato che l'utile sia stato (o sarà) effettivamente investito
Soggetti ammessi a regimi forfettari di determinazione del reddito	quando tale criterio di determinazione del reddito rende impossibile il conseguimento del reddito minimo
Società agricole che hanno optato per la determinazione catastale del reddito (v. n. 7190 e s.)	quando il reddito effettivo così determinato risulti inferiore a quello minimo presunto, può essere chiesta la disapplicazione dell'obbligo di dichiarare il reddito minimo (Circ. AE 1° ottobre 2010 n. 50/E)

(1) Viceversa è **normale svolgimento dell'attività**: l'affitto o la concessione in uso dell'unica azienda; il periodo precedente alla messa in liquidazione anche se di durata inferiore a quella ordinaria; il periodo precedente ad operazioni straordinarie quali fusioni, scissioni, trasformazioni, anche se di durata inferiore a quella ordinaria (Circ. Min. 26 febbraio 1997 n. 48/E).
(2) Lo stato di liquidazione formale della società non costituisce di per sé condizione sufficiente ad ottenere la disapplicazione; pertanto, è opportuno produrre ogni tipologia di documentazione utile a sostenere l'effettività della procedura. Saranno documenti utili, ad esempio, i bilanci, i piani di riparto, i contratti stipulati per la vendita di beni patrimoniali, ecc. (Circ. AE 2 febbraio 2007 n. 5/E). È, tuttavia, ammessa come causa di disapplicazione la liquidazione che risulti «bloccata» da cause oggettive quali la difficoltà di raggiungere un accordo per la quantificazione di un debito (Circ. AE 9 luglio 2007 n. 44/E).
(3) In proposito il Ministero aveva anche precisato che se la liquidazione viene revocata o non si conclude entro 5 anni (3 per le società di persone), la società è da considerarsi non operativa per tutti i periodi interessati dalla stessa (Circ. Min. 15 maggio 1995 n. 140/E).
(4) Per la determinazione del **valore di mercato dei canoni** di locazione si potrà fare riferimento ai valori riportati nella banca dati delle quotazioni immobiliari dell'Osservatorio del Mercato Immobiliare consultabile sul sito internet dell'AE (www.agenziaentrate.gov.it).
(5) L'operatività delle holding è subordinata alla circostanza che le partecipate distribuiscano **dividendi** in misura almeno pari all'importo di ricavi presunto.
(6) Nel caso in cui la holding possieda solo **partecipazioni in società non residenti** senza stabile organizzazione in Italia (escluse per legge dalla disciplina delle società non operative), la stessa può dimostrare che le oggettive situazioni sono riferibili alle società indirettamente partecipate dalla stessa (Circ. AE 9 luglio 2007 n. 44/E).
(7) In tal caso, essendo le società quotate escluse dalla disciplina per disposizione normativa, si ha l'esclusione della partecipazione di minoranza dal test di operatività senza necessità di presentare istanza di interpello (Circ. AE 9 luglio 2007 n. 44/E).

35175 **PRESENTAZIONE DELL'ISTANZA** L'istanza di interpello deve essere presentata secondo le regole stabilite per l'**interpello probatorio** (v. n. 80075 e s.).
È consigliabile **allegare** all'istanza, anche copia del prospetto di operatività estratto dal modello di dichiarazione dei redditi, contenente i dati necessari per l'effettuazione della verifica preliminare, relativo al periodo di imposta per il quale si chiede la disapplicazione e corredarlo di una nota che spieghi in dettaglio in che modo si è pervenuti alla determinazione dei dati aggregati.

35180 **Esito** L'istanza può avere come esito l'accoglimento, anche solo parziale, della richiesta avanzata dalla società o il rigetto, con gli effetti di seguito illustrati.

Gli effetti del provvedimento di **accoglimento dell'istanza** devono ritenersi sottoposti alla **condizione** che i presupposti trovino concreto riscontro nella realtà e nel successivo comportamento del contribuente; la mancata realizzazione di tale condizione, ha l'effetto di rendere inefficace, retroattivamente, il provvedimento stesso. Ad **esempio**, nel caso di società in liquidazione che abbia dichiarato di avere in corso la dismissione dei beni patrimoniali, l'ingiustificato protrarsi dello stato di liquidazione senza che siano state poste in essere le necessarie operazioni, potrà essere assoggettata alla disciplina delle società di comodo a partire dal periodo d'imposta cui si riferiva il provvedimento di accoglimento. Resta impregiudicato il potere dell'AF di **controllo** della veridicità e della completezza dei dati e degli elementi evidenziati nelle istanze accolte (Circ. AE 15 marzo 2007 n. 14/E).

Esito	Effetti
Accoglimento della richiesta di disapplicazione totale	La società segnala tale circostanza nel «prospetto» della **dichiarazione dei redditi**, indicando il codice 1 nelle caselle «Imposta sul reddito - società non operativa» (o società in perdita sistematica, a seconda dei casi), «IRAP» e «IVA»; inoltre, non deve compilare la restante parte, né calcolare il reddito minimo. Nella **dichiarazione IRAP** è sufficiente barrare la casella «Esonero» del quadro IS - Sez. III. La disapplicazione ha **validità** per l'esercizio in corso e, **se non sono intervenute modificazioni**, vale anche come causa di disapplicazione automatica anche per gli esercizi futuri (Provv. AE 14 febbraio 2008). In tal caso la società indica nella casella «Disapplicazione» del «prospetto» della dichiarazione dei **redditi** il **codice «7»**, senza ulteriori adempimenti, e nella dichiarazione **IRAP**, barra la casella «Esonero»
Accoglimento parziale (o istanza di disapplicazione parziale):	
– limitatamente ad alcune **tipologie di beni** o ad **un solo periodo** (1);	Permette di escludere il valore dei beni o il periodo d'imposta dal calcolo della media del triennio, ai fini dei ricavi presunti, facilitando il superamento del test di operatività: – se, grazie a tali esclusioni, i **ricavi effettivi superano quelli presunti**, la società risulta operativa e quindi può limitarsi a compilare, in sede di **dichiarazione dei redditi**, la parte del «prospetto» relativa ai valori medi per il calcolo dei «Ricavi presunti» e il rigo relativo ai «Ricavi effettivi» e in sede di **dichiarazione IRAP** barrare la casella «Esonero» del quadro IS - Sez. III; – **viceversa**, subisce gli effetti della non operatività (salvo quanto detto al n. 35170). Si può avere, comunque, un beneficio dalla disapplicazione parziale, in quanto l'esclusione di alcuni beni e/o periodi comporta il calcolo di minori ricavi presunti cui raffrontare il volume d'affari ai fini delle limitazioni all'utilizzo dell'eccedenza IVA (v. n. 35290); inoltre, nel caso di disapplicazione relativa a beni o al periodo d'imposta in corso, si ha anche un reddito minimo presunto più basso (e, di conseguenza, una minore base imponibile IRAP) cui adeguarsi
– solo ai fini dell'**imposta sui redditi** (ed eventualmente **IRAP**);	La società deve indicare il **codice** 1 nella casella «IRAP» del «prospetto» della dichiarazione dei redditi; deve, inoltre, compilare il resto del prospetto in quanto la non operatività continua ad avere effetti ai fini dell'IVA (limitato utilizzo o blocco del credito - v. n. 35290). Nella **dichiarazione IRAP** l'accoglimento dell'istanza va indicato barrando la casella «Esonero» del quadro IS - Sez. III

Esito	Effetti
– con riferimento alle oggettive situazioni che hanno **impedito** alla società il conseguimento di un volume d'affari ai fini **IVA** almeno pari all'importo dei ricavi presunti (v. n. 35290)	La società deve indicare il **codice** 1 nella casella «IVA» del «prospetto» della dichiarazione dei redditi, avendo cura, inoltre, di compilare il resto del prospetto per l'applicazione della disciplina ai fini dell'imposta sui redditi ed IRAP. In pratica, l'accoglimento consente alla società che risulta non operativa per un triennio consecutivo di non subire l'effetto di perdere definitivamente il credito IVA maturato
Rigetto (2)	Si veda quanto detto al n. 35170
Mancata risposta nel termine di 120 giorni	Silenzio assenso (v. n. 80080)

(1) L'accoglimento dell'istanza per l'esclusione di alcune tipologie di beni, **se non sono intervenute modificazioni**, vale come causa di **disapplicazione automatica** anche per gli esercizi successivi, limitatamente ai beni e/o alle circostanze oggettive puntualmente indicate nell'istanza a suo tempo presentata (Provv. AE 14 febbraio 2008). In pratica, per gli **esercizi successivi**, la società indicherà nella casella «Disapplicazione» del «prospetto» della dichiarazione dei redditi il **codice «6»**, compilando la restante parte del «prospetto».
(2) Il **provvedimento di rigetto** non è autonomamente ed immediatamente impugnabile dinnanzi alle Corti tributarie.

C. Effetti

Se la società risulta non operativa, si producono i seguenti effetti: 35250
- ai fini delle imposte dirette, presunzione di un reddito minimo e limitato utilizzo delle perdite pregresse, nonché applicazione di una maggiorazione all'aliquota IRES pari al 10,5%;
- ai fini IRAP, presunzione di un valore minimo della produzione (v. n. 39115);
- ai fini IVA, limitazione all'utilizzo dei crediti.

La società che non si adegua ai suddetti effetti può impugnare l'eventuale avviso di accertamento emesso dall'AF.

Operativamente, la società deve compilare il «prospetto» del modello di dichiarazione dei 35255
redditi in maniera completa, anche per la parte relativa alla determinazione del reddito minimo. Si procede, quindi, al raffronto tra l'importo emergente dal «prospetto» al rigo «**Reddito imponibile minimo**» e il **reddito effettivo**, calcolato analiticamente in base alle regole ordinarie del reddito d'impresa (es. rigo RN6 per le società di capitali). Se quest'ultimo è **inferiore**, va integrato per la differenza (fino all'importo del reddito minimo); se, viceversa, è **maggiore**, va dichiarato il reddito effettivo.
Se il risultato effettivo, anziché un reddito, è una **perdita**, deve comunque essere dichiarato il reddito minimo presunto e la perdita non è riportabile negli esercizi successivi, né trasferibile in caso di opzione per la trasparenza fiscale o per il consolidato fiscale.
I soggetti IRES calcolano l'imposta direttamente su tale reddito, compilando un'apposita sezione del modello di dichiarazione dei redditi (Sezione XVIII «Maggiorazione IRES per i soggetti di comodo») mentre le **società di persone** e quelle di capitali che hanno optato per il **regime di trasparenza** devono provvedere ad imputarlo, pro-quota, ai soci.

DETERMINAZIONE DEL REDDITO MINIMO (art. 30 c. 3 L. 724/94) Le società di 35260
comodo devono determinare il reddito minimo, in misura almeno pari alla somma di determinati importi, calcolati applicando le seguenti percentuali ai valori dei beni posseduti **nell'esercizio in corso** (non più dunque con riferimento al triennio precedente). Per l'individuazione specifica dei beni v. **tabella** al n. 35144.
Il valore dei beni posseduti deve essere rapportato al **periodo di possesso** degli stessi (esercizio di durata inferiore o superiore all'anno, acquisti e vendite di beni effettuate nell'anno di riferimento). In tal modo, il reddito minimo che si determina sulla base del valore dei suddetti beni, non deve essere ragguagliato all'effettiva durata dell'esercizio. Pertanto, esso rappresenta il reddito minimo della società di comodo, **indipendentemente dalla durata dell'esercizio**.

I beni e le attività che sono stati **esclusi dal calcolo** dei ricavi presunti a seguito di disapplicazione automatica (v. n. 35142) o come esito di interpello (v. n. 35180), non vengono considerati neanche per il calcolo del reddito minimo (Circ. AE 14 febbraio 2008 n. 9/E).

Beni	Percentuali
• titoli e partecipazioni	1,50%
• immobili siti in Comuni con meno di 1.000 abitanti	0,9%
• immobili siti in Comuni con almeno 1.000 abitanti:	
– fabbricati ad uso ufficio (A/10)	4%
– fabbricati a destinazione abitativa acquisiti nell'esercizio o nei due precedenti o rivalutati (*)	3%
– terreni e fabbricati diversi dai precedenti	4,75%
• impianti fotovoltaici a prescindere dall'inquadramento come beni immobili o mobili (Circ. AE 19 dicembre 2013 n. 36/E)	4,75%
• navi costituenti immobilizzazioni	4,75%
• altre immobilizzazioni	12%

(*) Per gli immobili rivalutati in base all'art. 1 c. 140-147 L. 147/2013 si applica, per il triennio 2016-2018, il 3% sul valore fiscalmente rilevante (dal 2019, il 4,75%) (Circ. AE 4 giugno 2014 n. 13/E).

ESEMPIO
La società Gamma, relativamente all'anno X, non ha superato il test di operatività e quindi determina il reddito minimo imponibile applicando i coefficienti forfettari ai propri beni patrimoniali.

Beni	Valore nell'anno X	%	Reddito presunto
Partecipazioni	250.000	1,5	**3.750**
Immobili ad uso abitativo acquisiti l'anno precedente	300.000	3	**9.000**
Immobili non altrove previsti	1.000.000	4,75	**47.500**
Immobili diversi	2.600.000	4,75	**123.500**
Altre immobilizzazioni	450.000	12	**54.000**
Reddito minimo			**237.750**

35265 **Proventi esenti e rettifica del reddito minimo** (Circ. Min. 15 maggio 1995 n. 140/E, Circ. AE 23 maggio 2014 n. 12/E) Ai fini della determinazione del reddito minimo occorre considerare anche gli eventuali trattamenti di esenzione ed esclusione di cui godono determinati proventi d'impresa; infatti, la condizione di non operatività non comporta il venir meno delle agevolazioni fiscali previste da specifiche disposizioni di legge.

In pratica, le società di comodo possono **portare in diminuzione** del reddito minimo presunto gli importi che non concorrono, in ogni caso, a formare il reddito imponibile per effetto delle suddette disposizioni, quali, ad esempio:

- **proventi esenti**, soggetti a ritenuta alla fonte a titolo d'imposta o ad imposta sostitutiva;
- **reddito esente**, anche per effetto di plusvalenze finanziarie parzialmente esenti (Pex);
- **dividendi** che fruiscono della **parziale detassazione**;
- importi **esclusi dal reddito** per effetto di **agevolazioni** anche temporanee;
- **rimanenze finali** che hanno concorso a formare il reddito dell'esercizio precedente secondo il principio di competenza e che sono dedotte integralmente nel primo periodo di applicazione del **regime di cassa** (v. n. 5360 - Circ. AE 13 aprile 2017 n. 11/E par. 4.2).

Se, successivamente a dette rettifiche in diminuzione, il reddito minimo presunto risulta essere ancora superiore a quello effettivo, la società deve adeguarsi a tale maggior valore.

Se a seguito di tali rettifiche emerge una **perdita**, la società può dichiarare la perdita stessa.

35270 **PERDITE PREGRESSE** (art. 30 c. 3 L. 724/94) Fermo restando che la società, nell'esercizio in cui risulta non operativa, non può dichiarare una perdita, le eventuali perdite di **esercizi precedenti** possono essere portate in diminuzione soltanto della parte di **reddito eccedente** quello minimo; quindi, l'utilizzo può avvenire solo se la società ha un **reddito effettivo superiore** a quello minimo presunto e solo per la differenza.

Con riferimento alle **società di capitali**, occorre rispettare, in via prioritaria, il limite riportabile dell'80% del reddito dichiarato (Circ. AE 19 giugno 2012 n. 25/E); la restante perdita potrà essere riportata nei periodi d'imposta successivi.

ESEMPIO

1) La società di comodo Alfa s.r.l. per l'anno X presenta la seguente situazione:
- reddito dichiarato pari a 120;
- reddito minimo pari a 80;
- reddito eccedente (120 – 80) = 40;
- perdite pregresse pari a 400;
- perdite utilizzabili in base al limite ordinario (120 × 80%) = 96.

Alfa tuttavia deve calcolare l'IRES sul reddito minimo (80); pertanto, le perdite effettivamente utilizzate saranno pari a 40 e quelle riportate a nuovo pari a 360.

2) La società di comodo Beta s.r.l. per l'anno X presenta la seguente situazione:
- reddito dichiarato 500;
- reddito minimo 50;
- reddito eccedente 450;
- perdite pregresse pari a 1.000;
- perdita utilizzabile in base al limite ordinario (500 × 80%) = 400.

Il reddito effettivo del periodo (500) al netto delle perdite utilizzabili (400) è comunque superiore al reddito minimo presunto. Pertanto Beta deve dichiarare un reddito pari a 100.
Le restanti perdite pari a 600 possono essere riportate negli esercizi successivi.

Società di persone (Circ. AE 4 maggio 2007 n. 25/E) La **limitazione** al riporto delle **perdite** 35275
pregresse interessa, indistintamente, **tutte** le perdite pregresse dei soci: sia quelle imputate dalla società, sia quelle personali del socio derivanti da partecipazioni in altre società e derivanti dallo svolgimento di un'attività imprenditoriale autonoma.

Inoltre, eventuali **perdite dell'esercizio**, derivanti dall'attività imprenditoriale autonoma o dalla partecipazione in altre società di persone del socio, non possono essere portate in diminuzione del reddito imputato allo stesso dalla società di comodo.

ALIQUOTA IRES MAGGIORATA (art. 2 c. 36 quinquies-36 octies DL 138/2011 conv. in L. 35280
148/2011 e Circ. AE 4 marzo 2013 n. 3/E) Al reddito imponibile della società di comodo - sia esso il reddito minimo o quello effettivo, se superiore al primo (v. n. 35255) - si applica la maggiorazione pari al 10,5% rispetto all'aliquota IRES ordinaria.

Se la società che risulta di comodo ha optato per il consolidato o la trasparenza fiscale o è una società di persone, la maggiorazione del 10,5% si applica con le particolarità indicate nella **tabella** seguente.

Operativamente, i soggetti IRES **applicano la maggiorazione** sul proprio reddito imponibile se essi stessi sono di comodo o sulla quota attribuitagli per trasparenza dalla partecipata di comodo, a seconda dei casi come sopra illustrato, **compilando** l'apposita Sezione XVIII del quadro RQ del modello di dichiarazione dei redditi.

società di capitali che ha optato per:	consolidato fiscale	assoggetta autonomamente il proprio reddito imponibile alla maggiorazione e provvede al relativo versamento; tale reddito confluisce poi nel consolidato e qui è sottoposto alla tassazione con aliquota ordinaria
	trasparenza in qualità di partecipata	assoggetta autonomamente il proprio reddito imponibile alla maggiorazione e provvede al relativo versamento; quindi provvede a imputare il predetto reddito alle partecipanti con le regole proprie della trasparenza
	trasparenza come partecipante	assoggetta autonomamente il proprio reddito imponibile alla maggiorazione senza tener conto del reddito imputato dalla partecipata
società di persone		se il **socio è soggetto IRES**, applica la maggiorazione sulla quota di reddito imputato dalla società di persone e se anch'esso risulta di comodo, la maggiorazione va applicata su tutto il suo reddito. Nel caso abbia optato per il consolidato fiscale deve assoggettare autonomamente alla maggiorazione la quota imputatagli ed effettuare il relativo versamento

35285 ESEMPI

ESEMPIO

1) La società A s.r.l. partecipa al 50% la società B s.r.l. Entrambe sono «di comodo» ed hanno optato per l'applicazione del **regime della trasparenza** ex art. 115 DPR 917/86.

Reddito imponibile complessivo di A	
Reddito proprio di A	200
Reddito imputato per trasparenza (di B)	100
Reddito complessivo	300

Reddito (minimo) presunto di A			
	valore dell'esercizio	percentuale	reddito presunto
Titoli e crediti	1.000	1,50%	15
Immobili ed altri beni	1.790	4,75%	85
		Totale	100

Maggiorazione IRES società B	
Base imponibile della maggiorazione	200
Aliquota maggiorazione IRES	10,5%
Maggiorazione IRES dovuta da B	**21**

Maggiorazione IRES società A	
Reddito complessivo di A (x)	300
Reddito imputato per trasparenza (da B) (y)	100
Base imponibile della maggiorazione IRES (x – y)	200
Aliquota maggiorazione IRES	10,5%
Maggiorazione IRES dovuta da A	**21**

ESEMPIO

2) Le società per azioni ALFA, BETA e GAMMA , nel periodo d'imposta X, hanno esercitato l'opzione per il consolidato nazionale in cui GAMMA riveste la qualifica di consolidante, mentre ALFA E BETA la qualifica di consolidate.

La società ALFA è stata costituita nell'anno X-1. Per il medesimo anno, ha realizzato una perdita fiscale pari a 1.000 (illimitatamente riportabile - art. 84 DPR 917/86), mentre, per il periodo d'imposta X, risulta società «di comodo» con reddito effettivo pari a 1.500 e reddito minimo presunto pari a 600.

Le società BETA e GAMMA per il periodo X non sono «di comodo» e presentano, rispettivamente, una perdita da trasferire al consolidato pari a 500 e un reddito complessivo netto da trasferire al consolidato pari a 1.000.

La società ALFA, a fronte di un reddito imponibile «ordinariamente» determinato di 1.500 e di un reddito minimo presunto per il medesimo periodo di 600, determinerà la base imponibile della maggiorazione IRES sottraendo, dal reddito imponibile «ordinariamente» determinato, le proprie perdite pregresse tenendo conto del limite «quantitativo» del reddito minimo presunto. In tal caso, il reddito imponibile che ALFA trasferisce alla fiscal unit, coincide con la base imponibile della maggiorazione Ires.

Soggetto ALFA	
Reddito del periodo X	1.500
Reddito minimo presunto del periodo X	600
Perdita anno ante consolidato (X-1)	1.000
Perdite utilizzabili nell'esercizio ex art. 84 DPR 917/86	1.000
Perdite ante consolidato disponibili	1.000
Limite del reddito minimo presunto	600
Perdite utilizzabili	900
Base imponibile della maggiorazione IRES	600
Perdite residue	100

Maggiorazione IRES (600 × 10,5%)		**63**
Reddito trasferibile alla fiscal unit 600 di cui minimo		600
Perdite fiscali residue (pregresse al consolidato)		100
Soggetto BETA		
Perdita (da trasferire alla fiscal unit)		500
Soggetto GAMMA		
Reddito (da trasferire alla fiscal unit)		1.000
Determinazione del reddito della fiscal unit	reddito ordinario	di cui «minimo»
Soggetto GAMMA	1.000	
Soggetto ALFA	600	600
Soggetto BETA	500	
Reddito globale del periodo	1.100	600
IRES con aliquota ordinaria (1.100 × 24%)	**264**	

LIMITI ALL'UTILIZZO DEL CREDITO IVA (art. 30 c. 4 L. 724/94, Circ. AE 22 luglio 2016 n. 33/E e Circ. AE 4 maggio 2007 n. 25/E) Le società non operative subiscono sempre una limitazione all'utilizzo del credito eventualmente risultante dalla dichiarazione annuale IVA e, se si verificano determinate condizioni, lo perdono definitivamente. 35290

In via ordinaria, il credito risultante dalla dichiarazione annuale IVA non può essere chiesto a **rimborso**, utilizzato in **compensazione** con altre imposte, **ceduto** a terzi o **trasferito** alle altre società del gruppo.

In mancanza di ulteriori specificazioni, si ritiene debba trattarsi dell'intero credito emergente dalla dichiarazione presentata per l'anno che comprende l'esercizio in cui la società risulta non operativa, anche se formato (in tutto o in parte) da eccedenze riportate da anni precedenti (in questo senso Cass. 17 giugno 2005 n. 13079).

In sostanza, il credito può solamente essere riportato nel periodo d'imposta successivo per la compensazione «verticale» - IVA da IVA - tornando ad essere liberamente utilizzabile nell'esercizio in cui la società dovesse risultare operativa.

Il credito IVA esistente alla chiusura dell'esercizio viene del tutto **perso** e non può quindi essere neppure riportato agli esercizi successivi, se ricorrono le seguenti **condizioni**:

- la società risulta non operativa per tre periodi d'imposta consecutivi;
- e in nessuno dei suddetti periodi, ha effettuato operazioni rilevanti ai fini dell'imposta sul valore aggiunto per importo almeno pari a quello dei ricavi presunti (determinati come illustrato al n. 35140).

In presenza di **oggettive situazioni** che non hanno consentito di effettuare le suddette operazioni, si veda quanto detto al n. 35170 e s.

Casi particolari 35295

Soggetti con **periodo d'imposta non coincidente** con l'anno solare	annualmente, devono operare un raffronto fra l'importo dei ricavi presunti ed il volume d'affari IVA riferito, ai soli fini del raffronto, al medesimo arco temporale compreso nel periodo di imposta rilevante ai fini dell'imposizione diretta
Società risultata non operativa relativamente ad un esercizio con riferimento al quale ha chiesto ed ottenuto **rimborsi infrannuali**	deve restituire il rimborso ottenuto, maggiorato di interessi e **senza applicazione di sanzioni** (Ris. AE 30 gennaio 2008 n. 26/E)

Società che hanno optato per **la liquidazione IVA di gruppo**	l'eccedenza d'imposta della società di comodo non può essere utilizzata in compensazione dell'imposta dovuta dalle altre società del gruppo, né essere chiesta a rimborso da parte della società controllante e tale conclusione trova applicazione anche nella circostanza in cui la società che ha optato per la liquidazione di gruppo abbia provveduto a trasferire al gruppo stesso crediti IVA periodici e questi siano stati utilizzati in compensazione nel corso dell'esercizio (Ris. AE 30 gennaio 2008 n. 26/E)

D. Trasformazione agevolata in società semplice

(art. 1 c. 100-105 L. 197/2022)

35300 Le società che hanno per **oggetto esclusivo o principale** la gestione di immobili e beni mobili iscritti in pubblici registri, diversi da quelli utilizzati come beni strumentali per l'attività d'impresa, che **entro** il 30 settembre 2023 si **trasformano** in società semplici, possono fruire delle disposizioni previste per l'assegnazione agevolata ai soci illustrate ai n. 21330 e s., tenendo conto delle seguenti **particolarità**:

– l'imposta sostitutiva si applica sulla **differenza** tra il valore normale (o, in alternativa, il valore catastale per gli immobili) dei beni **posseduti all'atto della trasformazione** e il loro costo fiscalmente riconosciuto;

– le società considerate non operative in **almeno due** dei tre periodi di imposta precedenti a quello in corso al momento della trasformazione devono applicare l'imposta sostitutiva in **misura pari** al 10,5%;

– il **costo fiscalmente riconosciuto** delle azioni o quote possedute dai soci delle società trasformate deve essere aumentato della differenza assoggettata a imposta sostitutiva.

CAPITOLO 4

Non residenti

SOMMARIO

Le società, gli enti di ogni tipo, con o senza personalità giuridica, nonché i trust, non residenti nel territorio dello Stato, sono soggetti ad IRES per i redditi che producono in Italia. **36000**
Vi rientrano quindi:
- le società per azioni, in accomandita per azioni, a responsabilità limitata, cooperative e di mutua assicurazione;
- le società semplici, in nome collettivo, in accomandita semplice, le società di armamento, le società di fatto e le associazioni senza personalità giuridica costituite fra persone fisiche per l'esercizio di arti e professioni;
- le società di tipo diverso da quelle regolate dalla legge italiana;
- i trust non residenti.

Le regole di determinazione del reddito sono diverse a seconda che si tratti di società ed enti commerciali con **stabile organizzazione** (nel seguito, S.O.), senza S.O., o di enti non commerciali (con o senza S.O.). **36005**
In primo luogo, pertanto, si esamina il **concetto di «S.O.»** che verrà più volte richiamato. Per alcune **grandi imprese multinazionali** (tipo i «colossi» del web) è stata introdotta la possibilità di richiedere direttamente all'AE un **parere** circa la sussistenza o meno di una S.O. in Italia, per poi poter accedere alla procedura di cooperazione e collaborazione rafforzata ai fini della definizione dei debiti tributari (v. n. 36035).
Per quanto riguarda il concetto di residenza si rinvia al n. 21045.

>**Precisazioni** 1) Per l'analisi delle condizioni di accesso ai regimi opzionali di **trasparenza** e **consolidato** di società ed enti non residenti si vedano, rispettivamente, n. 26510 (trasparenza) e n. 27065 e s. (consolidato nazionale).
2) Una **banca estera dotata di S.O.** in Italia non coinvolta nella custodia titoli di proprietà della banca può, nonostante la presenza della S.O., nominare un **rappresentante fiscale diverso**, per l'espletamento degli obblighi relativi all'applicazione di eventuali ritenute e imposte sostitutive dovute (Ris. AE 16 gennaio 2019 n. 5/E).
3) Eventuali quesiti formulati da soggetti esteri interessati a effettuare investimenti in Italia, concernenti tematiche fiscali collegate ai progetti imprenditoriali da avviare proprio in Italia possono essere indirizzati (tramite casella di posta elettronica: internationaltaxassistance@agenziaentrate.it) all'apposito Punto di assistenza dedicato (c.d. «desk dedicato») che l'AE ha istituito (Provv. AE 16 dicembre 2013 n. 2013/149505).

STABILE ORGANIZZAZIONE (S.O.) (art. 162 DPR 917/86) L'attuale definizione recepisce le indicazioni fornite dall'OCSE nell'ambito del progetto BEPS. Alla definizione generale seguono una serie di ipotesi in cui la S.O. può configurarsi ed altre per le quali è comunque esclusa. **36010**
Il fatto che un'impresa non residente, con o senza S.O., controlli un'impresa residente, ne sia controllata, o che entrambe siano controllate da un terzo, esercente o no attività d'impresa, non costituisce motivo per considerare una qualsiasi delle suddette imprese una S.O. dell'altra.

La definizione del TUIR si applica solo con i Paesi con i quali non è in vigore una convenzione contro le doppie imposizioni o nei casi in cui la convenzione risulta meno favorevole della norma interna per il contribuente.

36015 **Definizione** La S.O. è una sede fissa di affari per mezzo della quale l'impresa non residente esercita in tutto o in parte la sua attività sul territorio dello Stato (c.d. «**materiale**»).

In alternativa, rappresenta una S.O. (c.d. «**personale**») anche il soggetto **non indipendente**, residente o non residente, che nel territorio dello Stato:

– agisca per conto di un'impresa non residente e abitualmente concluda contratti o operi ai fini della conclusione di contratti senza modifiche sostanziali da parte della stessa; e,

– tali contratti siano conclusi in nome dell'impresa o concernano cessioni (o concessioni di diritti) di beni nella disponibilità della stessa o sue forniture di servizi.

Va inteso come tale anche il soggetto non legato da rapporti di dipendenza legale con l'impresa, che comunque esegua **senza autonomia** ed in modo abituale istruzioni della stessa e che in tale veste compia atti essenziali per la conclusione dei contratti che risultano vincolanti per l'impresa medesima (Cass. 9 aprile 2010 n. 8488).

Ai fini della dimostrazione della sua esistenza possono essere sufficienti elementi a carattere presuntivo e indiziario che dimostrino lo svolgimento, da parte del **legale rappresentante** della società estera, di una rilevante attività negoziale per la conclusione, in Italia, di contratti in nome e per conto di tale società (Cass. 17 gennaio 2013 n. 1120).

In presenza di un **agente indipendente**, la S.O. si configura solo nell'ipotesi in cui lo stesso agisca al di fuori della propria attività ordinaria (v. n. 36030). Tuttavia, quando un soggetto opera esclusivamente o quasi esclusivamente per conto di una o più imprese alle quali è strettamente correlato, tale soggetto non è considerato un agente indipendente in relazione a ciascuna di tali imprese.

> **Precisazioni** **1)** Anche la semplice nomina di un **rappresentante fiscale**, con conseguente attribuzione di partita IVA, potrebbe fare scattare la presunzione, relativa, di sussistenza di S.O. in Italia della società estera rappresentata (Cass. 30 novembre 2012 n. 21380).
> **2)** Un'impresa che compra e vende merce con funzioni limitate (c.d. **limited risk distributor**), in quanto agisce in nome e per conto proprio, normalmente non configura S.O.
> **3)** Le mere **attività promozionali** (es. **informatori farmaceutici**) o pubblicitarie, normalmente non integrano la S.O. personale (OCSE).
> **4)** È possibile chiedere all'AF una **verifica preventiva** sulla configurabilità o meno di una S.O. (v. n. 80180 e s.).
> **5)** Secondo una **presunzione** (il cui accertamento avverrà in contraddittorio con l'AE), sussisterebbe una S.O. anche nel caso di **raccolta**, attuata da un gestore residente, **di scommesse in Italia** per conto di soggetti esteri non residenti, secondo determinate condizioni (art. 1 c. 927-931 L. 208/2015).

36020 **Costituisce** S.O. c.d. **materiale** ad esempio:

– una sede direzionale, una succursale, un ufficio, un'officina, un laboratorio;

– un cantiere di costruzione o di montaggio o di installazione, nonché l'esercizio di attività di supervisione ad esso connesse, a condizione che il cantiere, progetto o attività abbia durata superiore a 3 mesi (il modello OCSE considera un tempo maggiore pari a 12 mesi);

– la base di un vettore aereo (art. 38 DL 179/2012 conv. in L. 221/2012, Circ. AE 3 maggio 2013 n. 12/E);

– una miniera, un giacimento petrolifero o di gas naturale, una cava o altro luogo di estrazione di risorse naturali anche in zone situate fuori delle acque territoriali in cui lo Stato può esercitare diritti relativi al fondo del mare, al suo sottosuolo e alle risorse naturali;

– una significativa e continuativa presenza economica nel territorio dello Stato, costruita in modo tale da non fare risultare una sua consistenza fisica nel territorio stesso (art. 1 c. 1010 L. 205/2017).

> La **presenza di lavoratori stranieri** che quotidianamente attraversano la frontiera per lavorare presso i cantieri della società committente italiana non configura di per sé S.O. (Cass. 24 novembre 2017 n. 28059).

36025 Una **sede fissa di affari**, in ogni caso, **non è considerata** S.O. se svolge attività di carattere preparatorio o ausiliario. Ossia che preceda o supporti il core business della società estera, ma non ne costituisca componente essenziale, normalmente non si protragga a lungo e non comporti rilevanti immobilizzazioni o personale (Commentario OCSE). Ciò può verificarsi ad esempio in caso di:

– utilizzo di un'installazione ai soli fini di deposito, di esposizione o di consegna di beni e merci appartenenti all'impresa;

– disponibilità di beni o merci appartenenti all'impresa immagazzinati ai soli fini di deposito, di esposizione o consegna, nonché di trasformazione da parte di altra impresa;

– acquisto di beni e merci o di raccolta informazioni per l'impresa;

– una qualsiasi combinazione delle precedenti.

L'applicazione delle **Convenzioni** Internazionali normalmente non richiede il carattere preparatorio o ausiliario come condizione necessaria per l'esclusione della S.O. (v. n. 95480).
L'**esclusione** prevista per le attività preparatorie o ausiliarie **non opera** se l'impresa estera o un'impresa strettamente correlata svolgano l'attività nel medesimo spazio o in un altro spazio nel medesimo Stato e detti spazi costituiscono S.O. per l'impresa estera o per l'impresa strettamente correlata, o la combinazione delle attività svolte presso il medesimo spazio o presso i due spazi superi la soglia prevista per caratterizzare un'attività come preparatoria o ausiliaria, a condizione che le attività svolte rappresentino funzioni complementari che siano parte di un complesso unitario di operazioni di impresa (art. 1 c. 1010 L. 205/2017). I casi sono due:
- S.O. preesistente dell'impresa o di altre imprese del gruppo;
- combinazione di attività dell'impresa e/o di altre attività del gruppo.

ESEMPIO
Un magazzino dove opera personale significativo dedicato alla consegna dei beni venduti on line da un'impresa estera di e-commerce che punta sulla vicinanza al cliente ed i tempi di consegna non può essere considerata attività preparatoria o ausiliaria (Commentario OCSE).

Casi particolari 36030

Elaboratori elettronici e server	La presenza di un server sul territorio italiano può configurare una sede fissa d'affari se si verificano le seguenti circostanze (Ris. AE 28 maggio 2007 n. 119/E): – l'impresa non residente esercita la propria attività (non semplicemente ausiliaria o preparatoria) tramite un server gestito direttamente e nella sua piena disponibilità (indipendentemente dal titolo giuridico: proprietà, locazione, ecc.); – il server permane in un luogo specifico per un tempo sufficiente a configurare il presupposto della fissità. La conclusione in Italia di un contratto di hosting o di housing non configura, pertanto, di per sé S.O. È stata abrogata la norma che escludeva la S.O. nel caso di mero utilizzo per la **raccolta** e la **trasmissione di dati** finalizzati alla vendita di beni e servizi (art. 1 c. 1010 L. 205/2017).
Utilizzo di intermediari	Non configura una S.O. l'esercizio della propria attività nel territorio dello Stato per mezzo di un: – soggetto che svolge attività in qualità di agente **indipendente**, che agisce per l'impresa nell'ambito della propria ordinaria attività; – raccomandatario marittimo (di cui alla L. 135/77) o di un mediatore marittimo (di cui alla L. 478/68) che abbia i poteri per la gestione commerciale od operativa delle navi dell'impresa, anche in via continuativa.

COOPERAZIONE E COLLABORAZIONE RAFFORZATA (art. 1 bis DL 50/2017 conv. in L. 96/2017) Le società ed enti non residenti che appartengono a **gruppi multinazionali** con ricavi consolidati superiori a € 1 miliardo annui e che effettuano cessioni di beni e prestazioni di servizi in Italia per un ammontare superiore a € 50 milioni annui, avvalendosi del supporto di società di capitali italiane o di S.O. in Italia di società od enti non residenti, appartenenti al medesimo gruppo societario, possono avvalersi della procedura di cooperazione e collaborazione rafforzata per la definizione dei debiti tributari dell'eventuale S.O. 36035
A tal fine, i soggetti che temono la sussistenza di una propria S.O. possono chiedere all'AE una valutazione in tal senso, mediante presentazione di apposita istanza finalizzata all'accesso al regime dell'adempimento collaborativo (v. n. 83980 e s.). Se l'AE ravvisa l'esistenza di una S.O., per i **periodi d'imposta per i quali sono scaduti i termini** di presentazione delle dichiarazioni, il competente ufficio invita il contribuente a definire, in contraddittorio, i debiti tributari della S.O. (v. n. 88018).
Nei confronti dei soggetti che estinguono i debiti della S.O., relativi a tali periodi, versando le somme dovute in base all'accertamento con adesione (v. n. 88030 e s.):
- le sanzioni amministrative applicabili sono ridotte alla metà (1/6 del minimo);
- il reato di omessa presentazione della dichiarazione non è punibile.

I soggetti che estinguono così i debiti tributari della S.O. possono **accedere al** regime dell'**adempimento collaborativo** a prescindere dall'ammontare del volume di affari o dei ricavi della S.O.

Le **modalità attuative** dell'intera disciplina sono state definite da apposita norma (Provv. AE 16 aprile 2019 n. 95765 e Provv. AE 31 luglio 2019 n. 660041).

>**Precisazioni 1) Non possono** avvalersi delle norme indicate le società e gli enti che abbiano avuto formale conoscenza di accessi, ispezioni e verifiche, dell'inizio di qualunque attività di controllo amministrativo o dell'avvio di procedimenti penali, relativi all'ambito di applicazione dell'istanza.
2) Rimane la possibilità di richiedere all'AF la valutazione preventiva della sussistenza o meno dei requisiti che configurano S.O. secondo le ordinarie regole dell'**interpello** (v. n. 80180 e s.).

a. Determinazione del reddito

36050 Il reddito complessivo delle società ed enti non residenti è formato dai soli redditi prodotti nel territorio dello Stato (artt. 151 c. 1 e 153 c. 1 DPR 917/86), secondo i criteri stabiliti dalla legge e che sono esposti al n. 201.
Non concorrono alla formazione del reddito, quelli **esenti da imposta** e quelli soggetti a **ritenuta alla fonte** a titolo di imposta o ad imposta sostitutiva.
Per quanto riguarda il **reddito d'impresa** è necessaria la presenza di una S.O., perché il reddito si consideri prodotto in Italia.

Le S.O. in Italia di società non residenti sono soggette alle norme sulle società di comodo (v. n. 35000).

36055 **SOCIETÀ ED ENTI COMMERCIALI CON S.O. IN ITALIA** (artt. 152 c. 1 e 151 c. 2 DPR 917/86) Il reddito complessivo si determina in base agli utili e alle perdite risultanti da **apposito rendiconto economico e patrimoniale**, da redigere secondo i previsti principi contabili (art. 7 c. 1 lett. b e 4 D.Lgs. 147/2015). Si applica il principio di derivazione rafforzata (v. n. 21190 e s.).
La S.O. si considera, rispetto alla società ed ente non residente cui fa capo, **un'entità separata ed indipendente**, svolgente le medesime o analoghe attività, in condizioni identiche o similari, considerando le funzioni svolte, i rischi assunti e i beni utilizzati. Il **fondo di dotazione** ad essa riferibile è determinato in conformità ai criteri OCSE, tenendo conto delle funzioni svolte, dei rischi assunti e dei beni utilizzati.
I **componenti di reddito attribuibili** alla S.O. relativamente alle transazioni e alle operazioni tra essa e l'entità cui appartiene, sono **determinati** secondo i criteri di cui al n. 21645 e s.
Le S.O. possono fruire della **deduzione ACE** (v. n. 36060) e del **credito d'imposta per le imposte pagate all'estero** (v. n. 95090 e s.).
Il **valore fiscale degli attivi** eventualmente **trasferiti** dal soggetto non residente **alla propria S.O.** in Italia è determinato con le modalità illustrate al n. 94050 e s.

I **metodi di calcolo del fondo di dotazione** dovranno essere individuati con uno o più provvedimenti dell'AE (per le banche: Provv. AE 5 aprile 2016 n. 49121). Per i periodi d'imposta iniziati **prima dell'emanazione** di tali provvedimenti l'eventuale rettifica in aumento del reddito imponibile o del valore della produzione netta conseguente alla valutazione della congruità del fondo di dotazione non sarà sanzionata.

36060 **Deduzione ACE** L'importo della deduzione ACE è determinata con le regole illustrate ai n. 25943 e s., tenendo conto delle seguenti **particolarità**:
– il riferimento ai soci o partecipanti è da intendersi alla casa madre;
– la **base di partenza** cui commisurare gli eventuali incrementi rilevanti è costituita dal maggiore tra il fondo congruo a fini fiscali al 31 dicembre 2010 (tenendo conto di principi condivisi in sede internazionale) e il fondo di dotazione contabile alla medesima data (al netto degli utili di esercizio).
Ne consegue che per valutare il livello di capitalizzazione della S.O. occorre determinare l'ammontare del fondo congruo fiscale alla data del 31 dicembre 2010 e solo quando sarà superato il dato di partenza del 2010, gli incrementi di fondo di dotazione potranno risultare idonei a garantire il relativo rendimento nozionale.
In caso di S.O. **sorta in data successiva** al 31/12/2010, per effetto di una fusione per incorporazione intracomunitaria in regime di neutralità fiscale, si assume come dato contabile di partenza il patrimonio netto al 31 dicembre 2010 della società italiana incorporata (Risp. AE 27 novembre 2018 n. 86).
La parte della deduzione ACE che **supera il reddito complessivo netto** del periodo d'imposta in corso, se non trasformata in credito d'imposta ai fini IRAP, può essere dedotto dal reddito dei

periodi d'imposta successivi e, su richiesta dell'impresa, può essere riconosciuta anche a scomputo del maggior imponibile accertato in sede accertamento con adesione (Circ. AE 21 marzo 2019 n. 5/E).

>Precisazioni 1) Le perdite di esercizio e l'attribuzione dell'utile alla casa madre non rilevano come decrementi.
2) Se il fondo di dotazione è rettificato in diminuzione in base ad una procedura per la risoluzione delle controversie internazionali (ad esempio, la procedura amichevole), la relativa deduzione ACE fruita dal contribuente sulla quota del fondo di dotazione eccedente dovrà essere rettificata di conseguenza.

Variazioni del capitale proprio rilevanti		
incrementi	apporti in denaro operati dalla casa madre alla S.O.	dalla data di effettivo versamento
	utili mantenuti nell'economia della S.O.	nella misura in cui, nel periodo d'imposta successivo al loro realizzo e a condizione che abbiano le caratteristiche di utili realmente conseguiti, risultino mantenuti nell'economia della S.O. tramite apposita rilevazione contabile (es. incremento del fondo di dotazione anche tramite incremento di riserva di utili)
	rettifiche contabili	la data a decorrere dalla quale viene fatta valere la riclassificazione in poste non produttive di interessi passivi
	rettifiche fiscali effettuate in dichiarazione per adeguare il fondo di dotazione al valore fiscalmente congruo rilevano esclusivamente nel limite di tale valore e solo per il periodo d'imposta in cui le stesse vengono operate (es. variazione in aumento operata per un importo pari agli interessi passivi correlati ai debiti riclassificati figurativamente per raggiungere la congruità fiscale) (DM 3 agosto 2017 e Relazione illustrativa)	l'inizio del periodo d'imposta cui la relativa dichiarazione si riferisce
decrementi	riduzioni del fondo di dotazione contabile della stabile organizzazione con attribuzione alla casa madre, effettuate a qualsiasi titolo	dall'inizio del periodo di imposta in cui si verificano, conformemente a quanto avviene per i soggetti residenti

SOCIETÀ ED ENTI COMMERCIALI SENZA S.O. IN ITALIA (art. 152 c. 2 DPR 36065
917/86) Il reddito complessivo è costituito, non potendo configurarsi reddito d'impresa, dai **redditi fondiari**, di **capitale** e **diversi** prodotti nel territorio dello Stato, al netto degli oneri deducibili e detraibili sotto elencati.
I criteri di determinazione di tali redditi sono i medesimi previsti per le persone fisiche, cui si rinvia.
Le **perdite** attribuite per trasparenza **da società commerciali di persone** (s.n.c. e s.a.s.) sono utilizzabili nei successivi cinque periodi d'imposta, solo in diminuzione degli utili attribuiti (per trasparenza) dalla stessa società che ha generato le perdite.

ESEMPIO
Un istituto di credito svizzero senza S.O. che eroga, in Italia, un finanziamento a favore di persone fisiche residenti non esercenti attività d'impresa o professionali e che incassa da queste interessi non assume la qualifica di sostituto d'imposta in quanto non dotato di S.O. Ai fini della tassazione del reddito di capitale conseguito, può applicare direttamente, sotto la propria responsabilità, il più favorevole trattamento convenzionale, liquidando in dichiarazione dei redditi (Modello Redditi SC) l'imposta dovuta con aliquota ridotta al 12,5% (Risp. AE 11 settembre 2019 n. 379).

Oneri deducibili Dal reddito complessivo sono ammessi in deduzione, purché risultino da 36070
idonea documentazione:
- i canoni, livelli e censi gravanti sugli immobili che concorrono a formare il reddito (v. n. 1339);
- i contributi, per importo non superiore al 2% del reddito, per i Paesi in via di sviluppo (v. n. 1325).

Il rimborso di tali oneri, se dedotti in precedenza, concorre alla formazione del reddito complessivo del periodo di imposta.

36075 **Oneri detraibili** (art. 152 c. 3 DPR 917/86) Dall'imposta lorda si detrae, fino a concorrenza del suo ammontare, un importo pari al 19% degli oneri indicati al n. 97125.
In caso di rimborso di oneri detratti in precedenza, l'imposta dovuta per il periodo in cui sono rimborsati, è aumentata di un importo pari al 19% dell'onere rimborsato.

36080 **SOCIETÀ COMMERCIALI DI TIPO DIVERSO DA QUELLE REGOLATE DAL C.C.** (art. 152 c. 4 DPR 917/86) Alle società aventi S.O. nel territorio dello Stato, si applicano le disposizioni indicate al n. 36055; a quelle prive di S.O. si applicano le disposizioni di cui al n. 36065.

36085 **ENTI NON COMMERCIALI** (art. 154 DPR 917/86) Sono gli enti che non hanno ad oggetto esclusivo o principale l'esercizio di un'attività commerciale. L'oggetto principale, che deve consistere nell'esercizio di un'attività non commerciale, si determina sulla base dell'attività **effettivamente esercitata nel territorio dello Stato** (art. 73 c. 5 DPR 917/86).
Il reddito complessivo degli enti non commerciali è costituito dall'insieme dei redditi conseguiti determinati secondo le regole della categoria di appartenenza (redditi fondiari, di lavoro autonomo, di capitale, d'impresa, ecc.).

36090 **Reddito di lavoro autonomo** Rientrano nella fattispecie le **società tra professionisti** che attraverso una base fissa in Italia prestano attività professionale di assistenza e consulenza, nel rispetto delle leggi italiane regolanti tali attività e secondo l'ordinamento interno della professione di appartenenza. Esse determinano il reddito di lavoro autonomo prodotto in Italia secondo le regole ordinarie illustrate al n. 10015 e s., compreso l'assoggettamento a ritenuta ordinaria del 20% dei redditi percepiti (Ris. AE 26 aprile 2007 n. 80/E e Ris. AE 11 giugno 2009 n. 154/E).

36095 **Reddito d'impresa** Se l'ente esercita in Italia un'attività commerciale mediante una S.O., lo stesso risulta titolare di un reddito di impresa.
Ai fini dell'individuazione dei beni dell'impresa, l'ente non deve applicare le regole stabilite per l'imprenditore individuale e non è obbligato a tenere la contabilità separata (art. 7 D.Lgs. 147/2015 e art. 153 c. 5 DPR 917/86).

Per gli **enti religiosi** trova applicazione quanto illustrato al n. 97065.

36100 **Oneri deducibili** (art. 154 c. 1 e 4 DPR 917/86) Dal reddito complessivo sono ammessi in **deduzione**, se non sono deducibili nella determinazione del reddito d'impresa che concorre a formarlo e a condizione che non vengano incluse dal soggetto erogante fra gli oneri detraibili, oltre agli oneri di cui al n. 36070:
a) le erogazioni liberali in denaro a favore dello Stato, di altri enti pubblici e di associazioni e di fondazioni private legalmente riconosciute, le quali, senza scopo di lucro, svolgono o promuovono attività dirette alla tutela del patrimonio ambientale;
b) le erogazioni liberali in denaro a favore di organismi di gestione di parchi e riserve naturali, terrestri e marittimi, statali e regionali, e di ogni altra zona di tutela speciale paesistico-ambientale;
c) le spese sostenute dai soggetti obbligati alla manutenzione e alla protezione degli immobili vincolati (art. 2 c. 2 D.Lgs. 42/2004).
Il **rimborso** di tali oneri, se dedotti in precedenza, concorre alla formazione del reddito complessivo del periodo di imposta.

36105 **Oneri detraibili** (art. 154 c. 2 DPR 917/86) Dall'imposta lorda si detrae, fino a concorrenza del suo ammontare, un importo pari al 19% degli oneri indicati al n. 97125.

36110 **Art-bonus** (art. 1 DL 83/2014 conv. in L. 106/2014, Circ. AE 31 luglio 2014 n. 24/E) Per le erogazioni liberali **in denaro** effettuate a favore di determinate attività culturali e di spettacolo è previsto un **credito d'imposta** (c.d. art-bonus) pari al 65% dell'erogazione.
Se l'ente **non** svolge alcuna **attività commerciale**, il credito spetta nei limiti e con le modalità previste per i soggetti IRPEF (v. n. 2385).

Viceversa, se l'ente svolge un'attività commerciale mediante una S.O., il credito per le erogazioni effettuate **nell'ambito** di tale attività è fruibile nei limiti e con le modalità illustrate per i soggetti IRES (v. n. 23465).

b. Dichiarazione dei redditi

La dichiarazione dei redditi deve essere redatta, a pena di nullità, sui modelli approvati dal Ministero (prelevabili gratuitamente in formato elettronico, connettendosi al sito dell'AE www.agenziaentrate.gov.it). **36120**
Il soggetto non residente che ha prodotto redditi in Italia, diversi da quelli d'impresa della S.O., compila i diversi quadri contenuti in Redditi Società di Capitali (non più quello degli enti non commerciali ed equiparati), corrispondenti alle diverse categorie reddituali (ad es. RB per i fabbricati, RT per le plusvalenze finanziarie, ecc.), seguendo però, per la compilazione, le istruzioni al modello degli enti non commerciali. I redditi d'impresa della S.O. vanno invece dichiarati nel quadro RF.
La dichiarazione va **sottoscritta** da un rappresentante per i rapporti tributari in Italia. Per i **termini** e le **modalità** di presentazione si rinvia al n. 26295 e al n. 97150.

c. Trasferimento della S.O. o di attivi all'estero

(art. 166 DPR 917/86)

Il trasferimento della S.O. alla sede centrale o ad altra S.O. situata all'estero comporta l'emersione di un reddito (c.d. «exit tax»), determinato e assoggettato a tassazione in Italia con le modalità illustrate al n. 93760 e s. tenendo conto delle seguenti **particolarità**. **36124**
La **base imponibile** è costituita dalla plusvalenza, unitariamente determinata, pari alla differenza tra il valore di mercato e il corrispondente costo fiscalmente riconosciuto delle attività e passività facenti parte del patrimonio della S.O. trasferita.
Il **valore di mercato** è determinato con le metodologie di cui al n. 21645 e s., con riferimento a condizioni di libera concorrenza in circostanze comparabili, calcolando, quando si trasferisca l'intero complesso aziendale o un ramo, il valore dell'avviamento, tenendo conto delle funzioni e dei rischi trasferiti.
Il riferimento alla **riserve in sospensione d'imposta** si intende a quelle che risultano iscritte nel rendiconto economico e patrimoniale della S.O. (v. n. 36055) nel momento in cui si considera effettuato il trasferimento.
Le **perdite** realizzate fino al termine dell'ultimo periodo d'imposta di esistenza in Italia della S.O. possono essere utilizzate con i criteri illustrati al n. 93765, rispettivamente nel caso in cui sia trasferita l'**intera** S.O. e nel caso in cui sia trasferito **solamente un ramo** della S.O.
La possibilità di optare per il versamento in 5 rate dell'imposta è ammesso nel caso in cui la S.O. è trasferita in uno Stato UE o SEE (v. n. 93770).

Le disposizioni si applicano anche nel caso in cui vi sia **trasferimento di attivi** facenti parte del patrimonio della S.O. alla sede centrale o ad altra S.O. situata all'estero. **36126**
In tal caso, la **base imponibile** è costituita dalla differenza tra il valore di mercato e il corrispondente costo fiscalmente riconosciuto degli attivi trasferiti alla sede centrale o alla S.O. situata all'estero.

> Il **trasferimento di attivi** da una S.O. si intende effettuato quando, in applicazione dei criteri definiti dall'OCSE, considerando la S.O. un'entità separata e indipendente, che svolge le medesime o analoghe attività, in condizioni identiche o similari, e tenendo conto delle funzioni svolte, dei rischi assunti e dei beni utilizzati, tali attività si considerano uscite dal patrimonio di tale S.O. (art. 166 c. 2 DPR 917/86).

TITOLO III

Regole comuni

Nel presente titolo si esaminano le disposizioni in materia di imposte dirette, comuni a persone fisiche e società:
- pagamento (e rimborso) delle imposte;
- assistenza fiscale alle imprese e ai lavoratori dipendenti;
- agevolazioni per gli investimenti, l'occupazione, l'innovazione, ecc.

CAPITOLO 1

Pagamento delle imposte

SOMMARIO

Il calcolo delle imposte e il conseguente pagamento (o recupero) sono di regola effettuati: **37000**
– dal contribuente autonomamente (c.d. adempimento spontaneo), oppure
– con il concorso di un altro soggetto (sostituto d'imposta), che trattiene parte o tutta l'imposta dovuta dal contribuente per poi riversarla all'erario.
Nel capitolo si analizzano:
– le regole comuni del pagamento: quando sorge l'obbligo, quale strumento si usa, come si esegue;
– le regole più specifiche riguardanti rispettivamente l'autoliquidazione e l'applicazione delle ritenute.

>**Precisazioni** 1) Per le norme riguardanti i **pagamenti richiesti in modo «forzato»** dall'AF (es. per emissione di ruoli), v. n. 82500 e s.
2) Per le peculiarità applicabili all'**IVA**, v. n. 55100 e s.

SEZIONE 1

Regole comuni

MODELLO DI PAGAMENTO (Provv. AE 19 giugno 2013 n. 75075) Lo strumento con cui si esegue il pagamento (o il recupero) delle principali imposte (indicate in **tabella**) **è** il Mod. F24 ordinario o il Mod. F24 Accise (da utilizzare in alternativa o obbligatoriamente in caso di versamenti di accise o di altri tributi di competenza dell'Aams o dell'AD). Esiste inoltre una versione più snella, c.d. Mod. F24 Semplificato, studiata per agevolare i contribuenti che devono versare solo le imposte più ricorrenti direttamente presso gli sportelli delle banche, poste o AdR. **37010**

>**Precisazioni** (1) Il Mod. F24 (o F24 Accise) **serve anche per** il pagamento delle somme (interessi e sanzioni compresi) dovute in caso di: ravvedimento, controllo automatizzato e formale della dichiarazione, avviso di accertamento non impugnato, atto di contestazione o avviso di irrogazione di sanzioni, istituti conciliativi di avvisi di accertamento e irrogazione sanzioni (accertamento con adesione e conciliazione giudiziale).
(2) Il contribuente può **verificare** i dati relativi ai pagamenti eseguiti con Mod. F24 o i rimborsi richiesti/ottenuti, consultando il proprio **«cassetto fiscale»** sul sito www.agenziaentrate.gov.it, accedendo alla propria area riservata tramite Spid o tramite intermediario abilitato.

Principali imposte	
Ambito	**Descrizione**
Imposte dirette	– imposte sui redditi (**IRPEF/IRES**) e relative addizionali – **ritenute** alla fonte riscosse mediante versamento diretto – imposte **sostitutive** delle imposte sui redditi – **interessi** previsti in caso di pagamento rateale

Principali imposte	
Ambito	**Descrizione**
IRAP	imposta regionale sulle attività produttive
IVA	– imposta da **liquidazioni** mensili e trimestrali – imposta **a saldo** – imposte **sostitutive** dell'IVA
Registro	– **atti privati** (Provv. AE 27 gennaio 2020 n. 18379 e Ris. AE 20 febbraio 2020 n. 9/E) – atti **pubblici e scritture private autenticate** (Provv. AE 27 novembre 2020 n. 365557 e Ris. AE 2 dicembre 2020 n. 76/E) – atti costitutivi di **start-up innovative** (Provv. AE 19 luglio 2016 n. 2016/115137 e Ris. AE 19 luglio 2016 n. 56/E) – atti dell'**autorità giudiziaria** e atti enunciati nel provvedimento e non registrati (Provv. AE 9 luglio 2018 n. 143035 e Ris. AE 18 luglio 2018 n. 57/E)
Bollo	– imposta assolta in modo **virtuale** (Provv. AE 3 febbraio 2015 n. 14261) – fatture elettroniche e libri, repertori e registri contabili tenuti **in forma elettronica** (DM 17 giugno 2014). In caso di doppio (eccedente) versamento dell'imposta dovuta su fatture elettroniche l'eccedenza non può essere indicata in compensazione su Mod. F24 (FAQ AE 19 luglio 2019 n. 132) – **atti privati** (Provv. AE 27 gennaio 2020 n. 18379 e Ris. AE 20 febbraio 2020 n. 9/E) – atti **pubblici e scritture private autenticate** (Provv. AE 27 novembre 2020 n. 365557 e Ris. AE 2 dicembre 2020 n. 76/E) – atti costitutivi di **start-up innovative** (Provv. AE 19 luglio 2016 n. 2016/115137 e Ris. AE 19 luglio 2016 n. 56/E)
Altre	– somme dovute per dichiarazione di **successione** (imposta sulle successioni, ipotecaria, catastale, tasse ipotecarie, bollo, INVIM, tributi speciali e relativi accessori, interessi e sanzioni, Provv. AE 17 marzo 2016 n. 40892) – imposta di **donazione** sugli atti registrati presso gli uffici territoriali dell'AE (Provv. AE 27 novembre 2020 n. 365557 e Ris. AE 2 dicembre 2020 n. 76/E) – somme dovute a seguito di avvisi di accertamento per inosservanza della **normativa catastale** (Provv. AE 23 marzo 2015 n. 2015/41186, Ris. AE 13 maggio 2015 n. 50/E e Ris. AE 21 luglio 2015 n. 66/E) – somme dovute a seguito di avvisi di liquidazione, atti di contestazione e irrogazione di sanzioni, correlati alle **operazioni del servizio ipotecario** (Provv. AE 26 giugno 2018 n. 127680 e Ris. AE 2 luglio 2018 n. 48/E) – imposte **ipotecaria e catastale** per registrazione di: atti privati (Ris. AE 19 novembre 2020 n. 73/E); atti pubblici e scritture private autenticate (Provv. AE 27 novembre 2020 n. 365557 e Ris. AE 2 dicembre 2020 n. 76/E) – tassa di **concessione governativa** per la numerazione dei **libri** di società di capitali ed enti commerciali (v. n. 76080) – imposta sugli **intrattenimenti** – **accise** – **IMU**, **IMI**, **TARI** e **IMPI** – **imposta comunale di scopo** – **diritto** annuale delle **Camere di Commercio** – somme dovute a seguito di **transazione fiscale** e **reclamo e mediazione** (v. n. 87798) (Provv. AE 22 marzo 2012 n. 44332) – **tributi speciali** di cui ai titoli I e II Tabella allegata al DL 533/54 conv. in L. 869/54 (es. diritti per atti catastali e per copie decisioni Corti tributarie) (Provv. AE 19 luglio 2016 n. 2016/1147) – imposta **sostitutiva** (delle imposte di registro, bollo, ipotecarie e catastali e delle tasse di CCGG) sui finanziamenti (Provv. AE 20 aprile 2017 n. 78600, Ris. AE 20 aprile 2017 n. 49/E e Ris. AE 20 aprile 2017 n. 50/E) – **contributo unificato** per i ricorsi proposti dinanzi al **giudice amministrativo** e per i ricorsi straordinari al Presidente della Repubblica e della regione Siciliana (art. 192 c. 2 DPR 115/2002, DM 27 giugno 2017, Circ. AE 22 dicembre 2017 n. 29/E e Ris. AE 12 ottobre 2017 n. 123/E) – tasse sulle **concessioni governative e tasse scolastiche** (art. 4 quater DL 34/2019 conv. in L. 58/2019). Per queste ultime si vedano i codici tributo nella Ris. AE 17 dicembre 2019 n. 106/E.

37015 Esistono anche **altri modelli** di pagamento, meno ricorrenti, indicati in **tabella**.

Somme da versare	Mod. F24 utilizzabile	Fonte
che gli enti impositori richiedono direttamente al contribuente inviandogli un modello cartaceo precompilato, utilizzabile in assenza di compensazioni	predeterminato generalizzato	Provv. AE 9 giugno 2005
imposte, interessi e sanzioni connessi alla registrazione dei contratti di locazione e affitto di immobili	con elementi identificativi (ELIDE)	Provv. AE 3 gennaio 2014 n. 2013/554
IVA per le immatricolazioni delle auto acquistate dall'UE		v. n. 65325
a seguito di atti di recupero per errato utilizzo di crediti IVA in compensazione		Ris. AE 9 marzo 2018 n. 20/E
imposta ipotecaria, tasse ipotecarie, imposta di bollo e sanzioni per servizi di aggiornamento dei registri immobiliari e per rilascio di certificati e copie		Provv. AE 28 ottobre 2019 n. 734564 e Provv. AE 28 giugno 2017 n. 120473
per adesione, acquiescenza, definizione agevolata delle sanzioni, conciliazione giudiziale e mediazione, in caso di utilizzo, in compensazione, dei crediti vantati nei confronti di PA (v. n. 88040)	Crediti PP.AA.	Provv. AE 31 gennaio 2014 n. 13917

Gli enti pubblici e alcune amministrazioni centrali dello Stato utilizzano l'apposito Mod. **F24 Enti pubblici** per pagare l'IRAP, le ritenute, le addizionali regionali e comunali, l'IMU, la TARI e tutti i tributi erariali amministrati dall'AE (Provv. AE 1° dicembre 2015 n. 154279 e Provv. AE 28 giugno 2013).

Compilazione Il modello si compone di sezioni e righe. 37020
La **sezione** da utilizzare per il versamento delle seguenti imposte è:
- IRPEF, IRES, IVA e ritenute: Erario;
- regionali (IRAP e addizionale regionale all'IRPEF): Regioni;
- comunali: IMU e altri tributi locali.

Per ogni tributo l'AE definisce specifici **codici tributo**, reperibili sul sito internet dell'AE.
Per ognuno di essi può essere compilata una sola colonna: o «importi a debito» o «importi a credito».
Gli importi devono essere **arrotondati** al centesimo di euro (se la frazione è inferiore a 500 millesimi: per difetto, altrimenti: per eccesso). I decimali vanno indicati anche se uguali a zero.
Gli importi che derivano dalle **dichiarazioni fiscali** devono essere arrotondati (Circ. AE 21 dicembre 2001 n. 106/E):
- se devono subire un'elaborazione prima di essere pagati (ad es. **acconti**, **rateazioni**, ecc.), al centesimo di euro;
- negli altri casi (ad es. saldo), all'unità di euro.

> **Precisazioni** 1) Se il versamento è effettuato in **unica soluzione**, nel campo rateazione si indica il numero 0101, anche se riguarda importi non rateizzabili; per i versamenti **rateali** v. n. 37168.
2) In caso di **trasformazioni sostanziali** soggettive, il modello va compilato indicando il codice fiscale del contribuente, risultante dalla trasformazione, che provvede al versamento unitario, anche con eventuale compensazione (Ris. AE 27 settembre 2007 n. 268/E).
3) Se al pagamento sono tenuti soggetti diversi dall'obbligato (**erede**, **genitore**, **tutore**, **curatore**, **coobbligato**, ecc.) negli appositi spazi (sezione Contribuente) occorre indicare i dati identificativi del contribuente per il quale il versamento viene effettuato, nonché il codice fiscale e il codice identificativo di chi effettua il pagamento (Provv. AE 23 ottobre 2007).

Il **saldo finale** del Mod. può risultare positivo (debito da versare) o a zero (debito compensato tramite utilizzo di crediti disponibili). Eventuali **crediti ulteriori**, da utilizzare per altre compensazioni, possono essere indicati in altri F24 (non è possibile presentare un F24 con saldo negativo). 37025
Il contribuente può correggere, senza incorrere in sanzioni, eventuali **errori nella compilazione** del Mod. che non incidano sul pagamento del debito complessivo, presentando una lettera-ravvedimento all'AE competente oppure utilizzando il servizio Civis F24 tramite Fisconline o Entratel (v. n. 87190).

LIMITE MINIMO DI PAGAMENTO Per ogni imposta è stabilito un limite minimo al di sotto del quale non sorge l'obbligo al pagamento (o al recupero), **pari a**: 37030

- per IRPEF, relative addizionali e IRES risultanti dalle dichiarazioni annuali, € 12;
- per IVA e IRAP risultanti dalla rispettiva dichiarazione annuale, € 10;
- per IVA periodica, € 25,82.

In tali ipotesi non va presentato alcun modello di pagamento.

37035 **MODALITÀ DI PAGAMENTO** (art. 37 c. 49 DL 223/2006 conv. in L. 248/2006 e art. 11 c. 2 DL 66/2014 conv. in L. 89/2014) Si distingue a seconda che si tratti o meno di titolari di partita IVA, rinviando, per le **compensazioni**, all'apposita sezione (v. n. 37220 e s.).

37037 **Titolari di partita IVA** Devono presentare il Mod. F24 in **via** telematica (salvo i casi particolari di cui al n. 37050) direttamente o tramite intermediari abilitati.
Il pagamento avviene mediante addebito su c/c del contribuente indicato sull'F24 o dell'intermediario.

È possibile effettuare il pagamento anche attraverso la cessione di **beni culturali** (art. 28 bis DPR 602/73 e Ris. AE 15 febbraio 2002 n. 43/E). Il relativo Mod. F24 evidenzia l'utilizzo in compensazione del credito derivante da tale cessione con apposito codice tributo 6836 (Ris. AE 20 febbraio 2012 n. 17/E).

37040 Il pagamento **diretto** può essere effettuato tramite:
a) «F24web» o «F24online» (Circ. AE 29 settembre 2006 n. 30/E), a **condizione** di:
- essere intestatario o cointestatario, con firma disgiunta, di un c/c presso una delle banche convenzionate con l'AE (per il cui elenco v. sito AE) o presso Poste Italiane;
- essere abilitato ai servizi telematici Entratel/Fiscoline;

b) servizi telematici di home o remote banking di banche/poste.

«F24 web» consente di compilare e inviare telematicamente il modello F24 direttamente dall'area riservata del sito internet dell'AE, senza dover installare alcun software dedicato. «F24 online» richiede di scaricare un software dal sito internet dell'AE (gratuitamente) o da terzi, per compilare il Mod. F24 da trasmettere tramite il sito internet dell'AE.

37043 Il pagamento **tramite intermediari abilitati** può essere effettuato all'AE attraverso Entratel o tramite home o remote banking di banche/poste, con il Mod. F24 cumulativo o Mod. F24 con addebito su proprio c/c.

Mod. F24	Descrizione	Adempimenti
Cumulativo (*)	I pagamenti sono effettuati in nome e per conto dei contribuenti attraverso l'addebito sui loro conti correnti	– l'intermediario preventivamente stipula apposita convenzione con l'AE; – gli interessati gli conferiscono specifica autorizzazione al pagamento, comunicando gli estremi del c/c bancario su cui addebitare gli importi pagati; – l'intermediario prepara i Mod. F24 per ogni committente, li inserisce nell'F24 cumulativo, insieme alle coordinate bancarie di ciascuno, procede all'invio telematico e si accerta di ricevere le ricevute di trasmissione e le quietanze di pagamento
Con addebito sul c/c **dell'intermediario**	L'addebito può anche essere unico, per l'ammontare delle somme complessivamente dovute	– l'intermediario ottiene la preventiva autorizzazione da ciascun interessato ed esercita apposita opzione al momento dell'invio telematico del modello; – dopo l'invio, l'intermediario consegna ai clienti le ricevute di trasmissione e le corrispondenti quietanze di pagamento

(*) Le società appartenenti ai **gruppi societari**, abilitate alla trasmissione telematica delle dichiarazioni delle consociate, non possono utilizzare l'F24 cumulativo. I versamenti telematici devono essere quindi eseguiti o direttamente tramite i servizi telematici dell'AE o, in assenza dei limiti preclusivi, ricorrendo al remote banking (Circ. AE 29 settembre 2006 n. 30/E).

Agli intermediari abilitati al servizio telematico Entratel si aggiungono, ai fini della presentazione del Mod. F24:
- le società di servizi dei **CAF-dipendenti** (art. 11 c. 1 DM 31 maggio 1999 e Provv. AE 21 giugno 2007);
- gli **Istituti di pagamento e di moneta elettronica** che aderiscono al servizio di home banking, a seguito di stipula di apposito accordo in tal senso fra AE e l'A.I.I.P. (Com. Stampa AE 2 marzo 2016).

In tutti i casi il pagamento è **tempestivo** se trasmesso entro le ore 24 del giorno di scadenza. **37045**
L'**addebito** della somma versata avviene alla data di **scadenza** del termine, anche se il pagamento è stato effettuato in precedenza (Circ. AE 29 settembre 2006 n. 30/E).
La **quietanza** di pagamento è resa disponibile nel cassetto fiscale di Fisconline o Entratel (Provv. AE 31 gennaio 2014 n. 13917).
Se l'addebito sul c/c **non va a buon fine** (es. per insufficiente disponibilità finanziarie), l'AE ne dà comunicazione all'interessato e procede al recupero (v. n. 81745).

I titolari di partita IVA possono presentare il Mod. F24 **cartaceo** con le modalità di cui al n. 37055, **se**: **37050**
- per cause oggettive (es. protestati, curatori fallimentari, ecc.), non possono accedere a un proprio c/c bancario o postale (e solo in via residuale, se proprio non è disponibile un intermediario abilitato a Entratel, che consente addebito del pagamento sul proprio conto corrente);
- hanno diritto a fruire di agevolazioni concesse sotto forma di crediti d'imposta con obbligo di presentazione del relativo modello esclusivamente presso gli AdR;
- sono destinatari di F24 predeterminati, se intendono eseguire il relativo pagamento senza ulteriori integrazioni (Circ. AE 29 settembre 2006 n. 30/E);
- sono produttori agricoli con volume di affari non superiore a € 7.000 esonerati dagli obblighi IVA (Circ. AE 29 settembre 2006 n. 30/E).

Non titolari di partita IVA Possono presentare il Mod. F24: **37055**
- in via telematica, direttamente o tramite intermediari abilitati, con le modalità indicate ai n. 37037 e s. (compresa la possibilità di effettuare il pagamento con cessione di beni culturali);
- cartaceo presso banche, uffici postali o AdR situati in Italia, utilizzando gli strumenti indicati in **tabella** (DM 30 marzo 1998, DM 28 maggio 1998 e Provv. AE 14 novembre 2001).

37057

Strumenti	Caratteristiche
contanti	–
carte PagoBancomat o Postamat **(1)**	solo presso gli sportelli degli AdR dove sono installati gli appositi terminali elettronici (ovviamente entro il limite di spesa autorizzato dalla banca emittente la carta)
assegni circolari, bancari, postali, vaglia cambiari **(2)**	a condizione che: – siano di importo pari al saldo finale (del modello di versamento); – in banca si utilizzino assegni bancari o postali tratti dal contribuente a favore di sé o assegni circolari emessi all'ordine dello stesso contribuente e girati per l'incasso alla banca delegata; – presso l'AdR si utilizzino assegni circolari e vaglia cambiari emessi dalla Banca d'Italia, dal Banco di Napoli e dal Banco di Sicilia; – negli uffici postali si utilizzino, per importi fino a € 10.329,14, assegni bancari tratti a favore del contribuente o assegni circolari intestati al contribuente e girati per l'incasso al cassiere provinciale col concorso del controllore; per importi superiori e per gli assegni circolari non trasferibili, gli stessi devono essere intestati al contribuente e girati per l'incasso al cassiere provinciale col concorso del controllore

(1) In luogo del terzo esemplare del Mod. F24, deve essere rilasciata al contribuente un'**apposita attestazione** avente gli elementi indicati con DM 22 maggio 2000.
(2) Se l'assegno è **scoperto** (anche parzialmente) o non è pagabile, il versamento si considera omesso.

PARTICOLARITÀ PER NON RESIDENTI Se **non** sono **identificati direttamente ai fini IVA**, alternativamente alle modalità ordinarie, possono provvedere al versamento tramite bonifico bancario in euro disposto presso un'azienda bancaria con sede all'estero. Beneficiaria del bonifico deve essere una delle aziende di credito autorizzate, mentre la domiciliazione deve essere effettuata presso la sede centrale dell'azienda di credito. Nel bonifico devono essere indicati i dati del contribuente, lo Stato estero di residenza, il domicilio fiscale in Italia, la causale e l'anno di riferimento. **37060**

Se sono **identificati direttamente** ai fini IVA (v. n. 68045), sono obbligati a versare telematicamente le loro imposte, mediante: **37065**
- modalità ordinaria prevista per i residenti (v. n. 37040), che richiede la titolarità di un c/c presso una banca convenzionata con l'AE (DM 17 maggio 2001 n. 281);

– bonifico attraverso il sistema di pagamento Target, per chi non è titolare di conti correnti presso banche in Italia o presso le Poste Italiane S.p.A. In pratica, i versamenti avvengono tramite bonifico, attraverso una banca estera, a favore di una corrispondente banca italiana (Circ. AE 29 settembre 2006 n. 30/E).

37070 **ACCOLLO DI DEBITO D'IMPOSTA ALTRUI** (art. 8 c. 2 L. 212/2000, art. 1 DL 124/2019 conv. in L. 157/2019) Il soggetto che si accolla il debito deve effettuare il pagamento esclusivamente utilizzando il Mod. F24 tramite i **servizi telematici** dell'AE e **non può utilizzare in compensazione** propri crediti; diversamente, l'F24 viene scartato e il pagamento si considera come omesso (Provv. AE 24 settembre 2021 n. 244683).
Nella sezione «Contribuente» vanno indicati:
– nel campo «Codice fiscale», il codice fiscale dell'accollato;
– nel campo «Codice fiscale del coobbligato, erede, genitore, tutore o curatore fallimentare», il codice fiscale dell'accollante unitamente al codice identificativo 80 (Ris. AE 6 ottobre 2021 n. 59/E).

L'**omesso pagamento** comporta il recupero, a carico dell'accollato, dell'imposta non versata e degli interessi, nonché l'applicazione della sanzione del 30% (v. n. 86915), mentre l'accollante è coobbligato in solido limitatamente all'imposta non versata e agli interessi, salvo che l'accollato dimostri che esso non è stato eseguito per fatto denunciato all'autorità giudiziaria ed addebitabile esclusivamente all'accollante CTP Milano 14 febbraio 2019 n. 666/17).
In caso di **utilizzo in compensazione di un credito** dell'accollante, a questi si applica la sanzione del 30%, se il credito utilizzato è esistente e quella dal 100% al 200%, se il credito utilizzato è inesistente (v. n. 86930).

SEZIONE 2
Autoliquidazione

37100 Il contribuente calcola autonomamente le imposte. Se dal calcolo risulta un importo dovuto (imposta a debito) deve provvedere al pagamento, se risulta un credito può utilizzare lo stesso in compensazione con altri importi a debito, oppure può chiedere il rimborso o cederlo.

A. Pagamento

37110 Si procede secondo il sistema degli acconti e del saldo: si determina e si versa l'imposta per l'anno in corso; l'anno seguente, una volta realizzato il reddito, si procede al conguaglio dell'importo versato con quanto effettivamente dovuto.

1. Acconti
(L. 97/77 e art. 17 DPR 435/2001)

37120 Prima di illustrare le modalità di calcolo e di versamento degli acconti si elencano i casi in cui questi non sono dovuti.

37125 **ESCLUSIONI**

Casi in cui gli acconti non sono dovuti		Esempi e/o precisazioni
non sono stati **conseguiti redditi**	nell'**anno precedente** e quindi non è stata presentata la dichiarazione	attività iniziata nell'anno in corso
	nell'**anno in corso**, anche se si sono conseguiti redditi nell'anno precedente	cessazione dell'attività d'impresa in assenza di altri redditi

Casi in cui gli acconti non sono dovuti	Esempi e/o precisazioni
lavoratori **dipendenti senza altri redditi** (ad eccezione di quello derivante dall'abitazione principale e relative pertinenze)	imposta netta pari a zero a causa delle ritenute subite
decesso avvenuto nel periodo di versamento dell'acconto (cioè fra il 1° gennaio e il 30 novembre - v. n. 37150) (Circ. Min. 31 ottobre 1977 n. 96)	–
per l'anno precedente **non** era **obbligatoria** la presentazione della **dichiarazione** dei redditi, anche se per l'anno in corso sì	
l'**imposta** indicata nella dichiarazione relativa all'anno precedente (al netto di detrazioni, crediti d'imposta, ritenute ed eccedenze) **non supera**, per l'IRPEF, € 51,65 e, per l'IRES, € 20,66	stessi limiti per l'IRAP relativa ai soggetti IRPEF e IRES

CALCOLO L'acconto è calcolato in **misura** pari al 100% dell'imposta risultante dalla dichiarazione dei redditi presentata per l'anno precedente (metodo storico) (art. 11 c. 18 DL 76/2013 conv. in L. 99/2013). È possibile versarlo in misura inferiore o non versare acconti tenendo conto dell'andamento reddituale dell'anno in corso (metodo previsionale). 37127

Metodo storico La **base** per il calcolo è data dall'imposta dell'anno precedente diminuita delle detrazioni, dei crediti d'imposta e delle ritenute spettanti, così come risultanti dalla dichiarazione dei redditi presentata per l'anno precedente. 37130

Se la **dichiarazione** è stata **omessa**, l'acconto col metodo storico è commisurato alla stessa base di calcolo che sarebbe dovuta risultare dalla dichiarazione se fosse stata presentata.

Metodo previsionale Se **si ritiene** che l'imposta dovuta per l'anno in corso sarà inferiore o nulla (es. per maggiori oneri deducibili) rispetto a quella dell'anno precedente, si può eseguire un versamento d'acconto inferiore a quello dovuto, calcolandone l'importo in funzione della minore imposta prevista oppure non effettuare alcun versamento. 37135
Eventuali **errori** nella previsione comportano l'irrogazione delle sanzioni per insufficiente versamento (v. n. 86915).

Casi particolari In **tabella** sono indicati i casi più comuni in cui per il calcolo si seguono regole particolari. 37140

Casi	Descrizione
erogazioni liberali in denaro effettuate dalle imprese a favore dello Stato, delle regioni, ecc. per lo svolgimento dei loro compiti istituzionali (v. n. 23455)	non si considerano deducibili ai fini della determinazione dell'acconto relativo all'anno in cui sono effettuate (Istr. Mod. Redditi)
esercenti di **impianti di distribuzione di carburante**	non si considera la deduzione forfettaria di cui al n. 6510 (art. 34 c. 2 ult. per. L. 183/2011)
persone fisiche che esercitano attività di **noleggio occasionale** di imbarcazioni e navi da diporto	non si considera l'eventuale applicazione dell'imposta sostitutiva sul reddito (v. n. 6683)

VERSAMENTO Se l'importo dovuto supera il limite minimo di pagamento (v. n. 37030), l'acconto va versato, anche se non è dovuta imposta a saldo (v. esempio). Inoltre, se l'importo dovuto è **inferiore** a € 257,52 si versa in un'unica rata **entro** fine novembre o altra scadenza mobile per i soggetti IRES; se invece è pari o superiore a tale importo si versa in due rate di cui la prima insieme al saldo. 37150

ESEMPIO
Utilizzo del metodo storico: imposta netta per l'anno 20XX pari a € 300; acconti versati nel 20XX–1 ammontano a € 500. Per il 20XX+1 l'acconto va versato anche se per il 20XX il saldo non viene versato in quanto si è determinato un credito di € 200.

Soggetti ISA (art. 58 DL 124/2019 conv. in L. 157/2019, Ris. AE 12 novembre 2019 n. 93/E) 37154
L'acconto superiore a € 257,52 si versa in due rate, **pari al** 50% ciascuna, per i soggetti che:
a) esercitano **attività** per le quali sono stati **approvati** gli **ISA**, a prescindere dal fatto che li applichino oppure ricadano in cause di esclusione (es. soggetti in **regime forfettario**, in

regime dei **minimi** o che applicano altri criteri forfettari di determinazione del reddito), e dichiarano **ricavi** o compensi **non superiori** al limite stabilito per ciascun indice dal relativo DM di approvazione;
b) oppure partecipano a società, associazioni e imprese il cui reddito è tassato per **trasparenza** in capo agli stessi (società di persone o srl e spa che hanno optato per il regime di trasparenza fiscale) e che hanno i requisiti sopra citati.

37156 In via ordinaria, il **termine** per il versamento della prima rata scade il 30 giugno - con la possibilità di **prorogare** la scadenza di 30 giorni (v. 37160), nonché di **rateizzare** l'importo (v. 37163) - e della seconda il 30 novembre dell'anno per il quale si versa l'acconto (senza possibilità di prorogare o rateizzare). Per i soggetti IRES le scadenze possono variare in base all'approvazione del bilancio o in caso di esercizio non coincidente con l'anno solare (v. tabella).

Soggetti IRES	Termine 1ª rata	Termine 2ª rata
che, per legge, **approvano** il **bilancio o** il **rendiconto oltre** il **termine** di 4 mesi dalla chiusura dell'esercizio **(*)**	ultimo giorno del mese successivo a quello di approvazione del bilancio	30 novembre
con periodo d'imposta **non coincidente con** l'**anno solare**	ultimo giorno del 6° mese successivo a quello di chiusura del periodo d'imposta	ultimo giorno dell'11° mese successivo a quello di chiusura del periodo d'imposta

(*) Se il bilancio **non è approvato nel termine** stabilito, il versamento va comunque effettuato entro l'ultimo giorno del mese successivo a quello in cui avrebbe dovuto essere approvato. Se il bilancio è approvato in **seconda convocazione** ma **entro i termini** stabiliti, il versamento dell'acconto può avvenire entro l'ultimo giorno del mese successivo a quello di approvazione effettiva del bilancio; se invece è approvato oltre i termine stabilito, il versamento va effettuato entro ultimo giorno del mese successivo alla scadenza di tale termine (v. esempio) (Circ. AE 19 giugno 2002 n. 54/E).

ESEMPIO
Se una società tenuta ad approvare il bilancio entro il 30 giugno, lo approva in seconda convocazione:
– il 30 maggio, deve versare le imposte entro il 30 giugno;
– il 10 luglio, deve comunque versare le imposte entro il 31 luglio.

37159 **Soggetti diversi** La **prima** rata in misura pari al 40%, va versata entro il 30 giugno, con la possibilità di prorogare la scadenza di 30 giorni (v. 37160), nonché di rateizzare l'importo (37163). La **seconda** rata**,** in misura pari al 60%, va versata entro il 30 novembre, senza possibilità di prorogare o rateizzare. Per i soggetti IRES vale quanto indicato in tabella 37156.

37160 Nel caso di versamento nei 30 giorni successivi (entro il 30 luglio per i soggetti con esercizio coincidente con l'anno solare) occorre **maggiorare** le somme dello 0,40% a titolo di interessi (la maggiorazione è aggiunta all'imposta dovuta e, quindi, si utilizza un solo codice tributo).
In caso di **compensazione**, la maggiorazione si applica solo sulla differenza positiva tra debiti e crediti.

Se si versa **solo** l'**imposta** senza la maggiorazione, si applica la sanzione per omesso versamento, pari al 30% calcolata sulla differenza tra quanto versato usufruendo della proroga e quanto dovuto (imposta più maggiorazione) (Circ. AE 2 agosto 2013 n. 27/E).

37163 **Rateazione** (art. 20 D.Lgs. 241/97, art. 5 DM 30 marzo 1998 e art. 5 DM 21 maggio 2009) Le somme derivanti da **dichiarazione** dovute come primo acconto possono essere versate in rate mensili di pari importo, con la **maggiorazione** degli interessi del 4% annuo e dunque dello 0,33% mensile.
Sono **esclusi** dalla rateazione: acconto IVA dovuto a dicembre; versamenti periodici IVA; ritenute alla fonte; versamenti delle imposte sostitutive, salvo che non sia previsto dalla singola legge istitutiva (anche con rinvio alle norme in materia di imposte sui redditi, Circ. AE 12 giugno 2002 n. 50/E, Com. Stampa AE 21 giugno 2002).

La rateazione può riguardare anche solo alcune imposte dovute.

Il **numero** delle rate è determinato liberamente, a **condizione** che il pagamento sia completato **entro** novembre (o, per i soggetti IRES con periodo d'imposta non coincidente con l'anno solare, 11° mese del periodo d'imposta). 37165
Nella **tabella** sono indicate i termini per il versamento delle rate a seconda che il soggetto sia o meno titolare di partita IVA.

	Termini	Precisazioni
titolari di partita IVA	– 1ª rata: 30 giugno o 30 luglio con la maggiorazione dello 0,4% **(*)** – rate successive: giorno 16 di ciascun mese successivo	– la scadenza del **16 agosto** si considera rispettata se l'adempimento è effettuato entro il 20 agosto (art. 37 c. 11 bis DL 223/2006 conv. in L. 248/2006) – stessi termini per i soggetti che hanno **cessato** l'**attività** prima della presentazione della dichiarazione o che la cesseranno nel corso dell'anno (Ris. Min. 13 luglio 1998 n. 70/E)
non titolari di partita IVA	– 1ª rata: 30 giugno o 30 luglio con la maggiorazione dello 0,4% – rate successive: fine di ciascun mese successivo	se l'**ultima rata** scade il 30 novembre, va sommata al 2° acconto (Ris. Min. 4 novembre 1998 n. 168/E) **(**)**

(*) Per i soggetti IRES con periodo d'imposta non coincidente con l'anno solare, ultimo giorno del 6° mese successivo a quello di chiusura del periodo d'imposta o, in caso di proroga, 30° giorno successivo.
(**) Se è trattenuta dal datore di lavoro a seguito di **assistenza fiscale**, questi deve versarla entro il 16 dicembre (Ris. Min. 14 ottobre 1998 n. 155/E).

L'**importo complessivo** da versare ad ogni scadenza è dato dalla somma di: 37167
– **capitale** che residua dopo aver operato l'eventuale **compensazione**, aumentato dello 0,40% in caso proroga di cui al n. 37160, diviso per il numero delle rate;
– **interessi** relativi alla singola rata, che si calcolano come segue: quelli sulla **seconda rata**, considerando i giorni intercorrenti tra il giorno successivo alla scadenza della prima rata e la scadenza della seconda, indipendentemente dal giorno del versamento; quelli sulle **rate successive**, sommando al valore precedente lo 0,33% per ogni mese.

In sede di **compilazione** del **Mod. F24** occorre indicare sia la rata che si sta versando sia il numero di rate prescelto (es. se si versa la seconda di sei rate, si indica 0206). A parte, gli interessi (cod. trib. 1668 per imposte dirette e IVA, 3805 per tributi regionali come l'IRAP). 37168
Se si procede anche alla **compensazione**:
– in un unico Mod. F24, si indicano in due righi distinti della stessa sezione il tributo o contributo compensato e la rata (Ris. Min. 24 maggio 1999 n. 85/E);
– in due Mod. F24, il primo è con saldo finale a zero, il secondo con l'ammontare rateizzato dei singoli importi rimasti a debito e, a partire dalla seconda rata, anche con quello dei relativi interessi.

2. Saldo
(art. 17 DPR 435/2001)

CALCOLO Con la compilazione della dichiarazione dei redditi si è in grado di stabilire l'imposta dovuta e si può quindi determinare il saldo nettando la stessa dei seguenti **importi**: 37170
- acconti;
- detrazioni;
- crediti d'imposta;
- ritenute subite;
- eventuali eccedenze d'imposta risultanti dalle dichiarazioni precedenti.

VERSAMENTO In via ordinaria va effettuato **entro** il 30 giugno dell'anno successivo a quello cui si riferiscono i redditi dichiarati (per i soggetti IRES v. anche tabella 37156 termine 37180 versamento 1ª rata acconto), con la possibilità di proroga di 30 giorni (v. n. 37160) e di rateazione (v. n. 37163).

B. Compensazione

37220 Se il contribuente è a credito, può recuperare tale importo attraverso la compensazione, che può riguardare crediti e debiti, risultanti dalla dichiarazione e dalle denunce periodiche contributive, relativi alla stessa imposta (c.d. compensazione verticale) o a imposte e contributi diversi (c.d. compensazione orizzontale).
Le due forme di compensazione possono essere utilizzate anche contestualmente.

1. Orizzontale
(artt. 17 e 25 D.Lgs. 241/97)

37230 I contribuenti possono compensare crediti e debiti relativi a imposte e contributi diversi (es. ritenute IRPEF con credito IVA, credito IVA con debito INPS, ecc.) al ricorrere di determinate condizioni.

> **Precisazioni** 1) In caso di credito maturato in un anno per cui la relativa **dichiarazione** è **omessa**, v. n. 37270 e s.
> 2) Se la compensazione eseguita presenta **profili di rischio**, l'AE può sospenderne l'esecuzione (v. n. 37280 e s.).

37231 **SOGGETTI ESCLUSI** (art. 17 c. 2 quater-2 sexies D.Lgs. 241/97) I soggetti che ricevono dall'AE un provvedimento di **cessazione** della **partita IVA** a seguito di controlli su soggetti a rischio, non possono effettuare compensazioni a partire dalla notifica del provvedimento, anche se questi non sono maturati nell'ambito dell'attività esercitata con la partita IVA cessata.
I soggetti che ricevono dall'AE un provvedimento di **esclusione** della partita IVA dall'**archivio VIES** adottato a seguito della cessazione della partita IVA o per la partecipazione a frodi IVA, non possono compensare i crediti IVA a partire dalla notifica del provvedimento fino a quando non sono rimosse le irregolarità contestate (v. n. 65420).

> Se i soggetti sopra indicati **si avvalgono** comunque della compensazione, l'AE comunica loro telematicamente lo scarto del Mod. F24.

37232 Sono esclusi anche i soggetti che partecipano al **gruppo IVA** (v. n. 64535 e s.).

37235 **IMPOSTE COMPENSABILI** (art. 17 c. 1 e 2 D.Lgs. 241/97) **Sono** solo quelle che si versano con il Mod. F24 elencate al n. 37010.
Sono compresi:
- **sanzioni**, anche se i debiti, sia di imposte che di sanzioni, derivano da ravvedimento, concordato, conciliazione giudiziale e definizione in via breve;
- **crediti d'imposta** derivanti da agevolazioni fiscali, da indicare nel Mod. F24 con appositi codici tributo (es. credito per ricerca e sviluppo, per nuovi investimenti, ecc.).

> **Precisazioni** 1) Il credito risultante dalle **liquidazioni IVA periodiche** è compensabile solo se riguarda l'eccedenza rimborsabile trimestralmente (v. n. 55230).
> 2) Per le società che applicano la **liquidazione dell'IVA di gruppo** la compensazione è ammessa anche per l'IVA, purché ricorrano le condizioni previste per il rimborso trimestrale (v. n. 55870).

37236 Le imposte sono compensabili solo se di **importo superiore** a € 12 (art. 1 c. 137 L. 266/2005).

37237 **CONDIZIONI** La compensazione può essere effettuata a condizione che:
- non sia superato un preciso limite massimo di crediti compensabili;
- siano rispettati determinati adempimenti, variabili a seconda del tipo di imposta a credito e del relativo importo;
- non vi siano debiti iscritti a ruolo scaduti per tributi erariali e accessori superiori a € 1.500.

Limite massimo di crediti compensabili (art. 34 L. 388/2000 e art. 9 c. 2 DL 35/2013 conv. in L. 64/2013) Il limite massimo dei crediti che possono essere compensati è di € 2.000.000 (con riferimento a tutti i crediti di imposta dei quali è titolare il contribuente) per ciascun anno solare (art. 1 c. 72 L. 234/2021). 37240

Nel limite **si comprendono** anche gli importi chiesti a rimborso direttamente all'AdR (Circ. Min. 3 settembre 1998 n. 211/E) (v. n. 37315), mentre **non** sono compresi i crediti:

- derivanti da somme rimborsate a seguito di assistenza fiscale o da versamenti di ritenute eccedenti da parte del sostituto d'imposta (Ris. AE 4 agosto 2015 n. 73/E);
- trimestrali derivanti dalle liquidazioni periodiche IVA, chiesti a rimborso (Comunicato AE 20 luglio 2004);
- compensati verticalmente (con i debiti della stessa imposta), anche se tale compensazione risulta esposta nel Mod. F24;
- d'imposta derivanti da agevolazioni fiscali (Ris. AE 5 dicembre 2003 n. 218/E e Risp. AE 9 novembre 2018 n. 63). Se derivano da agevolazioni fiscali che devono essere indicate nel quadro RU del Mod. Redditi, queste sono comunque soggette a uno specifico limite annuo di € 250.000 (v. n. 37965 - art. 1 c. 53 L. 244/2007).

Se l'importo dei crediti è **superiore al limite**, l'eccedenza può essere chiesta a rimborso nei modi ordinari o compensata nell'anno successivo (v. esempio). 37243

Se il **credito utilizzato** in compensazione è superiore al limite, il Mod. F24 è scartato, secondo modalità da attuarsi con provvedimento dell'AE (art. 17 c. 2 ter D.Lgs. 241/97).

Adempimenti 37245

Imposte a credito da compensare	Limite (1)	Adempimento	Fonte
Imposte **sui redditi** e addizionali, imposte **sostitutive**, **ritenute** alla fonte **e IRAP (2)**	fino a € 5.000	nessuno. I crediti sono compensabili dal giorno successivo a quello in cui si è chiuso il periodo d'imposta in cui sono maturati (per persone fisiche e società con esercizio coincidente con anno solare, dal 1° gennaio)	art. 1 c. 574 L. 147/2013, art. 17 c. 1 D.Lgs. 241/97, Rel. illustrativa al DL 124/2019 e Istr. dichiarazioni
	oltre € 5.000	apposizione del visto di conformità **(3)** o della sottoscrizione dell'organo di controllo in dichiarazione. I crediti, ad eccezione di quelli maturati dai sostituti d'imposta, sono compensabili dal 10° giorno successivo alla presentazione della dichiarazione	
IVA periodica (v. n. 55235) **o annuale** (v. n. 55530)	fino a € 5.000	preventiva presentazione dell'istanza da cui emerge il credito periodico o della dichiarazione annuale	Istr. Mod. IVA TR
	oltre € 5.000	oltre a quanto sopra: apposizione del visto di conformità o sottoscrizione dell'organo di controllo in dichiarazione. I crediti sono compensabili dal 10° giorno successivo alla presentazione della dichiarazione	art. 10 c. 1 lett. a n. 7 DL 78/2009 conv. in L. 102/2009

(1) È riferito alla tipologia di tributo che ha generato il credito. Esempio: credito IRPEF € 4.000 e credito addizionale regionale € 1.500, non occorre il visto di conformità.

(2) Sono **esclusi** i crediti d'imposta da indicare nel quadro RU del Mod. Redditi (Risp. AE Telefisco 30 gennaio 2020 e Istr. Mod. Redditi).

(3) Facoltativo in caso di compensazione di somme **rimborsate dal sostituto** d'imposta a seguito di assistenza fiscale o di **ritenute in misura eccedente** (Ris. AE 4 agosto 2015 n. 73/E).

Debiti iscritti a ruolo scaduti (art. 31 c. 1 DL 78/2010 conv. in L. 122/2010, DM 10 febbraio 2011) In presenza di debiti iscritti a ruolo scaduti **per tributi erariali e accessori** (sanzioni, interessi, aggi e altre spese collegate, di notifica o procedure esecutive) **superiori a** € 1.500, per effettuare compensazioni occorre prima estinguere il debito. 37250

Per iscrizione a ruolo **si intende** sia l'iscrizione nei ruoli oggetto di cartella di pagamento, sia l'affidamento in carico all'AdR a seguito di avviso di accertamento esecutivo (v. n. 82150 e s.) o atti equiparati (art. 29 DL 78/2010 conv. in L. 122/2010).

Per i debiti per i quali è stata concessa una **rateazione**, se non ne viene eseguito il pagamento, ai fini del calcolo di € 1.500 si distingue a seconda che l'omissione abbia comportato o meno la decadenza dal beneficio della rateazione (v. n. 82810). Se c'è decadenza, la compensazione è preclusa con riferimento all'importo complessivo del debito residuo non pagato; altrimenti, esclusivamente con riferimento alla rata scaduta.

>**Precisazioni** 1) In caso di compensazione in **violazione** di quanto previsto, si applica la sanzione pari al 50% del debito scaduto fino a concorrenza di quanto compensato ma la sanzione non può comunque essere superiore al 50% dell'ammontare indebitamente compensato (es. debito di € 25.000, se compenso € 25.000, la sanzione è € 12.500; se compenso € 18.000, la sanzione è € 9.000; se compenso € 8.000, la sanzione è € 4.000).
La sanzione non si applica se i debiti sono oggetto di impugnazione ma in caso di rigetto dell'impugnazione la sanzione viene comunque irrogata.
2) Il contribuente può avere un **quadro completo** delle **cartelle e** degli **avvisi di pagamento** emessi nei suoi confronti e non ancora pagati, utile per valutare correttamente come utilizzare i crediti disponibili in compensazione, consultando il proprio estratto conto online sul sito dell'AdR. Per utilizzare tale servizio occorre avere lo SPID.

37255 Il divieto di compensazione **non si applica**:
– in caso di debiti iscritti a ruolo scaduti per tributi non erariali (es. IMU);
– ai ruoli per i quali è stata concessa una sospensione;
– ai crediti derivanti da somme rimborsate a seguito di assistenza fiscale o da versamenti di ritenute eccedenti da parte del sostituto d'imposta (Ris. AE 4 agosto 2015 n. 73/E);
– in caso di fallimento o concordato preventivo, in presenza di debiti iscritti scaduti e non pagati maturati prima della dichiarazione di fallimento o della domanda di concordato preventivo (Cass. 2 luglio 2020 n. 13467, Circ. AE 11 marzo 2011 n. 13/E e Risp. AE 6 novembre 2020 n. 536).

37260 È possibile **estinguere il debito** iscritto a ruolo scaduto **mediante compensazione** con crediti relativi alle stesse imposte, utilizzando il Mod. F24 (cod. trib. RUOL - Ris. AE 21 febbraio 2011 n. 18/E). Non si applica il limite massimo di crediti compensabili (n. 37240); in caso di crediti superiori a € 5.000 occorre rispettare gli adempimenti indicati al n. 37245 (Risp. AE 14 agosto 2020 n. 264).
Se il **pagamento** è **parziale** (riguarda cioè solo una parte del debito essendo insufficiente il credito), il contribuente può:
– saldare comunque l'intero debito, pagando la differenza fra debito totale e credito utilizzato in compensazione con lo stesso Mod. F24;
– scegliere quali debiti intende estinguere con la compensazione, comunicandolo preventivamente all'AdR tramite il Modello «Dichiarazione di avvenuta compensazione e/o richiesta di imputazione dei pagamenti». In mancanza di tale comunicazione, l'imputazione dei pagamenti è effettuata dall'AdR secondo le usuali regole (priorità per le rate scadute più remote).
Se il pagamento è **eccedente** rispetto alle somme dovute, l'eccedenza è rimborsata dall'AdR previa presentazione di apposita istanza da parte del contribuente.

37265 **MODALITÀ** I **titolari di partita IVA** effettuano la compensazione mediante Mod. F24 telematico, utilizzando i servizi dell'AE (v. n. 37037).
I **non titolari di partita IVA e i sostituti d'imposta** effettuano la compensazione dei seguenti crediti maturati dal 2019, con le stesse modalità previste per i titolari di partita IVA (art. 11 DL 66/2014 conv. in L. 89/2014, art. 37 c. 49 bis DL 223/2006 conv. in L. 248/2006 e Ris. AE 31 dicembre 2019 n. 110/E):
– relativi a imposte sui redditi, IRAP, IVA;
– agevolazioni e crediti indicati nel quadro RU del Mod. Redditi;
– crediti tipici dei sostituti d'imposta (es. eccedenze di versamento delle ritenute, c.d. bonus Renzi, rimborsi da Mod. 730).
Possono compensare i crediti diversi dai precedenti telematicamente tramite i servizi dell'AE, delle banche o delle poste (in caso di saldo pari a zero, solo tramite i servizi dell'AE).

I **codici tributo** utilizzabili sono contenuti nella Ris. AE 31 dicembre 2019 n. 110/E.

37267 In ogni caso, il **credito eccedente** può essere utilizzato in occasione dei pagamenti successivi (Istr. Mod. F24). Analogamente, se **per errore** l'intero importo del credito non è compensato entro la data di presentazione della dichiarazione successiva, la parte non utilizzata può essere riportata nella dichiarazione successiva (Ris. Min. 13 luglio 1998 n. 70/E).

Se, successivamente al riporto del credito, non è presentata la **dichiarazione dei redditi** perché se ne è **esonerati**, è possibile chiedere il rimborso o utilizzare il credito nella prima dichiarazione che evidenzia un debito d'imposta (quadro RX del Mod. Redditi).

OMESSA DICHIARAZIONE A CREDITO Il credito maturato in un anno per cui la relativa dichiarazione è omessa, non è perso ma può essere recuperato chiedendolo a **rimborso** con apposita istanza (v. n. 80450 e s.) o riportandolo nella dichiarazione successiva (n. 37275). 37270

Secondo parte della Cassazione, può solo essere chiesto a rimborso (Cass. 4 settembre 2020 n. 18393, Cass. 30 ottobre 2018 n. 27621, Cass. 22 luglio 2015 n. 15413).

Solitamente il **riporto** del credito **nella dichiarazione successiva** a quella omessa fa emergere, in sede di controllo automatizzato della dichiarazione, un errore cui segue l'emissione, da parte dell'AF, della comunicazione di irregolarità. 37275
Se il **contribuente dimostra**, durante il contraddittorio con l'Ufficio, che il credito è esistente, spettante e documentato (es. attraverso l'esibizione dei registri IVA e delle relative liquidazioni, della dichiarazione cartacea relativa all'annualità omessa, ecc.), l'Ufficio può utilizzarlo direttamente a riduzione delle somme originariamente dovute, emettendo una comunicazione contenente la rideterminazione delle somme che residuano da versare (rimangono dovuti gli interessi e la sanzione sulla parte di credito effettivamente utilizzata).
Negli **altri casi**, l'Ufficio emette la cartella per richiedere imposta, sanzione e interessi (Cass. SU 8 settembre 2016 n. 17758); la cartella dovrebbe essere preceduta da avviso di rettifica (Cass. 5 ottobre 2016 n. 19860). Il contribuente a quel punto può:
- pagare e poi richiedere il **rimborso** (v. n. 80450 e s. - Circ. AE 25 giugno 2013 n. 21/E, Cass. 10 dicembre 2013 n. 27578);
- **impugnare** la cartella. Se viene dimostrata la spettanza del proprio diritto (soddisfacimento dei requisiti sostanziali richiesti dalla norma: es. in ambito IVA effettuazione di acquisti da parte del soggetto passivo e loro destinazione ad operazioni imponibili), il credito deve essere riconosciuto (Cass. SU 8 settembre 2016 n. 17757).

COMPENSAZIONI A RISCHIO (art. 37 c. 49 ter DL 223/2006 conv. in L. 248/2006 e Provv. AE 28 agosto 2018 n. 195385) Se la compensazione eseguita presenta profili di rischio di **evasione**, l'AE può sospenderne il pagamento in modo da eseguirne i controlli, dandone **comunicazione** tramite apposita ricevuta. 37280
La sospensione **interessa** tutto il Mod. F24 e ha una **durata** massima di 30 giorni dall'invio del Mod. F24.
Se il Mod. F24 ha **saldo positivo**, non può essere effettuato alcun addebito nel conto ivi indicato.
Il contribuente può:
- richiedere l'**annullamento** del Mod. F24, secondo le ordinarie procedure telematiche dell'AE;
- inviare le informazioni necessarie per **sbloccarlo**.

A seguito dei controlli, si distingue a seconda che il credito sia stato o meno correttamente utilizzato. 37285

Credito correttamente utilizzato?	Conseguenze
NO	il Mod. F24 è scartato e i pagamenti e le compensazioni sono considerati non eseguiti. Se lo scarto è comunicato dall'AE dopo la scadenza del periodo di sospensione, l'operazione si considera effettuata nella data indicata nel file telematico inviato. Previa adozione di un provvedimento AE attuativo, l'AE, entro la scadenza del periodo di sospensione, comunica la mancata esecuzione al soggetto che li ha trasmessi e, al contempo, comunica al contribuente la sanzione indicata al n. 86930. Nei 30 giorni successivi al ricevimento della comunicazione, il contribuente può inviare all'AE chiarimenti su eventuali elementi non considerati o valutati erroneamente; se entro tale termine versa le somme contenute nel Mod. F24 scartato, la sanzione non viene iscritta a ruolo a titolo definitivo (art. 37 c. 49 quater DL 223/2006 conv. in L. 248/2006 e art. 3 c. 8 DL 124/2019 conv. in L. 157/2019) **(*)**

Credito correttamente utilizzato?	Conseguenze
Sì	il pagamento si considera effettuato nella data indicata nel file telematico dell'F24. In tal caso, se il **saldo** dell'F24 era: – pari a **zero**, l'AE comunica al soggetto che ha trasmesso il file telematico l'avvenuto perfezionamento del pagamento; – **positivo**, l'AE invia richiesta di addebito sul conto indicato all'interno del file telematico, dandone comunicazione al contribuente
(*) In caso di iscrizione a ruolo l'AdR notifica la cartella di pagamento al debitore entro il 31 dicembre del terzo anno successivo a quello di presentazione del Mod. F24.	

2. Verticale

37290 La compensazione tra crediti e debiti relativi alla stessa imposta (c.d. compensazione verticale) **consiste** nel riporto di un credito al periodo successivo, al fine di ridurre il debito che eventualmente si manifesterà.

Non necessita di particolari **formalità**: non è obbligatoria la presentazione del Mod. F24, essendo sufficiente indicare la compensazione nei libri contabili e nelle dichiarazioni annuali. Se lo si ritiene utile, è comunque possibile presentare il Mod. F24, senza intaccare l'importo compensabile.

Per le **modalità** e l'**omessa dichiarazione a credito** si applicano le regole sopra illustrate per la compensazione orizzontale (v. n. 37265 e s.), con le seguenti particolarità:
– è escluso l'obbligo di utilizzo del Mod. F24;
– tutti i soggetti possono utilizzare sia i servizi telematici dell'AE sia quelli di banche o poste (in caso di saldo pari a zero, solo i servizi dell'AE).

C. Rimborso

37300 Il contribuente a credito che non intende avvalersi della compensazione, può chiedere il rimborso con modalità diverse a seconda dei casi.

Credito derivante da	Modalità di rimborso	V. n.
dichiarazione	richiesta in dichiarazione **(1) (2)**	37305 e s.
errori materiali, duplicazione, inesistenza totale o parziale dell'obbligazione tributaria	presentazione di apposita istanza	80450 e s.
operazioni di liquidazione effettuate dall'AF o errori compiuti nelle iscrizioni a ruolo	è disposto d'ufficio dall'AF	80475 e s.
(1) I titolari di un **conto fiscale** possono seguire una procedura più rapida (v. n. 37315). **(2)** Prima che il rimborso venga erogato (anche solo in parte), si può modificare la propria scelta e chiedere di utilizzare il credito in **compensazione** (v. n. 37230), presentando una dichiarazione integrativa entro 120 giorni dal termine di presentazione della dichiarazione originaria (art. 2 c. 8 ter DPR 322/98).		

>**Precisazioni 1)** Per il rimborso del credito **IVA** v. n. 55650 e s.
2) Se il titolare del credito ha **debiti iscritti a ruolo superiori a** € 1.500, può essere invitato dall'AE, tramite l'AdR, a effettuare la compensazione (v. n. 37330).

37305 **RICHIESTA IN DICHIARAZIONE** (artt. 42 bis e 44 DPR 602/73) Il credito superiore a € 12, che emerge dalla dichiarazione dei redditi o dalla dichiarazione IRAP, può essere richiesto, in tutto o in parte, a rimborso, compilando l'apposito rigo in dichiarazione.

L'**erogazione** viene effettuata, successivamente al controllo della dichiarazione con procedura automatizzata, mediante bonifico bancario se il richiedente ha comunicato le coordinate del proprio c/c bancario o postale all'AE (in via telematica o presso un ufficio territoriale); in alternativa, tramite titoli di credito di Poste Italiane s.p.a. (DM 22 novembre 2019).

›Precisazioni 1) Il diritto al rimborso **si prescrive** dopo 10 anni dalla presentazione della dichiarazione che contiene la richiesta di rimborso (art. 2946 c.c. e Cass. SU 7 febbraio 2007 n. 2687). **Per interrompere** la prescrizione è sufficiente inviare all'AF un apposito sollecito (Parere Avvocatura Generale dello Stato 1° ottobre 2003 n. 105547).
2) Per i lavoratori **dipendenti e assimilati** che si avvalgono dell'assistenza fiscale, il rimborso d'imposta è erogato, a seconda dei casi, dal datore di lavoro o dall'AE (v. n. 37660 e s.).
3) Per le condizioni aggiuntive necessarie per ottenere dei rimborsi richiesti precedentemente dalle **società** che hanno **cessato** l'**attività** si rinvia al n. 92765.

Casi particolari In **tabella**, gli adempimenti specifici da seguire per l'incasso. 37310

Casi	Adempimenti	Fonti
Decesso del creditore	Gli **eredi** (1) del titolare del modulo di riscossione devono richiedere la **voltura del credito** spettante al deceduto, presentando apposita autocertificazione in merito alla qualità di eredi e all'avvenuta presentazione della dichiarazione di successione, se dovuta. Se il modulo per il pagamento presso l'ufficio postale è già stato emesso, gli eredi devono recarsi presso l'AE per richiedere tale voltura (2)	Ris. AE 22 marzo 2001 n. 31/E e Ris. AE 22 dicembre 2005 n. 176/E
Furto, distruzione accidentale o smarrimento modulo di riscossione	Il contribuente **presenta all'AE** la copia della denuncia (nei casi di furto, sottrazione o di altro reato) o rilascia una dichiarazione dell'avvenuta distruzione o dello smarrimento del modulo di riscossione. L'ufficio gli consegna apposito modello con allegata la stampa dell'interrogazione del sistema informativo dell'Anagrafe tributaria contenente i dati del rimborso, che costituisce parte integrante dell'attestazione che autorizza alla riscossione presso qualsiasi ufficio postale	Ris. AE 5 aprile 2001 n. 42/E
Errori anagrafici nel modulo di riscossione	Il contribuente presso l'AE fa verificare il modulo contenente i dati anagrafici difformi; l'ufficio li confronta con i dati acquisiti al sistema informativo dell'Anagrafe tributaria, con riferimento a quanto risultante dalla dichiarazione prodotta per l'annualità oggetto di rimborso, e consegna al contribuente un modello con cui attesta che il modulo per la riscossione del rimborso, ricevuto dall'istante, si intende emesso a favore del contribuente indicato con i dati anagrafici corretti. Nei casi di **omonimia** il soggetto che ha ricevuto il modulo di riscossione può verificare presso gli uffici dell'AE la spettanza del rimborso; se risulta non titolare, l'ufficio postale comunica il caso di omonimia all'AE	Ris. AE 15 maggio 2001 n. 65/E
Separazione o divorzio	Il rimborso del credito IRPEF, risultante da una **precedente dichiarazione congiunta**, può essere attribuito, per la quota di sua competenza, a ciascun coniuge personalmente. Il coniuge a ciò interessato deve dare comunicazione scritta della separazione legale o del divorzio sopravvenuti all'Ufficio dell'AF al quale è stata presentata la dichiarazione congiunta (3)	art. 30 D.Lgs. 241/97

(1) Le stesse regole valgono per il **procuratore**, **curatore fallimentare o tutore** dell'avente diritto al rimborso.
(2) **In caso di più eredi**, l'AE autorizza e indica sul modello valido per la riscossione tutti gli eredi che risultino tali oppure indica l'erede che, sulla base dei documenti presentati, risulti formalmente delegato alla riscossione del rimborso in nome e per conto di tutti gli altri eredi.
(3) Se uno dei coniugi è **titolare di partita IVA**, può chiedere l'erogazione della parte di rimborso a lui spettante anche **tramite conto fiscale** (v. n. 37315): unitamente alla richiesta di rimborso produce apposita dichiarazione, con autentica di firma, attestante l'entità del rimborso di sua competenza (Circ. Min. 3 settembre 1998 n. 211/E).

RICHIESTA TRAMITE CONTO FISCALE (art. 78 c. 33 L. 413/91, art. 34 c. 1 L. 388/2000, Circ. Min. 3 settembre 1998 n. 211/E) I **titolari di partita IVA** possono chiedere il rimborso presentando, direttamente o tramite servizio postale, un'apposita **domanda** (Mod. G) all'AdR presso il quale è aperto il conto fiscale al momento della domanda stessa. 37315
La richiesta non può eccedere il **limite** di € 2.000.000 (art. 1 c. 72 L. 234/2021) per ciascun anno solare. Tale limite comprende anche le imposte e i contributi compensati orizzontalmente (v. n. 37230).

Se l'importo chiesto a rimborso è **superiore al** 10% dei versamenti complessivi effettuati nei due anni precedenti e registrati nel conto fiscale, esclusi quelli conseguenti a iscrizione a ruolo, al netto dei rimborsi già erogati, occorre prestare una **garanzia** per l'importo eccedente tale limite (fideiussione, cauzione in titoli di Stato, ecc. - v. n. 55715). La garanzia va presentata 37316

all'AdR entro 40 giorni dalla richiesta di rimborso e deve essere efficace fino al termine di decadenza dell'accertamento (quindi deve comprendere anche gli interessi per il periodo intercorrente tra l'erogazione del rimborso e la decadenza dell'accertamento).
Contemporaneamente alla garanzia le **imprese** devono presentare, anche sotto forma di dichiarazione sostitutiva di certificazione, il **certificato unico** del registro delle imprese.
Per i contribuenti **non a rischio** la garanzia può essere sostituita da visto di conformità e apposita dichiarazione sostitutiva attestante il possesso di determinati requisiti patrimoniali (v. n. 55700), se il rimborso è superiore sia a € 30.000 sia al 10% del totale dei versamenti effettuati sul conto fiscale nei due anni precedenti.

37318 L'intestatario del conto fiscale può chiedere all'AE, in forma libera, un'**attestazione** che certifichi la certezza, la liquidità del credito (ma non la sua esigibilità) e la data indicativa di erogazione del rimborso (art. 10 DL 269/2003 e Circ. AE 3 marzo 2004 n. 9/E, che contiene anche un fac-simile dell'attestazione).
La richiesta è **valida solo se** il conto fiscale è aperto alla data di presentazione della stessa, non rilevando l'eventuale successiva chiusura del conto o il trasferimento del contribuente presso altro AdR.
I crediti così certificati possono essere iscritti nell'attivo circolante alla voce crediti tributari (art. 2424 c.c.).

L'attestazione **non** è **utilizzabile** nel processo di esecuzione o nella procedura di ingiunzione.

37320 **Entro** 60 giorni dalla presentazione della richiesta di rimborso, l'AdR dispone l'erogazione del rimborso mediante accredito sul conto corrente bancario preventivamente comunicato dal contribuente intestatario.
Se, per carenza di fondi, il rimborso **non** può essere **eseguito** entro il termine suddetto, sull'ammontare non rimborsato spettano gli interessi previsti dalla legge.

37325 La procedura descritta si applica anche ai **rimborsi disposti d'ufficio** dall'AdR, previa comunicazione dell'ufficio tributario competente. In tal caso, il rimborso deve avvenire entro 20 giorni dal ricevimento della disposizione di pagamento e non è richiesta la garanzia.

37330 **PRESENZA DI CARICHI PENDENTI** (art. 28 ter DPR 602/73, art. 31 c. 1 ult. per. DL 78/2010 conv. in L. 122/2010) **Prima di erogare** un rimborso, l'AE verifica se nei confronti del beneficiario risultino debiti per **importi superiori a** € 1.500 (v. n. 37250) e, in caso affermativo, trasmette apposita segnalazione all'AdR che ha in carico il debito, mettendo a disposizione dello stesso le somme da rimborsare.
Ricevuta la segnalazione, l'AdR notifica all'interessato, con apposito modello (contenuto nella Dir. Equitalia 15 giugno 2009 n. 6337), una **proposta di compensazione** tra il credito e il debito pendente, sospendendo l'azione di recupero e invitando il debitore a comunicare, entro 60 giorni, se intende accettare tale proposta.
In caso di **accettazione** della proposta, l'AdR procede alla compensazione.
Se la proposta è **rifiutata o** se **non** ha avuto **tempestivo riscontro**, gli effetti della sospensione cessano e l'AdR comunica all'AE che non ha ottenuto l'adesione alla compensazione. Il rimborso viene quindi eseguito mentre prosegue autonomamente l'attività volta al recupero dell'importo a debito.

D. Cessione del credito

(art. 43 bis DPR 602/73 e DM 30 settembre 1997 n. 384)

37340 **ORDINARIA** Il credito chiesto a rimborso **tramite dichiarazione dei redditi** può essere ceduto a terzi mediante apposita procedura (c.d. procedura ordinaria, per distinguerla da quella semplificata riservata alle società appartenenti ad un gruppo, v. n. 37355).
La cessione **riguarda** l'intero ammontare del credito chiesto a rimborso per ciascuna delle imposte sui redditi e dei relativi interessi (questi ultimi non possono formare oggetto di autonomo atto di cessione e spettano comunque al cessionario).
Non possono essere ceduti i crediti richiesti con **istanza di rimborso** (v. n. 80450).

L'eventuale cessione del **credito tributario futuro** acquista efficacia, oltre che ai fini civilistici, anche ai fini fiscali, quando il credito viene chiesto a rimborso nelle dichiarazioni (Risp. AE 17 gennaio 2019 n. 1).

La cessione deve essere **redatta** con atto pubblico o scrittura privata autenticata da un **notaio** e deve essere **notificata**: 37345
- all'ufficio dell'AE competente per la dichiarazione dei redditi del cedente e
- all'AdR competente in ragione del domicilio fiscale del cedente alla data di cessione del credito.

Effetti La cessione non pregiudica i **poteri dell'AF** relativi al **controllo** delle dichiarazioni dei redditi, all'accertamento e all'irrogazione delle sanzioni nei confronti del cedente. 37350
Il **cessionario** a seguito dell'acquisto del credito:
- non può **cedere a sua volta** il credito acquistato (sono inefficaci nei confronti dell'AF i successivi atti di cessione a terzi del credito ceduto);
- ha diritto alla **percezione degli interessi** relativi;
- in caso di **indebito rimborso** è obbligato in solido con il cedente (nei limiti delle somme rimborsate). La solidarietà ha effetto purché gli siano notificati gli atti con cui gli organi competenti procedono al recupero delle somme indebitamente rimborsate. In caso di variazione del domicilio fiscale il cedente e il cessionario hanno l'obbligo di dare tempestiva comunicazione all'AF, altrimenti non possono opporre il difetto di notifica.

L'atto di cessione dei crediti è **inefficace** nei confronti dell'AF se al momento della notifica:
a) l'AF ha già proceduto all'emissione dell'ordinativo di pagamento;
b) è già stata presentata richiesta per il rimborso mediante titoli di Stato e il MEF ha già proceduto alla formazione dell'elenco degli aventi diritto al rimborso;
c) risultano a carico del cedente eventuali iscrizioni a ruolo relative a tributi erariali già notificate: la cessione ha effetto solo per gli importi eccedenti quelli oggetto delle iscrizioni a ruolo.

ESEMPIO
In presenza di un credito di € 400 e di iscrizioni a ruolo pari a € 100, il cedente può trasferire efficacemente solo € 300. Se la cessione del credito avviene in tre diverse rate, di € 100 ciascuna, e l'iscrizione a ruolo è pari a € 100, la cessione dell'ultima rata è inefficace (Ris. AE 16 maggio 2006 n. 67/E).

INFRAGRUPPO Per le società appartenenti ad un gruppo esiste una procedura semplificata di cessione che **riguarda** solamente i crediti IRES risultanti dalle dichiarazioni dei redditi riportati al periodo successivo (non compensati, né chiesti a rimborso) (art. 43 ter DPR 602/73 e DM 30 settembre 1997 n. 384). 37355
Tali crediti possono essere ceduti, **parzialmente o totalmente**, a una o più società del gruppo, oppure alla società o ente capogruppo.
La **quota non ceduta** può essere portata in diminuzione dei versamenti relativi agli esercizi successivi o chiesta a rimborso.

Per la cessione (compensazione) alle società del gruppo nell'ambito:
- delle **liquidazioni IVA** v. n. 55980 e s.;
- del **consolidato** fiscale v. n. 27485 e s.

Società interessate La cessione che può riguardare controllata e controllante o due controllate è soggetta alle condizioni indicate in **tabella**. 37360

Cedente o cessionario	Condizioni
Controllante (società o ente)	Solo se la controllante **non** è a sua volta **controllata da una società straniera** obbligata alla redazione del bilancio consolidato, altrimenti la cessione non è ammessa (Parere Comitato Consultivo per le norme antielusive 21 luglio 1999 n. 18)
Controllata	Solo se **società di capitali**. Solo per quelle società che non siano **obbligate alla redazione del bilancio consolidato** ai sensi del D.Lgs. 127/91 e del D.Lgs. 87/92 (diversamente, la condizione che segue non deve essere necessariamente rispettata, Nota Min. 23 maggio 1996 n. 483/E): occorre che la controllante (anche tramite una o più controllate, residenti o meno) ne detenga il **possesso**, fin dall'inizio del periodo d'imposta precedente quello a cui si riferiscono i crediti ceduti, per una percentuale superiore al 50% del loro capitale sociale.

Cedente o cessionario	Condizioni
	Se il periodo d'imposta del cedente e del cessionario non coincidono, la sussistenza del possesso fin dall'inizio del periodo d'imposta deve verificarsi da quello della società cedente. Il controllo indiretto può essere esercitato per il tramite di più soggetti interposti, anche se non residenti in Italia, purché equipollenti nella forma giuridica alle società di capitali (Risp. AE 27 ottobre 2021 n. 743).

37365 **Formalità** Per il perfezionamento della cessione il **cedente** deve indicare, nella propria **dichiarazione dei redditi** (quadro RK), i dati identificativi del cessionario (o dei cessionari) e gli importi ceduti.
Il **cessionario** è tenuto ad indicare nella dichiarazione dei redditi (quadro RK) l'ammontare delle eccedenze ricevute, i soggetti cedenti e le date di effettuazione delle cessioni nonché, distintamente, la parte delle eccedenze utilizzate per il versamento delle imposte cui la predetta dichiarazione si riferisce e la parte non utilizzata (art. 2 c. 3 DM 384/97).

37370 **Effetti** La cessione si considera effettuata all'inizio del periodo d'imposta in cui si presenta la dichiarazione dei redditi che la rileva. Dalla stessa data il **cessionario** può utilizzare il credito ricevuto per compensare imposte e contributi che si versano con il Mod. F24, nonché debiti iscritti a ruolo scaduti superiori a € 1.500 (v. n. 37260).
La **parte non utilizzata** può essere chiesta a rimborso in sede di dichiarazione dei redditi.
In caso di **indebito rimborso**, il cessionario è **obbligato in solido** con il cedente secondo le ordinarie regole (v. n. 37350).

ESEMPIO
Eccedenza generata dal cedente nel periodo XX e indicata nella dichiarazione dei redditi relativa al periodo XX: la cessione si considera effettuata al 1° gennaio XX+1.

SEZIONE 3
Ritenute

A. Cosa sono e chi le effettua

37400 Il pagamento delle imposte può prevedere l'intervento di un sostituto d'imposta che trattiene, all'atto della corresponsione del reddito, una parte o tutta l'imposta dovuta dal sostituito (persona fisica o giuridica) e poi la riversa all'AE per conto di quest'ultimo.
Il sostituto, oltre a effettuare le ritenute, deve anche **versarle** all'AE, inviare le **certificazioni** attestanti l'avvenuta esecuzione delle stesse e presentare un'apposita **dichiarazione** (c.d. Mod. 770) (v. n. 37500 e s.).
Per i **casi particolari** riguardanti, ad esempio, i corrispettivi dovuti dal condominio per alcune tipologie di prestazioni ricevute, oppure le ritenute su appalti, subappalti, affidamento a consorziati, pignoramento, ecc. si rinvia ai n. 37560 e s.

> Le **società di persone** attribuiscono le ritenute subite ai propri soci, in proporzione alle rispettive quote di partecipazione; la parte che residua dopo lo scomputo dal debito IRPEF di questi ultimi, può essere riattribuita alla società v. n. 34057.

37405 **SOSTITUTI D'IMPOSTA** (artt. 23 c. 1 e 29 c. 1 DPR 600/73) Sono:
a) **società** di capitali (v. n. 21015), di persone e assimilate (v. n. 34020) anche se irregolari, **residenti**;
b) **associazioni professionali residenti** (v. n. 34140);

c) **società** ed enti di ogni tipo, con o senza personalità giuridica, **non residenti**, limitatamente ai redditi corrisposti da una loro S.O. o base fissa in Italia (Risp. AE 25 giugno 2021 n. 449);
d) società **fiduciarie**, anche non residenti, per le quote di società residenti a loro intestate da parte di fiducianti residenti (Ris. AE 19 maggio 2008 n. 201/E);
e) **enti** pubblici e privati, diversi dalle società, **residenti**, di natura commerciale (v. n. 21025) o non commerciale (v. n. 97000), comprese le Amministrazioni dello Stato;
f) **persone fisiche** che esercitano imprese commerciali o agricole, comprese quelle familiari, o che esercitano arti o professioni (per le particolarità relative ai soggetti in regime **forfettario** v. n. 5620);
g) **curatore fallimentare** e commissario **liquidatore**;
h) **aziende coniugali** non gestite in forma societaria;
i) **condominio** (v. n. 37560).

TIPI DI RITENUTE 37410

Ritenuta	Descrizione
D'imposta	estingue l'obbligazione del sostituito in relazione al reddito cui si riferisce (es. interessi su c/c percepiti da persone fisiche non imprenditori). Tale reddito quindi non concorre alla formazione del reddito complessivo del sostituito e non deve essere dichiarato (es. reddito da collaborazione coordinata e continuativa). Va dichiarato solo se il sostituito percepisce anche agli altri redditi che devono essere dichiarati autonomamente (es. fondiari, occasionali, ecc.). Nella maggior parte dei casi, le ritenute operate nei confronti delle persone fisiche non imprenditori né professionisti o dei soggetti non residenti sono d'imposta
D'acconto	è solo un'anticipazione del tributo dovuto su quanto percepito e non estingue l'obbligazione del sostituito, che deve indicare i redditi nella propria dichiarazione, calcolare l'imposta globalmente dovuta (mediante l'autotassazione, v. n. 37110 e s.) e scomputare da questa le ritenute subite

B. Aliquote

Nelle **tabelle** che seguono sono indicate le aliquote applicabili alle principali tipologie di reddito. 37430

LAVORO DIPENDENTE E ASSIMILATI 37435

REDDITO	ALIQUOTA %	BASE IMPONIBILE	TITOLO DELLA RITENUTA	NUMERO MEMENTO
Salari e stipendi (1)	aliquote IRPEF secondo gli scaglioni di reddito ragguagliati al periodo di paga	intero reddito	acconto / imposta	8740
Indennità di fine rapporto (TFR)	aliquota media sulla retribuzione annuale	parte imponibile dell'indennità	acconto	9150
Emolumenti arretrati	aliquota IRPEF media sul reddito del biennio precedente	intero reddito	imposta	9340
Altri redditi assimilati Compensi per collaborazioni coordinate e continuative erogati a:				
– residenti **(2)**	aliquote IRPEF secondo gli scaglioni di reddito **(3)**	intero reddito	imposta	9900
– non residenti **(4)**	30	intero reddito	imposta	17040

REDDITO	ALIQUOTA %	BASE IMPONIBILE	TITOLO DELLA RITENUTA	NUMERO MEMENTO
Indennità per cessazione rapporti di collaborazione coordinata e continuativa	20	intero reddito	acconto	9925
Indennità e compensi corrisposti da terzi	aliquote IRPEF secondo gli scaglioni di reddito	intero reddito	imposta	9970
Indennità e gettoni corrisposti da Stato, comuni, province e regioni per l'esercizio di pubbliche funzioni	aliquote IRPEF secondo gli scaglioni di reddito	intero reddito	imposta	9985
Indennità a: parlamentari, consiglieri regionali, giudici corte cost., consiglieri comunali, provinciali e delle comunità montane	aliquote IRPEF secondo gli scaglioni di reddito	intero reddito	imposta	9995
Rendite vitalizie costituite a titolo oneroso	aliquote IRPEF secondo gli scaglioni di reddito	intero reddito	imposta	9980
Altri assegni periodici	aliquote IRPEF secondo gli scaglioni di reddito	intero reddito	imposta	10000
Borse di studio a non dipendenti	aliquote IRPEF secondo gli scaglioni di reddito	intero reddito	imposta	9960
Capitali e rendite corrisposti da fondi pensione	15 (riducibile fino al 9)	parte imponibile della somma	imposta	9815
Redditi di lavoro dipendente (diversi dal TFR) corrisposti agli eredi	23	intero reddito	imposta	9375

(1) Se corrisposti ai **familiari** di cui al n. 8140, la ritenuta non si applica.
Devono in ogni caso operare le ritenute i soggetti che adempiono agli obblighi contributivi in relazione ai redditi di **lavoro dipendente prestato all'estero** (art. 23 c. 1 bis DPR 600/73). Ad esempio, se la retribuzione è corrisposta materialmente da un soggetto straniero, la ritenuta va effettuata dal datore di lavoro italiano tenuto al rispetto dei relativi obblighi retributivi.
(2) Compresi i compensi corrisposti da **società sportive dilettantistiche lucrative** riconosciute dal CONI. Se corrisposti da associazioni e società sportive dilettantistiche **non lucrative**, riconosciute dal CONI, sono redditi diversi (v. n. 37440 - art. 1 c. 359 L. 205/2017).
(3) Se il **compenso è periodico**, la ritenuta si applica come per i lavoratori dipendenti, cioè per periodi di paga, altrimenti si applica senza effettuare alcun ragguaglio, ma considerando gli scaglioni annui (Circ. AE 18 giugno 2001 n. 58/E).
(4) Solo se erogati da soggetti residenti in Italia, indipendentemente dal luogo in cui è prestata l'attività.

37440 LAVORO AUTONOMO E SIMILI

REDDITO	ALIQUOTA %	BASE IMPONIBILE	TITOLO DELLA RITENUTA	NUMERO MEMENTO
Compensi per prestazioni professionali erogati a:				
– residenti **(1) (2)**	20	intero reddito **(3)**	acconto	10060
– non residenti	30	intero reddito **(3)**	imposta	17045
Compensi per prestazioni occasionali erogati a:				
– residenti **(1) (2) (4)**	20	intero reddito **(3)**	acconto	10700
– non residenti	30	intero reddito **(3)**	imposta	17048
Redditi derivanti all'autore o a terzi dall'utilizzazione di marchi, brevetti, opere dell'ingegno:				

37440
(segue)

REDDITO	ALIQUOTA %	BASE IMPONIBILE	TITOLO DELLA RITENUTA	NUMERO MEMENTO
– se il percipiente è residente	20	75% (60% se il percipiente ha meno di 35 anni) del reddito	acconto	10700
– se non è residente **(5)**	30	75% del reddito	imposta	17170
Redditi derivanti dall'utilizzazione di marchi, brevetti, opere dell'ingegno conseguiti da eredi, legatari, cessionari, acquirenti a titolo gratuito al di fuori dell'esercizio di imprese commerciali:				
– se residenti	20	intero reddito	acconto	10700
– se non residenti **(5)**	30	intero reddito	imposta	17170
Compensi corrisposti a non residenti per l'uso o la concessione in uso di attrezzature industriali, commerciali o scientifiche che si trovano in Italia	30	intero reddito	imposta	17170
Indennità per cessazione rapporti di agenzia corrisposte a persone fisiche e a società di persone	20	intero reddito	acconto	10700
Utili a fondatori e promotori di società di capitali	20	intero reddito	acconto	11112
Compensi derivanti dall'assunzione di obblighi di fare, non fare, permettere	20	intero reddito	acconto	10700
Compensi a sportivi professionisti (se costituiscono redditi di lavoro autonomo)	20	intero reddito	acconto	–
Provvigioni per prestazioni inerenti rapporti di agenzia, rappresentanza, mediazione, commissione, anche occasionali **(6)**	aliquota IRPEF del primo scaglione di reddito: 23 **(7)**	50% del reddito; 20% del reddito se il prestatore si avvale di dipendenti o di terzi **(8)**	acconto	5020 6670
Compensi per incaricati di vendite a domicilio	aliquota IRPEF del primo scaglione di reddito: 23	78% dei compensi	imposta	3555
Indennità per cessazione da funzioni notarili	20	intero reddito	acconto	–
Compensi corrisposti ad eredi degli esercenti lavoro autonomo	20	intero reddito	acconto	10070
Compensi, indennità e rimborsi a sportivi dilettanti **(9)**	23 + addizionali locali IRPEF (fissate dallo Stato)	somma eccedente € 10.000	imposta fino a € 20.658,28 (eccedenti € 10.000); acconto oltre € 20.658,28	10710

(1) I lavoratori possono richiedere l'applicazione di un'**aliquota maggiore** (Ris. AE 30 novembre 2001 n. 199/E). Ai soggetti che utilizzano il **regime forfettario** (v. n. 10030 e s.), i sostituti d'imposta non applicano alcuna ritenuta, se richiesto.
(2) La ritenuta deve essere operata dal condominio anche sui **compensi percepiti dall'amministratore di condominio**, persona fisica o s.t.p. i cui redditi sono di lavoro autonomo. Non va operata se l'attività di amministratore di condominio è svolta da società di persone commerciali e da società di capitali (Ris. AE 15 maggio 2007 n. 99/E).
(3) La ritenuta si applica anche sulle somme corrisposte a titolo di rimborso delle **spese di viaggio, vitto e alloggio** sostenute e documentate dal percipiente (Ris. AE 21 marzo 2003 n. 69/E).
(4) La ritenuta non si applica quando sono corrisposti ai **familiari** di cui al n. 10233.
(5) I canoni corrisposti o percepiti da **società consociate residenti in Stati UE** sono esenti in presenza delle condizioni illustrate al n. 95230 (percentuale di partecipazione non inferiore al 25% dei diritti di voto, detenzione ininterrotta per un anno, ecc.).
(6) Se il committente concede all'agente, in **comodato**, alcuni **beni strumentali** (es. immobili, computer, ecc.) da utilizzare esclusivamente nell'attività di agenzia senza alcuna correlazione con i risultati raggiunti dall'agente stesso, per i quali vengono corrisposte regolarmente le provvigioni, il valore normale dei beni concessi non è soggetto a ritenuta (Ris. AE 21 luglio 2003 n. 156/E).
Se la ritenuta è operata in un **periodo successivo rispetto a quello di competenza** (in cui il reddito deve essere dichiarato) ma comunque **entro** il termine di presentazione della relativa dichiarazione dei redditi, il percettore può scegliere di scomputare tale ritenuta nel periodo di competenza oppure, alternativamente, in quello in cui è operata (art. 25 bis c. 3 DPR 600/73). Se la ritenuta è operata **dopo la presentazione della dichiarazione**, rimane salva la possibilità di scomputo nel periodo in cui essa è operata.
(7) L'elencazione delle attività dell'art. 25 bis DPR 600/73 è da considerarsi **tassativa** (Risp. AE 27 giugno 2022 n. 346); pertanto, se dallo schema contrattuale non emergono gli elementi tipici caratterizzanti le predette attività, sui compensi erogati non si applica la ritenuta d'acconto. Sono, ad esempio, **escluse** da ritenuta le provvigioni:
- erogate a favore di soggetti non residenti che non hanno nel territorio dello Stato una S.O. (Circ. Min. 10 giugno 1983 n. 24);
- corrisposte da persone fisiche esercenti imprese agricole;
- percepite da agenzie di viaggio, rivendite di biglietti da viaggio per trasporti di persone, agenti di assicurazione per prestazioni rese a società di assicurazione (rientrano anche le banche, gli intermediari finanziari, le SIM, la società Poste italiane - Ris. AE 7 febbraio 2013 n. 7/E), distributori di pellicole cinematografiche, agenti marittimi e aerei, commissionari in mercati ortofrutticoli, ittici e di bestiame, agenti e commissionari di imprese petrolifere, consorzi e cooperative tra imprese agricole, commerciali e artigiane non aventi finalità di lucro, banche, società finanziarie e di leasing per attività di collocamento e compravendita di titoli, di valute, nonché di raccolta e di finanziamento.

(8) I **percipienti provvigioni** che si avvalgono in via continuativa dell'opera di dipendenti o di terzi (es. sub-agenti, mediatori, collaboratori dell'impresa familiare, associati in partecipazione), devono spedire ai committenti, mediante raccomandata A/R, **entro** il 31 dicembre dell'anno antecedente a quello in cui si vuole usufruire della misura agevolata, la **dichiarazione** per l'applicazione della ritenuta sul 20% delle provvigioni. Tale dichiarazione riporta i dati identificativi dell'agente o del rappresentante e l'attestazione di avvalersi in via continuativa dell'opera di dipendenti o di terzi.
La dichiarazione può essere trasmessa anche tramite **PEC**, secondo le modalità da definire in base ad apposito decreto (art. 27 D.Lgs. 175/2014). Nelle more dell'adozione di tale decreto, l'utilizzo della PEC è consentito dalla prassi, purché siano rispettati i termini previsti.
La dichiarazione conserva validità ai fini dell'applicazione della ritenuta del 20% anche oltre l'anno cui si riferisce, restando valida fino a revoca o fino alla perdita dei requisiti da parte del contribuente (Circ. AE 30 dicembre 2014 n. 31/E).
Se il diritto alla riduzione sorge o viene meno nel corso dell'anno, la dichiarazione va presentata entro 15 giorni dal verificarsi di tali situazioni. In caso di inizio attività l'agente o il rappresentante, che presume di usufruire della ritenuta ridotta, deve spedire la dichiarazione entro 15 giorni dalla stipula dei contratti di agenzia o di rappresentanza (DM 16 aprile 1983).
(9) Compresi i compensi corrisposti in base a contratti di collaborazione continuativa stipulati con **associazioni e società sportive dilettantistiche non lucrative**, riconosciute dal CONI. Se corrisposti da società **lucrative**, sono redditi assimilati a quelli di lavoro dipendente (v. n. 37435 - art. 1 c. 359 L. 205/2017).

37445 **CAPITALE** In tabella non appare la colonna relativa alla base imponibile, perché essa è costituita dall'intero reddito.
Per **PF** si intendono le persone fisiche non esercenti attività d'impresa, oppure le persone fisiche imprenditori ma limitatamente ai beni non appartenenti all'impresa; **A** sono tutti gli altri soggetti diversi dai precedenti: imprenditori (per i beni afferenti le dette attività), società di persone e assimilate, società di capitali e assimilate.

Gli **enti locali territoriali** (regioni, province, comuni, comunità montane), nonostante siano esclusi dall'IRES, sono soggetti alle ritenute a titolo di imposta su interessi, premi e altri frutti di obbligazioni e titoli similari e sui conti correnti (art. 14 L. 28/99). Per gli **altri proventi**, es. dividendi, tali soggetti non subiscono alcuna ritenuta (Ris. Min. 8 gennaio 1993 n. 8/645).

37445
(segue)

REDDITO	ALIQUOTA %	TITOLO DELLA RITENUTA	NUMERO MEMENTO
Interessi			
– su c/c bancari e postali, su depositi bancari e postali e su certificati di deposito bancari	26 **(1)**	PF: imposta A: acconto	11180
– su obbligazioni emesse da società non quotate	26 / 12,5 / esenzione **(2)**	PF: imposta A: acconto	11215
– su obbligazioni e titoli di aziende di credito, s.p.a. quotate, enti delle partecipazioni statali	26 / 5 **(2)** **(3)**	PF: imposta A: acconto	11215
– su obbligazioni e titoli similari corrisposti a non residenti	26 / esenzione **(2)**	PF: imposta A: acconto	17120
– su titoli di Stato emessi dal 21/09/86 al 24/08/87	12,5 / 6,25	PF: imposta A: acconto **(4)**	11250
– su titoli emessi da Stati esteri	12,5	PF: imposta A: acconto **(4)**	12497
– su versamenti dei soci alla società in c/finanziamento	26	PF: acconto A: NO	11275
– e proventi da titoli atipici	26	imposta	11265
Altri proventi			
Dividendi da azioni percepite da: – residenti – non residenti	 26 / 15 **(4)** 26 / 11 / 1,20 **(5)**	 PF: imposta imposta	 11060 17090/95198
Utili da titoli similari alle azioni ordinarie percepite da: – residenti **(6)** – non residenti	 26 26 / 11 / 1,20 **(5)**	 PF: imposta imposta	 11060 17090/95198
Accettazioni bancarie	26	PF: imposta A: acconto	11265
Proventi da contratti pronto c/termine e riporti	26 / 12,5	PF: imposta A: acconto	11470
Proventi da associazioni in partecipazione con apporto di capitale o di capitale e lavoro **(7)**	26	PF: imposta	11145
Proventi da assicurazioni sulla vita	26	imposta sostitutiva	11405
Rendimento finanziario delle rendite di fondi pensione	26	imposta sostitutiva	11430
Contributi propri di enti pubblici e privati erogati ad imprese (ad esclusione di quelli assegnati per l'acquisto di beni strumentali)	4 **(8)**	acconto	–
Proventi da Peer to Peer Lending	26	imposta	11325 e s.
Redditi di capitale diversi dai precedenti	26	acconto	11265
Rendite finanziarie corrisposte a non residenti	26 **(9)**	imposta **(10)**	17120
Rendite perpetue e prestazioni annue perpetue dovute da non residente	26	acconto	17120
Compensi per prestazioni di fideiussione o altra garanzia erogati da non residente	26	acconto	17120

(1) Le **ritenute non si applicano** quando gli interessi sono corrisposti da:
– aziende ed istituti di credito sui depositi e conti di altre aziende ed istituti di credito e dell'ente Poste Italiane;
– ente Poste Italiane sui depositi e conti di aziende ed istituti di credito;
– aziende ed istituti di credito italiani (o filiali italiane di aziende ed istituti di credito esteri) ad aziende ed istituti di credito con sede all'estero, o a filiali estere di aziende ed istituti di credito italiani.
Gli interessi e gli altri proventi, derivanti da **finanziamenti a medio e lungo** termine alle imprese, **erogati da** enti creditizi stabiliti negli **Stati UE**, da definiti enti (art. 2 par. 5 n. 4-23 Dir. 2013/36/UE), da imprese di assicurazione costituite e autorizzate ai sensi di normative emanate da Stati membri della UE o da investitori istituzionali esteri, ancorché privi di sogget-

tività tributaria, soggetti a forme di vigilanza nei **Paesi esteri** nei quali sono istituiti, sono esenti da ritenuta (art. 26 c. 5 bis DPR 600/73). Se il finanziamento è erogato ad una SICAF immobiliare, l'esenzione da ritenuta invece non si applica (Risp. AE 5 aprile 2019 n. 98).

(2) Gli interessi corrisposti o percepiti da **società consociate residenti in Stati UE** sono esenti in presenza delle condizioni illustrate al n. 95230 (percentuale di partecipazione non inferiore al 25% dei diritti di voto, detenzione ininterrotta per un anno, ecc.).

Inoltre, le ritenute non si applicano nei casi indicati al n. 11215.

(3) Se percepiti da **società commerciali** non si applica alcuna ritenuta.

(4) Se il dividendo incassato dal socio persona fisica, che detiene la partecipazione al di fuori del regime d'impresa, è **distribuito da una Siiq o Siinq** e deriva dalla parte di utile di esercizio riferibile a contratti di locazione di immobili a uso abitativo stipulati in base a specifica norma (art. 2 c. 3 L. 431/98) o in relazione ad alloggi sociali (Circ. AE 17 settembre 2015 n. 32/E).

(5) L'aliquota ridotta si applica con riferimento agli utili **corrisposti** alle società e agli enti soggetti ad un'imposta sul reddito delle società negli Stati membri dell'UE e negli Stati aderenti all'Accordo SEE che sono inclusi nella white list e sono ivi residenti. Inoltre, la ritenuta o l'imposta sostitutiva non si applica in relazione a particolari investimenti (art. 1 c. 95 L. 232/2016). L'aliquota ridotta **precedentemente applicabile**, fino ai periodi d'imposta in corso al 31 dicembre 2016, era dell'1,375%.

(6) Solo se conseguiti nell'esercizio di **attività commerciali** (art. 3 c. 113 L. 549/95).

(7) Se la società che corrisponde i dividendi o l'associante sono **non residenti**, la ritenuta è applicata a vario titolo e su basi imponibili diverse a seconda della natura dell'apporto (qualificato o meno) e del Paese di residenza (paradiso fiscale o meno). Si veda dettagliatamente al n. 12450.

(8) La ritenuta si applica anche ai contributi **assegnati ad enti non commerciali** che hanno conseguito redditi d'impresa (Ris. Min. 5 giugno 1995 n. 150), mentre non si applica a quelli assegnati alle Onlus.

La ritenuta è altresì esclusa per i **contributi comunitari** erogati dalla Commissione europea per il tramite di enti pubblici che assumono la veste di intermediari di pagamento (Ris. AE 4 agosto 2004 n. 108/E).

(9) Sono esenti da ritenuta gli interessi corrisposti a società estere in relazione a contratti di tesoreria accentrata, c.d. «**cash pooling**» (Ris. AE 27 febbraio 2002 n. 58/E); la ritenuta, invece si applica nel caso di un contratto di compensazione degli interessi tra società del gruppo (c.d. **notional cash pooling**), poiché si sostanzia in una forma di finanziamento sugli interessi passivi eventualmente corrisposti (Ris. AE 8 ottobre 2003 n. 194/E).

(10) Comprese quelle corrisposte a S.O. estere di imprese residenti, come nel caso di **operazioni di credito passante** (cosiddette «conduit»), consistenti nel finanziamento di un'impresa residente effettuato da un soggetto non residente tramite la S.O. estera di un'altra impresa residente (solitamente un intermediario finanziario).

Se invece il finanziamento è concesso a un'impresa industriale italiana direttamente **dalla filiale estera** (es. Londra) **di una banca** italiana, la ritenuta è a titolo di acconto e sarà scomputata dalla banca italiana in sede di versamento delle imposte calcolate sul reddito prodotto in Italia.

37450 **DIVERSI** In tabella vengono utilizzati i simboli PF ed A con lo stesso significato già riportato al n. 37445 cui si rinvia.

REDDITO	ALIQUOTA %	BASE IMPONIBILE	TITOLO DELLA RITENUTA	NUMERO MEMENTO
Indennità per perdita di avviamento commerciale	15	intero reddito	acconto	3410
Indennità di espropriazione	20	intero reddito	imposta **(1)**	13250
Plusvalenze da cessione di attività finanziarie nel caso di opzione per il risparmio amministrato	26	risultato della singola cessione	imposta	11175
Plusvalenze da cessione di attività finanziarie nel caso di opzione per il risparmio gestito	26	risultato maturato della gestione	imposta	11179
Premi e vincite derivanti dalla sorte (lotterie e tombole di beneficenza)	10 / 8 / 12 **(2)**	intero reddito	imposta	14905
Competizioni sportive, spettacoli televisivi	20	intero reddito	imposta	14905
Altri casi di premi e vincite	25	intero reddito	imposta	14905
Compensi corrisposti ai raccoglitori occasionali di tartufi non identificati ai fini IVA (art. 25 quater DPR 600/73)	23 **(3)**	78% dei corrispettivi pagati	imposta	–
Contributi e premi erogati da UNIRE e FISE	4	intero reddito	PF: imposta A: acconto	–

(1) Il contribuente può optare, in sede di dichiarazione annuale, per la tassazione ordinaria; in tal caso la ritenuta si considera a titolo d'acconto.
(2) L'ulteriore prelievo del 12% è dovuto sulla parte di vincita, eccedente € 500, relativa a determinati premi e lotterie; quella sulle vincite del lotto è fissata all'8% (art. 6 c. 2-4 DL 50/2017 conv. in L. 96/2017).
(3) La ritenuta non si applica nel caso di raccoglitori occasionali cui si applica l'imposta sostitutiva (v. n. 6685).

FONDIARI Per la ritenuta dovuta sui contratti di **locazione breve**, stipulati tramite intermediari immobiliari o soggetti che gestiscono portali on-line, v. n. 7124. 37455

C. Versamento, certificazioni e dichiarazione

VERSAMENTO (art. 8 DPR 602/73) I sostituti d'imposta versano le ritenute (se di importo almeno pari a € 1,03) **entro** il 16 del mese successivo a quello del pagamento delle somme sulle quali sono dovute (per agosto v. n. 37165). 37500
Per alcuni **casi particolari** indicati in **tabella** sono previsti termini differenti.

In caso di **omesso** versamento delle ritenute operate, ne risponde solo il sostituto (e non anche il sostituito che le ha subite - Cass. SU 12 aprile 2019 n. 10378).

Oggetto della ritenuta	Termine di pagamento
interessi, premi e altri frutti corrisposti da società che hanno emesso titoli e obbligazioni	16 del mese successivo a quello di scadenza delle cedole o di ciascuna scadenza periodica
interessi corrisposti per depositi e conti correnti bancari e postali	16° giorno del secondo mese successivo alla chiusura del periodo d'imposta (acconti entro il 16/6 e 16/10 di ogni anno)
dividendi	16 di aprile, luglio, ottobre e gennaio con riferimento alle ritenute operate nel trimestre solare precedente
compensi di solo lavoro autonomo corrisposti a non più di 3 soggetti e ritenute d'acconto per un importo complessivo non superiore a € 1.032,91 (c.d. sostituti d'imposta minimi - art. 2 DPR 445/97)	termine per il versamento a saldo delle imposte sui redditi (v. n. 37180 e s.) (*) oppure mensilmente secondo le regole ordinarie
premi e vincite derivanti dalla sorte, da giochi di abilità, ecc.	16 del mese successivo a quello in cui i proventi sono maturati
utili di titoli esteri distribuiti dalla Banca d'Italia e da altre aziende di credito	20 gennaio o 20 luglio successivi al semestre di pagamento
ritenute di importo inferiore a € 1,03	16 gennaio dell'anno successivo
ritenute dovute dal condominio per prestazioni d'appalto inferiori a € 500	v. n. 37560 e s.

(*) Se il sostituto d'imposta decide di versare le ritenute entro tale termine, deve **indicarlo** nel Mod. 770 dell'anno in cui ha effettuato tale scelta.
Per versarle deve utilizzare lo stesso **codice tributo** utilizzato nei casi ordinari, indicando, nello spazio relativo al mese, l'ultimo mese del periodo interessato (Ris. Min. 2 novembre 1998 n. 165/E).
Se nel corso dell'anno è **superato** anche solo uno dei **limiti** indicati o vengono meno le condizioni richieste (es. assunzione di dipendente, pagamento di redditi diversi da quelli di lavoro autonomo), deve, a partire dalla prima scadenza utile, effettuare i versamenti nei termini ordinari.

In eccesso (art. 15 c. 1 lett. b D.Lgs. 175/2014, art. 1 c. 2-6 DPR 445/97 e Ris. AE 4 agosto 2015 n. 73/E) Se il sostituto d'imposta ha versato ritenute (o imposte sostitutive) in misura superiore a quanto dovuto, utilizza l'eccedenza in compensazione verticale **a partire dai** successivi versamenti indicandola nel Mod. F24, da presentare con le modalità indicate al n. 37265 per le compensazioni orizzontali (non si applicano le condizioni illustrate al n. 37237 e s. - es. limite massimo di crediti compensabili). 37510

Per i **codici tributo** v. Ris. AE 10 febbraio 2015 n. 13/E.

37513 L'**anno successivo**, l'eccedenza non compensata (in tutto o in parte) può essere:
- compensata tramite il Mod. F24 con i versamenti relativi a tale anno;
- richiesta a rimborso nel Mod. 770, anche ricorrendo alla procedura tramite conto fiscale;
- riportata all'anno successivo.

La **scelta** deve essere indicata nel Mod. 770, in mancanza si intende per il riporto in diminuzione dai versamenti successivi.

>**Precisazioni 1)** Se l'eccedenza ulteriormente riportata **non** è **computata** in diminuzione nemmeno nella dichiarazione relativa all'anno successivo, o se la **dichiarazione non** è **presentata**, il sostituto d'imposta può chiederne il rimborso con l'apposita istanza di cui al n. 80450, da presentare entro 48 mesi dal termine di presentazione della dichiarazione relativa all'anno in cui l'eccedenza non è stata computata in diminuzione (art. 1 c. 5 DPR 445/97 e Ris. Min. 2 novembre 1998 n. 165).
2) Sugli importi chiesti a rimborso si applicano gli **interessi** dal secondo semestre successivo, rispettivamente, alla data di presentazione del Mod. 770 o a quella di presentazione dell'istanza di rimborso.

37515 **CERTIFICAZIONI** (art. 4 c. 6 ter-6 quinquies DPR 322/98) Il sostituto d'imposta deve predisporre due tipi di certificazioni a seconda dei redditi corrisposti, indicate in **tabella**.

Provento	Certificazione	Descrizione
Reddito da lavoro dipendente e assimilato	Certificazione Unica (**CU**)	V. n. 37517
Reddito da lavoro autonomo, provvigioni e diversi, soggetti a ritenuta **(1)**		
Reddito da locazioni brevi		
– Utili e altri proventi equiparati **(1) (2)** – Proventi derivanti da titoli e strumenti finanziari assimilati alle azioni, contratti di associazione in partecipazione e di cointeressenza	Certificazione degli utili e dei proventi equiparati (**CUPE**)	Va rilasciata ai residenti percettori di utili derivanti dalla partecipazione a soggetti IRES, residenti e non residenti, in qualunque forma corrisposti, con le modalità e nei termini indicati per la CU sintetica (v. n. 37517)

(1) In alcuni casi, la certificazione va rilasciata anche se **non** è stata **operata** alcuna **ritenuta** (es. compensi corrisposti ai soggetti in regime forfettario).
(2) Sono tali anche quelli percepiti in occasione della **distribuzione di riserve di capitale** (es. riserve da sovrapprezzo azioni), verificandosi la presunzione di cui al n. 11105. **Esclusi** quelli:
- assoggettati a ritenuta d'imposta o a imposta sostitutiva (artt. 27 e 27 ter DPR 600/73);
- relativi a partecipazioni detenute nell'ambito di gestioni individuali di portafoglio (art. 7 D.Lgs. 461/97).

37517 **CU** Si compone di due distinti **modelli**, la CU sintetica e la CU ordinaria.
La CU **sintetica** è il modello che il sostituto deve consegnare al percettore del reddito in **formato** cartaceo o elettronico (Ris. AE 21 dicembre 2006 n. 145/E), **entro** il 16 marzo dell'anno successivo a quello in cui il reddito è stato corrisposto.

Se il contribuente riscontra **errori** e non è tenuto alla presentazione della dichiarazione dei redditi, può rivolgersi al sostituto per la correzione. La certificazione così corretta può sostituire la dichiarazione dei redditi.

37520 La CU **ordinaria** contiene, oltre ai dati della CU sintetica, tutte le informazioni necessarie per elaborare i Mod. 730 precompilati e per disporre già dei dati necessari per effettuare accertamenti o riliquidazioni d'imposta (es. per TFR e altre somme soggette a tassazione separata) e deve essere **inviata** all'AE dal sostituto d'imposta, telematicamente - direttamente o tramite intermediari abilitati (di cui al n. 16047), **entro** il 16 marzo dell'anno successivo a quello in cui i redditi sono stati corrisposti.
Se, però, contiene solo **redditi** per i quali **non** è possibile utilizzare il **Mod. 730 precompilato** (es. redditi di lavoro autonomo professionale, provvigioni, corrispettivi dovuti dal condominio per prestazioni relative a contratti di appalto) **o** redditi **esenti**, il sostituto può inviarla entro il termine di presentazione del Mod. 770 (v. n. 37540).

>**Precisazioni 1)** In caso di **errori** nella trasmissione della CU, il sostituto può correggerli inviando una nuova CU entro i 5 giorni successivi alla scadenza, senza sanzioni; dopo tale data, deve comunque trasmettere la CU corretta ma si applicano le sanzioni (non può fruire del ravvedimento - Circ. AE 19 febbraio 2015 n. 6/E).

2) Se l'**amministratore** di **condominio** invia la CU direttamente all'AE, utilizza l'utenza propria del condominio. In presenza di più condomìni amministrati, può utilizzare un'unica utenza telematica a lui attribuita, purché sia lui che i condomìni siano registrati all'Anagrafe tributaria. L'amministratore può utilizzare tale utenza anche per altre comunicazioni che è tenuto a effettuare (Ris. AE 27 febbraio 2020 n. 10/E). L'amministratore, è, inoltre, tenuto a comunicare all'AE le **spese sostenute dal condominio** per interventi di recupero e/o **riqualificazione energetica** su parti comuni di edifici residenziali, nonché per acquisto di mobili e di grandi elettrodomestici per l'arredo delle parti comuni (v. n. 16105).
3) I dati delle CU inviate all'AE dai sostituti d'imposta sono rese disponibile sul sito internet www.agenzientrate.gov.it nell'area riservata di ciascun contribuente che può accedervi tramite Spid (art. 4 c. 6 sexies DPR 322/98 e art. 16 bis c. 5 DL 124/2019 conv. in L. 157/2019).

Mancato rilascio (Ris. AE 19 marzo 2009 n. 68/E) È comunque possibile dedurre la ritenuta subita dall'IRPEF dovuta dai percipienti (Cass. 17 luglio 2018 n. 18910 e Cass. 7 giugno 2017 n. 14138). **37525**
Il percipiente deve essere in grado di **dimostrare** l'effettivo assoggettamento a ritenuta tramite esibizione della fattura e della documentazione bancaria idonea a provare l'importo del compenso netto effettivamente percepito.
In sede di **controllo formale** (v. n. 81750 e s.) occorre anche allegare una dichiarazione sostitutiva di atto notorio in cui si dichiara che la documentazione attestante il pagamento si riferisce a una determinata fattura regolarmente contabilizzata e che, a fronte di quest'ultima, non vi sono stati altri pagamenti da parte del sostituto.

DICHIARAZIONE (art. 4 c. 1 DPR 322/98) I sostituti d'imposta che hanno corrisposto somme e valori soggetti a ritenuta alla fonte, nonché gli intermediari e gli altri soggetti che intervengono in operazioni fiscalmente rilevanti (es. corresponsione di interessi su obbligazioni) tenuti alla comunicazione di dati, devono presentare annualmente una dichiarazione unica (c.d. Mod. 770). **37530**
Il Mod. 770 è **utilizzato per**:
- comunicare in via telematica all'AE i dati relativi alle ritenute operate su dividendi, proventi da partecipazione, redditi di capitale od operazioni di natura finanziaria e i versamenti effettuati dai sostituti d'imposta,
- indicare le compensazioni operate nonché i crediti d'imposta utilizzati e i dati relativi alle somme liquidate a seguito di procedure di pignoramento presso terzi.

>**Precisazioni** 1) Per le **società e gli enti** (commerciali e non) che hanno corrisposto alcuni tipi di **redditi di capitale** e di **redditi diversi** soggetti a ritenuta alla fonte (es. interessi su obbligazioni, interessi su depositi e conti correnti bancari e postali, premi e vincite, proventi delle accettazioni bancarie e cambiali finanziarie, proventi derivanti dalla cessione a termine di obbligazioni e titoli similari, ecc.), la dichiarazione relativa agli stessi deve essere presentata contestualmente alla dichiarazione dei redditi (compilando il **quadro RZ** del Mod. Redditi).
2) L'**amministratore** di **condominio** deve inoltre presentare il Mod. 730 (quadro K). In caso di amministrazione di **più condomìni**, può inviare il Mod. 770 utilizzando un'unica utenza telematica (v. n. 37520).

Contenuto Nel modello il dichiarante **indica** i dati inerenti al sostituto d'imposta, all'intermediario, agli altri soggetti obbligati e ai percettori; l'ammontare dei contributi obbligatori a carico del datore di lavoro, di quelli a carico del percettore nonché di tutte le somme assoggettate a ritenuta, corrisposte in denaro o in natura, ivi compresi somme, assegni ed indennità erogati da terzi o da enti previdenziali, emolumenti arretrati e indennità di fine rapporto. **37535**
Tutti gli importi devono essere indicati in euro, mediante **arrotondamento** alla seconda cifra decimale (art. 3 c. 12 DL 16/2012 conv. in L. 44/2012).

>**Precisazioni** 1) Devono essere indicate anche le retribuzioni corrisposte ai **dipendenti** che lavorano in via continuativa **all'estero**.
2) Il Mod. 770 va presentato anche dai sostituti che hanno corrisposto compensi a **sportivi dilettanti** senza operare la ritenuta in quanto di importo inferiore a € 10.000. Va utilizzato anche per dichiarare l'erogazione di somme relative a **pignoramenti**.

La dichiarazione deve essere **sottoscritta**, a pena di nullità, dal contribuente o dal suo legale rappresentante. L'**assenza** di sottoscrizione può essere sanata se il contribuente provvede alla sottoscrizione entro 30 giorni dal ricevimento dell'invito da parte dell'ufficio delle entrate competente (art. 1 DPR 322/98). **37537**
In presenza di un **organo di controllo** occorre anche la sottoscrizione, a seconda del tipo di società e degli obblighi civilisticamente previsti, del revisore persona fisica, del presidente della società di revisione (o del soggetto che ha la rappresentanza ai fini del controllo contabile), o del presidente del collegio sindacale (Ris. AE 19 ottobre 2005 n. 146/E). Tuttavia, la dichiarazione

priva della sottoscrizione relativa all'organo di controllo è valida, salva l'applicazione delle sanzioni.

37540 **Presentazione** (artt. 3 e 4 c. 3 bis e 4 bis DPR 322/98) Il Mod. 770 deve essere presentato in via telematica, direttamente (v. n. 16043) o tramite intermediari abilitati (v. n. 16047), **entro** il 31 ottobre dell'anno successivo a quello in cui sono state effettuate le ritenute (se il termine scade di sabato o di giorno festivo, è prorogato al primo giorno feriale successivo).
I sostituti d'imposta possono **suddividere** il Mod. 770 inviando, oltre al frontespizio, i prospetti ST, SV ed SX relativi alle ritenute operate sui redditi di lavoro dipendente e assimilati separatamente dai prospetti ST, SV, ed SX relativi alle ritenute operate sui redditi di lavoro autonomo, provvigioni e redditi diversi e in un altro flusso tutti i quadri relativi alle ritenute operate su dividendi, proventi e redditi di capitale con i connessi quadri ST, SV ed SX sempreché abbiano trasmesso entro i termini stabiliti (v. n. 37515) sia le Certificazioni dati lavoro dipendente e assimilati, sia le Certificazioni dati lavoro autonomo, provvigioni e redditi diversi.

D. Casi particolari

37560 **CORRISPETTIVI DOVUTI DAL CONDOMINIO** (art. 25 ter DPR 600/73, Circ. AE 7 febbraio 2007 n. 7/E) L'amministratore del condominio o, se non nominato (es. mini condomini), uno qualunque dei condòmini deve operare una ritenuta d'acconto sui corrispettivi dovuti per prestazioni relative a contratti di **appalto di opere o servizi**, anche se rese a terzi o nell'interesse di terzi, effettuate nell'esercizio dell'impresa (anche occasionale).
Si tratta, ad **esempio**, degli interventi di manutenzione o ristrutturazione dell'edificio condominiale e degli impianti elettrici o idraulici, esecuzione di attività di pulizia, manutenzione di caldaie, ascensori, giardini, piscine e altre parti comuni dell'edificio.

37563 **Non** sono soggetti a ritenuta i corrispettivi dovuti per:
– contratti di somministrazione di energia elettrica, acqua, gas e simili, di assicurazione, di trasporto e di deposito (sono inclusi quelli corrisposti in base a contratto di servizio energia);
– interventi di recupero del patrimonio edilizio e di risparmio energetico, già soggetti alla ritenuta dell'8% (v., rispettivamente, n. 1575 e n. 1687);
– forniture di beni con posa in opera, se è accessoria rispetto alla cessione del bene;
– prestazioni d'opera riconducibili ad attività di lavoro autonomo anche occasionale (es. prestazioni rese da ingegneri, architetti, geometri), già soggette alla ritenuta del 20%;
– prestazioni rese dai soggetti in regime forfettario (v. n. 10030 e s.) o in regime dei minimi, che, a tal fine, devono rilasciare apposita dichiarazione.

37565 La ritenuta è **pari al** 4% ed è **operata** all'atto del pagamento dei corrispettivi eseguito tramite c/c bancario o postale intestato al condominio (o attraverso altre modalità definite con DM), anche se il percipiente non ha indicato la ritenuta in fattura o non è obbligato a emetterla.
Quando l'ammontare delle ritenute operate raggiunge € 500, occorre **versarle** entro il termine ordinario (v. n. 37500). Se tale ammontare non è raggiunto, entro il 30 giugno e il 20 dicembre di ogni anno.
Il limite di € 500 si calcola sommando le ritenute mese dopo mese (Circ. AE 7 aprile 2017 n. 8/E par. 2.2 - v. esempio).

Codici tributo: 1019 (percipiente soggetto IRPEF) e 1020 (percipiente soggetto IRES).

ESEMPIO
Febbraio: ritenuta di € 400
Marzo: ritenuta di € 400
Versamento di € 800 entro il 16 aprile

37567 **PAGAMENTO DA PARTE DI SOGGETTI TERZI** Occorre effettuare le ritenute anche se il pagamento avviene a opera di un soggetto terzo estraneo al rapporto contrattuale.
È il caso, ad **esempio**, delle ritenute:

– che il soccombente, condannato al **rimborso** delle **spese processuali**, deve operare sulle somme pagate al difensore della parte vittoriosa (Cass. SU 25 ottobre 1996 n. 9332 e Ris. AE 13 ottobre 2010 n. 106/E), salvo che quest'ultimo produca copia della fattura già emessa nei confronti del proprio cliente per la prestazione professionale resa (Ris. AE 15 marzo 2019 n. 35/E);
– che l'impresa fornitrice effettua, nei **contratti di somministrazione** del lavoro, sia sulle somme da questa corrisposte sia su quelle corrisposte dal soggetto utilizzatore (Ris. AE 19 aprile 2002 n. 121/E).

PIGNORAMENTO (art. 21 c. 15 L. 449/97 e Provv. AE 3 marzo 2010 n. 34755) Occorre effettuare le ritenute anche se il pagamento è eseguito mediante pignoramento anche presso terzi in base a un'ordinanza di assegnazione, **purché** il credito sia riferito a somme per le quali deve essere operata la ritenuta. È il caso, ad **esempio**, delle somme liquidate per coprire le spese di precetto (comprese quelle di monitorio) e di esecuzione (Risp. AE 22 ottobre 2022 n. 570). 37568
In caso di pignoramento **presso terzi**, se questi sono sostituti d'imposta, al momento del pagamento devono anche effettuare una ritenuta d'acconto del 20% se il percettore delle somme (cioè il creditore che ha chiesto l'esproprio) è soggetto IRPEF.

Potrebbero esserci casi in cui il terzo erogatore sia tenuto a effettuare una **doppia ritenuta** (es. quando il dipendente di un lavoratore autonomo, per recuperare stipendi non pagati, pignora il credito che l'autonomo vanta nei confronti di un imprenditore già suo cliente) (Circ. AE 2 marzo 2011 n. 8/E).

RITENUTE SU APPALTI, SUBAPPALTI, AFFIDAMENTO A CONSORZIATI E SIMILI (art. 17 bis D.Lgs. 241/97 e Circ. AE 12 febbraio 2020 n. 1/E) Il committente che affida a un'impresa il compimento di una o più opere o servizi (di seguito, solo opere), al ricorrere di determinate condizioni deve **controllare** che questa versi le ritenute sui redditi di lavoro dipendente e assimilati (e addizionali) trattenute ai lavoratori direttamente impiegati nell'opera. 37570

> Precisazioni 1) Di seguito si parla di committente e di impresa appaltatrice, intendendo per quest'ultima anche l'impresa affidataria e l'impresa subappaltatrice, salvo diversamente indicato.
2) Lo scopo della norma è contrastare l'omesso o insufficiente versamento delle ritenute, anche tramite indebita compensazione.

Condizioni Devono ricorrere **tutte** le seguenti condizioni, riguardanti: 37573
– caratteristiche del committente;
– importo minimo delle opere affidate all'impresa appaltatrice;
– natura del contratto stipulato;
– utilizzo di manodopera e beni strumentali;
– mancata certificazione di determinati requisiti (v. n. 37590).

Il **committente deve essere**: 37575
– residente ai fini delle imposte sui redditi. Sono esclusi le società ed enti con sede all'estero che detengono direttamente partecipazioni di controllo in società di capitali ed enti residenti e che si presumono residenti a certe condizioni (v. n. 21055 e s.);
– sostituto d'imposta. Per l'elenco dei sostituti d'imposta si rinvia al n. 37405: secondo l'AE, sono esclusi il condominio e gli enti non commerciali (enti pubblici, associazioni, ecc.) limitatamente all'attività istituzionale svolta.

Le opere affidate all'impresa appaltatrice devono essere di **importo complessivo**, nell'anno solare, **superiore a** € 200.000. 37577
Se il contratto ha **durata** annuale non coincidente con l'anno solare o pluriennale, il limite va comunque verificato in ogni anno solare, dividendo l'importo complessivo del contratto per il numero di mesi della sua durata e moltiplicandolo per i mesi di ogni anno solare (v. esempi). Nel calcolo si fa riferimento ai mesi (e non ai giorni): pertanto, in caso di contratti o modifiche stipulati dopo il giorno 15 del mese si fa riferimento al mese successivo.

> Precisazioni 1) Superato il limite, il controllo delle ritenute va effettuato fino al termine del contratto.
2) In caso di affidamento di **più opere** alla singola impresa, il limite va calcolato sommando: tutti i contratti in essere nell'anno, le eventuali modifiche contrattuali sopraggiunte e tutti i nuovi contratti stipulati. Se il limite è superato, a tutte si applicano le regole di seguito illustrate.

ESEMPIO

Contratto		Stipula	Scadenza	Prezzo (netto IVA)	Controllo ritenute?
Un contratto annuale		16 febbraio 20XX	16 febbraio 20XX+1	€ 300.000	SÌ, in relazione ai redditi di lavoro dipendente e assimilati da erogare da marzo 20XX e cessa il 16 febbraio 20XX+1. Infatti, al 20XX sono imputabili € 250.000 (300.000 × 10/12) e al 20XX+1 i restanti € 50.000
Due contratti annuali	1°	14 febbraio 20XX	13 febbraio 20XX+1	€ 100.000	NO. Infatti, al 20XX sono imputabili € 191.667 (100.000 × 11/12 + 200.000 × 6/12) e al 20XX+1 i restanti € 108.333
	2°	16 giugno 20XX	15 giugno 20XX+1	€ 200.000	
Due contratti pluriennali	1°	1° luglio 20XX	31 dicembre 20XX+2	€ 200.000	SÌ, in relazione ai redditi di lavoro dipendente e assimilati da erogare da luglio 20XX+1 e cessa il 31 dicembre 20XX+2. Infatti, al 20XX sono imputabili € 40.000 (200.000 × 6/30). Al 20XX+1 sono imputabili € 213.333 (200.000 × 12/30 + 400.000 × 6/18). Al 20XX+2 sono imputabili € 346.667 (200.000 × 12/30 + 400.000 × 12/18)
	2°	1° luglio 20XX+1		€ 400.000	

37580 L'incarico deve essere affidato tramite **contratti** di appalto, subappalto, affidamento a soggetti consorziati e contratti simili (es. cessione di beni con posa in opera).

Sono **esclusi**:
– contratti di somministrazione lecita di lavoro (di cui all'art. 30 D.Lgs. 81/2015);
– altri contratti aventi ad oggetto la fornitura di manodopera da soggetti autorizzati da leggi speciali.

37583 I contratti devono essere **caratterizzati da**:
– prevalente utilizzo di manodopera (manuale e intellettuale) presso le sedi di attività del committente (es. contratti utilizzati nei settori della logistica, dei servizi alle imprese, alimentare e meccanica). Si verifica se il rapporto tra la retribuzione lorda dei lavoratori e il prezzo complessivo dell'opera (in caso di contratti misti, dell'opera e del servizio) è superiore al 50%;
– utilizzo di beni strumentali di proprietà del committente (es. macchinari, attrezzature) o a lui riconducibili (es. ne ha il possesso o la detenzione) anche se quest'ultimo li ha concessi in locazione o in comodato d'uso all'appaltatore stesso (Risp. AE 23 gennaio 2023 n. 144). Se sono utilizzati sia beni dell'impresa appaltatrice sia quelli del committente che non sono indispensabili per l'opera o che sono usati solo occasionalmente, la condizione non è rispettata.

Nel concetto di manodopera rientrano anche i lavoratori non formalmente inquadrati come dipendenti (es. professionisti), che nei fatti svolgono un'attività di lavoro dipendente.

37585 Adempimenti

Soggetto	Adempimenti	Precisazioni
impresa appaltatrice	**a) versa** le **ritenute** utilizzando un Mod. F24 per ciascun committente, in cui indica (Ris. AE 24 dicembre 2019 n. 109/E): nel campo «Codice fiscale del coobbligato, erede, genitore, tutore o curatore fallimentare», il codice fiscale del committente; nel campo «Codice identificativo», il codice «09». **Non** può **compensare**: – ritenute, tranne che con crediti maturati in qualità di sostituto d'imposta compensabili solo con le ritenute (es. rimborsi 730, conguagli, eccedenze di versamento di ritenute - cod. trib. utilizzabili indicati nella Circ. AE 12 febbraio 2020 n. 1/E par. 4.1) – contributi previdenziali e assistenziali e premi assicurativi, se obbligatori e maturati sulle retribuzioni erogate	le ritenute e le retribuzioni sono **determinate** escludendo le retribuzioni arretrate o differite e il TFR e rapportando l'orario di lavoro prestato a favore del committente all'orario complessivo di lavoro retribuito (comprese le assenze retribuite) (v. esempio)

Soggetto	Adempimenti	Precisazioni
	b) trasmette al committente, entro cinque giorni lavorativi successivi alla scadenza del versamento delle ritenute (v. n. 37500): – copia dei Mod. F24, reperibili nel cassetto fiscale – elenco nominativo dei lavoratori direttamente impiegati nel mese precedente nell'esecuzione dell'opera e identificati mediante codice fiscale, dettagliando, per ciascun lavoratore: ore di lavoro prestate e retribuzione corrisposta per l'opera; tutte le ritenute operate, con separata indicazione di quelle relative alla prestazione affidata dal committente	–
committente	**richiede** all'impresa appaltatrice copia dei Mod. F24 contenenti le ritenute versate **e** li **controlla**, verificando che: – la retribuzione oraria corrisposta al lavoratore sia congrua rispetto all'opera prestata. In pratica, vi deve essere corrispondenza tra i Mod. F24 e la documentazione fornita e coerenza tra le retribuzioni e gli elementi pubblicamente disponibili (es. i CCNL) – vi sia l'effettiva presenza dei lavoratori presso la sede del committente – le ritenute siano congrue rispetto alla retribuzione corrisposta (cioè superiori al 15% della retribuzione) e siano state versate senza compensazione	

ESEMPIO

All'impresa appaltatrice sono stati commissionati due appalti da due committenti diversi. A tal fine, si avvale di due lavoratori impiegati come segue.

Lavoratori	Ore lavorate		Ore di assenze	Totale ore	Retribuzione	Ritenute
	1° committente	2° committente				
A	50	50	50	150	1.800	500
B	100	40	20	160	1.500	400

Le retribuzioni e le ritenute relative ai due lavoratori sono attribuiti ai due committenti come segue.

Lavoratori	Retribuzione		Ritenute	
	1° committente	2° committente	1° committente	2° committente
A	600 (1.800 × 50/150)		166,67 (500 × 50/150)	
B	937,5 (1.500 × 100/160)	375 (1.500 × 40/160)	250 (400 × 100/160)	100 (400 × 40/160)

Se l'**impresa appaltatrice non trasmette** nei termini le copie dei Mod. F24 e le informazioni **37587**
relative ai lavoratori indicate nel par. precedente **o non versa**, in tutto o in parte, le ritenute, il committente:

– sospende il pagamento dei corrispettivi maturati per l'opera effettuata, trattenendo il 20% del valore complessivo dell'opera o, in caso di ritenute non versate, il minore tra tale importo e quello delle ritenute non versate;

– lo comunica entro novanta giorni all'Ufficio dell'AE territorialmente competente nei suoi confronti.

Se il **committente non** vi provvede oppure non richiede all'impresa appaltatrice copia dei Mod. F24, è soggetto a una sanzione amministrativa pari alla sanzione irrogata all'impresa appaltatrice per non aver correttamente determinato, eseguito e versato le ritenute. La sanzione va calcolata in relazione alla quota-parte di ritenute riferibili ai lavoratori impiegati nell'opera.

>Precisazioni 1) Secondo l'AE, la **sanzione** non ha **natura** tributaria; di diverso avviso l'INL (Nota INL 25 novembre 2020 n. 1037).

2) La sanzione **non si applica** nei seguenti casi: l'impresa appaltatrice si è avvalsa del ravvedimento per sanare violazioni commesse prima della contestazione da parte dell'AE; ha commesso delle violazioni diverse da quelle sopra indicate (es. relative al Mod. 770).

37590 **Esonero dal controllo** Il committente ne è esonerato **se** l'impresa appaltatrice gli comunica il rispetto di tutti i requisiti indicati in **tabella**, che devono sussistere nell'ultimo giorno del mese precedente a quello di scadenza del versamento delle ritenute.
L'impresa appaltatrice deve **allegare** alla comunicazione una certificazione (c.d. DURF) da richiedere all'AE, che attesta la sussistenza di tali requisiti (v. par. seguente), **e inviare** tali documenti al committente entro cinque giorni lavorativi successivi alla scadenza del versamento delle ritenute.

Requisiti impresa appaltatrice	Descrizione e/o precisazioni	Fonti
a) è in attività da almeno tre anni	– secondo l'AE, è in attività se rispetta i criteri indicati nel Provv. AE 12 giugno 2017 n. 110418 relativo alla cessazione della partita IVA e all'esclusione dal VIES (es. esistenza dell'attività dichiarata e della sede dell'attività - Risp. AE Forum commercialisti 13 gennaio 2020) – i tre anni si calcolano partendo dall'ultimo giorno del mese in cui è richiesta la certificazione e procedendo a ritroso di tre anni	art. 17 bis c. 5-6 D.Lgs. 241/97, Provv. AE 6 febbraio 2020 n. 54730 e Circ. AE 12 febbraio 2020 n. 1/E
b) è in regola con gli obblighi dichiarativi	deve aver presentato le dichiarazioni dei redditi nell'ultimo triennio, calcolato procedendo a ritroso dall'ultimo giorno del mese in cui è richiesta la certificazione	
c) ha eseguito, negli anni cui si riferiscono le dichiarazioni dei redditi presentate nell'ultimo triennio, versamenti complessivi pari o superiori al 10% dei ricavi complessivi risultanti da tali dichiarazioni	– si tratta dei versamenti effettuati con Mod. F24 per tributi, contributi e premi assicurativi INAIL, al lordo dei crediti compensati, registrati nel conto fiscale, esclusi i pagamenti dei debiti iscritti a ruolo – nei versamenti si computa anche (Circ. AE 12 febbraio 2020 n. 1/E e Ris. AE 22 settembre 2020 n. 53/E): per l'impresa che fattura in split payment o in reverse charge, l'IVA teorica; per l'impresa in consolidato fiscale, l'imposta teorica corrispondente al proprio reddito complessivo; per l'impresa che ha optato per la trasparenza, l'imposta teorica corrispondente al reddito imputato ai soci; per l'impresa che ha optato per la liquidazione IVA di gruppo, l'IVA teorica risultante dalla liquidazione periodica – se nel triennio l'impresa ha presentato solo due dichiarazioni (es. è stata costituita nel 2017), il confronto va effettuato su due dichiarazioni	
d) non ha iscrizioni a ruolo, accertamenti esecutivi o avvisi di addebito affidati agli AdR relativi a imposte sui redditi, IRAP, ritenute e contributi previdenziali superiori a € 50.000, i cui termini di pagamento sono scaduti (sono quindi escluse le somme rateizzate) e non è stata concessa la sospensione	– non rilevano eventuali interessi, sanzioni e oneri diversi – la sussistenza del requisito va verificata con riferimento all'ultimo giorno del mese in cui è richiesta la certificazione	

37593 L'impresa appaltatrice deve **richiedere** la certificazione (c.d. DURF) agli uffici territoriali della Direzione provinciale competente in base al suo domicilio fiscale (per i grandi contribuenti, cioè con volume d'affari o ricavi pari o superiori a € 100 milioni, presso le DRE), a partire dal terzo giorno lavorativo del mese.
Se **non** sono stati **considerati** dei **dati**, può segnalarlo all'ufficio che ha emesso la certificazione, il quale, previa verifica, può emetterne una nuova.
La certificazione è **valida** per quattro mesi dalla data di rilascio; una volta scaduta, ne va richiesta una nuova.

>Precisazioni 1) È esente da imposta di **bollo e** dai **tributi speciali**.
2) Se il committente è una **PA o** un **privato gestore di pubblici servizi**, l'impresa appaltatrice deve inviare loro un'autocertificazione.

Casi particolari

37595

Caso	Descrizione
rapporti a catena	nei rapporti a catena (es. subappalto) ciascun soggetto della catena che riveste il ruolo di committente deve verificare le condizioni sopra illustrate, tranne il limite di € 200.000 che va verificato solo nel rapporto tra l'originario committente e l'appaltatore, e porre in essere i conseguenti adempimenti (v. esempio). L'impresa subappaltatrice deve trasmettere i documenti indicati nella tabella n. 37585 lett. b sia al committente originario che all'impresa subappaltante
contratti d'opera (art. 2222 c.c.)	rilevano solo se stipulati con imprese che utilizzano lavoratori aventi diritto alla percezione di redditi di lavoro dipendente o assimilati
contratti **senza prezzo o scadenza prestabiliti** (es. contratti-quadro)	la soglia di € 200.000 va verificata con il criterio di cassa. Il controllo delle ritenute va fatto in relazione ai redditi da erogare dopo il superamento della soglia di pagamenti e cessa alla scadenza del contratto
contratti **promiscui** stipulati da enti non commerciali, relativi sia all'attività istituzionale sia a quella commerciale	la soglia di € 200.000 va verificata moltiplicando il costo annuo pattuito nel contratto per il rapporto tra l'ammontare dei ricavi e altri proventi relativi all'attività commerciale e l'ammontare complessivo di tutti i ricavi e proventi **(*)**; in caso di superamento della soglia il controllo delle ritenute va fatto con riferimento all'intero contratto (Risp. AE 21 ottobre 2020 n. 492)

(*) Vanno considerati i ricavi dell'anno precedente a quello di inizio di esecuzione del contratto.

ESEMPIO
Alfa stipula un contratto di appalto di € 570.000 con Beta, che, a sua volta, stipula un subappalto con Gamma, Delta e Zeta di € 190.000 ciascuna e con prevalente utilizzo della manodopera fornita da Gamma e Delta.
Sia Alfa che Beta sono committenti e ognuna deve verificare il prevalente utilizzo di manodopera presso le sue sedi di attività e l'utilizzo dei beni strumentali, come segue: Alfa nei confronti di Beta, Gamma e Delta; Beta nei confronti di Gamma e Delta.

CAPITOLO 2

Assistenza fiscale, visto di conformità e simili

SOMMARIO

L'assistenza fiscale mira a semplificare gli adempimenti dei contribuenti e, allo stesso tempo, a renderne più agevole il controllo da parte dell'AE. **37600**
L'assistenza ai dipendenti (per Mod. 730) è svolta da:
- datori di lavoro, se hanno dato la propria disponibilità;
- Centri di assistenza fiscale (di seguito, CAF);
- iscritti negli Albi dei dottori commercialisti ed esperti contabili e dei consulenti del lavoro (di seguito, professionisti abilitati).

I CAF e i professionisti abilitati rilasciano il visto di conformità su ogni Mod. 730 trasmesso.

L'assistenza a imprese e professionisti è svolta, invece, da professionisti aventi specifici requisiti, mediante i seguenti strumenti: **37601**
- visto di conformità;
- asseverazione;
- certificazione tributaria (c.d. visto pesante).

SOSPENSIONE DEI TERMINI PER GLI ADEMPIMENTI DEI PROFESSIONISTI CAUSA COVID-19 (art. 22 bis DL 41/2021 conv. in L. 69/2021) È prevista la sospensione della decorrenza di termini relativi ad adempimenti posti a carico dei professionisti nei confronti della PA, in presenza di impedimento dovuto al Covid-19. In tal caso, l'inadempimento - mancata trasmissione di atti, documenti e istanze o mancato pagamento di somme entro i termini previsti - è considerato impossibilità sopravvenuta e al verificarsi della stessa **il termine** è **sospeso** a decorrere dal giorno del ricovero in ospedale o dal giorno di inizio della permanenza domiciliare fiduciaria con sorveglianza attiva o dal giorno di inizio della quarantena con sorveglianza attiva. **37602**
L'impedimento che determina la sospensione dei termini e non produce effetti negativi nei rapporti tra professionista e cliente, è riconducibile a 3 tipologie:
- **ricovero** in ospedale;
- **quarantena** con sorveglianza attiva;
- **permanenza domiciliare** fiduciaria con sorveglianza attiva.

Durata della sospensione La sospensione opera dal giorno di inizio dell'impedimento fino a 30 giorni dopo la sua cessazione, che decorrono dalla data di dimissione dalla struttura sanitaria o di conclusione della permanenza domiciliare fiduciaria o della quarantena, certificata secondo la normativa vigente. **37603**
Inoltre, c'è l'esclusione da qualsiasi conseguenza per i professionisti e gli adempimenti sospesi potranno essere eseguiti entro 7 giorni dal termine del periodo di sospensione. Di fatto i professionisti avranno a disposizione **37 giorni** per provvedere, dalla data in cui viene a cessare l'impedimento.

37604 **Condizioni** La sospensione si applica solo nel caso in cui tra le parti sia stato stipulato un **mandato professionale** avente data antecedente al ricovero ospedaliero o all'inizio delle cure domiciliari.
Il **certificato medico** che attesta la decorrenza, rilasciato dalla struttura sanitaria o dal medico curante, deve essere consegnato o inviato, tramite raccomandata con avviso di ricevimento o a mezzo posta elettronica certificata, presso i competenti uffici della PA.

La legge prevede la **facoltà di allegare**, contestualmente all'adempimento, anche i certificati attestanti la decorrenza della sospensione.

37606 **SOSPENSIONE PER INFORTUNI E MALATTIE** (art. 1 c. 927 e s. L. 234/2021) Dal 2022 i professionisti **iscritti agli albi**, ricoverati per malattia, infortunio o intervento chirurgico (compreso il parto e l'interruzione della gravidanza) o quelli colpiti da malattia (anche a casa) che comportano una **inabilità temporanea oltre i 3 giorni**, sono esonerati temporaneamente da responsabilità e sanzioni per mancato rispetto delle scadenze fiscali (escluse quelle riguardanti il contenzioso tributario).
La sospensione riguarda **tutti gli adempimenti tributari** per il cui inadempimento è prevista una sanzione pecuniaria e penale nei confronti del libero professionista o del suo cliente.

La sospensione si applica anche in caso di esercizio della libera professione **in forma associata o societaria**, qualora il numero complessivo dei professionisti associati o dei soci sia **inferiore a 3**, ovvero il professionista infortunato o malato sia nominativamente responsabile dello svolgimento dell'incarico professionale.

37607 La sospensione copre le **scadenze dei 60 giorni successivi** alla data di ricovero o della malattia e dura per **30 giorni** dal momento della fine malattia o delle dimissioni. Si versa entro il primo giorno successivo alla scadenza.
Occorre inviare alla PA interessata all'adempimento il **certificato medico** e **copia del mandato professionale** dato dal cliente (antecedente alla malattia).
La sospensione dei termini non blocca gli **interessi legali** sulle somme dilazionate.

In caso di **morte** del professionista, la sospensione dell'adempimento è di **6 mesi** dalla data del decesso. Il cliente, entro 30 giorni, deve presentare o inviare alla PA copia del mandato professionale conferito in data antecedente al decesso.

SEZIONE 1

Assistenza a dipendenti per Mod. 730

37610 Si illustra l'attività di assistenza del datore di lavoro, dei CAF e dei professionisti abilitati, avente ad oggetto la presentazione del Mod. 730 (ordinario o precompilato).
Per quanto riguarda, invece, gli adempimenti dei **soggetti che richiedono assistenza**, si rinvia al capitolo dichiarazione dei redditi (v. n. 16100 e s.).

I. Assistenza del datore di lavoro

37620 Il datore di lavoro può svolgere due tipi di assistenza:
- completa, che comporta l'elaborazione e trasmissione dei Mod. 730;
- limitata al conguaglio dei Mod. 730 presentati dai dipendenti direttamente o tramite CAF o professionisti abilitati.

Per tali attività non gli spetta alcun **compenso** a carico dello Stato (art. 7 D.Lgs. 175/2014).

a. Completa

37630 **FASI PRELIMINARI** Nella **tabella** seguente si illustrano gli adempimenti preliminari del datore.

	Adempimenti
Comunicazione ai dipendenti	Comunica ai propri dipendenti la disponibilità a fornire assistenza **entro** il 15 gennaio di ogni anno (art. 17 DM 31 maggio 1999 n. 164). Se è **socio di** un **CAF** imprese, può prestare assistenza anche tramite il CAF, indicandolo nella suddetta comunicazione
Acquisizione Mod. 730	Se **precompilato**, vi accede con una **richiesta** telematica all'AE, previa delega rilasciata dal dipendente (v. n. 16120) **(1) (2). L'accesso è consentito fino al 10 novembre, al fine dell'eventuale presentazione della dichiarazione rettificativa o integrativa (Circ. AE 23 marzo 2015 n. 11/E)**
	Se **compilato dal dipendente**, alla ricezione gli rilascia apposita **ricevuta**, Mod. 730-2
Controllo	Sulla base dei dati e degli elementi desumibili dal Mod. 730, deve controllarne la regolarità formale, anche in relazione alle norme che pongono limiti alla deducibilità degli oneri, alle detrazioni e ai crediti d'imposta. Se riscontra **anomalie** o **incongruenze** che comportano l'interruzione dell'assistenza (es. redditi dichiarabili solo nel Mod. Redditi), deve informare tempestivamente il dipendente affinché egli possa presentare, entro i termini, il Mod. Redditi (v. n. 16030 e s.)

(1) Il datore **accede solo** ai Mod. 730 precompilati dei dipendenti per i quali ha trasmesso all'AE entro i termini la CU relativa all'anno cui si riferisce la dichiarazione e sempre che dalla CU dell'anno precedente risulti aver prestato assistenza (Provv. AE 30 aprile 2020 n. 183002).

(2) Per l'accesso può avvalersi degli **intermediari** abilitati alla trasmissione telematica del Mod. Redditi (v. n. 16047), a cui consegna una richiesta sottoscritta contenente il codice fiscale del dipendente e copia della delega (Provv. AE 30 aprile 2020 n. 183002).

LIQUIDAZIONE Il datore liquida i **saldi** e gli **acconti** relativi all'IRPEF (compresi la cedolare **37640**
secca sulle locazioni e l'acconto del 20% su alcuni redditi soggetti a tassazione separata) e alle addizionali locali, indicando separatamente i versamenti d'acconto dovuti. Le operazioni di liquidazione sono indicate in un apposito **prospetto** (Mod. 730-3).
Prima della trasmissione della dichiarazione all'AE, **consegna**, in formato cartaceo o elettronico, il Mod. 730-3 al dipendente, insieme alla copia della dichiarazione in duplice esemplare (art. 17 c. 1 lett. b DM 31 maggio 1999 n. 164). In caso di consegna in formato elettronico, deve darne comunicazione sul sito internet dedicato a cui il dipendente può accedere tramite utenza e password personali e stampare la dichiarazione.

Errori In caso di errori nella liquidazione, il datore deve correggerli elaborando un **nuovo** **37642**
Mod. 730-3 su cui deve barrare la casella «730 rettificativo»; il modello va poi consegnato al dipendente.
Se la rettifica riguarda anche il 730, lo stesso deve essere corretto e consegnato al dipendente.
Se gli errori determinano un **tardivo versamento**, il datore è soggetto alla relativa sanzione (v. n. 86915) con possibilità del ravvedimento. L'imposta e gli interessi sono a carico del dipendente.

TRASMISSIONE (art. 17 c. 1 lett. c, c bis DM 31 maggio 1999 n. 164 e Provv. AE 15 gennaio 2013) Il **37643**
datore trasmette all'AE in via telematica (canali Fisconline o Entratel) i Mod. 730, i Mod. 730-3 e i Mod. 730-4 contenenti le somme che devono essere trattenute o rimborsate, anche tramite gli intermediari autorizzati, **entro** termini diversi a seconda che il dipendente abbia presentato al datore il Mod. 730:
- entro il 31 maggio, 15 giugno;
- dal 1° al 20 giugno, 29 giugno;
- dal 21 giugno al 15 luglio, 23 luglio;
- dal 16 luglio al 31 agosto, 15 settembre;
- dal 1° al 30 settembre, 30 settembre.

Entro gli stessi termini, il datore **consegna** le buste contenenti i Mod. 730-1 per la scelta dell'8, 5 e 2 per mille a un ufficio postale, a una banca o a un intermediario abilitato. Dal 2023 la trasmissione dei dati dell'8, 5 e 2 per mille avviene telematicamente (art. 2 DL 73/2022 conv. in L. 122/2022).

I dati contenuti nei Mod. 730-3 e gli altri dati rilevati dalle dichiarazioni vanno poi indicati nella **CU ordinaria** (v. n. 37520).

37645 **CONGUAGLIO** (artt. 16 c. 4 bis e 19 DM 31 maggio 1999 n. 164 e Circ. AE 12 marzo 2018 n. 4/E) Per effettuare il conguaglio, il datore **utilizza** il Mod. 730-4, rimandatogli dall'AE, dopo i controlli, a partire dall'ultima decade di giugno.
Per poterlo ricevere il datore deve comunicare all'AE il proprio **indirizzo telematico**, indicandolo:
– se lo comunica per la **prima volta**, nel quadro CT della CU o nel Mod. CSO reperibile sul sito dell'AE;
– se deve **modificare** i dati precedentemente comunicati (es. sede telematica, utenza telematica da Fisconline a Entratel), nel Mod. CSO.
Può **inviare** il Mod. CSO in qualunque momento, salvo nel periodo di trasmissione delle CU, e le CU entro il termine ordinario.

> **Precisazioni 1)** Se il Mod. 730 è sottoposto a **controlli preventivi** da parte dell'AE (nei casi indicati al n. 37665), questa non invia il Mod. 730-4 al datore.
2) Se il datore **cessa** l'**attività**, deve revocare la comunicazione precedentemente trasmessa inviando il Mod. CSO.
3) Il datore può comunicare all'AE l'indirizzo telematico di un **intermediario** delegato alla ricezione dei Mod. 730-4. In caso di **variazione** dell'intermediario, se il datore non la comunica nel Mod. CSO, può farlo l'intermediario via PEC (all'indirizzo: agenziaentratepec@pce.agenziaentrate.it). In tal caso, l'AE chiede al datore di presentare la comunicazione di variazione; se questi non vi provvede, l'AE cancella l'indirizzo telematico dell'intermediario e il datore deve comunicare un nuovo indirizzo telematico nel quadro CT della CU (Circ. AE 25 gennaio 2019 n. 3/E).

37647 Dal Mod. 730-4 può emergere un **debito o** un **credito**. In entrambi i casi, l'importo risultante non va trattenuto o rimborsato se, per ogni singola imposta o addizionale, è **uguale o inferiore a** € 12 (art. 1 c. 137 L. 266/2005); tuttavia, se il credito è stato parzialmente utilizzato per pagare altre imposte (es. IMU), l'eccedenza è comunque rimborsata.

Non si applicano mai i limiti previsti per la **compensazione** (es. limite annuo per importi elevati, divieto in presenza di ruoli scaduti di importo superiore a € 1.500, ecc. - v. n. 37237 e s.) (art. 15 D.Lgs. 175/2014, Circ. AE 30 dicembre 2014 n. 31/E, Ris. AE 4 agosto 2015 n. 73/E).

37650 **Debito** Le somme dovute a **saldo** e come **1ª rata d'acconto** per l'anno successivo sono trattenute dalla prima retribuzione utile o comunque dalla retribuzione di competenza del mese successivo a quello in cui il datore ha ricevuto il Mod. 730-4. È, tuttavia, possibile farsi trattenere l'importo dovuto in singole **rate mensili**, da un minimo di 2 a un massimo di 5, con una maggiorazione dello 0,33% mensile a titolo di interesse applicabile dal versamento della seconda rata.
La **2ª o unica rata d'acconto** è trattenuta interamente dalla retribuzione erogata nel mese di novembre.

> **Precisazioni 1)** Il datore deve **versare** le somme trattenute con Mod. F24, nel **termine** previsto per il versamento delle ritenute relative alle citate retribuzioni, utilizzando i seguenti **codici tributo**: 4730 (acconto) e 4731 (saldo).
2) Il datore deve tener conto delle eventuali **minori somme** che il dipendente intende versare a seguito del **ricalcolo dell'acconto** (v. n. 37140). Tale intenzione è indicata dal dipendente, per la 1ª rata di acconto, nel Mod. 730 e, per la 2ª o unica rata, con apposita comunicazione da presentare al datore entro il 10 ottobre. Tale comunicazione può avvenire sia se l'importo dell'acconto è stato determinato in sede di elaborazione del 730/2022 (c.d. «metodo storico»), sia se il contribuente (o il coniuge nel caso di dichiarazione congiunta) ha già indicato nel 730 un diverso importo dell'acconto da versare, sulla base del c.d. «metodo previsionale».

37655 Se gli importi del saldo, della 1ª e 2ª rata d'acconto sono **superiori alle retribuzioni** da cui trattenerli, la parte residua è trattenuta dalle retribuzioni dei mesi successivi e va **ripartita** proporzionalmente tra IRPEF e addizionali.

ESEMPIO
Se la retribuzione da cui trattenere gli importi del saldo e della 1ª rata d'acconto è 100, l'IRPEF a debito è 120 e le addizionali 10, la trattenuta è così composta:
– IRPEF: [120 : (120 + 10)] × 100 = 92,31
– addizionali: 100 – 92,31 = 7,69

Sugli importi trattenuti nei mesi successivi si applica l'**interesse** dello 0,40% mensile da sommare a quello previsto in caso di eventuale pagamento rateale.

Se **alla fine dell'anno** il datore non ha potuto trattenere gli interi importi per insufficienza delle retribuzioni corrisposte, deve comunicare al dipendente, entro dicembre, le somme ancora dovute. Entro gennaio, il dipendente deve versare la parte residua e il relativo interesse (calcolato considerando anche gennaio), con le modalità ordinarie (v. n. 37000 e s.).

Credito Il rimborso è **erogato dal datore** nella prima retribuzione utile o comunque nella retribuzione di competenza del mese successivo a quello in cui il datore ha ricevuto il Mod. 730-4. **37660**
Questi lo recupera, nel mese successivo alla sua effettuazione, mediante **compensazione** col mod. F24.

Codici tributo da utilizzare (Ris. AE 10 febbraio 2015 n. 13/E): 1631 (IRPEF e altre imposte erariali); 3796 (addizionale regionale IRPEF); 3797 (addizionale comunale IRPEF).

Il rimborso può essere **erogato dall'AE** in caso di 730 (ordinario o precompilato) con modifiche rispetto alla dichiarazione precompilata che, alternativamente (art. 5 c. 3 bis D.Lgs. 175/2014): **37665**
– incidono sulla determinazione del reddito o dell'imposta e presentano elementi di incoerenza, quali: scostamento per importi significativi fra il credito IRPEF e i dati risultanti nei modelli di versamento, nelle CU e nelle dichiarazioni dell'anno precedente; altri elementi di significativa incoerenza rispetto ai dati inviati da enti esterni o a quelli esposti nelle CU; situazioni di rischio individuate in base alle irregolarità emerse negli anni passati (Provv. AE 24 maggio 2021 n. 125708);
– determinano un rimborso superiore a € 4.000.
L'erogazione è effettuata **entro** 6 mesi dal termine per l'invio del 730 (v. n. 37643) o dalla data di trasmissione effettiva, se successiva, previa effettuazione di controlli.
Il rimborso avviene con le **modalità** indicate al n. 37305, al netto dell'eventuale secondo o unico acconto IRPEF e/o cedolare secca, riferito anche all'eventuale coniuge dichiarante. Se l'importo dell'acconto è superiore al credito da rimborsare, il dipendente deve versare autonomamente la differenza (Circ. AE 12 marzo 2018 n. 4/E).

DOCUMENTI DA CONSERVARE Il datore deve conservare, in formato cartaceo o elettronico, i documenti sotto indicati, **fino al** 31 dicembre del secondo anno successivo a quello di presentazione della dichiarazione: **37680**
– copia dei Mod. 730 e dei Mod. 730-3 (esclusi i Mod. 730-1);
– deleghe consegnategli per accedere ai Mod. 730 precompilati;
– insieme alle deleghe, copia del documento d'identità del delegante (v. n. 16120).
Le **deleghe** vanno numerate e annotate giornalmente in un **registro cronologico**, nel quale va riportato: numero progressivo e data della delega, codice fiscale e dati anagrafici del delegante, estremi del suo documento d'identità.
Se l'**AE richiede** copia della delega e del documento d'identità, questi devono essere trasmessi via PEC entro 48 ore dalla richiesta (Circ. AE 23 marzo 2015 n. 11/E e Provv. AE 30 aprile 2020 n. 183002).

In caso di conservazione **in formato elettronico** (v. n. 54410), la copia del Mod. 730 può essere priva della sottoscrizione del dipendente (Ris. AE 18 ottobre 2007 n. 298/E, Ris. AE 30 luglio 2009 n. 194/E).

CASI PARTICOLARI **37690**

Caso	Adempimenti del datore
Cessazione del rapporto di lavoro	**Prima** dell'effettuazione o del completamento delle operazioni di conguaglio: – se **a debito**, comunica all'interessato gli importi dovuti, che lo stesso deve versare col mod. F24 (v. n. 37000 e s.) **(1)**; – se **a credito**, eroga i rimborsi con le spettanze dovute. **Dopo** il conguaglio, se a debito, comunica all'interessato che deve versare le successive rate d'acconto

Caso		Adempimenti del datore
Decesso del dipendente		**Prima** dell'esecuzione delle operazioni di conguaglio: – se **a debito**, comunica agli eredi che le somme o le rate non ancora trattenute e risultanti dal Mod. 730-3 devono essere versate nei termini previsti per gli eredi (v. n. 16083); – se **a credito**, comunica agli eredi i relativi importi, utilizzando le voci contenute nel Mod. 730-3, e li indica anche nella CU. Gli eredi possono computare il credito nella dichiarazione da presentare per conto del soggetto deceduto oppure, in caso di esonero dall'obbligo di presentazione della citata dichiarazione, possono presentare istanza di rimborso (v. n. 80450) **(2)**. **Dopo** il conguaglio, il datore deve solo dare comunicazione delle risultanze agli eredi
Dipendenti in aspettativa senza retribuzione		Stesso trattamento previsto in caso di cessazione del rapporto di lavoro (v. sopra); però, **se** il datore corrisponde dei **compensi** prima della fine dell'anno, deve far scegliere al dipendente tra il versamento diretto delle somme dovute o la trattenuta nel primo mese utile, con applicazione dell'interesse dello 0,40% per ogni mese successivo
Passaggi di dipendenti	**senza** interruzione del rapporto	Se il passaggio si verifica **durante l'anno** (ad es. per effetto di fusioni, scissioni, ecc.), il nuovo datore è obbligato a proseguire le operazioni di assistenza già avviate dal precedente datore
	con interruzione del rapporto	Il nuovo datore, se intende prestare assistenza, tiene conto di quanto operato dal precedente ai soli fini delle ritenute IRPEF, del relativo conguaglio di fine anno e della conseguente certificazione. Non è, invece, tenuto a proseguire l'assistenza iniziata dall'altro soggetto

(1) Se le operazioni di conguaglio si sono protratte per **incapienza** delle retribuzioni, l'assistito deve versare anche l'interesse dello 0,40% mensile.

(2) Se gli eredi rilevano delle **incongruenze** nel Mod. 730, possono presentare il Mod. Redditi per integrare redditi non dichiarati in tutto o in parte oppure per evidenziare oneri deducibili o detraibili non indicati.

b. Limitata al conguaglio

37700 Per i Mod. 730 elaborati e presentati all'AE da CAF, professionisti abilitati o direttamente dai dipendenti il datore di lavoro deve effettuare solamente le operazioni di conguaglio.

In caso di assistiti che hanno in corso **più rapporti** di lavoro dipendente e di pensione, le operazioni di conguaglio sono effettuate dal datore che eroga la retribuzione o la pensione più elevata (art. 14 DPR 395/92).

37710 **Procedura** (Circ. AE 12 marzo 2018 n. 4/E) Il datore **utilizza** il Mod. 730-4, inviatogli dall'AE a partire dall'ultima decade di giugno all'indirizzo telematico da lui comunicato con le modalità illustrate al n. 37645.

Se riceve per errore il Mod. 730-4 di un **soggetto per il quale non è tenuto** a eseguire il **conguaglio** (perché il rapporto di lavoro non è mai esistito o è cessato prima della data di avvio della presentazione del Mod. 730), deve comunicarlo in via telematica all'AE entro 5 giorni lavorativi dalla ricezione. In caso di comunicazione inviata per errore, il dipendente deve presentare una dichiarazione integrativa indicando i dati dello stesso datore.

37715 Il datore, nella prima **retribuzione** utile o comunque nella retribuzione di competenza del mese successivo a quello in cui ha ricevuto il Mod. 730-4, deve operare i rimborsi o le trattenute dovute. Si applica quanto illustrato al n. 37645 e s. per l'assistenza completa, salvo alcune particolarità indicate in **tabella**.

	Adempimenti del datore
Collaboratori coordinati e continuativi, a cui non viene corrisposto alcun compenso	Se il conguaglio è a **credito**, effettua il rimborso. Se è a **debito** e verranno pagati **compensi** prima di fine anno, deve far scegliere al collaboratore tra il versamento diretto o la trattenuta nel primo mese utile, con l'applicazione dell'interesse pari allo 0,40% mensile **(*)**

	Adempimenti del datore
Invio tardivo dei Mod. 730-4	Effettua il conguaglio a partire dal primo mese utile (non oltre l'anno in corso)
Mod. 730 integrativo (v. n. 16135)	Sulla base del Mod. 730-4 integrativo comunicatogli dall'AE, effettua il conguaglio a credito sulla retribuzione erogata nel mese di **dicembre** o, in caso di **cessazione del rapporto** di lavoro prima di dicembre, in un mese diverso
(*) Se non viene pagato **nessun compenso** fino alla fine dell'anno, comunica al collaboratore le somme che lo stesso deve versare autonomamente.	

II. Assistenza di CAF e professionisti abilitati

I CAF e i professionisti abilitati (di seguito, **caf/prof**) hanno l'**obbligo** di prestare assistenza ai dipendenti che la richiedono. **37740**
Su ogni Mod. 730 i caf/prof, mediante la trasmissione all'AE, rilasciano automaticamente il **visto di conformità** (v. n. 37800 e s.).
Per ciascun Mod. 730 elaborato e trasmesso spetta loro un **compenso**, a carico dello Stato, che varia da un minimo di € 16,90 a un massimo di € 18,30, in funzione del tipo di 730 (precompilato o ordinario), delle modifiche effettuate sullo stesso e dell'anno di riferimento (art. 38 D.Lgs. 241/97, DM 29 dicembre 2014).

> **Precisazioni** 1) Il compenso, al lordo dell'IVA, è **corrisposto** dietro presentazione di fattura elettronica, da inviare al Dipartimento delle Finanze - Direzione Agenzie ed Enti della Fiscalità - Ufficio VI (C.F. 80207790587, codice univoco ufficio E0BOHC). Occorre comunicare le proprie coordinate bancarie per l'accredito (DM 29 marzo 2007).
> **2)** Per la semplice compilazione o il semplice invio del Mod. 730, il caf/prof può richiedere **al dipendente** un compenso variabile in base alle proprie tariffe.

CAF (artt. 32-34 D.Lgs. 241/97, artt. 5-12 DM 31 maggio 1999 n. 164) Sono **costituiti**, nella forma di società di capitali, da organizzazioni sindacali o sostituti d'imposta (di cui al n. 37405), aventi complessivamente almeno 50.000 aderenti/dipendenti. **37755**
Devono essere **autorizzati** a esercitare l'attività di assistenza dalla DRE territorialmente competente e devono successivamente **iscriversi** nell'apposito **albo** tenuto presso la Direzione centrale accertamento dell'AE.
Devono, infine, prestare una **garanzia** per i danni eventualmente provocati dall'assistenza, scegliendo tra: polizza assicurativa con massimale non inferiore a € 3 milioni, cauzione in titoli di Stato o garantiti dallo stesso oppure fideiussione rilasciata da una banca o da un'assicurazione per i quattro anni successivi a quello di svolgimento dell'assistenza.

PROFESSIONISTI ABILITATI (artt. 3 bis c. 10 e 7 quinquies DL 203/2005 conv. in L. 248/2005, Circ. AE 26 febbraio 2015 n. 7/E) Sono gli **iscritti negli Albi** dei dottori commercialisti ed esperti contabili e dei consulenti del lavoro. **37760**
Devono essere **abilitati** alla trasmissione telematica delle dichiarazioni e aver inviato un'apposita **comunicazione alla DRE** territorialmente competente in relazione al loro domicilio fiscale per il rilascio del visto di conformità (v. n. 37868).

> **Precisazioni** 1) Per l'assistenza il professionista **non** può avvalersi di una **società di servizi**.
> **2)** Il professionista che esercita l'assistenza nell'ambito di un'**associazione professionale**, in cui **almeno la metà** degli associati è costituita dai professionisti di cui alle lett. a) e b) del n. 16047 (commercialisti, ragionieri, periti commerciali, ecc.), può rilasciare il visto anche se non ha partita IVA né l'abilitazione alla trasmissione telematica, purché tali requisiti sussistano in capo all'associazione (Circ. AE 25 settembre 2014 n. 28/E).

ACQUISIZIONE 730 Se il Mod. 730 è **precompilato**, il caf/prof vi accede con una **richiesta** telematica all'AE, previo rilascio della delega (v. n. 16120), sempre che il datore abbia trasmesso entro i termini la CU all'AE (accesso consentito fino al 10 novembre - Circ. AE 23 marzo 2015 n. 11/E e Provv. AE 30 aprile 2020 n. 183002). Se il dipendente non concede l'**autorizzazione all'accesso** al modello, il caf/prof deve acquisirne idonea documentazione. **37765**

Se il dipendente presenta un Mod. 730 **ordinario**, alla ricezione il caf/prof deve **rilasciare**, anche se non richiesto, apposita **ricevuta** (Mod. 730-2) in cui indica i documenti esibiti in forma analitica o, se ne conserva copia, in forma sintetica.

37770 **CONTROLLO** Il caf/prof, sulla base dei dati contenuti nel Mod. 730 e dei documenti esibiti, ne controlla la regolarità formale, al fine del rilascio del visto di conformità.
Se emergono situazioni che **impediscono** l'**utilizzo** del Mod. 730 (es. redditi dichiarabili solo nel Mod. Redditi), deve tempestivamente informare il dipendente affinché egli possa presentare, entro i termini, il Mod. Redditi (v. n. 16030 e s.).

37775 **LIQUIDAZIONE** Il caf/prof:
- **liquida** l'IRPEF, la cedolare secca sulle locazioni e le addizionali locali;
- **determina** le rate di acconto (v. n. 37650 e s.).

Le operazioni di liquidazione devono essere indicate in un apposito **prospetto** (Mod. 730-3).
Prima della trasmissione della dichiarazione e comunque **entro** i termini di seguito indicati, il caf/prof **consegna** al dipendente copia della dichiarazione elaborata e il relativo Mod. 730-3 sottoscritto (anche solo con l'indicazione a stampa) (art. 16 c. 1 lett. b e 1 bis DM 31 maggio 1999 n. 164):
- per le dichiarazioni presentate dal dipendente al caf/prof entro il 31 maggio, 15 giugno;
- per quelle presentate dal 1° al 20 giugno, 29 giugno;
- per quelle presentate dal 21 giugno al 15 luglio, 23 luglio;
- per quelle presentate dal 16 luglio al 31 agosto, 15 settembre;
- per quelle presentate dal 1° al 30 settembre, 30 settembre.

Tali documenti sono consegnati in **formato** cartaceo o, se il dipendente ne ha fatto richiesta, elettronico.

> **Precisazioni** 1) Se il caf/prof si accorge di aver commesso **errori** nella liquidazione, deve correggerli elaborando un **nuovo Mod. 730-3** (v. n. 37642).
2) Se il dipendente ritiene che le **variazioni** apportate dal caf/prof **non** siano **corrette**, può presentare, assumendone la responsabilità, una dichiarazione integrativa con il Mod. Redditi (Circ. AE 9 maggio 2013 n. 14/E).

37780 **TRASMISSIONE E CONGUAGLIO** (art. 16 c. 1, 1 bis e 4 bis DM 31 maggio 1999 n. 164 e Circ. AE 12 marzo 2018 n. 4/E) **Entro** i termini sopra indicati (v. n. 37775), il caf/prof **trasmette** all'AE in **via** telematica (servizio Entratel) le dichiarazioni corredate dei Mod. 730-3, dei Mod. 730-1 per la destinazione dell'8, 5 e 2 per mille e dei Mod. 730-4 contenenti l'indicazione delle somme che devono essere trattenute o rimborsate.

Se il professionista abilitato esercita l'attività di assistenza nell'ambito di un'**associazione professionale**, può trasmettere le dichiarazioni tramite l'associazione.

37785 Ricevuti i Mod. 730-4, l'**AE** li **invia** telematicamente **al datore** per il conguaglio a partire dall'ultima decade di giugno (v. n. 37700 e s.) e ne informa il caf/prof a partire dalla prima decade di luglio. **Se non riesce** a inviarli al datore, comunica al caf/prof che deve consegnarglieli autonomamente.
Se il **datore non è tenuto a eseguire il conguaglio** (perché il rapporto di lavoro non è mai esistito o è cessato prima della data di avvio della presentazione del Mod. 730), il caf/prof lo comunica al dipendente, che può presentare una dichiarazione integrativa con cui modifica i dati del datore di lavoro o ne indica l'assenza.

Se il Mod. 730 è sottoposto a **controlli preventivi** da parte dell'AE (nei casi indicati al n. 37665), questa non invia il Mod. 730-4 al datore e ne dà comunicazione al caf/prof, che a sua volta informa il dipendente.

37790 **DOCUMENTI DA CONSERVARE** (art. 16 c. 1 lett. d, d bis DM 31 maggio 1999 n. 164) Il caf/prof deve conservare, in **formato** cartaceo o elettronico:
- Mod. 730-1, fino al 31 dicembre del secondo anno successivo a quello di presentazione;
- copia delle dichiarazioni e dei relativi Mod. 730-3, dell'eventuale delega relativa alla dichiarazione precompilata (v. n. 37680), nonché della documentazione a base del visto di conformità, fino al 31 dicembre del quarto anno successivo a quello di presentazione.

>**Precisazioni** 1) In caso di conservazione in **formato elettronico** (v. n. 54410), la copia della delega e della documentazione a base del visto di conformità è conservata in formato PDF o TIFF (Circ. AE 23 marzo 2015 n. 11/E, Ris. AE 30 maggio 2014 n. 57/E) e la copia del Mod. 730 può essere priva della sottoscrizione del dipendente (Ris. AE 18 ottobre 2007 n. 298/E).
2) In caso di **irregolarità** nella gestione delle deleghe è prevista la revoca dell'abilitazione (art. 8 c. 1 lett. h DM 31 luglio 1998), ferme restando la responsabilità civile e l'applicazione di eventuali sanzioni penali (Circ. AE 23 marzo 2015 n. 11/E e Provv. AE 30 aprile 2020 n. 183002).

RETTIFICA (art. 16 c. 2 DM 31 maggio 1999 n. 164) Se, dopo la presentazione della dichiarazione, occorre rettificarla mediante un Mod. **730 integrativo** (v. n. 16135), il caf/prof deve, entro il **10 novembre** dello stesso anno: **37795**
- elaborare un nuovo Mod. 730-3, barrando l'apposita casella «integrativo»;
- consegnare il Mod. 730-3 al dipendente, insieme alla copia del Mod. 730 integrativo;
- trasmettere all'AE il Mod. 730 integrativo e il Mod. 730-4 integrativo.

VISTO DI CONFORMITÀ (art. 2 DM 31 maggio 1999 n. 164) Su ogni Mod. 730 elaborato i caf/prof, mediante la trasmissione, rilasciano automaticamente il visto di conformità (Circ. AE 26 febbraio 2015 n. 7/E). **37800**
Esso risulta dal **controllo della corrispondenza** dei dati esposti nella dichiarazione alle risultanze della relativa documentazione e alle disposizioni che disciplinano gli oneri deducibili e detraibili, le detrazioni e i crediti d'imposta, lo scomputo delle ritenute d'acconto (per la lista dettagliata dei controlli da eseguire v. Circ. AE 8 luglio 2020 n. 19/E).

Se vi sono **crediti** derivanti dalla dichiarazione dell'**anno precedente**, va controllata solo l'esattezza dell'importo indicato (Circ. AE 7 luglio 2015 n. 26/E).

Se il visto è **infedele**, il caf/prof deve versare una sanzione pari al 30% della maggiore imposta riscontrata, **salvo** il caso di dolo o colpa grave del dipendente (es. ha presentato un documento contraffatto per beneficiare di detrazioni non spettanti) (art. 39 D.Lgs. 241/97). **37805**
La maggiore imposta e gli interessi sono a carico del dipendente.
Se il caf/prof e il dipendente **versano** le somme dovute, con mod. F24, **entro 60 giorni dal ricevimento** della **comunicazione** dell'AE che informa il caf/prof che il visto è infedele, gli interessi sono dovuti fino all'ultimo giorno del mese antecedente a quello dell'elaborazione della comunicazione e la sanzione è ridotta a 2/3 (art. 26 c. 3 quater DM 31 maggio 1999 n. 164).

Non si applica l'aumento della sanzione fino alla metà previsto in caso di **recidiva** (v. n. 87225).

Se il caf/prof, **prima** di ricevere la **comunicazione** dell'AE, le invia una dichiarazione rettificativa o, se il dipendente non vuole presentarla, una comunicazione dei dati rettificati, può ridurre la sanzione tramite il ravvedimento (cod. trib. 8925 - Ris. AE 30 luglio 2015 n. 69/E). **37807**
Per l'invio della **dichiarazione rettificativa** deve utilizzare il Mod. 730 relativo all'anno da rettificare (Circ. AE 26 febbraio 2015 n. 7/E, Circ. AE 23 marzo 2015 n. 11/E):
- se la invia entro il 10 novembre dell'anno in cui ha prestato assistenza, il Mod. 730-4 è comunicato al datore che lo computa entro fine anno nell'apposito conguaglio di cui al n. 37715;
- negli altri casi, i versamenti sono eseguiti dal dipendente e i rimborsi dall'AE.

Per l'invio della **comunicazione** dei dati rettificati si attendono le istruzioni dell'AE.

>**Precisazioni** 1) Se la rettifica riguarda un Mod. 730 originario **presentato tardivamente** dal caf/prof, è dovuta anche la sanzione per tardiva presentazione (v. n. 86950 - Circ. AE 22 ottobre 2015 n. 34/E).
2) Se la rettifica riguarda anche **errori** che non hanno comportato l'apposizione del visto infedele, il caf/prof deve pagare la sola sanzione che sarebbe stata richiesta al dipendente in relazione all'errore che configura il visto infedele (Circ. AE 4 aprile 2017 n. 7/E).

37810 **CASI PARTICOLARI**

Caso	Descrizione
Assenza del datore sostituto (art. 51 bis DL 69/2013 conv. in L. 98/2013, Provv. AE 22 agosto 2013, Circ. AE 22 agosto 2013 n. 28/E)	Il caf/prof deve: – indicare la lettera A nella casella «730 senza sostituto» nelle informazioni relative al contribuente; – barrare la casella «Mod. 730 dipendenti senza sostituto», nel riquadro «Dati del sostituto d'imposta che effettuerà il conguaglio». Se la dichiarazione è **a debito**, versa le imposte telematicamente oppure, entro il decimo giorno antecedente la scadenza del termine di pagamento, consegna al dipendente il Mod. F24 già compilato perché vi provveda direttamente. Se è **a credito**, comunica il risultato all'AE che effettua il rimborso con le modalità indicate al n. 37305 **(*)**
Cessazione del rapporto di lavoro	**Prima** del conguaglio, v. sopra. **Dopo** il conguaglio, v. n. 37690
Decesso o aspettativa	V. n. 37690

(*) Se entro il 25 ottobre il dipendente ha un nuovo datore sostituto, può presentare il Mod. 730 integrativo e ottenere il rimborso dal nuovo datore (Ris. AE 30 maggio 2014 n. 57/E).

SEZIONE 2

Assistenza a imprese e professionisti

37850 Gli strumenti principali posti a base dell'assistenza sono il visto di conformità, l'asseverazione e la certificazione tributaria, utilizzati per certificare la correttezza dei dati contenuti nei modelli di dichiarazione.
Il **visto di conformità** è obbligatorio per le dichiarazioni di imprese e professionisti contenenti crediti superiori a una certa soglia da compensare o rimborsare.
L'**asseverazione** e la **certificazione tributaria** sono sempre facoltative e sono rilasciate, rispettivamente, a imprese o professionisti soggetti agli ISA e alle imprese in contabilità ordinaria (soggette o meno agli ISA).

A. Visto di conformità

37860 È **obbligatorio** per le seguenti dichiarazioni:
– Mod. Redditi e dichiarazione IRAP, in caso di compensazione orizzontale dei crediti relativi alle imposte sui redditi (comprese le relative addizionali, le ritenute e le imposte sostitutive) e all'IRAP superiori a € 5.000 (v. n. 37245);
– IVA, in caso di compensazione orizzontale di crediti IVA superiori a € 5.000 (v. n. 55235 e n. 55530) o in caso di rimborso di crediti IVA superiori a € 30.000 senza presentazione della prescritta garanzia (v. n. 55700 e s.).
Per le dichiarazioni diverse da quelle sopra indicate, il visto è **facoltativo** ed è rilasciato su richiesta del contribuente.
È **formalizzato** nella firma e nel codice fiscale del professionista abilitato, indicati negli appositi spazi dei modelli di dichiarazione (Circ. AE 26 febbraio 2015 n. 7/E).

>Precisazioni 1) I soggetti che applicano gli **ISA** sono esonerati, a certe condizioni, dall'apposizione del visto (v. n. 81995 e s.).
2) Recentemente il visto di conformità è richiesto anche in relazione alle spese che danno diritto al **superbonus** (v. n. 1733) e ad altri **bonus per interventi edilizi** nel caso di cessione del credito o di sconto in fattura (v. n. 1721).

37865 **PROFESSIONISTI ABILITATI AL RILASCIO** (art. 35 c. 1, 3 D.Lgs. 241/97)
Possono rilasciarlo solo i professionisti che soddisfano **tutte** le seguenti **condizioni**:

a) figurano tra i professionisti indicati alle lett. a) e b) del n. 16047 (es. commercialisti, ragionieri, ecc.);
b) sono già abilitati alla trasmissione telematica delle dichiarazioni;
c) hanno inviato apposita comunicazione alla DRE territorialmente competente in relazione al loro domicilio fiscale (v. n. 37868);
d) hanno predisposto le dichiarazioni e tenuto le relative scritture contabili (v. n. 37875).
Nella **tabella** che segue si riportano per praticità i professionisti abilitati o meno al rilascio del visto e all'invio delle dichiarazioni all'AE.

<table>
<tr><th>Soggetti</th><th>Rilascio visto</th><th>Invio dichiarazioni</th></tr>
<tr><td>a) dottori commercialisti</td><td rowspan="6">Sì</td><td rowspan="13">Sì</td></tr>
<tr><td>b) esperti contabili</td></tr>
<tr><td>c) ragionieri</td></tr>
<tr><td>d) periti commerciali</td></tr>
<tr><td>e) consulenti del lavoro</td></tr>
<tr><td>f) iscritti al 30 settembre 1993 nei ruoli dei periti ed esperti tenuti dalla CCIAA (laureati in giurisprudenza o in economia e commercio o equipollenti o diplomati in ragioneria)</td></tr>
<tr><td>g) avvocati (comprese le associazioni e società tra avvocati)</td><td rowspan="7">NO</td></tr>
<tr><td>h) revisori contabili</td></tr>
<tr><td>i) studi associati e società semplici in cui almeno la metà degli associati o dei soci è costituita dai soggetti di cui alle lett. a)-f)</td></tr>
<tr><td>l) società commerciali di servizi contabili le cui azioni/quote sono possedute per più della metà del capitale dai soggetti di cui alle lett. a)-f)</td></tr>
<tr><td>m) società tra professionisti iscritte all'albo dei dottori commercialisti e degli esperti contabili o dei consulenti del lavoro</td></tr>
<tr><td>n) notai</td></tr>
</table>

>Precisazioni 1) Il professionista che esercita l'attività di assistenza nell'ambito di un'**associazione professionale**, in cui **almeno la metà** degli associati è costituita da professionisti sopra indicati, può rilasciare il visto anche se non ha partita IVA né l'abilitazione alla trasmissione telematica, purché tali requisiti sussistano in capo all'associazione (Circ. AE 25 settembre 2014 n. 28/E). Il professionista che esercita l'attività nell'ambito di una **società tra professionisti** (STP) può essere abilitato a rilasciare il visto di conformità anche se la maggioranza del capitale sociale non sia detenuta da professionisti iscritti nei relativi Albi, purché tali soci detengano il controllo dei diritti di voto della STP, garantito attraverso l'adozione di patti parasociali o clausole statutarie e possano esprimere la maggioranza dei due terzi nell'assunzione delle decisioni societarie (Ris. AE 4 marzo 2022 n. 10/E, Circ. AE 25 settembre 2014 n. 28/E). Se l'associazione è composta prevalentemente da avvocati v. n. 16047.
2) Se il professionista ha la partita IVA ma non l'abilitazione alla trasmissione telematica e si avvale di una **società di servizi** di cui detiene la **maggioranza assoluta** del capitale sociale, può rilasciare il visto se la società ha l'abilitazione telematica (Circ. AE 25 settembre 2014 n. 28/E).
3) Il professionista **dipendente di** una **società di servizi** può rilasciare il visto anche se non ha la partita IVA (Ris. AE 28 luglio 2017 n. 103/E).
4) I professionisti possono autonomamente apporre il visto sulla **propria dichiarazione** per utilizzare in compensazione i crediti relativi alle imposte sui redditi, IRAP e IVA (v. n. 37860) (Ris. AE 2 settembre 2014 n. 82/E).
5) Se il visto è **rilasciato da professionisti non abilitati**, gli atti si considerano non vistati (Circ. AE 26 febbraio 2015 n. 7/E).

La comunicazione alla DRE deve **contenere** determinate informazioni, quali, ad esempio, i dati **37868**
anagrafici, qualifica professionale, partita IVA, domicilio e copia della polizza assicurativa della responsabilità civile con massimale adeguato al numero degli assistiti e dei visti rilasciati, non inferiore a € 3 milioni (artt. 21 e 22 DM 31 maggio 1999 n. 164, Ris. AE 6 dicembre 2016 n. 112/E).
Può essere **consegnata** a mano o inviata tramite raccomandata A/R o PEC (Circ. AE 25 settembre 2014 n. 28/E).
La DRE **controlla** la comunicazione, accerta la regolarità dei documenti prodotti e, in caso positivo, inserisce il nominativo del professionista in un apposito elenco informatizzato. Il professionista si considera abilitato dalla data di presentazione della comunicazione (Circ. AE 26 febbraio 2015 n. 7/E).

>Precisazioni 1) Un **fac-simile** della comunicazione è reperibile sul sito dell'AE (www.agenziaentrate-.gov.it).
2) Eventuali **variazioni** dei dati e degli allegati devono essere comunicate entro 30 giorni dalla data in cui si verificano.
3) In luogo della polizza assicurativa può essere prestata una **cauzione** in titoli di Stato o garantiti dallo stesso **oppure** una **fideiussione** rilasciata da una banca o da un'assicurazione per i quattro anni successivi a quello di svolgimento dell'assistenza (art. 22 c. 2 bis DM 31 maggio 1999 n. 164).

37875 I **professionisti** possono rilasciare il visto solo se hanno **predisposto le dichiarazioni e tenuto le relative scritture** contabili (coloro che predispongono le dichiarazioni devono anche trasmetterle all'AE - v. n. 16050).
Ciò si intende verificato anche quando queste sono predisposte e tenute direttamente dal **contribuente** o da uno **studio associato** abilitato o da una **società di servizi** di cui uno o più professionisti possiedono la maggioranza assoluta del capitale sociale, a condizione che tali attività siano effettuate sotto il diretto controllo e la responsabilità dello stesso professionista (art. 23 DM 31 maggio 1999 n. 164). Il requisito della **maggioranza assoluta** deve sussistere per l'intero periodo d'imposta oggetto del visto e fino al rilascio dello stesso (Circ. AE 12 marzo 2010 n. 12/E). Secondo l'AE, il contribuente, lo studio associato e la società di servizi, oltre a predisporre le dichiarazioni, possono anche inviarle all'AE (Risp. AE Telefisco 30 gennaio 2020).

>Precisazioni 1) Se la dichiarazione è stata predisposta dal contribuente, va indicato il **codice** 1 nella casella «Soggetto che ha predisposto la dichiarazione»; se è stata predisposta dal professionista, il codice 2 (Risp. AE Telefisco 30 gennaio 2020).
2) Se le **scritture contabili** sono tenute da un soggetto che non può apporre il visto, il contribuente può rivolgersi a un professionista abilitato al rilascio, il quale deve svolgere i controlli previsti (v. n. 37880 e s.) e predisporre la dichiarazione (Circ. AE 23 dicembre 2009 n. 57/E).
3) In caso di **violazioni** (es. trasmissione della dichiarazione non vistata o apposizione del visto su una dichiarazione che non viene poi trasmessa all'AE), si applicano le sanzioni trattate nell'apposito capitolo (Ris. AE 29 novembre 2019 n. 99/E).

37880 **CONTROLLI** (art. 2 DM 31 maggio 1999 n. 164) Ai controlli ordinari, effettuati in tutti i casi, della conformità sostanziale dei **dati delle dichiarazioni** alla relativa documentazione e alle risultanze delle scritture contabili, nonché di queste ultime alla relativa documentazione contabile, si aggiungono ulteriori controlli se dalle dichiarazioni emergono crediti IVA di importo superiore a € 5.000 o a € 30.000, rispettivamente, da compensare o rimborsare.

37885 **Ordinari** Occorre controllare:
a) corrispondenza dei dati esposti nella dichiarazione alle risultanze della relativa documentazione e alle disposizioni che disciplinano gli oneri deducibili e detraibili, le detrazioni e i crediti d'imposta, lo scomputo delle ritenute d'acconto;
b) regolare tenuta e conservazione delle scritture contabili obbligatorie ai fini delle imposte sui redditi e dell'IVA (sussistenza della numerazione progressiva, rispetto dei termini di registrazione, ecc.). Tale controllo evita errori materiali e di calcolo nella determinazione degli imponibili, delle imposte e delle ritenute, nonché nel riporto delle eccedenze risultanti dalle precedenti dichiarazioni;
c) corrispondenza dei dati esposti nella dichiarazione alle risultanze delle scritture contabili e di queste alla relativa documentazione. Tale controllo comporta solo il riscontro formale dell'ammontare delle componenti positive e negative relative all'attività esercitata e rilevanti ai fini delle diverse imposte.

Se dalla dichiarazione emerge un **credito** relativo alle **imposte sui redditi** (comprese le relative addizionali, le ritenute e le imposte sostitutive) e all'**IRAP superiore a** € 5.000 da utilizzare in compensazione orizzontale, il professionista può effettuare i controlli indicati, a titolo esemplificativo, in una checklist allegata alla Circ. AE 25 settembre 2014 n. 28/E, integrandoli in base al caso specifico. Va conservata copia della documentazione controllata.

37890 **Per crediti IVA superiori a € 5.000/30.000** In caso di **compensazione** di un credito superiore a € 5.000 o di **rimborso** di un credito superiore a € 30.000, occorre eseguire i seguenti controlli complementari (Circ. AE 26 febbraio 2015 n. 7/E, Circ. AE 23 dicembre 2009 n. 57/E):

– il codice di attività economica indicato nella dichiarazione IVA deve corrispondere a quello risultante dalla documentazione contabile, desunto dalla tabella dei codici attività (reperibile sul sito dell'AE). In caso di **esercizio di più attività**, se sono tenute con contabilità unificata, nella dichiarazione deve essere indicato il codice relativo all'attività prevalente con riferimento al volume d'affari realizzato nell'anno d'imposta; se, invece, sono tenute con contabilità separate, va indicato in ogni modulo della dichiarazione il relativo codice dell'attività;
– deve sussistere una delle fattispecie idonee a generare l'eccedenza d'imposta (presenza di operazioni attive soggette ad aliquote più basse di quelle passive, presenza di operazioni non imponibili o non soggette, ecc., v. n. 55685);
– se il credito d'imposta da compensare (compreso quello proveniente dall'eccedenza formatasi in anni precedenti e non utilizzata) è pari o superiore al volume d'affari, ci deve essere corrispondenza tra la documentazione e i dati esposti nelle scritture contabili;
– per tutti i contribuenti che non rientrano nella condizione di cui al punto precedente, occorre verificare la documentazione rilevante ai fini dell'IVA con imposta superiore al 10% dell'ammontare complessivo dell'IVA detratta riferita al periodo d'imposta a cui si riferisce la dichiarazione e deve essere conservata copia per attestare la correttezza dell'esecuzione dei controlli (es. se l'ammontare complessivo IVA detratta è € 100.000, devono essere controllate tutte le fatture con imposta superiore a € 10.000).

EFFETTI Il rilascio del visto comporta degli effetti positivi in termini di controlli dell'AE. Per approfondimenti, v. n. 81745 (controlli automatici), n. 81750 e s. (controlli formali). **37905**

CASI PARTICOLARI Nella **tabella** seguente si illustrano alcuni casi particolari di rilascio del visto su dichiarazioni contenenti **crediti superiori a** € 5.000 utilizzabili in compensazione. **37910**

Caso	Descrizione	Prassi
Cessione infragruppo del credito IRES (v. n. 37355)	Il visto va apposto sia sulla dichiarazione del cedente (a prescindere dall'utilizzo in compensazione orizzontale o verticale da parte del cessionario) che sulla dichiarazione del cessionario che compensa orizzontalmente il credito	Circ. AE 25 settembre 2014 n. 28/E, Risp. AE 25 ottobre 2018 n. 49, n. 50 e n. 51
Consolidato nazionale (v. n. 27045)	Il visto va apposto solo sulla dichiarazione della consolidante. In caso di cessione di crediti, si applica quanto detto sopra per la cessione infragruppo del credito IRES	
Riattribuzione alla società di persone/associazioni delle ritenute d'acconto spettanti ai soci (v. n. 34057)	I soci/associati/partecipanti non devono apporre il visto in sede di riattribuzione delle ritenute (indipendentemente dal loro importo). Il visto va apposto solo sulla dichiarazione della società o associazione, se compensa crediti riattribuiti dai soci per un importo complessivo superiore a € 5.000	Circ. AE 25 settembre 2014 n. 28/E

B. Asseverazione

(art. 3 DM 31 maggio 1999 n. 164)

37920

Caratteristiche	Descrizione
Soggetti richiedenti	Contribuenti soggetti agli **ISA**
Soggetti asseveratori	Stessi professionisti che possono rilasciare il visto di conformità (v. n. 37865)

Caratteristiche	Descrizione
Controlli e formalizzazione (art. 35 c. 1, 3 D.Lgs. 241/97)	Occorre controllare che gli **elementi contabili ed extracontabili** comunicati all'AE nei modelli di dichiarazione e **rilevanti** ai fini dell'applicazione degli ISA corrispondano a quelli risultanti dalle scritture contabili e da altra idonea documentazione (Circ. Min. 21 maggio 1999 n. 110/E e Provv. AE 30 gennaio 2019 n. 23721) **(*)**. Ad **esempio**, va verificato che: – il costo del venduto sia uguale alla differenza tra le esistenze iniziali più gli acquisti dell'esercizio e le rimanenze finali così come risultanti dalla contabilità, senza dover accertare la reale consistenza delle giacenze fisicamente esistenti in magazzino; – i dati relativi ai beni strumentali diversi dagli immobili trovino corrispondenza con quanto annotato nel registro dei beni ammortizzabili o nei registri sostitutivi (v. n. 26075 e n. 5385); – altre spese corrispondano effettivamente ai relativi importi annotati nelle scritture contabili. Effettuati i controlli, l'asseveratore appone la propria **firma** e il **codice fiscale** nell'apposito quadro posto in fondo al modello per la comunicazione dei dati rilevanti ai fini degli ISA

(*) L'asseverazione **non deve essere effettuata** relativamente ai dati:
a) per i quali è necessario esaminare l'intera o gran parte della documentazione contabile, come in caso di rilevazione di fatti la cui rappresentazione è richiesta attraverso l'indicazione di dati espressi in forma percentuale;
b) che implicano valutazioni imprenditoriali non rilevabili documentalmente, quali le fasi del ciclo produttivo effettuate dall'imprenditore, distinguendo, ad esempio, se sono svolte in conto proprio, in conto terzi o affidate a terzi;
c) relativi alle unità immobiliari utilizzate per l'esercizio dell'attività.

C. Certificazione tributaria

37940 La certificazione tributaria (o «**visto pesante**») può essere rilasciata dai revisori contabili alle **imprese** in contabilità ordinaria, anche per opzione, comprese quelle con gli ISA.
Risulta dal **codice fiscale** e dalla **firma** indicati negli appositi spazi del frontespizio della dichiarazione dei redditi.
Nella **tabella** seguente si riassumono le caratteristiche e gli effetti sull'accertamento.

Il revisore deve **conservare** copia dell'attestazione di certificazione rilasciata.

37945

Caratteristiche	Descrizione
Certificatori (art. 36 D.Lgs. 241/97)	Revisori contabili iscritti negli **Albi** dei dottori commercialisti, ragionieri, periti commerciali e consulenti del lavoro, in possesso dei seguenti **requisiti** (Circ. Min. 24 marzo 2000 n. 55/E): – hanno esercitato la professione per almeno 5 anni (decorrenti dalla data di iscrizione all'albo o, se successiva, dalla data di inizio attività comunicata all'Ufficio IVA); – hanno predisposto la dichiarazione dei redditi dell'impresa e tenuto le relative scritture contabili **(1)**; – hanno rilasciato nei confronti della stessa impresa anche il **visto di conformità** e, se è soggetta agli ISA, l'**asseverazione**
Controlli (art. 4 DM 31 maggio 1999 n. 164)	I certificatori effettuano i controlli tenendo conto anche dei principi di revisione fiscale elaborati dai Consigli nazionali dei dottori commercialisti, dei ragionieri e dei consulenti del lavoro **(2)**. Devono verificare la corretta applicazione delle norme sostanziali, con riferimento alle **seguenti componenti** del reddito d'impresa (DM 18 maggio 2004): – plusvalenze e sopravvenienze attive; – interessi attivi e proventi immobiliari; – minusvalenze e sopravvenienze passive; – perdite su crediti e accantonamenti rischi su crediti; – ammortamenti immobilizzazioni immateriali e materiali. Se le norme sono state **disapplicate**, anche parzialmente, la certificazione non deve essere rilasciata **(3)**

37945 (segue)

Caratteristiche	Descrizione
Effetti	a) non sono applicabili le disposizioni in materia di **accertamenti induttivi puri** (v. n. 81945); b) gli accertamenti basati sugli **ISA** sono notificati, a certe condizioni, entro un termine più breve rispetto a quello ordinario; c) in caso di **ricorso** contro l'avviso di accertamento, le imposte e relativi interessi e sanzioni sono iscritte a ruolo, secondo i criteri di cui al n. 87875, solo dopo la sentenza della CGT 1° (fermo restando che se la rettifica riguarda solo redditi non oggetto della certificazione tributaria è applicabile l'iscrizione a ruolo a titolo provvisorio di cui al n. 82520); d) il controllo dell'AE sulla dichiarazione riguarda le componenti di reddito che non hanno costituito oggetto di certificazione, mentre per quelle oggetto di certificazione è esercitato solo in presenza di indizi di irregolarità o di elementi di riscontro (Circ. Min. 24 marzo 2000 n. 55/E). In caso di controllo o richiesta di documenti all'impresa, è informato anche il certificatore

(1) Ciò **si intende verificato** anche quando esse sono predisposte e tenute dalla stessa impresa o da una società di servizi di cui uno o più certificatori possiedono la maggioranza assoluta del capitale sociale, a condizione che tali attività siano effettuate sotto il diretto controllo e la responsabilità dello stesso certificatore (art. 24 DM 31 maggio 1999 n. 164).
(2) I **principi di revisione** sono stati elaborati sotto forma di **checklist** sintetiche e sono allegati al DM 29 dicembre 1999.
(3) Ciò anche nel caso limite di disapplicazione di una norma che abbia comportato un **maggiore esborso** per l'impresa, e quindi nessun danno per l'Erario (Circ. Min. 17 maggio 2000 n. 98/E).

CAPITOLO 3

Principali agevolazioni

SOMMARIO

Si esaminano alcune delle principali agevolazioni di cui possono fruire i titolari di reddito d'impresa. La maggior parte sono concesse sotto forma di crediti di imposta, ma in alcuni casi possono consistere in un trattamento agevolato di una determinata parte di reddito (es. esclusioni dal reddito imponibile o ulteriori deduzioni). 37950
In particolare, si analizzano le principali agevolazioni in vigore per l'anno in corso, per concludere con una tabella in cui si elencano le agevolazioni non trattate nel presente capitolo ma degne comunque di segnalazione (v. n. 38999).

A. Caratteristiche generali

a. Tipologie

Le agevolazioni possono essere concesse a specifiche **categorie di soggetti** oppure a soggetti operanti in determinati **settori** o che svolgono un'attività localizzata in **aree** ritenute svantaggiate. 37953
Le leggi o gli appositi decreti attuativi stabiliscono, di volta in volta, le caratteristiche dell'agevolazione e la sua eventuale **cumulabilità con altre misure**, in accordo con la normativa comunitaria.

DISCIPLINA UE Il sistema unionale degli **aiuti di Stato** alle imprese prevede determinati limiti, che sono derogati per gli aiuti d'importanza minore (c.d. «de minimis», di importo poco elevato), in quanto considerati non in grado di falsare la libera concorrenza all'interno del mercato comune e esonerati dall'obbligo di notifica preventiva alle Autorità comunitarie, previsto dalle norme del Trattato istitutivo della CE. 37956
Pertanto è stata prevista l'apposita regola (c.d. **regola «de minimis»**) per cui i limiti non si applicano se l'agevolazione complessiva non supera, nell'arco di 3 anni, una soglia predefinita, pari a € 200.000 (€ 100.000 per il settore del trasporto su strada), al di sotto della quale l'aiuto è esonerato dall'obbligo predetto (Reg. UE 1407/2013).

Per verificare l'eventuale superamento della soglia, ogni volta che un'impresa riceve un aiuto a titolo di «de minimis», questa deve ricalcolare l'ammontare degli aiuti concessi nel **triennio precedente**, tenendo conto di qualunque aiuto (statale o regionale) concesso come «de minimis». Se le **soglie sono superate**, torna operante l'ordinario obbligo di preventiva comunicazione per l'intero ammontare dell'aiuto.

> Per stabilire il **momento della concessione** degli aiuti «de minimis», ai fini del calcolo del massimale e in relazione al triennio da considerare, occorre far riferimento alla data in cui all'impresa beneficiaria viene accordato il diritto di ricevere l'aiuto, che va identificata con il provvedimento di assunzione dell'impegno giuridicamente vincolante (generalmente l'atto di concessione).

37960 **Esclusioni** (art. 1 Reg. UE 1407/2013) La regola «de minimis» non si applica a:
- aiuti per i quali non è possibile calcolare l'equivalente sovvenzione lordo senza che sia necessario effettuare una valutazione dei rischi (c.d. **non trasparenti**) (art. 4 Reg. UE 1407/2013);
- imprese operanti nei settori della **pesca** e dell'**acquacoltura** (Reg. UE 717/2014), nella produzione primaria di **prodotti agricoli** (cui si applica un diverso regolamento, Reg. UE 1408/2013), nel settore della **trasformazione e commercializzazione** di prodotti agricoli (solo in particolari casi);
- attività connesse all'**esportazione**;
- aiuti **condizionati** all'impiego preferenziale di prodotti interni rispetto a quelli d'importazione.

b. Regole comuni di utilizzo e controllo

37963 Per l'agevolazione concessa sotto forma di **credito d'imposta**, di volta in volta, viene comunicato l'avvenuto esaurimento delle risorse disponibili, con apposito decreto in GU. Pertanto, a decorrere dalla data di pubblicazione, non è più possibile utilizzare il credito d'imposta; in caso di **erronea fruizione**, avvenuta nei 30 giorni successivi alla pubblicazione, non si applicano sanzioni e interessi purché entro lo stesso termine gli importi indebitamente utilizzati siano restituiti (art. 5 c. 1-2 DL 138/2002).
Inoltre, è previsto un **limite annuale** di utilizzo per tutti i crediti da indicare nel quadro RU della dichiarazione dei redditi.

> **Precisazioni 1)** In caso di **utilizzo** del credito d'imposta **in misura superiore** a quanto effettivamente spettante si può fruire del ravvedimento (v. n. 87270).
> **2)** In caso di **credito inesistente** o **non spettante** v. n. 86931 e s.

37965 **LIMITE ANNUALE DI UTILIZZO** (art. 1 c. 53 L. 244/2007, Ris. DF 3 aprile 2008 n. 9/DF e Ris. AE 23 giugno 2008 n. 259/E) Se l'agevolazione consiste in un credito d'imposta da indicare **nel quadro RU** della dichiarazione dei redditi, è previsto un limite annuale di suo utilizzo, anche in deroga alle disposizioni previste dalle singole norme istitutive, **pari a** € 250.000.
L'eventuale **eccedenza** è riportata in avanti (anche oltre il limite temporale eventualmente previsto dalle singole leggi istitutive) e diviene interamente compensabile a partire dal terzo anno successivo a quello in cui si genera l'eccedenza.
Nell'anno in cui matura il diritto a utilizzare, senza limiti, l'**eccedenza riportata**, questa non subirà più alcuna limitazione, potendo essere utilizzata in aggiunta al limite di € 250.000, sfruttabile, nell'anno stesso, in relazione ad altri crediti d'imposta (sia riferiti all'anno medesimo sia riportati come eccedenze di anni più recenti).
Il limite annuale in oggetto opera come limite **complessivo sulla massa di tutti i crediti** d'imposta cui il contribuente potrebbe avere diritto (e non come limite interno su ciascun singolo credito d'imposta) e si cumula con quello generale previsto per le **compensazioni di tipo orizzontale** (v. n. 37240). Se in un determinato anno non è stato sfruttato completamente il limite generale di € 2.000.000 (art. 1 c. 72 L. 234/2021), si possono utilizzare i crediti d'imposta da quadro RU anche oltre lo specifico limite di € 250.000 fino a colmare la **differenza non sfruttata del limite** generale.

37968 **LIMITI ALLA DELOCALIZZAZIONE** (art. 5 DL 87/2018) Le imprese, operanti nel territorio nazionale, beneficiarie di un aiuto di Stato che prevede l'effettuazione di **investimenti produttivi** ai fini dell'attribuzione del beneficio **decadono** dallo stesso se l'attività economica

interessata dall'aiuto, o una sua parte, viene delocalizzata in Stati non appartenenti all'UE, ad eccezione degli Stati SEE, entro 5 anni dalla conclusione dell'iniziativa agevolata (un esempio di tale aiuto è quello che si ottiene attraverso i c.d. «contratti di sviluppo» gestiti da Invitalia).
In caso di decadenza, l'amministrazione titolare della misura di aiuto irroga la sanzione da 2 a 4 volte l'importo dell'aiuto fruito.
Se l'aiuto di Stato è stato concesso per l'effettuazione di investimenti produttivi **specificamente localizzati**, la delocalizzazione dell'attività economica, o di una sua parte, verso un'unità produttiva situata al di fuori dell'ambito territoriale incentivato, in ambito nazionale, dell'Unione europea e degli Stati SEE, entro 5 anni dalla conclusione dell'iniziativa o del completamento dell'investimento agevolato, ne comporta la decadenza (ad es. Fondi europei di sviluppo regionale).
I **tempi e** le **modalità per la restituzione** dei benefici fruiti e decaduti saranno definiti dalle amministrazioni competenti con propri provvedimenti.
In ogni caso, l'importo da restituire sarà **maggiorato dell'interesse** pari al tasso di riferimento vigente alla data di erogazione o fruizione dell'aiuto, maggiorato di 5 punti percentuali.

>**Precisazioni** 1) Per **delocalizzazione si intende** il trasferimento dell'attività economico, o di una sua parte, dal sito produttivo incentivato ad altro sito, da parte della medesima impresa beneficiaria dell'aiuto o di altra impresa con la quale vi sia un rapporto di controllo o collegamento.
2) Per i **benefici già concessi** o banditi, nonché per gli **investimenti agevolati già avviati**, fino al 13 luglio 2018, resta valida la disciplina vigente alla stessa data.
3) Disposizioni analoghe sono state introdotte anche in caso di **riduzione della base occupazionale** (art. 6 DL 87/2018).

c. Aiuti ritenuti indebiti dalla UE

Se un aiuto accordato è successivamente disconosciuto dall'UE e da questa dichiarato illegittimo con apposita decisione (c.d. **decisione di recupero**) recepita da specifica disposizione nazionale, il soggetto che se ne avvale deve interromperne l'utilizzo, dichiarare quanto già utilizzato e restituirlo con i relativi interessi (senza sanzioni) tramite Mod. F24, nei termini e con i codici tributo indicati dall'AF. In tal caso, l'applicazione dell'interesse composto (in base al quale gli interessi maturati l'anno precedente producono interessi in ciascuno degli anni successivi) è compatibile col diritto comunitario (C.Giust. UE 3 settembre 2015 C-89/14). 37970

Per le **imprese del settore turistico**, il beneficiario può restituire volontariamente la cifra indebita comprensiva di interessi. In caso contrario, l'importo va sottratto dagli aiuti di Stato ricevuti dall'impresa successivamente. In assenza di nuovi aiuti o se la nuova cifra non è recuperata, l'importo va riversato. Un DM definirà le modalità di attuazione (art. 1 c. 595-602 L. 197/2022).

ADEMPIMENTI PREVENTIVI I soggetti che aspirano a beneficiare di incentivi rientranti nella disciplina comunitaria degli aiuti di Stato devono presentare telematicamente all'AE un'**autocertificazione**, le cui **modalità** e **termini** sono stati approvati con Provv. AE 27 aprile 2022 n. 143438. L'autocertificazione andava presentata **entro il** 31 gennaio 2023 (Provv. AE 29 novembre 2022 n. 439400). 37972

B. Investimenti nuovi effettuati dal 2021

(art. 1 c. 1051-1063 L. 178/2020, Circ. AE 23 luglio 2021 n. 9/E)

Il credito d'imposta previsto originariamente per gli investimenti effettuati nel 2020 in misura variabile a seconda del tipo di investimento, spettante per gli acquisti, destinati a **strutture produttive ubicate in Italia**, è stato esteso **fino al 31 dicembre 2025** (30 giugno 2026 in presenza di specifiche condizioni); la relativa disciplina pur confermata nella sua struttura, contiene alcune novità che la rendono **più favorevole** rispetto al precedente. 37980

a. Campo di applicazione

(art. 1 c. 1051-1053 L. 178/2020, Circ. AE 23 luglio 2021 n. 9/E)

37985 **SOGGETTI BENEFICIARI** Il credito spetta generalmente alle imprese e ai lavoratori autonomi, indipendentemente dalla loro **natura** (individuale o collettiva) o **dimensione** e dal **regime contabile** adottato: ordinario o semplificato o forfettario (sono comprese le imprese **agricole** che determinano il reddito su base catastale e gli enti non commerciali, con riferimento all'attività commerciale eventualmente esercitata); tuttavia, il credito per gli **investimenti** in macchinari interconnessi (**industria 4.0**) spetta solo alle imprese (comprese le STP, visto che producono reddito d'impresa Risp. AE 16 settembre 2021 n. 600).

Uniche condizioni sono che:

- l'investimento sia destinato a **strutture produttive ubicate in Italia**;
- siano osservate le norme in materia di **sicurezza del lavoro** ed alla regolarità negli obblighi di **versamento dei contributi** previdenziali e assistenziali dei lavoratori (un DURC irregolare preclude la fruizione del credito).

Per i beni in **locazione operativa** o a **noleggio** il credito spetta al locatore o noleggiante solo se l'attività di locazione operativa o di noleggio costituiscono l'oggetto principale dell'attività (es. locazione a soggetti terzi per i quali i beni sono strumentali). Se invece l'attività è occasionale (es. locazione a società estere del gruppo, locazione da parte di intermediari finanziari con funzione di garanzia del rischio di credito assunto dal locatore, Princ. dir. AE 28 gennaio 2020 n. 2) non spetta.

Per i beni concessi in **comodato** a terzi il credito spetta al comodante solo se i beni sono strumentali secondo le indicazioni illustrate al n. 23575 (Risp. AE 15 ottobre 2021 n. 718).

37988 **Imprese escluse** Sono escluse le imprese destinatarie di **sanzioni interdittive** ex art. 9 c. 2 D.Lgs. 231/2001 (per il solo periodo interessato dalla sanzione) e quelle in **stato di**:

liquidazione volontaria	liquidazione coatta amministrativa
fallimento	concordato preventivo senza continuità aziendale
altra procedura concorsuale prevista dalla legge fallimentare o da altre leggi speciali (escluso l'accordo di ristrutturazione omologato, Risp. AE 18 ottobre 2021 n. 719)	

37993 **BENI AGEVOLABILI** Sono agevolabili con il credito d'imposta tutti i **beni strumentali nuovi acquisiti dal 16 novembre 2020 fino al 31 dicembre 2022**, che in passato davano diritto all'iper ammortamento (compreso il software) e al super ammortamento, con aliquote diverse a seconda della loro tipologia e con l'esclusione di alcune tipologie specifiche (già escluse dal super ammortamento). **Dal 2023** al 2025 sono agevolabili solo i beni materiali e immateriali 4.0 (con aliquote dimezzate), mentre quelli comuni restano esclusi.

Si considerano **nuovi** i beni acquisiti direttamente dal produttore o dal commerciante o da soggetti diversi ma comunque mai utilizzati; la successiva cessione del bene nuovo a una società di leasing, nell'ambito di un'operazione di sale and lease back non fa perdere il requisito della novità (Risp. AE 24 settembre 2020 n. 404). Il requisito della novità sussiste anche se, prima dell'acquisto, il bene nuovo è detenuto in comodato: tale periodo è assimilato a una sorta di periodo di prova, alla fine del quale il comodante può far scattare l'opzione di acquisto, senza che si verifichi alcuna interruzione nell'utilizzo dal punto di vista soggettivo e senza che vi sia alcun cambiamento dell'utilizzatore del bene (Risp. AE 3 febbraio 2022 n. 63).

In caso di beni **complessi** alla cui realizzazione abbiano concorso anche beni usati (es. interventi di ammodernamento su impianti o linee produttive preesistenti), per soddisfare il requisito della novità si fa riferimento all'intero bene: è necessario quindi che l'incidenza del costo relativo ai beni usati non prevalga rispetto al costo complessivamente sostenuto; in caso di acquisto, il cedente dovrà attestare che il costo del bene usato non è di ammontare prevalente rispetto al costo complessivo.

È nuovo anche il bene che viene **esposto in show room** ed utilizzato esclusivamente dal rivenditore a scopo dimostrativo, quindi mai entrato in funzione.

37997 Si distinguono pertanto **3 categorie** di beni agevolabili, che si illustrano subito dopo aver segnalato nella seguente tabella i beni totalmente **esclusi** dal credito.

Beni esclusi	
Fabbricati e costruzioni **(1)** Aerei Condotte e condutture (di acque minerali, gas naturale, di stabilimenti termali) Beni materiali strumentali con coefficienti di ammortamento inferiori al 6,5% (silos, serbatoi, ecc.) **(2)** Materiale rotabile ferroviario e tramviario (escluse le motrici) Aerei con motore a terra Impianti fotovoltaici (Circ. Mise 23 maggio 2018 n. 177355, Risp. AE 2 febbraio 2021 n. 75)	Tutti i veicoli e gli altri mezzi di trasporto (aerei, navi, imbarcazioni, ecc.) elencati nell'art. 164 DPR 917/86, anche se utilizzati esclusivamente come strumentali (auto ad uso pubblico, auto delle autoscuole, ecc.); restano agevolabili i mezzi non ivi elencati, quali autocarri, autobus, autotreni, autoarticolati, ecc.

(1) In caso di **magazzini autoportanti**, l'agevolazione interessa solo le componenti impiantistiche (es. sistemi di automazione della movimentazione dei materiali stoccati - quali traslo-elevatori, satelliti, carrelli LGV a guida laser, ecc. - e non anche le scaffalature annoverabili tra le costruzioni (Ris. AE 9 agosto 2018 n. 62/E).
(2) Rilevano i **coefficienti di ammortamento** stabiliti dal DM 31 dicembre 1988, non quelli stabiliti da altre disposizioni quali quelle sull'ammortamento finanziario per beni gratuitamente devolvibili, v. n. 23930 o quelli specifici previsti per particolari settori quali gas ed energia, v. n. 23645 (Ris. AE 14 settembre 2016 n. 74/E).
All'impresa concessionaria di **beni gratuitamente devolvibili** alla concedente, al termine della concessione, non spetta il credito d'imposta per gli investimenti nei beni citati (Risp. AE 22 dicembre 2021 n. 848).

Macchinari intelligenti interconnessi 4.0 Sono i beni strumentali nuovi indicati nell'allegato A L. 232/2016 (Industria 4.0), di cui nella **tabella** seguente è riportata una sintesi, a condizione che siano interconnessi al sistema aziendale di gestione della produzione o alla rete di fornitura (c.d. macchinari «intelligenti» in grado di dialogare tra loro in base a determinate tecnologie abilitanti: es. vending machine di ultima generazione, che consentono cioè lo scambio di informazioni sia in ingresso che in uscita, Circ. Mise 23 maggio 2018 n. 177355, apparecchiature del settore sanitario riconducibili al concetto Sanità 4.0, Circ. Mise 1° marzo 2019 n. 48160). **38000**

Macchinari intelligenti modello «Industria 4.0» (*)	
Tipologia	**Esempi**
macchinari per la produzione il cui funzionamento è controllato da sistemi computerizzati o gestito tramite sensori e azionamenti	macchine e impianti di vario genere (operanti con laser) e robot dotati di precise caratteristiche di interconnessione e integrazione automatizzata ai sistemi informatici e logistici di fabbrica o con la rete di fornitura e che rispondano ai più recenti standard in termini di sicurezza, salute e igiene del lavoro
sistemi di controllo per l'assicurazione della qualità e della sostenibilità	sistemi intelligenti di misura, monitoraggio, ispezione e verifica dei requisiti di qualità del prodotto e dei processi di produzione, inclusi i sistemi di controllo delle condizioni di lavoro delle macchine, i dispositivi per l'etichettatura o la marcatura automatica dei prodotti, le soluzioni per la gestione efficiente dei consumi energetici
dispositivi per l'interazione uomo-macchina e per il miglioramento dell'ergonomia e della sicurezza del posto di lavoro	postazioni di lavoro dotate di soluzioni ergonomiche in grado di adattarle in maniera automatizzata alle caratteristiche fisiche degli operatori, sistemi in grado di agevolare in maniera automatizzata e intelligente il compito dell'operatore, interfacce uomo-macchina intelligenti che supportano l'operatore in termini di sicurezza ed efficienza delle operazioni

(*) I soggetti interessati per ottenere una risposta riguardante **fattispecie concrete di natura fiscale** possono presentare all'AE un'istanza di **interpello** (ordinario) oppure se desiderano sapere se una macchina con determinate caratteristiche sia ammissibile all'agevolazione, possono richiedere il parere tecnico del Ministero dello Sviluppo economico (Mise), all'indirizzo dgpicpmi.dg@pec.mise.gov.it, limitandosi poi a conservarlo. Se i dubbi riguardano **sia aspetti fiscali che tecnici** possono presentare un'unica istanza all'AE, che la girerà al Mise per gli aspetti tecnici.

>**Precisazioni** 1) Il credito, come l'iper ammortamento in passato, dovrebbe spettare anche ai beni **contabilizzati ad incremento** di **beni già esistenti** non agevolati e che formino oggetto di ammodernamento o **revamping** (restando irrilevante la prevalenza del costo di questi beni su quello complessivo).

2) Sono agevolabili anche i beni acquistati da **laboratori**, purché siano inseriti in contesti produttivi o operanti nell'ambito dei servizi alle imprese e non in una mera attività di ricerca e sviluppo (Faq Mise luglio 2017).

3) Il costo agevolabile dei **magazzini automatizzati** interconnessi ai sistemi gestionali di fabbrica, è comprensivo anche del costo attribuibile alla **scaffalatura** asservita dagli impianti automatici di movimentazione, che costituisce, al contempo, parte del sistema costruttivo dell'intero fabbricato (art. 3 quater c. 4 DL 135/2018 conv. in L. 12/2019, Risp. AE 18 ottobre 2021 n. 720).

4) Nel caso di un'**autobetoniera**, il credito per i macchinari interconnessi è applicabile al costo riferibile alla sola componente **betoniera** e non anche alla componente autoveicolo, quest'ultima rientra nei beni strumentali comuni, con credito spettante minore (Risp. AE 17 marzo 2021 n. 189). È agevolabile una **trattrice agricola** dotata di hardware e software con determinate caratteristiche e un **carro-botte** gestito attraverso uno smartphone (Risp. AE 19 aprile 2021 n. 265).

38002 Gli investimenti devono rispettare le seguenti **condizioni**.

Condizione	Descrizione
A) Data di effettuazione (v. n. 38010 e s.)	– **consegnati** dal 16 novembre 2020 al 31 dicembre 2021, con possibilità di includere i beni consegnati fino al **31 dicembre 2022** se entro il 31 dicembre 2021 l'ordine è stato accettato ed è stato pagato almeno il 20% del prezzo complessivo dell'investimento (inclusi i costi accessori); – consegnati nel **2022** con possibilità di includere i beni consegnati fino al 30 novembre 2023 (termine posticipato da un emendamento al DL milleproroghe, DL 198/2022) se entro il 31 dicembre 2022 l'ordine è stato accettato ed è stato pagato almeno il 20% del prezzo complessivo; – consegnati dal **2023 al 2025** con possibilità di includere i beni consegnati fino al 30 giugno dell'anno successivo se entro il 31 dicembre dell'anno precedente l'ordine è stato accettato ed è stato pagato almeno il 20% del prezzo complessivo. Per i beni **realizzati in economia**, il 20% dei costi su cui calcolare l'acconto, riguarda quelli complessivamente sostenuti nel periodo di riferimento (es. 2022);
B) Interconnessione	effettuata in quelle date o anche successivamente, purché il ritardo non sia discrezionale ma dipenda da condizioni oggettive debitamente documentate (Risp. AE 3 febbraio 2022 n. 71) **(1) (2)**. Pertanto, se la consegna e l'interconnessione avvengono nello stesso anno si può utilizzare da subito il credito specifico, altrimenti il suo utilizzo è differito (ma è possibile utilizzare da subito il credito ridotto per i beni strumentali comuni, v. n. 38031). L'interconnessione deve poi essere mantenuta anche nei periodi d'imposta successivi (Circolare Mise 23 maggio 2018 n. 177355). Senza l'interconnessione spetta il credito ridotto per i beni comuni, se sussistono i presupposti;
C) Certificazione	**autocertificazione** del legale rappresentante dell'impresa o, per gli acquisti di costo unitario superiore a € 300.000 **(3)**, una **perizia tecnica asseverata** (preferibilmente corredata di un'analisi tecnica non giurata e non allegata alla perizia) rilasciata da un ingegnere o da un perito industriale iscritti nei rispettivi albi professionali o un attestato di conformità rilasciato da un ente di certificazione accreditato (vedi www.accredia.it) **(4) (5)**. Tali documenti, che possono riguardare anche più beni agevolati, devono attestare che il bene (o i beni): – possiede caratteristiche tecniche tali da includerlo nell'elenco specifico richiamato al n. 38000; – è interconnesso al sistema aziendale di gestione della produzione o alla rete di fornitura. Tali documenti devono essere **acquisiti entro** il periodo di imposta in cui il bene entra in funzione o, se successivo, è interconnesso. Se la perizia è acquisita in periodo successivo all'interconnessione, il credito decorre da quest'ultimo periodo (Risp. AE 3 febbraio 2022 n. 62).

(1) Un bene è **interconnesso** quando:

– consente, senza l'intervento di operatori, lo **scambio di informazioni** con sistemi interni (sistema gestionale, sistemi di pianificazione o di progettazione e sviluppo del prodotto, monitoraggio, anche in remoto, e controllo, altre macchine dello stabilimento, ecc.) e/o esterni (clienti, fornitori, partner nella progettazione e sviluppo collaborativo, altri siti di produzione, supply chain, ecc.) per mezzo di un collegamento basato su specifiche che siano documentate, disponibili pubblicamente e internazionalmente riconosciute (es. TCP-IP, HTTP, MQTT, ecc.). Per alcune macchine utensili (trance, taglierine, seghe, ecc.) è sufficiente che il bene sia in grado di trasmettere dati in uscita (non serva la possibilità di ricevere il caricamento di dati da remoto) (Circolare Mise 1° agosto 2018 n. 295485);

– è **identificato univocamente**, per riconoscere l'origine delle informazioni, mediante l'utilizzo di standard di indirizzamento internazionalmente riconosciuti (indirizzo IP).

(2) Le imprese di **noleggio** professionale (esclusi quindi banche e intermediari finanziari) possono acquistare beni da interconnettere sia alla propria impresa che all'impresa utilizzatrice. In quest'ultimo caso, il credito spetta all'impresa di noleggio limitatamente al periodo di durata del noleggio (Risp. AE 18 ottobre 2021 n. 720, Princ. Dir. AE 28 gennaio 2020 n. 2, Faq Mise luglio 2017).
(3) In caso di investimento avente ad oggetto **impianti o porzioni di impianti**, il limite di 300.000 va applicato all'investimento complessivo (non ai singoli beni o componenti autonomamente considerati) (Circ. Mise 15 dicembre 2017 n. 547750).
(4) È possibile produrre l'eventuale perizia/attestazione di conformità in **due fasi separate e successive**: la prima basata sulla verifica dei requisiti tecnici del bene e una seconda a buon esito della verifica dell'avvenuta interconnessione.
Il **costo della perizia asseverata**, per la cui redazione si rinvia ai chiarimenti della Circ. Mise 15 dicembre 2017 n. 547750, non rileva ai fini dell'agevolazione.
(5) Se, **successivamente alla perizia/attestazione**, un bene agevolato subisce **modifiche tecniche** relative a profili sostanziali è necessario richiedere al perito/attestatore una integrazione della perizia/attestazione.

Software e altri beni immateriali correlati (4.0) Gli imprenditori che beneficiano del credito per i macchinari intelligenti interconnessi, possono avere un altro credito aggiuntivo calcolato sul costo di acquisizione (quote di ammortamento o canoni di locazione) di alcuni beni immateriali funzionali alla trasformazione tecnologica, se sussistono le condizioni illustrate al n. 38002 (es. rispetto della data di acquisizione e interconnessione). **38007**
Si tratta di **software** (separati dal bene materiale, c.d. stand alone), **sistemi**, **piattaforme** e **applicazioni** (vedi allegato B L. 232/2016), anche acquistati in licenza d'uso (purché iscrivibili in bilancio tra le immobilizzazioni immateriali, voce B13) che consentono di interconnettere i macchinari intelligenti indicati al n. 38000. Si considerano anche i costi sostenuti a titolo di **canone per l'accesso**, mediante soluzioni di **cloud computing**, a beni immateriali di cui al predetto allegato B, limitatamente alla quota del canone di competenza del singolo periodo d'imposta di vigenza della disciplina agevolativa (art. 1 c. 229 L. 145/2018). Sono inclusi anche:
– sistemi di gestione della supply chain finalizzata al drop shipping (quando il venditore compra un prodotto da un fornitore e lo rivende al suo cliente, senza stoccarlo in un proprio magazzino) nell'e-commerce;
– software e servizi digitali per la fruizione immersiva, interattiva e partecipativa, ricostruzioni 3D, realtà aumentata, ecc.
Il beneficio è concesso solo alle imprese che hanno acquistato macchinari intelligenti interconnessi che hanno beneficiato del credito relativo, anche se i beni immateriali non riguardano specificamente i medesimi macchinari interconnessi.

> **Precisazioni** 1) Se il software è acquistato assieme al macchinario intelligente (**software embedded**), lo stesso è agevolabile con il relativo credito più vantaggioso.
> 2) I soggetti interessati possono presentare all'AE o al Mise apposita **istanza** per ottenere indicazioni specifiche (vedi nota tabella al n. 38000).
> 3) Sono esclusi dal beneficio i **software relativi alla gestione di impresa** in senso lato (ad es. amministrazione, contabilità, controllo e finanza, gestione della relazione con il consumatore finale e/o con il fornitore, project management, analisi dei processi organizzativi o di business, ecc.).

Beni strumentali comuni (o ordinari) Si tratta dei beni strumentali nuovi diversi dai precedenti e da quelli esclusi dall'agevolazione e cioè i beni che fino al 2019 potevano fruire del **super ammortamento**. **38008**
Dal **2023** questi beni non sono più agevolabili.

b. Acquisizione del bene agevolato

(Circ. AE 23 luglio 2021 n. 9/E)

Ai fini della concessione e dell'utilizzo del credito rileva generalmente il periodo d'imposta di **effettuazione** dell'investimento (consegna del bene, ultimazione dell'appalto, ecc.) (v. n. 38013 e s.). **38010**
Tuttavia, per il credito specifico per i **macchinari intelligenti 4.0**, rileva il periodo d'imposta di **interconnessione** (v. n. 38002).

> Per i macchinari intelligenti se il periodo di effettuazione dell'investimento **non coincide** con quello in cui è avvenuta l'**interconnessione**, l'utilizzo del credito viene differito ma non viene perso (v. n. 38031).

38013 **EFFETTUAZIONE DELL'INVESTIMENTO** L'**acquisizione** dei beni si considera avvenuta quando nel periodo agevolato (es. 2021, 2022, ecc.) si verificano i seguenti eventi, individuati in base al principio della competenza e validi anche per i soggetti **IAS** adopter e **OIC** adopter (sono quindi irrilevanti i diversi criteri di imputazione temporale previsti dal principio di derivazione rafforzata).

Modalità di acquisizione	Evento rilevante per la spettanza del credito (1)
acquisti	consegna o spedizione o, se diverso e successivo, l'effetto traslativo o costitutivo della proprietà o di altro diritto reale (le clausole di riserva della proprietà non rilevano) **(2)**;
leasing	data di consegna (a prescindere dalla data di stipula o di decorrenza del contratto, salvo la presenza di clausole per il collaudo, in cui rileva la dichiarazione di esito positivo) **(3)**;
appalto	ultimazione della prestazione o la liquidazione di SAL definitivi accettati dal committente (limitatamente ai corrispettivi liquidati nel periodo agevolato) **(4)**;
realizzati in economia	sostenimento dei costi imputabili all'investimento in base ai criteri di competenza (costi per progetti, materiali, mano d'opera diretta, ammortamenti, costi industriali, ecc.) **(5)**.

(1) Il pagamento di **acconti** è irrilevante.

(2) Nel caso di **contratti complessi**, in cui gli impegni del fornitore dei macchinari non si esauriscono con la semplice consegna del bene, ma si sostanziano in **ulteriori adempimenti** (modifiche tecniche da apportare secondo determinate specifiche indicate, addestramento e formazione del personale all'utilizzo dei macchinari, un primo collaudo presso lo stabilimento del fornitore, un secondo collaudo presso la sede produttiva) rileva la conclusione delle citate ulteriori attività, attestata da un *Final Acceptance Certificate* (FAC) (Risp. AE 18 ottobre 2021 n. 719). Se, tuttavia, il contratto dà **rilevanza prevalente alla consegna**, rispetto alle attività considerate accessorie e secondarie, quali montaggio e collaudo, l'investimento si considera effettuato alla consegna (Risp. AE 14 marzo 2022 n. 107).
Se invece l'investimento complesso è costituito **da un insieme di beni**, consegnati in tempi differenti da diversi fornitori terzi, si è in presenza di una serie di atti di investimento realizzati per mezzo di diverse ed autonome acquisizioni di beni effettuate presso diversi fornitori. Pertanto, i costi sostenuti vanno ripartiti tra i diversi periodi di imposta agevolabili con riferimento all'acquisto di ciascun bene e di ciascun eventuale servizio ad esso correlato (Risp. AE 21 giugno 2022 n. 336).
Infine, se dal contratto **non si capisce la data del trasferimento** della proprietà, si deve valutare caso per caso se la volontà delle parti del contratto sia stata quella di privilegiare la consegna/spedizione del bene oppure il completo adempimento delle ulteriori prestazioni poste a carico del fornitore (Princ. dir. 17 gennaio 2023 n. 4).

(3) Non rileva l'eventuale **mancato riscatto** del bene (a meno che non avvenga nel biennio di sorveglianza, v. n. 38035). Il riscatto, anche successivo all'anno di riferimento del contratto di leasing, consente comunque l'applicazione del credito anche al prezzo relativo.

(4) Rileva anche l'**accettazione tacita**, attraverso cioè comportamenti concludenti (es. ricevuto l'opera senza averne contestato vizi o difetti, oppure senza riservarsi di effettuarne la verifica in un momento successivo) opportunamente documentati (es. iscrizione in contabilità, fatture relative alle utenze che dimostrino l'entrata in funzione del bene, ecc.) (Ris. AE 31 dicembre 2021 n. 77/E).
Se un bene è realizzato in parte **in appalto** e in parte **in economia** si applicano le relative regole.

(5) Anche se iniziati in periodi precedenti o non terminati entro l'anno agevolato. I costi devono risultare dalla contabilità industriale del beneficiario.

38016 **Beni prenotati nell'anno precedente** L'agevolazione spetta **anche** nel caso di beni consegnati entro il 31 dicembre 2022 **a condizione** che entro il 31 dicembre 2021 sia stato effettuato l'ordine e sia avvenuto il pagamento degli acconti per almeno il 20% del costo di acquisizione complessivo (c.d. prenotazione). Lo stesso per i beni prenotati nel 2022 e consegnati entro il 30 novembre 2023 (termine posticipato da un emendamento al DL milleproroghe, DL 198/2022), prenotati nel 2023 e consegnati entro il 30 giugno 2024 e così di seguito fino al 2025.

> Se alla fine dell'investimento il **costo complessivo** del medesimo rende l'**acconto inferiore al 20%**, la disciplina dell'anno precedente spetta per la parte coperta dall'acconto del 20%, all'eccedenza si applica la disciplina dell'anno in corso. Ad esempio: se un investimento 4.0 presunto di 1.000, con acconto versato nel 2021 di 200, risulta poi di 1.300, l'agevolazione si sdoppia (su 1.000 si applica il credito 50%, su 300 il 40%).

Per i **contratti diversi dall'acquisto** valgono le seguenti regole:

Modalità di acquisizione	dall'1/1/2021 al 31/12/2021 oppure dall'1/1/2022 al 31/12/2022, ecc. fino al 2025	entro il 31/12/2022 oppure entro 30/11/2023 oppure entro il 30/6/2024 ecc. fino al 30/6/2026 (art. 50 DL 34/2020 conv. in L. 77/2020)
leasing	stipula del contratto e pagamento canoni per almeno il 20% delle quote capitali dei canoni più il riscatto	consegna del bene o esito positivo del collaudo
appalto	stipula del contratto e pagamento di acconti per almeno il 20%	ultimata la prestazione o liquidato il SAL con accettazione del committente
realizzati in economia	pagamento costi per almeno il 20% dei costi complessivamente sostenuti nell'anno	sostenimento costi agevolati

Acquisto trasformato in leasing Se, dopo aver effettuato l'ordine di acquisto e versato al fornitore l'acconto almeno pari al 20% del costo di acquisizione del bene entro il 31 dicembre 2021 (o 2022, o 2023, ecc.), l'investitore decide, successivamente, di acquisire il bene tramite leasing, l'agevolazione spetta ugualmente se l'investitore **compensa l'acconto** versato al fornitore con il maxicanone iniziale da corrispondere alla società di leasing, la quale concede il bene all'investitore e paga, per la differenza, il fornitore.

Se, invece, l'investitore ottiene la **restituzione dell'acconto** da parte del fornitore del bene e, di conseguenza, la società di leasing concede in leasing il bene all'investitore e paga per intero il fornitore, l'agevolazione spetta a condizione che (Ris. AE 24 ottobre 2017 n. 132/E):
- l'investitore paghi alla società di leasing un maxicanone pari almeno all'acconto;
- nel contratto di leasing si faccia riferimento all'ordine originariamente inviato al fornitore.

c. Misura del credito e sue caratteristiche

MISURA DEL CREDITO (art. 1 c. 1054 - 1058 ter L. 178/2020) La misura del credito spettante si ottiene applicando al costo dell'investimento (v. n. 38022) le seguenti percentuali, variabili a seconda del tipo di investimento e dell'anno in cui si effettua l'investimento. 38019

Beni materiali 4.0 (ex iperammortizzabili):	Credito d'imposta spettante				
	2021 (1)	2022 (2)	2023 (3)	2024 (3)	2025 (3)
– fino a € 2,5 milioni (annui, Circ. AE 17 maggio 2022 n. 14/E)	50%	40%	20%	20%	20%
– oltre € 2,5 milioni e fino a € 10 milioni (annui)	30%	20%	10%	10%	10%
– oltre € 10 milioni e fino a € 20 milioni (annui)	10%	10%	5% (4)	5% (4)	5% (4)

(1) Investimenti effettuati dal 16 novembre 2020 al 31 dicembre 2021, o fino al 31 dicembre 2022 se entro il 31 dicembre 2021 l'ordine è stato accettato ed è stato pagato almeno il 20% del prezzo complessivo (inclusi gli oneri accessori).
(2) O fino al 30 novembre 2023 se entro il 31 dicembre 2022 l'ordine è stato accettato ed è stato pagato almeno il 20% del prezzo complessivo.
(3) O fino al 30 giugno dell'anno successivo (es. 2024) se entro il 31 dicembre precedente (es. 2023) l'ordine è stato accettato ed è stato pagato almeno il 20% del prezzo complessivo.
(4) Per la quota superiore a € 10 milioni degli investimenti inclusi nel PNRR, diretti alla realizzazione di obiettivi di transizione ecologica individuati con DM il credito è del 5% del costo fino al limite massimo di costi complessivamente ammissibili pari a € 50 milioni (art. 10 DL 4/2022).

Altri beni	Credito d'imposta spettante				
	2021 (1)	2022 (2)	2023 (3)	2024 (3)	2025 (3)
Beni immateriali 4.0 ricompresi nell'Allegato B L. 232/2016 (software): fino a € 1 milione annuo	20%	50%	20%	15%	10%
Beni materiali comuni (diversi da quelli sopra citati): fino a € 2 milioni annui	10%	6%	–	–	–

Altri beni	Credito d'imposta spettante				
	2021 (1)	2022 (2)	2023 (3)	2024 (3)	2025 (3)
Beni immateriali diversi da quelli sopra citati: fino a € 1 milione annuo **(4)**	10%	6%	–	–	–
Strumenti e dispositivi tecnologici per la realizzazione di smart working	15%	–			

(1) Investimenti effettuati dal 16 novembre 2020 al 31 dicembre 2021, o fino al 31 dicembre 2022 (30 giugno 2022 per i beni immateriali 4.0) se entro il 31 dicembre 2021 l'ordine è stato accettato ed è stato pagato almeno il 20% del prezzo complessivo (inclusi gli oneri accessori).
(2) O fino al 30 novembre 2023 (per i beni immateriali 30 giugno 2023) se entro il 31 dicembre 2022 l'ordine è stato accettato ed è stato pagato almeno il 20% del prezzo complessivo.
(3) O fino al 30 giugno dell'anno successivo (es. 2024) se entro il 31 dicembre precedente (es. 2023) l'ordine è stato accettato ed è stato pagato almeno il 20% del prezzo complessivo.
(4) Per le imprese del **settore tessile**, della **moda**, del **mobile**, ecc. lo stesso investimento, al netto del credito in esame, può usufruire anche del credito specifico illustrato al n. 38336 e s.

38022 **Costo dell'investimento** Per costo dell'investimento si intende:
– in caso di **acquisto** o di **appalto** o di realizzazione **in economia**, il costo da ammortizzare;
– in caso di beni in **leasing**, il costo sostenuto dal locatore per l'acquisto del bene, non ha quindi rilevanza il prezzo di riscatto.

38025 Nella determinazione del costo degli investimenti agevolabili si applicano le disposizioni ordinarie illustrate al n. 23625, tenendo presente che si comprendono (Ris. AE 15 dicembre 2017 n. 152/E):
– gli **oneri accessori** di diretta imputazione (vedi OIC 16) sostenuti nel medesimo periodo, compresi quelli relativi a piccole opere murarie necessarie per l'istallazione di un macchinario presso il sito aziendale (es. basamento per l'ancoraggio del bene), a condizione che non assumano la qualifica di costruzioni, ai sensi della disciplina catastale (escluse dall'agevolazione);
– il costo delle **attrezzature** che costituiscono **dotazione ordinaria** del bene agevolabile, in quanto assolutamente necessarie per il suo funzionamento;
– l'**IVA totalmente indetraibile** per destinazione (esclusa quindi quella totalmente o parzialmente indetraibile per effetto del pro-rata, Cass. 19 luglio 2021 n. 20435, v. n. 23220).
In tutti i casi, il costo del bene agevolabile è assunto **al lordo di eventuali contributi** in conto impianti, indipendentemente dalle modalità di contabilizzazione dei medesimi.

> L'acquisto di un **gran numero di nuovi apparati** aventi costo inferiore a € 516 costituisce attuazione di un **unitario** programma di trasformazione e ammodernamento degli impianti e quindi il valore dell'investimento va determinato unitariamente.
> In caso di evidente **sproporzione** tra il prezzo di acquisto dei singoli beni agevolabile e i **costi di installazione** degli stessi, questi ultimi rilevano ai fini della agevolazione nei limiti del 5% del prezzo del bene (Princ. dir. AE 1° febbraio 2019 n. 2).

38028 **CARATTERISTICHE DEL CREDITO** (art. 1 c. 1059 L. 178/2020) Il credito d'imposta:
– **non è tassato** ai fini IRPEF/IRES/IRAP;
– non rileva ai fini del **rapporto di deducibilità degli interessi passivi** con i componenti negativi;
– è **cumulabile** con altre agevolazioni che abbiano ad oggetto i medesimi costi (es. Sabatini, investimenti in aree svantaggiate, v. n. 38260 e s. Risp. AE 5 marzo 2021 n. 157), purché da tale cumulo non emerga un'agevolazione superiore al costo sostenuto. Pertanto, è necessario individuare i costi riferibili ai beni oggetto di investimento ammissibili a entrambe le agevolazioni e considerare, quali costi rilevanti per il credito d'imposta, l'importo complessivo dei costi ammissibili, al lordo dei contributi agli stessi correlati;
– non può essere **ceduto o trasferito**, nemmeno all'interno del consolidato fiscale;
– secondo la prassi prevalente, contabilmente costituisce un **contributo in conto impianti** da ripartire, in caso di acquisto, sulla base della vita utile utilizzata per determinare l'ammortamento della immobilizzazione, in caso di leasing in base alla durata del contratto di leasing.

d. Utilizzo del credito

(art. 1 c. 1059 L. 178/2020, Circ. AE 23 luglio 2021 n. 9/E)

MODALITÀ Il credito d'imposta è utilizzabile esclusivamente in compensazione (senza visto di conformità e senza che rilevino i limiti annuali ordinari di € 250.000 e € 2.000.000 - art. 22 c. 1 DL 73/2021 conv. in L. 106/2021), tramite modello F24 in **3 quote annuali** di pari importo. 38031
L'utilizzo del credito può avvenire già **a decorrere** dall'anno di entrata in funzione dei beni o, per gli investimenti nei beni «4.0», dall'anno di avvenuta interconnessione, se successiva. In quest'ultimo caso, in attesa dell'interconnessione, è possibile usufruire del credito previsto per i beni strumentali comuni (vedi esempio seguente, Risp. AE 8 giugno 2021 n. 394). Inoltre, il credito può essere trasferito nell'ambito del **consolidato fiscale** (Risp. AE 3 novembre 2022 n. 543, Risp. AE 23 luglio 2021 n. 508).
In caso di mancato utilizzo in tutto o in parte del credito nei predetti limiti, l'ammontare residuo potrà essere utilizzato nel corso dei periodi di imposta successivi (anche oltre il triennio suddetto), secondo le modalità proprie del credito (Risp. AE 17 settembre 2021 n. 602).

ESEMPIO
Bene interconnesso l'anno seguente l'entrata in funzione
Nel 2021 si acquista un bene per € 120.000 la cui entrata in funzione avviene nel 2021, mentre la sua interconnessione avviene nel 2022.
L'impresa nel 2021 può utilizzare in compensazione la prima quota del credito spettante (10%) pari a € 4.000 (1/3 di 12.000), a partire dal 2022 decorre il triennio di fruizione del credito spettante (50%) e la quota annuale compensabile è pari a € 18.667 [1/3 di 56.000 (60.000 – 4.000)].
In questo caso, l'impresa deve compilare il quadro RU del modello REDDITI 2022 indicando nel rigo RU1 il codice credito **2L** (codice corrispondente alla tipologia dei beni agevolabili Transizione 4.0 anziché il codice relativo ai beni «ordinari»). Inoltre deve riportare nel rigo **RU5** l'ammontare del credito d'imposta nella misura piena prevista per beni 4.0 e nel rigo **RU130**, colonna 4, l'ammontare complessivo del costo sostenuto; nel rigo **RU12** va indicato il credito residuo (40%) che sarà riportato nel successivo modello REDDITI 2023. Per la compensazione deve usare il codice tributo **«6936»** (FAQ AE settembre 2022)

Nel F24 si utilizzano i seguenti **codici tributo**: 6935 (beni comuni, materiali e immateriali), 6936 (macchinari intelligenti interconnessi), 6937 (beni immateriali e software interconnessi).

ESEMPIO
Credito di imposta € 900, utilizzabile in 3 quote di 300 rispettivamente nel 2021, nel 2022 e nel 2023.
Se nel 2021 l'impresa utilizza il credito limitatamente a 250 per carenza di debiti fiscali e contributivi nel 2022 può compensare il credito per € 350 (50 + 300) (Risp. AE Telefisco 2021).

Cessione anticipata e sostituzione dei beni agevolati In caso di **cessione** o di **destinazione a strutture estere** dei beni agevolati **entro** il 31 dicembre del 2° anno successivo a quello di entrata in funzione o di interconnessione, il credito è rideterminato al ribasso, in modo proporzionale, a meno che, limitatamente ai macchinari intelligenti interconnessi, non vengano effettuati **investimenti sostitutivi**. Il **mancato riscatto** dei beni in **leasing** e la **cessione del contratto** di leasing sono equiparati alla cessione. 38035

>**Precisazioni** 1) La disposizione non riguarda i trasferimenti derivanti da cessioni di azienda (o di un ramo), **fusioni**, **scissioni**, ecc., salvo che non costituiscano una modalità per delocalizzare il bene all'estero (Faq AE Telefisco 31 gennaio 2019).
2) In caso di cessione del bene oggetto di investimento a una società di leasing nel contesto di un'operazione di **sale and lease back**, il credito non si perde (Risp. AE 24 settembre 2020 n. 404).
3) L'utilizzo **temporaneo** di beni agevolati per lo svolgimento di attività di manutenzione su impianti (pipeline) **all'estero** non fa ridurre il credito, a condizione che i beni appartengano alla struttura produttiva italiana sotto il profilo organizzativo, economico e gestionale e che siano utilizzati nell'attività ordinariamente svolta dalla stessa (Risp. AE 19 aprile 2021 n. 259). Lo stesso principio vale nel caso **beni noleggiati temporaneamente** ad una controllata per l'utilizzo presso **cantieri all'estero** (Risp. AE 17 gennaio 2023 n. 47).
4) Il **furto** del bene non comporta la rideterminazione dell'agevolazione.

Infatti, se la fuoriuscita avviene insieme alla **sostituzione** con un bene materiale nuovo avente le caratteristiche tecnologiche analoghe o superiori a quelle previste al n. 38000, il credito permane, senza la necessità di alcuna rideterminazione al ribasso a **condizione** che: 38037

– acquisizione e interconnessione avvengano nello stesso periodo d'imposta della fuoriuscita del bene;
– siano soddisfatti gli obblighi documentali previsti per l'investimento originario (dichiarazione resa dal legale rappresentante, perizia tecnica giurata o attestato di conformità riguardanti l'effettuazione dell'investimento sostitutivo, le caratteristiche del nuovo bene e il requisito dell'interconnessione).
Se l'investimento sostitutivo **è di costo inferiore** a quello del bene originario, ferme restando le altre condizioni oggettive e documentali richieste, il beneficio calcolato in origine deve essere ridotto in corrispondenza del minor costo agevolabile.

38040 **CASI PARTICOLARI** Nella seguente tabella sono sintetizzate le disposizioni applicabili in determinate situazioni, in relazione alla **trasmissibilità del credito** di imposta.

Ipotesi	Disciplina
Operazioni straordinarie	In presenza di operazioni straordinarie, che determinano il trasferimento dell'azienda o di un ramo d'azienda nel cui ambito è presente il bene agevolato, l'avente causa continuerà a fruire del credito d'imposta maturato in capo al dante causa, secondo le regole originariamente determinate in capo a quest'ultimo
Eredi	Gli eredi che proseguono l'attività possono usufruire del credito, a condizione che il bene agevolato faccia parte dell'azienda ereditata
Soggetti trasparenti	Il credito si trasferisce ai soci in proporzione alle quote di partecipazione agli utili (nei limiti della quota fruibile annualmente). Ciò vale anche per i soci di società cooperative

e. Adempimenti specifici

(art. 1 c. 1062 L. 178/2020, Circ. AE 23 luglio 2021 n. 9/E)

38042 **COMUNICAZIONI** Le imprese e i professionisti che intendono fruire del credito d'imposta devono indicare i dati relativi al credito nella **dichiarazione** dei redditi (**quadri RU e RF**).
Inoltre, devono inviare al Mise **tramite PEC** - entro la data di presentazione della dichiarazione dei redditi riferita a ciascun periodo d'imposta di effettuazione degli investimenti (decreto 6 ottobre 2021) - una comunicazione in formato elettronico, firmata digitalmente dal legale rappresentante dell'impresa, all'indirizzo benistrumentali4.0@pec.mise.gov.it, con le informazioni rilevanti relative all'investimento (decreto 6 ottobre 2021).
La **mancata comunicazione** al Mise non fa perdere il credito d'imposta.

38044 **INDICAZIONE SPECIFICA DELLA NORMA** Le **fatture** e gli **altri documenti** relativi all'acquisizione dei beni agevolati (DDT) devono contenere l'espresso riferimento alle «disposizioni di cui all'art. 1 c. 1054-1058 ter L. 178/2020»; si consiglia pertanto di avvisare i fornitori dei beni strumentali affinché indichino espressamente la suddetta dicitura in uno dei campi descrittivi della fattura elettronica di acquisto (es. nel campo «Causale»).

> Se nella fattura o nel DDT non è stata inserita la dicitura suddetta, per non perdere il credito d'imposta i documenti di spesa già emessi devono essere **regolarizzati** dall'acquirente, entro la data in cui sono state avviate eventuali attività di controllo, nel seguente modo (Risp. AE 18 maggio 2022 n. 270, Risp. AE 5 ottobre 2020 n. 438):
> – **fatture/DDT emessi in formato cartaceo**, riportando il riferimento sull'originale di ogni fattura, sia di acconto che di saldo, con scrittura indelebile, anche mediante l'utilizzo di un apposito timbro;
> – **fatture DDT elettronici**, alternativamente, stampando il documento di spesa apponendo la predetta scritta indelebile o realizzando un'integrazione elettronica da unire all'originale, con le modalità indicate in caso di reverse charge (v. n. 52947).

38058 **MACCHINARI INTELLIGENTI INTERCONNESSI** Per gli investimenti in beni strumentali 4.0, agevolabili in precedenza con l'iper ammortamento, le imprese sono tenute a produrre alternativamente:
– una **perizia tecnica asseverata** rilasciata da un ingegnere o da un perito industriale inscritti nei rispettivi Albi professionali (per il settore agricolo può rilasciarla anche un dottore agronomo o forestale, o un agrotecnico laureato o un perito agrario laureato);

– un **attestato di conformità** munito di data certa (firma digitale e marca temporale, Risp. AE 18 ottobre 2021 n. 725) rilasciato da un ente certificatore accreditato, che specifichino:
1) che i beni hanno le caratteristiche tecniche richieste dalla legge;
2) che i beni sono interconnessi al sistema aziendale di gestione della produzione o alla rete di fornitura.
Per gli investimenti in beni di **costo unitario non superiore ad € 300.000**, in luogo della perizia/attestato è sufficiente una dichiarazione resa dal legale rappresentante.
Tali documenti devono essere emessi, ai fini della decorrenza degli effetti dell'agevolazione, entro la data di chiusura del periodo d'imposta (v. n. 38008).

CONSERVAZIONE DOCUMENTAZIONE Ai fini dei successivi controlli, i beneficiari devono **conservare**, pena la revoca del beneficio, la **documentazione** idonea a dimostrare l'effettivo sostenimento e la corretta determinazione dei costi agevolabili. **38063**

f. Rapporto con credito d'imposta 2020

SOVRAPPOSIZIONE CON IL CREDITO D'IMPOSTA PER INVESTIMENTI 2020 Il credito di imposta in esame si sovrappone in parte con quello, meno conveniente, previsto per gli investimenti effettuati nel 2020, quindi anche tra il 16 novembre e il 31 dicembre 2020, con coda fino al 30 giugno 2021 per le prenotazioni effettuate entro fine 2020. **38070**
Al riguardo, l'AE ha chiarito che bisogna **distinguere**:
– se **entro il 15 novembre** 2020 è stata fatta la **prenotazione** dell'investimento, versando l'acconto del 20%, ed entro il 30 giugno 2021 l'investimento è stato completato, si applica la disciplina precedente, prevista per gli investimenti 2020;
– in **assenza di prenotazione** ante 16 novembre 2020 con il pagamento del relativo acconto, si applica la nuova disciplina (investimenti 2021/2022). Quindi, se al 15 novembre 2020 è stato fatto l'ordine vincolante ma non è stato versato l'acconto minimo del 20% (es. versamento di acconto inferiore al 20% si applica la nuova disciplina, Risp. AE 17 settembre 2021 n. 602).

C. Locazioni e simili di immobili non abitativi

(artt. 28 e 122 DL 34/2020 conv. in L. 77/2020, art. 4 DL 73/2021 conv. in L. 106/2021, art. 5 DL 4/2022, Circ. AE 6 giugno 2020 n. 14/E)

A causa del **Covid-19**, alle imprese è riconosciuto un credito d'imposta sui canoni relativi ai contratti di locazione, leasing e concessione di immobili non abitativi, nonché d'affitto d'azienda e di servizi a prestazioni complesse. **38220**

Contratti	Oggetto
locazione **(1)** **(2)**	immobili non abitativi destinati all'attività industriale, commerciale, artigianale, agricola e di interesse turistico **(3)**
leasing **(4)**	
concessione	
affitto d'azienda	almeno un immobile non abitativo destinato alle attività di cui sopra **(3)**
servizi a prestazioni complesse **(5)**	

(1) Il credito spetta anche se il canone di locazione comprende le spese condominiali, purché ciò risulti dal contratto.
(2) Sono compresi anche i contratti di sublocazione (Risp. AE 15 settembre 2020 n. 356).
(3) Secondo l'AE, il credito è riconosciuto indipendentemente dalla categoria catastale degli immobili, purché destinati allo svolgimento delle suddette attività (es. immobili abitativi utilizzati per l'attività di bed & breakfast, immobile non riaccatastato utilizzato per l'attività professionale - Circ. AE 20 agosto 2020 n. 25/E).
(4) Secondo l'AE rileva solo il leasing operativo (e non anche quello finanziario).
(5) Hanno ad oggetto, oltre alla locazione di immobili facenti parte di un complesso, anche la fornitura di servizi complementari e funzionali all'utilizzo dello stesso (es. villaggi turistici, centri sportivi, gallerie commerciali; contratti di coworking, ecc.).

›Precisazioni 1) Di seguito, per semplicità, si parla solo di canoni di locazione.
2) Il credito d'imposta si applica nel rispetto delle **condizioni** e dei **limiti** previsti dal Quadro temporaneo per le misure di aiuto di Stato a sostegno dell'economia nell'attuale emergenza del Covid-19 (Com. Commissione europea 19 marzo 2020 C(2020) 1863 final, Com. Commissione europea 2 luglio 2020 C 218/3 e Com. Commissione europea 28 gennaio 2021 C(2021) 564 final). L'importo complessivo non deve superare, dal 2022, € 2.300.000 per impresa (€ 1.800.000 fino al 31 dicembre 2021) (Decisione UE 11 gennaio 2022 C(2022) 171 final). Ciascuna impresa può cumulare il credito d'imposta locazioni e simili di immobili non abitativi con altre agevolazioni (indicate all'art. 1 c. 13 DL 41/2021: es. credito d'imposta per l'adeguamento degli ambienti di lavoro, esenzione IMU, ecc.) nel rispetto dei suddetti limiti e condizioni; in caso di gruppi, i limiti si applicano al gruppo e non alle singole imprese (art. 1 c. 14 e 17 DL 41/2021).

38225 Il credito spetta alle **imprese turistiche** e a quelle di **gestione di piscine** (cod. ATECO 93.11.20) per i **canoni corrisposti** per i **mesi** di gennaio, febbraio e marzo 2022, a **condizione** che (art. 5 DL 4/2022 conv. in L. 25/2022):
– le imprese turistiche abbiano subito una diminuzione del fatturato nel mese di riferimento del 2022 di almeno il 50% rispetto allo stesso mese del 2019;
– le imprese di gestione di piscine, oltre alla suddetta condizione, abbiano conseguito nel 2019 ricavi non superiori a € 5 milioni.
I canoni devono essere **pagati entro** e non oltre il 29 agosto 2022 (FAQ AE 11 luglio 2022).

Il credito d'imposta si applica nel rispetto delle **condizioni** e dei **limiti** previsti dal Quadro temporaneo per le misure di aiuto di Stato a sostegno dell'economia nell'attuale emergenza del Covid-19 (Com. Commissione europea 19 marzo 2020 C(2020) 1863 final).

38230 **MISURA DEL CREDITO** Il credito d'imposta è **pari al**:
– per i contratti di **locazione**, **leasing** e **concessione**, 60% (per i commercianti al dettaglio, 40%);
– per i contratti di **servizi a prestazioni complesse** e **affitto d'azienda**, 30% (per i commercianti al dettaglio, 20%). Nel caso di affitto d'azienda in cui l'affittuario è una struttura turistico ricettiva, 50%; tale misura è stata autorizzata dalla Commissione europea (art. 77 c. 3 DL 104/2020 conv. in L. 126/2020 e Com. Commissione europea 28 ottobre 2020 C(2020) 7595).

Se una **struttura turistico ricettiva** stipula un contratto di locazione e un contratto di affitto d'azienda, il credito d'imposta spetta per entrambi i contratti: es. se versa mensilmente per la locazione dell'immobile in cui svolge l'attività € 2.000 e per l'affitto dell'azienda € 3.000, ha diritto a un credito complessivo di € 2.700 (60% di 2.000 + 50% di 3.000).

38250 **DOMANDA** (Provv. AE 30 giugno 2022 n. 253466) Per il possesso dei requisiti i beneficiari, anche tramite intermediari abilitati, devono presentare telematicamente all'AE un'**autodichiarazione**, in via generale, **dall'**11 luglio 2022 **al** 28 febbraio 2023. Per i soggetti che hanno attivato una partita IVA per proseguire l'attività del defunto o che hanno posto in essere un'operazione che ha determinato una trasformazione aziendale dal 1° gennaio 2019 alla data di presentazione dell'autodichiarazione stessa e per i soggetti che intendono comunicare la cessione del credito d'imposta al locatore (v. n. 38254), l'autodichiarazione va presentata **dal** 15 settembre 2022 **al** 28 febbraio 2023.

L'AE, ricevuta l'autodichiarazione, rilascia entro 5 giorni una **ricevuta** attestante la presa in carico o lo scarto. Entro 10 giorni dalla data di presentazione dell'autodichiarazione è rilasciata una seconda ricevuta per comunicare ai richiedenti il riconoscimento o il diniego del credito d'imposta.

38252 **FRUIZIONE** (Provv. AE 30 giugno 2022 n. 253466) Il credito d'imposta è **utilizzabile** dal giorno lavorativo successivo alla data di rilascio della ricevuta da parte dell'AE. Per l'utilizzo in compensazione tramite Mod. F24 il cod. trib. è 6978.
Se l'importo del credito utilizzato in compensazione è superiore all'ammontare massimo fruibile in base all'autodichiarazione, anche tenendo conto di precedenti utilizzi, il Mod. F24 è scartato. **Non si applica** il limite annuale di utilizzo pari a € 250.000 (di cui al n. 37965) né il limite massimo di crediti compensabili pari a € 2.000.000 (art. 1 c. 72 L. 234/2021).

›Precisazioni 1) In caso di **mancato pagamento**, è comunque possibile cedere il credito d'imposta al locatore.
2) Il credito d'imposta, avendo natura agevolativa, non è soggetto al divieto di **compensazione** in presenza di **debiti tributari iscritti a ruolo** (Risp. AE 1° luglio 2021 n. 451, Risp. AE 21 giugno 2022 n. 331).

Il credito d'imposta: 38253
– va **indicato** nel quadro RU del Mod. Redditi relativo all'anno di sostenimento del canone;
– **non rileva** ai fini IRPEF, IRES e IRAP né ai fini della deducibilità degli interessi passivi o delle spese generali, salvo che il conduttore lo ceda al locatore.

CESSIONE (Provv. AE 30 giugno 2022 n. 253466) Il **cedente** deve comunicare la cessione del credito d'imposta compilando la sezione III del quadro A del modello di autodichiarazione. Il credito spettante per ogni singolo contratto di locazione deve essere ceduto per l'intero importo e non è ammessa la cessione parziale. 38254
Il **cessionario** deve comunicare l'accettazione del credito ceduto tramite il sito dell'AE e, dopo l'accettazione, alle stesse condizioni applicabili al cedente e nei limiti dell'importo ceduto, utilizza il credito d'imposta con le stesse modalità previste per il cedente (in caso di compensazione si provvede tramite Mod. F24 - cod. trib. 7741).

D. Investimenti in aree svantaggiate

(art. 1 c. 98-107 L. 208/2015)

L'agevolazione, nota anche come **bonus Sud**, consiste in un credito d'imposta a favore di imprese che, a determinate condizioni, **fino al** 31 dicembre 2023 (anche in caso di periodo d'imposta non coincidente con anno solare, Circ. AE 3 agosto 2016 n. 34/E), acquistano beni strumentali nuovi destinati a strutture produttive ubicate nelle aree geografiche indicate di seguito. 38260

›Precisazioni 1) Essendo un regime di aiuto superiore a € 150 milioni annui e con durata superiore a 6 mesi, deve essere **autorizzato dalla Commissione UE.**
2) La realizzazione degli investimenti agevolabili nelle c.d. **ZES «Zone Economiche Speciali»** comporta l'attribuzione del credito d'imposta secondo importi e condizioni particolari (artt. 4 e 5 DL 91/2017 conv. in L. 123/2017).

BENEFICIARI Sono le imprese (comprese le STP visto che producono reddito d'impresa - Risp. AE 16 settembre 2021 n. 600) che realizzano nuovi investimenti nelle seguenti **regioni del Centro e Sud Italia**: Basilicata, Calabria, Campania, Puglia, Sardegna e Sicilia (aree territoriali ammissibili alle deroghe al regime degli aiuti di Stato), e nelle zone assistite delle regioni: Molise e Abruzzo (c.d. **«aree svantaggiate»**, secondo la «Carta degli aiuti a finalità regionale 2022-2027»). 38265
Altri beneficiari sono:
– soggetti **forfettari** (Circ. AE 4 aprile 2016 n. 10/E);
– **S.O.** di soggetti non residenti (Circ. AE 3 agosto 2016 n. 34/E);
– **enti non commerciali**, con riferimento all'attività commerciale eventualmente esercitata;
– imprese che intraprendono l'**attività dopo** il 1° gennaio 2016 (Circ. AE 3 agosto 2016 n. 34/E);
– **imbarcazioni da diporto** (Circ. AE 21 settembre 2022 n. 32/E).
Le **grandi imprese** sono ammesse solo se gli investimenti riguardano una nuova attività economica, come definita dall'AE (Circ. AE 3 agosto 2016 n. 34/E).

La **differenza tra le aree territoriali** ammissibili alle deroghe al regime degli aiuti di Stato **e le zone assistite** consiste nel fatto che per le prime risulta agevolato l'intero territorio regionale, mentre per le seconde risultano agevolati solo alcuni Comuni o parti di essi. L'estensione all'intero territorio della Sardegna dell'agevolazione ha effetto dal 1° gennaio 2017 (Circ. AE 13 aprile 2017 n. 12/E).

Non possono beneficiare del credito d'imposta le imprese: 38270
– in difficoltà (ossia l'impresa per cui sussiste almeno una delle circostanze individuate da un apposito regolamento UE, Circ. AE 3 agosto 2016 n. 34/E);
– che operano nei settori siderurgico, fibre sintetiche, industria carbonifera, costruzione navale, trasporti e infrastrutture, produzione e distribuzione di energia e infrastrutture energetiche, credito, finanza e assicurazioni.

38275 **OGGETTO** L'investimento, che deve essere parte di un progetto di investimento iniziale (art. 2 punti 49-51 Reg. UE 651/2014), deve riguardare l'**acquisizione** (anche mediante leasing) **di beni strumentali nuovi**, destinati a **strutture produttive** già esistenti o di nuova costituzione, rientranti nella categoria dei macchinari, degli impianti e delle attrezzature varie (secondo l'OIC 16 occorre fare riferimento alle voci B.II.2 e B.II.3 dell'attivo dello stato patrimoniale - Risp. AE 8 settembre 2020 n. 322). Di conseguenza, rimangono **esclusi**: immobili e veicoli, beni merce (autonomamente destinati alla vendita), beni trasformati o assemblati per l'ottenimento di beni destinati alla vendita, materiali di consumo.
Non possono essere finanziati gli investimenti portati materialmente **a termine o completamente attuati prima** che sia stata presentata dal contribuente la comunicazione per la fruizione del credito d'imposta (v. n. 38285) (Circ. AE 3 agosto 2016 n. 34/E).

> **Precisazioni** 1) Sono **esclusi** anche (Circ. AE 3 agosto 2016 n. 34/E): investimenti di pura sostituzione; investimenti avviati al 1° gennaio 2016 ma già completamente attuati prima dell'invio dell'apposita comunicazione (v. n. 38285) (Circ. AE 3 agosto 2016 n. 34/E).
2) Sono agevolabili: **bene esposto in show room** e utilizzato solo dal rivenditore a scopo dimostrativo (Circ. AE 3 agosto 2016 n. 34/E); acquisto di un **totem digitale** da posizionare in una zona diversa dai territori agevolati (Ris. AE 22 dicembre 2016 n. 118/E).
3) Un **bene complesso** alla cui realizzazione hanno concorso **anche beni usati** è agevolabile se l'entità del costo dei beni usati non è prevalente rispetto al costo complessivamente sostenuto. Se il bene complesso che incorpora un bene usato anziché essere stato costruito in economia è stato acquisito da terzi, il cedente deve attestare che il costo del bene usato non è di ammontare prevalente rispetto al costo complessivo (Circ. AE 3 agosto 2016 n. 34/E).
4) Per **struttura produttiva** si intende ogni singola unità locale o stabilimento ubicati nei territori agevolati in cui il beneficiario esercita l'attività (Circ. AE 3 agosto 2016 n. 34/E). Si può trattare di: autonomo **ramo d'azienda**; autonoma **diramazione territoriale** dell'azienda o una mera **linea di produzione o un reparto**, che costituisca un centro autonomo di imputazione di costi e non rappresenti parte integrante del processo produttivo dell'unità locale situata nello stesso territorio comunale o nello stesso perimetro aziendale (Risp. AE 3 febbraio 2022 n. 68 e n. 69). Sono agevolabili gli investimenti effettuati nelle singole strutture produttive (comunali/provinciali) in cui una società realizza gli **impianti BTS** (antenne), in quanto tali impianti si considerano strutture produttive (Risp. AE 23 gennaio 2023 n. 133).

38280 **DETERMINAZIONE** Il credito d'imposta è attribuito, nella misura massima, in percentuali diverse a seconda delle dimensioni dell'impresa, ed è commisurato alla quota del costo complessivo degli investimenti agevolabili, con un limite massimo, per ciascun progetto, variabile in funzione della dimensione dell'impresa, come indicato in **tabella**.

Dimensione impresa (1)	% massima del credito per le strutture di (2)		Limite massimo di costo dell'investimento (4)
	Basilicata, Calabria, Campania, Molise (3), Puglia, Sardegna e Sicilia	Determinate zone dell'Abruzzo	
Piccola	45%	30%	€ 3 milioni
Media	35%	20%	€ 10 milioni
Grande	25%	10%	€ 15 milioni

(1) Secondo i criteri di cui al n. 99050 (Circ. AE 3 agosto 2016 n. 34/E).
(2) Per le imprese del settore della produzione primaria di **prodotti agricoli**, della **pesca e** dell'**acquacoltura**, ecc., gli aiuti sono concessi nei limiti e alle condizioni previste dalla normativa europea in tema di aiuti di Stato (Reg. UE 702/2014).
(3) Fino al 2021, il Molise poteva fruire delle stesse percentuali previste per la regione Abruzzo.
(4) Per gli investimenti effettuati mediante contratti di **locazione finanziaria**, si assume il costo d'acquisto sostenuto dal locatore (che non comprende le spese di manutenzione).

> **Esempi** per il **calcolo** degli **ammortamenti** sono contenuti nella Circ. AE 3 agosto 2016 n. 34/E, dove è anche stabilito che:
> – per gli investimenti realizzati mediante **locazione finanziaria** il prezzo di riscatto e il canone periodico pagato dall'impresa non rilevano per la definizione del costo agevolabile, mentre in caso di contabilizzazione del leasing con metodo finanziario occorre tener conto degli ammortamenti figurativi o comunque di quelli dedotti;
> – il **super ammortamento** (o l'iper ammortamento) non rileva ai fini della determinazione del valore su cui calcolare il credito d'imposta.

38285 **CARATTERISTICHE E FORMALITÀ** Il credito d'imposta **è cumulabile** con:
– gli aiuti «de minimis» (v. n. 37956) e con altri aiuti di Stato riguardanti le medesime categorie

di costi, a condizione che tale cumulo non porti al superamento dell'intensità o dell'importo di aiuto più elevati consentiti dalle discipline europee di riferimento;
– gli investimenti in beni strumentali (v. n. 37980 e s.), a condizione che tale cumulo non porti al superamento del costo sostenuto per l'investimento (Risp. AE 5 marzo 2021 n. 157).
Va richiesto mediante apposita **comunicazione** da inviare all'AE in via telematica utilizzando il software denominato «Creditoinvestimentisud» (CIM17), attraverso i soliti intermediari abilitati (Provv. AE 14 aprile 2017 n. 76099, Provv. AE 9 agosto 2019 n. 670294 e Provv. AE 9 marzo 2021 n. 65238). **Dal** 14 luglio 2022 va utilizzato il modello di comunicazione approvato con il Provv. AE 30 giugno 2022 n. 253453.
Una volta comunicata dall'AE l'**autorizzazione alla fruizione** del credito (mediante rilascio della ricevuta telematica), esso è utilizzabile in compensazione (cod. tributo 6869, Ris. AE 4 luglio 2016 n. 51/E), dal 5° giorno successivo al rilascio dell'autorizzazione, presentando il Mod. F24 attraverso i canali Entratel o Fisconline.
Il credito utilizzabile per le compensazioni è **esclusivamente quello maturato** secondo il principio di competenza (Circ. AE 3 agosto 2016 n. 34/E).
Non è soggetto al **limite** di cui al n. 37965.
Deve essere indicato nella **dichiarazione** dei redditi relativa al periodo di maturazione del credito e in quelle relative ai periodi successivi fino a quello in cui se ne conclude l'utilizzo.
Il credito attribuito va **tassato** ai fini IRPEF, IRES e IRAP (le quote di ammortamento calcolate sui beni strumentali agevolabili sono deducibili dal reddito d'impresa) (Circ. AE 3 agosto 2016 n. 34/E).
La competenza per la gestione della comunicazione è attribuita al Centro operativo di Cagliari.

> Se il piano di investimenti già comunicato tramite CIM17 si modifica, ad es. per **slittamento temporale degli investimenti** secondo tempistiche diverse da quelle inizialmente previste, il richiedente deve inviare nuova comunicazione a rettifica della precedente e per l'**utilizzo in compensazione del credito** cui ha diritto deve attendere di ricevere la relativa ricevuta da parte dell'AE (Ris. AE 2 aprile 2019 n. 39/E e Consulenza giuridica AE 3 febbraio 2020 n. 1).

RIDETERMINAZIONE Il credito d'imposta deve essere rideterminato **se** i beni: 38291
a) **non entrano in funzione entro** il secondo periodo d'imposta successivo a quello dell'acquisizione o ultimazione;
b) sono **dismessi**, **ceduti a terzi**, destinati a finalità estranee all'esercizio dell'impresa o destinati a strutture produttive diverse da quelle che hanno dato diritto all'agevolazione **entro** il quinto periodo d'imposta successivo a quello dell'entrata in funzione;
c) per i beni acquisiti in **locazione finanziaria**, se non è esercitato il riscatto.
Il ricalcolo comporta l'esclusione dagli investimenti agevolati del costo dei suddetti beni.

>Precisazioni 1) Il versamento del **credito indebitamente utilizzato** dev'essere eseguito entro il termine per il versamento a saldo dell'imposta sui redditi dovuta per il periodo d'imposta in cui si verificano le suddette ipotesi. Non sono dovute sanzioni (Circ. AE 3 agosto 2016 n. 34/E).
2) Il credito d'imposta **non** va rideterminato nel caso di:
– **affitto di ramo d'azienda**, a condizione che l'affittuario mantenga, per il periodo di cui alla lett. b, i beni all'interno del patrimonio dell'impresa (Risp. AE 13 marzo 2019 n. 75, Risp. AE 15 dicembre 2021 n. 812).
– **conferimento d'azienda** e, in tal caso, per utilizzare in compensazione il credito d'imposta maturato dalla società conferente, la società conferitaria deve compilare il Mod. F24 indicando nel campo «codice identificativo» il codice 62 (Risp. AE 25 maggio 2020 n. 143);
– **sale e lease back** (Risp. AE 24 settembre 2020 n. 404).

E. Ricerca e sviluppo

Per il credito d'imposta ricerca e sviluppo (R&S) in vigore fino al 2019 è prevista una speciale **sanatoria** per le indebite compensazioni (v. n. 38296 e s.). Dal 2020 per gli investimenti in attività di R&S, innovazione tecnologica e altre attività innovative (design e ideazione estetica) è riconosciuto un nuovo **credito d'imposta** (v. n. 38306 e s.). 38295

a. Sanatoria vecchio credito d'imposta

(art. 5 c. 7-12 DL 146/2021 conv. in L. 215/2021, Provv. AE 1° giugno 2022 n. 188987)

38296 Le imprese che **al** 22 ottobre 2021 hanno utilizzato in compensazione il credito d'imposta R&S **maturato tra il** 2015 e il 2019, senza averne i requisiti, possono **riversarlo** senza sanzioni e interessi, sanando la propria posizione.

38297 **BENEFICIARI** **Sono** le imprese che alternativamente hanno:
- svolto attività, in tutto e in parte, non ammissibili al credito d'imposta;
- commesso errori nella quantificazione o nell'individuazione delle spese in violazione dei principi di pertinenza e congruità e nella determinazione della media storica di riferimento da raffrontare con l'importo degli investimenti realizzati;
- applicato, dal 2017, la norma in maniera non conforme all'interpretazione autentica di cui all'art. 1 c. 72 L. 145/2018, secondo cui per il calcolo del credito per i soggetti commissionari residenti in Italia che eseguono attività di R&S per conto di imprese residenti o localizzate in altri Stati UE, SEE o in Stati collaborativi di cui al n. 99115, rilevano solo le spese relative alle attività svolte direttamente e in laboratori/strutture situati in Italia.

38298 Sono **escluse** le imprese che hanno beneficiato del credito d'imposta tramite:
- condotte fraudolente;
- fattispecie oggettivamente o soggettivamente simulate;
- false rappresentazioni della realtà tramite documenti falsi o fatture per operazioni inesistenti

o non sono in possesso della documentazione attestante il sostenimento delle spese agevolabili.

Sono, inoltre, escluse le imprese che hanno ricevuto un **atto di recupero** o altro provvedimento impositivo avente ad oggetto il credito, già definito al 22 ottobre 2021.

> Gli atti o i provvedimenti sono definitivi in quanto non più soggetti ad impugnazione o definiti con il pagamento o con altra forma di definizione oppure oggetto di pronunce passate in giudicato (Provv. AE 1° giugno 2022 n. 188987).

38299 **EFFETTI** La **sanatoria** comporta:
- la non irrogazione di sanzioni tributarie;
- la non corresponsione di interessi sul credito riversato;
- la non punibilità per il reato di indebita compensazione (art. 10 quater D.Lgs. 74/2000);
- la non restituzione delle somme già versate, ancorché eccedenti, rispetto a quanto dovuto.

38300 **PROCEDURA** L'impresa deve in primo luogo **determinare** il **credito da riversare**:
- se ha ricevuto un **atto istruttorio** (PVC) o un atto di **recupero crediti** o un altro provvedimento impositivo non definitivo al 22 ottobre 2021, sulla base di quanto constatato o accertato dall'AE;
- se non ha ricevuto nessun atto, autonomamente.

38303 L'impresa, direttamente o tramite intermediari abilitati, deve **inviare** telematicamente all'AE, **entro il** 30 novembre 2023, l'istanza presente sul sito della stessa, denominata «Richiesta di accesso alla procedura di riversamento del credito di imposta per investimenti in attività di ricerca e sviluppo» (Provv. AE 4 luglio 2022 n. 259689). L'istanza deve contenere:
- i periodi d'imposta di maturazione del credito per cui è presentata;
- gli importi del credito oggetto di riversamento spontaneo;
- dati ed elementi richiesti in relazione alle attività e alle spese ammissibili.

L'istanza si considera presentata quando è conclusa la ricezione dei dati da parte dell'AE. La prova della presentazione è data dalla comunicazione dell'AE attestante l'avvenuta ricezione.

> Se l'impresa si avvale di **intermediari**, questi devono rilasciare alla stessa una copia cartacea del modello predisposto con modalità informatica e una copia dell'attestazione dell'avvenuto ricevimento dell'istanza da parte dell'AE.

38304 L'impresa deve **versare** gli importi dovuti tramite Mod. F24, senza utilizzo della compensazione, in (art. 38 DL 144/2022 conv. in L. 175/2022):
- **unica soluzione** (cod. trib. 8170), entro il 16 dicembre 2023;

– tre **rate annuali** di pari importo: la prima (cod. trib. 8171) entro il 16 dicembre 2023, la seconda (cod. trib. 8172) entro il 16 dicembre 2024 e la terza (cod. trib. 8173) entro il 16 dicembre 2025. Dal 17 dicembre 2023 sono dovuti gli interessi al tasso legale e il mancato pagamento di una delle rate entro la scadenza prevista comporta il mancato perfezionamento della procedura, l'iscrizione a ruolo dei residui importi dovuti e l'applicazione della sanzione del 30% e degli interessi del 4% annuo (di cui all'art. 20 DPR 602/73). Se l'impresa ha ricevuto un **atto istruttorio** (PVC) o un atto di **recupero crediti** o un altro provvedimento impositivo non divenuto definitivo al 22 ottobre 2021, non può fruire della rateazione.
Dall'importo si scomputano le somme già versate, a titolo definitivo e non, senza considerare sanzioni e interessi (Provv. AE 1° giugno 2022 n. 188987).

b. Nuovo credito d'imposta

(art. 1 c. 198-209 L. 160/2019 e DM 26 maggio 2020)

BENEFICIARI (art. 1 c. 199 L. 160/2019) **Sono** le imprese residenti in Italia, incluse le S.O. di soggetti non residenti, indipendentemente dalla forma giuridica, dal settore economico di appartenenza, dalla dimensione e dal regime fiscale di determinazione del reddito dell'impresa, che effettuano investimenti in attività di R&S (v. n. 38307 e s.), innovazione tecnologica (v. n. 38327 e s.) e design e ideazione estetica (v. n. 38336 e s.). **38306**
Sono **escluse** le imprese di cui al n. 37988.

La fruizione del credito è subordinata al rispetto delle normative sulla sicurezza nei luoghi di lavoro applicabili in ciascun settore e al corretto adempimento degli obblighi di versamento dei contributi previdenziali e assistenziali a favore dei lavoratori.

ATTIVITÀ DI R&S Sono indicate in **tabella**. **38307**

Attività	Descrizione	Fonte
a) **ricerca fondamentale**	lavori sperimentali o teorici per acquisire nuove conoscenze in campo scientifico o tecnologico, attraverso l'analisi dei fenomeni fisici e naturali Il risultato di tali attività è rappresentato con schemi o diagrammi esplicativi o con teorie interpretative di quanto emerge dai lavori	art. 1 c. 200 L. 160/2019, art. 2 c. 2 lett. a DM 26 maggio 2020 e par. 1.3 punto 15 lett. m Com. Commissione Europea 27 giugno 2014 n. C 198/1
b) **ricerca industriale**	lavori originali intrapresi per individuare i possibili utilizzi o applicazioni delle nuove conoscenze derivanti da un'attività di ricerca fondamentale o per trovare nuove soluzioni per raggiungere un obiettivo pratico predeterminato. Il risultato di tali attività è rappresentato da un modello di prova che permette di verificare sperimentalmente le ipotesi di partenza e di dimostrare la possibilità o meno di passare alla fase successiva dello sviluppo sperimentale, senza l'obiettivo di rappresentare il prodotto o il processo nel suo stato finale	art. 1 c. 200 L. 160/2019, art. 2 c. 2 lett. b DM 26 maggio 2020 e par. 1.3 punto 15 lett. q Com. Commissione Europea 27 giugno 2014 n. C 198/1
c) **sviluppo sperimentale**	lavori sistematici svolti per acquisire ulteriori conoscenze e raccogliere le informazioni tecniche necessarie per: – realizzare nuovi prodotti **(1)** o processi di produzione; – migliorare in modo significativo quelli esistenti, apportando modifiche che hanno il carattere della novità e che non sono il risultato di un semplice utilizzo dello stato dell'arte nel settore di riferimento **(2)**. Il risultato di tali attività è rappresentato da prototipi o impianti pilota **(3)**	art. 1 c. 200 L. 160/2019, art. 2 c. 2 lett. c DM 26 maggio 2020 e par. 1.3 punto 15 lett. j Com. Commissione Europea 27 giugno 2014 n. C 198/1

(1) Per prodotti s'intendono sia beni che servizi. Di seguito, si parla solo di prodotti salvo diversamente indicato.
(2) Sono **escluse** le modifiche di routine o quelle periodiche apportate a prodotti, linee di produzione, processi di fabbricazione e servizi esistenti e ad altre operazioni in corso, anche se rappresentano miglioramenti.
(3) Per **prototipo** s'intende un modello originale che possiede le qualità tecniche essenziali e le caratteristiche di funzionamento del prodotto o del processo oggetto delle attività e che permette di effettuare le prove per apportare le modifiche necessarie e fissare le caratteristiche finali del prodotto o del processo. Per **impianto pilota** s'intende un insieme di macchinari, dispositivi, attrezzature o altri elementi che permette di testare un prodotto o un processo su una scala o in un ambiente prossimi alla realtà industriale o finale.

38308 Le attività sopra illustrate **rilevano solo se** perseguono un progresso o un avanzamento delle conoscenze o capacità generali in un campo scientifico o tecnologico (e non di quelle proprie della singola impresa) (art. 2 c. 3 DM 26 maggio 2020).
Ciò si verifica anche se:
– l'avanzamento non è raggiunto o non è pienamente realizzato;
– si adattano le conoscenze o capacità relative a un campo scientifico o tecnologico per realizzare un avanzamento in un altro campo in cui tale adattamento non è facilmente deducibile o attuabile;
– i lavori sono svolti contemporaneamente e in modo simile nello stesso campo da imprese concorrenti indipendenti.

Se un particolare progresso è già stato **raggiunto o tentato da altri soggetti** (non legati all'impresa da rapporti di controllo), ma le informazioni non fanno parte dello stato delle conoscenze disponibili per l'impresa (perché coperti ad esempio da segreto aziendale), le attività intraprese per raggiungere tale progresso possono comunque rappresentare un avanzamento.

38310 **Spese che danno diritto al credito** (art. 1 c. 200 L. 160/2019, art. 6 DM 26 maggio 2020) Sono quelle indicate in **tabella**, imputabili in base al principio di competenza.

Spese	Descrizione	Precisazioni
a) del personale impiegato internamente all'impresa	Relative ai ricercatori e ai tecnici titolari di rapporto di lavoro dipendente o autonomo o altro rapporto diverso da quello dipendente. Per le spese di personale relative ai soggetti con rapporto di lavoro dipendente rileva la retribuzione, al lordo di ritenute e contributi, comprensiva dei ratei del TFR, delle mensilità aggiuntive, delle ferie e dei permessi, relativa alle ore o alle giornate impiegate nelle attività svolte nel periodo agevolabile, incluse le indennità di trasferta. Per le prestazioni lavorative rese da amministratori o soci di società o enti, l'ammissibilità delle relative spese non può eccedere il 50% del loro compenso fisso ordinario annuo ed è subordinata alla corresponsione dell'intero importo nel periodo agevolato. In tal caso e per le prestazioni rese dai familiari dell'imprenditore, dei soci o degli amministratori, il legale rappresentante (per le imprese individuali, il titolare) deve attestare con dichiarazione la partecipazione dei soggetti alle attività e la congruità del compenso	Se relative a giovani ricercatori (età inferiore a 35 anni alla data di assunzione; mai impiegati in precedenza con contratti di lavoro dipendente, indeterminato e determinato, eccetto l'apprendistato; in possesso di un titolo di dottore di ricerca o iscritti a un ciclo di dottorato presso un'università italiana/estera o in possesso di una laurea magistrale in discipline tecniche o scientifiche), assunti dall'impresa con contratto di lavoro dipendente a tempo indeterminato e impiegati esclusivamente nelle attività di R&S, concorrono per il 150% del loro ammontare. La maggiorazione si applica solo se i giovani ricercatori sono impiegati in laboratori e strutture di ricerca situati in Italia

38310 (segue)

Spese	Descrizione	Precisazioni
b) per beni mobili e software	Quote di ammortamento, canoni di locazione finanziaria o semplice e altre spese, per l'importo ordinariamente deducibile dal reddito d'impresa e nel limite massimo complessivo pari al 30% delle spese di personale. Sono escluse le quote di ammortamento relative ai software il cui costo è già incluso tra le spese ammissibili al credito d'imposta R&S in vigore fino al 2019 (vedi MF 2020 n. 38360 e s.)	– Anche se i beni e software sono utilizzati per la realizzazione di prototipi o impianti pilota – Se sono utilizzati anche per le ordinarie attività dell'impresa, si assume la parte delle quote di ammortamento e delle altre spese imputabile alle sole attività di R&S – Per le imprese che determinano il reddito su base catastale o forfettaria rilevano le quote di ammortamento, i canoni di locazione finanziaria e le altre spese per lo stesso importo che avrebbero dedotto in caso di determinazione analitica del reddito
c) per contratti di ricerca c.d. extra-muros	Sono contratti di ricerca aventi ad oggetto il diretto svolgimento delle attività di R&S da parte del commissionario (università, istituti di ricerca, start-up innovative, imprese non dello stesso gruppo). Se i contratti sono stipulati con soggetti esteri, il commissionario deve essere residente o localizzato in altri Stati UE, SEE o in Stati collaborativi di cui al n. 99115. Se il commissionario è un'università, istituto di ricerca o start-up innovativa, residente in Italia, le spese concorrono per il 150% del loro ammontare	Se i contratti sono stipulati con imprese dello stesso gruppo del committente (cioè le controllate, controllanti o collegate in base all'art. 2359 c.c., anche diverse dalle società di capitali), si applicano le stesse regole applicabili nel caso di attività svolte internamente all'impresa. Se i contratti sono stipulati con soggetti esteri, il commissionario deve essere residente o localizzato in altri Stati UE, SEE o in Stati collaborativi di cui al n. 99115
d) per acquisto di privative industriali	Quote di ammortamento relative all'acquisto da terzi, anche in licenza d'uso, di privative industriali relative a un'invenzione industriale o biotecnologica, a una topografia di prodotto a semiconduttori o a una nuova varietà vegetale, per l'importo ordinariamente deducibile dal reddito d'impresa, nel limite massimo complessivo di € 1.000.000. Rilevano a condizione che le privative industriali siano utilizzate direttamente ed esclusivamente per lo svolgimento delle attività di R&S. Sono escluse le quote di ammortamento relative alle privative industriali il cui costo è già incluso tra le spese ammissibili al credito d'imposta R&S in vigore fino al 2019 (vedi MF 2020 n. 38360 e s.)	– Le spese sono ammissibili a condizione che derivino da contratti di acquisto o licenza stipulati con soggetti terzi residenti in Italia oppure residenti o localizzati in Stati UE, SEE o in Stati collaborativi di cui al n. 99115 – Non sono ammissibili le spese per l'acquisto dei beni immateriali derivanti da operazioni con imprese dello stesso gruppo (cioè le controllate, controllanti o collegate in base all'art. 2359 c.c., anche diverse dalle società di capitali) – Per le imprese che determinano il reddito su base catastale o forfettaria rilevano le quote di ammortamento che avrebbero dedotto in caso di determinazione analitica del reddito
e) per servizi di consulenza e servizi equivalenti	Sono le spese inerenti alle attività di R&S, nel limite massimo complessivo del 20% delle spese di personale o delle spese per i contratti extra-muros, senza considerare la maggiorazione ivi prevista	Sono ammissibili a condizione che i relativi contratti sono stipulati con soggetti residenti in Italia o con soggetti residenti o localizzati in altri Stati UE, SEE o in Stati collaborativi di cui al n. 99115
f) per materiali, forniture e altri prodotti analoghi	Sono svolte internamente dall'impresa, anche per la realizzazione di prototipi o impianti pilota, nel limite massimo del 30% delle spese di personale o, nel caso di contratti extra-muros, dei costi di tali contratti	–

Sono **escluse** dal credito d'imposta, le spese sostenute per le attività di R&S svolte dai commissionari residenti, sulla base di contratti con soggetti esteri (Risp. AE 17 marzo 2021 n. 187).

38313 **Misura del credito** (art. 1 c. 203 L. 160/2019) Dal 2023 al 2031 è **pari al** 10% delle spese ammissibili (al netto delle altre sovvenzioni o dei contributi a qualunque titolo ricevuti sulle stesse spese), nel limite massimo di € 5 milioni (ragguagliato ad anno in caso di periodo d'imposta di durata inferiore o superiore a 12 mesi).

Fino al 2022 era pari al 20% delle spese ammissibili nel limite massimo di € 4 milioni.

Il credito d'imposta si applica anche per **più attività** nello stesso periodo d'imposta, a condizione di rilevarne le spese per singolo progetto.

38314 Per incentivare l'avanzamento tecnologico dei processi produttivi e gli investimenti in R&S, compresi i progetti di R&S in materia di **Covid-19**, relativi a strutture produttive di alcune regioni del **Mezzogiorno** (Abruzzo, Basilicata, Calabria, Campania, Molise, Puglia, Sardegna e Sicilia), il credito è pari al (art. 244 DL 34/2020 conv. in L. 77/2020, art. 1 c. 185 e 186 L. 178/2020):

– per le **grandi imprese** con almeno 250 persone e con fatturato di almeno € 50 milioni o un totale di bilancio di almeno € 43 milioni, 25%;

– per le **medie** imprese con almeno 50 persone e con fatturato di almeno € 10 milioni, 35%;

– per le **piccole** imprese con meno di 50 persone e con fatturato o un totale di bilancio non superiore a € 10 milioni, 45%.

Le **maggiorazioni** si applicano nel rispetto dei limiti e delle condizioni previsti per gli aiuti di Stato (Reg. UE 651/2014).

38317 Il credito d'imposta:

– **non** può essere **ceduto o trasferito**, neanche all'interno del consolidato fiscale;

– è **cumulabile** con altre agevolazioni che hanno ad oggetto i medesimi costi, a condizione che tale cumulo non superi il costo sostenuto;

– **non rileva** ai fini IRPEF, IRES e IRAP né ai fini della deducibilità degli interessi passivi o delle spese generali.

38318 **Modalità di fruizione** (art. 1 c. 204 L. 160/2019) Il credito d'imposta è **utilizzabile**:

– esclusivamente in compensazione orizzontale tramite il Mod. F24, in tre quote annuali di pari importo. I codici tributo utilizzabili sono (Ris. AE 1° marzo 2021 n. 13/E): per le strutture produttive situate nelle regioni del Mezzogiorno, 6939; per le strutture colpite dagli eventi sismici, 6940; in tutti gli altri casi, 6938. Non si applicano il limite annuale di utilizzo pari a € 250.000 (di cui al n. 37965) né il limite massimo di crediti compensabili pari € 2.000.000 (art. 1 c. 72 L. 234/2021);

– a decorrere dal periodo d'imposta successivo a quello di maturazione;

– nel rispetto degli obblighi di certificazione illustrati al n. 38320.

38320 **Documentazione** (art. 1 c. 205-206 L. 160/2019) Le imprese beneficiarie devono **redigere e conservare** una **relazione tecnica**, che dal 2021 deve essere **asseverata**, illustrante finalità, contenuti e risultati delle attività svolte in ciascun periodo d'imposta in relazione ai progetti/sottoprogetti in corso di realizzazione.

La relazione tecnica deve essere:

– **predisposta** dal responsabile aziendale delle attività o dal responsabile del singolo progetto/sottoprogetto;

– **controfirmata** dal rappresentante legale dell'impresa.

Inoltre, per gli investimenti effettuati nel 2021/2022 le imprese, entro la data di presentazione della dichiarazione dei redditi riferita a ciascun periodo d'imposta di effettuazione degli investimenti, devono inviare al Mise tramite PEC una **comunicazione** in formato elettronico, firmata digitalmente dal legale rappresentante dell'impresa, all'indirizzo cirsid@pec.mise.gov.it, con le informazioni rilevanti relative all'investimento (Decreto Mise 6 ottobre 2021).

Se le attività sono **commissionate** a **soggetti terzi**, la relazione tecnica deve essere redatta e rilasciata all'impresa dal commissionario che esegue le attività.

Il revisore legale deve **certificare** l'effettivo sostenimento delle spese e la corrispondenza alla documentazione contabile, anche per le imprese non obbligate alla revisione legale (che devono selezionarlo tra gli iscritti nella sezione A del registro dei revisori). **38323**
Solo per queste ultime, le spese per la certificazione rilevano ai fini del credito per un importo non superiore a € 5.000 (fermo restando il limite massimo di cui al n. 38318). Sono imputabili nell'anno di effettuazione degli investimenti, ai soli fini dell'individuazione dell'anno in cui è possibile compensare il credito d'imposta (art. 6 c. 1 DM 26 maggio 2020).

Per le **spese di personale**, la documentazione contabile comprende anche i fogli presenza nominativi riportanti per ciascun giorno le ore impiegate, firmati dal legale rappresentante o dal responsabile delle attività. Per i **beni materiali mobili** e per i **software** comprende anche la dichiarazione del legale rappresentante o del responsabile delle attività relativa alla misura e al periodo in cui gli stessi sono stati utilizzati (art. 6 c. 7 DM 26 maggio 2020).

Le imprese possono richiedere ai **soggetti abilitati** una **certificazione** attestante la **qualificazione degli investimenti** effettuati o da effettuare (art. 23 c. 2-8 DL 73/2022 conv. in L. 122/2022). La certificazione: **38324**
- è richiesta a **condizione** che le violazioni sull'utilizzo dei crediti d'imposta non siano state già constatate e comunque non siano iniziati accessi, ispezioni, verifiche o altre attività amministrative di accertamento delle quali l'autore o i soggetti solidalmente obbligati, abbiano avuto formale conoscenza;
- **vincola** l'AF, tranne nel caso in cui venga rilasciata per una attività diversa da quella concretamente realizzata.

Accertamento (art. 1 c. 207 L. 160/2019) L'AE **verifica** la spettanza del credito d'imposta e la corretta applicazione della disciplina, sulla base della certificazione, della relazione tecnica (di cui al n. 38320 e s.), nonché sulla base della ulteriore documentazione fornita dall'impresa. **38325**
Se l'AE accerta l'**indebita fruizione** (anche parziale) del credito d'imposta, provvede al recupero del relativo importo, con interessi e sanzioni.

ATTIVITÀ DI INNOVAZIONE TECNOLOGICA (art. 1 c. 201 L. 160/2019, art. 3 DM 26 maggio 2020) **Sono** finalizzate alla realizzazione o all'introduzione di prodotti o processi (di produzione e di distribuzione e logistica) nuovi o significativamente migliorati rispetto a quelli già realizzati o applicati dall'impresa. **38327**
I **prodotti** si devono differenziare, rispetto a quelli già realizzati dall'impresa, ad esempio per: caratteristiche tecniche, componenti, materiali, software incorporato, facilità d'impiego, semplificazione della procedura di utilizzo, maggiore flessibilità o altri elementi concernenti le prestazioni e le funzionalità.
I **processi** devono comportare cambiamenti significativi nelle tecnologie, negli impianti, macchinari e attrezzature, nel software, nell'efficienza delle risorse impiegate, nell'affidabilità e sicurezza per i soggetti interni o esterni coinvolti nei processi aziendali.
In ogni caso, le attività devono comprendere solo i lavori svolti nelle fasi precompetitive legate alla progettazione, realizzazione e introduzione delle innovazioni tecnologiche fino ai lavori concernenti le fasi di test e valutazione dei prototipi o delle installazioni pilota (come definiti al n. 38307 lett. c).

Sono **escluse** le attività svolte per: **38329**
- apportare modifiche o migliorie minori ai prodotti e ai processi già realizzati o applicati dall'impresa;
- la soluzione di problemi tecnici legati al normale funzionamento dei processi di produzione dell'impresa o per l'eliminazione di difetti di fabbricazione dei prodotti dell'impresa;
- adeguare o personalizzare i prodotti o i processi dell'impresa su specifica richiesta di un cliente;
- il controllo di qualità dei prodotti o dei processi e la standardizzazione degli stessi e in generale l'adeguamento di processi e prodotti a specifici obblighi previsti dalle norme in materia di sicurezza, salute e igiene del lavoro o in materia ambientale.

Spese che danno diritto al credito Sono le spese sostenute per attività di R&S elencate nella tabella n. 38310, con le seguenti particolarità: **38330**
- per le spese del personale, si fa riferimento ai titolari di rapporto di lavoro dipendente, autonomo o altro;

– non si fa riferimento ai contratti di ricerca extra-muros ma a qualunque contratto avente ad oggetto il diretto svolgimento da parte del commissionario delle attività di innovazione tecnologica (conseguentemente non si applica la maggiorazione al 150%);
– sono escluse le spese per l'acquisto di privative industriali;
– le spese relative ai servizi di consulenza e servizi equivalenti rilevano nel limite massimo complessivo del 20% delle spese del personale o delle spese relative a contratti di ricerca c.d. extra-muros.

38333 **Misura del credito** (art. 1 c. 203 L. 160/2019) Dal 2021 al 2023 è **pari** al 10% delle spese ammissibili (al netto delle altre sovvenzioni o dei contributi a qualunque titolo ricevuti sulle stesse spese), nel limite massimo di € 2 milioni (ragguagliato ad anno in caso di periodo d'imposta di durata inferiore o superiore a 12 mesi). Dal 2024 al 2025 sarà pari al 5% delle spese ammissibili nel limite massimo di € 2 milioni.

Il credito d'imposta si applica anche per **più attività** nello stesso periodo d'imposta, a condizione che siano separati analiticamente i progetti e le relative spese ammissibili pertinenti alle diverse tipologie di attività.

38334 In caso di realizzazione di prodotti o processi di produzione nuovi o significativamente migliorati per il raggiungimento di un obiettivo di **innovazione digitale 4.0** o di **transizione ecologica**, il credito per il 2023 è pari al 10% delle spese, nel limite massimo di € 4 milioni. Dal 2024 al 2025 sarà pari al 5% delle spese nel limite massimo di € 4 milioni.
Fino al 2022 era pari al 15% delle spese nel limite massimo di € 2 milioni.

Obiettivi	Descrizione	Fonte
innovazione digitale 4.0	a) introduzione di soluzioni che consentono un'integrazione comune dei diversi componenti, moduli e sistemi di un'architettura aziendale (c.d. digital service backbone), che garantiscono, con l'implementazione di un modello di dati comune e il supporto di diversi protocolli e interfacce, l'interconnessione trasparente, sicura ed affidabile dei diversi dispositivi hardware (es. celle robotizzate e Controllori Logici Programmabili) e delle applicazioni software (es. MES e SCADA) b) introduzione di soluzioni che consentono il miglioramento della gestione operativa della produzione mediante ottimale assegnazione dei lavori alle macchine, sequenziamento delle attività, gestione della forza lavoro, abbinamento e predisposizione tempificata di utensili e attrezzature, con l'obiettivo di migliorare l'utilizzo delle macchine, ridurre i lead time di produzione, minimizzare i costi, migliorare le prestazioni di consegna c) integrazione, con l'applicazione di tecnologie digitali, tra il sistema informatico (IT) e le fasi del processo di produzione di beni o servizi (Operations) d) introduzione di soluzioni che consentono la pianificazione e la simulazione dei processi produttivi, aiutando a definire le traiettorie di processo e i parametri ottimali di lavorazione, a partire dalle caratteristiche delle macchine disponibili e dei prodotti da realizzare per migliorare le prestazioni, la qualità e/o ridurre i costi e) introduzione di soluzioni per la definizione e generazione sistematica di indicatori chiave degli obiettivi aziendali (c.d. KPI's), attraverso la produzione e raccolta automatica dei dati di processo f) introduzione di soluzioni idonee a generare report di analisi relative al funzionamento delle risorse tecnologiche, materiali e personali coinvolte nei processi di produzione di beni o servizi (es. analisi di tipo descrittivo, diagnostico, predittivo, prescrittivo) g) introduzione di soluzioni che consentono di ottenere suggerimenti da parte di sistemi/piattaforme e applicazioni IT sulle azioni correttive in base al funzionamento delle risorse coinvolte nel processo, permettendo ad esempio di inviare feedback/alert su un'eventuale deriva del funzionamento del processo o di realizzare processi e sistemi adattativi h) digitalizzazione di processi e prodotti nelle diverse aree e ambiti di creazione del valore (manutenzione predittiva macchine utensili CNC, tracciabilità di processo/prodotto, logistica/magazzino/movimentazione, controllo qualità, tracciatura automatica delle specifiche di qualità di un prodotto, di materie prime, ecc.) i) digitalizzazione delle interazioni tra i diversi operatori delle filiere	art. 5 c. 1 DM 26 maggio 2020

Obiettivi	Descrizione	Fonte
	produttive, la messa a punto di modelli di condivisione delle informazioni, la messa a punto di protocolli e metodi per il tracciamento dei prodotti all'interno della filiera allo scopo di migliorare la cooperazione e la resilienza delle filiere estese l) l'introduzione di soluzioni che implicano possibilità di funzioni real time remote di telediagnosi, teleassistenza, telemanutenzione, installazione a distanza, monitoraggio, con funzioni accessibili in qualsiasi momento e da qualsiasi luogo interconnettibile nonché soluzioni atte a favorire lo svolgimento di prestazioni lavorative da remoto (smart working) m) riprogettazione delle funzioni, dell'architettura, dei moduli e della connettività dei beni strumentali in ottica di digitalizzazione per consentire l'introduzione di soluzioni pay per use di macchine e sistemi di produzione n) introduzione di soluzioni specifiche di blockchain, cybersecurity, edge e cloud computing, a potenziamento e arricchimento e per garantire la sicurezza delle soluzioni sopra descritte	
transizione ecologica	a) progettazione di prodotti sostenibili che durano più a lungo e che hanno lo scopo di essere riutilizzati, riparati o aggiornati per il recupero delle proprie funzioni o sottoposti a procedimenti di riciclo ad elevata qualità, per il recupero dei materiali, in modo da ridurre l'impatto ambientale dei prodotti lungo il loro ciclo di vita (c.d. ecodesign) b) realizzazione di catene del valore a ciclo chiuso nella produzione ed utilizzo di componenti e materiali, anche sfruttando opportunità di riuso e riciclo cross-settoriali c) introduzione di modelli di sinergia tra sistemi industriali presenti all'interno di uno specifico ambito economico territoriale (c.d. simbiosi industriale), caratterizzati da rapporti di interdipendenza funzionale in relazione alle risorse materiali ed energetiche (es. sottoprodotti, rifiuti, energia termica di scarto, ciclo integrato delle acque) d) introduzione di soluzioni tecnologiche per il recupero atte ad ottenere materie prime seconde di alta qualità da prodotti post-uso, in conformità con materie prime seconde di alta qualità da prodotti post-uso, e con le specifiche di impiego nella stessa applicazione o in differenti settori e) introduzione di tecnologie e processi di disassemblaggio e/o remanufacturing intelligenti per rigenerare e aggiornare le funzioni da componenti post-uso, in modo da prolungare il ciclo di utilizzo del componente con soluzioni a ridotto impatto ambientale f) adozione di soluzioni e tecnologie per monitorare il ciclo di vita del prodotto e consentire la valutazione dello stato del prodotto post-uso per facilitarne il collezionamento per il recupero di materiali e funzioni g) introduzione di modelli di business «prodotto come servizio» (product-as-a service) per favorire catene del valore circolari di beni di consumo e strumentali	art. 5 c. 2 DM 26 maggio 2020

Per le modalità di **fruizione**, la **documentazione**, l'**accertamento** si rinvia a quanto detto sopra per le attività di R&S (v. n. 38318 e s.), con la particolarità che in caso di attività svolte per raggiungere gli obiettivi di innovazione digitale 4.0 o di transizione tecnologica l'impresa deve indicare nella relazione tecnica, che dal 2021 deve essere asseverata, informazioni specifiche su tali obiettivi (art. 5 c. 3 DM 26 maggio 2020). In particolare deve descrivere: lo stato di fatto iniziale; gli elementi pertinenti alla definizione e comprensione del progetto di innovazione; la situazione futura che si determina con lo sviluppo delle attività di progetto; i criteri qualitativi/quantitativi rilevanti per la valutazione degli obiettivi di innovazione attesi. **38335**

ATTIVITÀ DI DESIGN E IDEAZIONE ESTETICA (art. 1 c. 202 L. 160/2019, art. 4 DM 26 maggio 2020) **Sono** le attività svolte dalle imprese dei settori tessile e moda, calzaturiero, dell'occhialeria, orafo, mobile e arredo e della ceramica per la concezione e realizzazione dei nuovi prodotti e campionari. **38336**

Sono finalizzate a innovare, in modo significativo, i prodotti dell'impresa (compresi i componenti di prodotti complessi, imballaggi, presentazioni, simboli grafici e caratteri tipografici) sul piano della forma e di altri elementi non tecnici o funzionali (es. caratteristiche delle linee, dei contorni, dei colori, della struttura superficiale, degli ornamenti).

38337 Per le **imprese operanti** nel **settore dell'abbigliamento** e negli altri settori nei quali è previsto il rinnovo periodico dei prodotti, rilevano le attività riguardanti la concezione e realizzazione di nuove collezioni o campionari che hanno elementi di novità rispetto ai precedenti (con riguardo ai tessuti materiali utilizzati, combinazione, disegni, forme, colori o ad altri elementi rilevanti).
Sono **escluse** le attività finalizzate al semplice adattamento di una collezione o campionario esistente con l'aggiunta di un singolo prodotto o la modifica di una sola caratteristica dei prodotti esistenti (es. modifica dei colori o di un elemento di dettaglio). Le attività devono riguardare solo la fase precompetitiva che termina con la realizzazione dei campionari non destinati alla vendita.

38338 Di seguito si illustrano i costi che danno diritto al credito d'imposta e la misura dello stesso. Per le modalità di **fruizione**, la **documentazione** e l'**accertamento** si rinvia a quanto detto sopra per le attività di R&S (v. n. 38318 e s.).

38340 **Spese che danno diritto al credito** Sono quelle sostenute per attività di R&S elencate nella tabella n. 38310, con le seguenti particolarità:
– per le spese del personale, si fa riferimento ai titolari di rapporto di lavoro dipendente o autonomo o altro. Si applica una maggiorazione al 150% alle spese per soggetti di età non superiore a 35 anni, al primo impiego, in possesso di una laurea in design o altri titoli equiparabili, assunti con contratto di lavoro a tempo indeterminato e impiegati esclusivamente in tali attività;
– sono escluse le spese per l'acquisto di privative industriali;
– nelle spese per beni materiali sono comprese la progettazione e realizzazione dei campionari;
– non si fa riferimento ai contratti di ricerca extra-muros ma a qualunque contratto avente ad oggetto il diretto svolgimento da parte del commissionario delle attività di design e ideazione estetica, stipulato con professionisti, studi professionali o altre imprese (conseguentemente non si applica la maggiorazione al 150%).

38345 **Misura del credito** (art. 1 c. 203 L. 160/2019) Dal 2021 al 2023 è **pari** al 10% delle spese ammissibili (al netto delle altre sovvenzioni o dei contributi a qualunque titolo ricevuti sulle stesse spese), nel limite massimo di € 2 milioni (ragguagliato ad anno in caso di periodo d'imposta di durata inferiore o superiore a 12 mesi). Dal 2024 al 2025 sarà pari al 5% delle spese nel limite massimo di € 2 milioni.

> **Precisazioni 1)** Il credito d'imposta si applica anche per **più attività** nello stesso periodo d'imposta, a condizione che siano separati analiticamente i progetti e le relative spese ammissibili pertinenti alle diverse tipologie di attività.
> **2)** Se per tali spese l'impresa ha usufruito del credito d'imposta per investimenti in beni strumentali di cui al n. 37980 e s., il credito d'imposta oggetto di trattazione dovrebbe essere calcolato al netto di quest'ultimo.

F. Ricerca e sviluppo per beni immateriali («super deduzione»)

(art. 6 DL 146/2021 conv. in L. 215/2021, Provv. AE 15 febbraio 2022)

38347 Dal 2021, alle imprese, a determinate condizioni, spetta una maggiorazione della deduzione dei costi di ricerca e sviluppo sostenuti per lo sviluppo di determinati beni immateriali.
Tale agevolazione è:
– di **durata** di 5 anni rinnovabili;
– irrevocabile;
– **applicabile** esclusivamente alle spese sostenute a partire dall'ottavo anno precedente l'ottenimento di un titolo di privativa industriale (es.: brevetto registrato nel 2021, costi sostenuti non prima del 2013) (Risp. AE Telefisco 27 gennaio 2022). Se le spese degli otto anni precedenti al 2021 hanno già concorso alla formazione del numeratore del rapporto del vecchio Patent box (v. n. 25327) sono escluse dalla super deduzione;
– **cumulabile** con il credito d'imposta R&S (di cui al n. 38306 e s.);
– **non** cumulabile con il Patent box (di cui al n. 25305 e s.).

Le **perdite** generate con il Patent Box non rilevano, in quanto si tratta di due diversi regimi (Risp. AE Telefisco 15 giugno 2022).

BENEFICIARI Sono ammessi i titolari di reddito di impresa residenti in: 38350
- Italia;
- Paesi collaborativi (v. n. 99115), **con** S.O. in Italia.

Sono **escluse** le imprese che determinano il reddito su base catastale o forfettaria, quelle assoggettate a fallimento, liquidazione coatta, concordato preventivo senza continuità aziendale e altre procedure concorsuali (dall'inizio dell'esercizio in cui sono intervenuti i relativi provvedimenti).

Le imprese che **prima del** 2021 avevano esercitato l'opzione per il regime del Patent Box, possono interromperla e aderire alla super deduzione, inviando una comunicazione tramite PEC o raccomandata A/R all'Ufficio dell'AE presso cui è pendente la vecchia opzione. 38351
Sono **escluse** da tale possibilità le imprese che hanno:
- presentato istanza di **ruling** di cui all'art. 31-ter DPR 600/73, o istanza di rinnovo, e abbiano sottoscritto un accordo preventivo con l'AE a conclusione di tali procedure;
- aderito al **regime di autodeterminazione** (di cui al n. 25315 e s.).

ESEMPIO
Le opzioni per il Patent box relative al periodo d'imposta 2020 (quinquennio 2020-2024) sono valide, mentre quelle relative al periodo d'imposta 2021 (quinquennio 2021-2025) non sono valide.

BENI IMMATERIALI AGEVOLABILI **Sono** i beni utilizzati dall'impresa direttamente o indirettamente (concessione a terzi) indicati nella tabella. 38353

Beni (1) (2)	Caratteristiche necessarie
software	protetto da copyright
brevetti industriali	invenzioni (es. invenzioni biotecnologiche e relativi certificati complementari di protezione), brevetti per modelli di utilità, varietà vegetali e topografie di prodotti a semiconduttori
disegni e **modelli**	giuridicamente tutelabili

(1) Sono compresi due o più beni agevolabili legati da un **vincolo di complementarietà** tale per cui la realizzazione dei prodotti o processi è subordinata all'uso congiunto degli stessi. Si può optare per la super deduzione in relazione a beni diversi e complementari a quelli già oggetto di Patent Box (Risp. AE Telefisco 15 giugno 2022).
(2) Sono **esclusi** i marchi d'impresa e i processi, formule e informazioni relativi a esperienze acquisite nel campo industriale, commerciale o scientifico giuridicamente tutelabili (c.d. know-how).

ATTIVITÀ AGEVOLABILI **Sono** le attività indicate in **tabella** svolte in laboratori o strutture **situati in** Italia, in Stati UE o SEE. 38354

Attività	Descrizione
ricerca e sviluppo	ricerca fondamentale, industriale e sviluppo sperimentale (v. n. 38307 e s.)
innovazione tecnologica	sviluppo di prodotti o processi (di produzione e di distribuzione e logistica) nuovi o significativamente migliorati rispetto a quelli già realizzati o applicati dall'impresa (v. n. 38327 e s.)
design e ideazione estetica	concezione e realizzazione dei nuovi prodotti e campionari nei settori tessile e moda, calzaturiero, dell'occhialeria, orafo, mobile e arredo e della ceramica (v. n. 38336 e s.)
tutela legale dei diritti sui beni immateriali	–

N.B.: Sono comprese le attività svolte con contratti di ricerca stipulati con altre imprese dello stesso **gruppo** o con **Università** o enti di ricerca e organismi equiparati.

SPESE AMMISSIBILI **Sono** le spese indicate in **tabella**, imputabili in base al principio di competenza, indipendentemente dalla loro capitalizzazione. Se si riferiscono solo **in parte** alle attività rilevanti possono essere maggiorate solo per la quota riferibile a tale utilizzo. 38355

Spese	Descrizione
a) **personale**	dipendente o autonomo o altro rapporto diverso dal dipendente, direttamente impiegato nello svolgimento delle attività. Per i dipendenti rileva la retribuzione, al lordo di ritenute e contributi previdenziali e assistenziali, comprensiva dei ratei del TFR, delle mensilità aggiuntive, delle ferie e dei permessi, relativa alle ore o alle giornate impiegate nelle attività svolte, incluse le indennità di trasferta erogate al lavoratore in caso di attività svolte fuori sede
b) **quote**	ammortamento (*), capitale dei canoni di locazione finanziaria, canoni di locazione operativa e altre spese relative ai beni mobili strumentali e ai beni immateriali utilizzati nello svolgimento delle attività
c) **servizi**	consulenza e servizi equivalenti inerenti alle attività
d) **materiali**	forniture e altri prodotti analoghi impiegati nelle attività
e) **beni immateriali**	connesse al mantenimento dei diritti su beni immateriali, al rinnovo degli stessi a scadenza, alla loro protezione, anche in forma associata, alla prevenzione della contraffazione e alla gestione dei contenziosi finalizzati a tutelare gli stessi diritti. Non rilevano gli effetti derivanti da eventuali rivalutazioni o riallineamenti

(*) Le quote di ammortamento sono quantificate utilizzando il costo fiscalmente riconosciuto dei beni, ridotto dell'ammontare delle spese capitalizzate.

38356 **MISURA** La super deduzione è una maggiorazione, che si aggiunge alla deduzione ordinaria, pari al 110% dei costi sostenuti, da effettuare tramite una variazione in diminuzione in dichiarazione dei redditi e IRAP.

ESEMPIO
Un'impresa che sostiene costi di R&S per 100.000 € ha un ammontare complessivo pari a 210.000 €, di cui:
- 100.000 € da conto economico;
- 110.000 € dedotti come variazione in diminuzione in dichiarazione.

I costi per lo svolgimento delle attività rilevano **a partire dal** periodo d'imposta in cui l'immobilizzazione ottiene un titolo di privativa industriale.

In caso di **operazioni straordinarie** che comportano il **trasferimento dell'azienda** o ramo d'azienda è il titolare della stessa che deve effettuare la variazione in diminuzione.

38358 **DOCUMENTAZIONE** Le imprese devono predisporre idonea documentazione articolata in due **sezioni**:
a) struttura partecipativa dell'impresa anche in relazione alle imprese associate ed eventi straordinari; attività rilevanti, natura di investitore ed eventuale attività svolta con imprese associate; attività rilevanti commissionate a terzi indipendenti; modello organizzativo dell'impresa; relazione tecnica; funzioni, rischi e beni dell'impresa;
b) spese agevolabili sostenute in riferimento a ciascun bene immateriale (costo del personale impiegato in attività rilevanti e costi promiscui); individuazione delle variazioni fiscali direttamente e indirettamente riferibili ai beni immateriali oggetto di agevolazione.

Le **microimprese** e le **PMI** possono predisporre la documentazione in forma semplificata.

38362 **Modalità** L'impresa deve redigere **annualmente** la documentazione:
- in **lingua** italiana (gli elementi conoscitivi e i dati che si riferiscono ad operazioni con imprese associate estere o parti terze estere possono essere presentati in lingua inglese);
- **firmarla elettronicamente** dal legale rappresentante dell'impresa o da un suo delegato con marca temporale da apporre entro la data di presentazione della dichiarazione dei redditi;
- comunicarne in **dichiarazione** il possesso;
- **conservarla** fino allo scadere del termine di decadenza per l'accertamento.

38366 **CONTROLLI** In caso di controllo o altra attività istruttoria:
- la documentazione deve essere **consegnata** entro 20 giorni dalla richiesta;
- eventuali informazioni supplementari o integrative, devono essere fornite entro 7 giorni dalla richiesta o entro un periodo più ampio in base alla complessità dell'operazione.

In caso di **rettifica** da parte dell'AE, se l'impresa consegna la documentazione, non si applica la sanzione per infedele dichiarazione.
La **mancanza** della documentazione o della firma elettronica o la non corrispondenza al vero, in tutto o in parte delle informazioni fornite nella documentazione esibita, comporta l'integrale recupero dell'agevolazione.

La **documentazione** non assume rilievo per i controlli relativi al credito d'imposta **ricerca e sviluppo** (v. n. 38295) (Risp. AE Telefisco 15 giugno 2022).

G. Start-up innovative

(artt. 25-31 DL 179/2012 conv. in L. 221/2012 e Circ. AE 11 giugno 2014 n. 16/E)

Le società di capitali che possiedono particolari requisiti e che svolgono attività innovative fruiscono, per un periodo di tempo dalla loro costituzione, di un regime fiscale agevolato che interessa anche i lavoratori impiegati dalla società e gli investitori che apportano in essa nuovo capitale. **38430**
Per gli incubatori di start-up innovative certificati (di seguito **incubatori**) e le start-up c.d. **«a vocazione sociale»** sono previste ulteriori agevolazioni (v. n. 38525 e n. 38530).

>Precisazioni 1) Per le agevolazioni in materia societaria e di diritto del lavoro si vedano le rispettive trattazioni effettuate in MS e ML. Per le altre agevolazioni riguardanti **finanziamenti agevolati e** un particolare **tutoraggio** v. DM Mise 24 settembre 2014, Circ. Mise 14 febbraio 2018 n. 102159 e Circ. Mise 16 dicembre 2019 n. 439196.
2) A favore delle **piccole e medie imprese innovative**, c.d. «PMI innovative» (di cui all'art. 4 DL 3/2015 conv. in L. 33/2015) si applicano le agevolazioni previste per chi vi lavora o vi presta la propria opera (v. n. 38490) e per coloro che investono nel relativo capitale (v. n. 38500). Per maggiori dettagli si veda la trattazione effettuata in MS e ML.

a. Caratteristiche

Di seguito si esaminano i requisiti richiesti per accedere al regime e gli adempimenti da porre in essere. **38435**
Tutti i requisiti devono permanere per tutto il periodo agevolato che, di regola, è di 5 anni dalla data di costituzione.

1. Requisiti

Si tratta di aspetti che riguardano le caratteristiche soggettive (tempi e modalità di costituzione, forma societaria, residenza), l'oggetto sociale, il valore della produzione realizzata nel periodo agevolato e la destinazione degli utili. **38442**

CARATTERISTICHE SOGGETTIVE **Costituzione** La start-up deve essere costituita **da non più di 60 mesi** (art. 4 c. 11 ter lett. a DL 3/2015 conv. in L. 33/2015). La sua costituzione non deve essere frutto di operazioni straordinarie come fusione, scissione, cessione di azienda o di ramo d'azienda (l'operazione di trasformazione non ostacola invece il riconoscimento del regime agevolato, Circ. AE 11 giugno 2014 n. 16/E; non è di ostacolo neppure l'affitto di un ramo d'azienda successivo alla costituzione, Parere Mise 3 settembre 2015 n. 155183). **38445**
Non deve emettere azioni quotate su un mercato regolamentato o su un sistema multilaterale di negoziazione.

>Precisazioni 1) Eventuali operazioni di **aggregazione aziendale** realizzate nelle **fasi immediatamente successive alla costituzione** possono essere oggetto di controllo dell'AF.
2) Secondo la dottrina, la start-up potrebbe **emettere titoli di debito quotati** come ad es. le obbligazioni (Circ. Assonime 6 maggio 2013 n. 11).

38447 **Forma e residenza** Si deve trattare di una società **di capitali**, s.p.a., s.r.l., s.a.p.a., cooperativa **residente** in Italia o in uno Stato membro della UE o SEE (purché abbia una sede produttiva o una filiale in Italia, art. 4 c. 11 lett. a, b DL 3/2015 conv. in L. 33/2015).

38450 **OGGETTO SOCIALE** L'oggetto sociale deve consistere, in via prevalente, nello sviluppo, produzione e commercializzazione di prodotti e servizi innovativi ad alto contenuto tecnologico (i due requisiti dell'innovatività e dell'alto valore tecnologico devono essere entrambi soddisfatti, non essendo alternativi bensì cumulativi, Parere Mise 20 maggio 2016 n. 141363).
Concretamente, nello svolgimento dell'attività, la start-up deve soddisfare **almeno uno** dei seguenti tre ulteriori requisiti:
- sostenere spese di ricerca e sviluppo in misura rilevante;
- impiegare personale altamente qualificato;
- possedere la titolarità di licenze, brevetti o marchi in settori innovativi.

Se, durante la vita della start-up il **requisito inizialmente soddisfatto viene meno**, la società non perde la qualifica di start-up se risulta verificata continuativamente la presenza di almeno uno degli altri due requisiti. La modifica può avvenire senza necessità di fuoriuscita e rientro nella sezione speciale del Registro Imprese (v. n. 38462) (Parere Mise 3 novembre 2015 prot. 222631).

> **Precisazioni** 1) Dovrebbe essere compresa ogni attività economica da cui possa derivare l'introduzione di nuovi prodotti e nuovi servizi nonché nuovi metodi per produrli, distribuirli e usarli, **indipendentemente** dal **settore merceologico** in cui opera la start-up (Circ. Assonime 6 maggio 2013 n. 11).
> 2) Per la start-up **non residente** il requisito relativo all'oggetto sociale deve essere soddisfatto dalla S.O. in Italia, che deve quindi svolgere un'attività fra quelle ammissibili, anche se essa non risulti necessariamente coincidente con quella della casa madre estera (Circ. AE 11 giugno 2014 n. 16/E).

38451 **Spese in ricerca e sviluppo** La start-up deve sostenere tali spese in **misura** almeno pari al 15% del maggior importo fra valore e costo della produzione (lettere A e B del conto economico); esse devono **risultare** dall'ultimo bilancio approvato ed essere descritte in nota integrativa (nel primo anno di vita, in assenza di bilancio, il loro sostenimento deve essere attestato dal legale rappresentante, v. n. 38462).
Si tratta delle spese classificate come tali dai principi contabili nazionali (OIC n. 24), nonché delle **altre spese** relative allo sviluppo competitivo e precompetitivo, alla prototipazione, sperimentazione e sviluppo del business plan, spese fornite da incubatori scientifici, costi lordi di personale interno e consulenti esterni impiegati nelle attività di ricerca e sviluppo, inclusi soci e amministratori, spese legali per la registrazione e protezione di proprietà intellettuale, termini e licenze d'uso.

> Le spese per l'acquisto e la locazione di **beni immobili** sono comunque **escluse** dal calcolo.

38452 **Qualifica del personale** La start-up deve impiegare, a qualsiasi titolo, dipendenti o collaboratori, che devono possedere in alternativa:
- un **dottorato di ricerca** o svolgere **attività di ricerca**, certificata da almeno tre anni;
- una **laurea magistrale**.

Il personale impiegato del primo tipo deve essere almeno pari ad **1/3** del totale della forza lavoro impiegata nell'impresa.
Quello del secondo tipo deve essere pari a **2/3** del totale della forza lavoro.

> **Precisazioni** 1) Anche il **socio amministratore** rientra tra le persone che possono essere conteggiate, a condizione che sia anche impiegato nella start-up in qualità di socio lavoratore, retribuito a qualsiasi titolo (Ris. AE 14 ottobre 2014 n. 87/E e Parere Mise 22 agosto 2014 n. 147538). Al contrario, se si tratta di mero organo sociale, che pure ha l'amministrazione della società, ma non è in essa impiegato, il requisito richiesto non è realizzato (Parere Mise 4 settembre 2015 n. 155486).
> Gli **stagisti** possono essere considerati forza lavoro solo se retribuiti, mentre i **consulenti esterni** titolari di partita IVA non rilevano mai a tali fini (Ris. AE 14 ottobre 2014 n. 87/E).
> 2) La verifica sul rispetto della frazione indicata deve essere eseguita effettuando il **calcolo «per teste»** (Ris. AE 14 ottobre 2014 n. 87/E).

38453 **Possesso di licenze, marchi, ecc.** La start-up deve possedere la titolarità, la licenza o il deposito di un brevetto, marchio, modello, diritto d'autore relativo a un'**invenzione industriale** o **biotecnologica**, a una topografia di prodotto a semiconduttori, a una nuova varietà vegetale o a un nuovo software registrato (sez. Olaf-SIAE), direttamente riguardanti l'oggetto sociale o l'attività d'impresa.

Le start-up che hanno **depositato una domanda** di brevetto (o di altra «privativa industriale») e che sono ancora **in attesa** della sua concessione dovrebbero soddisfare il requisito (Parere Mise 22 agosto 2014 n. 147532).

VALORE DELLA PRODUZIONE (art. 25 c. 2 lett. d DL 179/2012 conv. in L. 221/2012) **38455**
Dal secondo anno di attività della start-up, il totale del valore della produzione annua da questa realizzato (totale della voce A del conto economico) **non** deve essere **superiore** a € 5 milioni.

Secondo la dottrina prevalente, per anno di attività si intende esercizio completo di dodici mesi, tralasciando quindi l'esercizio di costituzione (primo esercizio) che di solito ha durata inferiore (Circ. Assonime 6 maggio 2013 n. 11).

ESEMPIO
Se una start-up viene costituita il 15 aprile, di regola il primo esercizio sociale terminerà il 31 dicembre dello stesso anno. Poiché la norma fa riferimento al secondo anno di attività, sembra corretto ritenere che la verifica vada compiuta con riferimento al secondo esercizio di durata annuale, anche perché in questo modo si riesce a valutare interamente il periodo di due anni dall'inizio dell'attività. Così, ad esempio, se una start-up è costituita il 15 aprile 20XX e l'esercizio sociale termina il 31 dicembre, il superamento del parametro andrà verificato nel bilancio relativo all'esercizio chiuso al 31 dicembre 20XX+2.

DESTINAZIONE DEGLI UTILI (art. 25 c. 2 lett. e DL 179/2012 conv. in L. 221/2012) **38457**
Dall'anno della costituzione, e per tutto il periodo agevolato, la start-up **non deve distribuirli**, ma dovrebbe destinarli a investimenti in ricerca e sviluppo o a progetti innovativi.
L'eventuale **successiva rinuncia** all'iscrizione nella sezione speciale con conseguente perdita delle caratteristiche di start-up consente invece la distribuzione degli utili, anche di quelli maturati, ante distribuzione, nel periodo di vigenza dell'agevolazione (Parere Mise 20 maggio 2016 n. 141349).

---

2. Adempimenti
(art. 25 c. 8-14 DL 179/2012 conv. in L. 221/2012)

La start-up è soggetta a particolari adempimenti iniziali e periodici, volti a monitorare la persistenza dei requisiti richiesti. **38460**

INIZIALI Essa deve ottenere l'**iscrizione nel Registro Imprese** (d'ora in poi RI), oltre che nella sezione ordinaria se neo-costituita, anche nell'apposita **sezione speciale** (Mod. **S5**, da trasmettere mediante ComUnica), cui segue in automatico l'inizio dell'attività ai fini IVA. **38462**
L'**iscrizione** nella sezione speciale **può non essere contestuale** all'iscrizione della società nella sezione ordinaria: è sufficiente che entrambe le iscrizioni siano completate in tempo utile affinché la start-up possa rilasciare all'investitore la certificazione necessaria per poter fruire dell'incentivo all'investimento (v. n. 38500) nel periodo d'imposta di spettanza, ossia in quello in corso alla data di deposito dell'atto costitutivo nella sezione ordinaria (Ris. AE 22 gennaio 2015 n. 9/E).
Al modello è necessario allegare l'**autocertificazione** del rappresentante legale sul possesso dei requisiti (incluso, per il primo anno di attività, l'importo minimo richiesto per le spese in ricerca e sviluppo). La relativa modulistica è disponibile sul sito del Ministero dello sviluppo economico, e può essere inoltrata anche tramite piattaforma informatica startup.registroimprese.it (art. 25 c. 17 bis DL 179/2012 conv. in L. 221/2012).
La domanda di iscrizione alla sezione speciale può essere comunque sospesa in mancanza del deposito del bilancio d'esercizio (Parere Mise 20 maggio 2016 n. 141293).

Nella **domanda** di iscrizione devono essere **indicati** i seguenti elementi:
a) data e luogo di costituzione, nome e indirizzo del notaio;
b) sede principale ed eventuali sedi periferiche;
c) oggetto sociale;
d) breve descrizione dell'attività svolta, comprese l'attività e le spese in ricerca e sviluppo;
e) elenco dei soci, con trasparenza rispetto a fiduciarie, holding, con autocertificazione di veridicità;
f) elenco delle società partecipate;
g) indicazione dei titoli di studio e delle esperienze professionali dei soci e del personale che lavora nella start-up, esclusi eventuali dati sensibili;

h) indicazione dell'esistenza di relazioni professionali, di collaborazione o commerciali con incubatori certificati, investitori istituzionali e professionali, università e centri di ricerca;
i) ultimo bilancio depositato, nello standard XBRL;
l) elenco dei diritti di privativa su proprietà industriale e intellettuale.

38465 **PERIODICI** Riguardano principalmente l'aggiornamento delle informazioni e il mantenimento dell'iscrizione nella sezione speciale del RI. Sono compiuti in via telematica tramite il Mod. S2 o tramite la piattaforma telematica startup.registroimprese.it.
Ogni anno, entro 30 giorni dall'approvazione del bilancio, e comunque entro 6 mesi dalla chiusura dell'esercizio, il rappresentante legale deve depositare l'**autocertificazione** (formato pdfA-1) relativa al perdurare dei requisiti richiesti, in allegato al Mod. S2 oppure in allegato al deposito del bilancio annuale. Se il bilancio è chiuso entro il maggior termine di 180 giorni, il deposito può avvenire entro 7 mesi (art. 25 c. 15 DL 179/2012 conv. in L. 221/2012).
Il **mancato deposito** dell'autocertificazione è equiparato alla perdita dei requisiti ed è causa di decadenza dalle agevolazioni (v. n. 38515).

La start-up deve inoltre pubblicare ed aggiornare sul proprio **sito internet** le informazioni riportate nella domanda di iscrizione nella sezione speciale.

b. Agevolazioni

38475 Di seguito si analizzano le agevolazioni fiscali destinate direttamente alla start-up; quelle riservate ai lavoratori o collaboratori che ricevono strumenti finanziari dalla società e quelle previste per gli investitori.

Con apposito decreto è stata resa efficace, avendo ottenuto apposita autorizzazione in tal senso anche dalla Commissione europea (Decis. Commissione europea 17 dicembre 2018 n. C(2018) 8389), l'estensione delle agevolazioni previste per le start-up innovative **anche alle PMI innovative** (v. n. 38430 prec. 2) (DM 7 maggio 2019).

1. Per la start-up

38480 Le agevolazioni consistono:
– nella **disapplicazione** della disciplina sulle **società di comodo e in perdita sistematica** (la start-up, per il periodo in cui mantiene i requisiti, non deve effettuare il connesso test di operatività: per l'esame dei risvolti operativi in merito si veda il relativo capitolo) (art. 26 c. 4 DL 179/2012 conv. in L. 221/2012);
– nella possibilità di **compensare** il **credito IVA senza** necessità di dover apporre in dichiarazione il visto di conformità (o la dichiarazione alternativa) né di presentare la garanzia per importi superiori a € 50.000 (v. n. 38482);
– nella fruibilità del **credito per** le **assunzioni** di personale altamente qualificato con alcune particolarità (v. n. 38485);
– nell'esonero dal versamento di alcune imposte e diritti (v. n. 38487).

La start-up è anche esonerata dall'applicazione delle **procedure concorsuali**. In caso di **insuccesso del progetto aziendale** durante il periodo di start-up, si applica la procedura di risoluzione delle crisi da sovraindebitamento (capo II della L. 3/2012).

38482 **COMPENSABILITÀ CREDITO IVA SENZA OBBLIGO DI VISTO O GARANZIA** (art. 10 c. 7 bis DL 78/2009 conv. in L. 102/2009) Durante il periodo di iscrizione nella sezione speciale del registro delle imprese di cui al n. 38462, **il limite** di importo **entro cui**, ai fini della compensazione orizzontale del credito IVA, **non è obbligatoria** l'apposizione in dichiarazione/istanza IVA del visto di conformità (o della dichiarazione alternativa), **né è necessaria** la presentazione della garanzia, è di € 50.000.

38485 **SGRAVI SU ASSUNZIONI** (art. 27 bis DL 179/2012 conv. in L. 221/2012) L'agevolazione in favore delle imprese che assumono, a tempo indeterminato, personale altamente qualificato (dottori di ricerca presso università italiane o estere, personale in possesso di laurea magistrale in discipline tecnico-scientifiche) (v. MF 2016 n. 26830 e s.) e che consiste nella concessione di

un **credito d'imposta**, pari al 35% del relativo costo aziendale, si applica con le seguenti **particolarità**:
- le **assunzioni rilevanti** possono essere effettuate anche mediante semplici contratti di apprendistato (art. 2 c. 2 DM Mef 23 ottobre 2013);
- il credito d'imposta è **concesso con priorità** rispetto alle altre imprese;
- la relativa **domanda di concessione** può essere redatta in forma semplificata (art. 3 c. 3 DM Mef 23 ottobre 2013).

Il **calcolo del costo** del personale può essere effettuato senza necessità di ottenere la relativa certificazione di un revisore contabile o del collegio sindacale.

ESONERO IMPOSTA DI BOLLO E DIRITTI CAMERALI (art. 26 c. 8 DL 179/2012 conv. in L. 221/2012) La start-up è esonerata dal versamento: **38487**
- dell'imposta di bollo e dei diritti di segreteria relativi sia all'**iscrizione** (nella sezione ordinaria del RI e nella sezione speciale) sia agli **atti successivi**, compresi gli aumenti di capitale agevolati (Circ. AE 11 giugno 2014 n. 16/E). L'esenzione dall'imposta di bollo non si estende a quella dovuta per la vidimazione/bollatura dei libri sociali, che rimane dovuta (Risp. AE 17 luglio 2019 n. 253);
- del diritto **fisso annuale** dovuto alla CCIAA, fino al quinto anno di iscrizione (art. 4 c. 11 ter lett. b DL 3/2015 conv. in L. 33/2015).

Se dopo l'iscrizione nella sezione speciale la start-up **paga erroneamente** il diritto camerale, essa ha diritto al relativo rimborso (Nota Mise 17 luglio 2013 n. 120930 par. 1).

---

2. Per chi vi lavora o presta la propria opera

In generale, l'**assegnazione**, da parte della start-up, di strumenti finanziari diretti a remunerare prestazioni di lavoro o consulenze qualificate risulta irrilevante sia fiscalmente sia dal punto di vista contributivo. **38490**
Tale irrilevanza è **limitata nel tempo** e **cessa**:
- al termine del periodo agevolato (v. n. 38435);
- al venir meno dei requisiti (v. n. 38442).

Per **strumenti finanziari** si intendono azioni, quote, strumenti finanziari partecipativi, esercizio del diritto di opzione per l'acquisto di strumenti finanziari o altri diritti similari, provvisti di diritti patrimoniali (escluso il diritto agli utili durante il periodo agevolato) e di diritti amministrativi (escluso il diritto di voto nell'assemblea dei soci delle s.r.l.).

AMMINISTRATORI, DIPENDENTI E COLLABORATORI (art. 27 c. 1, 2, 3 e 5 DL 179/2012 conv. in L. 221/2012) L'assegnazione di strumenti finanziari o l'esercizio del diritto d'opzione non genera, nei confronti dei soggetti indicati, alcun reddito di lavoro dipendente o assimilato **nel periodo d'imposta** in cui tali assegnazione o esercizio vengono effettuati (Circ. AE 11 giugno 2014 n. 16/E), alle condizioni indicate sotto. **38492**
In caso di decorso del periodo agevolato o perdita dei requisiti di start-up, il regime di favore applicato alle assegnazioni già effettuate non viene meno, anche per i diritti di opzioni con periodo di esercizio (c.d. «vesting period») che scade successivamente alla cessazione (Circ. AE 11 giugno 2014 n. 16/E).

> **Precisazioni** 1) Sono agevolati anche i **dipendenti** a tempo determinato o part-time e i **collaboratori** coordinati e continuativi; sono, invece esclusi i collaboratori **meramente occasionali** (Circ. AE 11 giugno 2014 n. 16/E).
2) Se l'ufficio di **amministratore** rientra nell'**oggetto della professione** da questi esercitata, l'esenzione viene concessa in quanto prestatore d'opera (v. n. 38495) (Circ. AE 11 giugno 2014 n. 16/E).
3) Se l'assegnazione è effettuata in favore non di **dipendenti** diretti della start-up ma di quelli **della sua controllata** l'agevolazione non è applicabile (Princ. dir. AE 12 febbraio 2019 n. 4).
4) L'agevolazione descritta si affianca a quella prevista per l'**assegnazione** di azioni e quote **alla generalità dei dipendenti**, di cui al n. 8200 (Circ. AE 11 giugno 2014 n. 16/E).

Condizioni Gli strumenti finanziari assegnati devono: **38493**
- essere **emessi** dalla start-up (oppure da società direttamente controllata da questa) con cui i soggetti intrattengono il rapporto di lavoro;
- non essere **ceduti** alla medesima emittente o ad altri soggetti appartenenti al medesimo gruppo.

Per **soggetti del gruppo** si intendono i soggetti che direttamente controllano o sono controllati dalla start-up, gli azionisti (persone fisiche) degli stessi, le società che sono controllate dallo stesso soggetto (persona fisica o giuridica) che li controlla (Circ. AE 11 giugno 2014 n. 16/E).

38494 **Successiva cessione** La successiva cessione degli strumenti finanziari per i quali si è fruito della detassazione può comportare la decadenza dell'agevolazione a seconda del soggetto acquirente, come illustrato in **tabella** (Circ. AE 11 giugno 2014 n. 16/E).

Acquirente	Decadenza	Conseguenze
la stessa start-up, la società emittente (se diversa), o un soggetto appartenente al medesimo gruppo **(1)**	SÌ **(2)**	– il valore che lo strumento finanziario aveva all'atto dell'assegnazione o dell'esercizio del diritto d'opzione viene tassato come reddito di lavoro dipendente o di collaborazione nel periodo d'imposta in cui si verifica la cessione; – l'eventuale differenza tra il corrispettivo percepito dalla cessione e il suddetto valore costituisce una plusvalenza, se positiva o una minusvalenza, se negativa, rientrante nella categoria dei redditi diversi (v. n. 11005)
soggetto diverso	NO	l'intero corrispettivo percepito all'atto della cessione costituisce la base imponibile per la tassazione della plusvalenza quale reddito diverso

(1) Per appartenenti allo stesso gruppo si intendono i soggetti che direttamente controllano o sono controllati dalla start-up, gli azionisti (persone fisiche) degli stessi, le società che sono controllate dallo stesso soggetto (persona fisica o giuridica) che li controlla.

(2) La decadenza dall'agevolazione interviene a prescindere dalla data del riacquisto e anche nel caso in cui il soggetto che riacquista non sia più una start-up.

38495 **PRESTATORI DI OPERE E SERVIZI** (art. 27 c. 4 DL 179/2012 conv. in L. 221/2012) I redditi derivanti dall'assegnazione di strumenti finanziari emessi a fronte di apporto di opere o servizi, oppure crediti maturati per le prestazioni di opere o servizi, anche di tipo professionale, non confluiscono nel **reddito imponibile** dei soggetti percipienti al momento dell'emissione o al momento della compensazione ed estinzione del credito.

La **plusvalenza** derivante dalla cessione a titolo oneroso di tali strumenti è tassata, a prescindere dalla tipologia di soggetto acquirente, secondo le regole ordinarie, in base alla natura del cedente (come reddito d'impresa oppure come reddito di lavoro autonomo).

La possibilità di emettere strumenti finanziari, non imputati a capitale, a fronte dell'apporto di opere o servizi, deve essere prevista nell'**atto costitutivo**.

3. Per chi vi ha investito
(art. 29 c. 4 DL 179/2012 conv. in L. 221/2012)

38500 I soggetti (persone fisiche o società di capitali) che investono, direttamente o tramite intermediari qualificati, nel capitale di una start-up possono fruire di una detrazione d'imposta o di una deduzione dal reddito imponibile, a seconda dei casi.

L'investimento **deve essere mantenuto** per un periodo di almeno tre anni; se è ceduto, anche parzialmente, prima di tale termine, il soggetto **decade** dal beneficio fiscale e ha l'obbligo di restituire l'importo detratto/dedotto, maggiorato degli interessi legali (v. n. 38511).

L'agevolazione **non** opera ai fini IRAP.

L'agevolazione ha ottenuto l'**apposita autorizzazione** della Commissione europea (art. 1 c. 67 L. 232/2016 e Decis. UE 2017/4285/UE).

> Precisazioni 1) Gli intermediari «qualificati» sono gli OICR o altre società di capitali, che investono prevalentemente nel capitale delle start-up e le cui azioni non devono essere quotate su un mercato regolamentato o su un sistema multilaterale di negoziazione, c.d. «società intermediarie». Gli **OICR qualificati** (fondi comuni di investimento e SICAV) sono quelli che, al termine del periodo d'imposta in corso alla data in cui si effettua l'investimento, detengono azioni o quote di start-up di valore almeno pari al 70% del valore complessivo degli investimenti finanziari risultanti dal rendiconto o bilancio chiuso in quel periodo d'imposta, senza tener conto degli investimenti effettuati negli incubatori certificati di cui al n. 38525. Per le **società «intermediarie»** la verifica del raggiungimento della soglia del 70% deve essere fatta in relazione al valore delle immobilizzazioni finanziarie iscritte (o comunque delle attività non detenute per la negoziazione) nel bilancio relativo al periodo d'imposta in cui l'investimento è effettuato, senza tener conto degli investimenti effettuati negli incubatori certificati di cui al n. 38525. Per **«valore» delle azioni o quote** di start-up **e degli investimenti in immobilizzazioni finanziarie** si intende il costo di acquisto dei titoli sostenuto dall'intermediario, al lordo di eventuali svalutazioni (Circ. AE 11 giugno 2014 n. 16/E).

2) L'investitore, persona fisica, che apporta capitale sociale in una start-up innovativa **posseduta**, non direttamente, ma **per il tramite di una società fiduciaria**, può comunque usufruire della specifica detrazione IRPEF (Ris. AE 22 gennaio 2015 n. 9/E).

ESCLUSIONI (art. 2 c. 3 DM Mef 25 febbraio 2016) Non danno diritto all'agevolazione gli 38503
investimenti effettuati:

– tramite OICR e società «intermediarie», direttamente o indirettamente, **a partecipazione pubblica**;

– in start-up che si qualifichino come «**imprese in difficoltà**» o **operanti in particolari settori** di attività (costruzione navale, carbone e acciaio);

– dagli **investitori non indipendenti**, ossia quelli che direttamente o indirettamente, alla data in cui l'investimento si intende effettuato, possiedono partecipazioni, titoli o diritti nella start-up oggetto dell'investimento che rappresentino complessivamente una percentuale di diritti di voto esercitabili nell'assemblea ordinaria o di partecipazione al capitale o al patrimonio della start-up superiore al 30%, tenendo anche conto delle partecipazioni, dei titoli o dei diritti posseduti dai familiari di tali soggetti o dalle società controllate, ad eccezione degli ulteriori investimenti ritenuti compatibili con la normativa sugli aiuti di Stato.

Sono **«imprese in difficoltà»** quelle così definite in base alla Com. Commissione Europea 1° ottobre 2004 n. 2004/C 244/02.

INVESTIMENTO AGEVOLABILE (artt. 3 e 4 DM Mef 25 febbraio 2016) Gli investimenti 38505
devono avere le caratteristiche indicate di seguito. In ogni caso, l'**ammontare complessivo** degli investimenti ricevuti da una start-up **non deve essere superiore** a 15 milioni di euro, nell'intero periodo di vigenza dell'agevolazione.

> Precisazioni 1) L'investimento che comporta la sottoscrizione di **strumenti finanziari partecipativi (SFP)** di SRL da diritto alla deduzione solo se tali strumenti contengono la clausola di convertibilità di quote di start-up innovative e la conversione ha effettivamente luogo (Risp. AE 5 aprile 2019 n. 96).

2) Gli investimenti effettuati in **start-up non residenti** che esercitano attività in Italia tramite una S.O., danno diritto all'agevolazione proporzionalmente rispetto agli incrementi del fondo di dotazione di quest'ultima.

<table>
<tr><th>Tipologia di investimento</th><th>Modalità</th><th>Rilevanza</th></tr>
<tr><td>Conferimenti in denaro (*) eseguiti in sede di costituzione o di aumento del capitale sociale</td><td rowspan="3">devono essere iscritti alla voce del capitale sociale e della riserva da sovrapprezzo delle azioni o quote</td><td rowspan="2">rilevano nel periodo d'imposta in corso alla data del deposito presso il RI, anche nel caso di investimenti indiretti, dell'atto costitutivo o della delibera di aumento del capitale sociale o, se successiva, del deposito dell'attestazione che l'aumento è stato eseguito</td></tr>
<tr><td>Compensazione dei crediti eseguita in sede di sottoscrizione di aumenti di capitale (sono esclusi i crediti risultanti dalla cessione di beni o servizi diversi da quelli originatisi a seguito di prestazioni lavorative o di servizi di cui al n. 38492 e al n. 38495)</td></tr>
<tr><td>Conversione di obbligazioni in azioni o quote di nuova emissione</td><td>rilevano nel periodo d'imposta in corso alla data del deposito presso il RI dell'attestazione con cui gli amministratori dichiarano che l'aumento di capitale è avvenuto in misura corrispondente al valore nominale delle azioni emesse a fronte della conversione</td></tr>
<tr><td>Sottoscrizione di quote di OICR e delle altre società intermediarie che investono prevalentemente in start-up</td><td>si deve trattare di fondi comuni di investimento o di azioni rappresentative del capitale delle SICAV (Circ. AE 11 giugno 2014 n. 16/E)</td><td>rilevano alla data di sottoscrizione delle quote</td></tr>
</table>

(*) Se l'investimento è effettuato **tramite le società «intermediarie»**, i conferimenti in denaro devono determinare un'effettiva capitalizzazione anche della società «intermediaria»: entrambe le società, sia quella intermediaria sia la start-up da questa detenuta, devono rilevare un incremento in una delle due voci di patrimonio rilevanti. La società intermediaria deve **certificare all'investitore** l'ammontare che ha comportato un effettivo investimento nel capitale della start-up; infatti, esclusivamente tale quota parte dell'investimento iniziale nel capitale della società «intermediaria» può originare un investimento agevolabile (Circ. AE 11 giugno 2014 n. 16/E e Risp. AE 6 settembre 2019 n. 368).

38507 **IMPORTO AGEVOLATO** (art. 4 DM Mef 25 febbraio 2016) L'importo dell'agevolazione (detrazione o deduzione) **è diverso** a seconda del soggetto investitore, come descritto in **tabella**. Se la detrazione (o la deduzione) **non** trova **capienza** nell'imposta dovuta (o nel reddito imponibile lordo) di un periodo d'imposta, la **differenza** può essere utilizzata nei periodi successivi, ma non oltre il **terzo**.
Per effetto di tale agevolazione non si può originare, né incrementare, alcuna perdita fiscale.

In caso di opzioni di **trasparenza e consolidato fiscale** si seguono regole particolari illustrate, rispettivamente, al n. 26600 e al n. 27490.

Investitori (1)	Tipologia	Importo
Soggetti IRPEF (2) (3)	**Detrazione** d'imposta	a) 30% sugli investimenti in una o più start-up: investimento **massimo detraibile** in ciascun periodo d'imposta € 1.000.000 (quindi massima detrazione utilizzabile: € 300.000) **(4) (5)** b) **in alternativa**, 50% sugli investimenti, effettuati dal 2 gennaio 2020, in una o più start-up: investimento **massimo detraibile** in ciascun periodo d'imposta € 100.000 (quindi massima detrazione utilizzabile: € 50.000) (art. 29 bis DL 179/2012 conv. in L. 221/2012 e DM 28 dicembre 2020) **(5) (6)**
Soggetti IRES	**Deduzione** dal reddito imponibile	30% sugli investimenti in una o più start-up: investimento **massimo deducibile** in ciascun periodo d'imposta € 1.800.000 (quindi massima deduzione utilizzabile: € 540.000, con conseguente massimo risparmio d'imposta pari a € 129.600) **(4)**

(1) Se l'investimento è effettuato **tramite le società «intermediarie»**, le agevolazioni spettano in misura proporzionale agli investimenti effettuati nelle start-up da tali società, come risultanti dal bilancio relativo all'esercizio in cui l'investimento agevolato è effettuato (art. 2 c. 2 DM Mef 25 febbraio 2016).
(2) Si tratta delle persone fisiche, compresi esercenti arti e professioni, enti non commerciali, imprenditori individuali e i soggetti che producono redditi in forma associata di cui all'art. 5 del TUIR (Circ. AE 11 giugno 2014 n. 16/E). In caso di **società in nome collettivo o in accomandita semplice** la detrazione spetta ai soci, sull'importo dell'investimento rapportato alla propria quota di partecipazione agli utili e il limite dell'investimento massimo detraibile va riferito all'ammontare del conferimento effettuato dalla società di persone (art. 4 c. 1 DM Mef 25 febbraio 2016). Rientrano in tale tipologia di soggetti anche le società semplici, le società equiparate a quelle di persone (armamento, di fatto, associazioni senza personalità giuridica costituite fra persone fisiche per l'esercizio in forma associata di arti e professioni) e le imprese familiari (Circ. AE 11 giugno 2014 n. 16/E).
(3) In caso di **comunione legale**, la detrazione spetta per intero all'investitore (Risp. AE 26 maggio 2020 n. 146).
(4) In caso di investimenti in **PMI innovative**, occorre rispettare le condizioni e i limiti previsti dagli Orientamenti sugli aiuti di Stato (Com. Commissione Europea 19 aprile 2014 n. 2014/C).
(5) Alle **PMI innovative**, per gli investimenti fino a € 300.000, spetta la detrazione del 50% (quindi massima detrazione utilizzabile: € 150.000). Sull'eccedenza e fino a € 1.300.000, la detrazione del 30% (quindi massima detrazione utilizzabile: € 300.000).
(6) L'agevolazione **è concessa** nel rispetto delle condizioni e dei limiti previsti per gli aiuti «de minimis» (v. n. 37956 e s.).

38508 **CONDIZIONI** (art. 5 DM Mef 25 febbraio 2016, art. 5 e 6 DM 28 dicembre 2020) Agli **investitori** soggetti **IRPEF** che fruiscono della **detrazione** del **30%** e a quelli **IRES** (compresi gli OICR e le società «intermediarie») la start-up deve **consegnare**:
a) una **certificazione** con cui attesta di aver ricevuto conferimenti, in ciascun periodo di imposta in cui è stato effettuato l'investimento, di importo non superiore al limite massimo agevolabile (v. n. 38505), o, se superato, l'importo per il quale spetta la detrazione o deduzione, **da rilasciare** entro 60 giorni dal conferimento;
b) una copia del piano di investimento, contenente informazioni dettagliate sull'attività svolta dalla start-up, sui relativi prodotti e sull'andamento, previsto o attuale, delle vendite e dei profitti.
Gli OICR e le società «intermediarie» devono, previa richiesta dell'investitore, **certificare la**

prevalenza dell'investimento in start-up **entro** il termine per la presentazione della dichiarazione dei redditi relativa al periodo d'imposta in cui l'investimento è effettuato.

Se l'**esercizio** di chi deve fornire la suddetta documentazione **non coincide** con il periodo di imposta dell'investitore e questi riceve la certificazione nel periodo di imposta successivo a quello in cui l'investimento si intende effettuato, l'agevolazione spetta a partire da tale successivo periodo.

Agli **investitori** soggetti **IRPEF** che possono fruire della **detrazione** del **50%**, la start-up deve presentare un'**istanza** contenente: 38509
- elementi identificativi della start-up, dell'investitore e, in caso di investimento indiretto, dell'OICR;
- ammontare dell'investimento;
- ammontare della detrazione richiesta dall'investitore.

In caso di **più** investitori, la start-up deve presentare un'istanza per ciascuno (Circ. MISE 25 febbraio 2021 n. 1, Faq MISE 22 marzo 2021).
Per il fac-simile dell'istanza si veda l'All. A DM 28 dicembre 2020.
Per gli investimenti effettuati dal 2021 deve presentarla prima dell'effettuazione, **tramite** la piattaforma informatica «Incentivi fiscali in regime de minimis per investimenti in start-up e PMI innovative» sul sito del MISE.
Per accedere alla piattaforma informatica occorre essere in possesso di SPID del legale rappresentante, indirizzo PEC della start-up e dell'investitore, firma digitale del legale rappresentante (Circ. MISE 25 febbraio 2021 n. 1, Faq MISE 22 marzo 2021).
Il **legale rappresentante** della start-up, entro 30 giorni dall'investimento, deve rilasciare agli investitori una **dichiarazione** attestante l'importo dell'investimento, il codice COR rilasciato dal registro nazionale degli aiuti e l'importo della detrazione.
Per il fac-simile della dichiarazione si veda l'All. B DM 28 dicembre 2020.
L'**investitore** deve indicare l'investimento nella dichiarazione dei redditi relativa all'anno in cui lo ha effettuato.
Gli OICR devono, previa richiesta dell'investitore, **certificare la prevalenza dell'investimento** con le modalità indicate al n. 38508.

Se l'**esercizio** di chi deve fornire la suddetta documentazione **non coincide** con il periodo di imposta dell'investitore e questi riceve la certificazione nel periodo di imposta successivo a quello in cui l'investimento si intende effettuato, l'agevolazione spetta a partire da tale successivo periodo.

DECADENZA (art. 6 DM Mef 25 febbraio 2016) L'investimento deve essere **mantenuto per almeno tre anni** dalla data in cui esso rileva (art. 29 c. 3 e 5 DL 179/2012 conv. in L. 221/2012). 38511
L'agevolazione decade se, in tale periodo, si verifica:
a) la cessione, anche parziale, delle partecipazioni ricevute in cambio degli investimenti agevolati (è tale anche la costituzione o il trasferimento di diritti reali di godimento, i conferimenti in società e la cessione dei diritti o dei titoli attraverso cui possono essere acquisite le predette partecipazioni);
b) la riduzione di capitale o la ripartizione di riserve o altri fondi costituiti con sovrapprezzi di emissione delle azioni o quote delle start-up o delle società «intermediarie»;
c) il recesso o l'esclusione degli investitori;
d) la perdita di uno dei requisiti previsti per la qualifica di start-up.
Se l'**investimento è avvenuto tramite** società «intermediarie», le condizioni di decadenza vanno verificate in capo a queste ultime.
Gli investitori devono **ricevere notizia** dell'avvenuta decadenza entro il termine per la presentazione della dichiarazione dei redditi relativa al periodo d'imposta in cui si verifica la causa.

Non determinano decadenza:
- i **trasferimenti a titolo gratuito o a causa di morte** del contribuente e i trasferimenti conseguenti alle **operazioni straordinarie** (fusioni, scissioni, trasformazioni);
- la perdita dei requisiti di start-up dovuta:
a) alla **scadenza dei 5 anni** dalla data di costituzione;
b) al **superamento** della soglia di **€ 5 milioni** del valore della produzione annua realizzata;
c) alla **quotazione** su un sistema multilaterale di negoziazione.

Conseguenze Nel periodo d'imposta in cui si verifica la decadenza, l'investitore deve restituire il risparmio d'imposta fruito. 38513
Se l'investitore è un soggetto:

– **IRPEF**: deve aumentare l'imposta dovuta di un ammontare corrispondente alla detrazione effettivamente fruita nei periodi d'imposta precedenti;
– **IRES**: deve aumentare il reddito dell'ammontare che non ha concorso alla formazione del reddito nei periodi d'imposta precedenti, mediante una rettifica in aumento della base imponibile.
Sulla differenza di imposta sono dovuti gli interessi legali. Il **versamento** va effettuato **entro** il termine per il saldo relativo al periodo in cui si verifica la decadenza.
Per la **restituzione dell'IRES** da parte dei soggetti che, dopo aver beneficiato dell'agevolazione, decadono per aver scelto di applicare il consolidato o la trasparenza fiscale, sono stati istituiti appositi codici tributo da inserire in F24 (Ris. AE 30 maggio 2016 n. 44/E).

L'**eccedenza non detratta/dedotta**, che è stata eventualmente oggetto di riporto in avanti, non può più essere utilizzata successivamente all'intervenuta decadenza (Circ. AE 11 giugno 2014 n. 16/E).

38514 **CESSIONE DI PARTECIPAZIONI** (art. 14 DL 73/2021 conv. in L. 106/2021) Le **plusvalenze** da cessione di partecipazioni al capitale di start-up, **acquisite** mediante la sottoscrizione di capitale sociale **dal** 1° giugno 2021 **al** 31 dicembre 2025, da parte di persone fisiche, e **detenute** per almeno tre anni, sono esenti.

L'esenzione è **subordinata** all'autorizzazione della Commissione europea.

c. Cessazione dal regime agevolato

38515 Il regime agevolato cessa se si verifica:
– la **perdita** di anche uno solo dei **requisiti** richiesti per essere definiti start-up durante il periodo agevolato;
– il **mancato deposito** dell'autocertificazione annuale richiesta.
Entro 60 giorni dal realizzarsi di una di tali cause, la start-up è cancellata d'ufficio dalla sezione speciale del RI (rimane in ogni caso iscritta in quella ordinaria).

38518 **CONSEGUENZE** La cessazione ha effetti sia sulla start-up, sia sugli altri soggetti che con essa hanno a che fare, come illustrato in **tabella**.

Interessati	Effetti
Start-up	– torna applicabile, o si applica per la prima volta, la disciplina sulle società non operative o in perdita sistematica (v. n. 38480); – vengono meno le particolarità previste per il credito d'imposta sulle assunzioni di personale altamente qualificato (v. n. 38485); – per gli atti da iscrivere nel RI tornano dovuti sia l'imposta di bollo sia i diritti camerali e deve essere pagato il diritto fisso annuale alla CCIAA
Dipendenti, amministratori, collaboratori o prestatori d'opera	– non possono più essere assegnati strumenti finanziari che, all'atto dell'assegnazione, risultano esenti da tassazione; per le assegnazioni agevolate già effettuate, v. n. 38492; – se gli strumenti finanziari assegnati in esenzione sono acquistati da una start-up che ha perso i requisiti per essere considerata tale, si verifica la decadenza dall'agevolazione inizialmente fruita e quanto non tassato in un primo momento costituisce reddito da tassare
Investitori	eventuali sottoscrizioni (o aumenti) di capitale sociale eseguiti a favore della start-up non danno più diritto alla specifica detrazione/deduzione IRPEF/IRES

d. Casi particolari

38520 Le start-up indicate di seguito danno diritto alle agevolazioni illustrate nei paragrafi precedenti con alcune particolarità.

Per la start-up che si occupa specificamente della promozione dell'offerta turistica nazionale attraverso l'uso di tecnologie e lo sviluppo di software originali, attraverso la predisposizione di servizi rivolti alle imprese turistiche (c.d. **«start-up turismo»**), non sono previste agevolazioni diverse rispetto alle altre start-up (art. 11 bis c. 1 e 2 DL 83/2014 conv. in L. 106/2014).

ESEMPIO
Sono compresi i servizi che riguardano la formazione del titolare e del personale dipendente, la costituzione e l'associazione di imprese turistiche e culturali, strutture museali, agenzie di viaggio al dettaglio, uffici turistici di informazione e accoglienza per il turista; l'offerta di servizi centralizzati di prenotazione in qualsiasi forma, la raccolta, l'organizzazione, la razionalizzazione e l'elaborazione statistica dei dati relativi al movimento turistico.

INCUBATORE CERTIFICATO (art. 25 c. 5, 6 e 7 DL 179/2012 conv. in L. 221/2012) Si tratta di società che offrono, anche come **oggetto non esclusivo dell'attività**, servizi a sostegno della nascita e dello sviluppo di start-up (Guida Cam. Comm. giugno 2013). **38525**
Ottengono l'**iscrizione alla sezione speciale** del RI se soddisfano, tra l'altro, requisiti minimi e specifici indicatori tecnici relativi al numero, natura e modalità di attuazione dei progetti (DM 21 febbraio 2013).
Il possesso di tali requisiti viene **autocertificato** mediante una dichiarazione sottoscritta dal rappresentante legale al momento dell'iscrizione stessa.

Requisiti e durata agevolazione La società **in aggiunta** ai requisiti richiesti per tutte le start-up (v. n. 38442) deve: **38527**
- disporre di strutture, anche immobiliari, adeguate ad accogliere start-up, quali spazi riservati per poter installare attrezzature di prova, test, verifica o ricerca;
- disporre di attrezzature adeguate all'attività delle start-up, quali sistemi d'accesso in banda ultralarga alla rete internet, sale riunioni, macchinari per test, prove o prototipi;
- essere amministrato o diretto da persone di riconosciuta competenza in materia di impresa e innovazione ed avere a disposizione una struttura tecnica e di consulenza manageriale permanente;
- avere regolari rapporti di collaborazione con università, centri di ricerca, istituzioni pubbliche e partner finanziari che svolgono attività e progetti collegati a start-up;
- avere adeguata e comprovata esperienza nell'attività di sostegno a start-up.

Le agevolazioni trovano **applicazione fino a** quando le società che ne usufruiscono presentano le caratteristiche per rientrare nella qualifica di incubatore certificato (non hanno quindi una durata limitata nel tempo).

START-UP A «VOCAZIONE SOCIALE» SIAVS (art. 25 c. 4 DL 179/2012 conv. in L. 221/2012) Si tratta della società che opera in via esclusiva in settori di particolare valore sociale, **svolgendo attività di** assistenza sociale e/o sanitaria, servizi di educazione, istruzione e formazione, compresa quella universitaria, post-universitaria e extra-scolastica, o attività legate alla tutela dell'ambiente, ad eccezione della raccolta e della gestione dei rifiuti, valorizzazione del patrimonio culturale, ricerca ed erogazione di servizi culturali o di turismo sociale. **38530**
Gli **investitori** che conferiscono il proprio capitale a favore di tali start-up, fino al 2016, avevano diritto a un **incremento della percentuale** di detrazione/deduzione rispetto alle ordinarie start-up. Dal 2017, valgono le stesse percentuali ed aumenti stabiliti per le altre start-up (v. n. 38507).

Per dare diritto a tale detrazione/deduzione la start-up, oltre a dover soddisfare le altre condizioni di cui al n. 38508, deve rilasciare all'investitore **apposita certificazione** che attesti l'oggetto della propria attività. Con tale certificazione l'amministratore dà evidenza dell'impatto sociale prodotto dalla SIAVS mediante redazione di un «Documento di descrizione di impatto sociale». Tale documento ha durata annuale. Se la società non invia, negli esercizi successivi, la versione aggiornata del Documento, perde la qualifica di SIAVS che può riacquistare nel momento in cui deposita nuovamente tale Documento aggiornato (Parere Mise 20 maggio 2016 n. 141336).

START-UP ENERGIA (DM Mef 30 gennaio 2014) Le società che sviluppano e commercializzano esclusivamente prodotti e servizi innovativi ad alto valore tecnologico in ambito energetico (per l'**elenco delle attività** v. codici ATECO 2007 in allegato al decreto attuativo) danno diritto alle stesse agevolazioni previste per quelle a «vocazione sociale». **38535**

H. Spese per la formazione 4.0

(art. 1 c. 210-217 L. 160/2019, art. 1 c. 46-56 L. 205/2017)

38540 A **tutte le imprese** residenti (comprese le S.O. di soggetti non residenti) è concesso un credito d'imposta per le spese sostenute fino al 2022 relative al costo del personale occupato in determinate attività di formazione.

Il credito **non si applica** alle imprese in difficoltà (come definite dall'art. 2 par. 18 Reg. UE 651/2014 - es. imprese soggette a procedura concorsuale) o destinatarie di sanzioni interdittive (di cui all'art. 9 c. 2 D.Lgs. 231/2001).

> **Precisazioni 1)** L'impresa deve essere **in regola** con le normative sulla sicurezza nei luoghi di lavoro e con gli obblighi di versamento dei contributi previdenziali e assistenziali a favore dei lavoratori.
> **2)** Gli **enti non commerciali** che esercitano attività commerciali possono accedere al credito in relazione al personale dipendente impiegato anche non esclusivamente in tali attività.

38542 **ATTIVITÀ AMMISSIBILI** (art. 1 c. 213 e 215 L. 160/2019, art. 1 c. 48-49 L. 205/2017 e art. 3 c. 3-6 DM 4 maggio 2018) Si tratta delle attività di formazione svolte per **acquisire o consolidare** le **conoscenze** delle **tecnologie** previste dal Piano nazionale **Industria 4.0** (quali big data e analisi dei dati, cloud e fog computing, cyber security, sistemi cyber-fisici, prototipazione rapida, sistemi di visualizzazione e realtà aumentata, robotica avanzata e collaborativa, interfaccia uomo macchina, manifattura additiva, internet delle cose e delle macchine e integrazione digitale dei processi aziendali), applicate negli ambiti stabiliti (elencati nell'allegato A alla legge: vendita e marketing, informatica, tecniche e tecnologie di produzione).

A ciascun dipendente l'impresa deve rilasciare l'**attestazione della effettiva partecipazione** alle attività formative agevolabili, con indicazione dell'ambito aziendale di applicazione delle conoscenze e delle competenze acquisite o consolidate dal dipendente in esito alle stesse attività formative.

Per **personale dipendente** si intende il titolare di un rapporto di lavoro subordinato, anche a tempo determinato, o di un contratto di apprendistato.

38543 Sono ammesse anche le attività di formazione **erogate dai** seguenti **soggetti esterni** all'impresa: soggetti accreditati per lo svolgimento delle attività di formazione; università pubbliche/private o strutture a esse collegate; Istituti tecnici superiori.

L'agevolazione è concessa anche per **eventi formativi** svolti con modalità telematiche (**on line o e-learning**), ma deve essere garantita la verifica della presenza del discente (es. con appositi test di verifica ai quali rispondere sia durante il corso che al termine dello stesso) (Circ. Mise 3 dicembre 2018 n. 412088).

38544 **Non** è ammessa la formazione ordinaria o periodica organizzata dall'impresa per conformarsi alla normativa vigente in materia di **salute e sicurezza** sul **luogo di lavoro**, di **protezione dell'ambiente** e a ogni altra normativa obbligatoria in materia di formazione.

La partecipazione alle attività di formazione anche di **collaboratori non dipendenti** (non legati all'impresa da contratti di lavoro subordinato e di apprendistato) non pregiudica l'applicazione del credito d'imposta, ma le spese sostenute per tali altre figure sono irrilevanti ai fini del credito.

38545 **COSTI RILEVANTI** (art. 1 c. 53 L. 205/2017, art. 1 c. 210 bis L. 160/2019) **Si tratta** del solo costo aziendale del personale dipendente per il periodo in cui è occupato come allievo in attività di formazione (ore o giornate).

Per il personale dipendente, che è **ordinariamente occupato** negli ambiti aziendali che danno diritto al credito e che partecipa, in veste di docente o tutor, alle attività di formazione ammissibili, il relativo costo agevolabile **non può eccedere** il 30% della retribuzione complessiva annua spettante al dipendente (art. 4 DM Mise 4 maggio 2018). **Dal** 2020 **al** 2023 sono ammissibili anche i seguenti costi (di cui all'art. 31 par. 3 Reg. UE 651/2014):

– di personale relativi ai formatori per le ore di partecipazione alla formazione;

– di esercizio relativi a formatori e partecipanti alla formazione direttamente connessi al progetto di formazione, quali le spese di viaggio, le spese di alloggio, i materiali e le forniture con attinenza diretta al progetto, l'ammortamento degli strumenti e delle attrezzature per la quota da riferire al loro uso esclusivo per il progetto di formazione;

– dei servizi di consulenza connessi al progetto di formazione;
– di personale relative ai partecipanti alla formazione e le spese generali indirette (spese amministrative, locazione, spese generali) per le ore durante le quali i partecipanti hanno seguito la formazione.

I costi sostenuti, salvo che per le imprese con bilancio revisionato, devono essere **certificati** dal soggetto incaricato della revisione legale o da un professionista iscritto nel Registro dei revisori legali. Tale certificazione deve essere **allegata** al bilancio. Le imprese non soggette a revisione legale dei conti devono comunque avvalersi delle prestazioni di un revisore o di una società di revisione. 38547
Le spese **sostenute per l'attività di certificazione contabile** da parte delle imprese non obbligate ad esse per legge sono ammissibili entro il limite massimo di € 5.000.

> Se i costi del personale **danno diritto ad altri incentivi** alla formazione, è concesso il cumulo a condizione che quest'ultimo non superi l'intensità massima prevista per gli aiuti alla formazione (di cui al Reg. UE 651/2014) (Circ. Mise 3 dicembre 2018 n. 412088).

MISURA DEL CREDITO Il credito è pari al (art. 1 c. 211 L. 160/2019): 38548
– per le piccole imprese, 50% (limite massimo di spesa € 300.000);
– per le medie imprese, 40% (limite massimo di spesa € 250.000);
– per le grandi imprese, 30% (limite massimo di spesa € 250.000).
Successivamente **al 18 maggio 2022**, se le attività formative sono erogate da soggetti qualificati esterni all'impresa e a condizione che i risultati relativi all'acquisizione o al consolidamento delle competenze siano certificati (v. n. 38551), il credito, nei limiti di cui sopra, è pari al (art. 22 DL 50/2022):
– per le piccole imprese, 70% (in assenza delle condizioni, 40%);
– per le medie imprese, 50% (in assenza delle condizioni, 35%);
– per le grandi imprese, 30%.

Per la **maggiorazione** del credito (DM Mise 1° luglio 2022): 38551
– l'accertamento iniziale del livello di competenze di ciascun dipendente deve avvenire attraverso la somministrazione, su apposita piattaforma informatica, di un **questionario standardizzato**;
– sulla base del livello di competenze di base, il formatore deve stabilire il **contenuto** e la **durata** delle attività formative di base e specifiche del progetto più adeguate alla singola impresa e ai destinatari;
– le attività formative di base e specifiche devono avere una **durata non inferiore a** 24 ore;
– le attività formative possono essere svolte in tutto o in parte in **modalità e-learning** e subordinate al superamento di un **test finale** da parte del dipendente partecipante al corso, il quale riceve l'attestato che certifica l'acquisizione o il consolidamento delle competenze nelle tecnologie oggetto del corso di formazione.

OBBLIGHI DOCUMENTALI (art. 6 c. 3 DM 4 maggio 2018) Le imprese beneficiarie del credito devono **conservare** una **relazione** che illustra le modalità organizzative e i contenuti delle attività di formazione svolte. 38552
Per le attività di formazione organizzate internamente all'impresa, tale relazione deve essere predisposta dal dipendente che partecipa alle attività come docente o tutor, o dal responsabile aziendale delle attività di formazione.
Per le attività di formazione commissionate a soggetti esterni all'impresa, la relazione deve essere redatta e rilasciata all'impresa dal soggetto formatore esterno. Oltre alla relazione illustrativa, le imprese beneficiarie sono comunque tenute a conservare l'ulteriore documentazione contabile e amministrativa idonea a dimostrare la corretta applicazione del beneficio, anche in funzione del rispetto dei limiti e delle condizioni posti dalla disciplina comunitaria in materia. Con specifico riferimento alle spese di personale ammissibili, inoltre, devono essere conservati anche i registri nominativi di svolgimento delle attività formative sottoscritti congiuntamente dal personale discente e docente o dal soggetto formatore esterno all'impresa.
Inoltre, per gli investimenti effettuati nel 2021/2022 le imprese, entro la data di presentazione della dichiarazione dei redditi riferita a ciascun periodo d'imposta di effettuazione degli investimenti, devono inviare al Mise tramite PEC una **comunicazione** in formato elettronico, firmata digitalmente dal legale rappresentante dell'impresa, all'indirizzo formazione

4.0@pec.mise.gov.it, con le informazioni rilevanti relative all'investimento (Decreto Mise 6 ottobre 2021).

38554 **MODALITÀ DI FRUIZIONE** (art. 1 c. 214 L. 160/2019, art. 1 c. 50-51 L. 205/2017) È **utilizzabile solo** per le compensazioni orizzontali, senza limiti, **dal** periodo d'imposta successivo a quello in cui i relativi costi sono stati sostenuti, dopo aver adempiuto agli obblighi di certificazione previsti. Il Mod. F24 con cui si utilizza in compensazione il credito (cod. trib. 6897) deve essere presentato tramite i servizi telematici dell'AE (Fisconline o Entratel) (art. 5 DM Mise 4 maggio 2018).

Va **indicato** nella dichiarazione dei redditi (quadro RU) relativa al periodo in cui sono state sostenute le spese e a quelli successivi in cui viene utilizzato. In dichiarazione vanno **indicati anche i dati** relativi al numero delle ore e dei lavoratori che prendono parte alla formazione, secondo le indicazioni contenute nelle istruzioni di compilazione dell'apposito quadro (art. 6 c. 4 DM Mise 4 maggio 2018).

Non concorre alla formazione del reddito e della base imponibile IRAP e non rileva ai fini del pro-rata generale di indeducibilità degli interessi passivi e delle altre spese.

> **Precisazioni 1)** Il credito si applica nel **rispetto delle norme europee** sulla compatibilità degli aiuti con il mercato interno ed è **cumulabile** con altre misure di aiuto (art. 8 DM Mise 4 maggio 2018).
> **2)** Il credito **non** può essere **ceduto o trasferito**, neanche all'interno del consolidato fiscale.

I. Detrazione per interventi di risparmio energetico

38830 Ai titolari di reddito d'impresa spetta la stessa detrazione prevista per le persone fisiche che sostengono spese per interventi di risparmio energetico (art. 2 DM 19 febbraio 2007). Si rinvia al n. 1655 e s., con le particolarità illustrate in **tabella**.

Per gli interventi effettuati sulle **parti comuni** di unità immobiliari è applicabile il **superbonus** in presenza delle relative condizioni (v. n. 1700 e s.), considerando tra le spese ammesse anche l'IVA oggettivamente indetraibile (per quella indetraibile da pro-rata v. n. 38833).

In caso di **interventi congiunti** con quelli antisismici è possibile optare per un'altra detrazione (v. n. 1634).

Argomento	Descrizione	Fonti
immobili agevolati	tutti gli immobili, strumentali e non	Cass. 12 novembre 2019 n. 29162, n. 29163 e n. 29164, Cass. 23 luglio 2019 n. 19815 e n. 19816, Ris. AE 25 giugno 2020 n. 34/E
adempimenti	per il pagamento si applicano le regole previste per gli imprenditori individuali descritte al n. 1686 (non occorre, quindi, il pagamento mediante bonifico). Per le imprese in regime ordinario le spese sono detratte in base al principio di competenza	art. 4 c. 1 lett. c DM 19 febbraio 2007
interventi finanziati con contratto di **leasing**	se la realizzazione dell'intervento è stata finanziata da una società di leasing, la detrazione spetta all'utilizzatore e si calcola in base al costo sostenuto dalla società di leasing (non rilevano i canoni di leasing addebitati all'utilizzatore). Il soggetto che si avvale della detrazione deve inviare l'apposita documentazione (es. invio scheda informativa all'ENEA) e la società di leasing deve fornirgli una documentazione attestante la conclusione dell'intervento di risparmio energetico e il costo sostenuto	art. 2 c. 2 DM 19 febbraio 2007 e Circ. AE 23 aprile 2010 n. 21/E

38833 **Superbonus con IVA indetraibile** (Risp. AE 15 marzo 2022 n. 118) Limitatamente al superbonus, l'IVA **oggettivamente** indetraibile (anche parzialmente) va sommata alle spese a cui si applica la detrazione o la cessione o lo sconto in fattura. Invece per l'IVA indetraibile parzialmente per l'applicazione del **pro-rata** bisogna fare un discorso a sé (valido anche in caso di reverse charge); in questi casi, infatti, il soggetto passivo, nel corso dell'anno, opera la detrazione applicando provvisoriamente la percentuale di pro rata determinata nell'anno precedente, salvo eventuale conguaglio alla fine dell'anno. Quindi, al momento di emissione delle fatture, l'entità dell'IVA non detraibile non risulta puntualmente determinabile. Tale circostanza determina una distinzione a seconda che il beneficiario applichi direttamente la detrazione o chieda lo sconto in fattura:

– **detrazione**: calcola la percentuale definitiva dell'IVA indetraibile e la somma alle spese detraibili;

– **sconto** in fattura: il beneficiario chiede lo sconto in fattura considerando solo importo del corrispettivo dovuto al fornitore al netto dell'IVA. L'IVA indetraibile, definitivamente determinata sulla base della percentuale di detrazione dell'anno e rimasta a suo carico, la considera nel calcolo della detrazione direttamente nella dichiarazione dei redditi relativa al periodo d'imposta in cui il costo è sostenuto.

Contabilizzazione del bonus (Comunicazione OIC 3 agosto 2021) Il bonus è contabilizzato in modo diverso a seconda che l'impresa decida di beneficiare della **detrazione**, di uno **sconto in fattura** o di optare per la **cessione del credito** corrispondente alla detrazione spettante, secondo le modalità indicate in **tabella**. **38840**

Per una disamina dettagliata della disciplina si rinvia al MC.

Beneficio/Opzione	Società committente (o cedente nel caso di cessione)	Società commissionaria (o cessionaria nel caso di cessione)
detrazione	il credito è contabilizzato come un contributo in conto impianti. In contropartita al credito, valorizzato in base al costo ammortizzato, si utilizza uno dei due metodi (previsti dall'OIC 16): – diretta riduzione dell'investimento sostenuto; – iscrizione di un risconto passivo rilasciato a conto economico nel periodo di ammortamento dell'immobilizzazione materiale iscritta. I valori indicati non hanno rilevanza fiscale, quindi occorre fare nel modello Unico una variazione in diminuzione, per la minor quota annuale dell'ammortamento (metodi diretto) o per la quota annuale del contributo (metodo indiretto). Se il contributo ricevuto è relativo a beni iscritti nelle rimanenze, queste ultime devono essere iscritte al netto del contributo (OIC 13 par. 14)	
sconto in fattura	rileva il costo dell'investimento al netto dello sconto ottenuto	iscrive il ricavo in contropartita ad un credito corrispondente alla somma dei seguenti elementi: – l'ammontare che sarà regolato tramite disponibilità liquide (OIC 15 par 44); – il valore di mercato del bonus, che sarà ricevuto per effetto dello sconto in fattura applicato (OIC 15 par 31)
cessione del credito	la differenza tra il corrispettivo pattuito per il credito ceduto e il valore contabile risultante in bilancio al momento della cessione (applicando il costo ammortizzato) è rilevato al conto economico come onere o provento	rileva in bilancio un credito valutato ai sensi dell'OIC 15. Trattandosi di un credito acquistato e non generato si iscrive al costo sostenuto

L. Detrazione per interventi antisismici

38930 Per gli interventi antisismici, c.d. «**sisma bonus**», valgono anche per le imprese, residenti e non, le regole già descritte per le persone fisiche (v. n. 1628 e s.), con l'eccezione che la detrazione si esercita in base al principio di competenza (salvo per le imprese in contabilità semplificata per cui si applica il principio di cassa).
Sono agevolabili tutti gli immobili, strumentali e non, anche in caso di sismabonus acquisti (Risp. AE 25 agosto 2021 n. 556, Ris. AE 25 giugno 2020 n. 34/E).
Per gli interventi effettuati sulle **parti comuni** di unità immobiliari (compreso gli acquisti di unità demolite e ristrutturate, purché **abitative**, Risp. AE 25 agosto 2021 n. 556), è applicabile il **superbonus** in presenza delle relative condizioni (v. n. 1700 e s.), considerando tra le spese ammesse anche l'IVA oggettivamente indetraibile (per quella indetraibile da pro-rata v. n. 38830). Il **pagamento** non occorre che venga effettuato mediante bonifico.
Per la **contabilizzazione** del bonus v. n. 38840.

In caso di **interventi congiunti** con quelli di risparmio energetico è possibile optare per un'altra detrazione (v. n. 1634).

M. Detrazione per interventi di recupero facciate

(art. 1 c. 219-224 L. 160/2019, Circ. AE 14 febbraio 2020 n. 2/E)

38940 Ai titolari di reddito d'impresa, anche non residenti, spetta la stessa detrazione (90% fino al 2021 e 60% nel 2022) prevista per le persone fisiche che sostengono spese per interventi di recupero facciate di edifici esistenti (non solo strumentali).
Si rinvia al n. 1600 e s., con le particolarità di seguito illustrate.
Le spese, al netto dell'IVA (anche se indetraibile) sono detratte dall'IRPEF lorda (imprenditori individuali) o dall'IRES lorda (società ed enti commerciali) in base al **principio di competenza** (per le imprese in regime ordinario). Rilevano le spese imputate rispettivamente al periodo d'imposta in corso al 31 dicembre 2020, al 31 dicembre 2021 e al 31 dicembre 2022 - data di ultimazione dei lavori - indipendentemente dalla data di avvio degli interventi e dalla data dei pagamenti, al netto dell'IVA indetraibile in base alle regole illustrate al n. 38830 (Risp. AE 15 marzo 2022 n. 118). A tal fine non rilevano i diversi criteri di qualificazione, imputazione temporale e classificazione in bilancio previsti per i soggetti IAS e OIC. Il **pagamento** non occorre che venga effettuato mediante bonifico.
Per la **contabilizzazione** del bonus v. n. 38840.

N. Detrazione per eliminazione di barriere architettoniche

(art. 119 ter DL 34/2020 conv. in L. 77/2020)

38945 Ai titolari di reddito d'impresa spetta la stessa detrazione (75%) prevista per le persone fisiche che nel periodo 2022- 2025 sostengono spese per interventi di eliminazione delle **barriere architettoniche** (v. n. 1615 e s.). Per le imprese in regime ordinario la detrazione si applica in base al principio di competenza, sull'importo delle spese al netto dell'IVA (anche se indetraibile, Risp. AE 15 marzo 2022 n. 118).
Per la **contabilizzazione** del bonus v. n. 38840.

La detrazione **spetta anche** per gli interventi riguardanti immobili posseduti da società non utilizzati direttamente ma destinati alla **locazione** (Risp. AE 6 settembre 2022 n. 444).

O. Investimenti pubblicitari

(art. 57 bis DL 50/2017 conv. in L. 96/2017 e DPCM 16 maggio 2018 n. 90)

Alle imprese che effettuano investimenti pubblicitari, sulla stampa o su emittenti radiotelevisive, spetta un credito d'imposta. **38950**

>Precisazioni 1) L'agevolazione è concessa nei **limiti** della normativa europea in materia di aiuti «de minimis» (v. n. 37956 e s.) ed entro limiti di spesa annuali.
2) Per gli investimenti pubblicitari effettuati in favore di **leghe e società sportive** professionistiche e di società e associazioni sportive dilettantistiche, è previsto un credito d'imposta del 50% utilizzabile esclusivamente in compensazione col Mod. F24 (cod. trib. 6954) (art. 81 DL 104/2020 conv. in L. 126/2020, art. 9 c. 1 DL 4/2022 conv. in L. 25/2022, DPCM 30 dicembre 2020 n. 196).

INVESTIMENTI AMMISSIBILI Sono gli investimenti relativi all'acquisto di **spazi pubblicitari** e **inserzioni commerciali**: **38954**
– sulla **stampa** (giornali quotidiani e periodici, nazionali e locali, anche online);
– nell'ambito della programmazione di **emittenti radio-televisive**, analogiche o digitali: si tratta di emittenti locali, anche non partecipate dallo Stato (Circ. AE 20 agosto 2020 n. 25/E) e di emittenti nazionali non partecipate dallo Stato (FAQ Dipartimento per l'informazione e l'editoria) (d'ora in poi solo emittenti).
Dal 2023 sono ammissibili solo gli investimenti effettuati in campagne pubblicitarie sulla stampa quotidiana e periodica, anche on line.
Ad esclusione degli anni dal 2020 al 2022, gli investimenti sono agevolabili a **condizione** che rappresentino un incremento di almeno l'1% rispetto a quelli dell'anno precedente (che devono essere maggiori di zero) (FAQ Dipartimento per l'informazione e l'editoria e Risp. AE 18 ottobre 2018 n. 38). La sussistenza dell'incremento deve essere verificata separatamente per stampa da un parte e emittenti dall'altra.
Pertanto il credito potrebbe spettare su entrambi i canali informativi, su uno solo o su nessuno di essi.

I **giornali** (compresi i siti web di **agenzia di stampa**) e le **emittenti** devono essere **editi da** imprese titolari di testata giornalistica iscritta presso il Tribunale competente o il Registro degli operatori di comunicazione e dotate della figura del direttore responsabile (DPCM 16 maggio 2018 n. 90, FAQ Dipartimento per l'informazione e l'editoria).

Sono **escluse** le spese per investimenti in campagne pubblicitarie operate indirettamente mediante la fruizione (e il relativo pagamento) di servizi resi da soggetti terzi (Risp. AE 12 agosto 2022 n. 421) e quelle sostenute per l'acquisto di: **38956**
– spazi destinati a **servizi particolari** come le televendite, i servizi pronostici, i giochi o scommesse con vincite in denaro, di messaggeria vocale o chat-line con servizi a sovraprezzo;
– **altre forme** di pubblicità (come ad es.: grafica pubblicitaria su cartelloni fisici, volantini cartacei periodici, pubblicità su cartellonistica, pubblicità su vetture o apparecchiature, pubblicità mediante affissioni e display, pubblicità su schermi di sale cinematografiche, pubblicità tramite social o piattaforme online, banner pubblicitari su portali online, ecc.) (FAQ Dipartimento per l'informazione e l'editoria).

I compensi corrisposti alle **concessionarie di pubblicità**, per i servizi di consulenza o intermediazione, non sono ammissibili. Se le **fatture** d'acquisto dello spazio pubblicitario sono **emesse da soggetti intermediari**, nelle stesse deve essere specificato l'importo delle spese nette sostenute per la pubblicità, separato dall'importo relativo al compenso dell'intermediario, e deve essere indicata la testata giornalistica o l'emittente sulla quale è stata effettuata la campagna pubblicitaria. Se però l'editore o l'emittente affidano la raccolta pubblicitaria ad una **concessionaria esterna**, le somme fatturate sono interamente ammissibili in quanto costituiscono, per il committente, l'effettiva spesa sostenuta per l'acquisto degli spazi pubblicitari (FAQ Dipartimento per l'informazione e l'editoria).

SPESE Si imputano secondo il **principio di competenza** (v. n. 21395 e s.). Rileva l'ultimazione della prestazione pubblicitaria e non la data della fattura o del pagamento (FAQ Dipartimento per l'informazione e l'editoria). **38958**
L'effettuazione delle spese deve risultare da **attestazione** prodotta dai soggetti legittimati a rilasciare il visto di conformità o da chi esercita la revisione legale dei conti.

>Precisazioni 1) Il **ribaltamento** delle spese ad altri soggetti del gruppo non incide sulla spettanza del credito d'imposta (Risp. AE 21 marzo 2022 n. 143).

2) Se l'**IVA** addebitata è detraibile, il costo agevolabile è al netto; diversamente, al lordo (FAQ Dipartimento per l'informazione e l'editoria).
3) Il **pagamento** degli investimenti agevolabili può essere eseguito con qualsiasi mezzo (FAQ Dipartimento per l'informazione e l'editoria).

38960 **MISURA DEL CREDITO** Il credito si calcola per singolo **canale informativo** (emittenti da una parte, stampa dall'altra) ed è pari al 75% del valore incrementale degli investimenti effettuati, nel limite massimo di spesa di € 30 milioni (per anno) (art. 57 c. 1 quinquies DL 50/2017 conv. in L. 96/2017).
Se il credito d'imposta è **superiore a** € 150.000 il richiedente deve fornire, al momento della richiesta, una dichiarazione sostitutiva dell'effettività degli investimenti (v. n. 38965).
Fino al 2022 il credito era pari al 50% del valore degli investimenti effettuati (art. 57 bis c. 1 ter e quater DL 50/2017 conv. in L. 96/2017). Per il 2021 e 2022, il limite massimo di spesa era di € 90 milioni per ciascuno degli anni (per gli investimenti sui giornali quotidiani e periodici, anche online, € 65 milioni e per quelli sulle emittenti televisive e radiofoniche locali e nazionali, analogiche o digitali, non partecipate dallo Stato, € 25 milioni).

38965 **RICHIESTA DEL CREDITO** (Provv. Dipartimento per l'informazione e l'editoria 31 luglio 2018) I soggetti abilitati ai servizi telematici dell'AE, gli intermediari abilitati o, in caso di gruppi societari, una società del gruppo, devono **trasmettere** al Dipartimento per l'informazione e l'editoria della Presidenza del Consiglio dei ministri, tramite i servizi telematici dell'AE, la Comunicazione per la fruizione del credito d'imposta per gli investimenti pubblicitari incrementali reperibile sul sito dell'AE, al fine di prenotare il credito e presentare la dichiarazione sostitutiva richiesta per i crediti superiori a € 150.000.
Per le **informazioni** sul credito d'imposta i beneficiari possono inviare un'e-mail al Dipartimento per l'informazione e l'editoria della Presidenza del Consiglio dei ministri al seguente indirizzo: info.bonuspubblicita@governo.it (Com. stampa Dipartimento per l'informazione e l'editoria 29 marzo 2022).

>Precisazioni 1) Se l'ammontare del **credito d'imposta** indicato nella Comunicazione o nella Dichiarazione è **superiore a** € 150.000, il richiedente deve anche rilasciare una dichiarazione sostitutiva per la normativa antimafia, tramite apposizione di una firma nell'apposito quadro del Modello stesso.
2) La **rinuncia**, **totale o parziale**, relativa ad una «Comunicazione per l'accesso» al credito precedentemente inviata, può essere presentata, per qualunque motivo, negli stessi termini per la presentazione della comunicazione stessa. La rinuncia presentata **fuori termine** non sarà considerata. La rinuncia relativa ad una **dichiarazione sostitutiva** precedentemente inviata non è possibile (FAQ Dipartimento per l'informazione e l'editoria).

38967 **Termini** (art. 57 bis c. 1 quater DL 50/2017 conv. in L. 96/2017, Istr. al modello) La presentazione del modello deve avvenire secondo le scadenze indicate in **tabella**.

Sezione	Termini	
	2022	a regime
comunicazione per l'accesso al credito d'imposta	tra il 1° marzo e l'8 aprile	tra il 1° e il 31 marzo di ciascun anno
dichiarazione sostitutiva relativa agli investimenti effettuati	tra il 9 gennaio 2023 e il 9 febbraio 2023	tra il 1° e il 31 gennaio di ciascun anno successivo

38970 **FRUIZIONE** L'ammontare del credito effettivamente fruibile è **stabilito** con provvedimento del Dipartimento per l'informazione e l'editoria della Presidenza del Consiglio dei ministri, pubblicato sul sito istituzionale del Dipartimento (art. 5 c. 3 DPCM 16 maggio 2018 n. 90).
Il credito d'imposta:
- è **utilizzabile** esclusivamente in compensazione con Mod. F24, previa istanza al Dipartimento per l'informazione e l'editoria (cod. trib. 6900 - Ris. AE 8 aprile 2019 n. 41/E);
- **concorre** alla formazione della base imponibile IRPEF, IRES e IRAP;
- è **alternativo** e **non cumulabile** con ogni altra agevolazione a carattere nazionale, regionale o comunitaria (es. Patent box, credito R&S, ecc.).

P. Partecipazione a manifestazioni fieristiche internazionali

(art. 25 bis DL 50/2022 conv. in L. 91/2022, DM 4 agosto 2022)

Alle imprese con sede operativa in Italia che, **dal** 16 luglio 2022 **al** 31 dicembre 2022, partecipano a **manifestazioni fieristiche internazionali** di settore organizzate in Italia, di cui al **calendario fieristico** approvato dalla Conferenza delle regioni e delle province autonome, spetta un **buono**, che può essere richiesto una sola volta da ciascun beneficiario, del **valore di** € 10.000. **38972**

>**Precisazioni 1)** L'agevolazione **non è cumulabile**, con riferimento alle medesime spese, con altre agevolazioni pubbliche che si configurano come aiuti di Stato.
2) La fruizione avviene nel rispetto delle condizioni e dei limiti previsti per gli **aiuti «de minimis»** (v. n. 37956).

SPESE AMMISSIBILI Sono: **38973**
- **affitto** degli **spazi espositivi**, compresi i costi per il pagamento delle quote per **servizi assicurativi** e altri oneri obbligatori previsti dalla manifestazione;
- **allestimento** degli spazi espositivi, comprese le spese relative a **servizi di progettazione** e di realizzazione e all'esecuzione di allacciamenti ai pubblici servizi;
- **pulizia** dello spazio espositivo;
- **trasporto di campionari** specifici utilizzati in occasione della partecipazione alle fiere, compresi gli **oneri assicurativi** e similari connessi e le spese per i servizi di facchinaggio o di trasporto interno nell'ambito dello spazio fieristico;
- **servizi di stoccaggio** dei materiali necessari e dei prodotti esposti;
- **noleggio di impianti audio-visivi** e di attrezzature e strumentazioni varie;
- **impiego** di hostess, steward e interpreti a supporto del personale aziendale;
- **servizi di catering** per il **buffet** all'interno dello spazio espositivo;
- **attività pubblicitarie**, promozione e comunicazione, connesse alla partecipazione alla fiera e quelle sostenute per la realizzazione di brochure di presentazione, poster, cartelloni, flyer, cataloghi, listini, video o altri contenuti multimediali, per la partecipazione alla fiera;
- l'**IVA** se rappresenta per l'impresa un costo effettivo non recuperabile.

Non sono ammesse le spese relative a imposte e tasse.

DOMANDA Per ottenere il buono, valido **fino al** 30 novembre 2022, le imprese, **dal** 9 settembre 2022, devono presentare una **richiesta** (in via telematica al MISE tramite la Carta Nazionale dei servizi - CNS), contenente un indirizzo PEC, un IBAN e un'**autodichiarazione** in cui il richiedente dichiara di: **38974**
- essere il **legale rappresentante** dell'impresa;
- avere **sede operativa** in Italia e di essere iscritto e risultare attivo al **registro delle imprese**;
- avere l'**autorizzazione** a partecipare a una o più delle manifestazioni fieristiche;
- avere sostenuto o di dover sostenere spese per la **partecipazione** a una o più manifestazioni fieristiche, indicando l'importo del buono richiesto;
- essere a conoscenza che il buono viene concesso ed erogato nei **limiti** previsti dal regolamento de minimis;
- non avere ricevuto altri **contributi pubblici** per le medesime finalità;
- essere a conoscenza delle **finalità del buono**, delle spese e degli investimenti rimborsabili mediante il relativo utilizzo;
- non essere sottoposto a **procedura concorsuale** e di non trovarsi in stato di fallimento, liquidazione anche volontaria, amministrazione controllata, concordato preventivo o in qualsiasi altra situazione equivalente;
- non essere destinataria di **sanzioni interdittive** (di cui all'art. 9 c. 2 lett. d D.Lgs. 231/2001) e di non trovarsi in altre condizioni previste dalla legge come causa di incapacità a beneficiare di agevolazioni finanziarie pubbliche o comunque a ciò ostative.

La domanda:
- è **validamente trasmessa** se il sistema rilascia l'attestazione di avvenuta trasmissione;
- è **ammessa** se presentata unicamente per ciascun soggetto beneficiario. In caso di **più richieste** in successione sarà considerata solo l'ultima domanda regolarmente trasmessa prima della comunicazione di assegnazione del buono.

38976 Il MISE, ricevuta la richiesta, eroga il buono all'impresa che, entro la scadenza del buono stesso, deve inviare in via telematica al MISE, un'**istanza** di rimborso, allegando **copia del buono** e le **fatture** attestanti le spese, la documentazione attestante l'avvenuto pagamento e una **dichiarazione sostitutiva** di atto di notorietà attestante la partecipazione alla manifestazione.
Il **rimborso** è erogabile nella misura massima del 50% delle spese e degli investimenti sostenuti, entro il limite massimo del valore del buono assegnato.
Per le richieste relative a manifestazioni nel mese di **dicembre 2022**, la dichiarazione di avvenuta partecipazione va presentata, tramite procedura informatica, **entro il** 31 gennaio 2023, diversamente l'agevolazione è revocata.

In caso di **mancata** o **incompleta** presentazione della **documentazione**, il rimborso non viene erogato.

38978 **CONTROLLI** **Sono effettuati** dal MISE per verificare la veridicità delle dichiarazioni sostitutive di atto notorio rilasciate dai richiedenti. Il MISE può effettuare **accertamenti d'ufficio**, anche attraverso la consultazione diretta e telematica degli archivi e dei pubblici registri utili alla verifica degli stati, delle qualità e dei fatti riguardanti le dichiarazioni sostitutive presentate dai beneficiari.
In caso di **esito negativo** l'agevolazione è revocata.

Q. Commissioni su pagamenti elettronici

(art. 22 DL 124/2019 conv. in L. 157/2019 e Provv. AE 29 aprile 2020 n. 181301)

38980 **Dal** 1° luglio **2020**, alle imprese con ricavi, nell'anno precedente, di ammontare non superiore a € 400.000, spetta un credito d'imposta **pari al** 30% delle commissioni addebitate per i pagamenti effettuati da privati (persone fisiche non imprenditori né professionisti) mediante carte di credito, di debito o prepagate e altri strumenti di pagamento elettronici tracciabili, emessi da operatori finanziari.
Il credito d'imposta era **incrementato al** 100% se, **dal** 1° luglio 2021 **al** 30 giugno 2022, le imprese, che effettuano cessioni di beni o prestazioni di servizi nei confronti di consumatori finali, adottavano strumenti di pagamento elettronico collegati ai **registratori di cassa** o **strumenti di pagamento evoluto** quali carte di credito, di debito o prepagate (questo credito si aggiunge a quelli indicati al n. 53859).

Si applica nel rispetto delle condizioni e dei limiti previsti per gli **aiuti «de minimis»** (v. n. 37956).

38982 **FRUIZIONE** Il credito può essere **utilizzato** esclusivamente in compensazione tramite Mod. F24 (cod. trib. 6916) dal mese successivo a quello di sostenimento della spesa.
Va **indicato** nella dichiarazione dei redditi relativa al periodo d'imposta di maturazione e nelle dichiarazioni dei redditi relative ai periodi d'imposta successivi fino a quello in cui se ne conclude l'utilizzo.
Non rileva ai fini IRPEF, IRES e IRAP né ai fini della deducibilità degli interessi passivi o delle spese generali.

38984 **ADEMPIMENTI DEGLI OPERATORI FINANZIARI** Gli operatori finanziari devono **trasmettere** telematicamente **all'AE** entro il giorno 20 del mese successivo a quello di riferimento:
- codice fiscale delle imprese;
- mese e anno di addebito;
- totale delle operazioni di pagamento effettuate nel mese di riferimento;
- totale delle operazioni di pagamento riconducibili ai privati nel mese di riferimento;
- commissioni addebitate per le operazioni di pagamento riferite ai privati;
- costi fissi periodici che ricomprendono un numero variabile di operazioni in franchigia.

Gli operatori **non residenti privi di S.O.** devono richiedere l'attribuzione del codice fiscale, abilitarsi ai servizi telematici dell'AE e accreditarsi al Sistema di interscambio.

38985 In caso di **omissioni o errori**, gli operatori finanziari possono, alternativamente (Provv. AE 29 aprile 2020 n. 181301 e Risp. AE 27 ottobre 2020 n. 503):

– annullare tutti i dati trasmessi riferiti a quella mensilità e trasmettere una nuova comunicazione entro il termine sopra indicato; in mancanza, si applica la sanzione da € 250 a € 2.000, non ravvedibile;
– rettificare o cancellare i dati trasmessi relativi a singole imprese, inviando un'apposita comunicazione entro il terzo mese successivo al suddetto termine; in tal caso, si applica la sanzione da € 250 a € 2.000, ravvedibile.

Gli operatori finanziari devono, inoltre, trasmettere telematicamente **alle imprese**, entro il 38986
termine di cui al n. 38984 (Provv. Banca d'Italia 21 aprile 2020):
a) elenco e valore totale delle operazioni di pagamento effettuate nel mese di riferimento;
b) numero e valore totale delle operazioni di pagamento effettuate da privati nel mese di riferimento;
c) prospetto descrittivo delle commissioni addebitate alle imprese nel mese di addebito con indicazione dell'ammontare delle commissioni totali, delle commissioni addebitate per le operazioni di pagamento effettuate da privati e dei costi fissi periodici che ricomprendono un numero variabile di operazioni in franchigia.
Le imprese devono **conservare** la documentazione relativa alle commissioni addebitate per 10 anni dall'anno in cui il credito è stato utilizzato.

R. Servizi digitali

(art. 190 DL 34/2020 conv. in L. 77/2020, art. 1 c. 610 L. 178/2020 e DPCM 4 agosto 2020)

Dal 2020 **al** 2022, a determinate imprese editrici di quotidiani e periodici spetta un credito 38988
d'imposta **pari al** 30% della spesa sostenuta nell'anno precedente per:
– acquisizione dei servizi di «server», «hosting» e manutenzione evolutiva per le testate edite in formato digitale;
– «information technology» di gestione della connettività.

> Il credito d'imposta è concesso nel rispetto dei **limiti** previsti per gli aiuti «de minimis» (v. n. 37956 e s.).

BENEFICIARI **Sono** le imprese editrici di quotidiani e periodici con: 38989
– sede legale in uno Stato UE o SEE;
– residenza o S.O. in Italia;
– cod. Ateco 58.13 (edizione di quotidiani) o 58.14 (edizione di riviste e periodici);
– iscrizione al Registro degli Operatori della Comunicazione (ROC), istituito presso l'Autorità per le Garanzie nella Comunicazione;
– almeno un dipendente a tempo indeterminato.

> Sono **escluse** le imprese beneficiarie dei contributi diretti (previsti dall'art. 2 c. 1-2 L. 198/2016 e dal D.Lgs. 70/2017).

DOMANDA Le imprese dovevano presentare **dal** 20 ottobre **al** 20 novembre dell'anno in 38990
cui il credito d'imposta si riferisce, un'apposita domanda al Dipartimento per l'Informazione e l'Editoria istituito presso la Presidenza del Consiglio dei ministri, tramite il sito internet www.impresainungiorno.gov.it.
La domanda deve essere corredata da apposita **dichiarazione sostitutiva** di atto di notorietà, attestante:
– possesso dei requisiti per il riconoscimento del credito d'imposta (v. par. precedenti);
– effettivo sostenimento delle spese risultante da apposita attestazione che le imprese devono richiedere ai professionisti abilitati al rilascio del visto di conformità (v. n. 37865) o ai revisori legali dei conti;
– informazioni relative agli aiuti «de minimis» ricevuti nei due anni precedenti e in quello in corso.

> L'**elenco** dei soggetti cui è riconosciuto il credito, con il relativo importo a ciascuno spettante, è **pubblicato** sul sito internet www.informazioneeditoria.gov.it.

38992 **FRUIZIONE** Il credito d'imposta è:
– **utilizzabile** in compensazione col Mod. F24 (cod. trib. 6919 – Ris. AE 23 dicembre 2020 n. 81/E), da **presentare** solo tramite i servizi telematici dell'AE dal quinto giorno lavorativo successivo alla pubblicazione dell'elenco dei beneficiari;
– **indicato** nella dichiarazione dei redditi relativa all'anno di concessione del credito d'imposta e in quelle successive finché non se ne conclude l'utilizzo (per i soggetti con periodo d'imposta non coincidente con l'anno solare, nella dichiarazione dei redditi relativa al periodo d'imposta in corso al 31 dicembre dell'anno di concessione del credito);
– **alternativo** e **non cumulabile** con altre agevolazioni.

38993 **REVOCA** È revocato **se**:
– è insussistente uno dei requisiti previsti dalla legge;
– la documentazione presentata contiene elementi non veritieri o risultano false le dichiarazioni rese.
Se dagli accertamenti effettuati sono emersi elementi che condizionano esclusivamente la misura del credito, il credito è rideterminato.

S. Sistema di filtraggio dell'acqua

(art. 1 c. 1087-1088 L. 178/2020, Provv. AE 16 giugno 2021 n. 153000 e Provv. AE 28 gennaio 2022 n. 28334)

38995 **Dal** 2021 **al** 2023, alle imprese spetta un credito d'imposta **pari al** 50% per le **spese** sostenute fino a un massimo di € 5.000 (se persone fisiche non imprenditori € 1.000) per ciascun immobile (posseduto o detenuto in base a un titolo idoneo) adibito all'attività commerciale, per i seguenti interventi:
a) acquisto e l'installazione di sistemi di filtraggio, mineralizzazione, raffreddamento e addizione di anidride carbonica alimentare E 290;
b) miglioramento qualitativo delle acque erogate da acquedotti.

38996 **IMPUTAZIONE DELLE SPESE** Le spese si imputano secondo il **principio di competenza** (salvo per persone fisiche, lavoratori autonomi, enti non commerciali, imprese individuali e società di persone in regime di contabilità semplificata, per cui si applica il principio di cassa).
Le spese sostenute devono risultare da **fattura elettronica** (per i soggetti non tenuti a emetterla è valida anche l'emissione di una fattura normale) o da **documento commerciale** in cui sia riportato il codice fiscale del beneficiario.

Le **imprese in contabilità semplificata** devono sostenere le spese con versamento bancario o postale, carte di debito, di credito e prepagate, assegni bancari e circolari o mediante altri sistemi di pagamento.

38997 **DOMANDA** **Dal** 1° **al** 28 febbraio dell'anno successivo a quello di sostenimento della spesa, il beneficiario deve **comunicare** all'AE, anche tramite intermediario abilitato, l'ammontare della spesa agevolabile, inviando il **modello** per la «Comunicazione delle spese per il miglioramento dell'acqua potabile», tramite il servizio web disponibile nell'area riservata dell'AE o i canali telematici dell'AE.
Il beneficiario, **entro** il suddetto termine, può inviare una nuova comunicazione, che va a sostituire quella già trasmessa, o rinunciare al credito d'imposta indicato precedentemente.
La **percentuale** del credito d'imposta effettivamente fruibile è del 30,3745% che è dato dal rapporto tra il limite complessivo di spesa (€ 5.000.000) e l'ammontare complessivo dei crediti d'imposta risultante dalle comunicazioni presentate all'AE entro il 28 febbraio 2022, pari a € 16.461.141 (Provv. AE 31 marzo 2022 n. 102326).

L'AE rilascia una **ricevuta** entro 10 giorni della presentazione della comunicazione.

38998 **FRUIZIONE** Il credito è **utilizzabile**:
– per tutti i beneficiari, in compensazione col Mod. F24 (cod. tributo 6975) tramite i servizi telematici dell'AE. **Non si applica** il limite massimo di crediti compensabili pari a € 2.000.000 (art. 1 c. 72 L. 234/2021).

– per le sole persone fisiche, anche nella dichiarazione dei redditi relativa al periodo d'imposta di sostenimento delle spese e in quelle successive fino a quando non se ne conclude l'utilizzo.

T. Altre agevolazioni

Di seguito si elencano i beneficiari e gli estremi normativi di riferimento delle agevolazioni che non sono state trattate analiticamente nel presente capitolo in quanto diverse da quelle ritenute di più diffusa applicazione e molto specifiche. **38999**

Beneficiari e tipo di agevolazione	Fonte
credito d'imposta per la riqualificazione e il miglioramento delle strutture ricettive turistico-alberghiere e simili	art. 10 DL 83/2014 conv. in L. 106/2014, DM 7 maggio 2015, Provv. AE 14 gennaio 2016 n. 6743, Ris. AE 20 gennaio 2016 n. 5/E, FAQ MIBACT, art. 79 DL 104/2020 conv. in L. 126/2020
credito d'imposta per la digitalizzazione di agenzie di viaggio e tour operator	art. 4 DL 152/2021 conv. in L. 233/2021
credito d'imposta per la quotazione delle PMI	art. 1 c. 89-92 L. 205/2017, art. 1 c. 395 L. 197/2022
credito d'imposta per le imprese turistiche	art. 1 DL 152/2021 conv. in L. 233/2021
credito d'imposta per la costituzione di società benefit	art. 38 ter DL 34/2020 conv. in L. 77/2020, DM 12 novembre 2021, DD MISE 4 maggio 2022, Ris. AE 27 luglio 2022 n. 42/E
credito d'imposta per le imprese energivore	art. 15 DL 4/2022 conv. in L. 25/2022, art. 4 DL 17/2022, Ris. AE 21 marzo 2022 n. 13/E, Ris. AE 14 aprile 2022 n. 18/E, Circ. AE 13 maggio 2022 n. 13/E, Ris. AE 13 giugno 2022 n. 28/E, Circ. AE 16 giugno 2022 n. 20/E, Circ. AE 11 luglio 2022 n. 25/E, Ris. AE 12 luglio 2022 n. 38/E
crediti d'imposta per le imprese diverse da quelle energivore e gasivore	art. 3-5 DL 21/2022, Ris. AE 14 aprile 2022 n. 18/E, Circ. AE 13 maggio 2022 n. 13/E, Circ. AE 16 giugno 2022 n. 20/E, Circ. AE 11 luglio 2022 n. 25/E, Ris. AE 12 luglio 2022 n. 38/E
credito d'imposta per le imprese a forte consumo di gas naturale e per quelle che effettuano investimenti nel Sud Italia, volti a ottenere una migliore efficienza energetica e a promuovere la produzione di energia da fonti rinnovabili, anche tramite la realizzazione di sistemi di accumulo abbinati agli impianti fotovoltaici	art. 5 DL 17/2022, art. 14 DL 17/2022, Ris. AE 14 aprile 2022 n. 18/E, Circ. AE 13 maggio 2022 n. 13/E, Circ. AE 11 luglio 2022 n. 25/E, Ris. AE 12 luglio 2022 n. 38/E
credito d'imposta per le erogazioni liberali per interventi di manutenzione e restauro di impianti sportivi pubblici e per la realizzazione di nuove strutture sportive pubbliche	art. 1 c. 614 L. 197/2022
alle imprese che effettuano erogazioni liberali in denaro a enti del Terzo settore che hanno presentato al ministero del lavoro un progetto per il recupero di immobili pubblici inutilizzati o beni mobili e immobili confiscati alla criminalità organizzata, spetta un credito d'imposta (c.d. social bonus) pari al 50%	art. 81 D.Lgs. 117/2017, DM 23 febbraio 2022 n. 89
credito d'imposta formazione e inserimento di giovani neolaureati nel sistema produttivo	art. 1 c. 536-539 L. 178/2020, DM 19 novembre 2021, Ris. AE 27 luglio 2022 n. 44/E

38999
(segue)

Beneficiari e tipo di agevolazione	Fonte
alle imprese che effettuano R&S per farmaci, compresi i vaccini, spetta un credito d'imposta pari al 20%, fino ad un massimo di € 20.000.000 annui, per le spese sostenute dal 1° giugno 2021 al 31 dicembre 2030	art. 31 c. 1-5 DL 73/2021 conv. in L. 106/2021, Ris. AE 23 settembre 2022 n. 52/E
alle imprese, pubbliche e private, che dal 2022 svolgono attività di ricerca per lo sviluppo di protocolli terapeutici sulle malattie rare o per la produzione dei farmaci orfani o che finanziano progetti di ricerca sulle malattie rare o sui farmaci orfani, è riconosciuto un credito d'imposta del 65% delle spese sostenute per l'avvio e per la realizzazione dei progetti di ricerca	art. 12 L. 175/2021
alle imprese che nel 2021 o nel 2022 effettuano donazioni fino all'importo massimo di € 100.000 per borse di studio, iniziative formative finalizzate allo sviluppo e all'acquisizione di competenze manageriali, promosse da università pubbliche e private, istituti di formazione avanzata o scuole di formazione manageriale pubbliche e private, spetta un credito d'imposta, fino: – per le piccole e microimprese, al 100%; – per le medie imprese, al 90%; – per le grandi imprese, all'80%. Con decreto saranno stabilite le disposizioni di attuazione	art. 1 c. 536-538 L. 178/2020
credito d'imposta per le rimanenze finali di magazzino nel settore tessile, della moda e degli accessori	art. 48 bis DL 34/2020 conv. in L. 77/2020, art. 3 DL 4/2022 conv. in L. 25/2022, Provv. AE 11 ottobre 2021 n. 262282, Provv. AE 28 ottobre 2021 n. 293378, Provv. AE 26 novembre 2021 n. 334506, Ris. AE 30 novembre 2021 n. 65/E, Provv. AE 23 giugno 2022 n. 236366
imballaggi e prodotti riciclati	art. 1 c. 73-79 L. 145/2018, DM 14 dicembre 2021
prodotti da riciclo e riuso	art. 26 ter DL 34/2019 conv. in L. 58/2019, DM 6 ottobre 2021
alle imprese editrici di quotidiani e periodici che stipulano, anche attraverso associazioni rappresentative, accordi di filiera che garantiscono la diffusione della stampa nei piccoli comuni e in quelli con un solo punto vendita di giornali, spetta un credito d'imposta pari al 30% della spesa sostenuta nel 2020 per la distribuzione delle testate edite e per il trasporto dai poli di stampa ai punti vendita	art. 67 c. 1-6 DL 73/2021 conv. in L. 106/2021, DPCM 26 ottobre 2021
esercenti attività commerciali che operano nel settore della vendita al dettaglio di giornali, riviste e periodici e imprese di distribuzione della stampa che riforniscono di giornali quotidiani o periodici rivendite situate nei comuni inferiori a 5.000 abitanti e in quelli con un solo punto vendita	art. 1 c. 806-809 L. 145/2018, art. 1 c. 393 L. 160/2019, art. 189 DL 34/2020 conv. in L. 77/2020, art. 1 c. 609 L. 178/2020 e Ris. AE 18 dicembre 2019 n. 107/E
titolari di reddito d'impresa che effettuano erogazioni liberali, nei limiti del 10 per mille dei ricavi annui, per interventi su edifici e terreni pubblici (v. n. 2398)	art. 1 c. 156-161 L. 145/201830 dicembre 2018, DPCM 10 dicembre 2021
PMI che sostengono costi per l'ammissione alla quotazione in un mercato regolamentato o in sistemi multilaterali di negoziazione di uno Stato UE o SEE	art. 1 c. 89-92 L. 205/2017, DM 23 aprile 2018 e Ris. AE 21 maggio 2019 n. 52/E
esercenti attività nel settore della vendita al dettaglio di libri in esercizi specializzati	art. 1 c. 319-321 L. 205/2017, art. 10 L. 15/2020, art. 1 c. 351 L. 234/2021, DM 23 aprile 2018, Provv. AE 12 dicembre 2018 n. 513615, Ris. AE 13 dicembre 2018 n. 87/E

38999 (segue)

Beneficiari e tipo di agevolazione	Fonte
imprese di produzione cinematografica e audiovisiva	art. 15 L. 220/2016, DM 19 aprile 2016, DM 15 marzo 2018, DD 6 luglio 2018, Ris. AE 30 ottobre 2018 n. 81/E, Ris. AE 8 giugno 2021 n. 42/E
imprese di distribuzione cinematografica e audiovisiva	art. 16 L. 220/2016 e Ris. AE 30 ottobre 2018 n. 81/E, DM 3 febbraio 2021
imprese di esercizio cinematografico, industrie tecniche e di post produzione	artt. 17 e 19 L. 220/2016, Ris. AE 30 ottobre 2018 n. 81/E, Risp. AE 22 maggio 2019 n. 152 e n. 153, Ris. AE 8 giugno 2021 n. 42/E, art. 23 DL 50/2022
esercenti sale cinematografiche	art. 18 L. 220/2016, Ris. AE 30 ottobre 2018 n. 81/E, Risp. AE 22 maggio 2019 n. 152 e n. 153, art. 23 DL 50/2022
imprese non appartenenti al settore cinematografico o audiovisivo che apportano denaro per la produzione e la distribuzione di opere di tale settore	art. 20 L. 220/2016 e Ris. AE 30 ottobre 2018 n. 81/E
imprese produttrici di fonogrammi e di videogrammi musicali e imprese organizzatrici e produttrici di spettacoli di musica dal vivo	art. 7 DL 91/2013 conv. in L. 112/2013, art. 1 c. 577-580 L. 147/2013, art. 1 DPCM 20 febbraio 2014, DM 2 dicembre 2014, Provv. AE 23 dicembre 2015 n. 164098, Ris. AE 18 gennaio 2016 n. 4/E, art. 5 c. 3 L. 175/2017 e Risp. AE 8 aprile 2019 n. 14

PARTE II

IRAP

SOMMARIO

L'imposta regionale sulle attività produttive (IRAP) è applicata alle **attività produttive esercitate** nel territorio di ciascuna regione. 39000
Una quota dell'IRAP versata in ciascun periodo d'imposta è deducibile dall'IRES e dall'IRPEF (v. n. 23207 e s.).

SOGGETTI (art. 3 D.Lgs. 446/97 e art. 1 c. 8 L. 234/2021) Dal 2022 si applica solamente ai seguenti soggetti: 39003
– società in nome collettivo, in accomandita semplice e assimilate (v. n. 34020 e s.);
– società semplici esercenti arti e professioni e associazioni professionali (v. n. 34090 e n. 34140);
– soggetti IRES: società ed enti commerciali residenti, trust; società ed enti di ogni tipo con o senza personalità giuridica non residenti;
– enti non commerciali, pubblici e privati e amministrazioni pubbliche (v. n. 97000 e s.).

L'IRAP **non si applica** ai seguenti soggetti: 39005
– persone fisiche esercenti attività di impresa (anche in forma di impresa familiare) o arti e

professioni a prescindere dalle modalità di determinazione del reddito (art. 1 c. 8 L. 234/2021);
- fondi comuni di investimento;
- fondi pensione;
- gruppi economici di interesse europeo (GEIE);
- incaricati di vendita a domicilio;
- che esercitano attività agricola (v. n. 7150 e s.), cooperative e consorzi che forniscono in via principale servizi nel settore selvicolturale (art. 8 D.Lgs. 227/2001) e cooperative agricole e della piccola pesca e loro consorzi (v. n. 25490);
- società semplici titolari di redditi derivanti dalla concessione in affitto di terreni o fabbricati (Circ. Min. 4 giugno 1998 n. 141/E) o dalla concessione in affitto della propria azienda agricola (Ris. AE 23 novembre 2007 n. 340/E).

> Precisazioni 1) Il valore della produzione netta dei **GEIE residenti** in Italia o delle **stabili organizzazioni** in Italia di GEIE non residenti, è tassato in capo a ciascun membro.
2) I **fondi pensione** sono esclusi anche quando siano **interni**, ossia istituiti nell'ambito del patrimonio di una singola società o ente pubblico a norma dell'art. 2117 c.c. (Ris. AE 22 ottobre 2004 n. 131/E).

39010 **TERRITORIALITÀ** (art. 15 D.Lgs. 446/97) L'IRAP è dovuta **esclusivamente** sulle attività produttive **svolte nel territorio dello Stato** e, in particolare, spetta alla regione nel cui territorio l'attività è esercitata. In caso di attività **esercitata in più regioni** o in parte in Italia e in parte all'estero, sono previste precise modalità per stabilire l'assoggettamento a IRAP per ciascuna regione o l'esclusione dalla stessa per la parte di attività svolta fuori dal territorio nazionale (v. n. 39430 e s.).

39015 **Non residenti che esercitano attività in Italia** (art. 12 c. 2 e 2 bis D.Lgs. 446/97) Per i soggetti non residenti in Italia che svolgono attività produttiva in una regione italiana, l'imposta trova applicazione solo quando l'esercizio dell'attività medesima si sia prolungato per un periodo di **almeno tre mesi** tramite una **stabile organizzazione** (cantieri, succursali, laboratori o officine).

39020 **Adeguamento alle convenzioni internazionali** (art. 44 D.Lgs. 446/97) Per i soggetti che esercitano attività produttive sia in Italia che all'estero, nella generalità dei casi, trovano applicazione le esistenti Convenzioni bilaterali per evitare le doppie imposizioni, in quanto l'IRAP è stata equiparata ai tributi da essa assorbiti. Alcuni Paesi hanno già provveduto al riconoscimento esplicito dell'imposta; in ogni caso, il regime di esclusione da tassazione previsto per l'ILOR nelle more della revisione delle vigenti convenzioni, deve intendersi accordato anche per l'IRAP (Circ. AE 18 aprile 2002 n. 33/E).
La Convenzione Italia-Stati Uniti 25 agosto 1999, che si applica alle stabili organizzazioni in Italia di soggetti residenti negli Stati Uniti o alle società di capitali residenti in Italia relativamente alle quali almeno il 10% delle azioni con diritto di voto è posseduto da una società statunitense, prevede il riconoscimento di un credito di imposta per una quota dell'IRAP pagata (per un esempio di calcolo v. Istr. Mod. IRAP).
Le **stabili organizzazioni di imprese di navigazione marittima e aerea** sono convenzionalmente tassate esclusivamente nel Paese dove ha sede la direzione effettiva (Circ. Min. 12 novembre 1998 n. 263/E).

SEZIONE 1

Determinazione dell'imposta

39100 L'IRAP è dovuta per periodi d'imposta, a ciascuno dei quali corrisponde un'obbligazione tributaria autonoma (per la definizione di periodo d'imposta si veda n. 780 e n. 21065).
È determinata applicando al valore della produzione netta, nel seguito **base imponibile**, diminuita delle deduzioni eventualmente spettanti, un'aliquota stabilita in misura diversa a seconda della tipologia di soggetti. Se l'attività è svolta nel territorio di **più regioni**, vi sono regole particolari per stabilire la parte di imponibile di competenza di ciascuna di esse.
La base imponibile è ottenuta come differenza tra i componenti positivi e i componenti negativi,

analiticamente indicati dal legislatore per ciascuna tipologia di soggetti in base all'**attività** esercitata (art. 4 D.Lgs. 446/97).
In caso di esercizio di attività con **presupposti imponibili diversi** (es. soggetto che esercita sia attività di impresa che attività professionale oppure attività agricola e di agriturismo) si deve procedere **separatamente** alla determinazione della base imponibile e non è possibile operare compensazioni fra risultati positivi e negativi.

Le singole regioni possono **variare** (in più o in meno) l'aliquota, entro il limite di 0,92% differenziandola per attività e per soggetti passivi d'imposta (art. 16 c. 3 D.Lgs. 446/97).

Di seguito si illustrano i criteri di determinazione della base imponibile e dell'imposta per le imprese industriali, commerciali e di servizi, gli esercenti arti e professioni e i soggetti operanti nel settore agricolo per le attività produttive di reddito d'impresa. **39105**

Le particolarità che riguardano gli **enti non commerciali** privati sono illustrate nell'apposito capitolo (v. n. 97280 e s.), mentre per quelle relative a **banche** e società **finanziarie** e a imprese di **assicurazione** si rinvia alla normativa di riferimento (artt. 6, 7 e 16 c. 1 bis D.Lgs. 446/97).

I. Imprese industriali, commerciali e di servizi

Sono previsti **criteri di determinazione** della base imponibile diversi per le società di capitali (s.p.a., s.r.l., s.a.p.a., società cooperative e di mutua assicurazione), enti commerciali (pubblici e privati) e trust commerciali, da una parte, e le società di persone, dall'altra, salvo, per queste ultime la possibilità di optare per l'applicazione delle regole delle prime. **39110**
Ai **Confidi** di 1° e di 2° grado, anche costituiti sotto forma di società cooperativa o consortile e alle **cooperative edilizie** (a proprietà divisa o indivisa) si applicano le regole di determinazione (e l'aliquota) degli enti non commerciali privati cui, pertanto, si rinvia (v. n. 97280 e s.).

Se la società risulta non operativa ai fini della disciplina sulle **società di comodo**, si applica la presunzione secondo cui la base imponibile non può essere inferiore al **reddito minimo presunto**, determinato con le regole illustrate al n. 35000 e s., aumentato delle retribuzioni sostenute per i dipendenti, dei compensi spettanti ai collaboratori e di quelli per prestazioni di lavoro autonomo non esercitato abitualmente e degli interessi passivi (art. 30 c. 3 bis L. 724/94), sottraendo, dal risultato così ottenuto, le agevolazioni e le deduzioni spettanti ai fini IRAP (es. deduzione per lavoro dipendente). **39115**
Non rileva, pertanto, la base imponibile determinata con le regole sotto esposte per le società di capitali o le società di persone.

A. Società di capitali ed enti commerciali

(art. 5 D.Lgs. 446/97)

BASE IMPONIBILE È così determinata: **39120**
– differenza tra il valore e i costi della produzione di cui alle lettere A) e B) art. 2425 c.c., con esclusione delle voci di cui ai numeri 9), 10), lett. c) e d), 12) e 13), **quali risultano dal conto economico** (C/E) dell'esercizio redatto secondo corretti principi contabili (v. **tabella**), senza tenere conto delle limitazioni e forfetizzazioni applicate ai fini IRES (es. auto ad uso promiscuo, spese di rappresentanza, telefoni, ecc., salvo le eccezioni indicate in tabella);
– a questa vanno effettuate le opportune **variazioni** in diminuzione e/o in aumento conseguenti all'applicazione di **regole specifiche** di partecipazione o esclusione di alcuni costi e/o ricavi dalla base imponibile (v. n. 39126);
– infine, si applicano le **deduzioni** previste dalla disciplina IRAP, per lavoro dipendente (v. n. 39150) e forfettaria per scaglioni di base imponibile (v. n. 39250).
Per le imprese che svolgono **attività di ricerca e sviluppo**, l'opzione per il c.d. «Patent Box» esplica effetti anche ai fini IRAP (per le regole v. n. 25305 e s.).

>**Precisazioni** 1) I componenti positivi e negativi classificabili in voci del conto economico diverse da quelle indicate concorrono alla formazione della base imponibile se correlati a componenti rilevanti della

base imponibile di periodi d'imposta precedenti o successivi (c.d. principio di **correlazione**). L'eliminazione dell'area straordinaria del C/E (v. n. 39128) dovrebbe ridurre drasticamente l'ambito di applicazione di questo principio.
2) L'**erronea contabilizzazione** di costi e/o ricavi nel periodo di competenza determina una maggiore/minore imposta versata, con le **conseguenze** illustrate ai fini IRES (v. n. 21506 e s.).
3) Rileva anche per l'IRAP l'applicazione della disciplina dei prezzi di trasferimento (**transfer pricing**, v. n. 21645 e s.).

A) valore della produzione		
1)	ricavi delle vendite e delle prestazioni	rilevano anche i **maggiori ricavi** non annotati nelle scritture contabili conseguenti all'**adeguamento** agli **ISA**, anche se relativi al primo periodo d'imposta in cui trovano applicazione, e vanno indicati in apposito rigo della dichiarazione
2)	variazioni delle rimanenze di prodotti in corso di lavorazione, semilavorati e finiti	
3)	variazioni dei lavori in corso su ordinazione	
4)	incrementi di immobilizzazioni per lavori interni	
5)	altri ricavi e proventi, con separata indicazione dei contributi in conto esercizio	i **contributi** erogati **in base alla legge** concorrono in ogni caso alla formazione della base imponibile, ad eccezione di quelli correlati a costi indeducibili, e sempre che l'esclusione dalla base imponibile non sia prevista dalle leggi istitutive dei singoli contributi o da altre disposizioni di carattere speciale (come, ad esempio, per i crediti d'imposta concessi per l'incremento della base occupazionale)
	(meno)	
B) costi della produzione		
6)	costi per materie prime, sussidiarie, beni di consumo e merci	
7)	costi per servizi	
8)	costi per godimento di beni di terzi	
10) lett. a)	ammortamenti delle immobilizzazioni immateriali	Il costo sostenuto per l'acquisizione di marchi d'impresa o a titolo di avviamento è ammesso in deduzione in quote (di ammortamento) di **misura non superiore** a un diciottesimo del costo, indipendentemente dall'imputazione al conto economico
10) lett. b)	ammortamenti delle immobilizzazioni materiali	• Si applicano le **limitazioni** alla deducibilità delle quote di ammortamento e dei canoni di leasing riferibili ai **terreni sottostanti ai fabbricati** previste ai fini IRES (v. n. 23630 e n. 23775) (Circ. AE 22 luglio 2009 n. 39/E e Circ. AE 23 giugno 2010 n. 38/E). • Gli **oneri finanziari** e le **spese** per il **personale** sostenuti per la realizzazione, con lavori interni, delle immobilizzazioni, qualora **capitalizzati** senza transitare nella voce A4 del conto economico devono essere oggetto di **variazione in aumento** della base imponibile in dichiarazione (Circ. AE 20 giugno 2012 n. 26/E). • In caso di **operazioni straordinarie** (conferimento d'azienda, fusione o scissione), i **maggiori valori** iscritti in bilancio, sono riconosciuti solo se si è effettuato l'affrancamento (v. n. 89800, n. 91425 e n. 91950)
11)	variazioni delle rimanenze di materie prime, sussidiarie, di beni di consumo e merci	
14)	oneri diversi di gestione	

39126 Nella **tabella** seguente sono indicate le **regole specifiche** di partecipazione o esclusione dalla base imponibile stabilite per alcuni componenti di reddito, che vanno **rilevate in dichiarazione** tramite apposite rettifiche in aumento o in diminuzione.

39126 (segue)

Componenti di reddito	Modalità di partecipazione alla determinazione della base imponibile
quota interessi dei canoni di locazione finanziaria, desunta dal contratto	non deducibili con variazione in aumento in dichiarazione. Per la quantificazione, i soggetti che adottano i principi contabili nazionali possono continuare a fare riferimento al criterio di individuazione forfetaria prevista dall'art. 1 DM 24 aprile 1998; quelli che adottano gli IAS/IFRS devono fare riferimento alla quota di interessi passivi impliciti imputata a conto economico in conformità allo IAS 17, se maggiore rispetto a quella «desunta dal contratto» (Circ. AE 21 aprile 2009 n. 19/E)
perdite su crediti	come sopra
IMU (art. 14 c. 1 D.Lgs. 23/2011)	come sopra
contributo **sanitario** obbligatorio versato con il premio di assicurazione RC per veicoli e natanti (art. 12 c. 2 bis DL 102/2013 conv. in L. 124/2013)	come sopra
accantonamenti per rischi ed oneri	in via ordinaria, sono irrilevanti nella determinazione della base imponibile, oltre a quelli ordinariamente classificati nelle voci B12 e B13 del CE anche quelli imputati a voci diverse; tuttavia, i corrispondenti costi, risulteranno deducibili al momento dell'effettivo sostenimento (Circ. AE 19 febbraio 2008 n. 12/E e Ris. AE 19 maggio 2008 n. 204/E). **Eccezione**: sono deducibili, in ciascun periodo d'imposta, attraverso l'effettuazione di una **variazione in diminuzione** in sede di dichiarazione (Circ. AE 20 giugno 2012 n. 26/E): – oneri stanziati per le spese che dovranno sostenersi **dopo la chiusura delle discariche**; – accantonamenti stanziati dall'affittuario nell'ambito dell'**affitto d'azienda**, per **ripristinare le immobilizzazioni** allo stato in cui devono essere restituiti al concedente
svalutazioni delle immobilizzazioni imputate a conto economico	irrilevanti, ma le maggiori quote di ammortamento derivanti dal mancato riconoscimento sono deducibili dalla base imponibile tramite variazioni in diminuzione in dichiarazione (Circ. AE 20 giugno 2012 n. 26/E)
componenti positivi e negativi di natura **straordinaria** derivanti da **trasferimenti di azienda** o di rami di azienda risultanti dal conto economico	non rilevano (art. 13 bis c. 3 DL 244/2016 conv. in L. 19/2017)
plusvalenze e minusvalenze da **cessione di immobili «patrimonio»**	concorrono in ogni caso alla formazione della base imponibile, con variazione in aumento o in diminuzione in dichiarazione (assumendo, per il computo, il valore fiscale del bene - Circ. AE 26 maggio 2009 n. 27/E)
quote residue dei componenti negativi la cui deduzione è stata rinviata in applicazione della precedente disciplina (art. 1 c. 51 L. 244/2007)	continuano ad applicarsi le regole precedenti; ad esempio, le **quote di ammortamento** imputate a conto economico in esercizi precedenti a quello di decorrenza del nuovo regime ma **non dedotte** perché eccedenti i coefficienti ministeriali possono essere portate in deduzione a partire dall'esercizio successivo a quello in cui si conclude l'ammortamento contabile, nei limiti dell'importo derivante dall'applicazione dei coefficienti stessi (Circ. AE 26 maggio 2009 n. 27/E)
somme corrisposte, anche su base volontaria al **fondo istituito**, con mandato senza rappresentanza, **presso uno dei consorzi** cui le imprese aderiscono in ottemperanza a obblighi di legge, in conformità alle disposizioni di legge o contrattuali (art. 11 c. 1 lett. a D.Lgs. 446/97)	deducibili, indipendentemente dal trattamento contabile ad esse applicato, a condizione che siano utilizzate in conformità agli scopi di tali consorzi

39128 **Soggetti OIC** Nella **tabella** sono rappresentati gli impatti sulla base imponibile IRAP delle norme sul bilancio introdotte dal D.Lgs. 139/2015 e delle correlate norme di coordinamento fiscale (v. n. 21190).

Tema	Cambiamenti bilancio/principi OIC	Impatto sulla base imponibile IRAP
Componenti straordinari	– eliminazione della sezione - E - del C/E – riclassificazione per natura nelle altre sezioni	– irrilevanza delle componenti da cessioni e conferimenti di azienda/ramo – rilevanza delle altre componenti in base alla riclassificazione nel C/E
Crediti, **debiti** e **titoli**	applicazione del **criterio del costo ammortizzato** conseguente emersione di componenti di varia natura in C/E	rilevanza dell'applicazione del criterio (positiva o negativa a seconda della sezione del C/E interessata)
Costi di **pubblicità** e **ricerca applicata**	– capitalizzazione non più consentita – imputazione al C/E dell'esercizio	tempistica della deduzione
Prima applicazione	norme valide per: – la prima applicazione della riforma – a regime, per variazioni nei principi e per la prima adozione in caso di cambio di categoria dimensionale del soggetto	– rilevanza dei componenti imputati a patrimonio netto, se imputabili a C/E secondo le norme previgenti – rilevanza ai fini IRAP delle regole dettate ai fini IRES (v. n. 21214)

39130 **Soggetti IAS/IFRS** Per la determinazione della base imponibile rilevano le voci di bilancio corrispondenti a quelle indicate al n. 39120 e s.
A prescindere dall'imputazione a conto economico, deducono il costo dei **beni immateriali a vita utile indefinita** alle stesse condizioni e con gli stessi limiti annuali stabiliti per i marchi e l'avviamento (v. n. 39120 - art. 10 DM 8 giugno 2011).

39131 **Componenti imputati a patrimonio netto** A regime, sia per i soggetti **OIC** che **IAS/IFRS**, i componenti **imputati** direttamente a **patrimonio netto** (o, per i soggetti IAS/IFRS anche al prospetto delle altre componenti di conto economico complessivo - OCI), concorrono alla formazione della base imponibile al momento dell'imputazione a C/E.
Se per tali componenti non è mai prevista l'imputazione a C/E la rilevanza fiscale è stabilita secondo le disposizioni applicabili ai componenti imputati a conto economico aventi la medesima natura (art. 2 c. 2 DM 8 giugno 2011, DM 3 agosto 2017); in tal caso, i componenti vanno indicati in apposito rigo del quadro IC.

1. Spese per prestazioni di lavoro

39150 Dal 2021, è possibile distinguere a seconda che le spese in oggetto siano riferite a personale dipendente a tempo indeterminato e lavoratori stagionali, ovvero altre tipologie di prestazioni di lavoro (dipendenti a tempo determinato, lavoro autonomo occasionale, collaborazione, ecc.).

> Per i soggetti residenti che svolgono **anche attività all'estero**, le deduzioni sono riconosciute limitatamente al personale impiegato in Italia (Circ. AE 3 aprile 2013 n. 8/E).

39151 **DIPENDENTI A TEMPO INDETERMINATO E LAVORO STAGIONALE** (art. 11 c. 4-octies D.Lgs. 446/97) Dal periodo d'imposta precedente a quello in corso al 22 giugno 2022 (ossia **dal 2021**, per i soggetti con esercizio coincidente con l'anno solare), è ammesso in deduzione il **costo complessivo** per il personale dipendente con contratto a tempo indeterminato.
Inoltre, per ogni lavoratore **stagionale impiegato per almeno** 120 giorni per 2 periodi d'imposta, a decorrere dal secondo contratto stipulato con lo stesso datore di lavoro nell'arco temporale di 2 anni a partire dalla cessazione del precedente contratto, il costo complessivo è deducibile nei limiti del 70%.

>**Precisazioni** 1) Il costo relativo al personale utilizzato in base a contratto di **somministrazione** è deducibile dall'impresa utilizzatrice, per il periodo di effettivo impiego del personale stesso, se il rapporto tra agenzia di somministrazione e lavoratore è a tempo indeterminato (Circ. AE 9 giugno 2015 n. 22/E).
2) I costi sostenuti in relazione al personale dipendente **distaccato** impiegato con contratto di lavoro a tempo indeterminato sono deducibili dalla base imponibile dell'impresa distaccante con conseguente rilevanza degli importi spettanti a titolo di rimborso delle spese relative al personale stesso (Circ. AE 9 giugno 2015 n. 22/E).
3) Per i **lavoratori stagionali** Il calcolo va riferito alle **giornate di effettivo impiego** (e non di formale assunzione), computando anche la prestazione relativa al primo contratto di lavoro; poiché l'applicazione della deduzione decorre dal 2016, si tiene conto dei contratti stipulati nel corso del 2015 (Circ. AE 18 maggio 2016 n. 20/E).

SOGGETTI DIVERSI In relazione a soggetti diversi dai lavoratori dipendenti a tempo indeterminato, **non** sono ammessi in **deduzione** (art. 11 c. 1 lett. b D.Lgs. 446/97): **39154**
- costi del personale dipendente assunto a tempo determinato;
- compensi per attività commerciali occasionali (v. n. 6670) o prestazioni di lavoro autonomo occasionale (v. n. 10700 e s.) o connesse all'assunzione di obblighi di fare, non fare, permettere;
- costi per prestazioni di collaborazione coordinata e continuativa (v. n. 9900 e s.);
- compensi per prestazioni di lavoro assimilato a quello di lavoro dipendente (v. n. 9850 e s.);
- utili spettanti agli associati in partecipazione il cui apporto è circoscritto alla sola prestazione di lavoro (ipotesi realizzabile solo per i contratti in essere al 25 giugno 2015).

È tuttavia prevista la **deducibilità** di **alcune tipologie di costi,** in alcuni casi solo se riferiti a **particolati categorie** di lavoratori (apprendisti, disabili, ecc.) e una deduzione forfettaria (solo per i lavoratori dipendenti non a tempo indeterminato - si veda la **tabella** n. 39156).

In caso di utili spettanti agli associati, se l'associato è un imprenditore la quota a lui imputata è deducibile dall'associante e tassabile in capo all'associato. In ogni caso, non sono deducibili per l'associante gli utili corrisposti agli associati a fronte di apporto di lavoro e capitale, di solo capitale o di beni.

Costi deducibili (art. 11 c. 1 lett. a) n. 1 e n. 5 D.Lgs. 446/97) In **tabella** sono elencate le deduzioni ammesse con l'indicazione del tipo di rapporto di lavoro. **39156**
Le deduzioni vengono applicate prima della ripartizione della base imponibile su base regionale.

	Norma (1)	Costi ammessi in deduzione	Tipo di rapporto di lavoro	Soggetti che ne possono fruire
A)	c. 1 lett. a n. 1	contributi per assicurazioni obbligatorie contro gli infortuni sul lavoro	(anche collaboratori e dirigenti)	tutti
B)	c. 1 lett. a n. 5	tutti i costi relativi a:		tutti
		apprendisti	apprendistato **(2)**	
		disabili **(3)**	irrilevante **(4)**	
		personale con contratto di formazione lavoro	formazione lavoro o inserimento	
		personale addetto alla ricerca e sviluppo (v. n. 39160)	irrilevante (dipendente, lavoro a progetto, dirigenti, amministratori, collaboratori occasionali)	
C)	c. 4 bis.1 (v. n. 39205)	importo forfettario per ogni lavoratore dipendente fino ad un massimo di 5	lavoro dipendente non a tempo indeterminato	solo imprese con componenti positivi non superiori a € 400.000
D)	c. 1 bis	indennità di trasferta previste contrattualmente per la parte che non concorre a formare il reddito del dipendente (v. n. 8610)	dipendente sia a tempo determinato che indeterminato	solo imprese autorizzate all'autotrasporto

	Norma (1)	Costi ammessi in deduzione	Tipo di rapporto di lavoro	Soggetti che ne possono fruire
E)	art. 44 DL 78/2010	ammontare dei redditi di lavoro dipendente e assimilati erogati a ricercatori e docenti stranieri che si trasferiscono in Italia, per lo svolgimento di attività di ricerca (per le condizioni e il periodo di applicazione v. n. 8051)	dipendente e assimilato (anche con contratto di collaborazione)	tutti

(1) Se non diversamente specificato si fa riferimento all'art. 11 D.Lgs. 446/97.

(2) Se un contratto di **apprendistato** viene trasformato in rapporto di lavoro a tempo indeterminato in corso d'anno, il datore di lavoro può fruire della deduzione totale delle spese per il restante periodo in cui il contratto è divenuto a tempo indeterminato (Ris. AE 10 giugno 2008 n. 235/E).

(3) La condizione va fatta rilevare nel contratto (Ris. AE 13 dicembre 2006 n. 139/E). Si fa riferimento sia alla nozione di disabile contenuta nell'art. 1 L. 68/99 che ai disabili assunti in base alle previgenti disposizioni della L. 482/68 (Ris. AE 26 novembre 2004 n. 142/E). Se l'inabilità è **riconosciuta durante l'attività lavorativa**, la deducibilità decorre dal momento in cui il lavoratore ha acquisito lo status di disabile in base alle certificazioni rilasciate dagli organi competenti (Ris. AE 16 maggio 2006 n. 64/E).

(4) Sono deducibili anche le somme corrisposte a titolo di **borsa-lavoro** per un tirocinio finalizzato all'assunzione purché la costituzione del tirocinio avvenga in ragione dello stato di disabilità accertato come sopra (Ris. AE 13 dicembre 2006 n. 139/E).

39160 **Personale impiegato in attività di ricerca e sviluppo** Le spese sostenute per il personale **direttamente impiegato** nell'attività di ricerca e sviluppo, anche se sostenute da **consorzi tra imprese** costituiti per la realizzazione di programmi comuni di ricerca e sviluppo, sono totalmente deducibili a prescindere dalla tipologia contrattuale con cui il personale risulta assunto: dipendenti, lavoratori a progetto, amministratori, collaboratori occasionali, titolari di borse di studio finalizzate all'esecuzione di specifici temi di ricerca (Ris. AE 4 maggio 2006 n. 57/E, Ris. AE 13 dicembre 2006 n. 138/E).
L'**effettività delle spese** deve essere attestata dal presidente del collegio sindacale della società o, in mancanza, da un professionista iscritto all'albo dei revisori, dei dottori commercialisti, dei ragionieri e periti commerciali o dei consulenti del lavoro o dal responsabile del CAF.

39205 **Deduzione forfettaria fino ad un massimo di 5 dipendenti** (art. 11 c. 4 bis.1 D.Lgs. 446/97) La deduzione spetta in **misura** pari a € 1.850, su base annua, per ogni lavoratore dipendente **diverso** da quelli a tempo indeterminato (esclusi gli apprendisti, i disabili e i lavoratori in contratto di formazione), fino a un massimo di 5 (quindi, per un **importo massimo** di € 9.250), a condizione che i **componenti positivi** che concorrono alla formazione della base imponibile non siano superiori, nel periodo d'imposta, a € 400.000.
La deduzione è ragguagliata all'anno solare e ai giorni di durata del rapporto di lavoro nel corso del periodo d'imposta e in caso di contratto a tempo parziale è ridotta in misura proporzionale (art. 11 c. 4 bis.2 D.Lgs. 446/97).

2. Ulteriore deduzione dalla base imponibile

39240 Oltre alle deduzioni per lavoro dipendente, l'impresa può fruire di una **deduzione forfettaria** decrescente in funzione dell'ammontare della base imponibile come illustrato al paragrafo seguente.

39250 **Deduzione forfettaria** La spettanza e la misura della deduzione sono stabilite in funzione dell'ammontare della **base imponibile di riferimento** (al netto delle altre deduzioni spettanti) ed è applicata prima dell'eventuale **ripartizione** della stessa su **base regionale**.
In caso di **periodo** d'imposta di **durata inferiore o superiore** a dodici mesi o di inizio e cessazione dell'attività nel corso dell'anno, gli importi delle deduzioni e della base imponibile vanno ragguagliati all'anno solare.

Base imponibile = X	Importo delle deduzioni
X ≤ 180.759,91	8.000
180.759,91 < **X** ≤ 180.839,91	6.000
180.839,91 < **X** ≤ 180.919,91	4.000
180.919,91 < **X** ≤ 180.999,91	2.000

B. Società di persone

(art. 5 bis D.Lgs. 446/97)

Per le società di persone commerciali **in contabilità ordinaria**, la base imponibile è determinata dalla differenza tra l'ammontare dei ricavi e delle variazioni delle rimanenze finali e l'ammontare dei costi per materie prime, sussidiarie e di consumo, delle merci, dei servizi, dell'ammortamento e dei canoni di locazione anche finanziaria dei beni strumentali materiali e immateriali. **39290**

Per alcuni componenti negativi di reddito la legge stabilisce l'indeducibilità o la deducibilità indipendentemente dal trattamento ai fini delle imposte sui redditi (v. n. 39320).

È possibile **optare** per la determinazione della base imponibile con le regole delle società di capitali (v. n. 39330).

Per i soggetti **in contabilità semplificata**, la base imponibile è determinata con le regole sopra indicate, con le seguenti particolarità (art. 1 c. 20 e 21 L. 232/2016, Circ. AE 13 aprile 2017 n. 11/E par. 5):

– si applicano i criteri d'imputazione temporale validi per la determinazione del reddito d'impresa (v. n. 5360 e s.);

– sono irrilevanti le rimanenze, ad eccezione delle rimanenze finali che hanno concorso al calcolo del valore della produzione netta nell'anno precedente secondo il principio di competenza;

– in caso di passaggio dal regime semplificato al regime ordinario e viceversa, i ricavi e le spese che hanno già concorso alla formazione del reddito non rilevano negli anni successivi.

COMPONENTI POSITIVI E NEGATIVI RILEVANTI Nella **tabella** sono elencati i componenti positivi e negativi rilevanti per la determinazione della base imponibile con i rinvii alle parti del Memento in cui sono trattate le relative regole ai fini della determinazione del reddito d'impresa. **39300**

Tali componenti vanno assunti secondo le regole di qualificazione, imputazione temporale e classificazione valide per la determinazione del reddito d'impresa ai fini IRPEF.

	Componenti rilevanti per la determinazione della base imponibile	n. MF
+	corrispettivi delle cessioni di beni e delle prestazioni di servizi alla cui produzione o scambio è diretta l'attività d'impresa	21795
+	corrispettivi delle cessioni di materie prime e sussidiarie, di semilavorati e di altri beni mobili, esclusi quelli strumentali, acquistati o prodotti per essere impiegati nella produzione	21805
+	indennità conseguite a titolo di risarcimento, anche in forma assicurativa, per la perdita o il danneggiamento dei beni di cui sopra	21815
+	contributi in denaro o in natura spettanti in base a contratto **(1)**	22070
+/–	variazioni delle rimanenze finali di: • prodotti finiti e materie prime • semilavorati e prodotti in corso di lavorazione • forniture, opere e servizi	 22155 22345 22415
(–)	costi per materie prime, sussidiarie, di consumo e merci **(2)**	22135 e 22140
(–)	costi per servizi **(3)** **(4)**	22715

	Componenti rilevanti per la determinazione della base imponibile	n. MF
(–)	ammortamento dei beni strumentali materiali	23610
(–)	ammortamento dei beni strumentali immateriali (compreso l'avviamento)	23935
(–)	canoni di leasing (limitatamente alla quota capitale) relativi a beni strumentali materiali e immateriali	23765
(–)	canoni di locazione non finanziaria relativi a beni strumentali materiali e immateriali	23835

(1) I contributi **erogati in base a norma di legge** concorrono comunque alla formazione della base imponibile, fatta eccezione per quelli correlati a costi indeducibili e per quelli per i quali la legge istitutiva prevede espressamente l'esenzione IRAP. In pratica, concorrono sia i contributi spettanti esclusivamente in conto esercizio a norma di legge, sia i proventi in denaro o in natura conseguiti in base a norma di legge a titolo di contributo considerati quali sopravvenienze attive (v. n. 22080 e n. 22085 - Circ. AE 28 ottobre 2008 n. 60/E).

(2) In tale voce sono ricompresi anche i costi per acquisti di beni destinati a mense, asili o circoli ricreativi per il personale (Circ. AE 28 ottobre 2008 n. 60/E).

(3) Si tratta di servizi individuati in base al DM 17 gennaio 1992 (v. n. 5115).

(4) Per le **imprese autorizzate all'autotrasporto** di merci sono ammesse in deduzione le indennità di trasferta previste contrattualmente per la parte che non concorre a formare il reddito di lavoro dipendente ai fini IRPEF (v. n. 8610) (art. 11 c. 1 bis D.Lgs. 446/97).

39305 Non essendo espressamente menzionate dalla norma, **non concorrono** alla formazione della base imponibile le **plusvalenze** e le **minusvalenze** (Circ. AE 28 ottobre 2008 n. 60/E):
– relative a **beni strumentali** anche non derivanti da operazioni di trasferimento d'azienda (nella precedente disciplina tali voci erano, invece, rilevanti);
– derivanti dal realizzo di beni diversi da quelli strumentali e non costituenti beni-merce, c.d. **beni-patrimonio** (contrariamente a quanto previsto per le società di capitali ed enti commerciali nonché società di persone ed imprese che optano per la determinazione della base imponibile secondo le regole dei soggetti IRES).

39320 **COMPONENTI NEGATIVI INDEDUCIBILI** Sono indeducibili i seguenti componenti negativi:
– quota interessi dei canoni di locazione finanziaria, **desunta dal contratto**;
– perdite su crediti;
– IMU (art. 14 c. 1 D.Lgs. 23/2011);
– contributo **sanitario** obbligatorio versato con il premio di assicurazione RC per veicoli e natanti (art. 12 c. 2 bis DL 102/2013 conv. in L. 124/2013).

> Per l'individuazione della **quota di interessi** passivi **indeducibili** relativi ai contratti di leasing, i soggetti che adottano i principi contabili nazionali possono continuare a fare riferimento al criterio di individuazione forfetaria degli interessi impliciti dettato dall'art. 1 DM 24 aprile 1998 (Circ. AE 21 aprile 2009 n. 19/E).

39325 **SPESE PER PRESTAZIONI DI LAVORO** Per le spese sostenute per le prestazioni di lavoro si applicano le regole di deducibilità e/o indeducibilità illustrate al n. 39150 e s.

> Ai fini del calcolo del **tetto massimo** per la fruizione delle deduzioni, rappresentato dalla retribuzione e dagli altri oneri e spese a carico del datore di lavoro, **non si tiene conto** anche dei contributi per assicurazioni obbligatorie contro gli infortuni relativi al titolare dell'impresa ed i suoi familiari coadiuvanti (Ris. AE 17 marzo 2008 n. 99/E).

39330 **OPZIONE PER LA DISCIPLINA DELLE SOCIETÀ DI CAPITALI** (Circ. AE 28 ottobre 2008 n. 60/E) I soggetti che adottano, anche per scelta, il regime di contabilità ordinaria, possono optare per la determinazione della base imponibile secondo le regole dettate per le società di capitali e gli enti commerciali (v. n. 39120 e s.).
L'opzione è irrevocabile **per tre periodi d'imposta**, durante i quali i soggetti sono obbligati a mantenere anche il regime di contabilità ordinaria. Al termine del triennio l'opzione si intende tacitamente rinnovata per un altro triennio a meno che l'impresa eserciti la revoca; in quest'ultimo caso, tornano ad applicarsi le regole ordinarie di determinazione della base imponibile proprie delle società di persone per almeno un triennio, al termine del quale sarà possibile di nuovo optare per l'applicazione delle regole delle società di capitali.
L'opzione (e la revoca) va **esercitata** con la dichiarazione IRAP (compilando il quadro IS) presentata nel periodo d'imposta a decorrere dal quale si intende fruirne. I soggetti che si

trovano nel **primo anno di attività**, o hanno **variato la forma societaria** rispetto all'annualità precedente, devono presentare telematicamente all'AE un'apposita comunicazione anche utilizzando il software «Regimi opzionali» disponibile gratuitamente sul sito www.agenziaentrate.gov.it (Provv. AE 17 dicembre 2015).

Deduzioni dalla base imponibile
(art. 11 c. 4 bis lett. d bis D.Lgs. 446/97)

I soggetti passivi possono fruire delle deduzioni forfettarie **per scaglioni di base imponibile** nelle misure indicate nella **tabella** seguente. **39340**

Nel caso di **esercizio di attività** per le quali la base imponibile è **determinata separatamente** (es. commerciale e agricola) e/o che prevedono l'applicazione di aliquote diverse (es. agricola e di agriturismo), la base imponibile al netto della deduzione va ripartita in rapporto alle singole basi imponibili, risultanti dalle rispettive attività, al lordo della deduzione.

Base imponibile = X	Importo delle deduzioni
X ≤ 180.759,91	13.000
180.759,91 < **X** ≤ 180.839,91	9.750
180.839,91 < **X** ≤ 180.919,91	6.500
180.919,91 < **X** ≤ 180.999,91	3.250

C. Calcolo dell'imposta
(art. 16 c. 1 e 1 bis lett. a D.Lgs.446/97)

L'imposta si calcola applicando alla base imponibile, ripartita su base regionale (v. n. 39430 e s.), l'aliquota **ordinaria** o quella **specifica** stabilita dalla **regione** per tipo di soggetto o attività (v. appendice istruzioni modello IRAP). **39420**
L'**aliquota base**, stabilita dalla legge, è del 3,9%, ma molte regioni si sono avvalse della facoltà di variarla, entro il limite dello 0,92% (art. 16 c. 3 D.Lgs. 446/97), e di prevedere apposite aliquote agevolate o maggiorate per tipologie di attività o soggetti.

ATTIVITÀ ESERCITATA IN PIÙ REGIONI (art. 4 c. 2 D.Lgs 446/97) Si considera prodotto nel territorio di ciascuna regione l'imponibile **proporzionalmente corrispondente** all'ammontare delle **retribuzioni spettanti** al personale a qualunque titolo utilizzato, compresi i redditi assimilati a quelli di lavoro dipendente, tra cui rientrano i compensi ai collaboratori coordinati e continuativi, nonché gli utili agli associati in partecipazione (relativamente ai contratti in essere al 25 giugno 2015). **39430**
Il personale deve, in ogni caso, essere addetto, con continuità, a **insediamenti stabili**, operanti per un **periodo non inferiore** a 3 mesi nel territorio di ciascuna regione. Per gli amministratori di società occorre avere riguardo al luogo in cui gli stessi svolgono normalmente le proprie mansioni, il quale dovrebbe coincidere con la sede di direzione amministrativa dell'impresa, anche se diversa dalla sede legale (Circ. Min. 12 novembre 1998 n. 263/E).
Diversamente, l'imponibile derivante dall'attività esercitata nel territorio di altre regioni si considera prodotto nella regione nel cui territorio il soggetto passivo è domiciliato.

ESEMPIO
Valore della produzione netta totale € 150.000
Retribuzioni e «altri costi» per un ammontare complessivo di € 50.000, così suddivisi:
Piemonte: cantiere per 10 mesi = 30.000
Liguria: cantiere per 2 mesi = 8000
Lombardia: cantiere per 3 mesi = 12.000
La **ripartizione** della base imponibile dovrà essere eseguita per Piemonte e Lombardia nel seguente modo:
Imponibile Regione Piemonte: (30.000 x 100 / 50.000 = 60%) € 150.000 x 60% = 90.000
Imponibile Regione Lombardia: (12.000 x 100 / 50.000 = 24%) € 150.000 x 24% = 36.000

La differenza di € 24.000 (150.000 – 90.000 – 36.000) 250.000 – 160.000 – 60.000) andrà attribuita alla Regione in cui si trova il domicilio fiscale del contribuente.
Supponendo che questo si trovi in Piemonte, l'imponibile complessivamente attribuito a tale regione sarà pari a € 114.000 (90.000 + 24.000).

39435 Ai fini della corretta determinazione della parte di imponibile di competenza di ciascuna regione è necessario precisare che:

– l'**ammontare delle retribuzioni** da considerare è quello rilevante ai fini previdenziali **(1)**;
– relativamente al personale dipendente, risulta **indifferente** la **qualifica**, la **funzione** (ad esempio, dirigenti, operai, impiegati, ecc.) e la tipologia del rapporto contrattuale (ad esempio, a tempo indeterminato, a tempo determinato, part-time, ecc.);
– nel **computo** delle retribuzioni vanno escluse quelle relative al personale dipendente distaccato presso terzi ed incluse quelle relative al personale di terzi impiegato in regime di distacco o in base a contratto di somministrazione del lavoro;
– i compensi ai **collaboratori coordinati e continuativi** e agli **associati in partecipazione** vanno assunti con riferimento all'ammontare contrattualmente spettante nel periodo d'imposta **(2)**;
– gli utili spettanti agli **associati in partecipazione** rilevano ai fini della ripartizione solo quando l'apporto è costituito esclusivamente dalla prestazione di lavoro e l'associato è stabilmente presente (ipotesi realizzabile solo per i contratti in essere al 25 giugno 2015).

(1) Pertanto, restano escluse dalla nozione di retribuzione le quote di accantonamento annuale al TFR, le somme corrisposte in occasione della cessazione del rapporto di lavoro al fine di incentivare l'esodo dei lavoratori, le indennità, anche in forma assicurativa, conseguite a titolo di risarcimento danni, nonché i contributi e le somme a carico del datore di lavoro versate o accantonate sotto qualsiasi titolo alle forme pensionistiche complementari.
(2) Sono escluse le somme documentate e rimborsate al collaboratore per spese di viaggio, alloggio e vitto (v. n. 9910), le indennità spettanti per la cessazione del rapporto, nonché la parte di contributo INPS a carico del committente.

39440 **Insediamenti stabili** Assumono rilievo, in via di principio, tutti gli insediamenti stabili, qualunque sia l'attività o la fase del processo produttivo in essi svolta (magazzini per deposito merci, uffici acquisti, sedi di rappresentanza). Essi devono:

– essere **posseduti** (a titolo di proprietà o altro diritto reale) o **detenuti** (in locazione, anche finanziaria, o in comodato) dal contribuente;
– essere **operativi** nel territorio della regione per **almeno tre mesi** anche se non in modo continuativo **(1)**;
– avere la **presenza, in via continuativa, di personale addetto** che svolga nei luoghi medesimi una attività produttiva **(2)**.

(1) Ad **esempio**, se un'impresa di costruzioni ha aperto un cantiere nel comune di Milano il 15 marzo 2015 e lo ha gestito sino al 15 aprile dello stesso anno e, sempre nel medesimo anno, ha aperto un altro cantiere nel comune di Como gestendolo dal 10 settembre al 15 novembre, ha soddisfatto la condizione della durata non inferiore a 3 mesi ai fini della attribuzione alla regione Lombardia di una quota del valore netto della produzione dichiarata.
(2) Tale condizione non si configura nell'ipotesi di cantiere inattivo con presenza di solo personale di custodia. Il personale in trasferta o in missione temporanea non si considera in carico alla sede nella quale viene effettuata la trasferta, bensì a quella dove è contrattualmente preposto.

39443 **UNICA SEDE OPERATIVA SENZA FORZA LAVORO** Nel caso dell'imprenditore che svolge l'attività in una Regione (A) **senza impiego di forza lavoro** e ha la residenza fiscale in un'altra Regione (B), il valore della produzione va attribuito alla Regione (A) senza che rilevino eventuali variazioni della residenza. Viceversa, se in corso d'anno l'imprenditore **varia la sede di svolgimento** della propria attività, dalla Regione (A) alla Regione (C), in assenza di istruzioni ufficiali, dovrebbe applicarsi un criterio di ripartizione **proporzionale in base al tempo** che tiene conto del fatto che il contribuente ha svolto l'attività per una frazione di periodo in una regione e per l'altra frazione di periodo in un'altra regione.

ESEMPIO
Valore della produzione netta totale € 50.000. L'impresa ha svolto l'attività in Lombardia dal 1/01/2022 al 30/04/2022 e in Liguria dal 1/05/2022 al 31/12/2022. La ripartizione della base imponibile dovrà essere eseguita nel seguente modo:
imponibile Lombardia: (50.000 / 365) × 120 = € 16.438,36
imponibile Regione Liguria: (50.000 / 365) × 245 = € 33.561,64

ATTIVITÀ ESERCITATA ALL'ESTERO (art. 12 c. 1 D.Lgs. 446/97) Nel caso di soggetti **39445**
residenti in Italia che esercitano attività produttive anche all'estero, la quota di base imponibile attribuibile al territorio estero rimane **esente** dall'IRAP, per mancanza del presupposto territoriale.
La predetta quota è determinata con lo stesso criterio utilizzato per la ripartizione su base regionale, dopo aver verificato la condizione che all'estero vi sia l'utilizzo di stabilimenti, cantieri, uffici o basi fisse (quali succursali, laboratori o officine) ivi operanti per un periodo non inferiore a 3 mesi. Non rileva, infatti, l'eventuale insediamento all'estero di un mero ufficio di rappresentanza (Circ. Min. 12 novembre 1998 n. 263/E).
In caso di **opzione** per il regime della **branch exemption** v. n. 95333.

II. Esercenti arti e professioni

(art. 8 D.Lgs. 446/97)

L'IRAP è dovuta in caso di **esercizio** dell'attività in **forma associata** (studi associati e/o società **39810**
semplici) art. 1 c. 8 L. 234/2021)

Fino al 2021, l'IRAP è stata **esclusa solo** per i soggetti in regime forfettario (o dei minimi); in tutti gli altri casi (compreso professionisti che operavano non in forma associata), l'eventuale esclusione è da valutarsi, in sede di contenzioso, in base alla sussistenza o meno del presupposto dell'**autonoma organizzazione**. Per l'esame delle principali casistiche e delle **posizioni giurisprudenziali** e di **prassi** si rinvia al MF 2021 39813 e s.

BASE IMPONIBILE La base imponibile è determinata dalla somma algebrica delle se- **39830**
guenti voci. I componenti positivi e negativi vanno comunque assunti apportando ad essi le variazioni in aumento o in diminuzione previste ai fini delle imposte sui redditi: ad esempio, deducibilità limitata per le autovetture e gli apparati telefonici (v. n. 10300 e s.).

	compensi percepiti **(1)**
+	proventi conseguiti in sostituzione dei redditi professionali e indennità conseguite (anche in forma assicurativa)
+	corrispettivi percepiti a seguito della cessione della clientela
(–)	costi sostenuti per l'attività esercitata, includendo tra questi ultimi gli ammortamenti dei beni materiali e immateriali (v. tuttavia 39835)
+	plusvalenze da cessione di beni strumentali (v. n. 10450 e s.)
(–)	minusvalenze da cessione di beni strumentali

(1) Sono rilevanti anche i **maggiori compensi** indicati in dichiarazione a seguito di **adeguamento** agli **ISA**.
(2) È possibile ritenere tuttora valide le indicazioni fornite dall'AE in merito alla possibilità di escludere dall'IRAP le seguenti somme riferite ai singoli associati:
– **indennità** e **gettoni di presenza**, percepiti in qualità di **amministratori degli enti locali** (sindaci, assessori comunali, presidente e assessori provinciali, ecc.), commissari prefettizi e organi straordinari (Ris. AE 28 settembre 2007 n. 274/E);
– somme percepite dall'**avvocato** in qualità di **dipendente di ente locale**, in relazione al patrocinio di cause chiuse con sentenza favorevole (Ris. AE 14 novembre 2007 n. 327/E).

Sono comunque indeducibili gli **interessi passivi**, l'IMU e il contributo **sanitario** obbligatorio **39835**
versato con il premio di assicurazione RC per veicoli e natanti (art. 12 c. 2 bis DL 102/2013 conv. in L. 124/2013).
Per le spese per **prestazioni di lavoro** si applicano le regole illustrate al n. 39150 e s.
La base imponibile, così determinata, va ridotta di un importo forfettario variabile per scaglioni (v. n. 39340).

CALCOLO DELL'IMPOSTA (art. 16 c. 1 e 3 D.Lgs. 446/97) L'imposta si calcola applicando **39850**
alla base imponibile, ripartita su base regionale, l'aliquota **ordinaria** o quella **specifica** stabilita dalla **regione** per tipo di soggetto o attività (v. appendice Istr. Mod. IRAP).
L'**aliquota base**, stabilita dalla legge, è del 3,9%, ma molte regioni si sono avvalse della facoltà

di variarla, entro il limite dello 0,92%, e di prevedere apposite aliquote agevolate o maggiorate per tipologie di attività o soggetti.

Per la determinazione della **quota** di imponibile da attribuire a **ciascuna regione** o da escludere dalla tassazione, in caso di esercizio dell'attività parzialmente all'estero, si applicano i criteri esposti al n. 39430.

III. Soggetti che operano nel settore agricolo

(art. 9 D.Lgs. 446/97 e Ris. AE 18 luglio 2017 n. 93/E)

39910 Sono soggette all'imposta le attività di **agriturismo** (v. n. 6350), di **allevamento** di animali **produttive di reddito d'impresa** (v. n. 6240) e le **attività agricole connesse** che non rientrano nel reddito agrario (v. n. 6180 e s.) esercitate in forma societaria.

Dal 2016, i soggetti che esercitano esclusivamente attività agricole produttive di reddito agrario non sono più soggetti passivi d'imposta (v. n. 39005) e non sono tenuti a presentare la dichiarazione IRAP ad eccezione delle società agricole (s.n.c., s.a.s. e s.r.l.) ai soli fini di consentire all'AE di acquisire le informazioni utili all'applicazione del diritto camerale (Ris. AE 18 luglio 2017 n. 93/E).

39911 **QUOTA DI VALORE DELLA PRODUZIONE IMPONIBILE** L'IRAP si applica alla quota di valore della produzione **eccedente** quella riferibile all'attività agricola (che non è soggetta ad imposizione). Quest'ultima si determina, per le attività di **allevamento** e le attività agricole **connesse,** rispettivamente, in **proporzione** al numero dei capi allevati entro i limiti del reddito agrario rispetto al numero complessivo dei capi allevati e in base al **rapporto** tra l'ammontare dei ricavi e proventi riferibili all'attività agricola nei limiti del reddito agrario e l'ammontare complessivo dei ricavi e proventi rilevanti ai fini IRAP.
In caso di attività di **agriturismo** svolta contemporaneamente all'attività agricola, la determinazione del valore della produzione da escludere dall'imposta va effettuata sulla base dei dati contabili risultanti dalle rispettive contabilità tenute separatamente ai fini IVA (v. n. 56160).

39913 Di seguito le modalità di determinazione della base imponibile.

Attività/soggetto	Modalità di determinazione (1)
allevamento, attività agricole connesse e attività di agriturismo in regime forfettario (v. n. 6360) svolta da società semplici	ammontare dei corrispettivi al netto degli acquisti destinati alla produzione **(2)**, con possibilità di **optare**, in dichiarazione, per la determinazione secondo le regole previste per le attività commerciali (v. n. 39120 e s.), con efficacia dall'inizio del periodo di imposta cui si riferisce l'opzione e fino a quando non è revocata e in ogni caso per almeno quattro periodi di imposta
attività agricole connesse il cui reddito viene determinato forfettariamente (v. n. 6180 e s.)	come sopra o reddito determinato forfettariamente maggiorato degli interessi passivi e delle retribuzioni al personale dipendente, le quali poi vengono dedotte, se ne ricorrono i presupposti, con le regole illustrate al n. 39150 e s. (art. 17 c. 2 D.Lgs. 446/97)
attività di agriturismo non in regime forfettario e attività svolte da società agricole (s.n.c., s.a.s., s.r.l.)	regole proprie delle imprese commerciali (v. n. 39120 e s.)

(1) In caso di **dipendenti** impiegati anche per l'attività agricola esclusa dall'imposizione, l'importo delle deduzioni per lavoro dipendente va ridotto della quota imputabile all'attività esclusa, determinata in base al rapporto di cui al par. precedente (Ris. AE 18 luglio 2017 n. 93/E).
(2) In pratica, assumono **rilevanza** i dati risultanti dalla contabilità IVA e quindi anche la vendita di beni strumentali (Circ. Min. 4 giugno 1998 n. 141/E).

39920 **CALCOLO DELL'IMPOSTA** (art. 16 c. 1 e 3 D.Lgs. 446/97) L'imposta si calcola applicando alla base imponibile (previa applicazione della deduzione forfettaria per scaglioni - v. n. 39340), ripartita su base regionale, l'aliquota **ordinaria** o quella **specifica** stabilita dalla **regione** per tipo di soggetto o attività (v. appendice Istr. Mod. IRAP).
L'**aliquota base**, stabilita dalla legge, è del 3,9%, ma molte regioni si sono avvalse della facoltà di variarla, entro il limite dello 0,92%, e di prevedere apposite aliquote agevolate o maggiorate per tipologie di attività o soggetti.

Per la determinazione della **quota** di imponibile da attribuire a **ciascuna regione** o da escludere dalla tassazione, in caso di esercizio dell'attività parzialmente all'estero, si applicano i criteri esposti al n. 39430.

SEZIONE 2

Obblighi

CONTABILITÀ (art. 20 D.Lgs. 446/97) Tutti i soggetti passivi devono osservare i medesimi obblighi documentali e contabili che la normativa tributaria stabilisce per ciascuna categoria in relazione alle imposte sul reddito e all'IVA. Non sono previsti adempimenti ulteriori. 39924

DICHIARAZIONE (art. 19 D.Lgs. 446/97) La dichiarazione deve essere **presentata**, per ogni periodo d'imposta, anche in assenza di un debito, inviandola telematicamente, direttamente o tramite intermediari, all'AE. Quest'ultima, a sua volta, provvede a trasmetterla alle regioni e province autonome: sia a quelle in cui il soggetto ha domicilio fiscale, sia a quelle in cui viene ripartito il valore della produzione netta, nel caso in cui l'attività sia esercitata in più regioni (DM 11 settembre 2008 e art. 1 c. 52 L. 244/2007). 39926
Il **termine** è quello ordinariamente stabilito per il Mod. Redditi (v. n. 26300 e n. 16035).

I soggetti per i quali il periodo d'imposta si è **chiuso anteriormente** al 31 dicembre devono utilizzare il modello approvato l'anno precedente, anche in caso di scioglimento di società di persone senza formale procedura di liquidazione. Ad **esempio**, la società cessata il 30 settembre 2020, presenta l'ultima dichiarazione IRAP nel 2021 utilizzando il modello IRAP 2020. Se questo non consente l'indicazione di alcuni dati che invece sono contenuti nel modello IRAP 2021, gli stessi dovranno essere forniti solo a richiesta dell'Agenzia delle Entrate (Istr. Mod. IRAP).

VERSAMENTO (art. 30 D.Lgs. 446/97) L'imposta dovuta a ciascuna regione va versata secondo le **modalità** e i **termini** stabiliti per le imposte sui redditi (v. n. 37110). 39928
Se in sede di versamento del saldo il contribuente si trova a ripartire l'imposta in modo diverso fra le regioni rispetto a quanto effettuato in sede di **acconto**, i conguagli verranno effettuati direttamente dall'AF (Circ. Min. 16 luglio 1998 n. 188/E).
L'eventuale **eccedenza** IRAP richiesta in compensazione nel periodo d'imposta precedente da parte di un contribuente **non più obbligato** alla presentazione della relativa dichiarazione, può essere esposta nella sezione II del quadro RX del Mod. Redditi (cod. tributo 3800) (Ris. AE 29 luglio 2011 n. 79/E).
Per le modalità e i termini di **rimborso** dell'imposta v. n. 37300.

ACCERTAMENTO (artt. 24 e 25 D.Lgs. 446/97) Fino all'emanazione delle apposite leggi regionali le attività di controllo, rettifica e accertamento sono disciplinate dalle norme in materia di imposte sui redditi. 39930
Inoltre, le regioni possono decidere di stipulare convenzioni con l'amministrazione centrale per demandare, in tutto o in parte, la liquidazione, accertamento e riscossione dell'imposta e la relativa attività di contenzioso, secondo le norme previste per le imposte sui redditi.
In ogni caso le istanze di rimborso e gli eventuali ricorsi vanno sempre presentate all'AE competente (Risposta Interrogazione parlamentare 15 giugno 2005 n. 5-04430).

Alcune regioni hanno approvato leggi specifiche stabilendo i limiti minimi di versamento.

PARTE III

IVA

L'imposta sul valore aggiunto (IVA) è un'imposta generale gravante sui consumi che si applica alle **cessioni di beni** e alle **prestazioni di servizi** effettuate nel territorio dello Stato nell'esercizio di imprese o di arti e professioni nonché alle **importazioni** da chiunque effettuate (art. 1 DPR 633/72). 40000

Nella presente parte sono trattate le norme concernenti: 40010
- i requisiti di base per l'inclusione nel campo di applicazione dell'IVA, attinenti le caratteristiche dei soggetti coinvolti, delle operazioni poste in essere e della relativa collocazione territoriale;
- la determinazione dell'imposta e l'assolvimento dei relativi obblighi per le operazioni nazionali;
- gli scambi intracomunitari di beni e servizi;
- le operazioni extra-comunitarie.

I requisiti trattati nel Titolo I si applicano a tutte le operazioni, comprese quelle comunitarie ed extra-comunitarie.
Le norme descritte nel Titolo II sono innanzitutto riferite alle operazioni nazionali, ma, ove applicabili e salvo diversa indicazione, sono applicabili anche a quelle estere. Nello stesso titolo sono inoltre trattate le norme specifiche del settore immobiliare e dei regimi speciali.

L'IVA NELLA UE Ognuno dei **27 Stati membri** della Unione Europea ha introdotto nel proprio sistema fiscale un'imposta sul valore aggiunto, in applicazione della **6ª Direttiva** (Dir. 77/388/CEE) - detta appunto di armonizzazione delle legislazioni nazionali delle imposte sulla cifra d'affari - sostituita nel 2007 dalla Dir. 2006/112/CE che ha via via integrato i successivi sviluppi; i riferimenti agli articoli abrogati si intendono fatti a quest'ultima, che ha allegata una tavola di concordanza con la direttiva originaria. 40020
Successivamente è stato emanato il Reg. UE 282/2011 che fornisce numerosi chiarimenti utili per interpretare la Dir. 2006/112/CE e, di conseguenza, le norme nazionali da essa derivanti.

40020 (segue)

N.B. Le **direttive** UE, generalmente, per diventare operative, devono essere recepite dagli Stati membri attraverso propri provvedimenti normativi, da emanarsi entro un termine stabilito. In caso di contrasto tra le direttive e le norme di recepimento ogni cittadino può chiedere al giudice nazionale di disapplicare le norme interne. Se le direttive sono incondizionate, cioè tali da non lasciare margini di discrezionalità interpretativa, e sufficientemente precise, esse sono considerate applicabili senza bisogno di recepimento (C.Cost. 18 aprile 1991 n. 168). I **regolamenti** UE sono immediatamente applicabili negli ordinamenti nazionali.

TITOLO I

Campo di applicazione

Generalmente un'operazione rientra nel campo di applicazione dell'IVA in presenza dei seguenti tre **requisiti**: **40100**
- oggettivo: si tratta di una cessione di beni o di un servizio (v. n. 40210);
- soggettivo: è effettuata da imprese, professionisti o artisti, nell'esercizio della rispettiva attività (v. n. 42000 e s.);
- territoriale: è effettuata nel territorio italiano (v. n. 43000 e s.).

Se **manca** anche uno soltanto dei requisiti, l'operazione è fuori dal campo di applicazione dell'IVA.
Fanno eccezione le **importazioni**, per le quali non rileva il requisito soggettivo: sono tassate anche quando poste in essere da un soggetto privato.
L'onere dell'imposta grava effettivamente sui consumatori finali (in genere privati), mentre i numerosi **adempimenti** previsti dalla legge sono a carico dei soggetti economici che effettuano professionalmente cessioni di beni o prestazioni di servizi.

Si considerano comprese **nel campo di applicazione** dell'IVA non solo le operazioni c.d. **imponibili**, che tipicamente generano un'imposta dovuta, ma anche quelle esenti, così qualificate da specifiche disposizioni, e quelle **non imponibili** (in Italia), ossia le operazioni con l'estero, ivi assoggettate ad imposta. Anche quando non generano un'imposta dovuta, tali operazioni richiedono il rispetto di obblighi formali. **40110**
Le operazioni che si trovano **fuori** dal campo di applicazione dell'IVA sono anche definite **escluse** o non soggette, ma, onde evitare ambiguità di significato, nel seguito verranno definite fuori campo.
Nella **tabella** sono riepilogati i principali caratteri distintivi dei rispettivi regimi.

40120

Tipo di operazione		Regime
in campo IVA	**imponibili**	– determinano un'imposta dovuta – impongono obblighi formali – attribuiscono il diritto alla detrazione dell'IVA sugli acquisti (v. n. 48000)
	non imponibili	– non determinano un'imposta dovuta – impongono comunque obblighi formali – attribuiscono il diritto alla detrazione dell'IVA sugli acquisti
	esenti	– sono espressamente previste per legge – non determinano un'imposta dovuta – impongono comunque obblighi formali – limitano il diritto alla detrazione dell'IVA sugli acquisti (in toto o parzialmente)
fuori campo IVA (escluse o non soggette)		– sono operazioni prive anche di uno solo dei requisiti oggettivo, soggettivo o territoriale – non determinano un'imposta dovuta sulle cessioni – di regola non impongono obblighi formali (salvo il caso di assenza del requisito della territorialità, soggetto a fatturazione, v. n. 52610 e trasmissione telematica v. n. 65525) – normalmente limitano il diritto alla detrazione dell'IVA sugli acquisti

40140 Nel Capitolo 1 il tema della qualificazione delle operazioni ai fini della verifica del requisito oggettivo viene svolto, per semplificare la trattazione, dalla **prospettiva interna**, con soggetti contraenti - fornitore e acquirente - residenti in Italia. Le operazioni sono illustrate dalla prospettiva del fornitore, essendo, di regola, in ambito nazionale, neutre le caratteristiche dell'acquirente, sia esso imprenditore, professionista, ente non commerciale, privato, ecc. Si analizzano dapprima le regole generali che identificano le operazioni imponibili per poi soffermarsi sulle eccezioni al regime di imponibilità, rappresentate dalle operazioni fuori campo IVA ed esenti.

Nei successivi capitoli si trattano gli altri requisiti per l'applicazione dell'IVA (soggettivo e territoriale).

Le operazioni che avvengono in ambito **internazionale**, **imponibili e non imponibili**, sono invece illustrate nel Titolo III. A differenza di quelle interne, devono essere esaminate sia con riferimento al territorio interessato (**UE** o **extra UE**) che con riferimento a tutte le parti contraenti, quindi, non solo il fornitore ma anche l'acquirente, le cui caratteristiche possono determinare il regime fiscale dell'operazione.

CAPITOLO 1

Operazioni

SOMMARIO

Sono **imponibili** le cessioni di beni e i servizi, che rientrano nelle seguenti definizioni e che non ricadono nelle eccezioni presentate nella sezione successiva, nel qual caso sono fuori campo o esenti, con rilevanti conseguenze. **40200**

SEZIONE 1

Cessione di beni o servizio

DEFINIZIONE Le **cessioni di beni** sono gli atti che trasferiscono la **proprietà** o che costituiscono o trasferiscono **diritti reali di godimento** su beni di ogni genere (art. 2 c. 1 DPR 633/72), anche quelli che non hanno la forma giuridica della cessione in senso stretto (ad es. contratti di commissione, assegnazioni a soci). **40210**

I **servizi** sono le operazioni effettuate sulla base di contratti di appalto, trasporto, mandato, spedizione, agenzia, mediazione, deposito e in genere da obbligazioni di fare, di non fare e di permettere, quale ne sia la fonte: contratto, anche se non disciplinato dal codice civile (Ris. Min. 24 febbraio 1982 n. 332663), atto amministrativo, atto giurisdizionale, accordo transattivo, ecc. (art. 3 c. 1 DPR 633/72, Risp. AE 22 aprile 2022 n. 212).

In linea di principio entrambe rilevano se derivano da atti a titolo **oneroso**, anche se vi sono numerose eccezioni (v. n. 40300 e s.).

Le norme previste per le cessioni di beni e i servizi presentano significative differenze (es. criteri di territorialità, determinazione del momento impositivo) per cui è necessario distinguere chiaramente le due fattispecie.

> Nel capitolo per semplicità viene preferito il termine «servizio» in luogo di «prestazione» o «prestazione di servizio», spesso usati nelle fonti.

DISTINZIONE FRA CESSIONE DI BENI E SERVIZIO Normalmente un'**operazione** è costituita da una **singola** cessione o da un servizio. Per distinguerli **in concreto** bisogna fare innanzitutto riferimento all'effettiva volontà delle parti. Tuttavia, in presenza di operazioni complesse o di determinati contratti, la definizione può essere più problematica. **40220**

In presenza di un'unica **operazione complessa**, il rapporto tra il costo del bene e quello dei servizi è un dato di cui tener conto nel qualificare l'operazione, ma non deve, da solo, assumere un'importanza decisiva (Ris. AE 28 settembre 2007 n. 272/E). **40225**

È necessario verificare il complesso delle circostanze nelle quali l'operazione si svolge, per capire se i diversi servizi e le cessioni in cui si articola sono:

a) autonomi e indipendenti tra loro. In tal caso, ogni operazione è soggetta alla propria disciplina (cessione o servizio);

b) accessori e strumentali rispetto a un servizio principale, per il raggiungimento di un unico risultato. In questo caso sono tutte soggette alla disciplina propria del servizio principale.

ESEMPIO
1) In presenza di un contratto di **appalto** che comporta la realizzazione e successiva cessione di un'opera, rileva la volontà delle parti: se prevale l'aspetto realizzativo, si ha un servizio, se no una cessione (Circ. AE 22 dicembre 2015 n. 37/E).
Solitamente si ha una cessione quando il bene rientra fra quelli ordinariamente prodotti dall'impresa.
2) La **locazione di un immobile** rispetto ai **connessi servizi** di fornitura di acqua, elettricità, riscaldamento e raccolta dei rifiuti deve, in linea di principio, essere considerata costitutiva di più servizi distinti e indipendenti, da valutarsi separatamente. Possono essere considerati come un unico servizio se la ragione economica del contratto, li lega tanto strettamente da formare un solo servizio economicamente inscindibile, la cui scomposizione risulterebbe artificiosa (C.Giust. UE 16 aprile 2015 C-42/14, C.Giust. UE 27 settembre 2012 C-392/11).

40230 Come indicato nella **tabella**, per una stessa forma contrattuale la qualificazione di cessione di beni o di servizio può dipendere in particolare dall'oggetto del contratto o dalle modalità di esecuzione.

Contratti	Cessione di beni	Servizio
Vendita	**a)** Cessione di beni **materiali**: – **immobili** (ad eccezione dei terreni non edificabili, v. n. 60990); – **mobili**, nuovi o usati (sono considerati tali anche **energia elettrica**, **gas**, calore, freddo e simili); – concluse in via telematica, ma con consegna fisica del bene secondo modalità tradizionali, c.d. **commercio elettronico indiretto** (v. n. 53375). **b)** Cessione di **contratti**, quando **una parte si fa sostituire** da un terzo, **dopo l'esecuzione** anche solo di una delle prestazioni (è cessione di credito di cui al n. 40265).	**a)** Cessione di beni **immateriali**: – **diritti d'autore** (v. n. 40550); – proprietà industriale: **licenze**, **marchi** e disegni (v. n. 40560); – quote di emissione di **gas** (Risp. AE 19 novembre 2018 n. 69); – **inviati telematicamente** (testi, immagini, musica, software, elaborazioni dati, ecc. mediante il download, c.d. commercio elettronico **diretto** v. n. 43380) sono considerate prestazioni. **b)** Cessione di **contratti**, quando una parte si fa sostituire da un terzo **prima** che le prestazioni siano eseguite.
Vendita differita (art. 2 c. 2 n. 1-2 DPR 633/72)	– Vendita **a rate con riserva di proprietà** (la proprietà è acquisita con il pagamento dell'ultima rata del prezzo). – **Locazione con patto di futura vendita**, vincolante per ambedue le parti (es. al termine del contratto, la proprietà dell'abitazione passa all'inquilino per effetto del pagamento dei canoni pattuiti).	Locazione con patto di futura vendita, vincolante solo per una delle parti.
Somministrazione	Di carattere **periodico** (giornali, riviste, ecc.) o **continuativo** (gas, acqua, ecc.).	**Fa eccezione** la somministrazione di alimenti e bevande per la **consumazione sul posto** (bar, ristoranti, mense aziendali o scolastiche, ecc.) e con qualsiasi mezzo, direttamente o con distributori automatici (art. 3 c. 2 n. 4 DPR 633/72).
Costituzione e trasferimento di **diritti reali di godimento**	**Servitù**, **usufrutto**, **uso** e **abitazione**, **superficie** ed **enfiteusi**. La c.d. cessione di **cubatura** o di volumetria edificabile ha ad oggetto un diritto di natura non reale a carattere obbligatorio (Risp. AE 18 gennaio 2023 n. 69, Cass. SU 9 giugno 2021 n. 16080) ed è quindi soggetta a disposizioni e aliquota ordinaria.	La costituzione di usufrutto su beni immobili per una **durata limitata** è equiparata alla locazione (Ris. AE 30 ottobre 2008 n. 405/E).
Mandato	**Commissione** (art. 2 c. 2 n. 3 DPR 633/72) La proprietà si trasferisce direttamente dal committente all'acquirente; ai fini IVA, invece, il **rapporto tra committente e commissionario** si tiene distinto ed il compenso è fuori campo.	**Mandato senza rappresentanza** (v. n. 40770).

Contratti	Cessione di beni	Servizio
Locazione, affitto, noleggio e leasing **(*)** di beni (art. 3 c. 2 n. 1 DPR 633/72)	Dove l'utilizzatore assuma la maggior parte dei rischi e benefici inerenti la proprietà e la somma delle rate è pari al valore venale del bene (C.Giust. UE 2 luglio 2015 C-209/14, C.Giust. UE 16 febbraio 2012 C-118/11, Risp. AE 17 settembre 2018 n. 3). Per un approfondimento vedi MIVA.	Di beni **mobili** e **immobili** (terreni e fabbricati v. n. 61160), comprese le **aziende** (v. n. 90410).

(*) Le operazioni di **lease-back** (v. n. 23805) possono avere diversa natura, traslativa della proprietà oppure finanziaria, a seconda delle clausole presenti nel contratto e a condizione che non abbiano carattere illecito e/o finalità elusiva.
In linea di massima, normalmente, l'operazione va scomposta in una cessione, una prestazione (leasing) e un'eventuale cessione (riscatto), tutte imponibili ad IVA (Ris. AE 3 febbraio 2023 n. 3/E, Circ. Min. 30 novembre 2000 n. 218). Tuttavia, se in base alle clausole contrattuali la società di leasing ha limitazioni al diritto di disporre del bene ceduto (ad es. non può venderlo o sublocarlo o concederlo in garanzia a terzi) e i rischi sono a carico dell'utilizzatore, malgrado il formale trasferimento alla società di leasing), si è in presenza di un'operazione complessa e unitaria di natura finanziaria, esente da IVA (Ris. AE 3 febbraio 2023 n. 3/E, Cass. 27 aprile 2021 n. 11023, C.Giust. UE 27 marzo 2019 C-201/18).

SEZIONE 2

Eccezioni all'imponibilità

Vi sono delle operazioni che pur rientrando nel campo di applicazione dell'IVA, sono qualificate come esenti o fuori campo per espressa previsione normativa. 40250

Generalmente le operazioni **fuori campo** non comportano per chi le effettua **alcun obbligo** (fatturazione, registrazione, ecc.), salvo il caso di assenza del requisito della territorialità, soggetto comunque a fatturazione (v. n. 52610); ma possono limitare il diritto alla **detrazione** (v. n. 48080 e s.). 40255

Alcune operazioni, pur possedendo i requisiti per l'applicazione dell'IVA, sono qualificate come **esenti** (art. 10 DPR 633/72) per i motivi di ordine tecnico, politico e sociale indicati dalle direttive comunitarie. I casi previsti sono tassativi e, in quanto derogatori rispetto alla regola generale dell'imponibilità, vanno **interpretati restrittivamente**; viceversa, le eccezioni, estensivamente (C.Giust. CE 26 giugno 2003 C-305/01). 40260
L'effettuazione di tali operazioni comporta la perdita o la riduzione del diritto alla **detrazione** sugli acquisti.
Le operazioni esenti restano soggette agli **adempimenti formali**, salvo:
- quelle finanziarie e assicurative, versamento delle imposte, esercizio di scommesse, mandato o mediazione per le operazioni che precedono, locazione, servizio postale, nonché i servizi con finalità culturali di cui al n. 40665 (art. 22 c. 1 n. 6 DPR 633/72);
- opzione per la dispensa dagli adempimenti di cui al n. 57670.

Nelle seguenti **tabelle**, la prima per le cessioni di beni, la seconda per i servizi, sono riepilogate le operazioni che fanno eccezione al regime di imponibilità, con un'indicazione del regime IVA prevalentemente applicato, **salve le condizioni e le eccezioni** trattate nei paragrafi a cui si rinvia. 40265

Cessioni (DPR 633/72)	Rinvio	Esenti / Fuori campo
Azienda o ramo d'azienda (inclusi i conferimenti) (art. 2 c. 3 lett. b)	89360	FC
Connesse ad operazioni straordinarie (art. 2 c. 3 lett. f e art. 3 c. 4 lett. d)	89000	FC
Abitazioni (art. 10 c. 1 n. 8 bis)	60630	E

Cessioni (DPR 633/72)	Rinvio	Esenti / Fuori campo
Terreni non edificabili (art. 2 c. 3 lett. c)	60990	FC
Denaro (art. 2 c. 3 lett. a)	regola generale **(*)**	FC
	contributi e sovvenzioni: 40460	FC
	premi fedeltà e incentivazioni: 40340	Imponibili
Premi per operazioni e concorsi (art. 2 c. 3 lett. m)	48145	FC
Gratuite (art. 2 c. 2 n. 4)	a scopo commerciale: 40310	Imponibili
	a scopo benefico: 40400	E
Autoconsumo (art. 2 c. 2 n. 5)	40370	Imponibili
Assegnazioni di beni ai soci (art. 2 c. 2 n. 6)	40500	Imponibili
Beni con IVA indetraibile (art. 10 n. 27 quinquies)	40530	E
Altre	40790	–

(*) A **fondo perduto**, cioè senza controprestazione o corrispettivo, inclusi crediti, assegni (circolari, bancari, postali), vaglia, cambiali, ecc.

40270

Servizi (DPR 633/72)	Rinvio	Esenti / Fuori Campo
Locazioni e affitti di immobili (art. 10 c. 1 n. 8)	61160	E
Prestiti e distacchi del personale (art. 8 c. 35 L. 67/88)	40570	FC
Socio-sanitari ed altri servizi pubblici (art. 10 c. 1 n. 18, 27 ter, 20, 14, 16)	sanitari: 40580 sociali: 40600 culturali: 40650 poste e trasporti: 40680	E
Finanziari e assicurativi (art. 10 c. 1 n. 1-4)	40700, 40780	E
Diritti immateriali (art. 3 c. 2, 4)	40550	Imponibili
Autoconsumo (art. 3 c. 3)	40350	Imponibili
Assegnazione di servizi ai soci (art. 3 c. 3)	40510	Imponibili
Apporti in associazioni in partecipazione (art. 5 c. 2)	40515	Imponibili
Altri	40770	–

A. Operazioni gratuite

40300 Le operazioni effettuate a titolo gratuito, cioè senza corrispettivo, possono riguardare sia le cessioni di beni che le prestazioni di servizi. Interessano per lo più le imprese, sia per scopi commerciali che benefici. Regole particolari sono dettate per il caso di destinazione di beni e servizi fuori dalla sfera imprenditoriale (c.d. autoconsumo).
Per principio, proprio per la mancanza di onerosità, sono fuori campo IVA (v. n. 40210), ma vi

sono numerose **eccezioni** per le cessioni di beni, rare invece per i servizi, come illustrato nei paragrafi che seguono.

1. Cessioni gratuite a scopo commerciale

DI BENI DELL'IMPRESA (art. 2 c. 2 n. 4 DPR 633/72) Le cessioni gratuite dei beni la cui produzione o il cui commercio rientra nell'**attività propria dell'impresa** sono generalmente imponibili. Questa regola comporta alcune eccezioni. **40310**

Per beni dell'**attività propria** si intende, beni il cui impiego qualifica e realizza l'attività che normalmente ed abitualmente viene esercitata dall'impresa, con l'esclusione delle attività che risultano svolte non in via principale (cioè direttamente rivolte al conseguimento delle finalità proprie d'impresa) ma in via puramente strumentale, accessoria od occasionale (Circ. Min. 3 agosto 1979 n. 25/364695). **40315**
Per **individuare** l'attività propria deve farsi riferimento a quella effettivamente esercitata e non a quella risultante dall'atto costitutivo (Ris. AE 4 giugno 2002 n. 168/E, Ris. AE 21 luglio 2008 n. 305/E).
Quando l'impresa ha come finalità propria lo svolgimento di **più attività** - per esempio la produzione o lo scambio di più categorie di merci, prodotti o servizi - queste vanno considerate tutte come attività proprie, senza riguardo alla eventuale prevalenza quantitativa dell'una rispetto alle altre (Cass. 3 maggio 2001 n. 6194).

Non ha nessuna rilevanza il **valore** del bene ceduto gratuitamente né il fatto che fin dall'acquisto il bene fosse **destinato** ad essere ceduto gratuitamente (Circ. Min. 16 luglio 1998 n. 188/E).

40320

Cessioni fuori campo IVA	
campioni gratuiti	campioni di **modico valore** (es. profumi, creme, libri, ecc. - art. 2 c. 3 DPR 633/72) appositamente **contrassegnati** in modo indelebile con la dicitura «campione gratuito» sul prodotto o sull'involucro (Ris. Min. 19 novembre 1973 n. 503097). Il modico valore va rintracciato negli usi commerciali, sono comunque imponibili i beni di valore significativo (Ris. Min. 7 febbraio 1991 n. 430047)
prodotti commerciabili con IVA indetraibile	v. n. 40530
sostituzioni in esecuzione di contratto	se il **corrispettivo** della sostituzione è incluso nel prezzo (soggetto a IVA) dell'operazione principale (es. vendita): – sostituzioni **in garanzia** (dell'intero prodotto o di parti difettose) da parte delle **imprese produttrici di beni destinati alla rivendita**. Reso e riconsegna devono risultare dai documenti d'accompagnamento e i beni ceduti in sostituzione non devono avere valore o aliquota superiori (art. 73 c. 2 DPR 633/72, Circ. Min. 1° dicembre 1973 n. 74/505004 e Ris. Min. 11 novembre 1975 n. 502563). In caso contrario (es. reso non al produttore, di beni strumentali non destinati alla rivendita, assenza di clausole contrattuali, scadenza della garanzia, mancata emissione dei documenti prescritti, sostituzione con beni con aliquota IVA superiore, ecc.), la sostituzione è imponibile a titolo di cessione gratuita. In alternativa è, in alcuni casi, possibile la variazione in diminuzione per recuperare l'IVA (v. n. 56850); – **ritiro** di **componenti difettose** e successiva sostituzione, nell'ambito di un **contratto di manutenzione** ordinaria che lo preveda. Se il corrispettivo previsto per la manutenzione viene diminuito del valore dei beni ritirati, il ritiro viene considerato un'operazione autonoma di cessione a titolo oneroso, parte di un'operazione permutativa con la disciplina specifica di cui al n. 45450 (Ris. AE 25 marzo 2003 n. 73/E)

DI BENI ESTRANEI ALL'IMPRESA Gli **omaggi** di beni, non rientranti nell'attività propria dell'impresa, offerti con finalità di rappresentanza (v. n. 23335, es. a **clienti** o **fornitori**, attuali o potenziali) sono fuori campo, indipendentemente dal valore del bene. **40330**
Gli stessi offerti ad altri soggetti (es. ai **dipendenti**) sono fuori campo solo se il costo unitario del bene non è superiore a € 50.

40340 **PREMI FEDELTÀ E DI INCENTIVAZIONE** Spesso le imprese versano ai propri clienti, agli intermediari (es. agenti dipendenti o indipendenti), somme **a titolo promozionale** (per incentivare le vendite) la cui natura varia, indipendentemente dalla terminologia utilizzata, premi fedeltà o incentivazioni, in funzione dell'assunzione o meno di specifici obblighi contrattuali. In alcuni casi, pur essendo definite con termini commerciali identici o simili, l'**AE** le ha ritenute a fondo perduto, quindi fuori campo (art. 2 c. 3 lett. a DPR 633/72), altre volte le ha considerate corrispettive, quindi imponibili. La **giurisprudenza** non sempre ha accolto la prassi amministrativa (v. **tabella**).

Tipologia	Fuori campo IVA	Imponibili
Premi fedeltà ai clienti	a titolo gratuito, senza assunzione di obblighi da parte del cliente (Ris. Min. 23 settembre 1974 n. 502713, Ris. Min. 4 dicembre 1986 n. 416531, Cass. 29 maggio 2013 n. 13312, Cass. 30 marzo 2012 n. 5208, Cass. 5 marzo 2007 n. 5006)	a fronte di uno specifico obbligo contrattuale (es. superare un determinato volume di acquisti, Ris. AE 17 settembre 2004 n. 120/E) **(1) (2) (3)**
Premi di incentivazione ai distributori	senza assunzione di obblighi specifici e ulteriori rispetto all'ordinaria attività di distribuzione (Ris. Min. 11 febbraio 1989 n. 650989)	concessi a fronte di attività di marketing e di promozione dei marchi, supplementari, non rientranti nell'attività ordinaria del concessionario - i c.d. **bonus di qualità** (Cass. 28 giugno 2017 n. 16128, Ris. AE 17 settembre 2004 n. 120/E) o come corrispettivo per la vendita di un'auto ad un **prezzo inferiore** a quello di acquisto (Cass. 19 novembre 2020 n. 26318) **(2)**

(1) I c.d. **bonus di quantità** erogati al raggiungimento di un predeterminato volume di vendite, sono soggetti a nota di variazione del fornitore (Ris. AE 17 settembre 2004 n. 120/E, Cass. 31 luglio 2019 n. 20636).
(2) Se i bonus hanno **natura mista** - quantitativa e qualitativa - (es. commisurati al volume d'affari e/o ad attività supplementari), sono imponibili con nota di variazione del fornitore se prevale la prima o con fattura emessa dal cliente se prevale la seconda (Ris. AE 7 febbraio 2008 n. 36/E, Norma di comportamento n. 163 ADC Milano, marzo 2006). In alternativa alla nota di variazione è possibile ridurre direttamente la base imponibile della vendita (Cass. 3 giugno 2015 n. 11398).
(3) Per i **buoni spesa** o regalo o voucher, monouso e multiuso, spesso utilizzati nelle operazioni commerciali v. n. 45875.

---

2. Autoconsumo

40350 **È** la destinazione definitiva di un bene (o servizio) all'uso o consumo personale o familiare dell'imprenditore, del professionista o dell'artista, o ad altre finalità estranee all'esercizio dell'impresa/professione (es. di pura cortesia, ossia senza collegamento con sviluppo della clientela e/o del fatturato).

L'autoconsumo ha la **finalità** di impedire che i beni e i servizi acquistati nell'ambito di un'attività economica, e non esclusi dal diritto a detrazione, siano immessi al consumo finale senza essere stati assoggettati all'IVA.

Generalmente è assimilata alla cessione di beni (o servizi) quindi imponibile, o esente se riguarda beni (o servizi) esenti, salvo le eccezioni indicate in **tabella**.

40360

Autoconsumo fuori campo IVA
Beni: – per cessazione dell'attività causata dalla **morte** o dal **fallimento** dell'imprenditore (Ris. Min. 24 ottobre 1978 n. 361708), o dalla morte del professionista o artista; – **senza alcun diritto a detrazione**.
Servizi: **a)** l'uso personale o familiare dell'**imprenditore** di (art. 3 c. 6 DPR 633/72): – **veicoli stradali a motore** per il cui acquisto, la locazione, anche finanziaria, e il noleggio, la detrazione dell'IVA è stata operata parzialmente **(*)**; – **telefoni cellulari**, se è stata detratta una quota dell'IVA - relativa all'acquisto, alla locazione (anche finanziaria), al noleggio o alle prestazioni di gestione - non superiore alla misura in cui tali beni e servizi sono utilizzati per fini extra-imprenditoriali **(*)**;

Autoconsumo fuori campo IVA
b) l'uso personale o familiare del **professionista** o **artista** (di qualsiasi servizio);
c) in favore dei **dipendenti**: – messa a disposizione a titolo gratuito, dei beni di cui al punto a); – somministrazioni di pasti nelle mense aziendali (incluso il ristorante ai propri dipendenti, soci e familiari Cass. 25 febbraio 2021 n. 5175, Cass. 20 ottobre 2016 n. 21290); – assegnazione dei buoni acquisto nell'ambito di un programma di riconoscimento dei meriti dei dipendenti ad alto rendimento, con l'obiettivo imprenditoriale di contribuire ad una migliore redditività dell'impresa (C. Giust. UE 17 novembre 2022 C-607/20); – trasporti; – didattiche, educative e ricreative; – assistenza sociale e sanitaria;
d) di **valore** < 50 € (valore normale, ossia prezzo medio per analogo servizio a pagamento);
e) resi utilizzando beni e servizi **senza alcun diritto a detrazione (art. 4 c. 1 lett. b DL 415/95);**
f) resi a titolo gratuito **a società del proprio gruppo**;
g) diffusioni di messaggi, rappresentazioni o comunicazioni di pubblico interesse richieste o patrocinate da Stato o Enti pubblici.
(*) Se l'IVA è stata detratta interamente, l'uso deve essere assoggettato ad IVA al minimo al valore normale, determinato come per l'uso promiscuo ai fini delle imposte sui redditi di cui al n. 8280 (art. 13 c. 3 DPR 633/72).

AUTOCONSUMO DI BENI (art. 2 c. 2 n. 5 DPR 633/72) L'autoconsumo di beni, definito al n. 40350, è **assimilato alla cessione di beni**. Per cui è generalmente imponibile, salvo le eccezioni indicate al n. 40360. Tuttavia può anche essere esente, se riguarda beni esenti. **40370**

ESEMPIO
L'autoconsumo di uffici di imprese non costruttrici è esente, salvo improbabile opzione per l'imponibilità.

AUTOCONSUMO DI SERVIZI (art. 3 c. 3 e 6 DPR 633/72) L'autoconsumo di servizi, definito come al n. 40350, è **assimilato** alla prestazione di servizi, salvo i casi di **esclusione** previsti al n. 40360. **40390**

ESEMPIO
È autoconsumo di servizi la concessione in locazione al coniuge di una parte di un immobile, per il resto destinato a sede dell'impresa (Ris. Min. 22 dicembre 1989 n. 461696).

---

3. Cessioni gratuite di beni dell'impresa per scopi benefici

Sono **esenti** le cessioni gratuite di beni oggetto dell'attività propria dell'impresa (v. n. 40315): **40400**
– destinati, per scopi umanitari o benefici, a persone ed enti determinati (n. 40410 e n. 40425); e,
– per cui sia stata operata la detrazione all'atto dell'acquisto.
Sono **fuori campo** IVA le cessioni di:
– **eccedenze alimentari** e di **farmaci**, beni non di lusso con vizi e imperfezioni e di prodotti **editoriali** e dotazioni **informatiche** obsolete, di cui rispettivamente al punto 1) e 3) della tabella al n. 21820, ed alle condizioni ivi indicate;
– di beni relativi ad **attività produttive dismesse**, effettuate nei confronti degli **enti locali** territoriali, degli **enti pubblici**, delle aree di sviluppo, delle **società di promozione** a prevalente partecipazione pubblica (art. 4 c. 23 DL 510/96).

IN FAVORE DI ENTI DETERMINATI (art. 10 n. 12 DPR 633/72) Sono esenti le cessioni gratuite sopra definite a favore di: **40410**
a) **enti pubblici** (comprese le ASL);
b) **ONLUS** (escluse quelle fuori campo IVA di cui al n. 40400);
c) **associazioni** riconosciute o **fondazioni**, aventi esclusivamente finalità di assistenza, beneficenza, educazione, istruzione, studio o ricerca scientifica.

L'esenzione non si applica quando la cessione è solo **apparentemente gratuita**, es. se inserita in un'operazione complessa a fronte di un impegno (Ris. AE 7 agosto 2008 n. 350/E), o se serve ad estinguere una precedente obbligazione (Ris. AE 7 agosto 2008 n. 349/E).

40415 Le cessioni gratuite di derrate alimentari, prodotti farmaceutici, tessili e altri prodotti ceduti a fini di solidarietà sociale, dovranno essere **provate con** una **comunicazione telematica mensile** secondo quanto indicato al n. 1 del n. 21820.

40425 **IN FAVORE DI POPOLAZIONI COLPITE DA CALAMITÀ NATURALI** (art. 10 n. 13 DPR 633/72) Sono esenti le cessioni gratuite (definite al n. 40400) effettuate dalle imprese in favore di popolazioni colpite da calamità naturali o catastrofi, dichiarate tali con DPCM (ai sensi della L. 996/70 o della L. 225/92). In caso di evento non particolarmente grave provvedono gli organi locali elettivi e gli organi ordinari della protezione civile.

B. Sovvenzioni e contributi

(art. 2 c. 3 lett. a DPR633/72)

40460 **PUBBLICI** Sono le erogazioni di denaro effettuate **dallo Stato**, da altri **enti pubblici** o da **enti sovranazionali** (es. Regioni, Province, Comuni, Ministeri, UE, ecc.) a favore delle imprese per ragioni sovvenzionali o di incentivazione, funzionali al raggiungimento delle finalità dell'ente erogante.
Imponibili **se** effettuate a titolo di **corrispettivo**, **se** effettuate a **fondo perduto**, cioè senza una specifica controprestazione da parte del beneficiario, sono fuori campo IVA. Il mero fatto che l'erogazione influenzi il prezzo dei beni o dei servizi forniti dal soggetto sovvenzionato, non è sufficiente a renderla imponibile (C.Giust. CE 22 novembre 2001 C-184/00).

40465 Nella pratica può essere difficile **distinguere** se l'erogazione sia a fondo perduto o a titolo di corrispettivo. Per determinare la **natura del contributo** si deve far riferimento agli interessi concreti delle parti, così come risultano definiti dalla legge e, secondariamente, dall'accordo/provvedimento che ne prevede l'erogazione (Circ. AE 21 novembre 2013 n. 34/E).
In mancanza si ricorre ai seguenti **criteri sussidiari**, tesi a rilevare se si tratti di un rapporto di tipo contrattuale (sinallagmatico), in ordine di rilevanza: acquisizione da parte dell'erogante dei risultati dell'attività finanziata, previsione di clausola risolutiva espressa o di risarcimento danni da inadempimento e, in via residuale, qualsiasi elemento che riveli l'esistenza di un'obbligazione il cui inadempimento dia luogo a responsabilità contrattuale.

40470 **ESEMPIO**
Sono a **fondo perduto** (fuori campo):
– sovvenzioni e finanziamenti erogati **da enti pubblici** (Stato, Regioni, Province, Comuni, Ministeri, ecc.) **a favore** di **aziende** che erogano **pubblici servizi** (posta, trasporti, ricerca scientifica, addestramento professionale, ecc.);
– contributi erogati secondo criteri e modalità predeterminate e rese pubbliche (art. 12 L. 241/90) (es. per promuovere corsi di **formazione professionale**, Circ. AE 11 maggio 2015 n. 20/E);
– contributi erogati in base a procedimenti definiti a livello **comunitario** ed attuati in Italia attraverso bandi o delibere di organi pubblici (es. CIPE);
– contributi in conto canoni erogati dalla Cassa del Mezzogiorno alle **società di leasing per** la realizzazione di **investimenti in zone svantaggiate** del Paese (Ris. AE 25 settembre 2002 n. 309/E);
– contributi dovuti al Comune per il **rilascio della concessione edilizia**, sempreché le somme versate a tale titolo siano individuabili e quantificabili. Se il contributo è inglobato nel corrispettivo dovuto al Comune per le cessioni di aree edificabili, il totale è imponibile (Ris. Min. 30 luglio 1984 n. 395695);
– aiuti, premi, contributi a favore dei **produttori agricoli** (dalla UE, dall'AGEA, ecc.) per sostenere la produzione agricola (Circ. Min. 30 gennaio 1988 n. 9/460430, Ris. AE 17 ottobre 2006 n. 114/E, Ris. AE 11 marzo 2009 n. 61/E);
– gli **apporti di capitale** dai soci di diritto pubblico in base alle norme del codice civile.

ESEMPIO 40475
Sono **corrispettivi** (imponibili) i contributi riconosciuti:
– in base ad una **convenzione**, dal Comune ad una società che gestisce delle **linee automobilistiche**, per la copertura del disavanzo annuo di gestione (Ris. Min. 18 giugno 1979 n. 360529);
– dallo Stato/Regione a **imprese di trasporto** quando **commisurati alle percorrenze** effettuate e purché connesse ad un rapporto da cui derivano obblighi per l'impresa di trasporto (Ris. AE 6 agosto 2002 n. 268/E);
– da pubbliche amministrazioni ad una impresa concessionaria di **lavori pubblici** (c.d. **project financing**) in quanto corrispettivo per una prestazione di fare (realizzazione di un'opera pubblica) ulteriore rispetto al diritto di sfruttare economicamente l'opera (Ris. AE 16 febbraio 2005 n. 21/E, Ris. Min. 31 ottobre 2000 n. 161/E);
– specificamente dall'UE e dallo Stato Italiano, ai Gruppi di azione locale (GAL) a fronte dell'attività svolta nell'ambito di un **progetto comunitario per l'incentivazione dello sviluppo agricolo**, anche se compresi nell'ammontare di un contributo a fondo perduto che, di per sé, sarebbe fuori campo (Ris. Min. 11 luglio 1996 n. 116/E);
– previsti da contratti stipulati in base al **codice** dei **contratti pubblici**, anche in deroga (D.Lgs. 163/2006).

PRIVATI Anche quando le erogazioni di denaro sono effettuate da soggetti privati bisogna verificare se prevedono una specifica controprestazione o meno. Nel primo caso sono imponibili, nel secondo sono fuori campo. 40485
Il medesimo regime si applica alle **cessioni di contratti** aventi ad oggetto denaro o crediti in denaro (art. 3 c. 4 lett. c DPR 633/72).

Per le somme erogate a titolo di premio o incentivazione e simili v. n. 40340.

ESEMPIO 40490
Sono a **fondo perduto** (fuori campo):
– **fondi** della **casa madre estera** per il mantenimento di una propria **filiale** in Italia (Ris. Min. 3 gennaio 1978 n. 362116);
– cessioni di denaro o di crediti in denaro a titolo di **garanzia** (Ris. AE 4 luglio 2008 n. 278/E);
– somme corrisposte da una società che aderisce al c.d. **consolidato fiscale** ad un'altra società del gruppo, in contropartita di vantaggi fiscali derivanti dalle rettifiche di consolidamento, nei limiti dell'imposta teorica calcolata sull'imponibile negativo trasferito (Circ. AE 20 dicembre 2004 n. 53/E);
– **quote supplementari** versate a un **Consorzio** dai consorziati (art. 2615 c.c.) per coprire perdite dovute alle inadempienze di altri consorziati (Risp. AE 21 maggio 2021 n. 361);
– i **conferimenti** in denaro da parte dei soci in società, quando non costituiscono il corrispettivo di una prestazione di servizi resa dalla società (Circ. Min. 24 dicembre 1997 n. 328/E, C.Giust. CE 26 giugno 2003 C-442/01).

C. Assegnazioni a soci e associati

Si tratta delle assegnazioni di beni e servizi a soci e associati di società ed enti pubblici e privati di qualsiasi forma giuridica. 40500

ASSEGNAZIONI DI BENI (art. 2 c. 2 n. 6 DPR 633/72) **A qualsiasi titolo** effettuate (distribuzione di utili, liquidazione del patrimonio sociale, rimborso a seguito di recesso) seguono il trattamento IVA del bene. 40505

ESEMPIO
1) La società Alfa ha assegnato ai propri soci X e Y alcuni **terreni agricoli** siti nel comune Beta a titolo di distribuzione di utili. Le assegnazioni, avendo ad oggetto terreni non suscettibili di utilizzazione edificatoria, sono fuori campo IVA.
2) La liquidazione della quota di un socio defunto ai suoi **eredi**, consistente nell'assegnazione di **beni sociali diversi dal denaro** costituisce una cessione ed è pertanto soggetta ad IVA (Cass. 28 luglio 1994 n. 7063).
3) L'assegnazione di **immobili** acquistati senza detrarre l'IVA (es. acquisto da privati) e sui quali nei 10 anni successivi sono stati effettuati **interventi di ristrutturazione** aventi natura incrementativa, per i quali è stata detratta l'IVA, è fuori campo IVA ma determina l'effettuazione della **rettifica della detrazione** (v. n. 48230) (Circ. AE 1° giugno 2016 n. 26/E).

40510 **ASSEGNAZIONE DI SERVIZI** (art. 3 c. 3 DPR 633/72) L'assegnazione avente ad oggetto atti come la locazione, l'affitto, il noleggio, le cessioni di diritti d'autore, ecc., è considerata servizio, e soggetta al relativo regime.
I servizi prestati al mero costo nei confronti di **consorziati** o soci con un **limitato diritto alla detrazione** (media triennio precedente <10%) **è esente** (art. 10 c. 2 DPR 633/72, Circ. AE 8 maggio 2009 n. 23/E, Circ. AE 17 febbraio 2011 n. 5/E); i medesimi servizi resi a un soggetto pubblico non consorziato sono imponibili (Princ. dir. AE 2 novembre 2018 n. 9). L'esenzione si applica anche ad **altri schemi associativi autonomi** costituiti per rendere servizi comuni agli associati, che svolgono attività esenti o fuori campo, come le **cooperative sanitarie**, che forniscono ai soci professionisti i servizi di supporto (Ris. AE 3 aprile 2012 n. 30/E).

40515 **APPORTI IN ASSOCIAZIONI IN PARTECIPAZIONE** (art. 5 c. 2 DPR 633/72) Il corrispettivo versato all'associato che apporta:
– **solo la propria attività** di lavoro autonomo o d'impresa è imponibile, salvo per l'apporto di **solo lavoro** per cui è fuori campo IVA (per i contratti esistenti al 25 giugno 2015, essendo stato abrogato da quella data);
– **altre attività** di lavoro autonomo in veste di **professionista** (o artista), segue la disciplina IVA dell'oggetto dell'apporto.

D. Beni con IVA indetraibile

(art. 10 n. 27 quinquies DPR 633/72)

40530 Le cessioni di beni acquisiti con IVA indetraibile sono soggette a regimi diversi a seconda delle caratteristiche dell'operazione di acquisto.

Acquisto	Cessione	Regime IVA della cessione
a. totalmente indetraibile: – per natura (v. n. 48100 e s.); – per destinazione (v. n. 48080 e s.); – per mancanza di inerenza (v. n. 48020 e s.).	onerosa	esente
	gratuita **(*)**	fuori campo IVA
b. parzialmente indetraibile (es. autovetture e cellulari v. n. 45550 e s.).	onerosa	imponibile (con la stessa %)
c. da privati senza addebito di IVA (Ris. AE 17 giugno 2002 n. 194/E); **d.** senza detrazione per opzione per la **dispensa dagli adempimenti** di cui al n. 57670 (Circ. Min. 24 dicembre 1997 n. 328/E).	onerosa	imponibile
(*) Per maggiori dettagli sulle cessioni **gratuite** di beni dell'impresa v. n. 40320, sugli **omaggi** v. n. 40330.		

40535 **I servizi** (incluse le cessioni di contratti) con cui si mettono a disposizione beni acquistati senza diritto a detrazione (Ris. Min. 7 marzo 2000 n. 25/E) sono imponibili, salvo nel **mandato senza rappresentanza**, dove l'indetraibilità grava solo sul mandante (v. n. 40770).

E. Diritti immateriali

40550 **DIRITTI D'AUTORE** Le **cessioni**, concessioni, licenze e simili delle opere dell'ingegno di carattere creativo (letteratura, musica, arti figurative, architettura, teatro e cinema) tutelate dalla legge sul diritto d'autore (L. 633/41), sono tassate come indicato in **tabella**.

40555

Cedente / Prestatore (DPR 633/72)	Regime applicabile	Esempi
autori, loro eredi o legatari (art. 3 c. 4 lett. a)	**imponibili solamente**: **a)** disegni ed opere dell'architettura o dell'arte cinematografica; **b)** opere letterarie, scientifiche, musicali, ecc. utilizzate dalle imprese **per la pubblicità**	composizioni musicali per l'utilizzo in pubblicità commerciale
	fuori campo tutte le altre opere dell'ingegno	– **opere fotografiche** (salvo semplici fotografie o servizi fotografici **(1)**) (Ris. Min. 30 aprile 1997 n. 94/E) ; – **traduzioni** e interpretariato (Circ. Min. 10 giugno 1998 n. 147/E)
soggetti diversi (art. 3 c. 2 n. 2 e c. 3)	**imponibili**	**diritti connessi** ai diritti di autore, cioè spettanti ad artisti, **interpreti** ed **esecutori** (non autori), per l'utilizzazione delle registrazioni delle loro interpretazioni da parte di terzi (produttori) **(2)**
intermediari (art. 3 c. 4 lett. e)	segue la **cessione sottostante**	fuori campo: **a) mandato** e **mediazione** per conto dell'autore, eredi o legatari (Circ. Min. 3 agosto 1979 n. 25/364695); **b)** servizi di **protezione del diritto d'autore**, compresa l'intermediazione della SIAE nella riscossione dei proventi (Ris. Min. 19 maggio 1980 n. 381805).

(1) Alle cessioni **imponibili** di fotografie si applica l'**aliquota** IVA **del 10%** prevista per gli oggetti d'arte (di cui al n. 127 septiesdecies Tabella A Parte III DPR 633/72) solo se le stesse sono eseguite dell'artista, tirate da quest'ultimo o sotto il suo controllo, firmate e numerate nei limiti di 30 esemplari, di qualsiasi formato e supporto (Risp. AE 12 aprile 2022 n. 188).
(2) Anche quando corrisposti dai produttori ad associazioni in qualità di **mandatarie senza rappresentanza** degli artisti; stesso trattamento per il corrispettivo versato dall'associazione all'artista (Ris. Min. 19 giugno 1997 n. 143/E).

OPERAZIONI RELATIVE ALLA PROPRIETÀ INDUSTRIALE (art. 3 c. 2 n. 2 DPR 633/72) Sono generalmente **imponibili**, **anche se** effettuate dallo stesso inventore, le cessioni, concessioni, licenze e simili, relative ad **invenzioni industriali**, modelli, disegni, processi, formule e simili, quelle relative a **marchi e insegne**, nonché a diritti o beni similari ai precedenti. 40560

Cessione di **know-how** per la fabbricazione di un prodotto, concessione da parte di un atleta dello sfruttamento della propria immagine e del proprio nome a fini pubblicitari; licenza di brevetti su medicinali, cessioni di **software personalizzato** (quelle di software **standardizzato** si considerano cessioni di beni); cessione di una **member list**, con una raccolta sistematica di informazioni essenziali e funzionali allo svolgimento della vendita on line (Risp. AE 18 dicembre 2020 n. 609); cessione di Certificati CO2 e di Certificati Verdi, cioè di quote di emissione dei gas a effetto serra (Ris. AE 20 marzo 2009 n. 71/E).

F. Prestiti e distacchi di personale

(art. 8 c. 35 L. 67/88)

I prestiti e distacchi dei **dipendenti del prestatore/distaccante** sono fuori campo alle seguenti condizioni (art. 8 c. 35 L. 67/88): 40570
– il corrispettivo è limitato al solo **rimborso del costo** (retribuzione, fringe benefit, indennità chilometrica, oneri previdenziali e contrattuali). Se le somme rimborsate sono superiori (o inferiori) al costo, l'intera operazione è imponibile (Cass. SU 7 novembre 2011 n. 23021);
– l'attività di lavoro è **organizzata** dal soggetto che riceve la prestazione (Ris. AE 2 agosto 2002 n. 262/E, Ris. Min. 5 giugno 1995 n. 152/E).

I prestiti **strettamente collegati** ad altre operazioni (es. affitto di macchinari o di software, contratti di appalto), configurano un servizio, complesso, unico ed inscindibile, anche in presenza di contratti separati, con un unico corrispettivo interamente imponibile (Risp. AE 5 luglio 2019 n. 224, Ris. AE 5 novembre 2002 n. 346/E).

N.B. La Corte di Giustizia ha stabilito che la disposizione in esame **non è conforme** alle disposizioni comunitarie quando avviene **all'interno dello stesso gruppo**, se gli importi versati dalla controllata a favore della società controllante, da un lato, e tali prestiti o distacchi, dall'altro, si condizionino reciprocamente. Spetta al giudice del rinvio **valutare** se il pagamento delle somme da parte della controllata configuri un effettivo corrispettivo del distacco e se il pagamento di tale somma sia una condizione affinché il distacco del personale sia posto in essere. Solo in quel caso si dovrebbe concludere per l'imponibilità della prestazione (C.Giust. UE 11 marzo 2020 C-94/19). Tale orientamento è stato recepito dalla Cassazione (Cass. 2 marzo 2021 n. 5609, Cass. 2 marzo 2021 n. 5615).
Assonime esprime **perplessità** in merito alla citata sentenza, in quanto ritiene che il rifondere il «puro costo» alla distaccante perché la stessa mantenga la sua soggettività di datrice di lavoro **non** può qualificarsi come **vera e propria remunerazione**, ossia come corrispettivo (imponibile) per la prestazione resa. Tale rimborso ha lo scopo di tenere indenne dai costi che continua a sostenere il distaccante per il dipendente distaccato e la causa del contratto risiede in ragioni organizzative più che lucrative (Circ. Assonime 19 maggio 2020 n. 8).

G. Servizi socio-sanitari, assistenziali, culturali e servizi pubblici

a. Servizi sanitari

40580 **SERVIZI RESI NELL'ESERCIZIO DELLE PROFESSIONI SANITARIE** (art. 10 n. 18 DPR 633/72) Sono esenti i servizi **resi alla persona per tutelare**, mantenere o ristabilire la **salute**, inclusi quelli di prevenzione prestati a persone sane (Circ. AE 28 gennaio 2005 n. 4/E, Ris. AE 1° agosto 2003 n. 167/E). L'esenzione è limitata ai servizi resi nell'esercizio delle professioni sanitarie **da**:
– **medici**, **chirurghi**, **odontoiatri**, **biologi** e **psicologi** nell'esercizio delle professioni soggette a vigilanza ai sensi dell'art. 99 del testo unico delle leggi sanitarie (RD 1265/34), o abilitati con titoli idonei conseguiti in Paesi **UE** o, se riconosciuti, **extra UE** (DM 17 maggio 2002);
– **infermieri** e **tecnici** sanitari **abilitati ai sensi del** DM Sanità 29 marzo 2001 (es. ostetrica/o, podologo, fisioterapista, a cui è equiparato il massofisioterapista con formazione triennale il cui titolo è conseguito ante 17 marzo 1999, logopedista, tecnico ortopedico, dietista, igienista dentale e odontotecnico per attività di preparazione e di riparazione di protesi dentarie) (Circ. Min. 28 febbraio 1991 n. 13, Circ. Min. 2 maggio 1995 n. 129/E).
Dal **22 giugno 2022**, l'esenzione si applica anche se la prestazione sanitaria costituisce una componente di una prestazione di ricovero e cura resa alla persona ricoverata da un soggetto diverso da quelli di cui al n. 40595 - es. una **clinica non convenzionata** - quando tale soggetto a sua volta acquisti la suddetta prestazione sanitaria esente presso un terzo (quindi non da personale proprio); in tal caso, l'esenzione opera per la prestazione di ricovero e cura fino a concorrenza del corrispettivo dovuto da tale soggetto al terzo (art. 18 DL 73/2022 conv. in L. 122/2022). L'eventuale eccedenza è soggetta ad IVA 10%.

> **Precisazioni** 1) L'**esercizio abusivo** della professione (es. attività odontoiatrica svolta da un odontotecnico), è invece imponibile (Circ. AE 2 ottobre 2002 n. 76/E, Cass. 28 settembre 2005 n. 19007).
2) I servizi dei **chiropratici** sono imponibili in attesa del regolamento che individui il loro profilo professionale e l'ordinamento didattico per conseguire il relativo titolo (Ris. AE 30 luglio 2009 n. 197/E). In senso contrario vedi Cass. 2 ottobre 2020 n. 21108, C.Giust. UE 27 giugno 2019 C- 597/17. Analogamente, i servizi degli **Operatori socio sanitari** sono imponibili (Risp. AE 3 dicembre 2018 n. 90).
3) Il corrispettivo unitario per un **«pacchetto di medicina funzionale»** offerto da un **poliambulatorio** - comprendente prestazioni di varie figure professionali (medici, educatori tecnico-sportivi, dietisti/nutrizionisti, psicologi) coordinati dal medico che prende in carico il paziente e definisce il percorso di cura con protocolli clinici personalizzati - non è esente per intero, ma vanno separatamente addebitate - e assoggettate a IVA - le competenze per le prestazioni non strettamente sanitarie (ad esempio, per l'educatore tecnico-sportivo) (Risp. AE 24 aprile 2020 n. 118).
4) L'esenzione si applica anche alle eventuali **spese accessorie** (es. onere aggiuntivo previsto per i pagamenti effettuati con modalità diverse dalla carta di credito), secondo le regole generali illustrate al n. 45290 e s. (Risp. AE 25 agosto 2020 n. 268).

5) I servizi possono essere resi, dalle persone abilitate suddette, anche mediante **piattaforma digitale** (Risp. AE 26 marzo 2021 n. 215).

Nella seguente **tabella** sono indicati i servizi classici prestati dagli operatori sanitari, distinguendo quelli esenti (indipendentemente dal rilascio di una prescrizione medica) da quelli imponibili (in nota). 40585

Prestatore	Servizi esenti
Medici e simili	– **certificazioni** (per esonero dall'educazione fisica, di idoneità all'attività sportiva, per invio minori in colonie o comunità, di avvenuta vaccinazione, di avvenuta guarigione da Covid-19, c.d. «**green pass**») **(1)**; – **chirurgia estetica** con finalità **terapeutiche** (Cass. 13 settembre 2022 n. 26906, Cass. 13 ottobre 2021 n. 27947, C.Giust. UE 21 marzo 2013 C-91/12); – **medicina sportiva**; – **medicina del lavoro**, prestazioni rese ai sensi della disciplina sulla sicurezza nei luoghi di lavoro, per il rilascio di **patenti di guida** (Circ. AE 28 gennaio 2005 n. 4/E); – **visite fiscali per conto dell'INPS/INAIL** per la verifica delle condizioni di salute dei lavoratori assenti per malattia o infortunio (Ris. AE 9 gennaio 2006 n. 7/E, Ris. AE 13 marzo 2006 n. 36/E).
Laboratori sanitari	Dei laboratori **radiologici** e di **analisi mediche** o **ricerche cliniche**, in qualsiasi forma organizzati (ad esempio società di persone o di capitali, enti, ecc.) ed indipendentemente dal fatto che siano diretti da medici, chimici o biologi (Circ. Min. 3 agosto 1979 n. 25/364695, Circ. Min. 14 aprile 1983 n. 40/362756) **(2)**. Sono inclusi i servizi di accertamento diagnostico tramite **test genetico** (Risp. AE 26 marzo 2021 n. 216).
Farmacie	Delle farmacie che **mettono a disposizione** dei propri clienti **operatori sanitari**, infermieri, per l'effettuazione di servizi di **diagnosi**, **cura e riabilitazione** rese alla persona, ecc. (Ris. AE 12 maggio 2017 n. 60/E). Sono quindi esenti le prestazioni di **supporto all'utilizzo di dispositivi strumentali** per i servizi di secondo livello, se prescritte da medici o pediatri ed erogati anche avvalendosi di personale infermieristico; sono imponibili le prestazioni analitiche di prima istanza di **autocontrollo**, se eseguite dal paziente in autonomia con gli apparecchi disponibili in farmacia, senza ausilio di un professionista sanitario e il servizio **prenotazione**, **riscossione e ritiro referti** (Risp. AE 21 settembre 2022 n. 466).

(1) Sono **imponibili** (Circ. AE 28 gennaio 2005 n. 4/E):
– le **certificazioni** di status per ottenere un indennizzo o un beneficio amministrativo o economico: per assegno di invalidità o pensione di invalidità o di guerra, di idoneità a svolgere generica attività lavorativa, per infortuni redatte su modello specifico, per riconoscimento di invalidità civile;
– gli **esami** richiesti in occasione di controversie, per referti medici per l'accertamento della responsabilità o la quantificazione del danno (es. prestazioni dei medici legali come CTU presso i tribunali) o di **premi assicurativi** o **liquidazione danni** da parte di imprese assicurative.
(2) Sono **imponibili** le **analisi**:
– sui farmaci per stabilire le **proprietà terapeutiche** (escluse quelle rese a scopo diagnostico) (Ris. Min. 30 luglio 1984 n. 397995);
– biologiche sull'affinità genetica (es. **accertamento** della **paternità**, Circ. AE 28 gennaio 2005 n. 4/E).

SERVIZI DI RICOVERO E CURA (art. 10 n. 19 DPR 633/72) L'alloggio, l'assistenza, la diagnosi e la cura, compresa la somministrazione di medicinali, presidi sanitari e vitto, sono esenti se rese, **a ricoverati** o **in via ambulatoriale**, da **ospedali**, società di **mutuo soccorso** con personalità giuridica, **Onlus**, **stabilimenti termali** (per questi ultimi, l'esenzione si applica solo per le cure aventi funzione terapeutica, da valutare in relazione alle condizioni del destinatario, Cass. 15 ottobre 2021 n. 28384). 40595
Anche se rese da **cliniche** e **case di cura**:
– **convenzionate**, o con tariffe corrispondenti a quelle praticate in regime di convenzione con le Regioni, diversamente l'eccedenza è imponibile;
– **non** convenzionate, ma rese a condizioni analoghe e previa autorizzazione richiesta dal paziente alla USL (Ris. Min. 29 luglio 1994 n. 405); diversamente, fino al 21 giugno 2022, sono imponibili, anche se rimborsate ai pazienti dalle Regioni, casse mutue, ecc. in base a tariffe onnicomprensive (Circ. Min. 14 aprile 1983 n. 40/362756, Ris. AE 20 agosto 2010 n. 87/E). **Dal 22 giugno 2022** anche in quest'ultimo caso sono esenti, se rispettano le condizioni indicate al n. 40580 (ed entro i limiti ivi esposti).

>Precisazioni 1) Le prestazioni di maggior **comfort alberghiero** (stanza singola, televisore, ecc.) sono imponibili con aliquota ridotta 10% se rese a ricoverati (salvo quelle indispensabili alla terapia), ordinaria agli accompagnatori, fino al 21 giugno 2022; dal giorno successivo si applica il 10% anche agli accompagnatori (art. 18 DL 73/2022 conv. in L. 122/2022). La **somministrazione di alimenti e bevande** è soggetta ad aliquota ridotta anche per gli accompagnatori (Circ. Min. 14 aprile 1983 n. 40/362756).
2) Se la **convenzione ha durata limitata**, alla sua scadenza le prestazioni successive sono soggette al regime previsto per le cliniche non convenzionate (Risp. AE 12 maggio 2021 n. 339).

b. Servizi assistenziali

40600 **PRESTAZIONI SOCIO-SANITARIE DI ORGANISMI DI DIRITTO PUBBLICO** (art. 10 n. 27 ter DPR 633/72) Sono esenti quelle rese da organismi e istituzioni riconosciute a favore di particolari soggetti svantaggiati.
Ai fini dell'esenzione, devono essere rispettate le **condizioni** indicate in **tabella**.

Prestazioni	Prestatori	Beneficiari
• prestazioni socio-sanitarie (es. docce pubbliche, terapia assistita con gli animali, c.d. pet therapy); • di assistenza domiciliare o ambulatoriale **(*)**, in comunità e simili rese, **direttamente** o in esecuzione di contratti di **appalto** o di convenzioni con soggetti terzi (Circ. AE 2 novembre 2004 n. 43/E)	• organismi di diritto pubblico (es. aziende speciali); • istituzioni sanitarie riconosciute che erogano assistenza pubblica (art. 41 L. 833/78); • enti aventi finalità di assistenza sociale, nonché Onlus **(**)**	• anziani, inabili adulti; • tossicodipendenti, malati di AIDS; • handicappati psicofisici; • minori, anche coinvolti in situazioni di disadattamento e di devianza; • persone migranti, senza fissa dimora, richiedenti asilo (le 3 condizioni devono coesistere, Ris. AE 26 agosto 2009 n. 238/E); • persone detenute; • donne vittime di tratta a scopo sessuale e lavorativo

(*) Incluse quelle rese da veicoli attrezzati e con personale specializzato (c.d. **unità di strada**) direttamente nei luoghi d'intervento (Ris. AE 9 agosto 2007 n. 219/E).
(**) Le prestazioni rese da **un'impresa sociale** sono imponibili (Risp. AE 3 giugno 2021 n. 388), così come quelle rese da **società di capitali**, anche se costituite da enti pubblici (es. Comune e Comunità montana) (Ris. AE 15 giugno 2004 n. 81/E).

40605 I servizi **privi dei requisiti** suddetti sono imponibili: socio-sanitari resi nei confronti di **soggetti svantaggiati diversi** da quelli sopra elencati, servizi **diversi** da quelli socio-sanitari: es. pulizia della struttura assistenziale, trasporto della biancheria, altri servizi generici resi direttamente alla struttura, tipo fornitura pasti e pulizia stoviglie.

40610 **PRESTAZIONI DI ACCOGLIENZA IN FAVORE DI MINORI, ANZIANI E DISAGIATI** (art. 10 n. 21 DPR 633/72) Sono esenti i **servizi propri** dei seguenti istituti, a prescindere dalla natura giuridica del prestatore, salvo le cooperative sociali (imponibili al 5% v. n. 40620) e le organizzazioni di volontariato (OdV, escluse) (Ris. AE 27 settembre 2018 n. 74/E).
L'esenzione è estesa anche alle somministrazioni di **vitto**, **indumenti** e **medicinali**, alle **prestazioni curative** e agli altri servizi **accessori** effettuati dalle predette organizzazioni a favore dei propri assistiti.

Istituti che effettuano prestazioni esenti (1) (2)
a) brefotrofi, orfanotrofi, asili, colonie marine, montane e campestri; **b)** case di riposo per l'alloggio di anziani e simili, indipendentemente dal possesso della necessaria autorizzazione amministrativa (Cass. 3 settembre 2001 n. 11353), nonché i centri di accoglienza per migranti (Ris. AE 27 settembre 2018 n. 74/E, Ris. AE 12 giugno 2002 n. 188/E) **(3)**; **c)** aziende agricole che svolgono prestazioni socio-educative a minori, iscritte nei registri regionali delle Fattorie didattiche e in quello delle Fattorie sociali e nel registro delle Comunità per minori (Ris. AE 16 ottobre 2018 n. 77/E); **d)** residenze sanitarie per portatori di handicap grave, impossibilitati a rimanere nel proprio nucleo familiare, anche se la struttura non ospita solo anziani (Ris. AE 25 novembre 2005 n. 164/E) **(4)**; **e)** case rifugio per donne vittime di violenza, in caso di prestazione globale del servizio di accoglienza (Risp. AE 16 febbraio 2021 n. 112); **f)** alberghi ed ostelli della gioventù, e analoghi complessi ricettivi per i soci di enti non lucrativi per la promozione del turismo giovanile **(5)**.
(1) Le stesse prestazioni, se sono rese da organismi simili ai suddetti (es. **impresa sociale**), sono esenti quando **assicurano l'alloggio**. Se l'alloggio non è assicurato (regime semiresidenziale o semiconvitto), l'esenzione può sussistere se la prestazione rientra fra quelle esenti previste da altre disposizioni (es. **socio-sanitarie**, v. n. 40600) (Risp. AE 3 giugno 2021 n. 388). **(2)** Sono esenti le prestazioni rese nei confronti di enti pubblici concernenti la **gestione globale** (con corrispettivo unico) di uno degli istituti indicati (casa di riposo, asilo, ecc.) fatturate da terzi (diverse dalle cooperative sociali o OdV) all'ente stesso. Se, invece, i servizi sono **forniti separatamente da soggetti diversi** (es. fornitura servizi sanitari, fornitura pasti, servizi di pulizia e igiene ambientale, ecc.) - a cui corrispondono distinti corrispettivi - ciascuna tipologia è soggetta ad IVA in base al regime proprio applicabile alla tipologia di servizio reso e al soggetto prestatore (Risp. AE 1° luglio 2019 n. 221, Ris. AE 16 marzo 2004 n. 39/E, Ris. AE 9 aprile 2004 n. 60/E). **(3)** L'esenzione si riferisce alle prestazioni effettuate dalle case stesse **agli ospiti**. Pertanto, le singole prestazioni rese ai gestori delle case di riposo (es. A.S.L.) o ad altri enti (es. Comuni che poi le destinano ai propri assistiti) sono imponibili (Ris. Min. 4 dicembre 1995 n. 278, Ris. AE 9 settembre 2002 n. 290/E). **(4)** Analogamente, sono esenti le prestazioni di alloggio e di sostegno di operatori non stabilmente presenti nell'unità assegnata a favore di persone affette da disturbi psichici (pasti, visite mediche, iniziative sociali, ecc.) (Risp. AE 27 aprile 2022 n. 221). **(5)** Sono imponibili le prestazioni dei **campeggi**, dei **villaggi turistici**, degli **autostelli** (Circ. Min. 19 gennaio 1980 n. 3/380101) e quelle delle **case per ferie**, gestite direttamente dalle aziende e nelle quali vengono ammessi esclusivamente i **dipendenti** delle aziende stesse (Ris. Min. 15 giugno 1973 n. 501473).

PRESTAZIONI SOCIO ASSISTENZIALI DELLE COOPERATIVE AI SOGGETTI SVANTAGGIATI (tab. A parte II bis n. 1 DPR 633/72, Circ. AE 15 luglio 2016 n. 31/E) Le prestazioni rese direttamente o in esecuzione di contratti d'appalto o di convenzioni, dalle cooperative e loro consorzi ai soggetti indicati al n. 40600, applicano discipline diverse come evidenziato in **tabella**. Le prestazioni interessate sono, in particolare, le prestazioni **sanitarie** (v. n. 40580), di **ricovero e cura** (v. n. 40595), quelle **educative e didattiche** (v. n. 40650), le prestazioni di **alloggio ed accoglienza** proprie dei brefotrofi, orfanotrofi, ecc. (v. n. 40610) e quelle **socio-sanitarie** (v. n. 40600). **40620**

Tipo di cooperativa	Disciplina
Sociale di cui alla L. 381/91	IVA 5% (senza opzione per esenzione) **(*)**
Non sociale (ONLUS)	esenzione
Diversa (non sociali e non ONLUS)	IVA ordinaria
(*) Sono comprese anche le prestazioni formative svolte nei confronti dei **genitori dei minori con disturbi**, il cui intervento è indispensabile perché l'attività di assistenza è svolta a distanza causa Covid (Risp. AE 20 aprile 2021 n. 274).	

Sono soggetti a IVA ordinaria i servizi:
- resi anche nei confronti di **soggetti svantaggiati diversi** da quelli espressamente elencati (Circ. Min. 26 giugno 1998 n. 168/E, Ris. AE 16 marzo 2004 n. 41/E);
- **diversi** da quelle sopra indicati: es. pulizia della struttura assistenziale, trasporto della biancheria, altri servizi generici resi direttamente alla struttura, tipo fornitura pasti e pulizia stoviglie (Ris. AE 2 ottobre 2007 n. 275/E).

TRASPORTO DI FERITI O MALATI CON VEICOLI EQUIPAGGIATI (art. 10 n. 15 DPR 633/72) Sono esenti quelli effettuati tramite **ambulanze**, **elicotteri** ed altri veicoli appositamente equipaggiati, a **condizione** che siano effettuate **da imprese autorizzate** e da **Onlus**. **40630**

c. Servizi culturali

40650 **SERVIZI EDUCATIVI** (art. 10 n. 20 DPR 633/72) Sono esenti i servizi **educativi** dell'infanzia e della gioventù e quelli **didattici** se **resi da istituti** o **scuole** riconosciuti da pubbliche amministrazioni (vedi MIVA n. 2685 o Circ. AE 18 marzo 2008 n. 22/E) o da **Onlus**. Sono **inoltre** esenti i seguenti servizi:
– **formazione professionale**, inclusi aggiornamento, riqualificazione e riconversione se resi dagli istituti indicati;
– **alloggio**, **vitto** e fornitura di **libri e materiali didattici**, anche forniti da istituzioni, collegi o pensioni annessi, purché dipendenti o funzionalmente collegati da un **nesso istituzionale**, con obiettivi funzionalmente coordinati (Risp. AE 16 luglio 2019 n. 251, Circ. Min. 10 agosto 1994 n. 150/E);
– **vitto** e **alloggio** resi in favore degli **studenti universitari** dagli istituti o enti per il diritto allo studio universitario istituiti dalle Regioni (art. 2 bis DL 50/2017 conv. in L. 96/2017);
– lezioni relative a materie scolastiche e universitarie impartite da **insegnanti a titolo personale**.

> **Precisazioni 1)** Le prestazioni di un'**autoscuola** per quanto concerne i corsi finalizzati al conseguimento dell'abilitazione alla guida (patenti categorie A, B e C1), sono imponibili.
I corsi per l'ottenimento di patenti di categorie diverse, rientrano tra la formazione professionale e sono pertanto esenti (Risp. AE Forum Commercialisti 13 gennaio 2020).
2) Analogamente:
– i corsi istituiti da società che impartisce **lezioni di volo per piloti** in ambito civile e commerciale, sono esenti se il corso è finalizzato ad ottenere la licenza di pilota professionale, dunque non a scopo ricreativo o sportivo (Risp. AE 1° giugno 2020 n. 162);
– i corsi di insegnamento del **nuoto** fornite da un'apposita scuola (Risp. AE 27 luglio 2022 n. 393, C.Giust. UE 21 ottobre 2021 C-373/19), nonché i corsi tenuti da **scuole** di **surf e vela** (C.Giust. 7 ottobre 2019 C-47/19) sono imponibili, così come i corsi di sci e tennis (precedentemente esenti); il legislatore dovrebbe infatti presto recepire la giurisprudenza europea.
3) Le prestazioni di **istituti scolastici linguistici extra UE** - Gran Bretagna - se non riconosciuti dalla PA, sono imponibili (Risp. AE 18 maggio 2021 n. 7), se riconosciuti sono esenti, con applicazione, in entrambi i casi del reverse charge (Risp. AE 27 ottobre 2021 n. 750).
4) Le prestazioni formative rese a enti organizzatori di corsi di formazione (es. ordini professionali) da **relatori** esterni titolari di partita IVA, per cui l'attività di docenza è attratta nella sfera dell'attività professionale oppure se, pur non essendo professionisti, svolgono l'attività di docenza in maniera abituale, sono imponibili (Risp. AE 7 luglio 2021 n. 457).

40655 **Formazione del personale finanziata da enti pubblici** Sono esenti le erogazioni degli enti pubblici per i corsi di formazione, aggiornamento, riqualificazione e riconversione del personale (anche non dipendente dell'ente finanziatore, Circ. Min. 6 dicembre 1989 n. 57/551034) tenuti da terzi (art. 14 c. 10 L. 537/93, Ris. AE 4 aprile 2003 n. 84/E).

> Se il versamento dell'Ente si riferisce anche ad **altri servizi** o a **cessioni** di beni, l'esenzione dall'IVA opera solamente sulla parte del corrispettivo che si riferisce alla formazione. Se non è possibile distinguerla, l'intero corrispettivo va assoggettato ad IVA (Ris. Min. 12 luglio 1990 n. 430196, Ris. Min. 23 settembre 1991 n. 430398).

40665 **SERVIZI CON FINALITÀ CULTURALI** (art. 10 n. 22 DPR 633/72) Sono esenti i servizi propri delle:
– **biblioteche**: raccolta, catalogazione, conservazione, archiviazione, ecc. di libri;
– **discoteche**: raccolta e reperimento dischi;
– strutture culturali **simili** (cineteca, fonoteca, emeroteca e nastroteca).
I servizi **affidati a terzi** (es. servizio di biglietteria affidato in gestione a privati) sono esenti solo se configurano nell'insieme una gestione globale della struttura (Ris. AE 6 giugno 2007 n. 131/E, Ris. AE 10 aprile 2008 n. 148/E).

> I corrispettivi relativi all'espletamento di **altri generici e autonomi servizi**, quali, ad esempio, il servizio di accoglienza e assistenza al pubblico in punti di ristoro e le relative somministrazioni, la cessione di materiale illustrativo e di oggettistica, sono soggetti a IVA (Ris. Min. 18 gennaio 1999 n. 4/E). Sono altresì imponibili i servizi misti (cioè sia propri delle biblioteche che diversi) affidati in appalto a terzi per un unico corrispettivo (Risp. AE 8 novembre 2021 n. 763).

40670 Sono compresi inoltre i servizi inerenti alla **visita di musei**, gallerie e pinacoteche, monumenti, ville e palazzi, parchi, giardini botanici, zoologici e simili, di carattere permanente o tempora-

neo. Sono assimilate alle visite in presenza quelle **virtuali**, fatte mediante una piattaforma digitale che consente anche l'interazione con una guida turistica abilitata (Risp. AE 3 gennaio 2022 n. 1).
In particolare, l'esenzione riguarda tutte le **mostre** a carattere culturale e sociale, che presentano i seguenti **requisiti** (Ris. AE 15 giugno 2004 n. 85/E, Ris. AE 28 febbraio 2007 n. 30/E):
1) esposizione in spazi appositi di quadri, fotografie o altri beni di rilevante utilità culturale;
2) scopo di promozione della conoscenza (storica, artistica, ecc.);
3) assenza di scopi speculativi o commerciali anche indiretti.

d. Servizi pubblici

40680

<table>
<tr><th colspan="2">Servizio</th><th colspan="2">Disciplina</th></tr>
<tr><td rowspan="3">trasporto di persone</td><td rowspan="2">urbano
(1) (2) (3) (4)</td><td>taxi</td><td>esente (art. 10 n. 14 DPR 633/72).</td></tr>
<tr><td>altri mezzi</td><td>– su terra (bus, treno, tram, metropolitana, ecc.): imponibile 10% (n. 127 novies tab. A parte III DPR 633/72);
– su acqua (gondole, vaporetti, ferry-boat, ecc.): imponibile 5% (n. 1 ter tab. A parte II bis DPR 633/72), salvo per i trasporti a Venezia: esenti (Ris. AE 5 luglio 2018 n. 50/E).</td></tr>
<tr><td>extra-urbano
(3) (4)</td><td colspan="2">qualsiasi mezzo: imponibile 10% (n. 127 novies tab. A parte III DPR 633/72).</td></tr>
<tr><td colspan="2">postale</td><td colspan="2">– esente il servizio postale universale (es. posta massiva, prioritaria, raccomandata, assicurata, ecc.), e le cessioni di beni ed i servizi accessori, effettuati da soggetti obbligati ad assicurarne l'esecuzione in modo generalizzato (art. 10 n. 16 DPR 633/72) (5);
– imponibili gli stessi servizi, incluse cessioni e servizi accessori, le cui condizioni siano state negoziate individualmente.</td></tr>
</table>

(1) Sono **urbani** quelli compiuti nel territorio di un comune, o anche tra comuni diversi, purché non distanti più di 50 km.
(2) Se il trasporto rientra in una **fattispecie complessa** - es. trasferimento con una motonave in luoghi stabiliti, divulgazione di informazioni storiche e geografiche, musica, balli, somministrazione di alimenti e bevande oppure servizio navetta accessorio al servizio di parcheggio vicino ad un aeroporto - si applica l'aliquota ordinaria (Risp. AE 5 luglio 2019 n. 225, Ris. AE 28 maggio 2003 n. 117/E, C.Giust. UE 19 gennaio 2012 C-117/11). Se però la prestazione complessa riguarda un trasporto urbano con un servizio gratuito di **audioguida**, a cui si può accedere facoltativamente tramite un *QR code* stampato sulla prenotazione di viaggio, si applica l'aliquota del 5% (Risp. AE 6 agosto 2021 n. 530).
Nel caso di un **sistema di bike-sharing**, si applica l'aliquota ordinaria (Ris. AE 16 dicembre 2008 n. 478/E).
(3) Sono inclusi i **trasporti di veicoli** al seguito di passeggeri, in quanto accessorie (art. 1 c. 4 quater DL 50/2017 conv. in L. 96/2017).
Le prestazioni di trasporto derivanti dal servizio di **noleggio con conducente** sono soggette ad IVA del 10%, salvo i trasporti urbani su acqua soggetti all'aliquota del 5% o, se prestati a Venezia, esenti (Ris. AE 5 luglio 2018 n. 50/E).
(4) La disciplina suddetta si applica anche se le prestazioni (diverse da quelle di noleggio del mezzo di trasporto) sono rese per **finalità turistico-ricreative**, indipendentemente dal soggetto che le eroga, purché non comprendano la fornitura di ulteriori servizi, diversi da quelli meramente accessori (art. 36 bis DL 50/2022 conv. in L. 91/2022).
(5) La **notifica di atti** promananti da organi giurisdizionali o autorità amministrative, per corrispondenza, è da considerarsi servizio universale pertanto esente (C.Giust. UE 16 ottobre 2019 C-4 e 5/18).

H. Operazioni finanziarie

Le operazioni di credito e finanziamento, quelle relative a valute estere, titoli e oro, inclusi i 40700
relativi mandati e intermediazioni, sono normalmente esenti, anche se effettuate da un soggetto che non svolge attività bancaria (C.Giust. CE 5 giugno 1997 C-2/95); ve ne sono tuttavia alcune imponibili o fuori campo IVA.

OPERAZIONI DI CREDITO E DI FINANZIAMENTO (art. 10 n. 1 DPR 633/72) 40710
Sono esenti le operazioni fondamentali e tipiche delle istituzioni bancarie e che riguardano principalmente la raccolta e l'impiego di capitali.

In particolare, si tratta degli **interessi** e delle **commissioni** derivanti dalle seguenti prestazioni:

Tipologia	Descrizione	Regime IVA
Crediti e finanziamenti	concessione e negoziazione di crediti, gestione degli stessi da parte dei concedenti e operazioni di finanziamento, quali le **cessioni** di crediti **pro-soluto** o **pro-solvendo**	E
	recupero di crediti (fra cui si comprendono le operazioni di factoring, pro-soluto e pro-solvendo, se effettuate essenzialmente per il recupero dei crediti) (Ris. Min. 24 maggio 2000 n. 71/E, Ris. AE 17 novembre 2004 n. 139/E, Ris. AE 11 marzo 2011 n. 32/E)	I
Debiti	**dilazioni** di pagamento (diverso dal caso degli interessi di mora v. n. 45360)	E
Depositi e pagamenti	operazioni relative a depositi di fondi, **conti correnti**, pagamenti (anche con carte di credito o con moneta elettronica), **giroconti**, crediti e ad **assegni** o altri effetti commerciali	E
Garanzie	assunzione di **fideiussioni** e di **altre** garanzie e la gestione di garanzie di crediti da parte dei concedenti	E
Fondi	gestione di fondi **comuni di investimento**, di fondi **pensione** e le **gestioni similari**: gestione degli attivi delle imprese assicuratrici posti a copertura delle riserve tecniche relative alle **polizze unit linked** e index linked, o posti a copertura delle polizze vita (escluse le assicurazioni danni, Ris. AE 16 maggio 2014 n. 52/E)	E
Carte di credito e prepagate, moneta elettronica	– entrambi i rapporti che si instaurano tra le imprese emittenti le **carte di credito** e gli esercizi commerciali che accettano il pagamento con l'utilizzo delle stesse (Circ. Min. 18 dicembre 1987 n. 82/322072); – **bancoposta** e compensi corrisposti dalle imprese emittenti carte prepagate o moneta elettronica agli esercizi commerciali (Ris. AE 6 dicembre 2007 n. 354/E, Princ. dir. AE 2 aprile 2019 n. 12)	E
Intermediazioni	rese dalle banche, su incarico di società gerenti, per **intermediazione** nella emissione ed estinzione dei certificati di partecipazione, e nella compravendita di titoli	E
Pronti contro termine	operazioni dipendenti da contratti pronti contro termine, aventi per **base imponibile** la differenza tra il corrispettivo a termine e quello a pronti (art. 4 L. 133/99)	E
Altre	– consulenza per investimenti finanziari, che non configuri intermediazione (rivolta solo ai propri clienti e senza rapporti con i promotori degli strumenti) (Ris. AE 15 maggio 2018 n. 38/E); – concessione in uso di **cassette di sicurezza**; – vendite all'asta	I
	– cessioni di **denaro o crediti** di denaro, anche a titolo di garanzia e operazioni di deposito di denaro presso banche o presso amministrazioni statali, anche regolati in conto	FC

40730 **VALUTE E CREDITI ESTERI** (art. 10 n. 3 DPR 633/72) Sono esenti le operazioni relative a valute estere **aventi corso legale** e a crediti in valute estere, comprese le operazioni di copertura dei rischi di cambio (es. **swaps** di valuta). Il **bitcoin** è una valuta virtuale assimilata alle valute estere e i servizi ad esso relativi (es. cambio valuta tradizionale con unità bitcoin) sono esenti (Ris. AE 2 settembre 2016 n. 72/E).
Sono imponibili le **monete ed i biglietti da collezione**, quali monete d'oro, d'argento e biglietti che presentano un interesse per i numismatici.

40740 **TITOLI** In genere le operazioni (es. **negoziazione**) relative ai titoli sono esenti (art. 10 n. 4 DPR 633/72), salvo le operazioni riguardanti il **primo collocamento** delle obbligazioni e dei titoli simili, nonché le relative prestazioni di mandato e di mediazione, che sono fuori campo (art. 3 c. 4 lett. b-f DPR 633/72, Circ. Min. 3 agosto 1979 n. 25/364695).

Titoli	Negoziazione (1)	Primo collocamento
azioni e quote sociali **(2)** (di s.n.c., di s.r.l., ecc.)	esente	esente
obbligazioni	esente	fuori campo **(3)**
titoli del debito pubblico (BOT, BTP e CCT, ecc. emessi dal Tesoro dello Stato)	esente	fuori campo **(3)**
altri titoli non rappresentativi di merci (es.: cambiali, assegni bancari e circolari, ecc.)	esente	esente
accettazioni bancarie	esente	fuori campo **(3)**
valori mobiliari	esente	esente
strumenti finanziari diversi dai titoli (contratti finanziari derivati: futures, swaps e opzioni) **(4)**	esente	esente
cambiali finanziarie	esente	fuori campo **(3)**

40743

(1) Nell'esenzione sono comprese, quali intermediazioni finanziarie:
– le prestazioni di **consulenza in materia di investimenti**, quando strettamente connesse ad un'operazione di negoziazione (Ris. AE 4 agosto 2008 n. 343);
– le prestazioni inerenti il contratto di **settlement**, in cui le parti contraenti di una vendita di titoli conferiscono alla banca l'incarico di provvedere al regolamento della transazione (Ris. Min. 16 luglio 1998 n. 77/E).
(2) L'esenzione si applica anche se le partecipazioni cedute sono relative ad una **società immobiliare** e ciò determina, indirettamente, il trasferimento di un complesso immobiliare (C.Giust. UE 5 luglio 2012 C-259/11).
(3) L'esclusione riguarda anche:
– i relativi **interessi** e ammontare dello **scarto** fra prezzo di emissione e quello del rimborso (Circ. Min. 3 agosto 1979 n. 25/364695);
– le relative prestazioni di **mandato** e di **mediazione**.
(4) Sono esenti i compensi dovuti agli intermediari finanziari che eventualmente si assumono il ruolo di controparte nell'operazione, non i differenziali monetari da liquidare in esecuzione del **contratto derivato** (come erroneamente sostenuto nella Ris. AE 3 gennaio 2022 n. 1/E) che sono cessioni di denaro fuori campo IVA (art. 2 c. 3 lett. a DPR 633/72, v. n. 40460 e s.) (Circ. Assonime 15 febbraio 2022 n. 6).

Sono, invece, imponibili le operazioni di **custodia** e di **amministrazione** dei titoli e strumenti finanziari sopra elencati e il servizio di **gestione individuale di portafogli**. 40746

Le operazioni di intermediazione, di custodia e amministrazione relative a **titoli rappresentativi di merci** (es. lettera di vettura, polizza di carico, lettera di trasporto aereo, fede di deposito, nota di pegno) sono imponibili (Ris. Min. 2 febbraio 1980 n. 367433).

CESSIONI DI ORO (art. 10 n. 11 DPR 633/72) Bisogna distinguere a seconda che oggetto dell'operazione sia oro da investimento o meno. 40750

Oro da investimento Definizione: 40755
a) oro in forma di **lingotti** o **placchette** di peso accettato dal mercato dell'oro, ma comunque superiore ad 1 grammo, di purezza pari o superiore a **995/1000**, rappresentato o meno da titoli;
b) **monete** d'oro di purezza pari o superiore a **900/1000**, coniate dopo il 1800, che hanno o hanno avuto corso legale nel Paese di origine, normalmente vendute a un prezzo che non supera dell'80% il valore sul mercato libero dell'oro in esse contenuto, incluse in apposito elenco predisposto dalla Commissione UE, nonché le monete aventi le medesime caratteristiche, anche se non comprese nel suddetto elenco.

Le seguenti operazioni sono **esenti**: 40757
– **cessioni** di oro da investimento, compreso quello rappresentato da certificati in oro, anche non allocato, oppure scambiato su conti metallo;
– **contratti a termine** di cui al n. 11544 e **contratti finanziari** di cui al n. 11550, entrambi riferiti all'oro da investimento;
– **intermediazioni** relative alle precedenti operazioni.

Opzione per l'applicazione dell'IVA I soggetti che **producono** oro da investimento, lo **commerciano** o **trasformano** oro in oro da investimento, possono optare, dandone comunicazione nella dichiarazione annuale IVA (v. n. 5455), anche in relazione a ciascuna cessione, per l'applicazione dell'IVA alle cessioni di cui al precedente primo punto. 40760

L'opzione può essere esercitata **solo per le cessioni effettuate nei confronti** di soggetti di imposta che agiscono nell'esercizio di imprese, arti o professioni, esclusi i privati consumatori (Circ. Min. 16 novembre 2000 n. 207/E). In caso di opzione il cedente può esercitarne una analoga anche per i relativi **servizi di intermediazione**.

A seguito dell'opzione, la cessione è imponibile, ma si applica mediante reverse charge (v. n. 52940).

40765 **Oro diverso da quello d'investimento** Le cessioni sono **imponibili** con le seguenti modalità:
– per il c.d. **oro industriale** o grezzo, destinato alla lavorazione (materiale d'oro, comprese polveri d'oro e paste contenenti polveri d'oro, e semilavorati di purezza pari o superiore a 325/1000), si applica il reverse charge (v. n. 52940);
– per le **leghe auree per odontoiatria** destinate ad un uso finale, l'IVA è assolta nei modi ordinari (Ris. AE 26 ottobre 2001 n. 168/E).

Non costituiscono semilavorati (né oro da investimento) quegli oggetti - es. montature per anelli, chiusure per bracciali - che non necessitano di ulteriore lavorazione o trasformazione per essere utilizzati (l'incastonatura e l'assemblaggio non costituiscono trasformazione): per le cessioni aventi ad oggetto tali beni l'IVA va quindi assolta nei modi ordinari (Ris. AE 11 novembre 2005 n. 161/E).

I. Altre operazioni

40770 **MANDATARI SENZA RAPPRESENTANZA** (art. 3 c. 3 DPR 633/72) Si tratta ad esempio dei servizi degli spedizionieri, i consorzi, le agenzie di pubblicità, ecc., i quali effettuano servizi **in nome proprio ma per conto** del mandante, pertanto sono considerati operatori in proprio, anche nel rapporto con il mandante.

40773 **Compenso** Il compenso percepito dal mandatario è fuori campo (art. 3 c. 4 lett. h DPR 633/72).

40777 **Natura delle prestazioni** Le prestazioni **rese al mandante** dal mandatario hanno la stessa natura di quelle rese o ricevute dal mandatario per conto del mandante, quindi sono soggette alla medesima disciplina (imponibilità, esenzione, aliquota); restano ferme le implicazioni della **territorialità** (es. mandatario residente e mandante non residente) (Princ. dir. AE 19 giugno 2020 n. 7, Ris. Min. 11 febbraio 1998 n. 6/E, Ris. Min. 27 settembre 1999 n. 146/E). Se la prestazione resa dal mandatario ha ad oggetto l'acquisto di beni o servizi con **IVA oggettivamente indetraibile**, anche parzialmente (es. servizi di telefonia mobile, autoveicoli, ecc.), l'indetraibilità grava solo sul mandante; pertanto, l'IVA pagata dal mandatario è detraibile, mentre quella applicata sulla fattura di riaddebito emessa a carico del mandante è indetraibile (Ris. AE 28 gennaio 2005 n. 10/E).

L'assimilazione delle prestazioni rese o ricevute dal mandatario senza rappresentanza con quelle che intervengono nei rapporti tra mandante e mandatario, opera in relazione alla **qualificazione oggettiva** delle prestazioni, ma non anche in relazione all'aspetto **soggettivo** (Ris. AE 27 agosto 2009 n. 242/E).

40780 **OPERAZIONI DI ASSICURAZIONE, RIASSICURAZIONE E DI VITALIZIO** (art. 10 n. 2 DPR 633/72) Sono esenti in quanto soggette all'imposta sulle assicurazioni (v. n. 76200). L'esenzione si riferisce a tutte le tipologie di contratti assicurativi, inclusi i relativi mandati: contro i **danni**, sulla **vita**, contratti di **rendita vitalizia**, ecc. Inoltre, riguarda anche le anticipazioni corrisposte dalle imprese di assicurazione in favore delle persone che hanno stipulato contratti di assicurazione sulla vita (Ris. Min. 10 aprile 1978 n. 363878).

40785 **LOTTO, LOTTERIE, SCOMMESSE ED ALTRI GIOCHI** (art. 10 n. 6-7 DPR 633/72) Sono esenti le operazioni sottoindicate effettuate dagli esercenti dei pubblici esercizi dove sono praticate, inclusi i relativi mandati.

Attività esenti
– lotto, lotterie nazionali, esercizio dei totalizzatori e delle scommesse dell'UNIRE. Inclusa la raccolta delle giocate anche tramite slot machine (art. 1 c. 497 L. 311/2004, Circ. AE 13 maggio 2005 n. 21/E) **(1)**; – giochi di abilità e concorsi pronostici riservati allo Stato e ad altri enti (D.Lgs. 496/48); – scommesse in occasione di gare, corse, giochi, concorsi e competizioni di ogni genere, diverse da quelle indicate al punto precedente **(2)**; – gioco nelle case da gioco autorizzate; – operazioni di sorte locali autorizzate.
(1) L'esenzione si estende anche ai **rapporti tra i concessionari** della rete per la gestione telematica ed i terzi incaricati della raccolta stessa, cioè l'esercente e il gestore degli apparecchi. Sono imponibili ad IVA ordinaria i corrispettivi delle attività svolte nell'ambito dei rapporti instaurati fra soggetti diversi, quali quello tra esercente e gestore perché hanno ad oggetto prestazioni diverse da quelle di raccolta delle giocate rese al concessionario (Risp. AE 9 luglio 2019 n. 226). Si comprendono nell'esenzione anche le certificazioni obbligatorie derivanti dalle **verifiche di conformità** dei sistemi di gioco VLT e dei relativi giochi (Risp. AE 18 dicembre 2018 n. 112), comprese le piattaforme di gioco on line (Risp. AE 18 dicembre 2020 n. 605). Restano imponibili le operazioni relative agli apparecchi che non corrispondono vincite in denaro. **(2)** Le prestazioni informatiche di generica assistenza commerciale e di reportistica che un **bookmaker** autorizzato riceve dai propri fornitori sono soggette ad IVA perché non sono accessorie all'operazione principale di esercizio di scommesse (Risp. AE 3 novembre 2021 n. 760).

Sono invece **imponibili** le operazioni effettuate **nei confronti** degli esercenti, quali le forniture di biglietti da utilizzare per la raccolta delle giocate, oppure la fornitura di dati necessari per la fissazione delle quote delle scommesse (Circ. AE 3 gennaio 2001 n. 1/E, Ris. AE 13 marzo 2008 n. 94/E, Ris. Min. 4 marzo 1995 n. 93/E). **40787**

ALTRE OPERAZIONI MINORI Sono elencate nella **tabella**. **40790**

Operazione	Descrizione	Esenti / Fuori campo
Indennità pagate da agenti di assicurazione subentranti (art. 53 c. 2 L. 342/2000)	Dovute all'impresa preponente dall'**agente subentrante in un** rapporto di agenzia in essere, in virtù del diritto di rivalsa riconosciuto per le indennità pagate dalla stessa all'agente cessato.	FC
Indennità agli atleti	Somme versate a titolo di premio di addestramento e formazione tecnica, di preparazione e altre **indennità similari**, agli atleti che sono ceduti ad altre società sportive (Circ. AE 20 dicembre 2013 n. 37/E).	E
Cessioni di valori bollati e simili (art. 2 c. 3 lett. i DPR 633/72)	Sono fuori campo le cessioni di valori bollati, inclusi francobolli, marche assicurative e valori similari, indipendentemente dal cedente (rivenditore autorizzato, privato), **solo se** ancora utilizzabili e venduti al valore facciale (Circ. Min. 30 gennaio 1993 n. 13). I francobolli per **collezione**, senza corso legale, sono imponibili (Ris. Min. 10 novembre 1975 n. 500842).	FC
Cessioni a biblioteche universitarie (art. 3 c. 7 DL 90/90)	**Sono fuori campo le cessioni di pubblicazioni estere** effettuate nei confronti delle biblioteche universitarie, nonché importazioni effettuate dagli stessi organismi (inclusi gli **acquisti intracomunitari** soggette però agli obblighi di cui al n. 65137 e s.).	FC
Cessioni di organi, **sangue**, latte umani e plasma sanguigno (art. 10 n. 24 DPR 633/72)	Se destinate all'assistenza sanitaria o a finalità terapeutiche, tali cessioni sono esenti, se utilizzate per la produzione di medicinali sono imponibili (C.Giust. UE 5 ottobre 2016 C-412/15).	E
Versamento di imposte (art. 10 n. 5 DPR 633/72)	Servizi effettuati **per conto dei** contribuenti da aziende di credito o da soggetti autorizzati, inclusi relativi mandati, quali: agenti della riscossione, uffici postali, tabaccherie, ACI (imposte dirette, IVA e altre indirette, canone RAI, tasse automobilistiche con modelli F24, F23 e simili) (Ris. AE 30 maggio 2014 n. 56/E) **(1)**.	E

40790 (segue)

Operazione	Descrizione	Esenti / Fuori campo
Pompe funebri (art. 10 n. 27 DPR 633/72)	Indipendentemente dal soggetto che le effettua (Ris. Min. 3 novembre 1980 n. 382148). Qualsiasi attività connessa al servizio funebre (es. il compimento di pratiche municipali, l'allestimento di camera ardente, il trasporto del feretro, la cerimonia funebre in chiesa, le operazioni compiute in cimitero, ecc.) **(2)**.	E
Accesso gratuito a spettacoli (art. 3 c. 3 DPR 633/72)	Accesso agli spettacoli e agli altri eventi di cui alla **tabella C** del n. 63521, consentito ai possessori di titoli rilasciati dagli organizzatori e da altri enti abilitati (ACI, CONI e UNIRE) per l'ingresso gratuito (con limiti e modalità stabiliti per decreto).	FC
Prestazioni delle **compagnie barracellari** (art. 10 c. 27 quater DPR 633/72)	Le compagnie barracellari sono un'istituzione storica della Sardegna: si tratta di guardie specializzate nella prevenzione e nella repressione dei reati nelle zone agricole (v. art. 3 L. 382/1897).	E

(1) È invece soggetta ad IVA l'**attività di riscossione dei tributi** (gestione ruoli, notifiche cartelle, riconoscimento dilazioni, ecc.) effettuata da società, ancorché interamente partecipate da enti pubblici; l'imponibilità interessa aggio o commissione percepiti per riscossione coattiva o spontanea.

(2) I **servizi prestati nell'ambito cimiteriale** (inumazioni, tumulazioni, esumazioni, traslazioni di salme, ecc.) ed i servizi di **cremazione** di salme, se sono resi direttamente dai Comuni nella veste di pubblica autorità, sono fuori campo IVA; se sono svolti dal concessionario del Comune sono soggetti ad aliquota ordinaria, non rientrando tra i servizi di pompe funebri (Circ. Min. 14 giugno 1993 n. 8). La **cessione a terzi** in concessione d'uso dei **loculi** cimiteriali è soggetta ad aliquota 10%, quale opera di urbanizzazione primaria (Ris. AE 29 novembre 2002 n. 376/E).

CAPITOLO 2

Soggetti passivi

SOMMARIO

Presupposto per l'applicazione dell'imposta è che le cessioni di beni o le prestazioni di servizi che risultano oggettivamente imponibili vengano effettuate da parte di **imprenditori**, **professionisti** o **artisti** nello svolgimento della propria attività. I predetti soggetti, se legati da vincoli particolari, possono costituire un nuovo e autonomo soggetto passivo denominato **Gruppo IVA** (v. n. 64500 e s.). **42000**
Pertanto, se un'operazione rientra fra quelle considerate oggettivamente imponibili, ma è posta in essere da soggetti diversi da quelli citati (es. privato), essa è esclusa dal campo di applicazione dell'IVA.

In generale, la **distinzione** fra imprenditori e professionisti non ha rilevanza pratica. Fa eccezione il caso di **decesso**, in relazione alle somme percepite dagli eredi per operazioni non fatturate e non riscosse a tale data (v. n. 52360).

I. Imprenditori

Il concetto di imprenditore ha un significato più ampio rispetto a quello civilistico, conferendo rilevanza soprattutto alla **natura** dell'**attività** esercitata (commerciale o agricola) e alle **modalità** di esercizio della stessa. Diversamente, alle **caratteristiche soggettive** viene attribuita una valenza minore. **42010**
Per maggior chiarezza, prima di esporre i casi legati alle diverse figure giuridiche mediante le quali gli imprenditori possono svolgere la propria attività (**imprenditore individuale**, **società o ente**), sono illustrati i requisiti che attribuiscono a questa la natura di attività d'impresa secondo la normativa IVA.
Va comunque evidenziato che i soggetti diversi dalle persone fisiche e dagli enti non commerciali (cioè società ed enti commerciali) assumono la soggettività d'imposta indipendentemente dall'effettuazione di operazioni IVA (Ris. AE 30 luglio 2008 n. 327/E).

Chi è qualificato imprenditore in base alle disposizioni sul **reddito d'impresa** e alle apposite disposizioni del codice civile, lo è anche ai fini IVA (Ris. Min. 25 novembre 1976 n. 251257).

NATURA E MODALITÀ DI ESERCIZIO DELL'ATTIVITÀ (art. 4 c. 1 DPR 633/72) **42020**
È considerato imprenditore colui che esercita un'attività commerciale o agricola abitualmente oppure un'attività non commerciale purché organizzata in forma di impresa.

Tipo di attività	Descrizione
Attività commerciali	attività industriali dirette alla produzione di beni o di servizi, attività di intermediazione nella circolazione dei beni, attività di trasporto di beni e di persone, attività bancaria e assicurativa, altre attività ausiliarie delle precedenti (art. 2195 c.c.)
Attività agricole	attività dirette alla coltivazione del fondo, alla silvicoltura, all'allevamento di animali e alla trasformazione o all'alienazione dei prodotti agricoli (art. 2135 c.c.) **(1)**

Tipo di attività	Descrizione
Attività organizzate in forma di impresa	attività che, organizzate in forma di impresa, sono dirette alla prestazione di servizi che non rientrano nel predetto art. 2195 c.c. **(2)**

(1) Vedi da n. 62010 a n. 62015.
(2) Sono, pertanto, considerati imprenditori anche coloro che organizzano e gestiscono, a proprio rischio e con l'impiego di lavoro altrui, attività consistenti nella prestazione a terzi di servizi **non propriamente commerciali** (es. servizi didattici, servizi sanitari, servizi di laboratorio, servizi di traduzioni, ecc.).

42025 Le attività **commerciali** e **agricole** rilevano ai fini IVA anche se non sono organizzate in forma di impresa, mentre è determinante il fatto che queste vengano esercitate come **professione abituale**, ancorché non esclusiva. Ciò si verifica quando un soggetto compie con regolarità, sistematicità e ripetitività una pluralità di atti economici coordinati e finalizzati al conseguimento di uno scopo. Al riguardo, è soggetto passivo chi svolge un'attività commerciale, con carattere di abitualità, anche se nei confronti di **un solo committente** (Ris. Min. 20 giugno 1987 n. 460207).
Un'**attività occasionale**, invece, non rileva ai fini IVA, anche se è svolta da persone fisiche titolari di partita IVA per l'esercizio di un'attività diversa (Ris. Min. 16 giugno 1994 n. 612).

>Precisazioni 1) È svolta in modo professionale anche un'**attività temporanea e circoscritta**, ove essa si realizzi attraverso un'organizzazione produttiva (es. acquisto di un terreno e costruzione di appartamenti destinati ad essere ceduti; CTC 9 gennaio 1986 n. 1489, CTC 3 gennaio 1989 n. 10).
Non ha invece rilevanza il fatto che il soggetto (costruttore) non sia iscritto presso la Camera di commercio o non sia titolare di partita IVA (CTC 30 maggio 1983 n. 1153).
2) È occasionale l'attività dei c.d. **venditori porta a porta** che nell'anno solare percepiscono un reddito, al netto della deduzione forfettaria del 22% di cui al n. 3555, inferiore a € 5.000 (in pratica € 6.410,26 lordi). L'IVA alle provvigioni da essi percepite si applica esclusivamente a partire dal superamento della predetta soglia e riguarda esclusivamente le operazioni che determinano la quota di reddito eccedente. Negli anni successivi a quello in cui è stato superato il limite di € 5.000 netti, il venditore resta soggetto IVA, anche se non supera tale limite (Ris. AE 27 gennaio 2006 n. 18/E).
3) La **locazione breve di appartamenti**, cioè di durata non superiore a 30 giorni, è considerata attività commerciale se gli appartamenti destinanti alla locazione sono più di 4 (art. 1 c. 595 L. 178/2020).

a. Imprenditori individuali

42040 Sono soggetti passivi d'imposta solo quando effettuano le operazioni **nell'esercizio della loro attività** commerciale o agricola; se effettuano operazioni estranee alla propria attività d'impresa (cioè a titolo privato), queste sono escluse dal campo di applicazione dell'IVA.
Per quanto riguarda le cessioni di beni, bisogna considerare tutti i beni facenti parte del **patrimonio aziendale** (compresi quelli strumentali), il quale è determinato essenzialmente dalla volontà dell'imprenditore, che viene evidenziata (e provata) principalmente mediante l'inserimento dei beni nei prospetti contabili (es. inventario) che illustrano la composizione del patrimonio aziendale, salva la prova della simulazione (Cass. 5 luglio 1984 n. 3942, Cass. 3 aprile 2000 n. 3987).

42045

Casi particolari	
Affitto dell'unica azienda	L'affitto dell'unica azienda da parte di un imprenditore individuale non è soggetto ad IVA, in quanto non si considera attività commerciale (Circ. Min. 19 marzo 1985 n. 26).
Beni ceduti da un coniuge imprenditore in comunione legale con il coniuge non imprenditore	La disciplina è controversa: – **giurisprudenza nazionale e dottrina prevalenti**: l'atto è assoggettato ad IVA nella sua unità e globalità **(1)** (Cass. 14 febbraio 2018 n. 3557, Cass. 28 dicembre 1995 n. 13125, Cass. 23 febbraio 1998 n. 1934, Cass. 12 luglio 2004 n. 12853); – **AE e giurisprudenza comunitaria**: le quote del bene devono essere tassate separatamente in funzione della diversa posizione giuridica dei venditori, anche se la cessione avviene con un unico atto e anche se il bene è interamente destinato all'attività imprenditoriale (Ris. AE 20 marzo 2008 n. 106/E, C.Giust. CE 21 aprile 2005 C-25/03) **(2)**.

(1) Se così non fosse, il terzo acquirente di un immobile, di fronte a un atto per lui unico ed economicamente inscindibile, si troverebbe contemporaneamente inciso dall'IVA e dall'imposta di registro.
(2) Quindi, nel caso di immobili, è possibile che un atto sia soggetto contemporaneamente all'IVA e all'imposta di registro.

b. Società

Salvo il caso delle società di comodo sotto illustrato, le cessioni di beni e le prestazioni di servizi effettuate, a favore di terzi o dei propri soci, dalle seguenti società, si considerano sempre **svolte nell'esercizio d'impresa** (art. 4 c. 2 n. 1 e c. 3 DPR 633/72), con la conseguenza che rientrano nel campo di applicazione dell'IVA: **42060**
- società di persone e assimilate (s.n.c., s.a.s., società di fatto, società d'armamento), ad eccezione delle società semplici e del GEIE;
- società di capitali (s.p.a., s.a.p.a., s.r.l., società cooperative e di mutua assicurazione);
- società costituite all'estero.

Per la definizione di società di fatto si rinvia al n. 34120.

SOCIETÀ DI COMODO (art. 4 c. 5 DPR 633/72) Sono considerate **non commerciali** alcune attività svolte da società commerciali a fini elusivi, in quanto non rivolte al mercato, ma tipicamente finalizzate a consentire un **mero godimento** dei beni e servizi da parte dei loro diretti e indiretti titolari. **42070**
Tali società sono, pertanto, considerate di comodo e, limitatamente allo svolgimento delle attività sotto indicate, perdono la soggettività passiva ai fini IVA.
La disposizione si applica non solo alle società che svolgono esclusivamente attività di mero godimento, ma anche alle società operative che svolgono **anche marginalmente** le predette attività (es. società industriale che possiede le abitazioni utilizzate dai soci).
In entrambi i casi le società di comodo mantengono una loro **soggettività giuridica civilistica** e anche **fiscale** (per le imposte diverse dall'IVA e, se svolgono altre attività commerciali, per l'IVA stessa).

Le società di comodo ai fini IVA **non coincidono necessariamente** con quelle omonime previste ai fini delle imposte sui redditi.

42075

	Attività considerate di comodo (quindi non commerciali)
A)	possesso e gestione da parte di società dei beni sotto indicati, se la partecipazione alle società stesse consente, **gratuitamente** o verso un **corrispettivo inferiore al valore normale** (v. n. 45440), il godimento personale da parte dei **soci** (o dei **loro familiari**). Ai fini in esame rileva anche il caso in cui il godimento sia conseguito indirettamente dai soci, anche attraverso la partecipazione ad associazioni, enti o altre organizzazioni **(1)**. **Beni interessati** – abitazioni classificate o classificabili nella categoria catastale **A** (esclusa dunque la A 10) e le loro pertinenze; – unità da diporto e complessi destinati al loro ormeggio, ricovero e servizio; – mezzi di trasporto (es. autovetture) a uso privato e aeromobili da turismo; – complessi sportivi o ricreativi.
B)	possesso, in modo non strumentale né accessorio ad altre attività esercitate, di **partecipazioni** o quote sociali, **obbligazioni** o titoli similari (v. n. 11205), costituenti immobilizzazioni, al fine di percepire i relativi frutti (es. dividendi, interessi) senza strutture dirette a esercitare attività finanziaria o attività di indirizzo, di coordinamento o altri interventi nella gestione delle società partecipate **(2)**.

(1) Nei seguenti casi l'attività si considera **commerciale**, quindi soggetta ad IVA e pertanto non si verificano le conseguenze sotto riportate (Circ. Min. 24 maggio 2000 n. 108/E):
– se i beni citati sono dati in godimento per un **corrispettivo** almeno **uguale al valore normale**;
– se il socio dimostra che i beni ottenuti in godimento sono utilizzati nell'ambito di un'**attività imprenditoriale**. A tal fine il socio imprenditore deve fornire alla società o ente gli elementi idonei a provare l'utilizzo dei beni nell'esercizio di impresa, cosa sicuramente non semplice, se si considera la tipologia dei beni interessati.
(2) Le **holding finanziarie** che si occupano, in concreto, della gestione delle società nelle quali hanno assunto partecipazioni, a condizione che tale gestione implichi il compimento di operazioni soggette all'IVA, quali la prestazione di servizi amministrativi, finanziari, commerciali e tecnici da parte della stessa alle sue controllate (C.Giust. UE 6 settembre 2012 C-496/11) non possono essere considerate di comodo.

42080 **Conseguenze** Alle società considerate di comodo si applicano le seguenti disposizioni:
- i beni suindicati si considerano destinati a finalità estranee all'esercizio dell'impresa e quindi determinano un'ipotesi di **autoconsumo** (v. n. 40370), con la conseguenza che devono essere **autofatturati** in base al loro valore normale. L'autofatturazione dei beni non necessariamente è soggetta ad IVA in quanto può riguardare beni esenti da IVA (es. abitazioni di imprese non costruttrici che non hanno optato per l'imponibilità, v. n. 60640);
- non è possibile detrarre **l'IVA sugli acquisti** effettuati in relazione alle attività considerate non commerciali;
- gli eventuali **corrispettivi per le prestazioni di godimento** sono esclusi da IVA.

Inoltre, le società e gli enti che svolgono **esclusivamente tali attività**, divengono estranee al campo di applicazione dell'IVA e, quindi, devono provvedere a presentare la dichiarazione di **cessazione dell'attività**.

Se, **successivamente**, la società decide di intraprendere un'attività commerciale, dovrà richiedere un nuovo numero di partita IVA.

c. Altri soggetti

42100 Rientrano in questa categoria:
- enti pubblici e privati, associazioni o altre organizzazioni senza personalità giuridica (v. par. seguenti);
- organizzazioni non lucrative di utilità sociale (Onlus) (v. n. 98040);
- società semplici;
- gruppo europeo di interesse economico (GEIE);
- consorzi, raggruppamenti temporanei di imprese e associazioni temporanee di imprese (c.d. ATI) (v. n. 96190).

> I **fondi immobiliari** non sono soggetti passivi IVA; per le operazioni dei medesimi la soggettività è attribuita alla società di gestione del risparmio (art. 8 DL 351/2001, Circ. AE 8 agosto 2003 n. 47/E). Sono previste regole specifiche riguardanti in particolare la detrazione dell'imposta e l'utilizzo del credito IVA. Per l'analisi si rinvia a MIVA.

42105 Per gli enti pubblici e privati, le associazioni e le altre organizzazioni, nonché le società semplici, la soggettività passiva all'imposta dipende dal tipo di attività svolta e dalla rilevanza che essa ha rispetto a quella principale; a tal fine occorre fare obiettivo riferimento alle **attività effettivamente svolte**, mentre è irrilevante la circostanza che essi perseguano o meno fini di lucro (Telex 24 febbraio 1973 n. 500496).

42110 **ENTI PUBBLICI E PRIVATI** In particolare, gli enti pubblici e privati si possono distinguere in due categorie:
1) enti **commerciali o agricoli** (art. 4 c. 2 n. 2 DPR 633/72), i quali svolgono in via esclusiva o principale attività commerciali o agricole. Essi sono **assimilati alle società** cosiddette «commerciali» e applicano le stesse regole (v. n. 42060);
2) enti **non commerciali o non agricoli** (art. 4 c. 4 e 5 DPR 633/72), i quali non hanno per oggetto esclusivo o principale l'esercizio di attività commerciali o agricole. Essi si considerano soggetti passivi soltanto quando effettuano in via occasionale, operazioni commerciali o agricole. Viceversa, per le operazioni effettuate nell'ambito della propria attività istituzionale restano estranei all'ambito di applicazione dell'IVA.

42111 Le disposizioni specifiche previste per gli **enti privati**, con particolare riferimento alla qualifica commerciale o non commerciale delle attività svolte, sono analizzate nell'apposito capitolo (v. n. 97010).

42115 **Enti pubblici** Innanzitutto sono fuori campo IVA le operazioni effettuate nell'ambito di attività di pubblica autorità indipendentemente dalla tipologia.
Per stabilire se l'ente pubblico agisce in veste di **pubblica autorità**, o alle stesse condizioni giuridiche degli operatori economici privati, occorre effettuare un'analisi delle **modalità di svolgimento** delle attività od operazioni svolte dallo stesso in base al diritto nazionale; non assumono, invece, rilievo l'oggetto o il fine dell'attività svolta né l'appartenenza dei beni da

esso utilizzati al demanio o al patrimonio dell'ente stesso (C.Giust. CE 14 dicembre 2000 C-446/98 e, tra le altre, Ris. AE 6 maggio 2009 n. 122/E).
Pertanto, in concreto, si tratta di verificare se il rapporto tra l'ente pubblico e il soggetto con il quale esso opera è caratterizzato dall'esercizio di poteri di natura unilaterale e autoritativa o se si svolge su base sostanzialmente pattizia, attraverso una disciplina che individui, in via bilaterale, le reciproche posizioni soggettive (Ris. AE 7 agosto 2008 n. 348/E).

Sono altresì escluse da IVA alcune attività considerate **non commerciali** in riferimento ad uno specifico ente o tipologia di ente come quelle svolte, ad esempio: **42117**
– da **ASL** e aziende ospedaliere del SSN quando effettuano **prestazioni sanitarie** soggette al pagamento di quote di partecipazione alla spesa sanitaria (art. 4 c. 5 DPR 633/72);
– da **Collegi universitari** legalmente riconosciuti per prestazioni aventi per oggetto lo svolgimento di **attività didattica** e **culturale** a carattere nazionale e internazionale, comprese quelle relative all'alloggio, al vitto e alla fornitura di libri e materiali didattici (art. 8 c. 3 DL 90/90).

II. Artisti e professionisti

Sono soggetti passivi IVA gli artisti e i professionisti, cioè coloro che operano nell'esercizio di arti e professioni (art. 5 DPR 633/72). Tale esercizio si realizza quando viene svolta una qualsiasi attività di lavoro autonomo con carattere di professionalità, anche in differenti forme giuridiche (v. n. 10017). **42180**
Quindi, per la soggettività passiva è necessaria la **presenza contemporanea** di due condizioni:
– deve trattarsi di un'**attività di lavoro autonomo**;
– deve essere esercitata con **professionalità**.

ATTIVITÀ DI LAVORO AUTONOMO Si ha un'attività di lavoro autonomo quando una persona si obbliga a compiere verso un corrispettivo un'opera o un servizio, con lavoro prevalentemente proprio e senza vincolo di subordinazione nei confronti del committente (artt. 2222 e s. c.c.). **42190**
Ciò che caratterizza l'attività è **l'autonomia**, cioè l'assenza del vincolo di subordinazione, con la quale vengono effettuate le prestazioni richieste.
Non è, invece, richiesta l'esistenza di una **organizzazione** per lo svolgimento dell'attività professionale che pertanto può essere esercitata anche dal solo soggetto prestatore.
L'iscrizione ad un **albo professionale** non configura di per sé esercizio di un'attività di lavoro autonomo (CTC 10 ottobre 1990 n. 6443); perciò l'eventuale mancata iscrizione, quando questa sia richiesta per l'esercizio dell'attività, non impedisce in sé di far ritenere sussistente una attività idonea ad attribuire la soggettività passiva.

>**Precisazioni** 1) Sono lavoratori autonomi, se svolgono la propria attività in modo professionale, i medici, gli ingegneri, gli avvocati, i notai, gli architetti, i dottori commercialisti, i ragionieri, gli agenti di cambio, i geometri, i pittori, gli scultori, ecc.
2) L'attività di lavoro autonomo è inquadrabile generalmente in un **rapporto di consulenza** che, per le sue peculiari caratteristiche, è solitamente svincolato da direttive programmatiche o organizzative aziendali (Ris. Min. 17 febbraio 1978 n. 360610).
3) I **lavoratori a domicilio** in genere debbono considerarsi prestatori d'opera subordinati. Tuttavia, nei casi in cui essi prestano la loro attività sulla base di un rapporto di lavoro svincolato dalla disciplina stabilita dalla L. 877/73, lo status che identifica tale loro posizione è quello di lavoratori autonomi (Ris. Min. 29 marzo 1973 n. 500712).
4) L'attività prestata dal **curatore fallimentare** è un'attività di lavoro autonomo, inquadrabile fra quelle soggette ad IVA (CTC 25 marzo 1991 n. 2433).

PROFESSIONALITÀ Il concetto di professionalità implica che l'attività di lavoro autonomo sia esercitata in modo **abituale** e non occasionale. Generalmente esiste una coincidenza fra il concetto di abitualità e quello di continuatività, nel senso che un'attività svolta in modo continuativo viene considerata abituale, cioè professionale (Ris. Min. 9 novembre 1978 n. 362060). Non è, invece, necessario che l'attività venga svolta in modo esclusivo. È possibile, quindi, che **coesista con altre** attività, ad esempio di lavoro dipendente (Ris. Min. 26 maggio 1998 n. 44/E). **42200**

In alcune ipotesi, l'esercizio prevalente di una attività può avere riflessi su altre attività che, sebbene siano oggettivamente professionali, sono escluse dal campo di applicazione dell'IVA quando vengono svolte nell'ambito dell'attività prevalente.
L'accertamento della presenza del requisito della professionalità avviene esaminando la **effettiva natura**, risultante da circostanze obiettive, di tutte le attività economiche svolte dal medesimo soggetto. Per desumere se l'attività di lavoro autonomo sia svolta o meno in modo professionale, assume rilevanza la presenza dei **seguenti elementi**:
– l'iscrizione ad un albo professionale;
– una organizzazione di beni o di persone rivolta allo svolgimento dell'attività;
– l'entità dei corrispettivi percepiti in relazione all'attività esercitata.

Assenza di professionalità
a) soggetto che svolge in via principale un'attività di lavoro dipendente ed effettua una attività collaterale (senza obblighi specifici nei confronti del committente) avente una **modesta rilevanza economica** (C.T. II° Piacenza 19 novembre 1986 n. 510) b) **studenti** che effettuano prestazioni (occasionali) durante il **periodo estivo**, presso una ditta che li inserisce nei propri uffici, al fine di mettere in pratica le nozioni apprese a scuola, e che corrisponde loro un compenso a fine periodo (Ris. Min. 10 marzo 1978 n. 363557) c) geometra, **non iscritto all'albo professionale**, che espleti in un solo anno un'unica e modesta prestazione a titolo di collaborazione nei confronti di altro professionista (CTC 10 ottobre 1990 n. 6443) d) **docenti universitari** che dietro specifico incarico conferito dalle Amministrazioni di appartenenza effettuano delle prestazioni a pagamento (insegnamento nell'ambito di corsi) (Ris. Min. 2 giugno 1980 n. 363801) e) **architetto**, dipendente della Soprintendenza per i beni ambientali ed architettonici, incaricato dal Ministero da cui dipende di dirigere i lavori di restauro di un Museo per un periodo di circa due anni, non è soggetto passivo in quanto tale incarico ha carattere **occasionale** (Ris. Min. 21 novembre 1989 n. 550975) f) prestazioni **meramente occasionali** di **arbitrato** rese da persone fisiche, a meno che non si tratti di soggetti iscritti in albi, ruoli o elenchi professionali **(*)**
(*) In tale ultima ipotesi, la prestazione è soggetta solo se sussiste una diretta correlazione tra l'albo, ruolo o elenco di appartenenza e la prestazione stessa, nel senso che questa venga resa in quanto vi sia l'iscrizione in detti albi (Ris. Min. 8 giugno 1977 n. 362012).

42210 **ATTIVITÀ ESCLUSE** (art. 5 c. 2 DPR 633/72) La legge esclude dal campo di applicazione dell'IVA alcune attività le quali, nonostante siano a tutti gli effetti delle attività di lavoro autonomo, non si considerano effettuate nell'esercizio di arti e professioni.

42220 **Collaborazioni coordinate e continuative** (Circ. AE 12 dicembre 2001 n. 105/E) Si tratta delle attività illustrate al n. 9900, riformate dal c.d. Jobs Act (vedi ML). Esse sono escluse da IVA quando:
– sono rese da **soggetti che non esercitano per professione** abituale altre attività di lavoro autonomo (es. lavoratore dipendente, imprenditore, ecc.);
– sono rese da soggetti che svolgono un'attività di lavoro autonomo professionale, purché il rapporto di collaborazione coordinata e continuativa **non sia inerente** a tale attività.
Restano **assoggettate** all'IVA le sole prestazioni di servizi inerenti ai rapporti di collaborazione coordinata e continuativa che rientrano nell'oggetto dell'attività svolta per professione abituale, quali ad esempio quelle relative alla mansione di amministratore, di sindaco o di revisore quando sono svolte da ragionieri o dottori commercialisti iscritti all'albo.

> **Precisazioni 1)** Configurano prestazioni di servizi rese nell'ambito di rapporti di collaborazione coordinata e continuativa, escluse da IVA, le mansioni espletate dagli **amministratori**, **sindaci** e **revisori di una società** (es. società A), quando i soggetti che effettuano queste prestazioni siano dei lavoratori dipendenti di un'altra società (es. società B) alla quale poi riversano gli emolumenti pagati dalla società A.
2) L'attività di **amministratore di condominio** evidenzia in linea generale operazioni imponibili all'IVA, salvo le ipotesi in cui tale attività venga svolta in modo occasionale da un soggetto che non eserciti altra attività di lavoro autonomo rilevante, nel qual caso rientra fra i rapporti di collaborazione coordinata e continuativa (Circ. Min. 24 dicembre 1992 n. 77, Cass. pen. 29 maggio 1998 n. 6308).
3) Nel caso in cui i compensi soggetti ad IVA devono essere riversati dal collaboratore al proprio datore di lavoro (terzo), per conto del quale ha prestato la propria attività (c.d. **compensi reversibili**, v. n. 9915), il collaboratore deve comunque fatturare con IVA alla società a cui presta la collaborazione e quest'ultima deve corrispondergli solo l'importo dell'IVA e l'eventuale contributo integrativo previdenziale addebitato in fattura, mentre il compenso lo versa al datore di lavoro terzo (Associazione italiana dottori commercialisti, Norma di comportamento n. 169, ottobre 2007).

Altre attività

42230

Attività escluse
– **associazione in partecipazione** il cui apporto è costituito da lavoro, a condizione che l'associato non svolga «altre» attività di lavoro autonomo soggette ad IVA (v. n. 40515) – attività di **levata dei protesti** esercitata dai **segretari comunali** (ai sensi della L. 349/73) – prestazioni **meramente occasionali** di **arbitrato** rese da persone fisiche non iscritte in albi, ruoli o elenchi professionali, o, se iscritte, qualora non sussista diretta correlazione tra l'albo, ruolo o elenco di appartenenza e la prestazione stessa, nel senso che questa venga resa in quanto vi sia l'iscrizione in detti albi (Ris. Min. 8 giugno 1977 n. 362012) – attività di **vigilanza e custodia rese da** singole **guardie giurate** di cui al RDL 1952/35 **(*)**
(*) Sono imponibili gli analoghi servizi resi dagli **istituti** di vigilanza organizzati in forma di impresa (Cass. 8 giugno 2000 n. 7811) o in **consorzi** aventi natura di enti commerciali (Ris. AE 27 giugno 2001 n. 95/E, Cass. 9 novembre 2018 n. 28702).

CAPITOLO 3

Territorialità

SOMMARIO

Il campo di applicazione dell'IVA italiana è strettamente legato al territorio italiano: sono imponibili in Italia le cessioni di beni o le prestazioni di servizi che si considerano **effettuate in Italia**. La «territorialità» rappresenta dunque un elemento **indispensabile** per determinare l'assoggettabilità all'imposta di un'operazione. **43000**
L'individuazione del luogo di effettuazione di un'operazione è differente a seconda che sia riferito alle **cessioni di beni** oppure alle **prestazioni di servizi**.

Ai fini della territorialità si distinguono le **operazioni**: **43001**
- **nazionali** (o interne), effettuate completamente all'interno del territorio dello Stato e per le quali i criteri di territorialità sono generalmente irrilevanti;
- **internazionali**, ove coinvolgano il territorio di più Stati, fornitore nazionale e cliente estero, o viceversa cliente italiano e fornitore estero. L'applicazione dei criteri di territorialità permette di determinare se le stesse siano imponibili o non imponibili od escluse. A tale riguardo occorre distinguere quando coinvolgono esclusivamente Stati UE (cessioni e prestazioni intracomunitarie) o anche Stati extra UE (importazioni, esportazioni e servizi internazionali).

In linea generale, le cessioni di beni spediti o trasportati fuori dall'Italia e i servizi internazionali sono non imponibili, in quanto non si considerano effettuati in Italia; invece, l'introduzione di beni di provenienza estera a seguito di acquisti - intracomunitari ed importazioni - è soggetta ad IVA in Italia. **43002**
Alle operazioni internazionali si applicano regole ed adempimenti specifici rispetto a quelli applicabili alle operazioni nazionali, con particolarità che variano a seconda che l'operazione sia comunitaria o extracomunitaria; di conseguenza la disciplina è illustrata in una parte apposita della trattazione (v. n. 65000 e s.).

> Le operazioni **non imponibili** sono soggette a tutte le formalità previste dalla legge IVA in materia di fatturazione e registrazione. Esse infatti rientrano nel volume d'affari e danno diritto alla detrazione o al rimborso dell'IVA assolta sugli acquisti.

Nel prosieguo, si definisce preliminarmente l'ambito geografico del territorio italiano, quello dell'UE e quello extracomunitario e, dopo aver delineato la nozione di sede del soggetto che interviene in un'operazione economica, vengono trattate le regole territoriali riguardanti le cessioni di beni e le prestazioni di servizi. **43005**

TERRITORIO ITALIANO, UE ED EXTRA UE **43010**

Territori	Definizione (art. 7 DPR 633/72)
Italia:	Territorio soggetto alla sovranità della Repubblica Italiana, ad esclusione dei **territori extra doganali** dei comuni di Livigno e di Campione d'Italia e delle acque italiane del lago di Lugano. Sono comprese le **zone assimilate** ai territori extra-doganali (depositi franchi, punti franchi, zone franche e mare non territoriale)

Territori	Definizione (art. 7 DPR 633/72)
UE:	Comprende, oltre al territorio italiano (nei termini sopra specificati), quello degli altri 26 Stati membri della Unione Europea (UE) - Austria, Belgio, Bulgaria, Cipro, Croazia, Danimarca, Estonia, Finlandia, Francia, Germania, Grecia, Irlanda **(1)**, Lettonia, Lituania, Lussemburgo, Malta, Olanda, Polonia, Portogallo, Repubblica Ceca, Romania, Slovacchia, Slovenia, Spagna, Svezia e Ungheria **(2) (3)**
Paesi Extra UE:	Tutti i Paesi diversi dall'Italia e dagli altri Stati UE, ivi compresi i territori esclusi dalla UE elencati nella nota **(3)**

(1) Nonostante la Brexit del 2021, l'Irlanda del Nord continua a far parte dell'UE per gli scambi di beni.
(2) Sono previste le seguenti **esclusioni** (Circ. AE 5 agosto 2004 n. 39/E):
– per la Germania: le isole Helgoland e il territorio di Busingen;
– per la Spagna: Ceuta, Melilla e le isole Canarie;
– per la Francia: Guadalupa, Guiana, Martinica, Riunione, Saint Barthélemy, Saint Martin e Andorra;
– per la Grecia: il Monte Athos;
– per la Finlandia: le isole Aland.
Con riferimento alle isole comprese nella giurisdizione della Gran Bretagna: le isole anglo-normanne, conosciute come «isole del canale» (Jersey, Guernsey, ecc.), sono sempre state escluse dal territorio dell'UE; l'isola di Man in seguito alla Brexit;
Sono escluse anche la Repubblica di **San Marino** e la **Città del Vaticano**.
(3) Sono, invece, **inclusi**, anche se talvolta non rientrano nel territorio di nessun Stato membro:
– il **Principato di Monaco**, il quale, ai soli fini fiscali, si intende compreso nel territorio della Francia;
– le zone di Akotiri e Dhekelia che, pur trovandosi sull'isola di Cipro, sono poste sotto la sovranità del Regno Unito. Anche a seguito della Brexit, le operazioni effettuate con operatori delle predette zone si considerano effettuate con operatori di Cipro.

43020 **SEDE** Con l'espressione **sede in Italia** si fa riferimento alla presenza in Italia di uno dei seguenti elementi definiti nelle **tabelle** successive:
– domicilio (anche se la residenza è all'estero);
– residenza, purché non si abbia all'estero il domicilio;
– stabile organizzazione (S.O.), nel caso in cui si abbia il domicilio o la residenza all'estero, limitatamente alle operazioni da essa rese o ricevute (le operazioni, attive o passive, effettuate direttamente dalla casa madre si considerano quindi effettuate da un soggetto con sede all'estero, anche se determinano obblighi operativi per la S.O., v. n. 68020).
Viceversa, quando ci si riferisce a soggetti con «**sede all'estero**» (Stato UE o Extra UE) si intende evidenziare l'assenza in Italia di tali elementi (es. soggetti domiciliati o residenti all'estero e senza S.O. in Italia, soggetti domiciliati o residenti all'estero e con S.O. in Italia, sempreché le prestazioni non siano commesse da tali S.O., S.O. all'estero di soggetti domiciliati e residenti in Italia).

43021

	Persone fisiche (art. 43 c. 1 c.c.)	Soggetti diversi (es. società, enti, associazioni) (art. 7 DPR 633/72)
Domicilio	Luogo dove hanno stabilito la sede principale dei loro affari ed interessi	È la sede legale, secondo la norma e la prassi italiana (Circ. AE 29 luglio 2011 n. 37/E); diversamente dalla norma comunitaria per la quale prevale il luogo della direzione effettiva (art. 10 Reg. UE 282/2011) o dell'attività economica effettiva, dove si svolgono le operazioni (C.Giust. CE 6 ottobre 2011 C-421/10).
Residenza	La dimora abituale di regola desumibile dall'iscrizione all'anagrafe della popolazione residente	Luogo in cui si trova la sede effettiva
S.O.		Qualsiasi organizzazione - diversa dalla sede principale dell'attività economica - avente un grado sufficiente di permanenza e una struttura idonea in termini di mezzi umani e tecnici atti a consentire alla stessa di: – ricevere e utilizzare i servizi che le sono forniti per le proprie esigenze; – fornire i servizi di cui assicura la prestazione Per ulteriori dettagli si veda il n. 68015 e s.

SEZIONE 1

Cessioni di beni

(art. 7 bis DPR 633/72)

Per determinare il luogo di effettuazione delle cessioni rileva innanzitutto il luogo dove si trovano i beni al momento della cessione; occorre al riguardo distinguere tra **beni immobili** e beni **mobili**. In ogni caso non rileva la residenza dei soggetti o il luogo di conclusione o di esecuzione del contratto. 43040

BENI IMMOBILI (art. 13 ter Reg. UE 282/2011, Circ. AE 29 luglio 2011 n. 37/E) Sono immobili i terreni e i fabbricati fissati stabilmente al suolo e gli elementi (mobili) che ne formino parte integrante (che non sia possibile separare dall'immobile senza alterare la funzionalità degli stessi o riutilizzare in altro contesto senza antieconomici interventi di adattamento). In sostanza, quindi, anche gli **impianti industriali** e i **macchinari ancorati al suolo** (es. a mezzo di opere murarie, o anche mediante bullonature di fondazione, o telai di base dei macchinari), possono considerarsi come beni immobili (vedi MIVA). 43045
La cessione è imponibile in Italia se riguarda immobili **esistenti in Italia** al momento in cui la cessione si intende «effettuata» (v. n. 45960).

BENI MOBILI Esiste **una regola generale** e **4 regole particolari** per beni: 43060
1) soggetti a installazione o montaggio (v. n. 43075);
2) ceduti a bordo di un mezzo nel corso di un trasporto intracomunitario iniziato in Italia (v. n. 43080);
3) gas, energia elettrica, calore o freddo ceduti attraverso la rete di distribuzione (v. n. 43085);
4) ceduti fra Stati UE in base a cataloghi, per corrispondenza, via internet e simili (c.d. vendite a distanza, v. n. 65304 e s.).

Regola generale La cessione si considera effettuata in Italia quando si verificano **entrambe le seguenti condizioni**: 43065
a) il bene **si trova** in Italia, nel caso normale di consegna con trasporto, al momento iniziale del trasporto o spedizione (art. 32 Dir. 2006/112/CE);
b) **si tratta** di un bene:
- nazionale: ossia prodotto in Italia o il cui perfezionamento sia avvenuto in Italia.
- nazionalizzato: di provenienza estera, ma definitivamente importato.
- comunitario: prodotto in altro Stato UE (o ivi importato).
- vincolato al regime della temporanea importazione: bene estero importato per essere lavorato e successivamente riesportato o per essere destinato al traffico internazionale (es. container).

ESEMPIO
Una società con sede in Italia **acquista dei prodotti tessili in Italia**, poi li invia in un **Paese extra UE** per la lavorazione di un'azienda ivi domiciliata; successivamente i prodotti finiti sono inviati in **Austria**, dove vengono immessi in libera pratica, e poi vengono ceduti definitivamente in **Germania** al cliente finale. In tal caso, sia l'introduzione dei prodotti finiti in Austria che la loro consegna in Germania al cliente tedesco non rilevano in Italia per mancanza del requisito territoriale (Ris. AE 22 gennaio 2002 n. 19/E).

Non rientra nel campo di applicazione dell'IVA la cessione di beni mobili che, pur esistendo in Italia, hanno la condizione di **beni viaggianti allo Stato estero**, in **transito** o **depositati** in luoghi sottoposti a vigilanza doganale (depositi doganali e territori assimilati a quelli extra doganali) (Circ. Min. 3 agosto 1979 n. 26/411138); salvo le cessioni di merci vincolate al regime della temporanea importazione e i contratti di consignment stock e simili. 43070

Per le cessioni di beni in transito e di beni depositati in luoghi sottoposti a vigilanza doganale, vi è comunque l'obbligo di **emissione della fattura**.

Cessione previa installazione, montaggio o assemblaggio Se, prima della cessione, i beni sono **inviati da un Paese UE** in Italia per essere ivi installati, montati o assemblati dal fornitore (o per suo conto), la cessione risulta imponibile in Italia come cessione interna, soggetta agli obblighi di cui al n. 68000 e s. 43075

Se un **fornitore estero** introduce in Italia un bene trasportato o spedito **da uno Stato extra UE**, a meno che non abbia richiesto la temporanea importazione, deve assolvere l'imposta per l'importazione del bene da installare o montare (oltre ad adempiere agli obblighi IVA relativi alla successiva cessione). Tale imposta può essere detratta o chiesta a rimborso (se di importo superiore a 2.582,28 €) purché, in entrambe le ipotesi, il fornitore abbia una S.O. in Italia, o nomini un rappresentante fiscale o si identifichi direttamente.

43080 **Beni ceduti nel corso di un trasporto intracomunitario** Le cessioni di beni a passeggeri **effettuate a bordo** di una nave, aeromobile o treno nel corso di un trasporto avente come **luogo di partenza** l'Italia e luogo **di arrivo** un altro Stato UE - senza scali fuori dalla UE, irrilevante l'attraversamento di Stati extra UE senza scali - si considerano effettuate in Italia.
Si considera luogo di partenza quello di primo imbarco dei passeggeri nella UE (eventualmente dopo uno scalo fuori dalla UE) e luogo di arrivo quello dell'ultimo punto di sbarco previsto nella UE, per passeggeri imbarcati nella UE, eventualmente prima di uno scalo fuori dalla UE. Nel caso di percorso andata e ritorno, il ritorno è considerato come un viaggio a sé stante.
Sono pertanto imponibili le cessioni effettuate, indipendentemente dal luogo in cui si trova il mezzo di trasporto al momento della cessione e dalla destinazione del singolo passeggero, nel corso dei seguenti:
- trasporto intracomunitario con partenza dall'Italia;
- tratta intracomunitaria, con partenza dall'Italia, di un trasporto con partenza o destinazione fuori della Comunità.

Per i servizi di **ristorazione** e di **catering** resi a bordo di mezzi di trasporto si veda al n. 43330.

43085 **Cessioni di gas, energia elettrica, calore e freddo** (Circ. AE 23 dicembre 2004 n. 54/E, Circ. AD 23 dicembre 2004 n. 79/D) Le cessioni di gas che avvengono attraverso un sistema di gas naturale situato nel territorio dell'UE o una rete connessa a tale sistema (escluse quindi le cessioni in bombole), le cessioni di energia elettrica e le cessioni di calore o di freddo mediante le reti di riscaldamento o di raffreddamento sono soggette a regole differenziate a seconda del soggetto acquirente.
Si considerano effettuate in Italia le cessioni **ai rivenditori** con sede in Italia. Sono rivenditori i soggetti passivi che destinano principalmente alla rivendita gli acquisti di gas, energia elettrica, o calore/freddo (anche se ne consumano una quantità trascurabile nell'esercizio della propria attività). Non è necessario che si tratti di clienti-grossisti, potendo trattarsi anche di soggetti che acquistano una singola partita di prodotto per rivenderla.

43086 Le cessioni a **privati consumatori** si considerano effettuate in Italia quando il contatore dell'acquirente si trova in Italia (luogo del consumo finale).
Le cessioni a **soggetti passivi non rivenditori** si considerano effettuate in Italia se il prodotto è consumato in Italia o, comunque, se la sede dell'acquirente si trova in Italia.

L'**importazione** di gas/energia elettrica/calore/freddo non dà luogo al pagamento dell'IVA in dogana, ma richiede l'emissione di autofattura da parte dell'acquirente soggetto passivo IVA (anche se il non residente ha nominato un rappresentante fiscale o si è identificato direttamente in Italia) o, se è un privato, del rappresentante del fornitore o dal fornitore stesso che si è identificato. Essa è comunque soggetta al rispetto degli obblighi procedurali doganali.
Ugualmente, l'**esportazione** di tali beni comporta l'obbligo di presentare la dichiarazione doganale di esportazione e di emettere fattura senza applicazione dell'IVA.

SEZIONE 2

Prestazioni di servizi

43150 I criteri di territorialità possono essere così sintetizzati:
a) **regola generale**, per i **committenti**:
- **soggetti passivi** IVA, il criterio del luogo del committente;
- **privati**, il criterio del luogo del prestatore;
b) **deroghe per specifici servizi**, da interpretare in maniera restrittiva (v. **tabella** n. 43160).

Accertato il requisito territoriale, l'applicazione dell'IVA non è automatica, occorre verificare l'applicabilità del regime di non imponibilità per i servizi internazionali (es. trasporti all'estero, ecc. v. n. 43250 e s.) o del regime di esenzione (es. servizi bancari e assicurativi effettuati a privati residenti UE).

SERVIZI SOGGETTI ALLE DEROGHE Nella **tabella** seguente si riepilogano i servizi 43160
specifici cui si applicano le deroghe alla regola generale (che resta applicabile, pertanto, a tutti i servizi diversi).
Nella maggior parte dei casi la deroga riguardano solo servizi resi a privati (c.d. **B2C**); pertanto, ove non è indicata la X, i corrispondenti servizi resi a soggetti passivi (c.d. **B2B**) non sono soggetti alla deroga, ma alla regola generale (come i servizi generici).

Servizi (relativi a)	Descrizione	Deroga B2B	Deroga B2C	MF n.
beni immobili	locazioni, lavorazioni, perizie, intermediazioni, ecc	X	X	43230
beni mobili	manutenzione, riparazione, modifica, trasformazione, costruzione, lavorazione, perizie ed altre su beni materiali		X	43240
trasporti	trasporti di beni		X	43250
	servizi accessori ai trasporti intra UE ed internazionali		X	43270
	trasporto di persone	X	X	43280
locazione di mezzi di trasporto	locazione, anche finanziaria, noleggio e simili di mezzi di trasporto:			43290
	– a breve termine	X	X	
	– a lungo termine		X	
intermediazioni mobiliari	intermediazioni diverse da quelli immobiliari		X	43300
culturali, artistici, scientifici, educativi, sportivi e simili	servizi relativi ad attività culturali, artistiche, sportive, scientifiche, educative, ricreative e simili, servizi degli organizzatori di dette attività, nonché servizi accessori ai precedenti		X	43310
	servizi relativi all'accesso a manifestazioni culturali, artistiche, sportive, scientifiche, educative, ricreative e simili, nonché servizi accessori connessi con l'accesso	X	X	43315
ristorazione e catering	fornitura, verso un corrispettivo specifico, di cibi e/o bevande, accompagnati da servizi di supporto sufficienti a permetterne il consumo immediato	X	X	43330
immateriali comuni	– locazione, leasing, noleggio di beni diversi dai mezzi di trasporto – cessioni di diritti su beni immateriali – prestazioni pubblicitarie – consulenza tecnica e legale – elaborazione e fornitura di dati e simili – operazioni bancarie, finanziarie e assicurative – prestiti di personale – servizi collegati alla fornitura di gas o di energia elettrica – attività relative all'obbligo di non esercizio dei servizi immateriali		X **(*)**	43360
immateriali digitali	e-commerce		X	43375
	telecomunicazione e teleradiodiffusione		X	43385 43390

(*) solo se il cliente è residente o domiciliato **extra UE.**

Servizi promiscui Nel caso di effettuazione congiunta di servizi rientranti in **più categorie** 43165
soggette a regole **diverse** (es. perizia su beni mobili e consulenza tecnica), è necessario che il prestatore tenga separati gli importi da addebitare. Se gli importi non sono distinti, le presta-

zioni sono considerate un servizio generico, cui si applica la regola generale sotto descritta (Ris. Min. 25 novembre 1987 n. 356351).

Se le prestazioni comprendono una **pluralità di attività distinte**, per l'esatta qualificazione dell'operazione occorre aver riguardo al contenuto del contratto; in particolare occorre verificare se le diverse attività sono autonome, come tali soggette ciascuna agli specifici criteri di territorialità, o accessorie strumentali ad un risultato finale unitario dell'operazione, come tali soggette ai criteri di territorialità della prestazione principale (Ris. AE 6 agosto 2002 n. 267/E). Di regola ciascun servizio deve essere considerato **autonomo** ed indipendente e non deve essere artificialmente scomposto in più parti.

ESEMPIO

1) Un fornitore extra UE fornisce a consumatori privati italiani un **pacchetto di servizi** composto da:
- download di **contenuti digitali** preconfezionati (e-books, audio-corsi e video-corsi per la crescita personale), fornito senza intervento umano;
- **consulenza telefonica** in materie afferenti alla crescita personale e al miglioramento delle capacità relazionali, con intervento umano diretto;
- accesso ad un gruppo Facebook o su altri **social network**.

Se alla luce del complessivo assetto contrattuale e delle circostanze concrete (es. quota di corrispettivo, prospettiva del consumatore, contenuti dell'offerta online, durata dei corsi rispetto alle interlocuzioni, ecc):
- il «pacchetto» può considerarsi un'attività consulenziale complessa, rispetto alla quale la fornitura di servizi elettronici (i file o corsi in download) riveste carattere accessorio, la prestazione resa a privati stabiliti in Italia risulta fuori campo;
- prevale il download di contenuti digitali, il servizio è rilevante in Italia e il fornitore deve assumere una posizione IVA o nominare un rappresentante per assolvere gli obblighi (o in alternativa aderire all'OSS);
- le prestazioni sono distinte e nessuna delle due risulta prevalente o accessoria rispetto all'altra, nel qual caso rimane rilevante in Italia la fornitura di contenuti digitali.

2) La prestazione di **servizi di assicurazione** relativa ad un bene oggetto di leasing e la prestazione di **leasing** devono essere considerate, in linea di principio, come prestazioni di servizi distinte e indipendenti ai fini IVA. Spetta al giudice stabilire se le operazioni in questione siano connesse tra loro a tal punto da dover essere considerate come una prestazione unica o se, al contrario, esse costituiscano prestazioni indipendenti (C.Giust. UE 17 gennaio 2013 C-224/11).

43168 **Servizi specifici internazionali** Le seguenti operazioni, quando, anche parzialmente, si considerano effettuate in Italia in base alle corrispondenti disposizioni, se riguardano i servizi internazionali sotto indicati, sono **non imponibili** (v. n. 67150 e s.).

Servizio	Casi di non imponibilità
Servizi relativi a beni mobili	Beni in temporanea importazione o beni nazionali, nazionalizzati o comunitari destinati ad essere esportati da o per conto del prestatore o del committente (v. n. 67195)
Trasporti di beni	Beni in esportazione, in transito o in importazione temporanea, o beni importati, ma già tassati in dogana all'atto dell'importazione (v. n. 67170 e s.)
Operazioni accessorie di carico, scarico, ecc.	Se sono correlate a trasporti internazionali di beni (v. n. 67170)
Trasporti di persone	Se sono correlate a trasporti internazionali di persone (v. n. 67165)
Locazione e noleggio dei mezzi di trasporto	Se fa parte di un trasporto di persone in dipendenza di un unico contratto (v. n. 67165) oppure di un servizio collegato ai trasporti internazionali di beni (v. n. 67180)
Intermediazioni non immobiliari	Se si riferiscono a beni in esportazione, in importazione o in transito, a trasporti internazionali di beni o di persone, a noleggi e locazioni di mezzi di trasporto per prestazioni di servizi internazionali, o ad operazioni effettuate fuori dalla UE (v. n. 67195 lett. c e n. 67180)

A. Servizi generici

(art. 7 ter DPR 633/72, Circ. AE 29 luglio 2011 n. 37/E)

La **regola generale** distingue a seconda che il **committente** sia, al momento di effettuazione dell'operazione: 43170
- un **soggetto passivo** (come definito al n. 43175) che acquista nell'esercizio dell'attività imprenditoriale/professionale (c.d. business-to-business o **B2B**);
- un **privato** non soggetto passivo o un soggetto passivo che acquista esclusivamente per uso privato (c.d. business-to-consumer o **B2C**).

Committente	Servizi effettuati in Italia quando
Soggetto passivo (B2B)	il **committente** ha sede in Italia, indipendentemente dal luogo in cui la prestazione è eseguita **(*)**
Privato (B2C)	il **prestatore** ha sede in Italia, indipendentemente dal luogo in cui la prestazione è eseguita

(*) Se il committente è **stabilito in più Stati**, la prestazione si considera effettuata nello Stato in cui ha stabilito la sede della propria attività economica. Tuttavia, se la prestazione è resa a una S.O. del soggetto passivo, è imponibile nel luogo in cui è ubicata la S.O. destinataria del servizio (art. 21 Reg. UE 282/2011).

Nella **tabella** seguente si riassumono, a titolo esemplificativo, le possibili situazioni che possono verificarsi a seconda della sede del prestatore e della natura del committente. 43171

Prestatore	Committente	IVA
Indifferente (IT/UE/Extra UE)	Soggetto passivo IVA italiano	SÌ
Soggetto passivo italiano	Soggetto passivo IVA non residente (UE)	NO
Soggetto passivo italiano	Soggetto passivo IVA non residente (Extra UE)	NO
Soggetto passivo italiano	Soggetto privato non residente (UE/Extra UE)	SÌ
Soggetto passivo non residente (UE/Extra UE)	Soggetto privato italiano	NO

ELEMENTI DISTINTIVI In pratica, per determinare la disciplina applicabile è pertanto **essenziale stabilire**: 43172
- se il committente è o meno un **soggetto passivo** IVA;
- in caso affermativo, se il relativo acquisto è stato effettuato nell'esercizio dell'attività imprenditoriale/professionale (**inerenza** del servizio acquisito).

ESEMPIO
Sono generici i seguenti servizi **B2B**: **consulenze** tecniche e legali, prestazioni **pubblicitarie**, prestazioni di **manutenzione** su automobili o attrezzature o pc, **trasporti di beni**, **locazioni a lungo termine di automezzi**, servizi **culturali**, artistici e sportivi, ecc.

SOGGETTO PASSIVO Ai fini della **territorialità**, la nozione di soggetto passivo risulta più ampia rispetto alla nozione ordinaria. Si considerano, infatti, soggetti passivi, per le **prestazioni a essi rese** i seguenti soggetti: 43175
1) soggetti IVA in senso stretto, cioè **imprenditori**, **artisti** e **professionisti**;
2) gli **enti non commerciali**, che **non hanno per oggetto esclusivo** o principale l'esercizio di attività commerciali o agricole, anche quando agiscono al di fuori delle predette attività (v. n. 97220);
3) gli **enti**, le **associazioni** e le **altre organizzazioni**, che svolgono solo **attività istituzionali** (quindi non sarebbero soggetti passivi in base alle regole ordinarie), ma che sono **identificati ai fini IVA** in quanto (Circ. AE 31 dicembre 2009 n. 58/E):
- hanno effettuato, nell'anno precedente o nell'anno in corso, acquisti intra UE di beni (i servizi non rilevano) al di sopra del limite di € 10.000 (v. **tabella** n. 97275);
- anche se sono al di sotto del limite di € 10.000, hanno optato per l'applicazione dell'imposta in Italia sugli acquisti intra UE e che per tale motivo dispongono di un numero di partita IVA.

43190 **Prova della soggettività passiva** (art. 18 Reg. UE 282/2011) La **verifica** della natura del committente deve essere effettuata dal **prestatore** (residente in Italia) al fine della corretta emissione della fattura.
Nella **tabella** seguente sono indicati gli elementi utili, variabili a seconda delle caratteristiche del committente.

Committente UE	**Numero identificativo IVA** comunicato dal committente UE. Il prestatore residente deve ottenere la conferma della validità del numero mediante il sistema VIES illustrato al n. 65410 **(*)**. Se il prestatore dimostra che il committente del servizio non gli ha comunicato il proprio numero di partita IVA, può considerarlo privo di soggettività passiva (a meno che il prestatore non disponga di informazioni contrarie).
Committente extra UE	**Altre circostanze** atte a chiarire lo svolgimento di un'attività imprenditoriale, artistica o professionale (anche non in via esclusiva) quali: A) per i **contribuenti stabiliti in Norvegia**, **Svizzera**, **Israele**, la certificazione rilasciata dalle autorità fiscali dei relativi Stati attestante la qualità di soggetto passivo d'imposta (v. n. 68105); B) per gli **altri contribuenti** e, in alternativa alla certificazione dei contribuenti predetti: – l'eventuale attribuzione di un numero identificativo attribuito dalle autorità fiscali del relativo Stato ai fini della corrispondente imposizione sulla cifra d'affari o qualsiasi altra prova attestante che il destinatario è un soggetto passivo; – la verifica circa l'esattezza delle informazioni ricevute dal committente, applicando le normali procedure di sicurezza commerciali, quali quelle relative ai controlli di identità o di pagamento (es. verifiche sito internet, brochure, listini commerciali, ecc.).
(*) Il prestatore può ritenere verificata la natura di soggetto passivo di un committente che gli abbia comunicato che - pur avendone fatto richiesta - **non ha ancora ricevuto il numero** di partita IVA, se: a) ottiene qualsiasi altra prova della soggettività passiva del committente, e b) effettua una verifica di ragionevole ampiezza sull'esattezza delle informazioni che il committente gli ha fornito, applicando le procedure di sicurezza commerciali normalmente in uso (es. procedure relative ai controlli di identità o di pagamento). In mancanza di elementi che dimostrino l'assenza di soggettività passiva, rileva la richiesta di attribuzione della partita IVA che il committente non residente mette a disposizione del prestatore residente.	

43200 **Inerenza del servizio acquistato** (artt. 19, 25 Reg. UE 282/2011) L'inerenza, anche parziale, del servizio acquisito all'attività imprenditoriale/professionale del soggetto passivo è **condizione** necessaria per l'applicazione dei criteri di territorialità previsti per i rapporti B2B.
Se l'acquisizione è effettuata:
– per **uso promiscuo** - finalità private e finalità imprenditoriali, professionali o artistiche - restano applicabili i criteri di territorialità previsti per i rapporti B2B;
– esclusivamente **per uso privato**, compreso l'uso da parte dei dipendenti (o dei membri degli organi societari) del soggetto passivo, l'operazione è soggetta alla disciplina prevista per i committenti privati (B2C).

43205 Ai fini della **valutazione dell'inerenza**, se per una data operazione il committente ha comunicato il suo numero di partita IVA al prestatore, quest'ultimo può considerare i servizi inerenti all'attività economica del committente, a meno che non disponga di informazioni contrarie, ad esempio sulla natura dei servizi forniti.

ESEMPIO
Se il servizio è compatibile sia con la sfera privata sia con quella economica occorre distinguere a seconda che il committente sia:
– UE, il prestatore considera la prestazione acquisita nell'ambito della sua attività economica a condizione che quest'ultimo comunichi il proprio numero di partita IVA;
– extra UE, il prestatore potrà richiedere al committente elementi a supporto della non riconducibilità dell'acquisto alla sfera privata, onde giustificare la mancata applicazione dell'IVA (prestazioni B2B).

43210 La valutazione dell'inerenza dei servizi acquistati va effettuata in base alle circostanze esistenti al momento dell'effettuazione della prestazione (in genere al momento del pagamento, anche parziale v. n. 45880 e s.); non assumono rilevanza i **cambiamenti successivi**.

ESEMPIO
Se all'atto del pagamento di un acconto si prevede una determinata utilizzazione del servizio (es. per fini privati), che poi risulta modificata all'atto del pagamento del saldo (es. fini professionali), si applicano differenti regimi con riferimento all'acconto (rapporti B2C) e al saldo (rapporti B2B).

B. Servizi specifici

I servizi specifici sono quelli per i quali sono previste le deroghe alla regola generale sulla territorialità; tali deroghe, nella **maggior parte** dei casi, riguardano solo i servizi **B2C** (v. n. 43160). 43220

1. Servizi relativi a beni immobili
(art. 7 quater DPR 633/72, Circ. AE 29 luglio 2011 n. 37/E)

Sono servizi relativi ai beni immobili definiti al n. 43045 quelli indicati nella **tabella** sotto riportata. 43230
Si considerano effettuati in Italia quando l'immobile è situato in Italia.

ESEMPIO
L'impresa italiana Alfa **tinteggia** una casa in Francia di proprietà del sig. Rossi di Milano. La prestazione è fuori campo IVA in Italia e l'impresa deve aprire una partita IVA in Francia per emettere fattura con IVA francese nei confronti di Rossi (v. n. 68033). La disciplina non cambia se il committente è una società residente in Italia.

IDENTIFICAZIONE (art. 31 bis Reg. UE 282/2011) I servizi relativi a beni immobili sono quelli che presentano un nesso sufficientemente diretto con tali beni e cioè quelli aventi una delle seguenti caratteristiche: 43237
a) derivati da un bene immobile, se il bene è un elemento costitutivo del servizio ed è essenziale e indispensabile per la sua prestazione;
b) erogati o destinati a un bene immobile, aventi per oggetto l'alterazione fisica o giuridica di tale bene.
In altre parole, viene fatto uso dell'immobile per effettuare il servizio, purché l'immobile costituisca elemento essenziale e indispensabile per la prestazione.
Nella **tabella** seguente sono riportati a titolo indicativo, raggruppati per categorie, i servizi compresi e quelli simili esclusi in base all'art. 31 bis Reg. UE 282/2011.

Categoria	Servizi compresi	Servizi simili esclusi (considerati servizi generici)
Costruzione e demolizione	– edificazione di fabbricati o strutture permanenti sul suolo; – lavori di costruzione e demolizione su fabbricati o strutture permanenti (condotte gas e acqua, fognarie e simili)	
Locazione e leasing	di immobili compresi magazzini merci	di immobili usati per servizi pubblicitari
Cessione di diritti	per l'utilizzo di un immobile o di sue parti, es.: – concessione di diritti di pesca e di caccia; – accesso a sale d'aspetto negli aeroporti; – infrastrutture soggette a pedaggio (ponti o gallerie)	locazione/leasing e settore alberghiero (vedi sotto)
Manutenzione, riparazione, ristrutturaz. e restauro	– comprese posa in opera di piastrelle, carta da parati e parquet, pulizia; – di strutture permanenti quali condotte del gas e dell'acqua, condotte fognarie e simili	

43237 (segue)

Categoria	Servizi compresi	Servizi simili esclusi (considerati servizi generici)
Perizie, due diligence	– valutazione del rischio e dell'integrità di un immobile; – anche a fini assicurativi, valutazione dell'immobile a garanzia di un prestito o per stimare danni nell'ambito di controversie	
Lavorazioni agricole	dissodamento, semina, irrigazione e concimazione	
Macchinari e attrezzature (1)	– manutenzione e riparazione, ispezione e controllo di macchinari o attrezzature considerate immobili; – installazione o montaggio di macchinari o attrezzature che, una volta installati o montati, siano da considerare immobili	installazione o montaggio, manutenzione e riparazione, ispezione o controllo di macchinari o attrezzature che non siano, o non diventino, parte di beni immobili
Magazzino merci	se è assegnata una parte specifica dell'immobile ad uso esclusivo (contratto simile a quello di affitto o locazione di un immobile)	senza uso esclusivo (es. servizi di logistica integrata, in cui il committente di regola non accede neanche al magazzino, se non previo preavviso per verificare i servizi resi Risp. AE 27 marzo 2020 n. 96)
Settore alberghiero	alloggio in albergo e analoghi (campi vacanza, campeggi, compreso il diritto di soggiornare in un luogo determinato risultante dalla conversione di diritti di uso a tempo parziale e affini)	
Elaborazione planimetrie	per fabbricati destinati a un particolare lotto di terreno (es. partecipazione a gara d'appalto, immobile previsto in piani edilizi approvati, ecc.), a prescindere dal fatto che la costruzione si realizzi	per fabbricati che non siano destinati a un particolare lotto di terreno
Gestioni immobiliari	di immobili commerciali, industriali o residenziali da o per conto del proprietario	gestione del portafoglio di investimenti immobiliari
Fiere, mostre e servizi correlati	messa a disposizione di stand, senza servizi correlati alla fiera o mostra (ma solo quelli accessori all'immobile, quali elettricità, climatizzazione, pulizie generali, conduzione impianti, smaltimento rifiuti, ecc.) **(2)**	messa a disposizione di stand e servizi correlati atti a consentire l'esposizione di prodotti (progettazione dello stand, trasporto e magazzinaggio dei prodotti, fornitura di macchinari, posa di cavi, assicurazione e pubblicità, ecc.), anche con contratti separati (v. n. 43310)
Intermediazioni	nella vendita, locazione finanziaria, nella costituzione o trasferimento di diritti su immobili (assimilati o meno a beni materiali)	nella prestazione di alloggio nel settore alberghiero o in settori simili (campi vacanza o campeggi), se l'intermediario agisce in nome e per conto di un'altra persona (si applicano le regole illustrate al v. n. 43300)
Servizi legali	relativi al trasferimento della proprietà, di diritti reali (pratiche notarili, stesura di contratti), anche se l'operazione non viene poi realizzata	consulenze su clausole di contratti, o per l'esecuzione, o per dimostrarne l'esistenza, non specificamente connessi al trasferimento di proprietà (es. consulenza relativa ai profili fiscali, servizi legati al finanziamento per l'acquisto)

Categoria	Servizi compresi	Servizi simili esclusi (considerati servizi generici)
Sorveglianza o sicurezza	servizi effettuati nel luogo in cui è situato il bene	

(1) La messa a disposizione di **attrezzature** per la realizzazione di lavori su beni immobili costituisce una prestazione di servizi relativi a beni immobili soltanto se il prestatore si assume la responsabilità dell'esecuzione dei lavori. Se insieme alle attrezzature è **messo a disposizione personale** sufficiente per l'esecuzione dei lavori, si presume che il prestatore abbia assunto tale responsabilità (è ammessa prova contraria con qualsiasi mezzo) (art. 31 ter Reg. UE 282/2011).
(2) Es. concessione a titolo oneroso dell'uso di beni immobili, destinati ad **attività congressuale**, e fornitura di **servizi accessori** (anche in relazione al loro valore economico) effettuata in occasione di eventi sportivi (Princ. dir. AE 24 settembre 2018 n. 2) o espositivi, culturali, aziendali (Risp. AE 22 novembre 2018 n. 77).

2. Servizi relativi a beni mobili
(artt. 7 ter e 7 sexies DPR 633/72)

Si tratta delle prestazioni di costruzione, manutenzione, riparazione, modifica, trasformazione, lavorazione, delle perizie ed altre prestazioni effettuate sui beni mobili materiali. 43240
La deroga alla regola generale interessa solo le **prestazioni B2C**: esse infatti rilevano in Italia solo se sono materialmente **effettuate in Italia**.
Alle prestazioni **B2B** si applica pertanto la regola generale.

Prestazioni B2B: adempimenti dei prestatori italiani I prestatori italiani che eseguono lavorazioni fuori campo IVA per committenti comunitari, devono presentare i **modelli Intra** per la movimentazione dei beni lavorati e per il servizio (v. n. 65440). 43242
Pertanto una **società italiana che riceve** da un'impresa comunitaria **materia prima da lavorare** e da rispedire nello stesso Stato UE (prestazione fuori campo IVA), deve osservare i seguenti adempimenti:
- prende in carico la materia prima del committente UE, annotandola nel registro «beni di terzi in conto lavorazione» con destinazione al consumo fuori del territorio nazionale;
- compila l'Intra acquisti con la sigla dello Stato da cui gli sono stati inviati i beni;
- ultimata la lavorazione emette fattura fuori campo IVA per la prestazione nei confronti del committente UE (v. n. 65375);
- compila l'Intrastat per la prestazione;
- storna il registro dei beni di terzi in conto lavorazione.

Se il committente è **extracomunitario**, ultimata la lavorazione la società italiana emette fattura fuori campo IVA nei suoi confronti, con l'annotazione «operazione non soggetta» (art. 7 ter DPR 633/72). Se i beni devono tornare al committente extracomunitario, devono prima essere importati temporaneamente per essere lavorati (v. n. 66010).
Per quanto riguarda gli adempimenti relativi all'**invio di beni all'estero** in conto lavorazione, oggetto quindi di un'esportazione temporanea e di una successiva reimportazione, si veda al n. 66039; se invece è oggetto di un'esportazione definitiva, con o senza passaggio di proprietà, si veda al n. 66101.

3. Trasporti e servizi accessori

TRASPORTI DI BENI (artt. 7, 7 ter e 7 sexies DPR 633/72) I servizi **B2C** sono soggetti a regole derogatorie mentre ai servizi B2B si applica la regola generale. 43250

Servizi B2C Bisogna distinguere in funzione del tipo di trasporto, intracomunitario o diverso (nazionale o internazionale). 43255

Committente soggetto privato	
Tipo di trasporto	**Disciplina**
trasporti intracomunitari (1):	si considerano totalmente effettuati in Italia quando il luogo di partenza è in Italia (es. Palermo - Bruxelles)

Committente soggetto privato	
Tipo di trasporto	**Disciplina**
trasporti diversi (nazionali o internazionali):	si considerano effettuati in Italia in proporzione alla distanza ivi percorsa **(2)**

(1) Quelli in cui il **luogo di partenza** e il **luogo di arrivo** sono situati nel territorio di due diversi Stati UE. Luogo di partenza è il luogo ove inizia effettivamente il trasporto di beni, senza tener conto dei tragitti compiuti per recarsi al luogo in cui si trovano i beni; luogo di arrivo è dove si conclude effettivamente il trasporto.

(2) Per i trasporti **internazionali**, al fine di ovviare alle difficoltà di determinare esattamente l'entità del trasporto eseguito in Italia, è consentita l'applicazione delle seguenti **percentuali forfettarie** (Circ. AE 29 luglio 2011 n. 37/E):
– trasporti **marittimi** internazionali: 5% rispetto ad ogni singolo intero trasporto (Circ. Min. 7 marzo 1980 n. 11/420390);
– trasporti **aerei** internazionali: 38% dell'intero tragitto del singolo volo internazionale (Ris. Min. 23 aprile 1997 n. 89/E).
L'applicazione delle citate percentuali forfettarie ha natura facoltativa: è sempre possibile determinare l'entità esatta del trasporto eseguito in Italia.

43256 **ESEMPIO**
1) Un trasporto di beni da Milano a Madrid effettuato da un trasportatore italiano per conto di un privato italiano che trasloca in Spagna, è interamente soggetto ad IVA.
2) Un trasporto di beni da Parigi a Madrid effettuato da un trasportatore italiano per conto di un privato spagnolo è interamente escluso da IVA.

43261 **Servizi B2B** In base alla **regola generale** i trasporti si considerano effettuati in Italia quando il committente ha sede in Italia. Pertanto non rilevano le caratteristiche del trasporto, che può essere nazionale (Roma - Palermo), intracomunitario (Milano - Berlino) o internazionale (Berna - New York oppure Milano - Tokyo) e nemmeno la residenza del trasportatore.

ESEMPIO
Un trasporto da Milano a Napoli commissionato da un soggetto passivo tedesco (o giapponese) è fuori campo IVA, indipendentemente dalla residenza del trasportatore.
Un trasporto Ginevra - New York commissionato da un soggetto passivo italiano si considera effettuato in Italia.

43270 **OPERAZIONI DI CARICO, SCARICO, MANUTENZIONI E SIMILI ACCESSORIE AI TRASPORTI DI BENI** (artt. 7 ter e 7 sexies DPR 633/72) I servizi **B2C** si considerano effettuati in Italia quando sono ivi materialmente effettuati. I servizi **B2B** sono soggetti alla regola generale.

43280 **TRASPORTI DI PERSONE** (artt. 7, 7 quater, 9 n. 1 DPR 633/72) I trasporti di persone, nazionali, extracomunitari - cioè effettuati in parte in Italia e in parte in un Paese extra UE - e intracomunitari - caratterizzati dal fatto che il luogo di partenza e quello di arrivo sono situati in due Paesi membri differenti - si considerano **effettuati in Italia in proporzione alla distanza ivi percorsa**, indipendentemente dalla natura del committente (soggetto passivo IVA o privato).

Nel caso di **trasporto andata e ritorno**, il percorso di ritorno è considerato come un trasporto distinto.

Per i trasporti internazionali **aerei o marittimi**, considerata la difficoltà di determinare esattamente l'entità del corrispettivo riferito alla tratta nazionale, è consentita l'applicazione di specifiche **percentuali forfettarie**, rispettivamente del 38% e del 5% (v. n. 43250).

Pertanto, il corrispettivo relativo ad un trasporto eseguito in parte nel territorio italiano e in parte all'estero, rientra nel campo di applicazione dell'IVA limitatamente alla parte eseguita in Italia.

A volte si confonde il contratto di trasporto di persone con la prestazione di **noleggio** del mezzo di trasporto **con il conducente**, cui si applica la disciplina illustrata al n. 43290. La distinzione si effettua analizzando attentamente l'oggetto dei due contratti:
– **trasporto**: lo spostamento di persone da un luogo all'altro;
– **noleggio**: la concessione in godimento di un mezzo di trasporto con la fornitura accessoria del servizio di guida.

4. Locazione, anche finanziaria, noleggio e simili di mezzi di trasporto
(artt. 7, 7 quater e 7 sexies DPR 633/72, Circ. AE 29 luglio 2011 n. 37/E)

Sono mezzi di trasporto i veicoli, motorizzati o no, e gli altri dispositivi concepiti per il trasporto di persone od oggetti da un luogo all'altro: automobili, motociclette, biciclette, roulotte; rimorchi e semirimorchi; vagoni ferroviari (esclusi i container); navi; aeromobili; trattori; veicoli a propulsione meccanica o elettronica per il trasporto di disabili (art. 38 Reg. UE 282/2011). **43290**

I servizi in esame sono soggetti a regole diverse, a seconda che i relativi contratti siano **a breve o a lungo termine**, considerando a breve termine i contratti che consentono il possesso o l'uso ininterrotto per un periodo **non superiore a** 30 gg. (o, per i natanti, 90 gg.). **43291**

Se il **noleggio dello stesso mezzo** di trasporto è coperto da **contratti consecutivi** (comprese le proroghe) conclusi fra le stesse parti, la durata è generalmente quella del possesso o dell'uso ininterrotto del mezzo di trasporto prevista, salvo casi particolari caratterizzati da buona fede e in assenza di un disegno preordinato all'abuso (art. 39 Reg. UE 282/2011).

CONTRATTI A BREVE TERMINE Rileva il **luogo di messa a disposizione** del mezzo a favore del committente destinatario, cioè il luogo in cui il destinatario (o un terzo che agisce per suo conto) prende fisicamente possesso del mezzo (art. 40 Reg. UE 282/2011), a prescindere dal luogo di stabilimento del prestatore o del committente o dalla natura di quest'ultimo. **43292**
Si considerano effettuate in Italia quando i mezzi di trasporto sono messi a disposizione del destinatario:
- **in Italia**, se sono utilizzati all'interno della UE (v. n. 43293);
- al di **fuori della UE**, se sono utilizzati in Italia.

Nel primo caso, se il mezzo di trasporto è usato in parte in **territorio UE** e in parte **al di fuori dell'UE**, si considera imponibile la percentuale del canone di locazione corrispondente all'utilizzo che ne è stato fatto in ambito comunitario (Circ. Min. 16 novembre 2000 n. 207/E).

Con riferimento alle **imbarcazioni da diporto** di lunghezza minima 10 metri, rileva l'effettiva utilizzazione al di fuori dell'UE, da dimostrare sulla base dei sistemi di navigazione satellitare o di trasponder o, in mancanza, sulla base del contratto e di due mezzi di prova disponibili tra: giornale di bordo, fotografie del punto nave, documentazione comprovante l'ormeggio o acquisti di beni o servizi extra UE (fatture, contratti, ricevute e pagamenti) (art. 1 c. 725 e 726 L. 160/2019, Provv. AE 29 ottobre 2020 n. 341339). **43293**
In caso di **leasing**, la società di leasing, per determinare la base imponibile da assoggettare ad IVA, può farsi rilasciare una dichiarazione dal committente che richiami le percentuali di utilizzo; se poi l'AF contesta tali percentuali sulla base di prove idonee, la società di leasing non è tenuta né al pagamento di sanzioni, né di interessi di mora, ma subisce solo il recupero della maggiore imposta dovuta (Ris. AE 11 ottobre 2007 n. 284/E).

CONTRATTI A LUNGO TERMINE B2C Mentre alle prestazioni B2B si applica la regola generale, per le prestazioni B2C bisogna distinguere a seconda del mezzo di trasporto (art. 7 sexies lett. e, e bis DPR 633/72). **43295**

Territorialità	
Si considerano effettuate in Italia quando:	
imbarcazioni da diporto	– sono messe a disposizione in Italia, utilizzate nella UE e la prestazione è resa da soggetti passivi stabiliti in Italia **(1)**; – sono messe a disposizione in uno Stato extra UE, il prestatore è stabilito in quello stesso Stato e le prestazioni sono utilizzate in Italia **(2)**.
altri mezzi di trasporto	– il committente del servizio è domiciliato o residente in Italia (senza essere domiciliato all'estero) e le prestazioni sono utilizzate nella UE **(3) (4) (5)**; – le prestazioni sono rese a un soggetto extra UE e utilizzate in Italia.

(1) Rileva come per i contratti a breve termine quanto al n. 43293 e nella precisazione al n. 43292. **In aggiunta**, per i contratti stipulati dal 1° novembre 2020, sul giornale di navigazione o sul giornale ufficiale di bordo, vanno riportati i **dati attestanti** tutti gli spostamenti effettuati, le relative ore di moto, comprovate dall'apposito dispositivo conta ore, di inizio e fine di ciascun spostamento e, eventualmente, i trasferimenti effettuati per prove e/o spostamenti tecnici o attinenti a manutenzioni.
Inoltre, se l'utilizzatore dichiara l'utilizzo extracomunitario dell'imbarcazione, per ogni anno di durata del contratto la quota-parte non soggetta a IVA s'intende **provvisoriamente calcolata** e il fornitore potrà emettere la fattura in regime di parziale o integrale esclusione, mentre il dichiarante, a consuntivo, dovrà comunicare al fornitore l'eventuale differenza in modo che quest'ultimo possa effettuare le corrispondenti **variazioni in aumento o in diminuzione** dell'IVA, versando se del caso la maggiore imposta dovuta e i relativi interessi di mora, senza però alcun pagamento di sanzioni. **Dal** 15 luglio 2021, per documentare l'utilizzo extracomunitario, il dichiarante o l'intermediario incaricato devono presentare una dichiarazione, attraverso i canali telematici dell'AE, utilizzando il software «dichiarazionenautica» (Provv. AE 15 giugno 2021 n. 151377). In caso di calcolo provvisorio, i dati definitivi andranno comunicati all'AE con una dichiarazione integrativa entro il 31 gennaio dell'anno successivo (art. 1 c. 710 L. 178/2020).
(2) Quando le imbarcazioni sono messe a disposizione in uno **Stato diverso** da quello di stabilimento del prestatore, si applicano i criteri previsti per gli altri mezzi di trasporto.
(3) Vedi precisazione al n. 43292.
(4) **Si presume** che il committente sia stabilito nel luogo identificato dal prestatore sulla base di 2 dei seguenti elementi non contraddittori (artt. 24 quater e 24 sexies Reg. UE 282/2011):
a) indirizzo di fatturazione del destinatario;
b) coordinate bancarie (es. ubicazione del c/c utilizzato per il pagamento o indirizzo di fatturazione del destinatario in possesso di tale banca);
c) dati di immatricolazione del mezzo di trasporto noleggiato dal committente, se l'immatricolazione è prescritta nel luogo in cui esso è utilizzato, o altre informazioni analoghe;
d) altre informazioni commerciali pertinenti (criterio residuale).
(5) Se il committente è stabilito **in più Paesi** si dà la priorità ai seguenti luoghi, se (art. 24 Reg. UE 282/2011):
– **persona fisica**, al luogo in cui ha la sua residenza abituale, a meno che sia provato che l'utilizzazione del servizio avviene al suo indirizzo permanente;
– persona **giuridica**, al luogo in cui sono svolte le funzioni della sua Amministrazione centrale, a meno che sia provato che l'utilizzazione del servizio avviene nel luogo di qualunque altra S.O.
Resta valida la **presunzione** di cui alla nota (4).

5. Intermediazioni mobiliari
(artt. 7 ter e 7 sexies DPR 633/72)

43300 Le prestazioni di intermediazione, relative ad operazioni **diverse da quelle immobiliari** (v. n. 43230), quando sono **B2C** si considerano effettuate in Italia se le operazioni oggetto dell'intermediazione sono effettuate in Italia; se sono **B2B** (committente soggetto IVA, c.d. casa mandante), applicano la regola generale.

43301 **ESEMPIO**
1) Il sig. Bianchi, soggetto passivo residente a Roma, effettua una prestazione di intermediazione, relativa al trasporto di un gruppo di persone dall'Italia alla Spagna (percorso Roma - Marsiglia - Madrid), nei confronti di un privato italiano. Poiché il trasporto di passeggeri si considera effettuato in Italia in proporzione alla distanza ivi percorsa, mentre per la restante parte si considera effettuato in parte in Francia ed in parte in Spagna il servizio di intermediazione è soggetto ad IVA in Italia solo limitatamente al trasporto ivi effettuato.
2) Il sig. Weiss, residente a Stoccarda e soggetto passivo in Germania, effettua prestazioni di agenzia a favore della società Beta con sede legale a Milano per promuovere la vendita in Italia di prodotti fabbricati in Belgio. Le prestazioni si considerano effettuate in Italia e sono imponibili ad IVA (riguardano acquisti UE).
3) I servizi di intermediazione forniti dai portali di prenotazione online, aventi sede all'estero, in relazione ad alloggi in strutture ricettive gestiti da privati (non imprenditori) sono soggetti ad IVA in Italia (Risposta AE a quesito Federalberghi).

6. Servizi culturali, artistici, scientifici, educativi, sportivi e simili
(art. 7 quinquies DPR 633/72, Circ. AE 29 luglio 2011 n. 37/E)

43310 Vi rientrano diverse tipologie di servizi:
– **corsi di lingua** (Ris. Min. 3 ottobre 1986 n. 415329),

– corsi di **formazione** e addestramento **del personale** (Ris. AE 7 maggio 2012 n. 44/E),
– servizi relativi a **fiere** ed esposizioni,
– servizi riguardanti l'organizzazione e l'**accesso a manifestazioni** culturali o educative (seminari, conferenze, mostre) o sportive (partite o competizioni), spettacoli teatrali, fiere e simili (concerti, circhi).

La semplice **messa a disposizione** temporanea di stand fieristici ed espositivi ai clienti, senza alcun servizio correlato, rientra tra i servizi relativi ad immobili (v. n. 43230).

ACCESSO A MANIFESTAZIONI (E SERVIZI ACCESSORI) (artt. 32, 33 Reg. UE 282/2011) Si tratta della fornitura del titolo, **biglietto** (o abbonamento stagionale), che dà diritto all'accesso per partecipare ad un evento o ad una manifestazione. 43315
La partecipazione solo in **modalità virtuale** in mancanza di un luogo fisico individuabile ove l'evento si svolge (es. **webinar**, **corso on line**) non è considerato accesso, ricade quindi nel n. 43325, con luogo di effettuazione dove è residente il committente anche se privato (Risp. AE 4 agosto 2022 n. 409); **viceversa è** considerato accesso, la partecipazione ad un convegno che si svolge in un luogo fisico preciso, anche per i partecipanti in modalità virtuale che fruiscono sostanzialmente dello stesso servizio dei partecipanti in loco (es. possibilità di interagire) (Risp. AE 28 giugno 2022 n. 353).

L'**utilizzazione degli impianti**, sportivi o di altro tipo, a fronte del pagamento di quote d'iscrizione rientra nei servizi di cui al n. 43325.

Sono **servizi accessori** all'accesso, quelli forniti separatamente a titolo oneroso alla persona che assiste a una manifestazione; è il caso, ad esempio, del parcheggio, guardaroba o utilizzazione di spogliatoi o di impianti sanitari, o altri servizi aggiuntivi, quali ad esempio ristorazione, pernottamento e distribuzione degli atti, forniti nell'ambito della manifestazione. 43316
Al riguardo, diversamente da quanto avviene con il concetto generale di accessorietà (v. n. 45290), è irrilevante il fatto che i servizi accessori siano o meno resi dallo stesso soggetto che rende la prestazione principale.

È compresa l'emissione di biglietti di ingresso alle manifestazioni da parte di un **intermediario** che agisce in nome proprio ma per conto dell'organizzatore o da parte di un soggetto passivo diverso dall'organizzatore, che agisce in nome proprio (art. 33 bis Reg. UE 282/2011).

Tali prestazioni, sia B2B che B2C, si considerano effettuate in Italia quando le manifestazioni si svolgono in Italia. 43320

ESEMPIO
1) Sono imponibili le quote di iscrizione ad un convegno (o congresso, o conferenza) che si tiene in Italia, pur se versate dai partecipanti all'ente estero che l'ha organizzato. Correlativamente, sono escluse da IVA le prestazioni di servizi offerte in relazione all'organizzazione di un congresso tenuto in altri Stati.
2) È imponibile il biglietto di ingresso in una fiera che si svolge in Italia pagato da uno straniero (soggetto passivo IVA o privato).

SERVIZI DIVERSI Si tratta di servizi relativi alle predette attività, delle prestazioni degli **organizzatori** delle manifestazioni (diverse dall'accesso), nonché di **servizi accessori**. 43325
I servizi **B2C** rilevano in Italia se sono ivi eseguite materialmente.
I servizi **B2B** sono soggetti alla regola generale.

ESEMPIO
Corso di lingua straniera tenuto da un tedesco in Italia a favore di un privato: la prestazione è imponibile in Italia.
Se la stessa prestazione fosse effettuata ai dipendenti di una SPA tedesca, sarebbe fuori campo IVA.

7. Servizi di ristorazione e catering

(artt. 7, 7 quater DPR 633/72, artt. 6, 35, 36 Reg. UE 282/2011, Circ. AE 29 luglio 2011 n. 37/E)

Consistono nella fornitura, verso un **corrispettivo specifico**, di cibi (preparati e non), di bevande o di entrambi, **accompagnati da servizi di supporto** al consumo immediato (es. fornitura di stoviglie e mobilio, messa a disposizione di personale incaricato del servizio); i servizi 43330 di ristorazione sono prestati nei locali del prestatore, mentre quelli di catering sono prestati in locali diversi.

In **assenza** di servizi di supporto (fornitura di stoviglie, personale di servizio, ecc.), l'operazione è considerata una cessione di beni (soggetta alle relative regole di territorialità).

Se i servizi sono già **compresi nel** prezzo del biglietto di **trasporto**, sono soggetti alla disciplina prevista per il trasporto (v. n. 43280); se sono compresi nel prezzo di un **pacchetto turistico**, si applica la disciplina prevista per le agenzie di viaggio (rileva lo Stato in cui è stabilito il prestatore).

43332 Se i servizi sono resi in **locali pubblici**, si applica il criterio del luogo di esecuzione del servizio, mentre se sono resi su **mezzi di trasporto** occorre distinguere fra quelli resi nel corso di una parte del trasporto di passeggeri effettuato all'interno della UE e quelli diversi.

Su mezzi di trasporto (a bordo di nave, aereo o treno)	Disciplina
nel corso della parte di un trasporto effettuato **nella UE** (1)	– effettuate in Italia se il luogo di partenza del trasporto è in Italia; – luogo di partenza è il primo punto di imbarco previsto nella UE (anche dopo uno scalo fuori dalla UE)
diverse dalle precedenti (es. rese in un trasporto con partenza extra UE e arrivo in UE o viceversa)	effettuate in Italia se eseguite in Italia (c.d. criterio base) (2)

(1) Da intendersi come parte di trasporto che non prevede uno scalo fuori dalla UE tra il luogo di partenza e quello di arrivo (situati in 2 Stati UE diversi). Sono possibili diversi scali, ma devono essere tutti all'interno della UE, così come è possibile che il luogo di arrivo (nella UE) preceda uno scalo fuori dalla UE. Per il trasporto andata e ritorno, il ritorno è considerato un trasporto distinto.

(2) In caso di trasporti internazionali rileva quindi l'effettuazione nelle acque territoriali e nello spazio aereo nazionale.

ESEMPIO

Trasporto a mezzo nave Genova - Barcellona - Cagliari - Patrasso - Alessandria d'Egitto. Le prestazioni rese nella tratta Genova - Patrasso sono soggette in Italia ad IVA (primo punto di imbarco nella UE), mentre nella tratta Patrasso - Alessandria d'Egitto rileva il luogo di effettuazione in funzione dello Stato nelle cui acque nazionali si trova la nave al momento dell'esecuzione della prestazione (criterio base).

8. Servizi immateriali

43350 Si definiscono servizi immateriali quelle prestazioni che non sono collegate «materialmente» con il territorio dello Stato.

Fra queste distinguiamo i servizi immateriali comuni, soggetti alla medesima disciplina ed esaminati di seguito, dai **servizi digitali** (e-commerce e servizi di telecomunicazione e di teleradiodiffusione) soggetti a regole particolari.

43360 **SERVIZI IMMATERIALI COMUNI** (artt. 7 ter e 7 septies DPR 633/72) Si tratta delle prestazioni elencate nella seguente **tabella**.

Prestazioni	Precisazioni ed esempi
1) Cessioni, concessioni, licenze e simili relative a **diritti d'autore**, **invenzioni industriali**, modelli, disegni, processi, formule e simili, nonché quelle relative a **marchi** e **insegne**	Per **esempi** v. n. 40560. La cessione di un software standardizzato e la concessione in licenza d'uso del software personalizzato a seguito di lavori di adattamento è una prestazione unica di consulenza e assistenza tecnica di cui al successivo punto 3) e soggetta alle relative regole (Ris. AE 1° dicembre 2008 n. 456/E).

43360 (segue)

Prestazioni	Precisazioni ed esempi
2) Pubblicitarie	a) Ogni attività indirizzata alla trasmissione di un messaggio promozionale, relativo a beni e servizi, purché le prestazioni rese siano riconducibili ad un fine, rappresentato dalla prestazione principale (e prevalente), qualificabile come attività pubblicitaria (Ris. AE 11 ottobre 2002 n. 323/E). b) Si comprendono sia le prestazioni pubblicitarie fornite direttamente e fatturate dal prestatore di servizi a un utente pubblicitario soggetto passivo, che le prestazioni fornite indirettamente all'utente pubblicitario e fatturate ad un terzo che le fattura a sua volta all'utente stesso (C.Giust. CE 15 marzo 2001 C-108/00). **Esempi** Inserzioni pubblicitarie su giornali e riviste; annunci pubblicitari radio-televisivi; prestazioni rese nell'ambito di incontri ricreativi, cocktails, ecc.; organizzazione di conferenze stampa, di seminari o altre manifestazioni di pubbliche relazioni.
3) Consulenza e assistenza tecnica o legale (non relative ad immobili, v. n. 43230)	Le prestazioni di consulenza tecnica (il cui risultato tipico è costituito da appositi atti quali i documenti, relazioni, studi di fattibilità, ecc.) (Ris. Min. 18 novembre 1994 n. VII-15-556) **si differenziano dalle perizie** (v. n. 43230 e n. 43240) in quanto: – si estrinsecano in giudizi, precisazioni, chiarimenti e pareri, nelle quali è preminente la valutazione soggettiva di un consulente, anziché la rilevazione obiettiva di una determinata realtà, come avviene invece nelle perizie (Ris. AE 23 maggio 2002 n. 153/E, Ris. Min. 14 gennaio 1981 n. 422280); – pur essendo effettuate su un campione, implicano valutazioni valide per la totale categoria dei prodotti al quale appartiene il bene esaminato (es. attività di testing e certificazioni di sicurezza) e non valutazioni limitate al solo campione esaminato, come avviene invece nelle perizie (Ris. AE 12 agosto 2005 n. 122/E). **Esempi** – prestazioni fornite da **consulenti**, ingegneri, avvocati, dottori e ragionieri commercialisti; – attività del **rappresentante fiscale** (Ris. Min. 5 maggio 1998 n. 36/E); – servizi di **assistenza nelle pratiche di rimborso** dell'IVA pagata in altri Stati UE (art. 27 Reg. CE 282/2011); – fornitura di **raccolte di articoli specializzati**, cartacei o via web, raccolti in Stati esteri (Ris. AE 24 febbraio 2009 n. 48/E).
4) Elaborazione e fornitura di dati e simili, compresi i servizi di traduzione di testi	**Esempi** Elaborazione di dati raccolti per la realizzazione di un progetto di ampliamento della capacità produttiva di uno stabilimento industriale, sua fattibilità tecnico-economica e finanziaria e fornitura periodica dei detti dati ai partecipanti il progetto.
5) Operazioni **bancarie, finanziarie e assicurative**, comprese le operazioni di riassicurazione (v. n. 40710 e n. 40780)	Sono comprese anche le cessioni di beni derivanti da tali operazioni - es. cessioni di titoli (art. 3 c. 120 L. 549/95), mentre sono escluse le locazioni di casseforti.
6) Messa a disposizione del **personale** (sia lavoratori dipendenti che autonomi, C.Giust. UE 26 gennaio 2012 C-218/10)	Sono compresi solo i prestiti di personale ove il potere direttivo e gerarchico sul personale è esercitato dal soggetto che riceve il prestito. Se il potere direttivo e gerarchico è esercitato dalla società che effettua il prestito si applica la regola generale, in base alla quale rilevano le prestazioni effettuate a committenti domiciliati o residenti in Italia (Ris. AE 2 agosto 2002 n. 262/E).
7) Locazione, leasing, noleggio e simili di **beni mobili** materiali diversi dai mezzi di trasporto	**Esempi** – locazione di un computer o di attrezzature; – prestito d'uso di metalli preziosi effettuato da una banca svizzera ad una società italiana.

Prestazioni	Precisazioni ed esempi
8) Servizi collegati alla fornitura di **gas, energia elettrica, calore e freddo**	Si tratta dei servizi relativi (Circ. AE 23 dicembre 2004 n. 54/E): – alla concessione dell'accesso a un sistema di gas naturale situato nella UE o a una rete connessa a un tale sistema, al sistema dell'energia elettrica, alle reti di riscaldamento o di raffreddamento, – al trasporto o trasmissione mediante gli stessi sistemi di distribuzione, – alla fornitura di altri servizi direttamente collegati (es. per il settore del gas: la modulazione, lo stoccaggio, la rigassificazione del gas liquido; per l'energia elettrica: servizi relativi agli impianti di trasformazione per aumentare e/o ridurre la tensione ai fini della trasmissione, ecc.).
9) Attività inerenti all'obbligo di **non esercitare** le prestazioni indicate ai punti precedenti	**Esempio** Un rappresentante esclusivo di un'impresa straniera, che rinuncia al suo diritto di esclusiva quando l'impresa vende direttamente i propri prodotti in Italia.

43365 **Criteri applicabili** Le prestazioni immateriali comuni, quando sono **B2C** si considerano effettuate in Italia se il prestatore ha sede in Italia e il committente è residente o domiciliato nella UE, indipendentemente dal luogo in cui le prestazioni sono di fatto eseguite. Pertanto se il committente è stabilito in Paesi extra UE la prestazione è fuori campo IVA.
Invece se sono **B2B** applicano la regola generale.

43375 **SERVIZI DIGITALI (O TTE)** (artt. 7 ter e 7 octies DPR 633/72) Sono i servizi di commercio elettronico diretto e quelli di telecomunicazione e teleradiodiffusione, come definiti nei paragrafi seguenti (c.d. servizi TTE).
Per i servizi **B2C** i criteri di territorialità sono riepilogati nella seguente **tabella** (mentre i B2B seguono la regola generale).

<table>
<tr><th>Descrizione</th><th colspan="2">Rilevanti in Italia</th></tr>
<tr><td>Commercio elettronico diretto (1)</td><td>se resi ad un privato domiciliato o residente in Italia (2)</td><td rowspan="2">se resi da un soggetto passivo stabilito in Italia (e non stabilito in un altro Stato UE) a privati di altri Stati UE per un ammontare complessivo (cumulato con le vendite a distanza intra UE) ≤ € 10.000 nell'anno precedente e fino a quando non è superato in quello in corso (3)</td></tr>
<tr><td>Telecomunicazione e teleradiodiffusione</td><td>se resi ad un privato domiciliato o residente in Italia, purché utilizzati nella UE (2)</td></tr>
</table>

(1) Al **commercio elettronico indiretto** si applicano le norme previste per le cessioni (per B2C, le vendite a distanza) o per le intermediazioni (v. n. 43300).
(2) Il prestatore può optare per l'applicazione del regime semplificato del OSS (v. n. 65318 s.).
(3) Salvo opzione per il regime ordinario (rilevanza nello Stato di destinazione, anche avvalendosi del OSS) da esercitare nella dichiarazione relativa all'anno in cui è esercitata con effetto vincolante per due anni fino a revoca.

43380 **Commercio elettronico diretto** Si tratta di servizi, comunemente chiamati anche di e-commerce, effettuati completamente **per via telematica**, sia per la **consegna** che per il **pagamento**:

Commercio elettronico diretto	Esclusioni
art. 7 Reg. UE 282/2011	
– fornitura di **prodotti digitali** (testi, immagini, musica, software, elaborazioni dati, ecc.)	– prodotti su **supporto fisico** (es: CD Rom, DVD, ecc.)

Commercio elettronico diretto	Esclusioni
– supporto all'utente per la navigazione su **siti** o **pagine web** – **aste** o **vendite on line** – servizi **automatici generati da computer** su internet, in risposta a dati immessi dal destinatario – **attività interattive** oltre l'accesso ad internet (notizie, informazioni meteo o turistiche, giochi, dibattiti on line, ecc.)	– **helpdesk telefonico** – **vendita all'asta** tradizionale con diretto intervento umano, indipendentemente dalle modalità di offerta – **prenotazione** di alberghi, autonoleggi, ristoranti, trasporto persone e affini, nonché di biglietti di ingresso a manifestazioni culturali, artistiche, sportive, scientifiche, educative, ricreative o affini – consulenze di **professionisti** (es. avvocati e consulenti finanziari) mediante posta elettronica – **insegnamento** su internet – **riparazione** (materiale) off line di apparecchiature informatiche – **conservazione di dati** off line – **pubblicità** (es. su giornali, manifesti e televisione)
	Altre esclusioni
	– l'attività di **intermediazione immobiliare** con l'uso esclusivo di internet (Ris. AE 16 maggio 2008 n. 199/E) – **commercio elettronico indiretto** (transazione telematica ma consegna materiale del bene) – servizi di **bike sharing** tramite app per smartphone/tablet (Risp. AE 8 ottobre 2019 n. 396)

Servizi di telecomunicazione (art. 6 bis Reg. UE 282/2011) Includono: **43385**
a) telefonia fissa e mobile per la trasmissione e commutazione di voce, dati e video, compresa videofonia;
b) telefonia forniti attraverso internet, compresi i servizi vocali su protocollo Internet (Voice over Internet Protocol - VoIP);
c) posta vocale, chiamata in attesa, trasferimento automatico della chiamata, identificazione del chiamante, chiamata a tre e altri servizi di gestione chiamata;
d) radioavviso, audiotext, fax, telegrafo e telex;
e) accesso a internet e al World Wide Web;
f) connessioni di rete private per collegamenti di telecomunicazione ad uso esclusivo del consumatore.

Teleradiodiffusione (art. 6 ter Reg. UE 282/2011) Includono le forniture al **pubblico** di contenuti audio e audiovisivi, come i programmi radiofonici o televisivi trasmessi attraverso reti di comunicazione **da un fornitore di servizi di media**, sotto la sua responsabilità editoriale, per l'ascolto o la visione **simultanei**, sulla base di un **palinsesto**. **43390**

TITOLO II

Operazioni nazionali

CAPITOLO 1

Determinazione dell'imposta

SOMMARIO

Per la determinazione dell'imposta applicabile alle operazioni soggette bisogna conoscere i seguenti elementi: **45000**
- il valore dell'operazione su cui applicare l'IVA (c.d. base imponibile);
- il momento in cui l'operazione si considera effettuata (c.d. momento impositivo);
- l'aliquota applicabile.

L'IVA applicabile alla singola operazione non va versata immediatamente ma va liquidata periodicamente sul complesso delle operazioni di vendita, al netto di quelle di acquisto che danno diritto alla detrazione.

SEZIONE 1

Base imponibile

Per principio generale la base imponibile di una cessione di beni o di un servizio è costituita dal **45250**
corrispettivo. Il caso più comune prevede un **corrispettivo in denaro**, integrato in aumento o in diminuzione come illustrato ai n. 45260 e s.
Se invece è previsto – in tutto o in parte - un corrispettivo **in natura**, se ne determina comunque un valore monetario approssimato rilevandolo da operazioni comparabili o, in mancanza, ricorrendo ai costi sostenuti. Si tratta del c.d. valore normale, utilizzato anche per tassare le operazioni **senza corrispettivo** (v. n. 45440) o come termine di confronto per alcune tipologie di operazioni ad elevato rischio di evasione (v. n. 45271 e n. 45590).
Vi sono poi alcune operazioni soggette a regole particolari (n. 45550 e s.).

In **tabella** si rinvia ai paragrafi che trattano di base imponibile in altri capitoli. **45255**

Operazioni soggette a regole particolari trattate altrove	Rinvio
Importazioni	66037 e s.
Acquisti intracomunitari (trasferimenti a sé stessi)	65136
Estrazioni di beni dai depositi IVA	65275
Prestazioni rese da soggetti UE a soggetti IVA nazionali (e viceversa), effettuate in modo continuativo nell'arco di un periodo superiore ad 1 anno	65355
Autoconsumo di beni e servizi (inclusi veicoli e cellulari)	40350 e s.
Beni usati	63830 e s.
Agenzie di viaggio	63060
Agricoltura	62040 e s.
Ticket restaurant	46850

A. Operazioni con corrispettivo in denaro

45260 La base imponibile di una cessione di beni o di un servizio è costituita dall'ammontare complessivo dei corrispettivi dovuti al fornitore, pattuito contrattualmente e integrato, in aumento o in diminuzione, normalmente già in fattura o successivamente tramite note di variazione, come indicato in **tabella** (art. 13 c. 1 DPR 633/72).

+/-	Variazioni alla base imponibile	Rinvio
-	sconti	45280
+	oneri accessori	45290
+	debiti o altri oneri verso terzi a carico dell'acquirente	45330
+	somme dovute da terzi (es. sovvenzioni)	45350
-	risarcimenti (es. interessi moratori e penalità)	45360

45270 I corrispettivi e gli altri oneri in **valuta estera** vanno computati come indicato al n. 66038.

45280 **SCONTI** Normalmente riducono la base imponibile, possono essere pattuiti in denaro o come cessioni di beni a titolo di sconto, premio o abbuono (sconti in natura).

Tipologia	Caratteristiche
in denaro	Il corrispettivo va computato al netto degli sconti (es. per pagamento in contanti, ecc.). Gli sconti condizionati, riducono la base imponibile solo se la condizione si avvera (es. premi fedeltà di cui al n. 40340).
in natura	Il valore dei beni ceduti a tale titolo (es. 3 × 2), rientranti o meno fra quelli prodotti o commercializzati dal fornitore (Ris. Min. 21 dicembre 1979 n. 363705), o tra quelli oggetto della cessione originaria (Ris. Min. 24 luglio 1986 n. 362125), **non concorre** alla base imponibile alle seguenti **condizioni** (art. 15 c. 1 n. 2 DPR 633/72): – lo sconto sia stato originariamente previsto in contratto; – i beni a titolo di sconto non siano soggetti ad **aliquota** più elevata rispetto a quelli venduti. **Diversamente** concorre alla base imponibile al valore normale (v. n. 45440).
	Esempio Vendita di televisore (22%) con, a titolo di sconto, un asciugacapelli (22%) o una collezione di francobolli (10%): solo il televisore rientra nella base imponibile. Viceversa nel caso di vendita di prodotti alimentari (10%) con un asciugacapelli (22%) a titolo di sconto: entrambi i beni compongono la base imponibile (l'asciugacapelli al valore normale).

45290 **OPERAZIONI ACCESSORIE** (art. 78 Dir. 2006/112/UE) Sono quelle che il fornitore realizza in necessaria connessione con l'operazione principale con la funzione di integrarla, completarla o renderla possibile. La valutazione va fatta **caso per caso**.

Gli **esempi** più comuni sono: trasporto, posa in opera, imballaggio (a perdere), confezionamento, fornitura di recipienti, ecc.
Rileva la convergenza di un **insieme di servizi** nella direzione della realizzazione di un **unico obiettivo** (Ris. Min. 11 febbraio 1998 n. 6/E), es. la realizzazione di una campagna pubblicitaria (Ris. AE 15 luglio 2002 n. 230/E). Al contrario, prestazioni distinte, anche se rese contestualmente da un unico soggetto a favore dello stesso committente, vanno trattate in modo differente, secondo il loro proprio regime, quando non rispondono alle medesime finalità (Ris. AE 1° agosto 2008 n. 337/E).

Il servizio **guardaroba**, la vendita dei cuscini e del programma dello spettacolo non possono essere considerate operazioni accessorie alla prestazione di **spettacolo**, non costituendone integrazione necessaria o essenziale completamento (Ris. AE 12 giugno 2001 n. 88/E).
Analogamente, un **«pacchetto di medicina funzionale»** offerto da un **poliambulatorio** - comprendente prestazioni di varie figure professionali (medici, educatori tecnico-sportivi, dietisti/nutrizionisti, psicologi) coordinati dal medico che prende in carico il paziente e definisce il percorso di cura con protocolli clinici personalizzati - rappresenta una serie di prestazioni tutte rilevanti, quelle non mediche non sono accessorie a quelle mediche, e quindi sono soggette alla disciplina prevista per ciascuna (quelle mediche esenti, quelle diverse imponibili) (Risp. AE 24 aprile 2020 n. 118).
Infine, la prestazione volta a procacciare il finanziamento degli acquirenti di automobili, si configura come accessoria all'operazione principale di vendita di auto, perché è il mezzo, per il cliente, per accedere nelle migliori condizioni all'acquisto (Cass. 30 agosto 2022 n. 25485).

Operazioni effettuate direttamente o in nome e per conto proprio (art. 12 DPR 633/72) Tali operazioni concorrono a formarne la base imponibile dell'operazione principale seguendone le regole (aliquota, esenzione, ecc.). 45295
Presupposto fondamentale per l'applicazione della citata disciplina è che l'operazione accessoria avvenga tra gli stessi soggetti dell'operazione principale e sia posta in essere dal cedente o prestatore, ovvero da altri soggetti, ma per suo conto e a sue spese (Risp. AE 23 luglio 2021 n. 503, Ris. AE 1° agosto 2008 n. 337/E); in senso contrario la giurisprudenza comunitaria, secondo cui il rapporto di accessorietà non viene meno quando la prestazione secondaria è resa da un soggetto diverso da quello che realizza la prestazione principale (C.Giust. CE 21 giugno 2007 C-453/05).
Se la prestazione accessoria si riferisce a **più operazioni principali soggette ad aliquote** o **discipline diverse**, il suo corrispettivo è attribuito in proporzione ai prezzi di ciascuna operazione principale (Ris. Min. 12 aprile 1980 n. 331171).

ESEMPIO
1) Nella locazione di un immobile, la fornitura di elettricità, di riscaldamento e di acqua, è considerata prestata dal locatore se questi ne ha concluso i contratti e ne trasferisce i costi al conduttore (C.Giust. UE 16 aprile 2015 C-42/14).
2) Le prestazioni di servizi consistenti nella raccolta, trasporto e smaltimento dei rifiuti che possono contenere anche amianto, prodotti durante operazioni di costruzione e demolizione su edifici a prevalente destinazione abitativa privata, non sono accessorie agli interventi di recupero del patrimonio edilizio perché il soggetto che provvede al trasporto e allo smaltimento dei rifiuti è diverso da quello che realizza l'intervento di recupero (Risp. AE 27 agosto 2021 n. 11).
3) Se un Comune affida in appalto a un'impresa il servizio di **consegna di pasti a domicilio** (in aggiunta ad altri servizi assistenziali), pasti preparati da altra impresa, il primo servizio non è considerato accessorio, perché prestato da soggetto diverso (Risp. AE 11 gennaio 2023 n. 9).

Eventuali **interessi** pattuiti tra le parti, concorrono o meno alla base imponibile dell'operazione principale, a seconda della causa contrattuale per cui sono corrisposti. 45297

Causa	Inclusione/esclusione dalla base imponibile
dilazione di pagamento	sono autonomamente esenti a condizione che risultino distintamente addebitati. Sono, invece, accessori, se già compresi nel prezzo, e se precedono il momento di effettuazione dell'operazione principale (C.Giust. UE 27 ottobre 1993 C-281/91)
prestito connesso alla vendita	concorrono alla base imponibile, sempreché il prestito sia concesso dal fornitore (C.Giust. UE 8 dicembre 2016 C-208/15)
mora	non concorrono alla base imponibile, in quanto addebitati unilateralmente dal creditore a titolo di risarcimento del **danno causato dal ritardato pagamento** del corrispettivo. Decorrono dal giorno della scadenza del debito fino al giorno dell'effettivo pagamento, secondo il tasso stabilito dalle parti o, in mancanza, dalla legge (per il 2022: 1,25%; dal 2023: 5%)

45310 **Effettuate dal fornitore in nome e per conto del cliente** (art. 15 c. 1 n. 3 DPR 633/72, Ris. Min. 15 dicembre 1990 n. 430084 e Ris. Min. 17 aprile 1996 n. 59/E) Non concorrono alla base imponibile dell'operazione principale, a **condizione** di essere singolarmente documentate (Cass. 25 novembre 2021 n. 36584). Per cui i rimborsi spese forfettari, quindi non documentati, versati a soggetti IVA sono sempre imponibili.
I rimborsi per **spese di viaggio**, **vitto** e **alloggio** sono esclusi purché i documenti (fatture) siano intestati, oltre che al soggetto che anticipa le spese, anche al soggetto in nome e per conto del quale sono state sostenute. Tuttavia, se il rimborso è effettuato **a favore di professionisti** soggetti passivi IVA, rientra nella base imponibile (Ris. Min. 20 marzo 1998 n. 20/E).

ESEMPIO
Nella pratica i casi più frequenti di anticipazioni escluse dalla base imponibile riguardano:
– spese di **trasporto** (o altre spese accessorie) pagate dal fornitore di merci al trasportatore, in nome e per conto del compratore, in quanto contrattualmente a suo carico (Ris. Min. 11 marzo 1977 n. 364698);
– imposta di **bollo** ed altre spese relative all'emissione di tratte, pagherò o ricevute bancarie (Circ. Min. 23 febbraio 1976 n. 11/501120, Ris. Min. 22 maggio 1989 n. 550494);
– **CCGG**, tassa di circolazione e altri diritti liquidati su modello intestato al cliente (Ris. Min. 16 gennaio 1978 n. 360393);
– spese **postali**, se previste a carico dell'acquirente dalle condizioni generali di vendita (Ris. Min. 19 maggio 1973 n. 502030), anche senza l'indicazione dell'importo esatto (Ris. Min. 11 marzo 1977 n. 364698);
– spese **processuali** (es. contributo unificato), comprese quelle rimborsate alla parte vittoriosa (v. n. 87870).

45315 **Imballaggi a rendere** Per la cessione di imballaggi a rendere, ossia con obbligo di restituzione, solitamente, il proprietario degli imballaggi, al fine di avere una **garanzia** su cui rivalersi in caso di mancata restituzione, richiede il versamento di una somma a titolo cauzionale.
La **cauzione**:
– se ne è previsto contrattualmente il rimborso alla restituzione degli imballaggi (in fattura, in contratto, nelle condizioni generali di vendita, nell'ordine o nella corrispondenza commerciale anteriore alla fattura, CTC 23 gennaio 1990 n. 472), è esclusa dalla base imponibile;
– deve essere comunque addebitata in fattura;
– se gli imballaggi **non vengono restituiti**, si trasforma in corrispettivo per la cessione, ed è soggetta ad IVA, non come accessoria ma con l'aliquota propria dell'imballaggio (Ris. AE 11 gennaio 2002 n. 10/E, CTC 19 gennaio 1993 n. 404). Se il prezzo di quest'ultimo è superiore all'importo della cauzione, l'acquirente deve versare la differenza, oltre all'intera IVA. La **regolarizzazione** può avvenire con nota di variazione in aumento (v. n. 56810) o emissione di fattura globale differita e istituzione di un registro degli imballaggi (v. n. 52905).

45330 **DEBITI E ALTRI ONERI** (art. 13 c. 1 DPR 633/72) Ad esclusione dell'IVA (art. 15 c. 1 n. 5 DPR 633/72), rientrano nella base imponibile i debiti e altri oneri gravanti sul fornitore e riaddebitati all'acquirente, inclusi quelli **tributari** e **contributivi**, ad esempio:
– contributi di **previdenza professionale** addebitati dai professionisti ai committenti, inclusi (Ris. Min. 11 luglio 1996 n. 109/E): i contributi integrativi degli iscritti a Casse di categoria e quelli alla gestione separata INPS art. 2 L. 335/95 dei non iscritti ad Albi o Casse di categoria;
– **ritenuta** d'acconto sull'IRPEF subita dai lavoratori autonomi (Ris. Min. 3 luglio 1974 n. 504265);
– **accisa** relativa alle forniture di gas metano (Circ. Min. 3 dicembre 1999 n. 226/E e Ris. Min. 18 novembre 1994 n. 2/E).
L'imposta di **soggiorno** (e il contributo di soggiorno per Roma) (v. n. 79420) a carico dei turisti è esclusa da IVA (Parere AE a Comune di Roma).

45335 **Lavoro temporaneo** (art. 7 L. 133/99) Il corrispettivo per il servizio offerto dall'agenzia di somministrazione è imponibile, mentre non concorrono alla base imponibile i rimborsi dei costi:
– per gli **oneri retributivi** e **previdenziali** del personale somministrato;
– a piè di lista per le spese di **trasferta** (vitto, alloggio, trasporto, rimborsi chilometrici) e il costo del servizio **mensa** (Ris. AE 13 dicembre 2002 n. 384/E).

SOMME DOVUTE DA TERZI (art. 13 c. 1 DPR 633/72) Concorrono alla base imponibile le integrazioni dovute da terzi **direttamente connesse con il prezzo**. Siccome si tratta generalmente di sovvenzioni o contributi versati da pubbliche amministrazioni e organismi comunitari si rinvia al n. 40460. 45350

SOMME RISARCITORIE O COMPENSATIVE (art. 15 c. 1 n. 1 DPR 633/72) Non concorrono alla base imponibile le somme aventi natura risarcitoria, in **tabella** i casi più comuni. 45360

Tipologia	Caratteristiche
Penalità	Sono dovute da chi non rispetta obblighi contrattuali (es. contratto eseguito con ritardi, difetti, ecc.). Si tratta tipicamente di: – **indennità suppletiva di clientela**, liquidata all'agente di commercio, in base all'Accordo Economico Collettivo di Categoria, alla cessazione del rapporto (DRE Lombardia n. 55585/95); – addebiti delle aziende ai propri agenti e rappresentanti, nei casi di insolvenza dei clienti (es. **star del credere**) (Ris. Min. 11 febbraio 1974 n. 505284); – **caparra** trattenuta dall'albergatore per la disdetta del cliente (C.Giust. CE 18 luglio 2007 C-277/05); – **rinuncia al credito** come risarcimento danni richiesto in via stragiudiziale dal debitore per l'inadempimento del creditore (Cass. 6 novembre 2001 n. 13734); – risarcimenti riconosciuti dal committente all'appaltatore per **risoluzione anticipata** dell'appalto (Ris. Min. 26 maggio 1998 n. 42/E) **(1)**; – somme corrisposte dal conduttore inadempiente, **successivamente alla risoluzione** del contratto di **leasing**, sia per la detenzione del bene nel periodo successivo alla risoluzione - in quanto non riconducibili al contratto di leasing preesistente - che per i canoni già scaduti alla data della risoluzione - in quanto quest'ultima ha effetto retroattivo ai sensi dell'art. 1458 c.c. (Arnao e Castelli) **(2) (3) (4)**.
Indennità compensative	Somme corrisposte al superficiario a seguito dell'**estinzione del diritto di superficie** e della conseguente acquisizione, da parte del concedente, della proprietà della costruzione realizzata dal superficiario (art. 953 c.c.), anche a seguito di accordo transattivo (Parere DRE Emilia Romagna luglio 2016 n. 954363).
Rivalutazione monetaria	Se dovute per: – ritardato pagamento del **corrispettivo**, rientrano nella base imponibile (Ris. Min. 30 luglio 1991 n. 550841); – **risarcimento danni** e relativi interessi, ne sono invece escluse (Risp. AE 13 marzo 2019 n. 74).

(1) Fanno parte del corrispettivo le somme dovute in caso di **anomalo andamento dei lavori** dovuto a cause non prevedibili al momento della stipulazione del contratto di **appalto** di opere pubbliche e quelle dovute, a seguito di **risoluzione anticipata** del contratto stesso, per i lavori già eseguiti e per i materiali eventualmente esistenti in cantiere (Ris. Min. 26 maggio 1998 n. 42/E).

(2) In caso di **risoluzione consensuale**, se la società di leasing riconosce una somma all'utilizzatore, normalmente perché il bene ha un valore superiore al capitale residuo allo scioglimento del contratto, essa è generalmente soggetta ad IVA ordinaria; tuttavia, secondo la giurisprudenza comunitaria, se il leasing è esente (es. immobili abitativi) il medesimo regime si dovrebbe applicare alla somma in esame (C.Giust. UE 15 dicembre 1993 C-63/92).

Se la **risoluzione** avviene per **fallimento** o per **inadempimento** del conduttore, l'eventuale somma corrisposta dalla società di leasing, per la differenza fra il maggior importo ricavato dalla sua ricollocazione sul mercato e la sommatoria dei canoni scaduti e non riscossi alla data di fallimento, di quelli residui non scaduti (da attualizzare) e del prezzo di riscatto, è esclusa da IVA e non soggetta a fatturazione (Assilea Circ. 3/2015).

(3) Le somme versate dal conduttore a seguito di conciliazione giudiziale per **inadempimento contrattuale** (presunti danni) in cui la proprietaria rinuncia ad ogni altra pretesa, sono soggette ad IVA 22% (Risp. AE 22 settembre 2020 n. 386).

(4) Se, in caso di richiesta di risarcimento, una parte rinuncia in via transattiva alla richiesta stessa in cambio di una somma (concessa a saldo e stralcio di ogni e qualsiasi pretesa), questa è soggetta ad IVA quale corrispettivo di un **obbligo di «non fare/permettere»** assunto da X (Risp. AE 3 marzo 2021 n. 145, Cass. 1° ottobre 2018 n. 23668, Cass. 31 luglio 2018 n. 20233).

SOTTOFATTURAZIONE (art. 60 bis DPR 633/72, Circ. AE 26 settembre 2005 n. 41/E) L'AE presume l'evasione per le cessioni dei beni elencati in **tabella** effettuate a **prezzi inferiori** al valore normale (v. n. 45440). In tal caso l'acquirente soggetto passivo diviene responsabile solidalmente con il venditore per il versamento dell'imposta (non per le sanzioni) a meno che non dimostri che il prezzo inferiore è dovuto ad eventi o circostanze oggettivamente rilevabili, o disposizioni di legge. 45370

La responsabilità solidale interessa anche gli **acquirenti privati di immobili**, in caso di fatturazione di importo diverso da quello effettivo (v. n. 60525).

45375

Beni per i quali vi è solidarietà nel pagamento dell'imposta in caso di sottofatturazione (DM 22 dicembre 2005)
– autoveicoli, motoveicoli, rimorchi; – prodotti di telefonia e loro accessori; – personal computer, componenti ed accessori; – animali vivi della specie bovina, ovina e suina e loro carni fresche; – benzina e gasolio utilizzati come carburanti per motori (DM 10 gennaio 2018); – pneumatici di gomma, nuovi, rigenerati o usati, di gomma; gomme piene o semipiene, battistrada per pneumatici e protettori («flaps»), di gomma.

B. Operazioni con corrispettivo in natura

45420 Per le operazioni per cui non è previsto un corrispettivo in forma monetaria, sorge il problema di approssimare comunque un valore monetario per determinare una base imponibile: il c.d. valore normale.

45440 **DETERMINAZIONE DEL VALORE NORMALE** (art. 14 DPR 633/72) A seconda dell'esistenza o meno, e della disponibilità di informazioni relative ad operazioni comparabili:

45445 **Se sussistono informazioni relative ad operazioni comparabili** il valore normale si calcola utilizzando il metodo del c.d. «valore comparato», ossia l'importo che, in condizioni di libera concorrenza, l'acquirente riconoscerebbe a un fornitore indipendente per ottenere beni o servizi analoghi per:
– stadio di commercializzazione in cui avviene la cessione o la prestazione (es. è diverso il prezzo di un bene ceduto dal produttore, dal grossista o dal dettagliante);
– luogo e tempo in cui è stata effettuata l'operazione (es. il prezzo può cambiare da un mercato all'altro).

45447 **Negli altri casi** si utilizza invece il **costo di acquisto**:
a) per le **cessioni di beni**, il prezzo di acquisto dei beni o di beni simili o, in mancanza, il costo, determinati al momento di effettuazione. Si tiene conto dell'evoluzione del valore del bene tra la data di acquisto e quello della cessione, considerando quindi sia l'importo delle migliorie eseguite (spese di riparazione e completamento) che l'importo del deprezzamento subito, causato da variazioni significative sul piano tecnologico, di mercato, economico o normativo, obsolescenza, deterioramento fisico (C.Giust. UE 8 maggio 2013 C-142/12, Circ. AE 16 settembre 2016 n. 37/E par. 8, Circ. AE 1° giugno 2016 n. 26/E);
b) per i **servizi**, le spese sostenute dal fornitore per l'esecuzione. Rilevano solo le spese la cui IVA sia stata detratta; non rilevano le spese fuori campo (es. costo del personale dipendente che ha fornito la prestazione gratuita).

45450 **PERMUTA** (artt. 11 e 14 c. 2 DPR 633/72) Si realizza nei seguenti casi:
– cessione di beni contro cessione di beni;
– servizio contro servizio;
– cessione di beni contro servizio e viceversa.

ESEMPIO
1) **Cessione di un'area fabbricabile** in cambio di appartamenti da costruire.
2) Contratto di **manutenzione**, il cui corrispettivo in denaro è ridotto del valore residuo dei **beni difettosi ritirati** dal manutentore per essere **sostituiti** (Ris. AE 25 marzo 2003 n. 73/E). Se la sostituzione dei pezzi difettosi non incide sulla determinazione del corrispettivo, l'acquisizione degli stessi da parte del manutentore non è soggetta ad IVA.

45452 Le cessioni o i servizi permutati si **considerano separatamente**. Ciò significa che, in presenza dei requisiti di imponibilità - soggettivo, oggettivo e territoriale - entrambe le operazioni sono

autonomamente soggette ad IVA e la **base imponibile** è determinata dal valore normale di ciascun bene o servizio ceduto/prestato (non di quello ricevuto).
Se **uno solo dei soggetti** che partecipano alla permuta è **soggetto d'imposta**, sarà assoggettata ad IVA la sola operazione effettuata dallo stesso (Ris. Min. 11 febbraio 1974 n. 500092).

Cessione di residuati o sottoprodotti (art. 11 c. 2 DPR 633/72) Cessione per cui il **committente di una lavorazione, che fornisce le materie da lavorare**, in aggiunta al corrispettivo in denaro, cede al lavorante i residuati o i sottoprodotti della lavorazione. 45455
In questo caso bisogna distinguere le seguenti ipotesi, se il valore normale dei residuati o sottoprodotti rispetto al corrispettivo in denaro è:
– > 5%, la cessione segue le regole sopra esaminate (permuta di beni contro servizio, Ris. Min. 27 novembre 1978 n. 362964);
– ≤ 5%, la cessione del committente non è soggetta ad IVA e il prestatore fattura l'intero corrispettivo del servizio ed emette una nota di accredito non soggetta ad IVA per il valore dei residuati.

> La consegna di **beni fungibili** per la loro **trasformazione** in semilavorati o prodotti finiti e conseguente restituzione costituisce un **contratto d'opera o di appalto** e non una permuta anche se i prodotti restituiti sono realizzati con beni che non necessariamente sono quelli consegnati dal committente. È tuttavia necessario che, alla scadenza del rapporto contrattuale, emerga dal registro delle lavorazioni la coincidenza tra quantità di materie prime consegnate e prodotti finiti ritirati, tenendo conto dei cali e sfridi usuali per la trasformazione e del limite del 5% suddetto. Eventuali **eccedenze** di materie prime consegnate o di prodotti ritirati si considerano cessioni di beni soggette ad IVA (Ris. Min. 15 settembre 2000 n. 141/E).

DAZIONI IN PAGAMENTO Lo stesso trattamento riservato alle operazioni permutative si applica alle dazioni in pagamento, cioè alle cessioni di beni e ai servizi, effettuati **per estinguere precedenti obbligazioni**. 45460
Tale ipotesi si differenzia dalla precedente per il fatto che, originariamente, il contratto prevedeva il pagamento di un corrispettivo in denaro. In seguito però il debitore concorda con il creditore, anziché il denaro, di cedere un bene diverso (o di prestare un servizio).

C. Operazioni senza corrispettivo

Alle operazioni senza corrispettivo indicate in **tabella** si applica il valore normale determinato secondo il **costo di acquisto** o di sostenimento (art. 13 c. 2 lett. c DPR 633/72). 45500

Tipologia	Rinvio
cessioni gratuite di beni	40310
autoconsumo di beni e servizi (esclusi veicoli e cellulari)	40370, 40390
assegnazioni ai soci fatte a qualsiasi titolo da società, enti pubblici e privati	40505
prestazioni rese da soggetti UE a soggetti IVA nazionali (e viceversa) effettuate in modo continuativo nell'arco di un periodo superiore ad 1 anno (fatturate al termine di ciascun anno)	65355

> Il valore comparato si applica alle cessioni e servizi effettuati tra **attività separate** dello stesso soggetto quando imponibili (v. n. 56180).

D. Operazioni particolari

CESSIONE DI BENI SOGGETTI A DETRAZIONE RIDOTTA (art. 13 c. 5 DPR 633/72) Per le cessioni che hanno per oggetto beni per il cui acquisto o importazione la detrazione è stata ridotta ai sensi di disposizioni riguardanti l'indetraibilità per natura (v. n. 48100 e s.), la base imponibile è determinata moltiplicando il corrispettivo (o il valore normale) per la percentuale detraibile. 45550

Per gli **autoveicoli** (definiti al n. 48105) è stato precisato che seguono la stessa regola anche il leasing, noleggio e simili (Circ. AE 18 giugno 2001 n. 58/E), nonché l'eventuale successiva concessione in sub-leasing (o sub-noleggio), e la cessione del contratto (Circ. AE 13 marzo 2009 n. 8/E).

ESEMPIO
La ditta Gamma ha acquistato dalla società Omega un'auto usata per il costo complessivo di € 14.000 (IVA inclusa), per il cui acquisto Omega aveva, a suo tempo, operato la detrazione dell'imposta nella misura del 40%; la cessione in esame è imponibile al 40% e, in pratica, l'imposta si determina scorporando l'IVA dal prezzo con la seguente formula:
14.000 / [1 + (22% × 40%)] = 14.000 / 1,088 = 12.868.
Di conseguenza l'IVA applicata in fattura da Omega è pari a (14.000 - 12.868) oppure (12.868 × 22% × 40%) = 1.132 (detraibile per Gamma nei limiti di 453).

45590 **OPERAZIONI INFRAGRUPPO** (art. 13 c. 3 DPR 633/72) Per le operazioni effettuate tra un soggetto con **limitato diritto a detrazione** per effetto del **pro-rata** e società correlate (cioè controllate, controllanti o soggette a comune controllo, v. n. 21647), è prevista l'applicazione del valore normale se il corrispettivo è inferiore o superiore a seconda del caso, come indicato in **tabella**.

Casi di applicazione del valore normale			
Fornitore	**Acquirente**	**Operazione**	**Corrispettivo**
in pro-rata	non in pro-rata	esente	< valore normale
		imponibile e assimilate	> valore normale
non in pro-rata	in pro-rata	imponibile	> valore normale

La norma non si applica in caso di opzione per il gruppo IVA (v. n. 64500).

45600 **MANDATARI SENZA RAPPRESENTANZA E COMMISSIONARI** (art. 13 c. 2 DPR 633/72, Ris. Min. 23 maggio 2000 n. 67/E) Per le operazioni tra il mandante e il mandatario senza rappresentanza (v. n. 40770), o tra committente e commissionario (v. n. 40230), entrambi **soggetti passivi**, la base imponibile è indicata in **tabella**.

Mandato / Commissione	Base imponibile
servizio reso / bene ceduto	prezzo del servizio / bene ceduto a terzi (-) provvigione
servizio ricevuto / bene acquistato	prezzo del servizio / bene acquistato da terzi (+) provvigione

In sostanza, il servizio reso dal mandatario al mandante non viene autonomamente considerato ma rileva per la determinazione della base imponibile del servizio prestato dal mandante.
Se invece il mandante **non** è soggetto ad IVA (es. privato, ente non commerciale, ecc.), la commissione spettante al mandatario, soggetto IVA, è soggetta autonomamente ad imposta.

Nel caso in cui un **consorzio**, quale mandatario senza rappresentanza, emetta fattura per le prestazioni rese direttamente nei confronti dei terzi-committenti e riceva fattura dal consorziato-associato al quale è stata affidata l'esecuzione materiale della prestazione di trasporto, è corretto il comportamento del consorziato (mandante) che indica nella fattura emessa, come imponibile, lo stesso importo fatturato dal consorzio al terzo-committente, diminuito di una percentuale a titolo di provvigione, anche se impropriamente denominata «sconto» (Ris. Min. 30 aprile 1998 n. 31/E).

45610 **ESPROPRIAZIONI** (art. 13 c. 2 DPR 633/72) Per le cessioni di beni e le prestazioni di servizi dipendenti da atto della pubblica autorità (espropriazioni, sentenze, ecc.), la base imponibile è costituita dall'**indennizzo** comunque denominato.

SEZIONE 2

Momento impositivo ed esigibilità

La determinazione del momento di effettuazione dell'operazione (o momento impositivo) è di fondamentale importanza, in quanto è in tale istante che, generalmente, l'imposta diviene esigibile per l'Erario e detraibile per l'acquirente. **45850**
Sono, tuttavia, previsti casi in cui i due momenti non coincidono: ad esempio, nel regime IVA per cassa (v. n. 46260 e s.) o per l'esercizio della detrazione di operazioni effettuate in un anno precedente (v. n. 48220).
Il momento impositivo, inoltre, assume rilevanza per:
- identificazione dell'aliquota IVA vigente;
- decorrenza dei termini per l'emissione e la registrazione della fattura.

L'**esigibilità** dell'imposta, intesa come diritto dell'Erario a percepire il tributo, deve, tuttavia, essere considerata in senso potenziale, in quanto nella pratica l'effettivo versamento segue le regole sulle liquidazioni e i versamenti ed è, pertanto, effettuato in un momento successivo.

In questa sezione approfondiremo le norme che disciplinano il momento impositivo con riferimento esclusivo alle **operazioni interne**. Per gli scambi intracomunitari e le altre operazioni internazionali esistono norme specifiche per le quali si rinvia ai rispettivi capitoli.

REGOLA GENERALE (art. 6 DPR 633/72) In generale, il momento impositivo è determinato con riferimento a specifici fatti (giuridici o materiali) che variano in funzione della **natura dell'operazione**: **45860**
- per le **prestazioni di servizi**, rileva il momento del pagamento del corrispettivo;
- per le **cessioni di beni** si distingue: per i beni immobili rileva il momento della stipulazione, per i beni mobili quello della consegna o spedizione.

Per le prestazioni di servizi le regole sono abbastanza semplici, mentre per le cessioni di beni sono più complesse perché variano in funzione del tipo di cessione (con effetti immediati, differita, somministrazione, cessioni particolari, ecc.).
Particolarmente complessa è poi l'applicazione della regola citata alle **operazioni permutative** (v. n. 46200).

Fatturazione anticipata Tuttavia, se in un momento antecedente a quelli appena descritti, o indipendentemente dagli stessi, viene emessa fattura, l'operazione si considera effettuata, **limitatamente all'importo fatturato**, alla data della fattura. **45865**
A tal fine deve trattarsi di una vera e propria fattura IVA, avente cioè tutti gli elementi previsti dalla legge e non di una semplice **fattura proforma**, cioè di un documento informale privo dei requisiti della fattura (aliquota e ammontare dell'imposta), generalmente utilizzato dai professionisti per richiedere al committente della prestazione il pagamento delle proprie spettanze e delle spese, facendo decorrere i termini di pagamento senza costringere il prestatore a dover anticipare l'IVA con l'emissione della fattura.

Eccezione La fattura anticipata non rileva generalmente per le operazioni effettuate con **soggetti non residenti** (v. n. 45880), salvo il caso di servizi specifici UE, disciplinati dalle deroghe alla regola generale sulla territorialità (v. n. 65355).

Pagamento anticipato La regola generale è completata dalla disposizione che stabilisce che se in un momento antecedente ai precedenti viene pagato in tutto o in parte il corrispettivo, l'operazione si considera effettuata, **limitatamente all'importo pagato**, alla data del pagamento. **45870**
Tale disposizione rileva in pratica per le sole **cessioni di beni**, visto che per le prestazioni non rappresenta altro che l'esplicitazione della regola generale che associa il momento di effettuazione con il momento del pagamento.
In proposito, assume rilevanza il pagamento vero e proprio, anche parziale (c.d. acconto), mentre non rileva la corresponsione di somme effettuata a titolo diverso, come nel caso di caparra e/o di deposito cauzionale (v. n. 45885).
L'acconto va assoggettato al medesimo **regime IVA** applicabile all'operazione per la quale è stato versato; se si riferisce a operazioni con trattamento differenziato (es. imponibili ed esenti), spetta al soggetto passivo individuare i criteri di ripartizione più appropriati, purché oggettivi, coerenti con il servizio e verificabili (Risp. AE 5 ottobre 2022 n. 488).

Il pagamento di un acconto rileva a fini IVA purché tutti i **beni o i servizi** oggetto dell'operazione futura siano specificamente **individuati**, anche se la data della cessione è ancora incerta (Cass. 22 maggio 2015 n. 10606, C.Giust. UE 31 maggio 2018 C-660/16, C.Giust. CE 21 febbraio 2006 C-419/02).

45875 **Buoni spesa (c.d. voucher)** (art. 6 bis e s. DPR 633/72, Risp. AE 12 gennaio 2019 n. 519) Si tratta di buoni spesa o regalo (es. card, city card, braccialetti elettronici, smart box, cofanetti, ecc.), cioè titoli che includono uno specifico diritto a ricevere beni o servizi, diversi pertanto dai mezzi di pagamento. A seconda di quanto specificamente il titolo individua il diritto si distinguono in:

– **monouso**: se al momento dell'emissione sono noti tutti gli elementi necessari all'applicazione dell'IVA: natura, qualità, quantità dei beni e dei servizi oggetto dell'operazione, territorialità, imponibilità, aliquota, ecc. In questo caso rileva la cessione del buono che diviene il momento di effettuazione dell'operazione (ciascuna cessione se il buono viene ceduto più volte) (art. 6 ter DPR 633/72);

– **multiuso**: se al momento dell'emissione non sono noti tutti gli elementi necessari per applicare l'IVA (es. bene o servizio interessato, cedente, ecc.). In tal caso l'operazione è rilevante al momento dell'effettuazione dell'acquisto del bene o servizio per il quale il buono viene speso (art. 6 quater DPR 633/72, Risp. AE 3 marzo 2021 n. 147). Se l'acquisto viene solo prenotato, ma **non utilizzato nei termini** stabiliti dal voucher, la società che avrebbe dovuto fornirlo non deve effettuare alcun adempimento in relazione alla somma eventualmente versata all'atto della prenotazione da parte dell'emittente (Risp. AE 23 dicembre 2020 n. 617).

Sono previste alcune **esclusioni**:

– buoni **sconto** e buoni **rimborso**, documenti che conferiscono al beneficiario, a determinate condizioni, rispettivamente il diritto alla riduzione del prezzo ovvero al rimborso di una parte di esso (Risp. AE 15 dicembre 2020 n. 592);

– **titoli di trasporto**, biglietti di ingresso a **cinema** e **musei**, **francobolli** e altri titoli similari;

– **buoni pasto**, considerati prestazioni di servizi sostitutivi di mense aziendali (v. n. 46850 e s.);

– **ricariche telefoniche**, sottoposte al regime monofase, per cui l'IVA è dovuta dal gestore telefonico sul prezzo definitivo di vendita al pubblico (v. n. 64400 e s.);

– **utility token** emessi da una società attraverso i quali l'utente possessore ha diritto a depositare le proprie opere ad un prezzo scontato. Si tratta infatti di un documento di legittimazione (art. 2002 c.c.) poiché conferisce al portatore il diritto di ottenere dalla Società una prestazione a prezzo ridotto rispetto a chi tale token non possiede (Risp. AE 12 ottobre 2022 n. 507).

I. Prestazioni di servizi

45880 Le prestazioni di servizi si considerano generalmente **effettuate all'atto del pagamento** del corrispettivo. È pertanto irrilevante sia la data di conclusione del contratto sia, per le prestazioni fra soggetti residenti in Italia, la data di ultimazione della prestazione (art. 6 c. 3 DPR 633/72).

Secondo la **direttiva 2006/112/CE** il momento impositivo e l'esigibilità delle prestazioni di servizi si verificano all'atto dell'esecuzione della prestazione, salvo deroga dello Stato membro che però deve riguardare solo l'esigibilità dell'IVA (artt. 62 e s. Dir. 2006/112/CE).
Il recepimento nella normativa italiana della deroga, è pertanto **parzialmente incompatibile** con le disposizioni comunitarie. È quindi più corretto stabilire che le prestazioni di servizi si considerano effettuate al momento dell'ultimazione e che la relativa imposta diviene esigibile all'atto del pagamento del corrispettivo (Cass. SU 21 aprile 2016 n. 8059).
Per la rilevanza pratica della questione, in caso di **cessazione dell'attività** professionale, v. n. 52340.

45882 Vi sono tuttavia alcune eccezioni che derogano tale regola e che, relativamente alle operazioni nazionali, riguardano l'**appalto** e l'**autoconsumo** di servizi.

Prestazione	Momento impositivo (1)
Appalto	L'appaltatrice deve emettere fattura **al momento della verifica** del lavoro appaltato, in quanto rileva l'**intervenuta accettazione** da parte del committente (a seguito della positiva esecuzione del collaudo o per la sua accettazione implicita) (Cass. 17 dicembre 2010 n. 25602). Se prima dell'ultimazione, sono stati pagati dei corrispettivi in base a **stati di avanzamento di lavori**, il pagamento determina l'effettuazione dell'operazione, limitatamente all'importo corrisposto (Circ. AE 21 maggio 2013 n. 16/E) **(2)**
Autoconsumo di servizi da parte di imprenditori (v. n. 40390)	Al **momento in cui sono rese** (cioè ultimate) o, se di carattere periodico o continuativo, nel mese successivo a quello in cui sono rese

(1) In aggiunta a quella di carattere generale relativa all'ipotesi di **fatturazione anticipata** (della quale si è già accennato).
(2) Se la società committente trattiene dall'importo lordo del SAL una **ritenuta a garanzia**, per tutelarsi in caso di non corretta esecuzione del contratto, essa andrà fatturata solo al momento del suo successivo svincolo e pagamento (Cass. 5 ottobre 2012 n. 16977). In caso di irregolarità nell'esecuzione del contratto, l'importo trattenuto dal committente va comunque fatturato dal prestatore, in quanto rappresenta parte del corrispettivo che però non viene riscosso, in quanto trattenuto a titolo di penalità, somma esclusa dalla base imponibile per il committente (v. n. 45360).

Per le eccezioni riguardanti i **servizi generici B2B internazionali**, cioè disciplinati dalla regola generale sulla territorialità di cui al n. 43170, si rinvia al n. 65355.

PAGAMENTO Il pagamento si considera realizzato quando il prestatore ha l'effettiva disponibilità delle somme spettanti. Pertanto, se il pagamento è parziale (es. **acconto**) l'operazione si considera effettuata nei limiti dell'importo pagato. 45885
Diversi dall'acconto, sono la caparra e il deposito cauzionale.

Natura della somma	Caratteristiche e disciplina
Caparra confirmatoria e penitenziale	**Confirmatoria**: ha funzione risarcitoria per eventuali successive inadempienze del contraente; **penitenziale**: è corrisposta da uno o entrambi i contraenti per garantirsi un diritto di recesso. In entrambi i casi, le somme pagate a tale titolo sono **escluse** dal campo di applicazione dell'IVA, purché il titolo stesso risulti **inserito nel contesto del contratto** (Circ. Min. 21 novembre 1987 n. 187/12929). Ciò in quanto tali somme non si configurano come corrispettivo a fronte di un servizio **(1) (2)** Se **successivamente** tali somme assumono la natura di acconto, è in tale momento che l'operazione si considera effettuata (Ris. Min. 1° giugno 1974 n. 501824, Ris. Min. 29 marzo 1976 n. 360321, Ris. Min. 19 maggio 1977 n. 411673) **(3)**
Deposito cauzionale	Somme richieste da un contraente (generalmente il creditore) a garanzia dell'adempimento degli obblighi derivanti dai contratti stipulati La somma non costituisce una forma di pagamento parziale e, pertanto, **non è soggetta ad IVA** e non determina il verificarsi del momento impositivo **(4)**

(1) Il fatto che l'importo versato corrisponda all'**intero prezzo** pattuito, non costituisce alcun ostacolo all'attribuzione, all'importo stesso, della qualifica di «caparra» (CTC 13 ottobre 1989 n. 6067).
(2) In **difetto di prova** dell'effettiva volontà delle parti di voler versare a titolo di caparra, la consegna di somme anteriormente alla formale conclusione del contratto si considera effettuata a titolo di acconto sul prezzo dovuto (Cass. 17 dicembre 1994 n. 10874).
(3) Se la somma versata assume **oltre alla funzione di caparra**, quella di **acconto prezzo**, essa va assoggettata ad IVA (Ris. AE 1° agosto 2007 n. 197/E).
(4) Nei contratti in cui è contenuta la clausola **«salvo approvazione della casa»** non ha nessuna rilevanza il rilascio di un assegno prima dell'accettazione (Ris. Min. 27 luglio 1977 n. 363906).

Modalità Il momento di disponibilità della somma varia a seconda della modalità di pagamento utilizzata. 45890

Modalità	Momento di effettuazione dell'operazione
contanti	al pagamento, poiché la disponibilità del corrispettivo è immediata
C/C postale o bancario	quando il creditore riceve comunicazione (contabile bancaria, estratto conto, ecc.) dell'avvenuto accreditamento delle somme a lui dovute (Circ. AE 30 aprile 2009 n. 20/E, Ris. Min. 6 dicembre 1989 n. 551041)
assegni	al loro rilascio (non all'incasso)
carta di credito	quando viene utilizzata (equivale al denaro contante)
tessere prepagate	**Ricaricabili**, **smart card**, **braccialetti elettronici** o **moneta elettronica**, rilasciati da commercianti o intermediari finanziari con questi convenzionati dietro pagamento di una somma di denaro generalmente utilizzati all'interno di un determinato circuito commerciale. Per i **buoni spesa** (o voucher), che non sono considerati mezzi di pagamento v. n. 45875.
cambiale	generalmente rileva il rilascio della cambiale, pro-soluto o pro-solvendo (Ris. Min. 14 marzo 1981 n. 330541). Tuttavia, se viene rilasciata con la clausola «non cedibile in via ordinaria», rileva il momento del pagamento della cambiale (Ris. Min. 29 marzo 1983 n. 352856) **(*)**
RI.BA, RID	al momento in cui il creditore riceve la comunicazione dell'effettivo incasso (è irrilevante la data della loro presentazione all'incasso) (Circ. AE 30 aprile 2009 n. 20/E)
cessione del credito a terzi	la cessione è irrilevante, rileva il pagamento effettivo operato dal cliente ceduto al terzo (Risp. AE 8 marzo 2021 n. 163)
compensazione	al momento in cui le parti considerano **avvenuta l'estinzione del credito** mediante compensazione (Cass. 30 giugno 2010 n. 15441, Cass. 13 marzo 2009 n. 6120)

(*) La Cassazione ha tuttavia sostenuto che il **rilascio di cambiali** (pagherò cambiario) può essere equiparato al pagamento solo nell'ipotesi in cui l'obbligazione di pagare sia già scaduta (Cass. 19 marzo 2007 n. 6487).

II. Cessioni di beni

45950 Il momento impositivo coincide in genere con quello in cui avviene il trasferimento della proprietà, salvo fatturazione o pagamento anticipati.
In diversi casi la legge, tuttavia, per venire incontro alle esigenze di controllo dell'AF, considera l'operazione effettuata fiscalmente in un momento anteriore o posteriore a quello del trasferimento effettivo.
Ai fini del trasferimento della proprietà bisogna distinguere le cessioni di beni a seconda che si realizzino sulla base di un contratto di vendita ordinaria, cioè ad effetti immediati, oppure con contratti di vendita aventi effetti differiti o con altre caratteristiche particolari.

A. Vendite con effetti immediati

45960 **REGOLA GENERALE** (art. 6 c. 1 DPR 633/72) Sono applicabili disposizioni diverse a seconda che si tratti di cessione di beni immobili o di beni mobili.

Natura bene ceduto	Momento di effettuazione della cessione
Immobile	**Stipulazione del contratto**, realizzata per scrittura privata autenticata o per atto notarile **(1)**. Non ha rilevanza la trascrizione del contratto nei pubblici registri immobiliari né la stipulazione di un contratto preliminare di vendita immobiliare (promessa di vendita o compromesso) (Ris. Min. 19 dicembre 1974 n. 302028).

Natura bene ceduto	Momento di effettuazione della cessione	
Mobile	Si considera il momento della loro **consegna** o **spedizione** (sotto definiti). È irrilevante il momento in cui il contratto di vendita, scritto o verbale, viene stipulato. La consegna o la spedizione effettuate sulla base di un **contratto che non trasferisce la proprietà** (deposito, lavorazione, riparazione, locazione, ecc.), non hanno rilevanza per la determinazione del momento impositivo **(2)**.	
	Consegna	Generalmente avviene nel luogo dove il venditore ha la propria sede (deposito, magazzino, negozio) e comporta il trasferimento materiale del bene **(3)**. **Trasporto del venditore con mezzi propri fino al magazzino del compratore**: quando la merce stessa giunge al magazzino citato. **Trasporto ad un terzo**: momento della consegna al terzo (Circ. Min. 31 ottobre 1974 n. 42/503981). **Consegne frazionate** di merci che non costituiscono un unico bene (es. stoffa, farina): all'atto di ciascuna consegna, limitatamente alla quantità inviata. **Consegne di un bene complesso** (vendita di un unico bene composto da più parti - es. impianto industriale, macchinario, ecc. - la cui consegna avviene in fasi successive): momento in cui viene consegnata l'ultima parte che compone il bene stesso. **Consegna con posa in opera**: l'ultima consegna, anche se la posa in opera avviene successivamente **(4)**.
	Spedizione (per mezzo di un vettore)	Solitamente il momento impositivo si verifica **quando il venditore rilascia** la merce al trasportatore che effettua la spedizione. Se il contratto prevede che la merce si intende consegnata o spedita dal venditore, a sue spese, solamente quando giunge al magazzino dell'acquirente (clausola **«franco magazzino compratore»**): quando la merce giunge al magazzino citato. Se l'acquirente del bene richiede espressamente al venditore che la spedizione venga fatta **direttamente ad un terzo**: momento della spedizione al terzo (Circ. Min. 31 ottobre 1974 n. 42/503981).

(1) Nei **territori annessi all'Italia** dopo la guerra 1915-1918 (Province di Bolzano, Trento, Gorizia, Trieste) l'operazione si considera effettuata nel momento in cui si attua l'iscrizione nel libro fondiario prevista dal sistema «tavolare» ivi vigente.

(2) Per motivi di cautela fiscale, al fine di **vincere la presunzione** di cessione e di acquisto prevista, rispettivamente, per i beni non trovati o trovati nei luoghi in cui il contribuente esercita la propria attività (DPR 441/97), tale circostanza dovrà risultare dal documento di trasporto o da un apposito registro numerato.

(3) La consegna può considerarsi avvenuta anche quando:
– vengono trasferiti i **documenti** necessari per avere la disponibilità della cosa acquistata, quali le fedi di deposito di merci (consegna documentale);
– per effetto del **contratto** colui che già deteneva un bene non suo a vario titolo (es. in deposito, prestito, ecc.), ne diventa il proprietario (consegna consensuale).

(4) Non va tuttavia confusa con il **contratto d'opera o d'appalto** (considerati prestazioni di servizi e quindi soggetti alla disciplina relativa), in cui è prevalente l'obbligazione di fare, mentre quella di dare (consegna di un bene) assume un carattere di accessorietà (si veda CTC 3 luglio 1986 n. 6596, CTC 18 novembre 1996 n. 5777, CTC 16 aprile 1996 n. 1706).

B. Vendite differite

REGOLA GENERALE (art. 6 c. 1 DPR 633/72) Nelle vendite differite il **trasferimento della proprietà** si realizza in un **momento successivo** a quello in cui viene stipulato l'atto, per gli immobili, o consegnato il bene, per i mobili. 46020
In questi casi l'operazione si considera effettuata al momento del trasferimento giuridico e comunque, per i beni mobili, dopo il **decorso di un anno** dalla consegna o spedizione.
Di seguito si evidenziano le ipotesi più ricorrenti di vendite differite e, per ciascuna di esse, il rispettivo momento impositivo.

Tipologia di vendita differita	Momento impositivo
di **cose generiche** (benzina, grano, ecc.)	individuazione della merce oggetto della vendita
di **cosa futura** (ad esempio il raccolto della prossima stagione)	quando si verifica l'esistenza della cosa
di **cosa appartenente a terzi**	acquisto dal terzo da parte del venditore
con riserva di gradimento o consegna in conto visione	quando si riceve la dichiarazione di gradimento dell'acquirente (Ris. Min. 19 maggio 1973 n. 502030). Se la cessione non si perfeziona, la parte di somma eventualmente trattenuta dal cedente va assoggettata ad IVA, come corrispettivo (Ris. Min. 6 novembre 1978 n. 362071).

46025 **Eccezioni** La regola appena esposta per le vendite differite ammette due importanti deroghe in virtù delle quali si applicano i principi previsti per le vendite ordinarie (momento della stipulazione per i beni immobili, consegna o spedizione per i beni mobili): le **vendite con riserva di proprietà** e le **locazioni con patto di futura vendita** (v. per entrambe n. 40230).

C. Altre cessioni particolari

46090 **CONTRATTO ESTIMATORIO** (art. 6 c. 2 lett. d DPR 633/72) Il contratto estimatorio, sovente denominato nella pratica commerciale **in conto sospeso** o cessione **con patto di pagamento a merce rivenduta**, è abbastanza simile, sotto certi aspetti, alle vendite differite. Con tale atto una parte consegna una o più cose mobili all'altra e questa si obbliga a pagare il prezzo oppure, in alternativa, a restituire le cose entro il termine stabilito. Tale termine deve risultare espressamente dal contratto altrimenti ci si trova in presenza di contratti diversi da quello in esame, es. deposito, lavorazione, ecc. (Ris. Min. 1° dicembre 1990 n. 665699).
Nel contratto in esame l'operazione si considera effettuata nel **momento più recente** tra i seguenti:
– quando l'acquirente rivende a terzi la cosa ricevuta;
– alla scadenza del termine contrattuale previsto per la restituzione, quando quest'ultima non si è verificata;
– quando sia decorso un anno dalla consegna o spedizione (se non c'è stata nel frattempo la restituzione).

ESEMPIO
Se le parti stipulano un **contratto estimatorio della durata di 24 mesi**, allo scadere dei 12 mesi decorrenti dalla consegna dei beni, in assenza di vendita a terzi della merce o di restituzione della stessa, l'operazione si considera effettuata (e va emessa fattura, indicando nel documento il corrispettivo concordato alla stipula del contratto, ripartito tra imponibile e la relativa IVA).
In caso di successiva vendita a terzi prima dello scadere dei 24 mesi, va emessa, a seconda dei casi, una nota di variazione in aumento o in diminuzione (applicazione di abbuoni o sconti previsti contrattualmente). Nella diversa ipotesi di restituzione dei beni allo scadere dei 24 mesi, si ha la facoltà di annullare la fattura precedentemente emessa mediante una nota di variazione in diminuzione (Risp. AE 11 gennaio 2023 n. 10).

Una particolare ipotesi di contratto estimatorio è il c.d. **consignment stock**, molto diffuso negli scambi internazionali, sia comunitari (v. n. 65118) che extracomunitari (v. n. 66084).

46100 **CONTRATTO DI COMMISSIONE** (art. 6 c. 2 lett. b DPR 633/72) Per i passaggi di beni dal committente al commissionario bisogna distinguere a seconda che si tratti di commissione per la vendita oppure per l'acquisto.

Tipologia	Momento di effettuazione
Commissione per la vendita	Quando il commissionario **consegna o spedisce i beni al terzo** acquirente. Se, nel rapporto commissionario-terzo, la proprietà si trasferisce successivamente alla consegna o spedizione dei beni (vendita differita), il momento impositivo, nel rapporto committente-commissionario, si verifica all'atto del **trasferimento** stesso e comunque, per i beni mobili, dopo il decorso di un anno dalla consegna o spedizione al terzo **(1) (2)**.
Commissione per l'acquisto	Quando il commissionario **consegna al committente** il bene acquistato (Ris. Min. 13 aprile 1973 n. 500790).

(1) È pertanto ininfluente il momento in cui avviene il passaggio materiale dei beni dal committente al commissionario, se si verifica anteriormente alla rivendita del bene a terzi.

(2) Per l'emissione della **fattura** di vendita nell'ipotesi di **«passaggio» dei beni** dal committente al commissionario, non è richiesta la materiale consegna dei beni (Ris. Min. 10 agosto 1996 n. 176/E).

CONTRATTI DI SOMMINISTRAZIONE (art. 6 c. 2 lett. a DPR 633/72) Il contratto prevede l'effettuazione di cessioni di beni **periodiche** (ad esempio giornali, riviste, ecc.) o **continuative** (ad esempio gas, acqua, ecc.). 46110
In entrambe le ipotesi l'operazione si considera effettuata nel momento in cui avviene il **pagamento** del corrispettivo. Solitamente ciò si verifica, per le cessioni periodiche, all'atto delle singole cessioni e per quelle continuative, alle scadenze pattuite.
Tuttavia i soggetti contraenti hanno la facoltà di regolamentare diversamente la fissazione dei termini di pagamento; in tal caso si farà riferimento a quanto da loro stabilito.

Nel caso di **cessioni periodiche** il contratto si differenzia dalla vendita a **consegna frazionata** (v. n. 45960) per il fatto che l'oggetto della cessione non è un bene unitario già quantitativamente determinato o determinabile prima dell'esecuzione. Nel contratto di somministrazione infatti la consegna è frazionata nel tempo non per agevolarne l'esecuzione, ma per corrispondere ad un **fabbisogno dell'utente** (Cass. 13 luglio 1987 n. 6107).

CESSIONE PER ATTO DI PUBBLICA AUTORITÀ (art. 6 c. 2 lett. a DPR 633/72) 46120
Riguardano sia i beni immobili che quelli mobili. L'atto della pubblica autorità può consistere in una **espropriazione** per pubblica utilità, una **sentenza**, un **decreto** del giudice dell'esecuzione e così via.
In tutti questi casi l'operazione si considera effettuata all'atto del pagamento effettivo del corrispettivo.

Il versamento della **indennità di esproprio** presso la Cassa Depositi e Prestiti non costituisce pagamento in quanto tale somma sarà disponibile solo dopo che sia intervenuta una sentenza passata in giudicato (Ris. Min. 27 luglio 1985 n. 322435).

AUTOCONSUMO (art. 6 c. 2 lett. c DPR 633/72) Nel caso di destinazione di beni al consumo personale o familiare dell'imprenditore e ad altre finalità estranee all'esercizio dell'impresa (v. n. 40370) l'operazione si intende effettuata **all'atto del prelievo** dei beni stessi. 46130

ASSEGNAZIONE DI CASE DI ABITAZIONE AI SOCI DI COOPERATIVE EDILIZIE (art. 6 c. 2 lett. d bis DPR 633/72) Nelle assegnazioni **in proprietà** di case di abitazione fatte ai soci di cooperative edilizie a proprietà divisa il momento impositivo si realizza alla data del rogito notarile; tuttavia, gli eventuali acconti versati dal socio prima del suddetto rogito determinano l'effettuazione dell'operazione (con il conseguente obbligo di fatturazione). 46140
Per le assegnazioni fatte **in godimento** agli stessi soci da cooperative a proprietà indivisa il momento in cui l'operazione assume rilevanza coincide con quello del pagamento dei canoni periodici di godimento (Ris. AE 11 maggio 2001 n. 63/E).

III. Operazioni permutative

APPLICAZIONE DELLA REGOLA GENERALE Nei riguardi delle operazioni permutative non sono previste regole particolari ma si applicano le regole proprie delle singole operazioni (cessioni o prestazioni) che costituiscono la permuta. 46200

Se entrambe le operazioni **avvengono contemporaneamente**, il momento impositivo si verifica il giorno stesso in cui avviene lo scambio. Diversamente, le ipotesi che si possono presentare sono le seguenti (l'operazione citata all'inizio di ogni punto è quella che avviene per prima).

Operazione	Momento impositivo
1) **cessione** di beni contro cessione di beni	per entrambe è il momento in cui avviene la «prima» cessione (consegna, spedizione o stipulazione);
2) **cessione** di beni contro successiva prestazione di servizi	per entrambe è il giorno in cui il bene è ceduto, in quanto la cessione rappresenta il corrispettivo della prestazione (es. cessione di un terreno in cambio di appartamenti che verranno costruiti sullo stesso, Ris. Min. 8 giugno 1989 n. 460210);
3) **prestazione** di servizi contro successiva cessione di beni	– la cessione di beni si considera effettuata nel momento in cui il servizio è prestato (questo assume la valenza di pagamento anticipato della cessione); – la prestazione si effettua quando il prestatore riceve il bene (consegna, spedizione o stipulazione);
4) **prestazione** di servizi contro prestazione di servizi	per entrambe è l'esecuzione della prestazione successiva, che rappresenta il corrispettivo della precedente (Ris. AE 31 luglio 2008 n. 331/E) **(*)**.

(*) Tale principio è stato sostenuto nei casi in cui una delle prestazioni era ad esecuzione differita, ma non è chiaro se sia applicabile in via generale. Secondo la dottrina emanata in precedenza, l'esecuzione del primo servizio determina l'effettuazione, per pagamento anticipato, del secondo. La prestazione del secondo determina l'effettuazione del primo (Associazione dottori commercialisti di Milano, norma di comportamento n. 150, ottobre 2002).

>Precisazioni 1) Una forma particolare di permuta si ha nel caso di **conferimento di opere e servizi** in società. In tal caso il momento impositivo si ha quando la società conferitaria registra il costo relativo all'operazione (Ris. AE 16 marzo 2005 n. 35/E).
2) Resta fermo che se nelle ipotesi sopracitate viene **emessa anticipatamente la fattura**, il momento impositivo, relativamente all'operazione fatturata, coincide con la data di emissione della stessa.

IV. Operazioni ad esigibilità differita

46260 La coincidenza tra momento di effettuazione dell'operazione ed esigibilità dell'imposta può venir meno nel caso di:
- soggetti con un **volume d'affari non superiore a € 2 milioni** che applicano il c.d. **regime IVA per cassa** in relazione alle operazioni effettuate con altri soggetti passivi (non con privati consumatori);
- operazioni effettuate da o verso **determinate categorie di soggetti** (professionisti, gestori di demanio collettivo, farmacisti, ecc.), sulle quali non si applica lo split payment (v. n. 52950);
- **triangolazione** con emissione di **fattura differita**, per il cui esame si rinvia al n. 52870.

A. Regime IVA per cassa

(art. 32 bis DL 83/2012 conv. in L. 134/2012, DM11 ottobre 2012, Circ. AE 26 novembre 2012 n. 44/E)

46270 Il contribuente che adotta il regime **liquida l'IVA** di tutte le operazioni (diverse da quelle escluse dal regime), sia attive che passive, con il criterio di cassa, facendo quindi riferimento alla data del pagamento o dell'incasso dei corrispettivi.
Non ci sono invece ripercussioni per gli **acquirenti** da soggetti che adottano l'IVA per cassa, i quali applicano le regole ordinarie in relazione al diritto di detrazione (a meno che non abbiano essi stessi adottato il medesimo regime).

46290 **SOGGETTI INTERESSATI** In generale, possono optare per il regime IVA per cassa i **soggetti passivi IVA** che effettuano cessioni o prestazioni imponibili nel territorio dello Stato ne

confronti di **acquirenti soggetti passivi** sia **residenti** sia **non residenti** (con riferimento alle operazioni rilevanti territorialmente in Italia).
Anche i soggetti che possono effettuare operazioni per le quali è **già previsto un differimento** del termine di registrazione e/o fatturazione (ad es. **autotrasportatori**, v. n. 54520) possono comunque optare per il regime descritto.

Limite del volume d'affari Possono differire l'IVA solo i soggetti sopra indicati che nell'anno solare precedente hanno realizzato un volume d'affari non superiore a **€ 2 milioni** (si comprendono anche le operazioni escluse da tale regime, come ad es. operazioni soggette al reverse charge, operazioni rientranti in un regime speciale monofase, ecc., v. n. 46310). **46295**
In caso di **inizio di attività**, sono ammessi coloro che prevedono di realizzare, nell'anno in corso, un volume d'affari non superiore al predetto limite (non occorre ragguagliarlo all'anno).
In caso di **superamento del limite in corso d'anno**, la facoltà di emettere fatture con imposta ad esigibilità differita cessa a partire dalle operazioni effettuate dal mese o trimestre successivo a quello in cui il limite è stato superato. Per le operazioni passive, le regole ordinarie si applicano con riferimento alle fatture ricevute a partire dal mese/trimestre successivo al superamento del limite, ancorché l'acquisto sia stato effettuato nel periodo in cui era applicato il regime dell'IVA per cassa.
Il soggetto che ha superato il limite deve segnalarlo, ai fini della liquidazione precompilata, compilando la sezione «Profilo soggetto IVA» raggiungibile da «Documenti precompilati IVA» nel portale «Fatture e corrispettivi». In tale sezione, viene richiesta la data di validità del nuovo regime ordinario che deve ricadere nel trimestre (per i soggetti con liquidazione trimestrale) o nel mese (per i soggetti con liquidazione mensile) in cui si è verificato il superamento del suddetto limite di € 2 milioni (Faq AE 14 luglio 2022).

ESEMPIO
Se la soglia è superata nel primo trimestre 2022, il contribuente indica una data del primo trimestre o convenzionalmente il 31 marzo 2022. Così facendo, il sistema effettua la liquidazione dell'imposta in base alle regole del regime IVA indicato a partire dal trimestre o mese successivo (secondo trimestre).

Nell'ipotesi di **erroneo differimento** dell'esigibilità dell'imposta relativamente ad operazioni effettuate il mese/trimestre successivo a quello del superamento del limite, occorre computare l'imposta erroneamente differita nella liquidazione periodica relativa al mese/trimestre nel corso del quale l'operazione si considera effettuata; in mancanza, si configura una ipotesi di omesso versamento.

OPERAZIONI ESCLUSE Le operazioni escluse sono soggette alle disposizioni ordinarie in materia di esigibilità dell'imposta (che fanno riferimento al momento di effettuazione dell'operazione). **46310**
Bisogna **distinguere** fra le esclusioni riguardanti le operazioni attive (con IVA a debito), da quelle riguardanti le operazioni passive, che incidono sul diritto di detrazione.

Operazioni escluse	
Operazioni attive	**1)** operazioni effettuate nei confronti di **privati consumatori** (soggetti che non agiscono nell'esercizio d'imprese), sia residenti in Italia che all'estero **(*)**; **2)** operazioni effettuate da **soggetti che applicano i seguenti regimi speciali** illustrati al n. 62005: produttori agricoli, agenzie di viaggio, editori, ecc. **(**)**; **3)** singole operazioni effettuate nei confronti di acquirenti che assolvono l'IVA con il sistema del **reverse charge**, comprese le operazioni internazionali (cessioni intracomunitarie e prestazioni generiche intracomunitarie; cessioni all'esportazione e operazioni assimilate; servizi internazionali o connessi agli scambi internazionali); **4)** singole operazioni effettuate nei confronti dei soggetti per i quali l'IVA è **ad esigibilità differita** in via ordinaria, e senza il limite annuale (soggetti indicati al n. 46450 quali farmacisti, soci, associati).
Operazioni passive	**1)** acquisti di beni e servizi soggetti ad IVA con il sistema del **reverse charge** (es. acquisti da non residenti); **2) acquisti intracomunitari** di beni; **3) importazioni** di beni; **4) estrazioni** di beni dai **depositi IVA**.

(*) Non sono considerati privati gli **enti non commerciali** che agiscono nell'esercizio di impresa, anche nell'eventualità che i beni o servizi acquistati siano parzialmente destinati dall'ente all'attività istituzionale.
(**) Tuttavia, in questi casi il regime dell'IVA per cassa può essere adottato per le operazioni effettuate, in applicazione delle regole ordinarie dell'IVA, da **soggetti che hanno separato l'attività** (v. n. 56170), e pertanto applicano sia regimi speciali IVA sia il regime ordinario.

46315 **Limiti dell'esclusione** L'esclusione della possibilità di applicare il regime dell'IVA differita riguarda esclusivamente le **singole operazioni** soggette, ad esempio, ad un regime speciale o al meccanismo del reverse charge.

46330 **OPZIONE** (Provv. AE 21 novembre 2012 n. 165764) Non è necessaria alcuna comunicazione preventiva, infatti, l'opzione per il regime si desume, secondo le regole generali, dal **comportamento concludente** del contribuente (es. specifica annotazione in fattura, v. n. 46365, o liquidazione imputando le operazioni per cassa) ed è comunicata nel **quadro VO** della dichiarazione annuale IVA relativa all'anno in cui è esercitata l'opzione (v. n. 5455).
Chi intende avvalersi del regime sin dall'**inizio dell'attività**, deve comunicare la scelta con la dichiarazione di inizio attività.
L'opzione ha generalmente **effetto dal 1° gennaio** dell'anno nel corso del quale è esercitata, oppure dal momento dell'inizio dell'attività se è esercitata in tale sede.

46335 **Durata dell'opzione e revoca** L'opzione vincola il contribuente all'applicazione dell'IVA per cassa per **almeno un triennio**, salvo nel caso di superamento della soglia di € 2 milioni di volume d'affari, che comporta la cessazione del regime.
Trascorso il triennio, l'opzione resta valida per **ciascun anno** successivo (sempreché permangano i presupposti), a meno che non sia effettuata la **revoca**, con le stesse modalità previste per l'opzione (comportamento concludente e comunicazione nella dichiarazione annuale IVA presentata successivamente).

Per la determinazione del triennio l'anno di **inizio dell'attività** è computato per intero.

46340 In caso di revoca è previsto, a scopo semplificativo, che nella **liquidazione relativa all'ultimo mese/trimestre** di applicazione del regime IVA per cassa il contribuente:
– deve **computare a debito l'IVA** ancora dovuta, perché non versata, per le operazioni effettuate precedentemente, ed i cui corrispettivi non sono stati ancora incassati;
– può esercitare la **detrazione dell'IVA** non ancora detratta sugli acquisti effettuati in precedenza, i cui corrispettivi non sono stati ancora pagati al fornitore
Il contribuente deve poi segnalare nella sezione «regime fiscale» della pagina «Profilo soggetto IVA», la circostanza di non rientrare nel regime IVA per cassa (v. n. 46295).

Le suddette regole concernenti la liquidazione relativa all'ultimo mese di applicazione del regime IVA per cassa si applicano anche nel caso di **superamento del limite del volume d'affari in corso d'anno** (v. n. 46295) e, ovviamente, in caso di **cessazione dell'attività**.

46350 **MODALITÀ E TERMINI DI APPLICAZIONE** Per i soggetti IVA che aderiscono al regime IVA per cassa, l'imposta diviene **esigibile**, in deroga alle disposizioni ordinarie illustrate al n. 45850 e limitatamente a **tutte le operazioni effettuate con altre imprese e/o professionisti** (diverse da quelle escluse), nel momento del pagamento della fattura da parte dei clienti oppure, in caso di mancato pagamento, comunque dopo il **decorso di un anno** dal momento di effettuazione dell'operazione, salvo il caso in cui l'acquirente, prima del decorso dell'anno, sia stato assoggettato a **procedure concorsuali** (v. n. 46375).
Per individuare il **momento del pagamento** non effettuato per contanti, al verificarsi del quale l'imposta diventa esigibile, rilevano generalmente le risultanze dei conti del cedente/prestatore, dai quali risulta l'accreditamento del corrispettivo (es. assegni bancari, RI.BA, RID, bonifico bancario). Nel caso, ad esempio, di bonifico bancario, lo stesso si considera incassato quando si riceve l'accredito sul proprio conto corrente (c.d. data disponibile), indipendentemente dalla sua formale conoscenza, che avviene attraverso l'invio del documento contabile da parte della banca (Circ. AE 15 febbraio 2013 n. 1/E).
Se il **corrispettivo è incassato solo in parte**, l'imposta diventa esigibile ed è computata nella liquidazione periodica per un importo corrispondente al rapporto tra la somma incassata ed il corrispettivo complessivo dell'operazione.

ESEMPIO
Fattura con imponibile di € 2.000 e IVA di € 440 (totale € 2.440) è pagata parzialmente per € 1.000, l'IVA esigibile è di € 180 così determinata: 440 × (1.000/2.440).

>**Precisazioni** 1) Nel caso di **fattura differita** il termine di un anno decorre comunque dalla data di effettuazione delle singole operazioni riepilogate nella fattura, a prescindere dalla data di fatturazione.
2) Se, in pendenza del termine di un anno dall'effettuazione dell'operazione, viene emessa **nota di variazione in aumento** (v. n. 56810), l'anno si calcola, anche per il nuovo ammontare dell'imponibile o dell'imposta, a decorrere dalla effettuazione della operazione originaria.
Le **variazioni in diminuzione** che intervengono prima che l'IVA diventi esigibile rettificano direttamente quest'ultima. Quelle che intervengono successivamente, possono essere computate nella prima liquidazione utile.
3) La **cessione del credito a terzi**, sia pro-soluto che pro-solvendo, è irrilevante, quindi non anticipa l'esigibilità dell'IVA. Anche in questo caso, pertanto, l'esigibilità si realizza con il pagamento del credito ceduto; conseguentemente, il creditore ha l'onere di informarsi circa l'avvenuto pagamento.

Simmetricamente, i soggetti aderenti possono **detrarre l'IVA** corrisposta ai propri fornitori solo al momento in cui viene pagato il corrispettivo o comunque, indipendentemente dal pagamento dell'IVA, decorso un anno dal momento in cui l'IVA è divenuta esigibile per il fornitore secondo le disposizioni ordinarie e alle **condizioni esistenti** in tale momento. Il differimento della detrazione dell'IVA si applica **a tutti gli acquisti**, anche in presenza di operazioni attive che non possono usufruire dell'IVA per cassa, se queste ultime e i relativi acquisti non sono oggetto di contabilità separata. **46355**
Per ogni periodo di liquidazione - mese o trimestre - l'IVA da versare si determina confrontando le fatture incassate e le fatture pagate; il momento della riscossione o del pagamento dei corrispettivi diventa, pertanto, rilevante per la liquidazione dell'IVA.

ESEMPIO
Fattura emessa da un fornitore per una cessione di beni consegnati a dicembre 20XX, nei confronti di un acquirente in regime di cassa, pagata e registrata da tale soggetto in aprile 20XX+1.
L'IVA della fattura è detraibile nella liquidazione di aprile 20XX+1.
In ogni caso, l'acquirente può registrare la fattura entro il 30 aprile 20XX+2 evidenziandola (es. registro sezionale relativo al 20XX+1 o in altri modi) e facendo confluire il credito IVA nella dichiarazione relativa al periodo 20XX+1 (Circ. AE 17 gennaio 2018 n. 1/E).

Se il corrispettivo è **pagato solo in parte** (prima che sia decorso l'anno), l'imposta diventa detraibile ed è computata nella liquidazione periodica per un importo corrispondente al rapporto tra la somma pagata ed il corrispettivo complessivo dell'operazione (analogamente a quanto avviene per gli incassi parziali).

Adempimenti del fornitore Il fornitore che ha optato per il regime IVA per cassa deve evidenziare la volontà di differire l'esigibilità dell'IVA mediante la seguente **annotazione in fattura**: «operazione con IVA per cassa ai sensi dell'articolo 32 bis DL 83/2012». L'omessa indicazione non determina tuttavia conseguenze sostanziali ai fini dell'applicazione del regime, ma costituisce solo una violazione formale (Provv. AE 21 novembre 2012 n. 165764). **46365**
Il cedente/prestatore deve poi **computare l'imposta** nella liquidazione periodica relativa al mese o trimestre nel corso del quale è incassato il corrispettivo o nel corso del quale scade il termine di un anno dal momento di effettuazione dell'operazione (salvo il caso in cui l'acquirente sia stato precedentemente assoggettato a procedure concorsuali).
Il regime dell'IVA per cassa incide sul momento in cui l'imposta diviene esigibile e, di riflesso, detraibile, ma non riguarda gli **altri adempimenti formali** che restano i medesimi (fatturazione, registrazione, dichiarazione, ecc.). In particolare, le operazioni attive concorrono a formare il **volume d'affari** del contribuente e partecipano alla determinazione dell'eventuale **pro-rata** di detrazione nell'anno in cui l'operazione si intende effettuata (indipendentemente quindi dall'incasso).

Conseguenze per il cliente Per il cliente di soggetti che adottano l'IVA per cassa **non ci sono conseguenze particolari**; infatti, il diritto alla detrazione dell'IVA sorge al momento di effettuazione dell'operazione, ancorché il corrispettivo non sia stato ancora pagato (sempreché, ovviamente, non abbia a sua volta optato per il regime dell'IVA per cassa). **46370**

46375 **Procedure concorsuali** Il limite annuale di differimento dell'IVA non si applica con riguardo alle operazioni effettuate nei confronti di acquirenti che, prima del decorso di un anno, siano assoggettati a **procedure concorsuali** (fallimento, concordato preventivo, liquidazione coatta amministrativa, amministrazione straordinaria delle grandi imprese in crisi). In questa ipotesi, infatti, l'esigibilità dell'IVA è sospesa per la durata delle procedure concorsuali, nei limiti in cui l'imposta sarà effettivamente incassata.
Al riguardo, è necessario che la procedura sia stata avviata **prima del decorso di un anno**; l'avvio si verifica quando l'organo competente emette il provvedimento di apertura della procedura (es. per il fallimento, rileva la data della sentenza dichiarativa di fallimento pronunciata dal tribunale).

Se l'acquirente è assoggettato a una **procedura concorsuale**, l'esigibilità dell'imposta è sospesa a beneficio di tutti i cedenti/prestatori che abbiano emesso fatture con IVA ad esigibilità differita, fino all'effettivo incasso del corrispettivo e limitatamente all'ammontare di quest'ultimo.
In caso di **revoca della procedura** concorsuale, intervenuta dopo un anno dalla effettuazione dell'operazione oggetto di differimento, l'IVA diviene esigibile e deve essere computata nella prima liquidazione successiva alla data di revoca.

B. Altre operazioni ad esigibilità differita

(art. 6 c. 5 DPR 633/72)

46450 Per le cessioni di beni e le prestazioni di servizi **eseguite nei confronti di (o effettuate dai) soggetti** indicati in **tabella** è data facoltà di applicare il regime dell'IVA ad esigibilità differita. Esso consiste nella possibilità di considerare l'**imposta esigibile** (e dunque detraibile) all'atto del pagamento dei corrispettivi dovuti, nonostante il **momento impositivo** si verifichi comunque in base alle regole ordinarie viste in precedenza.
In caso di **pagamento parziale**, l'esigibilità si verifica pro-quota al momento di ciascun pagamento.

In tutti i casi indicati è comunque data **facoltà** di **considerare esigibile** l'imposta al momento di effettuazione delle operazioni (cioè, generalmente, in un momento anteriore al pagamento del corrispettivo).

Operazione	Effettuata da	Nei confronti di
prestazioni di servizi	professionisti soggetti alla ritenuta d'acconto	Stato, enti pubblici e assimilati **(*)**
cessione di beni o prestazione di servizi	**chiunque**	enti pubblici **gestori di demanio** collettivo **(*)**
cessioni di beni, mobili ed immobili, e prestazioni di servizi	enti pubblici e privati compresi i consorzi, le associazioni o altre organizzazioni senza personalità giuridica e le società semplici **che non abbiano per oggetto** esclusivo o principale l'esercizio di attività commerciali o agricole	**soci**, **associati o partecipanti**
cessioni di **prodotti farmaceutici** (specialità medicinali, vaccini, articoli di medicazione)	**farmacisti**	chiunque

(*) La norma stabilisce che sono destinatari dell'IVA ad esigibilità differita i seguenti soggetti pubblici:
Stato, organi dello Stato anche se dotati di personalità giuridica, **enti pubblici territoriali** (Regioni, Province, Comuni) e consorzi costituiti fra gli stessi;
Camere di commercio, **industria**, **artigianato e agricoltura**;
istituti **universitari**, aziende **sanitarie locali**, enti ospedalieri di diritto pubblico, enti pubblici di ricovero e cura aventi prevalente carattere scientifico, enti pubblici di assistenza e beneficenza e di previdenza.
In realtà, però, quando si applica lo Split payment (v. n. 52950 e s.), viene meno l'interesse per l'esigibilità differita.

46455 Chi si avvale dell'esigibilità differita deve **indicare in fattura** quanto riportato al n. 52967.

SEZIONE 3

Aliquote IVA

L'aliquota è un valore percentuale da applicare alla base imponibile al fine di ottenere l'importo, in termini assoluti, dell'IVA relativa all'operazione. Oltre all'aliquota ordinaria sono previste alcune aliquote ridotte (v. n. 46760). 46700
L'aliquota applicabile è determinata con riferimento al bene o al servizio oggetto dell'operazione; in alcuni casi essa varia in funzione dell'uso del bene (o del servizio) fatto dall'acquirente.
Nella presente sezione, dopo aver illustrato le regole di carattere generale riguardanti la determinazione delle diverse aliquote, verranno esaminate quelle relative alle prestazioni di somministrazioni di alimenti e bevande (v. n. 46830) caratterizzate da numerose ipotesi operative.
Si tratteranno, invece, in appositi capitoli le problematiche relative all'edilizia (v. n. 60500), all'agricoltura (v. n. 62005) e all'editoria (v. n. 62630).

Per ulteriori approfondimenti si veda il **Memento IVA**.

A. Regole generali

DETERMINAZIONE DELL'ALIQUOTA Ad ogni cessione di bene o prestazione di servizi imponibile deve essere applicata la specifica aliquota **in vigore al momento di effettuazione** dell'operazione. 46710
Sono tuttavia previste delle regole specifiche per le ipotesi di seguito analizzate.

Operazioni soggette a diverse aliquote Nel caso di effettuazione di una pluralità di operazioni (c.d. operazioni complesse, v. n. 40225), singolarmente soggette ad aliquote diverse (es. appalto di opere edilizie), a fronte delle quali è prevista la corresponsione di un **corrispettivo unico forfettario**, non è possibile applicare il corrispondente trattamento IVA differenziato, ma si applica l'aliquota più elevata, indipendentemente dalla prevalenza del bene soggetto all'aliquota più ridotta (Ris. AE 3 maggio 2017 n. 56/E, Ris. AE 5 agosto 2004 n. 111/E). 46715
Il trattamento differenziato è ammesso solo se nel contratto vengono analiticamente indicati, in maniera non artificiosa (cioè a soli fini fiscali), i **corrispettivi relativi alle diverse operazioni**. In caso di appalto, ad esempio, è, quindi, necessario redigere due distinti capitolati affinché quello relativo alle opere agevolate possa beneficiare dell'aliquota ridotta (Ris. Min. 21 settembre 1996 n. 223/E).
Se tuttavia, l'operazione è composta da un'operazione **principale** e un'operazione **accessoria**, si applica integralmente l'**aliquota** dell'operazione principale indipendentemente dal fatto che tratti o meno dell'aliquota più elevata e che il corrispettivo versato sia o meno scomponibile in relazione ai diversi elementi (C.Giust. UE 18 gennaio 2018 C-463/16).

In caso di **confezioni contenenti diverse piante aromatiche** soggette ad aliquote differenti sono previste regole particolari (Ris. AE 21 maggio 2019 n. 51/E e MIVA).

Prestazioni di servizi relative alla produzione e utilizzazione di beni (art. 16 c. 3 DPR 633/72) Le seguenti prestazioni di servizi, ai fini della determinazione dell'aliquota, non sono considerate autonomamente in quanto sono soggette alla stessa aliquota adottabile per la cessione dei beni oggetto del contratto: 46720
– prestazioni di servizi dipendenti da **contratti di locazione finanziaria**, di **noleggio** e **simili**, aventi ad oggetto l'utilizzo di beni mobili o immobili;
– prestazioni di servizi **dipendenti da contratti d'opera**, di **appalto** e simili, aventi ad oggetto la **produzione** di beni finiti e semilavorati (Ris. Min. 10 novembre 1990 n. 430894). Ad esempio, i servizi di macellazione delle carni, realizzando un ciclo produttivo, sono assoggettati all'aliquota ridotta del 10% al pari della cessione di carni. Ove, invece, siano forniti anche servizi sanitari non trova applicazione la suddetta regola, in quanto tali servizi non sono annoverabili tra le operazioni di produzione (Ris. AE 9 aprile 2004 n. 58/E).

L'applicazione della suddetta regola si applica esclusivamente per le prestazioni riguardanti beni assoggettabili ad IVA. Se i beni, autonomamente considerati, sono **esclusi da IVA** i corrispettivi sono assoggettati all'aliquota IVA ordinaria (Ris. Min. 7 aprile 1997 n. 57/E).

46725 Rientra nel concetto di **«prestazioni di noleggio e simili»** ogni contratto che consente l'utilizzazione o il godimento di un bene mobile dietro corrispettivo (Circ. Min. 30 marzo 1992 n. 24) come ad esempio le locazioni di beni mobili (Circ. Min. 18 maggio 1992 n. 33). Non vi rientra invece il contratto di concessione in uso (Ris. AE 12 novembre 2008 n. 438/E).
Rientrano nel concetto di produzione di beni tutte le lavorazioni di beni, compreso il montaggio, l'assiemaggio, la modificazione, l'adattamento, il perfezionamento, anche se relative a semilavorati o parti degli stessi beni.

Non rientrano nel concetto di produzione le seguenti operazioni a cui si applica l'aliquota prevista per la prestazione specifica (solitamente quella ordinaria):
- prestazioni di servizi relative a fasi successive alla produzione (Ris. Min. 7 febbraio 1991 n. 550016);
- operazioni di riparazione per le quali in nessun caso si verificano i presupposti voluti dalla legge (art. 1 c. 7 DL 417/91). Infatti esse sono realizzate in un momento successivo alla produzione del bene;
- contratti d'opera con prevalente carattere intellettuale, che concretizzano quindi un'attività professionale. Infatti alle prestazioni di architetti, ingegneri e geometri che intervengono in lavori edili soggetti ad aliquota agevolata, si applica l'aliquota ordinaria (Circ. Min. 7 aprile 2000 n. 71/E).

46735 **Operazioni accessorie** Alle operazioni accessorie (n. 45290) deve essere applicata la **stessa aliquota** stabilita per l'operazione principale.

46750 **VARIAZIONE DI ALIQUOTA** Si è già accennato che l'aliquota applicabile è quella in vigore al momento di effettuazione dell'operazione (v. n. 45850). Ciò significa che eventuali modifiche di aliquota, **intervenute successivamente** a tale momento, sono irrilevanti.
Per le cessioni di beni già effettuate ma non ancora pagate, l'irrilevanza si verifica anche se il corrispettivo dell'operazione viene pagato dopo l'intervenuto mutamento dell'aliquota applicata.

Oggetto	Disciplina
Note di variazione	Per effetto del medesimo principio, alle note di variazione deve essere applicata l'aliquota in vigore al momento in cui era stata **fatturata** l'operazione cui si riferisce la variazione stessa.
Ravvedimento (v. n. 87270)	Anche nel caso di regolarizzazione degli adempimenti riferibili all'**emissione della fattura**, questa deve riportare l'aliquota vigente al momento in cui è stata, o avrebbe dovuto essere, rilasciata, poiché il contribuente deve porre in essere, ora per allora, l'adempimento omesso o irregolarmente eseguito.

46760 **ALIQUOTE IN VIGORE** (art. 16 c. 1 e 2 DPR 633/72) È prevista un'aliquota **ordinaria** (o normale) del 22%; essa deve essere applicata per la generalità delle operazioni, con esclusione di quelle sottoposte alle seguenti aliquote ridotte (incluse nella tabella A allegata al DPR 633/72):
- 4% applicabile a tutte le cessioni di beni e prestazioni di servizi elencati nella parte II della tabella A;
- 5% a tutte le prestazioni di servizi elencati nella parte II bis della tabella A;
- 10% applicabile alle cessioni di beni e prestazioni di servizi di cui alla parte III della tabella A.

46765 **Tabella alfabetica** Nella tabella che segue si riportano, in ordine alfabetico, i beni e servizi più diffusi soggetti ad aliquota ridotta, con l'indicazione della percentuale applicabile.
In sintesi, l'applicazione dell'aliquota IVA ridotta trova fondamento in **motivazioni di ordine sociale**, finalizzate ad agevolare beni e servizi di primaria rilevanza per la generalità dei soggetti: es. prodotti alimentari di maggior consumo o di prima necessità (latte, pane, cereali, frutta, ortaggi, carne), medicinali, edilizia residenziale, opere di urbanizzazione, mense aziendali, prestazioni alberghiere, erogazioni di acqua ed energia elettrica ad uso domestico, ecc.

N.B. L'onere di **provare la sussistenza** dei presupposti richiesti per beneficiare dell'aliquota ridotta è a carico del cedente o prestatore: sono infatti gli unici responsabili dell'esattezza della fatturazione, anche in presenza di dichiarazioni e/o informazioni da parte di terzi (es. abitazione di lusso) (Cass. 2 marzo 2012 n. 3291).

46765 (segue)

Tabella delle principali voci merceologiche soggette ad aliquote ridotte	
Prodotto	**%**
A	
Abbonamenti radiotelevisivi (in forma non codificata), Agrumi, Alimenti e bevande **(1)**, Apparecchi ortopedici, Autoveicoli non di lusso per invalidi, ciechi, sordomuti e soggetti con handicap psichico (esclusi autocaravan) (per il dettaglio vedi MIVA)	4
Amidi per alimentazione lattanti e bambini (dal 2023)	5
Abbonamenti radiotelevisivi in forma codificata (anche via cavo o da satellite), Aceti, Acque (non minerali), Alberghi, Alghe, Alimenti e bevande **(1)**, Amidi, Animali vivi: ovini, caprini, suini, bovini, cavalli, asini, Api, Apparecchiature relative a fornitura di energia termica per uso domestico	10
B	
Burro	4
Basilico fresco e destinato all'alimentazione, basilico allo stato vegetativo **(2)**	5
Bachi da seta (esclusi i bozzoli), Barbabietole, Biscotti, Brodi, Budella, Bulbi	10
C	
Campagne elettorali (beni e servizi relativi a) (Circ. AE 20 maggio 2004 n. 19/E), Carta per libri, giornali, ecc. Case (v. n. 60630), Cereali minori: uso zootecnico, Conserve di pomodori, Crackers, Crusche	4
Coppette mestruali	5
Cacao in polvere, Caffè (solo estratti), Calore - energia per uso domestico, Campeggi (prestazioni dei), Caramelle (v. Zucchero), Carne: bovina, suina, caprina, ovina, equina, ecc., Carrube, Case (v. n. 60630), Cera d'api, Cereali minori: uso diverso da quello zootecnico, Cereali ottenuti per soffiatura o tostatura, Cicoria torrefatta, Cioccolato (in confezioni non di pregio), Colonnina di ricarica dei veicoli elettrici (solo se installata con l'impianto fotovoltaico **(3)**), Conserve di carni e di pesci, Crema di latte, Crostacei (escluse aragoste, astici e ostriche)	10
D	
Distributori automatici di alimenti o bevande in stabilimenti, uffici, scuole, ospedali	4
Dispositivi medici per emergenza Covid-19 di cui al n. 46770	5
Dadi per brodo, Dispositivi medici	10
E	
E-book, Edilizia (v. n. 60510 e s.), Edizioni musicali	4
Estratti di malto per alimentazione lattanti e bambini (dal 2023)	5
Edilizia (v. n. 60510 e s.), Energia elettrica per uso domestico (vedi MIVA) e uso di imprese estrattive e manifatturiere (anche se fornita a clienti grossisti), Estratti di caffè, tè e camomilla, Estratti di carne e di pesce, Estratti di malto	10
F	
Fabbricati (v. n. 60510 e s.), Farine di cereali (frumento, granturco, segala, orzo), Farine di avena e di altri cereali minori ad uso zootecnico, Fertilizzanti, Fette biscottate, Formaggi, Frumento, Frutta cotta, fresca (con aggiunta di zuccheri), Frutti oleosi (esclusi lino e ricino)	4
Fecola per alimentazione lattanti e bambini (dal 2023)	5
Fabbricati (v. n. 60510 e s.), Farine di avena e di altri cereali minori ad uso non zootecnico, Farmaceutici (prodotti), Fecola di patate, Fieno, Fiori recisi, Fitosanitari, Foraggi, Francobolli da collezione, Frattaglie, Frutta cotta, fresca (senza aggiunta di zuccheri), Frutti oleosi non destinati alla disoleazione	10
G	
Gas per uso terapeutico, Giornali quotidiani e periodici (anche online), Gnocchi di patate freschi, Granoturco	4
Gas metano per combustione, sia per gli usi civili e industriali (fatture per consumi stimati o effettivi del 4° trimestre 2021 e dell'anno 2022 e del 1° trimestre 2023); per il primo trimestre **2023**, sono comprese anche: – le somministrazioni di energia termica prodotta con gas metano in esecuzione di un contratto servizio energia; – le forniture di servizi di teleriscaldamento. Gas naturale (metano) per autotrazione dal 3 maggio al 31 dicembre 2022	5
Gas metano e G.P.L., destinati ad essere immessi direttamente nelle tubazioni delle reti di distribuzione per essere successivamente erogati, Gas per uso di imprese estrattive e manifatturiere (comprese le imprese poligrafiche, editoriali e simili), Gelatine, Glutine, Grassi di animali	10

46765
(segue)

Tabella delle principali voci merceologiche soggette ad aliquote ridotte	
Prodotto	**%**
I	
Insetti utili per lotta biologica in agricoltura, Invalidi (poltrone, veicoli e apparecchi per)	4
Impianti e attrezzature sportive, Integratori alimentari (Risp. AE 25 agosto 2020 n. 269 e n. 270)	10
L	
Latte fresco confezionato per la vendita al minuto, Latticini, Legumi, Lenti a contatto correttive, Libri (anche online), Locazioni di immobili (v. n. 61170 e s.)	4
Latte in polvere o liquido per l'alimentazione dei lattanti o dei bambini nella prima infanzia, condizionato per la vendita al minuto (dal 2023)	5
Lardo, Latte fresco non confezionato per la vendita al minuto o confezionato per usi industriali, fermentato o acidificato, condensato o concentrato, Latte fermentato o acidificato, condensato o concentrato, Lecitine, Legna da ardere e segatura, Lepri, Lieviti, Locazioni di immobili (v. n. 61170 e s.), Lolla di cereali, Luppolo	10
M	
Mais, Mangimi semplici di origine vegetale e integrati con cereali, e/o relative farine e/o zuccheri in misura superiore al 50%, Margarina, Mense aziendali, interaziendali, scolastiche, Motoveicoli (e accessori) per invalidi, ciechi, sordomuti e soggetti con handicap psichico (per il dettaglio vedi MIVA)	4
Mascherine	5
Malto, Altri mangimi (rispetto a quelli sopra indicati), Marmellate, Medicinali, compresi prodotti omeopatici, Melassi, Miele, Minestre, Molluschi preparati o conservati (escluse ostriche)	10
N	
Noccioli di frutta	10
O	
Olio di frutti oleosi commestibili, d'oliva (anche per uso cosmetico), di semi, Olive in salamoia, Ortaggi freschi, cotti, surgelati o congelati, in salamoia, disseccati, disidratati o evaporati **(4)**, Orzo non destinato alla semina	4
Origano a rametti o sgranato destinato all'alimentazione	5
Oli di pesci, Omogeneizzati, Opere d'arte, d'antiquariato e da collezione (vendute dall'autore), Ortaggi conservati sotto aceto o in altro modo, Orzo destinato alla semina, Ossa gregge, Ovini	10
P	
Pane e altri prodotti di panetteria (cracker, fette biscottate, prodotti con destrosio e saccarosio, grassi e oli alimentari industriali, cereali, semi, erbe aromatiche e spezie di uso comune art. 1 c. 4 L. 145/2018), Parcheggi, Paste alimentari, Periodici, Piante mangerecce, fresche, refrigerate, cotte, congelate o surgelate, Pomodori pelati e conserve, Protesi (ortopedia, occhiali, ecc.)	4
Pannolini per bambini (dal 2023), Prestazioni socio-sanitarie ed educative rese da cooperative a favore dei soggetti disagiati di cui al n. 40600 **(5)**, Prodotti per la protezione dell'igiene femminile (dal 2023 anche non compostabili)	5
Paglia, Panelli, Paste di frutta, Pasticceria, Pellet (dal 2023), Pesci vivi o morti, freschi o conservati, Piante mangerecce preparate o conservate, Polveri di ossa destinate all'alimentazione animale, Preparazioni alimentari diverse, Prestazioni di servizi relativi alla fornitura di energia termica per uso domestico, Prodotti a base di cereali (corn-flakes), Prodotti dietetici, Prodotti fitosanitari e omeopatici, Prodotti petroliferi per uso agricolo per la pesca in acque interne, Prosciutto crudo o cotto, Polveri di ossa destinate all'alimentazione animale	10
Q	
Quotidiani (anche online)	4
R	
Radiotaxi **(6)**, Reni artificiali, Ricotta, Riso per uso zootecnico, Semi e frutti oleosi (esclusi quelli di lino e ricino)	4
Rosmarino fresco e destinato all'alimentazione, rosmarino allo stato vegetativo **(2)**	5
Radici, Rane, Rifiuti (smaltimento), Riso per uso non zootecnico, Ristoranti	10
S	
Segala, Semi e frutti oleosi (esclusi quelli di lino e di ricino), Stacciature	4
Salvia fresca e destinata all'alimentazione, salvia allo stato vegetativo **(2)**, Seggiolini per bambini da installare negli autoveicoli (dal 2023), Semole e semolino per alimentazione di lattanti e bambini (dal 2023)	5

Tabella delle principali voci merceologiche soggette ad aliquote ridotte	
Prodotto	**%**
Salami, salsicce, ecc., Salse e condimenti, Sansa di olive, Scorze di agrumi o meloni, Seme per la fecondazione artificiale, Semi di lino e ricino e diversi dai precedenti, Semole e semolino, Senape, Smaltimento rifiuti, gestione impianti depurazione e fognatura, Spettacoli sportivi con prezzo di ingresso fino a € 12,91, Spettacoli teatrali di qualunque tipo, Spezie, Stearina solare, Strutto, Strutture ricettive, Succhi di luppolo, Sughi di carne	10
T	
Tartufi (nei limiti delle quantità standard di produzione determinate da un DM)	4
Trasporti urbani di persone effettuati con **mezzi su acqua** (es. gondole, vaporetti, motoscafi), Tartufi freschi o refrigerati, Teleriscaldamento (1° trimestre 2023)	5
Tabacchi greggi o non lavorati, Tapioca, Tartufi congelati, essiccati o preservati, Tè, Teleriscaldamento (2022 e dal 1° aprile 2023), Torrone in confezioni non di pregio, Trasporti di persone (esclusi taxi e simili, esenti), Trasporti a fune o ascensori pubblici, Trifoglio, Tuberi	10
U	
Uova, Uva da vino	10
V	
Veicoli non di lusso per invalidi, ciechi, sordomuti e soggetti con handicap psichico (esclusi autocaravan) (per il dettaglio vedi MIVA)	4
Volatili	10
Y	
Yogurt	10
Z	
Zuccheri di barbabietola e di canna solidi (esclusi aromatizzati), Zuppe	10

(1) V. n. 46830 e s.
(2) Per le **confezioni miste** di erbe aromatiche v. Ris. AE 21 maggio 2019 n. 51/E e MIVA.
(3) V. Risp. AE 14 agosto 2020 n. 218; quelle utilizzate per ricaricare auto elettriche per disabili sono soggette ad aliquota ordinaria (Risp. AE 10 settembre 2020 n. 334).
(4) Inclusi i c.d. prodotti di IV gamma e le insalate assortite (Ris. AE 8 aprile 2013 n. 23/E).
(5) Le operazioni hanno un regime variabile a seconda del **tipo di cooperativa**. Si veda nel dettaglio al n. 40620.
(6) Servizi di trasporto pubblico con tecnologia GPRS/GSM (Ris. AE 12 luglio 2013 n. 50/E).

Dispositivi medici anti Covid-19
(art. 124 DL 34/2020 conv. in L. 77/2020) **46770**

Le cessioni dei seguenti **dispositivi medici**, dal 2021, sono soggette all'aliquota del **5%** salvo le eccezioni sottoindicate: ventilatori polmonari; monitor multiparametrico; pompe infusionali e pompe peristaltiche; tubi endotracheali; caschi per ventilazione; maschere per la ventilazione; sistemi di aspirazione; umidificatori; laringoscopi; strumentazione per accesso vascolare; aspiratore elettrico; centrale di monitoraggio per terapia intensiva; ecotomografo; elettrocardiografo; tomografo computerizzato; mascherine chirurgiche, Ffp2 e Ffp3 (comprese le mascherine riutilizzabili, vendute con il filtro); abbigliamento sanitario protettivo, guanti monouso, visiere e occhiali protettivi, tute di protezione, calzari e soprascarpe, cuffie copricapo, camici impermeabili e chirurgici; termometri (inclusi i termoscanner e attrezzatura accessoria, Risp. AE 15 settembre 2021 n. 585); detergenti disinfettanti per mani e dispenser a muro (comprese le piantane fissate a terra); soluzione idroalcolica e perossido al 3%, in litri (es. autocisterna da l. 30.000 o confezione da l. 5 o meno, Risp. AE 18 maggio 2021 n. 5); carrelli per emergenza; estrattori RNA; tamponi; provette sterili; attrezzature per ospedali da campo, letti ospedalieri di terapia intensiva.
L'elenco è **tassativo** (codici di classificazione doganale allegati alla Circ. AD 30 maggio 2020 n. 12/D come integrata dalla Circ. AD 26 novembre 2020 n. 429029/RU) e soggetto alla condizione che i beni siano utilizzati per **finalità** sanitarie (es. sono esclusi saponi e alcool per uso cosmetico o alimentare) (Circ. AE 15 ottobre 2020 n. 26/E). La dimostrazione della finalità sanitaria del prodotto ceduto non è desumibile dalla natura del cessionario e/o del suo settore di attività, può essere corroborata con qualsiasi documento ritenuto opportuno, che consenta in sede di controllo di verificare i dati e le situazioni oggettive in essa contenuti (Risp. AE 18 maggio 2021 n. 5).

Eccezioni (art. 1 c. 452 e s. L. 178/2020, Circ. AD 3 marzo 2021 n. 9/D)
Le cessioni dei seguenti beni (inclusi nelle voci doganali riportati nella Circ. AE 15 ottobre 2020 n. 26/E), fino al **31 dicembre 2022**, sono esenti da IVA e conservano il diritto alla detrazione **(*)**: – **strumentazione diagnostica in vitro** (es. kit diagnostici, di campionamento, reagenti, ecc. purché conformi ai requisiti della Dir. 98/79/CE o al Reg. UE 2017/746); – **vaccini** contro il Covid-19. L'esenzione con detrazione interessa anche le **prestazioni** di servizi strettamente connesse, quali ad esempio: – **supporto amministrativo** alle attività di somministrazione dei vaccini, consistenti nell'accettazione, nella registrazione dei dati su supporto gestionale, nella stampa delle etichette e nel rilascio dei certificati vaccinali (Risp. AE 9 agosto 2021 n. 541); – **concessione/locazione** dietro corrispettivo **degli spazi fieristici** e **tensostrutture** e dei servizi accessori necessari e indispensabili per lo svolgimento della campagna vaccinale contro il Covid-19 (Risp. AE 9 febbraio 2022 n. 81, Risp. AE 18 agosto 2021 n. 548); – rilascio e **gestione della piattaforma** nazionale vaccini erogate sulla base della **Convenzione** stipulata con il Commissario Straordinario (Princ. dir. AE 9 agosto 2021 n. 12). Dal 1° gennaio 2023 sono soggette alle aliquote sopra indicate (Circ. AD 14 febbraio 2023 n. 5/D).
(*) Si evidenzia che per i dispositivi medici **diversi** per i quali ricorrano le condizioni per beneficiare dell'**aliquota del** 4% (v. MIVA n. 9730) essa permane (Risp. AE 14 dicembre 2020 n. 585). In caso di esenzione, l'AE suggerisce di indicare nella **fattura**, nel blocco altri dati gestionali, la dicitura BENECOVID e Esente IVA ai sensi della decisione UE n. 2020/491 (Risp. AE 23 luglio 2021 n. 507).

B. Somministrazioni di alimenti e bevande

46830 L'individuazione dell'esatta aliquota applicabile alle prestazioni in esame dipende dalle modalità mediante le quali la somministrazione è effettuata. In alcuni casi è prevista l'applicazione dell'aliquota del 4%, mentre in altri dell'aliquota del 10%, come si evince dalla seguente **tabella**.

Modalità di somministrazione	Aliquota
– mense aziendali, interaziendali e scolastiche e per indigenti, anche se effettuate sulla base di contratti di appalto o di apposite convenzioni, o sulla base di contratti di appalto aventi ad oggetto servizi sostitutivi di mensa, commessi dal datore di lavoro	4%
– pubblici esercizi a beneficio di lavoratori dipendenti sulla base di convenzioni con il datore di lavoro **(1)**	4%
– distributori automatici ovunque collocati	10%
– pubblici esercizi, compresi quelli di lusso (anche su incarico delle imprese che forniscono servizi sostitutivi di mensa, ad es. «ticket») **(1)**	10%
– effettuate dai pubblici esercizi all'esterno del locale (rinfreschi, buffet, pranzi, consegna di bevande presso uffici, negozi, ecc.)	10%
– effettuate dagli alberghi nei confronti dei propri clienti	10%
– effettuate tramite vendite «per asporto» o con consegna a domicilio	10%
– negli ospedali, ospizi, ecc. in seguito a contratti di appalto	10%
– effettuate insieme ad altre prestazioni soggette ad aliquota ordinaria e con previsione di un corrispettivo forfettario unitario **(2)**	aliquota ordinaria
(1) Il servizio può essere reso anche tramite apposita **App Mobile per smartphone** (Princ. dir. AE 8 ottobre 2018 n. 3). **(2)** Per le somministrazioni effettuate nell'ambito dell'organizzazione di un congresso, si veda anche il n. 46880, prec. 3).	

46840 **MENSE** (n. 37 tab. A parte II DPR 633/72) È prevista l'aliquota del **4%** per le somministrazioni di alimenti e bevande effettuate nelle mense sotto indicate:
– aziendali e interaziendali purché il lavoratore paghi il pasto in contanti o con altri mezzi simili (es. con moneta elettronica). Se invece paga, anche parzialmente, con ticket restaurant (v. n. 46850), la quota riferibile al ticket è soggetta ad aliquota del 10% (Risp. AE 28 aprile 2022 n. 231);
– delle scuole di ogni ordine e grado, comprese quelle effettuate dagli enti locali, anche nelle scuole materne e negli asili nido;
– per indigenti.

L'aliquota agevolata deve intendersi applicabile anche se le somministrazioni di cui sopra sono eseguite sulla base di contratti di **appalto** o di apposite **convenzioni**.

> **Precisazioni** 1) L'aliquota del 4% si applica anche nelle seguenti ipotesi:
> – somministrazioni rese nella mensa aziendale di una società a favore di **dipendenti delle società fornitrici** della stessa e al successivo riaddebito alle società fornitrici, senza alcuna maggiorazione, dei costi relativi (Ris. AE 28 marzo 2001 n. 35/E);
> – pasti realizzati, confezionati e **recapitati giornalmente al domicilio delle imprese** clienti, che provvedono direttamente alla distribuzione del pasto al personale dipendente (Ris. Min. 2 maggio 1989 n. 551392);
> – somministrazione a mezzo **card elettroniche** che consentono di verificare in tempo reale l'utilizzo conseguente alla maturazione del diritto da parte del dipendente (v. n. 8190) (Ris. AE 17 maggio 2005 n. 63/E).
> 2) Sono soggette all'aliquota ordinaria le somministrazioni di pasti effettuate presso un **istituto maschile di rieducazione** e quelle rese ai **degenti di case di cura private**, nella considerazione che non sono effettuate a dipendenti (Nota Min. 7 marzo 1995 n. III-7-115-95). Si veda però anche il n. 46900, recante un'ipotesi di applicazione dell'aliquota del 10%.

TICKET RESTAURANT Si tratta di contratti aventi ad oggetto servizi sostitutivi di mensa, vale a dire dell'ipotesi in cui un soggetto (c.d. società emittente) assicura al datore di lavoro che alcuni pubblici esercizi convenzionati somministrino pasti ai dipendenti di questi. **46850**

Sostanzialmente si instaurano **due diversi rapporti**, a cui corrispondono diverse modalità di determinazione della base imponibile e delle aliquote applicabili (Circ. Min. 3 aprile 1996 n. 49/E).

> Non va confuso con il sistema dei ticket restaurant la somministrazione di alimenti e bevande a mezzo di **card elettroniche** (v. n. 46840).

Rapporto	Disciplina
Società emittente - datore di lavoro	L'aliquota applicabile alla cessione dei ticket da parte della società emittente al datore di lavoro è pari al **4%**, e l'IVA pagata dal datore di lavoro **è detraibile** (art. 75 c. 3 L. 413/91, art. 83 c. 28 bis e s. DL 112/2008 conv. in L. 133/2008). La **base imponibile** dell'operazione (cessione dei ticket della società emittente al datore di lavoro) corrisponde al prezzo fissato dalle parti, può essere quindi diverso da quello facciale indicato nel buono pasto (Ris. AE 1° dicembre 2020 n. 75/E).
Società emittente - esercizio convenzionato	L'aliquota applicabile alla prestazione effettuata dal pubblico esercizio alla società emittente è pari al **10%**. L'IVA pagata dalla società emittente **è detraibile** (art. 75 c. 4 L. 413/91, art. 83 c. 28 bis e s. DL 112/2008 conv. in L. 133/2008). La **base imponibile** relativa all'operazione va determinata applicando al valore del buono pasto l'eventuale **sconto** contrattualmente previsto e scorporando dall'importo ottenuto l'IVA in esso compresa, mediante le percentuali previste per lo scorporo dei corrispettivi (v. n. 55210).

CONVENZIONI CON PUBBLICI ESERCIZI A FAVORE DI DIPENDENTI Alle somministrazioni di alimenti e bevande **rese in pubblici esercizi** a beneficio di lavoratori dipendenti, sulla base di contratti stipulati direttamente dai propri datori di lavoro, si applica l'aliquota del **4%**, purché nella convenzione sia previsto l'utilizzo da parte del dipendente limitatamente a una sola prestazione giornaliera, nei giorni di effettiva presenza in servizio e nell'orario stabilito per la pausa pranzo (Circ. Min. 16 aprile 1992 n. 30, Risp. AE 22 agosto 2022 n. 430, Ris. AE 17 maggio 2005 n. 63/E). **46860**

> **Precisazioni** 1) L'imposta pagata è **detraibile** per il datore di lavoro (art. 83 c. 28 bis e s. DL 112/2008 conv. in L. 133/2008).
> 2) Sui **corrispettivi** pagati dal contribuente al pubblico esercizio per le somministrazioni da questi rese **in eccedenza** all'importo stabilito nella convenzione si applica l'aliquota del 10%.

DISTRIBUTORI AUTOMATICI (n. 121 tab. A parte III DPR 633/72) Alle somministrazioni di alimenti e bevande effettuate mediante apparecchi di distribuzione automatica, si applica l'aliquota del **10%**, indipendentemente dal luogo in cui gli stessi si trovino (es. stabilimenti, ospedali, uffici, scuole, o in luoghi diversi). **46870**

Ciò anche nel caso di distributori **semi-automatici**, che cioè non richiedono l'introduzione di monete o chiavette prepagate ma che consentono il consumo libero da parte dei clienti del committente (che solitamente è un ristorante o simili).

L'aliquota ridotta si applica anche ai distributori che funzionano a **capsule o cialde**, purché l'acquirente delle stesse sia il consumatore finale o il datore di lavoro che le acquista per l'utilizzo proprio o dei collaboratori (Ris. AE 17 novembre 2016 n. 103/E).

46880 **SOMMINISTRAZIONI** (n. 121 tab. A parte III DPR 633/72) Si applica l'aliquota del **10%** alle somministrazioni di alimenti e bevande ovunque effettuate (es. **pubblici esercizi**, compresi ristoranti di lusso e ristoranti annessi agli alberghi di lusso che effettuano la somministrazione anche a clienti non alloggiati presso l'albergo, oppure in **luoghi diversi**).
La stessa aliquota si applica alle somministrazioni effettuate dai ristoranti ai propri dipendenti dietro corrispettivo (solitamente trattenuto in busta paga, Risp. interr. parlamentare 26 febbraio 2020 n. 5-03675).

›Precisazioni 1) Le **consumazioni obbligatorie** somministrate in **discoteche e locali da ballo** sono assoggettate all'aliquota ordinaria; le consumazioni facoltative restano invece assoggettate all'aliquota del 10% (art. 35 c. 1 DL 223/2006 conv. in L. 248/2006 e Circ. AE 4 agosto 2006 n. 28/E).
Se le consumazioni obbligatorie sono imposte nel corso di manifestazioni svolte in **locali diversi** dalle discoteche e sale da ballo (es. bar, pub, ristoranti), si applica l'aliquota del 10% (Ris. AE 13 marzo 2008 n. 91/E).
2) Nel caso di organizzazione di un congresso affidata ad una società mediante la stipula di un contratto di appalto con pattuizione di un **corrispettivo forfettariamente determinato** (comprensivo anche di prestazioni alberghiere e di somministrazioni di alimenti e bevande), la fattura che indica il corrispettivo unitario va assoggettata ad IVA con aliquota ordinaria (Ris. AE 28 maggio 2010 n. 47/E).

46882 **Vendita per asporto o consegne a domicilio** (art. 1 c. 40 L. 178/2020 , C.Giust. UE 22 aprile 2021 C-703/19) Diverse dal concetto corrente di somministrazione sono le cessioni di **piatti pronti** e di pasti che siano stati cotti, arrostiti, fritti o altrimenti preparati in vista del loro **consumo immediato**, della loro consegna a domicilio o dell'asporto.
La somministrazione si distingue dalle cessioni in esame, in quanto accompagnata da servizi di supporto sufficienti per il consumo immediato da parte del consumatore (es. servizio al tavolo).
Se il **cliente finale** sceglie di non utilizzare i mezzi materiali ed umani messi a sua disposizione, la fornitura degli alimenti rientra nelle cessioni di beni che, limitatamente agli **alimenti**, sono comunque soggette **all'aliquota 10%**.
Invece, le medesime cessioni di **bevande** sono soggette all'aliquota propria dei beni ceduti (es. il latte preso dal frigorifero di un bar è al 4%, se bevuto al bancone è al 10%) (Princ. dir. AE 22 febbraio 2019 n. 9).

Se un Comune affida in appalto a un'impresa il servizio di **consegna di pasti a domicilio** (in aggiunta ad altri servizi assistenziali), pasti preparati da altra impresa, il primo servizio non è considerato accessorio, e pertanto è soggetto ad aliquota ordinaria (Risp. AE 11 gennaio 2023 n. 9).

46885 **Servizi di catering** Rientrano nell'ambito applicativo dell'aliquota del **10%** anche le somministrazioni di alimenti e bevande effettuate all'esterno del pubblico esercizio (per esempio, in occasione di rinfreschi, buffet, pranzi, nel domicilio del cliente o presso la sede indicata dal cliente stesso) con merce, attrezzatura e personale dell'azienda, o le somministrazioni effettuate mediante consegna di bevande negli uffici, negozi o enti (Ris. Min. 25 febbraio 1980 n. 380292).

46900 **APPALTI PER LA SOMMINISTRAZIONE** (n. 121 tab. A parte III DPR 633/72) Le prestazioni dipendenti da contratti di appalto aventi ad oggetto la fornitura o la somministrazione di alimenti e bevande (effettuate, ad esempio, nei confronti di ospedali, ospizi, ecc.) sono soggette all'aliquota del **10%**.

SEZIONE 4

Detrazione

(art. 19 DPR 633/72)

48000 Consiste nel diritto di sottrarre l'IVA versata sugli acquisti e le importazioni (c.d. «a monte»), dall'IVA addebitata per le operazioni effettuate (c.d. «a valle»), per calcolare l'imposta dovuta (o a credito) nelle liquidazioni periodiche.

Insieme all'**obbligo di addebito** dell'IVA al cliente (c.d. rivalsa), esso consente di trasferire l'onere dell'imposta da un soggetto passivo all'altro, per farlo infine gravare solo sul consumatore finale.
Tale sistema, finalizzato a garantire la **neutralità** dell'IVA per gli operatori economici nell'esercizio dell'impresa (C.Giust. CE 14 febbraio 1985 C-268/83), si realizza tramite tre distinti tipi di rapporti, quello tra:
- l'AF e il fornitore, per il debito di IVA sulle operazioni effettuate;
- il fornitore e l'acquirente, per l'addebito dell'IVA dall'uno all'altro;
- l'AF e l'acquirente, per il credito di IVA sugli acquisti.

I. Condizioni preliminari per la detrazione

In generale è detraibile l'IVA **addebitata** in fattura (o altro documento fiscale idoneo) per acquisti **inerenti** all'attività svolta. **48010**

A. Inerenza

L'inerenza consiste in un **nesso** diretto ed immediato di una particolare operazione a monte con una o più operazioni a valle o con il complesso delle attività dell'impresa, richiede cioè che i beni e servizi acquistati siano effettivamente impiegati per l'esecuzione dell'attività imprenditoriale o professionale (C.Giust. UE 29 ottobre 2009 C-29/08, Cass. 5 novembre 2014 n. 23551, CTC 21 gennaio 1986 n. 521). L'**immediatezza** deve essere intesa in senso funzionale, con riferimento al complesso dell'attività economica al fine di propiziarne lo sviluppo (C.Giust. UE 22 ottobre 2015 C-126/14), e non in senso temporale, potendosi concretizzare anche in utilità future. **48020**
Sono detraibili anche gli acquisti che risultino comunque **funzionalmente ricollegabili** ad operazioni con diritto a detrazione (es. spese generali, consulenze per la riorganizzazione dell'assetto societario o per ottenere un risarcimento dei danni afferenti beni dell'impresa, Circ. Min. 24 dicembre 1997 n. 328/E). Un tipico riscontro consiste nel fatto che il **costo** dei beni o servizi acquistati sia ricompreso nel **prezzo** del bene venduto a valle, **o** faccia parte delle **spese generali** dell'impresa, che siano comunque incluse nel prezzo di vendita (C.Giust. UE 16 febbraio 2012 C-118/11, Cass. 16 marzo 2016 n. 5195).
L'**antieconomicità** di un'operazione, intesa come divergenza del corrispettivo rispetto al valore normale (es. fra società dello stesso gruppo), non può comportare di per sé l'indetraibilità dell'IVA; il giudizio di congruità non può investire quello di inerenza in materia di IVA. Solo se tale antieconomicità si riveli «manifesta e macroscopica», può valere come indizio di non verità dell'operazione o di non inerenza (C.Giust. 20 gennaio 2005 C-412/03, Cass. 10 dicembre 2014 n. 25999, Cass. 27 settembre 2013 n. 22130).
L'inerenza non può presumersi sulla base della qualità di soggetto passivo (C.Giust. UE 20 giugno 1991 C-60/90), ma richiede ulteriormente che lo stesso **agisca in quanto tale** (C.Giust. UE 11 luglio 1991 C-97/90), dovendo essere concretamente provata rispetto all'attività svolta (Cass. 20 febbraio 2013 n. 4157, Cass. 14 luglio 2004 n. 13056).

> Sono state considerate detraibili le **spese generali** delle **holding finanziarie** se e nella misura in cui queste forniscano alle partecipate servizi amministrativi, finanziari, commerciali e tecnici, attività tipiche delle c.d. holding dinamiche (C.Giust. UE 16 luglio 2015 C-108/14 e C-109/14, C.Giust. UE 6 settembre 2012 C-496/11, C.Giust. CE 27 settembre 2001 C-16/00, Risp. AE 3 novembre 2021 n. 758). Al contrario, la **mera detenzione** delle partecipazioni per l'esercizio dei diritti spettanti alla società holding in qualità di socio (c.d. holding statiche) non dà diritto a detrazione, a prescindere dall'attività svolta dalla partecipata (C.Giust. UE 29 ottobre 2009 C-29/08, C.Giust. CE 14 novembre 2000 C-142/99, C.Giust. CE 20 giugno 1991 C-60/90).

Sono inerenti anche gli **acquisti propedeutici**, effettuati cioè in preparazione o nelle fasi iniziali dell'attività in previsione di future operazioni imponibili, dovendosi dare rilievo all'intenzione del soggetto che li pone in essere nel momento di effettuazione dell'acquisto: tali acquisti sono considerati come attività economiche (C.Giust. UE 14 febbraio 1985 C-268/83) anche **48025**

quando sostenuti direttamente dai soci prima della costituzione di una società a beneficio dell'attività economica della stessa (Cass. 21 marzo 2014 n. 6664, Cass. 21 marzo 2008 n. 7809, C.Giust. UE 1° marzo 2012 C-280/10). Rimangono tali anche se:
– a seguito di fatti indipendenti dalla sua volontà, l'acquirente **non** li **utilizza o** li utilizza **diversamente** dalla destinazione originaria (es. spese pubblicitarie precedenti le vendite, per un progetto di commercializzazione poi abbandonato, C.Giust. UE 15 gennaio 1998 C-37/95, Cass. 21 dicembre 1999 n. 14350);
– l'attività prevista viene deliberatamente abbandonata (C.Giust. UE 29 febbraio 1996 C-110/94).
Ordinariamente il requisito dell'inerenza deve **permanere anche successivamente all'acquisto**. A determinate condizioni è infatti previsto l'obbligo di rettifica della detrazione per acquisti inizialmente inerenti ma poi utilizzati per l'effettuazione di operazioni non inerenti (v. n. 48230).

48030 Esempi di **applicazione** del principio di inerenza:
a) l'acquisto di immobile destinato ad essere locato da **impresa non immobiliare** non è inerente (v. n. 61205);
b) le **spese di ristrutturazione su beni di terzi**, sostenute dal conduttore per l'immobile locato, sono considerate inerenti a condizione che la destinazione all'attività d'impresa (strumentalità) sia verificata in concreto, con riferimento all'effettiva destinazione, anche a prescindere dalla categoria catastale (Cass. SU 11 maggio 2018 n. 11533) o che siano comunque volte ad incrementare la redditività dell'impresa (Cass. 27 marzo 2015 n. 6200), contrariamente a pronunce precedenti che avevano dato rilevanza al beneficio a favore del locatore (Cass. 10 febbraio 2006 n. 2939);
c) è considerato inerente anche l'acquisto di interventi gratuiti di **ripristino infrastrutturale su beni di terzi** da parte di un'impresa di costruzione impegnata in un appalto per la realizzazione di un villaggio turistico, in quanto utilizzati nell'attività economica sia dell'impresa di costruzione che del committente, nella misura in cui essi siano necessari alla realizzazione di tali opere e il loro costo sia incluso «a valle» nel prezzo della costruzione (C.Giust. UE 14 settembre 2017 C-132/16);
d) è inerente l'acquisto di un immobile strumentale all'attività d'impresa di una **società di fatto**, se acquistato e fatturato ai soci di fatto (Ris. Min. 9 novembre 1981 n. 333287);
e) è detraibile l'IVA per l'acquisto di un immobile strumentale di un'**associazione professionale** priva di personalità giuridica, anche se gli effetti del trasferimento si producono nei confronti dei singoli associati (Ris. AE 15 febbraio 2008 n. 48/E);
f) sono inerenti i beni/servizi acquistati utilizzati per effettuare operazioni con corrispettivi inferiori al prezzo di acquisto o di costo (c.d. **sottocosto**) se riconducibili all'attività del soggetto passivo e/o in vista di un'utilità prospettica (Cass. 30 settembre 2015 n. 19408);
g) per i **beni** suscettibili di **utilizzazione indifferenziata** (cioè non specifica dell'impresa, ad esempio un computer portatile), può essere difficile valutare l'inerenza. In questi casi, ove non siano stabilite norme specifiche, le prove fornite dal contribuente vanno valutate caso per caso (Cass. 19 marzo 1992 n. 3419);
h) i costi sostenuti da un'impresa per offrire **benefici in favore dei figli** dei dipendenti (es. vacanze), nonché per la **formazione** e per servizi di **trasporto per i dipendenti** (c.d. **welfare aziendale**), sono stati considerati inerenti come spese generali connesse alle attività economiche dell'impresa nel suo complesso (Cass. 13 settembre 2018 n. 22332).

Per **ulteriori esempi** e analisi vedi anche il principio dell'inerenza applicato in ambito IRES (n. 22720 e s.).

B. Addebito in fattura

48050 Normalmente, per operare la detrazione, l'acquirente ha bisogno della fattura con la quale il fornitore, esercitando la cosiddetta rivalsa, gli ha addebitato l'IVA.
L'**acquirente** deve conservare e registrare la fattura come supporto documentale della detrazione.

La **rivalsa** ovviamente:
– **non è obbligatoria** per le cessioni gratuite di beni imponibili (v. n. 40310 e s.) e per la destinazione di beni o servizi per il consumo personale o familiare del soggetto passivo o per altre finalità estranee all'esercizio dell'impresa (c.d. autoconsumo, v. n. 40370 e s.);
– **non si applica** quando è l'acquirente il soggetto obbligato e pertanto deve supportare la detrazione con la rispettiva documentazione (come nei casi di inversione contabile previsti dalla normativa nazionale, v. n. 52940, o per le esportazioni e le cessioni intra UE).

Se l'acquirente **non riceve la fattura entro** 4 mesi dalla data di effettuazione dell'operazione, deve, entro 30 giorni, emettere la fattura e versare l'IVA secondo la procedura di cui al n. 87042, che gli consente la detrazione secondo le regole generali. **48055**

Addebito errato Se l'acquirente non riesce ad ottenere la rettifica da parte del fornitore, deve regolarizzare egli stesso l'operazione seguendo la procedura di cui al n. 87043. **48058**
Infatti, pur essendo sempre dovuta dal fornitore (v. n. 56870), l'IVA erroneamente addebitata all'acquirente a fronte di operazioni:
a) fuori campo, non imponibili o **esenti,** non è comunque detraibile (Cass. 3 novembre 2020 n. 24289, Circ. AE 13 marzo 2009 n. 8/E, Cass. 5 settembre 2014 n. 18764, Cass. 10 giugno 1998 n. 5733, C.Giust. CE 15 marzo 2007 C-35/05). L'acquirente può solo adire la giustizia ordinaria per il rimborso dell'IVA versata al fornitore;
b) soggette ad **aliquota inferiore**, è detraibile, nella misura dell'IVA effettivamente dovuta e non di quella fatturata (Cass. 16 marzo 2022 n. 8589, Cass. 21 aprile 2021 n. 10439), con applicazione della sanzione fissa di cui al n. 87040 (art. 6 c. 6 D.Lgs. 471/97);
c) soggette ad **inversione contabile**, se l'acquirente **non emette l'autofattura** (o omette la doppia registrazione sui registri IVA) ma il cedente versa l'imposta, non perde il diritto alla detrazione (art. 6 c. 9 bis 1 D.Lgs. 471/97), ma rimane esposto alle sanzioni di cui al n. 87045 (Risp. AE 22 luglio 2021 n. 501). La detrazione non è invece ammessa per la Corte di Giustizia, secondo cui l'acquirente può solo chiedere il rimborso dell'IVA al fornitore (C.Giust. UE 21 febbraio 2018 C-628/16, C.Giust. UE 26 aprile 2017 C-564/15).

> **Precisazioni** 1) L'**acquirente consumatore finale** può solo adire contro il cedente la giustizia ordinaria (ai sensi dell'art. 2033 c.c.).
2) **Secondo l'AIDC** il diritto a detrazione, al di fuori di ipotesi di frode, compete in tutti i casi in cui un'operazione è stata erroneamente assoggettata ad imposta, non solo in caso di errore di aliquota, ma anche in caso di **operazioni esenti**, **fuori campo** o **non imponibili** (Aidc Norma di comportamento 29 luglio 2021 n. 214).

Mancanza della fattura Se l'acquirente non è in grado di **esibire** la fattura su richiesta, l'AF può recuperare a tassazione l'imposta detratta (Cass. 1° ottobre 2014 n. 20698, Cass. 26 ottobre 2011 n. 22245, Cass. 16 luglio 2003 n. 11109). **48060**
In caso di **smarrimento**, **furto**, **incendio** o altro caso di perdita incolpevole della contabilità, la prova della legittimità della detrazione spetta al contribuente, che può fornirla anche acquisendo dai fornitori copia delle fatture o riscontro contabile (non è sufficiente un'autodichiarazione del contribuente contenente l'elenco delle fatture, Cass. 29 settembre 2006 n. 21233, Cass. 11 aprile 2008 n. 9610).

> **Precisazioni** 1) Pare sempre più prevalente una linea interpretativa che, in sintonia con la giurisprudenza comunitaria, privilegia gli **aspetti sostanziali** (soggettività passiva dell'acquirente, inerenza del bene/servizio), per cui pur in presenza di **irregolarità contabili** sanzionate (es. carenza indicazioni previste dalla legge per la fattura, irregolare tenuta del registro IVA, ecc.), quando la prova della esistenza dell'operazione è data in modo certo con altri elementi informativi, il diritto alla detrazione non viene meno (C.Giust. UE 15 settembre 2016 C-516/14, C.Giust. UE 9 luglio 2015 C-183/14, Cass. 24 settembre 2015 n. 18924, Cass. 21 maggio 2014 n. 11168, Cass. 5 maggio 2010 n. 10819).
2) La detrazione non è ammessa nel caso di omissione **fraudolenta** della maggior parte degli obblighi formali (C.Giust. UE 28 luglio 2016 C-332/15).

Mancanza della registrazione (art. 25 c. 1 DPR 633/72) Pregiudica il diritto di detrarre l'imposta, ma consente di chiederne il rimborso mediante presentazione di dichiarazione IVA integrativa ed istanza di rimborso (v. n. 80450 e s., Cass. 9 ottobre 2009 n. 21457, Cass. 6 febbraio 2004 n. 2274). **48065**

Per l'analoga posizione della Corte di Giustizia vedi le precisazioni al n. 48060.

II. Calcolo della detrazione

48080 Il diritto alla detrazione spetta se e nella misura in cui i beni e servizi acquistati risultano impiegati, nel senso di cui al n. 48020, per le operazioni (a valle) indicate in **tabella**.
Il contribuente non deve attendere l'effettivo utilizzo essendo sufficiente che **al momento dell'acquisto** i beni (o servizi) siano destinati ad operazioni che danno diritto a detrazione (salvo successivo obbligo di rettifica ricorrendone le ipotesi, v. n. 48230).
Come si vede le operazioni imponibili e non imponibili danno in generale il diritto alla detrazione, quelle esenti o fuori campo, in generale no, salvo le eccezioni indicate.

Abbr.	Tipo di operazione	Rinvio	Fonte (DPR 633/72)	Diritto alla detrazione	Fonte del diritto alla detrazione (DPR 633/72)
I	**Imponibili**	40200		**SÌ**	art. 19 c. 1
NI	**Non imponibili:**				
	– esportazioni	65000	art. 8	**SÌ**	art. 19 c. 3 lett. a
	– cessioni intra UE	66072	artt. 40 e 41 DL 331/93		
	– servizi internazionali	67150	art. 9		
	– esportazioni assimilate (navi e aeromobili)	67210	art. 8 bis		
	– a viaggiatore extra UE (bagaglio personale)	66108	art. 38 quater		
	– Vaticano, San Marino e altre diverse	67310	artt. 71 e 72		
	– operazioni dei depositi IVA (classificate tra le NI per omogeneità di ambito e trattamento)	65250	art. 50 bis DL 331/93		art. 19 c. 2
E	**Esenti**				
End	In generale	40700	art. 10	**NO**	art. 19 c. 2
	Eccezioni:				
Ed	– finanziarie e assicurative rese a soggetti extra UE (o UE ma relative a beni destinati all'esportazione)	40710 40780	art. 10 c. 1 n. 1-4	**SÌ**	art. 19 c. 3 lett. a bis
Ed	– cessioni ai facilitatori nelle vendite a distanza	65312	art. 10 c. 3	**SÌ**	art. 19 c. 3 lett. d bis
Ed	– cessioni di oro produttori/trasformatori di oro da investimento	40755	art. 10 c. 1 n. 11	**SÌ**	art. 19 c. 3 lett. d
FC	**Fuori campo**				
FCnd	In generale:	40100		**NO**	art. 19 c. 2
	Eccezioni:				
FCd	– extraterritoriali, che se fossero effettuate nel territorio dello Stato sarebbero detraibili	43000	artt. 7 e s.	**SÌ**	art. 19 c. 3 lett. b
FCd	– cessione di campioni gratuiti	40320	art. 2 c. 3 lett. d	**SÌ**	art. 19 c. 3 lett. c
FCd	– omaggi ≤ 50 €	40330	art. 2 c. 2 n. 4	**SÌ**	art. 19 bis 1 c. 1 lett. h
FCd	– denaro, crediti	40265	art. 2 c. 3 lett. a	**SÌ**	art. 19 c. 3 lett. c
FCd	– cessione di azienda o ramo	89020	art. 2 c. 3 lett. b	**SÌ**	art. 19 c. 3 lett. c

Abbr.	Tipo di operazione	Rinvio	Fonte (DPR 633/72)	Diritto alla detrazione	Fonte del diritto alla detrazione (DPR 633/72)
FCd	– passaggi di beni per operazioni straordinarie	89000	art. 2 c. 3 lett. f	**SÌ**	art. 19 c. 3 lett. c
	Caso particolare:				
FCnd	– operazioni a premio	48145	art. 2 c. 3 lett. m	**NO**	art. 19 c. 2
SP	Settori particolari (tabacchi, editoria, vendita al pubblico di documenti di trasporto, ecc.)	62630 64400	art. 74 c. 1	**SÌ**	art. 19 c. 3 lett. e
Nota bene: la norma fa riferimento alla distinzione tra operazioni soggette e non soggette, nella tabella e nei successivi paragrafi invece, onde evitare ambiguità di significato, si fa riferimento alle operazioni in campo e fuori campo IVA (v. n. 40120).					

Se l'impresa svolge esclusivamente operazioni che danno diritto alla detrazione, l'unica ulteriore questione da porsi riguarda i casi di indetraibilità **per natura** delle singole operazioni di acquisto (v. n. 48100 e s.). **48085**
In caso contrario, oltre a tener conto di questi ultimi, in misura totale o parziale ove previsto, è necessario applicare le limitazioni alla detrazione **per destinazione** indicate in **tabella**.
Per gli enti non commerciali che effettuano anche operazioni commerciali o agricole v. n. 97250.

Caso	Descrizione	Abbrev.	Indetraibilità per destinazione	Rinvio / Note	Fonte (DPR 633/72)
Attività con **operazioni esclusivamente**:					
1	– **con** diritto a detrazione	**I, NI, FCd, Ed, SP**	**no**	salvo verifica indetr. per natura 48100	
2	– **senza** diritto a detrazione	**End, FCnd**	**totale**		art. 19 c. 2
Attività con **operazioni miste**:					
3a	l'acquisto di **beni o servizi utilizzati esclusivamente** per operazioni **con** diritto a detrazione	idem caso 1	**no**	salvo verifica indetr. per natura 48100	
3b	l'acquisto di beni o servizi utilizzati esclusivamente per operazioni **senza** diritto a detrazione	idem caso 2	**totale**		
3c	l'acquisto di beni o servizi utilizzati per operazioni **in parte**: – **con** diritto a detrazione – **fuori campo senza** diritto a detrazione	**I, NI, Ed, FCd, SP / FCnd**	**pro-quota**	48190	art. 19 c. 4
4	– **con** diritto a detrazione – **esenti** (*)	**I, NI, Ed, FCd, SP / End**	**pro-rata**	48200	art. 19 c. 5
5	– **con** diritto a detrazione – **fuori campo senza** diritto a detrazione	**I, NI, Ed, FCd, SP / FCnd**	**pro-quota**	48190	art. 19 c. 4

Caso	Descrizione	Abbrev.	Indetraibilità per destinazione	Rinvio / Note	Fonte (DPR 633/72)
6	– **con** diritto a detrazione – **fuori campo senza** diritto a detrazione – **esenti**	**I, NI, Ed, FCd, SP / FCnd / End**	**FCnd / pro-rata**	indetraibilità delle FCnd, da escludere dal calcolo del pro-rata	Circ. Min. 24 dicembre 1997 n. 328/E
(*) Se effettuate solo **occasionalmente** (v. n. 48190) si applica invece il pro-quota.					

A. Indetraibilità per natura

48100 Per alcuni **acquisti** (o importazioni) di beni e servizi **tassativamente individuati** dalla legge in quanto tipicamente ad uso promiscuo, cioè utilizzati per attività d'impresa come per fini privati, è prevista l'indetraibilità totale o parziale dell'IVA. Essa ha natura oggettiva, quindi prescinde dalla destinazione dell'acquisto, salvo le eccezioni espressamente indicate.

48105 **VEICOLI STRADALI A MOTORE** (art. 19 bis 1 lett. c, d DPR 633/72, Ris. DF 20 febbraio 2008 n. 6/DPF) **In generale**, sono detraibili al 40% sia il costo di **acquisto** (**inclusi** componenti, ricambi, carburanti e lubrificanti destinati agli stessi mezzi) che i **servizi** strettamente correlati (appalto, leasing, noleggio, impiego, custodia, manutenzione, transito stradale, ecc.).
I costi relativi ai **motocicli** di cilindrata superiore a 350 cc sono totalmente indetraibili (v. n. 48155).
Per **documentare** le prestazioni di transito autostradale è necessario richiedere la **fattura** emessa dai concessionari (anche tramite **telepass**).
Per i carburanti - benzina, gasolio, gpl, metano - c'è l'obbligo della fattura elettronica e del pagamento con mezzi tracciabili, non in contanti (v. n. 23710), esclusi i regimi forfettizzati, es. agricolo, che non determinano analiticamente il reddito (Risp. AE 27 settembre 2018 n. 13).
Non è obbligatorio riportare sulla fattura elettronica il numero di **targa**, che, ove utile (es. in caso di possesso di più veicoli), può essere indicato nel campo «AltriDatiGestionali» (Risp. AE Telefisco 31 gennaio 2019).
L'**utilizzo a fini personali** dei veicoli per i quali la detrazione è stata limitata al 40% non deve essere autofatturato, essendo escluso dal campo di applicazione IVA (art. 3 c. 6 DPR 633/72).

> **Precisazioni 1) Si definiscono** veicoli stradali a motore le autovetture, i motocicli ed i ciclomotori, diversi dai trattori agricoli o forestali, normalmente adibiti al trasporto stradale di persone o beni la cui massa massima autorizzata non supera 3.500 kg e il cui numero di posti a sedere, escluso quello del conducente, non è superiore a otto.
2) Per le **biciclette**, anche elettriche, che ordinariamente non rientrano nei parametri tecnici dei motocicli, non sono previste limitazioni specifiche, per cui sono detraibili se e nella misura in cui inerenti.
3) Se un'impresa diversa da una società di leasing (o noleggio), acquisisce un veicolo mediante un contratto di leasing (o di noleggio) e lo concede poi in **sub-leasing** (o sub-noleggio), l'IVA pagata dal sub-locatore è detraibile nei limiti del 40%, così come quella pagata dal sub-locatario (da applicare su una base imponibile parziale, v. n. 45550).
4) Nel caso del **mandato** l'indetraibilità (parziale) grava su chi utilizza il bene (rileva il consumo), quindi in una commissione alla vendita sull'acquirente finale non sul mandatario (Risp. AE 12 luglio 2021 n. 473).

48110 La **percentuale** fissata per legge non può essere superata neanche dimostrando un utilizzo maggiore per l'attività d'impresa, salvo per i beni elencati in **tabella.**

Eccezioni: casi di detraibilità integrale	Riferimenti normativi
A) oggetto dell'**attività propria** dell'impresa (v. n. 40310) Es.: concessionari di vendita, anche per veicoli utilizzati per dimostrazioni o sostituzioni in caso di riparazione (se previsto contrattualmente)	Ris. Min. 27 luglio 1990 n. 550378 Circ. DRE Lombardia 23 novembre 2000 n. 29

Eccezioni: casi di detraibilità integrale	Riferimenti normativi
B) utilizzati **esclusivamente nell'esercizio** d'impresa, arte o professione (fini strumentali) Esempi:	
– veicoli aziendali messi a disposizione dei dipendenti (non amministratori o co.co.co.) a fronte di un corrispettivo al valore normale (da calcolare come ai fini IRPEF, v. n. 8281)	– DRE Lombardia risposta a interpello 904-472/14
– veicoli utilizzati da imprese di noleggio, leasing, taxi o scuole guida	– Decisione CE 2007/441/CE
– pedaggi autostradali sostenuti dal dipendente nell'esclusivo interesse dell'impresa e distintamente rilevati con Telepass	– DRE Lazio risposta a interpello 954-716/17
C) acquistati da agenti o **rappresentanti** di commercio tassativamente registrati negli albi ed anche operanti in forma societaria (la quota di utilizzo a fini privati è indetraibile o tassata, come autoconsumo, sul valore normale)	Ris. Min. 13 ottobre 1984 n. 398486

TRASPORTO DI PERSONE (art. 19 bis 1 lett. e DPR 633/72) L'acquisto di **servizi** di trasporto di persone effettuato direttamente dall'utilizzatore del servizio è indetraibile. È invece detraibile il trasporto commissionato dall'impresa al vettore (ad esempio per il trasporto dei propri **dipendenti**, Ris. Min. 10 novembre 1979 n. 361729). 48115

ABITAZIONI Principio (art. 19 bis 1 lett. i DPR 633/72) L'acquisto, locazione (o leasing), manutenzione, recupero e gestione di fabbricati (o porzioni) a destinazione abitativa, che risultino tali secondo le risultanze catastali (v. n. 7020), sono indetraibili. 48120

> **Precisazioni 1)** Sono state però considerate strumentali, e quindi detraibili, le abitazioni acquistate per essere destinate ad attività **turistico ricettive** di carattere alberghiero, comprese le relative spese di manutenzione e ristrutturazione (v. n. 61210, Ris. AE 22 febbraio 2012 n. 18/E, Cass. 9 marzo 2016 n. 4606, Cass. 29 aprile 2015 n. 8628); diversamente dall'**affittacamere** occasionale, considerato indetraibile (Cass. 5 luglio 2013 n. 16853).

2) Secondo la Cassazione la **strumentalità** va sempre verificata in concreto rispetto all'esercizio dell'attività, anche in funzione prospettica, anche a prescindere dalla categoria catastale (Cass. 28 aprile 2022 n. 13259).

Eccezioni Sono invece detraibili per le imprese: 48125
a) con oggetto esclusivo o principale la **costruzione** di fabbricati abitativi (v. n. 60640);
b) che li **locano** in regime di esenzione (v. n. 61205), alle quali si applica la detrazione pro-rata (v. n. 48200 e s.);

TELEFONI CELLULARI L'acquisto e le spese di gestione sono detraibili **nella misura** in cui sono utilizzati nell'esercizio dell'impresa, arte o professione, da quantificare secondo criteri oggettivi, coerenti con la natura dei beni e dei servizi acquistati. 48130
La percentuale di utilizzo va indicata in dichiarazione (quadro VA) e l'AE si riserva di concentrare i controlli su quelle superiori al 50% (art. 1 c. 255 L. 244/2007).
I datori di lavoro che li **assegnano ai dipendenti**, a cui viene addebitata direttamente dalla compagnia telefonica la quota di utilizzo privato, detraggono parzialmente l'acquisto del cellulare ed interamente il traffico telefonico effettuato a fini aziendali (Circ. AE 19 febbraio 2008 n. 12/E).

Sono detraibili, nella stessa misura, le spese per l'acquisto di **SIM ricaricabili** da concedere in uso ai propri dipendenti, pur essendo già assoggettate dal produttore al regime monofase (v. n. 64400), e sempreché l'IVA sia esposta in fattura (Ris. AE 22 ottobre 2020 n. 69/E).

ALIMENTI E BEVANDE (art. 19 bis 1 lett. f DPR 633/72) L'**acquisto diretto** di alimenti e bevande è indetraibile, **salvo** quelli impiegati per: 48135
- l'**attività propria** dell'impresa (v. n. 40310), es. società che organizza convegni acquista servizi di ristorazione offrendo un pacchetto completo ai clienti;
- **mense** scolastiche, aziendali o interaziendali;
- **distributori automatici** collocati nei locali dell'impresa (che dovrebbe intendersi esteso anche agli studi professionali);
- **omaggi** ≤ € 50 (v. n. 48140).

La **somministrazione** di alimenti e bevande (incluse le **prestazioni alberghiere)** è detraibile (es. pranzi di affari, spese sostenute da dipendenti o collaboratori in trasferta, mense aziendali, art. 83 c. 28 bis e s. DL 112/2008 conv. in L. 133/2008). Se sono **fruite da un soggetto diverso** dal committente del servizio (dipendente, amministratore o professionista), la fattura o una nota ad essa allegata, deve indicare anche l'intestazione a tale soggetto (Circ. AE 5 settembre 2008 n. 53/E).

Per le **spese di rappresentanza** v. n. 48140.

48140 **OMAGGI E ALTRE SPESE DI RAPPRESENTANZA** (art. 19 bis 1 lett. h DPR 633/72)
Le spese di rappresentanza, come **definite ai fini delle imposte sul reddito** (v. n. 23335 e s.), sono indetraibili, salvi gli acquisti di **beni di costo unitario** non superiore a € 50 (Circ. AE 13 luglio 2009 n. 34/E).
È **detraibile** l'IVA relativa alle spese per:
– beni offerti come **sconti contrattuali in natura** (es. vendite promozionali del tipo «3 per 2», v. n. 45280);
– **ospitalità** sostenute in occasione di mostre, fiere, visite aziendali, ecc. (v. n. 23350), incluse quelle per i giornalisti (Cass. 4 maggio 2016 n. 8850).

48145 **CONCORSI E OPERAZIONI A PREMIO** (art. 19 c. 2, art. 2 c. 3 lett. m DPR 633/72)
L'acquisto di beni e servizi **messi in palio** dai soggetti promotori di manifestazioni a premio è indetraibile.
Se l'impresa addebita al consumatore un **contributo in denaro** per ottenere il premio (es. raccolte punti), una quota corrispondente dell'IVA corrisposta per l'acquisto diviene detraibile mediante rettifica (Ris. AE 27 giugno 2001 n. 94/E, Circ. AE 12 aprile 2002 n. 32/E).
Se l'operazione a premio è **promossa congiuntamente** da più soggetti l'indetraibilità riguarda solo coloro che utilizzano i beni come premi per i clienti che ne hanno diritto. Pertanto se un soggetto A acquista i beni da utilizzare come premio ma li cede a B (gestore degli impianti di distribuzione di A) che poi li consegna ai clienti, l'indetraibilità opera solo in capo a B (Ris. AE 22 novembre 2002 n. 368/E).

48150 Nel caso di premi per il cui acquisto l'IVA non è indicata sulla fattura (es. operazioni esenti o escluse, regimi speciali, ecc.), la ditta promotrice dovrà versare un'**imposta sostitutiva** del 20% sul prezzo di acquisto del premio o, in caso di operazione a premio con contributo, sulla differenza tra il valore normale del premio e il contributo richiesto, assunti al netto dell'IVA (art. 19 c. 6 e 8 L. 449/97, Circ. AE 12 aprile 2002 n. 32/E).
Sono esclusi dall'imposta sostitutiva i biglietti delle **lotterie** nazionali, le giocate del lotto e la conversione dei punti maturati nell'ambito di un'operazione a premio con punti di un'altra operazione a premio (Ris. AE 19 febbraio 2014 n. 23/E).
Il **versamento** dell'imposta sostitutiva va effettuato **entro** il giorno 16 del mese successivo al pagamento del corrispettivo, o se precedente, alla data di emissione della fattura (Ris. AE 22 ottobre 2009 n. 261/E) con **codice tributo** 1672.

48155 **BENI DI LUSSO E SERVIZI CORRELATI** (art. 19 bis 1 lett. b, d DPR 633/72)
Sono indetraibili l'acquisto e i servizi correlati (appalto, noleggio, impiego, custodia, manutenzione, riparazione e simili) dei beni inclusi nella tabella B allegata al DPR 633/72:
– i **motocicli** con motore di cilindrata superiore ai 350 cc (Circ. AE 12 ottobre 2007 n. 55/E);
– **aeromobili**, navi e **imbarcazioni** da diporto;
– **vini** spumanti a denominazione di origine;
– lavori in platino (esclusi quelli per uso industriale, sanitario e di laboratorio) e prodotti con parti o guarnizioni in platino;
– pelli da pellicceria (es. zibellino, visone, leopardo, ecc.);
– tappeti e guide (originari dall'Oriente, Estremo Oriente e Nord Africa) fabbricati a mano.
Per gli **imprenditori** l'IVA è detraibile se il bene o servizio acquisito è oggetto dell'attività propria dell'impresa (v. n. 40310) e, solo per gli aeromobili, se utilizzati esclusivamente come beni strumentali (es. compagnie aeree).
Per gli **artisti e i professionisti** l'imposta è sempre indetraibile.

B. Indetraibilità pro-quota

DEFINIZIONE (art. 19 c. 4 DPR 633/72) Si tratta di beni e servizi utilizzati **in parte** per operazioni con diritto alla detrazione e in parte per operazioni **fuori campo** senza diritto alla detrazione (v. n. 48080 e s.). 48190
Si applica anche ai beni e servizi utilizzati in parte per operazione con diritto a detrazione e in parte per operazioni **esenti occasional**i (v. n. 48200).

AMMONTARE DETRAIBILE (art. 19 c. 4 DPR 633/72) Corrisponde alla quota imputabile alle operazioni che danno diritto alla detrazione da determinare con **criteri oggettivi**, coerenti con la natura dei beni e servizi acquistati. 48195

ESEMPIO
1) Per le **spese di riscaldamento** di un fabbricato utilizzato sia per attività imponibili che per attività che non danno diritto a detrazione, è possibile una ripartizione basata sulla cubatura dei rispettivi locali (Circ. Min. 24 dicembre 1997 n. 328/E).
2) Per le spese di **costruzione** di un immobile costituito da più unità immobiliari non tutte destinate ad attività che attribuiscono il diritto a detrazione, è stata autorizzata la ripartizione basata sulle quote millesimali (Risp. AE 18 settembre 2018 n. 4).

Nel caso di **società di comodo** che svolgono anche un'attività commerciale, per stabilire la misura della detrazione IVA, l'attività non commerciale praticata nei confronti dei soci o dei familiari deve essere valutata al valore normale (prezzo medio applicabile ai terzi, Ris. Min. 8 settembre 1998 n. 137/E).

Onde evitare la complessità della gestione della detrazione dell'IVA in caso di attività miste, l'impresa può **fatturarne** la quota di utilizzo senza diritto alla detrazione (es. il **consumo privato** di auto e telefoni assegnati ai dipendenti), in modo da ricondurli alla detraibilità integrale (v. n. 45550 e s.). 48197

C. Indetraibilità pro-rata

DEFINIZIONE (art. 19 c. 5 DPR 633/72) Ai contribuenti che nell'ambito della propria attività compiono **sistematicamente** operazioni sia con diritto alla detrazione (v. n. 48080) sia esenti, la detrazione spetta in misura proporzionale alle prime applicando una percentuale di detrazione forfettaria a tutti gli acquisti senza distinzioni basate sull'effettivo utilizzo. 48200
La **saltuaria ma ripetuta** effettuazione di operazioni esenti, anche se avviene a titolo transitorio, rappresenta un'attività economica che obbliga all'utilizzo del pro-rata (Circ. AE 19 giugno 2002 n. 54/E).
L'**occasionale** effettuazione di operazioni esenti da parte di un contribuente che svolge essenzialmente un'attività soggetta ad IVA non dà luogo all'applicazione del pro-rata, ma determina l'indetraibilità pro-quota (v. n. 48190 e s., Circ. Min. 3 agosto 1979 n. 25/364695).
Onde mitigare gli effetti negativi del pro-rata è possibile **optare** per la contabilità IVA separata di cui al n. 56170, **segregando** le attività senza diritto a detrazione.

CALCOLO DEL PRO-RATA (art. 19 bis DPR 633/72) La **percentuale** di detrazione scaturisce dalla **frazione** avente al numeratore le operazioni con diritto a detrazione **(A)** e al denominatore le stesse **(A)** sommate alle operazioni esenti, con le esclusioni indicate nelle seguenti **tabelle**: 48205

	Tipo di operazione (rif. n. 48080)	Applicazione	Esclusioni
NUMERATORE (A)	I	tutte (salvo esclusioni)	– cessioni di beni ammortizzabili materiali ed immateriali – passaggi interni tra più attività in caso di opzione per la gestione separata di più attività (v. n. 56170 e s.)
	NI	tutte (salvo esclusioni)	
	FCd	– le operazioni fuori campo per la territorialità, che sarebbero detraibili se fossero territorialmente rilevanti	– denaro e crediti di denaro – campioni gratuiti – omaggi < 50€ – per operazioni di fusione, trasformazione e scissione, cessioni e conferimenti di aziende e rami aziendali
	Ed	– finanziarie e assicurative rese a soggetti extra UE o relative a beni destinati all'esportazione – cessioni ai facilitatori nelle vendite a distanza – cessioni di oro dei soggetti che producono o trasformano oro da investimento	
	SP	rilevano **in misura del** corrispettivo che è dovuto al rivenditore sulla base degli accordi contrattuali, che può consistere in un aggio sulle vendite, o nell'intero prezzo di rivendita praticato al pubblico	
DENOMINATORE	**Totale di A**	(totale del numeratore)	
	E art. 10 c. 1 n. 1-9 DPR 633/72	– attività finanziarie (comprese le dilazioni di pagamento in genere) ed assicurative **(*)** (art. 10 n. 1-4) – attività connesse al versamento delle imposte (art. 10 n. 5) – lotto e lotterie, scommesse ed altri giochi (art. 10 n. 6, 7) – mandato e mediazioni relative ai punti precedenti (art. 10 n. 9)	**se:** – **non** oggetto dell'**attività propria** dell'impresa (n. 40310) – **accessorie** ad operazioni imponibili (sulla base di una valutazione sostanziale, basata sull'effettiva attività esercitata, non sull'oggetto sociale) quindi con impiego limitato di risorse (esempio dilazioni offerte da aziende industriali, Ris. AE 5 aprile 2011 n. 41/E), non comportanti unità organizzativa ad hoc, o con impiego limitatissimo di beni e servizi soggetti ad IVA (C.Giust. UE 29 aprile 2004 C-77/01)
	E art. 10 c. 1 n. 11-27 DPR 633/72	– cessioni di oro da investimento (art. 10 n. 11) – cessioni gratuite per scopi benefici (art. 10 n. 12 e 13) – servizi pubblici trasporti e posta (art. 10 n. 14-16) – servizi socio-assistenziali, culturali e sanitari (art. 10 n. 18-23, 27 ter) – cessioni di organi, sangue e latte, ecc. (art. 10 n. 24) – servizi di pompe funebri (art. 10 n. 27)	– cessioni di beni acquistati senza il diritto alla detrazione totale dell'imposta art. 10 n. 27 quinquies
	(*) Le **estensioni di garanzia** accessorie ad un'operazione di vendita, in quanto operazioni di natura assicurativa, non sono da escludere dal denominatore del pro-rata secondo la Direttiva (C.Giust. 8 luglio 2021 C-695/19).		

48207 Il risultato del calcolo è **arrotondato** all'unità superiore o inferiore a seconda che la parte decimale superi o meno i 5 decimi, tenendo conto di 3 cifre decimali dopo la virgola. Se la percentuale risultante dall'operazione è 99,500% si arrotonda a 99% (con la conseguenza sul piano pratico di determinare una **soglia minima** di applicazione del pro-rata), e viceversa, se risulta 99,501% si arrotonda al 100%.

MODALITÀ DI APPLICAZIONE La detrazione in misura ridotta è operata nella prima liquidazione periodica successiva alle **prime operazioni esenti**, in forma provvisoria utilizzando la percentuale dell'anno precedente. Nel corso dell'anno di inizio dell'attività che determina assoggettamento al pro-rata, si utilizza una percentuale presuntiva. 48210
In sede di **dichiarazione annuale** la riduzione della detrazione è effettuata in forma definitiva, con conguaglio, applicando la percentuale consuntiva.
Se in un determinato anno il soggetto **non** effettua alcuna **operazione attiva**, non si applica il pro-rata e l'imposta detraibile va determinata secondo criteri oggettivi, coerenti con la natura dei beni e servizi acquistati (Circ. AE 19 giugno 2002 n. 54/E).

Solo in caso di **cambiamenti normativi** che hanno qualificato operazioni esenti come imponibili è stata autorizzata la riduzione in corso d'anno del pro-rata di indetraibilità in base ad una percentuale presuntiva per tenerne conto (Ris. Min. 17 dicembre 1991 n. 430630).

III. Termini per l'esercizio della detrazione

(art. 19 c. 1 DPR 633/72)

Il diritto alla detrazione può essere esercitato **a partire dal periodo** in cui l'operazione si considera effettuata **a condizione** di ricevere e registrare la relativa fattura entro il giorno 15 del mese successivo (del secondo mese successivo al trimestre per i trimestrali), **escluse** le operazioni effettuate nell'**anno precedente**, detraibili a partire dal periodo in cui si riceve la fattura (art. 1 c. 1 DPR 100/98, Circ. AE 17 gennaio 2018 n. 1/E). 48220
In ogni caso il **termine finale** per l'esercizio della detrazione è quello della dichiarazione relativa all'anno in cui risultano verificati entrambi i requisiti (effettuazione dell'operazione e ricezione della fattura o emissione della nota di variazione, Risp. AE 17 febbraio 2021 n. 119).
Per le **fatture registrate nell'anno successivo** alla ricezione, ma entro il termine della dichiarazione, la detrazione avviene con il saldo della stessa dichiarazione, dopo aver registrato la fattura su un apposito sezionale (Risp. AE Telefisco 31 gennaio 2019).

Effettuazione operazione	Ricezione fattura	Registrazione	Termine iniziale	Termine finale
ottobre 2022	15 novembre 2022	15 novembre 2022	16 novembre 2022	2 maggio 2023
ottobre 2022	15 novembre 2022	16 novembre 2022	16 dicembre 2022	2 maggio 2023
ottobre 2022	17 novembre 2022	16 dicembre 2022	16 gennaio 2022	2 maggio 2023
novembre 2022	dicembre 2022	gennaio 2023	dich. IVA 2023	2 maggio 2023
dicembre 2022	gennaio 2023	gennaio 2023	16 febbraio 2023	30 aprile 2024
dicembre 2022	marzo 2023	marzo 2023	17 aprile 2023	30 aprile 2024

L'individuazione della **data di ricezione** della fattura dipende dal mezzo di trasmissione e va documentata di conseguenza: timbro aziendale per posta e consegne dirette, ricevuta per i corrieri, messaggio di ricezione per la PEC. 48222
Per la **fattura elettronica** rilevano, a seconda del sistema di recapito utilizzato (v. n. 52762 e s.):
a. PEC: la ricevuta rilasciata allo SdI dal gestore della PEC di consegna nella casella del destinatario;
b. web service/FTP: la ricevuta di consegna telematica;
c. area riservata del sito internet AE: la messa a disposizione del documento sul sito.

Non vale ai fini della detrazione la copia di cortesia richiesta dall'acquirente in formato cartaceo o pdf.

48225 **Scaduto il termine finale**:
– se il fornitore emette una **nota di variazione** entro i termini previsti (v. n. 56860 e s.) per correggere errori avvalendosi del ravvedimento operoso, l'acquirente che riceve la nota di variazione ha diritto di portarla in detrazione entro il termine della dichiarazione relativa all'anno in cui riceve il documento;
– **se** sono **spirati i termini** per l'emissione della nota di variazione, per impedimenti oggettivi, non per colpevole inerzia, è possibile recuperare l'IVA non detratta con dichiarazione integrativa, entro i relativi termini, o presentando istanza di rimborso (v. n. 55815) entro i 2 anni successivi (Circ. AE 29 dicembre 2021 n. 20).

IV. Rettifica della detrazione

(art. 19 bis 2 DPR 633/72)

48230 L'imposta detratta va rettificata se tra il momento in cui viene inizialmente operata e l'effettivo utilizzo del bene o servizio acquisito (o entro un periodo di osservazione per beni ammortizzabili e immobili) si verificano le variazioni indicate in **tabella**.

<table>
<tr><th>Causa della rettifica</th><th colspan="3">Periodo rilevante</th></tr>
<tr><td>Variazione di:</td><td>Immobili</td><td>Beni ammortizzabili (≠ immobili)</td><td>Altri beni e servizi</td></tr>
<tr><td>a) destinazione dei beni acquistati ad operazioni attive che attribuiscono diritto alla detrazione in misura diversa
es.: un bene inizialmente destinato a finalità di rappresentanza, successivamente ceduto verso corrispettivo</td><td rowspan="5">entro 10 anni dall'acquisto (1) o ultimazione (2)</td><td rowspan="5">entro 4 anni dopo l'entrata in funzione</td><td rowspan="4">entro l'effettivo utilizzo</td></tr>
<tr><td>b) regime delle operazioni attive
es.: impresa edile che vende entro/oltre i 5 anni dalla costruzione (v. n. 60640);
cambiamento di legge riguardo l'imponibilità delle cessioni;
esercizio dell'opzione per la separazione delle attività</td></tr>
<tr><td>c) regime delle detrazioni
es.: attività in regime speciale/forfettario passa in ordinario (v. n. 62175)</td></tr>
<tr><td>d) attività esercitata
es. ampliamento dell'attività con diritto a detrazione con altra che ne è priva</td></tr>
<tr><td>e) pro-rata (v. n. 48200)</td><td>no</td></tr>
<tr><td colspan="4">(1) Per il leasing di immobili rileva l'esercizio dell'opzione per l'acquisto, salvo il caso di un maxi-canone iniziale eccessivamente elevato rispetto al valore complessivo del contratto (Risp. AE 17 settembre 2018 n. 3).
(2) Per le aree rileva la data di ultimazione dei fabbricati insistenti sulle stesse; per ristrutturazioni, ampliamenti e ammodernamenti l'ultimazione della prestazione (Ris. AE 9 luglio 2009 n. 178/E).</td></tr>
</table>

48235 Le norme sulla rettifica non hanno effetti sul diritto alla detrazione, per cui, per gli acquisti originariamente non rientranti nel sistema impositivo dell'IVA (es. per **finalità private**, o da un ente pubblico esclusivamente per attività istituzionali) la rettifica è stata negata (C.Giust. CE 11 luglio 1991 C-97/90, C.Giust. CE 30 marzo 2006 C-184/04, Circ. Min. 17 maggio 2000 n. 98/E).
La rettifica è stata invece consentita:
– ad un **ente pubblico**, soggetto passivo d'imposta dotato di partita IVA, per l'IVA sull'acquisto di un immobile compatibile con l'attività commerciale, che era stato inizialmente destinato alle attività istituzionali (C.Giust. UE 25 luglio 2018 C-140/17);
– a un soggetto passivo per l'acquisto di un immobile inizialmente privo del diritto a detrazione, ma con **progetto** (inclusa istanza di variazione catastale) di destinarlo ad attività con diritto a detrazione (Ris. AE 31 luglio 2007 n. 196/E).

BENI IMMOBILI E BENI AMMORTIZZABILI (art. 19 bis 2 c. 2, 4 e 5 DPR 633/72) **48240**
La rettifica si applica all'acquisto, nonché alle spese di manutenzione straordinaria, di beni delle seguenti 2 categorie:
- beni materiali (v. n. 23610) e immateriali (v. n. 23935), con vita utile di almeno 4 anni e costo unitario > € 516,46;
- immobili, ammortizzabili e non (es. destinati alla vendita).

>**Precisazioni 1)** Per gli acquisti derivanti da **operazioni straordinarie**, si deve far riferimento alla **data** dell'acquisto originario (della società incorporata, partecipante alla fusione, ecc.), essendo ininfluente la modalità: costruzione, appalto, leasing (art. 19 bis 2 c. 7 DPR 633/72, Ris. AE 9 luglio 2009 n. 178/E). Il cedente o conferente è obbligato a fornire i **dati rilevanti** per le rettifiche (art. 2 c. 1 DL 557/93).
2) La rettifica da applicare a singole unità immobiliari comprese in **edifici** o **complessi** acquistati, costruiti o ristrutturati unitariamente, si determina sulla base di parametri unitari (es. metro quadrato o cubo) che rispecchino le proporzioni tra i rispettivi valori (art. 19 bis 2 c. 8 DPR 633/72).
3) La rettifica non si applica se il cambio di destinazione avviene per cause estranee alla volontà del soggetto passivo, ad esempio all'IVA detratta da un'impresa immobiliare per un immobile che rimane **sfitto** per più di due anni, se è dimostrato che, durante tale periodo, ha cercato di darlo in locazione, ad esempio tramite il conferimento di mandati, lo svolgimento di attività di marketing, ecc. (C.Giust. UE 28 febbraio 2018 C-672/16).

Calcolo La rettifica va effettuata in tanti quinti (o decimi) dell'imposta quanti sono gli anni mancanti al compimento del **quinquennio** (**decennio**) contando come un anno intero sia quello in cui avviene l'acquisto che quello in cui interviene la variazione. **48245**

ESEMPIO
1) Se un cespite acquistato nel 20XX, gravato da IVA per € 2.000 (interamente detratta), viene utilizzato per effettuare operazioni senza diritto a detrazione dal 1° ottobre 20X+3, il contribuente dovrà rettificare, cioè restituire, la quota di detrazione imputabile agli anni 20XX+3, 20XX+4 e 20XX+5 (3/5 dell'intera detrazione = € 1.200).
2) Un comune costruisce una palestra destinata ad una scuola, pertanto senza detrarre l'IVA versata per gli acquisti di beni e servizi connessi alla costruzione. Se successivamente, nell'anno X+1, la palestra viene locata per la gestione ad una società commerciale, il comune può rettificare in aumento la detrazione dell'imposta residua (9/10) per i successivi 9 anni.

Cessione in corso di rettifica (art. 19 bis 2 c. 6 DPR 633/72) Se il **bene** viene ceduto in corso di effettuazione di una rettifica, il cedente deve completare la **rettifica** nell'anno della cessione sulla base della percentuale definitiva di detrazione, in **unica soluzione** per l'importo relativo ai residui periodi del quinquennio (decennio). **48250**
Se la cessione del bene è soggetta ad IVA, la percentuale di detrazione per gli anni (interi) mancanti al compimento del quinquennio (o decennio) è considerata pari al 100%. Tuttavia, l'ammontare dell'imposta detraibile non può eccedere quello dell'imposta relativa alla cessione del bene.

>**Precisazioni 1)** È il caso tipico delle **immobiliari di gestione**, per le quali la vendita rappresenta un atto atipico (o accessorio), quindi non risolvibile con il meccanismo del pro-rata.
2) È invece dubbio che possa riguardare le **imprese di costruzione** che cedono un'abitazione dopo 5 anni dalla loro ultimazione (ma prima del compimento del 10°) senza optare per l'imponibilità della vendita, quindi in esenzione da IVA. Attenta dottrina ritiene applicabile in questo caso il meccanismo di variazione del pro-rata illustrato al n. 48260, poiché la cessione è un'operazione tipica delle imprese in questione.

Variazione del pro-rata (art. 19 bis 2 c. 4 DPR 633/72) La rettifica si applica solo a condizione che la variazione della detrazione **superi** il 10% (troncando i decimali, quindi in pratica almeno pari all'11%). Se **inferiore**, è possibile effettuare la rettifica per opzione, applicando il criterio in modo costante per **almeno** 5 anni consecutivi dandone comunicazione con la dichiarazione annuale in cui risulta la prima rettifica. **48260**

Si applica invece la rettifica per i cambiamenti di destinazione quando i beni ed i servizi **passano dalla utilizzazione in operazioni imponibili o esenti, all'utilizzazione in operazioni fuori campo IVA** e viceversa (Circ. Min. 24 dicembre 1997 n. 328/E).

BENI NON AMMORTIZZABILI E SERVIZI (art. 19 bis 2 c. 1 DPR 633/72) Le rettifiche si applicano solo ai beni e ai servizi che non sono stati ancora ceduti o utilizzati (escluse comunque quelle derivate da variazione di pro-rata). Trattandosi di un intervallo di tempo normalmente molto breve, si tratta pertanto di **casi marginali**. **48265**

Nel caso di un bene acquistato per la rivendita e successivamente dato in **omaggio**, si può evitare la rettifica con l'emissione di una autofattura equivalente (soluzione ammessa pur essendo propria del caso dell'autoconsumo).

48270 **TERMINI** Le rettifiche vanno effettuate in unica soluzione per tutti i beni esistenti presso l'impresa nel momento in cui se ne verificano le cause senza attenderne l'impiego, **se generano**:
- un **debito** d'imposta, entro la prima liquidazione periodica;
- un **credito** d'imposta, a partire dalla prima liquidazione periodica fino al termine massimo per l'esercizio della detrazione (v. n. 48220).

48275 **MODALITÀ** (art. 19 bis 2 c. 9 DPR 633/72) È richiesta apposita **documentazione** da presentare su richiesta dell'AF, in cui indicare distintamente per categorie omogenee la quantità e i valori dei beni facenti parte del patrimonio aziendale. L'IVA relativa a detti beni va determinata mediante il raffronto - fino all'esaurimento - con le fatture d'acquisto più recenti (Circ. Min. 24 dicembre 1997 n. 328/E).
Le rettifiche devono essere rilevate nella **dichiarazione IVA** (quadro VF) relativa all'anno in cui si verificano gli eventi che le determinano, sulla base delle risultanze delle **scritture contabili** obbligatorie. Al fine di facilitare il calcolo dell'importo complessivo delle rettifiche, nell'appendice delle istruzioni alla dichiarazione IVA è stato predisposto un apposito **prospetto** (D).

V. Correzioni e rettifiche a posteriori

48320 **VARIAZIONI PER EVENTI CONTRATTUALI** (art. 26 DPR 633/72) Possono verificarsi delle ipotesi in cui dopo aver detratto l'IVA, l'acquirente sia obbligato a riversare all'Erario tutta o parte dell'imposta. Si tratta dei casi di **nullità**, **annullamento**, **rescissione**, **revoca** o **risoluzione** del contratto o dell'atto che sta alla base della cessione o prestazione eseguita, per i quali è attribuita al cedente o al prestatore la facoltà di apportare una variazione in diminuzione e, di conseguenza, all'acquirente l'obbligo di effettuare la corrispondente rettifica (v. n. 56840).

48325 In ognuno di questi casi si applicano alle variazioni le **condizioni di detraibilità** (aliquota, limitazioni oggettive e soggettive) esistenti al momento della nascita del diritto.

48327 **VARIAZIONI PER CORREZIONI TARDIVE** (C.Giust. UE 15 settembre 2016 C-518/14, Cass. 28 maggio 2020 n. 10103, Risp. AE 21 agosto 2020 n. 267) Se il fornitore corregge tardivamente (es. due anni dopo l'effettuazione dell'operazione rettificata) un'operazione con ravvedimento operoso, emettendo una nota di variazione in aumento di sola IVA, l'acquirente può portarla in detrazione entro il termine di cui al n. 48225.

48330 **VARIAZIONI CONSEGUENTI AD ACCERTAMENTO Sul fornitore** (art. 60 c. 7 DPR 633/72, Circ. AE 17 dicembre 2013 n. 35/E) Il fornitore **può addebitare** all'acquirente l'IVA che gli venga contestata in esito ad un accertamento (inclusi gli atti prodromici come i processi verbali di constatazione, Risp. AE 28 agosto 2019 n. 349), a **condizione** di aver assolto la maggior imposta (pagamento o compensazione, Risp. AE 27 maggio 2020 n. 153), insieme alle sanzioni e agli interessi, e di aver chiuso definitivamente l'accertamento tramite adesione, acquiescenza, mediazione, conciliazione giudiziale, nonché per mancata impugnazione o, in caso di impugnazione, per passaggio in giudicato della sentenza di rigetto.
Il fornitore può esercitare la rivalsa anche se:
- l'IVA accertata è calcolata su una **base imponibile** determinata in via **forfettaria**, purché comunque riferibile a specifiche operazioni effettuate nei confronti di determinati acquirenti;
- **privo di partita IVA** nel presupposto, errato, che non fosse richiesta. In tal caso la partita IVA gli viene attribuita d'ufficio in sede di accertamento;
- nei confronti del **cliente PA** e negli altri casi in cui si applica il c.d. split payment, in deroga alle relative disposizioni (Ris. AE 14 settembre 2016 n. 75/E).

>Precisazioni 1) In caso di **estinzione** della società **cliente**, dopo la cancellazione dal registro delle imprese, la rivalsa non è più effettuabile (Risp. AE 26 novembre 2018 n. 84).
2) In un caso di evasione realizzata nell'ambito di una **triangolazione** da soggetti intermedi che, dopo aver presentato al primo cedente false dichiarazioni d'intento e aver omesso il versamento dell'IVA dovuta, si sono resi irreperibili (c.d. missing traders), ove a chiusura dell'accertamento il primo cedente abbia regolarizzato le fatture versando l'IVA all'erario, l'acquirente finale può portare la relativa IVA in detrazione (Risp. AE 22 novembre 2022 n. 569).

Il fornitore emette una **fattura integrativa** o una **nota di variazione** in aumento, contenente **48332**
gli estremi identificativi dell'atto di accertamento. Essa va poi annotata nel registro delle fatture emesse, ma solo per memoria, perché l'IVA non partecipa alla liquidazione e non deve essere indicata nella dichiarazione annuale.
Se l'**acquirente non paga** l'IVA addebitata, il fornitore non può emettere una nota di variazione in diminuzione per recuperarla, ma solo adire la giustizia ordinaria (Risp. AE 20 luglio 2020 n. 219, Risp. AE 31 maggio 2019 n. 176).

L'**acquirente** ha diritto di esercitare la detrazione della maggiore imposta addebitata **al più tardi** **48335**
con la dichiarazione relativa al secondo anno successivo a quello in cui ha corrisposto l'IVA al fornitore accertato previo **riscontro** che il fornitore abbia effettivamente versato all'erario l'IVA accertata (e annotazione della fattura ricevuta nel registro degli acquisti).

Accertamento sull'acquirente Se l'accertamento colpisce l'acquirente, per la mag- **48337**
giore IVA detratta, non è previsto un diritto analogo alla rivalsa del fornitore, **salvo** i casi in cui l'acquirente è **anche debitore d'imposta** (**importazioni**, **splafonamento**, **reverse charge**), in cui gli è invece riconosciuto il diritto di esercitare la detrazione degli importi accertati e versati (Circ. AE 17 dicembre 2013 n. 35/E).

Per cui, il fornitore che restituisca la maggiore IVA su richiesta dell'acquirente accertato, non può comunque detrarla, ma solo chiederne il rimborso all'AE secondo la procedura di cui al n. 55815.

In questi casi l'acquirente debitore/creditore d'imposta esercita la detrazione predisponendo un **48340**
documento in cui indica l'ammontare dell'IVA versata e il riferimento all'atto di accertamento. Tale documento va annotato solo sul registro degli acquisti.
In caso di **impugnazione** dell'accertamento da parte del debitore/creditore, il **termine** biennale per l'esercizio del diritto decorre, per le somme versate in pendenza di giudizio, dal passaggio in giudicato della sentenza che rigetta definitivamente il ricorso, per i versamenti successivi, dalle date di versamento, anche se rateizzato (Risp. AE 13 giugno 2019 n. 192).

OPERAZIONI FRAUDOLENTE Il diritto alla detrazione è escluso se viene esercitato in **48350**
modo fraudolento o abusivo ad esempio a seguito di operazioni **inesistenti** (Ris. Min. 5 gennaio 1982 n. 334298, Cass. 27 marzo 2015 n. 6195, Cass. 10 giugno 2005 n. 12353).
L'inesistenza può essere:
– **oggettiva**, quando gli acquisti sono effettuati solo formalmente (è documentata ma non esistono riscontri oggettivi della reale esecuzione);
– **soggettiva**, quando l'operazione avviene tra soggetti in tutto o in parte diversi da quelli indicati nella fattura (es. frodi carosello);
– **parziale**, quando l'operazione è realmente effettuata tra i soggetti indicati in fattura, ma l'importo fatturato è superiore a quello effettivamente corrisposto, o al valore dei beni ceduti o servizi prestati.

ESEMPIO
– un'operazione di **leasing** apparentemente regolare ma priva della consegna del bene mobile all'utilizzatore (Cass. 24 maggio 1999 n. 5038, Cass. 4 giugno 2001 n. 7498, Cass. 4 novembre 2002 n. 15379);
– la cessione documentata da una **fattura d'acconto** emessa per motivi commerciali con l'intento di **stornarla successivamente** e di far emettere la fattura dal reale cedente (Cass. 3 giugno 2015 n. 11396);
– servizi prestati da **soggetto privo delle attrezzature** necessarie per effettuarli (Cass. 5 novembre 2014 n. 23551, Cass. 20 novembre 2008 n. 27574).

Per il **cedente/prestatore** che emette la fattura per operazioni inesistenti l'IVA è dovuta comunque per l'intero ammontare (art. 21 c. 7 DPR 633/72).

48355 **Onere della prova** L'**AF** può **contestare** l'esistenza dell'operazione abusiva o, per le operazioni soggettivamente inesistenti, la consapevolezza o colpevole negligenza dell'acquirente, solo in presenza di un **qualche elemento almeno indiziario** (es. mancanza della prova del pagamento; pagamenti su conti esteri con interlocutori nazionali, o in contanti; prezzo dei beni molto inferiore a valori di mercato; partecipazione del cliente alla gestione del fornitore; dichiarazioni di terzi; intercettazioni; mancanza di contratto scritto per opere di valore ingente o della prova dell'esecuzione dei lavori; varietà e pluralità di soggetti promiscuamente indicati nella documentazione di trasporto e/o fatturazione; la scelta di canali paralleli del mercato; contiguità e frequenza dei rapporti con il fornitore), non potendo limitarsi a respingere tout court la documentazione prodotta dal contribuente (Cass. 31 luglio 2019 n. 20587, Cass. 18 marzo 2016 n. 5406, Cass. 5 settembre 2014 n. 18767, Cass. 18 aprile 2014 n. 9001, Cass. 26 settembre 2008 n. 24201, Cass. 19 ottobre 2007 n. 21953).

Al contempo **al contribuente** che riceve una contestazione motivata, **non è sufficiente** la prova dell'avvenuta consegna della merce o la sola esibizione dei mezzi di pagamento, egli deve dimostrare la propria buona fede, ossia di aver agito in assenza di consapevolezza di partecipare all'evasione e di aver adoperato la diligenza massima esigibile da un operatore accorto secondo i criteri di ragionevolezza e proporzionalità in rapporto alle circostanze del caso concreto. La difesa può vertere sia attaccando le anomalie nelle tesi dell'AE, sia dimostrando la propria attività conoscitiva preventivamente posta in essere, essendo irrilevanti invece sia la dimostrazione della regolarità formale delle scritture o le evidenze dei pagamenti, sia l'inesistenza del vantaggio (Cass. 31 luglio 2019 n. 20587, Cass. 16 aprile 2010 n. 9138, Cass. 30 gennaio 2007 n. 1950).

Secondo l'orientamento ormai consolidato della **Corte di giustizia UE** (C.Giust. UE 22 ottobre 2015 C-277/14, C.Giust. UE 6 dicembre 2012 C-285/11, C.Giust. UE 21 giugno 2012 C-80/11) e della **Cassazione** (Cass. 31 luglio 2019 n. 20587, Cass. 25 marzo 2016 n. 5984, Cass. 27 marzo 2015 n. 6195, Cass. 5 dicembre 2014 n. 25779, Cass. 20 dicembre 2012 n. 23560, Cass. 12 maggio 2011 n. 10414, Cass. 11 aprile 2011 n. 8132) l'onere della prova in relazione all'esistenza dell'operazione o alla consapevolezza della frode dell'acquirente (c.d. malafede) o alla negligenza, **grava** sull'AF, dovendo presumersi la buonafede del contribuente. Appare ormai datato il diverso avviso dell'**AF** che ritiene invece che sia l'acquirente a dover dimostrare la propria estraneità alla frode (Circ. AE 3 agosto 2012 n. 32/E), anche alla luce dell'art. 7 c. 5 bis D.gs. 546/92 introdotto dalla L. 130/2022 di riforma del processo tributario.

CAPITOLO 2

Adempimenti

SOMMARIO

Lo svolgimento di un'attività d'impresa o di lavoro autonomo comporta l'acquisizione di una posizione IVA e il conseguente obbligo di assolvere una quantità importante di adempimenti di natura non soltanto formale. 52000
La maggior parte degli adempimenti valgono per tutti i soggetti che operano in Italia, residenti o meno; per le particolarità che riguardano i non residenti v. n. 68000.

NOZIONI GENERALI Preliminarmente alla trattazione dei citati adempimenti si forniscono indicazioni generali circa l'ufficio IVA competente e il numero di partita IVA. 52010

Ufficio competente (art. 40 DPR 633/72) Si tratta della **direzione provinciale dell'AE** nella cui circoscrizione (che ha generalmente un ambito più ridotto rispetto alla provincia) si trova il domicilio fiscale del contribuente (art. 58 DPR 600/73), ossia: 52020
– per le **persone fisiche**: il Comune nelle cui liste anagrafiche esse risultano iscritte;
– per i **soggetti diversi**: il Comune in cui si trova la sede legale o, in mancanza, la sede amministrativa e, se anche questa manca, il Comune in cui si trova una sede secondaria o una stabile organizzazione, oppure dove è esercitata prevalentemente l'attività.
È quello preposto ad eseguire gli accertamenti e a gestire i rapporti con il contribuente.

>**Precisazioni 1)** In particolari circostanze, il **domicilio fiscale** può essere **stabilito dall'AF** in un luogo diverso dal Comune individuabile in base alle regole generali (art. 59 DPR 600/73).
2) Nelle grandi aree metropolitane, esistono **più Uffici, di livello circoscrizionale** (8 a Roma, 6 a Milano, 4 a Torino, ecc.). In tal caso, la distinzione tra gli Uffici della medesima Agenzia (es. Roma 1, Roma 2, Roma 3, ecc.) è espressione di una distribuzione delle competenze ad essa intrinseca, disposta con atti interni, comunque privi d'efficacia verso l'esterno (Cass. 15 dicembre 2004 n. 23349).

Numero di partita IVA (art. 35 DPR 633/72 e art. 8 DM 23 dicembre 1976) **Identifica il soggetto passivo IVA** nell'ambito della propria attività, con riferimento sia alle operazioni svolte in Italia, sia all'estero (nei Paesi comunitari ed extra-comunitari). Deve essere indicato nelle fatture 52030

emesse, nelle dichiarazioni presentate, nei modelli di pagamento e in ogni altro documento rilevante destinato all'esterno (in caso, anche nella home page dell'eventuale sito web, pur se utilizzato solamente per scopi pubblicitari).
È **composto** da 11 cifre (e, se utilizzato nei rapporti con l'estero deve essere preceduto dalle lettere maiuscole «IT»). È attribuito dall'Ufficio locale competente, al momento in cui il soggetto passivo presenta la **dichiarazione d'inizio attività** (v. n. 52120) e resta **invariato fino alla** cessazione della stessa.
Per **controllare la validità di una partita IVA**, controllo fondamentale nel caso di operazioni intracomunitarie (v. n. 65100), l'interessato (cliente o fornitore, nazionale o estero, ecc.) può consultare il sito internet dell'AE (all'indirizzo https://telematici.agenziaentrate.gov.it/VerificaPIVA/Scegli.jsp): digitando il numero corrispondente si ottengono le informazioni, registrate in Anagrafe tributaria, sullo stato di attività della partita IVA inserita e sulla denominazione del soggetto o sul cognome e nome della persona fisica titolare (art. 35 quater DPR 633/72).
Per le **persone fisiche** il numero di partita IVA è sempre un numero diverso dal codice fiscale, che è alfanumerico.
Per i **soggetti diversi** (ad es. società di capitali o di persone) molto spesso, soprattutto in sede di costituzione e contemporaneo inizio attività, il numero di partita IVA coincide con il codice fiscale (entrambi codici solo numerici). Tuttavia può non coincidere quando, ad es., un ente non commerciale, già dotato di codice fiscale, decide, successivamente alla costituzione, di esercitare anche un'attività d'impresa: in sede di dichiarazione di inizio di tale attività gli viene attribuito un diverso numero di partita IVA, o in caso di soggetti aderenti al gruppo IVA.

In **caso di trasformazioni societarie** occorre distinguere le ipotesi che:
– costituiscono un semplice cambiamento di forma (es.: una società in nome collettivo che si trasforma in una società in accomandita semplice): il numero di codice fiscale e di partita IVA non cambia, non essendo variato il soggetto d'imposta;
– comportano la cessazione di un soggetto giuridico e la susseguente nascita di un nuovo soggetto (es.: fusione cosiddetta «propria», per la quale i soggetti «A» e «B» si estinguono, dando vita al soggetto «C»): al nuovo soggetto giuridico dovrà essere attribuito un proprio numero di codice fiscale e partita IVA.

52035 **Controlli per contrastare le frodi** (art. 35 c. 15 bis, bis.1 e bis.2 DPR 633/72)
L'attribuzione del numero di partita IVA determina l'esecuzione di **riscontri automatizzati** per la individuazione di elementi di rischio connessi al suo rilascio, nonché l'eventuale effettuazione di accessi nel luogo di esercizio dell'attività, avvalendosi dei poteri istruttori illustrati al n. 81200 e s.
Dal **2023**, i controlli sono rafforzati e l'AE può invitare il contribuente a **comparire di persona**, per dimostrare l'effettivo esercizio dell'attività e l'assenza dei profili di rischio individuati dall'AE. Se il contribuente **non compare** o in caso di **esito negativo dei riscontri** operati sui documenti esibiti, l'AE emana un provvedimento di cessazione della partita IVA e irroga una sanzione pari a € 3.000 (relativamente alla quale non opera la continuazione). In tal caso, per la riapertura della partita IVA è necessario il previo rilascio di polizza fideiussoria o fideiussione bancaria di durata di 3 anni dalla data del rilascio e di importo non inferiore a € 50.000 (salvo siano state commesse violazioni fiscali di ammontare più elevato).
Con provvedimento saranno stabiliti criteri, modalità e termini per l'attuazione, anche progressiva, delle disposizioni in esame (art. 1 c. 150 L. 197/2022).

SEZIONE 1

Inizio, variazione e cessazione attività

52110 I soggetti che intendono iniziare, in Italia, un'impresa, un'arte o una professione devono presentare apposita dichiarazione. Se, in seguito, sopraggiungono variazioni rilevanti, tali soggetti ne devono presentare un'altra analoga, per comunicare le intervenute variazioni. Anche all'atto della cessazione dell'attività deve essere presentata apposita dichiarazione.
Inoltre, se tali soggetti intendono effettuare acquisti intraUE di particolari beni, essi devono presentare apposita garanzia (v. n. 52145).

I. Inizio attività

DICHIARAZIONE (art. 35 DPR 633/72) Tutti i soggetti **che intraprendono l'esercizio** di un'impresa, arte o professione in Italia, devono presentare la «Dichiarazione di inizio attività». Le **modalità** da seguire - termini, decorrenza della presentazione, modelli da utilizzare e eventuali particolarità - sono illustrate di seguito **per** ciascuna **tipologia di soggetto** richiedente. Per il **contenuto** della dichiarazione, **comune** ai differenti soggetti, v. n. 52140. 52120

Impresa individuale 52122

	Descrizione
Termine di presentazione e relativa **decorrenza**	**Entro** 30 giorni **(1)** dall'inizio effettivo dell'attività, che decorre dal giorno in cui è effettuata almeno un'operazione attiva o passiva (es. acquisto di beni strumentali e/o merci, stipulazione del contratto di locazione del locale in cui l'impresa verrà esercitata, ecc.)
Modello da utilizzare	Mod. **AA9/12** (Provv. AE 3 giugno 2015)
Modalità di presentazione e momento in cui la dichiarazione si considera **presentata**	La trasmissione deve avvenire, esclusivamente: – con modalità **telematiche (2)** (attraverso i sistemi Web-browser o Web-service); – o con **consegna diretta** su supporto informatico (con modulo firmato digitalmente), attraverso l'inoltro, al Registro delle Imprese presso la Camera di commercio, della Comunicazione unica (**ComUnica**) (art. 9 c. 3 DL 7/2007 e DPCM 6 maggio 2009) **(3)**. Il Registro Imprese, pervenuta la ComUnica la invia all'AE. La **prova** di avvenuta ricezione è data da una certificazione che l'AE appositamente restituisce, una volta elaborata la dichiarazione ricevuta. L'AE comunica, al Registro delle Imprese, la **partita IVA** attribuita. In seguito, il sistema invia all'indirizzo PEC **(4)** del richiedente apposita **ricevuta**, la quale costituisce titolo per l'avvio dell'attività
Adozione di **regimi fiscali agevolati**	L'imprenditore deve dichiarare, mediante **apposita barratura** nel Modello, se intende utilizzare il regime forfettario previsto per i contribuenti di dimensioni ridotte (v. n. 5580 e s.)
Utilizzo di **speciali criteri di determinazione dell'imposta**	Se, fin dall'inizio, l'imprenditore ritiene di possedere i requisiti richiesti per poter applicare tali criteri deve **indicare** il volume d'affari presunto (ad es., agricoltori esonerati o soggetti che effettuano spettacoli viaggianti)

(1) Se il termine di presentazione cade di giorno **festivo**, la presentazione è considerata tempestiva se effettuata il primo giorno lavorativo successivo (art. 6 c. 8 DL 90/94).
(2) La trasmissione con modalità telematiche può essere **diretta**, **tramite una società del gruppo** avente i requisiti per la trasmissione delle dichiarazioni annuali (v. n. 56430) o tramite gli **intermediari abilitati** alla trasmissione.
(3) Essa consiste in un **fascicolo elettronico** composto da un insieme di file contenenti i vari modelli elettronici destinati alle singole Amministrazioni coinvolte (diverse comunicazioni alla Camera di Commercio, all'INPS, all'INAIL, all'AE, all'Albo delle imprese artigiane, ecc.).
(4) L'imprenditore, o il professionista intermediario presso il quale si stabilisce domicilio elettronico, deve essere **dotato di** apposito indirizzo di posta elettronica certificata (**PEC**); se l'imprenditore ne è **sprovvisto**, indica tale circostanza nella ComUnica. In questo modo gli viene attribuito automaticamente un indirizzo PEC comunicato con le modalità richieste.

Artisti o professionisti 52125

	Descrizione
Termine di presentazione e relativa **decorrenza**	**Entro** 30 giorni **(1)** dall'inizio effettivo dell'attività, che decorre: – per l'**artista**: dal giorno in cui è effettuata almeno un'operazione attiva o passiva (es. acquisto di beni strumentali e/o merci, stipulazione del contratto di locazione del locale in cui verrà esercitata l'attività, ecc.); – per il **professionista**: dall'iscrizione all'ordine professionale, purché sia accompagnata da un minimo di organizzazione (locali, strumenti adeguati, ecc.). La semplice iscrizione non è infatti sufficiente a determinare l'obbligo della dichiarazione (CTC 2 dicembre 1985 n. 1238)

	Descrizione
Modello da utilizzare	Mod. **AA9/12** (Provv. AE 3 giugno 2015)
Modalità di presentazione e momento in cui la dichiarazione si considera **presentata**	Esistono diverse alternative: – **trasmissione telematica** (2): la presentazione si realizza nel giorno in cui il relativo file è ricevuto dall'AE (3); – **direttamente** a un qualunque Ufficio dell'AE (in duplice esemplare) (4): la presentazione si realizza nel giorno in cui è **consegnata** all'Ufficio; – tramite **ufficio postale**, in unico esemplare, mediante raccomandata a un qualunque ufficio dell'AE, allegando fotocopia di un documento di riconoscimento del dichiarante: la presentazione si realizza nel giorno in cui risulta **spedita**
Adozione di **regimi fiscali agevolati**	L'artista o il professionista deve dichiarare, mediante **apposita barratura** nel Modello, se intende utilizzare il regime forfettario previsto per i contribuenti di dimensioni ridotte (v. n. 10030 e s.)

(1) (2) v. note (1) e (2) al n. 52122.

(3) La **prova** di avvenuta ricezione è data da una certificazione che l'AE appositamente restituisce, una volta elaborata la dichiarazione ricevuta.

(4) La presentazione può essere effettuata da una **persona delegata** dal contribuente. In questo caso il contribuente stesso deve compilare la delega apposta in calce al modello ministeriale, allegare la fotocopia di un proprio documento d'identità e indicare i dati di un documento d'identità della persona delegata (Circ. Min. 27 gennaio 1987 n. 9).

52130 Società

	Descrizione
Termine di presentazione e relativa **decorrenza**	**Entro** 30 giorni (1) dall'inizio effettivo dell'attività, che decorre: – per le società **di persone**: dalla data di stipula dell'atto di costituzione; – per quelle **di capitali**: dal giorno dell'iscrizione nel Registro delle imprese (dato che l'iscrizione è requisito imprescindibile per la stessa esistenza della società)
Modello da utilizzare	Mod. **AA7/10** (Provv. AE 29 dicembre 2009 e Provv. AE 3 giugno 2015)
Modalità di presentazione e momento in cui la dichiarazione si considera **presentata**	La trasmissione deve avvenire, esclusivamente: – con modalità **telematiche** (2) (attraverso i sistemi Web-browser o Web-service); – o con **consegna diretta** su supporto informatico (con modulo firmato digitalmente), attraverso l'inoltro, al Registro delle Imprese presso la Camera di commercio, della Comunicazione unica (**ComUnica**) (art. 9 c. 3 DL 7/2007 e DPCM 6 maggio 2009) (3). Il Registro Imprese, pervenuta la ComUnica ed effettuati i controlli di integrità e correttezza, la invia all'AE. La **prova** di avvenuta ricezione è data da una certificazione che l'AE appositamente restituisce, una volta elaborata la dichiarazione ricevuta. L'AE comunica, al Registro delle Imprese, la **partita IVA** attribuita. In seguito, il sistema invia all'indirizzo PEC (4) del richiedente apposita **ricevuta**, la quale costituisce titolo per l'avvio dell'attività

(1) (2) (3) (4) v. note (1), (2), (3) e (4) al n. 52122.

52135 **Soggetti diversi iscritti al REA** I soggetti, diversi dalle imprese individuali o collettive, che svolgono comunque attività commerciali e che devono iscriversi al REA (Registro delle notizie economiche e amministrative), ad es. **ente non commerciale** che svolge anche attività commerciali, devono osservare le seguenti disposizioni.

	Descrizione
Termine di presentazione e relativa **decorrenza**	**Entro** 30 giorni (1) dall'inizio effettivo dell'attività, che decorre **dal giorno in cui** è effettuata almeno un'operazione attiva o passiva (es. acquisto di beni strumentali e/o merci, stipulazione del contratto di locazione del locale in cui l'impresa verrà esercitata, ecc.)

Descrizione	
Modello da utilizzare	Mod. **AA7/10** (Provv. AE 29 dicembre 2009 e Provv. AE 3 giugno 2015)
Modalità di presentazione e momento in cui la dichiarazione si considera **presentata**	La trasmissione deve avvenire, esclusivamente: – con modalità **telematiche** **(2)** (attraverso i sistemi Web-browser o Web-service); – o con **consegna diretta** su supporto informatico (con modulo firmato digitalmente), attraverso l'inoltro, al Registro delle Imprese presso la Camera di commercio, della Comunicazione unica (**ComUnica**) (art. 9 c. 3 DL 7/2007 e DPCM 6 maggio 2009) **(3)**. Il Registro Imprese, pervenuta la ComUnica, la invia all'AE. La **prova** di avvenuta ricezione è data da una certificazione che l'AE appositamente restituisce, una volta elaborata la dichiarazione ricevuta. L'AE comunica, al Registro delle Imprese, la **partita IVA** attribuita. In seguito, il sistema invia all'indirizzo PEC **(4)** del richiedente apposita **ricevuta**, la quale costituisce titolo per l'avvio dell'attività

(1) (2) (3) (4) v. note (1), (2), (3) e (4) al n. 52122.

CONTENUTO COMUNE Di seguito i dati che devono essere **indicati in tutte** le dichiarazioni di inizio attività. **52140**

Il modello utilizzato deve essere **firmato** dal contribuente o dal suo rappresentante legale o negoziale. In caso di **trasmissione telematica** la firma deve essere apposta sulla dichiarazione conservata dal contribuente e deve essere compilato l'apposito riquadro «Delega» posto in calce al modello, sostituendo la parola «presentare» con la parola «trasmettere».

Dati comuni
– dati anagrafici del soggetto, tipo e oggetto dell'attività (identificata dallo specifico codice ATECO 2007 **(1)**); – luoghi in cui viene esercitata l'attività e luogo in cui sono tenuti e conservati i libri, i registri e le scritture contabili obbligatorie ai sensi della normativa IVA; – codice fiscale del contribuente persona fisica e, per i soggetti diversi, di almeno una persona che ne ha la rappresentanza; – numero di telefono, numero di fax, indirizzo di posta elettronica, indirizzo del sito WEB, nonché dati identificativi dell'ISP (Internet Service Provider), per i soggetti che esercitano il commercio elettronico; – estremi catastali degli immobili destinati all'esercizio dell'attività, indicando per gli stessi se detenuti in locazione o in comodato e in tal caso gli estremi di registrazione del relativo contratto; – eventuale volontà di effettuare operazioni intracomunitarie **(2)**; – ammontare annuo degli acquisti e delle cessioni che si prevede di effettuare nei confronti degli operatori dell'UE (in caso di acquisti intracomunitari di alcuni specifici beni va rilasciata idonea garanzia bancaria o fideiussoria, v. n. 52145); – altri dati generici (tipo allegati, firma, delega, impegno alla presentazione telematica)

(1) L'elenco di **tutti i Codici attività** (di cui al Provv. AE 16 novembre 2007 n. 175509) è reperibile sul sito internet dell'ISTAT www.istat.it, cliccando nella sezione Strumenti - Definizioni e classificazioni.

(2) Serve per ottenere l'iscrizione all'archivio dei soggetti che possono effettuare operazioni intracomunitarie (c.d. **VIES**, v. n. 65410).

Garanzia per acquisti intracomunitari di determinati beni I soggetti che intendono effettuare, già nel triennio successivo alla data in cui è stato attribuito il numero di partita IVA, o anche successivamente (v. n. 52280), acquisti intracomunitari di determinati beni, elencati al n. 45375 (es. **autoveicoli**, **telefoni cellulari**, **PC**, ecc.), devono rilasciare all'ufficio dell'AE competente una polizza fideiussoria o una fideiussione bancaria utilizzando l'apposito fac-simile (allegato al Provv. AE 21 dicembre 2006) e osservando le regole sotto illustrate. **52145**

Durata garanzia	**3 anni** dalla data di rilascio della garanzia stessa.
Importo da garantire	**Non inferiore a** € 50.000, è costituito dal volume d'affari che il soggetto passivo ritiene di realizzare nell'anno d'imposta in cui prevede di effettuare la particolare tipologia di acquisti in argomento
Modalità di comunicazione	Barratura del **Quadro B** in sede di presentazione della dichiarazione di **inizio attività**

II. Variazioni successive

52280 **DICHIARAZIONE** (art. 35 c. 3 DPR 633/72) Tutte le successive variazioni di uno o più elementi, fra quelli indicati nella dichiarazione iniziale, comportano la presentazione di una nuova dichiarazione.

Sono comunicati solo **i dati variati** e quelli identificativi, anche se non variati.

La dichiarazione deve essere **presentata, entro** 30 giorni dall'intervenuta variazione, **utilizzando** gli stessi modelli previsti per la dichiarazione di inizio attività ed avvalendosi delle medesime modalità di presentazione.

Esempi di variazioni particolari	Disciplina
Trasferimento del domicilio fiscale (art. 35 c. 3 DPR 633/72 e Circ. AE 28 febbraio 2002 n. 22/E)	Se la variazione consiste nel trasferimento del domicilio fiscale in **altra circoscrizione**, cui consegue la modifica della competenza dell'Ufficio dell'AE, deve essere presentata una sola dichiarazione. In ogni caso la variazione ha effetto dopo **60 giorni** dal suo verificarsi
Esercizio di nuova attività	Va compilata la casella 3 - Variazione dati del **Quadro A**. I **dati relativi alla nuova attività** devono essere indicati se: – l'attività stessa si presume **prevalente** rispetto alle altre già esercitate (facendo riferimento al volume d'affari): nel Quadro B. In tal caso l'attività precedentemente esercitata si considera automaticamente attività secondaria senza che sia necessaria alcuna indicazione nel modello; – la nuova attività **non è prevalente**: nel Quadro G - Sezione 1 - barrando la casella A. Se tra le attività già comunicate **varia solo il requisito della prevalenza** non occorre presentare alcuna variazione
Modifica nella compagine sociale	L'obbligo di comunicare tale modifica **riguarda solo** le società di persone (Circ. AE 11 maggio 2007 n. 27/E)
Scritture contabili	Va segnalata la sostituzione del **depositario** o la variazione di uno o più **luoghi di conservazione**. In caso di avvio della **conservazione elettronica**, se il conservatore a cui è affidato il servizio non è anche depositario delle scritture, non va fatta la comunicazione, essendo i suoi dati identificativi riportati nel manuale di conservazione (Ris. AE 25 settembre 2015 n. 81/E)
Effettuazione di acquisti intracomunitari di particolari beni	Se non indicata in sede di apertura della partita IVA, tale volontà va esplicitata in sede di variazione (con la barratura dell'apposito rigo nel Quadro B), con **riferimento al triennio successivo** e con la conseguente necessità di produrre la relativa garanzia **(*)**
Apertura di un cantiere edile (anche all'estero)	Se di **rilevante durata e consistenza**, rende obbligatoria la comunicazione della variazione (Circ. Min. 17 maggio 2000 n. 98/E, CTC 1° ottobre 1986 n. 7353)
(*) Nell'ipotesi di un soggetto che presenta la dichiarazione di inizio attività il 15 maggio 20XX e che, in data 3 gennaio 20XX+1, comunica, in sede di variazione dati, l'intenzione di effettuare acquisti intracomunitari di personal computer, la **garanzia** avrà ad oggetto gli anni 20XX+1, 20XX+2 e 20XX+3 e l'importo da garantire è costituito dal volume d'affari IVA che il soggetto ritiene di conseguire nell'anno d'imposta 20XX+1.	

III. Cessazione attività

52335 Se l'attività IVA cessa (per chiusura, spontanea o anche d'ufficio, per decesso del titolare o per estinzione a seguito di operazioni straordinarie), il titolare della partita IVA ha l'obbligo di comunicarne la cessazione, per ottenere la **chiusura della partita IVA** stessa.

DICHIARAZIONE (art. 35 c. 4 DPR 633/72) La dichiarazione di cessazione va presentata entro il **termine** di 30 giorni che **decorrono** dal momento indicato in **tabella**. 52340

Richiedenti	Momento rilevante
Imprese individuali	Data di ultimazione delle operazioni relative alla liquidazione dell'azienda
Società	Cancellazione dal Registro delle Imprese, che determina la loro estinzione (Ris. AE 27 luglio 2011 n. 77/E)
Artisti e professionisti	Cessazione effettiva dell'attività artistica o professionale che coincide con il momento in cui il professionista chiude i rapporti professionali, fatturando tutte le prestazioni svolte e dismettendo i beni strumentali, a prescindere dall'effettivo incasso del corrispettivo fatturato (Ris. AE 20 agosto 2009 n. 232/E). Se la partita IVA viene chiusa senza che tutte le operazioni siano state effettivamente fatturate, il successivo incasso è comunque soggetto ad IVA ed obbliga il professionista all'emissione della fattura, previa riapertura della partita IVA (Risp. AE 19 novembre 2021 n. 785, Cass. 24 giugno 2021 n. 18081, Cass. SU 21 aprile 2016 n. 8059)
Soggetti diversi iscritti al REA	Cessazione totale di ogni attività economica

Le **modalità** di presentazione della dichiarazione sono le medesime previste per le dichiarazioni di inizio attività.
Se il contribuente **non adempie** spontaneamente a tale obbligo, l'Ufficio può procedere alla chiusura d'ufficio e con la revoca del numero di partita IVA.

CHIUSURA D'UFFICIO (art. 35 c. 15 quinquies DPR 633/72, Provv. AE 3 dicembre 2019) L'AE può chiudere d'ufficio le **partite IVA inattive** dei soggetti che dei soggetti che sulla base dei dati e degli elementi in suo possesso risultano non aver esercitato, nelle 3 annualità precedenti, attività di impresa, arte o professione. 52345
Sono individuati come inattivi i soggetti che sulla base dei dati dell'Anagrafe tributaria, **nelle 3 annualità precedenti** non hanno presentato, se dovuta, la dichiarazione IVA annuale o la dichiarazione dei redditi di lavoro autonomo o d'impresa. Per i **soggetti diversi** dalle persone fisiche, se non ci sono elementi che fanno supporre l'operatività del soggetto, l'ufficio procede anche all'estinzione del **codice fiscale**.
La **procedura** si sostanzia nei seguenti passaggi:
– l'Ufficio invia al contribuente una **comunicazione preventiva** di chiusura d'ufficio della partita IVA, mediante lettera raccomandata con avviso di ricevimento;
– il contribuente può **rivolgersi**, entro 60 giorni dalla ricezione, ad un qualsiasi ufficio dell'AE per fornire **chiarimenti** in merito alla propria posizione di soggetto attivo ai fini IVA chiedendo di mantenere la partita IVA attiva (ed eventualmente la riattivazione del codice fiscale);
– gli **Uffici** dell'AE, verificate le argomentazioni e la documentazione prodotta dal contribuente, possono **archiviare** la comunicazione di chiusura della partita IVA, mantenendo il soggetto in stato di attività, oppure **rigettare** l'istanza con motivato diniego. Sono fatti salvi gli **ordinari poteri di controllo** dell'AE.

> **Precisazioni** 1) La dottrina ritiene che il **diniego** sia impugnabile dinanzi alle Commissioni tributarie. 2) Il provvedimento di cessazione determina anche il **divieto di compensazione** (v. n. 37231) e l'esclusione dalla **banca dati VIES** (v. n. 65410).

EFFETTI I beni precedentemente utilizzati nell'attività d'impresa/professionale e ora destinati alla **sfera privata** si considerano autoconsumati (v. n. 40350) e, quindi, devono essere autofatturati secondo quanto illustrato al n. 53010. 52347
Se il soggetto è a **credito** IVA, può chiedere il rimborso (v. n. 55670).

OPERAZIONI SUCCESSIVE ALLA CESSAZIONE Le **operazioni** - acquisti, servizi e cessioni - effettuate **a titolo privato dopo la cessazione** dell'attività non sono soggette ad IVA (es. locazione a terzi dei beni utilizzati in precedenza nell'attività commerciale, Circ. AE 19 giugno 2002 n. 54/E). 52350
Allo stesso modo, sono escluse da IVA le somme percepite da un **ex artista/professionista** dopo la cessazione dell'attività, anche se relative a prestazioni effettuate durante l'esercizio

dell'attività artistica/professionale, purché già fatturate (Ris. Min. 16 dicembre 1991 n. 475455). Se non erano già state fatturate sono imponibili (v. n. 52340).
Rientra invece nel campo di applicazione IVA il corrispettivo percepito dal professionista a fronte della cessione parziale della propria attività ad altro professionista (Ris. AE 29 marzo 2002 n. 108/E).
L'ipotesi descritta per l'ex artista/professionista non dovrebbe verificarsi per l'**ex imprenditore**, in quanto può chiudere la liquidazione dell'impresa solo dopo aver riscosso i crediti residui. Tuttavia, se per errore un imprenditore **riscuotesse un credito non fatturato durante l'attività**, deve emettere la fattura relativa, dovendo quindi ripristinare la partita IVA relativa all'attività precedentemente svolta, attraverso la dichiarazione di variazione dati.

52355 **In caso di morte** (art. 35 bis DPR 633/72) La dichiarazione di cessazione - e **tutti gli obblighi** derivanti dalle operazioni effettuate dal titolare della partita IVA - devono essere adempiuti dai suoi eredi entro il termine di **6 mesi** dalla sua morte, anziché entro i normali termini, anche se alla data del decesso i suddetti termini siano scaduti da non oltre 4 mesi.
Tuttavia, per le operazioni poste in essere dagli **eredi** dell'**imprenditore**, anche ai fini della liquidazione dell'azienda, bisogna rispettare i termini normali (come se gli adempimenti fossero posti in essere dall'imprenditore defunto). Tale disposizione si applica anche se gli eredi sono privi della soggettività IVA, in quanto soggetti privati che non hanno alcuna intenzione di proseguire l'attività commerciale.
La **deroga al termine di 6 mesi** vale anche nell'ipotesi di decesso del **professionista** in presenza di fatture ancora da incassare (ad es. per IVA ad esigibilità differita nei confronti della PA) o prestazioni da fatturare: gli eredi non possono chiudere la partita IVA sino a quando non viene incassata l'ultima parcella, salva la possibilità comunque concessa di anticipare la relativa fatturazione e l'esigibilità dell'imposta, rispetto al relativo incasso (Ris. AE 11 marzo 2019 n. 34/E).

> Se il defunto aveva **chiuso la partita IVA dopo essersi insinuato** in un fallimento, in caso di pagamento successivo a seguito della chiusura della procedura, non potendo gli eredi riaprire la partita IVA, spetta al curatore emettere la fattura e assoggettare ad IVA il relativo importo (Risp. AE 12 febbraio 2020 n. 52).

52360 Le **somme percepite** dagli **eredi**, sia di un imprenditore (CTC 3 dicembre 1984 n. 10475) che di un artista/professionista (Risp. AE 19 novembre 2021 n. 785) per operazioni svolte dal defunto nella propria attività economica, sono soggette ad IVA e quindi vanno fatturate dagli eredi.
Se la partita IVA era stata chiusa dagli eredi senza che tutte le operazioni fossero state effettivamente fatturate, il successivo incasso è comunque soggetto ad IVA ed obbliga gli eredi all'emissione della fattura in nome del defunto, previa **riapertura della partita IVA**.

52370 **OPERAZIONI STRAORDINARIE** Se l'operazione comporta l'estinzione di uno o più soggetti d'imposta il **nuovo soggetto** dovrà presentare la dichiarazione di cui al n. 52120. I soggetti estinti non dovranno presentare alcuna dichiarazione di cessazione (Circ. AE 28 febbraio 2002 n. 22/E).

SEZIONE 2

Fattura, certificazione dei corrispettivi e Ddt

52600 I soggetti passivi, salvo particolari eccezioni, devono **certificare le operazioni** effettuate, se rientranti nel campo di applicazione dell'IVA.
I documenti che interessano i contribuenti sono la fattura, il documento commerciale che certifica i corrispettivi trasmessi telematicamente all'AE e il documento di trasporto (Ddt).

> Vi sono anche altri documenti, le c.d. **note di variazione**, che si utilizzano per modificare fatture già emesse e per le quali si rinvia al n. 56800.

I. Fattura

OPERAZIONI INTERESSATE (art. 21 c. 1, 6 e 6 bis DPR 633/72) La fattura è il documento fondamentale ai fini del funzionamento pratico della disciplina IVA. 52610
Essa ha **funzioni** di carattere sia formale - documentazione e controllo - sia sostanziale - esercizio della rivalsa e della detrazione dell'IVA.
Deve essere utilizzata dalla generalità dei soggetti passivi quando effettuano le seguenti operazioni.

Operazioni da fatturare
– operazioni **imponibili**, **non imponibili** o **esenti**;
– cessioni di beni e prestazioni di servizi (diverse da quelle finanziarie e assicurative) rese a **soggetti passivi di altri Stati UE** debitori d'imposta, **non soggette** ad IVA per assenza del requisito di territorialità **(1) (2)**;
– cessioni di beni e prestazioni di servizi che si considerano **effettuate fuori dalla UE** indipendentemente dallo status - soggetto passivo o privato - e dal domicilio del destinatario **non soggette** ad IVA **(3)**;
– cessioni relative a **beni in transito o depositati** in luoghi soggetti a vigilanza doganale, cessioni anch'esse escluse da IVA (v. n. 43070).
(1) Esempi: prestazioni generiche rese da un soggetto residente in Italia a soggetti passivi stabiliti nella UE o cessioni di beni già presenti in uno Stato UE a soggetti passivi ivi residenti, quindi diverse dalle cessioni intra UE. La fattura deve riportare l'**annotazione** «inversione contabile». Per la disciplina dettagliata dell'obbligo di fatturazione delle **cessioni e prestazioni a soggetti UE** si rinvia al n. 65197 e n. 65375 e s. **(2)** Restano **esclusi dall'obbligo** di fatturazione le operazioni in cui il soggetto passivo residente resta debitore d'imposta nell'altro Stato UE (es. servizio relativo ad un immobile sito in Germania a favore di un soggetto privato) o quelle in cui il committente soggetto passivo UE non è debitore d'imposta (es. servizio relativo ad un immobile in Germania a favore di una società stabilita in Austria). **(3) Esempi**: prestazioni generiche rese a soggetti passivi di Stati extra UE, prestazioni relative a immobili siti in Stati extra UE di proprietà di soggetti nazionali o comunitari, cessioni di beni situati in Stati extra UE a clienti ivi residenti, ecc. La fattura deve riportare l'**annotazione** «operazione non soggetta».

SOGGETTI OBBLIGATI (art. 21 c. 1, 5 DPR 633/72, Circ. AE 19 ottobre 2005 n. 45/E) 52620
Generalmente la fattura deve essere emessa dal soggetto che effettua la cessione o la prestazione (fornitore).
In **determinate ipotesi**, tuttavia, l'obbligo è posto a carico dell'acquirente o committente, il quale emette la c.d. autofattura (v. n. 52970).
In altre ipotesi ancora, la fattura è sì emessa dal cedente, ma senza addebito d'imposta, in quanto l'addebito deve essere effettuato dall'acquirente applicando un particolare meccanismo di inversione contabile, c.d. reverse charge (v. n. 52940).
Infine, nelle ipotesi comuni in cui l'obbligo di emissione spetta al fornitore, quest'ultimo può, tuttavia, **accordarsi con un altro soggetto** - il cliente che acquista il bene o riceve la prestazione oppure un terzo - che assumono l'impegno di emettere la fattura per conto del fornitore, che resta comunque il responsabile dell'adempimento nei confronti dell'AF (v. n. 53150).

ESONERO DALL'EMISSIONE DELLA FATTURA In alcuni casi sussiste l'esonero dall'obbligo di emettere fattura, anche se spesso permane l'obbligo di **documentare in altro modo** l'operazione (scontrino o ricevuta fiscale). L'esonero può derivare dalla natura del soggetto (es. commercianti al minuto, banche, assicurazioni, ecc.) oppure dalle caratteristiche dell'operazione (giochi, spettacoli, ecc.). 52630

52631

Soggetti	Disciplina
Commercianti al minuto e assimilati (1)	Chi opera in **locali aperti al pubblico** o chi presta servizi al pubblico con caratteri di uniformità, frequenza e importo limitato tali da renderne particolarmente onerosa l'emissione stessa non ha l'obbligo di emissione della fattura. Per l'identificazione di tali soggetti si rinvia al n. 53360.

Soggetti	Disciplina
Altri soggetti esonerati	L'esonero può essere esteso con apposito decreto ad altre categorie di contribuenti che prestano servizi al pubblico con caratteri di uniformità, frequenza e importo limitato. I decreti emanati riguardano soggetti di vari settori: aziende di credito, imprese assicuratrici, imprese che somministrano acqua, gas. ecc., imprese che smaltiscono rifiuti, ecc. [vedi l'elenco completo, con il relativo provvedimento, al n. 53190 **(2)**]. L'esonero si applica anche ad altri soggetti - riportati al n. 53191 - la cui particolare natura dell'attività svolta, ha posto la necessità di una **disciplina speciale** di applicazione dell'imposta.

(1) L'esonero ha natura **oggettiva** e **non si estende** alle altre operazioni eventualmente effettuate dai medesimi soggetti (v. n. 53360).
(2) Anche in questi casi, comunque, sussiste l'**obbligo** di emettere fattura in caso di **richiesta** da parte **del cliente** non oltre il momento di effettuazione dell'operazione.

Operazioni	Disciplina
Operazioni fuori campo IVA	Generalmente esonerate, **ad eccezione** delle cessioni e prestazioni rese a soggetti passivi di altri Stati UE ed extra UE, non soggette ad IVA per assenza del requisito di territorialità (v. n. 52610). È consentito emettere **fatture elettroniche** inviandole allo SdI indicando il «codice natura» «N2».
Servizi digitali resi a committenti privati	Si tratta di servizi di e-commerce, telecomunicazioni e teleradiodiffusioni indicati al n. 43380 e s. (anche se non si è registrati al regime del MOSS di cui al n. 65318).
Credito e finanziamento a propri dipendenti	Operazioni di credito e di finanziamento effettuate da **enti e società** a favore di propri dipendenti, in conformità a disposizioni di legge o regolamento, di contratti collettivi oppure di accordi o regolamenti aziendali. I corrispettivi di tali operazioni vanno annotati nel registro dei corrispettivi con le modalità e nei termini consueti (DM 26 luglio 1985).
Lotto, lotterie e simili	Operazioni esenti relative al **lotto**, **lotterie** e assimilate (v. n. 40785).

A. Contenuto

52640 La fattura è un documento, chiamato anche nota, conto, parcella e simili, rivolto ad identificare i soggetti e l'oggetto dell'operazione effettuata.

Generalmente deve contenere obbligatoriamente una serie di indicazioni senza le quali il documento - c.d. fattura ordinaria - non può essere considerato valido ai fini IVA, con la conseguenza che per esso non sussiste l'obbligo di registrazione (Ris. Min. 27 maggio 1974 n. 502640).

Per le **operazioni di ammontare complessivo non superiore** a € 400 è prevista una fattura semplificata, con un contenuto ridotto (v. n. 52650).

Se la fattura è relativa a forniture di beni e di servizi effettuate **a favore della PA**, deve contenere elementi aggiuntivi (v. n. 52805 e s.).

>**Precisazioni** 1) Le fatture possono essere scritte in **lingua straniera**, però su richiesta dell'AF devono essere tradotte in italiano.
2) Se il contribuente emette un documento qualificandolo come **avviso di parcella**, ma avente tutte le caratteristiche della fattura, quindi anche con l'indicazione dell'IVA, questo documento dovrà essere trattato come una normale fattura e, pertanto, farà sorgere l'obbligo di registrazione e di versamento dell'imposta, indipendentemente dalla diversa natura e funzione che il soggetto emittente intendeva attribuirgli (CTC 12 maggio 1990 n. 3592).

52645 **DATI OBBLIGATORI DELLA FATTURA ORDINARIA** (art. 21 c. 2, 3, 6 DPR 633/72)
Nella **tabella seguente** sono elencati gli **elementi comuni** che devono essere contenuti nella fattura ordinaria destinata a **privati**. Nella **tabella successiva** sono indicati i contenuti richiesti in alcune **ipotesi particolari**, ma pur sempre frequenti nella pratica commerciale.

52645 (segue)

Fattura ordinaria	
Elementi	**Caratteristiche e particolarità**
1) Data di effettuazione e di emissione e **numero** progressivo che la identifichi in modo univoco	Va indicata la data di effettuazione dell'operazione, se diversa dalla data di emissione della fattura (art. 11 DL 119/2018 conv. in L. 136/2018). In particolare, tale regola vale per le fatture **cartacee** e per le fatture elettroniche extra SdI (es. quelle emesse da operatori esteri, quelle relative alle prestazioni sanitarie, ecc.); per le fatture **elettroniche** trasmesse con lo **SdI** è sufficiente la data di effettuazione dell'operazione, in quanto quella di emissione è attestata dallo SdI (Circ. AE 17 giugno 2019 n. 14/E). Numerazione progressiva per anno solare (es.: n. 1, n. 2 oppure n. 1/2022, n. 2/2022, oppure n. 2022/1, ecc.), oppure continua a tempo indefinito (dal numero 1, prosegue ininterrottamente per tutti gli anni solari di attività del contribuente, fino alla cessazione) (Ris. AE 10 gennaio 2013 n. 1/E). Sono ammesse **più serie di numerazione** in considerazione delle esigenze delle imprese (es. differenti centri di fatturazione, diversi prodotti fabbricati, ecc.) e nel rispetto di determinate condizioni in merito agli obblighi di registrazione (v. n. 54860). Tuttavia, in caso di utilizzo contemporaneo di fatture elettroniche e fatture cartacee, si può utilizzare un'unica numerazione progressiva (es. fattura elettronica n. 1/2022, fattura cartacea n. 2/2022, ecc.).
2) Dati identificativi dei soggetti fra cui è effettuata l'operazione	**a)** se si tratta di **imprese**, **società** o **enti**: ditta, denominazione o ragione sociale; **b)** se si tratta di **persone fisiche**: nome e cognome. In ambedue i casi, inoltre, bisogna indicare la residenza o il domicilio dei soggetti stessi (ubicazione della stabile organizzazione per i soggetti non residenti). Agli effetti del principio di territorialità dell'IVA, per i soggetti diversi dalle persone fisiche si considera domicilio il luogo in cui si trova la sede legale e residenza quello in cui si trova la sede effettiva (art. 7 c. 3 DPR 633/72).
3) Numero di **partita IVA** del cedente/prestatore e dell'acquirente	In caso di acquirente soggetto passivo stabilito in un **altro Stato UE** va indicato il numero di identificazione IVA attribuito dallo Stato di stabilimento. Se l'acquirente residente o domiciliato in Italia non agisce nell'esercizio d'impresa, arte o professione, va indicato il codice fiscale (es.: professionista che acquista mobili per la casa indica il codice fiscale; se li acquista per l'ufficio indica il numero di partita IVA). In caso di **acquisto per usi promiscui** (commerciali e privati) si deve necessariamente indicare la partita IVA (Circ. AE 3 maggio 2013 n. 12/E). Per i soggetti acquirenti residenti in Italia o in Stati UE, tali indicazioni, possono anche consentire l'omissione dei dati identificativi di cui al punto 2 precedente.
4) Natura, qualità e **quantità** dei beni e dei servizi oggetto dell'operazione **(*)**	È possibile indicare la natura e la qualità della merce in **codice** purché sulla fattura venga riportata la legenda dei codici merceologici utilizzati (Ris. Min. 10 maggio 1975 n. 504522). Nel caso di una **fattura elettronica** che documenta **più servizi resi nel mese** (i servizi si considerano effettuati al momento della fatturazione, se anteriore al pagamento, pertanto caso diverso dalla fattura differita), è consentito richiamare una lista riepilogativa che consenta l'esatta individuazione e quantificazione dei servizi prestati, anche senza inviarla allo SdI, salvo l'obbligo di garantirne la conservazione cartacea o elettronica. In caso di eventuali prestazioni accessorie separatamente fatturate, è necessario che il campo «FatturaPrincipale» venga compilato con il riferimento alla fattura dell'operazione principale (Risp. AE 21 gennaio 2020 n. 8).
5) Base imponibile (*)	Prezzo, spese accessorie, valore normale dei beni ceduti gratuitamente, sconti, maggiorazioni, ecc. Nelle fatture in lingua straniera gli importi in **valuta estera** vanno espressi in euro (con arrotondamento al centesimo, come indicato di seguito).
6) Aliquota e ammontare dell'imposta (*)	Gli importi vanno **arrotondati** al centesimo di euro per eccesso, se la frazione non è inferiore a 0,005 euro e, per difetto, se la frazione è inferiore a tale ammontare (es. 10,255 = 10,26 mentre euro 10,254 = 10,25 euro). I decimali vanno indicati anche quando sono pari a zero. Per le fatture in **valuta estera**, anche l'IVA va indicata in euro. Per le **fatture elettroniche** il campo «divisa» deve avere il riferimento «EUR», così come i campi relativi a imponibile e importo. L'indicazione della valuta estera può essere invece evidenziata in appositi campi gestionali (Faq AE 15 gennaio 2019).
(*) Se l'operazione o le operazioni cui si riferisce la fattura comprendono beni o servizi soggetti all'imposta con **aliquote diverse**, gli elementi indicati devono essere indicati distintamente secondo l'aliquota applicabile.	

52646

Ipotesi particolari	Indicazioni aggiuntive obbligatorie
operazioni non imponibili od esenti o non soggette	titolo di inapplicabilità e, eventualmente, la relativa norma (es. operazione esente - art. 10 n. 3 DPR 633/72) anziché l'aliquota e l'imposta. La fattura elettronica deve riportare anche i **codici** indicati nella tabella seguente (v. n. 52648).
fatture elettroniche soggette ad imposta di bollo	specifica annotazione di assolvimento dell'imposta ai sensi del DM 17 giugno 2014 (v. n. 74064);
fatture differite (v. n. 52860)	data e numero del documento di trasporto (ddt) **(1) (2)** o della documentazione commerciale che individua la prestazione;
fatture per operazioni con enti pubblici, società controllate e società quotate al Ftse Mib (soggetti allo split payment, v. n. 52950 e s.)	specifica annotazione «scissione dei pagamenti» e, per le fatture ad enti pubblici, altre informazioni relative alla fornitura (v. n. 52805);
operazioni con IVA ad esigibilità differita (c.d. IVA per cassa)	operazione con IVA per cassa ai sensi dell'art. 32 bis DL 83/2012 (v. n. 46365);
beni ceduti a titolo di sconto, premio o abbuono	il loro valore normale, indipendentemente dal fatto che sia o meno escluso dalla base imponibile (v. n. 45280);
fattura per operazioni accessorie, emessa dagli autotrasportatori separatamente da quella relativa al trasporto dei beni	sulla prima fattura si indicano gli estremi della seconda, per godere dell'agevolazione di cui ai n. 52855 e 54525 (Ris. Min. 12 luglio 1974 n. 501976 e Circ. Min. 13 agosto 1996 n. 198/E);
cessioni imponibili soggette alla procedura del reverse charge **(3)**	in luogo dell'IVA, l'annotazione «inversione contabile» e l'eventuale indicazione dell'art. 17 c. 5 e 6 DPR 633/72. Nella fattura elettronica, l'indicazione del codice N6.1, ecc. come descritto nella tabella seguente (v. n. 52648);
confezioni con diversi prodotti	se i prodotti sono soggetti ad aliquote diverse, sono previste indicazioni e adempimenti supplementari (Circ. Min. 24 marzo 1992 n. 19 e MIVA).

(1) La **data di formazione** (compilazione) del ddt può essere diversa da quella di consegna se, per esigenze organizzative dell'azienda, è stato compilato prima del giorno di consegna o spedizione dei beni; sulla fattura va indicata la data di formazione del ddt (Circ. Min. 11 ottobre 1996 n. 249/E).

(2) È possibile **omettere l'indicazione** nella fattura differita della natura, qualità e quantità dei beni ceduti, elementi risultanti dai documenti di consegna, a condizione che tali documenti vengano inscindibilmente allegati alla fattura che deve contenere l'indicazione «gli allegati documenti di consegna costituiscono parte integrante della presente fattura» (Ris. Min. 24 marzo 1978 n. 360878).

(3) Si tratta delle operazioni illustrate al n. 52940: **fabbricati imponibili** ad IVA per opzione, **servizi di pulizia** relativi ad **edifici**, prestazioni di **servizi rese dai subappaltatori** nei confronti di imprese operanti nell'attività di costruzione o ristrutturazione di immobili, ecc.

52648

Codici natura da utilizzare nella fattura elettronica (DA N1 a N7) (1)

Codice	Natura operazione	Descrizione operazione
N1	escluse da IVA **(2)**	Interessi di mora, penalità per ritardi o altre irregolarità nell'adempimento degli obblighi dell'acquirente, beni ceduti a titolo di sconto, premio o abbuono in conformità alle originarie condizioni contrattuali, rimborsi delle anticipazioni fatte in nome e per conto della controparte, somme riscosse come cauzione per imballaggi a rendere, tassa di soggiorno, addebito al cliente del Contributo dovuto per controllo fumi degli impianti di riscaldamento a caldaia (art. 15 DPR 633/72).

52648 (segue)

Codici natura da utilizzare nella fattura elettronica (DA N1 a N7) (1)		
Codice	**Natura operazione**	**Descrizione operazione**
N2.1	non soggette a IVA (fuori campo IVA) **(2)**	Cessioni di beni e servizi, non soggetti a IVA in Italia per carenza del requisito di territorialità (es. servizi generici resi a soggetti passivi extra-Ue, con annotazione «operazione non soggetta») o servizi relativi a beni immobili situati in paesi extra-Ue (art. da 7 a 7 septies DPR 633/72), per i quali è richiesta la fattura dall'art. 21 c. 6 bis DPR 633/72 (v. n. 52610).
N2.2		Cessioni di denaro (compresa la circolazione dei buoni multiuso antecedente alla cessione o alla prestazione) , crediti in denaro, aziende, terreni non edificabili, ecc. (art. 2 c. 3 DPR 633/72) Cessioni in regime monofase (es. tabacchi, quotidiani, periodici, libri o schede telefoniche prepagate) (art. 74 DPR 633/72). Cessioni e prestazioni dei forfettari. N.B.: il codice va utilizzato anche per gli **acquisti all'estero non territorialmente rilevanti** in Italia, da parte di un soggetto passivo italiano, ma soggetti alla trasmissione dati tramite SdI di cui al n. 65525).
N3.1	non imponibili IVA	Esportazioni dirette, anche triangolari, esportazioni indirette o improprie (trasporto o spedizione a cura del cessionario non residente o per suo conto) (art. 8, c.1 lett. a), b) e b- bis) DPR 633/72)
N3.2		Cessioni intracomunitarie, anche triangolari (art. 41 DL 331/93, art. 58 c.1 DL 331/93)
N3.3		Cessioni verso San Marino
N3.4		Operazioni assimilate alle cessioni all'esportazione, servizi internazionali, operazioni con Città del Vaticano e con organismi internazionali (art. 8 bis DPR 633/72, art. 9 DPR 633/72)
N3.5		Operazioni non imponibili a seguito di dichiarazione di intento (art. 8 c. 1 lett. c DPR 633/72)
N3.6		Altre operazioni che non concorrono alla formazione del plafond (cessioni a turisti extra UE, operazioni effettuate a organismi internazionali - ONU, NATO, UE - cessioni in regime di transito doganale, operazioni in regime del margine per la quota del corrispettivo che non entra nel margine) (art. 38 quater DPR 633/72, art. 50 bis c. 4 DL 331/93)
N4	esenti da IVA	Operazioni esenti (es. prestazioni sanitarie, finanziarie, cessioni di beni anti-Covid, ecc.) (art. 10 DPR 633/72).
N5	regime del margine/ IVA non esposta in fattura	Cessioni di beni usati (es. autovettura ceduta da un concessionario di auto), oggetti d'arte, antiquariato o da collezione **(art. 36 DL 41/95).** Cessioni con IVA inclusa (non esposta in fattura), da parte di agenzie di viaggi e turismo (art. 74 ter DPR 633/72).
N6.1	inversione contabile, per operazioni in reverse charge (art. 17 c. 5 e 6 DPR 633/72)	Cessioni di rottami
N6.2		Cessione di oro e argento
N6.3		Subappalto in edilizia
N6.4		Cessione di fabbricati
N6.5		Cessione di telefoni cellulari
N6.6		Cessione di prodotti elettronici
N6.7		Prestazioni comparto edile e settori connessi
N6.8		Operazioni settore energetico
N6.9		Altri casi
N7	IVA assolta in altro Stato Ue	Vendite a distanza a privati UE che superano la soglia di € 10.000 (v. n. 65306), **salvo** che non intendano computarle ad incremento del plafond dell'esportatore abituale o ai fini della richiesta di rimborso dell'IVA a credito, nel qual caso utilizzano il codice N3.2 (Risp. AE Forum commercialisti 25 gennaio 2022). Prestazioni di servizi rese tramite mezzi elettronici o di telecomunicazione e di teleradiodiffusione, se il soggetto IVA italiano ha aderito al regime OSS.

(1) Il Codice «Natura» dell'operazione deve essere inserito nella fattura elettronica (macroblocco <DatiBeniServizi>), solo se il cedente/prestatore non ha indicato l'IVA in fattura. In tutti i casi in cui deve essere evidenziato il codice natura nella e-fattura (perché non c'è l'aliquota Iva), poi, è «obbligatorio» indicare nella fattura elettronica anche il riferimento normativo (Allegato A Provv. AE 30 aprile 2018 e Provv. AE 20 aprile 2020).
(2) Solo se l'operazione viene fatturata per scelta.
(3) Se sono esportazioni, invece, il codice è N3.

52650 **FATTURA SEMPLIFICATA DI IMPORTO NON SUPERIORE A € 400** (art. 21 bis DPR 633/72, DM 10 maggio 2019, Circ. AE 24 giugno 2014 n. 18/E) La fattura di ammontare complessivo, IVA compresa, non superiore a € 400, nonché le note di variazione a credito o a debito di qualsiasi importo, può essere emessa in modalità semplificata con le seguenti **indicazioni minime**.

Contenuto minimo della fattura semplificata (*)
a) data di emissione; b) numero progressivo che la identifichi in modo univoco; c) ditta, denominazione o ragione sociale, nome e cognome, residenza o domicilio del soggetto cedente o prestatore, del rappresentante fiscale nonché, per i soggetti non residenti, ubicazione della S.O.; d) numero di partita IVA del soggetto cedente o prestatore; e) ditta, denominazione o ragione sociale, nome e cognome, residenza o domicilio del soggetto acquirente, del rappresentante fiscale nonché, per i soggetti non residenti, ubicazione della S.O.; in alternativa, in caso di soggetto stabilito in Italia può essere indicato il codice fiscale o il numero di partita IVA **(**)**, oppure, in caso di soggetto passivo stabilito in un altro Stato UE, il numero di identificazione IVA attribuito dallo Stato medesimo; f) descrizione dei beni ceduti e dei servizi resi; g) ammontare del corrispettivo complessivo e dell'imposta incorporata o dei dati che permettono di calcolarla (es. € 85, IVA 22%).
(*) Nella fattura **elettronica** semplificata, il campo «Tipodocumento» va compilato con il **codice TD07** (per la **nota di credito** semplificata TD08). (**) In caso di fattura **elettronica** il codice fiscale o il numero di partita IVA sono obbligatori, pena lo scarto della medesima (Risp. AE 9 settembre 2020 n. 324).

52653 **Divieto di utilizzo** La fattura semplificata non può essere emessa per le seguenti tipologie di operazioni:
- cessioni **intracomunitarie**;
- cessioni di beni e prestazioni di servizi (diverse da quelle finanziarie e assicurative) rese a **soggetti passivi di altri Stati UE** debitori d'imposta, **non soggette** ad IVA per assenza del requisito di territorialità.

52660 **FATTURA E IMPOSTA DI BOLLO** L'IVA e l'imposta di bollo sono **tributi alternativi**, pertanto, le fatture, le ricevute, le quietanze, le note, i conti, le lettere e gli altri documenti di addebitamento o di accreditamento di somme, riguardanti operazioni soggette ad IVA sono generalmente esenti dall'imposta di bollo. Per un approfondimento della regola generale e delle eccezioni si rinvia al n. 74052 e n. 74065.

B. Tipi di fatture

52720 Si hanno diversi tipi di fatture a seconda del **soggetto tenuto** ad emetterle, dei **termini** o delle **modalità di emissione**.
Nella **tabella** seguente sono sintetizzate le caratteristiche principali delle differenti tipologie, distinte per soggetto emittente.

> Per altre **ipotesi particolari** di tipologia di fatture emesse, ad es. per sedi secondarie, contratti estimatori, imballaggi, ecc., v. n. 52900

Tipologia	Caratteristiche	v. n.
	Fatture emesse dal fornitore	
immediata	emessa il giorno in cui l'operazione è effettuata o in giorni immediatamente successivi	52855
differita	alternativa alla fattura immediata, utilizzata per cessioni di beni mobili documentate con DdT o prestazioni con idonea documentazione	52860
integrativa	per variazioni in aumento di imponibile o imposta	52930
con reverse charge	per determinate operazioni per cui l'acquirente è il debitore d'imposta	52940
in split payment	il cliente (PA o società quotate) versa l'IVA direttamente all'Erario (al posto del fornitore che non la incassa)	52950
con IVA ad esigibilità differita	nei casi in cui il fornitore ha la possibilità di differire il pagamento dell'IVA al momento dell'incasso del corrispettivo	52965
autofattura per omaggi	quando ceduti nell'esercizio dell'impresa, arte o professione	53010
	Fatture emesse dall'acquirente o da terzi	
autofattura	per acquisti da non residenti, autoconsumo, e altre ipotesi	52970
per conto del fornitore	per incarico affidato espressamente dal fornitore che rimane comunque il responsabile nei confronti dell'AF	53150

C. Regole comuni

Prima di esaminare le differenti tipologie si espongono le regole comuni riguardanti la forma e le modalità di emissione e di conservazione delle fatture. 52730

a. Forma e modalità di emissione

È obbligatorio l'utilizzo generalizzato della **fattura elettronica** trasmessa mediante lo SdI per certificare le operazioni, sia nei rapporti tra operatori economici (B2B) sia nei rapporti con consumatori finali (B2C). 52731
Sono previsti dei casi di esonero per i quali si continua ad utilizzare la fattura cartacea o quella elettronica extra SdI secondo le regole tradizionali sintetizzate al n. 52792.
Per le fatture elettroniche **emesse verso la PA** restano valide le regole specifiche riportate al n. 52805 e s.

1. Fattura elettronica (B2B e B2C)

(art. 1 D.Lgs. 127/2015, art. 1 c. 916 L. 205/2017, Provv. AE 30 aprile 2018 n. 89757)

I soggetti passivi **residenti** devono obbligatoriamente utilizzare la fattura elettronica in formato Xml, trasmessa mediante lo SdI, per certificare le operazioni, sia nei rapporti tra operatori economici (**B2B**) sia nei rapporti con consumatori finali (**B2C**), cioè di coloro che non acquistano nell'esercizio di imprese e professioni. 52740

ESONERI Sono esonerati dall'obbligo della fatturazione elettronica, e possono dunque continuare ad utilizzare la fattura **cartacea** secondo le regole tradizionali illustrate al n. 52792, i soggetti passivi: 52743
a) in **regime di vantaggio**, di cui all'art. 27 c. 1 e 2 DL 98/2011 (v. MF 2016 n. 4970 e s.) o in **regime forfettario** di cui al n. 5580. **Dal 1° luglio 2022** al 31 dicembre 2023, l'esonero permane solo se i citati soggetti, nel 2021 hanno conseguito ricavi o percepito compensi non

superiori a **€ 25.000**, ragguagliati ad anno (non rileva il dato del 2022, Faq AE 22 dicembre 2022 n. 150). Dal 2024 l'obbligo interesserà tutti i soggetti di entrambi i regimi;
b) che effettuano cessioni di beni e prestazioni di servizi nei confronti di **soggetti non residenti** (anche se identificati in Italia), i quali devono comunque trasmettere tramite SdI la fattura cartacea (in alternativa possono optare per emettere direttamente fattura elettronica tramite SdI, v. n. 65525);
c) **operatori sanitari** (medici, farmacisti, veterinari, strutture societarie sanitarie, audiometristi, audioprotesisti, dietisti, biologi, igienisti dentali, tecnici sanitari, DM 22 novembre 2019), per i soli anni **2019/2023**, per le operazioni di cui inviano i dati al sistema tessera sanitaria (art. 10 bis DL 119/2018 conv. in L. 136/2018), anche nel caso in cui i dati non siano poi trasmessi per effetto dell'opposizione manifestata dall'interessato. Si tratta di un **divieto** vero e proprio (art. 1 c. 53 L. 145/2018), applicabile anche alle prestazioni accessorie a quelle sanitarie (es. amministrative, maggior comfort in ospedale, ecc.) (Faq AE 29 gennaio 2019 n. 57);
d) **associazioni sportive dilettantistiche** e simili (es. pro loco) che hanno optato per il **regime forfettario** di cui al n. 97470 e che nel periodo precedente hanno conseguito dall'esercizio di attività commerciali proventi per un importo non superiore a € 65.000. **Dal 1° luglio 2022** al 31 dicembre 2023, l'esonero permane solo se i citati soggetti, nel 2021, hanno conseguito ricavi non superiori a **€ 25.000**, ragguagliati ad anno. Dal **2024** l'obbligo interesserà tutti i soggetti citati.

> **Precisazioni** 1) Tali soggetti, tranne gli operatori sanitari (lett. c), possono comunque decidere di emettere la **fattura elettronica** seguendo le modalità illustrate di seguito; per quelli di cui alla lett. b ciò consente di evitare l'esterometro.
> 2) Il divieto per gli **operatori sanitari** (con conseguente obbligo di emettere fattura cartacea oppure elettronica extra SdI, cioè secondo i criteri ante 2019) si applica anche ai soggetti che non sono tenuti all'invio dei dati al Sts (es. podologi, fisioterapisti, logopedisti, ecc.) con riferimento alle fatture relative alle **prestazioni sanitarie** effettuate nei confronti delle **persone fisiche** (art. 9 bis c. 2 DL 135/2018 conv. in L. 12/2019, Risp. AE 19 marzo 2019 n. 78).
> Resta pertanto l'obbligo di emissione delle fatture elettroniche per le **prestazioni veterinarie**, limitatamente a quelle per cui non sussiste l'obbligo di invio al StS (Risp. AE 30 aprile 2019 n. 15) e per le prestazioni sanitarie fatturate a soggetti diversi dalle persone fisiche, quali **compagnie assicurative** (in questo caso non vanno indicati i nominativi dei pazienti, ma è sufficiente il numero della polizza) (Risp. AE 24 luglio 2019 n. 307).

52745 **MODALITÀ DI EMISSIONE** L'emissione della fattura deve avvenire tramite il **Sistema di Interscambio** (SdI) già in uso per le fatture alla PA.
In sintesi, ci sono 3 fasi principali, la **predisposizione** della fattura, la **trasmissione** allo SdI e il **recapito** al destinatario della fattura. In caso di mancata trasmissione o di mancato recapito, l'emittente deve osservare delle procedure specifiche.
Anche le **note di variazione** devono essere emesse dal cedente/prestatore con le stesse modalità; le richieste di variazione effettuate dall'acquirente al fornitore, così come le note di variazione aventi solo natura contabile, dunque non rilevanti ai fini IVA, non sono gestite dallo SdI (Risp. AE 30 maggio 2019 n. 172).

> **Precisazioni** 1) Pertanto in caso di ricevimento per **errore** di una fattura per merci non ordinate o non ricevute, il destinatario non può rifiutarla tramite SdI ma deve contattare il fornitore emittente (via mail, Pec, telefono, ecc.) e richiedere l'emissione di una nota di variazione elettronica per azzerare la fattura errata (Faq AE novembre 2018).
> 2) I soggetti che offrono **servizi di pubblica utilità** nei confronti di consumatori finali (acqua, gas, energia elettrica), seguono particolari modalità di emissione della fattura elettronica (art. 10 ter DL 119/2018 conv. in L. 136/2018, Provv. AE 28 dicembre 2018 n. 527125).

52746 È possibile emettere **una sola fattura** per tutte le operazioni effettuate lo **stesso giorno** nei confronti dello stesso cliente.
In tutti i casi le **spese di emissione** della fattura e dei conseguenti adempimenti e formalità non possono formare oggetto di addebito alla controparte (art. 21 c. 8 DPR 633/72).

> Per spese di emissione si intendono gli adempimenti amministrativi relativi alla formulazione, compilazione e stampa della fattura, e le conseguenti formalità si riferiscono alla registrazione e conservazione della stessa; sono invece escluse le **spese di spedizione** della fattura (es. tramite servizio postale), spese che pertanto possono essere legittimamente addebitate all'acquirente (Cass. 13 febbraio 2009 n. 3532).

52748 **Predisposizione** L'emittente predispone, con pc, tablet o smartphone, la fattura in **formato XML**, utilizzando un **codice Tipo documento** fra quelli previsti, a seconda del documento (fattura immediata, differita, autofattura, ecc. - vedi tabella).

Essa contiene i **dati** previsti dalle disposizioni comuni riguardanti la fattura **ordinaria** o **semplificata** (per quest'ultima con indicazione obbligatoria del codice fiscale dell'acquirente), a cui va aggiunto l'**indirizzo telematico del destinatario** fornito dal medesimo: codice destinatario oppure, in alternativa, indirizzo PEC (proprio o di intermediari o di terzi) + indicazione del codice convenzionale 0000000 nel campo codice destinatario. A tali dati obbligatori possono essere aggiunti altri di carattere gestionale (es. ordini, ddt, ecc.); il citato codice convenzionale va indicato anche per clienti in regime di **vantaggio**, **forfettario** o **produttori agricoli** esonerati. **52748** (segue)

La **firma digitale** sulla fattura è facoltativa (anche se consigliata) ed è apposta dall'emittente.

Per la predisposizione della fattura l'AE ha reso gratuitamente disponibili i seguenti servizi:

- una **procedura web** sul proprio sito (portale Fatture e Corrispettivi utilizzabile con le credenziali Fisconline/Entratel, Spid o CNS),
- un'**app** utilizzabile da dispositivi mobile (**FatturAE**),
- un **software** da installare su PC utilizzabile anche senza collegamento internet.

Sono ammessi software privati che rispettino le specifiche tecniche di cui all'allegato A Provv. AE 30 aprile 2018 n. 89757.

Per le operazioni realizzate **nei confronti di consumatori finali** o simili (ente non commerciale privo di partita IVA, condominio) la fattura elettronica deve riportare come codice destinatario il codice convenzionale «0000000» e può essere messa a disposizione del cliente o attraverso i servizi telematici dell'AE (cassetto fiscale) o dando una copia cartacea o inviandogli una copia elettronica (pdf) via PEC (tramite SdI) o via mail da parte del fornitore al momento dell'acquisto, salvo rinuncia alla copia del documento da parte del cliente. Tali copie hanno valenza fiscale e giuridica, limitatamente ai soggetti privati e simili (sono quindi valide per la detrazione del costo). Sulla copia cartacea va indicato: «Copia analogica della fattura elettronica inviata allo SdI». In caso di difformità tra il contenuto della copia analogica rispetto alla fattura elettronica, restano validi i dati di quest'ultima.

Documento	Codice tipo documento (1)	Descrizione
Fattura immediata	TD01	Fattura
Acconti/anticipi	TD02	Acconto/Anticipo su fattura
	TD03	Acconto/Anticipo su parcella
Note di credito o debito	TD04	Nota di Credito
	TD05	Nota di Debito
Parcella	TD06	Parcella
Reverse charge interno	TD16	Integrazione fattura reverse charge interno
Integrazione/autofattura **(2)**	TD17	Integrazione/autofattura per acquisto servizi dall'estero
	TD18	Integrazione per acquisto di beni intracomunitari
	TD19	Integrazione/autofattura per acquisto di beni da non residenti (ex art. 17 c. 2 DPR 633/72)
	TD20	Autofattura per regolarizzazione e integrazione delle fatture (art. 6 c. 8 D.Lgs. 471/97 o art. 46 c. 5 DL 331/93)
	TD21 **(3)**	Autofattura per splafonamento
Depositi IVA **(2)**	TD22	Estrazione beni da Deposito IVA
	TD23	Estrazione beni da Deposito IVA con versamento dell'IVA
Fatture differite	TD24	Fattura differita ordinaria (art. 21 c. 4 lett. a DPR 633/72)
	TD25	Fattura super differita (art. 21 c. 4 terzo periodo lett. b DPR 633/72)
Attività plurime	TD26	Cessione di beni ammortizzabili e per passaggi interni (ex art. 36 DPR 633/72)
Autoconsumo e cessioni/prestazioni gratuite	TD27 **(3)**	Cessioni gratuite di beni, prestazioni gratuite di servizi, destinazione di beni all'uso o al consumo personale o familiare soggette ad IVA.

Documento	Codice tipo documento (1)	Descrizione
Acquisto di beni da San Marino (dal 1° ottobre 2022)	TD28	Integrazione acquisti con ricevimento fatture cartacee con indicazione dell'IVA **(4)**

(1) Per una ricognizione dei tipi documento e degli altri campi da compilare nelle diverse procedure elencate in tabella si veda anche la Guida AE alla compilazione FE ed esterometro vers. 1.8.
(2) In relazione ai documenti trasmessi con codice da TD16 a TD19, TD22 e TD23 le eventuali successive **variazioni in diminuzione/aumento** vanno trasmesse con lo stesso codice utilizzato per il documento originario e non TD04/TD05 (Risp. AE 30 aprile 2021 n. 308, Guida AE alla compilazione FE ed esterometro vers. 1.8).
(3) Il cedente/prestatore dev'essere uguale al cessionario/committente della fattura.
(4) Se l'operatore sanmarinese ha emesso **fattura senza IVA** per l'integrazione si utilizzano i codici TD17 o TD19.

52752 Inoltre, per rendere più agevole il processo di compilazione e di trasmissione, l'AE mette a disposizione, sul portale Fatture e Corrispettivi, un servizio di generazione di un codice a barre bidimensionale (**QRCode**), utile per l'acquisizione automatica, da parte del fornitore dotato di apposito lettore, delle informazioni anagrafiche IVA dell'acquirente e del relativo indirizzo telematico (es. dipendenti in trasferta che richiedono fattura ai ristoranti, o che fanno benzina nei distributori, ecc.).

L'acquirente, o un suo intermediario incaricato, per ottenere il QRCode può accedere anche al proprio **cassetto fiscale**.
Il codice generato può essere **salvato in formato pdf** e stampato oppure può essere **memorizzato** sul proprio **smartphone**.
In caso di **modifica** del numero di partita IVA o dei dati anagrafici si deve distruggere il vecchio QR-Code e generarne uno nuovo.

Attenzione

Per agevolare il recapito della fattura elettronica, l'AE mette a disposizione sul proprio sito (portale «Fatture e corrispettivi»), un servizio di **registrazione dell'indirizzo telematico** che, se **utilizzato dal destinatario** (anche mediante un incaricato), fa sì che le fatture elettroniche gli siano sempre recapitate all'indirizzo telematico registrato (indipendentemente dall'indirizzo riportato dall'emittente nella fattura). Tale servizio è particolarmente utile in presenza di più sedi del destinatario, potendo così accentrare le fatture in un unico indirizzo. La scelta del canale telematico di ricezione delle fatture può essere modificata in qualsiasi momento, effettuando nuovamente la medesima procedura.
In **assenza** di registrazione, l'emittente deve indicare nella fattura un apposito codice destinatario fornito da quest'ultimo (se si è accreditato allo SdI) (v. n. 52748).

52756 **Trasmissione** L'emittente o un suo intermediario incaricato, successivamente, trasmette il relativo file **XML** allo SdI.
La trasmissione va effettuata **entro** 12 giorni dal momento di effettuazione dell'operazione **tramite** uno dei seguenti sistemi:
– la Pec con invio all'indirizzo: sdi01@pec.fatturapa.it (la fattura elettronica inviata direttamente alla casella Pec del cliente, non passando per il SdI, si ha per non emessa);
– i servizi informatici messi a disposizione dell'AE (procedura web Fatture e Corrispettivi);
– un'applicazione (app) utilizzabile da dispositivi mobili (FatturAE);
– un software da installare su pc.
In **alternativa**, previo **accreditamento preventivo a SdI** (che permette di impostare le regole tecniche di colloquio tra le infrastrutture informatiche dell'emittente e quelle di SdI), l'emittente può avvalersi di 2 procedure più complesse che interessano soprattutto i soggetti che devono trasmettere un numero rilevante di fatture (società di grandi dimensioni, software house, intermediari, ecc.):
– un sistema di cooperazione applicativa (**Sdicoop**);
– sistemi di trasmissione dati tra terminali remoti basati su protocollo **ftp**.
Il file inviato allo SdI può contenere anche un lotto di fatture (anziché una soltanto).
L'emissione vera e propria della fattura si ha all'atto del **superamento** dei **controlli formali** realizzati da SdI e viene confermata tramite invio all'emittente, al momento della consegna al destinatario, di una **ricevuta** contenente il buon esito del recapito o messa a disposizione del file, nonché la data di consegna della fattura.
La fattura si considera **emessa** alla data di effettuazione dell'operazione, che va sempre indicata (data rilevante per stabilire quando l'IVA è esigibile) (v. n. 52645).

>**Precisazioni** 1) La fattura valida a fini fiscali è solo quella trasmessa allo SdI. I **sistemi utilizzati in precedenza** possono ancora essere utilizzati per integrare i flussi delle fatture xml e le relative ricevute al fine di consentire la corretta gestione delle stesse.
2) Un **duplicato** della fattura elettronica è sempre messo a disposizione sia del cliente che del fornitore nelle loro rispettive aree riservate di «Consultazione Dati rilevanti ai fini IVA» del portale Fatture e Corrispettivi. Il duplicato ha lo stesso **valore giuridico** del file originale della fattura.

In caso di **mancato superamento** dei controlli (es. errori formali, mancanza di dati obbligatori, partita IVA o codice destinatario inesistenti, ecc.), la fattura (o il lotto di fatture) viene scartata da SdI con invio all'emittente (o al trasmittente, se diverso), mediante lo stesso canale da cui ha ricevuto la fattura, di una **ricevuta di scarto** entro 5 giorni dalla trasmissione. In questo caso si considera non emessa, ma l'emittente ha 5 giorni di tempo (effettivi, non lavorativi) per **ritrasmettere la fattura corretta** mantenendo lo stesso numero della fattura e la data originale di emissione (Circ. AE 17 giugno 2019 n. 14/E), senza cioè violare le disposizioni sul momento di effettuazione dell'operazione (v. n. 45850 e s.). Se l'emissione con lo stesso numero e data non è possibile (per il sistema contabile utilizzato), ferma la necessità di procedere alla corretta liquidazione dell'imposta in ragione dell'operazione effettuata, è possibile **alternativamente emettere** (Circ. AE 2 luglio 2018 n. 13/E): **52759**
a) una fattura con **nuovo numero e data**, per la quale risulti un **collegamento** alla precedente fattura scartata da Sdi e successivamente stornata con variazione contabile interna;
b) una fattura come sub a), ma con una **specifica numerazione** che, nel rispetto della sua progressività, faccia emergere che si tratta di un documento rettificativo di quello scartato.

ESEMPIO
Numerazioni quali «1/R» o «1/S» volte ad identificare le fatture, inserite in un apposito registro sezionale, emesse in data successiva in luogo della n. 1 prima scartata dal SdI.
A fronte delle fatture n. 1 del 2/01/2022 e n. 50 dell'1/03/2022 (uniche 2 fatture del contribuente scartate dal SdI sino a quella data), potranno essere emesse la n. 1/R del 10/01/2022 e la n. 50/R dell'8/03/2022 annotate nell'apposito sezionale.

>**Precisazioni** 1) La ricevuta di scarto viene sempre **messa a disposizione** nell'area autenticata «Consultazione Monitoraggio dei file trasmessi» del portale Fatture e Corrispettivi.
2) In caso di scarto definitivo, se la fattura è già stata registrata, l'emittente deve emettere una **nota di variazione interna**, provvedendo alla rielaborazione del file e alla sua trasmissione, con una nuova spedizione, al SdI.

Recapito Il recapito all'acquirente, o a un suo intermediario incaricato, avviene con le seguenti modalità e, per il destinatario, la fattura si ha per ricevuta **nel momento** sotto indicato, variabile a seconda della modalità di trasmissione: **52762**
– con casella **Pec**: data della ricevuta di consegna inviata al sistema dal gestore di Pec del soggetto ricevente;
– con canale accreditato **Sdicoop**: data indicata all'interno della «response» del servizio esposto dal soggetto ricevente;
– con protocollo **ftp**: data in cui termina con successo la trasmissione del supporto.
In generale, la **data di ricezione** (rilevante ai fini della detraibilità dell'IVA) è resa disponibile al destinatario, mediante apposita ricevuta, con modalità variabili in funzione del canale di ricezione della stessa (vedi specifiche tecniche allegate a Provv. AE 30 aprile 2018 n. 89757).
L'utilizzo delle tre procedure di ricezione è cumulativo, nel senso che la scelta di una procedura non impedisce che in seguito possa essere utilizzata una procedura diversa.

Nella **ricevuta** sono indicate la data e l'ora esatta in cui è avvenuta la consegna, inoltre, è riportato il nome che è stato assegnato al file dal soggetto che ha predisposto la fattura, un numero – attribuito dallo SdI – che identifica univocamente il file della fattura e un ulteriore **codice** – definito **hash** – che consente di garantire l'integrità del file stesso.

In caso di **mancato recapito** della fattura al destinatario per **problemi tecnici** (es. casella Pec piena o non attiva) o per **altri motivi** (es. fattura destinata a forfettari, produttori agricoli, ecc.), lo SdI mette a disposizione un **duplicato informatico** nell'area Consultazione Dati rilevanti ai fini IVA di «Fatture e Corrispettivi» e informa l'emittente, che è tenuto a comunicare tempestivamente al destinatario la disponibilità della fattura. Tale comunicazione può essere effettuata anche mediante la consegna di una copia informatica o analogica della fattura elettronica. **52768**
Ai fini della detraibilità IVA, la **data di ricezione** coincide per il destinatario:

– se **soggetto IVA**, con il momento in cui entra nella sua area riservata, accessibile previo inserimento delle proprie credenziali personali, e prende visione della fattura. Il SdI poi comunica all'emittente l'avvenuta presa visione della fattura elettronica da parte del destinatario;
– se **consumatore finale**, o in regime di vantaggio o forfettario, con il momento di messa a disposizione della fattura nella sua area riservata, a cui potrà accedere con le credenziali di fisconline (non rileva la presa in visione).

I soggetti che ricevono le fatture mediante **«web service»** possono chiedere la **ritrasmissione** delle fatture in caso di mancato recapito grazie a uno specifico servizio (c.d. **report di quadratura**). In questo caso la data di ricezione del documento è quella in cui la fattura elettronica (art. 4.3 Provv. AE 30 aprile 2018 n. 89757).

52773 **Utilizzo di intermediari** (art. 5 Provv. AE 30 aprile 2018 n. 89757, Provv. AE 5 novembre 2018 n. 291241) I servizi sopra descritti, presenti nel portale Fatture e Corrispettivi, possono essere delegati, dall'emittente o dal destinatario, a uno o più intermediari (massimo 4) **abilitati** alla trasmissione telematica delle dichiarazioni fiscali. L'**abilitazione non serve** per il servizio di predisposizione, trasmissione e conservazione della fattura e per la generazione del QR-Code (v. n. 52752).

In tutti i casi, la **delega** è conferita mediante apposito modulo inviato all'AE con una delle modalità indicate in tabella.

La **durata** di ciascuna delega è fissata dal delegante entro il limite di 2 anni dalla data del suo conferimento; in assenza di tale indicazione, la durata è di 2 anni (salvo revoca). La delega può essere **revocata** con una delle modalità previste per il conferimento.

Modalità	Descrizione
1) Ufficio AE	Il delegante o un soggetto cui è stata conferita apposita procura speciale presenta il modulo a un qualsiasi ufficio dell'AE. La delega è attivata entro 5 giorni lavorativi dalla data di presentazione; la revoca è efficace dal 2° giorno lavorativo successivo alla presentazione.
2) Sito dell'AE (area riservata)	La delega (e la revoca) è immediatamente efficace.
3) Intermediario delegato via web (*)	Il delegante consegna il modulo all'intermediario delegato, che provvede, entro 90 gg., ad inviare telematicamente all'AE i dati essenziali, con invio massivo di più deleghe (massimo 2.500 per invio) via Entratel o con invio di una delega singola (invio puntuale). Per contrastare eventuali **abusi** del nuovo strumento e per provare di aver effettivamente ricevuto la delega, è previsto che il delegato debba indicare alcuni elementi di riscontro relativi alla dichiarazione IVA presentata dal delegante l'anno precedente (in caso di più dichiarazioni presentate, rilevano i dati di una qualsiasi di queste). Le deleghe sono efficaci entro 2 giorni dalla ricezione della comunicazione telematica da parte dell'AE; le revoche sono immediatamente efficaci. In entrambi i casi, il soggetto delegante viene avvisato dell'attivazione della delega con un messaggio di PEC.
4) Intermediario delegato via PEC (**)	L'intermediario se ha ricevuto la procura speciale di cui al punto 1) e se ha riconosciuta la possibilità di autenticare la firma del delegante (es. soggetti iscritti all'albo dei commercialisti, ecc., art. 63 DPR 600/73) può **predisporre un file** (firmato digitalmente), per ciascun delegato, contenente: – copie delle deleghe e dei documenti d'identità dei sottoscrittori, – un apposito prospetto allegato al Provv. 5 novembre 2018, – una dichiarazione sostitutiva di atto notorio con cui si attesta di aver ricevuto specifica procura ci si impegna a conservare per 10 anni i moduli originali, e **inviarlo tramite PEC** all'indirizzo delegafatturazioneelettronica@pec.agenziaentrate.it. La delega è attivata entro 5 giorni lavorativi dalla data di invio; le revoche sono immediatamente efficaci.

(*) Modalità non ammessa per i deleganti che **non hanno presentato la dichiarazione IVA** nell'anno precedente.
(**) Modalità utilizzabile ancora solo per la consultazione e l'acquisizione di fatture di cui al n. 52776, con invio all'indirizzo PEC della Direzione provinciale dell'AE competente in base del domicilio fiscale dell'intermediario (Ris. AE 26 giugno 2019 n. 62/E).

Registrazione e conservazione dei moduli Gli intermediari delegati e i soggetti diversi che hanno trasmesso le deleghe devono:
– numerarle e registrarle, giornalmente, in un **apposito registro cronologico**, anche in formato elettronico

(in forma tabellare o foglio elettronico), con indicazione dei dati identificativi (numero progressivo, dati anagrafici del delegante, estremi del documento d'identità dei deleganti);
– conservarle **per 10 anni**, unitamente alle copie dei documenti di identità, individuando uno o più responsabili per la gestione degli stessi. I moduli acquisiti direttamente in formato elettronico sono conservati in modalità digitale.

Per l'eventuale apposizione sulla fattura della **firma digitale** occorre distinguere (Risp. AE 28 agosto 2019 n. 348): 52774
– se l'intermediario si limita a **trasmettere** allo SdI una fattura predisposta dal fornitore delegante, la firma va apposta dallo stesso fornitore, in quanto agisce nelle vesti dell'emittente;
– se, invece, previo accordo con il fornitore, è l'intermediario ad **aggregare i dati della fattura che trasmette** allo SdI, egli deve anche ad apporre la propria firma digitale.

Gli intermediari in possesso della delega per i servizi suddetti sono automaticamente delegati anche:
– alla validazione delle **bozze dei registri IVA precompilati** dall'AE (v. n. 54800 e s.),
– all'invio delle Lipe precompilate,
– dal 2023, all'invio della dichiarazione annuale e alla trasmissione del relativo modello F24.

SERVIZIO DI CONSULTAZIONE E ACQUISIZIONE FATTURE (Provv. AE 24 novembre 2022 n. 433608) I soggetti passivi, o un intermediario appositamente delegato (v. n. 19836) possono aderire al servizio AE (tramite il portale Fatture e Corrispettivi) per la consultazione e l'acquisizione delle fatture elettroniche, emesse e ricevute tramite SdI, con effetto per le fatture emesse e ricevute dal giorno successivo al momento dell'adesione (per le adesioni effettuate entro il 31 dicembre 2021, fatture emesse dal 1° luglio 2019). 52776
In caso di **mancata adesione** all'Accordo, l'AE cancella le fatture elettroniche, memorizzate e rende consultabili, per i soli **soggetti IVA** (e loro intermediari), soltanto alcuni dati specifici (c.d. dati fattura), cioè quelli previsti dall'art. 21 DPR 633/72 (v. n. 52645) tranne natura, qualità e quantità dei beni e servizi oggetto dell'operazione.
I **dati fattura**, memorizzati a prescindere dall'adesione al servizio, vengono conservati fino al 31 dicembre dell'8° anno successivo a quello di presentazione della dichiarazione di riferimento, ovvero fino alla definizione di eventuali giudizi.
I **consumatori finali**, se aderiscono, possono consultare le fatture elettroniche ricevute, trasmesse al SdI dopo la data di adesione sino al 31 dicembre del 2° anno successivo a quello di ricezione.
I dati integrali delle fatture sono generalmente **utilizzabili dall'AE** sia per l'effettuazione delle attività istruttorie, limitatamente al periodo interessato (es. liquidazione rimborsi, valutazione delle istanze di annullamento in autotutela presentate dal contribuente), che per l'analisi del rischio. Tuttavia, per le fatture emesse nei confronti dei **consumatori finali** persone fisiche e per le fatture emesse da cedenti/prestatori che operano nell'ambito del **settore legale**, sono utilizzabili solo i c.d. dati fattura. Inoltre, per quest'ultimo settore, le fatture sono memorizzate in modalità cifrata.

Il **recesso**, effettuato dal portale dell'AE suddetto, è immediatamente efficace e comporta l'interruzione del servizio di consultazione di tutte le fatture emesse/ricevute.

---

2. Fattura cartacea o extra SdI per soggetti esonerati

La fattura cartacea è quella tradizionale, comunemente utilizzata dagli operatori; va emessa in **duplice esemplare** aventi un identico contenuto, di cui uno è consegnato o spedito al cliente, entro 12 giorni dal momento di effettuazione dell'operazione. 52792
Per **emissione** si intende non il momento della semplice «compilazione» del documento (sia manuale, sia con un sistema di elaborazione), ma il momento della sua materiale «consegna» o «spedizione» al destinatario.
La spedizione può avvenire anche con posta elettronica, ma risulta indispensabile, per chi la riceve, la sua «materializzazione» su un documento cartaceo, nonché la sostanziale corrispondenza di contenuto tra l'esemplare dell'emittente e quello del ricevente (art. 21 c. 1, 3 DPR 633/72, Circ. AE 19 ottobre 2005 n. 45/E).
Per le **spese di emissione** della fattura si rinvia al n. 52746.

52793 Per fattura **elettronica extra SdI** si intende la fattura emessa secondo le regole in vigore ante 2019, le cui caratteristiche sono state illustrate dalla Circ. AE 24 giugno 2014 n. 18/E (vedi MF edizioni ante 2019).
Si tratta della fattura emessa e ricevuta in un qualunque formato elettronico; il suo **utilizzo è correlato** con l'accettazione da parte del destinatario, anche mediante comportamento concludente (es. registrazione o pagamento della stessa). Non rileva il tipo di formato originario - elettronico o cartaceo - utilizzato per la creazione della fattura, ma la circostanza che essa sia in formato elettronico quando viene trasmessa, ricevuta ed accettata dal destinatario (Circ. AE 24 giugno 2014 n. 18/E).

3. Fattura PA

(DM 3 aprile 2013 n. 55, Circ. MEF 31 marzo 2014 n. 1/DF)

52805 Per le forniture di beni e di servizi effettuate a favore della PA, intesa in senso generale (Stato, enti pubblici, enti locali, università, GSE, ecc.), deve essere emessa, da tutti i fornitori soggetti IVA (Ris. AE 19 ottobre 2015 n. 88/E), anche se non residenti (purché identificati o operanti con rappresentante fiscale), al posto della fattura ordinaria (cartacea o elettronica) una fattura elettronica avente caratteristiche diverse da quella utilizzata con i clienti privati (v. n. 52740), la c.d. **FatturaPA**.
La FatturaPA, infatti, deve avere un **formato strutturato** in XML con caratteristiche informatiche disponibili sul sito del Sistema di interscambio (**SdI**) www.fatturapa.gov.it; deve inoltre contenere anche informazioni ulteriori riguardanti la fornitura, quali il codice IPA della PA destinataria, i dati degli ordini, del contratto, ecc.
La FatturaPA può essere emessa anche con il portale Fatture e Corrispettivi, istituito dall'AE per l'emissione della fattura elettronica tra privati (v. n. 52748); deve essere necessariamente **sottoscritta** con firma elettronica qualificata o digitale (firma non richiesta obbligatoriamente per le fatture elettroniche tra privati).
La **trasmissione** della FatturaPA, può essere effettuata solo attraverso il SdI, anche per il tramite di intermediari (professionisti, banche, ecc.). Il SdI, all'atto della ricezione della fattura, la inoltra all'ufficio della PA destinataria e rilascia all'emittente della fattura una ricevuta di consegna, che identifica il momento di emissione e di ricezione della fattura.

> **N.B.** Tutte le amministrazioni italiane sono tenute a ricevere ed elaborare, nell'ambito dell'esecuzione dei loro **appalti**, fatture **elettroniche** costruite secondo uno **standard unico europeo**, da trasmettere sempre allo SdI.
> Le modalità applicative e le regole tecniche (Core Invoice Usage Specification - **Cius**) sono stabilite con Provv. AE 18 aprile 2019.

52807 **Rifiuto della fattura da parte della PA** La PA può rifiutare la FatturaPA ricevuta solo quando (art. 15 bis DL 119/2018 conv. in L. 136/2018, DM 24 agosto 2020 n. 132):
- si riferisce a una **operazione che non è stata effettuata** in favore del soggetto destinatario della trasmissione;
- è omessa o errata l'indicazione del Codice identificativo di gara (**Cig**) o del Codice unico di progetto (**Cup**) o del **codice di repertorio** (per i dispositivi medici acquistati dalle strutture pubbliche del SSN);
- non sono indicati correttamente i dati relativi al codice di Autorizzazione all'immissione in commercio (**Aic**);
- per le fatture emesse nei confronti delle **Regioni** e degli **enti locali**, è omessa o errata l'indicazione di numero e data della determinazione dirigenziale d'impegno di spesa.

In sostanza, non si possono rifiutare le fatture nei casi in cui gli elementi informativi mancanti o errati possono essere corretti con l'emissione di una normale nota di variazione elettronica.

ESEMPIO
Di conseguenza, il **rifiuto non è ammesso** nei seguenti casi (emissione di una nota di credito):
- fattura imponibile emessa come esente;
- fattura emessa con codice IPA di un ufficio diverso;
- addebito di una somma superiore a quella contrattualmente dovuta.

A queste si aggiunge il caso di mancata indicazione dell'imposto di bollo, in cui la PA può richiedere la regolarizzazione all'emittente in sede di versamento.

L'avvenuto rifiuto della fattura va **comunicato** al cedente/prestatore con un documento in formato *xml*, la cui struttura è riportata nelle specifiche tecniche indicate nell'allegato B al DM 55/2013, con l'indicazione specifica della causa del rifiuto.

Mancata consegna Se l'inoltro della fattura alla PA destinataria da parte del SdI ha esito negativo, il SdI rilascia entro al massimo 48 ore una notifica di mancata consegna, che comunque rappresenta la prova per il fornitore dell'avvenuta emissione della fattura. Successivamente il SdI contatta la PA destinataria affinché provveda alla risoluzione del problema e, a problema risolto, invia la fattura. Se, trascorsi 10 giorni dalla trasmissione della notifica di mancata consegna, il SdI **non è riuscito a recapitare la fattura elettronica** al destinatario, invia al fornitore una «Attestazione di avvenuta trasmissione della fattura al SdI con impossibilità di recapito» per cause non imputabili al fornitore stesso. 52808
Al ricevimento di tale messaggio, **il fornitore può trasmettere direttamente** alla PA destinataria l'attestato inviato dal SdI (che contiene la fattura) tramite un servizio di posta elettronica o altro canale telematico o metterlo a disposizione tramite portali telematici che consentano di effettuare il download dell'attestato. Alla sua ricezione, la PA destinataria, verificata la correttezza dei presupposti, deve effettuare il pagamento.

Gli interessati possono reperire le informazioni operative al sito www.fatturapa.gov.it. Inoltre, per incentivarne l'utilizzo fra le piccole imprese è stato istituito un servizio totalmente gratuito di supporto sul portale www.acquistinretepa.it del Ministero dell'Economia.

b. Conservazione

TERMINI In generale, le fatture, emesse e ricevute, devono essere conservate, ai fini tributari, ordinatamente per un periodo minimo di **5 anni** decorrenti dal 31 dicembre dell'anno in cui è stata presentata la dichiarazione alla quale si riferiscono le registrazioni (per i documenti relativi agli anni fino al 2015 compreso, è di 4 anni). Il termine coincide con quello ordinario dell'accertamento ai fini delle imposte sul reddito (v. n. 81055). Tuttavia, i file delle fatture elettroniche acquisiti tramite lo SdI sono memorizzati fino al 31 dicembre dell'8° anno successivo a quello di presentazione della dichiarazione di riferimento (art. 1 c. 5 bis D.Lgs. 127/2015 introdotto dall'art. 14 DL 124/2019). 52827
Ai fini civilistici, i soli imprenditori commerciali devono conservare le scritture per 10 anni a partire dall'ultima registrazione.

Proroga dei termini di conservazione Il termine viene prorogato nei seguenti casi: 52829
- se è stato notificato un **accertamento non ancora definito**: l'obbligo permane fino alla definizione dello stesso, se questa avviene oltre il termine suddetto. Inoltre, in caso di **contenzioso** in corso oltre i termini suindicati, l'Autorità presso cui si sta svolgendo (Corte tributaria, Corte di Cassazione, ecc.), può limitare l'obbligo di conservazione alle sole scritture contabili rilevanti per la risoluzione della controversia;
- se il contribuente **non ha presentato** la **dichiarazione annuale IVA**: l'obbligo permane fino a 7 anni (per i documenti relativi agli anni fino al 2015 compreso, è di 5 anni);
- per i documenti relativi agli anni fino al 2015 compreso, se il contribuente ha commesso una **violazione** che comporta obbligo di denuncia per uno dei **reati tributari** previsti dal D.Lgs. 74/2000, i termini di 4 e di 5 anni sono raddoppiati (v. n. 81055).

LUOGO DI CONSERVAZIONE Si distingue a seconda del tipo di fattura: 52833
- le **fatture cartacee** conservate con i sistemi tradizionali devono essere conservate in Italia secondo le regole generali (v. n. 54400).
- le **fatture elettroniche**, quelle **create in formato elettronico**, nonché quelle cartacee conservate in forma elettronica, possono essere archiviate anche all'estero, purché con lo Stato estero esista uno strumento giuridico che regoli la reciproca assistenza (attualmente solo Paesi UE, Ris. AE 5 dicembre 2003 n. 220/E). Le fatture emesse o ricevute tramite lo **SdI**, possono inoltre essere conservate utilizzando il servizio gratuito messo a disposizione dall'AE (v. n. 52843).

Il **soggetto estero** deve applicare le regole previste dalle disposizioni italiane e garantire all'AF italiana l'accesso automatizzato all'archivio e la possibilità di trasferire e stampare su altro supporto informatico tutti i documenti e dati contenuti in tale archivio. La conservazione in una località estera o la sua cessazione, va indicata nei modelli per la comunicazione di inizio, variazione o cessazione dell'attività (v. n. 52120).

52838 **MODALITÀ** (art. 7 bis DL 357/94, art. 39 c. 3 DPR 633/72) Generalmente, tutte le scritture e i documenti rilevanti sia ai fini civilistici sia ai fini delle disposizioni tributarie, possono essere conservati con **sistemi tradizionali** (conservazione cartacea dell'originale, oppure con microfilm o microfiches, nastri magnetici, pellicole, ecc.), oppure **in forma elettronica** (v. n. 52843). Tuttavia, le fatture elettroniche (trasmesse e ricevute in forma elettronica) devono essere necessariamente conservate in forma elettronica sia dal mittente che dal destinatario; in base alla disciplina ante 2019, solamente nel caso di trasmissione della fattura elettronica (per il mittente) in copia cartacea al destinatario, quest'ultimo può conservarla con i sistemi tradizionali (Circ. AE 24 giugno 2014 n. 18/E).
Pertanto, relativamente alle fatture, è opportuno distinguere in funzione dei tipi di fatture utilizzate.

Tipi di fatture emesse	Conservazione	Registrazione
solo fatture **cartacee** spedite in forma tradizionale	in forma tradizionale o in forma elettronica o entrambe **(1)**	in unico registro delle fatture emesse, tenuto in forma tradizionale o in forma elettronica
solo fatture elettroniche trasmesse con SdI (fatture PA e fatture 2019 e s.)	obbligo si intende assolto con SdI **(2)**	in forma elettronica in unico registro delle fatture emesse
solo fatture **elettroniche** trasmesse e ricevute in forma elettronica **(3)**	in forma elettronica	in forma elettronica in unico registro delle fatture emesse
solo fatture **create in forma elettronica** ma spedite anche in forma cartacea **(4)**	solo in forma elettronica	in unico registro delle fatture emesse, tenuto in forma elettronica
sia fatture **elettroniche** che fatture **cartacee**	solo in forma elettronica	in unico registro delle fatture emesse, tenuto in forma elettronica
	alcune in forma elettronica (fatture elettroniche) e altre in forma tradizionale (fatture cartacee)	in un unico registro tenuto in forma elettronica oppure in 2 registri, uno elettronico e uno cartaceo **(4)**

(1) Es.: conservazione elettronica delle sole fatture attive e conservazione tradizionale di quelle passive, oppure sia delle fatture attive sia di quelle passive (Circ. AE 6 dicembre 2006 n. 36/E).
(2) L'emittente e il destinatario possono conservare una copia in formato pdf, jpg o txt, se la conformità all'originale è attestata da un pubblico ufficiale a ciò autorizzato o se la conformità non è disconosciuta (Circ. AE 2 luglio 2018 n. 13/E).
(3) Comprese quelle inviate in forma elettronica ma stampate dal cliente che nega implicitamente il consenso; l'obbligo di conservazione elettronica riguarda solo l'emittente.
(4) Il contribuente può conservare elettronicamente le sole fatture elettroniche, continuando a conservare con le modalità tradizionali le fatture cartacee.

52841 L'utilizzo della conservazione elettronica è **comunicato dal contribuente** nella dichiarazione dei redditi relativa al periodo di imposta di riferimento (Quadro RS, rigo RS104 di Redditi SC, rigo RS40 di Redditi SP e rigo RS140 di Redditi PF). Non sono previste modalità specifiche per manifestare l'opzione per la conservazione elettronica, né per la sua revoca, la quale non è di ostacolo ad una successiva **ri-adozione** della conservazione elettronica. L'unico vincolo è che sia garantita la continuità delle modalità adottate sia per tipologia di documenti che per periodo d'imposta (Ris. AE 30 luglio 2009 n. 196/E).
Se il contribuente decide **nel corso del periodo di imposta** di procedere alla conservazione elettronica di alcuni tipi di documenti, dovrà applicare le medesime regole per gli stessi documenti formati o emessi a partire dall'inizio del periodo di imposta (Circ. AE 6 dicembre 2006 n. 36/E).

>Precisazioni 1) Se il processo di conservazione elettronica è iniziato e concluso **in corso d'anno**, è necessario istituire al fine dell'annotazione degli acquisti, **2 distinti registri sezionali** o 2 sotto-sezionali dell'unico registro, in cui devono essere annotate separatamente le fatture conservate in formato cartaceo e quelle oggetto di conservazione elettronica (Ris. AE 30 luglio 2009 n. 195/E).
2) In genere, **per ogni singolo cliente o fornitore** deve essere normalmente eseguita un'unica modalità di conservazione per l'intero periodo d'imposta (fatture emesse o ricevute annotate tutte nello stesso registro).

Tuttavia, se si esercitano **più attività** si possono emettere nei confronti del medesimo cliente sia fatture cartacee riferite ad un settore omogeneo di attività, da conservare in formato tradizionale, sia fatture elettroniche relative a diverso settore di attività, da trasmettere elettronicamente o attraverso canali tradizionali e conservare in formato elettronico.

Conservazione elettronica La conservazione elettronica si riferisce, in particolare, ai sistemi di conservazione digitale basati su **dischi ottici**, quali CD, DVD, ecc. (DM 17 giugno 2014, DPCM 3 dicembre 2013). Tale processo di conservazione deve rispettare le **condizioni tecniche** indicate nella **tabella** seguente. La procedura di conservazione termina con la **firma elettronica** e l'apposizione della **marca temporale**, a cura del responsabile della conservazione, che può essere il contribuente stesso oppure uno o più terzi incaricati, sia persone fisiche che persone giuridiche (Ris. AE 3 ottobre 2008 n. 364/E, Ris. AE 13 agosto 2009 n. 220/E). 52843
In questo caso i dischi ottici devono essere conservati per il periodo indicato al n. 52833, conseguentemente non sussiste più l'obbligo di conservazione dell'esemplare originale delle fatture. Lo stesso vale nel caso di conservazione mediante altri sistemi, quali microfilm o microfiches (DPCM 6 dicembre 1996 n. 694): gli originali si possono distruggere solo al termine del processo di conservazione.

52846

Condizioni tecniche
– dare origine a documenti statici non modificabili; – copie dei documenti memorizzati su supporto informatico, di cui sia garantita la leggibilità nel tempo, e registrate in ordine cronologico, rispettando cioè la numerazione progressiva delle stesse e non ci deve essere soluzione di continuità per ciascun periodo d'imposta; – processo di conservazione effettuato con periodicità almeno annuale, scadente non oltre 3 mesi dal termine di presentazione della dichiarazione dei redditi (Ris. AE 10 aprile 2017 n. 46/E) **(1)** o, per i documenti che non hanno collegamento con tributi per i quali è prevista la dichiarazione annuale - es. contratti - entro un anno dalla data di formazione/sottoscrizione del documento (Ris. AE 9 luglio 2007 n. 161/E, Ris. AE 28 febbraio 2008 n. 67/E) **(2)**. In caso di controlli ed ispezioni, l'obbligo di conservazione può però essere anticipato su richiesta degli organi ispettivi competenti; – registrazioni corrispondenti ai documenti e rese leggibili, con i mezzi messi a disposizione dal soggetto che utilizza detti supporti, in ogni momento (non è quindi necessario che siano leggibili in maniera immediata); – a semplice richiesta degli organi di controllo, il contribuente deve visualizzare il documento; – funzioni di ricerca e di estrazione delle informazioni dagli archivi informatici in relazione a cognome, nome, denominazione, codice fiscale, partita IVA, data o associazioni logiche di questi ultimi.
(1) Per i **registri contabili** non è necessaria la stampa entro 3 mesi, nel rispetto delle condizioni illustrate al n. 54390. **(2)** Nel caso di **conversione delle fatture cartacee** in documenti informatici, la conservazione elettronica può invece avvenire in qualsiasi momento, fermo restando l'obbligo per il contribuente di garantire l'ordine cronologico delle registrazioni e l'assenza di soluzioni di continuità per periodo d'imposta dei documenti conservati (Ris. AE 30 luglio 2009 n. 196/E).

Le fatture formate tramite strumenti informatici, ma prive del riferimento temporale e/o della firma elettronica (es. **spool di stampa**), possono essere conservate elettronicamente mediante l'acquisizione dell'immagine tramite il processo di generazione dello spool di stampa, a condizione che l'immagine così acquisita rispecchi in maniera, fedele, corretta e veritiera il contenuto rappresentativo del documento (Ris. AE 15 giugno 2009 n. 158/E); resta ferma la necessità di stampare il documento.

Le fatture **emesse o ricevute tramite lo SdI**, possono essere conservate, anche massivamente, utilizzando il servizio gratuito messo a disposizione dall'AE, previa adesione da effettuare online (v. n. 52776); il contribuente rimane responsabile della conservazione che è garantita anche in caso di chiusura della partita IVA (es. cessazione attività) (Faq AE 19 luglio 2019 n. 111). 52847
In sede di adesione al servizio, il contribuente può indicare una data antecedente da cui far decorrere la conservazione delle fatture trasmesse e ricevute dallo SdI, anche nei periodi in cui il servizio non era attivo; in mancanza, la conservazione riguarda le fatture transitate dal giorno successivo alla data di adesione (Nota AE 4 giugno 2021).

N.B. Per la conservazione di fatture emesse da soggetti di Paesi extra UE con i quali non esiste una reciproca assistenza in materia fiscale (v. n. 99115 o altri Stati il cui scambio è previsto da Convenzioni internazionali) e di fatture che vanno timbrate ai sensi di leggi che concedono agevolazioni non è necessario l'**intervento del notaio** o di altro pubblico ufficiale (Circ. AE 6 dicembre 2006 n. 36/E, Ris. AE 21 luglio 2017 n. 96/E).

D. Fattura emessa dal fornitore

1. Fattura immediata

52855 La fattura immediata è il documento utilizzabile nella generalità dei casi per certificare le operazioni effettuate. Essa, cartacea o elettronica (codice tipo di documento TD01) che sia va emessa entro 12 giorni dal momento di effettuazione dell'operazione (v. n. 45850), anche se cade di sabato o in giorno festivo (Risp. AE 14 aprile 2020 n. 129).

Eccezioni
Casi, ordinari e particolari, di **fatturazione differita** (v. n. 52860).
Agevolazione prevista per gli **autotrasportatori** per conto terzi iscritti nel relativo albo. Essi possono emettere, non oltre il momento del pagamento del corrispettivo, una sola fattura per più operazioni effettuate in ciascun trimestre solare nei confronti del medesimo committente (art. 74 c. 4 DPR 633/72). La fattura riepilogativa può comprendere anche prestazioni di trasporto per le quali il pagamento non è stato ancora eseguito e può essere emessa per i trasporti già eseguiti e non pagati (Circ. Min. 30 ottobre 1998 n. 252/E). Per l'**ambito di applicazione** dell'agevolazione si rinvia al n. 54520.

2. Fattura differita

52860 **AMBITO DI APPLICAZIONE** (art. 21 c. 4 DPR 633/72) La fattura differita può essere emessa, in alternativa a quella immediata e mediante le stesse modalità, nei seguenti casi.

1) cessioni di beni mobili	con consegna o spedizione risultante da **documento di trasporto** (v. n. 53975) o da altro documento idoneo a identificare i soggetti tra i quali è effettuata l'operazione, quale **(1) (2)**: – la bolla di accompagnamento, quando prevista (v. n. 53970); – documento commerciale emesso da chi effettua la trasmissione telematica dei corrispettivi (v. n. 53870); – lettera di vettura, carnet Tir e bolletta di consegna (Circ. Min. 31 ottobre 1974 n. 42/503981)
2) prestazioni di servizi	se sussiste idonea documentazione commerciale che consenta l'individuazione della prestazione eseguita, della data di effettuazione e delle parti contraenti (es. avviso di parcella o fattura pro forma dei professionisti, documento attestante l'avvenuto incasso del corrispettivo, contratto, nota di consegna lavori, lettera d'incarico, relazione professionale, ecc. Circ. AE 24 giugno 2014 n. 18/E, Faq AE novembre 2018) **(1) (2).**
3) cessioni triangolari	v. n. 52870;
4) casi particolari	si vedano i casi illustrati al n. 52900 (sedi secondarie, contratti estimatori, imballaggi, ecc.).

(1) Nel caso di prestazioni di servizi, l'**emissione di DDT** (es. per reso da lavorazione) non qualifica automaticamente le operazioni come **effettuate**, visto che solitamente rileva il pagamento del corrispettivo, quindi la conseguente emissione della fattura prima del pagamento anticipa il momento impositivo e la fattura stessa va intesa come immediata (v. n. 52885) (Risp. AE 24 settembre 2019 n. 389).
(2) In caso di **fattura elettronica** - codice tipo di documento: TD24 - il ddt o il documento equipollente possono essere ancora redatti su **carta** (senza la necessità di allegarla al file xml trasmesso allo SdI, Risp. AE 21 gennaio 2020 n. 8).

52863 Tuttavia, in caso di **pagamento anticipato**, totale o parziale, del corrispettivo (cioè anteriore all'emissione dei documenti di trasporto o al termine previsto per l'emissione della fattura differita), il cedente o prestatore deve emettere la relativa **fattura immediata** lo stesso giorno del pagamento. Ciò in quanto il pagamento anticipa il momento di effettuazione dell'operazione.

Se invece il pagamento avviene **contestualmente** o successivamente all'emissione dei documenti di trasporto, esso non fa venire meno la facoltà di emettere la fattura differita (Circ. Min. 9 agosto 1975 n. 27/501706).

Triangolazione (art. 21 c. 4 DPR 633/72, Circ. Min. 22 dicembre 1998 n. 288/E) Per cessione triangolare, si intende la cessione di beni che da un primo cedente (A) vengono consegnati o spediti, anziché al cessionario-secondo cedente (B), direttamente a terzi (C), a seguito di disposizioni del cessionario stesso, per avere quest'ultimo a sua volta ceduto i beni medesimi a (C). **52870**

Mentre la fatturazione da (A) a (B) segue le normali regole già previste per la fatturazione immediata o differita, **limitatamente alla cessione di beni effettuata dal secondo cedente** (B) **a terzi** (C) e nel rispetto delle condizioni sotto illustrate, è possibile emettere la fattura differita (in caso di **fattura elettronica** si utilizza il codice tipo di documento: TD25).

Le **condizioni** per il differimento della fatturazione e dell'esigibilità dell'imposta sono:

- la cessione, con passaggio dei beni da (A) verso (C), senza il transito presso (B), deve risultare da atto scritto, anche sotto forma di ordine commerciale;
- la cessione deve risultare dal documento di trasporto o simili da cui si evinca che la consegna a (C) è fatta su disposizione di (B);
- il comportamento di fatto dei contribuenti deve essere conforme alla fattispecie legislativa in esame.

La cessione da (B) a (C), dei beni consegnati in via «triangolare» da (A), oltre a beneficiare di un maggior termine per la fatturazione, beneficia anche del **differimento dell'esigibilità** dell'IVA.

Infatti, essa diviene esigibile nel mese successivo a quello di consegna o spedizione dei beni, cioè un mese dopo il momento di effettuazione dell'operazione, derogando così al principio della coincidenza fra esigibilità e momento impositivo (art. 6 c. 5 DPR 633/72).

> Se vi sono più di 3 soggetti, come nel caso di **operazioni quadrangolari**, la fatturazione differita non è ammessa (Ris. AE 7 marzo 2002 n. 78/E).

TERMINI DI EMISSIONE Generalmente la fattura differita può essere emessa **entro il 15 del mese successivo** a quello della consegna o spedizione (es. consegna il 1° marzo, fattura entro il 15 aprile) o a quello di effettuazione della prestazione. **52880**

Nel caso di **triangolazione** sopra descritto, limitatamente alle cessioni di beni effettuate dal secondo cedente (B) a terzi (C), è possibile emettere la fattura entro la fine del mese successivo a quello della consegna o spedizione dei beni, c.d. **fattura super-differita** (Circ. Min. 22 dicembre 1998 n. 288/E).

Naturalmente, la fattura può essere emessa anche nello stesso mese della cessione/prestazione senza che per questo venga considerata immediata.

> Nel caso in cui, **prima dell'emissione** della fattura differita, l'operazione **venga meno** totalmente o parzialmente (es. merce spedita contestata e rifiutata dall'acquirente, ritiro parziale) bisogna distinguere:
> – se la consegna è avvenuta tramite vettore, la fattura deve essere ugualmente emessa per tutti i beni inviati. Successivamente dovrà essere emessa una nota di accredito in relazione ai beni non ritirati dall'acquirente;
> – se la consegna è effettuata direttamente dal venditore, la fattura va emessa solo con riferimento ai beni ritirati dall'acquirente. Quindi, in caso di mancato ritiro totale può non essere emessa, in quanto l'operazione non può considerarsi effettuata, visto che non c'è stata alcuna consegna.

Fattura riepilogativa La fattura differita emessa per le cessioni di beni e le prestazioni di servizi idoneamente documentati [punti 1) e 2) della **tabella** 52860] può avere anche natura riepilogativa e riguardare **tutte** le cessioni e/o tutte le prestazioni **già effettuate nel corso di un mese solare** fra gli stessi soggetti (Circ. AE 24 giugno 2014 n. 18/E). In sostanza, essa è quella che documenta più prestazioni di servizi rese nel mese nei confronti del medesimo cliente per cui è già stato effettuato il pagamento (Risp. AE 21 gennaio 2020 n. 8). **52885**

È altresì possibile emettere **più fatture** che riassumano operazioni effettuate in **periodi più brevi** del mese stesso.

Nella fattura riepilogativa è possibile **indicare**:

- per ogni singolo prodotto ceduto la quantità globale consegnata o spedita nel mese precedente (o nel periodo più breve del mese stesso), fermo restando l'obbligo di annotare nella fattura stessa gli estremi dei ddt (Circ. Min. 9 agosto 1975 n. 27/501706);
- per ogni singolo servizio prestato il suo valore complessivo.

In caso di **fattura elettronica** emessa via SdI, va indicata la **data** dell'ultima operazione o, convenzionalmente, quella di fine mese; ad esempio operazioni effettuate il 5, 15 e 25 ottobre anno X, come data della fattura va indicato il 25 ottobre o, più semplicemente, il 31 ottobre (Circ. AE 17 giugno 2019 n. 14/E, Risp. AE 24 settembre 2019 n. 389).

Poiché la fattura deve contenere l'indicazione specifica dei soggetti tra i quali viene effettuata l'operazione, non è possibile emettere un'unica fattura, per tutte le cessioni effettuate nel mese precedente, a favore dei propri **dipendenti**, sia pure con l'allegazione alla stessa dei documenti di consegna relativi alle singole cessioni (Ris. Min. 29 marzo 1991 n. 451379).

52900 **CASI PARTICOLARI** (DM 18 novembre 1976) Nei seguenti casi gli obblighi di fatturazione possono essere eseguiti **entro la fine del mese successivo** a quello in cui è stata effettuata l'operazione:
- operazioni effettuate da imprese a mezzo di **sedi secondarie** o altre dipendenze che non provvedono direttamente all'emissione di fatture;
- operazioni effettuate dalle imprese, **fuori della loro sede**, tramite i propri **dipendenti** o ausiliari o intermediari;
- cessioni di beni inerenti a **contratti estimatori**;
- passaggi di beni dal **committente al commissionario**.

52905 **Altri termini** differenti sono previsti nelle ipotesi indicate nella **tabella** seguente.

Ipotesi	Termine di emissione
Imballaggi non restituiti	Per gli imballaggi non restituiti entro il termine stabilito è possibile emettere, in luogo di una fattura integrativa o nota di variazione in aumento (v. n. 56810), una **fattura globale**, per tutte le cessioni effettuate nell'anno, entro il **31 gennaio** dell'anno successivo **(1)**. In tal caso è necessaria l'istituzione di **apposito registro** su cui annotare tutte le consegne e tutte le restituzioni dei diversi imballaggi (v. n. 54890).
Somme ricevute in deposito	I professionisti (notai, avvocati, procuratori legali, commercialisti), percettori di somme ricevute sia a titolo di **corrispettivo** sia a titolo di **spese** da sostenere **in nome e per conto** dei clienti, devono emettere la fattura **entro 60 giorni** dalla data di costituzione del deposito (art. 3 DM 31 ottobre 1974).
Cessioni con prezzo da determinare	La fattura può essere emessa entro il **mese successivo** a quello in cui il prezzo è stato determinato. Se sono eseguiti **pagamenti**, anche parziali, **in data anteriore**, la fattura va emessa immediatamente ma nei limiti di tali importi. Tuttavia per i pagamenti effettuati nei confronti di uno stesso **produttore agricolo** nel corso di un mese, può essere emessa, entro il mese successivo, una sola fattura (DM 15 novembre 1975) **(2)**.

(1) Tale fattura **non deve essere consegnata** ai clienti (che pertanto non possono detrarre la relativa imposta) e deve contenere, anziché i dati dei clienti stessi, gli estremi del decreto che ha previsto la facoltà in esame (DM 11 agosto 1975). In caso di **fattura elettronica**, in assenza di chiarimenti, si suggerisce di utilizzare un documento tipo autofattura (codice tipo TD27), indicando il DM suddetto nel campo degli altri dati gestionali.
(2) Le cessioni devono risultare da **annotazioni** nei libri o registri previsti al n. 54880 o da **documenti di trasporto**, i quali devono contenere il riferimento al decreto citato. Le fatture devono contenere anche l'indicazione dei libri o di registri o dei documenti di trasporto predetti.
In caso di contratto con prezzo da determinare, le disposizioni in esame non sono applicabili se le **pattuizioni sono aleatorie** in relazione ai termini di differimento della fatturazione e di determinazione del corrispettivo (Risp. AE 3 agosto 2020 n. 239).

3. Fattura integrativa

52930 Una fattura integrativa per il maggior ammontare deve essere emessa tutte le volte che l'ammontare **imponibile** dell'operazione o dell'**imposta** venga ad **aumentare** per qualsiasi motivo, compresa la rettifica di errori o inesattezze (v. n. 56810).

4. Fattura emessa dal fornitore e integrata dall'acquirente (c.d. reverse charge)

L'applicazione del meccanismo del reverse charge (RC, detto anche inversione contabile) comporta che il destinatario della cessione o della prestazione, se soggetto passivo d'imposta nel territorio dello Stato (anche non residente), sia obbligato all'assolvimento dell'imposta, in luogo del cedente/prestatore. 52940

I casi in cui si applica il RC solitamente **si differenziano dalle ipotesi di autofattura**, in quanto la fattura è emessa dal cedente/prestatore, ma senza l'applicazione dell'IVA, poiché questa deve essere integrata dall'acquirente o dal committente; fa eccezione il caso relativo agli acquisti da non residenti (richiamato alla nota 1 della **tabella** seguente) in cui l'autofattura convive con il reverse charge.

Sono interessati al RC i seguenti soggetti, quando effettuano le operazioni **imponibili** sottoindicate nei confronti di **acquirenti/committenti soggetti IVA** (art. 17 c. 5 e 6 DPR 633/72).

Settore di riferimento	Soggetti interessati (1) (2)
Edilizia	– che fatturano servizi (diversi da quelli dell'alinea successivo) in qualità di **subappaltatori** nei confronti di imprese operanti nel settore dell'edilizia (appaltatore principale o altro subappaltatore) (v. n. 61390); – che fatturano **servizi di pulizia**, di **demolizione**, di **installazione di impianti** e di **completamento** relativi ad **edifici** (v. n. 61350). Non rileva la qualità di subappaltatori; – che cedono **fabbricati** esercitando l'**opzione per l'imponibilità** IVA (es. abitazioni cedute dall'impresa che li ha costruiti/ristrutturati dopo 5 anni dalla costruzione/ristrutturazione, cessione di fabbricati strumentali dall'impresa che li ha costruiti/ristrutturati dopo 5 anni dalla costruzione/ristrutturazione, cessione di fabbricati strumentali da soggetti diversi; per le diverse casistiche v. n. 60540 e n. 60640);
Prodotti elettronici ceduti nella fase distributiva che precede il dettaglio (fino al 31/12/2026)	– che cedono **telefoni cellulari** **(3)** **(4)** (Ris. AE 31 marzo 2011 n. 36/E, Circ. AE 23 dicembre 2010 n. 59/E); – che cedono **microprocessori** e unità centrali di elaborazione **(CPU)** di cui al codice della tariffa doganale NC 85423190 e NC 85423110. Non rileva il fatto che l'acquirente abbia o meno intenzione, dopo l'acquisto, di provvedere all'installazione o all'assemblaggio in personal computer o server aziendali (Ris. AE 7 febbraio 2012 n. 13/E, Ris. AE 31 marzo 2011 n. 36/E, Circ. AE 23 dicembre 2010 n. 59/E) **(3)** **(4)** **(5)**; – che cedono **console** da gioco (videogiochi), **tablet** PC e PC portatili, c.d. **laptop** (esclusi i PC comuni) (Circ. AE 25 maggio 2016 n. 21/E) **(3)**;
Oro	– che producono oro **da investimento**, lo commerciano o trasformano oro in oro da investimento, e che optano per l'applicazione dell'IVA (v. n. 40755); – che cedono oro **industriale** (v. n. 40765) o prodotti finiti d'oro o d'argento usati, destinati alla lavorazione industriale (Ris. AE 12 dicembre 2013 n. 92/E);
Rottami	– che cedono rottami (v. n. 63360), fra cui i **pallet** recuperati ai cicli di utilizzo successivi al primo (non è richiesta la condizione che sia inutilizzabile rispetto alla sua originaria destinazione se non attraverso una fase di lavorazione e trasformazione, Circ. AE 27 marzo 2015 n. 14/E). Se però la cessione di pallet avviene unitamente alle merci il RC non si applica in quanto operazione accessoria alla vendita delle merci stesse;
Gas - Energia (escluso GPL) (fino al 31/12/2026)	– che trasferiscono **quote di emissioni di gas** a effetto serra, o altre unità che possono essere utilizzate dai gestori per conformarsi alla direttiva 2003/87/CE e di **certificati** relativi al gas e all'energia elettrica (es. certificati verdi o bianchi, garanzie di origine, unità di riduzione delle emissioni e riduzioni certificate delle emissioni, Circ. AE 27 marzo 2015 n. 14/E, contratti di tolling, Risp. AE 19 novembre 2018 n. 69); – che cedono **gas ed energia elettrica** a un soggetto passivo-rivenditore residente in Italia (es. Gse) **(6)**.

(1) Un altro caso simile di integrazione della fattura da parte dell'acquirente si verifica in relazione agli **acquisti da non residenti** (v. n. 52980).

(2) Se l'acquirente è un soggetto IVA **non residente** o se le citate operazioni avvengono in Italia fra **soggetti passivi entrambi non residenti**, è sempre l'acquirente che deve assolvere l'imposta tramite reverse charge e, in assenza di sede o di S.O. nel territorio dello Stato, deve identificarsi ai fini IVA in Italia oppure deve nominare un rappresentante fiscale (Circ. AE 25 maggio 2016 n. 21/E, Risp. AE 24 gennaio 2020 n. 14, Ris. AE 28 marzo 2012 n. 28/E).

(3) Il RC si applica anche se il cliente dichiara che i beni saranno utilizzati come strumentali per la propria attività anziché essere commercializzati (Risp. AE 1° ottobre 2021 n. 643).

Sono **escluse** dal RC, oltre alle cessioni al dettaglio, le cessioni:
– dei **componenti ed accessori** dei telefoni cellulari, ma solo quando non sono effettuate nel quadro dell'operazione principale di cessione del telefono cellulare, al fine di completare o integrare quest'ultima;
– di altri beni quali **monitor**, adattatori e **cavi di rete**, anche se ordinati insieme a un prodotto soggetto al RC (tablet, laptop);
– effettuate dai soggetti diversi dai commercianti al dettaglio, nelle ipotesi in cui siano **accessorie alla fornitura del c.d. traffico telefonico** (purché il numero dei telefoni ceduti non ecceda di oltre il 10% il numero delle SIMCARD cedute all'utente).

(4) Il RC alle fattispecie in esame è applicabile anche nei passaggi dal **committente** al **commissionario** o dal commissionario al committente di beni venduti o acquistati in esecuzione di contratti di commissione (Ris. AE 31 marzo 2011 n. 36/E).

(5) L'**acquirente**, a sua volta, quando opera la **successiva cessione**, emette una fattura senza IVA, a meno che non ceda un bene complesso, nel quale il microprocessore si è incorporato. In tale ultimo caso deve emettere fattura ordinaria, così come nel caso in cui renda una prestazione di servizi (es. riparazione) per la quale ha utilizzato il microprocessore.

(6) Se il soggetto che cede l'energia e il gas effettua anche il **trasporto**, anche questo servizio (accessorio) è soggetto al reverse charge (Risp. AE 2 novembre 2018 n. 59).

52942 **Soggetti esclusi** (Circ. AE 27 marzo 2015 n. 14/E) Il RC non si applica alle prestazioni di servizi rese nei confronti di soggetti che, beneficiando di **particolari regimi fiscali**, sono esonerati dagli adempimenti contabili ordinari previsti dal DPR 633/72 (registrazione delle fatture, tenuta del registro dei corrispettivi e del registro degli acquisti):
– i **produttori agricoli** con volume di affari non superiore a 7.000 euro (v. n. 62290);
– **esercenti attività di intrattenimento** (v. n. 63560);
– **enti** che hanno optato per il **regime forfettario** di cui alla L. 398/91 (v. n. 97470);
– soggetti che effettuano **spettacoli viaggianti** e soggetti che svolgono le **attività spettacolistiche** di cui al n. 63521 che applicano il regime forfettario di cui al n. 63640.

52945 **MODALITÀ DI EMISSIONE** Nelle ipotesi suddette, le cessioni e le prestazioni **sono imponibili**, ma l'IVA si rende applicabile mediante la seguente procedura:
– la **fattura è emessa** dal cedente/prestatore, ma senza addebito d'imposta e con l'annotazione «inversione contabile» e l'eventuale indicazione dell'art. 17 c. 5 e 6 DPR 633/72 (che disciplina la procedura in esame);
– successivamente, la fattura deve essere **integrata** dall'acquirente con l'indicazione dell'aliquota e della relativa imposta e deve essere **annotata** nel registro delle fatture o dei corrispettivi entro il mese di ricevimento o anche successivamente, ma comunque entro 15 giorni dal ricevimento e con riferimento al relativo mese;
– ai fini della detrazione, è **annotata** anche nel registro degli acquisti.

> **Precisazioni 1)** Nel caso in cui un subappaltatore abbia **emesso erroneamente** con IVA la fattura relativa ad una prestazione di lavori edili, può correggere l'errore emettendo una nota di accredito entro il termine di un anno dall'effettuazione dell'operazione (v. n. 56870) (Circ. AE 16 febbraio 2007 n. 11/E). Nel caso in cui, invece, a seguito della **mancata integrazione della fattura** l'AF accerti il debito IVA nei confronti dell'acquirente, questi ha comunque la possibilità di detrarre l'imposta accertata, ferma restando l'applicazione della sanzione (v. n. 87045, Ris. AE 6 marzo 2009 n. 56/E).
> **2)** Eventuali **rettifiche** degli imponibili e dell'imposta di operazioni effettuate in RC e devono essere effettuate con il medesimo meccanismo; ciò comporta che l'obbligo di rettifica in aumento e la facoltà di rettifica in diminuzione sono riferiti all'acquirente (e non al cedente). Conseguentemente, il cedente deve provvedere all'annotazione della variazione negli appositi registri, rettificando l'imponibile originario (art. 26 c. 10 DPR 633/72 e Ris. AE 31 marzo 2011 n. 36/E).
> **3)** Se l'acquirente in RC **applica l'IVA per errore** in relazione ad operazioni **esenti** (o non imponibili o non soggette) può correggere l'errore in uno dei seguenti modi (Risp. AE 7 febbraio 2023 n. 103):
> – se **ha detratto** l'IVA, con delle annotazioni contabili di senso contrario a quelle erroneamente eseguite e che intende neutralizzare;
> – se **non ha detratto** l'IVA (es. pro-rata), con nota di credito entro un anno o, se scaduto, con istanza di rimborso entro 2 anni.

52947 **Fattura elettronica** L'acquirente:
– **riceve** una **fattura** riportante la natura con i codici da N6.1 a N6.9, a seconda del tipo di operazione (v. n. 52648);
– per l'**integrazione della stessa** si predispone un altro documento elettronico integrativo (codice tipo TD16), da inviare allo SdI e da allegare al file della fattura elettronica, contenente sia i dati necessari per l'integrazione sia gli estremi della stessa (Circ. AE 17 giugno 2019 n. 14/E, Ris. AE 10 aprile 2017 n. 46/E).

5. Fattura in Split payment

(art. 17 ter DPR 633/72, DM Mef 23 gennaio 2015, Circ. AE 9 febbraio 2015 n. 1/E, Circ. AE 19 febbraio 2015 n. 6/E e Circ. AE 13 aprile 2015 n. 15/E)

I fornitori (ad **eccezione** dei professionisti i cui compensi sono soggetti a ritenuta) delle **tipologie di clienti** indicate in **tabella** sono obbligati alla «scissione dei pagamenti» (c.d. «split payment», di seguito **SP**), che consiste nell'emissione di una fattura con IVA normalmente esposta ma che non viene da questi incassata. Il soggetto **tenuto al versamento** dell'IVA all'Erario è infatti il cliente destinatario della fattura in SP. Ciò nonostante, però, il fornitore rimane **debitore** d'imposta. 52950

>Precisazioni 1) Se l'applicazione dello SP comporta, per il fornitore, l'emersione di un'**eccedenza di IVA a credito**, egli può chiederne il rimborso, erogabile, a certe condizioni, in via prioritaria (v. n. 52958).
2) L'UE ha autorizzato l'**utilizzo** dello SP **fino al 30 giugno 2023** (Decis. UE 24 luglio 2020 n. 1105).

52951

Cliente destinatario di SP	Descrizione
Pubbliche Amministrazioni PA (coincidenti con quelle già obbligate alla fatturazione elettronica) **(1)**	inserite nell'elenco pubblicato sul sito dell'Indice delle Pubbliche Amministrazioni (www.indicepa.gov.it) (art. 5 bis DM Mef 23 gennaio 2015), con esclusione dei «gestori di pubblici servizi». Si tratta di PA (Circ. AE 7 maggio 2018 n. 9/E): – di cui all'art. 1 c. 2 D.Lgs. 165/2001; – indicate a fini statistici dall'ISTAT ai sensi dell'art. 1 c. 2 L. 196/2009 e le Autorità indipendenti; – Amministrazioni autonome di cui all'art. 1 c. 209 L. 244/2007
società **controllate** (anche solo di fatto) direttamente dalla Presidenza del Consiglio dei ministri e dai ministeri e società controllate (di diritto) da queste ultime	inserite negli elenchi **(2)** pubblicati sul sito del Mef, distinti per anno solare (all'indirizzo: http://www1.finanze.gov.it/finanze2/split_payment/public/#/#testata) entro il 15 novembre dell'anno precedente (art. 5 ter DM Mef 23 gennaio 2015) **(3)**
enti pubblici economici, nazionali, regionali e locali, comprese le **aziende speciali** e le aziende **pubbliche di servizi alla persona** e le **fondazioni** partecipate da PA, per una percentuale complessiva del fondo di dotazione di almeno il 70% o che, comunque, siano controllate da soggetti pubblici (ivi comprese le fondazioni degli Ordini professionali, Circ. AE 7 maggio 2018 n. 9/E)	
società **controllate** di diritto direttamente dagli enti pubblici territoriali e società controllate da queste ultime **(4)**	
società **(5) quotate** inserite nell'indice **Ftse Mib** della Borsa italiana o nel diverso indice pubblicato dal Dipartimento delle Finanze (anche quelle identificate agli effetti dell'IVA, restando escluse quelle non dotate di partita IVA, Circ. AE 7 maggio 2018 n. 9/E)	

(1) Gli **uffici italiani** di un Ministero **dislocati all'estero** sono esclusi dall'applicazione dello SP (Risp. AE 28 settembre 2018 n. 15). Lo stesso principio dovrebbe valere per tutte le operazioni che non si considerano effettuate nel territorio dello Stato.

(2) L'inclusione negli elenchi ha effetto costitutivo (Circ. AE 7 novembre 2017 n. 27/E).

(3) Se il controllo o l'inclusione nell'indice di Borsa variano in corso d'anno, ai fini dell'applicazione o meno dello SP, vale la data del 30 settembre: la variazione che si verifica entro tale data determina l'applicazione dal 1° gennaio dell'anno successivo, altrimenti dal 1° gennaio del secondo anno successivo (art. 5 ter c. 2 e s. DM Mef 23 gennaio 2015).

(4) Anche per il controllo indiretto esercitato dalle PA e dagli altri enti e società di cui ai righi precedenti. Lo stesso accade anche per le **partecipate** dagli stessi soggetti, con una percentuale del capitale sociale almeno pari al 70%.

(5) Per le società le cui **quote** sono **intestate ad una società fiduciaria**, poiché l'effettivo titolare rimane comunque il cliente fiduciante, per stabilire se sia o meno applicabile lo SP, occorre rifarsi alla natura del soggetto cui le quote stesse vanno ricondotte, a nulla rilevando la loro intestazione formale (Circ. AE 7 maggio 2018 n. 9/E).

52953 **OPERAZIONI** Lo SP si applica a **tutte** le cessioni di beni o le prestazioni di servizi effettuate nei confronti dei clienti indicati in precedenza, salvo che per le operazioni e per le particolarità/condizioni indicate in **tabella**.

Solo nei casi in cui lo SP non è applicabile, il fornitore può applicare l'**IVA ad esigibilità differita** (v. n. 52965 e s.). Mentre per le operazioni che rientrano nello SP **non risultano applicabili** le disposizioni sull'IVA per cassa (v. n. 46270 e s.) (Circ. AE 7 novembre 2017 n. 27/E).

Operazioni	Applicabilità SP	Note/Condizioni
prestazione ricevuta **soggetta a ritenuta** (a titolo di imposta sul reddito ovvero di semplice acconto) (ad es.: professionisti) (art. 12 DL 87/2018 conv. in L. 96/2018)	no	con esclusivo riferimento alla **data di emissione** della fattura (non rileva quindi né la data di ultimazione del servizio, né quella di pagamento)
soggette a **reverse charge** (v. n. 52940)	 no sì sì, parzialmente	se l'acquisto del bene o servizio è destinato: – alla sfera di **attività commerciale** della PA – all'**attività istituzionale** – ad **entrambe parzialmente** (ad es. fornitura di servizi di pulizia di un edifico in cui la PA svolge sia attività commerciale, sia attività istituzionale): solo sulla parte di attività istituzionale non commerciale **(1)**
con **utilizzo del plafond**	no	grazie al trattamento di non imponibilità determinato dall'invio della lettera d'intento (Circ. AE 7 novembre 2017 n. 27/E)
soggette ad **autofattura**	sì	su prestazioni di servizi **da non residenti**
soggette ad **inversione contabile** da parte di enti pubblici senza partita IVA per acquisti inerenti attività istituzionali	sì	su **acquisti intra UE** oltre soglia
documentate da **ricevuta o scontrino fiscale**, **scontrino non fiscale** (trasmissione telematica dei corrispettivi) o fattura **semplificata**	no	**senza** emissione di **fattura (2)** o **con** emissione di **fattura successivamente** ai documenti indicati (solo per documentare il costo e l'IVA assolta dal cliente) **(2)**
soggette a **regimi speciali**: – agenzie di viaggio – monofase (editoria, ecc.) – produttori agricoli – case d'asta – margine – agriturismo – proloco e associazioni sportive in forfettario – intrattenimento e spettacoli viaggianti	no	si tratta di operazioni che: – **non prevedono l'evidenza dell'IVA in fattura**, stabilendo l'assolvimento dell'imposta secondo regole proprie, oppure – pur essendo **fatturate con addebito di IVA**, comportano un particolare **meccanismo forfettario** di determinazione della detrazione spettante
effettuate da soggetti che adottano il **regime forfettario** o il regime dei **minimi**	no	–
per le quali la **PA non effettua alcun pagamento diretto** del corrispettivo al proprio fornitore	no	il fornitore ha già nella propria disponibilità il corrispettivo che gli spetta e che si trattiene, riversando poi alla PA committente l'importo riscosso, già al netto del suo corrispettivo (es. servizi di riscossione delle entrate per conto della PA) **(3)**
di gestione dei diritti collettivi di uso civico da parte degli **enti pubblici gestori di demanio collettivo**	no	si tratta dei diritti di pascolo, legna, funghi, caccia, pesca, acqua, sassi e semina (Circ. AE 7 novembre 2017 n. 27/E)
permutative (art. 11 DPR 633/72)	no, salvo che per eventuali conguagli	diversamente sarebbe vanificata la scelta del negozio permutativo (Circ. AE 7 novembre 2017 n. 27/E)

Operazioni	Applicabilità SP	Note/Condizioni
operazioni rese **nei confronti dei dipendenti** nell'interesse del datore di lavoro (soggetto allo SP)	no	se la fattura è emessa nei confronti del (ed intestata al) dipendente del soggetto nei cui confronti si applicherebbe lo SP (Circ. AE 7 novembre 2017 n. 27/E)
Compensi e oneri dovuti ai CTU per incarichi (come ausiliari) dell'Autorità Giudiziaria	no	l'obbligo di pagare la prestazione resa dal CTU rimane in capo alla parte soccombente e la PA (Autorità Giudiziaria) non effettua alcun pagamento: il CTU emette normale fattura nei confronti dell'Amministrazione della Giustizia, in cui evidenzia che il pagamento avviene con denaro fornito dalla parte individuata dal provvedimento del Giudice senza alcuna applicazione dello SP (Circ. AE 7 maggio 2018 n. 9/E)

(1) Spetta alla PA l'onere di **comunicare al fornitore** la quota parte dell'acquisto destinata all'una o all'altra attività.
(2) Tuttavia, se la **fattura è emessa su richiesta** del cliente **in luogo** dello scontrino o della ricevuta fiscale, lo SP si applica.
(3) Lo stesso accade per le **prestazioni rese** da un professionista delegato dall'Autorità Giudiziaria alla **procedura di esecuzione immobiliare**, in relazione alla fatturazione del compenso, o per quelle che si svolgono **fra PA e società già soggette** allo SP (Circ. AE 7 novembre 2017 n. 27/E).

ADEMPIMENTI DEL FORNITORE In **tabella**, un riepilogo degli adempimenti che riguardano il fornitore che fattura in SP. **52955**

Adempimento	Descrizione	V. n.
fatturazione e registrazione	nella fattura emessa il fornitore indica l'IVA, applicabile secondo le ordinarie regole, ed inserisce nella descrizione anche l'**annotazione (1)** che si tratta di operazione soggetta a «scissione dei pagamenti». La fattura va **registrata** nel registro «IVA vendite» e la relativa IVA deve essere **annotata distintamente** dal resto dell'IVA registrata. Essa, infatti, non deve essere **computata** come imposta a debito nella liquidazione di periodo, dato che il fornitore non la incassa	–
richiesta dichiarazione a cliente (art. 17 ter c. 1 quater DPR 633/72)	il fornitore può richiedere al proprio cliente un'attestazione in cui **dichiara di essere un soggetto** cui è riconducibile lo SP **(2)**	–
eventuale emissione di **nota di variazione**	modalità da seguire **diversa a seconda** che l'operazione originaria fosse, o meno, già stata fatturata con SP	52957
eventuale **richiesta di rimborso**	il mancato incasso dell'IVA fatturata può determinare una posizione di costante credito per cui può essere richiesto il rimborso prioritario	52958

(1) La **mancata indicazione in fattura** del riferimento allo SP è punita con una sanzione che va da € 1.000 a € 8.000 (art. 9 c. 1 D.Lgs. 471/97), salvo che il fornitore non l'abbia esposta in quanto attenutosi alle indicazioni fornitegli dal cliente con riferimento agli acquisti promiscui di prestazioni soggette a reverse charge (Circ. AE 7 novembre 2017 n. 27/E).
(2) Tale attestazione, seppur ancora prevista dalla norma, **non è più utile** per il fornitore, che deve invece attenersi agli elenchi definitivi pubblicati sul sito del Mef e che contengono l'indicazione puntuale dei soggetti riconducibili nell'ambito di applicazione dello SP. Dopo la **pubblicazione degli elenchi definitivi**, l'eventuale attestazione resa dal cliente deve trovare corrispondenza con quanto indicato negli stessi elenchi. Il rilascio dell'attestazione in contrasto col contenuto degli elenchi definitivi è ritenuto dall'AF priva di validità (Circ. AE 7 novembre 2017 n. 27/E).

Note di variazione In **tabella** sono indicate le modalità da seguire per **rettificare una fattura già emessa**. **52957**

Variazione in	Operazione originaria	Nota di variazione emessa in
aumento	già in SP	SP **(1)**
	non in SP	non in SP
diminuzione	già in SP	SP: il fornitore non ha diritto di detrarre l'IVA corrispondente alla variazione ma si limita ad effettuare apposita annotazione, in rettifica nel registro «IVA vendite», senza alcun effetto per la liquidazione IVA **(2)**
	non in SP	non in SP: l'IVA indicata nella nota di variazione può essere detratta, con apposita annotazione, con segno negativo, nel registro «IVA vendite» **(3)**

(1) Salvo che per l'ipotesi di fattura integrativa emessa in **rivalsa a seguito di accertamento** subito (Ris. AE 14 settembre 2016 n. 75/E, v. n. 48330).
(2) Se la PA o la società clienti avevano già eseguito il versamento diretto dell'IVA da SP indicata nella fattura originaria, possono scomputare il maggior versamento eseguito dai successivi versamenti da effettuare sempre in ambito SP (Circ. AE 7 novembre 2017 n. 27/E e Risp. AE 16 luglio 2019 n. 243). Invece, se la PA (o società clienti) ricevono una nota di variazione prima del versamento dell'IVA, devono versare l'importo rettificato, cioè al netto della variazione (Risp. AE 28 ottobre 2019 n. 436).
(3) Il **soggetto che riceve** la nota di variazione rettifica la detrazione precedentemente operata annotandola a debito nel registro vendite o corrispettivi. Se l'acquisto è stato effettuato da una PA in ambito istituzionale non è necessaria alcuna variazione e, se la fattura originaria era già stata pagata, la PA ha diritto di ricevere il pagamento della nota di variazione (Risp. AE 19 dicembre 2018 n. 117).

52958 **Rimborsi IVA** (art. 8 DM 23 gennaio 2015, art. 38 bis c. 10 DPR 633/72) Il fornitore della PA che vanti un'**eccedenza di IVA a credito** computa le operazioni effettuate con lo SP fra quelle che concorrono a realizzare il presupposto dell'aliquota media (v. ipotesi a) della **tabella** n. 55685) ai fini della richiesta di rimborso (annuale o infrannuale).

In tal caso, il rimborso può essere richiesto **in via prioritaria limitatamente alla parte di credito** che corrisponde all'IVA indicata nelle operazioni in SP, senza la necessità che vengano soddisfatte le altre condizioni ordinariamente richieste (esercizio dell'attività da almeno 3 anni e ammontare del credito a rimborso superiore a determinate soglie, v. n. 55750).

Ai fini della **compilazione della richiesta** di rimborso prioritario, il fornitore deve indicare il codice 6 nel campo 4 del rigo VX4 della dichiarazione annuale IVA o nel rigo TD8 del Mod. IVA TR.

Se il fornitore, che effettua operazioni in SP, **non soddisfa** il requisito dell'**aliquota media** può comunque chiedere il rimborso dell'eccedenza di IVA a credito sulla base degli altri presupposti, se sussistenti, ma non in via prioritaria.

52960 **ADEMPIMENTI DEL CLIENTE** In **tabella**, un riepilogo degli adempimenti che riguardano il cliente che riceve una fattura in SP.

Adempimento	Descrizione
liquidazione IVA (artt. 3-5 DM Mef 23 gennaio 2015 e Circ. AE 7 novembre 2017 n. 27/E)	l'imposta da SP diviene **esigibile**, di regola, all'atto del pagamento dei corrispettivi dovuti (il versamento dell'IVA dovuta dal fornitore deve essere eseguito dall'acquirente **entro** il 16 del mese successivo, senza possibilità di compensazione e utilizzando apposito codice tributo, Ris. AE 10 novembre 2017 n. 139/E). Tuttavia può essere **anticipata**, su opzione **(1)**, al momento della ricezione/registrazione della fattura (l'acquirente effettua la doppia registrazione della fattura, registro acquisti e vendite, come nel reverse charge: tale modalità consente di anticipare la **compensazione tra** credito e IVA) (Circ. AE 17 gennaio 2018 n. 1/E)
rilascio dichiarazione a fornitore (art. 17 ter c. 1 quater DPR 633/72)	se richiesto dal fornitore, il cliente sarebbe tenuto a rilasciare un'attestazione in cui dichiara di **essere soggetto** allo SP **(2)**

(1) Nell'ambito delle PA tale possibilità è concessa a quelle che siano **identificate** ai fini IVA e che effettuino gli acquisti nell'**esercizio di attività commerciali**. Inoltre, in generale, la scelta per l'anticipazione dell'esigibilità può essere fatta con riguardo a ciascuna fattura ricevuta/registrata. Rileva a tal fine il comportamento concludente.
(2) Si veda tuttavia nota 2 della **tabella** al n. 52955.

6. Fattura con IVA ad esigibilità differita

Si tratta di uno **strumento (facoltativo)**, destinato originariamente ad attenuare i problemi finanziari degli operatori che effettuavano operazioni imponibili nei confronti di determinati soggetti (soprattutto Stato, enti pubblici territoriali, ecc.), è attualmente utilizzabile: 52965
- dai contribuenti che si avvalgono del regime dell'IVA per cassa (v. n. 46270 e s.);
- nei casi di **esclusione dallo Split payment** (enti pubblici **gestori di demanio** collettivo, forniture soggette al **reverse charge** destinate all'attività commerciale della PA, ecc. v. n. 52953 e s.).

Tale strumento consente di rinviare il momento di esigibilità dell'IVA dalla fatturazione all'incasso del corrispettivo.

La fattura emessa, per i casi che precedono, **deve riportare**, in corrispondenza del relativo rigo, che l'«IVA è ad esigibilità differita». Con questa indicazione il cliente sa che il suo **diritto alla detrazione**, per IVA assolta sull'acquisto, può essere esercitato solo dopo aver provveduto al pagamento di tale fattura. 52967

> Il fornitore che decide di **non avvalersi del rinvio dell'esigibilità** dell'imposta manifesta la sua volontà apponendo in fattura l'indicazione di «IVA ad esigibilità immediata». In **mancanza di indicazione**, l'IVA si considera comunque ad esigibilità differita (Circ. Min. 24 dicembre 1997 n. 328/E).

E. Fattura emessa dall'acquirente o da terzi

1. Autofattura

Vi sono alcuni casi in cui, in sostituzione dei soggetti effettivamente obbligati, la fattura deve essere emessa dall'**acquirente** o dal **committente**, se operanti nell'esercizio dell'impresa, arte o professione. Tali ipotesi non sono da confondere con l'ipotesi, facoltativa, di accordo con i clienti o con terzi per l'emissione della fattura al posto del cedente o prestatore (v. n. 53150). 52970
In altri casi, ancora, la fattura è emessa in **un solo esemplare** a cura del cedente o prestatore (autoconsumo e cessioni gratuite).
In tali ipotesi l'emissione del documento (c.d. autofattura) è disciplinata da regole particolari che variano a seconda del tipo di operazione effettuata.
Si illustrano le operazioni interessate e le relative caratteristiche salienti.

ACQUISTI DI BENI O SERVIZI DA SOGGETTI EXTRA UE (art. 17 c. 2 DPR 633/72)Per le operazioni territorialmente rilevanti, la fattura deve essere emessa dagli acquirenti italiani soggetti passivi (per gli acquirenti privati sono obbligati i fornitori esteri nelle rispettive giurisdizioni). 52980
Le operazioni devono essere documentate da una autofattura emessa in un unico esemplare, entro la data di effettuazione dell'operazione, con successiva annotazione sia sul registro delle fatture emesse che sul registro degli acquisti.
Salvo che non si tratti di importazioni, che sono oggetto di dichiarazione doganale (v. n. 66032), le autofatture devono essere **trasmesse all'AE** tramite **SdI** (con codici TD17 o TD19, v. n. 52748) compilando i campi:
- dati del cedente/prestatore: l'identificativo Paese estero e l'identificativo del soggetto non residente/stabilito;
- dati del cessionario/committente: soggetto italiano che emette il documento;
- soggetto emittente: con valorizzazione del codice «CC» (cessionario/committente);
- codice natura: solo quando non c'è imposta (es. N4 op. esenti, N3.4 non imponibili, N3.5 acquisti dell'esportatore abituale).

MANCATO RICEVIMENTO DELLA FATTURA O RICEVIMENTO DI FATTURA IRREGOLARE In caso di mancato ricevimento della fattura da parte del fornitore, o di ricevimento di una fattura per importo inferiore al reale, l'acquirente è obbligato a regolarizzare 52990

in proprio l'operazione mediante l'emissione del documento «autofattura» ed il versamento della eventuale imposta o maggior imposta dovuta.
Modalità e **termini** di emissione dell'autofattura e di versamento dell'imposta sono **diversi** a seconda che si tratti della regolarizzazione di un acquisto interno o di un acquisto intracomunitario.

52995

Ipotesi	Modalità
Regolarizzazione di un acquisto interno	L'acquirente del bene o servizio è obbligato ad emettere un'autofattura sia per regolarizzare l'operazione dal punto di vista documentale, sia per versare la relativa imposta (art. 6 c. 8 D.Lgs. 471/97). Per la disciplina complessiva si rinvia al n. 87042.
Regolarizzazione di un acquisto intra UE di beni o di servizi	L'acquirente che non riceve la fattura entro il secondo mese successivo a quello di effettuazione dell'operazione (v. n. 45850) deve, entro il giorno 15 del mese successivo, emettere l'autofattura in unico esemplare evidenziando anche il numero di identificazione IVA del fornitore (art. 46 c. 5 DL 331/93). Nel caso in cui riceva una fattura irregolare, cioè con importo inferiore al reale, deve emettere una fattura integrativa entro il giorno 15 del mese successivo alla registrazione della fattura originaria.

53010 **AUTOCONSUMO E CESSIONI GRATUITE** L'esigenza dell'autofattura a volte deriva dal fatto che l'operazione considerata imponibile **non determina in realtà il trasferimento della proprietà** dei beni a titolo oneroso, rendendo inutile l'emissione della fattura ordinaria.
In assenza di esonero, l'autofattura va emessa in **formato elettronico** con invio allo SdI, secondo le regole ordinarie (codice tipo documento TD27); i dati del cedente/prestatore vanno inseriti sia nella sezione «Dati del cedente/prestatore» sia nella sezione «Dati del cessionario/committente».

Ipotesi	Modalità
Autoconsumo (v. n. 40370)	L'autofattura deve essere emessa entro i normali termini in un **unico esemplare**, con l'indicazione del valore normale dei beni, dell'aliquota applicabile e della relativa imposta.
Cessioni gratuite (v. n. 40310)	Il **cedente**, anziché emettere secondo le regole generali una normale fattura (con o senza la rivalsa dell'IVA), emette una autofattura **singola** per ogni cessione, con l'indicazione del valore normale dei beni, dell'aliquota applicabile e della relativa imposta, oltre alla annotazione che trattasi di «autofattura per omaggi». Se è esonerato dall'obbligo di emissione della fattura elettronica, può optare per una fattura cartacea **mensile** e globale per le cessioni effettuate nel mese **(*)**.
(*) L'emittente registra l'autofattura solo nel registro IVA vendite (Faq AE 19 luglio 2019 n. 139).	

53020 **ACQUISTI DA PRODUTTORI AGRICOLI ESONERATI** L'autofattura va emessa dall'acquirente entro i termini ordinari (momento dell'acquisto, v. n. 52855) anche in relazione agli acquisti di beni o servizi **nei confronti di produttori agricoli esonerati** dall'obbligo di fatturazione (v. n. 62290).

---

2. Acquisti di carburante

53070 L'acquisto di **benzina** e **gasolio** per motori a uso autotrazione da parte **di soggetti IVA** che agiscono nell'esercizio di impresa, arte o professione (cessioni c.d. **B2B**), effettuato presso impianti stradali di distribuzione, è necessariamente documentato da una **fattura elettronica**.
Invece, per gli acquisti effettuati da **consumatori finali** (a cui sono assimilati i soggetti in regime di vantaggio o in regime forfettario), bisogna distinguere a seconda del tipo di impianto di distribuzione o del tipo di carburante, come indicato nella tabella seguente.
In tutti i casi di **assenza dell'obbligo** è comunque possibile scegliere volontariamente di memorizzare e inviare telematicamente i dati dei corrispettivi (utilizzando lo stesso tracciato previsto per i soggetti obbligati che distribuiscono benzina/gasolio).

Tipo di impianto di distribuzione	Tipo di carburante	Obbligo (Circ. AE 21 febbraio 2020 n. 3/E)
impianti di distribuzione self service ad elevata automazione (c.d. ghost station)	benzina/gasolio utilizzati come carburanti per motori	trasmissione telematica dei corrispettivi **(*)**
	altri tipi di carburante (es. gpl, gas metano, ecc.)	nessuno
impianti diversi	benzina/gasolio utilizzati come carburanti per motori	entro l'ultimo giorno del mese successivo a quello di riferimento; per i trimestrali possibile invio trimestrale, entro l'ultimo giorno del mese successivo al trimestre (Provv. AE 22 aprile 2020)
	altri tipi di carburante (es. gpl, gas metano, ecc.)	nessuno

(*) Con Provv. 28 maggio 2018 n. 106701 sono stati definiti i termini, le informazioni da comunicare e le regole di trasmissione via Portale unico Dogane (Pud). Dal 23 ottobre 2020 è disponibile una nuova applicazione web semplificata le cui caratteristiche sono state illustrate dall'AD con Comunicato AD 23 ottobre 2020 n. 369012.

>Precisazioni 1) Per le **operazioni diverse dalle cessioni di carburanti** - lavaggio auto, cessioni di lubrificanti, ecc. - occorre distinguere (Circ. AE 21 febbraio 2020 n. 3/E):
– se esse sono **effettuate dagli stessi soggetti** che erogano i carburanti, la memorizzazione e l'invio dei corrispettivi sono necessari solo se i relativi ricavi o compensi sono superiori all'1% del volume d'affari dell'anno precedente;
– se le operazioni avvengono tramite **distributori automatici**, l'invio è sempre obbligatorio.
2) Un datore di lavoro che, in forza di un contratto di **netting** somministra carburanti per autotrazione ai dipendenti del proprio gruppo in possesso di apposita carta aziendale, non ha l'obbligo di trasmettere telematicamente i corrispettivi, essendo sufficiente la loro annotazione nel registro dei corrispettivi (Risp. AE 11 ottobre 2019 n. 412).

---

3. Fattura emessa da terzi d'accordo con il fornitore
(art. 21 c. 1 e 2 DPR 633/72)

ACCORDO CON SOGGETTI RESIDENTI Nelle ipotesi più comuni, in cui l'obbligo di emissione ricade sul fornitore, questi può accordarsi con un altro soggetto nazionale - il **cliente** che acquista il bene o riceve la prestazione oppure un **terzo** - che assumono l'impegno di emettere la fattura per conto del fornitore, che resta comunque il responsabile dell'adempimento nei confronti dell'AF. **53150**
Se l'incarico di emettere fattura è affidato al **cliente**, l'**emissione** della stessa coincide con:
– se la fattura è **cartacea** (o extra SdI), il momento della sua compilazione (non essendoci una effettiva spedizione e/o trasmissione);
– se è **elettronica**, con la trasmissione allo SdI da parte del terzo.
Se l'incarico è affidato al **terzo**, l'**emissione** coincide con la spedizione al cliente (fattura cartacea o extra SdI) o con la trasmissione allo SdI (fattura elettronica).
L'**accordo** deve autorizzare preventivamente il cliente/terzo all'emissione della fattura e deve specificare le procedure di emissione da adottare.

In caso di **fattura elettronica** chi emette la fattura (cliente/terzo) può indicare il proprio **indirizzo telematico** oppure quello del fornitore; se però il cedente/prestatore ha utilizzato il servizio di registrazione dell'AE, la fattura elettronica è recapitata a lui direttamente, salvo il caso in cui anche l'emittente abbia utilizzato il servizio di registrazione presente nel portale Fatture e Corrispettivi. **53152**
Il campo «Soggetto emittente» dovrà indicare il codice «CC» (cessionario/committente) o «TZ (Terzo)» mentre non va compilata la sezione «Terzo intermediario o Soggetto emittente» (Circ. AE 17 giugno 2019 n. 14/E).
L'eventuale apposizione della **firma digitale** è effettuata dal soggetto emittente in base al tipo di accordo tra cedente /prestatore e cliente/terzo, cioè (Risp. AE 28 agosto 2019 n. 348, Circ. AE 24 giugno 2014 n. 18/E):
– se l'accordo prevede il semplice invio al cliente/terzo della fattura già predisposta dal cedente/prestatore, quest'ultimo appone la firma;

– se l'accordo prevede che il cedente/prestatore fornisca al cliente/terzo il semplice flusso di dati da aggregare per la compilazione del documento finale, ovvero la sua messa a disposizione, è il cliente/terzo che deve apporre la propria firma digitale.

In ogni caso, **l'emittente deve comunicare al fornitore** di avere emesso la fattura e può trasmettergli (tramite email o altro strumento ritenuto utile) **duplicato** del file XML della fattura o copia PDF; comunque, una copia conforme all'originale della fattura sarà sempre presente nella sezione Consultazione – Fatture elettroniche e altri dati IVA del portale Fatture e Corrispettivi del cedente/prestatore e del committente (Faq AE 15 gennaio 2019).

53155 Il cliente/terzo che emette la fattura **cartacea** (o extra SdI) deve osservare i seguenti **adempimenti** (Ris. Min. 28 luglio 1992 n. 445707, Ris. AE 4 dicembre 2001 n. 202/E):
– annotare sulla fattura che la stessa è emessa, per conto del fornitore, dal cliente o da un soggetto terzo;
– attribuire alla fattura una distinta numerazione, rispetto a quelle che emette in qualità di fornitore;
– inviare un esemplare della fattura emessa al fornitore onde consentirgli di effettuare la registrazione nel termine di 15 giorni previsto dalla legge.

53160 **ACCORDO CON SOGGETTI NON RESIDENTI** Il fornitore italiano può accordarsi, meglio se per iscritto, anche con un cliente o un terzo **residente in uno Stato estero** affinché questi emetta la fattura per suo conto. Tuttavia, se il cliente o il terzo risiedono in uno Stato extra UE (assenza di reciproca assistenza), la facoltà di emettere fattura è ammessa solo se sussistono contemporaneamente le seguenti condizioni:
– il fornitore italiano ha iniziato l'attività da almeno 5 anni solari;
– allo stesso fornitore non gli sono stati notificati nei 5 anni precedenti, atti impositivi o di contestazione di violazioni sostanziali in materia di IVA;
– trasmissione all'AF - direttamente tramite Entratel o Internet, oppure tramite intermediari abilitati - di una preventiva comunicazione, per ogni cliente o terzo, contenente i dati stabiliti con Provv. AE 9 dicembre 2004 (dati del fornitore nazionale e del cliente o terzo non residente, modalità di fatturazione, ecc.). In caso di variazione dei dati trasmessi o di cessazione dell'incarico, occorre trasmettere un'altra comunicazione entro 30 giorni.

F. Soggetti esonerati

53190 Nelle seguenti **tabelle** sono riportati i soggetti, **diversi dai commercianti al minuto** e assimilati di cui al n. 53360, esonerati dall'obbligo di fatturazione.

Soggetti	Provvedimenti
aziende di credito	DM 12 febbraio 2004 n. 75
imprese assicuratrici	DM 30 maggio 1989
imprese che somministrano acqua, gas, energia elettrica, vapore, teleriscaldamento urbano, o che prestano servizi di raccolta, trasporto e smaltimento dei rifiuti solidi urbani e assimilati, di depurazione e fognatura, o che gestiscono il servizio di lampade votive nei cimiteri	DM 24 ottobre 2000 n. 370
società ed enti concessionari di autostrade	DM 20 luglio 1979
esercenti servizi di traghettamento di automezzi commerciali e privati tra porti nazionali	DM 22 dicembre 1980
esattori comunali e consorziali	DM 2 dicembre 1980
concessionari del Ministero delle infrastrutture e dei trasporti (per duplicati di patente, rendicontazione del pagamento dei corrispettivi dovuti dall'utenza per le pratiche)	DM 8 agosto 2014
notai	DM 25 settembre 1981
gestori di infrastrutture nei porti, autoporti, aeroporti e scali ferroviari di confine	DM 19 settembre 1990, DM 18 marzo 1991
Croce Rossa Italiana	DM 4 marzo 1976

Soggetti	Provvedimenti
pubbliche amministrazioni per operazioni relative ai viaggi e all'organizzazione di giri turistici effettuate nei confronti di particolari soggetti consumatori finali in possesso di determinati requisiti stabiliti con apposite delibere	DM 7 luglio 1998

53191

Soggetti a cui si applica un regime speciale	Paragrafo Memento
– gestori di impianti stradali di distribuzione di carburanti (solo per vendite a privati consumatori)	n. 53070
– produttori agricoli	n. 62005
– associazioni sportive	n. 97460
– agenzie di viaggi e turismo, per l'attività di organizzazione di escursioni, visite della città, giri turistici ed eventi similari	n. 63000 e s.
– commercianti di libri, giornali e periodici	n. 62630
– commercianti di generi di monopolio	n. 64400
– esercenti attività di spettacoli, giochi e trattenimenti pubblici	n. 63520
– esercenti la vendita al pubblico di documenti da viaggio e relativi ai parcheggi	n. 64400

II. Certificazione dei corrispettivi

Dal 1° gennaio 2020 l'obbligo di trasmissione è stato generalizzato a tutti i soggetti obbligati alla certificazione (art. 17 DL 119/2018 conv. in L. 136/2018). 53350
La certificazione del corrispettivo mediante ricevuta fiscale (RF) o scontrino fiscale (SF) - riguardante le operazioni per le quali non è obbligatoria l'emissione della fattura - è stata pertanto sostituita dalla **trasmissione telematica dei corrispettivi**, con conseguente obbligo di emissione del documento commerciale.
Tale adempimento **sostituisce** anche la tenuta del registro dei corrispettivi, ma non esclude l'obbligo di emettere la fattura qualora sia richiesta del cliente. In caso di emissione della fattura immediata, entro 12 giorni, il commerciante/artigiano non è obbligato a rilasciare alcun documento commerciale al momento della cessione o al termine della prestazione (Risp. AE Telefisco 30 gennaio 2020).
Sono comunque previsti dei **casi di esclusione** dall'obbligo di certificazione (salvo richiesta di fattura da parte del cliente) per determinati soggetti o per specifiche categorie di operazioni, per i quali tale adempimento risulta gravoso ed è quindi sostituito dall'annotazione nel registro dei corrispettivi; tali esclusioni valgono anche per la trasmissione dei corrispettivi, come sarà evidenziato in seguito (art. 3 c. 147 lett. e L. 549/95, DPR 696/96).

Per le regole specifiche della **ricevuta fiscale** e quelle riguardanti le tipologie particolari di **scontrino fiscale** (ambulanti, biglietti di trasporto), si rinvia all'edizione **marzo 2020 di MF.**

Per la trasmissione è necessario utilizzare o un apposito **registratore telematico** (RT) che sostituisce il tradizionale registratore di cassa oppure un'apposita **procedura web**. In entrambi i casi, la **memorizzazione** deve essere giornaliera, mentre la **trasmissione** può essere eseguita entro 12 giorni dall'effettuazione dell'operazione (v. n. 53863). 53353
L'operazione, inoltre, va documentata con uno specifico **documento commerciale** che può essere anche valido ai fini fiscali (c.d. scontrino elettronico) (Princ. dir. 1° ottobre 2021 n. 14).

Cessione di carburante Per gli adempimenti specifici, variabili a seconda del tipo di acquirente, privato o imprenditore/professionista, o del tipo di impianto, ad alta automazione o meno, o del tipo di carburante, si veda al n. 53070.

A. Soggetti obbligati ed esonerati

53360 **SOGGETTI OBBLIGATI** (art. 22 DPR 633/72) L'obbligo di **certificazione dei corrispettivi** riguarda i soggetti passivi IVA che effettuano operazioni imponibili per le quali non è obbligatoria l'emissione della fattura (se non a richiesta del cliente).
Si tratta dei soggetti che svolgono delle **attività di commercio al minuto** e **assimilate**, le cui caratteristiche sono evidenziate nella **tabella** seguente.

Commercianti al minuto	Soggetti che effettuano **cessioni** di beni in locali aperti al pubblico (vedi Ris. Min. 12 luglio 1996 n. 119/E o MIVA), in spacci interni, mediante apparecchi di distribuzione automatica, per corrispondenza, a domicilio o in forma ambulante. Per i soggetti che effettuano l'**esercizio congiunto** del commercio all'ingrosso e al minuto nello stesso punto di vendita (es. autoricambi, materiale elettrico, ecc.), l'esonero dalla fatturazione, con conseguente obbligo del rilascio del documento commerciale, sussiste solamente per lo svolgimento dell'attività di **vendita al dettaglio** (Ris. Min. 23 dicembre 1994 n. 43/E-VI-12-3640).
Soggetti assimilati ai commercianti al minuto	Coloro che effettuano: – prestazioni **alberghiere** e somministrazioni di **alimenti** e **bevande** effettuate dai pubblici esercizi, nelle mense aziendali o scolastiche o mediante apparecchi di distribuzione automatica; – prestazioni di **trasporto** di persone nonché di veicoli e bagagli al seguito; – prestazioni di **servizi** rese nell'esercizio di imprese in **locali aperti al pubblico**, in forma **ambulante** o nell'abitazione dei clienti; – prestazioni di custodia e amministrazione di titoli e per gli altri servizi resi da **aziende** o istituti **di credito** e da **società finanziarie** o fiduciarie; – seguenti operazioni **esenti**, anche se effettuate occasionalmente: operazioni di credito, di assicurazione, su valute estere, relative ad azioni, obbligazioni ed altri titoli, di riscossione tributi, relative all'esercizio delle scommesse, di mandato o di mediazione relativamente alle operazioni che precedono, di locazioni, di servizio postale, delle biblioteche, gallerie, pinacoteche, monumenti e simili (si tratta di quelle di cui all'art. 22 n. 6 DPR 633/72); – attività di organizzazione di escursioni, visite della città, giri turistici ed eventi similari, effettuate dalle **agenzie di viaggi** e turismo; – prestazioni di gestione del servizio delle **lampade votive nei cimiteri**.
Precisazioni **1)** L'obbligo di certificazione riguarda **oggettivamente** le sole operazioni sopra indicate e **non si estende** alle altre operazioni eventualmente effettuate dai medesimi soggetti (es. un commerciante al minuto di generi alimentari deve emettere regolare fattura per la eventuale cessione di **beni strumentali** - bilancia, affettatrice, registratore di cassa). **2)** Le vendite effettuate da **imprese produttrici**, che non operano in locali aperti al pubblico né in spacci interni, nei confronti di **privati consumatori** sono soggette all'obbligo di emissione della fattura (Ris. Min. 30 luglio 1990 n. 570772).	

53370 **ESONERI** (art. 2 DPR 696/96) Nei casi seguenti non vige l'obbligo di documentare l'operazione. L'esonero ha **natura oggettiva**, avendo riguardo alle «operazioni», piuttosto che al soggetto che le ha poste in essere.
Al fine di una più immediata comprensione, abbiamo distinto tra commercianti al minuto che effettuano vendite al dettaglio e altri soggetti. Nell'ambito di questi ultimi l'elencazione è suddivisa in due colonne collegate, delle quali la prima evidenzia essenzialmente **i soggetti** che, professionalmente e abitualmente, pongono in essere le operazioni esonerate, mentre la seconda raccoglie le restanti ipotesi nelle quali è più evidente l'elemento oggettivo della **natura** della cessione o della prestazione.
Infine, nell'ultima tabella indichiamo gli esoneri introdotti recentemente dalla disciplina sulla trasmissione telematica dei corrispettivi.

> **N.B.** Le operazioni esonerate devono essere **annotate nel registro corrispettivi**, salva la possibilità, per chi le effettua, di procedere, a titolo volontario, alla memorizzazione e trasmissione telematica dei corrispettivi.

53375

Commercianti al minuto (vendite al dettaglio)	
Operazioni esonerate (vendite/prestazioni)	**Soggetti esonerati**
– per **corrispondenza**, a cui è assimilato il **commercio elettronico indiretto** (transazione telematica ma consegna materiale, direttamente o tramite incaricati alla vendita, Risp. AE 5 agosto 2022 n. 416, Risp. AE 25 novembre 2021 n. 793) e le vendite a domicilio, sempre che la consegna dei beni non sia contestuale alla raccolta degli ordini; – derivanti dal **commercio elettronico diretto** (v. n. 43380) rese a **clienti privati**, cioè che agiscono al di fuori dell'esercizio d'impresa, arte o professione (B2C) (art. 7 c. 2 D.Lgs. 42/2015, DM 27 ottobre 2015) **(*)**; – prestazioni di servizi di **telecomunicazione** e di **teleradiodiffusione** a favore di clienti privati (art. 7 c. 2 D.Lgs. 42/2015, DM 27 ottobre 2015); – di **tabacchi** e di altri beni commercializzati esclusivamente dalla AAMS; – di **beni iscritti nei pubblici registri** (esempio: autovetture, motoveicoli); – di **carburanti e lubrificanti per autotrazione** (solo se ceduti a clienti privati, salvo obbligo di trasmissione telematica dei corrispettivi, v. n. 53070); – di **giornali** quotidiani, di periodici, di supporti integrativi, di libri (anche usati), con esclusione di quelli d'antiquariato; – mediante **apparecchi automatici**, funzionanti a gettone o moneta (esempio: distributori di gadgets, ecc.) (vedi nota 1) tabella successiva); – relative ai **concorsi pronostici** e alle **scommesse** soggetti all'imposta unica (v. n. 76540) e quelle relative ai concorsi pronostici riservati allo Stato.	**A)** Imprese che per obbligo o per opzione effettuano la **trasmissione telematica** all'AE dell'ammontare complessivo dei corrispettivi giornalieri delle cessioni di beni e delle prestazioni di servizi. Resta fermo l'obbligo di emissione delle fatture (immediate) su richiesta del cliente (Circ. AE 23 febbraio 2006 n. 8/E). **B)** venditori **ambulanti** di: – palloncini, piccola oggettistica per bambini, gelati, dolciumi, caldarroste, ecc. e comunque soggetti che esercitano, senza attrezzature, il commercio di beni di modico valore, con esclusione di quelli operanti nei mercati rionali; – cartoline e souvenirs (deve trattarsi di prestazioni rese senza utilizzo di attrezzature o strutture motorizzate).
(*) I servizi di **bike sharing** resi tramite app per smartphone/tablet, anche con pagamento elettronico, sono soggetti a trasmissione telematica dei corrispettivi in quanto non rientrano tra i servizi elettronici, trattandosi di locazione onerosa di cosa mobile (Risp. AE 13 maggio 2022 n. 5, Risp. AE 8 ottobre 2019 n. 396).	

53376

Altri soggetti			
Tipologie di soggetti obbligati	**Operazioni soggette a certificazione**	**Operazioni esonerate** (vendite/cessioni/prestazioni)	**Soggetti esonerati**
Alberghi	prestazioni alberghiere	aventi ad oggetto l'utilizzazione di **dormitori pubblici** e di **servizi igienico-sanitari pubblici**.	
Bar, ristoranti, trattorie, mense	somministrazioni di alimenti e bevande	effettuate mediante **apparecchi automatici**, funzionanti a gettone o moneta (es. distributori di bibite, biscotti, dolci, ecc.) **(1)**.	**A)** esercenti **mense**: – aziendali o interaziendali (esclusivamente per dipendenti) **(2)**; – scolastiche o universitarie; – popolari (gestite direttamente da enti pubblici o da enti di assistenza e beneficenza); **B)** esercenti attività ambulanti rese in: – **stadi, stazioni** ferroviarie e simili, cinema, teatri e altri luoghi pubblici in occasione di manifestazioni; – **carrozze-letto** ferroviarie (prestazioni accessorie al servizio di pernottamento, rese dal personale addetto alle carrozze-letto).

53376 (segue)

Altri soggetti			
Tipologie di soggetti obbligati	**Operazioni soggette a certificazione**	**Operazioni esonerate** (vendite/cessioni/prestazioni)	**Soggetti esonerati**
Aziende di trasporto	prestazioni di trasporto	– inerenti e connesse al **trasporto pubblico collettivo** di persone e di veicoli e bagagli al seguito, effettuate dall'esercente l'attività di trasporto (art. 12 c. 1 L. 413/91); – di **parcheggio di veicoli** in aree coperte o scoperte, quando la determinazione o il pagamento del corrispettivo viene effettuata mediante **apparecchiature** funzionanti a monete, tessere, schede magnetiche e simili; – aventi per oggetto **l'accesso** alle **stazioni ferroviarie** e servizi di **deposito bagagli**.	esercenti particolari **trasporti di persone** quali: – trasporti a mezzo di taxi (DM 29 luglio 1994); – autonoleggio da rimessa con conducente senza fini di lucro, rivolto esclusivamente a portatori di handicap; – trasporti con mezzi a trazione animale (esempio: carrozzelle a cavallo); – traghetto con barche a remi; – traghetto fluviale con imbarcazioni a motore, di persone e veicoli, tra due rive nell'ambito dello stesso comune o comuni limitrofi; – gondolieri della laguna di Venezia (DM 17 marzo 1994).
Concessionari del Ministero delle infrastrutture e dei trasporti	prestazioni di servizi caratteristiche (DM 13 febbraio 2015)	– stampa e recapito dei **duplicati di patente**; – gestione e di rendicontazione del **pagamento dei corrispettivi** dovuti dall'utenza per le **pratiche**.	
Agenzie di viaggio e turismo		di **prenotazione** di servizi in nome e per conto del cliente (es. rimborso spese telefoniche per alberghi e biglietti di viaggio, vidimazione passaporti e simili).	
Banche, società finanziarie, SIM		di **custodia** e **amministrazione** di titoli ed **altri servizi** (v. art. 22 c. 1 n. 5 DPR 633/72).	
Assicurazioni		operazioni tipiche (v. n. 40780).	
Prestatori di servizi in locali aperti al pubblico	prestazioni di servizi caratteristiche	– **esenti** relative a riscossione tributi, scommesse, locazioni, intermediazioni relative alle operazioni appena citate, servizi postali; – di biblioteche, discoteche, musei, gallerie, pinacoteche, monumenti e simili (indicati al n. 40665) **(3)**.	– **barbieri, parrucchieri, estetisti, sarti e calzolai**, per le prestazioni effettuate in base a convenzioni con pubbliche amministrazioni in caserme, ospedali o altri luoghi stabiliti; – seguenti soggetti senza collaboratori o dipendenti: a) **rammendatrici e ricamatrici**; b) **impagliatori e riparatori di sedie**; c) **riparatori di biciclette**; d) **ciabattini**.
Prestatori di servizi al pubblico	servizi aventi carattere di uniformità, frequenza e importo limitato		Telecomunicazioni; Autostrade; Esattorie; Acqua, gas, elettricità, teleriscaldamento, raccolta, trasporto e smaltimento rifiuti, fognatura e depurazione; Traghettamento; Credito e finanziamento; Porti, aeroporti, ecc.; Croce Rossa Italiana.

Altri soggetti			
Tipologie di soggetti obbligati	**Operazioni soggette a certificazione**	**Operazioni esonerate** (vendite/cessioni/prestazioni)	**Soggetti esonerati**
Associazioni sportive dilettantistiche e simili (v. n. 97485)		effettuate nel regime forfettario illustrato al n. 97470.	
Onlus		operazioni riconducibili alle attività istituzionali (art. 15 D.Lgs. 460/97).	
Prestatori di servizi in forma ambulante o nell'abitazione dei clienti	prestazioni di servizi caratteristiche		– **fumisti** (cosiddetti «spazzacamino»); – **ciabattini**, per le prestazioni rese in forma itinerante; – **ombrellai, arrotini**, per le prestazioni rese in forma itinerante; – **materassai e affini** per prestazioni di cardatura della lana e rifacimento di materassi (solo prestazioni rese nell'abitazione dei clienti senza collaboratori o dipendenti).

(1) Chi effettua cessioni di beni o servizi tramite **distributori automatici con** porta di comunicazione (c.d. vending machine) deve effettuare la trasmissione telematica dei corrispettivi secondo le modalità particolari stabilite con Provv. AE 30 giugno 2016 (art. 2 c. 2 D.Lgs. 127/2015); sono assimilate a questi le colonnine per la ricarica delle auto elettriche situate in luoghi accessibili al pubblico (Risp. AE 21 maggio 2019 n. 149). In caso di operazione certificata sia con l'invio telematico dei corrispettivi che con l'emissione di fattura elettronica, l'esercente, per evitare la doppia imposizione, può annotare la fattura elettronica nella sola contabilità generale, se dimostra il collegamento degli importi (Risp. AE 22 febbraio 2022 n. 88).

I distributori **senza** porta di comunicazione, invece, acquisiscono i dati dei corrispettivi manualmente mediante apposito software reperibile sul libero mercato e li inviano all'AE oppure possono utilizzare l'apposita procedura *web* del portale Fatture e Corrispettivi, disponibile sul sito dell'AE, emettendo un documento commerciale riepilogativo delle somme riscosse nel giorno con distributore (Princ. dir. 1° ottobre 2021 n. 14, Risp. AE 8 maggio 2020 n. 125); questi soggetti e quelli che optano per la trasmissione telematica dei corrispettivi (v. n. 53353 e s.) possono utilizzare direttamente il Registratore telematico, solo per i distributori presenti nella stessa unità locale, purché diversi dai distributori di benzina e gasolio (Provv. AE 30 marzo 2017, Risp. AE 5 febbraio 2020 n. 20).

Sono **esclusi** i distributori per biglietti di trasporto e di sosta (Ris. AE 21 dicembre 2016 n. 116/E), i distributori automatici di tabacchi, ricariche telefoniche e biglietti gratta e vinci (Ris. AE 5 aprile 2017 n. 44/E), gli apparecchi da divertimento e intrattenimento (Risp. AE 21 gennaio 2020 n. 9), gli apparecchi dotati di sbarra per pagare la sosta (Risp. AE 15 maggio 2020 n. 131) e tutti gli apparecchi automatici privi dei requisiti indicati dalle disposizioni suddette (Princ. dir. 16 dicembre 2019 n. 27).

I corrispettivi delle altre operazioni, cioè quelle **effettuate senza distributori** (o con distributori che non incassano direttamente il denaro, Risp. AE 11 ottobre 2019 n. 413), vanno comunicati secondo le disposizioni ordinarie illustrate al n. 53353 e s., salvo precedente opzione per la trasmissione telematica suddetta.

In tutti i casi, resta l'obbligo di emettere la **fattura** su richiesta dell'acquirente (Princ. dir. 1° ottobre 2021 n. 14).

(2) Le somministrazioni di pasti dei ristoranti ai propri dipendenti sono invece soggetti alla trasmissione dei corrispettivi (Risp. interr. parlamentare 26 febbraio 2020 n. 5-03675).

(3) Le **visite alle mostre culturali**, in quanto comprese fra le prestazioni spettacolistiche (v. n. 63520), devono però essere certificate dai titoli di accesso emessi tramite gli appositi misuratori fiscali di cui al n. 76450. Se le visite comprendono anche servizi accessori (accompagnatori, audioguide), questi ultimi sono esonerati dall'obbligo di emissione del titolo di accesso e di altre certificazioni fiscali (Ris. AE 28 febbraio 2007 n. 30/E).

Altre operazioni esonerate (DM 10 maggio 2019) Sono previste alcune specifiche ipotesi di esonero, introdotte appositamente per la trasmissione telematica dei corrispettivi. **53841**

Tipologia	Descrizione
A) prestazioni di trasporto pubblico collettivo di persone e di veicoli e bagagli al seguito	Biglietti di trasporto, compresi quelli emessi da biglietterie automatiche, assolvono la funzione di certificazione fiscale
B) prestazioni di gestione del servizio delle lampade votive nei cimiteri (1)	

Tipologia	Descrizione
C) operazioni collegate e connesse effettuate in relazione a quelle indicate nelle tabelle precedenti e alle lett. A) e B) (1)	Operazioni che presentano elementi comuni sia nell'oggetto sia nei soggetti a quelle A), B) e alle tabelle precedenti, indipendentemente dal volume d'affari del soggetto che le effettua
D) operazioni marginali effettuate in relazione a quelle indicate alla lett. C) (1), nonché operazioni marginali a quelle per cui è obbligatoria l'emissione della fattura	Sono considerate operazioni marginali le operazioni i cui ricavi o compensi non sono superiori all'1% del volume di affari dell'anno precedente (es. servizio di trasporto per dipendenti, Risp. AE 27 maggio 2019 n. 159, spacci aziendali, ecc.)
E) operazioni effettuate a bordo di una nave, aereo, treno, nel corso di un trasporto internazionale (1)	Esempio: cessioni a bordo di nave da crociera che effettua un percorso internazionale. Se il trasporto avviene con mezzi diversi, es. pullman, sussiste l'obbligo di trasmissione telematica dei corrispettivi (Circ. AE 21 febbraio 2020 n. 3/E).
F) soggetti che inviano i corrispettivi al sistema tessera sanitaria (STS)	I soggetti tenuti all'invio dei dati al STS (destinatari di spese mediche e veterinarie) adempiono all'obbligo mediante memorizzazione elettronica e trasmissione telematica dei dati relativi a tutti i corrispettivi giornalieri al STS. Dal 1° gennaio 2024 l'invio al STS, entro la fine del mese successivo alla data del documento fiscale, è obbligatorio in via esclusiva (art. 15 c. 2 DL 124/2019, art. 140 DL 34/2020 conv. in L. 77/2020, DM 27 dicembre 2022)
G) soggetti che effettuano prestazioni spettacolistiche	Limitatamente alle attività per le quali la certificazione è assolta con il rilascio di un titolo di accesso, escluse quindi le attività accessorie non considerate nei titoli di accesso (Risp. AE 10 dicembre 2019 n. 506)
(1) Per queste operazioni bisogna continuare ad emettere RF o SF.	

53843 **OPZIONE PER SOGGETTI NON OBBLIGATI** I soggetti non ancora obbligati, possono esercitarla in via telematica, direttamente o con un proprio delegato, utilizzando i servizi disponibili sul sito dell'AE (Fatture e Corrispettivi), entro il 31 dicembre dell'anno precedente a quello di inizio trasmissione e memorizzazione dei dati (Provv. AE 28 ottobre 2016 n. 182017).

Per i **soggetti che iniziano l'attività** in corso d'anno e che desiderano esercitare l'opzione sin dal primo giorno di attività, l'opzione ha effetto dall'anno solare in cui è esercitata.

B. Trasmissione telematica dei corrispettivi

a. Modalità di trasmissione

53850 **DATI DA TRASMETTERE** Si tratta dei dati relativi ai **corrispettivi giornalieri**, in precedenza documentati da SF o da RF.
In particolare, va utilizzato un tracciato che consente di distinguere un totale parziale determinato sia al netto che al lordo degli importi relativi a:
1) **resi**, cioè beni restituiti;
2) **annulli** derivanti da ripensamenti o errori;
3) **fatture** emesse tramite registratori,
4) **corrispettivi non riscossi** riferiti a:
– beni in sospeso (non consegnati);
– prestazioni di servizi già eseguite e non pagate;
– operazioni certificate mediante un documento commerciale cui è collegata una fattura.
Tali importi sono poi dettagliati separatamente in altrettanti campi del tracciato. Per le conseguenze dei resi e dei corrispettivi non riscossi ai fini del **documento commerciale** si veda il n. 53872 e s.

Ticket restaurant Una delle operazioni che rientra, tipicamente, nell'ipotesi dei corrispettivi non riscossi è la somministrazione di alimenti e bevande con pagamento mediante buoni pasto o ticket restaurant. 53851
I corrispettivi dei servizi resi sono evidenziati, separatamente, tra i corrispettivi «non riscossi» collegati all'emissione di una **successiva fattura**, ma bisogna anche dettagliare le informazioni sulle modalità di pagamento, indicando distintamente:
– l'ammontare di corrispettivi riscossi a fronte di pagamenti tramite ticket;
– il numero di ticket consegnati dai clienti in relazione a tale ultimo importo.
Per quanto concerne gli obblighi documentali, i servizi resi tramite ticket presentano alcune peculiarità. Infatti, nel **documento commerciale** (v. n. 53871) l'importo del ticket è incluso nella voce «pagamento non riscosso», ma anche nella voce relativa all'importo complessivo pagato.

STRUMENTI PER LA TRASMISSIONE Per la trasmissione è necessario utilizzare o un apposito **registratore telematico** (RT), che sostituisce il tradizionale registratore di cassa, oppure un'apposita **procedura web**. In caso di **più attività**, una ordinaria e una forfettaria, è possibile utilizzare lo stesso RT rilevando i corrispettivi in maniera separata (assegnando un codice specifico per ogni attività), sempre che il giornale di fondo del RT consenta di ricostruire i ricavi di ciascuna attività. 53853
Il RT è più adatto per chi effettua un elevato numero di operazioni (bar, ristoranti, negozi, ecc.) mentre la procedura web interessa gli operatori con una bassa frequenza di operazioni, cioè quelli che in passato usavano le ricevute (idraulici, falegnami, ecc.).
L'esercente o l'artigiano può anche decidere di utilizzare **entrambi gli strumenti**: es. se ha installato l'RT presso un punto vendita ma ha anche personale che svolge attività fuori dal punto vendita (es. manutenzioni, vendita a domicilio, ecc.), queste ultime operazioni potranno essere memorizzate mediante la procedura web. Sarà il sistema dell'AE poi a sommare i corrispettivi pervenuti dall'RT e quelli registrati con la procedura web, mostrando il totale dei corrispettivi all'interno del portale Fatture e Corrispettivi.

Fra gli strumenti utilizzabili per la trasmissione non rientrano i **parcometri** (Risp. AE 20 dicembre 2019 n. 534).

REGISTRATORE TELEMATICO Per memorizzare quotidianamente i dati dei corrispettivi giornalieri e per inviarli all'AE gli esercenti devono dotarsi di un Registratore telematico (RT), in grado cioè di connettersi a Internet, **approvato** dall'AE e identificabile mediante un apposito **QRcode** che si genera a seguito della loro attivazione on-line. 53855
È possibile utilizzare anche i **tradizionali registratori** di cassa purché **adattati** entro il 31 dicembre 2024, nel rispetto delle specifiche tecniche allegate al Provv. AE 28 ottobre 2016 n. 182017. Infatti, rispetto ai registratori di cassa tradizionali, il RT al momento della chiusura di cassa trasmette, in automatico (quindi senza alcun intervento dell'esercente), il file contenente i dati complessivi dei corrispettivi della giornata lavorativa e lo trasmette al sistema dell'AE (v. n. 53863).
Il RT è **attivato** da personale autorizzato dall'AE ed entra in servizio al momento della prima trasmissione telematica dei dati dei corrispettivi giornalieri al sistema dell'AE. Esso è sottoposto a **verificazione periodica biennale** (sempre da personale autorizzato).
Nel caso di **interruzione dell'attività** - chiusura settimanale o domenicale, ferie, eventi eccezionali, o qualsiasi altra ipotesi di interruzione della trasmissione (non causata da malfunzionamenti tecnici dell'apparecchio, v. n. 53858) - il RT, alla prima trasmissione successiva ovvero all'ultima trasmissione utile, provvede all'elaborazione e all'invio di un unico file contenente la totalità dei dati (ad importo zero) relativi al periodo di interruzione, per i quali, l'esercente non ha effettuato l'operazione di chiusura giornaliera (Circ. AE 6 maggio 2020 n. 11/E).

>**Precisazioni** 1) Se il contribuente non obbligato **non esercita l'opzione** per la trasmissione telematica dei dati dei corrispettivi, può utilizzare il RT come un normale registratore di cassa.
2) Gli esercenti **multicassa** per singolo punto vendita aperto al pubblico (almeno 3 RT) possono avvalersi anche di un **server RT** che svolge la funzione di punto di raccolta dei dati dei singoli RT. In ogni caso gli esercenti multicassa devono fare certificare da enti abilitati (istituti universitari, Cnr) o da iscritti al registro dei revisori, la conformità dei propri processi di controllo interno (amministrativi contabili, informatici, ecc.) alle specifiche tecniche stabilite dal Provv. AE 28 ottobre 2016 n. 182017 per garantire la non modificabilità dei dati da trasmettere (Provv. AE 18 aprile 2019, Risp. AE 20 marzo 2019 n. 13).
Possono avvalersi di un Server RT anche i punti vendita non aperti al pubblico (c.d. **negozi virtuali**, presso

i quali vengono prelevati i beni destinati alla **consegna a domicilio**, solitamente ordinati via internet o con app) nei quali sussiste un solo punto cassa (Risp. AE 28 settembre 2020 n. 416).
La stessa esigenza degli esercenti multicassa è prevista anche per i **venditori porta a porta** dotati di diversi terminali.

53858 In caso di **mancato** o **irregolare funzionamento** del RT (es. guasto, furto, ecc.), compreso il server RT utilizzato nella grande distribuzione, l'esercente richiede tempestivamente l'intervento di un **tecnico abilitato** e, fino a quando non ne sia ripristinato il corretto funzionamento o si doti di altro RT regolarmente in servizio, annota i dati dei corrispettivi delle singole operazioni giornaliere su apposito **registro** (c.d. registro di emergenza, v. n. 54655), da tenere anche **in modalità informatica** oppure emette **fattura** o, se presenti (server RT), utilizza **singoli punti cassa**, se in grado di emettere il documento commerciale e memorizzare i dati in modalità offline (Risp. AE 6 maggio 2022 n. 247, Risp. AE 14 febbraio 2022 n. 3).
In questa situazione ci si deve tempestivamente **collegare al sito web** Fatture e corrispettivi per cambiare lo stato dell'RT da attivo a **fuori servizio**, selezionando la voce di menù Procedura di emergenza, Dispositivo fuori servizio.

Il rispetto di questi adempimenti (e la corretta liquidazione dell'IVA) rende non obbligatoria la trasmissione dei corrispettivi o la certificazione degli stessi mediante fatture, con conseguente **inapplicabilità delle sanzioni** (Risp. AE 6 maggio 2022 n. 247).

53859 **Crediti d'imposta** Agli esercenti che effettuano **cessioni di beni** o **prestazioni di servizi** nei confronti di consumatori finali, sono riconosciuti i seguenti crediti d'imposta in relazione all'acquisto, noleggio o utilizzo dei seguenti strumenti nei periodi sotto indicati.

Le agevolazioni sono **concesse** nel rispetto delle condizioni e dei limiti previsti per gli aiuti «de minimis» (v. n. 37956 e s.).

Credito d'imposta	Misura	Limite massimo di spesa
tra il 1° luglio 2021 e il 30 giugno 2022 per strumenti che consentono forme di pagamento elettronico collegati ai registratori telematici secondo le specifiche tecniche del Provv. AE 6 agosto 2021 n. 211996 (c.d. credito d'imposta per POS) **(*)**	se i ricavi/compensi relativi al periodo d'imposta precedente sono: – non superiori a € 200.000, è del 70% – superiore a € 200.000 e fino a € 1 milione, 40% – superiore a € 1 milione e fino a € 5 milioni, 10%	€ 160
nel **2022** per strumenti evoluti di pagamento elettronico che consentono anche la memorizzazione elettronica e la trasmissione telematica dei corrispettivi giornalieri (c.d. credito d'imposta per strumenti evoluti di incasso) (art 22 bis DL 124/2019conv. in L. 157/2019). Al momento non sono ancora state definite le **caratteristiche tecniche degli strumenti**, né le regole e i termini di emissione dei dati	se i ricavi/compensi relativi al periodo d'imposta precedente sono: – non superiori a € 200.000, è del 100% – superiore a € 200.000 e fino a € 1 milione, 70% – superiore a € 1 milione e fino a € 5 milioni, 40%	€ 320
nel **2023** per l'adeguamento alla lotteria istantanea degli scontrini degli strumenti utilizzati per la memorizzazione e trasmissione dei corrispettivi (art. 8 DL 176/2022). Con provvedimento dell'AE saranno definite le **modalità attuative**	100% della spesa sostenuta, con mezzi tracciabili	€ 50
(*) Il credito d'imposta è parametrato al costo di acquisto, di noleggio o di utilizzo degli strumenti, comprese le spese di convenzionamento o quelle sostenute per il collegamento tecnico tra gli stessi.		

53860 I crediti d'imposta:
– sono **utilizzabili** in compensazione col Mod. F24 (cod. trib. 6916) dal mese successivo a quello di sostenimento delle spese;
– vanno **indicati** nella dichiarazione dei redditi relativa al periodo d'imposta di maturazione e, per gli eventuali importi residui, nelle dichiarazioni relative ai periodi d'imposta successivi fino alla conclusione dell'utilizzo;

– **non rilevano** ai fini IRPEF, IRES e IRAP né ai fini della deducibilità degli interessi passivi o delle spese generali.

PROCEDURA WEB (Provv. AE 18 aprile 2019) In alternativa al RT, è possibile utilizzare una procedura web gratuita messa a disposizione dei contribuenti dall'AE nell'area riservata del sito web **Fatture e corrispettivi**. 53861
Essa permette di predisporre online un documento commerciale (v. n. 53870) da rilasciare al cliente e, contestualmente, di memorizzare e inviare all'AE i dati dei corrispettivi di ciascuna operazione.

L'applicazione consente di digitare i **dettagli dell'operazione** (quantità, descrizione, prezzo unitario e aliquota Iva) e specificare la **modalità di pagamento** (contanti o elettronico).
Generato, in formato pdf, il **documento commerciale**, il cliente può chiedere la stampa del pdf ottenuto, oppure il suo invio per e-mail o altra modalità elettronica (sms, whatsApp, ecc.) a seconda dello strumento utilizzato (pc, tablet, smartphone).
La procedura permette anche di gestire anche i casi di **corrispettivo non riscosso**, **reso merce** e **annullo**.

INVIO DEI DATI (art. 2 c. 6 ter D.Lgs. 127/2015) Mentre la memorizzazione dei dati va effettuata quotidianamente (non oltre il momento dell'ultimazione dell'operazione, con effetto diretto sulle liquidazioni periodiche IVA), la trasmissione dei medesimi va effettuata, **entro 12 giorni** dall'effettuazione dell'operazione (tenendo obbligatoriamente distinti i corrispettivi riscossi da quelli non riscossi Provv. AE 20 dicembre 2019 n. 1432217), alternativamente: 53863
– con il **RT** che genera un file XML, lo sigilla elettronicamente e lo trasmette telematicamente al sistema informativo dell'AE (connessione internet attiva). La memorizzazione elettronica e la trasmissione telematica sono effettuati a partire dal primo giorno di messa in servizio del RT;
– con la **procedura web** sopra indicata, utilizzabile anche da **dispositivi mobili**.
La trasmissione telematica, che può essere effettuata direttamente dal contribuente o tramite intermediario abilitato (che rilascia copia della comunicazione e della ricevuta), si considera effettuata nel momento in cui è completata, da parte dell'AE, la ricezione del file XML. L'AE attesta l'avvenuta trasmissione dei dati mediante un **esito di ricezione**; in caso di **esito negativo**, le informazioni si considerano non trasmesse, e gli esercenti devono effettuare la trasmissione del file corretto entro i 12 giorni suddetti.

> **Precisazioni 1)** I corrispettivi memorizzati da un **registratore** telematico, in caso di **impossibilità di invio protratta per 5 giorni** per mancanza di connettività possono essere trasmessi tramite il portale Fatture e corrispettivi, avvalendosi di apposite funzionalità (copia su una memoria esterna, es. chiavette USB, e trasmissione upload dal portale predetto).
2) In relazione ai **periodi di chiusura** dell'esercizio commerciale, il commerciante non deve fare niente sull'RT; quest'ultimo, al momento della prima trasmissione dei corrispettivi della giornata di apertura, comunica le giornate di chiusura.

b. Documentazione dell'operazione

Per documentare la cessione o la prestazione, al fine di far valere i diritti di garanzia e/o, eventualmente, i resi di merce difettosa, si deve utilizzare uno specifico **documento commerciale** oppure, se richiesta o volontariamente, una **fattura**, ordinaria o semplificata. 53870

DOCUMENTO COMMERCIALE (DM 7 dicembre 2016) Il documento commerciale (c.d. scontrino elettronico) è **emesso**: 53871
– su **carta**, sia mediante il RT sia mediante la procedura web;
– previo accordo con il destinatario, in **forma elettronica**.
Deve contenere almeno le seguenti **indicazioni**: data e ora di emissione, numero progressivo, dati anagrafici dell'emittente, descrizione dei beni ceduti e dei servizi resi, ammontare del corrispettivo complessivo (IVA inclusa) e di quello pagato. È **esente da bollo** (Circ. AE 21 febbraio 2020 n. 3/E).

Se il commerciante utilizza il metodo della **ventilazione**, ciò va indicato nel documento e, al posto dell'aliquota IVA applicabile (visto che non è rilevabile poiché sono diverse), si può inserire il valore «VI», «Ventilazione IVA» (Circ. AE 21 febbraio 2020 n. 3/E).
Nulla tuttavia vieta che sul documento commerciale venga riportata l'aliquota del bene ceduto ovvero il codice natura dell'operazione laddove non rientrante tra quelle imponibili (Risp. AE 14 febbraio 2022 n. 3).

La ventilazione non è applicabile alle prestazioni di servizi i cui corrispettivi possono essere documentati tramite fattura.

53872 L'**emissione** del documento commerciale deve essere effettuata all'atto del **pagamento** (totale o parziale) del corrispettivo, o al momento della **consegna** del bene o dell'**ultimazione** della prestazione se questi eventi si verificano antecedentemente al suddetto pagamento (Circ. AE 21 febbraio 2020 n. 3/E).

Nel caso di **corrispettivi non riscossi** per i più vari motivi (es. il pagamento avviene unitariamente a cadenze prestabilite o a fine mese da parte del cliente, oppure è a carico di terzi - es. datore di lavoro del consumatore, agenzie viaggio per conto del cliente, ecc. - oppure il cliente ha fornito il controvalore in buoni pasto o buoni monouso o multiuso o simili, oppure omaggi), per ogni singola operazione va emesso un documento commerciale (o una fattura pro-forma) con la dicitura corrispettivo non riscosso (e con conseguente invio telematico all'AE dei dati dei corrispettivi); al momento dell'incasso normalmente va emesso un documento commerciale che riepiloghi l'ammontare delle operazioni rese o, se richiesta, una fattura riepilogativa.

Nella seguente tabella si illustrano nel dettaglio gli adempimenti specifici, distinguendo tra cessioni e prestazioni (Circ. AE 21 febbraio 2020 n. 3/E).

Operazione eseguite senza pagamento del corrispettivo	
Cessione di beni	Si memorizza l'operazione e si emette un documento commerciale con indicato: corrispettivo non riscosso; entro 12 giorni va effettuata la trasmissione telematica del corrispettivo **(1)**. Al momento del pagamento a saldo non è necessario emettere un nuovo documento commerciale (il momento impositivo ai fini IVA è già perfezionato), se emesso non va valorizzato il campo dei corrispettivi non riscossi; il commerciante può evidenziare l'avvenuto pagamento con una semplice quietanza di pagamento oppure direttamente sul documento commerciale già emesso.
Prestazioni di servizi (rese, ma effettuate successivamente) (2)	Si memorizza l'operazione e si emette un documento commerciale con indicato: corrispettivo non riscosso. Al momento del pagamento è necessario emettere un nuovo documento commerciale (si perfeziona il momento impositivo ai fini IVA) **(3)** richiamando gli elementi indentificativi di quello precedente; entro 12 giorni dal pagamento va effettuata la trasmissione telematica del corrispettivo.

(1) Se il commerciante riceve un **buono monouso** al posto del corrispettivo, sul documento commerciale **rileva l'importo del buono, al netto dell'IVA (salvo ventilazione) nel campo «BeniInSospeso» (analogamente se prima della consegna ha ricevuto un acconto)**; se riceve un **buono multiuso** sul documento commerciale valorizza il campo **«ScontoAPagare»**, indicando l'importo al lordo dell'IVA (Risp. AE 14 febbraio 2022 n. 3).
(2) Le **prestazioni** che si considerano effettuate ai fini IVA prima del pagamento applicano le indicazioni previste per le cessioni di beni.
(3) L'eventuale **emissione anticipata** della fattura immediata (cioè prima del pagamento) rende non necessaria quella del documento commerciale.

In caso di **omaggi** il documento commerciale è pari a zero, in alternativa si può emettere una fattura o una autofattura per omaggi, secondo le regole ordinarie.

53874 Il documento è **valido ai fini fiscali** se contiene anche il **codice fiscale** o il numero di **partita Iva** dell'acquirente.

L'emissione del documento valido ai fini fiscali è **obbligatoria** se è espressamente richiesta dall'acquirente non oltre il momento di effettuazione dell'operazione cui si riferisce.

Invece, in caso di emissione della **fattura immediata**, alternativa al documento commerciale, essa va emessa all'atto del **pagamento** (totale o parziale) del corrispettivo, o al momento della **consegna** del bene o dell'**ultimazione** della prestazione, se questi eventi si verificano antecedentemente al suddetto pagamento.

Il documento valido ai fini fiscali è considerato idoneo per la **deduzione delle spese** sostenute per gli acquisti di beni e servizi, per la deduzione e la detrazione degli **oneri rilevanti** ai fini IRPEF e per l'applicazione della disciplina della **fattura differita**.
In ogni caso non è necessario per il commerciante **conservare copia** del documento commerciale emesso, a meno che non sia stato utilizzato per la fatturazione differita.

Reso merce e sostituzione (Risp. AE 5 giugno 2020 n. 167) Per certificare il reso e la restituzione della merce venduta, con emissione di un buono acquisto per la sostituzione della merce, occorre emettere un documento commerciale che sostituisce lo «scontrino fiscale negativo» in precedenza previsto. La procedura prevede: 53877
1) al momento della riconsegna del bene, l'esercente emette un documento commerciale per reso merce, che richiama il documento commerciale già emesso e con il riferimento all'operazione originaria (in assenza del documento originario vedi precisazione 1 sotto);
2) al momento della consegna del buono di pari valore (cui va attribuito un numero identificativo da associare alla pratica di reso), l'esercente:
– se il buono è **multiuso** (v. n. 45875), non deve emettere un nuovo documento commerciale, in quanto non si realizza il momento impositivo ai fini IVA. Tuttavia, se l'esercente ritiene di emettere per esigenze gestionali un documento commerciale, deve riportare nel documento il codice natura «N2» («non soggette»);
– se il buono è **monouso**, deve emettere un nuovo documento commerciale (in quanto si realizza il momento impositivo);
3) al momento del **nuovo acquisto** e ritiro del buono (multiuso), l'esercente emette un Documento commerciale, con la descrizione del bene acquistato e della relativa IVA, con un Totale complessivo pari al valore della merce acquistata. Il buono deve essere utilizzato come un mezzo di pagamento - riportando il suo numero identificativo all'interno del documento commerciale

> **Precisazioni** 1) In **assenza del documento originario** il cliente deve fornire i seguenti dati che provano l'acquisto e che vanno indicati nel documento (Provv. AE 30 giugno 2020 n. 248558):
– una sigla descrittiva in sostituzione della matricola del dispositivo («POS», «VR», mentre nei casi residuali potrà essere utilizzata la sigla «ND»);
– la data dell'operazione originaria;
– le aliquote IVA delle operazioni.
2) In caso di **reso del reso**, l'esercente utilizza la stessa procedura di cui sopra, con l'avvertenza che il nuovo Documento commerciale per reso merce deve richiamare il documento emesso al momento della scelta del nuovo bene.

FATTURA In **alternativa**, il cedente/prestatore può emettere una fattura immediata oppure un documento commerciale seguito da una fattura differita, nel rispetto delle indicazioni indicate nella tabella seguente (Circ. AE 21 febbraio 2020 n. 3/E). 53883

Operazione eseguite con fattura (con o senza documento commerciale)	
Cessione di beni	– **fattura immediata** (ordinaria o semplificata), entro il 12° giorno successivo all'effettuazione dell'operazione ai fini IVA, con rilascio di una copia, cartacea o elettronica, al cliente che eventualmente la richieda. – documento commerciale (o DdT o documenti simili) e una successiva **fattura differita**, entro il giorno 15 del mese successivo a quello di effettuazione.
Prestazione di servizi (rese, ma effettuate successivamente) (*)	– **fattura immediata** (ordinaria o semplificata), entro il 12° giorno successivo all'effettuazione dell'operazione ai fini IVA; – documento commerciale (o DdT o documenti simili) e una successiva **fattura differita**, entro il giorno 15 del mese successivo a quello di effettuazione.
(*) Le **prestazioni** che si considerano effettuate ai fini IVA prima del pagamento applicano le indicazioni previste per le cessioni di beni. L'eventuale **emissione anticipata della fattura** immediata (cioè prima del pagamento) rende non necessaria quella del documento commerciale.	

CONSERVAZIONE (art. 16 DM 23 marzo 1983) Per quanto riguarda la conservazione dei registri e dei documenti, si rinvia ai termini e modalità generali di conservazione illustrati al n. 52833. 53887

III. Documento di trasporto (Ddt)

53970 Il documento di trasporto (Ddt) è il documento di consegna che va obbligatoriamente emesso dalla generalità dei soggetti IVA che intendono avvalersi della **fatturazione differita** in relazione a cessioni di beni.

Oltre al Ddt, è prevista la **bolla di accompagnamento**, utilizzabile solamente con riferimento ai trasporti di beni particolari (tabacchi, fiammiferi, prodotti soggetti ad accise o al regime di vigilanza fiscale) nella fase di prima immissione in commercio. Restano quindi esclusi i soggetti economici che nella catena di distribuzione di beni rivestono ruoli che ne presuppongono successive movimentazioni: distributori all'ingrosso, rivenditori di merci (Circ. AD 15 aprile 2014 n. 4/D).
Inoltre, per i beni soggetti o assoggettati ad **accisa** è previsto il documento elettronico **e-AD**.

53975 Il Ddt è inoltre **utilizzabile** per la movimentazione dei beni a **titolo non traslativo** della proprietà (in lavorazione, deposito o comodato o in dipendenza di contratti estimatori o di opera, appalto, trasporto, mandato o commissione), al fine di superare la **presunzione di cessione** dei beni stessi (DPR 441/97). A tal fine il documento dovrà contenere l'espressa indicazione della causale non traslativa del trasporto, inoltre va conservato sia dall'emittente sia dal destinatario dei beni stessi (Circ. Min. 16 settembre 1996 n. 225/E).

Documenti equiparati al Ddt. Al documento di trasporto è equiparato a qualsiasi altro documento (ad esempio la **nota di consegna**, la **lettera di vettura**, la **polizza di carico**, copia del foglio del **registro di consegna** dei produttori di latte, ecc.), purché contenente gli elementi essenziali sotto descritti.
Analogamente, per le spedizioni dei beni a mezzo posta, i **documenti postali** utilizzati sono idonei a consentire al contribuente la fatturazione differita delle cessioni effettuate, sempreché contengano tutti i requisiti richiesti dal DPR 472/96 (Circ. Min. 11 ottobre 1996 n. 249/E).

53976 Di seguito si illustrano le regole generali di utilizzo del Ddt. Successivamente si esaminano gli adempimenti collegati all'effettuazione di alcune operazioni particolari.

1. Regole generali

53980 **CONTENUTO** (art. 1 c. 3 DPR 472/96) Il documento di trasporto deve essere emesso in almeno **2 copie**, in **forma libera**, cioè senza vincoli di forma, di dimensioni o di tracciato, e deve contenere i seguenti elementi.

Contenuto
• **numero** progressivo del documento; • **data** di consegna (o spedizione) **(1)**; • l'indicazione delle **generalità dei soggetti** fra cui è effettuata l'operazione (es. cedente e cessionario). Occorre in pratica indicare **(2)**: – se si tratta di **imprese**, **società** o **enti**: la ditta, denominazione o ragione sociale; – se si tratta di **soggetti diversi** dai precedenti: il nome ed il cognome; • l'indicazione delle generalità dell'eventuale **incaricato** del **trasporto (3)**; • la **descrizione** della natura, della qualità e della quantità (in lettere o in cifre) dei **beni**; • eventuale **causale non traslativa** del trasporto.
(1) La **data di formazione** (compilazione) del Ddt può essere diversa da quella di consegna se questo è formato in data antecedente a quella di consegna o spedizione stessa. In tal caso occorre indicare comunque la data di consegna o trasporto dei beni (Circ. Min. 11 ottobre 1996 n. 249/E). **(2)** In ambedue i casi, inoltre, bisogna indicare la **residenza** o il **domicilio** dei soggetti stessi (ubicazione della stabile organizzazione per i soggetti non residenti). **(3)** Occorre indicare le generalità dell'impresa **incaricata del trasporto** (non della persona fisica che lo esegue materialmente) (Circ. Min. 16 settembre 1996 n. 225/E). In caso di **più vettori**, occorre indicare almeno le generalità del primo di essi, fermo restando che questo non è tenuto ad eseguire ulteriori annotazioni (Circ. Min. 11 ottobre 1996 n. 249/E).

53990 **MODALITÀ DI EMISSIONE** I beni viaggianti non devono essere scortati obbligatoriamente da un documento durante il trasporto. Resta pertanto facoltativo l'invio del documento al destinatario unitamente ai beni ceduti, ben potendo lo stesso essere **inviato separatamente**

- purché entro lo stesso giorno - a mezzo posta, a mezzo corriere, o a mezzo fax o altri sistemi elettronici di trasmissione (Circ. AE 6 dicembre 2006 n. 36/E).

CONSERVAZIONE Il Ddt è soggetto all'obbligo di conservazione previsto per i registri, le fatture e, in generale, per tutte le scritture aventi rilevanza tributaria (v. n. 52833). 54000

2. Casi particolari

54060

Operazione	Disciplina
Cessioni con intervento di terzi	Il Ddt resta valido per la fatturazione differita **a condizione** che sullo stesso siano indicate, oltre alle **generalità** del cedente e del cessionario dei beni, anche quelle del terzo (es.: assuntore della lavorazione, depositario, secondo cessionario, ecc.) (Circ. Min. 11 ottobre 1996 n. 249/E) **(1) (2)**.
Trasporti di beni soggetti alla bolla	Se il trasporto interessa sia beni assoggettati all'obbligo di emissione di uno specifico documento di accompagnamento (tabacchi, fiammiferi, prodotti soggetti ad accise o al regime di vigilanza fiscale) che beni per i quali non sussiste l'obbligo di emissione della bolla, questi ultimi possono essere inclusi nei documenti stessi. In tal caso, dunque, **non è necessario emettere apposito Ddt** ai fini della fatturazione differita (o del superamento della presunzione di cessione).
Trasporto di beni per la tentata vendita	Occorre distinguere a seconda del tipo di fatturazione utilizzata: – **fatturazione immediata**: per superare la presunzione di cessione dei beni gli operatori possono predisporre il **Ddt** e, all'atto della consegna dei beni, emettere le relative **fatture (3)**; – **fatturazione differita**: possono, **prima di intraprendere il viaggio**, al fine di superare la presunzione di cessione, predisporre il Ddt, relativo al complesso dei beni viaggianti. **Successivamente**, in occasione di ciascuna vendita, dovranno redigere un'apposita nota di consegna, o altro idoneo documento (es. scheda clienti, Circ. Min. 11 ottobre 1996 n. 249/E), relativa alla singola cessione, contenente gli elementi essenziali previsti per il Ddt in occasione della fatturazione differita.

(1) Esempio Beni in c/lavorazione. Alfa (committente) invia a Beta (assuntore della lavorazione) dei beni in conto lavorazione e dà poi istruzione di consegnarli, dopo la lavorazione, a Gamma a cui li ha ceduti (cessionario terzo acquirente). Il passaggio da Alfa a Beta deve risultare documentalmente (dal Ddt, o dal registro dei beni in c/lavorazione, o dal libro giornale, ecc.) al fine di vincere la presunzione di cessione. Per la consegna di beni, da Beta a Gamma, se Beta emette il Ddt con l'indicazione degli elementi identificativi di tutti i soggetti partecipanti all'operazione (Alfa, Beta e Gamma), lo stesso è valido ai fini del differimento della fatturazione della cessione dei beni (da Alfa a Gamma). In tal caso occorre riportare nelle fatture differite gli estremi del documento formato da Beta.

(2) Cessioni di beni con consegna a terzi. Per le cessioni con consegna di beni eseguite non direttamente al cessionario ma a un terzo cessionario dello stesso (cliente del cessionario) è consentito avvalersi, ai fini della fatturazione differita, per entrambe le cessioni, del Ddt. In questa ipotesi occorre riportare nelle fatture differite gli estremi del documento formato dal primo cedente.

(3) In **alternativa** possono istituire un apposito **bollettario a ricalco** a madre e figlia, numerato, di cui la bolletta figlia staccabile costituisce la fattura da consegnare agli acquirenti e la madre, rispettivamente, il registro sezionale delle fatture e la copia da conservare presso l'impresa emittente.

SEZIONE 3

Registri obbligatori

I documenti emessi e ricevuti dai soggetti passivi in relazione ad operazioni rilevanti ai fini IVA devono essere riportati in ordine cronologico su appositi registri osservando modalità e termini prestabiliti. 54350

La registrazione consente di documentare contabilmente ed in forma sintetica tutte le operazioni rilevanti ai fini dell'IVA, per le liquidazioni periodiche e per i controlli dell'AF sugli accadimenti connessi all'attività svolta.

Nel prosieguo vengono trattati innanzitutto i **registri «ordinari»**, cioè quelli che, salvo esoneri, sono obbligatori:

– fatture emesse (v. n. 54480 e s.);

– corrispettivi (v. n. 54600 e s.);
– acquisti (v. n. 54730 e s.).
Seguono gli altri registri richiesti per determinate tipologie di operazioni e/o in alternativa ad altre forme di documentazione (v. n. 54890 e s.).

54355

Esonero
1) L'obbligo dei registri ordinari non riguarda i **soggetti IVA in contabilità ordinaria** che registrano le operazioni IVA su un altro registro (libro giornale per gli imprenditori, registro cronologico per i professionisti), purché rispettino i termini e le modalità previsti dalla disciplina IVA anche per fornire i dati richiesti dall'AF per controlli e verifiche (distinti per tipologia, imponibile, aliquote, periodo di tempo, ecc., con il grado di dettaglio e completezza previsto dal registro delle fatture emesse - v. Circ. AE 25 gennaio 2002 n. 6/E) (artt. 12 e 14 DPR 435/2001); 2) Si ricorda che i soggetti obbligati alla **trasmissione telematica** dei dati delle fatture emesse e ricevute sono **esonerati** dall'obbligo di **annotazione** delle fatture di vendita e acquisto nei registri IVA (art. 1 c. 3 ter D.Lgs. 127/2015)

54357 **Bozze dei registri create dall'AE** A partire dalle operazioni IVA effettuate **dal 1° luglio 2021**, l'AE mette a disposizione dei soggetti passivi IVA residenti e stabiliti in Italia, trimestrali per opzione, in apposita area riservata del sito internet dell'AE, le **bozze dei registri** ordinari suddetti (art. 1 c. 10 DL 41/2021, art. 4 c. 1 D.Lgs. 127/2015).
La disciplina è illustrata al n. 54800.

A. Aspetti generali

54370 **FORMA DEI REGISTRI** Nella pratica è possibile adottare:
1. registri tradizionali (non a fogli mobili);
2. registri a fogli mobili;
3. tabulati elettronici.
I primi vengono impiegati per la registrazione manuale delle operazioni, i registri a fogli mobili consentono sia le rilevazioni contabili in forma manuale che con sistemi di elaborazione informatica; i tabulati elettronici costituiscono il naturale supporto per le registrazioni mediante sistemi informatici.

54380 **ADEMPIMENTI INIZIALI** (art. 39 c. 1 DPR 633/72) Per la **messa in uso** dei registri ordinari il soggetto passivo IVA deve **numerare progressivamente** le pagine entro il momento del loro utilizzo, riportando l'indicazione dell'anno (di riferimento contabile, non di esecuzione della stampa, 2022/1, 2022/2, ecc.). In caso di messa in uso di **più registri** dello stesso tipo nell'anno (es. sezionali IVA acquisti), occorre far ripartire la numerazione delle pagine dal n. 1 per ciascun registro.
L'utilizzo dei **fogli mobili** richiede che ciascun gruppo di fogli sia impiegato per un solo tipo di operazione, oltre all'intestazione preventiva di ciascun foglio con il tipo di registro (Ris. AE 4 luglio 2001 n. 105/E).

> **Precisazioni** 1) L'**irregolare o omessa numerazione** delle pagine è soggetta alla sanzione amministrativa prevista nel caso di irregolare o omessa conservazione delle scritture contabili (v. n. 87025) se ne deriva ostacolo all'attività di accertamento dell'AF; in caso contrario, trattasi di una violazione di natura meramente formale (v. n. 87190) non sanzionabile. Spetta all'Ufficio competente valutare la violazione nel caso concreto e stabilire se sia o meno sanzionabile (Ris. DRE Veneto 11 marzo 2004 n. 907-2863).
> 2) L'istituzione dei registri avviene in esenzione dall'imposta di **bollo** e dalle tasse di **concessione governativa**.

54390 **MODALITÀ E TERMINI DI TENUTA** (art. 39 c. 1 DPR 633/72, art. 7 c. 4 ter e 4 quater DL 357/94) I registri devono essere tenuti secondo le norme di un'**ordinata contabilità** e cioè senza spazi in bianco, interlinee e trasporti in margine. Non devono essere riscontrate abrasioni e, nel caso in cui si renda necessario cancellare alcune parti, queste devono essere rese leggibili.
Per i termini, si distingue tra i registri:
1) **informatici**: le operazioni possono essere registrate **entro 60 giorni** dalla data di effettuazione **purché** nelle liquidazioni e nei versamenti periodici si tenga conto anche di quelle non

ancora registrate ma soggette a registrazione nel periodo in questione (art. 1 DM 11 agosto 1975). Non è necessaria la **stampa** dei registri, su carta o su supporti elettronici, purché in caso di **verifiche dell'AF** (art. 1 c. 2 bis DL 73/2022 conv. in L. 122/2022):
– i dati siano stati memorizzati sul supporto rispettando il termine sopra indicato;
– i registri contabili risultino aggiornati sui predetti sistemi elettronici e vengano stampati a seguito della richiesta avanzata dagli organi procedenti ed in loro presenza;
2) **cartacei**: con termini diversi, per tipologia di registro, per cui si rinvia alla specifica trattazione.

CONSERVAZIONE (art. 39 c. 3 DPR 633/72) I registri IVA devono essere conservati ordinatamente **fino al** 31 dicembre del **5° anno successivo** a quello in cui è stata presentata la dichiarazione. **54400**
Il termine ordinario è soggetto a **proroga** nei medesimi casi illustrati al n. 52829 in relazione alle fatture.

> Ai **fini civilistici**, il termine per la conservazione delle scritture per le imprese commerciali è di 10 anni dalla data dell'ultima registrazione (art. 2220 c.c.).

Oltre ai tradizionali registri cartacei, si può ricorrere alla conservazione sui **supporti di tipo fotografico**, tipo microfilms e microfiches (DPCM 694/96) o **ottico-elettronico**, tipo CD-ROM, dischi Worm, DVD, ecc. (DM 17 giugno 2014). **54405**
Tali modalità richiedono il rispetto di **specifici requisiti** (non modificabilità dei dati, reperibilità in qualsiasi momento dei documenti memorizzati, garanzia di autenticità del loro contenuto e della loro provenienza, ecc.).

Conservazione elettronica La conservazione elettronica dei registri, effettuata nel rispetto dei requisiti tecnici prescritti, può essere **sostitutiva** di quella cartacea poiché garantisce la «fissazione» del loro contenuto al momento di attivazione della procedura. Una volta completato il processo di conservazione (memorizzazione sul supporto, apposizione della firma elettronica qualificata e della marca temporale) i documenti cartacei possono pertanto essere distrutti. **54410**
Le **principali caratteristiche** dei diversi sistemi di conservazione sono individuate al n. 52838.
La procedura di conservazione elettronica può essere **riservata ad una o più** tipologie di registri.

LUOGO DI TENUTA E CONSERVAZIONE (artt. 35 c. 2 e 39 c. 3 DPR 633/72) I registri possono essere tenuti e conservati sia nei luoghi in cui viene **esercitata l'attività** (sede legale, amministrativa, filiali, stabilimenti, ecc.) sia altrove (**presso terzi**: commercialisti, centri elaborazione dati, ecc.). In tal caso il **depositario** deve **rilasciare al contribuente** un'attestazione contenente la specificazione delle scritture in suo possesso e la disponibilità all'esibizione su richiesta degli organi di controllo. **54420**
Ogni soggetto passivo IVA, all'**inizio dell'attività**, e successivamente in caso di **variazioni**, deve comunicare all'AF (v. n. 52140 e s.) il luogo (o i luoghi) di tenuta e conservazione dei registri e delle scritture al fine di consentire le verifiche.
L'obbligo grava esclusivamente sul soggetto passivo; il **depositario** ha facoltà di richiedere a quest'ultimo prova dell'avvenuta comunicazione. In mancanza di conferma, può comunicare all'ufficio dell'AE territorialmente competente in base al domicilio fiscale del contribuente la risoluzione del rapporto di deposito, allegando copia del verbale di consegna delle scritture o indicando le ragioni per cui sia stato impossibilitato a restituirle (Ris. AE 14 giugno 2011 n. 65/E).

Conservazione all'estero È ammessa per i registri e i documenti conservati **in forma elettronica**, purché con lo Stato estero specifico esista uno strumento giuridico che regoli la reciproca assistenza (attualmente solo Paesi UE, Ris. AE 5 dicembre 2003 n. 220/E) e purché il soggetto estero garantisca l'accesso automatizzato all'archivio e la possibilità di trasferire e stampare su altro supporto informatico tutti i documenti e dati contenuti in tale archivio. **54425**
Per i registri e i documenti **non** conservati **in forma elettronica**, la conservazione è possibile solo in Italia (Circ. AE 29 febbraio 2012 n. 5/E).

B. Registro delle fatture emesse

54480 Tutti i soggetti passivi IVA che emettono fattura per la vendita di beni e servizi devono istituire e tenere il registro delle fatture emesse (art. 23 DPR 633/72), salvo i seguenti casi di **esonero**:
- commercianti al minuto e soggetti assimilati (v. n. 53360);
- soggetti IVA che effettuano solo operazioni esenti e che esercitano l'opzione per lo specifico regime di esonero (v. n. 57670);
- contribuenti minori (imprese e professionisti) che si avvalgono, senza esercitare alcuna opzione, del sistema dei bollettari a madre e figlia (v. n. 57220);
- i soggetti IVA in contabilità ordinaria che adottano i registri alternativi di cui al n. 54355.

54490 **CONTENUTO** (art. 23 c. 2 e 3 DPR 633/72) Sul registro delle fatture emesse devono essere annotate le operazioni attive (imponibili, non imponibili, esenti e anche quelle non soggette per assenza del requisito di territorialità, v. n. 52610) effettuate dal contribuente e documentate da fattura o da autofattura (per operazioni internazionali, omaggi, autoconsumo).

Non è obbligatorio registrare le operazioni fuori campo IVA (v. n. 40265). Se la fattura contiene **anche** importi fuori campo IVA, è opportuno registrarli in modo distinto (ad es. in apposita colonna), per un'ordinata contabilità.

Nel registro occorre **annotare anche**:
- fatture d'acquisto dai fornitori UE senza addebito di IVA oggetto di integrazione (v. n. 65137);
- fatture d'acquisto senza addebito di IVA soggette a reverse charge (v. n. 52940);
- note di variazione IVA (v. n. 56800);
- adeguamenti del volume d'affari agli ISA;
- dichiarazioni d'intento emesse in alternativa ad un registro apposito (v. n. 67065).

54495 **Dati da registrare** Nel registro devono risultare:

1) numero progressivo e data di emissione della fattura;

2) ammontare delle operazioni:
- imponibili: imponibile e imposta, distinti per aliquota;
- altre: titolo di inapplicabilità dell'imposta e relativa norma (ad es., operazione non imponibile art. 8 lett. b DPR 633/72);

3) dati anagrafici del soggetto che acquista il bene o riceve il servizio (per le autofatture i dati riguardano chi cede il bene o presta il servizio):
- impresa, società o ente: ditta, denominazione o ragione sociale;
- altri: nome e cognome.

In caso di **fatture semplificate**, prive di tali ultime indicazioni (v. n. 52650), è sufficiente la sola indicazione del numero di partita IVA o del codice fiscale dell'acquirente (Circ. AE 24 giugno 2014 n. 18/E).

54500 **Fatture di importo minimo** (art. 6 c. 1 e c. 6 bis DPR 695/96) Normalmente, l'annotazione avviene fattura per fattura. In caso di fatture (e autofatture per acquisti da non residenti) singolarmente di **importo inferiore a** € 300 (da intendersi comprensivo dell'eventuale IVA), è possibile annotare un unico documento riepilogativo mensile, nel quale devono essere indicati i numeri delle fatture cui si riferisce e, distinti per aliquota, l'ammontare imponibile complessivo delle operazioni e l'ammontare dell'imposta.

54510 **MODALITÀ E TERMINI DI REGISTRAZIONE** (art. 23 c. 1 DPR 633/72) Tutte le registrazioni devono essere effettuate seguendo l'ordine della numerazione delle fatture; per le fatture non elettroniche, occorre inoltre fare **riferimento alla** data di emissione (fatture immediate) o al mese di consegna o spedizione dei beni (fatture differite), ai fini della liquidazione dell'imposta.

In presenza di fatture emesse **sia in forma cartacea che in forma elettronica**, esse vanno registrate (e conservate) distintamente in diversi registri sezionali (o in blocchi sezionali distinti dello stesso registro) e numerate progressivamente con una distinta serie numerica in ordine cronologico; è possibile registrarle in un unico registro tenuto in forma elettronica oppure in 2 registri, uno elettronico e uno cartaceo (v. n. 52838).

In caso di registrazione su **supporto informatico** v. n. 54390.
I termini da rispettare sono riepilogati nella seguente **tabella**, accanto ai termini di emissione delle fatture:

Tipologia fattura	Termine di emissione	Termine di registrazione	Liquidazione IVA
Immediata	entro 12 giorni dall'effettuazione dell'operazione (v. n. 52855)	15° giorno del mese successivo a quello di effettuazione delle operazioni con riferimento al mese di effettuazione **(*)**	mese di effettuazione dell'operazione
	Esempio: consegna beni 28 settembre fatturazione entro il 9 ottobre	15 ottobre **(**)**	settembre
Differita	15° giorno del mese successivo a quello di effettuazione dell'operazione (v. n. 52880)	data di emissione	mese di effettuazione dell'operazione
	Esempio: consegna beni il 10 aprile e fatturazione il 15 maggio	15 maggio	aprile

(*) I soggetti trimestrali per opzione: entro la fine del mese successivo al trimestre di effettuazione delle operazioni e con riferimento allo stesso mese di effettuazione delle operazioni (art. 7 c. 3 bis DPR 542/99).
(**) Può accadere che tra il 28 settembre e il 9 ottobre sia emessa una fattura immediata, riferita ad un'altra operazione avvenuta dopo il 28 settembre, con numero di emissione precedente. È lasciata in questo caso piena libertà al contribuente sulla modalità prescelta per rispettare l'obbligo di registrazione distinta delle due fatture (Circ. AE 17 giugno 2019 n. 14/E).

>Precisazioni 1) Le fatture emesse con **IVA ad esigibilità differita** (v. n. 46260) devono essere distintamente registrate (concorrono alla liquidazione IVA al pagamento).
2) La **compresenza** di fatturazione immediata e differita, se non consente di rispettare l'ordine di emissione, comporta (v. Ris. Min. 28 ottobre 1977 n. 360056):
– distinta numerazione e registrazione in separati registri sezionali;
– tenuta del registro riepilogativo di cui al n. 54860 (Circ. Min. 31 ottobre 1974 n. 42/503981).

AUTOTRASPORTATORI (art. 74 c. 4 DPR 633/72) Gli autotrasportatori di **cose per conto terzi** - aventi l'obbligo di **iscrizione** all'apposito albo nazionale degli autotrasportatori e di specifica **autorizzazione** concernente l'attività di trasporto (tipologia di veicolo/rimorchio da usare ed ambito territoriale di operatività) - indipendentemente dalla loro natura giuridica e dal volume d'affari, possono registrare le fatture emesse per le prestazioni di servizi di autotrasporto **entro il** trimestre solare successivo a quello di emissione, rinviando di un trimestre il pagamento dell'IVA. **54520**
In tal caso, ai fini delle liquidazioni rilevano l'esigibilità e gli obblighi di natura contabile adempiuti o da adempiere per il periodo (Circ. Min. 13 agosto 1996 n. 198/E).

ESEMPIO
Le fatture emesse dal 1° aprile al 30 giugno possono essere annotate entro il 30 settembre ed essere computate nella liquidazione del trimestre luglio-settembre (versamento entro il 16 novembre).

Nei trasporti intracomunitari la semplificazione non ha effetto sugli adempimenti relativi agli **elenchi Intrastat**, i quali vanno presentati nei termini ordinari con riferimento alla data di emissione della fattura (Circ. AE 6 agosto 2010 n. 43/E).

Fruiscono del differimento del termine di registrazione e di pagamento dell'IVA le seguenti operazioni. **54525**

Prestazioni agevolate (1)
– di servizi di autotrasporto **in senso stretto** e **accessorie** (o connesse) **(2)**; – accessorie **fatturate separatamente** da quelle principali, purché vengano indicati gli estremi delle fatture relative alle operazioni cui sono collegate (Circ. Min. 13 agosto 1996 n. 198/E); – di c.d. **«trasporto combinato» (3)**

(1) Fermo restando il requisito soggettivo dell'effettiva iscrizione all'albo, gli autotrasportatori fruiscono del differimento del termine di registrazione e pagamento dell'IVA anche:
– in **assenza dell'autorizzazione**, nei casi in cui non è prescritta (Circ. Min. 13 agosto 1996 n. 198/E);
– per autotrasporto in esecuzione di contratti in regime di **subconcessione**, rese da altre imprese titolari, a loro volta, di contratti di autotrasporto per conto terzi (Circ. Min. 13 agosto 1996 n. 198/E).
(2) Es. servizi di carico e scarico, magazzinaggio, refrigerazione, custodia (v. Circ. Min. 20 dicembre 1995 n. 328/E).
(3) Cioè il trasporto di mezzi per i quali l'autocarro o il rimorchio, con o senza il veicolo trattore, la cassa mobile o il contenitore effettuano parte del tragitto su strada e parte per ferrovia, per via navigabile o per mare (Circ. Min. 13 agosto 1996 n. 198/E).

54530 **Modalità di registrazione** Per le fatture contenenti **sia** prestazioni di **trasporto che accessorie** è possibile registrarne gli importi senza separare i due tipi di prestazione (essendo entrambe agevolate). Se lo stesso autotrasportatore esegue prestazioni **anche non agevolate**, le relative fatture devono essere registrate con distinta annotazione, in alternativa all'esercizio dell'opzione per la tenuta di contabilità separate (Circ. Min. 13 agosto 1996 n. 198/E).

54540 **ALTRI CASI PARTICOLARI** In **tabella** sono riepilogati i **termini di registrazione** delle fatture emesse in alcuni casi particolari, con il richiamo ai relativi riferimenti:

Fattispecie	Termine	Riferimento
triangolazione: fatture emesse dal secondo cedente (B) (v. n. 52880)	entro la fine del mese successivo a quello di consegna o spedizione dei beni **(1)**	Circ. Min. 22 dicembre 1998 n. 288/E
– operazioni effettuate da imprese a mezzo di **sedi secondarie** o altre dipendenze, o, **fuori**, tramite dipendenti o ausiliari o intermediari; – cessioni di beni inerenti a **contratti estimatori**; – **passaggi di beni** dal committente al commissionario	entro la fine del mese successivo a quello in cui è effettuata l'operazione	art. 1 c. 1, 2, 4, DM 18 novembre 1976
cessioni di beni o prestazioni di servizi tramite **apparecchi automatici** (es. distributori automatici di bevande, juke-box, ecc.), installati al di fuori dell'edificio in cui l'impresa esercita la propria attività **(2)**	registrazione globale entro il termine di 30 giorni dalla scadenza di ciascun mese solare	art. 1 c. 3 DM 18 novembre 1976 e art. 2 c. 1 bis e 2 D.Lgs. 127/2015

(1) L'IVA partecipa alla liquidazione del mese di registrazione. Se la fattura è emessa da (B) nel mese della consegna o spedizione dei beni, concorre alla liquidazione dello stesso mese.
(2) I soggetti passivi che effettuano cessioni e prestazioni tramite **distributori automatici** sono obbligati a memorizzare elettronicamente i corrispettivi e a trasmetterli telematicamente all'AE secondo le disposizioni del Provv. AE 30 giugno 2016 n. 102807/2016 e del Provv. AE 30 marzo 2017. Lo stesso obbligo decorre per le cessioni di **benzina o di gasolio** utilizzati come carburanti per motori, effettuate in impianti di distribuzione ad elevata automazione, in base ad apposito provvedimento (v. n. 53070 e s.).

C. Registro dei corrispettivi

54600 I commercianti al minuto ed i soggetti ad essi assimilati (v. n. 53360), ossia i soggetti obbligati ad emettere fattura solo su richiesta del cliente, per le operazioni attive, invece del registro delle fatture emesse, dovevano tenere il registro dei corrispettivi, che fossero obbligati, o meno, all'emissione di scontrino o ricevuta fiscale.
La tenuta del registro da parte dei soggetti che effettuano la **trasmissione telematica dei corrispettivi** è facoltativa (v. n. 53353 e s.).

Resta valido l'esonero per i **soggetti IVA** in **contabilità ordinaria** di cui al n. 54355.

54610 **MODALITÀ E TERMINI** (art. 24 c. 1 DPR 633/72, art. 6 c. 4 DPR 695/96) I soggetti **con obbligo di certificazione** telematica dei corrispettivi, anche se non obbligati, possono annotare l'am-

montare globale dei corrispettivi relativo a tutte le operazioni effettuate in ciascun mese eseguendo un'unica registrazione entro il giorno 15 del mese successivo. La medesima semplificazione si rende applicabile ai soggetti che operano nella grande distribuzione (v. n. 53375) e che già adottano la trasmissione telematica dei corrispettivi (Circ. AE 23 febbraio 2006 n. 8/E).
I soggetti **esonerati dall'obbligo o che emettono fattura**, su richiesta, devono invece eseguire annotazioni giornaliere dei corrispettivi, entro il giorno non festivo successivo a quello di effettuazione delle operazioni.

CONTENUTO Nel registro dei corrispettivi è richiesta l'**indicazione distinta**, per ciascuna operazione effettuata: 54620
- imponibili (comprensivi dell'imposta incorporata nel corrispettivo, suddivisi per aliquota applicabile);
- non imponibili;
- non soggetti;
- esenti;
- operazioni soggette al regime del margine con indicazione separata per tipologia (es. beni usati, oggetti d'arte, operazioni di agenzie di viaggio);
- cessioni effettuate nei confronti di un soggetto passivo debitore dell'imposta in un altro Stato UE;
- cessioni che si considerano effettuate fuori dell'UE.

Non è richiesta l'annotazione separata degli importi derivanti dall'emissione di **ricevute fiscali**, da quelli derivanti dall'emissione di **scontrini fiscali** e dagli **altri importi** in genere.

Emissione di fatture differite Per le modalità di annotazione dei corrispettivi certificati da documento commerciale ed oggetto di fatturazione differita v. n. 53883. 54625

LUOGO DI TENUTA (art. 24 c. 4 DPR 633/72, art. 6 c. 3 DPR 695/96) Di regola, deve essere istituito e tenuto presso il luogo in cui è esercitata la vendita. 54640
Se il luogo di tenuta **è diverso** (ad es. quando il registro è tenuto presso il commercialista) **o** se la vendita è svolta **in più luoghi**, in aggiunta al registro dei corrispettivi, deve essere istituito un **registro di prima nota** da tenere e conservare in ognuno di tali punti vendita.
Tuttavia, se per le operazioni di vendita in quel determinato luogo viene effettuata la **trasmissione telematica dei corrispettivi** il registro di prima nota può non essere tenuto.

Registro di prima nota **Contiene** tutti i dati previsti per il registro dei corrispettivi, riportati con le stesse modalità, compreso l'eventuale ricorso alla ventilazione (il fine è quello di consentire l'immediato riscontro della tempestività e regolarità delle registrazioni dei corrispettivi in caso di verifica in loco dell'AF). In esso il soggetto passivo può riportare anche altre operazioni contabili non rilevanti ai fini IVA ma rilevanti ai fini delle imposte sul reddito (ad es., acquisti indetraibili e pagamenti). 54645
Le registrazioni devono essere eseguite **entro** il giorno non festivo successivo a quello di effettuazione delle operazioni (con riferimento al giorno di effettuazione), anche nel caso in cui vengano utilizzati **sistemi informatici o elettronici** di elaborazione delle scritture contabili (art. 3 DM 19 giugno 1979).

EMISSIONE DI FATTURE E SCONTRINI Il commerciante al minuto che emette **contemporaneamente** fatture e scontrini elettronici **può tenere**: 54650

Registri	Adempimenti
Solo corrispettivi	Registra su di esso sia gli importi delle fatture emesse (comprensivi di IVA) che gli altri importi. Per la registrazione delle **fatture** si prevede l'indicazione del numero iniziale e di quello finale ad esse attribuito, con una dicitura del tipo «comprese le fatture dal n..... al n.....» (Circ. Min. 15 gennaio 1973 n. 3/525373) **(*)**
Corrispettivi e fatture emesse	Le fatture devono essere **annotate esclusivamente** sul registro delle fatture emesse (Ris. Min. 12 novembre 1982 n. 391791) osservando i relativi termini (Circ. Min. 9 agosto 1975 n. 27/501706)

(*) Trattasi delle fatture **emesse**:
- **spontaneamente** da parte del commerciante;
- su **richiesta** del cliente;
- **obbligatoriamente** per le cessioni di immobili o di beni strumentali;
- come **autofatture** per acquisti di beni o servizi effettuati da soggetti residenti all'estero.

54655 **REGISTRO DEI CORRISPETTIVI DI EMERGENZA** (art. 11 DM 23 marzo 1983) I commercianti al minuto che effettuano operazioni soggette alla certificazione dei corrispettivi o alla trasmissione telematica degli stessi, in ipotesi di **irregolare o mancato funzionamento** del registratore telematico, qualunque ne sia il motivo (guasto, sospensione improvvisa dell'erogazione di energia elettrica, ecc.), devono utilizzare e conservare questo apposito registro fino al completamento dell'intervento di assistenza tecnica per il ripristino delle normali modalità di funzionamento (v. n. 53858).
I **corrispettivi da registrare** corrispondono al totale complessivo delle merci vendute ad ogni cliente e non agli importi delle singole merci vendute.

54660 **CASI PARTICOLARI** Nella seguente **tabella** sono illustrati modalità e termini di registrazione dei corrispettivi relativi ad alcune specifiche tipologie di soggetti IVA.

Soggetti	Modalità e termini
Banche	Annotazione mensile dell'importo globale dei corrispettivi di ciascun mese, distinto in operazioni imponibili, non imponibili ed esenti (art. 3 DM 12 febbraio 2004 n. 75)
Assicurazioni	Sistema di annotazione globale e mensile dei corrispettivi di ciascun mese. Per i premi, è possibile sostituire le annotazioni sul registro dei corrispettivi con quelle eseguite sull'apposito registro dei premi previsto dalla L. 1216/61 (art. 1 DM 12 aprile 1979)
Concessionari di autostrade	Registrazione dei pedaggi e delle prestazioni accessorie ai transiti autostradali per riepilogo mensile, con riferimento all'intera rete in concessione (art. 2 DM 20 luglio 1979)
Aziende **erogatrici** di acqua, gas, energia elettrica e di servizi relativi ai rifiuti solidi urbani ed assimilati ed il servizio di fognatura e depurazione	Annotazione dell'ammontare complessivo dei corrispettivi riscossi e delle bollette-fatture emesse in ciascun giorno nel registro dei corrispettivi non oltre il mese successivo a ciascun trimestre solare, con riferimento al giorno di effettuazione dell'operazione (art. 2 DM 24 ottobre 2000 n. 370)
Aziende di **traghettamento** automezzi	Annotazione dei corrispettivi per riepilogo mensile entro il mese successivo a quello di riscossione (art. 2 DM 22 dicembre 1980)
Trasporti nazionali marittimi, ferroviari e aerei	Annotazione dei corrispettivi risultanti dai rendiconti periodici emessi dalle agenzie o dalle altre dipendenze entro 60 giorni dalla fine del mese cui si riferisce il rendiconto (Ris. AE 28 novembre 2001 n. 195/E)
Trasporti **internazionali** marittimi, ferroviari e aerei	Annotazioni dei corrispettivi risultanti dai rendiconti periodici emessi dalle agenzie o dalle altre dipendenze situate in Italia entro 60 giorni dalla fine del mese cui si riferisce il rendiconto. Se le agenzie hanno sede all'estero, il termine si riduce a 15 giorni dalla data di ricevimento del rendiconto (Ris. AE 28 novembre 2001 n. 195/E)
Associazioni senza fine di lucro in regime forfettario (v. n. 97390 e n. 97485)	Registrazione cumulativa mensile dei proventi conseguiti nell'esercizio di attività commerciali sul prospetto previsto per i soggetti super semplificati opportunamente integrato
Utilizzatori del metodo della **ventilazione** (v. n. 55210)	Annotazione dei corrispettivi: – senza distinzione per aliquote, per le cessioni non documentate da fattura; – con obbligo di distinzione per aliquote, per le cessioni con emissione di fattura

D. Registro degli acquisti

I soggetti passivi IVA devono annotare, per esercitare la detrazione dell'IVA, i documenti comprovanti acquisti ed importazioni, in proprio oppure affidando l'incarico a terzi (v. n. 54780). La registrazione costituisce **condizione** necessaria per l'eventuale detrazione dell'IVA (v. n. 48220). 54730

Per l'esonero dei **soggetti** IVA in **contabilità ordinaria** (v. n. 54355).

CONTENUTO (art. 25 c. 1 DPR 633/72) Normalmente si registrano: le fatture per **operazioni passive** (imponibili, non imponibili, esenti), le autofatture per acquisti da non residenti, le dichiarazioni doganali (sono escluse le autofatture per omaggi ed autoconsumo). 54740

Non è obbligatorio registrare le operazioni:
- fuori campo IVA (v. n. 40265);
- totalmente indetraibili, per cui v. n. 48085 e s. (art. 6 c. 7 DPR 695/96).

Dati da registrare (art. 25 c. 3 DPR 633/72) Nel registro devono risultare: 54750
a) data della fattura o della dichiarazione doganale;
b) dati anagrafici del cedente o prestatore:
- impresa, società o ente: ditta, denominazione o ragione sociale;
- altri: nome e cognome;

c) ammontare delle operazioni:
- imponibili: imponibile e imposta, distinti per aliquota;
- altre: titolo di inapplicabilità dell'imposta e relativa norma (es. fuori campo, esente);

d) anche se non obbligatorio, è opportuno indicare:
- data di registrazione;
- totale del documento registrato;
- importi non rilevanti ai fini IVA (es. esclusi dalla base imponibile) eventualmente presenti nella fattura, tenendoli distinti (es. in apposita colonna) ai fini di un'ordinata contabilità.

L'obbligo di **numerare in ordine progressivo** le fatture e le bollette doganali è stato soppresso (art. 13 DL 119/2018 conv. in L. 136/2018). Tuttavia, l'ulteriore obbligo di annotare nell'apposito registro le fatture relative agli acquisti e di attribuire un ordine progressivo alle registrazioni permane (Circ. AE 17 giugno 2019 n. 14/E).

> **Precisazioni** 1) Per le fatture ricevute dal fornitore in **formato elettronico** (memorizzate dall'acquirente su supporto informatico senza possibilità di apportare alcuna modifica), non è possibile inserire un numero progressivo di registrazione e per individuare la fattura occorre predisporre un sistema di contabilità che associ per via informatica la fattura ai dati registrati (Circ. AE 19 ottobre 2005 n. 45/E). Del resto, l'**apposizione fisica del numero progressivo** sul documento originale non è indispensabile se è assicurata la perfetta rispondenza dei dati contenuti nella fattura con quelli riportati nel registro acquisti e in quello dei protocolli di arrivo (Ris. AE 10 aprile 2017 n. 46/E). Lo stesso vale per un **complesso caso di protocollazione** con numeri diversi per ricezione del documento e registrazione su registro, attuato da una società estera per conto delle sue società italiane (Risp. AE 11 ottobre 2018 n. 34).
2) Per le **dichiarazioni doganali**, al posto delle generalità del fornitore estero occorre indicare la Dogana di ingresso e gli estremi della dichiarazione (Circ. Min. 19 dicembre 1972 n. 874).
3) Le fatture con **IVA ad esigibilità differita** devono essere registrate distintamente dall'acquirente per esercitare la detrazione dell'IVA al momento del pagamento del corrispettivo (v. n. 46260).

TERMINI DI REGISTRAZIONE (art. 25 c. 1 DPR 633/72) L'acquirente deve registrare i documenti d'acquisto ricevuti, **entro** il termine della liquidazione periodica (in realtà entro il giorno precedente, in base all'art. 1 c. 1 DPR 100/98) **e non oltre** quello della dichiarazione relativa all'anno di ricezione della fattura, con riferimento allo stesso anno (termini da coordinare con quelli previsti per l'esercizio del diritto alla detrazione, v. n. 48220). 54760

ESEMPIO
In **corso d'anno**: un'operazione effettuata a maggio rientra nella liquidazione di maggio se la fattura è ricevuta e registrata entro il 15 giugno.
A **fine** anno: operazione effettuata a dicembre rientra nella liquidazione di dicembre (16 gennaio 20XX+1) solo se la fattura è ricevuta e registrata entro il 31 dicembre 20XX. Se registrata nel 20XX+1 può essere ancora detratta con il saldo nella dichiarazione 20XX+1 relativa al 20XX, previa distinta rilevazione in apposito sezionale relativo alle fatture dell'anno precedente.

54765 **REGISTRAZIONI RIEPILOGATIVE** In **tabella** sono esposti i casi in cui è possibile registrare più fatture d'acquisto in un unico documento.

Ipotesi	Condizioni/modalità	Riferimento
Fatture **< € 300** (es. alberghi e/o ristoranti)	importo limite per singola fattura, comprensivo dell'IVA **(*)**; la registrazione deve includere: – numero progressivo attribuito dal destinatario alla singola fattura – imponibile e imposta complessiva, distinti per aliquota	(art. 6 c. 6 e 6 bis DPR 695/96)
Trasporti e altri servizi addebitati da spedizionieri o agenzie di viaggi	non è previsto un limite d'importo per fattura	(art. 25 c. 6 DPR 633/72)
Spese dei dipendenti per incarichi affidati dal datore di lavoro	i singoli documenti di spesa devono avere le caratteristiche delle fatture e devono essere intestati al datore di lavoro; possono essere riepilogati distintamente per dipendente	(Circ. Min. 21 novembre 1972 n. 27/522432)
(*) È possibile riepilogare anche le autofatture per acquisti da non residenti.		

54780 **REGISTRAZIONE PER CONTO TERZI** (Ris. Min. 10 ottobre 2000 n. 153/E) Il fornitore del servizio deve osservare la seguente **procedura**:
– numerazione progressiva delle fatture al momento della ricezione con serie numeriche o alfanumeriche distinte per committente;
– acquisizione dell'immagine dei documenti in formato elettronico (scannerizzazione);
– registrazione, con numerazione progressiva, sul registro IVA acquisti tramite sistemi elettronici;
– riporto del numero progressivo indicato sull'originale e attribuito alla ricezione del documento (oltre ai dati ordinari di cui al n. 54750);
– stampa con cadenza mensile o trimestrale di apposito registro del protocollo di arrivo, tenuto secondo le norme di un'ordinata contabilità, riportante, in ordine crescente, l'anno ed il numero di protocollo di arrivo dei documenti registrati nel periodo nonché il numero di registrazione progressivo attribuito al momento della registrazione sul registro IVA acquisti.

E. Registri IVA precompilati dall'AE

(art. 1 c. 10 DL 41/2021, art. 4 c. 1 D.Lgs. 127/2015, Provv. AE 8 luglio 2021 n. 183994, Provv. AE 12 gennaio 2023 n. 9652)

54800 Per le operazioni effettuate **dal** 1° luglio 2021 è stata definita in **via sperimentale** la predisposizione delle **bozze** dei registri IVA (e delle Lipe) da parte dell'AE. Per il 2021/2023, i **primi destinatari** sono i soggetti passivi IVA residenti e stabiliti in Italia che effettuano la **liquidazione trimestrale** IVA per opzione (v. n. 55125).

> Dalle operazioni effettuate dal 1° gennaio 2022, è disponibile la **bozza di dichiarazione annuale IVA**.

54803 **SOGGETTI ESCLUSI** Per gli anni d'imposta 2022/2023, le bozze dei registri IVA non sono predisposte nei confronti dei soggetti mensili e di:
– soggetti per i quali sono previsti regimi speciali ai fini IVA (ad eccezione di produttori agricoli, agriturismi ecc., concessionari di autostrade, imprese del settore delle comunicazioni);
– soggetti che applicano l'IVA separatamente, per obbligo per opzione, relativamente alle diverse attività esercitate;
– soggetti che aderiscono alla liquidazione dell'IVA di gruppo o che partecipano a un gruppo IVA;
– commercianti al minuto che trasmettono i corrispettivi senza distinzione per aliquote e ripartiscono l'ammontare, ai fini dell'applicazione delle diverse aliquote, in proporzione degli acquisti;

– operatori che trasmettono i corrispettivi per le cessioni di benzina o di gasolio destinati ad essere utilizzati come carburanti per motori e per le cessioni di beni o prestazioni di servizi tramite distributori automatici;
– soggetti che erogano prestazioni sanitarie.

CONTENUTO Le bozze dei registri sono elaborate, per ogni trimestre (con aggiornamento continuo), **utilizzando i dati** indicati in **tabella**. 54805

Bozza	Dati (1)
registri IVA	– fatture elettroniche transitate via SdI, comprese le note di credito **(2)** – fatture PA emesse – operazioni transfrontaliere comunicate all'AE (c.d. esterometro) – bolletta doganale Rilevano i dati pervenuti all'AE fino all'ultimo giorno del mese successivo al trimestre di riferimento
comunicazioni delle liquidazioni periodiche	– comunicazioni telematiche dei corrispettivi giornalieri – comunicazioni delle liquidazioni periodiche dei trimestri precedenti e della dichiarazione annuale IVA del periodo d'imposta precedente – dati per redazione registri IVA

(1) Per predisporre bozze più complete, l'AE utilizza ulteriori informazioni fiscali presenti nel Sistema Informativo dell'**Anagrafe Tributaria**.
(2) Per le **fatture di acquisto** la procedura considera totalmente detraibile l'IVA indicata, quindi il soggetto passivo, in presenza delle condizioni di indetraibilità totale o parziale, deve effettuare la modifica della percentuale di detrazione (v. n. 54813).

ACCESSO Il soggetto passivo IVA accede alle bozze precompilate, direttamente o tramite l'intermediario dotato di delega all'utilizzo dei servizi di fatturazione elettronica, **tramite** un applicativo web del portale Fatture e corrispettivi (sezione «Documenti IVA precompilati»). L'applicativo consente di visualizzare, consultare, stampare e salvare i dati, estrarre le bozze dei documenti e inviare le comunicazioni delle liquidazioni periodiche e la dichiarazione annuale IVA. 54811

CONVALIDA/INTEGRAZIONE I registri IVA possono essere convalidati o integrati - es. con la percentuale di detrazione se diversa dal 100%, operazioni documentate da bollette doganali o da fatture cartacee (es. emesse da forfettari), data di esigibilità dell'imposta se diversa dalla data della fattura, ecc. - **entro** l'ultimo giorno del mese successivo al trimestre di riferimento. La convalida, non obbligatoria, deve riguardare entrambi i registri. 54813

All'interno del portale, l'AE ha pubblicato una sezione contenente le **istruzioni** relative alle attività di conferma, modifica o integrazione dei dati evidenziati nelle bozze dei registri IVA precompilate.

I registri sono **memorizzati** dall'AE, mediante protocollazione e acquisizione nel Sistema Documentale, dal primo giorno del secondo mese successivo al trimestre di riferimento e **fino al** 31 dicembre del quindicesimo anno successivo a quello di riferimento.

Per i registri (anche se non convalidati), l'AE elabora la **bozza della comunicazione della liquidazione periodica** e del **modello F24 per il pagamento** delle somme risultanti dalla liquidazione trimestrale e le mette a disposizione a partire dal 6° giorno del secondo mese successivo al trimestre di riferimento.

Per i soggetti che **convalidano**, se le informazioni proposte dall'AE sono complete o integrano nel dettaglio i dati proposti nelle bozze, viene meno l'obbligo di tenuta dei registri IVA.

N.B. Dopo la convalida dei registri IVA **non è possibile**:
– inserire nuovi documenti (eventuali ulteriori documenti pervenuti dalle fonti informative e riferiti al trimestre di riferimento non sono automaticamente annotati);
– rimuovere documenti annotati nei registri.
È invece **è possibile**:
– inserire o modificare gli ulteriori dati utili alla predisposizione della comunicazione della liquidazione periodica e della dichiarazione IVA attraverso la funzionalità «Visualizza registro acquisti/integra ulteriori dati»;
– scaricare i registri IVA validati e protocollati;
– disattivare la funzionalità di convalida fino alla fine del mese successivo a trimestre di riferimento.

F. Altri registri

54860 **REGISTRO RIEPILOGATIVO** Lo adottano le imprese che utilizzano **diverse serie di numerazione** o con differenti prefissi alfabetici per specifiche esigenze gestionali (ad esempio, in presenza di differenti centri di fatturazione, di differenti prodotti fabbricati, di prodotti destinati a mercati diversi o di diverse sedi, ecc.), sia per gli acquisti che per le vendite (Circ. Min. 21 novembre 1972 n. 27/522432).

La registrazione può essere effettuata alternativamente:

– in registri separati per ogni serie numerica (c.d. **registri sezionali**), con le relative liquidazioni periodiche dell'imposta, che poi si riportano, per totali, sul registro riepilogativo (Ris. Min. 3 novembre 1976 n. 361440);

– per **blocchi sezionali** (ciascuno con una sua numerazione progressiva) su un unico registro IVA e riepilogo manuale, su un apposito registro riepilogativo, dei totali mensili di tutte le operazioni, per le annotazioni delle liquidazioni periodiche. Nella prima pagina del registro riepilogativo deve essere riportata la serie delle numerazioni adottate con le indicazioni del tipo di fatture emesse (Ris. Min. 8 ottobre 1997 n. 203/E).

>**Precisazioni** **1)** Per la registrazione su registri sezionali delle **operazioni intracomunitarie** v. n. 65138 e n. 65199.
2) Per l'adozione dei registri sezionali in caso di:
– **fatturazione promiscua**, immediata e differita o cartacea ed elettronica, v. n. 54510;
– registrazione e conservazione di **fatture in forma** sia **cartacea** che **elettronica**, v. n. 52838.

54870 **REGISTRO UNICO** (art. 39 c. 2 DPR 633/72) Il soggetto passivo IVA **può** sottoporre a numerazione e tenere un registro unico valido ai fini IVA per tutte le operazioni di acquisto e di vendita, a **condizione** che:

– continui a tenere e ad aggiornare i singoli registri ordinari (che assumono la funzione di registri sezionali);

– per ogni registrazione eseguita sui registri sezionali, riporti il numero della pagina e della riga della corrispondente annotazione nel registro unico (o il numero progressivo che individua l'operazione nel registro unico).

È ammessa l'adozione di un registro unico da utilizzare contemporaneamente come libro giornale ai fini civilistici e come registro unico ai fini IVA, **salvo** l'obbligo della tenuta dei registri sezionali (v. n. 54860) (Ris. Min. 11 febbraio 1983 n. 352405). Trattandosi di libro giornale, è soggetto alla numerazione progressiva per anno (v. n. 26145) ed all'applicazione dei tributi di bollo e di concessione governativa (Circ. Min. 5 giugno 1974 n. 22/431119).

>**Precisazioni** **1)** È stata considerata regolare l'adozione di un unico **registro multiaziendale** utilizzabile come libro giornale ai fini civilistici e come registro unico ai fini IVA (Ris. Min. 19 settembre 2000 n. 143/E).
2) Per i **soggetti in contabilità ordinaria**, che hanno la facoltà di non tenere i registri IVA (v. n. 54355), il registro unico non è più utile.

54880 **MERCI IN C/DEPOSITO, LAVORAZIONE, ECC.** (art. 53 DPR 633/72 e DPR 441/97) Servono, in caso di verifica dell'AF, per superare le **presunzioni** di cessione (beni che non si trovano più) o di acquisto (che invece si trovano) nel luogo di esercizio dell'attività (DPR 441/97).

In esso, devono essere annotate le merci inviate o ricevute in c/deposito o lavorazione, consegnate o ricevute in prova o in comodato gratuito o in qualsiasi altro caso di consegna/ricevimento di beni (merci) a titolo non traslativo della proprietà.

Contenuto		
Ipotesi	**Prima registrazione**	**Registrazione successiva**
Ricevimento (c.d. carico) di beni e merci, di proprietà di terzi, in c/deposito, lavorazione, prova, comodato, ecc. presso di noi	estremi del documento di entrata dei beni; dati anagrafici del consegnante; natura, qualità e quantità dei beni ricevuti	estremi del documento di uscita dei beni; dati anagrafici del soggetto che riceve i beni in uscita; natura, qualità e quantità dei beni ancora presenti

Contenuto		
Ipotesi	**Prima registrazione**	**Registrazione successiva**
Consegna (c.d. scarico) a terzi di beni e merci, di nostra proprietà, in c/deposito, lavorazione, prova, comodato, ecc. presso di loro oppure vendite in blocco sottocosto	estremi del documento di uscita dei beni; dati anagrafici del consegnante; natura, qualità e quantità dei beni consegnati	estremi del documento di restituzione dei beni; dati anagrafici del soggetto che restituisce i beni; natura, qualità e quantità dei beni ancora presso terzi

In alternativa all'istituzione di un apposito registro, per superare le suddette presunzioni, il contribuente può:
– effettuare apposita annotazione in uno dei registri IVA ordinari, indicando natura, qualità, quantità dei beni, i dati della controparte e la causale dell'invio dei beni (la data di ricezione in caso di acquisto); non è previsto uno specifico **termine di esecuzione**, ma è opportuna la tempestività, proprio per evitare la contestazione da parte dei verificatori in relazione ai beni non ancora annotati (Circ. Min. 23 luglio 1998 n. 193/E);
– utilizzare il documento di trasporto (DdT) o altro documento analogo che contenga l'espressa indicazione della causale del trasporto (deposito, lavorazione, passaggi intermedi, ecc.); esso deve essere conservato sia dall'emittente sia dal destinatario (Circ. Min. 16 settembre 1996 n. 225/E).

REGISTRI SPECIFICI In **tabella** sono elencati i registri IVA da tenere quando si svolgono le tipologie di attività indicate. 54890
Per le modalità di tenuta e conservazione valgono le stesse regole descritte per i registri ordinari.

Registri	Disciplina
Somme ricevute in deposito	I **liberi professionisti** (notai, avvocati, procuratori legali, commercialisti, ecc.) devono annotare giornalmente in apposito registro l'ammontare delle somme ricevute in deposito, distinto per ciascuna operazione (DM 31 ottobre 1974). Sono **esonerati** se le indicano nel registro cronologico (v. n. 10550) tenuto ai fini delle imposte dirette (art. 3 DM 20 dicembre 1990)
Imballaggi non restituiti	Per gli imballaggi non restituiti entro il termine stabilito (v. n. 52905), se il cedente opta per l'emissione di una **fattura complessiva annuale**, deve tenere un apposito registro sul quale annotare, volta per volta, consegne e eventuali restituzioni degli imballaggi, distinte per tipo e aliquota
Movimenti intracomunitari a titolo non traslativo della proprietà	v. n. 65144
Registro di magazzino tenuto dal fornitore nell'ambito del regime di call-off stock	v. n. 67247
Contrassegni	v. n. 64400
Società controllanti e controllate	v. n. 55995
Registro multiaziendale per Centri elaborazione dati	v. n. 26160
Movimento dei beni nei depositi IVA	v. n. 65294
Registro delle variazioni	v. n. 56890

SEZIONE 4

Liquidazioni, versamenti e rimborsi

Per le operazioni attive effettuate e per quelle passive per cui si è in possesso di idonea documentazione e si intende esercitare il diritto alla detrazione, i soggetti passivi devono periodicamente rilevare la propria posizione IVA (a debito o a credito) e, se risulta una posizione a debito, versare quanto dovuto. 55100

Inoltre, a seguito della compilazione della dichiarazione annuale, il soggetto passivo determina la propria posizione IVA complessiva relativamente all'intero anno solare, versando, se necessario, l'eventuale conguaglio fra IVA a debito e IVA a credito. Se emerge una situazione a credito, può, alternativamente:
- effettuare la compensazione con i versamenti periodici IVA dell'anno successivo o con altri importi a debito di imposte e contributi;
- chiederne il rimborso, se sussistono determinate condizioni.

I. Liquidazioni periodiche

55110 La liquidazione periodica è la determinazione del debito o del credito d'imposta relativi al periodo di riferimento (art. 1 c. 1 DPR 100/98).
Determinata la propria posizione il soggetto passivo, in caso di posizione a debito, effettua il versamento dell'IVA dovuta.
La periodicità con cui liquida l'IVA può essere mensile o, se ne ricorrono le condizioni, trimestrale. La differenza tra l'una e l'altra consiste nel periodo in riferimento al quale si effettua la liquidazione e nella scadenza dei relativi versamenti.

> **Precisazioni** 1) Le liquidazioni periodiche, mensili o trimestrali, confluiscono nella **comunicazione** dei dati delle liquidazioni (v. n. 56610 e s.).
> **2)** Indipendentemente dalla periodicità, i soggetti passivi devono provvedere al calcolo dell'**acconto** (v. n. 55280).

55120 **SOGGETTI** Sono **obbligati** a effettuare le liquidazioni periodiche tutti i soggetti passivi anche se hanno effettuato solo operazioni non imponibili o esenti (art. 1 c. 1 DPR 100/98).
Sono esonerati i soggetti che:
- adottano il regime forfettario previsto per i contribuenti di dimensioni ridotte (v. n. 5580 e 10030);
- hanno optato per la dispensa dagli adempimenti (v. n. 57670);
- gli agricoltori che hanno i requisiti per rientrare nel regime di esonero e non hanno optato per quello ordinario (v. n. 62290);
- applicano il regime forfettario per le attività di intrattenimento (v. n. 63560 e di spettacolo (v. n. 63640).

> Le **società** che appartengono ad uno **stesso gruppo** (c.d. società controllate e controllanti), possono adottare una particolare procedura di liquidazione dell'IVA di gruppo (v. n. 55980). In alcuni casi è anche possibile, in alternativa, optare per il gruppo IVA (v. n. 64500 e s.).

a. Periodicità

55125 Per **regola generale** i contribuenti devono effettuare la liquidazione periodica con cadenza mensile (art. 1 c. 1 DPR 100/98).
Fanno **eccezione** e possono effettuare la liquidazione con cadenza trimestrale piuttosto che mensile:
- i contribuenti minori (v. n. 57180);
- i contribuenti indicati nella **tabella** al n. 55155 (trimestrali speciali naturali, art. 74 c. 4 DPR 633/72).

55130 **LIQUIDAZIONE MENSILE** (art. 1 c. 1 DPR 100/98) **Entro il giorno** 16 di ciascun mese, il contribuente deve determinare la differenza tra l'imposta relativa alle operazioni attive effettuate nel **mese precedente** e l'imposta relativa ai beni e servizi acquistati per i quali, con riferimento allo stesso mese, può e intende esercitare il diritto alla detrazione.

55135 **Soggetti che affidano a terzi la tenuta della contabilità** (art. 1 c. 3 DPR 100/98) In deroga a quanto detto al paragrafo precedente, i soggetti mensili che conservano i registri IVA presso terzi, o che si avvalgono, per l'elaborazione dei dati, di centri elettrocontabili gestiti

da terzi, possono **optare** per la liquidazione dell'imposta in base alle risultanze contabili, anziché del mese precedente, del **secondo mese precedente**.
L'opzione va **espressa** nella dichiarazione annuale relativa all'anno in cui si è operata la scelta (quadro VO).

Per **chi inizia l'attività** in corso d'anno l'opzione ha effetto dalla seconda liquidazione periodica; pertanto nella prima e nella seconda liquidazione sono utilizzati i dati delle operazioni registrate nel primo mese di attività e il sistema va a regime a partire dalla terza liquidazione periodica in cui sono utilizzati i dati del secondo mese precedente.

LIQUIDAZIONE TRIMESTRALE I contribuenti minori che hanno optato per la liquidazione trimestrale e quelli indicati al paragrafo seguente per i quali è naturale la periodicità trimestrale, determinano la propria posizione IVA con riferimento alle operazioni relative ai tre mesi precedenti. I versamenti sono effettuati **entro il** giorno 16 del secondo mese successivo al trimestre di riferimento (16 maggio, 16 agosto, 16 novembre). Per i trimestrali su opzione, sull'importo da versare si applica la maggiorazione dell'1% a titolo di interessi (v. n. 57150). 55150

Trimestrali speciali (o naturali) (art. 74 c. 4 DPR 633/72) Possono effettuare la liquidazione IVA trimestrale senza aggravio a titolo di interesse i soggetti indicati nella **tabella** seguente. 55155

Elenco soggetti trimestrali speciali
– **autotrasportatori** di cose per conto terzi iscritti al relativo albo (v. n. 54520); – **istituti** e **aziende di credito**; – **imprese assicuratrici**; – imprese **telefoniche**; – **dentisti** e **odontotecnici** che effettuano esclusivamente prestazioni sanitarie esenti (il cui elenco è riportato al n. 40580) ed acquisti, con il meccanismo del reverse charge, di materiale d'oro e di prodotti semilavorati di purezza pari o superiore a 325 millesimi e di argento, in lingotti o grani, di purezza pari o superiore a 900 millesimi (DPR 315/2000); – imprese di **somministrazione** acqua, gas, energia elettrica, servizi di raccolta, trasporto e smaltimento dei rifiuti solidi urbani ed assimilati, servizi di fognatura e depurazione, servizi di telecomunicazione **(1)**; – esercenti impianti di **distribuzione carburante** per uso autotrazione anche per le attività accessorie quali, ad esempio, la vendita di ricambi ed accessori per veicoli e di prodotti per la manutenzione **(2)**; – società ed Enti **concessionari di autostrade**; – imprese esercenti **impianti di lampade votive**; – Associazione Italiana **Croce Rossa**
(1) La liquidazione trimestrale (che si accompagna a semplificazioni delle registrazioni) è prevista per le attività caratteristiche come indicato negli appositi decreti ministeriali (DM 24 ottobre 2000 n. 366 e DM 24 ottobre 2000 n. 370, Risp. AE 8 novembre 2019 n. 476); per le operazioni o **attività diverse** eventualmente effettuate vi è l'obbligo di distinta annotazione ed effettuazione dei relativi adempimenti secondo le regole ordinarie. Pertanto, a seconda dei casi, l'IVA relativa a queste ultime attività dovrà essere versata mensilmente o, ricorrendone le condizioni, trimestralmente con applicazione degli interessi. Per tali soggetti, sempre con riferimento alle attività caratteristiche, è previsto un particolare metodo di determinazione dell'**acconto** (v. n. 55300). **(2)** Le **attività connesse**, quali la gestione di bar, ristorante, officina, supermercato, potranno essere liquidate trimestralmente solo se i relativi corrispettivi sono contabilizzati a parte e il loro ammontare è inferiore alle soglie indicate per il regime semplificato (v. n. 57180). In caso contrario si hanno due liquidazioni distinte: una trimestrale per l'attività principale e una mensile per le attività accessorie.

b. Calcolo

La modalità con cui il contribuente determina, periodicamente, la propria posizione IVA è la medesima sia che si tratti di liquidazione mensile che di liquidazione trimestrale; cambia solo il periodo di riferimento (v. n. 55130). Di seguito, qualsiasi richiamo, senza ulteriori specificazioni, al periodo di riferimento si intende indifferentemente fatto al mese o al trimestre. 55180
Relativamente a ciascun periodo, può scaturire una posizione IVA a credito, a debito oppure a pareggio.

N.B. Per i soggetti che liquidano l'IVA trimestralmente per opzione, è disponibile la bozza della liquidazione trimestrale (Lipe) basata sui dati dei registri IVA precompilati dall'AE e convalidati dal contribuente (v. n. 54813).

55190 **DETERMINAZIONE DELLA POSIZIONE IVA** (art. 1 c. 1 DPR 100/98) La liquidazione consiste nell'operare la **differenza** fra l'ammontare complessivo dell'IVA inerente alle operazioni imponibili (**IVA a debito**) e l'ammontare complessivo dell'IVA detraibile (**IVA a credito**). Detti importi devono essere **arrotondati** al centesimo di euro e vanno **computati** già al netto delle eventuali variazioni effettuate, mentre eventuali eccedenze detraibili relative a periodi precedenti, ed eventuali crediti d'imposta spettanti al contribuente, sono preventivamente sommati, per semplicità di calcolo, all'ammontare dell'IVA detraibile (DM 24 gennaio 1977). Gli eventuali **errori** materiali o di calcolo commessi nelle liquidazioni, possono essere **corretti** mediante variazioni in aumento e diminuzione (v. n. 56800 e s.).

55200 **IVA A DEBITO** È l'imposta relativa alle operazioni effettuate nel periodo di riferimento (mese o trimestre) (c.d. esigibile), con le particolarità evidenziate nella **tabella** seguente a seconda del tipo di fattura emessa.
Ad incremento dell'IVA a debito del periodo vanno considerate anche le **somme non versate** nel periodo precedente perché **inferiori** a 25,82 euro (v. n. 55260); nonché le somme derivanti da eventuali **regolarizzazioni** effettuate nel periodo (anche tramite ravvedimento) a seguito di violazioni commesse in periodi precedenti dello stesso anno solare.

Tipo di fattura emessa	IVA a debito
Fattura immediata	IVA risultante dalla fattura emessa nel periodo cui si riferisce la liquidazione, indipendentemente dalla data di registrazione sull'apposito registro **(1)**
Fattura differita	IVA relativa ai beni consegnati o spediti nel periodo cui si riferisce la liquidazione **(2)**
Fattura emessa da soggetti che hanno optato per «l'IVA per cassa» (v. n. 46270)	IVA incassata nel periodo cui si riferisce la liquidazione o/e IVA relativa alle operazioni per le quali sia scaduto il termine di un anno dal momento di effettuazione
Fattura ad esigibilità differita nei confronti di determinati soggetti (v. n. 52965 e s.)	IVA incassata nel periodo cui si riferisce la liquidazione **(3)**
Fattura emessa dal secondo cedente (B) di una triangolazione (v. n. 52880)	IVA relativa al periodo in cui è avvenuta la registrazione della fattura **(4)**
Fattura integrata dall'acquirente di fornitore che applica il meccanismo di «reverse charge» (v. n. 52940)	IVA risultante dalla fattura integrata nel mese di ricevimento (v. n. 52945)
Fattura emessa dal fornitore in split payment (v. n. 52950 e s.)	poiché l'IVA è versata dal cliente direttamente all'Erario, non va computata nella liquidazione del fornitore

(1) Es. le fatture emesse per operazioni effettuate il 30 settembre, devono rientrare nella liquidazione di tale mese, anche se vengono registrate (legittimamente) nel mese di ottobre.
(2) Es. le fatture differite emesse nel mese di ottobre in relazione a consegne effettuate a settembre, vanno nella liquidazione di settembre.
(3) In caso di incasso parziale del corrispettivo l'imposta diventa esigibile e va computata nella liquidazione periodica nella proporzione esistente tra la somma incassata e il corrispettivo complessivo dell'operazione.
(4) Se però la fattura è emessa da (B) nel mese della consegna o spedizione dei beni, concorre alla liquidazione del mese stesso (Circ. Min. 22 dicembre 1998 n. 288/E).

55205 L'**IVA a debito** deve essere computata nella liquidazione periodica in cui si è manifestata l'esigibilità (come sopra specificata) anche se si verifica una delle seguenti situazioni:
– per la relativa operazione la fattura o altro documento previsto (scontrino, ricevuta) **non sono pervenuti** in possesso del destinatario;
– l'acquirente **non adempie al pagamento** del corrispettivo e/o dell'imposta (Ris. Min. 11 giugno 1985 n. 320319), fatte salve le deroghe specificamente previste per coloro che emettono fattura ad esigibilità differita o hanno optato per il metodo dell'IVA per cassa;
– l'imposta è esposta **erroneamente** in fattura (ad esempio, quando viene emessa fattura con addebito IVA pur essendo esclusa per assenza di territorialità - C.Giust. CE 18 giugno 2009 C-566/07).

Per i casi in cui è possibile recuperare l'imposta versata e non incassata si veda n. 56840.

55210 **Particolarità per i commercianti al minuto e assimilati** (art. 27 DPR 633/72) I commercianti al minuto e quelli assimilati che **registrano i corrispettivi** sul relativo registro devono effettuare la liquidazione sulla base delle annotazioni dei corrispettivi relative alle operazioni **effettuate** nel mese (o trimestre) precedente.

Poiché i corrispettivi sono registrati **al lordo dell'IVA**, per calcolare l'imposta a debito occorre **scorporarla** dai corrispettivi registrati dividendo gli importi comprensivi di imposta per i seguenti valori, a seconda dell'aliquota applicabile, moltiplicando il risultato per 100 e arrotondando il prodotto per difetto o per eccesso al centesimo di €.

- 104 (aliquota 4%);
- 105 (aliquota 5%);
- 110 (aliquota 10%);
- 122 (aliquota 22%).

Esempio: Totale dei corrispettivi al 22% = € 37.000.
37.000 : 122 × 100 = 30.327,87 (imponibile) × 22% = 6.672,13 (IVA scorporata).

Esiste anche un metodo, c.d. della **ventilazione** che ormai risulta quasi del tutto superato grazie all'utilizzo di registratori di cassa in grado di scorporare direttamente dal prezzo del prodotto l'aliquota applicabile ed effettuare, così, la separata contabilizzazione in modo del tutto automatico. Tale metodo può essere utilizzato solo dai soggetti che rispettano **entrambi i requisiti** di seguito elencati (DM 24 febbraio 1973):
– nel corso dell'anno precedente hanno effettuato **cessioni senza emissione di fattura** (con esclusione di quelle emesse per cessioni di immobili ed altri beni strumentali), ma utilizzando altri documenti fiscali (v. n. 53350), per un ammontare pari o superiore all'80% del volume d'affari complessivo;
– esercitano il **commercio al minuto** di prodotti alimentari o dietetici, articoli tessili o di vestiario, comprese le calzature, o prodotti per l'igiene personale o prodotti farmaceutici. In caso di vendita anche di merci diverse, il metodo non si può applicare se l'ammontare degli acquisti di tali merci è stato **superiore**, nell'anno precedente, al 50% dell'ammontare complessivo degli acquisti e delle importazioni.
Per ulteriori dettagli circa l'applicazione della ventilazione si rinvia al MIVA.

IVA A CREDITO È l'imposta **detraibile** risultante dalle fatture di acquisto in possesso del contribuente prima del termine di effettuazione della liquidazione e per le quali viene esercitato, nel periodo di riferimento, il **diritto alla detrazione** mediante l'annotazione delle stesse nel registro degli acquisti (sono comprese le fatture integrate dall'acquirente in applicazione del meccanismo del «reverse charge» - v. n. 52945). 55220

Nel caso di soggetti che applicano il regime **IVA per cassa** (v. n. 46270) il diritto alla detrazione spetta a partire dal momento in cui il corrispettivo delle operazioni è stato pagato; in caso di pagamento parziale, il diritto alla detrazione spetta nella proporzione esistente tra la somma pagata e il corrispettivo complessivo dell'operazione.

Si considerano anche:
– gli eventuali **crediti IVA di periodi precedenti** che il soggetto passivo intende compensare;
– le **variazioni a credito** eventualmente registrate nel medesimo periodo;
– il credito **richiesto a rimborso** per il quale l'Ufficio delle Entrate, accertata la non spettanza per difetto dei presupposti o il mancato riporto nella dichiarazione annuale, abbia proceduto alla notifica del **provvedimento di diniego** (v. n. 55810);
– i **crediti d'imposta** indicati nel quadro RU del Mod. Redditi per i quali specifiche disposizioni o provvedimenti ne consentono tale utilizzo (Istr. Mod. IVA rigo VL27).

RISULTATO DELLA LIQUIDAZIONE Dalla liquidazione periodica può scaturire una posizione complessiva a debito, a credito o a pareggio come segue: 55230

Posizione a debito	IVA a debito > IVA a credito	La differenza deve essere versata entro i termini e con le modalità illustrati al n. 55260
Posizione a credito	IVA a debito < IVA a credito	La differenza può essere utilizzata per compensare l'IVA a debito dei **successivi periodi** (c.d. compensazione «verticale») **(1)**. Se il credito formatosi in **uno dei primi tre trimestri** dell'anno è **superiore** a € 2.582,28 e ricorrono determinate condizioni, il contribuente può chiederne, tramite apposita **istanza**, alternativamente (art. 8 c. 3 DPR 542/99) **(2) (3)**: – il **rimborso** infrannuale (v. n. 55870); – l'utilizzo in **compensazione**, tramite modello F24 con altre imposte o contributi (c.d. compensazione «orizzontale») (v. n. 55235)
Posizione a pareggio	IVA a debito = IVA a credito	Il soggetto passivo non ha alcun obbligo se non quello di mantenimento nel tempo degli elementi di calcolo delle operazioni di liquidazione

(1) Tale modalità non richiede adempimenti particolari e non è soggetta alle limitazioni prescritte per la compensazione con altre imposte e contributi (c.d. «orizzontale»), anche se l'utilizzo avviene, facoltativamente, tramite il modello F24.
(2) Il credito relativo al 4° trimestre confluisce nella dichiarazione annuale ed è, pertanto, utilizzabile con le modalità illustrate al n. 55530.
(3) Se successivamente al rimborso o alla compensazione viene notificato un avviso di **rettifica** o **accertamento**, si applicano le disposizioni illustrate al n. 55800 (art. 38 bis c. 6 DPR 633/72).

55235 **Modalità di utilizzo in compensazione** Dopo aver verificato la sussistenza delle condizioni che danno accesso alla compensazione (v. n. 55870), il contribuente deve presentare un'apposita **istanza** con le modalità ed entro i termini previsti per la richiesta di rimborso infrannuale (v. n. 55880). Si hanno, inoltre, le particolarità indicate in **tabella**.

>**Precisazioni** 1) **Non** possono effettuare compensazioni i soggetti che ricevono dall'AE un provvedimento di **cessazione** della **partita IVA o** di **esclusione** dal **VIES** (v. n. 37231).
2) Se la compensazione presenta **profili di rischio**, l'AE può sospenderne il pagamento per 30 giorni, in modo da eseguire i conseguenti controlli. Se all'esito del controllo il credito risulta correttamente utilizzato o decorsi 30 giorni dalla data di presentazione della delega di pagamento, la delega è eseguita e le compensazioni e i versamenti in essa contenuti sono considerati effettuati alla data stessa della loro effettuazione. Diversamente, la delega di pagamento non è eseguita e i versamenti e le compensazioni si considerarono non effettuati (v. n. 37280).

utilizzo di crediti di importo **inferiore o pari a** 5.000 euro **(1) (2)**	la compensazione può essere effettuata (interamente o parzialmente) dopo la presentazione dell'istanza da cui lo stesso emerge (Istr. Modello IVA TR)
utilizzo di crediti di importo **superiore** a 5.000 euro **(1) (2)**	la compensazione può essere effettuata a partire dal 10° giorno successivo a quello di presentazione dell'istanza di cui sopra (art. 17 c. 1 D.Lgs. 241/97) e **previa apposizione** del visto di conformità o della sottoscrizione alternativa (identico a quello previsto per utilizzo del credito annuale) **(3) (4)**. **Esempio:** dalla liquidazione del 1° trimestre risulta un credito di 12.000 euro, che il contribuente intende utilizzare interamente in compensazione; presenta il Mod. IVA TR entro il 30 aprile, la compensazione va effettuata dal 10 maggio

(1) Il limite di 5.000 euro è riferito all'**anno di maturazione** del credito (non all'anno solare di utilizzo in compensazione) ed è calcolato distintamente rispetto al credito annuale emergente dalla dichiarazione IVA relativa all'anno precedente (v. n. 55530).
Inoltre, va verificato con riferimento alla sommatoria degli **importi maturati nei tre trimestri**: ad **esempio**, se il credito relativo al primo trimestre è pari a 3.000 euro, può essere utilizzato in compensazione senza dover attendere il 10° giorno successivo a quello di presentazione dell'istanza; se nel successivo trimestre matura un credito di 6.000 euro, è possibile utilizzare in compensazione solamente 2.000 euro senza attendere il 10° giorno successivo alla presentazione dell'istanza; mentre l'ulteriore credito di 4.000 euro può essere utilizzato solo a partire dal 10° giorno successivo alla presentazione (ad es. 11 agosto se la presentazione è avvenuta il 31 luglio) e previa apposizione del visto di conformità (Ris. AE 28 luglio 2017 n. 103/E).
(2) Il limite di € 5.000 è **elevato** a € 50.000 per le **start-up innovative** (v. n. 38482) e per i soggetti che risultano in linea con i livelli di **affidabilità fiscale** stabiliti dagli appositi indici (v. n. 81980 e s.).
(3) L'**obbligo** di apposizione del visto **scatta al superamento** della soglia, anche se poi alla richiesta di utilizzo non fa seguito alcun effettivo utilizzo in compensazione (Ris. AE 28 luglio 2017 n. 103/E).
(4) Il **modello F24** in cui viene utilizzato tale credito per compensazioni orizzontali deve essere inviato esclusivamente attraverso i **canali telematici** dell'AE con le modalità illustrate al n. 37037.

c. Versamenti

55260 **TERMINI E MODALITÀ** Se dalla liquidazione periodica risulta un'imposta a debito, il contribuente deve effettuare il versamento dell'intero importo, senza possibilità di rateazione, **entro il termine** previsto per la liquidazione periodica stessa. Se quest'ultimo scade in un giorno **festivo o di sabato**, il versamento si considera **tempestivo** se effettuato entro il giorno lavorativo immediatamente successivo (art. 6 c. 8 DL 330/94).
Se il debito risultante è inferiore all'**importo minimo** pari a € 25,82, non deve essere effettuato alcun versamento; tuttavia, lo stesso deve essere cumulato con i versamenti relativi ai successivi periodi d'imposta (art. 1 c. 4 DPR 100/98).
I versamenti devono essere effettuati tramite modello **F24 telematico** utilizzando le apposite procedure illustrate al n. 37037 e s., con la possibilità di utilizzo in **compensazione** di crediti

relativi ad altre imposte e contributi dello stesso periodo con le modalità ed entro i limiti indicati al n. 37230.
È inoltre previsto l'obbligo di effettuare un versamento in **acconto** entro il 27 dicembre di ogni anno (v. n. 55280).

Per la scadenza del **16 agosto** v. n. 37165.

Contratti di subfornitura (art. 74 c. 5 DPR 633/72) I soggetti che effettuano operazioni derivanti da contratti di subfornitura (di cui alla L. 192/98), nei quali per il **pagamento del prezzo** sia stato pattuito un **termine successivo** alla consegna del bene o alla comunicazione dell'avvenuta esecuzione della prestazione, indipendentemente dai termini con cui effettuano le liquidazioni periodiche (mensile o trimestrale), possono effettuare il versamento dell'IVA relativa alle sole fatture a questi inerenti con cadenza trimestrale, entro il giorno 16 del secondo mese successivo al trimestre, senza alcun aggravio a titolo di interesse. In pratica, i subfornitori che normalmente effettuano le liquidazioni mensilmente continuano a mantenere la loro scadenza naturale, differendo soltanto il versamento dell'IVA riguardante le fatture che hanno i requisiti richiesti; quelli che effettuano le liquidazioni trimestralmente per opzione applicano la maggiorazione dell'1% solo sull'IVA a debito calcolata senza includere le fatture in questione. 55265
In caso di **incasso frazionato** della fattura, il differimento del versamento riguarda solo l'IVA relativa al corrispettivo incassato dopo i termini stabiliti. Pertanto, in caso di acconti anticipati, per l'IVA relativa non opera il differimento del versamento.
La disciplina non riguarda gli **intermediari** dei contratti di subfornitura.

Se il termine per l'esecuzione della liquidazione relativa ad un dato mese coincide con il termine per l'esecuzione del versamento dell'IVA relativa alle subforniture di un trimestre dello stesso anno, si può eseguire un **unico versamento**, tenendo conto dell'eventuale eccedenza detraibile risultante dalla predetta liquidazione mensile (Circ. Min. 18 febbraio 1999 n. 45/E).

Nella **tabella** sono riportati i casi in cui, in relazione all'oggetto del contratto di subfornitura, è possibile applicare il differimento del versamento dell'IVA. 55270

cessione di beni	→	se sono stabiliti termini di pagamento successivi all'emissione della fattura o alla data del documento di trasporto a seconda che si abbia fatturazione immediata o differita
cessione di beni con esecuzione reiterata di più consegne in un determinato periodo di tempo stabilito contrattualmente	→	se sono stabiliti termini di pagamento successivi al periodo stesso
prestazione di servizi	→	se sono stabiliti termini successivi alla comunicazione dell'avvenuta esecuzione della prestazione o, in mancanza di tale comunicazione, successivi alla data della fattura

Acconto
(art. 6 L. 405/90 e art. 15 c. 1 DL 155/93)

I soggetti tenuti ad effettuare i versamenti devono provvedere, **entro il giorno 27** del mese di **dicembre** di ciascun anno, al versamento di un acconto relativo all'ultima liquidazione dell'anno. A tal fine sono previste 3 modalità alternative di calcolo a seconda che vengano utilizzati dati storici, dati previsionali o dati effettivi; nonché una modalità particolare per i contribuenti che affidano a terzi la contabilità. 55280
In ogni caso, l'acconto **non va versato** se l'importo calcolato è inferiore a € 103,29.

Sono previste regole specifiche in caso di **fusione** (v. n. 91750).

ESONERI Sono esonerati dal versamento dell'acconto, indipendentemente dalla misura dello stesso, i soggetti che: 55285
– hanno **cessato l'attività entro** il 30 novembre dell'anno in corso, se mensili, o **entro** il 30 settembre, se trimestrali;
– hanno **iniziato l'attività** nell'anno in corso;

– nell'anno precedente hanno evidenziato un **credito** d'imposta o un **debito inferiore** a € 117,38;
– **prevedono** di chiudere l'anno in corso a credito o con un debito inferiore a € 117,38;
– utilizzano il regime **forfettario** previsto per i **soggetti di piccole dimensioni** (v. n. 5580 e s. e n. 10030 e s.);
– hanno esercitato l'opzione per la dispensa dagli adempimenti ai fini IVA (v. n. 57670) e hanno i requisiti per usufruire nel regime di **esonero** per gli **agricoltori** e non hanno optato per il regime ordinario (v. n. 62290);
– applicano il **regime forfettario** per le attività di **intrattenimento** (v. n. 63560), di **spettacolo** (v. n. 63640).

55300 **DATI STORICI** L'acconto è determinato in **misura pari** all'88% del versamento dovuto per il mese di **dicembre** (soggetti mensili) o per il **quarto trimestre** (trimestrali «speciali» o naturali) dell'**anno precedente**, quale risultava dalla relativa liquidazione, ossia al lordo dell'eventuale acconto. Per i **trimestrali su opzione** la base di commisurazione dell'acconto è il versamento dovuto quale risulta dalla dichiarazione annuale dell'anno precedente, al lordo dell'eventuale acconto, ma al netto della maggiorazione dell'1% (Ris. AE 23 dicembre 2004 n. 157/E).

I soggetti che svolgono attività di servizi di raccolta, trasporto e smaltimento dei **rifiuti solidi** urbani ed assimilati, servizi di fognatura e depurazione, servizi di telecomunicazione, se nell'anno solare precedente hanno versato un'imposta superiore a € 2 milioni, devono versare un acconto pari al 97% di un importo corrispondente alla media dei versamenti trimestrali eseguiti o che avrebbero dovuto essere eseguiti per i precedenti trimestri dell'anno in corso (art. 1 c. 471 L. 311/2004). Tale metodo è sostitutivo rispetto al calcolo sulla base dei dati storici e dei dati previsionali, permanendo la facoltà di versamento dell'acconto in base ai dati effettivi.
Se il soggetto svolge **anche attività diverse**, l'acconto ad esse riferito va calcolato in base alle regole ordinarie. Resta fermo, ovviamente, l'obbligo di versamento unitario degli acconti calcolati (Ris. AE 20 dicembre 2006 n. 144/E).
Nelle ipotesi di **fusione per incorporazione** si veda anche la Ris. AE 21 gennaio 2008 n. 16/E.

55305 Se la periodicità con cui il contribuente effettua le liquidazioni è variata rispetto all'anno precedente, si distinguono le ipotesi di passaggio da (art. 6 c. 2 L. 405/90):
– **trimestrale a mensile**: l'acconto deve essere calcolato su un terzo dell'imposta versata per il quarto trimestre;
– **mensile a trimestrale**: è necessario calcolare l'acconto con riferimento alle liquidazioni dei 3 ultimi mesi dell'anno precedente.

55320 **DATI PREVISIONALI** Se il contribuente stima che l'importo da versare per la liquidazione di dicembre o del quarto trimestre o da dichiarazione sia inferiore rispetto a quanto versato relativamente al mese di dicembre o al quarto trimestre o relativamente alla dichiarazione dell'anno precedente, può versare l'88% di questo minor valore.

55330 **DATI EFFETTIVI** L'acconto è calcolato sulla base delle operazioni realmente effettuate alla data del **20 dicembre**.
In pratica, l'acconto sarà pari al **100%** dell'importo risultante da un'apposita liquidazione, da effettuarsi entro il 27 dicembre, che tiene conto dell'IVA a debito e dell'IVA a credito relativa alle operazioni:
– annotate sul registro delle fatture emesse (o dei corrispettivi) dal 1° al 20 dicembre per i mensili e dal 1° ottobre al 20 dicembre per i trimestrali;
– effettuate dal 1° novembre al 20 dicembre ma non ancora registrate o fatturate, perché i relativi termini non sono ancora scaduti;
– annotate sul registro degli acquisti dal 1° al 20 dicembre per i mensili o dal 1° ottobre al 20 dicembre per i trimestrali.
Per i soggetti che applicano il **regime IVA per cassa**, si tratta di assumere le operazioni effettuate (anche se non ancora annotate sul registro) dal 1° dicembre (o dal 1° ottobre per i trimestrali) per le quali, entro il 20 dicembre si sia verificata l'esigibilità e, quindi, sia stato incassato il corrispettivo o parte di esso, nonché le fatture annotate sul registro acquisti dal 1° dicembre (o dal 1° ottobre per i trimestrali) che sono state pagate entro il 20 dicembre.

I contribuenti mensili che **affidano a terzi la tenuta della contabilità** possono determinare l'acconto in misura pari al 66% (ossia 2/3) dell'IVA dovuta per la liquidazione per il mese di dicembre. 55335

VERSAMENTO Il versamento deve essere effettuato in unica soluzione, senza possibilità di rateazione, tramite modello **F24 telematico** secondo le modalità ordinarie illustrate al n. 37037 e s. 55350
Anche dall'importo dovuto a titolo d'acconto possono essere **detratti** eventuali **crediti d'imposta** (v. n. 55220).
Successivamente, l'acconto deve essere **detratto** dalla liquidazione definitivamente determinata con riferimento al periodo cui lo stesso si riferisce.

II. Liquidazione annuale

I versamenti periodici illustrati nella parte precedente costituiscono una liquidazione provvisoria del debito o del credito del soggetto passivo. La **liquidazione definitiva** avviene invece con la presentazione della dichiarazione annuale (v. n. 56400). Infatti, fra le informazioni riportate nella dichiarazione annuale vi sono anche i dati per il calcolo dell'IVA relativa all'intero anno solare. 55480
Di seguito sono illustrate le modalità di calcolo dalle quali emerge la posizione IVA annuale che, come per le liquidazioni periodiche, può essere a credito, a debito, oppure a pareggio, con conseguenze diverse sugli adempimenti successivi del contribuente.

MODALITÀ A seguito dei dati inseriti nella dichiarazione annuale è possibile individuare tutti gli elementi attivi e passivi per procedere al conguaglio dell'imposta relativa all'intero anno. 55490
La posizione del contribuente si determina come **differenza** fra IVA a debito e IVA a credito relative all'**intero anno solare** e i crediti d'imposta eventualmente spettanti, tenendo conto degli eventuali **versamenti periodici** e dell'eventuale **credito** risultante dalla dichiarazione annuale dell'anno precedente non chiesto a rimborso, né utilizzato in compensazione di altre imposte.

> **Precisazioni** 1) Il contribuente perde il diritto alle **detrazioni** non esercitato con la dichiarazione relativa all'anno in cui il diritto è sorto (v. n. 48220).
> 2) Coloro che durante l'anno hanno presentato **istanze di rimborso infrannuale** (v. n. 55870) devono conteggiare detti importi in diminuzione dall'IVA a credito anche se il rimborso non è ancora stato eseguito al momento della presentazione della dichiarazione annuale.
> 3) I **pagamenti rateizzati** di IVA periodica omessa confluiscono nel credito delle successive dichiarazioni, anche a distanza di anni, tenendo conto di quelli effettuati entro i rispettivi termini di presentazione (Risp. AE 27 febbraio 2020 n. 81).

ESEMPIO
Determinazione della posizione IVA relativa all'intero anno (imposta pagata e quella riscossa determinate al netto delle eventuali variazioni d'imposta registrate nel periodo di riferimento):
IVA addebitata ai clienti sulle operazioni imponibili
– IVA addebitata dai fornitori (e detraibile) sulle operazioni di acquisto
= IVA a debito del periodo d'imposta
– eventuale credito d'imposta spettante
– eventuale credito risultante dalla dichiarazione annuale dell'anno precedente non richiesto a rimborso (eventualmente maggiorato dalla comunicazione dell'AF inviata a seguito della liquidazione formale della dichiarazione, v. n. 81745)
– versamenti liquidazioni periodiche
– eventuali versamenti rateizzati di IVA in precedenza omessa
– acconto

= Totale conguaglio IVA da dichiarazione

POSIZIONE A PAREGGIO Se l'IVA dovuta per l'intero anno solare è pari all'IVA a credito e ai versamenti effettuati periodicamente, dalla liquidazione annuale emerge un risul- 55500

tato a pareggio; in dichiarazione annuale il contribuente non deve evidenziare alcun versamento da effettuare né alcun rimborso.
È questa l'ipotesi più ricorrente nel caso di soggetto che effettua liquidazioni mensilmente, poiché l'ammontare dei versamenti periodici di regola, salvo errori, dovrebbe uguagliare l'IVA dovuta nell'intero anno solare.

55510 **POSIZIONE A DEBITO** Si verifica quando l'IVA dovuta in base alla dichiarazione annuale è superiore ai versamenti periodici.
Il debito risultante deve essere versato solo se **superiore a € 10,33**, entro i termini e con le modalità di seguito indicati (art. 3 DPR 126/2003).

55515 **Termini di versamento** (art. 6 DPR 542/99) Il versamento deve essere effettuato entro il **16 marzo** di ciascun anno. In alternativa, si può scegliere di versare **entro il maggior termine** previsto per il pagamento del saldo IRPEF/IRES: generalmente 30 giugno (termine valido anche per i soggetti che **non** hanno l'esercizio **coincidente** con anno solare, Ris. AE 20 giugno 2017 n. 73/E), maggiorando le somme da versare degli interessi nella misura dello 0,40% per ogni mese o frazione di mese successivo al 16 marzo; nessuna maggiorazione è dovuta in caso di versamento effettuato per adeguarsi agli ISA. Il versamento può essere **ulteriormente rinviato** al mese successivo (30 luglio), applicando, sulla somma dovuta al 30 giugno (già comprensiva della maggiorazione dello 0,4% per ogni mese o frazione di mese successiva al 16 marzo: totale maggiorazione 0,4% × 4 = 1,6%) gli ulteriori interessi dello 0,4% (Ris. AE 20 giugno 2017 n. 73/E).
In caso di **compensazione** totale del debito IVA con i crediti derivanti dalla dichiarazione dei redditi o IRAP, la maggiorazione non è dovuta. Se la compensazione avviene parzialmente, lo 0,40% si applica solo sulla differenza a debito.
Quando il termine di versamento cade in giorno festivo o di sabato, il versamento si considera **tempestivo** se effettuato entro il giorno lavorativo immediatamente successivo (art. 6 c. 8 DL 330/94).

La scelta di **rinviare la presentazione dell'F24** con indicata la compensazione dal 16 marzo al 30 giugno è formale relativamente agli importi compensati effettivamente e non può quindi produrre interessi corrispettivi (Ris. AE 20 giugno 2017 n. 73/E).

55520 **Modalità** Il versamento va effettuato tramite modello **F24 telematico**, utilizzando le procedure illustrate al n. 37037 e s., anche ricorrendo, ove possibile, alla compensazione con i crediti relativi ad altre imposte e contributi (v. n. 37230).
Nel caso in cui il contribuente si sia avvalso della possibilità di versare il debito **entro il maggior termine** previsto per la dichiarazione dei redditi, nell'F24 deve essere indicato **un unico importo** comprensivo dell'imposta e degli interessi (Circ. Min. 13 maggio 1998 n. 125/E).
È inoltre possibile **rateizzare** l'importo da versare, al netto di un'eventuale compensazione (v. n. 37163). Per chi versa il **saldo IVA al 30 giugno** anziché al 16 marzo, avvalendosi dello slittamento con maggiorazione consentito, la rateizzazione può iniziare dal 30 giugno (Ris. AE 20 giugno 2017 n. 73/E).

Se per **errore** viene effettuato un **versamento superiore** a quello dovuto, l'eccedenza può essere recuperata immediatamente evidenziandola nella dichiarazione annuale ed effettuando la compensazione o, se sussistono i presupposti, presentando la richiesta di rimborso (Istr. dichiarazione IVA).

55530 **POSIZIONE A CREDITO** (art. 30 c. 2 DPR 633/72) Si verifica quando l'IVA a debito è **inferiore** all'IVA a credito dell'intero periodo incrementata degli eventuali versamenti periodici effettuati. Il credito risultante dalla dichiarazione può essere utilizzato in uno dei modi indicati in **tabella**:

>Precisazioni 1) Le tre modalità sono **alternative** fra loro, ma la scelta può essere anche parziale. È quindi possibile, ad esempio, utilizzare parte del credito per la compensazione nel modello F24 e richiedere l'altra parte a rimborso.
2) Le società che risultano **di comodo** ai fini delle imposte dirette non possono utilizzare in compensazione orizzontale né chiedere a rimborso o cedere a terzi, l'eccedenza di credito risultante dalla dichiarazione presentata per l'anno in cui sono considerate non operate (v. n. 35290).
3) Se a seguito di controllo della dichiarazione, è riconosciuto un **maggior credito IVA**, il contribuente, per poterlo compensare, deve esporlo nella prima dichiarazione utile al fine di estenderne la validità, equiparandola a quella dei crediti formatisi nello stesso periodo (Circ. AE 19 aprile 2011 n. 16/E).

55530 (segue)

in compensazione, tramite modello F24, con importi a debito di imposte e contributi diversi (c.d. compensazione **orizzontale**) **(1) (2)**	– utilizzo di crediti per importi **fino a** € 5.000: il diritto alla compensazione sorge a partire dal 1° gennaio dell'anno in cui viene presentata la dichiarazione annuale, nel rispetto del limite massimo di importi compensabili, in via ordinaria pari a € 2.000.000 (art. 1 c. 72 L. 234/2021) (v. n. 37230) **(3)**
	– utilizzo di crediti per importi **superiori** a € 5.000: fermo restando il limite massimo di € 2.000.000 (art. 1 c. 72 L. 234/2021), la compensazione può essere effettuata solamente **a partire dal** 10° giorno successivo a quello di presentazione della relativa dichiarazione annuale o trimestrale (v. n. 56430). Inoltre è richiesta l'apposizione del **visto di conformità** da parte di un professionista abilitato sulla dichiarazione o istanza da cui emerge il credito (v. n. 37860 e s.) e la dichiarazione sostitutiva attestante il possesso di determinati requisiti. In **alternativa** al visto, le società sottoposte al controllo contabile ex art. 2409 bis c.c., possono utilizzare la sottoscrizione delle dichiarazioni annuali apposta dai soggetti che esercitano il controllo stesso - revisore contabile o società di revisione - per attestare l'esecuzione dei controlli richiesti (art. 10 c. 1 n. 7 DL 78/2009, Circ. AE 23 dicembre 2009 n. 57/E) (v. n. 55700 e s.) **(3) (4) (5)**
in compensazione dei versamenti periodici IVA dell'anno successivo, a partire da quello relativo al mese di gennaio (c.d. compensazione **verticale o tradizionale**)	non necessita l'utilizzo del modello F24 in quanto è sufficiente che il credito venga esposto nell'apposito rigo della dichiarazione annuale IVA; inoltre, non vi sono limitazioni
chiederlo a **rimborso** sul conto fiscale	se sussistono le condizioni richieste dalla legge (v. n. 55660)
per i soggetti che optano per il **consolidato fiscale**, il credito può essere **ceduto**, in tutto o in parte, ai fini della compensazione con l'IRES dovuta dalla consolidante per effetto della tassazione di gruppo (v. n. 27495): in tal caso l'importo va indicato nel rigo VX6.	la società cedente deve, in ogni caso, rispettare il **limite** dell'IRES dovuta dalla consolidante e quello massimo di importi compensabili (v. n. 37230), tenendo presente quanto detto in ipotesi di utilizzo di un **credito superiore** a € 5.000 (v. sopra) **(6)**

(1) Se successivamente alla compensazione viene notificato un avviso di rettifica o di accertamento, si applicano le disposizioni illustrate al n. 55800 (art. 38 bis c. 6 DPR 633/72).

(2) Non possono effettuare compensazioni i soggetti che ricevono dall'AE un provvedimento di **cessazione** della **partita IVA o** di **esclusione** dal **VIES** (v. n. 37231).

(3) Il limite di **€ 5.000** è riferito all'**anno di maturazione** del credito (non all'anno solare di utilizzo in compensazione). In **pratica**, fino all'ammontare di € 5.000, il credito può essere utilizzato senza attendere la presentazione della dichiarazione; raggiunto il predetto limite, ogni ulteriore compensazione, anche se di importo inferiore, può avvenire solo dal 10° giorno successivo a quello di presentazione della dichiarazione annuale (Circ. AE 15 gennaio 2010 n. 1/E). Il limite di € 5.000 è elevato a € 50.000 per le **start-up innovative** (v. n. 38482) e per i soggetti che risultano in linea con i livelli di **affidabilità fiscale** stabiliti dagli appositi indici (v. n. 81980 e s.).

(4) Il **modello F24** in cui viene utilizzato tale credito deve essere inviato esclusivamente attraverso i **canali telematici** dell'AE con le modalità illustrate al n. 37037 e s. È possibile chiedere chiarimenti circa l'eventuale scarto dei pagamenti e segnalare l'avvenuta regolarizzazione tramite ravvedimento di compensazioni indebite tramite un apposito canale di assistenza telematico per i contribuenti dotati di posta elettronica certificata al seguente indirizzo: dc.sac.compensazioni.ivaf24@pce.agenziaentrate.it (Circ. AE 19 aprile 2011 n. 16/E).
Se la dichiarazione è presentata **senza visto di conformità** è comunque possibile presentare poi una dichiarazione **correttiva/integrativa**, completa di visto: se la presentazione avviene comunque entro il termine ordinario (31 ottobre) non si applicano sanzioni; se avviene, al più tardi, **entro** i 90 giorni successivi è considerata valida ma si applica la sanzione per tardiva presentazione (v. n. 87000) (Circ. AE 15 gennaio 2010 n. 1/E).

(5) L'obbligo di apposizione indicato è correlato all'utilizzo, non all'ammontare, del credito (Circ. AE 30 dicembre 2014 n. 32/E e Ris. AE 28 luglio 2017 n. 103/E). Pertanto la soglia di € 5.000 va **calcolata separatamente** per le compensazioni e per i rimborsi (che impongono, anch'essi, il suddetto obbligo di apposizione, cui si aggiunge anche quello di allegazione di una specifica dichiarazione sostitutiva).

(6) Ai fini del computo del limite, occorre considerare il credito complessivamente attribuito alla consolidante da tutte le società cedenti; pertanto, se la consolidante intende utilizzare in compensazione importi superiori a € 5.000, costituiti da crediti IVA **maturati in capo a più soggetti**, è necessaria la preventiva presentazione delle dichiarazioni IVA di tali soggetti, anche se l'importo del credito emergente dalla singola dichiarazione è inferiore a € 5.000 (Provv. AE 21 dicembre 2009 e Circ. AE 15 gennaio 2010 n. 1/E).

55535 **Omessa dichiarazione** Il contribuente non perde il diritto al credito IVA maturato nell'anno o riportato dall'anno precedente in caso di omessa presentazione della dichiarazione.
Se il contribuente **riporta il credito** nella dichiarazione successiva, l'AE può procedere alla contestazione tramite controlli automatici e successiva iscrizione a ruolo ma il contribuente può provare l'effettiva esistenza del credito tramite la relativa documentazione contabile (fatture emesse, fatture ricevute, liquidazioni e versamenti, Cass. 7 luglio 2020 n. 14055 e Cass. SU 8 settembre 2016 n. 17758).
Se il credito viene riconosciuto può essere poi utilizzato mentre se è già stato **utilizzato in compensazione** sono comunque dovuti gli interessi e la sanzione sulla parte di credito effettivamente utilizzata (Cass. 1° aprile 2021 n. 9091 che ritiene applicabile la sanzione del 30% per omesso versamento e non quella più grave di utilizzo in compensazione di credito inesistente o non spettante).
Se il **credito non viene riconosciuto**, l'AE procede all'iscrizione a ruolo e alla notifica della cartella di pagamento.
Il contribuente può:
– pagare e poi richiedere il **rimborso** (v. n. 80460 - Circ. AE 25 giugno 2013 n. 21/E, Cass. 10 dicembre 2013 n. 27578);
– impugnare la cartella di pagamento e dimostrare la sussistenza del credito (Cass. 13 settembre 2018 n. 22340, Cass. 16 marzo 2018 n. 6488).

III. Rimborsi

55650 Nei casi previsti dalla legge e se l'importo supera € 10,33, il contribuente può chiedere, in alternativa alla compensazione o al riporto, il rimborso, totale o parziale, del credito maturato nel corso dell'anno (rimborso annuale) o del trimestre (rimborso infrannuale). Il credito chiesto a rimborso nella dichiarazione annuale può anche, successivamente, essere **ceduto a terzi** (v. n. 55790).
Di seguito si illustrano, separatamente, le condizioni e le procedure per richiedere il rimborso, annuale e infrannuale. Tratteremo, infine, delle modalità di esecuzione dei rimborsi richiesti da soggetti residenti per l'**imposta assolta in altri Stati UE**, mentre per i rimborsi ai **soggetti non residenti** si rinvia al capitolo interamente dedicato ai medesimi (v. n. 68055).

A. Rimborsi annuali

55660 Il rimborso annuale può essere richiesto nei seguenti casi:
– **soggetti** che hanno **cessato l'attività**;
– **soggetti in attività**, nel caso in cui si siano verificate determinate condizioni.

> Inoltre è previsto un caso particolare di rimborso (della c.d. IVA teorica), riguardante le esportazioni e le cessioni intracomunitarie di prodotti soggetti ad accisa e di prodotti agricoli (art. 34 c. 9 DPR 633/72).

55670 **SOGGETTI CHE HANNO CESSATO L'ATTIVITÀ** (art. 30 c. 2 DPR 633/72)
Il contribuente può chiedere il rimborso del credito, se superiore a 10,33 euro, senza necessità che si verifichino altre condizioni; se il rimborso è **superiore a € 30.000**, occorre presentare apposita garanzia (v. n. 55704). Tuttavia, i crediti IVA maturati nel corso del **periodo di liquidazione ordinaria** possono essere chiesti a rimborso, senza prestare garanzia, purché il contribuente possa dichiarare la presenza delle condizioni di cui al n. 55702 numeri 1, 2, 4 e 5 (Circ. AE 22 luglio 2016 n. 33/E).
Ai fini dell'ottenimento del rimborso l'attività si intende **effettivamente cessata quando** si conclude la correlazione tra le operazioni imponibili e l'attività d'impresa; il rimborso può, pertanto, essere validamente eseguito anche se, in mancanza di operazioni imponibili, non è stata ancora disposta la cancellazione dal RI e non è stato presentato l'ultimo bilancio (Cass. 13 aprile 2012 n. 5851).

Nel caso di **cancellazione** della società (di capitali e di persone) dal RI che comporta l'estinzione del soggetto (Cass. SU 22 febbraio 2010 n. 4060, n. 4061, n. 4062), il credito ricade in comunione fra gli ex soci che possono ciascuno agire per ottenere il pagamento dell'intero (Cass. 21 settembre 2020 n. 19641); per l'AE il rimborso andrebbe riconosciuto pro-quota (Ris. AE 27 luglio 2011 n. 77/E).
Per il caso di **fallimento** v. n. 93530 e il n. 93550.

SOGGETTI IN ATTIVITÀ (art. 30 c. 3 DPR 633/72) I soggetti che si trovano nel normale svolgimento della propria attività possono chiedere il rimborso nei 2 casi di seguito esposti. 55680

Imprese strutturalmente a credito e altre ipotesi Il credito IVA è di **ammontare superiore** a € 2.582,28 e si verifica una delle **condizioni** elencate in **tabella**. 55685
Se, tuttavia, il contribuente si è avvalso della facoltà di ripartire il credito chiedendone una parte a rimborso e utilizzando una parte in compensazione o a riporto, l'ammontare chiesto a rimborso può anche essere inferiore al limite minimo di € 2.582,28.

Condizione	Descrizione
a) **aliquota media** su acquisti e importazioni > di quella mediamente applicata su tutte le operazioni effettuate, maggiorata del 10% (art. 3 c. 6 DL 250/95) **(1)** **(2)**	l'aliquota media deve essere conteggiata sino alla seconda cifra decimale. Nella determinazione dell'aliquota media vanno computate anche **(3)**: – le cessioni di rottami, cascami, ecc. (v. n. 63360); – altre operazioni imponibili cui va applicato il reverse charge (quali, cessioni di oro e argento, prestazioni di servizi rese dai subappaltatori nel settore edile e alcuni casi di cessioni di immobili strumentali di cui al n. 60540); – le operazioni in split payment (v. n. 52950 e s.); – le operazioni di acquisto sostenute per l'esercizio dell'attività anche se accessorie, quali trasporto, imballaggio o spese di pubblicità
b) operazioni **non imponibili** di cui agli artt. 8, 8 bis e 9 DPR 633/72 > 25% dell'ammontare complessivo delle operazioni attive registrate nell'anno (nella fase di calcolo la percentuale deve essere arrotondata all'unità superiore)	sono rilevanti le seguenti operazioni: – esportazioni, anche di beni usati (v. n. 66072 e n. 63780); – operazioni assimilate alle esportazioni (v. n. 67210) e servizi internazionali (v. n. 67150), ad eccezione delle cessioni a viaggiatori stranieri extra UE (v. n. 66108); – operazioni intracomunitarie rese a committenti comunitari soggetti passivi IVA (v. n. 65160); – cessioni intracomunitarie di beni estratti da un deposito IVA con spedizione in un altro Stato membro UE; – cessioni di beni estratti da un deposito IVA con trasporto o spedizione fuori dal territorio della UE; – operazioni con il Vaticano e San Marino e con organismi internazionali
c) acquisto di **beni ammortizzabili**: la richiesta di rimborso riguarda l'IVA relativa agli acquisti e alle importazioni di **(4)**: – beni ammortizzabili, anche in esecuzione di contratti d'appalto o di locazione finanziaria **(5)**; – beni e servizi per studi e ricerche	per l'**identificazione** dei beni ammortizzabili occorre far riferimento alle disposizioni in materia di imposte dirette (v. n. 21295); pertanto, il **terreno edificabile** non può essere considerato un bene ammortizzabile (Ris. Min. 11 luglio 1996, n. 113/E) e, nel caso di **acquisto di fabbricati**, l'imposta rimborsabile deve essere ridotta nell'ammontare corrispondente al costo dell'area sottostante o pertinenziale (Circ. AE 13 marzo 2009 n. 8/E) **(6)** **(7)**. Si deve considerare anche l'IVA corrisposta in relazione a **fatture di acconto** riguardanti l'acquisto o la realizzazione nell'ambito di contratti di appalto (c.d. stati avanzamento lavori) dei beni ammortizzabili (Ris. AE 9 aprile 2002 n. 111/E) **(8)**. L'IVA pagata per le **spese su beni di terzi** non può essere chiesta a rimborso (Cass. 4 dicembre 2015 n. 24779) **(7)**; in senso contrario, cioè favorevole al rimborso, vedi Cass.22 settembre 2022 n. 27813, in relazione a costi per l'esecuzione di opere su un terreno concesso in **comodato** da terzi, riguardanti opere destinate all'esercizio dell'attività d'impresa.

Condizione	Descrizione
d) prevalenza di **operazioni non soggette** all'imposta per mancanza del presupposto di territorialità (artt. da 7 a 7 septies DPR 633/72 - v. n. 43010)	la **prevalenza** sussiste se l'importo delle operazioni non soggette ad IVA è superiore al 50% di tutte le operazioni effettuate
e) operatore **non residente** senza S.O. che si è identificato direttamente o ha nominato un rappresentante fiscale (art. 17 c. 3 DPR 633/72)	(v. n. 68045 e n. 68037)

(1) La totale **mancanza di operazioni attive**, in quanto impedisce di istituire il raffronto, fa venir meno il parametro indispensabile assunto quale presupposto del diritto al rimborso (Cass. 6 agosto 2004 n. 15224).

(2) Nel caso di soggetti che esercitano più attività con **contabilità separata** la verifica del presupposto va operata con riferimento all'attività prevalente.

(3) Non si tiene conto delle operazioni non imponibili, né dell'introduzione di beni in deposito IVA (Risp. AE 13 ottobre 2020 n. 469), nonché degli acquisti, delle importazioni e delle cessioni di **beni ammortizzabili** le quali costituiscono autonome condizioni per il rimborso (v. lett. b e c).

(4) Vanno considerati non solo gli acquisti effettuati durante l'anno ma **anche** quelli relativi ad **anni precedenti**, se la relativa imposta non è già stata chiesta a rimborso o compensata con altre imposte.

(5) Secondo l'AE è ammesso il rimborso dell'IVA **pagata dal concedente** per l'acquisto del bene strumentale da concedere in leasing (e non di quella pagata dall'utilizzatore per i canoni di leasing) anche se questo adotta i principi IAS (Ris. AE 13 dicembre 2011 n. 122/E e Ris. AE 28 dicembre 2007 n. 392/E). Per la giurisprudenza più recente, invece, l'IVA assolta dall'utilizzatore può formare oggetto di rimborso, se il contratto di leasing prevede il trasferimento di proprietà del bene al conduttore alla scadenza del contratto oppure l'attribuzione al conduttore delle caratteristiche essenziali della proprietà del bene medesimo, e la somma delle rate, interessi inclusi, sia praticamente identica al valore venale del bene (Cass. 4 ottobre 2022 n. 28823, Cass. 15 novembre 2021 n. 34403, Cass. 10 maggio 2019 n. 12457 e Cass. 16 ottobre 2015 n. 20951).

(6) L'acquisto di un **bene strumentale per natura** (nella specie capannone industriale) legittima la richiesta del rimborso IVA, anche se lo stesso è concesso temporaneamente in **locazione** a terzi (Ris. Min. 24 ottobre 1996 n. 238/E). La Cassazione, tuttavia, ha negato il rimborso ad una **società immobiliare** che ha acquistato un immobile per la rivendita, in quanto non strumentale (Cass. 17 febbraio 2006 n. 3518). Il contratto di compravendita che prevede la **clausola di riserva della proprietà** è valido a tutti gli effetti ai fini della richiesta di rimborso (non rilevando, ai fini impositivi, la sospensione civilistica del trasferimento della proprietà a garanzia del pagamento integrale del prezzo, Cass. 29 maggio 2013 n. 13315).

(7) L'IVA assolta sull'acquisto o realizzazione di **impianto fotovoltaico** collocato su beni di terzi, se l'impianto **non è separabile** dal bene immobile cui si riferisce, non può essere chiesta a rimborso (Circ. AE 19 dicembre 2013 n. 36/E).

(8) Non realizza, invece, il presupposto per il rimborso la corresponsione di **acconti** relativi a **contratti preliminari** di vendita, in quanto gli stessi non realizzano il presupposto dell'acquisizione della titolarità del bene; i medesimi acconti possono essere computati nell'IVA rimborsabile unitamente all'imposta relativa al saldo corrisposto con la stipula del contratto definitivo (Ris. AE 27 dicembre 2005 n. 179/E).

55690 **Triennio costantemente a credito** Indipendentemente dall'importo minimo del credito (che può essere anche **inferiore a** € 2.582,28) se le dichiarazioni relative agli ultimi 3 anni (es. dichiarazioni presentate negli anni 20XX, 20XX+1 e 20XX+2) risultano a credito di IVA (art. 30 c. 4 DPR 633/72).

Il contribuente può richiedere il rimborso **anche solo per una parte** dell'importo spettante e, in tal caso, la residua parte, riportata in detrazione nell'anno successivo, concorre a formare la base di riferimento per determinare la minore eccedenza del triennio preso in considerazione. Inoltre, in presenza di acquisti di beni ammortizzabili o di beni e servizi per studi e ricerche, è possibile chiedere, contemporaneamente, il rimborso dell'imposta ad essi afferente (v. **tabella** n. 55685 alla lett. c), sempreché la stessa non risulti già compresa nel minor credito chiesto a rimborso.

Per gli **esempi** di applicazione di tale rimborso si rinvia al MIVA e alla Circ. Min. 16 gennaio 1992 n. 2.

Ai fini del raffronto nel triennio, per il calcolo dell'importo richiedibile a rimborso si deve tener conto non solo del credito emergente dalla dichiarazione annuale, ma anche della quota del medesimo successivamente compensata con altre imposte. In pratica, per ciascuno dei due anni precedenti, si prende l'importo dell'IVA in detrazione o in compensazione risultante dalla dichiarazione e da esso si sottrae l'importo indicato nel quadro VL della dichiarazione relativa all'anno successivo che riporta il credito dell'anno precedente utilizzato in compensazione nel modello F24, limitatamente alle compensazioni effettuate con tributi diversi dall'IVA.

PROCEDURA (art. 38 bis DPR 633/72) Il rimborso va richiesto compilando gli appositi campi del **rigo VX3** della dichiarazione. 55700
Se la somma chiesta a rimborso è **superiore a € 30.000**, la dichiarazione deve recare il visto di conformità (v. n. 37860 e s.) o, in alternativa, la sottoscrizione dei soggetti che esercitano il controllo contabile e va barrata un'apposita dichiarazione sostitutiva attestante il possesso di alcuni requisiti che, in pratica, esonerano dalla presentazione della garanzia (v. n. 55702). Quest'ultima va presentata solamente in alcuni casi specifici (v. n. 55704). Il visto o la sottoscrizione non sono necessari se è presentata la garanzia.
I soggetti che risultano in linea con i livelli di **affidabilità fiscale** stabiliti dagli appositi indici (v. n. 81980 e s.) sono esonerati dall'apposizione del visto di conformità o della garanzia se il rimborso **non supera** € 50.000.

>Precisazioni 1) L'**importo complessivo** del credito di cui si chiede il rimborso va indicato nel campo 1, specificando, nel campo 2, la **quota parte** del credito per cui ci si intende avvalere della procedura «semplificata» tramite l'AdR. Tale quota, cumulata con gli importi che sono stati o che saranno compensati nel modello F24 nel corso del medesimo anno, non può superare il limite di cui al n. 37240; per la parte eventualmente eccedente, pertanto, provvede direttamente l'Ufficio dell'AE competente (v. n. 55740).
2) Se il richiedente vuole **rettificare l'importo** chiesto a rimborso deve presentare una dichiarazione integrativa; ciò determina la valutazione del competente ufficio dell'AE ai fini dell'esecuzione del rimborso (Provv. AE 28 gennaio 2011). Allo stesso modo, è possibile **revocare** o **rettificare la richiesta** di rimborso, al fine di indicare il medesimo credito (o parte di esso) come eccedenza da utilizzare in detrazione o in compensazione, presentando, **entro** il termine di presentazione della dichiarazione relativa al periodo d'imposta successivo, una dichiarazione integrativa (variando il quadro VX) (Circ. AE 27 ottobre 2015 n. 35/E e Circ. AE 19 giugno 2012 n. 25/E).
3) In caso di **soggetto estero**, la dichiarazione sostitutiva può essere presentata dal rappresentante fiscale con le modalità ordinarie solo se residente in uno Stato UE o, se residente extra UE, solo nei casi in cui lo prevede una convenzione bilaterale fra l'Italia e lo Stato del dichiarante. Diversamente, il soggetto può certificare la solidità dell'impresa tramite appositi atti e documenti provenienti dall'autorità del suo Paese, con relativa traduzione in italiano autenticata dalla nostra autorità consolare che ne attesta la conformità all'originale (Risp. AE 13 febbraio 2023 n. 211).

Requisiti da autocertificare La dichiarazione sostitutiva di atto di notorietà deve attestare la sussistenza delle seguenti **condizioni**: 55702
1) il patrimonio netto non è diminuito, rispetto alle risultanze dell'ultimo bilancio approvato, di oltre il 40% (si prendono a riferimento i dati dell'ultimo periodo d'imposta anche nei casi in cui il bilancio non sia stato ancora approvato, Circ. AE 30 dicembre 2014 n. 32/E);
2) la consistenza degli immobili iscritti nell'attivo patrimoniale non è diminuita, rispetto alle risultanze dell'ultimo bilancio approvato, di oltre il 40% per cessioni effettuate al di fuori della normale gestione dell'attività esercitata. Tale requisito non dovrebbe essere richiesto alle imprese aventi come oggetto principale dell'attività la compravendita di immobili;
3) non sono state effettuate cessioni d'azienda o di ramo di azienda comprese nell'ultimo bilancio approvato;
4) se la richiesta di rimborso è presentata da società di capitali non quotate nei mercati regolamentati, non risultano cedute, nell'anno precedente la richiesta, azioni o quote della società stessa per un ammontare superiore al 50% del capitale sociale;
5) i versamenti dei contributi previdenziali ed assicurativi sono stati regolarmente eseguiti.
Tale dichiarazione sostitutiva, **debitamente sottoscritta** dal contribuente, deve essere **ricevuta e conservata**, insieme con la copia del documento d'identità del contribuente stesso, da chi invia il Modello (dichiarazione annuale o IVA TR), ed **esibita a richiesta** dell'AE.

Obbligo di garanzia Le condizioni, anche alternative fra loro, che obbligano alla presentazione della garanzia sono le seguenti. 55704

a) il richiedente (che non è una start-up innovativa) **esercita l'attività** d'impresa **(1)** da meno di 2 anni;
b) la dichiarazione con cui il rimborso è richiesto non contiene il **visto di conformità** o non presenta la **dichiarazione sostitutiva** con cui si attesta il possesso delle condizioni richieste;
c) al richiedente, nei 2 anni precedenti la richiesta di rimborso, sono stati **notificati avvisi di accertamento o di rettifica (2)** da cui risulti, per ciascun anno, una differenza tra gli importi accertati **(3)** e quelli dichiarati (imposta dovuta o eccedenza di credito, senza considerare i versamenti periodici effettuati e il credito di anni precedenti) superiore al:
– 10% degli importi dichiarati se questi non superano € 150.000;
– 5% degli importi dichiarati se questi superano € 150.000 ma non superano € 1.500.000;
– 1% degli importi dichiarati, o comunque a € 150.000, se gli importi dichiarati superano € 1.500.000.

(1) Per esercizio dell'attività di impresa si intende l'effettivo svolgimento dell'attività stessa, che ha inizio con la prima operazione effettuata e non con la sola apertura della partita IVA. L'effettiva esistenza dell'organizzazione aziendale e l'effettivo esercizio d'impresa può essere desunto anche dagli investimenti realizzati, dai lavori eseguiti, dai contratti, aventi data certa, stipulati, o dalle operazioni passive effettuate in funzione di future operazioni attive (Circ. AE 22 luglio 2016 n. 33/E). L'esercente **attività di lavoro autonomo** da meno di 2 anni non è invece obbligato alla prestazione della garanzia.
(2) Tuttavia, se il soggetto passivo non ha reso necessaria alcuna ulteriore attività di riscossione da parte dell'AF e ha spontaneamente versato quanto richiesto, anche a seguito di definizione agevolata, non è più obbligatoria la presentazione della garanzia. Non è però sufficiente il semplice impegno vincolante a pagare le imposte dovute. Le stesse conclusioni si rendono applicabili anche in caso di garanzia prestata nell'ambito dell'IVA di gruppo (Circ. AE 22 luglio 2016 n. 33/E).
(3) Il problema non si pone nel caso in cui gli avvisi di accertamento o di rettifica sono stati successivamente annullati attraverso l'autotutela o se, a seguito di un ricorso, è stata emanata una sentenza favorevole al contribuente passata in giudicato. In caso di accertamento con adesione, conciliazione giudiziale o reclamo/mediazione il raffronto va fatto con gli importi rideterminati non con quelli originariamente accertati (Circ. AE 27 ottobre 2015 n. 35/E).

55705 **Successivamente**, a seguito della richiesta dell'AdR o dell'Ufficio, dovranno essere presentati **alcuni documenti** fra cui quelli fondamentali sono:
– per tutti i richiedenti: il certificato unico del RI o, in alternativa, una dichiarazione sostitutiva di certificazione;
– per tutte le società e gli enti che hanno sottoscritto l'apposito campo: autocertificazione per attestare l'assenza di requisiti che qualificano le società e gli enti come «non operativi» (o di comodo); la mancata o ritardata presentazione della documentazione per la verifica dell'operatività esplica effetti ai fini della decorrenza degli interessi (Circ. AE 22 luglio 2016 n. 33/E);
– se l'importo del rimborso richiesto è **superiore a € 30.000**, apposita garanzia (fra quelle riportate al n. 55715), nei casi in cui ricorre l'obbligo (v. n. 55704) e se nella dichiarazione con cui si richiede non è apposto il visto di conformità e non è allegata l'apposita dichiarazione sostitutiva.

55715 **Garanzie** La garanzia va prestata mediante una delle modalità di seguito indicate.

I contribuenti tenuti al rilascio della garanzia ricevono, a titolo di **ristoro** per i relativi costi sostenuti, una somma forfettaria, pari allo 0,15% **dell'importo garantito**, per ogni anno di durata della garanzia (art. 7 L. 167/2017).
La somma è versata:
– alla scadenza del termine per l'emissione dell'avviso di rettifica o di accertamento, oppure
– in caso di emissione di tale avviso, quando sia stato definitivamente accertato che al contribuente spettava il rimborso dell'imposta.

tutti i soggetti	**cauzione in titoli di Stato** o garantiti dallo Stato (Circ. Min. 28 ottobre 1996 n. 259/E) **(1)**
	fideiussione o **polizza fideiussoria** intestata all'Ufficio dell'AE competente (v. n. 81030), rilasciata, con firma del legale rappresentante autenticata dal notaio, da Istituto di credito, da impresa di assicurazione autorizzata dal Ministero, o da intermediari finanziari iscritti negli appositi elenchi tenuti dal Ministero del Tesoro o dalla Banca d'Italia (Circ. Min. 5 aprile 2000 n. 66/E) **(2)**
piccole e medie imprese (v. n. 99050)	in alternativa alle suddette modalità, la garanzia può essere prestata dai c.d. Confidi, purché iscritti negli elenchi previsti dagli artt. 106 e 107 TU leggi bancarie (le modalità e i criteri di solvibilità per le prestazioni sono stabiliti dal DM 22 settembre 1999 n. 366)
gruppi di società il cui netto patrimoniale, sia superiore a € 250.000.000 **(3)**	la società capogruppo può assumersi direttamente l'obbligo di restituire integralmente all'AF la somma da rimborsare, comprensiva dei relativi interessi **(4)** **(5)** **(6)**

(1) Il modello da utilizzare è stato approvato con apposito provvedimento (Provv. AE 26 giugno 2015 n. 87349/2015).
(2) I modelli di fideiussione sono stati approvati con apposito provvedimento (Provv. AE 26 giugno 2015 n. 87349/2015).
(3) Il **netto patrimoniale** è quello risultante dall'ultimo bilancio depositato presso il Registro delle imprese, ed è determinato tenendo conto dei dati di tutte le società nazionali o estere partecipanti al consolidato. Nella sua determinazione concorre non solo il patrimonio netto consolidato di gruppo, ma anche la quota di patrimonio netto riferibile a terzi, estranei al gruppo. Non hanno rilevanza le risultanze dei bilanci depositati successivamente alla prestazione della garanzia.
(4) Per **società capogruppo** si intende il soggetto, nazionale o comunitario, tenuto alla redazione del bilancio consolidato (Ris. AE 12 giugno 2002 n. 189/E) e che lo depositi regolarmente nel registro imprese (Risp. AE 21 giugno 2022 n. 330). La garanzia può essere prestata da tale soggetto per tutte le società controllate e collegate al momento in cui è prestata. Tale modalità può **sostituire** la fideiussione bancaria, eventualmente già rilasciata precedentemente, purché la garanzia diretta decorra dal momento dell'erogazione del rimborso e non dal momento della sostituzione (Ris. AE 21 aprile 2011 n. 49/E). Per contro, nel caso di **rinuncia** alla prerogativa di Controllante/Capogruppo, quest'ultima può sostituire la garanzia diretta

con una fideiussione (o altra alternativa tra quelle sopra indicate) dandone preventiva e tempestiva comunicazione scritta (con raccomandata A/R) all'AF (Circ. Min. 22 giugno 1998 n. 164/E).
(5) Per le società ricomprese in **più di un bilancio consolidato**, rappresentante ciascuno un patrimonio complessivo di gruppo superiore a € 250 milioni, sussiste la possibilità di ottenere la garanzia da parte di ciascuna delle società capogruppo.
(6) La garanzia può essere prestata dalla società capogruppo anche per le eccedenze di credito compensate nell'ambito di procedure di **liquidazione IVA di gruppo** (v. n. 55980).

La presentazione della garanzia è considerata **tempestiva** (Ris. AE 14 gennaio 2011 n. 9/E): **55716**
- in caso di rimborso **chiesto direttamente all'AdR**, se effettuata entro 40 giorni dall'avvenuta presentazione dell'istanza di rimborso;
- in caso di rimborso chiesto **all'AE**, se effettuata congiuntamente alla documentazione chiesta dall'Ufficio per attestare l'esistenza del credito e la spettanza del rimborso.

>Precisazioni 1) L'**omessa presentazione** della garanzia impedisce di dare corso alla richiesta solo in caso di rimborso tramite AdR, mentre in caso di rimborso richiesto all'AE, quest'ultima deve comunque erogare il rimborso, se sono trascorsi i termini di decadenza per l'accertamento (5° anno successivo a quello di presentazione della dichiarazione). Inoltre, il contribuente che omette di prestare la garanzia può rettificare la richiesta di rimborso presentando una **dichiarazione integrativa**, entro il termine di presentazione della dichiarazione relativa al periodo d'imposta successivo, al fine di indicare lo stesso credito (o parte di esso) come eccedenza da utilizzare in detrazione o in compensazione; in pratica effettua una variazione del quadro VX. Resta ferma la possibilità di presentare la garanzia **tardivamente**, di modo che l'Ufficio possa procedere alla liquidazione del rimborso, tenendo conto che, in caso di richiesta presentata all'AdR, il contribuente potrà sollecitare con un'ulteriore istanza, la liquidazione del rimborso cui sarà attribuito un nuovo ordine cronologico nell'ambito della graduatoria di erogazione (Circ. AE 6 maggio 2011 n. 17/E).
L'eventuale **tardiva presentazione** della garanzia, se il ritardo non è superiore a 90 giorni dal termine di presentazione della dichiarazione, comporta la sanzione da € 1.000 a € 4.000 (art. 11 c. 7 bis D.Lgs. 471/97).
2) Per le **imprese estere** il diritto ad ottenere il rimborso IVA sussiste anche dopo la fine del rapporto con il **rappresentante fiscale** (magari per sostituzione con altro soggetto) che ha effettuato la richiesta di rimborso e ha intestato a suo nome le relative garanzie.
In tale ipotesi, infatti, il nuovo rappresentante fiscale ha la possibilità di regolarizzare le garanzie prestate dal precedente, in modo che le imprese rappresentate possano ottenere la liquidazione dei rimborsi (Ris. Min. 26 agosto 1998 n. 116/E).

Se l'**importo** chiesto a rimborso **supera** € 2.000.000 (art. 1 c. 72 L. 234/2021), è consigliabile prestare due garanzie, una all'**AdR** fino al predetto importo, l'altra, successivamente, all'**Ufficio** dell'AE competente per l'importo residuo, visto che la competenza ad eseguire il rimborso spetta ad entrambi (v. n. 55740). Infatti, poiché i tempi di esecuzione dei rimborsi sono sensibilmente diversi, così facendo il contribuente non si grava, sin dalla liquidazione del rimborso da parte dell'AdR, di una fideiussione che garantisca l'intero importo (Circ. Min. 10 giugno 1998 n. 146/E). **55720**

Lo schema di fideiussione prevede che l'Ufficio o l'AdR debbano **comunicare** alla banca o all'impresa di assicurazione la data del pagamento, il periodo di sospensione della decadenza dal potere di accertamento ed eseguire il rimborso previa conferma della validità della garanzia stessa. Se la comunicazione avviene **trascorsi** 6 mesi dall'emissione della garanzia, la banca o l'impresa di assicurazione hanno la facoltà di dichiarare la cessazione dell'impegno assunto. In ogni caso la garanzia **cessa automaticamente** decorsi 12 mesi dal suo rilascio, se in tale periodo non ha avuto luogo il rimborso (Provv. AE 26 giugno 2015 n. 87349/2015).

Copertura della garanzia La garanzia deve essere stipulata per una **durata** pari a **3 anni** a decorrere dalla data di esecuzione del rimborso o, se inferiore, per una durata pari al periodo mancante al termine di decadenza dell'accertamento (art. 9 DL 269/2003). Non deve coprire tutto l'importo chiesto a rimborso, ma solo **la parte eccedente il 10%** dei versamenti effettuati sul **conto fiscale** nel biennio precedente comprensiva degli interessi del 2% annuo, calcolati per il periodo di durata della stessa. **55725**
Per i **rimborsi superiori** a € 2.000.000 (art. 1 c. 72 L. 234/2021) si devono calcolare anche gli interessi del 2% annuo per il periodo compreso fra il 90° giorno successivo alla scadenza del termine per la richiesta di rimborso e il 120° giorno successivo alla stipula della garanzia.
La garanzia, nei limiti dell'importo sopracitato, concerne, oltre agli **indebiti rimborsi**, anche i **crediti vantati** dall'AF che hanno origine da provvedimenti emessi dagli Uffici sia per la stessa annualità per la quale è stato chiesto il rimborso, sia per annualità precedenti, purché maturati nel periodo di validità della garanzia.

La garanzia non potrà, invece, essere escussa dopo l'eventuale pagamento del rimborso, per i crediti sorti a seguito di accessi, ispezioni, verifiche o altre attività amministrative di accertamento, e delle quali il contribuente abbia avuto formale conoscenza prima della data di inizio di validità della garanzia stessa (Circ. Min. 10 giugno 1998 n. 146/E).

L'eventuale **proroga dei termini di accertamento** non si riflette sulla durata della polizza fideiussoria, in assenza di una specifica previsione contrattuale pattuita in tale senso (Cass. 27 maggio 2019 n. 14400 e Cass. 28 marzo 2017 n. 7884).

55740 **ESECUZIONE** (art. 38 bis c. 1 DPR 633/72) Il rimborso è eseguito in via ordinaria con le modalità di seguito descritte, tenendo conto che i tempi stabiliti dalla legge sono raramente rispettati dagli uffici. Per alcuni contribuenti, individuati con appositi decreti, è prevista l'**esecuzione in via prioritaria** dei rimborsi, entro 3 mesi dalla richiesta, se ricorrono determinate condizioni (v. n. 55750).

Il rimborso predisposto dall'**AdR**, nei limiti di sua competenza, deve essere eseguito **entro** i 60 giorni successivi alla presentazione della domanda, mediante accredito sul conto corrente bancario segnalato dal contribuente. Tale limite va considerato comprendendo anche le imposte e i contributi compensati orizzontalmente (v. n. 37230).

L'eventuale **eccedenza** è invece rimborsata, entro tre mesi, a cura dell'Ufficio dell'AE, il quale ha l'obbligo di formare e pubblicare una graduatoria degli aventi diritto (art. 7 bis DL 547/94) consultabile da coloro che hanno chiesto il rimborso o da soggetti da loro delegati. Anche in questo caso il pagamento è eseguito dall'AdR, mediante conto fiscale, **entro** 20 giorni dal ricevimento dell'apposita comunicazione da parte dell'Ufficio (art. 20 c. 4 bis DM 28 dicembre 1993 n. 567).

In caso di **rimborso per cessata attività** (v. n. 55670) provvede esclusivamente l'Ufficio dell'AE.

>**Precisazioni** 1) L'AE deve procedere ai rimborsi secondo l'ordine cronologico della graduatoria. Quando vengono chiesti **ulteriori documenti** il pagamento del rimborso è **sospeso** sino al 5° giorno successivo alla consegna della documentazione richiesta.

2) Secondo la Cassazione il credito del contribuente per l'IVA chiesta a rimborso si **prescrive** in 10 anni dal termine imposto all'AF per l'adempimento, in applicazione delle regole civilistiche sulla prescrizione ordinaria (art. 2946 c.c. e Cass. 16 marzo 2016 n. 5172, Cass. 2 marzo 2016 n. 4145) e, ai fini dell'**interruzione** della prescrizione, non basta una richiesta di chiarimenti o documenti da parte dell'Amministrazione; perché ciò avvenga, occorre necessariamente un atto o un fatto che implichi, anche tacitamente ma inequivocabilmente, l'ammissione dell'esistenza del debito e sia incompatibile con la pretesa fatta valere (Cass. 14 giugno 2012 n. 9816 e Cass. 16 settembre 2011 n. 18929).

55745 **Esecuzione oltre i termini** (art. 38 bis c. 1 DPR 633/72 e art. 20 c. 5 DM 28 dicembre 1993 n. 567) Sulle somme rimborsate oltre i termini, gli Uffici devono corrispondere gli interessi in ragione del 2% annuo (art. 1 c. 2 DM Mef 21 maggio 2009), con decorrenza dal 90° giorno successivo a quello cui è stata presentata la richiesta (coincidente con la presentazione della dichiarazione annuale), e fino al giorno di emissione dell'ordinativo di pagamento (Cass. 2 marzo 2004 n. 4235 e Cass. 29 luglio 2004 n. 14506), con esclusione del periodo intercorrente tra la data di **richiesta dei documenti** da parte dell'Ufficio e la data di presentazione (all'Ufficio stesso) della documentazione da parte del contribuente, se detto periodo supera i 15 giorni.

Sulle somme rimborsate dall'**AdR** (direttamente o previa comunicazione da parte dell'Ufficio) sono dovuti gli interessi, nella medesima misura, se il rimborso viene effettuato decorsi 60 giorni dalla presentazione della richiesta.

>**Precisazioni** 1) La richiesta di **documenti già in possesso dell'Ufficio** non è idonea, in caso di presentazione oltre i 15 giorni, a sospendere la decorrenza degli interessi (Cass. 18 febbraio 1999 n. 1342). Questa tesi risulta ora suffragata anche da una disposizione dello Statuto del contribuente (art. 6 c. 4 L. 212/2000).

2) Nonostante il termine previsto per il **rimborso** da parte dell'**AdR** su comunicazione dell'Ufficio dell'AE sia stato fissato in 20 giorni, la decorrenza degli interessi per i rimborsi effettuati in ritardo è rimasta fissata al 61° giorno; di conseguenza, nei 60 giorni successivi al ricevimento dell'ordinativo di pagamento non decorrono interessi.

3) Gli interessi maturati sui tributi rimborsati sono dovuti nella misura fissa stabilita dalle singole leggi d'imposta e non sono cumulabili con gli **interessi anatocistici** previsti dall'art. 1283 c.c. (art. 37 c. 50 DL 223/2006 conv. in L. 248/2006).

55750 **Esecuzione prioritaria** (art. 38 bis c. 10 DPR 633/72, DM 22 marzo 2007, DM 25 maggio 2007, DM 18 luglio 2007 e DM 21 dicembre 2007) Per i soggetti elencati in **tabella** è prevista l'erogazione prioritaria se i rimborsi sono richiesti nel rispetto del presupposto dell'**aliquota media** sulle

operazioni di acquisto superiore a quella delle operazioni attive (v. **tabella** n. 55685 alla lett. a) e, al momento della richiesta, sussistono le ulteriori **condizioni**:
– il richiedente esercita l'attività da almeno 3 anni;
– l'eccedenza detraibile chiesta a rimborso risulta di importo pari o superiore:
→ a € 10.000, in caso di rimborso annuale, e a € 3.000 in caso di rimborso trimestrale;
→ al 10% dell'importo complessivo dell'imposta assolta sugli acquisti e sulle importazioni effettuate nell'anno o nel trimestre a cui si riferisce il rimborso.
Essi indicano la sussistenza dei suddetti presupposti compilando l'apposito campo 4 del rigo VX4, indicando il codice corrispondente.

Cod. VX	Categoria di appartenenza
1	– **subappaltatori** che effettuano in **modo prevalente**, nel periodo di riferimento della richiesta, le prestazioni di servizi per le quali l'assolvimento dell'imposta avviene con il meccanismo del «reverse charge» (v. n. 61390)
2	– soggetti che effettuano attività di «recupero e preparazione per il **riciclaggio di cascami e rottami metallici**» - codice ATECO 2007 **38.32.10**
3	– soggetti identificati da codice ATECO 2007 **24.43.00** - produzione di **zinco**, **piombo**, **stagno** e **semilavorati**
4	– soggetti identificati da codice ATECO 2007 **24.42.00** - produzione di **alluminio** e **semilavorati**
5	– soggetti identificati da codice ATECO 2007 **30.30.09** - fabbricazione di **aeromobili**, di **veicoli spaziali** e dei **relativi dispositivi** n.c.a. (DM Mef 10 luglio 2014)
6	– **fornitori** di beni e servizi nei confronti **degli enti pubblici e società quotate** che fatturano con il meccanismo del c.d. **split payment** o scissione dei pagamenti, v. n. 52958 (sia pur limitatamente alla parte di credito rimborsabile e relativo alle operazioni soggette a tale meccanismo **(*)**, art. 8 DM Mef 23 gennaio 2015)
7	– operatori economici con codice ATECO 2007 n. 59.14.00 - attività di **proiezione cinematografica** (DM Mef 27 aprile 2015 e Ris. AE 24 giugno 2015 n. 61/E)
8	– soggetti che hanno effettuato le prestazioni di **pulizia**, di **demolizione**, di **installazione di impianti** e di **completamento relative ad edifici**
(*) Mentre per la verifica della sussistenza o meno del presupposto del rimborso l'**istruttoria sulla richiesta** è unica, la **liquidazione del rimborso**, invece, avviene con priorità, solo per la **parte che corrisponde** all'ammontare dell'imposta applicata alle operazioni da SP.	

Anticipazione del credito Al fine di limitare gli effetti negativi connessi ai ritardi nell'esecuzione dei rimborsi, sono stati stipulati accordi tra l'AE, l'ABI, Confindustria, Confcommercio, Confapi e Confcooperative, ecc., grazie ai quali le imprese possono ottenere, dalle banche aderenti, l'anticipazione del credito chiesto a rimborso - fino all'80 o 90% del credito stesso - a tassi di interesse agevolati, presentando la seguente documentazione alla banca che effettuerà l'accredito: 55755
– l'**attestazione di certezza e liquidità** dei crediti tributari, rilasciata dall'AE - Direzione centrale amministrazione di Roma;
– la **disposizione** irrevocabile **di pagamento** a favore della banca stessa, appositamente vistata dall'Ufficio locale dell'AE e dall'AdR.
I **modelli** da utilizzare per la richiesta di attestazione - da inviare via fax ad un apposito numero - e quello per la disposizione irrevocabile di pagamento - da consegnare alla banca - sono disponibili sul sito www.agenziaentrate.gov.it, insieme all'elenco delle banche aderenti.

> Per il **rilascio dell'attestazione**, è necessario presentare tutta la documentazione richiesta per l'ottenimento del rimborso all'AE o all'AdR che ne hanno fatto richiesta; infatti l'attestazione è rilasciata quando l'ufficio ha stabilito l'esistenza dei presupposti per il rimborso.

SOSPENSIONE DEL RIMBORSO (art. 23 D.Lgs. 472/97) Se al richiedente è stato notificato un atto di **contestazione** o di **irrogazione** di **sanzioni**, o provvedimento con il quale viene accertata maggiore IVA, ancorché non definitivo, il rimborso può essere sospeso nei limiti della somma risultante dall'atto o, se quest'ultimo è stato impugnato, dalla decisione della Corte tributaria o di altro organo; a tal fine, necessita la previa emanazione di un formale provvedimento, portato a legale conoscenza del contribuente, da parte dell'Ufficio (Cass. 11 novembre 2011 n. 23601). In presenza di provvedimento definitivo, l'ufficio competente per 55770

il rimborso pronuncia la compensazione (non solo delle sanzioni, ma anche di tutti gli importi dovuti in base all'atto, IVA e interessi compresi) (Circ. AE 22 luglio 2016 n. 33/E).
Tale forma di sospensione e compensazione non è stata sospesa dalle norme Covid-19 (Circ. AE 20 agosto 2020 n. 25/E).
Sia il provvedimento di sospensione che quello di compensazione possono essere impugnati dinanzi alle commissioni tributarie.
La sospensione può operare anche in caso di **comunicazioni di irregolarità** (v. n. 55772), di pagamenti rateizzati in base agli **istituti definitori** della pretesa tributaria (v. n. 55774) e di rateizzazioni sulle **cartelle di pagamento** (v. n. 55776).

> **Precisazioni** 1) In presenza della **garanzia** (di cui al n. 55704 e s.), il rimborso non può essere sospeso (né può essere utilizzato il **fermo** contabile di cui all'art. 69 RD 2440/23) (Cass. SU 31 gennaio 2020 n. 2320).
2) Se l'atto di irrogazione delle sanzioni è stato **annullato** in tutto o in parte con sentenza anche non definitiva, cessa di avere efficacia il provvedimento di sospensione del pagamento del credito vantato dall'autore della violazione o dai soggetti obbligati in solido (Cass. SU 31 gennaio 2020 n. 2320).
3) I carichi pendenti rilevano anche quando riguardano **altre imposte** (diverse dall'IVA), con esclusione delle imposte doganali e delle imposte sulla produzione e sul consumo (Ris. AE 12 giugno 2001 n. 86/E).

55772 **Comunicazioni di irregolarità** (Circ. AE 22 luglio 2016 n. 33/E) La loro notifica (in esito sia all'effettuazione del controllo automatizzato, sia a quello di merito) ha effetto sul processo di lavorazione dei rimborsi, determinandone la possibile sospensione totale o parziale, in caso di mancato pagamento delle somme dovute:
- in un'unica soluzione, dopo che siano decorsi i 30 giorni utili per la possibile contestazione;
- in caso di rateazione, al sopravvenire della causa di decadenza.

55774 **Pagamenti da istituti definitori** (Circ. AE 22 luglio 2016 n. 33/E) Nell'ipotesi di rateazione delle somme dovute a seguito di accertamento con adesione e acquiescenza, conciliazione giudiziale, reclamo e mediazione, la sospensione del rimborso totale o parziale può essere disposta solo se il **mancato pagamento della rata** comporta la decadenza dalla rateazione. L'iscrizione a ruolo della frazione di debito non pagata (anche in caso di lieve inadempimento) costituisce quindi un carico pendente che comporta la sospensione del rimborso.

> **Precisazioni** 1) Le eventuali **somme riammesse al piano di rateizzazione** (ai sensi dell'art. 1 c. 134-138 L. 208/2015) non sono invece considerate carichi pendenti e non determinano la sospensione del rimborso.
2) Per gli **avvisi di liquidazione delle dichiarazioni di successione** il cui pagamento sia stato rateizzato vale la stessa regola appena descritta riguardo agli istituti definitori.

55776 **Pagamenti rateizzati su cartelle di pagamento** (Circ. AE 22 luglio 2016 n. 33/E) Le rate non versate con riferimento ad una cartella di pagamento comportano la sospensione totale o parziale del rimborso solo se l'inadempimento determina la relativa decadenza dalla rateizzazione (mancato pagamento di cinque rate, anche non consecutive).
Inoltre, gli atti la cui riscossione è stata oggetto di sospensione amministrativa o giudiziale non comportano la sospensione del rimborso.

55780 **ANOMALIE NELLA RICHIESTA DI RIMBORSO** Un caso particolare è rappresentato dalla **mancata sottoscrizione** della dichiarazione; si tratta, infatti di un'anomalia sanabile entro 30 giorni dall'invito da parte dell'Ufficio. In relazione a ciò, non è stato riconosciuto il rimborso di un credito scaturente da una dichiarazione IVA non sottoscritta dal contribuente neppure a seguito di invito da parte dell'Ufficio a sanare l'omissione (Cass. 13 ottobre 2006 n. 22018).

55790 **CESSIONE DEL CREDITO IVA** (art. 5 c. 4 ter DL 70/88) È possibile cedere a terzi il credito IVA chiesto a rimborso nella dichiarazione annuale (non quello riportato all'anno successivo - Circ. AE 13 febbraio 2006 n. 6/E; per quello infrannuale, la cessione sarà possibile dalle richieste di rimborso inoltrate dal 1° gennaio 2020, v. n. 55893). Il rimborso è erogato al cessionario direttamente dall'Ufficio dell'AE con ordinativo di pagamento. È consentito anche **cedere parzialmente** il rimborso, con riferimento all'importo liquidato dall'ufficio stesso eccedente € 2.000.000 (art. 1 c. 72 L. 234/2021) (Ris. AE 6 settembre 2006 n. 103/E).
La cessione deve risultare da **atto pubblico** o **scrittura privata autenticata** e deve essere obbligatoriamente **notificata** all'AE (o all'AdR) competente nei confronti del cedente (mediante invio di copia autenticata dell'atto tramite ufficiale giudiziario); il cessionario rimane

responsabile con il cedente della sua restituzione nel caso in cui esso non fosse dovuto, ma non delle sanzioni (Riun. Ispettori compart. 28 settembre/1° ottobre 1988).
È frequente l'utilizzo della cessione del credito IVA, a favore di una banca cessionaria, come **garanzia di un finanziamento** contratto dal cedente. In caso di **successiva rinuncia**, da parte della banca cessionaria, alla cessione del credito (per risoluzione automatica già stabilita contrattualmente per il caso di estinzione del finanziamento ante rimborso), l'AF deve erogare il rimborso al cedente e non al cessionario (Ris. AE 28 marzo 2017 n. 39/E).

>**Precisazioni** 1) L'eventuale cessione del **credito tributario futuro** acquista efficacia, oltre che ai fini civilistici, anche ai fini fiscali, quando il credito viene chiesto a rimborso nelle dichiarazioni (Risp. AE 17 gennaio 2019 n. 1).
2) Quando l'Ufficio riceve una notifica relativa alla cessione di un credito, se ritiene che sussistano **perplessità in relazione all'autenticità dei documenti prodotti**, deve provvedere ad informare il cedente con lettera raccomandata prima dell'emissione dell'ordinativo di pagamento. Il cedente potrà così dare riscontro all'Ufficio stesso, entro il termine di 30 giorni dal ricevimento della raccomandata, impedendo la liquidazione del rimborso nel caso in cui la cessione sia stata posta in essere con documenti falsi, all'insaputa del cedente stesso (Circ. Min. 8 luglio 1997 n. 192/E).

RIMBORSI INDEBITAMENTE EFFETTUATI (art. 38 bis c. 9 DPR 633/72) Nell'ipotesi in cui, successivamente al rimborso dell'IVA, venga notificato al contribuente avviso di rettifica o di accertamento, il contribuente deve, **alternativamente**: **55800**
- **versare** entro 60 giorni, tramite banca o AdR, le somme che in base all'avviso stesso risultano indebitamente rimborsate insieme agli interessi del 2% annuo dalla data del rimborso;
- prestare la **garanzia** di cui al n. 55715, fino a quando l'accertamento sia divenuto definitivo.

>**Precisazioni** 1) Se il contribuente propone **ricorso contro l'avviso** di accertamento e di rettifica, l'eventuale sentenza di accoglimento consente al contribuente stesso di riavere le somme solamente quando sia definitiva, cioè quando sia passata in giudicato (Cass. 5 dicembre 2001 n. 15388).
2) Se il contribuente, proposto tempestivo ricorso, **opta per la prestazione della garanzia**, non si applica il termine di 60 giorni per la presentazione della stessa. Se nel frattempo è già stata avviata la procedura di riscossione coattiva, essa dovrà, pertanto, essere interrotta (Ris. Min. 30 settembre 1997 n. 199/E).

RIMBORSO RICHIESTO IN ASSENZA DEI PRESUPPOSTI (DPR 443/97) Nel caso venga richiesto il rimborso del credito in difetto delle condizioni richieste (v. n. 55680), l'Ufficio dell'AE competente, pur riconoscendo l'effettiva esistenza del credito, notifica un **provvedimento di diniego**. **55810**
Successivamente il contribuente può portare in detrazione il credito stesso, in sede di liquidazione periodica o nella dichiarazione annuale successiva alla notifica. Se la **notifica** avviene **prima** che sia scaduto il termine per la **presentazione della dichiarazione** annuale relativa, il contribuente potrà computare in detrazione il credito riconosciuto quando presenterà la dichiarazione annuale stessa. Anche se la norma non pone limiti temporali, si consiglia di portare il credito corrispondente al rimborso negato in **detrazione entro** la dichiarazione relativa all'anno in cui è stato notificato il provvedimento di diniego.
In tutti i casi in cui il credito, pur riconosciuto, non è ammesso al rimborso, esso **non produce interessi**.
In caso di **ricorso** da parte del contribuente contro il provvedimento di diniego, gli effetti del provvedimento impugnato sono sospesi fino alla definizione della controversia. Il credito è portato in detrazione nella liquidazione periodica, o nella dichiarazione annuale, successivamente alla **sentenza divenuta definitiva**.

Per **provvedimento** di diniego si intende solo il provvedimento con il quale l'AE comunica al contribuente la non spettanza del rimborso per **assenza dei presupposti** e non anche il provvedimento di sospensione del rimborso (v. n. 55770) o il provvedimento di fermo amministrativo (Circ. Min. 28 maggio 1998 n. 134/E).
In merito ai **termini** entro i quali l'AF deve **comunicare** il provvedimento di diniego, si v. n. 81069.

Società di comodo (Circ. AE 22 luglio 2016 n. 33/E) Se, dopo che il contribuente ha presentato la dichiarazione sostitutiva o l'attestazione in dichiarazione di trovarsi nelle «oggettive situazioni» autovalutate in base alle quali non si applicherebbe la limitazione prevista per il rimborso delle società di comodo (v. n. 35290), l'Ufficio accerta l'assenza delle relative condizioni, applica la **sanzione** prevista per l'infedele dichiarazione (in genere, dal 90% al 180% della differenza di credito utilizzata, v. n. 87000). **55812**

Se invece l'eccedenza di credito IVA anziché essere chiesta a rimborso è stata utilizzata in compensazione, si applica la sanzione per omesso versamento (in genere, del 30%, v. n. 86915) o per indebito computo in detrazione per compensazioni verticali (90%, v. n. 87040). Inoltre, in caso di superamento della soglia di punibilità, si applica anche la sanzione per indebita compensazione di crediti non spettanti a livello penale (v. n. 86920).

55815 **ISTANZA DI RIMBORSO PER IMPOSTA NON DOVUTA** (art. 30 ter DPR 633/72)
La **domanda di restituzione** dell'IVA versata, risultata successivamente non dovuta, deve essere presentata, a pena di decadenza, **entro** 2 anni dal pagamento o, se posteriore, dal giorno in cui si è verificato il presupposto per la restituzione.
Se l'imposta applicata su una cessione di beni o una prestazione di servizi è **accertata in via definitiva dall'AF** in capo al cliente, la domanda di restituzione può essere presentata dal fornitore all'erario **entro** il termine di due anni dall'avvenuta restituzione al cliente dell'importo pagato a titolo di rivalsa. Non è possibile, in alternativa, richiedere l'emissione, da parte del cliente, di una **nota di variazione in aumento** (Risp. AE 12 novembre 2018 n. 66). Lo stesso principio vale nel caso l'accertamento in via definitiva, derivante da avviso per IVA indebitamente detratta in capo al cliente, sia da questi **definito in via agevolata** (Risp. AE 28 agosto 2019 n. 349, Risp. AE 23 aprile 2019 n. 128 e Risp. AE 23 aprile 2019 n. 129).
La domanda va redatta in carta semplice e va **presentata** all'Ufficio dell'AE competente in base al domicilio fiscale del contribuente alla data di presentazione della dichiarazione da cui genera il rimborso.
All'istanza devono essere **allegati** i documenti da cui si origina la richiesta di rimborso, nonché le distinte dei versamenti eseguiti.
Devono inoltre essere esposti i **motivi** per cui si ritiene di avere diritto al rimborso.
Nell'ipotesi particolare in cui l'IVA, applicata a seguito di risposta ad un primo interpello, sia stata poi dichiarata non dovuta, in esito ad un secondo interpello, il diritto a chiederne il rimborso viene meno dopo il decorso dei 2 anni dalla data del versamento dell'imposta, non da quella della successiva risposta al secondo interpello (Cass. 6 settembre 2013 n. 20526). In senso contrario, vedi al n. 56872 la Risp. AE 16 dicembre 2022 n. 592.

B. Rimborsi infrannuali

55870 **CONDIZIONI** (art. 38 bis c. 2 DPR 633/72) Il soggetto passivo può, in alternativa alla compensazione di cui al n. 55230, chiedere il rimborso, anche parziale, dei crediti IVA maturati in ciascuno dei **primi 3 trimestri** dell'anno. Il credito relativo al **4° trimestre** può essere, invece, chiesto a rimborso solo in sede di dichiarazione annuale.
La richiesta può essere avanzata se **nel singolo trimestre** l'importo del credito maturato è superiore a € 2.582,28 e si verifica una delle **condizioni** elencate in **tabella**. Essa non riduce il limite di € 2.000.000 (art. 1 c. 72 L. 234/2021) previsto per le compensazioni tra imposte diverse e per i rimborsi d'imposta annuali.
Se l'**iniziale scelta** operata, fra rimborso o compensazione, non è più ritenuta adeguata, a certe condizioni è **possibile modificarla** (v. n. 55895).

aliquota media sulle operazioni passive superiore a quella sulle operazioni attive maggiorata del 10%	v. **tabella** n. 55685 alla lett. a)
operazioni non imponibili superiori al 25% del volume d'affari	v. **tabella** n. 55685 alla lett. b)
acquisti o importazioni di **beni ammortizzabili**, esclusi i beni e i servizi acquistati per studi e ricerche, per un **ammontare superiore** ai 2/3 dell'ammontare complessivo degli acquisti e delle importazioni di beni e servizi imponibili, effettuati nel trimestre **(*)**	può essere chiesta a rimborso unicamente l'imposta afferente gli acquisti di beni ammortizzabili del trimestre

prevalenza di operazioni non soggette all'imposta **per mancanza** del presupposto **di territorialità**	effettuazione nei confronti di soggetti passivi esteri, per un importo superiore al 50% dell'ammontare di tutte le operazioni effettuate, delle seguenti prestazioni: di lavorazione relative a beni mobili materiali; di trasporto di beni e relative prestazioni di intermediazione; di servizi accessori ai trasporti di beni e relative prestazioni di intermediazione; nonché operazioni esenti nei confronti di privati stabiliti fuori dalla UE (v. **tabella** n. 48080)
operatori non residenti	v. **tabella** n. 55685 alla lett. e)
(*) Per la definizione di beni strumentali si veda quanto detto al n. 55685 lett. c).	

> **Precisazioni** 1) Nella richiesta di rimborso non deve essere ricompresa l'eventuale **eccedenza d'imposta** derivante dall'anno precedente o dalla liquidazione che precede il trimestre cui si riferisce il rimborso. Pertanto, può essere chiesto a rimborso solo l'importo risultante dalle **registrazioni effettuate nel trimestre relativo** (Circ. Min. 26 aprile 1999 n. 92/E).
Inoltre, l'importo chiesto a rimborso non va più riportato nelle liquidazioni successive ma va inserito in dichiarazione annuale, anche se il rimborso non è ancora avvenuto.
2) I soggetti con **contabilità presso terzi** (v. n. 55135) devono comunque determinare l'esistenza del presupposto per il rimborso e l'ammontare dell'eccedenza rimborsabile, sulla base delle operazioni del trimestre solare di riferimento (es. gennaio, febbraio, marzo), senza tenere conto dello sfasamento temporale previsto, invece, ai fini della liquidazione. Nelle liquidazioni e nelle registrazioni successive, devono tenere conto dello sfasamento tra il totale degli importi effettivamente liquidati per il trimestre di riferimento e l'importo a credito risultante dalle operazioni registrate nel medesimo trimestre chiesto a rimborso (Ris. AE 11 gennaio 2011 n. 6/E).

PROCEDURA (art. 8 c. 2 DPR 542/99) La richiesta deve essere presentata **in via telematica** all'Ufficio dell'AE territorialmente competente **entro** l'ultimo giorno del mese successivo al trimestre di riferimento: quindi 30 aprile, 31 luglio, 31 ottobre. 55880
A tal fine, va utilizzato l'apposito modello «**IVA TR**» rinvenibile sul sito dell'AE, www.agenziaentrate.it, contenente, oltre ai dati identificativi del richiedente, i dati necessari per la determinazione del credito e per la verifica dei presupposti (Provv. AE 26 marzo 2020 n. 144055).
In caso di richiesta di **rimborso superiore a € 30.000**, al ricorrere delle condizioni che rendono obbligatoria la **prestazione della garanzia** (v. n. 55704), a seguito della richiesta dell'Ufficio competente (v. n. 81030), deve essere presentata una delle garanzie previste per il rimborso annuale. Se la garanzia **non è obbligatoria**, in sua sostituzione, è possibile apporre il visto di conformità (o la sottoscrizione alternativa) e la dichiarazione sostitutiva (v. n. 55700 e s.). Il limite di € 30.000 si riferisce alla somma delle richieste effettuate nel periodo d'imposta e non alla singola richiesta (Circ. AE 30 dicembre 2014 n. 32/E).
I soggetti che risultano in linea con i livelli di **affidabilità fiscale** (v. n. 81980 e s.) stabiliti annualmente dall'AE con apposito Provvedimento, sono esonerati dall'apposizione del visto di conformità o della garanzia se il rimborso **non supera** € 50.000 (art. 9 bis c. 11 lett. a e b DL 50/2017 conv. in L. 96/2017).
I soggetti esonerati sulla base delle risultanze ISA devono indicare il codice 5 nel **rigo** TD8 campo 3 (Istr. Modello TR).
La garanzia deve essere **commisurata** all'intero importo chiesto a rimborso, maggiorato degli interessi del 2% annuo calcolati dal giorno di scadenza del rimborso (ossia dal giorno 20 del secondo mese successivo a ciascun trimestre solare) fino al 120° giorno successivo alla stipula della garanzia.
L'eventuale **tardiva presentazione** della garanzia, se il ritardo non è superiore a 90 giorni dal termine di presentazione della dichiarazione, comporta la sanzione da € 1.000 a € 4.000 (art. 11 c. 7 bis D.Lgs. 471/97).

I soggetti che esercitano più attività con **contabilità separata** (v. n. 56150), presentano un unico modello riepilogativo dei dati relativi a tutte le attività, indicando il codice dell'attività per cui è stato registrato il maggior volume d'affari.

ESECUZIONE Il rimborso è eseguito in via ordinaria con le modalità che seguono, tenendo conto che i tempi stabiliti dalla legge sono raramente rispettati dagli uffici. In ogni caso, per i contribuenti, individuati con appositi decreti, è prevista l'**esecuzione in via prioritaria** dei rimborsi, entro tre mesi dalla richiesta, se ricorrono le condizioni illustrate al n. 55750. 55890
Gli Uffici attribuiscono un numero cronologico e formano, trimestralmente, un'apposita graduatoria in base alla quale verranno eseguiti i rimborsi.

In caso di **tardiva esecuzione del rimborso**, sulle somme rimborsate si applicano gli **interessi** in ragione del 2% annuo con decorrenza dal giorno di scadenza del loro pagamento (art. 1 c. 16 DL 417/91 e Circ. Min. 30 aprile 1993 n. 38).

La legge stabilisce che il rimborso deve essere **eseguito entro** il 20 del secondo mese successivo a ciascuno dei primi tre trimestri solari (art. 1 c. 2 DM 23 luglio 1975). Pertanto, in base alla lettera della norma, gli interessi dovrebbero decorrere dal giorno 20 del secondo mese successivo al trimestre in riferimento al quale si è chiesto il rimborso. Essi vanno calcolati fino alla data in cui viene predisposto l'ordinativo di pagamento da parte dell'ufficio (Cass. 2 marzo 2004 n. 4235).

55893 **CESSIONE DEL CREDITO IVA** (art. 5 c. 4 ter DL 70/88) A partire dalle richieste di rimborso presentate **dal 1° gennaio 2020**, è possibile cedere a terzi anche i crediti emergenti dalle liquidazioni trimestrali, secondo quanto già indicato con riferimento ai crediti da dichiarazione annuale (v. n. 55790) (art. 12 sexies c. 2 DL 34/2019 conv. in L. 58/2019).

55895 **RETTIFICA DELLA SCELTA TRA RIMBORSO E COMPENSAZIONE** (Ris. AE 11 novembre 2014 n. 99/E) La scelta su come utilizzare il credito IVA infrannuale (rimborso o compensazione) può, a certe condizioni, essere modificata.
La modifica si attua mediante **presentazione di un nuovo Modello IVA TR** (barrando l'opzione «Modifica istanza precedente») **entro** il termine di presentazione della dichiarazione annuale relativa al periodo d'imposta successivo (Circ. AE 27 ottobre 2015 n. 35/E).
Concretamente, l'iniziale richiesta può essere modificata, esprimendo la nuova scelta per:
– il **rimborso** anziché la compensazione: sempreché il credito non sia già stato utilizzato in compensazione;
– la **compensazione** al posto del rimborso: a condizione che l'Ufficio non abbia ancora concluso la fase istruttoria del rimborso e non sia stata quindi già validata la disposizione di pagamento (altrimenti la variazione non è consentita) e che la **presentazione** del nuovo Modello TR **preceda** l'utilizzo in compensazione, altrimenti il contribuente incorre nella violazione sanzionabile di omesso versamento (che può eventualmente essere sanata mediante ravvedimento operoso);
– la **modifica degli importi** con differente «spalmatura» fra importo a rimborso e in compensazione.
La modifica può riguardare **anche elementi diversi** dalla scelta per il rimborso/compensazione, ad es. si possono correggere le indicazioni rese sui presupposti per ottenere il rimborso, oppure la richiesta di esonero dalla presentazione della garanzia, ecc. In tali ipotesi, se la **dichiarazione annuale** è stata **presentata prima** del relativo termine di scadenza, l'eventuale presentazione successiva, ma entro tale ultimo termine, del Mod. IVA integrativo/rettificativo non comporta comunque la necessità di presentare una nuova dichiarazione annuale correttiva (Ris. AE 14 novembre 2018 n. 82/E).

C. Rimborso dell'imposta assolta da operatori italiani in altri Stati UE

(art. 38 bis1 DPR 633/72 e Provv. AE1° aprile 2010)

55950 I soggetti passivi stabiliti in Italia possono chiedere il rimborso dell'imposta assolta in altro Stato UE, in relazione a beni e servizi ivi acquistati o importati, presentando un'istanza all'AE per via telematica.
L'Ufficio competente a gestire i rimborsi e i relativi scambi di informazioni con le autorità competenti degli altri Stati UE è il **Centro Operativo di Pescara** (di seguito «Ufficio»). I rimborsi sono **erogati direttamente** dallo Stato competente secondo le modalità stabilite dallo stesso.

Sono **esclusi** i soggetti che, durante il periodo di riferimento del rimborso:
– non hanno svolto un'attività d'impresa, arte o professione;
– hanno effettuato unicamente operazioni esenti o non soggette che non danno diritto alla detrazione dell'imposta (v. n. 48200 e s.); pertanto, se svolgono sia attività imponibili che attività esenti, possono chiedere il rimborso in base al pro-rata (Circ. AE 12 marzo 2010 n. 12/E);
– si sono avvalsi del regime speciale per i produttori agricoli (v. n. 62010).

Contenuto dell'istanza (Provv. AE 1° aprile 2010 Allegato A) L'istanza di rimborso deve contenere specifiche informazioni che possono variare a seconda del Paese a cui viene inviata (le preferenze espresse dai singoli Stati sono riassunte in un'apposita «Tabella» pubblicata sul sito dell'AE www.agenziaentrate.gov.it, seguendo il percorso: «Rimborsi - IVA - Rimborsi UE soggetti residenti»). 55955
In linea di massima si tratta dei **dati identificativi** del richiedente, la **descrizione dell'attività** economica svolta, i **dati bancari**, i dati delle **fatture** di acquisto/importazione e una **comunicazione** in cui si afferma la sussistenza di diverse condizioni soggettive del richiedente.

Termini e modalità di presentazione L'istanza va presentata distintamente per ciascun periodo d'imposta **entro** il 30 settembre dell'anno solare successivo al periodo di riferimento, nei **limiti** e con la **periodicità** stabiliti dallo Stato UE competente per il rimborso (normalmente la periodicità non deve essere maggiore di un anno solare e non inferiore ad un trimestre, salvo che si tratti di operazioni eseguite nella parte rimanente dell'anno o nei casi di cessazione o di inizio attività). Il termine del 30 settembre, previsto dalla Dir. 2008/9/CE, è **perentorio e non prorogabile** al successivo giorno lavorativo (Comunicato AE 12 settembre 2018). 55960
Le richieste di rimborso vanno presentate **telematicamente**, scegliendo una delle seguenti modalità:
a) direttamente, avvalendosi del servizio telematico Entratel o Internet (Fisconline), a seconda dei requisiti posseduti dal soggetto richiedente per la presentazione telematica delle dichiarazioni annuali;
b) tramite gli intermediari abilitati alla trasmissione telematica delle dichiarazioni;
c) avvalendosi di soggetti delegati in possesso di adeguata capacità tecnica, economica, finanziaria e organizzativa;
d) tramite le camere di commercio italiane all'estero che abbiano ottenuto il riconoscimento governativo di cui alla L. 518/70.
L'istanza di rimborso **si considera presentata** nel giorno in cui è completata, da parte dell'AE, la ricezione del file contenente i dati richiesti; l'avvenuta ricezione è **attestata** mediante ricevuta, contenuta in un file munito del codice di autenticazione per il servizio Entratel e del codice di riscontro per il servizio Internet (Fisconline).

> **Precisazioni** 1) I soggetti incaricati, delegati e le camere di commercio devono **conservare una copia** delle comunicazioni sottoscritte in originale dal richiedente.
> 2) Salvo cause di forza maggiore, la **ricevuta** è resa disponibile per via telematica entro i cinque giorni lavorativi successivi a quello del corretto invio del file. Unitamente alla ricevuta, l'AE comunica il **numero di protocollo** assegnato all'istanza, che la identifica in maniera univoca anche presso lo Stato membro competente per il rimborso.

Procedura Sulle istanze ricevute, l'AE effettua alcuni **controlli** relativi al periodo di rimborso e all'importo minimo, ai codici utilizzati per la descrizione dell'attività e dei beni; e, in generale, che i requisiti espressi dallo Stato UE competente per il rimborso siano rispettati nella domanda di rimborso; che l'importo del rimborso non sia inferiore al minimo consentito. 55965
Se dai controlli non emergono scorrettezze e non vi sono cause di esclusione (v. n. 55950), l'AE deve inoltrare l'istanza allo Stato UE competente ad eseguire il rimborso **entro** 15 giorni dalla ricezione della medesima e, se questo lo richiede, deve rendere disponibile per via telematica l'attestazione di avvenuta ricezione dell'istanza emessa dallo stesso Stato.
Se dai controlli emerge che la richiesta di rimborso non è corretta o viene riscontrata una causa di esclusione, l'istanza non viene inoltrata allo Stato UE e l'Ufficio emette, **entro** 15 giorni dalla data di ricezione dell'istanza, un motivato **provvedimento di rifiuto**, da notificare anche tramite mezzi elettronici.
Contro il provvedimento di rifiuto è ammesso **ricorso** secondo le disposizioni ordinarie.

Correzioni successive alla presentazione Successivamente all'inoltro dell'istanza, da parte dell'AE, allo Stato UE competente ad eseguire il rimborso, il richiedente può presentare (con le stesse modalità) un'**istanza correttiva dei dati** inseriti nella richiesta originaria; non è, tuttavia, possibile inserire nuove fatture o documenti di importazione per le quali è necessaria una nuova istanza di rimborso. 55970
Inoltre, se alla fine dell'anno solare il richiedente ha una **percentuale di detrazione diversa** da quella utilizzata in modo provvisorio nel corso del medesimo anno, deve comunicare la nuova percentuale a tutti gli Stati a cui ha chiesto il rimborso, **entro** l'anno solare seguente. La comunicazione può essere effettuata **contestualmente** alla presentazione di una nuova domanda di rimborso o, in mancanza, con un'**apposita comunicazione** contenente, oltre ai

dati identificativi del richiedente, la percentuale di detrazione provvisoria, quella definitiva e il periodo di riferimento della percentuale di detrazione definitiva (Provv. AE 1° aprile 2010 Allegato C).

IV. Liquidazioni con regole particolari

55975 Le modalità di liquidazione ordinarie sono in parte derogate sia nel caso di società controllanti e controllate che procedono alla c.d. liquidazione IVA di gruppo, sia nel caso di svolgimento contemporaneo di più attività da parte dello stesso soggetto IVA.

A. Società controllanti e controllate (liquidazione IVA di gruppo)

(art. 73 c. 3 DPR 633/72, DM 13 dicembre 1979)

55980 Le società legate da rapporti di controllo possono concentrare in capo alla controllante gli obblighi relativi ai versamenti periodici e alle compensazioni delle posizioni creditorie, **optando** per la c.d. liquidazione IVA di gruppo. **Non è necessaria** l'adesione di tutte le società di un gruppo.

Tale procedura ha i seguenti principali effetti:
- le controllate perdono la **disponibilità del saldo attivo** generato a partire dall'adesione, che viene trasferito alla controllante, e non possono utilizzarlo in compensazione orizzontale (art. 8 DPR 542/99);
- solo la controllante può avvalersi della **compensazione orizzontale** per compensare le eccedenze di credito emergenti dalla procedura riportate all'anno successivo (v. n. 56080);
- le eccedenze maturate in **periodi precedenti** all'adesione rimangono nella esclusiva disponibilità della società che le ha prodotte e che le utilizza secondo le regole ordinarie (Ris. DF 14 febbraio 2008 n. 4/DF, Ris. AE 11 maggio 2011 n. 56/E);
- solo la controllante può avvalersi della **compensazione verticale** per i crediti e debiti IVA risultanti dai prospetti riepilogativi annuali della dichiarazione (v. n. 56050), nonché per i crediti per i quali sussistono le condizioni per il **rimborso infrannuale**;
- permane in capo a ciascuna società la **responsabilità** per tutti gli altri obblighi.

In alternativa, è possibile istituire un vero e proprio soggetto passivo autonomo denominato **Gruppo IVA**, che impone però l'inclusione di tutte le società del gruppo eligibili (v. n. 64500 e s.).

55985 **SOGGETTI AMMESSI** Possono aderire le società residenti in **Italia** o nella **UE**, di persone e di capitali (s.p.a., s.a.p.a., s.r.l., s.n.c. e s.a.s., anche consortili), le cui azioni o quote sono possedute da una controllante o da altra società da questa controllata:
- con una percentuale (depurata delle azioni prive di voto) superiore al 50% del capitale;
- almeno dal 1° luglio dell'anno solare precedente a quello di esercizio dell'opzione.

ESEMPIO
La società A che intende avvalersi della procedura per la propria controllata, società B, a partire dal 1° gennaio 20XX (primo versamento mensile da effettuare entro il 16 febbraio 20XX), deve avere avuto il possesso ininterrotto delle azioni della società B, in misura superiore al 50% del capitale, fin dal 1° luglio 20XX-1.

›Precisazioni 1) La **sopravvenuta mancanza** di alcuni dei **requisiti** che qualificano una società come controllata, ha effetto a partire dalla liquidazione periodica relativa al periodo (mese o trimestre) nel corso del quale si è verificata.
2) Ai fini del termine del 1° luglio, rileva la **data** di iscrizione nel registro delle imprese del deposito degli atti che determinano il rispetto del requisito, ad es. per acquisizione del controllo, iscrizione nel RI dell'acquisto della partecipazione (Risp. AE 29 aprile 2022 n. 241).
3) La giurisprudenza ha confermato anche il ruolo di controllante per le s.n.c. e le s.a.s. (Cass. SU2 febbraio 2016 n. 1915).

4) Le società **controllanti, a loro volta controllate** da un'altra società, possono avvalersi della procedura **solo se** la società che le controlla rinuncia, segnalandolo nella comunicazione dell'opzione (v. n. 55990).
5) Le società **residenti in Stati UE** sono ammesse alla procedura **solo se** hanno una forma giuridica equivalente alle società di capitali di diritto italiano; devono essere dotate di S.O. o rappresentante fiscale o identificazione diretta (Ris. AE 21 febbraio 2005 n. 22/E), fin dal 1° gennaio dell'anno per il quale intendono dare efficacia alla procedura (Risp. AE 3 novembre 2022 n. 544). È ammessa una controllante UE identificata in Italia anche se non svolge direttamente alcuna attività ivi territorialmente rilevante (Risp. AE 24 dicembre 2019 n. 536).
6) Una **controllata UE** con identificativo IVA in Italia che decide di istituire una S.O., può continuare a partecipare alla liquidazione di gruppo tramite la S.O., senza interruzione, effettuando la comunicazione (v. n. 55990) (Risp. AE 20 dicembre 2021 n. 837).

a. Adempimenti

OPZIONE La **controllante** deve comunicare l'esercizio dell'opzione con la dichiarazione IVA (quadro VG), con **decorrenza** a partire dall'anno in cui è presentata. 55990
L'opzione ha effetto fino a **revoca**, da comunicare con le stesse modalità e termini.
Il **Mod. IVA 26** va utilizzato per comunicare, **entro** 30 giorni, le **variazioni intervenute** nel corso dell'anno, ai dati indicati in sede di adesione.

LIQUIDAZIONI E VERSAMENTI Le controllate perdono la disponibilità del **saldo** derivante dalle liquidazioni effettuate in corso di efficacia della procedura, in quanto trasferito interamente alla società controllante. 55995
La **controllante** annota su un **registro riassuntivo** numerato, i dati della propria liquidazione e quelli delle controllate e determina il saldo IVA di gruppo.
I **versamenti** devono essere effettuati esclusivamente dalla società controllante.

>Precisazioni 1) In presenza di **gruppi** formati da società con **liquidazioni sia mensili sia trimestrali**, è possibile, allo scadere del trimestre, procedere alle liquidazioni trimestrali unitamente a quelle mensili **entro** il giorno 16 del mese successivo. Altrimenti si possono fare due distinte liquidazioni, una il 16 del mese successivo e l'altra il 16 del secondo mese successivo: in tal caso quest'ultima tiene conto dell'eventuale credito risultante dalla prima (DM 21 ottobre 1988, Circ. Min. 13 febbraio 1990 n. 10).
2) I **contribuenti minori** devono trasferire anche gli interessi dell'1% (v. n. 57240), che la controllante deve annotare nel registro riassuntivo (Circ. Min. 30 aprile 1993 n. 37).
3) In caso di **omesso versamento** dell'IVA, l'imposta potrà essere richiesta alla (Ris. AE 6 febbraio 2001 n. 16/E):
– controllante, per l'intero importo (con le sanzioni);
– controllata, limitatamente all'imposta trasferita e per la parte non oggetto di compensazione.
4) L'eccedenza generata da una **partecipante non operativa** (v. n. 35000), non può essere compensata né chiesta a rimborso dalla controllante (v. n. 35295). Se quest'ultima l'ha compensata, deve riversarla con gli interessi, senza sanzioni, in caso contrario può restituirla alla società non operativa che la indica nella dichiarazione annuale (Ris. AE 29 aprile 2008 n. 180/E).

Acconto L'unico soggetto abilitato al **versamento** dell'acconto è la controllante. 56000
Le società controllate, se il **gruppo** ha mantenuto, rispetto all'anno precedente, la **stessa composizione**, devono trasferire alla capogruppo le proprie liquidazioni previsionali e quelle basate sulle operazioni effettuate, siano esse mensili o trimestrali (v. n. 55300).
La capogruppo dopo aver effettuato le **compensazioni** tra le posizioni debitorie e creditorie, confronta questi dati con il dato storico di gruppo e provvede a versare il relativo acconto, se superiore a 103,29 euro.

Un **caso particolare** riguarda l'ipotesi di una controllante che determina l'acconto in base al c.d. metodo «storico speciale» (vedi precisazione al n. 55300), quindi su base trimestrale, trasferendo alla liquidazione di gruppo eccedenze debitorie, e della sua controllata che trasferisce eccedenze creditorie su base mensile (Risp. AE 28 agosto 2019 n. 350).
In tale ipotesi la controllante calcola l'acconto:
– proprio, nella misura del 97% della media dei versamenti trimestrali (metodo «storico speciale»);
– della controllata, nella misura dell'88% del versamento per il mese di dicembre dell'anno precedente (metodo «storico») o, se inferiore, dell'anno in corso (metodo «previsionale»), anche se evidenzia come dato «storico» o «previsionale» un importo a credito;
e deve poi sommare i due importi, per versare il saldo.

56005 In caso di **variazione della composizione** del gruppo le società fuoriuscite provvedono alla liquidazione dell'acconto secondo i propri dati e la società controllante non tiene conto di detti dati nella propria liquidazione; le società subentrate trasferiscono regolarmente le proprie posizioni alla controllante, come nel caso di invarianza della composizione.
Le stesse considerazioni valgono anche in caso di **controllo cessato prima del 27 dicembre**: gli acconti devono essere calcolati separatamente da ciascuna società fuoriuscita dal controllo, sulla base dei dati ad essa singolarmente riferibili.

56020 **COMUNICAZIONI IVA** Le società **controllate** e **controllanti** devono presentare **autonomamente** le proprie Comunicazioni dei dati delle **liquidazioni IVA** (v. n. 56610 e s.).

56050 **DICHIARAZIONE ANNUALE** Le società **controllate** devono presentare normalmente le proprie dichiarazioni autonome, mentre la società **controllante** deve presentare entro i **termini** ordinari previsti per la dichiarazione telematica:
– la propria dichiarazione secondo le **modalità** ordinarie, comprensiva anche del **Prospetto IVA 26 PR**, che riepiloga la liquidazione di gruppo;
– le **garanzie** di cui al n. 56080, sia quelle prestate dalle singole società (per i crediti compensati) che quelle prestate dalla controllante (per l'eventuale eccedenza di gruppo), se necessarie, all'**AdR** competente.

> La **società ex controllante** - perché diventata controllata o perché uscita dalla procedura della liquidazione di gruppo - che ha compensato crediti relativi ad annualità precedenti, deve presentare la garanzia, se dovuta, non contestualmente alla dichiarazione, ma successivamente, a seguito della **richiesta dell'Ufficio** dell'AE (Circ. Min. 9 giugno 1998 n. 144/E).

56060 **RIMBORSO IVA** Solo la **controllante** può chiedere il rimborso, annuale e infrannuale (Circ. Min. 5 marzo 1990 n. 13) dell'eccedenza di credito non compensata nella liquidazione di gruppo, **a condizione che**, singolarmente, sia la controllante che le controllate ne abbiano i requisiti (ammontare superiore a € 2.582,28, aliquota media sugli acquisti superiore a quella sulle vendite, ecc., v. n. 55680 e n. 55870). In caso contrario l'eccedenza di credito deve essere riportata all'anno successivo.

Tipologia	Procedura
Rimborso annuale	La **controllata** che ha trasferito l'eccedenza di credito deve presentare la dichiarazione annuale prima della controllante (Provv. AE 28 gennaio 2011 n. 5822); la **controllante** deve poi presentare all'AdR il prospetto IVA 26 PR. Le **garanzie**, se dovute (v. n. 55704) vanno prestate dalla controllante (ove necessario all'AdR e ove richiesto con la franchigia del 10% di cui al n. 55725, Circ. AE 21 giugno 2004 n. 28/E) **(*)**.
Rimborso trimestrale	La **controllante** presenta **telematicamente**, entro i termini di cui al n. 55880, il modello **IVA TR** così composto: – **frontespizio** con i dati della controllante, barrando l'apposita casella nella sezione «Casi particolari di compilazione»; – **prospetto riepilogativo** (quadro TE) con i dati propri e di tutti i soggetti partecipanti; – un **modulo per ciascuna società** con l'indicazione degli elementi contabili del trimestre. Le **garanzie** vanno prestate dalla controllante, ove richieste (v. n. 55704).

(*) È ammessa l'**assunzione diretta** della garanzia da parte della **capogruppo** (eventualmente anche quella che controlla la controllante IVA) per l'importo del rimborso (v. n. 55715, punto 4) (Ris. AE 25 febbraio 2009 n. 51/E). Se la **garanzia non è prestata** e il credito viene comunque compensato, la sanzione per omesso versamento si applica in relazione all'importo eccedente la franchigia del 10% (Circ. AE 22 luglio 2016 n. 33/E).

56080 **COMPENSAZIONE E RIPORTO DEI CREDITI** Se il credito viene compensato con i debiti delle altre società o se viene riportato nell'anno successivo occorre prestare la **garanzia** (come per il rimborso annuale v. 56060).
Per i **crediti trimestrali**, aventi i requisiti per essere rimborsati, occorre presentare l'istanza di cui al n. 56060.
Le garanzie devono essere prestate:

1. da ciascuna società che ha trasferito il credito trovando **effettiva compensazione** (Ris. Min. 20 dicembre 1989 n. 626305);
2. in caso di **riporto** del credito di gruppo nell'anno successivo, dalla controllante nella dichiarazione annuale relativa all'anno in cui il credito riportato ha trovato effettiva compensazione, separatamente da quelle eventuali di cui al punto 1.

>**Precisazioni** 1) È ammessa anche l'**assunzione diretta** della garanzia da parte della **capogruppo** (v. n. 56060). Se c'è **coincidenza** tra quest'ultima e la controllante, è previsto l'esonero dalla garanzia per le eccedenze (Circ. Min. 22 giugno 1998 n. 164/E):
– che la controllante trasferisce e compensa nell'anno in considerazione;
– trasferite dalle controllate e non compensate nell'anno ma in quello successivo.
2) In caso di **mancata prestazione delle garanzie**, l'importo corrispondente alle eccedenze di credito compensate deve essere versato entro il termine di presentazione della dichiarazione annuale. La giurisprudenza ha sancito che la garanzia costituisce una presupposto necessario per la compensazione, per cui in caso di omissione si applicano le sanzioni per omesso versamento (Cass. 20 luglio 2020 n. 15363, Cass. 3 aprile 2013 n. 8034).
3) La compensazione di crediti e debiti IVA è ammissibile soltanto per i crediti che siano **confluiti nella dichiarazione** della controllante. La compensazione orizzontale, con i debiti e crediti che non confluiscono nella dichiarazione di gruppo, non è possibile (Cass. 19 maggio 2017 n. 12645).

Importi superiori a € 5.000 Se, in relazione al credito riportato nell'anno successivo o nel trimestre, si intende effettuare una compensazione per un importo superiore a € 5.000, la compensazione **potrà essere effettuata dal** 10° giorno successivo a quello di presentazione della dichiarazione IVA della controllante o del Modello IVA TR. È inoltre **obbligatoria** l'apposizione del visto di conformità (v. n. 37890). 56085

CESSAZIONE O MANCATO RINNOVO DELLA PROCEDURA (Circ. Min. 5 marzo 1990 n. 13) Se è venuta a cessare, in corso d'anno, la procedura della liquidazione di gruppo, o la stessa non è stata rinnovata nell'anno successivo, le **eccedenze di credito trasferite e non compensate** possono essere utilizzate - richiesta di rimborso o riporto in periodi successivi - solamente dalla società (ex) controllante. 56090

La **richiesta di rimborso** può essere effettuata solo se i requisiti necessari per proporla (v. n. 55680) siano presenti in capo alle singole società che hanno trasferito il credito.

b. Operazioni straordinarie

La prassi ministeriale ha fornito diversi chiarimenti in merito agli **effetti** delle operazioni straordinarie **sulla procedura** di liquidazione dell'IVA di gruppo. 56100
Con riferimento alla sussistenza del requisito del **possesso di azioni o quote**, da parte della controllante, per una **percentuale superiore al 50%** dal 1° luglio dell'anno solare precedente, è stato affermato che, se per effetto di ristrutturazioni aziendali (conferimenti, fusioni, scissioni, ecc.), al possesso diretto del ramo di azienda della società originaria (conferente, fusa, scissa, ecc.), si sostituisce un **possesso indiretto** del medesimo da parte di una controllata (anche neo costituita), è possibile avvalersi della procedura di liquidazione sin dalla data dell'operazione straordinaria. Ciò, naturalmente, a condizione che il possesso - diretto e indiretto - sia stato mantenuto dal 1° luglio dell'anno solare precedente (Ris. Min. 20 maggio 1992 n. 460094, Ris. AE 21 marzo 2003 n. 68/E, Ris. AE 14 giugno 2007 n. 132/E).
Invece, se a seguito di un **conferimento** la società conferente diventa controllante per effetto del conferimento stesso, è possibile avvalersi della procedura di liquidazione, dall'anno successivo, solo se il conferimento è avvenuto prima del 1° luglio (Ris. Min. 28 maggio 1981 n. 330689); idem per la conferitaria (Risp. AE 12 giugno 2020 n. 187).

In generale, in caso di **fusione**, l'accesso immediato alla procedura di liquidazione di gruppo è consentito solo se le partecipanti già liquidavano, ante operazione straordinaria, l'IVA secondo la medesima modalità (Ris. AE 25 ottobre 2007 n. 302). Tale regola vale anche nel caso l'**incorporante fosse esclusa** dalla procedura di liquidazione dell'IVA di gruppo ante fusione, ma già detenesse il richiesto controllo delle partecipanti (Risp. AE 6 febbraio 2019 n. 25). 56105

Ad es., nel caso di **fusione inversa** nella quale la società controllata incorpora la controllante, la liquidazione di gruppo può essere continuata (purché entrambe in precedenza partecipassero già alla liquidazione di gruppo), in capo alla nuova controllante, alla quale vengono trasferiti tutti gli obblighi procedurali relativi (Ris. AE 22 novembre 2002 n. 367/E).

In tale ipotesi, la società incorporante dovrà presentare **due distinte dichiarazioni annuali** senza operare la liquidazione dell'imposta in maniera distinta rispetto a quella riferibile alla incorporata:
– una relativa alla propria attività svolta per l'intero anno considerando l'intero periodo in qualità di controllata;
– l'altra in qualità di dichiarante per conto della società incorporata (ex controllante), in cui si devono indicare tutti i dati relativi alle operazioni della incorporata fino all'ultima liquidazione periodica effettuata prima dell'incorporazione e, relativamente ai Mod. IVA 26/PR e IVA 26LP, tutti i dati richiesti dalla procedura della liquidazione di gruppo relativi all'intero anno.

56110 L'**incorporazione di una società estranea alla procedura** di liquidazione IVA di gruppo da parte di una società già inserita nella medesima procedura non permette di trasferire, alla controllante, le risultanze IVA dell'incorporata (Ris. AE 25 ottobre 2007 n. 302). Inoltre, va evidenziato che l'incorporazione suddetta non consente di far confluire nell'IVA di gruppo il credito maturato dall'incorporata sia nell'anno precedente che nel corso dell'anno in cui è avvenuta l'incorporazione; è tuttavia consentito farvi confluire solo il debito o il credito derivante dalle operazioni compiute dall'incorporata nel mese o trimestre in corso alla data in cui ha effetto l'incorporazione, perché, non essendosi ancora conclusa la liquidazione periodica, le medesime operazioni devono essere considerate come compiute direttamente dall'incorporante (Ris. AE 29 luglio 2011 n. 78/E).

56115 La beneficiaria, esterna al gruppo, di una **scissione parziale** avente ad oggetto partecipazioni in società che, ante scissione, partecipavano con la scissa all'IVA di gruppo, non può proseguire, nello stesso anno di decorrenza degli effetti fiscali della scissione, la liquidazione di gruppo, ma deve comunque attendere il decorso dei 6 mesi per soddisfare il requisito del possesso temporale delle partecipazioni dal 1° luglio dell'anno precedente l'avvio della liquidazione di gruppo (Ris. AE 6 giugno 2008 n. 232/E).

B. Esercizio di più attività

56150 **REGOLA GENERALE** (art. 36 c. 1 DPR 633/72) I soggetti che svolgono contemporaneamente più attività economiche rilevanti agli effetti dell'IVA (es. più imprese, più arti o professioni, più attività nell'ambito di una stessa impresa), devono generalmente applicare l'imposta (in termini di tenuta delle scritture contabili e connessi adempimenti di fatturazione, registrazione, liquidazione, versamento, comunicazioni e dichiarazione) **in modo unitario e cumulativo per tutte** le attività, determinando l'IVA dovuta con riferimento al volume d'affari complessivo.
Tale regola subisce delle **deroghe nel caso di separazione**, obbligatoria o facoltativa, delle attività (ma anche in questi casi i soggetti mantengono una posizione unitaria nei confronti dell'Erario, e sono titolari di un unico **numero di partita IVA**).

56160 **OBBLIGO DI SEPARAZIONE** Nelle ipotesi illustrate in **tabella** l'IVA dev'essere sempre applicata separatamente, secondo le disposizioni che regolano le diverse attività e con riferimento al volume d'affari di ciascuna di esse.

Ipotesi (1)	Descrizione
Esercizio contemporaneo di imprese, arti o professioni (art. 36 c. 2 DPR 633/72)	I soggetti che esercitano contemporaneamente attività di impresa e arti o professioni devono applicare l'IVA separatamente per le attività d'impresa rispetto a quelle artistiche e professionali **(2)**

Ipotesi (1)	Descrizione
Commercio al minuto con il metodo della ventilazione (art. 36 c. 4 DPR 633/72)	Esercizio contemporaneo con altre attività. L'**obbligo di separazione non sussiste** nelle seguenti ipotesi, per le quali l'IVA si applica cumulativamente: – rispetto all'**attività** di commercio al minuto, per le attività ad essa **accessorie** (es. il servizio di bilance pesa persone, ecc.) ovvero non rientranti nell'attività propria dell'impresa (es. le locazioni immobiliari, ecc. - Circ. Min. 22 maggio 1981 n. 18/331568); – per i commercianti al minuto che non si avvalgono (o non possono avvalersi) del metodo della **ventilazione** (Risposta Min. a Int. Parl. 2/405/U.L. 19 marzo 1981)
Attività agricole con detrazione forfetizzata (art. 36 c. 4 DPR 633/72)	Esercizio contemporaneo di un'attività agricola, rientrante nel regime speciale, con altre attività. È compresa l'attività non occasionale di fornitura di servizi a terzi con utilizzo prevalente di attrezzature dell'azienda agricola, soggetta a detrazione forfettaria del 50% (art. 34 bis DPR 633/72). L'**obbligo non sussiste** nei casi di **opzione** per l'applicazione dell'IVA nei modi normali, nonché nei confronti dei produttori agricoli che effettuano, nell'ambito della stessa impresa agricola, operazioni occasionali diverse da quelle indicate all'art. 34 c. 5 DPR 633/72 (c.d. **imprese miste**; Circ. Min. 22 maggio 1981 n. 18/331568)
Attività spettacolistiche e di intrattenimento con detrazione forfettaria (art. 36 c. 4 DPR 633/72)	Esercizio contemporaneo con altre attività, a condizione che all'attività di spettacoli, giochi e intrattenimenti venga applicata l'applicazione forfettaria della detrazione (artt. 74 c. 6, 74 quater c. 5 DPR 633/72). L'**obbligo non sussiste** nell'ipotesi di **opzione** per l'applicazione dell'IVA nei modi normali (Circ. Min. 22 maggio 1981 n. 18/331568)

(1) Alle ipotesi citate si aggiunge quella relativa alla **S.O. in Italia** che effettua operazioni proprie e che deve tenere separate le operazioni territorialmente rilevanti in Italia effettuate direttamente dalla casa madre (v. n. 68020).

(2) Se un soggetto esercita **contemporaneamente più arti o professioni** (senza nessun esercizio d'impresa), è tenuto all'applicazione dell'IVA in modo unitario e cumulativo secondo la regola generale, a meno che non effettui l'opzione per l'applicazione separata (v. n. 56170, Circ. Min. 22 maggio 1981 n. 18/331568). Se un **professionista** è titolare di un **impianto fotovoltaico** e cede l'energia prodotta e inutilizzata al distributore mediante il servizio di scambio sul posto (c.d. SSP), il contributo che riceve è considerato un ricavo relativo a un'attività diversa da quella professionale (attività di produzione e cessione di energia), e quindi occorre tenere una contabilità separata (Ris. AE 20 gennaio 2009 n. 13/E).

OPZIONE PER LA SEPARAZIONE (art. 36 c. 3 DPR 633/72) L'altra deroga alla regola 56170
dell'applicazione unitaria e cumulativa dell'IVA, consente ai soggetti che esercitano più attività nell'ambito della stessa impresa o più arti e professioni, di optare per l'applicazione separata **dell'IVA relativamente ad una o più delle attività** stesse.

In tal caso, l'attività in relazione alla quale si chiede l'applicazione distinta dell'imposta, deve essere gestita con contabilità separata, altrimenti la **detrazione** dell'IVA sugli acquisti non spetta.

In genere, la separazione è possibile per le attività che hanno **diversi «codici attività»**. Tuttavia, l'opzione è ammessa, nel settore immobiliare, e pur in presenza di un unico codice attività, quando si effettuano (non occasionalmente) (Circ. AE 28 giugno 2013 n. 22/E):

– **locazioni** di fabbricati, o porzioni di fabbricato, a destinazione abitativa (esenti da imposta) e locazioni di fabbricati strumentali (operazione generalmente imponibile, v. n. 61170) o di altri immobili (attività con unico codice 68.20.01);

– **cessioni** di fabbricati, o porzioni di fabbricato, a destinazione abitativa (esenti da imposta) e locazioni di fabbricati strumentali (operazione generalmente imponibile, v. n. 60540) o di altri immobili (attività con unico codice 68.10.00).

Le cessioni di **fabbricati strumentali** e le locazioni degli stessi comprendono non solo operazioni imponibili ma anche operazioni esenti. In questi casi non è possibile separare le attività basandosi esclusivamente sul regime fiscale (di esenzione o di imponibilità) applicato alle cessioni o locazioni relative ai beni immobili classificabili, sotto il profilo catastale, fra gli immobili strumentali (Risp. AE 18 dicembre 2020 n. 608).

Se **in aggiunta alle attività** suddette di locazione e cessione di fabbricati, viene svolta un'attività di sviluppo e riqualificazione di immobili non abitativi (codice attività 41.20.00), trattandosi di un'attività differente, è possibile separarla dalle precedenti (Risp. AE 9 luglio 2021 n. 471).

>Precisazioni 1) Possono infatti avere **interesse alla separazione** delle attività i soggetti che esercitano, unitamente ad altre attività, **attività esenti** per le quali l'applicazione del pro-rata comporterebbe effetti negativi nel diritto di detrazione.
2) In presenza di **ristrutturazioni aziendali** (ad es. a seguito di operazioni straordinarie di fusione e conferimento) che comportino **modifiche sostanziali soggettive** (confluenza in un unico soggetto di attività diverse, imponibili ed esenti, in precedenza svolte singolarmente dalla capogruppo e dalle singole controllate) è possibile optare per la separazione delle attività (che scatta all'atto della sua concreta attuazione, desumibile dal comportamento concludente), purché le attività esercitate siano effettivamente distinte e obiettivamente autonome, anche se svolte nell'ambito della stessa impresa. Se poi **varia anche la composizione del volume d'affari** (distinto fra operazioni imponibili ed esenti) delle società superstiti rispetto a quello delle società estinte, potrebbe essere necessario, in presenza di beni ammortizzabili, procedere alla rettifica della detrazione operata all'atto del loro acquisto (v. n. 48230 e s.) (Ris. AE 5 maggio 2008 n. 184/E).

56175 **Esercizio dell'opzione** L'opzione si esercita con le **modalità** ordinarie - comportamento concreto e successiva comunicazione all'AF (v. n. 5455) - e **vincola** il contribuente alla sua concreta applicazione **almeno per un triennio**, trascorso il quale resta valida per ciascun anno successivo, fino a quando permane la concreta applicazione della scelta operata. La **revoca** si effettua con le medesime modalità dell'opzione, ma non è ammessa prima che sia terminato il periodo di rettifica della detrazione (v. n. 48230), se nel corso di un anno sono stati acquistati beni ammortizzabili.

Generalmente, l'opzione ha **validità** sin dall'inizio dell'anno solare o dell'attività; in presenza di **operazioni di ristrutturazione aziendale**, quali fusioni e scissioni, l'opzione esercitata da ciascuna società partecipante prima dell'operazione, continua fino alla prevista scadenza e alle condizioni sopra illustrate (Risp. AE 30 settembre 2021 n. 639). Per la validità dell'opzione esercitata in corso d'anno a seguito di operazioni di ristrutturazione v. precisazione 2 n. 56170.

56180 **EFFETTI DELLA SEPARAZIONE** (art. 36 c. 5 DPR 633/72) Gli effetti della separazione riguardano sia i **soggetti obbligati** all'applicazione separata dell'IVA sia i soggetti **che hanno optato** per tale regime.
In sostanza, le **particolarità** interessano principalmente la detrazione dell'IVA relativa ai beni e ai servizi utilizzati promiscuamente per diverse attività e i passaggi di beni e servizi tra le attività separate, con i relativi adempimenti.

Nulla cambia invece in relazione agli acquisti di beni e servizi specificamente utilizzati nell'ambito di una data attività separata per i quali se l'attività comprende:
– solo operazioni imponibili, l'IVA è integralmente detraibile;
– solo operazioni esenti, l'IVA è indetraibile;
– sia operazioni imponibili che esenti, l'IVA è detraibile in base al pro-rata (v. n. 48200 e s.).

Effetti	
Tipologia	**Descrizione**
Beni e servizi utilizzati promiscuamente	Se per una determinata attività (separata) la **detrazione** dell'IVA è **ridotta** (perché si effettuano operazioni esenti) oppure è **applicata forfettariamente** (es. produttori agricoli, editori, commercianti di sali e tabacchi, ecc.), l'IVA riguardante i beni e servizi utilizzati promiscuamente è detraibile nei limiti della parte imputabile all'esercizio dell'attività stessa **(1)**. È corretta l'**imputazione dei costi generali** riferibili a beni o servizi utilizzati promiscuamente per tutte le attività seguendo questa ripartizione **(2)**: – illuminazione e riscaldamento: riferimento ai metri quadri dei locali occupati; – spese telefoniche: riferimento al numero fisso degli apparecchi; – cancelleria e stampati di uso generale: riferimento ai consumi; – spese di pubblicità, di rappresentanza e costi sostenuti per l'acquisto di beni e servizi per il centro elaborazione dati: riferimento al volume d'affari
Passaggi di beni e servizi	– I passaggi di **beni** tra attività separate devono essere fatturati con riferimento al valore normale - anche se hanno per oggetto operazioni esenti (Ris. Min. 29 dicembre 1990 n. 450565) - e le registrazioni devono essere eseguite nello stesso mese, distintamente in base all'aliquota applicabile per le relative cessioni **(3) (4)**; – I passaggi di **servizi** rilevano solamente quando sono rivolti all'attività soggetta a detrazione ridotta (perché si effettuano operazioni esenti) o forfettaria (es. produttori agricoli, editori, ecc.). Essi costituiscono prestazioni di servizio da fatturare e registrare e si considerano effettuati, in base al loro valore normale, nel momento in cui sono resi (Ris. Min. 20 maggio 1991 n. 445015) **(5)**

(1) Tuttavia, per i **soggetti che hanno optato** per la separazione, la detrazione è esclusa per i **beni non ammortizzabili** utilizzati promiscuamente in più attività (Ris. Min. 13 marzo 1991 n. 320810).
(2) Per l'individuazione della parte imputabile a ciascuna attività separata il riferimento al rapporto fra i volumi d'affari di esse è consentito solo quando il contribuente non sia in grado di **determinare in concreto la misura** con cui i beni o servizi acquistati risultino utilizzati per l'esercizio dell'attività separata (Ris. Min. 29 dicembre 1990 n. 450565, Cass. 20 aprile 2012 n. 6255).
(3) L'**individuazione iniziale dei beni** da assegnare all'una o all'altra delle attività esercitate non dovrebbe realizzare un'operazione soggetta ad IVA, altrimenti verrebbe meno la natura agevolativa della disposizione sulla separazione delle attività.
(4) Per i **passaggi** di beni **all'attività di commercio al minuto** effettuata con l'applicazione del metodo della **ventilazione** (v. n. 55210) e quelli da questa ad altra attività, l'IVA non è dovuta, ma i passaggi stessi devono essere registrati, in base al corrispettivo di acquisto dei beni, entro il giorno festivo successivo a quello del passaggio.
(5) La regola appena descritta dovrebbe valere anche in caso di **passaggi di beni**, anche se la norma testualmente la riferisce solo ai passaggi di servizi (v. in questo senso la Circ. AE 31 ottobre 2018 n. 19 che, commentando gli adempimenti legati ai passaggi di beni e servizi fra soggetti diversi appartenenti al Gruppo IVA, rende tale principio estensibile a tutte le operazioni inerenti i passaggi fra attività separate).

ADEMPIMENTI CONSEGUENTI ALLA SEPARAZIONE (art. 36 c. 5 DPR 633/72) 56190

Tipologia
1) tenuta dei **registri** ordinari separatamente per ogni attività esercitata; **2) fatturazione** delle relative operazioni con adozione di una distinta serie numerica; **3) annotazione** delle relative operazioni nei registri di cui al precedente punto 1); **4) distinta liquidazione** dell'imposta e applicazione distinta delle disposizioni relative alla detraibilità della stessa; **5) versamento** dell'imposta in modo unitario, cioè per l'ammontare complessivo dovuto, con la compensazione tra situazioni debitorie e creditorie (al netto quindi delle eccedenze detraibili) **(1)**; **6)** presentazione di un'unica **comunicazione liquidazioni periodiche** IVA contenenti quelli di tutte le attività gestite con contabilità separata **(2)**; **7)** presentazione di un'unica **dichiarazione annuale** composta da un solo modello base, ma con tanti moduli quante sono le attività con contabilità separata. Se è un **commerciante al minuto** o assimilato deve effettuare la trasmissione telematica dei corrispettivi, potendo utilizzare anche un unico Registratore Telematico (v. n. 53855).

(1) In relazione all'obbligo del versamento in **acconto** occorre tener presente che:
– il **dato storico** va calcolato sommando algebricamente le risultanze dell'ultima liquidazione periodica (per le attività mensili e per quelle trimestrali «naturali» di cui all'art. 74 c. 4 DPR 633/72) o della dichiarazione annuale presentata (per le altre attività trimestrali, art. 7 DPR 542/99) tenendo conto dei correttivi da apportare se, nell'anno in corso, si sono verificate delle variazioni nei volumi di affari delle attività gestite separatamente nell'anno precedente;
– il **dato previsionale** va calcolato con gli stessi criteri di cui sopra, ma con riferimento alle risultanze previste per l'anno in corso (Circ. Min. 3 dicembre 1991 n. 52);
– il valore delle operazioni effettuate entro il 20 dicembre, al netto dell'IVA su acquisti, deve essere considerato cumulativamente per tutte le attività (Ris. AE 20 dicembre 2006 n. 144/E).
(2) Tuttavia se un'**attività è esonerata** dall'obbligo di presentare la dichiarazione annuale, per la comunicazione IVA, i dati di questa attività non vanno considerati.

SEZIONE 5

Dichiarazione annuale e comunicazione Lipe

I soggetti passivi IVA devono presentare annualmente la dichiarazione IVA per fornire all'AF i dati sulle operazioni effettuate nell'anno precedente, e periodicamente la comunicazione delle liquidazioni IVA (c.d. Lipe). 56300
Per tali adempimenti in caso di **eventi straordinari**, quali fusione, scissione, trasformazione, fallimento, liquidazione, v. n. 89000.
Inoltre, dal 2023, è prevista l'introduzione, a carico dei soggetti IVA che facilitano, tramite l'uso di un'**interfaccia elettronica** (quale un mercato virtuale, una piattaforma, un portale o mezzi analoghi) le vendite di beni mobili esistenti nel territorio dello Stato nei confronti di privati, di una comunicazione con cui **trasmettere** all'AE i **dati relativi ai fornitori** e alle **operazioni effettuate**. Con apposito decreto MEF saranno individuati i beni per i quali sussiste l'obbligo e le modalità per la comunicazione (art. 1 c. 151 L. 197/2022).

Per i **soggetti che operano con altri Paesi UE** è richiesta, in presenza di determinate condizioni, la compilazione degli Intrastat (v. n. 65440).

I. Dichiarazione annuale

56400 Con la dichiarazione annuale il soggetto passivo IVA procede all'**autodeterminazione** definitiva dell'imposta dovuta mediante riepilogo delle operazioni attive e passive effettuate nell'anno precedente e alla liquidazione del debito o del credito IVA.
La compilazione della dichiarazione consente di determinare il **volume d'affari** dell'anno precedente, l'imposta **detraibile** e la percentuale del **pro-rata** per l'anno successivo, la **rettifica di eventuali errori** compiuti nelle liquidazioni periodiche, l'esercizio (entro i termini consentiti dalla legge) delle detrazioni non effettuate nei periodi di competenza.

56410 **SOGGETTI OBBLIGATI** (art. 8 c. 1 DPR 322/98) Sono obbligati alla presentazione i titolari di partita IVA, anche se nell'anno solare **non** hanno effettuato **operazioni imponibili**, salvo i casi di esonero sotto indicati.
Sono obbligati anche i soggetti **non residenti** che hanno effettuato in Italia operazioni rilevanti ai fini IVA, i quali, a seconda dei casi, presentano la dichiarazione direttamente (identificazione diretta, v. n. 68045) o mediante rappresentante fiscale (v. n. 68037) o S.O. (v. n. 68015).

Per l'obbligo in capo alle società controllanti e controllate che si avvalgono della **liquidazione IVA di gruppo** v. n. 56050; per i contribuenti che esercitano più attività in **contabilità separata** v. n. 56190.

56415 **Casi di esonero**

Soggetti (1)	Descrizione e/o particolarità
che, per l'anno di riferimento, hanno effettuato soltanto **operazioni esenti (2)**	l'esonero **non ha effetto** nei seguenti casi: obbligo di rettifica della detrazione; registrazione di operazioni intracomunitarie; effettuazione di acquisti per cui l'IVA è dovuta dall'acquirente (es. acquisti di rottami, di oro e argento fatti da dentisti ed odontotecnici) se il cedente ha optato per l'imponibilità
che usufruiscono di **specifici regimi di esonero**, quali:	– **regime forfettario** previsto per i contribuenti **di piccole dimensioni** (v. n. 5580 e s. e n. 10030 e s.); – **produttori agricoli** con volume d'affari relativo all'anno precedente non superiore a 7.000 euro (v. n. 62290); – **esercenti giochi e intrattenimenti** che versano l'IVA in modo forfettario (v. n. 63520) **(3)**; – soggetti che hanno esercitato l'opzione per il regime forfettario delle **società e associazioni sportive dilettantistiche** e le associazioni senza fini di lucro (v. n. 97390 e n. 97470), esonerati dagli adempimenti IVA per i proventi delle attività commerciali connesse agli scopi istituzionali (v. n. 97480)
imprese individuali che hanno dato **in affitto l'unica azienda**	se non esercitano altre attività rilevanti ai fini IVA (Circ. Min. 19 marzo 1985 n. 26)
soggetti passivi IVA **residenti in Stati UE** e senza S.O. in Italia identificati tramite **rappresentante fiscale «leggero»** (v. n. 65426)	se hanno effettuato solo operazioni non imponibili, esenti, non soggette o, comunque, senza il pagamento dell'IVA
domiciliati o residenti fuori dall'Italia	quando prestano servizi digitali a committenti comunitari privati e si registrano al regime del MOSS (v. n. 65318)

(1) L'esonero non impedisce al contribuente di presentare la dichiarazione se lo ritiene utile e opportuno (es. dichiarazione che evidenzi un'**eccedenza di credito** dall'anno precedente).
(2) Compresi quelli che si sono avvalsi della **dispensa dagli adempimenti** per le operazioni esenti.
(3) Rimangono invece obbligati in caso di **opzione** per il regime IVA ordinario.

MODALITÀ DI PRESENTAZIONE (artt. 3, 8 c. 1 DPR 322/98) La dichiarazione va presentata **in via** telematica direttamente dal contribuente (v. n. 16043) o tramite intermediari abilitati (v. n. 16047). 56430

Occorre utilizzare il **modello conforme** a quello approvato annualmente con provvedimento dell'AE (disponibile gratuitamente in formato elettronico sul sito internet www.agenziaentrate.gov.it).

Alcuni soggetti, in alternativa al modello ordinario, possono utilizzare il **modello semplificato IVA BASE** (Istr. Mod. IVA Base) se:

• hanno determinato l'imposta secondo le regole ordinarie previste dalla disciplina IVA e, pertanto, non hanno applicato gli specifici criteri dettati dai regimi speciali IVA (es. quello previsto per gli agricoltori o per le agenzie di viaggio);
• hanno effettuato solo in via occasionale cessioni di beni usati e/o operazioni per le quali è stato applicato il regime per le attività agricole connesse di cui all'art. 34 bis DPR 633/72 (v. n. 62175);
• non hanno effettuato operazioni con l'estero;
• non hanno effettuato acquisti e importazioni in qualità di esportatori abituali (v. n. 67002);
• non hanno partecipato ad operazioni straordinarie o trasformazioni sostanziali soggettive.

Nell'ambito dei **gruppi**, la trasmissione telematica delle dichiarazioni dei soggetti appartenenti al gruppo può essere effettuata da uno o più soggetti del gruppo. In tal caso è possibile anche la trasmissione in **tempi** diversi delle singole dichiarazioni, alcune delle quali eseguite direttamente, altre tramite società del gruppo e altre ancora tramite un intermediario. Le società interessate ad aderire a tale procedura devono consegnare alla società incaricata della trasmissione telematica le proprie dichiarazioni debitamente sottoscritte in tempo utile a consentire il rispetto dei termini di presentazione. Appartengono al gruppo l'ente o società **controllante** e le società **controllate**, così come definite al n. 37360. Si segnala che la normativa non è stata adeguata alla modifica intervenuta in ambito di liquidazione IVA di gruppo che richiede invece che il possesso della controllata si abbia solo dal 1° luglio dell'anno precedente e non dall'inizio dell'anno precedente.

Infine, dal 10 febbraio 2023 i soggetti che liquidano l'IVA trimestralmente possono inoltre accedere, tramite le applicazioni online dell'AE, alla bozza del modello della **dichiarazione IVA 2023 precompilata** relativa all'anno d'imposta 2022 (v. n. 54800).

CARATTERISTICHE La **tabella** riassume le regole riguardanti termini di presentazione, sottoscrizione e conservazione della dichiarazione annuale (artt. 3 e 8 DPR 322/98). 56440

Termini di presentazione	tra il 1° febbraio e il 30 aprile dell'anno successivo **(1) (2)**
Prova	v. n. 16045 e n. 16053
Sottoscrizione	per le persone fisiche v. n. 16045 e n. 16055; per le società v. n. 26300
Visto di conformità (artt. 35 e 36 D.Lgs. 241/97)	in caso di rilascio del visto di conformità alla dichiarazione, il **modello deve essere sottoscritto** anche dal professionista abilitato (v. n. 37860 e s.) **(3)**
Conservazione	v. n. 26300
Errori ed omissioni	la **rettifica** spontanea di errori od omissioni commessi nella compilazione della dichiarazione IVA può essere effettuata seguendo le disposizioni valevoli per le dichiarazioni dei redditi (v. n. 16070), tenendo tuttavia presente che: – se la **dichiarazione integrativa** a favore è presentata **entro** i termini di presentazione della dichiarazione relativa al periodo d'imposta successivo, l'IVA risultante può anche essere detratta in sede di liquidazione periodica o annuale oppure chiesta a rimborso (in presenza delle relative condizioni nell'anno interessato dalla rettifica); – se la dichiarazione integrativa a favore è presentata **successivamente** l'IVA risultante può essere chiesta a rimborso (in presenza delle relative condizioni) o utilizzata per eseguire il versamento dei debiti maturati dal periodo d'imposta successivo a quello in cui è stata presentata la dichiarazione integrativa (es. integrativa a favore presentata a ottobre 2021 per l'IVA del 2018 con emersione di un credito di 100, la compensazione può essere fatta con il debito per il saldo IVA del 2021 emergente dal Mod. IVA/2022, da presentare nel 2022); – in quest'ultimo caso, il credito derivante dal minor debito o dal maggiore credito risultante dalla dichiarazione integrativa va indicato nel quadro VN della dichiarazione IVA

(1) Se il termine cade di **sabato** o in giorno **festivo**, la dichiarazione è considerata tempestiva se presentata il primo giorno lavorativo successivo (art. 2 c. 9 DPR 322/98). Sono comunque considerate valide le dichiarazioni presentate **entro 90 giorni** dalla scadenza del termine (fatta salva l'applicazione di sanzioni); **oltre 90 giorni** esse si considerano omesse (ma costituiscono titolo per la riscossione dell'imposta dovuta). La dichiarazione si considera tempestiva se trasmessa entro il termine previsto, anche se **successivamente scartata** dal servizio telematico per la presenza di errori, purché sia correttamente ritrasmessa entro i 5 giorni successivi alla comunicazione telematica dell'avvenuto scarto da parte dell'AE (Circ. AE 25 gennaio 2002 n. 6/E).

(2) La dichiarazione trasmessa entro fine febbraio può sostituire la presentazione della Comunicazione Lipe del 4° trimestre (v. n. 56615).

(3) Il visto è obbligatorio in caso di utilizzo in **compensazione di credito IVA** risultante dalla dichiarazione per importo **superiore** a € 5.000, salvo che l'attestazione sia rilasciata dai soggetti che effettuano il controllo contabile ex art. 2409 bis c.c. (v. **tabella** al n. 55530).

II. Comunicazione Lipe

(art. 21 bis DL 78/2010 conv. in L. 122/2010)

56610 I soggetti passivi IVA devono inviare una comunicazione telematica dei dati contabili riepilogativi delle liquidazioni periodiche trimestrali IVA effettuate.
Sono **esonerati** i soggetti non obbligati alla presentazione della dichiarazione annuale IVA o all'effettuazione delle liquidazioni periodiche. Inoltre, se nel periodo di riferimento non ci sono **né operazioni attive né passive**, la comunicazione non va inviata, a meno che non occorra **riportare un credito** proveniente dal trimestre precedente.
I **soggetti con più attività** IVA che determinano l'imposta in modo separato presentano una sola comunicazione per ciascun periodo.

N.B. Per i soggetti che liquidano l'IVA trimestralmente per opzione, è disponibile, a titolo sperimentale, la bozza della liquidazione trimestrale, basata sui dati dei registri IVA precompilati dall'AE e convalidati dal contribuente (v. n. 54813).

56611 **MODELLO** (Provv. AE 21 marzo 2018 n. 62214) Il modello «Comunicazione liquidazioni periodiche IVA» **si compone di**:
- frontespizio (contenente i dati generali del contribuente, la firma, l'impegno alla trasmissione telematica);
- modulo, composto dal quadro VP (contenente i dati relativi alla liquidazione periodica dell'imposta).

I dati contenuti in tale Modello, una volta acquisiti, sono **resi disponibili** al contribuente nel proprio cassetto fiscale e nella sezione Consultazione dell'area autenticata dell'interfaccia web «Fatture e corrispettivi» nel sito internet dell'AE.

56612 Per **ciascuna liquidazione periodica** va compilato **un distinto modulo** della comunicazione. Quindi, i contribuenti che effettuano:
- liquidazioni periodiche mensili: compilano un modulo per ciascun mese del trimestre;
- liquidazioni periodiche trimestrali: compilano un unico modulo per il trimestre;
- sia liquidazioni mensili sia trimestrali (in caso di contabilità separate): compilano un modulo per ciascun mese e un modulo per il trimestre.

56613 Ai fini della **corretta compilazione**, si riportano i chiarimenti forniti dall'AE (www.agenziaentrate.gov.it, Sezione: Imprese/Comunicazioni/IVA/Liquidazioni periodiche Iva/Faq).

Argomento		Chiarimento
Credito IVA relativo a:	**Periodo precedente**	Va indicato nel rigo VP8 l'intero importo (e non solo la quota utilizzata in detrazione) risultante dalla liquidazione precedente dello stesso anno solare, al netto dell'eventuale quota chiesta a rimborso o in compensazione nel modello IVA TR
	Anno precedente	Va indicato nel rigo VP9 l'ammontare del credito compensabile, portato in detrazione nella liquidazione del periodo, risultante dalla dichiarazione annuale dell'anno precedente, al netto della quota già portata in detrazione nelle liquidazioni dei periodi precedenti dello stesso anno solare. Nel modulo relativo a gennaio si può indicare, anziché l'intero ammontare del credito, solo quello che si intende utilizzare nella relativa liquidazione periodica; la quota rimanente può essere indicata nel rigo VP9 dei mesi successivi. Viceversa, se si indica tutto il credito ma non lo si utilizza integralmente, l'eventuale eccedenza va riportata nel rigo VP8 (credito periodo precedente) del mese di febbraio
Versamenti		Non vanno indicati, neppure quelli tardivi. Unica eccezione sono i versamenti relativi all'IVA dovuta per la prima cessione interna di autoveicoli in precedenza oggetto di acquisto intra UE, da indicare nel rigo VP10
Debito IVA non superiore a € 25,82		Va indicato nel periodo in cui emerge il debito, nella colonna 1 del rigo VP14, anche se non immediatamente versato
Split payment		Il cedente/prestatore deve riportare il solo imponibile delle operazioni attive (rigo VP2) senza considerare l'imposta nell'IVA esigibile (rigo VP4)
Reverse charge o **acquisti IC**		L'acquirente debitore d'imposta deve compilare solo i righi relativi agli acquisti e non quelli delle operazioni attive: la base imponibile va indicata solo nel rigo VP3 (e non anche in VP2), mentre l'imposta compare sia nell'IVA esigibile (rigo VP4) che in quella detratta (rigo VP5), purché l'IVA sia detraibile
Regimi monofase		Non vanno indicati nel rigo VP2 tra le operazioni attive. Ovviamente i soggetti che applicano uno di tali regimi devono indicare nel rigo VP2 l'imponibile relativo alle operazioni per le quali risultano debitori dell'IVA (es. l'editore deve indicare l'imponibile relativo alle operazioni per le quali è debitore dell'IVA al netto, però, della riduzione spettante)
Autotrasportatori che differiscono la registrazione al trimestre successivo		Indicano le fatture emesse nella comunicazione del trimestre in cui sono registrate
IVA a esigibilità differita		L'imponibile deve essere compreso nel rigo VP2 relativo al periodo di effettuazione dell'operazione, mentre la relativa imposta deve essere compresa nel rigo VP4 del periodo in cui si verifica l'esigibilità; del pari, l'imponibile dell'acquisto va indicato nel rigo VP3 relativo al periodo in cui la fattura di acquisto è registrata, mentre l'imposta va indicata nel rigo VP5 del periodo in cui si detrae
Attività plurime		In presenza di 2 attività, una con liquidazioni mensili e l'altra trimestrali, in caso di anticipazione della liquidazione trimestrale e di compensazione del relativo credito con il debito risultante dalla liquidazione dell'ultimo mese del trimestre, occorre compilare un unico modulo e l'eventuale credito residuo va riportato nella prima liquidazione mensile successiva

PRESENTAZIONE La comunicazione va presentata in **via** telematica direttamente o tramite un intermediario abilitato, **entro** le scadenze indicate in **tabella**. **56615**

Va presentata anche in caso di **liquidazione con eccedenza a credito**.

Periodo di riferimento	Scadenza
1° trimestre (liquidazioni sia mensili che trimestrali)	31 maggio
2° trimestre (liquidazioni sia mensili che trimestrali)	30 settembre
3° trimestre (liquidazioni sia mensili che trimestrali)	30 novembre
4° trimestre (liquidazioni sia mensili che trimestrali)	fine febbraio dell'anno successivo **(*)**

(*) In alternativa alla comunicazione, è possibile trasmettere i dati con la dichiarazione annuale (quadro VP), da inviare entro tale termine.

56617 **COMUNICAZIONE OMESSA, INCOMPLETA, ERRATA** È possibile inviarne una nuova o rettificare quella incompleta o errata **entro** il termine di presentazione della relativa dichiarazione annuale.
In mancanza, è possibile compilare il quadro VH della dichiarazione annuale. In tal caso, non è più necessario l'invio della comunicazione. Se l'errore emerge **dopo** aver già presentato la dichiarazione annuale, occorre presentarne una integrativa.

È applicabile il **ravvedimento**, v. n. 87357.

SEZIONE 6

Variazione dell'imposta e dell'imponibile

56800 Quando la fattura è stata emessa per **errore** oppure quando **successivamente alla sua emissione** si verificano circostanze tali da comportare una variazione di quanto fatturato, il cedente o prestatore può o, in alcuni casi, deve rettificare la fattura emessa.
Si distinguono i **casi** di **variazioni in aumento** o **in diminuzione** che comportano diverse modalità di correzione (fattura integrativa e nota di credito).
Nel caso di errore incidente sulla sola **registrazione** della fattura, v. n. 56950.

>**Precisazioni 1)** Le ipotesi esaminate non comprendono il caso di **mancato ricevimento** della fattura da parte del fornitore, o di **ricevimento di una fattura per importo inferiore al reale**, nei quali il cessionario o committente deve regolarizzare l'operazione mediante emissione di «autofattura» e versamento della eventuale imposta o maggior imposta dovuta secondo quanto illustrato al n. 87041.
2) Nel caso di applicazione del **reverse charge**, le modalità di effettuazione delle variazioni sono illustrate al n. 87045.
3) In materia di **transfer pricing** applicabile ai fini IRES alle società multinazionali in relazione alle operazioni infragruppo, se una società residente effettua specifici aggiustamenti ai prezzi applicati alle imprese associate estere al fine di rispettare il criterio di libera concorrenza ed evitare la rettifica dell'AF, questi importi sono di regola irrilevanti ai fini IVA, perché senza legame diretto con le singole cessioni di beni effettuate. Se invece sussiste un legame diretto tra uno specifico aggiustamento e una singola cessione, allora il relativo corrispettivo deve essere variato ai fini IVA, in aumento o in diminuzione secondo le regole ordinarie (Risp. AE 2 novembre 2018 n. 60). Ad esempio, l'aggiustamento di prezzo trimestrale calcolato per singolo prodotto sulla base del **profit true up**, cioè concordato tra le associate per allineare i rispettivi profitti al livello di libera concorrenza, va rilevato con nota di credito/debito rilevante ai fini IVA (Risp. AE 6 agosto 2021 n. 529) mentre l'aggiustamento operato in base al metodo **TNMM** (transactional net margin method) è irrilevante a fini IVA (Risp. AE 30 dicembre 2021 n. 884).

a. Variazioni in aumento

(art. 26 c. 1 DPR 633/72)

56810 Se, **dopo l'emissione** o la registrazione della fattura, aumenta l'imponibile o l'IVA di un'operazione, per qualsiasi motivo - **inesattezza** nella fatturazione, **errori** nell'interpretazione della legge, ecc. (v. **tabella** per esempi) - in relazione al maggior ammontare il **cedente/prestatore deve** emettere una fattura integrativa (detta anche «nota di addebito») contenente il riferimento alla fattura rettificata (indipendentemente dal tempo trascorso dall'emissione della fattura originaria). La nuova fattura, che deve essere numerata progressivamente e registrata nel registro delle fatture emesse, può essere ordinaria o semplificata (v. n. 52650), indipendentemente dal suo importo e dalla tipologia, ordinaria o semplificata, della fattura rettificata (art. 21 bis DPR 633/72 e Circ. AE 24 giugno 2014 n. 18/E).
L'acquirente, quando la riceve, deve registrarla nel registro degli acquisti con le stesse modalità e negli stessi termini previsti per le fatture d'acquisto.
Se, invece, la variazione in aumento si verifica **prima che la fattura sia stata emessa** - es. fattura compilata ma non ancora inviata allo Sdi - la fattura stessa può essere annullata e sostituita da altra fattura regolare (Circ. Min. 9 settembre 1975 n. 28/502890).

Se l'operazione a cui si riferisce la variazione è una **cessione al dettaglio** (in quanto tale non soggetta all'obbligo di fatturazione) è sufficiente annotare la variazione nel registro dei corrispettivi.

Casi di variazioni in aumento
a) nella fattura **non sono state comprese tutte le operazioni** per le quali si è verificato il presupposto impositivo (Ris. Min. 23 luglio 1975 n. 501355); **b)** l'**acquisto** è stato effettuato **senza pagamento dell'imposta**, da esportatore abituale, oltre i limiti del plafond di cui al n. 67012 (Ris. Min. 17 dicembre 1975 n. 503504; Ris. Min. 16 dicembre 1975 n. 503269); **c)** è stata applicata l'IVA con **aliquota inferiore** a quella prevista dalla legge (Ris. Min. 11 marzo 1976 n. 502716; Ris. Min. 23 dicembre 1975 n. 503576); **d) mancata applicazione dell'IVA** su operazioni che ne erano soggette (Ris. Min. 12 marzo 1976 n. 504011; Ris. Min. 21 maggio 1979 n. 362750); **e)** lo **sconto** concesso nella fattura originaria **viene meno** (es., perché il debitore non ha rispettato i termini di pagamento a cui lo sconto era correlato; Ris. Min. 30 giugno 1975 n. 501171); **f)** nell'ambito di un **contratto di deposito** sono riscontrate delle differenze inventariali negative causate da errori di fatturazione nei confronti del depositario (Ris. AE 25 novembre 2005 n. 166/E)

CONSEGUENZE Se la variazione viene effettuata **entro** il termine per la **liquidazione periodica** relativa alla fattura inesatta, non vengono applicate sanzioni. Se invece viene effettuata **successivamente** si applicano le sanzioni di cui al n. 87040. 56820

b. Variazioni in diminuzione

(art. 26 c. 2-12 DPR 633/72)

Se, **successivamente all'emissione della fattura** e alla sua registrazione, l'operazione per cui è stata emessa fattura viene meno, in tutto o in parte, o se ne riduce l'ammontare imponibile, il **cedente/prestatore può** effettuare una variazione in diminuzione dell'IVA precedentemente fatturata, con l'emissione di una «nota di credito». 56840
A differenza delle variazioni in aumento, quelle in diminuzione sono **facoltative**. Il fornitore può, quindi, anche non effettuare la variazione, ma se decide di esercitare tale facoltà, sorge per il cliente l'obbligo di eseguire la corrispondente rettifica (Circ. Min. 9 agosto 1975 n. 27/501706).

›**Precisazioni** 1) Le operazioni per le quali **non è stata emessa fattura** (es. vendite di beni al dettaglio, soggette all'emissione di scontrino fiscale o di ricevuta fiscale) sono **escluse** dalla possibilità di rettifica, salvo l'ipotesi contrattualmente prevista di restituzione di prodotti il cui prezzo potrà essere utilizzato per altri acquisti oppure rimborsato.
2) Per le variazioni relative alle operazioni **di importazione e di esportazione**, si rinvia al n. 66052; per quelle **intracomunitarie** resta applicabile la disciplina ordinaria, salvo alcune particolarità - illustrate al n. 65516 e s.- legate all'obbligo di presentazione dei modelli INTRA.
3) L'art. 90 Dir. 2006/112/CE stabilisce che in caso di annullamento, recesso, risoluzione, non pagamento totale o parziale o di riduzione di prezzo dopo che l'operazione è stata effettuata, la base imponibile viene debitamente ridotta. Tuttavia, per il caso di non pagamento totale o parziale, gli Stati membri possono derogare a questa norma.
4) Nei rapporti fra cliente e fornitore, quando il fornitore è tenuto a **restituire il compenso** ricevuto, deve restituire anche l'imposta addebitata in rivalsa (Cass. 22 settembre 2020 n. 19806).

Le **cause** che possono dar luogo a una variazione in diminuzione si distinguono in due categorie a seconda dell'esistenza di **limiti temporali** per la loro rilevanza. 56845

CAUSE SENZA LIMITI TEMPORALI Le cause indicate nella seguente **tabella** attribuiscono al cedente (o prestatore) il diritto di effettuare una variazione in diminuzione, indipendentemente dal momento in cui si verificano. 56850
La nota di variazione deve essere emessa **al più tardi** entro il termine della dichiarazione relativa all'anno in cui si verifica la causa e il diritto alla **detrazione** può essere esercitato al più tardi con la dichiarazione relativa all'anno in cui la nota risulta emessa (v. n. 48220). Una volta emessa il ricevente è obbligato a registrarla (Risp. AE 11 agosto 2021 n. 544, Princ. dir. AE 14 febbraio 2020 n. 5).

56850
(segue)

Cause	Esempi e commenti
A) obbligo derivante da precise **disposizioni di legge**	Esempi: – ipotesi della L. 47/2004 che, entrata in vigore il 28 febbraio 2004, ha **ridotto l'aliquota** sulle ristrutturazioni edilizie dal 20% al 10% con decorrenza dal 1° gennaio 2004 (Circ. AE 21 giugno 2004 n. 28/E); – variazione in diminuzione derivante dal ritiro dal mercato, da parte dell'impresa produttrice, di un **prodotto rivelatosi difettoso**; si trattava di un obbligo di legge per effetto degli artt. 1490 e s. c.c. (Ris. Min. 24 ottobre 1990 n. 571646)
B) successiva applicazione di **sconti o abbuoni** purché siano stati **previsti nel contratto** originario **(1)**	Esempio: riconoscimento al cliente di un «extra sconto o premio fedeltà» al raggiungimento di un certo target annuale di acquisti, c.d. premi fedeltà (v. però giurisprudenza contraria al n. 40340)
C) dichiarazione di **nullità, annullamento, rescissione** del contratto **(2)**	Deve trattarsi, in sostanza, di eventi che, in base al codice civile, determinano **sin dall'origine** l'invalidità del contratto
D) **risoluzione, recesso, revoca** e simili **(3)** del contratto **(2)**	Deve trattarsi di eventi che sopraggiungono ad alterare in vario modo i rapporti tra le parti che hanno stipulato un contratto valido. Esempi: – clausola «**resi come da usi commerciali**» apposta, nei contratti di commissione di vendita, ai sensi dell'art. 1353 c.c.: se l'acquirente si avvale di tale facoltà i prodotti avariati o rimasti invenduti sono restituiti senza successiva sostituzione (Ris. Min. 25 marzo 1974 n. 500128) **(4)**; – contratto «**rent to buy**», in cui il concedente fattura le somme che incassa inizialmente come acconti sulla eventuale futura cessione, nel caso in cui questa poi non si perfezioni, perché il conduttore non esercita il diritto di acquisto (v. n. 61165 e s.); – risoluzione relativa a contratti **a esecuzione continuata o periodica** (ad es. telefonia, energia, acqua, ecc.) **(5)** per inadempimento per mancato pagamento delle fatture: la nota di variazione può essere emessa entro la data di presentazione della dichiarazione IVA relativa all'anno in cui viene interrotto il servizio senza necessità di attivare specifiche procedure di recupero (art. 26 c. 9 DPR 633/72, Risp. AE 17 febbraio 2021 n. 119) **(6)**
E) mancato pagamento, parziale o totale, della fattura con **IVA ad esigibilità differita** emessa per operazioni escluse dallo split payment effettuate nei confronti dello **Stato, enti pubblici**, ecc. (v. n. 46450)	La causa del mancato pagamento è irrilevante: risoluzione del contratto, sopravvenuto accordo, annullamento della fattura emessa per errore. Se però la fattura è stata emessa con **IVA ad esigibilità immediata**, per la variazione resta applicabile il limite annuale di cui al n. 56860 (Ris. AE 5 marzo 2002 n. 75/E)
F) mancato pagamento, parziale o totale, della fattura a causa di **procedure concorsuali** o di procedure **esecutive rimaste infruttuose (7)**	v. n. 56920
G) **contratto per persona da nominare**	È il contratto con cui una parte, lo stipulante, si riserva il potere di nominare, entro il termine legale di 3 giorni o il diverso termine stabilito nel contratto stesso, un'altra persona come parte del contratto (art. 1401 c.c.). Se il termine per la nomina non è fissato o è stabilito in modo generico e/o incerto (es. data del rogito, quando questo è previsto al momento della consegna), si rientra nell'ipotesi di **sopravvenuto accordo tra le parti**, per la cui variazione si applica il termine di 1 anno, v. n. 56865 (Ris. AE 11 agosto 2009 n. 212/E)

(1) È stato ritenuto sufficiente anche un **accordo orale**, successivo al contratto originario e documentato dalle note di accredito, a condizione che la legge non richieda la forma scritta per la specifica tipologia del contratto (Cass. 22 giugno 2001 n. 8558). Non rilevano, invece, sconti o abbuoni derivanti da **consuetudini o usi commerciali** di qualsiasi genere (Cass. 8 aprile 1992 n. 4310). Se lo sconto o l'abbuono deriva da un **sopravvenuto accordo** la variazione in diminuzione può essere effettuata solo entro 1 anno dall'effettuazione dell'operazione (v. n. 56865). Per il diverso trattamento fiscale riservato agli sconti contrattuali e ai servizi promozionali realizzati nella **grande distribuzione**, supermercati e ipermercati, v. MIVA oppure Ris. AE 7 febbraio 2008 n. 36/E.

(2) Le ipotesi possono riguardare tutto il contratto o alcune parti di esso e, quelli relative alla lett. C, nella pratica si manifestano attraverso **sentenze o atti amministrativi**. Tuttavia, per la sussistenza di una tale causa (lett. C e D), se diversa dalla nullità, non serve un formale atto di accertamento (negoziale o giudiziale) ma è sufficiente la dichiarazione della parte interessata (Princ. dir. AE 6 agosto 2021 n. 11, Cass. 17 giugno 1996 n. 5568). Il **lodo arbitrale rituale** costituisce un'ipotesi di sentenza che autorizza ad emettere nota di variazione dalla data della sua sottoscrizione (Risp. AE 14 febbraio 2019 n. 55).

Un caso particolare compreso nelle fattispecie in esame è quello relativo all'emissione di **fatture provvisorie** destinate successivamente a essere integrate o rettificate (Ris. Min. 18 luglio 1984 n. 398113).

(3) Tra i casi **«simili»** rientrano tutte quelle cause che determinano una **modificazione dell'assetto giuridico** tra le parti, facendo decadere in tutto o in parte fin dall'origine gli effetti dell'atto originario, in particolare per i corrispettivi economici dell'operazione.

Esempio A): una delibera dell'Autorità di regolazione per energia reti e ambiente che approva e rende vincolante una proposta di impegno contrattuale che storna l'iniziale corrispettivo addebitato ingiustamente ai clienti (Risp. AE 19 marzo 2019 n. 77).

Esempio B): un invio errato allo SdI di una fattura elettronica cartacea già emessa ante 2019: invio di nota di credito tramite SdI **per annullare** l'invio errato indicando, nel campo causale della nota di credito elettronica, la dicitura «storno totale della fattura per errato invio tramite SdI» (Risp. AE 7 ottobre 2019 n. 395).

Esempio C): insinuazione al passivo in attesa dell'**esito infruttuoso della procedura** concorsuale con emissione del piano di riparto definitivo (v. n. 56925, Risp. AE 3 ottobre 2022 n. 485).

(4) Se le disposizioni legislative, usi commerciali o clausole contrattuali prevedono la **restituzione**, alle imprese produttrici, di **beni** (da queste destinate alla rivendita) **invenduti**, è possibile effettuare la variazione in diminuzione a patto che i beni non siano sostituiti e con riguardo al solo rapporto intercorrente fra la casa produttrice e il suo diretto acquirente. Se invece le imprese produttrici procedono alla **sostituzione gratuita**, l'operazione non origina alcuna variazione in diminuzione (v. n. 40320).

(5) Tra i contratti in esame si possono includere anche i **contratti di locazione** (Risp. DRE Piemonte 19 luglio 2021 n. 901-1074/2021).

(6) Però se viene dichiarato il **fallimento** prima della risoluzione per inadempimento e dell'emissione delle note di variazione, v. n. 56920. La **risoluzione per inadempimento** (giudiziale o di diritto), è una facoltà del creditore il quale può rinunciarvi, scegliendo, nell'ipotesi di avvio di una **procedura concorsuale** o **esecutiva**, di operare la variazione in diminuzione secondo le disposizioni relative (v. n. 56920 e s.). In particolare, la risoluzione per inadempimento o l'avvio della **procedura esecutiva** sono 2 percorsi tra loro alternativi: il primo è una facoltà riconosciuta al creditore che non intenda procedere in via esecutiva per recuperare il proprio credito, ritenendo l'iniziativa poco proficua. Dunque, il creditore che decide di avviare l'azione esecutiva, rinuncia al suo diritto di invocare la risoluzione contrattuale e deve attendere l'esito infruttuoso della procedura (Risp. AE 20 luglio 2022 n. 386).

CAUSE CON LIMITI TEMPORALI I fatti di seguito illustrati attribuiscono al cedente (o prestatore) la facoltà di effettuare una variazione in diminuzione solamente se si verificano **entro un anno** dalla data di **effettuazione dell'operazione** imponibile. Trascorso tale termine non è più possibile effettuare le variazioni. 56860

Sopravvenuto accordo tra le parti Rientrano in questa ipotesi gli **eventi** illustrati al n. 56850 (salvo quelli riguardanti le operazioni con lo Stato ed enti pubblici territoriali di cui alla lett. E) **quando** si verificano, anziché a causa di una sentenza o di un atto amministrativo, mediante un successivo accordo tra i soggetti che avevano stipulato il contratto. 56865

ESEMPIO

- concessione di **sconti** e **abbuoni** non previsti contrattualmente (Ris. Min. 29 marzo 1991 n. 561299);
- **deperibilità** dei prodotti, **differenza di peso** per disidratazione, **forniture scadenti** (Ris. Min. 3 luglio 1979 n. 363142);
- **differenze inventariali** riscontrate dal depositante presso il magazzino del depositario (Ris. AE 25 novembre 2005 n. 166/E);
- **contratto per persona da nominare** senza indicazione certa del termine entro cui effettuare la nomina (Ris. AE 11 agosto 2009 n. 212/E);
- **inadempimento** di una parte delle obbligazioni assunte (CTC 15 giugno 1988 n. 4928).

Quando il contratto di compravendita contempla un sistema progressivo di determinazione del prezzo - che consente alle parti, se in disaccordo rispetto al valore dei beni come risultante dalla perizia effettuata per consentire l'esecuzione del contratto, di **rimettere la valutazione finale ad un soggetto terzo/revisore** - le eventuali note di variazione conseguenti non sono soggette al limite temporale di un anno, poiché non si tratta di sopravvenuto accordo (Princ. dir. AE 11 gennaio 2021 n. 1).

Nel caso di **sconto in denaro** concesso **dal produttore** direttamente **al cliente finale** (anziché al rivenditore) la variazione in diminuzione è consentita (anche se fra alienante e acquirente finale non intercorre un rapporto giuridico diretto) a **condizione** che (Cass. 16 ottobre 2015 n. 20964 e Ris. AE 10 aprile 2008 n. 147/E):
– lo sconto sia univocamente ricollegabile all'operazione originaria, che si intende variare, realizzata dal cedente nei confronti del rivenditore;
– si applichi entro l'anno dall'effettuazione dell'operazione originaria.

56867 **Accordo transattivo** Per porre fine o prevenire una controversia, le parti possono accordarsi per modificare l'operazione originaria, in tal caso generando una variazione del relativo imponibile, o generare una nuova operazione la cui imponibilità ai fini IVA va valutata caso per caso (Cass. 15 luglio 2021 n. 20316, Cass. 5 settembre 2014 n. 18764, C.Giust. CE 18 dicembre 1997 n. 384/95, C.Giust. CE 29 febbraio 1996 n. 215/94, Risp. 20 settembre 2019 n. 387, Risp. AE 3 giugno 2019 n. 178).

ESEMPIO
In caso di contestazione di **mancato pagamento del corrispettivo** a cui l'acquirente oppone la mancata consegna del bene e l'accordo transattivo si risolve con la previsione di un pagamento parziale del corrispettivo (o anche con la risoluzione), si configura una riduzione dell'imponibile da rilevare con una variazione in diminuzione (art. 26 DPR 633/72).
Diversamente, se una transazione viene a dirimere una lite e l'accordo prevede il pagamento parziale o totale a titolo di **risarcimento danni**, si tratta di cessione di denaro fuori campo IVA (art. 2 DPR 633/72).

In **senso contrario** gli accordi transattivi sono stati a priori inquadrati tra le operazioni imponibili in quanto generalmente incentrati su un obbligo di fare, non fare o permettere (che l'art. 3 DPR 633/72 colloca tra i servizi imponibili) a prescindere dall'effettivo contenuto del singolo accordo (Cass. 1° ottobre 2018 n. 23668, Risp. AE 10 giugno 2021 n. 401, Risp. AE 22 aprile 2022 n. 212, Risp. AE 19 maggio 2021 n. 356, Risp. AE 26 marzo 2021 n. 212, Risp. AE 16 marzo 2021 n. 179, Risp. AE 3 marzo 2021 n. 145). Tale approccio è stato criticato da Assonime, secondo cui bisogna dedurre il trattamento fiscale analizzando il contenuto sostanziale del singolo accordo (Circ. Assonime 9 settembre 2021 n. 26).

56870 **Inesattezze della fatturazione** (art. 21 c. 7 DPR 633/72) Se per errore il cedente/prestatore indica nella fattura i corrispettivi delle operazioni o le imposte relative in **misura superiore** a quella reale (es. aliquota ordinaria anziché ridotta, operazione imponibile anziché esclusa o esente), l'IVA è dovuta per l'intero ammontare indicato o corrispondente alle indicazioni della fattura (c.d. principio della cartolarità dell'operazione).
In questi casi si è in presenza di un **errore** della fattura di carattere originario, in quanto fin dalla sua emissione essa non rappresenta correttamente la realtà effettiva.
Tali inesattezze, che determinano la riscossione, da parte dell'Erario, di un'IVA superiore a quella realmente dovuta, possono generalmente **essere regolarizzate entro** un anno effettuando una variazione in diminuzione (v. **tabella** seguente).
Se però l'**errore** è volontario, ossia è effettuato **per frodare l'Erario**, non si hanno inesattezze, ma falsità (fattura emessa per **operazioni inesistenti**, es. fattura intestata a un soggetto diverso da quello a cui è stata ceduta la merce) per cui non è ammessa la variazione, indipendentemente dalla consapevolezza della società emittente di partecipare a una frode (Cass. 22 ottobre 2019 n. 26983, Cass. 3 giugno 2015 n. 11396, Cass. 9 giugno 2014 n. 12995, Cass. 16 maggio 2012 n. 7672, Cass. 18 novembre 2011 n. 24231 e Cass. 10 giugno 2005 n. 12353).

›Precisazioni 1) Se non è possibile emettere tempestivamente la nota di variazione per **scadenza del termine annuale** di decadenza non dovuta a colpevole inerzia del soggetto passivo (es. accordo transattivo su una fattura emessa ma contestata dal cliente), si può presentare **istanza di rimborso** di cui al n. 55815, entro 2 anni (Risp. AE 4 novembre 2021 n. 762). Tale istanza può essere fatta anche in presenza di un errore che **non comporta il rischio di perdita del gettito fiscale** perché la fattura erroneamente emessa è stata tempestivamente ritirata dal destinatario senza averla registrata (Cass. 30 settembre 2020 n. 20843).
2) Nel caso di fattura concernente **operazioni inesistenti** e **scontata in banca** al fine di ottenere un'anticipazione sul credito rappresentato dal documento contabile, questa si considera emessa, indipendentemente

dalla formale consegna o spedizione alla controparte; l'emittente, la cui buona fede va senz'altro esclusa, deve versare l'IVA relativa, salva la prova dell'eliminazione degli effetti pregiudizievoli per l'Erario derivanti dalla utilizzazione del documento contabile, es. fornendo la prova che la fattura sia stata annullata o rettificata con la procedura di variazione o che la banca non ne abbia mai chiesto o non possa più chiederne il pagamento al destinatario (Cass. 12 ottobre 2021 n. 27637).

56872

Ipotesi	Modalità di regolarizzazione
fattura con corrispettivo inesatto in eccesso	L'emittente può regolarizzare la fattura, recuperando la differenza, emettendo una nota di variazione in diminuzione **entro** un anno dal momento di effettuazione dell'operazione
fattura con aliquota ordinaria (anziché ridotta):	
– a soggetti IVA	L'emittente, se **non è trascorso un anno** dal momento di effettuazione dell'operazione, può recuperare la differenza emettendo una nota di variazione in diminuzione; se è **già trascorso un anno**, presentando istanza di rimborso all'AE entro il termine di due anni dal pagamento (Cass. 3 febbraio 2005 n. 2192, Cass. 6 febbraio 2004 n. 2274 e Ris. Min. 6 aprile 1993 n. 523012) **(1)**. Il **termine** biennale decorre dal pagamento, anche se la sussistenza dei presupposti per il rimborso medesimo (aliquota ridotta) è stata chiarita successivamente con risoluzione ministeriale (che, infatti, non è assimilabile a un atto normativo e non può costituire, né rimuovere, un diritto stabilito dalla legge; Cass. 17 gennaio 2005 n. 813). Tuttavia, se la **maggiore imposta addebitata** deriva dall'applicazione dell'aliquota ordinaria che, con un'interpretazione successiva, viene **ridotta con effetto retroattivo**, la variazione in diminuzione può essere effettuata senza limiti di tempo, v. n. 56850 (Ris. AE 21 luglio 2008 n. 307/E).
– a privati	Non è possibile emettere una nota di variazione in diminuzione ma, se l'emittente dimostra l'effettiva restituzione del tributo agli utenti privati, e nel limite della somma effettivamente restituita, può presentare istanza di rimborso entro il termine biennale decorrente dalla data del versamento dell'IVA ordinaria (Ris. AE 4 marzo 2013 n. 15/E). Secondo la Corte di Giustizia se è escluso il rischio di danno erariale, come nel caso della vendita a privati, l'emittente ha comunque diritto a recuperare l'IVA addebitata in eccesso (C.Giust. UE 8 dicembre 2022 C-378/21).
fattura con IVA (anziché esclusa o esente) (2)	L'emittente, se **non è trascorso un anno** dal momento di effettuazione dell'operazione, può recuperare la differenza emettendo una nota di variazione in diminuzione; se è **già trascorso un anno**, ha diritto di chiedere all'AE il **rimborso** dell'IVA entro il termine biennale sopra indicato, a condizione che sia accertato il definitivo venir meno del rischio di perdita di gettito, con la prova che il cliente non abbia detratto l'IVA (Cass. 30 settembre 2020 n. 20843); il **termine biennale** decorre dalla data in cui l'AE, rispondendo a un interpello, ha dichiarato esente l'operazione fatturata con IVA, sempreché il contribuente dia prova di aver eseguito il rimborso dell'IVA erroneamente addebitata in rivalsa al committente e dimostri che il rimborso non cagioni un danno all'erario (Risp. AE 16 dicembre 2022 n. 592); il destinatario ha diritto di chiedere al cedente la restituzione dell'IVA pagatagli in **rivalsa**, l'AE ha il potere (dovere) di escludere la **detrazione** dell'IVA pagata in rivalsa dal destinatario (Cass. 10 giugno 1998 n. 5733) **(3)**
fattura con IVA (anziché in reverse charge)	Vedi n. 87045

(1) Altra giurisprudenza ha ritenuto che la regolarizzazione non può avvenire con la nota di variazione, ma presentando **istanza di rimborso** (Cass. 11 maggio 2012 n. 7330 e Cass. 13 marzo 2000 n. 2868).

(2) L'errore può dipendere anche da un'interpretazione errata dei **principi riguardanti la territorialità** dell'operazione; in tal caso, se la fattura errata era rivolta a un **cliente privato non residente**, la rettifica può essere effettuata a condizione che non provochi un arricchimento senza causa di una delle parti; solo il giudice nazionale può compiere questo tipo di analisi (C.Giust. CE 18 giugno 2009 n. C-566/07).

(3) Per i problemi relativi alla **detrazione** dell'IVA erroneamente addebitata v. n. 48058.

ADEMPIMENTI (art. 26 c. 2, 8 DPR 633/72) La facoltà di effettuare la variazione in diminuzione, con il conseguente recupero dell'imposta, è conferita al cedente/prestatore che, se decide di effettuare tale variazione, solitamente emette una **nota di credito** a favore dell'acquirente per l'**importo** corrispondente alla variazione stessa. In alternativa, è possibile l'**indi-** 56880

cazione della variazione in diminuzione (con imponibile e imposta indicata col segno negativo) **in una fattura** emessa dal cedente/prestatore all'atto di una nuova successiva cessione (o prestazione) (Ris. AE 31 marzo 2009 n. 85/E).

Se, invece, l'acquirente intende assumere l'iniziativa per stornare un importo che gli è stato addebitato dal fornitore, deve limitarsi a emettere nei suoi confronti una **nota di addebito** fuori campo IVA. Con l'introduzione della fattura elettronica obbligatoria, questa prassi, diffusa in passato, non ha più rilevanza ai fini IVA.

56885 **Nota di credito** La nota assume l'aspetto di una fattura, con la sola sostituzione della dizione (da «fattura» a «nota di credito» o simili). Ovviamente l'indicazione degli importi è a credito anziché a debito del destinatario (in caso di fatturazione elettronica non devono essere utilizzati segni negativi, perché la variazione diminutiva è determinata dalla codifica TD04).
Tale fattura può essere ordinaria o semplificata (v. n. 52650), indipendentemente dal suo importo e dalla tipologia, ordinaria o semplificata, della fattura rettificata (Circ. AE 24 giugno 2014 n. 18/E); deve essere redatta in **formato** elettronico (v. n. 52740 e s.), a prescindere dal fatto che la fattura originale fosse elettronica o cartacea (Circ. AE 19 ottobre 2005 n. 45/E).
Essa deve essere **numerata** e **contenere**:
– l'indicazione dell'ammontare della **variazione** e della relativa **imposta** (Circ. Min. 21 novembre 1972 n. 27/522432);
– i **dati identificativi** della fattura originaria a meno che non sia possibile individuare precisamente per motivi particolari tale fattura (Ris. Min. 16 dicembre 1975 n. 502289).

ESEMPIO
In caso di variazione derivante da uno **sconto** per **raggiunto volume d'affari**, non è necessario indicare i dati di tutte le fatture interessate se nella nota di credito sono indicati il contratto che prevede lo sconto, la percentuale di sconto praticata, l'importo del volume di affari su cui lo sconto è applicato, l'entità complessiva dello sconto e il beneficiario dello stesso (Cass. 11 aprile 1996 n. 3428).
Nel caso di contratto verbale sarà invece necessaria l'indicazione di tutte le fatture interessate dalla variazione.

›Precisazioni 1) Per le **variazioni ammesse entro un anno** dall'effettuazione dell'operazione imponibile, il soggetto che rilascia note di credito deve preordinare, in sede di registrazione delle operazioni, la **prova che la riduzione si realizzi** nel termine predetto. Tale prova può legittimamente essere fornita soltanto attraverso l'indicazione di quei dati che risultino idonei a collegare le due operazioni: identità tra l'oggetto della fattura e della registrazione originarie, da un canto, e l'oggetto della registrazione della variazione, dall'altro (Cass. 6 luglio 2001 n. 9188).
2) Se il **termine** per l'emissione della nota di variazione è **già spirato** non è comunque possibile presentare una dichiarazione integrativa IVA a favore (Risp. AE 14 febbraio 2019 n. 55).

56890 **Modalità di registrazione** Una volta emessa, la nota di credito deve essere **registrata** da entrambi i soggetti dell'operazione, con una delle seguenti modalità:
– il **cedente**/prestatore la annota nel registro degli acquisti, aumentando in tal modo l'importo dell'IVA detraibile; l'**acquirente** nel registro delle fatture emesse (o in quello dei corrispettivi) aumentando così l'IVA a debito;
– il **cedente**/prestatore la registra in apposite colonne del registro delle fatture emesse (con il segno negativo); l'**acquirente** in apposite colonne del registro degli acquisti (con il segno negativo).

È altresì consentito annotare la variazione in uno o più registri appositi (**registri delle variazioni**) purché i totali dei registri stessi vengano riportati nei registri ordinari ai fini delle liquidazioni periodiche (Circ. Min. 21 novembre 1972 n. 27/522432).

56920 **PROCEDURE CONCORSUALI ED ESECUTIVE** (art. 26 c. 3 bis DPR 633/72) Il mancato pagamento, parziale o totale, della fattura a causa di procedure concorsuali o di procedure esecutive **rimaste infruttuose** rientra fra le cause di variazione in diminuzione che non hanno limiti temporali.

›Precisazioni 1) Se il pagamento parziale riguarda un credito per una **prestazione professionale non ancora fatturata** alla data della procedura concorsuale, il professionista non deve effettuare alcuna variazione ma nella fattura deve ridurre proporzionalmente base imponibile e imposta per arrivare all'importo percepito (Ris. AE 3 aprile 2008 n. 127/E).
2) L'**azione revocatoria fallimentare** non è rilevante per la facoltà di variazione in diminuzione perché dal 26 maggio 2021 la dichiarazione di fallimento comporta di per sé tale facoltà (in precedenza si era ritenuto che il creditore dovesse attendere l'esito dell'insinuazione al passivo (Ris. AE 16 maggio 2008 n. 195/E). In caso di **revocatoria ordinaria**, per la variazione occorre che il relativo credito sia rimasto insoddisfatto dopo l'esperimento dell'azione esecutiva.

Procedure concorsuali e simili Ai fini delle variazioni rilevano le procedure indicate in 56925
tabella; per le procedure iniziate ante 26 maggio 2021 è invece **esclusa** l'amministrazione straordinaria delle grandi imprese in crisi.

La **nota di credito** dev'essere emessa sia per l'imponibile sia per l'IVA; l'**emissione** può avvenire solo al verificarsi degli eventi illustrati nella **tabella**, che distinguono a seconda che l'inizio della procedura sia avvenuto prima del 26 maggio 2021 o a partire da tale data.

Il **termine ultimo** per l'emissione e il conseguente recupero dell'IVA, è quello di presentazione della dichiarazione relativa all'anno:

– di apertura della procedura (vedi esempio sotto), o

– se si è scelto di attendere la sua chiusura, insinuandosi nel passivo (anche tardivamente) o valutando l'antieconomicità della partecipazione al concorso per la prevedibile incapienza del patrimonio del debitore, all'anno di chiusura della stessa (Risp. AE 3 ottobre 2022 n. 485).

Scaduto questo termine non è ammessa né la presentazione di una dichiarazione integrativa a favore, né la presentazione di istanza di rimborso all'AE per recuperare l'IVA (art. 26 c. 3 bis lett. a DPR 633/72, Circ. AE 29 dicembre 2021 n. 20/E).

Procedura		**Evento rilevante**	
		Procedure iniziate ante 26/5/2021	**Procedure iniziate dal 26/5/2021**
Fallimento		Scadenza del termine per le osservazioni al piano di riparto oppure, ove non vi sia stato, scadenza del termine per il reclamo al decreto di chiusura del fallimento stesso (Circ. Min. 17 aprile 2000 n. 77/E) **(1)**. In caso di modifica del piano di riparto, rileva la data di deposito del piano variato (Risp. AE 24 giugno 2020 n. 192) **(2)** **(3)** **(4)**.	Sentenza dichiarativa del fallimento **(3)** **(5)**
Liquidazione coatta amministrativa (ex RD 267/42 o art. 15 DL 98/2011)		Approvazione del piano di riparto, decorsi i termini indicati nell'art. 213 RD 267/42 **(1)**	Provvedimento che ordina la liquidazione **(5)**
Concordato	fallimentare	Passaggio in giudicato della sentenza di omologazione del concordato **(1)**	Procedura non considerata dalla nuova norma **(5)**
	a seguito di liquidazione coatta amministrativa		
	preventivo	Definitività della sentenza di omologazione unitamente al momento in cui il debitore concordatario adempie agli obblighi assunti in sede di concordato (limitatamente ai **crediti chirografari** per la parte percentuale che non trova accoglimento con la chiusura del concordato) **(6)** **(7)**	Decreto di ammissione alla procedura di concordato preventivo (limitatamente ai **crediti chirografari** per la percentuale destinata a restare insoddisfatta in base alla procedura, Risp. AE Telefisco 15 giugno 2022) **(5)**
Amministrazione straordinaria delle grandi imprese in crisi		Conclusione dell'accordo di risanamento **(8)**	Decreto che dispone la procedura **(5)**
Accordi di ristrutturazione dei debiti (omologati ai sensi dell'art. 182 bis RD 267/42)		Omologazione degli accordi (Circ. AE 30 dicembre 2014 n. 31/E) **(9)**	Decreto di omologa dell'accordo **(10)**
Piani attestati (previsti dall'art. 67 c. 3 lett. d RD 267/42)		Iscrizione nel Registro Imprese degli accordi **(8)** **(11)** (Circ. AE 30 dicembre 2014 n. 31/E)	Pubblicazione nel RI del piano **(10)**

(1) La sua emissione determina in capo al **curatore** l'obbligo di registrare la variazione in aumento nel registro delle fatture emesse o dei corrispettivi. Il relativo credito erariale non va però incluso nel riparto finale, ma va solamente evidenziato in modo che esso possa essere riscosso nel caso in cui il fallito tornasse eventualmente in bonis.
Il curatore fallimentare non è tenuto ad ulteriori adempimenti in termini di dichiarazioni periodiche ed annuali (Circ. AE 7 aprile 2017 n. 8/E e Ris. AE 12 ottobre 2001 n. 155/E).
(2) In **senso contrario** all'attesa della conclusione della procedura: se l'infruttuosità della procedura concorsuale deriva dall'esistenza di una **probabilità ragionevole che il debito non sarà incassato** dovrebbe essere possibile emettere la nota di variazione anche prima della chiusura della procedura stessa, soprattutto quando per la sua realizzazione occorra attendere più di 10 anni (C.Giust. UE 23 novembre 2017 n. C-246/16). Ciò anche nel caso di un **curatore fallimentare che ha emesso una nota di variazione in aumento** per l'IVA dovuta oggetto di rivalsa al cedente/fornitore, a causa della mancanza dei fondi necessari al pagamento del corrispettivo dovuto (e al pagamento dell'IVA oggetto di rivalsa), eliminando in tempo utile il rischio di perdita di gettito per l'erario (Cass. 16 novembre 2020 n. 25896).
(3) L'**insinuazione al passivo** non è obbligatoria, ma è sufficiente, sempreché il credito non sia già prescritto, la dimostrazione che, in caso di ammissione allo stato passivo, il credito non sarebbe stato comunque riscosso (Circ. AE 29 dicembre 2021 n. 20/E, Risp. AE 10 marzo 2022 n. 102, Risp. AE 7 aprile 2022 n. 181, C.Giust. UE 11 giugno 2020 C-146/19).
(4) La nota di variazione può essere emessa anche se il credito nei confronti del fallimento è stato **ceduto a terzi**. Si distingue a seconda che la cessione sia avvenuta:
– **pro soluto**: il cedente/prestatore deve essersi **insinuato al passivo** del fallimento **prima di aver ceduto** il credito a terzi e deve essere **rimasto parte processuale** del fallimento (non deve essersi realizzata l'estromissione dello stesso da parte dell'acquirente); non rilevano gli accordi di carattere civilistico con cui si prevede un eventuale riversamento, a favore dell'acquirente, delle somme recuperate attraverso l'emissione delle note di variazione (Ris. AE 5 maggio 2009 n. 120/E);
– **pro solvendo**: il cedente/prestatore che rimane, anche dopo la cessione, responsabile dell'insolvenza del debitore ceduto poi dichiarato fallito, ha titolo per emettere la nota di variazione, anche se ad insinuarsi nel passivo è stato il cessionario (che era infatti l'unico ad averne diritto) (Risp. AE 1° aprile 2019 n. 91).
(5) Il curatore **non deve registrare** la nota di variazione in diminuzione (art. 26 c. 5 DPR 633/72).
(6) Il creditore ammesso ad un concordato preventivo in continuità con assuntore - nel quale viene prevista la prosecuzione dell'attività e il soddisfacimento dei creditori attraverso l'attribuzione delle attività ad un soggetto terzo, con contestuale liberazione del debitore originario - può emettere la nota di variazione in diminuzione nei confronti del debitore originario, per la quota percentuale del credito «falcidiato», dal momento in cui diventa definitivo il decreto di omologa del concordato (Princ. dir. AE 9 febbraio 2021 n. 4).
La società ammessa alla procedura **concordataria**, quando riceve dai creditori la nota di credito concernente la quota (capitale e IVA) non incassata, la registra ma **non riversa** l'IVA a debito all'Erario (Risp. AE 30 ottobre 2018 n. 54).
(7) Nell'ipotesi di dichiarazione di **fallimento nel corso della procedura** - per mancato adempimento degli obblighi assunti o per comportamenti dolosi da parte del debitore concordatario - la rettifica in diminuzione va operata secondo i termini previsti per il fallimento. In caso di **concordato in continuità con assuntore terzo** che poi fallisce, l'IVA relativa al debito concordatario non corrisposto dall'assuntore fallito, non è recuperabile mediante le note di variazione, ma può essere chiesta a rimborso (v. n. 55815) (Princ. dir. AE 9 febbraio 2021 n. 4).
(8) La **conversione** di una procedura di amministrazione straordinaria – aperta prima del 26 maggio 2021 – **in successivo fallimento** (dichiarato dopo il 26 maggio 2021) non determina l'avvio di una nuova procedura concorsuale, ma la continuazione della precedente, pertanto trova applicazione la disciplina previgente (Risp. AE 26 aprile 2022 n. 216).
(9) Permane l'obbligo, per l'acquirente debitore, di **registrare la variazione** in rettifica della detrazione originariamente operata, e di versare di conseguenza l'IVA all'erario. L'obbligo non sussiste se la nota di variazione è emessa prima dell'omologazione o dopo la scadenza del diritto di detrazione (Risp. AE 13 maggio 2021 n. 340, Risp. AE 17 dicembre 2018 n. 110, Circ. AE 8 aprile 2016 n. 12/E).
(10) Permane l'obbligo, per l'acquirente debitore, di **registrare la variazione** in rettifica della detrazione originariamente operata, e di versare di conseguenza l'IVA all'erario. Se successivamente il debitore paga, anche in parte, il corrispettivo, può detrarre l'IVA corrispondente alla nota di variazione in aumento (art. 26 c. 5 bis DPR 633/72).
(11) La **pubblicazione** del piano attestato, anche se non è obbligatoria, è comunque necessaria affinché il debitore possa detassare la sopravvenienza attiva collegata alla quota di debito rimessa dai creditori.

Le regole indicate dovrebbero valere anche per le **procedure concorsuali estere** con caratteristiche simili a quelle italiane e per i **soggetti non fallibili** (piccoli imprenditori, privati consumatori, ecc.), per i quali valgono l'accordo di composizione della crisi da sovraindebitamento - simile all'accordo di ristrutturazione dei debiti e al concordato preventivo - e il procedimento di liquidazione del patrimonio del debitore, costituente una sorta di fallimento «in proprio» (Circ. AIDC 14 marzo 2016 n. 5).

ESEMPIO
– 30 novembre 2021: Alfa vende un bene a Beta con emissione fattura per operazioni imponibili pari a € 45.000 e IVA per € 9.900, non pagata;
– 10 gennaio 2022: sentenza dichiarativa di fallimento del debitore;
– 10 gennaio 2022: decorrenza del termine a partire dal quale Alfa può emettere la nota di variazione in diminuzione.
Se **Alfa emette la nota nel 2022** il diritto a detrazione può essere esercitato al più tardi in sede di presentazione della dichiarazione IVA relativa all'anno 2022 (da presentare entro il 30 aprile 2023); per l'effetto, il creditore riduce l'imposta a debito di € 9.900.
Se **Alfa emette la nota entro i primi 4 mesi del 2023** (termine di presentazione della dichiarazione IVA

relativa al 2022): il diritto a detrazione può essere esercitato nella liquidazione periodica relativa al mese/trimestre di emissione o, al più tardi, in sede di dichiarazione IVA relativa all'anno 2023 (30 aprile 2024); per l'effetto, il creditore riduce l'imposta a debito di € 9.900.

PROCEDURE ESECUTIVE (art. 26 c. 2 e 12 DPR 633/72) Si tratta delle procedure finalizzate all'espropriazione e alla vendita dei beni del debitore ma vi rientrano anche quelle finalizzate all'adempimento **degli obblighi di consegna o rilascio**. 56930

La variazione in diminuzione può essere effettuata **quando** l'infruttuosità è accertata da un organo terzo non essendo sufficiente la valutazione del creditore. Ciò si verifica con il verbale di pignoramento dal quale risulti (Circ. AE 29 dicembre 2021 n. 20/E):

- in caso di **pignoramento mobiliare**, la mancanza di beni da pignorare o l'impossibilità di accesso al domicilio del debitore o la sua irreperibilità;
- in caso di pignoramento **presso terzi**, che presso il terzo pignorato non vi sono beni o crediti da pignorare.

In ogni caso, dopo **3 aste deserte** (rinuncia all'esecuzione) o dopo il provvedimento di assegnazione dal quale risulti l'infruttuosità parziale o totale della procedura.

Non consente la variazione la semplice notifica del **precetto** rimasto inadempiuto (Ris. AE 16 maggio 2008 n. 195/E).

Si è tuttavia ritenuta sufficiente, in un caso particolare, l'infruttuosità accertata da **informativa della GdF** relativa a debitore peraltro non assoggettabile a fallimento (Risp. AE 9 novembre 2018 n. 64).

RECUPERO DEL CREDITO (art. 26 c. 5 bis DPR 633/72) Qualora **successivamente** alla procedura esecutiva, collettiva o individuale, il cedente del bene o prestatore del servizio **recuperi**, in tutto o in parte, il credito in precedenza insoddisfatto, lo stesso dovrà provvedere ad effettuare, in relazione all'importo recuperato, una variazione in aumento in rettifica di quella in diminuzione a suo tempo operata. 56933

L'acquirente ha comunque diritto di portare in detrazione l'IVA corrispondente alla variazione in aumento così operata.

c. Correzione di errori nella registrazione

(art. 26 c. 7 DPR 633/72)

Se la fattura è stata emessa correttamente ma sono stati commessi errori materiali o di calcolo nella registrazione nei **registri obbligatori**, è possibile effettuare le regolarizzazioni necessarie attraverso l'**annotazione di variazioni** (in aumento o in diminuzione) identiche a quelle in precedenza esaminate. In questi casi, però, non è necessario emettere alcun nuovo documento integrativo perché quello originario è corretto. La stessa disciplina si applica anche in caso di errori materiali o di calcolo nelle **liquidazioni periodiche**. 56950

Per le **variazioni in aumento**, la correzione dell'errore assume valore di ravvedimento, per la cui disamina si rinvia al n. 87040.

Per coloro che tengono il **registro dei corrispettivi**, è obbligatoria la regolarizzazione solo degli errori materiali inerenti la trascrizione dei dati indicati nella fattura o nei registri tenuti a norma di legge.

SEZIONE 7

Contribuenti minori o esenti

I. Contribuenti di dimensioni ridotte

I contribuenti di dimensioni ridotte con riferimento ai ricavi o al volume d'affari possono fruire di particolari agevolazioni e semplificazioni IVA (esenzione o riduzione della periodicità di liquidazione, tenuta semplificata di scritture e registri, ecc.). 57150

Si tratta dei soggetti che adottano uno dei seguenti **regimi**:
- semplificato per i contribuenti minori;
- forfettario.

57155 In questa parte dell'opera si illustrano le semplificazioni per i contribuenti minori; per l'esposizione dettagliata degli adempimenti IVA cui sono tenuti i soggetti che utilizzano il regime forfettario, v. n. 5623 e s.

Regime semplificato

57160 Si tratta del regime applicabile ai soggetti che nell'anno solare precedente hanno realizzato un volume d'affari che non supera determinati limiti di legge.
Di seguito si esamina il campo di applicazione del regime e le semplificazioni ai fini IVA, rilevando sin d'ora che quelle riguardanti le modalità di fatturazione e registrazione sono automatiche, mentre quelle relative a liquidazione e versamenti dell'imposta necessitano di apposita opzione.

a. Campo di applicazione

57170 **VOLUME D'AFFARI** (art. 20 DPR 633/72) È la somma delle **operazioni attive** effettuate e registrate, o soggette a registrazione, con riferimento all'**anno solare**.
Devono essere considerate tutte le cessioni di beni e le prestazioni di servizi - imponibili, non imponibili, esenti o non soggette per assenza del requisito di territorialità (v. n. 52610) - **fatturate nell'anno solare**, anche se i relativi termini di registrazione non sono scaduti. In caso di **esonero** dalla fatturazione, il volume d'affari è costituito dalle operazioni effettuate nell'anno solare (Circ. Min. 5 agosto 1994 n. 134/E).

L'ammontare delle operazioni è determinato secondo le regole che disciplinano la base imponibile (v. n. 45250). Le operazioni attive devono essere computate considerando anche le **variazioni**, in aumento o in diminuzione, effettuate e registrate con riferimento allo **stesso anno solare**, anche se si riferiscono a operazioni relative agli anni precedenti (v. n. 56800).

Operazioni escluse
– operazioni **fuori campo IVA diverse** da quelle sopra indicate – cessioni - anche se soggette a IVA - di **beni ammortizzabili** compresi i diritti di brevetti industriali, di utilizzazione delle opere d'ingegno, di concessione nonché i marchi di fabbrica – passaggi interni di beni e servizi **tra più attività separate** dello stesso soggetto (v. n. 56180) – compensi corrisposti dagli esercenti trasporti pubblici urbani di persone ai **rivenditori autorizzati di biglietti** (v. n. 64400) – **IVA** addebitata ai clienti o inclusa nei corrispettivi – importi annotati sul registro delle fatture emesse o su quello dei corrispettivi, relativi ad **acquisti intra UE** e ad **acquisti** di beni e servizi che i soggetti residenti effettuano **da** soggetti **non residenti** (v. n. 68000 e s.)

57180 **LIMITI** (art. 32 DPR 633/72) Possono fruire del regime semplificato coloro che, nell'**anno solare precedente**, hanno realizzato un volume d'affari non superiore ai limiti riportati in **tabella**, distinti in funzione dell'attività esercitata.

Le società che hanno l'**esercizio non coincidente** con l'anno solare devono fare riferimento al volume d'affari realizzato nell'anno solare (1° gennaio-31 dicembre).

Attività	Volume d'affari non superiore a €
Esercenti arti e professioni	500.000 **(*)**
Imprese di prestazione di servizi (v. n. 40210 e s.)	
Imprese esercenti attività diverse (es. vendita)	800.000 **(*)**

(*) Tali limiti sono stati **aumentati**, ai fini delle **imposte dirette** (art. 1 c. 276 L. 197/2022), ma per ragioni sistematiche l'aumento vale anche ai fini IVA (art. 14 c. 11 L. 183/2011).

Inizio attività (art. 35 c. 5 DPR 633/72) I soggetti che intraprendono un'attività e ritengono di realizzare, nell'anno o nella frazione d'anno, un volume d'affari che comporti l'applicazione del regime semplificato, devono indicarlo nella **dichiarazione** di inizio attività e osservare la disciplina relativa al volume d'affari dichiarato. 57185

Esercizio di più attività Se i soggetti esercitano più attività (v. n. 56150), l'identificazione come contribuenti minori avviene in funzione della modalità di **annotazione dei ricavi**. In particolare, con riferimento a liquidazioni e versamenti, si applicano i diversi **limiti** di seguito indicati. 57190

1) I soggetti che esercitano contemporaneamente prestazioni di servizi e altre attività e adottano una **contabilità unificata per tutte le attività** esercitate con **separata annotazione** dei corrispettivi, possono fruire del regime semplificato se non superano il limite di € 500.000 per le prestazioni di servizi e quello di € 800.000 per tutte le attività complessivamente considerate.

ESEMPIO

Prestazioni di servizi	Altre attività	Totale	Regime
€ 250.000	€ 300.000	€ 550.000	semplificato
€ 400.000	€ 450.000	€ 850.000	normale
€ 550.000	€ 100.000	€ 650.000	normale
€ 450.000	€ 300.000	€ 750.000	semplificato

2) I contribuenti che esercitano contemporaneamente prestazioni di servizi e altre attività e adottano una **contabilità unificata per tutte le attività** esercitate, ma **senza distinta annotazione** dei corrispettivi, devono fare riferimento al limite di € 800.000 (art. 32 c. 1 DPR 633/72, art. 7 c. 2 DPR 542/99, Circ. Min. 10 febbraio 1992 n. 7/440063 e Ris. AE 13 febbraio 2012 n. 15/E).

3) In caso di **contabilità separata per obbligo di legge** (v. n. 56160), in cui ogni attività è costituita da sola prestazione di servizi o da sola attività diversa, si devono applicare in modo autonomo, rispettivamente, i limiti di € 500.000 e di € 800.000 (è quindi possibile che il contribuente sia considerato minore per alcune attività e normale per altre). Tuttavia, se una o più delle attività gestite separatamente per obbligo di legge è costituita da prestazioni di servizi e da attività diverse, per tale **attività mista** occorre distinguere: in caso di **distinta annotazione** dei corrispettivi si applicano le regole illustrate al punto 1, **altrimenti** vale quanto indicato al punto 2.

In caso di **contabilità separata** per **opzione** del contribuente si applicano le regole esposte al precedente punto 1.

b. Semplificazioni

FATTURAZIONE E REGISTRAZIONE (art. 32 DPR 633/72) In caso di esonero dall'obbligo di emettere la fattura elettronica, è possibile adempiere agli obblighi di fatturazione e registrazione mediante la tenuta di un **bollettario a madre e figlia**. La parte figlia costituisce la fattura e va consegnata all'altro contraente. La parte madre costituisce il registro delle fatture emesse. 57220

Entrambe le parti devono **contenere** le indicazioni di cui al n. 52640.

L'AE mette a disposizione dei soggetti passivi IVA residenti e stabiliti in Italia le **bozze precompilate** dei **registri IVA ordinari** (art. 1 c. 10 DL 41/2021). I soggetti passivi IVA possono verificare i dati proposti dall'AE e se sono completi possono **convalidarli** o, in caso contrario, **integrarli**; in questi casi sono **esonerati** dalla tenuta dei registri delle fatture emesse e degli acquisti ma **devono tenere** il registro dei ricavi incassati. Per i soggetti che determinano il reddito secondo il **criterio** delle **registrazioni IVA** (v. n. 5400 e s.), i registri IVA vanno comunque tenuti (art. 4 c. 2 D.Lgs. 127/2015).

57230 **LIQUIDAZIONI E VERSAMENTI** (art. 7 DPR 542/99) È possibile **optare** per le liquidazioni e i versamenti IVA con **cadenza trimestrale** anziché mensile (applicando la maggiorazione illustrata al n. 57240).
L'opzione vincola il contribuente per almeno un anno solare e mantiene la sua **validità** per ciascun anno successivo, finché permangano i presupposti di applicazione del regime e salvo che non venga **revocata** (con le stesse modalità previste per l'opzione e illustrate al n. 5455).

57235 **Termini** La liquidazione e il versamento dell'IVA a debito relativa a ciascuno dei **primi tre trimestri** devono avvenire entro il giorno 16 del secondo mese successivo al trimestre. Se l'imposta è inferiore a € 25,82, il versamento deve essere effettuato insieme a quello dovuto per il trimestre successivo. Le **fatture** possono essere **annotate** nel registro delle fatture emesse entro la fine del mese successivo al trimestre di effettuazione delle operazioni e con riferimento allo stesso mese di effettuazione.
Il **conguaglio annuale**, che comprende anche le operazioni del **quarto trimestre**, è versato entro il 16 marzo dell'anno successivo a tale ultimo trimestre oppure entro il maggior termine previsto per il pagamento del saldo IRPEF/IRES (v. n. 37180), con la maggiorazione dello 0,40% a titolo di interessi.
In caso di **compensazione** totale del debito IVA con i crediti derivanti dal Mod. Redditi, la maggiorazione non è dovuta. Se la compensazione avviene parzialmente, lo 0,40% si applica solo sulla differenza a debito.
Pur non essendo obbligati alla liquidazione dell'ultimo trimestre (DPR 435/2001), i contribuenti minori devono comunque presentare la relativa **comunicazione** dei dati delle liquidazioni relative anche a tale trimestre (v. n. 56610 e s.), per cui operativamente devono eseguirne i conteggi.

Per le **modalità operative** riguardanti le liquidazioni si rinvia al n. 55180 mentre, per quelle riguardanti i versamenti, al n. 55260 (primi tre trimestri) e al n. 55490 (quarto trimestre).

57240 **Maggiorazione** Sulle somme da versare va applicata una maggiorazione a titolo di interessi pari all'1% (non deducibile ai fini delle imposte sui redditi - art. 66 c. 11 DL 331/93 conv. in L. 427/93).
La maggiorazione deve essere **annotata** sul registro delle fatture emesse o su quello dei corrispettivi e **versata** congiuntamente all'IVA del periodo. In genere, la stessa dev'essere applicata prima di procedere alla **compensazione** con eventuali crediti di altre imposte e indicata nel Mod. F24 cumulativamente all'imposta. Tuttavia, se il debito IVA è compensato con un credito IVA, riportato in detrazione dal periodo o dall'anno precedente, la maggiorazione deve essere calcolata solo sull'eventuale saldo finale (Circ. Min. 9 giugno 1999 n. 127/E, Circ. Min. 13 maggio 1998 n. 125/E).

La maggiorazione non va applicata nel caso di contratti di **subfornitura** (v. n. 55265), salvo che per il 4° trimestre, se il versamento è effettuato dopo il 16 febbraio con la dichiarazione annuale. In tal caso, gli interessi si applicano sull'ammontare complessivo dell'imposta (Circ. Min. 18 febbraio 1999 n. 45/E).

57245 **Acconto** (art. 6 L. 405/90 e art. 15 c. 1 DL 155/93 conv. in L. 243/93) Va **versato** entro il 27 dicembre con le modalità indicate al n. 55280.

II. Esonero da adempimenti per operazioni esenti

57670 I soggetti passivi che effettuano operazioni esenti, anche congiuntamente a operazioni imponibili e non imponibili, possono **optare** per l'esonero dagli obblighi di **fatturazione e registrazione** per le sole operazioni esenti (art. 36 bis DPR 633/72).

L'opzione è possibile anche in relazione a un'**attività gestita separatamente** in base alle disposizioni di cui al n. 56150 (Ris. Min. 29 dicembre 1990 n. 450565).
L'opzione può essere effettuata anche dai soggetti che effettuano cessioni di beni nei confronti di un soggetto passivo che le facilita tramite l'uso di un'interfaccia elettronica (c.d. marketplace).

Eccezioni Non è ammesso l'esonero dagli adempimenti per le seguenti operazioni esenti:
– cessioni di **oro da investimento** (v. n. 40755);
– **prestazioni mediche** e paramediche rese alla persona nell'esercizio di professioni e arti sanitarie (v. n. 40580);
– **prestazioni di ricovero e cura** rese da enti ospedalieri e simili (v. n. 40595).

ESERCIZIO DELL'OPZIONE L'opzione deve essere esercitata con le modalità ordinarie, ossia mediante comportamento concreto e successiva comunicazione all'AF (v. n. 5455) e **vincola** il contribuente alla sua concreta applicazione **almeno per un triennio** (secondo quanto riportato al n. 56175). Tuttavia, se un tipo di operazione esente, a seguito di una modifica normativa, diventa imponibile, è ammessa la **revoca anticipata** dell'opzione (Ris. AE 31 ottobre 2002 n. 344/E). 57680

EFFETTI I soggetti che hanno effettuato l'opzione **non possono detrarre l'IVA** relativa agli acquisti e alle importazioni, anche se relativi a operazioni imponibili (salvo che l'attività imponibile non sia gestita separatamente, v. n. 56150). Tuttavia, essi devono continuare a rispettare i seguenti **obblighi formali**: 57690
1) fatturare e registrare **altre operazioni**, diverse cioè da quelle esonerate, eventualmente effettuate;
2) registrare tutti i documenti relativi alle operazioni di **acquisto**;
3) se la fattura è **richiesta** dal cliente, deve essere rilasciata (senza registrarla) anche per le operazioni esonerate.

Dichiarazione annuale e comunicazione Lipe Se nell'anno solare precedente sono state effettuate **solo operazioni esenti**, incluse quelle che devono in ogni caso essere fatturate e registrate, si è esonerati dall'obbligo di presentare la dichiarazione annuale, salvo nei seguenti casi: 57695
– il contribuente è tenuto alla rettifica della detrazione prevista per gli acquisti di beni (anche non ammortizzabili) e servizi (v. n. 48230);
– il contribuente svolge anche altre attività, gestite con contabilità separata, per le quali ha effettuato operazioni imponibili;
– sono stati effettuati acquisti per i quali, in base a specifiche disposizioni (c.d. reverse charge), l'imposta è dovuta dal cessionario (es. pulizie dei locali, oro, argento puro, rottami);
– sono state registrate operazioni intra UE.
La comunicazione **delle liquidazioni periodiche** (v. n. 56610 e s.) non va presentata, avvalendosi dell'esonero dalla presentazione della dichiarazione annuale.

I **contribuenti interessati a presentare la dichiarazione annuale** (es. per evidenziare un credito d'imposta riportato in detrazione dall'anno precedente) possono comunque avvalersi di tale facoltà (Circ. Min. 10 febbraio 1992 n. 7).

CAPITOLO 3

Settore immobiliare

SOMMARIO

Il settore immobiliare è caratterizzato da numerose particolarità che riguardano sia le operazioni di compravendita e di locazione, soggette a regime di esenzione o di imponibilità a seconda dei casi, sia le altre operazioni quali appalti e subappalti, opere di urbanizzazione e interventi di recupero soggette ad aliquote IVA ridotte e, in alcuni casi, ad adempimenti speciali. **60500**

SEZIONE 1

Cessioni

In questa sezione si esaminano le cessioni di beni immobili da soggetti IVA; per cessione **si intende** ogni operazione che comporta il trasferimento della proprietà o di altro diritto reale (usufrutto, uso e abitazione, superficie ed enfiteusi, servitù ma non invece il c.d. diritto di cubatura, v. n. 40230) su un immobile. **60510**

Tali operazioni, ad esclusione di quelle aventi ad oggetto terreni non edificabili, rientrano nel campo di applicazione dell'IVA e sono sottoposte a regimi - di esenzione o di imponibilità - e aliquote diverse a seconda del tipo di immobile ceduto.

Indipendentemente dalla disciplina IVA, le parti **devono inserire nell'atto** le dichiarazioni di rilevanza fiscale esaminate al n. 71460.

>**Precisazioni 1)** La cessione di un **immobile in comunione legale** fra coniugi, strumentale all'esercizio dell'impresa di uno di loro, è soggetta ad IVA integralmente e non per quota (Cass. 14 febbraio 2018 n. 3557 ma v. anche n. 42045).

2) Di seguito si fa riferimento anche alle imposte di **registro e ipocatastali** la cui trattazione è approfondita al n. 71440.

I. Fabbricati

Per fabbricato (o edificio) **si intende** qualsiasi costruzione coperta, isolata da vie o da spazi vuoti, oppure separata da altre costruzioni mediante muri che si elevano, senza soluzione di continuità, dalle fondamenta al tetto, che disponga di uno o più liberi accessi sulla via e possa avere una o più scale autonome (Ris. Min. 26 maggio 1998 n. 46/E). **60520**

Può trattarsi di un **intero edificio** comprendente diverse **unità immobiliari distinte**, ad

esempio una palazzina comprendente diversi appartamenti; oppure di un'**unica unità** immobiliare, ad esempio una casa di abitazione o un capannone ad uso deposito.
Si considera tale anche un edificio realizzato con **materiali prefabbricati** a condizione che sia fermamente **infisso al suolo**; ciò anche nel caso in cui sia possibile asportarlo e ricollocarlo altrove con il lavoro di alcune persone per alcuni giorni (C.Giust. CE 16 gennaio 2003 C-315/00).
La cessione di un **fabbricato in demolizione**, si considera cessione di terreno edificabile (e non di fabbricato) se la demolizione sarà totale e già iniziata al momento della cessione (C. Giust. UE 19 novembre 2009 n. C-461/08). Al contrario, si considera cessione di fabbricato quella che ha ad oggetto un terreno che, al momento della vendita, incorpora un fabbricato pienamente operativo ma da demolire successivamente alla vendita (C. Giust. UE 4 settembre 2019 n. C-71/18).

60525 Per individuare la corretta disciplina occorre distinguere fra fabbricati **strumentali e** fabbricati **ad uso abitativo** in base, secondo la prassi, alla classificazione catastale del fabbricato, essendone invece irrilevante l'effettivo utilizzo (Risp.AE 18 settembre 2018 n. 4, Circ. AE 28 giugno 2013 n. 22/E, Circ. AE 4 agosto 2006 n. 27/E). L'AF può tuttavia valutare diversamente la singola fattispecie in relazione a circostanze fiscalmente rilevanti quali clausole contrattuale specifiche o accordi preventivi (Risp. AE 7 novembre 2022 n. 554).
Parte della giurisprudenza ritiene invece rilevante l'**effettiva destinazione** dell'immobile, indipendentemente dalla classificazione catastale (Cass. 2 agosto 2017 n. 19197 in merito alle residenze turistico alberghiere, Cass. 29 aprile 2015 n. 8628 in merito al diritto di detrazione).
Vi sono **casi particolari**, esaminati separatamente, in cui la classificazione catastale va in ogni caso superata (es. cessioni di fabbricato strumentale accessorio di uno ad uso abitativo o di edifici complessi composti in parte da unità immobiliari ad uso abitativo e in parte da unità strumentali).

> **Precisazioni** 1) Le porzioni di **residenze turistico-alberghiere** possono essere singolarmente accatastate nel gruppo «A» se a destinazione abitativa e nella categoria D/2 i locali di ricevimento alberghiero; agli atti aventi ad oggetto le singole porzioni si applicano le disposizioni previste per la categoria catastale di riferimento a prescindere dal loro effettivo utilizzo (Ris. AE 14 gennaio 2014 n. 8/E).
> 2) Per il fabbricato **in corso di ristrutturazione** e iscritto in catasto in **cat. F4** (unità in corso di definizione), si fa riferimento alla categoria catastale in essere prima di tale classificazione provvisoria (Risp. AE 6 aprile 2022 n. 167).
> 3) Il fabbricato in stato di **rudere o collabente** iscritto in catasto in **cat. F/2**, non è riconducibile né fra gli strumentali né fra gli abitativi e la relativa cessione è soggetta ad aliquota ordinaria (Risp. AE 7 novembre 2022 n. 554) e non può fruire dell'agevolazione prima casa (Risp. AE 30 agosto 2019 n. 357).
> 4) Ai fini dell'accertamento, se l'importo del **corrispettivo indicato** nell'atto di cessione e nella relativa fattura è **diverso da quello effettivo**, l'acquirente, anche privato, è responsabile in solido con il cedente per il pagamento della maggiore imposta dovuta nonché della relativa sanzione. Se l'acquirente non agisce nell'esercizio di imprese, arti o professioni può regolarizzare la violazione versando la maggiore imposta dovuta entro 60 giorni dalla stipula dell'atto e presentando, entro lo stesso termine, copia dell'attestazione del pagamento e delle fatture oggetto della regolarizzazione all'ufficio dell'AE competente nei suoi confronti; se l'acquirente è soggetto passivo IVA, può regolarizzare l'operazione con le modalità ordinarie illustrate al n. 87041 (art. 60 bis DPR 633/72).

A. Strumentali

60530 Sono strumentali (per natura) i fabbricati iscritti nelle **categorie catastali** B, C, D, E, A/10 (per le tipologie rientranti in ciascun gruppo v. n. 7006).
La cessione di fabbricato strumentale è soggetta a regime IVA differente **in base**:
– al **soggetto venditore**: impresa costruttrice o ristrutturatrice o soggetto IVA diverso;
– al **periodo** trascorso (fino o oltre 5 anni) tra l'ultimazione della costruzione o della ristrutturazione e la cessione;
– all'eventuale **opzione** per l'imponibilità.
È **impresa costruttrice** quella che, anche occasionalmente, realizza la costruzione del fabbricato per la successiva vendita indipendentemente dall'oggetto sociale e dal fatto che la materiale esecuzione dei lavori sia effettuata da altre imprese in appalto; vi rientrano le cooperative edilizie che costruiscono, anche tramite imprese appaltatrici, alloggi da assegnare ai soci (Circ. Min. 11 luglio 1996 n. 182/E).

In caso di **operazioni straordinarie** la qualifica di impresa costruttrice si trasferisce al soggetto risultante dall'operazione (Ris. AE 23 aprile 2003 n. 93/E).

DISCIPLINA (art. 10 c. 1 n. 8 ter DPR 633/72) Nella **tabella** seguente si riepiloga la disciplina applicabile (regime e aliquota) alle cessioni di fabbricati strumentali, anche con riferimento alle imposte di registro e ipocatastali, a seconda del soggetto cedente e delle condizioni della cessione; la qualifica del soggetto acquirente è irrilevante. **60540**

Per modalità e termini di **registrazione e contenuto dell'atto** di vendita, v. n. 71440. Per i trasferimenti, anche **agevolati**, nell'ambito di **cessioni d'azienda**, v. n. 89380.

Venditore (soggetto IVA)	**Condizione**	**IVA**		**Registro e ipocatastali**
		Regime	**Aliquota**	
impresa che, anche tramite appaltatrici, ha costruito il fabbricato o vi ha eseguito interventi di recupero e ristrutturazione (per la definizione, v. n. 61490)	cessione effettuata **prima** che la costruzione o la ristrutturazione siano ultimati **(1)**	imponibile	22% ordinaria 10% per fabbricati Tupini **(2)**	200 + 200 + 200 (Circ. AE 12 marzo 2010 n. 12/E)
	cessione effettuata **entro** 5 anni dall'ultimazione **(3)** della costruzione o dei lavori	imponibile	22% ordinaria 10% per fabbricati: – Tupini **(2)**; – sottoposti ad interventi di recupero **(4)**; – idonei ad ospitare collettività **(5)**; 4% per parcheggi Tognoli **(6)**	200 + 3% + 1% **(7)**
	cessione effettuata **oltre** 5 anni dall'ultimazione **(3)** della costruzione o dei lavori e il venditore **esercita opzione** per imponibilità	imponibile: con reverse charge se **acquirente** è soggetto IVA (v. n. 60545)		
	cessione effettuata **oltre** 5 anni dall'ultimazione **(3)** della costruzione o dei lavori e il venditore **non esercita opzione** per imponibilità	esente	–	
soggetto IVA diverso dai precedenti (**rivenditore**)	il venditore **esercita opzione** nel relativo atto per l'imponibilità	imponibile: con reverse charge se **acquirente** è soggetto IVA (v. n. 60545)	22%	
	il venditore **non esercita l'opzione** per imponibilità	esente	–	

(1) La cessione di un fabbricato **in corso di costruzione** è soggetta a regime e aliquota ordinari; i fabbricati si considerano **in corso di ristrutturazione** a condizione che i lavori siano stati effettivamente iniziati o realizzati, anche se in misura parziale; non è invece sufficiente la semplice richiesta delle autorizzazioni amministrative (Circ. AE 29 maggio 2013 n. 18/E par. 3.3.4). Tale disciplina si applica anche alla cessione di un **impianto fotovoltaico in corso di costruzione** e accatastato come tale (CTR Lombardia 3 luglio 2014 n. 3602).

(2) Si tratta di cessione **da impresa costruttrice** di complessi immobiliari costruiti nel rispetto dei requisiti prescritti dalla L. 408/49, legge Tupini (n. 127 undecies tab. A parte III DPR 633/72), che consistono nel mantenere determinate proporzioni tra la superficie destinata ad uso abitativo (più del 50%) e quella destinata ad uso commerciale (negozi o uffici, non più del 25%). I requisiti devono essere presenti al momento della cessione, non rilevando che gli stessi fossero presenti in origine se sono venuti a mancare per fatti estranei agli attuali contraenti (Cass. 11 febbraio 2003 n. 2004). La regola riguarda anche le **residenze turistico alberghiere** formate da unità a destinazione abitativa non di lusso e da locali di ricevimento alberghiero e aree condominiali accatastate in D/2 (Risp.AE 18 settembre 2018 n. 4).

(3) Per **ultimazione** della costruzione o degli interventi di recupero, si intende il momento in cui l'immobile risulta idoneo a espletare la sua funzione, ovvero ad essere destinato al consumo; si considera pertanto ultimato l'immobile per il quale sia intervenuta da parte del direttore dei lavori l'attestazione della ultimazione degli stessi che di norma coincide con la dichiarazione da rendere in catasto (artt. 23 e 24 DPR 380/2001); si intende, inoltre, ultimato anche il fabbricato concesso in uso a terzi, con i contratti relativi all'utilizzo dello stesso (Circ. AE 29 maggio 2013 n. 18/E par. 3.3). Rileva il momento di materiale effettuazione delle opere essendo invece ininfluente il titolo abilitativo in sanatoria di interventi già effettuati in precedenza (Risp. AE 21 dicembre 2020 n. 611).

(4) Si tratta di cessione di fabbricati da parte dell'**impresa che ha effettuato l'intervento** di recupero o ristrutturazione (diversi dalla manutenzione ordinaria) e che è stato **ultimato** (n. 127 quinquiesdecies tab. A parte III DPR 633/72); l'aliquota ridotta non si applica se la cessione avviene prima dell'ultimazione (Circ. AE 13 marzo 2009 n. 8/E).
(5) Si tratta di edifici quali (n. 127 quinquies tab. A parte III DPR 633/72 e Circ. Min. 2 marzo 1994 n. 1/E): scuole, caserme, ospedali, case di cura, ricoveri; colonie climatiche, collegi, educandati; asili infantili, orfanotrofi; edifici simili ai precedenti utilizzati per il perseguimento delle finalità di istruzione, cura, assistenza, beneficenza. Alla predetta destinazione deve corrispondere anche l'**accatastamento** (Risp. AE 11 febbraio 2020 n. 49).
(6) Si tratta dei **parcheggi privati realizzati** nel sottosuolo o al piano terreno di edifici oppure nel sottosuolo di aree esterne dagli stessi proprietari oppure realizzati in aree comunali o nel sottosuolo su convenzione con il Comune in base all'art. 11 L. 122/89 che non possono essere ceduti separatamente dall'immobile di cui costituiscono pertinenza (in questo senso, Cass. 11 gennaio 2018 n. 446 ma, **in senso contrario**, Circ. Min. 2 marzo 1994 n. 1/E). Negli **altri casi**, la cessione di parcheggi o posti auto è soggetta ad aliquota ordinaria, salvo che non siano ceduti come pertinenza di abitazione, caso in cui si applica l'aliquota per questa prevista (10% o 4% se prima casa). In caso di parcheggi o aree di sosta **a destinazione pubblica**, la cessione è soggetta ad aliquota del 10% in quanto opera di urbanizzazione.
(7) Se una delle parti è un **fondo immobiliare chiuso** oppure se la cessione è effettuata a **favore di una SIIQ** (società di investimento immobiliare quotate) o a favore di società, consorzi o fondi immobiliari costituiti per la valorizzazione, trasformazione, gestione e alienazione del **patrimonio immobiliare pubblico** di determinati enti, le aliquote delle imposte ipotecaria e catastale sono ridotte alla metà (art. 35 c. 10 ter DL 223/2006 conv. in L. 248/2006, art. 1 c. 139 L. 296/2006 e art. 33 bis DL 98/2011 modificato dall'art. 3 c. 15 DL 95/2012).
Per le particolarità delle **società di leasing**, v. n. 71380.

60545 **Opzione per l'imponibilità** (art. 17 c. 6 lett. a bis DPR 633/72) Il venditore, quando ne è prevista la facoltà, può esprimere l'opzione anche nel **contratto preliminare** con effetti vincolanti sia per gli acconti pagati in quella sede che per il saldo dovuto al definitivo.
Quando opta per l'applicazione dell'imposta e l'acquirente è soggetto IVA, il venditore deve emettere **fattura** senza addebito dell'IVA e con annotazione «inversione contabile» e l'eventuale indicazione della norma (art. 17 c. 6 DPR 633/72); l'acquirente deve integrare e registrare la fattura con le modalità illustrate al n. 52945.
Per **effetto** dell'opzione, il venditore che ha detratto l'imposta al momento dell'acquisto del fabbricato, evita la rettifica della detrazione prevista in caso di cessione esente se non è ancora stato superato il periodo di osservazione decennale dall'acquisto (v. n. 48230 e s.); una volta superato il periodo di osservazione, il venditore può valutare anche di mantenere il regime naturale di esenzione.

B. Abitativi

60630 **Sono** fabbricati ad uso abitativo quelli iscritti nelle **categorie catastali** da A/1 ad A/9 e A/11 (per le tipologie di ciascun gruppo v. n. 7006).
La cessione di tali fabbricati è esente ad eccezione della cessione:
- effettuata dall'impresa che l'ha costruito o ristrutturato entro 5 anni dall'ultimazione dei lavori o
- in cui il cedente opta per l'imponibilità;
- che ha ad oggetto fabbricati destinati ad alloggi sociali (v. **tabella**).

Alle operazioni imponibili si applicano **aliquote** diverse a seconda del tipo di fabbricato (v. n. 60670).
Sono assimilate alle cessioni, le assegnazioni, anche in godimento, di abitazioni effettuate da **cooperative edilizie** e loro consorzi nei confronti dei soci.

a. Regime applicabile

(art. 10 c. 1 n. 8 bis DPR 633/72, Circ. AE 4 agosto 2006 n. 27/E, Circ. AE 1° marzo 2007 n. 12/E e Circ. AE 28 giugno 2013 n. 22/E)

60640 Nella **tabella** seguente si riporta il trattamento IVA applicabile alla cessione di fabbricato abitativo, a seconda del soggetto che effettua la cessione, nonché il relativo trattamento ai fini dell'imposta di registro e delle ipocatastali (in merito a queste ultime v. anche n. 71440).

<table>
<tr><th>Venditore (soggetto IVA)</th><th>Condizione</th><th>Acquirente</th><th>IVA (per le aliquote v. n. 60670)</th><th>Registro e ipocatastali</th></tr>
<tr><td rowspan="5">– impresa che, anche tramite imprese appaltatrici, ha costruito il fabbricato o vi ha eseguito interventi di recupero e ristrutturazione (1)</td><td>a) la cessione è effettuata prima che sia ultimata la costruzione o la ristrutturazione del fabbricato (2)</td><td rowspan="2">chiunque</td><td rowspan="2">imponibile</td><td rowspan="2">200 + 200 + 200</td></tr>
<tr><td>b) la cessione è effettuata entro 5 anni dall'ultimazione della costruzione o dei lavori (2)</td></tr>
<tr><td>c) la cessione è effettuata oltre 5 anni dall'ultimazione della costruzione o dei lavori e l'impresa nell'atto esercita l'opzione per l'imponibilità (3)</td><td>chiunque</td><td>imponibile: con reverse charge se acquirente è soggetto IVA (v. n. 60545)</td><td>200 + 200 + 200</td></tr>
<tr><td rowspan="2">d) la cessione è effettuata oltre 5 anni e l'impresa non esercita l'opzione per l'imponibilità</td><td>persona fisica in possesso dei requisiti prima casa (v. n. 60700)</td><td>esente (4)</td><td>2% + 50 + 50 (5) (6)</td></tr>
<tr><td>soggetto diverso dai precedenti: persona fisica senza requisiti prima casa; professionista; impresa, società o ente</td><td>esente (4)</td><td>9% + 50 + 50 (5) (6)</td></tr>
<tr><td rowspan="2">– soggetto diverso</td><td>– oggetto della vendita sono fabbricati destinati ad alloggi sociali (DM 22 aprile 2008)
– il cedente nell'atto esercita l'opzione per l'imponibilità (3)</td><td>chiunque</td><td>imponibile: con reverse charge se acquirente è soggetto IVA (v. n. 60545)</td><td>200 + 200 + 200</td></tr>
<tr><td>– oggetto della vendita è un fabbricato che non ha le caratteristiche di cui al punto precedente;
– o, pur avendo le caratteristiche, il venditore non esercita l'opzione</td><td colspan="3">v. quanto detto per impresa di costruzione nel caso d)</td></tr>
</table>

(1) Per le definizioni di impresa costruttrice e ristrutturatrice v. n. 60530.

(2) Per la decorrenza del termine v. n. 60540 nota (3).

(3) In tutti i casi in cui è prevista l'opzione, questa può essere espressa anche nel **contratto preliminare** con effetti vincolanti sia per gli acconti pagati in quella sede che per il saldo dovuto al definitivo (Circ. AE 28 giugno 2013 n. 22/E).

(4) Se la vendita avviene entro 10 anni dall'ultimazione della costruzione, l'impresa deve effettuare la rettifica della detrazione (v. n. 60650).

(5) L'imposta di registro **non può essere inferiore a** 1.000 euro; in questi casi gli atti e le formalità direttamente conseguenti posti in essere per gli adempimenti presso il catasto e i registri immobiliari sono esenti da imposta di bollo, dai tributi speciali catastali e dalle tasse ipotecarie (art. 10 D.Lgs. 23/2011).

(6) Alla cessione di **immobile nei confronti di banche e società finanziarie per essere concessi in leasing** a soggetti che hanno i requisiti per l'agevolazione prima casa, si applicano l'imposta di registro dell'1,5% e le ipocatastali fisse (art. 1 tariffa parte prima DPR 131/86); il successivo eventuale riscatto è soggetto a imposte di registro e ipocatastali fisse.

IN CASO DI VENDITA ESENTE (art. 19 bis DPR 633/72) In caso di operazione esente, si **60650**
possono avere conseguenze se il venditore **ha operato la detrazione** dell'IVA a suo tempo pagata per la costruzione o l'acquisto e la successiva ristrutturazione del fabbricato stesso, salvo che siano trascorsi più di 10 anni da quello di acquisto o di ultimazione del fabbricato (v. n. 48230). In proposito, si ricorda che l'imposta relativa all'acquisto dei fabbricati ad uso abitativo, a decorrere dal 4 luglio 2006, è detraibile solo per le imprese che hanno come oggetto esclusivo o principale dell'attività la costruzione dei predetti fabbricati (c.d. **immobiliari di costruzione**)

nonché, in base alle rispettive percentuali di pro-rata, per i soggetti che esercitano **attività di locazioni esenti** (v. n. 48125).

Per le immobiliari di costruzione il problema della rettifica può essere superato, in caso di vendita effettuata oltre il quinquennio dall'ultimazione dei lavori, dall'esercizio dell'opzione; per le immobiliari di gestione, che hanno a suo tempo operato la detrazione in base a pro-rata, la rettifica, se dovuta, va effettuata in relazione alla variazione della percentuale di detraibilità (v. n. 48260 e s.).

Inoltre, le imprese che svolgono sia cessioni esenti che imponibili, qualora abbiano **optato per la separazione delle attività**, possono gestire separatamente le attività esenti da quelle imponibili (v. n. 56170).

Il problema della rettifica non si pone per i **soggetti diversi** dai precedenti che vendono un fabbricato per il quale non hanno potuto detrarre l'IVA a monte.

> Non deve essere effettuata la rettifica dell'IVA a suo tempo detratta in caso di vendita di fabbricati la cui costruzione o ristrutturazione è stata **ultimata entro il 4 luglio 2002** nonché per quelli posseduti (da immobiliari di compravendita) alla data del 4 luglio 2006, tenendo conto che, secondo l'AE, i fabbricati acquistati nel 2006 sono comunque soggetti alla rettifica in quanto la detrazione doveva essere determinata con la regola del pro-rata (art. 35 c. 9 DL 223/2006 e Circ. AE 1° marzo 2007 n. 12/E).

b. Aliquote

60670 **Ordinariamente**, le cessioni imponibili IVA di fabbricati abitativi sono soggette ad aliquota ordinaria del 22% o ridotta del 10% a seconda della classificazione catastale del fabbricato; la cessione è invece soggetta all'aliquota ridotta del 4% quando si applica l'**agevolazione «prima casa»**.

Nella **tabella** seguente si riportano le aliquote applicabili in relazione al tipo di abitazione ceduta ed ai soggetti interessati.

> **NB.** Per le cessioni effettuate entro il 31 dicembre 2023, l'acquirente persona fisica che acquista da OICR immobiliare o dall'impresa costruttrice un'unità immobiliare abitativa di **classe energetica A o B**, può detrarre dall'IRPEF il 50% dell'IVA pagata per l'acquisto (art. 1 c. 76 L. 197/2022), v. n. 1510.

Caratteristiche abitazione	Cedente	Acquirente / condizioni	Aliquota	DPR 633/72
Abitazione classificata **A/2, A/3, A/4, A/5, A/6, A/7, A/11**	soggetto passivo IVA, quando la cessione è imponibile (v. n. 60640)	– persona fisica con requisiti per agevolazione «prima casa» (v. n. 60700)	4% **(1)**	n. 21 e n. 26 tab. A parte II
		– soggetto diverso dal precedente	10% **(1)**	n. 127 undecies tab. A parte III
Abitazione classificata **A/1, A/8, A/9**	impresa che l'ha costruita	indipendentemente dall'acquirente	22%	–
	impresa che vi ha effettuato interventi di recupero (direttamente o tramite appalto) **(2)**	indipendentemente dall'acquirente	10%	n. 127 quinquiesdecies tab. A parte III
Costruzione **rurale abitativa** (se ricorrono le condizioni di ruralità previste dall'art. 9 c. 3 lett. c ed e DL 557/93 - v. n. 7133) **(3)** **(4)**	– impresa che l'ha costruita (in proprio o tramite appalto)	– destinata ad uso abitativo del proprietario del terreno o di altri addetti alle coltivazioni o all'allevamento del bestiame e alle attività connesse	4% **(1)**	n. 21 bis tab. A parte II
		– destinata ad uso abitativo diverso	10%	n. 127 undecies tab. A parte III
	– impresa che vi ha effettuato interventi di recupero (direttamente o tramite appalto) **(2)**	indipendentemente dai requisiti soggettivi dell'acquirente	10%	n. 127 quinquiesdecies tab. A parte III

(1) Le medesime aliquote si applicano anche se le costruzioni non sono ultimate, purché permanga l'originaria destinazione.
(2) Si deve trattare di fabbricati sui quali l'intervento di ristrutturazione è stato **ultimato**; l'aliquota ridotta, pertanto, non si applica se la cessione avviene prima che sia ultimato l'intervento (Circ. AE 13 marzo 2009 n. 8/E).
(3) Si tratta delle cessioni di costruzioni effettuate **separatamente dal terreno**. Infatti, di norma, le costruzioni rurali vengono cedute congiuntamente al terreno cui sono asservite; in tal caso, poiché la cessione di terreni agricoli è esclusa da IVA, il fabbricato segue il medesimo trattamento e l'intera operazione è assoggettata ad imposta proporzionale di registro (v. n. 61000).
(4) Se la costruzione **perde i requisiti di ruralità**, si applicano le aliquote previste in relazione alle caratteristiche proprie del fabbricato; in proposito si ricorda che non possono essere rurali i fabbricati che hanno le caratteristiche «di lusso» o che appartengono alle categorie A/1 e A/8.

1. Cessioni ordinarie

In generale, salvo l'applicazione dell'agevolazione prima casa (v. n. 60700), la cessione di fabbricato abitativo, è soggetta: **60673**
- se il fabbricato è classificato nelle categorie catastali **A/1, A/8, A/9**, ad aliquota ordinaria del 22%;
- se il fabbricato è classificato nelle categorie catastali **A/2, A/3, A/4, A/5, A/6, A/7, A/11**, ad aliquota ridotta del 10%.

In caso di immobili **non ancora accatastati** si fa riferimento alla classificabilità catastale (Circ. AE 30 dicembre 2014 n. 31/E).

> **Precisazioni** 1) Per l'aliquota del 10%, la norma (n. 127 undecies tab. A parte III DPR 633/72) fa riferimento alla **definizione «non di lusso»** di cui al DM 2 agosto 1969 ma, in considerazione di quanto previsto per l'agevolazione «prima casa» ed in base ad un'interpretazione sistematica delle disposizioni in materia, si ritiene non abbia più rilievo il citato DM e si debba fare riferimento alla categoria catastale (Circ. AE 30 dicembre 2014 n. 31/E); per la giurisprudenza ciò dovrebbe valere anche per il passato (CTP Pesaro 30 maggio 2016 n. 418).
> 2) Per le caratteristiche «di lusso» e «non di lusso» in base al DM 2 agosto 1969, v. MIVA 2014 n. 7198 e s.

2. Acquisto della «prima casa»

(n. 21 e 26 tab. A parte II DPR 633/72 e art. 1 tar. parte I nota II bis DPR 131/86)

La cessione di fabbricato abitativo è soggetta all'**aliquota ridotta** del 4% quando ricorrono le seguenti **condizioni**: **60700**
- il fabbricato è accatastato come abitazione non di lusso (v. n. 60702);
- Il fabbricato è ubicato nel comune in cui l'acquirente ha la residenza (o intende stabilirvela) o lavora (v. n. 60705);
- l'acquirente ha una determinata situazione patrimoniale (v. n. 60720).

Tutte le condizioni (compresa quella relativa alle caratteristiche dell'immobile) devono sussistere **al momento** dell'acquisto o entro il termine stabilito dalla legge, a pena di non applicazione o decadenza del beneficio (v. n. 60750). È ininfluente la **cittadinanza** dell'acquirente.
L'agevolazione si applica anche alle **pertinenze** del fabbricato, con le particolarità illustrate al n. 60890.
Sono inoltre previsti due diversi **crediti d'imposta**:
- per i **giovani fino a 36 anni** in particolare situazione economica che acquistano la prima casa nel periodo 26 maggio 2021-31 dicembre 2023 (v. n. 60730);
- per chi **cede** la prima casa **e riacquista** entro un anno un'abitazione principale (v. n. 60770);

> **Precisazioni** 1) Con il termine cessione si fa riferimento a tutti gli **atti traslativi della proprietà** o **costitutivi di diritti reali** sul fabbricato quali: permuta, divisione con conguaglio, costituzione di diritti di nuda proprietà, usufrutto, uso e abitazione i quali, al ricorrere delle condizioni, possono beneficiare dell'aliquota ridotta IVA.
> 2) In caso di assegnazioni, anche in godimento, effettuate da **cooperative edilizie** e loro consorzi nei confronti di soci, i requisiti di seguito illustrati devono essere verificati in capo ai soci stessi.
> 3) Restano soggetti ad aliquota ordinaria i compensi per **prestazioni accessorie** che non rientrano nella compravendita vera e propria (ad es. accatastamento, definizione del regolamento condominiale, ecc.).

60702 **CLASSIFICAZIONE CATASTALE** L'agevolazione si applica (ricorrendo gli altri requisiti) se il fabbricato acquistato è classificato in catasto come abitativo nelle categorie A/2, A/3, A/4, A/5, A/6, A/7, A/11; sono escluse le abitazioni di categoria A/1, A/8 e A/9 in quanto di lusso (l'A/10 invece non è abitativo).

In caso di **fabbricato non ultimato**, v. n. 60760. L'acquisto di un fabbricato collabente iscritto in F/2 non è agevolabile (Risp. AE 30 agosto 2019 n. 357).

La giurisprudenza ha ritenuto applicabile l'agevolazione anche ad **immobili non abitativi** per i quali sia possibile il cambio di destinazione da effettuare entro il termine di decadenza del potere di accertamento dell'AF ma in applicazione di previgente normativa (Cass. 10 settembre 2004 n. 18300 e Cass. 7 giugno 2013 n. 14396); la prassi si è espressa in senso analogo ma in merito al riacquisto di immobile da destinare ad abitazione entro un anno dall'alienazione dell'immobile agevolato (Risp. AE 28 ottobre 2021 n. 753).

Il criterio in oggetto ha sostituito quello della definizione dell'**immobile non di lusso** in base al DM 2 agosto 1969 ma per la giurisprudenza ha applicazione retroattiva (CTP Pesaro 30 maggio 2016 n. 418).

60705 **UBICAZIONE DELL'IMMOBILE** (art. 1 tar. parte I nota II bis DPR 131/86) L'agevolazione spetta a condizione che l'immobile si trovi nel territorio del Comune in cui l'acquirente ha la residenza - o intende stabilirla entro un certo termine - oppure in cui svolge la propria attività lavorativa, professionale o di studio, con alcune eccezioni, come illustrato nella **tabella** seguente.

L'agevolazione non è vincolata al fatto che l'immobile acquistato diventi abitazione principale dell'acquirente: è, ad esempio, agevolato l'acquisto di un immobile sito nel luogo dove l'acquirente svolge la propria attività anche se egli possiede già, in altro Comune, un'abitazione (acquistata senza l'agevolazione) e presso cui mantiene la residenza.

Il concetto di **abitazione principale** è, invece, vincolante quando l'acquirente, per evitare la decadenza delle agevolazioni (vendita entro i 5 anni dall'acquisto agevolato) deve, entro un anno, **acquistare un nuovo immobile** da adibire ad abitazione principale (v. n. 60750).

Acquirente	Ubicazione dell'immobile per cui si intende fruire dell'agevolazione
soggetto residente	– nel Comune in cui l'acquirente ha stabilito o stabilirà, entro 18 mesi dall'acquisto la propria residenza **(1) (2) (3) (4) (5)**; – nel Comune in cui l'acquirente svolge propria attività anche se non remunerata (lavoro, studio, attività sportiva anche se non retribuita, ecc.) **(6)**.
soggetto residente ma trasferito all'estero per motivi di lavoro;	– nel Comune in cui ha la sede o esercita l'attività il datore di lavoro dell'acquirente (lavoratore subordinato)
cittadino italiano emigrato all'estero **(7)**;	– l'immobile può essere in qualsiasi Comune italiano
soggetto appartenente alle Forze armate e alle Forze di polizia a ordinamento militare o civile (art. 66 c. 1 L. 342/2000)	come per cittadino emigrato

(1) A tali fini fa fede la **residenza anagrafica** e quindi la data della dichiarazione di trasferimento resa dall'interessato al Comune per l'iscrizione all'anagrafe sempre che la richiesta risulti poi accolta. E' sufficiente che la residenza nel Comune vi sia al momento dell'acquisto o vi sia trasferita nel termine suddetto mentre lo **spostamento successivo** non determina decadenza (Risp. AE 1° agosto 2022 n. 399).

(2) In caso di acquisto da parte di **coniugi in comunione** legale, secondo la giurisprudenza il requisito è da ritenersi soddisfatto anche quando sussista in capo ad uno solo di essi (Cass. 28 gennaio 2009 n. 2109, Cass. 1° luglio 2009 n. 15426 e Cass. 8 settembre 2003 n. 13085); viceversa, per l'amministrazione, l'agevolazione compete nei limiti del 50%, ossia relativamente al coniuge che possiede il requisito (Circ. AE 12 agosto 2005 n. 38/E e Ris. AE 20 agosto 2010 n. 86/E).

(3) Se il termine non è rispettato per **causa di forza maggiore**, verificatasi durante la sua pendenza, l'aliquota ridotta spetta comunque (Ris. AE 1° febbraio 2002 n. 35/E); ad **esempio**, per la prassi, è causa di forza maggiore il verificarsi, successivamente all'acquisto del fabbricato, di forti infiltrazioni d'acqua, tali da rendere impossibile il trasferimento della residenza da parte del proprietario (Ris. AE 10 aprile 2008 n. 140/E). Sulla questione la giurisprudenza è intervenuta con posizioni diverse affermando, da una parte, che non rileva che il mancato trasferimento sia imputabile o meno a colpa dei contribuenti (da ultima, Cass. 23 febbraio 2009 n. 4321) e, dall'altra, non escludendo a priori che il contribuente possa dare prova della ricorrenza di una causa di forza maggiore a condizione che si tratti di un evento tale da impedire, in modo assoluto e per tutto il tempo a disposizione, non solo la presenza dell'immobile, ma, in ogni caso, l'ottenimento del trasferimento della residenza anagrafica (Cass. 26 gennaio 2010 n. 1392). Si segnala, infine, un'ulteriore posizione secondo cui il

termine ha carattere sollecitatorio, tanto che l'eventuale decadenza per mancato rispetto va ricollegata solo all'inutile decorso del termine triennale per l'accertamento decorrente dalla registrazione dell'atto (Cass. 11 febbraio 2011 n. 3507). Il contribuente che **non può rispettare** il termine non ancora scaduto, può chiedere la revoca dell'agevolazione.
(4) Il termine è sospeso dal 23 febbraio 2020 al 31 marzo 2022 (art. 24 DL 23/2020 conv. in L. 40/2020) e poi dal 1° aprile 2022 al 31 ottobre 2023 (art. 3 DL 198/2022 come modificato in sede di conversione in attesa di approvazione. Gli accertamenti già emessi per mancato rispetto del termine restano validi).
(5) Se l'immobile acquistato è interessato da intervento trainante di ristrutturazione e risparmio energetico con le caratteristiche necessarie per il **superbonus del 110%**, il termine è di 30 mesi (art. 33 bis DL 77/2021).
(6) Lo svolgimento dell'attività lavorativa nel Comune dell'immobile assume rilievo solo se in atto al momento dell'acquisto e non se si realizza successivamente (Cass. 12 ottobre 2012 n. 17597, Cass. 18 novembre 2010 n. 23377).
(7) In questo caso non è necessario che l'acquirente trasferisca la **residenza** nel Comune dell'immobile (Risp. AE 28 ottobre 2021 n. 751), neppure quando si tratta di riacquisto dopo la vendita dell'abitazione agevolata (Risp. AE 27 settembre 2021 n. 627). La condizione di emigrato può essere **documentata** con certificato di iscrizione all'AIRE oppure con dichiarazione sostitutiva (Circ. AE 12 agosto 2005 n. 38/E).

SITUAZIONE PATRIMONIALE DELL'ACQUIRENTE (art. 1 tar. parte I nota II bis DPR 131/86) L'aliquota ridotta si applica **a condizione** che l'acquirente **non sia titolare**: 60720
a) esclusivo e neppure per quote o in comunione legale con il coniuge, dei diritti di proprietà, usufrutto, uso, abitazione e nuda proprietà di altra casa di abitazione, ovunque situata, **acquistata con l'agevolazione** dall'interessato o dal coniuge in comunione legale; tuttavia, se l'acquirente è titolare di abitazione agevolata, può fruire dell'agevolazione se si impegna a vendere e vende l'abitazione preposseduta entro un anno dal nuovo acquisto (anche se il nuovo immobile è nello stesso Comune del primo, Risp. AE 21 aprile 2021 n. 277).
b) esclusivo o in comunione con il coniuge dei diritti di proprietà, usufrutto, uso e abitazione di altra **abitazione nel Comune** in cui è sito l'immobile da acquistare, indipendentemente dall'aver in precedenza utilizzato l'agevolazione.
Se l'abitazione preposseduta è nello **stesso Comune ed è stata acquistata con l'agevolazione**, si applica quanto sopra detto sulla possibilità di fruire dell'agevolazione vendendo entro un anno l'abitazione preposseduta (Circ. AE 13 giugno 2016 n. 27/E). Tuttavia, se l'abitazione preposseduta aveva i requisiti prima casa ma è stata acquistata quando l'agevolazione non esisteva, l'agevolazione si applica se l'acquirente si impegna a venderla entro un anno dall'acquisto (Risp. AE 21 dicembre 2018 n. 123). Tali previsioni si applicano anche nel caso di abitazione sita nello stesso Comune e acquistata per successione con utilizzo dell'agevolazione prima casa (i presupposti dell'agevolazione sono differenti e dunque si considera come abitazione acquistata senza benefici, Risp. AE 21 aprile 2021 n. 277).
Pertanto, l'aver **effettuato in passato** un acquisto agevolato dell'abitazione non impedisce di fruire nuovamente dell'agevolazione se:
– al momento del nuovo acquisto (o entro un anno dallo stesso) non si è più titolari dei diritti sul precedente immobile agevolato, in quanto, ad esempio, venduto;
– il precedente acquisto è avvenuto a titolo gratuito - successione o donazione - fruendo dell'agevolazione per imposte ipocatastali poiché i presupposti sono differenti (Risp. AE 21 aprile 2021 n. 277). Fanno eccezione e sono impeditivi gli acquisti per donazioni effettuate nel periodo tra il 25 ottobre 2001 e il 28 novembre 2006 assoggettate ad imposta di registro con l'agevolazione.

>**Precisazioni** 1) Al fine di verificare se è già stato effettuato un acquisto agevolato, occorre considerare anche le **agevolazioni previgenti** per l'acquisto prima casa, dal 1982 ad oggi (per l'elencazione si vedano le istruzioni al Mod. Redditi PF oppure la Circ. AE 1° marzo 2001 n. 19/E). Tra queste **non rientra** l'ipotesi di chi ha acquistato, fino al 22 maggio 1993, da un'impresa costruttrice e che ha goduto di un'aliquota ridotta per effetto di norme che, in senso tecnico, non rientrano nelle agevolazioni richiamate dalla legge; esse, pertanto, non impediscono l'applicazione dell'aliquota ridotta.
2) L'agevolazione spetta a un **minorenne** anche qualora i suoi genitori, usufruttuari per legge, siano titolari di altre abitazioni (Cass. 21 settembre 1999 n. 10196).
3) Se l'abitazione **preposseduta è inidonea all'utilizzo** in modo oggettivo e assoluto, per cause non prevedibili e involontarie, il contribuente può fruire comunque dell'agevolazione alle condizioni indicate da Princ. dir. AE 17 marzo 2022 n. 1 e Ris. AE 1° agosto 2017 n. 107/E).

Nella **tabella** si esemplificano alcuni casi per valutare, in base alla situazione patrimoniale dell'acquirente, la spettanza o meno dell'agevolazione (Circ. AE 1° marzo 2001 n. 19/E). 60725
Quando si fa riferimento ad altra abitazione già acquistata con l'agevolazione, **si intende** la stessa agevolazione per la prima casa.

60725
(segue)

Situazione patrimoniale dell'acquirente		Spettanza dell'agevolazione (1)	
		ubicazione dell'abitazione già posseduta rispetto a quella che si acquista	
		stesso comune	altro comune
Titolarità esclusiva (2)	di proprietà, usufrutto, uso o abitazione su altra abitazione, non acquistata con l'agevolazione	NO **(3)**	SÌ
	di nuda proprietà su altra abitazione, non acquistata con l'agevolazione	SÌ **(4)**	SÌ
	di proprietà, usufrutto, uso o abitazione su altra abitazione acquistata con l'agevolazione	NO **(5)**	NO **(5) (6)**
	di nessun'altra abitazione	SÌ	SÌ
Comproprietà con il coniuge in regime di comunione (2)	di diritto di proprietà, usufrutto, uso e abitazione di altra abitazione, non acquistata con l'agevolazione	NO **(3)**	SÌ
	di nuda proprietà di altra abitazione, non acquistata con l'agevolazione	SÌ **(4)**	SÌ
	di quota non totalitaria di abitazione, non acquistata con l'agevolazione	SÌ **(7)**	SÌ
	di nessun'altra abitazione (interamente o per quote)	SÌ	SÌ
	di proprietà, usufrutto, uso o abitazione di altra abitazione, acquistata con l'agevolazione	NO **(8)**	NO **(6) (9)**
	possesso con il coniuge di quota non totalitaria di abitazione, acquistata con benefici prima casa	NO	NO **(9)**
Comproprietà con terzi (o con il coniuge in regime di separazione) (2) (10)	possesso (interamente o per quote) di altra abitazione non acquistata con l'agevolazione	SÌ	SÌ
	possesso (interamente o per quote) di altra abitazione, acquistata con l'agevolazione	NO **(11)**	NO **(9) (11)**
	non si possiedono (interamente o per quote) con terzi altre abitazioni, acquistate con beneficio prima casa	SÌ	SÌ

(1) L'agevolazione spetta, ricorrendo le altre condizioni, quando l'acquirente **ricongiunge la piena proprietà** (usufruttuario che acquista la nuda proprietà o viceversa).

(2) L'agevolazione spetta in caso di possesso di altra abitazione **acquistata** da impresa costruttrice **entro il 22 maggio 1993**.

(3) Salvo che l'ulteriore acquisto costituisca **ampliamento** della prima casa, purché venga mantenuto il rispetto di tutte le altre condizioni; in particolare, l'abitazione che ne deriva non deve avere le caratteristiche che la qualificherebbe «di lusso» (Ris. AE 25 febbraio 2005 n. 25/E ora da riferirsi alla classificazione catastale).

(4) L'agevolazione non spetta in caso di **nuda proprietà acquistata con l'agevolazione**, salvo quanto detto alla nota (1) per la ricongiunzione.

(5) Si è tuttavia in alcuni casi ritenuta spettante l'agevolazione quando l'abitazione posseduta **non è idonea a soddisfare i bisogni abitativi**, per dimensioni e caratteristiche complessive (Cass. 8 gennaio 2010 n. 100 e Cass. 7 agosto 2009 n. 18128 ma, in senso contrario Cass. 13 giugno 2017 n. 14740 e Risp. AE 30 settembre 2021 n. 634. L'inidoneità deve risultare da elementi oggettivi quali la dichiarata **inagibilità** dell'immobile già posseduto (Ris. AE 1° agosto 2017 n. 107/E e Ris. AE 20 agosto 2010 n. 86/E).

(6) L'agevolazione spetta comunque se il compratore **cede**, a titolo oneroso o gratuito, **l'immobile prepossEduto** entro un anno dal nuovo acquisto, rendendo in proposito apposita dichiarazione nell'atto. Il termine è sospeso dal 23 febbraio 2020 al 31 marzo 2022 (art. 24 DL 23/2020 conv. in L. 40/2020) e dal 1° aprile 2022 al 31 ottobre 2023 (art. 3 DL 198/2022 come modificato in sede di conversione in attesa di approvazione. Gli accertamenti già emessi per mancato rispetto del termine restano validi).

(7) Cfr. Cass. 10 settembre 1999 n. 9647.

(8) L'agevolazione spetta per l'acquisto della **titolarità esclusiva dello stesso** immobile già in comunione dopo lo scioglimento della comunione.

(9) Tuttavia, il possesso, anche in comunione legale, su tutto il territorio nazionale di un'altra casa di abitazione **acquistata esclusivamente dal coniuge** o da terzi con l'agevolazione non preclude al contribuente la possibilità di utilizzare il beneficio fiscale per la sua quota (Circ. AE 12 agosto 2005 n. 38/E; Cass. 26 settembre 1996 n. 8502).

(10) A seguito di separazione o divorzio, la comunione sull'immobile precedentemente acquistato, diviene comune e rientra in questa casistica (Cass. 19 febbraio 2014 n. 3931).

(11) Tuttavia, l'agevolazione spetta quando il titolare di una quota **acquista ulteriore quota** dello stesso immobile.

Acquirente con ISEE fino a € 40.000 (art. 64 DL 73/2021 conv. in L. 106/2021, art. 1 c. 151 L. 234/2021 e Circ. AE 14 ottobre 2021 n. 12/E) Per gli atti stipulati fra il 26 maggio 2021 e il 31 dicembre 2023, ricorrendo gli altri requisiti, l'acquirente di **età fino a** 36 anni (non compiuti nell'anno in cui è stipulato il rogito di acquisto) e con valore dell'indicatore della situazione economica equivalente (ISEE) non superiore a € 40.000 annui, ha diritto a un **credito d'imposta** di ammontare pari all'IVA pagata per l'acquisto (4%). 60730
Il credito può essere **utilizzato**:
– in diminuzione delle imposte di registro, ipocatastali, successioni e donazioni dovute su atti e denunce presentati dopo l'acquisizione del credito;
– in diminuzione dell'IRPEF e addizionali dovute in base a dichiarazioni da presentare successivamente alla data dell'acquisto (la prima è quella relativa all'anno in cui è stato effettuato l'acquisto), previa indicazione in dichiarazione nel quadro CR.
– in compensazione in F24, cod. trib. 6928 (v. n. 37220).
Il credito **non** è **rimborsabile**. Sull'atto definitivo di acquisto non sono dovute le imposte di **registro e ipocatastali** ordinariamente applicabili in misura fissa mentre restano dovute l'imposta di bollo e le tasse ipotecarie.
In caso di **pagamento posticipato** del prezzo e quindi dell'IVA (ad esempio perché rateizzato) rispetto all'atto di acquisto, il credito dovrebbe spettare dalla data di pagamento.
L'agevolazione si applica anche agli atti traslativi o costitutivi della **nuda proprietà**, dell'**usufrutto**, dell'uso e dell'abitazione della prima casa e anche in caso di acquisto ad **asta** o tramite altro provvedimento giudiziale (Risp. AE 13 dicembre 2021 n. 808).

>**Precisazioni 1)** Sull'atto definitivo di acquisto non sono dovute le imposte di **registro e ipocatastali** ordinariamente applicabili in misura fissa mentre restano dovute l'imposta di bollo e le tasse ipotecarie. In caso di **pagamento posticipato** del prezzo e quindi dell'IVA (ad esempio perché rateizzato) rispetto all'atto di acquisto, il credito dovrebbe spettare dalla data di pagamento.
2) In caso di contratto **preliminare per persona da nominare** con pagamento di acconti e fatture intestato a soggetto diverso dall'acquirente che sottoscrive il definitivo, il credito spetta fino a concorrenza dell'intero importo dell'IVA a condizione che all'atto di acquisti risultino specificatamente la nomina e gli acconti già pagati con indicazione dei relativi importi (Risp. AE 11 maggio 2022 n. 261).
3) L'agevolazione comporta altresì la riduzione al 50% degli **onorari notarili**.

DICHIARAZIONE DI POSSESSO DEI REQUISITI Per fruire dell'agevolazione, l'acquirente deve dichiarare la sussistenza delle condizioni sopra indicate nell'**atto di acquisto**; tuttavia, per la prassi, può farlo anche in un successivo **atto integrativo** reso con le stesse modalità dell'atto principale e registrato presso lo stesso Ufficio (Circ. AE 12 agosto 2005 n. 38/E). In tal modo, le fatture eventualmente già emesse con aliquota al 10% potranno essere rettificate con l'applicazione dell'aliquota al 4%. 60740

>**Precisazioni 1)** In caso di **trasferimento per mezzo di sentenza**, la dichiarazione della sussistenza dei requisiti non può essere resa nell'atto di acquisto e deve pertanto essere resa al momento della richiesta di registrazione dell'atto (Cass. 4 ottobre 2006 n. 21379); successivamente può essere presentato un atto integrativo ma solo finché la registrazione non è stata effettuata (Ris. AE 17 ottobre 2014 n. 90/E, Ris. AE 3 ottobre 2008 n. 370/E).
2) Nel caso di soggetto che ha chiesto l'agevolazione per l'acquisto di abitazione nel comune di svolgimento dell'attività lavorativa che si avveda che non ricorre più questo requisito, può - con scrittura integrativa avente i requisiti sopra richiamati e se ancora nel termine - richiedere l'agevolazione sul **diverso presupposto** dell'impegno a trasferire la residenza entro 18 mesi (Ris. AE 27 aprile 2017 n. 53/E).

Contratto preliminare L'acquirente può **rendere la dichiarazione** già nel contratto preliminare di acquisto, con riferimento al momento in cui verrà stipulato l'atto definitivo; in questo caso è possibile applicare l'aliquota ridotta del 4% già in occasione del pagamento degli acconti previsti nel preliminare, ancorché non siano presenti tutti i requisiti, purché questi ultimi siano presenti al momento della stipulazione dell'atto definitivo (il caso più frequente è la dichiarazione di trasferire la propria residenza entro 18 mesi o la necessità di cedere l'immobile precedentemente acquistato con l'agevolazione entro un anno). 60745
Se invece l'acquirente **non rende la dichiarazione** nel contratto preliminare ma solo nell'atto di acquisto, le fatture relative agli acconti devono essere emesse con l'aliquota del 10%; successivamente, alla stipula dell'atto definitivo, potranno essere rettificate, anche oltre l'anno di emissione, per consentire l'applicazione dell'aliquota ridotta del 4% sull'intero corrispettivo (Ris. Min. 7 dicembre 2000 n. 187/E).
Nel caso di preliminare **soggetto ad imposta di registro** proporzionale, sugli acconti l'imposta è dovuta nella misura del 3% indipendentemente dalla dichiarazione di possesso dei requisiti.

Nel caso di preliminare **per persona da nominare** stipulato da soggetto, diverso dall'acquirente finale, a cui sono intestate le fatture degli acconti, in caso di nomina validamente effettuata, si ritiene possano essere rettificate anche le fatture emesse nei confronti del promissario acquirente e, in caso di acquirente con ISEE inferiore a € 40.000, l'acquirente può calcolare il credito d'imposta spettantegli anche in relazione a tali fatture. A tal fine è necessario che dall'atto definitivo di acquisto, risultino specificamente enunciati gli acconti già pagati dal promissario acquirente, con indicazione dei relativi importi e delle modalità di pagamento nonché gli estremi delle fatture intestate allo stesso; in pratica, deve risultare dall'atto definitivo, l'ammontare dell'IVA corrisposta in relazione all'acquisto agevolato, che andrà a costituire il credito d'imposta riconosciuto a favore dell'acquirente (e che non può essere superiore al 4% del prezzo) (Risp. AE 11 maggio 2022 n. 261).

60750 **DECADENZA** Se l'immobile è classificato in catasto in A/1, A/8 o A/9 o in categoria non abitativa o l'acquirente ha fornito false dichiarazioni circa la sussistenza delle altre condizioni necessarie per l'agevolazione, questa decade.

Si tratta, ad **esempio**, dei casi in cui: l'acquirente ha un'altra abitazione nel medesimo Comune e non la vende entro un anno dall'acquisto; l'acquirente non ha o non stabilisce entro 18 mesi la residenza nel comune dell'immobile; l'abitazione acquistata in costruzione una volta ultimata, è classificata in A/1, A/8 o A/9.

Nella **tabella** seguente si riportano diversi casi per valutarne le conseguenze.

In caso di decadenza, l'AE emette, nei confronti dell'**acquirente**, un **avviso di liquidazione** con cui recupera la differenza tra l'imposta calcolata con l'aliquota ordinariamente prevista e quella versata con aliquota ridotta, i relativi interessi e la sanzione del 30% della maggiore imposta liquidata (art. 1 tar. parte I nota II bis DPR 131/86). All'**impresa cedente**, che ha applicato le agevolazioni sulla base delle dichiarazioni dell'acquirente, non si applicano sanzioni.

Nel caso di fabbricato ricevuto in assegnazione da **cooperativa edilizia** a proprietà indivisa, il **periodo quinquennale** di inalienabilità decorre dalla data del rogito notarile che dà luogo al trasferimento del diritto reale di proprietà dalla cooperativa al socio assegnatario (Ris. AE 17 marzo 2009 n. 67/E e Cass. 4 gennaio 2011 n. 178).

Casi	Conseguenze
Dichiarazioni false, rese nell'atto d'acquisto, circa la sussistenza dei requisiti (es. l'acquirente ha un'altra abitazione nel medesimo Comune, ecc.)	l'AE recupera, in capo all'acquirente, la differenza tra l'imposta calcolata con l'aliquota ordinaria e quella versata con aliquota ridotta e ad irrogare la sanzione del 30% della differenza, oltre interessi (non sono applicate sanzioni in capo al cedente) **(1)**
Mancato verificarsi di una condizione che dovrebbe realizzarsi dopo la stipula dell'atto (es. l'acquirente non stabilisce la residenza nel comune di ubicazione dell'immobile entro 18 mesi; l'abitazione acquistata in costruzione, una volta ultimata presenta caratteristiche per essere classificata in cat. A/1 o A/8 o A/9, l'acquirente non vende, entro un anno dall'acquisto, l'abitazione già precedentemente posseduta che impedisce l'agevolazione)	come sopra; il contribuente può **sanare spontaneamente** la violazione tramite ravvedimento presentando apposita istanza, all'Ufficio presso cui è stato registrato l'atto, in cui dichiara l'avvenuta decadenza dell'agevolazione e richiede la riliquidazione dell'imposta e l'applicazione delle sanzioni in misura ridotta; l'Ufficio applicherà con apposito avviso di liquidazione la maggiore imposta dovuta nonché gli interessi dalla data di stipula dell'atto e la sanzione ridotta a seconda dei termini entro cui è avvenuto il ravvedimento a partire dal momento in cui si è verificata la decadenza (per le misure delle riduzioni v. **tabella** n. 87323)
Vendita dell'abitazione entro 5 anni dall'acquisto:	
– se entro un anno dalla vendita il contribuente acquista un'altra casa **da adibire ad abitazione principale (2) (3)**, anche a titolo gratuito **(4) (5)**	l'agevolazione non decade e, se l'immobile soddisfa i requisiti per l'agevolazione «prima casa», l'acquirente ha diritto al credito d'imposta sul riacquisto (v. n. 60770)

60750 (segue)

Casi	Conseguenze
– se non acquista; – se acquista un immobile ma non lo adibisce ad abitazione principale; – se acquista oltre l'anno **(6)**	l'agevolazione decade e si applica la sanzione del 30% della maggiore imposta; tuttavia, per evitare la sanzione, il contribuente può (Ris. AE 27 dicembre 2012 n. 112/E): – **prima** che sia **decorso l'anno** dalla vendita, presentare apposita **istanza** all'Ufficio presso il quale è stato registrato l'atto di acquisto manifestando che non procederà al nuovo acquisto e richiedendo la riliquidazione dell'imposta; l'Ufficio notifica apposito avviso di liquidazione dell'imposta dovuta e degli interessi a decorrere dalla stipula dell'acquisto senza irrogare le sanzioni; – **decorso un anno** dalla vendita, procedere a ravvedimento con le modalità sopra illustrate per mancato verificarsi di una condizione
Vendita, entro 5 anni dall'acquisto, **di una porzione** dell'abitazione (Ris. AE 16 febbraio 2006 n. 31/E):	
– se la porzione di abitazione rimanente è idonea a soddisfare le esigenze abitative del soggetto	perdita parziale dell'agevolazione per la parte di immobile (con eventuale pertinenza) venduto: versamento della differenza tra l'imposta calcolata con aliquota ordinaria e quella versata con aliquota ridotta, limitatamente alla parte di valore della porzione di immobile trasferito, con sanzione del 30% della maggiore imposta e relativi interessi **(7)**
– se la porzione di fabbricato rimanente non è idonea a soddisfare le esigenze abitative del soggetto	come vendita dell'abitazione
Vendita, entro 5 anni dall'acquisto, di una **pertinenza**	decadenza dell'agevolazione con recupero della maggiore imposta relativamente alla pertinenza ceduta; l'eventuale successivo acquisto di una pertinenza può fruire dell'aliquota agevolata (ricorrendo gli ordinari requisiti) ma non del credito d'imposta (Ris. AE 1° febbraio 2008 n. 30/E)
Vendita, entro 5 anni dall'acquisto, **della nuda proprietà** (Ris. AE 8 agosto 2007 n. 213/E)	decadenza dell'agevolazione anche se il venditore mantiene l'usufrutto, salvo che questi proceda ad acquistare un altro immobile da adibire ad abitazione principale (v. casi precedenti). La perdita del beneficio riguarda la parte di prezzo corrispondente al diritto parziale ceduto, calcolato applicando al prezzo dichiarato nell'atto di acquisto i coefficienti per la determinazione dei diritti di usufrutto allegati al DPR 131/86 (v. n. 71630)
Rinuncia, entro 5 anni dall'acquisto, dell'usufrutto (Cass. 7 dicembre 2012 n. 22244)	la semplice rinuncia all'usufrutto, con conseguente espansione della proprietà in capo al nudo proprietario, non comporta decadenza del beneficio in quanto non si tratta di ipotesi di alienazione
Trasferimento, entro 5 anni dall'acquisto, nell'ambito di **accordi di separazione o divorzio** (Circ. AE 21 giugno 2012 n. 27/E)	l'attribuzione della proprietà dell'immobile **a uno dei coniugi** non comporta decadenza dell'agevolazione (Cass. 16 marzo 2016 n. 5156, Cass. 13 novembre 2015 n. 23225) se i coniugi vendono **a terzi** l'immobile, con rinuncia da parte di uno a favore dell'altro al ricavato della vendita, la decadenza dall'agevolazione è esclusa solo per il coniuge rinunciatario, mentre quello cui viene assegnato il corrispettivo deve rispettare la regola del riacquisto, entro un anno dall'alienazione, di un altro immobile da adibire a prima casa (Circ. AE 21 giugno 2012 n. 27/E)

Casi	Conseguenze
Locazione dell'immobile	non comporta decadenza dall'agevolazione poiché non si ha perdita del possesso (Circ. AE 29 maggio 2013 n. 18/E par. 3.11.3)

(1) Per l'AF, la regola vale anche nel caso di appalto per la costruzione della casa (Circ. Min. 2 marzo 1994 n. 1/E); viceversa, per la giurisprudenza, si applica solo agli atti traslativi a titolo oneroso della proprietà (Cass. 26 ottobre 2012 n. 18378) e in materia di appalto l'unico soggetto passivo IVA tenuto all'obbligo di corrispondere la maggiore imposta accertata per effetto dell'errata applicazione dell'aliquota è l'appaltatore (Cass. 2 marzo 2012 n. 3291).

(2) Per evitare la decadenza è sufficiente che l'abitazione acquistata sia **adibita ad abitazione** principale dell'acquirente che potrebbe nel frattempo anche aver acquistato altro immobile nello stesso comune in cui riacquista (Circ. AE 29 maggio 2013 n. 18/E par. 3.11); in mancanza di un termine stabilito dalla legge, si ritiene che la destinazione ad abitazione principale debba avvenire almeno **entro** il termine triennale di decadenza del potere di accertamento dell'AF (Cass. 7 luglio 2000 n. 9149 e Ris. AE 6 ottobre 2003 n. 192/E), **decorrente** dall'anno successivo alla data di registrazione dell'atto di vendita (Cass. 15 febbraio 2011 n. 3782); l'abitazione acquistata può anche essere in uno **Stato estero** purché sussistano strumenti di cooperazione amministrativa che consentano di verificare che l'immobile sia adibito a dimora abituale (Circ. AE 7 giugno 2010 n. 31/E). È sufficiente anche la **costruzione** entro il termine di un anno di un immobile da adibire ad abitazione principale, anche su un terreno già posseduto (Ris. AE 26 gennaio 2017 n. 13/E).

(3) Non sono sufficienti: la stipula entro un anno di un **preliminare** di compravendita in quanto ha effetto solo obbligatorio e non traslativo della proprietà (Ris. AE 3 maggio 2004 n. 66/E); l'acquisto di una **quota di comproprietà** di un'abitazione, se tale quota non consente di adibire concretamente l'immobile ad abitazione (nel caso specifico, si tratta della quota di 4 millesimi, Cass. 17 giugno 2011 n. 13291).

(4) Ad esempio per **donazione** (Cass. 26 giugno 2013 n. 16077 e Ris. AE 11 maggio 2015 n. 49/E).

(5) Il **termine è sospeso** dal 23 febbraio 2020 al 31 marzo 2022 (art. 24 DL 23/2020 conv. in L. 40/2020, Circ. AE 13 aprile 2020 n. 9/E) e dal 1° aprile 2022 al 30 ottobre 2023 (art. 3 DL 198/2022 come modificato in sede di conversione ma in attesa di approvazione definitiva. Gli atti di accertamento già emessi per il mancato rispetto del termine restano validi).

(6) Sul termine, vedi nota precedente. Se si riacquista **un terreno** su cui costruire l'abitazione principale o un **fabbricato a destinazione diversa** dall'abitativa, non si ha decadenza se entro l'anno dalla vendita è costruito almeno un rustico comprensivo delle mura perimetrali delle singole unità e della copertura; in questo caso non spetta però il credito d'imposta (Circ. AE 29 maggio 2013 n. 18/E par. 3.11.3 e Circ. AE 12 agosto 2005 n. 38/E) o sia mutata la destinazione del fabbricato (Risp. AE 28 ottobre 2021 n. 753).

(7) Per certa giurisprudenza, se la porzione di fabbricato restante è **idonea come prima casa**, l'agevolazione non decade (Cass. 23 gennaio 2019 n. 1833).

60760 **SITUAZIONI PARTICOLARI** Nella **tabella** seguente si riportano alcune situazioni particolari per valutare l'applicabilità dell'agevolazione.

Caso	Soluzione
Acquisto di abitazione non ultimata	l'agevolazione è ammessa, purché permanga l'originaria destinazione e, una volta ultimata, la stessa mantenga le caratteristiche catastali previste (Circ. AE 12 agosto 2005 n. 38/E) **(1)**.
Acquisto in comproprietà tra 2 o più soggetti, in cui non tutti abbiano i requisiti soggettivi (residenza e situazione patrimoniale) per l'agevolazione	l'aliquota ridotta si applica, pro-quota, in modo indipendente ad ogni acquirente avente i necessari requisiti (Cass. 26 settembre 1996 n. 8502).
Uno solo dei coniugi in comunione ha i requisiti	secondo l'AF, se uno solo dei coniugi ha i requisiti soggettivi, sia di residenza che patrimoniali, l'agevolazione spetta nella misura del 50% (Circ. AE 12 agosto 2005 n. 38/E). Viceversa, la giurisprudenza, con riferimento specifico al **requisito della residenza**, ha ritenuto sufficiente la sussistenza in capo ad uno solo dei due coniugi per avere l'agevolazione integrale (Cass. 28 ottobre 2000 n. 14237 e Cass. 8 settembre 2003 n. 13085).
Acquirente minorenne o incapace	l'agevolazione spetta in presenza di tutti i requisiti previsti, compreso quello della residenza (Circ. AE 12 agosto 2005 n. 38/E).

Caso	Soluzione
Acquisto di unità immobiliari contigue	l'agevolazione spetta, sia in caso di acquisto congiunto che separato, a condizione che l'acquisto sia finalizzato alla fusione delle unità e che, ferme le ordinarie condizioni, l'abitazione risultante conservi le caratteristiche catastali previste (Ris. AE 19 dicembre 2017 n. 154/E, Cass. 14 maggio 2007 n. 10981 e Ris. AE 4 giugno 2009 n. 142/E): – sia nel caso in cui le unità immobiliari siano acquistate contemporaneamente; – sia nel caso in cui venga acquistata un'unità immobiliare contigua all'immobile già di proprietà (un appartamento o anche solo una stanza), con lo scopo di costituire un'unica unità abitativa. Il beneficio spetta sia nel caso in cui per l'immobile già di proprietà sia stato acquisito con l'agevolazione, sia che sia stato acquisito senza. Il contribuente deve terminare i lavori di fusione **entro** 3 anni dalla registrazione dell'atto di acquisto (Risp. AE 9 aprile 2021 n. 235).
Unità immobiliari facenti parte di residence turistico-alberghieri	si ritiene che l'agevolazione spetti se la singola unità immobiliare è classificata in catasto in una delle categorie indicate al n. 60702.

(1) Secondo la Cassazione, i benefici possono essere conservati qualora la finalità, dichiarata nell'atto d'acquisto, di destinare l'immobile a propria abitazione, venga realizzata entro il termine di decadenza del potere di accertamento dell'Ufficio in ordine alla sussistenza dei requisiti stessi (Cass. 10 settembre 2004 n. 18300).

RIACQUISTO DELLA PRIMA CASA (art. 7 L. 448/98) Il contribuente che cede (a titolo oneroso o gratuito) l'abitazione acquistata con l'agevolazione «prima casa» ma riacquista **entro** un anno (a titolo oneroso) un'altra abitazione che soddisfa le condizioni per l'agevolazione, ha diritto ad un **credito d'imposta pari alla** minore imposta (IVA o registro) dovuta sul primo acquisto e quella dovuta sul secondo (l'imposta cui fare riferimento è quella complessivamente dovuta, considerando ad esempio, anche l'importo già versato per la registrazione del preliminare, Circ. AE 24 aprile 2015 n. 17/E). Il **termine è sospeso** dal 23 febbraio 2020 al 31 marzo 2022 (art. 24 DL 23/2020 conv. in L. 40/2020, Circ. AE 13 aprile 2020 n. 9/E) e dal 1° aprile 2022 al 30 ottobre 2023 (art. 3 DL 198/2022 come modificato in sede di conversione ma in attesa di approvazione definitiva. Gli atti di accertamento già emessi per il mancato rispetto del termine restano validi). 60770

Il **susseguirsi di acquisti** e vendite della prima casa consente, in presenza delle condizioni necessarie, di fruire del credito d'imposta anche più volte (Circ. AE 7 giugno 2002 n. 48/E).
Il credito d'imposta spetta anche se il contribuente, al momento del nuovo acquisto, **non ha ancora venduto** l'immobile preposseduto e che deve vendere entro un anno per godere dell'agevolazione (Circ. AE 8 aprile 2016 n. 12/E).

> **Precisazioni** 1) Il credito d'imposta in oggetto non è interessato dall'**abrogazione delle agevolazioni** sui trasferimenti immobiliari prevista dall'art. 10 c. 4 D.Lgs. 23/2011 (Circ. AE 21 febbraio 2014 n. 2/E).
> 2) Il credito non spetta se **pende un contenzioso** in merito all'agevolazione sul primo acquisto; tuttavia, nel caso di passaggio in giudicato della sentenza favorevole al contribuente, quest'ultimo avrà diritto al rimborso del credito d'imposta, qualora abbia chiesto di utilizzarlo per il pagamento dell'imposta dovuta sul secondo acquisto oppure potrà utilizzarlo negli altri modi previsti dalla legge.

Utilizzo Il contribuente può utilizzare il credito con le modalità indicate nella **tabella** seguente mentre non può chiederlo a **rimborso**. 60772

Modalità di utilizzo (1) (2) (3)	Note
a) in diminuzione dall'imposta di registro (ma non delle ipocatastali o dell'IVA) dovute sull'**atto di acquisto agevolato** che lo determina	con l'utilizzo del credito l'imposta può essere inferiore al minimo di legge (Circ. AE 21 febbraio 2014 n. 2/E);
b) per l'intero importo, in diminuzione dalle imposte di registro e ipocatastali, sulle successioni e donazioni dovute su **atti** e **denunce** presentati dopo la data di acquisizione del credito o, in caso di appalto, dopo la consegna dell'immobile (risultante dalla data di presentazione al Comune della domanda per l'abitabilità)	con l'utilizzo del credito l'imposta di registro può essere inferiore al minimo di legge (Circ. AE 21 febbraio 2014 n. 2/E); il credito va utilizzato entro il termine di prescrizione di 10 anni dalla data di acquisizione;
c) in diminuzione dall'**IRPEF** dovuta in base alla dichiarazione da presentare successivamente alla data del nuovo acquisto, indicandone l'importo in dichiarazione (rigo CR7 del Mod. Redditi)	in caso di incapienza, l'eccedenza può essere utilizzata successivamente fino alla completa estinzione (Circ. Min. 21 settembre 1999 n. 189/E);

Modalità di utilizzo (1) (2) (3)	Note
d) in **compensazione** nel mod. F24 (codice tributo 6602), senza considerare il limite annuo previsto per la compensazione stessa ed indicandone l'importo in dichiarazione come al punto precedente	l'acquirente può utilizzare tale modalità congiuntamente a quella del rigo precedente; è invece dubbio se compatibile con la deduzione dall'imposta di registro del nuovo atto.

(1) Il contribuente può **utilizzare congiuntamente** i modi di cui alle lett. a), c) e d): ad esempio, parte del credito in diminuzione dell'imposta di registro e altra parte in compensazione o in dichiarazione dei redditi; con la modalità di cui alla lett. b) non è possibile utilizzare congiuntamente le altre perché l'utilizzo deve riguardare l'intero importo del credito (Circ. AE 24 aprile 2015 n. 17/E). Tuttavia tale forma può essere utilizzata per il credito residuo dopo il parziale utilizzo in diminuzione dell'IRPEF (Risp. AE 22 luglio 2020 n. 223).
(2) Se dopo l'utilizzo il **credito risulta maggiore** di quello già portato in diminuzione (a seguito di accertamento su base imponibile primo atto), il contribuente può utilizzare la differenza in uno dei modi specificati; in caso di decadenza dell'agevolazione (v. n. 60750), l'AF deve comunicare al contribuente la **non spettanza del credito** d'imposta inibendone in tal modo l'utilizzo; se il contribuente l'ha già utilizzato, l'AE lo recupera con applicazione di interessi.
(3) In caso di **morte** del titolare, il credito residuo spetta agli eredi.

60773 **Acquisti particolari** In caso di **assegnazione** di alloggio da una cooperativa, per il rispetto del termine, rileva la data dell'assegnazione stessa a condizione che il verbale sia registrato e contenga tutte le dichiarazioni previste per fruire dell'agevolazione prima casa; le condizioni oggettive e soggettive ordinariamente previste devono sussistere sia al momento dell'assegnazione che a quello dell'atto di trasferimento della proprietà (Ris. AE 11 luglio 2005 n. 87/E).
In caso di acquisto originario per **appalto** con applicazione di aliquota IVA ridotta non per l'agevolazione «prima casa» (pur sussistendo per l'acquirente le condizioni soggettive richieste) ma ad altro titolo, e se anche il secondo immobile agevolato viene acquistato per appalto, è necessario che il relativo contratto sia stipulato in forma scritta e sia registrato per poter dichiarare in tale sede che in relazione all'immobile alienato sussistevano le condizioni soggettive per l'agevolazione «prima casa»; per il calcolo del credito deve essere considerata l'IVA indicata in tutte le fatture emesse dall'appaltatore.
I soggetti che hanno **acquistato** l'abitazione da imprese costruttrici **prima del 22 maggio 1993**, quando si applicava l'IVA ridotta indipendentemente dall'agevolazione «prima casa», il credito spetta a condizione che l'acquirente dimostri che alla data del predetto acquisto era comunque in possesso dei requisiti per l'agevolazione.
Se l'immobile ceduto o quello acquistato è **in comunione**, il credito d'imposta va imputato pro-quota agli aventi diritto.
Se, in caso di **permuta**, una delle due cessioni è soggetta ad IVA e l'altra ad imposta di registro, il credito d'imposta è pari al tributo corrisposto dal soggetto che ne ha diritto; se la permuta è soggetta interamente ad imposta di registro e riguarda due fabbricati oggetto dell'agevolazione prima casa, il credito d'imposta compete ad entrambi i permutanti; tuttavia, considerato che per le permute la base imponibile è costituita dal valore del bene che dà luogo all'applicazione della maggiore imposta, l'ammontare del credito è determinato ripartendo l'imposta corrisposta in proporzione alla base imponibile di ciascun bene permutato (Circ. Min. 12 maggio 2000 n. 95/E). Per un **esempio di calcolo**, v. Circ. AE 1° marzo 2001 n. 19/E.
Il credito spetta anche se l'acquisto originario è avvenuto **per donazione** ma solo se effettuata fra il 25 ottobre 2001 e il 28 novembre 2006 e che sia stata assoggettata ad imposta di registro usufruendo delle agevolazioni per la prima casa; non spetta nel caso di cessioni di abitazioni ricevute **per successione**.

60775 **Formalità** Nell'**atto di acquisto** del nuovo immobile, oltre alle dichiarazioni previste al n. 60740, il contribuente deve indicare i seguenti dati per la determinazione del credito (Ris. AE 11 maggio 2004 n. 70/E e Circ. AE 1° marzo 2001 n. 19/E):
– estremi dell'atto di acquisto dell'immobile ceduto o da cedere e ammontare della relativa imposta;
– se per il suddetto acquisto era stata corrisposta l'IVA ridotta in assenza della specifica agevolazione c.d. «prima casa», la dichiarazione di sussistenza dei requisiti che avrebbero dato diritto, alla data dell'acquisto, all'agevolazione;
– nel caso di applicazione dell'IVA sull'immobile alienato, le relative fatture (che devono essere allegate);
– estremi dell'atto di alienazione dell'immobile;

– se il contribuente intende fruire del credito in detrazione dell'imposta di registro dovuta per il nuovo acquisto, espressa manifestazione di questa volontà.

In caso di **omissione**, l'acquirente può integrare successivamente l'atto di acquisto (Circ. AE 12 agosto 2005 n. 38/E).

C. Pertinenziali e complessi

Nella presente sezione sono prese in esame le situazioni in cui la determinazione del trattamento IVA applicabile non è immediatamente desumibile dalla classificazione catastale (es. fabbricato pertinenziale, edificio composto in parte da abitazioni e in parte da fabbricati strumentali, unità immobiliari raggruppate nella categoria catastale residuale «F»). 60870

PERTINENZE (Circ. AE 1° marzo 2007 12/E) Le cessioni di unità immobiliari che, pur rientrando nelle categorie catastali che contraddistinguono i fabbricati strumentali, sono destinate al servizio di abitazioni, sono soggette alla medesima disciplina prevista per gli immobili ad uso abitativo, a **condizione** che: 60880
– sussista il vincolo pertinenziale ai sensi dell'art. 817 c.c.;
– tale vincolo sia evidenziato nell'atto di cessione.
Si tratta di box, cantine, tettoie (rientranti nelle categorie C/6, C/2, C/7), comunemente ceduti quali pertinenze di abitazioni nello **stesso atto** di vendita, o anche **successivamente** qualora l'acquirente dichiari che intende destinarli al servizio della propria abitazione.
Se non c'è vincolo pertinenziale o questo non è evidenziato nell'atto di cessione, oppure l'unità immobiliare è pertinenziale ad un fabbricato strumentale (es. box pertinenziale di un magazzino), si applica la disciplina propria della categoria di appartenenza cui si rinvia (v. n. 60530).

Per aversi pertinenza occorrono **due requisiti** (art. 817 c.c.):
– la volontà effettiva, manifestata dal proprietario del bene principale o da colui che è titolare di un diritto reale sulla stessa, di creare un vincolo tra la pertinenza e il bene principale;
– la sussistenza oggettiva di un vincolo materiale fra i citati beni, ossia la destinazione durevole ed attuale della pertinenza al servizio od ornamento del bene principale.

L'assimilazione dei fabbricati pertinenziali a quelli ad uso abitativo comporta che: 60885
– per tutte le pertinenze dell'abitazione, **senza limitazioni** quantitative (Ris. AE 20 giugno 2007 n. 139/E), l'imposta si applica facendo riferimento alle **condizioni** stabilite dalla legge per i fabbricati ad uso abitativo (v. n. 60630);
– in caso di imponibilità, si applicano le stesse **aliquote** previste per la cessione dell'abitazione (v. n. 60670), compresa l'aliquota ridotta «prima casa», rispettando, in quest'ultimo caso, i limiti quantitativi imposti dalla norma (v. n. 60890);
– in caso di cessione **esente**, le imposte di registro, ipotecaria e catastale si applicano nella misura proporzionale prevista per le abitazioni, tenendo conto, anche in questo caso, dell'eventuale agevolazione prima casa (v. esempio par. seguente).
Dal punto di vista operativo, il venditore deve determinare la disciplina IVA da applicare all'abitazione e alle pertinenze **verificando separatamente** su ciascuno di essi i requisiti richiesti dalla norma per la cessione dei fabbricati ad uso abitativo. Ne consegue che pur essendo ceduti con medesimo atto, i due beni possono risultare assoggettati a regime di imponibilità o di esenzione indipendentemente l'uno dall'altro.

ESEMPIO
L'impresa di costruzioni Beta in data 30 maggio 2014 vende al signor Bianchi un appartamento ultimato il 15 aprile 2013.
Il corrispettivo della cessione stabilito in 350.000 euro deve essere fatturato con applicazione dell'IVA. Supponendo che si tratti di appartamento A/2 si applica l'IVA al 10% (non ricorrendo i requisiti «prima casa») e le imposte di registro, ipotecaria e catastale sono dovute in misura fissa.
In data 30 settembre 2014 Beta vende a Bianchi un box (cat. C/6), adiacente all'abitazione, precedentemente acquistato da una società immobiliare. Il signor Bianchi dichiara nell'atto che intende adibire il box a pertinenza dell'appartamento.
La cessione del box va assoggettata alla disciplina prevista per gli immobili ad uso abitativo; pertanto, non essendo Beta impresa costruttrice del box, questo deve essere ceduto in esenzione.
Si applicano l'imposta di registro pari al 9% e le imposte ipotecaria e catastale in misura fissa (50,00 euro per ciascuna).

60890 Nel caso di pertinenze di un'abitazione per la quale sussistono i requisiti per l'applicazione dell'agevolazione «**prima casa**» (v. n. 60700), questa si applica anche alle pertinenze ma **limitatamente** ad una sola per ciascuna delle unità classificate o classificabili nelle categorie C/2, C/6, C/7 ed anche se la vendita è effettuata **con atto separato** (art. 1 tar. parte I nota II bis DPR 131/86). In pratica, in caso di acquisto di **più pertinenze** appartenenti alla stessa categoria catastale (es. due box) alla prima si applica l'aliquota ridotta del 4% mentre alla seconda quella del 10%.

Secondo una giurisprudenza, è agevolabile anche la pertinenza classificata o classificabile in **categoria catastale diversa** da quelle richiamate dalla norma sempreché destinata in modo durevole al servizio e ornamento della «prima casa»; è stato quindi considerato agevolabile l'acquisto in proprietà esclusiva del **lastrico solare** (Cass. 13 marzo 2013 n. 6259); per l'AE, invece, l'elenco è tassativo (Circ. AE 29 maggio 2013 n. 18/E par. 3.11.2). Pertanto, in caso di categoria catastale diversa, la pertinenza non può godere dell'agevolazione anche se viene demolita e successivamente ricostruita (Risp. AE 26 agosto 2021 n. 566).

L'aliquota ridotta spetta anche per l'acquisto di una pertinenza destinata al servizio di abitazione che non ha potuto fruire dell'agevolazione in quanto non ancora prevista dalla normativa vigente al momento dell'acquisto o perché la fattispecie non era riconosciuta come agevolabile (es. acquisto di abitazione da ultimare prima del 2001 - Circ. AE 7 giugno 2010 n. 31/E).

> **Precisazioni 1)** La pertinenza è agevolabile anche se la stessa è situata solo **in prossimità dell'abitazione**, purché risulti adibita in modo durevole all'utilità della stessa. Secondo l'amministrazione, quest'ultima circostanza non si può verificare qualora il bene pertinenziale sia ubicato in un punto distante o addirittura in un Comune diverso da quello dove è situata l'abitazione (Circ. AE 12 agosto 2005 n. 38/E).
2) In ogni caso, la volontà di destinare l'immobile a pertinenza deve essere manifestata per iscritto nell'**atto di acquisto** (Circ. Min. 17 maggio 2000 n. 98/E) o, nell'ipotesi di costruzione della stessa, dovrà risultare dalla concessione edilizia richiesta per la realizzazione della pertinenza stessa (Ris. AE 17 marzo 2006 n. 39).
3) L'agevolazione si può applicare anche all'acquisto di **area scoperta** pertinenziale a condizione che sia censita in catasto unitamente al bene principale (tramite graffatura, Circ. AE 29 maggio 2013 n. 18/E par. 3.11.2); non è invece agevolabile l'acquisto di **terreno edificabile** che mantenga tale destinazione in quanto non considerato pertinenza dell'abitazione, neppure se catastalmente accorpato al fabbricato (Risp. AE 9 aprile 2021 n. 234).

ESEMPIO
L'impresa di costruzioni Alfa vende al sig. Rossi un'abitazione (cat. A/3) con annessi due box (cat. C/6). Dalla data di ultimazione delle costruzioni sono decorsi 3 anni.
La cessione avviene con unico atto e l'impresa emette un'unica fattura per l'intera cessione.
L'acquirente è in possesso dei requisiti per l'agevolazione «prima casa».
L'intera operazione è imponibile ad IVA; l'aliquota ridotta pari al 4% si applica all'abitazione e ad uno solo dei due box, mentre sul secondo box si deve applicare l'aliquota del 10%. Si applicano le imposte di registro, ipotecaria e catastale in misura fissa pari a euro 200,00 ciascuna.

60900 **EDIFICI COMPLESSI** Nel caso in cui la cessione riguardi un intero edificio composto in parte da unità immobiliari ad uso abitativo e in parte da unità strumentali si pone il problema di quale trattamento IVA adottare.

Il problema si pone soprattutto nei casi in cui l'edificio è ceduto da impresa diversa da quella che l'ha costruito o ristrutturato; infatti, in tali ipotesi, i fabbricati ad uso abitativo sono sempre esenti, mentre quelli strumentali sono soggetti ad IVA o esenti a seconda delle caratteristiche dell'acquirente e comunque è sempre possibile l'opzione per l'applicazione dell'imposta.

In attesa di nuovi chiarimenti da parte dell'amministrazione, è possibile far riferimento alla posizione assunta dalla stessa in una situazione analoga - cessione di fabbricati Tupini da parte di impresa diversa da quella costruttrice - in cui si sostiene che il cedente deve **evidenziare distintamente** i corrispettivi relativi alle vendite di abitazioni dagli altri relativi ad unità non abitative (Circ. Min. 11 luglio 1996 n. 182/E).

60910 **IMMOBILI DIVERSI** (Circ. AE 1° marzo 2007 12/E) Nel caso in cui la cessione riguardi unità immobiliari non produttive di reddito che vengono iscritte al catasto urbano nella **categoria catastale residuale «F»**, la disciplina IVA segue le regole ordinarie previste per le cessioni di beni da parte di soggetti IVA.

Possono trovarsi classificati nella suddetta categoria: i lastrici solari e, in alcuni casi, gli edifici in corso di costruzione; per questi ultimi, in ogni caso, l'amministrazione stessa ha riconosciuto la non applicabilità delle disposizioni previste per le cessioni di fabbricati strumentali o ad uso abitativo.

II. Terreni

(art. 2 c. 3 lett. c DPR 633/72)

Il trattamento ai fini IVA delle operazioni di cessione di terreni è diverso a seconda che si tratti di terreni edificabili o di terreni non edificabili o agricoli: 60970
– la cessione di **terreni edificabili** è sempre soggetta ad IVA, con aliquota ordinaria ad eccezione di specifiche cessioni gratuite nei confronti dei Comuni (v. n. 60990) e di altri casi particolari (es. cessione di aree parzialmente edificabili, cessione da parte di imprenditore agricolo che non lo utilizzava nella propria attività, v. n. 61000);
– la cessione di terreni **non edificabili** non rientra nel campo di applicazione dell'imposta e come tale è soggetta ad imposta di registro in misura proporzionale (v. n. 71510).

>Precisazioni 1) Col termine cessione si intendono tutte le operazioni che comportano il trasferimento della proprietà sui beni in esame o di diritti reali sugli stessi; tali atti sono soggetti anche al pagamento delle imposte **ipotecaria** e **catastale** (v. n. 71440).
2) Nel caso in cui l'importo del **corrispettivo indicato** nell'atto di cessione e nella relativa fattura sia **diverso da quello effettivo**, l'acquirente, anche se soggetto privato, è responsabile in solido per il pagamento della maggiore imposta e della relativa sanzione (v. n. 60525).
3) Per la cessione di terreno con sovrastante **fabbricato in demolizione**, v. n. 60510.

EDIFICABILITÀ Un terreno si considera edificabile se è utilizzabile a scopo edificatorio in base allo **strumento urbanistico generale** adottato dal Comune, indipendentemente dall'approvazione della Regione o dall'adozione di strumenti attuativi del medesimo (art. 36 c. 2 DL 223/2006). 60980
Tale qualificazione deve essere verificata **al momento** della stipula dell'atto.

Il terreno interessato dall'approvazione di un piano previsto da legge speciale che consente l'installazione di un **impianto di distribuzione carburanti**, si considera, per la giurisprudenza, edificabile anche se non vi è stato formale adeguamento dello strumento urbanistico generale; infatti, l'approvazione del predetto piano comporta un adeguamento di fatto del PRG, senza necessità di adottare gli ordinari procedimenti modificativi dello stesso (Cass. 18 settembre 2009 n. 20097); l'Amministrazione, viceversa, si è espressa confermando la natura agricola del terreno come tale individuato dallo strumento urbanistico generale ed anche se sul terreno sia possibile la contemporanea installazione di un **impianto fotovoltaico** (Ris. AE 28 aprile 2009 n. 112/E e Ris. AE 7 gennaio 2009 n. 6/E).

CESSIONI ASSIMILATE A QUELLE DI TERRENI NON EDIFICABILI Sono assimilati alle cessioni di terreni non edificabili e, pertanto, sono esclusi dal campo di applicazione dell'IVA: 60990

– gli atti che trasferiscono **diritti assimilabili** a quelli di proprietà quali, ad esempio, la **concessione** dell'esercizio del diritto di escavazione e lavorazione di pietre e simili contenuto in un contratto di affitto di una cava (Ris. Min. 6 marzo 1980 n. 365365);
– le **cessioni di contratti** che hanno come oggetto terreni non edificabili;
– le cessioni **nei confronti dei Comuni** di aree o di opere di urbanizzazione, a scomputo di contributi di urbanizzazione o in esecuzione di convenzioni di lottizzazione (art. 51 L. 342/2000) **(1)**.

(1) Si tratta delle cessioni di opere di **urbanizzazione primaria e secondaria** indicate nella **tabella** al n. 61585, o di aree sulle quali devono essere realizzate le medesime opere (Ris. AE 21 febbraio 2003 n. 37/E). La cessione al Comune di **aree diverse** da quelle su cui la società deve eseguire opere di urbanizzazione, a scomputo parziale degli oneri di urbanizzazione, è ordinariamente soggetta ad IVA come operazione permutativa (Ris. AE 4 giugno 2009 n. 140/E). In senso contrario, si è ritenuta non soggetta ad imposta la cessione di aree per la realizzazione delle opere di urbanizzazione in attuazione della convenzione di lottizzazione quale modalità alternativa di pagamento degli oneri edilizi (Cass. 31 maggio 2016 n. 11344).

CASI PARTICOLARI Nella **tabella** seguente si esaminano alcuni casi in cui il trattamento ai fini IVA non è direttamente desumibile dalla qualifica del terreno come edificabile o non edificabile. 61000

Cessione congiunta di un fabbricato e di un'area annessa	Si possono avere situazioni diverse a seconda che esista un vincolo di pertinenzialità tra i due beni e che la cessione di uno sia accessoria rispetto all'altro. Infatti, secondo l'AF se si accerta che l'area **costituisce pertinenza** del fabbricato, l'intera operazione deve essere assoggettata alle regole previste per la cessione dei fabbricati (Ris. Min. 19 ottobre 1981 n. 384455); tuttavia, in tema di agevolazione prima casa, è emerso che le aree scoperte possono essere considerate pertinenziali se sono «**graffate**» all'immobile principale, ossia se sono censite al catasto fabbricati insieme ad esso (Circ. AE 29 maggio 2013 n. 18/E par. 3.11.2) **(1)**.
Fabbricato rurale annesso a terreno agricolo	La cessione del fabbricato, configurandosi chiaramente come operazione accessoria, dovrà seguire le regole di tassazione del terreno agricolo e quindi risulterà non soggetta ad IVA, ma soggetta ad imposta di registro proporzionale.
Area parzialmente edificabile	La cessione, per **prezzo indistinto**, di un'area che solo in parte potrebbe essere edificabile, mentre per la **maggior parte è destinata a coltivazione agricola** o di rispetto della viabilità nonché a verde pubblico attrezzato, è esclusa dal campo di applicazione dell'IVA (Ris. Min. 10 settembre 1991 n. 430065). Se però l'edificabilità non è solo potenziale ma attuale, l'**intera area** di terreno inserita dagli strumenti urbanistici fra quelle con destinazione edificatoria deve essere assoggettata ad IVA, anche se di essa ne potrà essere edificata soltanto una parte (CTC 15 settembre 1993 n. 2524).
Terreno destinato a centro sportivo	La cessione di un terreno destinato, sulla base del piano regolatore comunale, a centro sportivo, è esclusa dal campo di applicazione dell'IVA. Infatti, la presenza di un **vincolo di destinazione** di una zona **ad attività sportiva**, con attribuzione di un limite di edificabilità minimo funzionale alla realizzazione di strutture collegate a tale destinazione, impedisce la qualificazione dell'area stessa come «suscettibile di utilizzazione edificatoria», salvo che tale vincolo non possa essere superato in presenza di determinate condizioni (Cass. 11 maggio 2009 n. 10713 e Ris. AE 3 luglio 2009 n. 170/E).
Terreno edificabile ceduto da imprenditore agricolo	Per la **prassi** la cessione è imponibile a condizione che fosse precedentemente destinato alla produzione agricola (Circ. AE 29 maggio 2013 n. 18/E par. 4.5, Ris. AE 7 maggio 2002 n. 137/E); tuttavia se solo **parzialmente edificabile** e ceduto a prezzo indistinto, la cessione è esclusa da IVA (v. ipotesi precedente - Ris. AE 16 marzo 2007 n. 54/E). Per la **giurisprudenza**, la cessione è esclusa da IVA (Cass. 6 giugno 2016 n. 11600); in precedenza è stata invece sostenuta la rilevanza dell'effettivo utilizzo del bene (Cass. 3 aprile 2000 n. 3987).

(1) In pratica, secondo tale interpretazione, se un'area risulta **autonomamente censita** al catasto terreni non può considerarsi pertinenza di un fabbricato urbano, anche se durevolmente destinata al servizio dello stesso; di conseguenza la vendita dell'area deve essere assoggettata, in maniera autonoma, alla disciplina propria del terreno. Tale interpretazione, tuttavia, contrasta con quella fornita dalla stessa amministrazione in tema di applicazione del criterio catastale ai fini dell'imposta di registro (v. n. 71580 - Ris. AE 11 aprile 2008 n. 149/E).

SEZIONE 2

Locazioni

(art. 10 c. 1 n. 8 DPR 633/72)

61160 Si analizzano le operazioni di locazione, **anche finanziaria** (leasing), di beni immobili in generale e di affitto di terreni agricoli e fondi rustici poste in essere da soggetti IVA.

Le successive **cessioni**, **risoluzioni e proroghe** dei contratti di locazione nonché le scorte, e i beni mobili destinati durevolmente al servizio degli immobili locati sono soggette al medesimo regime della locazione stessa; tuttavia la **cessione** del contratto **dietro corrispettivo** è prestazione di servizi imponibile IVA (v. n. 40230) e quindi ad imposta di registro in misura fissa (Circ. AE 16 novembre 2006 n. 33/E).

>**Precisazioni** 1) Per la completa trattazione dell'**imposta di registro** sui contratti di locazione, v. n. 71060.
2) Regole particolari sono dettate per il **leasing** relativamente all'imposta di registro, v. n. 71380.
3) In base ad una interpretazione della prassi la costituzione di un diritto di **usufrutto per una durata limitata** su beni immobili è equiparata alla locazione o all'affitto di tali beni (Ris. AE 30 ottobre 2008 n. 405/E); essa appare in contrasto con la norma nazionale che include tra le cessioni di beni anche gli atti a titolo oneroso che importano costituzione o trasferimento di diritti reali di godimento su beni di ogni genere (art. 2 DPR 633/72).

ONERI ACCESSORI E CONDOMINIALI In generale, gli oneri condominiali **addebitati al conduttore** sono prestazioni accessorie alla locazione, salvo che i servizi accessori forniti siano per loro particolare natura e caratteristiche riferibili a specifica attività imprenditoriale del locatore e configurino oggetto di un autonomo contratto di prestazione dei servizi (art. 9 L. 392/78). **61161**
In caso di **altri servizi** prestati congiuntamente alla locazione, occorre valutare se sono accessori alla locazione (quindi soggetti allo stesso regime) oppure prestazioni autonome o parti di una prestazione complessa (v. n. 61175).
In ogni caso, nell'ambito della locazione, la fornitura di elettricità, riscaldamento, acqua nonché la raccolta dei rifiuti cui provvedono soggetti terzi a favore del conduttore che li utilizza direttamente, devono considerarsi **prestate dal locatore** se questo ha concluso i relativi contratti e si limita a trasferirne i costi al conduttore (C.Giust. UE 16 aprile 2015 C-42/14).

MOMENTO IMPOSITIVO La locazione è considerata prestazione di servizi che si considera quindi **effettuata** al pagamento del corrispettivo (v. n. 45880); in pratica, al pagamento del canone il locatore deve emettere la relativa fattura. **61162**
Tuttavia, nel caso di **locazione con patto di futura vendita**, se il patto è **vincolante per entrambe le parti**, l'operazione si considera una cessione di beni (art. 2 c. 2 n. 2 DPR 633/72) e si considera effettuata al momento della stipula della locazione (anche se gli effetti traslativi della proprietà si produrranno successivamente) e l'imposta - se operazione imponibile - si applica sull'intero prezzo pattuito per la futura vendita mentre il pagamento dei canoni, considerati componenti del prezzo della cessione, è escluso dall'imposta (Circ. AE 21 giugno 2011 n. 28/E).
Per la dottrina, è applicabile l'agevolazione prima casa i cui requisiti devono ricorrere al momento della stipula della locazione.

RENT TO BUY (art. 23 DL 133/2014 conv. in L. 164/2014) Con questo contratto il proprietario concede, con effetto immediato, a fronte del pagamento dei canoni, il godimento dell'immobile al conduttore che può entro un determinato termine, acquistare l'immobile imputando i canoni (per la parte indicata nel contratto) al prezzo di acquisto. **61165**
Si applica in proposito:
– relativamente alla quota di canone imputata a **godimento del bene**: quanto di seguito previsto per la locazione;
– relativamente alla quota di canone imputata ad **acconto prezzo**; quanto previsto per la cessione (ed in particolare per gli acconti, v. n. 60510 e s.).
Se il conduttore esercita il diritto di **acquisto**, l'imposta si applica secondo quanto previsto per la vendita, sul prezzo della cessione decurtato dei soli acconti sulla vendita pagati fino a quel momento; l'operazione si realizza al momento dell'esercizio dell'opzione.
Il concedente, a seconda del tipo di fabbricato oggetto del contratto, può quindi optare per l'imponibilità quando ciò è ordinariamente previsto per la locazione e/o la cessione del fabbricato e l'acquirente può (relativamente alla quota di acconto) dichiarare di beneficiare dell'**agevolazione prima casa**, ricorrendone le ordinarie condizioni, relativamente al trasferimento in caso di esercizio dell'opzione (Circ. AE 19 febbraio 2015 n. 4/E).

In caso di **mancata opzione per l'acquisto**, il concedente deve emettere nota di variazione per tutte le **somme** ricevute a titolo di acconto sul prezzo ed anche se **trattenute** (art. 26 DPR 633/72, v. n. 56840). **61166**
Relativamente a tale ultima quota, il concedente deve emettere fattura con applicazione dell'IVA con aliquota ordinaria quale corrispettivo del diritto del conduttore di non acquistare.
In caso di **risoluzione per inadempimento**, del concedente o del conduttore, si applicano le disposizioni ordinarie in merito agli obblighi di restituzione, ecc.

---

1. Fabbricati strumentali per natura
(Circ. AE 4 agosto 2006 n. 27/E)

Sono strumentali per natura i fabbricati iscritti nelle **categorie catastali** B, C, D, E, A/10 (per le tipologie rientranti in ciascun gruppo v. n. 7006). **61170**

La locazione di questi fabbricati è esente salvo **opzione** per l'applicazione dell'imposta **manifestata** espressamente dal locatore nell'atto di locazione. In tal caso si applica l'**aliquota** ordinaria del 22% (art. 10 c. 1 n. 8 DPR 633/72).

Il contratto di locazione di fabbricati strumentali, indipendentemente dal trattamento IVA, è comunque soggetto a **registrazione** in termine fisso con applicazione dell'**aliquota** proporzionale dell'1% (v. n. 71060). Per la registrazione dei contratti di **locazione finanziaria** v. n. 71380.

61175 Casi particolari

Operazione	
Locazione di fabbricato pertinenziale	Nel caso in cui un fabbricato, pur essendo censito al catasto come immobile strumentale, sia **locato unitamente** ad un fabbricato ad uso abitativo del quale costituisce pertinenza, si applica la medesima disciplina di quest'ultimo (v. n. 61200 - Circ. AE 16 novembre 2006 n. 33/E) **(1)**.
Concessione di diritto precario di occupazione	Secondo la giurisprudenza comunitaria è assimilabile alla locazione di fabbricato il contratto con cui una società concede ad un'altra il diritto precario di occupazione dietro pagamento di un'indennità fissata in funzione della superficie occupata, se oggetto del contratto è la messa a disposizione di locali a fronte di un corrispettivo collegato al tempo (C.Giust. CE 18 novembre 2004 C-284/03).
Prestazioni di servizio complesse	Per la prassi, la disciplina IVA delle locazioni non si applica ai contratti che prevedono a carico del prestatore, oltre all'obbligo di mettere a disposizione dell'altra parte uno spazio determinato, anche quello di rendere servizi ulteriori, **qualificanti ai fini della causa del contratto** e non semplici prestazioni accessorie alla locazione quali i servizi di portierato o altri servizi condominiali (Circ. AE 1° marzo 2007 n. 12/E). Pertanto, tali contratti sono soggetti ad IVA con aliquota ordinaria. Per la giurisprudenza comunitaria, la locazione e le prestazioni di servizi ad essa collegate possono costituire, a fini IVA, una **prestazione unica** come nel caso di un contratto di locazione che prevede anche la fornitura al locatario di acqua, energia elettrica, copertura assicurativa, servizi condominiali; a tal fine, il **contratto** può costituire un importante indizio per la valutazione dell'unicità della prestazione, ad esempio, qualora si constati che una o più prestazioni - principale ed accessorie - sono tra loro inscindibili, a nulla rilevando il fatto che talune di esse possano essere fornite da un terzo (C.Giust. UE 27 settembre 2012 C-392/11).
Contratti che attribuiscono diritto di accesso ad un parcheggio (abbonamenti)	Il contratto che preveda solamente il diritto di accesso in un parcheggio, **senza** diritto ad occupare uno **spazio specificamente attribuito**, non può essere equiparato al contratto di locazione di immobile. I corrispettivi percepiti a fronte di tali contratti vanno normalmente assoggettati ad IVA con aliquota ordinaria del 22% (Circ. AE 1° marzo 2007 n. 12/E).
Indennità per cessazione di locazione commerciale (2)	Tale indennità, che ha lo scopo di riconoscere all'imprenditore-conduttore un corrispettivo per l'incremento del valore dell'immobile, deve essere fatturata da quest'ultimo **con IVA** ad aliquota ordinaria (Ris. AE 3 giugno 2005 n. 73/E) **(3)**.

(1) In tal caso, infatti, la locazione del bene pertinenziale si qualifica come accessoria alla locazione dell'immobile principale ai sensi dell'art. 12 DPR 633/72. Si tratta, ad esempio, del caso in cui box e cantina sono concessi in locazione unitamente all'abitazione.

(2) Si tratta della particolare indennità «per perdita dell'avviamento» che il locatore deve corrispondere al conduttore, a seguito della cessazione del rapporto di locazione di immobili strumentali, qualora si verifichino le seguenti condizioni (art. 34 L. 392/78):
- si tratti di immobili urbani adibiti ad uso diverso da quello abitativo, nello specifico, ad attività industriali, artigianali, commerciali o di interesse turistico;
- la cessazione non sia dovuta a risoluzione per inadempimento o disdetta o recesso del conduttore o a seguito di una procedura concorsuale.

(3) Secondo la Cassazione e la dottrina, invece, nella normalità dei casi **l'IVA non va applicata**, in quanto l'indennità rappresenta un risarcimento per la cessata locazione (Cass. 12 novembre 2019 n. 29180, Cass. 29 maggio 2012 n. 8559); l'applicazione dell'IVA (stesso regime di imponibilità o di esenzione applicato ai canoni di locazione) interesserebbe solamente il caso in cui l'indennità è corrisposta a seguito di una trattativa tra locatore e conduttore per il rilascio anticipato dei locali (AIDCEC norma di comportamento n. 190 del marzo 2014).

2. Fabbricati ad uso abitativo

Sono fabbricati ad uso abitativo quelli appartenenti alle **categorie catastali** da A/1 ad A/9 e A/11 (per le tipologie degli edifici rientranti in ciascun gruppo v. n. 7006). **61200**
La locazione è normalmente **esente**, salvo i seguenti casi in cui il locatore può **optare**, nell'atto di locazione, per l'**imponibilità**:
– fabbricato concesso in locazione dall'impresa che lo ha costruito o vi ha effettuato, anche tramite imprese appaltatrici, gli interventi di recupero previsti dall'art. 3 lett. c, d, f DPR 380/2001 - v. n. 61490;
– locazione di fabbricati di civile abitazione **destinati ad alloggi sociali** (DM 22 aprile 2008).
In questi casi, si applica l'**aliquota** del 10% (n. 127 duodevicies Tab. A parte III DPR 633/72).

>**Precisazioni** 1) Poiché la disciplina è mutata a decorrere dal 26 giugno 2012, si possono avere mutamenti di regime relativamente ai contratti già in essere a quella data.
2) Il contratto di locazione di fabbricato ad uso abitativo è soggetto a **registrazione** in termine fisso con applicazione dell'imposta in misura fissa (67 euro) se l'operazione è imponibile o in misura proporzionale (2%) se l'operazione è esente. Per modalità e termini di registrazione, v. n. 71060.

Effetti della locazione esente La locazione esente comporta, sulla detraibilità dell'IVA afferente il fabbricato e le spese ad esso inerenti, gli effetti riportati nella **tabella** seguente, differenti a seconda del soggetto interessato. **61205**

Operatori professionali	Si tratta, tipicamente, delle immobiliari di gestione, costruzione e/o compravendita per le quali la locazione di immobili rientra nell'attività propria, anche nel caso in cui le locazioni siano poste in essere in modo sporadico e per motivi contingenti (Cass. 12 maggio 2006 n. 11073). I proventi esenti derivanti dalla locazione partecipano alla determinazione del pro-rata; pertanto, la percentuale di detraibilità dell'imposta relativa all'acquisto del fabbricato oggetto di locazione e alle spese inerenti allo stesso sono normalmente regolate dal meccanismo del pro-rata (v. n. 48200 e s. e n. 48260) **(1) (2)**.
Operatori occasionali	Si tratta dei soggetti per i quali la locazione di immobili non rientra nell'attività propria ad esempio, impresa industriale che concede in locazione abitazioni ai propri dipendenti o comunque una società non avente nello statuto sociale la previsione di tali operazioni (Ris. Min. 22 luglio 1981 n. 332222). L'effettuazione di locazioni esenti comporta, per il locatore, l'indetraibilità dell'IVA sugli acquisti di beni e servizi utilizzati esclusivamente in relazione ai predetti fabbricati. Non si pongono problemi in merito all'IVA pagata per l'acquisto del fabbricato che, per questi soggetti, è totalmente indetraibile a monte.

(1) Nel caso in cui l'operatore eserciti l'opzione per la **separazione delle attività** (v. n. 56170), lo stesso potrà gestire separatamente le attività esenti (locazioni di abitazioni) da quelle imponibili (locazione di fabbricati strumentali, costruzione di fabbricati e vendita degli stessi) con la conseguenza che l'IVA relativa alle spese inerenti alle attività esenti sarà indetraibile e quella relativa alle spese inerenti alle attività imponibili potrà essere detratta totalmente.
(2) In merito alla rettifica dell'IVA a suo tempo detratta per l'acquisto o la costruzione del fabbricato, un'apposita norma di legge ha stabilito che non deve essere effettuata alcuna rettifica per i fabbricati posseduti al 4 luglio 2006 e, per le imprese di costruzione/ristrutturazione, per fabbricati che a quella data risultavano ultimati da 4 anni (art. 35 c. 9 DL 223/2006).

Casi particolari **61210**

Fabbricato pertinenziale (Circ. AE 16 novembre 2006 n. 33/E)	Nel caso in cui un fabbricato, pur essendo censito al catasto come immobile ad uso abitativo, sia **locato unitamente** ad un fabbricato strumentale per natura del quale costituisce pertinenza, si applica la medesima disciplina di quest'ultimo (v. n. 61170); ad esempio, l'appartamento del custode locato unitamente ad uno stabile ad uso opificio. In tal caso, infatti, la locazione del bene pertinenziale si qualifica come accessoria alla locazione dell'immobile strumentale ai sensi dell'art. 12 DPR 633/72 **(1)**.
Cambio di destinazione: da uso abitativo ad uso ufficio (Ris. AE 12 dicembre 2007 n. 364/E)	In caso di cambio di destinazione d'uso di immobile - da abitativo a strumentale - intervenuto **nel corso di svolgimento** di un contratto di locazione (nel caso specifico, si tratta di locazione finanziaria), si ha il mutamento di regime applicabile all'operazione. In pratica, diventano applicabili le regole previste per gli immobili strumentali (sia ai fini IVA che dell'imposta di registro) e quindi è possibile esercitare l'opzione per l'imponibilità **(2)**.

Locazione di immobili ad uso turistico (Circ. AE 1° marzo 2007 n. 12/E)	L'attività di locazione di immobili ad uso turistico può essere qualificata come attività di prestazione di alloggio nel settore alberghiero e, come tale, è attratta nella specifica normativa IVA prevista per l'attività propria degli alberghi, motel, esercizi di affittacamere, case ed appartamenti per vacanze, bed and breakfast, agriturismi e simili, se è qualificabile come tale sulla base della normativa di settore (principalmente si tratta di norme regionali o, in loro assenza, di norme ordinarie del settore - DPCM 13 settembre 2002). In tal caso, se effettuata da soggetti passivi IVA (es. agenzie di intermediazione immobiliare) è assoggettata all'imposta con applicazione dell'aliquota del 10% (n. 120 Tab. A parte III DPR 633/72). Viceversa, le prestazioni di alloggio **prive del carattere alberghiero** sono soggette alle medesime regole previste per le locazioni di fabbricati abitativi.

(1) Si ricorda che si considerano pertinenze i beni destinati in modo durevole al servizio od ornamento di un altro; la destinazione può essere effettuata dal proprietario del bene principale o da chi ha un diritto reale sulla stessa (art. 817 c.c.).

(2) Al fine di **esprimere** validamente l'**opzione** per l'imponibilità IVA nonché di fornire un adeguato **supporto documentale** al cambio dell'aliquota di registro applicata, il contratto originario deve essere integrato con un atto in cui venga evidenziata l'avvenuta modifica catastale e venga manifestata l'opzione per l'imponibilità IVA. Quest'ultimo atto, al quale deve essere allegato l'originario contratto, deve essere **registrato entro** il termine fisso di 30 giorni (Ris. AE 12 dicembre 2007 n. 364/E).

3. Terreni e aziende agricole

61240 La locazione (anche finanziaria) e l'affitto di terreni e aree è soggetta ad IVA quando si tratta di aree edificabili o destinate a parcheggio; in tutti gli altri casi la locazione o l'affitto sono esenti (v. **tabella**).

Tali contratti sono soggetti a registrazione in termine fisso e l'imposta di registro è dovuta in misura fissa o proporzionale a seconda che l'operazione sia soggetta o meno ad IVA.

Tipo di immobile	IVA	Registro
terreni non edificabili, aziende agricole, aree diverse da quelle destinate a parcheggio di veicoli	esenti	0,50% per i fondi rustici; 2% negli altri casi
aree destinate a parcheggio **(1) (2)**	22%	67,00 euro
aree edificabili	22%	67,00 euro

(1) La locazione di aree destinate a parcheggio (c.d. «**posti auto**»), unitamente ai fabbricati di cui costituiscono pertinenze, segue le stesse regole, di esenzione o imposizione (con la medesima aliquota), previste per il fabbricato stesso (strumentale - v. n. 61170 o abitativo - v. n. 61200). In tal caso, infatti, la locazione del bene pertinenziale si qualifica come **accessoria** alla locazione fabbricato ai sensi dell'art. 12 DPR 633/72.

(2) La locazione di **posti barca** nei porti turistici e di **posti a terra per il rimessaggio** invernale delle imbarcazioni da diporto è soggetta ad IVA con aliquota del 22%, in quanto assimilabile alla locazione di aree destinate a parcheggio dei veicoli (C.Giust. CE 3 marzo 2005 C-428/02 e Ris. AE 19 gennaio 2010 n. 1/E).

SEZIONE 3

Altre operazioni

61300 Nella presente sezione vengono esaminate le particolarità delle seguenti operazioni caratteristiche del settore immobiliare:

- appalti;
- subappalti;
- interventi di recupero, ristrutturazione e manutenzione di edifici;
- cessione di beni finiti utilizzati nell'edilizia;
- opere di urbanizzazione e assimilate.

a. Appalti

Le prestazioni di servizi dipendenti da contratti di appalto sono soggette ad **aliquote** ridotte quando riguardano le seguenti attività: 61320
- costruzione di fabbricati con le caratteristiche previste dalla legge «Tupini»;
- costruzione di fabbricati ad uso abitativo;
- superamento di barriere architettoniche;
- realizzazione di opere di urbanizzazione e assimilate.

Alle **fattispecie diverse** da quelle sopra elencate si applica l'aliquota IVA ordinaria; fra queste ci sono alcune prestazioni che sono alcune soggette al **reverse charge** (v. n. 61350).

Ad esempio, si applica l'aliquota ordinaria alle prestazioni di servizi dipendenti da contratti d'appalto relativi a lavori di restauro e recupero di **aree e manufatti archeologici** (Ris. AE 28 aprile 2009 n. 113/E).

Nella **tabella** seguente si indicano le aliquote applicate alle diverse ipotesi. 61325

Le stesse aliquote si applicano anche alle prestazioni di servizi dipendenti dai rapporti di **subappalto** attraverso i quali l'impresa appaltatrice affida ad altri la realizzazione di parte dei lavori. Ciò in quanto l'aliquota si determina con riferimento all'appalto principale (Circ. AE 1° marzo 2001 n. 19/E).

L'applicazione delle aliquote ridotte è prevista dietro rilascio di una **dichiarazione** (anche in formato elettronico - Circ. AE 19 ottobre 2005 n. 45/E par. 2.7.3) da parte del committente circa l'utilizzazione di questi servizi per la realizzazione delle opere di seguito indicate.

Nel caso di esecuzione sullo stesso immobile di lavori soggetti ad **aliquote differenti** (agevolate e non) vedi n. 46715.

Oggetto di appalto	Condizioni	Aliquota	DPR 633/72
fabbricati Tupini le cui caratteristiche sono illustrate al n. 60540 nota **(2)**	le prestazioni sono effettuate nei confronti di soggetti che svolgono attività di costruzione di immobili per la successiva vendita o cooperative edilizie e loro consorzi (anche se a proprietà indivisa) **(1)**	4%	n. 39 tab. A parte II
	le prestazioni sono effettuate in favore di soggetti diversi dai precedenti	10%	
abitazione diversa da A/1, A/8, A/9	il committente ha i requisiti per l'agevolazione prima casa (v. n. 60700)	4% **(2)**	n. 39 tab. A parte II
	il committente non ha i requisiti per l'agevolazione prima casa	10%	n. 127 quaterdecies tab. A parte III
fabbricati idonei ad ospitare collettività, quali scuole, ospedali, ecc. (per l'elenco completo v. n. 60540 in nota)		10%	n. 127 septies tab. A parte III
ampliamento prima casa	a) i locali di nuova realizzazione non devono configurare una nuova unità immobiliare né avere consistenza tale da poter essere successivamente destinati a costituire un'autonoma unità immobiliare; b) l'abitazione deve conservare, anche dopo l'esecuzione dei lavori di ampliamento, le caratteristiche illustrate al n. 60702; c) chi commissiona i lavori, ove non possieda anche un'altra abitazione nel medesimo comune, diversa da quella che va ad ampliare, dichiara all'appaltatore di non essere titolare di diritti su altra abitazione nel comune	4%	Circ. Min. 30 novembre 2000 n. 219/E
costruzioni rurali ad uso abitativo	aventi le caratteristiche illustrate al n. 60670	4%	n. 39 tab. A parte II

Oggetto di appalto	Condizioni	Aliquota	DPR 633/72
realizzazione di opere direttamente finalizzate al superamento o alla eliminazione delle barriere architettoniche **(3)**		4%	n. 41 ter tab. A parte II
realizzazione di opere di urbanizzazione o di opere assimilate o analoghe (v. n. 61580)		10%	n. 127 septies tab. A parte III
realizzazione di interventi di recupero di cui al n. 61480	per l'aliquota ridotta agli interventi di manutenzione ordinaria e straordinaria su fabbricati a prevalente destinazione abitativa si veda n. 61500	10%	n. 127 quaterdecies tab. A parte III

(1) L'aliquota ridotta si applica anche ad eventuali **lavori di miglioria** ed opere extra-capitolato realizzati durante la fase di costruzione del fabbricato, commissionati dal futuro proprietario, a condizione che questi sia in possesso dei requisiti prima casa e che l'abitazione mantenga le caratteristiche previste (Ris. AE 22 febbraio 2011 n. 22/E).

(2) Se una persona fisica, avente le condizioni per l'agevolazione «prima casa», commissiona in appalto la costruzione di un **intero edificio** di cui alla legge Tupini, non può fruire dell'agevolazione e si applica l'aliquota del 10%. Viceversa se **più soggetti** conferiscono, per il tramite di un **unico rappresentante**, l'appalto per la costruzione di un fabbricato comprendente **più abitazioni** classificate in catasto nelle categorie indicate al n. 60702, con l'effetto per ciascuno di acquisire la proprietà di un'unica unità immobiliare, può essere applicata l'agevolazione nei confronti di coloro che ne abbiano gli ulteriori requisiti purché dal contratto risultino con precisione i corrispettivi di ciascuna unità immobiliare (Circ. Min. 2 marzo 1994 n. 1/E, Ris. Min. 30 ottobre 1998 n. 164/E).

(3) L'aliquota ridotta si applica alle opere che rispettano i **requisiti tecnici** dell'art. 8 DM 14 giugno 1989 n. 236 (Risp. AE 13 gennaio 2020 n. 3). Si applica anche alla modifica dell'ascensore esistente per adeguamento al superamento di barriere architettoniche (Risp. AE 24 luglio 2019 n. 18).

61350 **ALTRE PRESTAZIONI** (art. 17 c. 6 lett. a ter DPR 633/72, Circ. AE 27 marzo 2015 n. 14/E, Circ. AE 22 dicembre 2015 n. 37/E) Alle seguenti prestazioni di servizi relative ad **edifici** (come definiti al n. 61355), individuate in base ai codici attività ATECO 2007, si applicano le aliquote ordinariamente previste, ma l'imposta è assolta con il **reverse charge** (RC, v. n. 52940 e s.), sempreché siano acquistate da un soggetto passivo IVA (nel caso di Pubblica Amministrazione, solo quelle acquistate nell'esercizio dell'attività commerciale, non in quella istituzionale, soggetta allo Split payment).

Attività (1)	Codice ATECO	
Pulizia (esclusi i servizi di derattizzazione, spurgo e rimozione neve) **(2)**	81.21.00 **(3)**;	81.22.02 **(3)**.
Demolizione	43.11.00	
Installazione di impianti che formano parte integrante dell'edificio o al servizio dello stesso (incluse le prestazioni di manutenzione e riparazione, anche con la sostituzione di parti danneggiate o obsolete e comprese le somme addebitate a titolo di diritto di chiamata o di canone periodico di abbonamento) **(4)**	43.21.01; 43.21.02; 43.22.01; 43.22.02;	43.22.03; 43.29.01; 43.29.02; 43.29.09 **(3)**.
Completamento (5)	43.31.00; 43.32.01; 43.32.02 **(6)**; 43.33.00;	43.34.00; 43.39.01 **(3)**; 43.39.09.

(1) Quando un **consorzio** effettua le prestazioni soggette al RC, il RC è applicato anche dalle società consorziate per le prestazioni rese al consorzio.

(2) L'**addebito** dei costi da un professionista ad un altro, non uniti da vincoli associativi, che utilizzano una struttura in comune, è escluso da RC.

(3) Limitatamente alle prestazioni riferite ad edifici.

(4) Gli **elementi esterni** all'edificio sono normalmente esclusi dal RC. Tuttavia, gli impianti possono essere **posizionati anche all'esterno** dell'edificio, purché siano funzionali o serventi allo stesso (es. impianto di videosorveglianza con centralina nell'edificio e telecamere al suo esterno, impianto citofonico con apparecchiature esterne, ecc.).
Sono compresi:
- gli **impianti fotovoltaici** posti su edifici o realizzati su aree di pertinenza di fabbricati, sempre che non siano accatastati come unità immobiliari autonome;
- le **porte tagliafuoco**, le **uscite di sicurezza** e, se fanno parte di un impianto di spegnimento **antincendio**, gli estintori.

(5) Si comprendono gli interventi quali **manutenzione** ordinaria e straordinaria, restauro e risanamento conservativo, **ristrutturazione** edilizia, ecc. (imbiancatura, tinteggiatura, rifacimento della facciata, posa in opera di infissi, rivestimento pavimenti, ecc.), nonché gli interventi di **ampliamento** degli edifici (Risposta Interrogazione parlamentare 10 marzo 2016 n. 5-08065).
Sono escluse dal RC le prestazioni di servizi relative alla **preparazione del cantiere** (codice ATECO 43.12).
(6) Esclusa la posa in opera di **arredi**.

I prestatori dei servizi suddetti devono applicare il RC anche se non operano nel settore edile. Il RC si applica **a prescindere** dalla circostanza che le prestazioni siano rese: **61352**
– dal subappaltatore nei confronti delle imprese che svolgono l'attività di costruzione o ristrutturazione di immobili o nei confronti dell'appaltatore principale o di un altro subappaltatore;
– nei confronti di un contraente generale a cui venga affidata dal committente la totalità dei lavori.
È irrilevante, altresì, il **rapporto contrattuale** stipulato tra le parti e la tipologia di attività esercitata. Sono tuttavia escluse le **forniture di beni con posa in opera**.

Esempi di prestazioni soggette al RC:
– appalto avente ad oggetto prestazioni di completamento di un edificio rese nei confronti di un'impresa di costruzioni;
– servizio di pulizia reso da un'impresa nei confronti di uno studio professionale.

Nozione di edifici Si intende qualsiasi **costruzione coperta** isolata da vie o da spazi vuoti, oppure separata da altre costruzioni mediante muri che si elevano, senza soluzione di continuità, dalle fondamenta al tetto, che disponga di uno o più liberi accessi sulla via, e possa avere una o più scale autonome. **61355**
Si comprendono sia i fabbricati ad **uso abitativo** che quelli **strumentali**, inclusi quelli di **nuova costruzione**, nonché le parti di essi (ad esempio, singolo locale di un edificio). Rientrano anche gli edifici in corso di costruzione rientranti nella categoria catastale F3 e le unità in corso di definizione rientranti nella categoria catastale F4.

Sono pertanto **esclusi**: terreni, parti del suolo, parcheggi, piscine, giardini, ecc., salvo che questi non costituiscano un elemento integrante dell'edificio stesso (ad esempio, parcheggi interrati o sul lastrico solare, piscine collocate sui terrazzi, giardini pensili, ecc.).

Contratti con pluralità di prestazioni In presenza di un **unico contratto**, comprensivo di una pluralità di prestazioni di servizi, solo in parte soggette al RC, le operazioni vanno scomposte, individuando le singole prestazioni assoggettabili al RC e indicandole separatamente nella fattura. **61358**
Tuttavia, in presenza di **casi complessi**, di difficile applicazione della scomposizione suddetta - es. contratto unico di appalto avente ad oggetto la demolizione e la successiva costruzione di un edificio; contratto unico di appalto avente ad oggetto la costruzione di un edificio o interventi di restauro, di risanamento conservativo e interventi di ristrutturazione edilizia e interventi di frazionamento o accorpamento di unità immobiliari (rientranti questi ultimi nella manutenzione straordinaria) - è possibile applicare le regole ordinarie (e non il RC).

ESEMPIO
Si applicano le regole ordinarie:
1) Contratto per la ristrutturazione di un edificio in cui è prevista anche l'installazione di uno o più impianti.
2) Contratto avente ad oggetto il frazionamento di un'unità immobiliare, senza modifica della volumetria complessiva dell'edificio e dell'originaria destinazione d'uso, in cui è prevista anche l'installazione di uno o più impianti.

Questa semplificazione non si applica quindi in caso di unico contratto di appalto riguardante interventi di manutenzione ordinaria o straordinaria (questi ultimi se diversi dal frazionamento o accorpamento di unità immobiliari).

L'interpretazione dell'AE ha destato delle **critiche in dottrina** in quanto sembra derogare al principio generale di **accessorietà** illustrato al n. 45290 e s., secondo cui quando il corrispettivo dell'operazione accessoria diventa parte della base imponibile di quella principale, la prestazione accessoria va assoggettata al regime di quella principale, anche con riferimento agli interventi di manutenzione ordinaria e straordinaria su edifici (Circ. Confindustria 22 giugno 2015).
Si suggerisce pertanto la **tesi seguente**:

– se vengono rese operazioni che sarebbero soggette a RC ma che sono accessorie ad operazioni alle quali si applica il regime ordinario IVA, il RC non trova applicazione;
– se sono rese operazioni che non sarebbero soggette a RC ma che sono accessorie ad operazioni che lo sono, il RC si applica a tutte le operazioni;
– se sono rese prestazioni indipendenti ed autonome fra di loro, ciascuna di esse soggiace al proprio regime (ordinario o RC).

b. Subappalti

(art. 17 c. 6 DPR 633/72, Circ. AE 29 dicembre 2006 n. 37/E, Circ. AE 16 febbraio 2007 n. 11/E)

61390 Alle prestazioni di subappalto si applicano le **aliquote** indicate al n. 61325 alle condizioni ivi riportate.
In ogni caso, alle prestazioni di servizi, compresa la manodopera, rese nei confronti di imprese operanti nell'attività di costruzione o ristrutturazione di immobili, si applica il meccanismo del **reverse charge** (o inversione contabile) quando ricorrono le **condizioni** illustrate nella **tabella** seguente.

• la prestazione è resa da subappaltatore nei confronti di impresa edile che opera come appaltatore principale o subappaltatore **(1)**;
• entrambi i soggetti del rapporto operano nel comparto dell'edilizia, individuato dall'AF con riferimento alla sezione F («Costruzioni») della tabella di classificazione delle attività economiche Atecofin 2004 (in proposito si veda tabella di raccordo con i nuovi codici ATECO 2007, disponibile sul sito dell'AE www.agenziaentrate.it) **(2)**;
• la prestazione è riconducibile a contratti di appalto o di prestazione d'opera **(3)**.
(1) Non vi rientrano le prestazioni rese direttamente nei confronti del **committente principale** le cui qualità e ambito di attività non hanno rilevanza. In ogni caso, la disposizione non si applica alle prestazioni rese nei confronti di un **contraente generale** a cui venga affidata dal committente la totalità dei lavori. Quando un **consorzio** con rilevanza esterna effettua prestazioni con obbligo del reverse charge, le società consorziate devono applicare stessa modalità di fatturazione nei confronti del consorzio, sempreché le prestazioni rese da queste ultime al consorzio siano riconducibili alla disciplina stessa (Circ. AE 4 aprile 2007 n. 19/E). Se una **cooperativa** agisce sulla base di un contratto di subappalto soggetto al reverse charge, tale modalità di fatturazione si applica anche da parte dei soci, purché le prestazioni da essi rese alla cooperativa siano riconducibili alla medesima disciplina (Ris. AE 11 settembre 2007 n. 243/E). **(2)** A tal fine, rileva sia il **codice attività** con cui i soggetti sono identificati, sia la **natura effettiva** della prestazione; ad esempio, un subappaltatore identificato con codice attività non rientrante nella sezione F, che effettui, anche se non in via esclusiva o prevalente, una prestazione rientrante nella suddetta sezione deve applicare il reverse charge, ove ricorrano tutte le condizioni (Ris. AE 4 marzo 2008 n. 76/E e Ris. AE 28 marzo 2008 n. 113/E). **(3)** Per **qualificare** correttamente il **rapporto giuridico** sorto tra le parti, si fa riferimento, non tanto alla denominazione giuridica attribuita al contratto, quanto agli **effetti** da questo prodotti in base alla comune intenzione perseguita (Ris. AE 13 luglio 2007 n. 172/E); a tal fine, è utile far riferimento al complesso delle **clausole** contrattuali per stabilire se le parti abbiano voluto porre in essere un contratto di appalto o di vendita (Circ. Min. 7 luglio 1977 n. 37/361546). Se, ad esempio, il programma negoziale posto in essere dalle parti ha come scopo principale la cessione di un bene e la posa in opera è esclusivamente diretta ad adattare il bene alle esigenze del cliente senza modificarne la natura, il contratto è qualificabile quale cessione con posa in opera; in tale ipotesi la prestazione di montaggio resa al fornitore non è soggetta al regime del reverse charge (Ris. AE 11 luglio 2007 n. 164/E). Viceversa, se la volontà contrattuale è quella di addivenire ad un risultato diverso e nuovo rispetto al complesso dei beni utilizzati per l'esecuzione dell'opera, la prestazione di servizi si deve considerare assorbente rispetto alla cessione del materiale impiegato (Ris. AE 10 agosto 2007 n. 220/E). Per la giurisprudenza comunitaria il rapporto tra il **prezzo** del bene e quello dei servizi è un possibile indicatore oggettivo da cui desumere la natura di fornitura o di servizio, insieme alla valutazione dell'effettiva volontà delle parti desumibile dalle clausole contrattuali (C.Giust. CE 29 marzo 2007 C-111/05).

61410 **Attività escluse** Le seguenti attività sono oggettivamente escluse dall'ambito di applicazione del reverse charge:

in quanto non classificabili nell'ambito del settore edile	→	• installazione e manutenzione di prati e giardini; • costruzione o installazione di attrezzature industriali; • pulizia di immobili (diverse da quelle di edifici di cui al n. 61350); • noleggio senza aggiunta di manodopera, c.d. «nolo a freddo» (Ris. AE 3 agosto 2007 n. 205/E).

in quanto non inquadrabili nella tipologia dell'appalto o della prestazione d'opera	→	• le prestazioni d'opera intellettuale rese da professionisti (ingegneri, architetti, geometri, ecc.); • le forniture di beni con posa in opera accessoria.

Quando si applica il reverse charge, il subappaltatore deve **emettere fattura** senza addebito dell'IVA e con l'annotazione «inversione contabile» (v. n. 52945). 61415

Per le sanzioni irrogabili in caso di **errata applicazione** del reverse charge, v. n. 87045.

ESEMPIO
1) L'immobiliare Alfa decide di costruire 5 villette a schiera. A tal fine stipula un contratto di appalto con l'impresa di costruzioni Beta. Questa costruisce in proprio tre villette e concede in subappalto la costruzione delle restanti due all'impresa subappaltatrice Gamma.
Beta e Gamma possiedono codice del gruppo F.
Nei rapporti tra Gamma e Beta si deve applicare l'inversione contabile: Gamma fattura le proprie prestazioni, derivanti dall'esecuzione del contratto di subappalto, senza IVA.
Beta deve emettere fattura con IVA nei confronti di Alfa.
2) La società industriale «Kappa spa» commissiona, tramite apposito contratto di appalto, la ristrutturazione del fabbricato adibito ad opificio ad un'impresa di costruzioni Delta.
Quest'ultima si rivolge ad un falegname con il quale stipula un contratto di appalto che prevede anche la posa in opera degli infissi.
L'attività del falegname non appartiene a nessuno dei codici compresi nel gruppo F; pertanto, mancando uno dei requisiti soggettivi in capo al subappaltatore, non si rende necessaria l'applicazione dell'inversione contabile: il falegname fattura la propria prestazione a Delta con applicazione dell'IVA.

AGEVOLAZIONI (art. 35 c. 6 ter DL 223/2006) I subappaltatori che effettuano prevalentemente operazioni soggette al reverse charge possono facilmente trovarsi in situazioni di **credito strutturale** e possono pertanto chiedere il rimborso annuale o trimestrale (o in alternativa la compensazione trimestrale) dell'imposta (v. **tabella** n. 55685 alla lett. a) e n. 55870). A tal fine è prevista come agevolazione l'esecuzione prioritaria del rimborso, alle condizioni indicate al n. 55755. 61430

L'innalzamento, dal 2022, del **limite per la compensazione** a € 2.000.000 per la generalità dei contribuenti (art. 1 c. 72 L. 234/2021) assorbe la norma speciale che prevedeva, per i subappaltatori e a determinate condizioni, l'innalzamento del limite di compensazione a € 1.000.000.

SOGGETTI NON RESIDENTI (Circ. AE 16 febbraio 2007 n. 11/E) Nel caso in cui l'appaltatore ed il subappaltatore siano soggetti esteri non stabiliti in Italia, soltanto l'appaltatore, poiché debitore dell'imposta, è tenuto ad identificarsi direttamente o a nominare un rappresentante fiscale in Italia. 61440
Se il subappaltatore è un soggetto **comunitario** senza stabile organizzazione che abbia effettuato esclusivamente prestazioni edili nei confronti di un appaltatore o altro subappaltatore stabilito in Italia, può chiedere il rimborso con le modalità illustrate al n. 68060.

CASI PRATICI Nella **tabella** seguente sono esposti alcuni casi pratici affrontati dall'AF. 61450

Installazione di ponteggi per conto terzi e noleggio di ponteggi con relativa installazione, contraddistinta dal codice 45.34.0 (nuovo cod. ATECO 2007 «43.29.09») (Ris. AE 26 luglio 2007 n. 187/E)	l'attività di **installazione** di ponteggi per conto terzi, se ricorrono tutte le altre condizioni (rapporto di subappalto nei confronti di appaltatore/subappaltatore) è soggetta alla disciplina dell'inversione contabile; viceversa ne è esclusa l'attività di **noleggio**
Contratti di noleggio con operatore o compreso di montaggio e/o smontaggio (c.d. «noli a caldo»), riconducibili alle attività contraddistinte dai seguenti codici (Ris. AE 3 agosto 2007 n. 205/E): – 45.25.0 (nuovo codice ATECO 2007 «43.99.09 - altre attività di lavori specializzati di costruzione nca») in cui rientrano il noleggio di ponteggi e piattaforme di lavoro con montaggio e smontaggio;	– se il prestatore è chiamato ad eseguire il servizio in qualità di «mero esecutore» materiale delle direttive del committente, venendo a mancare quindi uno degli elementi tipici del contratto d'appalto, e cioè l'autonomia organizzativa, non deve applicarsi il meccanismo del reverse charge; – viceversa, se oggetto del contratto è, non tanto il mero noleggio (anche a caldo), ma la realizzazione di lavori di sbancamento, sistemazione di terreni, demolizione di edifici e simili, in funzione di un contratto di subappalto, caratterizzato, quindi, da un'obbligazione di risultato, dall'assenza del vincolo

– 45.50.0 (nuovo 43.99.02 «noleggio di gru e altre attrezzature con operatore per la costruzione o la demolizione») in cui rientrano il noleggio di gru, macchine movimento terra, macchine per il pompaggio del calcestruzzo, ecc.	di subordinazione, dall'organizzazione in proprio con assunzione dei relativi rischi, è applicabile il meccanismo del reverse charge
Installazione e manutenzione di impianti idraulico sanitari (Ris. AE 5 luglio 2007 n. 154/E)	la disciplina dell'inversione contabile è applicabile alle prestazioni dipendenti da contratti di subappalto relative sia all'attività di **installazione** che a quella di **manutenzione** di impianti idraulico sanitari; quest'ultima, infatti, è riconducibile alla più generica categoria delle «riparazioni»
Fornitura con posa in opera di armature in acciaio e cemento armato (Ris. AE 28 giugno 2007 n. 148/E)	nel caso di società che stipula con i propri clienti contratti di «vendita con **prestazione accessoria di posa**» di armature in acciaio e cemento, la quale affida la posa in opera ad altre imprese, tramite appositi contratti di appalto, il meccanismo dell'inversione contabile non trova applicazione nel rapporto contrattuale tra impresa fornitrice e le imprese cui la stessa affida in appalto la posa in opera in quanto viene meno la condizione di prestazione di servizi rese da un subappaltatore ad un appaltatore principale
Installazione e manutenzione ordinaria di impianti di allarme (Ris. AE 11 luglio 2007 n. 164/E)	rientrano tra le operazioni cui si applica la disciplina dell'inversione contabile le prestazioni di **installazione e manutenzione** se eseguite in subappalto nei confronti di un'impresa che svolge attività rientrante nella sezione F della tabella Ateco 2007; viceversa la disciplina non trova applicazione se la medesima attività è eseguita **per conto di una società produttrice** di allarmi che vende i suoi prodotti direttamente al cliente finale
Realizzazione di un'opera o di un servizio con responsabilità di risultato nei confronti del franchisor (Ris. AE 25 ottobre 2007 n. 303/E)	è riconducibile allo schema dell'appalto o del subappalto. In quest'ultimo caso, il franchisee deve fatturare la propria prestazione senza IVA al franchisor (il quale, a sua volta, deve fatturare le royalties con IVA al franchisee)
Società operante in «house providing» (Ris. AE 16 aprile 2008 n. 155/E)	la possibilità di qualificare giuridicamente la società come soggetto operante in house providing, non comporta l'effetto automatico di escludere l'applicazione del reverse charge. Anche in questo caso occorre procedere all'analisi delle disposizioni convenzionali che disciplinano le reciproche obbligazioni e diritti, per appurare se le clausole apposte consentono o meno la riconducibilità del rapporto, tra la società e l'ente, al contratto di appalto

c. Interventi di recupero

61480 Le prestazioni di intervento di recupero del patrimonio edilizio sono soggette ad **aliquota** ordinaria del 22% o ridotta del 10%, a seconda della tipologia d'intervento, individuata in base alle norme urbanistiche (art. 3 DPR 380/2001).

Gli interventi previsti in ciascuna delle categorie sotto richiamate sono, di norma, integrati o correlati ad interventi di **categorie diverse** (es. interventi di manutenzione straordinaria in cui sono necessarie opere di pittura e finitura ricomprese in quelle di manutenzione ordinaria).

In tali casi la **categoria inferiore**, cioè meno complessa (nell'esempio, la manutenzione ordinaria), è assorbita da quella superiore che si considera per la qualificazione degli interventi e per l'applicazione dell'aliquota (Risp. AE 18 dicembre 2020 n. 604).

Nella **tabella** seguente sono riepilogati gli interventi di recupero come classificati dalla legge, con l'esemplificazione delle tipologie più ricorrenti e l'indicazione dell'aliquota applicabile.

> **Precisazioni** 1) Gli interventi di **riqualificazione energetica** possono rientrare, a seconda degli specifici interventi effettuati, fra le diverse categorie di manutenzione straordinaria (art. 1 L. 10/91) o di ristrutturazione edilizia (Risp. AE 18 dicembre 2020 n. 604).
>
> 2) La tipologia dell'intervento è qualificata dal **Comune** competente mediante provvedimenti amministrativi; tale qualificazione può essere contestata, sul piano tributario, dall'AE ma in base a congrua ed esplicita motivazione (Cass. 13 novembre 2001 n. 14069).

3) Le tipologie sotto richiamate che possono godere di aliquota ridotta riguardano interventi di urbanizzazione o su singoli edifici o complessi di edifici mentre non riguardano gli **interventi su terreni**, **fiumi**, **alvei**, ecc. (Risp. AE 12 febbraio 2019 n. 51).

TIPOLOGIE DI INTERVENTO (n. 127 duodecies e quaterdecies tab. A parte III DPR 633/72) 61490

Tipologia (art. 3 c. 1 DPR 380/2001) **(1)**	Esempi (Circ. Min. 24 febbraio 1998 n. 57/E)	Aliquota
lett. a) manutenzione ordinaria: interventi che riguardano le opere di riparazione, rinnovamento e sostituzione delle finiture degli edifici e quelle necessarie a integrare o mantenere in efficienza gli impianti tecnologici esistenti	• sostituzione integrale o parziale di pavimenti e le relative opere di finitura e conservazione; • riparazione di impianti per servizi accessori (impianto idraulico, impianto per lo smaltimento delle acque bianche e nere); • verifiche e revisioni obbligatorie e ripristino della funzionalità degli impianti (di riscaldamento, elevatori, ecc.), compresa la sostituzione delle parti di ricambio (Risp. AE 9 novembre 2020 n. 11 e Ris. AE 4 marzo 2013 n. 15/E); non vi rientra la fornitura in comodato di sim card per il collegamento al servizio di telesoccorso, Risp. AE 24 luglio 2019 n. 18); • rivestimenti e tinteggiature di prospetti esterni senza modifiche dei preesistenti oggetti, ornamenti, materiali e colori; • rifacimento intonaci interni e tinteggiatura; • rifacimento pavimentazioni esterne e manti di copertura senza modifiche ai materiali; • sostituzione tegole, rinnovo delle impermeabilizzazioni; • riparazioni balconi e terrazze e relative pavimentazioni; • riparazione recinzioni; • sostituzione di elementi di impianti tecnologici; • sostituzione infissi esterni e serramenti o persiane con serrande, senza modifica della tipologia di infisso.	• 22% • 10% per interventi su fabbricati a prevalente destinazione abitativa (v. n. 61500)
lett. b) manutenzione straordinaria: interventi relativi a tutte le opere e le modifiche necessarie per rinnovare e sostituire parti anche strutturali degli edifici, nonché per realizzare e integrare i servizi igienico-sanitari e tecnologici, sempre che non alterino la volumetria complessiva degli edifici e non comportino modifiche nelle destinazioni d'uso. Sono ricompresi anche quelli consistenti nel frazionamento o accorpamento delle unità immobiliari con esecuzione di opere anche se comportanti la variazione delle superfici delle singole unità immobiliari nonché del carico urbanistico purché non sia modificata la volumetria complessiva degli edifici e si mantenga l'originaria destinazione d'uso **(2)**	• sostituzione infissi esterni e serramenti o persiane con serrande, con modifica di materiale o tipologia di infisso; • realizzazione di opere quali centrali termiche, impianti di ascensori, scale di sicurezza, canne fumarie; • realizzazione ed integrazione di servizi igienico-sanitari senza alterazione della volumetria complessiva degli edifici (ciò in base alla nuova formulazione della norma); • realizzazione di chiusure o aperture interne che non modifichino lo schema distributivo delle unità immobiliari e dell'edificio; • consolidamento delle strutture di fondazione e in elevazione; • rifacimento di scale e rampe; • realizzazione di recinzioni, muri di cinta e cancellate; • sostituzione solai di copertura con materiali diversi dai preesistenti; • interventi finalizzati al risparmio energetico; • interventi di messa a norma degli edifici (adeguamento impianti elettrici, idraulici e per l'erogazione del gas).	• 22% • 10% per interventi su fabbricati a prevalente destinazione abitativa (v. n. 61500) o su edifici pubblici residenziali **(3)**

61490
(segue)

Tipologia (art. 3 c. 1 DPR 380/2001) **(1)**	Esempi (Circ. Min. 24 febbraio 1998 n. 57/E)	Aliquota
lett. c) restauro e risanamento conservativo: volti a conservare l'organismo edilizio e ad assicurarne la funzionalità mediante un insieme sistematico di opere che, nel rispetto di elementi tipologici, formali e strutturali dell'organismo stesso, ne consentano anche il mutamento delle destinazioni d'uso purché con tali elementi compatibili, nonché conformi a quelle previste dallo strumento urbanistico generale e dai relativi piani attuativi	• consolidamento, ripristino e rinnovo degli elementi costitutivi dell'edificio, inserimento degli elementi accessori e degli impianti richiesti dalle esigenze dell'uso, eliminazione degli elementi estranei all'organismo edilizio **(4)**; • modifiche tipologiche delle singole unità immobiliari per una più funzionale distribuzione; • innovazione delle strutture verticali e orizzontali; • ripristino dell'aspetto storico-architettonico di un edificio, anche tramite la demolizione di superfetazioni; • adeguamento delle altezze dei solai, con il rispetto delle volumetrie esistenti; • apertura di finestre per esigenze di aerazione dei locali.	10%
lett. d) ristrutturazione edilizia: trasformano gli organismi edilizi mediante un insieme sistematico di opere che possono portare ad un organismo edilizio in tutto o in parte diverso dal precedente	• ripristino o sostituzione di alcuni elementi costitutivi dell'edificio; • modifica e inserimento di nuovi elementi ed impianti; • riorganizzazione distributiva degli edifici e delle unità immobiliari, del loro numero e delle loro dimensioni; • costruzione dei servizi igienici in ampliamento delle superfici e dei volumi esistenti; • mutamento di destinazione d'uso di edifici, secondo quanto disciplinato dalle leggi regionali e dalla normativa locale; • trasformazione dei locali accessori in locali residenziali; • modifiche agli elementi strutturali, con variazione delle quote d'imposta dei solai; • interventi di ampliamento delle superfici; • demolizione e ricostruzione dell'edificio con diversa sagoma, prospetti, sedime e caratteristiche planivolumetriche e tipologiche, con le innovazioni necessarie per l'adeguamento alla normativa antisismica, per l'applicazione della normativa sull'accessibilità, per l'istallazione di impianti tecnologici e per l'efficientamento energetico; l'intervento può prevedere altresì, nei soli casi espressamente previsti dalla legislazione vigente o dagli strumenti urbanistici comunali, incrementi di volumetria anche per promuovere interventi di rigenerazione urbana **(5) (6) (7)**; • ripristino e ricostruzione di edifici, o parti di essi, eventualmente crollati o demoliti purché sia possibile accertarne la consistenza preesistente **(6)**.	10%
lett. f) ristrutturazione urbanistica: scopo degli interventi è sostituire l'esistente tessuto urbanistico-edilizio con altro diverso mediante un insieme sistematico di interventi edilizi anche con la modificazione del disegno dei lotti, degli isolati e della rete stradale	– ripavimentazione e ampliamento della rampa di accesso storico nonché rifacimento dell'impianto di pubblica illuminazione (Ris. Min. 7 aprile 1999 n. 61/E); – sistemazione della superficie viaria e del sottosuolo, nell'ambito del quale si inquadra eventualmente la realizzazione di parcheggi (Ris. Min. 7 aprile 1993 n. 430607).	10%

(1) La disposizione IVA **richiama ancora l'art. 31 L. 457/78** ma il riferimento deve essere ora riferito all'art. 3 DPR 380/2001 (Circ. AE 16 febbraio 2007 n. 11/E).
(2) Salva diversa previsione delle leggi regionali, costituisce **mutamento d'uso** ogni forma di utilizzo dell'immobile o della singola unità immobiliare diversa da quella originaria, ancorché non accompagnata dall'esecuzione di opere edilizie, purché tale da comportare l'assegnazione dell'immobile o dell'unità immobiliare considerati ad una diversa categoria funzionale tra: a) residenziale; a bis) turistico-ricettiva; b) produttiva e direzionale; c) commerciale; d) rurale (art. 23 ter DPR 380/2001).
(3) Sono edifici **pubblici residenziali** quelli aventi tutte le seguenti **caratteristiche** (Circ. Min. 9 luglio 1999 n. 151/E):
– sono realizzati da Stato, enti pubblici territoriali, IACP e loro consorzi e fruiscono del pubblico intervento sotto forma di contributo statale o di finanziamento con fondi pubblici;
– sono costituiti da abitazioni e da edifici destinati a stabili residenze per collettività (orfanotrofi, ospizi, brefotrofi, ecc.), fatti costruire direttamente dallo Stato o da enti pubblici ai quali, in virtù di leggi e in forza di propri atti costitutivi, sia stata demandata la costruzione degli stessi.
Viceversa, sono considerati edifici **privati** anche quelli realizzati con il concorso dell'intervento pubblico (edilizia convenzionata o agevolata).
(4) Specifica prevista dall'art. 3 c. 1 lett. c DPR 380/2001 modificato dall'art. 65 bis DL 50/2017 conv. in L. 96/2017.
(5) Previsione così modificata (in particolare in merito al possibile **incremento di volumetria**), dall'art. 10 c. 1 lett. b DL 76/2020 conv. in L. 120/2020.
(6) In caso di immobili sottoposti a **vincoli culturali** e del paesaggio (D.Lgs. 42/2004) o ubicati in **zone omogenee A**, vanno mantenuti sagoma, prospetti, sedime e caratteristiche planivolumetriche e tipologiche dell'edificio preesistente.
(7) L'aliquota agevolata si applica anche all'appalto relativo alla **demolizione** se prevista la successiva ricostruzione (Risp. AE 6 ottobre 2020 n. 446).

MANUTENZIONI SU FABBRICATI A PREVALENTE DESTINAZIONE ABITATIVA 61500

(art. 7 L. 488/99, art. 1 c. 18 L. 244/2007, art. 2 c. 11 L. 191/2009 e Circ. Min. 7 aprile 2000 n. 71/E) Gli interventi di manutenzione **ordinaria** e **straordinaria** sono soggetti all'aliquota del **10%** se realizzati su fabbricati a prevalente destinazione abitativa privata; sono tali i fabbricati aventi le caratteristiche illustrate nella **tabella** seguente.

L'aliquota ridotta si applica soltanto nei confronti del **consumatore finale** e non alle operazioni che costituiscono **fasi intermedie** nella realizzazione dell'intervento (Circ. AE 13 giugno 2016 n. 27/E).

>Precisazioni 1) Le cessioni di beni e le prestazioni di servizi nei confronti del prestatore d'opera o dell'appaltatore, sono soggette ad aliquota ordinaria; gli stessi beni e servizi sono poi soggetti all'aliquota ridotta nella successiva fase di riaddebito al committente privato nel corrispettivo globale dell'intervento (Ris. AE 11 settembre 2007 n. 243/E).

2) Se in base al contratto di manutenzione vengono rese anche **altre prestazioni**, che non consistono nella realizzazione degli interventi di recupero, per le quali non sia indicato un distinto corrispettivo (quali ad esempio la copertura assicurativa della responsabilità civile verso terzi), l'agevolazione in questione non si rende applicabile.

61505

Fabbricati a prevalente destinazione abitativa privata	
Caratteristiche	**Note**
a) singole unità immobiliari a destinazione abitativa (categorie catastali da A/1 ad A/11, escluso A/10) - a prescindere dall'effettivo utilizzo - e relative pertinenze;	
b) interi fabbricati con più del 50% della superficie dei piani sopra terra destinata ad abitazione privata (non è necessario che la superficie destinata a negozi non ecceda il 25% della superficie dei piani sopra terra, come previsto dalla c.d. legge Tupini);	Assumono rilievo solo per quanto concerne gli interventi eseguiti sulle parti comuni. A tali interventi l'aliquota del 10% si applica anche in relazione alle quote millesimali corrispondenti alle unità non abitative situate nell'edificio. Se l'intervento viene realizzato, anziché sulle parti comuni, su una singola unità immobiliare del fabbricato, l'agevolazione si applica solo se tale unità ha le caratteristiche abitative descritte alla precedente lettera a) o ne costituisce una pertinenza. Restano esclusi dall'agevolazione gli interventi che sono eseguiti sulle unità immobiliari aventi diversa destinazione, pur se facenti parte di un fabbricato che unitariamente considerato ha prevalente destinazione abitativa.

Fabbricati a prevalente destinazione abitativa privata	
Caratteristiche	**Note**
c) edifici di edilizia residenziale pubblica con più del 50% della superficie dei piani sopra terra destinata ad abitazione privata;	
d) edifici assimilati alle case di abitazione di categoria diverse da A/1, A/8, A/9 a condizione che costituiscano stabile residenza di collettività (es. orfanotrofi, ospizi, brefotrofi, conventi) indipendentemente dalla classificazione catastale;	Se l'edificio è destinato solo in parte a finalità abitative l'aliquota ridotta è applicabile agli interventi che interessano le parti comuni dell'edificio sempreché la parte abitativa rappresenti più del 50% della superficie e a quelli che vengono realizzati sulla sola parte abitativa, secondo quanto precisato nelle precedenti lettere a) e b).
e) pertinenze di immobili abitativi.	Il beneficio compete anche se gli interventi di recupero hanno ad oggetto la sola pertinenza di unità ad uso abitativo ed anche nell'ipotesi in cui la stessa è situata in un edificio che non ha prevalente destinazione abitativa.

61510 **Prestazioni interessate** L'aliquota ridotta si applica alla prestazione di servizi **complessivamente intesa**, per cui si estende anche alle forniture di materie prime e semilavorate e di beni finiti necessari per i lavori, a condizione che non costituiscano una parte significativa del valore delle cessioni effettuate nel quadro dell'intervento.
La prestazione può essere oggetto indifferentemente di:
- un contratto di **appalto** o **d'opera**;
- **altri** accordi negoziali;
- **cessione con posa in opera** di un bene fornito dal soggetto che esegue l'intervento, anche se la fornitura del bene assume un valore prevalente rispetto a quello della prestazione di posa in opera, salvo l'ipotesi che si tratti di beni aventi valore significativo (v. n. 61520).

61515 Sono **escluse** e assoggettate all'aliquota ordinaria del 22%:
- le prestazioni **professionali**;
- quelle rese nei confronti dell'appaltatore o del prestatore d'opera in relazione a un contratto di **subappalto**;
- le cessioni con posa in opera di beni forniti da un **soggetto diverso** da quello che esegue la prestazione, o acquistati direttamente dal committente dei lavori.

61520 **Beni forniti nell'intervento** (art. 7 L. 488/99, art. 1 c. 19 L. 205/2017 e Circ. AE 12 luglio 2018 n. 15/E) La fornitura di beni nell'intervento di manutenzione è in generale soggetta all'aliquota ridotta del 10% prevista per l'intervento ma, se si tratta dei **beni di valore significativo** indicati in tabella, questa si applica:
- al valore della prestazione al netto del valore dei predetti beni;
- al valore dei beni solo fino a concorrenza del valore della prestazione (al netto del valore degli stessi).

In pratica, se il valore dei beni significativi è **pari o inferiore al 50%** del costo complessivo dell'intervento, l'aliquota del 10% si applica all'intero costo dell'intervento mentre **se il valore è superiore**, l'aliquota del 10% si applica al valore della prestazione e a quello del bene significativo fino a concorrenza del primo mentre il resto è soggetto ad aliquota ordinaria (v. esempio al n. 61525).

Beni di valore significativo (1) (2) (DM 29 dicembre 1999 e Circ. AE 12 luglio 2018 n. 15/E)		
– ascensori e montacarichi; – videocitofoni; – sanitari e rubinetterie da bagno;	– infissi esterni ed interni **(3)**; – apparecchiature di condizionamento e riciclo dell'aria **(4)**;	– caldaie **(5)**; – impianti di sicurezza.

(1) L'**elenco è tassativo** tuttavia i termini utilizzati vanno **interpretati** in senso generico e non tecnico, riferendosi anche ai beni che hanno stessa funzionalità di quelli richiamati ma che per specifiche caratteristiche o esigenze commerciali hanno diversa denominazione.
(2) Non si considerano fra i beni significativi le **singole parti** o i **pezzi staccati** che li compongono se hanno autonomia funzionale rispetto al bene significativo;
(3) **Tapparelle**, **scuri**, **veneziane** e **zanzariere** sono parti autonome rispetto agli infissi, salvo che non vi siano strutturalmente integrate, e pertanto non si considerano fra i beni significativi. Le **grate di sicurezza** non sono riconducibili agli infissi e nessun altro bene significativo.
(4) Vi rientrano i **climatizzatori**.
(5) Vi rientrano le **stufe a pellet** che producono anche acqua calda ma non se riscaldano solo l'ambiente. Il **bruciatore** della caldaia non ha autonomia funzionale e se fornito con la caldaia stessa concorre al valore di questa mentre se fornito autonomamente (per essere installato su caldaia già presente) non rileva come bene significativo.

Il **valore** dei beni significativi è quello risultante dall'accordo stipulato dalle parti, che deve tenere conto: 61522
– se il bene è **prodotto dal prestatore** stesso: del costo di produzione (diretti e indiretti, con esclusione dei costi generali, amministrativi e di distribuzione);
– se il bene è **acquistato dal fornitore** presso terzi: del costo di acquisto, non potendo essere inferiore a questo.
In caso di **pagamenti frazionati** il limite di valore entro cui applicare l'aliquota ridotta deve essere calcolato in relazione all'intero corrispettivo dovuto; il valore del bene deve poi essere riportato nella **quota percentuale corrispondente** alla parte di corrispettivo pagata.
Nella **fattura** (anche se relativa ad un pagamento parziale, ad esempio un acconto), il prestatore deve puntualmente indicare, oltre al corrispettivo complessivo dell'operazione, comprensivo dei beni significativi, anche il valore dei beni medesimi. Tali dati vanno separatamente indicati anche se tutto il corrispettivo può godere dell'aliquota ridotta.

ESEMPIO 61525
di interventi con beni «significativi»

Fattispecie	Aliquota	Imponibile
Prestazione di valore complessivo di 100, inclusa una caldaia di valore 70 **(1)**	10%	30 + 30 = 60 cioè valore della prestazione al netto della caldaia + valore della caldaia fino a concorrenza del valore precedente
	22%	40 cioè valore della caldaia eccedente il valore della prestazione
Prestazione di valore complessivo di 100, inclusa una caldaia di valore 50	10%	50 + 50 = 100 cioè valore della prestazione al netto della caldaia + valore della caldaia fino a concorrenza del valore precedente
(1) Il risultato non cambia in caso di forniture di beni aventi valore complessivo di 80, di cui però quelli significativi valgono 70.		

CESSIONE CREDITI D'IMPOSTA PER LAVORI EDILI E ONERI ACCESSORI 61530

(Risp. AE 24 maggio 2021 n. 369) In caso di cessione del credito d'imposta derivante da interventi edilizi agevolati (es. superbonus, sismabonus, ristrutturazioni edilizie), la cessione, se effettuata **dietro corrispettivo**, ha natura finanziaria e rientra fra le operazioni esenti (art. 10 c. 1 n. 1) DPR 633/72) non soggette ad obbligo di certificazione.
Il cessionario ha comunque facoltà di fatturare, anche a richiesta della controparte, l'operazione in esenzione indicando l'ammontare del corrispettivo pattuito per la cessione; il corrispettivo è rappresentato dall'ammontare della commissione pattuita tra le parti per la cessione del credito. In caso di **successiva ulteriore cessione** del credito ricevuto, il soggetto effettua un'operazione esclusa come cessione di crediti in denaro.
Se l'impresa addebita al committente dei **costi relativi alla successiva cessione** del credito oggetto di sconto in fattura, questi possono considerarsi oneri accessori che seguono lo stesso trattamento IVA delle prestazioni principali, se previsti fin dall'origine.

d. Cessioni di beni finiti

61550 Sono beni finiti tutti quei prodotti, **diversi da materie prime e semilavorate** che, successivamente al loro impiego nella costruzione o nell'intervento di recupero, non perdono la loro individualità pur incorporandosi nell'immobile (Circ. Min. 2 marzo 1994 n. 1/E).
Sono tali, ad **esempio**: ascensori e montacarichi; infissi e sanitari; prodotti per gli impianti idrici, elettrici e a gas; scale a chiocciola (Ris. Min. 9 marzo 1996 n. 39/E).
La relativa cessione e l'eventuale prestazione di posa in opera da parte del cedente, se accessoria, possono essere soggette ad **aliquota ridotta** a seconda dell'intervento in cui sono utilizzati.

Alla cessione di servoscala e altri mezzi simili atti al **superamento di barriere architettoniche** per soggetti con ridotte o impedite capacità motorie, si applica l'aliquota ridotta indipendentemente dal cessionario e dell'intervento (art. 31 tab. A parte II DPR 633/72, Risp. AE 13 gennaio 2020 n. 3).

61555 L'applicazione delle aliquote ridotte è prevista solo nella **fase finale** di commercializzazione dei beni e previo rilascio di una **dichiarazione** da parte dell'acquirente circa l'utilizzazione di questi beni per la realizzazione delle opere di seguito indicate. La dichiarazione deve essere corredata da apposita documentazione atta ad illustrare la natura dell'intervento e l'eventuale autorizzazione amministrativa necessaria, come ad esempio, lo speciale attestato con cui il Comune riconosce che gli interventi di recupero sono effettuati in applicazione della L. 457/78 (Cass. 9 maggio 2003 n. 7124). La dichiarazione suddetta può essere resa anche in formato elettronico (Circ. AE 19 ottobre 2005 n. 45/E par. 2.7.3).

61560

Opere in cui vengono utilizzati i beni	Aliquota	n. Tabella A DPR 633/72
realizzazione di: – fabbricati Tupini di categorie diverse da A/1, A/8, A/9 (v. n. 60540 nota 2), anche se non sono adibiti a prima casa (Circ. AE 19 giugno 2002 n. 54/E); – costruzioni rurali ad uso abitativo (v. n. 60670);	4%	n. 24 tab. A parte II
realizzazione di: – fabbricati idonei ad ospitare collettività - assimilati alle abitazioni di categorie diverse da A/1, A/8, A/9 (v. n. 60540); – opere di urbanizzazione e assimilate;	10%	n. 127 sexies tab. A parte III
interventi di recupero di cui al n. 61490 e s. ad esclusione delle manutenzioni ordinarie e straordinarie (Circ. AE 12 luglio 2018 n. 15/E) **(1)**.	10%	n. 127 terdecies tab. A parte III

(1) Vedi tuttavia n. 61500 per interventi su fabbricati a prevalente destinazione abitativa.

e. Opere di urbanizzazione e assimilate

61580 Le opere di urbanizzazione (primaria e secondaria) e quelle ad esse assimilate sono soggette ad aliquota ridotta pari al 10% (n. 127 quinquies tab. A parte III DPR 633/72).

La **cessione ai comuni** di opere di urbanizzazione, da parte dell'impresa titolare della concessione ad edificare, a scomputo della quota di urbanizzazione è esclusa da IVA (v. n. 60990).

61585 Nella **tabella** sono elencate le varie tipologie di opere interessate dall'aliquota ridotta.

Opere di **urbanizzazione primaria (1)** (n. 127 quinquies tab. A parte III DPR 633/72)	– strade residenziali; – spazi di sosta o di parcheggio; – fognature, rete idrica, reti di distribuzione dell'energia elettrica e del gas; – pubblica illuminazione; – spazi di verde attrezzato; – infrastrutture destinate all'installazione di reti e impianti di comunicazione elettronica in fibra ottica (Ris. AE 16 ottobre 2013 n. 69/E); – realizzazione di impianti di captazione del biogas (Ris. AE 15 marzo 2011 n. 34).

61585 (segue)

	Anche se realizzate fuori dall'ambito urbano, ma in quanto al servizio del centro urbano stesso **(2)**: – strade comunali che attraversano un centro industriale e quelle che collegano il centro abitato ad una zona industriale o ad una zona riservata agli impianti sportivi; – condutture poste fuori dall'ambito urbano, che consentono l'approvvigionamento alla rete idrica urbana.
Opere di **urbanizzazione secondaria** (n. 127 quinquies tab. A parte III DPR 633/72)	quelle destinate a produrre servizi di interesse collettivo, in materia di economia, istruzione, cultura e tempo libero, nell'ambito di un centro abitato, al fine di migliorare la qualità della vita dei suoi abitanti (Ris. AE 12 ottobre 2001 n. 157/E). Si tratta di asili nido e scuole materne, scuole dell'obbligo, mercati di quartiere, delegazioni comunali, chiese e altri edifici per servizi religiosi, impianti sportivi, centri sociali e attrezzature culturali e sanitarie, aree verdi di quartiere.
Altre fattispecie analoghe (n. 127 quinquies tab. A parte III DPR 633/72	– linee di trasporto metropolitane, tramviarie e altre linee di trasporto a impianto fisso; – impianti di produzione e reti di distribuzione di calore-energia indipendentemente dalle loro caratteristiche intrinseche (teleriscaldamento); – impianti di produzione e reti di distribuzione di energia elettrica da fonte solare-fotovoltaica ed eolica; – impianti di depurazione destinati ad essere collegati a reti fognarie, anche intercomunali e ai relativi collettori di adduzione; – infrastrutture, anche private, destinate alla ricarica dei veicoli alimentati ad energia elettrica (art. 17 sexies DL 83/2012 conv. in L. 134/2012).
Opere assimilate (si tratta di tutti quegli edifici, opere e impianti, che speciali disposizioni di legge assimilano alle opere di urbanizzazione)	– parcheggi realizzati ai sensi della L. 122/89 (c.d. Legge Tognoli); – costruzioni e impianti destinati allo smaltimento, al riciclaggio o alla distruzione di rifiuti urbani, speciali, tossici e nocivi, solidi e liquidi, e alla bonifica delle aree inquinate di cui alla L. 441/87; – opere di impiantistica sportiva, realizzate ai sensi della L. 65/87; – impianti cimiteriali.

(1) Caratteristica delle opere di urbanizzazione primaria è quella di essere destinate a soddisfare **interessi generali** della popolazione residente e, pertanto, di essere utilizzate dal pubblico, connotato che ricorre solo per i parcheggi pubblici, ma non quelli privati costituiti da box, costruiti dall'impresa su proprio terreno e destinati ad essere ceduti e utilizzati da soggetti privati (Ris. Min. 2 maggio 1992, n. 431236).

(2) Non vi rientrano le strade statali e provinciali di grande comunicazione; i lavori di ammodernamento su opere già costruite; le opere che non possono essere incluse nell'ambito della rete idrica, quali gli impianti di captazione e i bacini artificiali e le relative opere di contenimento. Sono, pertanto, soggetti ad aliquota ordinaria i corrispettivi dei contratti di appalto relativi ad interventi di **manutenzione straordinaria** di strade, rafforzamento e consolidamento statico di collettori e adduttori di canali, di gronde, ecc. siti sia in città che fuori dal territorio urbano (Ris. Min. 26 maggio 1998 n. 46/E).

CAPITOLO 4

Settori soggetti a regimi speciali

SOMMARIO

Per alcuni settori specifici, richiamati nel sommario, la disciplina IVA prevede delle norme che derogano alle regole generali innanzi esaminate. Di seguito si espone una sintesi delle principali caratteristiche di ciascun regime, rinviando alla trattazione analitica effettuata nel Memento IVA. **62000**

SEZIONE 1

Agricoltura, allevamento e pesca

Il settore agricolo, l'allevamento e la pesca usufruiscono di un regime speciale, avente caratteristiche variabili in funzione della tipologia e del volume d'affari del contribuente. **62005**

Il regime speciale si applica se ricorrono i presupposti soggettivi (produttore agricolo) ed oggettivi (cessione di prodotti compresi nella tabella A, parte I). Esso prescinde sia dal volume d'affari realizzato che dalla natura giuridica del soggetto (imprenditore individuale, società, anche di capitali).

I soggetti interessati possono tuttavia optare per il regime normale.

La **caratteristica principale** del regime speciale consiste nel fatto che, per la determinazione del debito d'imposta, ferma restando l'applicazione delle aliquote ordinarie alle cessioni di prodotti effettuate, è prevista la forfetizzazione dell'IVA assolta sugli acquisti in misura pari all'importo risultante dall'applicazione delle percentuali di compensazione all'ammontare delle operazioni imponibili effettuate.

Per i contribuenti con **ridotto volume d'affari** è tuttavia previsto un regime di esonero (v. n. 62290); un regime simile è previsto per i raccoglitori occasionali di **tartufi** e prodotti simili (art. 34 ter DPR 633/72, vedi MIVA).

Infine, per le imprese agricole che svolgono attività di **agriturismo** è previsto un distinto regime in cui l'IVA è determinata in misura forfettaria, detraendo il 50% dell'IVA riscossa sulle prestazioni (vedi MIVA, art. 5 L. 413/91). Il contribuente può optare per l'applicazione dell'IVA in modo normale.

Rientrano tra le attività agrituristiche l'**enoturismo** e l'**oleoturismo** (per la definizione di tali attività v. n. 6350).

I. Regime speciale

62010 **PRODUTTORI AGRICOLI** (art. 34 c. 2 DPR 633/72) Per produttori agricoli si intendono coloro i quali esercitano le seguenti attività, anche in forma di **organismi associativi** (per questi ultimi v. n. 62200):

– **coltivazione del fondo e selvicoltura** (compreso il florovivaismo, se la pianta o il fiore subiscono un incremento qualitativo o quantitativo);
– **allevamento di animali**, anche senza connessione con il terreno (a condizione che nell'azienda si realizzi una fase di produzione). I bovini e suini devono essere ceduti vivi. I conigli domestici, piccioni, lepri, pernici, fagiani e rane devono essere destinati all'alimentazione umana (altrimenti non si applica il regime speciale);
– **attività connesse** (v. n. 62015);
– **pesca** (in acque dolci), piscicoltura, mitilicoltura, ostricoltura, allevamento di rane ed altri molluschi e crostacei e **acquacoltura**.

62015 **Attività connesse** (Circ. AE 14 maggio 2002 n. 44/E, Circ. AE 15 novembre 2004 n. 44/E) Le attività connesse sono quelle attività **strumentali** e **complementari** svolte parallelamente e funzionalmente all'attività principale di produzione dei prodotti agricoli, in modo da costituirne la naturale integrazione. Si tratta delle attività, esercitate dal medesimo imprenditore agricolo, dirette alla manipolazione, conservazione, trasformazione, commercializzazione e valorizzazione che abbiano ad oggetto prodotti ottenuti **prevalentemente** dalla coltivazione del fondo o del bosco o dall'allevamento di animali.

ESEMPIO
Allevamento avicolo finalizzato alla produzione e vendita di uova; impollinazione nell'apicoltura; lavorazione del latte per la produzione del formaggio; macinatura delle olive per l'ottenimento dell'olio.

62016 L'imprenditore agricolo può dunque svolgere le attività connesse utilizzando **anche prodotti acquisiti da terzi** (per migliorare la qualità del proprio prodotto, oppure la quantità della produzione o la gamma dei prodotti offerti), purché non in misura superiore a quelli provenienti dal proprio fondo, bosco o allevamento. Per verificare la sussistenza della prevalenza bisogna fare un confronto quantitativo fra i prodotti propri e quelli di terzi.
La **commercializzazione** di prodotti acquistati da terzi, accanto a quella di propri prodotti, anche se viene rispettato il requisito della prevalenza dei prodotti propri, non consente l'applicazione del regime speciale, in quanto è priva di ogni legame di strumentalità e complementarietà con l'attività agricola. Per tali beni, quindi, si applica il regime dell'impresa mista (v. n. 62160).

62030 **PRODOTTI AGRICOLI** Il regime speciale IVA in agricoltura si applica in presenza di cessioni, poste in essere dai produttori agricoli, che riguardino prodotti e animali **elencati nella Tabella A, parte I**, allegata al DPR 633/72.
Si tratta di una elencazione tecnica: in essa sono contenuti sia beni che devono essere venduti allo stato originario (esempio **frutta**), sia beni trasformati (es. **formaggio**, **burro**, **olio**, **vino**). Sono inoltre considerati prodotti agricoli: il miele, la cera d'api, la pappa reale o gelatina reale, il polline, il propoli, il veleno d'api, le api e le api regine, l'idromele e l'aceto di miele (art. 2 L. 313/2004).

> Non vi rientra la **marmellata**, anche se prodotta utilizzando esclusivamente cedri di propria coltivazione (Risp. AE 28 luglio 2020 n. 228).

a. Regole impositive generali

62040 **ACQUISTI: DETRAZIONE FORFETIZZATA** (art. 34 c. 1 DPR 633/72) Il regime speciale dell'agricoltura è applicabile ai produttori agricoli indipendentemente dal loro volume d'affari e prevede che l'ammontare della detrazione - prevista ordinariamente per l'IVA sugli acquisti - sia **forfetizzata** in misura pari all'importo risultante dall'applicazione, all'ammontare imponibile delle cessioni di prodotti agricoli effettuate, delle **percentuali di compensazione** stabilite, per gruppi di prodotti, con decreto (v. DM 12 maggio 1992, DM 30 dicembre 1997, DM 23 dicembre 2005, DM 5 giugno 2020, vedi MIVA). Pertanto l'IVA effettivamente pagata sugli acquisti non è detraibile.

Cessioni escluse dalla detrazione forfetizzata (art. 34 c. 4 DPR 633/72) La detrazione forfetizzata è esclusa per le cessioni di prodotti il cui acquisto deriva da un **atto non assoggettato** ad IVA (es. acquisto mediante conferimento, donazione o cessione di azienda), se il conferente, il donante o il cedente applica il **regime normale**, e ha quindi già detratto l'IVA sull'acquisto originario. 62050

L'imprenditore agricolo che **transita dal regime ordinario al regime speciale** deve, invece, riversare all'erario la differenza tra l'imposta detratta in modo ordinario e la detrazione forfettaria effettivamente spettante.

CESSIONI Sulle cessioni di prodotti agricoli devono, invece, essere applicate le **aliquote ordinarie** - salvo i casi delle cooperative, v. n. 62210 e degli agricoltori esonerati, v. n. 62290. La **differenza** tra le aliquote ordinarie e le percentuali di compensazione rappresenta il debito d'imposta del produttore agricolo. 62060

RIMBORSO DELL'IVA In vigenza del regime speciale non è generalmente possibile ottenere il rimborso dell'IVA a credito. 62070

ADEMPIMENTI CONTABILI I produttori agricoli che applicano il regime speciale devono adempiere a **tutti gli obblighi** in materia di IVA ordinariamente stabiliti per la generalità dei soggetti passivi (liquidazioni periodiche, dichiarazione annuale, ecc.). Resta salvo l'esonero dall'obbligo di **certificazione fiscale**, tramite scontrino o ricevuta fiscale, con riguardo alle cessioni di prodotti agricoli effettuate nei confronti di consumatori finali. 62080

EFFETTUAZIONE DI ATTIVITÀ AGRICOLE DIVERSE Se il contribuente esercita più attività agricole - oggettivamente scindibili - nell'ambito della medesima azienda agricola, da cui derivano i prodotti assoggettati alla disciplina del regime speciale (es. la raccolta del latte con la relativa produzione e la conseguente attività di commercio dei prodotti caseari derivanti dalle attività di trasformazione), è consentita la **separazione** delle stesse (v. n. 56150). 62090
La separazione può riguardare attività agricole **oggettivamente scindibili**, suscettibili di formare oggetto di autonomo esercizio d'impresa come, ad esempio, nel caso di impresa agricola che svolge contemporaneamente attività di trasformazione del latte ed allevamento di suini (Ris. Min. 17 giugno 1998 n. 63/E).

Se, invece, accanto all'attività agricola soggetta al regime speciale, esercita **operazioni occasionali non agricole** si applica il regime dell'azienda agricola mista (v. n. 62160).
Se esercita anche una vera e propria **attività non agricola** (es. commerciale), o se fornisce servizi a terzi utilizzando prevalentemente attrezzature dell'azienda agricola (e applicando la detrazione forfettaria del 50%, v. n. 62175), ha l'obbligo di adottare contabilità separate per ciascuna attività (v. n. 56160).

b. Azienda agricola mista

Se l'agricoltore, nell'ambito della stessa attività, ha effettuato occasionalmente anche **operazioni diverse** da quelle agricole, l'IVA si rende dovuta nei modi ordinari limitatamente a tali operazioni (art. 34 c. 5 DPR 633/72). Questo significa che l'imposta deve essere applicata con le aliquote normali e non in base alle percentuali di compensazione; inoltre l'eventuale imposta a debito deve essere versata all'Erario. 62160

ESEMPIO
di operazioni diverse sono:

– cessioni di prodotti agricoli non compresi nella tabella A, parte I (es. la cessione di un trattore usato, di carne bovina macellata o la vendita di un fabbricato);
– rivendita di vino imbottigliato acquistato prevalentemente da terzi per incrementare l'offerta merceologica di vino;
– rivendita di piante e fiori appena acquistate allo scopo di incrementare la merceologia offerta alla clientela ma senza aver compiuto un normale processo produttivo;
– confezionamento e commercializzazione, occasionale ed accessoria, di **cesti regalo** utilizzando beni acquistati da terzi (Risp. AE 28 luglio 2020 n. 228);
– prestazioni occasionali di servizi a terzi utilizzando attrezzature normalmente impiegate nell'attività agricola (es. agricoltore che, utilizzando il proprio parco macchine, presta servizi agromeccanici a terzi).

›Precisazioni 1) Se tali operazioni **non sono svolte in via occasionale** o **non sono connesse** con l'attività più propriamente agricola, esse configurano l'ipotesi di esercizio di una attività autonoma e distinta da quella agricola, per la quale è obbligatorio istituire una contabilità separata da quella agricola (v. n. 56160).
2) L'esercizio delle **attività connesse** illustrate al n. 62015 (manipolazione, trasformazione, conservazione, commercializzazione e valorizzazione) anche mediante prodotti acquisiti da terzi, purché in misura non prevalente, non realizza l'ipotesi di impresa mista.

62170 **ADEMPIMENTI** Le operazioni diverse devono essere **registrate** distintamente e indicate separatamente nelle **liquidazioni** periodiche e nella **dichiarazione** annuale.

62175 Detrazione dell'imposta

Detrazione IVA	
Oggetto dell'acquisto	**Disciplina**
Beni non ammortizzabili	
– utilizzati esclusivamente per la produzione dei beni e dei servizi agricoli oggetto delle operazioni stesse	IVA detraibile analiticamente dall'imposta relativa alle operazioni diverse **(*)**
– utilizzati promiscuamente	IVA detraibile solo parzialmente, ovvero per la quota riconducibile esattamente alle operazioni diverse
Beni ammortizzabili	
utilizzo esclusivo o promiscuo	IVA non detraibile
Spese generali	
utilizzo esclusivo o promiscuo	IVA non detraibile
Servizi (diversi dalle spese generali)	
– utilizzati esclusivamente per la produzione dei beni e dei servizi oggetto delle operazioni stesse	IVA detraibile analiticamente dall'imposta relativa alle operazioni diverse **(*)**
– utilizzati promiscuamente	IVA detraibile solo parzialmente, ovvero per la quota riconducibile esattamente alle operazioni diverse

(*) Si utilizza quindi una procedura di detrazione analitica che esclude i beni e i servizi utilizzati promiscuamente (operazioni agricole e diverse).
La procedura presenta notevoli **difficoltà applicative**, in quanto l'IVA sugli acquisti viene sostenuta per l'acquisto di masse di beni e quindi è difficile attribuirla ad una singola operazione.

Nel caso di **fornitura a terzi di servizi** mediante l'utilizzazione prevalente di attrezzature o risorse dell'azienda normalmente impiegate nell'attività agricola esercitata (quindi servizi promiscui), l'IVA è determinata riducendo l'imposta relativa alle operazioni imponibili in misura pari al 50% del suo ammontare, a titolo di detrazione forfettaria dell'imposta afferente agli acquisti ed alle importazioni (art. 34 bis DPR 633/72). Tra questi servizi si comprendono anche i **servizi sociali** (inserimento disabili, affiancamento a terapie psicologiche, ecc.) prestati dalle imprese agricole sociali (art. 1 L. 141/2015).
Il contribuente ha comunque la facoltà di non avvalersi della disposizione in esame. In tal caso l'opzione o la revoca per la determinazione dell'imposta nel modo normale si esercitano con le modalità ordinarie illustrate al n. 5455.

Se la fornitura a terzi di servizi **non è svolta in maniera occasionale**, la detrazione forfettaria spetta comunque ma è necessaria la contabilità separata di cui al n. 56160, nel caso in cui per le altre attività agricole venga applicato il regime speciale in esame (Istruzioni Dichiarazione IVA).

c. Organismi associativi

(art. 34 c. 7 e 8 DPR 633/72)

Gli organismi associativi operanti in agricoltura - **cooperative** e loro consorzi, Associazioni e loro unioni, Enti che effettuano cessioni di beni agricoli (compresi nella Tabella A, parte I) prodotti prevalentemente dai soci o associati, sia nello stato originario o previa manipolazione o trasformazione - sono assimilati ai produttori agricoli. 62200
Pertanto, il regime speciale - quindi la detrazione forfetizzata sulle cessioni di prodotti agricoli e ittici di Tabella A, parte I, mediante le percentuali di compensazione - si applica sull'intera produzione realizzata (compresi quindi anche i beni conferiti da terzi non soci, se appartenenti al medesimo settore produttivo) purché i prodotti venduti **provengano prevalentemente dalle aziende agricole dei soci** (Circ. AE 17 gennaio 2006 n. 1/E).
La prevalenza, se i prodotti sono omogenei, è determinata in base alle quantità, altrimenti è determinata in base al valore.

> **Precisazioni 1)** La cooperativa agricola che cede **prevalentemente prodotti non conferiti dai soci** (cioè acquistati da terzi), non può usufruire del regime speciale. Dovrà quindi applicare obbligatoriamente il regime normale.
> **2)** Le cessioni di prodotti agricoli effettuate dai produttori agricoli in regime speciale agli **organismi agricoli di intervento**, quali l'AGEA (ex AIMA), devono essere assoggettate ad IVA con le percentuali di compensazione. L'agevolazione si applica a condizione che le cessioni di prodotti agricoli vengano effettuate in applicazione di regolamenti dell'Unione Europea concernenti l'organizzazione comune dei mercati dei prodotti stessi.

Nella **tabella** seguente sono riassunte le **condizioni complessivamente previste** per l'applicazione del regime speciale. Infatti, alle condizioni specifiche previste per gli organismi associativi bisogna aggiungere quelle generali previste per i produttori agricoli. 62201

Condizioni necessarie
– le cessioni devono riguardare i prodotti agricoli compresi nella Tabella A, parte I; – i prodotti venduti devono provenire prevalentemente dalle aziende agricole dei soci; – i prodotti acquistati da terzi devono appartenere al medesimo settore produttivo di quelli conferiti dai soci; – i prodotti acquistati da terzi devono essere sottoposti a un processo di trasformazione e/o manipolazione prima di essere venduti.

CONFERIMENTI AGLI ORGANISMI ASSOCIATIVI I passaggi di beni dalle imprese agricole socie in regime speciale alle cooperative, associazioni fra produttori o altri organismi associativi (c.d. conferimenti), sono considerati **cessioni di beni imponibili**, per le quali il socio emette fattura di acconto (non essendo conosciuto ancora il prezzo finale dei beni) secondo le regole particolari sotto illustrate. 62210
Successivamente, la cooperativa cede i prodotti conferiti a clienti terzi ed emette fattura con l'indicazione del prezzo di vendita.
Al termine dell'esercizio sociale, la cooperativa quantifica i prezzi di realizzo al netto dei costi sostenuti per l'attività svolta e stabilisce l'importo da liquidare al socio in base alla quantità e qualità dei prodotti conferiti.
Se la cooperativa, prima di effettuare la vendita a terzi dei prodotti conferiti dai soci, svolge anche un'**attività agricola connessa** (v. n. 62015 e s. manipolazione e trasformazione), quest'ultima non è un'operazione autonoma imponibile, e pertanto per tale attività non va emessa fattura nei confronti dei soci (Risp. AE 25 gennaio 2022 n. 2, Ris. AE 12 giugno 2012 n. 65/E).

Regole particolari Sono previste regole particolari per quel che riguarda l'IVA da applicare sulle cessioni, l'IVA detraibile, il momento impositivo e l'adempimento dell'obbligo di fatturazione per conto dei soci. 62215

Le regole relative al momento impositivo e alla fatturazione per conto dei soci si applicano anche ai passaggi di prodotti ittici di cui al n. 62010, effettuati dagli esercenti la **pesca marittima** alle cooperative e relativi consorzi, nonché alle società consortili e agli altri organismi associativi.

62216

Oggetto	Regola particolare
Aliquota IVA applicabile	Alle cessioni effettuate da produttori agricoli nei confronti degli organismi associativi che hanno adottato il regime speciale si applicano le **percentuali di compensazione**. Se invece l'organismo associativo (o il produttore socio) ha optato per il regime normale, si applicano le aliquote IVA ordinarie **(1)**.
Detrazione	Le cooperative in regime speciale operano la **detrazione forfetizzata**, su tutte le cessioni di prodotti agricoli e ittici di Tabella A, parte I, mediante le percentuali di compensazione. Sui **prodotti diversi** detraggono analiticamente l'IVA sugli acquisti, secondo le disposizioni ordinarie.
Effettuazione dell'operazione	I passaggi alle cooperative effettuati da soci in regime speciale si considerano effettuati all'atto del **versamento del prezzo** ai produttori agricoli soci o associati. La **fattura** deve essere emessa dal produttore agricolo all'atto del pagamento degli acconti o del saldo **(2)**. In caso di **emissione anticipata** della fattura il momento impositivo (e l'esigibilità) sono anticipati (secondo le regole ordinarie).
Fattura per conto dei produttori agricoli	Se gli enti, le cooperative o altri organismi associativi emettono la fattura per conto dei produttori agricoli conferenti, devono consegnare ai soci un esemplare della fattura ai fini dei successivi adempimenti. Va emessa la fattura elettronica con trasmissione allo SdI, nel rispetto dei seguenti criteri (Risp. AE 18 marzo 2019 n. 11, Risp. AE 7 febbraio 2019 n. 30): – la coop può emettere la fattura per ogni singolo socio utilizzando una **distinta numerazione per ciascun socio** conferente (questo può numerare separatamente le fatture emesse ad altri clienti); – lo **SdI consegna** la fattura all'indirizzo telematico riportato nella stessa (indirizzo del socio o della coop); – se la **coop ha registrato il proprio indirizzo** nel portale «Fatture e corrispettivi», lo Sdi consegna la fattura alla coop. Di conseguenza la coop deve trasmettere ai soci, con qualsiasi mezzo (mail, ecc.), copia della fattura in Pdf o XML (eventualmente con la relativa ricevuta di avvenuta consegna pervenuta dallo SdI), ricordandogli che la fattura elettronica si trova nella loro area riservata. La cooperativa inoltre deve emettere fattura per i conferimenti eseguiti dai produttori **soci esonerati** dall'obbligo di emissione della fattura, avendo realizzato nell'anno precedente un volume d'affari inferiore a 7.000 euro. Se il socio applica l'IVA nei modi ordinari e il prezzo è determinato in base all'utile di bilancio della cooperativa si considerano le disposizioni previste per le cessioni con prezzo da determinare (DM 15 novembre 1975): la fattura va emessa entro il mese successivo a quello di approvazione del bilancio fatto salvo l'obbligo di assoggettare ad IVA gli acconti ricevuti dal socio (Ris. Min. 18 giugno 1990 n. 601619).

(1) Ai prodotti ricevuti dai **produttori agricoli in regime di esonero**, si applicano le percentuali di compensazione, ancorché la cooperativa sia in regime normale per opzione.
(2) È **irrilevante il regime**, speciale o normale, applicabile dalla cooperativa (o altro ente associativo conferitario).

II. Regime di esonero

62290 **SOGGETTI AMMESSI** (art. 34 c. 6 DPR 633/72) Sono ammessi i produttori agricoli che, nell'anno precedente, hanno realizzato un **volume d'affari** non superiore a 7.000 euro, costituito per **almeno 2/3** da cessioni di **prodotti agricoli**.

62300 **ADEMPIMENTI** (art. 34 c. 6 DPR 633/72) I soggetti ammessi al regime di esonero non sono tenuti a **versare alcunché** a titolo IVA. Inoltre, sono esonerati dagli obblighi documentali e contabili: fatturazione, registrazione, liquidazione periodica, versamento e dichiarazione annuale e comunicazioni periodiche.
Essi devono solo **conservare** le fatture di acquisto e le bollette doganali d'importazione,

numerandole progressivamente. Rimane inoltre l'obbligo di richiedere o di mantenere il **numero di partita IVA** (Ris. Min. 25 ottobre 1994 n. VI-13-1085/94).
Alle **cessioni** di prodotti agricoli e ittici effettuate dagli agricoltori in regime di esonero si applicano le aliquote corrispondenti alle percentuali di compensazione.

Tali disposizioni agevolative **cessano** di avere applicazione a partire dall'**anno solare successivo** a quello in cui sia stato superato il limite di 7.000 euro. Pertanto, se nel 2022 il limite non è stato superato, nel 2023 sussiste il regime di esonero e la relativa dichiarazione annuale non va presentata (nel 2024), anche se nel 2023 i suddetti limiti vengono superati. **62301**
Se l'ammontare delle operazioni diverse da quelle agricole supera, in corso d'anno, l'ammontare di 1/3, a prescindere dal volume d'affari realizzato, dovranno essere osservati alcuni particolari adempimenti illustrati in MIVA (vedi anche Circ. Min. 24 dicembre 1997 n. 328/E).

RINUNCIA ALL'ESONERO La rinuncia deve essere esercitata mediante il **comportamento concreto** seguito da apposita comunicazione, secondo le modalità ordinarie illustrate al n. 5455. **62310**
La rinuncia all'esonero è **vincolante** fino alla revoca, e comunque per almeno **3 anni** (v. n. 56175).
Con l'esercizio dell'opzione il produttore agricolo rientra nel regime speciale, a meno di ulteriore opzione per quello ordinario.

OBBLIGHI DEGLI ACQUIRENTI DA AGRICOLTORI ESONERATI Gli acquirenti di beni o servizi da agricoltori esonerati, se li utilizzano nell'esercizio delle imprese, devono **emettere**, con le modalità e nei termini ordinari, una regolare **autofattura** con la separazione dell'IVA. **62320**
Se si tratta di cessioni di **prodotti agricoli**, l'imposta viene determinata con le percentuali di compensazione, se invece si tratta di cessione di prodotti **non agricoli** o di **servizi** l'IVA è calcolata con le aliquote ordinarie.

La fattura deve essere **numerata**, in modo che sia identificabile (Risp. AE 30 aprile 2019 n. 132) e **registrata** separatamente nel registro degli acquisti. Una **copia**, inoltre, deve essere consegnata al produttore agricolo, il quale deve numerarla e conservarla. **62321**
L'imposta è **detraibile** per l'acquirente. Gli acquirenti devono indicare nella dichiarazione IVA, in modo separato, l'ammontare dei corrispettivi delle operazioni per le quali hanno emesso la c.d. autofattura.
Gli **acquirenti privati**, invece, non hanno alcun obbligo.

III. Regime normale

Il regime speciale dell'agricoltura non è obbligatorio, ma il produttore agricolo può **rinunciarvi optando** per l'applicazione dell'IVA nel modo normale. **62380**
In linea di massima, le imprese agricole adottano il regime ordinario quando presumono di trovarsi **a credito**, per poter ottenere il rimborso dell'IVA, che non è invece previsto nel regime speciale.

OPZIONE (art. 34 c. 11 DPR 633/72) L'esercizio dell'opzione è effettuato mediante il comportamento concreto seguito da un'apposita comunicazione (v. n. 5455). Essa è vincolante fino a quando non è di fatto revocata, il che non può avvenire prima di un **triennio**, decorrente dal 1° gennaio dell'anno in cui la scelta è operata. **62390**
È comunque consentita la variazione e la revoca nel caso di **modifica** del relativo **sistema** in conseguenza di **nuove disposizioni**. In tal caso, la validità della variazione è subordinata alla sua concreta attuazione a decorrere dalla modifica normativa, anche se nel corso dell'anno.

CONSEGUENZE DELL'OPZIONE O DELL'OBBLIGO L'opzione per il regime normale comporta il totale abbandono delle speciali disposizioni IVA previste per l'agricoltura. **62400**
In pratica l'impresa agricola che ha optato per il regime ordinario **deve**:

a) applicare l'IVA sulle cessioni con l'aliquota vigente (ad esempio per i bovini, suini e latte l'aliquota è del 10%);
b) non considerare diverse le cessioni di beni non compresi nella tabella A parte I e le prestazioni di servizi, in quanto tutte le operazioni effettuate rientrano nel regime ordinario;
c) non applicare il regime di esonero se il volume d'affari dell'anno precedente è risultato inferiore a 7.000 euro;
d) per i conferimenti alle cooperative agricole applicare le regole ordinarie relative alle cessioni di beni;
e) liquidare l'imposta facendo la differenza fra l'IVA relativa alle operazioni imponibili e quella detraibile, versando la differenza se il risultato è di debito;
f) emettere lo scontrino fiscale (o la ricevuta) per le cessioni al minuto nei confronti dei privati consumatori.

62410 **CAMBIO DI REGIME** (artt. 34 c. 11 e 19 bis 2 c. 3 DPR 633/72) In caso di cambio di regime applicativo dell'imposta, per opzione o meno, scatta l'obbligo di procedere alla **rettifica dell'imposta** relativa ai beni in giacenza e ai beni strumentali (v. n. 48230 e s.).
L'imprenditore agricolo che **transita** dal regime **ordinario** al regime **speciale** deve, inoltre, riversare all'erario la differenza tra l'imposta detratta in modo ordinario e la detrazione forfettaria effettivamente spettante (Circ. Min. 24 dicembre 1997 n. 328/E).
Per l'analisi dettagliata degli adempimenti si rinvia a MIVA.

SEZIONE 2

Editoria

(art. 74 c. 1 lett. c DPR633/72)

62630 L'IVA da applicare alle operazioni riguardanti i prodotti editoriali assume il carattere di una **imposta monofase**: non colpisce l'incremento di valore dei beni nei vari passaggi ma rimane «condensata» in capo ad un unico soggetto passivo, l'**editore**.
L'IVA da questi corrisposta infatti afferisce non solo alle **cessioni** di prodotti editoriali, ma anche alle varie **prestazioni** di servizi inerenti la commercializzazione delle pubblicazioni, ad eccezione di quelle relative al trasporto, trabalzo, strillonaggio ed altre prestazioni accessorie effettuate da terzi i cui corrispettivi siano poi riaddebitati dai distributori agli editori, con separata indicazione in fattura della relativa imposta.

62650 **OPERAZIONI INTERESSATE** (Circ. AE 24 luglio 2014 n. 23/E) Rientrano nel regime monofase le cessioni di giornali quotidiani e periodici, libri, cataloghi e depliant stampati **su carta** o registrati **su supporti** informatici o fisici (CD, CD-rom, ecc.). Invece gli stessi prodotti editoriali **diffusi online**, applicano il regime ordinario, in quanto sono da considerare come prestazioni di servizi e sono tutti soggetti ad aliquota 4%.
Per le **cessioni congiunte** di prodotti editoriali e beni diversi - supporti integrativi e i c.d. gadget (cosmetici, giocattoli, bigiotteria, ecc. anche se offerti in omaggio) - sono previste limitazioni all'applicazione del regime monofase, variabili in funzione del bene ceduto congiuntamente.
Le prestazioni di **intermediazione** con rappresentanza relative al commercio dei citati beni sono invece escluse dal regime in esame.

62651 **REGIME APPLICABILE AI DIVERSI PRODOTTI** (n. 18 Tabella A Parte II allegata al DPR 633/72, Circ. AE 24 luglio 2014 n. 23/E, Circ. AE 18 maggio 2016 n. 20/E) In linea di massima, le citate cessioni sono soggette al regime monofase senza limitazioni e, per le pubblicazioni identificate da codice ISBN o ISSN, all'aliquota IVA del 4%, salvo alcune eccezioni, come evidenziato nelle seguenti **tabelle** che trattano distintamente le cessioni singole da quelle congiunte.

Cessioni singole				
Prodotto	**Disciplina**	**Aliquota %**		
		su carta	**su CD, CD-rom, ecc.**	**online**
Quotidiani e periodici tradizionali	regime monofase **(1)**	4 **(1)**	4	
Libri tradizionali	regime monofase	4	4	
Prodotti online (e-book, giornali quotidiani e periodici, notiziari quotidiani e dispacci delle agenzie di stampa, banche dati bibliografiche **(2)**)	regime ordinario		4	4 **(3)**
Cataloghi di informazione libraria	regime monofase	4	22	
Cataloghi diversi	regime monofase	22	22	
Prodotti registrati su supporti audio-magnetici per non vedenti e ipovedenti	regime monofase	–	4	
Carta occorrente per la stampa degli stessi giornali, libri, periodici, ecc. **(4)**	regime ordinario	4	–	

(1) Esclusi giornali e periodici **pornografici**, che applicano il regime monofase ma solo con il sistema delle copie vendute e con aliquota IVA ordinaria.

(2) Le **banche dati bibliografiche** sono soggette all'aliquota del 4% anche in presenza di funzionalità di ricerca offerte gratuitamente all'utente (Ris. AE 28 settembre 2017 n. 120/E).

(3) Se i **prodotti cartacei** al loro interno contengono una **chiave di accesso** per acquisire, tramite collegamento internet, copia in formato elettronico del prodotto cartaceo già acquistato o aggiornamenti del medesimo, l'eventuale specifico corrispettivo va assoggettato ad IVA, con applicazione del regime ordinario e dell'aliquota 4%.
Se l'acquirente **non paga uno specifico corrispettivo** per la chiave d'accesso, la vendita si considera unitariamente riferita al prodotto cartaceo (soggetta al regime monofase e alla specifica aliquota).
I prodotti online, quali **banche dati** elettroniche, contenenti documenti **privi dei codici ISBN o ISSN** (in quanto non qualificabili come prodotti editoriali), sono soggette all'aliquota ordinaria (Risp. AE 1° marzo 2019 n. 69).

(4) Le prestazioni di **composizione**, **montaggio**, **duplicazione**, **legatoria** e **stampa** di tutti i prodotti editoriali (esclusi i giornali e periodici pornografici e i cataloghi diversi da quelli di informazione libraria) sono soggetti all'aliquota del 4% (n. 35 Tabella A Parte II allegata al DPR 633/72).

Determinazione dell'imposta dovuta

(DM 9 aprile 1993, Circ. AE 24 luglio 2014 n. 23/E)

Per il calcolo dell'IVA nell'editoria sono applicabili due regimi che operano in base: 62680
1) alle **copie effettivamente vendute**;
2) alle copie consegnate o spedite, con **forfetizzazione delle rese**.
Per entrambi i regimi è necessario che le pubblicazioni rechino sulla copertina l'**indicazione del prezzo di vendita** al pubblico comprensivo di IVA. Il prezzo può risultare anche da apposito allegato all'esemplare; nell'allegato devono essere riportati anche il titolo della pubblicazione e l'indicazione dell'editore.
In assenza di tale requisito si rendono applicabili le disposizioni generali - determinazione dell'imposta per mezzo dei principi della detrazione e della rivalsa - ferma restando l'**aliquota** ridotta del 4% (Circ. Min. 7 agosto 1990 n. 63/490676).

> Indipendentemente dal sistema utilizzato, il **mancato pagamento di un cliente** (es. impresa distributrice) a seguito del suo **fallimento**, consente di portare in detrazione l'IVA monofase versata dall'editore, emettendo una nota di variazione secondo le regole ordinarie illustrate al n. 56925 e s. (Risp. AE 22 maggio 2019 n. 155).

COPIE EFFETTIVAMENTE VENDUTE L'imposta a carico dell'editore è determinata, per ognuna o per tutte le testate o titoli, in base al numero delle copie effettivamente vendute, scorporando l'imposta dall'ammontare dei corrispettivi secondo le modalità illustrate al n. 55210. 62685
Sulla base imponibile così determinata si deve poi applicare l'**aliquota** (in genere quella del 4%).

62700 **FORFETIZZAZIONE DELLE RESE** L'IVA sulle cessioni può essere determinata dall'editore, per ciascuna testata o titolo, sulla base delle **copie consegnate o spedite**, **diminuite di una percentuale** di resa forfetizzata pari al **70%** per i libri e **80%** per i giornali quotidiani e i periodici.
La somma su cui applicare la percentuale forfetizzata è determinata dal **prezzo di copertina** di tutte le copie consegnate o spedite, anche a titolo gratuito, in abbonamento o in esecuzione di contratti estimatori. Sono escluse le copie **esportate**, in quanto non imponibili e quelle cedute a titolo di **campione gratuito**, purché riportino la relativa specifica indicazione impressa sia sopra il prezzo di vendita, che sulla copertina, riportante il titolo della pubblicazione e le relative quantità debbono essere annotate in un apposito registro tenuto con le modalità ordinarie (Circ. Min. 7 agosto 1990 n. 63/490676).

62701 L'IVA a carico dell'editore si determina scorporando l'imposta, come illustrato al n. 55210, sull'ammontare dei corrispettivi diminuiti della percentuale di resa forfetizzata. Sulla base imponibile così determinata si deve poi applicare l'**aliquota** del 4%.

62710 **OPZIONE PER IL METODO DELLE COPIE VENDUTE** Può essere esercitata, a facoltà degli editori, per ciascuna testata o titolo oppure per ciascun numero, dandone comunicazione, secondo le disposizioni ordinarie illustrate al n. 5455, nella dichiarazione annuale IVA da presentare successivamente alla scelta operata.
Se è effettuata per l'**intera testata o titolo**, ha effetto fino a quando non è revocata, con le medesime modalità, ed è comunque vincolante per 3 anni.
Se, invece, l'opzione è effettuata per il **singolo numero**, essa è vincolante limitatamente al numero stesso e può essere comunicata cumulativamente per i numeri relativi all'intero anno, in sede di dichiarazione annuale.

62720 **MOMENTO IMPOSITIVO** (Circ. AE 24 luglio 2014 n. 23/E) Bisogna distinguere a seconda del regime utilizzato:

Regime	Disciplina
copie vendute	momento in cui l'editore riceve la notizia, dal distributore centrale, delle copie effettivamente vendute.
forfetizzazione della resa	consegna o spedizione dei beni, anche nelle ipotesi di consegna o spedizione in esecuzione di contratti estimatori (art. 1556 c.c.).

Il pagamento di **acconti**, anteriormente alla consegna o spedizione, è generalmente irrilevante, salvo che per le consegne in **abbonamento** che costituiscono cessioni periodiche o continuative di beni ed il cui momento impositivo si realizza all'atto del pagamento totale o parziale del corrispettivo.

62730 **REGOLE PARTICOLARI DI DETRAIBILITÀ** Le disposizioni ordinarie relative alla detraibilità dell'IVA pagata sugli acquisti e importazioni (v. n. 48000 e s.) devono essere integrate dalle seguenti regole:
– l'editore può detrarre regolarmente l'imposta assolta sugli acquisti (anche intracomunitari) o sulle importazioni di beni e servizi impiegati nella produzione, edizione o commercio di quotidiani, libri, periodici e relativi supporti integrativi, **a condizione** che annoti i documenti sull'apposito registro degli acquisti;
– l'imposta pagata alla **dogana**, relativamente alle pubblicazioni in esame importate dall'estero, è invece indetraibile e per le successive vendite non sussiste l'obbligo di emissione della fattura (art. 4 DM 9 aprile 1993).

62740 **PRODOTTI RIMASTI INVENDUTI** Le copie dei prodotti editoriali rimaste invendute, poiché hanno un bassissimo valore intrinseco, vengono normalmente cedute come carta da macero; tali cessioni sono effettuate applicando lo specifico regime previsto per i **rottami e simili** illustrato al n. 63360 (Ris. AE 15 luglio 2002 n. 231/E).

SEZIONE 3

Agenzie di viaggio e turismo

(art. 74 ter DPR 633/72)

Il regime speciale si applica alle agenzie di viaggio e turismo professionali, a cui sono equiparati gli enti ed associazioni che organizzano giri turistici, compresi i c.d. **tour operator**. Sono da considerare agenzie di viaggio e turismo quelle che organizzano viaggi e soggiorni in nome proprio e per conto dei clienti e quelle che svolgono attività di intermediazione in nome e per conto del cliente. 63000

Il regime in esame si applica anche agli operatori economici che formalmente non abbiano la qualifica di agenzia di viaggi (es. **albergatore**), se abitualmente organizzano in nome proprio viaggi e giri turistici ricorrendo, per fornire le relative prestazioni, a soggetti terzi (C.Giust. CE C-308/96 e C.Giust. CE C-94/97).

ATTIVITÀ INTERESSATE (art. 1 DM 30 luglio 1999 n. 340) 63010

Attività rientranti nel regime speciale (*)
– attività effettuate dalle agenzie di viaggio e turismo per la **organizzazione** di **pacchetti turistici** costituiti da viaggi, vacanze, circuiti tutto compreso e connessi servizi, manifestazioni, convegni e simili, verso il pagamento di un corrispettivo globale **(**)**; – attività di cui sopra quando sono rese dalle agenzie di viaggio tramite **mandatari**; – **servizi turistici**, diversi dai pacchetti, effettuati dalle agenzie di viaggio, se sono resi da altri soggetti e acquisiti nella disponibilità delle agenzie anteriormente a una specifica richiesta del viaggiatore (c.d. servizi singoli preacquisiti, vedi MIVA).
(*) Il regime speciale si applica indipendentemente dalla **natura del cliente** destinatario delle predette attività: viaggiatore, altra agenzia di viaggio che a sua volta venderà il servizio al viaggiatore consumatore, ecc. (C.Giust. UE 26 settembre 2013 C-236/11). **(**)** Il pacchetto turistico è la combinazione di almeno 2 dei seguenti elementi: trasporto, alloggio e servizi turistici non accessori al trasporto o all'alloggio (se parte significativa del pacchetto) purché la durata sia superiore alle 24 ore, o si estenda per un periodo di tempo comprendente almeno una notte.

63011

Attività escluse (*)
– attività di **intermediazione**, cioè quella svolta dalle agenzie di viaggio in **nome e per conto dei clienti** (es. prenotazione di alberghi, viaggi, ecc.); – **servizi** resi direttamente dall'organizzatore del pacchetto avvalendosi di **strutture proprie (**)**.
(*) Soggette al regime ordinario (rivalsa e detrazione). **(**)** Restano infatti soggetti al regime speciale solo i servizi resi da terzi (Ris. AE 17 luglio 2002 n. 233/E).

A. Caratteristiche del regime

L'IVA è dovuta dall'agenzia di viaggio, che la determina con il metodo di deduzione «**base da base**». 63020

TERRITORIALITÀ Sono assoggettate all'imposta solo le operazioni incluse nel regime speciale (pacchetti turistici) eseguite **all'interno della UE** da agenzie che hanno il domicilio in Italia. 63025

Le prestazioni rese **fuori dal territorio** della UE sono considerate non imponibili, ma non possono essere utilizzate per la costituzione del plafond (art. 2 c. 7 DM 30 luglio 1999 n. 340). Invece i **servizi singoli** resi da un tour operator in nome e per conto del cliente, stabilito in altro Stato (UE o extra UE), costituiscono un'attività di intermediazione soggetta alla regola generale di territorialità (Paese del committente, v. n. 43170) e pertanto è esclusa da IVA (Circ. AE 21 giugno 2010 n. 36/E).

63030 Se si tratta di **prestazioni di servizi miste**, ossia rese parte nel territorio comunitario e parte al di fuori, la tassazione va limitata soltanto ai servizi forniti nell'ambito comunitario a diretto vantaggio del cliente (art. 1 c. 5 DM 30 luglio 1999 n. 340) (v. n. 63070 e n. 63075).

Il corrispettivo per le prestazioni rese fuori dal territorio della UE concorre ugualmente alla formazione del **volume d'affari** dell'agenzia la quale è tenuta a tutti gli adempimenti formali previsti dalla legge (Circ. Min. 24 giugno 1980 n. 30/382547).

63050 **MOMENTO IMPOSITIVO** (art. 1 c. 6 DM 30 luglio 1999 n. 340) Il momento impositivo, a partire dal quale sorgono gli obblighi formali e sostanziali dell'IVA (fatturazione, registrazione, ecc.), è generalmente quello in cui viene effettuato il **pagamento di tutto il corrispettivo** complessivamente convenuto o, se antecedente, l'**inizio del viaggio** (o del soggiorno).
Il pagamento di **acconti** da parte del cliente all'agenzia è irrilevante.

63051 **Viaggi collettivi** Sorgono tante obbligazioni tributarie quanti sono i committenti dei servizi forniti dall'agenzia, aventi una propria autonomia contrattuale. Ne discende ad esempio, che se su 10 clienti soltanto 5 pagano l'intero corrispettivo, l'obbligazione tributaria si realizza soltanto per coloro che hanno pagato, restando sospesa per gli altri clienti.
Se il **committente** è **unico** - come si verifica nel caso di vendite di viaggi collettivi da parte di una agenzia ad un'altra - si versa nell'ipotesi di una sola obbligazione tributaria il cui sorgere è determinato dal pagamento dell'intero corrispettivo da parte dell'agenzia acquirente o all'inizio del viaggio (Circ. Min. 24 giugno 1980 n. 30/382547).

63060 **APPLICAZIONE DELL'IMPOSTA** Per quanto attiene alla determinazione dell'imposta, il regime speciale prevede che l'imposta dovuta vada applicata ad una **base imponibile** ricavata mediante un procedimento di detrazione base da base. Pertanto, per l'agenzia l'**IVA addebitata** dai fornitori di beni e servizi a diretto vantaggio del cliente, è indetraibile, salvo che per l'ipotesi di spese e acquisti di beni e servizi relativi ad altre attività svolte dall'agenzia stessa (v. n. 63085).
I servizi possono essere **offerti direttamente al cliente** oppure **ad altre agenzie intermediarie** che a loro volta si rivolgono ai propri clienti. In entrambe le ipotesi le regole di applicazione sono simili. Regole specifiche sono previste per i trasporti e i viaggi internazionali (v. n. 63070).
La disciplina suddetta si applica indipendentemente dal fatto che le operazioni rese dalle agenzie di viaggio siano relative a **pacchetti turistici** o a prestazioni di servizi turistici **singoli**, precedentemente acquisite nella disponibilità dell'agenzia.
In sostanza, il corrispettivo pattuito dall'agenzia e pagato dal cliente, al lordo di IVA, va ridotto dell'ammontare dei relativi costi, anch'essi al lordo dell'IVA, sostenuti dall'agenzia stessa per l'acquisto di beni e servizi forniti da terzi a diretto vantaggio del cliente (albergo, ristorante, ecc.).
Da questo valore, che costituisce la base imponibile, si **scorpora l'IVA** inclusa nel prezzo praticato al cliente ed, infine, si applica l'aliquota ordinaria.
La **base imponibile** va calcolata mettendo a raffronto i corrispettivi imponibili registrati in ciascun periodo di liquidazione dell'imposta (mese o trimestre) con i costi registrati nel medesimo periodo (art. 6 c. 1 DM 30 luglio 1999 n. 340).

63065 Per le prestazioni rese dalle agenzie che agiscono **in nome e per conto proprio** relative a pacchetti turistici organizzati da altri soggetti e per le prestazioni dei **mandatari senza rappresentanza** l'IVA si applica sulla differenza, al netto dell'imposta, tra corrispettivo dovuto all'agenzia e il costo del pacchetto turistico, comprensivi dell'imposta.
Per le operazioni di organizzazione e vendita di servizi turistici **dal tour operator all'agenzia viaggio**, l'imponibile è determinato al netto dell'importo della provvigione da riconoscersi all'agenzia venditrice del viaggio (Circ. Min. 4 aprile 1997 n. 97/E).

63070 **Trasporti internazionali** Per le **spese** di trasporto internazionale sostenute dall'agenzia si applica il regime normale.
I costi relativi ai servizi di **trasporto misti** - parte nella UE e parte extra UE - ai fini della formazione della tassazione, devono essere ripartiti in due quote in base alle distanze percorse nella UE (imponibile) e al di fuori della UE (non imponibile) (art. 2 c. 5 DM 30 luglio 1999 n. 340).

Al fine di ovviare alle difficoltà di determinare esattamente l'entità del trasporto eseguito nello **spazio aereo** o **marittimo** italiano, è consentita l'applicazione di percentuali forfettarie (v. n. 43250).

Viaggi misti Se le **prestazioni di servizi** - sia quelle di trasporto che quelle a terra - rese al cliente non si esauriscono nell'ambito del territorio UE, ma si svolgono anche al di fuori (c.d. viaggi misti), la tassazione va limitata soltanto alla parte dei servizi a diretto vantaggio del cliente, forniti dall'agenzia nel territorio comunitario. 63075

In tal caso la quota parte del corrispettivo costituente la **base imponibile** è determinata in base al rapporto tra i costi sostenuti dall'agenzia per le operazioni effettuate da terzi all'interno della Comunità ed il totale dei costi sostenuti a diretto vantaggio del cliente.

> **Precisazioni** 1) Il predetto **rapporto** si determina per masse ed **in via provvisoria** sulla base dei costi e dei corrispettivi relativi ai viaggi misti registrati nel mese o nel trimestre (a seconda del volume d'affari del soggetto d'imposta), e si **determina** definitivamente in sede di dichiarazione annuale, sulla base dei costi e dei corrispettivi complessivamente registrati nell'anno (art. 2 c. 4 DM 30 luglio 1999 n. 340).
> 2) Se nell'ambito della **UE** il cliente usufruisce delle **sole prestazioni di trasporto**, mentre tutte le prestazioni a terra gli vengono rese fuori della UE, le prestazioni di trasporto sono considerate non imponibili ex art. 9 del DPR 633/72. Per converso, se **fuori della UE** vengono rese al cliente soltanto prestazioni di trasporto e, nell'ambito della UE tutte le rimanenti, anche le dette prestazioni di trasporto sono soggette ad IVA. La conseguenza è che nel primo caso il viaggio si considera effettuato interamente fuori della UE e nel secondo interamente all'interno. L'eventuale **somministrazione di pasti e bevande** durante il viaggio - dentro la UE nel primo caso e fuori la UE nel secondo - non costituisce una prestazione autonoma che entra nella formazione del rapporto bensì un servizio cui, alla pari del trasporto, deve riconoscersi natura accessoria (art. 2 c. 6 DM 30 luglio 1999 n. 340).

La **percentuale** che ne risulta va applicata all'ammontare del corrispettivo convenuto dall'agenzia per la sua prestazione. Dall'importo così determinato si **detrae il costo** dei servizi prestati da terzi a diretto vantaggio del cliente nella UE e il risultato costituisce la base imponibile al lordo dell'imposta. 63080

Su detta base, dopo aver proceduto allo scorporo dell'imposta in essa incorporata, si applicherà l'aliquota ordinaria.

In ogni caso, se successivamente alla conclusione del contratto l'IVA determinata risulta superiore o inferiore per una **variazione** intervenuta nel costo delle prestazioni effettuate dall'agenzia, la maggiore imposta è a carico dell'agenzia, mentre nel caso opposto al cliente non spetterà il rimborso della differenza.

Operazioni estranee Se l'agenzia effettua anche altre operazioni, diverse da quelle rientranti nel regime speciale - es. **vendita biglietti**, **prenotazione alberghi**, ecc. - è necessario procedere alla determinazione della relativa imposta, nei modi ordinari, detraendo l'IVA a credito sugli acquisti effettuati dalla stessa (spese generali ed altre). 63085

Le **commissioni di intermediazione** che le agenzie addebitano ai vettori (compagnie aeree) e/o ai clienti in relazione alla prenotazione e all'emissione di biglietti aerei sono considerate prestazioni di servizi generiche, soggette alla regola generale sulla territorialità (v. n. 43170) che attribuisce rilevanza alla natura e alla residenza/domicilio del cliente (generalmente il vettore soggetto IVA).

ESEMPIO

I casi più comuni sono pertanto i seguenti (Circ. AE 21 giugno 2010 n. 36/E):
a) le commissioni pagate da vettori stabiliti in Italia (biglietti nazionali) sono soggette ad IVA 22%;
b) le commissioni pagate da vettori stabiliti all'estero (biglietti internazionali) sono escluse da IVA. Se il vettore è stabilito nella UE, l'agenzia di viaggio deve emettere la fattura e i relativi importi vanno indicati nei modelli Intrastat, salvo che nello Stato UE l'imposta non sia dovuta (v. n. 63190).

Se un operatore economico assimilato ad un'agenzia di viaggi offre dei **pacchetti turistici c.d. misti**, cioè composti da prestazioni di servizi forniti in parte dallo stesso e in parte forniti da terzi, il regime speciale si applica unicamente alle prestazioni di servizi fornite da terzi. 63086

In tal caso, quindi, l'operatore deve ripartire la quota dei corrispettivi e dei costi afferente ai servizi resi mediante strutture proprie dell'organizzatore (regime ordinario), da quella relativa ai corrispettivi ed ai costi dei servizi forniti tramite strutture di terzi (regime speciale).

In alternativa, l'operatore può optare per la separazione facoltativa delle due attività (attività di agenzia di viaggio e attività alberghiera), con i relativi adempimenti connessi (registri separati, fatture con numerazioni distinte, annotazioni distinte, ecc.; v. n. 56170) (Ris. AE 17 luglio 2002 n. 233/E).

B. Adempimenti: regole particolari

63150 **FATTURAZIONE** (art. 4 DM 30 luglio 1999 n. 340) Per le operazioni rientranti nella particolare disciplina deve essere emessa la fattura, **senza separata indicazione dell'imposta** e **con l'annotazione**: regime del margine - agenzie di viaggio (art. 21 c. 6 DPR 633/72). L'emissione è **obbligatoria** sia nei rapporti agenzia di viaggio/cliente che nei rapporti tour operator/agenzia di viaggio.
La fattura può inoltre contenere l'espressa indicazione che si tratta di operazione per la quale l'imposta è stata assolta ai sensi del DM 30 luglio 1999 n. 340. Essa non costituisce mai titolo per la detrazione da parte del cliente.
Invece, l'emissione di fattura **non è obbligatoria** per l'attività di organizzazione di escursioni, visite della città, giri turistici ed eventi similari (art. 22 n. 6 bis DPR 633/72).

Per le **prestazioni non rientranti** nel regime speciale (v. n. 63085), è sufficiente che le agenzie di viaggio indichino distintamente sul titolo di viaggio riportante le indicazioni previste per i biglietti di trasporto, o su apposito tagliando annesso, l'ammontare del diritto di prenotazione percepito (Ris. AE 27 giugno 2001 n. 93/E, Ris. AE 29 settembre 2004 n. 125/E).

63160 **Momento di emissione** Varia generalmente in funzione del momento di effettuazione del pagamento.

Momento del pagamento	Momento di emissione
pagamento integrale prima del viaggio	incasso
pagamento di acconti e del saldo prima della partenza	integrale pagamento
pagamento di acconti prima e di saldo dopo la partenza	partenza
pagamento successivo alla partenza	partenza

63190 **Intrastat per operazioni intra UE** (Circ. AE 21 giugno 2010 n. 36/E) La vendita di un **pacchetto turistico** rientra nel regime speciale e quindi non va inserita negli Intrastat. Invece il **servizio singolo**, reso da un tour operator in nome e per conto del cliente, stabilito in altro Stato comunitario, costituisce attività di intermediazione e, nei confronti dei soggetti IVA, segue la regola generale di territorialità (Paese del committente); tale servizio va inserito negli Intrastat (a meno che nello Stato UE l'imposta non sia dovuta). Al contrario, se si tratta di un singolo servizio previamente acquisito da parte dell'agenzia e destinato alla successiva rivendita, poiché rientra nel regime speciale, non va incluso negli Intrastat.

63195 **REGISTRAZIONI** (art. 5 DM 30 luglio 1999 n. 340) Gli **acquisti** di beni e servizi rientranti nel regime speciale vanno annotati separatamente - sul registro degli acquisti oppure su un registro apposito - da quelli non rientranti in tale disciplina.
In entrambi i casi il registro acquisti dovrà evidenziare due sezioni: costi sostenuti nella UE e costi sostenuti fuori UE, suddivise in due ulteriori colonne:
- viaggi interamente nella UE (o extra UE);
- viaggi parzialmente nella UE (o parzialmente extra UE).

Anche i **corrispettivi** delle operazioni rientranti nella disciplina speciale devono essere annotati separatamente - sul registro dei corrispettivi oppure su un registro apposito - da quelli relativi ad altre operazioni (es. intermediazione). Devono essere inoltre suddivisi a seconda che siano riferiti ad operazioni eseguite nella UE (imponibili IVA), fuori UE (non soggetti ad IVA), ovvero in entrambi i territori (in base al rapporto dei relativi costi misti sostenuti).

In caso di **acquisto di servizi UE soggetti ad IVA** - es. agenzia italiana acquista servizi di alloggio da soggetto passivo con sede a Montecarlo (immobile esistente in Italia) da inserire in pacchetti turistici da vendere ai clienti - l'agenzia deve integrare la fattura del fornitore monegasco applicando l'IVA (**reverse charge**) e registrarla (senza poterla detrarre) (Cass. 12 aprile 2022 n. 11739).

SEZIONE 4

Cessioni di rottami e operazioni similari

(art. 74 c. 7 e 8 DPR 633/72)

Il regime applicabile al commercio dei rottami prevede l'**imponibilità** delle cessioni mediante l'applicazione del meccanismo del **reverse charge** (imposta applicata dall'acquirente). Se però l'acquirente è un **privato** non soggetto passivo, l'IVA (22%) deve essere indicata dal cedente nella fattura secondo le disposizioni ordinarie. Nei casi in cui i rottami entrano a far parte del ciclo di raccolta dei rifiuti, si applica l'**aliquota del 10%** (vedi MIVA). **63360**
Il regime si applica uniformemente:
– a **tutte le tipologie di rottami**, sia ferrosi che non ferrosi, compresi i semilavorati di metalli non ferrosi, i materiali di scarto e i relativi lavori, nonché le materie prime secondarie (Risp. AE 8 febbraio 2021 n. 86);
– alle **prestazioni di trasporto accessorie** alla cessione di rottami e ad **altri servizi accessori** riguardanti la trasformazione di rottami non ferrosi;
– alla **generalità degli operatori del settore**, indipendentemente dalle modalità con cui l'attività è organizzata (raccoglitori e rivenditori che operano con una sede fissa o in forma ambulante), e dall'ammontare delle cessioni effettuate. È tuttavia prevista un'eccezione nel caso di acquirenti non soggetti IVA.

Il regime dei rottami non va confuso con il **regime del margine** illustrato al n. 63780 che si applica ai beni usati. In particolari ipotesi, tuttavia, può verificarsi che l'operazione economica di acquisto e rivendita di un bene sia interessata dall'applicazione di entrambi i regimi speciali. È il caso, ad esempio, di un rivenditore di rottami che acquisti presso un privato un'auto da demolire e che successivamente rivenda (in regime del margine) i singoli pezzi di ricambio ancora funzionanti (Circ. AE 21 giugno 2004 n. 28/E) (v. n. 63850).

SEZIONE 5

Giochi, intrattenimenti e spettacoli

In genere l'IVA si applica, con **2 distinte modalità** di tassazione, alle: **63520**
– **attività soggette ISI** (imposta sugli intrattenimenti), elencate nella **tabella** n. 76361, ricondotte a un regime speciale forfettario di determinazione dell'IVA, salvo opzione per l'applicazione del regime ordinario;
– **altre attività spettacolistiche** e assimilate, individuate nella **Tabella C** n. 63521, attratte invece nel campo di applicazione dell'IVA secondo il regime ordinario. Tuttavia, per i contribuenti minori e per gli spettacoli viaggianti, è previsto un regime semplificato forfettario.

>Precisazioni 1) In ogni caso, l'assoggettamento all'IVA riguarda solo i corrispettivi riferibili a **servizi utilizzati nel territorio doganale** (Circ. Min. 15 febbraio 1974 n. 9/400107).
2) Per le **associazioni sportive** dilettantistiche, le pro-loco e le associazioni senza fine di lucro di cui al n. 97390 e n. 97470 lo speciale regime forfettario trova applicazione anche per quei proventi percepiti in relazione ad attività non soggette all'imposta sugli intrattenimenti (Circ. Min. 7 settembre 2000 n. 165/E).

63521 **TABELLA C** (allegata al DPR 633/72)

Spettacoli ed altre attività
1) Spettacoli cinematografici e misti di **cinema** e avanspettacolo, comunque ed ovunque dati al pubblico anche se in circoli e sale private; 2) spettacoli **sportivi**, di ogni genere, ovunque si svolgono; 3) **esecuzioni musicali** di qualsiasi genere esclusi i concerti vocali e strumentali, anche se effettuate in discoteche e sale da ballo se l'esecuzione di musica dal vivo è di durata pari o superiore al 50% dell'orario complessivo di apertura al pubblico dell'esercizio, escluse quelle effettuate a mezzo elettrogrammofoni a gettone o a moneta o di apparecchiature similari a gettoni o a moneta (*) (**); lezioni di ballo collettive; rievocazioni storiche, giostre e manifestazioni similari; 4) **spettacoli teatrali** di qualsiasi tipo, compresi balletto, opere liriche, prosa, operetta, commedia musicale, rivista; concerti vocali strumentali (**), attività circensi e dello spettacolo viaggiante, spettacoli di burattini, marionette e maschere, compresi corsi mascherati e in costume, ovunque tenuti; 5) **mostre e fiere** campionarie; esposizioni scientifiche, artistiche e industriali, rassegne cinematografiche riconosciute con DM ed altre manifestazioni similari; 6) prestazioni di servizio fornite in locali aperti al pubblico mediante **radiodiffusioni** circolari, trasmesse in forma codificata; la **diffusione radiotelevisiva**, anche a domicilio, con accesso condizionato effettuata in forma digitale a mezzo di reti via cavo o via satellite.
(*) Per classificare un'esecuzione musicale come attività di spettacolo o di intrattenimento è essenziale la prevalenza o meno della **musica dal vivo** (per la definizione e l'individuazione dei criteri che determinano la prevalenza v. n. 76361). (**) Distinti dalle esecuzioni musicali (sia spettacoli sia intrattenimenti) sono i **concerti vocali e strumentali**, ossia le manifestazioni musicali in cui cantanti o musicisti, singolarmente o in gruppo, eseguono una serie di brani musicali, secondo un programma prestabilito, in luogo appositamente individuato (es. teatri, sale concerto, impianti sportivi, ecc.; Ris. AE 20 giugno 2008 n. 257/E). A tali concerti si applica l'**aliquota** IVA del 10% (Circ. AE 25 marzo 2008 n. 24/E); la stessa aliquota si applica anche ai connessi **contratti di scrittura** stipulati dal singolo artista o dal gruppo vocale o strumentale (artt. 119 e 123 Tabella A Parte III allegata al DPR 633/72).

a. Attività soggette ad imposta sugli intrattenimenti (ISI)

(art. 74 c. 6 DPR 633/72)

63560

Argomento	Disciplina
Base imponibile	**Importo dei singoli biglietti di ingresso** (c.d. titoli di accesso, v. n. 76380) e si ottiene scorporando sia l'IVA che, contemporaneamente, l'imposta sugli intrattenimenti dalla base stessa. In caso di **opzione per il regime ordinario** è generalmente costituita dall'importo dei singoli biglietti di ingresso, ma può essere maggiorata in presenza di servizi e prestazioni accessorie o connesse all'intrattenimento stesso (Istruz. Mod. IVA).
Momento impositivo	È la **data di effettuazione** dello spettacolo (coincide con quello riguardante l'imposta sugli intrattenimenti), sia nel caso di regime speciale forfettario che in caso di opzione per l'applicazione dell'imposta in modo ordinario.
Determinazione dell'imposta	C'è una **detrazione forfettaria** pari a 1/2 dell'imposta relativa alle operazioni effettuate. Per le cessioni o concessioni di **diritti di ripresa televisiva e di trasmissione radiofonica**, la detrazione è pari a **1/3** dell'imposta. Alle **prestazioni pubblicitarie**, i cui proventi non sono soggette all'ISI, si applicano i criteri ordinari di detrazione (Circ. AE 30 dicembre 2014 n. 31/E).
Adempimenti	Quelli previsti per l'ISI e illustrati al n. 76440 e s. Fanno eccezione le **associazioni sportive dilettantistiche** e assimilate che optano per il regime forfettario di cui al n. 97470 e s., che devono osservare gli adempimenti semplificati elencati al n. 97485. Per le **attività diverse** da quelle da intrattenimento sussiste l'obbligo di adozione della contabilità separata (v. n. 56160).
Opzione per il regime ordinario	Riguarda l'intera attività di spettacolo e avviene presentando apposita **comunicazione** all'ufficio della SIAE e all'Ufficio delle Entrate. L'opzione è **valida** fino a quando non è revocata e comunque per almeno un quinquennio. In caso di opzione, si applicano tutte le **regole ordinarie** previste per le altre attività spettacolistiche non soggette all'ISI.

b. Attività di spettacolo

(art. 74 quater DPR 633/72)

Le attività spettacolistiche e assimilate, incluse le operazioni ad esse accessorie, sono attratte nel campo di applicazione dell'IVA secondo il regime ordinario, salvo alcune particolarità riepilogate nella **tabella** seguente. 63610
Tuttavia, per i **contribuenti minori** - con volume d'affari non superiore a € 25.822,84 - e per gli **spettacoli viaggianti**, è previsto un regime semplificato forfettario.

Argomento	Disciplina
Momento impositivo	Si considerano effettuate nel momento in cui ha **inizio l'esecuzione delle manifestazioni**. In caso di manifestazioni che si articolano in **più giornate** espositive con apertura e chiusura giornaliera degli spazi espositivi, ciascuna giornata deve essere considerata come un evento distinto (Circ. Min. 7 settembre 2000 n. 165/E). Fanno eccezione a tale regola le operazioni eseguite in **abbonamento** per le quali l'imposta è dovuta all'atto del pagamento del corrispettivo.
Adempimenti	Bisogna distinguere in funzione del **volume d'affari** realizzato nell'anno precedente nell'esercizio delle attività di spettacolo. Se non è superiore a € 50.000, gli adempimenti sono quelli previsti per il regime forfettario illustrato al n. 63655 (anche se si applica, per scelta o per obbligo, il regime ordinario). Se è superiore a € 50.000, occorre: – certificare i corrispettivi mediante rilascio, al momento del pagamento del corrispettivo, di titoli di accesso emessi da appositi apparecchi misuratori fiscali o biglietterie automatizzate, per il cui contenuto si rinvia al n. 76440. Va inoltre emesso il documento riepilogativo giornaliero; – emettere fattura, limitatamente alle prestazioni di pubblicità, sponsorizzazione, cessioni o concessioni di ripresa radiotelevisiva e di trasmissione radiofonica; – annotare i proventi nel registro dei corrispettivi; – tenere il registro IVA degli acquisti, in cui annotare, in apposita sezione, anche le fatture emesse; – effettuare i conseguenti adempimenti di liquidazione, di versamento con Mod. F24 e di dichiarazione annuale; – tenere e conservare le scritture contabili suddette secondo le regole ordinarie.

Società e associazioni sportive dilettantistiche e assimilate Per il rilascio del titolo di accesso relativo alle manifestazioni sportive possono non utilizzare il misuratore fiscale e, in alternativa al suddetto titolo, possono rilasciare appositi titoli di ingresso o abbonamenti recanti il contrassegno della SIAE. Tali certificazioni devono essere emesse al momento del pagamento o, se gratuiti, prima dell'ingresso. Per le attività spettacolistiche diverse dalle manifestazioni sportive dilettantistiche resta obbligatorio il titolo di accesso emesso dal misuratore fiscale (DPR 69/2002, Provv. AE 20 novembre 2002, Circ. AE 27 giugno 2003 n. 34/E). 63620

L'esonero dall'obbligo di utilizzare il misuratore per il rilascio del titolo riguarda anche (Circ. AE 27 giugno 2003 n. 34/E):
– le **associazioni** che hanno optato per il **regime forfettario** di cui alla L. 398/91 per le attività di intrattenimento a favore dei soci;
– le associazioni **pro-loco**, per tutte le manifestazioni di intrattenimento e per quelle spettacolistiche;
– le associazioni **senza fine di lucro** che applicano il regime forfettario della L. 398/91;
– le associazioni di **promozione sociale**;
– le **bande** musicali amatoriali, i cori e le **compagnie teatrali** amatoriali, per le manifestazioni organizzate dalle stesse (art. 39 c. 13 sexies DL 269/2003).

REGIME FORFETTARIO PER CONTRIBUENTI MINIMI E SPETTACOLI VIAGGIANTI I contribuenti che hanno realizzato nell'anno precedente un **volume d'affari** non superiore a € **25.822,84** nell'esercizio delle attività elencate nella **Tabella** di cui al n. 63521, nonché gli esercenti spettacoli viaggianti indipendentemente dal volume d'affari conseguito determinano la **base imponibile** nella misura del 50% dell'ammontare complessivo dei corrispettivi riscossi, senza poter operare la **detrazione** analitica dell'imposta assolta sugli acquisti. 63640

Il regime suddetto non si applica alle **associazioni sportive** e a quelle senza fini di lucro che hanno esercitato l'opzione per il regime contabile semplificato (art. 2 c. 1 DL 557/93) (v. n. 97390 e n. 97470).

> **Precisazioni** 1) Ai fini della **determinazione del limite** suddetto, tra i proventi si considerano tutti quelli relativi all'attività di intrattenimento e/o di spettacolo, comprese le prestazioni pubblicitarie, le sponsorizzazioni e le cessioni o concessioni di diritti di ripresa televisiva e di trasmissione radiofonica (Ris. AE 13 marzo 2008 n. 92/E).
> 2) Invece, in presenza di **più attività**, spettacolistiche e non, per l'applicazione del regime forfettario va considerato solamente il volume d'affari derivante dalle attività spettacolistiche (Circ. AE 12 giugno 2002 n. 50/E).

63655

Adempimenti (art. 8 DPR 544/99)
– certificazione dei corrispettivi anche mediante rilascio della ricevuta fiscale o scontrino fiscale manuale o a tagli fissi integrati con le indicazioni prescritte per il titolo d'accesso di cui al n. 76440 **(1) (2)**; – numerazione delle fatture ricevute; – presentazione della dichiarazione annuale e versamento annuale dell'IVA da effettuarsi con Mod. F24; – conservazione dei documenti aventi rilevanza tributaria secondo le disposizioni ordinarie **(3)**.
(1) Sono esonerati dall'obbligo le piccole e medie **attrazioni dello spettacolo viaggiante**. Nell'ipotesi di esercizio sia di attività di intrattenimento che di attività di spettacolo, ai fini dell'esonero dall'obbligo di emissione del titolo di accesso, l'ammontare dei ricavi (intrattenimento) e del volume d'affari (spettacolo) non va sommato (Ris. AE 13 marzo 2008 n. 92/E). Gli **esercenti che non installano il misuratore fiscale** possono comunque avvalersi, nello svolgimento dell'attività di prevendita, di terzi titolari di sistemi di emissione, che provvedono a certificare le prestazioni con titoli di accesso emessi mediante misuratori fiscali o biglietterie automatizzate (Ris. AE 8 gennaio 2009 n. 7/E). Quindi per lo stesso spettacolo possono essere utilizzati sistemi di certificazione differenti. **(2)** Se i contribuenti con i requisiti per l'applicazione del regime forfettario sono esonerati, ai sensi delle disposizioni IVA, dall'obbligo di emissione della ricevuta fiscale o dello scontrino fiscale (es. **mostre a carattere culturale e sociale**), essi sono di fatto esonerati da qualsiasi certificazione (Ris. AE 15 giugno 2004 n. 85/E). **(3)** I contribuenti suddetti sono quindi **esonerati** dall'obbligo di annotazione dei corrispettivi, di liquidazione e di versamento infrannuale dell'imposta.

63660 **Opzione per il regime ordinario** È possibile optare per l'applicazione dell'imposta nei modi ordinari (v. n. 5455). L'opzione ha effetto fino a quando non è revocata ed è comunque vincolante per un quinquennio. Anche in caso di opzione restano salve le **semplificazioni contabili** e di **certificazione** dei corrispettivi esposte al n. 63655 (Ris. AE 15 giugno 2004 n. 86/E).

SEZIONE 6

Beni usati

63780 Il regime c.d. «del margine» ha l'obiettivo di evitare fenomeni di doppia o reiterata imposizione connessi al commercio di beni usati, usciti dal circuito commerciale, ceduti a un soggetto passivo d'imposta per la successiva rivendita, con conseguente ulteriore imposizione ai fini IVA. Esso presenta modalità applicative diverse a seconda delle tipologie di beni e di soggetti che pongono in essere le operazioni.
La trattazione che segue prende in esame le condizioni generali di applicabilità del regime e le metodologie di calcolo del margine relativamente ai beni mobili usati. Per le regole riguardanti le altre tipologie di beni (**oggetti d'arte, d'antiquariato o da collezione**) si rinvia al Memento IVA.

A. Condizioni generali di applicabilità

63790 Per poter stabilire se a una determinata operazione sia applicabile o meno tale regime, occorre verificare l'esistenza congiunta di determinate **condizioni** connesse: al regime IVA applicabile all'acquisto; agli operatori; alle operazioni; alla tipologia di beni.

Provenienza dei beni (art. 36 c. 1 DL 41/95 conv. in L. 85/95) I beni devono essere stati acquisiti senza IVA o con IVA indetraibile. La condizione è soddisfatta se si tratta di beni provenienti dai soggetti di seguito indicati: 63795
- **privati** (residenti in Italia o in altro Stato membro UE): vi rientrano non solo i consumatori persone fisiche, ma anche gli enti, pubblici o privati, che non rivestono la qualifica di soggetto passivo IVA;
- **soggetti passivi** che **non** hanno potuto **detrarre totalmente l'imposta** relativa all'acquisto per motivi oggettivi o soggettivi;
- soggetti passivi che hanno potuto **detrarre l'imposta** relativa all'acquisto di autovetture **in misura parziale** (art. 30 c. 6 L. 388/2000);
- soggetti passivi (residenti in Italia o in altro Stato membro UE) che hanno assoggettato l'operazione al **regime del margine**;
- operatori di **altro Stato membro** in regime di **franchigia** nel proprio Stato.

> **Precisazioni** 1) Vi possono rientrare anche gli oggetti costituiti, in tutto o in parte, **in oro** o **altri metalli preziosi**, acquistati da un soggetto privato o da altro soggetto che ha applicato il regime del margine, purché non si tratti di oro industriale o da investimento (v. n. 40755) e siano comunque destinati al loro originario utilizzo senza subire alcuna trasformazione (Ris. AE 12 dicembre 2013 n. 92/E e C.Giust. UE 11 luglio 2018 C-154/17).
> 2) Se il rivenditore ha **acquistato** il bene **prima del 1973**, non può fruire del regime del margine (Princ. dir. 18 giugno 2019 n. 19).

Operatori Sono interessati, in primo luogo, coloro che esercitano per professione abituale il **commercio** all'ingrosso, al dettaglio o in forma ambulante dei beni usati; in secondo luogo, le **imprese**, i **professionisti** e gli **enti** soggetti passivi di imposta, per le vendite **occasionali**. 63800

> Se ricorrono le condizioni, es. acquisto e rivendita di opere d'arte, il regime del margine si applica anche se il **cedente** è un soggetto stabilito in uno **Stato non UE**; in tal caso, è necessaria la nomina di un proprio **rappresentante fiscale** per l'assolvimento degli adempimenti connessi in applicazione del regime (Risp. DRE Piemonte 8 giugno 2021 n. 956/2163).

Operazioni (art. 36 c. 1 DL 41/95 conv. in L. 85/95) Vi rientrano le cessioni di beni usati effettuate in **Italia** o in altro **Stato UE**. Di conseguenza, le **cessioni intracomunitarie** scontano l'imposta secondo le modalità sotto illustrate per le operazioni interne, salva l'opzione per il regime ordinario per operazioni con soggetti intracomunitari (v. n. 63910). 63805
Il regime si applica altresì alle **cessioni** di **contratti** di locazione finanziaria aventi ad oggetto beni provenienti dai soggetti indicati al n. 63795 (art. 36 c. 10 bis DL 41/95 conv. in L. 85/95).

Le **cessioni** normalmente **non imponibili** sono considerate tali anche ai fini del regime in oggetto. 63810
Si tratta di: esportazioni e operazioni assimilate alle esportazioni (v. n. 66072 e n. 67210); cessioni a viaggiatori stranieri (v. n. 66108); cessioni a organismi internazionali (v. art. 72 DPR 633/72); cessioni a soggetti residenti nella Repubblica di San Marino e nella Città del Vaticano (art. 37 c. 1 DL 41/95 conv. in L. 85/95).
Il margine relativo alle operazioni citate concorre sia alla formazione del **plafond** per l'acquisto di beni e servizi in sospensione d'imposta, sia alla determinazione della percentuale del 10% prevista per l'acquisizione dello status di **esportatore abituale** (v. n. 67002).

Beni mobili (art. 36 c. 1 DL 41/95 conv. in L. 85/95) Si tratta di beni **usati** che possono essere **riutilizzati** nello stato originario o previa riparazione, inclusi i **libri**, anche se non di antiquariato. 63815
Vi rientrano, inoltre, i beni che, per mezzo di riparazione, sono **suscettibili di diverso utilizzo**, purché non se ne modifichino le caratteristiche tipologiche (ad es. credenza che in fase di riparazione viene trasformata in libreria).
Non vi rientrano, invece, i beni ottenuti utilizzando, quali materie prime e semilavorate, **materiali ricavati da altri beni usati** (ad es. realizzazione di un mobile mediante utilizzo di legno ricavato da una porta oppure rigenerazione di pneumatici o di batterie usati) (Circ. Min. 22 giugno 1995 n. 177/E).

> Secondo la giurisprudenza UE, il regime del margine può essere applicato anche nel caso di **rivendita** di **animali vivi** acquistati da un privato (es. puledro acquistato da privato e rivenduto dopo il suo addestramento) (C.Giust. CE 1° aprile 2004 C-320/02).

63820 Meritano particolare attenzione i **mezzi di trasporto** quali:
- autoveicoli, motocicli, ciclomotori, rimorchi, macchinari agricoli, ecc. (art. 46 e s. D.Lgs. 285/92);
- imbarcazioni;
- aeromobili.

Per quelli acquistati e rivenduti nell'ambito del **territorio italiano**, la qualifica di usati è riconosciuta in base ai normali criteri previsti per gli altri beni mobili (v. n. 63815).
Per quelli acquistati o venduti da o a **operatori comunitari**, si considerano usati se non verificano i requisiti - temporali e chilometrici - stabiliti per i veicoli nuovi (v. n. 65320).

I **concessionari rivenditori di veicoli** usati non possono applicare il regime del margine alle cessioni di **vetture da dimostrazione** trattandosi di beni acquistati da un soggetto che ha emesso fattura con espressa rivalsa dell'imposta, né di vetture **di servizio** per le cessioni per le quali sia stata assolta l'IVA al momento del relativo acquisto.

B. Metodi di calcolo

63830 Per la determinazione dell'imposta commisurata al margine sono previsti **3 metodi** diversi a seconda dei soggetti che pongono in essere le operazioni e delle modalità con cui è esercitato il commercio dei beni: analitico, forfettario o globale (v. **tabella**).
Uno stesso soggetto che svolge attività diverse potrebbe quindi applicare metodi di calcolo diversi a seconda della convenienza.

63835

Metodo	Disciplina
Analitico	Si applica in generale al commercio di tutti i tipi di beni usati, esclusi i casi in cui è prevista l'applicazione del regime forfettario o globale. Si applica, inoltre, alle cessioni di beni usati effettuate da soggetti che non esercitano attività di commercio. In ogni caso, è consentita l'**opzione**, anche per singole cessioni, per l'applicazione del regime ordinario dell'IVA (v. n. 63910).
Forfettario	È il metodo «naturale» per coloro che effettuano commercio di beni usati in forma esclusivamente **ambulante** e, indipendentemente dalle modalità di commercio, per alcuni tipi di beni, quali, ad esempio, i **libri** o le **parti** e i **pezzi di ricambio**. È ammessa l'**opzione** per l'applicazione del regime ordinario dell'IVA (v. n. 63910).
Globale	Si applica solo ai soggetti che svolgono commercio di alcune tipologie di beni espressamente stabilite dalla legge (v. n. 63970) e, in particolare, al commercio di **veicoli** usati. Mentre è consentita l'**opzione** per il metodo analitico, non è ammessa l'opzione per il regime ordinario dell'IVA.

63840 Qualunque sia il metodo applicato, il **volume d'affari** rilevante ai fini della determinazione del regime contabile e del regime IVA applicabili tiene conto dell'ammontare imponibile di tutte le operazioni registrate per l'anno ed è costituito dall'ammontare dei corrispettivi al netto dell'imposta relativa al margine (art. 37 DL 41/95 conv. in L. 85/95).

1. Analitico
(art. 36 c. 1 DL 41/95 conv. in L. 85/95)

63850 **CALCOLO DEL MARGINE** Il margine è determinato, in relazione a ogni singola cessione, dalla **differenza** tra:
- **prezzo di vendita** al lordo dell'IVA;
- **prezzo di acquisto**, al lordo dell'IVA eventuale e maggiorato delle spese accessorie e di riparazione (anch'esse al lordo dell'IVA).

Se tale differenza è **positiva**, l'IVA si calcola scorporandola secondo le modalità illustrate al n. 55210.
Se, invece, è **negativa**, non è dovuta alcuna imposta e, in sede di liquidazione periodica, il margine è considerato uguale a zero.

Non è possibile **compensare** eventuali margini positivi con margini negativi.

Per spese **accessorie e di riparazione** si intendono i costi sostenuti dal rivenditore che abbiano una specifica inerenza alla fase di acquisto del bene o alla fase successiva di riattazione. Tra le spese accessorie rientrano anche gli **oneri** tributari, quelli di intermediazione, le spese peritali, notarili, di agenzia, di trasporto, ecc., relativi all'acquisto. Tra le spese di riparazione vi rientrano sia quelle propriamente dette, che quelle di restauro (Circ. Min. 22 giugno 1995 n. 177/E). Ai fini della determinazione del margine sono esclusi i costi per le prestazioni accessorie e le riparazioni **eseguite dal rivenditore** utilizzando la propria struttura dell'impresa.

IVA su acquisti e spese (art. 36 c. 4 DL 41/95 conv. in L. 85/95) È consentita la detraibilità analitica dell'IVA per le seguenti spese (Circ. Min. 22 giugno 1995 n. 177/E): 63855
- **generali** sostenute per l'esercizio dell'attività;
- **non direttamente connesse** alla riattazione di beni destinati alla rivendita.

Viceversa, non è ammessa in detrazione l'eventuale IVA relativa alle spese **accessorie** e di **riparazione** definite al n. 63850, neppure nel caso in cui il bene, grazie alla riparazione, acquisti una finalità diversa, purché non se ne modifichino le caratteristiche tipologiche.

ADEMPIMENTI (art. 38 DL 41/95 conv. in L. 85/95) Sono diversi, a seconda dell'attività esercitata. 63870

Esercizio abituale di commercio di beni usati Occorre annotare in un apposito **registro di carico e scarico** gli acquisti e le cessioni dei beni, indicando: 63875
- data di acquisto e di cessione;
- natura, qualità e quantità dei beni ceduti o acquistati;
- prezzo di acquisto, al lordo dell'eventuale imposta;
- spese accessorie e di riparazione;
- corrispettivo della cessione, comprensivo dell'imposta;
- differenza tra questi ultimi importi, ossia il margine conseguito.

Le annotazioni relative alle **cessioni** devono essere eseguite secondo i termini ordinari (v. n. 54610) (art. 38 c. 2 DL 41/95 conv. in L. 85/95). 63880

Quelle relative agli **acquisti**, con riferimento alla relativa data, devono essere eseguite entro 15 giorni dall'acquisto, ma comunque non oltre la data di annotazione della rivendita.

L'ammontare complessivo dei **margini positivi** relativi a un periodo di riferimento deve essere annotato separatamente, distinto per aliquote, nel registro delle cessioni e concorre alla liquidazione periodica nei termini ordinari.

In caso di beni ceduti da soggetti **obbligati** all'emissione di **fattura**, questa deve indicare il corrispettivo comprensivo dell'IVA, senza separata indicazione di quest'ultima - né, tantomeno, del margine - e con annotazione «regime del margine - beni usati» (art. 21 DPR 633/72). In caso di fattura **elettronica**, va indicato nel campo «Natura» il codice «N5 - regime del margine». 63885

Per i beni ceduti da **commercianti al minuto** resta applicabile l'esonero dall'obbligo di emissione della fattura, a meno che non sia richiesta dal cliente (art. 22 DPR 633/72). Se però il commerciante **opta** per l'applicazione dell'IVA in modo ordinario, deve emettere fattura, con indicazione separata dell'imposta, se si tratta di operazioni imponibili.

Non è necessario, infine, annotare i documenti emessi in relazione alle cessioni effettuate e quelli relativi agli acquisti e alle spese accessorie e di riparazione, rispettivamente, sui registri delle fatture emesse (o dei corrispettivi) e sul registro degli acquisti prescritti per le ordinarie operazioni IVA (Circ. Min. 3 maggio 1996 n. 108/E). 63890

Esercenti altre attività Devono continuare a tenere i seguenti **registri**: 63895
- di carico e scarico;
- degli acquisti, nel quale sono annotati gli acquisti di beni e servizi non rientranti nel regime del margine;
- dei corrispettivi, nel quale annotare, distinto per aliquota, anche il margine delle operazioni effettuate in ciascun periodo d'imposta, determinato sulla base del registro di carico e scarico;
- delle fatture emesse, in cui annotare le operazioni per le quali è emessa fattura.

63900 **Cessioni occasionali** Si tratta, in generale, di soggetti IVA non esercenti l'attività di rivendita dei beni. In tale ipotesi, gli elementi necessari per l'individuazione del margine, nonché il margine risultante, devono essere indicati separatamente nei registri normalmente usati dal cedente nell'esercizio della propria attività.

63910 **OPZIONE PER IVA ORDINARIA** A seguito dell'opzione, è possibile applicare l'IVA, secondo i **criteri ordinari**, sull'intero valore di vendita del bene. L'opzione può essere effettuata **per ciascuna cessione** e deve essere comunicata all'Ufficio IVA secondo le modalità contenute al n. 5455.
Applicando questo regime, l'**IVA assolta** sull'acquisto del bene o sulle relative spese accessorie o di riparazione è **detraibile** e deve essere obbligatoriamente emessa **fattura**.
Per usufruire della detrazione, tuttavia, occorre **registrare** nel registro degli acquisti la fattura o la bolla doganale relative all'acquisto, nonché i documenti riguardanti le spese di riparazione e accessorie, con le modalità ed entro i termini ordinari.
La detrazione è computata con riferimento alla liquidazione periodica in cui si verifica la cessione del bene.
Inoltre, se l'operazione rientra nella definizione di **vendita a distanza intracomunitaria** ed è soggetta a tassazione nello Stato membro di destinazione, può essere dichiarata tramite il **portale OSS** (v. n. 65318) (Risp. AE 11 ottobre 2022 n. 497).

L'opzione è ammessa anche nel caso di operazioni non imponibili (es. **esportazioni**).

---

2. Forfettario
(art. 36 c. 5 DL 41/95 conv. in L. 85/95, art. 4 c. 1 DL 415/95 conv. in L. 507/95)

63930 Il margine è calcolato applicando al prezzo di vendita del singolo bene le percentuali forfettarie indicate nella **tabella** seguente.
Il margine così determinato deve ritenersi **assorbente di tutti i costi** che influenzerebbero la determinazione nel modo ordinario; non è, pertanto, detraibile l'imposta pagata sugli acquisti, sulle prestazioni accessorie e di riparazione.

Tipologie di beni	Percentuale sul prezzo di vendita
Beni ceduti da operatori che effettuano il commercio al dettaglio esclusivamente in forma ambulante **(*)**	50%
Prodotti editoriali (libri, riviste, ecc.)	25%
Parti, pezzi di ricambio o componenti derivanti dalla demolizione di mezzi di trasporto o di apparecchiature elettromeccaniche (lavatrici, frigoriferi, ecc.)	50%
(*) Pertanto, coloro che esercitano il commercio sia in forma ambulante che con **sede fissa** possono applicare solo il metodo analitico o globale.	

63940 **ADEMPIMENTI** Occorre emettere la **fattura** con le caratteristiche di cui al n. 63885 e **registrare** le operazioni nel registro dei corrispettivi, separatamente dalle altre operazioni effettuate, entro i termini ordinari.
Non vi è l'obbligo di registrare gli **acquisti**, ma solo di numerare e conservare i relativi **documenti**.

63950 **OPZIONE PER IVA ORDINARIA** Si veda quanto detto al n. 63910.

---

3. Globale
(art. 36 c. 6 DL 41/95 conv. in L. 85/95)

63970 **CAMPO DI APPLICAZIONE** Si applica solo ai soggetti che svolgono attività di commercio, diverse da quelle elencate al n. 63930, dei **seguenti beni**:
– di costo inferiore a € 516,46;
– veicoli;

– confezioni di materie tessili e prodotti di abbigliamento, compresi gli accessori;
– anche di generi diversi, acquistati per masse come compendio unico e con prezzo indistinto.

È possibile, in tutti i casi, **optare** per la determinazione del metodo **analitico** con riferimento all'**intera attività** e non alle singole operazioni. Per le modalità di esercizio dell'opzione si rinvia al n. 5455 e, per la durata della stessa, al n. 56175.

Non è possibile optare per la determinazione ordinaria dell'IVA.

MODALITÀ DI DETERMINAZIONE Il margine è determinato dalla differenza tra l'**ammontare complessivo** delle cessioni e quello degli acquisti, aumentati delle spese di riparazione e accessorie (v. n. 63850) effettuate nel **mese o trimestre** di riferimento (a seconda della periodicità della liquidazione IVA). 63980
È consentito **compensare** i margini positivi con quelli negativi di ciascun periodo e, su questo aspetto, gli operatori possono valutare l'interesse all'applicazione del metodo globale o all'opzione per la determinazione del metodo analitico.

Occorre operare una **rettifica in diminuzione** degli acquisti, con riferimento al periodo in cui le cessioni sono effettuate, nel caso di: 63985
– cessioni extra UE o agli organismi internazionali (esclusi i casi di esonero - v. art. 72 DPR 633/72);
– cessioni a soggetti residenti nella Repubblica di San Marino e nello Stato del Vaticano.

Analogamente, occorre operare una rettifica in diminuzione degli acquisti nell'ipotesi di bene ceduto quale materiale soggetto al regime speciale dei **rottami**, **cascami**, ecc.

ADEMPIMENTI Sono diversi, a seconda che si tratti di soggetti che esercitano esclusivamente il commercio dei beni rientranti nel campo di applicazione del metodo globale oppure che svolgono anche altre attività diverse. 64000

Esercizio abituale ed esclusivo Occorre tenere due **registri separati**, uno per gli acquisti e l'altro per le cessioni. 64005
Nel registro degli **acquisti** devono essere annotati gli acquisti dei beni con l'indicazione di: data dell'operazione, natura, qualità e quantità dei beni, corrispettivo pagato al lordo dell'eventuale imposta.
Nel caso di acquisti di beni di **diverse specie merceologiche** nell'ambito dello stesso genere, è sufficiente annotare la quantità complessiva e indicare il genere (es. acquisto per masse di vestiti, scarpe e borse, appartenenti al genere dell'abbigliamento). Se, invece, i beni appartengono a generi diversi, occorre effettuare delle annotazioni separate.
Nel registro delle **cessioni** devono essere annotate le cessioni con l'indicazione di: data dell'operazione, natura, qualità e quantità dei beni ceduti, corrispettivi comprensivi dell'imposta e distinti per aliquota.

Coloro che pongono in essere occasionalmente **anche operazioni soggette al regime ordinario** (analitico) possono utilizzare i suddetti registri, purché risultino distintamente evidenziati i relativi elementi.

In caso di beni ceduti da **soggetti obbligati** all'emissione di **fattura**, questa deve indicare il corrispettivo comprensivo dell'IVA, senza separata indicazione di quest'ultima (né, tantomeno, del margine) e con annotazione «regime del margine - beni usati» (art. 21 DPR 633/72). In caso di fattura **elettronica**, va indicato nel campo «Natura» il codice «N5 - regime del margine». 64010
I termini per le registrazioni sono gli stessi previsti per il metodo analitico (v. n. 63880), con la sola eccezione delle spese di riparazione e accessorie che possono essere annotate anche successivamente alla rivendita del bene, ma non oltre 15 giorni dal ricevimento della fattura.
Il margine concorre, previo scorporo, alla liquidazione complessiva dell'IVA nel periodo di riferimento.
Se sono ceduti beni soggetti ad **aliquote diverse**, occorre differenziare, in sede di liquidazione periodica, gli imponibili soggetti alle diverse aliquote. Il contribuente, successivamente, deve calcolare il rapporto percentuale tra i corrispettivi soggetti a ognuna delle diverse aliquote e il totale dei corrispettivi relativi al periodo di riferimento. Ogni percentuale deve essere, poi, moltiplicata per il margine del periodo, per individuare la parte di margine da assoggettare all'aliquota IVA corrispondente.
L'eventuale **margine negativo** è computato nella liquidazione relativa al periodo successivo, come «credito di margine», non d'imposta.

Non vi è l'obbligo di annotare i documenti emessi in relazione alle **cessioni** effettuate e quelli relativi agli **acquisti** e alle **spese accessorie** e di riparazione, rispettivamente, sui registri delle fatture emesse e sul registro degli acquisti (Circ. Min. 3 maggio 1996 n. 108/E).

64020 **Altre attività** Se i soggetti svolgono, non occasionalmente, anche attività soggette al normale regime IVA, devono continuare a tenere i seguenti **registri**:
- degli acquisti, nel quale devono essere annotati gli acquisti di beni e servizi non rientranti nel regime del margine;
- dei corrispettivi, nel quale deve essere annotato, distinto per aliquota, il margine delle operazioni effettuate, determinato sulla base dei registri di carico e scarico;
- delle fatture, se necessario.

SEZIONE 7

Altri settori soggetti a regimi speciali

64400 Anche nei seguenti settori l'IVA è assolta alla fonte, cioè è determinata e pagata direttamente dal produttore dei beni o servizi. È previsto, inoltre, un regime particolare per i beni soggetti a contrassegno.

Regime	Sintesi della disciplina	Fonti
Commercio di sali e tabacchi (v. MIVA)	Per la commercializzazione di sali, tabacchi e altri beni prodotti o importati dai soggetti autorizzati dall'AAMS e ceduti attraverso le rivendite dei generi di monopolio, l'IVA (22%) è dovuta dalla stessa sulla base del prezzo di vendita al pubblico. Per le cessioni e per le importazioni di tabacchi lavorati effettuate **prima dell'immissione al consumo**, invece, l'imposta è applicata in base al regime ordinario, ferma restando l'applicabilità della disciplina richiamata al n. 65250 (art. 39 sexies c. 1 D.Lgs. 504/95). Sono escluse dal regime speciale le prestazioni di **intermediazione** con rappresentanza relative al commercio dei beni in argomento.	art. 74 c. 1 lett. a DPR 633/72
Commercio di fiammiferi (v. MIVA)	Per la vendita di fiammiferi, l'IVA (22% sul prezzo di vendita al pubblico) è dovuta dal Consorzio industrie fiammiferi limitatamente alle cessioni successive alle consegne effettuate dal Consorzio stesso. Il Consorzio deve annotare, in apposito **prospetto**, le quantità di fiammiferi importati od estratti mensilmente da ciascuna fabbrica con destinazione al consumo interno. Tale prospetto - da compilarsi entro la fine del mese successivo - deve indicare, per ciascun tipo di prodotto, la relativa quantità, i prezzi unitari, gli importi al netto dell'IVA e l'ammontare dell'IVA. Sono escluse dall'applicazione del regime le prestazioni di **intermediazione** con rappresentanza relative al commercio di fiammiferi.	art. 74 c. 1 lett. b DPR 633/72, DM 28 dicembre 1972
Posti telefonici pubblici e altri servizi di telecomunicazione (v. MIVA)	**Campo di applicazione**: prestazioni dei gestori di telefoni a disposizione del pubblico; prestazioni di servizi di telecomunicazione; vendita, da chiunque effettuata, di qualsiasi mezzo tecnico per fruire dei servizi di telecomunicazione, fissa o mobile, e di telematica (codici di accesso (PIN), gettoni, schede magnetiche, incluse le carte ricaricabili o prepagate per l'utilizzo dei telefoni cellulari GSM ed altri mezzi tecnici preordinati all'utilizzazione degli apparecchi di telecomunicazione); servizi informativi su attualità, meteorologia, ecc. ed operazioni di distribuzione, abilitazione, riabilitazione, ricarica e simili aventi ad oggetto i mezzi suddetti. **Soggetto debitore**: l'IVA, anche se viene riscossa da terzi gestori, è dovuta dal **titolare della concessione** o dell'autorizzazione ad esercitare i servizi sulla base dei corrispettivi do-	art. 74 c. 1 lett. d DPR 633/72, DM 24 ottobre 2000 n. 366

Regime	Sintesi della disciplina	Fonti
	vuti dall'utente. Se i corrispettivi non sono ancora determinati, l'IVA è dovuta sulla base dei prezzi mediamente praticati per la vendita al pubblico in relazione alla quantità di traffico telefonico messo a disposizione tramite il mezzo tecnico (in genere, secondo tagli prefissati). Sono previste **semplificazioni** particolari per l'emissione delle fatture e le relative registrazioni da parte del titolare della concessione o dell'autorizzazione **(1)**.	
Vendita di biglietti dei trasporti pubblici urbani di persone (2) (v. MIVA)	L'IVA è dovuta dall'esercente l'attività di trasporto sulla base del prezzo di vendita al pubblico. Gli esercenti indicano, nei documenti eventualmente rilasciati **l'IVA separatamente** (rispetto al corrispettivo) per le prestazioni effettuate direttamente nei confronti di utilizzatori del servizio esercenti attività di impresa, arte o professione (e non anche negli altri casi). In tale ipotesi, essi sono tenuti all'**emissione della fattura** entro 90 giorni dal ricevimento della richiesta. Inoltre devono effettuare diverse **annotazioni**, alcune delle quali in un apposito **registro** tenuto secondo le norme del decreto IVA, mentre altre nel registro dei corrispettivi.	art. 74 c. 1 lett. e DPR 633/72, DM 30 luglio 2009
Documenti di sosta relativi ai parcheggi (2) (v. MIVA)	Per la vendita al pubblico di documenti di sosta relativi ai parcheggi veicolari l'IVA è dovuta, sin dall'origine, dall'**esercente l'attività di gestione dell'autoparcheggio**, c.d. gestore privato (se è pubblico è fuori campo IVA). Questi assume anche la veste di sostituto IVA nei confronti dei rivenditori, in quanto deve assolvere l'imposta relativamente all'aggio riconosciuto per la cessione dei biglietti di sosta. Si applicano gli stessi **adempimenti** previsti per gli esercenti trasporti pubblici urbani, ma la ricevuta rilasciata dai rivenditori è emessa senza l'indicazione dell'IVA. L'eventuale **fattura** richiesta dal cliente va emessa dal rivenditore, in nome e per conto del gestore, in forma elettronica entro 90 gg. (Risp. AE 9 maggio 2019 n. 135).	art. 74 c. 1 lett. e DPR 633/72, DM 30 luglio 2009
Contrassegni (v. MIVA)	Per i seguenti prodotti il pagamento dell'IVA è attestato dalla apposizione di un contrassegno di Stato: – **prodotti tessili** (D.Lgs. 194/99), nonché indumenti di pelle o pellicceria anche artificiale; – **apparecchi riceventi** per la radiodiffusione e per la televisione, quelli per la registrazione e la riproduzione del suono e delle immagini, quelli del settore cine-foto-ottico, nonché talune relative parti o pezzi staccati; – **dischi**, nastri ed altri analoghi supporti fonografici. I produttori, gli importatori o chi effettua acquisti intracomunitari devono dotare di idonei contrassegni o etichette i prodotti suindicati. L'obbligo va adempiuto prima di porre in essere qualsiasi atto di commercializzazione.	art. 73 bis DPR 633/72

(1) Se la **vendita dei mezzi tecnici** necessari per fruire del servizio è effettuata direttamente dal titolare della concessione, autorizzazione o licenza all'utilizzatore finale soggetto passivo d'imposta, senza che siano, pertanto, attivati i vari passaggi della catena di distribuzione, presupposti dal regime monofase e posti a fondamento di tale meccanismo di deroga (es. vendita SIM a datore di lavoro che la concede in uso ai dipendenti), l'IVA è indicata separatamente ed è detraibile per l'acquirente (v. n. 48130, Ris. AE 22 ottobre 2020 n. 69/E).
Negli **altri casi**, invece, le vendite dei mezzi tecnici nei confronti dei soggetti che agiscono nell'esercizio di imprese, arti o professioni, per la successiva cessione nella catena di distribuzione, i cedenti devono rilasciare un documento, senza IVA indicata separatamente, con anche la denominazione e la partita IVA del soggetto passivo che ha assolto l'imposta.
Per le cessioni effettuate in via telematica o in forma automatizzata tramite il sistema bancario, le suddette indicazioni vanno evidenziate solo sulla fattura elettronica eventualmente emessa (Circ. AE 19 febbraio 2008 n. 12/E, Circ. AE 25 marzo 2008 n. 25/E).
(2) Comprese le prestazioni di **intermediazione** con rappresentanza ad esse relative, nonché tutte le compravendite effettuate da **rivenditori autorizzati**.

CAPITOLO 5

Gruppo IVA

SOMMARIO

Il **gruppo IVA**, inteso quale unico soggetto passivo autonomo agli effetti IVA, che raggruppa più soggetti passivi che perdono la propria autonomia soggettiva, è stato **introdotto** nel nostro ordinamento (artt. 70 bis-70 duodecies DPR 633/72), in base a quanto previsto dalla normativa comunitaria (art. 11 Dir. 2006/112/CE). 64500
È alternativo alla **liquidazione IVA di gruppo** (v. n. 55980 e s.).

Dovrebbe essere per lo più adottato nel **settore** bancario e assicurativo o comunque in settori nei quali le operazioni tra membri di gruppi generano pro-rata di indetraibilità.

1. Costituzione del gruppo IVA

REQUISITI La costituzione del gruppo IVA presuppone l'**adesione di tutti** i partecipanti che soddisfano le condizioni richieste («all-in, all-out principle»), in termini di: 64502
- luogo di stabilimento;
- tipologia di attività;
- vincoli di controllo e relative decorrenze.

Per le ipotesi di **variazioni dei partecipanti** in vigenza della validità del gruppo IVA, v. n. 64550 e s. e per quelle che causano la **sua cessazione**, v. n. 64560 e s.

Luogo di stabilimento I partecipanti al gruppo IVA devono essere stabiliti nel territorio dello Stato (sono quindi comprese le **stabili organizzazioni** di soggetti esteri). 64506
Le sedi e le stabili organizzazioni situate all'estero non possono partecipare al gruppo IVA.

Attività I partecipanti al gruppo IVA devono svolgere attività d'impresa, arte o professione. 64508

>Precisazioni 1) Gli **enti**, le **associazioni** e le **organizzazioni** che **non esercitano** attività d'impresa, arte o professione, pur essendo eventualmente dotati di partita IVA (ad es. per le operazioni intracomunitarie), non possono partecipare al gruppo IVA. Allo stesso modo, anche le **holding pure o «statiche»** risultano escluse, svolgendo un'attività di mera detenzione di partecipazioni e obbligazioni finalizzata alla semplice percezione di dividendi e interessi; tuttavia, esse devono essere comunque considerate per la verifica della sussistenza del vincolo finanziario (Circ. AE 31 ottobre 2018 n. 19/E). Invece, un **ente**, ad es., un'associazione, soggetto passivo IVA in quanto **esercente anche attività commerciale**, può rivestire il ruolo di controllante del gruppo IVA, non quello di controllata (non essendo possibile, in tale ultimo caso, soddisfare il vincolo finanziario di cui al n. 64510, in assenza di assemblea ordinaria) (Princ. dir. AE 15 ottobre 2018 n. 4). Anche altri soggetti sui quali il controllo richiesto non può essere esercitato, come ad es. **imprese individuali**, **consorzi non societari**, **persone fisiche esercenti arte o professione**, possono partecipare al gruppo IVA solo come controllanti (Circ. AE 31 ottobre 2018 n. 19/E).
2) Non possono partecipare ad un gruppo IVA i soggetti **sottoposti a**:
- sequestro giudiziario;
- procedura concorsuale (fallimento, concordato preventivo, liquidazione coatta amministrativa, amministrazione straordinaria delle grandi imprese in crisi);
- liquidazione ordinaria.

Vincoli di controllo I vincoli che devono essere soddisfatti, congiuntamente, affinché fra i soggetti interessati possa costituirsi un gruppo IVA sono di natura finanziaria, economica o organizzativa (in presenza del primo vincolo, però, per presunzione relativa, il secondo e il terzo sono dati per esistenti dalla legge). Il vincolo **finanziario** si realizza quando fra i partecipanti, o 64510

fra i partecipanti e il soggetto che li controlla (e che deve essere residente nel territorio dello Stato o in uno Stato con cui l'Italia ha stipulato un accordo per lo scambio di informazioni, ad es. controllante residente in Stato UE), sussiste, direttamente o indirettamente, il controllo della **maggioranza dei voti esercitabili** nell'assemblea ordinaria (dell'art. 2359 c. 1 n. 1 c.c.). Il controllo può essere di qualsiasi tipo: **a raggiera**, **a catena**, **o misto** (Circ. AE 31 ottobre 2018 n. 19/E).
Nel caso di controllante estera non sono ammesse al Gruppo IVA le società italiane **controllate indirettamente** per il tramite di ulteriori società estere intermedie (Risp. AE 24 gennaio 2023 n. 148).
Il vincolo finanziario è realizzato anche quando il controllo di diritto delle società costituenti il Gruppo IVA è esercitato da una **persona fisica** residente **non soggetto passivo IVA**, che resta tuttavia esclusa dal perimetro di consolidamento (Risp. AE 17 giugno 2019 n. 194).
Il vincolo finanziario si presume inoltre sussistente per legge quando i partecipanti appartengono ad un **gruppo bancario cooperativo** (art. 70 ter c. 1 bis DPR 633/72).
Il vincolo **economico** sussiste, a prescindere dalla presunzione, quando fra i soggetti passivi esiste una forma di **cooperazione economica** consistente nello svolgimento di un'attività principale dello stesso genere, o complementare o interdipendente o che avvantaggia, pienamente o sostanzialmente, almeno uno dei partecipanti (per un esempio concreto: Princ. dir. AE 15 ottobre 2018 n. 5 e per dettagli ulteriori sul concetto: Circ. AE 31 ottobre 2018 n. 19/E, Risp. AE 26 ottobre 2022 n. 528).
Il vincolo **organizzativo** sussiste, a prescindere dalla presunzione, quando fra i soggetti passivi esiste un **coordinamento** di diritto o di fatto, fra gli **organi decisionali** dei partecipanti, anche se svolto da un altro soggetto (es. controllante).

> **Precisazioni 1)** L'eventuale **insussistenza del vincolo economico od organizzativo** in presenza di quello finanziario può però essere dimostrata tramite interpello (v. n. 80075 e s.), per poter escludere dal perimetro del gruppo IVA il partecipante nei cui confronti è così superata la presunzione relativa.
2) Il vincolo finanziario stabilito da intermediari finanziari che acquisiscono partecipazioni tramite **interventi di recupero di crediti** o **conversione in azioni** di crediti verso imprese in temporanea difficoltà finanziaria (Risp. AE 24 febbraio 2021 n. 124), non fa scattare la presunzione del vincolo economico. Per dimostrarne la sussistenza è possibile però presentare all'AE istanza di interpello (art. 70 ter c. 6 DPR 633/72).
3) I due **interpelli** di cui sopra possono essere **presentati** anche nel periodo anteriore alla costituzione del gruppo IVA. Infatti, il previo esercizio dell'opzione di costituzione non costituisce condizione per la valida presentazione degli interpelli stessi. **Legittimati** a tale presentazione sono sia il soggetto rispetto al quale l'interpello deve produrre l'effetto desiderato, sia il rappresentante del gruppo IVA costituendo o costituito; entrambi devono comunque sottoscrivere la relativa istanza (Ris. AE 10 luglio 2018 n. 54/E).
4) Per le **stabili organizzazioni** il vincolo del controllo va verificato in capo alla casa madre estera, per cui: la stabile organizzazione di una controllata estera non può partecipare al Gruppo IVA (in quanto il requisito del controllo non è verificabile tra soggetti non residenti); invece, quella di una controllante estera sì, in presenza degli altri requisiti (Risp. AE 11 novembre 2020 n. 539).

64514 I vincoli di controllo appena descritti devono **sussistere** al momento dell'esercizio dell'opzione per la costituzione del gruppo IVA (v. n. 64528 e s.) e comunque già **dal** 1° luglio dell'anno precedente a quello in cui ha effetto l'opzione (art. 1 c. 1 DM 6 aprile 2018).

Il rispetto dei vincoli deve essere comunque **mantenuto** per tutta la durata del gruppo IVA, salvo che nei casi di lecita fuoriuscita dal gruppo IVA della singola partecipante (v. n. 64554).

64516 **Adesione di tutti** I soggetti passivi nei cui confronti sono verificate le condizioni indicate devono **obbligatoriamente aderire** per far sì che il gruppo IVA si costituisca validamente.
Le uniche **eccezioni** sono rappresentate dai soggetti che **non possono**, per legge, partecipare al gruppo IVA, a causa della loro **ridotta o limitata attività**, ossia quelli la cui azienda sia sottoposta a sequestro giudiziario o che siano sottoposti ad una procedura concorsuale o in liquidazione ordinaria (v. n. 64508, precisazione 2) (art. 70 bis c. 2 lett. b-d DPR 633/72).

L'adesione di un **soggetto che non rispetta i requisiti** richiesti è priva di effetto, limitatamente a tale soggetto (art. 70 decies c. 1 DPR 633/72).

64520 **OPZIONE** L'opzione per la costituzione del gruppo IVA è esercitata dal rappresentante del gruppo IVA attraverso la presentazione telematica di un'apposita dichiarazione (**mod. AGI/1**) (v. n. 64526).
Non vale il **comportamento concludente**, data l'espressa esclusione dall'applicazione delle regole del DPR 442/97 (Circ. AE 31 ottobre 2018 n. 19/E).

Il **rappresentante del gruppo IVA** è il soggetto che esercita il controllo di cui al vincolo finanziario. 64524

Se questi **non può esercitare** l'opzione, ad esempio perché è un soggetto estero, è il partecipante con volume d'affari o ammontare di ricavi più elevato nel periodo precedente alla costituzione del gruppo IVA (rileva il più elevato dei due valori risultanti rispettivamente dalla dichiarazione IVA e redditi, Risp. AE 5 ottobre 2022 n. 487).

Se cessa di far parte del gruppo IVA senza che vengano meno gli effetti dell'opzione per gli altri partecipanti, subentra un altro partecipante individuato sulla base dei criteri appena indicati, con riferimento all'ultima dichiarazione presentata.

L'effetto della sostituzione decorre dal giorno successivo alla cessazione e deve essere **comunicato** con la dichiarazione di opzione (v. n. 64526), entro 30 giorni.

Nei **gruppi bancari cooperativi** il rappresentante del gruppo IVA è la società capogruppo costituita in forma di S.p.a. e autorizzata all'esercizio dell'attività bancaria, il cui capitale è detenuto, in misura pari ad almeno il 60%, dalle banche di credito cooperativo appartenenti al gruppo, e che esercita attività di direzione e coordinamento sulle società del gruppo, sulla base di un contratto che assicura l'esistenza di una situazione di controllo, con requisito minimo di patrimonio netto della società capogruppo di € 1 miliardo (art. 70 septies c. 2 ult. per. DPR 633/72).

Dichiarazione per la costituzione del gruppo IVA (Provv. AE 19 settembre 2018 n. 215450) La dichiarazione (**modello AGI/1**), da trasmettere esclusivamente in modalità telematica diretta, tramite l'applicazione web disponibile nell'area autenticata del sito internet, indica: 64526

- la denominazione del gruppo IVA;
- i dati identificativi del rappresentante e dei soggetti partecipanti;
- l'attestazione di sussistenza dei vincoli;
- le attività svolte dal gruppo IVA;
- l'elezione di domicilio presso il rappresentante, da parte di ciascun partecipante, ai fini della notifica degli atti e dei provvedimenti relativi ai periodi di validità del gruppo IVA; essa è irrevocabile fino al periodo di decadenza dell'accertamento (o di irrogazione delle sanzioni) relativo all'ultimo anno di validità del gruppo IVA;
- la sottoscrizione del rappresentante e degli altri partecipanti.

Completata la sottoscrizione da parte di tutti i partecipanti, il rappresentante sottoscrive a sua volta **e invia** la dichiarazione.

Il modello inviato viene reso disponibile ad ogni partecipante nella propria area autenticata.

> **Precisazioni** 1) Nella dichiarazione di costituzione è possibile optare anche per l'**applicazione dell'IVA separatamente** o per la **dispensa per** le **operazioni esenti**. Tale scelta può essere anche manifestata **successivamente**, con presentazione di una nuova dichiarazione integrata fino al 31 dicembre dell'anno precedente quello da cui ha effetto il gruppo.
2) La **dichiarazione sostitutiva di opzione**, come da istruzioni del Modello, si può presentare per integrare, correggere o cancellare dati trasmessi con la dichiarazione di costituzione, prima della decorrenza del gruppo IVA.

DECORRENZA La costituzione ha effetto: 64528

- dall'anno successivo a quello in cui viene presentata la dichiarazione, se tale presentazione avviene tra il 1° e il 30 settembre;
- dal secondo anno successivo, se la presentazione avviene dal 1° ottobre al 31 dicembre.

ESEMPIO
Opzione esercitata:
- dal 1° gennaio 20XX al 30 settembre 20XX: effetto dal 1° gennaio 20XX+1;
- dal 1° ottobre 20XX al 31 dicembre 20XX: effetto dal 1° gennaio 20XX+2.

In pratica, data anche la necessità del rispetto temporale della sussistenza dei vincoli di controllo (v. n. 64514), per la validità del gruppo IVA occorre che si verifichino le date come indicate in **tabella**: 64531

Dichiarazione di opzione trasmessa	Effetto del gruppo IVA dal	Sussistenza vincoli di controllo al
Dal 1° gennaio X al 30 settembre X	1° gennaio X+1	1° luglio X
Dal 1° ottobre X al 31 dicembre X	1° gennaio X+2	al momento dell'opzione **(*)**
(*) In questo caso, è sufficiente che il rispetto del vincolo sia **dimostrato al momento di esercizio** dell'opzione (non necessariamente dal 1° luglio dell'anno precedente tale momento) (Circ. AE 31 ottobre 2018 n. 19/E).		

64532 **Durata dell'opzione** L'opzione dura per un triennio e **si rinnova** automaticamente per ogni anno successivo, fino a revoca.

Le regole ordinarie previste in tema di opzione e revoche (DPR 442/97) non sono applicabili al gruppo IVA.

2. Effetti della costituzione

64535 Dalla decorrenza della costituzione il gruppo IVA assume, nella persona del proprio rappresentante (v. n. 64524), tutti i diritti e gli obblighi previsti dalla normativa IVA per le operazioni attive e passive effettuate da quel momento.
Al gruppo IVA viene attribuito un unico numero di **partita IVA** da riportare nelle dichiarazioni e in ogni altro documento rilevante agli effetti dell'IVA, mentre i singoli partecipanti, che perdono la propria soggettività IVA, rimangono individuati dal loro **codice fiscale**. L'informazione circa la decorrenza dell'associazione della partita IVA al singolo partecipante è reperibile in Anagrafe tributaria (Circ. AE 31 ottobre 2018 n. 19/E).
Le **dichiarazioni doganali** devono continuare ad essere presentate dai singoli partecipanti (Comunicato AE e AD 24 dicembre 2018).
Dal momento in cui il gruppo IVA ha effetto, il partecipante non può più utilizzare crediti per eseguire **compensazioni orizzontali** (v. n. 64543).
Lo **split payment** non si applica alle operazioni effettuate nei confronti di partecipanti al gruppo IVA (Circ. AE 31 ottobre 2018 n. 19/E).
L'adesione al regime dell'adempimento collaborativo (**cooperative compliance**) (v. n. 83980) da parte di un partecipante al gruppo IVA comporta l'estensione obbligatoria del predetto regime a tutte le società partecipanti al gruppo (art. 70 duodecies c. 6 bis DPR 633/72). L'estensione, tuttavia, non è automatica e deve essere richiesta dal partecipante all'AE tramite apposita istanza (Circ. AE 10 aprile 2019 n. 8/E).

> **Precisazioni 1)** L'eventuale **pro-rata** di detrazione è calcolato come per ogni altro soggetto passivo d'imposta. Nel primo anno di operatività del gruppo IVA è determinato presuntivamente, con conguaglio alla fine dell'anno. Il pro-rata provvisorio va calcolato con criteri coerenti con la natura del gruppo IVA come soggetto passivo unitario (Princ. dir. AE 19 ottobre 2018 n. 7).
2) I servizi resi nei confronti di propri consorziati che partecipano al gruppo IVA da **consorzi** esterni al gruppo IVA, incluse le società consortili e cooperative con funzioni consortili, sono esenti a condizione che:
– il pro-rata di detrazione del triennio precedente non abbia superato il 10%;
– i corrispettivi dovuti dai consorziati non superino i costi imputabili alle prestazioni.
Tali condizioni vanno verificate:
– sul singolo consorziato per gli anni antecedenti al primo di efficacia del gruppo IVA compresi nel triennio;
– in capo al gruppo IVA per gli anni di validità dell'opzione.

64537 **SITUAZIONI PREGRESSE AL GRUPPO IVA** Alla decorrenza della costituzione del gruppo IVA conseguono effetti anche in relazione ad alcune situazioni pregresse.
In generale, i singoli partecipanti mantengono obblighi e diritti per le operazioni attive o passive realizzate prima della decorrenza dell'adesione al gruppo IVA.
Tuttavia, l'esercizio dell'opzione da parte di un partecipante comporta il venir meno, nei suoi confronti, delle **opzioni** in materia IVA **esercitate in precedenza**, anche se non è decorso il periodo minimo di permanenza nel regime precedentemente scelto (ad es. opzione per la liquidazione e il versamento dell'IVA trimestrale anziché mensile, esonero da adempimenti per operazioni esenti, ecc.).
L'eventuale **plafond** maturato come esportatore abituale da un partecipante prima dell'ingresso nel gruppo IVA, si trasferisce a quest'ultimo (v. n. 64542).

L'**IVA a credito** risultante dalla dichiarazione annuale relativa all'anno precedente quello di decorrenza del gruppo IVA, non si trasferisce al gruppo medesimo (tranne che per la parte pari ai versamenti IVA effettuati con riferimento a tale anno), ma può essere chiesta a rimborso, a prescindere dalla sussistenza delle condizioni ordinariamente previste, o compensata.

Le operazioni attive realizzate nell'anno precedente l'ingresso nel gruppo IVA, ma **fatturate correttamente nell'anno successivo**, sulla base di accordi contrattuali che ne differiscono l'**esigibilità a consuntivo**, poiché coinvolgono i partecipanti al gruppo IVA (operazioni infragruppo) non sono rilevanti ai fini IVA e non fanno emergere alcun obbligo (nessuna fatturazione, annotazione e inserimento in dichiarazione) (Risp. AE 1° luglio 2019 n. 222).

IN VIGENZA DEL GRUPPO IVA (artt. 1 e 2 DM 6 aprile 2018) La partecipazione al gruppo 64540
IVA comporta che le **cessioni** di beni e i **servizi** effettuati:

a) **fra i partecipanti** (c.d. interne) sono irrilevanti. Pertanto, in presenza di situazioni di **pro-rata** a carico di alcuni partecipanti, si può conseguire un risparmio d'imposta con l'eliminazione delle operazioni altrimenti soggette alla limitazione alla detraibilità dell'IVA sugli acquisti.

b) **fra partecipanti e non** partecipanti rimangono rilevanti. In altre parole, quelle effettuate:

1) da un partecipante nei confronti di un non partecipante, si considerano effettuate dal gruppo IVA;

2) viceversa, si considerano effettuate da un esterno nei confronti del gruppo IVA.

Le operazioni realizzate dai partecipanti nei confronti di proprie **sedi** o **S.O.** estere si considerano effettuate nei confronti di soggetti esterni al gruppo IVA (art. 70 quinquies c. 4 bis-4 sexies DPR 633/72).

Il **plafond** IVA degli esportatori abituali (v. n. 67002 e s.) spetta al gruppo IVA, anche quando 64542
maturato dai singoli partecipanti nell'anno antecedente alla decorrenza dell'adesione.

Le regole sulla **rettifica della detrazione** sono applicate con riferimento alla data in cui i beni e servizi sono stati acquistati dai partecipanti.

Per effettuare **operazioni intra UE** occorre richiedere l'**inclusione nel VIES** del gruppo IVA (i partecipanti eventualmente già inclusi in tale elenco vengono automaticamente esclusi; dopo la revoca o la cessazione del gruppo, il partecipante interessato, la cui soggettività IVA torna ad esistenza, deve iscriversi, o reiscriversi, al VIES in autonomia) (Circ. AE 31 ottobre 2018 n. 19/E).

Adempimenti (artt. 3, 4 e 5 DM 6 aprile 2018) In **tabella** sono indicati gli effetti, in termini 64543
operativi, della nascita dell'autonomo soggetto IVA.

Fatturazione/ certificazione dei corrispettivi	Il rappresentante del gruppo IVA o i partecipanti documentano le **operazioni effettuate** mediante fattura **indicando**, oltre alla partita IVA del gruppo IVA, anche il codice fiscale del partecipante che ha realizzato l'operazione stessa. Per gli **acquisti realizzati** dal gruppo IVA, il rappresentante o il singolo partecipante comunicano ai fornitori la partita IVA del gruppo IVA e il codice fiscale del singolo acquirente. Se quest'ultimo dato non risulta indicato dal fornitore, gli stessi soggetti provvedono ad inserirlo in fattura **(1)**. Per l'eventuale assolvimento dell'**imposta di bollo**, v. n. 64548
Registrazioni/ liquidazioni/ versamenti	Per le **registrazioni** possono essere utilizzati registri sezionali. Le **liquidazioni** periodiche sono effettuate dal rappresentante del gruppo IVA. Per il versamento **non** è ammessa la compensazione orizzontale con **crediti** diversi dall'IVA **maturati dai partecipanti**. Il **credito IVA** annuale o infrannuale maturato **dal gruppo IVA** non può essere utilizzato per compensazioni orizzontali con debiti diversi dall'IVA
Comunicazioni periodiche/ dichiarazione annuale	Le comunicazioni (dati fatture, obbligatoria e opzionale, e liquidazioni periodiche) e la dichiarazione annuale sono **presentate dal** rappresentante del gruppo IVA, secondo le ordinarie regole e modalità (codice identificativo della natura del gruppo IVA: 61) **(2)**

(1) Le operazioni **fra i partecipanti** sono rilevate nelle scritture contabili diverse dai registri IVA.

(2) La **dichiarazione d'intento** da inviare all'AE e ai fornitori per sfruttare il plafond maturato può essere trasmessa, oltre che dal rappresentante del gruppo IVA, anche da parte dei singoli partecipanti (Circ. AE 31 ottobre 2018 n. 19/E).

Rimborsi IVA (art. 6 DM 6 aprile 2018) Tutti i rimborsi IVA di importo **fino a € 30.000** 64545
devono essere richiesti dal rappresentante, secondo le ordinarie modalità.

Per i rimborsi di importo **superiore a € 30.000**, la **dichiarazione sostitutiva di atto di notorietà** che esplicita il possesso dei requisiti richiesti dalla normativa (v. n. 55702) deve attestare anche:
– la sussistenza degli stessi requisiti (riferiti al patrimonio netto, alla consistenza degli immobili, alle cessioni d'azienda o ramo d'azienda, alla cessione di azioni) con riferimento alla sommatoria dei valori dei partecipanti;
– la regolarità dei versamenti contributivi ed assicurativi da parte di tutti i partecipanti.
La verifica richiesta in merito all'esercizio dell'**attività da meno di due anni** (v. n. 55704) deve essere eseguita con riferimento a ciascun partecipante.
Il calcolo della differenza fra gli importi accertati e quelli dichiarati deve tener conto di tutti gli **avvisi di accertamento** o di rettifica notificati al gruppo IVA nei due anni antecedenti la richiesta di rimborso.
L'**eccedenza a credito** chiesta a rimborso può essere **ceduta** dal rappresentante del gruppo IVA su delega dei partecipanti, nel rispetto delle ordinarie disposizioni (artt. 1260 e s. c.c.).
Per le **garanzie** valgono le regole ordinarie (v. n. 55715), **salvo** che la società rappresentante non può prestare la garanzia della capogruppo (Risp. AE 15 luglio 2022 n. 381).

64546 **Controlli dell'AE** Se, a seguito dell'attività di controllo da parte dell'AE, la **validità del gruppo IVA è disconosciuta**, il **recupero** dell'IVA avviene nei limiti dell'effettivo vantaggio fiscale conseguito dal gruppo stesso. I partecipanti al gruppo IVA sono **responsabili**, in solido con il rappresentante di gruppo, per le somme eventualmente dovute (IVA, interessi e sanzioni) a seguito delle attività di liquidazione e controllo.

64548 **Imposta di bollo** (Circ. AE 17 giugno 2019 n. 14/E) Se l'operazione è soggetta ad imposta di bollo (v. n. 74065), la **responsabilità** del relativo pagamento **ricade in solido** sia sul rappresentante di gruppo, sia sui singoli partecipanti, anche se non dotati di soggettività IVA.
In particolare, se la fattura su cui deve essere applicata l'imposta di bollo è emessa:
– dal singolo partecipante (facoltà concessa in virtù dei modelli organizzativi adottati dalle imprese costituenti il gruppo IVA): esso risulta l'obbligato principale e il rappresentante di gruppo è quello in solido;
– dal rappresentante di gruppo, si ha l'inversione della responsabilità in solido rispetto a quanto indicato sopra.

3. Variazioni dei soggetti aderenti

64550 Dopo la costituzione e **in costanza** di validità del gruppo IVA, si possono originare situazioni in cui è necessario:
– includere soggetti passivi che in origine erano stati esclusi, o, al contrario,
– escludere partecipanti che inizialmente erano stati coinvolti.

64552 **INGRESSI** I soggetti inizialmente esclusi per i quali le condizioni per la costituzione del gruppo IVA (v. n. 64502 e s.) risultino rispettate **entro** il 1° luglio aderiscono con effetto a partire dall'anno successivo, **dopo** il 1° luglio a partire dal secondo anno successivo (Ris. AE 7 maggio 2021 n. 30/E). Tali decorrenze valgono anche per l'inclusione nel gruppo IVA di società **neocostituite** (Risp. AE 3 novembre 2021 n. 757).
Per verificare il rispetto del termine, rileva la **data** di iscrizione nel registro delle imprese del deposito degli atti che determinano il rispetto del requisito, ad es. per acquisizione del controllo, iscrizione nel RI dell'acquisto della partecipazione (Risp. AE 10 maggio 2022 n. 258).
Tale inclusione è **comunicata**, dal rappresentante (v. n. 64524), tramite dichiarazione (v. n. 64526) **entro** 90 giorni dal verificarsi delle condizioni.

> **Precisazioni 1)** Per le conseguenze del **mancato esercizio dell'opzione** da parte di potenziali partecipanti, v. n. 64560.
> **2)** In caso di operazioni di riorganizzazione aziendale (**conferimento** di ramo d'azienda o **scissione**) che coinvolgano esclusivamente società già partecipanti al gruppo IVA, i requisiti che già sussistevano in capo alla società conferente o scissa si trasferiscono alla società neocostituita, per cui l'ingresso di quest'ultima ha effetto immediato (Circ. AE 31 ottobre 2018 n. 19/E).

USCITE Un partecipante cessa l'adesione al gruppo IVA se: 64554
- viene meno il vincolo finanziario nei suoi confronti;
- a seguito di interpello, è riconosciuto il venir meno del vincolo economico o organizzativo;
- subisce il sequestro giudiziario dell'azienda;
- è sottoposto a una procedura concorsuale;
- è posto in liquidazione ordinaria.

La cessazione ha **effetto**, in generale, dalla data in cui si verificano gli eventi indicati, tranne che per l'ipotesi di interpello, per la quale la partecipazione cessa dall'anno successivo.
La cessazione è **comunicata**, dal rappresentante (v. n. 64524), tramite dichiarazione (v. n. 64526) **entro** 30 giorni dalla data di effetto.

4. Cessazione

Il gruppo IVA cessa **se**: 64560
- dopo la scadenza del primo triennio, o successivamente, l'opzione viene revocata;
- viene meno la pluralità dei partecipanti;
- uno o più dei potenziali partecipanti non esercita l'opzione (la cessazione **decorre** dall'anno successivo a quello in cui viene accertato il mancato esercizio dell'opzione, salvo che i partecipanti non esercitino l'opzione per parteciparvi).

La cessazione è **comunicata**, dal rappresentante, tramite presentazione telematica della relativa dichiarazione (v. n. 64526) **entro** 30 giorni dalla data di effetto.

La **revoca** opera nei confronti di tutti i partecipanti. 64562
Se la dichiarazione (v. n. 64526) è presentata dal:
- 1° gennaio al 30 settembre: la revoca ha **effetto** dall'anno successivo;
- 1° ottobre al 31 dicembre: la revoca ha effetto dal secondo anno successivo.

CONSEGUENZE Il **credito IVA** maturato e non utilizzato è chiesto a rimborso o detratto dal rappresentante del gruppo, nelle proprie liquidazioni o in dichiarazione. 64565
Il **plafond** dell'esportatore abituale ancora disponibile, spetta ai singoli partecipanti, in proporzione alle operazioni poste in essere da ciascuno di essi che ne hanno costituito il presupposto.
Il partecipante interessato ad effettuare **operazioni intra UE** deve iscriversi, o reiscriversi, al VIES in autonomia (Circ. AE 31 ottobre 2018 n. 19/E).

TITOLO III

Operazioni internazionali

CAPITOLO 1

Scambi intracomunitari (IC)

SOMMARIO

Gli scambi intracomunitari (IC) comprendono le operazioni che intercorrono tra **soggetti** di **diversi Stati membri** dell'UE. La disciplina (DL 331/93), armonizzata a livello comunitario, differenzia le operazioni effettuate tra soggetti passivi (c.d. **B2B**), per le quali prevede il principio generale della **tassazione nel Paese di destinazione**, da quelle effettuate tra soggetti passivi e soggetti non passivi (c.d. **B2C**) da tassare nel Paese **di provenienza**. Su questa distinzione è basata la struttura del capitolo. **65000**
Nell'ambito degli scambi IC, tra i **soggetti passivi** sono da includere anche stabili organizzazioni, rappresentanti fiscali ed identificativi IVA di soggetti non residenti nel territorio dello Stato.
Infine sono trattati gli adempimenti comuni: l'elenco Intrastat e la trasmissione dei dati delle operazioni transfrontaliere (c.d. esterometro).

SEZIONE 1

Scambi intracomunitari di beni B2B

Si realizza uno scambio IC di beni materiali (quindi non immateriali o virtuali) B2B se: **65100**
- è effettuato **tra soggetti passivi UE**;
- a **titolo oneroso** (generalmente);
- con trasporto o spedizione dei beni **da uno Stato UE ad un altro**;
- l'acquirente comunica al fornitore il **numero di identificazione** IVA in un Paese UE diverso da quello di partenza dei beni (art. 41 c. 2 ter DL 331/93 mod. dal D.Lgs. 192/2021);
- il fornitore rappresenta correttamente l'operazione nel modello **Intrastat** (art. 41 c. 2 ter DL 331/93, v. n. 65440 e s.).

A. Acquisti IC

DEFINIZIONE Per acquisto IC **in senso proprio**, si intende l'acquisizione a titolo oneroso della proprietà o di altro diritto reale di godimento su beni spediti o trasportati **da altro Stato UE in Italia** (art. 38 c. 2 DL 331/93), o ivi immessi in libera pratica (art. 40 c. 1 DL 331/93), a cura del cedente o dell'acquirente, entrambi soggetti passivi, o di terzi per loro conto. **65115**

Per gli acquisti IC effettuati dagli **enti non commerciali** si rinvia al n. 97275.

65118 Si considerano **assimilate** agli acquisti IC le introduzioni in Italia di beni:
– trasferiti da altro Stato UE da parte di un soggetto passivo per esigenze della propria impresa (c.d. **trasferimento a se stessi**, art. 38 c. 3 lett. b DL 331/93; ad esempio: beni da immagazzinare o cespiti da utilizzare);
– trasferiti da altro Stato UE presso un operatore italiano (art. 38 c. 3 lett. b DL 331/93);
– acquisiti da parte del **commissionario senza rappresentanza** per conto di committente italiano, per cui è il primo che assolve agli obblighi connessi all'acquisto IC e quindi pone in essere una cessione interna (art. 38 c. 8 DL 331/93).

65121 Sono **esclusi** dagli acquisti IC, e quindi non tassati, i beni introdotti in Italia:

Introduzione	Condizione	Precisazione	Riferimento
presso un **deposito IVA**	v. n. 65260		art. 50 bis DL 331/93
per **perizie** o **manipolazioni usuali** o operazioni di perfezionamento attivo	se rinviati al committente nello Stato UE di provenienza	se non rinviati al committente v. n. 65362	art. 38 c. 5 lett. a DL 331/93
per essere ivi **installati**, **montati** o **assiemati**	da parte del fornitore UE o per suo conto, al fine di una successiva cessione	l'acquirente effettua un acquisto interno imponibile da assolvere con autofattura	art. 38 c. 5 lett. b DL 331/93
per essere **utilizzati temporaneamente**	(massimo 24 mesi) per l'esecuzione di servizi in Italia, da parte di chi li introduce	es. noleggi	Ris. AE 19 giugno 2008 n. 252/E
che, se importati, beneficerebbero della **temporanea importazione** in esenzione totale dei dazi (art. 176 DPR 43/73)		es. tentata vendita, beni da esporre in mostre e fiere	art. 38 c. 5 lett. a DL 331/93
gas, **energia elettrica** e calore o freddo	introdotti mediante sistemi situati nel territorio dell'UE	v. n. 43085	art. 38 c. 5 lett. c bis DL 331/93
da soggetti UE esonerati nel proprio Paese come **piccole imprese**			art. 38 c. 5 lett. d DL 331/93
beni usati	qualificati come tali nel Paese UE di provenienza	cessione interna nello Stato di provenienza, l'acquirente italiano sconta l'aliquota IVA vigente in detto Stato	art. 37 DL 41/95
per acquisti intracomunitari effettuati dall'acquirente/cedente di una **triangolazione**	se ha designato l'acquirente finale come debitore d'imposta nel Paese di destinazione	v. n. 65205	art. 38 c. 7 DL 331/93

65125 **REGOLE D'IMPOSIZIONE** Gli acquisti IC sono normalmente imponibili, la **qualificazione delle operazioni** (imponibilità, non imponibilità, esenzione, ecc.) segue in effetti le regole previste per le operazioni interne.
Anche la **determinazione dell'imposta** (aliquote, detrazioni, ecc.) segue le regole interne.
A parte le precisazioni che seguono, la principale particolarità consiste nel fatto che **debitore d'imposta** è l'acquirente-soggetto passivo.

Per l'emergenza **Covid-19** gli acquisti IC di **dispositivi medici** sono esenti alle stesse condizioni previste per le importazioni, fino al 31 dicembre 2022; a partire dal 1° gennaio 2023 sono soggette alle aliquote indicate al n. 46770 (Circ. AD 14 febbraio 2023 n. 5/D; Circ. AE 15 ottobre 2020 n. 26/E).

65133 Il **momento di effettuazione** (art. 39 DL 331/93) coincide con l'inizio del trasporto o della spedizione, a prescindere dal soggetto a cura del quale sono effettuati, e segue in generale le norme ordinarie (v. n. 45860 e s.). Fa eccezione il **pagamento anticipato** che, in mancanza di fattura, non ha rilevanza.

Per le operazioni di **consignment stock** (o call-off stock) vedi n. 67240.

La **base imponibile** (art. 43 DL 331/93) in generale segue le regole ordinarie. 65136
Nel caso del **trasferimento** di beni a sé stessi (v. n. 65118), è data dal prezzo di acquisto o, in mancanza, dal prezzo di costo dei beni o di beni simili, determinati nel momento in cui si effettuano tali operazioni.
Per i corrispettivi, le spese e gli oneri espressi in **valuta estera** v. n. 66038.

FATTURAZIONE E REGISTRAZIONE La fattura del fornitore UE deve essere **integrata** 65137
direttamente con i seguenti dati (art. 46 c. 1 DL 331/93):
– l'imposta (in euro) o l'eventuale titolo di esenzione, di non imponibilità o di esclusione da imposta, con l'indicazione della norma di riferimento (comunitaria o nazionale);
– il controvalore in euro del corrispettivo e degli altri elementi che concorrono alla determinazione della base imponibile espressi in valuta estera.
La fattura integrata deve essere **trasmessa** all'AE tramite SdI (v. n. 65525 e s.), con codice tipo documento specifico (TD18).
Nel campo cedente del tracciato XML della fattura vanno inseriti i dati del fornitore estero e nel campo dell'acquirente i dati dell'acquirente che effettua l'integrazione. Il codice natura normalmente non va compilato, salvo i casi in cui non c'è imposta (es. N4 op. esenti, N3.4 non imponibili, N3.5 acquisti dell'esportatore abituale).

Nel caso di ricevimento di una **fattura in formato elettronico non SdI**, l'acquirente deve predisporre un altro documento su cui annotare sia i dati necessari per l'integrazione sia gli estremi della fattura estera. Detto documento, se emesso in forma elettronica, deve essere reso immodificabile con marca temporale e firma elettronica (c.d. timbro virtuale) da collegare univocamente a ciascuna fattura assegnando un apposito numero progressivo di protocollo e istituendo un registro di protocollo apposito (Ris. AE 17 giugno 2010 n. 52/E). Se invece è redatto su carta, è necessario materializzare la fattura estera o convertire il documento integrativo analogico in formato elettronico, per conservarli congiuntamente (Circ. AE 19 ottobre 2005 n. 45/E).

Le fatture di acquisto integrate formano oggetto di una **doppia annotazione** sul (art. 47 c. 1 65138
DL 331/93):
– **registro delle fatture** emesse, **entro il** giorno 15 del mese successivo a quello di ricevimento della fattura (con riferimento al mese precedente), anche in valuta estera;
– registro **degli acquisti**, normalmente nello stesso mese del registro delle fatture emesse, onde compensare l'IVA a debito con l'IVA a credito.

L'annotazione deve essere effettuata **distintamente** da quella delle fatture nazionali, in uno dei modi seguenti:
– due registri sezionali, con il relativo riepilogativo (v. n. 54860), e con numerazioni distinte per fatture emesse e ricevute;
– un solo registro, con unica numerazione, sostitutivo di entrambe (Ris. Min. 8 settembre 1999 n. 144/E);
– un registro unitario con blocchi di serie di numeri, con indicazione obbligatoria sul primo foglio delle serie numeriche impiegate per tipo di documento (Circ. Min. 23 febbraio 1994 n. 13/E par. 10.1).

L'acquirente che **non ha ricevuto** la fattura **entro il secondo mese successivo** all'effettua- 65140
zione dell'operazione (art. 46 c. 5 DL 331/93), deve sostituirsi al cedente, emettendola in un unico esemplare, entro il giorno 15 del mese successivo, con l'indicazione del numero di identificazione attribuito al cedente o prestatore dallo Stato membro di appartenenza.
Se l'acquirente riceve una fattura indicante un **corrispettivo inferiore** a quello effettivo, deve emettere un'autofattura integrativa entro il giorno 15 del mese successivo alla registrazione della fattura originaria.
In entrambi i casi la doppia registrazione deve essere effettuata entro il rispettivo **termine** di emissione e con riferimento al mese precedente.

In caso di **accertamento**: 65142
– della **mancata integrazione** della fattura comunitaria la detrazione è salva (Cass. 24 febbraio 2016 n. 3586), ma si applicano le sanzioni di cui al n. 87045;
– che determini una **rettifica in aumento** dell'IVA (a debito e a credito), l'acquirente può comunque detrarre l'IVA a credito secondo le disposizioni di cui al n. 48337 e s.

REGISTRO DEI TRASFERIMENTI (art. 50 c. 5 DL 331/93) I trasferimenti da uno Stato 65144
membro all'altro, esclusi dalle operazioni IC, realizzati sulla base di uno dei **titoli non traslativi**

(v. n. 65121), ad eccezione del trasferimento di beni soggetti ad installazione o montaggio, devono essere annotati in un apposito registro.

B. Cessioni IC

65160 **DEFINIZIONE** (art. 41 c. 1 DL 331/93) Per cessioni IC si intende la cessione a titolo oneroso della proprietà o di altro diritto reale di godimento su beni spediti o trasportati, **dall'Italia verso un altro Stato UE**, a cura del cedente o dell'acquirente, entrambi soggetti passivi. A questi fini si considera luogo della cessione quello in cui si trova il bene all'inizio della spedizione (art. 32 Dir. 2006/112/CE). Per i beni oggetto di cessione IC sottoposti a **lavorazioni** v. n. 65360 e s.

Sono diventati **requisiti sostanziali** delle cessioni IC anche il numero di identificazione dell'acquirente e la presentazione del modello Intrastat (v. n. 65100).

65163 Si considerano **assimilati** alle cessioni IC gli invii di beni dall'Italia ad altro Stato UE:
– da parte di un soggetto passivo per esigenze della sua impresa (c.d. **trasferimento a sé stessi**: art. 41 c. 2 lett. c DL 331/93);
– da parte del fornitore (o per suo conto) per essere lì **imballati**, **montati**, **installati** o **assiemati** (art. 41 c. 1 lett. c DL 331/93), salvo n. 65362.

65165 È assimilata ad una cessione IC anche la realizzazione (interna o per acquisto) per conto di un committente UE di **stampi**, per la produzione in Italia di beni da inviare nell'altro Stato UE, alla **doppia condizione** che il contratto d'appalto sia unico e che lo stampo, a fine lavorazione, sia inviato nell'altro Paese UE (Circ. Min. 23 febbraio 1994 n. 13/E).

>Precisazioni 1) Quest'ultima condizione si considera rispettata se lo **stampo** viene **distrutto** nell'ordinario processo di produzione o per accordi contrattuali osservando la procedura al n. 24495 o diviene **inservibile**.
2) Se le **condizioni non** sono **rispettate** (es. stampo riutilizzato dall'operatore nazionale), la costruzione dello stampo si considera come servizio generico fuori campo IVA (Circ. AE 6 agosto 2010 n. 43/E).

65170 Sono **esclusi** dalla disciplina delle cessioni IC i **beni inviati in un altro Stato UE**:

Invio	Condizione	Precisazione	Riferimento
per **perizie** o **manipolazioni usuali** o operazioni di perfezionamento attivo	se rinviati al committente nello Stato UE di provenienza	se non rinviati al committente v. n. 65362	art. 41 c. 3 DL 331/93
per essere **utilizzati temporaneamente**	(massimo 24 mesi) per servizi prestati dallo stesso soggetto	es. noleggi	C.Giust. UE 11 giugno 2020 C-242/19, Ris. AE 19 giugno 2008 n. 252/E
che, se ivi importati, beneficerebbero della temporanea importazione in **esenzione totale** dei dazi (art. 176 DPR 43/73)		es. tentata vendita, beni da esporre in mostre e fiere	art. 41 c. 3 DL 331/93
gas, energia elettrica e calore o freddo	ceduti mediante sistemi situati nel territorio dell'UE	v. n. 43085	art. 41 c. 2 bis DL 331/93
beni usati	assoggettati al relativo regime speciale	il cedente italiano realizza una cessione interna	art. 37 DL 41/95
da soggetti in **regime di franchigia**		es. i forfettari di cui al n. 5625	art. 41 c. 2 bis DL 331/93
omaggi e **campioni gratuiti** di modico valore appositamente contrassegnati		assoggettati a norma interna non essendo contemplati da quella comunitaria	Circ. Min. 23 febbraio 1994 n. 13/E

Il passaggio tra committente e **commissionario** di beni oggetto di una cessione IC è non imponibile come la successiva cessione all'acquirente finale (Risp. AE 10 marzo 2022 n. 101). 65172

REGOLE D'IMPOSIZIONE Le cessioni IC sono **non imponibili**, pur mantenendo, in capo a chi le effettua, tutti gli **obblighi** IVA. 65180
Inoltre, danno diritto alla **detrazione** o al **rimborso** dell'IVA sugli acquisti.
Esse, infine, danno la possibilità di effettuare **acquisti in sospensione** d'imposta con dichiarazione d'intento (v. n. 67002).

Una cessione IC qualificabile come **esente** ai sensi della normativa interna non consente il diritto alla detrazione dell'IVA assolta sugli acquisti, a prescindere dal regime IVA applicabile nello Stato membro di destinazione (C.Giust. CE 7 dicembre 2006 C-240/05). Secondo la Corte di Giustizia il regime di esenzione prevale e determina l'applicazione del pro-rata di indetraibilità (v. n. 48200).

Per il **momento di effettuazione** valgono generalmente le stesse regole degli acquisti IC (v. n. 65133). Per le operazioni di **consignment stock** rileva la data del prelievo da parte del cliente UE (v. n. 67240). 65184

Prova Per provare l'avvenuta cessione IC, il fornitore deve produrre innanzitutto il **documento di trasporto** firmato dal trasportatore per presa in carico della merce e dal destinatario UE per ricevuta. 65190
Tipicamente, per il caso più frequente dei trasporti su strada, si tratta del CMR cartaceo o elettronico (da rendere disponibile ai fini della prova in formato pdf come il cartaceo), o da altri documenti di trasporto soggetti al controllo della pubblica amministrazione (es. l'e-AD per la circolazione dei prodotti soggetti ad accisa, Risp. AE 22 marzo 2022 n. 146).

>Precisazioni 1) L'onere della prova grava innanzitutto sul fornitore, colui che invoca il beneficio (C.Giust. UE 6 settembre 2012 C-273/11, Cass. 27 luglio 2012, n. 13457).
2) Le informazioni presenti nel CMR e le firme di cedente, vettore e acquirente, in mancanza del CMR, possono essere estratte dal sistema informatico del vettore, da cui risulti il percorso effettivo della merce.

In **mancanza del documento di trasporto**, è possibile produrre **prove alternative** (Ris. AE 25 marzo 2013 n. 19/E): 65192
- documentazione relativa agli impegni contrattuali assunti;
- fattura di vendita;
- documentazione bancaria da cui risulti il pagamento della merce;
- elenchi Intrastat (v. n. 65440 e s.).

Nelle **cessioni franco fabbrica**, dove la disponibilità dei documenti dipende dall'acquirente, ancor più il fornitore può avvalersi di tutti i mezzi di prova alternativi al documento di trasporto (Ris. AE 15 dicembre 2008 n. 477/E). 65193
La responsabilità dell'effettuazione del trasporto grava solo sull'acquirente, debitore dell'IVA nel Paese di destinazione della cessione (C.Giust. UE 16 dicembre 2010 C-430/09), a condizione che il fornitore sia in grado di dimostrare di essersi comportato secondo la c.d. buona fede, avendo adottato tutte le misure necessarie per evitare di partecipare, anche inconsapevolmente, ad una frode (es. verificando l'affidabilità dell'acquirente: presenza di struttura effettiva, di considerevole giro d'affari o di clientela qualificata, ecc.).
È da escludersi che il fornitore debba svolgere attività investigative sulla movimentazione subìta dai beni ceduti dopo che gli stessi sono stati consegnati al vettore incaricato dall'acquirente (Cass. 28 agosto 2013 n. 19747, Cass. 24 maggio 2013 n. 12964, C.Giust. UE 6 settembre 2012 C-273/11).

È stata introdotta una **presunzione in favore del fornitore** che può provare la cessione IC presentando almeno due tra le seguenti tipologie di documenti: CMR firmato, polizza di carico, fattura spedizioniere o aerea; o, almeno uno dei precedenti e uno tra: polizza assicurativa, documenti bancari, di pubblici ufficiali o del depositario. In caso di cessione **franco fabbrica** (ex works), si deve aggiungere la dichiarazione scritta dell'acquirente che certifichi il trasporto nell'altro Stato UE, da inviare al fornitore entro 10 giorni dall'effettuazione della cessione (Reg. UE 1912/2018, art. 45 bis Reg. UE 282/2011). La presunzione si applica solo tra parti **indipendenti**, per cui non vale se il trasporto è effettuato dal fornitore o dall'acquirente con un proprio mezzo di trasporto o se le parti (incluso il trasportatore) sono legate da vincoli partecipativi (Note esplicative riguardanti le modifiche del sistema IVA Comm. UE dicembre 2019). 65194

L'AE ha confermato che la presunzione è da considerarsi una ulteriore modalità di prova che si aggiunge a quelle già previste dalla prassi domestica (Circ. AE 12 maggio 2020 n. 12/E, Risp. AE 8 aprile 2019 n. 100).

65195 **Scomparsa** In caso di **furto**, **smarrimento** o **distruzione durante il trasporto** dall'Italia all'altro Stato UE, si possono verificare le seguenti ipotesi (Circ. Min. 23 febbraio 1994 n. 13/E, par 3.2):
a) durante il trasporto effettuato **con mezzi propri del venditore** i beni scompaiono:
– in Italia: non si realizza alcuna cessione (sono comunque necessarie le prove per vincere la presunzione di cessione v. n. 24492);
– in altro Paese UE: il fornitore italiano realizza una cessione IC non imponibile;
b) durante il trasporto effettuato **con mezzi propri dell'acquirente** o **tramite un vettore** (incaricato dall'acquirente o dal venditore) i beni scompaiono:
– in Italia: si realizza una cessione interna;
– in altro Paese UE: si realizza una cessione IC non imponibile (i beni sono comunque usciti dal territorio nazionale).

65196 **Frodi carosello** In caso di operazioni fraudolente, se si dimostra la partecipazione consapevole sulla base di elementi oggettivi, spetta alle Autorità nazionali opporre al soggetto passivo il diniego alla detrazione, alla non imponibilità o al rimborso dell'IVA, anche in assenza di disposizioni di diritto interno che lo prevedano.

Tale diniego è previsto anche se l'evasione è stata commessa in uno Stato membro diverso da quello in cui il beneficio è stato richiesto, ed anche se lo stesso soggetto passivo abbia formalmente rispettato le condizioni ivi previste (C.Giust. UE 18 dicembre 2014 C-131/13).

65197 **FATTURAZIONE** (art. 46 c. 2, 3 DL 331/93) La fattura, da emettere entro il 15 del mese successivo all'effettuazione della cessione IC, deve, oltre agli altri elementi richiesti per una fattura interna, **contenere** i seguenti:
a. indicazione, in luogo dell'ammontare dell'imposta, che trattasi di operazione «non imponibile» ai sensi dell'art. 41 DL 331/93 (o del corrispondente comunitario: art. 138 Dir. 2006/112/CE);
b. numero di identificazione attribuito all'acquirente nello Stato membro di appartenenza (vedi **tabella** n. 65412);
c. specificazione del Paese UE di destinazione dei beni se diverso da quello di appartenenza dell'acquirente;
d. nel caso di trasferimento di beni dell'impresa, numero di identificazione attribuito nello Stato UE di destinazione al soggetto passivo italiano che effettua il trasferimento.

65198 Le fatture devono essere emesse in **formato elettronico** tramite SdI o in formato **analogico** con trasmissione dati all'AE tramite SdI (v. n. 65525 e s.).
Nel caso di **trasferimento a se stessi** (di cui al n. 65163), la fattura che accompagna la merce trasferita nell'altro stato UE deve essere emessa in formato elettronico tramite SdI (appunto in quanto indirizzata a se stesso) pur se con indicazione della partita IVA estera.

ESEMPIO
Una società italiana invia dei beni (a sè stessa) in Francia per stoccaggio e successiva rivendita a clienti francesi. Per assolvere gli obblighi IVA in Francia, deve ivi assumere un rappresentante fiscale o l'identificazione diretta. Al trasferimento dei beni in Francia dovrà emettere fattura elettronica tramite SdI per cessione intracomunitaria a se stessa (tipo documento TD01, codice natura N3.2); per la successiva cessione a cliente francese, operazione priva del requisito territoriale ma con obbligo di fatturazione (art. 21 c. 6 bis DPR 633/72), emette fattura soggetta alla trasmissione dati all'AE tramite SdI (c.d. «esterometro», codice natura N2.1, v. n. 65525 e s.) (Risp. AE Telefisco 26 gennaio 2023).

65199 Le fatture devono essere annotate sul **registro** delle fatture emesse distintamente, ma secondo le stesse modalità e termini delle fatture interne (v. n. 54510).

C. Triangolazioni

Per triangolazione **si intende** un'operazione nella quale contemporaneamente: 65200
- intervengono 3 soggetti situati in più Stati UE;
- i beni sono oggetto di 2 contratti di cessione in virtù di un'unica operazione economica;
- si realizza un unico movimento dei beni.

Il **tipo** di triangolazione dipende dal Paese di residenza dei soggetti che intervengono nella 65202
transazione, si ha una triangolazione:
- UE: se i tre soggetti appartengono a tre diversi Paesi UE;
- nazionale o interna: se due sono residenti in Italia.

Il caso in cui uno dei soggetti è extra UE non è espressamente regolamentato, ma è possibile ricondurlo ad una triangolazione con la nomina di un rappresentante fiscale (o assunzione di identificativo IVA).

> Per un'analisi del caso in cui intervengano delle lavorazioni v. n. 65360 e s., per una disamina dettagliata di tutti i casi di triangolazione con lavorazione vedi MIVA.

TRIANGOLAZIONI COMUNITARIE (art. 40 c. 2 ultimo periodo DL 331/93) Sono 65205
operazioni riconducibili al seguente **schema**:

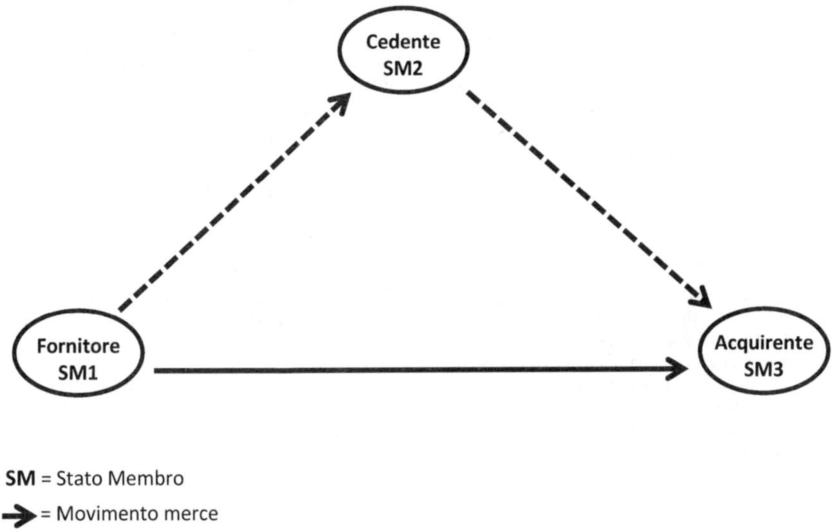

Definizioni: nel grafico è indicato come **cedente** il soggetto che acquista dal **fornitore** la merce oggetto di vendita al terzo soggetto, l'**acquirente finale**.
Il cedente residente in SM2 acquista la merce dal fornitore residente in SM1, il quale la invia direttamente all'acquirente finale residente in SM3.

> **È ammesso anche il caso** del cedente soggetto passivo stabilito in SM1 che utilizza l'identificativo in SM2 (es. identificativo austriaco di una ditta residente in Germania acquista da fornitori tedeschi con consegna in Repubblica Ceca, C.Giust. UE 19 aprile 2018 C-580/16).

La disciplina semplifica l'operazione per il cedente, che viene detassato sull'acquisto, previa 65210
designazione come **debitore di imposta dell'acquirente** finale nel Paese di destinazione dei beni.
Deve trattarsi di due cessioni effettuate in virtù di un'**unica operazione economica**, non della successione di due cessioni distinte, in quanto in tal caso la non imponibilità può essere riconosciuta solo per una delle due, cioè quella che rispetta tutti i requisiti della cessione IC

(C.Giust. UE 21 febbraio 2018 C-628/16, C.Giust. UE 26 luglio 2017 C-386/16, C.Giust. UE 6 aprile 2006 C-245/04).
La **tabella** riepiloga gli obblighi di un operatore residente nelle tre posizioni della triangolazione:

Soggetto residente in Italia	Obblighi	Riferimenti
Fornitore ITA	Effettua una cessione IC non imponibile e deve indicare in fattura e nel modello Intra-1 che trattasi di triangolazione UE	art. 41 DL 331/93
Cedente ITA	Integra la fattura ricevuta dal fornitore UE senza applicare l'IVA	art. 40 c. 2 secondo periodo DL 331/93
	Effettua una cessione IC nei confronti dell'acquirente finale **designato** quale **debitore d'imposta** indicandone in fattura la partita IVA e la definizione di triangolazione comunitaria e trasmette Intra-1 senza i dati statistici	art. 46 c. 2 ultimo periodo DL 331/93
Acquirente ITA	Effettua un acquisto IC e trasmette Intra-2 (se supera le soglie previste e solo statistico)	art. 38 DL 331/93

65215 **TRIANGOLAZIONI NAZIONALI** (art. 58 c. 1 DL 331/93) Sia il fornitore che il cedente di una triangolazione sono residenti in Italia. L'operazione si compone di due cessioni IC, la prima tra il fornitore e il cedente residente, e l'altra tra il cedente e l'acquirente UE.
Ai fini della non imponibilità della **prima cessione**, il trasporto dei beni deve essere effettuato direttamente dal fornitore residente all'acquirente UE, senza che i beni transitino materialmente dal cedente residente (Circ. Min. 23 febbraio 1994 n. 13/E par. 16.1).
Non rileva né l'incarico del **trasporto** (Ris. AE 13 maggio 2010 n. 35/E), né l'eventuale intervento di **commissionari**, infatti la non imponibilità si applica anche al rapporto committente-commissionario (Ris. AE 9 luglio 2001 n. 115/E).
Il fornitore ed il cedente si ripartiscono sia il **diritto** al plafond, limitato per il cedente al ricarico applicato, sia gli **adempimenti**: solo il cedente presenta il modello Intrastat, mentre il fornitore deve dimostrare l'invio del bene nell'altro Paese UE (mediante lettera di vettura, Ddt o altro documento idoneo).
Poiché la prima cessione avviene tra soggetti residenti essa è soggetta all'obbligo di **fatturazione elettronica** (e non a quello della trasmissione elettronica dei dati di cui al n. 65525).

> **Precisazioni 1)** La triangolazione, per essere non imponibile, deve essere concepita fin dalla sua origine e nella sua rappresentazione documentale come cessione nazionale in vista del trasporto ad un acquirente UE (Cass. 25 giugno 2014 n. 14405).
> **2)** Non si verifica una triangolazione nazionale **se sono italiani**:
> – il cedente e l'acquirente finale: il cedente realizza un acquisto IC dal fornitore UE ed una cessione nazionale verso l'acquirente;
> – il fornitore e l'acquirente finale: il fornitore emette fattura con IVA italiana al cedente UE, il quale di conseguenza emette autofattura (operazione interna).

65220 **TRIANGOLAZIONI EXTRA UE** Nella **tabella** seguente si riportano i **casi principali** di operazioni triangolari in cui interviene un soggetto extra UE.

Soggetti			Obblighi
Forn.	Ced.	Acq.	
ITA	extra UE	UE	Se il **cedente extra UE**: – **non nomina** un **rappresentante fiscale**: il fornitore ITA emette nei confronti del cedente extra UE una fattura con IVA italiana, non configurandosi né un'esportazione (beni diretti in UE), né una cessione IC (cedente extra UE) – **nomina** un rappresentante fiscale: – in **Italia**: l'acquisto rileva ai fini dell'imposta nazionale, ma può inquadrarsi come triangolazione nazionale (v. n. 65215) – nello **Stato** di residenza dell'**acquirente UE**: si realizza una cessione IC tra il fornitore ITA e il rappresentante fiscale – in **altro Stato UE** (già operante): l'operazione può inquadrarsi come triangolazione comunitaria (v. n. 65205)

Soggetti			Obblighi
Forn.	**Ced.**	**Acq.**	
UE	**extra UE**	**ITA**	L'acquirente ITA emette autofattura (v. n. 52980)
ITA	**UE**	**extra UE**	Il fornitore ITA effettua una cessione all'esportazione. Se le **merci** vengono **consegnate in Italia**: – al **cedente UE**, il quale ne cura l'esportazione si realizza un'operazione non imponibile (v. n. 66104) – all'**acquirente extra UE**, non si realizza una cessione all'esportazione, pertanto il fornitore ITA emette una fattura con IVA italiana nei confronti del cedente UE
extra UE	**ITA**	**UE**	Il cedente ITA realizza un'operazione fuori campo IVA per il principio della territorialità (v. n. 43065)
extra UE	**UE**	**ITA**	L'acquirente ITA realizza un'importazione

D. Operazioni a catena

(art. 41 ter DL 331/93 mod. dal D.Lgs. 192/2021)

Sono le cessioni successive di beni a cui partecipano soggetti dislocati in più Stati UE, che si qualificano per i seguenti **requisiti**: 65225
- coinvolgimento di almeno tre soggetti passivi;
- unico trasporto (o spedizione) delle merci da uno Stato membro a un altro, e
- direttamente dal primo fornitore all'ultimo acquirente della catena.

Esse seguono le regole indicate nel paragrafo successivo, **salvo** beneficiare delle **semplificazioni** previste per le triangolazioni, anche mediante nomina del rappresentante fiscale o identificazione diretta, se rispondono ai relativi requisiti (v. n. 65200 e s.).

È necessario innanzitutto **individuare la cessione** a cui attribuire la spedizione o il trasporto 65230 dei beni.
Il trasporto dei beni è imputato alla cessione effettuata **nei confronti dell'operatore** intermedio, definito come il cedente all'interno della catena diverso dal primo cedente, che curi la spedizione o il trasporto direttamente o tramite un terzo per suo conto, e ne conservi la prova. Per determinare chi cura il trasporto rileva chi sostiene effettivamente il rischio di perdita o danneggiamento del bene durante il trasporto. Se non è possibile determinarlo, ad esempio sulla base delle clausole Incoterm concordate, o se è ripartito tra vari soggetti, rileva chi prende gli accordi necessari al trasporto, non è sufficiente il mero sostenimento della spesa.
Di conseguenza tale cessione diviene l'unica a cui applicare la non imponibilità, mentre le altre sono vendite interne di beni senza trasporto nello Stato membro di cessione o in quello di destinazione. Ciò comporta la necessità che un operatore della catena si identifichi ai fini IVA nello Stato della cessione.
È prevista una importante **deroga** in base alla quale il trasporto è imputato unicamente alla cessione di beni effettuata **dall'**operatore intermedio se quest'ultimo ha comunicato al cedente il numero di identificazione IVA attribuitogli dallo Stato a partire dal quale i beni sono spediti o trasportati, in forma libera purché idonea a dimostrare che la stessa sia stata ricevuta dal fornitore.

E. Depositi IVA

(art. 50 bis DL 331/93)

DEFINIZIONE Sono depositi per la custodia di beni nazionali, comunitari ed extracomu- 65250 nitari immessi in libera pratica, in cui è possibile effettuare una serie di cessioni senza il pagamento dell'IVA, che viene differito al momento dell'estrazione.

Possono essere utilizzati da soggetti passivi nazionali, comunitari ed extracomunitari, con alcune limitazioni, e gestiti solo da depositari abilitati soggetti a specifica regolamentazione. Richiedono il transito materiale dei beni e sono diversi dai depositi doganali.

65256 **BENI AMMESSI** (art. 50 bis c. 1 DL 331/93) Sono **ammessi** i beni nazionali, comunitari o extracomunitari previa immissione in libera pratica.
In generale non ha rilevanza né la natura o la qualità dei beni né il motivo della loro introduzione nel deposito.
Non sono **ammessi** i beni:
- non comunitari;
- esistenti in Italia, vincolati al regime di ammissione temporanea o introdotti nei recinti o magazzini di temporanea custodia in attesa di ricevere una destinazione doganale;
- importati a scarico di un regime di perfezionamento attivo con la modalità dell'esportazione anticipata;
- destinati alla vendita al minuto nel deposito.

65257 **OPERAZIONI AMMESSE** (art. 50 bis c. 4 DL 331/93) Possono essere effettuate senza pagamento dell'IVA le seguenti operazioni:

All'introduzione	In custodia	All'estrazione
Cessioni	Cessioni	Cessioni IC
Acquisti IC	Servizi	Esportazioni
Immissioni in libera pratica	Trasferimenti ad altro deposito IVA (incluso il trasporto)	–

65260 **INTRODUZIONE DEI BENI IN DEPOSITO** I beni devono essere **materialmente** introdotti nel deposito IVA, non essendo sufficiente la mera presa in carico documentale (Circ. AE 24 marzo 2015 n. 12/E).
La **mancata introduzione materiale** determina una violazione formale, ad esempio, in caso di **beni importati** senza il pagamento dell'IVA in quanto destinati ad un deposito IVA, e non legittima l'AD a negare il diritto alla detrazione e a pretendere il pagamento dell'IVA che sia stata assolta **all'estrazione**. Restano dovute le **sanzioni** per il ritardato versamento.

65265 Gli **obblighi documentali** del soggetto che introduce distinguono tra:
- **acquisto IC**, l'acquirente integra la fattura di acquisto richiamando l'art. 50 bis c. 4 lett. a DL 331/93, senza applicazione dell'IVA;
- **immissione in libera pratica di beni non comunitari**, l'importatore registra e rinvia in copia alla dogana emittente il documento doganale di importazione o l'estratto del registro del deposito in caso di procedure domiciliate (Circ. AD 28 aprile 2006 n. 16/D). È necessaria la presentazione di garanzia commisurata all'imposta, salvo soggetti notoriamente solvibili o certificati AEO;
- **cessione**, il cedente emette fattura richiamando l'art. 50 bis c. 4 lett. c DL 331/93 con l'indicazione: «non soggetta ad IVA per beni introdotti in deposito IVA».

> All'introduzione dei beni nel deposito a seguito di acquisto IC è necessario assolvere l'obbligo della **trasmissione dati fatture** (v. n. 65525), con un documento integrativo con codice TD18 e natura N3.6; per un acquisto di beni che si trovano all'interno del deposito da non residente (UE o extra UE), con un documento con codice TD19 e natura N3.6.

65268 **SERVIZI SU BENI IN DEPOSITO** Il perfezionamento e le manipolazioni usuali si considerano **assimilati all'introduzione** di beni nel deposito IVA intendendosi assolte le funzioni di stoccaggio e di custodia (con le conseguenti responsabilità del depositario).
Possono essere effettuati anche in locali **limitrofi**, ossia funzionalmente e logisticamente collegati in un rapporto di contiguità e comunque rientranti nel plesso aziendale del depositario (esclusi i locali gestiti da soggetto diverso dal depositario).
Non sono previsti **tempi** minimi di giacenza nei locali limitrofi, ma non si possono eccedere i 60 giorni.
Non vi è obbligo di **scarico** dal mezzo di trasporto.

ESTRAZIONE DEI BENI DAL DEPOSITO (art. 50 bis c. 6 DL 331/93) Per i beni destinati ad essere utilizzati o commercializzati in Italia, l'estrazione determina che, con riferimento ai beni introdotti con acquisto: 65270
- **nazionale**, l'imposta **è dovuta** dal soggetto che procede all'estrazione ed è **versata** in nome e per conto suo dal gestore del deposito, solidalmente responsabile;
- **IC**, il soggetto che estrae assolve l'IVA mediante inversione contabile;
- **importazione**, con immissione in libera pratica, il soggetto che estrae assolve l'IVA mediante inversione contabile previa prestazione di idonea garanzia, salvo esonero (v. n. 65278).

> Per l'estrazione di **gasolio** e **benzina** destinati a essere utilizzati come carburanti per motori per uso autotrazione, introdotti con **acquisto intracomunitario** presso depositi fiscali utilizzati come depositi IVA (lett. c del n. 65290), l'IVA è assolta dal soggetto che estrae con modalità analoghe a quelle previste per le importazioni e, in mancanza della garanzia (in questo caso della durata di 12 mesi) o dei requisiti di esonero, è versata dallo stesso (tramite F24 ELIDE senza possibilità di compensazione, cod. trib. 6044, con indicazione del codice fiscale e accisa del gestore) che ne fornisce attestazione al gestore del deposito (DM 13 febbraio 2018, Ris. AE 20 febbraio 2018 n. 18/E).

Solo i soggetti passivi stabiliti in Italia (anche S.O.), identificati o con rappresentante fiscale in Italia **possono procedere** all'estrazione dei beni ed **assolvere** l'IVA. 65272
Il soggetto **non residente** che si è avvalso del gestore del deposito come rappresentante «**leggero**» per adempiere gli obblighi IVA richiesti dalle operazioni precedenti all'estrazione, al momento dell'estrazione dei beni dal deposito deve assolvere l'imposta e quindi deve identificarsi in Italia (o nominare il rappresentante fiscale c.d. «pesante», art. 50 bis c. 7 DL 331/93).

La **base imponibile** è costituita dal corrispettivo o, in assenza del medesimo, dal valore della transazione, comprensivo dell'importo delle eventuali prestazioni imponibili cui il bene è stato assoggettato nel periodo di giacenza nel deposito, fino all'estrazione; se le prestazioni suddette erano già state assoggettate ad IVA o erano fuori campo IVA, il relativo importo non va sommato al corrispettivo (Circ. AE 21 giugno 2011 n. 28/E par. 2.6, Circ. AE 13 marzo 2009 n. 8/E par. 6.9). 65275
Se durante la giacenza nel deposito, i beni hanno formato oggetto di **una o più cessioni**, la base imponibile è costituita dal corrispettivo o valore dell'ultima transazione (anche se inferiore a quello iniziale).
Se la merce subisce dei **cali fisici e tecnici** nel periodo di stoccaggio, la base imponibile all'atto dell'estrazione dal deposito va determinata al netto del valore del calo.
Se le merci (es. materie prime) subiscono **lavorazioni complesse** che rendono impossibile ricondurle a quelle estratte, è ammissibile quantificare il corrispettivo da assoggettare ad imposta sulla base di criteri proporzionali, ad esempio utilizzando la quantità percentuale di materie prime introdotte in deposito con acquisto nazionale rispetto alla quantità complessiva introdotta in un determinato periodo (Ris. AE 3 maggio 2017 n. 55/E).
Se il **corrispettivo** viene **variato** in un momento successivo all'estrazione sorge l'obbligo in capo a chi ha effettuato l'estrazione di effettuare la variazione in aumento, o il diritto alla variazione in diminuzione in caso contrario (Ris. AE 3 maggio 2017 n. 55/E).

Obblighi di fatturazione e registrazione Il **soggetto che estrae**, a seconda che i beni siano destinati a: 65277
a) **commercializzazione**/utilizzazione **in Italia** di beni introdotti in deposito con acquisto:
- nazionale, emette autofattura art. 17 c. 2 DPR 633/72, e la registra solo sul registro acquisti, insieme ai dati del versamento comunicatigli dal gestore del deposito;
- IC, integra la fattura originariamente registrata (se coincide con l'acquirente UE originario, in caso diverso emette autofattura), con le eventuali integrazioni per servizi resi in deposito, e la annota sui registri acquisti e vendite;
- importazione, con immissione in libera pratica, emette autofattura art. 17 c. 2 DPR 633/72 che fa riferimento alla dichiarazione doganale in suo possesso;

b) **cessione IC**, emette fattura non imponibile (art. 41 DL 331/93) e presenta Mod. Intra-1 bis;
c) **esportazioni,** emette fattura non imponibile (art. 8 c. 1 lett. a o b DPR 633/72) e registra la dichiarazione doganale. Se i beni sono estratti per essere **restituiti** al fornitore in quanto non conformi all'ordine, la movimentazione del bene va annotata nei registri del gestore del deposito (senza emettere fattura).

>**Precisazioni** 1) Il soggetto residente che estrae beni destinati alla commercializzazione/utilizzo in Italia, per assolvere l'obbligo della **trasmissione dati fatture** (v. n. 65525), trasmette un documento integrativo di tipo TD22 per i beni introdotti con acquisto UE o extra UE, TD 23 per quelli esistenti in Italia (caso in cui l'imposta viene assolta con versamento diretto del gestore).
2) Se il bene in regime di deposito è stato oggetto di **prestazioni** che ne determinano un aumento della base imponibile, il documento emesso all'estrazione deve essere in **forma elettronica** allo SdI (per il tipo documento v. n. 52748) con i dati del soggetto che ha effettuato l'estrazione sia nella sezione del fornitore che dell'acquirente. In caso contrario, trattandosi di una mera integrazione del documento originario senza variazioni alla base imponibile, può essere emesso in formato tradizionale (Circ. AE 17 giugno 2019 n. 14/E, Risp. AE 14 maggio 2019 n. 142).

65278 **Garanzia** (DM 23 febbraio 2017) I soggetti che **estraggono beni** introdotti in deposito con **importazione**, assolvono l'IVA emettendo autofattura a norma dell'art. 17 c. 2 DPR 633/72 previa prestazione di garanzia, **salvo esoneri** previsti per i soggetti:
- «affidabili» (dichiarazioni IVA e versamenti correttamente effettuati e assenza di accertamenti definitivi per fatture per operazioni inesistenti negli ultimi tre anni, assenza di procedimenti penali per determinati reati);
- notoriamente solvibili o certificati AEO;
- quando i soggetti che estraggono coincidono con quelli che hanno introdotto i beni nel deposito, essendo la garanzia già stata prestata all'introduzione (Ris. AE 16 gennaio 2018 n. 5/E).

Il rispetto dei requisiti per l'esonero è **attestato** con modello approvato dall'AE, da consegnare al gestore del deposito, che lo trasmette all'AE via PEC, all'atto della prima estrazione con validità annuale.
La garanzia va richiesta all'AE a norma dell'art. 38 bis c. 5 DPR 633/72, per l'importo dell'imposta dovuta e con durata di sei mesi dall'estrazione e può essere costituita da titoli di Stato, fideiussioni bancarie, polizze assicurative. Il soggetto che estrae ne rilascia copia **al gestore del deposito** all'atto dell'estrazione.

65279 Il soggetto che procede all'estrazione **comunica** i dati necessari alla liquidazione dell'imposta ed i relativi documenti (fatture, autofatture o copie dei registri IVA con dichiarazione sostitutiva di conformità all'originale) al gestore del deposito per lo svincolo della garanzia. Se è lo stesso che ha effettuato l'introduzione, trasmette la comunicazione anche al competente ufficio dell'AD. In caso di non coincidenza fra chi introduce e chi estrae, il gestore del deposito effettua la comunicazione sia all'Ufficio AD sia a colui che ha proceduto all'introduzione (Nota AD 7 settembre 2011 n. 84920/RU), all'AD con consegna a mano o tramite PEC (Nota AD 5 ottobre 2011 n. 113881/RU). All'esito dell'espletamento di tali adempimenti, l'ufficio AD provvede a **svincolare la garanzia** per una singola operazione o, in caso di garanzia globale, riaccredita l'importo corrispondente all'IVA.

65281 Gli **esportatori abituali** che procedono all'estrazione avvalendosi della facoltà di non applicare l'IVA devono (Ris. AE 20 marzo 2017 n. 35/E):
- compilare una dichiarazione d'intento per ogni singola estrazione, indicando come destinatario il gestore del deposito;
- trasmettere la dichiarazione all'AE ed acquisire la relativa ricevuta telematica;
- consegnare entrambe al gestore del deposito, che procede a riscontrarne telematicamente l'avvenuta presentazione.

65290 **GESTORI DEL DEPOSITO** Possono essere gestori di depositi IVA solo i seguenti **soggetti abilitati**:
a) le imprese che gestiscono magazzini generali munite di autorizzazione doganale;
b) le imprese esercenti depositi franchi o operanti nei punti franchi;
c) i gestori di depositi fiscali per prodotti soggetti ad accisa;
d) i gestori di depositi doganali di tipo A, C, D e E (vedi MIVA);
e) altri soggetti abilitati a gestire i depositi IVA con autorizzazione rilasciata su istanza presentata alla DRE nel rispetto delle disposizioni del DM 20 ottobre 1997 n. 419.

65294 **Obblighi** (artt. 3 e 4 DM 20 ottobre 1997) Per l'**estrazione** dei beni introdotti nel deposito IVA con **acquisto nazionale** e destinati ad essere **utilizzati** o commercializzati in Italia, l'imposta è **versata,** in nome e per conto del soggetto che estrae, dal gestore del deposito, che è solidalmente responsabile dell'imposta stessa e che non può avvalersi della compensazione, né

orizzontale, né verticale (Ris. AE 3 maggio 2017 n. 55/E). I codici tributo da utilizzare seguendo la sequenza del mese di estrazione dei beni: 6301 (gennaio), 6302 (febbraio), ecc. (Ris. AE 7 aprile 2017 n. 45/E).
Il **termine** del versamento è il giorno 16 del mese successivo all'estrazione.
Il gestore deve **comunicare** al soggetto che procede all'estrazione i dati relativi alla ricevuta di trasmissione del versamento per metterlo in condizione di annotarle sui propri registri IVA.
Per **tutte le operazioni** effettuate in regime di deposito IVA il gestore deve:
- tenere un registro con le movimentazioni dei beni;
- archiviare i documenti rilevanti, inclusi i versamenti dell'IVA effettuati, e compresi quelli emessi dagli altri soggetti che procedono agli scambi (es. fatture di acquisto, di vendita, per prestazioni, documenti di carico e scarico, autofatture, ecc.) e relative liquidazioni IVA (es. estremi della registrazione nei libri contabili o copia dei registri delle vendite/corrispettivi e dei soggetti che procedono all'estrazione).

Per una disamina dettagliata degli obblighi del depositario vedi MIVA.

Responsabilità (art. 50 bis c. 8 DL 331/93) Il gestore risponde in solido con il soggetto 65296
passivo che procede all'estrazione dei beni della mancata o irregolare applicazione dell'IVA.
Le **violazioni** degli obblighi previsti per il gestore del deposito IVA, sono oggetto di valutazione per la revoca delle autorizzazioni o esclusione dall'abilitazione a gestire i depositi IVA.

SEZIONE 2

Scambi intracomunitari di beni B2C

Gli scambi IC di beni B2C, cioè quelli effettuati tra soggetti passivi e non passivi, seguono il 65300
principio generale della tassazione nel Paese di provenienza (v. n. 43060).
In questa sezione sono illustrati i **regimi speciali** che possono derogare a questo principio per ragioni di semplificazione o di controllo, richieste in determinati settori di attività: il regime delle vendite a distanza di cui al n. 65304, dei mezzi di trasporto nuovi n. 65320 ed il regime derogatorio n. 65330 (per questi due ultimi casi, soggetti normalmente non passivi d'imposta, a determinate condizioni possono diventarlo).
Tali regimi **non** sono **sovrapponibili** e non si applicano ai beni **soggetti ad accisa**, per i quali l'IVA è assolta unitamente all'accisa (art. 49 c. 3 DL 331/93).

A. Vendite a distanza

(artt. 38 bis e 41 c. 1 lett. b DL 331/93)

Le **vendite a** privati (o beneficiari del regime derogatorio), **di beni** spediti dall'Italia ad altro 65304
Stato UE o viceversa, **trasportati dal** fornitore o per suo conto, sotto un determinato **limite** di fatturato, a condizione che il fornitore non sia stabilito anche in un altro Stato UE, sono **imponibili nel Paese** del fornitore, superato il limite esse divengono imponibili nel Paese di destinazione.

> Sono **escluse** dal regime le cessioni di mezzi di trasporto nuovi e quelle effettuate previa installazione o montaggio.

Il **limite** di fatturato conseguito in tutti i Paesi UE, da calcolare sommandolo a quello generato 65306
dai servizi digitali resi a privati (v. n. 43375), è pari a 10.000 €. Il limite si riferisce al fatturato dell'anno precedente o dell'anno in corso.
L'**effetto del superamento** parte dalla vendita che lo causa.

Anche **se non supera** il limite, il fornitore può **optare** per l'applicazione dell'IVA del Paese di 65308
destinazione. L'opzione si esercita nella dichiarazione di inizio di attività o della dichiarazione annuale, con effetto dal 1° gennaio dell'anno di presentazione in quest'ultimo caso, se no dal

momento in cui è esercitata. Ha effetto fino alla fine del secondo anno solare successivo, salvo revoca (art. 41 c. 1 lett. b DL 331/93).
Di conseguenza il fornitore deve adempiere agli **obblighi** IVA del Paese di destinazione, inclusa l'applicazione delle **aliquote IVA** ivi vigenti.

Per verificare l'aliquota IVA la Commissione Europea ha messo a disposizione un apposito strumento di ricerca presso il sito: https://ec.europa.eu/taxation_customs/tedb/vatSearchForm.html.

65310 **Superato** il limite, o avendo esercitato l'opzione, il fornitore assolve l'IVA dovuta nei Paesi di destinazione alternativamente:
– nominando un rappresentante fiscale (v. n. 68037) o identificandosi direttamente (v. n. 68045) in ciascuno di tali Paesi;
– o aderendo al regime dell'**OSS**, che gli consente di assolvere in unico Paese, di stabilimento o in cui si è appositamente identificato, l'IVA dovuta nei Paesi di destinazione delle vendite (Dir. 2017/2455/UE recepita dal D.Lgs. 83/2021).

65312 **PIATTAFORME VIRTUALI** Il soggetto passivo, residente o non residente, che **facilita**, tramite un'interfaccia elettronica, vendite a distanza, anche di beni importati, si presume che intervenga nell'**operazione** che **viene scomposta** in due distinte operazioni, con le modalità e le conseguenze descritte al n. 65316.
Per «facilitare» **si intende** utilizzare un'interfaccia elettronica (**sito web**, **portale**, **mercato virtuale** o mezzi analoghi) per consentire a venditore ed acquirente di entrare in contatto per concludere un acquisto. Tipicamente si traduce nel processo di ordinazione che consente la conclusione dell'acquisto tramite l'interfaccia elettronica.

Pertanto **rientra nella definizione** il soggetto passivo che, direttamente o indirettamente, partecipa anche solo ad una delle seguenti attività (Note esplicative sulle norme sull'IVA nel commercio elettronico Comm. UE settembre 2020):
– stabilire termini o condizioni della vendita;
– autorizzazione della riscossione (non necessariamente l'intervento in tutte le fasi del pagamento);
– ordinazione o consegna dei beni.
Al contrario **non rilevano**:
– il trattamento dei pagamenti;
– la catalogazione o la pubblicità di beni;
– il mero reindirizzamento dell'acquirente verso altre interfacce senza ulteriori interventi nella cessione.

65316 **Presunzione di vendita** (art. 2 bis DPR 633/72, Dir. 2017/2455/UE) Per i soggetti passivi che facilitano tramite l'uso di un'interfaccia elettronica le vendite a distanza:
– effettuate da soggetti extra UE (incluse le vendite domestiche);
– di beni importati con spedizioni di valore fino a 150 €;
ai fini IVA, l'operazione viene scomposta in due distinte operazioni: la prima tra il fornitore e il facilitatore, e la seconda tra quest'ultimo e il privato acquirente finale.
L'IVA si applica come segue:
– la prima cessione (**dal fornitore al facilitatore**) è esente (con diritto alla detrazione per gli acquisti a monte);
– la seconda (**dal facilitatore al privato acquirente**) è la vendita a distanza alla quale è applicabile il regime **OSS** (One Stop Shop);
– entrambe le cessioni si considerano effettuate nel **momento** in cui il pagamento è accettato;
– ai fini della determinazione del **luogo di effettuazione**, la spedizione o il trasporto dei beni vanno imputati alla seconda cessione.

Per le vendite a distanza di **beni importati** con spedizioni di valore **fino a 150 €** è stato introdotto il regime IOSS (Import One Stop Shop).

65318 **REGIME OSS** (D.Lgs. 83/2021, Provv. 25 giugno 2021, Circ. AE 26 maggio 2016 n. 22/E) La disciplina del c.d. OSS (One Stop Shop) può essere adottata da soggetti UE e non UE, nei casi illustrati in **tabella**.
I soggetti residenti che adottano il regime OSS **devono includere tutte** le operazioni a cui è applicabile.

65318 (segue)

	Regime UE (art. 74 sexies DPR 633/72)	Regime non UE (art. 74 quinquies DPR 633/72)
A	**Soggetti**	
	Devono avere in Italia: – domicilio; – residenza senza domicilio altrove; – S.O. per soggetti extra UE (anche senza S.O. se i beni sono spediti dall'Italia).	Residenti / domiciliati extra UE che non hanno S.O. in UE.
B	**Operazioni**	
	Vendite: – a distanza B2C in UE che superano la soglia indicata al n. 65306; – a distanza B2C in UE di beni importati di valore ≤ 150 € (v. n. 66044); – delle piattaforme virtuali (v. n. 65312 e s.); – B2C in UE con partenza e arrivo dei beni nello stesso Stato; – B2C in UE di soggetti extra UE di beni spediti dall'Italia; – servizi B2C prestati in un altro Stato UE ed ivi territorialmente rilevanti nei quali l'impresa non ha né la sede né una S.O. (v. n. 65380). Sono incluse le vendite a distanza B2C a consumatori italiani di beni spediti da altro Stato UE (Risp. AE Forum commercialisti 25 gennaio 2022). Non rilevano il luogo della sede o della S.O. che ha reso la prestazione. **Esempio** Impresa con sede in Italia e S.O. in Francia e Germania: a) include nel regime OSS da attivare in Italia le operazioni effettuate nella UE, anche attraverso le S.O., escluse quelle effettuate in Italia, Francia e Germania; b) applica il regime ordinario per i servizi resi (o le vendite a distanza) a privati stabiliti in Italia, Francia e Germania. Gli adempimenti ordinari sono a carico della sede per i consumatori stabiliti in Italia e delle S.O. in Francia e Germania per i consumatori ivi stabiliti.	Servizi B2C prestati in uno Stato UE ed ivi territorialmente rilevanti. **Esempio** Impresa statunitense intende effettuare vendite a distanza e prestare servizi B2C in UE: a) si registra al regime OSS non UE per i servizi B2C; b) si registra al regime OSS UE per le vendite a distanza.
C	**Registrazione in Italia** (Provv. AE 25 giugno 2021)	
	Mediante fornitura dei dati di cui all'allegato B del Provv. AE 25 giugno 2021 tramite i servizi telematici dell'AE utilizzando il proprio numero di partita IVA.	Mediante fornitura dei dati di cui all'allegato A del Provv. AE 25 giugno 2021, solo tramite rappresentante fiscale, anche direttamente per i Paesi con accordi di collaborazione (Risposte alle domande più frequenti OSS, sito web dell'AE).
	La registrazione, le successive variazioni e l'eventuale uscita dal regime, devono essere trasmesse al massimo entro il 10 del mese successivo alla data di effettuazione. I soggetti passivi che dispongono di S.O. anche in altro Stato UE o che spediscono i beni anche da altro Stato UE, non possono revocare l'opzione prima del termine del secondo anno successivo.	Dopo le verifiche, il Centro operativo di Pescara comunica via mail il numero di identificazione IVA e le istruzioni per completare la registrazione ed accedere ai servizi telematici.
D	**Liquidazione Imposta**	
	Si applica l'IVA con le aliquote del Paese dell'acquirente.	Idem per le aliquote. Si applicano le **norme per la fatturazione** proprie dello Stato in cui sono identificati in UE (art. 219 bis c. 2 lett. b Dir 112/2006/CE).

	Regime UE (art. 74 sexies DPR 633/72)	**Regime non UE** (art. 74 quinquies DPR 633/72)
	L'IVA pagata sugli acquisti e sulle importazioni di beni e servizi non è detraibile dall'IVA dovuta in base al OSS, tuttavia: – per quelli effettuati in Italia, può essere detratta dall'IVA applicata alle operazioni non soggette al OSS; – per quelli effettuati in altri Stati UE, può essere ivi chiesta a rimborso (o detratta se dotati di identificazione IVA).	L'IVA su acquisti / importazioni non è detraibile dall'IVA dovuta in base al OSS, ma può essere chiesta a rimborso con modalità e termini di cui al n. 68100 e s. (anche in assenza della condizione di reciprocità) o detratta dall'IVA eventualmente dovuta per altre attività.
E	**Adempimenti** (art. 74 quinquies c. 6 e s. DPR 633/72)	
	Dichiarazione trimestrale telematica per i dati di dettaglio sulle operazioni effettuate da presentare per via telematica direttamente con le credenziali Entratel del soggetto obbligato. Insieme all'IVA versata vengono trasmesse agli Stati membri di consumo. **Scadenza** l'ultimo giorno del mese successivo al trimestre di riferimento (anche se festivo), anche senza operazioni nel periodo, mediante accesso all'area riservata del sito dell'AE, per compilare lo **schema** online, allegato E Provv. AE 25 giugno 2021. Modifica dei dati trasmessi con una dichiarazione trasmessa per periodi di imposta successivi.	Dichiarazione idem, la presentazione può essere effettuata da un intermediario (Risposte alle domande più frequenti OSS, sito web dell'AE). Scadenza idem. Schema online all'allegato D Provv. AE 25 giugno 2021. Modifica dei dati con dichiarazione da trasmettere entro tre anni dal termine originario (art. 74 quinquies c. 6 bis DPR 633/72).
	Versamento entro il medesimo termine, ma dopo la presentazione della dichiarazione, presso lo stesso sito, con addebito su proprio conto presso Istituto convenzionato con l'AE (Decreto MEF 20 aprile 2015).	Idem, mediante bonifico sul conto indicato sul portale, indicando nella causale il numero di riferimento della dichiarazione.
	Sono **esonerate** dagli obblighi ordinari di fatturazione, certificazione, registrazione, liquidazione e dichiarazione (dichiarazione IVA ordinaria, essendo tenuti a quella trimestrale sopra descritta), le operazioni effettuate in regime OSS (DM 27 ottobre 2015, Circ. AE 26 maggio 2016 n. 22/E, par. 17), a meno di non voler beneficiare del regime degli **esportatori abituali** o dei **rimborsi trimestrali** (Risp. AE 9 dicembre 2021 n. 802).	Stesso **esonero** per i soggetti extra UE, per i servizi prestati in Italia in regime OSS. Sono esonerati pure i soggetti UE registrati al OSS in altro Paese UE, per i servizi prestati in Italia in regime OSS.
	Per le operazioni non oggetto di dichiarazione doganale o di fatturazione elettronica tramite SdI, è obbligatoria la **trasmissione** dati tramite **SdI** di cui al n. 65527.	Idem.
	Obbligo di **conservazione** della documentazione relativa alle operazioni effettuate per 10 anni. L'elenco dettagliato dei documenti è contenuto nell'art. 63 quater Reg. UE 282/2011.	
F	**Cessazione / esclusione**	
	Possibile l'abbandono volontario del regime o l'esclusione da parte dello Stato membro di identificazione (art. 74 quinquies c. 5 DPR 633/72), quest'ultima per: presunzione di cessazione dell'attività digitale (inattività per 8 trimestri consecutivi), perdita requisiti, mancato invio dichiarazione o inosservanze reiterate delle norme. **Contro il provvedimento di esclusione** può essere proposto ricorso tributario (art. 54 ter DPR 633/72).	
Per informazioni sull'applicazione della normativa è attivo l'indirizzo di posta elettronica: ossitaly@agenziaentrate.it. Sono disponibili sul sito dell'AE una serie di «Risposte alle domande più frequenti OSS». Per assistenza sugli adempimenti: cop.pescara.oss@agenziaentrate.it.		

B. Mezzi di trasporto nuovi

65320 Le cessioni di mezzi di trasporto nuovi sono sempre soggette a tassazione nello Stato UE di destinazione, che i cedenti o gli acquirenti siano soggetti passivi o meno.

Per i soggetti passivi si tratta del regime naturale, con la sola aggiunta di alcuni adempimenti all'immatricolazione. Per i soggetti non passivi è un caso del tutto particolare di imposizione.

Sono considerati mezzi di trasporto nuovi (art. 38 c. 4 DL 331/93): 65322

Tipo	Caratteristiche tecniche	Condizione di novità
Imbarcazioni salvo attività commerciali, pesca, salvataggio o assistenza in mare	Lunghezza > 7,5 m	I mezzi che: – hanno navigato < 100 ore / volato < 40 ore; o – sono stati ceduti non oltre 3 mesi dalla prima immatricolazione
Aeromobili salvo imprese con attività prevalente trasporti internazionali	Peso al decollo > 1.550 Kg	
Veicoli	Motore di cilindrata > 48 cc, o potenza > 7,2 kW destinati al trasporto di persone o cose	– hanno percorso < 6.000 Km; o – sono stati ceduti non oltre 6 mesi dalla prima immatricolazione

Per le **vendite da altro Stato UE all'Italia** l'imposta dovuta dall'**acquirente** residente **non soggetto passivo** viene liquidata dall'Ufficio AE previa presentazione entro 30 giorni dall'acquisto (e prima dell'immatricolazione) di una dichiarazione in duplice copia contenente gli elementi identificativi dei soggetti tra i quali è intervenuta l'operazione e del mezzo di trasporto acquistato con allegata la copia della fattura rilasciata dal cedente o l'atto di cessione. Per l'**immatricolazione** l'acquirente deve: 65325
- effettuare una comunicazione dei dati dell'acquisto (entro 15 giorni) al Dipartimento dei trasporti (Motorizzazione Civile);
- consegnare la fattura di acquisto e copia della quietanza di pagamento dell'imposta (Mod. F24) (art. 53 DL 331/93, art. 6 c. 2 DM 19 gennaio 1993).

L'**acquirente soggetto passivo** nell'esercizio d'impresa, arte o professione deve, oltre agli obblighi degli acquisti IC, versare con l'apposito Mod. F24 entro il 9° giorno lavorativo antecedente alla richiesta di immatricolazione (Provv. AE 25 ottobre 2007 n. 166242). 65326
Per l'**immatricolazione** l'acquirente deve consegnare copia della fattura o dell'atto di acquisto, allegare copia del Mod. F24 e trasmettere comunicazione (entro 15 giorni dall'acquisto) al Dipartimento dei trasporti (Motorizzazione Civile) (art. 53 DL 331/93).

Dato il forte incremento delle frodi IVA comunitarie, l'obbligo della **verifica preliminare** dell'AE dei casi in cui **non** è previsto il versamento diretto dell'IVA tramite «Mod. F24 con elementi identificativi» (acquisto veicoli nuovi da soggetti passivi destinati ad utilizzo **strumentale** all'attività, o di veicoli **usati**, anche da **privati**) è assolto con le seguenti modalità (Provv. AE 17 luglio 2020 n. 265336, art. 9 DL 124/2019 conv. in L. 157/2019): 65327
- l'acquirente presenta istanza alla Direzione Provinciale AE territorialmente competente contenente la documentazione in originale che attesti l'esistenza dei requisiti per l'applicazione del regime dei beni usati o della destinazione ad utilizzo strumentale del veicolo;
- l'AE verifica il rispetto dei requisiti (per i beni usati che vi sia un precedente proprietario rimasto inciso dell'IVA);
- in caso positivo comunica i dati del veicolo al Dipartimento per i trasporti al fine di consentirne l'immatricolazione, entro 30 giorni dalla presentazione dell'istanza;
- in caso emergano gravi elementi di rischio di frode, richiede riscontri più specifici estendendo il termine di ulteriori 30 giorni.

Le **vendite dall'Italia ad altro Stato UE** costituiscono cessioni IC. 65328
Il cedente:
- **soggetto passivo** deve includere nella fattura i dati identificativi del veicolo;
- **non soggetto passivo** deve indicarli nell'atto di cessione e può chiedere il rimborso dell'imposta assolta all'atto dell'acquisto dei mezzi ceduti - presentando richiesta con Mod. IVA 38 RIC entro 60 giorni - nei limiti dell'imposta che sarebbe dovuta se la cessione IC fosse tassata in Italia.

65329 Non costituiscono cessioni IC gli **invii**, in altro Paese UE, di autoveicoli nuovi acquistati e immatricolati in Italia, successivamente **reimmatricolati** nello Stato membro di destinazione. Ne consegue che, in tali ipotesi, ai cittadini comunitari non può essere riconosciuto il diritto al rimborso dell'IVA pagata all'atto dell'acquisto (Ris. Min. 17 giugno 1996 n. 101/E/VII-15-651).

C. Regime derogatorio

65330 Gli **acquisti IC fino a € 10.000 l'anno** delle seguenti categorie di soggetti sono tassati nel Paese UE di provenienza, salvo opzione per il regime ordinario (art. 38 c. 5 DL 331/93):
- **enti non commerciali** (incluse le ONLUS) non soggetti passivi IVA;
- **forfettari**;
- soggetti passivi per i quali l'**IVA è totalmente indetraibile** poiché effettuano operazioni «esclusivamente» esenti o perché hanno optato per la dispensa dagli adempimenti contabili;
- **produttori agricoli** in regime speciale o di esonero IVA.

65334 Il **limite** di 10.000 euro **si riferisce** agli acquisti, inclusi quelli «a distanza», effettuati nell'anno solare precedente e si applica nell'anno in corso fino a quando non è superato. Dal computo si escludono: l'IVA, gli acquisti dei mezzi di trasporto nuovi e dei beni soggetti ad accisa.

65338 Al **superamento del limite**, o all'esercizio dell'**opzione** per il regime ordinario, gli acquirenti residenti sono pertanto soggetti agli adempimenti previsti per gli acquisti IC.
Se **non si supera** il limite sono previsti i seguenti obblighi:
- gli **enti non commerciali** prima di ogni acquisto devono comunque presentare il modello Intra-13 (v. n. 97275);
- i soggetti per i quali l'IVA è **totalmente indetraibile** registrano gli acquisti IC secondo le regole ordinarie (v. n. 54740).

65340 L'**opzione** è vincolante sino a quando non espressamente revocata e, in ogni caso, per 3 anni compreso quello in cui è esercitata con comportamento concreto seguito da comunicazione (art. 38 c. 6 DL 331/93).

SEZIONE 3

Servizi intracomunitari

65350 Non esiste un quadro sistematico di norme che definisca e regoli i servizi IC, intesi come servizi resi o ricevuti da soggetti UE, né in ambito B2B né B2C.
Ai servizi, si applicano, in materia di territorialità, i principi generali illustrati al n. 43170.
Per la qualificazione delle operazioni (imponibilità, esenzione, ecc.) e la determinazione dell'imposta (aliquote, detrazioni, ecc.) si deve fare riferimento alle regole generali, salvo per le sole norme specifiche, di seguito illustrate, che riguardano, in ambito:
- B2B: il **momento di effettuazione dei servizi generici**, le **lavorazioni** e le **perizie**;
- B2C: il regime speciale OSS.

A un servizio IC qualificabile come **esente** ai sensi della normativa interna (ad esempio un prestito a consociata UE), è applicabile la soluzione della Corte di Giustizia data al n. 65180.

A. Servizi generici B2B

1. Momento di effettuazione delle operazioni

I **criteri di determinazione** differiscono da quelli ordinari (v. n. 45880 e s.), e variano a seconda che i servizi generici siano di carattere istantaneo anziché periodico o continuativo, infrannuale o ultrannuale. 65355

Prestazione	Momento impositivo		
	Criterio base	Rilevanza pagamento/acconto	Rilevanza fattura
ISTANTANEA (1)	Ultimazione del servizio **(2)**	Sì	No, salvo se resa da prestatore estero **(3)**
CONTINUATIVA o PERIODICA (4): **– infrannuale**	Maturazione dei corrispettivi **(2)**		
– ultrannuale (5)	Termine di ciascun anno solare fino alla conclusione delle prestazioni, se non comportano pagamenti nel periodo **(6)**		

(1) Le **intermediazioni** non rientrano tra le operazioni di carattere continuativo e si considerano ultimate con la maturazione al diritto al corrispettivo che generalmente coincide con la conclusione dell'affare tra agente e cliente del committente accettato da parte della casa mandante (Norma di comportamento AIDCEC 1° maggio 2013 n. 187).
(2) Se il **corrispettivo non è determinabile** alla data di effettuazione perché ancorato ad elementi di fatto non ancora noti, rileva il momento in cui lo diventeranno, purché secondo criteri stabiliti preventivamente in contratto.
(3) Solo per i **servizi resi** da fornitore **UE** (o **extra UE**) a committente italiano, il ricevimento della fattura, in assenza di evidenze contrarie, rileva come indice di completamento (Circ. AE 21 maggio 2013 n. 16/E).
(4) Un servizio è **periodico** o **continuativo** quando realizza un flusso corrente di fornitura, ciascuna porzione della quale è di per sé significativa, in quanto il cliente ha la possibilità di usarne e goderne. Esso termina quando cessa il flusso, non potendo verificarsi il suo completamento come per gli altri servizi.
(5) Anche per servizi per cui è sin dall'inizio prevista una durata pluriennale si devono comunque far trascorrere 12 mesi, onde verificarlo effettivamente, e quindi porre il termine al 31 dicembre successivo (Circ. AE 29 luglio 2011 n. 37/E).
(6) Come **base imponibile** si applica il valore normale, determinato **rapportando il corrispettivo** totale pattuito dalle parti alla quota parte di servizio resa (Circ. AE 29 luglio 2011 n. 37/E).

2. Lavorazioni e perizie su beni mobili

LAVORAZIONI Sono un sottoinsieme dei servizi generici B2B che **include** tipicamente: 65360
– lavorazioni sulle merci: inclusi il montaggio, l'assemblaggio, l'adattamento ad altre merci, la trasformazione, la riparazione ed il riadattamento;
– manipolazioni usuali: incluse le lavorazioni finalizzate alla conservazione ed al miglioramento della presentazione o della qualità commerciale.

Nel caso dell'**invio** di un bene da uno Stato membro ad un altro per una **lavorazione**, non si realizza una cessione IC, o un acquisto IC (ma un servizio IC B2B del lavorante) solo **se** il bene, al termine della lavorazione, viene **rispedito** al committente nello Stato UE di provenienza (art. 38 c. 5 lett. a, art. 41 c. 3 DL 331/93). 65362
Se il bene al termine della lavorazione viene **diversamente destinato**, ad esempio ceduto in loco o in un altro Paese UE, il committente effettua un trasferimento a se stessi (v. n. 65163). Deve quindi prendere in carico la merce in quel Paese, nominando un rappresentante fiscale o assumendo un identificativo IVA per assolvere gli obblighi IVA locali.

Se un bene, oggetto di una cessione dall'Italia ad altro Stato UE, viene sottoposto a **lavorazione** per **conto del fornitore** nel **Paese UE** di **destinazione** della cessione, l'invio al lavorante è un trasferimento a sé stessi, e la successiva cessione è fuori campo IVA, in quanto extraterritoriale, 65364 tassabile come operazione interna nello Stato di destinazione (C.Giust. UE 2 ottobre 2014 C-446/13).

ESEMPIO
Un produttore italiano cede un macchinario ad un cliente francese, prima di consegnarlo, lo invia per una lavorazione presso un lavorante francese. Il produttore italiano effettua un trasferimento a sé stessi (assimilato ad una cessione IC) del macchinario in Francia e, dopo la lavorazione, una cessione nazionale rilevante in Francia nei confronti del cliente francese (per assolvere ai conseguenti obblighi nomina un rappresentante fiscale o assume un identificativo IVA in Francia).

65365 **Se** un bene, oggetto di una cessione dall'Italia ad altro Stato UE, viene sottoposto a **lavorazione** per **conto dell'acquirente** in un **terzo Paese UE**, il fornitore italiano effettua comunque una cessione IC nei confronti dell'acquirente (Circ. Min. 23 febbraio 1994 n. 13/E). Non rileva che quest'ultimo disponga di un identificativo nel Paese della lavorazione (Princ. Dir. AE 2 novembre 2018 n. 10).

ESEMPIO
Un produttore italiano cede un veicolo industriale ad un cliente greco, prima di consegnarlo e su incarico di quest'ultimo, lo invia per una verniciatura personalizzata in Romania. Il produttore effettua una cessione IC nei confronti del cliente greco, anche se quest'ultimo dispone di un identificativo IVA in Romania.

65366 Nell'ipotesi di lavorazione per **conto del cessionario** (ad opera del cedente o di terzi) l'interposizione della lavorazione non cambia la qualificazione di cessione IC (art. 41 c. 1 lett. a DL 331/93).

ESEMPIO
Un produttore italiano che cede un macchinario ad un francese, lo invia per suo conto ad una azienda italiana perché vi effettui alcune modifiche. Il macchinario così completato viene inviato in Francia. Il francese paga il macchinario al produttore e la lavorazione al lavorante. Il fornitore effettua una cessione non imponibile, mentre il lavorante effettua un servizio fuori campo IVA. Un produttore tedesco invia in Francia dei tessuti affinché vengano lavorati. Gli stessi tessuti vengono poi inviati all'acquirente italiano. L'azienda italiana effettua un acquisto IC di beni dal tedesco ed un servizio imponibile in Italia dal francese.

65369 Nel caso di **lavorazioni multiple** (Circ. AE 10 giugno 1998 n. 145/E, par. 3.2 caso 3), ove l'acquirente UE incarichi un primo lavorante italiano di inviare, al termine della lavorazione, il semilavorato ad un altro lavorante italiano per un'ulteriore trasformazione, sarà quest'ultimo ad inviare il prodotto finito all'acquirente, committente di entrambe le lavorazioni. Entrambi i lavoranti effettuano un servizio nei confronti del committente UE, pertanto emettono nei suoi confronti fattura fuori campo IVA e compilano il registro delle lavorazioni comunitarie e l'Intrastat dei servizi.

65370 Diverso il caso in cui il lavorante italiano **subappalti** la lavorazione ad altro lavorante italiano che al termine della lavorazione invia all'acquirente UE il prodotto lavorato, è il primo lavorante che rende il servizio IC all'acquirente UE, mentre il rapporto con l'altro lavorante configura un'operazione interna (Circ. AE 10 giugno 1998 n. 145/E, par. 3.2 caso 4).

65371 **PERIZIE** La norma di cui al n. 65362 si applica, alle medesime condizioni, anche per i beni inviati in altro Stato UE per l'effettuazione di perizie.

3. Fatturazione e registrazione

65375 **FATTURAZIONE DEL FORNITORE ITALIANO** (art. 21 c. 6 bis DPR 633/72) Il fornitore italiano deve comunque emettere fattura per i servizi prestati, pur non essendo soggetti ad IVA per assenza del requisito di territorialità (art. 7 ter DPR 633/72), con l'indicazione: «inversione contabile».
Vige l'obbligo della **trasmissione** delle fatture o l'alternativa della **fatturazione elettronica** tramite Sdi come per le cessioni IC (v. n. 65525 e s.).

FATTURAZIONE DEL FORNITORE UE Il committente residente integra la fattura ricevuta dal fornitore UE (v. n. 65137) e trasmette il documento integrato all'AE con le modalità di cui al n. 65525, o può optare direttamente per l'integrazione con il sistema della **fattura elettronica** tramite SdI, in entrambi i casi utilizzando il tipo documento TD17. 65377
Se il fornitore UE non emette fattura appena ultimata la prestazione, il committente residente deve, entro il 15 del terzo mese successivo, emettere autofattura.

REGISTRAZIONE Le fatture per servizi IC devono essere registrate entro il giorno 15 del mese successivo a quello di effettuazione dell'operazione, come definito al n. 65355. 65379
I **trasferimenti** di beni oggetto di lavorazioni IC sono soggette ad obbligo di registrazione in entrata ed uscita su apposito registro delle lavorazioni comunitarie (art. 50 c. 5 DL 331/93).

B. Servizi resi a privati (B2C)

I servizi prestati a soggetti privati (B2C) sono territorialmente rilevanti nel Paese in cui è stabilito: 65380
– il fornitore per i servizi generici (v. n. 43170 e s.);
– il committente per i servizi specifici nei casi indicati al n. 43220 e s.
In quest'ultimo caso sorge l'obbligo per il fornitore di istituire una posizione IVA in ognuno degli Stati UE nei quali rende questi servizi ai privati.
Onde evitarlo, questi può optare per la registrazione di un'unica posizione IVA al **One Stop Shop** (c.d. **OSS**), un portale web che, previa iscrizione, consente di versare unitariamente nel proprio Paese l'imposta dovuta in ciascun Paese in cui sono stati prestati i servizi (v. n. 65318).

SEZIONE 4
Adempimenti comuni

A. Adempimenti preliminari

ARCHIVIO VIES (Reg. UE 904/2010, art. 35 c. 2 lett. e bis, c. 7 bis DPR 633/72, Provv. AE 15 dicembre 2014 n. 159941) Il VIES (VAT Information Exchange System) è l'archivio informatico comunitario unico delle partite IVA. 65410
Consente di verificare lo status della controparte UE prima di effettuare un'operazione comunitaria.
È possibile consultarlo direttamente presso il sito dell'AE all'indirizzo: https://www.agenziaentrate.gov.it/portale/web/guest/verifica-partita-iva.
La struttura della partita IVA differisce nei diversi Paesi (v. **tabella**).

65412

Struttura del numero di identificazione IVA nei Paesi UE					
Paese	**Codice Iso**	**Nº cifre partita IVA**	**Paese**	**Codice Iso**	**Nº cifre partita IVA**
Austria	AT	U+8 cifre	Lettonia	LV	9 o 11
Belgio	BE	9	Lituania	LT	9 o 12
Bulgaria	BG	9 o 10	Lussemburgo	LU	8
Cipro	CY	9	Malta	MT	9
Croazia	HR	11	Olanda	NL	12
Danimarca	DK	8	Polonia	PL	10
Estonia	EE	9	Portogallo	PT	9
Finlandia	FI	8	Rep. Ceca	CZ	8, 9 o 10

Struttura del numero di identificazione IVA nei Paesi UE					
Paese	**Codice Iso**	**N° cifre partita IVA**	**Paese**	**Codice Iso**	**N° cifre partita IVA**
Francia	FR	11	Rep. Slovacca	SK	9 o 10
Germania	DE	9	Romania	RO	da 2 a 10
Grecia	EL	8	Slovenia	SI	8
Irlanda	IE	8	Spagna	ES	9
Irlanda del Nord **(*)**	XI	9 o 12	Svezia	SE	12
Italia	IT	11	Ungheria	HU	8

(*) L'Irlanda del Nord continua ad essere parte dell'UE per gli scambi di beni (Determinazione AD 15 febbraio 2021 n. 46832).

65413 **Iscrizione** Normalmente avviene al momento della dichiarazione di inizio di attività.
Se l'iscrizione manca, i soggetti che **intendono porre in essere operazioni IC** per beni o servizi, attive o passive, devono comunque iscriversi mediante apposita istanza.
La richiesta determina l'immediata iscrizione nell'archivio VIES (Circ. AE 30 dicembre 2014 n. 31/E), riscontrabile sulla banca dati VIES.

65414 **Verifica della partita IVA** (art. 50 c. 2 DL 331/93) Prima di porre in essere un'operazione IC il fornitore è tenuto a chiedere conferma della validità della partita IVA comunicata dal **cliente** UE interrogando il sistema VIES (v. n. 52030).

> Il possesso di una partita IVA valida del cliente è una **condizione sostanziale** per l'applicazione della non imponibilità alla cessione IC da parte del fornitore (Dir. 2018/1910/UE, art. 138 Dir. 2006/112/CE).

65420 All'atto dell'iscrizione al VIES e poi regolarmente, l'AE effettua **controlli** sui soggetti iscritti al VIES e procede all'esclusione se risultano:
– privi dei requisiti soggettivi ed oggettivi (in questo caso è prevista anche la cessazione d'ufficio della partita IVA) o se risultano coinvolti consapevolmente in frodi IVA comunitarie (Provv. AE 12 giugno 2017 n. 110418), con effetto dalla data di registrazione in Anagrafe Tributaria della notifica del provvedimento;
– non aver presentato alcun elenco **Intrastat** per 4 trimestri consecutivi. In tal caso, invia una comunicazione con effetto dal 60° giorno successivo.
A partire dalla data di notifica del provvedimento di esclusione il destinatario non può avvalersi della **compensazione** dei crediti IVA fino alla rimozione delle irregolarità (v. n. 37231).
Il destinatario può chiedere l'avvio di un **contraddittorio** per motivare la propria inattività temporanea e mantenere la propria iscrizione all'archivio VIES, anche nel caso di operazioni intracomunitarie effettuate ma non segnalate negli Intrastat (Circ. AE 30 dicembre 2014 n. 31/E).

65424 **RAPPRESENTANTE FISCALE O IDENTIFICAZIONE DIRETTA** (art. 44 DL 331/93) I soggetti passivi UE, **privi di S.O.** in Italia, che intendano porre in essere operazioni IC nel territorio dello Stato assolvono agli obblighi IVA identificandosi direttamente (v. n. 68045). In mancanza dell'identificazione, è obbligatorio nominare il rappresentante fiscale (v. n. 68037) per le operazioni **con obbligo di pagamento** di imposta.

65426 Se effettuano esclusivamente operazioni IC **senza obbligo di pagamento** dell'imposta (non imponibili, esenti, non soggette), i soggetti passivi UE possono avvalersi di un rappresentante fiscale «leggero» limitato all'adempimento degli obblighi di fatturazione e di compilazione degli elenchi Intrastat (art. 44 c. 3 DL 331/93).

65428 **GARANZIA** Per l'acquisto di determinati beni (es. **autoveicoli**, **telefoni**, **cellulari**, **PC**, ecc.) vi è l'obbligo di prestare idonea garanzia (v. n. 52145).

B. Elenchi Intrastat

(DM 22 febbraio 2010)

SOGGETTI E OPERAZIONI INTERESSATE Devono presentare gli elenchi riepilogativi (c.d. modelli Intrastat) tutti i soggetti IVA che effettuano le seguenti operazioni (Circ. AE 21 giugno 2010 n. 36/E) al superamento di determinate **soglie** (v. n. 65513): 65440
1) **cessioni IC** e **acquisti IC**;
2) **servizi B2B generici, resi o ricevuti** a/da soggetti passivi **stabiliti in UE,** per i quali l'imposta è dovuta nel Paese del committente, quindi esclusi i servizi relativi ad immobili, trasporti di persone, ecc. (v. n. 43160) (art. 50 c. 6 DL 331/93).

>Precisazioni 1) Un acquisto IC da fornitore extra UE non stabilito in UE, ma ivi **identificato** ai fini IVA, è soggetto all'obbligo, l'acquisto di un servizio no.
2) Un trasporto commissionato da un'impresa italiana a un trasportatore tedesco per trasferire un bene acquistato in Germania direttamente in Arabia Saudita (Ris. AE 20 dicembre 2010 n. 134/E) non è soggetto.
3) La regolare presentazione dell'Intrastat è una **condizione sostanziale** necessaria all'applicazione della non imponibilità alla cessione IC da parte del fornitore (salvo giustificarne la mancanza secondo modalità idonee per l'AE) (Dir. UE 2018/1910, art. 138 Dir. 2006/112/CE).

Operazioni **escluse** (Allegato III Reg. CEE 3046/92): 65502
– le operazioni su strumenti di pagamento, oro, campioni commerciali, mezzi di trasporto ceduti a privati, le operazioni su scambi di energia elettrica, ecc.;
– i campioni omaggio e beni ceduti gratuitamente; ma le eventuali spese di trasporto assumono autonoma rilevanza e vanno comunque annotate (Circ. AE 6 agosto 2010 n. 43/E);
– CD-Rom e altri supporti per software personalizzato (rilevano invece per software standard come cessione di beni, e il software scaricato da Internet come servizio).

MODULISTICA Si devono presentare i seguenti modelli (Determinazione AD 23 dicembre 2021 n. 493869): 65503
– Intra-1, per le cessioni IC ed i servizi resi;
– Intra-2, gli acquisti IC ed i servizi ricevuti.
Ciascun modello è così composto:
– Intra-1 (frontespizio), Intra-1 bis (cessioni), Intra-1 ter (rettifiche cessioni), Intra-1 quater (servizi), Intra-1 quinquies (rettifiche servizi) e Intra-1 sexies (call-off stock);
– Intra-2 (frontespizio), Intra-2 bis (acquisti), Intra-2 ter (rettifiche acquisti), Intra-2 quater (servizi ricevuti) e Intra-2 quinquies (rettifiche servizi ricevuti).

>Precisazioni 1) Gli Intrastat relativi alle **prestazioni di servizi** generici non richiedono il numero e la data della fattura, le modalità di incasso o pagamento dei corrispettivi e di erogazione del servizio (art. 23 D.Lgs. 175/2014, Circ. AE 30 dicembre 2014 n. 31/E).
2) A partire dagli Intrastat relativi al **2022**, per gli acquisti di beni intra UE (Intra-2 bis) non sono più rilevati lo Stato, il codice IVA del fornitore e l'ammontare delle operazioni in valuta; per quelli di servizi (Intra-2 quater) oltre a questi ultimi due, non sono più rilevati la modalità di erogazione, di incasso e il Paese di pagamento. Per le cessioni (Intra-1 bis) è aggiunta la rilevazione del Paese di origine. Gli acquisti e le cessioni oggetto di spedizione di valore < 1.000 € (totale fattura) possono essere aggregate sotto un unico codice di nomenclatura combinata (99500000). È stata introdotta una sezione apposita per rilevare i dati dei destinatari di beni inviati in regime di **call-off stock** (Determinazione AD 23 dicembre 2021 n. 493869).

COMPETENZA Nei modelli devono essere inserite le operazioni con riferimento al corretto periodo di **registrazione**. 65506

CONTENUTO I registri si compongono di una parte per i **dati di natura fiscale** ed una per quelli di **natura statistica**; quest'ultima va compilata solamente dai soggetti che presentano gli elenchi mensilmente per obbligo. 65507
Chi ha realizzato nell'anno precedente (o, in caso di inizio di attività, presuma di realizzare nell'anno) un valore delle spedizioni **non superiore** a 20.000.000 di euro può omettere i dati riguardanti il valore statistico, le condizioni di consegna e le modalità di trasporto. Tale **limite** va considerato distintamente per le cessioni (per l'Intra-1), e per gli acquisti (per l'Intra-2).

65512 I soggetti obbligati possono **delegare** un altro soggetto alla sottoscrizione, ferma restando la propria responsabilità. La delega è conferita in forma scritta, con autenticazione della firma effettuata con le modalità ordinarie, e deve essere esibita a richiesta degli organi di controllo (art. 2 Determinazione AD 22 febbraio 2010 n. 22778).

65513 **MODELLI DA TRASMETTERE** Variano a seconda che l'ammontare delle operazioni effettuate in uno dei quattro trimestri precedenti; **per ciascuna categoria** di operazioni - cioè, singolarmente, cessioni intracomunitarie di beni, servizi resi, acquisti intracomunitari di beni e servizi ricevuti - superi le soglie indicate in **tabella** (aggiornate dal Provv. AE 25 settembre 2017 n. 194409).

Ammontare delle operazioni (1)			Fiscale	Statistico	Periodicità
cessioni	beni	≤ 50.000	Intra 1 bis	NO	trimestrale
		50.000 < > 100.000	Intra 1 bis	NO	mensile
		≥ 100.000	Intra 1 bis	Intra 1 bis	mensile
	servizi	≤ 50.000	Intra 1 quater	NO	trimestrale
		> 50.000	Intra 1 quater	Intra 1 quater	mensile
acquisti	beni	< 350.000 **(2)**	NO	NO	–
		≥ 350.000 **(2)**	NO	Intra 2 bis	mensile
	servizi	< 100.000	NO	NO	–
		≥ 100.000	NO	Intra 2 quater	mensile

(1) = **Realizzate in almeno** uno dei quattro trimestri precedenti (dati in €).
(2) = Nuova soglia che sostituisce la precedente (200.000 €), a partire dagli Intrastat relativi al 2022 (Determinazione AD 23 dicembre 2021 n. 493869).

›Precisazioni 1) Il **superamento della soglia** nel corso di un **trimestre**, per una singola categoria di operazioni, determina l'obbligo di presentazione mensile del relativo elenco a partire dal mese successivo a quello in cui tale limite è superato. In tal caso, sono presentati gli elenchi riepilogativi, appositamente contrassegnati, anche per i periodi mensili già trascorsi (es. il **superamento avviene a gennaio**, l'operatore presenta l'ultimo elenco trimestrale con i dati del mese di gennaio entro il 25 febbraio, contrassegnando nel frontespizio la casella «primo mese del trimestre», se a febbraio l'elenco conterrà i dati di gennaio e febbraio, con termine 25 marzo, contrassegnato come «primo e secondo mese del trimestre», ecc.).
2) I soggetti **che iniziano l'attività** effettuano la presentazione degli elenchi con **periodicità trimestrale**, fino a quando non superano la soglia, nel qual caso devono presentare gli elenchi riepilogativi, appositamente contrassegnati, anche per i periodi mensili già trascorsi.
3) I soggetti trimestrali possono, tuttavia, **optare** per la periodicità mensile per l'intero anno solare.

65514 Il **termine** di presentazione scade il giorno 25 del mese successivo al periodo di riferimento (mese o trimestre). I modelli sono trasmessi **in via telematica** mediante:
– i servizi telematici dell'AE Entratel o Fisconline (Determinazione AD 7 maggio 2010 n. 63336);
– la procedura EDI (Electronic Data Interchange), per il cui utilizzo occorre preventivamente presentare apposita istanza (allegata alla Circ. AD 3 dicembre 2003 n. 69/D).
La trasmissione può essere effettuata sia direttamente che tramite **intermediari** abilitati (v. n. 16047) o soggetti delegati (procedura EDI) (Circ. Min. 26 settembre 1996 n. 231/D, Circ. Min. 13 dicembre 2000 n. 230/D).

Ai soggetti che hanno aderito al servizio telematico, è disponibile sul sito del Servizio Telematico Doganale (EDI) l'applicazione Intr@Web On Line, che consente la compilazione e l'invio on-line delle dichiarazioni INTRA con un numero limitato di dettagli fornendo on-line il numero di protocollo, senza recarsi in dogana e senza l'installazione di software specifici (Com. Stampa AD 30 giugno 2004).

RETTIFICHE SU SERVIZI In caso di: 65516
– **omissioni** negli Intrastat servizi: si deve compilare un'apposita dichiarazione, indicando come periodo di riferimento il mese o il trimestre in cui si è verificata tale omissione e compilando la sezione 3 del modello Intra-1 quater (o Intra-2 quater);
– **altri tipi di errori** relativi ai servizi, compresa l'inclusione di operazioni non soggette all'obbligo: si deve compilare la sezione 4, relativa alle rettifiche dei servizi resi del modello Intra-1 quinquies o ricevuti dell'Intra-2 quinquies.
In linea generale, il contribuente, se si accorge di aver fatto omissioni o errori, può procedere alla relativa correzione in via immediata, senza dover necessariamente attendere la scadenza relativa al periodo successivo.

VARIAZIONI Devono essere indicate negli elenchi Intra-1 ter per le cessioni e Intra-2 ter per gli acquisti (Circ. Min. 23 febbraio 1994 n. 13/E par 10.3). 65518
Le variazioni in **aumento** devono necessariamente essere operata ai fini fiscali e, solo per i soggetti obbligati, anche ai fini statistici.
Invece, le variazioni in **diminuzione** possono non essere operate; tuttavia se effettuate agli effetti fiscali, devono essere operate dai soggetti obbligati anche ai fini statistici.

> **Precisazioni 1)** Se l'operazione originaria è **modificata solo formalmente** (es. fornitore belga ha indicato il numero di identificazione IVA spagnolo anziché belga), l'acquirente italiano che ha già registrato l'operazione può annotare a margine dei registri contabili la modifica, conservando le nuove fatture insieme a quelle originarie e presentando un modello Intra-2 ter (Ris. AE 9 novembre 2007 n. 321/E).
> **2)** Se in esecuzione della variazione i **beni**:
> – sono in tutto o in parte **restituiti** al cedente in Italia, il modello Intra-1 ter deve essere compilato agli effetti statistici anche se la variazione non è operata ai fini fiscali (con l'indicazione codice «2» della tabella B - natura della transazione);
> – **non sono restituiti** al cedente, ma sono ceduti **a diverso soggetto** passivo UE, si è in presenza di due distinte operazioni che comportano adempimenti diversi a seconda del Paese di **consegna** dei beni:
> – in Paese extra UE: nessuna rettifica trattandosi di una cessione fuori campo IVA;
> – in diverso Paese UE: come al punto precedente ma operando la rettifica sia agli effetti fiscali che statistici;
> – nello stesso Paese UE in cui si trovano: rettifica ai soli effetti fiscali dell'operazione originaria su Intra-1 ter e nuovo Intra-1 bis per la cessione al successivo acquirente.

C. Trasmissione dati fatture, dichiarazione e liquidazione

TRASMISSIONE DATI FATTURE (art. 1 c. 3 bis D.Lgs. 127/2015, Provv. AE 30 aprile 2018 n. 89757, Provv. AE 23 dicembre 2021 n. 374343, Circ. AE 13 luglio 2022 n. 26/E) Per le cessioni di beni e i servizi effettuati e ricevuti verso e da soggetti UE (ed extra UE), anche se identificati in Italia, i soggetti residenti o stabiliti devono alternativamente emettere: 65525
– la **fattura elettronica** tramite SdI (incluse autofatture e integrazioni nel caso degli acquisti), seguendone in tal caso integralmente le norme in materia di trasmissione e conservazione di cui al n. 52740 e s. con le particolarità di seguito indicate (n. 65526 e s.); o,
– la fattura in **formato analogico e** comunque trasmettere tramite SdI i relativi dati all'AE (con le modalità di cui al punto precedente).
Sono **esclusi i soggetti** esonerati dalla fattura elettronica (v. n. 52743, Circ. AE 17 giugno 2019 n. 14/E).
Devono essere trasmesse tutte le **operazioni** documentate da fattura, anche se non territorialmente rilevanti salvo l'esclusione di seguito indicata (Risp. AE 27 marzo 2019 n. 85), e con tutte le **controparti** non residenti, soggetti passivi o meno.
Sono **escluse** le operazioni:
– documentate da **dichiarazione doganale** (importazioni ed esportazioni);
– **tax free**, ossia le vendite a viaggiatori extra UE (v. n. 66108 e s.);
– relative ad **acquisti** di beni e servizi **non rilevanti territorialmente** in Italia **ai sensi degli** artt. 7 bis-7 octies DPR 633/72) **di importo** non superiore a 5.000 € per singola operazione (art. 1 c. 3 bis D.Lgs 127/2015).

ESEMPIO
La società italiana X cede della merce con consegna in Italia a favore, rispettivamente, della società Y, francese con S.O. in Italia, e della società Z, tedesca identificata in Italia (direttamente o tramite rappresentante fiscale). La cessione a Y va documentata con fattura elettronica, mentre quella a Z può essere anche documentata con fattura cartacea inviandone i dati tramite SdI.

Rimane inalterato l'obbligo dell'**Intrastat** (Faq AE novembre 2018).

65526 **Compilazione fattura elettronica** Per le fatture elettroniche emesse tramite SdI nei confronti di clienti esteri è necessario rispettare, oltre alle regole ordinarie (ad es. per i tipi documento v. n. 52748) le seguenti regole particolari (per una dettagliata disamina di tutti i casi vedi anche la Guida AE alla compilazione FE ed esterometro vers. 1.8):
– «Codice destinatario»: inserire la sequenza di 7 caratteri «XXXXXXX» per acquirenti extra UE, «0000000» per acquirenti UE;
– «IdPaese»: il codice ISO del Paese estero dell'acquirente;
– «CAP»: il valore «00000» (5 zeri);
– «Partita IVA»: per gli acquirenti esteri privati il codice «0000000» (7 zeri), per acquirenti UE dotati di partita IVA, la partita IVA, per gli altri il codice «OO99999999999»;
– «Id Codice» e «Codice fiscale»: in entrambi un valore alfanumerico libero che identifichi l'acquirente (non sottoposto a controlli);
– «Natura IVA»: il codice N2.1 - non soggetto (art. da 7 a 7 septies DPR 633/72).

ESEMPIO
L'acquisto da un fornitore UE di **auto usate in regime del margine**, come tale territorialmente non rilevante in Italia, deve essere trasmesso da parte dell'acquirente italiano, utilizzando codice natura IVA N2.2 con tipo documento TD19 (Risp. AE Telefisco 26 gennaio 2023).

65527 **Modalità e termini trasmissione dati fatture** A partire dalle operazioni effettuate dal 1° luglio 2022 la comunicazione trimestrale è stata sostituita dall'obbligo di trasmissione **per singola operazione** dei dati tramite SdI (art. 5 c. 14 ter DL 146/2021 conv. in L. 215/2021), seguendo le specifiche tecniche definite nell'allegato al Provv. AE 23 dicembre 2021 n. 374343. I dati da trasmettere sono quelli richiesti per l'emissione della fattura elettronica tramite SdI. Per semplificare è consentito compilare il campo **descrizione** (2.2.1.4) con la parola «BENI», «SERVIZI» o «BENI E SERVIZI», a seconda del caso, rinviando alla descrizione contenuta nella fattura (Circ. AE 13 luglio 2022 n. 26/E).
Le **scadenze** per la trasmissione tramite SdI sono rispettivamente per le operazioni:
– attive: entro i termini di emissione delle fatture;
– passive: entro il 15° giorno del mese successivo al ricevimento del documento o di effettuazione dell'operazione.
Le operazioni trasmesse sono incluse nel calcolo per assolvere l'**imposta di bollo** in modo virtuale, compilando il relativo campo (2.1.1.6.1).
Per la **conservazione** è possibile aderire al servizio gratuito di conservazione messo a disposizione dall'AE.

65530 **DICHIARAZIONE ANNUALE** (art. 48 c. 2 DL 331/93) Le operazioni IC devono essere **distintamente** indicate in sede di dichiarazione annuale nel quadro VA, oltre che riportate insieme alle altre operazioni nei quadri VE (operazioni attive) e VF (operazioni passive).

Anche i soggetti che effettuano esclusivamente **operazioni esenti**, teoricamente esonerati dall'obbligo di dichiarazione annuale (v. n. 56415), se hanno annotato nei propri registri operazioni IC, devono comunque presentarla.

65532 **LIQUIDAZIONI E VERSAMENTI** Per le liquidazioni, i versamenti e i rimborsi dell'imposta si rinvia alle regole generali (v. n. 55100 e s.).

CAPITOLO 2

Operazioni extracomunitarie

SOMMARIO

Nel presente capitolo sono trattate, evidenziando i tratti caratteristici, le operazioni che partono dal territorio italiano e sono destinate a territori extra UE e viceversa: le esportazioni e le importazioni. **66000**
Per i relativi adempimenti, compresi fatturazione, registrazione, dichiarazione, liquidazioni e versamenti, ove manchi una specifica trattazione, valgono le regole generali a cui si fa rinvio (v. n. 52000 e s.).

SEZIONE 1

Importazioni

(art. 67 e s. DPR 633/72)

L'introduzione in Italia **di beni originari** da Paesi o territori extra UE (e non già immessi in libera pratica in altro Paese UE), **da chiunque** effettuata (imprenditore, professionista, privato, ente non commerciale, ecc.), **mediante** una delle operazioni doganali tassativamente determinate, costituisce una importazione **imponibile** in Italia. **66002**
Sono da considerare extra UE anche i Paesi e territori considerati esclusi dalla UE di cui al n. 43010.

IMPORTAZIONI IMPONIBILI (art. 67 c. 1 DPR 633/72) Sono imponibili le seguenti operazioni doganali: **66010**
a) immissione in libera pratica: introduzione in Italia di beni extra UE, assolti gli obblighi doganali e pagati i dazi;
b) perfezionamento attivo: introduzione in Italia di beni extra UE destinati a riesportazione dopo aver subìto in Italia trattamenti di perfezionamento (sulla base di contratti d'opera, d'appalto e simili), ad esempio mediante temporanea importazione con sospensione dei dazi e dell'IVA (la **mancata riesportazione** configura importazione di merci equivalenti, con stessa qualità e caratteristiche di quelle temporaneamente importate);
c) immissione temporanea in esenzione parziale dei dazi doganali: utilizzazione nel territorio doganale UE di taluni beni extra UE, indicati nel Codice Doganale dell'Unione, destinati ad essere riesportati senza subire modifiche, salvo normale deprezzamento dovuto all'utilizzo. Costituisce importazione l'operazione per la quale non è prevista l'esenzione totale dei dazi all'importazione;
d) immissione in consumo in Italia di beni provenienti dal Monte Athos, dalle isole Canarie e dai Dipartimenti francesi d'oltremare;
e) reintroduzione di beni precedentemente esportati fuori dalla UE, con le eccezioni di cui al n. 66017;
f) reimportazione, da parte dello **stesso soggetto** che li aveva temporaneamente esportati o da un terzo per suo conto, di beni UE che, fuori dalla UE, hanno formato oggetto delle seguenti operazioni:
I. perfezionamento (passivo) e cioè:
– trasformazione in prodotti aventi caratteristiche chimiche, fisiche od organolettiche diverse da quelle delle merci temporaneamente esportate;

– lavorazione non rientrante nel precedente punto, compresi il montaggio, l'assiemaggio e l'adattamento ad altre merci;
– riparazione, compresi il riattamento e la messa a punto;
– altri trattamenti non compresi nei punti precedenti;
II. riparazione gratuita per obblighi di garanzia o per difetti di fabbricazione;
III. destinazione al traffico internazionale, di veicoli, contenitori, recipienti, strumenti, apparecchi, attrezzi, macchine, prodotti, materiali di ogni genere e di bestiame destinati ad essere reimportati tal quali (per esempio per campioni, studio, manifestazioni, fiere, ecc.).

66014 **IMPORTAZIONI NON SOGGETTE** (art. 68 DPR 633/72) Per allineare la tassazione delle importazioni alle agevolazioni previste dalla normativa interna, non sono soggette ad IVA le seguenti importazioni di:
– beni da parte di «**esportatori abituali**»;
– beni relativi a **servizi internazionali** e ad **operazioni assimilate** alle esportazioni;
– **campioni gratuiti** di modico valore appositamente contrassegnati;
– beni la cui cessione è **esente** da imposta (v. n. 40260 e s.). Per le operazioni concernenti l'**oro da investimento**, è richiesta un'attestazione dei requisiti di cui al n. 40755 da allegare alla dichiarazione doganale;
– beni agevolati in virtù di trattati e **accordi internazionali**, ad esempio gli acquisti di sedi diplomatiche e consolari, organismi militari, organizzazioni internazionali e dall'istituto universitario europeo (art. 72 DPR 633/72);
– **navi, aeromobili**, satelliti e altri beni ad essi connessi, previa dichiarazione scritta all'AD, attestante il diritto e la norma per la non imponibilità IVA (Ris. Min. 23 marzo 1979 n. 410515);
– **beni donati** ad enti pubblici o ad associazioni riconosciute o fondazioni aventi esclusivamente finalità di assistenza, beneficenza, educazione, istruzione, studio o ricerca scientifica, nonché di beni donati a favore delle popolazioni colpite da calamità naturali o catastrofi;
– **pubblicazioni estere** effettuate da **biblioteche universitarie** (art. 3 c. 7 DL 90/90);
– **prodotti della pesca**, allo stato naturale o dopo operazioni di conservazione ai fini della commercializzazione, ma prima di qualsiasi consegna, effettuate nei porti dalle imprese di pesca marittima (art. 10 c. 27 sexies DPR 633/72);
– altri prodotti **estratti dal mare** da navi italiane, compresi quelli lavorati a bordo di navi officina (Circ. Min. 19 dicembre 1972 n. 874);
– **prodotti del suolo**, della pastorizia, dell'**allevamento** e delle **attività estrattive** ottenuti nei territori extra doganali di Livigno e di Campione d'Italia, anche se trasformati o lavorati nei territori stessi, e prodotti ottenuti dallo sfruttamento della piattaforma continentale (Circ. Min. 19 dicembre 1972 n. 874);
– **gas** mediante un sistema di gas naturale o una rete connessa, o immesso da una nave adibita al trasporto di gas in un sistema di gas naturale o in una rete di gasdotti a monte;
– **energia** elettrica, calore o freddo mediante reti di riscaldamento o di raffreddamento.

66017 La **reintroduzione** di beni precedentemente esportati fuori della UE **è non soggetta se**:
– i beni non hanno subito lavorazioni;
– gode della franchigia doganale (cioè se avviene entro 3 anni dall'esportazione);
– è effettuata dallo stesso soggetto che aveva esportato i beni.
Il caso classico consiste nella restituzione in Italia di merci in precedenza esportate, ad esempio **beni difettosi rifiutati** dal destinatario.

66020

Emergenza Covid-19
Le importazioni di **strumentazione diagnostica in vitro** e **vaccini** sono esenti con diritto a detrazione fino al 31 dicembre 2022 a partire dal 1° gennaio 2023 sono soggette alle aliquote indicate al n. 46770 (Circ. AD 14 febbraio 2023 n. 5/D).

66032 **REGOLE DI IMPOSIZIONE** (artt. 69, 70 DPR 633/72) Generalmente, per ciascuna importazione l'IVA è accertata, liquidata e riscossa in dogana.
Il **debitore d'imposta** è il proprietario della merce e, solidalmente, tutti coloro per conto dei quali la merce è stata importata. È considerato **proprietario** della merce colui che la presenta in dogana, ovvero che la detiene al momento dell'entrata nel territorio doganale (art. 56 c. 2 DPR 43/73).
Le importazioni non sono soggette a **trasmissione telematica** dei dati (di cui al n. 38650), in quanto oggetto di dichiarazione doganale (art. 9 Provv. AE 30 aprile 2018 n. 89757).

La determinazione del momento impositivo e il calcolo della base imponibile hanno regole specifiche, per il resto (esenzione, aliquote ...) si applicano le regole interne.

> **Precisazioni** 1) L'IVA all'importazione **non rappresenta un tributo distinto e autonomo** dall'IVA interna; infatti il sistema delle importazioni è per sua natura incardinato in quello generale dell'IVA, pur essendo diverso il meccanismo di funzionamento ed essendo applicabili numerosi principi previsti dal diritto doganale (C.Giust. UE 17 luglio 2014 C-272/13, C.Giust. CE 25 febbraio 1988 C-299/86, Cass. 8 settembre 2015 n. 17814, Cass. 29 luglio 2015 n. 16109).
> 2) Per le modalità di applicazione dell'IVA ai **beni soggetti alle accise** vedi MIVA (Ris. AE 28 ottobre 2011 n. 103/E).
> 3) La **riscossione** dell'imposta può anche essere **sospesa**, nei casi in cui il bene non sia destinato immediatamente all'immissione in consumo (v. n. 66055).
> 4) Nel caso della **rappresentanza indiretta**, tipicamente quello dello spedizioniere doganale che presenta la dichiarazione di importazione per conto dell'importatore, se il presupposto impositivo dell'IVA non coincide con quello dei dazi (es. se i beni sono stati introdotti in un deposito IVA e quindi l'IVA deve essere assolta all'estrazione), lo spedizioniere non è responsabile per il mancato assolvimento dell'IVA (Cass. 24 settembre 2019 n. 23674). Secondo la Corte di Giustizia il rappresentante indiretto è in ogni caso **responsabile** solo per l'obbligazione doganale, che include i dazi, ma non l'IVA (C.Giust. UE 12 maggio 2022 C-714/20, Cass. 27 luglio 2022 n. 23526).
> 5) Nel caso di **furto** dopo l'ingresso nel territorio nazionale, l'IVA sull'importazione resta dovuta, diversamente dai casi di perdita (dispersione, distruzione ecc.) che determinano la definitiva fuoriuscita dal circuito commerciale (Cass. 10 novembre 2021 n. 32978).

Momento impositivo Si verifica quando è presentata in dogana la dichiarazione di importazione, anche in relazione a beni di cui non si ha ancora la proprietà (es. consignment stock, v. n. 67240). 66034

Base imponibile È costituita dal **valore** dei beni importati, determinato secondo le disposizioni in materia **doganale** (vedi MIVA), cui si devono aggiungere: 66037
- i **diritti doganali** dovuti (es. dazi, accise), ad eccezione dell'IVA;
- le **spese d'inoltro** (di trasporto, di commissione, di assicurazione, d'imballaggio e le altre prestazioni accessorie previste contrattualmente) fino al luogo di destinazione all'interno della UE. Per luogo di destinazione s'intende quello che risulta dal documento di trasporto sotto la cui scorta i beni sono importati.

I corrispettivi, le spese e gli oneri espressi in **valuta estera** debbono essere computati secondo il **cambio del giorno** in cui è stata effettuata l'operazione, se indicato in fattura, altrimenti secondo il cambio della data della fattura. In mancanza, rileva il cambio del giorno antecedente più vicino (art. 13 c. 4 DPR 633/72). 66038
È inoltre possibile applicare **a tutte le operazioni effettuate nell'anno solare** il tasso di cambio pubblicato dalla Banca centrale europea.

La base imponibile di **beni reimportati** ammonta: 66039
- per le **riparazioni gratuite**: al valore delle parti eventualmente aggiunte;
- per il **perfezionamento passivo**: solo al valore dei beni e servizi forniti dal prestatore straniero (fattura del prestatore straniero aumentato dei diritti doganali dovuti per la reimportazione e le spese d'inoltro sino al luogo di destinazione nel territorio doganale).

> **Precisazioni** 1) **L'IVA sulla lavorazione** (perfezionamento passivo) va corrisposta al momento di effettuazione della lavorazione con emissione di autofattura o integrazione della fattura del fornitore. All'atto della reimportazione va dimostrato l'avvenuto assolvimento e dall'IVA calcolata in dogana è sottratta l'imposta già assolta. Se l'assolvimento dell'IVA non è dimostrato, l'IVA è versata in dogana; in questo caso, va emessa l'autofattura con la dizione, in luogo dell'IVA: «IVA assolta in dogana con documento doganale n. XY» (Circ. AE 29 luglio 2011 n. 37/E).
> 2) Le modalità operative riguardanti la dichiarazione doganale e i codici tributo per il pagamento e/o la compensazione dell'IVA, sono illustrate nella Nota AD 7 settembre 2011 n. 54819.

Per le cessioni di beni vincolati al regime della **temporanea importazione**, la base imponibile è costituita dal corrispettivo della cessione diminuito del valore accertato dall'AD all'atto della temporanea importazione (art. 13 c. 2 lett. e DPR 633/72). 66042

Beni di valore fino a 150 € (art. 70.1 DPR 633/72 introdotto dal D.Lgs. 83/2021) Per le importazioni **destinate a privati consumatori in UE** di valore intrinseco, cioè al netto dei costi accessori (trasporto, ecc.), non superiore a 150 €, l'IVA può essere assolta con uno dei seguenti **regimi**: 66044

1. regime IOSS (import one stop shop), che consente di riscuotere direttamente dall'acquirente finale, dichiarare e versare, con cadenza mensile, l'IVA all'importazione (sistema analogo all'OSS di cui al n. 65318);
2. gli operatori postali e i corrieri potranno avvalersi di un apposito regime speciale gestito dall'AD, nel caso in cui non venga utilizzato il regime IOSS e i beni siano immessi in libera pratica nello Stato membro nel quale termina la spedizione o il trasporto.

66047 **DETRAZIONE** È legittimato a detrarre l'IVA solo il **destinatario** dei beni importati impiegati nella propria attività di impresa, non gli intermediari (Risp. AE 1° ottobre 2021 n. 644, Risp. AE 13 gennaio 2020 n. 4). La detrazione va operata secondo le regole generali, con le seguenti particolarità:
– ai fini dell'**inerenza**, non è necessario che l'importatore abbia acquistato la proprietà dei beni importati (es. noleggio), essendo sufficiente che abbia assolto l'IVA in dogana e che il bene importato sia impiegato nell'esercizio dell'attività imprenditoriale o professionale (Risp. AE 4 agosto 2022 n. 410, Cass. 23 maggio 2001 n. 7016);
– il **diritto** alla detrazione **spetta**, se l'IVA è stata assolta dal soggetto come da dichiarazione doganale, anche se non è ancora avvenuto il pagamento;
– il diritto **sorge** all'atto dell'accettazione della dichiarazione da parte dell'AD (Ris. AE 18 aprile 2008 n. 161/E) e può essere esercitato appena in possesso del prospetto di riepilogo della dichiarazione doganale messo a disposizione dell'AD (modello approvato con Determinazione AD 3 giugno 2022 n. 234367), a conclusione dello svincolo delle merci, previa annotazione della dichiarazione doganale nel registro acquisti, entro i termini di cui al n. 48220;
– in caso di **rettifica della dichiarazione doganale** a seguito di una revisione dell'accertamento, l'importatore detrae la maggiore IVA secondo le disposizioni di cui al n. 48337 e s.

La detrazione (come l'eventuale richiesta di rimborso) pertanto **non spetta** agli intermediari, incaricati dall'effettivo importatore per le operazioni di sdoganamento (es. spedizionieri), né di trasporto (C.Giust. UE 25 giugno 2015 C-187/14).

66052 **VARIAZIONI** Occorre distinguere, per quelle in:
– **aumento**, l'importatore deve chiedere in dogana la revisione dell'accertamento del valore delle merci;
– **diminuzione**, con restituzione della merce, l'importatore realizza un'esportazione; se la merce non viene resa si ha solo una rettifica di natura contabile.

66055 **IMPORTAZIONI IN SOSPENSIONE D'IMPOSTA** (art. 67 c. 2 bis e 2 ter DPR 633/72)
Il pagamento dell'IVA può essere sospeso nel caso d'immissione di beni in regime di **temporanea importazione** in quanto oggetto di lavorazione in Italia.

66059 Il pagamento dell'IVA può anche essere sospeso nel caso di **destinazione dei beni** a proseguire **verso un altro Stato membro**, eventualmente dopo l'esecuzione di manipolazioni previamente autorizzate dall'AD, in virtù di una cessione intracomunitaria (c.d. «**Regime 42**»). In questo caso l'imposta è dovuta nel Paese UE di destinazione, a **condizione** che l'importatore rispetti i seguenti adempimenti:
a) dichiarare che i beni che intende importare sono destinati a una successiva cessione intracomunitaria, nonché **impegnarsi** ad assolvere l'imposta se detta cessione non viene effettuata e il bene viene immesso in consumo in Italia;
b) indicare nella casella 44 della dichiarazione doganale (Nota AD 1° aprile 2014 n. 3540) il numero di **partita IVA**:
– **proprio**, preceduto dal codice certificato Y040, o quello del rappresentante fiscale preceduto dal codice Y042;
– dell'**acquirente** debitore d'imposta stabilito nello Stato UE di immissione in consumo preceduto dal codice Y041.
È inoltre possibile indicare nella casella 44, con il codice Y044, il **contratto di trasporto** che può essere richiesto dall'AD insieme ad altre prove dell'effettivo trasferimento delle merci in un altro Stato UE (elenco Intrastat delle cessioni intracomunitarie dal quale risulti distintamente indicata la destinazione, Circ. Min. 17 aprile 1993 n. 120).

SEZIONE 2

Esportazioni

La cessione di un bene **trasportato** o **spedito fuori dal territorio UE,** costituisce una esportazione non imponibile. 66072
Si usa distinguere le esportazioni effettuate a cura o a nome del fornitore (c.d. «**dirette**») da quelle effettuate a cura o a nome dell'acquirente (c.d. «**indirette**»). Tra queste ultime sono infine trattate le vendite ai **viaggiatori stranieri** e gli invii di beni per iniziative di cooperazione a fini umanitari.

Si usa qualificare come «indirette» anche le cessioni effettuate ad esportatori abituali, per le quali si rinvia al successivo capitolo (n. 67002).

I. Esportazioni del fornitore

(art. 8 c. 1 lett. a DPR 633/72)

Le c.d. esportazioni «dirette» si realizzano con la cessione di un bene trasportato o spedito fuori dal territorio UE a seguito di trasferimento del diritto di proprietà o di altro diritto reale di godimento, effettuate **a cura** o **a nome del** fornitore italiano. 66084
Possono effettuarsi anche tramite **commissionari** del fornitore, nel qual caso la cessione al commissionario è considerata anch'essa come esportazione non imponibile.
La cessione può avere ad oggetto oltre che beni allo stato originario anche beni che, su incarico dell'acquirente, hanno formato oggetto di **lavorazione**, trasformazione, montaggio, assiemaggio o adattamento ad altri beni, da parte del venditore o di un terzo.
Rientrano tra le esportazioni anche:
- le cessioni di beni prodotti in virtù di un **contratto d'appalto** (Circ. Min. 3 agosto 1979 n. 26/411138, Ris. Min. 26 maggio 2000 n. 72/E);
- gli invii all'estero di beni **a titolo gratuito** (Ris. Min. 4 novembre 1986 n. 416596);
- l'invio dei beni in Paesi extra UE in **regime franco valuta** per essere **successivamente ceduti** ad un cliente extra UE, a patto che l'operazione sia stata concepita fin dall'inizio nella sua rappresentazione documentale come trasferimento della proprietà dei beni all'estero (annotazione nel registro alla spedizione dei beni all'estero e riporto del relativo riferimento nella fattura al momento della consegna del bene all'acquirente). L'esportazione si realizza all'atto del prelievo dal deposito per la consegna al cliente extra UE (Risp. AE 3 agosto 2020 n. 238, Ris. AE 13 dicembre 2013 n. 94/E);
- le cessioni di beni impiegati nel **mare territoriale** per la costruzione, riparazione, manutenzione, equipaggiamento, collegamento e rifornimento delle piattaforme di perforazione (art. 8 c. 5 DPR 633/72);
- le cessioni di beni ottenuti da lavorazione di merci acquistate in **regime di temporanea importazione** (c.d. perfezionamento attivo) (Ris. Min. 20 agosto 1998 n. 109/E).

REGOLE D'IMPOSIZIONE Le esportazioni di beni sono cessioni **non imponibili** per il fornitore italiano, ossia non scontano IVA italiana. 66087
Esse tuttavia rientrano nel volume d'affari, sono soggette a tutti gli **obblighi** previsti dalla legge IVA in materia di fatturazione, registrazione, dichiarazione e danno diritto alla detrazione o al rimborso dell'IVA assolta sugli acquisti oltre a generare plafond (salvo quelle a titolo gratuito, v. n. 67012).

In quanto oggetto di dichiarazione doganale, le esportazioni sono escluse dall'obbligo della **fatturazione elettronica** o trasmissione elettronica dei dati tramite SdI (di cui al n. 65525 e s.).

PROVA DELL'ESPORTAZIONE Il regime di non imponibilità è subordinato alla **dimostrazione**, da parte dell'esportatore, dell'effettiva esportazione dei beni, la quale può avvenire anche molto tempo dopo il passaggio di proprietà (Ris. AE 1° dicembre 2008 n. 456/E). 66089
Con la generalizzazione della **dichiarazione doganale telematica**, mediante l'applicazione del Sistema Comunitario di Controllo Automatizzato all'Esportazione (ECS), la prova dell'espor-

tazione è data da un messaggio informatico trasmesso dalla dogana di uscita alla dogana di esportazione e registrato nella base dati del sistema informativo doganale nazionale (AIDA). Alla presentazione della dichiarazione doganale, l'AD consegna al dichiarante il Documento di Accompagnamento Esportazione (DAE) con riportati gli estremi dell'MRN, cioè del numero elettronico di riferimento della dichiarazione stessa, che ha la funzione di «accompagnare la merce» dalla dogana di esportazione alla dogana di uscita. Effettuate le formalità di uscita, l'ufficio doganale di uscita invia telematicamente alla dogana di esportazione il messaggio «risultati di uscita» al più tardi il giorno lavorativo successivo (Nota AD 27 giugno 2007 n. 3945).
In definitiva, se dalla verifica effettuata dall'esportatore mediante lo specifico **MRN** risulta chiuso (cioè l'uscita dei beni dal territorio comunitario è conclusa), le fatture ad esso associate sono da considerarsi vistate ai fini della non imponibilità IVA (Circ. AD 11 maggio 2011 n. 16/D).

> **Precisazioni** 1) Il messaggio di uscita è inviato a titolo informativo anche **all'esportatore** ma tale invio non rileva per la prova dell'uscita delle merci (rileva solo il dato contenuto nel sistema informativo dell'AD consultabile tramite la digitazione dell'MRN assegnato al momento dell'accettazione della dichiarazione doganale).
> 2) In caso di **fatturazione differita**, il DdT deve contenere, oltre ai dati soliti (v. n. 53980), anche la destinazione estera dei beni e l'indicazione del tipo di operazione (esportazione, esportazione tramite commissionario, esportazione triangolare).

66091 Nel caso di **esportazione franco valuta con successiva cessione** (v. n. 66084), il collegamento tra i beni inviati in franco valuta e quelli ceduti può essere dimostrato con:
– annotazione in un apposito registro, delle spedizioni dei beni all'estero, riportando per ciascuna annotazione gli estremi del documento di esportazione;
– indicazione nella fattura di vendita, emessa al momento della consegna dei beni all'acquirente, della corrispondente annotazione del registro relativa ai medesimi prodotti.

66092 **ACCONTI** I pagamenti **parziali** (acconti) o **totali** incassati prima della spedizione sono non imponibili, purché sussista la prova (contratto, scambio di corrispondenza, termini e modalità di consegna, ecc.) che i beni siano destinati ad uscire dalla UE (Cass. 22 maggio 2015 n. 10606).
In proposito deve essere osservata la seguente **procedura** (Ris. Min. 7 settembre 1998 n. 125/E):
– al **momento** dell'**incasso** di ciascun pagamento, deve essere **emessa** e **registrata** la **fattura** non imponibile;
– al momento della **spedizione** all'estero della merce, deve essere emessa una **fattura riepilogativa** non imponibile, contenente l'indicazione del prezzo complessivo pattuito nonché gli estremi (anche di registrazione) di tutte le fatture emesse in relazione all'incasso dei pagamenti parziali. Quando il prezzo pattuito sia già stato integralmente corrisposto, la fattura in argomento non deve contenere alcun addebito di corrispettivo. Se, invece, è stato corrisposto parzialmente, la fattura deve contenere l'addebito del solo conguaglio;
– la **fattura riepilogativa** deve essere **registrata** e concorre alla determinazione del **volume d'affari limitatamente** all'eventuale saldo del corrispettivo. Se è già stato fatturato in precedenza l'intero corrispettivo, essa non concorre alla determinazione del volume d'affari e deve essere annotata in separata colonna del registro, appositamente contrassegnata (essa assolve la sola funzione di documentazione dell'operazione ai fini doganali).

66097 **OPERAZIONI TRIANGOLARI** Nel caso un fornitore italiano ceda un bene ad un'altra impresa italiana (prima cessione), la quale lo rivende ad un acquirente extra UE (seconda cessione), con **trasporto diretto** dal fornitore all'acquirente finale in territorio extra UE, a cura del fornitore o di un terzo per suo conto, entrambe le cessioni costituiscono **esportazioni** non imponibili.
Nel tempo si sono consolidati i seguenti orientamenti:
– per l'AE il trasporto può essere effettuato sia a cura del fornitore residente, sia a cura dell'acquirente extra UE e sia a cura di un vettore incaricato dal fornitore residente o, su mandato di quest'ultimo, dal cedente residente o dall'acquirente extra UE, come nel caso di vendita operata con clausola «franco partenza» (Ris. AE 13 maggio 2010 n. 35/E);
– la giurisprudenza è arrivata ad affermare che un'operazione triangolare, per essere non imponibile, presuppone soltanto che, fin dalla sua origine e nella sua rappresentazione documentale, sia stata voluta come cessione nazionale in vista del trasporto a un acquirente

residente all'estero (Cass. 2 dicembre 2014 n. 25527, Cass. 25 giugno 2014 n. 14405, Cass. 25 marzo 2011 n. 6898).

> Se in una operazione triangolare la seconda cessione non è immediata (es. consignment stock v. n. 67240) la triangolazione non si realizza e la prima cessione è soggetta ad IVA (Ris. AE 23 gennaio 2009 n. 17/E).

Poiché la prima cessione avviene tra soggetti residenti essa è soggetta all'obbligo di **fatturazione elettronica** tramite SdI). **66098**

Nelle operazioni triangolari la **prova dell'effettiva esportazione** deve essere fornita non solo dal fornitore ma anche dal cedente residente. In entrambi i casi si tratta del messaggio della dogana di uscita rintracciabile tramite MRN (v. n. 66089). **66100**

INVIO ALL'ESTERO PER LAVORAZIONE (Circ. Min. 15 luglio 1999 n. 156/E) Per evitare gli adempimenti doganali derivanti dal regime di temporanea esportazione, come l'autorizzazione dell'AD, è possibile effettuare un'**esportazione definitiva senza passaggio di proprietà** dei beni da sottoporre a perfezionamento passivo. Gli effetti IVA dell'operazione risultano così rinviati al momento del rientro dei beni (importazione definitiva sul valore globale). **66101**

Ai fini del superamento della **presunzione di cessione sono utilizzabili alternativamente**:
- un **lista valorizzata** su carta intestata da annotare in apposito registro;
- un **documento di trasporto**, da conservare con idoneo corredo documentale (documenti di trasporto, doganali o contabili), senza registro.

La documentazione presentata dall'esportatore per l'esportazione **definitiva**, deve contenere la dicitura: «Non valida ai fini dell'art. 8 DPR 633/72».

II. Esportazioni dell'acquirente

(art. 8 c. 1 lett. b DPR 633/72)

ESPORTAZIONI DELL'ACQUIRENTE CON CONSEGNA IN ITALIA Le c.d. esportazioni «indirette», si realizzano con la cessione di beni consegnati in Italia a cessionari non residenti non stabiliti in Italia, alle seguenti **3 condizioni**: **66104**
- trasporto o spedizione **fuori dal territorio UE** dal cessionario non residente o da terzi per suo conto;
- **nello stato originario di acquisto**, risultante dalla fattura emessa dal cedente (non sono ammesse operazioni di perfezionamento);
- **non tramite commissionari**.

Il termine **di 90 giorni** previsto dalla norma per il trasporto fuori dalla UE non è perentorio: a condizione che il trasporto si sia concretamente verificato, anche oltre i 90 gg, l'operazione rimane non imponibile (C.Giust. UE 19 dicembre 2013 C-563/12). Se nel frattempo è stata applicata l'IVA, è possibile recuperarla con nota di variazione ed istanza di rimborso (Ris. AE 10 novembre 2014 n. 98/E).

Rilevano gli stessi obblighi previsti per le esportazioni del fornitore (v. n. 66089 e s.), salvo che la **prova dell'effettiva esportazione**, è costituita dalla vidimazione dell'AD sulla fattura (in quanto il documento doganale resta al cessionario non residente). **66107**

Tuttavia, in caso di **furto** prima dell'esportazione, la mancanza della vidimazione non determina l'imponibilità della cessione, in quanto al furto è riconosciuta la causa di forza maggiore (Cass. 6 dicembre 2001 n. 15445).

ESPORTAZIONI DEL VIAGGIATORE EXTRA UE (art. 38 quater DPR 633/72) Si tratta di cessioni a soggetti domiciliati o residenti fuori dalla UE, durante il soggiorno in Italia, di beni: **66108**
- da trasportare fuori dalla UE nel **bagaglio** personale;
- destinati al **consumo personale** o familiare, **privi di** qualsiasi **interesse commerciale** (Ris. Min. 11 aprile 1997 n. 58/E);

– di **importo minimo** complessivo, comprensivo di IVA e risultante da un'unica **fattura**, superiore a 154,94 euro (art. 48 Reg. UE 282/2011).

Non rilevano ai fini della generazione di **plafond** dell'esportatore abituale.

66110 Per la disapplicazione dell'IVA è **obbligatoria** l'emissione della fattura in formato elettronico sull'apposita piattaforma informatica Otello 2.0 (software e istruzioni sul sito dell'AD) e il rispetto della seguente procedura (art. 4 bis DL 193/2016 conv. in L. 225/2016, Determinazione AD 22 maggio 2018 n. 54088, Nota AD 22 maggio 2018 n. 54505):
1) il **fornitore** emette su Otello 2.0 la fattura che **deve includere** gli estremi del documento di riconoscimento dell'acquirente (Risp. AE 2 aprile 2019 n. 93), evitando così la trasmissione dati fatture di cui al n. 65525 e
2) consegna all'acquirente la fattura (Risp. AE 19 luglio 2021 n. 485) e il codice che certifica l'operazione;
3) l'**acquirente** extra UE trasporta i beni fuori della UE **entro** il 3° mese successivo alla cessione, e
4) prova l'uscita dei beni con un codice di visto digitale generato dal sistema Otello 2.0, **entro** il 4° mese successivo a quello di effettuazione dell'operazione.
Se non riceve il visto, il **fornitore**, entro il mese successivo, deve procedere alla regolarizzazione tramite emissione di variazione in aumento di sola IVA (v. n. 56810), che deve essere emessa su Otello 2.0 con il riferimento alla singola fattura originaria, senza possibilità di soluzioni cumulative (Ris. AE 11 giugno 2019 n. 58/E).

Per le uscite di beni effettuate tramite **un altro Stato UE**, la prova segue le regole ivi vigenti.

66111 Nel caso la cessione sia stata effettuata **con applicazione dell'IVA**, il fornitore deve rimborsare l'imposta all'acquirente, a condizione che i beni siano stati trasportati fuori dal territorio UE e la prova dell'uscita sia stata fornita entro i termini sopraindicati. Il fornitore ha diritto a recuperare l'imposta rimborsata mediante variazione in diminuzione da annotare sul registro degli acquisti, anche cumulativamente, a condizione di garantirne la riconducibilità alla cessione originaria (Ris. AE 10 luglio 2019 n. 65/E).

66112 La procedura può essere eseguita da **società (c.d. «Tax Free») specializzate** iscritte in apposito albo, che si frappongono fra il commerciante e l'acquirente extra UE, anticipando l'IVA a quest'ultimo (che cede il relativo credito) e trasmettendo ai commercianti i documenti e visti necessari.
Per tale servizio le società Tax Free **percepiscono dai commercianti** un compenso imponibile a IVA (Ris. Min. 9 novembre 2000 n. 168/E), e dagli **acquirenti extra UE** un compenso non imponibile (Ris. Min. 5 maggio 1998 n. 37/E).
L'eventuale **riaddebito del costo** per contributo di servizio effettuato dal negoziante nei confronti dell'acquirente è un corrispettivo di una prestazione accessoria all'operazione principale (cessione del bene), quindi è non imponibile (Ris. Min. 9 novembre 2000 n. 168/E).

66114 **ESPORTAZIONI PER FINI UMANITARI** (art. 8 c. 1 lett. b bis DPR 633/72, DM 10 marzo 1988 n. 379) Una categoria particolare di esportazione è rappresentata dalle forniture di beni e relative prestazioni accessorie effettuate per realizzare iniziative per la cooperazione con Paesi in via di sviluppo alle **Amministrazioni dello Stato** ed **ONG** riconosciute (elenco disponibile su sito internet del Ministero degli affari esteri), le quali provvedono **entro** 180 giorni (termine non perentorio v. n. 66104) al trasporto di beni, anche tramite vettori incaricati, in Paesi in via di sviluppo o vittime di grandi calamità. Tali operazioni sono non imponibili, a condizione che tali organismi rilascino apposita dichiarazione sulla destinazione estera di tali beni ai fornitori o alla dogana in caso di importazione, e conservino i relativi documenti di importazione.
Il **soggetto che dona** i beni emette:
– autofattura indicando il valore normale dei beni e apponendo la dicitura «cessione gratuita ai sensi dell'art. 2 n. 4 DPR 633/72 effettuata alla pubblica amministrazione per aiuti destinati ai Paesi in via di sviluppo, operazione non imponibile ai sensi dell'art. 8 c. 1 lett. b bis DPR 633/72»; o,
– fattura con la **dicitura** «operazione non imponibile ai sensi dell'art. 8 c. 1 lett. b bis DPR 633/72» e, per quelle emesse nei confronti di ONG riconosciute, gli estremi del provvedimento di riconoscimento.

Il **fornitore** è esonerato dalla **responsabilità** se la destinazione estera dei beni forniti risulta indicata sul documento di trasporto (c.d. DdT) e sulla relativa fattura. 66115
La **prova** dell'avvenuta esportazione dei beni acquistati è data dalla documentazione doganale. Per le esportazioni effettuate dalle Amministrazioni dello Stato detta prova può essere data anche mediante attestazione rilasciata dal competente funzionario delle stesse Amministrazioni, dalla quale risulti la natura, la qualità e la quantità dei beni esportati.
Le cessioni in esame effettuate in Italia non concorrono tuttavia alla formazione del **plafond** (anche se non imponibili). Se, invece, i beni vengono consegnati direttamente all'estero, costituiscono una triangolazione e concorrono a formare il plafond.

Il [illegible] rispristinata la [illegible]
[illegible] relative [illegible]
[illegible]
[illegible]
[illegible]
[illegible] dei [illegible]
[illegible]
[illegible]
[illegible] il disegno [illegible]

CAPITOLO 3

Altre operazioni internazionali

SOMMARIO

Dopo gli scambi intracomunitari ed extracomunitari, nel presente capitolo vengono trattate le altre operazioni di carattere internazionale o connesse a scambi internazionali. 67000
Prima vengono illustrati gli acquisti effettuati con dichiarazione d'intento da parte degli esportatori abituali, poi i servizi internazionali relativi ai trasporti ed alle navi ed aeromobili. Infine sono raccolte le disposizioni concernenti il regime di call-off / consignment stock e gli scambi con San Marino.
Per i relativi adempimenti, compresi registrazione, dichiarazione, liquidazioni e versamenti, ove manchi una specifica trattazione, valgono le regole generali a cui si fa rinvio (v. n. 52000 e s.).
I soggetti IVA residenti (o stabiliti) che effettuano operazioni con soggetti esteri sono obbligati alla **fatturazione elettronica** o alla trasmissione dei dati tramite SdI (v. n. 65525 e s.).

SEZIONE 1

Acquisti con dichiarazione d'intento

(art. 8 c. 1 lett. c DPR 633/72)

I soggetti che effettuano abitualmente scambi comunitari ed extracomunitari (c.d. «**esportatori abituali**») possono, entro certi limiti (plafond), acquistare o importare beni e servizi senza pagamento dell'IVA. Tale facoltà è esercitata trasmettendo telematicamente all'AE la dichiarazione d'intento (c.d. **lettera d'intento**). 67002
Sono previsti adempimenti specifici sia per l'esportatore abituale che per il fornitore.

A. Soggetti interessati

(art. 1 DL 746/83)

Possono beneficiare del regime i soggetti passivi residenti e **non residenti identificati** direttamente o con **rappresentante fiscale** in Italia (Ris. AE 4 agosto 2011 n. 80/E, Ris. Min. 21 giugno 1999 n. 102/E) che effettuano di frequente le seguenti **operazioni internazionali non imponibili**: 67005
- cessioni IC di beni;
- esportazioni;
- operazioni con lo Stato della Città del Vaticano e con la Repubblica di San Marino;
- servizi internazionali o connessi agli scambi internazionali (v. n. 67150);
- operazioni relative a navi ed aeromobili (v. n. 67210).

>**Precisazioni** 1) Sono esclusi dal regime in questione sia gli **agricoltori** in regime speciale (v. n. 62010), sia le **start-up**, salvo nel caso di acquisto o **affitto** d'azienda (v. n. 89365 e n. 90620).
2) Le ultime categorie di operazioni **rilevano solo se** effettuate nell'esercizio dell'attività propria dell'impresa.

67008 Lo **status** di **esportatore abituale** si raggiunge quando l'ammontare delle operazioni internazionali non imponibili, registrate nell'anno precedente (o 12 mesi precedenti), è superiore al 10% del volume d'affari complessivo, al netto delle cessioni di beni e servizi non soggette ad IVA per la territorialità (ma soggette all'obbligo di fatturazione v. n. 52610).
Appena conseguito lo status di esportatore abituale è immediatamente possibile acquistare beni e servizi senza applicazione dell'IVA con dichiarazione d'intento.

B. Plafond

(art. 2 L. 28/97)

67012 **PLAFOND DISPONIBILE** È dato dalla somma dei corrispettivi delle **operazioni internazionali non imponibili**, registrate ai fini IVA rispettivamente:
a) nell'**anno solare precedente**, se utilizza il plafond annuale;
b) nei **12 mesi precedenti**, se utilizza il plafond mobile (v. n. 67043).

>**Precisazioni** 1) Il plafond si trasmette nei casi di **operazioni straordinarie** (v. n. 89365 e s.) e quando lo stesso soggetto passa dall'identificazione diretta al rappresentante fiscale e viceversa (Risp. AE 19 aprile 2021 n. 260).
2) Le cessioni **a titolo gratuito** non generano plafond per l'assenza di corrispettivo.
3) Le operazioni di **perfezionamento attivo** generano plafond.
4) Le esportazioni **alternative alle temporanee**, utilizzate per le **lavorazioni** (v. n. 66101), effettuate senza passaggio di proprietà non generano plafond.

67016 **Note di variazione** (Circ. AD 27 febbraio 2003 n. 8/D) Le note di variazione **emesse** dall'esportatore abituale hanno effetti diversi sul plafond a seconda del periodo di emissione:
a) in corso d'anno variano il plafond disponibile per lo stesso anno;
b) l'**anno successivo** non variano il plafond di quell'anno ma del precedente, in cui ha avuto origine l'operazione principale (è necessaria idonea annotazione nel prospetto di utilizzo del plafond, v. n. 67065);
c) in **periodi successivi**:
– le note di debito non rilevano ai fini del plafond;
– le note di credito riducono comunque il plafond disponibile per l'anno in cui è stata effettuata l'operazione principale (con possibile splafonamento di quell'anno).

>**Precisazioni** 1) Le note di variazione in diminuzione, anche se, in quanto facoltative, non generano una **nota di credito**, riducono comunque il plafond.
2) La **nota di debito** di sola IVA emessa a seguito della **rettifica** di un'operazione che, da non imponibile negli anni in cui sono stati incassati gli acconti, è divenuta imponibile al momento del saldo, imponendo la rettifica anche sugli acconti incassati in anni precedenti, riduce i plafond pregressi e può pertanto determinare lo splafonamento (Cass. 19 ottobre 2022 n. 30800).

67026 **Cessione all'estero** Alcune cessioni di beni effettuate in Paesi extra UE **generano plafond**:
1) consignment stock (v. n. 67240);
2) cessione di beni temporaneamente esportati in occasione di **fiere estere** (Cass. 16 marzo 2016 n. 5168, Cass. 8 marzo 2013 n. 5894);
3) cessione di beni in **deposito** extra UE della **controllata** locato all'esportatore (v. n. 66084). Il plafond si genera al momento del prelievo del cliente.

67027 **Operazioni diverse** da quelle sopraelencate non concorrono all'accumulo di plafond, in quanto all'atto dell'esportazione delle merci non si verifica alcuna cessione a titolo oneroso e la rivendita effettuata nel Paese extra UE non rileva per carenza del presupposto territoriale.

67030 **UTILIZZO** Il plafond può essere utilizzato per l'acquisto (o l'importazione) di beni o servizi imponibili (Cass. 10 maggio 2021 n. 12257), a prescindere dalla destinazione (attività interna, esportazione, servizi internazionali, attività promiscue, cioè sia interne che estere, ecc.).

Tuttavia, nell'ipotesi in cui l'operatore effettui operazioni imponibili ed **esenti** destinandone una parte anche all'esportazione, resta l'obbligo di ridurre il plafond utilizzabile della quota di pro-rata (Circ. Min. 10 giugno 1998 n. 145/E).

ESEMPIO
- Plafond disponibile al 1° gennaio 20XX: 1.000.000
- Percentuale di detrazione (art. 19 bis) anno 20XX – 1: 70%
- Plafond utilizzabile nell'anno 20XX: 1.000.000 × 70% = 700.000

È escluso l'utilizzo del plafond per gli acquisti: 67031
- di beni e servizi **esclusi** per natura dal diritto alla **detrazione** dell'IVA (v. n. 48100) e quelli **privi** del requisito dell'**inerenza**;
- soggetti ad **inversione contabile** (Circ. AE 27 marzo 2015 n. 14/E);
- di **terreni edificabili**;
- di **fabbricati**, acquisiti anche in dipendenza di contratti di leasing e/o di appalto avente per oggetto la loro costruzione (Cass. 14 gennaio 2021 n. 535, Circ. Min. 10 giugno 1998 n. 145/E; in senso contrario, Cass. 27 febbraio 2001 n. 2888, Cass. 8 febbraio 2000 n. 1362);
- o per le importazioni di benzine e **carburanti** per **autotrazione**, salve le imprese di trasporto merci e persone che acquistano da depositi commerciali, diversi dai depositi fiscali o registrati (art. 6 DL 124/2019).

> **Confermata invece** l'utilizzabilità in caso di **locazione** immobiliare semplice (Ris. AE 28 giugno 2010 n. 60/E).

Note di variazione (Circ. AD 27 febbraio 2003 n. 8/D) Le **note di debito** ricevute dall'esportatore abituale: 67035
- **nell'anno** in cui è stato operato l'acquisto agevolato incrementano il plafond utilizzato nell'anno (si riduce il residuo disponibile);
- **negli anni successivi**, anche se annotate sul registro acquisti, devono essere imputate al periodo precedente in cui è stato effettuato l'acquisto detassato.

Le **note di credito** ricevute:
- **nell'anno** in cui ha effettuato sia l'acquisto che la registrazione della fattura, il plafond utilizzato si riduce immediatamente;
- **prima** ancora **dell'annotazione** delle fatture originarie, idem;
- **in periodi successivi**, non riducono il plafond utilizzato.

Triangolazioni e cessioni tramite commissionari (art. 8 c. 2 secondo periodo DPR 633/72) Il plafond generato in qualità di **cedente-cessionario** (promotore di una triangolazione nazionale, comunitaria o all'esportazione, Risp. AE 31 ottobre 2022 n. 540) o di **commissionario**: 67040
- per l'**importo dell'acquisto** è vincolato all'utilizzo per acquisizione di beni da esportare allo stato originario **entro 6 mesi** dalla consegna (c.d. **plafond condizionato**);
- per il **residuo** non è soggetto ad alcun vincolo (né temporale, né di beni o servizi da acquisire) (c.d. **plafond incondizionato**).

ESEMPIO
Si ipotizzi una triangolazione dove il cedente acquista dal fornitore un bene per 9.000 e lo rivende all'acquirente finale per 10.000. Nell'anno successivo a quello in cui l'operazione è stata effettuata, il cedente-cessionario disporrà di plafond condizionato per 9.000 ed incondizionato per 1.000.

Revoca Il beneficio dell'utilizzo del plafond è una **facoltà** prevista da una normativa di favore, pertanto l'esportatore abituale può (Risp. AE n. 954-6/2018 ad Assonime): 67041
- **revocare** una dichiarazione d'intento, comunicandolo tempestivamente al fornitore, il quale deve adeguarsi immediatamente emettendo le successive fatture con addebito di IVA, incluse le fatture differite per beni consegnati prima della ricezione della revoca (Cass. 28 febbraio 2017 n. 5174);
- avvalersene **parzialmente**, ossia solo per alcune operazioni, accettando, anche senza un'espressa revoca della dichiarazione d'intento, l'applicazione ordinaria dell'IVA su altre operazioni, con il pagamento e la detrazione della relativa fattura (comportamento concludente).

67043 **PLAFOND MOBILE** Accumula, per ciascun mese, un importo pari ai corrispettivi delle esportazioni realizzate nei **12 mesi precedenti**, a condizione di mantenere lo status di esportatore abituale in tutto il periodo di riferimento. **Conviene** ai soggetti che sono in fase di incremento delle esportazioni, che così accumulano plafond disponibile mese per mese e non devono attendere il nuovo anno solare.
Non può essere adottato dalle imprese nei primi 12 mesi di vita (art. 1 lett. a DL 746/83).
Il plafond disponibile in ciascun mese si calcola sottraendo dall'accumulo al netto degli utilizzi del mese precedente, lo stesso dato relativo al mese divenuto tredicesimo.

67045 **ESEMPIO**
Si supponga che per il mese di febbraio 20XX sia disponibile un plafond di 180, formatosi a seguito delle esportazioni fatte nei 12 mesi precedenti per i seguenti importi:

Febbraio	Marzo	Aprile	Maggio
15	10	20	15
Giugno	**Luglio**	**Agosto**	**Settembre**
10	20	15	10
Ottobre	**Novembre**	**Dicembre**	**Gennaio**
20	15	10	20

Inoltre, si ipotizzi che nei mesi di febbraio, marzo, aprile e maggio 20XX siano state fatte esportazioni rispettivamente per 10, 20, 0 e 50 ed effettuati utilizzi solo nel mese di aprile.
Ne consegue che il plafond disponibile per il mese di marzo 20XX è esattamente pari a 10, in conseguenza del seguente calcolo: (180 – 15 + 10) – (180 – 15) = 175 – 165 = 10.
D'altro canto, nel successivo mese di aprile sarà disponibile un plafond di 30, così determinato: (175 – 10 + 20) – (165 – 10) = 185 – 155 = 30; e, ipotizzando nel mese di aprile un utilizzo per 20, nel successivo mese di maggio sarà disponibile un plafond di 10, così determinato: (185 – 20 + 0) – (155 + 20 – 20) = 165 – 155 = 10; infine, nel successivo mese di giugno sarà disponibile un plafond di 60, così determinato: (165 – 15 + 50) – (155 – 15) = 200 – 140 = 60.

67048 **Passaggio dal plafond fisso a quello mobile o viceversa** (Ris. AE 6 marzo 2002 n. 77/E) Il cambio del metodo è possibile all'**inizio di ciascun anno** solare, non in corso d'anno.
Nel passaggio **dal plafond fisso** al **mobile**, i due periodi di riferimento coincidono, per cui il plafond risulta comunque pari a quello delle operazioni registrate nell'anno precedente.
Nel passaggio **dal plafond mobile** al **fisso**, solo per il mese di gennaio il contribuente deve prendere a riferimento, per l'ultima volta, il plafond disponibile secondo il metodo mobile.

67052 **SUPERAMENTO DEL PLAFOND** (Ris. AE 6 febbraio 2017 n. 16/E, Circ. AE 12 giugno 2002 n. 50/E) L'esportatore abituale che acquista con dichiarazione d'intento per un importo superiore al plafond disponibile, **può sanare** la violazione, **coinvolgendo o meno il fornitore** secondo una delle procedure seguenti:
1) **emette autofattura** con estremi di ciascun fornitore, protocollo fatture ricevute, importo eccedente il plafond disponibile e imposta omessa, per singolo fornitore o cumulativamente, la registra solo negli acquisti e versa imposta, interessi e sanzioni, rilevando la posta a debito in dichiarazione onde evitare la doppia detrazione. Emette l'autofattura in **formato elettronico** tramite SdI (con i propri dati nel campo cedente e cessionario e tipo documento TD21, v. n. 52748) (Guida AE alla compilazione FE ed esterometro vers. 1.7);
2) tutto come al punto precedente, salvo emettere l'autofattura entro il 31 dicembre dell'anno di splafonamento, registrarla nel registro acquisti e vendite e convogliare l'imposta nella **liquidazione** mensile;
3) **richiede** al **fornitore** l'emissione di fattura integrativa, la registra e versa interessi e sanzioni.

67055 In tutti i casi esaminati, se la regolarizzazione in esame **si verifica prima che la violazione sia accertata**, l'esportatore abituale può beneficiare della riduzione delle sanzioni previste (v. n. 87050) ricorrendo al ravvedimento operoso. Sull'F24 si devono indicare imposta, interessi e **codice tributo** dell'IVA del periodo in cui è stato effettuato l'acquisto (es. aprile codice 6004) e per le sanzioni 8904 (Circ. AE 19 giugno 2002 n. 54/E). L'IVA così versata è detraibile secondo i termini e i limiti ordinari.
Se la regolarizzazione si verifica **a seguito di avviso di accertamento**, si applicano le sanzioni di cui al n. 87050 e l'IVA versata è detraibile entro il termine della dichiarazione relativa al

secondo anno successivo a quello in cui è effettuato il pagamento, applicando la norma di cui al n. 48330 (Circ. AE 17 dicembre 2013 n. 35 par. 3.3).

A partire **dal 1° gennaio 2022** sono previsti specifici controlli dell'AE anche con riferimento al profilo di rischio dell'emittente che possono portare all'invalidazione delle dichiarazioni emesse e all'inibizione di nuove emissioni (Provv. 28 ottobre 2021 n. 293390).

C. Obblighi dell'esportatore abituale

67065

Obbligo	Descrizione
A) **Trasmissione dichiarazione d'intento all'AE** (art. 1 c. 1 lett. c DL 746/83)	In via **telematica** su modello ministeriale, **prima** dell'effettuazione dell'acquisto o dell'importazione, direttamente o tramite intermediario abilitato (v. n. 16043 e s.), con il modello approvato con Provv. AE 27 febbraio 2020 n. 96911. Per **tutte le operazioni**: – la dichiarazione può riguardare sia una **operazione singola** che **più operazioni**; – la validità è fissata in termini di importo limite di plafond utilizzabile nell'anno di riferimento; – se l'esportatore abituale intende **incrementare il plafond** per un fornitore, già dichiarato all'AE, deve trasmettere una nuova dichiarazione d'intento (Circ. AE 26 settembre 2005 n. 41/E); – il sistema accetta dichiarazioni d'intento con **ammontare complessivo superiore** al plafond disponibile, il limite infatti riguarda gli acquisti effettivi (Risp. AE 7 febbraio 2017 n. 27195). Per le **importazioni** il modello richiede di compilare (Ris. AE 13 aprile 2015 n. 38/E, Nota AD 20 maggio 2015 n. 58510): – per una **singola importazione**, il campo 1, con il valore presunto dell'imponibile IVA dell'operazione che determina utilizzo del plafond, da indicare tenendo conto di tutti gli elementi che potranno, a consuntivo, concorrervi (meglio eccedere, cautelativamente); – per **più operazioni doganali**, il campo 2, con l'importo del plafond che si presume di utilizzare per importazioni nell'anno di riferimento. Per gli **acquisti intracomunitari** (art. 42 c. 2 DL 331/93) non va trasmessa. Per le **importazioni** basta indicare gli estremi del protocollo di ricezione della dichiarazione d'intento. L'eventuale **revoca** totale o parziale di una dichiarazione d'intento, che non è soggetta a specifiche formalità, deve essere comunicata al fornitore prima che effettui l'operazione, in caso contrario la non imponibilità risulta da questi correttamente applicata.
B) **Dati relativi all'utilizzo mensile del plafond** (art. 10 DPR 435/2001)	**Fornire su richiesta dell'AF**, il plafond generato ed utilizzato fino al secondo mese precedente alla richiesta.
C) **Compilazione quadro VC della dichiarazione IVA**	I **dati** di cui alla lettera B), devono essere esposti nel quadro VC della dichiarazione IVA. Tale quadro serve inoltre per evidenziare il tipo di **plafond prescelto** (fisso o mobile).

D. Obblighi del fornitore dell'esportatore abituale

Il fornitore **che riceve la dichiarazione di intento deve aderire** alla richiesta dell'esportatore abituale ed assolvere i seguenti obblighi (art. 1 c. 1 lett. c DL 746/83, come semplificati dall'art. 12 septies DL 34/2019 conv. in L. 58/2019). 67075

Obbligo	Descrizione
A) **Controllo dichiarazioni d'intento ricevute**	Il fornitore, accedendo al proprio cassetto fiscale (Provv. AE 27 febbraio 2020 n. 96911), **verifica**: – la presenza della dichiarazione d'intento trasmessa all'AE dall'esportatore abituale; – l'anno di riferimento indicato sulla dichiarazione; – il rispetto dei limiti di importo. Il fornitore che non riscontra telematicamente la dichiarazione è soggetto alla sanzione proporzionale dal 100 al 200% (v. n. 87050).
B) **Emissione fattura**	Il fornitore in fattura riporta, nel **campo** (Provv. AE 28 ottobre 2021 n. 293390): – 2.2.1.14 <Natura>: il codice specifico N3.5 «Non imponibili - a seguito di dichiarazioni d'intento» (v. n. 52648); – 2.2.1.16.1 <TipoDato>: deve essere riportata la dicitura «INTENTO»; – 2.2.1.16.2 <RiferimentoTesto>: il protocollo di ricezione della dichiarazione d'intento e il suo progressivo separato dal segno «-» o «/» (es. 08060120341234567-000001); – 2.2.1.16.4 <RiferimentoData>: la data della ricevuta telematica dell'AE. Se l'importo è superiore a € 77,47, applicare l'imposta di **bollo** nella misura di € 2.

SEZIONE 2

Servizi internazionali

67150 Si tratta dei servizi di **trasporto di persone o di beni** e di **altri servizi** utilizzati solo in parte in Italia in quanto inclusi o **connessi** a scambi internazionali.
Se territorialmente rilevanti (v. n. 43250 e s.) sono generalmente non imponibili.
Quindi, se resi nei confronti di **committenti**:
– soggetti passivi **stabiliti in Italia** sono non imponibili;
– stabiliti **fuori dalla UE**, sono fuori campo IVA (devono comunque essere fatturate con l'annotazione «non soggetta», art. 21 c. 6 bis DPR 633/72).
Generano **plafond** solo se prestati nell'ambito dell'attività propria dell'impresa.
Per il momento di effettuazione dei servizi generici B2B, valgono le analoghe regole dettate per i servizi intracomunitari B2B (v. n. 65355).

a. Trasporti internazionali e servizi connessi

(art. 9 c. 1 DPR 633/72)

67165 **TRASPORTI DI PERSONE** (art. 9 c. 1 DPR 633/72) Costituiscono servizi internazionali quando sono effettuati in parte in Italia e in parte all'estero **in dipendenza di un unico contratto**, anche con **più vettori** (trasporto cumulativo dell'art. 1700 c.c., Ris. Min. 4 ottobre 1974 n. 525300).
Limitatamente alla distanza percorsa in Italia (v. n. 43280) sono **non imponibili**, per la restante, non soggetti. Il fornitore stabilito in Italia deve separare i due importi in fattura.

> **Precisazioni 1)** Le **crociere circolari** che iniziano da un porto nazionale e terminano, dopo aver toccato uno o più porti esteri, nello stesso Paese, sono da considerarsi trasporti internazionali (Circ. Min. 3 novembre 1973 n. 62/539917 parte n. 7).
> **2)** Se in esecuzione di un contratto unico di trasporto, il vettore incaricato pone in essere altri rapporti contrattuali (con **subvettori**) relativi a tratte nazionali, detti rapporti sono soggetti ad IVA (Circ. Min. 3 agosto 1979 n. 26/411138).

67170 **TRASPORTI DI BENI** (art. 9 c. 2 DPR 633/72) Sono non imponibili i trasporti relativi a beni **in esportazione**, in **transito** e in **importazione** (temporanea e definitiva), commissionati da soggetti passivi stabiliti in Italia o, quando commissionati da privati, limitatamente alla tratta percorsa in Italia (v. n. 43250).

A partire dalle operazioni effettuate dal 1° gennaio 2022 la non imponibilità si applica solo ai trasporti **resi direttamente** all'esportatore, al titolare del regime di transito, all'importatore, al destinatario dei beni, allo spedizioniere o altro fornitore di servizi doganali (art. 9 c. 3 DPR 633/72 introdotto dal DL 146/2021 conv. in L. 215/2021); o anche a un diverso mittente che sia parte della transazione commerciale (Circ. Assonime 25 gennaio 2022 n. 2). Sono pertanto imponibili i servizi dei subvettori, anche se il vettore principale è un **consorzio** o una cooperativa di cui i subvettori sono soci (Circ. AE 25 febbraio 2022 n. 5/E).
Sono fatti salvi i comportamenti adottati in precedenza già applicando questa regola (in conformità alla C.Giust. UE 29 giugno 2017 C-288/16).

> **Precisazioni** 1) La non imponibilità vale anche per un'esportazione, transito o importazione **effettuata nel territorio di uno Stato diverso** dall'Italia (Circ. AE 29 luglio 2011 n. 37/E) (es. Germania - Arabia Saudita, Ris. AE 20 dicembre 2010 n. 134/E).
> 2) I trasporti **estero su estero** commissionati da imprese italiane, se **non** riguardano beni in **esportazione**, transito, ecc., sono imponibili IVA (Circ. AE 12 marzo 2010 n. 12/E).

In caso di **importazione**, per i beni dichiarati: 67173
- **franco destino** (assoggettati ad IVA all'atto dello sdoganamento per il costo complessivo del trasporto) il trasporto relativo alla tratta nazionale è non imponibile;
- **franco confine** (corrispettivo inclusivo del trasporto fino al confine), il trasporto per la tratta nazionale deve essere assoggettato ad IVA se commissionato da soggetti IVA stabiliti in Italia o da privati.

ESEMPIO
Un trasporto da Zurigo a Roma commissionato da un soggetto passivo italiano e riguardante **beni importati** è non imponibile se in dogana è stata assolta l'IVA relativa al trasporto fino a Roma; se invece in dogana l'IVA sul trasporto è stata applicata indicando come destinazione Milano, l'importo fatturato dallo stesso trasportatore per la successiva tratta Milano - Roma è da assoggettare ad IVA mediante autofattura.

Nel caso di **esportazione**, è consigliabile che il vettore indichi sulle relative fatture e sugli altri documenti sostitutivi gli estremi della bolletta doganale di esportazione riguardante i beni trasportati. Ciò al solo scopo di evitare ai trasportatori interessati, in sede di verifica da parte degli organi investigativi, difficoltà circa la documentazione idonea a comprovare la legittimità dell'operazione effettuata senza applicazione del tributo. Pertanto, nessun addebito può essere mosso a carico del trasportatore per la mancata annotazione di cui sopra (Circ. Min. 3 novembre 1973 n. 62/539917, Ris. Min. 22 marzo 1977 n. 411770). 67176

SERVIZI CONNESSI AI TRASPORTI INTERNAZIONALI Sono non imponibili (se sussiste il requisito della territorialità, altrimenti sono fuori campo IVA), le operazioni indicate nelle seguenti **tabelle**. 67180

Servizi connessi ai trasporti internazionali di persone o cose (art. 9 c. 1 n. 3, 4, 4 bis, 7 DPR 633/72)
– **spedizioni** relative a trasporti internazionali, se i corrispettivi sono stati inclusi nella base imponibile dell'importazione;
– relativi alle operazioni **doganali**;
– **accessori alle piccole spedizioni** di carattere non commerciale (fino a € 45) o di valore trascurabile (€ 10, elevabile da ciascun Stato a € 22), se sono stati inclusi nella base imponibile dell'importazione e anche se non è stata assoggettata a IVA;
– servizi di **intermediazione** relativi ai trasporti, ed ai servizi di noleggio e di locazione;
– **noleggi e locazioni** di navi, aeromobili, autoveicoli, vagoni ferroviari, cabine letto, containers e carrelli, adibiti ai trasporti internazionali (per quelli relativi a navi ed aeromobili si veda anche il n. 67235).

67190

Servizi resi nei porti, autoporti, aeroporti e negli scali ferroviari di confine (art. 9 c. 1 n. 6 DPR 633/72)
Sono servizi tecnici, resi nei luoghi indicati, ove si svolgono attività commerciali internazionali (sono esclusi ad esempio i porti turistici) direttamente correlati a:

Servizi resi nei porti, autoporti, aeroporti e negli scali ferroviari di confine (art. 9 c. 1 n. 6 DPR 633/72)
– **funzionamento** e **manutenzione** degli **impianti** (es. servizi di progettazione, ampliamento, ammodernamento, ristrutturazione, Risp. AE 25 marzo 2020 n. 95, Ris. AE 5 giugno 2008 n. 226/E, Cass. 18 settembre 2003 n. 13810; contratti di nolo a caldo, Ris. AE 31 marzo 2008 n. 118/E);
– **movimento** di **mezzi di trasporto**, di **beni** o di **persone** (es. servizi di assistenza agli stessi, le perizie, Ris. Min. 9 luglio 1981 n. 422516; carico, scarico di cui alla lett. a) del n. 67195; prestazioni rese dall'agente marittimo raccomandatario) **(*)**.
(*) La non imponibilità oggettiva dei servizi che riflettono direttamente il **movimento di beni** non si applica ai seguenti servizi: – controllo di peso e di qualità delle merci (Ris. Min. 9 novembre 1982 n. 391468); – introduzione delle merci nei magazzini o recinti di temporanea custodia (Ris. Min. 28 novembre 1988 n. 2851/9516); – relativi a beni in importazione, effettuati nell'ambito di magazzini o recinti ubicati nelle **adiacenze** delle aree suddette (porti, aeroporti, ecc.). In tale ipotesi, i servizi risultano non imponibili solo se il corrispettivo è assoggettato ad IVA al momento della importazione dei beni (Ris. Min. 3 ottobre 1985 n. 426144).

b. Altri servizi connessi agli scambi internazionali

67195

	Servizi prestati in luoghi diversi (art. 9 c. 1 n. 5, 7, 7 bis, 8, 9 DPR 633/72)
a)	servizi di **carico**, **scarico**, trasbordo, **manutenzione**, **stivaggio**, disistivaggio, pesatura, misurazione, controllo refrigerazione, **magazzinaggio**, deposito, custodia e **simili** riguardanti beni in esportazione, in transito, in importazione, temporanea e definitiva.
b)	servizi relativi alle **operazioni doganali** e alle cessioni di **licenze all'esportazione**.
c)	servizi internazionali di **intermediazione**: – relativi a **beni** in **importazione**, in **esportazione** o in **transito** che all'atto dell'effettuazione dell'intermediazione abbiano già ricevuto in dogana una delle suddette destinazioni doganali; – relativi ad operazioni effettuate fuori dal territorio della UE (c.d. **estero su estero**); – resi **in nome e per conto di agenzie di viaggio** relative a prestazioni eseguite in **Paesi extra UE**; – relativi ai **trasporti internazionali** (e relativi noleggi e locazioni di mezzi di trasporto) per i quali si rinvia al n. 67180.
d)	**manipolazioni usuali** eseguite nei **depositi doganali** di beni di provenienza extra UE. Trattasi di lavorazioni finalizzate ad assicurare la conservazione o a migliorare la presentazione o la qualità commerciale delle merci.
e)	operazioni di **perfezionamento attivo (*)** aventi ad oggetto: – beni di **provenienza** extra UE in importazione temporanea (v. n. 66010, operazioni di perfezionamento attivo su merci equivalenti); – beni **nazionali**, **nazionalizzati o UE** destinati ad essere esportati dal prestatore del servizio o dal committente non residente in Italia o da terzi per loro conto.
f)	servizi resi alle aziende associate da parte dei **consorzi tra piccole e medie imprese**. Riguarda i consorzi disciplinati dalla L. 240/81 ed aventi come scopo sociale esclusivo l'esportazione e la cessione intracomunitaria dei prodotti delle imprese consorziate (operanti nel settore dell'industria, del commercio e dell'artigianato) e l'importazione e l'acquisto intracomunitario delle materie prime e dei semilavorati necessarie alle dette imprese (art. 42 c. 7 DL 83/2012).
	(*) Sono operazioni di **perfezionamento attivo**: – lavorazioni di merci, compreso il loro montaggio, assemblaggio e adattamento ad altre merci; – trasformazione delle merci; – riparazione delle merci, compreso il loro riattamento e messa a punto; – utilizzazione di talune merci che non si trovano nei prodotti compensatori (che sono i prodotti risultanti dalle operazioni di perfezionamento), ma che consentono o facilitano l'ottenimento di tali prodotti, anche se le merci stesse scompaiono totalmente o parzialmente nel corso della loro utilizzazione. Per i **beni nazionali**, la non imponibilità sussiste se il committente è un cliente UE o extra UE. Ma se i beni, dopo essere stati sottoposti a lavorazione, sono esportati dal cedente, l'operazione è non imponibile in quanto assimilata all'esportazione (v. n. 66084); la bolletta doganale di esportazione deve essere intestata al fornitore residente (con indicazione del prezzo di cessione dei beni risultante dalla fattura emessa nei confronti dell'acquirente) e alla dogana competente vanno esibite sia la fattura dei beni ceduti che la fattura della lavorazione eseguita (Ris. AE 10 agosto 2007 n. 223/E).

c. Navi ed aeromobili

(art. 8 bis DPR 633/72)

Le cessioni di beni e servizi connesse al **settore navale ed aeronautico**, come di seguito definito, in quanto difficilmente confinabili all'ambito nazionale, sono assimilate alle esportazioni e pertanto **non imponibili**. 67210
In ambito di scambi UE danno luogo a **cessioni UE**.
Si tratta di cessione di navi ed aeromobili, servizi accessori a lavori navali ed aeronavali e cessioni di componenti e ricambi e provviste di bordo.

CESSIONI DI NAVI E AEROMOBILI 67215

Oggetto della cessione	Caratteristiche
Navi:	– adibite alla navigazione in alto mare **(1)** e destinate all'esercizio di attività commerciali **(2)** o della pesca professionale (**escluse** navi commerciali per trasporti nelle acque territoriali e/o interne e le unità da diporto per scopi sportivi o ricreativi senza fini di lucro); – adibite alla pesca costiera; – adibite ad operazioni di salvataggio o di assistenza in mare; – destinate alla demolizione; – militari e/o da guerra in dotazione dello Stato.
Aeromobili:	– destinati ad imprese di navigazione aerea che effettuano **prevalentemente trasporti internazionali** di persone o di beni (traffico di linea o traffico a noleggio, c.d. voli charter), il confronto si basa sulla prevalenza dei corrispettivi rispetto ai trasporti effettuati esclusivamente nel territorio dello Stato (Circ. Min. 3 agosto 1979 n. 26/411138); la prevalenza deve sussistere sia nell'anno precedente l'acquisto (salvo start-up), sia nell'anno in corso, altrimenti l'operazione è soggetta ad IVA (Ris. AE 21 maggio 2009 n. 126); – qualunque sia la loro destinazione o il loro impiego (compresi i satelliti), il cui acquirente è un **Organo dello Stato**, ancorché dotato di personalità giuridica, o l'**Agenzia spaziale italiana** (art. 34 bis DL 69/89).

(1) Che hanno effettuato un numero di tragitti al di fuori delle acque territoriali maggiore del 70% (art. 8 bis c. 3 DPR 633/72 mod. da L. 178/2020), da documentare con dichiarazione da presentare direttamente o tramite intermediario, con software dell'AE «dichiarazionenautica» (Provv. AE 15 giugno 2021 n. 151377).
(2) Sono escluse le **piattaforme** petrolifere ancorate al fondale (art. 2 c. 4 L. 28/97 mod. da art. 32 bis DL 124/2019).

SERVIZI ACCESSORI A LAVORI NAVALI ED AERONAVALI (art. 8 bis c. 1 lett. e DPR 67220
633/72) Laddove riferiti alle navi e agli aeromobili la cui cessione risulta non imponibile, sono non imponibili, se territorialmente rilevanti, i servizi relativi:
– all'uso dei bacini di carenaggio;
– alla progettazione, costruzione, manutenzione, riparazione, modificazione, trasformazione, assiemaggio, allestimento e arredamento;
– alla demolizione di sole navi;
– a servizi diversi da quelli sopraelencati, purché direttamente destinati a sopperire ai bisogni delle predette navi e aeromobili (es. prestazioni di carico e scarico, di raccolta dei rifiuti a bordo, di vigilanza armata su navi mercantili in transito in acque internazionali a rischio pirateria, ecc.).

> Sono **incluse** le attività costituenti fasi autonome all'interno dell'intervento complessivo e i contratti di risultato, in cui i prestatori sono dotati di autonomia organizzativa (Risp. AE 9 settembre 2022 n. 449); a prescindere dagli schemi contrattuali, quindi compresi i **subappalti** (Ris. Min. 18 aprile 1986 n. 356560).

BENI E SERVIZI RELATIVI A NAVI ED AEROMOBILI Dotazioni di bordo 67225
(art. 8 bis c. 1 lett. d DPR 633/72) Sono assimilate alle esportazioni, se afferenti alle navi e agli aeromobili la cui cessione risulta non imponibile (v. n. 67215), le cessioni di beni ed i servizi che si riferiscono agli **apparati motori** e loro **componenti** e ricambi, nonché ai macchinari, agli **attrezzi**, agli strumenti, ai **mezzi di salvataggio**, alle parti di ricambio, agli **arredi** ed ogni altro oggetto suscettibile di utilizzazione reiterata, comprese le dotazioni di bordo, destinati a servizio od ornamento del mezzo navale ed aeronavale.

67230 **BENI E SERVIZI RELATIVI A NAVI ED AEROMOBILI** (art. 8 bis c. 1 lett. d DPR 633/72) Sono assimilate alle esportazioni, se afferenti alle navi e agli aeromobili la cui cessione risulta non imponibile (v. n. 67215), le cessioni di:

– **dotazioni di bordo**: beni ed i servizi che si riferiscono agli **apparati motori** e loro **componenti** e ricambi e beni di consumo necessari al loro funzionamento, nonché ai macchinari, agli **attrezzi**, agli strumenti, ai **mezzi di salvataggio**, alle parti di ricambio, agli **arredi** ed ogni altro oggetto suscettibile di utilizzazione reiterata, comprese le **dotazioni di bordo**, destinati a servizio od ornamento del mezzo navale ed aeronavale.

– **provviste di bordo**: beni destinati a soddisfare il **vettovagliamento** dell'equipaggio e dei passeggeri. Il regime di non imponibilità si applica solamente in relazione a navi e aeromobili aventi carattere strumentale all'attività commerciale; sono quindi imponibili gli acquisti fatti da costruttori e da cantieri che effettuano riparazioni, per i quali i predetti beni rappresentano dei beni merce (Circ. AE 29 settembre 2011 n. 43/E); e le **somministrazioni di alimenti e di bevande** effettuate a bordo, se la somministrazione avviene durante un trasporto nazionale, beneficia dell'agevolazione purché non sia inclusa nel corrispettivo del trasporto (Circ. Min. 16 giugno 1982 n. 51/390675).

Le fornitura deve essere effettuata **direttamente** nei confronti dell'armatore; circostanza da ritenersi verificata **anche in presenza di intermediari** a condizione che essi non entrino in possesso della merce, quindi vi sia concomitanza tra il trasferimento della proprietà e la disponibilità dei prodotti per l'armatore, comprovata dalle modalità di consegna e dalle connesse formalità doganali, ad esempio quando avviene in luoghi soggetti a vigilanza doganale (porti, aeroporti ecc) previo espletamento delle procedure doganali (Cass. 14 aprile 2022 n. 12140, Risp. AE 22 novembre 2022 n. 568).

> **Precisazioni** 1) Le forniture di **carburante a bordo** della nave (**c.d. bunkeraggio**), effettuate dal fornitore a intermediari (anche più di uno) per la successiva cessione all'armatore, se la consegna del carburante è effettuata direttamente dalla società petrolifera nel serbatoio della nave, senza che i trader ne abbiano la disponibilità materiale, sono non imponibili (Ris. AE 9 gennaio 2017 n. 1/E, Ris. AE 13 giugno 2017 n. 69/E, C.Giust. UE 3 settembre 2015 C-526/13).
> 2) Sono imponibili le forniture delle **provviste di bordo** (ad esclusione dei carburanti e lubrificanti per i motori, che restano non imponibili) effettuate alle navi adibite alla **pesca costiera** (Ris. AE 1° febbraio 2012 n. 10/E).

67232 Le cessioni di beni per i quali è configurabile anche un **uso diverso** dalle normali provviste o dotazioni di bordo, (es. stoviglie, prodotti per l'alimentazione), sono soggette all'obbligo di apposizione del visto da parte della dogana o della Guardia di Finanza sul duplicato delle fatture. Tenuto conto del fatto che l'imbarco di modesti quantitativi di provviste o di piccoli oggetti di dotazione avviene normalmente senza alcun controllo doganale o dell'AF, la prova dell'imbarco può essere fornita con una procedura semplificata (Circ. AD 11 aprile 1973 n. 308919/8), che prevede la registrazione delle fatture di acquisto su un registro vidimato dalla dogana, e l'annotazione sulla fattura con la dichiarazione del capitano di avvenuto imbarco (Ris. Min. 10 marzo 1986 n. 357147).

67235 **Noleggio e locazione** Con riguardo alle navi che vengono utilizzate **sia all'interno che al di fuori** delle acque territoriali comunitarie per attività commerciali e agli aeromobili, di cui al n. 67215, le locazioni, noleggi e simili, sono non imponibili (sempreché rilevanti territorialmente, v. n. 43292).

Il noleggio o la locazione di **navi e aeromobili diversi** da quelli indicati al n. 67215 (es. navi da diporto utilizzate da privati), se territorialmente rilevanti (v. n. 43290) sono soggetti ad IVA (Circ. AE 29 settembre 2011 n. 43/E).

Per il noleggio di imbarcazioni da diporto **a soci**, **familiari** o affini, occorre distinguere (Circ. AE 29 settembre 2011 n. 43/E), se l'attività è svolta:

1) **esclusivamente** per permettere al socio (o a soggetti a lui riconducibili) **l'uso personale** dei beni, anche se a canoni di mercato, è imponibile;

2) **sia nei riguardi dei soci** o familiari/affini - sempreché il corrispettivo richiesto non sia inferiore al valore normale - **che di altri soggetti**, si applica il regime dell'attività prevalente (commerciale, non imponibile; personale, imponibile).

SEZIONE 3

Altre disposizioni

I. Consignment Stock (o call-off stock)

(artt. 38 ter e 41 bis DL 331/93 mod. dal D.Lgs. 192/2021, art. 39 c. 1 DL 331/93)

Il consignment stock è un **contratto** di tipo estimatorio che prevede che il **passaggio della** 67240
proprietà di beni in precedenza trasferiti dal fornitore presso un deposito dell'acquirente venga differito al **momento dei prelievi** da quest'ultimo effettuati. L'acquirente ha così la facoltà di disporre delle merci secondo le proprie esigenze in termini di tempistiche e quantità.
Devono ricorrere i seguenti **requisiti**:
– il fornitore non deve disporre della sede, né di una stabile organizzazione nello stato di destinazione;
– l'identità del destinatario deve essere già nota all'inizio della spedizione/trasporto (Risp. AE 17 gennaio 2023 n. 49);
– il destinatario deve essere soggetto passivo identificato nello stato di destinazione.
Sulla **titolarità del deposito** è stato chiarito che (Ris. Min. 10 aprile 2000 n. 44/E):
– se non è di proprietà dell'acquirente, è necessario che quest'ultimo abbia la piena disponibilità sui beni custoditi dal terzo;
– in caso di deposito IVA, è necessario che il titolare del deposito e il soggetto che procede all'estrazione dei beni coincidano.

> La normativa è di matrice **comunitaria** anche se, salvo qualche eccezione di seguito espressamente indicata, vale anche per operazioni extra UE.

Il **momento dell'effettuazione** rilevante ai fini IVA è fissato al momento del prelievo da parte 67245
dell'acquirente, salvo per le importazioni (v. n. 66034), sono ammessi anche prelievi **parziali**.
Il differimento è **limitato** al massimo ad un anno dal trasferimento, decorso il quale senza aver ceduto o ritirato i beni, il fornitore deve emettere fattura per il residuo.
Il differimento si blocca anche in caso di **furto**, **distruzione** o **perdita** dei beni depositati, o comunque in caso di destinazione diversa da quella prevista nell'accordo originario.
Non si verifica interruzione, invece, se entro i 12 mesi il destinatario è **sostituito** da altro soggetto in possesso dei requisiti e previa indicazione sul registro delle movimentazioni e sull'Intrastat. La sostituzione dell'originario destinatario con un nuovo soggetto passivo deve precedere il prelievo da parte di quest'ultimo e non deve esserci soluzione di continuità tra la cessazione dell'accordo con l'originario destinatario e la stipulazione con il nuovo (Risp. AE 25 novembre 2022 n. 574).

Obblighi Per gli **scambi UE,** è richiesta l'annotazione in apposito registro e l'indicazione 67247
nell'Intrastat dell'identificativo IVA del destinatario, al momento dell'introduzione delle merci in deposito.
In occasione dei **prelievi** o comunque **ad un anno dal trasferimento**, scattano tutti gli obblighi conseguenti ad una cessione (o acquisto) UE, compreso l'Intrastat.

Anche per gli **scambi extra UE** è richiesta l'annotazione in apposito registro al momento 67249
dell'introduzione delle merci in deposito.
Con riguardo agli altri obblighi: con la presentazione della dichiarazione in dogana scattano gli obblighi previsti per le importazioni e con i prelievi dei beni dal deposito, quelli connessi alle esportazioni (Ris. AE 5 maggio 2005 n. 58/E).
Al momento del **prelievo** il cliente emette autofattura da annotare nel registro delle vendite e degli acquisti in una separata colonna appositamente contrassegnata (Ris. AE 5 agosto 2008 n. 346/E).

II. Operazioni con San Marino

(DM 21 giugno 2021)

67310 Sono soggette ad una disciplina specifica dettata dalla mancanza di una linea doganale di demarcazione del confine, le **cessioni di beni** e relative prestazioni accessorie (trasporti, imballaggi, ecc.) **effettuate tra** soggetti passivi, **non i servizi**, a cui si applicano le disposizioni previste per i Paesi terzi (Circ. Min. 7 agosto 2000 n. 158/E).
In generale, le **cessioni** dall'Italia verso San Marino sono non imponibili, mentre gli **acquisti** da San Marino sono soggetti a IVA.

> Pertanto le cessioni B2C seguono le regole ordinarie: quelle effettuate dall'Italia nei confronti di **privati sanmarinesi** sono soggette ad IVA in Italia, viceversa quelle effettuate da operatori di San Marino a **privati italiani** sono imponibili a San Marino. Valgono le discipline specifiche per i mezzi di trasporto nuovi (v. n. 65320) e per le vendite a distanza, il cui limite di fatturato è fissato a 28.000 € (v. n. 65304).

67315 **CESSIONE DI BENI A SAN MARINO** Il fornitore italiano deve emettere:
1) documento di trasporto o di consegna dei beni in 3 esemplari, due dei quali devono essere consegnati all'acquirente sanmarinese. Il citato documento deve contenere i seguenti dati (Circ. Min. 16 settembre 1996 n. 225/E):
– la ditta, la denominazione o la ragione sociale, o il nome e il cognome, la sede, la residenza o il domicilio dei soggetti tra i quali è effettuata l'operazione;
– la natura, la qualità e la quantità dei beni esportati;
– la data di effettuazione dell'operazione;
– le generalità dell'eventuale incaricato del trasporto;
2) fattura **non imponibile** con indicazione del codice identificativo fiscale dell'acquirente sanmarinese, in **formato elettronico** soggetta a controllo dell'Ufficio tributario di San Marino (v. n. 67335 e s.).

67320 **ACQUISTO DI BENI A SAN MARINO** L'acquirente italiano deve adottare una delle due seguenti procedure, a seconda che il fornitore sanmarinese indichi l'IVA in fattura o meno (dal 1° luglio 2022 vige l'obbligo dell'autofattura **elettronica** v. n. 67335 e s.):

Indicazione dell'IVA in fattura	1) il **fornitore sanmarinese** emette una fattura in 3 copie indicando il proprio numero di identificazione e la partita IVA dell'acquirente italiano, presenta all'Ufficio Tributario di San Marino la fattura e un elenco riepilogativo in 3 esemplari versando l'IVA risultante dall'elenco e trasmette all'acquirente italiano la fattura originale restituita dall'Ufficio Tributario di San Marino che l'ha vidimata con l'indicazione della data e timbrata a secco; 2) l'**Ufficio tributario di San Marino** trasmette all'Ufficio IVA di Pesaro i documenti, essendo lo stesso competente a liquidare l'imposta dovuta; 3) l'**acquirente italiano** annota l'originale della fattura ricevuta sul registro degli acquisti e opera la detrazione dell'imposta pagata in via di rivalsa.
Fattura senza indicazione di IVA	1) il **fornitore sanmarinese** emette la fattura in 2 copie indicando il proprio numero di identificazione e la partita IVA dell'acquirente italiano, presenta all'Ufficio tributario di San Marino le 2 copie e l'elenco riepilogativo in 2 esemplari e trasmette all'acquirente italiano uno dei 2 esemplari restituiti dall'Ufficio tributario di San Marino dopo aver apposto il timbro a secco; 2) l'**acquirente italiano**: – determina il debito d'imposta indicandone l'ammontare sull'originale della fattura rilasciatogli dal cedente; – procede ad annotare la stessa sui registri IVA vendite e acquisti (analogamente a quanto avviene per le autofatture).

67328 **MERCI IN LAVORAZIONE** In caso di beni inviati a scopo di lavorazione **nel territorio italiano da operatori sanmarinesi** il prestatore di servizi italiano deve (Circ. Min. 20 aprile 1973 n. 30/510542):
– annotare i beni in un apposito **registro**. L'annotazione deve essere effettuata sulla scorta del documento di accompagnamento emesso dal committente sanmarinese con l'indicazione della natura e quantità dei beni in questione, debitamente vidimata dall'Ufficio tributario di San Marino;

– emettere la **fattura** relativa al corrispettivo della lavorazione con l'indicazione della non imponibilità, in duplice esemplare e farla vistare dall'Ufficio tributario di San Marino. Questa costituisce la prova della reintroduzione dei beni nel territorio del detto Stato.

Il committente italiano che invia beni a scopo di lavorazione **nel territorio sanmarinese deve**: **67330**
– annotare su **apposito registro** numerato i beni inviati, sulla scorta delle risultanze dei documenti di accompagnamento dallo stesso emessi e vistati dall'Ufficio tributario di San Marino;
– al fine di reimportare in Italia i beni lavorati, **corrispondere l'imposta** sulla base della fattura emessa dall'operatore sanmarinese.

FATTURA ELETTRONICA (art. 12 DL 34/2019, DM 21 giugno 2021) **Dal** 1° luglio 2022, per le **cessioni** di beni, il fornitore italiano deve emettere fattura elettronica (tramite SdI, v. n. 52740), che consente di evitare l'esterometro di cui al n. 65525. **67335**
Analogo obbligo vige per l'**acquisto** di beni da San Marino, per i quali l'acquirente italiano deve emettere autofattura.
Per gli **acquisti** da fornitori sammarinesi che emettono **fattura cartacea** con IVA in quanto esonerati dall'obbligo della fattura elettronica, a partire dal 1° ottobre 2022, l'acquirente italiano indica nell'autofattura il codice tipo documento TD28.

>**Precisazioni** 1) Le **regole tecniche** per la predisposizione, trasmissione e ricezione delle fatture elettroniche sono illustrate al n. 52740 e s., ed al provvedimento specifico Provv. AE 5 agosto 2021 n. 211273 modif. dal Provv. AE 29 settembre 2021 n. 0248717.
>2) Le cessioni effettuate da **soggetti esteri** (cioè non residenti/stabiliti in Italia), **identificati in Italia** o dotati di rappresentante fiscale, non sono soggette all'obbligo della fattura elettronica (Risp. AE 17 novembre 2022 n. 557).

Controllo della fattura Le fatture elettroniche che l'Ufficio tributario di San Marino trasmette all'operatore italiano sono controllate dalla Direzione Provinciale di Pesaro-Urbino. Mentre l'Ufficio tributario di San Marino controlla le fatture elettroniche che gli operatori italiani trasmettono a San Marino. **67338**
L'operatore italiano consulta l'esito del controllo e i dati della fattura elettronica tramite il **portale «Fatture e Corrispettivi»**, con le conseguenze indicate in **tabella**.

Cessione di beni a San Marino	il cedente italiano visualizza i dati fiscali della fattura elettronica emessa e l'esito dei **controlli** effettuati dall'Ufficio tributario di San Marino. Se l'**esito** è **negativo** o se nei quattro mesi successivi all'emissione della fattura l'Ufficio tributario di San Marino non ne ha convalidato la regolarità, il cedente italiano, nei successivi 30 giorni, emette nota di variazione in aumento per l'IVA dovuta (art. 26 c. 1 DPR 633/72), senza dover corrispondere interessi e sanzioni
Acquisto di beni da San Marino	**con addebito** IVA (v. n. 67320): il cessionario italiano visualizza i dati fiscali della fattura elettronica e l'esito dei controlli effettuati dall'AE. Se l'esito è **positivo** può detrarre l'imposta
	senza addebito IVA: il cessionario italiano, se l'esito dei controlli effettuati dall'AE è positivo, annota la fattura sui registri IVA vendite e acquisti e procede al versamento dell'imposta integrando la fattura (art. 17 c. 2 DPR 633/72)

CAPITOLO 4

Non residenti operanti in Italia

SOMMARIO

Sono considerati non residenti i soggetti con **sede all'estero**, cioè coloro che non hanno la residenza, il domicilio o una stabile organizzazione in Italia (v. n. 43020). **68000**
In linea generale, le operazioni effettuate in Italia (cioè territorialmente rilevanti in Italia) da soggetti non residenti esercenti imprese o arti e professioni, sono assoggettate a IVA.

Disposizioni particolari sono previste relativamente alla determinazione del **momento di effettuazione** dei **servizi** scambiati da e con soggetti non residenti, per la cui analisi si rinvia al n. 65355.

A. Adempimenti ordinari

(Circ. AE 29 luglio 2011 n. 37/E)

La disciplina che regola gli obblighi di fatturazione, registrazione, ecc. distingue a seconda della presenza o meno di una stabile organizzazione (S.O.) in Italia del fornitore/prestatore non residente e, in caso di assenza, a seconda della natura del soggetto acquirente (art. 17 c. 2 e 3 DPR 633/72). **68008**
Di seguito, dopo aver illustrato la definizione di S.O. sono sintetizzati gli obblighi da osservare, rispettivamente, in presenza di una S.O. e in sua assenza, nelle varie ipotesi di operazioni rilevanti in Italia (comprese anche quelle non imponibili o esenti) effettuate da soggetti non residenti.
Successivamente si espongono gli istituti della rappresentanza fiscale e dell'identificazione diretta, utilizzati principalmente in caso di assenza di S.O.

DEFINIZIONE DI S.O. È un'organizzazione - diversa dalla sede principale dell'attività economica - che ha un grado sufficiente di **permanenza** e una **struttura** idonea in termini di **mezzi** umani e tecnici **atti a** consentire all'organizzazione di: **68015**
- ricevere e utilizzare i servizi che le sono forniti per le proprie esigenze;
- fornire i servizi di cui assicura la prestazione (nel caso di servizi prestati a committenti non soggetti passivi d'imposta e nel caso di servizi resi tramite mezzi elettronici).

La **partita IVA** non costituisce, da sola, prova sufficiente dell'esistenza in uno Stato membro di una S.O. di un soggetto passivo stabilito in un altro Stato membro.

Per i **professionisti** si parla più propriamente di «base fissa». Di seguito, comunque, si parlerà di S.O. intendendola sia per le imprese che per i professionisti.

PRESENZA DI S.O. IN ITALIA La presentazione della dichiarazione di inizio attività, secondo le regole ordinarie (v. n. 52120), di una S.O., fa acquisire lo **status** di soggetto passivo IVA stabilito in Italia (Ris. AE 24 novembre 2011 n. 108/E, Ris. AE 30 luglio 2008 n. 327/E); conseguentemente è vietata la nomina di un rappresentante fiscale o l'identificazione diretta (strumenti alternativi). **68020**
La soggettività passiva sussiste, tuttavia, limitatamente alle **operazioni rese o ricevute dalla S.O.**, che assumono natura di operazioni interne. Le **operazioni diverse**, cioè rese diretta-

mente dalla casa madre senza l'intervento della S.O. italiana, si considerano effettuate da soggetto non residente e quindi soggette alla relativa disciplina, che varia in funzione della natura dell'acquirente residente (v. n. 68033).

Operazioni effettuate	Adempimenti
dalla S.O. (1)	Indipendentemente dalla natura dell'acquirente - soggetto passivo o privato residente o non residente (diverso dalla casa madre) - **debitore dell'imposta** è la S.O. Essa è soggetta alle stesse **formalità** ed obblighi e beneficia degli stessi **diritti** previsti per le imprese italiane, proprio come un normale soggetto passivo IVA (Ris. AE 24 novembre 2011 n. 108/E, Ris. AE 30 luglio 2008 n. 327/E). Tutti gli adempimenti (fatturazione, registrazione, liquidazione, dichiarazione, ecc.) sono **assolti tramite** il numero identificativo IVA assegnato alla stabile organizzazione dall'AE.
direttamente dalla casa madre (2)	1) **acquisti** effettuati dalla casa madre: adempimenti (inclusa la detrazione) assolti dalla S.O.; 2) **cessioni e prestazioni** effettuate nei confronti di: 2a) **privati** o **non residenti**: adempimenti assolti dalla S.O.; 2b) **soggetti passivi** IVA residenti (incluse S.O.): adempimenti assolti dagli stessi con **autofattura** o, per le operazioni intra UE, con **integrazione** della fattura (secondo il sistema del reverse charge illustrato al n. 68033). Nei casi 1) e 2a) la S.O. deve **numerare distintamente** le fatture ricevute o emesse dalla casa madre dalle proprie. Vanno annotate in apposito registro o blocco sezionale e riportate nella dichiarazione annuale del soggetto non residente, ma stabilito in Italia, in un distinto modulo **(3)**.

(1) Per **verificare** se la S.O. del cedente o prestatore **intervenga o meno nell'operazione** occorre tener presente che (artt. 21, 22, 53 Reg. UE 282/2011, C.Giust. UE 16 ottobre 2014 C-605/12):
a) generalmente si presume l'estraneità della S.O., a meno che il cedente o prestatore utilizzi le **risorse tecniche o umane** della S.O. in Italia per l'esecuzione di una parte sostanziale dell'operazione;
b) sono rilevanti le attività di particolare complessità come la **negoziazione dei contratti** e dei relativi contenuti tecnici, influenti sulla definizione delle caratteristiche del prodotto fornito (Risp. AE 17 gennaio 2023 n. 57); mentre ad esempio non rilevano quelle di supporto amministrativo, quali la ricezione degli ordini indirizzati alla casa madre e la trasmissione alla sede principale;
c) nel caso di un **soggetto con più S.O.** localizzate in più Stati, per verificare la S.O. che commette una prestazione, rileva: la natura e l'utilizzazione dei servizi forniti; l'organizzazione che, sia contrattualmente che in base del numero di partita IVA fornito al prestatore, risulta commettere la prestazione; l'organizzazione che provvede al pagamento del servizio;
d) in caso di servizi resi nell'ambito di un **contratto globale a beneficio di più S.O.** del committente sito in diversi Stati, se il prestatore non può determinare la S.O. cui viene fornita la prestazione, il servizio si considera effettuato nello Stato in cui la casa madre ha la sede della propria attività economica.
(2) Le prestazioni effettuate tra la casa madre (estera o italiana) e la propria S.O. (rispettivamente, italiana o estera), priva di indipendenza economica dalla casa madre, sono **fuori campo IVA** (Ris. AE 16 giugno 2006 n. 81/E, C.Giust. UE 23 marzo 2006 C-210/04).
(3) La **detrazione** dell'IVA avviene, quindi, tenendo separate le operazioni della S.O. da quelle della casa madre, secondo le rispettive situazioni, incluse le limitazioni dovute all'effettuazione di operazioni esenti (Ris. AE 24 novembre 2011 n. 108/E).

68025 **Costituzione di S.O. da parte di un soggetto precedentemente identificato** Se la costituzione della S.O. in Italia è effettuata, nel corso dell'anno, da un soggetto precedentemente identificato in Italia (direttamente o tramite un rappresentante fiscale), questi deve preliminarmente chiudere la partita IVA di identificazione. Se sussiste un **credito IVA** relativo alle operazioni effettuate con la partita IVA di identificazione diretta (o di rappresentanza fiscale), la S.O. può recuperarlo tramite la detrazione.
Ai fini degli adempimenti dichiarativi successivi, il passaggio dalla identificazione alla S.O. è **assimilato ad un'operazione di trasformazione societaria**. Pertanto se la costituzione della S.O. avviene **prima della data di presentazione della dichiarazione** IVA relativa all'anno solare precedente, la dichiarazione IVA relativa all'anno della trasformazione va presentata dalla S.O. (con un frontespizio e 2 moduli, uno per l'attività complessiva e uno per l'attività precedente la costituzione della S.O.) (Ris. AE 24 novembre 2011 n. 108/E).

68028 **S.O. all'estero di soggetto italiano** Per le cessioni di beni e le prestazioni di servizi territorialmente rilevanti in Italia rese da un soggetto italiano attraverso una propria S.O. all'estero, il debitore dell'imposta è il cedente o prestatore.

I **relativi obblighi** (fatturazione, registrazione, versamento, ecc.) sono assolti tramite il numero identificativo IVA già allo stesso attribuito, utilizzando una **serie distinta di numerazione** per le fatture riferibili alle operazioni poste in essere attraverso la stabile organizzazione estera. Tali ultime operazioni vanno poi annotate in apposito registro o blocco sezionale e riportate nella **dichiarazione annuale** del soggetto residente in un distinto modulo.

ASSENZA DI S.O. IN ITALIA 68033

Natura dell'acquirente	Adempimenti
soggetto passivo stabilito in Italia (1)	Gravano generalmente sull'**acquirente**. Per gli acquisti bisogna **distinguere** a seconda della provenienza del fornitore: – se **soggetto extra UE** l'acquirente deve emettere un'autofattura in un unico esemplare, contenente l'annotazione «autofatturazione», entro la data di effettuazione dell'operazione (v. n. 45850). Essa va poi registrata sia sul registro delle fatture emesse (entro i 15 giorni dall'emissione o, se è stato emesso il DdT, entro il 15 del mese successivo a quello della consegna o spedizione) che sul registro degli acquisti (prima della liquidazione periodica o della dichiarazione annuale in cui viene esercitato il diritto di detrazione) **(2) (3) (4)**; – se **soggetto UE**, l'acquirente deve invece integrare il documento ricevuto dal fornitore secondo le modalità applicabili agli acquisti intracomunitari (v. n. 65137 e s.) **(4)**.
soggetto diverso (privato, ente non commerciale privo di partita IVA o altro non residente **(5)**)	I fornitori non residenti sono tenuti ad adempiere agli obblighi loro derivanti e ad esercitare i relativi diritti alternativamente mediante **(6)**: – nomina di un proprio **rappresentante fiscale**, residente e munito di partita IVA in Italia (v. n. 68037); – **identificazione diretta**, come soggetto passivo con partita IVA (v. n. 68045); – **adesione al regime del OSS**, solo nei casi indicati al n. 65318. La nomina di un rappresentante fiscale o l'identificazione diretta non fanno perdere la **natura di soggetto non residente** e, conseguentemente, non ha rilevanza sostanziale sulla natura dell'operazione (imponibile o meno) e nemmeno sul luogo di effettuazione dell'operazione (Ris. AE 24 febbraio 2009 n. 48/E).

(1) Si considerano gli **enti non commerciali** con partita IVA, a prescindere dal fatto che l'acquisto sia afferente la sfera istituzionale o quella imprenditoriale (v. n. 43175). I soggetti che, pur non svolgendo attività imprenditoriale, artistica o professionale, o pur non effettuando l'acquisto nell'ambito di tali attività, sono considerati soggetti passivi dalla normativa in materia di territorialità dell'imposizione, devono assolvere l'IVA con modalità particolari (versamento entro fine mese e presentazione Intra-12, v. n. 97275).
Non si considerano le S.O. all'estero di un soggetto stabilito in Italia che commettono un servizio disciplinato dalla regola generale sulla territorialità nei rapporti B2B.

(2) Il soggetto non residente **non può applicare l'IVA** in fattura e per l'imposta assolta sugli acquisti deve procedere ad una richiesta di rimborso; ciò anche nell'eventualità in cui il non residente sia identificato in Italia o ivi disponga di un rappresentante fiscale, ad esempio perché effettua anche operazioni nei confronti di privati consumatori (Circ. AE 18 marzo 2010 n. 14/E). Pertanto, l'eventuale documento (con partita IVA italiana) emesso, per esigenze proprie, dal rappresentante fiscale a carico dell'acquirente italiano è irrilevante ai fini IVA (Ris. AE 20 febbraio 2015 n. 21/E).
Gli acquisti di prestazioni di servizi territorialmente rilevanti in Italia ma **esenti** da IVA, non comportano per l'acquirente residente l'obbligo di autofattura quando lo stesso non sia tenuto alla fatturazione dei servizi della stessa tipologia che fossero dallo stesso effettuati (es. servizi di finanziamento o di assicurazione).

(3) La registrazione delle autofatture può essere assolta utilizzando i **registri sezionali**, ovvero annotando i documenti sugli stessi registri delle fatture di vendita e di acquisto, utilizzando, tuttavia, distinte progressioni numeriche e nel rispetto dell'ordine progressivo sequenziale di ciascuna seriazione. In questo caso, la prima pagina di ciascun registro dovrà contenere l'indicazione delle serie numeriche adottate (Circ. AE 27 giugno 2011 n. 29/E).

(4) Se, a seguito della **mancata emissione dell'autofattura** (o della mancata integrazione della fattura), viene accertato il debito IVA nei confronti dell'acquirente nazionale, questi ha comunque la possibilità di detrarre l'imposta accertata (v. n. 48330), ferma restando l'applicazione della sanzione specifica (v. n. 87045).

(5) Anche se l'**acquirente non residente** è in possesso di partita IVA mediante identificazione diretta o nomina di un rappresentante legale (Ris. AE 28 marzo 2012 n. 28/E, Ris. AE 25 agosto 2010 n. 89/E). Fanno **eccezione** alla regola che pone gli adempimenti a carico del cedente/prestatore, le operazioni solitamente soggette al reverse charge anche se realizzate da operatori residenti (es. subappalti, telefoni cellulari, microchip, rottami, ecc.), per le quali è sempre l'acquirente, se soggetto IVA, il debitore d'imposta obbligato ad adempiere ai relativi obblighi (v. n. 52940).

(6) Se gli obblighi derivano solo dall'effettuazione di **operazioni non imponibili di trasporto** e **accessorie ai trasporti**, gli adempimenti sono limitati alla sola fatturazione (non imponibile).

68037 **Rappresentante fiscale** (art. 17 c. 3 DPR 633/72) La **nomina** deve risultare da atto pubblico, da scrittura privata registrata o da lettera in carta semplice da sottoscrivere da entrambe le parti e annotare in apposito registro presso l'Ufficio delle Entrate (competente in relazione al domicilio fiscale del rappresentante o del rappresentato) o da atto autenticato da un notaio di uno Stato estero munito delle «Apostille» (della Convenzione dell'Aja del 5 ottobre 1961) o legalizzato dal console italiano all'estero (Ris. AE 26 gennaio 1990 n. 550570), in data anteriore a quella in cui è stata effettuata l'operazione o da comunicazione effettuata all'ufficio IVA con le dichiarazioni di inizio o variazione attività (v. n. 52110 e s.). Lo stesso soggetto può essere rappresentante fiscale **di più operatori esteri** e possedere, quindi, tanti numeri di partita IVA quanti sono i soggetti rappresentati. Tuttavia, i soggetti esteri non possono avere **più di un rappresentante** fiscale in Italia (Ris. AE 4 marzo 2002 n. 66/E).

68040 La nomina del rappresentante deve essere **comunicata** all'altro contraente prima dell'esecuzione dell'operazione; la nomina tardiva comporta una violazione degli obblighi del contribuente, ma non pregiudica l'esercizio del diritto alla detrazione e al rimborso dell'imposta (Ris. AE 1° marzo 2005 n. 31/E).
Il rappresentante fiscale **provvede** alla fatturazione, registrazione, liquidazione, dichiarazione e agli altri obblighi inerenti alle operazioni effettuate in Italia (generalmente soggette ad IVA solo se effettuate nei confronti di privati consumatori). Egli **risponde in solido** con il rappresentato degli obblighi previsti dalla legge IVA. In definitiva, con la rappresentanza fiscale il soggetto estero, pur mantenendo lo status di soggetto non residente, diviene, nel contempo, destinatario degli obblighi e dei diritti previsti dalla disciplina fiscale interna per le operazioni rilevanti nel territorio dello Stato (Circ. AE 21 ottobre 2010 n. 53/E).

ESEMPIO
Nel caso di beni inviati da un Paese comunitario e ceduti in Italia ad un privato da un cedente non residente che si avvale del rappresentante, la **procedura di fatturazione** si attua attraverso 2 fasi (Ris. AE 9 gennaio 2003 n. 4/E):
– emissione, da parte del soggetto non residente, di una fattura di vendita nei confronti del proprio rappresentante fiscale italiano che effettua un acquisto intracomunitario dei beni trasferiti;
– emissione da parte del rappresentante di fattura di vendita (interna) nei confronti dell'acquirente italiano (privato), con addebito dell'IVA relativa.

>Precisazioni 1) La **prestazione resa dal rappresentante fiscale** nei confronti di un soggetto passivo non residente e senza S.O. in Italia è esclusa da IVA. È esclusa anche quando è resa ad un privato residente in Stati extra UE, mentre se è resa ad un privato residente nella UE, è soggetta ad IVA (v. n. 43365).
2) In caso di **successione di diversi rappresentanti** fiscali, quelli nominati successivamente non assumono alcuna responsabilità per debiti di imposta pregressi, di competenza dei rappresentanti nominati precedentemente (Cass. 13 aprile 2004 n. 15848).
3) Se il soggetto non residente effettua esclusivamente operazioni non imponibili, esenti o non soggette, o comunque senza obbligo di pagamento dell'IVA, può avvalersi della c.d. **rappresentanza leggera**, che limita gli adempimenti alla fatturazione e, per le operazioni intra UE, alla presentazione degli Intrastat (v. n. 65426).

68045 **Identificazione diretta** (artt. 17 c. 3 e 35 ter DPR 633/72) Possono avvalersi dell'identificazione diretta i soggetti passivi stabiliti in:
– un altro **Stato membro della UE** (Ris. AE 5 dicembre 2003 n. 220/E);
– uno Stato **extra UE** con il quale risultino instaurati accordi di cooperazione amministrativa analoghi a quelli vigenti in ambito comunitario (Dir. 2011/16/UE). A partire dal 2018 la **Norvegia** risponde al requisito (Ris. AE 28 luglio 2020 n. 44/E) e dal 2021, a seguito della Brexit, il **Regno Unito** (Ris. AE 1° febbraio 2021 n. 7/E).
A tal fine essi, **prima dell'effettuazione** di qualsiasi operazione rilevante, devono presentare al Centro operativo di Pescara il **modello ANR/3** (disponibile sul sito Internet www.agenziaentrate.gov.it).
La presentazione può avvenire:
– **direttamente** al citato ufficio;
– **con raccomandata postale**, allegando copia di un documento di identificazione del dichiarante, nonché la certificazione attestante la qualità di soggetto passivo IVA nello Stato di appartenenza. In questo caso la dichiarazione si considera presentata il giorno di spedizione.

68048 Il Centro operativo di Pescara successivamente attribuisce al richiedente un **numero di partita IVA**, in cui è evidenziata anche la natura di soggetto non residente identificato in Italia. Il predetto numero deve essere riportato nelle dichiarazioni e in ogni altro atto, ove richiesto.

Ottenuta l'identificazione il soggetto non residente opera come qualsiasi altro soggetto passivo; come tale si impegna ad esibire le scritture contabili entro i termini stabiliti dall'amministrazione richiedente. In definitiva, con l'identificazione diretta il soggetto estero, pur mantenendo lo status di soggetto non residente, diviene, nel contempo, destinatario degli obblighi e dei diritti previsti dalla disciplina fiscale interna per le operazioni rilevanti nel territorio dello Stato (Circ. AE 21 ottobre 2010 n. 53/E). L'identificazione diretta, conseguentemente, non ha rilevanza sostanziale sulla natura dell'operazione (imponibile o meno) e nemmeno sul luogo di effettuazione dell'operazione (Ris. AE 24 febbraio 2009 n. 48/E).

ESEMPIO
Le prestazioni effettuate da tecnici, inviati in Italia da una società residente in Francia, per la riparazione di strumenti meccanici installati in Italia, sono assoggettate ad IVA se il committente è un privato stabilito in Italia (es. ente non commerciale non identificato ai fini IVA) (v. n. 43240). In tal caso, la fattura deve essere emessa dalla società francese utilizzando il numero identificativo italiano.

In caso di **variazione dei dati** predetti o di **cessazione dell'attività**, il soggetto non residente deve presentare il medesimo modello entro 30 giorni. In questi casi è possibile anche la presentazione **telematica**, diretta o tramite intermediario abilitato (v. n. 56430), osservando le specifiche tecniche approvate con Provv. AE 28 dicembre 2009.

Passaggio dalla rappresentanza I non residenti che si avvalgono del rappresentante e 68050
che intendono invece operare direttamente, devono preliminarmente procedere alla **chiusura della partita IVA** richiesta per loro conto dal rappresentante in precedenza nominato. A tal fine devono far presentare dal proprio rappresentante la normale **dichiarazione di cessazione attività** (per le persone fisiche modello AA9, per i soggetti diversi modello AA7), a seguito della quale viene chiusa la partita IVA (mentre si conserva il codice fiscale).
Successivamente, deve essere presentato il **modello ANR/3**, secondo le medesime modalità sopra esaminate; unica particolarità consiste nella specifica indicazione del codice fiscale già attribuitogli in passato.

B. Rimborsi

I soggetti non residenti possono chiedere il rimborso dell'IVA assolta sulle importazioni di beni 68055
e sugli acquisti di beni e servizi effettuati nello svolgimento della loro attività economica.
Le modalità per richiedere il rimborso variano a seconda che il soggetto richiedente sia residente UE o in certi Stati extra UE.

La **S.O. italiana** di un non residente presenta istanza di rimborso secondo le regole ordinarie, salvo che, poiché non costituisce un soggetto autonomo dalla casa madre estera:
- il requisito patrimoniale di cui al n. 55702 va verificato in capo alla casa madre;
- laddove richiesta, la garanzia va prestata con le modalità ordinarie (v. n. 55715), ma non è possibile avvalersi della garanzia della capogruppo (Risp. AE 10 febbraio 2020 n. 42).

a. Rimborso a soggetti stabiliti in altri Stati UE

(art. 38 bis 2 DPR 633/72 e Provv. AE 1° aprile 2010)

I soggetti **domiciliati e residenti** in altri Stati UE, possono chiedere il rimborso dell'IVA assolta 68060
sulle importazioni di beni e sugli acquisti di **beni e servizi** a condizione che siano rispettati i requisiti sotto elencati.
L'Ufficio competente a gestire i rimborsi e i relativi scambi di informazioni con le autorità competenti degli altri Stati membri è il **Centro Operativo di Pescara** (di seguito «Ufficio»).

> **Precisazioni** 1) Nel caso in cui al soggetto non residente venga **erroneamente addebitata** l'imposta, questi non può chiedere il rimborso all'amministrazione, ma deve chiederne la restituzione al fornitore o prestatore; solo quest'ultimo, infatti è legittimato a chiedere il rimborso dell'IVA indebitamente versata (Cass. 10 marzo 2008 n. 6310). Se, tuttavia, questa modalità risulta impossibile o eccessivamente difficile (es. insolvenza del fornitore), il soggetto non residente deve potersi rivolgere all'amministrazione (C.Giust. CE 15 marzo 2007 C-35/05).

2) Per i **viaggiatori stranieri extra UE** che acquistano beni destinati al consumo personale o familiare è prevista una procedura che consente la non applicazione dell'imposta al momento dell'acquisto (v. n. 66108).

68065 **REQUISITI** I soggetti domiciliati e residenti in altri Stati UE possono presentare richiesta di rimborso se sono soddisfatti i seguenti requisiti:

– nel periodo di riferimento **non** dispongono di una **S.O.** nel territorio dello Stato **(*)**;
– sono **soggetti passivi** all'imposta nello Stato di domicilio o residenza;
– l'IVA di cui si chiede il rimborso deve essere **detraibile** secondo le norme italiane;
– le **fatture** (o le dichiarazioni doganali) che generano il credito siano intestate al soggetto estero (Risp. AE 9 maggio 2022 n. 248);
– **non** hanno effettuato in Italia **operazioni attive** ad eccezione di quelle per le quali debitore dell'imposta è l'acquirente soggetto passivo IVA che assolve l'imposta mediante integrazione della fattura del fornitore (v. **tabella** n. 68033) e di quelle non imponibili di trasporto o accessorie ai trasporti (v. n. 67150);
– nello Stato membro in cui sono stabiliti effettuano operazioni che danno **diritto alla detrazione** dell'imposta; nel caso in cui effettuino sia operazioni che danno diritto alla detrazione sia operazioni che non conferiscono tale diritto, il rimborso è ammesso in misura pari alla percentuale detraibile dell'imposta (c.d. **pro-rata**), quale applicata dallo Stato membro ove è stabilito il richiedente.

(*) L'**identificazione diretta** in Italia o la nomina di un rappresentante fiscale consentono il rimborso (Risp. AE 11 settembre 2020 n. 339, C.Giust. UE 6 febbraio 2014 C-323/12). Se il soggetto UE opta per il rimborso in dichiarazione dell'identificativo o del rappresentante fiscale (art. 38 bis DPR 633/72), è opportuno che tenga distinte le operazioni intestate alla partita IVA UE da quelle intestate alla partita IVA italiana, nei registri IVA e con apposito modulo nella dichiarazione annuale (Risp. AE 20 maggio 2021 n. 359).
Secondo la Corte di Giustizia UE, la semplice esistenza di una **S.O.** nel territorio dello Stato in cui si chiede il rimborso, non preclude, di per sé, il rimborso dell'imposta. Ciò che lo preclude è la **realizzazione effettiva** di operazioni imponibili da parte della S.O. e non la semplice capacità di realizzare tali operazioni (C.Giust. UE cause riunite 25 ottobre 2012 C-318/11 e 25 ottobre 2012 C-319/11).

68070 **ISTANZA** La richiesta di rimborso può essere presentata con riferimento ad un **periodo** non superiore ad un anno solare e non inferiore a tre mesi, o per periodi inferiori a tre mesi se questi rappresentano la parte residua di un anno solare.
L'ammontare complessivo della richiesta di rimborso relativa a periodi infrannuali **non** può essere **inferiore** a € 400; se risulta inferiore, il rimborso spetta annualmente, purché di importo non inferiore a € 50.

68073 **Contenuto** L'istanza di rimborso deve contenere le informazioni stabilite dal Provv. AE 1° aprile 2010 Allegato D. Si tratta dei dati identificativi del richiedente, la descrizione dell'attività, i dati delle fatture e documenti di importazione, dati del conto corrente bancario, inclusi i codici IBAN e BIC, ecc.

68075 **Modalità e termini di presentazione** L'istanza di rimborso va presentata **telematicamente** allo Stato presso il quale il soggetto è stabilito alle seguenti scadenze, rispettivamente per il rimborso:
– **trimestrale**, a partire dal primo giorno del mese successivo al trimestre di riferimento ed **entro** il 30 settembre dell'anno solare successivo al periodo di riferimento;
– **annuale**, dal 1° gennaio **al** 30 settembre dell'anno successivo.
Il termine del 30 settembre è perentorio (C.Giust. CE 21 giugno 2012 C-294/11).
L'AE invia con mezzi elettronici al richiedente il rimborso, anche per il tramite dello Stato di stabilimento, la **ricevuta** attestante la ricezione dell'istanza.

68080 **RISPOSTA DELL'AE** L'Ufficio deve **notificare** al richiedente il **provvedimento** di accoglimento o di diniego totale o parziale della richiesta di rimborso **entro** quattro mesi dalla ricezione della richiesta. Il predetto termine può slittare (v. **tabella** seguente) se l'Ufficio si avvale della facoltà di richiedere informazioni aggiuntive al fine di acquisire tutti gli elementi pertinenti su cui basare la decisione.
Contro l'eventuale provvedimento motivato di **diniego** è possibile presentare ricorso con le modalità illustrate al n. 80465.

Motivi che possono incidere sul termine di notifica della decisione		
Richieste dell'ufficio	**Termini per la risposta**	**Maggior termine di comunicazione della decisione**
entro 4 mesi dalla ricezione della richiesta di rimborso, l'ufficio chiede (per via elettronica), al soggetto che ha presentato l'istanza o allo Stato in cui è stabilito, **informazioni aggiuntive (1)**	le informazioni devono essere fornite all'ufficio **entro** un mese dalla data in cui il destinatario riceve la richiesta	la comunicazione può essere effettuata **entro** il termine di due mesi dal giorno in cui le informazioni sono pervenute all'ufficio o dalla scadenza infruttuosa del termine di un mese per la risposta **(2)**
se l'ufficio chiede **ulteriori informazioni** aggiuntive	le ulteriori informazioni devono essere fornite all'ufficio **entro** un mese dalla data in cui il destinatario riceve la richiesta	la comunicazione deve essere effettuata comunque **entro** otto mesi dalla data di ricezione della richiesta di rimborso

(1) Le informazioni aggiuntive possono essere richieste eventualmente ad un soggetto diverso, anche in via telematica solo se il destinatario dispone dei mezzi necessari.
(2) I predetti termini non si applicano se scadono prima del decorso di un periodo di sei mesi dalla ricezione della richiesta di rimborso, nel qual caso l'ufficio effettua la comunicazione entro sei mesi dalla ricezione della richiesta stessa.

ESECUZIONE DEI RIMBORSI Il rimborso è eseguito mediante accreditamento su conto corrente intestato al soggetto richiedente **entro** dieci giorni lavorativi dalla data di notifica al richiedente della decisione di accoglimento della richiesta di rimborso; in caso di ritardo, dal giorno successivo, si applicano gli **interessi** nella misura del 2% annuo. Gli interessi non sono calcolati fino a quando non pervengono all'ufficio competente i documenti aggiuntivi da allegare alla richiesta di rimborso e non sono dovuti nel caso in cui il richiedente non fornisca le informazioni aggiuntive o le ulteriori informazioni aggiuntive entro il termine previsto (v. **tabella** n. 68070). **68085**

> **Precisazioni** 1) Il rimborso può essere **eseguito** nel territorio dello Stato o, su domanda del richiedente, in un altro Stato membro; in tal caso, l'importo sarà erogato al netto dell'ammontare delle spese di trasferimento.
2) Il soggetto passivo non residente può conferire **mandato** ad un soggetto terzo **all'incasso** del rimborso con procura speciale da conferire per iscritto con firma autenticata da notaio o pubblico ufficiale anche per le procure formate all'estero (Ris. AE 28 novembre 2016 n. 110/E).
3) Nel caso in cui, dopo l'esecuzione del rimborso, questo risulti **non spettante**, il soggetto non residente deve restituire la somma rimborsata e pagare la relativa sanzione (da 1 a 2 volte la somma rimborsata), entro 60 giorni dalla notifica del provvedimento emesso dall'Ufficio. Nelle more del pagamento l'ufficio sospende ogni ulteriore rimborso al soggetto interessato fino a concorrenza del medesimo importo.

CORREZIONI SUCCESSIVE ALLA PRESENTAZIONE Il richiedente, dopo l'inoltro della richiesta di rimborso da parte dell'amministrazione finanziaria dello Stato membro ove è stabilito, può presentare un'istanza correttiva **entro** il termine previsto per la presentazione della richiesta di rimborso oggetto di correzione. Dalla data di ricezione dell'istanza correttiva riprendono a decorrere i termini (v. n. 68080) per la risposta da parte dell'Ufficio. **68090**
Inoltre, se alla fine dell'anno solare il richiedente ha una **percentuale di detrazione diversa** da quella utilizzata in modo provvisorio nel corso del medesimo anno, deve comunicare, **entro** l'anno solare seguente, la nuova percentuale di detrazione. La comunicazione può essere effettuata **contestualmente** alla presentazione di una nuova domanda di rimborso o, in mancanza, con un'**apposita comunicazione** contenente, oltre ai dati identificativi del richiedente, la percentuale di detrazione provvisoria, quella definitiva e il periodo di riferimento della percentuale di detrazione definitiva (Provv. AE 1° aprile 2010 Allegato E).

> In caso di correzione della percentuale di detrazione, se per la richiesta o le richieste di rimborso a cui è riferita la correzione **non** è **ancora** stato **emanato alcun provvedimento** (di accoglimento o diniego), l'Ufficio provvede a rettificare in aumento o in diminuzione l'importo chiesto a rimborso e ne dà notizia al richiedente (con la comunicazione di cui sopra). Se, viceversa, per la richiesta o le richieste di rimborso a cui è riferita la correzione è stato **già effettuato il pagamento**, l'Ufficio provvede a rettificare l'importo chiesto a rimborso e compensa tale variazione in aumento o in diminuzione con l'importo che deve essere erogato in base ad un'altra richiesta di rimborso; in mancanza, provvede ad effettuare pagamenti o recuperi autonomi.

b. Rimborso a soggetti stabiliti in Israele, Norvegia e Svizzera

(art. 38 ter DPR 633/72)

68100 I soggetti esercenti attività d'impresa, arte o professione, **domiciliati e residenti** in Stati non appartenenti alla UE, possono chiedere il rimborso dell'IVA relativa agli acquisti e importazioni di **beni mobili** e **servizi inerenti** alla loro attività alle stesse condizioni di cui al n. 68065 e che lo Stato in cui è stabilito il richiedente assicuri lo stesso trattamento agli operatori italiani (ad oggi, Israele, Norvegia e Svizzera).
L'ammontare complessivo della richiesta di rimborso relativa a periodi infrannuali **non** può essere **inferiore** a € 400; se risulta inferiore, il rimborso spetta annualmente, purché di importo non inferiore a € 50.

68105 **MODALITÀ E TERMINI DI PRESENTAZIONE** L'istanza va redatta su **apposito modello** «IVA 79» rinvenibile sul sito www.agenziaentrate.gov.it (Provv. AE 29 aprile 2010).
Può essere inviata per **posta** con raccomandata A/R, tramite **corriere** espresso o **consegnata** a mano, al Centro Operativo di Pescara - Rimborsi IVA ai non residenti - via Rio Sparto n. 21 - c.a.p. 65100 - Pescara - Italia, **entro** il 30 settembre dell'anno solare successivo al periodo di riferimento.
La **prova** dell'avvenuta presentazione è costituita dalla ricevuta rilasciata dall'Ufficio stesso o dalla ricevuta della raccomandata; le richieste presentate ad un **Ufficio non competente** si considerano presentate nel giorno in cui pervengono al Centro Operativo di Pescara.
All'istanza devono essere **allegati** i documenti elencati in **tabella**, tenendo presente che la stessa, se presentata nei termini, è ritenuta valida anche se incompleta.

Allegati
– originali delle fatture di acquisto e delle bollette doganali di importazione relative al periodo considerato, e cioè i documenti aventi data di formazione compresa nel periodo di riferimento **(1)**; – attestazione, che mantiene valore per un anno, rilasciata dalla competente Amministrazione dello Stato comprovante la qualità di soggetto d'imposta del richiedente **(2)**; – eventuale procura o delega a rappresentare l'operatore richiedente; – è, infine, utile fornire numero di fax e indirizzo e-mail in modo da facilitare gli eventuali contatti tra l'amministrazione e il soggetto richiedente.
(1) L'allegazione di **fotocopie** delle fatture d'acquisto o delle bollette doganali non determina la nullità della richiesta di rimborso ma solo la sua improcedibilità fino al momento della presentazione dei documenti originali da parte dell'istante (Ris. Min. 28 dicembre 1994 n. 58/E). Tuttavia, in caso di **smarrimento** dei documenti **originali** per causa non imputabile al soggetto passivo che chiede il rimborso, è stato ritenuto possibile allegare all'istanza una copia conforme della fattura o del documento di importazione (C.Giust. CE 11 giugno 1998 C-361/96). **(2)** Secondo la giurisprudenza comunitaria, il rilascio dell'**attestazione** non può impedire, all'amministrazione tributaria dello Stato che deve effettuare il rimborso, di accertarsi della reale collocazione territoriale del soggetto richiedente (C.Giust. CE 28 giugno 2007 C-73/06).

68110 **ESECUZIONE DEI RIMBORSI** L'Ufficio deve provvedere al rimborso **entro** sei mesi dalla ricezione della richiesta o, in caso di richiesta di **informazioni aggiuntive**, entro otto mesi dalla stessa.
In caso di ritardo del rimborso, si applicano gli **interessi** nella misura del 2% annuo, con decorrenza dal giorno successivo a quello di scadenza del rimborso.
Entro i suddetti termini (sei o otto mesi), deve essere emanato l'eventuale provvedimento di **diniego** motivato, avverso il quale è ammesso ricorso secondo le disposizioni ordinarie (v. n. 80465).

> **Precisazioni** 1) Gli **interessi** non sono calcolati fino a quando non pervengono all'ufficio competente i documenti aggiuntivi da allegare alla richiesta di rimborso e non sono dovuti nel caso in cui il richiedente non fornisca le informazioni aggiuntive entro il termine di un mese dalla data della notifica da effettuarsi anche tramite mezzi elettronici.
> 2) Nel caso in cui, dopo l'esecuzione del rimborso, questo risulti **non spettante**, il soggetto non residente deve restituire la somma rimborsata e pagare la relativa sanzione (da 2 a 4 volte la somma rimborsata), entro 60 giorni dalla notifica del provvedimento emesso dall'Ufficio. Nelle more del pagamento l'ufficio sospende ogni ulteriore rimborso al soggetto interessato.

PARTE IV

ALTRE IMPOSTE

CAPITOLO 1

Registro, ipotecaria e catastale

SOMMARIO

Sono imposte sui trasferimenti che colpiscono: 70000
– l'imposta di **registro**, gli atti per i quali la registrazione deve essere obbligatoriamente richiesta (soggetti a registrazione in termine fisso), quelli per i quali deve essere richiesta solo in particolari circostanze (in caso d'uso) ed infine quelli per i quali, pur non sussistendo l'obbligo, è richiesta la registrazione volontaria;
– le imposte ipotecaria e catastale (definite congiuntamente **ipocatastali**), gli atti aventi ad oggetto immobili; la prima colpisce la trascrizione, iscrizione, rinnovazione e annotazione eseguite nei pubblici registri immobiliari; la seconda le volture catastali.
Di seguito si illustrano le regole generali di applicazione delle imposte (v. n. 70010), le modalità di applicazione delle stesse agli atti più diffusi (v. n. 71050) ed, infine, si riportano le tabelle con il riepilogo delle imposte applicabili ai differenti atti, raggruppati per gruppi omogenei (v. n. 72620).
Si riportano altresì gli importi delle **tasse ipotecarie** (v. n. 72655) che colpiscono le operazioni inerenti il servizio ipotecario e dei **tributi speciali catastali** (v. n. 72660) dovuti per i servizi inerenti il sistema catastale e le dichiarazioni di nuove unità immobiliari o le denunce di variazione e gli atti di aggiornamento di quelle esistenti.
In merito alle problematiche riguardanti l'applicazione delle imposte suddette alle **operazioni straordinarie**, alle **donazioni** ed alle **successioni**, si rinvia agli appositi capitoli.

SEZIONE 1

Regole generali

I. Atti soggetti ad imposta

(art. 1 DPR 131/86, artt. 1 e 10 D.Lgs. 347/90)

L'imposta di registro si applica agli atti giuridici che devono essere registrati o che sono volontariamente registrati. 70010
La registrazione attribuisce all'atto una data certa opponibile ai terzi e ne comporta la conservazione a cura dell'AE alla quale possono essere richieste copie od estratti degli stessi.

L'obbligo o meno di registrazione è determinato in via principale e salvo le deroghe che si esamineranno, dalla **forma** e dal **contenuto** degli atti.
Alcuni atti aventi ad oggetto o riguardanti immobili o diritti reali immobiliari, sono soggetti a **trascrizione** e **voltura catastale**, secondo quanto detto al n. 71050 e s. in relazione al tipo di atto.

70015 **LEGGE APPLICABILE** (art. 79 DPR 131/86 e Circ. AE 21 febbraio 2014 n. 2/E) Per le fattispecie impositive previste negli atti pubblici, negli atti giudiziari e nelle scritture private autenticate, si applica la legge vigente alla data di formazione di tali atti e non alla data della loro registrazione.
Al contrario, per le **scritture private non autenticate** si applica il regime tributario in vigore al momento della registrazione.

70020 **ATTI PUBBLICI E SCRITTURE PRIVATE AUTENTICATE** (art. 11 tar. parte I DPR 131/86) Sono sempre soggetti a registrazione in termine fisso gli atti pubblici, formati nel territorio dello Stato, con le richieste formalità da un notaio o altro pubblico ufficiale a ciò preposto e le scritture private formate liberamente dalle parti nel territorio dello Stato, la cui sottoscrizione è riconosciuta autentica da un pubblico ufficiale a ciò autorizzato, ad **eccezione** degli atti indicati al n. 70100.
Il **contenuto**, patrimoniale o meno dell'atto nonché l'eventuale applicabilità dell'IVA influiscono sulla misura dell'imposta applicabile (v. n. 70450).

70030 **SCRITTURE PRIVATE NON AUTENTICATE** Vi è l'obbligo di registrazione **in termine fisso** per gli atti che hanno forma di scrittura privata non autenticata indicati nella parte prima della Tariffa allegata al DPR 131/86.
Sono invece soggette a registrazione solo **in caso d'uso**, le scritture private non autenticate:
- che non hanno carattere patrimoniale;
- le cui disposizioni sono tutte soggette ad **IVA**;
- quando l'ammontare dell'imposta dovuta sarebbe inferiore a 200 € (salvo che trattasi di contratti di locazione, affitto o comodato di beni immobili, sempre soggetti a registrazione in termine fisso);
- aventi ad oggetto la negoziazione di quote di partecipazione in società o enti o di azioni, obbligazioni, altri titoli in serie o di massa e titoli di Stato o garantiti.

A questo fine, si considerano soggette ad IVA anche le cessioni e le prestazioni per le quali l'IVA non è dovuta per difetto del requisito di territorialità nonché quelle esenti, ad eccezione di talune che hanno ad oggetto **fabbricati** e che sono riepilogate al n. 70465. In questi casi le scritture private sono comunque soggette a registrazione in termine fisso.
Non sono soggetti a registrazione gli atti indicati al n. 70100.

> **Precisazioni 1)** In caso di scrittura privata complessa, **contenente differenti disposizioni**, la presenza di una sola disposizione di natura patrimoniale e fuori dal campo di applicazione dell'IVA comporta la soggezione della scrittura a registrazione in termine fisso.
> **2)** Le scritture private non costituiscono titolo per la **trascrizione** nei pubblici registri immobiliari, né per la **voltura** catastale.

70040 **ATTI CONCLUSI PER CORRISPONDENZA** (art. 1 tar. parte II DPR 131/86) Si intendono conclusi per corrispondenza i contratti in cui il proponente invia la proposta sottoscritta con allegata una lettera di accettazione che chiede al destinatario di restituire sottoscritta. Si hanno pertanto due scritture unilaterali in quanto le sottoscrizioni delle parti non devono ricorrere sul medesimo esemplare, avendosi altrimenti un'ordinaria scrittura privata.
In generale, gli atti conclusi con le modalità ora previste si considerano al pari delle scritture private non autenticate ma per taluni atti - espressamente individuati - la registrazione è dovuta solo in caso d'uso.
Quando formati per corrispondenza, sono soggetti a registrazione solo in caso d'uso:
- gli **atti traslativi** a titolo oneroso della proprietà di beni diversi dagli immobili nonché gli atti costitutivi o traslativi di diritti reali di godimento sugli stessi;
- gli atti di **natura dichiarativa** relativi a beni o rapporti di qualsiasi natura, esclusi gli immobili e unità da diporto ed imbarcazioni;
- **cessioni di credito**, compensazioni, remissioni e quietanze, garanzie personali e reali a favore di terzi, se non richieste dalla legge;

- **altri** atti aventi contenuto patrimoniale non indicati in specifiche voci;
- i contratti **preliminari** aventi ad oggetto beni diversi dagli immobili.

La previsione della registrazione solo in caso d'uso non si applica in relazione agli atti per i quali il codice civile richiede la forma scritta a pena di nullità (art. 1350 c.c.) ed a quelli per i quali la registrazione in termine fisso è prevista anche quando formati verbalmente (v. n. 70050).

>**Precisazioni** 1) Per quanto soggetti alla forma scritta a pena di nullità, sono soggetti a registrazione solo in caso d'uso i contratti formati per corrispondenza relativi alle operazioni e ai **servizi bancari e finanziari** e al credito al consumo.
2) Secondo la migliore dottrina, per corrispondenza deve intendersi la conclusione dell'accordo tramite due documenti che restano distinti ed autonomi (lettera di proposta con la sottoscrizione del proponente da una parte e lettera di accettazione sottoscritta dall'altra parte). Si ha invece una normale scrittura privata quando dal medesimo documento, pur redatto in forma epistolare, emergono tutti gli elementi dell'accordo e la **sottoscrizione di entrambe le parti** (Uckmar). La definizione ha **rilevanza solo fiscale** e non anche civilistica.

CONTRATTI VERBALI (art. 3 DPR 131/86) Sono soggetti a registrazione **in termine fisso** i contratti verbali di: 70050
- locazione o affitto di beni immobili esistenti nel territorio dello Stato e le relative cessioni, risoluzioni e proroghe, anche tacite;
- trasferimento o affitto di aziende esistenti nel territorio dello Stato e le relative cessioni, risoluzioni e proroghe, anche tacite;
- costituzione o trasferimento di diritti reali di godimento sulle aziende esistenti nel territorio dello Stato e le relative cessioni, risoluzioni e proroghe, anche tacite.

I contratti verbali **diversi** dai predetti non sono soggetti a registrazione in termine fisso ma sono soggetti all'imposta quando enunciati in altri contratti o sentenze registrati (v. n. 70700).

>**Precisazioni** 1) Non sono soggetti a registrazione in termine fisso, ad esempio, i contratti di **comodato** aventi ad oggetto beni mobili o immobili (Ris. AE 25 maggio 2006 n. 71/E).
2) Per le **imprese soggette ad iscrizione** nel registro delle imprese, i contratti aventi per oggetto il trasferimento della proprietà o il godimento di aziende devono essere stipulati per atto pubblico o scrittura privata autenticata (art. 2556 c.c.). Inoltre l'affitto d'azienda rientra nella sfera delle operazioni soggette ad IVA se poste in essere da imprenditori con le conseguenze illustrate al n. 70450.
3) I contratti verbali non costituiscono titolo per la **trascrizione** nei pubblici registri immobiliari, né per la **voltura** catastale.

ATTI FORMATI ALL'ESTERO (art. 2 DPR 131/86) Sono soggetti a registrazione solo in caso d'uso gli atti formati all'estero, anche dai consoli italiani (Cass. 3 aprile 1979 n. 1875). 70060

Fanno **eccezione** e sono soggetti a registrazione in termine fisso gli atti formati all'estero che comportano:
- il trasferimento della proprietà oppure la costituzione o il trasferimento di diritti reali, anche di garanzia, su beni immobili e aziende esistenti nel territorio dello Stato;
- la locazione o l'affitto di beni immobili e aziende esistenti nel territorio dello Stato.

Un contratto (nel caso esaminato, di finanziamento) può considerarsi formato nel territorio dello Stato quando in detto territorio è stato **raggiunto o formalizzato l'accordo** nella forma prevista dalla legge, anche se successivamente il contenuto è riproposto nell'atto pubblico formato all'estero (Ris. AE 28 marzo 2013 n. 20/E).

OPERAZIONI DI SOCIETÀ ED ENTI (art. 4 DPR 131/86) Sono sempre soggetti a registrazione in termine fisso gli atti in qualunque modo formati e anche se formati all'estero che comportano determinati effetti in relazione a società ed enti di ogni tipo ed oggetto. In proposito v. n. 72190. 70070

EVENTI SUCCESSIVI ALLA REGISTRAZIONE (art. 19 DPR 131/86) Quando si verificano determinati eventi che incidono su atti registrati, **le parti** dell'atto (o gli altri soggetti obbligati) **devono** presentare denuncia all'ufficio dell'AE presso il quale è stato registrato l'atto originario. 70080

Si tratta, in generale, di eventi che comportano la liquidazione di ulteriore imposta rispetto a quella già riscossa ed in particolare dei casi di:
- **avveramento della condizione** sospensiva apposta ad un atto;
- **esecuzione dell'atto** prima dell'avveramento della condizione medesima;
- **cessioni**, **risoluzioni** e **proroghe** dei contratti di locazione (v. n. 71115);

– **determinazione del corrispettivo** in relazione a contratto a prezzo indeterminato (v. n. 70625);
– ogni **altro evento** che comporti la liquidazione di ulteriore imposta.

>**Precisazioni** 1) È discusso, in dottrina, se l'obbligo sussista anche in relazione all'evento che comporti una **minore imposta** (e quindi un possibile rimborso), salvo il caso di contratto con corrispettivo determinato posteriormente alla stipula, tassato in sede di registrazione, in base al maggior valore dichiarato dalle parti. In questo caso, la denuncia successiva è obbligatoria.
2) Per gli **accordi di riduzione del canone** di locazione, v. n. 71122.

70090 **ATTI DELL'AUTORITÀ GIUDIZIARIA** (art. 8 tar. parte I DPR 131/86) Sono soggetti a registrazione in termine fisso, gli atti dell'autorità giudiziaria ordinaria e speciale in materia di **controversie civili** che definiscono, anche parzialmente, il giudizio.
Sono **compresi**: i decreti ingiuntivi esecutivi, i provvedimenti di aggiudicazione e quelli di assegnazione, anche in sede di scioglimento di comunioni, le sentenze che rendono efficaci nello Stato sentenze straniere e i provvedimenti che dichiarano esecutivi i lodi arbitrali.
Per la **misura dell'imposta** applicabile, v. n. 72650.

70100 **ATTI NON SOGGETTI A REGISTRAZIONE** (art. 7 DPR 131/86) Non vi è obbligo di richiedere la registrazione per gli atti indicati nella **tabella** seguente.
In questi casi la registrazione non è dovuta neppure in caso d'uso ma tali atti possono essere **presentati volontariamente** alla registrazione, nel qual caso si applica l'imposta in misura fissa (v. n. 70440).

Descrizione dell'atto	Rif. Tab.
Atti del potere legislativo	1
Atti relativi a referendum	1
Atti posti in essere dall'amministrazione dello Stato, delle regioni, delle province e comuni, diversi da quelli relativi alla gestione dei loro patrimoni	1
Atti dell'autorità giudiziaria in sede civile e penale, della Corte Costituzionale, del Consiglio di Stato, della Corte dei Conti, dei T.A.R., delle Commissioni tributarie e degli organi di giurisdizione speciale, diversi da quelli indicati nella tabella F riportata al n. 72650	2
Atti del contenzioso in materia elettorale e dei procedimenti disciplinari	2
Procure alle liti	2
Atti di qualsiasi natura formati per essere prodotti: – in procedimenti amministrativi, non giurisdizionali, iniziati d'ufficio od a richiesta di parte per ottenere provvedimenti di interesse pubblico; – ad enti di assistenza, beneficenza e previdenza, relativi a persone non assoggettate alle imposte sul reddito. In tal caso all'atto deve essere allegato il certificato del competente ufficio delle imposte attestante che il richiedente non è assoggettato al tributo	3
Atti di ultima volontà (es. testamenti) **(1)**	4
Atti e documenti relativi ad attività riguardanti imposte e tasse (applicazione, riduzione, liquidazione, riscossione, rateazione, rimborso, atti relativi a concessioni e appalti per la riscossione) **(1)**	5
Garanzie richieste da leggi anche regionali e provinciali e atti relativi alla loro cancellazione (comprese le quietanze da cui risulti l'estinzione del debito)	5
Atti e documenti relativi al servizio militare obbligatorio e al servizio civile sostitutivo	5
Atti per la formazione del catasto dei terreni e dei fabbricati	6
Contratti di assicurazioni, di riassicurazione e di rendita vitalizia soggetti all'imposta sulle assicurazioni e gli atti ad essi inerenti (es. quietanze, ricevute parziali di pagamento)	7
Atti relativi alla istituzione di fondi comuni di investimento mobiliare autorizzati e di fondi d'investimento immobiliare, alla sottoscrizione e al rimborso delle quote (anche in sede di liquidazione) e all'emissione ed estinzione dei relativi certificati (compresi le quote ed i certificati di analoghi fondi esteri autorizzati al collocamento nel territorio dello Stato)	7

Descrizione dell'atto	Rif. Tab.
Azioni, obbligazioni ed altri titoli in serie o di massa e relative girate, titoli di Stato o garantiti; atti, documenti e registri relativi al movimento, a qualunque titolo, e alla compravendita degli stessi titoli e dei valori in moneta o verghe **(1)**	8
Gli atti societari diversi da quelli indicati nella tabella C riportata al n. 72635, compresi quelli di nomina e accettazione degli organi di amministrazione, controllo e liquidazione	9
Atti che comportano variazione del capitale sociale delle società cooperative e loro consorzi e delle società di mutuo soccorso	9
Sentenze ed atti emessi nei procedimenti di competenza del giudice di pace relativi a cause di valore inferiore a € 1.032,91 (ed anche relativi ai successivi gradi di giudizio, Cass. 16 luglio 2014 n. 16310 e Ris. AE 10 novembre 2014 n. 97/E)	art. 46 L. 374/91
Atti, documenti e provvedimenti relativi alle controversie individuali di lavoro e alle controversie in materia di previdenza e di assistenza obbligatorie	10
Atti, documenti e provvedimenti relativi alle controversie in materia di locazione il cui valore non eccede 309,87 €	10
Contratti di lavoro subordinato, collettivo e individuali	10
Contratti di mezzadria, di colonia e di soccida	10
Convenzioni per pascolo e per alimenti di animali	10
Cambiali, vaglia cambiari, assegni bancari e circolari e loro accettazione nonché girate, avalli, quietanze ed altre dichiarazioni cambiarie fatte sui medesimi	11
Atti di protesto cambiario, da chiunque redatti, e conti di ritorno	11
Atti di natura traslativa o dichiarativa aventi a oggetto veicoli iscritti nel pubblico registro automobilistico **(2)**	11 bis
Verbali di gara o d'incanto, dichiarazioni di nomina, in caso di aggiudicazione di beni all'incanto per persona da nominare (art. 583 c.p.c.), e i relativi depositi, redatti o ricevuti dai notai delegati **(2)**	11 ter
Atti costitutivi, statuti ed ogni altro atto necessario per l'adempimento di obblighi dei movimenti o partiti politici, derivanti da disposizioni legislative o regolamentari	11-quater

(1) Per gli atti di negoziazione di azioni o quote v. n. 72250.
(2) Per tali atti non vi è obbligo di richiedere la registrazione neppure se formati per **atto pubblico o scrittura privata autenticata** (art. 11 tariffa parte I DPR 131/86). Vi rientra l'inventario di **apertura delle cassette di sicurezza**, redatto da notaio o funzionario dell'AE ai fini dell'imposta di successione (Ris. AE 24 gennaio 2013 n. 2/E).

II. Soggetti che devono chiedere la registrazione, la trascrizione e la voltura

(art. 10 DPR 131/86, art. 3 DPR 650/72 e art. 6 D.Lgs. 347/90)

Sono obbligati a chiedere la registrazione nonché, per gli atti immobiliari, la trascrizione nei pubblici registri immobiliari e la voltura catastale, i soggetti indicati in **tabella**. **70160**

ATTI	PARTI OBBLIGATE	
	Registrazione e voltura (quando dovuta)	Trascrizione
scritture private non autenticate	parti contraenti **(1)** **(2)**	–
scritture private non autenticate di natura negoziale stipulate a seguito della loro attività **(3)**	agenti immobiliari (iscritti nell'apposito ruolo presso la camera di commercio)	–
contratti verbali	parti contraenti **(1)**	–
atti pubblici e privati formati all'estero	parti contraenti **(1)**	notai e altri pubblici ufficiali presso i quali l'atto ricevuto o autenticato all'estero è stato depositato

70160
(segue)

ATTI	PARTI OBBLIGATE	
	Registrazione e voltura (quando dovuta)	**Trascrizione**
operazioni di società	rappresentanti delle società o soggetti che rispondono delle obbligazioni della società	–
operazioni di enti esteri	rappresentanti dell'ente o soggetti che rispondono delle obbligazioni dell'ente	–
atti pubblici alla cui formazione siano intervenuti notai, ufficiali giudiziari, segretari o delegati della pubblica amministrazione	notai, ufficiali giudiziari, segretari o delegati della pubblica amministrazione	notai e altri pubblici ufficiali che hanno ricevuto l'atto
atti ricevuti o autenticati da notai, ufficiali giudiziari, segretari o delegati della pubblica amministrazione	notai, ufficiali giudiziari, segretari o delegati della pubblica amministrazione	notai e altri pubblici ufficiali che hanno autenticato l'atto o cancellieri che hanno partecipato agli atti o ai provvedimenti
atti, sentenze, decreti e altri atti degli organi giurisdizionali a cui hanno partecipato nell'esercizio delle loro funzioni	cancellieri e segretari	–
atti da registrare d'ufficio	impiegati dell'AF e appartenenti al Corpo della GdF	–
atti notarili esteri di costituzione, modificazione o estinzione di diritti reali su beni immobili situati in Italia, depositati in un archivio notarile distrettuale per poi essere trascritti	notaio o conservatore dell'archivio notarile (Ris. Min. 12 dicembre 1981 n. 250751)	–
decreti di espropriazione per pubblica utilità	autorità che emette il provvedimento di espropriazione (Ris. Min. 20 ottobre 1980 n. 250981)	–
verbali di pubblicazione di testamento o di deposito di testamenti speciali redatti dal conservatore dell'archivio notarile	conservatore medesimo (Ris. Min. 11 febbraio 1982 n. 250162)	–
atti, quali domande giudiziali, atti o sentenze relative a immobili, decreto di trasferimento al terzo acquirente aggiudicatario di immobile, e tutti quelli per cui è prevista l'annotazione dagli artt. 2654, 2655 e 2896 c.c.	come previsto per il singolo atto	parti (del giudizio) o loro procuratori oppure notai o altri pubblici ufficiali che hanno ricevuto o autenticato gli atti

(1) Per i contratti di **locazione**, deve provvedervi il locatore che deve poi darne comunicazione, entro 60 giorni, al conduttore e all'amministratore di condominio (art. 13 L. 431/98).

(2) Nel contratto in cui più soggetti (partecipanti ad un **pool**) assumono unitariamente la posizione di parte contraente, ciascun soggetto è obbligato a richiedere la registrazione del contratto insieme alla controparte (Ris. AE 17 novembre 2008 n. 443/E).

(3) L'obbligo di chiedere la registrazione riguarda **i contratti e i preliminari** conclusi dalle parti convenute per la stipula nel medesimo tempo e luogo; sia per i contratti conclusi tramite proposta e successiva accettazione, c.d. **preliminari aperti** (Ris. AE 25 febbraio 2008 n. 63/E).

III. Registrazione

A. Termine

IN TERMINE FISSO (art. 13 DPR 131/86) Per registrazione in termine fisso si intende che essa deve essere richiesta, anche se l'atto è sottoposto a **condizione sospensiva, entro** il termine indicato in tabella. (Gli atti soggetti a registrazione in termine fisso sono indicati al n. 72625, tab. A). **70220**

ATTO	TERMINE (1)	DECORRENZA
	Atti civili	
atti pubblici o scritture private autenticate relativi a diritti sugli immobili e registrati tramite MUI	30 giorni (art. 4 DPR 308/2000)	data dell'atto
atti pubblici diversi da quelli di cui al punto precedente	30 giorni se formati in Italia 60 giorni se formati all'estero	data dell'atto
scritture private autenticate diverse da quelle di cui al primo punto	30 giorni se formati in Italia 60 giorni se formati all'estero	ultima autenticazione di firma
scritture private	30 giorni se formati in Italia 60 giorni se formati all'estero	data dell'atto
scritture di trasferimento di quote di SRL con firma digitale	30 giorni	data risultante dalla marcatura temporale apposta al documento informatico dopo l'ultima firma
contratti verbali	30 giorni	inizio della loro esecuzione
contratti di locazione	30 giorni **(2)**	come casi precedenti a seconda della forma del contratto
atti formati in più giorni (per es. inventari)	30 giorni se formati in Italia 60 giorni se formati all'estero	chiusura dell'atto
operazioni di società ed enti esteri che non risultano da atto scritto	30 giorni	dall'iscrizione nel registro delle imprese e comunque non oltre 60 giorni dall'istituzione o dal trasferimento della sede amministrativa, legale o secondaria nel territorio dello Stato
richiesta di registrazione dei procedimenti per asta pubblica e licitazione privata	30 giorni	compilazione dell'avvenuta aggiudicazione definitiva
contratti di affitto di fondi rustici non formati per atto pubblico o scrittura privata autenticata, stipulati nell'anno precedente e ancora in essere	entro il mese di febbraio dell'anno successivo	formazione della scrittura privata o inizio di esecuzione del contratto verbale
contratti soggetti ad approvazione od omologazione	v. n. 70225	
	Atti giudiziari	
atti dell'autorità giudiziaria ordinaria e speciale in materia di controversie civili che definiscono anche parzialmente il giudizio diversi da quelli dei punti successivi **(3)**	decorsi 10 ed entro 30 giorni	pubblicazione o emanazione del provvedimento **(4)**

ATTO	TERMINE (1)	DECORRENZA
decreti di trasferimento	60 giorni	emanazione del provvedimento
atti nei quali il cancelliere interviene come ufficiale rogante **(u5)**	60 giorni	formazione dell'atto
sentenze e altri atti recanti condanna al risarcimento del danno prodotto da fatti costituenti reato	30 giorni	da quando sono definitivi (art. 73 c. 2 ter DPR 115/2002) **(6)**

(1) Termini **modificati** dall'art. 14 DL 73/2022 conv. in L. 122/2022, in vigore dal 22 giugno.
(2) Si evince indirettamente dal termine previsto per il pagamento in autoliquidazione dell'imposta (Circ. Min. 16 novembre 2000 n. 207/E punto 2.2.9).
(3) Vi rientrano i **decreti ingiuntivi** (anche provvisoriamente) esecutivi; il termine decorre dall'esecutività.
(4) Se dagli atti non sono desumibili domicilio o residenza anagrafica delle parti, il termine per la registrazione è di 30 giorni da quando sono acquisiti detti elementi.
(5) Si tratta, ad esempio, del **verbale di rinuncia all'eredità**, di apposizione di sigilli e della dichiarazione di nomina dell'incaricato alla redazione dell'inventario.
(6) Le parti in causa possono segnalare all'ufficio giudiziario, anche tramite il difensore, la sussistenza dei presupposti per la **registrazione con prenotazione a debito** entro 10 giorni dalla pubblicazione o emanazione. L'ufficio giudiziario deve motivare l'eventuale mancata ammissione alla prenotazione a debito con apposito atto, da trasmettere all'AE unitamente alla richiesta di registrazione.

70225 **Atti soggetti ad approvazione od omologazione** (art. 14 DPR 131/86) Per gli atti soggetti ad approvazione della Pubblica Amministrazione o ad omologazione dell'autorità giudiziaria o per quelli che non possono avere esecuzione prima che sia decorso un intervallo di tempo previsto dalla legge, il **termine** di **20 giorni** per la registrazione **decorre** dal giorno in cui i soggetti (notai, ecc.) hanno avuto notizia del provvedimento di approvazione od omologazione o dal giorno in cui l'atto è divenuto altrimenti eseguibile.
A tale scopo, funzionari e cancellieri dell'ufficio che ha emanato il provvedimento di omologazione dell'atto devono, entro 5 giorni, darne notizia alle parti o al notaio a mezzo lettera raccomandata con avviso di ricevimento.
Il richiedente deve allegare, in originale o in copia autenticata, il provvedimento di omologazione o di approvazione e la lettera di informazione dell'esito positivo del controllo.

> **Precisazioni** 1) Per **approvazione** deve intendersi qualsiasi tipo di controllo della Pubblica Amministrazione, sia di legittimità (c.d. visto) che di merito (Cass. 11 dicembre 1985 n. 6274; Cass. 18 marzo 1982 n. 1764; Cass. 27 luglio 1981 n. 4835).
2) L'approvazione della Pubblica Amministrazione **non può retroagire** alla data del relativo rogito notarile e gli effetti si producono solo al momento dell'emanazione del provvedimento di controllo. Pertanto l'imposta dovuta dovrà essere commisurata all'aliquota vigente al tempo del provvedimento di approvazione (Ris. Min. 28 maggio 1984 n. 241132).
3) Non vi è alcuna incombenza di comunicazione per gli atti con **efficacia subordinata al decorso di un termine** normativamente previsto, che l'ufficiale rogante è tenuto a conoscere (Ris. Min. 4 maggio 1977 n. 251652).

70240 **IN CASO D'USO** (art. 6 DPR 131/86) In relazione agli atti soggetti a registrazione solo in caso d'uso (riportati al n. 72630 - tab. B), l'obbligo di richiedere la registrazione sorge solo nel momento in cui tali atti sono **depositati** per essere acquisiti agli atti:
– presso le **cancellerie giudiziarie** nell'esplicazione di attività amministrativa;
– presso le **amministrazioni** dello Stato o degli enti pubblici territoriali e i rispettivi organi di controllo, salvo che il deposito avvenga ai fini dell'adempimento di un'obbligazione delle suddette amministrazioni, enti o organi oppure sia obbligatorio per legge o regolamento.
Costituiscono attività amministrativa degli organi giudiziari, i procedimenti cosiddetti di **volontaria giurisdizione** dove l'Autorità interviene in sede non contenziosa (ad esempio, i procedimenti di autorizzazione del giudice tutelare per il compimento di atti di straordinaria amministrazione su beni di minori od incapaci) mentre non integra caso d'uso il deposito di atti per l'acquisizione al fascicolo di un **procedimento contenzioso** ordinario.
Costituisce caso d'uso il deposito presso le amministrazioni indicate quando è seguito dall'acquisizione agli atti finalizzata al riconoscimento o alla **concessione** di un diritto da parte dell'Amministrazione.
Non è previsto un **termine** entro il quale la parte deve registrare l'atto ma l'esecuzione della registrazione deve precedere l'evento che determina il caso d'uso.

Costituisce caso d'uso la notifica dell'atto di **cessione di un credito nei confronti della PA** (Cass. 23 maggio 2005 n. 10865).

Non costituiscono ipotesi di caso d'uso le seguenti attività:

– **deposito delle quietanze** di pagamento di quote spettanti in forza del progetto di distribuzione delle somme ricavate da un'esecuzione mobiliare (Ris. Min. 17 gennaio 1979 n. 251170);

– semplice **deposito degli atti societari** poiché non vi è successiva attività amministrativa (Ris. Min. 28 luglio 1977 n. 250422);

– deposito delle scritture prodotte in sede di **procedura fallimentare** per giustificare le domande di insinuazione al passivo, in quanto la predetta procedura non ha il carattere di attività amministrativa, ma ha la natura di processo giudiziario (Ris. Min. 5 aprile 1983 n. 251258);

– conservazione obbligatoria degli atti e **invio** di questi **alla Corte dei conti** in ottemperanza a norme contabili, in quanto il deposito di detti atti è preordinato e connesso ad adempimenti che la legge pone a carico dell'amministrazione dello Stato (Ris. Min. 3 agosto 1985 n. 251372);

– il **deposito di deleghe** rilasciate mediante scrittura privata non autenticata per la riscossione di somme dato che il deposito dei predetti atti avviene ai fini dell'adempimento di un'obbligazione dell'Amministrazione (Ris. Min. 28 marzo 1983 n. 251160).

D'UFFICIO (art. 15 DPR 131/86) In linea generale, devono essere registrati d'ufficio, su richiesta della guardia di finanza o del pubblico ufficiale che ha rinvenuto l'atto e previa riscossione dell'imposta dovuta, gli atti per i quali **non è stato rispettato l'obbligo** di richiedere la registrazione, e precisamente: **70250**

ATTO	CIRCOSTANZA
atti dei notai, dei pubblici ufficiali, degli organi giurisdizionali	nei registri e nei repertori sono rinvenuti gli estremi di atti non registrati
scritture private non autenticate (per le quali sussisteva l'obbligo di registrazione in termine fisso)	l'AF ne è venuta legittimamente in possesso in base ad una legge che ne autorizza il sequestro oppure ne ha avuto visione nel corso di accessi, ispezioni o verifiche eseguiti ai fini di altri tributi
scritture private non autenticate (per le quali sussisteva l'obbligo di registrazione in termine fisso)	sono state depositate presso pubblici uffici
contratti verbali di locazione o affitto di immobili	risultano da presunzioni gravi, precise e concordanti
operazioni di società ed enti esteri	risultano da presunzioni gravi, precise e concordanti
contratti verbali aventi ad oggetto aziende	risultano da cambiamenti nella ditta, nell'insegna o nella titolarità dell'esercizio, che continua la stessa attività nello stesso locale o in parte di esso. Non si verifica quando lo svolgimento dell'attività sia stato interrotto per un tempo notevole (CTC 31 gennaio 1989 n. 771)
atti soggetti a registrazione in termine fisso per i quali è intervenuta decadenza del potere di accertamento dell'Amministrazione **(1)**	sono depositati presso cancellerie giudiziarie o uffici delle pubbliche Amministrazioni che integrano il presupposto del caso d'uso (v. n. 70240)
atti soggetti a registrazione in caso d'uso	sono depositati presso cancellerie giudiziarie o uffici delle pubbliche Amministrazioni che integrano il presupposto del caso d'uso (v. n. 70240)

(1) L'intervenuta decadenza dell'azione dell'Amministrazione non dispensa dal pagamento dell'imposta quando l'atto sia presentato volontariamente alla registrazione o quando si realizzi il caso d'uso (art. 76 c. 5 DPR 131/86).

Oltre all'imposta sono dovuti gli **interessi** nella misura del 3,5% annuo (art. 6 DM 21 maggio 2009).

VOLONTARIA (art. 8 DPR 131/86) Chiunque vi abbia interesse può, in qualsiasi momento, richiedere la registrazione volontaria di un atto, anche quando non vi sia soggetto, pagando la relativa imposta se dovuta. Pertanto, se è richiesta la registrazione: **70260**

– di atto **non soggetto** a registrazione, è dovuta l'imposta in misura fissa;

– di un atto **originariamente soggetto** a registrazione il cui obbligo non sia stato rispettato, è dovuta l'imposta in misura ordinaria.

Nel caso di atto originariamente soggetto a registrazione, l'imposta è comunque dovuta anche se è già decorso il termine di **decadenza** per l'accertamento da parte dell'Amministrazione.

B. Modalità

70320 **UFFICIO COMPETENTE** (art. 9 DPR 131/86) La registrazione degli atti pubblici, delle scritture private autenticate e degli atti degli organi giurisdizionali deve essere richiesta all'ufficio territoriale dell'AE nella cui circoscrizione risiede il **pubblico ufficiale** che, avendo redatto, ricevuto o autenticato l'atto (es. notaio) oppure avendo partecipato alla sua formazione nell'esercizio delle proprie funzioni (es. cancelliere), è obbligato a richiederne la registrazione (v. n. 70160).
In tutti gli **altri casi**, la registrazione può essere eseguita presso un qualsiasi ufficio dell'AE.
Nei casi in cui la richiesta ha ad oggetto **eventi successivi**, la registrazione o denuncia deve essere presentata allo stesso ufficio dell'AE dove è stato registrato l'atto cui si riferiscono.
Al momento della registrazione deve essere pagata la relativa imposta, che si definisce principale (in proposito e sulla differenza con le imposte complementare e suppletiva v. n. 70840 e s.), in alcuni casi autoliquidata dal soggetto interessato ed in altri dall'AE.

>Precisazioni 1) La registrazione **d'ufficio** può essere effettuata presso un qualsiasi ufficio dell'AE; è comunque consigliabile che avvenga presso l'ufficio nella cui circoscrizione risiede il contribuente (Circ. Min. 10 giugno 1986 n. 37).
2) La registrazione di un evento successivo presso un ufficio **incompetente**, non dovrebbe pregiudicare la validità dell'adempimento qualora l'Ufficio stesso non respinga l'atto e consenta l'esecuzione della registrazione. In senso analogo, v. Ris. Min. 12 luglio 1996 n. 123/E.

70330 **RICHIESTA DI REGISTRAZIONE** (artt. 11 e 12 DPR 131/86) I soggetti obbligati (v. n. 70160) devono richiedere la registrazione con modalità differenti a seconda della natura dell'atto.
Nella richiesta, qualunque sia la modalità utilizzata, deve essere indicato il **codice fiscale** dei soggetti **destinatari** degli effetti giuridici immediati degli atti (art. 6 c. 1 lett. b DPR 605/73).
Agli atti scritti in **lingua straniera** deve essere allegata una traduzione giurata, salvo che l'atto non sia presentato agli uffici ubicati nelle regioni dove è ammesso per legge l'uso di quella determinata lingua straniera (art. 11 c. 5 e 6 DPR 131/86).
Il Direttore dell'AE può individuare atti per i quali la registrazione prevista per legge è **sostituita da una denuncia** esclusivamente telematica di una delle parti che ha in ogni caso effetto di attribuire data certa all'atto, secondo quanto esaminato al n. 70375 (art. 38 c. 5 DL 78/2010).

>Precisazioni 1) Per i contratti di **locazione**, v. n. 71070.
2) La richiesta di registrazione si intende effettuata anche per gli atti ad esso **allegati**.
3) Per gli eventi **successivi alla registrazione** che devono essere denunciati secondo quanto visto al n. 70080, una delle parti deve presentare la denuncia utilizzando il c.d. Mod. 2 reperibile sul sito www.agenziaentrate.gov.it.
4) Una volta presentata la richiesta di registrazione, non è ammessa **rinuncia** alla registrazione. Pertanto in caso di disaccordo sulla misura dell'imposta applicata la parte interessata non può sottrarsi al pagamento, ma potrà successivamente presentare istanza di rimborso (Ris. Min. 17 agosto 1996 n. 185/E).

70335 **Atti formati o autenticati da notai** (art. 3 bis D.Lgs. 463/97, DPR 308/2000, Provv. AE 6 dicembre 2006 e Circ. AT 30 marzo 2007 n. 3/T) I notai devono richiedere la registrazione esclusivamente in **via telematica**, tanto per gli atti aventi ad oggetto diritti immobiliari che per altri atti che, non avendo ad oggetto tali diritti, devono solamente essere registrati e non anche trascritti nei registri immobiliari; la distinzione è rilevante per determinare le modalità tecniche di trasmissione telematica con cui il notaio deve procedere.
Per quanto riguarda gli **atti immobiliari**, devono utilizzare il cosiddetto modello unico informatico (**MUI**) che consente di assolvere gli adempimenti connessi a registrazione, trascrizione e voltura catastale.
A tal fine, il notaio deve preventivamente richiedere l'**abilitazione** agli Uffici Provinciali territorio dell'AE competenti in relazione alla sede. La domanda di abilitazione, compilata su apposito modello deve essere firmata dal richiedente e corredata del visto del Presidente del Consiglio Notarile competente.

La richiesta di registrazione è effettuata tramite **invio telematico** del modello unico informatico e dei relativi allegati (compreso l'atto in formato testo). In questo caso la richiesta è accompagnata dalla ricevuta di **versamento** delle relative imposte (non solo di registro ma anche ipotecaria, catastale e di bollo) autoliquidate dal richiedente e versate sempre in via telematica con addebito su conto corrente intrattenuto presso istituti bancari convenzionati (Circ. AT 2 maggio 2002 n. 3/T).

Le **specifiche tecniche** per la trasmissione telematica della richiesta di registrazione e le modalità di trasmissione del titolo da registrare sono dettate con Provv. AE 6 dicembre 2006 (modificato con Provv. AE 30 aprile 2008).

> **Precisazioni** 1) L'**attestazione dell'avvenuta registrazione** viene annotata dal Notaio su indicazione dell'Ufficio che ne comunica gli estremi. I pubblici ufficiali depositari di atti pubblici e scritture private autenticate hanno peraltro il divieto di asportare anche temporaneamente tali atti e documenti da dove sono conservati o archiviati e pertanto in tutti quei casi in cui è prevista a qualsiasi fine la **produzione in originale** dell'atto pubblico o della scrittura privata autenticata, il relativo obbligo si intende adempiuto, salvo specifico ordine dell'autorità giudiziaria, mediante produzione di copia certificata conforme dal pubblico ufficiale depositario (art. 36 L. 340/2000).

2) Nel caso di **malfunzionamento del software** che impedisce la trasmissione telematica, il notaio può richiederla mediante la procedura d'urgenza illustrata dalla Circ. AT 2 maggio 2002 n. 3/T e che prevede la registrazione secondo il sistema tradizionale cartaceo presso l'Ufficio competente.

3) Disposizioni particolari sono dettate per la registrazione di atti per i quali è prevista l'**annotazione** nei registri immobiliari (nel qual caso le imposte non sono autoliquidate dalla parte ma liquidate dall'Ufficio competente che ne comunica al richiedente l'ammontare, art. 6 Provv. AE 6 dicembre 2006) e per gli immobili ubicati in territori ove vige il **libro fondiario** (art. 3 bis D.Lgs. 463/97 e art. 3 DM 9 giugno 2004).

4) Gli ufficiali giudiziari, i segretari o delegati della PA e gli **altri pubblici ufficiali** utilizzano la procedura cartacea (come per le scritture private) e potranno facoltativamente utilizzare la procedura telematica a seguito dell'approvazione delle modalità di abilitazione (art. 2 Provv. AE 30 aprile 2008). Tuttavia, i **contratti di appalto pubblico** devono essere obbligatoriamente registrati in via telematica, fatta eccezione di quelli stipulati tramite scrittura privata non autenticata (art. 11 D.Lgs. 163/2006).

Atti giudiziari (Provv. AE 6 dicembre 2006) I cancellieri ed i segretari richiedono la registrazione delle sentenze, dei decreti e degli altri atti degli organi giudiziari, presentando l'originale dell'atto e la richiesta di registrazione in duplice copia. **70340**

L'AE provvede alla **liquidazione** del tributo e comunica alle parti obbligate al pagamento l'importo da corrispondere mediante mod. F23.

Per alcune **tipologie di atti** emessi dai tribunali di Bologna e Genova e dalla Corte d'appello e dal tribunale di Roma, è prevista la trasmissione telematica (le modalità tecniche sono state stabilite con DM 10 maggio 2006). Con provvedimento interdirigenziale da approvare sarà stabilita la data dalla quale la procedura telematica illustrata al n. 70335 potrà essere utilizzata, in via facoltativa, anche dagli **ufficiali giudiziari** (nonché da segretari della pubblica amministrazione e altri pubblici ufficiali) relativamente agli atti da essi redatti, ricevuti o autenticati (Provv. AE 30 aprile 2008).

Atti con firma digitale di trasferimento di quote di SRL (art. 36 c. 1 bis DL 112/2008 conv. in L. 133/2008 e Provv. AE 1° aprile 2009 n. 42914) I trasferimenti di quote di SRL possono essere effettuati anche tramite scrittura privata con firma digitale, depositata al registro delle imprese anche dagli intermediari abilitati al deposito dei bilanci e degli altri documenti alla Camera di commercio (commercialisti, ragionieri e periti commerciali). **70345**

L'atto di trasferimento **deve contenere**, oltre alla firma digitale delle parti, anche quella dell'intermediario nonché la marcatura temporale apposta al momento dell'ultima sottoscrizione digitale.

Entro il **termine** di 20 giorni dall'ultima sottoscrizione, l'intermediario deve richiedere la registrazione **inviando**, telematicamente (tramite Entratel), l'atto di trasferimento e la marca temporale e compilando il modello informatico utilizzando il software Cessioni quote societarie ed i dati del pagamento delle imposte, che deve essere effettuato contestualmente alla richiesta di registrazione e sempre in via telematica, in base ad autoliquidazione mediante addebito su proprio conto corrente intrattenuto con Istituti convenzionati.

Successivamente, l'AE trasmette in via telematica la **ricevuta** con cui attesta la ricezione del file contenente l'atto di trasferimento con indicazione degli estremi di registrazione nonché dell'addebito delle imposte.

La registrazione **si considera effettuata** il giorno in cui i dati sono correttamente ricevuti dall'AE.

Se il **file è stato scartato** (perché carente delle informazioni o dei requisiti tecnici richiesti), la trasmissione si considera non effettuata.

Il soggetto interessato o l'intermediario incaricato deve versare contestualmente a quella di registro anche l'**imposta di bollo** dell'importo di 15,00 € per atto (v. n. 74066).

70350 **Scritture private ed altri atti** Per le scritture private (non autenticate) e gli altri atti diversi da quelli esaminati ai numeri precedenti, le parti richiedono la registrazione presentando a un ufficio dell'AE, i seguenti **documenti**:
- due copie con firma in originale del contratto e in bollo; nel caso di contratto o atto **verbale**, questo è sostituito da denuncia redatta in doppio originale su modello dell'Agenzia, sottoscritto anche da uno solo dei contraenti;
- modello 69 di richiesta di registrazione in duplice copia (il modello è reperibile presso gli uffici dell'Agenzia o scaricabile dal sito internet www.agenziaentrate.gov.it);
- nel caso in cui la richiesta riguardi più contratti: elenco riepilogativo (mod. RR).

L'Ufficio **liquida l'imposta** dovuta che le parti interessate provvedono a versare mediante mod. F23. La liquidazione può essere differita per un periodo massimo di 3 giorni dalla richiesta ed in tal caso l'Ufficio può provvedere alla liquidazione provvisoria dell'imposta (l'eventuale differimento non incide sulla data attribuita alla registrazione).

>**Precisazioni** 1) In caso di **comodato di immobili**, nel mod. 69 devono essere riportati i relativi dati catastali ed in caso di mancata o errata applicazione, si applica la sanzione illustrata al n. 87072. Per **locazione**, anche finanziaria, e affitto di **immobili**, v. n. 71070 e s.

2) L'Ufficio trattiene una copia dell'atto e dunque se si desidera ottenere l'attestazione di avvenuta registrazione su **più copie dell'atto** (ad es. una per ogni parte) è possibile presentarne più copie. **Nella prassi**, almeno per i casi più semplici, la parte effettua autonomamente il calcolo dell'imposta e provvede al versamento con il Mod. F23 per poi presentarlo all'ufficio già con la richiesta di registrazione.

70355 **Atti registrati d'ufficio** (artt. 15 e 54 c. 5 DPR 131/86) Nei casi (riportati al n. 70250) in cui non sia rispettato l'obbligo di registrazione e la registrazione sia eseguita d'ufficio, l'AE notifica ai soggetti obbligati al pagamento (individuati in dipendenza della natura dell'atto al n. 70870) un **avviso di liquidazione** con cui invita al pagamento dell'imposta dovuta entro 60 giorni ed irroga altresì l'eventuale sanzione per l'omessa registrazione. A seguito dell'avvenuto pagamento sarà eseguita la registrazione.

70357 **Eventi successivi** Le parti devono denunciare gli eventi successivi individuati dalla legge **presentando** apposito modello reperibile presso gli uffici (in genere il Modello 2). L'Ufficio liquida l'imposta dovuta.

70370 **ESECUZIONE DELLA REGISTRAZIONE** (art. 16 DPR 131/86 e DM 24 giugno 1986) La registrazione, previo pagamento dell'imposta principale, è eseguita mediante raccolta in volumi rilegati delle richieste di registrazione numerate progressivamente ed integrate dall'Ufficio con indicazione della codifica del tipo di atto e delle somme riscosse.

Gli Uffici non ancora automatizzati vi provvedono annotando in apposito registro l'atto o la denuncia, il numero progressivo annuale, la data di richiesta e le generalità delle parti.

L'Ufficio **in calce o a margine** degli originali e delle copie **dell'atto o della denuncia**, annota la data e il numero della registrazione e appone la quietanza della somma riscossa o dichiara che la registrazione è stata eseguita a debito; l'annotazione dell'avvenuta registrazione deve essere fatta anche sugli atti eventualmente allegati.

La registrazione è effettuata con la **data** della richiesta, anche nel caso in cui l'Ufficio abbia differito la liquidazione dell'imposta.

Gli **atti giudiziari** sono sempre registrati attraverso l'annotazione in apposito registro.

Gli estremi della registrazione sono annotati in calce o a margine degli originali o delle copie dell'atto (o, in mancanza, della denuncia) con indicazione della somma riscossa (o dell'eventuale prenotazione a debito).

Eseguita la registrazione, l'Ufficio **rilascia** al soggetto che l'aveva richiesta:
- la copia conforme dell'atto pubblico o della scrittura privata autenticata;
- un originale della scrittura privata (se depositata in doppio originale) o la fotocopia;
- un originale della denuncia in caso di contratti verbali;
- una copia cartacea dell'atto di trasferimento di quote di SRL sottoscritto digitalmente e registrato su supporto informatico, fino all'approvazione delle modalità di registrazione telematica (Circ. AE 17 ottobre 2008 n. 58/E).

>**Precisazioni** 1) Se dell'atto sono stati formati più originali, a domanda del richiedente, l'Ufficio appone le **annotazioni** di cui sopra su tutti gli originali presentati per la registrazione (art. 11c. 3 DPR 131/86).

2) Se vi sono atti o documenti **allegati** all'atto registrato, l'annotazione viene apposta anche su questi.

Effetti (art. 18 DPR 131/86) La registrazione attesta l'esistenza dell'atto e attribuisce **data certa** a quelli che ne fossero sprovvisti (art. 2704 c. 1 c.c.). 70375

L'Agenzia è tenuta a **conservare** gli originali e le copie degli atti trattenuti nonché le denunce di contratti verbali per 10 anni. Trascorso questo periodo li trasmette all'archivio notarile con eccezione delle denunce dei contratti verbali e dei modelli di richiesta di registrazione che vengono distrutti.

Le parti contraenti, i loro aventi causa o coloro nel cui interesse la registrazione è stata eseguita possono **richiedere copia** delle scritture private, delle denunce e degli atti formati all'estero dei quali è ancora in possesso nonché delle note e delle richieste di registrazione di qualunque atto che l'Ufficio è tenuto a **rilasciare** dietro pagamento dei diritti speciali nella misura di € 4,96 più € 0,62 per ogni pagina successiva alla prima (tabella A, Titolo II DL 533/54).

Per le particolarità sui contratti di **locazione**, v. n. 71100.

> **Precisazioni 1)** L'attribuzione di **data certa ha rilevanza** solo per le scritture private e per le denunce poiché essa è già connaturata agli atti pubblici ed alle scritture private autenticate (art. 2704 c.c.).
> **2)** È dubbio se tale effetto può essere riconosciuto alla registrazione **effettuata d'ufficio**.
> **3) Limiti** sono posti all'utilizzo di atti per i quali non è stato rispettato l'obbligo di registrazione (in termine fisso od in caso d'uso) (artt. 65 e 66 DPR 131/86).

IV. Calcolo dell'imposta

L'imposta può essere applicata in misura fissa o proporzionale; la **misura fissa** è pari a 200,00 €, salvo quanto previsto per le locazioni e le cessioni di immobili (art. 26 DL 104/2013, artt. 5 e 11 tar. parte I DPR 131/86). 70440

L'imposta dovuta in **misura proporzionale** si determina applicando alla base imponibile, determinata come di seguito descritto, le aliquote previste nella tariffa (parte I e parte II) allegata al DPR 131/86.

Di seguito si esamina separatamente il calcolo dell'imposta sugli **atti soggetti ad IVA** (ai quali si applicano norme particolari per l'alternatività IVA/Registro) e sugli altri **atti non soggetti ad IVA**.

> Per l'annotazione di avvenuta registrazione posta in calce o a margine dell'originale e delle copie dell'atto presentato per la registrazione o su copia di esso certificata conforme (art. 16 DPR 131/86), non sono dovuti i **tributi speciali** (da 4,96 €) previsti per il rilascio di certificati e attestazioni di qualsiasi specie dal punto 2, tabella A, allegata al DL 533/54 che però non sembrerebbero dovuti (Ris. AE 26 settembre 2013 n. 60/E).

A. Atti soggetti ad IVA

(artt. 5 e 40 DPR 131/86)

In generale, gli atti relativi a cessioni di beni e prestazioni di servizi rientranti nel campo di applicazione dell'IVA (operazioni imponibili, non imponibili, esenti) sono soggetti ad imposta di registro in misura fissa (principio di alternatività fra IVA e Registro); dal 2018 si considerano soggette ad IVA anche le cessioni e le prestazioni tra soggetti partecipanti ad un **gruppo IVA** (art. 1 c. 30 L. 232/2016). 70450

Sono fatte salve le **eccezioni** illustrate al n. 70465 che riguardano principalmente cessioni e locazioni di immobili.

La **misura fissa** è pari a € 200,00 salvo quanto previsto per le locazioni di immobili (artt. 5 e 11 Tar. parte I DPR 131/86).

Pertanto, quando hanno ad oggetto operazioni IVA:

- gli **atti pubblici** e le scritture private **autenticate** sono soggetti a registrazione in termine fisso (v. n. 70020 e s.) e in misura fissa;
- le scritture private **non autenticate** e gli atti conclusi per corrispondenza sono soggetti a registrazione solo in caso d'uso (v. n. 70030 e s.) e in misura fissa;
- gli **atti giudiziari** recanti condanna al pagamento di corrispettivi o prestazioni rientranti nel campo di applicazione IVA sono soggetti ad imposta di registro in misura fissa.

>**Precisazioni** 1) Per l'ipotesi di cessione di beni in **comproprietà** tra un soggetto IVA e un privato, v. n. 42040.
2) Per valutare l'applicazione dell'IVA o del Registro proporzionale non rileva il fatto che sia **già stata corrisposta un'imposta** anziché un'altra, in quanto deve essere applicata l'imposta effettivamente dovuta in base alla legge e non quella per prima corrisposta o scelta dal contribuente in base a considerazioni soggettive (Cass. 9 aprile 1991 n. 3726; Cass. 12 marzo 1996 n. 2021).
3) Se l'operazione è soggetta ad IVA, l'imposta di registro è dovuta in misura fissa anche quando chiamato ad adempiere sia il **fideiussore** (Ris. AE 31 dicembre 2014 n. 119/E in merito al decreto ingiuntivo esecutivo ottenuto nei confronti del debitore principale e del fideiussore); diversamente, il provvedimento di condanna del debitore al pagamento in favore del garante per il recupero delle somme da questo pagate al creditore principale in forza di polizza fideiussoria è soggetto a imposta di registro proporzionale in quanto rapporto autonomo da quello sottostante eventualmente soggetto a IVA (Cass. SU 10 luglio 2019 n. 18520).
4) Le somme dovute a titolo di **interessi moratori** non concorrono alla base imponibile IVA e sono dunque soggette ad imposta di registro in misura proporzionale anche se accessorie a somma capitale soggetta ad IVA (Cass. 15 ottobre 2014 n. 21775 in merito alla tassazione del decreto ingiuntivo portante condanna al pagamento della somma capitale e degli interessi di mora).

70462 Quando un atto contiene **più disposizioni**:
– se **tutte soggette ad IVA**, si applica un'unica imposta fissa di registro se le disposizioni derivano necessariamente le une dalle altre (esempio, cessione di più immobili fra le stesse parti); una volta per ogni singola disposizione che sia autonomamente valutabile (Circ. AE 29 maggio 2013 n. 18/E);
– se **solo alcune soggette ad IVA**, l'imposta di registro si applica in misura fissa su queste e in misura proporzionale sulle altre (secondo le ordinarie disposizioni).

L'atto di **permuta** di un bene soggetto ad IVA con altro che non lo è, è soggetto a registrazione in termine fisso o in caso d'uso a seconda della forma e si applica l'imposta di registro in misura proporzionale sul valore del bene non soggetto IVA (Circ. Min. 10 giugno 1986 n. 37); se entrambe le cessioni sono soggette ad IVA, si applica una sola imposta fissa di registro.

70465 **Eccezioni** (art. 40 DPR 131/86, art. 10 c. 1 n. 8, 8 bis, 27 quinquies e c. 2 DPR 633/72 e art. 6 L. 133/99) Le operazioni riportate in **tabella** sono soggette ad imposta di registro in misura proporzionale anche quando rientranti nel campo di applicazione IVA. Si tratta, per la maggior parte, di operazioni di locazione e cessione di beni immobili (per la cui completa disamina si rinvia al n. 71050 e s.).

Operazione (1)
locazione, anche finanziaria, e affitto di terreni non edificabili, aziende agricole ed aree diverse da quelle destinate a parcheggio di veicoli esenti IVA (v. n. 61240) **(2)**
locazione, anche finanziaria, di fabbricati ad uso abitativo, **quando** esente IVA (v. n. 61200) **(2)**
locazione, anche finanziaria, di fabbricati strumentali per natura imponibile o esente IVA (v. n. 61170) **(2)**
locazione di immobili effettuata da consorzi nei confronti dei consorziati o soci per i quali ricorrono le condizioni illustrate al n. 40510
cessione di fabbricati ad uso abitativo, **quando** esente da IVA (v. da n. 60630 a n. 60640)
cessione di beni acquistati o importati senza il diritto alla detrazione totale dell'IVA (v. n. 40530)
operazioni di assicurazione, riassicurazione e vitalizio
(1) Le cessioni di beni e prestazioni di servizi elencate, sono soggette ad imposta in misura proporzionale anche se intervenute **tra soggetti partecipanti al gruppo IVA** (la disposizione si applica dal 2018, art. 1 c. 30 L. 232/2016). **(2)** Stessa disciplina si applica alle relative **cessioni**, **risoluzioni** e **proroghe**.

B. Atti non soggetti ad IVA

(art. 41 DPR 131/86)

70530 Per gli atti non soggetti ad IVA l'imposta può essere applicata in **misura fissa o** in misura **proporzionale** a seconda della natura e della forma dell'atto.
Di seguito si esaminano i criteri generali di determinazione dell'imposta mentre per l'individuazione della misura applicabile ad ogni fattispecie si rinvia alla disamina degli atti di uso comune (v. n. 71045) e alle **tabelle** riepilogative (v. n. 72620).

Nel caso di **imposta proporzionale** questa è determinata applicando l'aliquota prevista nella tariffa alla base imponibile determinata come di seguito illustrato; l'importo così ottenuto va arrotondato all'unità di € (per difetto se la frazione è inferiore a 50 centesimi e per eccesso se è pari o superiore a 50).
L'ammontare dell'imposta dovuta in sede di registrazione (c.d. imposta principale, v. n. 70840) **non** può essere **inferiore** alla misura fissa, attualmente pari a 200 €, salvo quanto previsto per le locazioni e le cessioni di immobili. Tale importo concretizza la misura minima dell'imposta da applicare e non l'imposta effettiva da versare che può essere anche inferiore al limite per effetto ad esempio della compensazione di un credito o per lo scomputo dell'imposta versata sul preliminare per caparre o acconti.

---

1. Regole generali

(artt. 43 e 51 DPR 131/86; art. 2 D.Lgs. 347/90)

In generale la **base imponibile** cui applicare l'aliquota è costituita dal valore del bene o diritto oggetto dell'atto riferito alla data dell'atto stesso (salvo i criteri particolari indicati al n. 70545); per valore dei beni e diritti si intende il valore dichiarato dalle parti e, in mancanza o se superiore, il corrispettivo effettivamente pattuito. **70540**
I debiti e gli altri **oneri accollati** (nonché le obbligazioni estinte per effetto dell'atto) concorrono a formare la base imponibile, salvo il caso in cui siano collegati e contestuali ad altre disposizioni (si potrebbe altrimenti realizzare una doppia tassazione, v. esempio).
Se l'atto non contiene l'indicazione del corrispettivo, il valore viene determinato dall'Ufficio (Circ. Min. 10 giugno 1986 n. 37).
Gli atti che **non hanno contenuto patrimoniale**, sono soggetti ad imposta in misura fissa (anche quando contengono più disposizioni senza contenuto patrimoniale, come ad esempio, quando un medesimo documento contiene più atti di procura, Circ. AE 7 ottobre 2011 n. 44/E).
In generale, la base imponibile così determinata ai fini del registro è rilevante anche per le imposte **ipocatastali** (se queste sono dovute in relazione a **successioni e donazioni** v. invece n. 73310 e s.).

> **Precisazioni** 1) Non sono soggetti ad imposta i **documenti allegati** all'atto, quali le procure speciali per il compimento di un solo atto, in quanto ne costituiscono parte integrante. Lo stesso vale per planimetrie, disegni, fotografie, ecc. (art. 11 c. 7 DPR 131/86).
2) Per i beni trasferiti con **scrittura privata non avente data certa**, il valore dei beni è determinato con riferimento alla data apposta dalle parti e non a quella di registrazione (Ris. Min. 1° dicembre 1976 n. 272278 e Cass. SU 12 gennaio 1972 n. 71). In senso contrario alla tesi dominante - valore riferito alla data di registrazione - vedi Cass. 3 marzo 2000 n. 2402.
3) Prezzi o corrispettivi **in valuta** estera sono ragguagliati al cambio del giorno della stipulazione dell'atto sempre che le parti non abbiano stabilito nei loro rapporti una data differente per il ragguaglio.
4) Gli **allegati all'atto** registrato non incidono sul calcolo dell'imposta quando si tratta di documenti che costituiscono parte integrante dell'atto, frazionamenti, planimetrie, disegni, fotografie e simili o di atti non soggetti a registrazione o già registrati. La **procura speciale** conferita per il compimento di un solo atto ed allegata allo stesso non è soggetta ad imposta (Circ. AE 29 maggio 2013 n. 18/E par. 1.14).
5) Non hanno carattere patrimoniale e sono soggetti ad imposta in misura fissa, la convenzione con cui il Comune attribuisce un **finanziamento ad un Ente pubblico** per l'esecuzione di compiti istituzionali (Ris. AE 3 dicembre 2008 n. 472/E).

ESEMPIO

Nel caso di compravendita immobiliare con accollo della quota di mutuo residuo, tale quota accollata concorre alla determinazione del corrispettivo e pertanto alla determinazione della base imponibile.
In una cessione di azienda in cui il venditore si impegni ad estinguere determinati debiti, il valore degli stessi non concorre autonomamente alla formazione della base imponibile in quanto già influenza la determinazione del corrispettivo.

Nella **tabella** seguente si riportano i criteri di determinazione della base imponibile in relazione ai singoli atti. **70545**

Atti	Base imponibile
aventi ad oggetto immobili o aziende	valore venale in comune commercio (c.d. valore di mercato) se maggiore del prezzo pattuito (v. n. 71570 e s. e n. 89385)
aventi ad oggetto enfiteusi, usufrutto, uso, abitazione o nuda proprietà	v. n. 71630
sottoposti a condizione sospensiva, approvazione od omologazione	valore del bene alla data in cui si verifica la condizione e si producono i relativi effetti traslativi o costitutivi (v. n. 70615)
permute (v. anche n. 70462)	valore del bene che dà luogo all'applicazione della maggiore imposta
costitutivi di obbligazioni di fare a fronte della cessione di un bene o della prestazione di un servizio	valore del bene ceduto o della prestazione che dà luogo alla maggiore imposta (per il caso in cui una delle prestazioni sia soggetta ad IVA v. n. 70450)
cessioni di contratto	corrispettivo pattuito e valore delle prestazioni ancora da eseguire
con i quali è prestata una garanzia, reale o personale	somma garantita **(1)**
vendita o assegnazione di beni in sede di espropriazione forzata o asta pubblica	prezzo di aggiudicazione **(2) (3)**
contratti stipulati o aggiudicati per pubblico incanto	prezzo di aggiudicazione **(3)**
espropriazione per pubblica utilità	ammontare definitivo dell'indennizzo **(4)**
atti che comportano assunzione di obbligazioni che non costituiscono corrispettivo di altra prestazione (es. accollo di debito) o che estinguono precedenti obbligazioni (es. remissione di debito)	valore dell'obbligazione assunta o estinta **(5)**
contratti diversi da quelli dei punti precedenti di contenuto patrimoniale	corrispettivo pattuito per tutta la durata del contratto
aventi ad oggetto unità da diporto (sia atti di natura dichiarativa che traslativa)	indipendentemente dal valore si applica un'imposta determinata in base alle dimensioni dell'unità (v. **tabella** n. 72645)
aventi ad oggetto rendite e pensioni	v. n. 72340

(1) Se la garanzia è prestata in denaro od in titoli la base imponibile è rappresentata dalla somma o dal valore dei titoli se inferiori alla somma garantita.

(2) In caso di **nuovo incanto** per inadempienza del precedente aggiudicatario (art. 587 c.p.c.), si assume il prezzo di aggiudicazione diminuito della parte già assoggettata ad imposta. Nei casi di **vendita coatta** giudiziale di beni immobili, l'AE non può rettificare il valore (Cass. 6 giugno 2007 n. 13217).

(3) In caso di aggiudicazione di **fabbricato ad uso abitativo e relative pertinenze**, la base imponibile può essere determinata in base al prezzo valore secondo quanto detto al n. 71580 (C.Cost. 23 gennaio 2014 n. 6). In caso di **aggiudicazione dell'immobile da parte del terzo espropriato**, si applica l'imposta di registro in misura fissa ma è dovuta l'imposta ipotecaria per la cancellazione dell'ipoteca secondo quanto detto al n. 71710 (Ris. AE 26 giugno 2008 n. 266/E).

(4) In caso di **trasferimento volontario** all'espropriante, la base imponibile è costituita dal prezzo. Se espropriante o acquirente è lo **Stato** l'operazione è esente (art. 57 c. 8 DPR 131/86): l'esenzione si applica anche nel caso in cui espropriante sia soggetto diverso dallo Stato (es. **concessionario delegato** per l'esecuzione di opere pubbliche) purché il bene venga acquisito direttamente e immediatamente allo Stato; in questi casi non sono inoltre dovute le imposte ipocatastali (Ris. AE 19 settembre 2018 n. 66/E). Al contrario, l'esenzione non si applica se acquirente è organismo, quale l'**ANAS**, che pur esercente poteri pubblici delegati è dotato di autonoma soggettività rispetto allo Stato (Ris. AE 1° settembre 2009 n. 243/E).

(5) Se l'obbligazione **ha come oggetto un bene**, la base imponibile è costituita dal valore del bene.

70550 **INTERPRETAZIONE DELL'ATTO** (art. 20 DPR 131/86) L'imposta si applica in base a ciò che risulta dall'atto considerato sia in relazione al **tipo contrattuale** di appartenenza (ad esempio compravendita, locazione, ecc.) che con riferimento agli **effetti giuridici** concreti ed indipendentemente dal titolo o forma apparente. Ad esempio, l'atto contenente la dichiarazione di vendita di un immobile verso il pagamento di un corrispettivo, versato in buona parte alla stipula e nel quale sia altresì previsto il termine per la consegna del bene va qualificato come compravendita anche se denominato preliminare dalle parti (CTC 20 giugno 1991 n. 4977).
La natura dell'atto e gli effetti giuridici vanno individuati sulla base degli elementi desumibili dall'atto stesso, senza tener conto di **elementi extratestuali** e altri **atti collegati**; la previ-

sione, così modificata dal 1° gennaio 2018, è interpretativa e si applica anche retroattivamente (art. 1 c. 1084 L. 145/2018).
Nel caso di **atto simulato**, cioè che nasconde un atto diverso, l'imposta si applica sulla base dell'atto nascosto e non di quello apparente (CTC 2 giugno 1982 n. 2943).

Ad esempio, il conferimento d'azienda e la successiva (separata) cessione di quote dovrebbero restare soggette separatamente a tassa fissa mentre in precedenza i due atti venivano considerati un'unica operazione di cessione d'azienda da tassare in misura proporzionale. Resta in ogni caso da valutare l'ipotesi dell'abuso del diritto (v. n. 81480).

CALCOLO DELL'IMPOSTA (art. 41 DPR 131/86) L'imposta di registro proporzionale si determina applicando alla base imponibile le aliquote indicate nella tariffa per ogni tipo di atto. **70560**
L'Ufficio ha la possibilità di controllare sia la determinazione della base imponibile, che quella dell'imposta. In alcuni casi di compravendite immobiliari è possibile mettersi al riparo da accertamenti da parte dell'Ufficio (v. n. 71580).

>**Precisazioni** 1) L'imposta **dovuta a titolo principale** non può comunque essere inferiore alla misura fissa.
2) Se un atto può astrattamente beneficiare di diverse **agevolazioni**, non è comunque applicabile quella **richiesta in via subordinata** a seguito della decadenza di quella richiesta in via principale (Ris. AE 17 novembre 2014 n. 100/E).

---

2. Casi particolari

ATTO SCRITTO CON PIÙ DISPOSIZIONI (art. 21 DPR 131/86) Per disposizione **si intende** una convenzione negoziale suscettibile di produrre effetti giuridici valutabili autonomamente, in quanto compiuta in merito a soggetti, oggetto e causa. **70590**
Se un atto contiene più disposizioni, la base imponibile è determinata differentemente a seconda che le varie disposizioni (Circ. AE 29 maggio 2013 n. 18/E):
– derivino necessariamente le une dalle altre, dando vita ad un **atto complesso** (v. esempi): in questo caso l'imposta si applica solo sulla disposizione che dà luogo all'imposta più alta; se le disposizioni sono soggette ad imposta fissa, questa si applica solo una volta;
– abbiano autonoma rilevanza, dando vita a **atto plurimo** (v. esempi): in questo caso l'imposta si applica a ciascuna disposizione come se fosse un atto distinto; se le disposizioni sono soggette ad imposta fissa, se ne applica una per ciascuna (in senso contrario, per la dottrina se ne applica solo una, Notariato, Studio n. 144-2008/T).
Tuttavia, **non** sono tassati autonomamente:
– gli **accolli di debiti** ed oneri connessi o contestuali ad altre pattuizioni;
– le **quietanze** rilasciate nello stesso atto che contiene le disposizioni cui si riferiscono, fatta eccezione per quelle rilasciate separatamente per atto pubblico o scrittura privata autenticata (che scontano l'aliquota dello 0,50%).

>**Precisazioni** 1) La **distinzione** va effettuata esclusivamente in base alla natura delle disposizioni, essendo indifferente l'eventuale collegamento voluto dalle parti dell'atto (Cass. 7 giugno 2004 n. 10789).
2) Nel caso di più **disposizioni non aventi contenuto patrimoniale**, si applica comunque una sola imposta fissa (non si applica la disposizione in esame, Circ. AE 29 maggio 2013 n. 18/E e Circ. AE 7 ottobre 2011 n. 44/E).

ESEMPIO
È atto **complesso**:
– la **permuta** (per le permute immobiliari, v. n. 71620);
– la **divisione** di beni e dei debiti contratti per i medesimi beni comuni (Cass. 5 marzo 1991 n. 2312);
– l'ordinanza che, nel **procedimento di esecuzione**, dispone la distribuzione di somme ricavate nelle vendite esecutive mobiliari e la cancellazione ipotecaria (Ris. Min. 30 gennaio 1976 n. 301000);
– il contratto di **appalto** stipulato tra i **concessionari di lavori e di servizi pubblici** e le amministrazioni dello Stato contenente la **clausola penale** prevista per legge. Al contrario, la medesima clausola inserita volontariamente dalle parti nell'atto, comporta l'assoggettamento ad imposta della stessa in maniera autonoma (e in misura proporzionale del 3%, Ris. AE 16 luglio 2004 n. 91/E);
– la vendita di un **appartamento e più pertinenze** soggetti ad aliquote IVA differenti (si applica una sola imposta fissa, Circ. AE 12 marzo 2010 n. 10/E).
È atto **plurimo**:
– il contratto **preliminare** di compravendita che prevede l'obbligo di stipulare il contratto vero e proprio nonché l'obbligo di pagamento anticipato del prezzo (CTC 23 agosto 1984 n. 7890);

– il contratto di **locazione** che prevede il **deposito cauzionale** in quanto costituisce una distinta disposizione rispetto alla locazione (Circ. Min. 14 ottobre 1983 n. 88);
– il decreto di **espropriazione** di beni immobili per pubblica utilità il quale contenga sia il trasferimento di diritti sul terreno appartenente a soggetti diversi, sia l'asservimento dei medesimi a servitù (Ris. Min. 14 novembre 1990 n. 260004);
– la sentenza di **condanna al risarcimento reciproco dei danni**, emessa nei confronti di più soggetti in relazione al medesimo accadimento. In tal caso l'imposta va liquidata non sull'ammontare complessivo delle singole condanne, bensì nei limiti delle somme effettivamente attribuite tenendo conto delle compensazioni (CTC 10 dicembre 1984 n. 38);
– il contratto di cessione di più quote sociali da parte di **più alienanti**. In questo caso, sono dovute tante imposte fisse quante sono le cessioni poste in essere (Ris. AE 5 giugno 2008 n. 225/E);
– il contratto di **cessione di azienda e** contestuale clausola espressa di **cessione dei contratti di locazione** degli immobili in cui si svolge l'attività (Cass. 4 maggio 2009 n. 10180);
– nel caso di **procure plurime**, si applica una sola imposta in misura fissa (Circ. AE 7 ottobre 2011 n. 44/E);
– il verbale contenente **più rinunce all'eredità** (si applica però una sola imposta fissa perché hanno contenuto non patrimoniale, Circ. AE 7 ottobre 2011 n. 44/E);
– il contratto di leasing e la **cessione di crediti a garanzia del pagamento** dei canoni di leasing (Ris. AE 17 ottobre 2012 n. 95/E).

70597 **Disposizione relativa a beni con aliquote diverse** (art. 23 DPR 131/86) Diverso da quello esaminato al n. 70590 è il caso in cui la singola disposizione ha ad oggetto più beni o diritti soggetti ad aliquote diverse. In questo caso, si applica:
– **in generale**, l'aliquota più elevata;
– se sono però previsti **corrispettivi distinti**, l'aliquota propria afferente a ciascun bene.

La **base imponibile** è comunque determinata autonomamente per ciascun bene o diritto secondo le ordinarie disposizioni.
In caso di corrispettivi distinti, l'**imposta complessivamente dovuta** è costituita dalla somma delle singole imposte determinate con riferimento a ciascun bene. L'imposta globale non può essere inferiore alla misura dell'imposta fissa di registro; stesse modalità di calcolo per le **ipocatastali** quando dovute.
Quanto ora detto **non si applica**:
– alle **pertinenze** che sono sempre soggette all'aliquota applicata al bene a servizio o ornamento del quale sono destinate (per la pertinenzialità dei beni immobili, v. n. 60880);
– ai crediti, ai beni mobili e alle rendite facenti **parte di un'eredità indivisa o una comunione** che, in caso di cessione dell'eredità o di quota della comunione, sono soggetti all'aliquota per ciascuno stabilita.

Per le cessioni aventi ad oggetto **azienda** (o ramo o complesso d'azienda) v. n. 89385.

ESEMPIO
Nel caso di vendita di un'eredità o della quota di partecipazione ad una comunione pro indiviso, nelle quali sono compresi crediti, beni mobili e rendite, ciascuno di questi beni e diritti è sottoposto all'aliquota per essi specificamente stabilita, anche nell'ipotesi in cui sia stato pattuito un corrispettivo unitario per la cessione. L'eccezione riguarda esclusivamente i crediti, i beni mobili e le rendite, con la conseguenza che per i **beni immobili** compresi in eredità indivise o in quote di comunione, oggetto di cessione, si applicano le regole generali e dunque applicazione dell'aliquota più elevata salvo l'indicazione di corrispettivi distinti (Circ. AE 29 maggio 2013 n. 18/E).

70610 **ATTO A FORMAZIONE COMPLESSA** Se un'operazione giuridica unitaria è realizzata mediante più atti (o comunque mediante un procedimento negoziale complesso), **uno solo** è soggetto ad imposta proporzionale, mentre gli altri scontano l'imposta fissa.
In virtù di questo principio di carattere generale, vi sono **regole particolari** per le seguenti fattispecie.

70615 **Atto sottoposto a condizione sospensiva, approvazione od omologazione** (art. 27 DPR 131/86) Se al momento della registrazione l'atto ancora non produce effetti perché soggetto a condizione sospensiva, approvazione od omologa, si applica la sola imposta fissa.
Quando l'atto **acquista efficacia**, è invece dovuta l'imposta nella misura ordinariamente prevista per l'atto.
L'imposta è **calcolata**:

– nel caso di condizione sospensiva, in base alle disposizioni vigenti al momento della formazione dell'atto ma sul valore individuato al momento in cui acquista efficacia (tuttavia, Cass. 18 maggio 2012 n. 7877 ha ritenuto applicabile la modifica normativa nel frattempo intervenuta);
– nel caso di approvazione od omologa applicando le aliquote vigenti al momento in cui l'atto acquista efficacia.
In ogni caso, si detrae l'imposta versata alla registrazione.
I soggetti obbligati devono presentare **denuncia** entro 20 giorni dall'avveramento della condizione o dall'approvazione o omologa (60 giorni se la condizione è connessa alla nascita o alla sopravvivenza di una persona) all'ufficio presso il quale è stato registrato il contratto originario (art. 19 DPR 131/86).

>Precisazioni 1) La **condizione meramente potestativa**: che fa dipendere l'efficacia dell'atto dalla **volontà dell'acquirente** o creditore, si considera come non apposta (e l'atto è dunque soggetto ad imposta proporzionale fin dall'origine); se fa dipendere l'efficacia dell'atto dalla **volontà del venditore** o dell'obbligato, si applica quanto già esposto nel testo.
2) La **vendita con riserva di proprietà** non si considera sottoposta a condizione sospensiva.
3) Se le parti stipulano un **atto** pubblico (o una scrittura privata autenticata) c.d. **di verificata condizione**, questo è soggetto ad imposta fissa mentre l'ufficio liquida l'eventuale maggiore imposta proporzionale in relazione all'atto originario (Circ. AE 29 maggio 2013 n. 18/E par. 1.7).
4) L'imposta è dovuta in base al corrispettivo pattuito per l'intera durata del contratto anche se **sottoposto a condizione risolutiva** (Cass. 5 dicembre 2012 n. 21792 in tema di contratto di locazione; in questo caso dovrebbe peraltro essere possibile il rimborso di quanto versato per le annualità successive a quella in corso al momento della risoluzione, ai sensi dell'art. 17 DPR 131/86).

ESEMPIO
L'obbligazione originata dalla **clausola penale** inclusa nei contratti per volontà delle parti o per legge può essere considerata come atto sottoposto a condizione sospensiva in quanto produce i suoi effetti solo a seguito dell'inadempimento dell'obbligazione principale (Ris. AE 16 luglio 2004 n. 91/E).

Se le parti stipulano un secondo atto con la sola funzione di accertare l'avveramento della condizione (c.d. **atto ricognitivo**), la registrazione di questo atto entro il termine di 20 giorni dall'avveramento della condizione e presso lo stesso Ufficio dove è stato registrato il precedente, rende non necessaria la denuncia. L'atto ricognitivo è soggetto, generalmente, ad imposta fissa ma sulla base di esso l'Ufficio liquida l'imposta complementare dovuta sull'atto originario (Ris. AE 14 gennaio 2014 n. 7/E). **70616**

Contratto per persona da nominare (art. 32 DPR 131/86) Quando alla stipula di un contratto una parte si riserva di nominare successivamente il soggetto che deve acquistare i diritti derivanti dal medesimo, la relativa **dichiarazione di nomina**: **70620**
– se inserita **nello stesso atto**, non è soggetta ad imposta;
– se prevista **per legge**, è sempre soggetta a tassa fissa;
– se esercitata **entro 3 giorni** dalla stipula del contratto, è soggetta a tassa fissa;
– se resa **oltre il termine** di 3 giorni dalla stipula del contratto o non è conforme alla riserva di nomina (o è fatta a favore di altro partecipante alla gara, ad esempio nei procedimenti di espropriazione), è dovuta l'imposta stabilita per l'atto cui si riferisce.

>Precisazioni 1) Il **rispetto del termine** di 3 giorni può essere provato quando la dichiarazione è fatta per atto pubblico o scrittura privata autenticata oppure quando entro lo stesso termine ne è richiesta la registrazione.
2) La dichiarazione di nomina effettuata dall'**avvocato**, che a seguito di vendita con incanto nell'ambito di una espropriazione immobiliare, è rimasto aggiudicatario per persona da nominare, non è soggetta a registrazione (art. 11 ter Tabella DPR 131/86).
3) Non si configura un contratto per persona da nominare ma un'operazione di rivendita quando **non è fissato un termine** per la nomina, oppure la determinazione è generica ed incerta come nel caso in cui sia semplicemente previsto che debba avvenire al rogito notarile (Ris. AE 11 agosto 2009 n. 212/E). La norma si discosta dalla previsione civilistica per finalità antielusive.

Contratto con corrispettivo da determinare (art. 35 DPR 131/86) Se il corrispettivo deve essere determinato posteriormente alla stipulazione del contratto, l'imposta è applicata sulla base del valore dichiarato dalla parte richiedente la registrazione, salvo **rimborso o conguaglio** al momento della determinazione definitiva del corrispettivo. Quest'ultima deve essere denunciata all'Ufficio competente (v. n. 70080) entro 20 giorni (60 giorni se l'evento è connesso alla nascita o alla sopravvivenza di una persona - art. 19 DPR 131/86). **70625**

>Precisazioni 1) Se è contrattualmente previsto che il corrispettivo vari **tra un minimo e un massimo**, il valore da dichiarare non può essere inferiore al minimo.
2) Per l'**aggiornamento dei canoni** di locazione, si veda il n. 71085.
3) Non dà diritto a rimborso la diminuzione verificatasi successivamente alla determinazione del corrispettivo da denunciare (CTC 11 gennaio 1985 n. 3464).

70640 **CESSIONE DEL CONTRATTO** (art. 31 DPR 131/86) È soggetta all'imposta con l'aliquota propria del contratto ceduto, applicata al valore del corrispettivo pattuito per la cessione e delle prestazioni ancora da eseguire.

>Precisazioni 1) Secondo attenta dottrina la corretta interpretazione della norma prevede che l'imposta si applichi al corrispettivo della cessione **oppure** alla prestazione ancora da eseguirsi poiché altrimenti si tasserebbe due volte la medesima capacità contributiva. In senso contrario, si è però espressa l'Amministrazione (Circ. AE 29 maggio 2013 n. 18/E par. 1.10 e Circ. AE 9 luglio 2003 n. 36/E).
2) Particolarità sono previste per la cessione di contratto di **locazione** immobiliare (v. n. 71120), di affitto e di quello di **leasing** da parte dell'utilizzatore (v. n. 71380).
3) Nel caso di cessione dietro corrispettivo di un contratto **gratuito**, l'imposta si applica con l'aliquota che si sarebbe applicata al contratto a titolo oneroso.
4) La cessione gratuita di un **contratto d'appalto** effettuata dall'impresa appaltatrice sconta l'imposta di registro in misura fissa. Ciò in quanto il contratto di appalto è soggetto ad IVA e non ad imposta di registro. Non vi è inoltre modo di determinare la base imponibile, trattandosi di cessione senza corrispettivo (Ispett. comp. delle tasse, verbale della riunione del 25/27 luglio 1985).

70650 **MANDATO IRREVOCABILE SENZA OBBLIGO DI RENDICONTO** (art. 33 c. 1 DPR 131/86) È soggetto all'imposta specifica dell'atto per il quale è stato conferito.

Al contrario, il mandato irrevocabile **con obbligo** di rendiconto - non comportando alcun movimento di ricchezza - è soggetto a registrazione solo in caso d'uso (Ris. Min. 5 dicembre 1974 n. 301119).

70660 **SURROGAZIONE NEI DIRITTI DEL CREDITORE** (art. 33 c. 2 DPR 131/86) È soggetta all'imposta stabilita per la cessione del diritto spettante al creditore surrogato.

70670 **CONTRATTO A TEMPO INDETERMINATO** (art. 36 DPR 131/86) È soggetto all'imposta di registro in base alla durata che le parti devono dichiarare al momento della registrazione. Se alla data dichiarata il rapporto non cessa, le parti devono presentare denuncia all'Ufficio dove l'atto è stato registrato (v. n. 70080).
In base alla denuncia è liquidata l'imposta sulla maggior durata.

>Precisazioni 1) Se la durata del contratto **dipende dalla vita** di una persona si applica quanto stabilito in materia di rendite e pensioni (v. n. 72340).
2) Se è prevista la **proroga tacita** del contratto alla scadenza, le parti devono denunciare l'ulteriore periodo di durata del contratto con applicazione dell'imposta relativa.
3) Nel caso in cui sia prevista la **possibilità di recedere** dal contratto anticipatamente - dopo che però sia decorso un dato periodo di tempo - l'imposta si applica sulla base di tale periodo, salvo integrazione per l'ulteriore durata.

70680 **TRANSAZIONE** (art. 29 DPR 131/86) L'atto di transazione deve essere provato per iscritto e se ha ad oggetto diritti immobiliari, deve rivestire forma scritta a pena di nullità (art. 1967 c.c.). L'atto è soggetto a registrazione in termine fisso e la tassazione avviene in misura differente a seconda degli obblighi che derivano dall'atto, come riportato nella **tabella** seguente.

Le transazioni in materia di controversie individuali di lavoro non sono soggette a registrazione (art. 10 L. 533/73).

Obblighi derivanti dalla transazione	Imposta applicata
Trasferimento di proprietà o trasferimento o costituzione di diritti reali su beni **immobili**	Stesse aliquote dei trasferimenti immobiliari (v. n. 71450 e s.)
Trasferimento di proprietà o trasferimento o costituzione di diritti reali su beni **mobili**	Stesse aliquote previste per i trasferimenti mobiliari (art. 2 Tariffa parte I DPR 131/86)
Pagamento somma di **denaro**	3% senza tener conto di quanto dovuto a titolo di restituzione e degli obblighi estinti
Estinzione totale o parziale di precedenti obblighi anche con eventuale **restituzione** e senza obblighi di pagamento ulteriori	Imposta fissa - 200 €

DIVISIONE (art. 34 DPR 131/86 e art. 3 Tariffa parte I DPR 131/86) L'atto di divisione, con cui le parti sciolgono una comunione su beni o diritti, è tassato diversamente a seconda che il valore della quota di beni effettivamente assegnati al singolo condividente sia pari o superiore al valore della quota di massa comune che gli spetta di diritto. **70690**

Per la determinazione dell'imposta è quindi necessario individuare il valore della **massa comune** oggetto di divisione che:

– nel caso di divisione **ereditaria**, è costituita dal valore globale netto (alla data della divisione) dell'asse ereditario e l'ammontare complessivo delle passività ed oneri deducibili (determinato come per l'imposta di successione, v. n. 73000 e s.);

– negli **altri** casi, dai beni risultanti da precedente atto che abbia scontato l'imposta propria dei trasferimenti.

Se il **valore delle quote** effettivamente assegnate ad ogni condividente è **uguale** al valore della quota di massa comune spettante di diritto, si applica al valore della massa comune l'**aliquota** dell'1% prevista per gli atti di natura dichiarativa.

Nel caso di **eccedenza** del valore complessivo dei beni assegnati ad un condividente rispetto alla quota di diritto, tale eccedenza è considerata vendita ed è soggetta ad imposta con le aliquote previste per gli atti traslativi, secondo quanto detto in merito ai conguagli.

›Precisazioni 1) Per le divisioni aventi ad oggetto **immobili**, v. n. 71640.

2) L'assegnazione di **parti comuni di un condominio** in proprietà esclusiva a ciascun condomino è considerata dichiarativa (quindi soggetta all'aliquota dell'1%) per la parte in cui corrisponde esattamente alla quota di diritto spettante a ciascun condividente sull'intera comunione (Ris. AE 16 novembre 2007 n. 334/E).

3) Quando la comunione da dividere proviene da titoli originari diversi (c.d. **masse plurime**) si considerano tante divisioni quanti sono i titoli originari, applicando separatamente quanto qui esposto. Tuttavia, se l'ultimo acquisto deriva da successione si considera un'unica comunione.

Se è previsto un **conguaglio**, questo, se superiore al 5% del valore della quota spettante al singolo assegnatario (e indipendentemente dall'effettivo pagamento, Circ. AE 29 maggio 2013 n. 18/E par. 2.2.2), è soggetto ad imposta con aliquota: **70691**

– del 3%, fino a concorrenza del valore dei beni mobili e dei crediti compresi nella quota medesima;

– prevista per i trasferimenti immobiliari per la parte eccedente.

›Precisazioni 1) I conguagli **attuati mediante accollo di debiti** della comunione sono soggetti alle medesime aliquote.

2) È discusso in dottrina se **la parte eccedente la quota** spettante al condividente ed i conguagli superiori al 5% siano soggetti anche all'imposizione con aliquota dell'1% sulla massa comune oppure solo a quella per i trasferimenti.

ATTI CHE NE ENUNCIANO ALTRI (art. 22 DPR 131/86) Quando all'interno di un atto scritto presentato per la registrazione, vengono indicati gli elementi essenziali di un altro atto stipulato tra le **stesse parti** (Cass. 2 febbraio 2000 n. 1125), l'imposta si applica anche sulle disposizioni contenute nell'atto richiamato, **se** lo stesso non è già stato sottoposto a registrazione (anche in occasione di altra registrazione). La disposizione si applica anche quando l'atto enunciato è soggetto a registrazione **in caso d'uso** ma, in tale ipotesi, se l'enunciazione è contenuta in atto giudiziario, l'imposta si applica sulla parte dell'atto non ancora eseguita (Cass. 14 marzo 2007 n. 5946). **70700**

Se l'atto enunciato era soggetto a registrazione in termine fisso (e l'obbligo non è stato rispettato), l'Agenzia irroga altresì la relativa sanzione (v. n. 87072).

Nei casi in cui l'enunciazione si riferisce a cessioni od operazioni **soggette ad IVA**, l'enunciazione stessa è soggetta ad imposta in misura fissa (Ris. Min. 7 febbraio 1974 n. 302279); si veda, tuttavia, quanto detto al n. 70465.

›Precisazioni 1) L'enunciazione di un atto soggetto a registrazione in termine fisso, quando già **decorso il termine quinquennale** di decadenza di cui al n. 71010, non è soggetta a tassazione, salvo che si realizzi un'ipotesi di registrazione in caso d'uso (Ris. Min. 17 luglio 1992 n. 260069).

2) Qualora un atto soggetto ad imposta venga enunciato in una **sentenza del Giudice di pace** relativa ad una causa di valore **inferiore a € 1.032,91**, che non è soggetta a registrazione (art. 46 L. 374/91), non si applica quanto sopra esposto, salvo l'obbligo del cancelliere o del segretario di trasmettere l'atto per la registrazione d'ufficio nel caso in cui per l'atto enunciato non fosse stato rispettato l'obbligo di registrazione in termine fisso (Ris. AE 31 marzo 2003 n. 77/E).

3) L'enunciazione non va confusa con l'**allegazione** di atti o documenti; quest'ultima, infatti, non importa autonoma applicazione dell'imposta, in quanto gli allegati formano parte integrante dell'atto. Dà luogo ad imposizione anche l'enunciazione in un allegato dell'atto presentato alla registrazione (Cass. 14 marzo 2008 n. 6956).

4) Il contratto di **fideiussione** stipulato mediante corrispondenza (soggetto a registrazione solo in caso d'uso), enunciato in un decreto ingiuntivo, è tassato solo sulla parte di credito il cui pagamento è ingiunto con il decreto e non sull'intera somma garantita (Ris. AE 5 luglio 2013 n. 46/E); una parte della giurisprudenza ha diversamente sancito la tassazione dell'intera somma garantita ma, sembrerebbe, in riferimento ad una fideiussione originariamente soggetta a registrazione in termine fisso (Cass. 12 marzo 2008 n. 6585).

70705 **Eccezione per i contratti verbali** L'imposta non si applica sul contratto verbale enunciato, **quando**:
- quello enunciato è contratto non soggetto a registrazione in termine fisso (per esempio, locazione di immobili aventi una durata non superiore a 30 giorni complessivi nell'anno);
- gli effetti delle disposizioni enunciate sono già cessati o cessano per effetto dell'atto che contiene l'enunciazione (per esempio, attribuzione di beni con contemporanea estinzione della società di fatto).

ESEMPIO
1) La dichiarazione di essere proprietario di un bene comporta l'enunciazione di **compravendita** quando è resa in una scrittura privata di riconoscimento di debito e accollo di mutuo (Cass. 18 gennaio 1991 n. 489);
2) la sentenza dichiarativa di **fallimento** di società di fatto non comporta la contemporanea estinzione della società. Pertanto i conferimenti sociali vanno tassati al momento della registrazione della suddetta sentenza (Ris. Min. 8 gennaio 1976 n. 300914);
3) la dichiarazione di aver **goduto in comunione** un bene ereditario non costituisce enunciazione di una società di fatto. È infatti necessario per l'esistenza di tale società che gli eredi destinino il bene all'esercizio dell'impresa (Ris. Min. 30 ottobre 1989 n. 310881);
4) il semplice **acquisto in comune di una azienda** non è sufficiente a far ritenere l'enunciazione di una società di fatto ma dà luogo ad una semplice comunione dei beni (Cass. 27 aprile 1984n. 2648, CTC 23 ottobre 1984 n. 3362).

70730 **INVALIDITÀ E VICENDE SUCCESSIVE DELL'ATTO** (art. 38 DPR 131/86) Le parti hanno l'obbligo di richiedere la registrazione e pagare la relativa imposta secondo le ordinarie disposizioni, anche quando l'atto è invalido perché **nullo** o **annullabile** (artt. 1418 e 1425 e s. c.c.).
Se successivamente alla registrazione, **l'atto è dichiarato** nullo o annullato, le parti possono chiedere il rimborso dell'imposta pagata (per la parte che eccede la misura fissa comunque dovuta) quando ricorrono le seguenti condizioni:
- l'annullamento o la nullità devono essere dichiarati con sentenza definitiva (passata in giudicato);
- l'invalidità non deve dipendere da causa imputabile alle parti dell'atto;
- l'atto non deve essere suscettibile di ratifica, convalida o conferma (in proposito v. anche n. 70740).

In pratica, il rimborso pare poter essere richiesto solo in casi limitati, poiché sono ad esempio imputabili alle parti l'annullamento per violenza o dolo e la nullità per illiceità dei motivi. Si ritiene che possano dare diritto al rimborso, ad esempio, la nullità del contratto contrario a norme imperative di legge o con oggetto impossibile.

> **Precisazioni** 1) Il terzo requisito secondo cui l'atto non deve essere suscettibile di **ratifica**, **convalida** o **conferma** non sembra aver pratica rilevanza poiché queste non sono ipotizzabili quando vi sia sentenza passata in giudicato che abbia dichiarato nullo o annullato l'atto.
2) La **sentenza** che dichiara nullo o annulla l'atto è soggetta ad imposta fissa anche se dispone la restituzione di beni o denaro (art. 8 Tariffa parte I DPR 131/86).

70735 **Atti inesistenti** Sono **esclusi** dalla tassazione solo gli atti inesistenti, mancanti cioè anche degli elementi essenziali per essere considerati atti giuridici quali, ad esempio, la convenzione matrimoniale tra coniugi consistente in meri accordi verbali, la delibera di assemblea di società per azioni presa con il voto determinante di persone prive dello stesso, mancata convocazione dell'assemblea di società per azioni (Cass. 27 gennaio 1967 n. 233, Cass. 28 novembre 1981 n. 6340).

70740 **Ratifica, convalida e conferma** (art. 30 DPR 131/86) L'invalidità degli atti può, in determinati casi, essere sanata tramite successivi atti.
La tassabilità anche degli atti invalidi comporta che le relative ratifica, convalida o conferma siano soggette solo ad imposta fissa.

Se però è pattuito un **corrispettivo a carico dell'acquirente** e viene pagato contestualmente, si applica l'imposta in misura proporzionale, con la medesima aliquota applicata all'atto sanato; se invece il corrispettivo è soltanto promesso, si applica l'imposta con l'aliquota residuale del 3%, a meno che l'aliquota propria dell'atto base non sia superiore, nel qual caso si applicherà quest'ultima.
Se è pattuito un **corrispettivo a carico dell'alienante**, è dovuta l'imposta nella misura proporzionale dello 0,50% (prevista per le quietanze), qualora il pagamento sia contestuale all'atto, o nella misura residuale del 3% se il pagamento sia differito nel tempo. Quest'ultimo criterio si applica sempre e comunque - indipendentemente dal soggetto che deve corrispondere il compenso - nel caso di ratifica, convalida o conferma di **atti non traslativi della proprietà**.

>**Precisazioni** 1) **Civilisticamente**, la ratifica è utilizzata per riconoscere efficacia al contratto concluso da colui che ha contratto come rappresentante senza averne i poteri (art. 1399 c.c.); la convalida sana un contratto annullabile (ma non quello affetto da nullità) e preclude l'azione di annullamento (art. 1444 c.c.); la conferma opera come sanatoria in specifici casi inerenti ai diritti di successione. La sussistenza della possibilità di sanatoria impedisce che le parti possano chiedere il rimborso dell'imposta versata per la registrazione dell'atto invalido (v. n. 70730).
2) Nel caso in cui nella sanatoria si **enunci un atto** non registrato, l'imposta si applica anche all'atto enunciato secondo quanto esposto al n. 70700.
3) L'atto di **mutuo dissenso** che elimina gli effetti di un precedente contratto dovrebbe essere comunque soggetto ad imposta fissa (anche ai fini delle ipocatastali in caso di immobili) (in questo senso Ris. AE 14 febbraio 2014 n. 20/E e la dottrina). Tuttavia, per Cass. 19 febbraio 2014 n. 3935 lo scioglimento per mutuo consenso di un contratto a effetti traslativi realizza un nuovo trasferimento di proprietà ed è pertanto dovuta la relativa imposta proporzionale.

Risoluzione del contratto (art. 28 DPR 131/86) La risoluzione del contratto è soggetta a tassa fissa quando: **70745**
– dipende da **clausola o condizione** risolutiva espressa contenuta nel contratto (art. 1456 c.c.);
– è **decisa consensualmente** dalle parti con atto pubblico o scrittura privata autenticata stipulato entro il secondo giorno non festivo successivo a quello di conclusione del contratto.
Tuttavia, se è previsto un **corrispettivo** per la risoluzione, sul relativo ammontare si applica l'imposta in misura proporzionale con applicazione, rispettivamente, dell'aliquota dello 0,5% se il pagamento è contestuale all'evento risolutivo oppure del 3% se il pagamento è differito ed assume quindi natura di autonoma disposizione patrimoniale.
In **ogni altro caso**, è dovuta l'imposta sulle prestazioni derivanti dalla risoluzione, considerando l'eventuale corrispettivo quale maggiorazione delle prestazioni stesse.

>**Precisazioni** 1) Le medesime disposizioni si applicano anche quando oggetto di registrazione sia il **provvedimento giudiziario** che accerti l'intervenuta risoluzione del contratto (Ris. Min. 21 marzo 1992 n. 260786).
2) Sono quindi soggette ad imposta proporzionale le risoluzioni per **inadempimento**, impossibilità sopravvenuta ed eccessiva onerosità sopravvenuta.

V. Pagamento

Per l'imposta di **registro**, i soggetti obbligati al pagamento, le modalità con cui effettuarlo e quelle per la riscossione coattiva variano a seconda che l'imposta sia **principale**, **complementare** o **suppletiva**. **70830**
Le imposte **ipotecaria e catastale**, quando dovute in relazione ad un atto soggetto a registrazione, devono essere pagate contestualmente a quella di registro e con le stesse modalità (se invece è presentata una **dichiarazione di successione** o dichiarazione sostitutiva o integrativa di essa, indicante immobili o diritti reali sugli stessi v. n. 73310).
In ogni caso di ritardato versamento, sono dovuti gli **interessi di mora** nella misura del 3,5% annuo (art. 6 DM 21 maggio 2009).

IMPOSTA PRINCIPALE (artt. 41, 42 e 54 DPR 131/86) È principale l'imposta dovuta **al momento della registrazione**. **70840**
L'imposta è versata in via telematica prima della richiesta di registrazione nel caso di atti registrati in via telematica (v. n. 70335) mentre è liquidata dall'Ufficio e versata presso un

qualsiasi ufficio dell'Agente della riscossione o sportello bancario o postale, utilizzando il Mod. F24 Elide dove previsto (es. locazioni immobiliari) e il Mod. F23 in tutti gli altri casi.
Il contribuente che intende **contestare la liquidazione** non è tenuto ad impugnare il relativo atto ma può versare l'imposta richiesta per ottenere la registrazione e presentare poi istanza di rimborso nel termine di tre anni dal pagamento (Cass. 20 aprile 2007 n. 9390).
L'imposta è autoliquidata dalle parti anche nel caso di contratti di locazione.
Nei casi di **registrazione d'ufficio** e di **atti giudiziari**, l'AE notifica ai soggetti obbligati l'avviso di liquidazione con invito ad effettuare il pagamento dell'imposta **entro 60 giorni**.

>Precisazioni 1) Per gli **atti giudiziari**, l'importo da pagare può essere individuato senza recarsi presso gli uffici finanziari, ma interrogando il sito www.agenziaentrate.gov.it, alla voce «Tassazione on-line degli Atti giudiziari» ove vengono visualizzati i dati necessari per il versamento ed è possibile compilare e stampare il Mod. F23 (Circ. Min. 17 marzo 1999 n. 64/E).
2) Nei casi di presentazione della richiesta di **registrazione per via telematica**, si considera principale anche l'imposta richiesta dall'ufficio e diretta a correggere errori od omissioni effettuati in sede di autoliquidazione.

70850 **IMPOSTA SUPPLETIVA** (artt. 42 e 55 c. 2 DPR 131/86) È suppletiva l'imposta che l'Ufficio liquida **per correggere** errori o omissioni dell'originaria liquidazione.
È suppletiva anche l'imposta diretta a correggere errori della liquidazione dell'imposta complementare.
Il relativo pagamento deve essere eseguito, entro 60 giorni da quello in cui è avvenuta la notifica della relativa liquidazione, con le modalità viste al n. 70840.

70860 **IMPOSTA COMPLEMENTARE** (artt. 42 e 55 c. 1 DPR 131/86) L'imposta riscossa **dopo la registrazione** in ogni altro caso diverso dal precedente è detta complementare. È il caso della richiesta che segue nell'evenienza in cui l'ufficio accerta un valore del bene diverso da quello dichiarato o dell'imposta dovuta in base alla presentazione della denuncia di eventi successivi alla registrazione (v. n. 70615); altra ipotesi è costituita dalla maggiore imposta dovuta a seguito della decadenza di agevolazioni concesse in sede di registrazione (Circ. AE 21 marzo 2003 n. 17/E).
L'imposta complementare deve essere versata entro 60 giorni dalla notifica dell'avviso di liquidazione.

>Precisazioni 1) È complementare, ad esempio, l'imposta liquidata a seguito di **accertamento valore** (Circ. AE 29 maggio 2013 n. 18/E, punto 1.1). Per gli **immobili non ancora accatastati**, per i quali il contribuente richiede l'applicazione del criterio di valutazione automatica, l'imposta liquidata ha natura complementare per la prevalente giurisprudenza (es. Cass. 18 marzo 2009 n. 6515), mentre per il ministero ha natura principale ma con pagamento differito (Circ. Min. 17 aprile 1997 n. 112/E).
2) La denuncia di eventi successivi alla registrazione di un atto (art. 19 DPR 131/86) può essere fatta all'ufficio competente con la massima **discrezionalità** in ordine al modo di presentazione (di persona, spedizione per raccomandata o per assicurata, convenzionale, notifica, ecc.). L'imposta che scaturisce dalla presentazione della denuncia ha natura complementare e deve essere richiesta nel termine di decadenza triennale e non già quinquennale (CTC 2 febbraio 1994 n. 422).

70865 **SOGGETTI OBBLIGATI** (art. 57 DPR 131/86) **In generale**, sono solidalmente obbligati al pagamento dell'imposta di registro i soggetti che hanno partecipato all'atto o i soggetti nel cui interesse è stata richiesta la registrazione, anche se non hanno partecipato al medesimo, **tuttavia**:
– per l'imposta complementare dovuta per un **fatto imputabile esclusivamente ad una parte**, è obbligata al pagamento solo questa parte;
– se in un atto formato fra più parti, sono contenute **più disposizioni** non necessariamente connesse fra loro (v. n. 70590), l'imposta principale è dovuta in solido da tutte le parti mentre le imposte suppletiva e complementare sono dovute solo dalle parti che hanno effettivamente partecipato alla disposizione cui si ricollegano.
Sono solidalmente obbligati al pagamento anche **altri soggetti estranei** al rapporto sostanziale, differenti a seconda della tipologia di atti come riportato nella **tabella** n. 70870.
I soggetti che richiedono la formalità (trascrizione, rinnovazione, ecc.) e la voltura nonché i pubblici ufficiali obbligati al pagamento dell'imposta di registro per gli atti cui queste si riferiscono, sono obbligati al pagamento delle imposte **ipotecaria e catastale**. Inoltre, sono solidalmente tenuti al pagamento di tali imposte tutti coloro nel cui interesse è stata richiesta la formalità e, per iscrizioni e rinnovazioni, anche i debitori contro i quali è stata iscritta o rinnovata l'ipoteca (art. 11 D.Lgs. 347/90) nonché l'utilizzatore dell'immobile acquistato per essere

concesso in locazione finanziaria. Al riguardo, sono validi i chiarimenti forniti in merito all'imposta di registro.

Nel caso di **vendita di un immobile**, qualora le parti contraenti dichiarino nell'atto che tale vendita è soggetta ad IVA e, quindi, ad imposta fissa di registro, rispondono solidalmente dell'omesso pagamento dell'imposta proporzionale di registro, conseguente alla **accertata non imponibilità IVA** dell'operazione (CTC 17 giugno 1994 n. 2243).

Nella **tabella** seguente sono indicati i soggetti obbligati al pagamento dell'imposta di registro relativamente a ciascuna tipologia di atto. 70870

Atto	Soggetti obbligati	Note
Atti redatti, ricevuti od autenticati da Pubblico Ufficiale (notai e cancellieri)	Parti contraenti o partecipanti all'atto e pubblico ufficiale	Il Pubblico Ufficiale è coobbligato solo per l'imposta principale e ha diritto di surrogarsi nei diritti spettanti all'Amministrazione nei confronti delle parti contraenti o partecipanti (art. 58 DPR 131/86). Il notaio ha diritto di ricevere dalle parti contraenti la provvista necessaria per provvedere al pagamento **(1)**
Scritture private non autenticate di natura negoziale stipulate a seguito dell'attività di agenti immobiliari iscritti nel relativo ruolo	Parti contraenti e agente immobiliare	L'agente ha diritto di rivalsa sulle parti contraenti ma, diversamente dal pubblico ufficiale, non gli è riconosciuto il diritto di surrogazione
Denunce dei contratti verbali soggetti a registrazione in termine fisso	Soggetti obbligati a richiedere la registrazione	–
Atti di trasferimento di quote di SRL con firma digitale	Parti contraenti e intermediario abilitato (art. 16 c. 10 bis DL 185/2008)	–
Acquisto di immobile per concludere un contratto di leasing	Parti contraenti partecipanti all'atto, utilizzatore dell'immobile e pubblico ufficiale	La responsabilità dell'utilizzatore ricorre anche nel caso di immobile da costruire o in costruzione (art. 57 DPR 131/86) **(2)**
Denunce di operazioni di società ed enti esteri	Soggetto obbligato a richiedere la registrazione	Esempio: rappresentante della società estera che ha sottoscritto la richiesta di registrazione
Denuncia di avveramento della condizione sospensiva	Parti interessate all'avveramento della condizione	–
Atti giudiziari, eccetto quelli previsti ai punti successivi	Parti in causa **(3)** **(4)**	Se parte del giudizio è un'Amministrazione Pubblica, l'imposta grava sull'altra parte e nel caso in cui il provvedimento disponga la compensazione delle spese: – se la **registrazione è richiesta dall'Amministrazione**, l'imposta di registro è prenotata a debito per la metà o per la quota di compensazione mentre il residuo è dovuto dall'altra parte (privata), anche quando la registrazione è richiesta dal cancelliere; – se **il privato non si attiva** spontaneamente per il pagamento, l'AE effettua la registrazione e liquida l'imposta dovuta nei confronti del privato (Ris. AE 19 novembre 2015 n. 95/E)

Atto	Soggetti obbligati	Note
– decreti ingiuntivi esecutivi; – provvedimenti di dichiarazione di efficacia nel territorio dello Stato di sentenze straniere; – provvedimenti di dichiarazione di efficacia nello Stato di lodi arbitrali stranieri; – decreto di esecutorietà del lodo	Parte richiedente il provvedimento	–
Atti soggetti a registrazione in caso d'uso	Parte che ha richiesto la registrazione	–
Atti presentati volontariamente alla registrazione	Parte che ha richiesto la registrazione	–
Atti di espropriazione per pubblica utilità o di trasferimento coattivo della proprietà o diritti reali di godimento	Ente espropriante o acquirente, senza diritto di rivalsa	Si applica anche alle cessioni volontarie di beni a favore di un terzo, poste in essere nel corso di una procedura espropriativa, qualora dagli atti della procedura, o da quelli presupposti dalla stessa, possa desumersi che l'esproprio è finalizzato all'acquisizione della proprietà dei beni da parte del terzo (Ris. AE 18 maggio 2001 n. 72/E e Ris. AE 13 aprile 2005 n. 46/E). Gli atti di espropriazione per pubblica utilità in cui espropriante o acquirente è lo Stato, sono in ogni caso esenti
Atti in cui è parte lo Stato (diversi da quelli di cui al punto precedente)	Altra parte contraente	Si applica anche in deroga alla L. 392/78 secondo cui le spese di registrazione del contratto di locazione sono a carico del conduttore e del locatore in parti uguali (Ris. Min. 27 gennaio 1976 n. 301651). Fanno eccezione gli atti presentati volontariamente per la registrazione dalle amministrazioni dello Stato. Viceversa, anche per gli atti in cui è parte lo Stato, l'**obbligo di registrazione** grava su entrambe le parti contraenti. Pertanto, se l'altra parte contraente non vi provvede, lo Stato deve provvedere a presentare richiesta di registrazione, entro i termini ordinari, pur senza pagamento dell'imposta (Ris. AE 1° marzo 2004 n. 28/E)

(1) Il pubblico ufficiale (fra cui il notaio) non può chiedere il rimborso dell'**imposta versata in eccesso**, neppure nel caso di registrazione telematica ed autoliquidazione dell'imposta; l'eventuale diritto al rimborso spetta solo alle parti dell'atto (Ris. AE 11 dicembre 2013 n. 90/E). Quando interviene per atti soggetti a pubblicità immobiliare il pubblico ufficiale deve versare su apposito conto corrente dedicato tutte le **somme ricevute in relazione agli stessi**, fra cui quelle per il versamento dei tributi per cui sia responsabile d'imposta (art. 1 c. 63 L. 147/2013).

(2) Si applica anche nel caso di acquisto del **terreno su cui costruire** l'immobile da concedere in leasing (Circ. AE 11 marzo 2011 n. 12/E).

(3) L'obbligo solidale di pagamento non si estende ai soggetti **intervenuti volontariamente nel giudizio** e rimasti estranei al giudicato della sentenza, ancorché siano chiamati al pagamento delle spese processuali (Ris. AE 21 novembre 2013 n. 82/E).

(4) In caso di **litisconsorzio facoltativo** in cui le statuizioni della sentenza sono riferite distintamente a ciascun rapporto giuridico, ogni soggetto è responsabile del pagamento dell'imposta relativa esclusivamente alla propria posizione giuridica (Ris. AE 19 novembre 2015 n. 95/E).

70875 **Rapporti fra i soggetti obbligati** Quando ricorre la solidarietà delle diverse parti al pagamento dell'imposta, l'AF può procedere all'accertamento ed al **recupero** dell'intera imposta da ciascuno dei coobbligati.

Sono inoltre nulli, anche fra le parti, **i patti** che pongono l'imposta e le eventuali sanzioni a carico della parte inadempiente.
Quando uno solo dei soggetti coobbligati insorga avverso l'accertamento in rettifica, gli altri coobbligati, in deroga ai comuni limiti soggettivi del giudicato, possono far valere la **sentenza favorevole** definitiva ottenuta dal coobbligato contro la pretesa dell'AF, salva l'irripetibilità di quanto spontaneamente versato (Cass. 13 novembre 2008 n. 27071). L'effetto favorevole non si estende agli altri coobbligati se la sentenza si fonda su **aspetti personali** (es. nullità della notifica dell'accertamento) o se contrasta con sentenza intervenuta nei confronti di chi intende valersi dell'estensione (Circ. Min. 5 giugno 1997 n. 156/E e Cass. SU 22 giugno 1991 n. 7053).

>**Precisazioni** 1) È dunque corretta la prassi dell'Amministrazione di notificare l'**avviso di rettifica** o liquidazione, ad esempio, sia al compratore che al venditore dell'immobile intervenuti nel contratto, salvo poi l'eventuale diritto di rivalsa o regresso che quest'ultimo può esperire in sede civile nei confronti dell'acquirente.
2) Secondo recente giurisprudenza, la **controversia** originata dall'accertamento di maggior valore del cespite oggetto di divisione, coinvolge inscindibilmente tutti i debitori solidali che devono essere messi in condizione di partecipare al procedimento, ricorrendo un'ipotesi di litisconsorzio necessario (Cass. SU 18 gennaio 2007 n. 1057).
3) Quando l'avviso di liquidazione è stato notificato ad **uno dei coobbligati che ha adempiuto** per tutti, il rapporto tributario deve considerarsi definito senza che vi sia la possibilità di richiedere il rimborso di quanto pagato (Cass. 21 febbraio 2007 n. 4047).

RISCOSSIONE COATTIVA (art. 56 DPR 131/86) Se entro i termini previsti il soggetto obbligato non provvede al pagamento dell'imposta, sia essa principale, suppletiva o complementare, questa viene riscossa coattivamente dall'**AdR**, a seguito di formazione del ruolo da parte dell'Ufficio delle Entrate. **70890**
In caso di **ricorso**, la riscossione avviene secondo le disposizioni illustrate al n. 71040.

REGISTRAZIONE, TRASCRIZIONE E VOLTURA A DEBITO (artt. 59 e 60 DPR 131/86) La **registrazione**, in deroga a quanto esposto al n. 70370, può essere effettuata senza il contestuale pagamento dell'imposta in relazione a: **70900**
– sentenze, provvedimenti e atti dei contenziosi in cui sono interessate le Amministrazioni dello **Stato** o soggetti ammessi al beneficio del gratuito patrocinio, nonché atti successivi e necessari per la definizione dei medesimi, quando sono formati d'ufficio oppure ad istanza o nell'interesse dei medesimi soggetti (artt. 107 e 131 DPR 115/2002);
– atti relativi alla **procedura fallimentare** (se fra i beni del fallimento non vi è denaro);
– sentenze che condannano al risarcimento del **danno prodotto da reato.**
La registrazione è effettuata a debito a **condizione** che nell'atto sia annotato che è compilato o emanato nell'interesse dello Stato o del soggetto ammesso al patrocinio a spese dello Stato nonché gli estremi del relativo provvedimento di ammissione. Nel caso di sentenza di condanna al risarcimento del danno, è anche necessario indicare il soggetto obbligato al risarcimento (nei confronti del quale verrà recuperata l'imposta).
La registrazione a debito **è esclusa** per le sentenze portanti trasferimento di beni o diritti di qualsiasi natura.
Sono eseguite con prenotazione a debito delle imposte **ipotecaria e catastale** le seguenti formalità e volture (art. 16 D.Lgs. 347/90):
– trascrizioni del sequestro conservativo richiesto nel processo penale dal pubblico ministero o dalla parte civile (in tal caso, l'imposta prenotata è successivamente riscossa in ragione della somma che risulta definitivamente dovuta);
– iscrizioni e trascrizioni di ipoteca o sequestro conservativo disposto a garanzia di crediti per tributi, interessi e sanzioni in base all'art. 22 D.Lgs. 472/97 (l'imposta prenotata è riscossa in ragione della somma che risulta definitivamente dovuta).
Possono essere eseguite **senza previo pagamento** delle imposte ipocatastali (art. 15 D.Lgs. 347/90):
– iscrizioni, rinnovazioni e annotazioni richieste dal pubblico ministero nell'interesse di privati, da pubblici ufficiali e da privati in virtù di un obbligo imposto per legge;
– formalità e volture richieste dalle amministrazioni dello Stato quando le relative spese devono far carico ad altri.

>**Precisazioni** 1) Possono essere **differiti i pagamenti** dell'imposta mediante registrazione a debito dei seguenti provvedimenti giudiziari (Circ. Min. 4 luglio 1989 n. 33):
a) ordinanze penali portanti liquidazione provvisionale;

b) sentenze penali di condanna al risarcimento del danno in separata sede e liquidazione provvisionale esecutiva;
c) sentenze civili che contengono condanna al risarcimento del danno nelle ipotesi: danno patrimoniale o non patrimoniale derivante da un reato precedentemente accertato dal giudice penale; danneggiante condannato, pur in assenza di procedimento penale, oltre al risarcimento dei danni patrimoniali, anche di quelli non patrimoniali (morali).
2) La trascrizione del provvedimento dell'ente locale di **accorpamento al demanio stradale** di porzioni di terreno utilizzate ad uso pubblico da oltre vent'anni è gratuita (art. 31 c. 22 L. 448/98).

70910 **RICHIESTA DI RIMBORSO** (art. 77 DPR 131/86 e art. 68 D.Lgs. 546/92) Per la richiesta di rimborso dell'imposta, delle sanzioni e degli interessi di mora, è previsto un termine di decadenza di **3 anni**, a decorrere dal giorno del pagamento o, se successivo, dal giorno in cui è sorto il diritto al rimborso.
Per i **contratti a prezzo indeterminato** (v. n. 70625) il termine decorre dal giorno in cui è divenuto definitivo il nuovo ammontare.
La domanda di rimborso deve essere **presentata** all'ufficio presso cui è stata eseguita la registrazione il quale è tenuto a rilasciarne ricevuta, oppure spedita a mezzo plico raccomandato senza busta con avviso di ricevimento.
Nel caso in cui il diritto nasca da **sentenza** della Corte Tributaria, il rimborso deve essere eseguito d'ufficio entro 90 giorni dalla notificazione della stessa. Può essere comunque opportuna la presentazione di istanza di rimborso nel caso in cui l'ufficio non provveda nei termini.
Al contribuente spettano gli **interessi** nella misura dell'1% per ogni semestre compiuto.

> **N.B.** Per i **notai** è ammessa la **compensazione** di tutte le somme versate in eccesso in sede di **autoliquidazione** con le imposte dovute per atti di data posteriore. Di conseguenza, essi non possono richiedere il rimborso all'AF (art. 3 ter D.Lgs. 463/97).

VI. Accertamento e riscossione

70970 L'ufficio dell'AE presso il quale è stato o doveva essere registrato l'atto, controlla la corretta registrazione e l'applicazione dell'imposta. A tale fine può utilizzare i poteri istruttori esaminati al n. 81200 e s. ed, in caso di violazioni, irrogare le sanzioni esaminate nell'apposito capitolo (v. n. 86900 e s. e n. 87072).
Disposizioni specifiche sono dettate in relazione a singoli atti, quali ad esempio la cessione di immobili da parte di privati, per le quali si rinvia alle relative trattazioni.
Le medesime disposizioni si applicano all'accertamento delle **ipocatastali** relative ad atti che comportano trasferimento di immobili oppure costituzione o trasferimento di diritti reali di godimento; per l'imposta ipotecaria sulle formalità diverse da quelle indicate è invece competente all'accertamento l'ufficio territorio dell'AE (art. 12 D.Lgs. 347/90).
Per **approfondimenti** si rinvia a MAR 2019 n. 9005 e s.

70980 **VALORE DEI BENI E DEI DIRITTI** (art. 51 DPR 131/86) La base imponibile è costituita dal valore dei beni e dei diritti oggetto dell'atto registrato dichiarato dalle parti o, se maggiore, dal corrispettivo pattuito per l'intera durata del contratto. Eccetto che per gli immobili e le aziende (v. n. 70985), l'Amministrazione non può rettificare il valore dichiarato dalle parti ma può procedere ad accertamento se prova che il **corrispettivo** pattuito è maggiore di quello dichiarato.

> In questo caso, l'Ufficio procede alla liquidazione della maggiore imposta dovuta sul maggior valore accertato ed all'irrogazione della **sanzione** prevista per l'occultamento di corrispettivo (dal 200 al 400% della differenza fra l'imposta dovuta e quella già applicata in base al corrispettivo dichiarato).

70985 **Immobili e aziende** (artt. 51 c. 3 e 4 e72 DPR 131/86) Per questi beni l'imposta è calcolata sul maggiore fra valore di mercato (valore venale in comune commercio) e corrispettivo dichiarato nell'atto.
In questo caso, dunque, l'ufficio può procedere all'accertamento di maggior base imponibile tramite:
– accertamento di maggior valore venale dell'immobile o dell'azienda;
– accertamento di corrispettivo maggiore rispetto a quello dichiarato (occultamento di corrispettivo).

Le due violazioni possono anche ricorrere congiuntamente nello stesso atto ed in questo caso dalla **sanzione** dovuta per l'occultamento è detratta quella irrogata in base all'accertamento di valore.
Si rinvia a quanto detto al n. 71570 e al n. 89385 per quanto relativo alle categorie di atti ivi trattate.

RIQUALIFICAZIONE DELL'ATTO (art. 20 DPR 131/86) La pretesa di maggiore imposta può anche essere giustificata non dal maggior valore della base imponibile ma dall'applicazione di aliquota differente in seguito alla riqualificazione dell'atto (v. n. 70550). **71000**
In merito a detta ipotesi, la maggiore imposta è stata in alcuni casi qualificata suppletiva (Cass. 31 agosto 2007 n. 18374) ed in altri principale (Cass. 28 marzo 2003 n. 4710) con conseguenze sul **termine di decadenza** per la liquidazione.

TERMINI (art. 76 DPR 131/86) L'Ufficio rettifica la base imponibile e liquida la maggiore imposta con apposito atto che deve essere notificato ai soggetti obbligati al pagamento entro i seguenti termini: **71010**
a) nell'ipotesi di omessa richiesta di registrazione: **5 anni** per la **richiesta dell'imposta**. Il termine decorre dal giorno in cui si è verificato il fatto che legittima la registrazione d'ufficio o in cui avrebbero dovuto essere presentate le relative denunce. La decadenza non trova applicazione in caso d'uso o di richiesta volontaria di registrazione;
b) per gli avvisi di rettifica o di liquidazione derivanti da accertamento di valore di **immobili** o **aziende**: **2 anni** dal pagamento dell'imposta proporzionale o, se precedente, dalla registrazione dell'atto, anche se è stato erroneamente assoggettato a tassa fissa (Cass. 17 giugno 1999 n. 5999);
c) per gli **atti presentati** alla registrazione o registrati in via telematica: **3 anni**. Il termine decorre:
– per **l'imposta principale** dalla data di richiesta di registrazione;
– per **l'imposta complementare** dalla data in cui è stata presentata la denuncia di eventi successivi, o, se è stato proposto ricorso, dalla data di notifica della decisione della Corte tributaria o dalla data in cui la stessa è diventata definitiva;
– per **l'imposta suppletiva** dalla data di registrazione dell'atto o di presentazione della denuncia di eventi successivi;
d) per l'imposta relativa, nei **contratti di locazione**, alle annualità successive alla prima, alle cessioni, risoluzioni e proroghe per le quali è previsto obbligo di denuncia, nonché le connesse sanzioni e interessi: **31 dicembre del quinto anno** successivo a quello di scadenza del pagamento.
Per gli **immobili non ancora accatastati**, per i quali il contribuente richiede l'applicazione del criterio di valutazione automatica, l'imposta può essere richiesta dall'Ufficio entro il **termine** di 3 anni (Circ. AE 21 maggio 2009 n. 25/E) dalla richiesta di registrazione dell'atto.
L'imposta **ipotecaria** relativa ad atti non soggetti a registrazione deve essere richiesta dall'AE entro 3 anni dal giorno in cui è stata eseguita la formalità o 5 anni dalla scadenza del termine entro il quale doveva essere richiesta (art. 17 D.Lgs. 347/90).
Per l'**emergenza Covid-19**, gli avvisi di liquidazione e di rettifica e liquidazione che ordinariamente scadrebbero fra l'8 marzo e il 31 dicembre 2020, devono essere emessi entro tale data e notificati nel periodo 1° marzo 2021-28 febbraio 2022 (art. 157 DL 34/2020 conv. in L. 77/2020). La previsione supera la sospensione già prevista dall'art. 67 DL 18/2020 conv. in L. 27/2020.

›Precisazioni 1) Le **sanzioni** possono essere applicate nei termini in cui può essere chiesta l'imposta o, se l'imposta non è dovuta, nei 5 anni dalla data della violazione (art. 76 c. 4 DPR 131/86).
2) L'atto con cui l'Ufficio delle Entrate **chiede al contribuente di dichiarare il valore e la consistenza di determinati immobili** non interrompe il termine di decadenza entro il quale può essere richiesta l'imposta (CTC 26 agosto 1986 n. 6838).
3) L'emissione di un **nuovo avviso di liquidazione** (avente il medesimo contenuto e riferito agli stessi anni di imposta), con il quale il competente Ufficio ha modificato in aumento il precedente avviso integrando una pretesa tributaria «nuova» rispetto a quella originaria, deve essere preceduta dall'annullamento del precedente atto impositivo, che viene così sostituito (Cass. 27 luglio 2007 n. 16704).

Per l'imposta richiesta dall'Ufficio a seguito di **revoca delle agevolazioni** per l'acquisto della **prima casa**, si applica il termine triennale che decorre (Cass. SU 21 novembre 2000 n. 1196, Cass. 5 febbraio 2014 n. 2527 e Circ. AE 14 agosto 2002 n. 69/E): **71015**

– quando i benefici non spettano per la **falsa dichiarazione** nel contratto dell'indisponibilità di altro alloggio o della mancata fruizione in altra occasione dell'agevolazione, dal giorno della registrazione;
– quando tale proposito, inizialmente attuabile, sia **successivamente rimasto ineseguito** o ineseguibile, dal giorno nel quale si sia verificata quest'ultima situazione. Ad esempio, se la residenza non è stata trasferita nel comune ove è situato l'immobile entro 18 mesi dalla data di acquisto, il termine decorre dalla scadenza del 18° mese; oppure in caso di rivendita entro 5 anni dall'acquisto senza che, entro un anno, non si effettui un ulteriore acquisto, il termine decorre alla scadenza di tale anno.

71020 Con l'attivazione delle **procedure telematiche** di registrazione degli atti relativi a diritti sugli immobili (v. n. 70335), è stato introdotto un tipo di **controllo anticipato**, al fine di verificare la regolarità dell'autoliquidazione e del versamento delle imposte. Qualora, sulla base degli elementi desumibili dall'atto risulti dovuta una maggiore imposta, gli uffici, **entro** 60 giorni dalla presentazione del modello unico informatico, devono notificare, anche per via telematica, apposito avviso di liquidazione per l'integrazione dell'imposta versata. In questo caso, il pagamento deve essere effettuato, dal notaio o da altro pubblico ufficiale che ha redatto/ricevuto/autenticato l'atto, entro 15 giorni dalla data della notifica (art. 3 ter D.Lgs. 463/97).

71025 **Prescrizione dell'imposta accertata** (art. 78 DPR 131/86) Il diritto dell'AF a riscuotere l'imposta, definitivamente accertata e richiesta nei termini di cui sopra, si prescrive in **10 anni**. Ciò significa che il termine prescrizionale comincia a decorrere dal momento in cui il provvedimento impositivo è divenuto definitivo per mancata impugnazione oppure, nel caso in cui il contribuente abbia proposto ricorso, dal momento del passaggio in giudicato della sentenza (Cass. 17 settembre 1998 n. 9280 e Cass. SU 21 novembre 2000 n. 1196).

71040 **RISCOSSIONE IN PENDENZA DI GIUDIZIO** (art. 56 DPR 131/86 e art. 68 D.Lgs. 546/92) Per l'impugnazione degli atti di accertamento e liquidazione relativi all'imposta di registro, si applicano le disposizioni previste per i ricorsi innanzi alle Corti tributarie (v. n. 87610).
In caso di presentazione del ricorso, la riscossione è effettuata con modalità differenti a seconda che si tratti di imposta principale, complementare o suppletiva.
Nel caso di ricorso avverso atto che liquida l'**imposta complementare** dovuta a seguito di accertamento di maggior valore di immobili e aziende, il contribuente deve versare, entro 60 giorni dalla notifica dell'atto, 1/3 dell'imposta richiesta mentre la restante parte (in base all'esito del contenzioso) sarà riscossa mediante iscrizione a ruolo fino a 2/3 dopo la sentenza della Corte Tributaria Provinciale e per la restante parte a seguito della sentenza della Corte Regionale.
Nel caso di ricorso avente ad oggetto **imposta principale** e **complementare diversa** da quella del caso precedente, la riscossione non si sospende ed il contribuente è tenuto al versamento entro 60 giorni dalla notifica dell'atto.
Il ricorso avverso l'atto portante **imposta suppletiva** sospende la riscossione e pertanto il ricorrente è tenuto a versarla solo dopo l'ultima sentenza o sentenza impugnabile solo con ricorso in Cassazione.
Le **sanzioni** irrogate, anche quando non è prevista riscossione frazionata del tributo, devono essere corrisposte per i 2/3 dopo la sentenza della Corte Provinciale e per quanto accertato a seguito della sentenza della Corte Regionale (per l'esecuzione delle sentenze, v. n. 87875).

> **Precisazioni** 1) Pertanto, nel caso di riscossione frazionata, il **primo terzo** è richiesto in pagamento dall'ufficio già nell'avviso di accertamento e liquidazione mentre le quote successive sono riscosse mediante iscrizione a ruolo e notifica della cartella di pagamento.
> 2) Il termine di pagamento **non** è soggetto a **sospensione feriale** (essendo indipendente da quello per il ricorso) mentre si sospende nel caso di istanza di **accertamento con adesione**.

SEZIONE 2

Atti di uso comune

Si esamina di seguito l'applicazione delle imposte di registro e ipocatastali ad alcuni fra gli atti più diffusi o rilevanti del settore immobiliare e societario nonché le particolari disposizioni in tema di costituzione di diritti d'usufrutto, pensioni e rendite vitalizie. Si accenna, inoltre, alle operazioni di finanziamento soggette ad imposta sostitutiva (v. n. 72420). **71045**

Per le particolarità relative all'applicazione delle imposte agli atti di **cessione** e **conferimento d'azienda** si rinvia, rispettivamente, al n. 89010 e al n. 89570.

I. Atti immobiliari

Tramite **locazione** una parte concede ad un'altra il godimento di un bene (in questo caso immobile) per un determinato tempo e contro il pagamento di un corrispettivo (detto canone) che è invece assente nel contratto di **comodato** mentre l'**affitto** si distingue dalla locazione per avere ad oggetto un bene produttivo di reddito (es. fondo rustico o azienda). **71050**
Con il contratto di **leasing** il proprietario concede il bene all'utilizzatore che solitamente al termine del contratto lo può acquistare in proprietà (riscatto).
Si esamina poi la nuova forma contrattuale del **rent to buy** in cui il proprietario concede il godimento di un immobile al conduttore che ha diritto di acquistarlo entro un determinato termine imputando al corrispettivo una parte di canone indicata nel contratto.
Con il termine **cessione**, si intende il trasferimento della proprietà ed il trasferimento o la costituzione di altro diritto reale. Si esaminano poi, per le particolarità, le **divisioni** immobiliari.
Gli atti immobiliari possono essere soggetti anche alle imposte ipotecaria e catastale, che pertanto sono di seguito esaminate in relazione alle singole fattispecie.
Le operazioni relative ai servizi ipotecari (es. consultazione e ricerca della nota di trascrizione di un atto, richiesta di certificati ipotecari o di loro copie o estratti) ed i servizi inerenti il sistema catastale (es. consultazione di atti ed elaborati catastali, richiesta di loro copie o estratti, di mappe, ecc.) indipendenti dagli atti di cui sopra, sono soggetti alle **tasse ipotecarie** ed ai **tributi speciali catastali** esaminati al n. 72655 e al n. 72660.

Gli atti e i contratti relativi agli **immobili oggetto di sequestro e confisca** in base alle leggi antimafia, sono esenti dalle imposte di registro e ipocatastali (art. 51 D.Lgs. 159/2011).

A. Locazione

(artt. 1 e 3 DPR 131/86)

I contratti di locazione aventi ad oggetto immobili siti nel territorio dello Stato, anche se formati all'estero, devono essere **registrati entro** 30 giorni dalla stipula (registrazione in termine fisso), salvo il caso di contratti formati per scrittura privata non autenticata (o verbali) di **durata non superiore a 30 giorni** complessivi nell'anno che sono soggetti a registrazione solo in caso d'uso (art. 2 bis tar. parte II DPR 131/86). **71060**
L'imposta di registro si applica in modo differente a seconda che il **locatore** sia un **privato o soggetto passivo IVA** secondo quanto di seguito illustrato.
I contratti di locazione di **durata ultranovennale**, devono essere trascritti nei registri immobiliari (art. 2643 c.c.); in questo caso è dovuta anche l'imposta ipotecaria in misura fissa (200,00 € art. 4 tar. D.Lgs. 347/90; per le modalità di trascrizione, v. n. 71470).

>**Precisazioni** 1) Quanto illustrato si applica anche alla **sublocazione** che ha, ai fini fiscali, rilevanza economica autonoma rispetto alla locazione (Circ. AE 1° marzo 2007 n. 12/E).
2) Il contratto di locazione deve essere stipulato, a pena di nullità, in **forma** scritta e pertanto la registrazione di contratto verbale non dovrebbe trovare pratica applicazione (art. 1 L. 431/98).
3) I contratti aventi ad oggetto **immobili all'estero**, non sono soggetti a registrazione se verbali mentre se formati per iscritto nel territorio dello Stato sono comunque soggetti a registrazione in termine fisso.

4) Nel caso di contratto avente ad oggetto immobili iscritti in catasto con rendita attribuita, se è dichiarato un **canone non inferiore** al 10% del valore dell'immobile determinato con il criterio di valutazione catastale (v. n. 71585), l'AE non può accertare un maggior imponibile; resta invece fermo il potere di liquidazione dell'imposta non versata per le annualità successive alla prima (art. 52 bis DPR 131/86).
5) Per il caso di locazione con **diritto di futuro acquisto**, v. rent to buy al n. 71400.
6) L'**indennità** pattuita a fronte della rinegoziazione del contratto e non ripetibile nel caso di cessazione anticipata dello stesso, non è assimilabile al canone di locazione e segue pertanto autonoma tassazione (3%) (Risp. AE 29 gennaio 2019 n. 16).

71070 **REGISTRAZIONE** (Provv. AE 7 aprile 2011 e Provv. AE 19 marzo 2019 n. 64442) Il locatore deve richiedere la registrazione nel termine indicato al n. 71060, dandone comunicazione, entro i successivi 60 giorni, al conduttore e all'amministratore di condominio (art. 13 L. 431/98).
La **responsabilità** della registrazione e del pagamento ricade comunque su tutti i soggetti ordinariamente previsti a seconda della forma del contratto (Circ. AE 13 giugno 2016 n. 27/E).
La registrazione può essere effettuata, generalmente, **presso l'ufficio**, **oppure** in via **telematica**; devono però utilizzare la modalità telematica i seguenti **soggetti** (art. 5 DPR 404/2001):
- parti del contratto che possiedono almeno 10 unità immobiliari;
- agenti immobiliari per i contratti formati per scrittura privata non autenticata e stipulati a seguito della loro attività per la conclusione degli affari.

La registrazione **telematica** può essere richiesta direttamente dalle parti (iscritte ai servizi telematici dell'AE fisconline o entratel) oppure tramite intermediario abilitato (fra cui rientrano, a questi fini, anche le **società tra professionisti** iscritte all'albo dei geometri e geometri laureati, Provv. AE 9 marzo 2018 n. 53616), sempre utilizzando il software RLI (Richiesta di registrazione e adempimenti successivi - contratti di locazione e affitto di immobili, Provv. AE 19 marzo 2019 n. 64442).
In alcuni casi, la registrazione telematica si effettua anche senza la copia informatica del contratto, riportandone gli elementi essenziali direttamente nel software.
La registrazione si considera effettuata il giorno in cui i dati sono correttamente ricevuti dall'AE, come risultante dalla ricevuta telematica.

›Precisazioni 1) In caso di opzione per la **cedolare secca**, che va indicata nel modello di registrazione, non sono dovute le imposte di registro e di bollo (v. n. 7080).
2) L'attestato di prestazione energetica (**APE**) allegato al contratto di locazione non è soggetto ad imposta di registro; tuttavia se ne viene richiesta volontariamente la registrazione in forma autonoma, si applica l'imposta in misura fissa (art. 11 c. 7 DPR 131/86 e Ris. AE 22 novembre 2013 n. 83/E). In caso di **violazioni** relative all'APE che emergono dai contratti registrati, l'AE trasmette i relativi dati al Ministero dello sviluppo economico competente per l'accertamento e la contestazione (Circ. AE 30 dicembre 2014 n. 31/E).
3) L'**attestazione** rilasciata dalle organizzazioni della proprietà edilizia e dei conduttori per la conformità dei **contratti a canone concordato** all'accordo territoriale non è soggetta ad imposta (Circ. AE 27 aprile 2018 n. 7/E).

71075 Per la registrazione **presso l'ufficio**, il richiedente deve **prima** autoliquidare e versare l'imposta dovuta e, **successivamente**, richiedere la registrazione presentando ad un qualunque ufficio dell'AE i seguenti **documenti**:
- 2 copie con firma in originale del contratto (ed eventuali allegati) in bollo (per l'importo v. n. 74060; il contrassegno telematico di pagamento deve avere data non successiva a quella del contratto). Nel caso di contratto verbale, questo è sostituito da denuncia redatta in doppio originale su modello dell'AE, sottoscritto anche da uno solo dei contraenti;
- modello Registrazione Locazione Immobili (RLI, sopra indicato), nel quale vanno riportate le informazioni sul contratto;
- ricevuta di versamento dell'imposta effettuato con mod. F24 Elide oppure, in alternativa, modello di richiesta di addebito delle imposte di bollo e di registro sul proprio c/c utilizzando il modello richiesta di addebito su conto corrente bancario;
- in caso di richiesta di registrazione di più contratti, il mod. RR.

I **modelli** sono reperibili sul sito dell'AE e presso gli Uffici.

71080 **VERSAMENTO** Chi richiede la registrazione deve provvedere al versamento dell'imposta: contestualmente alla registrazione, quando effettuata in via telematica; con mod. F24 Elide (anche telematico) prima della registrazione, quando effettuata su supporto cartaceo.
Per i contratti aventi ad oggetto immobili urbani e di **durata pluriennale**, inoltre, sono previste disposizioni particolari (v. n. 71085).

L'imposta dovuta per la registrazione non può essere inferiore al **minimo** di € 67,00 e l'importo deve essere **arrotondato** all'unità di € per difetto se la frazione è inferiore a 50 centesimi e per eccesso negli altri casi.

>Precisazioni 1) I **titolari di partita IVA** che utilizzano il mod. F24 devono versarlo in via telematica. 2) Per la registrazione dei contratti di locazione non sono dovuti i **tributi speciali** previsti al punto 2) Tabella A Titolo II DL 533/54. Detti tributi speciali sono invece dovuti per il rilascio di copie, estratti, certificazioni o attestazioni rilasciati dall'AE su richiesta del contribuente (Circ. AE 1° giugno 2011 n. 26/E).

Modalità di compilazione del Mod. F24 Elide
Vanno indicati i seguenti dati: – nella sezione «Contribuente», il codice fiscale e i dati anagrafici della parte che effettua il versamento; – nel campo «Codice fiscale del coobbligato, erede, genitore, tutore o curatore fallimentare», il codice fiscale del soggetto, quale controparte (oppure di una delle controparti), unitamente al codice identificativo «63», da indicare nell'apposito campo; – nella sezione «Erario ed altro», non compilare i campi «codice ufficio» e «codice atto»; – nel campo «tipo», la lettera «F» (identificativo registro); – nel campo «elementi identificativi», in caso di pagamenti per la prima registrazione, nessun valore; in caso di pagamenti per annualità successiva, cessione, risoluzione e proroga del contratto, il codice identificativo del contratto (composto da 17 caratteri è reperibile nella copia del modello di richiesta di registrazione del contratto restituito dall'ufficio o, per i contratti registrati per via telematica, nella ricevuta di registrazione oppure mediante l'apposita funzione prevista nei servizi fiscali online presenti sul sito dell'AE); – nel campo «codice», il codice tributo; – nel campo «anno di riferimento», in caso di prima registrazione, l'anno di stipula del contratto o di decorrenza, se anteriore; in caso di annualità successiva, proroga, cessione o risoluzione, l'anno di scadenza dell'adempimento; – nel campo «importi a debito versati», i relativi importi. I codici tributo più ricorrenti sono: – prima registrazione: 1500 – annualità successive: 1501 – cessione del contratto: 1502 – risoluzione: 1503 – proroghe: 1504 – imposta di bollo: 1505 – tributi speciali e compensi: 1506. Per i codici da utilizzare per il ravvedimento e per le modalità di calcolo del codice identificativo del contratto quando non disponibile, v. Ris. AE 24 gennaio 2014 n. 14/E.

Contratti di durata pluriennale Per i contratti di durata pluriennale aventi ad oggetto fabbricati urbani, l'imposta può essere assolta, alternativamente, con frequenza annuale (per ciascun anno di durata del contratto) o in unica soluzione per l'intera durata, con gli effetti, sulla determinazione dell'imposta, riportati nella **tabella** seguente (art. 17 c. 3 e art. 5 tar. parte I nota I DPR 131/86). 71085

Il pagamento annuale è possibile anche in relazione all'imposta dovuta sui contratti di **concessione di beni immobili appartenenti al demanio** dello Stato, fermo restando che soggetto obbligato al pagamento è, in questo caso, il solo locatore (art. 3 c. 16 DL 95/2012 conv. in L. 135/2012).

Pagamento	Termine	Determinazione dell'imposta
in unica soluzione	entro 30 giorni dalla stipula	L'imposta si calcola applicando l'aliquota prevista per la tipologia di contratto al canone pattuito per l'intera durata della locazione **(1)** e poi applicando una riduzione percentuale pari alla metà del tasso di interesse legale moltiplicato per il numero delle annualità **(2)**. Ad es. se il contratto dura 4 anni, la riduzione è dello 0,02% (0,005% - metà dell'attuale tasso legale - per 4 anni).
annuale	entro 30 giorni dalla stipula o dall'inizio dell'annualità successiva	L'imposta si calcola applicando l'aliquota prevista per la tipologia di contratto al canone pattuito per la singola annualità **(3)**. Per le annualità successive alla prima l'imposta può essere di importo inferiore a 67,00 € (Circ. Min. 16 gennaio 1998 n. 12/E) e non è necessario presentare l'attestato di versamento all'Ufficio delle Entrate **(4)**.

(1) Se il contratto prevede **aggiornamenti o adeguamenti** del canone a norma della L. 392/78, questi non rilevano per la determinazione dell'imposta al momento della registrazione ma solo in caso di proroga del contratto (art. 35 c. 2 DPR 131/86). In caso di **risoluzione anticipata** le parti hanno diritto al rimborso dell'imposta relativa alle annualità successive a quella in cui ha efficacia la risoluzione.
(2) La riduzione spetta anche se il pagamento in unica soluzione è eseguito in relazione alle annualità mancanti al termine di un **contratto già in corso** per il quale l'imposta era stata precedentemente assolta annualmente.
(3) Se nel corso dell'anno vi sono **aggiornamenti o adeguamenti del canone** a norma della L. 392/78, questi non hanno efficacia ai fini della determinazione dell'imposta per l'anno in corso ma hanno effetto sulla base imponibile dell'annualità successiva (art. 35 c. 2 DPR 131/86).
L'adeguamento del canone stabilito dalle parti, **diverso** da quello previsto dalla citata legge, comporta invece l'obbligo del versamento della maggiore imposta nel corso dell'anno (Ris. Min. 11 dicembre 1990 n. 260542).
(4) Il **pagamento** per le annualità successive deve essere effettuato con il mod. F24 Elide.

71100 **OMESSA REGISTRAZIONE** In caso di omessa registrazione del contratto, si applica la **sanzione** ordinariamente prevista dal 120% al 240% dell'imposta dovuta; sanzione ridotta si applica nel caso di **registrazione tardiva** (v. n. 87072).
La registrazione tardiva sana l'**inefficacia del contratto** non registrato (art. 1 c. 346 L. 311/2004, Cass. 24 settembre 2019 n. 23637).

---

1. Locatore privato

(artt. 5 lett. a e b tar. parte I e 2 bis tar. parte II DPR 131/86, art. 3 D.Lgs. 23/2011)

71110 Per locatore privato si intende un soggetto che non opera nell'esercizio di impresa (commerciale o agricola), arte o professione e, pertanto, non è soggetto passivo IVA.
In questo caso, l'imposta è applicata in misura proporzionale (come riportato nella **tabella** seguente) **sull'ammontare** dei canoni pattuiti per l'intera durata del contratto (si veda, tuttavia, quanto previsto per le locazioni di immobili urbani di durata pluriennale al n. 71085).
Nel caso di contratti di locazione **a canone concordato** (v. n. 7065 e s.), l'aliquota si applica all'ammontare dei canoni ridotti al 70% (art. 8 L. 431/98).
Per le locazioni aventi ad oggetto immobili **ad uso abitativo** (e relative pertinenze), il locatore può optare per l'applicazione della cedolare secca. In questo caso, non è dovuta l'imposta di registro (v. n. 7080 e s.).

Contratto	Misura (1)
locazione di **beni immobili in generale** - terreni o fabbricati di qualunque tipo (salvo l'affitto di fondi rustici, v. n. 71310 e i punti successivi)	2%
locazione di **fabbricato ad uso abitativo** e pertinenze con opzione per cedolare secca	non è dovuta
locazione formata per scrittura privata non autenticata, di durata **non superiore a 30 giorni** complessivi nell'anno	67,00 € solo in caso d'uso
locazione di **unità immobiliari arredate** con unico contratto comprendente anche gli arredi **(2)**	2%

(1) Sono **esclusi** dalla base imponibile gli oneri accessori che costituiscono **rimborso di spese** e non il corrispettivo della locazione. Per esempio nel caso di locazione di immobile urbano, i rimborsi per le spese relative ai servizi condominiali, portineria, ecc. (CTC 14 luglio 1983 n. 2081). Qualora però gli oneri condominiali siano liquidati forfettariamente in ragione proporzionale al canone ed in esso **conglobati**, l'imposta di registro è regolarmente dovuta sull'importo complessivo (Ris. Min. 7 marzo 1980 n. 251253). Se le parti convengono un **deposito cauzionale** a carico del conduttore, come garanzia per l'esatto adempimento dei suoi obblighi, questo non è autonomamente soggetto all'imposta di registro. Se invece la garanzia è prestata da un terzo (estraneo al rapporto di locazione) è dovuta l'imposta dello 0,50% sull'ammontare del deposito (Ris. AE 22 maggio 2002 n. 151/E).
(2) Se invece il rapporto di locazione dell'immobile arredato è **scisso in due distinti contratti**, riguardanti rispettivamente l'immobile e l'arredo in esso contenuto, ciascuno deve essere assoggettato all'aliquota propria: 2% per l'immobile e 3% per gli arredi (Circ. Min. 13 gennaio 1999 n. 15/E).

71115 **VICENDE SUCCESSIVE DEL CONTRATTO** (artt. 17 e 43 DPR 131/86, art. 5 tar. parte I DPR 131/86) Le **cessioni**, **proroghe** e **risoluzioni** (in merito a queste ultime v. anche n. 70745), anche tacite, dei contratti di locazione di beni immobili esistenti nel territorio dello Stato, sono soggette a registrazione in termine fisso e assoggettate all'imposta con l'aliquota prevista per

la registrazione del contratto originario e assumendo come base imponibile il corrispettivo pattuito se previsto o il valore delle prestazioni ancora da eseguire, a seconda dei casi.
La cessione **senza corrispettivo** dei contratti pluriennali di locazione, è soggetta ad imposta in misura fissa di 67,00 €.
Le **parti devono**, entro 30 giorni dalla data in cui hanno effetto la cessione, la risoluzione o la proroga, liquidare e versare l'imposta con le modalità indicate al n. 71080 e presentare all'Ufficio presso cui è stato registrato il contratto, la comunicazione con il modello RLI (Circ. AE 13 giugno 2016 n. 27/E).
Se hanno ad oggetto contratti con opzione per la **cedolare secca**, è dovuta l'imposta di registro fissa di € 67,00 per la cessione mentre non è dovuta per proroga o risoluzione.

›Precisazioni 1) Per **proroga** si intende non solo il differimento nel tempo del termine finale di efficacia del contratto ma anche ogni altra modifica di elementi accessori del contratto originario (CTC 10 dicembre 1983 n. 4510; Ris. Min. 8 luglio 1976 n. 250290). La proroga **tacita** si considera decorrente dal giorno successivo alla scadenza del contratto (Circ. AE 13 giugno 2016 n. 27/E).
2) Se la locazione **si protrae** dopo la scadenza del contratto **senza la volontà del locatore**, le indennità di occupazione (senza titolo) corrisposte dal locatario sono soggette all'imposta proporzionale del 3%. Viceversa, se la locazione si protrae con il consenso tacito di locatore e locatario o le indennità sono corrisposte in assenza di contratto, le somme corrisposte sono assimilate a veri e propri canoni di locazione e come tali soggette ad imposta proporzionale del 2%. Se la proroga della permanenza nell'unità immobiliare è imposta da un **provvedimento giudiziale**, l'importo conseguito a titolo di indennità di occupazione ha carattere risarcitorio e dunque non è imponibile (Circ. AE 9 luglio 2007 n. 43/E).
3) Al termine della **prima scadenza** contrattuale (ad esempio, in una locazione abitativa 4+4, allo scadere del quarto anno), se il contratto si risolve per la disdetta, non è necessario comunicarlo (in quanto estinzione naturale del contratto), se invece c'è proroga, anche tacita, questa va comunicata.

Tabella riassuntiva della tassazione delle **cessioni** di contratti di locazione (Circ. AE 9 luglio 2003 n. 36/E). **71120**

Contratto ceduto	Cessione	Base imponibile	Imposta
Locazione di immobili urbani di durata pluriennale	– con corrispettivo	– Corrispettivo pattuito per la cessione e valore delle prestazioni ancora da eseguire	2%
	– senza corrispettivo		67,00 €
Locazione e affitto di immobili diversi da quelli urbani	– con corrispettivo	– Corrispettivo pattuito per la cessione e valore delle prestazioni ancora da eseguire	2%
	– senza corrispettivo	– Valore delle prestazioni ancora da eseguire	2%
Affitto di fondi rustici	– con corrispettivo	– Corrispettivo pattuito per la cessione e valore delle prestazioni ancora da eseguire	0,50%
	– senza corrispettivo	– Valore delle prestazioni ancora da eseguire	0,50%

Accordo di riduzione del canone (art. 19 DL 133/2014 conv. in L. 164/2014) L'accordo di riduzione del canone di un contratto di locazione in essere: **71122**
– se **formato per scrittura privata non autenticata**, non è soggetto a registrazione in termine fisso e se le parti lo registrano volontariamente è comunque esente da imposta di bollo e di registro;
– se formato per **scrittura privata autenticata o atto pubblico**, la registrazione è comunque prevista in termine fisso ma in esenzione da imposta di bollo e di registro.

La registrazione (anche volontaria) attribuisce alla scrittura data certa ed è **necessaria** per ridurre l'imposta proporzionale di registro eventualmente dovuta per le annualità successive sul contratto di locazione ed anche ai fini del reddito del fabbricato del locatore.

2. Locatore soggetto IVA
(artt. 5 e 40 DPR 131/86)

Sono soggetti IVA le società e gli enti commerciali nonché le persone fisiche che operano nell'esercizio di impresa - commerciale o agricola - arti o professioni (v. n. 42000). **71150**

Alle locazioni di immobili poste in essere da tali soggetti, l'imposta di registro si applica in **misura** proporzionale o fissa in base a regole particolari che dipendono anche dal tipo di immobile oggetto del contratto oltre che dal trattamento ai fini IVA, come riportato nella **tabella** seguente.

Tipo di immobile (1)	Trattamento IVA	Imposta di registro
fabbricati strumentali per natura (per la definizione e il trattamento IVA v. n. 61170)	sia imponibile che esente	1% (dell'importo dei canoni pattuiti per l'intera durata del contratto - salvo quanto detto al n. 71085 per le locazioni pluriennali) **(2)**
fabbricati ad uso abitativo (per la definizione e il trattamento IVA v. n. 61200)	imponibile	€ 67,00 una sola volta e per tutta la durata del contratto
	esente	2% (dell'importo dei canoni pattuiti per l'intera durata del contratto - salvo quanto detto al n. 71085 per le locazioni pluriennali) **(2)**
terreni non edificabili e aree diverse da quelle destinate a parcheggio	esente	2% (dell'importo dei canoni pattuiti per l'intera durata del contratto) 0,50% nel caso di fondi rustici
terreni e aree edificabili	imponibile	€ 67,00 una sola volta e per tutta la durata del contratto
aree destinate a parcheggio	imponibile	€ 67,00 una sola volta e per tutta la durata del contratto

(1) Le locazioni di immobili effettuate **da consorzi a consorziati** o soci per i quali ricorrono le condizioni illustrate al n. 40510 sono esenti da IVA e soggette ad imposta di registro in misura proporzionale.
(2) Nel caso in cui il contratto preveda anche la corresponsione di **oneri accessori** e rimborsi spese e nel caso di **deposito cauzionale** si veda quanto detto per i locatori privati al n. 71110 in nota.

71160 **VICENDE SUCCESSIVE DEL CONTRATTO** (artt. 17 e 43 DPR 131/86, art. 5 tar. parte I DPR 131/86) Le **cessioni**, **risoluzioni** e **proroghe** dei contratti in esame seguono normalmente le stesse regole previste per la registrazione del contratto originario, ad eccezione della cessione del contratto effettuata **dietro corrispettivo** che è sempre soggetta ad imposta di registro in misura fissa in quanto considerata ai fini IVA come prestazione di servizi imponibile in base all'art. 3 c. 2 n. 5 DPR 633/72 (Circ. AE 16 novembre 2006 n. 33/E). Nel caso di applicazione dell'imposta proporzionale, la base imponibile è rappresentata dal corrispettivo pattuito o dal valore della prestazione ancora da eseguire.
Per il **versamento** dell'imposta e gli **adempimenti successivi**, v. n. 71115.

B. Comodato

(art. 5 c. 4 tar. parte I DPR 131/86)

71240 Il contratto di comodato avente ad oggetto immobili, si caratterizza e differenzia dalla locazione per l'assenza di corrispettivo ed è soggetto a **registrazione**:
- se formato per **atto pubblico** o **scrittura privata**, in termine fisso, entro 20 giorni dalla stipula;
- se formato per scrittura **privata autenticata**, in termine fisso, entro 20 giorni dall'ultima autentica;
- se **verbale**, solo in caso di enunciazione o volontariamente.

L'**imposta** è dovuta in misura fissa di 200 €.
Fino al 31 dicembre 2022 i contratti di comodato d'uso gratuito con finalità umanitarie a favore di **cittadini ucraini** e altri soggetti provenienti dall'Ucraina sono esenti da imposta di registro e di bollo (art. 38 DL 17/2022 conv. in L. 34/2022).

> In caso di **omessa registrazione**, oltre alla sanzione esaminata al n. 87072, è prevista la nullità del contratto (art. 1 c. 346 L. 311/2004).
> Il contratto di comodato può essere registrato anche in **modalità telematica** con il modello Rap (Registrazione atti privati).

71250 **COMODATO FITTIZIO** (art. 2 D.Lgs. 23/2011) Se è registrato un contratto di comodato fittizio (che di fatto nasconde una locazione ordinaria) avente ad oggetto immobili ad uso abitativo assoggettabili a cedolare secca:

– il locatore, il conduttore ed eventualmente il pubblico ufficiale che ha rogato o autenticato l'atto, sono coobbligati al versamento (art. 3 c. 8 e 9 D.Lgs. 23/2011) dell'imposta di registro dovuta sulla locazione dissimulata e della sanzione dal 120% al 240% dell'imposta stessa più gli interessi per tardivo pagamento;
– il contratto è nullo (art. 1 c. 346 L. 311/2004);
– si considera una locazione di 4 anni a decorrere dalla data della registrazione, volontaria o d'ufficio;
– alla prima scadenza il contratto è rinnovato per un periodo di 4 anni, fatti salvi i casi in cui il locatore può negare la rinnovazione;
– a decorrere dalla registrazione, il canone annuo di locazione è fissato in misura pari al triplo della rendita catastale, oltre l'adeguamento ISTAT dal secondo anno.

C. Affitto (di fondi rustici)

(artt. 5 tar. parte I e 2 bis tar. parte II DPR 131/86)

L'affitto di fondo rustico o di terreni agricoli è soggetto a **registrazione** in termine fisso da richiedere: **71310**
– se formato per **atto pubblico o scrittura privata autenticata**, entro 20 giorni dalla data dell'atto o dell'ultima autenticazione;
– se formato per **scrittura privata non autenticata** o verbale, in alternativa al metodo ordinario, presentando all'AE, entro il mese di febbraio, una denuncia cumulativa in doppio originale relativa ai contratti in essere stipulati nell'anno precedente. La denuncia deve contenere le generalità dei contraenti e i dati relativi al contratto e può essere trasmessa anche in **via telematica** (Provv. AE 4 marzo 2011).
La registrazione cumulativa non esclude che uno o più contratti si possano registrare singolarmente entro le scadenze ordinarie, registrando poi cumulativamente solo gli altri (art. 7 c. 8 lett. b L. 448/98 e Circ. Min. 12 febbraio 1999 n. 36/E).
I soggetti obbligati devono richiedere la registrazione **utilizzando il mod.** RLI secondo quanto detto per le locazioni (v. n. 71070).

IMPOSTA APPLICABILE L'affitto di fondo rustico o di terreni agricoli è soggetto ad **imposta proporzionale** nella misura dello 0,50%. Nel caso in cui la registrazione sia effettuata presentando all'Ufficio, entro il mese di febbraio dell'anno successivo, la denuncia cumulativa, l'aliquota si applica sulla somma dei corrispettivi pattuiti per i singoli contratti. **71320**
L'imposta dovuta in sede di registrazione non può comunque essere inferiore a 67,00 € (art. 5 tar. parte I nota II bis DPR 131/86).
Gli affitti di **durata non superiore a 30 giorni** per annualità, formati per scrittura privata non autenticata o contratto verbale, sono soggetti a registrazione solo in caso d'uso e l'imposta si applica in misura fissa pari a € 67,00.
Nei casi di **cessione**, **risoluzione** o **proroga** del contratto, si applica quanto esaminato per il contratto di locazione (v. n. 71115).

> **Precisazioni** 1) Il trasferimento (tramite cessione o concessione in affitto) dei diritti agli aiuti comunitari a favore degli agricoltori (c.d. **PAC**) è assimilabile al trasferimento di diritti di credito e quindi soggetto ad imposta proporzionale pari a 0,50% con un minimo di 200,00 € (art. 6 tar. parte I DPR 131/86, Ris. AE 17 ottobre 2006 n. 114/E). Nell'ipotesi di contratto di affitto di Pac e contestuale affitto di fondo rustico (Ris. AE 3 luglio 2008 n. 272/E):
– se l'imposta proporzionale dovuta per ciascuna disposizione è inferiore all'importo minimo ma l'importo complessivamente dovuto è superiore a quello minimo, è dovuta l'imposta pari alla somma degli importi per ciascun negozio;
– se l'imposta proporzionale dovuta per ciascuna disposizione ed anche l'importo complessivo sono inferiori all'importo minimo, l'imposta è dovuta in misura fissa (pari a 200,00 €) una sola volta.
2) I contratti di affitto stipulati **in favore di coltivatori diretti o imprenditori agricoli professionali** di età inferiore ai 40 anni, sono soggetti a registrazione solo in caso d'uso con applicazione dell'imposta fissa di 67,00 € (art. 15 c. 1 L. 441/98 e Circ. Min. 24 maggio 2000 n. 109/E). L'agevolazione si applica alle stesse condizioni anche quando ha ad oggetto **terreno demaniale** agricolo o a vocazione agricola dismesso ai sensi dell'art. 66 DL 1/2012 conv. in L. 27/2012.
3) L'affitto di **particelle finitime** della durata di almeno 5 anni, per incentivare l'accorpamento aziendale, è soggetto ad imposta in misura fissa (art. 10 D.Lgs. 99/2004).
4) Sono esclusi dall'applicazione dell'imposta i contratti di **soccida** e le **convenzioni** di pascolo ed alimenti di animali (Circ. Min. 10 giugno 1986 n. 37).

D. Leasing (locazione finanziaria)

71380 **FABBRICATI STRUMENTALI** Il contratto di **acquisto** - da parte di imprese di locazione finanziaria, banche e altri intermediari finanziari abilitati - di immobili da concedere in leasing, è soggetto a registrazione in termine fisso con applicazione delle imposte di registro, ipotecaria e catastale in misura ordinaria e pertanto:

- in caso di cessione da soggetto IVA: registro € 200, ipotecaria 3%, catastale 1%;
- in caso di cessione da privato: registro 9% ipocatastali € 50 + 50.

Il contratto di **concessione** in leasing (se formato per scrittura privata non autenticata) è soggetto a registrazione solo in caso d'uso (art. 1 tar. parte II nota DPR 131/86); se formato per atto pubblico o scrittura privata autenticata è soggetto a registrazione in termine fisso e si applica (come anche in caso d'uso) l'imposta in misura fissa (essendo le relative disposizioni soggette ad IVA, Circ. AE 11 marzo 2011 n. 12/E).

I soggetti obbligati devono richiedere la registrazione **utilizzando il modello** RLI secondo quanto detto per le locazioni (v. n. 71070).

Il contratto di cessione (da parte di imprese di locazione finanziaria, banche e altri intermediari o da parte di società veicolo d'appoggio di operazioni di cartolarizzazione cessionarie dei contratti di leasing, art. 7.1 c. 4 ter L. 130/99) in sede di **riscatto** o comunque di immobile rinveniente da contratto di leasing risolto per inadempimento dell'utilizzatore, è soggetto alle imposte di registro e ipocatastali in misura fissa (art. 35 c. 10 ter1 DL 223/2006 conv. in L. 248/2006); se nel contratto interviene anche l'utilizzatore e si fa riferimento al precedente contratto di leasing, questo è soggetto ad imposta di registro in misura fissa per l'enunciazione (art. 22 DPR 131/86).

La **cessione del contratto** di leasing da parte dell'utilizzatore è soggetta a registrazione in termine fisso con applicazione dell'imposta di registro del 4% anche se soggetta ad IVA. L'imposta si calcola sul corrispettivo pattuito per la cessione, aumentato della quota capitale compresa nei canoni da pagare oltre al prezzo di riscatto (art. 8 bis tar. parte I DPR 131/86).

71390 **FABBRICATI ABITATIVI** Il contratto di **acquisto** - da parte di imprese di locazione finanziaria, banche e altri intermediari finanziari abilitati - di immobili da concedere in leasing, è soggetto a registrazione in termine fisso con applicazione delle imposte di registro, ipotecaria e catastale in misura ordinaria e pertanto:

- in caso di cessione imponibile IVA: registro e ipocatastali fisse (€ 200 + 200 + 200);
- in caso di cessione da privato o esente IVA: registro 9%; ipocatastali € 50 + 50.

Tuttavia, se il fabbricato è abitativo non di lusso (come indicato al n. 60702) e l'utilizzatore ha i requisiti per l'**agevolazione prima casa** (v. n. 60720 e s.), si applicano l'imposta di registro all'1,5% (con il minimo di € 1.000) e le ipocatastali di € 50 + 50; a tal fine, l'utilizzatore deve rendere le dichiarazioni previste al n. 60740 intervenendo nell'atto di acquisto da parte dell'impresa oppure nel contratto di leasing che, in questo caso, deve essere registrato unitamente all'atto di acquisto.

Il contratto di **concessione** in leasing (se formato per scrittura privata non autenticata) è soggetto a registrazione solo in caso d'uso (art. 1 tar. parte II nota DPR 131/86); se formato per atto pubblico o scrittura privata autenticata è soggetto a registrazione in termine fisso e si applica (come anche in caso d'uso) l'imposta in misura fissa o proporzionale a seconda dell'imponibilità IVA. I soggetti obbligati devono richiedere la registrazione utilizzando il modello RLI secondo quanto detto per le locazioni (v. n. 71070).

Il contratto di cessione (sempre da parte di imprese di locazione finanziaria, banche e altri intermediari) in sede di **riscatto** o comunque di immobile rinveniente da contratto di leasing risolto per inadempimento dell'utilizzatore, è soggetto alle imposte di registro e ipocatastali in misura fissa (art. 35 c. 10 ter 1 DL 223/2006 conv. in L. 248/2006); se nel contratto interviene anche l'utilizzatore e si fa riferimento al precedente contratto di leasing, questo è soggetto ad imposta di registro in misura fissa per l'enunciazione (art. 22 DPR131/86).

La **cessione del contratto** di leasing da parte dell'utilizzatore è soggetta a registrazione in termine fisso con applicazione dell'imposta di registro proporzionale, indipendentemente dall'imponibilità IVA, con aliquota dell'1,5% se fabbricato abitativo non di lusso e l'utilizzatore ha i requisiti per l'agevolazione prima casa; del 9% negli altri casi.

E. Rent to buy

Nel contratto in oggetto è prevista l'immediata concessione in godimento (con lo stesso effetto della locazione) dell'immobile a fronte del pagamento di canoni, congiuntamente al diritto del conduttore di acquistare successivamente l'immobile entro un termine determinato e con imputazione di parte dei canoni a pagamento del prezzo di acquisto (art. 23 DL 133/2014 conv. in L. 164/2014). **71400**

Al contratto si applica la **disciplina** della locazione in merito ai canoni per il godimento dell'immobile, e quella della cessione per quelli imputati ad acconto prezzo, salvo le particolarità di seguito illustrate (Circ. AE 19 febbraio 2015 n. 4/E).

> La clausola relativa all'acquisto della proprietà è **vincolante solo per il venditore** e quindi il contratto non è riconducibile ad una immediata cessione di beni secondo quanto previsto dall'art. 2 c. 2 n. 2 DPR 633/72 (Circ. AE 19 febbraio 2015 n. 4/E).

CONCEDENTE PRIVATO (Circ. AE 19 febbraio 2015 n. 4/E) Si applica quanto previsto per la locazione e per la cessione e pertanto: **71410**

- le somme dovute per il **godimento dell'immobile** sono soggette all'imposta con aliquota del 2% (e minimo di € 67); in caso di immobile ad uso abitativo, il concedente può optare per la cedolare secca;
- le somme dovute a titolo di **acconto sul prezzo** sono soggette all'imposta del 3%;
- l'imposta complessivamente dovuta sui canoni e sull'acconto non può essere inferiore a € 200.

Il contratto deve essere trascritto; si applica l'imposta **ipotecaria** in misura fissa di € 200 (come per il preliminare).

Al momento dell'eventuale **opzione per l'acquisto** sono dovute le stesse imposte previste per le cessioni e l'imposta di registro versata sugli acconti e/o sulla caparra confirmatoria deve essere scomputata da quella così dovuta.

CONTRATTO SOGGETTO IVA (Circ. AE 19 febbraio 2015 n. 4/E) Si applica quanto previsto per la locazione e per la cessione e pertanto l'imposta si applica separatamente in misura fissa o proporzionale, da una parte, alla quota di canone da imputare al **godimento dell'immobile** e, dall'altra, alla quota di canone pagata a titolo di **acconto sul prezzo**. **71420**

Al momento dell'eventuale opzione per l'acquisto sono dovute le stesse imposte previste per le cessioni e l'imposta di registro versata sugli acconti deve essere scomputata da quella così dovuta (quando dovuta in misura proporzionale).

> In base alla previsione normativa specifica, il patto di futuro acquisto è in questo caso **vincolante per il solo proprietario** e quindi non si applica l'**equiparazione alla cessione** prevista per le locazioni con clausola di trasferimento vincolante per entrambe le parti (v. n. 40230).

F. Cessione

Con il termine cessione **si intendono** tutti gli atti a titolo oneroso che trasferiscono la proprietà di beni immobili in genere e trasferiscono o costituiscono diritti reali immobiliari di godimento, compresa la rinuncia agli stessi, nonché i provvedimenti di espropriazione per pubblica utilità e i trasferimenti coattivi. **71440**

Dopo aver esaminato le regole generali, si esaminano separatamente le cessioni **da soggetti IVA** e quelle **da privati** in quanto si applicano aliquote differenti per il principio di alternatività IVA/registro.

In ogni caso, tali atti devono essere trascritti nei pubblici registri immobiliari ed in relazione agli stessi deve essere richiesto l'aggiornamento dei dati catastali (c.d. voltura); per l'esecuzione della predetta formalità e delle volture catastali sono dovute, rispettivamente, l'imposta **ipotecaria** e quella **catastale** che sono quindi esaminate congiuntamente all'imposta di registro.

>Precisazioni 1) Rientra fra gli atti in esame la cessione del **diritto di escavazione** e di asportazione pietrame esistente nel terreno che si configura come diritto immobiliare di godimento e non come semplice locazione (CTC 10 novembre 1993 n. 3071).

2) Per le cessioni di immobili in **comproprietà tra un imprenditore e un privato** (es. il coniuge) secondo la giurisprudenza si applica la disciplina prevista per il soggetto imprenditore (Cass. 12 luglio 2004 n. 12853).
3) La costituzione del **fondo patrimoniale** con beni immobili di proprietà di entrambi i coniugi oppure con beni di uno solo dei coniugi che se ne riserva la proprietà, non ha natura traslativa ed è quindi soggetto all'imposta di registro e a quella ipotecaria in misura fissa (l'atto non è soggetto a voltura e quindi non è soggetto all'imposta catastale). Nel caso invece di costituzione con beni di un terzo o di uno solo dei coniugi che non se ne riserva la proprietà, può essere soggetto all'imposta di donazione ed alle ipocatastali in misura ordinaria (Circ. Min. 30 novembre 2000 n. 221/E).

a. Regole generali

71450 Rientrano fra le cessioni in esame i trasferimenti a titolo oneroso di fabbricati, unità immobiliari in genere, terreni edificabili e non, ivi comprese **accessioni**, **pertinenze** e **frutti** pendenti che si presumono per legge trasferiti all'acquirente dell'immobile principale salvo che (art. 24 DPR 131/86):
– nell'atto le parti dichiarino espressamente che sono esclusi dalla vendita;
– le parti provino che sono di un terzo o sono stati ceduti all'acquirente da un terzo.
Inoltre, quando le pertinenze, entro 3 anni dal trasferimento dell'immobile, risultino comunque di proprietà dell'acquirente dell'immobile al cui servizio erano destinate, si considerano trasferite congiuntamente e si applica l'aliquota prevista per l'immobile, detratta l'imposta eventualmente versata per la cessione separata (art. 24 DPR 131/86).

> **Precisazioni** **1)** Le **accessioni** sono i beni, mobili ed immobili, che vengono acquistati dal proprietario del bene principale; ad esempio la costruzione anche se fatta da altri, diventa di proprietà del proprietario del suolo. L'edificio che accede al terreno è trasferito all'acquirente del terreno anche se nell'atto di compravendita quest'ultimo sia qualificato come inedificabile (Cass. 20 novembre 1991 n. 12429).
2) I frutti **pendenti** sono i frutti naturali non ancora separati dal bene che li produce, come i prodotti agricoli, il minerale delle miniere, ecc.
3) Le **pertinenze** sono beni (mobili o immobili) destinati in modo durevole al servizio ed ornamento di un bene principale; per esempio l'autorimessa è pertinenza dell'abitazione, il terreno per gli scarichi industriali è pertinenza dell'azienda, ecc. (v. n. 60880).
4) Il **trasferimento delle aree** comporta il trasferimento delle opere e dei manufatti esistenti al momento della stipulazione dell'atto di vendita, con la conseguenza che la relativa imposta di registro sarà applicabile anche al valore del complesso dei beni acquisiti precedentemente dall'alienante per accessione (Ris. Min. 2 febbraio 1978 n. 251150).
5) All'atto deve essere allegato l'attestato di prestazione energetica (**APE**) che come allegato non è soggetto ad imposta di registro; tuttavia se ne viene richiesta volontariamente la registrazione in forma autonoma, si applica l'imposta in misura fissa (art. 11 c. 7 DPR 131/86 e Ris. AE 22 novembre 2013 n. 83/E). In caso di **violazioni** relative all'APE che emergono dai contratti registrati, l'AE trasmette i relativi dati al Ministero dello sviluppo economico competente per l'accertamento e la contestazione (Circ. AE 30 dicembre 2014 n. 31/E).

71460 **DICHIARAZIONI DA INSERIRE NELL'ATTO** Per la corretta applicazione delle imposte, una o entrambe le parti del contratto devono rendere particolari dichiarazioni o informazioni da inserire nell'atto (anche con riferimento all'applicazione di agevolazioni) come riportato nella **tabella** seguente.

Circostanza	Soggetti obbligati	Contenuto
tutti gli atti di cessione, anche se soggetti ad IVA	le parti	dichiarazione sostitutiva di atto di notorietà contenente le seguenti informazioni (art. 35 c. 22 DL 223/2006 conv. in L. 248/2006) **(1)**: a) l'indicazione analitica delle modalità di pagamento **(2)**; b) l'eventuale ricorso ad attività di mediazione; c) l'ammontare della spesa per le suddette attività e le analitiche modalità di pagamento; d) i dati identificativi del mediatore **(3)**
acquisto di abitazione da parte di persona fisica che intende richiedere la liquidazione dell'imposta sul valore catastale (v. n. 71580)	l'acquirente	esplicita richiesta di avvalersi della norma agevolativa

Circostanza	Soggetti obbligati	Contenuto
acquisto di abitazione da parte di persona fisica che intende fruire delle agevolazioni «**prima casa**»	l'acquirente	dichiarazione di essere in possesso dei requisiti necessari (v. n. 60700) **(4)**
cessioni in genere tra privati	le parti	dichiarazione di sussistenza o non sussistenza di un rapporto di coniugio o di parentela in linea retta, al fine di vincere la presunzione di liberalità (art. 26 DPR 131/86) **(5)**
cessioni e altri atti aventi ad oggetto fabbricati già esistenti, con esclusione di quelli riguardanti diritti reali di garanzia	il venditore	riferimento alle planimetrie depositate in catasto e dichiarazione di conformità allo stato di fatto dei **dati catastali** e delle **planimetrie**. La dichiarazione può essere **sostituita** da un'attestazione di conformità rilasciata da un tecnico abilitato alla presentazione degli atti di aggiornamento catastale. La dichiarazione deve essere resa **a pena di** nullità del contratto (art. 19 c. 14 DL 78/2010 conv. in L. 122/2010) **(6)**
eventuale dichiarazione circa la permanenza in capo al venditore del diritto alla detrazione del 36% per interventi di recupero realizzati sull'immobile (v. n. 1555, art. 16 bis c. 8 DPR 917/86)	le parti	in mancanza il diritto alla detrazione è trasferito all'acquirente

(1) In caso di dichiarazione **omessa**, **incompleta** o **infedele**, si applica la sanzione da 500 € a 10.000 € e i beni trasferiti vengono assoggettati ad accertamento valore (v. n. 71480).

(2) Per i **pagamenti da effettuare in momento successivo** all'atto, le parti devono indicare gli elementi utili alla identificazione, in termini di tempi, importi ed eventuali modalità di versamento (Ris. AE 20 maggio 2014 n. 53/E).

(3) Si devono indicare: dati del titolare se si tratta di persona fisica; denominazione, ragione sociale e dati dei legali rappresentanti o di chi ha agito per essa, se si tratta di società; codice fiscale o partita IVA e numero di iscrizione al ruolo agenti presso la Camera di commercio.

(4) Tale dichiarazione, tuttavia, può essere validamente integrata con **atto successivo** (Circ. AE 12 agosto 2005 n. 38/E).

(5) La disposizione ha rilevanza ai fini dell'imposta sulle successioni e le donazioni (v. n. 73000).

(6) Il **notaio**, prima della stipula dell'atto, deve controllare che gli **intestatari catastali** siano identici a quelli che risultano dai registri immobiliari.

REGISTRAZIONE, TRASCRIZIONE, VOLTURA (art. 3 D.Lgs. 463/97) Gli atti di cessione di immobili (o di diritti reali sugli stessi) sono soggetti a registrazione in termine fisso. **71470**
Il notaio che ha rogato l'atto o autenticato le sottoscrizioni, **entro** 30 giorni dalla formazione dell'atto, deve richiederne la registrazione in via telematica utilizzando il Modello unico informatico con il quale contemporaneamente, ne richiede la trascrizione (nei registri immobiliari) e la voltura (catastale).
La trascrizione deve essere richiesta all'AE, Ufficio Provinciale territorio - Servizi di Pubblicità Immobiliare, nel cui ambito è sito l'immobile e la voltura all'Ufficio provinciale territorio - Servizi catastali del luogo in cui ha sede l'Ufficio presso il quale è stato registrato l'atto o della Provincia in cui si trovano i beni su cui si esercitano i diritti trasferiti (art. 3 DPR 650/72).

> **Precisazioni** 1) Il notaio liquida e versa le **imposte ipotecaria e catastale** con le stesse modalità previste per l'imposta di registro (art. 13 D.Lgs. 347/90). A tal fine deve istituire un conto corrente dedicato dove depositare le somme a tal fine ricevute dal compratore. Inoltre, il notaio (o altro pubblico ufficiale) quando interviene per atti soggetti a pubblicità immobiliare deve versare su apposito conto corrente dedicato tutte le **somme ricevute in relazione agli stessi**, fra cui quelle per il versamento dei tributi per cui è responsabile d'imposta (art. 1 c. 63 L. 147/2013).
2) In caso di trascrizione di **provvedimento giudiziario** o provvedimento cui ha partecipato il cancelliere, questo deve richiederla entro 120 giorni dalla data dell'atto o del provvedimento o della sua pubblicazione se prevista (art. 6 D.Lgs. 347/90).

CALCOLO DELL'IMPOSTA (art. 10 D.Lgs. 23/2011 e Circ. AE 21 febbraio 2014 n. 2/E) In deroga alle regole generali, l'imposta dovuta per la registrazione (imposta principale) degli atti aventi ad oggetto il trasferimento di immobili, quando soggetti ad imposta proporzionale ordinaria (del 9 o del 15%), **non può essere inferiore** a 1.000 €; questo rappresenta l'importo minimo **71471**

dovuto per la registrazione ma quello effettivamente da versare potrebbe comunque essere inferiore a tale soglia, ad esempio per effetto del credito d'imposta per l'acquisto della prima casa e per la detrazione dell'imposta proporzionale versata sulla caparra in sede di registrazione del contratto preliminare.
L'imposta minima si applica una sola volta anche nel caso in cui la cessione abbia ad oggetto **più immobili** ed anche se soggetti ad aliquote diverse. Se però le cessioni sono soggette una all'imposta fissa di € 1.000 ed una a quella di € 200, queste si sommano.

ESEMPIO
Atto in cui un unico venditore trasferisce al medesimo acquirente un immobile abitativo (per il quale ricorrono i requisiti prima casa) e una pertinenza per la quale non ricorrono le condizioni per l'agevolazione. L'imposta proporzionale del 2% dovuta per l'abitazione è pari ad € 600; quella del 9% per la pertinenza è pari ad € 200. L'imposta di registro complessivamente dovuta sull'atto è pari ad € 1.000. Le imposte ipotecaria e catastale sono dovute nella misura complessiva di € 100. Non è dovuta l'imposta di bollo né le tasse ipotecarie e i tributi speciali catastali.

71472 In caso di **atto con più disposizioni**, si applica quanto detto al n. 70590.
Quando è dovuta l'imposta proporzionale (anche nell'importo minimo), tutti gli atti e le formalità direttamente conseguenti posti in essere per effettuare gli adempimenti presso il catasto ed i registri immobiliari sono esenti dall'**imposta di bollo**, dai **tributi speciali catastali** e dalle **tasse ipotecarie** e sono soggetti a ciascuna delle **imposte ipotecaria e catastale** nella misura fissa di 50 € ciascuna.
Nel caso di atto che contiene diverse disposizioni di cui alcune aventi ad oggetto trasferimenti immobiliari con imposta proporzionale e altre aventi ad oggetto trasferimenti soggetti ad imposta fissa di € 200, queste si sommano.

ESEMPIO
1) Atto in cui unico venditore trasferisce 3 diversi immobili a 3 acquirenti diversi: l'imposta di registro dovuta è determinata dalla somma di quella calcolata sulle singole cessioni anche se queste sono singolarmente inferiori al minimo; l'imposta complessivamente dovuta non può essere inferiore a € 1.000. Le ipocatastali sono dovute in misura di € 150 ciascuna.
2) Atto contenente 3 disposizioni: a) un trasferimento immobiliare nei confronti di Tizio, per il quale trova applicazione l'imposta in misura proporzionale, pari ad € 900; b) un trasferimento di immobile strumentale, soggetto ad IVA, nei confronti di Caio per il quale trova applicazione l'imposta in misura fissa pari ad € 200; c) una cessione di quota sociale nei confronti di Sempronio, pari ad € 200. L'imposta di registro complessivamente dovuta è pari ad € 1.400 (limite minimo di € 1.000 ed € 400 per imposte fisse di registro). Le imposte ipocatastali sono pari complessivamente ad € 100 sul trasferimento immobiliare a) mentre per il trasferimento immobiliare imponibile ai fini dell'imposta sul valore aggiunto, sono dovute in misura proporzionale del 3% e dell'1%. È dovuta l'imposta di bollo nella misura di € 230, oltre alle tasse ipotecarie e ai tributi speciali catastali, salvo che per le eventuali formalità relative unicamente all'immobile soggetto all'imposta di registro proporzionale.

71473 **CONTRATTO PRELIMINARE** (art. 10 tar. parte I DPR 131/86 e art. 4 tar. D.Lgs. 347/90)
È diffusa nella prassi la stipula, prima del contratto di compravendita, di un contratto preliminare con cui le parti si obbligano alla stipula del successivo contratto definitivo di cui indicano i contenuti e gli aspetti essenziali.
Il preliminare deve rivestire forma scritta e indipendentemente da quella in concreto adottata (scrittura privata, scrittura privata autenticata o atto pubblico) è **soggetto a registrazione** in termine fisso (v. n. 70220).
L'imposta di registro si applica generalmente in misura fissa; tuttavia, se nel preliminare è previsto il **pagamento di somme** a titolo di caparra (anche confirmatoria) o acconto, è dovuta anche l'imposta proporzionale indicata nella **tabella** seguente.
In caso di **trascrizione** (del preliminare stipulato per atto pubblico o scrittura privata autenticata) è dovuta anche l'imposta ipotecaria in misura fissa.

Il preliminare redatto per scrittura privata non autenticata avente ad oggetto **fabbricati non ultimati** è soggetto a registrazione solo in caso d'uso e non può essere trascritto.

Contenuto del contratto	Trattamento dell'operazione a fini IVA	Registro	Ipotecaria
non prevede pagamento di somme	indifferente	200,00	200,00
prevede il versamento di caparra confirmatoria (la natura risarcitoria è espressamente prevista dalle parti) **(1)**	indifferente	200,00 + 0,5% su caparra	200,00
prevede una caparra penitenziale (o clausola penale)	indifferente	200,00 + 3% sul valore della caparra **(2)**	200,00
prevede il versamento di un acconto o di una somma di natura non specificata **(1)** **(3)**	imponibile	200,00	200,00
	non soggetta/esente	200,00 + 3% su acconto o somma **(4)**	200,00

(1) Il pagamento anticipato di una somma di denaro alla conclusione del preliminare costituisce caparra confirmatoria se risulta che le parti hanno inteso attribuire al versamento non solo la funzione di anticipazione della prestazione ma anche quella di rafforzamento e garanzia dell'esecuzione del contratto, costituendo la caparra funzione di liquidazione convenzionale del danno da inadempimento (Cass. 23 dicembre 2005 n. 28697 e Cass. 21 febbraio 2007 n. 4047). Se **l'intenzione delle parti** è dubbia, le somme versate anteriormente al definitivo si considerano corrisposte a titolo di acconto (Cass. 22 agosto 1977 n. 3833). Pertanto, se il preliminare prevede il versamento di una somma a titolo sia di caparra confirmatoria che di acconto, la somma assume la natura di acconto di prezzo. Nel caso di contratto soggetto ad IVA, la caparra confirmatoria sconta l'imposta di registro dello 0,5% anche se al momento della conclusione del definitivo la medesima somma diviene parte del corrispettivo soggetto ad IVA (Circ. AE 29 maggio 2013 n. 18/E par. 3.1).

(2) L'imposta è dovuta solo **al momento** in cui si verifica l'inadempimento che ne comporta il pagamento (si considera come obbligazione soggetta a condizione sospensiva, v. n. 70545).

(3) Il trattamento **a fini IVA** dell'acconto deve essere valutato applicando le regole previste per le cessioni immobiliari con riferimento al momento del pagamento (v. n. 60540).

(4) Si applica anche su acconti o somme di cui è previsto il **pagamento in un momento successivo** alla stipula del preliminare ma prima del definitivo (Circ. AE 29 maggio 2013 n. 18/E par. 3.1).

L'imposta proporzionale versata per la caparra confirmatoria è imputata all'imposta principale 71474
dovuta per la **registrazione del** contratto **definitivo** e nel caso sia superiore a quest'ultima, le parti (del contratto) possono chiedere il rimborso dell'eccedenza (con istanza entro 3 anni dalla registrazione del definitivo, Circ. AE 29 maggio 2013 n. 18/E par. 3.1).
L'imposta non può invece essere dedotta dall'**IVA** dovuta **sul corrispettivo** all'atto del definitivo.
In caso di **mancata stipula** del definitivo, le parti possono chiedere il rimborso (Cass. 15 giugno 2007 n. 14028).

> Nel caso di **acconto con IVA per cessione poi divenuta esente** e dunque soggetta ad imposta di registro proporzionale, questa si determina sulla base imponibile considerata al netto dell'acconto già assoggettato ad IVA (Circ. AE 29 maggio 2013 n. 18/E par. 3.1).

Dal preliminare vero e proprio si distingue il cosiddetto **preliminare aperto**, concluso tramite 71475
proposta di una parte e successiva accettazione dell'altra; tale forma è diffusa nella prassi commerciale nel caso di intervento di un mediatore immobiliare che predispone un modulo di proposta di acquisto sottoscritto dal futuro compratore che poi sottopone all'accettazione del venditore. In questo caso, se la conclusione è riconducibile all'intervento del mediatore, anche il preliminare aperto deve essere registrato in termine fisso ed il mediatore è responsabile in solido con le parti contraenti per la richiesta ed il pagamento della relativa imposta (Ris. AE 25 febbraio 2008 n. 63/E).

> **Non sono soggetti a registrazione**: l'incarico di vendita conferito al mediatore; la proposta di acquisto; l'accettazione della proposta che non sia di per sé sufficiente a determinare la conclusione del preliminare (Circ. AE 29 maggio 2013 n. 18/E par. 3.1).

CRITERI DI ACCERTAMENTO (art. 52 c. 2 DPR 131/86 e art. 12 D.Lgs. 347/90) L'AE può 71480
procedere alla rettifica del valore dell'immobile se ritiene che il valore dichiarato sia inferiore a quello venale in comune commercio. Tuttavia, nel caso delle **cessioni a privati** illustrate al n. 71580, il valore non è sottoposto a rettifica se lo stesso è pari o superiore a quello minimo catastale e nell'atto è dichiarato il corrispettivo effettivo.
L'accertamento ha effetto sia sull'imposta di registro che sulle ipocatastali. Per **modalità e termini**, v. n. 70970.

La preclusione alla rettifica del valore dichiarato in misura non inferiore a quello catastale trova applicazione anche per gli atti che non costituiscono cessione di immobili come nel caso degli atti aventi natura dichiarativa quale la **divisione senza conguaglio** (Circ. AE 6 febbraio 2007 n. 6/E).

b. Da soggetti IVA

71505 Le cessioni da soggetti passivi IVA (v. n. 71150) sono soggette ad imposta di registro in misura proporzionale o fissa a seconda che le stesse siano o meno imponibili ai fini IVA, come riportato nei paragrafi seguenti.
Salvo casi particolari, l'applicazione dell'IVA comporta l'applicazione delle imposte di registro, ipotecaria e catastale in **misura fissa** di € 200 ciascuna.
In caso di **permuta** in cui entrambe le cessioni sono soggette ad IVA, l'imposta catastale si applica due volte (una per ogni cessione); per il resto si applica quanto detto al n. 70462.
La cessione di diritti reali atipici, come quello di **cubatura**, è soggetta ad IVA con aliquota ordinaria; l'atto deve essere trascritto e sconta le imposte di registro e ipotecaria in misura fissa (€ 200 + 200) (in proposito, AIDC norma di comportamento 10/2013 n. 189).

71510 **TERRENI** (art. 40 e art. 1 tar. parte I DPR 131/86) Le cessioni di terreni da soggetti passivi IVA sono soggette ad imposta di registro in misura proporzionale o fissa a seconda che le stesse siano o meno imponibili ai fini IVA, come riportato nella **tabella** seguente.

Tipo di terreno (1)	Trattamento IVA	Registro (2) (3)	Ipotecaria	Catastale
edificabile	imponibile (22%)	200	200	200
agricolo	fuori campo	v. n. 71562		
non edificabile e non agricolo **(4)**	fuori campo	9%	50	50

(1) Per la **definizione** v. n. 60980.
(2) L'imposta proporzionale dovuta non può essere inferiore al **minimo** di 1.000 €.
(3) Per l'applicazione delle imposte fisse in caso di cessione ad ente del **terzo settore**, v. n. 71572.
(4) Vi rientrano tutti i terreni diversi dall'agricolo e dall'edificabile, fra cui le **zone di rispetto** e quelle destinate **a verde pubblico**.

71520 **FABBRICATI** (art. 40 e art. 1 tar. parte I DPR 131/86; art. 10 e art. 1 tar. D.Lgs. 347/90) Alle cessioni di fabbricati da parte di soggetti passivi IVA si applica l'imposta di registro con regole differenti a seconda che si tratti di fabbricato strumentale per natura o ad uso abitativo e, in quest'ultimo caso, a seconda che la cessione sia imponibile o esente ai fini IVA, come riportato nella **tabella** seguente.
Per gli atti relativi al **leasing** immobiliare (acquisto da parte dell'intermediario dell'immobile da concedere in leasing, riscatto e cessione del contratto) v. n. 71380 e s.
Quando l'imposta di registro (e/o le ipocatastali) sono dovute in misura proporzionale, la **base imponibile** è determinata secondo quanto detto per le cessioni da privati ed in particolare per le cessioni a privati di fabbricati ad uso abitativo (v. n. 71570).

>Precisazioni 1) L'**autoconsumo** e l'**assegnazione ai soci** di un immobile di qualunque tipo per il quale non è stata detratta l'IVA all'atto del relativo acquisto, sono soggetti a registro e ipocatastali in misura proporzionale in quanto fuori campo IVA (Ris. AE 17 giugno 2002 n. 194/E).
2) I **contratti di appalto** per la costruzione di immobili o per l'effettuazione di interventi di recupero autorizzati su immobili, nella misura in cui sono assoggettati ad IVA, scontano l'imposta di registro in misura **fissa**.
3) Per i trasferimenti, anche **agevolati**, nell'ambito di **cessioni d'azienda**, v. n. 89380.

Tipo di fabbricato (1) (2) (3)	Trattamento IVA	Registro	Ipotecaria	Catastale
Non ultimato	imponibile	200	200	200
Strumentale **(4)**	imponibile o esente	200	3%	1%
Ad uso abitativo e relative pertinenze **(5)**	imponibile	200	200	200
	esente	come cessioni da privati (v. n. 71570)		
Sito all'estero	fuori campo IVA	9%	–	–

(1) Per le **definizioni**, v. n. 60525.
(2) Per l'applicazione delle imposte fisse in caso di cessione ad **ente del terzo settore**, v. n. 71572.
(3) In caso di trasferimento a favore di imprese (della proprietà o di diritti reali anche di garanzia) di beni acquistati **da società veicolo d'appoggio in relazione a operazione di cartolarizzazione**, le imposte di registro e ipocatastali si applicano in misura fissa a condizione che l'acquirente dichiari nell'atto di volerli trasferire entro 5 anni dall'acquisto; in caso di mancato realizzo della condizione, le imposte sono dovute in misura ordinaria con gli interessi di mora e si applica la sanzione del 30% dell'imposta (art. 7.1 c. 4 quater L. 130/99).
(4) In caso di cessione di cui sia parte un **fondo immobiliare chiuso**, le imposte ipocatastali sono ridotte alla metà (art. 35 c. 10 ter DL 223/2006 e Circ. AE 21 febbraio 2014 n. 2/E).
(5) Sono assimilate alle cessioni le **assegnazioni in godimento** di case ai soci di cooperative edilizie.

c. Da privati

Le cessioni di immobili poste in essere da privati (e dunque fuori campo IVA) scontano le imposte di registro in misura proporzionale e quelle ipocatastali in misura fissa. **71560**
Di seguito si esaminano le aliquote applicabili ed il calcolo della base imponibile, rispettivamente, per le cessioni della proprietà e dell'usufrutto e altri diritti minori.

Alcune particolari agevolazioni riguardano le cessioni di **immobili pubblici** (terreni e fabbricati) effettuate nell'ambito di procedure di valorizzazione, privatizzazione o dismissione del patrimonio pubblico (v. art. 10 c. 3 D.Lgs. 23/2011).

1. Della proprietà

TERRENI (art. 1 tar. parte I DPR 131/86 e art. 10 D.Lgs. 23/2011) Le cessioni di terreni da privati sono soggette ad imposta proporzionale di registro con applicazione delle misure riportate nella **tabella** seguente. **71562**

Tipo di terreno (1) (2)		Registro (3)	Ipotecaria	Catastale
edificabile **(4)**		9%	50	50
agricolo (e relative pertinenze)	ceduto a coltivatore diretto o imprenditore agricolo professionale (IAP) o suo coniuge o parente in linea retta **(5) (6)**	200	200	1%
	ceduto a soggetti diversi dai precedenti	15%	50	50
	oggetto di piano di ricomposizione e di riordino fondiario promossi da regioni, province, comuni e comunità montane **(7)**	esente	esente	esente
agricolo montano	ceduto a scopo di arrotondamento o di accorpamento di proprietà diretto-coltivatrici, singole o associate (v. n. 71568)	200	200	esente
non edificabile e agricolo **(8)**		9%	50	50

(1) Per la **definizione** v. n. 60980.
(2) Per l'applicazione delle imposte fisse in caso di cessione ad ente del **terzo settore**, v. n. 71572.
(3) L'imposta proporzionale dovuta non può essere inferiore al **minimo** di 1.000 €.
(4) Gli atti traslativi o costitutivi di diritti reali immobiliari preordinati alla **trasformazione del territorio** e posti in essere mediante **accordi o convenzioni tra privati ed enti pubblici**, gli atti attuativi in esecuzione dei primi, nonché gli **atti d'obbligo** e le convenzioni previste dalla L. 10/77, sono soggetti ad imposta di registro in misura fissa ed esenti da ipocatastali (art. 20 L. 10/77 e art. 1 c. 88 L. 205/2017), a condizione che abbiano ad oggetto interventi riconducibili a quelli previsti dalla L. 10/77 (vi rientra ad esempio la cessione di aree per la realizzazione di opere di urbanizzazione connesse all'intervento edilizio nonché gli atti di redistribuzione di aree tra colottizzanti, Ris. AE 24 ottobre 2018 n. 80/E e Risp. AE 14 novembre 2018 n. 67). **Presupposto** dell'agevolazione è la sussistenza di un accordo o convenzione fra le parti volti a disciplinare le modalità dell'intervento edificatorio (Risp. AE 19 settembre 2018 n. 11).
La cessione di aree da destinare ad edilizia economica e popolare (**PEEP**) (e in generale di quelle previste al titolo III L. 865/71) e gli atti di concessione del **diritto di superficie** sulle stesse nonché la cessione gratuita **al comune** di aree sulle quali sono state realizzate opere di urbanizzazione, sono soggette ad imposta di registro in misura fissa e sono esenti dalle ipocatastali (art. 32 DPR 601/73 e art. 10 c. 4 D.Lgs. 23/2011 modificato dall'art. 20 c. 4 ter DL 133/2014, Ris. AE 16 febbraio 2015 n. 17/E); l'agevolazione si applica indipendentemente dal titolo di acquisizione da parte degli enti locali (art. 1 c. 58 L. 208/2015).

(5) Se ricorrono le **condizioni** di cui al n. 71566.
(6) L'agevolazione si applica anche alla cessione del terreno e delle relative pertinenze a favore di proprietari di **masi chiusi** individuati con L. provincia Bolzano, da loro abitualmente coltivati, indipendentemente dalla qualifica di IAP e dall'iscrizione alla specifica gestione previdenziale (art. 2 c. 4 bis DL 194/2009 e Ris. AE 1° febbraio 2017 n. 15/E).
(7) L'esenzione si applica a tutti gli **atti e provvedimenti** emanati in esecuzione dei predetti piani (art. 1 c. 57 L. 208/2015).
(8) Vi rientrano tutti i terreni diversi dall'agricolo e dall'edificabile, fra cui le **zone di rispetto** e quelle destinate **a verde pubblico**.

L'imposta proporzionale si applica alla **base imponibile** rappresentata, salvo le eccezioni di seguito illustrate, dal valore venale in comune commercio del bene. Di fatto, in sede di registrazione, le imposte sono calcolate sul maggiore fra il prezzo ed il valore dichiarato dalle parti nell'atto ma, in sede di verifica, l'AE può determinare una maggiore base imponibile accertando un maggior valore venale.
In caso di **terreno all'estero**, si applica la sola imposta di registro con aliquota del 9%.

71563 **Valore venale** (artt. 43 e 51 c. 2 e 3 DPR 131/86) Per valore venale in comune commercio **si intende** il valore normale di scambio derivante dal mercato, il quale pertanto è destinato ad essere normalmente rappresentato dal prezzo di vendita e non può essere individuato automaticamente nel valore dichiarato dai contraenti (Cass. 9 settembre 2004 n. 18150).
L'AE può individuare il valore venale in base:
- ai trasferimenti a qualsiasi titolo e alle divisioni e perizie giudiziarie, anteriori di non oltre tre anni alla data dell'atto o a quella in cui se ne produce l'effetto traslativo o costitutivo, che abbiano avuto per oggetto gli stessi immobili o altri di analoghe caratteristiche e condizioni;
- al reddito netto di cui gli immobili sono suscettibili, capitalizzato al tasso mediamente applicato alla detta data e nella stessa località per gli investimenti immobiliari;
- ad ogni altro elemento di valutazione, anche sulla base di indicazioni eventualmente fornite dai comuni.

L'AE deve tener conto dei **limiti gravanti sul bene**, quali usufrutto, ed altre limitazioni di godimento o canoni, censi, ecc. mentre sono esclusi gli oneri gravanti sul patrimonio delle parti contraenti, come ad esempio l'ipoteca (Cass. 28 marzo 1984 n. 2046) e può anche compiere una stima del bene.

> La circostanza che il prezzo delle vendite riguardanti **beni immobili di enti pubblici** di interesse generale è direttamente fissato dalla legge, in misura corrispondente ai costi per l'acquisizione e di miglioramento dei beni stessi, esclude l'accertamento di maggior valore, non essendo configurabile un prezzo di mercato diverso rispetto al prezzo suddetto (Cass. 12 marzo 1994 n. 2424).

71564 **Eccezioni** (art. 44 DPR 131/86) Per i trasferimenti:
- effettuati in sede di **espropriazione forzata o all'asta pubblica**, l'aliquota si applica al prezzo di aggiudicazione (vedi però quanto detto al n. 71580);
- effettuati in sede di espropriazione **per pubblica utilità**, quando il trasferimento avviene in favore di soggetti diversi da enti pubblici territoriali (Comuni, Province o Regioni) o dallo Stato, l'aliquota si applica all'ammontare definitivo dell'indennizzo salvo il caso di trasferimento volontario all'espropriante in cui si applica al prezzo di vendita;
- che hanno ad oggetto **terreni rivalutati**, il valore minimo di riferimento è quello di perizia, su cui va applicata l'aliquota anche se nell'atto è indicato un corrispettivo inferiore (art. 7 L. 448/2001).

> Tuttavia, se sono sopravvenuti fatti che rendono **non più attuale il valore di perizia** (ad esempio perché il terreno ha subito un deprezzamento per cause naturali o per effetto dell'adozione di nuovi piani urbanistici), il contribuente può discostarsene avendo cura di evidenziare tale circostanza nell'atto di vendita (Circ. AE 1° febbraio 2002 n. 15/E); in questo caso, però, il valore di perizia perde rilevanza per il calcolo dell'eventuale plusvalenza ai fini delle imposte dirette. In alternativa, il proprietario potrebbe far redigere altra perizia prima della cessione ed entro i termini di legge, rideterminando il valore alla data del 1° gennaio 2021 (v. n. 13130).

71566 **Cessione a coltivatori diretti e IAP** (art. 10 D.Lgs. 23/2011 e art. 2 c. 4 bis DL 194/2009) La cessione di terreno agricolo (e relative pertinenze) è agevolata con applicazione delle imposte di registro e ipotecaria fissa e dell'imposta catastale all'1%, quando effettuata **a favore di** (cosiddetta piccola proprietà contadina):
- coltivatore diretto o imprenditore agricolo professionale (IAP) iscritto nella relativa gestione previdenziale-assistenziale;

– persona fisica di età inferiore a 40 anni che dichiari nell'atto di voler conseguire l'iscrizione previdenziale di cui al punto precedente entro 24 mesi;
– coniuge o parente in linea retta dei soggetti di cui sopra purché già proprietari di terreni agricoli e conviventi;
– società di coltivazione diretta (art. 2 D.Lgs. 99/2004);
– persona fisica o società aspirante IAP che abbia presentato istanza di riconoscimento della qualifica alla regione che rilascia apposita certificazione e sia iscritto nella relativa gestione previdenziale-assistenziale (art. 1 D.Lgs. 99/2004).
L'agevolazione si applica alla cessione avente **ad oggetto** terreni qualificati agricoli in base agli strumenti urbanistici vigenti e alle relative **pertinenze**; vi può rientrare anche il fabbricato rurale, destinato ad abitazione delle persone addette alla coltivazione del terreno nonché dei loro familiari o quello strumentale destinato al ricovero degli animali, dei prodotti, delle scorte, ecc. sempre che costituisca pertinenza del terreno agricolo e che risulti situato sul medesimo terreno (Ris. AE 6 marzo 2015 n. 26/E).
Si ritiene applicabile all'acquisto della proprietà piena o in quota, dell'uso, dell'usufrutto, del diritto di uso o di superficie; si dovrebbe altresì applicare alla costituzione dell'enfiteusi ed all'affrancazione (in questo senso, Notariato, Studio 1011-2013/T).

>**Precisazioni** 1) L'agevolazione comporta vincoli alla **disponibilità** del terreno e la riduzione alla metà degli **onorari notarili**.
2) Non è più necessaria la **certificazione dell'ispettorato provinciale agrario** competente attestante l'abitualità della lavorazione della terra da parte del beneficiario e l'idoneità del fondo alla formazione e l'arrotondamento della piccola proprietà contadina (Ris. AE 17 maggio 2010 n. 36/E).
3) L'agevolazione si applica anche alle operazioni fondiarie operate attraverso l'**ISMEA** (istituto di servizi per il mercato agricolo alimentare).
4) L'atto è esente da imposta di **bollo** (art. 21 DPR 642/72).
5) Gli atti di cessione **formati nel 2021** sono esenti dall'imposta di registro fissa quando di valore inferiore o uguale a € 5.000 (si ritiene si faccia riferimento al valore venale in comune commercio, art. 1 c. 41 L. 178/2020).

L'acquirente **decade** dall'agevolazione (con conseguente liquidazione delle imposte in misura ordinaria) se, entro 5 anni dall'acquisto, cede volontariamente il terreno acquistato, cessa di coltivarlo o condurlo direttamente. **71567**
La società agricola che **concede in affitto** l'unico terreno di proprietà acquistato da meno di 5 anni decade dall'agevolazione; non decade se ha altri terreni e i ricavi dell'affitto sono marginali rispetto a quelli dell'attività agricola e non superano il 10% dei ricavi complessivi (Risp. AE 30 aprile 2021 n. 307).

Cessione di terreni montani (art. 9 c. 2 DPR 601/73) Sono soggetti ad imposta di registro e ipotecaria in misura fissa, con esenzione da imposta catastale, i trasferimenti a **qualsiasi titolo** dei terreni montani e cioè: **71568**
– **ubicati** ad altitudine non inferiore a 700 metri sul livello del mare e/o rappresentati da particelle catastali che si trovano soltanto in parte alla predetta altitudine; o
– ricompresi nell'**elenco dei territori montani** compilato dalla commissione censuaria centrale; o
– collocati nei **comprensori di bonifica** montana.
L'agevolazione si applica in caso di trasferimento **a favore di**:
– coltivatori diretti e imprenditori agricoli professionali (IAP), iscritti nella relativa gestione previdenziale e assistenziale;
– soggetti che, pur non essendo iscritti nella gestione previdenziale e assistenziale di cui al punto precedente, con apposita dichiarazione contenuta nell'atto di acquisto, si impegnano a coltivare o a condurre direttamente il fondo per un periodo di 5 anni (decadono dalle agevolazioni se, prima che siano trascorsi 5 anni dall'acquisto, alienano volontariamente i terreni ovvero cessano di coltivarli o di condurli direttamente);
– cooperative agricole che conducono direttamente i terreni.

La previsione, in vigore dal 1° gennaio 2023, sostituisce quella già prevista per l'**arrotondamento o l'accorpamento di proprietà** diretto-coltivatrici, singole o associate.

FABBRICATI (art. 1 tar. parte I DPR 131/86 e art. 10 D.Lgs. 23/2011) Le cessioni di fabbricati da soggetti privati sono soggette ad imposta di registro proporzionale con applicazione dell'**aliquota** del 9% applicata alla **base imponibile** rappresentata, salvo le eccezioni di seguito illustrate (in particolare per gli acquisti di fabbricati abitativi e pertinenze da parte di privati), dal **valore venale** in comune commercio del bene. **71570**

Le cessioni di fabbricati ad uso abitativo e relative pertinenze per i quali ricorrono i requisiti per l'agevolazione «**prima casa**» sono soggette ad aliquota del 2% e sono esenti quando l'acquirente è un giovane con determinata situazione economica (v. n. 71590).
In sede di registrazione, salvo che per le richiamate eccezioni, l'imposta è calcolata sul maggiore fra il prezzo ed il valore dichiarato dalle parti nell'atto ma, in sede di verifica, l'AE può determinare una maggiore base imponibile accertando un maggior valore venale.
L'imposta non può essere in ogni caso inferiore al **minimo** di € 1.000.
Le imposte **ipotecaria e catastale** sono dovute nella misura fissa di € 50 ciascuna.
In caso di **fabbricato all'estero**, si applica la sola imposta di registro con aliquota del 9%.
Per gli atti relativi al **leasing** immobiliare (acquisto da parte dell'intermediario dell'immobile da concedere in leasing, riscatto e cessione del contratto) v. n. 71380 e s.
Per gli atti preordinati alla **trasformazione del territorio** posti in essere mediante accordi o convenzioni tra privati ed enti pubblici e atti connessi, v. n. 71562.

71572 Le cessioni a favore degli **enti del terzo settore**, comprese le cooperative sociali ed escluse le imprese sociali costituite in forma di società, sono soggette ad imposta di registro, ipotecaria e catastale in misura fissa a **condizione** che (art. 82 D.Lgs. 117/2017):
- i beni siano direttamente utilizzati, entro 5 anni dalla cessione, in diretta attuazione degli scopi istituzionali o dell'oggetto sociale;
- l'ente renda, contestualmente alla stipula dell'atto, apposita dichiarazione in tal senso.

La disposizione **si applica dal periodo** d'imposta successivo all'autorizzazione della Commissione europea e dal periodo d'imposta successivo a quello di operatività del Registro unico nazionale del terzo settore; in attesa, dal 1° gennaio 2018, si applica alle ONLUS, ODV (organizzazioni di volontariato) e alle APS (associazioni di promozione sociale).

> In caso di **dichiarazione mendace o di mancata utilizzazione** del bene secondo quanto previsto, si applica l'imposta in misura ordinaria (oltre interessi di mora) ed è irrogata la sanzione nella misura del 30% dell'imposta dovuta; dovrebbe risponderne solo l'ente.

71575 **Valore venale** (artt. 43 e 51 c. 2 e 3 DPR 131/86) Per valore venale in comune commercio si intende il valore normale di scambio derivante dal mercato, il quale pertanto è destinato ad essere normalmente rappresentato dal prezzo di vendita e non può essere individuato automaticamente nel valore dichiarato dai contraenti (Cass. 9 settembre 2004 n. 18150).
L'AE può individuare il valore venale in base:
- ai valori statistici individuati dall'Osservatorio del mercato immobiliare dell'AE (OMI), adattati secondo quanto previsto con Provv. AE 27 luglio 2007;
- in mancanza, secondo i criteri generali indicati al n. 71563.

71580 **Fabbricati abitativi e relative pertinenze ceduti a privati** (art. 1 c. 497 e 498 L. 266/2005 e Circ. AE 21 febbraio 2014 n. 2/E) Per le cessioni aventi ad oggetto immobili ad uso abitativo (censiti in catasto come tali) e relative pertinenze, in deroga al criterio del valore venale, la **base imponibile** può essere determinata sul **valore catastale** dell'immobile indipendentemente dal corrispettivo indicato nell'atto e senza possibilità di rettifica da parte dell'AE, a **condizione** che (c.d. regola del **prezzo-valore**):
- l'acquirente sia un privato che non agisce nell'esercizio di attività commerciale, artistica o professionale;
- lo stesso ne faccia richiesta al notaio all'atto della compravendita (non può invece essere contenuta in altro atto integrativo successivo, Ris. AE 9 giugno 2009 n. 145/E);
- le parti indichino nell'atto il corrispettivo pattuito, le modalità di pagamento, l'eventuale intervento di un mediatore e la relativa spesa (v. n. 71460).

I soggetti che si avvalgono di tale metodo non sono soggetti all'accertamento a fini **IRPEF** in base a presunzioni semplici.

Il prezzo valore si applica anche agli atti (Ris. AE 1° giugno 2007 n. 121/E):
– traslativi e costitutivi di diritti reali (usufrutto, uso, abitazione); – traslativi della nuda proprietà; – di rinuncia dei diritti di cui sopra; – di divisione con conguaglio, limitatamente alla quota parte del complessivo valore dell'immobile la cui assegnazione dà causa al pagamento del conguaglio stesso (Ris. AE 14 giugno 2007 n. 136/E); – di acquisto a seguito di procedura espropriativa o di pubblico incanto (C.Cost. 23 gennaio 2014 n. 6) **(*)**; – contratti atipici di mantenimento che prevedono, come corrispettivo al trasferimento dell'immobile, l'obbligo di offrire assistenza morale e materiale (Ris. AE 25 agosto 2017 n. 113/E)

(*) In relazione alle **aste concluse prima della citata sentenza** e per le quali ricorrono le condizioni per applicare il prezzo-valore, l'acquirente può presentare istanza di rimborso delle maggiori imposte di registro e ipocatastali liquidate e versate sul prezzo di aggiudicazione piuttosto che sul valore catastale, formulando nell'istanza apposita dichiarazione di opzione per detto criterio. L'istanza di rimborso può essere presentata entro il termine di 3 anni dalla data di pagamento dell'imposta (Ris. AE 3 novembre 2014 n. 95/E).

La disposizione si applica all'acquisto di **pertinenze** dell'abitazione, senza limite quantitativo ed anche se effettuato con atto separato, purché in ogni caso: **71581**
– l'immobile pertinenziale sia dotato di propria rendita catastale (Circ. AE 13 febbraio 2006 n. 6/E punto 11.1 e Ris. AE 11 aprile 2008 n. 149/E);
– sia individuabile il rapporto pertinenziale rispetto all'immobile abitativo;
– la pertinenzialità risulti dall'atto di acquisto (in particolare, nel caso di acquisto con atto separato).

Ricorrendo le condizioni ora richiamate, può rientrare fra le pertinenze anche un **terreno agricolo** (Circ. AE 29 maggio 2013 n. 18/E par. 2.11).

In caso di **occultamento** anche parziale del corrispettivo pattuito, l'imposta di registro è dovuta per l'intero ammontare dello stesso e si applica la sanzione dal 50% al 100% della differenza tra l'imposta dovuta e quella già applicata sul valore dichiarato, detratto l'importo dell'apposita sanzione eventualmente irrogata in caso di accertamento di insufficiente dichiarazione di valore (v. n. 87072). **71582**
Se le parti **omettono di indicare nell'atto** l'intervento del mediatore e le modalità di pagamento, decade l'utilizzo del valore catastale e l'AE può procedere alla rettifica sulla base del valore venale (v. n. 71575).
Nel caso in cui nell'atto sia indicato **un valore catastale inferiore** a quello derivante dalla corretta applicazione dei coefficienti di legge, rimane valido l'utilizzo di tale criterio ma l'AE può liquidare la maggiore imposta derivante dall'applicazione del corretto valore catastale (senza tuttavia poter esperire l'accertamento sul valore venale, Ris. AE 9 luglio 2009 176/E).

Valore catastale (art. 52 c. 4 e 5 bis DPR 131/86 e art. 3 c. 48-51 L. 662/96) Il valore catastale **si determina** moltiplicando la rendita catastale attribuita al singolo immobile, rivalutata del 5% per uno dei coefficienti riportati nella **tabella** seguente. **71585**
Tale criterio di valutazione è rilevante anche ai fini delle imposte di successione e donazione e per questo motivo si riportano i coefficienti anche per terreni, ecc.

Immobili (1)	Valore base	Coefficiente
a) fabbricati censiti in catasto (art. 1 bis c. 7 DL 168/2004)	rendita catastale rivalutata del 5%	**1)** 110 per le abitazioni (cat. A, escluso A/10) aventi le caratteristiche «prima casa»; **2)** 120 per i fabbricati dei gruppi A diversi dalla prima casa; **3)** 120 per i fabbricati del gruppo C, escluso C/1; **4)** 110 per i fabbricati del gruppo C, escluso C/1, se pertinenze di «prima casa» **(2)**; **5)** 140 per i fabbricati dei gruppi B; **6)** 60 per i fabbricati della categoria A/10 e del gruppo D; **7)** 40,8 per i fabbricati della categoria C/1 e del gruppo E
b) fabbricati non censiti in catasto o **già censiti ma privi di rendita (3)**	rendita proposta	medesimi coefficienti di cui sopra a seconda della categoria catastale
c) terreni non edificabili (4)	reddito dominicale, rivalutato del 25%	90

(1) Per i **fabbricati di interesse storico** e artistico la base per il calcolo è la rendita ordinaria (Circ. Min. 12 febbraio 1999 n. 34/E e Cass. 15 febbraio 2011 n. 3771).
(2) Si ritiene applicabile il moltiplicatore inferiore in quanto applicabile alle pertinenze il regime previsto per il bene principale (art. 23 c. 3 DPR 131/86).
(3) A **condizione** che venga dichiarato nell'atto di volersi avvalere del criterio di valutazione automatica (art. 12 c. 2 bis DL 70/88); si applica anche nei casi di rendita proposta con la procedura **Docfa** (Circ. Min. 9 aprile 1999 n. 83/E/T).
(4) Il reddito dominicale comprende anche il valore dei **fabbricati rurali** sovrastanti, purché tali costruzioni abbiano i requisiti di ruralità illustrati al n. 7133. In assenza dei requisiti si considera la specifica rendita attribuita ai fabbricati (Circ. Min. 20 marzo 2000 n. 50/E e Cass. 25 novembre 2005 n. 24960).

71590 **Fabbricati abitativi «prima casa» e relative pertinenze** Le cessioni aventi ad oggetto fabbricati ad uso abitativo, ad eccezione di quelle di **categoria catastale** A/1, A/8 e A/9, e relative pertinenze possono godere, a determinate condizioni, delle agevolazioni indicate in **tabella**.

Tipologia	Benefici	Condizioni	Decadenza	Fonti
Prima casa (1) (2) (3)	Registro: 2% Ipocatastali: fisse (50+50)	Quelle di cui al n. 60705	Si verifica in caso di vendita del fabbricato entro 5 anni dall'acquisto. Tuttavia, in caso di riacquisto di altra abitazione entro un anno non si ha decadenza e può spettare il credito d'imposta esaminato al n. 60770	art. 1 tar. parte I DPR 131/86
Prima casa **under 36 (3) (4) (5)**	Registro: esente Ipocatastali: esente (Se imponibile IVA: credito d'imposta, v. n. 60730)	– Quelle di cui al n. 60705; – Stipula del contratto di acquisto dal 26 maggio 2021 al 31 dicembre 2023; – Acquirente di età fino a 36 anni (non compiuti entro la fine dell'anno in cui stipula l'acquisto); – Acquirente con indicatore della situazione economica equivalente (ISEE), in corso di validità alla data dell'acquisto, non superiore a € 40.000 annui		art. 1 tar. parte I DPR 131/86 art. 64 DL 73/2021 conv. in L. 106/2021

(1) L'agevolazione, ricorrendone i presupposti, **si applica** anche:
– a tutti gli atti traslativi della proprietà o costitutivi di diritti reali quali **permuta**, **divisione con conguaglio**, costituzione di diritti di nuda proprietà, usufrutto, uso e abitazione, costituzione di rendita perpetua o vitalizia mediante alienazione di immobile;
– alla sentenza che dichiara l'avvenuto acquisto per **usucapione**; la verifica della sussistenza dei presupposti va effettuata con riferimento alla data della sentenza stessa (Cass. 15 gennaio 2010 n. 581 e Ris. AE 20 marzo 2012 n. 25/E). L'acquirente può sempre richiedere la **determinazione dell'imponibile** sul valore catastale (v. n. 71580).

(2) Se la prima casa e relative pertinenze sono **cedute da società veicolo d'appoggio** per operazione di cartolarizzazione, le imposte di registro e ipocatastali si applicano in misura fissa (art. 7.1 c. 4 quinquies L. 130/99).

(3) Nel caso di **co-acquisto**, l'agevolazione si calcola pro-quota e se solo uno degli acquirenti ha i requisiti, l'agevolazione spetta nella misura del 50% (Circ. AE 14 ottobre 2021 n. 12/E).

(4) L'agevolazione spetta al momento della stipula del **contratto definitivo** (e non anche del preliminare); l'acquirente può richiedere il rimborso dell'eventuale imposta versata per il preliminare in eccedenza rispetto a quella dovuta per il definitivo (Circ. AE 14 ottobre 2021 n. 12/E e Risp. AE 1° ottobre 2021 n. 650).

(5) Nel caso di acquisto all'**asta**, le dichiarazioni del beneficiario dell'agevolazione possono essere rese nelle more del giudizio in modo che risultino dal provvedimento giudiziale o anche in un momento successivo ma prima della registrazione dell'atto (Circ. AE 14 ottobre 2021 n. 12/E e Risp. AE 4 ottobre 2021 n. 653).

71620 **PERMUTA** (artt. 21 e 43 DPR 131/86) L'imposta di registro si applica sul bene che dà luogo alla maggiore imposta di registro; a tal fine la maggiore imposta è quella dovuta come effetto sia del valore del bene che dell'aliquota applicabile, potendosi pertanto dover liquidare l'imposta sul valore minore se è ad esso applicabile un'aliquota superiore a quella applicabile al valore maggiore, anche in conseguenza di eventuali agevolazioni soggettive (es. Circ. AE 1° marzo 2001 n. 19/E).

In caso di immobile ad uso abitativo e pertinenze ceduto a privato, quando si applica il criterio del valore catastale (v. n. 71580), è necessario indicare il conguaglio pattuito dalle parti e il valore attribuito a ciascuno dei beni (Ris. AE 9 novembre 2007 n. 320/E), assumendo quale base imponibile la rendita catastale maggiore.

Le imposte **ipotecaria e catastale** sono dovute in misura fissa di € 50 ciascuna e si applicano una sola volta (se entrambi i beni sono soggetti ad imposta di registro proporzionale).

Se una delle disposizione è **soggetta ad IVA**, v. n. 70462; le imposte ipotecarie sono dovute nelle misure previste da una parte per il trasferimento soggetto a registro (€ 50 + 50) e dall'altra per quello soggetto ad IVA (generalmente € 200 + 200, salvo quanto detto al n. 71520); è dovuta l'imposta di bollo e sono dovute le tasse ipotecarie e i tributi speciali catastali, salvo che per le formalità concernenti unicamente immobili assoggettati all'imposta di registro proporzionale (Circ. AE 21 febbraio 2014 n. 2/E).

ESEMPIO
Permuta di un terreno agricolo del valore di 120.000 € con un appartamento del valore di 150.000 € acquistato con l'agevolazione «prima casa».
Registro:
- imposta sul terreno: 120.000 × 9% = 10.800;
- imposta sull'appartamento: 150.000 × 2% = 3.000.

imposta dovuta: 10.800.
Ipotecaria:
- imposta sul terreno: 50;
- imposta sull'appartamento: 50.

imposta dovuta: 50.
Catastale:
- imposta sul terreno: 50;
- imposta sull'appartamento: 50.

Imposta dovuta: 50.

---

2. Di altri diritti
(art. 48 DPR 131/86)

USUFRUTTO, USO E ABITAZIONE Gli atti aventi ad oggetto la **costituzione** o il **trasferimento** dei diritti di usufrutto, uso (anche su beni diversi dagli immobili) o **abitazione** sono soggetti ad imposta di registro e alle ipocatastali proporzionali con l'aliquota propria del bene su cui gravano applicata al valore del diritto determinato differentemente a seconda della durata e delle condizioni cui è istituito, come riportato in tabella al n. 72345 in merito al calcolo del valore di rendite e pensioni e dove però, a differenza di quanto ivi indicato, per annualità si intende l'importo ottenuto moltiplicando il valore della piena proprietà per il saggio legale di interesse (nel **2023** pari al 5%). **71630**
Alla **cessazione** dell'usufrutto, si riespande il diritto del nudo proprietario, senza che ciò comporti alcuna tassazione.
La **rinuncia** all'usufrutto è soggetta ad imposta di donazione (v. n. 73892) e alle ipocatastali proporzionali.
Il valore della **nuda proprietà** è rappresentato dalla differenza tra valore della piena proprietà e valore dell'usufrutto (o uso o abitazione) che grava sul bene.

›**Precisazioni 1)** Il **saggio legale di interesse** è aggiornato annualmente (art. 1284 c.c.).
2) Nel caso di **cessione a privato** che non agisce nell'esercizio di impresa, arte o professione, di immobili abitativi e pertinenze, il valore della piena proprietà su cui calcolare quello dei diritti minori può essere determinato in base al valore catastale alle condizioni e con le modalità di cui al n. 71580.

ESEMPIO
1) Tizio, nel 2023 costituisce a favore di Caio, che ha 60 anni compiuti, l'**usufrutto vitalizio** (per tutta la durata della vita di Caio) su un fabbricato di valore di € 350.000.
Il relativo atto è soggetto all'imposta di registro come di seguito determinata.
Valore dell'**usufrutto**
Calcolo dell'annualità: 350.000 × 5% = 17.500. Dove 5% è il tasso legale d'interesse alla data dell'atto.
Calcolo del valore: 17.500 × 12 = 210.000. Dove 12 è il coefficiente individuato dalla tabella al n. 72348 in base all'età di Caio.
Imposta di registro: 210.000 × 9% = 18.900. Dove 9% è l'aliquota prevista per il trasferimento di fabbricati.
Imposta ipotecaria: 50 €
Imposta catastale: 50 €
Valore della **nuda proprietà**: 350.000 - 210.000 = 140.000.
2) Se l'usufrutto dell'esempio precedente piuttosto che vitalizio è concesso **a tempo determinato** per 15 anni, il valore è pari a (350.000 × 5% × 1,037965804) = 18.164,40, dove 1,037965804 è coefficiente di attualizzazione. L'imposta ammonta a: 18.164,40 × 9% = 1.634,80. Le ipocatastali fisse di € 50 ciascuna.

SERVITÙ Gli atti **costitutivi** o **traslativi** di servitù sono soggetti a imposta di registro del 9% (indipendentemente dal fatto che venga costituita su fabbricato o su terreno) e a imposta ipotecaria fissa di euro 50 mentre non è dovuta l'imposta catastale (Cass. 5 settembre 2019 n. 22198 e Ris. AE 15 gennaio 2021 n. 4/E). **71631**

71632 **CUBATURA** La **cessione** del diritto di cubatura è soggetta a imposta di registro del 3% (art. 9 tariffa parte prima DPR 131/86) non essendo considerata trasferimento di diritto reale. Se **trascritta e volturata**, si applicano le imposte ipocatastali fisse di euro 200 ciascuna (Cass. SU 9 giugno 2021 n. 16080).

Parte della giurisprudenza e la prassi (Ris. Min. 17 agosto 1976 n. 250948) ritenevano invece applicabile l'imposta di registro con l'aliquota prevista per il trasferimento di terreno edificabile (9%).

71633 **ENFITEUSI** (art. 47 DPR 131/86) Gli atti di **costituzione**, **devoluzione** o **cessione** dell'enfiteusi, sono soggetti ad imposta di registro proporzionale (con l'aliquota prevista per i trasferimenti immobiliari) calcolata sul maggiore fra il ventuplo del canone annuo e il valore del diritto dell'enfiteuta che è pari alla differenza tra il valore della piena proprietà e la somma dovuta per l'affrancazione.
Per l'**affrancazione**, l'aliquota si applica alla somma dovuta dall'enfiteuta.
Il valore del **diritto del concedente** è pari alla somma dovuta dall'enfiteuta per l'affrancazione.

G. Divisione

(art. 34 DPR 131/86)

71640 L'atto di divisione avente ad oggetto un compendio immobiliare è soggetto ad imposta di registro con aliquota dell'1% sul valore della **massa** (art. 3 tar. parte I DPR 131/86) ed alle imposte ipocatastali fisse (€ 200 + 200) (Risp. AE 6 febbraio 2020 n. 30).
L'eventuale **conguaglio** o l'assegnazione divisionale di beni, se superiori al 5% del valore della quota di diritto, sono soggetti a tassazione con le aliquote previste per gli atti immobiliari e l'imposta proporzionale dovuta non può essere inferiore a € 1.000. L'imposta così dovuta si somma a quella calcolata sulla massa ma quest'ultima può anche essere inferiore alla misura fissa (Circ. AE 21 febbraio 2014 n. 2/E).
Sono inoltre dovute (sempre in relazione al conguaglio) le imposte ipocatastali nella misura di € 50 ciascuna.

>**Precisazioni** 1) Sull'atto di divisione, sia con conguaglio che senza, restano dovute l'imposta di **bollo**, le **tasse ipotecarie** e i tributi speciali catastali.
2) Se ad uno dei condividenti è **assegnato un immobile ad uso abitativo**, la base imponibile può essere determinata in base al valore catastale esaminato al n. 71585, relativamente alla parte del valore dell'immobile che determina il pagamento del conguaglio (per come calcolare il rapporto fra conguaglio e parte riferibile all'immobile, v. Circ. AE 29 maggio 2013 n. 18/E par. 2.2.2).
3) In merito alla determinazione del valore della massa, se non sono previsti conguagli, si ritiene che l'AE non possa effettuare l'accertamento di maggior valore in relazione a quei beni per i quali le parti abbiano indicato nell'atto un valore superiore a quello catastale calcolato secondo quanto detto al n. 71585 (art. 52 c. 4-5 bis DPR 131/86). In caso di **accertamento di maggior valore** (v. n. 71570) questo si considera conguaglio.

H. Ipoteche

71710 Le formalità di **iscrizione**, **rinnovazione**, **cancellazione** ed **annotazione** di ipoteche nei pubblici registri immobiliari sono soggette all'imposta ipotecaria in misura fissa o proporzionale a seconda dell'atto da cui derivano, come riportato nella **tabella** seguente (artt. 6-14 tar. D.Lgs. 347/90).

Formalità	Imposta ipotecaria	Note
Iscrizione	2%	– Per conferma o rettifica di altra iscrizione o rinnovazione: € 200 – Effettuate in ripetizione di altra corrispondente formalità per stesso credito e stesso atto per cui è stata pagata l'imposta proporzionale: € 200
Rinnovazione	1%	

71710
(segue)

Formalità	Imposta ipotecaria	Note
Annotazioni per: – subingresso o surrogazione; – trasferimenti di crediti; – costituzione di pegno sul credito garantito; – estensione di garanzia in base a nuovo titolo costitutivo	2%	– Annotazioni in ripetizione di altra per stesso credito e in virtù di stesso atto per cui è stata pagata l'imposta proporzionale: € 200 – Sono esenti le annotazioni per surrogazione per volontà del debitore (c.d. **portabilità**) nei mutui concessi da banche e intermediari finanziari (anche per aperture di credito o altri finanziamenti) nonché da enti di previdenza obbligatoria ai propri iscritti (art. 8 c. 4 bis DL 7/2007 conv. in L. 40/2007; Circ. AT 21 giugno 2007 n. 9/T)
Annotazioni ed iscrizioni per **postergazione o cessioni di priorità** o di ordine ipotecario	0,5%	–
Annotazione per **restrizione** di ipoteca **(1)**	0,5%	– L'imposta si applica sul minor valore tra quello del credito garantito e quello degli immobili o parti degli immobili liberati; il valore degli immobili, fino a concorrenza di quello del credito garantito, è quello risultante dall'atto di consenso o dichiarato dal richiedente nella domanda secondo quanto previsto per l'imposta di registro (art. 3 c. 3 e art. 12 tariffa D.Lgs. 347/90).
Annotazione per **cancellazione o riduzione** di ipoteca o pegno	0,5%	– L'imposta si applica sull'importo della somma per cui la formalità è richiesta; dall'imposta dovuta deve essere dedotta l'imposta proporzionale che sia stata eventualmente pagata per la restrizione. – Vi rientra l'annotazione della liberazione da ipoteca conseguente al **decreto di trasferimento a soggetto già proprietario** dell'immobile ipotecato (aggiudicazione da parte del terzo espropriato, Ris. AE 26 giugno 2008 n. 266/E)
Ogni formalità eseguita nell'interesse dello **Stato**	esclusa	– L'esclusione si applica all'iscrizione di ipoteca giudiziale per **controversie di lavoro**, previdenza e assistenza obbligatorie o a favore dell'INPS (Circ. AT 20 dicembre 2002 n. 11/T; CTC 14 ottobre 1998 n. 4947) e all'annotazione di cancellazione d'ufficio d'ipoteca, per estinzione automatica (Circ. AT 1° giugno 2007 n. 5/T). L'imposta resta invece dovuta per l'iscrizione **su immobili del contribuente** effettuata in via cautelare dall'AF in base a processo verbale di constatazione; se successivamente cessano presupposti o effetti dell'iscrizione - ad es. si conclude a favore del contribuente il relativo giudizio - l'imposta non è più dovuta (Cass. 7 aprile 2006 n. 8270)
Ogni formalità relativa ad atti, documenti e provvedimenti riguardanti procedimenti di **scioglimento del matrimonio**, cessazione degli effetti civili di esso e/o **separazione** personale dei coniugi (art. 19 L. 74/87)	esente	– Compresi gli atti giudiziari (sentenze, decreti, ecc.) e conseguenti, portanti attribuzioni economico-patrimoniali fra i coniugi nonché i pignoramenti per **crediti alimentari** stabiliti con sentenza favorevole al coniuge divorziato o separato (Circ. AT 18 ottobre 2002 n. 9/T) e, nel procedimento di separazione, il provvedimento del Presidente del Tribunale di adozione di **misure patrimoniali provvisorie** nell'interesse dei coniugi o della prole (Circ. AT 11 maggio 2004 n. 4/T) – Non vi rientrano invece i trasferimenti di immobili ai **figli** (tuttavia, v. nota 8 al n. 72650)

Formalità	Imposta ipotecaria	Note
Ogni formalità relativa alle procedure intraprese per il recupero dei crediti professionali vantati dai **difensori d'ufficio** nei confronti degli indagati, degli imputati e dei condannati inadempienti (art. 32 c.p.p.)	esente	–
Ogni formalità relativa ad **operazioni di credito** a medio e lungo termine nonché a finanziamenti di qualunque durata nei settori indicati nella **tabella** n. 72435	–	– Si applica l'**imposta sostitutiva** esaminata al n. 72420
Altre annotazioni non contemplate	200	–
(1) La medesima disposizione si applica alla **cancellazione di ipoteca** (anche se relativa all'unico bene oggetto di ipoteca) ordinata con **decreto di trasferimento** del Giudice dell'esecuzione. In questo caso, il valore dell'immobile è determinato dal prezzo di aggiudicazione (Circ. AE 4 marzo 2015 n. 8/E).		

71715 **Base imponibile** (art. 3 D.Lgs. 347/90) L'imposta ipotecaria in misura proporzionale, se non diversamente riportato nella **tabella** precedente, è commisurata all'**ammontare** del credito garantito, comprensivo di interessi e accessori; se gli interessi sono indicati soltanto nel tasso, si cumulano le annualità alle quali per legge si estende l'iscrizione e la rinnovazione.

Quando per lo stesso credito e in virtù dello stesso atto devono eseguirsi più **iscrizioni**, **rinnovazioni** o **annotazioni**, l'imposta è dovuta in misura proporzionale per una sola formalità e per ciascuna delle altre è dovuta in misura fissa.

Fanno eccezione:
– l'iscrizione di **ipoteca** a garanzia di **rendita o pensione**, la cui base imponibile si determina secondo le regole dell'imposta di registro;
– l'**annotazione per restrizione di ipoteca**, la cui base imponibile è il minore tra il valore del credito garantito e quello degli immobili in tutto o in parte liberati dall'ipoteca (quest'ultimo determinato secondo i criteri dell'imposta di registro).

71730 **ALTRI ATTI** Nella seguente **tabella** è indicata l'imposta dovuta in relazione ad altre **trascrizioni**.

Trascrizione	Imposta ipotecaria	Note
Di atti o sentenze che non importano trasferimento di proprietà di beni immobili né costituzione o trasferimento di diritti reali immobiliari	200	
Di atti di fusione o di scissione di società di qualunque tipo e di atti di conferimento di aziende o di complessi aziendali relativi a singoli rami dell'impresa	200	
Di atti di regolarizzazione di società di fatto derivanti da comunione ereditaria d'azienda registrati entro un anno dall'apertura della successione	200	Se gli atti di regolarizzazione sono registrati dopo un anno dall'apertura della successione si applica l'imposta proporzionale prevista per il trasferimento: 2%

Trascrizione	Imposta ipotecaria	Note
Atto pubblico o scrittura privata autenticata di **accettazione dell'eredità** o accettazione dell'eredità con beneficio d'inventario	200	L'imposta di registro si applica in misura fissa. L'accettazione deve essere trascritta anche se già trascritto il certificato di successione

II. Atti societari

71790 Si tratta degli atti **posti in essere** da: società di qualunque tipo e con qualunque oggetto, di persone o di capitali (comprese le cooperative e le mutue); enti diversi dalle società quali i Geie, i consorzi, le associazioni; altre organizzazioni di persone o di beni, con o senza personalità giuridica, purché abbiano per oggetto esclusivo o principale l'esercizio di attività commerciali o agricole nonché gli atti di cessione di partecipazioni sociali (art. 4 tar. parte I DPR 131/86).

71800 Nella **tabella** seguente si indicano i principali atti societari indicando se sono soggetti a registrazione in termine fisso o non sono soggetti a registrazione (art. 4 tar. parte I e art. 9 tabella DPR 131/86).

Atti o operazioni	Obbligo di registrazione	v. n.
atti costitutivi e aumenti di capitale	in termine fisso	71810
finanziamenti fatti dai soci alla società	in termine fisso	71960
altre modifiche dell'atto costitutivo	in termine fisso	72020
distribuzione di utili ai soci	in termine fisso	72040
regolarizzazione delle società di fatto	in termine fisso	72050
scioglimento	in termine fisso	72110
assegnazione di beni ai soci	in termine fisso	72120
operazioni di società ed enti esteri	in termine fisso	72190
atti propri dei gruppi europei di interesse economico (Geie)	in termine fisso	72190
conferimento d'azienda	in termine fisso	89910
trasformazione	in termine fisso	91250
fusione	in termine fisso	91770
scissione	in termine fisso	92140
atti dei Consorzi stabili	in termine fisso	96270
nomina e accettazione degli organi di amministrazione	non obbligatoria **(*)**	–
nomina e accettazione degli organi di controllo e liquidazione	non obbligatoria **(*)**	–
atti che comportano variazione del capitale di soc. cooperative e loro consorzi e delle società di mutuo soccorso	non obbligatoria **(*)**	–
atti ed operazioni non propriamente societari:		
– finanziamenti dei soci	in termine fisso (salvo eccezioni)	71960
– cessione o negoziazione di partecipazioni	in termine fisso	72250
atti societari diversi da quelli indicati	non obbligatoria	–

(*) Sono tuttavia soggetti a registrazione in termine fisso quando formati per **atto pubblico o scrittura privata autenticata**. Possono comunque essere registrati **volontariamente**. Si applica, in questi casi, l'imposta in misura fissa.

In merito ai **soggetti obbligati** a richiedere la registrazione ed i **termini** entro cui richiederla, si rinvia alla parte generale (v. n. 70160 e n. 70220), limitandosi, in questa sede, ad analizzare alcune regole di carattere particolare.
L'imposta dovuta in relazione a tali atti è altresì riepilogata al n. 72635 **Tabella C**.

A. Costituzione e aumento di capitale

(art. 4 tar. parte I DPR 131/86)

71810 Gli atti che costituiscono o comportano aumento del capitale o del patrimonio della società sono **soggetti a registrazione** in termine fisso.
L'imposta dovuta è calcolata in misura fissa o proporzionale e con aliquote diverse in base ai beni conferiti per la costituzione o l'aumento del capitale e, in caso di beni immobili, a seconda del soggetto conferente, come riportato nella **tabella** seguente.
In **mancanza di delibera di aumento** del capitale, i singoli versamenti non sono soggetti ad imposta (art. 9 tab. DPR 131/86); non sono ad esempio soggetti ad imposta i versamenti in conto capitale o in conto copertura perdite. Fanno eccezione i finanziamenti dei soci (v. n. 71960).
Il **valore** (base imponibile) cui applicare l'aliquota proporzionale è determinato secondo quanto detto al n. 71835.
Per gli aumenti di capitale in società di capitali di medie dimensioni **deliberati ed eseguiti entro il 31 dicembre 2020**, è previsto un particolare beneficio illustrato al n. 71980.

>**Precisazioni** 1) L'atto costitutivo di **SRL semplificata**, potendo prevedere conferimenti solo in denaro è soggetto ad imposta in misura fissa.
2) Gli atti costitutivi e modificativi di **società cooperative edilizie** di abitazione e loro consorzi (disciplinati dai principi di mutualità e iscritti nei registri prefettizi) sono soggetti a registrazione gratuita. Gli altri atti, documenti e registri relativi alle operazioni previste dai rispettivi statuti, per i quali è prevista la registrazione, sono soggetti all'imposta in misura fissa, assolta una sola volta per ciascun atto registrato, compresi i relativi allegati. Pertanto, nel caso in cui le **assegnazioni di case ai soci** siano soggette IVA (v. n. 71520), l'atto di assegnazione è soggetto al versamento dell'imposta fissa una sola volta indipendentemente dal numero di assegnazioni nello stesso contenute (Ris. AE 11 luglio 2007 n. 163/E).
3) Gli **apporti in fondi immobiliari** chiusi di immobili prevalentemente locati sono soggetti ad imposta di registro in misura fissa quando effettuati da privati o se aventi ad oggetto immobili abitativi esenti IVA da soggetto IVA (art. 8 DL 351/2001, Circ. AE 21 febbraio 2014 n. 2/E).
4) Gli atti costitutivi (e le modifiche statutarie, comprese fusione, scissione o trasformazione) di **enti del terzo settore** comprese le cooperative sociali ed escluse le imprese sociali costituite in forma societaria, sono soggetti ad imposte di registro e ipocatastali in misura fissa; gli atti costitutivi e quelli connessi allo svolgimento delle attività delle **organizzazioni di volontariato** sono esenti dall'imposta di registro (art. 82 D.Lgs. 117/2017).
5) Il verbale di aumento di capitale tramite **rinuncia da parte del socio al credito** derivante da finanziamento precedentemente effettuato in favore della società ed in base a contratto verbale non registrato, sconta l'imposta di registro in misura fissa per l'aumento ed in misura proporzionale (3%) per l'enunciazione (v. n. 71960) del contratto di finanziamento (Cass. 30 giugno 2010 n. 15585).

Beni o diritti conferiti	Conferente	Imposta (1)
denaro crediti beni mobili (diversi dalle unità da diporto) altri diritti (diversi dai diritti reali)	chiunque	fissa
proprietà o diritto reale su immobili	privato	proporzionale
	soggetto IVA	fissa o proporzionale secondo quanto detto al n. 71505
proprietà o diritto reale di godimento su unità da diporto **(2)**	chiunque	stesse aliquote previste per i trasferimenti, v. n. 72645 **Tabella E**
proprietà o diritto reale di godimento su veicoli iscritti in pubblici registri	chiunque	non soggetto a registrazione, se registrato, fissa

Beni o diritti conferiti	Conferente	Imposta (1)
aziende o rami d'azienda	chiunque	fissa
mediante conversione di obbligazioni in azioni o passaggio a capitale di riserve diverse da quelle costituite con sopraprezzi o con versamenti dei soci in conto capitale o a fondo perduto e da quelle iscritte in bilancio a norma di leggi di rivalutazione monetaria	chiunque	fissa

(1) La **misura fissa** è pari a € 200.
(2) La proprietà e i diritti reali si intendono conferiti **alla data** dell'atto che comporta il loro trasferimento o la loro costituzione (art. 4 nota I tar. parte I DPR 131/86).

IN CASO DI CONFERIMENTO DI IMMOBILI (artt. 50 e 51 DPR 131/86) In caso di costituzione o aumento del capitale o del patrimonio mediante conferimento di immobili, quando l'imposta di registro è dovuta in misura proporzionale, si calcola applicando l'**aliquota** specifica per la tipologia di immobile alla **base imponibile** costituita da: 71835

(valore dei beni conferiti - passività ed oneri accollati - spese ed oneri inerenti alla costituzione)

Il **valore** è quello venale in comune commercio (come individuato al n. 71575 e nel caso in esame, solitamente risultante da perizia giurata di stima); le passività ed oneri sono quelli effettivamente accollati dalla società e relativi agli immobili conferiti mentre spese ed oneri inerenti alla costituzione sono così forfettariamente determinati (Cass. 16 gennaio 2001 n. 536 e Circ. AE 29 maggio 2013 n. 18/E par. 6.3):
– 2% del valore dichiarato fino a € 103.291,38;
– 1% per la parte eccedente € 103.291,38 e fino a € 516.456,90.

ESEMPIO
Costituzione con conferimento di beni e diritti fra cui immobili soggetti ad aliquota proporzionale del valore complessivo, al netto degli oneri accollati, di € 1.000.000.
Gli oneri inerenti alla costituzione, deducibili dal valore complessivo, sono pari a:
(103.291,38 × 2%) + [(516.456,90 - 103.291,38) × 1%] = 2.065,83 + 4.131,65 = 6.197,48.
La base imponibile è pari a 1.000.000 – 6.197,48 = 993.802,52

Tuttavia, ai fini delle imposte **ipocatastali**, quando dovute in misura proporzionale, la base imponibile è costituita dal valore del singolo immobile in sé considerato, senza tener conto delle passività relative all'azienda in cui è compreso o dei pesi di carattere personale che non attengono al bene (nella determinazione non rientrano quindi i mutui garantiti da ipoteca gravante sull'immobile trasferito, accollati al cessionario o alla conferitaria; Cass. 17 aprile 2009 n. 9181 e Circ. AE 29 maggio 2013 n. 18/E par. 6.3).

La proprietà e i diritti reali sugli immobili si intendono conferiti **alla data** dell'atto che comporta il loro trasferimento o la loro costituzione (art. 4 nota I tar. parte I DPR 131/86).

Aliquote Nella **tabella** seguente si riportano le aliquote applicabili in base alla natura dell'immobile conferito e del soggetto conferente (soggetto IVA o meno). 71840

Immobile conferito (1)	Conferente	Imposte			
		IVA	Reg.	Ipo.	Cat.
fabbricati destinati specificamente all'esercizio di attività commerciali e non suscettibili di altra destinazione senza radicale trasformazione **(2)**	privato	–	4%	2%	1%
	soggetto IVA	imponibile o esente	200	3%	1%
aree destinate ad essere utilizzate per la costruzione dei fabbricati di cui al punto precedente o come loro pertinenze, sempreché i fabbricati siano ultimati entro cinque anni dal conferimento e presentino le indicate caratteristiche	privato	–	4%	2%	1%
	soggetto IVA	imponibile	200	200	200
fabbricato non ultimato	privato	–	9% **(3)**	50	50
	soggetto IVA	imponibile	200	200	200

Immobile conferito (1)	Conferente	Imposte			
		IVA	Reg.	Ipo.	Cat.
terreno agricolo e relative pertinenze **(4)**	privato	–	15% **(3)**	50	50
	soggetto IVA	fuori campo	15% **(3)**	50	50
terreno non edificabile e non agricolo	privato	–	9% **(3)**	50	50
	soggetto IVA	fuori campo	9% **(3)**	50	50
terreno edificabile	privato	–	9% **(3)**	50	50
	soggetto IVA	imponibile	200	200	200
fabbricato ad uso abitativo e relative pertinenze	privato	–	9% **(3)**	50	50
	soggetto IVA	imponibile	200	200	200
		esente	9% **(3)**	50	50
fabbricato sito all'estero	privato	–	9% **(3)**	–	–
	soggetto IVA	fuori campo	9% **(3)**	–	–

(1) Il conferimento **in SIIQ** (da chiunque effettuato) di pluralità di immobili prevalentemente locati, è soggetto ad imposta di registro, ipotecaria e catastale in misura fissa se la beneficiaria ha optato per il regime speciale di determinazione del reddito da locazione (art. 1 c. 138 e 139 L. 296/2006; Circ. AE 31 gennaio 2008 n. 8/E).

(2) Si considerano tali gli immobili rientranti nei gruppi catastali B, C, D ed E e la categoria A/10 nel solo caso in cui la destinazione ad ufficio o studio privato sia prevista nella licenza edilizia o concessione edilizia, anche in sanatoria (Circ. AE 29 maggio 2013 n. 18/E par. 6.24).

(3) L'imposta di registro non può essere inferiore a 1.000 € e spetta l'esenzione dall'imposta di bollo, dai tributi speciali catastali e le tasse ipotecarie, secondo quanto previsto per gli atti di cessione (art. 10 c. 3 D.Lgs. 23/2011 e Circ. AE 21 febbraio 2014 n. 2/E). L'esenzione dal bollo non si estenderebbe alle formalità correlate all'iscrizione nel registro delle imprese.

(4) Se beneficiaria è **società di coltivazione diretta**, può valutarsi l'applicazione dell'agevolazione per la piccola proprietà contadina (v. n. 71566).

71930 **AUMENTI DI CAPITALE GRATUITI** (art. 4 tar. parte I DPR 131/86) Sono quelli che consentono di assegnare gratuitamente ai soci nuove azioni o di aumentare il valore nominale di quelle in circolazione, mediante utilizzo di riserve (es. riserva da sovrapprezzi di azioni), di altri fondi o mediante la rivalutazione monetaria del patrimonio. La relativa **delibera** è soggetta ad imposta in misura fissa.

71940 **AUMENTI DI CAPITALE MEDIANTE CONVERSIONE DI OBBLIGAZIONI** (art. 4 lett. a n. 6 tar. parte I DPR 131/86) L'aumento di capitale attuato mediante la conversione in azioni di obbligazioni costituisce un aumento di capitale **a pagamento** in quanto l'obbligazionista, rinunziando al suo credito originario, diviene azionista della società. Da parte sua, la società neutralizza un suo debito, portando l'equivalente ricchezza a capitale sociale.
La **delibera** di conversione è soggetta a registrazione in termine fisso con applicazione dell'imposta in misura.

71960 **FINANZIAMENTI DEI SOCI** I finanziamenti dei soci, onerosi o gratuiti (a tasso zero), non sono atti societari propri ma prestiti di denaro, per i quali è previsto l'**obbligo della restituzione** (contabilmente devono essere registrati nel passivo del bilancio a titolo di finanziamento).
I finanziamenti **da privato**, se risultanti:
– da **atto scritto**, sono soggetti a registrazione in termine fisso con aliquota del 3% (art. 9 tar. parte I DPR 131/86);
– da **corrispondenza commerciale**, sono soggetti a registrazione solo in caso d'uso sempre con aliquota del 3% (art. 1 tar. parte II DPR 131/86);
– da **accordo verbale**, non sono soggetti a registrazione neppure in caso d'uso.
Tuttavia, il finanziamento è tassato (sempre al 3%) in caso di enunciazione in un successivo atto (ad esempio, nel verbale di assemblea) registrato, se non ha già scontato l'imposta (Cass. 30 giugno 2010 n. 15585).
Quelli **da soggetto IVA** rientrano nel campo di applicazione dell'IVA, ma sono esenti; il relativo contratto è soggetto a registrazione solo in caso d'uso ed a tassa fissa.

Non costituiscono finanziamenti i versamenti effettuati dai soci senza diritto alla restituzione (come ad es. **versamenti in conto capitale o a fondo perduto**).

AUMENTI DI CAPITALE AGEVOLATI IN MEDIE IMPRESE (art. 26 DL 34/2020 conv. in L. 77/2020, art. 1 c. 263 L. 178/2020 e DM 10 agosto 2020) Per gli aumenti di capitale nelle società che hanno subito, nei mesi di marzo e aprile 2020, un rilevante calo di ricavi rispetto all'anno precedente, è riconosciuta un'agevolazione sotto forma di **credito d'imposta**, alla società e al soggetto investitore alle **condizioni** di seguito esaminate. **71980**

L'agevolazione è stata ritenuta compatibile con il mercato interno (Dec. Comm. UE 31 luglio 2020).

Società interessate (art. 26 c. 1 DL 34/2020 conv. in L. 77/2020 e art. 2 DM 10 agosto 2020) **71982**
L'agevolazione si applica in caso di aumento di capitale, **in società**:
– di capitali (Srl, anche semplificata, Spa, Sapa), Cooperative, società europee e società cooperative europee, che abbiano **sede legale** in Italia, regolarmente costituite e iscritte nel registro delle imprese;
– con **ricavi** da cessioni di beni e prestazioni di servizi, nel 2019, fra 5 e 50 milioni di euro;
– che ha subito, nei mesi di marzo e aprile 2020, una **diminuzione dei medesimi ricavi**, rispetto allo stesso periodo dell'anno precedente, non inferiore al 33%, a causa dell'emergenza epidemiologica da Covid-19;
– che **delibera o ha deliberato** ed eseguito dopo il 19 maggio 2020 ed entro il 31 dicembre 2020 (o entro il 30 giugno 2021 relativamente a quanto detto al n. 72002), un aumento di capitale a pagamento, integralmente versato entro lo stesso termine.
Il beneficio **non si applica** agli aumenti di capitale **effettuati da**:
– intermediari finanziari;
– società di partecipazione (art. 162 bis DPR 917/86);
– società che esercitano attività assicurative;
– imprese qualificabili, al 31 dicembre 2019, in difficoltà, salvo che non si tratti di micro e piccole imprese;
– micro e piccole imprese che non siano soggette a procedure concorsuali per insolvenza o che, essendo state soggette a tali procedure, abbiano rimborsato il prestito o revocato la garanzia al momento dell'investimento agevolato e che non abbiano ricevuto aiuti per il salvataggio o aiuti per la ristrutturazione, o avendoli ricevuti, non siano più soggette a un piano di ristrutturazione al momento dell'investimento agevolato.

> **Precisazioni 1)** Le società con **esercizio non coincidente** con l'anno solare devono determinare i ricavi considerando la parte degli esercizi che ricadono nel 2019.
> **2)** In caso di **società di un gruppo**: si fa riferimento al valore dei ricavi su base consolidata, al più elevato grado di consolidamento, non tenendo conto dei ricavi conseguiti all'interno del gruppo stesso. Ciò dovrebbe valere non solo per la determinazione della diminuzione dei ricavi ma anche, per coerenza, ai limiti minimo (5 milioni) e massimo (50 milioni) dei ricavi (art. 26 c. 1 lett. b DL 34/2020 conv. in L. 77/2020).

L'agevolazione si applica anche agli **investimenti** effettuati in **stabili organizzazioni** in Italia di imprese con sede in Stati UE o SEE (art. 26 c. 6 DL 34/2020 conv. in L. 77/2020). **71984**
L'agevolazione in questo caso spetta in relazione alla quota dell'aumento di capitale corrispondente agli incrementi del fondo di dotazione della stabile organizzazione italiana (art. 2 c. 6 DM 10 agosto 2020).
L'agevolazione spetta anche se l'investimento avviene attraverso quote o azioni di **organismi di investimento** collettivo del risparmio, con sede in Italia o in Stati UE o SEE, che investono in misura superiore al 50% nel capitale sociale delle società che possono godere dell'agevolazione.

Aumenti agevolati Sono agevolati gli aumenti di capitale **deliberati ed integralmente liberati** fra il 19 maggio e il 31 dicembre 2020. **71986**
L'aumento deve essere effettuato, in esecuzione delle delibera indicata al n. 71982, **tramite** conferimenti in denaro iscritti alla voce del capitale sociale e della riserva da sovrapprezzo delle azioni o quote delle società, anche in seguito alla conversione di obbligazioni convertibili in azioni o quote di nuova emissione, nonché agli investimenti in quote degli organismi di investimento collettivo del risparmio.
L'**importo massimo** del conferimento su cui calcolare il credito è di € 2.000.000.

71988 **Crediti d'imposta** (art. 26 c. 20 DL 34/2020 conv. in L. 77/2020) L'agevolazione **consiste** nel riconoscimento di due crediti d'imposta, il primo in favore del socio investitore e il secondo in favore della società.
Il credito spetta nella **misura massima**, unica per società e soci di ciascuna società, di € 800.000.
Il **limite è cumulativo** non solo per i crediti di società e soci ma anche per eventuali **altre misure di aiuto**, da qualunque soggetto erogate, di cui la società ha beneficiato ai sensi del paragrafo 3.1 della Comunicazione della Commissione europea recante un quadro temporaneo per le misure di aiuto di Stato a sostegno dell'economia nell'emergenza Covid-19.
Si ritiene che il socio o i soci che hanno sottoscritto e liberato l'aumento, abbiano la precedenza e dunque la società possa utilizzare il credito per essa previsto solo se i soci non hanno già raggiunto la richiamata soglia massima di € 800.000.
I **presupposti** differiscono per soci e società e dunque il credito potrebbe spettare all'uno ma non all'altro o a entrambi.

72000 Al **socio investitore** che effettua il conferimento in denaro **entro** il 31 dicembre 2020, anche in diverse società, in esecuzione dell'aumento di capitale agevolato, spetta un credito d'imposta **pari al** 20% del conferimento entro il limite di 2 milioni di euro, con un credito massimo quindi di 400.000 euro da intendersi complessivamente, anche in caso di conferimento in diverse società (art. 26 c. 4 e 5 DL 34/2020 conv. in L. 77/2020).
Il credito non spetta alle **società che controllano** direttamente o indirettamente la società conferitaria, sono sottoposte a comune controllo o sono collegate con la stessa o sono da questa controllate. Non ci sono previsioni analoghe per il socio persona fisica che detenga il controllo della società (o ne sia addirittura socio unico).
Per fruire del credito, il socio deve mantenere il **possesso della partecipazione** derivante dal conferimento fino al 31 dicembre 2023 e fino a tale data, la società **non deve distribuire riserve**, di qualsiasi tipo.
In caso di **cessione della partecipazione** o di **distribuzione di riserve**, l'agevolazione decade e il socio deve restituire l'ammontare del credito utilizzato, oltre interessi legali.
Il socio può **utilizzare il credito** d'imposta nella dichiarazione dei redditi relativa al 2020 (o al periodo di effettuazione dell'investimento) e può riportarlo negli esercizi successivi fino all'esaurimento; può anche utilizzarlo in compensazione nel mod. F24 a partire dal 10° giorno successivo a quello di presentazione della dichiarazione e dopo aver ricevuto comunicazione dell'AE di cui al n. 72001. Non si applicano il limite di 250.000 euro per la compensazione dei crediti da indicare nel mod. Redditi, quadro RU né quello per le compensazioni in F24.

72001 **Il socio** (o l'organismo di investimento), a pena di decadenza, **deve** acquisire (art. 3 DM 10 agosto 2020):
a) copia della delibera di aumento del capitale sociale;
b) dichiarazione sostitutiva dell'atto di notorietà con la quale il legale rappresentante attesta che la società conferitaria non ha beneficiato di misure di aiuto per un ammontare superiore ad € 800.000, ovvero ad € 120.000 per le imprese operanti nel settore della pesca e dell'acquacoltura o ad € 100.000 per le imprese operanti nel settore della produzione primaria di prodotti agricoli. Se il credito d'imposta spettante in relazione al conferimento effettuato dal richiedente determina il superamento di tali limiti deve indicare anche l'importo massimo del credito d'imposta che l'investitore può richiedere.
Successivamente, il socio **deve** presentare all'AE apposita **istanza**, fra il 12 aprile e il 3 maggio 2021, contenente, fra gli altri, i dati relativi alla società conferitaria, al conferimento effettuato e al credito richiesto, il codice fiscale della società conferitaria nonché l'indicazione dell'importo del conferimento effettuato.
L'AE, entro 30 giorni, **riconosce il credito** d'imposta previa verifica della correttezza formale dei dati indicati nell'istanza, secondo l'ordine di presentazione delle istanze e fino all'esaurimento delle risorse disponibili o comunica il diniego.
A seguito della comunicazione dell'AE il socio consegna alla società conferitaria una dichiarazione che attesta la misura dell'incentivo ricevuto.

72002 La **società** che ha perfezionato l'aumento di capitale **entro il 30 giugno 2021**, **se chiude in perdita** il bilancio relativo al 2020, ha diritto ad un **credito** d'imposta **pari al** 50% delle perdite eccedenti il 10% del patrimonio netto, al lordo delle perdite stesse e fino a concorrenza del

30% dell'aumento di capitale a pagamento (50% per quelli deliberati ed eseguiti nel periodo 1° gennaio-30 giugno 2021).

Il credito spetta a **condizione** che la società:

– non sia sottoposta o ammessa a **procedura concorsuale** ovvero non è stata presentata o depositata, nei confronti di essa o da essa stessa, istanza per dichiarazione dello stato di insolvenza o per l'avvio di procedura fallimentare o altra procedura concorsuale;

– al 31 dicembre 2019, non rientrasse fra le **imprese in difficoltà** (ai sensi dei Reg. UE 651/14, Reg. UE 702/2014 e Reg. UE 1388/2014);

– sia in situazione di **regolarità contributiva e fiscale**;

– sia **in regola con la normativa** edilizia e urbanistica, del lavoro, della prevenzione degli infortuni e della salvaguardia dell'ambiente;

– non abbia ricevuto e successivamente non rimborsato (o depositato in conto bloccato come previsto dalla normativa) **aiuti ritenuti illegali o incompatibili** dalla Commissione europea;

– non abbia ricevuto misura di **prevenzione antimafia** (art. 67 D.Lgs. 159/2011);

– che gli amministratori, i soci o il titolare effettivo della società non abbiano avuto condanna definitiva, negli ultimi 5 anni, per **reati di**: dichiarazione fraudolenta (artt. 2 e 3 D.Lgs. 74/2000) o di emissione di fatture o altri documenti per operazioni inesistenti (art. 8 D.Lgs. 74/2000), con applicazione della pena accessoria dell'interdizione dai pubblici uffici (art. 12 c. 2 D.Lgs. 74/2000).

La **distribuzione di riserve** di qualsiasi tipo prima del 1° gennaio 2024 (1° gennaio 2025 nel caso di aumento deliberato ed eseguito nel primo semestre 2021), da parte della società ne comporta la decadenza dal beneficio e l'obbligo di restituire l'importo, unitamente agli interessi.

La società può **utilizzare il credito d'imposta** esclusivamente in compensazione, **dal** 10° giorno successivo a quello di effettuazione dell'investimento, successivamente all'approvazione del bilancio per l'esercizio 2020 e dopo il riconoscimento dell'AE ed **entro** la data del 30 novembre 2021.

Non si applicano i **limiti** di cui al n. 37240.

Il credito d'imposta non rileva a fini IRPEF/IRES, IRAP e IVA e non rileva ai fini del calcolo della rapporto di inerenza (art. 61 DPR 917/86 e art. 109 c. 5 DPR 917/86).

> **Precisazioni 1)** Non è chiaro come interpretare il richiamo al bilancio relativo al 2020 in caso di società con **esercizio non coincidente** con l'anno solare.
> **2)** Sono **imprese in difficoltà**, in base al Reg. UE 651/2014, **ad esempio**: la Srl che abbia perso più della metà del capitale sociale sottoscritto a causa di perdite cumulate; le imprese oggetto di procedura concorsuale per insolvenza o che soddisfi le condizioni previste per l'apertura nei suoi confronti di tale procedura su richiesta dei creditori; l'impresa che abbia ricevuto un aiuto per il salvataggio e non abbia ancora rimborsato il prestito o revocato la garanzia, o abbia ricevuto un aiuto per la ristrutturazione e sia ancora soggetta a un piano di ristrutturazione.
> **3)** L'agevolazione si applica all'impresa, non in difficoltà al 31 dicembre 2019, ammessa successivamente a tale data al **concordato preventivo con continuità aziendale** purché il decreto di omologa sia stato già adottato alla data di approvazione del bilancio 2020 e che si trovano in situazione di regolarità contributiva e fiscale all'interno dei piani di rientro e rateizzazione (art. 26 c. 2 bis DL 34/2020 conv. in L. 77/2020).

La **società**, a pena di decadenza, **deve** (art. 6 DM 10 agosto 2020): **72003**

– **acquisire** la dichiarazione nella quale i soci attestano la misura dell'incentivo riconosciuto;

– **presentare all'AE**, fra il 1° giugno e il 2 novembre 2021, apposita istanza in via telematica tramite il software «CreditoRafforzamentoPatrimoniale» disponibile sul sito dell'AE e contenente, fra gli altri, i dati relativi all'ammontare delle perdite ammissibili all'agevolazione e dell'importo del credito d'imposta richiesto; l'ammontare complessivo del credito d'imposta riconosciuto in favore degli investitori con i relativi codici fiscali; dichiarazione sostitutiva dell'atto di notorietà con la quale il legale rappresentante attesta che la società, anche tenuto conto del credito d'imposta in favore degli investitori non ha beneficiato di misure di aiuto per un ammontare superiore ad € 800.000, ovvero ad € 120.000 per le imprese operanti nel settore della pesca e dell'acquacoltura o ad € 100.000 per le imprese operanti nel settore della produzione primaria di prodotti agricoli; dichiarazione sostitutiva dell'atto di notorietà con la quale il legale rappresentante attesta l'importo degli aiuti non rimborsati, di cui è obbligatorio il recupero in esecuzione di una decisione della Commissione europea.

L'**AE**, entro 30 giorni, comunica il riconoscimento del credito ovvero il diniego.

Il credito d'imposta è **utilizzabile** nella dichiarazione dei redditi relativa al periodo d'imposta di effettuazione dell'investimento e in quelle successive fino ad esaurimento, nonché, a partire dal

10° giorno successivo a quello di presentazione della medesima dichiarazione, anche in compensazione in F24 (art. 3 Provv. AE 11 marzo 2021).

B. Altre vicende societarie

72020 **MODIFICHE STATUTARIE** (art. 4 lett. c tar. parte I DPR 131/86) I verbali o gli atti portanti modifiche statutarie quali, ad esempio, la variazione della sede sociale, dei poteri degli amministratori, i mutamenti in genere riguardanti la persona del socio nelle società personali, sono soggetti a registrazione in termine fisso con applicazione dell'imposta di registro in **misura** fissa.

Vi rientrano, ad **esempio**, la riduzione del capitale sociale (Circ. AE 29 maggio 2013 n. 18/E par. 6.30) e il rimborso di capitale esuberante (Cass. 4 dicembre 2006 n. 25677).

Se la modifica comporta **variazioni nei registri immobiliari** (ad esempio per modifica della ragione sociale), sono dovute anche le imposte ipotecaria e catastale, in misura fissa.

> **Precisazioni 1)** Quando il verbale contiene **più modifiche** statutarie, si applica un'imposta fissa per ciascuna modifica che abbia contenuto patrimoniale; se non hanno contenuto patrimoniale, l'imposta in misura fissa si applica una sola volta (Circ. AE 29 maggio 2013 n. 18/E par. 1.6.2).
> **2)** Le trasformazioni in società od in cooperativa delle **compagnie e** dei **gruppi portuali**, sono soggette ad imposta sostitutiva di quelle di registro, ipotecaria e catastale nella misura fissa di 200 € (art. 22 L. 84/94).
> **3)** Per gli atti modificativi delle **società cooperative edilizie**, v. n. 71810.

72025 **Recesso del socio di società di persone** Un caso a parte è costituito dal recesso del socio, che può avvenire tramite cessione della propria quota agli altri soci o a terzi o tramite riduzione del capitale sociale, con conseguente **assegnazione** di denaro o beni al socio recedente. Nel secondo caso l'atto è soggetto a registrazione con le stesse modalità stabilite per l'atto costitutivo (v. n. 71810, Cass. 29 marzo 1983 n. 2239).

72040 **DISTRIBUZIONE DI UTILI** (art. 4 lett. d n. 1 DPR 131/86) Il **verbale** di approvazione del bilancio che prevede la distribuzione di utili ai soci, è soggetta a registrazione in termine fisso con imposta di registro in misura fissa (Circ. AE 29 maggio 2013 n. 18/E par. 6.38).

Si applica quanto previsto, in generale, per le assegnazioni ai soci.

> Non è, al contrario, soggetta all'obbligo di registrazione la delibera di approvazione del **bilancio chiuso in perdita** o quella che, pur rilevando utili, non ne deliberi la distribuzione.

72050 **REGOLARIZZAZIONE DI SOCIETÀ DI FATTO OD IRREGOLARI** (art. 4 lett. e tar. parte I DPR 131/86) La società di fatto può sorgere per accordo verbale, per comportamento concludente dei soci o, caso particolare, a seguito della successione di un'azienda a favore di più eredi che proseguono l'attività dell'imprenditore defunto.

Con la regolarizzazione:

– la società di fatto assume la forma, ad esempio, di società in nome collettivo o in accomandita semplice;

– una società irregolare (non iscritta cioè nel registro delle imprese) vi viene iscritta.

In caso di **società di fatto ereditarie**, se l'atto di regolarizzazione è registrato **entro un anno** dall'apertura della successione o se, comunque, entro il medesimo periodo avviene la formazione dell'atto pubblico o della scrittura privata autenticata di regolarizzazione, si applica l'imposta di registro in misura fissa (art. 63 c. 6 bis DL 331/93) e - se vi sono immobili - le imposte ipocatastali, sempre in misura fissa (artt. 4 tar. e 10 c. 2 D.Lgs. 347/90).

In questo modo, gli eredi, entro un anno, possono valutare l'opportunità di continuare o meno in comune l'attività dell'impresa, senza dover corrispondere l'imposta di registro per la costituzione di società (Circ. Min. 10 giugno 1986 n. 37).

In caso di regolarizzazione **oltre il termine** di un anno, si applica quanto detto per la regolarizzazione delle società diverse.

72052 L'atto di regolarizzazione di **società diverse** da quelle di fatto ereditarie, è soggetto alle imposte di registro e, in presenza di immobili, ipocatastali secondo quanto previsto per gli atti costitutivi (v. n. 71810), considerandosi enunciato l'atto costitutivo della società (art. 22 DPR 131/86 e artt. 4 tar. nota e 10 c. 1 D.Lgs. 347/90).

C. Scioglimento

Il **verbale** che delibera lo scioglimento è soggetto a registrazione con l'applicazione dell'imposta in **misura** fissa e nel termine fisso di 20 giorni, decorrente (Circ. Min. 10 giugno 1986 n. 37): **72110**
- per le **società di persone**, dalla data dell'atto;
- per le **società di capitali**, dall'avvenuta iscrizione nel registro delle imprese da parte del notaio.

ASSEGNAZIONI DEI BENI AI SOCI (art. 4 lett. d tar. parte I DPR 131/86) Le assegnazioni di beni ai soci sono in genere effettuate a seguito di **riduzione del capitale** sociale o di **distribuzione** ai soci delle riserve o dell'incremento patrimoniale derivante da somme riscosse a titolo di sovrapprezzo, o a seguito di **scioglimento** della società, mediante assegnazione del patrimonio residuo ai soci in ragione delle loro partecipazioni. **72120**
In ogni caso, gli atti che dispongono l'assegnazione ai soci:
- di beni mobili soggetti ad IVA, azioni, obbligazioni ed altri titoli non rappresentativi di merci, ecc., nonché utili in danaro, sono soggetti all'imposta fissa;
- di beni immobili, aziende o complessi aziendali: sono soggetti ad imposta di registro (e, per gli immobili, ipotecaria e catastale) con le stesse modalità previste per gli atti costitutivi (v. n. 71810).

Mancata ricostituzione della pluralità di soci Nel caso di **società di persone**, può accadere che venga a mancare la pluralità dei soci (ad esempio per cessione di quote, per recesso degli altri soci o per morte di uno o alcuni di essi). **72130**
In caso di mancata ricostituzione della pluralità dei soci entro il termine di 6 mesi la società si scioglie (art. 2272 n. 4 c.c.).
A seguito dello scioglimento della società con unico socio, deve essere effettuata la liquidazione, a conclusione della quale il patrimonio sociale residuo viene assegnato al socio superstite.
Tale **assegnazione** ha per oggetto l'intero complesso aziendale della società. La natura aziendale dei beni assegnati è desumibile dall'eventuale intento del socio superstite di proseguire l'attività sotto forma di impresa individuale (Circ. AE 29 maggio 2013 n. 18/E par. 6.40).

> L'interpretazione dell'AE che assimila tale fattispecie ad un'assegnazione di azienda al socio superstite, comporta che se nell'azienda sono compresi beni **immobili** vadano applicate in misura proporzionale le imposte **ipotecaria** e **catastale**. Tuttavia, ai fini delle **imposte dirette**, in un caso analogo l'AE ha ribadito la neutralità fiscale dell'operazione (v. n. 34075).

D. Operazioni di società ed enti esteri

Devono essere registrate in termine fisso le operazioni di società ed enti esteri (che abbiano ad oggetto esclusivo o principale l'esercizio di attività commerciali o agricole), anche se **formati all'estero** (in questo caso è soggetto a registrazione il verbale di deposito presso il notaio italiano, Risp. AE 30 aprile 2021 n. 310) e in qualunque forma che comportano, in Italia, gli effetti riportati nella **tabella** seguente; si tratta degli atti indispensabili perché una società o un ente estero possa operare in Italia (art. 4 DPR 131/86); **tuttavia**, tali atti non sono soggetti a registrazione se la sede legale o amministrativa è in **altro Stato UE** e la società ha già scontato un'imposta indiretta sui conferimenti analoga a quella di registro (Dir. CEE n. 69/335/CEE, Ris. Min. 18 dicembre 1978 n. 251434). **72190**
L'imposta, quando dovuta, si applica in **misura** fissa (art. 4 lett. f tar. parte I DPR 131/86).
Se la società è titolare di immobili e la variazione comporta la **trascrizione** nei registri immo-

biliari e/o la **voltura** catastale, si applicano le imposte ipotecaria e catastale fisse (Risp. AE 30 aprile 2021 n. 310).

Gli atti propri dei **GEIE** (gruppi europei di interesse economico) sono soggetti ad imposta in misura fissa.

Soggetti	Effetti in Italia
Società ed enti con sede legale o amministrativa in Stato extra UE:	– trasferimento della sede legale o amministrativa
Società ed enti con sede legale ed amministrativa in Stato extra UE:	– istituzione o trasferimento di sedi secondarie; – messa a disposizione di capitali di investimento o di esercizio a favore delle suddette sedi secondarie; – istituzione o trasferimento dell'oggetto principale dell'impresa **(1)**
Società con sede amministrativa in Stato extra UE:	– istituzione sede legale; – trasferimento della sede legale da altro Stato della UE **(1)**
Società ed enti esteri, indipendentemente dalla sede:	– istituzione della sede amministrativa; – trasferimento da altro Stato della UE della sede amministrativa **(1)**
(1) L'atto non è soggetto a registrazione se è già stata assolta nel Paese di provenienza un'imposta indiretta sui conferimenti analoga a quella di registro.	

72195 **Costituzione e aumento di capitale** (art. 4 nota IV tar. parte I DPR 131/86) Gli atti di costituzione o aumenti di capitale, formati in Italia, in favore di società **con sede legale o amministrativa in altro Stato UE** sono soggetti a registrazione in termine fisso secondo le ordinarie disposizioni ma l'imposta di registro è dovuta in misura fissa.
I conferimenti sono infatti tassabili esclusivamente nello Stato nel cui territorio si trova la sede della direzione effettiva della società di capitali al momento dell'operazione (Circ. AE 29 maggio 2013 n. 18/E e Circ. AE 21 febbraio 2014 n. 2/E).
Se sono conferiti **beni immobili** (siti in Italia) sono dovute le imposte ipotecaria e catastale in misura ordinaria (v. n. 71840).

E. Cessione di partecipazioni

72250 Gli **atti pubblici e le scritture private autenticate** aventi ad oggetto quote di partecipazione in società di qualunque tipo (sia di persone che di capitali, comprese le cooperative e le mutue) e degli enti diversi dalle società individuati al n. 71790, sono soggetti a registrazione in termine fisso e l'imposta è dovuta in misura fissa (€ 200).
Non sono soggetti a registrazione **azioni**, **obbligazioni**, **altri titoli** in serie o di massa e le relative girate, titoli di Stato e gli atti di compravendita degli stessi (art. 8 tabella DPR 131/86).
Le **scritture private con firma digitale** di negoziazione di quote di SRL (v. n. 70345) sono parimenti soggette a registrazione in termine fisso e con il pagamento della sola imposta in misura fissa (Circ. AE 17 ottobre 2008 n. 58/E).
Quando un unico **atto contiene più cessioni** di quote: per l'AE si applicano tante imposte fisse quante sono le cessioni (Ris. AE 5 giugno 2008 n. 225/E che sembra confermata anche da Circ. AE 7 ottobre 2011 n. 44/E); per parte della giurisprudenza, un'unica imposta fissa (CTP Varese 6 ottobre 2009 n. 122 e CTP Como 12 gennaio 2009 n. 2).

Le **scritture private non autenticate** di negoziazione di partecipazioni sono soggette a registrazione solo in caso d'uso ma di fatto, poiché per l'iscrizione nel registro delle imprese è richiesta la firma autenticata, l'applicazione di questa disposizione è solo residuale (art. 2 tar. parte II DPR 131/86).

72251 Quando la cessione ha ad oggetto **azioni** o **strumenti finanziari partecipativi** emessi da società aventi sede legale in Italia, è soggetta all'imposta sulle transazioni finanziarie (c.d. **Tobin tax**, art. 1 c. 491 e s. L. 228/2012).
A tal fine per azioni **si intendono** i titoli di partecipazione al capitale (incluse le azioni c.d. speciali come azioni di risparmio, privilegiate, ecc.) emessi da società per azioni, società in accomandita per azioni e società europee, cooperative e mutue assicuratrici se tali titoli sono trattati come azioni, aventi sede legale in Italia.

Per strumenti finanziari partecipativi si intendono gli strumenti emessi dalle società elencate sopra a fronte di apporti dei soci o di terzi, anche di opere o servizi (art. 2346 c. 6 c.c.), che attribuiscono diritti patrimoniali o amministrativi. Sono inclusi gli strumenti di partecipazione ad un singolo affare.
L'**imposta** in questo caso è dovuta nella misura dello 0,20% sul valore (prezzo) della transazione; l'aliquota è ridotta alla metà per i trasferimenti che avvengono in mercati regolamentati e sistemi multilaterali di negoziazione.
Soggetto passivo è l'acquirente o il soggetto a favore del quale avviene il trasferimento di proprietà.

L'imposta si applica anche su **altre operazioni** fra cui le transazioni su derivati, non oggetto della presente trattazione e con modalità differenti in relazione a transazioni sui mercati regolamentati. Per modalità di applicazione, esenzioni, esclusioni, ecc., v. DM 21 febbraio 2013 e Provv. AE 18 luglio 2013 n. 87896.

L'atto di **cessione del diritto d'opzione** attribuito ai soci, in caso di mancato esercizio dello stesso da parte del cessionario, è soggetto ad imposta proporzionale del 3% e non a quella fissa, non essendo equiparabile alla cessione di partecipazioni (artt. 9 e 11 tar. parte I DPR 131/86, Cass. 26 aprile 2017 n. 10240). **72252**
La soluzione, criticata dalla dottrina, sembra in contrasto con la precedente Cass. 30 maggio 2005 n. 11466 e sembra affermare che, in caso di intervenuta cessione, non sarebbe applicabile l'imposta al 3%.

III. Rendite e pensioni

La rendita **consiste in** attribuzioni periodiche di denaro o di altre cose fungibili a favore di un beneficiario e può essere a tempo determinato, per la vita del beneficiario (c.d. vitalizio) o perpetua (quindi anche a favore dei suoi eredi). **72340**
La rendita può essere costituita gratuitamente o a titolo oneroso; nel primo caso l'atto è soggetto ad imposta di donazione (v. n. 73892) mentre nel secondo, in cui il beneficiario trasferisce un immobile (rendita fondiaria) o una somma capitale (rendita semplice) a fronte della costituzione della rendita (art. 1863 c.c.), si applica l'imposta di registro con le particolarità di seguito esposte.
Analoga alla rendita è la pensione (o contratto vitalizio alimentare) che si differenzia per il fatto che la prestazione è costituita da un vero e proprio mantenimento a carattere continuativo e non periodico comprendente tutto quanto sia necessario per la vita del beneficiario.

CALCOLO DELL'IMPOSTA (art. 46 DPR 131/86) La **base imponibile** è costituita: **72345**
– per le rendite, dal maggiore fra valore del corrispettivo pagato o del bene ceduto dal beneficiario e valore della rendita;
– per le pensioni, sempre dal valore della pensione.
Il **valore**:
– della rendita o della pensione è determinato come riportato nella **tabella** seguente (Circ. AE 29 maggio 2013 n. 18/E);
– dell'eventuale bene ceduto è quello venale in comune commercio; per gli immobili non si applica la regola del prezzo-valore (Cass. 10 giugno 2021 n. 16230).

Rendita o pensione	Valore della rendita o della pensione
– perpetua o a tempo indeterminato	Annualità × 20 **(1)**
– a tempo determinato	Valore attuale dell'annualità, calcolato al saggio legale di interesse (v. coefficienti al n. 72347), che in nessun caso deve essere superiore a 20 volte l'annualità **(1)**
– vitalizia	Annualità × coefficiente indicato nel prospetto riportato al n. 72348 determinato in relazione all'età della persona alla cui morte deve cessare
– costituita congiuntamente a favore di più persone, che deve cessare con la morte di una qualsiasi di esse	Annualità × coefficiente indicato nel prospetto riportato al n. 72348 determinato in relazione all'età del meno giovane dei beneficiari

Rendita o pensione	Valore della rendita o della pensione
– costituita congiuntamente a favore di più persone con diritto di accrescimento tra loro	Annualità × coefficiente indicato nel prospetto riportato al n. 72348 determinato in relazione all'età del più giovane dei beneficiari
– a tempo determinato, con clausola di cessazione per effetto della morte del beneficiario prima della scadenza	Valore attuale dell'annualità, calcolato al saggio legale di interesse (v. coefficienti al n. 72347) ma che in nessun caso deve essere superiore a: annualità × coefficiente indicato nel prospetto riportato al n. 72348, determinato in relazione all'età della persona alla cui morte deve cessare
(1) Il multiplo **varia** al variare del tasso legale di interesse.	

Alla base imponibile così determinata, si applica l'**aliquota** prevista per il tipo di bene o diritto trasferito.

ESEMPIO
Costituzione di una rendita annua di € 120.000 per 15 anni, a fronte del trasferimento di un fabbricato del valore di € 1.000.000.
Il valore della rendita è: 120.000 x 1,037965804 = € 124.555,90
Il valore del fabbricato è superiore a quello della rendita.
L'imposta si determina applicando al valore del fabbricato la relativa aliquota (9%).
Imposta = 1.000.000 × 9% = € 9.000.

72347 **Valore attuale annualità** Il valore attuale dell'annualità può essere **determinato** applicando al valore dell'annualità stessa, i coefficienti indicati nella tabella seguente, diversi a seconda della **durata** della stessa e determinati in base al **tasso legale** di interesse (nella **tabella** si riporta il coefficiente con tasso del 5% in vigore nel 2023). Al variare del tasso legale variano i coefficienti.

n. anni	coefficiente valore attuale	n. anni	coefficiente valore attuale	n. anni	coefficiente valore attuale
1	0,095238095	19	1,208532086	37	1,671128734
2	0,185941043	20	1,246221034	38	1,686789271
3	0,272324803	21	1,282115271	39	1,701704067
4	0,35459505	22	1,316300258	40	1,715908635
5	0,432947667	23	1,348857388	41	1,72943680
6	0,507569207	24	1,379864179	42	1,742320758
7	0,57863734	25	1,409394457	43	1,754591198
8	0,646321276	26	1,43751853	44	1,766277331
9	0,710782168	27	1,464303362	45	1,777406982
10	0,772173493	28	1,489812726	46	1,78800665
11	0,830641422	29	1,514107358	47	1,798101571
12	0,88632516	30	1,537245103	48	1,807715782
13	0,939357299	31	1,55928105	49	1,816872173
14	0,98986409	32	1,580267667	50	1,825592546
15	1,037965804	33	1,600254921	60	1,892928953
16	1,083776956	34	1,619290401	70	1,934267665
17	1,127406625	35	1,637419429	80	1,959646048
18	1,16895869	36	1,654685171		

ESEMPIO
Rendita di importo annuale di € 15.000 e durata di 22 anni. Il valore della rendita è di 15.000 × 1,316300258 = € 19.744,50

Valore rendite e pensioni vitalizie (Allegato al DPR 131/86) Il valore delle rendite o pensioni vitalizie si determina applicando i coefficienti riportati nella **tabella** seguente all'importo dell'annualità. Gli stessi coefficienti si applicano per il calcolo del valore dei diritti di **usufrutto, uso e abitazione**, in questo caso applicati al valore della piena proprietà moltiplicato per il saggio legale di interesse pari, nel **2023**, al 5%. Al variare del tasso, variano i coefficienti. 72348

Coefficienti validi con tasso legale di interesse del 5%			
Età del beneficiario (anni compiuti)	**Coefficiente**	**Età del beneficiario (anni compiuti)**	**Coefficiente**
da 0 a 20	19	da 64 a 66	10
da 21 a 30	18	da 67 a 69	9
da 31 a 40	17	da 70 a 72	8
da 41 a 45	16	da 73 a 75	7
da 46 a 50	15	da 76 a 78	6
da 51 a 53	14	da 79 a 82	5
da 54 a 56	13	da 83 a 86	4
da 57 a 60	12	da 87 a 92	3
da 61 a 63	11	da 93 a 99	2

IV. Operazioni di finanziamento agevolate

In luogo delle imposte di registro, di bollo, ipotecarie e catastali e delle tasse di concessione governativa, è possibile optare per un'**imposta sostitutiva** per gli atti formati nel territorio dello Stato nelle seguenti ipotesi: 72420
- aziende e istituti di credito per operazioni di **credito a medio e lungo termine** o per operazioni di qualunque durata in **settori particolari** individuati dalla legge (artt. 15 e 16 DPR 601/73);
- enti, istituti, fondi che perseguono in via istituzionale finalità previdenziali, per finanziamenti finalizzati all'acquisto di un'abitazione.

Gli enti che effettuano le operazioni indicate devono presentare un'apposita **dichiarazione**.
Per l'**accertamento** e la **rettifica**, le sanzioni relative alla omissione o infedeltà della dichiarazione, la riscossione, il contenzioso e per quanto altro riguarda l'applicazione dell'imposta sostitutiva si applicano le norme sull'imposta di registro (art. 20 DPR 601/73).

>Precisazioni 1) L'imposta sostitutiva **si applica anche**:
- all'attività di finanziamento delle opere, impianti e reti destinate all'erogazione di servizi pubblici effettuata dalla **Cassa depositi e prestiti** ex art. 5 c. 7 lett. b DL 269/2003;
- alle **banche dell'Unione europea** che non hanno stabile organizzazione in Italia, purché abbiano tutti i requisiti per usufruire delle agevolazioni nel settore del credito e a condizione che gli atti di finanziamento siano stati stipulati in Italia. Per l'applicazione dell'imposta sostitutiva è competente l'Ufficio delle Entrate di Roma (Circ. Min. 8 ottobre 1996 n. 246/E). Non si applica, invece, alle operazioni poste in essere dagli istituti di credito italiani fuori dall'Italia (Ris. Min. 10 aprile 2000 n. 45/E) né ai finanziamenti posti in essere dalle **società finanziarie** (Nota Min. 17 novembre 1994 n. IV-8-375).

2) L'imposta non si applica agli **atti giudiziari** relativi alle stesse operazioni che sono quindi soggetti alle imposte di registro, ipotecaria e catastale ordinarie (Ris. AE 17 dicembre 2008 n. 479/E).

L'ente che effettua le suddette operazioni **deve esercitare l'opzione**, per iscritto, nell'atto di finanziamento (art. 17 DPR 601/73). **In mancanza**, si applicano le imposte di registro, ipocatastali e di bollo in misura ordinaria. 72421
L'opzione appare **conveniente**, ad esempio, quando il credito è garantito da ipoteca in quanto l'iscrizione di ipoteca è ordinariamente soggetta ad imposta ipotecaria del 2% mentre l'imposta sostitutiva, se il finanziamento è per l'acquisto della prima casa, è dello 0,25%; al contrario, potrebbe essere conveniente il regime ordinario nel caso di finanziamenti non assistiti da garanzie e soggetti ad imposta di registro in misura fissa (e ad imposta di bollo).
I mutui garantiti da ipoteca su immobili residenziali da destinare all'acquisto dell'abitazione principale e ad interventi di ristrutturazione per giovani coppie o nuclei familiari di cui fa parte almeno un soggetto disabile o per famiglie numerose, stipulati utilizzando provvista messa a disposizione dalla **Cassa depositi e prestiti** sono esenti da imposta di registro, bollo, ipote-

caria (art. 5 DL 269/2003 conv. in L. 326/2003, Ris. AE 25 luglio 2016 n. 61/E); in questo specifico caso non sarebbe quindi conveniente l'applicazione dell'imposta sostitutiva.

72422 L'imposta sostitutiva, sempre su opzione, si applica anche alle garanzie di qualunque tipo, da chiunque e in qualsiasi momento prestate in relazione alle **operazioni di finanziamento strutturate** come emissioni di obbligazioni o titoli similari alle obbligazioni, da chiunque sottoscritte, alle loro eventuali surroghe, sostituzioni, postergazioni, frazionamenti e cancellazioni anche parziali, comprese le cessioni di credito stipulate in relazione alle stesse, nonché ai trasferimenti di garanzie anche conseguenti alla cessione delle predette obbligazioni, nonché alla modificazione o estinzione di tali operazioni.
La società deve **esercitare l'opzione** nella delibera di emissione.
Sono **tenuti al pagamento** gli intermediari finanziari che intervengono nella promozione e collocamento delle operazioni e, nel caso non vi sia intervento di intermediari, la società che emette l'obbligazione o titolo similare. Il soggetto finanziato risponde in solido con gli intermediari per il pagamento dell'imposta.
Gli intermediari e le società emittenti devono presentare apposita dichiarazione.

A questi fini sono **similari alle obbligazioni** (art. 44 c. 2 lett. c DPR 917/86): buoni fruttiferi emessi da determinate società esercenti la vendita a rate di autoveicoli e i titoli di massa che contengono l'obbligazione incondizionata di pagare alla scadenza una somma non inferiore a quella in essi indicata, con o senza la corresponsione di proventi periodici, e che non attribuiscono ai possessori alcun diritto di partecipazione diretta o indiretta alla gestione dell'impresa emittente o dell'affare in relazione al quale siano stati emessi, né di controllo sulla gestione stessa.

a. Aziende ed istituti di credito

(artt. 15 e 16 DPR 601/73)

72425 **Finanziamenti a medio e lungo termine** Si tratta di finanziamenti erogati da banche e istituti di credito:
– di **durata superiore** a 18 mesi, indipendentemente dalla forma contrattuale adottata. La durata si calcola dal momento in cui l'istituto di credito tiene a disposizione la somma, a prescindere dalle circostanze concrete che possono incidere sull'effettiva utilizzazione da parte del beneficiario (Circ. AT 27 dicembre 2002 n. 12/T);
– **che attribuiscono** al beneficiario la disponibilità di denaro cui attingere e da impiegare in investimenti produttivi (Cass. 25 febbraio 2009 n. 4501 e Circ. AT 24 marzo 2004 n. 2/T).
Vi rientrano anche i mutui conclusi dal 20 ottobre 2004, concessi da **enti**, **istituti**, **fondi** e **casse previdenziali** ai propri dipendenti o iscritti per estinguere finanziamenti già contratti per l'acquisto dell'immobile a uso abitativo (Ris. AT 17 aprile 2008 n. 1/T e Ris. AE 28 febbraio 2008 n. 68/E).

> **Precisazioni** **1)** L'agevolazione si applica anche al **prestito vitalizio ipotecario**; in questo caso non rileva la data di rimborso del prestito (art. 1 L. 44/2015).
2) Nel caso di contratto di finanziamento **formato per atto pubblico all'estero**, si applica l'imposta sostitutiva se il contratto può comunque ritenersi formato in Italia e cioè se in Italia è stato raggiunto l'accordo con scrittura privata anche non autenticata poi ripresa dall'atto pubblico estero (non essendo richiesta, per la validità del contratto, la forma dell'atto pubblico ed essendo dunque sufficiente la scrittura privata, Ris. AE 28 marzo 2013 n. 20/E).

72426 L'imposta sostitutiva **si applica** anche:
– all'**apertura di credito in conto corrente** (Cass. 29 marzo 2002 n. 4611);
– all'atto con cui il debitore o un terzo, a fronte di un finanziamento erogato e già garantito da iscrizione ipotecaria ammessa al regime dell'imposta sostitutiva, **offre in garanzia**, allo stesso Istituto mutuante e in relazione al medesimo credito, **altri immobili** in vista del successivo svincolo dei cespiti in precedenza ipotecati, destinati alla successiva alienazione;
– alla **cartolarizzazione dei crediti** (c.d. «securitisation») a condizione che abbia ad oggetto crediti a medio e lungo termine o altri crediti agevolati di cui sopra;
– all'**iscrizione ipotecaria** in base a decreto ingiuntivo emesso in relazione ai finanziamenti indicati (Cass. 29 marzo 2002 n. 4598);
– alla costituzione di ipoteca a garanzia di atti di finanziamento (mutuo di scopo) **per consolidamento di debiti pregressi** che non si risolva in una mera dilazione di pagamento (Circ. Min. 22 dicembre 1999 n. 240/T);

– alla **cessione del credito** derivante dal finanziamento agevolato ed ai trasferimenti di garanzia posti in essere dai soggetti abilitati e indipendentemente dal cessionario (Ris. AE 16 febbraio 2018 n. 17/E);

Al contrario, l'imposta sostitutiva **non si applica**:

– agli atti costitutivi di **ipoteca a garanzia di piano di rientro** di debito pregresso (Circ. Min. 22 dicembre 1999 n. 240/T);

– ai finanziamenti contratti per estinguere precedenti passività a breve termine (Cass. 16 gennaio 2015 n. 695 ma, in senso contrario Ris. AE 13 dicembre 2011 n. 121/E);

– nel caso in cui il soggetto accreditato ottenga, non un credito, ma soltanto una **dilazione** nell'adempimento del **debito esistente** (Circ. AT 27 dicembre 2002 n. 12/T);

– all'iscrizione di **ipoteca** a garanzia del finanziamento, annotata **su titolo cambiario** (Cass. 5 agosto 2002 n. 11684);

– alla **conferma di ipoteca** iscritta a garanzia di un contratto di apertura di credito successivamente trasformatosi in contratto di mutuo fondiario. Si tratta del caso di banche che concedono, a società di costruzione immobiliare, aperture di credito in conto corrente utilizzabili durante l'esecuzione dei lavori e destinate a convertirsi, ad ultimazione dei lavori, in mutui fondiari frazionati con i relativi accolli da parte degli acquirenti degli immobili (Ris. AT 22 settembre 2005 n. 1/T).

L'**estinzione anticipata** del finanziamento a medio-lungo termine prima che sia trascorso il termine di 18 mesi non comporta decadenza quando: **72430**

– l'estinzione è dovuta all'adempimento anticipato da parte del debitore (Cass. 16 aprile 2008 n. 9931, Circ. AT 14 giugno 2007 n. 6/T);

– se l'estinzione è dovuta a recesso dell'istituto di credito, in presenza di clausole che subordinano la facoltà di recesso al verificarsi di circostanze o fatti obiettivi riconducibili, in via generale, ad esigenza di tutela del credito (c.d. «clausole cautelative») (Circ. AT 24 settembre 2002 n. 8/T).

Analogamente, non comporta la perdita del beneficio fiscale il **trasferimento del mutuo** da una banca ad un'altra: c.d. surrogazione (art. 120 quater c. 8 D.Lgs. 385/93).

L'**aliquota** dell'imposta sostitutiva varia a seconda che il finanziamento sia finalizzato all'acquisto, costruzione, ristrutturazione di immobili a uso abitativo e che ricorrano o meno i requisiti per l'agevolazione «prima casa», o abbia finalità diverse (v. **tabella**). **72431**

Finalità del finanziamento	Aliquota
acquisto, costruzione o ristrutturazione di **immobili ad uso abitativo**, e relative pertinenze, per i quali: – **non ricorrano** le condizioni per l'agevolazione «prima casa» di cui al n. 60700; – pur ricorrendo le condizioni per l'agevolazione prima casa, la sussistenza delle stesse **non risulta da dichiarazione** della parte mutuataria, resa nell'atto di finanziamento o allegata al medesimo	2%
acquisto, costruzione o ristrutturazione di immobili ad uso abitativo, e relative pertinenze, per i quali ricorrono i requisiti **prima casa** e sia resa apposita dichiarazione **(1) (2) (3)**	0,25%
finalità diverse dalle precedenti	0,25%

(1) In caso di **finanziamento cointestato** a più persone, la dichiarazione dovrà essere resa da tutti i mutuatari e l'aliquota applicabile sarà individuata con esclusivo riferimento alla quota parte di finanziamento erogata a ciascun mutuatario e alla destinazione di tale quota. Ad esempio, in caso di finanziamento cointestato finalizzato all'acquisto di un immobile ad uso abitativo che costituisca «prima casa» per uno solo dei mutuatari, l'imposta sostitutiva si applica nella misura dello 0,25% alla parte di finanziamento erogata al soggetto che acquista la casa in regime agevolato ai fini dell'imposta di registro; alla restante quota si applica l'aliquota del 2% (Circ. AE 9 maggio 2005 n. 19/E).

(2) In caso di **decadenza dai benefici prima casa** per dichiarazioni false o vendita entro i 5 anni (v. n. 60750), l'AF provvede a recuperare, nei confronti del mutuatario, la differenza tra la maggiore aliquota del 2% e l'aliquota ridotta, e a irrogare la sanzione del 30% della differenza medesima (nel termine decadenziale di tre anni dal verificarsi dell'evento che comporta la revoca dei benefici medesimi; art. 20 DPR 601/73).

(3) I finanziamenti stipulati dal 26 maggio 2021 **al 31 dicembre 2022** sono esenti dall'imposta sostitutiva se il beneficiario non ha compiuto 36 anni nell'anno di stipula e ha indicatore della situazione economica equivalente (ISEE) non superiore a euro 40.000 annui (art. 64 DL 73/2021 conv. in L. 106/2021).

72435 **Finanziamenti erogati a particolari settori** (art. 16 DPR 600/73) Per i finanziamenti concessi dalle banche ai settori economici elencati in **tabella**, l'imposta sostitutiva si applica indipendentemente dalla durata del finanziamento, che pertanto può essere anche inferiore ai 18 mesi.
La **misura** è pari allo 0,25%.

1) lavoro italiano all'estero;
2) credito agrario e credito peschereccio;
3) credito all'artigianato;
4) credito cinematografico;
5) credito teatrale;
6) credito di rifinanziamento.

b. Enti e istituti previdenziali

(art. 2 c. 1 bis DL 220/2004)

72450 Le operazioni di finanziamento a medio-lungo termine poste in essere, a decorrere dal 20 ottobre 2004, da un ente, un istituto, un fondo o una cassa, che persegue in via istituzionale finalità previdenziali, sono soggette ad imposta sostitutiva a condizione che:
– il **mutuatario** sia un dipendente del soggetto che eroga il finanziamento o un iscritto allo stesso;
– il finanziamento sia **finalizzato** all'acquisto di un'abitazione nonché all'estinzione di mutuo precedentemente contratto per l'acquisto di un'abitazione (Ris. AE 28 febbraio 2008 n. 68/E e Ris. AT 17 aprile 2008 n. 1/T).
L'operazione è soggetta all'aliquota dello 0,25% o del 2% a seconda che ricorrano o meno i requisiti «prima casa» come precisato al n. 72431.
Viceversa, **non rientrano nel regime** dell'imposta sostitutiva le operazioni poste in essere dai medesimi soggetti, qualora non ricorrano le condizioni sopra elencate, ad esempio, nel caso di operazioni di finanziamento diverse dal mutuo o di operazioni di mutuo con finalità diverse dall'acquisto di abitazioni (Circ. AE 9 maggio 2005 n. 19/E).

SEZIONE 3

Tabelle riepilogative

72620 In questa sezione si riportano gli atti previsti dalla Tariffa, parte prima e seconda allegata al DPR 131/86 nonché le tasse ipotecarie ed i tributi speciali catastali.

72625 **Tab. A - Atti soggetti a registrazione in termine fisso** (Tariffa, parte I, DPR 131/86)

Atto	Registro	Art. Tar.
Trasferimenti immobiliari:	v. n. 71440	
– in genere	9%	1
– se ricorrono le condizioni «prima casa»	2%	1
Trasferimenti di unità da diporto	v. Tab. E	7
Trasferimenti mobiliari:		2/1
– se la cessione non è soggetta ad IVA	3%	
– se la cessione è soggetta ad IVA	200 €	

72625 (segue)

Atto	Registro	Art. Tar.
– se a favore dello Stato o enti pubblici territoriali **(1)**	200 €	
Locazioni mobiliari, **immobiliari** e **d'azienda**	v. Tab. D	5
Divisioni e in genere atti di natura dichiarativa	1%	3
Appalti e subappalti per atto pubblico o scrittura privata autenticata, altrimenti caso d'uso (v. n. 71520):		9
– per la costruzione di case non di lusso (L. 408/90)	200 €	
– per gli interventi di recupero autorizzati	Idem	
– in ogni altro caso	3%	
Atti di società ed enti	v. Tab. C	
Trasferimenti di beni (compresi immobili) nell'ambito di operazioni di **riorganizzazione tra enti** alle condizioni dell'art. 1 c. 737 L. 147/2013; in caso di immobili le ipocatastali sono dovute in misura fissa	200 €	
Trasferimenti di beni immobili, mobili registrati, altri beni e diritti concessi o costituiti, in qualunque forma, a garanzia dei crediti oggetto di **cartolarizzazione**, a favore di società veicolo d'appoggio (inclusi eventuali accolli e garanzie) (art. 7 c. 4 L. 130/99)	200 € (anche ipocat.)	
Impresa familiare (atti di costituzione e modifiche - v. CTC 16 aprile 1985 n. 4046)	200 €	4 lett. c
Associazione in partecipazione con apporto di beni diversi da immobili e unità da diporto	200 €	2/2
Garanzie reali e personali (es.: pegno, ipoteca, fideiussione, ecc.), a favore di terzi, quando non richieste dalla legge	0,50%	6
Garanzie prestate dai sostituti d'imposta che corrispondono interessi a soggetti non residenti nei casi illustrati al n. 95240 nota 2 (art. 23 c. 3 DL 98/2011)	0,25%	–
Garanzie di qualunque tipo da chiunque e in qualsiasi momento prestate in relazione all'emissione di obbligazioni e titoli delle **società di progetto** di cui all'art. 157 D.Lgs. 163/2006 nonché le relative eventuali surroghe, postergazioni, frazionamenti e cancellazioni anche parziali, comprese le cessioni di credito stipulate in relazione a tali emissioni, nonché i trasferimenti di garanzie anche conseguenti alla cessione delle predette obbligazioni e titoli di debito (art. 1 DL 83/2012 conv. in L. 134/2012 modificato dall'art. 13 DL 133/2014)	200 **(2)**	–
Cessioni di crediti, compensazioni e remissioni di debiti e quietanze tranne quelle rilasciate mediante scrittura privata non autenticata (3) (4)	0,50%	6
Atti dell'autorità giudiziaria ordinaria e speciale	v. Tab. F	8
Contratti in forma scritta di comodato di beni immobili	200 €	5
Altri atti aventi contenuto patrimoniale anche se sotto forma di scritture private non autenticate **(5)**	3%	9
Atti degli organismi di mediazione	v. Tab. F	–
Altri atti pubblici o scritture private autenticate non aventi ad oggetto prestazioni a contenuto patrimoniale (6)	200 €	11
Contratti preliminari di ogni specie (7)	200 €	10
Riconoscimento di debito (Cass. 12 novembre 2014 n. 24107)	3%	9
Cessione del credito da dichiarazione IVA annuale da parte di fondi di investimenti immobiliare (art. 8 c. 2 DL 351/2001)	200 €	

(1) L'imposta non è dovuta nel caso di trasferimenti coattivi o a seguito di atti espropriativi per pubblica utilità se espropriante o acquirente è lo Stato (art. 57 DPR 131/86).

(2) La misura fissa si applica anche alle imposte **ipotecarie e catastali**.

(3) Si applica anche quando **la cessione è effettuata a garanzia** dell'adempimento dell'obbligo di pagamento derivante dalla stipula di altro contratto (ad es. di leasing) in quanto negozio dotato di autonoma causa giuridica (Ris. AE 17 ottobre 2012 n. 95/E) ma se a garanzia di un contratto di finanziamento a medio e lungo termine, si applica l'imposta sostitutiva di cui al n. 72425 (Ris. AE 4 luglio 2008 n. 278/E).

(4) Sono esenti gli atti di cessione di **crediti** certi, liquidi ed esigibili maturati **nei confronti delle PA** (Stato, regioni, province, comuni nonché le amministrazioni o soggetti indicati all'art. 1 D.Lgs. 165/2001) maturati al 31.12.2012 per somministrazioni, forniture ed appalti (art. 8 DL 35/2013 conv. in L. 64/2013).

(5) Tale categoria ricomprende tutti gli atti, compresi quelli giudiziari, aventi contenuto patrimoniale, non previsti specificamente in altre voci della Tariffa (Ris. Min. 7 giugno 1988 n. 220660).

(6) Vi rientrano: il **verbale d'inventario** redatto dal curatore delle procedure di **eredità giacente** (Ris. AE 23 novembre 2007 n. 342/E); le **costituzioni di vincoli di destinazione** su beni che permangono nella titolarità del disponente, quali la costituzione di un patrimonio destinato ad uno specifico affare da parte di una società (Circ. AE 22 gennaio 2008 n. 3/E); l'atto istitutivo con il quale il disponente esprime la volontà di costituire un **trust**, che non contempli anche il trasferimento di beni nel trust (Circ. AE 6 agosto 2007 n. 48/E); la **rinuncia al legato**, salvo che non intervenga dopo l'accettazione del legato stesso, nel qual caso sarebbe soggetta ad imposta in misura proporzionale (Ris. AE 12 novembre 2008 n. 435/E); la costituzione del **fondo patrimoniale** con beni di proprietà di entrambi i coniugi oppure con beni di uno solo dei coniugi che se ne riserva la proprietà; nel caso invece di costituzione con beni di un terzo o di uno solo dei coniugi che non se ne riserva la proprietà, può essere soggetto all'imposta di donazione (Circ. Min. 30 novembre 2000 n. 221/E e Cass. 26 maggio 2003 n. 8289).

(7) Se il contratto preliminare prevede la dazione di somme a titolo di **caparra** confirmatoria, si applica l'imposta prevista per le garanzie reali o personali dello 0,50%; se prevede pagamento di **acconti** non soggetti ad IVA si applica l'imposta come nei casi di atti diversi pari al 3%. In entrambi i casi l'imposta verrà detratta da quella dovuta al momento della registrazione dell'atto definitivo. Per i contratti preliminari relativi a beni immobili v. n. 71473.

72630 Tab. B - Atti soggetti a registrazione in caso d'uso (Tariffa, parte II, DPR 131/86)

	Atto (1)	Registro	Art. Tar.
	Locazioni e affitti (Cfr. Tab. D)		
	Atti formati per corrispondenza commerciale quali ad es. (2):	(come per Tabella A)	1/a
–	trasferimenti di beni mobili		
–	cessioni di crediti		
–	compensazioni e remissioni di debito		
–	quietanze e garanzie		
–	atti di natura dichiarativa in genere		
–	preliminari di ogni specie		
–	altri atti aventi contenuto patrimoniale		
–	operazioni e servizi bancari e finanziari al credito e al consumo, per i quali è prescritta a pena di nullità la forma scritta		
	Atti relativi ad operazioni **soggette ad IVA**, se formati mediante **scrittura privata non autenticata**	200 €	1/b
	Comodato di beni mobili stipulati con scrittura privata non autenticata	200 €	3
	Lodi arbitrali non dichiarati esecutivi	(come per Tabella A)	2/2
	Quietanze rilasciate per scritture private non autenticate	0,50%	5
	Appalti e subappalti, soggetti ad IVA, per scrittura privata non autenticata	200 €	1/b
	Procure, **deleghe** ed **altri simili** rilasciate per un solo atto	200 €	6
	Cessione di quote di partecipazione in società di fatto redatta con scrittura privata non autenticata	200 €	2/1
	Atti di espropriazione per pubblica utilità non aventi per oggetto beni immobili o diritti reali immobiliari	200 €	7
	Mandati ed ordini di pagamento della Pubblica Amministrazione	200 €	8
	Libretti di c/c e di risparmio e relative lettere di addebitamento e accreditamento	200 €	9
	Contratti relativi a prestazioni di lavoro autonomo non soggetti ad IVA compresi quelli di collaborazione coordinata e continuativa e i contratti di associazione in partecipazione con apporto di solo lavoro	200 €	10
	Atti formati all'estero		11
	a) che, se formati in Italia, sarebbero soggetti ad IVA (v. n. 70450)	200 €	
	b) altri atti	Come per i corrispondenti atti formati nello Stato	

	Atto (1)	Registro	Art. Tar.
	Scritture private non autenticate, con imposta inferiore a 200 €	200 €	2/1
	Scritture private non autenticate non aventi per oggetto prestazioni a contenuto patrimoniale, conti, rendiconti, scritti, disegni, modelli	200 €	4

(1) Per gli atti in esame l'imposta è applicata sulla base delle disposizioni vigenti al momento della richiesta di registrazione.

(2) Non rientrano comunque in questi casi gli atti per i quali il codice civile richiede la forma scritta e quelli aventi per oggetto cessioni di aziende o diritti reali su di esse.

Tab. C - Atti di società ed enti 72635

	Atto	Registro	Ipocatastali
1)	**Costituzione o aumento di capitale**		
	a) conferimenti di beni immobili da soggetti passivi IVA (1):		
	– con apporto di fabbricati strumentali per natura	200 €	3% + 1%
	– con apporto di fabbricati ad uso abitativo soggetti ad IVA	200 €	200 + 200 €
	– con apporto di fabbricati ad uso abitativo esenti	9% (2)	50 + 50 €
	– con apporto di terreni edificabili o aree destinate a parcheggio	200 €	200 + 200 €
	– con apporto di terreni non edificabili	12% (2)	50 + 50 €
	b) conferimenti di immobili effettuati da privati:		
	– con apporto di fabbricati e relative pertinenze	9% (2)	50 + 50 €
	– con apporto di terreni non agricoli e loro diritti	9% (2)	50 + 50 €
	– con apporto di terreni agricoli e loro diritti	12% (2)	50 + 50 €
	– con apporto di immobili di interesse artistico e storico	9% (2)	50 + 50 €
	– con apporto di fabbricati commerciali	4%	2% + 1%
	c) conferimenti diversi:		
	– con apporto di altri beni o diritti (es. denaro)	200 €	–
	– con conversione in azioni di obbligazioni convertibili	200 €	–
	– con utilizzo di riserve di utili	200 €	–
	– con utilizzo di riserve per sovrapprezzo o di rivalutazione monetaria	200 €	–
	– con utilizzo dei versamenti dei soci in conto capitale	200 €	–
	– con conferimento di unità da diporto	vedi tabella F	
2)	**Conferimenti di aziende o di rami aziendali in società**	200 €	200 + 200 € (1)
3)	**Fusioni e scissioni di società di qualsiasi tipo**	200 €	200 + 200 €
4)	**Trasformazioni e altre modifiche societarie**	200 €	200 + 200 €
5)	**Modifiche statutarie** (es.: variazione della sede sociale, dei poteri dell'amministratore, proroga della durata della società, ecc.)	200 €	–
6)	**Assegnazioni ai soci:**		
	– di beni mobili soggetti ad IVA o aventi per oggetto utili in denaro	200 €	–
	– di beni diversi e di beni immobili	Si veda quanto previsto al n. 1) per la costituzione	
7)	**Delibera distribuzione di utili**	200 €	–
8)	**Cessioni di quote di società di persone**	200 €	–
9)	**Cessioni di quote di società di capitali** se effettuate con contratto registrato	200 €	–
10)	**Emissione di obbligazioni**	200 €	200 + 200 €
11)	**Regolarizzazione di società di fatto ereditarie**	200 €	200 + 200 €
12)	**Altri casi di regolarizzazione**	Si veda quanto previsto al n. 1) per la costituzione	

	Atto	Registro	Ipocatastali
13)	**Nomine di cariche sociali**	200 € (solo in caso d'uso)	–
14)	**Atti di società ed enti esteri**	200 €	200 + 200 €
15)	**Atti propri del GEIE**	200 €	200 + 200 €
16)	**Atti costitutivi e modifiche statutarie** delle **ONLUS**	200 €	–
17)	**Atti costitutivi e modifiche statutarie** concernenti le **IPAB** riordinate in aziende di servizi o in persone giuridiche private	200 €	–
18)	**Atti costitutivi** e di **trasformazione** delle società e associazioni **sportive dilettantistiche**, delle Federazioni sportive e degli enti di promozione sportiva riconosciuti dal Coni, direttamente connessi allo svolgimento dell'attività sportiva	200 €	–
19)	Apporti di pluralità di immobili prevalentemente locati a **fondi immobiliari chiusi** anche da parte di enti pubblici e privati di previdenza obbligatoria (art. 8 c. 1 bis DL 351/2001 e art. 38 DL 78/2010) **(3)**	200 €	200 + 200 €

(1) Le imposte ipotecaria e catastale sono dovute se l'azienda o il ramo aziendale conferito comprende beni **immobili**.
(2) In questi casi l'imposta **non può essere inferiore** a 1.000 € e si applica l'esenzione dall'imposta di bollo e dalle tasse ipotecaria e dai tributi speciali catastali.
(3) La disposizione si applica anche dopo il 1° gennaio 2014, non essendo interessata dalla generale abrogazione delle esenzioni ed agevolazioni già previste per i trasferimenti a titolo oneroso di immobili (Circ. AE 21 febbraio 2014 n. 2/E e art. 10 D.Lgs. 23/2011).

72640 Tab. D - Locazioni e affitti

Oggetto della locazione e/o affitto	Forma dell'atto	Misura dell'imposta (1)	
		Locatore privato	Locatore soggetto IVA
Beni mobili	Atto pubblico o scrittura privata autenticata	3%	200 €
	Scrittura privata non autenticata o contratto verbale	3%	200 € solo in caso d'uso
Fabbricati (2)	Atto pubblico, scrittura privata (sia autenticata che non autenticata), contratto verbale	2%	– fabbricato strumentale per natura: 1%; – abitazione imponibile IVA: 67,00 €; – abitazione esente: 2%
	locazione di **durata** non superiore a 30 giorni complessivi nell'anno formata per scrittura privata non autenticata o contratto verbale	67,00 € solo in caso d'uso	67,00 € solo in caso d'uso
Fondi rustici (3)	Atto pubblico, scrittura privata (autenticata e non), contratto verbale	0,50%	0,50%
Terreni edificabili e aree destinate a parcheggio	Atto pubblico, scrittura privata (autenticata e non), contratto verbale	2%	67,00 €
Azienda	Atto pubblico o scrittura privata autenticata	3% parte mobiliare 2% parte immobiliare **(4)**	200 €

(1) Se l'imposta proporzionale, derivante dall'applicazione dell'aliquota, è **inferiore a 67,00 €**, è dovuto comunque il predetto importo minimo.
(2) Le istanze di fissazione dell'esecuzione dei provvedimenti di rilascio per finita locazione degli immobili adibiti ad **uso abitativo** presentate al pretore dal conduttore e le opposizioni al tribunale contro il decreto emesso dal medesimo pretore sono esenti dall'imposta di registro.
(3) Nel caso di contratto di durata **non superiore a 30 giorni**, v. n. 71320. Nel caso di contratti stipulati **in favore di coltivatori diretti** o imprenditori agricoli a titolo principale di età inferiore ai 40 anni, si applica l'imposta in misura fissa pari a 67,00 € solo in caso d'uso, indipendentemente dalla durata. L'affitto di **particelle finitime** è soggetta all'imposta fissa pari a 67,00 € (v. n. 71320).
(4) Nel caso siano previsti due distinti corrispettivi. Si veda, inoltre, quanto detto per il caso di **prevalenza di fabbricati sul valore** dell'azienda stessa (v. n. 90445).

Tab. E - Trasferimenti di unità da diporto 72645

1) natanti:	
– fino a sei metri di lunghezza fuori tutto	71,00 €
– oltre sei metri di lunghezza fuori tutto	142,00 €
2) imbarcazioni:	
– fino a otto metri di lunghezza fuori tutto	404,00 €
– fino a dodici metri di lunghezza fuori tutto	607,00 €
– fino a diciotto metri di lunghezza fuori tutto	809,00 €
– oltre diciotto metri di lunghezza fuori tutto	1.011,00 €
3) navi	5.055,00 €

Tab. F - Atti dell'autorità giudiziaria e dei procedimenti alternativi (art. 37 DPR 131/86) 72650

Atti dell'autorità giudiziaria ordinaria e speciale in materia di controversie civili che definiscono anche parzialmente il giudizio, compresi i decreti ingiuntivi esecutivi, i provvedimenti di aggiudicazione e quelli di assegnazione, anche in sede di scioglimento di comunioni, le sentenze che rendono efficaci nello Stato sentenze straniere e i provvedimenti che dichiarano esecutivi i lodi arbitrali **(1) (2)**:	**Misura dell'imposta** (Tariffa, parte I art. 8 c. 1 DPR 131/86)
– se prevedono trasferimento o costituzione di diritti reali su beni immobili, unità da diporto o altri beni, compresa l'acquisizione per usucapione **(3) (4)**	come per il trasferimento
– se recano condanna al pagamento di somme o alla consegna di beni non soggetti ad IVA (compresi titoli di Stato, v. Cass. 23 febbraio 2000 n. 2077) **(5)**	3%
– se accertano diritti a contenuto patrimoniale **(6)**	1%
– diverse da quelle precedenti o se dichiarano la nullità o l'annullamento di atti **(7)**	200 €
– se hanno per oggetto lo scioglimento della comunione o la separazione dei coniugi, anche se prevedono l'attribuzione di beni **(8) (9)**	200 €
– se hanno ad oggetto l'opposizione a sanzioni amministrative	esenti (art. 23 c. 10 L. 689/81 e Ris. AE 30 ottobre 2008 n. 408/E)
– decreti ingiuntivi in sostituzione di quelli divenuti inefficaci per difetto di notifica	200 €
– ordinanza di inammissibilità dell'appello	200 € (Ris. AE 12 marzo 2014 n. 28/E)
– **provvedimenti cautelari** che hanno natura definitoria della controversia (es. ordinanza che dispone le misure idonee per la tutela del diritto e liquida le spese di giudizio o l'ordinanza di rigetto che respinge la domanda proposta in via cautelare con condanna del soccombente alle spese)	a seconda del contenuto (Ris. AE 14 settembre 2007 n. 255/E)

72650
(segue)

– **provvedimenti di omologa** (Circ. AE 21 giugno 2012 n. 27/E): del concordato preventivo del concordato con trasferimento di beni al terzo assuntore degli accordi di ristrutturazione dei debiti **(10)** del concordato fallimentare, sia con garanzia che con cessione dei beni ai creditori del concordato con intervento del terzo assuntore	 200 € proporzionale con aliquota differente a seconda del tipo di beni 200 € 200 € proporzionale sulla sola disposizione che dà luogo all'imposizione più onerosa e salvo che i trasferimenti non siano soggetti ad IVA
– **provvedimenti della Corte di Cassazione**	esenti ma in sede di iscrizione del ricorso a ruolo è dovuto un importo pari all'imposta fissa
Atti del Consiglio di Stato e dei TAR che definiscono, anche parzialmente, il giudizio, compresi i decreti ingiuntivi esecutivi, che recano condanna al pagamento di somme di denaro diverse dalle spese processuali	3%
– **Verbale di accordo degli organismi di mediazione (11) (12)**	esente entro il limite di valore di 50.000 €, altrimenti l'imposta è dovuta per la parte eccedente
– **Verbale di conciliazione giudiziale** di valore non superiore ad € 51.645,59 **(12)**	esente (art. 9 L. 488/99)
– **Lodo arbitrale**: – rituale dichiarato esecutivo – rituale non dichiarato esecutivo – irrituale	 soggetto a registrazione in termine fisso e stessa imposta prevista per sentenza soggetto a registrazione solo in caso d'uso soggetto a registrazione in termine fisso o in caso d'uso secondo quanto previsto per i contratti

(1) Tali atti sono soggetti ad imposta anche se al momento della registrazione sono **impugnati** o impugnabili, salvo conguaglio o rimborso in caso di successiva sentenza (passata in giudicato), conciliazione giudiziale o transazione stragiudiziale in cui sia parte l'AE. Tuttavia, se la sentenza che dichiara nullo il decreto ingiuntivo interviene prima della notifica dell'avviso di liquidazione dell'imposta proporzionale dovuta per la registrazione del decreto, è dovuta solo l'imposta fissa per la registrazione del decreto e della sentenza (Ris. AE 7 novembre 2006 n. 122/E).

(2) Sono esenti gli atti e provvedimenti relativi a controversie di **valore non superiore a euro 1.033,00**, indipendentemente dal grado di giudizio e dall'ufficio giudiziario adito (art. 46 L. 374/91 e Circ. AE 29 luglio 2022 n. 30/E). A tal fine rileva il valore del provvedimento e non della domanda (Circ. AE 30 marzo 2001 n. 34/E).

(3) Il trasferimento del bene acquisito per **usucapione** avviene al momento del decorso del tempo fissato dalla legge e non con il passaggio in giudicato della sentenza che dichiara avvenuto l'acquisto (Cass. 7 agosto 2000 n. 10372). In tal caso, ricorrendone i requisiti, si applicano le agevolazioni previste per l'acquisto della **prima casa** ma la verifica della sussistenza dei presupposti va effettuata con riferimento alla data della sentenza stessa; l'agevolazione non si estende alle imposte ipotecaria e catastale che restano dovute nella misura ordinaria (Ris. AE 20 marzo 2012 n. 25/E). La parte interessata può richiedere l'applicazione dell'agevolazione e rendere le dichiarazioni previste nell'atto introduttivo o nel corso del giudizio e comunque fino al momento della registrazione del provvedimento (Cass. 19 aprile 2013 n. 9569); altrimenti, la parte può rendere le dichiarazioni mediante integrazione dell'atto giudiziario con dichiarazione autenticata nelle firme da allegare al provvedimento nelle more della sua registrazione (Ris. AE 17 ottobre 2014 n. 90/E). In caso di usucapione di un **terreno agricolo** è applicabile, ricorrendone gli ordinari presupposti, l'agevolazione per la piccola proprietà contadina (Ris. AE 8 novembre 2013 n. 77/E). Il decreto di trasferimento di un immobile all'**aggiudicatario già proprietario** (immobile gravato da ipoteca) è soggetto ad imposta fissa (Ris. AE 26 giugno 2008 n. 266/E).

(4) La sentenza che, riconoscendo un diritto di **prelazione**, accoglie la domanda di **riscatto** è soggetta ad imposta proporzionale con le stesse aliquote previste per il trasferimento. Il soggetto che subisce il riscatto può chiedere il rimborso dell'imposta proporzionale eventualmente versata sull'atto che avrebbe violato la prelazione (Ris. AE 12 giugno 2012 n. 64/E).

(5) Sono tali, ad esempio, la sentenza di **definizione del giudizio di responsabilità** (la base imponibile è determinata dall'ammontare del risarcimento del danno liquidato in favore dell'attore, Ris. AE 21 aprile 2008 n. 168/E) e la sentenza di condanna alla restituzione di **somme consegnate** alla controparte e non più dovute (Cass. 11 aprile 2014 n. 8545).

(6) È tale, ad esempio, la sentenza:
– che dichiara l'**illegittimità degli atti di esproprio** e riconosce la proprietà immobiliare a favore del richiedente (Cass. 16 gennaio 2001 n. 545);
– che determina l'**ammontare dell'indennità** di esproprio a seguito di opposizione alla stima da parte dell'espropriato (Cass. 7 maggio 2007 n. 10346 e Cass. 9 novembre 2010 n. 22772);
– emessa nel giudizio di **opposizione allo stato passivo** (Ris. AE 21 aprile 2008 n. 168/E).

(7) La sentenza che **dichiara l'autenticità delle sottoscrizioni** apposte ad una scrittura privata (anche avente ad oggetto il trasferimento di un immobile, Cass. 24 settembre 1994 n. 7852); tuttavia se la stessa sentenza accerta anche il contenuto del negozio, con conseguente declaratoria dell'avvenuto trasferimento della proprietà, si applica l'imposta dell'1%, in quanto accerta un diritto patrimoniale, ferma restando l'autonoma imposizione della scrittura privata (Cass. 18 giugno 2002 n. 8745).

(8) Gli atti, i documenti e i provvedimenti relativi al procedimento di **scioglimento del matrimonio** o di cessazione degli effetti civili nonché al procedimento di **separazione** personale dei coniugi (art. 19 L. 74/87 e C.Cost. 10 maggio 1999 n. 154) sono esenti; l'esenzione si applica anche agli atti posti in essere **in esecuzione degli accordi** di separazione o divorzio, anche se coinvolgono rapporti con soggetti diversi, purché siano realizzativi degli accordi coniugali e risultino espressamente nell'accordo di separazione o divorzio omologato (Cass. 17 febbraio 2021 n. 4144); ad esempio, sono esenti: l'atto con il quale un genitore in qualità di proprietario **trasferisce la casa coniugale** ai figli, a condizione che l'accordo omologato preveda esplicitamente tale trasferimento quale elemento funzionale e indispensabile per la risoluzione della crisi coniugale; il **contratto di mutuo** espressamente destinato a dare attuazione agli accordi di separazione e previsto come condizione essenziale negli accordi stessi (Risp. AE 11 maggio 2022 n. 260). L'agevolazione non è interessata dalla **generale abrogazione** delle agevolazioni sui trasferimenti immobiliari prevista dal 1° gennaio 2014 (art. 10 D.Lgs. 23/2011 e Circ. AE 21 febbraio 2014 n. 2/E), è indipendente dal **regime patrimoniale** dei coniugi (Circ. Min. 16 marzo 2000 n. 49/E; DRE Lombardia Circ. 11 febbraio 2000 n. 6) e si applica anche all'accordo concluso in sede di **negoziazione assistita** vagliato dal Procuratore della Repubblica (Ris. AE 23 luglio 2015 n. 67/E). L'esenzione non si applica alla **rinuncia volontaria** al diritto di godimento dell'immobile assegnato (Risp. AE 10 febbraio 2020 n. 39).

(9) In caso di trasferimento, previsto nel provvedimento omologato, da un coniuge all'altro della quota dell'immobile acquistato con l'**agevolazione prima casa**, questa non decade anche se il trasferimento avviene prima del decorso di 5 anni dall'acquisto. Nel caso invece in cui i coniugi **cedono a terzi l'immobile agevolato** (sempre in ottemperanza all'accordo omologato) attribuendone a solo uno di essi il ricavato, non decadono dall'agevolazione se l'assegnatario del corrispettivo provvede al riacquisto di altro immobile abitativo entro un anno dalla cessione (Circ. AE 21 giugno 2012 n. 27/E). Per contro, l'accordo con il quale i coniugi trasferiscono ai figli i beni di loro proprietà e di cui il Tribunale prende atto nella sentenza, è soggetto ordinariamente ad imposta non trattandosi di un accordo che trova la sua causa essenziale nello scioglimento del rapporto matrimoniale (Ris. AE 14 dicembre 2007 n. 372/E).

(10) Tuttavia, se l'accordo costituisce il titolo per il **trasferimento o la costituzione di diritti reali su beni** immobili o altri beni, è soggetto ad imposta proporzionale (Circ. AE 21 giugno 2012 n. 27/E).

(11) L'accordo ha **natura contrattuale** e segue pertanto le regole per la modalità di registrazione e determinazione dell'imposta previste per tali atti.

(12) L'esenzione si applica anche quando l'accordo ha ad oggetto il **trasferimento di immobili** (Circ. AE 21 febbraio 2014 n. 2/E).

Tab. G - Tasse ipotecarie (art. 19 e tab. D.Lgs. 347/90, art. 6 c. 5 quinquies e s. DL 16/2012, Circ. AT 8 settembre 2011 n. 5/T) 72655

N. ord.	Operazioni (1) (2)	Tariffa in € (3)	Note
1	Esecuzione di formalità		
1.1	per ogni nota di trascrizione, iscrizione o domanda di annotazione **(4)**	35,00	Compresa la certificazione di eseguita formalità da apporre in calce al duplo della nota da restituire al richiedente.
1.2	per ogni formalità con efficacia anche di voltura, oltre quanto previsto nel punto precedente	55,00	
2	Ispezione nell'ambito di ogni singola circoscrizione del servizio di pubblicità immobiliare o sezione staccata degli uffici provinciali territorio dell'AE		
2.1	Ispezione nominativa, per immobile o congiunta per nominativo e per immobile **(5)**		
2.1.1	ricerca su base informativa: per ogni nominativo richiesto, o per ciascuna unità immobiliare richiesta, o per ciascuna richiesta congiunta	7,00	L'importo è comprensivo delle prime 30 formalità, o frazione di 30, contenute nell'elenco sintetico, incluse eventuali formalità validate del periodo anteriore all'automazione degli uffici; l'indicazione della presenza di annotazione non si considera formalità.

72655
(segue)

N. ord.	Operazioni (1) (2)	Tariffa in € (3)	Note
			L'importo è dovuto all'atto della richiesta, salvo specifica disciplina delle ipotesi per le quali viene corrisposto al momento dell'erogazione del servizio.
2.1.2	per ogni gruppo di 15 formalità, o frazione di 15, eccedenti le prime 30 contenute nell'elenco sintetico	3,50	L'importo è dovuto per le formalità contenute nell'elenco sintetico eccedenti le prime 30. L'indicazione della presenza di annotazione non si considera formalità.
2.1.3	ricerca nei registri cartacei: per ogni nominativo richiesto	3,00	L'importo è dovuto all'atto della richiesta. Per registri cartacei si intendono repertori, tavole, rubriche e schedari. Non è consentita al pubblico l'ispezione diretta di tavole, rubriche e schedari.
2.1.4	per ogni titolo stampato	8,00	È consentito l'accesso diretto alla nota o al titolo solo se, unitamente all'identificativo della formalità o del titolo, viene indicato il nominativo di uno dei soggetti o l'identificativo catastale di uno degli immobili presenti sulla formalità.
	per ogni nota stampata	4,00	
2.1.5	per ogni nota o titolo visionati	4,00	Per le note cartacee relative al periodo automatizzato e per quelle validate del periodo anteriore all'automazione degli uffici, l'importo è dovuto in misura doppia.
2.1.6	tentativo di accesso non produttivo	0,15 **(6)**	L'importo è dovuto per ogni accesso diretto al quale non consegua l'individuazione della nota o del titolo, secondo modalità e tempi da stabilire con provvedimento del direttore dell'AE. In caso di **consultazione telematica**, l'importo è ridotto del 10%.
3	Ricerca di un soggetto in ambito nazionale		
3.1	per ogni nominativo richiesto in ambito nazionale	20,00	Il servizio sarà fornito progressivamente.
4	Certificazione:		
4.1	certificati ipotecari		
4.1.1	per ogni stato o certificato riguardante una sola persona	30,00	L'importo è dovuto all'atto della richiesta. Se il certificato riguarda cumulativamente il padre, la madre ed i figli, nonché entrambi i coniugi, l'importo è dovuto una volta sola.
4.1.2	per ogni nota visionata dall'ufficio, fino ad un massimo di 1000 note	2,00	Gli importi sono dovuti anche nel caso di mancato ritiro del certificato.
4.2	rilascio di copia		
4.2.1	per ogni richiesta di copia di nota o titolo	10,00	L'importo è dovuto all'atto della richiesta.
4.3	altre certificazioni		
4.3.1	per ogni altra certificazione o attestazione	5,00	
5	Note d'ufficio		
5.1	per le rinnovazioni di ipoteca da eseguirsi d'ufficio e per ogni altra nota di cui agli artt. 2647 ultimo comma e 2834 c.c.	10,00	

N. ord.	Operazioni (1) (2)	Tariffa in € (3)	Note
6	Trasmissione telematica di elenco dei soggetti presenti nelle formalità di un determinato giorno:		
6.1	per ogni soggetto	0,15	È attivato il servizio di trasmissione telematica e l'elenco è trasmesso in formato elaborabile (o, a richiesta, in pdf). Il servizio è erogato previo pagamento dei relativi tributi da utenti che hanno stipulato apposita convenzione per l'accesso telematico alla banca dati ipotecaria (Provv. AT 26 settembre 2012 n. 45577).

(1) Sono esenti gli **atti e le formalità direttamente conseguenti alle cessioni a titolo oneroso** soggette ad imposta proporzionale di registro prevista dall'art. 1 tariffa parte prima posti in essere per effettuare gli adempimenti presso il catasto ed i registri immobiliari (art. 10 D.Lgs. 23/2011). Sono direttamente conseguenti: note di trascrizione in rettifica e domande di voltura in rettifica; atti di rettifica di meri errori ed omissioni materiali; atti di identificazione catastale; atti di conferma di precedenti atti. Non si considerano direttamente conseguenti e sono quindi soggetti alle tasse: trascrizione dell'accettazione tacita dell'eredità; iscrizione di ipoteca legale; cancellazioni in caso di trasferimenti coattivi (Circ. AE 21 febbraio 2014 n. 2/E anche per ulteriori casi particolari).

(2) Per un unico atto contenente più negozi giuridici dello stesso tipo, c.d. «**atto plurimo**», la tassa deve essere pagata per ciascuna nota meccanizzata da presentare presso la conservatoria per la trascrizione o iscrizione dei singoli provvedimenti che lo formano (Circ. Min. 27 agosto 1996 n. 205/T). Sono esenti le operazioni eseguite **nell'interesse dello Stato** nonché quelle relative alle procedure di recupero dei **crediti** professionali dei **difensori d'ufficio** nei processi penali per il rilascio di certificati ipotecari o di visure ipotecarie richieste dal difensore (Ris. AT 4 maggio 2010 n. 1/T).

(3) Il **pagamento** delle imposte e delle tasse ipotecarie, dei tributi speciali catastali e relativi accessori, degli interessi e delle sanzioni amministrative, e di ogni altro corrispettivo dovuto agli Uffici Provinciali-Territorio connesso al **rilascio di** certificati, copie e attestazioni, estrazione dati e riproduzioni cartografiche, nonché alla presentazione di atti di aggiornamento catastali si può effettuare, dal 1° luglio 2017, tramite Mod. F24 ELIDE; con Ris. AE 19 luglio 2017 n. 94/E, Ris. AE 30 giugno 2017 n. 79/E sono istituiti i codici tributi. Il pagamento può essere effettuato anche tramite versamento telematico preventivo su conto corrente dell'AE secondo quanto già previsto per i depositi interni precostituiti (Provv. AT 2 marzo 2007). Le **tasse ipotecarie** (e i tributi speciali catastali) possono essere pagati tramite specifico contrassegno telematico acquistabile presso gli intermediari (tabaccai, ecc.). Il contrassegno è apposto sul modello di richiesta del servizio o sulle domande presentate all'Ufficio; resta in ogni caso la possibilità di pagare tramite **POS** presso l'Ufficio (Provv. AE 28 giugno 2017).

(4) La voce comprende anche l'annotazione:
– a margine dell'iscrizione ipotecaria a favore dell'originario creditore, della surrogazione del terzo per volontà del debitore in caso di **portabilità dei mutui** (art. 8 c. 4 bis DL 7/2007 conv. in L. 40/2007; Circ. AT 21 giugno 2007 n. 9/T);
– della **dichiarazione di permanenza** dell'**ipoteca** per giustificate ragioni creditorie, iscritta a garanzia di mutui concessi da banche, esercenti attività finanziaria o enti di previdenza obbligatoria (art. 13 c. 8 novies DL 7/2007 conv. in L. 40/2007; Circ. AT 1° giugno 2007 n. 5/T).

(5) La consultazione è esente quando richiesta presso l'ufficio in relazione a immobili dei quali il **richiedente è titolare**, anche in parte, del diritto di proprietà o di altri diritti reali di godimento; con provvedimento dell'AE, la gratuità sarà estesa anche alla consultazione telematica (art. 6 c. 5 quater e s. DL 16/2012 conv. in L. 44/2012). Per usufruire dell'esenzione è necessario esibire, all'atto della richiesta, un documento di identità o riconoscimento in corso di validità e la titolarità deve risultare da visura catastale o dichiarazione sostitutiva (per un facsimile, v. Circ. AT 28 settembre 2012 n. 4/T).

(6) In caso di **accesso telematico**, l'importo è ridotto del 10% (Provv. AT 26 settembre 2012 n. 45577). Per l'accesso telematico convenzionale alle banche dati ipotecaria e catastale, dal **1° gennaio 2015**, è dovuto, oltre alle tasse ipotecarie, un importo di € 15 da corrispondere annualmente, per ogni password resa disponibile all'utente nell'anno solare; non è più dovuto il contributo iniziale di € 200 (Provv. AE 17 dicembre 2014).

Tab. H - Tributi speciali catastali (tab. A DPR 648/72) **72660**

N.	Oggetto (1)	Tariffa in € (2) (3)	Note
1	**Certificati, copie ed estratti delle risultanze degli atti e degli elaborati catastali conservati presso gli uffici (4):**		

72660
(segue)

N.	Oggetto (1)	Tariffa in € (2) (3)	Note
1.1	per ogni certificato, copia o estratto.	16,00	Per i certificati richiesti dai privati per comprovare la situazione generale reddituale e patrimoniale ai fini della legislazione sul lavoro, di quella previdenziale e di quella sulla pubblica istruzione, è dovuto il diritto fisso di € 4.
1.1.1	Oltre all'importo dovuto ai sensi del precedente punto 1.1, per ogni quattro elementi unitari richiesti, o frazioni di quattro, presenti nei rispettivi elaborati: – particella, per gli estratti e le copie autentiche dalle mappe e dagli abbozzi; – foglio di mappa, per la copia dei quadri di unione; – vertice o caposaldo, per le copie di monografia; – punto, per il quale si determinano le coordinate; – unità immobiliare, per gli estratti storici e per soggetto; – unità immobiliare urbana per il rilascio di copia di planimetrie ed elaborati planimetrici.	4,00	Il tributo non si applica ai primi quattro elementi ed alle fattispecie diverse da quelle elencate.
1.2	Per ogni estratto di mappa rilasciato in formato digitale.	16,00	L'estratto è utilizzabile esclusivamente per la redazione di tipi di aggiornamento geometrico.
1.2.1	Oltre all'importo dovuto ai sensi del precedente punto 1.2, per ogni quattro particelle richieste, o frazioni di quattro.	4,00	Il tributo non si applica alle prime quattro particelle.
2	**Definizione ed introduzione delle volture, delle dichiarazioni di nuova costruzione e di variazione, dei tipi mappali, particellari e di frazionamento, ai fini dell'aggiornamento delle iscrizioni nei catasti e all'anagrafe tributaria** (5):		
2.1	per ogni domanda di voltura;	55,00	Nei territori ove vige il sistema del libro fondiario, il tributo è dovuto per ogni comune cui si riferiscono le particelle rurali, menzionate nel decreto tavolare.
2.2	per ogni unità di nuova costruzione o derivata da dichiarazione di variazione:		
2.2.1	– per ogni unità appartenente alle categorie a destinazione ordinaria (gruppi A, B, C) e a quelle censite senza rendita;	50,00	
2.2.2	– per ogni unità appartenente alle categorie a destinazione speciale (gruppi D ed E);	100,00	
2.3	per ogni tipo, fino ad un massimo di 10 particelle edificate o derivate;	65,00	
2.3.1	per ogni particella eccedente.	3,00	

72660
(segue)

N.	Oggetto (1)	Tariffa in € (2) (3)	Note
3	**Attestazione di conformità degli estratti di mappa per tipi di aggiornamento geometrico:**		
3.1	per ogni estratto di mappa.	10,00	
3.1.1	Oltre all'importo dovuto ai sensi del precedente punto 3.1, per ogni quattro particelle richieste, o frazioni di quattro.	4,00	Il tributo non si applica alle prime quattro particelle.
3 bis	**Consultazione degli atti catastali** (4):		
3 bis1	consultazione effettuata su documenti cartacei, per ogni richiedente e per ogni giorno o frazione	5,00	
3 bis2	consultazione della base informativa:		
	– consultazione per unità immobiliare	1,00	
	– consultazione per soggetto, per ogni 10 unità immobiliari o frazione di 10	1,00	
	– elenchi di immobili con estrazione di dati selezionati ed ogni altra consultazione, per ogni 10 unità immobiliari, o frazioni di 10	1,00	

(1) Per **unità immobiliare** è da intendersi, sia la particella dei terreni, sia l'unità immobiliare urbana. I **tributi non sono dovuti** per:
– gli immobili dichiarati in catasto per cui non sussiste l'obbligo di definire la rendita (es. demolizioni totali, unità in corso di costruzione, ecc.);
– le denunce di variazioni determinate da rettifiche o integrazioni formali (es. variazioni di toponomastica, di piano, di interno, ecc.) o finalizzate al classamento di unità immobiliari già accatastate e/o dichiarate, diverse da quelle di cui al primo alinea (Circ. Min. 19 luglio 1996 n. 189/T);
– i servizi catastali relativi alle procedure intraprese per il recupero dei crediti professionali vantati dai difensori d'ufficio nel processo penale (v. n. 72655);
– i servizi catastali relativi ad immobili per i quali sono obbligati all'adempimento regioni, province e comuni e salvo che l'applicabilità dei tributi non sia espressamente prevista dalla legge a carico dei medesimi enti (Circ. AT 14 luglio 2009 n. 2/T).
(2) Obbligato al pagamento è il beneficiario del servizio «in senso sostanziale», ossia il titolare dei diritti reali sui beni interessati dalle variazioni catastali (e non, invece, il professionista incaricato di eseguire materialmente la dichiarazione, la variazione o l'aggiornamento catastale). Le **Agenzie fiscali**, l'**AdR** nonché altre amministrazioni pubbliche (fra cui gli enti locali) previa convenzione, consultano la banca dati in via telematica in esenzione di tributi (art. 6 c. 5 bis DL 16/2012 conv. in L. 44/2012).
(3) Il pagamento deve essere **effettuato mediante** mod. F24 o F24 Enti Pubblici con cui può essere versata anche l'imposta di bollo correlata ad accertamenti catastali; eventuali crediti non possono essere utilizzati in compensazione (Provv. AE 23 marzo 2015 e Ris. AE 21 luglio 2015 n. 66/E). Il pagamento può essere effettuato anche tramite **contrassegno**, secondo quanto detto al n. 72655, nota 3.
(4) Per accesso telematico, v. nota 6 tabella G al n. 72655. Le **visure** catastali si possono richiedere ed ottenere anche **presso gli Uffici postali** (dotati di «Sportello Amico»), utilizzando il proprio codice fiscale e i predetti elementi identificativi degli immobili. Sono esenti quelle richieste presso l'ufficio in relazione a immobili dei quali il **richiedente è titolare**, anche in parte, del diritto di proprietà o di altri diritti reali di godimento; con provvedimento dell'AT, la gratuità sarà estesa anche alla consultazione telematica (art. 6 c. 5 quater e s. DL 16/2012 conv. in L. 44/2012); a questo fine il richiedente deve esibire un documento di identità o riconoscimento valido nonché dichiarazione sostitutiva inerente alla titolarità (per un facsimile di dichiarazione vedi Circ. AT 28 settembre 2012 n. 4/T). È **gratuito** il servizio di ricerca dati catastali per codice fiscale disponibile sul sito dell'AE (fisconline).
(5) Sono tuttavia esenti gli **atti e le formalità direttamente conseguenti alle cessioni a titolo oneroso** soggette ad imposta proporzionale di registro posti in essere per effettuare gli adempimenti presso il catasto ed i registri immobiliari (art. 10 D.Lgs. 23/2011). Per estensione e casi v. nota 1 tabella G al n. 72655.

CAPITOLO 2

Successioni e donazioni

SOMMARIO

Si tratta delle imposte che colpiscono i trasferimenti di beni e diritti a titolo gratuito, per successione a causa di morte (imposta sulle successioni) o per liberalità tra vivi e operazioni assimilate (imposta sulle donazioni) (art. 2 c. 47 DL 262/2006). **73000**
Se il trasferimento ha ad oggetto **beni immobili** o diritti immobiliari, sono dovute anche le imposte ipocatastali per la trascrizione e la voltura.

SEZIONE 1

Imposta sulle successioni

Sono soggetti ad imposta di successione i trasferimenti di beni e diritti a causa di morte a titolo di eredità o legato, compresa la costituzione di diritti reali di godimento, la rinuncia a diritti reali o di credito e la costituzione di rendite o pensioni, sia che la successione sia regolata dalla legge che da testamento (art. 2 c. 47 e s. DL 262/2006). **73005**

L'imposta si applica anche nei casi di successione a seguito di **morte presunta** e di immissione nel possesso temporaneo dei beni dell'**assente**.

MODALITÀ DI APPLICAZIONE Eredi e legatari sono tenuti al pagamento dell'imposta di successione liquidata dall'Ufficio sulla base della **dichiarazione di successione** che gli eredi e gli altri soggetti obbligati devono presentare a seguito dell'apertura della successione. **73010**
L'imposta è calcolata sul valore della quota di eredità o legato spettante al singolo beneficiario, al netto di specifiche riduzioni e detrazioni.
In caso di successione con **beni immobili**, gli eredi e i legatari devono, prima di presentare la dichiarazione di successione, autoliquidare e versare le imposte ipocatastali dovute per la trascrizione e la voltura del certificato di successione da effettuare dopo la presentazione della dichiarazione.

ESENZIONI Sono esenti i trasferimenti, sia a titolo di eredità che di legato e qualunque ne sia l'oggetto, **a favore dei soggetti** riportati nella **tabella** seguente. **73013**
In caso di trasferimento avente ad oggetto **immobili**, l'esenzione si estende, alle medesime condizioni, anche alle imposte ipocatastali ordinariamente dovute per la trascrizione e la voltura.

Beneficiario	Note
Enti pubblici: – Stato, regioni, province, comuni; – altri enti pubblici che hanno come scopo esclusivo l'assistenza, lo studio, la ricerca scientifica, l'educazione, l'istruzione o altre finalità di pubblica utilità (non vi rientra l'ERSU, Cass. 7 maggio 2008 n. 11105); – enti pubblici diversi dai precedenti a **condizione** che il trasferimento sia disposto (ad es. con disposizione testamentaria) per finalità di assistenza, studio, ricerca scientifica, educazione, istruzione o per altre finalità di pubblica utilità. **Enti privati:** – fondazioni o associazioni legalmente riconosciute che hanno come scopo esclusivo l'assistenza, lo studio, la ricerca scientifica, l'educazione, l'istruzione o altre finalità di pubblica utilità; – fondazioni bancarie di cui al D.Lgs. 153/99; – fondazioni e associazioni legalmente riconosciute diverse dalle precedenti a **condizione** che il trasferimento sia disposto (ad es. con disposizione testamentaria) per finalità di assistenza, studio, ricerca scientifica, educazione, istruzione o per altre finalità di pubblica utilità; – ONLUS; – movimenti e partiti politici.	Si applica anche a favore di enti pubblici, fondazioni o associazioni **istituiti** nella UE, Norvegia e Islanda e, a condizione di reciprocità, a quelli istituiti in altri Stati (art. 3 c. 4 D.Lgs. 346/90). Quando l'esenzione è sottoposta a **condizione**, Il beneficiario deve dimostrare, entro 5 anni dal trasferimento, di avere impiegato i beni o diritti ricevuti o la somma ricavata dalla loro vendita per il conseguimento delle finalità indicate dal donante. In mancanza, è tenuto al pagamento dell'imposta con gli interessi legali. Possono avere anche finalità di recupero di immobili di pregio, organizzazione di manifestazioni culturali e il mutuo soccorso (Cass. 20 febbraio 2003 n. 2542 e Cass. 18 febbraio 2003 n. 2414).

I. Dichiarazione di successione

73015 **CHI DEVE PRESENTARE LA DICHIARAZIONE** **Devono** presentare la dichiarazione:
- l'erede;
- il chiamato all'eredità (che non abbia rinunciato);
- il legatario;
- l'amministratore dell'eredità;
- il curatore dell'eredità giacente;
- l'esecutore testamentario;
- in caso di assenza, il soggetto immesso nel possesso temporaneo dei beni;
- in caso di istituzione di trust, il trustee.

In caso di **più soggetti obbligati**, è sufficiente (e consigliabile) che solo uno di essi presenti la dichiarazione.

Quando l'eredità è devoluta al **coniuge e/o figli e/o genitori e/o altri parenti** in linea retta, se ha valore non superiore a € 100.000 e non comprende beni immobili o diritti reali immobiliari, gli eredi non hanno obbligo di presentare la dichiarazione.

In caso di **sopravvenienze** ereditarie che fanno aumentare il valore oltre il limite, gli eredi devono presentare la dichiarazione.

> **Precisazioni** 1) L'esonero dovrebbe permanere anche nel caso in cui, per effetto di precedenti donazioni, sia **erosa la franchigia** e debba essere liquidata l'imposta anche nei confronti degli eredi.
> 2) In caso di omessa presentazione della dichiarazione di successione che, sulla base delle modifiche introdotte, **non è più obbligatoria**, non si applicano sanzioni (per il principio del favor rei, Circ. AE 30 dicembre 2014 n. 31/E).

73017 Il chiamato all'eredità o il legatario che **rinuncia** all'eredità o al legato prima della scadenza del termine per la dichiarazione o chiede la **nomina di un curatore** dell'eredità giacente, non è obbligato a presentare la dichiarazione ma ne deve dare comunicazione all'AE competente a mezzo posta raccomandata allegando copia autentica della dichiarazione di rinuncia o dell'istanza di nomina del curatore (in questo caso autenticata dal cancelliere del tribunale).

La **dichiarazione di rinuncia** deve essere resa ad un notaio o al cancelliere del tribunale nel cui circondario si è aperta la successione ed è soggetta a registrazione in termine fisso con applicazione dell'imposta fissa di registro di € 200.

TERMINE I soggetti obbligati devono presentare la dichiarazione **entro** 12 mesi dalla morte (apertura della successione) salvo i casi riportati nella **tabella** seguente. 73020

Caso	Il termine decorre (1):
rinuncia all'eredità o al legato	per gli altri obbligati, dalla data della rinuncia o dalla diversa data in cui dimostrino averne avuta notizia
eventi sopravvenuti che fanno **venire meno esonero** dalla presentazione per coniuge e parenti in linea retta	dalla data della sopravvenienza
eventi sopravvenuti che modificano eredità o legato o determinano imposta maggiore	dalla sopravvenienza o dalla diversa data in cui si dimostri averne avuto notizia (per dichiarazione sostitutiva)
erede accetta l'eredità **con beneficio d'inventario** (entro il termine di 12 mesi dall'apertura)	dalla scadenza del termine stabilito per la formazione dell'inventario (o dalla sua chiusura) **(2)**
chiamato all'eredità è **ente non ancora costituito o non ancora riconosciuto** che presenta la domanda di riconoscimento entro 1 anno dalla data di apertura della successione	dal giorno in cui perviene all'ente la notizia del riconoscimento o del diniego
nomina (successiva all'apertura della successione): – del **curatore** dell'eredità giacente; – dell'**esecutore** testamentario; – del **rappresentante** legale dell'erede o legatario	dal giorno della notizia legale della nomina
il defunto era in stato di **fallimento** al momento del decesso o è dichiarato fallito nei 6 mesi da tale data	dalla chiusura del fallimento
successione aperta a seguito di dichiarazione di **assenza o di morte presunta**	dalla data di immissione degli eredi nel possesso dei beni o, in mancanza, da quella in cui diventa eseguibile la sentenza dichiarativa di morte presunta

(1) Del termine diverso da quello ordinario fruisce solo il soggetto per il quale esso è previsto; per gli **altri coobbligati** vale il termine ordinario.
(2) In caso di **erede minorenne** (che non abbia già accettato e fatto inventario tramite rappresentante legale), il termine decorre dal raggiungimento della maggiore età (Cass. 17 gennaio 2014 n. 841).

Interesse alla dichiarazione (art. 48 D.Lgs. 346/90) I soggetti obbligati hanno interesse a presentare la dichiarazione indipendentemente dalla scadenza del termine in quanto **fino a quando non hanno provveduto**: 73025
– i **debitori del defunto** e i **detentori di beni** che gli appartenevano non possono pagare le somme dovute o consegnare i beni detenuti agli eredi, ai legatari e ai loro aventi causa (ad esempio, le banche non possono restituire i saldi di conto corrente);
– gli impiegati dello Stato e degli enti pubblici territoriali e i **pubblici ufficiali** (esclusi giudici e arbitri), non possono eseguire atti del loro ufficio relativi a trasferimenti per causa di morte.
Questi divieti si applicano anche se è spirato il **termine per l'accertamento** dell'omessa dichiarazione.
Se il defunto vantava dei **crediti nei confronti dell'AE**, questi vengono erogati direttamente ai chiamati all'eredità in proporzione al diritto all'eredità come risultante dalla dichiarazione, se l'eredità è devoluta per legge. I chiamati possono opporsi (art. 5 DL 73/2022 conv. in L. 122/2022) inviando una **comunicazione** all'AE tramite un servizio web, sul sito della stessa, che sarà **disponibile dal** 17 ottobre 2022 (Provv. AE 1° settembre 2022 n. 339178).

>Precisazioni 1) Il datore di lavoro che deve **corrispondere il TFR** agli eredi del lavoratore deceduto in attività di servizio, non deve richiedere prova della dichiarazione (non è cespite dell'asse ereditario); la deve invece richiedere se il lavoratore è deceduto dopo la cessazione del rapporto di lavoro ma prima del pagamento (Ris. AE 6 febbraio 2009 n. 36/E).
2) Il debitore che effettua il pagamento di **crediti contestati giudizialmente** deve darne comunicazione all'AE entro 10 giorni tramite raccomandata.

3) Ad esempio, la **voltura catastale** è consentita solo se è stata presentata la dichiarazione di successione ed è stata corrisposta la relativa imposta. Se tali adempimenti non sono stati effettuati nei termini previsti, devono essere effettuati successivamente, prima della domanda di voltura (Ris. Min. 12 luglio 1999 n. 114/E).

73028 Se **non c'era obbligo di dichiarazione**, per ottenere il pagamento o la restituzione dei beni, eredi e legatari devono rilasciare apposita dichiarazione di insussistenza dell'obbligo; chi la riceve deve inviarla all'AE entro 15 giorni.

73035 **MODELLO** (art. 28 D.Lgs. 346/90, Provv. AE 15 giugno 2017 e Provv. AE 28 dicembre 2017) Il soggetto obbligato deve compilare la dichiarazione utilizzando il **Modello Dichiarazione** di successione e domanda di volture catastali **reperibile** sul sito dell'AE e compilabile con l'apposito software; tale modello consente di richiedere contestualmente la **voltura catastale** relativamente agli immobili caduti in successione, salvo che per gli immobili ricadenti nei territori ove vige il sistema del Libro Fondiario e per quelli gravati da oneri reali, nei casi di trust e di eredità giacente/eredità amministrata, per i quali le domande di volture sono presentate utilizzando le precedenti modalità.

Per la compilazione sono necessari i dati indicati in **tabella** seguente.

Per le successioni **aperte fino al 2 ottobre 2006** e per le dichiarazioni integrative, sostitutive o modificative di quelle presentate cartacee, si deve utilizzare il **Modulo 4** cartaceo reperibile sul sito dell'AE (DM 10 gennaio 1992).

La richiesta di voltura catastale è considerata atto di **accettazione tacita** dell'eredità.

Dati necessari per compilare la dichiarazione
generalità, ultima residenza e codice fiscale **del defunto**;
data di apertura della successione e generalità, residenza e codice fiscale **dei chiamati all'eredità**, dei legatari ed il loro grado di parentela o affinità col defunto (albero genealogico), nonché eventuali accettazioni o rinunzie **(*)**;
descrizione analitica **dei beni e diritti** che si considerano compresi nell'asse ereditario, con l'indicazione dei rispettivi valori ed estremi catastali per gli immobili;
passività e gli oneri deducibili ed i relativi mezzi di prova prodotti a giustificazione delle singole passività;
crediti contestati giudizialmente, con l'indicazione delle notizie loro relative, nonché i crediti verso lo Stato e gli enti pubblici;
estremi degli atti di donazione, comprese quelle presunte, posti in essere dal defunto nei confronti degli eredi e legatari, con l'indicazione dei relativi valori alla data di apertura della successione;
valore globale netto dell'asse ereditario;
riduzioni e detrazioni spettanti (con i relativi documenti probatori);
liquidazione delle imposte ipocatastali.
(*) Per gli eredi o legatari **residenti all'estero**, deve essere indicato il domicilio eletto in Italia.

73040 **DOCUMENTI DA ALLEGARE** (art. 30 D.Lgs. 346/90) Chi presenta la dichiarazione deve allegare i documenti indicati nella **tabella** seguente. Nel caso di dichiarazione presentata con il nuovo modello in via telematica, i documenti vanno allegati in formati elettronici compatibili (le dichiarazioni sostitutive possono essere compilate nel modello stesso).

Documenti da allegare (1) (2)
dichiarazione sostitutiva del **certificato di morte** in esenzione da bollo; in caso di assenza o morte presunta, copia autentica della sentenza;
dichiarazione sostitutiva dello **stato di famiglia**, in esenzione da bollo, del defunto, degli eredi, e dei legatari, in rapporto di parentela o affinità con il defunto, oppure i documenti di prova della parentela naturale;
copia dell'eventuale **testamento** o altro atto di ultima volontà che regola la successione con dichiarazione sostitutiva di atto di notorietà attestante che la stessa costituisce copia dell'originale;
copia dell'eventuale **accordo per l'integrazione**, in caso di lesione, dei **diritti di legittima** con dichiarazione sostitutiva di atto di notorietà attestante che la stessa costituisce copia dell'originale;
copia ultimo **bilancio o inventario** dell'azienda in successione (anche tramite successione di quote o azioni) con prospetto attestante attività e passività dal quale risulti il patrimonio netto dell'azienda al momento della successione;

Documenti da allegare (1) (2)
copia pubblicazioni o prospetti redatti a norma di legge o regolamento da cui risulti il **valore dei titoli o delle quote di partecipazione** a fondi comuni di investimento cadute in successione;
copia dell'eventuale **verbale di inventario** dell'eredità (eventualmente fatto redigere per evitare la presunzione di appartenenza all'asse ereditario di denaro, gioielli e mobilia, v. n. 73155) con dichiarazione sostitutiva di atto di notorietà attestante che la stessa costituisce copia dell'originale;
certificato dei pubblici registri recante l'indicazione degli elementi di individuazione di **navi e aeromobili**;
copia di documenti di **prova delle passività**, degli oneri nonché delle riduzioni e detrazioni con dichiarazione sostitutiva di atto di notorietà attestante che la stessa costituisce copia dell'originale; questi documenti devono essere integrati su richiesta dell'ufficio e accompagnati (per riduzioni) di dichiarazione sostitutiva atto notorio (v. allegato al modello);
copia autentica del documento avente data anteriore all'apertura della successione, attestante i **debiti del defunto**, oppure provvedimento giurisdizionale definitivo; in mancanza, il debito deve risultare da dichiarazione di sussistenza del debito scaricabile sul sito dell'AE e sottoscritto da uno dei soggetti obbligati alla dichiarazione e dal creditore;
eventuali certificati di **sussistenza di credito** (es. certificazione bancaria o postale);
eventuale richiesta di **agevolazione per le ipocatastali** con dichiarazione sostitutiva di atto notorio in cui si attesta la presenza dei requisiti per fruirne (v. allegato al modello);
eventuale dichiarazione con cui coniuge e discendenti del defunto si impegnano a proseguire attività d'impresa per eventuale agevolazione (v. n. 73165 e s.);
in caso di **decesso all'estero o di presenza di navi o aeromobili all'estero**, certificato di morte e certificati di possesso con dichiarazione sostitutiva attestante conformità agli originali;
ogni eventuale **altra documentazione** relativa a bilanci od inventari, crediti inesigibili, registrazione di navi od aerei posseduti, fallimenti, spese mediche, imposte pagate all'estero con dichiarazione sostitutiva di conformità all'originale;
copia **documento d'identità** di chi, diverso dal dichiarante, sottoscrive dichiarazione sostitutiva.
(1) Non è necessario allegare (anche se ancora previsto dalla norma) gli **estratti catastali** degli immobili compresi nella successione (Ris. AE 13 febbraio 2013 n. 11/E). In caso di utilizzo del modello telematico, le **dichiarazioni sostitutive** rese del dichiarante sono rese tramite compilazione dell'apposito quadro della dichiarazione. Quelle rese da altri soggetti devono essere acquisite in formato elettronico accompagnate da copia elettronica del documento d'identità del dichiarante. **(2)** I documenti **in lingua straniera** devono essere corredati di traduzione in italiano eseguita da perito iscritto presso il tribunale ed asseverata con dichiarazione sostitutiva di conformità della stessa all'originale.

Oltre a quelli indicati, è **opportuno allegare**:
- copia della sentenza dichiarativa di assenza o morte presunta;
- copia atto rinuncia all'eredità;
- copia atto costitutivo unione civile;
- dichiarazione sostitutiva per destinazione urbanistica dei terreni.

VERSAMENTO DELLE IMPOSTE PER GLI IMMOBILI I soggetti obbligati devono **autoliquidare** e versare, in caso di immobili, le imposte ipocatastali, quella di bollo e le tasse ipotecarie prima di presentare la dichiarazione. 73043
Il calcolo dell'autoliquidazione deve essere riportato in dichiarazione.
Il versamento può essere effettuato tramite addebito diretto su c.c. (in caso di dichiarazione telematica) o tramite F24.
Le imposte da versare sono **determinate** secondo quanto detto al n. 73310.

> La **quietanza** di versamento va conservata fino alla scadenza del termine per la rettifica della dichiarazione di successione di 2 anni dalla notifica dell'avviso di liquidazione dell'imposta.

PRESENTAZIONE La dichiarazione deve essere presentata esclusivamente in **via telematica** tramite applicativo dell'Agenzia delle Entrate dal dichiarante o tramite **intermediario** abilitato. È necessaria abilitazione ai servizi telematici dell'AE. 73050
Sono **abilitati alla trasmissione**, oltre quelli individuati al n. 16047 nonché (anche se riuniti in forma associata) (Provv. AE 9 marzo 2018 n. 53616):
a) iscritti all'albo degli Ingegneri,
b) iscritti all'albo degli Architetti, Pianificatori, Paesaggisti e Conservatori (con titolo di Architetto o Architetto junior),

c) agenzie che svolgono, per conto dei propri clienti, attività di pratiche amministrative presso amministrazioni ed enti pubblici, purché titolari di licenza.

73052 **Ricevute** Il servizio telematico restituisce, immediatamente dopo l'invio, una prima ricevuta che attesta l'**avvenuta trasmissione** del file e, dopo i controlli formali sui dati riportati nella dichiarazione, una seconda ricevuta che attesta gli **estremi di registrazione** e la Direzione provinciale dell'ufficio territoriale incaricato della lavorazione della dichiarazione e che, in caso di esito positivo, costituisce prova dell'avvenuta presentazione.
In caso di utilizzo dell'addebito in conto corrente per il pagamento delle imposte dovute, il sistema rilascia una terza ricevuta che attesta l'**esito del pagamento**.
Con quarta ricevuta, il sistema rende disponibile una **copia semplice della dichiarazione**, con estremi di registrazione, nel cassetto fiscale del dichiarante.
Con quinta ricevuta, il sistema attesta l'esito della domanda di **volture catastali**; l'esito può essere:
a) tutti gli immobili sono stati volturati;
b) solo parte degli immobili sono stati volturati (in questo caso verranno forniti i dati degli immobili per i quali sono state riscontrate le incongruenze tali da non permettere il perfezionamento delle operazioni di voltura);
c) nessun immobile è stato volturato.

> **Precisazioni** 1) Il dichiarante può richiedere **copia conforme** della dichiarazione presentata, necessaria ad esempio per riscuotere i crediti presso istituti di credito, barrando lo specifico campo nel frontespizio (verrà reso disponibile sul sito dei servizi telematici) oppure recandosi presso qualsiasi ufficio territoriale dell'AE e pagando le somme dovute.
> 2) Se nella dichiarazione si è optato per non avvalersi della **voltura** automatica (o quando questa non è possibile), il dichiarante la deve richiederla in formato cartaceo entro 30 giorni dalla presentazione della dichiarazione (v. n. 73055).

73053 **Dichiarazione precompilata** Con le **credenziali** Spid, Cie (Carta d'identità elettronica), Carta nazionale dei servizi (Cns) o Fisconline/Entratel è possibile accedere dal sito web dell'AE al software di **compilazione assistita** e invio via web della dichiarazione che consente di prelevare dalle banche dati dell'AE e compilare automaticamente la dichiarazione con i dati anagrafici del defunto, i dati relativi agli immobili (diversi da quelli ubicati nei territori del libro fondiario) e quelli dei pagamenti già effettuati (in caso di dichiarazione sostitutiva).
Le **ricevute** indicate al n. 73052 sono rese disponibili dell'area riservata del sito.

73055 **ADEMPIMENTI SUCCESSIVI** In caso di successione con diritti immobiliari, se non è stata presentata dichiarazione telematica con contestuale domanda di voltura catastale o se si è presentata ma nei casi in cui non c'è contestuale voltura, l'ufficio - a seguito della presentazione della dichiarazione - rilascia il **certificato di successione** di cui, chi ha presentato la dichiarazione, deve richiedere, entro 30 giorni, la **voltura** presso ogni ufficio provinciale territorio competente per gli immobili in successione.
L'ufficio stesso, invece, ne richiede la **trascrizione** nei registri immobiliari, entro 60 giorni dalla presentazione della dichiarazione.

> La trascrizione è richiesta ai soli **fini fiscali** e non costituisce trascrizione degli acquisti a causa di morte dei beni e dei diritti compresi nella successione (art. 3 DPR 650/72 e art. 5 D.Lgs. 347/90).

73060 **MODIFICA DELLA DICHIARAZIONE** (art. 28 c. 6 D.Lgs. 346/90 e art. 11 D.Lgs. 175/2014)
Se dopo la presentazione della dichiarazione, **sopravviene un evento** che determina:
– il cambiamento della devoluzione dell'eredità o del legato (es. ritrovamento del testamento);
– l'applicazione dell'imposta in misura superiore (es. sopravvenienza di un credito del defunto o scoperta di un bene prima non considerato), i soggetti obbligati devono presentare una **dichiarazione**:
– **integrativa**, per indicare cespiti non indicati in quella originaria (è il caso della sopravvenienza) che comportano aumento del valore dell'eredità o dell'imposta dovuta;
– **modificativa**, per correggere dati già dichiarati che non comportano aumento del valore dell'eredità o dell'imposta dovuta;
– **sostitutiva**, per correggere errori commessi in quella precedentemente presentata sostituendola completamente.
L'obbligo non sussiste quando la sopravvenienza è dovuta a **rimborsi fiscali** (riscossi dal 13 dicembre 2014, Circ. AE 30 dicembre 2014 n. 31/E) o a **cessione di beni culturali** vincolati

prima del termine di legge (con conseguente venir meno dell'esclusione da tassazione) poiché in questi casi l'AE provvede alla liquidazione della maggiore imposta sui dati che ha già a disposizione.

I rimborsi che non obbligano alla dichiarazione dovrebbero essere quelli **erogati dall'AE**.

Per **correggere errori** commessi nella dichiarazione presentata, i soggetti obbligati possono presentare una dichiarazione modificativa, integrativa o sostitutiva secondo quanto detto al paragrafo precedente. **73065**
In questo caso, la dichiarazione deve essere presentata prima della notifica dell'avviso di rettifica con cui l'AE contesta l'errore e deve essere presa in considerazione dall'ufficio per la liquidazione dell'imposta (Cass. SU 27 luglio 2004 n. 14088).
Scaduto il termine per l'accertamento dell'imposta, la dichiarazione può essere modificata solo per fatti sopravvenuti (Ris. AE 13 gennaio 2012 n. 8/E).

È possibile presentare la dichiarazione anche dopo **il pagamento dell'imposta principale** liquidata dall'AE sulla base della prima dichiarazione ed anche se l'importo pagato è superiore all'importo che verrebbe liquidato tenendo conto del valore rettificato del cespite (Ris. Min. 12 febbraio 1997 n. 24/E).

II. Liquidazione dell'imposta

L'AE determina l'imposta di successione dovuta dai **singoli beneficiari** e la comunica mediante **avviso di liquidazione**, **sulla base** della dichiarazione, anche se presentata dopo la scadenza del termine (ma prima che sia stato notificato l'accertamento d'ufficio) e tenendo conto dei dati che integrano o modificano la dichiarazione originaria, contenuti in eventuali dichiarazioni successive nonché degli eventuali rimborsi fiscali riscossi dagli eredi (art. 33 D.Lgs. 346/90). **73095**
L'**imposta** così liquidata è **qualificata** principale, per distinguerla da quella liquidata in sede di accertamento d'ufficio o di rettifica che è complementare; quella liquidata per correggere errori od omissioni di una precedente liquidazione è invece suppletiva (art. 17 c. 7 D.Lgs. 346/90).

TERMINE (art. 27 c. 2 D.Lgs. 346/90) L'AE deve notificare l'avviso di liquidazione **entro** 3 anni dalla data di presentazione della dichiarazione di successione principale o da quella modificativa. **73100**
In caso di **omessa dichiarazione** l'AE notifica avviso di liquidazione entro 5 anni dalla scadenza del termine.
Una volta notificato l'avviso di liquidazione, il diritto a riscuotere l'imposta, dal momento in cui è definitivamente accertata, si **prescrive** in 10 anni, con decorrenza:
– se **non viene proposto ricorso**, dalla data di notificazione dell'avviso di accertamento o di sottoscrizione dell'atto di adesione;
– in caso di **ricorso**, dalla data della decisione, o sentenza passata in giudicato.
Per l'**emergenza Covid-19**, gli avvisi di liquidazione e di rettifica e liquidazione che ordinariamente scadrebbero fra l'8 marzo e il 31 dicembre 2020, devono essere emessi entro tale data e notificati nel periodo 10 gennaio - 31 dicembre 2021 (art. 157 DL 34/2020 conv. in L. 77/2020). La previsione supera la sospensione già prevista dall'art. 67 DL 18/2020 conv. in L. 27/2020.

DESTINATARI (art. 2 c. 47 DL 262/2006 e art. 36 D.Lgs. 346/90) Sono ordinariamente **obbligati al pagamento** gli eredi e i legatari cui l'AE notifica l'avviso di liquidazione. **73103**
Tuttavia, finché l'eredità non è accettata, sono obbligati al pagamento anche **i chiamati all'eredità** che non vi hanno rinunciato che ne rispondono nei limiti dei beni ereditari di cui sono in possesso.

L'AE può chiedere al tribunale la **fissazione di un termine per l'accettazione** dell'eredità.

L'imposta è calcolata sul trasferimento in relazione ad ogni singolo beneficiario ma gli **eredi** sono obbligati in solido al pagamento dell'imposta complessivamente dovuta da loro e dai legatari ma l'erede che ha accettato l'eredità **con beneficio di inventario** è obbligato in solido solo nel limite della propria quota ereditaria. **73105**

Non si ritiene applicabile la responsabilità per il pagamento del **debitore del defunto**, anche se ancora prevista dalla norma.

73107 **PAGAMENTO** (art. 37 D.Lgs. 346/90) I destinatari dell'avviso di liquidazione devono eseguire il pagamento **entro** 60 giorni dalla data in cui è stato notificato tramite Mod. F24 pagabile presso l'AdR, banche o uffici postali.

In caso di **ritardato pagamento**, sono dovuti gli interessi di mora nella misura del 2,5% per ogni semestre compiuto dalla scadenza.

>**Precisazioni 1)** Il pagamento può essere **effettuato per** contanti anche a mezzo cedole di titoli del debito pubblico scadute (computate per il loro importo netto), titoli di credito bancari o postali (es. assegni) a copertura garantita, o mediante cessione di beni di interesse culturale, artistico. In quest'ultima ipotesi il pagamento deve essere effettuato entro 6 mesi (artt. 37 e 39 D.Lgs. 346/90).
2) Non devono essere pagate le **somme non superiori a** 10,32 € (compresi interessi e sanzioni).

73108 **Rateazione** (art. 38 D.Lgs. 346/90) I soggetti obbligati, se l'importo dovuto **non è inferiore a** 1.000 euro, possono effettuare il pagamento ratealmente **versando**:
– un importo non inferiore al 20% dell'imposta liquidata dall'AE, entro il termine di 60 giorni dalla notifica dell'avviso di liquidazione;
– l'importo rimanente in un numero di 8 rate trimestrali o, per importi superiori a 20.000 euro, in un numero massimo di 12 rate trimestrali.

Sulle rate successive alla prima sono dovuti gli **interessi**, calcolati dal primo giorno successivo al pagamento del 20%.

Le **rate** scadono l'ultimo giorno di ciascun trimestre.

73110 **Mancato pagamento** (art. 41 D.Lgs. 346/90) In caso di mancato pagamento, l'AE provvede all'iscrizione a ruolo con conseguente notifica, da parte dell'AdR della cartella di pagamento maggiorata degli interessi, della sanzione per omesso versamento e dell'aggio della riscossione.

Il mancato pagamento della **somma pari al 20%** dell'imposta entro il termine di 60 giorni o di una delle rate entro il termine di pagamento della rata successiva comporta la decadenza dalla rateazione e l'importo dovuto, dedotto quanto versato, è iscritto a ruolo con relative sanzioni e interessi.

Tuttavia, in caso di **lieve inadempimento**, si applica quanto detto al n. 88043.

73115 **CONTESTAZIONE** Se il destinatario ritiene non corretta la liquidazione dell'imposta, deve impugnare l'avviso entro 60 giorni dalla notifica con ricorso o reclamo alla Corte tributaria di primo grado competente (v. n. 87690).

Può anche presentare istanza di autotutela che, tuttavia, non sospende il termine per il ricorso (v. n. 80400).

III. Determinazione dell'imposta

73130 L'imposta si determina applicando le **aliquote** previste, differenti a seconda del beneficiario, sul valore della **quota ereditaria o legato** spettante a ciascuno di essi, al netto delle passività deducibili e della franchigia prevista per determinati soggetti (parenti più stretti e portatori di handicap) nonché di eventuali altri oneri e salvo i trasferimenti le successioni non soggette ad imposta.

A. Quota ereditaria

73135 La quota ereditaria è rappresentata da tutti i beni e i diritti del defunto (**attività**) caduti in successione in caso di unico erede o dalla quota su di essi spettante in base alla legge o al testamento, in caso di più eredi e sempre al netto delle **passività** deducibili e degli oneri che gravano sull'eredità come ad esempio i legati.

Per chi riceve il **legato**, l'imposta si applica sul valore di questo.
Gli **oneri imposti** a carico dell'erede o del legatario che hanno per oggetto prestazioni a soggetti terzi determinati individualmente, sono considerati legati a favore del beneficiario (art. 46 D.Lgs. 346/90).

a. Attività

(art. 9 D.Lgs. 346/90)

1. Contenuto

Rientrano fra le attività tutti i **beni e i diritti** già facenti capo al defunto e caduti in successione **73140**
quali, ad esempio, gli immobili (in proprietà o altro diritto reale), i beni mobili, i crediti, le aziende, i saldi attivi di conto corrente, ecc.
Oltre a questi, **si presumono** appartenenti all'attivo ereditario quelli indicati al n. 73155.
Sono invece **esclusi**, anche se di proprietà del defunto, i beni indicati al n. 73160.
In caso di **legato**, questo passa direttamente al legatario e non deve quindi essere considerato all'attivo dell'erede (Risp. AE 30 marzo 2021 n. 224).

> **Precisazioni** 1) In caso di **fallimento del defunto** si tiene conto solo delle attività che giungono agli eredi dopo la chiusura dello stesso.
2) L'immobile acquisito dal defunto per **usucapione** rientra nell'asse ereditario anche in assenza della **sentenza di accertamento** dell'acquisto e pertanto eredi e legatari lo devono inserire nella dichiarazione di successione del titolare (Ris. AE 25 febbraio 2009 n. 52/E).
3) Se alla data del decesso è in corso un contratto di **pronti contro termine** in cui la banca assume il ruolo di venditore a pronti e il cliente di acquirente a pronti, i titoli oggetto di tale contratto concorrono alla formazione dell'attivo ereditario. Se, però, nel contratto sono compresi i titoli del debito pubblico, gli stessi sono esenti. Nel caso in cui, invece, sia il cliente ad assumere la veste di venditore a pronti e di acquirente a termine, concorre alla formazione dell'attivo ereditario il corrispondente valore dei titoli che la banca ha corrisposto al cliente (Circ. Min. 28 luglio 2000 n. 149/E).

BENI IN COMUNE **Si considerano** appartenenti all'attivo ereditario per la metà del **73150**
valore, in quanto si presumono posseduti in quote uguali, salvo che non risulti diversamente:
- i beni oggetto di **comunione legale** tra i coniugi (anche se non cointestati e salvo che risulti la volontà di escluderli);
- i **beni mobili** e **titoli al portatore** di cui alla lett. b) del n. 73155, depositati a nome del defunto e di altre persone (compresi quelli contenuti in cassette di sicurezza oppure in armadi, casseforti, borse, valigie e plichi chiusi);
- le **azioni** e **altri titoli cointestati**;
- i **crediti** spettanti al defunto e ad altri, compresi quelli relativi ai depositi bancari ed ai conti correnti bancari e postali.

> Le **azioni e partecipazioni** similari rientrano nella comunione per il solo fatto che siano state comprate in costanza di matrimonio, ancorché da uno solo dei coniugi, ove difetti una contemporanea manifestazione di volontà tesa ad escluderle dalla comunione stessa (Cass. 6 maggio 2009 n. 10386).

BENI CHE SI PRESUMONO NELL'ATTIVO (art. 11 D.Lgs. 346/90) Oltre ai beni già **73155**
appartenenti al defunto e specificatamente individuati, si presumono appartenenti all'attivo ereditario:
a) i **titoli** di qualsiasi specie, salvo quelli esclusi, il cui reddito è stato indicato nell'ultima dichiarazione dei redditi presentata dal defunto;
b) i **beni mobili** e i **titoli al portatore** di qualsiasi specie, tranne titoli di Stato di cui al n. 73160, posseduti dal defunto o depositati presso terzi a suo nome;
c) le **partecipazioni in società** di ogni tipo, anche se è previsto a favore di altri il diritto di accrescimento o ad acquistare ad un prezzo inferiore a quello di mercato;
d) **denaro**, **gioielli** e **mobilia** (beni mobili destinati all'uso o all'ornamento delle abitazioni, compresi anche gli eventuali beni culturali non vincolati), per un importo forfettario pari al 10% delle quote imponibili, cioè al netto dell'eventuale franchigia, spettanti a ciascun beneficiario (art. 9 D.Lgs. 346/90 e Circ. Min. 16 novembre 2000 n. 207/E); i soggetti obbligati, se ritengono che tali beni abbiano un valore inferiore, devono richiedere ad un notaio o al tribunale la

redazione dell'inventario dei beni ereditari (artt. 769 e s. c.p.c., vedi MPC) da allegare alla dichiarazione di successione.
In ogni caso, i soggetti obbligati **possono provare** che tali beni non fanno parte dell'attivo ereditario.

73160 **BENI E DIRITTI ESCLUSI DALL'ATTIVO** Sono invece esclusi dall'attivo i beni e i diritti indicati nella **tabella** seguente.

Attività escluse
Imprese
– aziende o rami di aziende; – quote sociali e di azioni; solo se ricorrono le condizioni di cui al n. 73165
Indennità e assicurazioni
– assicurazioni sulla vita; le somme pagabili a seguito della morte dell'assicurato ad un terzo beneficiario non devono essere incluse in dichiarazione, anche se quest'ultimo è erede o legatario;
– indennità per cessazione del rapporto di agenzia (art. 1751 c.c.);
– indennità di mancato preavviso e TFR di lavoro, nonché prestazioni erogate dai fondi di previdenza complementare (Circ. AE 18 dicembre 2007 n. 70/E);
– indennità spettanti agli eredi per diritto proprio (e non per successione) in forza di assicurazioni previdenziali, obbligatorie o volontarie, comprese quelle derivanti dalla partecipazione alla previdenza individuale, stipulate dal defunto **(1)**
Crediti
– contestati giudizialmente sino a quando la loro sussistenza non sia riconosciuta con provvedimento giurisdizionale o con transazione;
– verso lo Stato, enti pubblici territoriali ed enti pubblici che gestiscono forme obbligatorie di assistenza e previdenza o assistenza sociale, fino a quando non siano riconosciuti con un apposito provvedimento;
– ceduti allo Stato entro la data di presentazione della dichiarazione di successione
Azioni e titoli
– nominativi intestati al defunto, qualora ne sia provata, mediante atto autentico o girata autenticata, la loro alienazione;
– titoli del debito pubblico (fra cui BOT e CCT) compresi i corrispondenti titoli emessi da Stati UE, Norvegia e Islanda;
– altri titoli di Stato, garantiti dallo Stato o equiparati (fra i quali rientrano i buoni postali e quelli citati al n. 11250) compresi i corrispondenti titoli emessi da Stati UE, Norvegia e Islanda;
– strumenti finanziari detenuti in piani di risparmio a lungo termine istituiti da enti di previdenza (art. 1 c. 114 L. 232/2016)
Veicoli
– iscritti al PRA (pubblico registro automobilistico) (art. 59 bis D.Lgs. 346/90) **(2)**
Altri beni e diritti
– beni e diritti **iscritti in pubblici registri** a nome del defunto qualora sia provato, mediante provvedimento giurisprudenziale, atto pubblico, scrittura privata autenticata o altra scrittura con data certa, che egli ne abbia perduto la titolarità;
– riunione dell'**usufrutto** alla nuda proprietà, in seguito al decesso dell'usufruttuario (art. 61 D.Lgs. 346/90);
– **fabbricati rurali**, anche se hanno rendita catastale, in quanto si considera compresa nel reddito dominicale dei terreni a cui sono asserviti (Ris. AE 6 agosto 2009 n. 207/E);
– **beni culturali vincolati** di interesse artistico, storico, compresi quelli che interessano l'archeologia, la paleontologia, la preistoria, le cose di interesse numismatico, ecc., per i quali sono stati assolti gli obblighi di conservazione e protezione. Per godere del beneficio i beni devono essere indicati, a pena di decadenza, nella dichiarazione di successione (Circ. Min. 30 marzo 2000 n. 61/E) **(3)**;
– beni all'estero dei c.d. **neo residenti facoltosi** per le successioni aperte durante il periodo di validità dell'opzione per l'imposta sostitutiva dei redditi (v. n. 224) (art. 1 c. 158 L. 232/2016);
– ogni altro bene o diritto che la legge dichiara esente (es. boschi costituiti per effetto di leggi a favore dei terreni montani ereditati da ascendenti, discendenti e coniugi).

(1) Il diritto alla percezione di **ratei di pensione non riscossi** in vita dal defunto sorge direttamente a favore del coniuge superstite o, in mancanza, dei figli e, pertanto non rientrano nell'asse ereditario. In loro assenza i ratei spettano agli eredi, ed entrano nell'asse stesso (art. 201 DPR 1092/73, Ris. AE 18 febbraio 2008 n. 53/E).
(2) Si applica l'imposta provinciale di trascrizione di cui al n. 79495.
(3) Il soggetto obbligato **deve presentare** all'Amministrazione per i beni culturali e ambientali l'inventario dettagliato dei beni da non ricomprendere nell'asse ereditario, in modo che questa possa attestare, per ogni singolo bene, la sussistenza delle caratteristiche idonee; deve inoltre, a pena di decadenza, allegare l'attestazione alla dichiarazione di successione.
Decade dal beneficio dell'esclusione di imposta se, prima che siano decorsi 5 anni dall'apertura della successione:
– cede in tutto o in parte i predetti beni. Se la cessione interessa solo alcuni beni, l'inclusione nell'attivo ereditario riguarda solo i beni alienati; se interessa una quota indivisa di un bene, l'inclusione riguarda il bene stesso (Cass. 31 marzo 2011 n. 7362);
– viene effettuato il mutamento di destinazione degli immobili senza la prescritta autorizzazione;
– manca l'assolvimento degli obblighi di legge per consentire l'esercizio del diritto di prelazione dello Stato;
– è tentata l'espropriazione non autorizzata dei beni vincolati.

IMPRESE (art. 3 c. 4 ter D.Lgs. 346/90) Vi sono regole particolari quando nell'asse ereditario vi è un'impresa da intendersi come: 73165
– azienda (o ramo d'azienda);
– quote di società di persone (anche di accomandante);
– quote di società di capitali.

La successione di questi beni, quando **a favore di** coniuge e/o discendenti (figli e nipoti, esclusi quindi fratelli e sorelle, genitori e convivente), non è soggetta ad imposta quando ricorrono le **condizioni** di seguito esposte.

Quando oggetto di successione sono partecipazioni o quote in **società estere**, l'esenzione si applica se sono rispettate le medesime condizioni previste per quelle residenti, anche se non espressamente previste dalla legge (Parere AE Dir. Reg. Lombardia).

Aziende e società di persone Le aziende e le quote di società di persone, non sono soggette ad imposta se il beneficiario (o i beneficiari) proseguono l'esercizio dell'attività d'impresa per un periodo non inferiore a 5 anni dalla data del trasferimento. 73168
Nella **tabella** seguente si riportano alcuni casi particolari per valutare la spettanza dell'esclusione (Circ. AE 29 maggio 2013 n. 18/E par. 6.45).

Il beneficiario, prima del decorso dei 5 anni, **conferisce** l'azienda o la partecipazione ricevuta in altra società	L'esclusione permane quando: – si tratta di conferimento d'azienda **in una società di persone**, indipendentemente dal valore della partecipazione ricevuta; – si tratta di conferimento d'azienda **in una società di capitali**, purché, in tal caso, le azioni o quote assegnategli a fronte del conferimento consentano di conseguire o integrare il controllo
La società oggetto di successione, prima del decorso di 5 anni, è soggetta a **trasformazione**, **fusione** o **scissione**	L'esclusione permane quando: – l'operazione dà origine a **società di persone** o incide sulle stesse (a prescindere dal valore della quota di partecipazione assegnata al socio); – l'operazione dà origine o incide su **società di capitali** e il socio mantiene od integra la partecipazione di controllo nella società
Il beneficiario del trasferimento, prima dei 5 anni, **cede un ramo dell'azienda** ricevuta	Si ha decadenza parziale, limitatamente al ramo d'azienda ceduto purché, per la parte non trasferita, il beneficiario prosegua l'attività

In ogni caso, i beneficiari devono inserire nella **dichiarazione** di successione apposita dichiarazione di voler proseguire l'attività (e mantenere il controllo dove richiesto) (Circ. AE 22 gennaio 2008 n. 3 e Ris. AE 18 novembre 2008 n. 446/E).

Se nell'azienda vi sono **immobili**, l'esclusione si applica anche alle imposte ipocatastali (artt. 1 e 10 D.Lgs. 347/90). 73170

Società di capitali La successione di quote o azioni di società di capitali (Spa, Sapa, Srl, società cooperative e di mutua assicurazione), non è soggetta ad imposta se: 73175
a) ha ad oggetto quote o azioni mediante le quali è acquisito o integrato il **controllo** (maggioranza dei voti esercitabili in assemblea ordinaria, ai sensi dell'art. 2359 c. 1 n. 1 c.c.); il controllo può essere acquisito dall'erede anche per effetto della somma tra le partecipazioni

ereditate e quelle già possedute, sia direttamente che indirettamente, cioè tramite un'altra società controllata (Ris. AE 26 luglio 2010 n. 75/E);
b) i beneficiari detengono il controllo **per un periodo** non inferiore a 5 anni dalla data del trasferimento.
In caso di **più beneficiari**, la sussistenza del mantenimento nel tempo e del controllo (quando richiesto) va valutata separatamente per ciascuno di essi.
L'esclusione non si applica al trasferimento di **titoli obbligazionari** (Circ. AE 29 maggio 2013 n. 18/E).
Nella **tabella** seguente si riportano alcuni casi particolari per valutare la spettanza dell'esclusione (Circ. AE 29 maggio 2013 n. 18/E par. 6.45).

La partecipazione di controllo posseduta dal defunto è **frazionata tra più beneficiari**	L'esclusione non spetta al beneficiario che non acquisisce o integra il controllo. Spetta sempre, invece, quando il trasferimento della partecipazione di controllo è effettuata a favore di più discendenti e/o coniuge **in comproprietà** (art. 2347 c.c.)
Uno solo di più coeredi detiene azioni o quote che **sommate a quelle detenute in comproprietà** con gli altri coeredi determinano il controllo	Tali quote o azioni non possono essere computate unitariamente (Ris. AE 26 luglio 2010 n. 75/E)
Il beneficiario del trasferimento, prima dei 5 anni, **cede un ramo dell'azienda** ricevuta	Si ha decadenza parziale, limitatamente al ramo d'azienda ceduto purché, per la parte non trasferita, il beneficiario prosegua l'attività

In ogni caso, i beneficiari devono inserire nella **dichiarazione** di successione apposita dichiarazione di voler proseguire l'attività (e mantenere il controllo dove richiesto) (Circ. AE 22 gennaio 2008 n. 3 e Ris. AE 18 novembre 2008 n. 446/E).

73185 **Mancato rispetto delle condizioni** Il mancato rispetto delle condizioni esaminate, comporta la decadenza dal beneficio e il pagamento dell'imposta in misura ordinaria, oltre alla **sanzione** del 30%, e degli interessi di mora (2,5% per ogni semestre compiuto) decorrenti dalla data in cui l'imposta medesima avrebbe dovuto essere pagata.
In caso di **decadenza parziale**, la maggiore imposta e le sanzioni si applicano solamente sulla parte in relazione alla quale si è verificata.

73190 **AZIENDE AGRICOLE** (art. 14 L. 441/98) Quando non ricorrono le condizioni per l'esclusione illustrate al n. 73165, la successione dell'azienda agricola o dei beni che la costituiscono compresi i fabbricati, le pertinenze, le scorte vive e morte e quant'altro strumentale all'attività di aziende agricole sono **esenti** dall'imposta di successione **quando**:
a) la **successione interviene** fra ascendente e discendenti entro il terzo grado;
b) il **beneficiario** non ha compiuto i 40 anni e:
– è coltivatore diretto o IAP, iscritto alle relative gestioni previdenziali, o che vi si iscriva entro 3 anni dal trasferimento;
– acquisisca la qualifica di coltivatore diretto o di IAP entro 24 mesi dal trasferimento, iscrivendosi alle relative gestioni previdenziali entro i successivi 2 anni;
c) il beneficiario coltivi o conduca direttamente i fondi per almeno 6 anni.

73195 In caso di **immobili** che costituiscono l'azienda agricola, il trasferimento è soggetto alla sola imposta ipotecaria in misura fissa (€ 200) mentre è esente da catastale e bollo.
Se la successione comprende altri immobili per i quali l'imposta ipotecaria è dovuta in misura proporzionale, questa assorbe quella fissa qui prevista (Circ. Min. 24 maggio 2000 n. 109/E).

2. Valutazione

73200 I beni e i diritti che costituiscono l'attivo devono essere valutati, **in generale**, al valore venale in comune commercio alla data di apertura della successione.
Tuttavia, **criteri specifici** sono dettati per ampia serie di beni e diritti riportati nella **tabella** seguente.

In caso di trasferimento di **usufrutto**, **uso** o **abitazione**, si applicano regole comuni per tutti i tipi di beni.

73205

Oggetto	Criterio di valutazione
Immobili (art. 14 D.Lgs. 346/90)	
– in proprietà piena	Valore di mercato alla data di apertura della successione. Non sono tuttavia soggetti ad accertamento i valori degli immobili (esclusi i terreni edificabili) e dei diritti reali di godimento stabiliti su di essi, valutati secondo il criterio automatico di cui al n. 71585 (art. 34 D.Lgs. 346/90 e Circ. AE 6 febbraio 2007 n. 6/E).
– nuda proprietà	Differenza tra il valore della piena proprietà e il valore del diritto reale di godimento da cui è gravata (es.: usufrutto, uso, abitazione - vedi sotto). (La riunione dell'usufrutto alla nuda proprietà per decesso dell'usufruttuario non è imponibile).
– enfiteusi	Enfiteuta: maggiore ammontare tra 20 volte il canone annuo e la differenza tra il valore della piena proprietà e la somma dovuta per l'affrancazione; Concedente: somma dovuta per l'affrancazione.
– usufrutto, uso, abitazione (art. 14 lett. c D.Lgs. 346/90)	Si applicano le medesime regole applicabili alle rendite vitalizie. In questi casi il valore della **annualità** è dato dal prodotto del valore della piena proprietà per il saggio legale di interesse (nel 2022 dell'1,25%) **(1)**.
Aziende (art. 15 D.Lgs. 346/90)	Valore complessivo dei beni e dei diritti che la compongono al momento della successione, al netto delle passività deducibili e documentate (v. n. 73255). Sono comunque esclusi i beni di cui al n. 73160 e l'avviamento **(2)**.
Navi e aeromobili (art. 15 D.Lgs. 346/90)	Se tali beni fanno parte dell'azienda, il loro valore concorre a determinare quello dell'azienda stessa. Considerati individualmente, invece, il loro valore va desunto dai prezzi mediamente praticati sul mercato per i beni della stessa specie di nuova costruzione, considerato anche il tempo trascorso dall'acquisto e lo stato di conservazione.
Azioni, obbligazioni, altri titoli e quote sociali (art. 16 D.Lgs. 346/90) **(3)**	
– titoli quotati in Borsa o negoziati al mercato ristretto	Media dei prezzi di compenso o dei prezzi fatti nell'ultimo trimestre anteriore all'apertura della successione, maggiorata dei dietimi o degli interessi successivamente maturati.
– azioni non quotate, quote di società ed enti non azionari e partecipazioni in società di persone ed assimilate	Situazione patrimoniale della società alla data del decesso, in proporzione alla quota spettante, così come risultante dall'ultimo bilancio pubblicato o dall'ultimo inventario, tenendo conto dei mutamenti sopravvenuti. Se la società non ha l'obbligo di redazione del bilancio o dell'inventario, le azioni o quote sono valutate in base al valore dei beni e dei diritti, al netto delle passività deducibili e documentate (v. n. 73255) e dei titoli di Stato o garantiti dallo Stato. È escluso l'avviamento.
– obbligazioni e altri titoli	Sulla base dei titoli quotati aventi analoghe caratteristiche o, in mancanza, in base a elementi certi.
– quote di partecipazione in fondi comuni d'investimento	Secondo il valore risultante dalle pubblicazioni o dai prospetti redatti a norma di legge o di regolamento, detraendo tuttavia la percentuale del valore che si riferisce ai titoli di Stato compresi nel patrimonio del fondo alla data del decesso (Circ. Min. 15 febbraio 1999 n. 37/E).
Crediti (art. 18 D.Lgs. 346/90)	
– fruttiferi	Rilevano l'importo del credito e gli interessi già maturati all'apertura della successione (vi rientrano i saldi attivi bancari, CTC 6 marzo 1995 n. 888).
– infruttiferi	I crediti con scadenza dopo almeno un anno dalla data di apertura della successione, sono valutati al valore attuale calcolato al tasso legale di interesse (v. n. 73240).
– in natura	In relazione al valore dei beni che ne sono oggetto.

Oggetto	Criterio di valutazione
– relativi alla liquidazione di quote di società di persone ed assimilate	Secondo le regole applicabili alle azioni non quotate e quote di società di persone (vedi sopra).
Rendite e pensioni (art. 17 D.Lgs. 346/90) **(4)**	
– a tempo indeterminato (comprese le rendite perpetue)	80 volte l'annualità.
– a tempo determinato	Valore attuale dell'annualità della rendita, calcolato al tasso legale di interesse, ma non superiore a 80 volte l'annualità stessa. In pratica, occorre moltiplicare l'importo della rendita annua per i coefficienti indicati nella **tabella** n. 72347. Se è prevista la cessazione per morte del beneficiario o di terzi, il valore non può superare quello determinato nel caso di pensione o rendita vitalizia (vedi riga successiva).
– pensione o rendita vitalizia	Importo ottenuto moltiplicando l'annualità della rendita stessa per il coefficiente corrispondente all'età della persona alla cui morte deve cessare, rilevabile dalla **tabella** n. 72348 **(5)**.

(1) Esempio Se il valore della piena proprietà è di € 350.000, il valore dell'usufrutto vitalizio, a favore di soggetto di 60 anni compiuti, è pari a (350.000 × 1,25% × 48 =) 210.000 dove 1,25% è il saggio legale di interesse (per il 2022) e 48 è il coefficiente corrispondente all'età dell'usufruttuario (v. n. 72348).

(2) Si considerano le attività e le passività indicate nell'ultimo inventario obbligatoriamente e regolarmente redatto, tenendo anche conto dei mutamenti intervenuti successivamente.

(3) Il credito derivante dal **prestito infruttifero** del socio defunto alla società deve essere dichiarato e valutato autonomamente rispetto alla partecipazione (Cass. 30 marzo 2016 n. 6132).

(4) La rendita **imposta come onere al legatario** non può superare il valore del legato stesso e dunque si considera a tempo determinato (Risp. AE 20 gennaio 2021 n. 51).

(5) Se è a favore di più persone e cessa con la morte di una di esse, il valore va determinato alla stregua di una rendita vitalizia spettante al meno giovane dei beneficiari. Se è stato disposto il diritto di accrescimento reciproco tra i beneficiari in caso di premorienza dell'uno o dell'altro, il valore della rendita è determinato considerando l'età del beneficiario più giovane. Se è prevista la cessazione alla morte di una persona diversa, si tiene conto dell'età di questa.

73240 Per la determinazione del **valore attuale dei crediti infruttiferi**, si può utilizzare la seguente tavola finanziaria che indica il coefficiente da applicare all'ammontare del credito a seconda degli anni che mancano alla scadenza del credito stesso e valida in considerazione del saggio legale di interesse al **5%** (in vigore nel 2023). Al variare del saggio legale di interesse variano i coefficienti.

Coefficienti attualizzazione crediti infruttiferi tasso 5%					
anni	coefficiente	anni	coefficiente	anni	coefficiente
1	0,952380952	18	0,415520655	35	0,181290285
2	0,907029478	19	0,395733957	36	0,172657415
3	0,863837599	20	0,376889483	37	0,164435633
4	0,822702475	21	0,358942365	38	0,156605365
5	0,783526166	22	0,341849871	39	0,149147966
6	0,746215397	23	0,325571306	40	0,142045682
7	0,710681330	24	0,310067910	41	0,135281602
8	0,676839362	25	0,295302772	42	0,128839621
9	0,644608916	26	0,281240735	43	0,122704401
10	0,613913254	27	0,267848319	44	0,116861334
11	0,584679289	28	0,255093637	45	0,111296509
12	0,556837418	29	0,242946321	46	0,105996675
13	0,530321351	30	0,231377449	47	0,100949214
14	0,505067953	31	0,220359475	48	0,096142109
15	0,481017098	32	0,209866167	49	0,091563913
16	0,458111522	33	0,199872540	50	0,087203727
17	0,436296688	34	0,190354800		

ESEMPIO
Apertura della successione in data 3 gennaio 2023 in cui è compreso credito di € 5.000 con scadenza nel giugno 2028: il valore del credito è pari a (5.000 × 0,783526166) = 3.917,63

b. Passività

Dal valore complessivo dell'attivo si deduce il valore delle passività del patrimonio del defunto per determinare il patrimonio netto. **73250**
In particolare, se debitamente documentati, sono **deducibili** (artt. 20-24 D.Lgs. 346/90):
– **debiti** del defunto esistenti alla data di apertura della successione e sopravvenuti;
– **spese mediche e funerarie** sostenute dagli eredi per il defunto;
– **oneri imposti all'erede o legatario** in favore di beneficiario specifico che si presumono legato in capo al beneficiario (art. 46 D.Lgs. 346/90).

1. Debiti

ESISTENTI (art. 21 D.Lgs. 346/90) Sono generalmente deducibili (secondo quanto di seguito esposto) i debiti del defunto esistenti **alla data del** decesso. **73255**
Si considerano tali i debiti che il defunto aveva validamente assunto (cioè che non siano affetti da vizi della volontà, incapacità legale o naturale, o da tutte quelle altre limitazioni che possono invalidarne l'efficacia) prima del decesso.
Tuttavia, il debito deve essere attuale e determinato nell'ammontare; non sono perciò deducibili le **fideiussioni** (anche «omnibus») prestate dal defunto a società investita da esecuzioni e istanze di fallimento ma non ancora fallita al momento dell'apertura della successione (Cass. 14 marzo 2007 n. 5969).
I **debiti incerti**, quali quelli soggetti a condizione o di cui non è stato ancora fissato l'ammontare, sono deducibili quando divengono certi (per il verificarsi della condizione sospensiva o risolutiva o a seguito dell'esatta determinazione).
Nel caso di **condebitori**, i debiti sono deducibili in proporzione alla parte di spettanza del defunto e le quote si presumono uguali se non risultano diversamente determinate.

> **Precisazioni** 1) I **debiti contratti per l'acquisto** di beni e diritti non compresi nell'attivo ereditario, non sono deducibili; se i beni sono parzialmente inclusi, la deducibilità è parziale.
2) Nella determinazione del **saldo dei conti correnti** bancari non si tiene conto degli addebitamenti dipendenti da assegni non presentati al pagamento almeno 4 giorni prima dell'apertura della successione.
3) Si ritiene che siano deducibili anche i **debiti assunti negli ultimi 6 mesi** di vita del defunto, essendo stata eliminata la contraria previsione di appartenenza all'attivo dei beni alienati negli ultimi 6 mesi.

Prova (art. 23 D.Lgs. 346/90) Per essere deducibile il debito **deve risultare** da atto scritto avente data certa o da provvedimento giudiziario o amministrativo anteriori all'apertura della successione; alla dichiarazione di successione va allegato l'originale o la copia autentica dell'atto o del provvedimento. **73260**
Nella **tabella** seguente si illustrano le condizioni di deducibilità di particolari tipi di debito e i documenti che i soggetti obbligati devono allegare alla dichiarazione di successione.
I soggetti obbligati, **se non provano** i debiti secondo quanto previsto nella **tabella**, devono attestarne la sussistenza con una dichiarazione, redatta su di un modello apposito (mod. 237 reperibile sul sito dell'AE), firmata da uno degli eredi e dai creditori del defunto o dai loro aventi causa, tranne i dipendenti. Le firme devono essere autenticate.

> L'AE può chiedere l'**integrazione** di alcuni elementi documentali che reputa insufficienti. I nuovi documenti devono essere presentati entro 6 mesi dalla notificazione dell'avviso (art. 30 D.Lgs. 346/90).

Debito	Prova
Inerenti all'attività d'impresa	Se il defunto era obbligato alla tenuta delle scritture contabili: è sufficiente che il debito risulti dalle scritture regolarmente tenute. Se il defunto non era obbligato alla tenuta delle scritture contabili: in caso di debiti cambiari o da saldi di conto corrente verso aziende o istituti di credito: possono anche risultare da scritture contabili obbligatorie del prenditore o trattario. In entrambi i casi alla dichiarazione va allegato estratto autentico delle scritture contabili
Verso la PA **(1)**	Il debito deve risultate da attestazione rilasciata dalla PA creditrice o da copia autentica della quietanza del pagamento avvenuto dopo il decesso
Da lavoro subordinato	Sono deducibili se maturati prima della successione anche se gli eredi proseguono l'attività; alla dichiarazione va allegata attestazione rilasciata dall'Ispettorato Provinciale del lavoro
Verso aziende o istituti di credito **(2)**	Devono risultare da certificato rilasciato dall'istituto che attesti l'esistenza totale o parziale di ciascun debito e la specificazione di tutti gli altri rapporti debitori o creditori esistenti all'apertura della successione
Verso il coniuge divorziato in forza di sentenza di scioglimento di matrimonio o di cessazione degli effetti civili	Possono essere anche debiti non ancora maturati; deve essere allegata alla dichiarazione di successione una copia autentica del provvedimento

(1) Quelli verso Stato, enti pubblici territoriali ed enti di previdenza obbligatoria e quelli tributari sono deducibili anche se accertati successivamente se il presupposto si è verificato prima della successione.
(2) Per i **mutui** fondiari deve essere presentata copia dell'atto di concessione e certificato sussistenza credito rilasciato dall'istituto bancario; per i **saldi passivi di conto corrente**, il certificato deve contenere anche i movimenti degli ultimi 12 mesi, o dalla data dell'ultimo saldo attivo se successiva. Questo certificato, che deve necessariamente essere presentato per potere dedurre i debiti, anche se documentati in altro modo, deve essere richiesto alla banca per iscritto da uno degli obbligati alla presentazione della dichiarazione e deve essere rilasciato dall'ente entro 30 giorni dalla richiesta.

73265 **SOPRAVVENUTI** Sono deducibili i debiti la cui esistenza emerga o possa essere provata successivamente ma **entro** 3 anni dall'apertura della successione ed anche se non indicati nella dichiarazione di successione; i soggetti obbligati devono in questo caso presentare nuova dichiarazione secondo quanto detto al n. 73060.
Tuttavia, se i debiti risultano **da provvedimento giudiziario o amministrativo** emesso successivamente all'apertura della successione, possono essere fatti valere anche oltre il termine di 3 anni purché entro 6 mesi dalla data in cui il provvedimento è definitivo (Cass. 7 maggio 1997 n. 3986); la proroga si applica solo se il provvedimento è emesso dopo 30 mesi dall'apertura della successione (Cass. 21 dicembre 2011 n. 27984).

2. Spese mediche e funerarie
(art. 24 D.Lgs. 346/90)

73270 Le spese mediche e **chirurgiche**, comprese quelle per ricoveri, medicinali e protesi, sostenute dagli eredi per il defunto nei suoi ultimi 6 mesi di vita, sono deducibili se intestate agli eredi e corredate da regolari quietanze, anche datate anteriormente all'apertura della successione.
Le spese **funerarie** sono deducibili in misura non superiore a € 1.032,92 e se risultanti da regolari quietanze.

3. Oneri per eredi e legatari
(art. 46 D.Lgs. 346/90)

73275 Se la quota ereditaria o il legato sono gravati da un onere che ha per oggetto **prestazioni a soggetti terzi determinati** individualmente, tale onere si considera legato a favore del beneficiario e dunque: non concorre a determinare l'attivo del soggetto obbligato: concorre a determinare l'attivo del soggetto beneficiario.

>**Precisazioni** 1) In caso di **legato con onere a favore dell'erede**, l'erede deve dichiarare sia la quota ereditaria che la quota derivante dal legato ed entrambe concorrono alla formazione della franchigia (Risp. AE 20 gennaio 2021 n. 51).
2) Il **legato obbligatorio** (previsto da legge estera applicabile) che non è direttamente trasferito al beneficiario, concorre alla determinazione dell'attivo dell'erede onerato; se l'onere viene adempiuto, l'erede potrà presentare dichiarazione integrativa e ottenere il rimborso dell'eventuale maggiore imposta versata mentre il medesimo bene sarà tassabile in capo al legatario (Risp. AE 30 marzo 2021 n. 224).

B. Calcolo dell'imposta

L'imposta dovuta dal singolo beneficiario (erede o legatario) si calcola applicando le **aliquote** riportate nella **tabella** seguente, differenziate in funzione del grado di parentela sussistente tra defunto e beneficiario, al valore netto della quota ereditaria al netto della **franchigia** e degli oneri di cui è gravata l'eredità. Sono previste delle **detrazioni** in caso di imposte pagate all'estero e delle **riduzioni** in diversi casi (successioni ravvicinate, fondi rustici, beni culturali, ecc.). 73280
La franchigia spetta una sola volta in relazione ai trasferimenti gratuiti effettuati da uno stesso soggetto al medesimo beneficiario e pertanto per determinare quella spettante all'erede (o legatario), si deve considerare anche il valore di eventuali precedenti donazioni (nonché di altri atti a titolo gratuito e delle costituzioni di vincoli di destinazione), effettuate in vita dal defunto a beneficio dell'erede o del legatario (c.d. **coacervo**).

Soggetti beneficiari	Franchigia	Aliquota
coniuge, superstite dell'unione civile **(1)**, parenti in linea retta (genitori e figli, rispettivi ascendenti e discendenti in linea retta, adottanti e adottati) **(2)**	€ 1.000.000	4%
fratelli e sorelle	€ 100.000	6%
altri parenti fino al 4° grado, affini in linea retta e affini in linea collaterale fino al 3° grado	–	6%
altri soggetti	–	8%
persona portatrice di handicap **(3)**, indipendentemente dal rapporto di parentela	€ 1.500.000	4%, 6% o 8% a seconda della parentela

(1) L'unione civile **fra persone dello stesso sesso** è equiparata alla famiglia tradizionale e i riferimenti al coniuge si intendono anche alla parte dell'unione civile (art. 1 c. 20 L. 76/2016).
(2) Nel caso in cui il chiamato all'eredità non accetti l'eredità e, di conseguenza, i suoi **discendenti subentrano al suo posto** (c.d. rappresentazione, art. 467 c.c.), rileva, ai fini della franchigia, il rapporto di parentela tra defunto e coloro che subentrano e non quello fra defunto e il chiamato che non ha accettato (Ris. AE 12 febbraio 2010 n. 8/E); tale orientamento è stato criticato dalla dottrina prevalente, secondo cui dovrebbe rilevare il rapporto tra defunto e rappresentato.
(3) Si tratta di handicap riconosciuto grave in base alla L. 104/92. Si considerano tali non solo **i soggetti che** hanno ottenuto il relativo riconoscimento dall'apposita Commissione ma anche i soggetti in possesso del riconoscimento dell'invalidità operato, per differenti cause, da Commissioni mediche pubbliche diverse. Tale **certificazione** deve evidenziare in modo esplicito la sussistenza dell'handicap grave ai sensi dell'art. 3 c. 3 L. 104/92 (Circ. AE 29 maggio 2013 n. 18/E par. 5.1). Per esenzione dei beni e diritti conferiti in **trust**, **vincoli di destinazione**, **fondi speciali**, istituiti in favore di portatore di handicap grave, v. **tabella** n. 73895.

ESEMPIO
Tizio muore lasciando quali eredi i figli Caio e Sempronio che ricevono, nella quota del 50% ciascuno:
– la piena proprietà di alcuni immobili del valore complessivo di € 1.700.000;
– crediti e depositi bancari del valore complessivo di € 650.000.
Gli eredi hanno sostenuto per il defunto, negli ultimi sei mesi, spese mediche per € 5.000 e spese funebri per € 3.500 (deducibili solo per € 1.032,92).
La quota ereditaria spettante a ciascun erede è quindi pari a € 1.171.984 [(1.700.000 + 650.000 – 5.000 – 1.032) × 50%].
Tizio in precedenza aveva donato a Sempronio un immobile dal valore attualizzato di € 200.000 in relazione al quale Sempronio aveva goduto della franchigia.
Pertanto, l'imposta dovuta è così determinata:
Caio: (1.171.984 – 1.000.000 =) 171.984 × 4% = 6.879,36
Sempronio: (1.171.984 + 200.000 – 1.000.000 =) 371.984 × 4% = 14.877,92

73290 **FRANCHIGIA IN CASO DI PRECEDENTI DONAZIONI (COACERVO)** (art. 2 c. 48 DL 262/2006 e art. 8 c. 4 D.Lgs. 346/90) Per la **giurisprudenza** prevalente la franchigia spetta interamente anche in caso di donazioni e atti assimilati precedenti posti in essere dal defunto al medesimo beneficiario, ritenendosi abrogato il coacervo (Cass. 19 gennaio 2021 n. 727, Cass. 16 dicembre 2016 n. 26050 e Cass. 6 dicembre 2016 n. 24940).
Al contrario, per la **prassi**, per determinare la franchigia spettante occorre calcolare il coacervo e cioè sommare, al valore della quota ereditaria spettante, il valore delle donazioni e degli atti assimilati precedentemente posti in essere dal defunto al medesimo beneficiario, secondo quanto detto al n. 73922 in merito alle donazioni.
Le donazioni e gli altri atti rilevanti vanno indicati in **dichiarazione** di successione.

73300 **RIDUZIONI PER CASI PARTICOLARI** (art. 25 D.Lgs. 346/90) L'imposta è ridotta nei casi riportati in **tabella**.

	Ipotesi	Riduzioni del
A)	se **due successioni** aventi per oggetto **gli stessi beni (1)** e diritti si aprono a distanza di tempo non superiore a 5 anni, l'imposta relativa alla seconda è ridotta del:	– 50% se è trascorso al massimo 1 anno; – 40% se sono trascorsi da 1 a 2 anni; – 30% se sono trascorsi da 2 a 3 anni; – 20% se sono trascorsi da 3 a 4 anni; – 10% se sono trascorsi sino a 5 anni.
B)	in alcuni casi, per i **fondi rustici (2)**, incluse le costruzioni rurali, devolute al coniuge, a parenti in linea retta o a fratelli e sorelle del defunto	40% sui primi 103.291,38 € di valore, a condizione che: – i beneficiari siano coltivatori diretti; – che la devoluzione avvenga nell'ambito di una famiglia diretto coltivatrice; – che l'esistenza di questi requisiti risulti da un'attestazione dell'ufficio regionale competente, allegata alla dichiarazione di successione.
C)	**immobili** o parti di immobili adibiti all'esercizio di un'**impresa artigiana familiare** (se non sono già esclusi in quanto compresi nel trasferimento di azienda, v. n. 73135) devoluti al coniuge o parenti in linea retta entro il terzo grado	40% sui primi 103.291,38 € di valore. È necessario che l'esistenza dell'impresa risulti da atto pubblico o da scrittura privata autenticata.
D)	**beni culturali non vincolati** in epoca anteriore all'apertura della successione compresi nell'attivo ereditario	50% della quota proporzionale corrispondente al valore dei beni. La riduzione è subordinata alla produzione all'Amministrazione per i beni culturali e ambientali di un inventario analogo a quello di cui al n. 73040 **(3)**.
E)	**aziende, quote di società di persone o beni strumentali** ubicati in **comuni montani con meno di 5.000 abitanti** (o nelle frazioni con meno di mille abitanti anche se situate in comuni di maggiori dimensioni), trasferiti al **coniuge** o al **parente entro il terzo grado** del defunto (se non sono già esclusi in quanto compresi nel trasferimento di azienda, v. n. 73165)	40% della parte del loro valore complessivo, a condizione che gli aventi causa proseguano effettivamente l'attività imprenditoriale per un periodo non inferiore a 5 anni dalla data del trasferimento. Il beneficiario deve dimostrare detta condizione entro 60 giorni dalla scadenza del suindicato termine mediante dichiarazione da presentare presso l'ufficio competente ove sono registrate la denuncia o l'atto **(4)**.

(1) Se la seconda successione comprende anche **altri beni**, la riduzione si applica sull'imposta in proporzione al valore dei beni compresi in entrambe le successioni. La riduzione si applica anche se il precedente trasferimento è avvenuto per **donazione**.
(2) Gli atti relativi a **fondi rustici** oggetto di successione tra ascendenti e discendenti entro il terzo grado sono esenti dall'imposta sulle successioni in presenza di determinati requisiti (v. n. 73190).
(3) Se attesta la presenza delle caratteristiche necessarie, l'immobile è successivamente considerato vincolato.
(4) In mancanza il beneficiario è tenuto al pagamento dell'imposta in misura ordinaria con gli interessi di mora, decorrenti dalla data in cui l'imposta medesima avrebbe dovuto essere pagata.

73310 **IMPOSTE PER GLI IMMOBILI** Solo se nell'asse ereditario vi sono immobili **o diritti reali immobiliari**, sono dovute anche le imposte ipocatastali, di bollo e la tassa ipotecaria; tali tributi si riferiscono alla trascrizione e voltura del **certificato di successione**.

Le imposte (autoliquidate dal soggetto obbligato secondo quanto detto al n. 73043) sono dovute nell'**ammontare** riportato nella **tabella** seguente.

Atto trascritto e/o volturato	Ipocatastali (art. 10 e artt. 1-5 tariffa D.Lgs. 347/90)	Tassa ipotecaria (art. 19 e tabella D.Lgs. 347/90)	Imposta di bollo
Certificato di successione ereditaria **in genere**	2% + 1%	€ 35 per ogni ufficio provinciale territorio	€ 64 per ogni ufficio provinciale territorio
Certificato di successione quando ricorrono le condizioni per l'agevolazione **prima casa**	€ 200 + € 200	€ 35 per ogni ufficio provinciale territorio	€ 64 per ogni ufficio provinciale territorio

In genere (misura ordinaria) In genere le imposte ipocatastali sono dovute in misura proporzionale e si calcolano sul **valore** dichiarato (o accertato) ai fini della successione (v. n. 73205) anche nel caso di esenzione da quest'ultima o di non applicazione per effetto della franchigia (artt. 2 c. 1 e 10 c. 1 D.Lgs. 347/90). **73313**

Non si tiene conto delle passività non strettamente inerenti (Cass. 5 ottobre 2010 n. 20659), ossia senza scomputare o dedurre dal valore dell'immobile gli accessori, i pesi e quant'altro astrattamente deducibile ai fini della successione, ivi comprese le esenzioni, oppure gli oneri o le passività quali i mutui garantiti da ipoteca sugli immobili trasferiti (Ris. AE 5 ottobre 2005 n. 145/E e Circ. AE 30 maggio 2005 n. 25/E).

L'**importo** delle ipocatastali non può essere inferiore a € 200 ciascuna.

Se la trascrizione è effettuata per **conferma o rettifica di altra trascrizione** dello stesso certificato di successione, le imposte si applicano in misura fissa di 200,00 € (artt. 3 tar. e 10 c. 2 D.Lgs. 347/90).

Con agevolazione «prima casa» (misura ridotta) (art. 69 c. 3 e 4 L. 342/2000 e Ris. AE 25 febbraio 2005 n. 29/E) Se quelli caduti in successione sono un fabbricato abitativo e relative pertinenze per i quali ricorrono le condizioni per l'agevolazione **prima casa** (v. n. 60700) le imposte si applicano in misura fissa (€ 200 ciascuna). **73315**

L'interessato (che può essere chi presenta la dichiarazione o un altro dei beneficiari) **deve** allegare (se separata) o inserire nella dichiarazione di successione o produrre successivamente con atto integrativo (Ris. AE 2 ottobre 2006 n. 110/E), la richiesta di applicazione dell'agevolazione con dichiarazione sostitutiva di atto di notorietà attestante la sussistenza dei requisiti di legge alla data di apertura della successione.

L'utilizzo dell'agevolazione in sede di successione non ne preclude l'utilizzo in caso di **successivo acquisto** di altro immobile a titolo oneroso (Circ. AE 29 maggio 2013 n. 18/E par. 5.4).

L'agevolazione si applica anche:
- in caso di trasferimento a favore di **erede deceduto** prima della presentazione della dichiarazione di successione, a condizione che in capo allo stesso sussistessero i requisiti; in tal caso, la dichiarazione sostitutiva deve essere resa per suo conto dal successivo chiamato all'eredità (Ris. AE 26 aprile 2012 n. 40/E);
- se il beneficiario è **titolare di altra abitazione** acquistata con l'agevolazione ma si impegna a venderla entro un anno dall'apertura della successione secondo quanto detto al n. 60720 (Circ. AE 8 aprile 2016 n. 12/E);
- anche se il beneficiario era titolare in **comunione con il coniuge deceduto** di altra abitazione nello stesso Comune, in quanto con il decesso la comunione si scioglie (Ris. AE 17 ottobre 2017 n. 126/E).

Se il trasferimento riguarda **più immobili e un solo beneficiario**, le imposte in misura fissa si applicano ad un solo immobile e relative pertinenze (gli altri pervenuti con lo stesso atto scontano la tassazione proporzionale); se il trasferimento riguarda **più beneficiari e un solo immobile**, la tassazione fissa è riconosciuta a tutti i beneficiari (anche se la loro applicazione deriva dalla dichiarazione resa da un solo interessato e a prescindere dalla richiesta degli altri). In questo caso, l'eventuale **dichiarazione mendace** comporta la decadenza dell'agevolazione in capo a tutti i coeredi ma la sanzione è applicabile solo al dichiarante. L'imposta è invece recuperata (insieme alla sanzione) nei confronti del solo dichiarante quando l'agevolazione decade perché questo non vi ha trasferito la residenza o ha venduto l'immobile nei termini di legge. **73318**

Non comporta decadenza **la rivendita nei 5 anni** dell'immobile da parte di un coerede non dichiarante (Ris. AE 15 marzo 2011 n. 33/E).

73320 Se ci sono **più beneficiari e più immobili**, l'agevolazione si applica per tanti immobili per quanti sono i beneficiari che hanno i requisiti e dalle dichiarazioni deve risultare la diretta relazione tra bene e singolo beneficiario (Circ. AE 7 maggio 2001 n. 44/E).

IV. Successioni internazionali

73340 Per successioni internazionali **si intendono**:
– la successione di un soggetto residente all'estero con beni in Italia;
– la successione di un soggetto residente con beni all'estero.

Se il defunto era residente o i beni del defunto residente in Italia si trovano in uno degli **Stati** di cui alla **tabella** seguente con cui l'Italia ha stipulato una convenzione contro la doppia imposizione in materia di imposta di successione, si applicano le disposizioni della convenzione.

Alcune **convenzioni** prevedono che i beni situati in uno Stato di un soggetto residente nell'altro Stato, sono tassati nello Stato in cui si trovano. Ciò tuttavia non esclude (come ad esempio nelle convenzioni con Francia, Gran Bretagna e USA) che il contribuente debba indicarli anche nella dichiarazione di successione dello Stato di residenza nel quale è però riconosciuto un credito d'imposta.

Per i c.d. **neo residenti facoltosi**, con beni all'estero, v. n. 73160.

Stati con cui l'Italia ha convenzione contro la doppia imposizione su imposta di successione		
Stato	**Data convenzione**	**Legge di approvazione**
Danimarca	10 marzo 1966	18 marzo 1968 n. 649
Francia	20 dicembre 1990	14 dicembre 1994 n. 708
Gran Bretagna	15 febbraio 1966	9 agosto 1967 n. 793
Grecia	13 febbraio 1964	18 marzo 1968 n. 524
Israele	20 aprile 1968	12 aprile 1973 n. 201
Stati Uniti	30 marzo 1955	19 luglio 1956 n. 943
Svezia	20 dicembre 1956	13 marzo 1958 n. 280

73343 **In mancanza di convenzione** si applica quanto riportato nella **tabella** seguente.

Successione di soggetto:	Applicazione dell'imposta	Note
– residente **(1)** in Italia con beni o diritti all'estero	anche i beni esistenti all'estero concorrono all'attivo ereditario; il beneficiario può detrarre dall'imposta, quelle pagate ad uno Stato estero in dipendenza della stessa successione, relativamente ai beni esistenti in quello Stato, fino a concorrenza della parte dell'imposta proporzionale al valore dei beni stessi (art. 26 D.Lgs. 346/90).	nella dichiarazione deve indicare anche i beni esteri e le imposte pagate all'estero; per il valore dei beni all'estero (in particolare immobili) si può fare riferimento al valore indicato nello Stato estero.
– residente **(1)** all'estero con beni in Italia	sono soggetti ad imposta solo i beni dell'attivo ereditario che, alla data dell'apertura della successione, sono esistenti in Italia (art. 2 D.Lgs. 346/90). Si considerano in ogni caso esistenti in Italia: – beni iscritti nei pubblici registri e diritti reali di godimento ad essi relativi (es.: gli immobili); – azioni, quote di società, quote di partecipazioni in enti diversi dalle società, che hanno nel territorio dello Stato la sede legale o la sede amministrativa o l'oggetto principale dell'attività **(2)**; – obbligazioni e titoli in serie o di massa, diversi dalle azioni, emessi dallo Stato (quando non esenti) o da soggetti qui residenti;	la dichiarazione va presentata all'ufficio dell'AE nella cui circoscrizione era fissata l'ultima residenza italiana; se questa è sconosciuta, alla Direzione Provinciale II di ROMA - Ufficio Territoriale ROMA 6 - EUR TORRINO.

Successione di soggetto:	Applicazione dell'imposta	Note
	– crediti, cambiali, vaglia cambiari e tutti i tipi di assegni, quando il debitore è un residente italiano; – beni viaggianti all'estero o vincolati al regime doganale della temporanea esportazione, quando hanno per destinazione l'Italia; – titoli rappresentativi di merci esistenti nello Stato; – crediti garantiti da un bene esistente in Italia, prescindendo dal luogo di residenza del debitore, fino a concorrenza del valore del bene. Non si considerano esistenti in Italia i beni che si trovano in Italia con destinazione all'estero o che sono qui in temporanea importazione.	

(1) Si ritiene che la **residenza**, in mancanza di specifiche disposizioni, vada individuata in base a quelle sulle imposte dirette (v. n. 210).

(2) Le azioni di una **società estera che controlla una società con sede in Italia**, non si considerano esistenti in Italia per il fatto del controllo (Cass. 11 giugno 2007 n. 13579). Secondo autorevole dottrina, tuttavia, se la società estera fosse una holding statica (che si limita cioè a detenere il controllo della partecipata senza partecipare alla determinazione delle strategie aziendali), si potrebbe considerare il suo oggetto sociale esistente in Italia, con conseguente comprensione delle azioni nel patrimonio tassabile.

V. Accertamento e riscossione

In sede di liquidazione dell'imposta principale (art. 33 D.Lgs. 346/90), l'AE effettua un primo controllo, volto: **73360**
– a correggere gli **errori materiali** e di **calcolo** commessi dal dichiarante e oggettivamente desumibili dal contesto della dichiarazione;
– ad escludere le **riduzioni** e le **detrazioni** non spettanti o non documentate, e gli **oneri deducibili** non documentati.
L'ufficio procede anche al controllo della corretta liquidazione delle imposte **ipotecaria e catastale** dovute in relazione alla successione.

> Rientra tra gli errori materiali l'utilizzo di un **moltiplicatore diverso** ai fini della c.d. **valutazione automatica di un immobile** (v. n. 71585). Ciò anche se è stata omessa la dichiarazione espressa di volersi avvalere del calcolo automatico, purché tale volontà sia evidente, essendo stati applicati per gli altri immobili valori perfettamente corrispondenti a quelli derivanti dalla valutazione automatica (Ris. Min. 18 giugno 1999 n. 101).

RETTIFICA DELLA DICHIARAZIONE (art. 27 D.Lgs. 346/90) Successivamente, l'Ufficio può notificare, **entro** 2 anni dal pagamento dell'imposta principale, l'avviso di accertamento, volto a rettificare i valori od i criteri di valutazione indicati nella dichiarazione originaria se ritiene che la dichiarazione sia incompleta od infedele. Le rettifiche debbono essere indicate nell'atto. **73365**
In caso di dichiarazione presentata per **regolarizzare spontaneamente** errori od omissioni, il termine decorre dalla regolarizzazione.

ACCERTAMENTO OMESSA DICHIARAZIONE (art. 35 D.Lgs. 346/90) In caso di omessa dichiarazione (principale o modificativa), l'AE competente provvede ad accertare l'attivo ereditario ed a liquidare l'imposta dovuta, sulla base dei dati e delle notizie comunque raccolti. **73370**
L'AE liquida l'imposta in base al valore dei beni e dei diritti, **senza alcuna deduzione** di passività od altri oneri deducibili.
L'esistenza di passività deducibili o la spettanza di riduzioni e detrazioni devono essere **dimostrate** entro 6 mesi dalla data di notificazione dell'avviso.
L'importo così liquidato è maggiorato dagli **interessi** del 2,5% per ogni semestre compiuto dalla data di scadenza del termine entro il quale la dichiarazione doveva essere presentata.
L'AE deve notificare l'avviso **entro** 5 anni dalla scadenza del termine per la presentazione (art. 27 D.Lgs. 346/90).

Ai fini dell'accertamento, gli **ufficiali dello stato civile** devono trasmettere ogni trimestre all'AE l'elenco delle persone decedute, residenti nel Comune di competenza; l'apertura delle **cassette di sicurezza**, di armadi, **casseforti**, **borse**, valigie, plichi, pacchi chiusi **depositati presso banche** od altri soggetti che esercitano tale servizio deve essere menzionata in un apposito registro e può avvenire solo alla presenza di un funzionario dell'AF o di un notaio il quale ne redige l'inventario (non soggetto a registrazione).

73375 **RISCOSSIONE** In caso di omesso o parziale versamento delle somme liquidate, l'AE procede all'**iscrizione a ruolo** con successiva notifica, da parte dell'AdR, della cartella di pagamento.

73380 **RIMBORSO DELL'IMPOSTA** (art. 42 D.Lgs. 346/90) Nei casi riportati nella **tabella** seguente, l'erede può richiedere - con istanza in carta semplice, presentata direttamente o inviata per raccomandata A/R a mezzo plico senza busta - il rimborso dell'imposta versata.
Deve presentare l'istanza entro **3 anni** dal pagamento o, se posteriore, dal momento in cui è sorto il diritto alla restituzione.
In caso di accoglimento, l'AE restituisce l'imposta maggiorata degli **interessi** e delle sanzioni eventualmente pagati, con l'aggiunta degli interessi di mora dell'1% semestrale sul totale rimborsato, calcolati a decorrere dalla data di presentazione della domanda di rimborso medesima.

Gli **importi inferiori a** € 10,32 non vengono rimborsati.

Casi di rimborso
– **decisione definitiva** favorevole al ricorso del contribuente; – riconosciuta **l'appartenenza altrui** di alcuni beni, per causa anteriore all'apertura della successione, risultante da sentenza passata in giudicato, per evizione o rivendicazione, o nullità, annullamento, risoluzione, rescissione o revocazione dell'atto di acquisto; – **cambiamento** della devoluzione ereditaria o di accertamento della parentela naturale successivamente alla liquidazione; – accertamento di **nuove passività** o delle spettanze di **riduzioni e detrazioni**; – **chiusura del fallimento** del defunto, a seguito della quale risulta una imposta dovuta inferiore a quella pagata; – **perdita** della qualifica di eredi o di legatari da parte di enti a seguito della negata autorizzazione ad ereditare; – **riconoscimento tardivo dell'ente**, per cui l'imposta era già stata pagata dagli eredi o legatari; – **ritorno** dell'assente o del presunto defunto, in caso di assenza o di morte presunta.

SEZIONE 2

Imposta sulle donazioni

73890 L'imposta colpisce le donazioni e gli **altri trasferimenti gratuiti** e riguarda tutti i beni e i diritti, mobiliari o immobiliari, salvo specifiche eccezioni.
Si applicano, salvo quanto di seguito esposto, le disposizioni sull'imposta di successione.
Per la determinazione dell'imposta è prevista, in favore di familiari e altri soggetti, una franchigia di esenzione che erode quella eventualmente applicabile al trasferimento successorio del donante in favore del medesimo beneficiario.

A. Atti soggetti ad imposta

73892 Sono soggetti all'imposta le operazioni indicate nella **tabella** seguente (artt. 55-60 D.Lgs. 346/90 e art. 2 c. 49-53 DL 262/2006).

L'imposta è **a carico** del beneficiario della donazione, della liberalità o del vincolo di destinazione (art. 5 D.Lgs. 346/90).
Gli atti di donazione sono soggetti a **registrazione** in termine fisso (v. n. 70220) con applicazione dell'imposta di registro in misura fissa (€ 200,00) salvo il caso di donazione di valore inferiore alla franchigia per la quale l'imposta di registro non è dovuta (Circ. AE 29 maggio 2013 n. 18/E par. 5.1).

È soggetta ad imposta anche la **donazione nulla** per mancanza della forma (atto pubblico) prevista dalla legge (art. 782 c.c. e Cass. 18 gennaio 2012 n. 634).

Operazioni	Descrizione
– trasferimenti **a titolo gratuito (1)** tra vivi	– **liberalità**, anche indirette (v. n. 73930); – **rinuncia all'usufrutto** a favore dei nudi proprietari (Ris. AE 16 febbraio 2007 n. 25/E); – donazioni derivanti da atti **formati all'estero**, se riguardano beneficiari residenti in Italia (v. n. 73950).
– costituzione di **vincoli di destinazione** di beni	– costituzione di un **fondo patrimoniale**; – costituzione di un **trust**; – stipula di un negozio **fiduciario (2)**; – costituzione di **vincoli** diversi dai trust se comportano il trasferimento di beni a soggetti diversi dal disponente **(3)**; – trasferimento a titolo gratuito di un bene soggetto ad uno dei vincoli di cui sopra.

(1) La **risoluzione** consensuale, senza corrispettivo, di una precedente donazione è soggetta ad imposta di registro (e, in caso di immobili, alle ipocatastali) in misura fissa; se la risoluzione realizza effetti patrimoniali differenti o è previsto un corrispettivo, si applica l'imposta di registro proporzionale (Ris. AE 14 febbraio 2014 n. 20/E e CTP Macerata 15 luglio 2013 n. 139). Tuttavia, la risoluzione stipulata **dagli eredi** del donatario di una donazione che ha esaurito gli effetti (es. trasferimento di immobile) è soggetta ad imposta di donazione (Ris. AE 14 novembre 2007 n. 329/E).
(2) Fra cui, ad esempio, i negozi fiduciari di cui si avvalgono le **società fiduciarie** disciplinate dalla L. 1966/39, limitatamente a quelli aventi ad oggetto beni immobili (esclusi quelli riguardanti l'intestazione di azioni e quote societarie).
(3) Fra cui, ad esempio, il **fondo patrimoniale** se costituito con beni di un terzo o di proprietà di uno solo dei coniugi che non se ne riserva la proprietà. Non vi rientra, in quanto non trasferisce la proprietà, la costituzione di **patrimoni societari destinati** ad uno specifico affare.

Eccezioni (donazioni non soggette o escluse) (artt. 1 c. 4 e 3 D.Lgs. 346/90) Nella **tabella** seguente si riportano le donazioni (o liberalità) che in base all'oggetto o al beneficiario non sono soggette ad imposta. 73895
In questi casi non è neppure dovuta **l'imposta di registro** per la registrazione dell'atto (Circ. AE 7 ottobre 2011 n. 44/E).
In caso di donazioni aventi ad oggetto **immobili**, possono essere dovute le imposte ipocatastali secondo quanto riportato nella tabella.

Oggetto della donazione	Beneficiario	Ipotecaria e catastale (in caso di immobili)
beni di modico valore (art. 783 c.c.)	chiunque	–
spese per mantenimento, educazione, abbigliamento, matrimoni, ecc. (art. 742 c.c.)	chiunque	–
– aziende o rami di aziende; – quote sociali e di azioni; se ricorrono le condizioni di cui al n. 73165 (prosecuzione dell'attività e/o acquisizione o integrazione del controllo societario)	discendenti o coniuge del donante (anche tramite patti di famiglia)	non dovute (artt. 1 c. 2 e 10 c. 3 D.Lgs. 347/90)
veicoli iscritti al PRA (pubblico registro automobilistico) (art. 59 bis D.Lgs. 346/90) **(1)**	chiunque	–

73895
(segue)

Oggetto della donazione	Beneficiario	Ipotecaria e catastale (in caso di immobili)
qualunque	Seguenti enti **(2)**: – Stato, regioni, province, comuni o altri enti pubblici; – fondazioni o associazioni legalmente riconosciute che hanno come scopo esclusivo l'assistenza, lo studio, la ricerca scientifica, l'educazione, l'istruzione o altre finalità di pubblica utilità, nonché quelle a favore delle ONLUS e di fondazioni bancarie di cui al D.Lgs. 153/99; – movimenti e partiti politici; – enti pubblici e fondazioni o associazioni legalmente riconosciute, diverse da quelle sopra indicate se la donazione è disposta per le medesime finalità **(3)**	non dovute (artt. 1 c. 2 e 10 c. 3 D.Lgs. 347/90)
qualunque (art. 27 c. 3 L. 133/99)	a favore delle popolazioni colpite da eventi di calamità pubblica o da altri eventi straordinari anche se avvenuti in altri Stati	come per cessioni
qualunque (art. 6 L. 112/2016)	trust o vincoli di destinazione (previsti dall'art. 2645 ter c.c.) o fondi speciali istituiti in favore di portatori di handicap grave **(4)** **(5)**	misura fissa
beni e diritti reali oggetto di trust, vincoli o fondi del punto precedente	soggetti che hanno istituito trust, vincoli di destinazione o fondi speciali di cui al punto precedente, relativamente al ritrasferimento dei beni in caso di premorienza del beneficiario **(5)**	misura fissa (anche registro)
beni esistenti all'estero di c.d. neo residenti facoltosi **(6)**	chiunque	–

(1) Si applica l'imposta provinciale di trascrizione di cui al n. 79495.

(2) Si applica anche a favore di enti pubblici, fondazioni e associazioni **istituiti nella UE** e in Paesi aderenti al **SEE** nonché, a condizione di reciprocità, a quelli istituiti in **altri Stati** (art. 3 c. 4 D.Lgs. 346/90). Non si applica se beneficiario è l'**ERSU** (Cass. 7 maggio 2008 n. 11105). I trasferimenti gratuiti di beni di qualsiasi natura, effettuati nell'ambito di **operazioni di riorganizzazione tra enti** appartenenti per legge, regolamento o statuto alla medesima struttura organizzativa politica, sindacale, di categoria, religiosa, assistenziale o culturale, sono soggetti ad imposte di registro e ipocatastali nella misura fissa di 200 € ciascuna (art. 1 c. 737 L. 147/2013).

(3) Il beneficiario **deve dimostrare**, entro 5 anni dalla donazione, di avere impiegato i beni o diritti ricevuti o la somma ricavata dalla loro vendita per il conseguimento delle finalità indicate dal donante. In mancanza, è tenuto al pagamento dell'imposta con gli interessi legali. Possono avere **anche finalità** di recupero di immobili di pregio, organizzazione di manifestazioni culturali e il mutuo soccorso (Cass. 20 febbraio 2003 n. 2542 e Cass. 18 febbraio 2003 n. 2414).

(4) Si tratta di esenzione che spetta a **condizione** che i beneficiari perseguano come finalità esclusiva l'inclusione sociale, la cura e l'assistenza delle persone con handicap grave in favore delle quali sono istituiti; la finalità deve risultare espressamente nei relativi atti istitutivi; devono inoltre congiuntamente ricorrere le ulteriori condizioni relative agli atti istitutivi, previste dall'art. 6 c. 3 L. 112/2016. Gli atti, i documenti, le istanze, i contratti, nonché le copie dichiarate conformi, gli estratti, le certificazioni, le dichiarazioni e le attestazioni posti in essere o richiesti dal trustee o dal fiduciario del fondo o dal gestore del vincolo sono esenti dall'**imposta di bollo** (art. 6 c. 7 L. 112/2016).

(5) Fuori da questo caso, il trasferimento del patrimonio residuo è soggetto ad imposta, in considerazione del rapporto di parentela o coniugio tra disponente, fiduciante e destinatari del patrimonio residuo.

(6) L'esclusione si applica **se** la donazione è **effettuata nel periodo** di vigenza dell'opzione per l'imposta sostitutiva dei redditi (v. n. 224) (art. 1 c. 158 L. 232/2016).

B. Calcolo dell'imposta

L'imposta è dovuta in **misura fissa** nei casi indicati al n. 73915 o, nella generalità dei casi, in **misura proporzionale** calcolata sul valore dei beni donati, secondo quanto di seguito esaminato. 73910
Regole diverse sono dettate per alcuni **casi particolari**.

1. In generale

In generale, l'imposta si applica in misura proporzionale sul valore dei beni e dei diritti trasferiti. 73915
Tuttavia, quando la donazione o altra liberalità ha ad oggetto i beni o diritti indicati nella **tabella** seguente l'imposta si applica in misura fissa (artt. 12 e 59 D.Lgs. 346/90).
L'imposta fissa **è pari a** quella di registro e ad € 200.

Beni per i quali l'imposta si applica in misura fissa (1)
Indennità per cessazione del rapporto di agenzia (art. 1751 c.c.); Indennità di mancato preavviso e il trattamento di fine rapporto di lavoro; Crediti contestati giudizialmente sino a quando la loro sussistenza non sia riconosciuta con provvedimento giurisdizionale o con transazione; Crediti verso lo Stato, gli enti pubblici territoriali e gli enti pubblici che gestiscono forme obbligatorie di assistenza e previdenza o assistenza sociale, fino a quando non siano riconosciuti con un apposito provvedimento; Crediti ceduti allo Stato; Beni culturali vincolati **(2)**, a condizione che sia presentata all'Ufficio delle entrate, all'atto della registrazione dell'atto di donazione, l'apposita attestazione rilasciata dall'Amministrazione per i beni culturali e ambientali a seguito della presentazione, da parte del beneficiario, dell'inventario dei beni vincolati.
(1) Se i beni indicati sono oggetto con altri di una **donazione più ampia**, non sono considerati ai fini del calcolo dell'imposta proporzionale. **(2)** Il beneficio **decade** e si applica l'imposta proporzionale quando, prima che siano decorsi 5 anni dalla donazione: – i predetti beni vengono in tutto o in parte ceduti; – viene mutata la destinazione degli immobili senza la prescritta autorizzazione; – manca l'assolvimento degli obblighi di legge per consentire l'esercizio del diritto di prelazione dello Stato; – è tentata l'espropriazione non autorizzata dei beni vincolati.

CALCOLO DELL'IMPOSTA (art. 2 c. 48 DL 262/2006) Salvo i casi in cui si applica quella fissa, l'imposta si determina applicando le aliquote riportate nella **tabella** seguente, differenziate in base al grado di parentela esistente tra beneficiario e donante, al **valore globale** dei beni e dei diritti oggetto di donazione al netto dell'eventuale **franchigia**. 73920
In caso di **più beneficiari**, l'imposta si determina separatamente sul valore delle quote dei beni o diritti singolarmente attribuiti, anche se la donazione è congiunta.

>**Precisazioni 1)** In caso di donazione di un bene soggetto ad **IVA**, il relativo ammontare può essere detratto dall'imposta sulla donazione se all'atto è allegata la fattura.
2) Si applicano le **riduzioni d'imposta** previste per i taluni beni immobili, fondi rustici, beni vincolati e aziende nonché per il caso di due trasferimenti ravvicinati esaminati al n. 73300.

Soggetti beneficiari (1)	Franchigia (2)	Aliquota
coniuge, parte dell'unione civile **(3)** e parenti in linea retta (genitori e figli, rispettivi ascendenti e discendenti in linea retta, adottanti e adottati) **(4)**	€ 1.000.000	4%
fratelli e sorelle	€ 100.000	6%
altri parenti fino al 4° grado, affini in linea retta e affini in linea collaterale fino al 3° grado	–	6%
altri soggetti	–	8%
persona portatrice di handicap **(5)** **(6)**	€ 1.500.000	4%, 6% o 8% a seconda della parentela

(1) Il **trasferimento**, per morte del beneficiario, del **patrimonio residuo del trust o del fondo speciale o del vincolo** istituito a favore di portatori di handicap grave (di cui al n. 73895, tabella) è soggetto ad imposta in considerazione del rapporto di parentela o coniugio intercorrente tra disponente, fiduciante e destinatari del patrimonio residuo (art. 6 c. 5 L. 112/2016).
(2) Gli importi dovrebbero essere **aggiornati** ogni 4 anni con decreto ministeriale ad oggi mai emanato (art. 2 c. 51 DL 262/2006).
(3) L'unione civile **fra persone dello stesso sesso** è equiparata alla famiglia tradizionale e i riferimenti al coniuge si intendono anche alla parte dell'unione civile (art. 1 c. 20 L. 76/2016).
(4) La **parentela naturale** deve risultare da sentenza o da dichiarazione scritta del genitore (art. 5 D.Lgs. 346/90). Figli nati nel matrimonio o fuori dal matrimonio e adottati (quando gli adottati sono minorenni) sono fra loro equiparati a tutti gli effetti (art. 74 c.c. modificato dall'art. 1 L. 219/2012).
I discendenti dei figli adottivi del defunto sono equiparati ai discendenti dei figli. Pertanto anche sui beni ereditati dai discendenti di figli adottivi si deve applicare l'aliquota prevista per i parenti in linea retta (Ris. Min. 22 luglio 1996 n. 157).
(5) Si tratta di handicap riconosciuto grave in base alla L. 104/92. Si considerano tali non solo **i soggetti che** hanno ottenuto il relativo riconoscimento dall'apposita Commissione ma anche i soggetti in possesso del riconoscimento dell'invalidità operato, per differenti cause, da Commissioni mediche pubbliche diverse. Tale **certificazione** deve evidenziare in modo esplicito la sussistenza dell'handicap grave ai sensi dell'art. 3 c. 3 L. 104/92 (Circ. AE 29 maggio 2013 n. 18/E par. 5.1).
(6) Per esenzione donazioni a **trust o vincoli di destinazione in favore di portatori di handicap** grave, v. n. 73895.

73921 **Valore globale dei beni** (art. 56 D.Lgs. 346/90) Il valore è determinato secondo quanto detto al n. 73200 in merito alle successioni; tuttavia, concorrono al valore dei beni anche i **titoli di Stato** che sono invece esclusi per le successioni.
Dal valore globale determinato si deducono gli **oneri** che gravano sul beneficiario, purché diversi da quelli che hanno per oggetto prestazioni a soggetti terzi determinati individualmente (Circ. AE 29 maggio 2013 n. 18/E par. 5.1).

Gli oneri di cui è gravata la donazione vengono a loro volta considerati donazioni a favore del **beneficiario dell'onere** se questi è esattamente indicato (art. 58 D.Lgs. 346/90).

73922 **Franchigia** (art. 2 c. 48 DL 262/2006 e art. 57 D.Lgs. 346/90) La franchigia spetta una sola volta per ciascun beneficiario in relazione a donazioni o altre liberalità ricevute dal medesimo soggetto; pertanto, in presenza di più donazioni o più liberalità, per la determinazione della franchigia spettante, occorre sommare al valore del bene o diritto trasferito, il valore delle precedenti donazioni o atti di liberalità.
A tal fine, si considerano (Circ. AE 22 gennaio 2008 n. 3/E):
– le donazioni per le quali il beneficiario ha o avrebbe utilizzato la franchigia, anche se effettuate in periodi in cui l'**imposta non era in vigore** (tra il 25 ottobre 2001 e il 28 novembre 2006, Cass. 11 maggio 2017 n. 11667); in senso contrario per Cass. 19 gennaio 2021 n. 727 tali donazioni non rilevano;
– gli **altri atti a titolo gratuito** e le costituzioni di vincoli di destinazione (effettuati dal 29 novembre 2006) per i quali è stata utilizzata la franchigia;
– le donazioni **presunte**, cioè i trasferimenti immobiliari posti in essere a titolo oneroso tra coniugi o parenti in linea retta, per i quali l'ammontare complessivo delle imposte dovute (registro, ipotecaria, catastale) è stata inferiore a quello delle imposte applicabili se i detti trasferimenti fossero avvenuti a titolo gratuito.
Il **valore** delle donazioni (e degli altri atti) anteriori deve essere attualizzato, avendo riguardo al valore normale dei beni donati alla data di apertura della successione del donante.
Nell'atto di donazione le parti devono indicare gli estremi di tali donazioni anteriori e i relativi valori.
Le donazioni di valore **inferiore alla franchigia** per le quali non si applica l'imposta, sono registrate gratuitamente, non essendo dovuta neppure l'imposta di registro in misura fissa (Circ. AE 7 ottobre 2011 n. 44/E).

In caso di **omessa**, **incompleta** o **inesatta indicazione**, si applica la sanzione dal 100% al 200% della maggiore imposta dovuta. La sanzione è a carico sia del donante che del donatario.

ESEMPIO
Tizio il 10 febbraio 2010 ha donato al figlio Caio la piena proprietà su un complesso immobiliare del valore complessivo di € 800.000. Non è dovuta alcuna imposta di donazione né l'imposta di registro. Sono invece dovute le imposte ipotecarie e catastali in misura ordinaria (2% e 1%), salvo l'eventuale applicazione dell'agevolazione per la prima casa.

Tizio, il 13 dicembre 2013, dona al figlio Caio dei titoli azionari valutati € 300.000. È dovuta l'imposta di donazione di € 4.000, così determinata:
Base imponibile: 300.000
Franchigia spettante: (1.000.000 - 800.000) = 200.000
Quota tassabile: (300.000 - 200.000) = 100.000
Imposta: (100.000 × 4%) = 4.000
Altre eventuali successive donazioni da Tizio a Caio non potrebbero beneficiare di alcuna franchigia.

Non si considerano le precedenti donazioni: 73923
- assoggettate ad imposte in misura fissa o non soggette (v. n. 73895);
- registrate gratuitamente, in quanto riguardanti i **beni esclusi** (v. n. 73895);
- di modico valore (art. 783 c.c.);
- relative a spese non soggette a collazione (es.: abbigliamento, nozze, ecc.) (art. 742 c.c.);
- esenti in base alla norma applicabile al tempo dell'atto (Cass. 19 gennaio 2021 n. 727).

Immobili Se la donazione ha ad oggetto immobili o diritti reali immobiliari, deve essere trascritta e volturata in catasto con applicazione anche delle **imposte ipocatastali** in misura proporzionale (del 2% e dell'1%) sul valore determinato come detto al n. 73310 e s. ed indipendentemente dall'eventuale franchigia (art. 2 D.Lgs. 347/90). 73925
L'importo non può essere inferiore alla **misura minima** di € 200 ciascuna.
Tuttavia, se si tratta di fabbricato abitativo e relative pertinenze per i quali ricorrono le condizioni per l'agevolazione **prima casa** (v. n. 60700) le imposte si applicano in misura fissa (€ 200 ciascuna) (art. 69 c. 3 e 4 L. 342/2000); se il donatario **già possiede un immobile** acquistato a titolo oneroso fruendo dell'agevolazione prima casa, può fruirne nuovamente se nell'atto di donazione si impegna a vendere, entro l'anno dal nuovo acquisto, l'immobile preposseduto, come indicato al n. 60720 (Ris. AE 4 luglio 2017 n. 86/E).
Il beneficiario **deve dichiarare** il possesso dei requisiti nell'atto di donazione secondo quanto detto al n. 44690; per le conseguenze della **dichiarazione mendace**, anche in caso di più beneficiari, v. n. 52968.
L'utilizzo dell'agevolazione in sede di donazione non ne preclude l'utilizzo in caso di **successivo acquisto** di altro immobile a titolo oneroso (Circ. AE 29 maggio 2013 n. 18/E par. 5.4).

L'agevolazione non si applica agli **altri atti a titolo gratuito** o alla costituzione di vincoli di destinazione diversi dalla donazione (Circ. AE 29 maggio 2013 n. 18/E par. 5.4).

PAGAMENTO (art. 60 D.Lgs. 346/90) Le donazioni sono formate per atto pubblico (con la presenza di due testimoni) e richiedono pertanto l'intervento del notaio. Si applicano le disposizioni previste per il pagamento, da parte del notaio, dell'imposta di registro e contestualmente, nel caso di immobili o diritti reali immobiliari, delle imposte ipotecaria e catastale (v. n. 70335). 73928
Per gli atti diversi dalle donazioni, v. n. 73930.
Anche per **insufficiente versamento o rimborso** dell'eccedenza si applica quanto previsto per l'imposta di registro; in sintesi, l'eccedenza è liquidata dall'AE e, se a debito, va versata dal beneficiario della donazione presso un qualsiasi ufficio dell'Agente della riscossione o sportello bancario o postale, utilizzando l'apposito Mod. F23 (v. n. 70830).

---

2. Casi particolari

LIBERALITÀ INDIRETTE (art. 56 bis D.Lgs. 346/90) Sono atti di disposizione, non formalizzati in atti pubblici, che perseguono le stesse finalità delle donazioni tipiche. Si tratta, ad **esempio**, del soggetto che paga un debito del figlio rinunciando alla rivalsa o anche dell'aumento di capitale di una società al valore nominale, con cui chi lo sottoscrive acquisisce una quota che vale molto di più del versamento effettuato o dell'accredito (bonifico) di somme ad un parente per fornirgli provvista per un acquisto. 73930
Tali liberalità sono soggette all'imposta di donazione **in caso di**:
- **accertamento** dell'AE secondo particolari condizioni;
- **registrazione volontaria** delle parti.

73931 Sono tuttavia comunque **escluse** da tassazione:
- le liberalità indirette collegate ad atti concernenti il trasferimento o la costituzione di diritti immobiliari o il trasferimento di aziende che siano soggette all'imposta di registro in misura proporzionale oppure all'IVA (art. 1 c. 4 bis D.Lgs. 346/90); per l'esenzione il collegamento deve essere espressamente menzionato nel contratto di trasferimento (Cass. 24 giugno 2016 n. 13133).
- le liberalità relative a spese non soggette a collazione, tra le quali rientrano, ad esempio, le spese di mantenimento e di educazione nonché quelle sostenute per malattia (art. 742 c.c.);
- le donazioni di modico valore, aventi per oggetto beni mobili (art. 783 c.c.);
- i comportamenti che le parti non manifestano in atti (es. pagamento di debito altrui).

73933 **Accertamento** La liberalità è tassabile se emerge nell'ambito di un procedimento di accertamento dell'AE e se ricorrono, congiuntamente, le seguenti 2 **condizioni**:
- l'esistenza di liberalità risulta da dichiarazioni rese dall'interessato nell'ambito di procedimenti diretti all'accertamento di tributi (es. nel caso di accertamento sintetico per incrementi patrimoniali, o «redditometro»);
- le liberalità così emerse abbiano determinato (anche cumulativamente se più di una) un incremento patrimoniale superiore all'eventuale franchigia con riferimento ad un unico beneficiario.

In questo caso l'AE liquida l'imposta **calcolata**, per la prassi, con aliquota dell'8% e applicazione delle franchigie (v. n. 73920) ordinariamente previste (Circ. AE 11 agosto 2015 n. 30/E); per parte della dottrina, si applica invece l'aliquota del 7% sulla parte eccedente l'importo di € 180.759,91 in base alla norma originaria non espressamente modificata.

73934 **Registrazione volontaria** Le parti possono richiedere la registrazione volontaria della liberalità indiretta (prima che venga accertata dall'AE), utilizzando il modello 2 - Tasse e II.AA. (Circ. AE 7 maggio 2001 n. 44/E).

In tal caso, l'imposta, liquidata dall'AE, dovrebbe essere determinata in base alle aliquote e alle franchigie ordinarie (v. n. 73920, Circ. AE 11 agosto 2015 n. 30/E) ma vi è il dubbio se siano invece applicabili le aliquote del 3%, 5% e 7% già previste dall'art. 56 D.Lgs. 346/90.

73940 **DONAZIONI SOTTO CONDIZIONE** (art. 58 D.Lgs. 346/90) Gli atti di donazione sottoposti a condizione **sospensiva** scontano, al momento della registrazione, l'imposta di registro in misura fissa.

Al verificarsi della condizione o se l'atto produce i suoi effetti prima della realizzazione di questa, è dovuta, entro il termine di 20 giorni, la differenza tra l'imposta vera e propria, secondo le norme vigenti al momento della formazione dell'atto, e quella fissa.

Si considerano sotto condizione sospensiva, le donazioni a favore di **nascituri** o di **enti** che per accettare la donazione necessitano di una preventiva **autorizzazione** dell'Autorità governativa e di **enti non riconosciuti** (associazioni sindacali, ecc.) fino alla nascita o all'accettazione.

73950 **DONAZIONI INTERNAZIONALI** (artt. 2 e 55 c. 1 bis D.Lgs. 346/90) Sono **soggette ad imposta** le donazioni formate all'estero quando (Risp. AE 24 luglio 2019 n. 310):
- il donante è residente in Italia;
- il donante non è residente in Italia ma i beni trasferiti sono esistenti, al momento del trasferimento, in Italia.

Si considerano **esistenti in Italia**:

a) i beni e i diritti iscritti in pubblici registri dello Stato (immobili e mobili registrati) e i diritti reali di godimento ad essi relativi;

b) le azioni o quote di società, nonché le quote di partecipazione in enti diversi dalle società, che hanno nel territorio dello Stato la sede legale o la sede dell'amministrazione o l'oggetto principale;

c) le obbligazioni e gli altri titoli in serie o di massa diversi dalle azioni, emessi dallo Stato o da società ed enti di cui alla lettera b);

d) i titoli rappresentativi di merci esistenti nello Stato;

e) i crediti, le cambiali, i vaglia cambiari e gli assegni di ogni specie, se il debitore, il trattario o l'emittente è residente nello Stato;

f) i crediti garantiti su beni esistenti nello Stato fino a concorrenza del valore dei beni medesimi, indipendentemente dalla residenza del debitore;

g) i beni viaggianti in territorio estero con destinazione nello Stato o vincolati al regime doganale della temporanea esportazione. Se l'atto è soggetto a **imposta estera**, si detraggono le imposte pagate all'estero in dipendenza dello stesso atto ed in relazione ai beni esistenti all'estero.
L'atto di donazione (anche indiretta) **formato all'estero** deve essere registrato in Italia entro 60 giorni (registrazione in termine fisso) quando:
– il beneficiario è residente in Italia (art. 55 c. 1 bis D.Lgs. 346/90);
– l'atto comporta trasferimento della proprietà (o costituzione o trasferimento di altri diritti reali anche di garanzia) su beni immobili o aziende esistenti in Italia (art. 2 c. 1 lett. d DPR 131/86).

> **Precisazioni** 1) Per le donazioni di soggetti domiciliati in Italia con beni in **Francia** o viceversa, si applica la convenzione contro la doppia imposizione indicata al n. 73340. Questa è l'unica convenzione al momento stipulata in materia di imposta di donazione.
> 2) Per l'esclusione da imposta dei beni esistenti all'estero **donati da c.d. neo residenti facoltosi**, v. n. 73895.

PATTI DI FAMIGLIA (art. 3 c. 4 ter D.Lgs. 346/90) Con il patto di famiglia l'imprenditore trasferisce (a titolo gratuito), in tutto o in parte, l'**azienda**, e il titolare di **partecipazioni societarie** trasferisce, in tutto o in parte, le proprie quote, ad uno o più discendenti (art. 768 bis c.c.). **73955**
Tale atto non è soggetto ad imposta se ricorrono le **condizioni** illustrate al n. 73165.
L'esclusione, tuttavia, non si applica all'**attribuzione di somme** di denaro o di beni eventualmente posta in essere **dall'assegnatario** dell'azienda o delle partecipazioni sociali in favore degli altri partecipanti al contratto; queste attribuzioni sono quindi soggette all'imposta di donazione secondo le regole generali.
Se i discendenti partecipanti al patto e non assegnatari dell'azienda **rinunciano all'attribuzione** in denaro o in natura loro spettante (art. 768 quater c. 2 c.c.), tale rinuncia è soggetta alla sola imposta di registro in misura fissa, dovuta per gli atti privi di contenuto patrimoniale (art. 11 tar. parte I DPR 131/86 e Circ. AE 29 maggio 2013 n. 18/E par. 5.3.2).
In caso di azienda comprendente **beni immobili** o diritti reali immobiliari, le imposte ipotecaria e catastale non si applicano se ricorrono le medesime condizioni (artt. 1 c. 2 e 10 c. 3 D.Lgs. 347/90).

CAPITOLO 3

Bollo

SOMMARIO

Quella di bollo è un'imposta che si applica a tutti gli atti indicati nella **tariffa** allegata al DPR 642/72 (assegni, cambiali, estratti conto, istanze, ricorsi, certificati, scritture private, libri contabili, ecc.); a seconda del tipo di atto, l'imposta è dovuta fin dall'origine - cioè fin dal momento della sua formazione - oppure solo in caso d'uso. **74000**
Di seguito si individuano i soggetti obbligati al pagamento, gli atti soggetti ad imposta e le modalità di applicazione (pagamento, accertamento).

Gli atti, i documenti, le istanze, i contratti, le copie, anche conformi, gli estratti, le certificazioni, le dichiarazioni, le attestazioni e ogni altro documento, cartaceo o informatico, posti in essere o richiesti dagli **enti del Terzo settore** sono esenti da imposta di bollo (art. 82 c. 5 D.Lgs. 117/2017).

I. Ambito di applicazione

SOGGETTI OBBLIGATI AL PAGAMENTO Sono obbligati **in solido** al pagamento dell'imposta (e delle eventuali sanzioni): **74010**
– tutte **le parti** che sottoscrivono, ricevono, accettano o negoziano atti, documenti o registri non in regola con l'imposta di bollo o li enunciano o li allegano ad altri atti e documenti;
– tutti **coloro che fanno uso** di un atto, documento o registro non soggetto all'imposta fin dall'origine senza prima assoggettarlo a bollo.
In generale, chi riceve un **atto irregolare** (e non ha partecipato alla sua formazione) deve, entro 15 giorni dal ricevimento, presentare l'atto all'AE e pagare la relativa imposta; in tal caso la violazione è accertata soltanto nei confronti del trasgressore. Se l'atto irregolare è ricevuto da persone qualificate, ad es. giudici, funzionari, ecc., v. paragrafo seguente.
Sono nulli i **patti contrari** che pongono l'imposta a carico di una sola delle parti (art. 23 DPR 642/72).
Nei rapporti **con lo Stato**, l'imposta quando dovuta è sempre a carico dell'altra parte (art. 8 DPR 642/72).

Mancato assolvimento dell'imposta (art. 19 DPR 642/72) I giudici, i funzionari e i dipendenti dell'Amministrazione dello Stato, degli enti pubblici territoriali, i pubblici ufficiali, i cancellieri e i segretari e gli arbitri non possono rifiutarsi di adempiere ai loro compiti anche in presenza di atti e documenti non in regola con l'imposta di bollo; tuttavia, in tali ipotesi, **devono trasmettere** gli atti, o copia di essi, all'AE entro 30 giorni dal ricevimento per la loro regolarizzazione (riscossione del tributo e applicazione delle sanzioni conseguenti) (v. n. 74240). Tale obbligo non interessa le **fatture elettroniche** inviate tramite SdI, per le quali è prevista una procedura apposita (v. n. 74065) (Risp. AE 30 agosto 2021 n. 570). **74015**

CALCOLO DELL'IMPOSTA (art. 3 DPR 642/72) L'imposta è dovuta, come illustrato nelle **tabelle** riportate al n. 74060 e s., in **misura**: **74040**
– **fissa**: colpisce in un'unica misura gli atti e i documenti senza tener conto del valore eventualmente in essi indicato;
– **proporzionale**: si applica all'importo indicato nell'atto con percentuale costante.

L'imposta dovuta in modo proporzionale è **arrotondata** a € 0,10 per difetto o per eccesso a seconda che sia inferiore o uguale/superiore a 0,05.
In ogni caso l'imposta è dovuta nella misura **minima** di € 1, ad eccezione delle cambiali e dei vaglia cambiari per i quali il minimo è € 0,50.
Quando l'imposta è dovuta per **foglio**, questo si considera composto da quattro facciate mentre la **pagina** da una facciata.
Per **copia** si intende la riproduzione, totale o parziale, di atti, documenti e registri, dichiarata conforme all'originale da chi l'ha rilasciata. Pertanto, la fotocopia di un documento (ad es. una fattura, un certificato camerale), non recante alcuna attestazione di conformità all'originale, non è soggetta ad imposta.
Per le **riproduzioni** con mezzi meccanici, fotografici, chimici il foglio si intende composto da quattro facciate sempre che queste siano unite o rilegate tra loro in modo da costituire un unico atto recante nell'ultima facciata la dichiarazione di conformità all'originale.
Per i **tabulati meccanografici** l'imposta è dovuta per ogni 100 linee o frazioni di 100 linee effettivamente utilizzate.

74050 **Momento rilevante** (art. 2 DPR 642/72) L'imposta è dovuta, a seconda del tipo di atto, fin dall'origine oppure solo in caso d'uso.
L'individuazione degli atti soggetti alle differenti modalità di tassazione è contenuta nelle **tabelle** riportate al n. 74060.
Gli atti soggetti all'imposta **fin dall'origine**, se formati nel territorio dello Stato, vengono assoggettati al momento dell'emissione, prima di qualsiasi scritturazione.
Per gli atti soggetti ad imposta **in caso d'uso**, l'imposta è dovuta quando gli atti, i documenti e i registri vengono presentati all'AE per la registrazione (v. n. 70240); se ciò non si verifica, gli atti sono esenti dall'imposta.
Fanno eccezione le **cambiali emesse all'estero** per le quali si verifica il caso d'uso quando sono:
– presentate alla registrazione;
– presentate, consegnate, trasmesse, quietanzate, accettate, girate, sottoscritte per avallo o altrimenti negoziate in Italia.
L'imposta è sempre dovuta nella **misura vigente** al momento in cui si fa uso dell'atto (art. 6 DPR 642/72).

74052 **Atti relativi a operazioni soggette ad IVA** (artt. 6, 6 bis tab. DPR 642/72, art. 7 c. 5 L. 405/90) L'IVA e l'imposta di bollo **sono alternative** e pertanto le fatture, ricevute, quietanze, note, conti, lettere e documenti di addebitamento o di accreditamento di somme, riguardanti operazioni soggette ad IVA (comprese quelle soggette a reverse charge e quelle relative ad operazioni tra partecipanti al Gruppo IVA) sono esenti da imposta di bollo in modo assoluto, cioè anche in caso di registrazione.
Ai fini dell'esenzione, i predetti documenti **devono contenere** o l'importo dell'IVA dovuta o la dicitura che il documento è emesso in relazione al pagamento di corrispettivi assoggettati ad IVA.
Sono esenti da bollo anche le fatture per operazioni non imponibili relative ad **esportazioni** di merci (dirette e triangolari) e a cessioni **intracomunitarie**.

> L'emissione di una **copia conforme** è soggetta allo stesso trattamento del documento originale. Se, invece, la copia è dichiarata conforme **da notaio** o da altro pubblico ufficiale è sempre soggetta ad imposta di bollo nella misura di € 16.

74055 Fatture, sia cartacee che elettroniche, e documenti di **importo complessivo superiore a** € 77,47 sono soggetti ad imposta di bollo (di € 2) se relativi ad **operazioni**:
• **fuori campo IVA**, per mancanza del presupposto soggettivo o oggettivo (artt. 2, 3, 4, 5 DPR 633/72) o territoriale (artt. 7 e s. DPR 633/72);
• **escluse** da IVA (art. 15 DPR 633/72);
• **esenti** da IVA (art. 10 DPR 633/72);
• **non imponibili** e relative a:
– operazioni assimilate alle esportazioni;
– servizi internazionali;
– servizi connessi agli scambi internazionali;
– cessioni ad esportatori abituali (cosiddette «esportazioni indirette», v. n. 67002).
Se la fattura riguarda **sia importi assoggettati che non assoggettati** ad IVA (es. spese anticipate in nome e per conto), si applica il bollo se questi ultimi sono superiori a € 77,47 (Risp. AE 20 luglio 2021 n. 491, Ris. AE 3 luglio 2001 n. 98/E).

ATTI SOGGETTI Sono soggetti ad imposta gli atti, i documenti e i registri tassativamente indicati nella tariffa allegata al DPR 642/72. **74060**
Di seguito si riporta l'imposta dovuta (con le relative modalità di pagamento, sulle quali v. anche n. 74170) per i principali atti, così suddivisi:
- assegni, cambiali, estratti conto bancari, ricevute bancarie e vaglia cambiari;
- atti, contratti, scritture private ed estratti conto non bancari;
- atti degli organi dello Stato e di enti locali, atti giudiziari;
- atti specifici di imprese, artisti e professionisti;
- registri tenuti su documenti informatici;
- atti registrati con procedure telematiche, relativi a diritti sugli immobili, inclusi gli atti delle società e degli enti diversi dalle società, rientranti nel n. 74062 (in cui sono segnalati);
- atti processuali.

Assegni, cambiali, estratti conto bancari, ricevute bancarie e vaglia cambiari **74061**

Rif. tariffa	Atto o documento	Bollo (€)	Modo di pagamento
art. 9 tariffa parte prima	Assegni bancari «regolari» (contenenti tutte le indicazioni obbligatorie previste dal RD 1736/33) **(1)**	1,00 fin dall'origine **(2)**	Contrassegno
	Modulo assegno bancario richiesto in forma libera (senza clausola di non trasferibilità, utilizzabile per pagamenti inferiori a € 1.000) (art. 49 c. 10 D.Lgs. 231/2007)	1,50 in aggiunta all'imposta ordinaria, fin dall'origine (Circ. AE 7 marzo 2008 n. 18/E)	In modo virtuale da parte di banche o Poste e addebitato al richiedente
	Assegni bancari «irregolari» (senza tutte le indicazioni obbligatorie, ad es. assegni «postdatati») **(1)**	come per cambiali **(2)**	Contrassegno
art. 10 tariffa parte prima	Assegni circolari emessi in conformità alle disposizioni sull'assegno circolare, ad anno	6 per mille fin dall'origine **(2)**	In modo virtuale
	Modulo di assegno circolare in forma libera (senza clausola di non trasferibilità, utilizzabile per pagamenti inferiori a € 1.000) (art. 49 c. 10 D.Lgs. 231/2007)	1,50 in aggiunta all'imposta ordinaria (Circ. AE 7 marzo 2008 n. 18/E)	In modo virtuale da parte di banche o Poste e addebitato al richiedente
	Assegni circolari emessi in difformità alle disposizioni sull'assegno circolare	come per cambiali **(2)**	Contrassegno
art. 6 tariffa parte prima, art. 29 tariffa parte seconda	Cambiali **(1)** **(3)**:		Contrassegni aventi data di emissione non successiva a quella riportata sulla cambiale Con autorizzazione dell'Ufficio delle Entrate, le imprese possono utilizzare modelli propri di cambiali, stampati o litografati
	– emesse e pagabili nello Stato;	12 per mille fin dall'origine	
	– emesse nello Stato e pagabili all'estero;	9 per mille fin dall'origine	
	– accettate da banche per accettazione di tratte a copertura di esportazioni;	0,1 per mille fin dall'origine	
	– emesse in relazione ad operazioni di credito a medio e lungo termine di cui agli artt. 15 e 16 DPR 601/73	0,1 per mille fin dall'origine	
	– emesse in Italia all'ordine di operatori nazionali a fronte di crediti destinati a formare oggetto di assicurazioni o di finanziamento (anche per titoli equivalenti)	0,1 per mille fin dall'origine	
	– provenienti dall'estero	come per cambiali emesse nello Stato ma solo in caso d'uso	Se assoggettate a bollo o imposta assimilabile all'estero, l'imposta è ridotta alla metà

74061
(segue)

Rif. tariffa	Atto o documento	Bollo (€)	Modo di pagamento
art. 6 tariffa parte prima	Cambiali finanziarie (previste dall'art. 1 bis L. 43/94) emesse in forma non dematerializzata	0,1 per mille fin dall'origine	Contrassegni aventi data di emissione non successiva a quella riportata sulla cambiale Con autorizzazione dell'Ufficio delle Entrate, le imprese possono utilizzare modelli propri di cambiali, stampati o litografati
–	Cambiali finanziarie emesse in forma dematerializzata	esenti (art. 32 c. 7 DL 83/2012 e Circ. AE 6 marzo 2013 n. 4/E)	
art. 13 n. 2 bis tariffa parte prima	Estratti conto inviati dalle banche nonché estratti di conto corrente postale e rendiconti dei libretti di risparmio anche postali, per ogni esemplare con periodicità annuale **(4)** **(5)**: – a clienti persone fisiche **(6)** – a clienti diversi da persone fisiche	 34,20 fin dall'origine 100,00 fin dall'origine	Contrassegno o In modo virtuale
art. 13 n. 2 ter tariffa parte prima	Comunicazioni periodiche alla clientela relative a prodotti finanziari, anche non soggetti ad obbligo di deposito, ivi compresi i depositi bancari e postali, anche se rappresentati da certificati **(4)** **(7)**	2 per mille annuo con un massimo, se il cliente è soggetto diverso da persona fisica, di € 14.000 **(8)**	Contrassegno
art. 14 tariffa parte prima	Ricevute, lettere e ricevute di accreditamento e altri documenti, nascenti da rapporti di carattere commerciale, negoziati, ancorché consegnati per l'incasso, presso aziende e istituti di credito per ogni esemplare **(9)**: – importo fino a 129,11 – importo da 129,12 a 258,23 – importo da 258,24 a 516,46 – importo oltre 516,46	 2 fin dall'origine 2,58 fin dall'origine 4,65 fin dall'origine 6,80 fin dall'origine	
art. 6 n. 2 tariffa parte prima	Vaglia cambiari all'ordine di banche **(1)**	11 per mille fin dall'origine	Contrassegno
art. 10 n. 2 tariffa parte prima	Vaglia cambiari e fedi di credito del Banco di Napoli e del Banco di Sicilia, nonché vaglia cambiari della Banca d'Italia, ad anno	4 per mille fin dall'origine **(2)**	In modo virtuale

(1) Se non in regola con il bollo fin dall'origine (o, se proveniente dall'estero, prima dell'uso), non vale come titolo esecutivo; il portatore o il possessore non può esercitare i diritti cambiari inerenti al titolo se non ha corrisposto l'imposta dovuta con le sanzioni (art. 20 DPR 642/72).
L'inefficacia come titolo esecutivo deve essere rilevata e pronunciata dai giudici anche d'ufficio.
(2) L'imposta di bollo è **sostituita** da quella applicata, nei rapporti di conto corrente, sull'**estratto-conto** (vedi la voce relativa nella tabella).

74061 (segue)

(3) Non sono soggetti ad imposta **girate**, **avalli**, **proroghe** e altre dichiarazioni cambiarie, la quietanza sul titolo e i fogli di allungamento. Se la cambiale pagabile a vista o a certo tempo vista porta l'indicazione di **interessi**, l'imposta si applica anche sugli interessi nei limiti di cui all'art. 105 RD 1669/33. Il **mutamento di scadenza** tramite annotazione da parte del traente e firma per accettazione del trattario comporta il pagamento dell'imposta (Ris. Min. 20 febbraio 1978 n. 290802). Nell'ipotesi in cui la variazione della scadenza **non assuma forma cambiaria**, se la cambiale è già regolare, non deve essere assoggettata ad una nuova imposta (Ris. Min. 20 agosto 1998 n. 102/E). Negli atti di **protesto**, i notai, gli ufficiali giudiziari e i segretari comunali devono fare menzione dell'imposta di bollo pagata sui titoli (art. 21 DPR 642/72).
(4) L'estratto conto, il rendiconto o la comunicazione **si considerano inviati** in ogni caso almeno una volta nel corso dell'anno, anche quando non sussiste un obbligo di invio o di redazione; in questo caso e nel caso di **periodicità annuale**, l'imposta è applicata al 31 dicembre di ciascun anno; in caso di **periodicità infrannuale**, l'imposta, rapportata ai giorni rendicontati, è applicata alla fine del periodo; alla data di cessazione in caso di estinzione infrannuale (art. 13 note 3 bis, 3 ter Tariffa DPR 642/72 e art. 2 DM 24 maggio 2012).
(5) L'imposta **sostituisce** quella dovuta per tutti gli atti e documenti emessi o ricevuti dalle banche nonché dall'Ente Poste Italiane relativi a operazioni e rapporti regolati con conto corrente o formati dagli enti gestori relativi al deposito titoli o agli altri rapporti concernenti prodotti finanziari: ad esempio: estratti di carte di credito emesse dalla stessa banca, contratti per crediti di firma o per garanzie ricevute, assegni (Ris. AE 11 novembre 2005 n. 160/E e Ris. AE 5 maggio 2005 n. 59/E); l'effetto sostitutivo opera anche nelle ipotesi di esenzione.
L'imposta **non si applica** agli estratti conto e rendiconto inviati a soggetti diversi dalla clientela (per la definizione di clientela si fa riferimento al Provv. Governatore della Banca d'Italia 20 giugno 2012, Circ. AE 21 dicembre 2012 n. 48/E) ed ai conti correnti postali con saldo negativo per 3 mesi consecutivi e chiusi d'ufficio mentre sono **esenti** i rapporti aperti per ordine dell'Autorità giudiziaria (art. 1 DM 24 maggio 2012) e quelli intrattenuti dalle Onlus, dalle federazioni sportive e dagli enti di promozione sportiva riconosciuti dal Coni (n. 74066, Circ. AE 21 dicembre 2012 n. 48/E). In caso di **intestazione fiduciaria**, si applica l'imposta prevista per persona fisica o soggetto diverso in base al fiduciante; per i libretti al portatore, si considera il richiedente (art. 2 DM 24 maggio 2012).
Sono esenti ricevute, quietanze ed altri documenti recanti addebitamenti o accreditamenti formati, emessi o ricevuti dalle banche o dagli Uffici postali non soggetti all'imposta di bollo sostitutiva: sono imponibili i documenti emessi dalla banca operante nella veste di tesoriere di un ente locale (Ris. AE 15 novembre 2002 n. 357/E).
(6) In questo caso, l'imposta non è dovuta quando il **valore medio di giacenza** è complessivamente **non superiore a € 5.000**; a tal fine si considerano unitariamente i rapporti di conto corrente e i libretti di risparmio identicamente intestati, intrattenuti con la medesima banca, con Poste Italiane o emessi dalla Cassa Depositi e Prestiti al termine del periodo rendicontato; se il valore della giacenza media di un singolo conto è **negativo**, l'imposta non è dovuta e tale conto non concorre al calcolo della soglia di 5.000 € (art. 2 DM 24 maggio 2012); resta in ogni caso fermo l'effetto sostitutivo dell'imposta su atti e documenti del rapporto (Circ. AE 21 dicembre 2012 n. 48/E).
Sono esenti i **conti correnti o conti di pagamento di base**, che hanno le caratteristiche definite con la convenzione stipulata il 28 marzo 2012 fra MEF, Banca d'Italia, Abi, Poste e associazioni dei prestatori di servizi di pagamento, intestati a persone fisiche che hanno un ISEE inferiore a 7.500 €; i titolari devono in proposito presentare apposita autocertificazione entro il 1° marzo di ogni anno (art. 12 c. 2 lett. d e c. 3, 5 e 6 DL 201/2011 conv. in L. 214/2011 e Circ. AE 21 dicembre 2012 n. 48/E).
L'imposta non si applica ai rapporti intrattenuti da soggetti che non si considerano clienti, come i **soggetti che svolgono attività di intermediazione finanziaria** (es. Confidi) e le **Amministrazioni dello Stato**. In questi casi si applica la sola imposta di € 2 quando la somma supera € 77,47 (nei rapporti con lo Stato l'imposta è a carico dell'altra parte).
(7) Vi rientrano gli strumenti finanziari e ogni altra forma di investimento di natura finanziaria, fra cui, ad esempio, i valori mobiliari, le quote di organismi di investimento collettivo del risparmio, gli strumenti derivati (art. 1 DM 24 maggio 2012) nonché le polizze assicurative «unit» e «index linked» e le operazioni di capitalizzazione di cui ai rami vita III e V dell'art. 2 D.Lgs. 209/2005 con esclusione delle forme pensionistiche individuali. Si applica anche ai prodotti finanziari **detenuti all'estero** oggetto di contratto di amministrazione con una società fiduciaria residente o custoditi, amministrati o gestiti da intermediari residenti. In caso contrario, si applica l'IVAFE (Circ. AE 21 dicembre 2012 n. 48/E). L'imposta si applica anche se gli strumenti finanziari sono sottoscritti da **clienti non residenti** se l'ente gestore è comunque una banca italiana (Risp. AE 25 novembre 2019 n. 496, Risp. AE 10 settembre 2019 n. 376). Sulle **polizze emesse da imprese di assicurazioni estere** operanti in Italia in regime di libertà di prestazioni di servizi, l'imposta si applica quando si considerano detenute in Italia e non sono soggette all'IVAFE (v. n. 77020).
I **buoni postali fruttiferi**: se di valore effettivo di rimborso (al netto degli oneri fiscali) non superiore a € 5.000 (unitariamente considerando tutti i buoni di cui il soggetto è titolare, esclusi quelli di seguito indicati), sono esenti; se emessi in forma cartacea prima del 1° gennaio 2009, sono soggetti ad imposta (qualunque sia il valore) calcolata sul valore nominale del singolo titolo e dovuta nella misura minima di € 2; l'imposta è comunque dovuta al momento del rimborso.
Per i **titoli non dematerializzati** emessi da impresa industriale per i quali non sussiste un rapporto di custodia ed amministrazione o altro stabile rapporto, l'imposta è dovuta al momento della scadenza o del rimborso a cura dell'emittente. L'imposta è invece applicata annualmente se l'impresa si avvale di un ente gestore per il collocamento o la gestione e l'amministrazione dei titoli (Circ. AE 10 maggio 2013 n. 15/E).
Sono **escluse** le comunicazioni ricevute ed emesse dai **fondi pensione** (sia di previdenza obbligatoria che complementare) e dai **fondi sanitari**.

(8) Non vi rientrano i **conti di pagamento** offerti dagli istituti di pagamento e dagli istituti di moneta elettronica né i depositi che costituiscono mera provvista dei **conti correnti** (soggetti all'imposta nella misura di cui al punto precedente) mentre si applica ai depositi in conto corrente per le giacenze vincolate per le quali il cliente perde la libera disponibilità finché permane il vincolo (Circ. AE 10 maggio 2013 n. 15/E).
L'imposta è **calcolata** su base annua in funzione del valore di mercato o, in mancanza, del valore nominale o di rimborso dei prodotti calcolato al termine del **periodo** rendicontato; in mancanza dei predetti valori, si assume il costo di acquisto come desumibile dalle evidenze dell'intermediario. Per le comunicazioni relative a **polizze di assicurazione** e operazioni di capitalizzazione (vedi nota precedente), a buoni postali fruttiferi nonché a prodotti finanziari diversi da quelli dematerializzati, per i quali non sussiste rapporto di custodia ed amministrazione, o altro stabile rapporto, l'imposta per ciascun anno (calcolata sull'ammontare al 31.12 e senza rapportare ad anno) è dovuta all'atto del rimborso o riscatto (art. 3 c. 7 DM 24 maggio 2012). Per degli **esempi di calcolo**, v. Circ. AE 21 dicembre 2012 n. 48/E.
Se, in costanza di rapporto, sia all'inizio che al termine del periodo rendicontato **non sono presenti prodotti finanziari** né sono state registrate movimentazioni nel corso del periodo stesso, l'imposta non è dovuta (art. 3 DM 24 maggio 2012).
Le **misure minime e massime** sono applicate in considerazione dell'ammontare complessivo dei prodotti finanziari detenuti presso il medesimo gestore e ragguagliate al periodo di durata del rapporto.
In presenza di **più enti gestori** rilevano le comunicazioni inviate da quello che intrattiene uno stabile rapporto (custodia, amministrazione, deposito, gestione, ecc.) con il contribuente.
(9) Non è dovuta l'imposta se **ricevute da banche** e relativi a rapporti di c/c (c.d. ricevute bancarie) e, in ogni caso, non è dovuta imposta per la **quietanza**.

74062 Atti, contratti, scritture private, estratti conto non bancari

Rif. tariffa	Atto o documento	Bollo (€)	Modo di pagamento
art. 30 tariffa parte seconda	Atti (diversi da cambiali e assegni), documenti e registri provenienti dall'estero con contenuto corrispondente ad atti o documenti soggetti nello Stato ad imposta	in caso d'uso, come per gli atti similari compiuti nello Stato	Contrassegno o in modo virtuale
art. 32 tariffa parte seconda	Atti, documenti e registri per i quali non sono espressamente previsti il pagamento dell'imposta o l'esenzione: – per ogni esemplare dell'atto o documento; – per ogni 100 pagine o frazione di esse del registro o estratto	 16 in caso d'uso 16 in caso d'uso	Contrassegno o in modo virtuale
art. 1 n. 1 tariffa parte prima	Atti rogati, ricevuti o autenticati da notai o altri pubblici ufficiali, certificati; estratti e copie dagli stessi certificate conformi ed indipendentemente dal trattamento previsto per l'originale (es. dichiarazioni di accettazione dell'eredità con beneficio d'inventario, e dichiarazioni di rinuncia all'eredità) **(1)**: per ogni foglio	16 fin dall'origine	Contrassegno o, per atti soggetti a registrazione termine fisso, tramite versamento all'Ufficio **(2)**
–	Atti rogati, ricevuti o autenticati da notai o da altri pubblici ufficiali, relativi a diritti sugli immobili, inclusi gli atti delle società e degli enti diversi dalle società, sottoposti a registrazione con procedure telematiche, loro copie conformi per uso registrazione ed esecuzione di formalità ipotecarie, comprese le note di trascrizione ed iscrizione, le domande di annotazione e di voltura da essi dipendenti e l'iscrizione nel registro generale tenuto dal conservatore dei registri immobiliari	vedi Tabella al n. 74066	Versamento, all'atto della richiesta di formalità, da eseguire con le stesse modalità previste per il pagamento degli altri tributi dovuti per l'esecuzione delle formalità per via telematica

74062
(segue)

Rif. tariffa	Atto o documento	Bollo (€)	Modo di pagamento
art. 13 n. 2 tariffa parte prima	Estratti conto, lettere di addebitamento o di accreditamento quando la somma supera 77,47 €: per ogni esemplare (esclusi i documenti relativi a rapporti tra enti ed imprese ed i propri dipendenti **(3)** o ausiliari ed intermediari di commercio o spedizionieri)	2 fin dall'origine	Contrassegno
art. 2 tariffa parte prima	Scritture private contenenti convenzioni o dichiarazioni, descrizioni, constatazioni e inventari: per ogni foglio **(4) (5) (6)**	16 fin dall'origine	Contrassegno
art. 24 tariffa parte seconda	Se redatti sotto forma di corrispondenza o di dispacci telegrafici: per ogni foglio o esemplare **(7)**	16 in caso d'uso	Contrassegno o in modo virtuale
tabella allegata al DPR 642/72	Contratti di lavoro e di impiego, sia individuali che collettivi, compresi quelli relativi a collaborazioni coordinate e continuative (Ris. AE 5 febbraio 2002 n. 36/E) **(8)**	esente	
	Contratti di locazione di fondi rustici, colonia parziaria, soccida		

(1) L'imposta non è dovuta per le copie, dichiarate conformi all'originale informatico, degli **assegni** presentati al pagamento **in forma elettronica** per i quali è stato attestato il **mancato pagamento**, nonché della relativa documentazione. Inoltre, per il **rilascio di duplicati informatici** di un documento amministrativo informatico, che non necessita quindi di dichiarazione di conformità all'originale, l'imposta di bollo non è dovuta (Risp. AE 25 luglio 2019 n. 323).

(2) Per le **autenticazioni delle sottoscrizioni** (16 fin dall'origine) solo tramite contrassegno (Ris. AE 3 novembre 2008 n. 418/E). Vi rientra l'**autentica da parte degli STA** (sportelli telematici dell'automobilista) delle sottoscrizioni degli atti di vendita di beni mobili registrati; per l'autentica delle sottoscrizioni degli atti formati digitalmente, l'ACI (anche per lo STA) può richiedere l'autorizzazione al pagamento in modo virtuale (Circ. AE 9 ottobre 2015 n. 33/E).

(3) Compresi gli estratti conto relativi alle **carte dipendenti** emesse da enti finanziari terzi, collegate alla **carta principale intestata alla ditta**, la cui funzione è facilitare le movimentazioni finanziarie tra l'impresa e i dipendenti, evitando che questi ultimi debbano sostenere in prima persona i costi per poi essere da essa rimborsati (Risp. AE 8 ottobre 2020 n. 457).

(4) Per i seguenti **contratti** l'imposta di bollo di 16 € è dovuta indipendentemente dal numero delle pagine:
- contratti relativi a operazioni e **servizi bancari e finanziari** e contratti relativi ai servizi di investimento posti in essere dalle SIM, dalle società fiduciarie e dagli altri intermediari finanziari: per ogni contratto;
- contratti relativi a **utenze di servizi di pubblica utilità a rete** (gas, elettricità, acqua, ecc.): per ogni contratto.

Per l'applicazione dell'imposta ai vari documenti (preventivi, capitolati, verbali, certificati di collaudo, istanze, ecc.) relativi ai contratti di **appalto** per la realizzazione di **opere pubbliche**, v. Ris. AE 27 marzo 2002 n. 97/E, Ris. AE 25 marzo 2003 n. 71/E e Risp. AE 12 ottobre 2018 n. 35.

(5) Per i contratti relativi alle **carte di pagamento** l'imposta di bollo di 16 € è dovuta solo in caso d'uso (art. 2 c. 150 L. 662/96). L'agevolazione si applica anche ai contratti servizi di pagamento attivati attraverso i nuovi dispositivi di **moneta elettronica** (es. app mobile per smartphone) e ai contratti dei **conti di pagamento** (Risp. AE 16 giugno 2021 n. 412).

(6) I **contratti di locazione** sono soggetti all'imposta indicata in tabella; sono tuttavia esenti i contratti:
- aventi ad oggetto immobili abitativi per i quali il locatore opta per la **cedolare secca** (v. n. 7080 e s.);
- aventi ad oggetto fondi rustici (compresi i contratti di **colonia parziaria e soccida**).

Per i contratti registrati in **via telematica** l'imposta di bollo è assolta mediante F24 telematico (Ris. AE 6 giugno 2002 n. 175/E). Gli atti contenenti **accordi di riduzione del canone** di locazione sono esenti da imposta (art. 19 DL 133/2014).
Per i **contratti di leasing** registrati in **via telematica**, l'imposta è dovuta in misura pari a 16 €, indipendentemente dal numero di esemplari e copie (Provv. AE 14 settembre 2006).
L'attestato di prestazione energetica (**APE**) allegata al contratto è esente da bollo (Ris. AE 22 novembre 2013 n. 83/E).

(7) L'imposta è dovuta sin dall'origine se per gli atti e i documenti è richiesta dal codice civile **a pena di nullità la forma scritta** o se hanno per oggetto **locazioni** di immobili soggetti a registrazione in termine fisso (v. n. 71060), cessioni di **aziende** o costituzione di diritti di godimento reali o personali sulle stesse.

(8) Per il 2021 e 2022, l'esenzione si applica anche alle convenzioni per lo svolgimento di **tirocini** di formazione e di orientamento (art. 10 bis DL 41/2021 conv. in L. 69/2021).

74063 Atti richiesti e/o rilasciati da organi dello Stato ed enti locali

Rif. tariffa	Atto o documento	Bollo (€)	Modo di pagamento
art. 4 n. 1 quater parte prima	Atti e provvedimenti degli organi dell'Amministrazione dello Stato, delle regioni, delle province, dei comuni, loro consorzi e associazioni, delle comunità montane e delle unità sanitarie locali, nonché quelli degli enti pubblici in relazione alla tenuta di pubblici registri, **rilasciati per via telematica** anche in estratto o in copia dichiarata conforme all'originale a coloro che ne abbiano fatto richiesta **(1)**	16 fin dall'origine a prescindere dalla dimensione del documento	Contrassegno o in modo virtuale
art. 4 n. 1 parte prima	Atti degli organi dello Stato e di enti locali, rilasciati anche in estratto o copia dichiarata conforme all'originale (compresi certificati di residenza e di stato di famiglia rilasciati in base ai registri anagrafici, Ris. AE 12 marzo 2014 n. 29/E): per ogni foglio vedi anche casi di esenzione	16 fin dall'origine	Contrassegno o in modo virtuale **(2)**
art. 4 n. 2 parte prima	Atti di notorietà e pubblicazioni di matrimonio (se affisso in più comuni, l'imposta si applica tante volte quanti sono i comuni): per ogni foglio	16 fin dall'origine	Contrassegno
–	Autentica delle sottoscrizioni delle dichiarazioni sostitutive di atti di notorietà	16 fin dall'origine	Contrassegno
art. 31 tariffa parte seconda	Biglietti del lotto, lotterie e cartelle delle tombole autorizzate: per ogni esemplare	16 in caso d'uso	Contrassegno o in modo virtuale
art. 19 tariffa parte prima	Certificati e atti stragiudiziali di organi giurisdizionali **(3)** (esenti certificati penali)	16 fin dall'origine	Contrassegno
art. n. 1 bis tariffa parte prima	Certificati di successione conformi alle risultanze delle dichiarazioni uniche di successione dei beni immobili e di diritti reali immobiliari trasmesse con procedure telematiche, comprese le note di trascrizione, con efficacia di voltura, e l'iscrizione nel registro di cui all'articolo 2678 del codice civile: per ogni certificato	85	Stesse modalità previste per gli altri tributi liquidati dall'obbligato (v. n. 70335)
art. 4 n. 1 ter tariffa parte prima	Certificati, copie ed estratti delle risultanze e degli elaborati catastali ottenuti dalle banche dati informatizzate degli uffici dell'AE, attestazioni di conformità	28	Modo virtuale, anche tramite versamento diretto all'agente della riscossione, disposizione di pagamento per via telematica o pagamento ad intermediario convenzionato oltre che presso il competente ufficio dell'AE
art. 4 n. 3 tariffa parte prima	Certificati di curie: per ogni foglio	16 fin dall'origine	Contrassegno

74063 (segue)

Rif. tariffa	Atto o documento	Bollo (€)	Modo di pagamento
art. 22 tariffa parte prima	Conti dei curatori e altri amministratori giudiziari. Atti del servizio della riscossione: per ogni foglio	16 in caso d'uso	Contrassegno o in modo virtuale
art. 3 n. 1 tariffa parte prima	Istanze, petizioni e ricorsi agli organi dello Stato e enti locali tendenti ad ottenere l'emanazione di un provvedimento, ricorsi straordinari al presidente della Repubblica: per ogni foglio (vedi anche punto successivo)	16 fin dall'origine Esenti se riguardano rapporti di lavoro (salvo l'autorizzazione ad assumere uno straniero residente all'estero, Ris. Min. 3 agosto 2000 n. 128/E)	Contrassegno o in modo virtuale
art. 3 n. 1 bis tariffa parte prima	Istanze **trasmesse per via telematica** agli uffici e agli organi, anche collegiali, dell'Amministrazione dello Stato, delle regioni, delle province, dei comuni, loro consorzi e associazioni, delle comunità montane e delle unità sanitarie locali, nonché agli enti pubblici in relazione alla tenuta di pubblici registri, tendenti ad ottenere l'emanazione di un provvedimento amministrativo o il rilascio di certificati, estratti, copie e simili	16 fin dall'origine a prescindere dalla dimensione del documento	Contrassegno o mod. F23
art. 3 n. 2 tariffa parte prima	Note di trascrizione, iscrizione, rinnovazione e annotazione nel registro generale delle conservatorie immobiliari: per ogni foglio	16 fin dall'origine	Contrassegno, in modo virtuale, autoliquidazione (v. n. 70830)
art. 3 n. 2 bis tariffa parte prima	Note di trascrizione, di iscrizione, di rinnovazione, domande di annotazione nei registri immobiliari, anche con efficacia di voltura, trasmesse con procedure telematiche o presentate su supporto informatico (fuori dai casi di trascrizione di atti notarili)	59	Modo virtuale, anche tramite versamento diretto all'agente della riscossione, disposizione di pagamento per via telematica o pagamento ad intermediario convenzionato oltre che presso il competente ufficio
art. 3 n. 2 ter tariffa parte prima	Formalità richieste per via telematica per gli atti rogati, ricevuti o autenticati da notai o altri pubblici ufficiali, registrati telematicamente o non soggetti a registrazione **(4)**:		Modo virtuale, anche tramite versamento diretto all'agente della riscossione, disposizione di pagamento per via telematica o pagamento ad intermediario convenzionato oltre che presso il competente ufficio
	– per ogni trascrizione, iscrizione, annotazione nei registri immobiliari, nonché voltura catastale ad essa collegata (comprese la copia dell'atto ad uso formalità ipotecaria e l'iscrizione nel registro)	108	
	– per ogni voltura catastale, dipendente da atti che non comportano formalità nei registri immobiliari	15	
art. 23 tariffa parte prima	Ricevute per versamento o svincolo di somme e valori depositati presso pubbliche Amministrazioni: per ogni ricevuta	16 in caso d'uso	Contrassegno o in modo virtuale

74063
(segue)

Rif. tariffa	Atto o documento	Bollo (€)	Modo di pagamento
Atti esenti (tabella allegato B DPR 642/72)			
Atti generali	Atti legislativi e, se non espressamente assoggettati dalla legge, atti amministrativi dello Stato, delle regioni, delle province, dei comuni e loro consorzi (non soggetti, art. 1 c. 2 DPR 642/72). L'esenzione si applica anche quando la parte cui sono diretti gli atti amministrativi è l'AE (Risp. AE 17 luglio 2019 n. 261). Richieste di occupazione del suolo pubblico, e relative autorizzazioni rilasciate dai Comuni, per la raccolta di firme, al ricorrere di determinate condizioni (Ris. AE 18 luglio 2018 n. 56/E).		
Certificati	Certificati anagrafici rilasciati in modalità telematica (fino al 31 dicembre 2022, art. 1 c. 24 L. 234/2021). Certificati anagrafici richiesti dalle società sportive, su disposizione delle rispettive federazioni e di enti ed associazioni di promozione sportiva di appartenenza. Atti, documenti, istanze, contratti nonché copie anche se dichiarate conformi, estratti, certificazioni, dichiarazioni e attestazioni poste in essere o richiesti da organizzazioni non lucrative di utilità sociale (ONLUS) nonché dalle federazioni sportive, dagli enti di promozione sportiva e dalle associazioni e società sportive dilettantistiche senza fine di lucro riconosciuti dal CONI. Certificati demandati per legge a Uffici sanitari, medici, veterinari, levatrici ai fini della pubblica igiene. Certificati, copie ed estratti dei registri di stato civile (cittadinanza, nascita, matrimonio e morte) e l'autenticazione delle sottoscrizioni delle corrispondenti dichiarazioni sostitutive. Certificati rilasciati dall'autorità giudiziaria relativi alla materia penale. Certificazioni rilasciate dai comuni per l'aggiornamento della residenza in registri e documenti a seguito dell'istituzione di nuovi comuni, province e regioni e per variazioni della toponomastica o numerazione civica. Certificati destinati ad uno degli usi indicati nella tabella allegato B DPR 642/72. Dichiarazioni sostitutive di certificazioni. Dichiarazioni sostitutive di atti di notorietà (l'autenticazione della sottoscrizione è soggetta ad imposta salvo che l'atto sostituito sia esente da bollo, Ris. Min. 24 gennaio 1996 n. 26/E).		
Atti giudiziari	Atti della procedura della tutela dei minori e degli interdetti (escluse le dichiarazioni di accettazione dell'eredità con beneficio d'inventario e le dichiarazioni di rinuncia all'eredità) e di adozione, affidamento, ecc. Atti, documenti e provvedimenti relativi al procedimento di mediazione (art. 17 D.Lgs. 28/2010). Atti, documenti e provvedimenti relativi al procedimento di scioglimento del matrimonio o di cessazione degli effetti civili nonché al procedimento di separazione personale dei coniugi (art. 19 L. 74/87 e C.Cost. 10 maggio 1999 n. 154) **(5)**. Atti e provvedimenti dei procedimenti civili, penali amministrativi, tributari ed in materia tavolare, comprese le procedure concorsuali e di volontaria giurisdizione, inclusi quelli ad essi antecedenti, necessari o funzionali per i quali si applica il contributo unificato di iscrizione a ruolo **(6)**. Atti e provvedimenti del procedimento innanzi alla Corte costituzionale. Atti, documenti e provvedimenti dei procedimenti in materia penale, di pubblica sicurezza e disciplinare.		
Domande e istanze varie	Segnalazione certificata di inizio attività (SCIA) (Ris. AE 8 aprile 2013 n. 24/E: sempre che non sia prevista dall'amministrazione ricevente il rilascio di un provvedimento a certificazione). Domande e documenti occorrenti per ottenere l'onorificenza di vittima del terrorismo. Domande e atti per la concessione di aiuti comunitari e nazionali al settore agricolo e di prestiti agrari. Domande di informazione richieste dagli Stati membri delle comunità europee. Domande e relativi documenti per la partecipazione ai concorsi e per le assunzioni presso le pubbliche amministrazioni (l'esenzione si estende all'autentica della sottoscrizione della domanda o di ogni altro documento da produrre per partecipare ai pubblici concorsi, Ris. AE 3 luglio 2001 n. 103/E). Domande per ottenere certificati esenti da imposta di bollo, per copie ed estratti dei registri di anagrafe, per il certificato del casellario giudiziario. Domande, certificati, atti di trascrizione ipotecaria. Dichiarazione per rinnovo periodico conformità antincendio (Ris. AE 8 aprile 2013 n. 24/E).		

74063
(segue)

Rif. tariffa	Atto o documento	Bollo (€)	Modo di pagamento
	Istanze di accesso ai documenti amministrativi, finalizzate all'esame degli atti o quando venga chiesta copia semplice, cioè non conforme, dei documenti stessi (Ris. AE 4 ottobre 2001 n. 151/E). Istanze di rimborso o sospensione di tributi nonché di sgravio (Ris. Min. 24 gennaio 1996 n. 26/E), comprese quelle per tariffe erroneamente versate per richieste di valutazione di impatto ambientale e per autorizzazioni integrate ambientali (Risp. AE 28 dicembre 2018 n. 144).		
Altri atti e documenti	Atti e documenti relativi alla formazione delle liste elettorali e all'esercizio dei diritti elettorali **(7)**. Atti e documenti dell'accertamento e riscossione di qualsiasi tributo, dichiarazioni, denunce, atti, documenti e copie presentati agli Uffici per l'applicazione di leggi tributarie (comprese le attestazioni rilasciate per i contratti di locazione a canone concordato, Ris. AE 20 aprile 2018 n. 31/E). Atti e documenti per la procedura di espropriazione per pubblica utilità. L'esenzione si applica anche se l'ente espropriante è un soggetto diverso dallo Stato, purché il trasferimento della proprietà avvenga direttamente ed immediatamente a favore dello Stato (Ris. AE 19 settembre 2018 n. 66/E). Atti, contratti, operazioni, conferimenti e trasferimenti di immobili di proprietà dei comuni, ivi comprese le operazioni di cartolarizzazione, in favore di fondazioni o società. Atti e documenti relativi a iscrizioni nelle liste di collocamento. Atti e documenti scolastici necessari per l'ammissione, la frequenza e gli esami (asili nido, scuole materne, dell'obbligo e di secondo grado) **(8)**. Atti posti in essere tra Amministrazioni dello Stato, regioni, province, comuni loro consorzi ed associazioni, nonché comunità montane e tra loro scambiati. Atti trasmessi obbligatoriamente all'ufficio dello stato civile da autorità, pubblici funzionari e ministri di culto. Atti e contratti relativi agli immobili oggetto di sequestro e confisca in base alle leggi antimafia (art. 51 D.Lgs. 159/2011). Cessioni di crediti certi, liquidi ed esigibili maturati nei confronti delle PA (Stato, regioni, province, comuni nonché le amministrazioni o soggetti indicati all'art. 1 D.Lgs. 165/2001) maturati al 31.12.2012 per somministrazioni, forniture ed appalti (art. 8 DL 35/2013 conv. in L. 64/2013). Conti della pubblica amministrazione. Contrassegno invalidi rilasciato a soggetti la cui invalidità comporta ridotte o impedite capacità motorie permanenti. Copie delle cartelle cliniche dichiarate conformi all'originale. Copie, certificati, dichiarazioni ed attestazioni rilasciate da autorità nell'interesse di persone non abbienti e domande di sussidi. Denunce di smarrimento e relative certificazioni. Duplicati di atti e documenti rilasciati dalla pubblica amministrazione se gli originali sono stati smarriti. Estratti e copie di qualsiasi atto richiesti nell'interesse dello Stato dai pubblici uffici. Estratti di c/c postali intestati ad Amministrazioni dello Stato. Legalizzazione delle fotografie prescritte per il rilascio di documenti personali (art. 2 c. 7 L. 127/97). Passaporti, carte d'identità e documenti equipollenti. Atti per il rilascio e il rinnovo dei passaporti agli emigranti e agli indigenti. Petizioni agli organi legislativi e documenti riguardanti la formazione delle liste elettorali. Ricevute relative al pagamento di spese di condominio. Testamenti in qualunque forma redatti. Titoli del debito pubblico e altri titoli obbligazionari emessi dallo Stato o garantiti, libretti postali di risparmio, vaglia postali, polizze e ricevute di pegno e quietanze per il rimborso di tali titoli. Trasferimenti di beni da comuni, province e loro consorzi ad aziende speciali o società per azioni costituite per la gestione dei servizi pubblici.		

(1) Relativamente ai **documenti** in formato elettronico scambiati fra PA e fornitori attraverso la **piattaforma MEPA** (mercato elettronico della PA): le offerte economiche presentate dagli operatori non sono soggette ad imposta mentre i documenti di accettazione che contengono tutti i dati essenziali del contratto sono soggetti ad imposta fin dall'origine di 16 €, addebitata al fornitore (Ris. AE 16 dicembre 2013 n. 96/E e Risp. AE 10 settembre 2019 n. 370). L'assolvimento dell'imposta, se dovuta, può avvenire solamente o mediante contrassegno o in modo virtuale, non mediante F24 previsto solo per le ipotesi di documenti informatici fiscalmente rilevanti di cui al n. 74065 (Risp. AE 25 luglio 2019 n. 321).
(2) L'imposta di bollo per **l'estratto di mappa da cartografia numerica** può essere assolta, prescindendo dal formato del supporto cartaceo effettivamente oggetto di consegna, con le seguenti modalità (Circ. Min. 19 luglio 1996 n. 189/T):
– un contrassegno da 16 € per ogni richiesta del modello 51, che contenga la descrizione fino a 21 particelle (nello spazio appositamente previsto) e la relativa rappresentazione grafica nel formato A4 o frazione;
– un contrassegno da 16 € per ogni ulteriore formato A3 o frazione, necessario per la completa rappresentazione di tutte le particelle richieste;
– un contrassegno da 16 € per ogni 100 linee (o frazione) di informazioni riportate su tabulato a stampa del terminale, relative alla descrizione delle particelle, eccedenti le 21 di cui alla lettera (A) e dei corrispondenti punti fiduciali.
Sono esenti i **duplicati di atti e documenti** rilasciati per smarrimento o perdita di possesso dell'intestatario; le copie di **cartelle cliniche** dichiarate conformi all'originale; i certificati, le copie ed estratti desunti dai **registri dello stato civile** e le corrispondenti dichiarazioni sostitutive; **denunce di smarrimento** e relative certificazioni; atti e **documenti relativi all'istruzione** secondaria.
(3) Compresa la **certificazione antimafia** (Ris. Min. 8 aprile 1995 n. 88/E/V/10/1843).
Gli **atti e i provvedimenti dei procedimenti giudiziari** sono esenti, applicandosi il contributo unificato di iscrizione a ruolo (v. n. 74070).
(4) L'imposta non si applica se in sede di registrazione telematica dell'atto è stata corrisposta l'imposta sull'atto notarile o del pubblico ufficiale.
(5) Sono soggetti ad imposta gli **accordi di natura patrimoniale** che le parti adottano nei procedimenti giudiziali suddetti (Ris. AE 14 dicembre 2007 n. 372/E).
(6) Sono soggette ad imposta **le trascrizioni, le annotazioni** di domande giudiziali, nonché le trascrizioni, le iscrizioni e le annotazioni di sentenze o altri provvedimenti giurisdizionali, compresa la trascrizione del pignoramento immobiliare che sono quindi soggetti ad imposta di bollo (art. 6 c. 5 duodecies DL 16/2012 conv. in L. 44/2012). In ogni caso, l'esenzione si applica alle copie autentiche richieste dalle parti processuali (non da terzi).
(7) È esente anche l'autentica della firma apposta sulla busta contenente la **scheda di votazione per il rinnovo di consigli territoriali degli ordini professionali** (Ris. AE 23 ottobre 2015 n. 91/E).
(8) L'esenzione comprende tutti gli atti e documenti attestanti la frequenza a **corsi di formazione professionale** di competenza regionale e l'esercizio dell'**apprendistato** (Ris. AE 4 ottobre 2005 n. 142/E).

74064 Atti specifici di imprese, artisti e professionisti

Rif. tariffa	Atto o documento	Bollo (€)	Modo di pagamento
art. 27 tariffa parte seconda	Atti e documenti di accompagnamento merci: per ogni foglio o esemplare (esente la bolla di accompagnamento dei beni viaggianti e il documento di trasporto)	16 in caso d'uso	Contrassegno o in modo virtuale
art. 5 tariffa parte prima	Certificati di liquidazione dei comitati direttivi degli agenti di cambio: per ogni foglio	16 fin dall'origine	Contrassegno
art. 18 tariffa parte prima	Copia degli atti di società da depositarsi presso l'Ufficio del registro delle imprese, per ogni foglio	16 fin dall'origine	Contrassegno o in modo virtuale
art. 1 n. 1 ter tariffa parte prima	Domande, denunce ed atti che le accompagnano presentate all'ufficio del registro delle imprese e inviate per via telematica o presentate su supporto informatico **(1)**: per ciascuna domanda, denuncia od atto e la relativa documentazione	ditte individuali: 17,50 società di persone: 59 società di capitali: 65 fin dall'origine	Versamento in modo virtuale, anche in misura cumulativa, all'atto della trasmissione per via telematica o della consegna del supporto informatico

74064 (segue)

Rif. tariffa	Atto o documento	Bollo (€)	Modo di pagamento
art. 1 n. 1 quater tariffa parte prima	Domande di concessione o di registrazione dei differenti titoli di proprietà industriale ed atti allegati, successive formalità ed istanze varie presentate alle Camere di commercio e all'Ufficio italiano brevetti e marchi e inviate per via telematica o consegnate su supporto informatico ai sensi dell'articolo 14 DPR 445/2000:		Modo virtuale tramite le Camere di commercio, autorizzate alla riscossione
	a) per ogni domanda di concessione o di registrazione di marchi d'impresa, novità vegetali, certificati complementari di protezione e topografie di prodotti per semiconduttori	42	
	a bis) per ogni domanda di concessione o di registrazione di brevetto per invenzione, modello di utilità, disegno e modello ove alla stessa risulti allegato uno o più dei seguenti documenti: 1) lettera di incarico a consulente di proprietà industriale o riferimento alla stessa; 2) richiesta di copia autentica del verbale di deposito; 3) rilascio di copia autentica del verbale di deposito;	20	
	b) per ogni istanza di trascrizione e relativi allegati	85	
	c) per ogni istanza di annotazione	15	
	d) per istanze diverse dalle precedenti	15	
art. 1 c. 280 L. 311/2004	Dichiarazione di conformità dei veicoli	16 fin dall'origine	Contrassegno
art. 28 tariffa parte seconda	Disegni, tipi, modelli di ingegneri, architetti, periti, geometri e misuratori e lavori contabili di liquidatori, ragionieri e professionisti in genere: per ogni foglio o esemplare	1 in caso d'uso	Contrassegno o in modo virtuale
art. 25 tariffa parte seconda	Documenti concernenti movimenti di denaro, titoli o valori scambiati tra casa madre e filiali o tra imprese e propri ausiliari: per ogni foglio o esemplare	16 in caso d'uso	Contrassegno o in modo virtuale
art. 26 tariffa parte seconda	Documenti, elenchi e ruoli relativi all'esercizio di mestieri, arti e professioni: per ogni foglio o esemplare	16 in caso d'uso	Contrassegno o in modo virtuale

74064
(segue)

Rif. tariffa	Atto o documento	Bollo (€)	Modo di pagamento
–	Documenti di trasporto	(vedi Atti e documenti di accompagnamento merci)	
art. 13 n. 1 tariffa parte prima	Fatture, note, conti e simili, ricevute e quietanze rilasciate dal creditore quando la somma supera 77,47 € e non è soggetta ad IVA **(2)**: per ogni esemplare	2 fin dall'origine	Fattura elettronica: v. n. 74065; fatture cartacea: mediante applicazione di contrassegno sul documento o, se l'emittente è autorizzato dalla DRE, in modo virtuale. Per le ricevute e quietanze relative a più percipienti, l'imposta è dovuta per ciascun percipiente
art. 16 tariffa parte prima	Libri, repertori e registri contabili obbligatori secondo il codice civile (che devono essere bollati dall'Ufficio del registro delle imprese o da un notaio): per ogni 100 pagine o frazione di 100 pagine, indipendentemente dall'anno cui si riferisce la numerazione progressiva (esenti se previsti esclusivamente da disposizioni fiscali) **(3)**	società di capitali ed enti commerciali: 16 fin dall'origine altri soggetti: 32 fin dall'origine	Se i registri sono tenuti su documenti informatici v. n. 74065. Se sono tenuti in forma cartacea: contrassegno oppure versamento all'agente della riscossione con Mod. F23 (cod. tributo 458T), anche tramite banca o posta prima dell'utilizzo del libro (o di ciascun blocco di 100 pagine). Il contrassegno o gli estremi di versamento vanno applicati o indicati (Ris. AE 12 marzo 2002 n. 85/E): – per i libri soggetti all'obbligo di bollatura iniziale (es. libri sociali): sull'ultima pagina numerata del registro (o di ciascun blocco di 100 pagine); – per gli altri libri (giornale, inventari): indifferentemente sulla prima pagina numerata del registro (o di ciascun blocco di 100 pagine) o sull'ultima pagina
art. 7 tariffa parte prima	Note di pegno, delegazioni, ordini in derrate – duplicati e copie	come per cambiali le stesse imposte stabilite per l'originale con il massimo di 0,52	Contrassegno Contrassegno
–	Quietanza	vedi Fattura	
–	Ricevuta	vedi anche Fattura	
art. 23 n. 2 tariffa parte seconda	Ricevute e note di consegna di merci con o senza l'indicazione del prezzo: per ogni documento	16 in caso d'uso	Contrassegno o in modo virtuale

Atti esenti (tabella allegata al DPR 642/72)
Attestato di prestazione energetica (APE) (rilasciato sotto forma di dichiarazione sostitutiva di atto notorio) (Ris. AE 22 novembre 2013 n. 83/E). Azioni, titoli di quote sociali, obbligazioni e altri titoli negoziabili e quietanze per il rimborso di tali titoli. Bolle di accompagnamento dei beni viaggianti. Biglietti e abbonamenti per il trasporto di persone. Bollette doganali e altri documenti per l'esportazione e l'importazione, atti relativi al movimento di valute e di valori in moneta o verghe **(4)**. Buoni acquisto di importo non superiore a 77,47 €. Estratti conto, lettere di addebitamento o di accreditamento quando la somma non supera 77,47 €. Fatture, note, conti e simili, ricevute e quietanze relativi ad operazioni assoggettate a IVA, o non assoggettate a IVA ma di importo inferiore a 77,47 €, o riguardanti operazioni non imponibili relative ad esportazioni e cessioni intracomunitarie.

Rif. tariffa	Atto o documento	Bollo (€)	Modo di pagamento
Istanze, atti e provvedimenti relativi al riconoscimento in Italia di brevetti per invenzioni industriali, di brevetti per modelli di utilità e di brevetti per modelli e disegni ornamentali **(5)**. Quietanze di stipendi, pensioni, paghe, assegni, premi, indennità di qualsiasi tipo relative a rapporti di lavoro subordinato (l'esenzione non riguarda le quietanze rilasciate in relazione a collaborazioni coordinate e continuative, Ris. AE 5 febbraio 2002 n. 36/E). Repertori, libri, registri ed elenchi prescritti da leggi tributarie (esclusi i repertori dei notai). Ricevute (vedi anche «Fatture»). Ricevute e scontrini fiscali.			

(1) L'imposta è corrisposta dai soggetti obbligati alla **trasmissione telematica**; sono quindi esclusi gli imprenditori individuali e i soggetti iscritti nel REA (Circ. AE 7 agosto 2002 n. 67/E). Sono inoltre esclusi gli atti propri delle società, soggetti al bollo forfettario di 156 € (v. n. 74066).
Quando la formalità ipotecaria, la voltura catastale e l'acquisizione degli atti vengono richieste successivamente alla registrazione dell'atto al quale conseguono è dovuto l'importo pari alla differenza tra l'imposta cumulativa e quanto corrisposto in sede di registrazione.
(2) L'imposta si applica anche alle quietanze relative ai diritti di segreteria riscossi dalle **Camere di commercio** (Ris. AE 26 settembre 2005 n. 135/E).
(3) Per **pagina di libri** e registri si intende una facciata, qualunque sia il numero delle linee; per i tabulati meccanografici si intende ogni facciata utilizzabile.
L'imposta non è dovuta per la vidimazione del **registro degli infortuni sul lavoro** (Ris. Min. 9 marzo 1995 n. 68/E), né per la vidimazione dei registri di carico e scarico dei **rifiuti speciali** (Ris. AE 11 novembre 2005 n. 159/E).
(4) Sono escluse anche le licenze import export CITES (e le domande per il rilascio delle stesse), riguardanti le specie di flora e fauna minacciate di estinzione (Ris. AE 29 ottobre 2008 n. 403/E). Sono invece soggetti ad imposta di bollo gli **estratti conto in valuta** (Ris. Min. 4 gennaio 1996 n. 1/E).
(5) L'esenzione riguarda il deposito telematico delle **domande di brevetto** prive di documenti allegati (non obbligatori) soggetti all'imposta di bollo; in presenza anche di uno solo dei citati documenti si applica l'imposta di 42 € (Circ. Ufficio Italiano Brevetti e Marchi 22 dicembre 2006 n. 480).

Registri tenuti su documenti informatici e fatture elettroniche 74065

Libri e registri	Bollo (€)	Modo di pagamento
Libri, repertori e registri contabili obbligatori secondo il codice civile (che devono essere bollati dall'Ufficio del registro delle imprese o da un notaio): per ogni 2.500 registrazioni o frazioni di esse, indipendentemente dall'anno cui si riferisce la numerazione progressiva (esenti se previsti esclusivamente da disposizioni fiscali) **(1) (2)**	società di capitali e commerciali: 16 fin dall'origine altri soggetti: 32 fin dall'origine	L'imposta è versata con il modello F24 (codice tributo 2501) in un'unica soluzione entro 120 giorni dalla chiusura dell'esercizio (art. 6 DM 17 giugno 2014) **(3)**.

(1) Per registrazione deve intendersi: quanto al libro degli inventari, la registrazione relativa a ciascun cespite e la registrazione della nota integrativa; per il libro giornale, ogni singola operazione contabile, a prescindere dalle righe di dettaglio (Ris. AE 9 luglio 2007 n. 161/E).
(2) Se l'obbligo di tenuta del libro giornale è soddisfatto utilizzando congiuntamente sia un libro giornale tenuto secondo criteri sintetici che **libri giornali sezionali** (che sono dunque parte integrante del libro giornale al fine della sua regolare tenuta), ai fini della determinazione dell'imposta di bollo rilevano le registrazioni effettuate su tutti i libri citati.
Non sono invece soggetti all'imposta di bollo, fin dall'origine, le diverse scritture contabili sistematiche, tenute con modalità e secondo fini diversi da quelli propri del libro giornale (quali, ad esempio, le c.d. **scritture ausiliarie**), anche se definite in senso atecnico sezionali del libro giornale (Ris. AE 6 ottobre 2008 n. 371/E).
(3) Nel caso di **pagamento tardivo** si utilizzano i codici tributo 2502 (sanzioni) e 2503 (interessi) (Ris. AE 23 marzo 2015 n. 32/E).

74065
(segue)

Fatture elettroniche	Bollo (€)	Modo di pagamento
emesse sia tramite SdI che extra SdI, non soggette all'IVA, di importo superiore a € 77,47 (v. n. 74052)	2 fin dall'origine	La fattura deve riportare specifica annotazione di assolvimento dell'imposta (ai sensi del DM 17 giugno 2014). L'imposta, per le **fatture SdI** (non scartate) è assolta attraverso un servizio telematico dell'AE (Fatture e Corrispettivi) che, al termine di ogni trimestre, calcola e comunica l'ammontare dovuto sulla base dei dati presenti nelle fatture elettroniche inviate attraverso lo SdI **(1)**. Il pagamento va effettuato **entro** l'ultimo giorno del secondo mese successivo al trimestre riferimento della fattura **(2)** (salvo che per il 2° trimestre la cui scadenza è il 30 settembre) con (DM 28 dicembre 2018): – addebito su conto corrente bancario o postale oppure – utilizzando un modello F24 predisposto dalla stessa AE indicando i codici tributo istituiti con Ris. AE 9 aprile 2019 n. 42/E. Se l'imposta relativa al primo trimestre solare è di **importo inferiore a € 250** (importo aumentato a € 5.000 dal 2023) , può essere versata entro il 30 settembre (anziché il 31 maggio); se l'importo dovuto complessivamente per i primi due trimestri non raggiunge ancora la soglia di € 250 (€ 5.000 dal 2023), il relativo versamento può essere ulteriormente differito al 30 novembre (anziché entro il 30 settembre) (art. 17 c. 1 bis DL 124/2019 conv. in L. 157/2019, DM 4 dicembre 2020). Per le **fatture extra SdI** (es. quelle estere o quelle per prestazioni sanitarie) gli importi vanno determinati dal contribuente e pagati nei termini e con le modalità suddette (Circ. AE 17 giugno 2019 n. 14/E).

(1) Le fatture inviate **tramite SdI** che non recano l'indicazione dell'assolvimento dell'imposta di bollo sono appositamente integrate a cura dell'AE attraverso procedure automatizzate - disponibili sul portale Fatture e Corrispettivi - che segnalano, entro il 15 del mese successivo alla chiusura del trimestre, al soggetto emittente l'importo dovuto. In particolare, l'AE per ogni trimestre fornisce all'emittente 2 distinti elenchi:
uno con gli elementi identificativi delle fatture elettroniche che già riportano l'assolvimento dell'imposta di bollo (non modificabile);
l'altro con gli elementi identificativi delle fatture elettroniche che non riportano l'assolvimento dell'imposta di bollo ma per le quali l'imposta è dovuta.
Il secondo elenco è messo a disposizione dell'emittente, anche tramite un suo intermediario delegato, che potrà confermare i dati proposti o modificarli, anche più volte, se ritiene che il bollo non sia comunque dovuto. L'eventuale correzione va fatta entro l'ultimo giorno del primo mese successivo alla chiusura del trimestre (limitatamente al secondo trimestre, entro il 10 settembre). La **visualizzazione** degli importi dovuti è disponibile entro il 15 del secondo mese successivo alla chiusura del trimestre (limitatamente al secondo trimestre, entro il 20 settembre) (art. 12 novies DL 34/2019 conv. in L. 58/2019, art. 143 DL 34/2020 conv. in L. 77/2020, DM 4 dicembre 2020, Provv. AE 4 febbraio 2021 n. 34958). Tale segnalazione inibisce il ricorso all'istituto del **ravvedimento** (Consulenza AE 10 dicembre 2020 n. 14).
Per il pagamento dell'imposta di bollo sulle fatture elettroniche inviate attraverso lo SdI è **obbligato in solido** il contribuente che effettua la cessione del bene o la prestazione di servizio, anche nel caso in cui la fattura è **emessa da un terzo** per suo conto (art. 1 c. 1108 L. 178/2020).
(2) Per l'**individuazione del trimestre** di riferimento delle fatture rileva la data contenuta nella ricevuta di consegna o nella ricevuta d'impossibilità di recapito, rilasciate dallo SdI (Guida AE 14 aprile 2021).

Atti registrati con procedure telematiche 74066

Rif. tariffa	a) relativi a beni immobili (1)	Bollo (€)
art. 1 n. 1 bis tariffa parte prima	atti, inclusi gli atti delle società e degli enti diversi dalle società, aventi ad oggetto il trasferimento o la costituzione di diritti reali di godimento su beni immobili, comprese le modificazioni o le rinunce di ogni tipo agli stessi, nonché atti aventi natura dichiarativa relativi ai medesimi diritti **(2) (3)**:	
	– se non comportano formalità nel registro delle imprese	230,00
	– se comportano anche formalità nel registro delle imprese	300,00
	tutti gli altri atti che comportano formalità nei pubblici registri immobiliari:	
	– se non comportano formalità nel registro delle imprese	155,00
	– se comportano anche formalità nel registro delle imprese	225,00
	atti concernenti unicamente immobili ubicati nei territori ove vige il sistema del libro fondiario:	
	– se non comportano formalità nel registro delle imprese	125,00
	– se comportano anche formalità nel registro delle imprese	195,00
	b) di società ed enti	**€**
art. 1 n. 1 bis1 tariffa parte prima	atti propri delle società e degli enti diversi dalle società, incluse la copia dell'atto e la domanda per il registro delle imprese **(4)**	156,00
	procure, deleghe e simili	30,00
	atti di cessione di quote sociali	15,00
	tutti gli altri atti **(5)**	45,00

Atti esenti di enti particolari (tabella allegata al DPR 642/72)

Atti costitutivi, statuti ed ogni altro atto necessario per l'adempimento di obblighi dei movimenti o partiti politici, derivanti da disposizioni legislative o regolamentari.
Atti costitutivi delle organizzazioni di volontariato ed atti connessi allo svolgimento delle loro attività.
Atti costitutivi e modificativi, di ammissione e recesso dei soci e gli atti, documenti e registri relativi alle operazioni previste dagli statuti delle società cooperative edilizie di abitazione e loro consorzi, con esclusione di assegni bancari e cambiali.
Atti costitutivi, modificativi, di recesso e ammissione di soci di società di mutuo soccorso, cooperative e loro consorzi e associazioni agrarie di mutua assicurazione e loro federazioni.
Atti, documenti, contratti, dichiarazioni, ecc. posti in essere o richiesti da ONLUS e dalle federazioni sportive ed enti di promozione sportiva riconosciuti dal Coni (l'esenzione non si applica alle società e associazioni sportive dilettantistiche, Circ. AE 22 aprile 2003 n. 21/E).
Scritture private costitutive di società a responsabilità limitata semplificata (art. 3 DL 1/2012).
Atti inerenti all'iscrizione nel registro delle imprese delle c.d. start-up innovative (art. 26 c. 8 DL 179/2012 conv. in L. 221/2012).

(1) L'imposta è dovuta in misura cumulativa all'atto della richiesta della formalità, mediante **versamento** da eseguire con le stesse modalità previste per il pagamento degli altri tributi dovuti per l'esecuzione delle formalità richieste (sull'obbligo e sulle modalità di registrazione telematica, v. n. 70370). L'importo copre **l'atto principale e quelli da esso dipendenti**, finalizzati all'espletamento dei necessari adempimenti nei rispettivi pubblici registri mentre non copre l'imposta, eventualmente dovuta, sugli atti ed i documenti allegati a quello principale di cui si richiede la registrazione (Ris. AE 16 maggio 2008 n. 194/E).

(2) Tuttavia, tali atti (esclusi quelli aventi ad oggetto natura dichiarativa) nonché gli atti e le formalità direttamente conseguenti posti in essere per effettuare gli **adempimenti presso il catasto ed i registri immobiliari**, sono esenti se soggetti ad imposta di registro proporzionale (art. 10 c. 3 D.Lgs. 23/2011).
Si ritiene che l'esenzione riguardi gli atti e le formalità relative e discendenti all'atto quali, ad **esempio**: la trascrizione dell'accettazione tacita dell'eredità, gli atti già programmati in quello traslativo come l'avveramento della condizione, il pagamento del saldo prezzo, la cancellazione del patto di riservato dominio o le quietanze, nonché le copie conformi dell'atto stesso (Consiglio nazionale del Notariato, studio 1011-2013/T). Sono in ogni caso esenti gli atti relativi ai trasferimenti dei terreni per la formazione o l'arrotondamento delle proprietà di imprese diretto-coltivatrici (tabella allegata al DPR 642/72).

(3) Quando non si applica l'esenzione di cui alla nota 2, se la **formalità ipotecaria e la voltura** catastale sono richieste successivamente alla registrazione dell'atto al quale conseguono è dovuto l'importo pari alla differenza tra l'imposta cumulativa e quanto corrisposto in sede di registrazione. È comunque esente la **copia conforme** rilasciata per essere allegata alla domanda di voltura catastale (art. 4 DPR 650/72); è opportuno che sulla copia il notaio indichi la norma di esenzione o l'uso cui è destinata (Ris. AE 11 dicembre 2013 n. 89/E).

(4) Esempi: Cessione di quote di società di persone, cessione di quote di società di persone e costituzione di pegno nello stesso atto, conferimento di azienda contestuale (senza immobili), deposito di atto estero di trasferimento sede di società estera (senza immobili), apertura di sede secondaria da parte di società estera. È esclusa la domanda di iscrizione o variazione dell'indirizzo PEC che è esente (art. 16 c. 6 DL 185/2008 conv. in L. 2/2009) anche relativamente alle imprese individuali (Ris. AE 5 luglio 2013 n. 45/E).
(5) Esempi: Cessione di azienda (senza immobili), conferimento di azienda in atto separato (senza immobili), costituzione/cancellazione di pegno su partecipazioni di Srl, costituzione/cancellazione di pegno su quote di società di persone, cessione di partecipazioni di Srl e costituzione di pegno nello stesso atto.

74070 **Atti processuali** Gli atti e i provvedimenti del **processo penale** sono esenti dall'imposta di bollo.
Gli atti e i provvedimenti dei **processi civili** (compresa l'azione civile nel processo penale), **amministrativi e tributari** sono esenti dall'imposta di bollo che in questi casi è sostituita dal **contributo unificato di iscrizione a ruolo** (artt. 9 e 18 DPR 115/2002).
Il contributo è dovuto in **misura** diversa a seconda del tipo di giudizio e, in alcuni casi, del valore della controversia (artt. 13 e 14 DPR 115/2002); gli importi dovuti per il processo tributario sono riportati al n. 87788.
La parte che per prima si costituisce in giudizio, che deposita il ricorso introduttivo, o che, nei processi esecutivi di espropriazione forzata, fa istanza per l'assegnazione o la vendita dei beni pignorati, deve provvedere al **pagamento** del contributo con una delle modalità riportate in **tabella** (art. 191 DPR 115/2002).

Modalità	Note per il processo tributario
pagamento telematico **(1)**	Permette al soggetto abilitato di pagare on-line le spese di giustizia ed i diritti utilizzando l'apposito servizio a disposizione nella sezione Servizi del sito internet del Ministero della Giustizia, previa autenticazione tramite smart card o chiavetta o attraverso funzionalità messe a disposizione da un Punto di Accesso. Il versamento può essere eseguito attraverso Poste Italiane - utilizzando carte di credito, Carta Postepay o addebito su conto corrente postale o attraverso circuito bancario (banche convenzionate) - utilizzando bonifico bancario verso apposito conto corrente bancario intestato alla Tesoreria dello Stato. Tale modalità di pagamento può essere utilizzata solo se l'utente è titolare di un conto corrente presso una filiale della banca e previa autorizzazione di manleva nei confronti dell'istituto di credito (v. DM 44/2011). **Dal 24 giugno 2019**, è possibile utilizzare il Nodo dei pagamenti - SPC (pago PA) per i ricorsi e gli appelli depositati presso gli Uffici di segreteria delle Corti tributarie di tutte le Regioni italiane (art. 1Decreto 6 giugno 2019)
presso le rivendite di generi di monopolio e di valori bollati che rilasciano un contrassegno sostitutivo	previsto contrassegno specifico per i giudizi tributari
versamento all'AdR o presso banche e poste con Mod. F23 **(2)** (per le istruzioni alla compilazione vedi Ris. AE 27 febbraio 2002 n. 60/E)	nel **mod. F23** vanno indicati: nella sezione dati anagrafici, nel campo «4», le generalità e il codice fiscale del proponente il ricorso o il ricorso in appello; nel campo «5», le generalità del convenuto (o resistente); nella sezione dati del versamento nel campo «6» «codice ufficio o ente», il codice della Corte tributaria adita, desumibile dalla tabella consultabile sul sito www.agenziaentrate.gov.it; nel campo «10», gli estremi dell'atto per il quale si effettua il versamento del contributo unificato; nel campo «11» il codice tributo 171T (Ris. AE 7 dicembre 2012 n. 104/E)
versamento in conto corrente postale intestato alla sezione di tesoreria dello Stato competente per provincia	per il versamento indicare: – il numero di conto corrente postale n. 1010376927 e l'intestazione alla «TES.VITERBO-CONTRIB.PROC.TRIB.ART.37 D.L. 98/2011»; – il nome e il cognome del ricorrente/resistente; nel caso in cui dall'atto introduttivo del procedimento risulti più di un ricorrente/resistente va indicato per esteso solo il primo nominativo di essi e il numero in cifra dei restanti. Nello spazio riservato alla causale, indicare anche: – il codice fiscale del ricorrente o resistente; – il codice della Corte tributaria adita. I codici della Corte tributaria sono reperibili sul sito dell'AE Mod. F23 - Codici tributo - «Tabella dei codici degli enti diversi dagli uffici finanziari - pdf»

(1) Nel **processo tributario** telematico, il pagamento può essere effettuato in via telematica (art. 1 c. 599 L. 147/2013) o in modalità ordinaria allegando copia informatica dell'attestazione di pagamento (art. 13 DM 4 agosto 2015).
(2) Per i ricorsi proposti dinanzi al **giudice amministrativo** e per i ricorsi straordinari al **Presidente della Repubblica** o a quello della **Regione Siciliana** il contributo unificato si versa, dal 1° novembre 2017, con modalità esclusivamente telematiche, attraverso il **Mod. F24 ELIDE** o il Mod. F24 **Enti Pubblici EP** (art. 192 c. 2 DPR 115/2002, DM Mef 27 giugno 2017, Circ. AE 22 dicembre 2017 n. 29/E, Ris. AE 12 ottobre 2017 n. 123/E e Ris. AE 25 gennaio 2018 n. 8/E).

Ai fini della corretta applicazione del contributo, la parte **nel primo atto difensivo deve**: **74072**
– dichiarare il valore della causa per la determinazione del contributo unificato (non nel processo amministrativo); in caso di omissione, la causa si considera dello scaglione di valore più alto;
– indicare il codice fiscale della parte, il numero di fax del difensore: in mancanza, il contributo dovuto è aumentato della metà.
Se la parte che per prima si è costituita in giudizio ed ha provveduto al pagamento successivamente **modifica la domanda** o propone domanda **riconvenzionale** o formula **chiamata in causa**, che comportano l'aumento del valore della causa, deve farne espressa dichiarazione e procedere al contestuale pagamento del contributo unificato ad integrazione di quanto già versato.
Quando invece sono le altre parti del giudizio che modificano la domanda o propongono domanda riconvenzionale o formulano chiamata in causa o svolgono **intervento autonomo**, devono farne espressa dichiarazione e procedere al contestuale pagamento di un autonomo contributo unificato, determinato in base al valore della domanda proposta.
La parte deve allegare la **ricevuta di versamento** all'atto giudiziario relativo e inserirla nel fascicolo d'ufficio. Se il pagamento avviene presso le rivendite di generi di monopolio, il contrassegno rilasciato deve essere applicato su apposito **modello di comunicazione** di versamento reperibile sui siti internet www.agenziaentrate.gov.it o www.finanze.it (DM 20 settembre 2010).

> **Precisazioni** **1)** In caso di **omesso o parziale pagamento**, si applica la sanzione da 1 a 2 volte l'imposta evasa con possibili riduzioni nel caso di versamento solo tardivo (art. 16 DPR 115/2002, Ris. AE 7 settembre 2007 n. 242/E).
> **2)** In caso di **versamento effettuato in misura maggiore** rispetto a quanto dovuto, o di versamento non dovuto, è possibile chiedere il rimborso presentando apposita istanza in carta semplice, entro 2 anni dal versamento, all'ufficio giudiziario competente, cioè quello ove è instaurato il procedimento giurisdizionale (Circ. AE 26 ottobre 2007 n. 33/E).

II. Pagamento

Salvo quanto previsto nella tariffa e riportato nelle **tabelle** precedenti per alcuni casi particolari, **74170**
il pagamento dell'imposta può essere effettuato (art. 3 DPR 642/72):
– mediante **contrassegno** rilasciato da intermediario convenzionato con modalità telematiche;
– in **modo virtuale**.
Per l'assolvimento del bollo in caso di **fatture elettroniche**, v. n. 74065.

CONTRASSEGNO (artt. 11, 12 DPR 642/72) Il contrassegno è emesso con modalità tele- **74180**
matiche ai sensi del Provv. AE 5 maggio 2005.
Esso contiene l'indicazione del giorno e dell'ora di emissione e solitamente non richiede un suo annullamento (come avveniva per le marche da bollo), poiché è impossibile rimuoverlo dall'atto su cui è stato applicato senza provocarne la lacerazione rendendolo inservibile.
È possibile richiedere l'emissione di contrassegni di **qualsiasi importo** (Circ. AE 3 aprile 2006 n. 11/E).
L'applicazione del contrassegno deve **precedere** l'eventuale **sottoscrizione** degli atti e, per i registri e repertori, qualsiasi scritturazione.

Trascrizione di più atti sul medesimo foglio Un atto per il quale è prevista in via **74185**
esclusiva o alternativa l'applicazione dell'imposta può essere scritto su un foglio che sia già servito per la redazione di un altro atto soggetto ad imposta a condizione che sia corrisposta la

relativa imposta (art. 13 DPR 642/72). Analogamente si può operare in caso di **atti da rinnovare** o **prorogare**.

74190

Eccezioni
Nei seguenti casi, con il pagamento di un'unica imposta, è possibile scrivere sul **medesimo foglio più atti** (art. 13 c. 3 DPR 642/72):
1) gli inventari, i processi verbali e gli altri atti che sono compiuti in più sedute; 2) la ratifica apposta sull'atto cui si riferisce; 3) l'accettazione del mandatario apposta sull'atto contenente il mandato; 4) la dichiarazione di conferma e di asseverazione del contenuto di un atto e la dichiarazione di concordanza con l'originale; 5) l'accettazione della cessione del credito fatta dal debitore ceduto sull'atto relativo; 6) la dichiarazione di vedovanza scritta sul certificato di esistenza in vita; 7) il certificato di avvenuta iscrizione, trascrizione ed annotamento sui pubblici registri apposto sulla nota relativa **(*)**; il duplicato della nota per l'iscrizione ipotecaria e la sua rinnovazione scritta sul titolo in base al quale avviene la formalità; 8) la copia della iscrizione, rinnovazione e trascrizione sui pubblici registri costituenti un solo stato o certificato e le relative aggiunte e variazioni, riportate in un solo stato o certificato anche se lo stato o certificato concerne più di una persona; 9) il certificato scritto sull'estratto catastale e attestante l'imposta dovuta per i beni ivi descritti e la dichiarazione di eseguita voltura catastale apposta sul documento in base al quale la voltura fu eseguita; 10) gli estratti rilasciati dai pubblici funzionari e desunti dai registri dei rispettivi Uffici, purché riguardino una sola persona o più persone coobbligate o cointeressate nell'affare cui si riferisce il contenuto degli estratti che si rilasciano; 11) i pareri, le conclusioni e i decreti sopra i ricorsi in sede giurisdizionale od amministrativa; 12) gli atti d'istruzione delle cause, i certificati e le attestazioni apposte sui medesimi, le relazioni di notificazioni scritte sull'originale e sulla copia dell'atto notificato, nonché i precetti apposti in calce alle sentenze ed agli atti rilasciati in forma esecutiva; 13) l'autenticazione o la legalizzazione delle firme apposte sullo stesso foglio che contiene le firme da autenticare o da legalizzare; 14) le certificazioni dei pubblici Uffici apposte sul duplicato e sul secondo originale delle domande; 15) gli atti contenenti più convenzioni, istanze, certificazioni o provvedimenti, se redatti in un unico contesto.
(*) Per l'attestazione di avvenuta registrazione dell'opera nel Registro Pubblico delle Opere Protette (RPG) non è dovuta un'ulteriore imposta di bollo (Ris. AE 16 marzo 2017 n. 34/E).

74200 **MODO VIRTUALE** (art. 15 DPR 642/72) Il pagamento in modo virtuale è previsto per **determinate categorie di atti** (individuate dai DM 7 giugno 1973, DM 25 luglio 1975, DM 31 ottobre 1981, DM 10 febbraio 1988 e DM 24 maggio 2012), ma è escluso per i documenti informatici di cui al n. 74065 (Circ. AE 6 dicembre 2006 n. 36/E).
In genere, per avvalersi di tale modalità occorre richiedere apposita autorizzazione, salvo che per gli atti da trasmettere obbligatoriamente in via telematica all'ufficio del registro delle imprese.
Per questi ultimi non è richiesta l'autorizzazione e sono previste regole particolari, essendo il pagamento virtuale una modalità necessaria di assolvimento dell'imposta.
Di seguito si esaminano **entrambe le procedure**.

74205 **Modalità ordinaria** (art. 15 DPR 642/72 e Circ. AE 14 aprile 2015 n. 16/E) Il soggetto interessato deve presentare **domanda di autorizzazione** (direttamente o a mezzo raccomandata A/R) alla Direzione provinciale dell'AE territorialmente competente in base al domicilio fiscale (solo per le Camere di commercio e gli uffici ed enti statali è competente la Direzione regionale).
Alla domanda va allegata una dichiarazione sottoscritta con indicazione del numero presunto di atti che saranno emessi o ricevuti durante l'anno e della loro natura.
L'autorizzazione è **concessa** avendo riguardo alla tipologia degli atti per i quali è richiesta e alle qualità del soggetto richiedente (rilevanza economica, capacità di assolvere il tributo) e a tempo indeterminato, salvo revoca da parte dell'Ufficio o rinuncia del contribuente.
L'Ufficio **liquida** provvisoriamente **l'imposta** dovuta dalla data dell'autorizzazione e fino al 31 dicembre dello stesso anno sulla base del numero di atti indicato nella richiesta (l'imposta è ripartita in rate bimestrali con scadenza alla fine di ciascun bimestre, art. 3 c. 136 L. 549/95).
Il **pagamento** deve essere effettuato mediante Mod. F24 (Provv. AE 3 febbraio 2015 e Ris. AE 3 febbraio 2015 n. 12/E).

A partire dall'anno solare che segue il primo periodo di utilizzo del modo virtuale, il contribuente deve presentare, esclusivamente in via telematica, entro il 31 gennaio, una **dichiarazione** con il numero degli atti e documenti emessi nell'anno precedente (Provv. AE 29 dicembre 2017 n. 306346).
Sulla base della dichiarazione, l'Ufficio, con apposito avviso, **liquida definitivamente** l'imposta dell'anno precedente (a debito o a credito dell'utilizzatore), nonché provvisoriamente quella dell'anno in corso. L'importo a saldo è sommato o detratto dalla rata di febbraio o, se questa è insufficiente a compensare il credito, da quella successiva.
Il contribuente deve indicare **negli atti e nei documenti** per i quali effettua il pagamento virtuale, **gli estremi** dell'autorizzazione.

> **Precisazioni** 1) In caso di **rinuncia** all'autorizzazione, la dichiarazione per il conguaglio deve essere presentata contestualmente alla richiesta di rinuncia e comprende il periodo che va dal 1° gennaio al giorno della rinuncia.
> 2) Se intervengono **modifiche della disciplina** o della misura dell'imposta nel corso dell'anno, a liquidazione provvisoria già eseguita, l'Ufficio effettua la riliquidazione provvisoria delle rimanenti rate con avviso da notificare al contribuente entro il mese successivo a quello di entrata in vigore del provvedimento che dispone le modifiche. In caso di modifiche (esempio minor numero di atti e documenti previsti, cessione di ramo d'azienda, ecc.) che **comportano diminuzione dell'imposta**, il contribuente può presentare apposita istanza per la riliquidazione cui provvede l'Ufficio entro 30 giorni.
> 3) I **provvedimenti** relativi all'autorizzazione devono essere notificati; il **diniego e la revoca** sono atti impugnabili.
> 4) Una società che fornisce servizi nell'ambito del food delivery e mette in comunicazione i consumatori finali e i corrieri (**riders**, forfettari o occasionali) per il ritiro e la consegna a domicilio dei pasti ordinati può chiedere l'autorizzazione per il pagamento del bollo virtuale, sulle fatture cartacee emesse per conto loro (Risp. AE 10 maggio 2021 n. 324).

Atti presentati telematicamente all'ufficio del registro delle imprese (DM 17 maggio 2002 n. 127, Circ. AE 7 agosto 2002 n. 67/E) Nell'ipotesi in cui vi sia l'**obbligo** di trasmissione telematica di determinati atti al registro delle imprese il contribuente deve necessariamente osservare la seguente procedura. **74210**
I soggetti obbligati alla trasmissione telematica delle domande, denunce ed atti che le accompagnano devono presentare, entro il mese di gennaio di ogni anno, all'Ufficio locale dell'AE, competente in base alla residenza o alla sede legale, una **dichiarazione** sottoscritta contenente l'esatto **numero degli atti inviati** nell'anno precedente al registro delle imprese. L'Ufficio liquida l'imposta dovuta in base a tale dichiarazione, al netto di quanto già corrisposto dal contribuente in via provvisoria sulla base della liquidazione effettuata relativamente all'anno precedente. Infatti l'imposta definitiva di un anno viene assunta come base per la liquidazione dell'imposta provvisoria per l'anno successivo. L'Ufficio notifica al contribuente, entro il mese successivo, apposito **avviso** con cui chiede in pagamento sia l'imposta definitiva dovuta per l'anno precedente sia quella provvisoria per l'anno successivo. Il contribuente deve effettuare il relativo **pagamento** entro 20 giorni dalla notifica da parte dell'Ufficio, utilizzando il Mod. F23 con il codice tributo 456T, nel quale deve indicarsi il codice dell'ufficio competente.
Se dalla liquidazione definitiva emerge un **credito** a favore del contribuente questo viene computato in compensazione dell'imposta provvisoria per l'anno successivo.

> I soggetti che **iniziano l'attività** presentano la dichiarazione contenente l'indicazione del numero presuntivo degli atti da trasmettere nel periodo compreso tra la data di presentazione e il 31 dicembre dell'anno in corso.
> L'Ufficio locale, in base a tale dichiarazione, provvede alla **liquidazione provvisoria** dell'imposta e notifica il relativo avviso di pagamento entro il mese successivo a quello di presentazione della dichiarazione stessa.
> Il contribuente deve eseguire il **pagamento** della suddetta imposta nei **20 giorni** successivi alla notifica; in seguito egli presenta la dichiarazione definitiva entro il mese di gennaio, secondo le regole sopra esposte.

I **contribuenti già autorizzati** al pagamento in modo virtuale devono indicare nell'unica dichiarazione definitiva da presentare annualmente anche il numero degli atti presentati telematicamente all'ufficio del registro delle imprese. **74215**

ISTANZE TELEMATICHE ALLA PA (Provv. AE 19 settembre 2014) Per le istanze trasmesse in via telematica ad una pubblica amministrazione e per i **relativi atti e provvedimenti**, il pagamento può essere effettuato acquistando una marca da bollo digitale tramite il servizio @e.bollo sui siti internet delle amministrazioni che offrono servizi interattivi per l'acquisizione delle istanze a loro dirette o sui siti degli intermediari (banche, poste) convenzionati con l'AE; se il sito della PA interessata non mette a disposizione il servizio, il pagamento può essere **74220**

effettuato tramite gli intermediari abilitati che mettono a disposizione un apposito software per il pagamento e la generazione dell'impronta del documento da assoggettare ad imposta.
Il pagamento può avvenire, senza costi aggiuntivi, tramite addebito su conto di pagamento o con carte di debito o prepagate.
Il servizio **sarà operativo** una volta perfezionate le procedure informatiche.

74230 **IRREPERIBILITÀ DEI CONTRASSEGNI** (art. 32 DPR 642/72) In caso di **obiettiva impossibilità** al reperimento dei contrassegni (sciopero dei venditori, calamità naturali, ecc.) è possibile adempiere all'obbligazione mediante la redazione di atti e documenti senza (o con il parziale) pagamento normale dell'imposta. Successivamente, **entro 5 giorni** dalla cessata impossibilità, l'imposta deve essere **versata** all'AE, anche tramite posta. Nel contesto dell'atto dovrà essere indicata la causa del mancato impiego del contrassegno.
I suddetti modi di pagamento non comportano, ovviamente, l'applicazione di **sanzioni**.

74240 **REGOLARIZZAZIONE DEGLI ATTI** (art. 31 DPR 642/72) Gli atti e documenti per i quali l'imposta non sia stata assolta in tutto o in parte devono essere sempre regolarizzati **mediante il pagamento** dell'imposta non corrisposta o del supplemento di essa nella misura vigente al momento dell'accertamento della violazione.
La regolarizzazione deve essere eseguita esclusivamente dagli **Uffici delle Entrate** mediante annotazione sull'atto o documento (o copia di esso) della sanzione, che deve poi essere versata all'AE, anche tramite banca o posta (Mod. F23, codice tributo 675T).

III. Accertamento

74300 **ESIBIZIONE DOCUMENTI** (artt. 35, 36 DPR 642/72) Tutti coloro che sono obbligati alla tenuta di registri o documenti soggetti a bollo, compresi i pubblici ufficiali indicati al n. 74015, devono esibirli ai funzionari accertatori che ne fanno richiesta.
I **notai** sono tenuti ad esibire tutti gli atti pubblici o privati da loro depositati, ad eccezione dei testamenti segreti e dei processi verbali di deposito di testamenti olografi.
Gli atti possono essere sequestrati se ne è impossibile la riproduzione o se manca la sottoscrizione. I libri e i registri non possono essere sequestrati.

74310 **TERMINI DI DECADENZA PER L'ACCERTAMENTO** (art. 37 DPR 642/72) L'azione dell'AF per l'accertamento delle violazioni è soggetta alla decadenza di **3 anni** dal giorno in cui è stata commessa la violazione.
La decadenza non autorizza all'uso dell'atto, che è **comunque soggetto** all'imposta al momento dell'uso.

74320 **TERMINI DI DECADENZA PER IL RIMBORSO** (art. 37 c. 3 DPR 642/72) L'azione del contribuente diretta alla restituzione dell'imposta pagata **in modo virtuale** e delle relative sanzioni indebitamente pagate, è soggetta al termine di decadenza di 3 anni dal giorno in cui è stato effettuato il pagamento.
Non è ammesso il rimborso delle imposte pagate mediante versamento in **conto corrente postale**.
Non è inoltre ammesso rimborso delle imposte pagate con **contrassegno**.

CAPITOLO 4

Imposte sugli immobili

SOMMARIO

Nel presente capitolo si esamina la tassazione degli immobili distinguendo fra quelli ubicati in Italia e quelli situati all'estero. Per immobili si intendono i fabbricati (urbani e rurali), i terreni (fabbricabili e agricoli) e le piattaforme marine su cui si applica una specifica imposta immobiliare (c.d. IMPI). **74500**

SEZIONE 1

Immobili in Italia

Il possesso di immobili situati in Italia è soggetto alle seguenti imposte: **74505**
– imposta municipale propria (**IMU**), dovuta dal possessore di immobili, escluse le abitazioni principali (salvo casi particolari). Può aggiungersi o meno all'imposizione IRPEF;
– tassa sui rifiuti (**TARI**), destinata a finanziare i costi del servizio di raccolta e smaltimento dei rifiuti, a carico dell'utilizzatore. Nei comuni che hanno realizzato sistemi di misurazione puntuale della quantità di rifiuti conferiti al servizio pubblico, può essere sostituita da una tariffa (v. n. 75385);
– imposta immobiliare sulle piattaforme marine (**IMPI**).
Le imposte citate sono applicate e riscosse dal comune, fatta eccezione per la tariffa corrispettiva che sostituisce la TARI (v. n. 75385).

Per la provincia autonoma di Trento si applica l'IMIS; per la provincia autonoma di Bolzano l'IMI; per la regione Friuli Venezia Giulia (dal 1° gennaio 2023) l'ILIA.

TABELLA RIEPILOGATIVA Nella **tabella** seguente si sintetizza il carico fiscale delle diverse tipologie di immobili, classificati sulla base delle categorie catastali (v. n. 7006). **74507**

Immobili		IMU	TARI
Abitazione principale	**Di lusso** (cat. A/1, A/8 e A/9)	SÌ	SÌ
	Non di lusso (cat. A/2-A/7, A/11)	NO	SÌ
Seconda casa (di lusso e non)		SÌ	SÌ
Negozi - Uffici		SÌ	SÌ
Immobili d'impresa	fabbricati **costruiti e destinati** dall'impresa costruttrice alla **vendita**	NO	SÌ
	tutti gli **altri**	SÌ	SÌ
Terreni agricoli		SÌ	NO

Immobili		IMU	TARI
Fabbricati rurali	**abitativi**	stesse regole di quelli urbani (abitazione principale o fabbricati diversi)	
	strumentali	SÌ	NO

I. IMU

74520 **Soggetti passivi** dell'imposta sono (art. 1 c. 743 L. 160/2019):
– **proprietario** (residente o non residente, persona fisica o giuridica), dal momento dell'acquisto dell'immobile;
– titolari di diritti reali in caso di **usufrutto**, **uso**, **abitazione** (compreso quello spettante al coniuge superstite sulla casa familiare e quello del socio della cooperativa edilizia a proprietà divisa sull'alloggio assegnatogli), **superficie o enfiteusi**, dal momento dell'acquisto del diritto;
– **genitore assegnatario** della **casa familiare** a seguito di provvedimento del giudice che costituisce altresì il diritto di abitazione in capo al genitore affidatario dei figli;
– locatario in base a contratto di **leasing**, dal momento della stipula del contratto e per tutta la durata dello stesso. In caso di risoluzione per inadempimento, il soggetto passivo è da subito il locatore (in tal senso, la prevalente Cassazione - es. Cass. 31 marzo 2022 n. 10400, Cass. 22 luglio 2021 n. 20977, Cass. 15 gennaio 2021 n. 585, Cass. 3 dicembre 2020 n. 27631, Cass. 9 marzo 2020 n. 6664, Cass. 20 dicembre 2019 n. 34243, Cass. 19 novembre 2019 n. 29973, Cass. 9 ottobre 2019 n. 25249, Cass. 22 maggio 2019 n. 13793 - e il MEF - Circ. MEF 18 marzo 2020 n. 1/DF).

>Precisazioni 1) In caso di **più soggetti**, ciascuno è tassato pro-quota e le esenzioni o agevolazioni spettanti a uno non si estendono agli altri che non ne hanno diritto.
2) Nel contratto di **locazione** è valida la clausola che prevede che il conduttore rimborsi l'IMU pagata dal proprietario, versando un canone di locazione maggiorato (Cass. SU 8 marzo 2019 n. 6882).

74525

Casi particolari		Soggetto passivo
Multiproprietà	azionaria	Società proprietaria
	altri casi	Multiproprietari pro-quota
Fallimento o liquidazione coatta amministrativa		Curatore o commissario liquidatore (v. n. 93590)
Fondi di investimento immobiliare		Società di gestione del fondo
Aree demaniali **(1)**		Concessionario
Trust		Trustee (Cass. 27 luglio 2020 n. 15988 e Cass. 20 giugno 2019 n. 16550) **(2)**

(1) Compresi i fabbricati realizzati sulle stesse (Ris. DF 10 agosto 2009 n. 3/DF).
(2) Secondo autorevole dottrina, soggetto passivo è il trust o, se al trust è trasferita solo la nuda proprietà, il titolare del diritto di usufrutto, uso o abitazione (Studio CNDCEC 11 febbraio 2011).

74530 L'IMU è commisurata ai **mesi** di possesso dell'immobile; si considera per intero il mese durante il quale il possesso si è protratto per più della metà dei giorni di cui il mese è composto (art. 1 c. 761 L. 160/2019).

ESEMPIO
Per una compravendita stipulata il 10 ottobre, il venditore è tenuto al pagamento per 9 mesi (da gennaio a settembre) e l'acquirente per i 3 mesi restanti (ottobre-dicembre).

In caso di **acquisto**, il giorno di trasferimento del possesso è imputato all'acquirente; in caso di **parità di giorni** di possesso con il cedente, all'acquirente è attribuito l'intero mese dell'acquisto.

A. Soggetti privati

La tassazione si applica distinguendo tra: 74540
- fabbricati urbani (v. n. 74545 e s.);
- fabbricati rurali (n. 74730);
- terreni (n. 74790 e s.).

Il comune può stabilire che siano esenti gli immobili dati in **comodato** al comune o ad altro ente territoriale, o a ente non commerciale, esclusivamente per l'esercizio dei rispettivi scopi istituzionali o statutari (art. 1 c. 777 lett. e L. 160/2019).

a. Fabbricati urbani

NOZIONE (art. 1 c. 741 lett. a L. 160/2019) Sono i fabbricati iscritti (o iscrivibili) nel catasto 74545
edilizio urbano e dotati di rendita, per la cui determinazione v. n. 7013.
Si considera parte integrante del fabbricato l'**area** occupata dallo stesso e quella che ne costituisce pertinenza ai soli fini urbanistici, purché accatastata unitariamente (anche tramite graffatura).
L'**edificio in costruzione** può definirsi fabbricato dalla data di ultimazione dei lavori o, comunque, dal momento del suo effettivo utilizzo; fino a tale momento l'IMU è dovuta sull'area edificabile (v. n. 74855). La costruzione di un **piano aggiuntivo** di un appartamento già censito rileva dalla data di ultimazione dei lavori o da quella in cui esso viene utilizzato, se precedente (Cass. 15 dicembre 2004 n. 23347).

I fabbricati **abusivi** sono soggetti a IMU indipendentemente dal fatto che sia stata presentata o meno istanza di sanatoria edilizia. Gli interventi abusivi realizzati in assenza di titolo, in contrasto con lo stesso o sulla base di un titolo successivamente annullato, non possono beneficiare di alcuna agevolazione fiscale (art. 49 DPR 380/2001).

Esclusi o esenti 74550

Fabbricati	Descrizione	Fonte
esclusi	abitazione principale (e relative pertinenze) non di lusso (diverse da A/1, A/8 o A/9) e fabbricati assimilabili (v. n. 74588 e s.)	art. 1 c. 740 L. 160/2019
esenti (*)	– classificati o classificabili in **categoria E** (stazioni, ponti, fari, ecc.) – con destinazione a **usi culturali** (musei, biblioteche, archivi e altri aperti al pubblico - art. 5 bis DPR 601/73) – non utilizzabili né disponibili in quanto oggetto di occupazione abusiva (con denuncia all'autorità giudiziaria in relazione ai reati di cui agli artt. 614 c. 2 e 633 c.p., o per la cui occupazione abusiva sia stata presentata denuncia o iniziata azione giudiziaria penale) (**)	art. 1 c. 759 lett. b, c, g-bis L. 160/2019
	– **collabenti** (fabbricati diruti, con tetto crollato e inutilizzabili - cat. F/2), in quanto privi di rendita; non è soggetta a IMU nemmeno l'area su cui insistono, in quanto già edificata (Cass. 11 aprile 2019 n. 10122, Cass. 11 ottobre 2017 n. 23801 e Cass. 19 luglio 2017 n. 17815) – ubicati in comuni colpiti da **eventi calamitosi**, di volta in volta individuati da appositi decreti, per il periodo e alle condizioni ivi indicati.	

(*) Sono esenti per il periodo dell'anno in cui sussistono le condizioni sopra descritte.
(**) La condizione e la sia cessazione devono essere comunicate telematicamente al comune interessato (tempistiche e specifiche tecniche saranno indicate con apposito decreto).

CALCOLO **Si applica** alla base imponibile l'aliquota stabilita dal comune (v. n. 74575). 74560
L'imposta **spetta** al comune nel cui territorio sono ubicati, interamente o prevalentemente, gli immobili, salvo quella applicata ai fabbricati a uso produttivo classificati nella categoria D che spetta, in tutto o in parte, allo Stato (v. n. 74575 - art. 1 c. 742 e 744 L. 160/2019).

In caso di **variazioni** delle **circoscrizioni** territoriali dei comuni, l'imposta spetta al comune in cui sono ubicati gli immobili al 1° gennaio dell'anno cui l'imposta si riferisce.

74565 **Base imponibile** (art. 1 c. 745 e 747 L. 160/2019) È calcolata moltiplicando la **rendita** risultante in catasto al 1° gennaio dell'anno di imposizione, **rivalutata** del 5% (art. 3 c. 48 L. 662/96), per uno dei **coefficienti moltiplicatori** riportati in **tabella**, differenti a seconda della categoria catastale di appartenenza. Il risultato va rapportato alla quota e al periodo di possesso (v. n. 74530).
In caso di **variazione** della rendita v. n. 74570.

Categoria catastale	Coefficienti moltiplicatori
Da A/1 a A/11, escluso A/10	160
A/10	80
Da B/1 a B/8	140
C/1	55
C/2, C/6, C/7	160
C/3, C/4, C/5	140
Da D/1 a D/10, escluso D/5	65
D/5	80

74568 Per i fabbricati indicati in **tabella**, al ricorrere di determinate condizioni, la base imponibile è **ridotta a metà**.

Fabbricato	Condizioni	Note
Non di lusso, concesso in **comodato** a parenti in linea retta entro il primo grado (genitori e figli), che lo utilizzano come abitazione principale (comprese le pertinenze, al massimo una per ciascuna categoria catastale C/2, C/6 e C/7) **(*)**	**a)** il contratto di comodato (redatto in forma scritta o verbale) è registrato **b)** il comodante risiede e dimora abitualmente nel comune in cui si trova l'immobile concesso in comodato **c)** e possiede solo l'abitazione concessa in comodato e, eventualmente, un altro immobile (non di lusso) adibito a propria abitazione principale, nello stesso comune	– Il possesso di un terreno o di altro immobile **non a uso abitativo** non preclude la riduzione (Ris. DF 17 febbraio 2016 n. 1/DF) – La riduzione **decorre** dalla data del contratto (Ris. DF 17 febbraio 2016 n. 1/DF e Nota DF 8 aprile 2016 n. 8876) – Se il fabbricato in comodato è di **interesse storico o artistico** (v. sotto), si applica la doppia riduzione della base imponibile (è pari al 25%)
Di **interesse storico o artistico** in base ai criteri del Codice dei beni culturali (art. 10 c. 2 D.Lgs. 42/2004)	–	Se il fabbricato è concesso in **comodato** (v. sopra), si applica la doppia riduzione della base imponibile (è pari al 25%)
Dichiarato **inagibile o inabitabile** e di fatto non utilizzato, limitatamente al periodo dell'anno durante il quale sussistono dette condizioni	L'inagibilità o inabitabilità va accertata, **alternativamente**: – dall'ufficio tecnico comunale con perizia a carico del proprietario, che allega idonea documentazione alla dichiarazione – dal proprietario con dichiarazione sostitutiva di atto di notorietà, in cui attesta di avere una dichiarazione di inagibilità o inabitabilità redatta da un tecnico abilitato	–
(*) In caso di **morte del comodatario**, la riduzione della base imponibile si estende al coniuge di quest'ultimo se vi sono figli minori.		

ESEMPIO
1) Due coniugi possiedono in comproprietà al 50% un immobile che viene concesso in comodato al figlio e il solo marito possiede un altro immobile a uso abitativo in un comune diverso: la riduzione si applica solo alla quota di possesso della moglie.
2) Un soggetto possiede due immobili a uso abitativo di cui uno in comproprietà in un comune diverso da quello in cui è ubicato il secondo, posseduto al 100% e concesso in comodato: l'agevolazione non è applicabile, indipendentemente dalla quota di possesso dell'immobile.

La **variazione della rendita** ha efficacia dalla data della notifica dell'Ufficio del territorio all'intestatario del fabbricato e al possessore dell'immobile, se diverso dal primo (art. 74 L. 342/2000 e Circ. Min. 13 marzo 2001 n. 4/FL). **74570**

Casi particolari	Efficacia
rendita proposta dal contribuente (in sede di iscrizione o variazione catastale) tramite **procedura Docfa** (DM 19 aprile 1994 n. 701)	– in caso di variazione intervenuta in corso d'anno a seguito di **interventi edilizi** sul fabbricato, dalla data di ultimazione dei lavori o, comunque, dalla data di utilizzo (art. 1 c. 745 L. 160/2019) **(*)** – negli **altri casi**, dalla presentazione dell'istanza **(*)**
variazione apportata dall'AE in sede di **autotutela** a correzione di un errore	retroattiva dalla notifica della rendita originaria oggetto di variazione (Ris. AT 27 marzo 2007 n. 1/T)
variazione apportata con **sentenza** della Corte tributaria	retroattiva al momento di efficacia dell'atto impugnato (Cass. 1° giugno 2006 n. 13069 e Cass. 7 maggio 2008 n. 11094)
rendita attribuita o modificata a seguito di **richiesta del comune** e in mancanza di spontaneo adeguamento dell'intestatario (che dovrebbe presentare apposita Docfa)	retroattiva al 1° gennaio dell'anno successivo alla mancata presentazione della denuncia catastale come indicato dal comune o, in assenza di indicazione, dal 1° gennaio dell'anno di notifica della richiesta (art. 1 c. 336-337 L. 311/2004)

(*) L'AE può rettificare la rendita proposta anche **oltre il termine annuale** previsto dalla legge. In tal caso, la rettifica è **efficace** solo dalla notifica (Cass. 21 agosto 2007 n. 17818) ma può essere utilizzata anche in relazione a periodi d'imposta precedenti oggetto di accertamento, liquidazione o rimborso (Cass. SU 9 febbraio 2011 n. 3160).

Aliquote (art. 1 c. 748, 753-757, 767 L. 160/2019) Sono **stabilite da** ciascun comune, con apposita deliberazione, partendo da quelle base previste dalla legge, ossia: **74575**
– quella ordinaria dello 0,86%, modificabile in aumento fino all'1,06% o in diminuzione fino ad azzerarla;
– quella ridotta dello 0,5%, applicabile alle abitazioni principali di lusso (cat. A/1, A/8 o A/9) e relative pertinenze, modificabile in aumento di 0,1 punti percentuali o in diminuzione fino ad azzerarla.

Per i fabbricati a **uso produttivo** classificati nella **cat. D**, l'aliquota è pari allo 0,86% (di cui lo 0,76% è riservata allo Stato), con la possibilità, per il comune nel cui territorio è ubicato il fabbricato, di aumentarla fino all'1,06% o diminuirla fino allo 0,76%.

> **Precisazioni 1)** I comuni devono **inviare** telematicamente (tramite il Portale del federalismo fiscale) le **delibere** di approvazione delle aliquote e delle detrazioni **e** i relativi **regolamenti entro** il 14 ottobre di ogni anno al MEF, che, entro il 28 ottobre, li pubblica sul proprio sito internet. In mancanza, si applicano le aliquote base.
2) I comuni possono prevedere una **riduzione** fino al 20% dell'aliquota IMU di propria competenza a **condizione** che venga versata mediante autorizzazione permanente di addebito diretto su c/c bancario o postale (art. 118 ter DL 34/2020 conv. in L. 77/2020).

1. Abitazione principale e fabbricati assimilabili

ABITAZIONE PRINCIPALE E RELATIVE PERTINENZE (art. 1 c. 740, 741 lett. b, 748-749 L. 160/2019) Per l'abitazione principale e relative pertinenze l'IMU si applica solo per le **categorie di lusso** (A/1, A/8 e A/9). Per le **altre categorie** (A/2, A/3, ecc.), si disapplica totalmente, anche per le unità in parte locate (Faq MEF 20 gennaio 2014). **74588**

74590 **Definizione** Nonostante la norma faccia ancora riferimento all'immobile iscritto (o iscrivibile) in catasto come **unica unità immobiliare** in cui il possessore e il suo nucleo familiare dimorano abitualmente e risiedono anagraficamente, ne è stata dichiarata l'illegittimità costituzionale nella parte in cui prevede che il requisito della residenza anagrafica e della dimora abituale debbano riguardare non solo il possessore, ma anche i componenti del suo nucleo familiare (C.Cost. 13 ottobre 2022 n. 209). Ne consegue che l'agevolazione per l'abitazione principale può essere riconosciuta a ciascun coniuge anche quando essi risiedono in immobili diversi (Cass. 30 gennaio 2023 n. 2747).

Fino al 2021 era controverso se, nel caso di immobili situati in comuni diversi, le agevolazioni per l'abitazione principale si applicassero a un solo immobile (v. Cass. 17 giugno 2021 n. 17408) o addirittura a nessuno (v. Cass. 17 gennaio 2022 n. 1199, Cass. 1° febbraio 2021 n. 2194, Cass. 15 dicembre 2020 n. 28534, Cass. 24 settembre 2020 n. 20130, Cass. 19 febbraio 2020 n. 4166 e n. 4170); tuttavia, il MEF in precedenza, aveva ritenuto che entrambi i coniugi potessero fruire di tali agevolazioni (Circ. DF 18 maggio 2012 n. 3/DF).
Nel 2022, prima della sentenza della Corte Costituzionale, l'AE si era espressa affermando la necessità da parte dei coniugi di effettuare la scelta dell'immobile cui applicare l'esonero in dichiarazione barrando il campo 15 «Esenzione» e riportando nel campo «Annotazioni» la seguente frase: «Abitazione principale scelta dal nucleo familiare ex art. 1 c. 741 lett. b L. 160/2019» (Risp. MEF Telefisco 27 gennaio 2022).
Grazie alla **dichiarazione di incostituzionalità** i coniugi possono presentare **istanze di rimborso,** per le somme in precedenza versate a titolo di IMU e risultanti non dovute alla luce della pronuncia, a pena di decadenza, entro 5 anni dal giorno di versamento o dal giorno in cui è stato accertato il diritto alla restituzione. L'istanza di rimborso non può, invece, essere presentata con riferimento ai rapporti già esauriti (fattispecie per le quali è stato emesso un avviso di accertamento non impugnato e pertanto divenuto definitivo, o che, pur essendo stato impugnato, ha dato luogo ad un giudizio concluso con una sentenza di rigetto del ricorso passata in giudicato).

74591 Si considerano **pertinenze** esclusivamente le unità immobiliari classificate nelle **categorie catastali** C/2, C/6, C/7, nella misura massima di **un'unità** pertinenziale **per ciascuna categoria**, anche se iscritte in catasto unitamente all'abitazione, e destinate in modo durevole al suo servizio od ornamento (art. 817 c.c.).
I fabbricati **eccedenti** rispetto al numero massimo ammesso (3) sono soggetti a IMU con le regole illustrate al n. 74660 e s.

Se due pertinenze della **stessa categoria** catastale (es. cantina e soffitta entrambe classificate in C/2) sono **accatastate unitamente** all'abitazione, il contribuente può assimilare all'abitazione principale solo un'ulteriore pertinenza di categoria diversa (Circ. DF 18 maggio 2012 n. 3/DF).

74595 **Determinazione dell'imposta** Per le abitazioni principali di lusso (cat. A/1, A/8 e A/9), l'imposta si calcola applicando l'**aliquota** ridotta (stabilita dal comune partendo da quella base dello 0,5%) alla base imponibile determinata applicando alla rendita catastale maggiorata del 5% il coefficiente pari a 160. All'imposta così determinata si applica, fino al suo ammontare, una **detrazione** di € 200.

Se il fabbricato è adibito ad abitazione principale da **più comproprietari**, la detrazione spetta pro-quota.

74600 **ESEMPIO**

Abitazione in comproprietà tra più soggetti di cui solo alcuni la utilizzano come abitazione principale
Tizio, Caio e Sempronio sono proprietari rispettivamente al 50%, al 30% e al 20% di un fabbricato classificato nella categoria A/9.
Caio e Sempronio l'hanno adibita ad abitazione principale; alla loro quota si applica l'aliquota ridotta e la detrazione di € 200 va suddivisa tra i due in base alla quota di possesso.
Tizio calcola l'IMU applicando l'aliquota ordinaria deliberata dal comune per abitazioni diverse da quella principale (per semplicità, si suppone pari a 0,7%) e non ha diritto alla detrazione.
Supponendo che la rendita catastale sia pari a 600 e che il periodo di possesso sia relativo all'intero anno, l'IMU per ciascun comproprietario si determina come segue.

Calcolo IMU Caio
Base imponibile: 600 × 1,05 × 160 = 100.800
Quota di competenza: 100.800 × 30% = 30.240
IMU dovuta: 0,5% × 30.240 = 151,2 – 60 (detrazione spettante) = 91,2

Calcolo IMU Sempronio
Base imponibile: 600 × 1,05 × 160 = 100.800
Quota di competenza: 100.800 × 20% = 20.160
IMU dovuta: 0,5% × 20.160 = 100,8 – 40 (detrazione spettante) = 60,8

Calcolo IMU Tizio
Base imponibile: 600 × 1,05 × 160 = 100.800
Quota di competenza: 100.800 × 50% = 50.400
IMU dovuta: 0,7% × 50.400 = 352,8

Effetti sulle imposte dirette 74605

Imposte dirette
Se l'abitazione principale e le relative pertinenze **non** sono **soggette a IMU**, il relativo reddito fondiario concorre alla formazione del reddito complessivo del proprietario, ma non è tassato in quanto è prevista una deduzione di pari importo. **Viceversa**, se sono soggette a IMU, il relativo reddito fondiario non concorre a formare il reddito imponibile ai fini IRPEF (v. n. 7025 e s.). Nel caso di abitazione principale **in parte locata** v. n. 7070.

FABBRICATI ASSIMILABILI (art. 1 c. 741 lett. c L. 160/2019) Sono: 74607
- **casa familiare** assegnata al genitore affidatario dei figli, a seguito di provvedimento del giudice che costituisce altresì il diritto di abitazione in capo allo stesso;
- **alloggi sociali** aventi le caratteristiche indicate nel DM 22 aprile 2008, adibiti ad abitazione principale;
- abitazioni appartenenti alle **cooperative edilizie a proprietà indivisa**, adibite ad abitazione principale (e relative pertinenze) dei soci assegnatari o destinate a studenti universitari soci assegnatari (anche se non ivi residenti);
- su decisione del singolo comune, fabbricato posseduto da **anziani o disabili** che acquisiscono la **residenza** in istituti di ricovero o sanitari a seguito di ricovero permanente, a condizione che non sia locato. In caso di più fabbricati, l'agevolazione si applica a uno solo;
- fabbricato iscritto in catasto come unità immobiliare unica, posseduto (e non locato) dal personale in servizio permanente delle **Forze armate**, **di polizia**, **vigili del fuoco** e della **Prefettura** (per il quale non è richiesta la dimora abituale e la residenza anagrafica).

---

2. Fabbricati diversi

TENUTI A DISPOSIZIONE **Si tratta** dei fabbricati non utilizzati come dimora abituale del soggetto passivo né locati. 74660
Sono **tassati** applicando alla base imponibile, determinata secondo quanto indicato al n. 74565, l'aliquota stabilita dal comune (v. n. 74575).

Per una sola abitazione, non locata o data in comodato d'uso, posseduta in Italia a titolo di proprietà o usufrutto da **non residenti titolari di pensione** maturata in regime di convenzione internazionale con l'Italia, residenti in uno Stato di assicurazione diverso dall'Italia, l'IMU è ridotta alla metà (art. 1 c. 48 L. 178/2020). 74663

> Per pensione in **regime** di **convenzione internazionale** si intende una pensione maturata in regime di totalizzazione internazionale, cioè mediante il cumulo dei periodi assicurativi maturati in Italia con quelli maturati nei Paesi UE, SEE ed extra UE, indicati sul sito dell'INPS (Ris. MEF 11 giugno 2021 n. 5/DF).

Effetti sulle imposte dirette 74665

Imposte dirette
In via ordinaria, l'IMU assorbe il reddito fondiario del fabbricato che, quindi, non va assoggettato a IRPEF e relative addizionali (artt. 8 c. 1 e 9 c. 9 D.Lgs. 23/2011). Se si tratta di fabbricato **abitativo** situato nello **stesso comune** in cui si trova l'abitazione principale (così definita in base ai criteri IRPEF, v. n. 7025), il reddito fondiario concorre alla formazione della base imponibile IRPEF e relative addizionali in misura pari al 50% (v. n. 7030).

LOCATI (art. 1 c. 760 L. 160/2019) Sono soggetti sia a IMU che a IRPEF (per le modalità di determinazione del reddito da locazione v. n. 7040 e s.). 74670
L'IMU si calcola applicando alla base imponibile, determinata secondo quanto detto al n. 74565, l'**aliquota** stabilita dal comune (v. n. 74575). In caso di abitazioni locate a **canone concordato** (v. n. 7065 e s.), l'imposta è ridotta del 25%.
In caso di concessione in **usufrutto o sublocazione**, oltre all'IMU, è dovuta anche l'IRPEF sull'eventuale reddito diverso.

74680 **ASSEGNATI DA IACP O DA ENTI DI EDILIZIA RESIDENZIALE PUBBLICA**
(art. 1 c. 749 L. 160/2019) Nel caso di alloggi regolarmente assegnati dagli Istituti autonomi per le case popolari (IACP) o dagli enti di edilizia residenziale pubblica (di cui all'art. 93 DPR 616/77), l'IMU si calcola come per i fabbricati tenuti a disposizione, ma con la possibilità di fruire della **detrazione base** prevista per l'abitazione principale (pari a € 200), fino a concorrenza dell'imposta.

> Se gli alloggi hanno le caratteristiche previste per essere qualificati come **alloggi sociali** (in base al DM 22 aprile 2008 - v. n. 74607), sono esclusi da IMU (Risp. MEF Telefisco 30 gennaio 2020).

b. Fabbricati rurali

(art. 1 c. 750 L. 160/2019)

74730 **Sono** i fabbricati, comprese le relative pertinenze, a uso abitativo o strumentali all'attività agricola, che soddisfano i requisiti indicati al n. 7130 e s.
Per i fabbricati **a uso abitativo**, l'IMU si applica con le regole previste per quelli urbani adibiti ad abitazione principale o per i fabbricati diversi a seconda dei requisiti e dell'utilizzo (v. n. 74590 e s.).
Per i fabbricati **a uso strumentale**, l'IMU è calcolata applicando alla base imponibile, determinata secondo quanto indicato al n. 74565, l'aliquota base pari allo 0,1%, che il comune può solo ridurre fino ad azzerarla (se sono classificati nella categoria catastale D, non opera la riserva a favore dello Stato - Circ. MEF 18 marzo 2020 n. 1/DF).

c. Terreni

1. Posseduti e condotti da coltivatori diretti o IAP

74790 I terreni posseduti e condotti da coltivatori diretti (compresi i familiari coadiuvanti - v. n. 7145) e IAP, che sono iscritti nella previdenza agricola e che vi svolgono attività dirette alla coltivazione del fondo, alla silvicoltura, alla funghicoltura e all'allevamento di animali, sono considerati **sempre agricoli** (art. 1 c. 741 lett. d L. 160/2019).
Sono tali anche i terreni **non coltivati lasciati a riposo** in applicazione delle tecniche agricole (c.d. set aside).

> Per la definizione di coltivatore diretto e IAP v. n. 7145. Ai fini IMU, sono tali anche i **pensionati** che, continuando a svolgere attività in agricoltura, mantengono l'iscrizione nella relativa gestione previdenziale e assistenziale agricola (art. 78 bis c. 3 DL 104/2020 conv. in L. 126/2020).

74795 Tali terreni sono **esenti** indipendentemente dalla loro ubicazione (art. 1 c. 758 lett. a L. 160/2019).
Se il terreno è concesso in **affitto**, si applica l'IMU, salvo il caso in cui le persone fisiche, coltivatori diretti o IAP, iscritti nella previdenza agricola, abbiano costituito una società di persone a cui abbiano concesso in affitto o in comodato il terreno di cui mantengono il possesso ma che, in qualità di soci, continuano a coltivare direttamente (art. 9 D.Lgs. 228/2001 e Circ. DF 18 maggio 2012 n. 3/DF).
Se il terreno è **posseduto da più soggetti** ma condotto da uno solo che abbia i requisiti di coltivatore diretto o IAP, l'esenzione si applica solo a quest'ultimo mentre agli altri soggetti si applica l'IMU con le regole illustrate al n. 74880 e s. (art. 1 c. 743 L. 160/2019 e Ris. DF 10 marzo 2020 n. 2/DF).

2. Posseduti da soggetti diversi

74840 Si distingue tra quelli utilizzabili a scopo edificatorio (aree fabbricabili) e quelli che, non avendo detta caratteristica, sono utilizzabili come terreni agricoli.

FABBRICABILI (art. 1 c. 741 lett. d L. 160/2019 e art. 36 c. 2 DL 223/2006 conv. in L. 248/2006) 74850
Un'area è fabbricabile **se** è utilizzabile a scopo edificatorio in base allo **strumento urbanistico** generale adottato dal comune (Piano regolatore generale, Piano di fabbricazione), indipendentemente dall'approvazione della regione e dall'adozione di strumenti attuativi (come Piano pluriennale di attuazione, Piano di inquadramento operativo, Piano di lottizzazione) e anche quando tali strumenti ne prevedono l'esproprio.
È dunque irrilevante l'effettiva edificabilità di fatto che può però incidere sulla determinazione del valore dell'area (Cass. 24 ottobre 2008 n. 25676 e Cass. 17 luglio 2008 n. 19619).
Quando il **comune** attribuisce la qualifica di **edificabilità**, deve comunicarlo agli interessati con raccomandata; in mancanza, il contribuente che versa l'IMU senza tenere conto del maggior valore del terreno non è sanzionabile (Circ. DF 18 maggio 2012 n. 3/DF). In ogni caso, il contribuente può verificare se l'area è edificabile richiedendo al comune un certificato di destinazione urbanistica.

> **Precisazioni 1)** L'area destinata ad **attrezzature sportive pubbliche** con minimo indice di edificabilità va considerata non fabbricabile (Cass. 30 novembre 2011 n. 25522).
2) Il comune può prevedere il diritto al rimborso dell'imposta pagata per i terreni **successivamente divenuti inedificabili**, avuto anche riguardo alle modalità e alla frequenza delle varianti apportate agli strumenti urbanistici (art. 1 c. 777 lett. c L. 160/2019).
3) Se un'area fabbricabile è stata assoggettata a un vincolo di inedificabilità assoluta e inserita in un programma di c.d. **compensazione urbanistica** (che attribuisce al proprietario un diritto edificatorio compensativo su un'altra area), non si considera più fabbricabile anche se il procedimento compensatorio non si è ancora concluso (Cass. SU 29 ottobre 2020 n. 23902).

L'area si considera fabbricabile anche se è iniziata la **costruzione di** uno **stabile** oppure sono in corso **interventi di recupero** o la **demolizione** di un vecchio edificio (art. 1 c. 746 L. 160/2019). Dal momento dell'ultimazione o dell'effettivo utilizzo del fabbricato, l'IMU si applica su quest'ultimo (v. n. 74575). 74855

Il **lastrico solare, durante la costruzione** dell'impianto fotovoltaico, non si considera area edificabile, bensì parte integrante dell'edificio e, quindi, concorre alla determinazione complessiva della rendita catastale delle unità immobiliari facenti parte dell'edificio stesso (Ris. DF 22 luglio 2013 n. 8/DF).

Calcolo IMU (art. 1 c. 746 L. 160/2019) L'IMU si calcola applicando l'**aliquota** deliberata dal comune (partendo da quella ordinaria indicata al n. 74575) alla **base imponibile** costituita dal valore venale in comune commercio al 1° gennaio dell'anno d'imposizione o alla data di adozione degli strumenti urbanistici. 74860

ESEMPIO
Se il comune adotta lo strumento urbanistico generale a fine maggio, l'IMU si calcola così: per i primi cinque mesi dell'anno, con le regole previste per i terreni agricoli (v. n. 74880 e s.); per i restanti sette mesi, con le regole previste per i terreni fabbricabili.

Il **soggetto passivo** deve **determinare** il **valore venale** tenendo presente i seguenti fattori: 74865
- indice di edificabilità e destinazione d'uso consentita, nei termini riportati in apposito certificato di destinazione urbanistica, firmato dal sindaco e richiesto dal contribuente;
- oneri per eventuali lavori di sistemazione del terreno per rendere possibile la costruzione;
- ubicazione e valori di mercato realizzati nella zona per la vendita di aree con analoghe caratteristiche.

Può applicare anche fattori diversi, purché idonei a individuare il valore venale.
In **tabella** si riportano alcuni **esempi** pratici che possono influenzare il valore venale.

Esempi		Fonti
acquisto di aree di pertinenza di un **fallimento**	il valore venale può essere identificato con il prezzo di vendita da parte degli organi del fallimento	Cass. 24 settembre 2003 n. 14148
area la cui edificabilità è prevista solo dal piano regolatore generale ma **non dal piano attuativo**	l'area può essere valutata a un valore inferiore rispetto a un'area simile la cui edificabilità è prevista anche da quest'ultimo	Cass. 24 agosto 2004 n. 16751, Ris. Min. 17 ottobre 1997 n. 209

Esempi		Fonti
area costituita da più parti, con **differenti destinazioni urbanistiche**	la determinazione del valore venale deve tener conto del differente livello di edificabilità, fermo restando che la valutazione dell'area deve essere effettuata secondo il criterio del valore commerciale complessivo e non attraverso la sommatoria del valore commerciale di sue eventuali segmentazioni individuate in funzione della loro specifica edificabilità	Cass. 23 luglio 2008 n. 20256

74870 I **comuni possono indicare** periodicamente (con delibera consiliare) e per zone omogenee i valori venali delle aree fabbricabili, quali parametri di raffronto ai fini dell'accertamento.
Il soggetto passivo ha convenienza a informarsi in merito agli atti del comune che determinano tali valori. Infatti, se calcola e versa l'imposta in base a un valore:
– pari o superiore a quello determinato dal comune, non è soggetto ad accertamento (art. 1 c. 777 lett. d L. 160/2019);
– inferiore, il comune potrebbe esperire un accertamento contestando il maggior valore e richiedendo il pagamento della differenza d'imposta e spetta all'interessato fornire la prova contraria (Cass. 27 luglio 2007 n. 16700).
I comuni possono anche deliberare valori meramente orientativi nell'attività di accertamento (con delibera della giunta) (Cass. 25 luglio 2012 n. 13105). In tal caso, il contribuente che si adegua non è tutelato ai fini dell'accertamento.

ESEMPIO
Terreno posseduto al 50% e divenuto edificabile dal 1° gennaio 20XX con superficie utile realizzabile di mq 270 a destinazione residenziale. Per la determinazione del valore venale, il contribuente si basa sui valori minimi individuati dal comune ai fini dell'accertamento, pari a € 1.802,80 × mq di superficie utile realizzabile a destinazione residenziale.
La base imponibile è pari a: 1.802,80 × 270 × 50% = 243.378.
L'IMU dovuta per il 20XX è pari a: 243.378 × 0,86% = 2.093,05.

74875 Effetti sulle imposte dirette

Imposte dirette
Se il terreno **non** è **affittato**, l'IMU assorbe l'IRPEF e relative addizionali sul reddito dominicale. Se il terreno è **affittato**, le imposte dirette sono dovute anche sul reddito dominicale, se il terreno è concesso in affitto per usi agricoli, o sul reddito diverso, se il terreno è concesso in affitto per usi diversi.

74880 **AGRICOLI** (art. 1 c. 741 lett. e, 758 lett. b, c, d L. 160/2019) **Sono** i terreni iscritti in catasto, destinati a qualsiasi uso, anche se non coltivati.
Sono **esenti** quelli:
– ricadenti in aree montane o di collina (individuati in base ai criteri indicati nella Circ. Min. 14 giugno 1993 n. 9);
– ubicati nei comuni delle isole minori (per l'elenco v. allegato A L. 448/2001);
– che i componenti di una collettività delimitata territorialmente utilizzano con destinazione agro-silvo-pastorale.

74885 **Calcolo IMU** (art. 1 c. 746 e 752 L. 160/2019) L'IMU si calcola applicando l'**aliquota** deliberata dal comune (quella ordinaria è pari allo 0,76% e il comune può aumentarla fino all'1,06% o diminuirla fino ad azzerarla) alla **base imponibile** determinata moltiplicando il reddito dominicale, iscritto in catasto al 1° gennaio e rivalutato del 25%, per il coefficiente pari a 135.

74887 Effetti sulle imposte dirette

Imposte dirette
Se il terreno **non** è **affittato**, l'IMU assorbe l'IRPEF e relative addizionali sul reddito dominicale. In tal caso, restano dovute le imposte dirette sul reddito agrario, da parte del proprietario che utilizza il terreno direttamente. Se il terreno è **affittato**, le imposte dirette sono dovute anche sul reddito dominicale, se il terreno è concesso in affitto per usi agricoli, o sul reddito diverso, se il terreno è concesso in affitto per usi diversi.

d. Adempimenti

VERSAMENTO Il soggetto passivo deve **autoliquidare** l'imposta dovuta per l'anno in corso. La versa in un'unica soluzione entro il 16 giugno oppure in due rate (art. 1 c. 762 L. 160/2019): **74895**
– la prima, entro il 16 giugno, pari all'imposta dovuta per il primo semestre calcolata sulla base dell'aliquota e delle detrazioni dell'anno precedente. Essendo l'IMU commisurata ai mesi di possesso dell'immobile, se, ad esempio, l'immobile è acquistato il 1° giugno, la prima rata va proporzionata a un mese di possesso;
– la seconda, entro il 16 dicembre, calcolata, a saldo dell'imposta dovuta per l'anno in corso con eventuale conguaglio sulla prima rata, sulla base delle aliquote pubblicate sul sito internet del MEF al 28 ottobre di ciascun anno (in caso di mancata pubblicazione entro tale termine, si applicano le aliquote dell'anno precedente).
Se, entro la scadenza della prima rata, il comune ha già deliberato l'aliquota per l'anno in corso, si può già tenerne conto (Nota IFEL 8 maggio 2015).

> **Precisazioni 1)** L'IMU va **versata solo se superiore a** € 12 o all'importo eventualmente deliberato dal comune (art. 1 c. 168 L. 296/2006). Se l'importo da versare in acconto è pari o inferiore al limite, si versa tutta l'imposta in sede di saldo (Circ. Min. 27 maggio 1999 n. 120/E).
> **2)** In situazioni particolari (es. decesso del soggetto passivo) il comune, con delibera consiliare, può **stabilire termini diversi** per i versamenti dell'IMU di propria competenza (e non anche dell'IMU di competenza statale - art. 1 c. 777 lett. b L. 160/2019 e Ris. DF 8 giugno 2020 n. 5/DF).

Il soggetto passivo può **utilizzare** (art. 1 c. 765 L. 160/2019 e Provv. AE 26 maggio 2020 n. 214429): **74900**
– Mod. F24 telematico o cartaceo secondo le regole ordinarie (v. n. 37010 e s.) (per i codici tributo v. Ris. AE 29 maggio 2020 n. 29/E);
– bollettino postale, in cui indica i propri dati anagrafici (nome e cognome, data e luogo di nascita, codice fiscale) e il codice catastale del comune nel cui territorio sono ubicati gli immobili. Se i fabbricati sono situati in diversi comuni, deve compilare tanti bollettini quanti sono i comuni;
– piattaforma pagoPA (per tale modalità di versamento si attende un DM attuativo).
Può avvalersi della **compensazione** con le modalità stabilite dal comune (art. 1 c. 167 L. 296/2006).

> Se il comune ha previsto, con propria delibera, una **riduzione** fino al 20% dell'IMU, occorre versarla tramite autorizzazione permanente di addebito diretto su c/c bancario o postale (v. n. 74575).

Casi particolari **74905**

Caso	Versamento	Fonte
contitolari dell'immobile	separato da parte di ciascun contitolare, salvo che il comune stabilisca diversamente	art. 1 c. 777 lett. a L. 160/2019 e Circ. Min. 26 giugno 1993 n. 11
immobili in multiproprietà	effettuato da chi amministra i beni	art. 1 c. 768 L. 160/2019
parti comuni del condominio accatastate in via autonoma come bene comune censibile (es. alloggio portiere - art. 1117 n. 2 c.c.)	effettuato dall'amministratore del condominio per conto di tutti i condòmini	
immobili a uso produttivo classificati nel gruppo catastale D	con apposito codice tributo per la parte riservata allo Stato (corrispondente all'aliquota base dello 0,76%) e con diverso codice tributo per l'eventuale maggiorazione deliberata dal comune (fino all'1,06%) (v. n. 74575)	–

Caso	Versamento	Fonte
cittadini italiani non residenti	in € anche tramite vaglia postale internazionale ordinario, vaglia postale internazionale di versamento in c/c e bonifico bancario, cumulativamente per tutti gli immobili posseduti in Italia anche se in più comuni	Circ. DF 18 maggio 2012 n. 3/DF

74910 **Errori od omissioni** In caso di **omesso o tardivo versamento**, il soggetto passivo può sanare la violazione con sanzioni ridotte tramite il ravvedimento (v. n. 87270 e s.). In tal caso, deve versare le sanzioni e gli interessi unitamente all'imposta dovuta (Ris. AE 12 aprile 2012 n. 35/E).

In caso di versamento **erroneo**, occorre distinguere (art. 1 c. 722-728 L. 147/2013, DM 24 febbraio 2016, Circ. DF 14 aprile 2016 n. 1/DF):

– se lo ha effettuato a un **comune diverso** da quello competente **o** allo **Stato anziché** al **comune** e viceversa, può inviare una comunicazione al comune indicando gli estremi del versamento, l'importo versato, i dati catastali dell'immobile, il comune destinatario delle somme e a chi sono state erroneamente versate;

– se ha effettuato un versamento di **importo superiore** a quanto dovuto (o un **doppio versamento**: erroneamente allo Stato e anche al comune per regolarizzare l'errore), deve presentare istanza di rimborso al comune entro 5 anni dal giorno del versamento o da quello in cui è stato accertato il diritto alla restituzione (art. 1 c. 164 L. 296/2006). Il comune restituisce direttamente la quota di propria spettanza mentre la quota di spettanza dello Stato è restituita da quest'ultimo.

> Per il rimborso relativo a somme versate allo Stato, nell'istanza va indicato anche il proprio codice IBAN. In alternativa, si può chiedere il rimborso con assegno circolare o in contanti da riscuotere presso la sede di Banca d'Italia più vicina al domicilio indicato dall'interessato.

74915 **DICHIARAZIONE** **Va presentata solo se** sono intervenute **variazioni** rispetto a quanto risulta dalle dichiarazioni IMU già presentate per gli anni precedenti o variazioni che non sono conoscibili al comune e, comunque, in tutti i casi in cui il soggetto passivo non ha richiesto gli aggiornamenti della banca dati catastale.

Non va presentata se le variazioni dipendono da atti per i quali risulta applicabile il modello unico informatico (**MUI**) e, in generale, per tutte le fattispecie riguardanti una **variazione catastale oggettiva o soggettiva**, relativa ai dati di classamento e rendita o all'intestazione catastale.

Emergenza Covid-19
I soggetti che hanno usufruito dei benefici fiscali derivanti dal Quadro temporaneo Aiuti di Stato che hanno interessato l'IMU durante il periodo dell'emergenza epidemiologica COVID-19 devono compilare la dichiarazione barrando il **campo 21**«Esenzione – Quadro Temporaneo Aiuti di Stato)» **del quadro A**, senza specificare il tipo di aiuto o il periodo (Istruzioni dic IMU).

74920 Nelle **tabelle** seguenti sono elencati i casi che possono fare sorgere l'obbligo di presentazione. Le situazioni vanno dichiarate con riferimento all'**anno** in cui si manifestano.

> Il contribuente può assumere le necessarie **informazioni** presso il competente ufficio del comune di ubicazione degli immobili.

Fattispecie rilevanti	Descrizione/esemplificazioni
immobili che godono di riduzioni dell'imposta	– fabbricati dichiarati inagibili o inabitabili e di fatto non utilizzati per i quali la base imponibile è ridotta del 50% (v. n. 74568), solo se si perde il relativo diritto
	– fabbricati di interesse storico o artistico per i quali la base imponibile è ridotta del 50% (v. n. 74568)
	– fabbricati concessi in comodato a parenti in linea retta entro il primo grado (v. n. 74568)
	– terreni agricoli (anche non coltivati), posseduti e condotti da coltivatori diretti o IAP, iscritti nella previdenza agricola, solo se si acquistano o si perdono i requisiti (v. n. 7145)

Fattispecie rilevanti	Descrizione/esemplificazioni
il comune non è in possesso delle informazioni	– immobili oggetto di locazione finanziaria (sono valide le dichiarazioni ICI già presentate)
	– immobili oggetto di un atto di concessione amministrativa su aree demaniali
	– valore venale dell'area fabbricabile variato **(*)**
	– area fabbricabile oggetto di un atto costitutivo, modificativo o traslativo del diritto **(*)**
	– terreno agricolo divenuto area fabbricabile
	– area divenuta edificabile in seguito alla demolizione del fabbricato
	– immobile concesso in locazione dagli istituti autonomi per le case popolari (IACP) e dagli enti di edilizia residenziale pubblica aventi le stesse finalità
	– immobile ha perso o ha acquistato durante l'anno il diritto all'esenzione da IMU
	– immobile per il quale è intervenuta una riunione di usufrutto, non dichiarata in catasto
	– immobile per il quale è intervenuta un'estinzione del diritto di abitazione, uso, enfiteusi o di superficie, a meno che tale estinzione non sia stata dichiarata in catasto o dipenda da atto per il quale sono state applicate le procedure telematiche del MUI
	– parti comuni dell'edificio accatastate in via autonoma, come bene comune censibile
	– immobile oggetto di diritti di godimento a tempo parziale (multiproprietà)
	– acquisto o cessazione di diritto reale sull'immobile per effetto di legge (es. usufrutto legale dei genitori)

(*) Se il **comune** ha **predeterminato** i **valori venali** in comune commercio, la dichiarazione non va presentata se il contribuente all'atto del versamento intende adeguarsi a tale valore per il calcolo dell'IMU.

74925

Casi particolari	
abitazione principale	la dichiarazione va presentata solo se: il fabbricato è ubicato sul territorio di più comuni. Va presentata ai soli comuni in cui il soggetto non ha la residenza anagrafica, specificando nella parte dedicata alle «Annotazioni» che si tratta di «Immobile destinato ad abitazione principale la cui superficie insiste su territori di comuni diversi» **(*)**
pertinenze	la dichiarazione va presentata solo se sussiste un obbligo dichiarativo (v. tabella precedente) o se si vuole ottenere il riconoscimento per l'area pertinenziale (v. n. 74545)
fabbricati assimilabili all'abitazione principale	la dichiarazione va presentata ai fini dell'esclusione dall'IMU per i seguenti fabbricati: – alloggi sociali (DM 22 aprile 2008), adibiti ad abitazione principale; – fabbricato iscritto in catasto come unità immobiliare unica, posseduto (e non locato) dal personale in servizio permanente delle Forze armate, di polizia, vigili del fuoco e della Prefettura (per il quale non è richiesta la dimora abituale e la residenza anagrafica)

(*) Pur avendo la residenza in uno solo dei comuni interessati, il soggetto ha diritto di fruire dell'agevolazione per l'abitazione principale e l'imposta deve essere corrisposta ai diversi comuni **proporzionalmente alla superficie** sul cui territorio insiste l'immobile, tenendo conto delle aliquote e della detrazione deliberate da ciascun comune.

Soggetti obbligati In caso di **mutamenti** di **soggettività passiva**, lo sono sia chi ha cessato di essere soggetto passivo sia chi ha iniziato a esserlo. 74930

Se **più persone** sono titolari di **diritti reali sull'immobile** (es. più proprietari, proprietà piena per una quota e usufrutto per la restante quota) ciascun contitolare dichiara la quota ad esso spettante. È consentito a uno qualsiasi dei titolari di presentare la dichiarazione congiunta comprensiva di tutti i contitolari.

Casi particolari	Soggetto obbligato
viene costituito il condominio	amministratore del condominio per conto di tutti i condòmini. Se l'amministrazione riguarda più condomìni, per ciascuno di essi deve presentare una distinta dichiarazione, escludendo gli immobili a lui appartenenti

Casi particolari	Soggetto obbligato
locazione finanziaria per l'acquisto dell'immobile, anche da costruire o in corso di costruzione	locatario. In caso di risoluzione anticipata o di mancato riscatto, società di leasing e locatario
multiproprietà	amministratore del condominio o della comunione
genitore **assegnatario** della **casa familiare**	assegnatario
misure conservative-cautelari, nell'ambito di un procedimento a carico di persone indagate	custode a cui il giudice ha attribuito anche il compito di presentare la dichiarazione e di versare l'IMU

74935 **Modalità** (DM 29 luglio 2022) La dichiarazione va presentata, utilizzando l'apposito **modello**, al comune sul cui territorio sono situati gli immobili con una delle seguenti modalità (i comuni possono stabilire ulteriori modalità dandone opportuna informazione agli utenti):
- consegna diretta (in tal caso, il comune rilascia ricevuta);
- invio a mezzo posta, mediante raccomandata senza ricevuta di ritorno in busta chiusa recante la dicitura «Dichiarazione IMU 20_ _», indirizzandola all'ufficio tributi del comune (la data di spedizione è considerata come data di presentazione);
- invio tramite PEC;
- trasmissione telematica utilizzando i canali Entratel o Fisconline (Comunicato MEF 5 ottobre 2016).

La **spedizione dall'estero** può essere effettuata mediante raccomandata o altro mezzo equivalente dal quale risulti la data di spedizione.
Se gli immobili sono situati su **territorio di comuni diversi**, va presentata una dichiarazione a ciascun comune interessato.

Il modello è **reperibile** gratuitamente in **formato** cartaceo presso i comuni o sul sito internet del MEF (www.finanze.gov.it), anche in versione PDF editabile. Possono essere utilizzati anche modelli prelevati da altri siti internet purché rispettino le caratteristiche tecniche stabilite dal decreto, rechino gli estremi dello stesso e l'indirizzo del sito da cui sono prelevati.

74938 **Termini ed effetti** (art. 1 c. 769 L. 160/2019) La dichiarazione va presentata **entro** il 30 giugno dell'anno successivo a quello in cui il possesso degli immobili ha avuto inizio o sono intervenute variazioni rilevanti ai fini della determinazione dell'imposta e ha **effetto** anche per gli anni successivi, sempre che non vengano modificati i dati dichiarati cui consegua un diverso ammontare dell'imposta dovuta. Le dichiarazioni relative al **2021** vanno presentate entro il 30 giugno 2023 (art. 35 c. 4 DL 73/2022 conv. in L. 122/2022 come modif. da art. 3 c. 1 DL 198/2022).
In caso di **locazione finanziaria** per l'acquisto dell'immobile, anche da costruire o in corso di costruzione con contestuale stipula del contratto di leasing, la dichiarazione va presentata entro 90 giorni dalla stipula del contratto; in caso di risoluzione anticipata o di mancato riscatto, entro 90 giorni dalla riconsegna del bene, comprovata dal verbale di consegna (Istr. dichiarazione IMU).
In ogni caso, la **mancata presentazione** della dichiarazione comporta solo l'applicazione delle relative sanzioni e non la decadenza da eventuali riduzioni d'imposta/esenzioni (Risp. MEF Telefisco 30 gennaio 2020).

B. Soggetti diversi

74960 Si distingue tra imprese individuali, professionisti, società commerciali, società agricole, società semplici, enti non commerciali ed enti istituzionali.

Il comune può stabilire che siano esenti gli immobili dati in **comodato** al comune o ad altro ente territoriale, o a ente non commerciale (v. n. 74540).

a. Imprese individuali, professionisti e società commerciali

DETERMINAZIONE DELL'IMPOSTA Per i **terreni**, l'IMU è determinata con le regole illustrate al n. 74840 e s., a seconda che si tratti di area fabbricabile o di terreno agricolo. **74980**

Per i **fabbricati** l'IMU si calcola con le regole illustrate al n. 74560 e s., con le **particolarità** di seguito evidenziate che riguardano: **74993**
– base imponibile dei fabbricati classificati nella categoria catastale D non iscritti in catasto posseduti da imprese (es. stabilimenti e capannoni industriali);
– fabbricati dell'impresa costruttrice destinati alla vendita.
Per la **definizione** di fabbricato e per i casi di **esenzione** si rinvia a quanto detto al n. 74545 e s.

>**Precisazioni** 1) I **parchi eolici** e le **turbine elettriche** rientrano nella categoria catastale D/1 e non nella categoria E/3 che ne comporterebbe l'esenzione (Cass. 7 luglio 2020 n. 14042, Cass. 21 novembre 2014 n. 24815 e Cass. 14 marzo 2012 n. 4028).
2) Gli **impianti di risalita** (funivie, sciovie, seggiovie e simili) utilizzabili solo da determinate categorie di soggetti (es. sciatori), rientrano nella categoria catastale D/8 e non nella categoria E/1 (Cass. 27 aprile 2020 n. 8186, Cass. 8 marzo 2019 n. 6838 e n. 6839, Cass. 21 febbraio 2019 da n. 5070 a n. 5076, Cass. 9 marzo 2017 n. 6067, Cass. 20 gennaio 2017 n. 1442 e n. 1445, Cass. 5 marzo 2015 n. 4541).
3) Sulle **piattaforme marine** si applica l'IMPI, che sostituisce ogni altra imposta su tali piattaforme (v. n. 75420 e s.).

Fabbricati del gruppo D non accatastati (art. 1 c. 746 L. 160/2019) Per i fabbricati, classificabili nel gruppo catastale D che non risultano iscritti in catasto al 1° gennaio dell'anno di imposizione, posseduti da imprese che li hanno **distintamente contabilizzati in bilancio**, la base imponibile è calcolata come segue: **74995**

(costo d'acquisto + costi incrementativi)	×	**coefficiente di rivalutazione**
(stratificati per anno di formazione)		(annualmente aggiornato con decreto: per il 2022, DM 9 maggio 2022)

Il costo di acquisto è quello contabile al 1° gennaio (o alla data di acquisizione, se successiva), al lordo delle quote d'ammortamento. I costi incrementativi sostenuti nel corso dell'anno rilevano sulla base imponibile di quello successivo.
Tale modalità di determinazione si applica **fino al momento della richiesta** di attribuzione della rendita da parte del contribuente. Da tale momento, pur calcolando l'imposta sul valore contabile, il contribuente può essere tenuto al versamento di una somma maggiore o può avere diritto al rimborso della maggior somma versata conseguenti all'applicazione del valore catastale (Cass. SU 15 febbraio 2011 n. 3666 e Cass. SU 9 febbraio 2011 n. 3160).

Se i fabbricati sono oggetto di un **contratto di leasing**, il valore del fabbricato è determinato in base alle scritture contabili del locatore, che deve fornire i dati necessari al locatario per il calcolo. **75000**
Le **scritture del locatore** cui fare riferimento comprendono tutti i documenti contabili rilevanti (compreso il contratto, da analizzare caso per caso) e non solo il registro dei beni ammortizzabili.

Fabbricati dell'impresa costruttrice (art. 1 c. 751 L. 160/2019) I fabbricati costruiti e destinati dall'impresa costruttrice alla vendita, finché permanga tale destinazione e non siano in ogni caso locati, sono esenti. **75010**

ADEMPIMENTI Per le regole relative al versamento dell'imposta e agli obblighi di presentazione della dichiarazione si rinvia alla trattazione effettuata al n. 74895 e s. con le seguenti precisazioni. **75030**
Il versamento deve essere **effettuato** esclusivamente **in via** telematica.
Tra i casi in cui va presentata la **dichiarazione** vanno ricompresi:
– fabbricati classificabili nel gruppo catastale D, non iscritti in catasto (v. n. 74995) per i quali sono stati computati costi aggiuntivi a quelli di acquisizione, che possono determinare una variazione, sia in aumento sia in diminuzione, del valore venale dei beni;
– fabbricati costruiti e destinati dall'impresa costruttrice alla vendita;
– immobili posseduti da società interessate da operazioni di fusione, incorporazione o scissione.

75035 **EFFETTI SULLE IMPOSTE DIRETTE** Gli immobili concorrono alla formazione del reddito secondo le regole proprie di determinazione del reddito di impresa o di lavoro autonomo trattate nei paragrafi indicati in **tabella**.
L'IMU relativa agli **immobili esclusivamente strumentali** è integralmente deducibile dal reddito di impresa o di lavoro autonomo (ai fini IRES e IRPEF). È indeducibile ai fini IRAP (art. 1 c. 772-773 L. 160/2019).

Soggetto	Immobile	V. n.
società commerciali	fabbricati strumentali	23630
	fabbricati a uso promiscuo	23700
	terreni	23575
	immobili non strumentali (c.d. immobili patrimonio)	22035 e s.
impresa individuale	immobili strumentali (terreni e fabbricati) (per l'individuazione v. n. 5140)	23575 e 23630
	fabbricati a uso promiscuo	23700
	immobili non strumentali	come persone fisiche
professionisti	fabbricati esclusivamente strumentali	10370
	fabbricati a uso promiscuo	l'IMU assorbe il reddito fondiario (Circ. DF 18 maggio 2012 n. 3/DF) ed è indeducibile dal reddito di lavoro autonomo
società agricole	immobili in generale	7193 e s.

b. Società agricole

75040 **Si tratta** delle società agricole il cui statuto prevede quale oggetto sociale l'esercizio esclusivo delle attività agricole (art. 2135 c.c.) e la **qualifica di IAP** è posseduto (art. 1 c. 3 D.Lgs. 99/2004):
– nel caso di società di persone, da almeno un socio (per le s.a.s. la qualifica si riferisce ai soci accomandatari);
– nel caso di società di capitali o cooperative, da almeno un amministratore (che sia anche socio per le società cooperative).

75045 I **terreni** posseduti e condotti dalle società agricole sono considerati sempre agricoli con conseguente esenzione da IMU, indipendentemente dalla loro ubicazione (v. n. 74790 e s.) (art. 1 c. 741 lett. d e 758 lett. a L. 160/2019).
Per i **fabbricati rurali a uso strumentale** v. n. 74730.
Per gli **adempimenti** (versamento e dichiarazione) v. n. 75030.

c. Società semplici

75060 Si applicano le regole illustrate al n. 74540 e s. per le persone fisiche, fermo restando che in questo caso non è applicabile l'agevolazione per l'abitazione principale. Nella **tabella** seguente sono indicati i paragrafi in cui è effettuata la trattazione per le singole tipologie di immobili.
Il **reddito fondiario**, relativo a immobili non locati o affittati, attribuito pro-quota al socio persona fisica che non opera in regime di impresa, è escluso da IRPEF, in quanto assorbita dall'IMU, secondo le regole illustrate al n. 7000 e s. Per i soci che operano in regime di impresa, il reddito di partecipazione confluisce nel reddito d'impresa e come tale non viene assorbito dall'IMU (Circ. AE 11 marzo 2013 n. 5/E).

Immobile		V. n.
fabbricato	a disposizione	74660
	locato	74670
	rurale	74730
area edificabile		74840
terreno agricolo		74790 e s.

d. Enti non commerciali

(art. 1 c. 759 lett. g L. 160/2019)

Si distingue a seconda che gli immobili siano utilizzati: 75080
– esclusivamente per l'attività istituzionale;
– sia per l'attività istituzionale che per l'attività commerciale eventualmente svolta;
– esclusivamente per l'attività commerciale. In tal caso, seguono le regole previste per le società commerciali a cui si rinvia (v. n. 74980 e s.).

>Precisazioni 1) L'applicazione dell'IMU non esclude il concorso degli immobili ai fini **IRES**.
2) I Comuni possono prevedere agevolazioni o esenzioni per le **ONLUS** (art. 21 D.Lgs. 460/97 e Circ. DF 18 maggio 2012 n. 3/DF).

1. Immobili posseduti e utilizzati esclusivamente per l'attività istituzionale

Sono esenti dall'IMU solo se destinati esclusivamente allo svolgimento, **con modalità non commerciale** (v. n. 75100 e s.), delle seguenti **attività**: 75090
– assistenziali, previdenziali e sanitarie, di ricerca scientifica;
– didattiche, ricettive, culturali, ricreative e sportive;
– di esercizio del culto e cura delle anime, formazione del clero e dei religiosi, scopi missionari, di catechesi, di educazione cristiana (individuati dall'art. 16 lett. a L. 222/85).
Se l'attività è svolta con modalità **commerciale**, si applica l'IMU secondo le regole previste per le società commerciali (v. n. 74980 e s.).

>Precisazioni 1) L'esenzione spetta anche per gli immobili:
– concessi in **comodato gratuito** ad altro ente non commerciale per lo svolgimento di una delle suddette attività con modalità non commerciale (Ris. DF 4 marzo 2013 n. 4/DF);
– posseduti dal **CNR**, dall'**ENEA** (Ris. DF 13 luglio 2015 n. 7/DF) e dalle **casse edili** (Ris. DF 5 ottobre 2015 n. 8/DF).
Viceversa, non spetta per gli immobili di fatto **non utilizzati**, che devono essere dichiarati (Istr. dichiarazione IMU).
2) L'esenzione **non** si applica mai alle **fondazioni bancarie** (di cui al D.Lgs. 153/99) (art. 9 c. 6 quinquies DL 174/2012 conv. in L. 213/2012 e Risp. MEF Telefisco 30 gennaio 2020).

REQUISITI DI NON COMMERCIALITÀ (DM 19 novembre 2012 n. 200) Sono due: 75100
– la sussistenza di alcune **clausole** dello **statuto o** dell'**atto costitutivo** che stabiliscano limiti e vincoli alla distribuzione o al reinvestimento degli utili nonché alla devoluzione del patrimonio in caso di scioglimento;
– il rispetto, per ciascuna attività, delle **caratteristiche previste dalla legge**.

Per gli **enti ecclesiastici** civilmente riconosciuti, la predisposizione o l'adeguamento dello statuto è sostituita dalla predisposizione di una scrittura privata registrata (Ris. DF 3 dicembre 2012 n. 1/DF).

Clausole statutarie o dell'atto costitutivo (Ris. DF 4 marzo 2013 n. 3/DF) **Sono**: 75105
a) divieto di distribuire, anche in modo indiretto, utili e avanzi di gestione nonché fondi, riserve o capitale durante la vita dell'ente, in favore di amministratori, soci, partecipanti, lavoratori o collaboratori, a meno che la destinazione o la distribuzione non siano imposte per legge oppure siano effettuate a favore di enti che per legge, statuto o regolamento, fanno parte della medesima e unitaria struttura e svolgono la stessa attività o altre attività istituzionali direttamente e specificamente previste dalla normativa vigente (per queste ultime attività si intendono quelle indicate al n. 75090);
b) obbligo di reinvestire gli eventuali utili e avanzi di gestione solo per lo sviluppo delle attività funzionali al perseguimento dello scopo istituzionale di solidarietà sociale;
c) obbligo di devolvere il patrimonio, in caso di scioglimento per qualunque causa, ad altro ente non commerciale che svolga un'analoga attività istituzionale, salvo diversa destinazione imposta dalla legge. È ammessa la devoluzione ad altro ente non commerciale che svolga un'attività affine o omogenea o di sostegno all'attività istituzionale svolta dall'ente in scioglimento come, ad esempio, l'attività di promozione della cultura (inquadrabile nello stesso ambito dell'attività didattica).

Sono alcune delle clausole già previste come obbligatorie per gli enti di tipo associativo ai fini del riconoscimento del trattamento di favore ai fini IRES (v. n. 97435).

75110 **Caratteristiche delle attività** Nella **tabella** seguente sono illustrate le definizioni per ciascuna delle attività il cui svolgimento dà diritto all'esenzione IMU e le caratteristiche per lo svolgimento con modalità non commerciali (art. 4 DM 19 novembre 2012 n. 200 e Istr. dichiarazione IMU ENC).

<table>
<tr><th>Attività</th><th>Descrizione</th><th>Caratteristiche per svolgimento con modalità non commerciale</th></tr>
<tr><td>assistenziali</td><td>relative alla predisposizione ed erogazione di servizi, gratuiti e a pagamento, o di prestazioni economiche destinate a rimuovere e superare le situazioni di bisogno e di difficoltà (es. attività assistenziali residenziali, domiciliari, mense, ecc.), escluse quelle assicurate dal sistema previdenziale e da quello sanitario, nonché quelle assicurate in sede di amministrazione della giustizia</td><td rowspan="2">in via alternativa:
– sono accreditate e contrattualizzate o convenzionate con Stato, Regioni ed enti locali e sono svolte in maniera complementare o integrativa rispetto al servizio pubblico, e prestano servizi sanitari e assistenziali gratuiti (salvo importi di partecipazione alla spesa per la copertura del servizio universale);
– se non accreditate e contrattualizzate o convenzionate, sono svolte a titolo gratuito o dietro corrispettivi di importo simbolico e, comunque, non superiore alla metà dei corrispettivi medi previsti per analoghe attività svolte con modalità concorrenziali (2)</td></tr>
<tr><td>sanitarie (1)</td><td>dirette ad assicurare i livelli essenziali di assistenza sanitaria (definiti dal DPCM 29 novembre 2001)</td></tr>
<tr><td>didattiche</td><td>dirette all'istruzione e alla formazione (ai sensi della L. 53/2003). Vi rientrano anche le attività svolte dalle università, dagli asili nido (L. 1044/71 e artt. 3 e 5 L. 285/97) e l'Istruzione e formazione professionale (IeFP) di competenza delle Regioni (D.Lgs. 76/2005 e D.Lgs. 226/2005)</td><td>sussistono tutte le seguenti caratteristiche:
– l'attività è paritaria rispetto a quella statale e la scuola adotta un regolamento che garantisce la non discriminazione nell'accettazione degli alunni;
– sono osservati gli obblighi di accoglienza di alunni portatori di handicap, di applicazione della contrattazione collettiva, di adeguatezza delle strutture, di pubblicità del bilancio;
– l'attività è svolta a titolo gratuito o dietro corrispettivi di importo simbolico e tali da coprire solo una frazione del costo effettivo del servizio (3)</td></tr>
<tr><td>ricettive</td><td>prevedono l'accessibilità limitata ai destinatari propri delle attività istituzionali (es. alunni e famiglie di istituti scolastici, appartenenti alla parrocchia) e la discontinuità nell'apertura (4). Relativamente alla ricettività sociale, garantiscono sistemazioni abitative anche temporanee per bisogni speciali o sono svolte nei confronti di persone svantaggiate, escluse quelle in strutture alberghiere e paralberghiere (5)</td><td rowspan="4">l'attività è svolta a titolo gratuito o dietro corrispettivi di importo simbolico e, comunque, non superiore alla metà dei corrispettivi medi previsti per analoghe attività svolte con modalità concorrenziali nello stesso ambito territoriale (2)</td></tr>
<tr><td>culturali</td><td>rivolte a formare e diffondere cultura e arte (es. musei, pinacoteche, cinema, teatri, ecc.)</td></tr>
<tr><td>ricreative</td><td>dirette all'animazione del tempo libero (es. circoli ricreativi)</td></tr>
<tr><td>sportive</td><td>rientranti nelle discipline riconosciute CONI svolte dalle associazioni sportive e dalle relative sezioni non aventi scopo di lucro, affiliate alle federazioni sportive nazionali o agli enti nazionali di promozione sportiva riconosciuti (D.Lgs. 36/2021)</td></tr>
</table>

Attività	Descrizione	Caratteristiche per svolgimento con modalità non commerciale
previdenziali	funzionali e inerenti all'erogazione di prestazioni previdenziali e assistenziali obbligatorie	non sono richieste ulteriori caratteristiche
religiose	dirette all'esercizio del culto e alla cura delle anime, alla formazione del clero e dei religiosi, a scopi missionari, alla catechesi, all'educazione cristiana (art. 16 lett. a L. 222/85)	

(1) Comprese le **prestazioni socio-sanitarie** (di cui all'art. 3 septies D.Lgs. 502/92).
(2) Il compenso per potersi definire **simbolico** deve essere sganciato dal costo del servizio. Spetta al comune valutarne la simbolicità. L'ambito territoriale per il confronto con analoghe attività è quello comunale; non dovrebbe, comunque, superare i confini regionali.
(3) Per la **verifica del requisito** si confronta il corrispettivo medio percepito dall'ente con il costo medio per studente pubblicato sul sito del MIUR (www.istruzione.it).
(4) Vi rientrano le strutture che esercitano attività di accoglienza strumentale in via immediata e diretta al culto e alla religione, autorizzate nelle categorie di ricettività extralberghiera, caratterizzate dalla presenza di luoghi adibiti esclusivamente al culto e dalla programmazione di servizi di alloggio e di refezione con modalità e orari coerenti con le pratiche di ritiro e di meditazione spirituale.
(5) Per essere considerata di carattere sociale, l'attività deve essere strumentale a obiettivi di: **assistenza o protezione sociale**; **educazione e formazione** (es. pensionato universitario); **turismo sociale**. La comparazione con attività analoghe, ai fini della quantificazione del corrispettivo simbolico, va fatta con riferimento alle tariffe praticate da strutture alberghiere di bassa/media categoria (due/tre stelle) ubicate nel medesimo ambito territoriale o, a seconda dei casi, con i residence che offrono un periodo di soggiorno prolungato e una gamma di servizi accessori e/o utilità collaterali.

---

2. Immobili utilizzati sia per l'attività istituzionale che per l'attività commerciale
(art. 91 bisDL1/2012 conv. in L. 27/2012)

L'esenzione si applica solo alla parte dell'immobile in cui si svolge l'attività istituzionale, se **identificabile** attraverso l'indicazione della porzione adibita a detta attività. Per la **restante porzione**, il possessore deve presentare apposita richiesta di aggiornamento catastale. **75120**

Se **non è possibile** procedere alla **variazione catastale**, l'esenzione si applica in proporzione all'utilizzo non commerciale dell'immobile, calcolata in base al rapporto tra: **75125**
– **superficie** destinata ad attività diverse da quelle istituzionali e delle attività istituzionali svolte con modalità commerciali, e superficie totale dell'immobile;
– se non è possibile individuare la superficie, **numero dei soggetti** destinatari delle attività svolte con modalità commerciali e numero complessivo dei soggetti destinatari di tutte le attività.
Se l'utilizzazione mista è effettuata in **specifici periodi** dell'anno, la percentuale è determinata in base ai **giorni** durante i quali l'immobile è utilizzato per lo svolgimento delle attività diverse da quelle istituzionali o delle attività istituzionali svolte con modalità commerciali.

Per le **attività sanitarie**, anziché il numero dei soggetti, si considera il numero di prestazioni effettuate escludendo quelle relative ad adempimenti obbligatori per legge (es. visite mediche di controllo per i dipendenti) o campagne preventive gratuite (es. vaccinazioni).

La **base imponibile** per l'applicazione dell'IMU si ottiene applicando la percentuale così determinata alla rendita catastale dell'immobile rivalutata e moltiplicata per gli appositi coefficienti (v. n. 74565). La restante percentuale resta esente da IMU. **75127**
Secondo le istruzioni alla dichiarazione, se è necessario utilizzare contemporaneamente **più criteri** (es. per attività commerciale svolta con riferimento al numero di soggetti e per un limitato periodo dell'anno), le singole percentuali vanno sommate. Se la percentuale così ottenuta è 100, l'immobile risulta totalmente imponibile (tale situazione è molto criticata dalla dottrina in quanto penalizza situazioni che invece dovrebbero determinare un uso commerciale minore).

Gli enti devono tenere a disposizione dei comuni la **documentazione** da cui risultano gli elementi rilevanti per l'individuazione delle suddette percentuali, ai fini dell'accertamento.

3. Adempimenti

75130 **DICHIARAZIONE** (art. 1 c. 770 L. 160/2019 e DM 26 giugno 2014) Per consentire l'individuazione degli immobili o porzioni di essi completamente o parzialmente esenti, gli enti devono presentare l'apposita dichiarazione IMU, **indicando distintamente** quelli:
- per i quali è dovuta l'imposta (**quadro A**);
- totalmente esenti o per i quali l'esenzione si applica in proporzione all'utilizzo non commerciale, indicando, per ciascuno, le percentuali ottenute con l'applicazione dei criteri illustrati al n. 75125 (**quadro B**).

La dichiarazione va **presentata** esclusivamente **in via** telematica, **entro** il 30 giugno dell'anno successivo a quello in cui è iniziato il possesso dell'immobile o si sono verificate modifiche rilevanti (es. è mutato l'utilizzo dell'immobile da commerciale a non commerciale). La dichiarazione deve essere presentata ogni anno. Le dichiarazioni relative al **2021** vanno presentate entro il 30 giugno 2023 (art. 35 c. 4 DL 73/2022 conv. in L. 122/2022).
Se dalla dichiarazione emerge un **credito d'imposta**, è possibile chiedere il rimborso o l'utilizzo in compensazione con versamenti futuri (compilando il quadro D). La compensazione può essere effettuata fra crediti e debiti relativi all'imposta dovuta al medesimo comune.

> Gli enti che utilizzano gli immobili **solo per scopi commerciali** non devono presentare la specifica dichiarazione, ma solo quella prevista per gli altri soggetti (solo se intervengono variazioni, come illustrato al n. 74915).

75135 **VERSAMENTO** (art. 1 c. 763 L. 160/2019) Occorre autoliquidare l'IMU per l'anno in corso e versarla in tre **rate**:
- le **prime due**, ciascuna pari al 50% dell'imposta complessivamente corrisposta per l'anno precedente, rispettivamente, entro il 16 giugno e il 16 dicembre;
- la **terza**, a conguaglio dell'imposta complessivamente dovuta, entro il 16 giugno dell'anno successivo, sulla base delle aliquote pubblicate sul sito internet del MEF al 28 ottobre.

È possibile **compensare** (anche parzialmente) l'imposta a debito con crediti a favore dello stesso comune.

e. Enti istituzionali

75160 **Salvo** le **esenzioni** e le **esclusioni** indicate in **tabella**, gli immobili sono imponibili a IMU con le regole ordinarie (enti commerciali o non commerciali a seconda dei casi), con la particolarità che, per gli immobili ad uso produttivo (cat. D) posseduti dai comuni sul rispettivo territorio, non si applica la riserva a favore dello Stato (art. 1 c. 744 L. 160/2019).

> Per il versamento dell'imposta tramite **Mod. F24EP** sono stati istituiti appositi codici tributo (Ris. AE 5 giugno 2012 n. 53/E).

Immobili		Descrizione	Fonte
esenti	fabbricati	– posseduti dallo **Stato** e dai comuni, nonché quelli posseduti, nel proprio territorio, dalle regioni, dalle province, dalle comunità montane, dai consorzi fra detti enti **(*)**, dagli enti del SSN, **destinati** solo a compiti istituzionali	art. 1 c. 759 L. 160/2019
		– destinati a **usi culturali** (musei, biblioteche, archivi e altri aperti al pubblico - art. 5 bis DPR 601/73)	
		– classificati o classificabili nel **gruppo catastale E** (stazioni, ponti, fari, ecc.)	
		– appartenenti agli **Stati esteri e** alle **organizzazioni internazionali** per i quali è prevista l'esenzione dall'imposta locale sul reddito dei fabbricati in base ad accordi internazionali resi esecutivi in Italia	
		– destinati esclusivamente all'esercizio del **culto**, purché compatibile con le disposizioni degli artt. 8 e 19 della Costituzione, e le loro pertinenze (oratori, opere parrocchiali, abitazione del titolare della parrocchia, campi di gioco annessi, ecc. - art. 2 L. 206/2003)	
		– di proprietà della **Santa Sede** indicati negli articoli 13, 14, 15 e 16 del Trattato Lateranense (reso esecutivo con la L. 810/29)	

Immobili		Descrizione	Fonte
	terreni	posseduti dallo **Stato** e dai comuni, nonché quelli posseduti, nel proprio territorio, dalle regioni, dalle province, dalle comunità montane, dai consorzi fra detti enti **(*)**, dagli enti del SSN, **destinati** solo a compiti istituzionali	
esclusi		di cui il **comune** è proprietario o titolare di altro diritto reale di godimento, se la loro superficie insiste interamente o prevalentemente sul suo territorio	art. 1 c. 742 L. 160/2019

(*) Compresi i **consorzi** tra enti territoriali e altri enti che sono individualmente esenti (Circ. DF 18 maggio 2012 n. 3/DF).

II. TARI

(art. 1 c. 641 e s. L. 147/2013)

IMMOBILI TASSATI (art. 1 c. 641 L. 147/2013) Presupposto della tassa sui rifiuti è il **possesso** o la **detenzione** a qualsiasi titolo di locali o di aree scoperte, a qualsiasi uso adibiti, suscettibili di produrre rifiuti urbani. **75350**

Sono **escluse** le **aree scoperte** pertinenziali o accessorie a locali tassabili, non operative, e le aree comuni condominiali (es. cortili, locali per la lavanderia, ingresso del palazzo, ecc. v. n. 1533) che non siano detenute o occupate in via esclusiva (è quindi tassato l'alloggio del portiere).

SOGGETTI PASSIVI (art. 1 c. 642-644 L. 147/2013) La TARI è dovuta da **chiunque possieda o detenga** a qualsiasi titolo locali o aree scoperte, a qualsiasi uso adibiti, suscettibili di produrre rifiuti urbani. **75355**

In caso di **pluralità** di possessori o di detentori, essi sono tenuti in solido all'adempimento dell'unica obbligazione tributaria.

> **Precisazioni 1)** In caso di **detenzione temporanea** di durata non superiore a 6 mesi nel corso dello stesso anno solare, la TARI è dovuta soltanto dal possessore dei locali e delle aree a titolo di proprietà, usufrutto, uso, abitazione o superficie (e non, quindi, dall'utilizzatore).
Invece, nel caso di **utilizzi inferiori a 6 mesi ma non di carattere temporaneo** (es. locazione quadriennale che inizia ad ottobre), la TARI è dovuta dall'utilizzatore per tutta la durata della detenzione (Nota IFEL 1° settembre 2014).
2) Nel caso di locali in **multiproprietà** e di **centri commerciali** integrati il soggetto che gestisce i servizi comuni è responsabile del versamento della TARI dovuta per i locali e le aree scoperte di uso comune e per i locali e le aree scoperte in uso esclusivo ai singoli possessori o detentori; tutti gli altri obblighi (e diritti) restano a carico (o a favore) dei singoli possessori o detentori dei locali e delle aree in uso esclusivo.

DETERMINAZIONE La TARI è corrisposta in base a **tariffa** commisurata ad anno solare coincidente con un'autonoma obbligazione tributaria. La tariffa deve essere deliberata e inserita nel portale www.finanze.gov.it entro il 14 ottobre e successiva pubblicazione entro il 28 ottobre, con efficacia dal 1° gennaio dell'anno di pubblicazione (art. 15 bis DL 34/2019 conv. L. 58/2019, Circ. MEF 22 novembre 2019 n. 2/DF). **75360**

La tariffa fa riferimento alla **superficie** dei locali e delle aree oggetto della tassa ed è **commisurata** alle quantità e qualità medie ordinarie di rifiuti prodotti per unità di superficie, in relazione agli usi e alla tipologia di attività svolte.

La tariffa è composta da una **parte fissa**, determinata in relazione alle componenti essenziali del costo del servizio, e da una parte **variabile**, rapportata alle quantità di rifiuti conferiti; la tariffa inoltre è articolata nelle fasce di utenza domestica e non domestica (attività produttive o industriali).

Utenze	Caratteristiche
Domestiche (comprensive dei box e garage di pertinenza delle abitazioni o detenuti da persone fisiche che non possiedono abitazioni)	La parte fissa è determinata in base alla superficie e alla composizione del nucleo familiare, mentre la parte variabile è rapportata alla quantità di rifiuti indifferenziati e differenziati specificata per kg, prodotta da ciascuna utenza. La **quota fissa** è calcolata moltiplicando la superficie dell'alloggio sommata a quella delle relative pertinenze per la tariffa unitaria corrispondente al numero degli occupanti, mentre la **quota variabile** è costituita da un importo rapportato al numero degli occupanti che va sommato alla parte fissa (Circ. Mef 20 novembre 2017 n. 1/D).
Attività produttive	La **quota fissa** è sempre dovuta, quella **variabile** non è dovuta se il contribuente dimostra di non produrre rifiuti suscettibili di smaltimento, in quanto riciclati o venduti a terzi, o di produrre esclusivamente rifiuti speciali (Cass. 23 maggio 2019 n. 14038). A tal fine è sufficiente una attestazione rilasciata dal soggetto che effettua l'attività di recupero (Circ. Mite 12 aprile 2021 n. 37259). Pertanto, l'eventuale conferimento dei rifiuti **al di fuori del servizio pubblico** (per 2 anni) consente di non pagare solo l'intera quota variabile della Tari (v. n. 75364). Se il conferimento di rifiuti a gestori privati è **parziale** si ottiene una **riduzione** della **quota parziale** proporzionalmente alla quantità dei rifiuti conferiti.

I comuni che hanno realizzato **sistemi di misurazione puntuale** dei rifiuti conferiti al servizio pubblico possono prevedere, alternativamente, l'applicazione di una **tariffa puntuale** avente natura corrispettiva (v. n. 75385).

75363 **Superficie assoggettabile** (art. 1 c. 645-649 L. 147/2013) La superficie delle unità immobiliari a destinazione ordinaria iscritte o iscrivibili nel catasto edilizio urbano assoggettabile alla TARI è costituita da quella **calpestabile** dei locali e delle aree suscettibili di produrre rifiuti urbani. Ciò, sia per le unità immobiliari **a destinazione ordinaria** iscritte o iscrivibili nel catasto edilizio urbano, che per le **altre unità immobiliari** quali immobili a destinazione speciale o particolare - gruppi catastali D e E - e le aree scoperte.
A tale riguardo, si considerano le **superfici già dichiarate o accertate** ai fini della TARSU o della TIA o della TARES.

Per le **unità immobiliari a destinazione ordinaria**, il criterio della superficie calpestabile sarà utilizzato sino a quando non ci sarà il definitivo allineamento dei dati catastali degli immobili a destinazione ordinaria con i dati riguardanti la toponomastica e la numerazione civica interna ed esterna di ciascun comune. L'interscambio dei dati fra AF e Comuni avviene con le modalità indicate dal Provv. AE 29 marzo 2013 n. 39724.
Solo allora rileverà, come **superficie assoggettabile** al tributo, l'80% della superficie catastale, determinata secondo i criteri stabiliti dal DPR 138/98.
I comuni **comunicheranno ai contribuenti** le nuove superfici imponibili adottando le più idonee forme di comunicazione.
L'utilizzo delle superfici catastali decorrerà dal 1° gennaio successivo alla data di emanazione di un apposito provvedimento che attesta l'avvenuta completa attuazione delle disposizioni in esame.
L'80% delle superfici catastali così determinate possono essere già utilizzate ai fini dell'**attività di accertamento**.

75364 Per le utenze derivanti da **attività produttive** (anche artigianali), rilevano, sia per la quota fissa che per quella variabile, solo le superfici produttive di rifiuti urbani, non funzionalmente collegati alle attività produttive di rifiuti speciali (es. mense, uffici, spacci, spogliatoi o locali connessi funzionalmente). Pertanto, nella determinazione della superficie assoggettabile alla TARI (quota fissa e variabile) non si tiene conto di quella parte di essa ove si formano, in via continuativa e prevalente (quindi non in via occasionale), **rifiuti speciali** al cui smaltimento sono tenuti a provvedere a proprie spese i relativi produttori. L'esclusione comprende quindi (Circ. Mite 12 aprile 2021 n. 37259):
– capannoni di produzioni, magazzini e depositi di materie prime, di merci e di prodotti finiti e le aree di lavorazione (cioè superfici aziendali esterne pertinenziali alle superfici dove avvengono le lavorazioni);
– rifiuti dell'agricoltura, della silvicoltura e della pesca (considerati speciali).
Dal **2022** inoltre sono escluse dalla quota variabile le superfici non domestiche dove si producono **rifiuti urbani** che vengono **avviati al recupero** (o al riciclo) al di fuori del servizio pubblico per almeno 2 anni. In tal caso, la scelta del produttore, per determinare la riduzione

della TARI, deve essere comunicata al comune (o al gestore del servizio rifiuti in caso di Tarip), entro il **30 giugno** di ciascun anno, con effetto dal 1° gennaio dell'anno successivo (art. 30 c. 5 DL 41/2021 conv. in L. 69/2021). Essa deve riportare le tipologie e le quantità dei rifiuti urbani prodotti oggetto di avvio al recupero, sulla cui base andrà applicata la riduzione della TARI variabile. È necessario presentare una nuova dichiarazione TARI (v. n. 75400), in quanto il tributo dovuto sarà diverso per effetto delle nuove disposizioni, essendo determinato sulla base dei dati ed elementi contenuti nella dichiarazione (Circ. Mite 12 aprile 2021 n. 37259).

>Precisazioni 1) **Nel corso dei 2 anni** l'impresa può cambiare operatore privato, in relazione all'andamento del mercato. Può anche decidere di tornare all'operatore pubblico prima della scadenza del quinquennio, ma tale scelta è subordinata alla possibilità per il gestore del servizio pubblico di riprendere l'erogazione del servizio.

2) La **mancata** o **tardiva comunicazione** non consente l'applicazione della riduzione della quota variabile della TARI (per l'anno successivo), in quanto presuppone che ci si avvalga, per il singolo anno, del servizio pubblico.

Quantità e qualità medie ordinarie di rifiuti prodotti (art. 1 c. 650-654 L. 147/2013) 75367

La tariffa è determinata in base alle quantità e qualità medie ordinarie di rifiuti prodotti per unità di superficie, in relazione agli usi e alla tipologia delle attività svolte nonché al costo del servizio sui rifiuti.

La determinazione avviene ad opera di ciascun comune in modo tale da assicurare l'integrale copertura dei costi d'investimento e di esercizio, secondo **due modalità alternative**:

– utilizzando i criteri stabiliti dal DPR 158/99 - c.d. **metodo normalizzato** - già in uso nei comuni che applicavano la TIA e che danno rilevanza al numero dei componenti del nucleo familiare;

– nel rispetto del **principio chi inquina paga** (art. 14 Dir. 2008/98/CE), moltiplicando il costo del servizio per unità di superficie imponibile accertata, previsto per l'anno successivo, per uno o più coefficienti di produttività quantitativa e qualitativa di rifiuti.

In seguito all'approvazione del Metodo Tariffario per il servizio integrato di gestione dei Rifiuti (c.d. **MTR-2**) per il periodo **2022-2025**, il fabbisogno standard (di cui all'art. 1 c. 653 L. 147/2013), le cui risultanze sono disponibili solo per le **regioni** a statuto ordinario, rappresenta un valore di riferimento obbligatorio per i comuni per la determinazione dei costi di smaltimento dei rifiuti e per la successiva determinazione delle tariffe TARI (Delibera Arera 3 agosto 2021 n. 363).

Per **fabbisogno standard** finale di ogni comune si intende il risultato del prodotto di due grandezze: il costo standard di riferimento per la gestione di una tonnellata di rifiuti e le tonnellate di rifiuti urbani gestite dal servizio (Linee Guida MEF 28 gennaio 2022).

> Se gli enti locali hanno già approvato le tariffe TARI in assenza delle suddette linee guida, possono intervenire successivamente e comunque entro il termine di approvazione del bilancio di previsione per tenere conto delle risultanze dei fabbisogni standard.

All'importo dovuto in relazione alla superficie, si applica poi un'**addizionale** - c.d. **TEFA** 75370
(tributo per l'esercizio di funzioni di tutela, protezione ed igiene dell'ambiente) - il cui importo è determinato dai comuni (DD 1° luglio 2020).

Va versata distintamente dalla TARI, con F24 (codice tributo TEFA).

Riduzioni (art. 1 c. 656-660 L. 147/2013) Ci sono riduzioni obbligatorie previste specifica- 75375
mente dalla legge e altre che possono essere previste dai comuni.

Riduzioni obbligatorie	
Ipotesi	**Riduzione**
nelle zone in cui **non è effettuata la raccolta**, in relazione alla distanza dal più vicino punto di raccolta rientrante nella zona perimetrata o di fatto servita, prevedendo anche una modulazione;	è dovuta in misura non superiore al 40% della tariffa
in caso di **mancato svolgimento del servizio** di gestione dei rifiuti o di effettuazione dello stesso in grave violazione della disciplina di riferimento, nonché di interruzione del servizio per motivi sindacali o per imprevedibili impedimenti organizzativi che abbiano determinato una situazione riconosciuta dall'autorità sanitaria di danno o pericolo di danno alle persone o all'ambiente;	è dovuta nella misura massima del 20% della tariffa **(*)**

Riduzioni obbligatorie	
Ipotesi	**Riduzione**
in caso di raccolta differenziata riferibile alle utenze domestiche;	variabile a scelta del Comune
su un solo immobile posseduto in Italia, a titolo di proprietà o usufrutto, da non residenti titolari di pensione estera e in regime internazionale (cioè mediante cumulo dei periodi assicurativi maturati in Italia con quelli maturati all'estero) erogata nello stato di residenza, purché lo stesso non sia locato o dato in comodato d'uso (art. 1 c. 48 L. 178/2020, Ris. MEF 11 giugno 2021 n. 5/D).	è dovuta in misura ridotta di 2/3
(*) La riduzione spetta anche se il disservizio non è responsabilità diretta del comune (es. competenza affidata a un commissario straordinario) (Cass. 27 settembre 2017 n. 22531).	

Riduzioni facoltative (la legge non prevede limiti)
abitazioni con **unico occupante**;
abitazioni tenute a disposizione per **uso stagionale** od altro uso limitato e discontinuo;
locali, diversi dalle abitazioni, ed aree scoperte adibiti ad uso stagionale o ad **uso non continuativo**, ma ricorrente;
abitazioni occupate da soggetti che **risiedano** o abbiano la dimora, per più di 6 mesi all'anno, **all'estero**;
fabbricati rurali ad uso abitativo.

Il comune può deliberare **ulteriori** riduzioni ed esenzioni.

75380 **OCCUPAZIONI TEMPORANEE** (art. 1 c. 662-665 L. 147/2013) Per il servizio di gestione dei rifiuti assimilati prodotti da soggetti che occupano o detengono temporaneamente, con o senza autorizzazione, locali od aree pubbliche o di uso pubblico (ad esempio, ambulante che vende frutta e verdura al mercato), i comuni stabiliscono con il regolamento le modalità di applicazione del tributo, in base a **tariffa giornaliera** (determinata in base alla tariffa annuale del tributo, rapportata a giorno, incrementata di un importo percentuale non superiore al 100%).

Si considera **temporaneo** l'uso inferiore a 183 giorni di un anno solare.

La misura tariffaria è determinata in base alla tariffa annuale della TARI, rapportata a giorno, maggiorata di un importo percentuale non superiore al 100%.

L'obbligo della **dichiarazione** è assolto con il pagamento del tributo da effettuarsi con le modalità e nei termini previsti per la TOSAP.

Per gli **altri aspetti**, si fa riferimento, in quanto compatibile, alla disciplina del tributo annuale, compresa l'addizionale c.d. TEFA (v. n. 75370).

75385 **TARIFFA PUNTUALE (TARIP)** (art. 1 c. 668, 690, 691 L. 147/2013) I comuni che hanno realizzato **sistemi di misurazione puntuale** della quantità di rifiuti conferiti al servizio pubblico possono prevedere, **in luogo della TARI**, l'applicazione della TARIP, tariffa avente una **componente fissa** e una **componente variabile**.

Essa è gestita e riscossa dal soggetto affidatario del servizio di gestione dei rifiuti urbani.

Ha natura tributaria e quindi non dovrebbe essere soggetta ad IVA (Cass. SU 11 luglio 2017 n. 17113).

Anche quando si applica la TARIP si deve aggiungere l'addizionale **TEFA** di cui al n. 75370 (Risp. AE Telefisco 31 gennaio 2019).

La misurazione puntuale avviene assegnando alle singole utenze un **codice personale** (codice utenza).
I sistemi di misurazione puntuale devono consentire, nel rispetto dei criteri stabiliti dal DM Ambiente 20 aprile 2017, di:

a) **identificare l'utenza** che conferisce i rifiuti (attraverso idonei dispositivi elettronici di controllo integrati nel contenitore o nel sacco con cui il rifiuto è conferito);

b) **registrare il numero dei conferimenti** attraverso la rilevazione delle esposizioni dei contenitori o dei sacchi oppure del conferimento diretto in contenitori ad apertura controllata a volume limitato o degli accessi nei centri comunali di raccolta effettuati da ciascuna utenza;

c) **misurare la quantità** di rifiuti conferiti, attraverso metodi di pesatura diretta o indiretta.

75390 **RINVIO ALLE NORME COMUNALI** (art. 1 c. 682, 683 L. 147/2013) Con regolamento il comune determina la disciplina concernente tra l'altro:

1) i criteri di determinazione delle **tariffe**;
2) la **classificazione delle categorie di attività** con omogenea potenzialità di produzione di rifiuti;
3) la disciplina delle **riduzioni** tariffarie;
4) la disciplina delle eventuali **riduzioni ed esenzioni**, che tengano conto altresì della capacità contributiva della famiglia, anche attraverso l'applicazione dell'ISEE;
5) l'individuazione di categorie di **attività produttive di rifiuti speciali** alle quali applicare, nell'obiettiva difficoltà di delimitare le superfici ove tali rifiuti si formano, percentuali di riduzione rispetto all'intera superficie su cui l'attività viene svolta.

Il consiglio comunale deve approvare le **tariffe della TARI** in conformità al piano finanziario del servizio di gestione dei rifiuti urbani, redatto dal soggetto che svolge il servizio stesso ed approvato dal consiglio comunale o da altra autorità competente. L'approvazione va effettuata **entro** il termine fissato per l'approvazione del bilancio di previsione. **75393**

VERSAMENTO (art. 1 c. 688, 689 L. 147/2013) Il versamento è effettuato, alternativamente: **75397**
– con **Mod. F24** (la Ris. AE 24 aprile 2014 n. 45/E ha istituito i **codici tributo** per i relativi versamenti della tassa, degli interessi e delle sanzioni; TARI: 3944, 3945 e 3946 e TARIP: 3950, 3951 e 3952);
– con apposito **bollettino di conto corrente postale** al quale si applicano le disposizioni che regolano il Mod. F24;
– attraverso la piattaforma **PagoPa**, utilizzabile anche per la TEFA (v. n. 75370), (DM MEF 21 ottobre 2020);
– tramite le **altre modalità** di pagamento offerte dai servizi elettronici di incasso e di pagamento interbancari e postali.

Il comune stabilisce le **scadenze** di pagamento del tributo, prevedendo di norma **almeno due rate** a scadenza semestrale.

È comunque consentito il pagamento in un'**unica soluzione entro** il 16 giugno di ciascun anno.

> In caso di versamento effettuato **erroneamente** (ad un comune diverso o allo Stato, o di importo diverso da quello dovuto) si applicano le medesime regole previste per l'IMU (v. n. 74910, art. 1 c. 4 DL 16/2014).

DICHIARAZIONE (art. 1 c. 684-686 L. 147/2013) I soggetti passivi della TARI presentano una dichiarazione **entro** il 30 giugno dell'anno successivo alla **data di inizio del possesso** o della **detenzione** dei locali e delle aree assoggettabili alla TARI. Nel caso di occupazione in comune di un'unità immobiliare, la dichiarazione può essere presentata anche da uno solo degli occupanti. **75400**

La dichiarazione, redatta su modello messo a disposizione dal comune, **ha effetto anche** per gli anni successivi sempreché non si verifichino modificazioni dei dati dichiarati da cui consegua un diverso ammontare del tributo; in tal caso, la dichiarazione va presentata entro il 30 giugno dell'anno successivo a quello in cui sono intervenute le predette modificazioni.

Nella dichiarazione delle unità immobiliari a destinazione ordinaria devono essere obbligatoriamente indicati i dati catastali, il numero civico di ubicazione dell'immobile e il numero dell'interno, ove esistente.

III. IMPI

(art. 38 c. 1-8 DL 124/2019 conv. in L. 157/2019)

È l'imposta immobiliare sulle piattaforme marine (c.d. IMPI), che sostituisce ogni altra imposizione immobiliare locale ordinaria su tali piattaforme. **75420**

> Per quanto di seguito non trattato si applicano le regole previste per l'IMU (es. deducibilità dal reddito) (v. n. 74520 e s.).

75425 **OGGETTO** **Si tratta** delle piattaforme marine, cioè quelle piattaforme, con struttura emersa, destinate alla coltivazione di idrocarburi e site entro i limiti del mare territoriale (di cui all'art. 2 c.nav.).

Per i manufatti ubicati nel mare territoriale destinati all'esercizio dell'attività di **rigassificazione** del gas naturale liquefatto aventi una propria autonomia funzionale e reddituale che non dipende dallo sfruttamento del sottofondo marino, è tassata solo la porzione destinata a uso abitativo e di servizi civili con le regole di seguito illustrate (ad esclusione del calcolo della base imponibile).

> In caso di **cessazione** dell'attività estrattiva, l'IMPI si applica finché la piattaforma marina non venga dismessa (Ris. MEF 16 dicembre 2020 n. 8/DF).

75430 **CALCOLO** La **base imponibile** è calcolata con le regole previste per i fabbricati del gruppo D non accatastati soggetti a IMU (v. n. 74995).

Alla base imponibile si applica l'**aliquota** pari al 10,6 per mille di cui:
- la quota dell'imposta con aliquota del 7,6 per mille è riservata allo Stato;
- la restante parte è destinata ai comuni individuati col DM 28 aprile 2022.

75435 **VERSAMENTO** Dal 2022, l'imposta va versata entro il 16 giugno e il 16 dicembre di ciascun anno, allo Stato e al comune competente tramite Mod. F24, utilizzando i seguenti codici tributo:
- per il versamento allo Stato, 3970;
- per il versamento al comune, 3971 (per gli interessi 3972 e per le sanzioni 3973).

> Per il 2021 l'imposta andava versata allo Stato tramite Mod. F24 (cod. trib. 3970) in un'unica soluzione entro il 16 dicembre 2021.

75436 **DICHIARAZIONE** Va presentata con le **regole** previste per l'IMU (v. n. 74915 e s.), con la **particolarità** che per il primo anno di tassazione della piattaforma marina la dichiarazione va comunque presentata (Ris. MEF 16 dicembre 2020 n. 8/DF).

75440 **ACCERTAMENTO E RISCOSSIONE** Ogni **comune** provvede all'accertamento e alla riscossione dell'imposta, anche per la parte erariale.

SEZIONE 2

Immobili all'estero

75470 Nella presente sezione si esamina il trattamento fiscale degli immobili situati all'estero detenuti da soggetti residenti in Italia.

Nello specifico per gli immobili detenuti a titolo di **proprietà o altro diritto reale di godimento**, è dovuta un'imposta patrimoniale (c.d. IVIE). Se sono **locati**, oltre all'IVIE, si applica anche l'IRPEF sul reddito diverso, determinato tenendo conto della normativa dello Stato estero in cui è situato il bene e di quanto previsto dalle convenzioni internazionali.

In caso di **più comproprietari** o titolari di diritti reali di godimento sullo stesso immobile, l'imposizione grava su ciascuno di essi pro-quota.

a. IVIE (Imposta sul valore degli immobili all'estero)

(art. 19 c. 13-17 DL 201/2011 conv. in L. 214/2011 e Provv. AE 5 giugno 2012)

75480 I soggetti proprietari di immobili all'estero o titolari di altro diritto reale sugli stessi devono versare un'imposta patrimoniale commisurata al valore degli stessi.

L'imposta va **rapportata** ai mesi dell'anno nei quali si è protratto il possesso, computando per intero il mese durante il quale il possesso si è protratto per almeno quindici giorni.

Se l'immobile **non** è **locato**, non è dovuta l'IRPEF in Italia.

Sono **interessati** dall'imposta i fabbricati, le aree fabbricabili e i terreni, compresi quelli strumentali (per natura o per destinazione) destinati ad attività di impresa o di lavoro autonomo. Sono **esclusi** i fabbricati destinati ad abitazione principale e relative pertinenze, nonché la casa coniugale assegnata al coniuge, a seguito di provvedimento di separazione legale, annullamento, scioglimento o cessazione degli effetti civili del matrimonio, diversi da quelli che in Italia risultano classificati delle categorie catastali A/1, A/8 e A/9, di seguito definiti «di lusso» (per i quali si applica l'imposta con le regole descritte al n. 75510 e s.). 75482

SOGGETTI PASSIVI (Circ. AE 2 luglio 2012 n. 28/E) Sono le persone fisiche di seguito individuate, sia nel caso in cui gli immobili siano detenuti direttamente dalle stesse, sia nel caso in cui siano detenuti per il tramite di una società fiduciaria o siano formalmente intestati a entità giuridiche (es. società, fondazioni o trust) che agiscono quali persone interposte: 75490
- **proprietario** o titolare del **diritto reale** di usufrutto, uso o abitazione, enfiteusi e superficie sugli immobili;
- **concessionario**, nel caso di concessione di aree demaniali;
- **locatario** per gli immobili, anche da costruire o in corso di costruzione, detenuti in locazione finanziaria, a decorrere dalla stipula e per tutta la durata del contratto.

Nel caso di immobili detenuti in **comunione** l'imposta è dovuta da ciascun soggetto partecipante alla comunione con riferimento al valore relativo alla propria quota.

Sono soggetti passivi anche gli enti non commerciali e le società di persone e assimilate, residenti in Italia, obbligati alla compilazione del quadro RW (art. 1 c. 710-711 L. 160/2019).

Ai fini dell'**individuazione dei diritti reali** che attribuiscono l'obbligo di pagare l'imposta, si deve fare riferimento agli analoghi istituti previsti negli ordinamenti esteri in cui l'immobile è ubicato.
Ad **esempio**, per gli immobili situati in Paesi di common law, l'Agenzia ritiene siano tenuti al pagamento dell'imposta i titolari del diritto al possesso dei beni, c.d. **«leasehold»**, in quanto tale istituto presenta maggiori analogie con i diritti reali come disciplinati dall'ordinamento italiano (in particolare, con l'usufrutto), e non anche i titolari della proprietà fondiaria assoluta, c.d. **«freehold»**.

COME SI CALCOLA L'imposta si calcola applicando alla **base imponibile**, determinata in maniera diversa a seconda che si tratti di immobili situati in Paesi UE o aderenti al SEE o in Paesi diversi, l'**aliquota** base pari allo 0,76% con una franchigia di € 200 o, in casi particolari, un'aliquota ridotta pari allo 0,4% con una detrazione che può arrivare fino a € 200. 75500

Dall'imposta dovuta è possibile detrarre un credito d'imposta pari alle imposte patrimoniali (e per i Paesi UE anche sui redditi) eventualmente pagate all'estero.

Nei paragrafi seguenti si illustrano, in dettaglio, le modalità di determinazione dell'imposta distinguendo tra immobili situati in Paesi appartenenti alla UE o aderenti al SEE che garantiscono un adeguato scambio di informazioni (ad oggi Norvegia, Islanda e Liechtenstein), e immobili situati in Paesi diversi.

---

1. Paesi UE e SEE con adeguato scambio di informazioni
(Circ. AE 2 luglio 2012 n. 28/E)

BASE IMPONIBILE È costituita dal **valore catastale** come determinato e rivalutato nel Paese in cui l'immobile è situato ai fini dell'assolvimento di imposte di natura reddituale o patrimoniale o di altre imposte determinate sulla base del valore degli immobili, anche se gli immobili sono pervenuti per successione o donazione. 75510

Se a uno stesso immobile sono attribuibili **diversi valori catastali**, deve essere preso in considerazione il valore catastale utilizzabile ai fini delle imposte patrimoniali, comprese quelle di competenza di enti locali e territoriali.

In **mancanza** del valore catastale, si deve fare riferimento al costo risultante dall'atto di acquisto e, in assenza, al valore di mercato rilevabile nel luogo in cui è situato l'immobile; in alternativa, se la legislazione estera prevede un valore espressivo del **reddito medio ordinario**, può essere assunto tale valore moltiplicato per i coefficienti stabiliti ai fini dell'IMU (es. 160 se si tratta di immobile a uso abitativo e 55 se si tratta di negozio). In questa ipotesi, il reddito medio ordinario è assunto tenendo conto di eventuali rettifiche previste dalla legislazione locale. È il caso, ad **esempio**, degli immobili siti in Francia, per i quali il valore locativo catastale presunto è abbattuto del 50% ai fini dell'applicazione della tax foncière.

Nella **tabella** n. 75570 sono elencati i diversi Paesi con le imposte di riferimento, ove esistenti, ai fini della determinazione del valore catastale; i Paesi per i quali non è indicato tale valore possono assumere il costo di acquisto o, in alternativa, il valore di mercato o il reddito medio ordinario moltiplicato per i coefficienti IMU (si tratta di Belgio, Francia, Irlanda e Malta). Mancano le informazioni relative a **Croazia** e **Liechtenstein** che, quando è stata creata la tabella (2012), non erano ancora, rispettivamente, Paesi UE e SEE.

Se la legislazione estera prevede un valore espressivo del reddito medio ordinario, questo è utilizzabile senza necessità di applicare i moltiplicatori IMU se la stessa legislazione prevede anche l'applicazione di meccanismi di moltiplicazione e rivalutazione analoghi a quelli previsti dalla legislazione italiana, idonei a consentire la determinazione del valore catastale dell'immobile.

75520 **ALIQUOTE E AGEVOLAZIONI** **In via ordinaria**, alla base imponibile si applica l'aliquota pari allo 0,76%. L'imposta, così determinata, **non è dovuta** se non supera € 200. In pratica, sussiste una soglia di esenzione per gli immobili il cui valore complessivo non superi circa € 26.381.

Per l'**applicazione della franchigia** di € 200 si deve fare riferimento all'imposta determinata sul valore complessivo dell'immobile a prescindere da quote e periodo di possesso e senza tenere conto delle detrazioni previste per lo scomputo dei crediti di imposta (v. n. 75540).

75525 Per l'**abitazione principale** (e relative pertinenze) **e** la **casa coniugale** assegnata al coniuge, classificati in Italia nelle categorie catastali A/1, A/8 o A/9, sono previste le seguenti **agevolazioni**:
- **aliquota** ridotta dello 0,4%, limitatamente al periodo di tempo in cui l'attività lavorativa è svolta all'estero;
- **detrazione** dall'imposta dovuta, fino a concorrenza del suo ammontare, pari a € 200 rapportati al periodo dell'anno durante il quale si protrae tale destinazione; se l'unità immobiliare è **adibita** ad abitazione principale **da più soggetti** passivi la detrazione spetta a ciascuno di essi pro-quota;
- non è dovuta l'**IRPEF** in Italia.

Non spetta la franchigia di € 200.

Per **pertinenze** dell'abitazione principale (cui si applica l'agevolazione) si devono intendere le unità classificabili nelle tre categorie catastali di seguito riportate, nella **misura massima** di un'unità pertinenziale per ciascuna categoria:
- magazzini e locali di deposito;
- stalle, scuderie, rimesse e autorimesse senza fine di lucro;
- tettoie chiuse o aperte.

75540 **CREDITI D'IMPOSTA** Dall'imposta si detrae, fino a concorrenza del suo ammontare, un credito d'imposta pari all'ammontare dell'eventuale **imposta patrimoniale** versata nello Stato in cui è situato l'immobile (v. **tabella** n. 75570). In aggiunta, è consentito detrarre un credito d'imposta pari alle imposte di natura **reddituale** gravanti sullo stesso immobile, qualora non già utilizzato (in base alle disposizioni che regolano le modalità di utilizzo del credito per imposte pagate all'estero v. n. 95090) in detrazione dall'IRPEF eventualmente dovuta in Italia per lo stesso immobile.

75550 **VERSAMENTO E ADEMPIMENTI** (Provv. AE 5 giugno 2012) Il calcolo dell'imposta eventualmente dovuta va **indicato** nel rigo RW7 del Mod. Redditi PF. Se l'ammontare dell'IVIE risultante **non** è **superiore a** € 12, non va effettuato alcun versamento; **diversamente**, occorre effettuare il versamento entro i termini e con le modalità stabiliti per il pagamento delle imposte sui redditi, tramite Mod. F24 (per i **cod. trib.** v. Ris. AE 21 maggio 2020 n. 26/E).
Se sono intervenute **variazioni** nel periodo d'imposta, occorre compilare il quadro RW per assolvere gli obblighi di **monitoraggio fiscale** con le modalità illustrate al n. 16085.

Per la liquidazione, l'accertamento, la riscossione, le sanzioni e i rimborsi nonché per il contenzioso, si applicano le disposizioni previste per l'IRPEF.

75555 Nel caso di immobili - compresi quelli oggetto di operazione di emersione - per i quali sia stato stipulato un contratto di amministrazione con una **società fiduciaria**, quest'ultima provvede ad applicare e a versare (tramite Mod. F24) l'imposta dovuta dal contribuente, previa fornitura della provvista da parte dello stesso.
La fiduciaria indica i dati complessivi relativi ai versamenti dell'imposta nel **Mod. 770** (quadro S.O.), fornendo anche i dati di ciascun contribuente e le indicazioni circa l'ammontare dell'imposta riferibile agli stessi.

Se il contribuente **non fornisce** la **provvista**, la società fiduciaria deve segnalarlo nel Mod. 770.

TABELLA PAESI E IMPOSTE DI RIFERIMENTO (Circ. AE 2 luglio 2012 n. 28/E) Nella **tabella** seguente sono indicate, per ciascun Paese, le imposte di riferimento per la determinazione del valore catastale, ove esistenti, e le imposte patrimoniali detraibili dall'IVIE. 75570

La tabella è stata redatta sulla base di un'analisi delle legislazioni degli Stati interessati condotta autonomamente dall'AE. Se normative estere sopravvenute o non considerate conducono alla determinazione di un valore dell'immobile da assumere a base dell'IVIE differente o all'individuazione di un'imposta patrimoniale pagata all'estero non elencata, il contribuente può utilizzare tali valori dandone evidenza in sede di controllo da parte dell'AF.

Paese	Imposta per determinazione valore catastale	Imposte patrimoniali detraibili
Austria	Grundsteuer	
Belgio	–	Précompte immobilier/Onroerende Voorheffing
Bulgaria	Danak varhu nedvizhimite imoti (Данък върху неДвижимите имоти)	
Cipro	Foros akinitis periousias (Φόρος Ακίνητης Περιουσίας)	
Danimarca	Lov om statslig, kommunal og amtskommunal ejendomsværdiskat; Kommunal og amtskommunal grundskyld	
Estonia	Maamaks	
Finlandia	Kiinteistövero/ Fastighetsskatt	
Francia	–	Tax foncière Impôt de Solidarité sur la Fortune
Germania	Grundsteur	
Grecia	Foros akinitis periousias (Φόρος Ακίνητης Περιουσίας)	
Irlanda	–	The rates
Islanda	Fasteignagjöld	
Lettonia	Nekustamâ îpašuma nodoklis	
Lituania	Nekilnojamojo turto mokestis	Nekustamā īpašuma nodoklis
Lussemburgo	Impôt foncier	
Malta	–	
Norvegia	Eiendomsskatt	Eiendomsskatt Formuesskatt
Olanda	Onroerendzaak belasting	
Polonia	Podatek od nieruchomości	
Portogallo	Imposto Municipal sobre Imóveis	
Rep. Ceca	Daň z nemovitostí	
Romania	Taxa pe cladiri	
Slovacchia	Dan z nehnutelnosti	
Slovenia	Nadomestilo za uporabo stavbnega zemljišča Davek na premoženje Davek na nepremično premoženje večje vrednosti	
Spagna	Impuesto sobre Bienes Inmuebles	
Svezia	Fastighetsskatt Kommunal Fastighetsavgift	
Ungheria	Epítményadò	

2. Paesi diversi
(Circ. AE 2 luglio 2012 n. 28/E)

BASE IMPONIBILE È costituita dal valore dell'immobile determinato dal costo risultante dall'**atto di acquisto** o dai **contratti** da cui risulta il costo complessivamente sostenuto per l'acquisto di diritti reali diversi dalla proprietà. Se la valorizzazione dei diritti reali diversi dalla proprietà (es. usufrutto) non è rilevabile da un contratto, essa si assume secondo i criteri dettati dalla legislazione del Paese in cui l'immobile è situato. 75600

Se l'immobile è stato **costruito**, si fa riferimento al costo di costruzione sostenuto dal proprietario e risultante dalla relativa documentazione.
In **mancanza** di tali valori o in mancanza della relativa documentazione si assume il **valore di mercato** rilevabile al termine di ciascun anno solare nel luogo in cui è situato l'immobile.
Se l'immobile **non è più posseduto** alla data del 31 dicembre dell'anno, si deve fare riferimento al valore rilevato al termine del periodo di detenzione che può essere desunto in base alla media dei valori risultanti dai listini elaborati da organismi, enti o società operanti nel settore immobiliare locale.
Per gli immobili acquisiti per **successione o donazione**, il valore è quello dichiarato nella dichiarazione di successione o nell'atto registrato o in altri atti previsti dagli ordinamenti esteri con finalità analoghe. In mancanza, si assume il costo di acquisto o di costruzione sostenuto dal de cuius o dal donante come risultante dalla relativa documentazione; in assenza di tale documentazione si assume il valore di mercato.

75610 **ALIQUOTE** Si applica l'aliquota dello 0,76% o quella ridotta dello 0,4% con le stesse regole illustrate ai n. 75520 e 75525.

75620 **CREDITI D'IMPOSTA** Dall'imposta si detrae, fino a concorrenza del suo ammontare, un credito d'imposta pari all'ammontare dell'eventuale **imposta patrimoniale** versata nello Stato in cui è situato l'immobile nell'anno di riferimento; non è possibile detrarre eventuali eccedenze inutilizzate di imposte aventi natura reddituale.
Ad **esempio**, per i seguenti Paesi sono detraibili le seguenti imposte:
- Stati Uniti, la Real property tax;
- Argentina, la Impuesto inmobiliario;
- Svizzera, l'Imposta sulla sostanza delle persone fisiche e l'Imposta immobiliare;
- Russia, la Tassa sulla proprietà delle persone fisiche (Nalog na imuschestvo fizicheskih litz).

75630 **ADEMPIMENTI E VERSAMENTO** Per gli adempimenti e le modalità di versamento si veda quanto detto al n. 75550 e s.

b. IRPEF

(artt. 67 c. 1 lett. f e 70 c. 2 DPR 917/86, art. 19 c. 15 ter DL 201/2011 conv. in L. 214/2011, Istr. Mod. Redditi)

75660 Se l'immobile è tenuto a disposizione o adibito ad abitazione principale non è dovuta l'IRPEF; se, invece, è locato (o concesso in affitto), oltre all'IVIE è dovuta anche l'IRPEF con le modalità di seguito illustrate.
Per la tassazione effettiva del reddito occorre **verificare** le eventuali **Convenzioni** stipulate tra l'Italia e lo Stato estero (v. n. 95450).

> **Precisazioni 1)** Se sono intervenute **variazioni**, il proprietario (o titolare del diritto reale di godimento) deve indicare l'immobile nel quadro RW del Mod. Redditi (v. n. 16085).
> **2)** In caso di **vendita** dell'immobile, la plusvalenza o la minusvalenza si determina con le regole illustrate al n. 13020.

75670 **IMMOBILE LOCATO** Se il reddito dell'immobile locato è **soggetto a imposta** nello Stato estero, il contribuente deve indicare nel rigo RL12 lo stesso ammontare dichiarato in tale Stato, senza alcuna ulteriore deduzione di spese. In tal caso, spetta il **credito d'imposta** per le imposte pagate all'estero (v. n. 95090).
Se il reddito derivante dalla locazione **non è soggetto** a imposte nello Stato estero, il contribuente deve indicare nel rigo RL12 l'ammontare dei canoni di locazione percepiti, **al netto** del 15% quale deduzione forfettaria delle spese.

CAPITOLO 5

Tributi erariali

SOMMARIO

Nel presente capitolo si illustrano gli aspetti salienti dei tributi erariali richiamati nel sommario soprastante. **76000**

SEZIONE 1

Tasse sulle concessioni governative

L'obbligo di pagamento delle tasse sulle concessioni governative è, di norma, legato all'emanazione di un **atto** o di un **provvedimento**. In particolare, sono soggetti i provvedimenti e gli atti tassativamente elencati nella tariffa allegata al DPR 641/72 (così come sostituita con DM 28 dicembre 1995) e sotto riportati nella **tabella**. **76010**
I medesimi atti non scontano la tassa di concessione governativa, quando sono soggetti a tasse di concessione regionale, sulla base delle disposizioni vigenti in materia di competenze amministrative.
Gli atti per i quali sono dovute le tasse non sono **efficaci** fino a quando queste non siano pagate (art. 8 DPR 641/72).

Sono **esenti** (art. 13 bis DPR 641/72):
- atti e provvedimenti delle **Onlus** e delle società e associazioni **sportive dilettantistiche**;
- atti costitutivi, statuti e ogni altro atto necessario per l'adempimento di obblighi dei **movimenti o partiti politici**.

TABELLA DEGLI ATTI SOGGETTI A TASSE SULLE CONCESSIONI GOVERNATIVE **76020**

Art.				
		TITOLO I - PERSONE FISICHE, PERSONE GIURIDICHE E SOCIETÀ		
1		soppresso		
2		soppresso		
3		soppresso		
		TITOLO II - PUBBLICA SICUREZZA		
4	1.	Licenza di porto di pistole, rivoltelle e pistole automatiche, armi lunghe da fuoco e bastoni animati (art. 42 RD 773/31 ed articoli 74 e 79 del Reg. Min. 6 maggio 1940, n. 535)	115,00	
5	1.	Licenza di porto di fucile anche per uso di caccia (art. 22 L. 157/92):		
		tassa di rilascio, di rinnovo e annuale	168,00	
6	1.	Autorizzazione all'esercizio di case da gioco: tassa di rilascio e per ogni anno di validità	539.200,00	

76020
(segue)

Art.			
7	1.	Licenza per l'esercizio di attività relative a metalli preziosi (art. 127 RD 773/31 e art. 244, primo comma, del Reg. Min. 6 maggio 1940, n. 635); tassa di rilascio e per il rinnovo:	
		a) fabbricanti di oggetti preziosi ed esercenti di industrie o arti affini	404,00
		b) commercianti e mediatori di oggetti preziosi, nonché fabbricanti, commercianti ed esercenti stranieri che intendono esercitare nello Stato il commercio di oggetti preziosi da essi importati	270,00
		c) agenti, rappresentanti, commessi viaggiatori e piazzisti dei fabbricanti, commercianti ed esercenti stranieri di cui alla lettera b), che esercitano nello Stato il commercio di preziosi	81,00
		d) (abrogata implicitamente, vedi Ris. AE 4 ottobre 2005 n. 139/E)	
		e) fabbricanti e commercianti di articoli con montature o guarnizioni in metalli preziosi	202,00
		TITOLO III - PESCA	
8	1.	Licenza per la pesca professionale marittima: per ogni unità adibita **(1)**	404,00
		TITOLO IV - PROPRIETÀ INDUSTRIALE E INTELLETTUALE	
9		soppresso	
9 bis	1.	Privativa per nuove varietà vegetali:	
		a) tassa di domanda, comprensiva della tassa di pubblicazione e di quella per la protezione provvisoria (prima della concessione)	236,00
		b) tassa per il mantenimento in vita della privativa (dalla concessione della privativa):	
		1	101,00
		2	135,00
		3	168,00
		4	202,00
		5	236,00
		6	270,00
		7	303,00
		8	337,00
		9	371,00
		10	404,00
		11	438,00
		12	472,00
		13	505,00
		14	539,00
		15	573,00
		16	607,00
		17	640,00
		18	674,00
		19	708,00
		20 e successive	741,00
	2.	Tasse per le licenze obbligatorie su privative per nuove varietà vegetali:	
		a) per la domanda	539,00
		b) per la concessione	1.820,00
	3.	Tasse per la trascrizione di atti relativi alle privative per nuove varietà vegetali:	
		per ogni privativa	81,00

76020
(segue)

Art.				
		per la lettera di incarico	34,00	
	4.	La tassa di domanda per nuova varietà vegetale, comprensiva della tassa di pubblicazione e di quella di protezione provvisoria, non è rimborsabile		
10		soppresso		
11	1.	Registrazione per marchi d'impresa (articoli da 36 a 40 RD 929/42):		
		a) per la domanda di primo deposito	34,00	
		b) per il rilascio dell'attestato di primo deposito o di quello di rinnovazione:		
		1) riguardante generi di una sola classe	67,00	
		2) per ogni classe di più	34,00	
	2.	Registrazione per marchi collettivi:		
		a) per la domanda di primo deposito	135,00	
		b) per il rilascio dell'attestato di primo deposito o di quello di rinnovazione riguardante generi di una o più classi	202,00	
	3.	Domanda di registrazione internazionale del marchio o di rinnovazione	135,00	
	4.	Registrazioni per marchi d'impresa o per marchi collettivi o internazionali:		
		a) per lettera di incarico	34,00	
		b) per il ritardo nella rinnovazione della registrazione (entro il semestre)	34,00	
		c) per la trascrizione di atto di trasferimento	81,00	
12	1.	Registrazione della topografia dei prodotti a semiconduttori:		
		a) per la domanda	1.011,00	
		b) per la registrazione	809,00	
		c) per la trascrizione di atto di trasferimento o di costituzione di diritti di garanzia	81,00	
13	1.	Certificati complementari di protezione di medicinali e di prodotti fitosanitari:		
		a) per la domanda	404,00	
		b) per ciascun anno di mantenimento in vita del certificato	1.011,00	
		c) per la trascrizione di atto di trasferimento o di costituzione di diritti di garanzia	67,00	
14	1.	Registrazione di atti tra vivi che trasferiscono in tutto o in parte diritti di autore o diritti connessi al loro esercizio o costituiscono sugli stessi diritti di godimento o di garanzia, nonché di atti di divisione o di società relativi ai diritti medesimi (art. 104 L. 633/41): per ogni registrazione	81,00	
	2.	Deposito, con dichiarazione di riserva dei diritti, di dischi fonografici o apparecchi analoghi e di progetti di lavori dell'ingegneria o lavori analoghi (articoli 77, 99 e 105 L. 633/41, modificata con DPR 19/79):		
		a) per ogni disco o apparecchio analogo	81,00	
		b) per ogni progetto	34,00	
		TITOLO V - TRASPORTI		
15		soppresso		
16		soppresso		

76020
(segue)

Art.			
		TITOLO VI - RADIO E TELEVISIONE	
17	1.	Libretto di iscrizione alle radiodiffusioni per la detenzione di apparecchi atti o adattabili alla ricezione delle radioaudizioni o delle diffusioni televisive (art. 6 RDL 246/38, convertito dalla L. 880/38; articoli 1 e 2 L. 1150/54; art. 1 L. 362/59; art. 1 DL 11/77, convertito dalla L. 90/77; L. 171/89):	
		a) per ogni abbonamento alle radioaudizioni	0,70
		b) per ogni abbonamento alle diffusioni televisive	4,13
		c) soppresso	
		d) per ogni abbonamento alle radioaudizioni mediante apparecchi stabilmente installati:	
		su autoscafi non soggetti a tassa automobilistica (unità da diporto e navi non da diporto)	20,00
		e), f) soppressi	
		g) per ogni abbonamento alle diffusioni televisive mediante apparecchi stabilmente installati su autoscafi di cui alla lettera d) n. 2:	
		1) riguardante apparecchi di ricezione in bianco e nero	34,00
		2) riguardante apparecchi di ricezione anche a colori	236,00
18	1.	Concessione per la installazione e l'esercizio di impianti per la diffusione via etere in ambito locale (art. 22 L. 223/90):	
		a) di programmi televisivi:	
		1) tassa di rilascio o di rinnovo	4.044,00
		2) tassa annuale	2.022,00
		b) di programmi radiofonici:	
		1) tassa di rilascio o di rinnovo	674,00
		2) tassa annuale	337,00
	2.	Concessione per la installazione e l'esercizio di impianti per la diffusione via etere su tutto il territorio nazionale (art. 22 L. 223/90):	
		a) di programmi televisivi:	
		1) tassa di rilascio o di rinnovo	13.480,00
		2) tassa annuale	6.740,00
		b) di programmi radiofonici:	
		1) tassa di rilascio o di rinnovo	2.696,00
		2) tassa annuale	1.348,00
	3.	Concessione per la installazione e l'esercizio di reti per la diffusione via cavo di programmi televisivi (art. 6 D.Lgs. 73/91):	
		a) tassa di rilascio o di rinnovo	3.370,00
		b) tassa annuale	1.685,00
19	1.	Autorizzazione per la trasmissione di programmi televisivi in contemporanea via etere o via cavo (art. 22 L. 223/90 e art. 11 D.Lgs. 73/91):	
		a) tassa di rilascio	5.392,00
		b) tassa annuale	2.696,00
20	1.	Autorizzazione all'installazione e all'esercizio di impianti ripetitori per la ricezione e la contemporanea ritrasmissione nel territorio nazionale di programmi televisivi (articoli 38 e 43 legge 103/75)	
		a) irradiati da organismi di radiodiffusione esteri secondo le leggi vigenti nei rispettivi Paesi:	
		1) tassa di rilascio o di rinnovo	4.044,00
		2) tassa annuale	2.696,00

Art.				
		b) irradiati dalle concessionarie del servizio pubblico di radiodiffusione nazionale:		
		1) tassa di rilascio o di rinnovo	404,00	
		2) tassa annuale	270,00	
21	1.	Contratti di abbonamento per l'impiego di apparecchiature terminali per il servizio radiomobili pubblico, terrestre di comunicazione (Ris. AE 18 gennaio 2012 n. 9/E): per ogni mese di utenza **(2)**:		
		a) utenze residenziali	5,16	
		b) utenze affari	12,91	
		TITOLO VII - PROFESSIONI, ARTI E MESTIERI		
22		Iscrizioni riguardanti le voci della tariffa soppressa dall'art. 3, c. 138 L. 549/95, e precedentemente iscritte agli articoli sottoindicati della tariffa approvata con il decreto ministeriale 20 agosto 1992, pubblicato nel supplemento ordinario n. 106 alla Gazzetta Ufficiale n. 196 del 21 agosto 1992.	168,00	
		1. Mediatori nel ruolo della Camera di commercio, industria, artigianato e agricoltura (art. 70);		
		2. Costruttori, imprese ammesse a gestire in appalto dell'Ente ferrovie dello Stato e imprese ammesse a gestire servizi di raccolta, trasporto e smaltimento dei rifiuti urbani (art. 71);		
		3. Esercenti imprese di spedizione per terra, per mare e per aria ed esportatori dei prodotti ortofrutticoli (art. 72);		
		4. Agenti di assicurazione e mediatori di assicurazione (art. 73);		
		5. Periti assicurativi per l'accertamento e la stima dei danni ai veicoli a motore e ai natanti (art. 74);		
		6. Concessionari del servizio di riscossione dei tributi e collettori (art. 75);		
		7. Giornali e periodici (art. 82);		
		8. Esercizio di attività industriali o commerciali e di professioni arti o mestieri (art. 86) **(3)**		
		TITOLO VIII - ALTRI ATTI		
23	1.	Bollatura e numerazione di libri e registri (art. 2215 c.c.): per ogni 500 pagine o frazione di 500 pagine **(4) (5)**	67,00	
24		soppresso		

(1) Se a seguito della richiesta di rinnovo viene rilasciata l'**attestazione provvisoria**, in attesa della licenza definitiva, in quel momento è dovuta la tassa (che non dovrà essere nuovamente pagata al momento del rilascio della **licenza definitiva**, Ris. AE 27 novembre 2014 n. 105/E).

(2) Il servizio radiomobile GSM è soggetto al pagamento della ttccgg. L'importo dovuto varia in base all'uso a cui il servizio è destinato da parte dell'utente-familiare (per le sole persone fisiche) o per attività economiche - uso che deve essere dichiarato in sede di stipulazione del contratto (Ris. Min. 23 marzo 1995 n. 76/E, Ris. AE 4 agosto 2004 n. 109/E).

(3) Per l'iscrizione al primo anno nel registro speciale dei **praticanti avvocati** la tassa non è dovuta, mentre per gli anni successivi è dovuta (Ris. AE 11 ottobre 2010 n. 103/E).
La tassa va corrisposta anche quando ci si **iscrive in una sezione diversa** rispetto a quella in cui si è già iscritti nello stesso albo (Ris. AE 12 maggio 2006 n. 59/E).
È tenuto al pagamento della tassa il commercialista che intende effettuare il **passaggio dall'Elenco speciale all'Albo**. Non realizza invece il presupposto del tributo il passaggio opposto (Nota del CNDCEC n. 217 del 20 luglio 2011).

(4) Imprese individuali e **società di persone**. Per le **società di capitali** e gli enti commerciali l'importo è determinato in misura forfettaria. Si veda più in dettaglio al n. 76070

(5) Non sono soggette al pagamento la vidimazione del **registro degli infortuni sul lavoro** (Ris. Min. 9 marzo 1995 n. 68/E) e la vidimazione dei registri di carico e scarico dei **rifiuti speciali** (Ris. AE 11 novembre 2005 n. 159/E).
I registri delle operazioni giornaliere delle **armerie** e dei **depositi esplosivi** non sono soggetti alla tassa sulle concessioni governative (Ris. AE 5 luglio 2007 n. 153/E).

TIPOLOGIE (art. 2 DPR 641/72) Le **tasse**, a cui l'atto amministrativo può essere assoggettato, dal momento della sua formazione fino a quando dura la sua efficacia, sono di vario tipo. **76030**

Tipologia	Caratteristiche
tassa di **rilascio**	dovuta quando viene emanato l'atto e va corrisposta non oltre la consegna di esso all'interessato
tassa di **rinnovo**	grava sugli atti che, giunti alla scadenza, vengono di nuovo posti in essere
tassa per il **visto** e per la **vidimazione**	deve essere corrisposta al momento dell'espletamento delle formalità
tassa **annuale**	dovuta, al fine di mantenere l'efficacia dell'atto, alle scadenze fissate dalla legge. Nei casi espressamente previsti dalla legge, gli atti con validità oltre l'anno, sono soggetti alla tassa annuale da corrispondersi entro il termine stabilito per ogni anno successivo a quello di emissione dell'atto

76040 **MODALITÀ DI PAGAMENTO** (artt. 3, 5 DPR 641/72, art. 6 c. 1 D.Lgs. 237/97) Le tasse devono essere generalmente corrisposte mediante versamento sul **conto corrente postale** intestato all'Ufficio concessioni governative di Roma (pagamento in modo ordinario) oppure all'**AdR**, anche tramite **banca** o posta, con modello **F23** (codice tributo 711T).
Per **alcuni atti** espressamente indicati nella tariffa il pagamento può avvenire con l'applicazione di un **contrassegno** emesso con modalità telematiche, analogo a quello previsto per l'imposta di bollo (Circ. AE 3 aprile 2006 n. 11/E). Le marche sono equiparate a tutti gli effetti, anche penali, alle marche da bollo e ai contrassegni sostitutivi (v. n. 74000).
In relazione ai **marchi** e **brevetti**, le tasse vanno versate esclusivamente con modello F24 elementi identificativi, in via telematica o con modello cartaceo secondo le regole generali illustrate al n. 37035, codice tributo C 300 (Brevetti e disegni), C 301 (Brevetto europeo), C 302 (Marchio) (Provv. AE 20 novembre 2014; DM 26 gennaio 2015, Ris. AE 29 gennaio 2015 n. 11/E).

Inoltre, i versamenti **di importo inferiore a € 25,82** per le operazioni di seguito elencate, possono essere effettuati mediante apposizione di contrassegno o sul conto corrente postale 8003 (8904 per la Sicilia), utilizzando il bollettino approvato con DM 5 maggio 1992, con la specificazione del codice 8911:
- vidimazione dei registri IVA e degli altri registri contabili;
- richieste di certificazioni o copie di atti;
- copie delle dichiarazioni di successione, ecc.

76045 Di solito il **termine ultimo di pagamento** è il 31 gennaio dell'anno cui il tributo si riferisce o il 31 dicembre dell'anno precedente.

76060 **RIMBORSI** (art. 13 c. 2 DPR 641/72) A pena di decadenza, il contribuente deve chiedere la restituzione delle tasse non dovute **entro 3 anni** dal giorno nel quale ha effettuato l'erroneo pagamento (in modo ordinario) o abbia avuto notizia del rifiuto dell'atto soggetto a tassa.
Il rimborso delle tasse pagate a mezzo **marche** non è ammesso.

In particolare, per ottenere il rimborso della tassa di concessione governativa di cui al soppresso art. 3 della Tariffa, non è necessaria l'iscrizione del relativo credito nel bilancio finale di liquidazione di una **società in liquidazione**, come invece sostenuto dall'AE (Cass. 15 giugno 2011 n. 13086).

76070 **BOLLATURA E NUMERAZIONE DI LIBRI E REGISTRI** (art. 23 tariffa allegata al DPR 641/72) La tariffa relativa alla bollatura e alla numerazione dei registri tenuti secondo le norme dell'art. 2215 c.c. **varia** a seconda che il soggetto obbligato sia un'impresa individuale o una società di persone oppure sia una società di capitali o un ente commerciale.

76075 **Imprese individuali e società di persone** La tassa è dovuta per i libri e i registri che, per obbligo di legge o volontariamente, sono fatti bollare presso l'ufficio del registro delle imprese o presso un notaio; sono esclusi i registri tenuti esclusivamente per leggi tributarie (es. registri IVA, registro dei beni ammortizzabili, ecc.).
Pertanto, poiché il **libro giornale** e il **libro inventari** non sono soggetti a bollatura o vidimazione, per tali libri la tassa non è dovuta (salvo il caso di bollatura volontaria).
La bollatura e la numerazione di **altri registri** presso l'ufficio del registro delle imprese o presso un notaio comporta la corresponsione per ciascun registro della tassa nella misura di **€ 67** ogni 500 pagine o frazione.

Il **versamento** deve essere eseguito in **modo ordinario**, cioè sul conto corrente postale 6007 (per la Sicilia c/c/p 210906), utilizzando l'apposito modello allegato al DM 5 maggio 1992, oppure all'AdR, anche tramite banca o posta, con modello **F23** (codice tributo 711T).

Società di capitali ed enti commerciali Per la bollatura e la numerazione dei **libri sociali** - a prescindere dal numero di registri tenuti e dalle relative pagine - è dovuta la tassa di concessione governativa nella **misura forfettaria** di: **76080**

- € **309,87**, se, alla data del 1° gennaio, l'ammontare del capitale o del fondo di dotazione non è superiore a € 516.456,90;
- € **516,46**, se, alla data del 1° gennaio, l'ammontare del capitale o del fondo di dotazione è superiore a € 516.456,90.

> **Precisazioni** 1) La tassa si estende anche a tutti gli **enti** dotati di capitale o fondo di dotazione aventi per oggetto esclusivo o principale l'esercizio di attività commerciali (Ris. Min. 27 maggio 1996 n. 90/E).
> 2) Non si comprendono invece le **società cooperative** e di **mutua assicurazione** le quali, pertanto, sono tenute al pagamento di € 67 per ogni 500 pagine o frazione di 500 pagine (Circ. Min. 3 maggio 1996 n. 108/E).

Nell'ipotesi di **inizio attività**, la tassa deve essere corrisposta in modo ordinario - cioè con le stesse modalità previste per le imprese individuali e società di persone - prima della presentazione della dichiarazione IVA di inizio attività. **76081**

La tassa annuale relativa agli **anni successivi** a quello di inizio attività deve essere pagata entro il termine di versamento dell'IVA dovuta per l'anno precedente, mediante presentazione del modello **F24 telematico** secondo le regole ordinarie (v. n. 37037 e s.) (codice tributo 7085). È ammessa la **compensazione** con le altre imposte e contributi (v. n. 37230).

> La tassa in esame resta dovuta fino a quando permane l'obbligo della **tenuta di libri numerati** nei modi previsti dal codice civile (ad esempio dalle società in liquidazione o sottoposte a procedure concorsuali) (Circ. Min. 3 maggio 1996 n. 108/E).

ACCERTAMENTO (artt. 11 e 13 c. 1 DPR 641/72) L'AF può procedere all'accertamento delle violazioni alle norme che disciplinano le tasse di concessioni governative entro il termine di **decadenza** di 3 anni dal giorno in cui è stata commessa la violazione. **76090**

Le somme accertate, se pagate entro i termini previsti dall'avviso di accertamento, sono soggette agli interessi del 3,5% annuo.

SEZIONE 2

Imposte sulle assicurazioni

Per i contratti stipulati o rinnovati dal 2001, le imposte sulle assicurazioni colpiscono le **assicurazioni private** - diverse da quelle sulla vita, di capitalizzazione e dalle rendite vitalizie - stipulate nello Stato da assicuratori nazionali od esteri con contraenti domiciliati od aventi sede in Italia (L. 1216/61). **76200**

Le assicurazioni sulla **vita**, di **capitalizzazione** e le **rendite vitalizie** restano soggette all'imposta (aliquota 2,5%) solo se i contratti sono stati stipulati prima del 2001.

Sono altresì soggette ad imposta le medesime assicurazioni **stipulate all'estero** da persone fisiche o giuridiche domiciliate od aventi sede in Italia.

> **Precisazioni** 1) Fanno eccezione le rendite corrisposte in Italia da parte della assicurazione di invalidità, vecchiaia e superstiti **Svizzera** (AVS e LPP), le quali sono soggette a ritenuta unica del 5% da parte degli istituti italiani che erogano la rendita per conto della AVS Svizzera (art. 76 L. 413/91). Se l'assicurazione LPP non è trasferita in Italia, non si applica la ritenuta ma il beneficiario deve applicare la tassazione separata di cui al n. 9300 (Ris. AE 27 gennaio 2020 n. 3/E).
> 2) Se una **società di un altro Stato UE** (es. Francia) stipula un contratto di assicurazione contro i danni con una società dello stesso Stato e assicura, tra le altre, una società **controllata italiana** (c.d. polizza ombrello), deve essere corrisposta l'imposta in Italia in relazione ai premi assicurativi proporzionalmente riferibili ai rischi coperti in Italia (C.Giust. CE 14 giugno 2001 C-191/99).

DETERMINAZIONE DELLE IMPOSTE Le imposte sono dovute proporzionalmente per ogni centesimo di euro di ciascun pagamento del premio e dei relativi accessori. **76210**

Salvo patto contrario, gli assicuratori hanno diritto di **rivalsa** sui contraenti per le somme dovute a titolo d'imposta sulle assicurazioni e sui contratti di rendita vitalizia. In tal caso, nei contratti e nelle ricevute relative, devono indicare in modo distinto la somma precisa delle imposte rimborsate dal contraente (art. 17 L. 1216/61).

>Precisazioni 1) Sui contratti di assicurazione, di riassicurazione e di rendita vitalizia, sulle ricevute parziali di pagamento e sulle quietanze non è dovuta l'**imposta di bollo**, compenetrata nell'imposta sulle assicurazioni (art. 16 L. 1216/61).

2) I contratti, le ricevute e le quietanze sono esenti dall'**imposta di registro** e dalla formalità della registrazione (v. n. 70090).

76215 **Aliquote** Le aliquote variano in funzione del tipo di assicurazione, come illustrato nella **tabella** seguente.

Assicurazione	Aliquota (1)
– contro gli infortuni – malattie – dei rischi connessi alla utilizzazione pacifica dell'energia nucleare – contro i rischi d'impiego	**2,50%**
– di assistenza	**10%**
– contro la responsabilità civile derivante dalla circolazione dei veicoli a motore e dei natanti e quelle di altri rischi inerenti al veicolo od al natante o ai danni causati dalla loro circolazione **(2)** – rischi agricoli – contro i rischi della navigazione ed assimilati – contro i rischi dei trasporti terrestri – dei crediti, delle cauzioni e quelle assimilate	**12,5%**
– assicurazioni diverse da quelle innanzi indicate **(3)** e, naturalmente, diverse da quelle sulla vita e dalle rendite vitalizie (esenti)	**21,25%**

(1) Sono previste **riduzioni** ed **esenzioni** in casi particolari.

(2) L'imposta sulle assicurazioni contro la responsabilità civile derivante dalla circolazione dei veicoli a motore (RCA) costituisce, per l'intero territorio nazionale, tributo proprio derivato delle province (art. 17 D.Lgs. 68/2011, art. 4 c. 2 DL 16/2012 conv. in L. 44/2012).

Le province possono **aumentare o diminuire l'aliquota** della RCA, esclusi i ciclomotori, in misura non superiore a 3,5 punti percentuali. Le variazioni delle aliquote hanno effetto dal 1° giorno del 2° mese successivo a quello di pubblicazione della delibera di variazione sul sito www.finanze.gov.it.

(3) Il contratto di assicurazione concernente il **pagamento della penale a carico del viaggiatore** che, dopo aver prenotato un viaggio presso un Tour operator, **recede** a seguito del verificarsi di determinati eventi quali malattie, infortuni, morte (anche relativi a congiunti), è soggetto all'imposta del 21,25%. L'assicurazione, infatti, non rientra tra quelle contro gli infortuni, in quanto il rischio assicurato è costituito dal danno patrimoniale (penale) e non dalla lesione dell'integrità fisica dell'assicurato (infortunio) o dalla specifica patologia dedotta dal contratto (malattia) (Ris. AE 30 luglio 2004 n. 106/E).

76230 **ADEMPIMENTI** (art. 9 L. 1216/61) Gli assicuratori devono tenere un **registro** nel quale annotare i premi riscossi in ciascun mese solare. L'imposta dovuta su tali premi deve essere **versata telematicamente** con Mod. F24 Accise **entro** il mese solare successivo a quello di incasso, unitamente agli eventuali conguagli dell'imposta dovuta per il secondo mese precedente (codice tributo 3354, Ris. AE 22 ottobre 2010 n. 109/E). Per i **premi incassati a novembre** e gli eventuali conguagli incassati ad ottobre, l'imposta deve essere versata entro il 20 dicembre successivo.

76235 Inoltre, **entro** il 16 novembre di ogni anno deve essere versato un **acconto** pari al 74% dell'imposta liquidata l'anno precedente provvisoriamente determinata, al netto di quella relativa alla r.c. veicoli a motore (cod. tributo 3355); l'acconto potrà essere **scomputato** dai versamenti mensili successivi solo a partire dal mese di febbraio (Circ. AE 21 novembre 2005 n. 49/E). Non è possibile modificare la percentuale dell'acconto sulla base di un metodo previsionale (Ris. AE 11 marzo 2008 n. 84/E).

Infine, **entro** il 31 maggio di ciascun anno gli assicuratori devono presentare all'AE, con modalità telematiche (direttamente o tramite intermediari abilitati, utilizzando il prodotto informatico disponibile gratuitamente sul sito dell'AE), la **denuncia** dell'ammontare complessivo dei premi ed accessori incassati nell'esercizio annuale scaduto (Provv. AE 29 aprile 2019). L'ufficio procede, **entro** il 15 giugno, alla **liquidazione definitiva** dell'imposta dovuta per l'anno precedente. L'ammontare del residuo debito o del credito, eventualmente risultante dalla liquidazione, deve essere computato nel primo versamento mensile successivo a quello della comunicazione della liquidazione da parte dell'ufficio delle Entrate.

> Se, a seguito del **trasferimento del business assicurativo**, avvenuto nell'anno X, a un'altra società, la società conferente non esercita più alcuna attività assicurativa non deve versare l'**acconto** per l'anno X + 1 (Risp. AE 16 marzo 2021 n. 178).

Assicuratori esteri Per le assicurazioni stipulate da soggetti domiciliati od aventi sede in Italia con assicuratori esteri, questi devono richiedere il codice fiscale in Italia. Bisogna poi distinguere (art. 4 bis L. 1216/61, Ris. AE 21 febbraio 2011 n. 19/E, Ris. AE 6 agosto 2010 n. 80/E): **76240**

– se questi hanno sede principale **nella UE** oppure in **Norvegia o Islanda**, gli adempimenti possono essere effettuati direttamente o da un rappresentante fiscale appositamente nominato dall'assicuratore estero;

– se hanno sede in **Stati diversi** dai precedenti, gli adempimenti devono essere osservati da un rappresentante fiscale appositamente nominato dall'assicuratore estero.

Inoltre, gli assicuratori esteri, che operano in regime di libera prestazione di servizi, presentano una **denuncia mensile** relativa ai premi incassati nel mese precedente (art. 4 bis c. 5 L. 1216/61). L'acconto versato entro il 30 novembre va scomputato nella denuncia da presentare nel mese di febbraio. Contestualmente alla denuncia in scadenza del mese di maggio, trasmettono inoltre telematicamente la comunicazione degli importi annualmente versati alle province, relativi ai contratti di assicurazioni contro la responsabilità civile (Provv. AE 29 aprile 2019).

Invece per gli assicuratori non residenti, diversi da quelli che operano in regime di libera prestazione di servizi, la denuncia è presentata dal contraente entro un mese dal giorno del pagamento del premio ed accessori all'assicuratore, pagando contemporaneamente l'imposta (art. 11 L. 1216/61).

La società assicuratrice estera non è tenuta alla presentazione della denuncia se, nel periodo di riferimento, non ha incassato alcun premio o ha incassato solo premi non soggetti a imposta.

RIMBORSI Il contribuente può chiedere il rimborso delle imposte e delle sanzioni indebitamente pagate **entro 3 anni** dal giorno in cui ha effettuato il pagamento. **76250**

SEZIONE 3

Imposta sugli intrattenimenti

OGGETTO (art. 1 DPR 640/72) L'imposta (c.d. **ISI**) si applica agli intrattenimenti, ai giochi e alle altre attività indicate nella seguente **tabella**, che hanno in comune il fatto di essere volti esclusivamente al divertimento e al gioco, implicando pertanto una partecipazione attiva all'evento (diversamente dagli spettacoli, che hanno anche una connotazione culturale, v. n. 63520). **76360**

In luogo dell'ISI, sono previste delle imposte sostitutive nei seguenti casi:

– alcuni **apparecchi da divertimento e intrattenimento** (v. n. 76490) che scontano un prelievo erariale unico (c.d. PREU); mentre sono soggetti a specifiche imposte uniche:

– **concorsi pronostici e scommesse** (v. n. 76540) che scontano un'imposta unica;

– **giochi a distanza** con vincite in denaro che scontano un'imposta unica (v. n. 76570).

> Resta esente dall'imposta l'**attività svolta occasionalmente da Onlus** ed enti associativi di cui al n. 97360, quando svolta in concomitanza di celebrazioni, ricorrenze o campagne di sensibilizzazione e di cui, prima dell'inizio dell'attività, sia data comunicazione all'ufficio della SIAE territorialmente competente (Circ. Min. 7 settembre 2000 n. 165/E punto 1.3.4, art. 23 D.Lgs. 460/97).

76361

Attività soggette all'imposta (1)	Aliquota
1) Esecuzioni musicali di qualsiasi genere ad esclusione dei concerti musicali, vocali e strumentali, e trattenimenti danzanti anche in discoteche e sale da ballo quando l'esecuzione di musica dal vivo sia di durata inferiore al 50% dell'orario complessivo di apertura al pubblico dell'esercizio **(2)**	16%

Attività soggette all'imposta (1)	Aliquota
2) Utilizzazione dei **bigliardi**, degli elettrogrammofoni, dei bigliardini e di qualsiasi tipo di apparecchio e congegno a gettone, a moneta o a scheda, da divertimento o trattenimento, anche se automatico o semiautomatico, installati sia nei luoghi pubblici o aperti al pubblico, sia in circoli o associazioni di qualunque specie; utilizzazione ludica di **strumenti multimediali**; gioco del **bowling**; noleggio go-kart **(3) (4)**	8%
3) Ingresso nelle **sale da gioco** o nei luoghi specificatamente riservati all'esercizio delle **scommesse**	60%
4) Esercizio del gioco nelle case da gioco (es. casinò) e negli **altri luoghi** a ciò destinati (es. navi da crociera)	10%

(1) Si tratta delle attività espressamente indicate nella tariffa allegata al DPR 640/72; gli **intrattenimenti diversi** dai predetti, ma ad essi **analoghi**, sono soggetti all'imposta stabilita dalla stessa tariffa per quelli con i quali, per la loro natura, essi hanno maggiore analogia.

(2) È **musica dal vivo** solo l'effettiva esecuzione con strumenti di qualsiasi genere, senza l'utilizzazione o con un utilizzo meramente residuale di supporti preregistrati o campionati.
L'**incidenza percentuale** della musica dal vivo, quando nella medesima struttura sono organizzate **più esecuzioni** musicali, anche contemporaneamente, in spazi distinti, si accerta considerandole separatamente in relazione alla durata dello specifico evento svolto in ogni singola sala o spazio (Circ. Min. 7 settembre 2000 n. 165/E).
Se, all'interno dello stesso esercizio, vengono svolte attività non soggette all'imposta sugli intrattenimenti e attività soggette, il requisito della **durata** va commisurato esclusivamente all'attività soggetta all'imposta (Circ. Min. 29 dicembre 1999 n. 247/E).

(3) L'utilizzazione di bigliardi, bowling e assimilati effettuata **senza** il pagamento di **corrispettivi**, per **finalità agonistico-sportive**, compreso l'allenamento, in particolare da associazioni sportive dilettantistiche affiliate alle Federazioni sportive nazionali aderenti al CONI, non è soggetta all'imposta (Circ. Min. 29 dicembre 1999 n. 247/E; sulla riconoscibilità della connotazione sportiva delle attività, Circ. Min. 7 settembre 2000 n. 165/E punto 1.1.5).

(4) Per l'utilizzazione degli **apparecchi da divertimento e intrattenimento** per cui è prevista la determinazione forfettaria della base imponibile, v. n. 76490, l'**aliquota** è fissata al 6% (nota 3 tariffa allegata al DPR 640/72).

76370 **SOGGETTI PASSIVI** (art. 2 DPR 640/72) È soggetto passivo chiunque **organizza** intrattenimenti e altre attività indicate nella precedente **tabella** o esercita case da gioco, anche nel caso in cui manchi l'eventuale licenza di pubblica sicurezza occorrente per l'attività organizzata (per gli **apparecchi da divertimento e intrattenimento**, v. n. 76490).

Quando l'esercizio di case da gioco è riservato per legge a un **ente pubblico**, questo è soggetto d'imposta anche se ne delega ad altri la gestione.

76380 **BASE IMPONIBILE** (artt. 3, 5, 6 bis, 26 DPR 640/72) È costituita dall'importo dei singoli **titoli di accesso** (c.d. «**biglietti**») emessi al pubblico, anche in abbonamento, per l'ingresso o l'occupazione dei posti oppure dal **prezzo** comunque corrisposto per assistere o partecipare agli intrattenimenti o alle altre attività soggette all'imposta; i predetti importi devono essere considerati al netto dell'IVA se dovuta.
Per le attività svolte con periodicità, le **tessere nominative permanenti** e i titoli di accesso gratuiti non sono soggetti all'imposta nel **limite** del 5% della capienza del locale (ragguagliato a ciascuna categoria di posti); per quelle senza carattere periodico, non sono soggetti all'imposta i **titoli di accesso gratuiti** limitatamente al 2% dei posti di ciascuna categoria di cui il locale dispone.
Dall'imponibile sono escluse le somme dovute a titolo di **rivalsa** obbligatoria dell'imposta (dall'ammontare complessivo della somma incassata dev'essere quindi scorporata la quota relativa all'ISI e l'IVA relativa se dovuta; per un **esempio** di scorporo, v. Circ. Min. 7 settembre 2000 n. 165/E punto 1.3.1).

> **Precisazioni** 1) Per **intrattenimenti** e altre attività soggetti all'imposta **organizzati congiuntamente ad altri** non soggetti o costituiti da più attività soggette a tassazione con **differenti aliquote**, se non è descritto separatamente il corrispettivo specifico per l'intrattenimento, la base imponibile è determinata con ripartizione forfettaria degli incassi in proporzione alla durata di ciascuna componente. A tal fine, occorre distinguere le singole componenti il servizio, determinandone la durata, e calcolare il rapporto percentuale del tempo concesso al partecipante per la fruizione dei singoli intrattenimenti rispetto alla somma complessiva dei tempi di ciascuna delle componenti (il rapporto percentuale deve essere, quindi, applicato al corrispettivo complessivo lordo per calcolare la quota-parte riferibile all'intrattenimento; Circ. Min. 7 settembre 2000 n. 165/E).
2) Se intrattenimenti e altre attività soggette all'imposta si svolgono in **luoghi senza una capienza determinata**, le percentuali devono essere calcolate giornalmente sui titoli di accesso a pagamento esitati.
3) Nel **computo delle percentuali** non si considerano le c.d. «**tessere di servizio**», rilasciate a chi lavora per

la realizzazione dell'intrattenimento e/o manifestazione purché, prima del suo inizio, l'organizzatore abbia comunicato alla SIAE i relativi dati (numero delle tessere da esitare, dati identificativi completi dei titolari delle stesse con identificazione della qualifica lavorativa e delle mansioni svolte).

4) Per i **titoli gratuiti concessi oltre i limiti** indicati, l'imposta (e l'IVA) sono dovute in relazione ai prezzi stabiliti per le corrispondenti categorie dei titoli di accesso a pagamento (Ris. AE 13 marzo 2008 n. 91/E). In caso di prezzi dinamici, cioè variabili in aumento o in diminuzione, si considera il prezzo intero massimo praticato durante il periodo di vendita (Ris. AE 15 febbraio 2018 n. 15/E).

Nella determinazione della base imponibile vanno invece **compresi**: **76385**
– aumenti apportati ai prezzi delle **consumazioni** o servizi offerti al pubblico;
– controvalore di **dotazioni** da chiunque fornite e ogni altro provento comunque connesso a utilizzazione e organizzazione degli intrattenimenti e delle altre attività (es. diritti di prevendita);
– corrispettivi di cessioni e prestazioni di **servizi accessori**, obbligatoriamente imposte;
– ammontare degli abbonamenti, dei proventi derivanti da **sponsorizzazione** e cessione dei **diritti radiotelevisivi**, dei contributi da chiunque erogati.

>Precisazioni 1) I corrispettivi pagati per **eventuali servizi aggiuntivi** offerti dal soggetto che effettua la prevendita (es. consegna a domicilio dei titoli d'accesso) vanno considerati a parte, in quanto non costituiscono il corrispettivo per assistere allo spettacolo, e sono soggetti ad IVA 21% (Ris. AE 12 luglio 2006 n. 88/E).

2) Le **consumazioni obbligatoriamente imposte** si considerano sia nell'ipotesi di ingresso a pagamento, che in quella di ingresso libero. È inoltre soggetto all'imposta il corrispettivo per l'ingresso comprensivo del diritto alla consumazione (Circ. Min. 7 settembre 2000 n. 165/E punto 1.3.1).

3) Per le prestazioni rese in **abbonamento** la base imponibile è pari all'importo complessivo diviso per il numero delle prestazioni o attività cui l'abbonamento stesso dà diritto (e l'imposta è liquidata su ciascuna rendicontazione d'incasso) (art. 6 bis c. 1 DPR 640/72).

Infine, **regole particolari** di determinazione della base imponibile sono previste per i casi indicati nella seguente **tabella**. **76390**

Casistica	Determinazione della base imponibile
a) Intrattenimenti e altre attività **organizzati da enti, società o associazioni per i propri soci**	Occorre distinguere in funzione della previsione o meno di un **corrispettivo specifico per la partecipazione** dei soci all'evento: – in sua **presenza**, l'imposta è dovuta sul prezzo dei titoli di accesso e dei posti riservati e sulle somme o valori sopra indicati (in tal caso l'ente, la società o l'associazione dovrà rilasciare titoli di accesso a tutti i partecipanti, siano essi o meno soci, e presentare all'ufficio della SIAE o all'ufficio delle entrate, entro 10 giorni dalla fine di ciascun anno sociale, apposita dichiarazione dell'ammontare delle quote e dei contributi versati dai soci; art. 2 DPR 544/99); – in **assenza** di un corrispettivo, se l'unico **scopo perseguito** dell'ente, società o associazione è organizzare intrattenimenti e attività a favore dei soci l'imposta si applica sull'intero ammontare delle somme corrisposte a titolo di quote o contributi associativi; se invece, oltre al predetto scopo, gli organizzatori hanno anche quello di organizzare altre attività a favore dei soci, l'imposta si applica sulla (sola) parte dell'ammontare delle quote o dei contributi associativi imputabili all'attività di intrattenimento (art. 3 c. 3 DPR 640/72; Circ. Min. 7 settembre 2000 n. 165/E punto 1.3.2)
b) Intrattenimenti e altre attività **destinati a enti pubblici e Onlus** per essere utilizzati a **fini di beneficenza**	La base imponibile ad essi relativa è **ridotta del 50% se** sono rispettate le seguenti condizioni: – gli intrattenimenti a tal fine organizzati da un medesimo soggetto non devono superare nel corso dell'anno 12 giornate di attività; – i fondi raccolti, pari almeno ai 2/3 degli incassi, al netto di spese e imposte, devono essere destinati all'ente beneficiario; – l'organizzatore deve presentare preventivamente la dichiarazione prevista all'ufficio della SIAE (con specifica indicazione della finalità di beneficenza) e redigere e conservare un apposito rendiconto da cui risultino specificamente entrate e spese relative a ciascuna iniziativa
c) Case da gioco	È costituita dalla **differenza attiva giornaliera** tra le somme introitate per i giochi e quelle pagate ai giocatori per le vincite e da qualsiasi **altro introito** purché connesso all'esercizio del gioco **(*)**
d) Apparecchi da divertimento e intrattenimento	V. n. 76490

(*) Non vanno decurtati eventuali accantonamenti di parte delle giocate, per la costituzione o l'incremento di **montepremi** (quali, ad es. i «jack pot»). Sono escluse le **somme dovute agli enti pubblici** concedenti a cui è riservato per legge l'esercizio delle case da gioco.

76395 **Regime forfettario** (art. 14 DPR 640/72, art. 4 DPR 544/99) In considerazione della loro natura, la base imponibile è costituita dal **50% dei proventi conseguiti** per:
a) **esecuzioni musicali non dal vivo** effettuate in pubblici esercizi e senza altre prestazioni sostitutive e accessorie obbligatoriamente imposte ai partecipanti;
b) **attività di minima importanza** e attività soggette a imposta svolte congiuntamente ad altre non soggette, sempre che i ricavi dell'anno solare precedente non superino € **25.822,84**; in tal caso, l'imposta è assolta presentando apposita comunicazione preventiva alla SIAE.

>Precisazioni 1) In quest'ultimo caso, resta ferma, in alternativa, la facoltà di **opzione** per la determinazione dell'imponibile nei **modi ordinari**, da esercitare mediante comportamento concludente e relativa comunicazione (v. n. 5455), ma senza fornire la predetta comunicazione alla SIAE. Tale determinazione forfettaria dell'imponibile cessa di avere applicazione a partire dall'anno solare successivo a quello in cui è superato il limite di € 25.822,84 di ricavi (Circ. Min. 7 settembre 2000 n. 165/E punti 1.3.5 e 2.8).
2) Ai fini della **determinazione del limite** suddetto, tra i proventi si considerano tutti quelli relativi all'attività di intrattenimento e/o di spettacolo, comprese le prestazioni pubblicitarie, le sponsorizzazioni e le cessioni o concessioni di diritti di ripresa televisiva e di trasmissione radiofonica (Ris. AE 13 marzo 2008 n. 92/E; per la **certificazione dei corrispettivi**, v. n. 76450).

76410 **DETERMINAZIONE E PAGAMENTO** (art. 15 DPR 640/72, art. 6 DPR544/99) L'ammontare dell'imposta si calcola applicando alla base imponibile le **aliquote** previste dalla tariffa allegata al DPR 640/72, e indicate nella **tabella** n. 76361.
Il **versamento** dell'imposta deve avvenire, con il Mod. F24 (cod. tributo 6728), **entro** termini diversi, indicati nella seguente **tabella**.

Eventuali **variazioni di aliquota intervenute dopo l'inizio** dell'intrattenimento non incidono sul credito erariale, che rimane quantificato in base all'aliquota vigente al momento iniziale della manifestazione (per un esempio v. Circ. Min. 7 settembre 2000 n. 165/E punto 1.4).

Termini di pagamento (*)	
– **attività a carattere continuativo** svolte in un mese solare	entro il giorno 16 del mese successivo
– attività **occasionali**	entro il 5° giorno successivo a quello di conclusione della manifestazione
– quote o **contribuzioni associative**	entro il giorno 16 del mese successivo a quello di chiusura all'anno sociale

(*) In caso di **mancato svolgimento dell'attività** soggetta all'imposta per cui è prevista, in base ad accordi tra le parti, la restituzione del corrispettivo pagato per i titoli di accesso, l'imposta è commisurata alle somme non rimborsate e versata entro 30 giorni dall'originario termine di pagamento. Quando l'attività è **rinviata di non oltre 90 giorni** rispetto alla data originariamente prevista per la sua effettuazione e l'organizzatore considera validi per la nuova manifestazione i titoli venduti, il pagamento dell'imposta avviene secondo i termini previsti per la nuova data.

a. Adempimenti

76420 **DICHIARAZIONE DI EFFETTUAZIONE ATTIVITÀ** (art. 19 DPR 640/72) Gli esercenti e gli organizzatori di intrattenimenti e altre attività soggette all'imposta devono anzitutto produrre al competente ufficio SIAE una preventiva dichiarazione di effettuazione dell'attività: dichiarazione personale relativa, ove obbligatorio, anche al **possesso della licenza** di pubblica sicurezza (di cui agli artt. 68 e 69 RD 773/31).

76430 **RILASCIO TITOLO DI ACCESSO** (art. 6 DPR 640/72, art. 1 DPR 544/99, art. 6 DM 13 luglio 2000, Circ. AE 27 giugno 2003 n. 34/E) Generalmente, **all'atto del pagamento** del prezzo, esercenti ed altri soggetti dell'imposta hanno l'obbligo di consegnare a ciascun partecipante o spettatore - per le operazioni soggette all'imposta esercitate abitualmente e per quelle ad esse accessorie, complementari o comunque connesse (anche se non soggette all'imposta) - un titolo di accesso da rilasciare mediante appositi misuratori fiscali (anche quelli previsti ai fini IVA) o biglietterie automatizzate. L'emissione di tale documento assolve gli obblighi di certificazione dei corrispettivi. Sono previste delle **esclusioni** dall'obbligo (v. n. 76450) e degli specifici adempimenti per le **case da gioco** (v. n. 76451).

Il titolo di accesso è in genere emesso al pagamento del prezzo anche se rilasciato da terzi per conto dell'organizzatore. Può però essere emesso **anteriormente al pagamento** del corrispettivo quando l'emittente lo consegna a un soggetto terzo per la **successiva distribuzione** (in tal caso deve contenere la dicitura «emesso per la vendita da parte di......», con i dati identificativi del terzo) oppure quando emesso dall'organizzatore con proprio sistema di emissione e dallo stesso distribuito se il luogo dell'evento non è deputato in via ordinaria allo svolgimento di attività di intrattenimento e/o spettacolo (in tal caso deve contenere la dicitura «emesso per la **vendita da parte dell'organizzatore**»).

Misuratori fiscali (art. 1 DPR 544/99, Provv. AE 22 ottobre 2002) Tali apparecchi e le **biglietterie automatizzate** devono rispettare le caratteristiche tecniche stabilite con DM 13 luglio 2000 e Decreto AE 23 luglio 2001 ed essere idonei all'emissione, oltre che del titolo di accesso, anche dei **documenti** fiscali **riepilogativi** degli incassi giornalieri (da emettere al termine di ciascun giorno di attività) e mensili (da emettere alla fine di ciascun mese, ai fini dell'annotazione dei corrispettivi entro il giorno 15 del mese successivo). **76435**

Contenuto del titolo (art. 3 c. 1 e 2 DM 13 luglio 2000) Oltre ai dati prescritti per lo scontrino fiscale, il titolo di accesso deve contenere i **dati specifici** indicati nella norma in oggetto (illustrati in MIVA). **76440**

Annullamento o invalidazione del titolo (art. 3 c. 4 DM 13 luglio 2000) All'accesso nel luogo di svolgimento dell'evento, previa verifica da parte di un addetto al controllo, il titolo di accesso dev'essere invalidato. **76445**

In genere ciò avviene tramite **separazione** (strappo) dell'apposita sezione; in tal caso, il titolo è costituito da tante sezioni quante sono le prestazioni e la sezione che resta al partecipante riporta tutte le indicazioni sopra illustrate per i titoli di accesso. Tuttavia, l'invalidazione può anche avvenire mediante un sistema per il **controllo degli accessi automatizzato** e certificato; il titolo di accesso può essere annullato, tramite idonea registrazione, nel sistema automatizzato che ne ha permesso l'emissione, con descrizione anche della causale:

a) in via generale, entro il 5° giorno lavorativo successivo al momento iniziale dell'evento;

b) immediatamente, nel caso in cui il titolo di accesso sia stato **emesso per errore**, ma non ancora rilasciato;

c) entro i termini di versamento delle imposte in caso di **mancata effettuazione dell'evento**.

In caso di c.d. **abbonamento a data libera** il titolo è annullabile entro il 5° giorno lavorativo successivo a quello del primo evento teoricamente fruibile dallo spettatore con l'abbonamento, sempre che lo stesso spettatore non abbia già fruito della relativa prestazione spettacolistica (Ris. AE 28 febbraio 2007 n. 27/E, Ris. AE 2 ottobre 2007 n. 276/E).

Invece, in caso di **Parchi divertimenti** che emettono titoli di accesso open (biglietti a data libera) validi per un ingresso singolo nel corso dell'anno o della stagione, l'annullamento va fatto entro il 5° giorno lavorativo successivo a quello dell'ultimo evento fruibile (Ris. AE 30 settembre 2016 n. 86/E).

Esclusioni Il rilascio dei titoli di accesso non è dovuto: **76450**

– dagli **esercenti attività d'intrattenimento** di minima importanza e attività soggette all'imposta congiuntamente ad altre che non vi sono soggette con **ricavi** dell'anno solare precedente non superiori a **€ 25.822,84**, che possono certificare i corrispettivi percepiti anche a mezzo rilascio di ricevuta fiscale o scontrino manuale (a condizione che tali documenti siano integrati con: natura dell'attività di intrattenimento, data e ora dell'evento, tipologia, prezzo e ogni altro elemento identificativo delle attività di intrattenimento e di quelle ad esse accessorie; artt. 4 e 8 DPR 544/99);

– dai soggetti non imprenditori per le **attività di intrattenimento organizzate occasionalmente**, che devono presentare alla SIAE, oltre alla preventiva dichiarazione di effettuazione attività, un'apposita dichiarazione, entro il 5° giorno successivo al termine della manifestazione, recante gli elementi identificativi dell'evento e i corrispettivi percepiti (art. 3 DPR 544/99, Circ. AE 27 giugno 2003 n. 34/E);

– per le prestazioni rese mediante **apparecchi** da divertimento o trattenimento installati in **luoghi pubblici** o locali aperti al pubblico oppure in circoli o associazioni di qualunque specie (per cui è prevista la determinazione forfettaria della base imponibile, v. n. 76490).

> **Precisazioni 1)** L'esonero dall'obbligo di emissione del titolo di accesso viene meno a partire dall'anno solare successivo a quello in cui è avvenuto il **superamento del limite** predetto.

2) Ai fini dell'esonero, quando sono esercitate **attività sia di intrattenimento sia di spettacolo**, l'ammontare dei ricavi (intrattenimento) e del volume d'affari (spettacolo) non va sommato (Ris. AE 13 marzo 2008 n. 92/E).
3) I soggetti che esercitano, oltre ad **altre attività imprenditoriali**, anche attività di intrattenimento con ricavi, separatamente annotati, di importo non superiore a € 25.822,84, possono evitare per quest'ultima attività di installare l'apposito misuratore fiscale e utilizzare la ricevuta o lo scontrino fiscale (Ris. AE 1° marzo 2004 n. 27/E, con riferimento a una struttura alberghiera).

76451 **Case da gioco** Sono previsti i seguenti **adempimenti specifici**:
– compilare apposite distinte degli incassi per ogni mese solare e giornaliere (queste ultime devono distinguere i proventi realizzati da quelli derivanti dal gioco, dagli ingressi e dagli altri introiti connessi);
– compilare delle note per ciascun tavolo da gioco e per il totale degli apparecchi, da allegare alla distinta giornaliera;
– conservare le distinte ai sensi della legge IVA (art. 5 DPR 544/99).
I corrispettivi per le **operazioni non accessorie** effettuate nel corso dell'evento (es. cibi e bevande) sono certificati con scontrino fiscale o ricevuta fiscale.

76460 **TRASMISSIONE DATI ALLA SIAE** (art. 4 Decreto 13 luglio 2000) I soggetti che emettono titoli di accesso con gli **appositi misuratori** devono altresì trasmettere alla SIAE, per ciascuna giornata di attività o per ogni giornata di manifestazione, i dati contenuti nel documento riepilogativo giornaliero e, distintamente per ciascun mese, i dati contenuti nel documento riepilogativo mensile.
Tale trasmissione può avvenire in **via telematica** o tramite **supporto magnetico o cartaceo**, nel rispetto delle specifiche tecniche stabilite con Decreto AE 23 luglio 2001 ed entro i seguenti **termini**:
– riepilogo giornaliero: 5° giorno non festivo successivo a quello cui si riferisce;
– riepilogo mensile: 5° giorno non festivo del mese successivo a quello cui si riferisce.
Sono esonerati dalla trasmissione dei dati giornalieri e mensili i soggetti che emettono titoli di accesso tramite **biglietterie automatizzate** connesse al sistema centrale gestito dal Ministero delle finanze.

Tale adempimento determina implicitamente l'esonero dall'obbligo di memorizzazione elettronica e **trasmissione telematica dei dati dei corrispettivi** di cui al n. 53353 e s. (Risp. AE 10 dicembre 2019 n. 506).

76470 **FATTURAZIONE E REGISTRAZIONE** (art. 1 DPR 544/99, Circ. Min. 7 settembre 2000 n. 165/E punti 2.5 e 3.3) I soggetti d'imposta devono:
– emettere la fattura, limitatamente alle prestazioni di **pubblicità** e di **sponsorizzazione**, nonché per le cessioni o concessioni di diritti di ripresa televisiva e di trasmissione radiofonica;
– tenere il **registro IVA degli acquisti**, in cui annotare le fatture di acquisto e le bolle doganali di importazioni e, in apposita sezione, le predette fatture emesse relative alle sponsorizzazioni e alle operazioni assimilate.

Per essi valgono inoltre gli **esoneri ai fini IVA** dagli obblighi di registrazione dei corrispettivi percepiti, di liquidazione e di presentazione della comunicazione dati e della dichiarazione annuale IVA.

b. Apparecchi da divertimento e intrattenimento

(art. 14 bis DPR 640/72)

76490 Per gli apparecchi da divertimento e intrattenimento, e i congegni per il gioco lecito, **compresi quelli meccanici o elettromeccanici** (quali bigliardini, juke-box, flipper, ecc.), occorre distinguere a seconda che gli stessi corrispondano o meno vincite in denaro sulle somme giocate. Ciò, sia per la determinazione della base imponibile sia per l'imposta dovuta.

76500 **SENZA VINCITE IN DENARO** Per gli apparecchi e i congegni che non corrispondono vincite in denaro la **base imponibile** cui applicare l'aliquota dell'8%è stabilita in misura forfettaria distinguendo a seconda del tipo di apparecchio:
– per gli apparecchi meccanici ed elettromeccanici è fissata dai DM 2 febbraio 2009 e DM 10 marzo 2010 n. 398;

– per gli altri apparecchi e congegni è fissata in € 1.800 dall'art. 14 bis c. 3 bis DPR 640/72 e art. 110 c. 7 lett. a e c RD 773/31.

Con decreto, adottato entro il 31 gennaio dell'anno cui si riferiscono, possono essere stabilite variazioni degli imponibili medi forfettari, nonché stabilita forfettariamente la base imponibile per gli apparecchi meccanici e s. o elettromeccanici, in relazione alle caratteristiche tecniche degli apparecchi medesimi. Per il **2023** la nuova base imponibile forfetaria è individuata con separato decreto, in attesa del quale si applica quella indicata nel suddetto DM 10 marzo 2010 (Circ. ADM 13 febbraio 2023 n. 6).

Il **soggetto passivo** d'imposta è il gestore, ossia colui che esercita un'attività organizzata diretta alla distribuzione, installazione e gestione economica di apparecchi meccanici o elettromeccanici da divertimento e intrattenimento, dallo stesso posseduti a qualunque titolo, presso luoghi pubblici o aperti al pubblico o in circoli o associazioni di qualunque specie oppure l'esercente del locale ove tali apparecchi sono installati, nel caso in cui ne sia proprietario (art. 1 c. 2 DM 10 marzo 2010). **76501**

Il **pagamento dell'imposta** è effettuato in unica soluzione entro il 16 marzo di ogni anno con il mod. F24 utilizzando il codice tributo 5123 o entro il 16 del mese successivo all'installazione dell'apparecchio in ragione della frazione di anno residua (art. 14 bis c. 1 DPR 640/72, Circ. AE 15 gennaio 2003 n. 1/E e art. 2 c. 1 DM 10 marzo 2010 n. 398).

Per gli **apparecchi meccanici o elettromeccanici** il gestore deve inviare, entro i 5 giorni lavorativi successivi al pagamento, all'Ispettorato compartimentale dei monopoli di Stato nella cui competenza territoriale è la sede legale della società o ditta individuale interessata, un apposito modello - **dichiarazione di liquidazione dell'imposta** sugli intrattenimenti - allegato al DM 2 febbraio 2009 - debitamente compilato e sottoscritto (DM 7 agosto 2003, art. 2 c. 2 DM 10 marzo 2010 n. 398).

CON VINCITE IN DENARO Per gli apparecchi e i congegni idonei per il gioco lecito che corrispondono vincite in denaro, **collegati telematicamente in rete** con l'AAMS (appartenenti a due principali categorie individuate dall'art. 110 c. 6 lett. a e b RD 773/31 e denominati **AWP** «Amusement With Prizes» o new slot e **VLT** «Video Lottery Terminal» o videoterminali) la **base imponibile** è costituita dall'importo globale delle somme giocate su ciascun apparecchio e risultanti dagli appositi contatori (per il dettaglio v. anche DD 14 luglio 2004; nonché Circ. AE 13 maggio 2005 n. 21/E). **76510**

Il **soggetto passivo** d'imposta è il soggetto al quale l'AAMS ha rilasciato il nulla osta di cui all'art. 38 c. 5 L. 388/2000; è identificato nell'ambito dei concessionari della rete o delle reti dell'AAMS per la gestione telematica degli apparecchi, individuati con procedure ad evidenza pubblica (art. 39 c. 13 DL 269/2003). **76511**

I soggetti che svolgono attività funzionali alla raccolta del gioco mediante apparecchi da divertimento con vincite in denaro, si devono iscrivere in un **pubblico elenco**, unico a livello nazionale, diviso in sezioni e sottosezioni, e consultabile sul sito dell'AAMS (art. 1 c. 82 L. 220/2010, art. 24 c. 41 DL 98/2011 conv. in L. 111/2010).

L'**iscrizione** è obbligatoria per i proprietari di tali apparecchi, i concessionari e soggetti diversi, come, ad esempio, i titolari di esercizi presso i quali sono installati apparecchi e videoterminali.

Per maggiori dettagli circa gli adempimenti si rinvia al DD 9 settembre 2011.

Prelievo erariale unico (art. 39 c. 13 e 13 bis DL 269/2003) Ai predetti apparecchi, collegati in rete e che corrispondono vincite in denaro, si applica un prelievo erariale unico (**PREU**), in sostituzione sia dell'ISI sia dell'IVA. **76515**

Il PREU è dovuto nella seguente misura, applicabile all'ammontare delle somme giocate (art. 1 c. 731 L. 160/2019).

Apparecchio	
VLT (*)	8,60%
AWP	24%
(*) A tale prelievo si aggiunge un'**addizionale** pari al 12% sulla parte di vincita eccedente € 500 (v. n. 76521).	

Il prelievo è assolto, con riferimento a ciascun anno solare, mediante **versamenti periodici** relativi ai 6 periodi contabili formati da bimestri (da gennaio-febbraio a novembre-dicembre) e un versamento annuale a saldo (art. 2 DD 12 aprile 2007 e art. 3 DD 1° luglio 2010). **76516**

Tutti i versamenti sono effettuati **tramite** il Mod. F24-Accise.

Il tributo dovuto per ciascun periodo contabile va versato mediante 4 **versamenti di acconto** da effettuarsi alle **scadenze** elencate nella seguente **tabella** (art. 6 DD 12 aprile 2007 e art. 6 DD 1° luglio 2010).

Versamenti (1)	Scadenza
1° **(2)**	entro il giorno 28 del primo mese del periodo contabile
2° **(2)**	entro il giorno 13 del secondo mese del periodo contabile
3° **(2)**	entro il giorno 28 del secondo mese del periodo contabile
4° **(3)**	entro il giorno 22 del primo mese del periodo contabile successivo
4° versamento del sesto periodo contabile	entro il 22 gennaio dell'anno solare successivo

(1) Gli **importi** dei versamenti periodici dovuti in relazione ai singoli periodi contabili devono essere **calcolati** assumendo un'aliquota pari al 98% dell'aliquota unica (art. 30 bis c. 2 DL 185/2008 conv. in L. 2/2009).
(2) L'**importo** di ciascuno dei **primi 3 versamenti** per il singolo periodo contabile è determinato nella misura del 25% dell'ammontare del PREU dovuto per il penultimo periodo contabile precedente.
Con riferimento ai **VLT**, per i **primi 2 periodi contabili** di funzionamento di ciascun sistema di gioco la percentuale del 25% è calcolata sull'ammontare del PREU definito in base ai valori imponibili forfettari giornalieri della raccolta riferita a ciascun apparecchio di gioco afferente ad ogni singolo sistema di gioco, pari a € 1.120 (artt. 6 c. 4 e 10 DD 1° luglio 2010).
(3) L'importo del **4° versamento** è pari alla differenza tra il prelievo dovuto per il periodo contabile e la somma dei primi 3 versamenti effettuati; una differenza a credito può essere utilizzata in diminuzione dei versamenti relativi ai periodi successivi e al saldo annuale.

76520 Il versamento a **saldo** va effettuato **entro** il 16 marzo dell'anno successivo. Il saldo annuale è **determinato** come differenza tra il prelievo dovuto per l'anno solare e gli importi versati per i periodi contabili in cui lo stesso anno solare è stato suddiviso.

In caso di **temporanea situazione di difficoltà** è possibile chiedere il **versamento rateale** delle somme dovute. A tal fine, occorre presentare all'AAMS, almeno 15 giorni prima della scadenza del versamento delle somme dovute, l'**istanza** di rateizzazione, totale o parziale, accompagnata da idonea fidejussione bancaria e indicante elementi a sostegno della temporanea difficoltà, versamenti per cui si chiede la rateizzazione e numero di rate mensili (DM 23 aprile 2007).

76521 I **prelievi sulle vincite** da apparecchi VLT sono trattenuti all'atto del pagamento delle stesse e sono versati dal concessionario unitamente al primo versamento utile della quota della raccolta del gioco dovuta all'Erario (art. 5 c. 3 DM 12 ottobre 2011).
L'**addizionale** del 12% sulle vincite è annotata quotidianamente in apposito registro di sala insieme ad altre indicazioni, trattenuta all'atto del pagamento delle stesse e versata dal concessionario entro il giorno 16 del mese successivo a quello di riferimento, con divieto di compensazione. I concessionari comunicano poi, entro il mese successivo a quello di riferimento, l'ammontare complessivo delle vincite, al lordo dell'addizionale, eccedenti € 500, l'ammontare complessivo dell'addizionale e l'ammontare complessivo delle vincite nette all'AAMS-Direzione giochi Ufficio 12°, al fine di consentire i controlli (DD 16 dicembre 2011). Il versamento va effettuato mediante modello F24 accise indicando il codice tributo 5273 (Ris. AE 29 febbraio 2012 n. 20/E).

c. Imposta unica su concorsi pronostici e scommesse

(D.Lgs. 504/98, DM 11 giugno 2004, Comunicazione AAMS 7 giugno 2012 n. 2)

76540 In luogo dell'ISI, sui concorsi pronostici e sulle scommesse di qualunque tipo, relativi a qualunque evento, anche se svolto all'estero, si applica un'imposta unica avente le caratteristiche illustrate nella **tabella**.
Se la scommessa è **accettata nel territorio dello Stato**, a prescindere dalla localizzazione dell'evento sportivo o del relativo operatore economico, l'imposta è dovuta in Italia.

76540 (segue)

Caratteristiche dell'imposta unica (1)	
Soggetti passivi	**Chiunque**, ancorché in assenza o in caso di inefficacia della concessione rilasciata dal MEF-AAMS, **gestisce** con qualunque mezzo, anche telematico, per conto proprio o di terzi, anche ubicati all'estero, concorsi pronostici e scommesse di qualsiasi genere **(2)**. I predetti soggetti devono presentare, anche per via telematica, all'Ufficio delle Entrate nella cui circoscrizione l'agenzia esercita attività, entro 30 giorni dall'inizio della stessa, la dichiarazione d'inizio di attività **(3)**.
Base imponibile **(4)**	– **concorsi pronostici**: intero ammontare della somma corrisposta dal concorrente per il gioco, al netto di diritti fissi e compensi ai ricevitori; – **scommesse**: ammontare della somma giocata per ciascuna.
Aliquote	**a) concorsi pronostici**: 26,80% della base imponibile **(5)**; **b) scommesse**: **1) TRIS** e scommesse ad essa assimilabili: 22,50% della quota di prelievo stabilita per ciascuna scommessa; **2)** ogni tipo di scommessa **ippica a totalizzatore e a quota fissa**: 15,70% della quota di prelievo stabilita per ciascuna scommessa; **3)** scommesse a quota fissa **su eventi diversi** dalle corse dei cavalli e scommesse con modalità di interazione diretta tra i singoli giocatori: • movimento netto dei 12 mesi precedenti derivante dalle scommesse **a quota fissa** su eventi diversi dalle corse dei cavalli sia: – superiore a € 1.850 milioni: • per ciascuna scommessa composta fino a 7 eventi e per le scommesse con modalità di interazione diretta tra i singoli giocatori 3% • per ciascuna scommessa composta da più di 7 eventi 8% – superiore a € 2.150 milioni: • per ciascuna scommessa composta fino a 7 eventi e per le scommesse con modalità di interazione diretta tra i singoli giocatori 3% • per ciascuna scommessa composta da più di 7 eventi 6,8% – superiore a € 2.500 milioni: • per ciascuna scommessa composta fino a 7 eventi e per le scommesse con modalità di interazione diretta tra i singoli giocatori 3% • per ciascuna scommessa composta da più di 7 eventi 6% – superiore a € 3.000 milioni: • per ciascuna scommessa composta fino a 7 eventi e per le scommesse con modalità di interazione diretta tra i singoli giocatori 2,5% • per ciascuna scommessa composta da più di 7 eventi 5,5% – superiore a € 3.500 milioni: • per ciascuna scommessa composta fino a 7 eventi e per le scommesse con modalità di interazione diretta tra i singoli giocatori 2% • per ciascuna scommessa composta da più di 7 eventi 5% **4)** scommesse **a totalizzatore** su eventi diversi dalle corse dei cavalli: 20% di ciascuna scommessa.

(1) L'**imposta è comunque dovuta** ancorché la raccolta del gioco, compresa quella a distanza, avvenga in assenza o in caso di inefficacia della concessione rilasciata dal MEF-AAMS (art. 1 c. 66 lett. a) L. 220/2010).

(2) In pratica, **è obbligato** l'operatore che realizza o concorre a realizzare il presupposto impositivo e cioè, che, anche per conto terzi (come nel caso di «CTD» e del bookmaker estero che assume il rischio della giocata): a) accetta la scommessa, b) riceve la somma di danaro costituente la posta, c) consegna al giocatore la relativa documentazione, d) effettua il pagamento delle vincite. Costui può trasferire il relativo onere sul consumatore (giocatore). In caso di **attività esercitata per conto di terzi**, il soggetto per conto del quale l'attività è esercitata è obbligato solidalmente al pagamento dell'imposta e delle relative sanzioni (art. 1 c. 66 lett. b L. 220/2010).

(3) In caso di **variazione** degli elementi ivi indicati, va presentata una dichiarazione entro 30 giorni.

(4) La **base imponibile sottratta, accertata** ai fini dell'imposta in oggetto, è posta a base delle rettifiche e degli accertamenti ai fini delle imposte sui redditi, dell'IVA e dell'IRAP sulle attività produttive eventualmente applicabili al soggetto (art. 1 c. 67 L. 220/2010).

(5) Per i concorsi pronostici il cui esercizio è riservato al **Comitato olimpico nazionale italiano** (CONI) l'aliquota è fissata nella misura del 29% della base imponibile (art. 21 c. 2 D.Lgs. 60/99).

76545 **Adempimenti ordinari** (DPR 66/2002) Per documentare le operazioni effettuate, i soggetti d'imposta che per gestire la raccolta delle **scommesse** si avvalgono di:
- **sistemi informatici** per il collegamento in tempo reale al totalizzatore nazionale del MEF, utilizzano la ricevuta per le scommesse;
- sistemi informatici **non collegati in tempo reale** con il totalizzatore nazionale, comunicano in via telematica all'Anagrafe tributaria i dati relativi alle operazioni;
- **nessun sistema informatico**, utilizzano ricevute a due sezioni soggette a vidimazione e a bollatura da parte dell'Ufficio delle entrate o dell'Ufficio IVA, recanti, a stampa, la numerazione progressiva e i dati identificativi del soggetto, in serie distinta per i diversi tipi di scommessa.

Le operazioni relative ai **concorsi pronostici** soggetti all'imposta unica sono documentate mediante le schede di partecipazione recanti i contrassegni di validazione stabiliti dal MEF.
Per ogni giornata nella quale si sono svolti gli avvenimenti oggetto delle scommesse al totalizzatore e a quota fissa oppure per ogni concorso pronostico, il soggetto d'imposta provvede alla stampa di un **prospetto di liquidazione** riepilogativo degli introiti delle scommesse stesse, nonché di un prospetto di liquidazione dei concorsi pronostici. I soggetti d'imposta che non si avvalgono di sistemi informatici compilano, prima dell'inizio di ciascuna gara, un foglio riepilogativo delle scommesse, da inviare in copia al totalizzatore nazionale, anche in via telematica, per i dovuti controlli, entro il mese successivo a quello di riferimento delle gare.
In genere, il **versamento dell'imposta** unica dovuta in base alle predette liquidazioni periodiche avviene in unica soluzione con il modello F24 Accise, annotandone gli estremi su uno dei prospetti o fogli previsti per la liquidazione (utilizzando i codici tributo da 5101 a 5139; Ris. AE 5 gennaio 2005 n. 4/E).

76546 I **termini** per il versamento sono i seguenti (art. 29 c. 12 bis DL 216/2011 conv. in L. 14/2012):

Imposta dovuta nel periodo	Scadenza
da gennaio ad aprile	31 agosto
da maggio ad agosto	30 novembre
da settembre a novembre	20 dicembre
dicembre	31 gennaio dell'anno successivo

Quando si tratta di pagamenti per **periodi superiori al mese**, al fine di facilitare la corretta attribuzione delle somme versate, i concessionari indicano distintamente, nel modello F24, gli importi versati per ciascuno dei mesi di competenza dell'imposta (Comunicazione AAMS 10 maggio 2012 n. 20885).

Anche i soggetti che, agendo in **mancanza di concessione**, non sono collegati al totalizzatore nazionale, possono autoliquidare l'imposta sulla base delle scommesse accettate ed effettuare il versamento mediante modello F24 Accise.

76550 **Liquidazione automatica e riscossione** L'AAMS può procedere alla liquidazione automatica dell'imposta unica dovuta sulle scommesse e sui giochi a distanza e dei relativi interessi e sanzioni.
Le somme così determinate sono iscritte direttamente nei ruoli resi esecutivi a titolo definitivo e le cartelle di pagamento sono **notificate**, a pena di decadenza, entro il 31 dicembre del quarto anno successivo a quello per il quale è dovuta l'imposta unica (art. 24 c. 1-7 DL 98/2011 conv. in L. 111/2011).

76555 **Sanzioni** (art. 5 D.Lgs. 504/98) Se il soggetto passivo:
- **sottrae**, in qualsiasi modo, **base imponibile** all'imposta unica, la sanzione va dal 120% al 240% della maggiore imposta e, se la base imponibile sottratta è superiore a **€ 50.000**, anche la chiusura dell'esercizio da 1 a 6 mesi;
- nell'ambito degli adempimenti di cui al precedente paragrafo, **omette**, in tutto o in parte, o **ritarda** il **pagamento** dell'imposta dovuta, la sanzione è il 30% degli importi non pagati nel termine prescritto.

Chi non presenta o presenta con indicazioni inesatte la **segnalazione certificata di inizio attività** è soggetto alla sanzione da € 516 a € 2.000.
In caso di **giocate simulate**, fermo restando che l'imposta unica è comunque dovuta, si applica una sanzione pari alla vincita conseguente alla giocata simulata, oltre alla chiusura dell'esercizio

da 3 a 6 mesi. In caso di **recidiva** è disposta la chiusura dell'esercizio da 6 mesi a 1 anno; qualora, dopo l'applicazione di tale sanzione, sia accertata un'**ulteriore violazione**, è disposta la revoca della concessione.
Per la violazione degli obblighi relativi alla **corretta e regolare tenuta della contabilità** e le altre violazioni comuni alle imposte dirette e all'IVA si applicano le sanzioni indicate, al n. 87025 e s.

> **Precisazioni** 1) Le sanzioni predette sono **ridotte**, **sempreché** la violazione non sia stata già oggetto di comunicazione di omesso versamento e che, comunque, non siano iniziati accessi, ispezioni, verifiche o altre attività amministrative di contestazione dei quali l'autore o i soggetti solidalmente obbligati abbiano avuto formale conoscenza. La **riduzione è pari a**:
> – 1/12 del minimo, nei casi di mancato **pagamento** del tributo, se esso è eseguito **entro** il termine di 30 giorni dalla data dell'omissione o dell'errore;
> – 1/10 del minimo, se la **regolarizzazione** delle violazioni, anche se incidenti sulla determinazione o sul pagamento del tributo, avviene **entro** 1 anno dalla violazione. Il **pagamento** della sanzione ridotta dev'essere eseguito contestualmente alla regolarizzazione del pagamento del tributo o della differenza, quando dovuti, nonché al pagamento degli interessi moratori calcolati al tasso legale con maturazione giorno per giorno (art. 5 c. 7 e 8 D.Lgs. 504/98).
> 2) Salvo quanto precisato al precedente n. 1), all'imposta unica si applicano i principi generali in materia di sanzioni amministrative tributarie di cui al D.Lgs. 472/97 (v. n. 86910) e l'art. 7 DL 269/2003 sulla riferibilità esclusiva alla persona giuridica di tali sanzioni; tuttavia, per l'applicazione del **concorso di violazioni e della continuazione** (v. **tabella** n. 87225) le sanzioni esaminate nel presente paragrafo si applicano separatamente rispetto ai tributi erariali e ai tributi di ciascun altro ente impositore e, tra i tributi erariali, alle imposte doganali e alle imposte sulla produzione e sui consumi.
> 3) L'imposta unica accertata, gli interessi e le relative sanzioni, nonché gli interessi sugli importi rateizzati sono **versati** mediante mod. **F24 Accise** indicando i **codici tributo** riportati nella Ris. AE 20 luglio 2012 n. 77/E.

d. Imposta unica su giochi a distanza con vincite in denaro

(art. 1 c. 1052 L. 145/2018, artt. 4 e 12 DM 10 gennaio 2011)

I giochi a distanza con vincita in denaro di seguito indicati sono soggetti a un'imposta unica **76570**
stabilita per tipologia di giochi e calcolata dal sistema centralizzato, che ne mette a disposizione l'informazione al concessionario.
L'imposta si applica nelle seguenti **misure**:
– per i **giochi di abilità** e al gioco del bingo, 25% delle somme che non risultano restituite al giocatore;
– per le **scommesse a quota fissa**, escluse le scommesse ippiche, se la raccolta avviene su rete fisica, 20%; se avviene a distanza, 24% applicata sulla differenza tra le somme giocate e le vincite corrisposte;
– per i **giochi di carte**, organizzati in forma diversa dal torneo, 20% delle somme che non risultano restituite al giocatore;
– per le scommesse a quota fissa su **eventi simulati**, 22% della raccolta, al netto delle somme che sono restituite in vincite al giocatore.

Base imponibile Ai diversi giochi a distanza e sistemi di svolgimento corrispondono **76575**
diverse modalità di determinazione della base imponibile:
– per i **giochi di abilità**, essa è costituita dai diritti di partecipazione convalidati dal sistema centrale nell'arco delle 24 ore di ciascun giorno del mese;
– per i **giochi di sorte a quota fissa** e **giochi di carte organizzati** in forma diversa dal torneo in modalità a **solitario**, la base imponibile per il calcolo dell'imposta, è costituita, per ciascun mese e per ciascuna tipologia di gioco sopra elencate, dalla somma algebrica dei valori risultanti, al termine di ogni sessione di gioco svoltasi nell'arco del mese stesso, dalla differenza tra gli importi puntati e gli importi restituiti in vincita. Se la base imponibile assume, nell'arco del mese, **valore negativo** o nullo, l'imposta mensile dovuta è pari a zero. Nel caso di gioco a **jackpot**, le somme accantonate per la costituzione del jackpot stesso, per ciascuna sessione di gioco, sono considerate importi restituiti in vincita ai fini del calcolo della base imponibile per quella sessione di gioco;
– per i **giochi di carte** organizzati in forma diversa dal torneo, offerti in modalità «**tra giocatori**», la base imponibile è determinata al termine della sessione di gioco del giocatore, sulla base del valore comunicato dal concessionario al sistema di controllo nell'arco delle 24 ore di ciascun giorno del mese. Il valore da comunicare è costituito dalla contribuzione apportata

dal giocatore al compenso del concessionario con il quale lo stesso è contrattualizzato, sulla base delle puntate da lui effettuate durante i diversi colpi della propria sessione di gioco. Non sono considerati parte degli importi puntati e degli importi restituiti in vincita e, pertanto, non rientrano nel calcolo della base imponibile, i **fun bonus** eventualmente assegnati dal concessionario (artt. 2 e 3 DM 11 aprile 2011).

76580 **Pagamento** Il soggetto tenuto al pagamento dell'imposta è il concessionario, che effettua il versamento della stessa nei termini e con le modalità di cui all'art. 4 DPR 66/2002 (v. n. 76545), mediante il modello F24 Accise, utilizzando i codici tributo disponibili sul sito www.aams.gov.it. L'imposta unica dovuta in base ai conteggi resi disponibili ai concessionari mensilmente è versata in unica soluzione **entro** il giorno 16 del mese successivo a quello di riferimento.
Per la disciplina in materia di accertamento e riscossione v. n. 76550 e s.

SEZIONE 4

Sugar tax e Plastic tax

(art. 1 c. 661-676 L. 160/2019 e art. 1 c. 634-658 L. 160/2019)

76700 L'imposta sul consumo di bevande analcoliche con zuccheri aggiunti (c.d. sugar tax) e l'imposta sul consumo di manufatti con singolo impiego (c.d. plastic tax) entreranno in vigore dal 1° gennaio 2024.

SEZIONE 5

Digital tax (c.d. web tax)

(art. 1 c. 35-47 L. 145/2018, Provv. AE 15 gennaio 2021 n. 13185 e Circ. AE 23 marzo 2021 n. 3/E)

76900 È l'imposta sui ricavi derivanti dalla fornitura di determinati servizi digitali da parte delle imprese.

> **Precisazioni** 1) Le regole di seguito illustrate perderanno efficacia quando entreranno in vigore gli accordi internazionali sulla tassazione dell'economia digitale.
> 2) All'imposta **non** si **applicano** le **Convenzioni contro le doppie imposizioni**.

76905 **SOGGETTI PASSIVI** (art. 1 c. 36 e 43 L. 145/2018) **Sono** le imprese, sia individuali che collettive (società, enti commerciali e, limitatamente all'attività commerciale svolta, non commerciali), residenti e non che, singolarmente o a livello di gruppo, producono **nell'anno solare precedente ricavi** ovunque realizzati, nei confronti di committenti sia privati consumatori che soggetti economici, pari o **superiori a** € 750.000.000, di cui almeno € 5.500.000 da specifici servizi digitali resi in Italia.

> **Precisazioni** 1) Nel **gruppo** sono incluse le entità che si consolidano integralmente o con il metodo del pro-rata, in conformità ai principi contabili applicabili, con esclusione di quelle che si consolidano con il metodo del patrimonio netto (Circ. AE 23 marzo 2021 n. 3/E e Risp. AE 12 gennaio 2022 n. 16).
> **2) Tutti gli operatori** coinvolti nella veicolazione della pubblicità (v. n. 76915), se ne ricorrono i presupposti, sono soggetti all'imposta (Risp. AE 22 marzo 2022 n. 149).

76910 Le imprese **non residenti**, prive di S.O. in Italia e di un codice fiscale o di un numero identificativo ai fini della web tax devono richiederlo all'AE.
Inoltre, devono:
- se residenti in uno **Stato collaborativo** (v. n. 99115), identificarsi direttamente;
- se residenti in uno Stato **non** collaborativo, nominare un rappresentante fiscale.

76912 Le imprese appartenenti a un **gruppo** possono designare annualmente un'impresa per tutti gli adempimenti relativi alla web tax. Le imprese designanti e designate sono solidamente responsabili.

SERVIZI TASSATI (art. 1 c. 37, 39 bis, 40-40 ter L. 145/2018) **Si tratta** dei servizi indicati nella prima colonna della **tabella**. Tali servizi si considerano effettuati in un determinato anno solare (e il relativo ricavo è tassabile) se l'utente in quell'anno è **localizzato** in Italia, cioè se ricorrono le condizioni indicate nella seconda colonna della tabella. 76915

Per **determinare i ricavi tassati** occorre moltiplicare il totale dei ricavi dei servizi digitali ovunque realizzati, indicati nella terza colonna della tabella, per la percentuale dei servizi collegata all'Italia, determinata con le modalità indicate nella quarta colonna della tabella.

Servizi tassati (1)	Condizioni per localizzazione in Italia	Ricavi	Percentuale di determinazione dei ricavi
a) veicolazione su un'interfaccia digitale di pubblicità mirata agli utenti	la pubblicità figura sul dispositivo **(2)** dell'utente nel momento in cui è utilizzato in Italia per accedere all'interfaccia digitale	sono i corrispettivi percepiti dalle imprese che: – collocano il contenuto pubblicitario mirato su siti di terzi – ospitano nell'interfaccia digitale il suddetto contenuto pubblicitario	proporzione dei messaggi pubblicitari collocati su un'interfaccia digitale in funzione di dati dell'utente che consulta tale interfaccia mentre è localizzato in Italia
b) messa a disposizione di un'interfaccia digitale multilaterale che consente agli utenti di essere in contatto e di interagire tra loro, anche per facilitare la fornitura diretta di beni o servizi **(3)**	se l'interfaccia digitale multilaterale facilita le cessioni di beni o servizi tra gli utenti, è necessario che l'utente utilizzi un dispositivo **(2)** in Italia per accedere all'interfaccia digitale e vi concluda un'operazione corrispondente	sono i corrispettivi versati dagli utilizzatori dell'interfaccia, tranne quelli versati per la cessione di beni o servizi che costituiscono operazioni indipendenti dall'accesso e dall'utilizzazione del servizio imponibile	proporzione delle operazioni di consegna di beni o servizi per le quali uno degli utenti dell'interfaccia digitale è localizzato in Italia
	se l'interfaccia digitale multilaterale è diversa da quella sopra indicata, è necessario che l'utente disponga di un conto che gli consenta di accedere all'interfaccia digitale e tale conto sia stato aperto utilizzando un dispositivo **(2)** in Italia		proporzione degli utenti che dispongono di un conto aperto in Italia che consente di accedere a tutti o parte dei servizi disponibili dell'interfaccia e che hanno utilizzato tale interfaccia durante l'anno solare
c) trasmissione di dati raccolti da utenti e generati dall'utilizzo di un'interfaccia digitale	i dati generati dall'utente che ha utilizzato un dispositivo **(2)** in Italia per accedere a un'interfaccia digitale, nel corso di tale anno solare o di un anno solare precedente, sono trasmessi in detto anno solare	sono i corrispettivi derivanti dalla trasmissione dei dati ottenuti dall'attività degli utenti sulle interfacce digitali	proporzione degli utenti per i quali tutti o parte dei dati venduti sono stati generati o raccolti durante la consultazione di un'interfaccia digitale, quando erano localizzati in Italia

(1) Per **veicolazione** si intende il servizio reso da operatori tramite interfacce digitali che trasferiscono su siti di terzi o ospitano la pubblicità mirata, percependo un corrispettivo per tale intermediazione o in relazione alla pubblicità «ospitata» (es. cessione di spazi pubblicitari da parte di siti internet, blog, editori, o l'intermediazione effettuata con altra interfaccia digitale lungo la filiera della pubblicità online).
Per **interfaccia digitale** si intende qualsiasi software, compresi i siti web o parte di essi e le applicazioni, anche mobili, accessibili agli utenti, comprese le piattaforme digitali che erogano servizi televisivi e programmi a pagamento.
La **pubblicità mirata** è quella che viene indirizzata agli utenti che forniscono i loro dati con la creazione di un account o consentono la raccolta degli stessi con i cookies.
(2) Il **dispositivo si considera localizzato** in Italia con riferimento a un indirizzo IP, codice numerico assegnato a un'interfaccia che identifica l'host di rete (es. computer, smartphone, tablet, router, elettrodomestici); GPS; stazioni radio base; trasmettitori di localizzazione; informazioni personali dell'utente a disposizione dell'impresa.
(3) Non sono considerati i corrispettivi della messa a disposizione di un'interfaccia che facilita la vendita di alcuni prodotti soggetti ad accisa (prodotti energetici ed elettricità, alcole e bevande alcoliche, tabacchi lavorati) se hanno un collegamento diretto e inscindibile con il volume o il valore di tali vendite (art. 1 c. 39 ter L. 145/2018).

76920 **SERVIZI ESCLUSI** (art. 1 c. 37 bis, 38 L. 145/2018) Sono i servizi (comprese le prestazioni accessorie) indicati in **tabella**:

Servizio	Descrizione
a) fornitura di beni e servizi	1. diretta nell'ambito di un servizio di intermediazione digitale
	2. previo ordine sul sito web del fornitore, se quest'ultimo non è un intermediario
b) messa a disposizione di un'interfaccia digitale che:	1. ha come scopo principale la fornitura agli utenti dell'interfaccia, da parte del soggetto che la gestisce, di contenuti digitali, servizi di comunicazione o servizi di pagamento
	2. è utilizzata per gestire: – sistemi dei regolamenti interbancari, di regolamento o di consegna di strumenti finanziari – piattaforme di negoziazione o sistemi di negoziazione degli internalizzatori sistematici (di cui all'art. 1 c. 5 octies lett. c D.Lgs. 58/98) – attività di consultazione di investimenti partecipativi e, se facilitano la concessione di prestiti, i servizi di intermediazione nel finanziamento partecipativo – sedi di negoziazione all'ingrosso (di cui all'art. 61 c. 1 lett. e D.Lgs. 58/98) – controparti centrali (di cui all'art. 1 c. 1 lett. w quinquies D.Lgs. 58/98) – depositari centrali (di cui all'art. 1 c. 1 lett. w septies D.Lgs. 58/98) – altri sistemi di collegamento la cui attività è soggetta ad autorizzazione e le prestazioni dei servizi soggette alla sorveglianza di un'autorità di regolamentazione per assicurare sicurezza, qualità e trasparenza delle transazioni riguardanti strumenti finanziari, prodotti di risparmio o altre attività finanziarie
c) cessione di dati	da parte dei soggetti che forniscono i servizi indicati alla lett. b punto 2
d) organizzazione e gestione di piattaforme telematiche, nonché trasmissione dei dati e attività connesse	relative allo scambio dell'energia elettrica, del gas, dei certificati ambientali e dei carburanti

76925 **CALCOLO** (art. 1 c. 39 e 41 L. 145/2018) All'ammontare dei ricavi realizzati nel corso dell'anno solare, determinati con le regole illustrate al n. 76915 e assunti al lordo dei costi e al netto dell'IVA e di altre imposte indirette, si applica un'**aliquota** del 3%.
Nella determinazione dei ricavi non devono essere considerati i ricavi derivanti dai servizi digitali resi a **soggetti**, sia residenti sia non residenti, che si considerano **controllati**, **controllanti o controllati** dallo stesso soggetto controllante ai sensi dell'art. 2359 c.c. nel medesimo anno solare.

76927 **VERSAMENTO** (art. 1 c. 42 L. 145/2018) L'imposta va versata **tramite** Mod. F24 (cod. trib. 2700) **entro** il 16 maggio dell'anno successivo a quello in cui sono realizzati i ricavi (art. 5 c. 15 DL 41/2021 conv. in L. 69/2021)

I **non residenti** che non hanno un conto corrente in Italia e non possono eseguire il versamento col Mod. F24, utilizzano un bonifico in € intestato a «Bilancio dello Stato al Capo 8 - Capitolo 1006» (IBAN IT43W0100003245348008100600), indicando nella causale: codice fiscale, codice tributo e anno di riferimento.

76928 Se il versamento è **eccedente** rispetto a quanto dovuto, è possibile chiedere il rimborso tramite la dichiarazione di cui al n. 76930. Il rimborso è disposto con le modalità di cui al n. 37305.
In caso di **esonero** dalla presentazione della dichiarazione, il rimborso è richiesto tramite **istanza** da presentare, entro il termine di notifica del ricorso di cui al n. 87780, all'ufficio AE individuato in base al domicilio fiscale. Per i non residenti senza S.O., via mail all'indirizzo entrate.isd@agenziaentrate.it.

76930 **DICHIARAZIONE** (art. 1 c. 42 L. 145/2018 e Provv. AE 25 gennaio 2021 n. 22879) Segue le regole ordinarie previste per il Mod. Redditi (v. n. 16000 e s.), con le seguenti particolarità.
Va presentata in **via** telematica tramite Fisconline, Entratel oppure tramite il software «Modello

DST» disponibile sul sito dell'AE, **entro** il 30 giugno dell'anno successivo a quello in cui sono realizzati i ricavi (art. 5 c. 15 DL 41/2021 conv. in L. 69/2021).

>**Precisazioni** 1) Nei **gruppi**, l'impresa designata (v. n. 76912) deve elencare in dichiarazione i dati identificativi delle imprese che l'hanno designata.
2) I **non residenti** presentano la dichiarazione (Circ. AE 23 marzo 2021 n. 3/E):
- tramite S.O. in Italia;
- se richiedono il codice fiscale all'AF, direttamente;
- tramite nomina di un rappresentante fiscale;
- tramite la società designata.

ADEMPIMENTI CONTABILI I soggetti passivi devono **redigere**: **76932**
- entro il termine di versamento di cui al n. 76927, un **prospetto analitico** delle informazioni sui ricavi e sugli elementi quantitativi mensili utilizzati per calcolare l'imposta;
- entro il termine di presentazione della dichiarazione di cui al n. 76930, una **nota esplicativa** delle informazioni sui ricavi e sugli elementi quantitativi utilizzati per calcolare l'imposta.

In caso di importi riscossi in **valuta estera**, occorre indicare l'importo riscosso in tale valuta e quello convertito in euro.

Per il **fac-simile** dei suddetti adempimenti si vedano gli allegati al Provv. AE 15 gennaio 2021 n. 13185.

ACCERTAMENTO, RISCOSSIONE, CONTENZIOSO, SANZIONI (art. 1 c. 44 L. 145/2018) Si applicano le regole previste per l'IVA. **76935**

CAPITOLO 6

Imposte patrimoniali mobiliari

SOMMARIO

Nel presente capitolo sono illustrate le imposte patrimoniali mobiliari che affiancano l'analoga imposta sul valore degli **immobili all'estero**, illustrata al n. 75480 e l'**addizionale** erariale sulle **auto di grossa cilindrata** (v. n. 79480), che, per motivi sistematici, sono state illustrate in altre parti dell'opera. 77000

SEZIONE 1

Imposta sul valore delle attività finanziarie all'estero (IVAFE)

(art. 19 c. 18-23 DL 201/2011 conv. in L. 214/2011, Provv. AE 5 giugno 2012, Circ. AE 2 luglio 2012 n. 28/E)

SOGGETTI ALL'IVAFE Si applica alle **persone fisiche** e agli **enti non commerciali** (comprese le Casse di previdenza, Risp. AE 7 ottobre 2021 n. 678) e società semplici, s.n.c. e s.a.s., **residenti in Italia**, obbligati alla compilazione del quadro RW (art. 1 c. 710 L. 160/2019) che detengono all'estero prodotti finanziari, conti correnti e libretti di risparmio, indipendentemente dalla loro cittadinanza o Stato di origine e indipendentemente dalle modalità della loro acquisizione (acquisto oneroso o provenienza da eredità o donazioni). 77010
Sono soggetti anche i seguenti contribuenti, esonerati dalla compilazione del quadro RW della dichiarazione dei redditi in relazione alle predette attività finanziarie detenute all'estero: frontalieri, lavoratori all'estero per lo Stato italiano o organizzazioni internazionali (v. n. 16088).

Sono esclusi i **soggetti delegati** su un conto estero, senza esserne proprietari.

OGGETTO DELL'IVAFE L'imposta si applica solo ai **prodotti finanziari** nonché ai **conti correnti** e ai **libretti di risparmio** detenuti all'estero indipendentemente dalle modalità di alimentazione (accrediti di stipendi, di pensione o di compensi). 77020
Rilevano le attività finanziarie indicate in **tabella**, se detenute all'estero, indipendentemente dal luogo in cui sono stati emessi (Italia o Stati esteri).
La **detenzione all'estero** si verifica quando la persona fisica custodisce o deposita l'attività finanziaria presso un intermediario non residente o mediante intestazione a fiduciaria non residente oppure quando la detiene all'estero in una cassetta di sicurezza. Pertanto, per le attività finanziarie amministrate da una società fiduciaria residente o un intermediario residente, l'imposta non è dovuta anche se sono detenute all'estero.

Prodotti finanziari (1) (art. 1 c. 1 lett. u D.Lgs. 58/98, Circ. AE 21 dicembre 2012 n. 48/E)
– **valori mobiliari** quali **azioni** e altri titoli equivalenti che rappresentano il capitale o il patrimonio di soggetti residenti o non residenti (sono escluse le quote di società a responsabilità limitata e di società di persone) **(2)**; – quote di organismi di investimento collettivo del risparmio (**OICR**); – **obbligazioni** italiane o estere e titoli similari, **titoli pubblici** italiani e titoli equiparati emessi in Italia o all'estero, titoli non rappresentativi di merce e certificati di massa; – contratti di natura finanziaria stipulati con controparti non residenti (**riporti**, **pronti contro termine** e prestito titoli, nonché **polizze** di assicurazione sulla vita e di capitalizzazione stipulate con compagnie di assicurazione estere) **(3)**; – contratti a termine e **derivati** (contratti di opzione, future, swap) e altri rapporti finanziari stipulati al di fuori del territorio dello Stato; – **diritti** all'acquisto o alla sottoscrizione di azioni estere o strumenti finanziari assimilati; – **ogni altra attività** da cui possono derivare redditi di capitale o redditi diversi di natura finanziaria di fonte estera **(4)**.
(1) Le **attività rimpatriate** materialmente o giuridicamente con lo **scudo fiscale** non si considerano detenute all'estero. Al contrario, le **attività regolarizzate** in occasione dello scudo fiscale si considerano detenute all'estero. Le **valute virtuali** (bitcoin) fino al 31 dicembre 2022 sono escluse da IVAFE (Risp. DRE Lombardia a interpello 956-39/2018 del 22 gennaio 2018, Risp. DRE Liguria a interpello n. 903-47/2018). **(2)** I titoli o i diritti esteri offerti ai lavoratori dipendenti nell'ambito di piani di **stock option** (v. n. 8210) sono soggetti all'IVAFE solo nel caso in cui siano cedibili. Anche i **prestiti** effettuati a società estere, sono soggetti all'IVAFE solo se possono essere negoziati nel mercato dei capitali (Risp. AE 19 settembre 2019 n. 386) **(3)** L'IVAFE non è tuttavia dovuta con riferimento alle **polizze emesse da imprese di assicurazione estere** operanti in Italia in regime di libertà di prestazione di servizi e stipulate da soggetti residenti in Italia, quando si considerano detenute in Italia e cioè quando: – dette imprese hanno optato per l'applicazione diretta dell'imposta sostitutiva sui redditi derivanti dai rendimenti finanziari (v. n. 12525) e purché abbiano l'autorizzazione per il pagamento in modo virtuale (direttamente o con rappresentante fiscale) dell'imposta di bollo; – anche in assenza delle opzioni suddette (applicazione dell'imposta sostitutiva e pagamento virtuale), le polizze sono affidate in amministrazione a una fiduciaria residente o ad un altro intermediario residente. Tuttavia, qualora il contratto di amministrazione con la fiduciaria residente o con l'intermediario residente venga interrotto, la polizza si considera detenuta all'estero e pertanto è soggetta all'IVAFE. In questi casi, tuttavia, le polizze sono soggette all'**imposta di bollo** del 2 per mille (v. n. 74061, nota 7) (Circ. AE 21 dicembre 2012 n. 48/E). Non sono inoltre soggette all'IVAFE le forme di **previdenza complementare** organizzate o gestite da società ed enti di diritto estero. **(4)** Gli investimenti effettuati attraverso le **piattaforme P2P lending** riconducibili a contratti di mutuo non costituiscono prodotti finanziari e pertanto non risulta dovuta l'IVAFE (Risp. AE 24 marzo 2022 n. 155).

77022 **Criptoattività** (art. 1 c. 146 L. 197/2022) Dal **2023**, in luogo dell'imposta di bollo, si applica l'IVAFE sul valore delle cripto-attività **detenute** da soggetti residenti presso un **intermediario** non residente oppure **archiviate** su chiavette, PC o smartphone.

77030 **BASE IMPONIBILE** Il valore dei prodotti finanziari è costituito generalmente dal **valore di mercato** (vedi **tabella**), rilevato al termine di ciascun anno solare nel luogo in cui essi sono detenuti, anche utilizzando la documentazione dell'intermediario estero di riferimento per i singoli prodotti (o dell'impresa di assicurazione estera).
Se i prodotti non sono più posseduti al 31 dicembre dell'anno, si deve fare riferimento al valore degli stessi rilevato al termine del periodo di detenzione.

Tipologia	Valore di mercato
Titoli negoziati in mercati regolamentati italiani o esteri	Valore puntuale di quotazione. Può essere utilizzata la documentazione dell'intermediario estero di riferimento per le singole attività o dell'impresa di assicurazione estera. Se alla data di riferimento (31 dicembre o giorno in cui cessa la detenzione) non c'è stata negoziazione, si assume il valore di quotazione rilevato nel giorno antecedente più prossimo.

Tipologia	Valore di mercato
Titoli non negoziati (o esclusi dalla negoziazione)	Valore nominale o, in mancanza, valore di rimborso, anche se rideterminato ufficialmente. In loro assenza, si considera il valore di acquisto.

ALIQUOTE L'IVAFE è generalmente stabilita in misura proporzionale, **al 2 per mille** del valore dei prodotti finanziari; se il cliente è soggetto **diverso da persona fisica**, l'importo dovuto non può superare **€ 14.000**. **77040**

Tuttavia, per i **conti correnti e i libretti di risparmio detenuti all'estero** (Paesi UE o extra UE senza distinzione), l'imposta è di € 34,20 per le persone fisiche e € 100 per i soggetti diversi, da applicare con riferimento a ciascun conto o libretto detenuti all'estero dal contribuente. Quando il **valore medio di giacenza** annuo risultante dagli estratti e dai libretti è complessivamente **non superiore a** € 5.000, l'imposta in misura fissa non è dovuta. **77045**
In relazione alla determinazione del valore medio:
– occorre tener conto di tutti i conti o libretti detenuti all'estero dal contribuente presso il medesimo intermediario (è irrilevante il periodo di detenzione del rapporto durante il periodo d'imposta);
– se il contribuente possiede rapporti cointestati, si tiene conto degli ammontari riferibili pro-quota al medesimo;
– se il conto corrente ha una giacenza media annuale di valore negativo, non concorre a formare il valore medio di giacenza per l'esenzione.

ESEMPIO
Si hanno 3 conti presso la Banca X (Circ. AE 3 maggio 2013 n. 12/E):
- conto A: possesso 100%, periodo (365 giorni), valore medio € 2.000;
- conto B: possesso 50%, periodo (365 giorni), valore medio € 5.000 (valore medio pro-quota 2.500);
- conto C: possesso 25%, periodo (100 giorni), valore medio € 4.000 (valore medio pro-quota 1.000).

Il valore medio di giacenza annua è pari a 2.000 + 2.500 + 1.000 = € 5.500
Il valore medio di giacenza complessivo è superiore a € 5.000, pertanto l'IVAFE è dovuta.

DETERMINAZIONE E VERSAMENTO L'IVAFE, nella misura suindicata (compresa quella fissa di € 34,20), è dovuta **proporzionalmente** alla quota di possesso (attività cointestate) e al periodo di detenzione (acquisti e cessioni). Pertanto, le attività **cedute durante l'anno** sono tassate in base al valore alla data della cessione e in proporzione al periodo di possesso. **77060**

ESEMPIO
Riprendendo l'esempio precedente, l'IVAFE dovuta è la seguente:
- conto A: € 34,20;
- conto B: € 17,10 (50% × 34,20);
- conto C: € 2,34 (25% × 100/365 × 34,20).

Dall'imposta si deduce, fino a concorrenza del suo ammontare, un **credito d'imposta** pari all'ammontare dell'eventuale imposta patrimoniale versata in relazione al medesimo periodo d'imposta nello Stato estero in cui sono detenuti i prodotti finanziari, c/c e libretti di risparmio. Tuttavia, se con il Paese nel quale sono detenute le predette attività finanziarie è in vigore una convenzione per evitare le doppie imposizioni riguardante anche le imposte di natura patrimoniale che prevede, per tale attività, l'imposizione esclusiva nel Paese di residenza del possessore, non spetta alcun credito d'imposta per le imposte patrimoniali eventualmente pagate all'estero. In tali casi, per queste ultime può essere chiesto il rimborso all'AF del Paese in cui le suddette imposte sono state applicate nonostante le disposizioni convenzionali.
Il **versamento** dell'IVAFE dovuta va effettuato con il mod. F24 entro il termine del versamento delle imposte sui redditi relative all'anno di riferimento, mediante l'acconto (cod. tributo 4047 per la prima rata e 4048 per la seconda o unica rata) e il saldo (cod. tributo 4043). È consentito rateizzare l'imposta dovuta secondo le regole ordinarie previste per il versamento del saldo IRPEF.
La liquidazione, l'accertamento, la riscossione, le sanzioni e i rimborsi nonché il contenzioso, sono disciplinati dalle disposizioni previste per l'IRPEF.

77070 **DICHIARAZIONE** Per dichiarare il valore delle attività finanziarie detenute all'estero deve essere compilato il **quadro RW** del Mod. Redditi PF (**persone fisiche**) o del modello Redditi ENC (**enti non commerciali**), se non si rientra negli **esoneri** indicati al n. 16088.
A tal fine deve essere indicato il **controvalore in €** degli importi in valuta calcolato in base all'apposito provvedimento emesso per l'indicazione nel quadro RW della dichiarazione (v. n. 16092).

Nel caso in cui operi l'**esenzione dell'imposta fissa collegata alla soglia di € 5.000** (v. n. 77045), i dati relativi ai conti correnti e ai libretti di risparmio detenuti nei predetti Paesi non devono essere indicati nella dichiarazione dei redditi, fermo l'eventuale obbligo di compilazione del modulo RW.

SEZIONE 2

Imposta di bollo speciale sulle attività finanziarie scudate

(art. 19 c. 6-11 DL 201/2011 conv. in L. 214/2011, Provv.AE5 giugno 2012, Circ. AE 5 luglio 2012 n. 29/E)

77180 Sulle attività finanziarie emerse nell'ambito delle varie edizioni dello scudo fiscale, si applica una imposta di bollo speciale.

77190 **ATTIVITÀ SOGGETTE** Rilevano le attività oggetto di **rimpatrio fisico o giuridico** e che sono state immesse in appositi rapporti - custodia, deposito, amministrazione o gestione - accesi presso gli intermediari a ciò abilitati per avvalersi dello scudo fiscale; in sostanza, l'imposta interessa le attività scudate che, al 31 dicembre di ciascun anno, sono ancora **detenute in regime di riservatezza**.
Sono **escluse** le attività oggetto di regolarizzazione (e non di rimpatrio), che cioè sono state dichiarate all'AF ma sono rimaste all'estero.

77195 **Per sottrarsi all'imposta** è necessario far venir meno la riservatezza delle attività finanziarie precedentemente scudate mediante una delle seguenti attività:
– espressa rinuncia da parte del contribuente - resa per iscritto ed avente data certa (raccomandata, Pec, sottoscrizione autenticata da notaio, ecc.) - all'intermediario presso cui le somme o le attività finanziarie rimpatriate sono detenute;
– prelievo delle somme giacenti nei conti segretati (o dismissione di attività finanziarie) qualora le somme relative non vengano utilizzate per l'acquisto di altre attività che confluiscono nel rapporto segretato, o trasferimento delle stesse su conti non segretati;
– accreditamento sul conto segretato di somme diverse da quelle derivanti dal rimpatrio o da quelle costituenti la provvista per pagare le imposte o gli oneri di gestione del conto. In tal caso, a differenza dei precedenti, è l'intero rapporto a perdere la riservatezza;
– cointestazione del conto segretato con altro soggetto che non si è avvalso dello scudo fiscale;
– non assoggettamento dei redditi di capitali o diversi di natura finanziaria derivanti da somme e attività finanziarie rimpatriate a tassazione definitiva da parte dell'intermediario depositario (o da altri intermediari e sostituti d'imposta) con successivo accreditamento nel conto segretato;
– costituzione del rapporto segretato in garanzia di finanziamenti concessi a terzi o, limitatamente alla somma concessa in garanzia, costituzione in garanzia fornita a fronte di finanziamenti concessi al soggetto che ha posto in essere l'operazione di rimpatrio;
– decesso del contribuente che ha presentato la dichiarazione riservata causa la decadenza dal regime di riservatezza;
– esibizione della dichiarazione riservata all'AF per far valere gli effetti inibitori dello scudo in sede di accessi, ispezioni e verifiche o a seguito di avvisi di accertamento o di rettifica o di atti di contestazione di violazioni tributarie, compresi gli inviti, i questionari e le richieste di informazioni, a condizione che sia comunicata all'intermediario prima del termine di versamento (vedi precisazione 1) al n. 77200).

77200 Nel corso dell'**anno in cui viene meno la riservatezza**, l'imposta è dovuta sul valore delle attività finanziarie in ragione del periodo (giorni) in cui il conto o rapporto ha fruito della segretazione; quindi va determinata con il criterio del pro rata temporis, illustrato nel seguente esempio.

ESEMPIO

Al 1° gennaio 20XX il contribuente detiene in regime di segretazione attività finanziarie per un valore di € 1.000 e il 4 aprile 20XX e 17 ottobre 20XX preleva, rispettivamente, € 200 e € 300, facendo venir meno parzialmente il regime di segretazione.

	1/1/20XX	4/4/20XX	17/10/20XX	31/12/20XX
Attività prelevate che perdono la segretazione		200	300	
Attività segretate	1.000	800	500	500

Il valore su cui calcolare l'imposta si determina considerando ii valore delle attività e i relativi giorni di segretazione, come illustrato nella **tabella** seguente.

Attività segretate	Giorni di segretazione	(as*gg) / 366
200	95	52
300	291	239
500	366	500
Valore su cui applicare l'imposta		**791**

>Precisazioni 1) In caso di **esibizione della dichiarazione riservata all'AF** l'imposta è dovuta fino a tale data, purché sia comunicata all'intermediario dal contribuente o dagli organi di controllo. Qualora l'intermediario non ne riceva notizia è tenuto ad applicare l'imposta per l'intero periodo d'imposta.

2) Non causano la perdita del regime di riservatezza le operazioni di **riporto**, **pronti contro termine** e **prestito titoli**, né le movimentazioni in uscita dal rapporto segretato necessitate per disposizioni di legge o per contratto in relazione al rapporto segretato e al trattamento fiscale delle attività in esso contenute (ad esempio, pagamento di commissioni o di imposte operate dall'intermediario depositario o dai sostituti d'imposta, compresa l'imposta di bollo speciale o sui prelievi).

3) Il **trasferimento a un dossier titoli** intestato al contribuente delle attività finanziarie scudate con la procedura di rimpatrio giuridico avvalendosi di una **fiduciaria** con intestazione, non fa venir meno il regime di segretezza, a condizione che siano contestuali la revoca del primo mandato di amministrazione e la stipula di quello nuovo, alla stessa fiduciaria o a una diversa. In tal caso il valore del dossier è soggetto all'imposta (Ris. AE 8 marzo 2012 n. 23/E).

ALIQUOTA L'aliquota è del **4 per mille**. 77210

BASE IMPONIBILE L'aliquota specifica si applica generalmente all'ammontare delle **somme di denaro** e al **valore di mercato**, rendicontato dagli intermediari, delle **attività segretate** residue al 31 dicembre dell'anno. In mancanza del valore di mercato si considera il valore nominale o il valore di rimborso (quest'ultimo si applica alle polizze di assicurazione, assumendosi come tale il valore di riscatto al 31 dicembre o, per la frazione dell'anno in cui la polizza viene liquidata, il valore effettivamente rimborsato); per le attività finanziarie che non presentino né un valore nominale né un valore di rimborso si deve tener conto del valore di acquisto. 77220

Nella base imponibile si comprendono anche i **redditi che sono maturati** negli anni e che hanno incrementato il saldo dei conti segretati (es. interessi, dividendi, plusvalenze, ecc.).

LIQUIDAZIONE E VERSAMENTO Per evitare una doppia imposizione, dall'imposta così determinata **si scomputa** l'imposta di bollo per le comunicazioni relative ai prodotti e strumenti finanziari suddetti e quella sugli estratti dei conti correnti e sui rendiconti dei libretti di risparmio bancari o postali riferiti ai rapporti segretati (v. n. 74061). L'imposta di bollo da scomputare è quella riferita al medesimo rapporto segretato e risultante dai rendiconti relativi all'anno di riferimento. 77230

Per le **polizze di assicurazione** e per i **prodotti finanziari** per i quali l'imposta di bollo per ciascun anno è dovuta all'atto del rimborso o riscatto, l'imposta di bollo speciale pagata annualmente può essere scomputata dall'imposta di bollo dovuta in sede di rimborso o riscatto.

La liquidazione e il versamento dell'imposta sono **affidati agli intermediari** finanziari (banche, SIM, SGR, Società fiduciarie, imprese di assicurazione, ecc.).

Operativamente, essi provvedono:

– al termine del periodo d'imposta o al momento della perdita di segretazione, a **prelevare** le disponibilità, prioritariamente dal conto segretato del soggetto «scudato» e, se questo è incapiente, dai conti comunque riconducibili al soggetto stesso (cioè dai conti anche non segretati che accolgono denaro identicamente intestati al soggetto che ha effettuato l'emersione). Se i predetti conti non sono capienti la provvista può essere fornita dal contribuente, anche mediante l'autorizzazione a prelevare la somma dovuta da un conto ordinario detenuto presso altro intermediario o mediante il versamento sul conto segretato della somma necessaria, senza che quest'ultima operazione comporti il venir meno del regime di riservatezza;
– a **versare** con il mod. F24 **entro il 16 luglio** dell'anno successivo a quello di riferimento. Al riguardo, è possibile compensare eventuali eccedenze a credito dell'imposta sostitutiva versata in occasione dello scudo fiscale (5%, 6% e 7%).

In merito all'**identificazione dell'intermediario obbligato** si distinguono le seguenti ipotesi:
– se il contribuente detiene il rapporto segretato presso il medesimo intermediario con il quale è stato effettuato lo scudo fiscale, l'adempimento spetta ovviamente a tale intermediario;
– se nel corso dei periodi d'imposta successivi il rapporto segretato è trasferito ad altro intermediario mantenendo il regime della riservatezza, l'adempimento spetta all'intermediario presso cui il rapporto è detenuto al 31 dicembre di ciascun anno. Se il trasferimento è stato parziale, ciascun intermediario applica l'imposta sulle rispettive attività finanziarie detenute in regime di riservatezza al 31 dicembre;
– se il contribuente ha trasferito il rapporto segretato presso un altro intermediario senza mantenere il regime della riservatezza, l'imposta dovuta per il periodo di tempo in cui si è usufruito del regime della riservatezza è trattenuta dall'intermediario presso cui il contribuente deteneva il rapporto segretato.

77231 Qualora **non sia possibile liquidare l'imposta** per il tramite degli intermediari - ad esempio per indisponibilità nel conto del cliente e in mancanza di fornitura della provvista - gli stessi sono tenuti a segnalare nel Mod. 770, quadro SO, il nominativo del contribuente (con conseguente perdita dell'anonimato) all'AE che procederà con la riscossione mediante **iscrizione a ruolo** con applicazione di interessi e relativa **sanzione** pari all'importo non versato. A seguito della segnalazione il contribuente perde la riservatezza dell'attività a partire dal 1° gennaio dell'anno di riferimento e, quindi, dall'anno successivo, non è più tenuto a versare l'imposta in esame. Ad esempio se non fornisce la provvista per il versamento da effettuare entro il 16 luglio 2022, perde la riservatezza dal 1° gennaio 2022 (Circ. AE 14 maggio 2014 n. 10/E).
Per l'accertamento, la riscossione e il relativo contenzioso si applicano le disposizioni in materia di imposte sui redditi.

L'imposta si applica nei confronti degli **eredi** di contribuenti che hanno rimpatriato attività finanziarie usufruendo del regime di riservatezza e che sono deceduti dopo il 6 dicembre 2011.

SEZIONE 3
Tributi su aeromobili e voli

77450 Oltre all'addizionale erariale sulle auto di grossa cilindrata (v. n. 79485), i beni c.d. «di lusso» iscritti in pubblici registri sono colpiti da altri tributi aventi natura patrimoniale.

A. Imposta erariale sugli aeromobili privati

(art. 16 c. 11-15 bis DL 201/2011 conv. in L. 214/2011, Circ. AE 1° marzo 2012 n. 6/E, Provv. AE 28 giugno 2012 n. 97718)

77520 L'imposta si applica principalmente agli aeromobili **privati** immatricolati nel registro aeronautico nazionale tenuto dall'ENAC; in caso di sosta prolungata, però, può applicarsi anche a quelli non immatricolati (es. immatricolati in registri esteri).

77521 **AEROMOBILI IMMATRICOLATI** Costituiscono **presupposti** del tributo (e devono ricorrere congiuntamente) l'immatricolazione dell'aeromobile nel registro aeronautico nazionale e la richiesta di rilascio o rinnovo del certificato di revisione dell'aeronavigabilità.

È **tenuto** al pagamento chi risulta dai pubblici registri essere proprietario, usufruttuario, acquirente con patto di riservato dominio o utilizzatore a titolo di locazione finanziaria dell'aeromobile.
In caso di **più soggetti** tenuti al pagamento, costoro sono tenuti in solido al pagamento del tributo.
L'imposta è **dovuta** secondo gli importi indicati nella **tabella** e va versata all'atto della richiesta di rilascio o di rinnovo del certificato di revisione della aeronavigabilità in relazione all'intero periodo di validità del certificato stesso. Se il certificato ha **validità inferiore a un anno**, l'imposta è dovuta nella misura di 1/12 degli importi per ciascun mese di validità.
Il versamento dell'imposta costituisce requisito per il rilascio o il rinnovo del certificato.

AEROMOBILI NON IMMATRICOLATI L'imposta si applica anche agli aeromobili non immatricolati nel suddetto registro aeronautico la cui **sosta nel territorio italiano si protrae** per una durata, anche non continuativa, superiore a 6 mesi nell'arco di 12 mesi, senza considerare nel computo i giorni di sosta (intesi come periodi di durata superiore a dodici ore) presso i manutentori nazionali per l'effettuazione di interventi risultanti dai registri tecnici del manutentore. 77522
In tal caso, l'imposta **è dovuta a partire** dal mese in cui il limite di 6 mesi è superato e deve essere **corrisposta prima** che il velivolo rientri nel territorio estero e, comunque, entro 30 giorni dalla scadenza del periodo di sosta annuale. Per i periodi di sosta inferiori all'anno, si applica il calcolo per dodicesimi, a partire dal mese di arrivo fino a quello di partenza dal territorio italiano.

PAGAMENTO Il pagamento va effettuato in un'**unica soluzione mediante** modello «F24 Versamenti con elementi identificativi», cod. tributo 3368, oppure, nel caso di impossibilità di avvalersi di tale modalità, tramite bonifico in € disposto in favore del Bilancio dello Stato (Ris. AE 3 febbraio 2012 n. 11/E). 77525
In caso di **ritardato od omesso versamento** si applica la sanzione pari al 30% (art. 13 D.Lgs. 471/97), con possibilità di avvalersi dell'istituto del ravvedimento operoso.

Tipo di velivolo	Importi (€) (1)
a) **aeroplani** con peso massimo al decollo **(2)**:	
– fino a 1.000 kg	0,75/kg
– fino a 2.000 kg	1,25/kg
– fino a 4.000 kg	4,00/kg
– fino a 6.000 kg	5,00/kg
– fino a 8.000 kg	6,65/kg
– fino a 10.000 kg	7,10/kg
– oltre 10.000 kg	7,55/kg
b) **elicotteri**	pari a 1,5 volte quella stabilita per gli aeroplani di corrispondente peso
c) **alianti**, **motoalianti**, **aerostati**	450

(1) Sono **esenti** dall'imposta gli aeromobili di Stato e quelli ad essi equiparati e gli aeromobili di proprietà o in esercenza dei licenziatari dei servizi di linea e non di linea. Sono previste altre esenzioni, fra le altre, per gli aeromobili utilizzati da organizzazioni che svolgono l'addestramento per il volo e il paracadutismo, gli aeromobili immatricolati a nome dei costruttori e in attesa di vendita, quelli destinati esclusivamente all'elisoccorso o all'aviosoccorso, gli aeromobili storici o di costruzione amatoriale. Le medesime esenzioni valgono anche per gli aeromobili non immatricolati nel registro aeronautico nazionale tenuto dall'ENAC. Sono altresì esenti gli aeromobili di Stati esteri, ivi compresi quelli militari.
(2) Per **peso massimo al decollo** (Maximum Take Off Weight - MTOW) si intende il dato di omologazione riportato nel Manuale di Volo del singolo aeromobile.

ESEMPIO
Imposta annua dovuta per un aeroplano di peso pari a Kg 1.500
1.500 × 1,25 = 1.875 €

B. Imposta erariale sui voli di passeggeri di aerotaxi

(art. 16 c. 10 bis DL 201/2011 conv. in L. 214/2011, Provv. AE 28 giugno 2012 n. 97718)

77580 **CAMPO DI APPLICAZIONE** Costituiscono presupposto dell'imposta i **voli di aerotaxi**, cioè i voli effettuati per il trasporto di passeggeri in forza di contratti di noleggio, per l'intera capacità dell'aeromobile.

L'imposta è **dovuta** per ciascun passeggero e per ciascuna tratta, intesa come il tragitto dal luogo di partenza al diverso luogo di destinazione, a prescindere dagli scali tecnici.

L'imposta è **a carico** del passeggero, che la deve corrispondere al vettore in relazione a ciascuna tratta con partenza e/o arrivo sul territorio nazionale, con le seguenti **scadenze**:

- per le tratte effettuate tramite aeromobili immatricolati nel registro aeronautico nazionale tenuto dall'**ENAC** o nei registri di Paesi **UE** o appartenenti al SEE, entro la fine del mese successivo a quello di effettuazione del servizio;
- per le tratte effettuate tramite aeromobili **diversi** dai precedenti, per ciascuna tratta, prima della partenza o entro il giorno successivo all'arrivo nel territorio nazionale.

77581 **IMPORTO DOVUTO** È fissata nelle seguenti misure:

- in caso di tragitto non superiore a 1.500 km, 100 €;
- altrimenti, 200 €.

La **lunghezza del tragitto** è pari alla distanza ortodromica fra il punto di arrivo e il punto di partenza aumentata di 95 Km.

77582 **VERSAMENTO** L'imposta è versata dal vettore **tramite** modello «F24 versamenti con elementi identificativi», cod. tributo 3379, oppure, nel caso di impossibilità di avvalersi di tale modalità, tramite bonifico in € disposto in favore del Bilancio dello Stato (Ris. AE 4 luglio 2012 n. 72/E).

In caso di **omesso o insufficiente** versamento si applicano le disposizioni del D.Lgs. 471/97 e D.Lgs. 472/97.

CAPITOLO 7

Tributi locali

SOMMARIO

Nel presente capitolo verranno illustrati: **78000**
– il canone unico patrimoniale di carattere generale che ha sostituito Tosap, Cosap, Icp, Dpa, Cimp e canone per l'occupazione delle strade;
– il canone unico patrimoniale di carattere settoriale (c.d. canone mercati) che ha sostituito Tosap, Cosap e Tari limitatamente ai casi di occupazioni temporanee;
– i tributi locali minori.
Le **imposte sugli immobili** (IMU, TARI, IVIE) sono trattate nel capitolo specifico (v. n. 74500 e s.), mentre le **addizionali IRPEF**, regionale e comunale, sono esaminate al n. 2490 e s.

SEZIONE 1

Canone unico patrimoniale

(art. 1 c. 816 e s. L. 160/2019)

Il canone unico patrimoniale (**Cup**) è operativo dal 2021 in relazione a: **concessione** e **autorizzazione per l'occupazione** o **esposizione pubblicitaria**. **78005**
La gestione relativa può essere affidata anche disgiuntamente a soggetti esterni (Ris. 18 dicembre 2020 n. 9/DF).

OGGETTO (art. 1 c. 819 L. 160/2019) Il Cup è dovuto in presenza di uno dei seguenti presupposti: **78010**
– **occupazione**, anche abusiva, di aree appartenenti al demanio o al patrimonio indisponibile degli enti e di spazi soprastanti o sottostanti il suolo pubblico;
– **diffusione** di **messaggi pubblicitari**, anche abusiva, mediante impianti installati su aree appartenenti al demanio o al patrimonio indisponibile degli enti, su beni privati visibili da luogo pubblico o aperto al pubblico del territorio comunale o all'esterno di veicoli adibiti a uso pubblico o privato.
Nonostante il presupposto sia duplice, è esclusa la possibilità di una doppia imposizione: l'applicazione del Cup dovuto in ragione della diffusione dei messaggi pubblicitari esclude l'applicazione del Cup dovuto per le occupazioni.

> Per la pubblicità effettuata all'esterno di **veicoli** adibiti a uso pubblico o privato, il Cup è dovuto al Comune che ha rilasciato la licenza di esercizio e al Comune in cui il proprietario del veicolo ha la residenza o la sede.

SOGGETTI (art. 1 c. 816 e 823 L. 160/2019) Il Cup è istituito da Comuni, Province e Città metropolitane (soggetti **attivi**), di seguito denominati enti. **78012**
Sono soggetti **passivi** i titolari dell'autorizzazione o concessione. In **assenza** di autorizzazione o concessione, il soggetto tenuto al pagamento del Cup è chi effettua l'occupazione o la diffusione di messaggi pubblicitari abusivamente.Nel caso di diffusione di messaggi pubblicitari, è obbligato **in solido** il soggetto pubblicizzato.

MODALITÀ DI DETERMINAZIONE (art. 1 c. 824 e 825 L. 160/2019) Descriviamo di seguito le modalità di determinazione del canone unico, distinguendo tra occupazione e pubblicità. **78015**

78017 **Occupazione** Il canone per l'occupazione è determinato in funzione di:
- durata;
- superficie in m²;
- tipologia e finalità;
- zona del territorio.

Può essere **maggiorato** da eventuali oneri di manutenzione.

78019 **Pubblicità** Il canone per la pubblicità è determinato in base alla **superficie espositiva** in metri quadrati del mezzo pubblicitario; **non** rilevano il tipo o il numero di messaggi pubblicitari. Sono **escluse** dal canone le superfici inferiori a 300 cm².

78025 **TARIFFE** (art. 1 c. 826 e 827 L. 160/2019) Le tariffe **standard** per l'occupazione o la diffusione di messaggi pubblicitari possono essere su base **annua**, per le concessioni che si protraggono oltre l'anno, oppure su base **giornaliera**; esse variano in base al numero di abitanti del Comune interessato, come indicato in tabella.

Abitanti per Comune	Tariffa annua (1)	Tariffa giornaliera
fino a 10.000	€ 30 **(2)**	€ 0,6 **(2)**
10.001 - 30.000	€ 40	€ 0,7
30.001 - 100.000 **(3)**	€ 50	€ 1,2
100.001 - 500.000	€ 60	€ 1,3
oltre 500.000	€ 70	€ 2

(1) Per le occupazioni del **sottosuolo** la tariffa annua è ridotta a 1/4. Per le occupazioni del sottosuolo con **serbatoi** la tariffa annua si applica fino a una capacità non superiore a 3.000 litri; per serbatoi con maggiore capacità la tariffa è aumentata di 1/4 per ogni 1.000 litri o frazione di 1.000 litri.
(2) Per le **Province** e le **Città metropolitane** la tariffa annua e giornaliera è pari a quella di questa fascia.
(3) I **Comuni capoluogo** di provincia e di **Città metropolitane** non possono collocarsi al di sotto di questa fascia.

78030 **Occupazioni permanenti con cavi e condutture** (art. 1 c. 831 L. 160/2019) Per le occupazioni permanenti del territorio comunale con cavi e condutture, effettuata per la fornitura di **servizi di pubblica utilità** (es. fornitura di gas, acqua, energia, calore, servizi di telecomunicazione e radiotelevisivi, ecc.), il Cup è dovuto dal titolare dell'atto di concessione dell'occupazione del suolo pubblico e dai soggetti che occupano il suolo pubblico, anche **in via mediata**, attraverso l'utilizzo materiale delle infrastrutture del soggetto titolare della concessione sulla base del numero delle rispettive utenze moltiplicate per la tariffa forfettaria indicata in tabella.

Ciò significa che (art. 5 c. 14 quinquies DL 146/2021 conv. in L. 215/2021, Ris. 22 marzo 2022 n. 3/DF):
- se le occupazioni sono effettuate in settori in cui, per ragioni normative, regolamentari o contrattuali, è prevista una separazione tra i titolari delle **infrastrutture** e i titolari del contratto di vendita dei servizi a rete (**energia elettrica**, **gas**, **acqua**), il Cup è dovuto esclusivamente dal titolare delle infrastrutture, sulla base delle utenze comunicate dalla società di vendita. Quest'ultima è esclusa;
- le aziende esercenti **attività strumentali** alla fornitura di **servizi di pubblica utilità**, quali la **produzione** o **trasmissione di energia elettrica** e il **trasporto di gas** naturale, devono corrispondere il Cup annuo nella misura minima di € 800 (senza considerare il numero di utenze).

Il numero complessivo delle **utenze** è quello risultante al 31 dicembre dell'anno precedente ed è comunicato al Comune competente per territorio con **autodichiarazione** da inviare, mediante posta elettronica certificata **entro il** 30 aprile di ciascun anno; stesso termine per il **versamento**, da effettuare attraverso la specifica piattaforma tecnologica (art. 5 D.Lgs. 82/2005).

Abitanti per Comune	Tariffa
fino a 20.000	€ 1,5
oltre 20.000	€ 1
L'ammontare del Cup dovuto a ciascun ente deve essere, in ogni caso, **pari** o **superiore a** € 800 (importo rivalutato annualmente in base all'indice ISTAT). Per le occupazioni del territorio provinciale e delle città metropolitane, il Cup è determinato nella misura del 20% dell'importo risultante dall'applicazione della misura unitaria di tariffa, pari a € 1,5, per il numero complessivo delle utenze presenti nei Comuni compresi nel medesimo ambito territoriale.	

Occupazioni permanenti con antenne (art. 1 c. 831 bis L. 160/2019, Nota Anci-Ifel 2 novembre 2021) Gli operatori che forniscono i **servizi** di pubblica utilità di **reti** e **infrastrutture di comunicazione elettronica**, e che non rientrano nella previsione di cui n. 78030 sono soggetti a un canone di € 800 per **ogni impianto** insistente sul territorio di ciascun ente. **78032**
I relativi importi sono rivalutati annualmente in base all'indice ISTAT dei prezzi al consumo rilevati al 31 dicembre dell'anno precedente. Il **versamento** del canone è effettuato **entro il** 30 aprile di ciascun anno in unica soluzione attraverso la piattaforma tecnologica specifica (art. 5 D.Lgs. 82/2005).

ESENZIONI (art. 1 c. 833 L. 160/2019) Nelle tabelle a seguire sono riportate le esenzioni dal Cup, distinguendo tra occupazioni e pubblicità. **78035**

> **N.B.** Per l'anno 2022 il Cup non è dovuto per le attività con sede legale od operativa nei territori delle Regioni Abruzzo, Lazio, Marche e Umbria, interessati dagli **eventi sismici** che si sono verificati dal 24 agosto 2016 (art. 1 c. 451 L. 234/2021).

Occupazioni **78040**

– effettuate da Stato, Regioni, Province, Città metropolitane, Comuni e loro consorzi – effettuate da enti religiosi per l'esercizio di culti ammessi nello Stato – effettuate da enti pubblici (di cui all'art. 73 c. 1 lett. c) TUIR), per finalità specifiche di assistenza, previdenza, sanità, educazione, cultura e ricerca scientifica – con le tabelle indicative delle stazioni e fermate e degli orari dei servizi pubblici di trasporto – occasionali di durata non superiore a quella stabilita nei regolamenti di polizia locale – di aree cimiteriali – con condutture idriche utilizzate per l'attività agricola – di passi carrabili, rampe e simili destinati a portatori di handicap

Pubblicità **78045**

Tipologia	Descrizione
messaggi pubblicitari	– escluse le insegne, relativi ai giornali ed alle pubblicazioni periodiche, se esposti sulle sole facciate esterne delle edicole o nelle vetrine o sulle porte di ingresso dei negozi dove si effettua la vendita – esposti all'interno delle stazioni dei servizi di trasporto pubblico inerente l'attività di trasporto
mezzi pubblicitari	– posti sulle pareti esterne dei locali di pubblico spettacolo riferite alle rappresentazioni in programmazione – inerenti l'attività commerciale o di produzione di beni o servizi in cui si effettua l'attività stessa
insegne	– di esercizio di attività commerciali che contraddistinguono la sede in cui si svolge l'attività, di superficie complessiva superiore a 5 m^2 – targhe e simili apposte per l'individuazione delle sedi di comitati, associazioni, fondazioni e ogni altro ente che non persegue scopo di lucro – indicazioni del marchio, della ditta, della ragione sociale e dell'indirizzo apposti sui veicoli utilizzati per il trasporto

78050 **RIDUZIONI** (art. 1 c. 832 L. 160/2019) Gli enti possono prevedere riduzioni per occupazioni e diffusioni di messaggi pubblicitari:
- **eccedenti** i 1000 m^2;
- effettuate in occasione di **manifestazioni** politiche, culturali e sportive, qualora l'occupazione o la diffusione del messaggio pubblicitario sia effettuata per fini non economici;
- con spettacoli viaggianti;
- per l'esercizio dell'attività edilizia.

78055 **VERSAMENTO** (art. 1 c. 835 L. 160/2019) Il Cup deve essere versato direttamente agli enti, contestualmente al rilascio della concessione/autorizzazione all'occupazione o alla diffusione dei messaggi pubblicitari, mediante la piattaforma PagoPa (art. 5 D.Lgs. 82/2005). Se previsto dal regolamento comunale o provinciale il versamento può essere frazionato (es. rate trimestrali) (Circ. AE 7 gennaio 2022 n. 1/E).

78060 **TRATTAMENTO IVA** È ancora dubbio quale sia il corretto trattamento ai fini IVA del Cup. Secondo una **prima tesi**, non va assoggettato a IVA, poiché è un'entrata di **natura patrimoniale non tributaria**.
Una **seconda tesi**, in linea con la prassi dell'AE, ritiene che in presenza di un esercizio del potere autoritativo da parte degli enti locali (rilascio di concessioni e autorizzazioni) a fronte del quale viene richiesto un canone, **non** sussiste il presupposto impositivo soggettivo per l'applicazione dell'IVA (cfr. Ris. AE 5 febbraio 2003 n. 25/E).

SEZIONE 2

Canone mercati

(art. 1 c. 837 e s. L. 160/2019)

78065 **OGGETTO** (art. 1 c. 837 e 838 L. 160/2019) Dal 1° gennaio 2021 i Comuni e le Città metropolitane (di seguito Comuni) istituiscono il canone di concessione per l'occupazione delle aree e degli spazi appartenenti al demanio o al patrimonio indisponibile, destinati a mercati realizzati anche in strutture attrezzate (c.d. canone mercati).
Il canone si applica in deroga al canone unico patrimoniale (v. n. 78005 e s.).
La gestione relativa può essere affidata anche disgiuntamente a soggetti esterni (Ris. 18 dicembre 2020 n. 9/DF).

> Ai fini dell'applicazione del canone, i **tratti di strada** situati all'interno di centri abitati con popolazione superiore a 10.000 abitanti sono compresi nelle aree comunali.

78070 **SOGGETTI** (art. 1 c. 839 L. 160/2019) Il canone è dovuto dal titolare dell'atto di concessione o, in mancanza, dall'occupante di fatto anche abusivo.

78075 **MODALITÀ DI DETERMINAZIONE** (art. 1 c. 840-843 L. 160/2019) I Comuni determinano il canone in base alla durata, alla tipologia e alla superficie dell'occupazione espressa in m^2; si fa riferimento alla superficie risultante dall'atto di concessione o, in sua assenza, a quella effettivamente occupata.
Le **tariffe** annuali e giornaliere applicabili sono quelle illustrate al n. 78025, a cui va aggiunto, limitatamente alla tariffa giornaliera, che i Comuni applicano la tariffa giornaliera **frazionata** per 24 ore e moltiplicata per il numero delle ore di occupazione fino ad un massimo di 9. Superate le 9 ore si applica la tariffa giornaliera intera (Ris. Min. 28 luglio 2021 n. 6/DF).Tariffa giornaliera = € 2.

ESEMPIO
Area occupata = 10 mq
1) Occupazione di 5 ore
2 × 10 = 20/24h = 0,83 (tariffa oraria) × 5 (ore) = € 4,15
2) Occupazione di 9 ore
2 × 10 = 20/24h = 0,83 (tariffa oraria) × 9 (ore max) = € 7,47
3) Occupazione di 11 ore
2 × 10 = € 20 (oltre le 9 ore è dovuta la tariffa giornaliera per intero).

I Comuni possono prevedere **riduzioni** fino all'azzeramento del canone e aumenti/esenzioni nella misura del 25% delle tariffe.
Per le occupazioni nei mercati che si svolgono con **carattere ricorrente** e con **cadenza settimanale** è prevista una riduzione del canone dal 30% al 40%.

VERSAMENTO (art. 1 c. 844 L. 160/2019) Il canone deve essere versato **mediante** la piattaforma PagoPa (art. 5 D.Lgs. 82/2005). 78085

SEZIONE 3

Tributi locali minori

TRIBUTO SPECIALE PER IL DEPOSITO IN DISCARICA DEI RIFIUTI SOLIDI 79400
(art. 3 c. 24 e s. L. 549/95) Il tributo è dovuto alle **regioni** e alle **province** per il deposito in discarica dei rifiuti solidi, compresi i fanghi palabili. Sono **assimilati** alle discariche gli impianti di incenerimento senza recupero di energia, le discariche abusive e i depositi incontrollati (Circ. Min. 24 luglio 1996 n. 190/E).

79402

Soggetto passivo	**Gestore** dell'impresa di stoccaggio definitivo o dell'impianto di incenerimento, che può **rivalersi** nei confronti di chi effettua il conferimento (Circ. Min. 24 luglio 1996 n. 190/E).
Base imponibile	Quantità di rifiuti conferiti in discarica, rilevabile dalle annotazioni effettuate su appositi registri.
Imposta dovuta	È fissato con legge regionale, entro i seguenti limiti: – tra 0,0010 e 0,0103 €/kg. per i rifiuti del settore minerario, estrattivo, edilizio, lapideo e metallurgico; – tra 0,0052 e 0,0103 €/kg. per gli altri rifiuti speciali; – tra 0,0103 e 0,0258 €/kg. per i restanti tipi di rifiuti (rifiuti urbani compresi quelli pericolosi, rifiuti tossici e nocivi). Tali importi vanno poi moltiplicati per un coefficiente correttivo fissato con decreto che tenga conto della qualità dei rifiuti. Qualora i rifiuti smaltiti in discarica provengano dalla selezione di un **impianto automatico** il tributo è dovuto nella misura ridotta del 20%.
Adempimenti	Il tributo deve essere **versato** alla regione dal gestore della discarica entro il mese successivo alla scadenza del trimestre solare in cui sono state effettuate le operazioni di deposito. Il gestore della discarica deve produrre, entro i termini previsti per il versamento dell'ultimo trimestre, alla regione competente una **dichiarazione** contenente, tra l'altro, l'indicazione delle quantità complessive dei rifiuti conferiti, nonché l'ammontare dei versamenti effettuati. L'**accertamento**, la riscossione, i rimborsi e il contenzioso amministrativo sono disciplinati con legge regionale.

IMPOSTA DI SOGGIORNO (art. 4 D.Lgs. 23/2011) L'imposta è **facoltativa** e interessa solo **alcuni enti locali** e cioè: 79420
- i comuni capoluogo di provincia;
- le unioni di comuni;
- i comuni inclusi negli elenchi regionali delle località turistiche o città d'arte.

L'imposta è **a carico di** coloro che alloggiano nelle strutture ricettive situate sul territorio dell'ente impositore.
Va applicata secondo criteri di gradualità in proporzione al prezzo, **sino a € 5 per notte** di soggiorno (tranne per Roma che può arrivare fino a € 10).
Per **verificare l'istituzione** dell'imposta bisogna rivolgersi al comune interessato, anche visitando il sito internet istituzionale.

Con regolamento dovrebbe essere dettata la **disciplina di attuazione** dell'imposta; finora è stato emanato solo il DM contenente il modello di dichiarazione e le relative istruzioni alla compilazione. La legge ha comunque consentito l'istituzione dell'imposta negli enti locali interessati.
I comuni possono stabilire **esenzioni** e **riduzioni** per particolari situazioni o per determinati periodi di tempo.
Le delibere di approvazione dell'imposta acquistano efficacia dal primo giorno del secondo mese successivo a quello di pubblicazione sul sito internet www.finanze.gov.it (la pubblicazione deve essere effettuata dal MEF entro 15 giorni lavorativi decorrenti dall'inserimento dell'atto nel Portale del federalismo fiscale) (Circ. Mef 22 novembre 2019 n. 2/DF).

79423 L'imposta è esclusa da IVA ed è **trattenuta dai gestori** della struttura alberghiera o da chi interviene nell'incasso delle locazioni brevi, all'atto del pagamento del soggiorno.
In linea generale, l'unico responsabile del **mancato pagamento** dell'imposta è il turista. Il gestore risponde nei confronti del comune solamente se incassa l'imposta e non la riversa.
Se il **turista si rifiuta di pagare** l'imposta al gestore, solitamente quest'ultimo gli chiede di firmare un modulo specifico che poi invia al comune il quale si attiverà per ottenere il pagamento dell'imposta dovuta dal turista.

79426 **Dichiarazione** (DM 29 aprile 2022) I **gestori** delle strutture ricettive, nonché, per le **locazioni brevi**, i soggetti che incassano il canone o il corrispettivo, o intervengono nel suo pagamento e i soggetti che gestiscono **portali telematici** di intermediazione immobiliare, che incassano l'imposta devono presentare annualmente ai Comuni, **entro il 30 giugno** dell'anno successivo a quello in cui si è verificato il presupposto, una dichiarazione esclusivamente in via telematica.
La dichiarazione relativa al **2020** andava presentata, unitamente alla dichiarazione concernente il **2021**, utilizzando il modello ministeriale (uno per ogni annualità), **entro** il 30 settembre 2022 (art. 3 c. 6 DL 73/2022 conv. in L. 122/2022). Essa andava presentata anche nel caso in cui il gestore non abbia avuto presenze (FAQ Mef 19 settembre 2022).

Intermediari (FAQ Mef 19 settembre 2022)
In presenza di un intermediario (es. agenzia immobiliare), egli deve presentare la dichiarazione per i pernottamenti dallo stesso gestiti.
In caso di **locazioni brevi** gestite da un intermediario che incassi l'imposta di soggiorno, l'obbligo di presentazione spetta all'intermediario anche nel caso in cui il gestore riscuota solo in parte personalmente il tributo.
Nel caso in cui l'imposta di soggiorno sia stata **incassata in parte** a seguito di gestione diretta e in parte vi sia stata una gestione tramite intermediario, anche il gestore ha l'obbligo di presentare la dichiarazione, seppure limitatamente ai soggiorni gestiti direttamente.
Gli intermediari che hanno in gestione più immobili eventualmente ubicati in **Comuni diversi**, devono presentare una dichiarazione in ciascun Comune di riferimento.

79430

Tipi di dichiarazione	
Nuova (N)	Utilizzabile in caso di **prima compilazione** della dichiarazione
Sostitutiva (S)	Per rettificare o integrare una dichiarazione già inviata
Multipla (M)	Utilizzabile nel caso in cui si tratti di una dichiarazione costituita da **invii multipli**, per insufficienza del modello ordinario. Il dichiarante deve indicare il numero progressivo dell'invio e il numero totale degli invii nell'apposito campo. Il riquadro VERSAMENTI va compilato solo nell'ultimo invio e i dati dovranno essere complessivamente riferiti anche a quelli relativi agli invii precedentemente effettuati

79470 **IMPOSTA DI SCOPO PER LA REALIZZAZIONE DI OPERE PUBBLICHE** I comuni possono deliberare, con regolamento, l'istituzione di un'imposta di scopo (ISCOP) destinata esclusivamente alla parziale copertura delle spese per la realizzazione di opere pubbliche individuate dai comuni nello stesso regolamento tra quelle indicate dalla legge o ulteriori individuate dall'ente (opere viarie, opere per il trasporto pubblico urbano, opere di realizzazione di parcheggi pubblici, opere di risistemazione di aree dedicate a parchi e giardini, ecc. o altre individuate dall'ente locale) (art. 1 c. 145 e s. L. 296/2006, art. 6 D.Lgs. 23/2011). L'imposta non può essere istituita per acquisire un'area destinata prevalentemente a verde, a meno che l'acquisto non sia finalizzato ad un progetto più ampio, come ad esempio, alla costruzione di opere quali quelle di edilizia scolastica (Ris. DF 8 ottobre 2007 n. 3/DPF).

L'imposta è dovuta, in relazione alla stessa opera pubblica, per un periodo massimo di 10 anni **79471**
ed è determinata applicando alla **base imponibile** dell'IMU un'**aliquota** nella misura massima dello 0,5 per mille (v. n. 74860, art. 4 c. 1 quater DL 16/2012 conv. in L. 44/2012).
Il **versamento** va effettuato con il modello F24 (codice tributo 3926) oppure con apposito bollettino di c/c postale (DM 25 marzo 2009), in due rate scadenti il 16 giugno e il 16 dicembre (Circ. Mef 22 novembre 2019 n. 2/DF).
Il gettito complessivo dell'imposta può finanziare l'intero ammontare della spesa dell'opera pubblica da realizzare.
Per la disciplina dell'imposta si applicano le disposizioni contenute nel regolamento comunale che la istituisce e le disposizioni dettate in materia di IMU.

In caso di versamento effettuato **erroneamente** (ad un comune diverso o allo Stato o di importo diverso da quello dovuto) si applicano le medesime regole previste per l'IMU (v. n. 74910, art. 1 c. 4 DL 16/2014).

TASSE SUI VEICOLI Le tasse sui veicoli soggetti ad immatricolazione sono: **79480**
– la tassa automobilistica (c.d. bollo auto), il cui importo viene determinato in base ai Kw del veicolo e alla regione;
– imposta provinciale di trascrizione.

Tasse automobilistiche (TU 39/53, art. 5 DL 953/82 conv. in L. 53/83, art. 17 L. 449/97, Circ. Min. **79485**
27 gennaio 1998 n. 30/E, DM 18 novembre 1998 n. 462, DM 25 novembre 1998 n. 418) Le tasse automobilistiche sono un tributo periodico (**tassa di possesso**), devoluto alle Regioni a statuto ordinario e province autonome di Trento e Bolzano. Esse **si applicano** ai motocicli, veicoli ed autoscafi diversi da quelli da diporto soggetti alla corrispondente tassa erariale (in vigore nelle regioni a statuto speciale), immatricolati nelle province delle regioni a statuto ordinario.
Sono **tenuti** al pagamento i soggetti che al PRA risultano, nell'ultimo giorno del periodo d'imposta (il primo in Lombardia), proprietari, usufruttuari, acquirenti con patto di riservato dominio; in caso di leasing e per tutta la durata del contratto, annotato al PRA, sono tenuti gli utilizzatori del veicolo.
L'imposta **non è dovuta** dal periodo d'imposta successivo a quello in cui si verifica la radiazione del veicolo dal PRA o viene annotata la perdita di possesso. Regole particolari valgono in alcune Regioni.

>**Precisazioni** 1) Per ottenere l'esonero dal pagamento, in **mancanza** delle relative annotazioni al PRA, il venir meno del presupposto deve essere **attestato** da idonea documentazione avente data certa (art. 94 c. 7 D.Lgs. 285/92), quale, per esempio: provvedimenti giurisdizionali definitivi, atti e provvedimenti definitivi di autorità amministrative, atti pubblici di vendita o privati con firma autenticata nelle forme di legge, denunce di furto o di appropriazione indebita, dichiarazione di rottamazione del veicolo rilasciata da imprese autorizzate (Circ. Min. 11 maggio 1998 n. 122/E).
2) Il contribuente può provare la perdita di possesso anche mediante una **dichiarazione sostitutiva**. Se accompagnata da ulteriori documenti probatori (dichiarazioni di responsabilità sottoscritta dal soggetto autorizzato per la rivendita, documento provante la disdetta o il trasferimento della posizione assicurativa del veicolo), a tale dichiarazione viene attribuita efficacia retroattiva dalla data indicata in tali allegati (Circ. AE 2 gennaio 2002 n. 2/E).

Nella **tabella** sono riportate le tariffe base per anno; in alcune regioni è stato approvato un **79490**
aumento percentuale (nel limite del 10%) degli importi per taluni tipi di veicoli. Il calcolo dell'esatto ammontare da corrispondere può essere comunque effettuato sul sito dell'AE inserendo i dati relativi alla targa o a determinate caratteristiche del veicolo.
I **termini di pagamento** variano a seconda di vari elementi: tipo, potenza, primo bollo o rinnovo, ecc. Le aziende con flotte di auto e camion delle quali siano proprietarie, usufruttuarie, acquirenti con patto di riservato dominio o utilizzatrici a titolo di leasing possono versare **cumulativamente** le tasse a favore della regione o provincia autonoma competente in relazione al luogo di immatricolazione (salvo che per i leasing in cui rileva la residenza dell'utilizzatore) (art. 1 c. 38-39 L. 232/2016).
Le attività di **liquidazione, riscossione** e i relativi **controlli** sono gestiti dall'ente locale o sono affidati a concessionari.

L'azione accertatrice e il diritto del contribuente al **rimborso** delle tasse indebitamente corrisposte si prescrivono in 3 anni da quello in cui doveva essere effettuato il pagamento.

Sono previste alcune **agevolazioni/esenzioni**, ad esempio per veicoli: con motore elettrico (fino al 5° anno); con almeno 30 anni di età o 20 per quelli di particolare interesse storico e collezionistico (art. 63 L. 342/2000); destinati a disabili (art. 8 c. 7 L. 449/97). Ulteriori riduzioni possono essere deliberate dagli enti locali.

79491

Autovetture e autoveicoli per il trasporto promiscuo **(*)**	**Importi (€)**	
	fino a 100 Kw	**oltre 100 Kw per ogni Kw aggiuntivo**
– Euro 0	3,00	4,50
– Euro 1	2,90	4,35
– Euro 2	2,80	4,20
– Euro 3	2,70	4,05
– Euro 4 e 5	2,58	3,87

(*) Per le autovetture e per gli autoveicoli per il trasporto promiscuo di persone e cose di **grossa cilindrata** è dovuta una **addizionale erariale** della tassa automobilistica. Sono tenuti al pagamento coloro che, alla scadenza del termine utile per il pagamento della tassa automobilistica, risultano proprietari, usufruttuari, acquirenti con patto di riservato dominio o utilizzatori a titolo di locazione finanziaria di tali veicoli al PRA. Per l'anno di **prima immatricolazione**, l'imposta è applicata per l'intero anno (DM 7 ottobre 2011).
Presupposto e casi di esenzione dell'addizionale coincidono con quelli della tassa automobilistica. Non si applicano, invece, le riduzioni previste per quest'ultimo tributo (Circ. AE 8 novembre 2011 n. 49/E).
L'addizionale è fissata in € 20 per ogni Kw di potenza del veicolo superiore a 185 Kw (art. 16 c. 1 e 15 ter DL 201/2011 conv. in L. 214/2011). **Dopo 5, 10 e 15 anni dalla data di costruzione** del veicolo, l'addizionale **si riduce**, rispettivamente, al 60%, al 30% e al 15% e non è più dovuta decorsi 20 anni. I periodi decorrono dal 1° gennaio dell'anno successivo a quello di costruzione.
Il **versamento** va effettuato nei termini della tassa automobilistica e contestualmente ad essa, previa emanazione di apposito decreto. In attesa del decreto, il pagamento dell'addizionale deve essere eseguito mediante modello «F24 Versamenti con elementi identificativi».

79492

Altri veicoli	**Importi (€)**	
Motocicli con cilindrata > 50 cc **(1)**	fino a 11 Kw	oltre 11 Kw per ogni Kw aggiuntivo
– Euro 0	26,00	1,70
– Euro 1	23,00	1,30
– Euro 2	21,00	1,00
– Euro 3	19,11	0,88
Autobus	2,94	
Autocarri (2)		
– peso complessivo inferiore a 12 t **(3)**	in base alla portata	
– peso complessivo pari o superiore a 12 t	in base al peso complessivo, al numero degli assi e al tipo di sospensione dell'asse	
Autoveicoli speciali	0,43	

(1) Per i **ciclomotori fino a 50 cc** e per i quadricicli leggeri con cilindrata del motore fino a 50 cc o di potenza massima pari o inferiore a 4 Kw (cosiddette «Minicar»), solo se utilizzati sulla pubblica strada, deve essere corrisposta la **tassa di circolazione**.
(2) Alla ordinaria tariffa di tassa calcolata in base alla portata, inoltre, va aggiunta una tassa commisurata alla **massa rimorchiabile** del veicolo, qualora esso sia idoneo al traino. I **rimorchi** non sono soggetti al tributo.
(3) Per i veicoli che, pur immatricolati o reimmatricolati come **N1**, presentino codice di **carrozzeria F0** con almeno 4 posti ed abbiano un rapporto tra la potenza espressa in Kw e la portata del veicolo espressa in tonnellate maggiore o uguale a 180, la tassazione viene effettuata in base alla potenza effettiva dei motori.

79495 **Imposta provinciale di trascrizione** (art. 56 D.Lgs. 446/97) L'imposta si applica alle formalità di iscrizione, trascrizione e annotazione dei veicoli richieste al **Pubblico Registro Automobilistico**. Non ha rilevanza l'atto che viene presentato unitamente alla richiesta della formalità (Ris. Min. 19 febbraio 2001 n. 2/FL).
Le formalità possono essere eseguite **su tutto il territorio nazionale** con ogni strumento consentito dall'ordinamento e con destinazione del gettito dell'imposta alla Provincia ove ha

sede legale (persone giuridiche) o residenza (persone fisiche) l'avente causa o intestatario del veicolo, tenendo presente che (Nota Mef 31 ottobre 2012 n. 23970):
– se il veicolo è stato oggetto di un contratto di **locazione finanziaria**, la provincia destinataria del gettito dell'imposta è quella ove è situata la sede legale o la residenza del soggetto locatario;
– per le persone giuridiche con **sede legale all'estero** la Provincia destinataria è quella dove ha la sede secondaria e se vi sono più sedi secondarie in Italia, quella scelta dalla società;
– in caso di **iscrizione di ipoteca**, l'imposta è dovuta dal proprietario-acquirente o dall'intestatario del veicolo, cui sono equiparati, nel caso di locazione finanziaria, il locatario, nel caso di usufrutto, il titolare del diritto di godimento e nel caso di compravendita con patto di riservato dominio, l'acquirente.

Gli **importi** del tributo sono stati determinati, distintamente per tipo e potenza dei veicoli, nelle misure indicate nella **tabella** successiva (DM 27 novembre 1998 n. 435). **79496**
L'imposta è dovuta per **ciascun veicolo** al momento della richiesta di formalità ed è dovuta una sola volta quando per lo stesso credito ed in virtù dello stesso atto devono eseguirsi più formalità di natura ipotecaria.

79497

Tipo e potenza dei veicoli	Importi (€)
motocarrozzette e trattrici agricole	150,81
autovetture e autoveicoli fino 53 Kw	150,81
autovetture e autoveicoli oltre 53 Kw	3,5119 per ogni Kw
autobus e trattori stradali fino 110 Kw	150,81
autobus e trattori stradali oltre 110 Kw	1,7560 per ogni Kw
veicoli a motore per trasporto di cose:	
– fino 7 quintali	199,35
– oltre 7 fino 15 quintali	290,25
– oltre 15 fino 30 quintali	326,40
– oltre 30 fino 45 quintali	380,63
– oltre 45 fino 60 quintali	452,93
– oltre 60 fino 80 quintali	519,56
– oltre 80 quintali	646,60
rimorchi per trasporto di cose:	
– fino 20 quintali	265,98
– oltre 20 fino 50 quintali	356,36
– oltre 50 quintali	452,93
rimorchi per trasporto di persone:	
– fino 15 posti	229,82
– da 16 a 25 posti	253,58
– da 26 a 40 posti	302,13
– oltre 40 posti	362,55
formalità relative ad atti con cui si costituiscono, modificano o estinguono diritti reali di garanzia con un minimo di € 150,81 salvo quanto previsto al punto successivo	1,46%
iscrizione di ipoteche per residuo prezzo o convenzionali (art. 3 c. 13 bis DL 185/2008)	50,00
formalità relative ad atti diversi, aventi ad oggetto prestazioni a contenuto patrimoniale con un minimo di € 150,81	7,8%
se tali atti non hanno contenuto patrimoniale	150,81

Tipo e potenza dei veicoli	Importi (€)
N.B. 1) Le misure dell'imposta potranno essere **aumentate** dalle province fino ad un massimo del 30%. **2)** Per acquisti da soggetti che possono provare di essere proprietari del bene ancorché **non intestatari** al PRA in quanto non hanno provveduto a registrare il precedente passaggio di proprietà, l'imposta è determinata in misura doppia. **3)** Per gli autoveicoli muniti di carta di circolazione per **uso speciale** ed i **rimorchi** relativi, sempreché non siano adatti al trasporto di cose, l'imposta è ridotta ad 1/4. Analoga riduzione si applica per i rimorchi ad uso abitazione per campeggio e simili. **4)** Le misure dell'imposta provinciale di trascrizione per gli **atti soggetti ad IVA** sono determinate, per l'intero territorio nazionale, secondo quanto previsto per gli altri atti (art. 1 c. 12 DL 138/2011 conv. in L. 148/2011, art. 28 c. 11 bis DL 201/2011 conv. in L. 214/2011. **5)** La **cancellazione** di tali ipoteche è esente.	

>Precisazioni 1) Sono **esenti** dal tributo gli atti di natura traslativa o dichiarativa aventi ad oggetto veicoli adattati ai soggetti **portatori di handicap**.
Inoltre, le **esenzioni** previste da alcune disposizioni di legge in materia di imposta di registro per la soppressa imposta erariale di trascrizione si applicano anche all'imposta provinciale di trascrizione (es. atti e procedimenti di competenza del giudice di pace che non eccedono la somma di € 1.032,91, operazioni delle associazioni di volontariato, diverse dalle successioni e dalle donazioni, ecc. (Ris. Min. 17 aprile 2000 n. 49/E).
2) **Non sono soggette** all'imposta le cessioni:
– di **mezzi di trasporto usati**, da chiunque effettuati, nei confronti dei contribuenti che ne fanno commercio;
– di mezzi di trasporto usati a seguito di esercizio di **riscatto** da parte del locatario a titolo di locazione finanziaria;
– in blocco dei **contratti di locazione finanziaria** dei veicoli effettuate a favore di società controllate da un istituto bancario sottoposto alla vigilanza consolidata della Banca d'Italia (Ris. Min. 3 ottobre 2000 n. 151/E).
Inoltre, in caso di **fusione** tra società esercenti attività di locazione di veicoli senza conducente, le iscrizioni e le trascrizioni già esistenti al PRA relative ai veicoli compresi nell'atto di fusione conservano la loro validità ed il loro grado a favore del cessionario, senza bisogno di alcuna formalità o annotazione.
Ciascuna provincia può deliberare ulteriori casi di **riduzione** dell'imposta rispetto alla normativa statale.

79498 Le attività di **liquidazione**, **riscossione** e i relativi **controlli**, se non sono gestiti dall'ente locale, direttamente o indirettamente mediante aziende speciali o società miste, sono affidati allo stesso concessionario del pubblico registro automobilistico.
L'imposta suppletiva ed i **rimborsi** devono essere richiesti nel termine di 3 anni dalla data in cui la formalità è stata eseguita.

PARTE V

DISPOSIZIONI COMUNI

CAPITOLO 1

Istanze del contribuente

SOMMARIO

Si esaminano diverse forme di istanza con cui il contribuente chiede all'Amministrazione di emettere un provvedimento nei suoi confronti di vario contenuto. 80000
Le **principali** istanze sono di:
- interpello;
- rimborso;
- autotutela;
- rateizzazione dei pagamenti (v. n. 82750);
- accertamento con adesione (v. n. 88020).

L'elenco **non è esaustivo**, essendo quella delle istanze una categoria aperta. Non si trattano in questa sede le istanze specificatamente previste per agevolazioni o regimi particolari.

I. Interpelli

Con l'interpello il contribuente richiede all'AE un parere preventivo su determinate fattispecie concrete e personali. 80003
A seconda della problematica il contribuente deve individuare quale tipologia di interpello attivare. Nella **tabella** seguente sono indicate le diverse tipologie con le rispettive aree di intervento, distinguendo tra «interpelli di uso comune» e «altri tipi di interpello».

> In **materia di IVA** per **operazioni transnazionali** è prevista anche la possibilità di consultare le autorità fiscali degli Stati in cui si intende operare, attraverso una procedura di «Cross border ruling» (vedi MIVA).

80003 (segue)

	Tipologia	Aree di intervento
INTERPELLI DI USO COMUNE	**Ordinario** (v. n. 80035 e s.)	Applicazione delle disposizioni tributarie quando vi sono condizioni di **obiettiva incertezza** sulla corretta **interpretazione** delle norme o sulla corretta **qualificazione** di fattispecie specifiche
	Disapplicativo (v. n. 80040 e s.)	Disapplicazione di norme che, per **contrastare comportamenti elusivi**, limitano deduzioni, detrazioni, crediti d'imposta, ecc. Rientra in tale ambito, ad **esempio**, la richiesta di disapplicare le disposizioni che limitano: – il riporto delle perdite a seguito di operazioni di fusione o scissione (v. n. 91580) o, in generale, il riporto delle perdite (anche relative a periodi precedenti) se si verificano situazioni particolari che riguardano acquisizioni rilevanti di partecipazioni della società interessata al riporto e variazioni dell'attività principale (v. n. 25940); – la deducibilità delle minusvalenze realizzate a seguito di cessione titoli (v. n. 24810)
	Probatorio (v. n. 80075 e s.)	Sussistenza delle condizioni e valutazione della **idoneità degli elementi probatori** richiesti da alcune norme per l'adozione di specifici regimi fiscali, nei **casi** contenenti l'**esplicito richiamo** a tale tipologia di interpello. Rientrano in tale ambito: – dimostrazione delle condizioni esimenti previste dalle disposizioni sulla tassazione degli utili provenienti da soggetti esteri residenti in paradisi fiscali (v. n. 21924 e s.); – dimostrazione che l'operazione non rientra tra quelle ritenute con finalità elusiva ACE (v. n. 25965); – continuazione del consolidato in caso di operazioni di fusione e/o scissione (v. n. 27710); – dimostrazione delle condizioni esimenti previste in materia di costi black list; – dimostrazione della sussistenza di oggettive situazioni che consentono la non applicazione della disciplina sulle società di comodo (v. n. 35000 e s.); – accesso al consolidato mondiale; – opzione per l'imposta sostitutiva sui redditi prodotti all'estero realizzati da persone fisiche che trasferiscono la propria residenza fiscale in Italia (v. n. 224); – possibilità, per gli enti creditizi, di non applicare il regime Pex alle partecipazioni acquisite nell'ambito di interventi finalizzati al recupero di crediti; – condizioni di accesso al gruppo IVA (v. n. 64510 e s.)
	Anti abuso (v. n. 81485 e s.)	**Applicazione** della disciplina sull'abuso del diritto ad una **specifica fattispecie**
ALTRI TIPI DI INTERPELLO	**Accordi preventivi per imprese con attività internazionale** (v. n. 80180 e s.)	– operazioni internazionali infragruppo (c.d. transfer pricing - v. n. 21645); – trasferimento della residenza all'estero (v. n. 93760 e s.); – trasferimento della residenza in Italia (v. n. 94050 e s.); – stabile organizzazione all'estero di un'impresa residente; – stabile organizzazione in Italia di un soggetto non residente; – erogazione o percezione di dividendi, interessi e royalties e altri componenti reddituali a o da non residenti; – imprese che aderiscono al regime dell'adempimento collaborativo (v. n. 83980 e s.)
	Nuovi investimenti (v. n. 80350 e s.)	Imprese che intendono effettuare investimenti nel territorio dello Stato di ammontare non inferiore a 30 milioni di euro e che abbiano ricadute occupazionali significative
	Regime di adempimento collaborativo (v. n. 83980 e s.)	Imprese di grandi dimensioni che intendono optare per un regime di collaborazione e scambio di informazioni con l'AE al fine di prevenire e risolvere anticipatamente potenziali controversie

A. Di uso comune

(art. 11 L. 212/2000)

Di seguito si illustrano i presupposti e le regole procedurali che si applicano a tutte le tipologie di interpello e di seguito le particolarità che caratterizzano le singole fattispecie. 80005

a. Regole generali

1. Presupposti

CHI PUÒ PRESENTARE L'ISTANZA Possono presentare l'istanza i contribuenti, anche non residenti; i sostituti e i responsabili d'imposta, purché finalizzata a conoscere il trattamento tributario di atti, operazioni o iniziative riconducibili direttamente alla **propria sfera di interessi**. L'interpello può essere presentato da professionisti e associazioni di categoria in relazione a fattispecie riconducibili alla sfera di interessi dei propri assistiti o associati in presenza di specifico mandato; in mancanza, l'istanza può essere trattata nell'ambito della generale attività di consulenza giuridica fornita dall'AE (Circ. AE 1° aprile 2016 n. 9/E e, per gli uffici competenti, Provv. AE 31 maggio 2018). 80006

In merito all'IVA, non sono legittimati a presentare interpello i **consumatori privati** (Circ. AE 1° aprile 2016 n. 9/E).

QUANDO (art. 2 c. 2 D.Lgs. 156/2015) L'istanza va presentata, a pena di inammissibilità, **prima**: 80009
- della scadenza dei termini ordinari previsti per la presentazione della dichiarazione, per gli interpelli in materia di **imposte dirette** e **IVA**;
- dell'assolvimento di altri obblighi tributari aventi ad oggetto (o connessi con) la fattispecie cui si riferisce l'istanza, in caso l'interpello verta su **imposte diverse** (ad **esempio**, imposta di registro per la quale si fa riferimento alla presentazione dell'atto per la registrazione).

L'istanza non deve interferire con attività di controllo, vertenti sulla questione oggetto di interpello e già poste in essere, riferite al contribuente o che producano effetti sullo stesso e di cui questi sia formalmente a conoscenza (Circ. AE 1° aprile 2016 n. 9/E - v. n. 80018).

>Precisazioni 1) La norma non prevede **termine** per la presentazione ma prevede che sia preventiva rispetto al momento in cui si manifesteranno gli effetti del comportamento su cui si chiede il parere ed è pertanto ammissibile l'interpello presentato il giorno prima della scadenza della presentazione della dichiarazione dei redditi (Cass. 22 gennaio 2020 n. 1317).

2) In merito a questioni che hanno rilevanza su **più periodi d'imposta** (ad **esempio**, rilevanza delle spese di ristrutturazione per la detrazione IRPEF), se l'istanza è presentata oltre il termine di scadenza di una dichiarazione interessata dal quesito, la risposta ha rilevanza per le dichiarazioni relative a periodi d'imposta successivi (Circ. AE 1° aprile 2016 n. 9/E) e, salva la necessità di non interferire con attività di controllo in corso, può giustificare la presentazione di dichiarazione rettificativa a favore per i periodi d'imposta precedenti (Risp. AE 5 agosto 2020 n. 245).

CONTENUTO (art. 3 D.Lgs. 156/2015 e art. 4 Provv. AE 4 gennaio 2016) L'istanza deve fare espresso riferimento alle disposizioni che disciplinano il diritto di interpello e deve contenere alcune informazioni necessarie ad inquadrare la fattispecie e il soggetto richiedente. L'assenza di una specifica informazione è regolarizzabile **entro** 30 giorni dal ricevimento della richiesta dell'AF, con le stesse modalità di invio dell'istanza, salvo in due casi la cui assenza comporta l'inammissibilità dell'istanza (v. **tabella**). Se non si provvede a regolarizzazione entro il termine suddetto, l'istanza è dichiarata inammissibile. 80013

La **richiesta** di regolarizzazione è **notificata** o comunicata al contribuente **entro** 30 giorni dalla consegna o ricezione dell'istanza da parte dell'ufficio competente. Se mancano i recapiti del contribuente la notifica è fatta presso quelli risultanti dai registri ufficiali di Pec o dall'anagrafe tributaria.

Informazione	Regolarizzabile?
a) dati identificativi dell'istante ed eventualmente del suo legale rappresentante, compreso il codice fiscale	NO
b) indicazione del tipo di istanza fra quelle esperibili (v. sopra n. 80003)	SÌ
c) la circostanziata e specifica descrizione della fattispecie	NO
d) specifiche disposizioni di cui si richiede l'interpretazione, l'applicazione o la disapplicazione	SÌ
e) esposizione, in modo chiaro e univoco, della soluzione proposta	SÌ
f) indicazione del domicilio e dei recapiti anche telematici dell'istante o dell'eventuale domiciliatario presso il quale devono essere effettuate le comunicazioni dell'AF e deve essere comunicata la risposta	SÌ
g) sottoscrizione (con firma autografa o digitale a seconda della modalità di presentazione - v. n. 80021) dell'istante o del suo legale rappresentante oppure del procuratore generale o speciale incaricato con apposita procura contenuta in calce o a margine dell'atto (oppure allegata)	SÌ

80016 **Allegati e documentazione integrativa** All'istanza deve essere allegata:
– copia della documentazione, rilevante ai fini della risposta, **non in possesso** dell'autorità interpellata o di altre amministrazioni pubbliche indicate dall'istante;
– se la risposta presuppone **accertamenti di natura tecnica**, non di competenza dell'amministrazione procedente, i pareri resi dall'ufficio competente.
L'AF può chiedere **una sola volta** all'interessato di **integrare** la documentazione con gli effetti sui tempi di risposta indicati al n. 80028. Il contribuente deve trasmettere la documentazione integrativa con le modalità di presentazione consentite per l'istanza (preferibilmente su supporto informatico) o, in alternativa, deve esplicitare i motivi della mancata esibizione.
La **mancata integrazione** entro il termine di un anno comporta rinuncia all'interpello, ferma restando la facoltà di presentazione di una nuova istanza, ove ricorrano i presupposti.

> Notizie, dati, informazioni e documenti non forniti a seguito di richiesta in fase di istruttoria dell'istanza possono comunque essere presi in considerazione a favore del contribuente in sede di accertamento e/o contenzioso (art. 6 c. 3 D.Lgs. 156/2015).

80018 **CAUSE DI INAMMISSIBILITÀ** L'istanza è inammissibile nei seguenti casi:

– mancano i dati identificativi dell'istante o del suo legale rappresentante o la circostanziata e specifica descrizione della fattispecie (v. n. 80013); – l'istanza non è preventiva (v. n. 80009); – non ricorrono le obiettive condizioni di incertezza (v. n. 80035); – il contribuente, invitato a integrare le informazioni mancanti, non vi provvede nei termini previsti (v. n. 80013); – è presentata per la medesima questione su cui il contribuente ha già ottenuto un parere, salvo che vengano indicati elementi di fatto o di diritto non rappresentati precedentemente; – verte su materie oggetto di accordi preventivi per imprese con attività internazionale (v. n. 80180), interpello per nuovi investimenti (v. n. 80350) o di adempimento collaborativo (v. n. 83980 e s.); – verte su questioni per le quali sono già state avviate attività di controllo alla data di presentazione dell'istanza di cui il contribuente sia formalmente a conoscenza **(*)**
(*) Compresa anche l'avvenuta presentazione di istanze di rimborso o di annullamento, anche parziale, in autotutela e attività di accertamento tecnico di competenza dell'AF procedente (incluse le attività dell'AE propedeutiche all'attribuzione di una rendita catastale) (Relazione illustrativa) o in caso di fattispecie suscettibili di ripetizione nel tempo, qualora il contribuente abbia subito un controllo per una determinata annualità (Circ. AE 1° aprile 2016 n. 9/E).

2. Procedura

80021 **MODALITÀ DI PRESENTAZIONE** (artt. 1 e 3 Provv. AE 4 gennaio 2016) L'istanza, redatta in forma libera (esente da bollo), può essere presentata con una delle modalità di seguito indicate.

Modalità di presentazione	Firma	Data in cui si intende presentata
consegna a mano	firma autografa in originale	di consegna
raccomandata con avviso di ricevimento	come sopra	risultante dall'avviso di ricevimento postale
posta elettronica certificata (Pec) **(1)**	firma digitale (v. n. 87665) o allegando fotocopia di un documento di identità del sottoscrittore	risultante dalla ricevuta di avvenuta consegna rilasciata dal sistema Pec
servizio telematico fornito dall'AE che richiede l'identificazione informatica **(2)**	si intende sottoscritta in virtù delle modalità di accesso informatico	risultante dalla ricevuta emessa dal sistema telematico
per i soli non residenti che non si avvalgono di un domiciliatario in Italia, posta elettronica ordinaria **(1)**	firma digitale (v. n. 87665) o allegando fotocopia di un documento di identità del sottoscrittore	risultante dalla casella di posta elettronica ordinaria

(1) Per gli indirizzi di posta elettronica v. n. 80024.
(2) Sarà **utilizzabile** a decorrere da un'apposita comunicazione sul sito internet dell'AE (www.agenziaentrate.gov.it) di piena operatività della procedura.

UFFICI COMPETENTI (art. 2 Provv. AE 4 gennaio 2016 modif. da Provv. AE 1° marzo 2018 e Provv. AE 31 maggio 2018) In via ordinaria, l'istanza va **presentata alla** Direzione Regionale competente in relazione al domicilio fiscale del soggetto istante (anche se si tratta di una stabile organizzazione di un soggetto non residente), o, per le istanze concernenti l'imposta ipotecaria dovuta per atti diversi da quelli di natura traslativa, le tasse ipotecarie e i tributi speciali catastali o aventi ad oggetto disposizioni o fattispecie di natura catastale, alla Direzione regionale nel cui ambito opera l'ufficio competente ad applicare la norma oggetto di interpello. **80023**

Per le istanze presentate da **imprese** che conseguono un **volume d'affari** o ricavi **non inferiore a** 100 milioni di euro (art. 27 c. 10 DL 185/2008 conv. in L. 2/2009), da **non residenti** o dalle **amministrazioni centrali** dello Stato e da **enti pubblici a rilevanza nazionale**, risultano competenti i seguenti uffici:

– se relative a **norme entrate in vigore da non oltre** 12 mesi rispetto al momento di presentazione dell'istanza, incluse quelle che modificano istituti già esistenti, Direzione Centrale Coordinamento Normativo di Roma (DCCN);

– negli altri casi, Divisione Contribuenti di Roma (via Giorgione n. 106, 00147, Roma).

> **Precisazioni** 1) L'istanza presentata ad un **ufficio non competente** è trasmessa a quello competente, ma il termine per la risposta decorre dalla data di ricezione da parte di quest'ultimo. La presentazione attraverso servizio telematico o agli indirizzi Pec indicati si considerano comunque presentati agli uffici competenti.
2) Le Direzioni regionali possono inoltrare l'istanza alla Divisione Contribuenti se ritengono che la risposta sia da pubblicare o se l'istanza è complessa o di incerta soluzione. La Divisione Contribuenti risponde direttamente al contribuente, nei termini stabiliti.

80024

Direzioni regionali: indirizzi di Posta elettronica certificata (Pec)	
Abruzzo	dr.abruzzo.gtpec@pce.agenziaentrate.it
Basilicata	dr.basilicata.gtpec@pce.agenziaentrate.it
Bolzano	dp.bolzano.gtpec@pce.agenziaentrate.it
Calabria	dr.calabria.gtpec@pce.agenziaentrate.it
Campania	dr.campania.gtpec@pce.agenziaentrate.it
Emilia Romagna	dr.emiliaromagna.gtpec@pce.agenziaentrate.it
Friuli Venezia Giulia	dr.friuliveneziagiulia.gtpec@pce.agenziaentrate.it
Lazio	dr.lazio.gtpec@pce.agenziaentrate.it
Liguria	dr.liguria.gtpec@pce.agenziaentrate.it
Lombardia	dr.lombardia.gtpec@pce.agenziaentrate.it
Marche	dr.marche.gtpec@pce.agenziaentrate.it
Molise	dr.molise.gtpec@pce.agenziaentrate.it
Piemonte	dr.piemonte.gtpec@pce.agenziaentrate.it
Puglia	dr.puglia.gtpec@pce.agenziaentrate.it

Direzioni regionali: indirizzi di Posta elettronica certificata (Pec)	
Sardegna	dr.sardegna.gtpec@pce.agenziaentrate.it
Sicilia	dr.sicilia.gtpec@pce.agenziaentrate.it
Toscana	dr.toscana.gtpec@pce.agenziaentrate.it
Trento	dp.trento.gtpec@pce.agenziaentrate.it
Umbria	dr.umbria.gtpec@pce.agenziaentrate.it
Valle d'Aosta	dr.valledaosta.gtpec@pce.agenziaentrate.it
Veneto	dr.veneto.gtpec@pce.agenziaentrate.it

DIVISIONE CONTRIBUENTI e DCCN: INDIRIZZI PEC E PEL (posta elettronica ordinaria)	
PEC	interpello@pec.agenziaentrate.it
PEL (solo per i non residenti che non hanno un domiciliatario in Italia)	div.contr.interpello@agenziaentrate.it

80026 **RINUNCIA** (art. 4 Provv. AE 4 gennaio 2016) In pendenza dei termini di istruttoria dell'interpello, il contribuente può presentare una rinuncia sottoscritta al medesimo ufficio competente e con le stesse modalità con cui ha presentato l'istanza di interpello.

---

3. Esito

80028 **RISPOSTA** (art. 11 c. 3 L. 212/2000 e art. 4 D.Lgs. 156/2015) In via ordinaria, la risposta, scritta e motivata, deve essere notificata o comunicata **entro** 120 giorni (90 per l'interpello ordinario) dalla data in cui l'istanza si intende presentata (v. n. 80021) o dalla ricezione da parte dell'AF delle informazioni mancanti (v. n. 80013).
Se è richiesta **documentazione integrativa**, la risposta è resa entro sessanta giorni dalla ricezione della stessa.
In mancanza di una risposta, si applica il silenzio-assenso e si considera accolta la soluzione proposta dal contribuente.
La risposta non è autonomamente impugnabile; si veda, tuttavia, quanto detto al n. 80050 in caso di interpello disapplicativo (art. 6 c. 1 D.Lgs. 156/2015).

> **Precisazioni** 1) La risposta si intende notificata o comunicata al momento della ricezione da parte del contribuente a seconda delle modalità utilizzate (v. **tabella** n. 80021). Le notificazioni/comunicazioni dirette a contribuenti obbligati a dotarsi di Pec o ai contribuenti che pur non essendo obbligati hanno indicato nell'istanza un indirizzo Pec, sono effettuate attraverso questo canale (art. 7 Provv. AE 4 gennaio 2016).
> 2) Le risposte rese a decorrere dal 1° settembre 2018 (sia alle istanze di interpello che quelle di consulenza giuridica) sono **pubblicate** in apposita sezione del sito internet dell'Agenzia delle Entrate; quelle che contengono chiarimenti interpretativi del tutto nuovi, modificano l'orientamento adottato in precedenti documenti di prassi amministrativa, garantiscono maggiore uniformità di comportamento, continuano ad essere pubblicate sotto forma di risoluzioni o circolari (Provv. AE 7 agosto 2018).

80030 **EFFETTI** La presentazione delle istanze **non ha** effetto sulle scadenze previste dalle norme tributarie, né sulla decorrenza dei termini di decadenza e non comporta interruzione o sospensione dei termini di prescrizione (art. 11 c. 5 L. 212/2000).
La risposta scritta o il silenzio-assenso, vincolano tutti gli organi dell'AF, con esclusivo riferimento alla questione oggetto dell'istanza e limitatamente al richiedente, anche per i comportamenti successivi riconducibili alla fattispecie oggetto di interpello. Gli **atti**, anche a contenuto impositivo o sanzionatorio, **difformi** da essa sono nulli.
L'AE può **rettificare** la soluzione interpretativa fornita (con precedente risposta o con silenzio-assenso) con valenza esclusivamente per il futuro (art. 11 c. 3 L. 212/2000). Pertanto, gli effetti sono diversi a seconda che alla **ricezione della risposta** rettificativa il contribuente abbia o meno posto in essere il comportamento prospettato nell'istanza conformandosi al precedente parere dell'AE (formatosi anche con silenzio-assenso) (Circ. AE 1° aprile 2016 n. 9/E):
– nel primo caso, sono comunque nulli gli eventuali atti impositivi o sanzionatori fondati sul diverso parere contenuto nella rettifica;
– nel secondo caso, l'AE può recuperare le imposte eventualmente dovute e gli interessi, senza, però, applicare sanzioni.

b. Regole specifiche

1. Ordinario
(art. 11 c. 1 lett. a L. 212/2000)

È attivabile per ottenere dall'AF una risposta riguardante **fattispecie concrete e personali** relativamente all'applicazione di disposizioni tributarie in tutti i casi in cui vi siano condizioni di **obiettiva incertezza** circa: 80035
- la corretta **interpretazione** delle disposizioni stesse;
- la corretta **qualificazione di fattispecie** alla luce delle disposizioni tributarie ad esse applicabili. Rientrano in tale ambito, ad esempio: la qualificazione delle spese di pubblicità e/o rappresentanza (v. n. 23315 e n. 23335); la valutazione della sussistenza di un'azienda; la valutazione della sussistenza di una stabile organizzazione all'estero, esclusivamente ai fini dell'esenzione degli utili e delle perdite.

Non è possibile ricorrere a questo tipo di interpello nei casi per cui è attivabile l'accordo preventivo per imprese con attività internazionale (v. n. 80180 e s.) o di interpello per nuovi investimenti di ingente ammontare (v. n. 80350 e s.).

Le condizioni di obiettiva incertezza si ritengono sussistenti per **fattispecie non ricorrenti** o **complesse** e, in ogni caso, **non sussistono** quando l'AF ha compiutamente fornito la soluzione, per fattispecie corrispondenti a quella rappresentata dal contribuente mediante atti resi pubblici (art. 11 c. 4 L. 212/2000). Ad **esempio**, circolari, risoluzioni, istruzioni o note, portate a conoscenza mediante pubblicazione nella banca dati «Documentazione tributaria», consultabile attraverso i siti Internet dell'AE (www.agenziaentrate.gov.it) e del MEF (www.finanze.it). 80036

L'interpello non può avere ad oggetto **accertamenti di tipo tecnico**, ad esempio, operazioni di classamento o accertamenti circa la qualificazione di opere di urbanizzazione primaria o secondaria di un determinato bene rilevante ai fini IVA né **accertamenti di fatto** come quelli collegati alla residenza delle persone fisiche o giuridiche o la verifica della sussistenza di un'autonoma organizzazione ai fini dell'IRAP (Ris. AE 28 settembre 2016 n. 82/E) o l'accertamento della natura illecita di un provento. 80037
Nel caso di interpelli **multidisciplinari**, che coinvolgono sia questioni fiscali che tecniche (Circ. AE 23 dicembre 2020 n. 31/E):
- se il quesito è solo tecnico, l'interpello è inammissibile;
- se il quesito è sia tecnico che fiscale e il contribuente ha già acquisito un parere tecnico dal competente Ufficio (es. MISE): l'interpello è ammissibile e trattato ordinariamente;
- se il quesito è sia tecnico che fiscale e il contribuente non ha acquisito un parere tecnico: l'AE si pronuncia solo su questioni tributarie la risposta fornita assume acriticamente gli elementi rappresentati dal contribuente in ordine ai profili di carattere tecnico (non fiscali).

Possono essere multidisciplinari, ad **esempio**, gli interpelli in **materia di credito d'imposta**: ricerca e sviluppo; per ricerca, sviluppo, innovazione e design; investimenti in beni strumentali materiali tecnologicamente avanzati e in beni strumentali immateriali funzionali ai processi di trasformazione 4.0; formazione 4.0; investimenti nel mezzogiorno; investimenti in start-up innovative; attività di consulenza relative al processo di quotazione delle PMI.

Risposta (Circ. AE 1° aprile 2016 n. 9/E) Si rinvia a quanto detto al n. 80028. Tuttavia, se nell'indicazione del tipo di istanza il contribuente valorizza la presenza di due o più quesiti strettamente consequenziali riconducibili a **tipologie di interpello diverse** da quello ordinario, la risposta è unica ed è resa nel maggior termine di 120 giorni, senza che si determini, decorsi 90 giorni, il silenzio-assenso rispetto ai quesiti interpretativi o qualificatori contenuti nell'istanza. 80038

2. Disapplicativo
(art. 11 c. 2 L. 212/2000)

Il soggetto interessato (v. n. 80006) può chiedere la disapplicazione di norme che, allo scopo di contrastare comportamenti elusivi, **limitano** deduzioni, detrazioni, crediti d'imposta e altre 80040

posizioni soggettive altrimenti riconosciute dall'ordinamento tributario, fornendo la dimostrazione che, nel caso specifico, tali effetti non possono verificarsi.
La disapplicazione effettuata **senza presentare** interpello comporta l'applicazione della sanzione da euro 2.000 a euro 21.000, raddoppiata se l'AF disconosce la disapplicazione delle norme (art. 11 c. 7 ter D.Lgs. 471/97), senza possibilità di ricorrere al ravvedimento (Circ. AE 1° aprile 2016 n. 9/E).
Per i presupposti e la procedura di presentazione dell'interpello si rinvia a quanto detto al n. 80006 e s. con le **particolarità** di seguito illustrate.

Non sono in ogni caso disapplicabili le disposizioni che stabiliscono la deduzione forfettaria delle spese per mezzi di trasporto o le norme che regolano la residenza delle persone fisiche o giuridiche (Circ. AE 1° aprile 2016 n. 9/E).

80050 **RISPOSTA** (art. 11 c. 2 e 3 L. 212/2000) In via ordinaria, la risposta, scritta e motivata, deve essere resa **entro** 120 giorni; in mancanza opera il principio del silenzio-assenso. Se sono richiesti documenti integrativi vale quanto detto al n. 80028.
In caso di risposta **negativa**, il contribuente può comunque:
– fornire la dimostrazione dell'assenza di effetti elusivi anche ai fini dell'accertamento in sede amministrativa e contenziosa;
– proporre **ricorso** avverso la risposta **unitamente all'atto impositivo** (art. 6 c. 1 D.Lgs. 156/2015) se eventuali vizi della prima hanno influenzato la legittimità del secondo (ad esempio, se l'atto impositivo è motivato per relationem alla risposta).

80052 **EFFETTI IN CASO DI ACCERTAMENTO** L'eventuale atto di accertamento deve essere **preceduto**, a pena di nullità, da una richiesta di chiarimenti, da fornire entro 60 giorni, notificata con le modalità ed entro i termini previsti per l'avviso di accertamento (v. n. 81040 e s.). Se tra la data di ricevimento dei chiarimenti (o di inutile decorso dei 60 giorni) e quella di decadenza del termine di notificazione dell'avviso di accertamento intercorrono meno di 60 giorni, quest'ultimo termine è automaticamente prorogato fino a concorrenza dei 60 giorni.
L'avviso di accertamento deve essere **specificamente motivato**, a pena di nullità, anche in relazione ai chiarimenti forniti dal contribuente (art. 6 c. 2 D.Lgs. 156/2015).

---

3. Probatorio
(art. 11 c. 1 lett. b L. 212/2000)

80075 Il soggetto interessato (n. 80006) può ricorrere a questo tipo di interpello per verificare l'**idoneità** degli elementi probatori richiesti per l'adozione o meno dei seguenti regimi fiscali:
– agevolazione ACE, per dimostrare che una data operazione non rientra tra quelle ritenute con finalità elusiva (n. 25965).
– continuazione del consolidato in caso di operazioni di fusione e/o scissione (n. 27710);
– società di comodo, per dimostrare la sussistenza di oggettive situazioni che consentono la non applicazione della disciplina (v. n. 35000 e s.);
– tassazione dei dividenti provenienti da «paradisi fiscali» (n. 21924), per dimostrare l'esistenza delle condizioni esimenti previste dalle relative disposizioni;
– costi black list, per dimostrare l'esistenza delle condizioni esimenti previste dalle relative disposizioni;
– opzione per non applicare il regime Pex alle partecipazioni acquisite nell'ambito di interventi finalizzati al recupero di crediti da parte degli enti creditizi;
– accesso al consolidato mondiale;
– opzione per l'imposta sostitutiva sui redditi prodotti all'estero realizzati da persone fisiche che trasferiscono la propria residenza fiscale in Italia (n. 224);
– condizioni di accesso al gruppo IVA (n. 64510 e s.)

Il contribuente può comunque decidere di non applicare una determinata disciplina senza interpellare l'AE o pur avendo avuto risposta negativa, indicando la circostanza in dichiarazione dei redditi. In mancanza, è soggetto a specifica sanzione (v. n. 86950).

80080 Per i presupposti e la procedura di presentazione dell'interpello si rinvia a quanto detto al n. 80006 e s.
Il **termine** per la risposta è 120 giorni e vale il silenzio-assenso. La risposta non è impugnabile.

B. Altri interpelli

a. Accordi preventivi per imprese con attività internazionale

(art. 31 ter DPR 600/73 e Provv. AE 21 marzo 2016)

Le imprese con attività internazionale possono presentare all'AE una richiesta finalizzata alla stipula di accordi preventivi con l'AF su specifiche materie (v. **tabella** n. 80182). Si tratta delle seguenti **tipologie di imprese**: 80180
- che pongono in essere operazioni internazionali infragruppo;
- il cui patrimonio, fondo o capitale è partecipato da soggetti non residenti;
- che partecipano al patrimonio, fondo, capitale di soggetti non residenti;
- che esercitano l'attività tramite S.O. in altro Stato;
- non residenti che esercitano la propria attività in Italia tramite S.O.

Prima di presentare la richiesta di accordo preventivo, l'impresa può chiedere un incontro con l'Ufficio per ottenere, anche in forma anonima, chiarimenti e indicazioni in merito alla procedura.

Se necessario, l'AE richiede l'attivazione degli strumenti di **cooperazione internazionale** tra amministrazioni fiscali.

> La procedura **sostituisce** definitivamente quella del c.d. «ruling internazionale» e si applica anche ai procedimenti avviati e non conclusi al 21 marzo 2016.

PRESENTAZIONE E CONTENUTO DELLA RICHIESTA La richiesta di accordo, redatta in carta libera, va presentata, **tramite** raccomandata A/R o consegna diretta, **all'Ufficio Accordi preventivi e controversie internazionali** dell'AE, Direzione Centrale Accertamento, Settore internazionale, sezione di Roma, via Giorgione n. 106, oppure, sezione di Milano via Manin 25. 80182

La richiesta deve **contenere**, a pena di inammissibilità, le informazioni e i documenti di seguito elencati, **oltre a** informazioni e documenti specifici a seconda del tipo di operazione per cui è presentata (v. **tabella**):
- denominazione, sede legale, P.IVA o Cod. Fisc.;
- chiara indicazione dell'oggetto dell'accordo preventivo;
- documentazione allegata, atta a comprovare il possesso dei requisiti;
- firma del legale rappresentante o di altra persona munita dei poteri di rappresentanza;
- in caso di presentazione da parte di un soggetto non residente, indirizzo della S.O. ed eventuale domiciliatario nazionale per la procedura.

Casistica	Area di intervento	Contenuti specifici
operazioni internazionali infragruppo (c.d. transfer pricing - v. n. 21645)	preventiva definizione dei metodi di calcolo del valore normale	– sintetica descrizione delle operazioni, con indicazione dettagliata dei beni o servizi oggetto delle stesse; – le società non residenti con le quali le operazioni sono effettuate e le ragioni per le quali il rapporto intercorrente tra di esse e l'impresa residente configura ipotesi di transfer pricing; – criteri e metodi di determinazione del valore normale delle operazioni e le ragioni per cui essi sono ritenuti conformi alla normativa e alla disciplina di riferimento; – relativa documentazione illustrativa (facoltativo)
trasferimento della residenza all'estero (v. n. 93760 e s.)	preventiva definizione dei valori di uscita	– Stato di trasferimento o di provenienza; – indicazione dettagliata dei componenti dell'azienda o del complesso aziendale in uscita e delle attività e passività in ingresso, da e nel territorio dello Stato; – criteri e metodi di valorizzazione dei componenti dell'azienda o del complesso aziendale in uscita e/o delle attività e passività in ingresso, da e nel territorio dello Stato, e le ragioni per cui si ritiene che essi siano conformi alla normativa e alla disciplina di riferimento; – relativa documentazione illustrativa (facoltativo)
trasferimento della residenza in Italia (v. n. 94050 e s.)	preventiva definizione dei valori di ingresso	

Casistica	Area di intervento	Contenuti specifici
stabile organizzazione all'estero di un'impresa residente	applicazione ad un caso concreto di norme anche di origine convenzionale concernenti l'attribuzione di utili e perdite alla stessa	– sintetica descrizione delle operazioni realizzate con indicazione dettagliata del caso concreto in relazione al quale si richiede la procedura di accordo preventivo; – elementi identificativi della S.O. in un altro Stato dell'impresa italiana istante o, in caso di presentazione dell'istanza da parte dell'impresa non residente, indirizzo della S.O. in Italia e eventuale domiciliatario in Italia per la procedura; – soluzione che si intende adottare sul piano applicativo della normativa di riferimento e le ragioni per cui si ritiene che essa sia conforme alle norme di legge; – relativa documentazione economica, patrimoniale e finanziaria (facoltativo)
stabile organizzazione in Italia di un soggetto non residente che abbia intenzione di esercitare la propria attività in Italia entro il periodo d'imposta successivo a quello di presentazione dell'istanza	applicazione ad un caso concreto di norme anche di origine convenzionale concernenti l'attribuzione di utili e perdite alla stessa	
	valutazione preventiva della sussistenza o meno dei requisiti che configurano una S.O., tenuto conto dei criteri previsti dall'art. 162 DPR 917/86 e delle Convenzioni internazionali	– descrizione dettagliata del caso concreto in relazione al quale si richiede l'accordo preventivo; – documentazione atta ad illustrare in maniera circostanziata le iniziative poste in essere e le nuove attività che si intendono intraprendere; – ragioni di fatto e di diritto per le quali l'impresa istante ritiene che, nel caso di specie, sia possibile configurare o escludere l'esistenza di una S.O. situata in Italia alla luce dei criteri previsti dall'art. 162 DPR 917/86 e dalle Convenzioni, rilevanti nella fattispecie; – relativa documentazione illustrativa (facoltativa)
erogazione o percezione di dividendi, interessi e royalties e altri componenti reddituali a o da non residenti	applicazione ad un caso concreto di norme anche di natura convenzionale	– descrizione dettagliata del caso concreto in relazione al quale si richiede l'accordo preventivo; – i soggetti non residenti, destinati a percepire o erogare i componenti reddituali; – soluzione che si intende adottare sul piano applicativo della normativa di riferimento e le ragioni per cui si ritiene che essa sia conforme alle norme di legge; – relativa documentazione illustrativa (facoltativa)
imprese che aderiscono al regime dell'adempimento collaborativo (v. n. 83980 e s.)	possibilità di collaborare e scambiare informazioni con l'AE	(per la trattazione v. n. 83980 e s.)

80186 **SVOLGIMENTO E CONCLUSIONE DELLA PROCEDURA** **Entro** 30 giorni dal ricevimento, l'Ufficio comunica all'impresa l'accoglimento della richiesta o, se non è posto in condizione di verificare la sussistenza delle informazioni necessarie (v. sopra), comunica l'improcedibilità concedendo almeno 30 giorni per l'integrazione. Se **mancano** le informazioni o i documenti necessari (v. sopra) o l'impresa non provvede all'integrazione richiesta o la documentazione integrativa non è considerata idonea, l'Ufficio dichiara inammissibile la domanda di accordo.

Il procedimento, in ogni caso, deve concludersi entro 180 giorni dal ricevimento dell'istanza; se l'Ufficio ha richiesto l'attivazione degli strumenti di cooperazione internazionale il termine è sospeso per un periodo di tempo pari a quello necessario per l'ottenimento delle informazioni richieste all'AF del Paese a cui si è chiesta la collaborazione.

La procedura si **perfeziona** con la sottoscrizione, del responsabile dell'Ufficio e del legale rappresentante dell'impresa, di un accordo **vincolante** per le parti che resta in vigore per il periodo d'imposta nel corso del quale è stipulato e per i quattro successivi, salvo che intervengano mutamenti rilevanti.

Nei periodi d'imposta di validità dell'accordo, l'AF ha **poteri di accertamento** solo per questioni diverse da quelle oggetto dell'accordo stesso.

>**Precisazioni** 1) Nei periodi successivi, l'accordo può essere (artt. 8-10 Provv. AE 21 marzo 2016):
– **modificato**, se risultano cambiate le condizioni in base alle quali è stato a suo tempo perfezionato;
– **risolto**, in caso di violazione totale o parziale dello stesso;
– **rinnovato**, su richiesta dell'impresa.

2) Se l'accordo preventivo consegue ad accordi conclusi con le autorità competenti di Stati esteri a seguito di **procedure amichevoli**, esso vincola le parti in base a quanto ivi stabilito, **a decorrere** da periodi d'imposta precedenti purché non anteriori al periodo d'imposta in corso alla data di presentazione dell'istanza da parte del contribuente.
Se le circostanze di fatto e di diritto a base dell'accordo ricorrono per uno o più periodi d'imposta precedenti alla stipula ma non anteriori a quello in corso alla data di presentazione dell'istanza, il contribuente può far valere retroattivamente l'accordo. In tal caso, se si rende necessario rettificare il comportamento adottato, può ricorrere al ravvedimento o alla presentazione della dichiarazione integrativa a favore senza applicazione di sanzioni (art. 31 ter c. 2 e 3 DPR 600/73).

b. Interpello su nuovi investimenti

(art. 2 D.Lgs. 147/2015, DM 29 aprile 2016, Provv. AE 20 maggio 2016, Circ. AE 1° giugno 2016 n. 25/E)

Si tratta di un interpello riservato alle imprese che intendono effettuare investimenti **in Italia** di **ammontare non inferiore** a 20 milioni di euro e che abbiano ricadute occupazionali significative in relazione all'attività in cui avviene l'investimento e durature. **80350**
L'**investimento** può coinvolgere, a titolo esemplificativo:
- la realizzazione di nuove attività economiche o l'ampliamento di attività economiche preesistenti;
- la diversificazione della produzione di un'unità produttiva esistente;
- la ristrutturazione di un'attività economica esistente al fine di consentire all'impresa il superamento o la prevenzione di una situazione di crisi;
- le operazioni aventi ad oggetto le partecipazioni in un'impresa.

Per la determinazione del **valore** dell'investimento, occorre tenere in considerazione tutte le risorse finanziarie, anche di terzi, necessarie all'impresa per l'attuazione del piano di investimento. Nel caso di investimenti realizzati da **gruppi di società** (tra cui vi sono rapporti di controllo o collegamento) o raggruppamenti di imprese (reti, consorzi, distretti produttivi, joint ventures, ATI, GEIE) occorre tenere in considerazione il valore complessivo dell'investimento unitario, dato dalla somma del valore dei singoli investimenti di tutti i soggetti partecipanti all'iniziativa.
Per la **verifica della soglia minima** dell'investimento, l'istante deve illustrare il metodo prescelto per la relativa quantificazione monetaria.

> **›Precisazioni 1)** Sono ammessi alla presentazione dell'istanza anche i **soggetti non esercenti** attività commerciali nella misura in cui effettuino un investimento che determini la creazione di una nuova attività imprenditoriale oppure la partecipazione al patrimonio di un'impresa.
> **2)** Sono considerate investimento anche le fattispecie riconducibili al **leveraged buy out** che consistono in una serie complessa di operazioni (costituzione di una newco e sottoscrizione di un contratto di finanziamento, operazioni di share deal, fusione fra società o esercizio dell'opzione per il consolidato).

Modalità di presentazione e contenuto dell'istanza L'istanza, redatta in carta libera (in lingua italiana), va **presentata,** prima di porre in essere il comportamento fiscalmente rilevante (v. n. 80009), all'apposito ufficio Divisione Contribuenti di Roma, direttamente, tramite raccomandata A/R, oppure tramite Pec (interpello@pec.agenziaentrate.it) o posta elettronica ordinaria (div.contr.interpello@agenziaentrate.it) se si tratta di non residenti che non hanno eletto domicilio in Italia (Provv. AE 1° marzo 2018). **80352**
Deve **contenere** le informazioni indicate in **tabella** e occorre allegare la documentazione rilevante ai fini della risposta non in possesso dell'amministrazione procedente o di altre pubbliche amministrazioni indicate dall'interessato (la documentazione può essere fornita anche in inglese, francese, spagnolo o tedesco).
In presenza di **questioni tecniche**, si applica quanto detto al n. 80037.

dati identificativi dell'istante (di tutti i soggetti partecipanti all'investimento) **(*)**	– denominazione, legale rappresentante, sede legale (domicilio fiscale, se diverso dalla sede legale), codice fiscale o partita IVA (o altro codice di identificazione soggetto estero), recapiti, anche telematici, del domiciliatario per la procedura di interpello presso cui si richiede di inoltrare le comunicazioni; – sottoscrizione dell'istante o del suo legale rappresentante o di un procuratore incaricato (con procura allegata o risultante in calce o a margine)

descrizione dettagliata del piano di investimento (o piano di risanamento e piano d'azione in caso di impresa in crisi), con riferimento al trattamento fiscale dello stesso e alle operazioni societarie pianificate per la relativa attuazione **(*)**	– ammontare dell'investimento e metodologia seguita per la quantificazione; – tempi e modalità di realizzazione; – ricadute occupazionali significative e durature, in termini di aumento o mantenimento del livello occupazionale, da valutare in relazione all'attività in cui avviene l'investimento; – riflessi, anche quantitativi, dell'investimento sul sistema fiscale italiano
soluzione interpretativa prospettata dall'istante ed eventuali richieste	– esposizione, in modo chiaro e univoco, del trattamento fiscale che si ritiene corretto in relazione al piano di investimento, con esplicitazione delle soluzioni e dei comportamenti che l'istante intende adottare in relazione alla sua attuazione; – specifiche disposizioni tributarie di cui si richiede l'interpretazione o in relazione alle quali si chiede di valutare l'eventuale abusività delle operazioni connesse al piano di investimento; – specifiche disposizioni antielusive delle quali si chiede la disapplicazione e specifici regimi o istituti ai quali si chiede di avere accesso
(*) L'assenza delle informazioni può essere sanata entro 30 giorni dall'invito da parte dell'AE; in mancanza, l'istanza è inammissibile.	

80354 **Procedimento** L'AE deve fornire **risposta** entro 120 giorni dal ricevimento dell'istanza, prorogabili, in caso di necessità di acquisire ulteriori informazioni, di altri 90 giorni decorrenti dalla data di acquisizione delle informazioni. Se è chiesta l'integrazione delle informazioni mancanti da sanare entro 30 giorni, il termine per la risposta iniziano a decorrere dal giorno in cui la regolarizzazione è effettuata.
In **mancanza** di risposta nei termini, scatta il silenzio-assenso.

Se necessario, l'AE può accedere presso la sede di svolgimento dell'attività dell'impresa, in tempi concordati, per acquisire le informazioni necessarie a fornire la risposta.

80356 **Effetti** Il contenuto della risposta (in caso di silenzio-assenso, l'interpretazione prospettata dall'impresa) vincola l'AE e resta **valida** finché restano invariate le circostanze di fatto e di diritto sulla base delle quali la stessa è stata resa. L'AE può verificare l'**assenza di variazioni** e la corretta applicazione della risposta tramite gli ordinari poteri istruttori.
Ogni atto (anche di carattere impositivo o sanzionatorio) emanato dall'AE in difformità al contenuto della risposta (anche desunto) è nullo, fermo restando l'esercizio degli ordinari poteri di controllo in relazione a questioni diverse a quelle oggetto di parere; a tal fine, gli uffici che effettuano i controlli, prima di redigere un processo verbale di constatazione o altro atto a contenuto impositivo o sanzionatorio, devono interpellare l'Ufficio competente a rendere la risposta per il necessario coordinamento.
La **risposta** non è impugnabile; tuttavia, se l'istanza comprende anche un **interpello disapplicativo**, si applica quanto detto al n. 80050 e al n. 80052.

>Precisazioni 1) La presentazione dell'istanza non ha effetto sulle **scadenze** previste dalle norme tributarie, né sulla decorrenza dei **termini** di **decadenza** e non comporta interruzione o sospensione dei termini di prescrizione.
2) L'impresa che si **conforma alla risposta** può accedere all'istituto dell'adempimento collaborativo al ricorrere dei requisiti previsti, a prescindere dall'ammontare del volume d'affari (v. n. 83980 e s.).

II. Autotutela

(art. 2 quater DL 564/94 conv. in L. 656/94 e DM 11 febbraio 1997 n. 37)

80400 L'autotutela consiste nel potere dell'AF di intervenire, **autonomamente** o **su istanza** del contribuente (in carta semplice o attraverso i call center), per porre rimedio a un errore che danneggia il contribuente, annullando o modificando un proprio precedente atto, senza la necessità di decisione del giudice.

L'autotutela si configura anche come potere di **revoca** e di **rinuncia** all'imposizione in caso di autoaccertamento nonché di **sospensione degli effetti** dell'atto che appare illegittimo o infondato.

UFFICIO COMPETENTE Il potere di autotutela spetta all'Ufficio che ha emanato l'atto illegittimo o che è competente per gli accertamenti d'ufficio. In **caso di grave inerzia**, può intervenire anche la Direzione regionale dalla quale l'ufficio stesso dipende. **80402**
Le Regioni, le Province e i Comuni indicano, secondo i rispettivi ordinamenti, gli organi competenti per l'esercizio del potere di autotutela relativamente agli atti relativi ai tributi di loro competenza.

CAMPO DI APPLICAZIONE L'AF può procedere, in tutto o in parte, all'annullamento o alla rinuncia all'imposizione, anche senza necessità di istanza di parte, qualora sussista **una delle seguenti ipotesi**: **80404**
a) errore di persona o evidente errore logico o di calcolo o errore sul presupposto dell'imposta;
b) doppia imposizione;
c) mancata considerazione di pagamenti di imposta, regolarmente eseguiti;
d) mancanza di documentazione successivamente sanata, non oltre i termini di decadenza;
e) sussistenza dei requisiti per fruire di deduzioni, detrazioni, regimi agevolativi precedentemente negati;
f) errore materiale del contribuente, facilmente riconoscibile dall'AF.
L'elenco è **puramente indicativo** perché qualsiasi atto sbagliato va annullato subito, senza perdere tempo.
Se i vizi oggetto di autotutela non incidono sulla validità dell'atto (ad es. per un mero errore di calcolo) l'autotutela può essere **parziale** e quindi l'atto medesimo non è annullato ma solo rettificato.

L'autotutela può essere utilizzata anche **in modo preventivo** dal **contribuente** che, lette le rilevazioni dei verificatori sul **processo verbale**, vuole evitare l'emissione di un atto impositivo annullabile perché basato su presunzioni infondate.

Pendenza del giudizio o definitività della sentenza L'AF può ricorrere al potere di autotutela anche in situazioni di pendenza del giudizio o di non impugnabilità della sentenza (es. atti non suscettibili di impugnazione, scadenza dei termini per ricorrere o impugnare). **80406**
Non si può procedere, invece, all'annullamento d'ufficio o alla rinuncia all'imposizione per i soli casi sui quali sia intervenuta una **sentenza passata in giudicato favorevole all'AF** e che si sia pronunciata sul merito del rapporto tributario cui inerisce l'atto che si vorrebbe annullare (Circ. Min. 5 agosto 1998 n. 198).
L'annullamento o la rinuncia all'imposizione resta invece praticabile per motivi di illegittimità diversi da quelli esaminati e respinti dai giudici.

Non costituiscono, pertanto, limiti al potere di annullamento (Circ. Min. 8 luglio 1997 n. 195/E):
a) la sentenza passata in giudicato che abbia accertato solo l'esistenza di **ragioni pregiudiziali** (irricevibilità, difetto di giurisdizione, incompetenza, inammissibilità, improcedibilità), le quali hanno precluso al giudice ogni esame nel merito del rapporto tributario e, quindi, ogni pronuncia sul punto;
b) l'intervenuta definitività dell'atto per effetto dell'**inutile decorso dei termini** previsti per la relativa impugnazione;
c) il **tempo**, più o meno lungo, **trascorso dall'emanazione dell'atto**.

ISTANZA Il contribuente può presentare istanza di autotutela per l'annullamento o la rinuncia all'imposizione, indirizzandola all'Ufficio che ha emesso l'atto. **80410**
Se l'istanza è inviata ad **Ufficio incompetente**, questo è tenuto a trasmetterla a quello competente, dandone comunicazione al contribuente.
Secondo l'orientamento prevalente, l'istanza del contribuente non determina, per l'AF, alcun obbligo giuridico di provvedere e, tanto meno, di provvedere nel senso prospettato dal contribuente stesso (Circ. Min. 8 luglio 1997 n. 195/E, Cass. SU 27 marzo 2007 n. 7388 e Cass. 26 gennaio 2007 n. 1710). Tuttavia, per motivi di opportunità e di trasparenza, nonché di necessaria correttezza nei confronti dei contribuenti, gli uffici sono stati esortati, anche nelle ipotesi di non accoglimento delle istanze di parte per l'accertata insussistenza delle ragioni addotte, a **comunicare agli interessati** l'esito dell'intervenuto riesame dell'atto contestato enunciando, anche succintamente, i motivi del rigetto (DRE Lombardia 16 novembre 1999 n. 3/82993/dir).

Esiste anche una **tesi contraria**, secondo cui, a seguito dell'istanza, l'AF ha il **dovere** di effettuare una nuova valutazione del proprio operato, anche alla luce degli elementi di fatto e di diritto addotti dal soggetto istante. Se il provvedimento di autotutela non viene tempestivamente adottato, al punto di costringere il privato ad affrontare spese legali per proporre ricorso e per ottenere per questa via l'annullamento dell'atto, la responsabilità dell'AF è innegabile (Cass. 19 gennaio 2010 n. 698).

80415 **Call center**

Il contribuente può attivare l'autotutela anche tramite appositi centri di assistenza telefonica (c.d. call center) che, oltre a svolgere le normali mansioni di servizio di informazione e assistenza telefonica, sono autorizzati, nei casi più semplici, ad annullare o rettificare le comunicazioni inviate a seguito di liquidazione automatizzata delle dichiarazioni (art. 36 bis DPR 600/73, art. 54 bis DPR 633/72).
I consulenti telefonici possono intervenire nei **seguenti casi**: errori di compilazione della dichiarazione facilmente riconoscibili; eccedenza d'imposta non confermata dal sistema informativo; versamenti; nonché, previa acquisizione della relativa documentazione probatoria, correzione degli importi degli oneri deducibili e detraibili, delle ritenute d'acconto e dei crediti d'imposta calcolati a seguito di controllo formale. La documentazione può essere trasmessa dal contribuente anche tramite fax.
I call center rispondono al seguente **numero telefonico** 800.909.696 (da fisso) o 0696668907 (da cellulare), dal lunedì al venerdì dalle ore 9 alle ore 17.

80420 **ESITO** Dell'eventuale **annullamento o rinuncia** all'imposizione (anche parziale) è data comunicazione al contribuente, all'organo giurisdizionale davanti al quale sia eventualmente pendente il relativo contenzioso nonché, in caso di annullamento disposto in via sostitutiva, all'Ufficio che ha emanato l'atto.
Il **diniego** di autotutela può consistere in un **provvedimento espresso**, emesso dall'AF e notificato al contribuente oppure in un **rifiuto tacito**, secondo lo schema del silenzio-rifiuto.

> **Precisazioni** 1) La possibilità di ritenere operante l'istituto del **silenzio-rifiuto** è comunque controversa:
– secondo un orientamento, la natura discrezionale dell'autotutela esclude la possibilità che si formi il silenzio-rifiuto o il silenzio-assenso (Cass. SU 27 marzo 2007 n. 7388, DRE Lombardia 16 novembre 1999 n. 3/82993/dir);
– secondo un'altra tesi, invece, la natura discrezionale non impedisce la formazione del silenzio-rifiuto (Cass. SU 10 agosto 2005 n. 16776, Circ. Istituto di Ricerca del consiglio nazionale dei commercialisti 10 novembre 2008 n. 7/IR).
2) Se accanto all'istanza di autotutela era stato proposto ricorso alla CGT 1°, l'eventuale suo accoglimento può consentire al contribuente di farsi riconoscere dal giudice ordinario (giudice di pace o Tribunale, a seconda dell'entità del danno richiesto) il **risarcimento del danno sopportato** per ottenere in via giurisdizionale l'annullamento di un provvedimento amministrativo, non dichiarato illegittimo in via di autotutela (o dichiarato tale in grave ritardo) (Cass. 24 ottobre 2011 n. 21963, Cass. 19 gennaio 2010 n. 698).

80425 **Rifiuto** Si discute se il rifiuto sia o meno impugnabile; in proposito, l'AE e alcune sentenze della Cassazione lo ritengono **non impugnabile** (Cass. 5 marzo 2015 n. 4458, Cass. 3 luglio 2012 n. 11127, Cass. SU 6 febbraio 2009 n. 2870), mentre altre sentenze ritengono che sia **impugnabile** dinanzi le Corti tributarie, ferma restando la natura discrezionale del potere di autotutela (es. Cass. 24 maggio 2013 n. 12930, Cass. SU 23 aprile 2009 n. 9669). Altre sentenze ancora, invece, ritengono che sia impugnabile ma solo per un controllo sulla legittimità del rifiuto, per la sua rispondenza o meno all'interesse pubblico (Cass. 26 settembre 2019 n. 24033, Cass. 20 novembre 2015 n. 23765, Cass. 5 novembre 2014 n. 23628).
Secondo la Corte costituzionale e la GdF il rifiuto tacito non è impugnabile in quanto non esiste un dovere dell'AF di pronunciarsi sull'istanza di autotutela e, mancando tale dovere, il silenzio su di essa non equivale a inadempimento né può essere considerato un diniego, in mancanza di una norma specifica che così lo qualifica (C.Cost. 13 luglio 2017 n. 181 e Circ. GdF 27 novembre 2017 n. 1/2018).

80428 **Accoglimento** L'annullamento o la revoca dell'atto travolgono necessariamente ed automaticamente tutti gli altri atti ad esso consequenziali (ad esempio, il ritiro di un avviso di accertamento determina automaticamente la nullità delle cartelle di pagamento emesse in base all'avviso stesso) e comporta l'**obbligo di restituzione** delle somme indebitamente riscosse (Circ. Min. 5 agosto 1998 n. 198).

Nel caso in cui l'**annullamento** di un atto in via di autotutela sia illegittimo, perché **privo dell'autorizzazione** della direzione generale delle Entrate (richiesta perché l'importo in discussione era superiore al limite di € 516.456,90), l'**atto impositivo originario** non rivive automaticamente, ma per far valere la pretesa tributaria occorre emettere un nuovo atto di accertamento sostitutivo del precedente, nel rispetto dei termini previsti per il suo compimento (Cass. 8 ottobre 2013 n. 22827).

Tuttavia, se i vizi non incidono sulla validità dell'atto (ad es. per un mero errore di calcolo) l'Ufficio può rettificare la propria pretesa attraverso un'**autotutela parziale**. L'atto di autotutela parziale non sostituisce il precedente atto (annullandolo), ma più semplicemente lo rettifica, lasciando inalterati gli effetti del medesimo non toccati dall'autotutela. 80430
Da ciò ne consegue che:
– a seguito di annullamento o revoca parziale di un atto contestato in autotutela, il contribuente può avvalersi degli **istituti di definizione agevolata delle sanzioni** (diversi da quello riguardante le sole sanzioni irrogate contestualmente al recupero del tributo, v. n. 88095, es. accertamento con adesione, acquiescenza) previsti per l'atto oggetto di annullamento o revoca alle medesime condizioni esistenti alla data di notifica dell'atto purché rinunci al ricorso. In caso di ricorso già proposto, il contribuente comunica al giudice e all'AE l'avvenuto pagamento e richiede l'estinzione del giudizio, allegando la prova del pagamento. Le **spese del giudizio** restano a carico delle parti che le hanno sostenute (art. 2 quater c. 1 sexies e 1 septies DL 564/94);
– i provvedimenti di annullamento o di revoca parziali **non sono impugnabili autonomamente** (art. 2 quater c. 1 octies DL 564/94).

In merito alla **sospensione degli atti** (art. 2 quater c. 1 bis-1 quinquies DL 564/94): 80432
– in caso di **pendenza del giudizio**, la sospensione degli effetti dell'atto cessa con la pubblicazione della sentenza;
– se la sospensione è disposta **prima dell'impugnazione** dell'atto, la notifica da parte dell'AF di un nuovo atto, che modifica o conferma l'atto sospeso, fa cessare la sospensione. Il contribuente può, comunque, impugnare insieme all'atto originario, l'atto che conferma o modifica quest'ultimo.

III. Rimborso

(artt. 37 e 38 DPR 602/73)

AMBITO DI APPLICAZIONE In caso di **errore materiale**, duplicazione o **inesistenza** totale o parziale dell'obbligazione tributaria o dell'obbligo di versamento, il contribuente che ha versato o subìto la **ritenuta** alla fonte o che ha eseguito il **versamento diretto** può presentare istanza per chiedere il rimborso delle maggiori somme versate. 80450
L'istanza di rimborso può essere inviata anche con riferimento ai crediti liquidati sulla base della **dichiarazione dei redditi**, molto frequenti in pratica (Cass. SU 7 febbraio 2007 n. 2687). Tuttavia va osservato che al loro rimborso dovrebbe provvedere d'**ufficio** l'AF, in seguito alla liquidazione formale delle dichiarazioni (v. n. 80475). In questa ipotesi, pertanto, l'istanza, pur potendo essere presentata, non è necessaria.

> **Precisazioni** 1) L'istanza in esame non va confusa con quella effettuata dai **titolari di conto fiscale** (soggetti IVA) che hanno presentato una dichiarazione IVA o dei redditi a credito (v. n. 37315).
> 2) Il contribuente può chiedere il rimborso delle maggiori imposte versate, sulla base della **dichiarazione dei redditi**, anche se il maggior versamento deriva da un **errore di diritto**, cioè dall'applicazione della norma tributaria. In questo caso (a differenza dell'errore materiale), il rimborso spetta nonostante l'errore non sia direttamente desumibile dalla lettura della dichiarazione dei redditi, ma sia **dimostrato** dal contribuente attraverso **fatti ed elementi ulteriori** (Cass. 9 aprile 1997 n. 3080).

Principali casi pratici	80452
– il contribuente ha subìto **ritenute** alla fonte a titolo d'imposta **non dovute**. Poiché i relativi redditi non devono essere indicati nella dichiarazione, l'eventuale rimborso non può essere eseguito d'ufficio in seguito alla liquidazione della dichiarazione, ma deve essere espressamente richiesto o compensato **(1)**; – il contribuente ha versato a saldo l'intera imposta dovuta **senza detrarre** il versamento **d'acconto** eseguito e senza indicare nella dichiarazione i dati del versamento o allegare l'attestazione di pagamento dell'acconto stesso; – il contribuente ha versato un'imposta **maggiore** a seguito della mancata indicazione, nella dichiarazione dei redditi, di **oneri** deducibili o detraibili sostenuti dal contribuente (Circ. Min. 15 maggio 1997 n. 137/E);	

Principali casi pratici
– **annullamento retroattivo** della norma impositiva, per esempio per effetto di una **pronuncia della Corte costituzionale**. Il diritto al rimborso sussiste soltanto se il **rapporto tributario non è esaurito** al momento in cui la norma impositiva è dichiarata illegittima: il rapporto tributario si esaurisce se il contribuente non ha proposto ricorso alla competente Corte tributaria entro 60 giorni dalla notifica della cartella di pagamento o, in caso di versamento diretto, se non ha presentato tempestiva istanza di rimborso (Cass. SU 9 giugno 1989 n. 2786; Cass. 3 maggio 1990 n. 3641) **(2)**.
(1) L'istanza di rimborso non va presentata nei casi di **restituzione di somme già tassate a chi le ha erogate**. In tali circostanze, il recupero dell'imposta pagata avviene considerando le somme restituite (al lordo delle ritenute) un onere deducibile dal reddito complessivo (v. n. 1335) (Ris. AE 29 febbraio 2008 n. 71/E). **(2)** È opportuno che il contribuente, ogni volta che abbia dei dubbi sulla legittimità costituzionale di una norma impositiva, **versi** quanto dovuto e presenti **istanza di rimborso** e, in caso di rifiuto, proponga ricorso alla CGT 1°, la quale potrà sollevare la questione di legittimità costituzionale. In **alternativa**, il contribuente può **non pagare** l'imposta ritenuta illegittima e **impugnare** dinanzi alle Corti tributarie (adducendo come motivo l'illegittimità costituzionale della norma impositiva) i successivi provvedimenti che l'AF adotterà. Questa scelta presenta il **rischio** che l'AF, nelle more del giudizio (prima che la questione venga eventualmente rinviata alla Corte costituzionale e il giudizio venga sospeso), inizi la procedura esecutiva per il recupero del suo credito. Inoltre, qualora la questione di legittimità costituzionale venga rigettata, il contribuente dovrà versare, oltre all'imposta, gli **interessi** e le **sanzioni**.

80455 **Rapporto con la dichiarazione integrativa** L'ambito di operatività dell'istanza di rimborso è limitato rispetto a quello in cui il contribuente deve presentare dichiarazione integrativa a favore, come si deduce dal raffronto fra le **differenti caratteristiche**.

Caratteristica	Dichiarazione integrativa a favore	Istanza di rimborso
Termine di presentazione	– entro il termine di decadenza dell'azione accertatrice e anche successivamente alla notifica di atti di liquidazione e di avvisi di accertamento;	– entro 48 mesi, a condizione che non siano stati notificati avvisi di accertamento, di liquidazione e bonari e atti di contestazione delle sanzioni e di recupero dei crediti d'imposta;
Calcolo del credito spettante	– obbliga il contribuente a effettuare la liquidazione delle imposte e il calcolo del credito spettante;	– non costringe il contribuente ad effettuare il calcolo del credito spettante;
Effetti	– consente al contribuente di utilizzare il credito emergente in compensazione; – comporta la riapertura del termine per l'accertamento e l'applicazione delle sanzioni in caso di contestazione da parte dell'AF dei dati emergenti dalla stessa dichiarazione integrativa.	– il credito emergente non può essere compensato; – comporta, nella maggior parte dei casi, l'impugnazione in sede contenziosa del silenzio-rifiuto dell'AF; – non ha quale effetto la riapertura del termine per l'accertamento né l'applicazione di sanzioni.

Secondo attenta dottrina, a seguito della nuova disciplina delle dichiarazioni integrative l'istanza di rimborso deve essere utilizzata come strumento volto alla **rimozione di errori di versamento** desumibili soltanto dai fatti enunciati dalla dichiarazione presentata (es. IRAP versata e non dovuta per mancanza di autonoma organizzazione) e non anche da fatti estranei a quest'ultima (D. Deotto).

80458 **ISTANZA** L'istanza di rimborso, in carta semplice, si presenta all'**Ufficio delle Entrate** competente in base al domicilio fiscale del contribuente alla data di presentazione della dichiarazione dei redditi da cui genera il rimborso (art. 34 DPR 600/73, Ris. AE 13 dicembre 2011 n. 123/E).
All'istanza devono essere **allegati** la certificazione comprovante le ritenute subite, nonché le distinte dei versamenti eseguiti; devono inoltre essere esposti i **motivi** per cui si ritiene di avere diritto al rimborso.

80460 **Termini** Le varie leggi d'imposta stabiliscono termini **diversi**.
In caso di **versamenti successivi**, uno in **acconto** e l'altro a **saldo**, l'istanza va presentata **entro** 48 mesi; tale termine **decorre** (Risp. AE 4 ottobre 2018 n. 1, Ris. AE 2 dicembre 2008 n. 459/E, Ris. AE 12 giugno 2001 n. 89/E, Cass. 1° febbraio 2018 n. 2533, Cass. 12 gennaio 2009 n. 359):
– se il versamento, già all'atto della sua effettuazione, risulta parzialmente o totalmente non dovuto (es. IRAP versata nonostante l'assenza di autonoma organizzazione), dalla data di ciascun versamento (acconto e/o saldo);

– se il relativo diritto deriva dal versamento di un acconto in eccedenza rispetto all'ammontare del tributo che risulti complessivamente dovuto in via definitiva, dal versamento del saldo.
In **mancanza** di disposizioni specifiche (es. **IVA**, agevolazioni in attesa del definitivo riconoscimento), l'istanza va presentata **entro 2 anni** dal pagamento o, se posteriore, dal giorno in cui si è verificato il presupposto per la restituzione, come nel caso di accertamento divenuto definitivo per mancata impugnazione nei termini o per acquiescenza, nonché nei casi di accertamento con adesione o conciliazione (art. 21 c. 2 D.Lgs. 546/92, Circ. AE 27 giugno 2011 n. 29/E, Cass. 21 dicembre 2004 n. 23716).
L'istanza presentata **oltre i termini** stabiliti è inefficace. L'eventuale successivo ricorso alla Corte tributaria è quindi inammissibile e tale inammissibilità è rilevabile anche d'ufficio, in ogni stato e grado del giudizio (Cass. 2 ottobre 1996 n. 8606). Tuttavia, la decadenza può essere sollevata per la prima volta in Cassazione, solo qualora dalla sentenza impugnata risultino la data del versamento dell'imposta e quella dell'inoltro dell'istanza per il relativo rimborso (Cass. 20 gennaio 2009 n. 1280).

Il **mancato rispetto dei termini** di decadenza da parte dell'AF non è invece rilevabile d'ufficio, ma deve essere dedotta dal contribuente in sede giudiziale (v. n. 81055).

Presentazione ad ufficio incompetente Se l'istanza di rimborso è presentata ad un ufficio non competente a riceverla, quest'ultimo **la trasmette all'Ufficio competente** (Ris. AE 13 dicembre 2011 n. 123). **80462**
L'istanza presentata a un ufficio incompetente è atto idoneo a impedire la decadenza del contribuente dal **diritto al rimborso** e a formare il **silenzio-rifiuto** indispensabile per proporre ricorso innanzi alle Corti tributarie; in tal caso, se l'ufficio incompetente non trasferisce l'istanza a quello competente, si forma il predetto silenzio-rifiuto senza che il contribuente debba proporre un'**altra istanza** per poter impugnare il rifiuto tacito (Cass. 27 febbraio 2009 n. 4773).

RIGETTO Si possono verificare le seguenti ipotesi, a seconda del comportamento dell'AF: **80465**
– se l'istanza di rimborso viene rigettata o accolta solo parzialmente, il contribuente può impugnare il **provvedimento di rigetto** dinanzi la competente Corte tributaria, entro 60 giorni dalla sua notifica;
– se non viene emessa alcuna decisione trascorsi almeno 90 giorni dalla presentazione dell'istanza (c.d. **silenzio-rifiuto**), il contribuente può ricorrere dinanzi la competente Corte tributaria fino a quando il diritto stesso non si è prescritto (10 anni).

N.B. La prescrizione (**decennale** ai sensi dell'art. 2946 c.c.) inizia a decorrere dal momento in cui le ritenute sono state operate o dal momento in cui il versamento è stato eseguito (Circ. Min. 17 dicembre 1987 n. 28).

RIMBORSO A SEGUITO DI RICORSO In caso di ricorso, il rimborso avviene con modalità diverse a seconda dei versamenti originari. **80468**
Nel caso di **ritenute** e di **versamenti diretti**, il rimborso va effettuato dall'ufficio entro 90 giorni dalla notificazione della sentenza (che è immediatamente esecutiva). Se la sentenza contiene anche la condanna alle spese del giudizio a favore del contribuente il rimborso deve comprenderle.
Se l'imposta da rimborsare è di importo **superiore a € 10.000** (escluse le spese del giudizio) il giudice può subordinare il rimborso alla prestazione di idonea garanzia, in tal caso i 90 giorni decorrono dalla sua presentazione (art. 69 D.Lgs. 546/92).
Sull'ammontare delle somme da rimborsare devono essere calcolati gli **interessi** nella misura dell'1% per ognuno dei semestri interi (escluso il primo) compresi fra la data in cui è stato eseguito il versamento e la data di notifica dell'ordinativo di pagamento o dell'elenco di rimborso (art. 44 DPR 602/73, Cass. 30 marzo 2001 n. 4760).

> Precisazioni 1) L'Ufficio se ha già deciso di prestare **acquiescenza** alla sentenza, al fine di evitare di sostenerne i costi, può effettuare il rimborso, anche prima della prestazione della garanzia.
2) Il contribuente è comunque **libero di non chiedere il rimborso** (se non vuole anticipare gli oneri della garanzia o anche solo per non dover rischiare di restituire le somme ottenute con gli interessi) e di preferire l'attesa di un giudicato che gli consentirà di ottenere quanto gli spetta, con gli interessi maturati, senza fornire alcuna garanzia.

Nel caso di **imposte iscritte a ruolo** o affidati in carico all'AdR, gli uffici finanziari sono tenuti al rimborso delle somme, comprensive degli interessi e delle eventuali spese del giudizio, che le **80470**

sentenze hanno riconosciuto non dovute, in tutto o in parte, e che erano state iscritte a ruolo a titolo definitivo o a titolo provvisorio (art. 68 c. 2 D.Lgs. 546/92).
Il rimborso va effettuato entro 90 giorni dalla notificazione della sentenza. Esso viene eseguito non per iniziativa dell'ufficio ma, sostanzialmente, in seguito alla richiesta di rimborso avanzata dal contribuente nel ricorso.

Le medesime procedure si applicano per i rimborsi di **sanzioni** pagate dai rappresentanti di società e in seguito riconosciute non dovute.

80472 In caso di **inadempimento dell'Ufficio** il contribuente può ricorrere unicamente al giudizio di ottemperanza (v. n. 87883).

80475 **RIMBORSI D'UFFICIO** In determinate ipotesi relative alle **imposte sui redditi**, l'AF deve procedere ai rimborsi d'ufficio, senza che sia necessario che il contribuente presenti alcuna istanza. Tuttavia, se gli uffici non vi provvedono, il contribuente può sollecitarne l'applicazione.

80480 **Campo di applicazione** (art. 41 DPR 602/73) I rimborsi d'ufficio devono essere eseguiti nelle seguenti ipotesi:
a) quando gli organi dell'AF hanno compiuto **errori materiali** o duplicazioni nelle **iscrizioni a ruolo**; ad esempio, quando la stessa imposta è stata iscritta due volte o quando è stata iscritta un'imposta maggiore di quella effettivamente dovuta;

>Precisazioni 1) È comunque **opportuno** che il contribuente, accortosi degli errori compiuti dagli uffici nella predisposizione delle iscrizioni a ruolo, **impugni** tempestivamente la cartella di pagamento innanzi alla competente CGT 1° e presenti istanza di **sospensione**. In tal modo il contribuente sarà comunque tutelato, sia se l'Ufficio, preso atto dell'errore commesso, proceda allo sgravio o al rimborso, sia se l'Ufficio resti inerte.
2) Se il **socio di una società di persone** ha versato, a seguito di notifica di cartella esattoriale, l'IRAP già in precedenza pagata dalla società anche per i soci, l'AF è tenuta ad effettuare il rimborso d'ufficio (a prescindere dall'impugnazione della cartella), essendo l'errore imputabile all'ufficio stesso (Cass. 22 settembre 2003 n. 14003).

b) quando l'ammontare delle ritenute d'acconto o dei versamenti diretti risulta maggiore dell'imposta dovuta in base alla **liquidazione della dichiarazione dei redditi**, eseguita nell'ambito del controllo formale secondo le regole illustrate al n. 81730. In sostanza, la dichiarazione dei redditi è assimilata all'istanza di rimborso vista al n. 80450 (Cass. SU 7 febbraio 2007 n. 2687).
In questo caso l'ufficio, a prescindere dall'eventuale richiesta di rimborso avanzata dal contribuente nella dichiarazione dei redditi, deve procedere al rimborso di propria iniziativa, senza bisogno che il contribuente si attivi ulteriormente. È, infatti, prevista un'apposita procedura automatizzata (art. 42 bis DPR 602/73).

Il contribuente può chiedere che i rimborsi d'ufficio scaturenti dalla liquidazione delle dichiarazioni dei redditi vengano **accreditati sul proprio conto corrente bancario** (v. n. 37305).

80485 **Inerzia dell'AF** Può accadere che, nonostante l'obbligo di provvedere, l'AF resti inerte. Occorre in proposito **distinguere** fra 3 diverse ipotesi:
1) se dalla liquidazione della dichiarazione dei redditi scaturisce, invece del rimborso richiesto dal contribuente, **un'iscrizione a ruolo** (per es. perché sono stati disconosciuti degli oneri deducibili), il contribuente deve impugnare tempestivamente la cartella di pagamento innanzi alla competente CGT 1°, chiedendone l'annullamento e il riconoscimento del rimborso, e presentare contestualmente istanza di sospensione;
2) se l'ufficio ha eseguito il **rimborso** per un **importo inferiore** a quello richiesto dal contribuente, questi deve, entro 60 giorni dal ricevimento del vaglia della Banca d'Italia o dall'accredito in c/c, adire la Corte tributaria chiedendo il riconoscimento delle somme non versategli;
3) se il rimborso non viene eseguito e dalla liquidazione della dichiarazione non scaturisce alcuna iscrizione a ruolo, il contribuente deve presentare apposita istanza di rimborso al competente Ufficio delle entrate e, in caso di **silenzio-rifiuto** o di **rigetto**, proporre ricorso innanzi alla Corte tributaria.

80488 **Termine** Per i rimborsi in esame, l'istanza deve essere presentata entro il termine di prescrizione decennale, che, secondo la giurisprudenza maggioritaria, inizia a decorrere dalla data di presentazione della dichiarazione annuale (Cass. SU 7 febbraio 2007 n. 2687, Cass. 5 settembre 2001 n. 11416).

IV. Sospensione

Il **ricorso** contro gli atti dell'AF non sospende automaticamente la riscossione di quanto richiesto. Pertanto, nel caso di ricorso è possibile presentare un'apposita domanda per la sospensione, dimostrando la sussistenza di un danno grave e irreparabile. 80500
La sospensione in esame, che **in pratica viene raramente concessa**, ha carattere **amministrativo** e si aggiunge a quella di carattere giurisdizionale che può essere richiesta alla CGT 1° competente per il ricorso (v. n. 87770). Tuttavia, essa ha un ambito più limitato, in quanto non riguarda tutte le imposte di competenza delle CGT 1°, ma solo le imposte sui redditi e l'IVA nonché i ruoli riguardanti la riscossione coattiva dell'imposta di registro, successioni e donazioni (Circ. Min. 18 dicembre 1996 n. 291/E).
Peraltro, nell'ambito dell'**autotutela**, è previsto il potere di sospendere gli effetti degli atti che appaiono illegittimi o infondati (v. n. 80400); tale ultima forma di sospensione amministrativa interessa anche gli **enti locali** (regioni, province e comuni) relativamente agli atti concernenti i **tributi** di loro competenza (art. 2 quater c. 1 ter DL 564/94, Ris. AE 7 febbraio 2007 n. 21/E).
In questa parte sono trattate le domande per sospendere la **riscossione**, mentre quelle per sospendere le procedure esecutive si rinvia al **MAR**.

PROCEDURA Qualora il soggetto accertato o iscritto a ruolo presenti **ricorso** alla Corte tributaria di primo grado, può richiederne all'Ufficio locale delle entrate la sospensione in tutto o in parte (Ris. AE 22 aprile 2002 n. 123/E). 80505

Nell'istanza, che deve essere **redatta** in carta semplice, il contribuente deve **motivare** la propria richiesta dimostrando il **danno** che gli deriverebbe dall'immediata riscossione e, soprattutto, **la fondatezza del ricorso presentato**, con il conseguente probabile annullamento dell'atto impositivo. In sostanza sono rilevanti requisiti analoghi a quelli richiesti per la sospensione giudiziale (v. n. 87770). Va tuttavia sottolineato che l'AF riconosce maggiore importanza alla fondatezza del ricorso: vi sono stati infatti diversi casi di sospensione anche in assenza del pericolo di un danno grave e irreparabile. 80508
All'istanza devono essere **allegate** copie della cartella di pagamento e del ricorso presentato alla CGT 1°.
La concessione della sospensione può essere subordinata alla prestazione di idonee **garanzie** da parte del contribuente.

La decisione sull'istanza di sospensione deve essere presa **entro 40 giorni** dalla data di presentazione. 80510
La sospensione può essere **concessa**, per l'intero importo o parzialmente, con provvedimento motivato e notificato al concessionario e al contribuente, **fino alla** data di pubblicazione della sentenza della CGT 1°. Il provvedimento può essere **revocato** ove sopravvenga fondato pericolo per la riscossione.
Sulle somme sospese e che risultano dovute dal debitore a seguito della sentenza della CGT 1° si applicano gli **interessi al tasso del 4,5% annuo**, da riscuotere mediante ruolo formato dall'Ufficio che ha emesso il provvedimento di sospensione.
Gli interessi non sono dovuti, invece, quando le iscrizioni a ruolo sono state riconosciute illegittime dalle Corti tributarie (Circ. Min. 24 luglio 1984 n. 26).

RIGETTO DELL'ISTANZA Secondo una parte della dottrina, in caso di rigetto, in tutto o in parte, dell'istanza, il contribuente potrebbe impugnare il diniego, entro 60 giorni, al Tribunale amministrativo regionale competente (**TAR**), per **motivi di legittimità** (es. carenza o insufficienza della motivazione, per illogicità, ecc.). 80515
Tuttavia, in considerazione della giurisprudenza sorta in merito all'impugnazione del diniego della dilazione di pagamento (es. Cass. SU 14 marzo 2011 n. 5928), si può però sostenere la giurisdizione delle Corti tributarie e quindi l'impugnabilità con ricorso alla **CGT 1°**.
Si è del pari ritenuto esperibile il ricorso d'urgenza **al giudice ordinario** per ottenere il provvedimento di sospensione (art. 700 c.p.c.).

CAPITOLO 2

Accertamento e riscossione

SOMMARIO

L'accertamento si sostanzia nelle diverse attività che l'AF esercita per il controllo della corretta applicazione delle disposizioni tributarie e, in breve, può consistere nel riscontro cartolare delle dichiarazioni presentate dai contribuenti (c.d. **controllo formale**) oppure in attività di indagine più incisiva (**controllo di merito**). **81000**
L'AF ha incisivi **poteri istruttori** per reperire le informazioni necessarie all'accertamento nonché presunzioni per fornire la **prova** delle contestazioni mosse al contribuente.
Se necessario, l'AF può annullare o correggere un provvedimento già emesso mediante **autotutela** (v. n. 80400).
Di seguito, si espongono i lineamenti essenziali dell'argomento, rinviando per la trattazione della materia al **Memento Accertamento e riscossione**.

SEZIONE 1

Regole generali

Di seguito si esaminano le regole generali per l'accertamento ai fini delle **imposte dirette** (IRPEF, addizionali, IRES, imposte sostitutive, IRAP, ecc.) e dell'**IVA**; norme in parte differenti sono dettate per l'imposta di registro (v. n. 70970), per successioni e donazioni (v. n. 73360) e per il bollo (v. n. 74300) e per i tributi locali, v. n. 82270. **81010**

CONTRIBUENTI DA ACCERTARE L'**accertamento formale**, utilizzando procedure informatizzate, riguarda la generalità dei contribuenti. L'**accertamento di merito** è svolto solo nei confronti di una parte di quei contribuenti che, sulla base di dati e notizie in possesso degli Uffici o con riferimento ai programmi di controllo diramati ogni anno dall'AF, risultano maggiormente a rischio di evasione. **81025**
La **scelta** dei contribuenti da sottoporre ad accertamento di merito può avvenire in base:
a) alle **dichiarazioni** presentate periodicamente dai contribuenti;
b) a **liste selettive**, elenchi di contribuenti redatti dal centro informativo dell'Anagrafe tributaria, sulla base di criteri fissati annualmente con decreto;
c) alla categoria di appartenenza scelta secondo criteri stabiliti ogni anno con decreto (c.d. **sorteggi**, art. 7 DL 260/74);
d) a **segnalazioni non anonime** di violazioni tributarie, incluse quelle relative all'obbligo di emissione della ricevuta o dello scontrino fiscale o del documento certificativo dei corrispettivi (art. 8 c. 8 DL 16/2012 conv. in L. 44/2012);
e) alle risultanze degli **indici sintetici di affidabilità fiscale** (v. n. 81980).

> **Precisazioni 1)** Ai fini della selezione, l'AF monitora le **imprese** che:
> – cessano l'attività entro un anno dall'inizio, c.d. imprese **«apri e chiudi»** (art. 23 DL 78/2010 conv. da L. 122/2010);

– presentano **dichiarazioni in perdita fiscale** (non determinata da compensi erogati ad amministratori e soci) per più di un periodo d'imposta che non abbiano deliberato ed interamente liberato nello stesso periodo uno o più aumenti di capitale a titolo oneroso di importo almeno pari alle perdite fiscali stesse (art. 24 DL 78/2010 conv. da L. 122/2010). La perdita che si protrae per almeno 2 esercizi consecutivi è sufficiente, di per sé e in assenza delle prescritte deliberazioni di aumenti di capitale, a legittimare l'attività di accertamento (Circ. AE 15 febbraio 2011 n. 4/E p.to 6).

2) L'AF non procede ad accertamento, iscrizione a ruolo e riscossione di **crediti** di ammontare dovuto, comprensivo di sanzioni e interessi, **pari o inferiori a** € 30 con riferimento a ciascun periodo d'imposta; la regola non si applica se il credito deriva dalla ripetuta violazione degli obblighi di versamento relativi a un medesimo tributo (art. 3 c. 10 e 11 DL 16/2012 conv. in L. 44/2012).

81030 **UFFICIO COMPETENTE E ORGANI AUSILIARI** **In generale**, competente al controllo è la Direzione provinciale dell'AE nella cui circoscrizione il contribuente ha il domicilio fiscale al momento in cui ha presentato o doveva presentare la dichiarazione oggetto di controllo. Nelle grandi **aree metropolitane**, esistono più Direzioni provinciali la cui competenza è disposta con atti interni privi d'efficacia verso gli utenti (Cass. 15 dicembre 2004 n. 23349).

Per i **contribuenti di più rilevanti dimensioni** - volume d'affari, ricavi o compensi non inferiori a € 100 milioni - il controllo è svolto dalla Direzione regionale dell'AE (art. 27 DL 185/2008, Provv. AE 6 aprile 2009, Provv. AE 16 dicembre 2009, Provv. AE 20 dicembre 2010 e Provv. AE 30 dicembre 2010).

L'attività di controllo è svolta anche, per la parte istruttoria, dalla **GdF**, preposta generalmente allo svolgimento di accertamenti mirati concernenti situazioni più gravi di evasione fiscale per la cui individuazione è necessario l'impiego di tecniche investigative tipiche delle forze di polizia; l'avviso di accertamento (provvedimento conclusivo del controllo) è sempre emesso dall'AE.

I **Comuni** partecipano all'attività di accertamento attraverso la segnalazione all'AF di ogni elemento utile ad integrare i dati contenuti nelle dichiarazioni dei contribuenti per la determinazione di maggiori imponibili (art. 18 DL 78/2010 conv. da L. 122/2010).

81035 **ASSISTENZA DEL CONTRIBUENTE** (art. 63 DPR 600/73) Avanti agli Uffici finanziari (AE, GdF, ecc.) nell'ambito degli accertamenti, dei contraddittori ed in ogni attività, i contribuenti possono farsi assistere e rappresentare da un soggetto terzo (es. consulente) cui devono rilasciare una **procura speciale** per iscritto e con firma autenticata.

L'**autentica** può essere effettuata dallo stesso incaricato quando la procura è rilasciata a:
– professionista iscritto all'albo (es. avvocati, commercialisti, consulenti del lavoro, ecc.);
– persona iscritta nei ruoli dei periti ed esperti presso la CCIAA, sottocategoria tributi, al ricorrere di determinate condizioni;
– ragionieri o periti commerciali che hanno svolto per almeno 10 anni, alle dipendenze di terzi, attività nelle materie tributarie ed amministrativo-contabili;
– iscritti nel ruolo o nel registro dei revisori ufficiali dei conti o dei revisori contabili che hanno svolto almeno 5 anni di attività;
– abilitati all'insegnamento in materie giuridiche, economiche o tecnico-ragionieristiche che hanno esercitato l'attività per almeno 5 anni;
– tributaristi certificati.

Quando rilasciata ad un **funzionario di un CAF o di una società di servizi** deve essere autenticata dal responsabile dell'assistenza fiscale o dal legale rappresentante della società.

Negli **altri casi** deve essere autenticata da notaio o altro pubblico ufficiale.

La procura non è necessaria quando rilasciata al **coniuge o a parenti** e affini entro il 4° grado o a **dipendenti** di persona giuridica.

81040 **TERMINI** L'AE deve effettuare i controlli e notificare il relativo provvedimento al contribuente, a pena di decadenza, entro termini differenti per il **controllo cartolare** e per **quello di merito** (art. 43 DPR 600/73, art. 57 DPR 633/72); il decorso del termine (più breve) per il controllo formale non preclude all'AE di avvalersi di quello previsto per il controllo di merito.

Il termine **decorre** dall'anno di presentazione della dichiarazione; in caso di **dichiarazione integrativa** v. n. 81068.

81050 **Controllo cartolare** L'AE effettua il controllo sulla liquidazione delle dichiarazioni ed il controllo formale entro i termini riportati in **tabella**.

In caso di **dichiarazione integrativa**, il termine decorre dalla presentazione di questa relativamente agli elementi oggetto dell'integrazione (art. 1 c. 640 L. 190/2014).
I termini indicati, tuttavia, non sono perentori; il termine che deve essere rispettato ai fini della tempestività dell'azione accertativa è quello di **notifica** della conseguente **cartella di pagamento** e cioè il 31 dicembre del terzo anno (per la liquidazione) e del quarto anno (per il controllo formale) successivo a quello di presentazione della dichiarazione (art. 25 c. 1 lett. b DPR 602/73).

Il termine per la notifica della cartella di pagamento a seguito di liquidazione delle dichiarazioni relative al periodo d'imposta in corso al 31 dicembre **2019** è prorogato di 2 anni (art. 1 c. 158 L. 197/2022).

Tipo di controllo	Oggetto	Termine
controllo sulla liquidazione delle imposte, dei contributi, dei premi e dei rimborsi dovuti in base alla dichiarazione dei contribuenti o dei sostituti di imposta (art. 36 bis DPR 600/73 e art. 54 bis DPR 633/72)	– imposte dirette – IVA dovuta in base alla dichiarazione	entro l'inizio del periodo di presentazione delle dichiarazioni relative all'anno successivo
controllo formale delle dichiarazioni presentate dai contribuenti o dai sostituti di imposta (art. 36 ter DPR 600/73)	– imposte dirette	entro il 31 dicembre del 2° anno successivo a quello di presentazione della dichiarazione

Controllo di merito (art. 43 DPR 600/73 e art. 57 DPR 633/72) L'AE deve notificare l'avviso di accertamento e il contestuale atto di irrogazione delle sanzioni, **a pena di** decadenza, entro termini differenti a seconda del periodo d'imposta accertato. **81055**
Per i periodi d'imposta **fino al 2015** (periodi precedenti a quello in corso al 31 dicembre 2016):
– in caso di **dichiarazione presentata**, entro il 31 dicembre del 4° anno successivo alla presentazione;
– in caso di **dichiarazione omessa** (o nulla), entro il 31 dicembre del 5° anno successivo a quello in cui avrebbe dovuto essere presentata.
Per i periodi d'imposta **dal 2016** (periodo d'imposta in corso al 31 dicembre 2016 e successivi):
– in caso di **dichiarazione presentata**, entro il 31 dicembre del 5° anno successivo alla presentazione;
– in caso di **dichiarazione omessa** (o nulla), entro il 31 dicembre del 7° anno successivo a quello in cui avrebbe dovuto essere presentata.
Entro gli stessi termini:
– l'AE e la GdF possono esercitare i **poteri istruttori** (accessi, ispezioni, verifiche e acquisizioni in genere di dati, elementi e notizie) che, pertanto, non possono riguardare periodi d'imposta per i quali è scaduto il termine per l'accertamento;
– l'AE può **integrare** o **modificare** in aumento l'accertamento già emesso, mediante la notifica di nuovo atto se è sopravvenuta la conoscenza di nuovi elementi (v. n. 82100).
Il termine è **rispettato** se l'AE richiede la notifica dell'atto entro la scadenza ed indipendentemente dal momento in cui l'atto perviene al destinatario.
Per l'**emergenza Covid-19**, gli atti di accertamento, di irrogazione sanzioni, di recupero di crediti d'imposta, di liquidazione e di rettifica e liquidazione, per i quali i termini di decadenza ordinariamente scadrebbero fra l'8 marzo e il 31 dicembre 2020, salvo casi di indifferibilità e urgenza, sono emessi entro questa data ma sono notificati nel periodo 1° marzo 2021-28 febbraio 2022; l'emissione può essere comprovata dalla data di elaborazione risultante dai sistemi informativi dell'AE (art. 157 DL 34/2020 conv. in L. 77/2020 e art. 1 DL 3/2021). È superata la previsione di proroga di 84 giorni di cui all'art. 67 DL 18/2020 conv. in L. 27/2020.
L'atto emesso o notificato **oltre il termine** di decadenza è nullo; la nullità deve essere tempestivamente eccepita dal contribuente nel ricorso introduttivo del giudizio non potendo essere rilevata d'ufficio dal giudice (Cass. 9 gennaio 2015 n. 171 e Cass. 24 agosto 2007 n. 18019).

ESEMPIO
Nella **tabella** seguente sono riportati i termini entro cui l'AE può svolgere il controllo di merito in base ai termini generali di decadenza.

Termini di accertamento per le dichiarazioni annuali II.DD. e IVA			
Periodo d'imposta	**Anno di presentazione della dichiarazione**	**Termine con dichiarazione presentata**	**Termine con dichiarazione omessa**
2014	2015	31/12/2019	31/12/2020 **(*)**
2015	2016	31/12/2020 **(*)**	31/12/2021
2016	2017	31/12/2022	31/12/2024
2017	2018	31/12/2023	31/12/2025

(*) L'atto deve essere emesso entro tale data ma notificato nel periodo 1° marzo 2021-28 febbraio 2022.

81057 In merito alle componenti reddituali attive e passive che hanno origine in un determinato periodo d'imposta ma che esplicano i loro effetti su diversi periodi d'imposta (c.d. **poste pluriennali**), relativamente ad ogni periodo d'imposta, indipendentemente che si tratti del primo o di uno successivo, l'Ufficio può sempre valutarne la fondatezza, la correttezza e la rilevanza, anche nel merito, anche se non ha contestato il periodo d'imposta di origine e altri periodi d'imposta antecedenti. Di conseguenza il termine di decadenza va valutato in riferimento al singolo periodo accertato e non a quello di origine della posta (Cass. SU 25 marzo 2021 n. 8500).

Si tratta, ad esempio, delle **perdite pregresse riportabili** (art. 84 DPR 917/86), delle **quote di ammortamento** di beni materiali e immateriali (artt. 102 e s. DPR 917/86), delle **sopravvenienze attive rateizzabili** (art. 88 DPR 917/86) o anche di **crediti d'imposta** rateizzati su più anni o di **oneri detraibili** in più periodi (ristrutturazioni edilizie ex art. 16 bis DPR 917/86, superbonus, sisma bonus, ecc.).
Nel caso di oneri per i quali si è optato per la **cessione del credito** e utilizzati in compensazione, si applica il termine di decadenza dell'ottavo anno successivo a quello di utilizzo (art. 27 c. 16 DL 185/2008 conv. in L. 2/2009, Circ. AE 8 agosto 2020 n. 24/E).

81060 **Modifica dei termini in casi particolari** I termini per il controllo di merito sono modificati nei casi riportati nella **tabella** seguente.

Caso	Termini	v. n.
Contestazione di violazione che comporta obbligo di denuncia per reato tributario	raddoppiati	81062
Accertamento relativo a beni ed attività detenute in Paesi black list	raddoppiati	81064
Recupero di crediti inesistenti utilizzati in compensazione nel mod. F24	31 dicembre del 4° anno successivo	81066
Accertamento da studi di settore in caso di rilascio di certificazione tributaria	31 dicembre del 3° anno successivo	37940
Accertamento nei confronti dei soggetti passivi che garantiscono la tracciabilità dei pagamenti, salvo quelli di importo non superiore a € 500 e a **condizione** che, per ciascun periodo d'imposta, l'esistenza dei presupposti sia comunicato nella dichiarazione dei redditi (art. 3 D.Lgs. 127/2015, artt. 1 e 2 DM 4 agosto 2016) **(1)**	ridotti di due anni	–
Mancato o irregolare funzionamento degli uffici dell'AE per eventi eccezionali accertati con DM (art. 1 DL 498/61)	prorogati fino al 10° giorno successivo alla data di pubblicazione del DM **(2)**	–
Ritardata presentazione della documentazione richiesta a seguito di istanza di rimborso IVA	differiti per periodo corrispondente a giorni di ritardo	81067

Caso	Termini	v. n.
Presentazione di dichiarazione integrativa a favore o a sfavore e riliquidazione della dichiarazione a seguito di errore di competenza	decorrono dalla presentazione della dichiarazione integrativa	81068
Richiesta di chiarimenti in merito a operazioni abusive o elusive per la quale tra la data di ricevimento dei chiarimenti o di inutile decorso del termine in proposito assegnato al contribuente e quella di decadenza dell'accertamento intercorrono meno di 60 giorni	prorogati fino a concorrenza dei 60 giorni	81488
Accertamento della spettanza di un credito chiesto a rimborso	nessun termine	81069
Accertamento relativo a imponibili, imposte, ritenute, contributi, sanzioni e interessi relativi alla procedura di collaborazione volontaria (**voluntary disclosure bis**), presentate entro il 31 luglio 2017 per tutte le annualità e le violazioni oggetto della procedura	31 dicembre 2018	–
Accertamento relativo a imposte e sanzioni relative ad attività e somme detenute all'estero alla data del 6 dicembre 2017 e oggetto di regolarizzazione (art. 5 septies DL 148/2017)	30 giugno 2020	–
Accertamento relativo a periodi d'imposta fino al 31 dicembre 2015, oggetto di **PVC** consegnato fino al 23 ottobre 2018 non seguiti, entro la stessa data, da notifica di accertamento o invito al contraddittorio	prorogati di 2 anni (art. 1 c. 10 DL 119/2018 conv. in L. 136/2018)	–
Contestazione di **irregolarità formali** commesse fino al 31 dicembre 2015 oggetto di PVC	prorogati di due anni (termini per irrogazione sanzione, art. 9 c. 6 DL 119/2018 conv. in L. 136/2018)	–

(1) La **mancata comunicazione** o anche un solo **pagamento non tracciabile** fa perdere la riduzione dei termini.
Sono tracciabili anche i pagamenti tramite **RIBA** e **MAV**, in quanto assimilati agli strumenti elencati all'art. 3 DM 4 agosto 2016 (Risp. AE 2 agosto 2022 n. 404).
I soggetti **esonerati dagli obblighi di certificazione fiscale**, per usufruire della riduzione dei termini, devono comunque documentare le operazioni tramite fattura elettronica via SdI e/o memorizzazione elettronica ed invio telematico dei dati dei corrispettivi giornalieri (Risp. AE 29 agosto 2022 n. 438).
(2) Si applica solo ai termini in scadenza nel periodo di accertato irregolare o mancato funzionamento.

Se il contribuente ha commesso una **violazione** che comporta obbligo di denuncia per uno dei **reati tributari** previsti dal D.Lgs. 74/2000 (v. n. 87450), i termini per l'accertamento sono raddoppiati. **81062**
Il raddoppio **si applica** (art. 1 c. 132 L. 208/2015):
– relativamente ai **periodi d'imposta fino** al 2015 (periodi d'imposta precedenti a quello in corso al 31 dicembre 2016) e per i quali al 4 luglio 2006 pendevano i termini ordinari di accertamento (Circ. AE 4 agosto 2006 n. 28/E);
– solo al periodo d'imposta **in cui è commessa** la violazione penalmente rilevante;
– **a condizione** che l'AF presenti o trasmetta la denuncia prima della scadenza del termine ordinario di accertamento;
– indipendentemente dall'**esito del giudizio penale** e dalla sussistenza di una causa di non punibilità o di estinzione del reato (fra cui la prescrizione) impeditiva della prosecuzione delle indagini penali ed il cui accertamento è riservato all'autorità giudiziaria penale (C.Cost. 25 luglio 2011 n. 247 e Cass. 7 ottobre 2015 n. 20043);
– per la prassi, anche nei confronti dei soggetti **obbligati in solido**, limitatamente agli aspetti tributari rilevanti per la determinazione della posizione fiscale del soggetto accertato: es. **consolidante e consolidata**, società legate da rapporti di controllo che effettuano la **liquidazione IVA di gruppo**, società che hanno optato per la tassazione per **trasparenza** (Circ. AE 23 dicembre 2009 n. 54/E).

Il raddoppio non si applica all'accertamento **IRAP** (Cass. 25 agosto 2017 n. 20435).

Per parte della giurisprudenza, per i provvedimenti impositivi **notificati fino al 1° settembre 2015**, si applica la pregressa disciplina per la quale l'obbligo di denuncia penale poteva sorgere anche dopo il decorso del termine ordinario di accertamento (art. 2 D.Lgs. 128/2015, Cass. 9 agosto 2016 n. 16728 e Cass. 16 dicembre 2016 n. 26037).

81064 Per l'accertamento basato sulla presunzione di redditività degli investimenti e attività di natura finanziaria detenute nei **paradisi fiscali** (v. n. 16094) i termini sono raddoppiati (art. 12 c. 2 bis DL 78/2009 conv. in L. 102/2009); il raddoppio non opera per le attività emerse tramite la voluntary disclosure (nonché tramite il precedente scudo fiscale, Circ. AE 29 gennaio 2010 n. 3/E).

81066 In caso di utilizzo in **compensazione** (nel mod. F24) di **crediti inesistenti**, l'AE deve notificare il relativo atto di recupero entro il 31 dicembre dell'8° anno successivo a quello dell'utilizzo (art. 27 c. 16 DL 185/2008).

81067 Se il contribuente chiede il **rimborso dell'eccedenza dell'IVA** detraibile risultante dalla dichiarazione annuale e lascia intercorrere un periodo superiore a 15 giorni tra la data di notifica della richiesta di documenti da parte dell'Ufficio e la data della loro consegna, il termine di decadenza per l'accertamento, relativo agli anni in cui si è formata l'eccedenza detraibile chiesta a rimborso, **è differito di un periodo di tempo** pari a quello compreso tra il 16° giorno e la data di consegna (art. 57 DPR 633/72). Tra i documenti che determinano il differimento non rientra la **garanzia** (Circ. AE 6 maggio 2011 n. 17/E).

81068 In caso di presentazione di una **dichiarazione integrativa** a sfavore (anche a seguito di ravvedimento operoso) o a favore (a seguito di rettifica per la correzione di un errore di competenza), limitatamente agli elementi oggetto di integrazione, i termini di decadenza decorrono dall'anno di presentazione della dichiarazione integrativa (art. 1 c. 640 L. 190/2014, Circ. AE 24 settembre 2013 n. 31/E).

ESEMPIO

Se il contribuente, nell'anno 2016, fa valere l'esistenza di elementi di costo non dedotti nel 2011 presentando la dichiarazione integrativa a favore di UNICO 2015, gli uffici potranno controllare, entro il 31 dicembre 2020 (termine di accertamento di tale dichiarazione integrativa), i nuovi elementi «rigenerati», riferibili al periodo d'imposta 2011 ed ai successivi.

81069 In caso **di credito chiesto a rimborso**, l'AF può controllarne i presupposti anche se è decorso il termine di decadenza per il controllo della dichiarazione in cui il credito è stato esposto (Cass. SU 15 marzo 2016 n. 5069, in merito a credito d'imposta derivante da una particolare agevolazione).

81090 **ATTI CONCLUSIVI DELL'ATTIVITÀ DI ACCERTAMENTO** Quando l'AE, anche a seguito di attività ispettiva della GdF, riscontra errori, omissioni o irregolarità commessi dal contribuente o comunque la non corretta applicazione delle disposizioni tributarie, formalizza la propria pretesa con **avviso di accertamento** (nel caso di controllo di merito) o **iscrizione a ruolo** (per controllo formale) che deve notificare al contribuente entro i termini di cui al n. 81040 e s.

81095 **CONTRADDITTORIO** (art. 5 ter D.Lgs. 218/97) Prima di emettere l'avviso di accertamento, l'AE deve instaurare il contraddittorio inviando al contribuente apposito invito (v. n. 87983). Diviene così **obbligatorio** il contraddittorio preventivo su cui la giurisprudenza si era espressa in modo non uniforme; l'**omissione** determina l'invalidità dell'accertamento emesso se il contribuente dimostra in concreto le ragioni che avrebbe potuto far valere se il contraddittorio fosse stato attivato (Circ. AE 22 giugno 2020 n. 17/E).

In caso di **particolare urgenza**, specificamente motivata, o in caso di fondato pericolo per la riscossione, l'AE può notificare direttamente l'avviso di accertamento non preceduto dall'invito. L'invito non è obbligatorio in caso di: accertamento preceduto da **PVC**; **accertamento parziale** (art. 41 bis DPR 600/73 e art. 54 c. 3 e 4 DPR 633/72).

Se fra la data di comparizione indicata nell'invito e quella di **decadenza per l'accertamento**, intercorrono meno di 90 giorni, il termine di decadenza è prorogato di 120 giorni (art. 5 c. 3 bis D.Lgs. 218/97).

COMPUTO DELLE PERDITE IN ACCERTAMENTO (art. 42 DPR 600/73, art. 25 D.Lgs. 158/2015, Circ. AE 28 aprile 2017 n. 15/E) Dai maggiori imponibili accertati sono dedotte automaticamente dall'AE le **perdite relative al periodo** d'imposta oggetto di accertamento, fino a concorrenza del loro importo. In questo caso, l'AE provvede a ridurre l'importo delle perdite riportabili nelle dichiarazioni dei redditi successive a quella oggetto di rettifica e, se emerge un maggiore imponibile, procede alla rettifica (art. 36 bis c. 3 bis DPR 600/73). 81100

Se residuano ancora maggiori imponibili, il contribuente può chiedere, presentando **apposita istanza** (Modello IPEA), **entro** il termine per impugnare l'accertamento, che siano computate in diminuzione le **perdite pregresse utilizzabili** alla chiusura del periodo d'imposta accertato fino a concorrenza del loro importo; al riguardo rileva il limite dell'80% dell'imponibile, salvo che si tratti di perdite realizzate nei primi 3 periodi d'imposta, utilizzabili integralmente, v. n. 25920 e n. 5220 e s.). Le perdite computabili sono solo quelle non ancora utilizzate alla data di presentazione del Modello (escluse quindi quelle già scomputate o rettificate dall'AE). Se le perdite pregresse, pur disponibili, **erano state utilizzate solo parzialmente** in misura inferiore all'80%, il contribuente può recuperarle, anche ad integrale abbattimento del maggior imponibile accertato, come se avesse dichiarato sin dall'origine il maggior imponibile accertato dall'Ufficio (ossia ripristinando la situazione che si sarebbe verificata se il contribuente avesse dichiarato spontaneamente il reddito accertato) (Circ. AE 21 marzo 2019 n. 4/E).

Le modalità di **compilazione dell'IPEA** sono illustrate analiticamente nella Circ. AE 28 aprile 2017 n. 15/E. 81102

L'istanza va trasmessa in via telematica, direttamente dai contribuenti abilitati a Entratel o Fisconline o tramite i soggetti incaricati, utilizzando il prodotto informatico «IPEA», disponibile gratuitamente sul sito dell'AE (Provv. AE 12 ottobre 2016 n. 164492); essa **sospende il termine di impugnazione** per 60 giorni.

In questo caso l'Ufficio:

– **riduce** l'importo delle **perdite riportabili** nell'ultima dichiarazione dei redditi presentata, evitando così al soggetto accertato di dover inviare una dichiarazione integrativa (art. 36 bis c. 3 bis DPR 600/73);

– procede al **ricalcolo** dell'eventuale maggiore imposta dovuta, degli interessi e delle sanzioni correlate rideterminate solo sulla maggiore imposta effettiva; l'**esito** del ricalcolo non costituisce atto autonomo dall'originario accertamento (quindi se il contribuente non accetta il ricalcolo, deve impugnare l'originario atto di accertamento).

La presentazione dell'istanza non preclude quella di **accertamento con adesione**, che può contenere anche la richiesta di computare le perdite pregresse (v. n. 88018 e s.).

SEZIONE 2

Attività istruttoria

È l'attività finalizzata alla ricerca di informazioni e documenti per l'accertamento (artt. 32 e s. DPR 600/73 e artt. 51 e s. DPR 633/72). 81200

Si distinguono fra attività **svolte in ufficio** (richieste di dati, notizie e documenti al contribuente e a terzi) o **presso il contribuente** (c.d. accessi, ispezioni e verifiche).

In ogni caso, l'AF può chiedere, in maniera collaborativa, informazioni al contribuente, il quale, tuttavia, può non rispondere.

Regole particolari riguardano il contrasto dell'abuso del diritto e dell'elusione fiscale.

RICHIESTE DI DATI E NOTIZIE Nelle **tabelle** seguenti si riepilogano i poteri e le attività che l'AE e la GdF possono esperire nei confronti del contribuente e di terzi. 81210

Al contribuente Nella **tabella** si riportano i contenuti delle attività esperibili nei confronti del contribuente soggetto a controllo. 81220

Richieste di dati e notizie al contribuente (1) (2) (3) (4)		
Attività	**Note**	**Fonte**
Invito al contribuente **a comparire** di fornire dati e notizie rilevanti per l'accertamento presentandosi di persona o tramite rappresentante	deve essere redatto processo verbale sottoscritto anche dal contribuente	art. 32 c. 1 n. 2 DPR 600/73 e art. 51 DPR 633/72
Invio al contribuente **e a terzi** di **questionari** relativi a dati e notizie di carattere specifico rilevanti ai fini dell'accertamento con invito a restituirli compilati e firmati		art. 32 c. 1 n. 4 DPR 600/73 e art. 51 DPR 633/72
Invito ad **esibire o trasmettere atti e documenti** rilevanti ai fini dell'accertamento; per i soggetti obbligati, può essere richiesta l'esibizione di **bilanci** o rendiconti e dei **libri** e **registri** previsti dalla normativa tributaria	l'ufficio può estrarne copia o trattenerli in originale, per non più di 60 giorni, rilasciandone ricevuta. Non possono essere trattenute le scritture cronologiche in uso	art. 32 c. 1 n. 3 DPR 600/73 e art. 51 DPR 633/72
Richiedere ai **soggetti sottoposti ad accertamento**, **ispezione**, **verifica**, il rilascio di dichiarazione contenente indicazione della natura, del numero e degli estremi identificativi dei **rapporti intrattenuti** con intermediari finanziari nazionali o stranieri (banche, Poste Italiane SpA, imprese di investimento, società fiduciarie), in corso o estinti da non più di 5 anni dalla data della richiesta	la richiesta è condizionata alla preventiva autorizzazione del Direttore centrale dell'accertamento dell'AE o del Direttore regionale della stessa o, per la GdF, del Comandante regionale	art. 32 c. 1 n. 6 bis DPR 600/73 e art. 51 c. 2 n. 6 bis DPR 633/72

(1) L'Ufficio non è tenuto a redigere, al termine di queste attività, un processo verbale di constatazione (**PVC**, art. 12 L. 212/2000 e Cass. 11 settembre 2017 n. 21071).

(2) L'esibizione o la trasmissione, in risposta a tali richieste, di atti o documenti **in tutto o in parte falsi**, integra reato previsto per falsità delle autocertificazioni; in caso di **dati e notizie non rispondenti al vero**, la stessa fattispecie di reato si integra solo se ricorre anche un reato tributario (art. 11 c. 1 DL 201/2011 conv. in L. 214/2011).

(3) Le richieste e gli inviti sono **notificati** secondo le norme previste per l'accertamento (posta raccomandata, pec, messi autorizzati, ecc.); devono prevedere un **termine** per la risposta non inferiore a 15 giorni (termine sospeso nel periodo 1° agosto-4 settembre, art. 37 c. 11 bis DL 223/2006 conv. in L. 248/2006).

(4) In caso di **mancata risposta**: le **notizie e i dati non addotti** e gli atti, i documenti, i libri e i registri **non esibiti** o non trasmessi in risposta agli inviti non possono essere presi in considerazione a favore del contribuente ai fini dell'accertamento in sede amministrativa e contenziosa (salvo che il contribuente non dichiari che ciò era dovuto a causa a lui non imputabile e depositi gli atti, le notizie i documenti in allegato all'atto introduttivo del giudizio); l'AE può esperire l'accertamento sintetico (persone fisiche) o induttivo (imprese, artisti e professionisti); l'AE può irrogare la **sanzione** amministrativa pecuniaria da € 250 a 2.000 (art. 11 D.Lgs. 471/97).

81250 **A terzi** Nella **tabella** seguente si riportano le tipologie di richieste esperibili dall'AF a soggetti diversi dal contribuente soggetto a controllo.

Richieste	Note (1)
Di dati e notizie relative a singoli soggetti o a categorie: – a organi e **Amministrazioni dello Stato**, **enti pubblici** non economici, **società ed enti di assicurazione** e a quelli che effettuano riscossioni e pagamenti per conto terzi (SIAE, ACI, PRA); – agli **enti creditizi e finanziari** (banche, Poste Italiane SpA, intermediari finanziari, istituti di pagamento italiani, agenti in attività finanziaria italiani ed esteri, money transfer, ecc. Nota AE 11 aprile 2013) per attività diverse da quelle creditizie e finanziarie per le quali si applica il punto successivo	richiesta effettuata con modalità telematiche oppure nel corso di un accesso

Richieste	Note (1)
Di dati e notizie relative a rapporti intrattenuti con il contribuente, con specificazione dei rapporti connessi, agli **enti creditizi e finanziari** e a **Poste italiane SpA (2)**	tali soggetti, indipendentemente da specifiche richieste, trasmettono all'anagrafe tributaria i dati relativi ai rapporti intrattenuti e alle relative movimentazioni; tale informazioni sono archiviate nell'apposita sezione dell'anagrafe tributaria (**archivio dei rapporti finanziari**, art. 11 c. 2 DL 201/2011 conv. in L. 214/2011) e possono essere utilizzate anche per l'elaborazione di liste selettive di contribuenti da sottoporre a controllo (art. 11 c. 2-5 DL 201/2011 conv. in L. 214/2011).
A **notai**, **procuratori del registro**, **conservatori dei registri** immobiliari e **altri pubblici ufficiali**, copie o estratti di atti e documenti presso loro depositati	le copie e gli estratti, attestati conformi all'originale, sono rilasciati gratuitamente
A **soggetti obbligati alle scritture contabili**, di dati, notizie e documenti relativi ad attività svolte, in periodi determinati, nei confronti di loro clienti, fornitori e prestatori di lavoro autonomo (senza necessità di indicarli nominativamente)	non possono essere richiesti documenti o registri che il contribuente non obbligatori o non previsti dalla legge (Ris. Min. 23 ottobre 1978 n. 9/044)
A ogni **altro soggetto**, di esibizione o trasmissione di atti o documenti fiscalmente rilevanti, relativi a specifici rapporti intrattenuti con il contribuente, anche con chiarimenti esplicativi	pubbliche amministrazioni, banche, assicurazioni, ordini professionali, gestori di servizi di telefonia e utenze domestiche e pubbliche devono comunicare all'anagrafe tributaria i dati relativi ai loro clienti/utenti (art. 6 c. 1 DPR 605/73); soggetti che erogano mutui agrari e fondiari, imprese assicuratrici, enti previdenziali e delle forme pensionistiche e complementari, comunicano i dati degli oneri corrisposti nell'anno precedente (art. 78 c. 25 L. 413/91)
Ad **amministratori di condominio** - tramite il quadro AC del mod. Reddito o il quadro K del mod. 730 - di dati, notizie e documenti relativi alla gestione condominiale	v. DM 12 novembre 1998
Ad altre autorità competenti degli **Stati membri UE**, delle **informazioni** necessarie per l'accertamento delle imposte sul reddito e sul patrimonio	v. Reg. CE 1798/2003 e la Dir. 77/799/CEE del 19 dicembre 1977 modificata e integrata dalla Dir. 2003/93/CE e dalla Dir. 2004/56/CE

(1) L'esibizione o la trasmissione, in risposta a tali richieste, di atti o documenti **in tutto o in parte falsi**, integra reato di falsità delle autocertificazioni; in caso di **dati e notizie non rispondenti al vero**, la stessa fattispecie di reato si integra solo se ricorre anche un reato tributario (art. 11 c. 1 DL 201/2011 conv. in L. 214/2011).

(2) È necessaria l'**autorizzazione preventiva** del Direttore provinciale o regionale dell'AE e del Comandante generale della GdF. Per le **presunzioni** e l'efficacia probatoria degli esiti delle indagini finanziarie, v. MAR n. 1450 e s., art. 32 c. 1 n. 2 DPR 600/73.

ACCESSI, ISPEZIONI E VERIFICHE I funzionari dell'AE o i nuclei della GdF (c.d. verificatori) possono effettuare presso qualsiasi contribuente accessi, ispezioni e verifiche, le cui modalità di svolgimento sono prescritte dalla norma (art. 52 DPR 633/72, art. 33 DPR 600/73). Le **garanzie** a tutela del contribuente sono dettate dall'art. 12 L. 212/2000. **81350**

Tali attività istruttorie sono effettuate presso il contribuente, nei locali destinati all'esercizio di attività e devono essere giustificati da esigenze effettive di indagine e controllo, nel rispetto dell'**orario ordinario di lavoro** (salvo casi eccezionali e urgenti adeguatamente documentati) e, in generale, arrecando il minor disturbo possibile al regolare svolgimento delle attività.

Per l'accesso nei **locali** destinati **anche ad abitazione** è necessaria preventiva autorizzazione della Procura della Repubblica, che si aggiunge a quella del dirigente dell'Ufficio.

La **permanenza** degli operatori presso la sede non può superare 30 giorni lavorativi (15, in caso impresa in semplificata o lavoratore autonomo), prorogabili per pari periodo nei casi di particolare complessità dell'indagine individuati e motivati dal dirigente dell'ufficio (al fine del computo si considerano i giorni di effettiva permanenza presso la sede, art. 7 c. 2 lett. c DL 70/2011 conv. in L. 106/2011). La **violazione** del termine non comporta conseguenze sull'utilizzabilità dei dati raccolti e sulla legittimità del conseguente accertamento (Cass. 20 gennaio 2016 n. 966, Cass. 9 luglio 2013 n. 17010, ecc.).

Le stesse indagini possono essere effettuate dagli **agenti della riscossione**, previa autorizzazione del direttore generale, in caso di morosità nel pagamento di importi da riscuotere mediante ruolo complessivamente superiori a € **25.000**. Ciò, al fine di acquisire copia di tutta la documentazione utile all'individuazione dell'importo dei crediti di cui i debitori morosi sono titolari nei confronti di soggetti terzi (art. 35 c. 25 bis DL 223/2006 conv. in. L. 248/2006).

81420 Nella **tabella** seguente si riportano gli elementi essenziali delle attività istruttorie presso il contribuente, rinviando per la trattazione completa a MAR (art. 33 DPR 600/73, art. 52 DPR 633/72 e art. 12 L. 212/2000).

Attività	Note
Accesso	È attività prodromica perché consente ai verificatori di **entrare nei luoghi** ove i contribuenti svolgono l'attività per procedere ad ispezioni documentali, a verifiche, a ricerca di atti e documenti e a ogni altra rilevazione utile ai fini dell'accertamento. L'AF può accedere anche presso enti ed amministrazioni con cui il contribuente intrattiene rapporti. Per eseguire l'accesso **i verificatori**: – esibiscono le tessere personali di riconoscimento; – individuano il titolare o il rappresentante legale o un suo delegato; – esibiscono e consegnano al contribuente sottoposto all'accesso la copia della lettera di incarico; – redigono il verbale di accesso e di richiesta dei documenti; – acquisiscono libri, documenti e registri **(1) (2)**.
Ispezione (documentale) (3) (4)	Consiste nell'indagine volta alla ricerca di atti, documenti e di ogni altra rilevazione utile per il controllo, nonché nell'esame della regolarità delle scritture, dei libri, dei registri, dei documenti che il contribuente tiene nei locali o che sono comunque accessibili tramite apparecchiature informatiche ivi installate. L'ispezione riguarda anche i libri, registri, ecc. la cui tenuta e conservazione non sono obbligatorie. I libri, i registri, le scritture e i documenti di cui è **rifiutata l'esibizione** non possono essere presi in considerazione a favore del contribuente in sede amministrativa o contenziosa (art. 52 c. 5 DPR 633/72). Si considera rifiuto di esibizione anche la dichiarazione, a fronte di specifica richiesta dei verificatori, di non possedere i libri ed i documenti specificamente richiesti, oppure il rifiuto di comunicare i codici di accesso agli archivi elettronici, nonché la sottrazione di essi all'ispezione. Il rifiuto rileva anche quando la dichiarazione, contraria al vero, di non possedere i documenti sia dovuta ad **errore non scusabile** (Cass. 4 dicembre 2013 n. 27193, Cass. 10 gennaio 2013 n. 453 e n. 455). I documenti e le scritture possono essere **sequestrati** se non è possibile riprodurne il contenuto o riportarlo nel verbale o in caso di contestazione del contribuente.
Verifica	Consiste nel riscontro della gestione ispezionata attraverso l'**esame della documentazione contabile** che il contribuente ha l'obbligo di tenere e di quella extracontabile ritrovata.

(1) In **caso di opposizione del contribuente** l'accesso può essere eseguito avvalendosi della forza pubblica ed il contribuente è soggetto alle sanzioni previste.

(2) Nel corso dell'accesso, i funzionari, che hanno qualifica di pubblici ufficiali, possono procedere a **perquisizioni personali** (dietro preventiva autorizzazione del Procuratore della Repubblica) e all'apertura coattiva di **borse**, **plichi sigillati**, messaggi ricevuti per posta elettronica (via **e-mail**) ma non ancora aperti, casseforti, mobili, ripostigli e simili e per l'esame di documenti e la richiesta di notizie relativamente ai quali è eccepito il segreto professionale. La perquisizione può essere effettuata su qualsiasi persona presente al momento dell'accesso, inclusi i dipendenti e i clienti.

(3) Se il contribuente dichiara che alcune o tutte le scritture contabili **sono presso altri soggetti**, deve esibire un'attestazione di questi ultimi. Se l'attestazione non è esibita o se il soggetto che l'ha rilasciata si oppone, l'esibizione delle scritture s'intende rifiutata.

(4) L'opposizione del **segreto professionale** avanzata dal professionista per documenti o notizie può riguardare solo fatti concernenti la tutela del diritto alla riservatezza, per cui è illegittimo il comportamento ostruzionistico del professionista che eccepisce il segreto su tutta la documentazione.

81430 **Esito delle attività** Delle operazioni compiute durante accesso ispezione o verifica deve essere redatto **processo verbale di constatazione** (**p.v.c.**), rilasciato al contribuente o a suo

rappresentante che deve sottoscriverlo, ove sono indicati i rilievi formulati. Se il contribuente non vuole firmare, devono essere indicati i motivi della mancata sottoscrizione. In ogni caso, egli ha diritto ad averne copia e ad apporvi le proprie deduzioni difensive. Il processo verbale fa prova fino a querela di falso relativamente alla parte in cui il pubblico ufficiale descrive operazioni materiali accadute in sua presenza o da lui compiute.
Il p.v.c. non è **impugnabile** (lo è l'accertamento emesso sulla base dello stesso) ma il contribuente può comunicare, **entro** 60 giorni, al competente Ufficio impositore, **osservazioni** e richieste che questo deve valutare prima dell'accertamento e motivando nello stesso perché non ha ritenuto di accogliere le conclusioni del contribuente.
L'AE non può emettere avviso di accertamento prima della scadenza del **termine** di detto termine, salvo casi di particolare e motivata urgenza (c.d. avviso di accertamento accelerato) di cui l'AE deve provare la sussistenza (ad es., pericolo di perdita del credito erariale, consumazione di reati, ecc.) (Cass. SU 29 luglio 2013 n. 18184).
Tuttavia, per la giurisprudenza, il **mancato rispetto del termine** non comporta automatica l'invalidità dell'accertamento (Cass. 18 ottobre 2013 n. 23690, in senso contrario: Cass. 3 novembre 2010 n. 22320).
L'**accertamento** emesso sulla base di accessi ispezioni e verifiche **non preceduto dal p.v.c.** è illegittimo (Cass. 11 settembre 2013 n. 20770).

ABUSO DEL DIRITTO O ELUSIONE FISCALE (art. 10 bis L. 212/2000 e art. 53 bis DPR 131/86) **Configurano abuso** del diritto una o più operazioni prive di sostanza economica che, pur nel rispetto formale delle norme fiscali, realizzano essenzialmente indebiti vantaggi fiscali, ossia benefici, anche non immediati, realizzati in contrasto con le finalità delle norme fiscali o con i principi dell'ordinamento tributario. Si considerano **operazioni prive di sostanza economica**, i fatti, gli atti e i contratti, anche tra loro collegati, non idonei a produrre effetti significativi diversi dai vantaggi fiscali. **81480**
L'AF può **disconoscere i vantaggi tributari** derivanti da operazioni che configurano abuso del diritto, salvo che il contribuente dimostri che tali operazioni sono giustificate da valide **ragioni extrafiscali**; resta ferma la libertà di scelta del contribuente tra regimi opzionali diversi e tra operazioni che comportano un diverso carico fiscale.

> **›Precisazioni** 1) Sono **indici di mancanza** di sostanza economica la non coerenza della qualificazione delle singole operazioni con il fondamento giuridico del loro insieme e la non conformità dell'utilizzo degli strumenti giuridici a normali logiche di mercato.
> **2) Non si considerano abusive** le operazioni giustificate da valide **ragioni extrafiscali non marginali**, anche di ordine organizzativo o gestionale, che rispondono a finalità di miglioramento strutturale o funzionale dell'impresa o dell'attività professionale del contribuente.

Ragioni extrafiscali Sono **diverse** da motivazioni di natura **meramente fiscale** e devono avere alcuni **connotati** specifici. In pratica, si deve trattare di ragioni: **81482**
- oggettive, cioè verificabili, perché supportate da prove documentali o, almeno, da dichiarazioni di soggetti diversi dal contribuente;
- effettive, ossia reali e non artificiosamente costruite;
- non marginali, ossia, senza il raggiungimento delle quali l'intera operazione non sarebbe stata eseguita;
- che rispondano a finalità di miglioramento strutturale o funzionale dell'impresa (art. 10 bis c. 3 L. 212/2000); quindi non solo quelle ragioni che producono una redditività immediata, ma anche quelle che, pur non producendo vantaggi da subito, rispondendo comunque a finalità di miglioramento strutturale o funzionale dell'impresa, consentiranno di far continuare l'attività imprenditoriale in condizioni migliori rispetto alla situazione precedente.

Interpello Il contribuente può presentare istanza di interpello per conoscere se le operazioni che **intende realizzare** o che ha **realizzato** costituiscono fattispecie di abuso del diritto. **81485**
L'istanza va **presentata** prima della scadenza dei termini per la presentazione della dichiarazione o per l'assolvimento di altri obblighi tributari connessi alla fattispecie cui si riferisce l'istanza, secondo quanto detto al n. 80006 e s., salvo le seguenti particolarità:

Contenuto	Oltre a quanto indicato al n. 80013 (Circ. AE 1° aprile 2016 n. 9/E): – gli elementi qualificanti l'operazione o le operazioni; – il settore impositivo rispetto al quale l'operazione pone il dubbio applicativo; – le puntuali norme di riferimento, comprese quelle passibili di una contestazione in termini di abuso del diritto con riferimento all'operazione rappresentata; – le «valide ragioni extrafiscali, non marginali, anche di ordine organizzativo o gestionale, che rispondono a finalità di miglioramento strutturale o funzionale dell'impresa ovvero dell'attività professionale del contribuente».
Risposta dell'AE	Entro 120 giorni; in caso di mancata risposta vale la regola del silenzio-assenso (art. 11 c. 3 L. 212/2000).

81488 **Accertamento** **Prima** di emettere l'avviso di accertamento, a pena di nullità dello stesso, l'AE deve notificare al contribuente una motivata **richiesta di chiarimenti**; il **contribuente** deve fornire i chiarimenti **entro** 60 giorni, con l'onere di dimostrare l'esistenza delle ragioni extrafiscali che giustificano l'operazione posta in essere.
Successivamente, l'avviso di accertamento deve essere specificamente **motivato**, a pena di nullità, in relazione alla condotta abusiva, alle norme o ai principi elusi, agli indebiti vantaggi fiscali realizzati e ai chiarimenti forniti dal contribuente: l'AE ha onere di **dimostrare** la sussistenza della condotta abusiva, che, pertanto, non è rilevabile d'ufficio.

> Se tra la data di ricevimento dei chiarimenti del contribuente e il **termine di decadenza** dell'accertamento intercorrono meno di 60 giorni, quest'ultimo termine è automaticamente prorogato fino a concorrenza dei 60 giorni.

SEZIONE 3

Controlli

81700 Le attività di controllo si possono dividere in due categorie generali:
– **controlli cartolari**, consistenti nel riscontro documentale delle dichiarazioni II.DD. e IVA e diretti alla verifica dei dati ivi indicati;
– **controlli di merito**, più approfonditi e volti ad accertare il reddito o il volume d'affari complessivi, non dichiarati dal contribuente (accertamento d'ufficio) o a rettificare quelli dichiarati (accertamento in rettifica) per un determinato periodo d'imposta, fondati anche su dati e notizie acquisiti in via istruttoria o anche su presunzioni.

1. Controllo cartolare

81730 Con il controllo cartolare l'AE corregge errori materiali e di calcolo contenuti nella dichiarazione (c.d. **liquidazione della dichiarazione**) o verifica i dati contenuti nella dichiarazione (**controllo formale**) sulla base dei dati già in proprio possesso e senza preclusione di ulteriori e più approfonditi accertamenti di merito. La liquidazione delle imposte dovute in questa fase si caratterizza per la mancanza di valutazioni giuridiche che renderebbero necessario l'accertamento di merito (C.Cost. 7 aprile 1988 n. 430).

81740 **LETTERE DI COMPLIANCE** (art. 1 c. 634-636 L. 190/2014, Provv. AE 29 ottobre 2019 n. 736758, Provv. AE 25 giugno 2019 n. 216422, Provv. AE 17 dicembre 2018 n. 517020, Provv. AE 23 novembre 2018 n. 314644, Provv. AE 8 ottobre 2018 n. 237975 e Provv. AE 27 giugno 2018 n. 129515) A seguito di controlli sulle dichiarazioni o comunicazioni, l'AE prima di procedere al controllo cartolare può inviare al contribuente una comunicazione via PEC con cui segnala possibili incongruenze (es. omessi o insufficienti versamenti, omessa presentazione di dichiarazioni o comunicazioni, ecc.). Costituiscono un **invito al contribuente** a verificare la propria posizione ed eventualmente a mettersi in regola eventualmente anche con il ravvedimento. Non sono avvisi di accertamento, non irrogano sanzioni e non sono impugnabili.

È possibile consultare le lettere ricevute e le relative informazioni di dettaglio nell'area riservata del portale informatico dell'AE, denominata «**La mia scrivania**».

LIQUIDAZIONE DELLA DICHIARAZIONE (art. 36 bis DPR 600/73 e art. 54 bis DPR 633/72) L'AE, sulla base dei dati e degli elementi desumibili dalle dichiarazioni presentate e di quelli presenti in anagrafe tributaria, provvede mediante procedure automatizzate ad effettuare le seguenti attività **ai fini delle imposte** dirette e dell'IVA. **81745**

Attività di liquidazione (*)
a) correzione di errori materiali e di calcolo commessi nella determinazione degli imponibili, delle imposte, dei contributi e dei premi; b) correzione di errori materiali nel riporto delle eccedenze delle imposte, dei contributi e dei premi risultanti dalle precedenti dichiarazioni; c) riduzione delle detrazioni d'imposta indicate in misura superiore a quella prevista o non spettanti sulla base dei dati risultanti dalle dichiarazioni; d) riduzione delle deduzioni dal reddito esposte in misura superiore a quella prevista dalla legge; e) riduzione dei crediti d'imposta esposti in misura superiore a quella prevista o non spettanti sulla base dei dati risultanti dalle dichiarazioni; f) controllo di rispondenza con la dichiarazione e di tempestività dei versamenti.
(*) Nelle dichiarazioni con **visto di conformità** (v. n. 37800 e s. e n. 37860 e s.), si effettua solo il controllo indicato alla lett. f) (Circ. Min. 17 giugno 1999 n. 134/E).

Quando dal controllo emerge un **risultato diverso da quello dichiarato**, l'esito è comunicato con raccomandata al contribuente (c.d. **avviso bonario**) o, su opzione effettuata in dichiarazione, con avviso telematico all'intermediario che ha presentato la dichiarazione, tramite Entratel; l'intermediario deve avvisare il contribuente entro 30 giorni. **81747**
A seguito dell'avviso bonario, il contribuente (o l'intermediario), possono (art. 6 c. 5 L. 212/2000, Circ. AE 4 novembre 2009 n. 47/E):
– rilevare inesattezze e quindi **fornire chiarimenti** necessari a qualunque ufficio dell'AE e anche tramite call-center entro 30 giorni dal ricevimento dell'avviso o, in caso di avviso all'intermediario, entro 90 giorni dalla data in cui gli è stato reso disponibile;
– **definire in via breve** la comunicazione versando le imposte ridotte al 10% (v. n. 88080).
In mancanza di definizione e chiarimenti, l'AE iscrive gli importi dovuti a ruolo per la notifica della cartella di pagamento con irrogazione della sanzione del 30%.
La cartella di pagamento emessa **senza preventiva comunicazione**, è legittima se non vi sono particolari incertezze su aspetti rilevanti della dichiarazione, come nel caso di omesso o tardivo versamento delle imposte dichiarate (Cass. 10 giugno 2015 n. 12023); il contribuente potrebbe richiedere la riduzione delle sanzioni come nel caso di definizione in via breve.

CONTROLLO FORMALE (art. 36 ter DPR 600/73) Il controllo formale delle dichiarazioni presentate ai fini delle imposte dirette e dai sostituti d'imposta è **finalizzato a** verificare la conformità dei dati ivi esposti a quelli desunti dal contenuto delle dichiarazioni dei sostituti d'imposta e forniti da enti previdenziali, banche, ecc. (Circ. AE 16 luglio 2001 n. 68/E). **81750**
Si tratta di un controllo solo di rispondenza dei dati dichiarati con documenti o dati dichiarati da altri soggetti e non un vero e proprio controllo valutativo di merito che deve essere esperito tramite accertamento.
In particolare l'AE, può svolgere le operazioni elencate nella **tabella** seguente.

Operazioni di controllo formale
a) escludere in tutto o in parte lo scomputo delle ritenute d'acconto non risultanti dalle dichiarazioni dei sostituti d'imposta o dalle certificazioni richieste ai contribuenti o delle ritenute risultanti in misura inferiore a quella indicata nelle dichiarazioni dei contribuenti stessi; b) escludere in tutto o in parte le detrazioni d'imposta non spettanti in base ai documenti richiesti ai contribuenti o agli elenchi inviati dalle imprese di assicurazioni e dagli enti previdenziali; c) escludere in tutto o in parte le deduzioni dal reddito non spettanti in base ai documenti richiesti ai contribuenti o agli elenchi menzionati nella lettera b); d) determinare i crediti d'imposta spettanti in base ai dati risultanti dalle dichiarazioni e ai documenti richiesti ai contribuenti; e) liquidare la maggiore IRPEF e i maggiori contributi dovuti sull'ammontare complessivo dei redditi risultanti da più dichiarazioni o certificati presentati per lo stesso anno dal medesimo contribuente; f) correggere gli errori materiali e di calcolo commessi nelle dichiarazioni dei sostituti d'imposta.

Il contribuente o il sostituto d'imposta **può essere invitato**, anche telefonicamente o in forma scritta (posta ordinaria in busta chiusa) o in forma telematica, a fornire chiarimenti in ordine ai dati contenuti nella dichiarazione e ad eseguire o trasmettere ricevute di versamento e altri documenti o difformi dai dati forniti da terzi.
Se la dichiarazione è munita di **visto di conformità** (v. n. 37800 e n. 37860) **o** di **certificazione tributaria** (v. n. 37940), è contestualmente informato anche l'intermediario (responsabile dell'assistenza fiscale del CAF o professionista) che li ha rilasciati (art. 26 c. 3 DM 31 maggio 1999 n. 164).

81755 L'**esito** è comunicato al contribuente con raccomandata o, su opzione effettuata in dichiarazione dallo stesso e accettata dall'intermediario che l'ha trasmessa, con avviso telematico all'intermediario tramite Entratel (l'intermediario deve avvisare l'interessato entro 30 giorni).
La **comunicazione** riporta l'indicazione dei motivi che hanno determinato la rettifica per consentire alternativamente (art. 6 c. 5 L. 212/2000, Circ. AE 4 novembre 2009 n. 47/E):
– la segnalazione di eventuali dati ed elementi non considerati o valutati erroneamente in sede di controllo entro i medesimi termini indicati al n. 81745 (30 o 90 giorni);
– la definizione in via breve con pagamento della sanzione ridotta al 10% (v. n. 88080).
In mancanza di segnalazione o definizione, l'AE procede come detto al n. 81747.

2. Controllo di merito

81780 L'AE può effettuare il controllo di merito (in rettifica o d'ufficio), con **metodi diversi** di determinazione del reddito o del volume d'affari:

Contribuenti	Tipologia di accertamento	Imposte	n. MF
tutti	**analitico** o contabile	II.DD. e IVA	81910
obbligati alla tenuta delle scritture contabili	**induttivo** o extra-contabile		81940
	analitico-induttivo		81960
persone fisiche	**sintetico**	imposte sui redditi	82000

L'AE valuta quale metodo di accertamento utilizzare in base alla presenza o meno delle condizioni richieste dalla legge e in base a criteri di proficuità (Circ. AE 9 agosto 2007 n. 49/E); tale valutazione deve essere indicata nella motivazione dell'accertamento. In ogni caso l'applicazione dell'accertamento sintetico non esige un preventivo riscontro dell'impossibilità (o difficoltà) di effettuare l'accertamento analitico (Cass. 20 giugno 2007 n. 14367).

81910 **ACCERTAMENTO ANALITICO** (artt. 38 e s. DPR 600/73 e art. 54 DPR 633/72)
L'**accertamento analitico** ha carattere ordinario, in quanto applicabile nella generalità dei casi quando non ricorrono le condizioni per l'accertamento induttivo o sintetico; la sussistenza dei presupposti per l'accertamento induttivo non esclude che l'AE possa utilizzare quello analitico nel medesimo accertamento anche contemporaneamente a quello induttivo (Cass. 25 gennaio 2006 n. 1439).
Quando effettuato nei confronti di soggetti **obbligati alle scritture contabili**, l'AE deve tenere conto delle scritture stesse se attendibili nel loro complesso, in quanto redatte sulla base di una contabilità sistematica. Pertanto, in linea di principio, le rettifiche eseguite prendono in considerazione principalmente le loro risultanze. È comunque ammesso, anche in caso di regolarità delle scritture, l'utilizzo dell'accertamento analitico-induttivo per l'individuazione di imponibili non dichiarati.

81940 **ACCERTAMENTO INDUTTIVO** (art. 39 c. 1 lett. d DPR 600/73 e art. 54 c. 3 DPR 633/72)
L'accertamento induttivo si applica principalmente ai redditi derivanti da attività d'impresa e di **lavoro autonomo** da arti e professioni; riguarda perciò esclusivamente i soggetti obbligati alla tenuta delle scritture contabili.
Sia ai fini delle imposte dirette che dell'IVA, l'accertamento induttivo può essere:
– **induttivo puro**, utilizzabile in caso di gravi violazioni contabili che fanno ritenere la contabilità inattendibile e comporta la ricostruzione degli imponibili anche sulla base di presunzioni semplici e prescindendo dalla contabilità;

– **analitico-induttivo**, ammissibile quando vengono riscontrate specifiche attività non dichiarate o l'inesistenza di specifiche passività dichiarate. Esso è basato su prove presuntive, gravi, precise e concordanti, e comprende anche gli accertamenti basati su **studi di settore** e **parametri**, cioè su strumenti statistico-matematici.

Induttivo puro Con tale accertamento l'AE perviene ad una **ricostruzione extra-contabile** del reddito e del volume d'affari, basata sui dati e le notizie comunque raccolti dagli Uffici, senza tener conto in tutto o in parte delle risultanze del bilancio e delle scritture contabili. 81945
L'induttivo puro (art. 39 c. 2 DPR 600/73 e art. 55 DPR 633/72):
– è **ammesso in caso di** violazioni gravi degli obblighi dichiarativi o contabili;
– consente agli Uffici di avvalersi di **presunzioni semplici**, anche se non gravi, precise e concordanti.
– non è esperibile nei confronti di imprese che hanno ottenuto la **certificazione tributaria**, limitatamente all'anno cui essa si riferisce (v. n. 37940);
– a fini IVA, consente di computare **in detrazione soltanto** i versamenti eseguiti dal contribuente, l'imposta detraibile risultante dalle liquidazioni periodiche e il credito maturato nel precedente anno; in caso di omessa dichiarazione non è consentita la detrazione dell'IVA sugli acquisti (Cass. 18 maggio 2012 n. 7900).

L'AE applica **criteri variabili** di ricostruzione induttiva in funzione delle caratteristiche del soggetto interessato e dell'attività svolta (impresa commerciale, di produzione, di servizi, esercizio di arti e professioni, ecc.). 81950

Criteri più diffusi per le piccole imprese (1)
– percentuali di ricarico, determinate sulla base del rapporto tra ricavi dichiarati e acquisti registrati in contabilità, in relazione ai principali prodotti commercializzati (Cass. 24 giugno 2005 n. 13692) **(2)**; – percentuali di produttività dei macchinari; – numero dei dipendenti (CTC 15 ottobre 1991 n. 6893); – consumi di materie prime, ecc.
(1) Gli Uffici, al fine della legittimità dell'accertamento, hanno l'onere di provare in maniera attendibile le risultanze dei criteri adottati. È tuttavia necessario che il risultato ottenuto sia avvalorato anche con altri indizi di evasione (CTR Veneto 10 luglio 2012 n. 77). **(2)** È legittimo solamente l'uso di percentuali di ricarico fondate su una **media ponderata**, determinata cioè con riferimento a gruppi omogenei di merci (Ris. Min. 10 maggio 1986 n. 357100 e Ris. Min. 29 settembre 1993 n. III/6/0160), mentre è illegittimo l'uso di percentuali fondate sulla media aritmetica semplice, desunte cioè da alcuni tipi di merce scelte come campioni ed estese a tutte le merci vendute (Cass. 2 ottobre 2008 n. 24434 e CTC 11 aprile 1992 n. 2823).

Analitico induttivo (art. 39 c. 1 lett. d DPR 600/73 e art. 54 c. 2 e 3 DPR 633/72) È utilizzato quando, nonostante la presentazione della dichiarazione e la presenza di **scritture contabili formalmente corrette** e attendibili: 81960
– dai controlli effettuati (ispezioni o altre attività istruttorie) emerge l'esistenza di singole attività non dichiarate o l'inesistenza di passività dichiarate;
– esistono gravi incongruenze fra i ricavi, i compensi e i corrispettivi dichiarati e quelli fondatamente desumibili delle caratteristiche e dalle condizioni di esercizio della specifica attività svolta.
Tale tipologia comprende anche gli accertamenti da **studi di settore e parametri**.
Con tale metodo, la falsità l'inesattezza o l'incompletezza della dichiarazione può essere dimostrata non solo con prove dirette ma anche sulla base di **presunzioni semplici**, purché gravi, precise e concordanti.
Inoltre, a fini IVA, le omissioni o le inesattezze possono essere desunte anche sulla base delle **presunzioni di cessione e acquisto** (art. 53 DPR 633/72, v. n. 54880).

Studi di settore Sono strumento matematico statistico finalizzato ad individuare le condizioni effettive di operatività di imprese e professionisti e a determinare i ricavi e i compensi che con ragionevole probabilità possono essere loro attribuiti, attraverso la rilevazione delle caratteristiche strutturali di ogni specifica attività economica (art. 62 bis DL 331/93). 81970
Lo **scostamento** dei ricavi o compensi dichiarati rispetto a quelli attribuibili in base allo studio di settore applicabile in relazione all'attività svolta, costituisce una presunzione semplice, priva dei requisiti di gravità, precisione e concordanza, su cui fondare l'accertamento analitico-

induttivo: solo in presenza di determinate condizioni riscontrate dall'Ufficio, si realizza l'inversione dell'onere della prova spettando al contribuente dimostrare l'infondatezza degli studi in relazione alla propria situazione concreta. Per tale motivo, l'Ufficio, prima della notifica dell'avviso di accertamento, deve invitare il contribuente a comparire, al fine di definire in contraddittorio l'accertamento in adesione.
I contribuenti che risultano **in linea con i risultati** previsti dagli studi ottengono particolari benefici in tema di limiti di accertabilità e riduzione dei termini di accertamento.
Dal periodo d'imposta **2018** (dichiarazioni 2019), gli studi sono stati **sostituiti** dagli indici sintetici di affidabilità fiscale.

81980 **Indici sintetici affidabilità di fiscale** Per gli esercenti attività di impresa, arti o professioni, vengono approvati indici sintetici di affidabilità fiscale (**ISA**) con una metodologia basata su analisi di dati e informazioni relativi a più periodi d'imposta che rappresentano la sintesi di indicatori elementari tesi a verificare la normalità e la coerenza della gestione aziendale o professionale, anche con riferimento a diverse basi imponibili.
Gli indici, a differenza degli studi di settore, **rappresentano** non un mezzo diretto di accertamento, ma esprimono su una scala da 1 a 10 il **grado di affidabilità fiscale** riconosciuto a ciascun contribuente che gli consente di ottenere determinati benefici.

> **Precisazioni 1)** Gli indici sono **approvati** con DM entro il 31 dicembre del periodo d'imposta per il quale sono applicati e possono essere integrati entro il mese di febbraio del periodo d'imposta successivo (per il 2022, v. DM 31 gennaio 2022).
> **2)** Per tenere conto degli effetti della crisi per **Covid-19**, possono essere individuate cause di esclusione e correttivi per gli anni 2020 e 2021 e per il periodo d'imposta 2020 si tiene conto anche del livello di affidabilità fiscale più elevato derivante dagli ISA per gli anni 2018 e 2019 (art. 148 DL 34/2020 conv. in L. 77/2020, Circ. AE 4 giugno 2021 n. 6/E).
> **3)** Gli indici sono soggetti a **revisione** almeno ogni 2 anni dalla loro prima applicazione o dall'ultima revisione. Con provvedimento del direttore dell'AE sono individuate, entro il mese di gennaio di ciascun anno, le attività economiche per le quali devono essere elaborati gli indici oppure esserne effettuata la revisione.

81982 Gli ISA si applicano agli esercenti attività d'impresa o lavoro autonomo che svolgono, come prevalente, una o più **attività** tra quelle per le quali sono approvati gli ISA. L'elenco degli ISA approvati, in relazione al codice attività ATECO, è riportato in calce alle istruzioni parte generale del mod. ISA (art. 9 bis c. 6 DL 50/2017 conv. in L. 96/2017).
Per **attività prevalente** s'intende quella dalla quale deriva, nel periodo d'imposta, il maggiore ammontare di ricavi o di compensi, nell'ambito della stessa categoria reddituale.
Se il contribuente svolge diverse attività, alcune **in forma d'impresa e** altre **di lavoro autonomo**, individua separatamente l'attività prevalente in relazione alle attività d'impresa e a quelle di lavoro autonomo; se le attività prevalenti per le due categorie reddituali rientrano nello stesso ISA, il contribuente lo applica sia per l'una che per l'altra.

81983 Sono **esclusi** dall'applicazione degli ISA i contribuenti che (Istruzioni parte generale mod. ISA):
a) hanno **iniziato o cessato l'attività** nel periodo d'imposta;
b) dichiarano **ricavi** (esclusi quelli finanziari individuati all'art. 85 c. 1 lett. c, d, e), o **compensi** superiori a € 5.164.569 (per talune attività sono previste modalità particolari dei determinazione dei ricavi rilevanti);
c) si trovano in condizioni di **non normale svolgimento dell'attività**;
d) si avvalgono del regime **forfettario** agevolato (illustrato al n. 5580) o del regime **fiscale di vantaggio** per l'imprenditoria giovanile e lavoratori in mobilità o che determinano il reddito con altre tipologie di criteri forfettari;
e) esercitano **due o più attività** di impresa, non rientranti nel medesimo ISA se l'importo dei ricavi dichiarati per le attività non rientranti in quello relativo all'attività prevalente, supera il 30% del totale dei ricavi dichiarati;
f) con **categoria reddituale** diversa da quella per la quale è stato approvato l'ISA;
g) sono enti del **terzo settore** non commerciali che optano per la determinazione forfettaria del reddito di impresa;
h) sono organizzazioni di **volontariato** e le associazioni di **promozione sociale** che applicano il regime forfettario; l'esclusione è subordinata al positivo perfezionamento del procedimento di autorizzazione della Commissione Europea;
i) sono **imprese sociali**;

l) sono società **cooperative**, società **consortili e consorzi** che operano esclusivamente a favore delle imprese socie o associate e delle società cooperative costituite da utenti non imprenditori che operano esclusivamente a favore degli utenti stessi;
m) esercitano, in ogni forma di società cooperativa le attività di «**trasporto con taxi**» - codice attività 49.32.10 e di «trasporto mediante noleggio di autovetture da rimessa con conducente» - codice attività 49.32.20, di cui all'ISA AG72U;
n) le **corporazioni dei piloti** di porto esercenti le attività di cui all'ISA BG77U.

I soggetti agli ISA dichiarano i dati economici, contabili e strutturali rilevanti per l'applicazione degli stessi, compilando apposito **modello** parte integrante del modello redditi. **81985**
Per la compilazione, sono necessari alcuni **dati rilevati dall'AE** sulla base dei dati degli studi di settore, dei parametri e degli ISA presentati dal contribuente negli 8 periodi di imposta precedenti a quello di applicazione e delle altre fonti informative a disposizione dell'AF.
Il contribuente (anche tramite intermediario abilitato), prima della compilazione del modello, deve acquisire tali dati mediante apposito software dell'AE (acquisizione dati ISA).
Il contribuente può **modificare** tali dati per disattivare eventuali criticità evidenziate dagli indicatori elementari di anomalia.
Se l'ISA viene calcolato senza modificare i dati forniti dall'AE, l'esito dell'applicazione non sarà contestabile in relazione a tali dati (Circ. AE 9 settembre 2019 n. 20/E).

Il contribuente calcola con software messo a disposizione dell'AE, l'**esito** degli ISA che fornisce un giudizio complessivo di **affidabilità**, graduato su una scala da 1 a 10 (art. 9 bis DL 50/2017 conv. in L. 96/2017). **81988**
L'indice sintetico di affidabilità calcolato è la media semplice di due tipi di **indicatori elementari**: gli indicatori elementari di affidabilità, che valutano l'attendibilità di relazioni e rapporti tra grandezze di natura contabile e strutturale e possono assumere un valore compreso tra 1 e 10 e gli indicatori elementari di anomalia, che segnalano situazioni di gravi incongruenze contabili e gestionali o disallineamenti tra dati e informazioni presenti nei diversi modelli di dichiarazione, o che emergono dal confronto con banche dati esterne. Questi ultimi incidono sul calcolo solo in caso di anomalia.
Il contribuente può avere interesse a **migliorare il giudizio** di affidabilità e per far ciò può (Circ. AE 2 agosto 2019 n. 17/E):
– correggere eventuali anomalie evidenziate dagli specifici indicatori elementari;
– dichiarare ulteriori componenti positivi non risultanti dalle scritture contabili.
Tali **ulteriori componenti positivi** rilevano ai fini delle II.DD. e determinano un corrispondente maggior volume di affari IVA, sulla base, salvo prova contraria e di regimi speciali, dell'aliquota media risultante dalla dichiarazione.

> La dichiarazione di ulteriori componenti positivi non comporta l'applicazione di **sanzioni** e interessi se il versamento delle relative imposte è effettuato entro il termine e con le modalità indicate al n. 37150 e s.

In relazione al punteggio maturato, anche per adeguamento con dichiarazione di ulteriori componenti positivi, sono riconosciuti i seguenti benefici: **81995**
a) esonero dall'apposizione del visto di conformità per la **compensazione** di crediti per un importo non superiore a € 50.000 annui relativamente all'IVA e per un importo non superiore a € 20.000 annui relativamente alle II.DD. e IRAP;
b) esonero dall'apposizione del visto di conformità o dalla prestazione della garanzia per i **rimborsi IVA** per importo non superiore a € 50.000 annui;
c) esclusione dell'applicazione della disciplina delle **società di comodo**;
d) esclusione degli accertamenti basati su **presunzioni semplici**;
e) anticipazione di almeno un anno, con graduazione in funzione del livello di affidabilità, dei **termini di decadenza** per l'accertamento;
f) esclusione dell'**accertamento sintetico** (v. n. 82000).
I benefici di cui alle lettere c, d ed f non sono riconosciuti se, per il periodo d'imposta in cui si applicano gli ISA, sono contestate violazioni che comportano obbligo di denuncia per uno dei **reati tributari**.
I benefici specifici riconosciuti in base al punteggio, sono annualmente determinati con Provv. AE.

82000 **ACCERTAMENTO SINTETICO** (art. 38 c. 4-8 DPR 600/73) È un metodo di accertamento **applicabile solo** alle persone fisiche e alle imposte sui redditi (non all'IVA né all'IRAP), alternativo all'accertamento analitico e **utilizzabile** anche in caso di omessa dichiarazione e indipendentemente dall'esperibilità dell'accertamento analitico (Cass. 30 ottobre 2007 n. 22936 e Cass. 20 giugno 2007 n. 14367).
Con il sintetico, l'Ufficio accerta un reddito o un maggior reddito, **sulla base del** sostenimento di spese di qualsiasi genere, fra cui quelle per incrementi patrimoniali, sostenute dal contribuente nel periodo d'imposta (c.d. **sintetico puro**) o su indici di capacità contributiva effettivi e figurativi (c.d. «**redditometro**») specificatamente individuati con decreto ministeriale.

82005 **Modalità di utilizzo** L'Ufficio **deve provare**, nel sintetico puro, l'esistenza degli elementi e delle circostanze di fatto certi oppure il semplice sostenimento delle spese sui quali determina il reddito con il metodo sintetico (Circ. AE 12 marzo 2010 n. 12/E).
Quest'ultimo si baserebbe, pertanto, su una **presunzione** legale relativa con la conseguenza che il contribuente deve fornire la prova contraria alle risultanze dell'accertamento (Cass. 29 ottobre 2012 n. 18604, Cass. 5 settembre 2012 n. 14896 e Cass. 11 febbraio 2009 n. 3316).
Con il redditometro, presuppone che al sostenimento di spese per una variegata tipologia di beni e servizi e per il loro mantenimento (**elementi indicativi di capacità contributiva**), corrisponda la disponibilità di un reddito statisticamente determinato.
Tali elementi sono periodicamente aggiornati con DM (l'ultimo è il DM 16 settembre 2015 abrogato ma utilizzabile per l'accertamento dei redditi per gli anni d'imposta **dal 2011 al 2015**, art. 10 DL 87/2018 conv. in L. 96/2018).

82007 **Reddito accertabile** Il reddito sinteticamente determinato e da confrontare con quello dichiarato è il **reddito lordo**.
Il maggior reddito non deve comunque essere costituito solo da **redditi fondiari**, perché, essendo questi determinati catastalmente, non rappresentano un reddito effettivo di cui le capacità di spesa sono indice (C.Cost. 25 luglio 1995, n. 377).
Dal reddito così accertato sono scomputabili gli **oneri** ordinariamente deducibili e detraibili.

82009 **Soglia di scostamento** L'Ufficio può emettere accertamento solo se il reddito accertabile sinteticamente è **superiore** di almeno 1/5 (20%) rispetto a quello lordo dichiarato dal contribuente (Circ. AE 19 giugno 2012 n. 25/E).
Tuttavia, se il contribuente, soggetto agli **studi di settore**, è congruo e coerente, il limite è di 1/3.

82011 **Prova contraria** Il **contribuente può** sempre dimostrare, anche nel contraddittorio preventivo, che le spese sostenute nel periodo d'imposta sono state finanziate con redditi diversi da quelli posseduti nello stesso periodo d'imposta, o da redditi esenti (v. n. 500) o soggetti a ritenuta alla fonte a titolo d'imposta (v. n. 3550) o, comunque, da redditi legalmente esclusi dalla formazione della base imponibile. Il contribuente può anche dimostrare il diverso **ammontare della spesa** o che questa è stata in realtà **sostenuta** da altri soggetti (Cass. 10 ottobre 2014 n. 21442).

82100 **TIPI DI ACCERTAMENTO** L'accertamento ha generalmente ad oggetto la complessiva posizione del contribuente per il determinato periodo d'imposta (accertamento **ordinario**).
Tale accertamento può però essere integrato con la notifica, entro l'ordinario termine di decadenza di un accertamento **integrativo** se sopravvengono nuovi elementi e a **condizione** che (art. 43 c. 3 DPR 600/73 e art. 57 c. 3 DPR 633/72):
a) i nuovi elementi fossero sconosciuti dall'Ufficio al momento della notifica del primo accertamento (Cass. 17 gennaio 2002 n. 451). È, pertanto, nullo l'accertamento integrativo basato su di un processo verbale recante una data antecedente (Cass. 11 aprile 1995 n. 4164);
b) la motivazione indichi a pena di nullità tali nuovi elementi insieme agli atti o fatti per mezzo dei quali l'ufficio ne è venuto a conoscenza; il richiamo ai nuovi elementi non può essere generico ma deve contenere una descrizione, anche sintetica, degli stessi al fine di consentire un'adeguata difesa (Cass. 8 maggio 2006 n. 10526).
L'AE può emettere accertamento **parziale** limitato solo ad alcune tipologie di redditi e IVA, senza precludere ulteriori accertamenti, nei casi previsti dalla legge (art. 41 bis DPR 600/73 e art. 54 c. 5-8 DPR 633/72).

In rettifica o d'ufficio (artt. 38-41 ter DPR 600/73 e artt. 54 e 55 DPR 633/72) Se il contribuente ha **presentato la dichiarazione**, l'accertamento è emesso in rettifica della dichiarazione. 82110
L'AE procede invece ad accertamento d'ufficio nei casi di **omessa dichiarazione** o di **dichiarazione nulla**. In questo caso, l'accertamento è volto a determinare il reddito complessivo del contribuente (art. 41 DPR 600/73, art. 55 c. 1 e 2 DPR 633/72).
Esso viene eseguito sulla base delle notizie e dei dati di cui l'AF è in possesso. È possibile utilizzare presunzioni, anche non gravi, precise e concordanti e si può prescindere, in tutto o in parte, dalle risultanze della dichiarazione (se presentata e considerata nulla) e dalle scritture contabili, ancorché regolarmente tenute.
I **poteri degli uffici** sono quindi maggiori rispetto alle altre ipotesi di accertamento, in quanto è possibile far riferimento a circostanze isolate da cui si possa ricavare, anche in contrasto con eventuali scritture contabili regolarmente tenute, il ragionevole convincimento del possesso di maggiori redditi.

3. Avviso di accertamento

A seguito del controllo di merito, l'AE emette avviso di accertamento nel quale contesta le riprese al contribuente e, contestualmente, liquida le maggiori imposte dovute e irroga le sanzioni. 82150
Gli avvisi di accertamento diventano **esecutivi** decorso il termine di 60 giorni dalla loro notifica (art. 29 c. 1 DL 78/2010 conv. in L. 122/2010).
L'avviso di accertamento è un atto **unitario**, nel senso che deve generalmente riguardare la posizione fiscale complessiva del contribuente per ciascun esercizio, salvo quanto detto sugli accertamenti parziali e integrativi.

CONTENUTO L'avviso di accertamento deve recare l'indicazione dei componenti di reddito rettificati, dell'imponibile accertato, delle aliquote applicate, delle imposte liquidate - al lordo e al netto delle detrazioni, delle ritenute d'acconto e dei crediti d'imposta - computando in diminuzione del maggiore imponibile accertato le eventuali **perdite** relative al periodo d'imposta oggetto di accertamento e, se richiesto dal contribuente, di quelle pregresse non utilizzate come illustrato al n. 81100. 82155
Esso deve **specificare i fatti e le circostanze** sulle quali l'accertamento si fonda, giustificando altresì l'eventuale ricorso a metodi induttivi o sintetici, nonché le ragioni del mancato riconoscimento di deduzioni o detrazioni. Se l'accertamento è stato preceduto dal contraddittorio instaurato dall'Ufficio, deve specificamente motivare in relazione ai chiarimenti forniti e ai documenti prodotti dal contribuente nel corso del contraddittorio (art. 5 ter D.Lgs. 218/97).
Infine, deve contenere una serie di indicazioni in tema di (art. 7 L. 212/2000):
- ufficio presso il quale ottenere informazioni e responsabile del procedimento;
- organo o autorità amministrativa presso il quale promuovere il riesame dell'atto (c.d. autotutela);
- istituti che permettono la riduzione delle sanzioni;
- modalità per la proposizione dei ricorsi;
- informazioni in merito alla riscossione sia in caso di mancata impugnazione dell'atto non accompagnato da versamento di quanto dovuto sia di proposizione del ricorso.

L'accertamento deve essere **sottoscritto** dal capo (direttore) dell'Ufficio che lo ha emesso o da un suo delegato appartenente alla carriera direttiva (art. 5 c. 6 Reg. Amministrazione AE, GU 13 febbraio 2001 n. 36 e Cass. 10 novembre 2000 n. 14626). Se la sottoscrizione è apposta da un soggetto diverso, per esempio dal capo team di un ufficio periferico e dal capo area controllo, è nullo (CTP Vicenza 23 maggio 2007 n. 46 e CTP Torino 19 febbraio 2003 n. 107).
L'**atto informatico** può essere sottoscritto con firma digitale (art. 2 D.Lgs. 82/2005).
La **delega** è valida se antecedente all'atto notificato (CTP Lecce 20 novembre 2002 n. 332) e, se vi è **contestazione**, incombe all'AE dimostrare l'esercizio del potere sostitutivo da parte del sottoscrittore o la presenza della delega del titolare dell'ufficio (Cass. 11 ottobre 2012 n. 17400 e Cass. 23 aprile 2008 n. 10513).

> **Precisazioni** 1) La **mancata o erronea indicazione** del termine per impugnare e/o dell'organo innanzi cui impugnare, non inficia la validità dell'atto, ma comporta sul piano processuale, nel caso di ricorso tardivo o presso organi incompetenti, il riconoscimento della scusabilità dell'errore, con conseguente riammissione in termini per l'impugnativa (Cass. 26 giugno 2009 n. 15143).

2) Il **calcolo degli interessi** da pagare deve essere esplicitato, in modo da non violare il principio di chiarezza (Cass. 21 marzo 2012 n. 4516).
3) È legittimo l'avviso sottoscritto da **funzionario decaduto** dalla funzione dirigenziale (Cass. 9 novembre 2015 n. 22810).

82160 **Intimazione di pagamento** (art. 29 c. 1 DL 78/2010 conv. in L. 122/2010) Gli avvisi di accertamento ed i connessi provvedimenti di irrogazione delle sanzioni, avendo natura anche di **titolo esecutivo**, devono in aggiunta contenere l'intimazione ad adempiere al pagamento richiesto, entro 60 giorni dalla loro notifica.
Se il termine di 60 giorni (eventualmente prorogato di 90 giorni in caso di istanza di accertamento con adesione o di 46 giorni in caso di sospensione feriale dei termini per ricorrere) scade senza che il contribuente abbia pagato o abbia presentato ricorso, l'avviso diviene esecutivo e viene **affidato**, in generale decorsi ulteriori 30 giorni dal termine ultimo per il pagamento, agli AdR che procederanno con la riscossione coattiva (le somme vengono maggiorate dell'aggio).
Il decorso degli **ulteriori 30 giorni per l'affidamento** in carico agli AdR non è però previsto in caso l'AE ravvisi il fondato pericolo per la riscossione (ad es. fallimento del debitore o comunque quando una pluralità di elementi fa ritenere reale - ed attuale, non solo potenziale - il rischio di comportamenti volti alla sottrazione di beni disponibili per le eventuali azioni esecutive).

82170 Dall'affidamento all'AdR, l'**esecuzione forzata** è **sospesa**, senza necessità di alcuna richiesta in tal senso (sospensione legale), per 180 giorni. Non possono pertanto venire intraprese azioni esecutive (pignoramento), ma possono essere avviate azioni cautelari e conservative (fermo dei beni mobili registrati, l'iscrizione di ipoteca sugli immobili, ecc.). La sospensione può però non decorrere nel caso l'AdR, anche su indicazione dell'AE, ravvisi la sussistenza del fondato pericolo per la riscossione.

>Precisazioni 1) Nel caso vi sia fondato **pericolo per la riscossione** (es. fallimento del debitore), gli ulteriori 30 giorni concessi, dopo la scadenza del termine per adempiere, per l'affidamento dell'avviso agli agenti della riscossione non sono previsti.
2) L'**intimazione ad adempiere** deve essere riportata in tutti i casi in cui siano **rideterminati gli importi dovuti** in base agli avvisi di accertamento ed ai connessi provvedimenti di irrogazione delle sanzioni, in caso di mancato versamento, nei termini:
– di una rata successiva alla prima a seguito di accertamento con adesione (v. n. 88043);
– dell'importo complessivo o di una rata a seguito di conciliazione giudiziale;
– delle minori somme dovute, a titolo provvisorio e in misura ridotta, in caso di proposizione del ricorso (v. n. 82520), anche con riferimento all'esecuzione delle sanzioni;
– delle somme dovute in caso di definitività dell'atto di accertamento impugnato.

82175 **Motivazione** L'accertamento deve essere motivato secondo quanto riportato nella **tabella** seguente.

Motivazione	
Imposte sui redditi	L'avviso deve essere motivato con riferimento ai redditi rettificati ed alle norme applicate. La motivazione serve a spiegare il fondamento della pretesa erariale e fornisce al contribuente gli elementi che gli consentono di decidere se impugnare o meno l'atto impositivo **(1)**. In caso di impugnazione, fornisce inoltre le argomentazioni su cui fondare il ricorso. È generalmente ammessa la motivazione «**per relationem**» ad altri atti (es. processo verbale della GdF, avviso di accertamento emesso in precedenza, ecc.) se è fondata sul contenuto di atti conosciuti dal contribuente, in quanto preventivamente notificati o comunicati **(2)**. Se, invece, la motivazione fa riferimento a un altro atto sconosciuto dal contribuente, questo deve essere allegato all'atto che lo richiama, a meno che quest'ultimo non ne riproduca il contenuto essenziale, cioè gli elementi che assumono rilevanza ai fini dell'accertamento (art. 7 c. 1 L. 212/2000, Circ. AE 3 agosto 2001 n. 77/E, Cass. 22 marzo 2005 n. 6201).
IVA	Le disposizioni relative alla motivazione sono le stesse previste per le imposte sui redditi (art. 56 DPR 633/72). Gli **accertamenti in rettifica** delle dichiarazioni presentate devono indicare gli errori, le omissioni e le false o inesatte indicazioni su cui si fondano le rettifiche e i relativi elementi probatori. Per le omissioni e le inesattezze desunte in via presuntiva devono essere indicati i fatti certi che danno fondamento alla presunzione. Negli avvisi relativi agli **accertamenti induttivi** devono essere indicati, a pena di nullità, l'imponibile determinato dall'ufficio, l'aliquota o le aliquote e le detrazioni applicate nonché le ragioni che giustificano il ricorso a metodi induttivi.

(1) Negli accertamenti basati sugli **studi di settore** la motivazione non deve essere rappresentata da un automatico rinvio alle risultanze degli studi stessi, ma deve dare conto in modo esplicito delle valutazioni che, a seguito del contraddittorio, hanno condotto l'Ufficio a ritenere fondatamente attribuibili i maggiori ricavi o compensi determinati anche tenendo conto degli indicatori di normalità.
Negli accertamenti fondati su **abuso del diritto o elusione fiscale**, l'Ufficio deve a pena di nullità dare specifica motivazione della condotta abusiva o dell'elusione, degli indebiti vantaggi fiscali realizzati, nonché sui chiarimenti forniti dal contribuente (art. 10 bis L. 212/2000).
(2) È pertanto legittimo l'avviso di **accertamento dei redditi del socio** (nella specie, accomandante di una S.a.s.) che rinvii «per relationem» a quello, relativo ai redditi della società, solo a quest'ultima notificato, poiché il socio, a norma dell'art. 2261 c.c., ha il potere di consultare la documentazione relativa alla società (Cass. 19 febbraio 2009 n. 3972).

L'accertamento è **nullo per carenza di motivazione**, quando: 82180
– fa riferimento a dati e notizie in possesso dell'Ufficio non specificati neanche in sede contenziosa (CTC 4 luglio 1983 n. 1755);
– la motivazione consiste nella riproduzione di frasi di stile senza alcuna aderenza con la concreta situazione rettificata (CTC 16 gennaio 1998 n. 112);
– non indica le aliquote applicate (Cass. 5 giugno 1991 n. 6338) oppure indica solo l'aliquota minima e/o la massima (Cass. 27 giugno 2005 n. 13810, Cass. 11 settembre 2001 n. 11608).
La mancanza della **prova dei fatti** addotti a sostegno della pretesa tributaria non può incidere sulla validità dell'avviso di accertamento, perché deve essere fornita soltanto in sede processuale, quando, a seguito dell'opposizione del contribuente, si procede alla verifica della fondatezza sostanziale della (maggiore) pretesa tributaria, con la conseguenza, in mancanza, del rigetto della pretesa medesima ma non dell'invalidità dell'accertamento (Cass. 18 aprile 1998 n. 3953).

NOTIFICAZIONE L'avviso di accertamento deve essere portato a conoscenza del destinatario mediante notifica effettuata in base all'art. 60 DPR 600/73 che richiama gli articoli del codice di procedura civile in materia (artt. 137 e s. c.p.c.), apportandovi modifiche e integrazioni. 82200
Le modalità di notifica sono differenti a seconda del destinatario, come indicato nella **tabella** seguente.
In ogni caso, i termini che hanno inizio dalla notificazione decorrono, per il destinatario dalla data in cui l'atto è ricevuto (salvo il caso di compiuta giacenza della notifica per posta raccomandata che si considera perfezionata non oltre 10 giorni dal deposito presso l'Ufficio postale).

Le **spese** per la notifica (determinate in base al DM 12 settembre 2012) sono addebitate al destinatario nella somma di € 5,18 (quando effettuata per posta) e di € 8,75 negli altri casi.

82205

Destinatario	Modalità
Imprese individuali e societarie, professionisti iscritti in albi o elenchi istituiti per legge	La notificazione è eseguita a mezzo **pec** all'indirizzo del destinatario risultante dall'indice nazionale degli indirizzi di posta elettronica certificata (INI-PEC) **(1)**.
Persone fisiche (diverse da quelle del punto precedente)	La notificazione è eseguita dai messi comunali o dai messi speciali autorizzati dall'Ufficio delle Entrate tramite spedizione a mezzo posta raccomandata o tramite consegna diretta; in questo caso il messo deve fare sottoscrivere dal consegnatario l'atto o indicare i motivi per i quali lo stesso non lo ha sottoscritto; salvo il caso di consegna dell'atto in mani proprie, la notificazione deve essere fatta nel domicilio fiscale del destinatario (in essere al momento della notifica) (v. n. 229) **(2) (3)**. Se il **destinatario non è trovato** presso il domicilio fiscale, la consegna va effettuata nel seguente ordine tassativo (Cass. 11 maggio 1998 n. 4739): – a una persona di famiglia (parente o affine) o addetta alla casa, all'ufficio o all'azienda, purché non minore di 14 anni o non palesemente incapace; – se mancanti, al portiere dello stabile o, se manca, a un vicino di casa che accetti di ricevere. Nei casi in cui la notifica è effettuata a persone diverse dal destinatario dell'atto, il messo (o l'agente postale) consegna o deposita al consegnatario, che sottoscrive una ricevuta, la copia dell'atto in busta sigillata. Successivamente, il messo (o l'agente postale) dà notizia al destinatario dell'atto, a mezzo di lettera raccomandata, dell'avvenuta notificazione dell'atto stesso.

Destinatario	Modalità
	La notificazione via posta si considera comunque effettuata, in caso di mancata consegna, decorsi 10 giorni dal deposito dell'atto presso l'Ufficio postale. Se nel Comune **non risulta un indirizzo** presso cui notificare, l'avviso del deposito dell'atto presso la casa del comune si affigge in busta chiusa e sigillata nell'albo del comune e la notificazione si intende eseguita nell'8° giorno successivo a quello di affissione.
Enti e soggetti diversi dai precedenti	La notificazione agli enti senza personalità giuridica deve essere effettuata presso il relativo domicilio fiscale mediante consegna di copia dell'atto al rappresentante o alla persona incaricata di ricevere le notificazioni o, in mancanza, ad altra persona addetta alla sede stessa **(4)**.

(1) Se la **casella pec risulta satura**, l'ufficio effettua un secondo tentativo di consegna decorsi almeno 7 giorni dal primo invio. Se anche a seguito di tale tentativo la casella è satura oppure l'indirizzo pec non risulta valido o attivo, esegue la notifica mediante deposito telematico dell'atto nell'area riservata del sito internet della società InfoCamere pubblicazione, entro il 2° giorno successivo a quello di deposito, del relativo avviso nello stesso sito, per la durata di 15 giorni; l'ufficio inoltre dà notizia al destinatario dell'avvenuta notificazione dell'atto a mezzo di lettera raccomandata, senza ulteriori adempimenti a proprio carico.

(2) Il contribuente può: **eleggere domicilio** presso una persona o un ufficio nel comune del proprio domicilio fiscale, dandone comunicazione al competente ufficio con apposito Modello (di cui al Provv. AE 2 novembre 2011 n. 116331/2011), in generale, con avviso di ricevimento (o, per i soggetti abilitati, in via telematica); oppure indicare un **indirizzo pec** presso cui ricevere le notifiche secondo le modalità del punto precedente; la comunicazione va fatta in via telematica utilizzando il software disponibile sul sito dell'AE e l'indirizzo è utilizzabile anche per la notifica delle cartelle di pagamento e degli altri atti da parte dell'ADR; se il richiedente è titolare di un indirizzo risultante all'INI-PEC, quello così comunicato non è utilizzabile (Provv. AE 28 giugno 2017).
Anche le **variazioni** e le **modificazioni dell'indirizzo** del contribuente hanno efficacia dal 30° giorno successivo a:
– per le persone fisiche, quello dell'avvenuta variazione anagrafica (senza alcuna comunicazione);
– per le persone giuridiche e le società ed enti privi di personalità giuridica, a quello della ricezione da parte dell'Ufficio della dichiarazione di variazione dati IVA (v. n. 36105).

(3) In caso di **morte del contribuente** gli eredi devono comunicare all'AF le proprie generalità e il proprio domicilio fiscale e l'avviso di accertamento va notificato personalmente e nominativamente agli eredi nel domicilio fiscale comunicato. Se tale **comunicazione non è stata effettuata**, l'avviso di accertamento deve essere notificato nell'ultimo domicilio del deceduto, ma deve essere diretto agli eredi collettivamente ed impersonalmente. In tal caso la notifica sarà efficace nei confronti degli eredi che, almeno 30 giorni prima, non abbiano effettuato la suddetta comunicazione (art. 65 DPR 600/73; Cass. 7 luglio 2003 n. 10659, Cass. 7 aprile 2006 n. 8272).

(4) Per le **società di fatto** si considera efficace la notifica effettuata ad uno solo dei soci ma in qualità di «rappresentante legale». Se non è possibile individuare la sede in cui l'attività è svolta la notifica può essere eseguita al domicilio del socio.

82210 **Contribuente fallito** L'accertamento, ove inerente a crediti i cui presupposti si siano determinati **prima della dichiarazione di fallimento** del contribuente o nel periodo d'imposta in cui tale dichiarazione è intervenuta, deve essere notificato non solo al curatore fallimentare ma anche al contribuente. A tal fine **risulta inidoneo** un accertamento che rinvia come parte integrante della propria motivazione ad un processo verbale di constatazione non allegato all'avviso e non conosciuto né conoscibile dal fallito (Cass. 26 settembre 2003 n. 14301; Cass. 14 maggio 2002 n. 6937, Cass. 8 marzo 2002 n. 3427).

82215 **Società estinta** Ai fini (anche) della validità degli atti di accertamento, l'**estinzione della società** ha effetto trascorsi 5 anni dalla richiesta di cancellazione dal Registro delle imprese (art. 28 c. 4 D.Lgs. 175/2014) (v. n. 82560).

82220 **VIZI DI NOTIFICA** La notifica dell'avviso di accertamento effettuata senza l'osservanza delle suddette regole è viziata. Tuttavia l'eventuale proposizione del ricorso contro l'avviso così viziato da parte del contribuente destinatario dello stesso e la sua tempestiva costituzione in giudizio **sana i vizi** di notifica dell'accertamento.
La **sanatoria non opera** però:
– se la notifica sia giuridicamente inesistente o se al momento della proposizione del ricorso l'ente impositore sia già decaduto dal potere di emanare l'atto impugnato, sempre che tale decadenza sia stata dedotta dal contribuente dinanzi al giudice il quale, invece, non può rilevarla d'ufficio (Cass. SU 5 ottobre 2004 n. 19854);
– nei casi in cui i vizi di notifica riguardino atti che costituiscono il presupposto di quello che viene impugnato, come nel caso di impugnazione di una cartella di pagamento che faceva

riferimento ad un avviso di accertamento notificato irregolarmente (Cass. 12 luglio 2006 n. 15849).

STRUMENTI A DISPOSIZIONE DEL CONTRIBUENTE A seguito della notifica dell'avviso di accertamento il contribuente può valutare di intraprendere una delle procedure riportate in **tabella**, entro il **termine** per proporre ricorso (60 giorni dalla notifica dell'accertamento oltre all'eventuale sospensione nel periodo feriale di agosto, v. n. 87780). Per la completa disamina si **rinvia** a MCT. 82225

Scelte possibili a seguito di notifica di avviso di accertamento		
Comportamento	**Conseguenze per il contribuente**	**v. n.**
I. Pagamento di imposte e sanzioni (**acquiescenza**)	– si conforma a quanto richiesto con l'avviso di accertamento, rinunciando a presentare ricorso o istanza di accertamento con adesione; – le sanzioni sono ridotte ad 1/3 dell'importo irrogato	88060
II. Pagamento delle sole sanzioni (**acquiescenza alle sole sanzioni**)	– le sanzioni sono ridotte ad 1/3 dell'importo irrogato; – può presentare ricorso relativamente alle imposte accertate	88095
III. Istanza di **accertamento con adesione (1)**	– il termine per l'impugnazione è sospeso per 90 giorni; – si apre contraddittorio con l'Ufficio per eventuale definizione dell'accertamento con conseguente rideterminazione delle imposte e riduzione delle sanzioni (1/3 di quelle irrogabili in base alle imposte concordate); – in caso di mancata definizione può impugnare l'accertamento	87983
IV. Impugnazione (ricorso o reclamo con eventuale richiesta di sospensione giudiziale)	– si instaura il giudizio avanti alla Corte tributaria di primo grado competente, eventualmente preceduto dal tentativo obbligatorio di mediazione nelle controversie di minor valore; – è dovuto il pagamento, in pendenza di giudizio, di 1/3 delle maggiori imposte accertate, salvo accoglimento dell'istanza di sospensione	87690
V. Istanza per **utilizzo delle perdite pregresse (2)**	– eventuale riliquidazione dell'accertamento; – sospensione per 60 giorni del termine per impugnare	81100
VI. Istanza di autotutela	– si sostanzia in una richiesta all'Ufficio di riesame del proprio operato; – non comporta obbligo di risposta; – non sospende il termine per l'impugnazione	80400
VII. Istanza di **sospensione amministrativa**	– attiene solamente al termine di pagamento ed è rivolta all'Ufficio che ha emesso l'atto o, in casi specifici, all'AdR; – non sospende il termine per impugnare e il pagamento stesso fino all'eventuale accoglimento	
VIII. Nessuna attività nel termine di legge	– l'accertamento diviene definitivo e non più contestabile; – l'Ufficio procede alla riscossione tramite l'AdR	82500
(1) Solo se l'accertamento non è stato preceduto da invito al contraddittorio. **(2) Solo per** IRES e redditi d'impresa nei casi individuati al n. 81100.		

4. Tributi locali

Regole specifiche si applicano all'accertamento e alla riscossione dei **tributi di competenza di** province e comuni che, dal 1° gennaio 2020, si fondano sull'accertamento esecutivo. 82270
La disciplina in oggetto **si applica** ai provvedimenti emessi da tale data per l'accertamento e la riscossione dei tributi dovuti e delle sanzioni irrogate anche per gli anni precedenti in relazione alla generalità dei tributi locali (nonché delle entrate patrimoniali) e in **particolare per** (art. 1 c. 792 L. 160/2019):

- IMU;
- TARI;
- ICP;
- Diritti di pubbliche affissioni;
- Tributi locali minori.

›Precisazioni 1) Le disposizioni in oggetto si applicano anche all'accertamento da parte di città metropolitane, comunità montane, **unioni dei comuni** e consorzi fra enti locali (art. 1 c. 784 L. 160/2019).
2) In merito all'**IMU**, i comuni accertano e riscuotono anche l'imposta dovuta allo **Stato** (sui fabbricati di categoria D, art. 1 c. 744 L. 160/2019).
3) I Comuni possono **affidare a terzi** individuati secondo l'art. 52 D.Lgs. 446/97, anche disgiuntamente, l'accertamento e la riscossione dei tributi; tutti gli enti locali possono inoltre affidare l'attività di **riscossione all'AdR** (art. 1 c. 785 L. 160/2019).

82290 **POTERI ISTRUTTORI** (art. 1 c. 693, 694 e 698 L. 147/2013) In merito ai tributi comunali, il funzionario responsabile, può inviare **questionari** al contribuente, richiedere **dati e notizie a uffici pubblici** e ad enti di gestione di servizi pubblici, nonché disporre l'**accesso** ai locali ed aree assoggettabili a tributo, mediante personale debitamente autorizzato e con preavviso di almeno 7 giorni.
In caso di **mancata collaborazione** del contribuente o di altro impedimento alla rilevazione, l'accertamento può essere fondato su presunzioni semplici. Inoltre, in caso di mancata, incompleta o infedele risposta al questionario, entro il termine di 60 giorni dalla notifica dello stesso, si applica la sanzione da euro 100 a 500.

In attesa di chiarimenti, si ritiene che la disposizione **ancora applicabile** e non interessata dall'abrogazione delle disposizioni sulla IUC disposta dall'art. 1 c. 780 L. 160/2019.

82300 **Accesso** (art. 1 c. 791 L. 160/2019) Ai fini della riscossione, gli enti possono accedere alle informazioni relative ai debitori presenti nell'**anagrafe tributaria** (art. 52 D.Lgs. 446/97).
Tramite gli enti, possono accedere alle medesime informazioni anche i soggetti affidatari dell'attività di riscossione o i soggetti affidatari del servizio di gestione dei rifiuti (art. 1 c. 691 L. 147/2013).
Hanno altresì accesso alle banche dati **catastale**, **ipotecaria e del pubblico registro automobilistico**.

Di fatto, in questo modo, gli enti hanno accesso ai dati relativi, ad esempio, ai **conti correnti** dei debitori al fine della riscossione coattiva.

82305 **AVVISO DI ACCERTAMENTO** (art. 1 c. 162 L. 296/2006 e art. 1 c. 792 L. 160/2019) Ogni ente provvede con apposito **avviso per**:
- rettifica di dichiarazione (quando dovuta) infedele o incompleta;
- accertamento dell'omessa dichiarazione;
- accertamento degli omessi versamenti.

L'avviso deve **contenere**:
- motivazione della pretesa: se fa riferimento ad altro atto non conosciuto né ricevuto dal contribuente, questo deve essere allegato all'accertamento che lo richiama, salvo che quest'ultimo non ne riproduca il contenuto essenziale;
- ufficio presso il quale è possibile ottenere informazioni in merito all'atto notificato;
- responsabile del procedimento;
- organo o autorità amministrativa presso i quali è possibile promuovere un riesame anche nel merito dell'atto in sede di autotutela;
- modalità, termine e organo giurisdizionale (Corte tributaria) cui è possibile ricorrere;
- intimazione ad adempiere, entro il termine per presentare ricorso, al pagamento delle somme accertate o (in caso di presentazione di ricorso) al pagamento delle maggiori imposte e degli interessi (il pagamento delle sanzioni è sospeso fino alla sentenza di primo grado);
- indicazione che l'atto costituisce titolo esecutivo per la riscossione anche coattiva delle somme richieste.

Con l'avviso di accertamento, l'ente irroga contestualmente le **sanzioni** collegate al tributo.

›Precisazioni 1) Con lo stesso atto può accertare o rettificare **più annualità** (Cass. 12 maggio 2010 n. 11445).
2) L'avviso non costituisce titolo esecutivo se emesso per somme **inferiori a euro 10,00**.

82310 **Notificazione** (art. 1 c. 161 L. 296/2006) L'ente deve notificare l'avviso di accertamento al contribuente con le **modalità** previste dalle singole leggi d'imposta o, comunque, tramite raccomandata con avviso di ricevimento; si tratta in questo caso di raccomandata ordinaria, come previsto per la cartella di pagamento (v. n. 82550).
In merito alla notifica tramite **raccomandata**:

– la notifica **si perfeziona**, per il notificante, al momento della spedizione della raccomandata e per il destinatario, al momento della ricezione (Cass. 17 dicembre 2019 n. 33277);
– in caso di **impossibilità di consegna** (e deposito presso l'Ufficio postale), si ritiene applicabile la previsione in base alla quale la notifica si considera comunque perfezionata, per il destinatario, decorsi 10 giorni dal deposito.

Dovrebbe essere legittima la notifica **tramite PEC** (art. 6 D.Lgs. 82/2005).

Termine (art. 1 c. 161 L. 296/2006) L'ente deve notificare l'accertamento entro il 31 dicembre del 5° anno successivo a quello: 82315
– in caso di **omesso versamento**, in cui il versamento avrebbe dovuto essere effettuato;
– in caso di **omessa o infedele dichiarazione**, in cui la dichiarazione è stata o avrebbe dovuto essere presentata.
I suddetti termini sono sospesi, per l'**emergenza Covid-19**, per 84 giorni nel periodo 8 marzo - 31 maggio 2020 (art. 67 DL 18/2020 conv. in L. 27/2020).

PAGAMENTO (art. 1 c. 792 L. 160/2019) Il destinatario deve versare le somme complessive oggetto dell'accertamento **entro** il termine per presentare ricorso (60 giorni soggetti a sospensione feriale e per eventuale istanza di accertamento con adesione se prevista). 82320
In caso di **proposizione di ricorso**, il destinatario è comunque tenuto al versamento delle imposte e degli interessi entro il medesimo termine. Le **sanzioni** saranno eventualmente dovute a seguito della sentenza della Corte tributaria di primo grado o di secondo grado.

>**Precisazioni** 1) Per il **ritardato od omesso versamento** delle somme dovute in base all'accertamento non si applicano sanzioni.
2) Sulle somme dovute, escluse sanzioni, interessi e spese di notifica e oneri di riscossione, maturano, decorsi 30 giorni dall'esecutività dell'atto, gli **interessi di mora** conteggiati al tasso legale di interesse che può essere maggiorato di non oltre 2 punti dall'ente.

Rateazione (art. 1 c. 796 L. 160/2019) L'ente creditore o il soggetto affidatario possono **concedere su richiesta** al debitore la rateazione delle somme dovute fino a massimo 72 rate mensili, **se** il debitore versa in situazione di temporanea e obiettiva difficoltà economica. 82322
Il numero di rate **dipende** dall'importo a debito:

Debito (euro)	Numero rate mensili
fino a 100,00	nessuna rateazione
da 100,01 a 500,00	fino a 4
da 500,01 a 3.000,00	da 5 a 12
da 3.000,01 a 6.000,00	da 13 a 24
da 6.000,01 a 20.000,00	da 25 a 36
oltre 20.000,00	da 37 a 72

Con proprio regolamento, l'ente può prevedere ulteriori **condizioni e modalità** di rateazione (art. 1 c. 797 L. 160/2019).
Per la **domanda di rateazione**, gli enti predispongono propria modulistica.
Ricevuta la domanda, l'ente creditore (o il soggetto affidatario) può iscrivere l'**ipoteca o il fermo amministrativo** solo in caso di mancato accoglimento della richiesta, o di decadenza dalla rateazione. Sono fatte salve le procedure esecutive già avviate alla data di concessione della rateazione.

Il debitore **decade dalla rateizzazione** in caso di mancato pagamento, dopo espresso sollecito, di 2 rate anche non consecutive nell'arco di 6 mesi nel corso del periodo di rateazione. 82325
La decadenza è automatica e il debito non può più essere rateizzato; l'intero importo ancora dovuto è immediatamente riscuotibile in unica soluzione (art. 1 c. 800 L. 160/2019).

RISCOSSIONE COATTIVA (art. 1 c. 792 L. 160/2019) Gli **avvisi di accertamento**, decorso il termine per la proposizione del ricorso, acquistano efficacia di titolo esecutivo. 82330
Decorsi 30 giorni da tale termine (che è anche il termine previsto per il pagamento), la riscossione delle somme richieste è **affidata in carico al soggetto** legittimato a procedervi (lo stesso ente impositore o l'AdR o il soggetto terzo affidatario del servizio di riscossione) che

informa con raccomandata semplice o pec il debitore di aver preso in carico le somme per la riscossione.
L'esecuzione è **sospesa** per 180 giorni (120 se procede alla riscossione lo stesso soggetto che ha emesso l'accertamento) dall'affidamento in carico; la sospensione non opera in caso di accertamenti definitivi, anche in seguito a giudicato, nonché in caso di recupero di somme derivanti da decadenza dalla rateazione.

Le **modalità di trasmissione del carico** da accertamento esecutivo al soggetto legittimato alla riscossione sono individuate con DM; nelle more dell'emanazione sono individuate dall'ente impositore.

82335 **Misure cautelari e conservative** (art. 1 c. 792 lett. b L. 160/2019) Anche **durante la sospensione** per il periodo di 180 (o 120) giorni, il soggetto che procede alla riscossione può disporre misure cautelari e conservative del credito (es. **ipoteca** su immobili **o fermo** amministrativo di beni mobili registrati), nonché ogni altra azione prevista dalle norme ordinarie a tutela del creditore.
Se l'importo da riscuotere è **inferiore a euro 10.001**, prima di attivare una procedura esecutiva e cautelare, gli enti devono inviare un sollecito di pagamento con cui si avvisa il debitore che il termine indicato nell'atto è scaduto e che, se non si provvede al pagamento entro 30 giorni, saranno attivate le procedure cautelari ed esecutive.
Se l'importo da riscuotere è **inferiore a euro 1.000**, prima di procedere ad azioni cautelari o esecutive, l'ente procedente deve inviare apposita comunicazione contenente estratto della posizione debitoria e attendere il decorso di 60 giorni.

> **Precisazioni** 1) In caso di **fondato pericolo per la riscossione**, la riscossione può essere intrapresa senza considerare il periodo di sospensione e per l'intero ammontare accertato.
2) Il soggetto incaricato procede ad **espropriazione forzata** con le modalità previste per l'AdR (artt. 45 e s. DPR 602/73). Non si applica il **blocco dei pagamenti** delle PA.

SEZIONE 4
Riscossione

82500 In mancanza di pagamento spontaneo, l'AE procede alla riscossione delle somme accertate o liquidate d'ufficio mediante ruolo e cartella di pagamento oppure direttamente con l'avviso di accertamento esecutivo quando emesso per IVA, imposte dirette e IRAP; nella **tabella** seguente si riportano i casi in cui si applicano l'una o l'altra procedura.
L'attività di riscossione è esercitata dall'Agenzia delle entrate tramite **AE-Riscossione** che ha qualifica di Agente della riscossione (**AdR**) di tributi e contributi; **dal 1° ottobre 2021** AE-Riscossione subentra a Riscossione Sicilia che si estingue ed esercita quindi l'attività di riscossione anche nella regione Sicilia (art. 76 DL 73/2021 conv. in L. 106/2021).
Di seguito si espongono i lineamenti essenziali della riscossione, rinviando per gli approfondimenti e l'esame della riscossione coattiva, al **MAR**.

Qualunque sia la procedura seguita, gli uffici non procedono all'accertamento, all'iscrizione a ruolo e alla riscossione dei crediti relativi ai tributi erariali e regionali quando l'ammontare dovuto, comprensivo di sanzioni e interessi non supera per ciascun credito l'**importo di € 30**, con riferimento a ogni periodo d'imposta; tale limite non si applica quando il credito deriva da ripetute violazioni degli obblighi di versamento del medesimo tributo (art. 3 c. 10 e 11 DL 16/2012 conv. in L. 44/2012 e art. 1 c. 736 L. 147/2013).

Imposta	Oggetto	Modalità di riscossione
IVA, IRPEF/IRES e IRAP	Controllo automatico della dichiarazione (v. n. 81730)	Ruolo e cartella di pagamento
	Controllo di merito	Accertamento esecutivo
IRPEF/IRES e IRAP	Controllo formale della dichiarazione	Ruolo e cartella di pagamento
IRPEF	Liquidazione della tassazione separata	Ruolo e cartella di pagamento
Registro, ipotecarie e catastali	Ogni tipologia di controllo-accertamento	Ruolo e cartella di pagamento

SOGGETTI COOBBLIGATI Nella **tabella** seguente si riportano i soggetti coobbligati in solido con il contribuente al pagamento e nei confronti dei quali l'AdR può intraprendere la riscossione. **82503**

>Precisazioni 1) Per la responsabilità solidale dell'**acquirente** e del **conferitario d'azienda**, v. n. 89290, n. 89410, n. 89794 e n. 89914.

2) Per la responsabilità solidale in materia di **sanzioni**, v. n. 87205.

Soggetto	Descrizione
Sostituti di imposta (art. 35 DPR 602/73)	Quando sono iscritti a ruolo nei confronti del sostituto (v. n. 37405) le imposte, gli interessi e le sanzioni concernenti redditi sui quali **non sono state effettuate** le ritenute, né i relativi versamenti, il sostituito è coobbligato in solido. Il sostituto, invece, diviene unico responsabile (nulla potendosi imputare al sostituito) se effettua ritenute a titolo di imposta ed omette di versarle (Circ. Min. 15 marzo 1975, § 6.8 n. 18/RT, Cass. 2 ottobre 1996 n. 8606) **(1)**.
Soggetti che dichiarano congiuntamente (art. 34 DPR 602/73)	Le persone i cui redditi sono stati cumulati per l'accertamento dell'IRPEF con quelli del soggetto iscritto a ruolo, rispondono in solido con questi per il pagamento dell'imposta, delle sanzioni e degli interessi, iscritti a nome di quest'ultimo. Questa ipotesi si verifica per lo più nel caso di coniugi che abbiano presentato congiuntamente la dichiarazione dei redditi mediante il **Modello 730**. Le iscrizioni a ruolo vanno eseguite a nome del dichiarante ed a questi notificate; gli accertamenti sono effettuati a nome di entrambi i coniugi e notificati al dichiarante **(2)**.
Eredi del contribuente	Rispondono in solido fra di loro delle obbligazioni tributarie del defunto, escluse le sanzioni, amministrative e penali, che non sono trasmissibili. In effetti, gli eredi, piuttosto che responsabili d'imposta altrui, sono responsabili in proprio. Ciò è dovuto al fatto che, se l'erede accetta l'eredità, il suo patrimonio si confonde con quello del defunto ed egli, pertanto, risponde dei debiti ereditari - compresi quelli tributari - con tutti i propri beni. Pertanto, l'erede risponde dei debiti anche se sono superiori all'attivo ereditario. Egli può sottrarsi a tale rischio **rinunciando all'eredità** o **accettandola con beneficio d'inventario** **(3)**.
Soci di società di persone (artt. 2267 e 2291 c.c.)	Ad eccezione dei soci accomandanti delle s.a.s., rispondono in solido con la società delle obbligazioni sociali, quindi anche dei debiti tributari. Pertanto, dopo l'iscrizione a ruolo per il debito relativo al reddito della società, l'atto di imposizione può essere notificato anche **direttamente al socio**, che resta sottoposto all'esazione del debito qualora il creditore non riesca a soddisfarsi sul patrimonio sociale (Cass. 25 giugno 2003 n. 10093) **(4)**.
Liquidatori, amministratori e soci di soggetti IRES (art. 36 DPR 602/73) **(5)** **(6)**	I **liquidatori** dei soggetti IRES che non versano, con le attività della liquidazione, le imposte dovute per il periodo della liquidazione e per quelli anteriori, rispondono in proprio del pagamento delle imposte se non provano di aver soddisfatto i crediti tributari anteriormente all'assegnazione di beni ai soci o associati oppure di avere soddisfatto crediti di ordine superiore a quelli tributari. La responsabilità è commisurata all'importo dei crediti d'imposta che avrebbero trovato capienza in sede di graduazione dei crediti. La disposizione si applica agli **amministratori** in carica all'atto dello scioglimento della società o dell'ente se non si sia provveduto alla nomina dei liquidatori nonché agli amministratori che hanno compiuto nel corso degli ultimi 2 periodi d'imposta precedenti alla messa in liquidazione operazioni di liquidazione o hanno occultato attività sociali anche mediante omissioni nelle scritture contabili. I **soci** o associati, che hanno ricevuto nel corso degli ultimi 2 periodi d'imposta precedenti alla messa in liquidazione danaro o altri beni sociali in assegnazione dagli amministratori o hanno avuto in assegnazione beni sociali dai liquidatori durante il tempo della liquidazione, sono responsabili del pagamento delle imposte dovute dalla società o ente nei limiti del valore dei beni stessi, salvo le maggiori responsabilità stabilite dal codice civile. Il valore del denaro e dei beni sociali ricevuti in assegnazione si presume proporzionalmente equivalente alla quota di capitale detenuta dal socio od associato, salva la prova contraria. In caso di contestazione di presunti incassi in nero, il socio dovrebbe dimostrare di essere estraneo alla percezione di utili in nero. La prova può essere fornita con ogni mezzo.

(1) Secondo un'altra sentenza, invece, nel caso di **mancato versamento della ritenuta** l'AF può rivolgersi direttamente al percettore per avere l'importo della ritenuta non versata dal sostituto (Cass. 16 giugno 2006 n. 14033). Tale posizione è stata criticata dalla dottrina.

(2) Il **coniuge** (non illegittimamente ed effettivamente separato) ed i **figli minori** (conviventi e non emancipati) sono solidalmente responsabili, limitatamente al valore dei beni ad essi ceduti dall'altro soggetto passivo, per l'IRPEF da questi dovuta per l'anno in cui è avvenuta la cessione e per i precedenti. Tale responsabilità solidale si estende anche alle relative sanzioni ed interessi (Ris. Min. 22 dicembre 1980 n. 15/6885).

(3) Si può rinunciare all'eredità anche dopo che all'erede siano stati notificati avviso di accertamento o cartella di pagamento relativi ad obbligazioni tributarie del defunto.
Qualora nonostante la rinuncia o l'accettazione con beneficio d'inventario si proceda contro l'erede, questi dovrà ricorrere contro gli atti esecutivi alla competente sezione staccata della direzione generale delle entrate.
Prima ancora dovrà eventualmente essere proposto ricorso innanzi alle Corti tributarie contro l'avviso di accertamento o il ruolo.

(4) Nel caso di **ritenute alla fonte** operate, ma **non versate**, da parte di società di persone, i soci sono responsabili nei confronti dell'Erario semplicemente in conseguenza della notifica dell'avviso di accertamento in capo alla società (Cass. 29 ottobre 1997 n. 10638).

(5) Disposizione modificata e **in vigore dal** 13 dicembre 2014 (art. 28 c. 5 D.Lgs. 175/2014). Si applica a tutte le imposte e non solo all'IRES (Circ. AE 30 dicembre 2014 n. 31/E).

(6) La responsabilità è **accertata** dall'AE con avviso di accertamento motivato.

1. Ruolo e cartella di pagamento

82505 La riscossione mediante ruolo può essere coattiva o spontanea:
– è **coattiva** quando avviene a seguito di iscrizione a ruolo derivante da inadempimento del contribuente;
– è **spontanea** quando:
1. avviene a seguito di iscrizione a ruolo **non derivante da inadempimento** (es. liquidazione della tassazione separata);
2. la somma da iscrivere a ruolo è ripartita **in più rate** su richiesta del debitore (v. n. 82750).
Sulla base dell'atto impositivo l'AE forma il ruolo e lo trasmette all'AdR che lo notifica al contribuente **tramite la cartella** di pagamento. Sulla base della cartella, l'AdR, in caso di mancato pagamento nel termine di 60 giorni, può iniziare l'esecuzione forzata.

82510 **CONTENUTO** Il **ruolo** è l'elenco in cui l'AE (o altro soggetto creditore) **iscrive** i contribuenti debitori e le somme da essi dovute, ai fini della riscossione tramite l'AdR ed è utilizzato per riscuotere **imposte**, **sanzioni e interessi** (art. 10 DPR 602/73).
La **cartella di pagamento** è il mezzo con il quale l'AdR porta a formale conoscenza del contribuente il ruolo (art. 25 DPR 602/73); costituisce titolo esecutivo ed atto di precetto ed è, in alcuni casi, atto della riscossione di imposte già accertate con precedente atto mentre, in altri casi, è primo provvedimento formale con il quale l'AE contesta una violazione al contribuente e procede al recupero delle maggiori imposte (come nei controlli formali delle dichiarazioni).
L'AdR **notifica** la cartella di pagamento, entro i termini indicati al n. 82570.

82520 **Ruolo definitivo e provvisorio** L'iscrizione a ruolo per la notifica della cartella di pagamento può essere a titolo definitivo o a titolo provvisorio.
Sono iscritte **a titolo definitivo**, per il loro intero ammontare e unitamente a interessi e sanzioni, le imposte risultanti dagli accertamenti definitivi; quelle liquidate in base alle dichiarazioni presentate dai contribuenti e quelle derivanti da sentenze passate in giudicato.
Sono iscritte **a titolo provvisorio**, le imposte e le sanzioni derivanti da accertamenti non definitivi, contro i quali il contribuente ha presentato ricorso, in percentuali diverse secondo il grado del relativo giudizio: dopo la notifica dell'accertamento, è iscritta provvisoriamente, per le **imposte sui redditi** e l'**IVA**, 1/3 dell'imposta accertata (art. 15 DPR 602/73), mentre per le altre **imposte indirette**, 1/3 dell'imposta complementare (art. 56 DPR 131/86).
Tuttavia, se vi è fondato pericolo per la riscossione, come nel caso di fallimento del debitore (Cass. 27 aprile 2002 n. 6138), l'AE può iscrivere a ruolo a titolo provvisorio, le imposte, gli interessi e le sanzioni per l'intero importo risultante dall'accertamento anche non definitivo (**ruolo straordinario**, artt. 11 e 15 bis DPR 602/73).

Sulle imposte dovute in base al controllo cartolare o ad accertamento, sono iscritti a ruolo gli **interessi** per ritardata iscrizione a ruolo nella misura del 4% anno (art. 20 DPR 602/73 e art. 3 c. 5 DM 3 settembre 1999 n. 321).

Cartella di pagamento (DM 3 settembre 1999 n. 321) **Contiene** i dati relativi al ruolo e al debitore, l'**intimazione ad adempiere** l'obbligo risultante dal ruolo **entro 60 giorni** dalla notificazione con l'avvertimento che, in mancanza, si procederà ad esecuzione forzata. Se il termine scade di sabato o in un giorno festivo, l'adempimento scade il primo giorno feriale successivo. 82530

> **Precisazioni 1)** Il **modello** di cartella di pagamento e le relative avvertenze sono stati approvati con Provv. AE 17 gennaio 2022.
2) La stessa cartella può contenere sia ruoli per tributi che ruoli per contributi che per debiti diversi, come i **contributi previdenziali** o sanzioni amministrative non tributarie per i quali termini di pagamento e modalità di riscossione possono differire dalla disciplina fiscale qui esaminata.
3) Per le cartelle **notificate dal** 1° settembre 2021 **al** 31 marzo 2022, il termine di pagamento è di 180 giorni (art. 2 DL 146/2021 conv. in L. 215/2021 e art. 1 c. 913 L. 234/2021).

NOTIFICA (art. 26 DPR 602/73) L'AdR notifica la cartella: 82550
a) tramite pec, all'indirizzo risultante dall'indice nazionale degli indirizzi pec (INI-PEC); l'AdR provvede esclusivamente con questa modalità per la notifica nei confronti di imprese individuali e societarie nonché di liberi professionisti obbligati ad avere indirizzo pec;

I soggetti non obbligati ad avere un indirizzo pec possono fare richiesta di ricevere notifiche via pec comunicando l'indirizzo.

b) tramite gli ufficiali della riscossione, i messi comunali, gli agenti della polizia municipale o altri soggetti a ciò abilitati dall'AdR nelle forme previste dalla legge che vi provvedono con le modalità illustrate al n. 82200 e salvo talune particolarità previste dall'art. 26 DPR 602/73;
c) direttamente mediante **spedizione** postale della cartella in plico chiuso raccomandato con avviso di ricevimento, direttamente dall'AdR senza l'intervento dell'ufficiale della riscossione e senza predisporre una relata di notifica (Cass. 19 settembre 2012 n. 15746); in questo caso la notifica si considera effettuata, per il richiedente, alla data di spedizione e, per il destinatario, alla data indicata nell'avviso di ricevimento sottoscritto dal destinatario o da altra persona legittimata a riceverla, o comunque decorso il termine di compiuta giacenza. Si applicano le **disposizioni del servizio postale** ordinario e non quelle sulle notifiche per posta (L. 890/82, Cass. 28 luglio 2010 n. 17598).

Ai fini della validità degli atti di riscossione, l'estinzione della **società cancellata dal registro delle imprese** ha effetto trascorsi 5 anni dalla richiesta di cancellazione del registro delle imprese (art. 28 c. 4 D.Lgs. 175/2014). La previsione **si applica** se la richiesta di cancellazione è stata presentata dal 13 dicembre 2014 (Cass. 2 aprile 2015 n. 6743); in senso contrario: Circ. AE 30 dicembre 2014 n. 31/E. 82560
Pertanto, l'AE emette i relativi atti nei confronti della società (anche se estinta) e li **notifica** alla stessa presso la sede dell'ultimo domicilio fiscale.

Termini (art. 25 DPR 602/73) L'AdR deve notificare la cartella di pagamento per **imposte sui redditi** e **IVA**, a pena di decadenza, nei termini indicati in **tabella**. Termini particolari sono previsti per la notifica a soggetti coinvolti in procedure concorsuali (v. n. 82590). 82570
La cartella notificata **oltre il termine** è nulla e l'AdR perde definitivamente il diritto alla riscossione. Il contribuente deve far valere la nullità con l'impugnazione.

Titolo del debito	Termini per la notifica della cartella di pagamento (1) (2)
somme dovute a seguito dell'attività di **liquidazione delle dichiarazioni** (art. 36 bis DPR 600/73 e art. 54 bis DPR 633/72)	31 dicembre del 3° anno successivo a quello di presentazione della dichiarazione **(3) (4)**
somme dovute su **TFR e indennità di fine rapporto liquidata**	31 dicembre del 4° anno successivo a quello di presentazione della dichiarazione del sostituto d'imposta **(5)**
somme dovute a seguito dell'attività di **controllo formale** delle dichiarazioni (art. 36 ter DPR 600/73)	31 dicembre del 4° anno successivo a quello di presentazione della dichiarazione **(6)**

Titolo del debito	Termini per la notifica della cartella di pagamento (1) (2)
somme dovute in base agli **accertamenti dell'Ufficio** (art. 41 DPR 600/73)	31 dicembre del 2° anno successivo a quello in cui l'accertamento è divenuto definitivo
somme dovute in base agli atti di recupero emessi a seguito dell'utilizzo in **compensazione** di **crediti inesistenti** (art. 27 c. 20 DL 185/2008)	31 dicembre del 2° anno successivo a quello in cui l'accertamento è divenuto definitivo
somme dovute per inadempimento del piano di **rateazione** a seguito di **accertamento con adesione** e di **controllo formale della dichiarazione**	31 dicembre del 3° anno successivo a quello di scadenza dell'ultima rata del piano di rateazione

(1) In caso di **dichiarazione integrativa**, il termine decorre dalla presentazione di tale dichiarazione, limitatamente agli elementi oggetto dell'integrazione (art. 1 c. 640 L. 190/2014).

(2) Per l'emergenza **Covid-19**, relativamente ai carichi **affidati** o iscritti a ruolo **fra** l'8 marzo (21 febbraio per i soggetti residenti o con sede nei comuni della prima zona rossa) 2020 **e** il 31 dicembre 2021, il termine di decadenza è prorogato di 24 mesi.

(3) Se il **termine per il versamento** delle somme risultanti dalla dichiarazione scade oltre il 31 dicembre dell'anno in cui la dichiarazione è presentata, il termine è del 31 dicembre del terzo anno successivo a quello di scadenza del versamento dell'unica o ultima rata.

(4) Per l'emergenza **Covid-19**, relativamente alle dichiarazioni presentate nel **2018**, il termine è prorogato di 24 mesi (art. 68 DL 18/2020 conv. in L. 27/2020 e art. 157 DL 34/2020 conv. in L. 77/2020); per quelle presentate nel **2019** è prorogato di un anno (art. 5 DL 41/2021 conv. in L. 69/2021).

(5) Per l'emergenza **Covid-19**, relativamente alle dichiarazioni presentate nel **2017**, il termine è prorogato di 24 mesi (art. 68 DL 18/2020 conv. in L. 27/2020 e art. 157 DL 34/2020 conv. in L. 77/2020).

(6) Per l'emergenza **Covid-19**, relativamente alle dichiarazioni presentate nel **2017 e 2018**, il termine è prorogato di 24 mesi (art. 68 DL 18/2020 conv. in L. 27/2020 e art. 157 DL 34/2020 conv. in L. 77/2020).

Per i **tributi diversi** da imposte sui redditi e IVA, si applicano i termini di decadenza previsti dalle singole normative (Circ. Min. 17 settembre 1999 n. 186/E). Ad esempio per la riscossione delle imposte indirette diverse dall'IVA - imposta di registro, di successione, ipotecarie e catastali, INVIM - si applica solo il termine di prescrizione di 10 anni.

82590 In caso di **procedure concorsuali** e altre procedure per la definizione della crisi, l'AdR deve notificare la cartella di pagamento entro i termini indicati in **tabella**.

Oggetto	Termine
crediti anteriori alla data di pubblicazione del ricorso per l'ammissione al **concordato preventivo** nel registro delle imprese, non ancora iscritti a ruolo	entro il 31 dicembre del terzo anno successivo: – alla pubblicazione del decreto che revoca l'ammissione al concordato preventivo o ne dichiara la mancata approvazione – alla pubblicazione della sentenza che dichiara la risoluzione o l'annullamento del concordato preventivo
crediti rientranti nell'**accordo di ristrutturazione dei debiti** non ancora iscritti a ruolo alla data di presentazione della proposta di transazione fiscale	entro il 31 dicembre del terzo anno successivo alla scadenza del termine per il versamento delle somme dovute in base alla transazione fiscale, o alla pubblicazione della sentenza che dichiara l'annullamento dell'accordo
crediti non ancora iscritti a ruolo, anteriori alla data di pubblicazione della proposta di **accordo di composizione della crisi da sovraindebitamento**	entro il 31 dicembre del terzo anno successivo alla pubblicazione del decreto che dichiara la risoluzione o l'annullamento dell'accordo o la cessazione degli effetti dell'accordo
crediti non ancora iscritti a ruolo, anteriori alla data di pubblicazione della proposta di **piano del consumatore**	entro il 31 dicembre del terzo anno successivo alla pubblicazione del decreto che revoca o dichiara la cessazione degli effetti del piano del consumatore

82600 **PAGAMENTO** (art. 28 DPR 602/73, DD 28 giugno 1999, Provv. AE 27 febbraio 2002) Il contribuente deve pagare l'importo richiesto con la cartella **entro** 60 giorni dalla notifica.
Per le cartelle **notificate dal** 1° settembre 2021 **al** 31 marzo 2022, il termine di pagamento è di 180 giorni (art. 2 DL 146/2021 conv. in L. 215/2021 e art. 1 c. 913 L. 234/2021).
Per i carichi trasmessi dal 1° gennaio 2022, non è più dovuto alcun **aggio** della riscossione ma restano dovute le spese per eventuali azioni esecutive (art. 1 c. 15 L. 234/2021).
Il pagamento delle somme iscritte a ruolo può essere effettuato presso gli sportelli dell'AdR, gli

uffici postali e le banche. Può essere effettuato anche on-line sul sito www.agenziaentrateriscossione.it.

Il pagamento può essere effettuato anche **mediante compensazione** nel mod. F24 con crediti relativi alle imposte erariali, secondo quanto illustrato al n. 37250. 82610
I contribuenti che hanno **diritto ad un rimborso** dall'AE possono compensare il ruolo con tali somme, secondo quanto detto al n. 37330 mentre imprese e professionisti che vantano **crediti per somministrazioni, forniture, prestazioni professionali** (dal 16 luglio 2022) **e appalti** nei confronti di Stato, regioni, enti locali e SSN, possono compensare il ruolo con tali somme, acquisendo, dall'Amministrazione debitrice, certificazione attestante che i crediti sono non prescritti, certi, liquidi ed esigibili; l'estinzione del debito a ruolo è condizionata alla verifica dell'esistenza e validità della certificazione; questa forma di compensazione si applica, dal 16 luglio 2022, anche alle somme contenute nei carichi affidati all'AdR successivamente al 30 settembre 2013 e, in ogni caso, entro il 31 dicembre del secondo anno antecedente a quello in cui è richiesta la compensazione (art. 28 quater DPR 602/73 e art. 20 ter DL 50/2022 conv. in L. 91/2022).

Per le modalità di richiesta (anche telematica) e rilascio della **certificazione** dei crediti, v. DM 22 maggio 2012, DM 24 settembre 2012, Circ. MEF 27 novembre 2012 n. 35 e 36.

Ritardato od omesso pagamento Scaduto il termine di 60 giorni dalla notifica della cartella, sulle somme iscritte a ruolo si applicano, a partire dalla data della notifica e fino a quella del pagamento, gli **interessi di mora** al tasso determinato annualmente con provvedimento dell'AE (dal 1° luglio 2019 è il 2,68%, art. 30 DPR 602/73 e Provv. AE 23 maggio 2019) e il contribuente ritardatario deve corrispondere (anche nel caso di ruolo non derivante da inadempimento) gli **oneri di riscossione** nella misura del 6% delle somme (art. 17 D.Lgs. 112/99 e art. 9 D.Lgs. 159/2015). 82620
L'AdR può immediatamente intraprendere l'esecuzione forzata; solamente nel caso in cui non sia intrapresa l'esecuzione forzata entro un anno dalla notifica della cartella di pagamento, per poterla avviare deve preventivamente notificare un'**intimazione di pagamento**.

> **Precisazioni 1)** Nel caso di mancato pagamento di cartella di importo iscritto a ruolo superiore a € 1.500 per tributi erariali e relativi accessori, per il contribuente scatta il **divieto di compensazione** fra imposte diverse (v. n. 37250).
> **2)** Il mancato pagamento di cartella di importo iscritto a **ruolo superiore a € 5.000**, determina il **blocco dei pagamenti** da parte delle pubbliche amministrazioni, in favore del soggetto iscritto a ruolo, fino a concorrenza dell'ammontare del debito. Prima di effettuare un pagamento di detto importo, la PA verifica in via telematica la presenza di un debito scaduto (art. 48 bis DPR 602/73 e art. 1 c. 4 bis DL 16/2012 conv. in L. 44/2012). Inoltre, il mancato pagamento di ruoli di detto importo, certo, scaduto ed esigibile, determina l'esclusione dalla partecipazione alle **procedure pubbliche di affidamento** delle concessioni e degli appalti di lavori, forniture e servizi (art. 38 D.Lgs. 163/2006).

PRESCRIZIONE I **tributi erariali** (es. IRPEF, IVA, IRES, Registro, ipocatastali) si prescrivono nel termine di 10 anni decorrente dalla scadenza del termine per il pagamento (60 giorni dalla notifica della cartella) o, se la cartella è impugnata, dal passaggio in giudicato della sentenza (artt. 2943 e 2945 c.c.). 82630
Le **sanzioni** si prescrivono in 5 anni (art. 20 D.Lgs. 472/97) decorrenti dallo stesso momento; tuttavia, se il titolo alla base del credito azionato è una sentenza passata in giudicato, si applica il termine decennale (art. 2953 c.c., Cass. SU 10 dicembre 2009 n. 25790) dal passaggio in giudicato della sentenza.
I **tributi locali periodici** (TARSU, TOSAP e si ritiene anche ICI e IMU) si prescrivono nel termine di 5 anni (art. 2948 c.c. e Cass. 23 febbraio 2010 n. 4283); tuttavia se il titolo è una sentenza passata in giudicato, si applica il termine di 10 anni.
L'AdR può interrompere il decorso del termine di prescrizione notificando nuovamente la cartella di pagamento o l'intimazione al pagamento o l'atto di pignoramento.

2. Accertamento esecutivo

CONTENUTO (art. 29 DL 78/2010 conv. in L. 122/2010) Gli avvisi di accertamento emessi ai fini **IVA** e **II.DD.** hanno efficacia esecutiva e non è quindi necessaria, per la riscossione coattiva, la cartella di pagamento. 82650

L'avviso di accertamento deve pertanto contenere, oltre a tutti gli elementi illustrati al n. 82155, l'intimazione ad adempiere all'obbligo di pagamento.
A seguito della notifica dell'accertamento, l'AdR prende in carico gli importi da riscuotere in esso contenuto e, in caso di omesso pagamento nel termine, procede alla riscossione.

82660 **PAGAMENTO** Il contribuente deve effettuare il pagamento di quanto richiesto entro il **termine** previsto per la presentazione del ricorso (v. n. 87790) e dunque di 60 giorni dalla notifica dell'accertamento (termine eventualmente prorogato in caso di istanza di accertamento con adesione, di sospensione feriale, ecc.).
Il pagamento va effettuato **mediante** mod. F24 (v. n. 37035) nel quale indicare, secondo le istruzioni riportate nell'avviso stesso, gli estremi dell'atto ed il codice dell'ufficio che lo ha emesso.
In caso di **ricorso** contro l'accertamento, il contribuente è comunque tenuto a versare, entro lo stesso termine, 1/3 dell'imposta accertata. Resta salva la possibilità di richiedere la **sospensione** amministrativa (v. n. 80500) e quella **giudiziale** (v. n. 87770).
Una volta che le somme dovute sono passate in carico all'AdR (v. n. 82670), è possibile il pagamento tramite **compensazione** (v. n. 82610).

82670 **Ritardato od omesso pagamento** Scaduto il termine senza che il contribuente abbia effettuato il pagamento, l'accertamento diventa **esecutivo**; decorsi **ulteriori 30 giorni** in assenza del pagamento, le somme richieste sono affidate in carico all'AdR per la riscossione e l'esecuzione forzata. L'AdR informa il debitore con raccomandata semplice o posta elettronica.
A decorrere dal giorno successivo al termine per la proposizione del ricorso, le somme richieste in pagamento sono maggiorate degli **interessi di mora** calcolati a partire dal giorno successivo alla notifica degli atti stessi. È inoltre dovuto il rimborso delle spese esecutive.
Dopo l'affidamento, l'AdR può procedere ad **azioni cautelari e conservative**, nonché ad ogni altra azione prevista dalle norme comuni a tutela del creditore; prima di intraprendere l'**espropriazione forzata** deve attendere, salvo casi di particolare urgenza previsti dalla legge, il decorso di un termine di sospensione di 180 giorni dall'affidamento; tale sospensione non opera in caso di accertamenti definitivi, anche in seguito a giudicato, nonché in caso di recupero di somme derivanti da decadenza dalla rateazione.

---

3. Rateizzazione
(art. 19 DPR 602/73)

82750 Il contribuente piuttosto che effettuare il pagamento in unica soluzione, può presentare **istanza** all'AdR per richiedere:
– in caso di temporanea situazione di obiettiva difficoltà, la rateazione **ordinaria** della durata massima di **72 rate** (mensili), oppure;
– in caso di comprovata e grave situazione di difficoltà legata alla congiuntura economica e per ragioni estranee alla propria responsabilità, la rateazione **straordinaria** della durata massima di **120 rate** (mensili).
Le **rate** possono essere di importo costante o crescente.

82770 **RATEAZIONE ORDINARIA** (art. 19 c. 1 DPR 602/73 29 settembre 1973 e art. 15 D.Lgs. 159/2015) Il contribuente può chiedere la rateazione ordinaria in un massimo di 72 rate mensili **quando** è nell'impossibilità di pagare il debito iscritto a ruolo in unica soluzione ma è tuttavia in grado di sopportare l'onere finanziario derivante dalla ripartizione del debito in un numero di rate congruo rispetto alle sue condizioni patrimoniali.
Per **importi fino a € 120.000** per ciascuna richiesta (importo così elevato dal **16 luglio 2022**), la rateazione è concessa a semplice richiesta del contribuente che dichiari di versare in tale situazione.
Per importi **superiori** a € 120.000, la rateazione è concessa se il richiedente dimostra la situazione di temporanea difficoltà in base all'ISEE per le persone fisiche e in base all'indice di liquidità per impresa o società.
In base alla nuova norma, in presenza di **altro piano di rateazione**, le rate residue da versare non dovrebbero concorrere alla determinazione del limite di € 120.000.

RATEAZIONE STRAORDINARIA Il contribuente può richiedere, con istanza motivata, la rateazione straordinaria in un massimo di 120 rate mensili **quando** si trova, per ragioni estranee alla propria responsabilità, in una comprovata e grave situazione di difficoltà legata alla congiuntura economica ed in particolare **se** (DM 6 novembre 2013): 82780
- è accertata l'impossibilità di eseguire il pagamento del debito secondo la rateazione ordinaria;
- è solvibile in relazione alla rateazione concedibile.

A tal fine, con l'istanza deve **produrre**:
- se **persona fisica** o ditta individuale con regime fiscale semplificato, il certificato dell'ISEE;
- se **soggetto diverso**, la documentazione contabile aggiornata necessaria per determinare il valore della produzione e l'indice di liquidità.

La rateazione è **accolta se** la rata ordinaria è superiore:
- **per persone fisiche**, al 20% del reddito mensile del nucleo familiare del debitore, avuto riguardo all'ISR (indicatore della situazione reddituale) rilevabile dall'ISEE; il numero delle rate è modulato in base al rapporto tra rata e reddito (v. tabella allegata al DM 6 novembre 2013);
- **per imprese e società** al 10% del valore della produzione (ricavi delle vendite e delle prestazioni + variazione dei lavori in corso su ordinazione + altri ricavi e proventi), rapportato su base mensile e se l'indice di liquidità [(Liquidità differita + Liquidità corrente) / Passivo corrente] è compreso tra 0,50 ed 1; il numero delle rate è modulato in base al rapporto tra rata e valore della produzione (v. tabella allegata al DM 6 novembre 2013).

In caso di **mancato accoglimento** della rateazione straordinaria, il contribuente può comunque richiedere ed ottenere quella ordinaria.

PEGGIORAMENTO DELLA SITUAZIONE DI DIFFICOLTÀ In caso di comprovato peggioramento della temporanea situazione di obiettiva difficoltà, il contribuente può richiedere, in relazione alla rateazione (ordinaria o straordinaria) già concessa, la proroga per un ulteriore periodo ordinario di 72 rate o straordinario di 120 rate, se ricorrono le condizioni individuate ai punti precedenti e se non vi è stata decadenza. 82790

In caso di **mancato accoglimento** della proroga straordinaria, il debitore può comunque richiedere ed ottenere quella ordinaria.

ISTANZA DI RATEAZIONE Il contribuente interessato deve chiedere la rateazione, utilizzando i **modelli** reperibili sul sito www.agenziaentrateriscossione.gov.it da compilare e presentare direttamente o anche a mezzo posta con raccomandata A/R all'AdR competente per territorio. 82800

L'istanza deve essere redatta in carta libera ed alla stessa devono essere **allegati i documenti** (utili a dimostrare la situazione di temporanea difficoltà) indicati nell'apposito prospetto reperibile sul sito internet.

Non è previsto un **termine** per l'istanza ma è consigliabile presentarla entro il termine previsto per il pagamento della cartella (60 giorni dalla notifica) poiché l'istanza tempestiva inibisce, fino al momento dell'eventuale rigetto, l'avvio di azioni cautelari ed esecutive nonché il blocco dei pagamenti della PA.

Per gli accertamenti esecutivi, può essere presentata solo dopo che le somme sono state affidate in carico all'AdR.

L'istanza **presentata oltre il termine** di pagamento è comunque ammissibile ma non sospende eventuali procedure esecutive già in corso; inoltre, in caso di rateazione su cartella di pagamento, gli **aggi** sono dovuti per intero.

La rateazione non può essere richiesta per le **somme oggetto di verifica da parte della PA** (ai sensi dell'art. 48 bis DPR 602/73) che deve effettuare un pagamento superiore a 10.000 euro al contribuente (art. 19 c. 1 quater DPR 602/73).

Effetti (art. 19 c. 1 quater DPR 602/7329 settembre 1973) Dalla data di presentazione dell'istanza e fino all'eventuale rigetto o all'eventuale decadenza della dilazione concessa: 82803
- l'AdR non può iscrivere nuovi **fermi o ipoteche**; i fermi e le ipoteche **già iscritti** alla data di concessione della rateazione restano validi;
- l'AdR non può avviare nuove **azioni esecutive**; le azioni esecutive **già in corso** alla data di concessione proseguono e si interrompono solo al momento del pagamento della prima rata del piano concesso, a condizione che il bene pignorato non sia già stato venduto o non sia stata

presentata istanza di assegnazione oppure il terzo non abbia reso dichiarazione positiva o non sia stato già emesso provvedimento di assegnazione dei crediti pignorati;
– sono sospesi i termini di **prescrizione e decadenza**.

82810 **ESITO** Se la dilazione è **concessa**, l'AdR notifica un avviso di pagamento con la ripartizione del debito nelle rate concesse. L'intimazione ad adempiere contenuta nell'avviso produce effetti relativamente a tutte le rate.
Le **rate mensili** nelle quali il pagamento è stato dilazionato scadono nel giorno di ciascun mese indicato nell'atto di accoglimento dell'istanza di dilazione.
Sulle somme rateizzate si applicano gli **interessi** al tasso del 4,5% annuo e addebitati nelle diverse rate del piano (art. 21 DPR 602/73).
Gli interessi **decorrono** (Circ. Min. 6 settembre 1999 n. 184/E):
– se l'istanza è stata presentata prima della data di scadenza del termine di pagamento, dalla data di scadenza stessa;
– se l'istanza è stata presentata successivamente, dalla data di presentazione dell'istanza. In tale ipotesi, per il periodo fra la data di scadenza del pagamento e quella di presentazione dell'istanza, si applicano gli interessi di mora (art. 30 DPR 602/73).
La rateazione in corso non impedisce la partecipazione a **gare pubbliche** (art. 38 D.Lgs. 163/2006).

82815 In caso di **mancato pagamento** di un numero di rate, anche non consecutive, fino a 7, il debitore non decade dalla rateazione; in caso di mancato pagamento di **8 rate anche non consecutive** (art. 19 c. 3 DPR 602/73 modificato dal 16 luglio 2022):
– il debitore decade automaticamente dal beneficio della rateazione ed è considerato in mora a partire dalla data di scadenza dell'ultima rata pagata (relativamente alla parte non ancora versata);
– l'intero importo ancora dovuto è immediatamente ed automaticamente riscuotibile in unica soluzione;
– il carico non può essere nuovamente rateizzato; possono invece essere rateizzati altri carichi diversi.

Emergenza Covid-19
Per le rateazioni **richieste dal 30 novembre 2020 e fino al 31 dicembre 2021**, la decadenza del debitore dalla rateazione si determina nel caso di mancato pagamento di 10 rate, anche non consecutive.

82820 Se durante la rateazione interviene un **provvedimento** amministrativo o giudiziale **di sospensione** totale o parziale della riscossione delle somme rateizzate, il debitore è autorizzato a non versare, limitatamente alle stesse, le successive rate del piano concesso.
Allo **scadere della sospensione**, il debitore può richiedere il pagamento dilazionato del debito residuo, comprensivo degli interessi, nello stesso numero di rate non versate del piano originario o in altro numero, fino a un massimo di 72.

82825 La rateazione **decade** nei casi riportati nella **tabella** seguente.

Causa di decadenza	Note
Decesso del debitore persona fisica (Dir. Equitalia 15 aprile 2011 n. 12/2011)	La dilazione può essere concessa all'erede che ne faccia richiesta. In caso di pluralità di eredi coobbligati, v. Dir. Equitalia 14 gennaio 2009 n. 2009/02
Dichiarazione di **fallimento** del debitore (Dir. Equitalia 15 aprile 2011 n. 12/2011)	art. 16 RD 267/42
Domanda di **concordato preventivo** (Dir. Equitalia 15 aprile 2011 n. 12/2011)	art. 161 RD 267/42
Apertura della **liquidazione coatta** amministrativa (Dir. Equitalia 15 aprile 2011 n. 12/2011)	art. 200 RD 267/42

Causa di decadenza	Note
Dichiarazione di **stato di insolvenza**	art. 18 D.Lgs. 270/99
Scioglimento e apertura della **liquidazione**	L'AdR **richiede** al contribuente una relazione comprovante la permanenza di elementi dell'attivo patrimoniale che assicurano l'eguale ed integrale soddisfacimento dei creditori nonché l'esistenza di flussi finanziari tali da assicurare la regolarità del pagamento. In caso di mancato riscontro si ha la revoca della dilazione (Dir. Equitalia 15 aprile 2011 n. 12/2011).

Diniego In caso di diniego (e anche di **revoca**) della dilazione, l'AdR notifica il relativo provvedimento che deve essere motivato e che è impugnabile innanzi alla Corte tributaria provinciale, poiché per il contribuente che si trova in temporanea situazione di obiettiva difficoltà la rateazione è un'agevolazione (Cass. SU 14 marzo 2011 n. 5928, Cass. SU 1° luglio 2010 n. 15647 e Cass. SU 7 ottobre 2010 n. 20778). **83815**

SEZIONE 5

Regime dell'adempimento collaborativo (c.d. «cooperative compliance»)

(artt. 3-7 D.Lgs. 128/2015, Provv. AE 14 aprile 2016 n. 54237, Provv. AE 26 maggio 2017 n. 101573 e Provv. AE 22 ottobre 2020 n. 335238)

È un regime opzionale che consente alle imprese (residenti e non) che hanno certi requisiti di collaborare e scambiare informazioni con l'AE sui tributi di sua competenza, al fine di prevenire e risolvere anticipatamente le potenziali controversie. **83980**

REQUISITI Possono accedervi le imprese che sono dotate di un efficace **sistema** di rilevazione, misurazione, gestione e controllo interno del rischio fiscale (di seguito, sistema di controllo) e che, alternativamente: **83985**
– realizzano un **volume d'affari o di ricavi** non inferiore - per gli anni 2022, 2023 e 2024 - a 1 miliardo (DM 31 gennaio 2022) (per il 2020 e 2021 era € 5 miliardi - DM 30 marzo 2020). Se l'impresa fa parte di un **gruppo**, può chiedere l'ammissione al regime anche per l'impresa, priva dei requisiti richiesti, che svolge funzioni di indirizzo in relazione al sistema di controllo; se quest'ultima è diversa dalla holding, può essere chiesta l'ammissione per entrambe;
– hanno presentato l'**interpello** sui **nuovi investimenti** (v. n. 80350) e intendono eseguirli secondo le indicazioni contenute nella risposta dell'AE.

> **Precisazioni 1)** Per le modalità di **calcolo** del volume d'affari o dei ricavi si rinvia al Provv. AE 14 aprile 2016 n. 54237 e alla Circ. AE 16 settembre 2016 n. 38/E.
2) Per **rischio fiscale** si intende il rischio di operare in violazione di norme tributarie o in contrasto con i principi o le finalità dell'ordinamento (es. rischio di incorrere nell'**abuso del diritto**).
3) Vi accedono anche le imprese non residenti che si sono avvalse della procedura di **cooperazione e collaborazione rafforzata** per la definizione dei debiti tributari della S.O., a prescindere dal volume d'affari o dai ricavi della stessa (v. n. 36035).

MODALITÀ DI ACCESSO Occorre **inoltrare** una **domanda** all'Ufficio adempimento collaborativo della Direzione centrale grandi contribuenti dell'AE via PEC (dc.acc.cooperative@pec.agenziaentrate.it), utilizzando il **modello** disponibile sul sito www.agenziaentrate.gov.it. Vanno **allegati** i seguenti documenti: descrizione dell'attività svolta, strategia fiscale, descrizione del sistema adottato, mappa dettagliata dei processi aziendali e dei rischi fiscali, potenziali e attuali. **83987**
Entro 120 giorni dalla presentazione della domanda, l'**AE comunica** l'ammissione al regime tramite posta elettronica (certificata o ordinaria).

83988 **ADEMPIMENTI** Una volta entrata nel regime, l'impresa **deve**:
– mantenere il sistema di controllo e attuare le modifiche proposte dall'AE;
– tenere un comportamento collaborativo e trasparente, comunicando tempestivamente all'AE i rischi e le operazioni che possono rientrare nella pianificazione fiscale aggressiva;
– rispondere alle richieste dell'AE nel più breve tempo possibile;
– promuovere una cultura aziendale improntata a principi di onestà, correttezza e rispetto della legge.

83990 **EFFETTI** L'impresa **valuta** insieme all'AE, prima della presentazione delle dichiarazioni fiscali, le situazioni suscettibili di generare rischi, anticipando così il controllo.
Se **comunica** all'AE un rischio e non si adegua alle sue indicazioni, le **sanzioni** amministrative sono ridotte alla metà e comunque non sono applicabili in misura superiore al minimo edittale. La loro **riscossione** è sospesa finché l'accertamento non diviene definitivo. L'impresa può ridurre ulteriormente le sanzioni tramite il **ravvedimento** (Circ. AE 16 settembre 2016 n. 38/E).
Non deve prestare **garanzia** per il rimborso delle imposte (dirette e indirette).

> In caso di **denuncia** per reati tributari, l'AE comunica al pubblico ministero che l'impresa ha aderito al regime in oggetto, nonché ogni altra informazione richiesta sul sistema adottato.

83993 Se vi è incertezza sulla corretta applicazione di una norma al caso concreto, l'impresa può presentare un'**istanza d'interpello** (ordinario, disapplicativo, probatorio, anti abuso) con le modalità indicate nell'apposito capitolo (v. n. 80003 e s.), con le seguenti **particolarità** (DM 15 giugno 2016):
– se la presenta tramite **posta elettronica**, deve inviarla all'Ufficio adempimento collaborativo della Direzione centrale grandi contribuenti ai seguenti indirizzi: dc.acc.cooperative@pec.agenziaentrate.it (PEC) o dc.acc.ucc@agenziaentrate.it (posta ordinaria) (All. A Provv. AE 31 maggio 2018);
– l'AE deve dare una **risposta** entro 45 giorni dal ricevimento dell'istanza o della documentazione integrativa richiesta. La mancata presentazione della documentazione integrativa entro 6 mesi comporta la rinuncia all'interpello;
– se l'impresa adotta un **comportamento difforme** da quello indicato nella risposta, deve comunicarlo all'AE.

83995 **DURATA** Il regime si applica **a decorrere** dal periodo d'imposta nel corso del quale è trasmessa la domanda di accesso (v. n. 83987) e **si rinnova** tacitamente, finché l'impresa non vi **rinunci** espressamente (tramite lo stesso modello utilizzato per l'accesso) **o** l'AE non ne dichiari, con provvedimento motivato, l'**esclusione** a seguito di:
– inefficacia del sistema di controllo;
– conseguimento, per tre esercizi consecutivi, di un volume d'affari o di ricavi significativamente inferiore ai limiti indicati al n. 83985, salvo che ciò dipenda da fattori di mercato non controllabili dall'impresa o sia dovuto a operazioni di aggregazione o disaggregazione aziendale infragruppo;
– inosservanza degli adempimenti indicati al n. 83988;
– condanna, con sentenza passata in giudicato, di amministratori, dirigenti o firmatari delle dichiarazioni fiscali dell'impresa, per i reati di dichiarazione fraudolenta, emissione di fatture o altri documenti per operazioni inesistenti e sottrazione fraudolenta al pagamento di imposte, per fatti avvenuti durante il regime.

CAPITOLO 3

Sanzioni

SOMMARIO

La violazione di un obbligo tributario determina l'applicabilità di sanzioni amministrative o, nei casi più gravi, penali, secondo differenti procedure. **86900**
Le **sanzioni amministrative** sono irrogate dall'Ufficio dell'AE competente per l'accertamento nei confronti del contribuente, quelle **penali** sono determinate e applicate dall'Autorità giudiziaria ordinaria.

Quando uno stesso fatto integra **sia una violazione amministrativa che penale** si applica la disposizione speciale (art. 19 D.Lgs. 74/2000): individuato il reato e la disposizione amministrativa che lo sanzionano, gli organi competenti verificano quale delle due sanzioni presenti elementi caratterizzanti rispetto all'altra e, quindi, sia maggiormente idonea a punire la violazione. Quando si ravvisa il rapporto di specialità, la sanzione amministrativa viene comunque irrogata ma non è **eseguibile** salvo che il procedimento penale sia definito con provvedimento di archiviazione o sentenza irrevocabile di assoluzione o di proscioglimento con formula che esclude la rilevanza penale del fatto (art. 21 D.Lgs. 74/2000). **86903**
La giurisprudenza tende ad **escludere** il rapporto di specialità anche fra fattispecie sovrapponibili, determinando l'applicabilità di entrambe le sanzioni (Cass. pen. 15 ottobre 2021 n. 2245 in tema di sanzione amministrativa per infedele dichiarazione prevista dall'art. 1 c. 2 D.Lgs. 471/97 e fattispecie penale dell'art. 4 D.Lgs. 74/2000).
La giurisprudenza ritiene inoltre che si possano **applicare entrambe** le sanzioni, senza che vi sia violazione del principio del divieto di un doppio procedimento sullo stesso fatto quando i procedimenti penale e tributario abbiano un adeguato legame temporale e materiale (C.Cost. 2 marzo 2018 n. 43).
Il legame sussiste **quando**: (a) le due sanzioni perseguono scopi diversi e complementari, connessi ad aspetti diversi della medesima condotta, (b) la duplicazione dei procedimenti è prevedibile per l'interessato, (c) esiste una coordinazione, specie sul piano probatorio, tra i due procedimenti, (d) ferma la proporzionalità del cumulo sanzionatorio, la sanzione derivante non risulti eccessivamente afflittiva per l'interessato in rapporto alla gravità dell'illecito (Cass. 8 ottobre 2020 n. 21694, Cass. 13 marzo 2019 n. 7131).
Nel caso di **società di capitali e altri enti** dotati di personalità giuridica, non si pone il problema del rapporto di specialità in quanto la sanzione amministrativa è irrogata alla società o ente mentre di quella penale risponde la persona fisica che ha commesso il fatto (generalmente l'amministratore).

SEZIONE 1

Violazioni

86910 Solo i fatti espressamente previsti dalla legge integrano violazioni sanzionabili in via amministrativa o penale (art. 3 D.Lgs. 472/97 e art. 1 c.p.).

Di seguito, indipendentemente dalla natura amministrativa o penale, si esaminano le violazioni relative a:
- pagamento (v. n. 86915);
- dichiarazioni II.DD. e IVA (v. n. 86950);
- sostituti d'imposta e obblighi di assistenza fiscale (v. n. 87015);
- contabilità e documentazione fiscale (v. n. 87025);
- altri tributi (v. n. 87070).

a. Violazioni relative al pagamento

86915 **VERSAMENTI** Nella **tabella** seguente si riportano le violazioni relative ai versamenti e alla riscossione con indicazione della sanzione amministrativa o penale applicabile. Per le compensazioni, v. n. 86930.

Violazione	Natura	Sanzione	Rif.
Ritardato od omesso versamento diretto (acconti, conguagli, versamenti periodici, saldi) delle imposte risultanti dalla dichiarazione **(1) (2) (3):**			
– ritardo non superiore a 15 giorni	amministrativa	1% dell'importo non versato per ogni giorno di ritardo	art. 13 D.Lgs. 471/97
– ritardo superiore a 15 ma non a 90 giorni	amministrativa	15% dell'importo non versato	
– ritardato od omesso versamento fuori dai casi precedenti	amministrativa	30% dell'importo non versato	
– omesso versamento, entro il termine per l'acconto relativo al periodo d'imposta successivo, dell'**IVA da dichiarazione** per importo superiore a € 250.000 per ogni periodo d'imposta	penale	reclusione da 6 mesi a 2 anni	v. n. 86920
– omesso versamento, entro il termine per la dichiarazione dei sostituti, di **ritenute dovute o certificate** per importo superiore a € 150.000 per ogni periodo d'imposta	penale	reclusione da 6 mesi a 2 anni	v. n. 86925
– omesso versamento di **una rata** diversa dalla prima entro il termine di versamento della successiva per importi derivanti da accertamento con adesione o da conciliazione giudiziale	amministrativa	45% sul residuo importo dovuto a titolo di tributo	art. 15 ter DPR 602/73
Incompletezza dei modelli di versamento quando non contengono elementi necessari per identificazione del soggetto che li effettua o per l'imputazione del versamento (v. n. 86917)	amministrativa	da € 100 a 500	art. 15 D.Lgs. 471/97
Utilizzo di **mezzo o canale di versamento** diverso da quello previsto **(4)**	amministrativa	da € 250 a 2.000	art. 11 c. 1 lett. a D.Lgs. 471/97
Alienazione simulata o altri atti fraudolenti, su beni propri o di terzi, idonei a rendere in tutto in parte inefficace la riscossione coattiva per II.DD., IVA relative sanzioni e interessi **(5)**:			
– per ammontare complessivo del debito superiore a € 50.000	penale	reclusione da 6 mesi a 4 anni	art. 11 D.Lgs. 74/2000
– per ammontare complessivo del debito superiore a € 200.000	penale	reclusione da 1 anno a 6 anni	

(1) Relativamente al **saldo**, la sanzione si applica all'importo dovuto detratto l'ammontare dei versamenti periodici e in acconto anche se non effettuati.
(2) Si applica anche: al **secondo acconto II.DD.** (ritenendosi superata la previsione di non applicazione in caso di versamento non inferiore al 75% dell'imposta dovuta) (art. 2 L. 97/77 e Cass. 19 febbraio 2014 n. 3923); al committente per le ritenute dovute e non versate dall'**appaltatore** nei casi illustrati al n. 37570 (art. 17 bis D.Lgs. 241/97); nel caso di **acconto IVA** determinato col metodo previsionale, si ritiene applicabile la previsione di non punibilità se l'importo non versato non supera il 5% di quello dovuto (art. 6 c. 5 L. 405/90).
(3) **Non** si applica ai versamenti delle somme derivanti da **accertamenti esecutivi** (art. 29 c. 1 DL 78/2010 conv. in L. 122/2010).
(4) Si tratta **ad esempio** del versamento tramite home banking quando previsto obbligo utilizzo di servizi telematici dell'AE. Non è prevista sanzione specifica, si ritiene applicabile quella indicata.
(5) È punibile la condotta **finalizzata a** sottrarsi al pagamento delle II.DD., IVA, relative sanzioni o interessi; è escluso il concorso con il reato di **bancarotta fraudolenta**.

Compilazione dei modelli Gli **errori** di compilazione dei modelli di pagamento, che non comportano l'impossibilità di identificare il soggetto che effettua il pagamento o l'imputazione dello stesso, sono generalmente ritenuti meramente **formali** e non sanzionabili. **86917**
Il contribuente può **correggere**, ad esempio, errori che riguardano periodo di riferimento, codici tributo o la ripartizione tra più tributi dell'importo a debito o a credito indicato erroneamente con un solo codice, presentando istanza di rettifica ad uno qualsiasi ufficio dell'AE (anche nel caso di modelli di pagamento non pervenuti, Circ. AE 21 gennaio 2002 n. 5/E).
Gli utenti abilitati a Fisconline o a Entratel possono correggere gli errori di compilazione di un **mod. F24** già presentato, on-line attraverso il servizio Civis F24, mediante semplice invio di una richiesta telematica, selezionando l'apposito link «Richiesta modifica F24».
La richiesta di modifica può essere presentata **a condizione** che il mod. F24:
- risulti già in Anagrafe tributaria;
- riguardi tributi gestiti dall'AE;
- sia stato presentato da non oltre 3 anni solari;
- presenti almeno un tributo non abbinato.

Per correggere errori in un **mod. F23**, il contribuente deve inviare una comunicazione all'Ufficio interessato indicando i dati corretti. Se l'errore riguarda il codice ufficio cui è diretto il pagamento, deve inviare la comunicazione sia all'ufficio il cui codice è stato indicato erroneamente, sia a quello al quale il versamento deve essere correttamente inviato (Ris. AT 20 ottobre 2004 n. 4/T). **86918**

Omesso versamento IVA (art. 10 ter D.Lgs. 74/2000) Il reato si perfeziona quando il contribuente non versa il debito IVA (superiore a € 250.000 per periodo d'imposta) risultante dalla dichiarazione relativa all'anno 20XX **entro** il 27 dicembre 20XX+1. **86920**
Il reato presuppone che il debito emerga dalla dichiarazione e non si configura quindi in caso di debito derivante da **rettifica della dichiarazione** o in caso di **omessa dichiarazione** (Cass. pen. 16 settembre 2016 n. 38487 e Cass. pen. 15 ottobre 2012 n. 40361).
Secondo parte della giurisprudenza il reato non esclude l'illecito amministrativo: possono dunque essere applicate sia la **sanzione** penale che quella **amministrativa** (Cass. pen. SU 12 settembre 2013 n. 37424 e Cass. pen. 12 settembre 2013 n. 37425). La sollevata questione di legittimità costituzionale deve essere valutata alla luce della norma che ora prevede l'estinzione del reato per il caso di integrale pagamento di imposte e sanzioni (C.Cost. 20 maggio 2016 n. 112).

Per parte della giurisprudenza, non integra fattispecie di reato l'omesso versamento dovuto alla **difficile situazione economica dell'impresa**, sempre che la crisi non sia imputabile al comportamento dell'imprenditore e che tale crisi non si sarebbe potuta fronteggiare nemmeno con il ricorso, da parte dell'imprenditore stesso, ad idonee misure (Cass. pen. 9 ottobre 2013 n. 5905, Cass. pen. 5 dicembre 2013 n. 5467). **86922**
Deve tuttavia trattarsi di **impossibilità assoluta** (causa di forza maggiore, art. 45 c.p.) di provvedere al versamento che non sussiste nel caso in cui il contribuente abbia effettuato nello stesso periodo altri diversi pagamenti (esempio, retribuzioni dei lavoratori, Cass. pen. 31 ottobre 2019 n. 44515).
Escludono invece l'esclusione di colpevolezza Cass. pen. 10 dicembre 2014 n. 25317, Cass. pen. 17 luglio 2014 n. 18501, Cass. pen. 1° aprile 2014 n. 14953.

Se il debitore prima che scada il termine per il versamento dell'acconto è **ammesso al concordato preventivo** con inclusione del debito IVA nel piano concordatario, non si configura il reato perché la procedura comporta la dilazione di tale termine (Cass. pen. 16 aprile 2015 n. 15853 e Circ. AE 6 maggio 2015 n. 19/E). In senso opposto: Cass. pen. 31 marzo 2016 n. 12912.

86925 **Omesso versamento ritenute** (art. 10 bis D.Lgs. 74/2000) Il reato si configura quando il sostituto non versa, entro il termine previsto per la dichiarazione annuale dei sostituti (mod. 770), ritenute dovute sulla base della stessa dichiarazione o risultanti dalla certificazione rilasciata ai sostituti per un ammontare superiore a € 150.000 per periodo d'imposta.
La disposizione è stata dichiarata **costituzionalmente illegittima** (C.Cost. 14 luglio 2022 n. 175) e la fattispecie non costituisce dunque più reato.

86927 **Estinzione dei reati per pagamento** (art. 13 D.Lgs. 74/2000) I reati di omesso versamento delle ritenute e dell'IVA da dichiarazione non sono punibili se, prima della dichiarazione di apertura del dibattimento di primo grado, il contribuente estingue il debito comprese sanzioni amministrative e interessi, **mediante integrale pagamento**, anche a seguito di **conciliazione**, **adesione o ravvedimento operoso**.
Se prima della dichiarazione di apertura del dibattimento è in corso la **rateizzazione**, l'estinzione del debito residuo deve essere eseguito entro 3 mesi, durante i quali la prescrizione è sospesa. Tale termine può essere prorogato dal giudice una sola volta, per non oltre 3 mesi, se lo ritiene necessario, e ferma restando la sospensione della prescrizione (la previsione di proroga limitata è oggetto di giudizio di legittimità costituzionale, Trib. Treviso 23 febbraio 2016).

86930 **COMPENSAZIONI** Si riportano in **tabella** le violazioni relative alle compensazioni.

Violazione	Natura	Sanzione	Rif.
Omessa presentazione del mod. F24 con compensazione a saldo zero	amministrativa	– ritardo non superiore a 5 giorni lavorativi: € 50; – ritardo superiore: € 100	art. 15 D.Lgs. 471/97
Compensazione per importo superiore al limite annuale	amministrativa	30% dell'importo oltre il limite	art. 13 c. 4 D.Lgs. 471/97
Compensazione per importo annuale superiore a € 15.000 senza visto di conformità **(1)**	amministrativa	30% dell'importo	
Compensazione di credito superiore a € 5.000 prima di 10 giorni dalla presentazione del modello da cui emerge	amministrativa	30% dell'importo	
Compensazione orizzontale in presenza di debiti erariali iscritti a ruolo o passati in carico all'AdR e scaduti per importo superiore a € 1.500	amministrativa	50% del debito scaduto e non pagato fino a concorrenza dell'importo compensato	art. 31 DL 78/2010 conv. in L. 122/2010
Compensazione di crediti non spettanti	amministrativa	30% dell'importo eccedente **(2)**	v. n. 86931 e s.
Compensazione di crediti non spettanti per importo annuo superiore a € 50.000	penale	reclusione da 6 mesi a 2 anni	
Compensazione di crediti inesistenti	amministrativa	dal 100% al 200% dell'importo **(2)**	
Compensazione di crediti inesistenti per importo annuo superiore a € 50.000	penale	reclusione da 1 anno e 6 mesi a 6 anni	

Violazione	Natura	Sanzione	Rif.
Compensazione rifiutata (in sede di controllo dell'AE) con importo a debito non riversato entro 30 giorni dalla comunicazione (art. 37 c. 49 quater DL 223/2006 conv. in L. 248/2006)	amministrativa	5% dell'importo per ciascuna delega di importo fino a € 5.000 e € 250 per ciascuna delega di importo superiore a € 5.000 (non si applica il cumulo)	art. 15 c. 2 ter D.Lgs. 471/97

(1) La compensazione del credito IVA superiore a € 5.000 in **assenza del visto di conformità** è una violazione meramente formale non equiparabile all'omesso versamento (Cass. 1° settembre 2022 n. 25736, Cass. 26 febbraio 2020 n. 5289, Cass. 4 giugno 2018 n. 14158, Cass. 6 ottobre 2017 n. 23352). Di avviso contrario la **prassi**, secondo cui deve applicarsi la sanzione pari al 30% dell'importo (Ris. AE 29 novembre 2019 n. 99/E, Circ. AE 25 settembre 2014 n. 28/E, Circ. AE 15 gennaio 2010 n. 1/E).

(2) Se la compensazione è utilizzata per pagare un debito accollato, la sanzione indicata è irrogata all'accollante e all'accollato è irrogata altra sanzione del 30% dell'importo (art. 1 DL 124/2019 conv. in L. 157/2019).

Credito inesistente o non spettante (art. 13 c. 5 D.Lgs. 471/97) Il credito si considera non spettante quando, pur essendo certo per esistenza e ammontare, risulta, per qualsiasi ragione, ancora **non utilizzabile** (o non più utilizzabile) in compensazione (Cass. pen. 26 giugno 2014 n. 3367); si tratta ad esempio del credito esistente ma non compensabile per superamento della **soglia annua** (Cass. pen. 9 settembre 2015 n. 36393). 86931

È inesistente il credito in relazione al quale **manca**, in tutto o in parte, **il presupposto costitutivo** (oggettivo o soggettivo) e la cui inesistenza non sia riscontrabile mediante controlli automatizzati (Circ. AE 23 dicembre 2020 n. 31/E).

In ogni caso, la sanzione non si applica quando il disconoscimento del credito deriva da una rettifica della dichiarazione; in questo caso la sanzione è assorbita da quella di **infedele dichiarazione** (Ris. AE 8 maggio 2018 n. 36/E e Ris. AE 24 dicembre 2020 n. 82/E in merito al ravvedimento).

La sanzione in oggetto, in deroga alle ordinarie disposizioni:
- non è **definibile in via agevolata** con la riduzione a 1/3 (art. 13 c. 5 D.Lgs. 471/97);
- quando deriva da utilizzo di crediti d'imposta derivanti da agevolazioni (ad esempio per ricerca e sviluppo) l'indebita compensazione del credito inesistente o non spettante è contestata con avviso di recupero da **notificare entro** il 31 dicembre dell'ottavo anno successivo a quello di utilizzo e indipendentemente dalla rettifica della dichiarazione in cui il credito è indicato (Circ. AE 23 dicembre 2020 n. 31/E e art. 1 c. 421 L. 311/2004).

Rilevanza penale (art. 10 quater D.Lgs. 74/2000) In caso di **più compensazioni nel medesimo periodo** d'imposta, il reato si perfeziona alla data in cui il contribuente procede alla compensazione di un importo di crediti non spettanti o inesistenti che sommato alle precedenti compensazioni supera la soglia (Cass. pen. 14 dicembre 2011 n. 7662 e Circ. AE 4 agosto 2006 n. 28/E). 86932

Per la giurisprudenza, rilevano anche le **compensazioni verticali** (imposta da imposta) dei crediti inesistenti (Cass. pen. 30 novembre 2010 n. 42462).

Il **pagamento del debito** estingue il reato di compensazione di credito non spettante, secondo quanto detto al n. 86927 mentre costituisce circostanza attenuante del reato di compensazione di credito inesistente (artt. 13 e 13 bis D.Lgs. 74/2000).

CONDOTTA ILLECITA DEL CONSULENTE (art. 1 L. 423/95) Se la violazione di omesso, ritardato o insufficiente versamento è imputabile alla condotta illecita **e penalmente rilevante** di dottori commercialisti, ragionieri, consulenti del lavoro, avvocati, notai, e altri professionisti iscritti nei rispettivi albi e commessa nell'esercizio del **mandato professionale**, il contribuente (anche sostituto d'imposta) può presentare istanza all'Ufficio dell'AE territorialmente competente per ottenere la **sospensione della riscossione** delle sanzioni amministrative **a condizione** che: 86940
- abbia presentato denuncia penale relativamente alla condotta;
- dimostri di aver fornito al consulente la provvista necessaria per il versamento poi invece omesso, ritardato o insufficiente.

La sospensione, se concessa, opera **fino alla** conclusione del processo penale con provvedimento definitivo.

>Precisazioni 1) La sospensione può riguardare anche il **pagamento del tributo**.
2) La condotta illecita del consulente potrebbe anche giustificare la non irrogazione o l'annullamento della sanzione per **non punibilità** del contribuente (art. 6 D.Lgs. 472/97 e Cass. 30 novembre 2009 n. 25136).

86942 Se **il giudizio penale** nei confronti del consulente **si conclude** con provvedimento definitivo:
a) di condanna o patteggiamento: l'AE annulla la sanzione irrogata al contribuente e la irroga al professionista;
b) di assoluzione: la sospensione perde efficacia;
c) di non luogo a procedere o non doversi procedere: la sospensione permane se il contribuente, entro 3 mesi dal deposito del provvedimento, promuove azione civile nei confronti del consulente (e lo dimostra all'AE); in questo caso se il processo civile si conclude con sentenza definitiva di condanna del consulente, l'Ufficio annulla la sanzione al contribuente e la irroga al professionista.
I **termini di prescrizione e decadenza** per l'irrogazione delle sanzioni e la riscossione, sono sospesi fino al 31 dicembre dell'anno successivo alla data in cui è divenuto definitivo il provvedimento che conclude il processo penale a carico del professionista o il giudizio civile nei suoi confronti.

b. Violazioni relative alle dichiarazioni

86945 **DICHIARAZIONI ANNUALI** Nelle **tabelle** seguenti si riportano le violazioni inerenti alle dichiarazioni dei redditi, IRAP e IVA annuale con indicazione della sanzione, amministrativa o penale, applicabile.
Si suddividono fra violazioni:
- relative a **contenuto e invio della dichiarazione** (v. n. 86950);
- di **omessa dichiarazione** (v. n. 86955);
- di **infedele dichiarazione** (v. n. 86960).

Per le violazioni relative alle dichiarazioni dei **sostituti d'imposta** v. n. 87015 e s.

86950 **Contenuto e invio della dichiarazione** Si tratta di violazioni - solo amministrative - che attengono al contenuto generale delle dichiarazioni, alle modalità e al termine di presentazione.

Violazione	Sanzione (1)	Rif.
Dichiarazione redatta su **modelli non conformi** a quelli approvati dall'AE **(2)**	da € 250 a 2.000	art. 8 c. 1 D.Lgs. 471/97
Dichiarazione **presentata con modalità diverse** da quelle prescritte per la categoria di appartenenza (es. dichiarazione presentata in posta da soggetto obbligato alla presentazione telematica, Circ. AE 19 giugno 2002 n. 54/E)		
Dichiarazione con **omessa**, **inesatta**, **incompleta indicazione dei dati (2)**: – per l'individuazione del contribuente e, se diverso da persona fisica, del suo rappresentante; – per la determinazione del tributo; – per la costruzione e l'applicazione degli ISA (art. 9 bis c. 16 DL 50/2017); – di ogni altro elemento prescritto per il compimento dei controlli (esempio: omessa compilazione delle opzioni ai fini dei vari regimi contabili) salvo punto successivo		
Omessa presentazione del modello per la comunicazione dei dati rilevanti ai fini degli **studi di settore**, se il contribuente obbligato non vi provvede neppure a seguito di specifico invito da parte dell'AE	€ 2.000	art. 8 c. 1 D.Lgs. 471/97

86950 (segue)

Violazione	Sanzione (1)	Rif.
Omessa o incompleta indicazione in dichiarazione di: – possesso **partecipazioni in CFC**; – percezione di **utili da imprese in Paesi a regime fiscale privilegiato**; – percezione **plusvalenze** da cessione di partecipazioni in **imprese in Paesi a regime fiscale privilegiato**	10% del reddito conseguito dalla CFC **(3)** o dei dividendi e delle plusvalenze, con un minimo di € 1.000 e un massimo di 50.000 **(4)**	
Omessa o infedele comunicazione **cessioni di partecipazioni** con minusvalenze di ammontare superiore a € 50.000 o a € 5.000.000, a seconda del mercato di negoziazione	10% della minusvalenza; minimo € 500, massimo 50.000	art. 11 c. 4 D.Lgs. 471/97
Omessa sottoscrizione, nella dichiarazione IRES di società ed enti soggetti a controllo contabile, della **sottoscrizione dei revisori**	fino al 30% del compenso per l'attività di redazione della relazione, comunque non superiore all'imposta accertata, con min. € 250	art. 9 D.Lgs. 471/97
Omessa o incompleta indicazione nella dichiarazione dei redditi di non aver presentato o di non aver avuto risposta positiva all'**istanza di interpello per**: – prosecuzione del consolidato fiscale, in caso di fusione/scissione; – verifica del possesso dei requisiti per la validità del consolidato mondiale; – disapplicazione della disciplina sulle società di comodo; – dimostrazione della mancata duplicazione del beneficio ACE; – disapplicazione della Pex da parte degli enti creditizi nell'ambito di interventi finalizzati al recupero di crediti	da € 2.000 a 21.000	art. 8 c. 3 quinquies D.Lgs. 471/97
Assenza o incompletezza dei documenti e atti dei quali è prescritta la conservazione o l'esibizione	da € 250 a 2.000	art. 8 c. 1 D.Lgs. 471/97
Omessa presentazione dell'**interpello disapplicativo** (art. 11 L. 212/2000)	da € 2.000 a 21.000 raddoppiata se l'AF disconosce la disapplicazione di norme su deduzioni, detrazioni, crediti d'imposta o altre posizioni soggettive del contribuente	art. 11 c. 7 ter D.Lgs. 471/97
Dichiarazione tardiva (presentata **entro 90 giorni dalla scadenza**) **(5)**:		
– II.DD.	da € 250 a 1.000 **(6)**	
– IVA	da € 250 a 2.000	
Omesso o tardivo invio da parte dell'intermediario (7)	da € 516 a 5.164	
Omessa, tardiva o errata trasmissione all'AE dei dati relativi a **spese del contribuente per la dichiarazione precompilata (8)**	€ 100 per ogni dichiarazione con massimo di € 50.000	art. 3 D.Lgs. 175/2014

(1) Quando è irrogata una sanzione amministrativa **superiore a € 50.000** e la sanzione prevista per la più grave delle violazioni accertate non è inferiore nel minimo a € 40.000 e nel massimo a € 80.000, si applica una delle sanzioni accessorie indicate al n. 87228 per un periodo da 1 a 3 mesi; la durata può essere fino a 6 mesi se la sanzione irrogata è superiore a € 100.000 e la sanzione base prevista per la violazione più grave non è inferiore nel minimo a € 80.000 (art. 12 D.Lgs. 471/97).

(2) Se **non ostacola l'azione dell'Ufficio**, anche per effetto di regolarizzazione, è meramente formale e non punibile. Non si applica quando è irrogata la più grave sanzione di **dichiarazione omessa o infedele**.

(3) In caso di **reddito negativo** della CFC si applica la sanzione minima.

(4) Si applicano **dal** periodo d'imposta in corso al 7 ottobre 2015 (art. 3 c. 4 D.Lgs. 147/2015).

(5) Se la dichiarazione è presentata **entro 30 giorni** dalla scadenza ordinaria, la sanzione è ridotta alla metà (art. 7 c. 4 bis D.Lgs 472/97); se è presentata **oltre 90 giorni** dalla scadenza ordinaria si considera omessa (artt. 2 c. 7 DPR 322/98 e 8 c. 6 DPR 322/98).

(6) L'**omesso o tardivo versamento** connesso alla dichiarazione è autonomamente sanzionabile.

(7) Il contribuente in **possesso dell'attestazione** rilasciata dall'intermediario della presentazione della dichiarazione, ha assolto l'obbligo anche se poi vengono riscontrate incongruenze di dati di trasmissione (Cass. 1° giugno 2012 n. 8805). Non vi è distinzione fra **ritardo** inferiore o superiore a 90 giorni ma se il ritardo non è superiore a 30 giorni, la sanzione è ridotta alla metà (Ris. AE 24 dicembre 2020 n. 82/E); inoltre, si ha trasmissione tardiva quando l'intermediario l'effettua oltre un mese dall'assunzione dell'impegno, nel caso in cui l'impegno stesso sia stato assunto dopo la scadenza del termine per la presentazione delle dichiarazioni (Circ. AE 19 febbraio 2008 n. 11/E quesito 11). Nel caso in cui la tardiva trasmissione riguardi un **file** che contiene **più dichiarazioni**, la sanzione è irrogata per ciascuna di esse (Ris. AE 30 luglio 2004 n. 105/E). Si applica però il cumulo giuridico (Cass. 5 giugno 2015 n. 11741; in senso contrario Circ. AE 27 settembre 2007 n. 52/E). La sanzione non si applica nel caso in cui le dichiarazioni **tempestivamente trasmesse e scartate** siano tempestivamente ritrasmesse non oltre 5 giorni dalla restituzione delle ricevute che segnalano il motivo dello scarto.
(8) In caso di errata comunicazione, la sanzione **non si applica se** la trasmissione dei dati corretti è effettuata entro i 5 giorni successivi alla scadenza, ovvero, in caso di segnalazione da parte dell'AE, entro i 5 successivi alla segnalazione stessa. Se la comunicazione è correttamente trasmessa entro 60 giorni dalla scadenza prevista, la sanzione è ridotta a 1/3 con un massimo di euro 20.000.

86955 **Omessa presentazione della dichiarazione** Sono violazioni rilevanti sia ai fini delle imposte dirette che dell'IVA (per la dichiarazione dei sostituti d'imposta, v. n. 87015).

Violazione	Natura	Sanzione (1)	Rif.
Omessa presentazione della dichiarazione II.RR. e IRAP (2):			art. 1 D.Lgs. 471/97
– se **non è dovuta imposta**	amministrativa	da € 250 a 1.000 **(3)**	
– se **non è dovuta imposta ed è presentata entro** il termine per la dichiarazione del periodo d'imposta successivo e comunque prima di attività di accertamento di cui il contribuente abbia conoscenza	amministrativa	da € 150 a 500 **(3)**	
– con **imposta a debito e presentata entro** il termine per la dichiarazione del periodo d'imposta successivo e comunque prima di attività di accertamento di cui il contribuente abbia formale notizia	amministrativa	dal 60% al 120% delle imposte dovute con minimo € 200 **(4)**	
– **con imposta evasa > € 50.000 (5)**	penale	reclusione da 2 a 5 anni **(6)**	v. n. 87465
– nei casi diversi dai precedenti	amministrativa	dal 120% al 240% delle imposte dovute con minimo di € 250 **(4)**	
– violazioni relative al **quadro RW**	amministrative	–	v. n. 16097
Omessa presentazione della dichiarazione IVA (2) (7) (8):			art. 5 D.Lgs. 471/97
– da soggetto che effettua esclusivamente operazioni per le quali **non è dovuta l'imposta**	amministrativa	da € 250 a 2.000	
– da soggetto che effettua esclusivamente operazioni per le quali **non è dovuta l'imposta ed è presentata** entro il termine per la dichiarazione del periodo successivo e comunque prima di attività di accertamento di cui il contribuente abbia formale conoscenza	amministrativa	da € 150 a 1.000	
– con imposta a debito **presentata entro** il termine per la dichiarazione del periodo d'imposta successivo e comunque prima di attività di accertamento di cui il contribuente abbia formale notizia	amministrativa	dal 60% al 120% del tributo dovuto per il periodo d'imposta o per le operazioni che avrebbero dovuto formare oggetto di dichiarazione con minimo di € 250	

Violazione	Natura	Sanzione (1)	Rif.
– **con imposta evasa > € 50.000**	penale	come II.DD. e IRAP	
– nei **casi diversi** dai precedenti	amministrativa	dal 120% al 240% del tributo dovuto o per le operazioni che avrebbero dovuto essere dichiarate con minimo di € 250	
Omesso o tardivo invio da parte dell'intermediario (9)	v. n. 86950		

(1) Quando è irrogata una **sanzione amministrativa superiore a** € 50.000 e la sanzione di legge prevista per la più grave delle violazioni accertate non è inferiore nel minimo a € 40.000 e nel massimo a € 80.000, si applica, secondo i casi, una delle sanzioni accessorie (v. n. 87228) per un periodo da 1 a 3 mesi. La durata può essere fino a 6 mesi, se la sanzione irrogata è superiore a € 100.000 e la sanzione di legge prevista per la più grave violazione non è inferiore nel minimo a € 80.000.

(2) È omessa la dichiarazione **presentata** oltre il termine di 90 giorni dalla scadenza ordinaria; **non** è omessa la dichiarazione presentata ma non sottoscritta o presentata su modello non conforme.

(3) Può essere raddoppiata nei confronti dei **soggetti obbligati alle scritture** contabili.

(4) La sanzione è raddoppiata in caso di **canoni di locazione** di immobili ad uso abitativo (art. 1 c. 7 D.Lgs. 471/97); si ritiene che il raddoppio si applichi alla parte di imposta a questi riferibili; non è chiaro se riguardi solo i canoni assoggettati a cedolare secca oppure anche quelli soggetti a tassazione ordinaria.

(5) Non rileva l'**IRAP**. Per **imposta evasa** si intende, in questo caso, l'intera imposta dovuta che il giudice penale deve determinare, al fine di verificare il superamento della soglia, sulla base delle prove acquisite (Cass. pen. 28 maggio 2008 n. 21213 e Cass. pen. 4 ottobre 2011 n. 35858).

(6) Pena così aumentata dall'art. 39 DL 124/2019 conv. in L. 157/2019 (precedente era da 1 anno e 6 mesi a 4 anni); **si applica** ai fatti commessi **dal** 25 dicembre 2019.

(7) Si computano in detrazione tutti i **versamenti effettuati** nel periodo, le somme detraibili risultanti dalle liquidazioni eseguite, nonché il credito dell'anno precedente non chiesto a rimborso. Sul **riporto del credito**, v. n. 55535.

(8) Se l'omissione riguarda la dichiarazione dei soggetti che applicano i **regimi speciali** per la dichiarazione dell'IVA all'importazione, per i servizi resi da soggetti non UE e per i soggetti identificati in altro Stato membro, la sanzione è commisurata all'ammontare dell'IVA dovuta in Italia che avrebbe dovuto formare oggetto di dichiarazione.

(9) Per il **contribuente** in possesso dell'attestazione rilasciata dall'intermediario della presentazione della dichiarazione, non si configura omessa o tardiva dichiarazione.

Infedele dichiarazione Si tratta delle ipotesi in cui la dichiarazione è validamente presentata ma determina un risultato differente da quello accertato dall'Ufficio. 86960

Violazione	Natura	Sanzione (1) (2)	Rif.
Infedele dichiarazione II.DD. e IRAP (3) (4):			art. 1 D.Lgs. 471/97
– Indicazione di reddito o valore della produzione imponibile inferiore a quello accertato o di imposta inferiore a quella dovuta o di un credito superiore a quello spettante, **quando** la maggiore imposta o la minor eccedenza è complessivamente **inferiore al 3%** dell'imposta, dell'eccedenza detraibile o rimborsabile dichiarata e, comunque, **inferiore a € 30.000** (5)	amministrativa	dal 60% al 120% della maggior imposta o della differenza di credito utilizzato	
– Indicazione di reddito o valore della produzione imponibile inferiore a quello accertato o di imposta inferiore a quella dovuta o di un credito superiore a quello spettate a seguito di errore di **imputazione temporale** di componenti positivi o negativi purché quelli positivi abbiano già concorso al reddito in annualità anche successiva ma fino a quella in cui interviene accertamento **(5)**	amministrativa	dal 60% al 120% della maggior imposta o della differenza di credito utilizzato; se non dovute imposte: € 250	

86960 (segue)

Violazione	Natura	Sanzione (1) (2)	Rif.
– Indicazione di reddito o valore della produzione imponibile inferiore a quello accertato o di imposta inferiore a quella dovuta o di un credito superiore a quello spettante, quando la violazione è realizzata **mediante utilizzo di** fatture o altri documenti falsi o per operazioni inesistenti, mediante raggiri, condotte simulatorie o fraudolente	amministrativa	dal 135% al 270% della maggior imposta o della differenza di credito utilizzato	
– Omessa **dichiarazione del reddito fondiario**, se il reddito di fabbricati non dichiarato supera € 413,17	amministrativa	30% del reddito accertato; si applica anche la sanzione per omessa o infedele dichiarazione	art. 4 L. 146/80
– Omessa o infedele dichiarazione **canoni di locazione** di immobili ad uso abitativo	amministrativa	dal 90% al 180% della maggiore imposta o della differenza di credito utilizzato	art. 1 c. 7 D.Lgs. 471/97
– Indicazione di reddito o valore della produzione imponibile inferiore a quello accertato o di imposta inferiore a quella dovuta o di un credito superiore a quello spettante, nei **casi diversi** da quelli precedenti	amministrativa	dal 90% al 180% della maggior imposta o della differenza di credito utilizzato	
– Indicazione in dichiarazione di elementi attivi per ammontare inferiore a quello effettivo o elementi passivi inesistenti quando congiuntamente **(6)**: a) **imposta evasa > € 100.000** b) **elementi attivi sottratti** all'imposizione (anche tramite indicazione di elementi passivi fittizi) > 10% dell'ammontare complessivo degli elementi attivi indicati in dichiarazione, o, comunque > € 2.000.000, (**dichiarazione infedele sopra soglia**)	penale (solo II.RR.)	reclusione da 2 a 4 anni e 6 mesi **(6)**	art. 4 D.Lgs. 74/2000
– Indicazione in dichiarazione di **elementi passivi fittizi mediante** fatture o altri documenti per operazioni inesistenti (**dichiarazione fraudolenta**)	penale (solo II.RR.)	reclusione da 4 a 8 anni **(7)**	art. 2 D.Lgs. 74/2000
– Indicazione in dichiarazione di **elementi attivi inferiori a quelli effettivi o elementi passivi fittizi o crediti e ritenute fittizie**, compiendo operazioni simulate oggettivamente o soggettivamente o avvalendosi di documenti falsi o di altri mezzi fraudolenti idonei ad ostacolare l'accertamento e ad indurre in errore l'AF, in caso di presenza **congiunta** di **(8)**: a) imposta evasa > € 30.000; b) elementi attivi sottratti all'imposizione (anche tramite indicazione di elementi passivi fittizi) > 5% dell'ammontare complessivo degli elementi attivi indicati in dichiarazione, o, comunque > € 1.500.000, ovvero qualora l'ammontare complessivo dei crediti e delle ritenute fittizie in diminuzione dell'imposta è > 5% dell'ammontare dell'imposta medesima o comunque ad € 30.000 (**dichiarazione fraudolenta mediante altri artifici**)	penale (solo II.RR.)	reclusione da 3 a 8 anni **(8)**	art. 3 D.Lgs. 74/2000

86960 (segue)

Violazione	Natura	Sanzione (1) (2)	Rif.
Infedele dichiarazione IVA:			art. 5 D.Lgs. 471/97
– Indicazione di un'imposta inferiore a quella dovuta o di un'eccedenza detraibile o rimborsabile superiore a quella spettante quando la maggiore imposta o la minor eccedenza detraibile o rimborsabile è complessivamente **inferiore al 3%** dell'imposta, dell'eccedenza detraibile o rimborsabile dichiarata e, comunque, **inferiore a € 30.000**	amministrativa	dal 60% al 120% della maggior imposta dovuta o della differenza di credito utilizzato	
– Indicazione di un'imposta inferiore a quella dovuta o di un'eccedenza detraibile o rimborsabile superiore a quella spettante quando la violazione è realizzata **mediante utilizzo di** fatture o altri documenti falsi o per operazioni inesistenti, mediante raggiri, condotte simulatorie o fraudolente	amministrativa	dal 135% al 270% della maggior imposta dovuta o della differenza di credito utilizzato	
Dichiarazione con **richiesta di rimborso** dell'eccedenza detraibile in assenza dei presupposti **(9)**	amministrativa	30% del credito rimborsato	art. 5 c. 5 D.Lgs. 471/97
– dichiarazione fraudolenta	penale	v. II.DD.	
– dichiarazione fraudolenta mediante altri artifici			
– dichiarazione infedele sopra soglia			
– nei casi **diversi** dai precedenti	amministrativa	dal 90% al 180% della maggior imposta dovuta o della differenza di credito utilizzata	
Dichiarazione tardiva (presentata **entro 90 giorni dalla scadenza**) **(10)**:			
– II.DD.	amministrativa	da € 250 a 1.000	
– IVA	amministrativa	da € 250 a 2.000	
Omesso o tardivo invio da parte dell'intermediario	v. n. 89650		
Transazione fiscale: indicazione di elementi attivi di ammontare inferiore a quelli effettivi o di elementi passivi fittizi, per ammontare complessivo superiore a € 50.000 al fine di ottenere per sé o altri un pagamento parziale di tributi e accessori (II.RR. e IVA)	penale	reclusione da 6 mesi a 4 anni	art. 11 c. 2 D.Lgs. 74/2000

(1) Quando è irrogata una **sanzione amministrativa superiore a** € 50.000 e la sanzione di legge prevista per la più grave delle violazioni accertate non è inferiore nel minimo a € 40.000 e nel massimo a € 80.000, si applica, secondo i casi, una delle sanzioni accessorie (v. n. 87228) per un periodo da 1 a 3 mesi. La durata può essere fino a 6 mesi, se la sanzione irrogata è superiore a € 100.000 e la sanzione di legge prevista per la più grave violazione non è inferiore nel minimo a € 80.000.

(2) Ai fini della sanzione amministrativa, per **maggiore imposta** si intende la differenza fra quella accertata e quella liquidabile in base alla dichiarazione (ai sensi degli artt. 36 bis e 36 ter DPR 600/73 e dell'art. 54 bis DPR 633/72).

(3) In caso di **disponibilità di perdite** scomputabili, la sanzione è calcolata dal 2016 solo sulla maggiore imposta accertata dopo lo scomputo (d'ufficio o su istanza di parte a seconda che si tratti di perdite di periodo o pregresse, art. 42 c. 4 DPR 600/73). È superata la precedente interpretazione che riteneva applicabile la sanzione anche all'imposta anche virtuale (Cass. 26 settembre 2012 n. 16333). Se il **maggior credito non è utilizzato**, si applica la sanzione da € 250 a 2.000 (Circ. AE 7 aprile 2017 n. 8/E).

(4) Stesse sanzioni si applicano per indicazione in dichiarazione di **indebite deduzioni e detrazioni**, anche se attribuite in sede di ritenuta alla fonte.

(5) Quella in oggetto rappresenta una circostanza attenuante applicabile dall'Ufficio in sede di accertamento e non considerabile autonomamente dal contribuente ai fini del calcolo del **ravvedimento** salvo che l'attenuante non sia già stata applicata dall'Ufficio in altro periodo d'imposta in relazione alla stessa fattispecie (Ris. AE 23 ottobre 2017 n. 131/E).

(6) Soglie e pene così modificate dall'art. 39 DL 124/2019 conv. in L. 157/2019 applicabile ai **fatti commessi dal** 25 dicembre 2019. A questo fine, per **imposta evasa** si intende la differenza tra imposta effettivamente dovuta e quella indicata nella dichiarazione al netto di quanto versato a titolo di acconto, ritenuta o saldo prima della presentazione della dichiarazione o della scadenza del relativo termine. Il riferimento all'imposta evasa va fatto disgiuntamente per l'IVA e le imposte dirette, essendo sufficiente il superamento per una delle due imposte; non si considera **imposta** evasa quella **teorica** e non effettivamente dovuta collegata a una rettifica in **diminuzione di perdite** di esercizio o di perdite pregresse spettanti e utilizzabili (art. 1 c. 1 lett. f D.Lgs. 74/2000).
(7) Se l'ammontare degli elementi passivi fittizi è **inferiore a € 100.000**, si applica la reclusione da 1 anno e 6 mesi a 6 anni. Soglie e pene così modificate dall'art. 39 DL 124/2019 conv. in L. 157/2016 **applicabile ai fatti commessi dal** 25 dicembre 2019.
(8) Fattispecie e pena così modificati dall'art. 39 DL 124/2019 conv. in L. 157/2019 applicabile ai **fatti commessi dal** 25 dicembre 2019.
(9) Si applica anche in caso di **richiesta di rimborso all'AdR** senza poi presentare la dichiarazione annuale (Circ. Min. 25 gennaio 1999 n. 23/E).
(10) L'**omesso o tardivo versamento** connesso alla dichiarazione è autonomamente sanzionabile.

87000 **ALTRE DICHIARAZIONI E COMUNICAZIONI IVA** Si riepilogano nelle **tabelle** seguenti le violazioni e le sanzioni, tutte di natura amministrativa, relative ad altre dichiarazioni e comunicazioni IVA.

Dichiarazioni relative a operazioni intracomunitarie		
Violazione	**Sanzione (1)**	**Norma**
Omessa presentazione della dichiarazione relativa agli **acquisti intracomunitari** degli enti non commerciali	dal 120% al 240% dell'imposta dovuta per le operazioni che ne avrebbero dovuto formare oggetto	art. 5 c. 2 D.Lgs. 471/97
Presentazione della dichiarazione di cui sopra con indicazione di un ammontare di operazioni inferiore al reale	dal 120% al 240% della maggiore imposta dovuta	art. 5 c. 2 D.Lgs. 471/97
Omessa presentazione della dichiarazione modello **INTRA 13**	– da € 250 a 2.000; – se, però, la dichiarazione omessa **è presentata** entro il termine di presentazione della dichiarazione del periodo successivo e, comunque, prima dell'inizio di qualsiasi attività di accertamento di cui il contribuente abbia avuto formale conoscenza: da € 150 a 1.000	art. 5 c. 3 D.Lgs. 471/97
Omessa presentazione oppure incompleta, inesatta o irregolare compilazione elenchi **INTRASTAT (2)**	da € 500 a 1.000 per ciascun elenco **(3)**	art. 11 c. 4 D.Lgs. 471/97
Omissione o inesattezza dei dati statistici degli elenchi **INTRASTAT** da parte di persone fisiche (che abbiano effettuato nel mese di riferimento spedizioni o arrivi per almeno € 750.000)	da € 206 a 2.065 **(4)**	art. 11 D.Lgs. 322/89
Omissione o inesattezza dei dati statistici degli elenchi **INTRASTAT** da parte di società ed enti (che abbiano effettuato nel mese di riferimento spedizioni o arrivi per almeno € 750.000)	da € 516 a 5.164 **(4)**	art. 11 D.Lgs. 322/89
Violazione delle prescrizioni dettate in caso di **acquisto intracomunitario di veicoli** nuovi	da € 250 a 2.000	art. 11, c. 6 D.Lgs. 471/97

(1) Quando è irrogata una **sanzione amministrativa superiore a** € 50.000 e la sanzione di legge prevista per la più grave delle violazioni accertate non è inferiore nel minimo a € 40.000 e nel massimo a € 80.000, si applica, secondo i casi, una delle sanzioni accessorie (v. n. 87228) per un periodo da 1 a 3 mesi. La durata può essere fino a 6 mesi, se la sanzione irrogata è superiore a € 100.000 e la sanzione di legge prevista per la più grave violazione non è inferiore nel minimo a € 80.000.
(2) La presentazione di elenchi Intrastat irregolari dovrebbe rientrare tra le violazioni non più punibili (v. n. 87190).
(3) La sanzione è **ridotta** a metà in caso di **presentazione entro** 30 giorni dalla richiesta dell'ufficio. La sanzione non si applica se i **dati mancanti** o inesatti vengono **integrati o corretti** anche a seguito di richiesta.
(4) La sanzione è applicata una sola volta per ogni elenco mensile inesatto o incompleto a prescindere dal numero di transazioni mancanti o riportate in modo errato (art. 34 c. 5 DL 41/95 conv. in L. 85/95).

87010

Altre dichiarazioni e comunicazioni	
Violazione	**Sanzione (1)**
Dichiarazioni di inizio o variazione attività: omessa presentazione o presentazione con dati inesatti o incompleti (tali da non consentire l'identificazione del contribuente o del luogo d'esercizio dell'attività o di conservazione dei registri) (art. 5 c. 6 D.Lgs. 471/97)	da € 500 a 2.000 **(2)**
Omessa Comunicazione operazioni IVA (c.d. spesometro) (abrogato dal 2018)	da € 250 a 2.000
Omessa o incompleta comunicazione dati liquidazioni periodiche	da € 500 a 2.000 **(3)**
Omessa o errata trasmissione dei dati della **comunicazione dati fatture emesse e ricevute**	€ 2 per ogni fattura con un massimo di € 400 per trimestre **(4)** **(5)**
Omessa o errata trasmissione dei dati della **comunicazione dati operazioni transfrontaliere** (c.d. «esterometro») (art. 11 c. 2 quater D.Lgs. 471/97)	

(1) Per il versamento della sanzione nell'ipotesi di comunicazione di chiusura d'ufficio della Partita IVA, v. Ris. AE 3 aprile 2014 n. 35/E. L'omessa dichiarazione di **cessazione attività** non è più sanzionata.

(2) Ridotta a € 100 (1/5 del minimo) se l'obbligato provvede alla regolarizzazione della dichiarazione presentata entro 30 giorni dall'invito dell'Ufficio.

(3) Se la trasmissione o la correzione è effettuata **entro 15 giorni** dalla scadenza, la sanzione è ridotta alla metà.

(4) Se la trasmissione o la correzione è effettuata **entro 15 giorni** dalla scadenza, la sanzione è ridotta alla metà, entro il limite massimo di € 200 per trimestre.

(5) Non si applicano il **concorso e** la **continuazione** ai fini del computo della sanzione unica.

c. Violazioni dei sostituti d'imposta e di assistenza fiscale

VIOLAZIONI DEI SOSTITUTI D'IMPOSTA 87015

Violazione	Natura	Sanzione (1) (2)	Rif.
Certificazione unica (CU): invio tardivo ma entro 60 giorni dalla scadenza	amministrativa	€ 33,33 per ogni certificazione con massimo di € 20.000	art. 4 c. 6 quinquies DPR 322/98
– mancato, tardivo o errato invio telematico all'AE fuori dai casi del punto precedente	amministrativa	€ 100 euro per ogni certificazione omessa tardiva o errata, con massimo di € 50.000 per sostituto di imposta (non si applica il cumulo giuridico); in caso di errata certificazione, la sanzione non si applica se la trasmissione corretta è effettuata entro i 5 giorni successivi alla scadenza	
Omessa dichiarazione mod. 770:			
– **con ritenute versate**	amministrativa	da € 250 a 2.000; oltre a € 50 per ogni percipiente non indicato	art. 2 D.Lgs. 471/97
– **con ritenute versate e presentata entro** il termine per la dichiarazione del periodo d'imposta successivo e comunque prima di attività di accertamento di cui il contribuente abbia conoscenza	amministrativa	da € 150 a 500; oltre a € 25 per ogni percipiente non indicato	art. 2 c. 3 D.Lgs. 471/97
– **con ritenute non versate e presentata entro** il termine per la dichiarazione del periodo d'imposta successivo e comunque prima di attività di accertamento di cui il contribuente abbia conoscenza	amministrativa	dal 60% al 120% delle ritenute non versate con minimo € 200	

87015
(segue)

Violazione	Natura	Sanzione (1) (2)	Rif.
– con **ritenute non versate > € 50.000**	penale	reclusione da 2 a 5 anni **(3)**	art. 5 c. 1 bis D.Lgs. 74/2000
– **fuori dai casi precedenti**	amministrativa	dal 120% al 240% delle ritenute non versate con minimo € 250; oltre a € 50 per ogni percipiente non indicato	
Dichiarazione tardiva (presentata **entro 90 giorni dalla scadenza**)	amministrativa	da € 250 a 1.000	
Tardiva od omessa trasmissione da parte dell'intermediario abilitato alla trasmissione telematica **(4)**	amministrativa	da € 516 a 5.164	
Dichiarazione mod. 770 infedele:			
– dichiarazione di compensi, interessi e altre somme in misura inferiore a quella accertata quando **ritenute non versate** riferibili alle maggiori somme accertate sono **inferiori al** 3% di compensi, interessi e altre somme dichiarate e comunque inferiori a € 30.000	amministrativa	dal 60% al 120% delle ritenute non versate riferibili alla differenza accertata con minimo di € 250	art. 2 c. 2 ter D.Lgs. 471/97
– dichiarazione di compensi, interessi e altre somme in misura inferiore a quella accertata mediante utilizzo di documenti falsi, mediante artifici o raggiri, condotte simulatorie o fraudolente (c.d. **dichiarazione fraudolenta**)	amministrativa	dal 135% al 270% delle ritenute non versate riferibili alla differenza accertata con minimo di € 250	art. 2 c. 2 bis D.Lgs. 471/97
– dichiarazione di compensi, interessi e altre somme in misura inferiore a quella accertata nei **casi diversi** da quelli precedenti	amministrativa	dal 90% al 180% delle ritenute non versate riferibili alla differenza, con un minimo di € 250	art. 2 c. 2 D.Lgs. 471/97
Omissione o incompletezza dei dati ed elementi della dichiarazione	amministrativa	da € 500 a 4.000	art. 8 c. 3 D.Lgs. 471/97
Omessa effettuazione delle ritenute	amministrativa	20% dell'ammontare non trattenuto	art. 14 D.Lgs. 471/97
Omesso versamento delle ritenute effettuate	amministrativa	v. n. 86915	art. 13 D.Lgs. 471/97

(1) Per ritenute non versate **si intende** la differenza fra l'ammontare delle maggiori ritenute accertate e quelle liquidabili in base alla dichiarazione tramite controllo automatizzato e/o formale.
(2) Quando è irrogata una **sanzione amministrativa superiore a** € 50.000 e la sanzione di legge prevista per la più grave delle violazioni accertate non è inferiore nel minimo a € 40.000 e nel massimo a € 80.000, si applica, secondo i casi, una delle sanzioni accessorie per un periodo da 1 a 3 mesi. La durata può essere fino a 6 mesi, se la sanzione irrogata è superiore a € 100.000 e la sanzione di legge prevista per la più grave violazione non è inferiore nel minimo a € 80.000.
(3) Pena così modificata dall'art. 39 DL 124/2019 conv. in L. 157/2019, si applica ai **fatti commessi dal** 25 dicembre 2019.
(4) L'eventuale omesso o carente versamento delle ritenute è autonomamente sanzionabile.

VIOLAZIONI RELATIVE AGLI OBBLIGHI DI ASSISTENZA FISCALE (art. 39 D.Lgs. 241/97) 87020

Violazione	Sanzione
Infedele **visto di conformità** (del CAF o del professionista abilitato) **(1) (2) (3) (4)**:	
– sul **mod. 730** (ordinario o precompilato)	30% del tributo omesso dal contribuente
– su **altre dichiarazioni** diverse	da € 258 a 2.582
Infedele **asseverazione** (del CAF o del professionista abilitato) **(1) (4)**	da € 258 a 2.582
Infedele **certificazione tributaria** del professionista abilitato	da € 516 a 5.164 **(5)**
Inosservanza delle disposizioni previste per i sostituti d'imposta che prestano assistenza fiscale (art. 37 c. 2 e 3 D.Lgs. 241/97)	da € 258 a 2.582

(1) In caso di gravi e **ripetute violazioni di norme tributarie** relative allo svolgimento dell'attività (artt. 34 e 35 D.Lgs. 241/97), o quando gli elementi forniti all'AE risultano **falsi o incompleti** rispetto alla documentazione fornita dal contribuente, è revocata l'autorizzazione all'esercizio dell'attività di assistenza fiscale; nei casi di particolare gravità è disposta la sospensione cautelare. In proposito sono previste anche sanzioni accessorie per i soggetti abilitati alla trasmissione telematica (art. 8 lett. f DM 31 luglio 1998).

(2) La violazione è **punibile se** dalla liquidazione o controllo formale emerge un maggior debito a carico del dichiarante superiore a € 30 (importo minimo dell'accertamento, art. 3 c. 10 DL 16/2012 conv. in L. 44/2012) in conseguenza di irregolarità che avrebbero dovuto essere rilevate in sede di rilascio del visto di conformità o dell'asseverazione. In caso di violazioni **ripetute** o particolarmente **gravi** (es. mancato pagamento della sanzione o visto di conformità apposto su dichiarazione contenente dati palesemente ed eccessivamente difformi rispetto alla documentazione, Circ. AE 26 febbraio 2015 n. 7/E), la facoltà di rilasciare il visto di conformità e l'asseverazione è sospesa da 1 a 3 anni; in caso di ripetute **violazioni dopo la sospensione**, la facoltà è inibita.

(3) In caso di **smarrimento della documentazione** di supporto da parte del contribuente che si assume la responsabilità, la sanzione non si applica. Lo stesso vale nel caso di **scontrini non più leggibili** il cui contenuto è stato analiticamente riportato nel Mod. 730-2 (Circ. AE 20 aprile 2005 n. 15/E).

(4) Non si applica l'aumento della sanzione fino alla metà previsto in caso di **recidiva** (v. n. 87225).

(5) In caso di accertamento di 3 distinte violazioni commesse nel corso di un biennio, di ulteriori violazioni o di violazioni di particolare gravità (es. mancato pagamento della sanzione), è disposta la **sospensione** dalla facoltà di rilasciare la certificazione per un periodo da 1 a 3 anni.

d. Violazioni relative alla contabilità e alla documentazione fiscale

CORRETTA E REGOLARE TENUTA DELLA CONTABILITÀ (art. 9 D.Lgs. 471/97) 87025

Violazione	Natura	Sanzione
Irregolare od omessa tenuta o conservazione delle scritture contabili e degli altri documenti e registri previsti in materia di imposte dirette e IVA, o di libri, documenti e registri la cui tenuta e conservazione è imposta da altre disposizioni della legge tributaria **(1)**	amministrativa	da € 1.000 a 8.000 **(2) (3)**
Rifiuto di esibire, nel corso di accessi eseguiti al fine dell'accertamento II.DD. e IVA, o comunque sottrazione all'ispezione e alla verifica, di documenti e registri di cui sopra o di altri documenti, registri e scritture dei quali risulti con certezza l'esistenza anche se non obbligatori **(4)**	amministrativa	
Occultamento o distruzione delle scritture contabili o dei documenti di cui è obbligatoria la conservazione (salvo che non costituisca più grave reato) **(5)**	penale	reclusione da 1 anno e 6 mesi a 6 anni

(1) Se la violazione **non incide sull'attività di accertamento**, ha natura meramente formale e non è punibile.
Sono esempi di irregolare tenuta della contabilità: quando sui registri vengono lasciati spazi in bianco o interlinee; effettuati trasporti a margine o abrasioni che rendono illeggibili i dati o le parole cancellate; non vengono aggiornati regolarmente i registri; è istituito un unico registro numerato senza tenere i registri sezionali. Ai fini IVA possono ritenersi irregolarità: l'emissione di fatture che non contengono le indicazioni previste o che contengono indicazioni incomplete o inesatte tali da non consentire l'identificazione delle parti; l'annotazione nel registro degli acquisti, con indicazioni incomplete o inesatte, tali da non consentire l'identificazione dei cedenti dei beni o dei prestatori di servizi. In caso di fatture irregolari perché prive dei requisiti imposti dalla legge **l'effettiva esistenza dell'operazione** a monte deve essere provata dal contribuente (Cass. 2 marzo 2012 n. 3259).

(2) Se vengono accertate evasioni d'imposta complessivamente **superiori**, nell'esercizio, a € 50.000, la sanzione è irrogata in **misura doppia**.
(3) Se gli obblighi documentali e contabili in materia II.DD. e IVA previsti per il **regime semplificato** dei contribuenti minori (v. n. 57180), del regime speciale per l'agricoltura (v. n. 62010), o degli altri regimi semplificati non risultano rispettati a causa del **superamento**, fino al 50%, dei limiti di volume d'affari, si applica la sanzione da € 250 a 2.500.
(4) Vi rientra la dichiarazione di **non possedere i documenti** in oggetto se la dichiarazione è dovuta a colpa imputabile a imperizia, imprudenza, negligenza o inosservanza delle disposizioni (Circ. Min. 25 gennaio 1999 n. 23/E).
(5) Il reato **si configura quando** l'occultamento o la distruzione impediscono la ricostruzione dei redditi o del volume d'affari. Si configura anche quando sono occultati documenti la cui tenuta è richiesta, a prescindere dagli obblighi civilistici, dalla natura dell'attività esercitata (es. l'occultamento da parte dell'agente immobiliare del contratto preliminare di vendita che ha originato la provvigione, Cass. pen. 1° dicembre 2011 n. 1377 e Cass. pen. 21 settembre 2012 n. 36624).
Il tentativo è punibile quando, nonostante l'occultamento o la distruzione, l'AF riesca ugualmente a ricostruire analiticamente il reddito o il volume d'affari sulla scorta di altri elementi (Cass. pen. 18 dicembre 2007 n. 5791) oppure quando la ricostruzione, anche solo parziale, avvenga mediante l'utilizzo di documentazione rinvenuta presso altri soggetti (Cass. pen. 1° dicembre 2011 n. 2698).
È escluso il concorso fra il reato in esame e quello di **bancarotta fraudolenta** documentale. È inoltre escluso il concorso apparente con il delitto di **dichiarazione fraudolenta** mediante altri artifici (Cass. pen. 3 aprile 2012 n. 12455), mentre è possibile il concorso con il delitto di **truffa** aggravata ai danni dello Stato (Cass. pen. 26 settembre 2012 n. 37044) e di **omessa dichiarazione** (Cass. pen. 24 luglio 2013 n. 32054).

87040
FATTURAZIONE E DOCUMENTAZIONE DELLE OPERAZIONI

Violazione (1)	Natura	Sanzione (2)	Rif.
Omessa fatturazione o registrazione di operazioni imponibili quando la violazione **non incide sulla liquidazione** del tributo **(3) (4)**	amministrativa	da € 250 a 2.000	art. 6 c. 1 D.Lgs. 471/97
Omessa fatturazione o registrazione di operazioni imponibili nei casi diversi dal precedente **(3) (4)**	amministrativa	dal 90% al 180% dell'imposta relativa all'imponibile non correttamente documentato o non registrato nel corso dell'esercizio, con min. € 500	art. 6 c. 1 D.Lgs. 471/97
Emissione di **fattura non elettronica** dove obbligatoria o con modalità difformi da quelle previste **(5)**	amministrativa	come punti precedenti	art. 1 c. 6 D.Lgs. 127/2015
Indicazione nella documentazione o nei registri di una **imposta inferiore a quella dovuta** quando la violazione **non incide sulla liquidazione** del tributo	amministrativa	da € 250 a 2.000	art. 6 c 1. D.Lgs. 471/97
Indicazione nella documentazione o nei registri di una **imposta inferiore a quella dovuta**	amministrativa	dal 90% al 180% della maggiore imposta non documentata o registrata, con min. € 500	art. 6 c. 1. D.Lgs. 471/97
Violazioni di documentazione o registrazione di **operazioni non imponibili, esenti o non soggette** (per assenza del requisito di territorialità) **(6)**	amministrativa	dal 5% al 10% dei corrispettivi non documentati o non registrati con min. € 500	art. 6 c. 2 D.Lgs. 471/97
Emissione di una o più fatture o altri documenti **per operazioni inesistenti** al fine di consentire ad altri l'evasione IVA o II.DD. **(7)**	penale	reclusione da 4 a 8 anni **(8)**	art. 8 D.Lgs. 74/2000
Illegittima computazione in detrazione dell'imposta assolta, dovuta o addebitata in via di rivalsa **(9)**	amministrativa	90% della detrazione indebitamente compiuta	art. 6 c. 6 D.Lgs. 471/97

Violazione (1)	Natura	Sanzione (2)	Rif.
Computazione in **detrazione dell'imposta applicata in misura superiore** a quella effettiva, erroneamente assolta dal cedente o prestatore **(10)**	amministrativa	da € 250 a 10.000	art. 6 c. 6 D.Lgs. 471/97
Omessa regolarizzazione, da parte del cessionario o committente, dell'omessa o irregolare fatturazione	amministrativa	100% dell'imposta o maggiore imposta con min. € 250	v. n. 87041
Omessa emissione DdT (11)	amministrativa	100% dell'imposta corrispondente all'importo non documentato	art. 6 c. 3 D.Lgs. 471/97

(1) Per la documentazione e registrazione di operazioni soggette al **reverse charge**, v. n. 87045.
(2) Nel caso di violazione di **più obblighi** di documentazione e registrazione della stessa operazione, la sanzione si applica una sola volta.
(3) Stesse sanzioni si applicano **anche nei casi di** (Circ. Min. 25 gennaio 1999 n. 23/E):
- falsa indicazione della data di emissione;
- omesso rilascio di fattura da parte di soggetti non obbligati a seguito di richiesta della controparte;
- mancata emissione del documento rettificativo, in caso di variazione in aumento;
- mancata osservanza dei termini previsti per la fatturazione differita, anche se emesso il DdT;
- fatturazione differita nei previsti termini, in mancanza del DdT dal quale risulti la consegna o spedizione dei beni;
- mancata autofatturazione per autoconsumo;
- mancata emissione della fattura per acquisti da non residenti, da agricoltori esonerati o da agenzie di viaggio.

(4) In caso di 4 distinte violazioni contestate a **professionista iscritto in albi** od ordini nel corso di 5 anni dell'obbligo di emettere il documento certificativo dei corrispettivi, compiute in giorni diversi, si applica in ogni caso la sanzione accessoria della sospensione dell'iscrizione all'albo o all'ordine per un periodo da 3 giorni a 1 mese; in caso di recidiva, la sospensione è da 15 giorni a 6 mesi. Il provvedimento di sospensione è immediatamente esecutivo. In caso di esercizio in forma associata di attività professionale, la sanzione accessoria è disposta nei confronti di tutti gli associati (art. 12 c. 2 sexies D.Lgs. 471/97).
(5) In questo caso, il **committente o cessionario**, per non incorrere nell'omessa regolarizzazione, deve emettere la fattura elettronica con il sistema di interscambio.
Fino al 30 giugno 2019 (e per i mensili, fino al 30 settembre 2019), non si applicano sanzioni se la fattura elettronica è emessa entro il termine per la liquidazione periodica; è ridotta dell'80% se la fattura elettronica è emessa entro il termine di effettuazione della liquidazione dell'IVA del periodo successivo (art. 1 D.Lgs. 127/2015).
(6) Se la violazione **non rileva neppure ai fini del reddito**, si applica la sanzione da € 250 a 2.000, anche se potrebbe essere non punibile in quanto meramente formale.
(7) Il reato può essere integrato anche: quando la falsità della fatturazione attiene all'**inesistenza soggettiva** del prestatore (Cass. pen. 5 novembre 2013 n. 44665).
È sufficiente che il soggetto agisca con l'intenzione di consentire ad un terzo di evadere le imposte, indipendentemente dall'effettivo conseguimento dell'indebito (Cass. pen. 12 ottobre 2011 n. 1894).
In caso di emissione di **più fatture o documenti** nello stesso periodo d'imposta, il reato si consuma con l'emissione o il rilascio del primo documento in ordine temporale mentre il termine di prescrizione decorre dall'emissione dell'ultimo (Cass. pen. 2 luglio 2015 n. 27849 e Cass. pen. 1° ottobre 2012 n. 37930).
(8) Pena così aumentata dall'art. 39 DL 124/2019 (precedente era da 18 mesi a 6 anni); si applica ai **fatti commessi dal** 25 dicembre 2019. La pena è della reclusione da 18 mesi a 6 anni se l'**importo delle fatture** non è superiore a € 100.000.
(9) In caso di acquisto intracomunitario, la sanzione si applica anche se, in mancanza della comunicazione del numero di partita IVA integrato, l'operazione è stata assoggettata ad imposta in altro Stato membro.
(10) Resta fermo il diritto alla **detrazione**; la **restituzione** dell'imposta è tuttavia esclusa in caso di frode fiscale.
(11) Il contribuente è in genere tenuto a emettere il DdT **solo se** intende avvalersi della fatturazione differita o per superare le presunzioni di cessione; la sanzione è irrogabile solo nei casi residuali di obbligo (che ad esempio sussiste per i trasporti di **tabacchi, fiammiferi** e **beni soggetti ad accisa**, v. n. 53970 e s.); la sanzione indicata non si applica ai prodotti soggetti ad accisa per i quali si applicano quelle previste dal T.U. approvato con D.Lgs. 504/95.

Responsabilità di cessionari e committenti (art. 6 c. 8 e 9 D.Lgs. 471/97) Le sanzioni relative alla documentazione e registrazione delle operazioni si applicano al soggetto obbligato all'emissione e registrazione. 87041
Tuttavia, chi **nell'esercizio di imprese**, **arti** o **professioni**, acquista beni o servizi **senza che sia emessa regolare fattura** nei termini, **deve regolarizzare** l'operazione con le modalità di seguito illustrate.
In mancanza di regolarizzazione, si applica la sanzione pecuniaria pari all'IVA o maggiore IVA non regolarmente oggetto di fattura con un minimo di € 250 che si applica anche in caso di operazioni non imponibili o esenti.

>Precisazioni 1) Nel caso di **fattura completa** il committente non ha obbligo di controllare e sindacare le valutazioni dell'emittente in merito ad esempio alla non imponibilità dell'operazione. La responsabilità del committente ricorre quando l'irregolarità della fattura deriva da errori, incompletezze o lacune di contenuto come ad esempio nel caso di errori relativi alla natura, qualità, quantità dei beni o servizi oggetto dell'operazione, o nel caso di errori sulle aliquote o sull'ammontare dell'imposta dovuta, ecc. (Cass. 18 febbraio 2000 n. 1841, Cass. 23 marzo 2001 n. 4284).
2) L'emissione di una fattura irregolare perché priva dei requisiti di legge, determina la **presunzione di inesistenza** dell'operazione effettuata a monte. È a carico del contribuente la prova contraria (Cass. 2 marzo 2012 n. 3259).
3) L'acquirente può essere invece responsabile anche (solidalmente con il cedente) per la maggiore imposta in caso di **cessioni di immobili** da soggetto IVA in caso di corrispettivo diverso da quello effettivo (v. n. 60525).

87042 Se l'acquirente **non ha ricevuto la fattura entro** 4 mesi dalla data di effettuazione dell'operazione, **deve entro** 30 giorni:
– emettere **autofattura in formato elettronico** (dai soggetti non esonerati) con trasmissione allo SdI; si utilizza il codice TD20 nel campo «TipoDocumento», nella sezione «Dati del cedente/prestatore» vanno inseriti quelli relativi al fornitore che avrebbe dovuto emettere la fattura, nella sezione «Dati del cessionario/committente» vanno inseriti quelli relativi al soggetto che emette e trasmette via SdI il documento, nella sezione «Soggetto Emittente» va utilizzato il codice «CC» (cessionario/committente) (Circ. AE 17 giugno 2019 n. 14/E);
– **versare** con F24 (cod. trib. 9399) la relativa imposta (se operazione imponibile).
I **soggetti esonerati** dall'obbligo di emissione della fattura elettronica, dopo aver versato l'IVA devono **presentare** all'ufficio AE competente nei propri confronti un'autofattura cartacea in duplice esemplare con le indicazioni illustrate al n. 52640 con allegata ricevuta del versamento; alcuni uffici chiedono anche una comunicazione del contribuente sull'irregolarità commessa dal cedente. L'Ufficio restituisce l'autofattura con l'annotazione dell'avvenuto pagamento, questa deve poi essere annotata sul registro degli acquisti e consente la **detrazione** secondo le regole generali.

>Precisazioni 1) L'emissione dell'autofattura elettronica può essere effettuata anche con **partita IVA del fornitore non più esistente** (es. perché deceduto), purché la stessa non sia cessata da più di 5 anni, altrimenti va emessa un'autofattura cartacea (Risp. AE 14 maggio 2021 n. 344).
2) La sanzione si applica anche quando il cedente abbia poi **emesso la fattura ma decorso il termine per** la regolarizzazione (Ris. Min. 5 maggio 1992 n. 530121).

87043 Se l'acquirente ha ricevuto una **fattura irregolare**, **deve entro** 30 giorni da quello di registrazione della fattura:
– **versare** con F24 (cod. trib. 9399) la maggior imposta eventualmente dovuta;
– **presentare** all'ufficio AE competente nei suoi confronti un'autofattura integrativa in duplice esemplare o trasmettere una fattura elettronica, secondo quanto specificato al n. 87042.

87045 **Reverse charge** Chi, essendovi tenuto, omette di porre in essere gli adempimenti connessi all'inversione contabile e/o all'autofatturazione, è punito con le sanzioni indicate in **tabella** (art. 6 c. 9 e s. D.Lgs. 471/97 e Circ. AE 11 maggio 2017 n. 16/E).

Violazione		Sanzione
a) fattura emessa irregolarmente dal cedente/prestatore in via ordinaria con assolvimento della relativa imposta, senza reverse charge	– al cessionario/committente, che avrebbe dovuto assolvere il tributo, viene addebitata la sola sanzione in misura fissa (rimane salvo il diritto alla detrazione) **(1)**, senza necessità di regolarizzazione; – il cedente/prestatore rimane solidamente responsabile del pagamento della sanzione	da € 250 a 10.000 (art. 6 c. 9 bis 1 D.Lgs. 471/97)

<table>
<tr><th colspan="2">Violazione</th><th>Sanzione</th></tr>
<tr><td>b) fattura emessa irregolarmente dal cedente/prestatore senza IVA e trattata con reverse charge dal cessionario/committente, ma in assenza dei requisiti (2)</td><td>– al cedente/prestatore, che avrebbe dovuto assolvere il tributo, viene addebitata la sola sanzione in misura fissa (1), senza necessità di regolarizzazione;
– il cessionario/committente rimane solidamente responsabile del pagamento della sanzione (rimane salvo il diritto alla detrazione)</td><td>da € 250 a 10.000
(art. 6 c. 9 bis 2 D.Lgs. 471/97)</td></tr>
<tr><td>c) errata applicazione del reverse charge da parte del cessionario/committente su operazioni esenti, non imponibili o non soggette</td><td rowspan="2">in sede di accertamento sono espunti sia il debito conteggiato che la detrazione operata nelle liquidazioni eseguite, fermo restando il diritto a recuperare l'imposta eventualmente non detratta (v. n. 48058), mediante nota di variazione o richiesta di rimborso</td><td>nessuna sanzione ulteriore
(art. 6 c. 9 bis 3 D.Lgs. 471/97)</td></tr>
<tr><td>d) errata applicazione del reverse charge su operazioni inesistenti ma esenti, non imponibili o non soggette</td><td>dal 5% al 10% dell'imponibile, con un minimo di € 1.000
(art. 6 c. 9 bis D.Lgs. 471/97)</td></tr>
<tr><td>e) al di fuori dai casi che precedono, il cessionario/committente omette di eseguire gli adempimenti conseguenti all'operazione soggetta a reverse charge</td><td>al cessionario/committente, che avrebbe dovuto assolvere il tributo, viene addebitata la sanzione indicata (3)</td><td rowspan="2">– se l'operazione risulta comunque dalla contabilità: da € 500 a 20.000;
– se non è contabilizzata: dal 5% al 10% dell'imponibile, con un minimo di € 1.000
(art. 6 c. 9 bis D.Lgs. 471/97)</td></tr>
<tr><td>f) al di fuori dai casi che precedono, il cedente/prestatore non emette fattura entro 4 mesi dall'operazione o la emette in modo irregolare</td><td>al cessionario/committente, che avrebbe dovuto entro il 30° giorno successivo informare l'AE e regolarizzare l'operazione, viene addebitata la sanzione indicata (1)</td></tr>
</table>

(1) Se però l'errore è dettato da intento di evasione o frode di cui risulti provato che il cessionario/committente era consapevole, si applica la sanzione per omessa fatturazione o registrazione.

(2) In caso di errata fatturazione in regime di non imponibilità e applicazione del reverse charge da parte dei cessionari con assolvimento dell'imposta, il regime applicato resta fermo ma è dovuta la sanzione amministrativa da € 250 a 10.000 (Risp. AE 28 aprile 2021 n. 301).

(3) Resta ferma l'eventuale applicazione delle sanzioni dovute per l'ipotesi di infedele dichiarazione e/o di indebita detrazione.

MEMORIZZAZIONE E TRASMISSIONE DEI CORRISPETTIVI (art. 6 c. 2 bis D.Lgs. 471/97) 87048

<table>
<tr><th>Violazione</th><th>Sanzione</th></tr>
<tr><td>Mancata o tardiva memorizzazione o mancata trasmissione dei corrispettivi giornalieri</td><td rowspan="2">90% dell'imposta corrispondente all'importo non memorizzato o non trasmesso, per ciascuna operazione, con minimo € 500 (1) (2) (3) (4) (5)</td></tr>
<tr><td>Trasmissione con dati incompleti o non veritieri</td></tr>
<tr><td>Mancata tempestiva richiesta di intervento di manutenzione o omessa verificazione periodica del registratore telematico, senza omesse annotazioni</td><td>da € 250 a 2.000</td></tr>
<tr><td>Omessa installazione del registratore telematico</td><td>da € 1.000 a 4.000 (art. 11 c. 5 D.Lgs. 471/97) (6)</td></tr>
<tr><td>Manomissione o alterazione di registrazione telematico o uso di registratore manomesso o alterato o consenso ad altri di farne uso per eludere i relativi obblighi di legge</td><td>da € 3.000 a 12.000, salvo che non costituisca reato (art. 11 c. 5 bis D.Lgs. 471/97) (6)</td></tr>
</table>

(1) Nel caso di **violazione di più obblighi** inerenti alla memorizzazione e alla trasmissione di una medesima operazione, la sanzione è applicata una sola volta.

(2) La sanzione si applica anche se la violazione è dovuta a **mancato o irregolare funzionamento** del registratore telematico, se non sono adottate le procedure alternative di memorizzazione indicate al n. 53858.

(3) Se la violazione **non ha inciso sulla corretta liquidazione del tributo**, si applica la sanzione di € 100 per ciascuna trasmissione e non si applica il cumulo giuridico (art. 11 c. 2 quinquies D.Lgs. 471/97).
(4) In caso di **4 distinte violazioni** compiute in giorni diversi e contestate con apposito atto nel corso di un quinquennio, si applica la sanzione accessoria della sospensione della licenza o dell'autorizzazione all'esercizio dell'attività o dell'esercizio dell'attività stessa per un periodo da 3 giorni a 1 mese (da 1 a 6 mesi se l'importo dei corrispettivi è superiore a € 50.000); il provvedimento di sospensione è immediatamente esecutivo (art. 12 c. 2 D.Lgs. 471/97).
(5) Per l'inapplicabilità delle sanzioni relative alle trasmissioni dei corrispettivi **del 2019 e 2020**, c.d. moratoria, vedi art. 2 c. 6 ter D.Lgs. 127/2015, Circ. AE 29 giugno 2019 n. 15/E.
(6) Si applica anche la **sanzione accessoria** della sospensione della licenza o dell'autorizzazione all'esercizio dell'attività nei locali ad essa destinati per un periodo da 15 giorni a 2 mesi (in caso di recidiva da 2 a 6 mesi, art. 12 c. 3 D.Lgs. 471/97).

87050 ESPORTAZIONI (art. 7 D.Lgs. 471/97)

Violazione	Sanzione
Operazione senza addebito d'imposta in mancanza di dichiarazione d'intento (comma 3) o prima di averne riscontrato la presentazione all'AE (comma 4 bis) **(1) (2)**	dal 100 al 200% dell'imposta
Cessioni di navi adibite alla navigazione in alto mare senza addebito d'imposta in mancanza di dichiarazione relativa alla navigazione effettuata (comma 3 bis) o prima di averne riscontrato la presentazione all'AE (comma 4 ter) **(3)**	
Dichiarazione al fornitore, o in dogana, di volersi avvalere della facoltà di acquistare o importare senza pagamento dell'imposta, in mancanza dei presupposti (comma 4)	
Operazione senza addebito d'imposta oltre la capienza del plafond (c.d. splafonamento) (comma 4) **(4)**	
Omesso invio, nei termini previsti, o invio con dati incompleti o inesatti, della comunicazione delle dichiarazioni d'intento ricevute (si applica alle dichiarazioni ricevute al 31/12/2014) (art. 20 c. 3 D.Lgs. 175/2014) **(5)**	
Cessione senza addebito d'imposta a viaggiatori stranieri extra UE, in caso di mancato trasporto extra UE entro 3 mesi e mancata regolarizzazione entro un mese (comma 2)	dal 50 al 100% dell'imposta
Mancata esportazione del bene da parte di cessionario non residente, entro 90 giorni dalla consegna (comma 1)	dal 50 al 100% dell'imposta **(6)**
Indicazione, nelle fatture o nelle dichiarazioni in dogana relative alle cessioni all'esportazione, di quantità, qualità o corrispettivi diversi da quelli reali (comma 5)	dal 100 al 200% dell'imposta che sarebbe dovuta se i beni presentati fossero ceduti nello Stato **(7)**

(1) Il cedente/prestatore è tenuto anche al **pagamento dell'imposta** ma se la dichiarazione è stata **rilasciata ma in assenza dei presupposti** di legge, dell'omesso pagamento risponde solo chi l'ha rilasciata.
(2) La sanzione non si applica in caso di **vizi solo formali** della dichiarazione d'intento (ad es. erroneamente indicata come integrativa piuttosto che nuova); in questo caso si applica la sanzione da € 250 a 2.000 (art. 11 c. 1 lett. a) D.Lgs. 471/97, Risp. AE 21 dicembre 2018 n. 126).
(3) Si applica dal 14 agosto 2021 (Provv. AE 15 giugno 2021 n. 151377).
(4) Se lo splafonamento **consegue a mancata esportazione** dei beni da parte del cessionario o committente, la sanzione è dal 50 al 100% dell'imposta e non si applica se l'imposta viene versata entro 30 giorni dalla scadenza del termine per l'esportazione, previa regolarizzazione della fattura.
(5) In caso di mancato invio da parte di cedente/prestatore che non abbia eseguito fornitura in sospensione d'imposta, si applica la sanzione da € 250 a 2.000 (Circ. AE 26 settembre 2005 n. 41/E). Secondo parte della giurisprudenza, anche se il mancato invio riguarda operazioni concretamente effettuate in sospensione d'imposta, si applica solo la sanzione fissa ora richiamata in quanto l'omissione determina una violazione formale (CTR Lombardia 17 dicembre 2012 n. 142 ma in senso contrario CTR Puglia 24 marzo 2014 n. 679); per altra, la violazione non sarebbe punibile (CTP Milano 20 gennaio 2015 n. 430).
L'**errata compilazione** della casella «Integrativa» con l'effetto indesiderato di annullare la precedente dichiarazione, è considerata violazione formale (Risp. AE 21 dicembre 2018 n. 126).
(6) In pratica, la sanzione si applica solo se il cedente non dimostra che l'esportazione sia stata comunque effettuata, anche oltre i 90 giorni suddetti; tuttavia, secondo un'interpretazione restrittiva, la prova dell'esportazione va fornita entro i 30 giorni successivi previsti per la regolarizzazione, altrimenti la sanzione resta applicabile (C.Giust. UE 19 dicembre 2013 C-563/12, Ris. AE 10 novembre 2014 n. 98/E). La sanzione **non si applica se** entro 30 giorni il cedente regolarizza la fattura e versa l'imposta.
(7) L'imposta è calcolata sulle differenze dei corrispettivi o dei valori normali dei beni. Per le **differenze quantitative** non superiori al 5%, la sanzione non si applica.

RICHIESTE E QUESTIONARI DELL'AF (art. 11 D.Lgs. 471/97) 87052

Violazione (1)	Sanzione
Omessa, incompleta o infedele **comunicazione prevista da norme fiscali** anche non richiesta dell'AF al contribuente o a terzi nell'utilizzo di poteri di accertamento	da € 250 a 2.000
Mancata restituzione dei **questionari** da parte del contribuente o di terzi o restituzione con risposte false o incomplete	
Mancata **comparizione** richiesta dall'Ufficio o mancata ottemperanza a altre richieste dell'AF	
Omessa, incompleta o infedele comunicazione da **banche**, **assicurazioni**, **società o enti di** riscossione e pagamento o di gestione e intermediazione finanziaria per conto di terzi, prevista da norme fiscali (es. comunicazione dai rapporti finanziari)	da € 2.000 a 21.000 **(2)**

(1) In caso di esibizione o trasmissione di **atti o documenti falsi** in tutto o in parte, si applica l'apposita sanzione prevista dal codice penale (art. 76 DPR 445/2000). La stessa sanzione si applica nel caso di **dati e notizie non rispondenti al vero** e si configuri un reato penale tributario (art. 11 DL 201/2011 conv. in L. 214/2011).
(2) Ridotta alla metà se la trasmissione **avviene nei 15 giorni successivi** (art. 10 D.Lgs. 471/97); in caso di **recidiva** si applica la sanzione accessoria dell'interdizione dell'autore dalle cariche di amministratore per un periodo da 3 a 6 mesi.

TRASMISSIONE DATI DICHIARAZIONE PRECOMPILATA (art. 78 L. 413/91) 87055

Violazione	Sanzione
Omessa, tardiva o errata **(1)** trasmissione dei dati rilevanti (compresi dati da trasmettere al **sistema tessera sanitaria**)	100 euro per ogni comunicazione **(2)** con un massimo di euro 50.000 **(3)**

(1) In caso di errata comunicazione la sanzione **non si applica se** la trasmissione dei dati corretti è effettuata **entro 5 giorni** successivi alla scadenza ordinaria ovvero, in caso di segnalazione da parte dell'Agenzia delle entrate, entro 5 giorni successivi alla segnalazione stessa. Se la comunicazione è correttamente trasmessa **entro 60 giorni** dalla scadenza la sanzione è ridotta a 1/3, con un massimo di euro 20.000.
(2) La sanzione è **riferita a** ciascun documento (fattura, ricevuta o scontrino) di cui devono essere comunicati i dati (Ris. AE 23 maggio 2022 n. 22/E).
(3) Non si applica il **concorso**.

e. Violazioni relative ad altri tributi

Si esaminano le violazioni e le sanzioni relative ai **tributi di seguito indicati**. 87070
Si tratta di sanzioni solo **di natura** amministrativa e non penale.
- Registro;
- Bollo;
- Successioni e donazioni;
- Ipotecarie e catastali;
- Tasse sulle concessioni governative;
- Imposta municipale propria;
- Imposta unica comunale;
- Imposta comunale sulla pubblicità;
- Tassa occupazione spazi e aree pubbliche;
- Imposta sugli spettacoli;
- Tasse sulle emissioni di anidride solforosa.

87072

Imposta di registro (artt. da 69 a 74 DPR 131/86)	
Violazione	**Sanzione**
Omessa richiesta di registrazione e presentazione delle denunce **(1)**	dal 120% al 240% dell'imposta dovuta; tuttavia, se la richiesta di registrazione è effettuata con ritardo non superiore a 30 giorni, si applica la sanzione dal 60% al 120% dell'ammontare delle imposte dovute, con un minimo di € 200

Imposta di registro (artt. da 69 a 74 DPR 131/86)	
Violazione	**Sanzione**
Mancata esecuzione, in tutto o in parte, del versamento relativo alle cessioni, risoluzioni e proroghe anche tacite dei contratti di locazione e affitto di immobili siti in Italia	v. n. 86915 (art. 17 c. 1 bis DPR 131/86)
Omessa o errata indicazione dei dati catastali in sede di registrazione di contratti scritti o verbali di locazione od affitto di immobili siti in Italia e relative risoluzioni, cessioni e proroghe anche tacite nonché dei contratti di comodato aventi ad oggetto gli stessi beni	dal 120% al 240% dell'imposta dovuta (art. 19 c. 15 DL 78/2010 conv. in L. 122/2010)
Insufficiente dichiarazione di valore **(2)**	da 1 a 2 volte l'imposta evasa
Occultazione di parte del corrispettivo convenuto **(3)**	dal 120% al 240% della differenza tra l'imposta dovuta e quella già applicata in base al corrispettivo dichiarato (detratto, tuttavia, l'importo della sanzione precedente)
Omessa presentazione del repertorio da parte dei notai e degli altri pubblici ufficiali	da € 1.032 a 5.164 **(4)**
Irregolare tenuta del repertorio	da € 516 a 2.065
Altre infrazioni: – mancata esibizione delle scritture contabili dell'azienda ceduta; – mancata ottemperanza alle richieste degli uffici	da € 258 a 2.065

(1) In tale fattispecie non è più compresa l'ipotesi di tardiva richiesta di registrazione o presentazione della denuncia (Circ. Min. 30 novembre 1998 n. 277/E).
Nel caso di omessa registrazione **imputabile** esclusivamente **al pubblico ufficiale** rogante, la sanzione non può essere irrogata alle parti private (CTC 13 dicembre 1985 n. 10674).
Non è considerata omessa registrazione l'omesso versamento dell'imposta in caso di **proroga tacita** del contratto di locazione di immobili (Ris. AE 28 marzo 2001 n. 36/E).
(2) È diverso il trattamento relativo a beni immobili e diritti reali immobiliari, aziende o diritti reali su di esse, e quella relativa ai beni immobili (terreni e fabbricati) iscritti in catasto con attribuzione di rendita. Per la prima tipologia, infatti, la sanzione si applica solo se il valore accertato, ridotto di 1/4, supera quello dichiarato; questo in ragione delle maggiori difficoltà che il contribuente può incontrare nella determinazione del loro valore.
(3) L'occultazione di prezzo deve risultare da atti certi e inoppugnabili, come ad esempio, una controdichiarazione sottoscritta da entrambe le parti, ma non già da una dichiarazione unilaterale o da una presunzione, sia pur legittima, dell'AF (Ris. Min. 4 marzo 1981 n. 250180).
Tale violazione è la forma più grave di infrazione di insufficiente dichiarazione di valore; infatti, dipende da un comportamento intenzionale del contribuente il quale denunci **consapevolmente** all'Erario un corrispettivo inferiore di quello pattuito, allo scopo di sottrarsi al pagamento dell'imposta dovuta. L'occultamento è sempre punibile, qualunque sia la divergenza (anche minima) tra corrispettivo denunciato e quello pattuito; inoltre, la sanzione è sempre applicabile anche qualora non resti alcuna imposta da riscuotere (Circ. Min. 30 novembre 1998 n. 277/E).
(4) Se la presentazione del repertorio avviene con **ritardo superiore** a 60 giorni o la regolarizzazione non avviene nel termine stabilito dall'AF i pubblici ufficiali possono essere sospesi dalle funzioni per un periodo non superiore a 6 mesi.

87074

Imposta di bollo (artt. da 24 a 26 DPR 642/72)	
Violazione	**Sanzione**
Omessa o parziale corresponsione dell'imposta	da 1 a 5 volte l'imposta o maggiore imposta non pagata **(1)**
Omesso o insufficiente bollo sulle cambiali	da 2 a 10 volte l'imposta non corrisposta con un minimo di € 103
Omessa o infedele dichiarazione di conguaglio (v. n. 74200)	da 1 a 2 volte l'imposta dovuta; se però la dichiarazione di conguaglio è presentata con un ritardo non superiore a 90 giorni: 1/10 del minimo (Circ. AE 14 aprile 2015 n. 16/E)
Mancata osservanza delle norme per l'uso di macchine bollatrici	da € 516 a 5.164

Imposta di bollo (artt. da 24 a 26 DPR 642/72)	
Violazione	**Sanzione**
Inosservanza degli obblighi da parte di arbitri, funzionari e pubblici ufficiali	da € 100 a 200 per ogni atto

(1) In ipotesi di **imposta assolta in modo virtuale** la sanzione è del 30% (Circ. AE 14 aprile 2015 n. 16/E).

87076

Successioni (D.Lgs. 346/90)		
Violazione	**Sanzione (1)**	**Norma**
Omissione o tardiva presentazione della dichiarazione **(2)**	– dal 120% al 240% dell'imposta liquidata o riliquidata d'ufficio; se però la dichiarazione è presentata con un ritardo non superiore a 30 giorni: dal 60% al 120% – se non è dovuta imposta, da € 250 a 1.000; se però la dichiarazione è presentata con un ritardo non superiore a 30 giorni: da € 150 a 500	art. 50 c. 1
Omessa o infedele indicazione di dati o elementi rilevanti per la liquidazione o riliquidazione dell'imposta o indicazione di passività in tutto o in parte inesistenti **(3)**	da 1 a 2 volte la maggiore imposta	art. 51 c. 1
– omissione o infedeltà su dati o elementi non incidenti sulla determinazione del tributo; – mancata allegazione di documenti o prospetti prescritti per la liquidazione delle imposte ipotecarie, catastali, di bollo, ecc.	da € 258 a 1.032 **(4) (5)**	art. 51 c. 3
– violazioni in materia di cassette di sicurezza; – violazioni relative alle richieste di documentazione o alle verifiche ed ispezioni; – sottrazione di scritture contabili o rifiuto di esibirle; – non collaborazione e rifiuto di documentare le passività	da € 258 a 2.065	art. 53 c. 3
Donazioni (D.Lgs. 346/90)		
Omessa, incompleta o inesatta indicazione negli atti di donazione ed in quelli che si presumono liberali, degli estremi delle donazioni antecedenti dal donante al donatario o ad alcuno dei donatari e relativi valori	dal 100% al 200% la maggiore imposta dovuta	art. 57
– omessa richiesta della registrazione; – insufficiente dichiarazione di valore	v. n. 87072	art. 60

(1) La sanzione è raddoppiata per la violazione di obblighi o divieti stabiliti a carico di **pubblici ufficiali**, di impiegati dello Stato e di enti pubblici territoriali e di aziende o istituti di credito; fino a prova contraria si presume autore della violazione il legale rappresentante di banca, società, ente.

(2) Per parte della giurisprudenza, l'omissione si realizza solo quando l'accertamento dell'Ufficio precede la presentazione della dichiarazione che potrebbe essere presentata anche **oltre il termine** ordinario ma prima dell'accertamento senza sanzione (Cass. 20 marzo 2013 n. 6940).

(3) La sanzione **non** si applica relativamente all'imposta corrispondente al maggior valore definitivamente accertato, se non supera di un quarto quello dichiarato.

(4) Si applica, con riferimento all'imposta corrispondente, anche **a chi rilascia** o sottoscrive **attestazioni** o altri documenti rilevanti per la determinazione delle passività deducibili contenenti dati o elementi non rispondenti al vero.

(5) È prevista la riduzione al 50% della sanzione se entro 60 giorni dalla richiesta dell'Ufficio si provvede a regolarizzazione; si ritiene, tuttavia, che qualora non vi sia impedimento all'attività di accertamento, si tratti di **violazione meramente formale** di cui al n. 87190.

87080

Imposte ipotecarie e catastali (art. 9 D.Lgs. 347/90)	
Violazione	**Sanzione**
Insufficiente dichiarazione di valore	da 1 a 2 volte l'imposta evasa (come per imposta di registro, v. n. 87072)
– omissione di trascrizioni obbligatorie soggette a imposta proporzionale; – omesse annotazioni obbligatorie	da 1 a 2 volte l'imposta dovuta; se la richiesta di trascrizione o le annotazioni obbligatorie sono effettuate con un ritardo non superiore a 30 giorni: dal 50% al 100% dell'ammontare delle imposte dovute
Omesse trascrizioni o annotazioni che siano soggette a imposta fissa, non soggette a imposta o da eseguirsi a debito, o per le quali l'imposta sia stata pagata nei termini	da € 100 a 2.000; se la richiesta è effettuata con ritardo non superiore a trenta giorni: € 50
Inosservanza del termine entro cui chiedere le volture catastali	da € 15,49 a 61,97 **(1)**

(1) La sanzione può essere evitata se l'irregolarità accertata è eliminata nel termine di 30 giorni (art. 12 DPR 650/72).

87082

Tasse sulle concessioni governative (1) (art. 9 DPR 641/72)	
Violazione	**Sanzione**
Omesso versamento della tassa	da 1 a 2 volte l'importo della stessa, con un minimo di € 103
Emissione di atti soggetti a tasse sulle concessioni governative da parte di pubblico ufficiale, senza che sia stato effettuato il pagamento	da € 103 a 516 (salvo regresso)

(1) La tassa annuale può essere corrisposta in qualunque momento si voglia fare uso del titolo senza applicare le sanzioni. Tuttavia, se viene accertata l'utilizzazione del titolo senza il relativo pagamento, le stesse sono applicabili.

87085

IMU (art. 1 c. 774 e 775 L. 160/2019)	
Violazione	**Sanzione (1) (2)**
Omessa presentazione della dichiarazione	dal 100% al 200% del tributo non versato, con minimo di € 50
Dichiarazione infedele	dal 50% al 100% del tributo non versato, con minimo di € 50
Mancata, incompleta o infedele risposta al questionario	da € 100 a 500
Risposta al questionario oltre il termine di 60 giorni	da € 50 a 200
Omesso o insufficiente versamento dell'imposta da dichiarazione	30% dell'importo non versato

(1) Il Comune può prevedere con proprio regolamento circostanze attenuanti o esimenti.
(2) La sanzione è ridotta ad 1/3 in caso di pagamento del dovuto entro il termine per la proposizione del ricorso (acquiescenza).

87086

TARI (art. 1 c. 695-700 L. 147/2013)	
Violazione	**Sanzione (1) (2)**
Omessa presentazione della dichiarazione	dal 100% al 200% del tributo non versato, con minimo di € 50
Dichiarazione infedele	dal 50% al 100% del tributo non versato, con minimo di € 50
Mancata, incompleta o infedele risposta al questionario nel termine di 60 giorni	da € 100 a 500

TARI
(art. 1 c. 695-700 L. 147/2013)

Violazione	**Sanzione (1) (2)**
Omesso o insufficiente versamento dell'imposta da dichiarazione	30% dell'importo non versato

(1) Il Comune può prevedere con proprio regolamento circostanze attenuanti o esimenti.
(2) La sanzione è ridotta ad 1/3 in caso di pagamento del dovuto entro il termine per la proposizione del ricorso (acquiescenza).

Imposta comunale sulla pubblicità (1) (2) **87087**
(art. 23 D.Lgs. 507/93)
Tassa occupazione spazi e aree pubbliche (2) (3)
(art. 53 D.Lgs. 507/93)

Violazioni	**Sanzioni**
Omessa presentazione	da 1 a 2 volte l'imposta o diritto dovuti con un minimo di € 51
Dichiarazione infedele	dal 50% al 100% della maggiore imposta dovuta
Errore od omissione che attengono a elementi non incidenti sulla determinazione del tributo	da € 51 a 258

(1) Sono previste inoltre sanzioni amministrative riguardanti le modalità di svolgimento della pubblicità. Possono essere di natura pecuniaria o consistere nell'immediata copertura della pubblicità o nel sequestro dei mezzi pubblicitari.
(2) Imposte **abrogate dal 2021** e sostituite dal **Canone unico** (v. n. 78005). Restano in vigore per le violazioni effettuate **fino al** 31 dicembre 2020 (art. 4 c. 3 quater DL 162/2019 conv. in L. 8/2020).
(3) Le occupazioni non autorizzate di spazi e aree pubbliche con manufatti od opere possono essere rimosse e demolite dal comune a spese del trasgressore (art. 17 c. 62 L. 127/97).

Imposta sugli spettacoli **87090**
(art. 32 DPR 640/72)

Violazione	**Sanzione**
– omessa fatturazione o annotazione delle operazioni di cui al n. 76361; – indicazione di imposta inferiore al dovuto	da 1 a 2 volte l'imposta relativa all'imponibile non correttamente documentato o registrato con un minimo di € 500; se però la violazione non ha inciso sulla corretta liquidazione del tributo: da € 250 a 2.000
– omessa presentazione, o presentazione con importi inferiori al reale, della dichiarazione prescritta per gli enti e associazioni e per le prestazioni occasionali (artt. 2 e 3 DPR 544/99)	da 1 a 2 volte l'imposta o la maggiore imposta con un minimo di € 250; se però le dichiarazioni sono presentate con un ritardo non superiore a 30 giorni: dal 50% al 100% dell'ammontare dell'imposta con un minimo di € 150
– mancato rilascio, o rilascio per importo inferiore, dei titoli d'accesso o dei documenti di certificazione dei corrispettivi; – omesse annotazioni su apposito registro dei corrispettivi relativi a ciascuna operazione, in caso di mancato o irregolare funzionamento degli apparecchi misuratori fiscali	1 volta l'imposta corrispondente all'importo non documentato, con un minimo di € 500
– irregolare certificazione dei corrispettivi; – mancata o irregolare tenuta o conservazione dei registri e dei documenti obbligatori; – omessa comunicazione degli intermediari incaricati della vendita dei titoli di accesso; – mancata emissione del documento riepilogativo degli incassi; – omessa o infedele dichiarazione di effettuazione di attività; – mancata o irregolare compilazione delle distinte di contabilizzazione dei proventi delle case da gioco; – omessa o infedele comunicazione del numero e degli importi degli abbonamenti di cui al n. 76385	da € 250 a 1.000

Imposta sugli spettacoli (art. 32 DPR 640/72)	
Violazione	**Sanzione**
– omessa installazione di apparecchi misuratori fiscali o di biglietterie automatizzate	da € 1.032 a 4.131
– mancata tempestiva richiesta di intervento per la manutenzione dei misuratori fiscali	da € 258 a 2.065

SEZIONE 2
Applicazione

87140 Le regole di determinazione e applicazione delle sanzioni sono differenti per quelle di natura **amministrativa** e per quelle **penali**.
Le prime sono, salvo casi specifici, generalmente determinate e irrogate dall'ufficio che procede al controllo sostanziale mentre le violazioni di rilevanza penale sono di competenza dell'Autorità giudiziaria ordinaria.
Di seguito si esaminano i principi generali per l'applicazione delle sanzioni amministrative e gli aspetti generali di quelle penali.

I. Amministrative

a. Principi generali

87170 **LEGALITÀ** (art. 3 D.Lgs. 472/97) La sanzione prevista dalla legge si applica solo alle violazioni commesse successivamente all'entrata in vigore della disposizione sanzionatoria e non può essere applicata ad una violazione commessa prima (**irretroattività**) né per un fatto che, secondo una legge posteriore, non costituisce più violazione punibile (c.d. **favor rei**). Se la legge in vigore al momento della violazione e leggi posteriori stabiliscono **sanzioni di entità diversa**, si applica la legge più favorevole, salvo che il provvedimento di irrogazione sia divenuto definitivo, come esemplificato nella **tabella** seguente.

Il favor rei può essere **derogato da espressa previsione di legge** e si applica anche se **non invocato dal ricorrente** (Cass. 27 marzo 2001 n. 4408 e Cass. 18 gennaio 2005 n. 918). La valutazione di quale sia la norma più favorevole va fatta in concreto caso per caso, tenendo conto delle eventuali circostanze aggravanti o esimenti (Circ. Min. 10 luglio 1998 n. 180/E).

sanzione non ancora irrogata	non può più essere applicata alcuna sanzione o si applica quella più favorevole
sanzione già irrogata ma non ancora pagata	non si dovrà pagare alcuna somma o si paga la sanzione rideterminata più favorevole
sanzione pagata sulla base di un provvedimento non ancora divenuto definitivo	diritto alla restituzione della somma o maggiore somma
sanzione pagata, in tutto o in parte, in base ad un provvedimento definitivo	l'eventuale debito residuo si estingue, ma non è ammessa ripetizione di quanto già versato

> **Precisazioni** 1) Il favor rei può essere **derogato dalla legge**. Ciò potrebbe accadere, ad esempio, quando ipotesi sanzionatorie siano legate a circostanze eccezionali che ne rendano probabile una limitata efficacia temporale.
2) Il favor rei trova applicazione d'ufficio anche se **non invocato dal ricorrente** (Cass. 27 marzo 2001 n. 4408 e Cass. 18 gennaio 2005 n. 918). La valutazione di quale sia la norma più favorevole andrà fatta in concreto caso per caso, tenendo conto delle eventuali circostanze aggravanti o esimenti (Circ. Min. 10 luglio 1998 n. 180/E).

COLPEVOLEZZA (art. 5 D.Lgs. 472/97) In generale, la sanzione è applicata **quando la violazione è commessa con** dolo (volontà di commetterla) o colpa (cioè negligenza o imperizia) che può essere grave o semplice; le violazioni commesse nell'esercizio dell'attività di **consulenza tributaria** sono punibili solo se commesse con dolo o colpa grave che l'AE deve dimostrare. 87175
Tuttavia, la riferibilità della sanzione non più (come originariamente previsto) alla persona fisica che l'ha commessa ma, in caso di società o enti dotati di personalità giuridica, a questi, fa dubitare della rilevanza della colpevolezza.
Affinché sussista la punibilità, il responsabile deve avere **capacità di intendere e di volere** (art. 4 D.Lgs. 472/97).

Sono **dolose** le violazioni attuate con l'intento di pregiudicare la determinazione dell'imponibile o dell'imposta o dirette a ostacolare l'attività amministrativa di accertamento. Il dolo non può essere presunto: l'AF se ritiene che una determinata violazione sia stata commessa con dolo, deve motivare in maniera specifica il proprio convincimento ed indicare gli elementi probatori che lo determinano.
La **colpa** è **grave** quando l'imperizia o la negligenza del comportamento sono indiscutibili e non è possibile dubitare ragionevolmente del significato della norma violata. Non può essere presunta. L'inadempimento occasionale di obblighi di versamento del tributo non si considera determinato da colpa grave; quello sistematico invece determina se non il dolo almeno la colpa grave.
La **colpa semplice** è individuabile ogni qualvolta l'evento è dovuto solo a negligenza, imprudenza o imperizia oppure per inosservanza di leggi, regolamenti, ordini o discipline.

Cause di non punibilità (art. 6 D.Lgs. 472/97, art. 10 c. 3 L. 212/2000 e Circ. Min. 10 luglio 1998 n. 180/E) Anche se integrata la fattispecie individuata come violazione, non si applica la sanzione quando ricorre una causa di non punibilità (che incide e fa venire meno la colpevolezza) di quelle individuate nella **tabella** seguente o quando si tratta di **violazione meramente formale**. 87180

a) ignoranza inevitabile della legge tributaria: deve dipendere da cause non imputabili all'autore della violazione, che deve comunque aver fatto tutto il possibile per uniformarsi alla legge **b) errore incolpevole** sul fatto: il soggetto ritiene di tenere un comportamento diverso da quello vietato dalla legge **(1)** **c) obiettive** condizioni di **incertezza** riguardo la portata e l'ambito di applicazione delle disposizioni cui la violazione si riferisce **(2)**: ad esempio, nel caso di leggi di recente emanazione rispetto alle quali non si sia formato un orientamento interpretativo definito o nel caso coesistano orientamenti contraddittori **d) indeterminatezza delle richieste** di informazioni o dei modelli per la dichiarazione e per il pagamento **e) forza maggiore**: ad esempio, un'interruzione delle comunicazioni, in conseguenza di eventi naturali, tale da impedire di raggiungere il luogo ove il pagamento può essere eseguito o lo sciopero che impedisca l'esecuzione dell'adempimento dovuto. In casi del genere la causa di forza maggiore viene di solito accertata con apposito decreto **f) mancato pagamento** del tributo **addebitabile** esclusivamente **a un terzo** (che sia affidabile secondo criteri di ordinaria diligenza) **(3)**
(1) Non danno luogo a violazioni punibili le rilevazioni eseguite, ai fini fiscali, nel rispetto della **continuità dei valori** di bilancio e secondo **corretti criteri contabili**, nonché le valutazioni eseguite secondo corretti criteri di stima. Non si considerano colpose le violazioni conseguenti a **valutazioni estimative** che differiscono da quelle accertate in misura non eccedente il 5%, anche se le valutazioni stesse sono relative alle operazioni di ristrutturazione societaria (v. n. 89000 e s.). **(2) Non** determina obiettiva condizione di incertezza la **pendenza di un giudizio** di legittimità della norma tributaria. L'Ufficio o il Giudice tributario (anche di legittimità) possono riconoscere l'esistenza dell'incertezza normativa (Cass. 21 marzo 2008 n. 7765) ma non può essere rilevata d'ufficio se non è stata espressamente richiesta dal ricorrente (Cass. 21 luglio 2015 n. 15294 e Cass. 19 giugno 2015 n. 12768). **(3)** Per i casi di **condotta illecita di professionisti** iscritti in appositi albi v. n. 86940. La norma qui indicata ha una portata più ampia dato che si riferisce a qualsiasi terzo, anche non dotato di esplicito mandato. In generale, il contribuente non può considerarsi esente da colpa per il solo fatto di avere incaricato degli adempimenti un professionista dovendo, invece, dimostrare di avere svolto atti diretti a controllare la loro effettiva esecuzione, prova, nel concreto superabile a fronte di un comportamento fraudolento del professionista finalizzato a mascherare il proprio inadempimento (Cass. pen. 24 novembre 2015 n. 46500 e Cass. 21 maggio 2010 n. 12473). È responsabile per condotta negligente il contribuente che non fornisce alcuna prova di essersi interessato e aver controllato l'operato del professionista incaricato né di essere stato vittima di un comportamento fraudolento da parte di quest'ultimo (Cass. 9 giugno 2016 n. 11832).

Violazioni meramente formali (art. 6 c. 5 bis D.Lgs. 472/97, art. 10 c. 3 L. 212/2000 e Circ. AE 3 agosto 2001 n. 77/E) **Sono** meramente formali le violazioni che non arrecano pregiudizio al controllo e non incidono sulla determinazione della base imponibile, dell'imposta e sul versamento del tributo. 87190

Il **giudizio** sulla mera formalità è dato a posteriori e in concreto sull'effettiva incidenza della violazione sulla determinazione del tributo o sul controllo. Vi sono, infatti, violazioni che, pur essendo potenzialmente idonee ad incidere negativamente sull'attività di controllo, non hanno in concreto ostacolato l'azione dell'ufficio, anche per effetto di **eventuale regolarizzazione** (ad esempio tramite ravvedimento operoso).

ESEMPIO
1) irregolarità formali relative al **contenuto delle dichiarazioni**;
2) **emissione** di fattura per un'operazione imponibile con **ritardo** talmente **esiguo** da consentire ugualmente la computazione della relativa imposta nella liquidazione periodica di competenza (Circ. Min. 10 luglio 1998 n. 180/E). In alcuni casi tuttavia il ritardo nella fatturazione è stato ritenuto sanzionabile come violazione sostanziale in quanto arrecava pregiudizio all'azione di controllo anche in assenza di omesso versamento (Cass. 10 febbraio 2016 n. 2605);
3) irregolarità nei **modelli F24**, anche presentati con saldo zero, relativamente alle sezioni Erario o Regioni-Enti locali. Il contribuente può correggere, ad esempio, errori che riguardano il periodo di riferimento, i codici tributo o la ripartizione tra più tributi dell'importo a debito o a credito indicato erroneamente con un solo codice, presentando apposite istanze di rettifica ad uno qualsiasi degli uffici locali dell'AE. Questi ultimi sono competenti anche in materia di rettifica di codici fiscali erroneamente indicati e per l'acquisizione degli estremi relativi a modelli di pagamento non pervenuti (Circ. AE 21 gennaio 2002 n. 5/E). È inoltre attivo il servizio Civis F24 utile per correggere errori di compilazione di F24 già inviati all'AE;
4) irregolarità nei **modelli F23**. In caso di codice ufficio errato, il contribuente deve inviare una comunicazione sia all'ufficio il cui codice è stato indicato erroneamente, sia a quello al quale il versamento deve essere correttamente inviato; in caso di errata indicazione del codice tributo, il contribuente può comunicare direttamente all'ufficio interessato il codice corretto. Allo stesso modo è possibile correggere l'inversione dei soggetti - pubblico ufficiale o autorità emittente e richiedente - che vanno indicati, ad esempio, nelle formalità ipotecarie e catastali (Ris. AT 20 ottobre 2004 n. 4/T);
5) in fase di prima applicazione delle relative disposizioni, considerato anche il necessario adeguamento tecnologico richiesto, l'**invio della fattura elettronica con ritardo minimo** (che non pregiudica la corretta liquidazione dell'imposta) (Circ. AE 2 luglio 2018 n. 13/E).

87195 Restano tuttavia **sanzionabili** quelle violazioni che, apparentemente formali, incidono sull'attività di controllo.

ESEMPIO
Violazioni **non meramente formali**:
a) omessa o tardiva presentazione di atti soggetti a controllo, come l'omessa presentazione delle seguenti dichiarazioni e modelli:
– dei redditi, anche se non sono dovute imposte;
– dei sostituti d'imposta, se le ritenute relative ai compensi, gli interessi e le altre somme sono state interamente versate;
– annuale IVA da parte di un soggetto che ha effettuato solo operazioni per le quali non è dovuta l'imposta;
– di quella prevista a carico degli Enti non commerciali che effettuano operazioni intracomunitarie (modello Intra-13 - v. n. 97275);
– degli elenchi riepilogativi delle cessioni e degli acquisti intracomunitari (modelli Intra) (Ris. AE 16 febbraio 2005 n. 20/E);
b) **mancata o tardiva restituzione** di un questionario inviato al contribuente o inottemperanza all'**invito a comparire** in ufficio;
c) **omessa tenuta delle scritture contabili** prescritte dalle leggi in materia di imposte dirette e IVA, nonché il **rifiuto** da parte del contribuente **di esibirle** a fronte di richiesta effettuata in sede di accessi eseguiti ai fini dell'accertamento delle suddette imposte.

87197 L'**omissione della comunicazione** o del diverso adempimento formale previsto, non preclude la **fruizione di benefici** fiscali o l'accesso a **regimi fiscali opzionali** (c.d. remissione in bonis), **a condizione** che (art. 2 DL 16/2012 conv. in L. 44/2012):
a) la violazione non sia stata constatata o non siano iniziati accessi, ispezioni, verifiche o altre attività di accertamento delle quali il contribuente formale conoscenza;
b) il contribuente:
– abbia i requisiti sostanziali richiesti dalla norma di riferimento;
– effettui la comunicazione o esegua l'adempimento entro il termine di presentazione della prima dichiarazione utile;
– versi contestualmente la sanzione di € 250 (art. 11 c. 1 D.Lgs. 471/97) con codice tributo 8114 (Ris. AE 11 maggio 2012 n. 46/E); la sanzione non è ravvedibile (Circ. AE 28 settembre 2012 n. 38).

Si tratta di casi che, attenendo a manifestazioni di volontà e non a dichiarazioni di scienza contenute nelle diverse dichiarazioni, non potrebbero essere oggetto di dichiarazione integrativa a favore (Cass. 22 gennaio 2013 n. 1427).

RESPONSABILI (art. 11 D.Lgs. 472/97) Quando la violazione è commessa da **persone** 87200
fisiche, la sanzione è irrogata alla persona; quando riguarda **enti privi di personalità giuridica** (associazioni, ecc.) la sanzione è irrogata alla persona che ha commesso la violazione, ossia, salvo prova contraria, chi ha sottoscritto la dichiarazione o compiuto l'atto illegittimo, anche se ha agito in nome e per conto di terzi (ad es. l'amministratore dell'associazione).
Le violazioni relative al rapporto fiscale di **società e di enti** con personalità giuridica, sono esclusivamente a carico degli stessi (art. 7 DL 269/2003).
Le sanzioni non si trasmettono agli **eredi**, neppure se già definitive (art. 8 D.Lgs. 472/97).

Il **minore** di 14 anni non è imputabile (Circ. Min. 10 luglio 1998 n. 180/E).

Casi particolari 87205

<table>
<tr><td>Autore mediato (art. 10 D.Lgs. 472/97)</td><td>chi commette violazioni per il tramite di terzi, ricorrendo a violenza o minaccia, o inducendoli in errore incolpevole, o avvalendosi di persona incapace di intendere e di volere, ne risponde in luogo dell'autore materiale (1)</td></tr>
<tr><td>Concorso di persone (art. 9 D.Lgs. 472/97)</td><td>ad ogni coautore viene irrogata autonoma sanzione la cui entità può essere diversa (2)</td></tr>
<tr><td>Concorso di persone in omissione di un obbligo solidale (art. 9 D.Lgs. 472/97)</td><td>è irrogata una sola sanzione e il pagamento da parte di uno libera tutti gli altri, salvo il diritto di regresso</td></tr>
<tr><td>Violazioni commesse nell'esercizio dell'attività di consulenza tributaria comportante la soluzione di problemi di speciale difficoltà (art. 5 c. 1 D.Lgs. 472/97)</td><td>sono punibili solo in caso di dolo o colpa grave (3)</td></tr>
<tr><td>Cessione d'azienda (art. 14 D.Lgs. 472/97)</td><td>cedente e cessionario sono corresponsabili nei casi e con i limiti visti al n. 89290 e s.</td></tr>
<tr><td>Trasformazione, fusione, scissione di società (art. 15 D.Lgs. 472/97)</td><td>la società o l'ente risultante dalla trasformazione o fusione, anche per incorporazione, subentra negli obblighi delle società trasformate o fuse relativi al pagamento delle sanzioni. Nella scissione, anche parziale, ciascuna società od ente è obbligato in solido al pagamento delle somme dovute per violazioni commesse prima della data di effetto della scissione</td></tr>
<tr><td colspan="2">(1) Dichiarazione infedele del reddito di partecipazione commessa, sulla base del reddito erroneamente dichiarato da società di persone, dal socio non amministratore, il quale, nonostante ripetute richieste, non abbia potuto verificare l'esattezza della dichiarazione della società. Potrebbe considerarsi responsabile il socio amministratore che ha presentato la dichiarazione infedele della società (Circ. Min. 10 luglio 1998 n. 180/E).
(2) La violazione deve essere stata compiutamente realizzata; in caso di concorrente non imputabile (ad esempio minore di 14 anni), il concorso rimane comunque addebitabile.
(3) È attività di consulenza tributaria ogni attività riconducibile all'interpretazione delle norme tributarie per problemi di speciale difficoltà (ad esempio, oltre a quella di avvocati, commercialisti e consulenti del lavoro, quella svolta dai responsabili delle associazioni di categoria a favore dei propri associati). Vi rientra anche l'inosservanza degli adempimenti dipesa da comportamento fraudolento del consulente (Cass. 23 gennaio 2004 n. 1198).</td></tr>
</table>

CALCOLO SANZIONE APPLICABILE (art. 7 D.Lgs. 472/97) Individuata la violazione, la 87220
misura della sanzione pecuniaria può essere di importo prefissato dalla norma oppure graduata tra un minimo e un massimo.
Sulle sanzioni pecuniarie non maturano **interessi**, neppure di mora o di dilazione (art. 2 D.Lgs. 472/97 e Cass. 22 giugno 2018 n. 16553).

Nei casi previsti dalla legge, alla sanzione pecuniaria possono essere aggiunte delle **sanzioni accessorie**, per un periodo massimo di sei mesi.

87225 Sono previste riduzioni, limitazioni o aumenti delle sanzioni nei casi riportati in **tabella**.

Cause che comportano riduzione o aumento della sanzione	Riflessi sulla sanzione
– sproporzione tra entità del tributo cui la violazione si riferisce e sanzione stessa (Cass. 10 aprile 2013 n. 8722)	può essere ridotta fino alla metà del minimo
– presentazione di dichiarazione o denuncia entro 30 giorni dal termine ordinario (se non diversamente previsto)	è ridotta alla metà
– ravvedimento (v. n. 87270) – definizione in via breve (v. n. 88050) – concordato (v. n. 87983) – reclamo o mediazione (v. n. 9180 e s.) – conciliazione giudiziale (v. n. 87840)	sono stabilite riduzioni diverse a seconda del tipo di definizione scelta
– recidiva: nei 3 anni precedenti, l'autore ha commesso altra violazione della stessa indole non definita con ravvedimento, definizione agevolata, adesione, mediazione o conciliazione (art. 7 D.Lgs. 472/97) **(1)**	è aumentata fino alla metà
– concorso e continuazione (art. 12 D.Lgs. 472/97) **(2)**	si applica una sanzione unica che consiste nella sanzione prevista per la violazione più grave (sanzione base) aumentata da un quarto al doppio (cumulo giuridico); questa non può, però, superare la somma delle singole sanzioni (cumulo materiale) **(3)**

(1) Si considerano della **stessa indole** le violazioni delle stesse disposizioni e quelle di disposizioni diverse che presentino profili di sostanziale identità.

(2) Il concorso è:

– **formale** quando con una sola azione od omissione si commettono diverse violazioni della medesima disposizione o vengono violate disposizioni diverse anche relative a tributi diversi;

– **materiale** quando con più azioni od omissioni si commettono diverse violazioni formali della stessa disposizione. Vi può essere anche in caso di **omessi versamenti** (ad esempio di acconti e saldi e di imposte diverse, Cass. 26 ottobre 2016 n. 21570).

Si ha **continuazione** quando si commettono, anche in tempi diversi, più violazioni che, nella loro progressione, pregiudicano o tendono a pregiudicare la determinazione dell'imponibile o la liquidazione anche periodica del tributo (ad **esempio**, le violazioni relative alle dichiarazioni infedeli per più periodi d'imposta, comprese eventuali violazioni prodromiche, anche relativamente a tributi diversi). Concorso e continuazione sono **interrotti** dalla constatazione delle violazioni (l'interruzione opera, tuttavia, per il futuro); lo stesso autore può pretendere che tutte le violazioni anteriori all'accertamento siano riunite con la regola della continuazione.

(3) In caso di **accertamento con adesione**, **mediazione** tributaria e **conciliazione giudiziale**, la determinazione della sanzione unica in caso di progressione si applica separatamente per ciascun tributo e per ciascun periodo d'imposta.

87228 **Sanzioni accessorie** (art. 21 D.Lgs. 472/97) Le sanzioni accessorie, irrogabili nei casi espressamente previsti, **sono**:

a) l'interdizione, per massimo 6 mesi, dalle cariche di amministratore, sindaco o revisore di società di capitali e di enti con personalità giuridica, pubblici o privati;

b) l'interdizione dalla partecipazione a gare per l'affidamento di pubblici appalti e forniture, per massimo 6 mesi;

c) l'interdizione dal conseguimento di licenze, concessioni o autorizzazioni amministrative per l'esercizio di imprese o di attività di lavoro autonomo e la loro sospensione, per massimo 6 mesi;

d) la sospensione, per massimo 6 mesi, dall'esercizio di attività di lavoro autonomo o di impresa diverse da quelle indicate nella lettera c).

87240 **IRROGAZIONE** Le sanzioni amministrative e accessorie sono irrogate, dall'Ufficio o dall'ente competenti all'accertamento del tributo cui le violazioni si riferiscono, secondo quanto riportato in **tabella**.

Violazione	Strumento	Particolarità
Collegata al tributo (es. infedele dichiarazione)	**Atto contestuale all'avviso di accertamento** (art. 17 c. 1 D.Lgs. 472/97)	Deve essere motivato, a pena di nullità. È ammessa la **definizione agevolata** (v. n. 88095); è **impugnabile** (v. n. 87690)
Omesso o ritardato versamento rilevato a seguito di controllo (formale o automatizzato) della dichiarazione	**Iscrizione a ruolo** (art. 17 c. 3 D.Lgs. 472/97)	Non è ammessa la **definizione agevolata** (v. n. 88095); è **impugnabile** (v. n. 87690) **(1)**
Violazioni non collegate al tributo (anche a soggetti diversi dal contribuente)	**Atto di contestazione** (art. 16 D.Lgs. 472/97)	Deve contenere, a pena di nullità, l'indicazione dei fatti attribuiti, degli elementi probatori, delle norme applicate e dei criteri seguiti per la determinazione delle sanzioni e della loro entità, nonché dei minimi previsti per le singole violazioni; è **impugnabile** (v. n. 87690) o è possibile presentare **deduzioni difensive** (v. n. 87245) ed è ammessa **definizione agevolata (2)**

(1) Solo se prima dell'iscrizione a ruolo (e notifica della cartella di pagamento) non è stata consegnata l'apposita comunicazione di irregolarità (v. n. 81730 e s.), il contribuente avrebbe diritto alla riduzione delle sanzioni come da definizione agevolata (Cass. 23 luglio 2010 n. 17396 e CTR Lombardia 17 marzo 2016 n. 1630).
(2) Deve contenere anche **l'invito al pagamento** delle somme dovute nel termine previsto per il ricorso e dell'Ufficio cui presentare le deduzioni.

Deduzioni difensive (art. 16 D.Lgs. 472/97) Il destinatario dell'atto di contestazione (autore della violazione o soggetto obbligato in solido) può presentarle all'Ufficio che ha emesso l'atto **entro** il termine previsto per il ricorso, al fine di richiederne l'annullamento o la modifica. Se presentate le deduzioni, il ricorso contro l'atto di contestazione è improcedibile. **87245**
L'**Ufficio**, entro un anno (6 mesi in caso di violazioni in materia di ricevute e scontrini fiscali), può accogliere le deduzioni e annullare l'atto o emanare un **avviso di irrogazione** delle sanzioni contenente idonea motivazione sul mancato accoglimento delle deduzioni e che costituisce atto impugnabile.
Se, con l'avviso di irrogazione, le **sanzioni** sono **rideterminate**, possono essere definite (v. n. 88095).

Termini di decadenza (art. 20 D.Lgs. 472/97) L'Ufficio deve, a pena di decadenza, irrogare le sanzioni collegate al tributo entro il termine di decadenza per l'accertamento di questo. Negli altri casi, **entro** il 31 dicembre del 5° anno successivo a quello in cui è avvenuta la violazione. Ad esempio, nel caso di omesso versamento, il termine è del 31 dicembre del 2° o del 3° anno successivo a quello di presentazione della dichiarazione (artt. 36 bis e 36 ter DPR 600/73). Per le violazioni relative al **monitoraggio fiscale** (v. n. 16094), i termini sono raddoppiati (art. 12 c. 2 ter DL 78/2009 conv. in L. 102/2009). **87250**

> **Precisazioni** 1) Entro gli stessi termini devono essere resi esecutivi i ruoli nei quali sono iscritte le sanzioni **irrogate tramite iscrizione a ruolo**.
> 2) Se la notificazione è stata eseguita entro il termine di decadenza **ad almeno uno degli autori** della violazione o dei soggetti responsabili solidalmente (v. n. 87205), il termine è prorogato di un anno.
> 3) Per la contestazione di violazioni formali commesse fino al 31 ottobre 2022, oggetto di PVC, il termine è prorogato di 2 anni (art. 1 c. 171 L. 197/2022).

RISCOSSIONE (artt. 23 e 24 D.Lgs. 472/97) Per la **riscossione** delle sanzioni si applicano le disposizioni relative alla riscossione dei tributi cui le violazioni si riferiscono (v. n. 82500 e s.). Il diritto alla riscossione **si prescrive nel termine** di cinque anni (decorrente dalla scadenza del termine di pagamento); tuttavia, l'impugnazione del provvedimento di irrogazione interrompe la prescrizione fino alla definizione del procedimento (art. 20 c. 3 D.Lgs. 472/97). **87260**
Se l'autore della violazione o i soggetti obbligati in solido di cui al n. 87205 hanno un **credito nei confronti dell'AF**, il rimborso può essere sospeso se è stato notificato atto di contestazione o di irrogazione di sanzioni o un provvedimento con il quale vengono accertati maggiori tributi; è comunque necessaria la previa notifica dell'atto (Cass. 11 novembre 2011 n. 23601). La sospensione opera **nei limiti** di tutti gli importi dovuti in base all'atto o alla decisione della

Corte tributaria o di un altro organo competente. Nel momento in cui il provvedimento di irrogazione diventa definitivo, l'Ufficio competente per il rimborso effettua la compensazione del debito (contro il provvedimento di sospensione è ammesso ricorso con le stesse modalità indicate al n. 87600 e s.).

Il diritto alla riscossione delle sanzioni inflitte con **sentenza passata in giudicato** si prescrive in 10 anni (Cass. SU 10 dicembre 2009 n. 25790).

b. Ravvedimento

(art. 13 D.Lgs. 472/97

87270 Con il ravvedimento il contribuente può rimuovere spontaneamente la violazione commessa, ottenendo così una riduzione delle sanzioni.

In caso di violazione **meramente formale**, la tempestiva correzione da parte dell'autore può farla risultare non punibile. In tal caso non si tratterebbe di un vero e proprio ravvedimento in quanto è sufficiente un comportamento attivo del contribuente volto a rimuovere la potenziale violazione (v. n. 87190).

87275 **EFFETTI** Il ravvedimento comporta che:
– la sanzione relativa all'inadempimento regolarizzato è **ridotta**;
– la violazione regolarizzata non è considerata precedente della stessa indole ai fini della **recidiva**, né può costituire presupposto per l'applicazione di **sanzioni accessorie**;
– le singole violazioni non possono essere cumulate giuridicamente secondo le regole sul **concorso di violazioni** e sulla **continuazione**;
– in caso di violazioni di rilevanza penale, se l'estinzione dei debiti tributari con ravvedimento avviene prima della dichiarazione di apertura del dibattimento di primo grado, si applica in determinati casi la **riduzione** fino ad un terzo delle pene previste per la specifica violazione, nonché la non applicazione delle pene accessorie (v. n. 87482).

Il ravvedimento non è **ritrattabile** e dunque: è inammissibile la richiesta di rimborso della sanzione ridotta versata in ravvedimento, salvo il caso di errori formali essenziali e riconoscibili (Cass. 30 marzo 2016 n. 6108); la dichiarazione integrativa presentata con ravvedimento non può essere successivamente corretta a favore del contribuente (Risp. AE Telefisco 15 giugno 2022).

Per gli effetti **sui reati** tributari, v n. 87490.

87290 **PRESUPPOSTI** Il contribuente può fare ravvedimento fin quando non ha ricevuto (art. 13 c. 1 ter D.Lgs. 472/97):
– notifica di **atti di accertamento, liquidazione**, recupero di crediti d'imposta, irrogazione di sanzioni; la preclusione è limitata al periodo d'imposta e/o all'imposta oggetto dell'atto (Circ. AE 19 febbraio 2015 n. 6/E);
– comunicazione relativa agli errori rinvenuti a seguito di **controllo automatico e formale** delle dichiarazioni (artt. 36 bis e 36 ter DPR 600/73 e art. 54 bis DPR 633/72); la preclusione riguarda solo le irregolarità evidenziate nella comunicazione: le altre violazioni (ad es. omessa fatturazione) possono comunque essere oggetto di ravvedimento (Circ. AE 19 febbraio 2015 n. 6/E); le richieste di chiarimenti o di documentazione avanzate dall'AE prima della formalizzazione dell'esito del controllo, non sono invece preclusive (Circ. AE 8 aprile 2016 n. 12/E).

È possibile il ravvedimento anche dopo l'inizio di **accessi, ispezioni o verifiche** e anche dopo la **comunicazione del PVC** con la constatazione delle sanzioni (salvo che per le violazioni relative a ricevute e misuratori fiscali, art. 13 c. 1 lett. b quater D.Lgs. 472/97).

Anche la conoscenza dell'avvio di **indagini penali** (ispezioni, perquisizioni, sequestri, avvisi di garanzia, ecc.) dalle quali può risultare una violazione tributaria, non costituisce impedimento al ravvedimento.

Il ravvedimento è ammesso anche in relazione a violazioni derivanti da condotte **fraudolente** (Circ. AE 12 maggio 2022 n. 11/E).

87300 **MODALITÀ E TERMINI** (art. 13 D.Lgs. 472/97) Nelle **tabelle** seguenti si riportano, per tipologia di violazione, modalità e termini del ravvedimento e riduzione spettante della sanzione.

Per alcune violazioni sono previsti **più termini** entro i quali effettuare il ravvedimento, cui corrispondono riduzioni diverse delle sanzioni.
Il ravvedimento **si perfeziona** quando sono eseguiti tutti gli **adempimenti richiesti**:
- correzione dell'errore o esecuzione dell'adempimento omesso;
- versamento della sanzione ridotta;
- versamento del tributo quando dovuto e degli interessi di mora.

Il ravvedimento **non preclude** l'inizio o la prosecuzione di accessi, ispezioni, verifiche o altre attività amministrative di controllo e accertamento (art. 13 c. 1 quater D.Lgs. 472/97).
La **sanzione ridotta si calcola**: sulla base della sanzione prevista dal 1° gennaio 2016 anche per le violazioni pregresse (per il principio del favor rei, Circ. AE 8 aprile 2016 n. 12/E); con arrotondamento al centesimo quando la sanzione è in percentuale e con il troncamento, eliminando i decimali, quando in misura fissa (Circ. AE 21 dicembre 2001 n. 106/E).
Quando la sanzione edittale prevede un **importo massimo** (es. omessa o errata comunicazione dei dati al sistema tessera sanitaria che prevede massimale di 50.000 euro) questo rappresenta la sanzione massima effettivamente dovuta a seguito della riduzione da ravvedimento e non su cui applicare la riduzione (Ris. AE 23 maggio 2022 n. 22/E); se confermata, tale interpretazione determina una minor convenienza del ravvedimento, rispetto, ad esempio, alla definizione della sanzione.
Gli **interessi di mora** si calcolano sull'ammontare dell'imposta non versata: $\mathbf{I = C \times R \times N / 365}$ dove C = capitale; R = saggio di interesse legale (dal 2023: 5% annuo; nel 2022: 1,25% annuo; nel 2021: 0,01% annuo); N = giorni di ritardo rispetto al termine previsto per il versamento; 365 = giorni dell'anno (a prescindere che si tratti di anno bisestile, Ris. AE 14 luglio 2008 n. 296/E).

La regolarizzazione di **violazioni indotte** non si estende a **quelle prodromiche** e viceversa: ad esempio, la regolarizzazione dell'omessa fatturazione non fa venir meno la violazione generalmente indotta di omesso versamento dell'IVA a debito. Pertanto, perché il **ravvedimento sia completo**, è necessario individuare le violazioni effettivamente commesse al momento del ravvedimento e sanare, una per una, sia quelle prodromiche che quelle indotte (anche se il contribuente può comunque scegliere di regolarizzarne soltanto alcune, aspettando, per le altre, l'avviso dell'ufficio). **87310**
La sanzione per infedele dichiarazione assorbe quella di omesso versamento ma non, ad esempio, quelle di omessa fatturazione o indebita detrazione IVA che sono prodromiche (risposta AE telefisco 15 giugno 2022).
Il **termine iniziale** da cui decorrono i termini per il ravvedimento è quello dell'adempimento omesso (es. termine di pagamento, di presentazione della dichiarazione, di emissione della fattura, ecc.).
Se il termine entro cui effettuare il ravvedimento è di **un anno** (dalla violazione), questo scade lo stesso giorno e mese dell'anno successivo indipendentemente dal numero di giorni e dall'anno bisestile.
Se la violazione riguarda la **presentazione della dichiarazione**, per la decorrenza del termine occorre fare riferimento alle modalità di presentazione seguite dal contribuente e alla relativa scadenza (Ris. AE 14 luglio 2008 n. 296/E e Circ. AE 22 maggio 2001 n. 48/E).
Il contribuente ha interesse a effettuare il ravvedimento **fino alla** scadenza del termine per l'accertamento.

Ravvedimento frazionato (art. 13 bis D.Lgs. 472/97) Il contribuente può effettuare il ravvedimento, relativo a tributi amministrati dall'AE, anche tramite **versamento frazionato**, purché non oltre il termine previsto dalla legge. **87315**
Ciò significa che la valutazione della **riduzione della sanzione** deve essere effettuata in relazione al momento in cui viene effettuato il ravvedimento e quindi potrebbe essere dovuta una sanzione più elevata per effetto della minor riduzione prevista.
Gli **interessi** devono essere calcolati al momento del versamento dell'imposta.
Nel caso di **imposta versata in ritardo** e di ravvedimento successivo, la sanzione applicabile corrisponde a quella riferita all'integrale tardivo versamento; gli interessi sono dovuti per l'intero periodo del ritardo e si applica la riduzione prevista in riferimento al momento di versamento della sanzione e degli interessi.
Nel caso di versamento tardivo dell'**imposta frazionata** in scadenze differenti, il contribuente può operare autonomamente il ravvedimento per i singoli versamenti, ovvero per il versamento complessivo, applicando in tal caso alla sanzione la riduzione individuata in base alla data in cui

la stessa è regolarizzata (e dunque alla data di versamento della sanzione ridotta; in questo senso si era già espressa Circ. AE 12 ottobre 2016 n. 42/E).

La previsione si ritiene applicabile a **tutte le ipotesi** di ravvedimento (ad esempio a quella dell'infedele dichiarazione) e non solo a quella relativa all'omesso o tardivo versamento.

87320 **Ravvedimento speciale** (art. 1 c. 174 L. 197/2022) Le violazioni riguardanti le dichiarazioni validamente presentate per i **periodi d'imposta** 2021 e precedenti e le violazioni prodromiche, possono essere regolarizzate - prima che vengano contestate con atto di liquidazione, di accertamento o di recupero, di contestazione e di irrogazione delle sanzioni -, con ravvedimento speciale **entro** il 31 marzo 2023.

Sono **escluse** dal ravvedimento in oggetto:

– le violazioni rilevabili ai sensi dell'art. 36 bis DPR 600/73 e dell'art. 54 bis DPR 633/72 (Circ. AE 27 gennaio 2022 n. 2/E);

– le violazioni formali;

– le somme oggetto di avvisi bonari derivanti da **controllo automatizzato delle dichiarazioni** relative ai periodi d'imposta 2019, 2020 e 2021 recapitate dal 1° gennaio 2023 o, se recapitate prima, per le quali il termine di pagamento non era scaduto alla medesima data (che possono essere definite mediante apposita procedura agevolata, v. n. 99340);

– le **violazioni di natura formale** che possono essere definite in via agevolata mediante il versamento di una somma di euro 200 per periodo d'imposta e con le modalità illustrate al n. 99310;

– le violazioni relative alla mancata dichiarazione di **attività finanziarie e patrimoniali detenute all'estero**.

Sono dovuti, come per il ravvedimento ordinario, le imposte e gli interessi al tasso legale ma le **sanzioni sono ridotte** ad 1/18 del minimo edittale.

Inoltre, il **versamento** può essere effettuato anche in 8 rate trimestrali di pari importo con scadenza la prima il 31 marzo 2023 e le successive il 30 giugno, 30 settembre, 20 dicembre e 31 marzo di ciascun anno.

Sulle rate successive alla prima sono dovuti gli interessi al 2% annuo.

Il ravvedimento speciale **si perfeziona** con la rimozione della violazione (presentando ad esempio la dichiarazione integrativa) e il versamento della prima o unica rata entro il 31 marzo 2023.

> Precisazioni 1) In caso di **mancato pagamento**, in tutto o in parte, di una delle rate successive alla prima entro il termine di pagamento di quella successiva, comporta la decadenza dal beneficio della rateazione e l'iscrizione a ruolo degli importi ancora dovuti, nonché della sanzione del 30% per omesso versamento applicata sul residuo dovuto a titolo di imposta, e degli interessi di mora dal 31 marzo 2023. La cartella di pagamento deve essere notificata, a pena di decadenza, entro il 31 dicembre del terzo anno successivo a quello di decadenza. Non si applica l'aumento della sanzione del 50% ma neppure la disciplina del lieve inadempimento.

2) I **ravvedimenti già effettuati** prima del 1° gennaio 2023 restano validi e non viene effettuato il rimborso.

87322 **Violazioni sostanziali** **Si tratta** di errori e omissioni, anche incidenti sulla determinazione (ad es. integrazioni in aumento delle dichiarazioni validamente presentate) o sul pagamento (ad es. omesso o tardivo) del tributo, nonché le infrazioni che, pur non incidendo sulla base imponibile o sull'imposta, pregiudicano l'azione di controllo dell'AE.

Vi rientra anche l'**utilizzo del plafond** oltre i limiti consentiti per operazioni d'importazione: per le relative modalità, v. n. 67052.

In caso di errata fatturazione con applicazione del **reverse charge**, il ravvedimento - fuori dai casi di frode - si effettua mediante versamento della sola sanzione base (€ 250) ridotta, senza versamento dell'imposta e senza emissione di note di variazione (Risp. AE 28 aprile 2021 n. 301).

Termine di ravvedimento	Modalità e riduzione sanzione
	Esecuzione dell'adempimento a suo tempo omesso (es. emissione della fattura omessa o di una fattura integrativa, presentazione di dichiarazione integrativa che contenga i dati corretti o precedentemente omessi) + versamento della sanzione ridotta:

Termine di ravvedimento	Modalità e riduzione sanzione
– entro 90 giorni dalla data della violazione o, se la violazione si concretizza con la presentazione della dichiarazione (ad es. per le violazioni riguardanti il contenuto o la documentazione della dichiarazione), entro 90 giorni dal termine di presentazione della stessa	– 1/9 del minimo **(1) (2)**
– termine di presentazione della dichiarazione relativa all'anno in cui la violazione è stata commessa o, se non è prevista dichiarazione periodica, un anno dall'omissione o dall'errore	– 1/8 del minimo **(1)**
– termine di presentazione della dichiarazione relativa all'anno successivo a quello in cui la violazione è stata commessa o, se non è prevista dichiarazione periodica, due anni dall'omissione o dall'errore	– 1/7 del minimo **(1) (3)**
– oltre il termine che precede	– 1/6 del minimo **(1) (3)**
– dopo la constatazione della violazione tramite PVC	– 1/5 del minimo **(1) (3)**

(1) Il minimo è riferito alla sanzione minima edittale stabilita per la specifica violazione.
(2) Anche per i **tributi amministrati dall'AD** (Nota AD 18 agosto 2015 n. 89853/RU/2015).
(3) Solo per i tributi amministrati dall'AE (art. 13 c. 1 bis e 1 ter D.Lgs. 472/97).

Omesso o tardivo versamento (art. 13 D.Lgs. 472/97) Può riguardare il pagamento, totale o parziale, a saldo o in acconto, di un qualsiasi tributo. 87323

Per i tributi amministrati dall'AE, se il tributo è stato versato tardivamente e il ravvedimento **effettuato successivamente** (con il pagamento della sanzione e degli interessi), la sanzione base è quella riferita all'integrale tardivo versamento e si applica la riduzione riferita al momento del pagamento della sanzione e degli interessi che sono dovuti per l'intero periodo del ritardo (art. 13 bis D.Lgs. 472/97).

Se è dovuto ad **errori commessi nel Mod. 730** dal soggetto che presta assistenza fiscale, la sanzione ridotta e gli interessi sono a carico di quest'ultimo (Circ. Min. 3 maggio 2000 n. 89/E).

Momento di effettuazione del versamento	Termine ravvedimento e riduzione sanzione	Riduzione sanzione
– tra il 2° e il 14° giorno dalla scadenza	– 30 giorni dalla scadenza	0,1% (1/15 × 1/10 del 15%), per ogni giorno di ritardo nel pagamento del tributo omesso
	– 90 giorni dalla scadenza	0,11% (1/15 × 1/9 del 15%), per ogni giorno di ritardo nel pagamento del tributo omesso
	– termine di presentazione della dichiarazione relativa all'anno in cui la violazione è stata commessa	0,13% (1/15 × 1/8 del 15%), per ogni giorno di ritardo nel pagamento del tributo omesso **(1)**
– tra il 15° giorno e il 90° giorno dalla scadenza originaria	– 30 giorni dalla scadenza	1,5% (1/10 del 15%)
	– 90 giorni dalla scadenza	1,67% dell'importo non versato (1/9 del 15%)
	– termine di presentazione della dichiarazione relativa all'anno in cui la violazione è stata commessa	1,88% dell'importo non versato (1/8 del 15%) **(1)**

Momento di effettuazione del versamento	Termine ravvedimento e riduzione sanzione	Riduzione sanzione
– tra il 91° giorno e fino al termine di presentazione della dichiarazione relativa all'anno in cui la violazione è stata commessa o, se non è prevista dichiarazione periodica, un anno dall'omissione (c.d. ravvedimento lungo)		– 3,75% dell'importo non versato (1/8 del 30%)
– oltre il termine precedente ed entro il termine di presentazione della dichiarazione relativa all'anno successivo a quello in cui la violazione è stata commessa o, se non è prevista dichiarazione periodica, due anni dall'omissione (c.d. ravvedimento biennale)		– 4,29% dell'importo non versato (1/7 del 30%)
– oltre il termine che precede (c.d. ravvedimento ultrabiennale)		– 5% dell'importo non versato (1/6 del 30%)

(1) Provvedendosi, al più tardi, **entro tale termine** anche al versamento di sanzione e interessi.

87324 **Errato utilizzo in compensazione** L'utilizzo in compensazione di un **credito per un importo eccedente il limite massimo**, inteso sia in relazione alla misura massima consentita, sia relativamente ai crediti da indicare nel quadro RU, nonché di **credito rivelatosi inesistente** (v. n. 86931) può essere regolarizzato con le seguenti modalità (Ris. AE 27 novembre 2008 n. 452/E, Circ. AE 13 marzo 2009 n. 8/E e Circ. AE 10 maggio 2011 n. 18/E):

a) versamento di una somma pari all'eccedenza utilizzata, indicando quale codice tributo quello relativo al credito stesso e come anno di riferimento l'anno d'imposta cui si riferisce il versamento;

b) interessi calcolati dalla data della errata compensazione a quella del ravvedimento (cod. tributo 1991);

c) sanzione ridotta (cod. tributo 8911), diversa a seconda del tipo di credito erroneamente utilizzato e del momento in cui si esegue il pagamento, come indicato in **tabella**.

Se si tratta di un **credito d'imposta da agevolazioni**, l'importo indebitamente fruito va indicato nel modello Redditi in un apposito rigo del quadro dedicato ai crediti d'imposta (RU per le persone fisiche).

Termini di regolarizzazione (1)	Credito esistente (sanzione base 30%)	Credito inesistente (sanzione base 100%)
14 giorni dalla scadenza originaria (c.d. ravvedimento «sprint»)	0,2% (= 1/15 × 1/10 × 30%), per ogni giorno di ritardo nel pagamento del tributo omesso	0,6% (= 1/15 × 1/10 × 100%), per ogni giorno di ritardo nel pagamento del tributo omesso
fra il 15° giorno e il 30° giorno dalla scadenza originaria (c.d. ravvedimento «breve»)	3% (= 1/10 × 30%)	10% (= 1/10 × 100%)
fra il 31° giorno e il 90° giorno dalla scadenza originaria (c.d. ravvedimento «trimestrale»)	3,33% (= 1/9 × 30%)	11,11% (= 1/9 × 100%)
fra il 91° giorno e il termine di presentazione della dichiarazione relativa all'anno in cui la violazione è stata commessa (c.d. ravvedimento «lungo»)	3,75% (= 1/8 × 30%)	12,5% (= 1/8 × 100%)
oltre la scadenza precedente e fino al termine di presentazione della dichiarazione relativa all'anno successivo a quello in cui la violazione è stata commessa (c.d. ravvedimento «biennale»)	4,29% (= 1/7 × 30%)	14,29% (= 1/7 × 100%)
oltre il termine precedente (c.d. ravvedimento «ultrabiennale»)	5% (= 1/6 × 30%)	16,67% (= 1/6 × 100%)
dopo la contestazione con PVC	6% (= 1/5 x 30%)	20% (= 1/5 x 100%)

(1) Per brevità si ipotizza che il versamento del credito e della sanzione ridotta siano eseguiti nella stessa data.

Omessa presentazione mod. F24 (art. 15 c. 2 bis D.Lgs. 471/97 e Ris. AE 20 marzo 2017 n. 36/E) Riguarda i casi di compensazione in F24. L'omessa presentazione alla **scadenza per il versamento**, comporta sanzioni differenti a seconda che vi sia compensazione integrale o parziale dei debiti, come riportato in **tabella**. 87326

Violazione	Termini di regolarizzazione (dall'omissione)	Modalità e riduzione sanz.
F24 a saldo zero: il modello con i dati della compensazione consente all'AE di verificare la correttezza della liquidazione delle imposte; l'omissione determina quindi una violazione che può incidere sull'azione di controllo		– presentazione entro 1 anno del modello omesso; – versamento sanzione ridotta, come segue:
	entro 5 giorni	€ 5,56 (1/9 di € 50)
	dal 6° ma entro il 90° giorno	€ 11,11 (1/9 di € 100)
	dal 90° giorno ma entro un anno	€ 12,50 (1/8 di € 100)
	oltre un anno ma entro due anni	€ 14,29 (1/7 di € 100)
	oltre due anni	€ 16,67 (1/6 di € 100)
	dopo la constatazione con PVC	€ 20 (1/5 di € 100)
F24 con compensazione parziale: in concreto si ha violazione di omesso versamento del saldo a debito - a condizione che i crediti utilizzati in compensazione siano sorti precedentemente allo scadere del termine previsto per il pagamento dei tributi compensati, in caso contrario, infatti, si avrebbe omesso versamento di ciascuno specifico tributo		– presentazione del modello omesso; – versamento contestuale di: • importo a debito risultante dalla compensazione; • interessi moratori; • sanzione ridotta in base a quanto indicato per l'omesso versamento (v. n. 87323)

Dichiarazione omessa (art. 13 c. 1 lett. c D.Lgs. 472/97) L'omessa presentazione della dichiarazione può essere sanata solo **entro** il termine di 90 giorni dalla scadenza originaria, presentando la dichiarazione e versando contestualmente la relativa sanzione di € 25 (1/10 di € 250, art. 5 c. 1 D.Lgs. 472/97 e Circ. AE 12 ottobre 2016 n. 42/E). 87327

Deve essere autonomamente ravveduto l'eventuale **omesso versamento**.

Se il ravvedimento è **effettuato dall'intermediario** per omessa trasmissione telematica, questo deve corrispondere la sanzione ridotta di € 51 (1/10 di € 516) per ciascuna trasmissione telematica tardiva (Circ. AE 19 febbraio 2008 n. 11/E quesito 7.2). In questo caso, rimane autonoma la sanzione per tardiva presentazione della dichiarazione del contribuente.

Se l'omissione riguarda il **modello UNICO**, contenente dichiarazione dei redditi e IVA, va versata la sanzione ridotta per ogni tipologia di dichiarazione; pertanto, la sanzione complessivamente da versare è pari a € 50.

Quanto esposto si applica anche all'omessa presentazione di **atti o denunce** ai fini dell'imposta di registro e alla **dichiarazione di successione** (Circ. Min. 10 luglio 1998 n. 180/E).

Dichiarazione infedele (Circ. AE 12 ottobre 2016 n. 42/E) Per sanare l'infedele dichiarazione il ravvedimento si **effettua** con le seguenti modalità: 87331

– presentazione di **dichiarazione integrativa** dalla quale risulti la maggiore imposta dovuta o il minor credito spettante;

– **versamento delle somme** dovute a titolo di imposta, interessi legali dal giorno della violazione a quello della regolarizzazione e della sanzione ridotta.

La **sanzione dovuta** è differente a seconda che la dichiarazione integrativa sia presentata entro 90 giorni dalla scadenza del termine per la dichiarazione originaria o successivamente e se l'errore sia rilevabile in sede di controllo automatizzato o meno.

In caso di ravvedimento **entro 90 giorni** dalla scadenza ordinaria, la dichiarazione si considera irregolare e la sanzione irrogabile è di € 250 (art. 8 D.Lgs. 471/97) ridotta a 1/9 (€ 27,78) ma

deve essere sanato autonomamente l'eventuale omesso versamento delle imposte; se l'**errore è rilevabile in sede di controllo** automatizzato o formale della dichiarazione (es. errore di calcolo dell'imponibile o dell'imposta), la sanzione irrogabile è solo quella di omesso versamento (30%) da ravvedere secondo quanto detto al n. 87323.
Se l'errore riguarda solamente l'indicazione di un maggior **credito non spettante** ma non utilizzato e non rimborsato, il ravvedimento si effettua sulla sanzione di € 250 ridotta a € 27,78.
Non è dovuta alcuna sanzione in caso di dichiarazione **integrativa interamente a favore** del contribuente (Ris. AE 24 dicembre 2020 n. 82/E).

87333 In caso di ravvedimento **oltre 90 giorni**, la sanzione irrogabile è quella al 90% della maggiore imposta dovuta da ravvedere con riduzione a 1/8, 1/7, 1/6 o 1/5 a seconda del momento di ravvedimento (art. 13 c. 1 lett. b-b quater D.Lgs. 472/97). Tuttavia, se la violazione da sanare costituisce mera irregolarità dichiarativa che non incide sull'imposta e l'imponibile (es. errata indicazione dei dati del contribuente) la sanzione da ravvedere è quella di € 250 (art. 8 D.Lgs. 472/97).
La sanzione per infedele dichiarazione assorbe quella di **omesso versamento** del saldo.
Il **minor credito** non deve essere versato se non è stato utilizzato né rimborsato né riportato nella dichiarazione successiva (Circ. AE 7 aprile 2017 n. 8/E); in caso di riporto si può tuttavia ipotizzare la correzione anche della dichiarazione successiva.
In merito agli **acconti** derivanti dalla dichiarazione infedele integrata, per la prassi non si applica la sanzione per insufficiente versamento anche se dalla dichiarazione integrativa emerge un acconto superiore (pertanto, se la dichiarazione integrativa è presentata dopo il termine di versamento del secondo acconto non sono dovute sanzioni); se l'integrazione avviene prima del **termine di versamento del secondo acconto**, il primo acconto non è sanzionabile se con il secondo acconto è versata la differenza dovuta calcolata sulla dichiarazione integrata (Circ. AE 12 ottobre 2016 n. 42/E).
In senso contrario, per la giurisprudenza, gli acconti devono sempre essere oggetto di autonomo ravvedimento (Cass. 10 marzo 2021 n. 6593); si ritiene applicando la riduzione da ravvedimento alla sanzione di omesso versamento e non di infedele dichiarazione.

> **›Precisazioni 1)** La sanzione base su cui calcolare il ravvedimento è sempre quella del 90%. La riduzione al 60% in caso di maggior imposta o minor credito accertabili **inferiori al 3%** di quelli dichiarati e comunque inferiori a euro 30.000 o per **errore di imputazione temporale**, è una circostanza attenuante valutabile solo in sede di accertamento; tuttavia, se la circostanza attenuante è già stata applicata dall'Ufficio relativamente ad errore di imputazione temporale in annualità precedente, si può calcolare il ravvedimento delle annualità successive sulla sanzione ridotta (Ris. AE 23 ottobre 2017 n. 131/E).
> **2)** Se l'infedeltà riguarda **dividendi o plusvalenze da partecipazioni in imprese o enti in Paesi a fiscalità privilegiata**, la sanzione irrogabile da considerare per il ravvedimento è quella del 10% di dividendi e delle plusvalenze non dichiarati con un minimo di € 1.000.

87350 La **dichiarazione integrativa** deve essere redatta e inviata su modelli conformi a quelli approvati con riferimento al periodo o all'anno di imposta interessato, barrando l'apposita casella.
Nella stessa deve essere riprodotto il **contenuto** della dichiarazione originaria con le necessarie correzioni o integrazioni oppure possono essere evidenziate le sole correzioni o integrazioni che si intendono apportare; in ogni caso, è necessario che siano evidenziate le variazioni apportate rispetto alla dichiarazione oggetto di regolarizzazione, nonché le maggiori imposte o i minori crediti che dovessero derivare.

87352 In caso di violazioni riguardanti la tardiva o omessa presentazione del **quadro RW**, il ravvedimento si applica anche alle sanzioni previste in tema di monitoraggio e dunque (Ris. AE 24 dicembre 2020 n. 82/E):
– in caso di presentazione del modello RW **entro il termine di 90 giorni** dalla scadenza ordinaria, si applica la sanzione di euro 258 (art. 5 DL 167/90 conv. in L. 227/90) ridotta a 1/9 nonché la sanzione di omesso versamento dell'IVIE e dell'IVAFE eventualmente dovute, ridotta secondo quanto detto al n. 87323;
– in caso di presentazione del modello **oltre il termine di 90 giorni**, si applicano la sanzione dal 90 al 180% dell'imposta dovuta (art. 1 c. 2 D.Lgs. 471/97) e quella dal 3 al 15% degli ammontari non dichiarati (dal 6 al 30% in caso di attività in paradisi fiscali), entrambe ridotte a 1/8, 1/7, 1/6 o 1/5 a seconda del momento di ravvedimento.

Violazioni relative alle comunicazioni delle liquidazioni periodiche IVA (Ris. AE 28 luglio 2017 n. 104/E) La regolarizzazione della comunicazione omessa o errata deve essere effettuata in modo differente a seconda che sia stata presentata la dichiarazione annuale IVA in cui sono corretti i dati della liquidazione: 87357

- **prima della dichiarazione annuale**: invio della comunicazione già omessa e versamento della sanzione ridotta indicata in tabella;
- **con la dichiarazione annuale** (correzione in questa dei dati omessi o errati): è dovuta la sola sanzione indicata in tabella;
- **dopo la dichiarazione annuale** (in cui non sono stati corretti i dati): presentazione della dichiarazione annuale integrativa, versamento (anche con ravvedimento) della sanzione per infedele dichiarazione e versamento della sanzione indicata in tabella.

Correzione o invio entro 15 giorni dalla scadenza ordinaria	
Termine di versamento della sanzione	**Sanzione dovuta**
90 giorni dalla scadenza	€ 27,78 (1/9 di € 250)
Entro termine dichiarazione per anno in cui è commessa violazione	€ 31,25 (1/8 di € 250)
Entro termine dichiarazione per anno successivo a quello in cui è commessa violazione	€ 35,71 (1/7 di € 250)
Oltre il termine del punto precedente ma prima della constatazione	€ 41,67 (1/6 di € 250)
Dopo la constatazione (PVC) ma prima dell'accertamento o irrogazione	€ 50 (1/5 di € 250)

Correzione o invio oltre 15 giorni dalla scadenza ordinaria	
Termine di versamento della sanzione	**Sanzione dovuta**
90 giorni dalla scadenza	€ 55,56 (1/9 di € 500)
Entro termine dichiarazione per anno in cui è commessa violazione	€ 62,50 (1/8 di € 500)
Entro termine dichiarazione per anno successivo a quello in cui è commessa violazione	€ 71,43 (1/7 di € 500)
Oltre il termine del punto precedente ma prima della constatazione	€ 83,33 (1/6 di € 500)
Dopo la constatazione (PVC) ma prima dell'accertamento o irrogazione	€ 100 (1/5 di € 500)

Violazioni relative a tributi non autoliquidabili (art. 13 c. 3 D.Lgs. 472/97) Si tratta di tributi liquidati direttamente dall'Ufficio, quali, ad esempio, l'imposta di registro. 87360

Termini di regolarizzazione	**Modalità e riduzione sanz.**
60 giorni dalla notifica di apposito avviso di liquidazione	Esecuzione dell'adempimento omesso e versamento dell'imposta risultante dall'avviso di liquidazione, nonché della sanzione ridotta ad 1/8 del minimo stabilito per le specifiche violazioni. Un eventuale mancato pagamento nel termine stabilito rende inefficace la regolarizzazione tramite ravvedimento e consente all'ufficio di applicare la sanzione nella misura intera.

Modalità di versamento Le modalità, i codici e le causali sono **differenti** a seconda delle imposte cui sono riferiti. 87362

Imposta	**Modalità**
Imposte sui redditi, IRAP, IVA, relative imposte sostitutive, addizionali IRPEF	Il versamento è eseguito utilizzando il modello F24, telematico o cartaceo in base alle regole ordinarie (v. n. 37035). Il tributo, se dovuto, va versato utilizzando il relativo codice; gli interessi moratori e le sanzioni vanno indicate separatamente utilizzando i codici appositamente istituiti **(1)**. Non è possibile rateizzare le somme dovute a titolo di ravvedimento.

Imposta	Modalità
Imposta sugli intrattenimenti	Il versamento è eseguito con le stesse modalità sopra illustrate, ma gli interessi vanno versati con lo stesso codice tributo dell'imposta (non è stato infatti istituito un codice tributo specifico).
Altre imposte indirette, quali imposta di registro, ipotecarie, catastali, ecc.	Il versamento deve essere eseguito, utilizzando il modello F23 (v. però precisazione al n. 37010), direttamente presso il concessionario della riscossione o tramite qualsiasi sportello bancario o ufficio postale **(2)** **(3)**.
Tributi comunali e provinciali e altri tributi e diritti	Il versamento delle somme dovute a titolo di sanzioni e interessi deve essere eseguito con le modalità e la modulistica prevista per i singoli tributi.

(1) I codici tributo sono consultabili sul sito internet dell'AE www.agenziaentrate.gov.it.
Nel ravvedimento per omesso o tardivo **versamento delle ritenute** effettuato dal sostituto d'imposta, gli interessi si versano cumulativamente con la ritenuta, utilizzando il relativo codice tributo (Ris. AE 22 maggio 2007 n. 109/E).
(2) Per la consultazione dei codici si veda al sito internet dell'AE www.agenziaentrate.gov.it dal cod. 671T al cod. 678T. Se la sanzione è versata contestualmente al tributo, quale causale del versamento va indicata quella relativa al tributo stesso.
(3) Per il ravvedimento relativo all'**imposta di bollo su libri**, **registri e altri documenti** rilevanti ai fini tributari, il cui tributo va versato con F24 (Ris. AE 2 dicembre 2014 n. 106/E), sono stati istituiti appositi codici tributo sia per la sanzione sia per gli interessi (Ris. AE 23 marzo 2015 n. 32/E).

II. Penali

87450 La violazione tributaria costituisce reato quando la legge, considerandola di particolare gravità (per il danno nei confronti dell'erario e per il dolo dell'autore), non ritiene sufficienti le sanzioni amministrative e quindi applica quelle, più severe, previste dal codice penale.
Si applicano in proposito i **principi generali** del codice penale cui di seguito si farà solo un breve cenno.
Possono avere rilevanza penale solo le violazioni **II.DD. e IVA** mentre sono escluse quelle IRAP e altri tributi diversi.
Le sanzioni penali hanno natura personale e si applicano esclusivamente alle **persone fisiche**; per le violazioni relative alla posizione di **società o altri enti** collettivi, è punibile la persona fisica che ne ha la **rappresentanza legale** (presidente, amministratore delegato, ecc.), o cui sia comunque imputabile la condotta.

> Per i **reati di**: dichiarazione fraudolenta mediante utilizzo di fatture per operazioni inesistenti, dichiarazione fraudolenta mediante altri artifici, emissione di fatture o altri documenti per operazioni inesistenti, occultamento e distruzione di documenti contabili e di sottrazione fraudolenta al pagamento di imposte, commessi nell'interesse o vantaggio di società ed enti da soggetti che rivestono una posizione apicale nella struttura dell'ente o da soggetti sottoposti all'altrui direzione e vigilanza, è prevista la **responsabilità amministrativa dell'ente** stesso che comporta il pagamento di una sanzione pecuniaria (art. 25 quinquiesdecies D.Lgs. 231/2001).
> Questa di fatto si somma alla responsabilità per le sanzioni amministrative tributarie.

87452 **LEGALITÀ** (artt. 2 e 3 c.p.) Nessuno può essere punito per un fatto che **non sia espressamente previsto come reato** dalla legge, né con pene che non siano da essa stabilite.
Nessuno può essere punito per un fatto che, secondo la legge del tempo in cui fu commesso, non costituiva reato o per un fatto che, secondo una legge posteriore, non costituisce reato; e, se vi è stata condanna, ne cessano l'esecuzione e gli effetti penali.
Se la legge del tempo in cui fu commesso il reato e le posteriori sono diverse, si applica quella più favorevole, salvo che sia stata pronunciata sentenza irrevocabile (c.d. **favor rei**).
Pertanto, le **modifiche** alle fattispecie penali introdotte con il D.Lgs. 158/2015, se **più favorevoli**, si applicano anche al passato. Per la giurisprudenza, la commissione in passato di reati per importi che superano le nuove soglie di punibilità, non è più perseguibile perché il fatto non sussiste, proprio in applicazione del favor rei (Cass. pen. 16 marzo 2016 n. 10964 e Cass. pen. 11 novembre 2015 n. 891). Rimane però perseguibile dall'AE l'omesso versamento con sanzioni e interessi (Cass. pen. 5 novembre 2015 n. 3098).

CAUSE DI NON PUNIBILITÀ (art. 15 D.Lgs. 74/2000) La condotta non è punibile, in quanto non vi è dolo specifico, in caso di: 87455
– violazioni di norme tributarie dipendenti da **obiettive condizioni di incertezza** sulla loro portata e sul loro ambito di applicazione;
– **errore** su una legge diversa da quella penale quando ha cagionato errore sul fatto che costituisce reato.

Tuttavia, per la giurisprudenza l'obiettiva condizione di incertezza della norma non costituisce esimente perché il contribuente può sempre richiedere il preventivo parere dell'AE con l'interpello (Cass. pen. 14 ottobre 2013 n. 42151).

CARATTERISTICHE GENERALI DELLE FATTISPECIE Salvo quanto detto per le singole fattispecie, si illustrano alcune caratteristiche generali delle stesse. 87460

Reati in materia di dichiarazione annuale (artt. 2-5 D.Lgs. 74/2000) Si tratta di fattispecie che riguardano la dichiarazione presentata (anche in qualità di amministratore, liquidatore o rappresentante di società, enti o persone fisiche), ai fini delle **imposte sui redditi** e dell'**IVA**. Il riferimento, tranne che per le dichiarazioni infedeli, è a **qualsiasi dichiarazione** rilevante per le imposte indicate, non solo per le dichiarazioni annuali. 87465
L'elemento soggettivo comune a tutte le fattispecie e che deve ricorrere per l'integrazione del reato è il **dolo** specifico consistente nella volontà di evadere le imposte.
In alcuni casi sono previste delle c.d. **soglie di punibilità** al superamento delle quali si considera integrata la fattispecie di reato. In caso di mancato superamento di tali soglie la fattispecie, anche ricorrendone tutti gli altri presupposti, non ricorre; in proposito, secondo parte della giurisprudenza, se con l'accertamento con adesione si scende **al di sotto** di esse, il reato viene meno e non può più essere applicata la relativa sanzione penale (Cass. pen. 2 dicembre 2011 n. 5640). Allo stesso modo, spetta al giudice valutare se i **costi extracontabili esibiti** dall'imputato possono essere considerati ai fini della verifica sul mancato superamento delle soglie di punibilità (Cass. pen. 10 settembre 2013 n. 37131).
Per **stabilire** l'ammontare dell'**imposta evasa** il giudice penale non è vincolato alla quantificazione eseguita dall'AF. Tuttavia, se vuole discostarsene, deve motivare le differenti determinazioni (Cass. pen. 18 febbraio 2014 n. 7615).

Nel caso di violazioni riguardanti il **modello UNICO**, quando ancora comprendente anche la dichiarazione ai fini IRAP, quest'ultima non rileva neppure per il calcolo delle soglie di punibilità (Cass. pen. 2 febbraio 2015 n. 4906).

Reati in materia di documenti (artt. 8 e 10 D.Lgs. 74/2000) I reati rientranti in questa fattispecie sono caratterizzati, oltre che dal fine di **evadere in proprio** le imposte, al fine di consentirne l'**evasione** anche **ad altri**. 87470
Sono pertanto punibili, in base a fattispecie differenti e non in concorso fra loro, sia **chi emette i documenti falsi** sia **chi li utilizza** (dichiarazione fraudolenta).

PRESCRIZIONE **Si applicano** le disposizioni generali del c.p. (art. 157 c.p.). 87472
Il reato si estingue per prescrizione e il **termine** di prescrizione è differente a seconda del reato. Per i reati sopra esaminati (escludendo quelli di omesso versamento di ritenute certificate o di IVA, di indebita compensazione e di sottrazione fraudolenta al pagamento delle imposte, per i quali rimane il termine di 6 anni), il termine di prescrizione è di 8 anni (art. 2 c. 36 vicies semel DL 138/2011) **decorrente** dal momento in cui il reato si intende consumato.
Tale momento è diverso a seconda del reato (ad es. i delitti in materia di dichiarazione si intendono consumati all'atto della presentazione della dichiarazione; quelli di distruzione di documenti contabili all'atto dell'eliminazione della documentazione; quelli di occultamento della documentazione contabile all'atto della richiesta in sede di ispezione, ecc.).
Anche in caso di **gravi frodi IVA**, si applicano le regole ordinarie in tema di prescrizione e di atti interruttivi della stessa (è stata ritenuta inapplicabile in quanto in contrasto con la normativa nazionale, la c.d. regola Taricco individuata dalla giurisprudenza della CGUE, C.Cost. 31 maggio 2018 n. 115).

INTERRUZIONE (art. 17 D.Lgs. 74/2000) Il termine di prescrizione è interrotto dal PVC o dall'atto di accertamento delle relative violazioni, anche se emessi - per gli stessi fatti - nei confronti di soggetto diverso dall'imputato (Cass. pen. 11 maggio 2015 n. 19358), oltre che 87475

dagli atti previsti dal codice penale (art. 160 c.p.), quali ad esempio: ordinanza che applica le misure cautelari o che convalida il fermo o l'arresto, ecc.
Per **effetto** dell'interruzione, si ha una nuova decorrenza del termine che tuttavia non può essere prolungato per più di un quarto; nei casi più gravi (di recidiva, reiterazione del reato e abitualità) il termine di prescrizione può essere ulteriormente aumentato (art. 160 c. 3 c.p.).
Il termine di prescrizione resta sospeso a partire dalla pronuncia della **sentenza di primo grado** (sia quindi essa di condanna o di assoluzione), oppure dall'emissione del decreto penale di condanna fino alla data di esecutività della sentenza che definisce il giudizio o dell'irrevocabilità del decreto di condanna (art. 159 c.p. applicabile ai fatti commessi dal 1° gennaio 2020).

87480 **PENE ACCESSORIE** La **condanna** per una qualsiasi della fattispecie esaminate comporta l'irrogazione delle pene accessorie riportate in **tabella**.
La pena accessoria non può essere più grave, in termini di durata, di quella principale (Cass. pen. 13 luglio 2016 n. 29397).

> Anche per i reati fiscali, tuttavia, non si applicano le pene accessorie in caso di **definizione del procedimento con sentenza di c.d. patteggiamento**, ai sensi dell'art. 445 c. 1 c.p.p., nel caso in cui il trattamento sanzionatorio non superi i due anni di pena detentiva, soli o congiunti a pena pecuniaria (Cass. 23 novembre 2012 n. 45845).

Pena	Durata
interdizione dagli uffici direttivi delle persone giuridiche e delle imprese	tra 6 mesi e 3 anni
incapacità di contrattare con la pubblica amministrazione	tra 1 anno e 3 anni
interdizione dalle funzioni di rappresentanza e assistenza in materia tributaria	tra 1 anno e 5 anni
interdizione dall'ufficio di componente di Corte tributaria	per sempre
pubblicazione della sentenza a norma dell'art. 36 c.p.	–
N.B. In **aggiunta** alle precedenti è prevista l'ulteriore pena accessoria dell'interdizione dai pubblici uffici per un periodo compreso tra 1 anno e 3 anni nei seguenti casi: condanna per i reati di **dichiarazione fraudolenta** e di **emissione** di **fatture** o altri documenti per operazioni inesistenti. Inoltre per i reati sopra descritti (ad eccezione di quelli in materia di pagamento delle imposte), non si applica la **sospensione condizionale** della pena quando l'imposta evasa è superiore: a € 3.000.000 e al 30% del volume d'affari.	

87482 Per i reati tributari, il **patteggiamento** (applicazione della pena su richiesta, art. 444 c.p.p.) si applica solo in caso di estinzione mediante pagamento del debito tributario e delle connesse sanzioni amministrative anche a seguito di conciliazione, mediazione, adesione o ravvedimento (art. 13 bis c. 2 D.Lgs. 74/2000, Cass. pen. 6 febbraio 2018 n. 5448 e Cass. pen. 1° agosto 2017 n. 38210).
Inoltre per i reati tributari (ad eccezione di quelli in materia di pagamento delle imposte), non si applica la **sospensione condizionale** della pena quando l'imposta evasa è superiore a € 3.000.000 e al 30% del volume d'affari (art. 12 c. 2 bis D.Lgs. 74/2000).

87485 **CONFISCA** (art. 12 bis D.Lgs.74/2000) **In caso di condanna o patteggiamento**, è sempre ordinata la confisca dei beni che costituiscono il profitto o il prezzo del reato, salvo che appartengano a persona estranea al reato.
Se ciò non è possibile, è comunque ordinata la confisca di beni di cui il condannato ha la disponibilità, per un valore corrispondente (c.d. **confisca per equivalente**).
La confisca può essere effettuata anche **nei confronti della persona giuridica** (es. società) del profitto del reato commesso dall'amministratore, se non è possibile nei confronti di quest'ultimo (Cass. pen. 20 luglio 2016 n. 30995).
La confisca **non opera** per la parte che il contribuente si impegna a versare (nell'ambito delle apposite procedure tributarie come adesione, conciliazione, ecc.) all'erario anche in presenza di sequestro (Cass. pen. 9 febbraio 2016 n. 28225). Nel caso però di mancato versamento, la confisca è sempre disposta.
Per i reati più gravi (sono esclusi quelli di omesso versamento di ritenute dovute o certificate e di omesso versamento IVA), può essere disposta anche la **confisca allargata** di denaro, beni o altre utilità di cui il condannato non possa giustificare la provenienza e di cui è titolare anche per interposta persona o di cui ha la disponibilità (art. 240 bis c.p. e art. 12 ter D.Lgs. 74/2000).

La confiscabilità determina anche la possibile applicazione, prima della condanna, del **sequestro preventivo** (art. 321 c.p.p.).

ATTIVITÀ CHE COMPORTANO ESTINZIONE O ATTENUAZIONE DEL REATO 87490

(artt. 13 e 13 bis D.Lgs. 74/2000) Il contribuente non è punibile od ottiene la riduzione di pena con comportamento teso a diminuire o estinguere gli effetti del reato, secondo quanto riportato nella **tabella** seguente.

<table>
<tr><th>Reato contestato</th><th>Attività</th><th>Effetto</th></tr>
<tr><td>Omesso versamento IVA</td><td rowspan="3">Integrale pagamento del debito tributario, comprese sanzioni e interessi, prima dell'apertura del dibattimento di primo grado, anche a seguito di conciliazione, mediazione, adesione, ravvedimento, ecc. (1)</td><td rowspan="3">Non punibilità</td></tr>
<tr><td>Omesso versamento ritenute dovute o certificate</td></tr>
<tr><td>Compensazione credito non spettante</td></tr>
<tr><td>Dichiarazione infedele</td><td rowspan="3">Integrale pagamento del debito tributario, comprese sanzioni e interessi, a seguito di ravvedimento operoso prima che l'autore abbia avuto formale conoscenza di accessi, ispezioni, verifiche o dell'inizio di qualunque attività di accertamento amministrativo o di procedimenti penali (1)</td><td rowspan="3">Non punibilità</td></tr>
<tr><td>Dichiarazione fraudolenta</td></tr>
<tr><td>Dichiarazione fraudolente mediante altri artifici</td></tr>
<tr><td>Dichiarazione omessa</td><td>Integrale pagamento del debito tributario, comprese sanzioni e interessi, a seguito della presentazione della dichiarazione omessa entro il termine di presentazione della dichiarazione relativa al periodo d'imposta successivo e prima che l'autore abbia avuto formale conoscenza di accessi, ispezioni, verifiche o dell'inizio di qualunque attività di accertamento amministrativo o di procedimenti penali (1)</td><td>Non punibilità</td></tr>
<tr><td>Uno dei reati tributari, in cui il debito tributario è prescritto o decaduto</td><td>Pagamento, a seguito di richiesta prima dell'apertura del dibattimento di primo grado e accoglimento da parte del giudice, sentito il pubblico ministero, di una somma, indicata dall'imputato, a titolo di equa riparazione dell'offesa recata con il reato (la somma, commisurata alla gravità, non può essere comunque inferiore a quella risultante dal ragguaglio fra pena detentiva e pena pecuniaria della pena minima prevista per il reato) (art. 14 D.Lgs. 74/2000) (2)</td><td rowspan="2">Pena ridotta fino alla metà (3) non applicazione pene accessorie</td></tr>
<tr><td>Tutti i reati tributari (fuori dai casi di non punibilità)</td><td>Integrale pagamento del debito tributario, comprese sanzioni e interessi, prima dell'apertura del dibattimento di primo grado, anche a seguito di conciliazione, mediazione, adesione, ravvedimento, ecc. (1)</td></tr>
<tr><td colspan="3">(1) Se prima dell'apertura del dibattimento in primo grado è in corso la rateizzazione del debito, questo deve essere estinto entro il termine di 3 mesi che il Giudice può prorogare una sola volta per non oltre 3 mesi; in questo periodo la prescrizione è sospesa. L'interessato deve documentare l'estinzione del debito tramite dichiarazione, redatta in carta libera, in conformità al modello allegato al DM 13 giugno 2000. La dichiarazione deve riportare l'attestazione dell'Ufficio dell'AE competente all'accertamento.
(2) In caso di assoluzione o proscioglimento, la somma pagata è restituita. Il pagamento deve essere effettuato con mod. F24, codice tributo 8887 e va indicato l'anno in cui si effettua il versamento (DM 13 giugno 2000). Non è ammessa la compensazione.
(3) La riduzione della pena non rileva ai fini della sostituzione della pena detentiva con pena pecuniaria, quando ammessa dal c.p.</td></tr>
</table>

ESTINZIONE PER PAGAMENTO I debiti tributari relativi ai fatti costitutivi dei reati sono estinti secondo quanto indicato in tabella. 87493

Fattispecie	Disciplina
Omesso versamento di ritenute e IVA o indebite compensazioni con crediti non spettanti	Il reato non è punibile se, prima della dichiarazione di apertura del dibattimento di primo grado, i debiti tributari, comprese sanzioni amministrative e interessi, sono stati **estinti mediante integrale pagamento** degli importi dovuti **(1)**, anche a seguito delle **procedure conciliative o adesione**, nonché di **ravvedimento**
Infedele o omessa dichiarazione	Il reato non è punibile se, prima della dichiarazione di apertura del dibattimento di primo grado, i debiti tributari, comprese sanzioni amministrative e interessi, sono stati **estinti mediante integrale pagamento** degli importi dovuti **(1)**, a seguito del **ravvedimento operoso** o della **presentazione della dichiarazione omessa** entro il termine di presentazione della dichiarazione relativa al periodo d'imposta successivo, sempreché il ravvedimento o la presentazione siano **intervenuti prima** che l'autore del reato abbia avuto formale conoscenza di accessi, ispezioni, verifiche o dell'inizio di qualunque attività di accertamento amministrativo o di procedimenti penali
Riduzione fino alla metà delle pene e **inapplicabilità delle sanzioni accessorie**	Fuori dai casi che precedono, la fattispecie descritta è attuabile se, prima della dichiarazione di apertura del dibattimento di primo grado, i debiti tributari, comprese sanzioni amministrative e interessi, sono stati **estinti mediante integrale pagamento** degli importi dovuti, anche a seguito delle speciali **procedure conciliative** e di **adesione all'accertamento (2)**
Aumento della metà delle pene	Si applica se il reato è commesso dal concorrente **nell'esercizio dell'attività di consulenza fiscale** svolta da un professionista o da un intermediario finanziario o bancario attraverso l'elaborazione o la commercializzazione di modelli di evasione fiscale

(1) Se il debito tributario è in fase di **estinzione mediante rateizzazione**, il pagamento del debito residuo deve essere eseguito entro tre mesi, durante i quali la prescrizione è sospesa. Tale termine può essere prorogato dal giudice una sola volta, per non oltre tre mesi, se lo ritiene necessario, e ferma restando la sospensione della prescrizione. La proroga così limitata temporalmente è oggetto di richiesta di giudizio di costituzionalità (Trib. Treviso sez. pen. 23 febbraio 2016).
(2) In tali casi, e anche se a seguito di ravvedimento, può essere richiesta l'applicazione del **patteggiamento** (art. 444 c.p.p.).

>Precisazioni 1) Il pagamento deve riguardare anche le sanzioni amministrative previste (anche se non applicabili all'imputato in base al principio di specialità) e può essere effettuato anche da persona diversa dall'autore della violazione.
2) L'**avvenuta estinzione** dei debiti tributari va documentata tramite una dichiarazione, redatta in carta libera, in conformità ad apposito modello ministeriale, da presentare, unitamente alla ricevuta dell'avvenuto pagamento, all'ufficio giudiziario procedente. Essa deve contenere: i dati identificativi del dichiarante; la specificazione, da parte dell'ufficio stesso, se l'estinzione del debito sia avvenuta per acquiescenza, accertamento con adesione, conciliazione giudiziale o altro, indicando gli estremi dell'atto definito; i dati relativi al pagamento; l'attestazione rilasciata dall'ufficio finanziario competente all'accertamento dell'avvenuta estinzione del debito relativo ai reati oggetto di procedimento. Il **versamento** delle somme deve essere effettuato mediante modello F24, anche attraverso la compensazione, utilizzando il codice tributo relativo alla tipologia di definizione esperita.

87495 **ESTINZIONE DEL DEBITO PER PRESCRIZIONE** Se il debito tributario è estinto per prescrizione o decadenza, l'imputato paga una somma da lui indicata a titolo di equa riparazione dell'offesa all'interesse pubblico. La somma stessa va restituita in caso di assoluzione o proscioglimento.

>Precisazioni 1) La somma non può comunque essere inferiore a quella risultante dal ragguaglio - fra pena pecuniaria e pena detentiva (art. 135 c.p.) - della pena minima prevista per il delitto.
2) Sul Mod. F24 deve essere indicato il **codice tributo** 8887 e va indicato l'anno in cui il versamento viene effettuato (DM 13 giugno 2000). Non è ammessa la **compensazione**.

CAPITOLO 4

Contenzioso

SOMMARIO

In relazione ad un provvedimento emesso dall'AF il destinatario può: **87600**
– impugnarlo, proponendo ricorso (o reclamo), se lo ritiene infondato (v. n. 87610);
– definirlo sulla base di apposite procedure alternative (v. n. 87970);
– chiederne il riesame in autotutela all'Ufficio che lo ha emesso (v. n. 80400).
Di seguito si espongono i lineamenti essenziali dei richiamati istituti, rinviando per ulteriori approfondimenti al **Memento Contenzioso tributario**.
Per la possibilità di **definire in via agevolata** le liti pendenti alla data del 1° gennaio 2023, v. n. 99450 e s.

SEZIONE 1

Processo tributario

Per contestare un provvedimento impositivo dell'AF, il contribuente deve proporre **ricorso** alla Corte di Giustizia tributaria di primo grado; in alcuni casi, il ricorso produce gli effetti di **reclamo** all'Ufficio che lo ha emesso che introduce la possibilità della mediazione; in questo caso, se l'Ufficio non accoglie il reclamo o le parti non si accordano con la mediazione, il procedimento prosegue avanti alla Corte tributaria di primo grado. **87610**
Si apre in questo modo un procedimento giudiziario di competenza delle Corti tributarie (giurisdizione tributaria), regolato dal D.Lgs. 546/92, la cui disciplina è analoga (fatta eccezione per la fase del reclamo) a quella del processo civile, le cui disposizioni sono applicabili per quanto da questo non disposto e con esso compatibili (art. 1 c. 2 D.Lgs. 546/92).
Il processo si svolge in **modalità telematica**, secondo le specifiche regole tecniche relative alla forma degli atti e dei documenti, alle modalità di notifica e di deposito degli atti in Corte tributaria.
Solo nelle controversie minori, quelle di valore non superiore a € 3.000, il contribuente che sta in giudizio senza un difensore può formare e depositare gli atti in formato cartaceo.

I. Regole generali

ORGANI DEL PROCESSO TRIBUTARIO (art. 1 D.Lgs. 545/92) La giurisdizione tributaria è esercitata: **87615**
a) dalle **Corti di Giustizia tributaria di primo grado** (CGT 1°), aventi sede in ogni capoluogo di provincia, per il 1° grado di giudizio;
b) dalle **Corti di Giustizia tributaria di secondo grado** (CGT 2°), aventi sede in ogni capoluogo di regione (e alcune sezioni distaccate in altri comuni), per il 2° grado (appello);

c) dalla **Corte di Cassazione**, per il giudizio di legittimità.
Le Corti tributarie sono **composte** da giudici nominati tra magistrati ed altri soggetti non appartenenti alla magistratura (c.d. non togati) secondo quanto previsto dal D.Lgs. 545/92. Le controversie, salvo alcuni poteri riconosciuti al Presidente della sezione e della Corte, sono trattate da un **collegio** di 3 giudici.
Le Corti tributarie giudicano nelle materie che rientrano nella **giurisdizione** tributaria.

Nelle **province autonome di Trento e Bolzano** operano Corti tributarie di primo e secondo grado aventi competenza sull'intero territorio della rispettiva provincia, disciplinate dalle stesse disposizioni concernenti le Corti di primo grado e di secondo grado.

87618 **GIURISDIZIONE DELLE CORTI TRIBUTARIE** (art. 2 D.Lgs. 546/92) Le Corti tributarie giudicano sulle controversie **in materia di**:
– tributi di ogni genere e specie, comunque denominati, compresi quelli regionali, provinciali e comunali, il contributo per il SSN, le sovraimposte e le addizionali, le relative sanzioni nonché gli interessi e ogni altro accessorio (fra cui l'aggio della riscossione, le spese di notifica, gli interessi moratori e, per parte della giurisprudenza, il maggior danno da svalutazione monetaria, Cass. SU 15 ottobre 1999 n. 722);
– materia catastale ed estimo (es. l'intestazione, la delimitazione, la figura, l'estensione, il classamento dei terreni; la ripartizione dell'estimo fra i compossessori a titolo di promiscuità di una stessa particella; la consistenza e il classamento delle singole unità immobiliari urbane e l'attribuzione della rendita catastale);
– imposta o canone comunale sulla pubblicità e diritto sulle pubbliche affissioni.
Inoltre, il giudice tributario risolve in via incidentale ogni questione da cui dipende la decisione delle controversie rientranti nella propria giurisdizione (cosiddette questioni **pregiudiziali**), fatta eccezione per le questioni in materia di **querela di falso e sullo stato o la capacità delle persone**, diversa dalla capacità di stare in giudizio (che rientrano nella giurisdizione ordinaria).
Sono **escluse** dalla giurisdizione tributaria le controversie riguardanti gli atti della esecuzione forzata tributaria successivi alla notifica dell'avviso di accertamento esecutivo, della cartella di pagamento o dell'avviso di intimazione.

>Precisazioni 1) L'impugnazione di **fermo amministrativo e iscrizione di ipoteca** rientra nella giurisdizione delle Corti tributarie se tali provvedimenti sono emessi a tutela di crediti tributari (Cass. SU 5 giugno 2008 n. 14831).
2) I **contributi previdenziali** non rientrano nella giurisdizione delle Corti tributarie neppure quando il loro ammontare è determinato in dichiarazione dei redditi e accertato dall'AE; una parziale deroga è prevista in caso di mediazione (v. n. 87800).
3) Non rientrano nella giurisdizione tributaria (in quanto non aventi carattere tributario) il **COSAP** (canone per l'occupazione del suolo e delle aree pubbliche) e la **TIA2** che rientrano nella giurisdizione del Giudice ordinario (C.Cost. 14 marzo 2008 n. 64 e art. 14 c. 33 DL 78/2010 conv. in L. 122/2010).

87620 **Difetto di giurisdizione** (art. 59 L. 69/2009) Se la Corte tributaria è adita in materia che non rientra nella propria giurisdizione, il difetto è **rilevabile**, anche d'ufficio dal Giudice, in ogni stato e grado del procedimento. In breve, se la Corte ritiene che sussista il difetto, emette sentenza nella quale indica, se esistente, il giudice nazionale che ritiene fornito di giurisdizione. **La parte** interessata, entro 3 mesi dal passaggio in giudicato della sentenza, **deve** riproporre la domanda avanti al Giudice indicato come avente giurisdizione.

87625 **CORTE TERRITORIALMENTE COMPETENTE** (art. 4 D.Lgs. 546/92) Una volta appurata la giurisdizione tributaria, è necessario individuare la Corte tributaria competente in relazione al territorio.
Le **Corti di Giustizia tributaria di primo grado** sono competenti per le controversie proposte nei confronti degli enti impositori e degli agenti della riscossione che hanno sede nella loro circoscrizione (generalmente corrispondente al territorio alla provincia).
Rileva, dunque, la sede in cui si trova l'ufficio che ha emesso (o che avrebbe dovuto emettere) l'atto impugnato.
Per gli atti emessi da un'articolazione dell'AE con competenza su tutto o parte del territorio nazionale (ad esempio, un Centro operativo), è competente la Corte di primo grado della circoscrizione in cui ha sede l'Ufficio cui spettano le attribuzioni sul rapporto controverso (v. n. 87633).
Per gli atti emessi dai soggetti abilitati che effettuano attività di accertamento e riscossione dei tributi locali, si fa riferimento alla sede dell'ente locale concedente (C. Cost. 3 marzo 2016 n. 44).

Le **Corti di Giustizia tributaria di secondo grado** sono competenti per l'appello avverso le sentenze delle Corti tributarie di primo grado che hanno sede nella loro circoscrizione.

Incompetenza (art. 5 D.Lgs. 546/92) La competenza delle Corti tributarie è **inderogabile** e l'incompetenza è rilevabile, anche d'ufficio, soltanto nel grado al quale il vizio si riferisce. **87628**
Pertanto, se l'incompetenza non è rilevata innanzi alla Corte tributaria ritenuta incompetente, non è più rilevabile nei successivi gradi del giudizio.
La **sentenza** della Corte tributaria che dichiara la propria incompetenza rende incontestabile sia l'incompetenza dichiarata che la competenza della Corte tributaria in essa indicata (purché il processo venga riassunto davanti alla stessa).

> **La parte** interessata **deve** riassumere il processo davanti alla Corte dichiarata competente, entro il termine fissato nella sentenza o, in mancanza, in quello di 6 mesi dalla comunicazione della sentenza stessa. Se la **riassunzione** avviene nei termini suindicati il processo continua regolarmente davanti alla nuova Corte; nel caso contrario di **mancata riassunzione**, il processo si estingue, con conseguente definitività dell'atto impugnato (quando si estingue il processo avanti alla Corte di primo grado) o della sentenza appellata (quando riguarda il processo della Corte regionale).

POTERI DELLE CORTI TRIBUTARIE (artt. 7 e 8 D.Lgs. 546/92) Le Corti tributarie, ai fini istruttori e **nei limiti dei fatti dedotti dalle parti**, esercitano tutte le facoltà di accesso, di richiesta di dati, di informazioni e chiarimenti conferite agli uffici tributari ed all'ente locale da ciascuna legge d'imposta. **87630**
Non sono ammessi come mezzi di prova il **giuramento** e la prova **testimoniale**. È però possibile richiedere informazioni a terzi o utilizzare dichiarazioni dagli stessi rese al di fuori del processo agli organi dell'amministrazione: tali dichiarazioni assumono però valore puramente indiziario, nel senso che da sole non possono essere sufficienti a determinare la decisione del giudice (C.Cost. 21 gennaio 2000 n. 18; Cass. 26 marzo 2003 n. 4423; Cass. 25 marzo 2002 n. 4269).
Infine le Corti tributarie, se ritengono illegittimo un regolamento o un atto rilevante ai fini della decisione, non lo applicano, limitatamente all'oggetto dedotto in giudizio, senza alcun potere di invalidazione dell'atto illegittimo medesimo (c.d. **potere di disapplicazione incidentale** degli atti).
Nei casi di incertezza oggettiva sull'interpretazione della norma a fondamento della pretesa dell'AF, le Corti tributarie possono dichiarare non applicabili le **sanzioni amministrative** irrogate dagli uffici.

> La Corte può disapplicare la sanzione anche in assenza di specifica richiesta del contribuente; l'incertezza interpretativa che la giustifica si verifica, ad esempio, in caso di **divergenze di contenuto** tra atti ufficiali dell'AF mentre non può ravvisarsi quando sulla corretta interpretazione si è formato un orientamento giurisprudenziale consolidato (Circ. Min. 23 aprile 1996 n. 98/E).

PARTI NEL PROCESSO (art. 10 D.Lgs. 546/92) Sono parti nel processo il ricorrente e l'ente che ha emesso l'atto impugnato o che non ha emesso l'atto richiesto. **87633**
Il **ricorrente** è il destinatario dell'atto impugnato e dunque solitamente il contribuente (ma può anche essere un soggetto diverso come il sostituto d'imposta o il destinatario della sola sanzione).
Se ricorrente è una società o altro ente, sta in giudizio per mezzo del proprio rappresentante legale.

> Il ricorrente oltre che direttamente può stare in giudizio anche mediante **procuratore** generale o speciale. La procura deve essere conferita con atto pubblico o con scrittura privata autenticata; tuttavia, se conferita al coniuge e ai parenti o affini entro il quarto grado, ai soli fini della partecipazione all'udienza pubblica, può risultare anche da scrittura privata non autenticata (art. 11 c. 1 D.Lgs. 546/92). I minorenni, gli interdetti, i falliti, gli enti privi di personalità giuridica, pur potendo essere parti di un giudizio, devono stare in giudizio mediante il proprio rappresentante legale.

Parte **resistente** è l'ente che ha emanato l'atto impugnato o non ha emanato l'atto richiesto e in particolare: **87635**
- l'**AE** (Direzioni provinciali e regionali) per tutti i tributi diretti e indiretti erariali o locali dalla stessa gestiti nonché per le operazioni catastali (tramite gli uffici provinciali - territorio);
- l'**AD** per i diritti doganali e la fiscalità interna negli scambi internazionali, le accise sulla produzione e sui consumi, escluse quelle sui tabacchi lavorati (artt. 62 e 63 D.Lgs. 300/99);
- **Comuni, Province o Regioni** (solitamente tramite gli uffici tributi) per i tributi locali da loro gestiti;

– l'**AdR** per le controversie aventi ad oggetto i vizi degli atti da questo emesso;
– i soggetti che esercitano attività o **accertamento e riscossione dei tributi locali**;
– **altri enti** impositori.

>Precisazioni 1) Nel caso di impugnazione del **ruolo e della cartella di pagamento**, la parte resistente deve essere individuata nell'AE (o nel soggetto eventualmente diverso) che ha emesso il ruolo, per le contestazioni di merito sulla pretesa e nell'AdR che ha emesso la cartella per i vizi formali della stessa. In ogni caso, per la giurisprudenza, è valido il ricorso per vizi di merito notificato all'AdR che è tenuto a chiamare in causa l'ente impositore (art. 39 D.Lgs. 112/99 e Cass. SU 25 luglio 2007 n. 16412).
2) Nel caso di impugnazione di atto emesso **dal Centro operativo** di Pescara (e dalla sede distaccata di Reggio Calabria) occorre fare riferimento **all'attività in concreto esercitata** e pertanto (Provv. AE 28 gennaio 2011 e Circ. AE 19 marzo 2012 n. 9/E):
– per gli atti emessi nell'ambito di attività di controllo e di accertamento svolte **su tutto il territorio** nazionale, il ricorso va proposto nei confronti della Direzione Provinciale o Regionale cui spettano le attribuzioni sul tributo controverso;
– per gli **atti diversi** da quelli precedenti (es. quelli connessi ai controlli non realizzabili con modalità automatizzate come quelli relativi alle istanze presentate per la fruizione dei crediti d'imposta) il ricorso va proposto contro il Centro operativo (art. 5 Provv. AE 28 gennaio 2011). A seconda della parte resistente va individuata la Corte tributaria di primo grado competente.
3) Per l'**IRAP**, la competenza spetta all'AE fino a quando la complessiva gestione dell'imposta non sarà trasferita alle Regioni cui spetta il tributo.
4) Per il **contributo unificato** stanno in giudizio direttamente le cancellerie o segreterie degli uffici giudiziari per tutti i gradi del contenzioso (Circ. AE 29 dicembre 2015 n. 38/E).

87640 **Pluralità di parti** (art. 14 D.Lgs. 546/92) Quando l'oggetto del ricorso riguarda **inscindibilmente** più soggetti, questi devono essere tutti parte nello stesso processo (c.d. **litisconsorzio necessario**) e la controversia non può essere decisa limitatamente ad alcuni di essi.
Ne consegue che il ricorso deve essere proposto (e notificato) nei confronti di tutti i soggetti inscindibilmente collegati. Se ciò non avviene, la Corte tributaria ordina l'**integrazione del contraddittorio** mediante la loro chiamata in causa entro un termine stabilito a pena di decadenza.
La **chiamata in causa** avviene attraverso la notificazione alla parte originariamente non in causa (a cura di chi ha interesse alla prosecuzione del giudizio) del ricorso introduttivo e del provvedimento della Corte che ordina l'integrazione del contraddittorio (o di un atto analogo a questi).
Se la chiamata in causa avviene regolarmente ma i litisconsorti non si costituiscono, il processo prosegue normalmente. Se invece la chiamata in causa non avviene o avviene irregolarmente, il processo si estingue.

>Precisazioni 1) In caso di accertamento nei confronti di **società di persone o associazioni professionali**, l'eventuale giudizio deve coinvolgere sia la società (o associazione) che i soci e gli associati (ipotesi di litisconsorzio necessario, Cass. SU 4 giugno 2008 n. 14815 e Cass. 6 dicembre 2010 n. 24764).
2) I soggetti chiamati in causa **si costituiscono in giudizio** con le forme previste per le parti resistenti (v. n. 87823).

87643 Possono inoltre **intervenire volontariamente** o essere **chiamati in causa** (su istanza di parte o per ordine del giudice) i soggetti, diversi dai precedenti, che, insieme al ricorrente, sono destinatari dell'atto impugnato o parti del rapporto tributario controverso anche quando non ricorre ipotesi di litisconsorzio necessario.

>Precisazioni 1) L'intervento si ha quando un terzo, che non è parte, interviene spontaneamente al processo in quanto ha interesse allo svolgimento e all'esito dello stesso. Esso **si realizza mediante** un atto scritto che deve essere notificato a tutte le parti e tramite la successiva costituzione in giudizio con le modalità prescritte per la parte resistente (v. n. 87823).
2) Per l'intervento può essere dovuto il **contributo unificato** di iscrizione a ruolo (Circ. DF 21 settembre 2011 n. 1/DF; v. n. 87788).

87645 **NOMINA DEL DIFENSORE** (art. 12 D.Lgs. 546/92) Le parti private (escluse dunque l'Agenzia fiscale, l'ente locale, l'AdR e i soggetti abilitati all'accertamento e riscossione dei tributi locali), **devono** farsi assistere, fin dal primo atto del processo, da un difensore tecnico nominato fra i **soggetti abilitati**.
Solo nelle **liti minori**, di valore fino a € 3.000, non è necessaria la nomina di un difensore (per la determinazione del valore v. n. 87710).
In caso di **ricorso proposto senza difensore** o di invalidità della nomina ed in ogni altro caso in cui rilevi un **difetto di assistenza** tecnica, il presidente della sezione o del collegio della Corte tributaria deve assegnare alla parte un termine per la regolarizzazione; l'osservanza del

termine sana i vizi e gli effetti sostanziali e processuali dell'atto si producono fin dalla notificazione (art. 182 c.p.c.); la CGT 2° non è tenuta a reiterare alla parte l'ordine di regolarizzazione già impartito in primo grado e l'appello proposto senza assistenza del difensore è inammissibile (Cass. SU 13 dicembre 2017 n. 29919).

>**Precisazioni** 1) Il **contribuente in possesso dei requisiti** per prestare assistenza tecnica può stare in giudizio personalmente (ad es. un avvocato per questioni che lo riguardano direttamente) senza necessità di conferire incarico ad altro difensore.
2) I **non abbienti** possono usufruire, ricorrendo determinate condizioni, dell'assistenza gratuita (c.d. gratuito patrocinio), previa ammissione da parte di apposita Corte istituita presso ciascuna CGT 1° e CGT 2° (art. 138 DPR 115/2002).

Soggetti abilitati (art. 12 D.Lgs. 546/92) Sono abilitati a difendere avanti alle Corti tributa- **87650**
rie i soggetti indicati nella **tabella** seguente, di cui alcuni con competenza generale (possono cioè difendere in tutte le vertenze) ed altri con competenza limitata a determinate vertenze o soggetti.

Soggetti	Competenza
avvocati iscritti al relativo albo	generale
dottori commercialisti e ragionieri commercialisti iscritti nella Sezione A dell'albo	
consulenti del lavoro iscritti al relativo albo	
impiegati delle carriere dirigenziali, direttive e di concetto dell'AF e altri enti impositori e gli ufficiali e ispettori della Guardia di Finanza, collocati a riposo dopo almeno 20 anni di servizio effettivo di cui 10 prestati in attività connesse ai tributi, se autorizzati dal Ministero delle finanze, iscritti in appositi elenchi e che siano a riposo da almeno due anni **(1) (2)**	
funzionari delle associazioni di categoria che, alla data del 15 gennaio 1993, erano iscritti negli elenchi tenuti dalle Intendenze di finanza in base alla previgente normativa sul contenzioso tributario **(1)**	
soggetti già iscritti alla data del 30 settembre 1993 nei ruoli di periti ed esperti tenuti dalle camere di commercio, industria, artigianato e agricoltura per la sub-categoria tributi, in possesso di diploma di laurea in giurisprudenza o in economia e commercio o equipollenti o di diploma di ragioniere **(1)**	limitata alle materie concernenti le imposte di registro, di successione, i tributi locali, l'IVA, l'IRPEF, l'IRAP e l'IRES
ingegneri, architetti, geometri, periti industriali, dottori agronomi e forestali, agrotecnici e periti agrari, iscritti nei relativi albi professionali	limitata alle controversie in materia catastale
spedizionieri doganali iscritti nell'apposito albo	limitata alle controversie relative a tributi doganali
dipendenti delle associazioni di categoria rappresentate nel CNEL e dipendenti delle imprese e delle loro controllate in possesso del diploma di laurea magistrale in giurisprudenza, economia e commercio (o equipollenti) o del diploma di ragioneria con la relativa abilitazione professionale (non è rilevante l'iscrizione agli albi professionali) **(1)**	limitata alle controversie in cui sono parte gli associati e le imprese o loro controllate
dipendenti dei CAF e delle relative società di servizi in possesso del diploma di laurea magistrale in giurisprudenza, economia e commercio (o equipollenti), o del diploma di ragioneria con la relativa abilitazione professionale (non è rilevante l'iscrizione agli albi professionali) **(1)**	limitata alle controversie dei propri assistiti originate da adempimenti per i quali il CAF ha prestato loro assistenza

(1) Questi soggetti devono essere **iscritti in un elenco** tenuto dal Dipartimento delle finanze del MEF secondo modalità da stabilirsi con DM con il quale sono anche previste le cause di incompatibilità, diniego di iscrizione, ecc.
(2) Questi soggetti possono esercitare le funzioni di assistenza e difesa decorsi due anni **dalla cessazione** del rapporto d'impiego; **la violazione** di questa disposizione è punita con la sanzione amministrativa da euro 1.000 a euro 5.000 (art. 63 DPR 600/73).

Conferimento dell'incarico La parte (ad es. il ricorrente) deve conferire incarico al **87653**
difensore tramite una **procura** che può essere **generale** (e cioè rilasciata per un numero indefinito di controversie) **o speciale** (e cioè rilasciata per una determinata e specifica controversia).
La procura speciale (più diffusa anche per la forma più semplice) **deve contenere**:

- generalità del soggetto che la conferisce;
- generalità del difensore o dei difensori;
- oggetto e ampiezza della procura (ad esempio se rilasciata anche per i gradi successivi del processo o deve prevedere espressamente se il difensore può sottoscrivere la conciliazione);
- poteri conferiti al difensore (in proposito è **opportuno** che preveda la rappresentanza del contribuente anche nell'eventuale fase di reclamo ed eventualmente il potere di conclusione dell'accordo di mediazione, Circ. AE 19 marzo 2012 n. 9/E);
- eventuale elezione di domicilio (l'indicazione della pec valida per le comunicazioni e notificazioni equivale alla comunicazione del domicilio eletto);
- data, luogo di rilascio e sottoscrizione della parte.

87655 La procura speciale, per essere acquisita nel processo telematico, deve essere conferita in una delle **seguenti forme**:
- redatta su supporto informatico e sottoscritta con firma digitale della parte e autenticata dal difensore mediante apposizione della firma digitale;
- redatta su supporto cartaceo, sottoscritta dalla parte e dal difensore che ne estrae copia per immagine su supporto informatico (scansione) e ne attesta la conformità all'originale, sottoscrivendo il file digitalmente.

La procura deve **contenere** i dati della parte, del difensore, del domicilio digitale, l'indicazione specifica dell'atto e della controversia cui si riferisce e deve essere **trasmessa** (per il deposito o la notifica) congiuntamente all'atto cui si riferisce (art. 4 DM 23 dicembre 2013 n. 163).

87658 **ATTI IMPUGNABILI** Sono impugnabili tutti quegli atti con cui l'AF comunica al contribuente una **pretesa tributaria ormai definita**, ancorché tale comunicazione non si concluda con una formale intimazione di pagamento, non avendo rilievo la formale denominazione dell'atto (Cass. 9 dicembre 2009 n. 25699).

L'art. 19 D.Lgs. 546/92 offre un elenco degli atti impugnabili (vedi **tabella**), ritenuto non tassativo ma esemplificativo. Se gli atti ivi indicati non sono impugnati nei termini di legge, si consolidano e divengono definitivi.

L'**omessa notifica** di un atto autonomamente impugnabile ne consente l'impugnazione unitamente a quello successivo notificato.

a) l'**avviso di accertamento** del tributo (comunque denominato: in rettifica, d'ufficio, di liquidazione della maggiore imposta di registro); b) l'**avviso di liquidazione** del tributo; c) il **provvedimento che irroga le sanzioni (1)**; d) il **ruolo** e la **cartella di pagamento**; e) l'**avviso di mora**; f) le **iscrizioni ipotecarie** su immobili e i provvedimenti di **fermo amministrativo** emessi in relazione ai crediti tributari (Cass. SU 5 giugno 2008 n. 14831); g) gli atti individuali relativi alle **operazioni catastali**; h) il **rifiuto espresso o tacito** (v. n. 80458) della restituzione di tributi, sanzioni pecuniarie ed interessi o altri accessori non dovuti **(2)**; i) il **diniego o la revoca di agevolazioni** o il rigetto di domande di definizione agevolata di rapporti tributari; j) ogni **altro atto** per il quale la legge ne preveda l'autonoma impugnabilità davanti alle Corti tributarie.
(1) Quando l'**irrogazione è contestuale all'accertamento** o di liquidazione del tributo, deve essere specificamente contestato, in quanto mantiene una autonomia concettuale (v. n. 87240). **(2)** Non è impugnabile il rifiuto espresso o tacito per il **rimborso di somme versate a seguito di provvedimento** divenuto definitivo per mancata impugnazione (Cass. 14 febbraio 2003 n. 2249).

Gli **atti diversi** da quelli riportati nella precedente **tabella** (non indicati nell'art. 19 D.Lgs. 546/92) ma che portino a conoscenza del contribuente una ben individuata pretesa tributaria, possono essere impugnati ma in mancanza di impugnazione non divengono definitivi (Cass. 5 ottobre 2012 n. 17010).

Nella **tabella** seguente si riportano alcuni atti particolari per valutarne l'impugnabilità.

Atto	Impugnabile	Rif.
Estratto di ruolo (congiuntamente alla cartella di pagamento non notificata)	no	art. 3 bis DL 146/2021 conv. in L. 215/2021 **(*)**
Comunicazione di irregolarità (notificate ai sensi dell'art. 36 bis DPR 600/73 e dell'art. 54 bis DPR 633/72, v. n. 81745)	no	Cass. 20 ottobre 2011 n. 21854 e Cass. SU 24 luglio 2007 n. 16293
Revoca dell'accertamento con adesione	sì	Cass. SU 26 marzo 1999 n. 185
Avviso bonario	sì	Cass. 9 dicembre 2009 n. 25699
Intimazione di pagamento (art. 50 DPR 602/73)	sì	Cass. SU 15 ottobre 2009 n. 21891
Avviso di recupero di un credito d'imposta illegittimamente compensato	sì	Cass. 3 novembre 2010 n. 22322
Provvedimento di **irrogazione delle sanzioni all'intermediario** per tardiva od omessa trasmissione telematica delle dichiarazioni o di altre sanzioni amministrativo-tributarie nei confronti dell'intermediario	sì	Circ. AE 3 agosto 2012 n. 33/E
Risposta all'interpello	in alcuni casi	la risposta all'interpello disapplicativo è impugnabile unitamente all'accertamento conseguente; le altre non sono impugnabili (art. 6 D.Lgs. 156/2015, Cass. 14 gennaio 2020 n. 425)

(*) Il ruolo e la cartella di pagamento che si assume invalidamente notificata sono suscettibili di diretta impugnazione nei soli casi in cui il debitore che agisce in giudizio dimostra che dall'iscrizione a ruolo può derivargli un pregiudizio per la partecipazione a una procedura di appalto oppure per la riscossione di somme allo stesso dovute dai soggetti pubblici che applicano il blocco dei pagamenti della PA.

REGOLE DEL PROCESSO TELEMATICO (DM 4 agosto 2015, DM 28 novembre 2017 e Circ. DF 4 luglio 2019 n. 1/DF) È obbligatorio l'utilizzo del processo telematico per i giudizi introdotti, in primo e in secondo grado, **dal 1° luglio 2019** (art. 16 DL 119/2018 conv. in L. 136/2018); si fa riferimento alla data di notifica dell'atto introduttivo del grado di giudizio. **87660**

Il ricorso e gli altri atti possono essere formati, notificati e depositati in **modalità analogica** (cartacea), solo nel caso di contribuente che sta in giudizio personalmente senza assistenza tecnica nelle liti minori (v. n. 87645).

Per il giudizio avanti alla Corte di **Cassazione** si applicano le regole dettate per il processo civile e non si applica il processo telematico.

Le modalità telematiche possono essere utilizzate, per notifiche e depositi, anche nel **giudizio introdotto con modalità analogiche** e indipendentemente dalla modalità utilizzata dalla controparte e, per il giudizio di appello, indipendentemente dalla modalità di svolgimento del giudizio di primo grado (art. 16 c. 2 DL 119/2018, la previsione è interpretativa e supera quella giurisprudenza che riteneva ammissibile il canale telematico solo nel processo introdotto con tale modalità).

Dal 9 aprile 2020, tutte le parti, anche se costituite in via analogica e con la sola eccezione del contribuente che sta in giudizio senza l'assistenza di un difensore, devono depositare atti, documenti e provvedimenti giurisdizionali esclusivamente in via telematica (art. 29 DL 23/2020 conv. in L. 40/2020).

Per processo tributario telematico (di seguito anche **PTT**) **si intende** l'utilizzo degli strumenti informatici per la redazione e la presentazione (notifica, deposito, comunicazione) degli atti del processo dematerializzati.

Il PTT **si basa** sull'iscrizione e l'accesso al Sigit (Sistema informativo della giustizia tributaria) tramite il portale della giustizia tributaria (www.giustiziatributaria.gov.it), sull'utilizzo della posta elettronica certificata e della firma digitale per sottoscrivere gli atti informatici.

Per le **definizioni tecniche** degli strumenti informatici si fa riferimento al codice dell'amministrazione digitale (**CAD**, D.Lgs. 82/2005).

In pratica, per accedere al PTT, il difensore o la parte che sta in giudizio personalmente deve:
– dotarsi di computer (con accesso a internet, software di videoscrittura, antivirus, antispam e firewall), scanner e dispositivo di firma digitale;
– attivare un indirizzo PEC;
– iscriversi ed avere accesso al SIGIT.

87663 **Atto e documento informatico** (art. 10 DM 4 agosto 2015 e DM 28 novembre 2017)
Qualunque **atto processuale** in formato elettronico **deve essere**:
– redatto con software di videoscrittura senza restrizioni per le operazioni di selezione e copia di parti (la generalità dei normali e più diffusi software di videoscrittura);
– convertito in formato PDF/A-1a o PDF/A-1b;
– privo di elementi attivi fra cui macro e campi variabili;
– sottoscritto con firma digitale (il nome del file sottoscritto deve avere la desinenza .pdf.p7m);
– di dimensione massima di 10 MB.

87664 I **documenti informatici** devono essere in formato PDF/A-1a o PDF/A-1b o TIFF con risoluzione non superiore a 300 dpi, in bianco e nero e compressione in modalità fax (CCITT Group IV).
Sono ammessi anche i seguenti formati per i quali però il SIGIT non garantisce la conservazione: Bitmap Image - (BMP); Email Markup Language - (EML); eXtensible Markup Language - (XML); Graphics Interchange Format - (GIF); Joint Photographic Experts Group - (JPEG); Microsoft Office Excel - (XLS, XLSX); Microsoft Office Word - (DOC, DOCX); Open Document Format - (ODT); Portable Document Format - (PDF); Portable Network Graphics - (PNG); Tagged Image File Format - (TIFF).
Non sono quindi previsti i file MSG relativi ai software di posta elettronica.
I documenti originariamente analogici per i quali è ammessa la **scansione** in formato immagine, devono essere in formato PDF/A-1a o PDF/A-1b, oppure TIFF con caratteristiche come sopra.
Tutti i documenti devono sempre essere:
– privi di elementi attivi fra cui **macro** e campi variabili;
– **sottoscritti** con firma digitale;
– di **dimensione** massima di 10 MB (per singolo documento; se il documento ha dimensione maggiore è necessario suddividerlo in più file).
In caso di atto o documento **non conforme** alle richiamate specifiche tecniche, il SIGIT garantisce la sola registrazione ma non identificabilità dell'autore, integrità, leggibilità e reperibilità dell'atto o documento e, in alcuni casi (documento non conforme neppure ai formati previsti dal Manuale di gestione dell'art. 5 DPCM 3 dicembre 2013), neppure la registrazione (art. 5 DM 4 agosto 2015).

> **Precisazioni 1)** I difensori (anche del contribuente, Circ. Min. 4 luglio 2019 n. 1/DF) per il deposito e la notifica con modalità telematiche, possono attestare la conformità all'originale della **copia informatica di originale analogico** di un atto processuale di parte, di un provvedimento del giudice o di un documento detenuto in originale o in copia conforme o per estrarre **copia analogica conforme a originale informatico** presente nel fascicolo informatico formato dalla segreteria della CT (art. 25 bis D.Lgs. 546/92).
2) Sul sito del SIGIT, i soggetti iscritti al PTT possono **verificare e convertire i file** TIFF e PDF.
3) Il **nome del file** è libero ma non può superare 100 caratteri.

87665 La **firma digitale** è la forma più avanzata di firma elettronica avanzata basata su un certificato qualificato e su un sistema di chiavi crittografate (una pubblica e una privata) che consentono al titolare di manifestare e al destinatario di verificare la provenienza e l'integrità di un documento informatico o di un insieme di documenti informatici; per la sottoscrizione degli atti processuali e dei documenti informatici la norma prevede in alternativa anche l'utilizzo della **firma elettronica qualificata**, altra tipologia di firma elettronica avanzata (art. 1 c. 1 D.Lgs. 82/2005); nella trattazione seguente si farà riferimento alla firma digitale.
L'interessato deve chiedere il **rilascio di un dispositivo per la firma** digitale ad un soggetto certificatore.

87668 Regole particolari valgono per la **procura alle liti** o l'incarico di assistenza e difesa conferiti, possono essere redatti su supporto informatico (come sopra detto) e sottoscritti con firma digitale della parte e autenticata dal difensore mediante apposizione della firma elettronica avanzata (o digitale).
In caso di procura **rilasciata su supporto cartaceo**, il difensore ne deve estrarre copia per immagine su supporto informatico (scannerizzare) e attestarne la conformità all'originale,

sottoscrivendo il file digitalmente; in questo caso la procura deve essere **trasmessa** (per il deposito o la notifica) congiuntamente all'atto cui si riferisce (art. 4 DM 23 dicembre 2013 n. 163).

Notificazioni (art. 5 DM 23 dicembre 2013 n. 163 e art. 6 DM 4 agosto 2015) Le parti possono effettuare le notifiche degli atti informatici del processo (ad esempio del ricorso): 87670
- direttamente via pec;
- tramite Ufficiale giudiziario.

La notifica **via pec** si effettua mediante trasmissione del documento informatico all'indirizzo pec del destinatario (individuato secondo quanto detto in **tabella**).
In caso di notifica **tramite Ufficiale giudiziario** questo vi provvede in base alle disposizioni del processo civile e il difensore deve trasmettere l'atto da notificare, all'Ufficio Notificazioni Esecuzioni e Protesti (UNEP) competente, via pec all'indirizzo pubblicato sull'indice degli indirizzi delle PA.
L'**indirizzo pec** cui inviare l'atto è quello dichiarato dalla parte destinataria nel ricorso o nel primo atto difensivo ed è riportato nella nota di iscrizione a ruolo e deve coincidere con quello riportato nella **tabella** seguente cui fare riferimento anche per la notifica del ricorso introduttivo all'ente impositore (art. 7 DM 23 dicembre 2013 n. 163).
Gli **atti** da notificare devono rispettare i requisiti indicati al n. 87663.
Per la prassi, il messaggio pec di notifica dell'atto introduttivo del giudizio, deve **contenere**, nell'oggetto la dicitura notificazione ai sensi dell'art. 16 bis c. 3 D.Lgs. 546/92 e nel corpo del messaggio (Circ. Min 4 luglio 2019 n. 1/DF):
- la tipologia dell'atto (es: ricorso, appello, istanza di pubblica udienza, sentenza, ecc.);
- l'atto impositivo impugnato ovvero gli estremi della sentenza;
- il nome, cognome ed il codice fiscale del difensore/ufficio notificante;
- il nome e cognome o la denominazione e ragione sociale ed il codice fiscale della parte che ha conferito la procura alle liti ove necessaria;
- il nome e cognome o la denominazione e ragione sociale del destinatario;
- l'indirizzo di PEC a cui l'atto viene notificato;
- l'indicazione della Corte tributaria adita.

L'indicazione dell'indirizzo pec nel ricorso (o reclamo) introduttivo notificato via pec, equivale ad elezione di **domicilio digitale** valido per le notifiche e le comunicazioni telematiche anche nei **gradi successivi del processo**, salvo **modifica** che la parte deve comunicare alle altre parti e alla Corte secondo specifiche modalità tecniche (art. 6 DM 23 dicembre 2013 n. 163).

Soggetto	Indirizzo PEC (*)
Società o imprese individuali, iscritte nel registro delle imprese	Comunicato al momento dell'iscrizione nel registro delle imprese e pubblicato nell'INI-PEC (art. 16 c. 6 DL 185/2008 conv. in L. 2/2009; art. 5 c. 1 DL 179/2012 conv. in L. 221/2012)
Professionisti iscritti in albi o elenchi istituiti con legge (parti o difensori)	Comunicato ai rispettivi ordini o collegi e pubblicato nell'INI-PEC (art. 16 c. 7 DL 185/2008 conv. in L. 2/2009)
Enti impositori	Pubblicato nell'IPA che è l'indice delle Pubbliche Amministrazioni contenente l'elenco delle caselle di PEC o degli indirizzi di posta elettronica delle Pubbliche amministrazioni
Segreteria delle CT	Pubblicato nell'IPA
Tutti gli altri	Rilasciato da un gestore di PEC in conformità alla normativa vigente (DPR 68/2005)

(*) Le parti dichiarano l'indirizzo di PEC nel ricorso o nel primo atto difensivo e lo riportano nella nota di iscrizione a ruolo, eleggendo così il **domicilio digitale**. In caso di **indicazione errata** negli atti difensivi, ai fini delle notificazioni e comunicazioni, possono essere utilizzati gli appositi elenchi che sono consultabili nell'INI-PEC che è l'indice nazionale degli indirizzi di PEC delle società, delle imprese individuali e dei professionisti.
Le **variazioni** dell'indirizzo di PEC vanno effettuate con apposite modalità (regolamentate in futuro) e **producono effetto** dal decimo giorno successivo a quello della relativa notifica alla segreteria della CT e alle parti costituite.

ESEMPIO
Per la notifica del **ricorso** (o reclamo) introduttivo, il difensore che voglia provvedervi in via telematica, deve:
- redigere l'atto tramite software di video scrittura, convertirlo in formato PDF/A-1a (o PDF/A-1b) e sottoscriverlo digitalmente;

– acquisire la procura alle liti anche in formato cartaceo, scannerizzarla ed autenticarla sottoscrivendola digitalmente;
– allegare i 2 suddetti atti informatici (ricorso e procura) a messaggio pec da inviare all'indirizzo della Direzione dell'AE competente all'indirizzo rilevabile nell'IPA.

87673 Ai fini della decorrenza dei termini processuali, la notificazione effettuata tramite pec, si considera **effettuata**, **per il mittente**, al momento dell'invio al suo gestore, della relativa ricevuta di accettazione e, **per il destinatario**, al momento in cui la notificazione è resa disponibile nella cartella pec (art. 8 c. 1 DM 23 dicembre 2013 n. 163).
La notifica si intende **perfezionata** e cioè completata al momento in cui viene generata da parte del gestore di pec del destinatario la ricevuta di avvenuta consegna (art. 5 DM 23 dicembre 2013 n. 163).
La notifica può essere effettuata in qualunque **orario** (non si applica il limite previsto delle ore 21.00, C.Cost. 9 aprile 2019 n. 75) e si considera tempestiva, per il notificante, se entro le ore 23.59 di quel giorno è generata la ricevuta di accettazione, mentre è solo per il destinatario che opera il differimento al giorno successivo del momento perfezionativo della notifica effettuata dopo le ore 21.00 (Circ. Min. 4 luglio 2019 n. 1/DF).

87675 **Deposito degli atti in CT** (art. 9 DM 23 dicembre 2013 n. 163 e artt. 7 e 9 DM 4 agosto 2015) Il **ricorrente** che ha notificato il ricorso (o reclamo) tramite pec, deve depositare presso la Corte tributaria gli stessi e gli altri atti del processo, esclusivamente tramite il SIGIT.
Per la **costituzione in giudizio**, il ricorrente deposita tramite SIGIT: ricorso, ricevute di accettazione e consegna pec attestanti la notifica (v. Circ. Min. 4 luglio 2019 n. 1/DF), procura alle liti, prova del versamento del contributo unificato (per le modalità di versamento, v. n. 74070), eventuali allegati e nota di iscrizione a ruolo, previo inserimento dei dati richiesti dal sistema per l'iscrizione a ruolo.
A seguito dei **controlli** previsti ed in caso di esito positivo, il SIGIT provvede all'iscrizione del ricorso al ruolo e rende disponibile nell'area riservata il numero di ruolo assegnato al ricorso; in questo caso la **ricevuta** di accettazione attesta l'avvenuto deposito.
Le stesse modalità si applicano per il deposito degli **atti successivi** al ricorso e la parte deve indicare il numero di ruolo assegnato.

> **Precisazioni** 1) In caso di **anomalie**, il SIGIT non procede all'iscrizione a ruolo, salvo che queste riguardino solamente il formato dei file del ricorso o i documenti allegati; in ogni caso invia pec al richiedente per informarlo dell'esito.
> 2) **L'esito** di accettazione o anomalia è reso disponibile **entro** 24 ore dalla trasmissione nell'area personale del SIGIT.
> 3) La parte che ha utilizzato la modalità telematica per la notifica e il deposito deve poi **utilizzarla per l'intero giudizio** e anche in appello (art. 2 DM 23 dicembre 2013 n. 163).

87678 Il **resistente** deposita le controdeduzioni e gli altri atti del processo sempre tramite il SIGIT, previo inserimento del numero di iscrizione a ruolo del procedimento di riferimento (in mancanza è possibile indicare i dati identificativi della controversia).
Il SIGIT rilascia immediatamente una **ricevuta di accettazione** attestante la data e l'ora della trasmissione che sarà poi inviata alla parte anche via pec, salvo provvedere entro 24 ore ai controlli di regolarità e assenza di anomalie dei file inviati, secondo quanto detto al n. 87675 (art. 8 DM 4 agosto 2015).

87683 **Fascicolo del processo** (art. 12 DM 4 agosto 2015) Il fascicolo del processo è in formato informatico e **contiene** gli atti, i documenti, gli allegati, le ricevute di pec, i messaggi di sistema e i dati del procedimento nonché le copie per immagini di atti e documenti depositati in formato non informatico.
Le parti **costituite** possono **accedere al fascicolo** informatico tramite l'applicazione «Telecontenzioso», utilizzando le stesse credenziali per l'accesso al SIGIT, e prelevare o consultarne il contenuto.
Le **parti non ancora costituite** possono presentare, sempre tramite PTT, richiesta di accesso temporaneo al fascicolo informatico.

87685 **Comunicazioni** Nel corso del processo la Corte tributaria effettua le comunicazioni alle parti costituite mediante pec (art. 6 DM 4 agosto 2015).

II. Primo grado di giudizio

A. Introduzione

Il contribuente deve introdurre il giudizio con modalità differenti (**ricorso o reclamo**) a seconda dell'atto impugnato e del suo valore. In pratica, il reclamo impone un tentativo di mediazione fra le parti prima della costituzione in giudizio presso la CGT 1° con conseguenti differenti termini. 87690
Disposizioni particolari sono previste per il giudizio avente ad oggetto i provvedimenti di **recupero di aiuti di Stato illegittimi** (art. 47 bis D.Lgs. 546/92) in merito alle quali si rinvia a MCT.
Per l'applicazione del **processo tributario telematico**, v. n. 87660.

RICORSO O RECLAMO (art. 17 bis D.Lgs. 546/92) Per l'impugnazione di atti (compreso il rifiuto alla restituzione di un tributo) di **valore** non superiore a € 50.000 (soglia così aumentata da € 20.000 a decorrere dal 1° gennaio 2018), il ricorso produce anche gli effetti di un reclamo e il contribuente può inserirvi anche una proposta di mediazione. 87700
Contro gli atti aventi ad oggetto le **operazioni catastali** (classamento, attribuzione rendita, ecc.), il ricorso produce sempre gli effetti di reclamo anche se la controversia ha valore indeterminabile; al contrario, il ricorso non produce mai gli effetti di reclamo, quando proposto contro atti di **recupero degli aiuti di Stato** dichiarati illegittimi, qualunque ne sia il valore.

L'**innalzamento della soglia** a 50.000 si applica in relazione agli atti la cui notifica si intende perfezionata, per il contribuente, dal 1° gennaio 2018 (così ad esempio, in caso di notifica per posta raccomandata spedita il 28/12/2017 ma ricevuta dal contribuente il 2/1/2018, si applica la nuova soglia); per l'impugnazione del silenzio-rifiuto su istanza di rimborso, si deve fare riferimento al decorso del temine di 90 giorni dall'istanza in cui matura il silenzio-rifiuto (Circ. AE 22 dicembre 2017 n. 30/E).

Valore della controversia (art. 12 c. 5 e 6 D.Lgs. 546/92) Il valore della controversia coincide con l'ammontare del tributo contestato, al netto degli interessi e delle eventuali sanzioni irrogate. Per tributo contestato si intende la (sola o) maggiore imposta accertata. Se la lite riguarda esclusivamente **l'irrogazione di sanzioni**, il valore da considerare coincide con l'ammontare di queste. 87710
Nel caso di **rettifica della perdita** dichiarata dal contribuente, il valore della lite deve essere determinato con riferimento all'imposta virtuale o alla maggior imposta effettiva relativa alla differenza tra la perdita dichiarata e la minore perdita accertata dall'Ufficio (Circ. Min. 18 dicembre 1996 n. 291/E).
Il valore va individuato **al momento** della presentazione dell'impugnazione, cosicché, se prima della notifica di questa l'ufficio provvede in autotutela parziale a ridurre gli importi accertati, si deve fare riferimento al valore così rideterminato (Circ. AE 3 agosto 2012 n. 33/E).
Soprattutto ai fini dell'individuazione delle liti soggette a reclamo obbligatorio, non è chiaro se, nel caso in cui il contribuente **contesti parzialmente** la pretesa tributaria azionata dall'ufficio, il valore della lite debba essere determinato in relazione all'intero tributo originariamente accertato o solo a quello effettivamente contestato, ritenendosi però più corretta tale seconda soluzione. In questo senso si è espressa Circ. AE 24 ottobre 2011 n. 48/E ma in tema di definizione delle liti pendenti.
Non concorrono alla determinazione del valore gli importi eventualmente accertati a titolo di **contributi e premi previdenziali**, la cui contestazione non rientra nella giurisdizione delle Corti tributarie.
Quando con un unico atto sono **accertati o contestati più tributi**, il valore è dato dalla somma degli stessi (CTP Genova 7 febbraio 2000 n. 722).
Nel caso di impugnazione del **sollecito di pagamento**, si calcola sul valore delle cartelle richiamate.

> **Precisazioni** 1) Sono di **valore indeterminabile** (e dunque sempre soggette a ricorso) le controversie (Circ. DF 21 settembre 2011 n. 1/DF):

– relative alle **operazioni catastali** (intestazione, delimitazione, figura, estensione e classamento dei terreni, ripartizione dell'estimo tra compossessori, consistenza, classamento delle singole unità immobiliari urbane e attribuzione della rendita, Circ. AE 28 dicembre 2012, n. 49/T);
– relative al provvedimento di cancellazione o di diniego di iscrizione all'**anagrafe delle ONLUS**;
– avente ad oggetto la sanzione di **sospensione della licenza o dell'autorizzazione** all'esercizio dell'attività (ai sensi dell'art. 12 D.Lgs. 471/97, Circ. AE 3 agosto 2012 n. 33/E).
2) Nel caso di impugnazione, contestualmente a quello conseguenziale, di un **atto presupposto non notificato**, il valore della controversia deve essere determinato in riferimento all'atto presupposto (Circ. AE 19 marzo 2012 n. 9/E).

87720 **Atto introduttivo errato** (art. 17 bis D.Lgs. 546/92) Il ricorso automaticamente produce gli effetti del reclamo e non vi è quindi sostanziale differenza di contenuto, tuttavia l'errato utilizzo di una procedura piuttosto che dell'altra, può avere conseguenze differenti:
– il contribuente presenta **reclamo piuttosto che ricorso** e si costituisce in giudizio oltre il previsto termine di 30 giorni (v. n. 87785): l'impugnazione è inammissibile (art. 22 D.Lgs. 546/92);
– il contribuente presenta **ricorso piuttosto che reclamo** e si costituisce in giudizio senza attendere il termine previsto per la trattazione del reclamo: il ricorso è ammissibile ma improcedibile e la Corte rinvia la trattazione della causa per consentire l'esame del reclamo.

1. Ricorso alla Corte tributaria
(art. 18 D.Lgs. 546/92)

87750 Il ricorso, indirizzato alla Corte tributaria di primo grado cui è diretto e redatto in carta libera, deve contenere i dati e gli elementi riportati nella **tabella** seguente.
Alcuni sono previsti per la corretta instaurazione della controversia e l'**omissione** comporta l'inammissibilità del ricorso che non può essere esaminato nel merito; altri sono invece previsti per finalità differenti (come la determinazione del contributo unificato, le comunicazioni della Corte o l'identificazione dei difensori) e l'omissione non influisce sul ricorso ma può comportare altri **effetti** (v. **tabella**).

Dato	Sanzione in caso di omissione (1)
Denominazione di ricorso	Possibile inammissibilità
Corte tributaria cui è diretto	Inammissibilità
Generalità, residenza o sede legale o domicilio eletto in Italia, del ricorrente e del suo legale rappresentante	Inammissibilità
Codice fiscale del ricorrente	Aumento contributo unificato (v. n. 87788) e possibile sanzione pecuniaria **(2)**
Indirizzo PEC del ricorrente che sta in giudizio personalmente	In mancanza di pec risultante da pubblici indirizzi, il ricorrente può indicare un indirizzo di posta cui ricevere le comunicazioni **(3)**
Ufficio nei cui confronti è proposto il ricorso	Inammissibilità
Estremi dell'atto impugnato e oggetto della domanda	Inammissibilità
Motivi del ricorso	Inammissibilità
Codice fiscale dell'eventuale rappresentante in giudizio (art. 23 DL 98/2011 conv. in L. 111/2011)	Possibile sanzione pecuniaria **(2)**
Codice fiscale del difensore	Possibile sanzione pecuniaria **(2)**
Indirizzo PEC del difensore	Aumento del contributo unificato (v. n. 87788). La CGT 1° effettua le comunicazioni solo tramite deposito presso la segreteria **(3)**
Numero di fax del difensore	Aumento contributo unificato (v. n. 87788)
Dichiarazione del valore della lite **(4)**	Contributo unificato dovuto per scaglione più alto (v. n. 87788)
Elenco dei documenti prodotti	Il ricorrente che intende produrre documenti (fra cui la copia dell'atto impugnato) deve elencarli nell'atto

Dato	Sanzione in caso di omissione (1)
Sottoscrizione del ricorrente che sta in giudizio personalmente o del difensore con indicazione della categoria cui questo appartiene e dell'incarico	Inammissibilità. Tuttavia, è sufficiente la firma del ricorrente o del difensore apposte sulla procura o per autentica della stessa per considerare l'atto sottoscritto
Istanza di sospensione dell'atto impugnato (eventuale)	v. n. 87770
Istanza di trattazione in pubblica udienza (eventuale) anche con richiesta di partecipazione da remoto	v. n. 87835

(1) All'omissione è equiparata l'**assoluta incertezza** del dato.
(2) L'AE potrebbe irrogare la sanzione da euro 103,00 a euro 2.065,00 (art. 13 DPR 605/73). Per Circ. AE 5 agosto 2011 n. 41/E l'omessa indicazione comporta irricevibilità dell'atto.
(3) In caso di **mancata consegna** del messaggio pec per cause imputabili al destinatario, la CGT 1° effettua le comunicazioni esclusivamente tramite deposito in segreteria (art. 16 bis D.Lgs. 546/92).
(4) Il valore **si determina** secondo quanto illustrato al n. 87710.

Motivi I motivi sono gli elementi di fatto e di diritto a sostegno del ricorso ed inerenti **87760**
all'illegittimità o infondatezza nel merito dell'atto impugnato.
Il ricorrente deve esporre tutti i motivi a sostegno del ricorso, **non potendo integrarli** successivamente se non nel caso previsto al n. 87825.
La parte deve poi contestare specificatamente tutti i fatti richiamati nell'avviso di accertamento sui quali non concorda; infatti, la Corte può utilizzare ai fini della decisione tutti i fatti non specificatamente contestati dalla parte costituita (art. 115 c.p.c.).
Anche la **nullità dell'atto** impositivo o la **decadenza del potere impositivo** dell'AF devono essere eccepite nel ricorso introduttivo non potendo essere rilevata d'ufficio dalla Corte (Cass. 16 ottobre 2015 n. 20984 e Cass. 9 gennaio 2015 n. 171).

Istanza di sospensione (art. 47 D.Lgs. 546/92) Nel ricorso il contribuente può proporre **87770**
anche motivata istanza per la sospensione dell'**esecuzione** dell'atto impugnato; l'istanza può essere **proposta anche separatamente** con le stesse modalità previste per la proposizione del ricorso. L'istanza in esame affianca, non in via alternativa ma concorrente, quella ammissibile in via amministrativa contro l'iscrizione a ruolo o la presa in carico (v. n. 80500).
A seguito dell'istanza, il Presidente della Corte ne fissa udienza di trattazione con decreto comunicato alle parti costituite almeno 10 giorni liberi prima e il Collegio, sentite le parti in camera di consiglio e valutato il merito, provvede con ordinanza motivata il cui dispositivo è immediatamente comunicato alle parti. Per le modalità di partecipazione all'**udienza**, v. n. 87838.
La sospensione deve essere decisa **entro** 180 giorni dalla presentazione alla Corte e può anche essere parziale o subordinata alla prestazione di **garanzia** sotto forma di cauzione in titoli di Stato o garantiti dallo Stato, al valore nominale, o di fideiussione rilasciata da una banca o da una impresa commerciale che, a giudizio dell'ente a favore del quale deve essere prestata, offra adeguate garanzie di solvibilità o di polizza fideiussoria rilasciata da un'impresa di assicurazione (DM 6 febbraio 2017 n. 22).
La sospensione può essere **concessa quando** il ricorso è presumibilmente fondato e possa derivare un danno grave e irreparabile dalla esecuzione dell'atto non sospeso. In ogni caso, gli **effetti** della sospensione cessano dalla data di pubblicazione della sentenza di primo grado.
L'**ordinanza** che concede o nega la sospensione provvede anche sulle **spese** della relativa fase di giudizio e non è impugnabile.
Per contestare la condanna alle spese di questa fase, la parte potrà impugnare la sentenza (Circ. AE 29 dicembre 2015 n. 38/E).
In caso di mutamento delle circostanze di fatto rilevanti, la parte può chiedere la **revoca o la modifica** dell'ordinanza prima che la Corte pronunci sentenza sul merito del giudizio.

> **Precisazioni 1)** In caso di **eccezionale urgenza** il Presidente, previa valutazione del merito, può disporre con decreto motivato la provvisoria sospensione dell'esecuzione fino alla pronuncia del Collegio.
> **2)** La **garanzia** sopra indicata può essere ottenuta con particolari forme da **PMI** e da **gruppi di società**; deve essere redatta in conformità ai **modelli** approvati con DD 18 maggio 2017 e avere **durata** fino al termine del nono mese successivo a quello del deposito del provvedimento che conclude la fase di giudizio di merito; cessa automaticamente alla data del deposito della sentenza di accoglimento del ricorso (art. 2 DM 6 febbraio 2017 n. 22).

87775 **MODALITÀ E TERMINI DI PROPOSIZIONE** (art. 20 D.Lgs. 546/92) Per instaurare il giudizio il ricorrente deve **notificare il ricorso** all'ente che ha emesso l'atto (o che ha omesso l'atto richiesto) esclusivamente tramite pec (salvo il caso di processo con modalità analogiche del contribuente senza assistenza tecnica nelle liti minori).
In caso di **mancato perfezionamento della notifica via pec**, per causa imputabile al destinatario (ad esempio, casella di posta satura), può provvedervi tramite una delle seguenti procedure. Per le modalità di estrazione dell'atto cartaceo nei termini, v. Circ. Min. 4 luglio 2019 n. 1/DF).

Modalità	Adempimenti
consegna diretta dell'originale all'Ufficio delle Agenzie fiscali o dell'ente locale	Il ricorrente deve farsi rilasciare una ricevuta, sottoscritta dall'addetto alla ricezione, con indicazione della data dell'avvenuto deposito oppure copia del ricorso sottoscritta per ricevuta **(1)**
spedizione del ricorso originale a mezzo plico postale **senza busta (2)**:	La spedizione va effettuata con raccomandata con avviso di ricevimento (sul quale non devono essere apposti segni o indicazioni dai quali possa desumersi il contenuto dell'avviso) La notifica si **perfeziona**, per il richiedente, con la consegna dell'atto all'ufficio postale; per il destinatario, invece, alla data di ricezione dell'atto (art. 149 c. 3 c.p.c.) **(3)**
a mezzo **ufficiale giudiziario**	Il ricorrente deve consegnare all'ufficiale giudiziario l'originale e una copia conforme del ricorso; l'ufficiale consegnerà alla parte resistente la copia e restituirà al ricorrente l'originale sul quale avrà redatto la relazione di avvenuta notifica. La notificazione **si perfeziona per il notificante** al momento della consegna dell'atto all'ufficiale giudiziario (C.Cost. 23 gennaio 2004 n. 28, Cass. 4 maggio 2004 n. 8447)

(1) La ricevuta **priva della sottoscrizione** dell'addetto rende inesistente la notifica. Tale modalità non è ammessa per la notifica all'**Agente della riscossione** o ad altri soggetti diversi da quelli indicati.
(2) L'invio con raccomandata **in busta chiusa** (anziché senza busta), se non sussistono contestazioni circa il contenuto del ricorso, può ritenersi valido (Cass. 18 gennaio 2006 n. 915, Cass. 3 luglio 2003 n. 10481).
(3) Se il ricorso **non viene consegnato personalmente al destinatario**, l'agente postale ne dà notizia al destinatario medesimo a mezzo raccomandata.

87780 **Termine** (art. 21 D.Lgs. 546/92) Il contribuente deve notificare il ricorso, a pena di inammissibilità, **entro 60 giorni** da quando si è perfezionata nei suoi confronti la notifica dell'atto impugnato, fatta salva la **sospensione feriale** dei termini dal 1° al 31 agosto di ogni anno.
Se il contribuente, ricorrendone i presupposti, presenta **istanza di accertamento con adesione** (v. n. 88020), il termine è sospeso per 90 giorni e quindi il ricorso deve essere proposto entro 150 giorni dalla notifica dell'accertamento (art. 6 D.Lgs. 218/97). Le due ipotesi di sospensione si cumulano (art. 7 quater c. 18 DL 193/2016 conv. in L. 225/2016).
Il termine è sospeso per 60 giorni in caso di **istanza per utilizzo delle perdite** pregresse illustrata al n. 81100 (dovrebbe ritenersi anche questa cumulabile con la sospensione feriale).
Se il termine scade in **giorno festivo o di sabato**, è prorogato di diritto al primo giorno seguente non festivo. La proroga dei termini scadenti di sabato non si applica agli atti da compiere in udienza (art. 155 c.p.c., Circ. AE 24 ottobre 2007 n. 56/E).
In caso di **autotutela parziale** che rettifica l'atto, il termine decorre comunque dalla notifica dell'atto originario.

87782 Il ricorso contro il **rifiuto tacito** dell'ente impositore alla restituzione di tributi, sanzioni, interessi ed altri accessori non dovuti, può essere proposto **dopo 90 giorni** dalla domanda di restituzione (presentata entro i termini stabiliti da ciascuna legge d'imposta o, in mancanza, entro 2 anni dalla data del pagamento, o dal giorno in cui si è verificato il presupposto per la restituzione, se posteriore) e **fino a quando** il diritto alla restituzione non è prescritto.

87785 **COSTITUZIONE IN GIUDIZIO** (art. 22 D.Lgs. 546/92) Il ricorrente, **entro** 30 giorni dalla data di notifica del ricorso, deve costituirsi in giudizio presso la Corte tributaria di primo grado cui il ricorso è indirizzato, **mediante** deposito telematico (v. n. 87675) dei seguenti atti e documenti:
– il **ricorso**;

– le ricevute di accettazione e consegna della **pec di notifica**, salvate con le seguenti modalità: a) senza modificare l'estensione del file «.eml» in quanto formato nativo digitale contenente i file digitali degli atti notificati; b) effettuando esclusivamente il salvataggio con il formato PDF/A 1a-1b, tenuto conto che anche senza espressa dichiarazione di conformità, tale copia informatica ha la stessa efficacia probatoria dell'originale se la sua conformità non è espressamente disconosciuta (Circ. Min. 4 luglio 2019 n. 1/DF che prevede, altrimenti, l'attestazione di conformità di un pubblico ufficiale);
– l'originale o la fotocopia dell'**atto impugnato**, se notificato;
– gli ulteriori **documenti** (originali informatici o copie informatiche acquisite) che produce;
– **nota di iscrizione a ruolo** in cui indicare i dati del ricorso con la ricevuta di versamento del contributo unificato di iscrizione della causa a ruolo; la nota viene compilata dal sistema in sede di deposito degli atti.

Il **mancato rispetto del termine** di 30 giorni o la difformità del ricorso depositato da quello notificato, rende il ricorso inammissibile e l'inammissibilità è rilevabile, anche d'ufficio, in qualsiasi stato e grado del giudizio, anche nel caso di costituzione in giudizio del resistente.
Tutti i file depositati devono essere **firmati** digitalmente.
Per quanto non previsto, si ritiene necessario attestare la **conformità** del file del ricorso depositato a quello notificato (art. 22 D.Lgs. 546/92).

Contributo unificato di iscrizione della causa a ruolo Si applica nel processo tributario il contributo unificato di iscrizione della causa a ruolo secondo le regole generali illustrate al n. 74070 (comprese le **modalità di pagamento**). **87788**
L'**importo** dovuto per ogni processo ed ogni grado di giudizio è riportato nella **tabella** seguente.

Gli atti del processo tributario sono esenti dall'**imposta di bollo**.

Processi avanti alle Corti tributarie di primo grado e di secondo grado (1)	
Valore della causa (in euro) **(2)**	**Contributo dovuto (3)**
fino a 2.582,28	30
superiore a 2.582,28 e fino a 5.000,00	60
superiore a 5.000,00 e fino a 25.000,00	120
superiore a 25.000,00 e fino a 75.000,00	250
superiore a 75.000,00 e fino a 200.000,00	500
superiore a 200.000,00	1.500
indeterminabile	120

(1) Per il grado di giudizio avanti alla **Corte di Cassazione** si applicano gli importi previsti per i procedimenti civili (v. n. 74070).
(2) Il valore **è determinato**, per ciascun atto impugnato, anche in appello, secondo quanto detto al n. 87710 (art. 14 c. 3 bis DPR 115/2002). Pertanto in caso di impugnazione di più atti congiuntamente, l'importo dovuto va calcolato e dichiarato separatamente per ciascuno di essi, anche in appello.
(3) Il contributo è **aumentato della metà** nel caso in cui nel ricorso introduttivo non sono indicati: l'indirizzo PEC del difensore o il codice fiscale della parte (Circ. DF 21 settembre 2011 n. 1/DF); non è chiaro se l'aumento si applica anche per l'omissione dell'indicazione del numero di fax del difensore (art. 13 DPR 115/2002). Se nell'atto introduttivo è invece **omessa la dichiarazione di valore**, si applica il contributo previsto per lo scaglione più alto.

2. Reclamo all'Ufficio
(art. 17 bis D.Lgs. 546/92)

Per le controversie individuate al n. 87700, il ricorso produce gli effetti di un reclamo che può contenere anche istanza di mediazione, all'Ufficio che ha emesso l'atto. **87790**
Il reclamo si differenzia dal ricorso per la **procedura** ma ha medesimo **contenuto** salvo eventuale aggiuntiva **proposta di mediazione** con rideterminazione dell'ammontare della pretesa e con la domanda rivolta all'Ufficio di riesaminare e annullare integralmente o parzialmente l'atto impugnato; tuttavia la mediazione non si applica in merito ai tributi costituenti **risorse proprie dell'UE** (dazi doganali, accise, IVA all'importazione, ecc.).
In pratica, fatta eccezione per tale eventuale proposta, con il reclamo il contribuente avanza la stessa richiesta di tutela (l'annullamento dell'atto impugnato) dapprima all'Ufficio che l'ha

emesso e poi, se questo non vi provvede, alla Corte tributaria. I motivi pertanto coincidono ed infatti, in caso di mancato annullamento dell'atto e mancato accordo di mediazione, il giudizio procede in Corte tributaria.

La parte può indicare **recapiti** ulteriori rispetto a quelli ordinariamente richiesti (come telefono, e-mail, ecc.) al quale l'ufficio possa inviare eventuali comunicazioni, compreso l'invito all'eventuale contraddittorio.

87795 **PROPOSIZIONE** Il contribuente deve **notificare** il reclamo all'Ufficio entro il **termine** previsto per la presentazione del ricorso e con le stesse modalità (v. n. 87775) ma può allegarvi i **documenti** che ritiene rilevanti (per consentire all'Ufficio di valutarli).
Il reclamo introduce una fase preventiva di contraddittorio fra contribuente ed ente impositore in cui le parti possono concludere un accordo - sia su iniziativa del contribuente che dell'ufficio - che ridetermina la pretesa impositiva e che comporta la riduzione delle sanzioni irrogate.
La notifica del reclamo sospende il pagamento e la **riscossione** delle somme dell'atto impugnato fino allo spirare del termine di 90 giorni previsto per la definizione della procedura (in caso di mancato perfezionamento sono però dovuti gli interessi previsti dalle singole leggi d'imposta).

Il reclamo, esente da bollo, non è soggetto al **contributo unificato** che è dovuto solamente al momento dell'eventuale successiva fase avanti alla Corte tributaria.

87798 **TRATTAZIONE** (art. 17 bis D.Lgs. 546/92 e Circ. AE 19 marzo 2012 n. 9/E) L'Ufficio esamina il reclamo e la documentazione prodotta, prima sotto il profilo dell'ammissibilità e poi, in caso positivo, nel merito.
Nel corso del procedimento, l'Ufficio può **comunicare i relativi atti** al contribuente mediante notifica (con le modalità previste per gli atti impositivi, v. n. 82200) oppure tramite PEC o fax che siano indicati nell'atto introduttivo.
La procedura deve **concludersi entro** il termine di 90 giorni dalla data di notifica (il termine è sospeso nel periodo feriale).
In pendenza di questo termine sono sospesi il **pagamento e la riscossione** delle somme dovute in base all'atto. La sospensione non si applica in caso di reclamo inammissibile (Circ. AE 29 dicembre 2015 n. 38/E).

Per l'AE e l'AD, è previsto che la trattazione avvenga **tramite apposite strutture** diverse ed autonome da quelle che curano l'istruttoria degli atti reclamabili; per gli altri enti impositivi ciò vale compatibilmente con la propria struttura organizzativa.

87800 **CONCLUSIONE** Se l'Ufficio ritiene il reclamo fondato, lo **accoglie** annullando in autotutela l'atto impugnato e la procedura si conclude; l'accoglimento può essere anche parziale quando il contribuente ha contestato solo una parte dell'atto impositivo; in questo caso, le somme dovute in base alla parte di accertamento non annullata, devono essere versate nei termini ordinari (v. n. 82660) oppure compensate (v. n. 87810).
L'Ufficio deve altresì valutare, se non ritiene di accogliere il reclamo, l'eventuale istanza di mediazione avanzata dal contribuente o, in mancanza, **proporre la mediazione**.
L'esito della procedura (accoglimento totale o parziale oppure l'accordo di mediazione) rileva anche per i **contributi previdenziali** e assistenziali la cui base imponibile è riconducibile a quella sulle imposte sui redditi; sulle somme dovute a tale titolo non si applicano sanzioni ed interessi.

87805 **Rigetto o mancata definizione** Nel caso in cui l'AE non ritenga fondato il reclamo, lo rigetta.
In ogni caso, la fase del reclamo e/o di mediazione si considera conclusa, anche in mancanza di accoglimento o rigetto, decorso il termine di 90 giorni dall'avvenuta notifica al destinatario.
In questi casi, il contribuente, **per proseguire** il giudizio avanti alla Corte tributaria, deve costituirsi in giudizio (con le modalità di cui al n. 87785) entro il termine di 30 giorni decorrente dallo scadere di quello di 90 giorni.

>**Precisazioni 1)** Se il contribuente si **costituisce in giudizio prima del decorso** del termine di 90 giorni, viene meno l'effetto di sospensione della riscossione e l'Ufficio può eccepire l'improcedibilità secondo quanto detto al n. 87720 (Circ. AE 12 febbraio 2014 n. 1/E).
2) Nel giudizio instaurato con reclamo, le **spese di giudizio** sono maggiorate del 50% a titolo di rimborso delle maggiori spese del procedimento (art. 15 D.Lgs. 546/92).

In caso di **accoglimento parziale** del reclamo con annullamento o revoca parziale dell'atto impugnato, il contribuente, previa rinuncia al deposito del ricorso con riguardo agli altri motivi di impugnazione non accolti, è rimesso in termini per ottenere eventualmente la riduzione delle sanzioni con l'acquiescenza (v. n. 88060, art. 2 quater DL 564/94 e Circ. AE 29 dicembre 2015 n. 38/E). 87807

Mediazione L'ufficio può formulare una **proposta** di mediazione avuto riguardo all'eventuale incertezza delle questioni controverse, al grado di sostenibilità della pretesa e al principio di economicità dell'azione amministrativa. 87810
Per la trattazione del tentativo di mediazione l'ufficio può convocare il contribuente che può farsi rappresentare dal difensore.
L'eventuale **accordo** di mediazione si conclude con un atto contenente l'indicazione specifica degli importi risultanti dalla mediazione (tributi, interessi, sanzioni) e le modalità di versamento degli stessi; da quanto dovuto vanno comunque scomputate le somme eventualmente già pagate in esecuzione dell'atto impugnato; l'atto può essere sottoscritto contestualmente dalle parti o anche in momenti diversi (per l'Ufficio dell'AE deve sottoscrivere il Direttore provinciale o regionale oppure un soggetto delegato).
Le **sanzioni** si applicano nella misura del 35% del minimo edittale e sono determinate separatamente per ciascun tributo e ciascun periodo d'imposta (art. 12 D.Lgs. 472/97).
La parte e l'Ufficio possono **sottoscrivere** l'accordo contestualmente o anche in momenti diversi ed in questo caso si considera concluso al momento dell'ultima sottoscrizione.
La mediazione si perfeziona con il **pagamento** della prima o dell'unica rata entro il termine di 20 giorni dall'accordo (che si considera concluso al momento dell'ultima sottoscrizione).
Il pagamento può essere effettuato anche in 8 o 16 **rate** trimestrali secondo quanto detto al n. 88033 e s. anche in merito all'irregolarità dei versamenti e alle ipotesi di decadenza. Se nel corso di una rateazione il **contribuente muore**, le residue rate vanno versate dagli eredi senza le sanzioni.
Nelle **controversie catastali o sui rimborsi** richiesti dal contribuente, la mediazione si perfeziona con la sola sottoscrizione dell'accordo (Circ. AE 29 dicembre 2015 n. 38/E).

B. Svolgimento

A seguito della costituzione in giudizio, il processo prosegue secondo le medesime disposizioni, sia che sia stato introdotto con ricorso diretto alla Corte tributaria sia che sia stato preceduto dal reclamo, salvo alcune eccezioni che saranno evidenziate. I riferimenti al ricorso vanno intesi anche al reclamo. 87815

COMUNICAZIONI NEL CORSO DEL GIUDIZIO (artt. 16 e 17 D.Lgs. 546/92) Nel corso del giudizio, la Corte tributaria comunica i propri avvisi (es. di fissazione udienza, deposito della sentenza o dell'ordinanza, ecc.) esclusivamente tramite PEC all'indirizzo indicato nel ricorso o nel primo atto difensivo. 87820
In caso di **mancata indicazione dell'indirizzo PEC** e di non reperibilità dello stesso nei pubblici elenchi o di impossibilità di recapito per causa imputabile al destinatario, la comunicazione è effettuata mediante deposito presso la segreteria della Corte.
Per la comunicazione **alla PA** è possibile anche lo scambio di documenti tramite SPC (sistema pubblico di connettività).

> **›Precisazioni 1)** Non è chiaro se in caso di difensore che abbia indicato un indirizzo PEC errato e dunque non corrispondente a quello rilevabile dall'INI-PEC, la Corte debba procedere al controllo dell'indirizzo su tale elenco o proceda al deposito presso la segreteria.
> **2) Le notificazioni fra le parti e i depositi** presso la CT possono essere effettuati in via telematica secondo quanto esposto per il PTT.

COSTITUZIONE IN GIUDIZIO DEL RESISTENTE (art. 23 D.Lgs. 546/92) La parte resistente, se ritiene di partecipare attivamente al processo, deve costituirsi in giudizio **entro 60 giorni** decorrenti: 87823
- nel caso di ricorso, dal giorno in cui il ricorso le è stato notificato;

– nel caso di reclamo, dal diniego o dalla scadenza del termine di 90 giorni dalla presentazione dello stesso.

Il **termine** non è perentorio e il resistente può costituirsi anche successivamente salvo il rispetto dei termini di cui al n. 87835 per il deposito di difese scritte e documenti; tuttavia, **finché non si costituisce**, non ha diritto alla comunicazione dei normali atti processuali dei quali ricevono comunicazione le parti regolarmente costituite (es. avviso di trattazione).

La costituzione avviene in modo analogo a quello previsto per il ricorrente, cioè in via telematica.

Nelle controdeduzioni, la parte resistente deve prendere posizione esponendo le proprie difese sui motivi addotti dal ricorrente, indicando altresì le prove a proprio sostegno.

Se il resistente non contesta specificatamente i fatti richiamati dal ricorrente, questi possono essere utilizzati dalla Corte per la decisione, senza bisogno di altra prova (art. 115 c.p.c.). Il resistente può richiedere che la trattazione in pubblica udienza avvenga da remoto (v. n. 87838).

Se il resistente si **costituisce in giudizio prima del ricorrente**, è tenuto al versamento del contributo unificato (v. n. 87788). In caso però di inammissibilità del ricorso per tardiva od omessa costituzione in giudizio del ricorrente, il contributo si ritiene non dovuto (Circ. DF 21 settembre 2011 n. 1/DF).

87825 **INTEGRAZIONE DEI MOTIVI** (art. 24 D.Lgs. 546/92) Normalmente i motivi devono essere indicati tutti nel ricorso (o nel reclamo). Eccezionalmente, il ricorrente può integrare i motivi anche dopo, quando ciò risulti necessario dal **deposito di documenti non conosciuti** ad opera delle altre parti, anche quando ciò avvenga per ordine della Corte. Pertanto l'integrazione dei motivi è possibile solo in presenza di specifici presupposti di fatto (Cass. 22 aprile 2003 n. 6416).

L'integrazione dei motivi si effettua con le **stesse modalità** previste per il ricorso introduttivo (notifica a tutte le parti in causa e successivo deposito nella segreteria della Corte) e deve avvenire **entro il termine perentorio** di 60 giorni dalla data in cui l'interessato ha notizia del deposito dei documenti sconosciuti.

Se la Corte ha **già fissato la trattazione** della controversia (v. n. 87835), l'interessato, a pena di inammissibilità, deve dichiarare, non oltre la trattazione in camera di consiglio o la discussione in pubblica udienza, che intende proporre motivi aggiunti. In tal caso la trattazione o l'udienza devono essere rinviate ad altra data per consentire l'integrazione dei motivi.

> **Precisazioni** **1)** Anche **il resistente può integrare le proprie difese** se ne sorge l'esigenza a seguito del deposito di nuovi documenti da parte del ricorrente. Si ritiene che il resistente possa provvedervi mediante deposito di atto avente le caratteristiche delle controdeduzioni.

2) Per conoscere il contenuto degli atti e dei documenti presentati dalle controparti nel corso del giudizio, la parte deve **seguirne le attività processuali** consultando il fascicolo telematico, v. n. 87683.

87835 **TRATTAZIONE DELLA CONTROVERSIA** (artt. 31 e 32 D.Lgs. 546/92) La segreteria **comunica** alle parti costituite, con le modalità illustrate al n. 87820, la data dell'udienza di trattazione della controversia, almeno 30 giorni liberi prima della stessa.

Prima della trattazione, le parti possono ancora integrare gli atti di causa nel rispetto dei termini riportati nella **tabella** seguente.

Attività	Modalità	Termine (1)
depositare **nuovi documenti**	devono essere accompagnati da una nota di deposito	fino a 20 giorni liberi prima dell'udienza
depositare **memorie illustrative**	–	fino a 10 giorni liberi prima dell'udienza
chiedere la **trattazione in pubblica udienza**	con istanza da notificare (con le forme previste per il ricorso) alle altre parti e depositare in Corte **(2)**	fino a 10 giorni liberi prima dell'udienza
proporre la **conciliazione giudiziale**	solo nel caso di giudizi introdotti con ricorso e non in quelli introdotti con reclamo per modalità, v. n. 87840	fino a 10 giorni liberi prima dell'udienza (ma se concordata, fino all'udienza)
depositare **brevi repliche** alle memorie avversarie	solo nel caso di trattazione in camera di consiglio	fino a 5 giorni liberi prima dell'udienza

Attività	Modalità	Termine (1)
depositare la **nota spese**	–	alla chiusura della discussione in pubblica udienza; con le eventuali repliche in caso di trattazione in camera di consiglio

(1) I termini liberi **si computano** senza considerare il giorno iniziale né quello finale.
(2) La parte deve depositare in Corte la **prova della notifica** dell'istanza alle altre parti (ricevute di accettazione di consegna della pec).

Udienza (art. 35 D.Lgs. 546/92) Se la trattazione avviene in **camera di consiglio**, il relatore espone la controversia, senza la presenza delle parti. 87838
Se una parte ha presentato istanza di **pubblica udienza**, l'udienza si tiene con la presenza dei difensori delle parti che, a seguito dell'esposizione del relatore, possono esporre le proprie difese; **esaurita la trattazione**, la Corte, in segreto nella camera di consiglio, delibera la decisione la cui formalizzazione avviene mediante sentenza.
La pubblica udienza (o l'udienza in camera di consiglio con la partecipazione delle parti) avviene - su decisione del Giudice - **da remoto**, mediante collegamento audiovisivo tramite Skype for Business (art. 16 c. 4 DL 119/2018 conv. in L. 136/2018) se una delle parti lo ha richiesto nel ricorso, nel primo atto difensivo oppure con separata istanza notificata alle parti costituite e depositata in segreteria prima dell'avviso di trattazione.
In questo caso, la segreteria comunica alle parti almeno 3 giorni prima della trattazione, l'avviso dell'ora e delle modalità di collegamento.

Le regole tecniche per l'udienza da remoto sono stabilite dal DM 11 novembre 2020.

CONCILIAZIONE GIUDIZIALE (artt. 48, 48 bis e 48 ter D.Lgs. 546/92) Con la conciliazione giudiziale, le parti possono definire la controversia con una procedura abbreviata, accordandosi sulle **imposte dovute**; in questo caso le **sanzioni** sono determinate distintamente per ciascuna annualità e per ciascuna imposta (non si applicano né il concorso fra sanzioni per diverse imposte né la continuazione) e ridotte al 40% del minimo previsto dalla legge. 87840
La conciliazione può avere ad oggetto anche controversie sui **rimborsi** e prevedere quindi nell'accordo il pagamento in favore del contribuente.
Le **spese del giudizio** restano a carico delle parti che le hanno anticipate, salvo diverso accordo.
La conciliazione può essere **totale o parziale**; nel primo caso, l'accordo comporta l'estinzione del giudizio, nel secondo, il giudizio si estingue limitatamente alla parte della controversia compresa nella conciliazione e prosegue per il resto.
Le parti possono raggiungere e formalizzare l'accordo **in udienza** avanti alla Corte tributaria oppure **fuori udienza** e depositare in Corte l'accordo già raggiunto.
Nei giudizi soggetti a **reclamo**, la Corte può formulare alle parti, in udienza o fuori udienza e comunicata, una proposta conciliativa, avuto riguardo all'oggetto del giudizio e all'esistenza di questioni di facile e pronta soluzione. La causa può essere rinviata alla successiva udienza per il perfezionamento dell'accordo conciliativo; in caso di mancato perfezionamento, si procede nella stessa udienza alla trattazione della causa (art. 48 bis.1 D.Lgs. 546/92).

›Precisazioni 1) In caso di **violazione di rilevanza penale** inerente ai versamenti (omesso versamento di ritenute dovute o certificate, omesso versamento di IVA e indebita compensazione), il pagamento del debito comprensivo di tributo, sanzioni e interessi prima dell'apertura del dibattimento del processo penale, comporta la non punibilità per le richiamate fattispecie (art. 13 D.Lgs. 74/2000).
2) Se una delle parti formula una **proposta di conciliazione non accettata** dall'altra parte senza giustificato motivo, le spese di giudizio sono a carico di questa se il riconoscimento delle sue pretese è inferiore alla proposta (art. 15 D.Lgs. 546/92).
3) La conciliazione è possibile con le stesse modalità di seguito illustrate anche **in appello** avanti alla CGT 2° ma, in questo caso, le sanzioni sono ridotte al 50% piuttosto che al 40%.

Pagamento Il contribuente deve versare, **entro** 20 giorni dalla data della sottoscrizione dell'accordo (in caso di conciliazione stragiudiziale) o dal processo verbale (in caso di conciliazione in udienza), l'importo dovuto in base alla conciliazione o la prima delle 8 o 16 **rate** in cui il debito può essere rateizzato a seconda dell'importo; si applica in proposito quanto detto al n. 88033 in tema di accertamento con adesione. 87855

Il pagamento va effettuato con le **modalità** previste per le imposte interessate (F24 per imposte dirette e IVA, F23 per altre imposte indirette, salvo casi particolari) e indicate nell'atto di conciliazione.
In caso di **mancato pagamento** dell'importo dovuto o di una delle rate (compresa la prima) entro il termine di versamento della rata successiva, la conciliazione resta valida ma l'Ufficio iscrive a ruolo tutte le somme ancora dovute (decade quindi la rateazione) e irroga la sanzione per l'omissione nella misura del 45% dell'importo residuo dovuto a titolo d'imposta.

In caso di **versamento in pendenza di giudizio**, se l'importo dovuto in base alla conciliazione è inferiore, il contribuente ha diritto al rimborso dell'eccedenza.

87857 **CONCILIAZIONE SPECIALE AGEVOLATA** (art. 1 c. 206 e s. L. 197/2022) Per le liti **pendenti al 1° gennaio 2023** innanzi alle CGT 1° e 2° ed in cui è parte l'Agenzia delle entrate, è prevista - in alternativa alla definizione agevolata della lite (v. n. 99450), la possibilità di conciliare la controversia che abbia ad oggetto un atto impositivo, ottenendo un maggior **abbattimento delle sanzioni** rispetto a quanto ordinariamente previsto.
La previsione **non si applica**:
– alle liti concernenti il recupero di crediti tributari sorti in uno Stato estero (in quanto trattasi di tributi amministrati da un altro Stato, rispetto ai quali l'Agenzia delle entrate non è ente creditore, Circ. AE 27 gennaio 2023 n. 2/E);
– alle liti concernenti, anche solo in parte, le risorse proprie tradizionali dell'UE, l'IVA riscossa all'importazione e quelle concernenti le somme dovute a titolo di recupero di aiuti di Stato (art. 1 c. 210 L. 197/2022).

Per quanto non espressamente previsto, **si applica** quanto detto per la conciliazione ordinaria.

87859 **Modalità e termini** (art. 1 c. 206 L. 197/2022) La conciliazione deve essere perfezionata tramite accordo fra le parti (conciliazione fuori udienza) **entro** il 30 giugno 2023. La conciliazione può essere anche **parziale** e riguardare quindi solo una parte della controversia (Circ. AE 27 gennaio 2023 n. 2/E).
La conciliazione **si perfeziona** con la sottoscrizione, secondo le ordinarie modalità, dell'accordo fra le parti e **comporta** che le sanzioni sono ridotte a 1/18 del minimo previsto dalla legge (ordinariamente la riduzione è al 40% se la conciliazione è conclusa in 1° grado e al 50% se conclusa in 2° grado).
L'accordo costituisce titolo per la **riscossione** delle relative somme.

87860 **Pagamento** Gli importi dovuti devono essere versati in unica soluzione o in 20 rate trimestrali di pari importo. La prima o unica rata deve essere versata **entro** 20 giorni dalla sottoscrizione dell'accordo.
Sulle **rate successive** alla prima si applicano gli interessi legali calcolati dal giorno successivo al termine per il versamento della prima rata. Non è ammessa la **compensazione**.

87861 In caso di **mancato pagamento** delle somme dovute o di una delle rate, compresa la prima, entro il termine di pagamento di quella successiva, la conciliazione resta valida ma il contribuente decade dal beneficio della riduzione delle sanzioni (art. 1 c. 209 L. 197/2020).
L'AE iscrive a ruolo per la **riscossione** le residue somme dovute a titolo di imposta, interessi e sanzioni (non ridotte), nonché della **sanzione** per omesso versamento nella misura del 45% del residuo importo dovuto a titolo di imposta.

C. Conclusione

(artt. 36-38 D.Lgs. 546/92)

87863 **SENTENZA** Conclusa la trattazione in camera di consiglio o in pubblica udienza, la Corte delibera (in segreto in camera di consiglio) la decisione che viene formalizzata con sentenza. Essa è resa pubblica mediante deposito nella segreteria della Corte tributaria entro 30 giorni dalla data della deliberazione (termine non perentorio). Il dispositivo della sentenza è comunicato alle parti costituite entro 10 giorni dal deposito con le modalità viste al n. 87820.

Le parti hanno l'onere di provvedere direttamente alla **notificazione della sentenza** alle altre parti: tale atto, infatti, influisce sull'esecuzione della sentenza in favore del contribuente (v. n. 87880) e sul termine per l'impugnazione (v. n. 87898).

Il difensore può estrarre **copia della sentenza dal fascicolo informatico**, attestarne la conformità all'originale prelevato dal fascicolo informatico (art. 25 bis D.Lgs. 546/92) e sottoscriverla digitalmente per provvedere alla notifica via PEC.

SPESE DI GIUDIZIO (art. 15 D.Lgs. 546/92) La Corte, anche in assenza di espressa domanda, **condanna** la parte soccombente al rimborso in favore dell'altra parte delle spese processuali che liquida in sentenza in base alla nota spese (v. n. 87835). 87865
La condanna si intende sempre comprensiva, anche se non le menziona, delle somme versate per **contributo unificato e IVA**, se dovute.
Diversamente, la Corte può **compensare**, parzialmente o per intero, le spese tra le parti soltanto in caso di:
- soccombenza reciproca (Circ. AE 29 dicembre 2015 n. 38/E);
- gravi ed eccezionali ragioni che devono essere espressamente motivate in sentenza.

In caso di condanna, l'importo **è determinato** in base ai parametri individuati per le singole categorie professionali; per gli iscritti negli elenchi tenuti dal MEF, si applicano i parametri previsti per i dottori commercialisti; per l'ente impositore, l'AdR o i soggetti incaricati dell'accertamento o riscossione che stanno in giudizio con i propri funzionari si applicano i parametri previsti per gli avvocati con la riduzione del 20% dell'importo complessivo previsto.
Inoltre, se la parte soccombente ha agito o resistito in giudizio con **mala fede** (consistente nella consapevolezza di agire o resistere in giudizio pur sapendo di avere torto) o **colpa grave** (che ricorre quando la parte soccombente, operando con diligenza e perizia, avrebbe dovuto riconoscere di avere torto), la Corte, su richiesta dell'altra parte, la può condannare, oltre che alle spese di lite, al **risarcimento dei danni** che liquida, anche d'ufficio, nella sentenza (art. 96 c. 1 c.p.c.).
La Corte, anche d'ufficio, può poi condannare la parte soccombente al pagamento, a favore della controparte, di una somma equitativamente determinata, a titolo di **indennizzo** (art. 96 c. 3 c.p.c.).

>Precisazioni 1) In caso di **omesso deposito della nota spese**, la Corte deve comunque provvedere alla liquidazione delle spese che è però limitata a quelle risultanti dagli atti processuali (Cass. 6 dicembre 1986 n. 7248).
2) In caso di **definizione della pendenza** prevista dalla legge, le spese del giudizio restano a carico della parte che le ha anticipate (art. 46 c. 2 D.Lgs. 546/92).
3) Il professionista può **pattuire con il proprio assistito** liberamente il compenso richiesto ma l'accordo non ha rilevanza ai fini dell'eventuale condanna della controparte al rimborso delle spese di giudizio.

La **riscossione** delle somme dovute a questo titolo avviene, per l'AF, mediante iscrizione a ruolo a titolo definitivo e per il ricorrente mediante pagamento spontaneo o ottemperanza, in ogni caso dopo il passaggio in giudicato della sentenza. 87868
La sentenza favorevole al contribuente è immediatamente esecutiva e l'AF deve provvedere entro 90 giorni dalla ricevuta notifica della sentenza (art. 69 D.Lgs. 546/92 e art. 12 D.Lgs. 156/2015).

Fra le spese che il soccombente è tenuto a rimborsare rientra anche **l'IVA** addebitata dal difensore alla parte vittoriosa, nei casi in cui questa non sia soggetto passivo IVA o comunque non possa detrarla, per indetraibilità soggettiva (es. banca o compagnia di assicurazione) o perché la controversia non è inerente all'attività esercitata. Al contrario, se la parte vittoriosa può detrarla, l'imposta non deve essere rimborsata dalla soccombente (Cass. 1° aprile 1995 n. 3843, Ris. Min. 24 luglio 1998 n. 91/E). Se la parte vittoriosa può **detrarre l'IVA solo parzialmente**, il soccombente deve rimborsare solo la quota indetraibile. 87870
Il difensore della parte vittoriosa emette **fattura** intestata al proprio cliente, nella quale indica che il pagamento è avvenuto da parte del soccombente, vincolato alla prestazione in virtù della condanna contenuta nella sentenza.
La parte che effettua il pagamento al difensore, se sostituto d'imposta, deve effettuare la **ritenuta** del 20% sul compenso (Circ. Min. 6 dicembre 1994 n. 203/E).

ESECUZIONE DELLA SENTENZA (artt. 68 e 69 D.Lgs. 546/92) Le sentenze delle Corti tributarie sono esecutive anche se **non definitive** perché ancora impugnabili. 87875

In particolare, salvo quanto previsto per le controversie in tema di rimborso (v. n. 87880), se la sentenza della CGT 1°:
- **respinge il ricorso**, il ricorrente deve versare i 2/3 del tributo e delle sanzioni irrogate;
- **accoglie parzialmente** il ricorso, il ricorrente deve versare l'intero ammontare ivi stabilito, se inferiore ai 2/3 del tributo controverso e delle sanzioni irrogate mentre se è superiore, una somma pari ai 2/3 degli importi suddetti;
- **accoglie il ricorso**, l'Ufficio deve rimborsare quanto eventualmente versato in pendenza di giudizio entro 90 giorni dalla notifica della sentenza che deve essere richiesta dal contribuente (per la prassi il termine decorre dalla comunicazione del dispositivo, non essendo dunque necessario che il contribuente notifichi la sentenza Circ. AE 1° ottobre 2010 n. 49/E).

> **Precisazioni** 1) Gli importi da versare vanno **aumentati degli interessi** relativi e diminuiti di quanto già eventualmente versato nel corso del giudizio.
> 2) La **riscossione** degli importi residui o rideterminati, avviene tramite intimazione di pagamento per i tributi riscossi con accertamento esecutivo e tramite cartella di pagamento per gli altri.
> 3) Le **imposte suppletive** di registro devono essere corrisposte dopo il passaggio in giudicato della sentenza o comunque dopo la sentenza dalla Corte regionale.
> 4) In caso di **mancato rimborso** nel termine, il contribuente può presentare ricorso per l'ottemperanza anche se la sentenza non è definitiva (v. n. 87883).
> 5) Le sentenze emesse nelle **controversie catastali** sono immediatamente esecutive (artt. 9 e 12 D.Lgs. 156/2015).

87880 Le sentenze di **condanna al pagamento in favore del contribuente** sono immediatamente esecutive e l'Ufficio deve effettuarlo entro 90 giorni dalla notifica della sentenza anche se non definitiva.

Tuttavia, se le somme dovute (diverse dalle spese di giudizio) sono **superiori a 10.000 euro**, la Corte può subordinare il pagamento alla prestazione, da parte del contribuente, di idonea **garanzia** avente i requisiti individuati al n. 87770 (i costi della garanzia, anticipati dal contribuente, sono a carico della parte soccombente all'esito definitivo del giudizio); in questo caso, il termine per il pagamento decorre dalla presentazione della garanzia.

In caso di **mancato pagamento**, il contribuente può esperire giudizio di ottemperanza anche se la sentenza non è definitiva (non è più esperibile l'esecuzione forzata ordinaria).

In caso di **condanna dell'AdR** al pagamento delle spese e onorari di giudizio, il ricorrente (o il difensore se distrattario) deve richiederne il pagamento tramite pec o raccomandata alla competente struttura territoriale dell'AdR indicata nel sito internet, indicando gli estremi del proprio c.c. bancario. Solo in caso di mancato pagamento decorsi 120 giorni dalla ricezione della richiesta, può procedere alla promozione di procedure esecutive per il recupero (art. 5 octies DL 146/2021 conv. in L. 215/2021 applicabile alle sentenze emesse dal 21 dicembre 2021).

87883 **Giudizio di ottemperanza** (art. 70 D.Lgs. 546/92) La parte che vi ha interesse può fare ricorso per giudizio di ottemperanza **per ottenere che** l'Ufficio resistente adegui la propria condotta alle disposizioni contenute nella **sentenza** anche non passata in giudicato ad esso sfavorevole.

Il giudizio è **esperibile contro** l'Ufficio che era parte nel giudizio di merito e che può essere l'ente impositore, l'AdR o i soggetti incaricati dell'accertamento e riscossione dei tributi locali e può essere promosso non solo **nel caso di** inerzia dell'Ufficio ma anche in presenza di esecuzione spontanea ma non conforme o parziale rispetto alla sentenza (Cass. 1° marzo 2004 n. 4126).

Prima di proporre ricorso, la parte deve notificare all'Ufficio, tramite ufficiale giudiziario, un atto di messa in mora avente ad oggetto l'adempimento della sentenza; decorsi 30 giorni senza che sia stato effettuato il pagamento, può presentare ricorso di ottemperanza. Se è previsto un termine di legge entro cui l'Ufficio deve procedere, non è necessario l'atto di messa in mora.

Il rimedio può essere utilizzato anche per le **sentenze non definitive** di condanna al pagamento anche delle spese di giudizio, o inerenti a controversie catastali e la parte interessata deve notificare la sentenza all'Ufficio; dalla notifica decorre il termine di 90 giorni per l'adempimento (non si ritiene quindi più necessaria, da tale data, la notifica della messa in mora) (art. 69 D.Lgs. 546/92 e art. 12 D.Lgs. 156/2015).

87885 L'interessato deve **introdurre il giudizio** di ottemperanza con ricorso depositato e diretto al Presidente della **Corte di giustizia tributaria**:

– **di 1° grado**, quando la sentenza è stata da essa pronunciata ed è passata in giudicato (per mancata impugnazione o perché il giudizio di appello non decide nel merito della questione ma si conclude con una dichiarazione di inammissibilità, di improcedibilità o di estinzione dell'appello medesimo) o non sia ancora pendente appello;
– **di 2° grado**, in tutti gli altri casi (sentenza della CGT 1° non definitiva per pendenza dell'appello, sentenza della CGT 2° o di Cassazione).
Il ricorso deve contenere la **sommaria esposizione dei fatti** che ne giustificano la proposizione con la precisa indicazione, a pena di inammissibilità, della sentenza passata in giudicato di cui si chiede l'ottemperanza. Tale sentenza deve inoltre essere prodotta in copia unitamente all'originale o copia autentica dell'atto di messa in mora, se previsto.
La Corte adotta i necessari provvedimenti con sentenza; per la loro attuazione può delegare un proprio componente o nominare un commissario ad acta.
La controparte non potrebbe opporre, in questa sede, la **compensazione** con controcrediti e l'AE non potrebbe opporre il fermo dei pagamenti (CTR Lombardia 27 giugno 2017 n. 2850).
Contro la sentenza è ammesso esclusivamente ricorso per Cassazione, per inosservanza delle norme sul procedimento.

Per il pagamento di **importi fino a 20.000 euro** e comunque per le spese di giudizio, il ricorso è deciso dalla Corte tributaria in composizione monocratica.

III. Impugnazioni

Al fine di rimuovere gli effetti pregiudizievoli derivanti dalla sentenza del precedente grado di giudizio la parte soccombente può utilizzare le impugnazioni previste dalla legge per ottenere una revisione della pronuncia, ad opera, normalmente, di un altro giudice. **87890**
Le impugnazioni sono **disciplinate** dalle disposizioni del c.p.c. salvo quanto espressamente previsto dal D.Lgs. 546/92 (art. 49 D.Lgs. 546/92).
I mezzi per impugnare le sentenze delle Corti tributarie sono (art. 50 D.Lgs. 546/92):
– **l'appello** contro le sentenze delle Corti di primo grado;
– **il ricorso per Cassazione** contro le sentenze delle Corti di secondo grado;
– **la revocazione**, per le sentenze di appello e per le sentenze pronunciate in unico grado o, per specifici motivi, per le sentenze non più appellabili.
Per la disamina si rinvia a **MCT**.
Si segnala che per i giudizi **pendenti al 1° gennaio 2023** innanzi alla Corte di Cassazione, è prevista la possibilità di una definizione in via transattiva della controversia con l'Agenzia delle entrate avente ad oggetto atti impositivi, da perfezionare entro il 30 giugno 2023 (art. 1 c. 213 e s. L. 197/2022 e Circ. AE 27 gennaio 2023 n. 2/E).

CONDIZIONI L'impugnazione di una sentenza è ammissibile in presenza di: **87895**
– **interesse ad impugnare**, che sussiste solamente in capo alla parte soccombente (la soccombenza può essere totale o parziale);
– **legittimazione all'impugnazione**, che sussiste solamente nei confronti dei soggetti che hanno assunto la qualità di parte nel processo in cui la sentenza (oggetto dell'impugnazione) è stata pronunciata, anche in mancanza di costituzione in giudizio.

TERMINI (art. 51 D.Lgs. 546/92) La parte che vi ha interesse deve notificare l'atto di impugnazione entro il termine: **87898**
1) breve, di 60 giorni dalla notifica se **la sentenza gli è stata notificata** (su iniziativa dell'altra parte);
2) lungo, 6 mesi dalla data di deposito in segreteria della sentenza se **la sentenza non è stata notificata**.

> **Precisazioni** **1)** Si applica la **sospensione feriale** dei termini nel periodo dal 1° al 31 agosto.
> **2)** Il termine breve non può **superare quello lungo** che rimane termine ultimo per l'impugnazione.
> **3)** Il termine lungo non si applica se la **parte non costituita dimostra** di non aver avuto conoscenza del processo per nullità della notificazione e della comunicazione dell'avviso di fissazione dell'udienza. In tal caso l'impugnazione può avvenire anche successivamente (Circ. Min. 23 aprile 1996, n. 98/E).

SEZIONE 2

Prevenzione e definizione del contenzioso

87970 Il contribuente può prevenire le controversie o definire le liti con l'AF in base alle seguenti procedure:
- accertamento con adesione;
- acquiescenza e strumenti simili di definizione in via breve;
- adesione alle comunicazioni di irregolarità emesse a seguito di accertamento automatico e formale;
- reclamo e mediazione, limitatamente alle liti di valore non superiore a € 50.000;
- conciliazione giudiziale.

Tali strumenti si possono distinguere a seconda che la definizione avvenga **senza effettuazione del contraddittorio** (acquiescenza e simili) oppure sia il **risultato del contraddittorio** stesso (accertamento con adesione, reclamo e mediazione e conciliazione giudiziale). Generalmente, gli strumenti in cui c'è il contraddittorio danno la possibilità al contribuente di ridurre la base imponibile e/o l'imposta accertata, mentre gli altri strumenti consentono una riduzione maggiore delle sanzioni ma lasciano inalterata la base imponibile e/o l'imposta accertata.
Analizzeremo successivamente le procedure citate con la sola eccezione del **reclamo/mediazione** e della **conciliazione giudiziale**, che sono stati esaminati nell'ambito del processo tributario (v. n. 87790 e n. 87840).

87980 **CRITERI GENERALI DI FUNZIONAMENTO** In caso di **notifica** di un **atto di accertamento** il contribuente che voglia procedere a una definizione di tale atto può scegliere alternativamente tra l'accertamento con adesione o il pagamento in assenza di ricorso (prima dell'avvio del processo) o la conciliazione giudiziale (nel primo o nel secondo grado del giudizio).
Per le **liti di valore non superiore a € 50.000** il contribuente deve presentare reclamo e solo in assenza di accordo (mediazione) può presentare ricorso.
Nell'ambito degli accertamenti derivanti dai **controlli automatici** e dal **controllo formale** delle dichiarazioni, è prevista una definizione in via breve conseguente alla comunicazione di irregolarità effettuata dall'AF prima che venga emesso il ruolo.
Nella seguente **tabella** sono sintetizzate le principali differenze tra le suddette procedure, in particolare con riferimento agli **effetti per il contribuente** che scaturiscono dal perfezionamento delle stesse.

Effetti					
Accertamento con adesione	**Acquiescenza**	**Adesione alle comunicazioni di irregolarità**	**Definizione agevolata di sole sanzioni**	**Accordo di mediazione**	**Conciliazione giudiziale**
L'accertamento è definitivo (eccetto i casi esposti al n. 88010)	L'accertamento è definitivo (eccetto i casi esposti al n. 88010)	L'accertamento è definitivo	L'accertamento è definitivo limitatamente alle sanzioni	L'accertamento è definitivo	L'accertamento può essere successivamente modificato o integrato dall'Ufficio
Riguarda necessariamente tutto il contenuto dell'accertamento	Riguarda necessariamente tutto il contenuto dell'accertamento	Riguarda le somme dovute a seguito di controlli automatici o formali delle dichiarazioni		Riguarda le controversie di valore non superiore a 50.000 euro	Può riguardare anche solo alcune delle questioni controverse

Effetti					
Accertamento con adesione	**Acquiescenza**	**Adesione alle comunicazioni di irregolarità**	**Definizione agevolata di sole sanzioni**	**Accordo di mediazione**	**Conciliazione giudiziale**
Sanzioni ridotte ad 1/3 del minimo	Sanzioni ridotte ad 1/3 dell'importo irrogato nell'atto	Sanzioni ridotte al 10% in caso di controlli automatici, e al 20%, in caso di controlli formali	Sanzioni ridotte ad 1/3 della sanzione indicata nell'atto	Sanzioni ridotte al 35% dell'importo irrogato nell'atto	Sanzioni ridotte a 2/5 dell'importo irrogato nell'atto o a 1/2 se effettuata in appello
Sanzioni penali ridotte fino a 1/3 e non si applicano quelle accessorie se l'estinzione del debito tributario avviene prima della dichiarazione di apertura del dibattimento di primo grado	Sanzioni penali ridotte fino a 1/3 e non si applicano quelle accessorie se l'estinzione del debito tributario avviene prima della dichiarazione di apertura del dibattimento di primo grado				Se l'estinzione dei debiti tributari avviene prima della dichiarazione di apertura del dibattimento di primo grado, riduzione fino a 1/3 delle pene previste per la specifica violazione e non applicazione delle pene accessorie
Il maggior reddito concordato, non rileva ai fini extra-tributari (ad eccezione dei contributi previdenziali ed assistenziali)	Non rileva ai fini extra-tributari (come l'accertamento con adesione)			Rileva ai fini extra-tributari	Rileva ai fini extra-tributari

A. Accertamento con adesione

L'accertamento con adesione è una procedura di accertamento **in contraddittorio** mediante la quale il contribuente e l'Ufficio possono concordare la maggiore imposta accertabile, beneficiando di una **riduzione delle sanzioni ad 1/3** del minimo previsto dalla legge. 87983

La procedura **si applica** in relazione alle imposte dirette, all'IVA e alle principali imposte indirette (art. 1 D.Lgs. 218/97, Circ. Min. 8 agosto 1997 n. 235/E).

Il **procedimento** è comune per tutte le imposte ed è pertanto illustrato in maniera unitaria, evidenziando le particolarità che riguardano specifiche imposte.

L'**Ufficio**, salvo i casi specificatamente indicati, prima di emettere l'avviso di accertamento deve instaurare il tentativo di adesione notificando al contribuente l'invito a comparire. **Il contribuente** può richiedere l'instaurazione del contraddittorio e l'apertura del tentativo di adesione quando ha ricevuto un PVC o nei casi residuali di avviso di accertamento non preceduto dall'invito dell'Ufficio.

a. Campo di applicazione

(artt. 1-3 D.Lgs. 218/97)

87985 In linea di massima, l'accertamento con adesione è uno strumento di definizione delle controversie di **carattere generale**.

Lo strumento è particolarmente utilizzato nei confronti dei contribuenti che sono soggetti alle **metodologie induttive** di accertamento (studi di settore, parametri, redditometro, ecc.).

La legge non prevede particolari **cause ostative** all'applicazione dell'accertamento con adesione, che però deve seguire una determinata procedura (v. n. 88012).

Caratteristiche generali	
Imposte interessate	**Dirette**: IRPEF, IRES, IRAP, comprese le **imposte sostitutive** delle imposte sui redditi e quelle a cui si applicano le stesse regole previste per le imposte sui redditi in materia di liquidazione, accertamento, riscossione sanzioni e contenzioso (Circ. Min. 8 agosto 1997 n. 235/E). **IVA** (v. n. 87990). **Imposte indirette** (diverse dall'IVA): imposta di registro e imposte ipotecarie e catastali, imposta sulle successioni e donazioni.
Soggetti interessati	**Tutti i contribuenti**, compresi i **sostituti di imposta**: persone fisiche, società di persone ed assimilate (s.n.c., s.a.s., s.s., società d'armamento, s.d.f., associazioni senza personalità giuridica tra artisti e professionisti e GEIE), società di capitali (s.p.a., s.a.p.a., s.r.l.) e altri soggetti IRES. In relazione alle **imposte indirette** diverse dall'IVA, in caso di **più coobbligati**, la definizione concordataria può essere richiesta anche da **uno solo** degli obbligati e l'intervenuta adesione ha effetto per tutti, estinguendosi l'obbligazione tributaria e l'eventuale contenzioso in essere instaurato da un coobbligato diverso **(1)**.
Redditi concordabili	**Tutte** le tipologie di reddito; anche la **determinazione sintetica** del reddito complessivo netto. Regole particolari sono previste per il **reddito di partecipazione** dei soci di società di persone (v. n. 87995).
Controversie ammesse	**Tutte** le controversie in materia di imposte (escluse quelle derivanti dal controllo formale delle dichiarazioni, v. n. 81730), anche se comportano l'applicazione di sanzioni penali e anche in caso di omessa presentazione delle dichiarazioni fiscali. È ammesso anche se è stato **notificato l'avviso di accertamento**, purché siano ancora pendenti i termini per la relativa impugnazione (l'eventuale successiva impugnazione comporta la rinuncia all'istanza) **(2)**. Assumono **prioritaria rilevanza** le posizioni interessate dall'applicazione di metodologie induttive di accertamento e, comunque, dalla presenza di elementi suscettibili di apprezzamento valutativo da parte dell'Ufficio **(3)**.
Oggetto dell'adesione	In caso di adesione **richiesta dal contribuente** a seguito del **ricevimento di un atto di accertamento**, la definizione riguarda necessariamente tutto il contenuto dell'accertamento quale risulta dall'atto medesimo in precedenza notificato. Ciò non significa, tuttavia, che su tutte le questioni debba essere raggiunto un contemperamento dal punto di vista dell'organo accertatore e di quello del contribuente. Nelle **altre ipotesi** l'oggetto dell'adesione non deriva da alcun atto formale, ma è direttamente connesso agli **elementi riscontrati durante l'attività istruttoria** degli uffici. Per le imposte indirette sono previste delle particolarità, illustrate al n. 88000.
Ufficio competente	Ufficio delle Entrate nella cui circoscrizione il contribuente ha il domicilio fiscale (art. 4 D.Lgs. 218/97). Per i **redditi da partecipazione** (fra cui si includono anche i redditi di società in regime di trasparenza), anche per i soci o associati è competente l'Ufficio nella cui circoscrizione c'è il domicilio fiscale della società, associazione o azienda coniugale. Per le società partecipanti al **consolidato**, l'Ufficio delle Entrate competente alla data in cui è stata presentata ciascuna delle singole dichiarazioni oggetto dell'adesione, quindi sia della consolidata interessata che della consolidante (art. 9 bis D.Lgs. 218/97).

(1) Se il coobbligato che ha aderito spontaneamente non ha coinvolto gli altri coobbligati, non ha diritto all'**azione di regresso** nei confronti di questi ultimi per ottenere la loro quota di imposta. L'azione di regresso spetta invece al coobbligato che ha pagato se l'AF si è rivolta liberamente a lui, anziché agli altri coobbligati (Cass. 23 agosto 2017 n. 20305).

(2) Sono **escluse** le controversie relative alle **sole sanzioni** (sorte a seguito di **avvisi di irrogazione** sanzioni).
Diversi uffici dell'AE escludono anche le controversie da **accertamenti automatizzati parziali** (art. 41 bis DPR 600/73), con conseguente negazione della sospensione di 90 giorni del termine per impugnare (v. n. 88022). In realtà, esse possono essere oggetto di adesione, come indicato espressamente nella Circ. Min. 4 novembre 1998 n. 258/E.

(3) Nel caso di controversie relative alla **deduzione di costi effettuata in violazione del principio di competenza** (art. 109 DPR 917/86), è possibile, su richiesta del contribuente, compensare l'imposta dovuta per effetto della violazione con quella rimborsabile a seguito della corretta imputazione dei costi medesimi, ferma restando l'applicazione delle sanzioni e degli interessi (Circ. AE 2 agosto 2012 n. 31/E). Per le peculiarità del procedimento di adesione si rinvia al MCT.

Definizione IVA (art. 2 D.Lgs. 218/97) L'accertamento con adesione ai fini IVA può derivare da due diverse situazioni: **87990**
1) la definizione ha per oggetto **operazioni che rilevano solo agli effetti dell'IVA** (es. IVA detratta in violazione di una norma di legge): l'adesione vale solo ai fini IVA;
2) la definizione di un maggior reddito di impresa o di arti e professioni scaturisce da **componenti di reddito assoggettabili ad IVA**: l'adesione esplica automaticamente efficacia anche ai fini IVA.

Se invece la definizione scaturisce da **componenti di reddito non rilevanti** ai fini IVA (es. valutazione superiore delle rimanenze di magazzino, riduzione degli ammortamenti, o accertamento di ricavi esclusi da IVA), l'adesione riguarda solo le imposte sui redditi, senza effetti per l'IVA.

Per il **calcolo dell'IVA dovuta** si distinguono due ipotesi: **87992**
– se è possibile **individuare** l'oggetto delle **singole operazioni** imponibili da cui scaturisce un maggior reddito, si applicano le aliquote IVA specificamente previste per le suddette operazioni;
– se, invece, **non è individuabile** l'effettiva natura delle operazioni, l'IVA è liquidata sui maggiori imponibili accertati applicando l'**aliquota media** del contribuente. Questa è determinata dal rapporto tra l'importo dell'IVA sulle operazioni imponibili (al netto dell'imposta calcolata per le cessioni di beni ammortizzabili e, se si adottano speciali regimi, di quella detraibile forfettariamente) e il volume d'affari, aumentato delle operazioni non soggette ad IVA e di quelle non oggetto di dichiarazione.

Qualora sia accertata una **plusvalenza** o una maggiore plusvalenza ai fini delle imposte sui redditi, per la rettifica del volume d'affari ai fini dell'IVA assume rilevanza il corrispettivo o il maggior corrispettivo che ha concorso alla determinazione della plusvalenza.

Redditi di partecipazione Bisogna distinguere a seconda che si tratti di società trasparenti o di società partecipanti al consolidato. **87995**
Per i soci o associati di **società di persone e assimilate** e per le società che hanno optato per la **trasparenza**, l'accertamento con adesione relativo ai loro redditi di partecipazione avviene con un'**unica procedura** riguardante anche la società di persone o trasparente (o associazione o azienda coniugale non gestita in forma societaria). A tal fine, tutti i soci o associati devono essere convocati presso l'Ufficio competente per la società per dar luogo al contraddittorio (art. 4 c. 2 D.Lgs. 218/97).
L'**oggetto del contraddittorio** è rappresentato principalmente dalla posizione della società o associazione. La definizione può essere effettuata anche solo da alcuni dei soggetti interessati: es. società e alcuni soci, solo alcuni soci (e non la società), solo la società.
In caso di **adesione solamente di alcuni** soggetti, gli altri, che non hanno aderito (o che non hanno partecipato al contraddittorio), riceveranno un atto di accertamento basato sulla definizione intervenuta nei confronti dei soggetti aderenti. Con riferimento a tale atto i soggetti destinatari non potranno più richiedere successivamente l'accertamento con adesione, né potranno avvalersi delle riduzioni delle sanzioni previste in caso di acquiescenza (v. n. 88060), mentre possono avvalersi della definizione agevolata delle sole sanzioni (v. n. 88095).

Per le società in regime di **consolidato**, l'accertamento con adesione relativo al reddito complessivo proprio di ciascun partecipante, avviene con un'**unica procedura** che coinvolge congiuntamente la società consolidante e la società consolidata interessata dalle rettifiche (art. 9 bis D.Lgs. 218/97). In tal caso, l'atto di adesione, sottoscritto anche da una sola di esse, si perfeziona qualora il versamento delle somme richieste sia posto in essere anche da una sola di esse. La consolidante ha inoltre facoltà di chiedere, durante il contraddittorio, che, dai maggiori imponibili richiesti, siano dedotte le perdite di periodo del consolidato non utilizzate, fino a concorrenza del loro importo (v. n. 27440). **87998**

> **Precisazioni** 1) Se le rettifiche operate per la consolidata hanno effetto anche ai fini **IRAP e IVA**, la procedura è autonoma e distinta rispetto a quella valida ai fini IRES. Tuttavia, in caso di attiva **partecipazione della consolidata** e di sua sottoscrizione del relativo atto di adesione, questo dovrebbe avere effetto anche per le altre imposte. Se, invece, l'adesione si perfeziona con l'intervento della sola consolidante, l'efficacia sulle altre imposte non dovrebbe essere automatica.

2) Sono state fornite istruzioni operative riguardanti l'accertamento con adesione derivante da **controversie** relative alla violazione del **principio di competenza** che coinvolgono soggetti aderenti al consolidato (Circ. AE 2 agosto 2012 n. 31/E). Si veda in proposito il MCT.

88000 **Regole specifiche per le imposte indirette** (art. 3 D.Lgs. 218/97) L'adesione deve riguardare la **totalità dei beni** e dei diritti contenuti nello stesso atto, denuncia o dichiarazione ed ha effetto per **tutti i tributi dovuti**. Sono pertanto **escluse le adesioni parziali**, riguardanti cioè singoli beni o diritti contenuti nello stesso atto. Tuttavia, se un atto contiene più disposizioni che non derivano necessariamente, per la loro intrinseca natura, le une dalle altre, ciascuna di esse, se soggetta ad autonoma imposizione, forma oggetto di definizione con adesione come se fosse un atto distinto.

88002 Rientrano nell'**oggetto** dell'adesione la valutazione delle aree edificabili, degli altri immobili (fabbricati e terreni agricoli) e delle aziende. Sono compresi anche i diritti reali su tali beni (Circ. Min. 8 agosto 1997 n. 235/E).
Al fine della **determinazione del valore** in contraddittorio con il contribuente, sono stabiliti alcuni principi che gli Uffici possono applicare, che variano in funzione del bene oggetto di valutazione.

Bene	Criteri di valutazione
aree edificabili	Valore venale in comune commercio, determinato tenendo conto, in particolare: a) della edificabilità del terreno risultante dalle certificazioni rilasciate dal comune competente; b) dei valori già definiti nel triennio precedente per terreni aventi le medesime caratteristiche; c) della esistenza di concessione ad edificare, dal cui contenuto sia possibile dedurre gli elementi per la determinazione del valore effettivo dell'area; d) delle convenzioni comunque intercorse con il comune, dalle quali l'edificabilità risulti subordinata all'adempimento di particolari obblighi
altri immobili (1)	Si tiene conto in particolare: a) dei valori definiti nel triennio precedente per immobili aventi le medesime caratteristiche; b) della vetustà, del degrado e dello stato di manutenzione del fabbricato; c) della ubicazione dell'immobile; d) dell'eventuale stato locativo o di affittanza; e) dell'effettiva destinazione del terreno
aziende	Il bene specifico oggetto di valutazione è rappresentato dall'avviamento, il cui valore è determinato sulla base dei seguenti parametri (DPR 460/96): – elementi desunti dagli studi di settore; – in difetto degli studi di settore, si considera la percentuale di redditività applicata alla media dei ricavi accertati o, in mancanza, dichiarati ai fini delle imposte sui redditi negli ultimi 3 periodi d'imposta anteriori a quello in cui è intervenuto il trasferimento (tale percentuale non deve essere inferiore al rapporto tra il reddito d'impresa e i ricavi accertati o, in mancanza, dichiarati, ai fini delle stesse imposte e nel medesimo periodo) **(2)**. Il risultato derivante da tale calcolo va poi moltiplicato per 3 **(3)** **(4)**

(1) Quando esperibile l'accertamento di valore perché non applicato il **valore automatico catastale**.
(2) La circostanza che l'impresa abbia subìto delle **perdite** negli esercizi precedenti, pur essendo rilevante e meritevole di considerazione, non esclude da sola l'esistenza di un valore di avviamento (Cass. 25 febbraio 2002 n. 2702).
(3) Il **moltiplicatore è ridotto** a 2 nel caso in cui emergano elementi validamente documentati e, comunque, nel caso in cui ricorra almeno una delle seguenti situazioni:
a) l'attività sia stata iniziata entro i 3 periodi d'imposta precedenti a quello in cui è intervenuto il trasferimento;
b) l'attività non sia stata esercitata, nell'ultimo periodo precedente a quello in cui è intervenuto il trasferimento, per almeno la metà del normale periodo di svolgimento dell'attività stessa;
c) la durata residua del contratto di locazione dei locali, nei quali è svolta l'attività, sia inferiore a 12 mesi.
(4) In caso di **ricorso** (es. a seguito del mancato accordo), tale criterio forfettario non è vincolante per il Giudice, che può fondare la propria decisione anche utilizzando una perizia di parte, se la decisione è ben motivata (Cass. 12 dicembre 2011 n. 26550).

b. Effetti

(art. 2 c. 3 e 5 D.Lgs. 218/97)

88005 L'accertamento con adesione si **perfeziona** con il **pagamento** delle maggiori imposte dovute o della prima rata (v. n. 88030) e produce gli effetti indicati nella **tabella** seguente.

Effetti	Descrizione
a) Definisce le posizioni delle parti	È esclusa per l'AF, la possibilità di modificare o integrare il reddito determinato e, per il contribuente, la possibilità di impugnarlo o di presentare istanza di rimborso (Cass. 29 dicembre 2011 n. 29587). Tuttavia, a determinate condizioni, l'Ufficio può eseguire **nuovi accertamenti** (v. n. 88010)
b) Perdita di efficacia dell'eventuale atto di accertamento notificato in precedenza	L'atto di accertamento viene sostituito interamente dall'atto di adesione; l'adesione riguarda necessariamente **tutto il contenuto** dell'accertamento
c) Rilevanza a fini extra-tributari	Il reddito rideterminato: – rileva anche ai fini dei **contributi previdenziali e assistenziali** che sono parametrati al reddito (es. contributi INPS dovuti da artigiani e commercianti, ecc.); sulle somme dovute a tale titolo non si applicano sanzioni né interessi; – non rileva ad altri fini (ad esempio per la determinazione di **tasse scolastiche o universitarie** correlate al reddito dichiarato)
d) Esclusione della punibilità o riduzione delle eventuali sanzioni penali	La punibilità di taluni reati tributari previsti dal D.Lgs. 74/2000 è esclusa in caso di integrale pagamento del debito comprensivo di sanzioni e interessi prima dell'apertura del dibattimento; per altre fattispecie il pagamento determina la riduzione delle pene fino a 1/3 e la non applicazione delle sanzioni accessorie (v. n. 87490) **(1)**
e) Riduzione delle sanzioni contenute nell'atto di accertamento oggetto dell'adesione ad 1/3 del minimo previsto dalla legge (Circ. Min. 8 agosto 1997 n. 235/E)	La riduzione si riferisce alle sanzioni **riguardanti le imposte definite** (comprese quelle irrogate per la violazione di obblighi contabili) e il **contenuto** delle relative dichiarazioni per il periodo di imposta oggetto dell'adesione (esempio sanzioni per infedele dichiarazione) **(2)**. L'ammontare della riduzione è determinato tenendo conto delle **eventuali altre riduzioni** ordinariamente previste dalla legge (es. art. 7 c. 4 D.Lgs. 472/97). In caso di **violazioni continuate** (v. n. 87225), la riduzione di 1/3 va applicata alla sanzione unica, determinata separatamente per ciascun tributo e per ciascun periodo d'imposta (art. 12 c. 8 D.Lgs. 472/97, Circ. Min. 10 luglio 1998 n. 180/E)

(1) Se un accertamento avente **originariamente rilevanza penale** per il superamento delle soglie di punibilità viene definito ad **importo al di sotto** di tale soglia, il giudice penale non è vincolato all'ammontare dell'imposta definita ma per discostarsene deve motivare la propria decisione indicando gli elementi concreti che facciano ritenere maggiormente attendibile l'ammontare inizialmente accertato (Cass. pen. 9 maggio 2014 n. 19138, Cass. pen. 2 dicembre 2011 n. 5640, Cass. pen. 22 novembre 2011 n. 7739).

(2) La **riduzione** delle sanzioni **non si applica** alle infrazioni riguardanti:
– la liquidazione delle imposte dirette e dell'IVA a seguito del controllo formale delle dichiarazioni presentate (artt. 36 bis e 36 ter DPR 600/73 e art. 60 c. 6 DPR 633/72);
– l'omessa, incompleta o inesatta risposta alle richieste fatte dall'Ufficio (es. questionari).

Accertamenti ulteriori (artt. 2 c. 4 e 16 D.Lgs. 218/97) Una volta eseguito l'accertamento con adesione, è possibile effettuare ulteriori accertamenti nei confronti del contribuente, esclusivamente nelle seguenti ipotesi, da considerare **indipendenti** fra loro: **88010**

Presupposto (1)	Descrizione
sopravvenuta conoscenza di nuovi elementi	se in base alla sopravvenuta conoscenza di nuovi elementi (aventi i requisiti richiesti per l'accertamento integrativo - v. n. 82100), si accerta un **maggior reddito** che sia contemporaneamente superiore al 50% di quello complessivo concordato e pari almeno a 77.468,53 euro **(2)**
studi di settore o parametri	se l'accertamento con adesione è sorto a seguito di accertamenti basati sugli studi di settore o sui parametri è possibile effettuare ulteriori accertamenti **indipendentemente dalla sopravvenuta conoscenza** di nuovi elementi e dai limiti di reddito suddetti (art. 70 c. 2 e 3 L. 342/2000)
accertamenti parziali	se l'adesione riguarda accertamenti parziali (v. n. 82100), sono accertabili i **redditi diversi** da quelli presi in considerazione, anche sulla base di elementi conosciuti o conoscibili al momento dell'adesione
redditi da partecipazione	se l'adesione definisce esclusivamente redditi da partecipazione nelle società di persone e assimilate o in aziende coniugali non gestite in forma societaria, l'ulteriore accertamento è ammesso per le **altre categorie di reddito**

Presupposto (1)	Descrizione
società di persone e assimilate	se l'ulteriore accertamento è emesso nei confronti di società di persone e assimilate, o dell'azienda coniugale non gestita in forma societaria, a cui partecipa un contribuente che ha effettuato l'accertamento con adesione relativamente alla sua posizione personale. L'ulteriore accertamento riguarda in tal caso il **reddito di partecipazione**
dichiarazioni dei redditi e IVA difformi o omesse	se le dichiarazioni dei redditi e IVA presentate dal contribuente ai fini dell'adesione risultano difformi da quelle acquisite durante l'attività di controllo degli Uffici o risultano omesse, si procede all'accertamento e alla liquidazione delle imposte dovute ed è possibile modificare, **integrare e revocare gli atti** già notificati e irrogare o revocare le relative **sanzioni**

(1) Tali accertamenti successivi all'accertamento con adesione devono essere **notificati** al contribuente entro gli ordinari termini di decadenza (v. n. 81040).
(2) La **percentuale** del 50% va commisurata considerando anche il reddito dichiarato spontaneamente (non solo il maggior reddito definito).

c. Procedimento

88012 La rettifica della base imponibile avviene in base ad un **contraddittorio** fra l'AF e il contribuente, il cui **scopo** è consentire al contribuente l'esposizione e la documentazione di fatti e circostanze non considerati dall'AF e idonei a contestare le pretese della stessa (Circ. AE 28 giugno 2001 n. 65/E).
Nel contraddittorio il contribuente può intervenire direttamente o a mezzo **rappresentante** munito di procura speciale esente da bollo (Ris. AE 9 febbraio 2011 n. 13/E).

La **procura** deve essere conferita per iscritto e la firma, salvo che la procura sia fatta al coniuge o a parenti entro il quarto grado o, in caso di società ed enti, ai propri dipendenti, deve essere autenticata in esenzione dal bollo. Se la procura è conferita a persone iscritte in albi professionali o ai soggetti autorizzati all'esercizio dell'assistenza davanti alle Corti tributarie, la firma può essere autenticata dagli stessi procuratori. Se invece è conferita ad un funzionario di un CAF, la procura deve essere autenticata dal responsabile del CAF stesso (Circ. AE 22 ottobre 2001 n. 92/E).

88014 **INIZIATIVA DELL'UFFICIO O DEL CONTRIBUENTE** (art. 5 ter D.Lgs. 218/97)
L'**Ufficio**, prima di emettere l'avviso di accertamento deve proporre l'adesione.
La **mancata proposta** di adesione comporta l'invalidità dell'avviso di accertamento se il contribuente, con l'impugnazione, dimostra in concreto le ragioni che avrebbe potuto far valere se il contraddittorio fosse stato attivato.
Tuttavia l'obbligo non ricorre quando:
– gli organi di controllo hanno emesso **PVC** (processo verbale di constatazione);
– si tratta di avviso di **accertamento parziale** (art. 41 bis DPR 600/73 e art. 54 c. 3 e 4 DPR 633/72, v. n. 82100);
– nei casi di particolare **urgenza**, specificatamente motivata o di pericolo per la riscossione.
Il contribuente può presentare istanza di adesione nei casi indicati al n. 88020.
Sia in caso di contraddittorio attivato dall'Ufficio che di contraddittorio attivato dal contribuente, questo può chiedere di computare in diminuzione del maggiore imponibile anche le **perdite pregresse** non ancora utilizzate, le eccedenze ACE, il credito di imposta per le imposte pagate all'estero e le eccedenze degli interessi passivi.

88018 **ADESIONE PROPOSTA DALL'UFFICIO** (art. 5 D.Lgs. 218/97) L'Ufficio delle Entrate invia al contribuente un apposito **invito a comparire** con indicati, fra l'altro, il giorno e il luogo di comparizione (le parti possono concordare eventuale rinvio).
Se fra la data indicata nell'invito a comparire e a scadenza del **termine di decadenza** dell'AE per la notifica dell'accertamento ci sono meno di 90 giorni, il termine è prorogato di 120 giorni.
Se, a seguito dell'invito, il contribuente **non si presenta** al contraddittorio, l'AE procede con l'emissione dell'accertamento; il contribuente non potrà presentare successiva istanza di adesione.
Se, invece, il contribuente **si presenta**, il contraddittorio, il cui svolgimento deve essere documentato da apposito processo verbale, si può **concludere** con uno dei seguenti provvedimenti (Circ. Min. 20 ottobre 1999 n. 203/E):
– **archiviazione** per non luogo a procedere (trattasi di una forma di autotutela), se il contribuente riesce a dimostrare l'erroneità delle pretese dell'Ufficio;

– **atto di adesione**, qualora il contribuente intenda definire la propria posizione. La definizione può anche riguardare l'intero importo determinato dall'Ufficio nell'invito a comparire (ciò significa che le giustificazioni addotte dal contribuente non sono state accolte);
– **atto di accertamento**, se il contribuente non accetta di aderire o se, pur accettando formalmente, non perfeziona poi l'adesione secondo le disposizioni illustrate al n. 88030.
Nel contraddittorio il contribuente può chiedere all'AE di computare in diminuzione del maggiore imponibile accertato anche le **perdite pregresse** non ancora utilizzate, presentando in via telematica (Entratel o Fisconline) il **Modello IPEA**, direttamente o tramite i soggetti incaricati, utilizzando il prodotto informatico «IPEA», disponibile gratuitamente sul sito dell'AE (Provv. AE 12 ottobre 2016 n. 164492). Si applica la disciplina illustrata al n. 81100 (compresa la sospensione ulteriore di 60 giorni del termine per impugnare l'atto, Circ. AE 28 aprile 2017 n. 15/E).

>Precisazioni 1) Un richiesta simile a quella effettuata per le perdite pregresse può essere effettuata presentando documenti che consentano il ripristino della situazione che si sarebbe realizzata se il contribuente avesse dichiarato spontaneamente il proprio reddito imponibile nella misura corretta, e cioè:
– lo scomputo del **credito per le imposte pagate all'estero**, scomputo ricalcolato considerando il nuovo reddito imponibile accertato in Italia (Circ. AE 21 marzo 2019 n. 4/E);
– lo scomputo delle **eccedenze ACE** formate non oltre l'esercizio oggetto di accertamento e non ancora utilizzate. In caso di **compresenza** di eccedenze ACE e di **perdite pregresse**, le prime possono essere utilizzate solo a seguito dello scomputo delle perdite, di periodo o pregresse. Ovviamente il contribuente non potrà più riportare l'ACE scomputata in sede di definizione (Circ. AE 21 marzo 2019 n. 5/E);
– lo scomputo delle eccedenze degli **interessi passivi** ricalcolati.
2) In caso di **mancato perfezionamento** dell'adesione in cui è stato presentato l'IPEA (o la documentazione analoga per le eccedenze sopra indicate), l'AE emette l'avviso di accertamento tenendo comunque conto delle perdite richieste in diminuzione.

ADESIONE RICHIESTA DAL CONTRIBUENTE (art. 6 D.Lgs. 218/97) Il contribuente **88020**
può richiedere l'accertamento con adesione, presentando un'apposita istanza, esclusivamente nei seguenti due casi.

Caso	Descrizione
nei suoi confronti sono stati effettuati **accessi, ispezioni o verifiche**	Il contribuente può chiedere all'ufficio, **prima della notifica dell'eventuale atto di accertamento**, la formulazione di una proposta di accertamento per la eventuale definizione, che riguarda sia le imposte sui redditi che l'IVA, se dovuta. L'istanza va presentata in carta semplice: – **direttamente** o tramite **posta**, all'Ufficio competente ad eseguire gli accertamenti con riferimento agli specifici periodi d'imposta interessati dal controllo; – mediante **Pec** alla casella delle Direzioni provinciale (o regionale per i grandi contribuenti) competente. L'istanza dovrà essere firmata digitalmente o, in alternativa, sottoscritta con firma autografa e corredata da copia del documento d'identità. Il contribuente può chiedere all'AE, durante il contraddittorio, di computare in diminuzione del maggiore imponibile accertato anche le **perdite pregresse** non ancora utilizzate, o le eccedenze analoghe (credito per le imposte pagate all'estero, ACE, ecc.) (v. n. 88018). L'Ufficio, ricevuta l'istanza, **non è obbligato a convocare il contribuente** che l'ha presentata; inoltre, l'eventuale formulazione dell'invito non comporta per l'Ufficio alcun obbligo di definizione dell'accertamento mediante adesione. Se il contribuente non viene convocato, può ripresentare l'istanza quando riceve l'atto di accertamento/rettifica. In questa ipotesi l'Ufficio è obbligato a convocare il contribuente
ha ricevuto un **atto di accertamento** (anche parziale) o di rettifica non preceduto dall'invito a comparire	Il contribuente deve presentare l'istanza prima dell'impugnazione dell'atto (60 gg.) di fronte alla CGT 1° (indicando il proprio recapito, anche telefonico) con le medesime modalità sopra indicate **(1)**. È prevista la sospensione dei termini per impugnare l'atto (v. n. 88022). L'eventuale successiva impugnazione comporta la rinuncia all'accertamento con adesione. Il contribuente può chiedere all'AE, nell'istanza o con atto successivo ma, comunque, non oltre il termine per la proposizione del ricorso, tenuto conto anche del periodo di sospensione di 90 giorni, di computare in diminuzione del maggiore imponibile accertato anche le **perdite pregresse** non ancora utilizzate, presentando in via telematica il modello IPEA. La sua presentazione sospende il termine per l'impugnazione dell'atto per ulteriori 60 giorni (in tutto sono 210 i giorni per impugnare). Analogamente può chiedere di scomputare le **eccedenze** non utilizzate derivanti dal **credito per le imposte pagate all'estero**, dall'**ACE** o dagli **interessi passivi** (v. n. 88018).

Caso	Descrizione
	L'Ufficio, ricevuta l'istanza, può formulare un invito a comparire entro i 15 giorni successivi al ricevimento della stessa (termine ordinatorio). La formulazione dell'invito non è obbligatoria e la sua omissione non comporta la nullità dell'atto di accertamento (Cass. 17 ottobre 2014 n. 21991, Cass. 28 dicembre 2011 n. 29127, Cass. 30 dicembre 2009 n. 28051); in ogni caso, se è fatta, non comporta per l'Ufficio alcun obbligo di definizione dell'accertamento mediante adesione **(2)**

(1) Se l'istanza è spedita **per posta** in plico raccomandato senza busta con avviso di ricevimento, ai fini del rispetto del termine di 60 giorni dal ricevimento dell'atto di accertamento, rileva la data di spedizione (e non quella di ricezione). Invece, se la spedizione avviene con modalità diverse (es. busta ordinaria o raccomandata) per l'AE rileva la data di ricevimento (Circ. AE 8 aprile 2002 n. 28/E), mentre per la Cassazione rileva comunque la data di spedizione (Cass. 8 febbraio 2017 n. 3335, Cass. 30 luglio 2014 n. 17314).

(2) In caso di **mancato perfezionamento** dell'adesione in cui è stato presentato il Modello **IPEA**, l'avviso di accertamento originariamente notificato conserva la sua efficacia e l'ufficio che lo ha emesso ricalcola l'eventuale maggiore imposta dovuta, gli interessi e le sanzioni correlate, computando in diminuzione le perdite utilizzabili (Circ. AE 28 aprile 2017 n. 15/E).

Anche nell'accertamento con adesione richiesto dal contribuente, nei casi in cui viene effettuato il contraddittorio, esso si può **concludere** con l'emanazione dei medesimi provvedimenti evidenziati al n. 88018.

88022 **Effetti sui termini** In caso di accertamento con adesione richiesto tempestivamente dal contribuente a seguito di **avviso di accertamento** o di **rettifica**, a favore dello stesso è prevista una **sospensione dei termini** relativa:
- all'**impugnazione** dell'atto di fronte alla CGT 1°;
- all'effettuazione dei **pagamenti** per l'IVA risultante dagli atti di accertamento (art. 60 DPR 633/72) e all'iscrizione provvisoria a ruolo delle imposte sui redditi (v. n. 82505).

In caso di **atto di irrogazione delle sanzioni emesso separatamente** dall'atto di accertamento (ipotesi che si verifica per le sanzioni non collegate al tributo), se l'adesione è stata richiesta per l'atto di accertamento, la sospensione opera per entrambi gli atti (Cass. 18 settembre 2015 n. 18377).

88025 Tale sospensione opera per **90 giorni** dalla data di presentazione o di spedizione per posta in plico raccomandato senza busta con avviso di ricevimento dell'istanza di accertamento con adesione; se la spedizione avviene con modalità diverse la sospensione opera dalla data di **ricevimento** dell'istanza da parte degli Uffici (Circ. AE 8 aprile 2002 n. 28/E).
Pertanto, il termine per impugnare l'atto di accertamento diventa di **150 giorni** dalla notifica dello stesso, fermo restando un maggior termine per la **sospensione feriale** (periodo 1°-31 agosto). Questa è applicabile sia nel caso in cui il periodo di sospensione di 90 giorni venga a ricadere, come termine iniziale o come termine finale, nel periodo feriale, sia qualora il periodo feriale sia ricompreso nel periodo dei 90 giorni (Ris. Min. 11 novembre 1999 n. 159/E).

ESEMPIO
1)
– Avviso di accertamento notificato il 2 agosto
– Istanza di accertamento con adesione presentata il 10 agosto
Il termine iniziale di decorrenza della sospensione di 90 giorni decorre dal 1° settembre.
2)
– Avviso di accertamento notificato il 21 marzo
– Istanza di accertamento con adesione presentata il 1° aprile
Il termine per l'impugnazione dell'atto di accertamento scade il 18 settembre.

L'**esito negativo dell'istanza** stessa prima della scadenza dei 90 giorni non riduce il termine di sospensione (Cass. 30 giugno 2006 n. 15170, Circ. AE 28 giugno 2001 n. 65/E). Al contrario, la **rinuncia formale al contraddittorio** e all'istanza di definizione, dichiarata dal contribuente, a seguito dell'invito a presentarsi per il contraddittorio, fa venir meno la sospensione del termine, che pertanto non è di 150 giorni (60 + 90), ma di 60 giorni più il tempo intercorrente tra la data di invio della domanda di adesione e quella in cui vi è stata la rinuncia (Cass. 24 agosto 2018 n. 21148, Cass. 12 ottobre 2012 n. 17439). Al riguardo, nemmeno la **mancata partecipazione del contribuente all'incontro** fissato per il tentativo di definizione può essere considerata una causa di interruzione del periodo di sospensione non potendo essere considerata una vera e propria rinuncia all'istanza di adesione presentata (Cass. 24 ottobre 2019 n. 27274).

La **dottrina ha criticato** l'orientamento che dà rilevanza alla rinuncia formale, in quanto genera incertezza, dovendo caso per caso ricostruire la volontà del contribuente; inoltre, essa appare in contrasto con la lettera della legge, secondo cui l'unica causa idonea a far cessare la decorrenza dei 90 giorni è costituita dalla presentazione del ricorso (v. n. 88020).

d. Perfezionamento

Se le parti (AF e contribuente) si accordano sui valori dell'accertamento con adesione, questo si perfeziona quando sono portate a termine tutte le seguenti fasi (Cass. 18 dicembre 2009 n. 26681): **88030**
- **redazione e sottoscrizione** a cura delle parti **di apposito atto** in duplice copia contenente per ciascun tributo gli elementi e le motivazioni che hanno portato all'adesione e la liquidazione delle maggiori imposte, delle sanzioni e delle altre somme eventualmente dovute (interessi 3,5% annuo, deducibili integralmente ai fini del reddito di impresa IRES o IRPEF);
- **pagamento** da parte del contribuente delle somme liquidate con l'atto di adesione entro 20 giorni dalla redazione dello stesso, in misura integrale o rateale, secondo le modalità illustrate al n. 88035, o mediante compensazione con i crediti verso la PA (v. n. 88040);
- **esibizione** da parte del contribuente (anche tramite incaricato), entro 10 giorni dal pagamento, **della quietanza** di avvenuto pagamento integrale oppure della prima rata e contestuale **ritiro della copia dell'atto** di accertamento con adesione.

PAGAMENTO RATEALE (Circ. AE 29 aprile 2016 n. 17/E) Il contribuente può optare per il versamento con rate trimestrali; non occorrono garanzie. **88033**

Il **numero delle rate** varia in funzione dell'importo dovuto con l'atto di adesione:
- se l'importo dovuto **supera** 50.000, il versamento può essere fatto in un massimo di **16 rate trimestrali** di pari importo;
- se **non li supera**, in un massimo di **8 rate trimestrali** di pari importo.

Le rate comprendono gli **interessi legali** dovuti (dal 2022: 1,25% annuo; nel 2021: 0,01% annuo) che sono calcolati a decorrere dal giorno successivo al termine di scadenza della prima rata, indipendentemente dal giorno di effettivo versamento della stessa.

In caso di versamento rateale, l'accertamento con adesione si perfeziona, e quindi ha effetto, con il pagamento della prima rata entro 20 giorni dalla redazione dell'atto di accertamento con adesione. Le rate successive devono essere versate entro l'ultimo giorno di ciascun trimestre.

> **Precisazioni 1)** A tutte le rate dovute si applica il **tasso legale in vigore** al momento del perfezionamento dell'accordo, a prescindere dal tasso vigente al momento del pagamento (Circ. AE 21 giugno 2011 n. 28/E). Ai fini del reddito di impresa, gli interessi sono deducibili secondo le disposizioni dell'art. 96 DPR 917/86 (v. n. 23055).
> **2)** Se nel corso di una rateazione il **contribuente muore**, le residue rate vanno versate dagli **eredi** senza le sanzioni (v. n. 87200). L'ufficio comunica alle parti interessate il computo dei nuovi importi delle rate dovute (Circ. AE 7 agosto 2015 n. 29/E).

MODALITÀ DI VERSAMENTO (art. 15 bis D.Lgs. 218/97) Tutti i contribuenti devono utilizzare: **88035**
- per le **imposte dirette** e l'**IVA** il Mod. F24 (telematico o, ove possibile secondo le regole generali, cartaceo; v. n. 37035), sia per le imposte e gli interessi che per le relative sanzioni;
- per le altre imposte indirette il Mod. F23, salvo i casi in cui viene correntemente utilizzato il Mod. F24 (es. contratto di locazione di immobili, ecc.).

Compensazione con crediti verso PA (art. 28 quinquies DPR 602/73, DM 14 gennaio 2014) **88040**

È possibile effettuare la compensazione dell'importo dovuto con i crediti maturati nei confronti dello Stato, enti pubblici, enti locali, del Servizio Sanitario Nazionale, ecc. A tal fine occorre che il creditore presenti un'istanza al debitore affinché questo:
- **certifichi**, con documento emesso mediante l'apposita piattaforma elettronica se il relativo credito sia certo, liquido ed esigibile (cioè non sia stato già pagato dalla PA o impiegato per altre finalità);
- **indichi** la data prevista per il pagamento.

Naturalmente il **titolare dei debiti deve coincidere** con il titolare dei crediti risultante dalle relative certificazioni (in pratica, deve avere il medesimo codice fiscale). In caso di **variazione**

della titolarità del credito, l'interessato fornisce tempestivamente alla PA la documentazione necessaria per aggiornare i dati presenti sulla certificazione del credito, attraverso l'apposita funzione resa disponibile dalla piattaforma elettronica.
La compensazione va effettuata mediante apposito **mod. F24 telematico**, denominato **F24 crediti PP.AA.**, nel quale non devono essere presenti pagamenti diversi da quelli identificati dai codici riportati nella tabella allegata al DM 14 gennaio 2014 (e disponibile sul sito internet dell'AE), mentre possono essere utilizzati anche altri crediti diversi da quelli certificati nel rispetto delle disposizioni relative al controllo preventivo delle compensazioni (es. visto di conformità). I crediti certificati, usati in compensazione, vanno indicati con il codice tributo PP.AA. (nella sezione «Erario») insieme agli estremi identificativi della certificazione, attribuiti dalla piattaforma elettronica (Ris. AE 4 febbraio 2014 n. 16/E).
Se l'**importo dei debiti è superiore** all'ammontare dei crediti certificati e compensati nel modello F24 telematico, la differenza può essere versata con lo stesso modello o con una distinta operazione. L'eventuale saldo positivo del modello F24 telematico - differenza tra l'ammontare dei debiti da accertamento tributario e l'importo dei crediti, anche diversi da quelli certificati, utilizzati in compensazione nello stesso modello ai fini del pagamento - è corrisposto mediante addebito su c/c bancario o postale. L'addebito dell'eventuale saldo positivo del modello F24 telematico deve essere andato a buon fine.
Se le disposizioni suddette **non sono rispettate**, tutti i pagamenti contenuti nello stesso modello F24 telematico sono considerati come non avvenuti.

88043 **IRREGOLARITÀ DEI VERSAMENTI** (art. 15 ter DPR 602/73, Circ. AE 28 giugno 2001 n. 65/E, Circ. AE 29 aprile 2016 n. 17/E) In proposito, bisogna distinguere il caso di pagamento integrale da quello di pagamento rateale.

Pagamento	Descrizione
Integrale	Solitamente, nel caso di **omesso, tardivo o carente versamento** delle somme dovute sulla base dell'atto di adesione, l'adesione non si perfeziona e di conseguenza viene emesso un atto di liquidazione o un ruolo con iscritte le somme risultanti dall'avviso di accertamento già notificato **(1)**. Tuttavia, in caso di **lieve inadempimento (2)** l'adesione si perfeziona e l'AF iscrive a ruolo le **sanzioni** (15% per il ritardo e 30% per il carente versamento) e gli **interessi** legali (nel 2022: 1,25% annuo; nel 2021: 0,01% annuo) calcolati a decorrere dal primo giorno successivo dalla scadenza del termine di 20 giorni (dalla redazione dell'atto di adesione). Il contribuente può evitare l'iscrizione a ruolo dell'importo mancante ricorrendo al **ravvedimento**, cioè versandolo insieme alle sanzioni e agli interessi entro 90 giorni dalla scadenza.
Rateale	La stessa procedura suindicata è prevista nel caso di omesso, tardivo o carente versamento della **prima rata**. In relazione alle **rate diverse dalla prima** occorre distinguere: – in caso di **insufficiente versamento** della rata per una frazione non superiore al 3% e, in ogni caso, a € 10.000 (c.d. lieve inadempimento) la rateazione prosegue ma l'AE iscrive a ruolo le somme dovute a carico del contribuente, con applicazione aggiuntiva della sanzione del 30% e degli interessi legali commisurati all'importo non pagato **(3)**; – se il versamento viene effettuato **tardivamente**, ma **entro 3 mesi** dalla scadenza (cioè entro il termine di pagamento della rata successiva) la rateazione prosegue ma l'AE iscrive a ruolo le somme dovute a carico del contribuente, con applicazione aggiuntiva della sanzione ridotta del 15%, ulteriormente ridotta in funzione dell'entità del ritardo (es. 1/15, 1/10, 1/9, 1/8, ecc.) **(3)**; – se il versamento viene effettuato **entro 3 mesi** dalla scadenza ma a titolo di **ravvedimento**, quindi con l'aggiunta degli interessi legali maturati dall'originaria scadenza a quella di versamento e della sanzione del 15%, ridotta ulteriormente in funzione dell'entità del ritardo (es. 1/10, 1/9, 1/8, ecc.), la rateazione prosegue (senza alcuna iscrizione a ruolo). Si applicano i codici tributo indicati nella Ris. AE 4 marzo 2014 n. 25/E **(3)**; – se il versamento non viene effettuato oppure se viene effettuato **oltre 3 mesi** dalla scadenza, si determina l'automatica decadenza dal beneficio della rateazione; di conseguenza l'AE iscrive a ruolo le somme dovute a carico del contribuente (imposta sanzioni e interessi), con applicazione aggiuntiva della sanzione del 45% sull'importo residuo dovuto a titolo di tributo (quest'ultima non è dovuta se le rate sono costituite solo da sanzioni o interessi) **(1)**.

(1) I **codici tributo** per il versamento della sanzione sono istituiti con Ris. AE 16 settembre 2013 n. 57/E.
(2) Cioè in caso di:
a) **insufficiente versamento** dell'importo dovuto, per una frazione non superiore al 3% e, in ogni caso, a € 10.000;
b) **tardivo** versamento, non superiore a 7 giorni (considerando la proroga dei termini che scadono sabato o festivi e la proroga dal 1° al 20 agosto).
(3) Anche in relazione a tale versamento il contribuente deve far pervenire in ufficio l'apposita **attestazione di pagamento**, entro 10 giorni dal versamento stesso (v. n. 88030) (Circ. AE 5 agosto 2011 n. 41/E).

e. Adempimenti successivi all'adesione

Perfezionato l'accertamento con adesione, è obbligatorio **conservare** la copia delle dichiara- **88045**
zioni dei redditi e dell'IVA da parte dei seguenti contribuenti:
- soggetti obbligati alla tenuta di scritture contabili;
- soci e associati di società di persone e assimilate;
- coniuge dell'azienda coniugale non gestita in forma societaria.

I soggetti obbligati alla tenuta di scritture contabili, devono conservarle secondo le regole ordinarie (Circ. Min. 8 agosto 1997 n. 235/E).

B. Definizione in via breve

Sia per le imposte dirette che indirette è consentito definire in via breve gli atti dell'AF con i quali **88050**
vengono contestate maggiori somme a titolo di imposte e di sanzioni. In pratica, il contribuente può decidere di pagare le maggiori somme contestate, beneficiando di una serie di agevolazioni, a condizione che **rinunci alla presentazione del ricorso**.

Per la definizione sono previsti **3 strumenti**, complementari fra loro, che si distinguono per l'ambito di applicazione all'interno del quale operano:
1) definizione degli atti di accertamento diversi da quelli di cui ai punti seguenti (c.d. **acquiescenza**);
2) **definizione** degli accertamenti derivanti dai **controlli automatici** e dal controllo formale delle dichiarazioni;
3) **definizione delle sole sanzioni** contenute in un atto di contestazione o in un atto contestuale all'avviso di accertamento.

ACQUIESCENZA (art. 15 D.Lgs. 218/97) Tale strumento consente al contribuente di **pa-** **88060**
gare le maggiori somme accertate, **entro** il termine per proporre ricorso (60 giorni dalla notifica dell'atto, salvo la sospensione feriale dal 1° al 31 agosto), beneficiando degli effetti di seguito illustrati.

Condizione per avvalersi dell'acquiescenza è la rinuncia alla presentazione sia del ricorso che dell'istanza di accertamento con adesione.

N.B. Per gli avvisi di accertamento, di rettifica e liquidazione e per gli atti di recupero non impugnati e impugnabili al 1° gennaio 2023 o notificati entro il 31 marzo 2023, è prevista un'acquiescenza agevolata con maggior riduzione di sanzioni, v. n. 99360.

> **Precisazioni 1)** L'acquiescenza è utilizzabile se il contribuente ha presentato **istanza di accertamento con adesione** a seguito di accessi, ispezioni o verifiche e prima dell'avviso di accertamento.
> **2)** Se un **atto** di accertamento contiene **più violazioni autonome** tra loro è legittima l'acquiescenza parziale, che riguardi cioè solo alcune violazioni (Cass. 11 maggio 2018 n. 11497). Secondo l'AE, invece, l'acquiescenza deve essere integrale per tutti i rilievi dell'atto (forum con la stampa, maggio 2018).

Effetti L'acquiescenza all'atto di accertamento comporta innanzitutto la **riduzione delle** **88065**
sanzioni ad **1/3** dell'importo irrogato; inoltre, la misura stessa non può essere inferiore ad 1/3 dei minimi edittali previsti per le violazioni più gravi relative a ciascun tributo.

In particolare **la riduzione riguarda** le sanzioni irrogate per:
- le violazioni delle imposte sui redditi e dell'IVA oggetto dell'accertamento e quelle relative al contenuto delle dichiarazioni annuali dei redditi e IVA presentate per il periodo di imposta interessato;

– l'insufficiente dichiarazione di valore ai fini dell'imposta di registro (compresa quella derivante dalla decadenza dalle agevolazioni prima casa);
– l'omessa o tardiva presentazione della dichiarazione di successione e per l'incompletezza o infedeltà della dichiarazione stessa (comprese le connesse imposte ipotecarie e catastali, Circ. AE 29 aprile 2016 n. 17/E).
Inoltre l'acquiescenza produce **effetti analoghi** a quelli prodotti dall'accertamento con adesione-definizione posizioni, irrilevanza ai fini extra-tributari, riduzione sanzioni penali (v. n. 88005, lettere a), c), d) - ad eccezione del caso di violazioni continuate).
Una volta perfezionata, l'Ufficio può procedere ad un'**ulteriore azione** accertatrice solo se ricorrono le condizioni di cui al n. 88010 (art. 21 c. 22 L. 449/97).

88068 **Versamento** Le **modalità** di versamento variano a seconda dell'imposta, come illustrato nella **tabella** sottostante.
Il pagamento può avvenire in forma **integrale** o in forma **rateale** con il modello F24 oppure **compensando** i crediti nei confronti dello Stato ed enti pubblici, secondo i medesimi criteri previsti per l'accertamento con adesione, compresa la rilevanza del lieve inadempimento (v. n. 88033 e n. 88043).
Entro 10 giorni dal versamento, il contribuente deve **esibire** all'Ufficio la relativa **quietanza** di avvenuto pagamento integrale o della prima rata.

Modalità di versamento	
Imposte sui redditi, addizionali regionali e comunali, **IRAP**, **IVA**, interessi e le relative sanzioni	Con Mod. F24 telematico o, ove possibile secondo le regole generali, cartaceo (v. n. 37035) **(*)**
Imposta di registro e **imposta sulle successioni e donazioni**	Mod. F23 da presentare presso qualsiasi concessionario, banca o ufficio postale situati sul territorio nazionale, salvo che per l'imposta di registro connessa alla registrazione dei **contratti di locazione e affitto di beni immobili** e le relative sanzioni e interessi per le quali si deve utilizzare il Mod. F24 (Provv. AE 3 gennaio 2014 n. 2013/554)
(*) A tal fine sono istituiti i **codici tributo** 9424 e dal 9451 al 9473. Per l'identificazione completa si rinvia al sito internet www.agenziaentrate.gov.it. Il **periodo di riferimento** da indicare sui modelli di versamento è l'anno per il quale si è definito l'accertamento.	

88070 **Perfezionamento** L'atto di accertamento si chiude a seguito del **versamento** delle imposte accertate e delle sanzioni ridotte, compresi gli interessi e le imposte già rimborsate e non più spettanti a seguito dell'accertamento (Circ. Min. 14 gennaio 1998 n. 8/E).
Per le **irregolarità** nei versamenti si applicano le medesime regole dell'adesione (v. n. 88043), tenendo tuttavia presente che nel caso di pagamento rateale a seguito di avvisi di accertamento esecutivi, l'AE recupera le somme dovute mediante intimazione ad adempiere al pagamento (anziché tramite ruolo) (Circ. AE 29 aprile 2016 n. 17/E).

88080 **DEFINIZIONE A SEGUITO DI CONTROLLI AUTOMATICI E/O FORMALI** (artt. 2, 3 D.Lgs. 462/97) Nell'ambito degli accertamenti derivanti dai controlli automatici e dal controllo formale delle dichiarazioni (v. n. 81730), è prevista una definizione in via breve conseguente alla **comunicazione** di irregolarità effettuata dall'AF prima che venga emesso il ruolo (c.d. avvisi bonari).
La definizione comporta l'applicazione della **sanzione ridotta** - nel caso dei controlli automatici (v. n. 81745) del **10%** (cioè 1/3 del 30%), nel caso dei controlli formali di cui al n. 81750 del **20%** (2/3 del 30%) - e il pagamento degli **interessi** (3,5% annuo) fino all'ultimo giorno del mese antecedente a quello dell'elaborazione della comunicazione. Per la definizione agevolata delle comunicazioni da controlli automatici emesse per i periodi d'imposta **2019, 2020 e 2021**, v. n. 99340.

> L'avviso bonario non può essere oggetto di **definizione parziale**, dunque il contribuente non può definire solo una parte dei rilievi (Cass. 6 novembre 2020 n. 24884).

88083 Operativamente, la definizione si verifica se, **entro 30 giorni** - decorrenti, in caso di avviso telematico all'intermediario (v. n. 81745), dal 60° giorno successivo alla data in cui è disponibile

per l'intermediario o, in caso di raccomandata al contribuente, dalla data di ricevimento della stessa (Circ. AE 4 novembre 2009 n. 47/E) e a cui va eventualmente aggiunto il periodo di **sospensione feriale** dal 1° agosto al 4 settembre (art. 37 c. 11 bis DL 223/2006) - le somme dovute vengono pagate, presso banche o uffici postali, **utilizzando il Mod. F24**:
- precompilato ed allegato alla comunicazione;
- compilato dal contribuente che intenda versare solo parzialmente gli importi comunicati (in tal caso vanno utilizzati gli specifici codici tributo istituiti con apposite risoluzioni, v. **tabella** seguente);
- precompilato dall'AF in caso di avvenuto sgravio parziale.

Infatti, se il contribuente che ha ricevuto la comunicazione, a seguito di **autotutela**, ottiene uno **sgravio parziale**, l'AF deve inviare una **nuova comunicazione** con l'indicazione del nuovo minore importo; in tal caso, il **termine di 30 giorni** decorre da questa nuova comunicazione. Analogamente, se la comunicazione contiene l'**invito** dell'ufficio a **presentare documenti o chiarimenti**, il contribuente aderendo tempestivamente alla richiesta, acquisisce il diritto a ricevere la comunicazione definitiva dalla quale decorre il suddetto termine, sia che l'imposta dovuta sia stata rideterminata (autotutela), sia che la stessa sia stata confermata (Circ. AE 3 agosto 2001 n. 77/E).

Se l'iniziativa in ordine alla **presentazione di documenti o chiarimenti** è assunta autonomamente dal contribuente, la possibilità per lo stesso di usufruire della definizione entro 30 giorni dalla comunicazione definitiva sussiste solo se l'imposta viene rideterminata in sede di autotutela. Se le deduzioni di parte vengono disattese dall'ufficio e l'imposta liquidata viene confermata, il termine per la definizione decorre dalla comunicazione originaria (Circ. AE 3 agosto 2001 n. 77/E).

Rateazione delle somme dovute (art. 3 bis D.Lgs. 462/97) Le somme dovute per l'adesione possono essere versate in 20 rate trimestrali di pari importo (dal 1° gennaio 2023). 88085
Per ottenere la rateazione non è necessario presentare **alcuna richiesta** specifica e non è richiesta la prestazione di garanzie (art. 10 c. 13 decies DL 201/2011). È il contribuente a scegliere il numero delle rate (che potrebbe essere anche inferiore a 20).
Sul sito internet dell'AE è possibile **calcolare l'importo delle rate** da versare.
L'importo della **prima rata** deve essere versato entro il termine di 30 giorni dal ricevimento della comunicazione. Le **rate successive** scadono l'ultimo giorno di ciascun trimestre e sul relativo importo sono dovuti gli **interessi** al tasso del 3,5% annuo, calcolati dal primo giorno del secondo mese successivo a quello di elaborazione della comunicazione.

Per gli importi **fino a 5.000 euro**, fino al 31 dicembre 2022 il pagamento era dilazionabile in massimo 8 rate trimestrali. L'estensione a 20 rate trimestrali si applica anche alle rateazioni in corso al 1° gennaio 2023 (Circ. AE 13 gennaio 2023 n. 1/E).

ESEMPIO
Un contribuente riceve la comunicazione del controllo formale il 5 maggio 2020. La prima rata deve essere versata entro il 4 giugno 2020; la seconda rata entro il 30 settembre 2020 (ultimo giorno del terzo mese successivo al 4 giugno 2020); le rate successive vanno versate entro il 31 dicembre 2020, 31 marzo 2021 e così via.

Per il versamento delle rate deve essere utilizzato il modello di pagamento F24, indicando separatamente gli importi della rata e degli interessi dovuti per la rateazione, utilizzando i rispettivi codici tributo secondo il prospetto seguente:

Tipologia di atto	Codice tributo rata	Codice tributo interessi
art. 36 bis	9001	9002
art. 36 ter	9006	9007
art. 36 bis - T.F.R.	9526	9003
art. 36 bis - Arretrati	9527	9004

Violazioni (art. 3 bis D.Lgs. 462/97, art. 15 ter DPR 602/73, Circ. AE 29 aprile 2016 n. 17/E) Salvo il caso di lieve inadempimento sotto illustrato, il **mancato pagamento** dell'importo dovuto in unica soluzione o della prima rata entro i 30 giorni suddetti o il mancato pagamento anche di una sola delle rate diverse dalla prima entro il termine di pagamento della rata successiva (3 mesi), comporta la mancata definizione e la decadenza dalla rateazione e l'importo dovuto per imposte, interessi legali e sanzioni in misura piena (30%), dedotto quanto versato, è iscritto a ruolo. 88090

Lieve inadempimento
a) insufficiente versamento della rata o dell'importo dovuto in unica soluzione, per una frazione non superiore al 3% e, in ogni caso, a € 10.000; b) tardivo versamento della prima rata o dell'importo dovuto in unica soluzione, non superiore a 7 giorni (considerando la proroga dei termini che scadono sabato o festivi e la proroga di ferragosto, dal 1° al 20 agosto).

Invece in caso di **lieve inadempimento** la definizione si perfeziona e l'AF iscrive a ruolo le sanzioni (15% per il ritardo e 30% per il carente versamento) e gli interessi legali (nel 2023: 5% annuo; nel 2022: 1,25% annuo; nel 2021: 0,01% annuo) calcolati a decorrere dal primo giorno successivo dalla scadenza del termine di 30 giorni (dal ricevimento della comunicazione).
Nei casi sopra esaminati, la cartella di pagamento emessa a seguito dell'iscrizione a ruolo delle somme dovute, è a sua volta rateizzabile.
Il contribuente può **evitare l'iscrizione a ruolo** dell'importo mancante ricorrendo al **ravvedimento**, cioè versandolo insieme alle sanzioni e agli interessi entro 90 giorni dalla scadenza. In questo caso, il versamento va fatto utilizzando i codici tributo indicati nella **tabella** seguente.

Ravvedimento (Ris. AE 29 dicembre 2011 n. 132/E)		
Tipologia di atto	**Codice tributo sanzione**	**Codice tributo interessi**
artt. 36 bis e 54 bis	8929	1980
art. 36 ter	8933	1983
T.F.R. e prestazioni in forma capitale	8931	1981
Arretrati	8932	1982

88095 **DEFINIZIONE AGEVOLATA DI SOLE SANZIONI** (artt. 16 c. 3, 17 c. 2 D.Lgs. 472/97) È ammessa una specifica definizione agevolata degli atti che irrogano sanzioni mediante il pagamento (non rateizzabile) di un **1/3 della sanzione** indicata, purché venga effettuato entro il termine previsto per la proposizione del ricorso (v. n. 87780). La definizione è ammessa anche dopo il fallito tentativo di accertamento con adesione, tenendo presente che la presentazione dell'istanza relativa sospende per 90 giorni il termine per ricorrere.
La somma da versare **non può essere inferiore** ad un 1/3 dei minimi edittali previsti per le violazioni più gravi relative a ciascun tributo.
Se l'atto contiene **più sanzioni** indipendenti tra di loro, il contribuente può definire solo una o alcune di esse.
Le modalità di **versamento** sono le stesse previste per l'acquiescenza; i codici tributo vanno dal 9601 al 9614, oltre al 9424 (vedi sito internet www.agenziaentrate.gov.it). In caso di **irregolarità**, non si applica il principio del lieve inadempimento (v. n. 88043).

> **Precisazioni 1)** Non è ammessa definizione agevolata per le sanzioni relative all'utilizzo in **compensazione di crediti inesistenti** (art. 13 c. 5 D.Lgs. 471/97) e nel caso di **irrogazione immediata** della sanzione con iscrizione a ruolo a seguito di controllo formale della dichiarazione (v. n. 87240).
> **2)** Rispetto all'acquiescenza, che può essere effettuata solo dal contribuente, la definizione in esame può essere utilizzata anche dal **trasgressore persona fisica** (responsabile solo per il pagamento delle sanzioni e non per il tributo).

88100 La definizione agevolata:
– preclude l'irrogazione delle **sanzioni accessorie**, salvo quella della sospensione della licenza per omessa emissione di scontrini di cui al n. 87040 (Ris. AE 4 luglio 2007 n. 150/E, Cass. 13 novembre 2009 n. 24012, Cass. 5 settembre 2008 n. 22459);
– non preclude la possibilità di **impugnare l'atto** di accertamento per contestare le maggiori imposte (da cui emergono le sanzioni), tuttavia, l'eventuale accoglimento del ricorso non consente la ripetizione di quanto versato a titolo di definizione agevolata (Circ. AE 12 marzo 2010 n. 12/E, Cass. 13 novembre 2013 n. 25493);
– non comporta il **riconoscimento della fondatezza** della pretesa relativa al tributo, non comporta, cioè, acquiescenza (Cass. 6 novembre 2013 n. 24906).

CAPITOLO 5

Operazioni straordinarie

SOMMARIO

Le operazioni analizzate in questo capitolo sono dette «straordinarie», in contrapposizione ai normali fatti di gestione, in quanto sono volte a modificare l'organizzazione o la forma giuridica dell'impresa, nonché al trasferimento o all'estinzione della stessa. Si tratta sia di operazioni volontarie, che dipendono cioè da decisioni dell'imprenditore o degli amministratori, sia di operazioni obbligatorie per legge (fallimento e liquidazione coatta); alcune di queste riguardano la generalità delle imprese, altre invece riguardano esclusivamente le società di persone e di capitali. Tra queste ultime, sono distintamente trattate le operazioni straordinarie realizzate in ambito comunitario. **89000**

Si analizzano le conseguenze fiscali, relativamente alle imposte dirette e indirette; inoltre, per ciascun tipo di operazione, si evidenzia se essa genera redditi tassabili ai fini IRAP e, in caso affermativo, si indicano le eventuali particolarità ai fini dell'applicazione dell'imposta.

> **Precisazioni 1)** Per le cessioni e i conferimenti aventi ad oggetto **partecipazioni detenute in società controllate e collegate**, si rinvia alla trattazione contenuta nel capitolo relativo al reddito di impresa (v. n. 24675).
2) Norme specifiche sono state emanate per agevolare le operazioni di **ristrutturazione bancaria** (D.Lgs. 153/99). La specificità degli aspetti trattati non ci consente di affrontarne l'analisi.

SEZIONE 1

Cessione d'azienda

La cessione d'azienda, anche se riguarda il complesso di beni organizzato dall'imprenditore per esercitare l'impresa, è un'operazione unitariamente considerata finalizzata, generalmente, alla continuazione dell'impresa stessa da parte di un altro soggetto. **89010**

L'operazione può riguardare l'intera azienda o più aziende possedute dallo stesso imprenditore, oppure un solo ramo dell'attività.

Nella presente sezione sono trattate le regole relative alla **cessione a titolo oneroso**, specificando separatamente le conseguenze fiscali per l'acquirente. Per le cessioni **a titolo gratuito** si rinvia alla sezione «donazione d'azienda» (v. n. 90270).

Il **contratto** di cessione d'azienda deve sempre essere **provato** per iscritto, salva l'osservanza delle forme volute dalla legge per il trasferimento dei singoli beni che compongono l'azienda (es. immobili, autoveicoli, ecc.), o per la particolare natura del contratto (art. 2556 c.c.).
In concreto, il contratto è **redatto** con atto notarile per assolvere all'obbligo di iscrizione nel Registro delle imprese (entro 30 giorni dalla stipulazione, a cura del notaio rogante).

89020 **OGGETTO** È importante definire l'oggetto della cessione: cioè se si intende cedere un'azienda o un ramo d'azienda o, al contrario, una pluralità di beni non qualificabili come tale.
La distinzione è determinante in quanto la cessione d'azienda è fuori campo IVA ed è soggetta a imposta di registro proporzionale (da capitalizzare fra i costi d'impianto e ampliamento); mentre la cessione di singoli beni in regime d'impresa è soggetta a IVA (che è recuperabile dal cessionario nelle liquidazioni periodiche o con istanza di rimborso).

89025 **Azienda** La normativa fiscale non prevede una nozione di azienda, mentre il codice civile la definisce come il complesso dei beni **organizzati** dall'imprenditore per l'esercizio dell'impresa (art. 2555 c.c.).
Secondo l'**AE**, l'azienda può essere definita un insieme di beni eterogenei, costituenti un complesso caratterizzato da una unità funzionale, determinata dal coordinamento realizzato dall'imprenditore tra i diversi elementi patrimoniali e dall'unitaria destinazione dei medesimi a uno specifico fine produttivo. I fattori essenziali dell'azienda si possono quindi individuare nell'organizzazione, nei beni e nel loro fine per l'esercizio dell'impresa; in altri termini, quanto ceduto deve essere di per sé un insieme organicamente finalizzato all'esercizio dell'attività di impresa, autonomamente idoneo a consentire l'inizio o la continuazione di quella determinata attività da parte del cessionario (Risp AE 4 novembre 2019 n. 466, Risp. AE 25 ottobre 2019 n. 432, Ris. AE 10 aprile 2012 n. 33/E).
Sul punto è intervenuta la **Suprema Corte** con numerose pronunce, alcune delle quali sono state riprese da una recente ordinanza Cass. 28 giugno 2018 n. 17182, e che di seguito riassumiamo.
Si ha cessione di azienda quando le parti non hanno inteso trasferire una semplice somma di beni, ma un complesso organico unitariamente considerato, dotato di una potenzialità produttiva, tale da farne emergere ex ante la complessiva attitudine, anche solo potenziale, all'esercizio dell'impresa (Cass. 11 giugno 2007 n. 13580, Cass. 30 gennaio 2007 n. 1913, Cass. 12 maggio 2008 n. 11769); ovvero quando i beni strumentali ceduti siano atti, nel loro complesso e nella loro interdipendenza, all'esercizio di un'impresa, non rilevando che tale esercizio sia attuale, né che la cessione comprenda anche le relazioni finanziarie, commerciali e personali (Cass. 19 luglio 2017 n. 17785).
Non rileva, infine, la circostanza che i singoli beni aziendali siano stati ceduti globalmente o con più atti separati, né la circostanza che il cedente sia un soggetto non munito di autorizzazioni all'esercizio di un'attività dell'azienda, e nemmeno la circostanza che al momento della cessione l'azienda fosse concretamente esercitata, perché rileva unicamente la causa reale del negozio e la regolamentazione degli interessi effettivamente perseguiti dai contraenti (Cass. 11 giugno 2007 n. 13580).

89030 **Ramo d'azienda** La cessione di un ramo aziendale riguarda il trasferimento di uno specifico settore dell'intera azienda, composto da un insieme di beni tra loro coordinati e utilizzabili per realizzare un determinato ciclo produttivo.
Ad esempio: i macchinari, le attrezzature, i prodotti di magazzino, i lavori in corso e i rapporti di lavoro con i dipendenti, relativamente alla produzione realizzata nello specifico settore (Ris. Min. 10 gennaio 1980 n. 368683); oppure la cessione di un impianto radiotelevisivo che non abbia per oggetto soltanto le attrezzature o la cessione delle attrezzature assieme ad altre risorse quali frequenze, marchi, brevetti, ecc. (Ris. AE 10 aprile 2012 n. 33/E).
Secondo la Cassazione, è necessario che sia ceduto un complesso di beni che oggettivamente si presenti quale entità dotata di una propria **autonomia organizzativa** ed economica, finalizzata allo svolgimento di un'attività volta alla produzione di beni o servizi (Cass. 10 ottobre 2008 n. 24913, Cass. 16 aprile 2010 n. 9163). È da escludersi, pertanto, che il ramo d'azienda possa essere identificato potenzialmente come tale solo al momento del trasferimento quale astratta idoneità a un'organizzazione futura di attività da parte dell'acquirente (Cass. 17 ottobre 2005 n. 20012 e Cass. 14 gennaio 2009 n. 685).

I. Imposte dirette

89040 **RISULTATO DELLA CESSIONE** Il risultato si calcola come differenza tra il corrispettivo pattuito, al netto degli oneri accessori diretti (spese notarili, perizie tecniche ed estimative,

provvigioni dovute a intermediari, ecc.), e il valore netto dei beni componenti l'azienda. Se tale differenza è positiva, si ha una plusvalenza; se è negativa, una minusvalenza.
Il **corrispettivo della cessione** è quello riportato sul contratto; esso va riferito all'azienda nel suo complesso e non ai singoli beni che la compongono. Pertanto, l'eventuale plusvalenza (o minusvalenza) realizzata comprende, oltre l'avviamento, anche il valore dei beni (es. merci giacenti in magazzino) che, se ceduti autonomamente, avrebbero dato luogo a ricavi e non a plusvalenze (Ris. Min. 8 febbraio 1979 n. 9/199). In caso di imprenditore individuale in **regime forfettario**, secondo l'AE il corrispettivo relativo all'avviamento è ricavo (v. n. 5605).
Il **valore netto** dell'azienda è dato dal patrimonio netto, cioè dalla differenza tra le attività e le passività, prendendo i valori **fiscalmente riconosciuti**. Ad esempio, per i beni strumentali è pari al costo al netto degli ammortamenti fiscalmente ammessi.
Se il **valore contabile** dei beni aziendali è **diverso** da quello **fiscale** e, quindi, il patrimonio netto contabile è diverso da quello fiscale, si possono avere una plusvalenza (o minusvalenza) contabile e una plusvalenza (o minusvalenza) fiscale. Solo queste ultime sono rilevanti ai fini delle imposte.
L'esistenza di un maggiore corrispettivo non è presumibile soltanto sulla base del valore anche se dichiarato, accertato o definito ai fini dell'imposta di registro o ipo-catastali; la norma ha valore interpretativo e produce effetti retroattivi (art. 5 c. 3 D.Lgs. 147/2015, Cass. 6 giugno 2016 n. 11543, Cass. 1° luglio 2020 n. 13406).

Plusvalenza (art. 86 c. 2 DPR 917/86) La cessione di azienda a titolo oneroso genera normalmente una plusvalenza tassabile, ai fini IRPEF e IRES, che rientra nella categoria dei redditi d'impresa, eccetto alcuni casi particolari (v. n. 89170). La plusvalenza è, invece, **esclusa** dalla base imponibile **IRAP** (D.Lgs. 446/97, Circ. AE 26 maggio 2009 n. 27/E). **89045**
Le modalità di tassazione possono variare in funzione della natura del soggetto cedente e della data dalla quale l'azienda era posseduta (v. n. 89070).

Permuta Se il corrispettivo della cessione è costituito esclusivamente da beni ammortizzabili anche costituenti un complesso aziendale o un ramo d'azienda (**permuta**), si considera plusvalenza soltanto il **conguaglio in denaro** eventualmente pattuito, a condizione che i beni ricevuti vengano iscritti in bilancio allo stesso valore al quale erano iscritti i beni ceduti (art. 86 c. 2 terzo periodo DPR 917/86). **89050**

Minusvalenza (art. 101 c. 1 DPR 917/86) La minusvalenza è un componente negativo, deducibile ai fini della determinazione del reddito di impresa complessivo. **89055**
Se il **cedente** è un **imprenditore individuale** che cede l'unica azienda posseduta, la minusvalenza costituisce una perdita (di impresa), che può essere dedotta in sede di dichiarazione dei redditi se si realizzano le condizioni esposte al n. 5220.

A. Tassazione della plusvalenza

La plusvalenza si considera conseguita alla **data di stipula dell'atto** o, se diversa e successiva, alla data in cui si verifica l'effetto traslativo o costitutivo della proprietà o di altro diritto reale, indipendentemente dall'effettiva percezione del corrispettivo (c.d. principio di competenza; art. 109 c. 2 lett. a DPR 917/86). **89070**

Sono previsti diversi regimi di tassazione a seconda del **cedente** e del **periodo di possesso** dell'azienda. Quest'ultimo si determina con riferimento al giorno in cui è stata precedentemente acquistata o è stata costituita l'impresa, indipendentemente dalla data di acquisto dei singoli beni che compongono l'azienda. **89072**
Facendo riferimento al concetto proprio di «azienda» (v. n. 89025) si ritiene che per determinare il **periodo di inizio** del possesso della stessa, non si possa fare riferimento alla mera costituzione della società ma al momento in cui vi sia un allestimento funzionale all'inizio di una attività economica.
Il **periodo di possesso** non si interrompe se l'azienda è concessa in affitto o usufrutto; è oggetto di conferimenti in «doppia sospensione» d'imposta (v. n. 89750) o è acquisita per successione (Ris. AE 31 agosto 2015 n. 78/E).

89080 Nella **tabella** sono indicati i **regimi di tassazione** applicabili a seconda che il cedente sia un imprenditore individuale o una società e in base al periodo di possesso dell'azienda. In alcuni casi, il cedente **può scegliere** tra diverse modalità di tassazione; a seconda delle specifiche circostanze è, perciò, possibile adottare il regime meno gravoso.

Periodo di possesso dell'azienda	Imprenditore individuale (1)		Società
	Unica azienda	Una tra le più aziende	
Più di 5 anni	2 possibilità **(2)**: – regime normale – regime di tassazione separata **(3)**	3 possibilità: – regime normale – regime normale-differito – regime di tassazione separata **(3)**	2 possibilità: – regime normale – regime normale-differito
Meno di 5 anni e almeno 3 anni	regime normale **(2)**	2 possibilità: – regime normale – regime normale-differito	2 possibilità: – regime normale – regime normale-differito
Meno di 3 anni	regime normale obbligatorio	regime normale obbligatorio	regime normale obbligatorio

(1) In caso di **impresa familiare**, secondo l'AE, la plusvalenza è tassata solo in capo all'imprenditore (Ris. AE 31 agosto 2015 n. 78/E); viceversa, secondo la Cassazione, la plusvalenza va imputata pro-quota al titolare dell'impresa e ai collaboratori familiari (Cass. 29 aprile 2009 n. 10017 e Cass. 15 ottobre 2007 n. 21535).
(2) Se, contestualmente alla cessione dell'unica azienda, il cedente inizia una **nuova attività d'impresa** è possibile optare per la rateizzazione della plusvalenza (regime di tassazione differito) (Ris. DRE Emilia Romagna 18 settembre 1996 n. 39525).
(3) A condizione che ne sia fatta richiesta nella dichiarazione dei redditi relativa al periodo d'imposta al quale sarebbero imputabili come componenti del reddito d'impresa (art. 17 c. 2 DPR 917/86).

89085 **REGIME NORMALE** (art. 86 DPR 917/86) La plusvalenza concorre, per intero, alla formazione del reddito complessivo d'impresa nell'esercizio in cui è realizzata (v. n. 24560). Su tale reddito complessivo si applicano le imposte.

Anche se sussistono i requisiti per optare per il regime differito di cui al par. seguente, può essere conveniente tassare per intero la plusvalenza nell'esercizio di realizzo se si hanno perdite di impresa pregresse che possono compensarla.

89100 **REGIME NORMALE-DIFFERITO** (art. 86 c. 4 DPR 917/86) Se ricorrono i requisiti, il cedente può **optare** per la tassazione frazionata della plusvalenza in quote costanti nell'esercizio in cui è stata realizzata e (al massimo) nei quattro successivi (v. n. 24600).
L'opzione va **esercitata** nella dichiarazione dei redditi relativa al periodo di imposta in cui la plusvalenza è realizzata, attraverso la compilazione dell'apposito prospetto. La scelta vale anche per gli esercizi successivi, nei quali si intende frazionare la plusvalenza.

Se il cedente **cessa l'attività d'impresa** durante il periodo in cui è in corso la tassazione frazionata della plusvalenza, tutte le quote restanti vanno tassate nell'esercizio di cessazione dell'attività.

89110 **REGIME DI TASSAZIONE SEPARATA** (artt. 58 c. 1 e 17 c. 1 lett. g e c. 2 DPR 917/86) L'**imprenditore individuale** che possiede l'azienda da più di 5 anni può **optare** per la tassazione separata della plusvalenza, secondo le regole proprie di tale regime (v. n. 3320). È comunque dovuto un acconto pari al 20% della plusvalenza nell'esercizio in cui la stessa è realizzata.
L'opzione va espressa nella dichiarazione dei redditi relativa al periodo in cui la plusvalenza sarebbe imputata come componente di reddito. Se si sceglie la tassazione separata, non è possibile frazionare la plusvalenza.

B. Cessioni particolari

89170 **UNICA AZIENDA AFFITTATA** (artt. 67 lett. h e 71 c. 2 DPR 917/86) In caso di cessione, da parte di una persona fisica, dell'unica azienda concessa in affitto o usufrutto, l'eventuale

plusvalenza concorre alla determinazione del reddito complessivo del cedente come **reddito diverso** (avendo questi perso la qualifica di imprenditore a seguito dell'affitto dell'unica azienda - v. n. 90420). La plusvalenza deve essere determinata come differenza tra l'ammontare percepito nel periodo d'imposta e i costi afferenti secondo le regole previste per il reddito d'impresa e va **indicata** nel quadro RL (redditi diversi) al rigo RL8 colonna 1 (non è possibile applicare la tassazione differita né quella separata).
La plusvalenza non è soggetta a **IRAP**.

> La disposizione si applica indipendentemente dal fatto che il titolare prima dell'affitto abbia o meno direttamente gestito l'impresa (Cass. 6 settembre 2013 n. 20538, Cass. 21 agosto 2007 n. 17820).

Momento impositivo In quanto rientrante nella categoria dei redditi diversi, la plusvalenza è tassata nel periodo di imposta in cui il corrispettivo è percepito e non in quello in cui sorge il diritto alla sua percezione (**principio di cassa** anziché di competenza). Pertanto, in caso di **riscossione rateale** del corrispettivo, la plusvalenza va dichiarata nei singoli anni per la parte proporzionale a quanto riscosso. **89175**

AZIENDA ACQUISITA PER SUCCESSIONE O DONAZIONE (art. 67 lett. h bis DPR 917/86) Se l'azienda ceduta, **senza che sia stata esercitata l'impresa**, era stata precedentemente acquisita per successione o donazione, l'eventuale plusvalenza realizzata rientra nella categoria dei **redditi diversi**; pertanto, la plusvalenza è imponibile nell'esercizio in cui si verifica il percepimento del corrispettivo (come esposto al n. 89175) e non è soggetta all'IRAP. **89190**
Essa è determinata come differenza tra il corrispettivo conseguito e il valore netto, risultante dalle scritture contabili, dell'azienda al momento della successione o donazione, applicando le stesse regole previste in materia di reddito d'impresa (v. n. 89045).

CESSIONE CON COSTITUZIONE DI RENDITA VITALIZIA L'**imprenditore individuale** che cede un'azienda o un ramo d'azienda può scegliere di ricevere il versamento di una **rendita a vita** (art. 1872 c.c.), anziché il pagamento del prezzo in un'unica soluzione o a rate. **89200**
L'eventuale **plusvalenza** da cessione è determinata assumendo quale corrispettivo il **valore attuale** della rendita, calcolato con **metodi finanziari-attuariali** (Cass. 1° agosto 2019 n. 20746, Cass. 14 febbraio 2018 n. 3518, Cass. 1° agosto 2012 n. 13823, Cass. 27 gennaio 2012 n. 1175, Cass. 20 maggio 2011 n. 11229 e n. 11230) ed è tassata in base alle regole ordinarie del reddito d'impresa (v. n. 89070).
Inoltre, la tassazione della cessione, prima, e della rendita vitalizia, poi, non configura un fenomeno di doppia imposizione, trattandosi di fattispecie impositive che danno luogo a **due diversi presupposti reddituali**. La prima ai fini della determinazione del reddito d'impresa, la seconda agli effetti della formazione del reddito assimilato a quello di lavoro dipendente (v. n. 9980) (Cass. 1° agosto 2019 n. 20746, Nota DRE Lombardia n. 74705/2000, Nota DRE Lazio 6 luglio 1996 n. 13212 e parere Comitato consultivo per le norme antielusive 14 ottobre 2005 n. 30, Cass. 11 maggio 2007 n. 10801 e Cass. 24 novembre 2010 n. 23874).
In senso difforme si è espressa altra parte della giurisprudenza, secondo cui la tassazione sia della plusvalenza che della rendita comporta una doppia imposizione in capo al percipiente, a meno che l'AF non riconosca il rimborso delle imposte già versate sulla rendita periodica (Cass. 20 maggio 2011 n. 11229).
La plusvalenza in ogni caso è **esclusa** dalla formazione dell'imponibile **IRAP**.

CESSIONE CON RISERVA DI PROPRIETÀ (Ris. AE 13 ottobre 2016 n. 91/E) Diversamente da quanto previsto a fini civilistici (art. 1523 c.c.), il corrispettivo della cessione si considera conseguito alla **data di stipula dell'atto** o, se diversa e successiva, alla data in cui si verifica l'effetto traslativo o costitutivo della proprietà o di altro diritto reale, indipendentemente dall'effettiva percezione (c.d. principio di competenza; art. 109 c. 2 lett. a DPR 917/86). Pertanto, la plusvalenza è tassata secondo le regole ordinarie (v. n. 89070 e s.) e non assume rilevanza l'eventuale mancato pagamento delle rate residue (Cass. 16 novembre 2012 n. 20098 e Cass. 23 febbraio 2011 n. 4366). **89210**

Risoluzione del contratto (Ris. AE 13 ottobre 2016 n. 91/E) L'eventuale risoluzione del contratto per inadempimento da parte dell'acquirente comporta il ritrasferimento dell'azienda in capo al primo venditore. Questi deve attribuire all'azienda riconsegnata un valore pari al valore normale dei beni che la compongono e detrarlo dal valore residuo del credito derivante **89214**

dalla cessione risolta: se la differenza è negativa, si ha una perdita su crediti (v. n. 24515 e s.); se è positiva, si ha una sopravvenienza attiva che concorre alla formazione della base imponibile ai fini IRES (v. n. 24925).
Se il giudice stabilisce una **indennità** a favore del venditore in misura **inferiore** rispetto l'importo delle rate pagate, la differenza costituisce sopravvenienza passiva deducibile (v. n. 24985).
Tali importi non rilevano ai fini IRAP.

La risoluzione derivante dall'esercizio della clausola risolutiva espressa contenuta nel contratto è soggetta ad **imposta di registro** in misura fissa se non è previsto corrispettivo o proporzionale se questo è previsto (art. 28 c. 1 DPR 131/86).

C. Riflessi fiscali per l'acquirente

89260 **ISCRIZIONE DELL'AZIENDA IN CONTABILITÀ** L'acquirente dell'azienda iscrive in bilancio le attività e passività che compongono la stessa, nonché l'eventuale avviamento. Per fare ciò, si deve considerare il **corrispettivo contrattuale** di cessione. L'**avviamento** è dato dalla differenza tra il prezzo pagato e il valore corrente attribuito agli elementi patrimoniali attivi e passivi che compongono l'azienda.
Se il **corrispettivo** di vendita è fissato in modo **globale**, invece che per ogni singolo componente patrimoniale, sorge il problema dell'individuazione dei valori di tali componenti per la loro iscrizione nell'attivo. Secondo la Suprema Corte, tale scelta non è insindacabilmente rimessa all'imprenditore, dovendo essere soggetta al rispetto del criterio della **correttezza e veridicità del bilancio** che impone l'iscrizione degli elementi attivi e passivi in base al loro valore reale (Cass. 16 aprile 2008 n. 9950).
Una volta effettuata l'iscrizione, il regime fiscale applicabile è quello proprio delle singole categorie di beni appartenenti all'impresa (beni strumentali, beni-merce, crediti, ecc.). Si applicano le regole relative all'acquisto dei beni usati e al ragguaglio ad anno per quanto riguarda l'**ammortamento** dei beni strumentali e la deduzione delle spese di manutenzione e riparazione relative agli stessi (v. n. 23650 e n. 24135).

Per l'**affrancamento** delle **partecipazioni di controllo** (per le quali vi è l'obbligo di redazione del **bilancio consolidato**), iscritte in bilancio a titolo di avviamento, marchi e altre attività immateriali a seguito dell'operazione di cessione v. n. 89680.

89265 **Caso particolare: avviamento negativo** (Ris. AE 25 luglio 2007 n. 184/E) L'AE si è pronunciata sul trattamento fiscale dell'avviamento negativo che potrebbe emergere nel caso in cui il prezzo d'acquisto dell'azienda sia inferiore al valore netto contabile del patrimonio ad essa riferito. Nel caso concreto, il minor prezzo era motivato da fondate previsioni di perdite future che sarebbero state sostenute dall'acquirente dell'azienda, sulla base di un «Piano di risanamento» triennale. In tal caso si è ritenuta corretta l'**iscrizione** in bilancio dell'avviamento negativo in un apposito «**fondo rischi ed oneri futuri**», che è imputato direttamente al passivo dello stato patrimoniale senza transitare dal conto economico. Secondo l'AE, il trattamento fiscale del fondo deve seguire l'utilizzo contabile dello stesso; quindi, negli esercizi successivi all'acquisizione, il fondo deve concorrere sistematicamente, fino al suo esaurimento, alla formazione del reddito a compensazione dei componenti negativi conseguiti nell'arco temporale delineato nel «Piano di risanamento» e deve rimanere effettivamente correlato alle perdite previste (senza diventare strumento di pianificazione fiscale o di utilizzo arbitrario).
L'eventuale **eccedenza** rimasta **inutilizzata** entro l'ultimo esercizio compreso nel piano di risanamento deve essere imputata a sopravvenienza attiva imponibile nell'esercizio stesso (o nel primo esercizio in cui le stimate previsioni di perdita non dovessero verificarsi). Analogo effetto si produrrebbe in caso di eventuale trasferimento del patrimonio o di parte di esso.

I suddetti chiarimenti possono essere estesi anche al caso di operazioni di acquisto di aziende o di rami aziendali effettuate tra **soggetti IAS/IFRS adopter** e contabilizzate, in applicazione dell'IFRS 3, con il metodo della Purchase Price Allocation. In tal caso, il Negative Goodwill Lordo va considerato alla stregua di un fondo rischi fiscalmente riconosciuto chiamato a concorrere, sistematicamente, fino al suo esaurimento, alla formazione del reddito imponibile. Nel caso in cui quest'ultimo sia portato a riduzione di attività o incremento di passività, lo stesso concorrerà alla formazione del reddito in funzione del regime fiscale applicabile alle attività e passività oggetto d'imputazione; l'eventuale parte residua imputata a conto economico (Negative Goodwil Netto), sarà, invece, assoggettata a tassazione, al pari di quanto accade, nel caso di fondo «esuberante», per le società che applicano gli OIC (Risp. AE 6 agosto 2021 n. 538).

DICHIARAZIONE DEI REDDITI Non vi sono problematiche particolari in merito agli obblighi connessi alla presentazione della dichiarazione dei redditi. Il cedente e l'acquirente, infatti, devono presentare la propria dichiarazione nei **termini ordinari**, indicando i redditi d'impresa relativi ai rispettivi periodi di possesso dell'azienda. **89270**

DICHIARAZIONE DEI DATORI DI LAVORO Salvo disdetta presentata dal cedente in tempo utile, il contratto di lavoro non si interrompe a seguito del trasferimento dell'azienda (art. 2112 c.c.). Pertanto, dalla data in cui ha effetto giuridico la cessione, il cessionario subentra in tutti gli obblighi e gli adempimenti facenti capo al cedente. In particolare, si possono avere le seguenti situazioni a seconda che a seguito del trasferimento dell'azienda il cedente si estingua (es. cessione dell'unica azienda) o prosegua l'attività (es. cessione di ramo d'azienda): **89280**
– se il **cedente si estingue**, il cessionario deve presentare la dichiarazione dei sostituti d'imposta (Mod. 770) includendo anche i dati relativi al periodo dell'anno nel quale ha operato il cedente;
– se il cedente **prosegue l'attività**, lo stesso deve compilare la dichiarazione indicando i dati del personale trasferito fino alla data della cessione; il cessionario, tenuto a rilasciare anche la certificazione (c.d. CU) ai dipendenti e assimilati trasferiti, deve presentare la dichiarazione comprensiva di tutti i redditi percepiti dal personale acquisito, evidenziando le somme e i valori corrisposti dal precedente sostituto.

RESPONSABILITÀ PER I DEBITI FISCALI DEL CEDENTE (art. 14 D.Lgs. 472/97 e Circ. Min. 10 luglio 1998 n. 180) Il cessionario è responsabile in solido col cedente, salvo preventiva escussione di quest'ultimo, per il pagamento di: **89290**
– **imposte** relative all'anno in cui è effettuata la cessione e ai due precedenti;
– **sanzioni** riferibili alle violazioni commesse dal cedente nell'anno in cui è effettuata la cessione e nei due precedenti o in epoca anteriore, purché già irrogate e contestate nel suddetto periodo.

Salvo il caso in cui la **cessione** sia stata attuata, anche tramite il trasferimento frazionato dei singoli beni, in **frode dei crediti tributari**, la responsabilità solidale:
– è **limitata al valore dell'azienda** (o del ramo di azienda) trasferita, che è quello accertato dal competente ufficio delle entrate o del registro o, in mancanza, quello dichiarato dalle parti;
– **non opera** se la cessione avviene nell'ambito di una procedura concorsuale, di un accordo di ristrutturazione dei debiti (art. 182 bis RD 267/42), di un piano attestato (art. 67 c. 3 lett. d RD 267/42) o di un procedimento di composizione della crisi da sovraindebitamento o di liquidazione del patrimonio, indipendentemente dalla richiesta del certificato di cui al par. successivo.

> **Precisazioni** 1) La **frode** è presunta, salvo prova contraria, se la **cessione** avviene **entro sei mesi** dalla constatazione di una sanzione penalmente rilevante.
> 2) Per configurarsi la **responsabilità del cessionario** non è indispensabile che il trasferimento dell'azienda risulti da apposito atto, essendo sufficiente (salvo prova contraria) che si renda applicabile l'imposta di registro per presunzione di cessione desunta dalla continuazione della stessa attività commerciale nel medesimo locale o in parte di esso, da cambiamenti nella ditta, nell'insegna o nella titolarità dell'esercizio o da altre presunzioni gravi, precise e concordanti.

Il cessionario può richiedere all'AF il rilascio di un certificato, in bollo, sull'esistenza delle contestazioni in corso e di quelle già definite che presentano debiti tributari non soddisfatti dal cedente alla data del trasferimento, limitando, in tal modo, la propria responsabilità solo ai debiti risultanti dal suddetto certificato (sempre nel limite massimo del valore dell'azienda); se dallo stesso non risultano pendenze, il cessionario è liberato da qualsiasi responsabilità. Il certificato può essere richiesto sia prima che dopo la cessione, ma, nel primo caso, è necessario l'esplicito consenso del cedente. **89294**

L'effetto liberatorio è previsto anche se il **certificato non** è **rilasciato entro** 40 giorni dalla richiesta.

II. Imposte indirette

89350 Il regime fiscale relativo all'imposizione indiretta è indipendente dal soggetto cedente (persona fisica, imprenditore individuale o società).
Oltre alle conseguenze, in capo ai soggetti cedenti e acquirenti, di seguito esposte con riferimento all'IVA e all'imposta di registro, si segnala che, se l'azienda ceduta comprende beni immobili, si devono applicare le **imposte ipotecarie e catastali** (v. n. 71440).

89360 **IVA** (art. 2 c. 3 lett. b DPR 633/72) La cessione di azienda o di ramo aziendale è un'**operazione esclusa** da IVA. Pertanto, i singoli beni oggettivamente imponibili (es. merci, macchinari, ecc.) che vengono ceduti unitamente all'azienda, di cui fanno parte integrante, non sono assoggettabili a imposta all'atto della cessione.
Generalmente, dalla data in cui ha effetto la cessione di azienda il soggetto acquirente subentra in tutti gli obblighi IVA relativi alla stessa (Ris. Min. 15 dicembre 1980 n. 384850).
Nei 30 giorni successivi all'operazione, l'**acquirente** deve provvedere a presentare la **dichiarazione di variazione dati** compilando l'apposita Sezione 1 del **quadro** D (modello AA7) o E (modello AA9). Se l'operazione comporta l'**estinzione del cedente**, l'acquirente deve compilare la casella 1c (modello AA7) o la casella 1a (modello AA9) assieme all'indicazione della partita IVA (se ditta individuale) o del codice fiscale (se soggetto diverso) del cedente estinto, determinando in tal modo l'automatica cancellazione della partita IVA (e/o codice fiscale) di quest'ultimo. **Viceversa**, se l'operazione non comporta l'estinzione del cedente l'acquirente deve compilare la casella 2a (modello AA7 o modello AA9). Nel caso particolare in cui il cedente continui a operare con la propria partita IVA solo per **terminare le operazioni** relative alla liquidazione, lo stesso deve provvedere a presentare la propria dichiarazione di variazione dati, compilando la **sezione 2** del quadro D (modello AA7) o E (modello AA9); la sezione 1 non deve essere compilata dall'acquirente. Per le modalità di presentazione e i modelli da utilizzare si rinvia all'apposito capitolo (v. n. 52280).
Gli obblighi di presentazione delle **comunicazioni dati liquidazioni periodiche** e della **dichiarazione annuale** competono al cedente o all'acquirente secondo le regole indicate al n. 89888 e al n. 89895.
Gli eventuali **debiti** IVA, INPS e INAIL del cedente, indicati nell'atto di cessione, possono essere compensati da crediti (IVA o IRES/IRPEF) del cessionario tramite F24; questo va compilato con il codice fiscale del cessionario (Ris. AE 27 settembre 2007 n. 268/E); per la compilazione delle sezioni INPS e INAIL si veda Circ. INPS 7 settembre 2004 n. 130.

> **Precisazioni** 1) Per le particolarità che riguardano il **trasferimento** al cessionario del **credito IVA** si veda quanto detto al n. 89880.
> **2)** Se l'**atto di cessione** riguarda l'azienda costituita dagli arredi e dall'avviamento, senza alcuna indicazione espressa dell'esclusione delle merci dal complesso dei beni trasferiti, deve presumersi che il trasferimento comprenda anche le scorte del cedente. Pertanto, la successiva autonoma cessione delle merci tra le medesime parti, assoggettata a IVA, è generalmente interpretata come un mero espediente (illegittimo) per lucrare un regime tributario più favorevole, rispetto all'imposta di registro (Cass. 24 gennaio 1997 n. 753).

89365 **Trasferimento del plafond** (Ris. AE 21 aprile 2008 n. 165/E) L'acquirente dell'azienda (o del ramo) può fruire del plafond relativo agli acquisti in sospensione di imposta per le esportazioni, maturato presso l'impresa cedente, anche in assenza della contabilità separata per la specifica azienda, a **condizione** che il cessionario:
– continui l'attività relativa ai complessi aziendali oggetto della cessione, in precedenza svolta dal cedente;
– subentri nei rapporti giuridici (attivi e passivi) relativi ai complessi aziendali oggetto di cessione. A tal fine, non è necessario che vi sia il trasferimento di tutti i debiti e i crediti dell'azienda ceduta, ma solo delle posizioni attive e passive necessarie ad assicurare la prosecuzione dell'attività di impresa rivolta ai clienti non residenti.
Nel caso specifico di cessione di un **ramo d'azienda**, la mancanza di una contabilità separata non impedisce il trasferimento del plafond se risulta possibile determinare, in base a criteri oggettivi e in modo puntuale ed univoco, l'ammontare del plafond riferibile al ramo d'azienda ceduto. Ad **esempio**, la quantificazione può essere effettuata sulla base del rapporto tra l'ammontare delle operazioni non imponibili che il ramo d'azienda ceduto presume di porre in

essere e la somma delle suddette operazioni e di quelle che il cedente stima di porre in essere utilizzando la restante parte delle attività non cedute (Ris. AE 14 dicembre 2011 n. 124/E).
Il trasferimento va segnalato barrando la casella PL del quadro D del modello di comunicazione variazione dati AA7 (soggetti diversi da persone fisiche) o del quadro E del modello AA9 (persone fisiche) - (v. n. 52120).

IMPOSTA DI REGISTRO (artt. 2, 3 e 5 DPR 131/86) La registrazione del contratto di cessione di azienda è sempre obbligatoria e va effettuata nell'**ordinario termine** di 20 giorni dalla stipula dell'atto. **89380**
Per le aziende esistenti nel territorio dello Stato, la registrazione è obbligatoria anche se l'**atto** è **formato all'estero**. In questo caso, però, il termine è **prolungato** a 60 giorni.

>**Precisazioni 1**) In caso di cessione con **continuazione** dell'attività e **mantenimento** degli **assetti occupazionali**, al trasferimento di beni immobili strumentali che per le loro caratteristiche non sono suscettibili di diversa utilizzazione senza radicali trasformazioni si applicano l'imposta di registro e le imposte ipotecaria e catastale nella **misura fissa** di euro 200 ciascuna. In caso di **cessazione** dell'attività o di **trasferimento** per atto a titolo oneroso o gratuito degli immobili acquistati con tale beneficio, **prima** del decorso del termine di cinque anni dall'acquisto, sono dovute le imposte di registro, ipotecaria e catastale nella misura ordinaria (art. 1 c. 237 L. 234/2021).
>**2**) In caso di cessione d'azienda e di contestuale **clausola espressa** di **cessione dei contratti di locazione** degli immobili in cui si svolge l'attività d'impresa, la Cassazione ha ritenuto che l'imposta di registro vada applicata separatamente per le diverse disposizioni in quanto non è possibile ravvisare tra i due contratti un nesso di necessaria derivazione (Cass. 4 maggio 2009 n. 10180).

Base imponibile (artt. 23 c. 1 e 4 e 51 c. 4 DPR 131/86) La base imponibile è data dal **valore corrente** (c.d. valore venale in comune commercio) dell'azienda, che può essere diverso dal prezzo pattuito. **89385**
Il valore corrente si determina con riferimento al valore **complessivo** dei beni che compongono l'azienda, compreso l'avviamento, **al netto** delle passività.
Nella determinazione della base imponibile è ammesso il controllo in rettifica da parte dell'ufficio (v. n. 70985).

I **beni aziendali** che rilevano ai fini del valore complessivo sono tutti i beni ad essa relativi, sia mobili che immobili, compreso il valore dell'avviamento ed **escluse le unità di diporto**, che scontano l'imposta secondo le modalità proprie (v. n. 72645 tab. E). **89390**
Le **passività** (debiti, fondi accantonamento quali TFR, ecc.) sono quelle risultanti dalle scritture obbligatorie o da atti aventi data certa (art. 2704 c.c.), fatta **eccezione** di quelle relative alle unità da diporto e di quelle che l'alienante si sia impegnato a estinguere. È il caso, ad esempio, delle passività, non afferenti all'azienda, che il cessionario si accolla quale pagamento parziale o totale del corrispettivo di acquisto. Restando estranee al compendio aziendale ceduto, tali passività incidono solo sul pagamento del prezzo e non possono essere dedotte dalla base imponibile (tra le altre, Cass. 16 gennaio 2019 n. 888). Le passività per essere deducibili devono anche risultare pertinenti alle esigenze e finalità aziendali (Studio Notariato 99-2017/T).
Se l'azienda è composta da **più beni** per i quali è prevista una **diversa aliquota** e ogni bene ha un valore distinto indicato nel contratto di cessione, si determinano separate basi imponibili deducendo dal valore dei singoli beni le passività proporzionalmente imputabili.
Se, ad **esempio**, l'azienda ceduta comprende degli immobili che hanno un valore pari al 70% del valore complessivo delle attività, anche il 70% di tutte le passività è imputato a tali immobili per determinarne la base imponibile soggetta alla specifica aliquota per gli immobili.

> L'**avviamento** è il valore che si attribuisce all'azienda quale complesso economico già funzionante, indipendentemente dal valore dei singoli beni. Per la determinazione del predetto valore, v. n. 88002.
> La recente giurisprudenza della Cassazione ha confermato che nella determinazione del valore venale dell'azienda trasferita ai fini dell'imposta di registro, l'avviamento, in quanto qualità aziendale intrinseca richiamata dall'art. 51 c. 4 DPR 131/86, rileva anche se **negativo** ed abbia, in quanto tale, determinato la pattuizione tra le parti di un prezzo di cessione inferiore al valore patrimoniale netto dei cespiti aziendali, perché scontato in ragione della fondata previsione di perdite future e del solo successivo recupero di redditività dell'azienda stessa (Cass. 17 gennaio 2018 n. 979).

Calcolo dell'imposta (art. 2 tar. parte I DPR 131/86) L'imposta è calcolata applicando alla base imponibile **l'aliquota** prevista dalla legge. **89395**
Se nell'atto **sono indicati i corrispettivi** pattuiti per i **singoli beni** soggetti ad aliquota diversa, si applicano separatamente le aliquote ordinariamente applicabili alla loro cessione (es. 9% per gli immobili, salvo casi particolari, 0,5% per i crediti, 3% per i beni mobili e l'avvia-

mento). Se non sono indicati i corrispettivi, si applica l'aliquota più elevata (ad es. in presenza di immobili, il 9%) (art. 23 DPR 131/86).
In presenza di immobili sono dovute anche le imposte **ipotecaria** e **catastale** in misura fissa di 50 euro ciascuna indipendentemente dal numero degli immobili.
Per le unità da diporto è dovuta la specifica imposta di cui al n. 72645, tab. E.

89400 **Soggetti obbligati** I soggetti acquirente e cedente sono obbligati **in solido**, nei confronti dell'AE, al pagamento dell'imposta di registro. Tuttavia, civilisticamente, salvo diverso accordo espresso nel contratto, le relative spese sono a carico dell'acquirente.

89410 **RESPONSABILITÀ PER I DEBITI FISCALI DEL CEDENTE** (art. 14 D.Lgs. 472/97, Circ. Min. 10 luglio 1998 n. 180) Analogamente a quanto previsto per le imposte dirette, è prevista la responsabilità solidale del cessionario, salva la preventiva escussione del cedente, per il pagamento delle **imposte** relative all'anno in cui è effettuata la cessione e ai due precedenti, nonché delle relative sanzioni. Per la trattazione completa si rinvia, pertanto, al n. 89290.

SEZIONE 2
Conferimento d'azienda

89570 Il **conferimento** è l'operazione tramite la quale il titolare di un'azienda (o di un ramo aziendale) apporta la stessa in una società e ne riceve in cambio una partecipazione. Anche la c.d. trasformazione di impresa individuale in società è in realtà un conferimento.
Il conferimento interessa sempre **due distinti soggetti**:
– il **conferente**, cioè colui che apporta l'azienda: può essere un imprenditore individuale, una società di qualsiasi tipo o un ente, titolare della proprietà o di altro diritto reale sull'azienda (ad esempio usufrutto). Il conferente può essere anche una persona fisica, poiché l'azienda può esistere anche senza impresa (Ris. Min. 11 novembre 1983 n. 240727, Ris. Min. 30 ottobre 1985 n. 250733);
– il **conferitario**, cioè colui che riceve l'azienda e conseguentemente aumenta il proprio capitale: deve essere una società o un ente, già esistente o in corso di costituzione.
L'**oggetto** del conferimento deve essere un'azienda o un ramo d'azienda. Per la definizione si rinvia al n. 89020 e s.

> L'**atto di conferimento** deve essere redatto sempre in **forma scritta**; inoltre, se avviene in favore di società soggetta ad iscrizione nel registro delle imprese, è necessario l'atto pubblico redatto da notaio, o scrittura privata autenticata se trattasi di società di persone. Nel caso di conferimento in **società di capitali** è necessaria, inoltre, la perizia giurata di stima sul valore dei beni componenti l'azienda stessa.
> In ogni caso devono essere osservate le forme stabilite dalla legge per il trasferimento dei singoli beni che compongono l'azienda (es. beni immobili).

I. Effettuato nell'esercizio di impresa commerciale

89580 In questa sezione, si illustrano i conferimenti effettuati nell'esercizio d'impresa **da soggetti residenti** (aventi ad oggetto aziende situate in Italia o all'estero), o riguardanti aziende **esistenti in Italia** se il **conferente e/o il conferitario sono non residenti**.
Per i conferimenti in ambito comunitario, v. n. 94000.

A. Imposte dirette

89590 Il conferimento può essere visto come una **cessione in natura**, dove il conferitario iscrive nelle sue scritture contabili i valori dei beni che compongono l'azienda e il conferente il valore della

partecipazione ottenuta come controprestazione al conferimento. Il problema, nel determinare il risultato del conferimento, è quello di stabilire il **valore di realizzo**, cioè il corrispondente del corrispettivo di cessione. Infatti, l'azienda ha generalmente un valore corrente diverso da quello contabile, per via di plusvalori latenti sui cespiti, per l'eventuale valore di avviamento o per perdite, e questo può comportare la determinazione di un valore di realizzo superiore (o inferiore) al valore netto contabile.
L'operazione di conferimento è fiscalmente neutrale, salvo la possibilità per il soggetto conferitario di ottenere il riconoscimento dei maggiori valori presenti in bilancio con le modalità sotto illustrate (v. n. 89630 e s.). In ogni caso, non si ha emersione di plusvalenze tassabili in capo al conferente al momento di effettuazione del conferimento, ma in un momento successivo in cui questi, eventualmente, proceda alla cessione delle partecipazioni ricevute (v. n. 89730).

Nel caso di conferimento d'azienda **acquisita in precedenza**, per la quale risulta **già iscritta** nella contabilità del conferente una **posta a titolo di avviamento**, occorre segnalare le posizioni contrapposte dell'AE e della dottrina. Secondo l'**AE**, l'avviamento è un elemento scindibile dal complesso di beni aziendali che non può essere oggetto di conferimento; pertanto, tale posta va esclusa dal concetto di azienda conferita e va stornato dalla contabilità del soggetto conferente in conseguenza della perdita di valore scaturente dalla dismissione del compendio aziendale di riferimento (Circ. AE 4 marzo 2010 n. 8/E). Viceversa, secondo la **dottrina** (Norma di comportamento AIDC 10 giugno 2011 n. 181) il conferitario acquisisce l'avviamento unitamente agli elementi che compongono l'azienda e subentra nel valore fiscale che l'avviamento aveva in capo al conferente.

a. Regime di neutralità

(art. 176 c. 1 DPR 917/86)

Il regime in esame consiste nel recepimento dei valori di mercato dell'azienda - risultanti da perizia o, nei casi consentiti, traendone il valore dal bilancio del conferente (artt. 2343 e 2343 ter c.c.) - mantenendo la piena neutralità fiscale dell'operazione di conferimento (c.d. di «doppia sospensione»). Ciò significa che non emergono plusvalenze tassabili per il conferente, anche se il conferitario non recepisce gli stessi valori risultanti dalla contabilità del conferente, ma iscrive in bilancio quelli risultanti dalla perizia. A tal fine, è necessario che si realizzi la continuità dei valori fiscali, e cioè: **89600**
– il soggetto **conferente** assume come valore fiscale della partecipazione ricevuta l'ultimo valore fiscalmente riconosciuto dell'azienda conferita. Pertanto, la partecipazione può essere iscritta al suo valore effettivo in contabilità, ma se tale partecipazione viene successivamente ceduta il valore di carico riconosciuto per determinare il risultato della cessione è pari al costo fiscale dell'azienda conferita;
– la **società conferitaria** subentra nella posizione del conferente in ordine agli elementi attivi e passivi dell'azienda; pertanto, dal punto di vista fiscale, i beni sono assunti allo stesso valore che avevano presso il conferente. La differenza tra tale valore e quello, eventualmente diverso, iscritto in bilancio a fini civilistici deve essere indicato in un **apposito prospetto** di riconciliazione della dichiarazione dei redditi (quadro RV).

> **Precisazioni** 1) L'eventuale **eccedenza in sospensione d'imposta** derivante dalla deduzione extracontabile dei costi effettuate fino al 2007 (v. n. 22755), relativa all'azienda conferita, si trasferisce al conferitario a condizione che lo stesso istituisca il vincolo in sospensione d'imposta. In tal caso, l'eccedenza stessa non concorre alla formazione del reddito del soggetto conferente (art. 176 c. 5 DPR 917/86).
2) Le **riserve da conferimento** costituite nel patrimonio netto dal conferitario a seguito dell'operazione mantengono la natura di riserve di capitale; pertanto, se distribuite riducono il costo fiscale della partecipazione.

b. Riconoscimento dei maggiori valori

In alternativa al regime di neutralità, la società conferitaria può **optare** per il riconoscimento dei maggiori valori risultanti in bilancio, scegliendo tra una delle differenti modalità di affrancamento **oneroso**, a seconda dei tipi di beni ed attività che si intende affrancare: **89630**
1. immobilizzazioni materiali e immateriali (compreso avviamento);
2. avviamento, marchi e altre attività immateriali;
3. partecipazioni di controllo nell'ambito del consolidato;
4. attivo circolante e immobilizzazioni finanziarie.

In relazione alla **stessa operazione** e nello **stesso periodo** d'imposta, è possibile optare per diverse modalità di affrancamento individuando i beni su cui applicare ciascuna modalità, tenuto conto che per avviamento, marchi e altre attività immateriali la conferitaria può scegliere se attivare la prima o la seconda modalità di affrancamento (non è, invece, possibile affrancare il disallineamento di un medesimo bene o attività optando, nello stesso periodo d'imposta e in relazione alla stessa operazione di conferimento, per metodi diversi - Circ. AE 11 giugno 2009 n. 28/E).

---

1. Immobilizzazioni materiali e immateriali
(art. 176 c. 2 ter DPR 917/86)

89640 La società conferitaria può optare per il riconoscimento, anche parziale, delle differenze tra il valore d'iscrizione in bilancio dei beni ricevuti in conferimento, classificati dalla conferitaria tra le immobilizzazioni materiali e immateriali (incluso l'avviamento), e l'ultimo valore fiscalmente riconosciuto dei beni stessi presso il soggetto conferente, tramite il versamento di un'**imposta sostitutiva** (progressiva) dell'IRES (o IRPEF) e dell'IRAP.
L'affrancamento può riguardare anche **disallineamenti già esistenti** presso il soggetto conferitario derivanti, ad esempio, da rivalutazioni economiche volontarie o da prima adozione degli IAS, purché **diversi** da quelli derivanti da deduzioni extracontabili che, invece, devono continuare a essere affrancati con l'apposita proceduta illustrata in MF 2019 ed. marzo n. 22780 e s. (Circ. AE 25 settembre 2008 n. 57/E).

> **Precisazioni 1)** In presenza di differenze di valore, originate **in parte da deduzioni extracontabili** e **in parte** da iscrizione di maggiori valori **in sede di conferimento**, la società deve «prioritariamente» esercitare l'opzione per l'affrancamento delle prime con le modalità previste per le prime (Circ. AE 25 settembre 2008 n. 57/E).
> **2)** È affrancabile anche il **maggior valore** iscritto sui beni a seguito dell'imputazione delle **imposte differite** effettuata in applicazione di corretti principi contabili (Ris. AE 11 giugno 2010 n. 50/E).

89643 È possibile affrancare anche solo **parte** dei maggiori valori, ad esempio quelli relativi alle immobilizzazioni che consentono maggiori ammortamenti fiscali. In tal caso, l'imposta sostitutiva può essere applicata distintamente sul maggior valore relativo a ciascuna immobilizzazione **immateriale** (incluso l'avviamento). Viceversa, per le immobilizzazioni **materiali**, l'affrancamento deve comunque essere effettuato per **categorie omogenee** di beni: i **beni mobili**, inclusi gli impianti e i macchinari (anche se infissi al suolo) sono raggruppati per anno di acquisizione e coefficienti di ammortamento; i **beni immobili** sono distinti nelle seguenti categorie:
a) aree fabbricabili aventi medesima destinazione urbanistica;
b) aree non fabbricabili;
c) fabbricati strumentali per natura;
d) fabbricati strumentali per destinazione;
e) fabbricati non strumentali (immobili patrimonio).

> In relazione alle diverse **modalità** con le quali potrebbe essere effettuata l'**iscrizione dei beni ricevuti** (es. iscrizione a saldi chiusi o a saldi aperti), il maggior valore evidenziato in sede contabile e assoggettato a imposta sostitutiva si deve considerare ai fini fiscali aggiunto al costo fiscale «ereditato» in virtù del principio di continuità; inoltre, l'affrancamento fiscale dei beni facenti parte di **ciascuna categoria omogenea** deve essere eseguito sulla base di un **unico criterio** per tutti i beni ad essa appartenenti e deve «spalmarsi» uniformemente sul valore di tutti i beni in essa ricompresi (Circ. AE 25 settembre 2008 n. 57/E).

89645 **EFFETTI** I maggiori valori assoggettati ad imposta sostitutiva si considerano **riconosciuti** ai fini IRES e IRAP (quindi rilevano, ad **esempio**, ai fini dell'ammortamento e del plafond delle spese di manutenzione, ecc.) **a partire dal periodo** d'imposta nel corso del quale si considera effettuata l'opzione (v. sotto). Gli effetti vengono meno se i beni oggetto di affrancamento sono alienati entro il quarto anno successivo all'opzione (v. n. 89665).

89650 **MODALITÀ** L'opzione va **effettuata** nella dichiarazione dei redditi (Sezione VI-A, quadro RQ Mod. Redditi SC) relativa al periodo d'imposta nel corso del quale l'operazione è stata posta in essere, oppure, al più tardi, in quella relativa al periodo d'imposta successivo e si considera **perfezionata** con il versamento della prima delle tre rate dell'imposta dovuta.

L'applicazione dell'imposta può essere chiesta in entrambi i periodi anche in relazione alla medesima categoria omogenea di beni.

ESEMPIO
Operazione di conferimento effettuata nel 2015. La conferitaria può optare per l'applicazione dell'imposta sostitutiva sui maggiori valori emergenti dal conferimento, o parte di essi, nella dichiarazione relativa al periodo d'imposta 2015 (quindi nel 2016) o al massimo in quella relativa al 2016 (quindi nel 2017), con riferimento ai disallineamenti ancora esistenti al 31 dicembre 2017, indicati nel quadro RV del modello Redditi SC. Può anche esercitare l'opzione in entrambi i periodi. I maggiori valori oggetto di affrancamento saranno riconosciuti a partire dal periodo in cui l'opzione è esercitata (ossia, dal 2016 o dal 2017).

APPLICAZIONE DELL'IMPOSTA L'imposta sostitutiva si applica con **aliquote progressive** crescenti per scaglioni in base all'ammontare complessivo dei valori da affrancare. 89655
Sono **esclusi** dalla base imponibile dell'imposta sostitutiva i maggiori valori relativi a **immobilizzazioni cedute** nel corso del periodo d'imposta di esercizio dell'opzione, anteriormente al versamento dell'imposta stessa.

Valori da affrancare (in euro) (1) (2)	Aliquota
– fino a 5 milioni	12%
– parte eccedente 5 milioni e fino a 10 milioni	14%
– parte eccedente 10 milioni	16%

(1) Se la conferitaria, in relazione alla medesima operazione di conferimento, decide di operare l'affrancamento in parte nel primo periodo e in parte nel secondo, ai fini della determinazione dell'aliquota da applicare si deve tenere conto anche dei valori assoggettati ad imposta sostitutiva nel primo periodo.
(2) Nel caso in cui il medesimo soggetto sia destinatario di **più conferimenti d'azienda**; ai fini delle aliquote applicabili, occorre considerare la totalità dei maggiori valori che si intendono affrancare, cumulando tutte le operazioni effettuate **nel medesimo periodo d'imposta** (Circ. AE 25 settembre 2008 n. 57/E).

ESEMPIO
1) Conferimento effettuato nel 2016. Nel 2017 la conferitaria esercita l'opzione per l'affrancamento di maggiori valori per un ammontare complessivo di 5 milioni di euro: l'imposta sostitutiva viene applicata con aliquota pari al 12%.
Nel 2018 la conferitaria decide di affrancare ancora maggiori valori per un ammontare pari a 4 milioni di euro: l'imposta viene applicata con aliquota pari al 14% in quanto, tenendo conto anche dell'affrancamento effettuato nel precedente periodo, l'ammontare complessivo dei maggiori valori affrancati è pari a 9 milioni di euro.
2) Conferimento effettuato nel 2016 con emersione di maggiori valori pari a 4 milioni di euro. Il 31 gennaio 2017 la conferitaria vende un immobile facente parte dell'azienda ricevuta in conferimento. I maggiori valori su cui applicare l'imposta sostitutiva vanno decurtati del maggior valore riferito all'immobile ceduto (in ipotesi 300.000 euro). Pertanto, la base imponibile su cui applicare l'imposta sostitutiva sarà al massimo pari a 3.700.000 €.

VERSAMENTO (DM 25 luglio 2008) L'imposta risultante deve essere versata con F24, 89660
anche mediante compensazione, in **3 rate annuali**: la prima pari al 30%, la seconda al 40% e la terza al 30%; sulle ultime due si applicano gli interessi nella misura del 2,5% annuo.
Il versamento della **prima rata** va effettuato **entro** il termine stabilito per il pagamento a saldo dell'IRES e dell'IRAP relative al:
– periodo d'imposta in cui è effettuata l'operazione (se l'opzione è esercitata nel periodo successivo al conferimento);
– primo periodo successivo a quello in cui è effettuata l'operazione (se l'opzione è esercitata o reiterata nel secondo periodo successivo al conferimento).
Le rate **successive** vanno versate **entro** il medesimo termine riferito al primo e al secondo periodo d'imposta successivi ai suddetti.

>Precisazioni 1) Il regolare versamento della prima rata è sufficiente a **perfezionare l'esercizio dell'opzione**; pertanto, l'omesso o insufficiente versamento delle **rate successive** comporta l'iscrizione a ruolo degli importi non versati, dei relativi interessi e della sanzione (30% dell'importo non versato). Ricorrendone i presupposti, il contribuente può avvalersi del ravvedimento (Circ. AE 25 settembre 2008 n. 57/E).
2) Il versamento può essere eseguito validamente anche nei 30 giorni successivi con la **maggiorazione dello 0,40%**. Non è, invece, consentito rateizzare ulteriormente le tre rate (Circ. AE 25 settembre 2008 n. 57/E).

89665 **DECADENZA DELL'OPZIONE** Se i beni oggetto di affrancamento sono alienati **anteriormente** al quarto periodo d'imposta successivo a quello dell'opzione (c.d. «periodo di sorveglianza»), il costo fiscale degli stessi è ridotto dei maggiori valori assoggettati a imposta sostitutiva e dell'eventuale maggior ammortamento dedotto; ne consegue che l'imposta sostitutiva già versata è scomputata dall'imposta sui redditi dovuta secondo le modalità ordinarie (v. n. 25874).
Lo stesso effetto si ha se i beni sono oggetto di conferimento, assegnazione ai soci, autoconsumo, sono destinati a finalità estranee all'esercizio dell'impresa o il trasferimento è obbligatorio per legge (es. devoluzione degli impianti di distribuzione del gas all'ente concedente - Ris. AE 11 giugno 2010 n. 50/E); non rilevano, invece, i trasferimenti effettuati in occasione di operazioni fiscalmente neutrali (fusioni, scissioni, conferimenti d'azienda).

89670 **CONFERIMENTO D'AZIENDA OGGETTO DI AFFRANCAMENTO** Se viene conferita un'azienda per la quale il conferente ha effettuato l'affrancamento oneroso di maggiori valori in qualità di conferitario, l'ultimo valore fiscalmente riconosciuto in capo al soggetto conferente deve ritenersi comprensivo dei maggiori valori iscritti a seguito dell'affrancamento (relazione illustrativa al DM 25 luglio 2008). Il nuovo conferitario «eredita» il periodo di sorveglianza (v. sopra) maturato in capo al conferente; pertanto, quest'ultimo dovrà continuare a dedurre il valore fiscale dell'avviamento eventualmente affrancato in precedenza e, pur non avendo più la disponibilità dei beni affrancati, dovrà continuare ad assolvere gli obblighi di versamento derivanti dall'esercizio dell'opzione; parallelamente, avrà diritto allo scomputo dell'imposta sostitutiva nel caso in cui la conferitaria alieni il bene affrancato anteriormente al quarto periodo d'imposta (Risp. AE 31 dicembre 2021 n. 893, Circ. AE 13 marzo 2009 n. 8/E).

---

2. Avviamento, marchi e altre attività immateriali

(art. 15 c. 10 e 12 DL 185/2008 e Circ. AE 11 giugno 2009 n. 28/E)

89680 L'affrancamento, anche parziale, dei maggiori valori attribuiti in bilancio all'avviamento, ai marchi e alle altre attività immateriali (es. diritti di utilizzazione di opere dell'ingegno, brevetti e qualsiasi immobilizzazione immateriale a vita utile indefinita, compresi gli oneri pluriennali quali, spese di ricerca e sviluppo, di impianto e ampliamento, ecc.) può essere effettuato mediante il pagamento di un'imposta sostitutiva in misura pari al **16%** di tali maggiori valori.

La conferitaria può utilizzare tale modalità anche se, nello stesso periodo d'imposta, ha optato per l'affrancamento di cui ai paragrafi precedenti relativamente alle immobilizzazioni materiali.

89682 **MODALITÀ** Ogni **singolo** bene o attività immateriale può essere **autonomamente** affrancato, in tutto o in parte, e il relativo disallineamento deve essere distintamente **indicato** nell'apposita Sezione VI-B del quadro RQ del Mod. Redditi SC. La **base imponibile** per l'applicazione dell'imposta va determinata facendo riferimento alla differenza esistente, alla data di chiusura del periodo d'imposta in cui è stata realizzata l'operazione, tra il valore civile di bilancio (al netto degli ammortamenti civilistici già operati) e il relativo valore fiscale (al netto degli ammortamenti fiscali già dedotti).
L'imposta deve essere **versata** in **unica soluzione** entro il termine di versamento a saldo delle imposte relative all'esercizio nel corso del quale è stata posta in essere l'operazione (anche mediante compensazione con F24 e anche con lo slittamento di 30 giorni con maggiorazione dello 0,40%).

>Precisazioni 1) Se il maggior valore attribuito non riguarda un bene preesistente presso la società conferente ma, piuttosto, un elemento patrimoniale che emerge per effetto dell'operazione straordinaria e che è **iscritto per la prima volta** nel bilancio dalla società conferitaria, la **base imponibile** è rappresentata dall'intero valore (netto) di iscrizione in bilancio.
2) I **soggetti IAS** possono affrancare i disallineamenti relativi alle **attività a vita utile definita**, per le quali i principi contabili internazionali, in particolare lo IAS 38 e l'IFRS 3, prevedono l'iscrizione in bilancio, anche se trattasi di poste diverse dai beni in senso giuridico, purché siano identificabili, sottoposte al controllo dell'impresa e in grado di generare futuri benefici economici (ad **esempio**, le c.d. liste clienti o alcune spese promozionali nei confronti della clientela).

89685 **EFFETTI** L'**ammortamento** dei maggiori valori risultanti dall'affrancamento è riconosciuto fiscalmente **a decorrere** dall'esercizio successivo a quello di versamento dell'imposta sostitu-

tiva in misura **non superiore a un decimo**, o, per le operazioni poste in essere **dall'esercizio successivo** a quello in corso al 31 dicembre 2015, **a un quinto**, con le seguenti modalità:
• per **avviamento** e **marchi**, indipendentemente dall'imputazione al conto economico;
• per **attività immateriali diverse**, nel limite della quota imputata a conto economico.
In pratica, questa modalità di affrancamento delle immobilizzazioni immateriali (in particolare, per marchi e avviamento) risulta più conveniente rispetto a quella illustrata nei paragrafi precedenti, in quanto consente di effettuare l'ammortamento, anche extracontabilmente, dei maggiori valori in un periodo più breve rispetto a quello ordinario (che è pari a un diciottesimo).
Se i beni e le attività oggetto di affrancamento sono oggetto di **realizzo** (anche tramite autoconsumo) **anteriormente** al quarto periodo d'imposta successivo a quello dell'opzione, si ha decadenza degli effetti dell'affrancamento con le conseguenze illustrate al n. 89665.
Si veda, inoltre, quanto detto al n. 89670 in caso di conferimento d'azienda su cui è già stato in precedenza effettuato un affrancamento.

Quale effetto indiretto, relativamente all'**avviamento** e ai **marchi** d'impresa, si ha che, nella maggior parte dei casi, con riferimento al medesimo elemento patrimoniale, ci si trova a dover gestire **separatamente** l'ammortamento del valore fiscale ereditato dal conferente (calcolato per diciottesimi) e l'ammortamento del maggior valore assoggettato a imposta sostitutiva (calcolato per decimi). Relativamente alle altre **attività immateriali**, si ha che l'ammortamento civilistico dei maggiori valori inizia in un periodo anteriore e, quindi, si esaurisce prima di quello fiscale che, per espressa previsione normativa, è riconosciuto nei limiti della quota imputata a conto economico; pertanto, la quota residua di ammortamento deducibile fiscalmente (una volta terminato l'ammortamento civilistico) è recuperabile in sede extracontabile attraverso variazioni fiscali in diminuzione, giustificate dalla circostanza che il costo civilistico è stato imputato in precedenti esercizi.

---

3. Partecipazioni di controllo nell'ambito del consolidato
(art. 1 c. 150 e 151 L. 147/2013, Provv. AE 30 novembre 2021 n. 338266)

Le società possono ottenere il riconoscimento del **maggior valore** delle partecipazioni di controllo iscritto nel bilancio individuale per effetto di un'operazione straordinaria o traslativa (v. **tabella** n. 89690), a **condizione** che facciano parte di un gruppo nel cui bilancio consolidato, riferibile all'esercizio nel corso del quale l'operazione ha avuto efficacia giuridica, sia stata iscritta una voce a titolo di **avviamento**, **marchi** di impresa e **altre attività immateriali** (anche nel caso che non siano afferenti ad una stabile organizzazione in Italia di un soggetto non residente). **89688**
Il riconoscimento avviene tramite pagamento di un'**imposta sostitutiva** (v. n. 89698).
L'esercizio di tale modalità **preclude** la possibilità di esercitare **qualunque altra opzione** di riconoscimento dei maggiori valori fiscali (v. par. precedenti) e viceversa. L'opzione è preclusa anche con riferimento alle attività immateriali di soggetti esteri che **trasferiscono** la loro **sede in Italia** (v. n. 94050 e s.).

Non rilevano i decrementi, intervenuti successivamente all'acquisizione, del valore contabile della partecipazione, né gli incrementi, derivanti da fenomeni valutativi (anche se a seguito di una legge di rivalutazione).

BASE IMPONIBILE Quale base imponibile per l'applicazione dell'imposta sostitutiva si assume il **minore** tra **A** e **B**, dove: **89690**
A = differenza fra il valore contabile della partecipazione di controllo iscritto nel bilancio individuale a seguito dell'operazione e il valore della partecipazione o della quota o del valore del patrimonio netto a seconda dei tipi di operazioni (v. **tabella**);
B = corrispondente valore di avviamento, marchi d'impresa e altre attività immateriali, in proporzione alla percentuale di partecipazione acquisita per effetto dell'operazione, iscritto nel bilancio consolidato riferibile all'esercizio nel corso del quale l'operazione ha avuto efficacia giuridica, ancorché rappresentato nel medesimo bilancio in connessione ad altre partecipazioni in conformità ai principi contabili adottati.
Nella **tabella** si indicano le modalità di **determinazione di A**, in base alle operazioni da cui scaturiscono i maggiori valori e i soggetti che possono ottenere l'affrancamento.

I valori della partecipazione di controllo e delle voci avviamento, marchi d'impresa e altre attività immateriali espressi **in valuta estera** devono essere considerati in base ai valori in euro al cambio, rispettivamente, della data di efficacia giuridica dell'operazione e di quello utilizzato nel bilancio consolidato riferibile all'esercizio nel corso del quale l'operazione ha avuto efficacia giuridica.

Operazione	Soggetti (*)	Determinazione di A
a) Fusione	Incorporante o risultante	valore contabile della partecipazione di controllo iscritto nel bilancio individuale a seguito dell'operazione (–) valore della partecipazione risultante dalla situazione contabile redatta dalla società fusa, incorporata, scissa o conferente alla data di efficacia giuridica dell'operazione
b) Scissione	Beneficiari	
c) Conferimento d'azienda	Conferitari	
d) Conferimento o scambio di partecipazioni di controllo mediante conferimento ai sensi degli artt. 175 e 177 DPR 917/86	Conferitari	
e) Compravendita di partecipazione di controllo	Cessionari	valore contabile della partecipazione (come sopra) (–) corrispondente quota di patrimonio netto della partecipata risultante dal bilancio riferibile all'esercizio chiuso prima dell'operazione
f) Compravendita d'azienda che include partecipazioni di controllo	Cessionari	
g) Scambio di partecipazioni mediante permuta con ricezione di una partecipazione di controllo	Scambianti	
h) Fusione o scissione con ricezione di una partecipazione di controllo per effetto del rapporto di concambio	Soci	valore contabile della partecipazione (come sopra) (–) valore del patrimonio netto o della partecipazione oggetto di conferimento, fusione o scissione così come risultante dalla situazione contabile redatta dalla società conferente, fusa, incorporata o scissa alla data di efficacia giuridica dell'operazione
i) Conferimento di azienda o di partecipazioni di controllo (art. 175 DPR 917/86) con ricezione di una partecipazione di controllo	Conferenti	
l) Scambio di partecipazioni mediante conferimento ai sensi dell'art. 177 DPR 917/86, con ricezione di una partecipazione di controllo	Conferenti	

(*) L'opzione può essere esercitata anche nei seguenti casi:
– se i soggetti hanno acquisito una partecipazione di **controllo congiunto**;
– dal soggetto subentrato, a seguito di fusione o scissione, ad uno dei soggetti elencati che, se ancora esistente, avrebbe potuto esercitare tale opzione in relazione ad un'operazione straordinaria o traslativa effettuata in un determinato periodo d'imposta, a **condizione** che il subentro avvenga entro il termine previsto per il versamento dell'imposta sostitutiva con riferimento al predetto periodo d'imposta.

89692 Casi particolari

più soggetti appartenenti a un unico gruppo	ciascuno di essi può esercitare l'opzione; in caso di più soggetti che redigono il bilancio consolidato, ciascuno di essi può affrancare una quota di avviamento, marchi e altre attività immateriali iscritti nel proprio bilancio consolidato pari, al massimo, al maggior valore della partecipazione di controllo ad esso riferibile
soggetto che ha acquisito o incrementato il controllo in più fasi, anche per il tramite di un soggetto partecipato	può esercitare l'opzione anche insieme a quest'ultimo. Se il controllo è acquisito nel **corso di più periodi d'imposta**, l'opzione può essere esercitata solo con riferimento alla quota di partecipazione acquisita nel periodo di imposta nel corso del quale si è perfezionato il controllo; ciascun soggetto può affrancare una quota di avviamento, marchi e altre attività immateriali pari, al massimo, al maggior valore della partecipazione direttamente detenuta

89694 **EFFETTI** (Circ. AE 18 maggio 2016 n. 20/E) Indipendentemente dall'imputazione al conto economico, il valore affrancato dell'**avviamento** e dei **marchi** può essere **dedotto** fiscalmente in misura **non superiore a** un quinto, mentre quello delle altre **attività immateriali**, comprese quelle a vita utile definita, in misura non superiore ad un decimo (nei **limiti** dell'importo della base imponibile).
L'importo assoggettato a imposta sostitutiva non rileva ai fini della determinazione del valore fiscale della partecipazione.

DECADENZA Gli effetti **decadono** se le partecipazioni, i marchi, le altre attività immateriali o l'azienda, cui si riferisce l'avviamento affrancato, vengono cedute (o vengono perfezionati atti di realizzo) **entro** il quarto periodo di imposta successivo a quello del pagamento dell'imposta sostitutiva. **89695**
Pertanto, occorre recuperare a tassazione i maggiori ammortamenti fiscali eventualmente già effettuati (sia ai fini IRES che ai fini IRAP), tramite variazioni in aumento extracontabili operate nella dichiarazione relativa al periodo d'imposta in cui gli effetti dell'opzione si intendono revocati; parallelamente, l'imposta sostitutiva versata è scomputata dalle imposte sui redditi dovute con riferimento al medesimo periodo.

In caso di **trasformazione** delle DTA iscritte in bilancio a seguito dell'opzione per il regime dell'imposta sostitutiva, il relativo credito d'imposta riconosciuto deve essere riversato entro trenta giorni dal momento in cui gli effetti dell'opzione si intendono revocati, per la parte già utilizzata, e maggiorato degli interessi moratori calcolati al tasso legale decorrenti dalla medesima data.

Oggetto degli atti di realizzo	Effetti
Singole attività immateriali oggetto di affrancamento	Con riferimento alle medesime attività
Parziale della partecipazione di controllo acquisita che non abbia comportato la perdita del controllo	In proporzione alla percentuale di partecipazione ceduta rispetto a quella complessivamente acquisita che ha dato luogo all'affrancamento
Ramo d'azienda	Con riferimento alle singole attività immateriali affrancate, inclusi i marchi d'impresa, facenti parte del predetto ramo d'azienda e all'avviamento affrancato ad esso relativo

ADEMPIMENTI L'imposta sostitutiva, in **misura** pari al 16%, va versata in unica rata **entro** il termine per il pagamento a saldo dell'IRES dovuta per il periodo d'imposta in riferimento al quale l'operazione ha avuto efficacia giuridica, tramite Mod. F24, senza possibilità di compensazione. **89698**
In apposito **prospetto della dichiarazione** dei redditi vanno indicati gli importi assoggettati a imposta sostitutiva rispetto ai valori delle voci avviamento, marchi d'impresa e altre attività immateriali suscettibili di affrancamento.
Inoltre, in un **documento extracontabile**, da esibire su richiesta dell'AF, devono essere evidenziati tutti gli altri elementi necessari ai fini dell'attività di controllo e di accertamento sulla corretta applicazione del regime (ad esempio, le informazioni relative alle differenze fra i valori contabili delle partecipazioni e/o del patrimonio netto delle imprese controllate emersi e sulla riconducibilità delle predette differenze ai valori di avviamento, marchi d'impresa e altre attività immateriali, iscritti nei bilanci consolidati di riferimento).

Nel caso in cui la voce relativa all'avviamento, ai marchi d'impresa e alle altre attività immateriali iscritta nel bilancio consolidato non sia riferita ad un soggetto residente o ad una stabile organizzazione sita nel territorio dello Stato di un soggetto non residente, i soggetti interessati (v. n. 89690) provvedono alla segnalazione dei valori di tali attività singolarmente nella dichiarazione dei redditi relativa al periodo d'imposta in cui viene esercitata l'opzione.

4. Attivo circolante e attività finanziarie
(art. 15 c. 11 DL 185/2008 e Circ. AE 11 giugno 2009 n. 28/E)

La società conferitaria può decidere di affrancare anche i maggiori valori attribuiti in bilancio ad attività diverse dalle immobilizzazioni materiali e immateriali di cui ai par. precedenti; si tratta dei beni compresi nell'attivo circolante quali: rimanenze di magazzino, titoli (immobilizzati e non), crediti. L'opzione può essere esercitata con riguardo a singole categorie di attività. **89700**
I maggiori valori sono sottoposti a tassazione con le seguenti modalità:
– se i maggiori valori sono relativi ai **crediti**, si applica l'imposta sostitutiva pari al **20%** (da versare con le modalità illustrate al n. 89682);
– in **tutti gli altri casi** (maggiori valori relativi a rimanenze, o immobilizzazioni finanziarie), si applica l'**aliquota ordinaria** (comprese eventuali maggiorazioni dell'IRES e dell'IRAP), **separatamente** dall'imponibile complessivo e, quindi, i maggiori valori oggetto di affrancamento non possono trovare eventualmente compensazione con perdite fiscali pregresse della società

stessa. L'imposta risultante deve essere versata in unica soluzione con le modalità ed entro i termini indicati sopra (v. n. 89682).
Non opera la causa di decadenza in caso di realizzo anteriore al quarto anno.

>**Precisazioni** 1) La conferitaria può utilizzare tale modalità di affrancamento anche se, nello stesso periodo d'imposta, ha optato per l'affrancamento di cui ai paragrafi precedenti relativamente alle **immobilizzazioni materiali**.
2) In caso di conferimento d'azienda su cui è già stato in precedenza effettuato un affrancamento, v. n. 89670.
3) Se il maggior valore attribuito non riguarda un bene preesistente presso la società conferente ma, piuttosto, un elemento patrimoniale che emerge per effetto dell'operazione straordinaria e che è **iscritto per la prima volta** nel bilancio dalla società conferitaria, la **base imponibile** è rappresentata dall'intero valore (netto) di iscrizione in bilancio.

c. Successiva cessione delle partecipazioni o dell'azienda

(art. 176 c. 3 e 4 DPR 917/86)

89730 **PARTECIPAZIONI** Sia nel caso in cui il conferimento venga effettuato in piena neutralità fiscale, sia nel caso in cui la società conferitaria si avvalga della facoltà di affrancare i maggiori valori dei beni dell'azienda ricevuta, in capo al conferente non emergono plusvalenze al momento di effettuazione del conferimento, ma solo nel momento successivo in cui lo stesso procede alla cessione delle partecipazioni ricevute.
La plusvalenza che emerge dalla cessione delle partecipazioni è soggetta a tassazione ordinaria, con possibilità di optare per la **tassazione frazionata** (al massimo in cinque esercizi) se sussiste il requisito del possesso almeno triennale (v. n. 24600).
Il computo del **periodo di possesso** va fatto tenendo conto che le partecipazioni ricevute si considerano **iscritte come immobilizzazioni** finanziarie nei bilanci in cui risultavano iscritti i beni dell'azienda conferita, pertanto, rilevano anche gli anni di anzianità dell'azienda stessa.
Inoltre, qualora le partecipazioni ricevute dal conferente abbiano maturato i requisiti per la Pex (v. n. 24705), la loro successiva cessione non è considerata operazione elusiva in base all'art. 10 bis L. 212/2000.

In analogia con la disciplina tributaria in materia di imposte dirette, la dottrina prevalente ritiene che l'operazione di conferimento d'azienda (o ramo d'azienda) e successiva cessione delle partecipazioni ricevute dal conferente non sia un'operazione elusiva nemmeno ai fini dell'imposta di registro (nonché dell'imposta ipotecaria e catastale) che può, quindi, essere applicata in misura fissa per ciascuno dei due atti, anziché in misura proporzionale sul valore venale come in caso di trasferimento d'azienda (Norma di comportamento AIDC 1° novembre 2012 n. 186, Caso Assonime 2009 n. 5). Diversa la posizione dell'AF sulla base di una specifica interpretazione dell'art. 20 DPR 131/86.

89735 **Imprenditore individuale** (art. 176 c. 2 bis DPR 917/86) La cessione delle partecipazioni ricevute in cambio del conferimento dell'unica impresa da parte dell'imprenditore individuale costituisce cessione di partecipazioni **qualificate**, tassabili in base alle regole ordinarie previste per i **redditi diversi** (v. n. 11051 e s.).

In caso di **impresa familiare**, il titolare che acquisisce la partecipazione nella società conferitaria, dovrà liquidare ai collaboratori i diritti di credito loro spettanti in base al codice civile. Tali crediti non hanno conseguenze fiscali in merito al valore della partecipazione ricevuta (Circ. Min. 19 dicembre 1997 n. 320/E).

89750 **AZIENDA** L'eventuale cessione, da parte della conferitaria, dell'azienda ricevuta in conferimento è soggetta a tassazione in base alle regole ordinarie (v. n. 89080) tenendo conto che, ai fini della determinazione del **periodo di possesso** dell'azienda stessa, questa si considera posseduta dal soggetto conferitario anche per il periodo in cui era posseduta dal conferente.

d. Conseguenze sulla determinazione del reddito e dichiarazioni

89780 Nella **tabella** seguente si evidenzia il trattamento di alcune voci di bilancio con riferimento al periodo in cui è avvenuto il conferimento d'azienda (Circ. Min. 19 dicembre 1997 n. 320/E).

conferente	– gli **ammortamenti** dei beni conferiti sono calcolati facendo il ragguaglio in giorni (dall'inizio dell'esercizio alla data di conferimento) sul valore della quota annuale (Ris. AE 12 febbraio 2002 n. 41/E); per la deducibilità esclusivamente in capo al soggetto conferitario, con riferimento all'intero periodo di imposta, si è espressa la Cassazione con una pronuncia discutibile (Cass. 31 dicembre 2019 n. 34750); – le **spese di manutenzione** sui beni strumentali conferiti sono deducibili nei limiti previsti dalla legge (v. n. 24125); – i **fondi di trattamento di fine rapporto** e quelli di previdenza si trasferiscono al conferitario se è stato trasferito anche il rapporto di lavoro relativo; – gli **accantonamenti** ai **fondi rischi su crediti** relativi ai crediti conferiti non si trasferiscono al conferitario. Quest'ultimo provvederà ad effettuare la valutazione di tali crediti a fine esercizio.
conferitario	– per l'**ammortamento** dei beni strumentali ricevuti, valgono le regole ordinarie relative all'ammortamento dei beni usati. Se il regime applicato al conferimento è quello di neutralità, il costo degli elementi attivi e passivi riconosciuti fiscalmente in capo al conferitario è quello già riconosciuto in capo al conferente alla data di effetto del conferimento, indipendentemente dalla tecnica contabile e valutativa utilizzata in sede di conferimento («a saldi aperti» o «a saldi chiusi»); pertanto, le quote di ammortamento **fiscalmente deducibili** vanno calcolate applicando al costo fiscale originario i coefficienti tabellari, per le immobilizzazioni materiali (v. n. 23645), e le misure di deducibilità previste ai fini IRES, per le immobilizzazioni immateriali e le spese relative a più esercizi (v. n. 23935 e n. 23360), anche nel caso in cui le quote di ammortamento tabellari risultino superiori a quelle imputate a conto economico a seguito di iscrizione dei beni in bilancio «a saldi chiusi» (AIDC norma comportamento ottobre 2010 n. 178) **(*)**; – per le **spese di manutenzione** sui beni strumentali sostenute nell'esercizio del conferimento, la percentuale di deducibilità è applicata sulla parte del costo dei beni stessi proporzionale alla durata del possesso.

(*) In quest'ultimo caso, il soggetto conferitario deduce l'ammortamento imputato a conto economico ed, inoltre, effettua una variazione in diminuzione nella dichiarazione dei redditi in base all'art. 109 c. 4 lett. b DPR 917/86 (v. n. 22750).

ATTIVITÀ PER IMPOSTE ANTICIPATE (art. 1 c. 233-243 L. 178/2020) In caso di conferimento **deliberato** dall'organo amministrativo competente della conferente tra il 1° gennaio 2021 e il 30 giugno 2022, se sono soddisfatte le **condizioni** sotto riportate, il conferitario può trasformare in credito d'imposta la quota di attività per imposte anticipate (DTA), anche se non iscritta in bilancio, riferita a **perdite** fiscali ed **eccedenze ACE** maturate fino al periodo d'imposta precedente a quello in corso alla data di efficacia giuridica dell'operazione e non ancora utilizzate. **89781**

Per la **determinazione** delle perdite e delle eccedenze ACE si applicano i criteri previsti per il riporto in caso di fusione (v. n. 91585 e s.); pertanto, è obbligatoria la redazione della situazione patrimoniale (art. 2501 quater c. 1 e 2 c.c.).

La trasformazione in credito d'imposta avviene, per **un quarto**, alla data di acquisto di efficacia giuridica del conferimento e, per i restanti **tre quarti**, al primo giorno dell'esercizio successivo a quello in corso alla data di acquisto di efficacia giuridica dello stesso per un **ammontare** complessivo **non superiore** al minore importo tra 500 milioni di euro e al 2% della somma delle attività oggetto di conferimento.

Dalla data di efficacia giuridica dell'operazione le perdite e le eccedenze ACE relativi alle DTA trasformate in credito d'imposta non sono più utilizzabili.

> **Precisazioni 1)** Se all'operazione partecipano società controllanti capogruppo tenute a redigere il **bilancio consolidato** secondo i princìpi contabili ad esse applicabili, si considerano le attività risultanti dall'ultimo bilancio consolidato disponibile.

2) La disciplina è valida anche nell'ipotesi di **più operazioni distinte** approvate o deliberate nel suddetto periodo, a patto che ai fini della determinazione delle DTA trasformabili in ciascuna operazione, lo stesso attivo possa partecipare una volta soltanto alla quantificazione del beneficio. Di conseguenza, se in un'operazione l'attivo di un soggetto ha concorso a determinare l'ammontare di DTA trasformabili, non potrà essere preso in considerazione per un'operazione successiva (Ris. AE 7 settembre 2021 n. 57/E).

3) L'agevolazione **non è applicabile** a società per le quali sia stato accertato lo stato di dissesto o il rischio di dissesto o lo stato di insolvenza.

Particolarità per soggetti che hanno optato per il consolidato fiscale o la trasparenza fiscale	
consolidato	rilevano prioritariamente se esistenti, le eccedenze ACE del soggetto partecipante e le perdite fiscali dello stesso relative agli esercizi anteriori all'inizio della tassazione di gruppo; a seguire, le perdite complessivamente riportate a nuovo dal soggetto controllante
trasparenza	per la società partecipata rilevano prioritariamente, se esistenti, le eccedenze ACE e le perdite fiscali relative agli esercizi anteriori all'inizio della trasparenza congiuntamente a quelle non attribuite ai soci e, a seguire, le perdite fiscali e le eccedenze ACE attribuite ai soci partecipanti e non ancora computate in diminuzione dei loro redditi o trasformate in credito d'imposta

89782 **Condizioni** La fruizione dell'agevolazione è subordinata al rispetto di alcune condizioni relativamente ai soggetti che partecipano al conferimento, nonché al **versamento** di una commissione che, tuttavia, è **deducibile** ai fini delle imposte sui redditi e dell'IRAP nell'esercizio in cui avviene il pagamento.

soggetti	le società che partecipano al conferimento: – devono essere **operative** da almeno due anni; – non devono far parte dello stesso gruppo societario né in ogni caso essere legate tra loro da un rapporto di partecipazione superiore al 20% o controllate anche indirettamente dallo stesso soggetto ai sensi dell'art. 2359 c. 1 n. 1 c.c., alla data di effettuazione dell'operazione e nei due anni precedenti
	se **sussiste il rapporto di controllo** di cui sopra, l'agevolazione si applica se il controllo è stato acquisito attraverso operazioni diverse (es. conferimento di partecipazioni) tra il 1° gennaio 2021 e il 30 giugno 2022 ed **entro** due anni dalla data di acquisizione di tale controllo abbia avuto efficacia giuridica il conferimento d'azienda; in tal caso, le perdite fiscali e l'importo delle eccedenze ACE si riferiscono a quelli maturati fino al periodo d'imposta precedente a quello in corso alla data in cui è stato acquisito il controllo e le condizioni di cui sopra devono intendersi riferite alla data in cui è effettuata l'operazione di acquisizione del controllo
commissione	va versata una commissione **pari al** 25% dell'ammontare complessivo delle DTA oggetto di trasformazione, da effettuare: – per il 40% entro 30 giorni dalla data di efficacia giuridica del conferimento; – per il restate 60% entro i primi 30 giorni dell'esercizio successivo a quello in corso alla data di efficacia giuridica del conferimento

89783 **Utilizzo ed effetti** Il credito d'imposta va **indicato** nella dichiarazione dei redditi e può essere utilizzato, senza limiti di importo, in compensazione (v. n. 37220 e s.), oppure ceduto (v. n. 37340 e s.) o chiesto a rimborso (v. n. 37300).
Non è produttivo di interessi, non concorre alla formazione del reddito d'impresa né della base imponibile IRAP e non rileva ai fini del pro-rata di deducibilità delle spese generali (v. n. 23490).

89785 **DICHIARAZIONE DEI REDDITI** Non vi sono problematiche particolari in merito agli obblighi di presentazione della dichiarazione dei redditi. Il conferente e il conferitario, infatti, sono tenuti a presentare ciascuno la propria dichiarazione entro i **termini ordinari**, indicando i redditi d'impresa relativi ai rispettivi periodi di possesso dell'azienda.
Si ricorda che in caso di conferimento in **doppia sospensione** il conferitario deve compilare un apposito prospetto di riconciliazione (quadro RV del modello di dichiarazione) per evidenziare i beni relativi all'azienda conferita che risultano iscritti nel bilancio del conferitario a valori superiori rispetto a quelli riconosciuti fiscalmente (v. n. 89600).

89790 **DICHIARAZIONE DEI SOSTITUTI D'IMPOSTA** Salvo disdetta presentata dal cedente in tempo utile, il contratto di lavoro non si interrompe a seguito del trasferimento dell'azienda (art. 2112 c.c.); pertanto, dalla data in cui ha effetto giuridico il conferimento, il conferitario subentra in tutti gli obblighi e gli adempimenti facenti capo al conferente. Per gli adempimenti spettanti al conferente e al conferitario, v. quanto detto in merito alla cessione d'azienda (v. n. 89280).

RESPONSABILITÀ PER I DEBITI FISCALI DEL CEDENTE (art. 14 D.Lgs. 472/97) Il conferitario è solidalmente responsabile con il conferente per il pagamento delle **imposte** relative all'anno in cui è effettuata la cessione e ai due precedenti e delle relative sanzioni con le regole e le limitazioni illustrate al n. 70540 e s. **89794**

B. IRAP

Il calcolo dell'IRAP in capo alla conferitaria è effettuato sulla base del bilancio risultante al termine del periodo d'imposta, in base alle regole ordinarie previste per le società commerciali (illustrate al n. 39110). I **maggiori valori** iscritti in bilancio dalla conferitaria, a seguito del conferimento, per i quali si è optato per il riconoscimento ai fini IRES sono riconosciuti anche ai fini IRAP. **89800**

Non vi sono problematiche particolari in merito agli obblighi di presentazione della **dichiarazione** IRAP. Il conferente e il conferitario, infatti, sono tenuti a presentare ciascuno la propria dichiarazione entro i **termini ordinari**, calcolando la base imponibile con riferimento ai rispettivi periodi di possesso dell'azienda.

C. Imposte indirette

IVA (art. 2 c. 3 lett. b DPR 633/72) Il conferimento dell'azienda o di ramo aziendale in società è un'operazione **esclusa** da IVA. **89880**

Generalmente, dalla data in cui ha effetto il conferimento il soggetto conferitario subentra in tutti gli obblighi IVA relativi all'azienda, nonché in tutti i rapporti attivi e passivi (Ris. Min. 15 dicembre 1980 n. 384850 - Ris. Min. 4 gennaio 1983 n. 353455).

Nei 30 giorni successivi all'operazione, la società **conferitaria** deve provvedere a presentare la **dichiarazione di variazione dati** compilando l'apposita Sezione 1 del **quadro** D (modello AA7). Se l'operazione comporta l'**estinzione del cedente**, la società conferitaria deve compilare la casella 1c (modello AA7) assieme all'indicazione della partita IVA (se ditta individuale) o del codice fiscale (se soggetto diverso) del conferente estinto, determinando in tal modo l'automatica cancellazione della partita IVA (e/o codice fiscale) di quest'ultimo. **Viceversa**, se l'operazione non comporta l'estinzione del conferente, che **continua ad operare** con la propria partita IVA, la società conferitaria deve compilare la casella 2a (modello AA7). Nel caso particolare in cui il conferente continui ad operare con la propria partita IVA solo per **terminare le operazioni** relative alla liquidazione, il conferente deve provvedere a presentare la propria dichiarazione di variazione dati, compilando la **sezione 2** del quadro D (modello AA7) o E (modello AA9); la sezione 1 non deve essere compilata dalla società conferitaria. Per le modalità di presentazione ed i modelli da utilizzare si rinvia all'apposito capitolo (v. n. 52280).

> In caso di conferimento d'azienda con **estinzione** del conferente, è possibile **trasferire** il **credito IVA** risultante dalla dichiarazione **annuale** e quello **infrannuale** eventualmente maturato (in presenza dei presupposti) dall'inizio dell'anno in cui è avvenuto il conferimento fino alla data in cui quest'ultimo produce effetti; in tale contesto, infatti, il trasferimento dei crediti IVA è efficace nei confronti dell'AF senza che sia necessario osservare l'apposita procedura formale di cui al n. 55790 e s. (Ris. AE 31 ottobre 2008 n. 417/E). Viceversa, in caso di conferimento di azienda o di un **ramo di azienda** con **sopravvivenza** del conferente, occorre che quest'ultimo, anteriormente all'operazione, abbia gestito con contabilità separata l'attività esercitata dall'azienda o dal ramo conferiti; in mancanza, il trasferimento del credito deve essere effettuato osservano la procedura formale di cui al n. 55790 (Risp. AE 9 ottobre 2019 n. 402). In caso di **utilizzo in compensazione** si veda quanto detto al n. 91740 precisazione 1, applicando al cessionario quanto detto per la società incorporante o risultante dalla fusione.

Trasferimento del plafond (Ris. AE 21 aprile 2008 n. 165/E) Il conferimento d'azienda o di ramo aziendale determina il subentro nella posizione di esportatore abituale da parte del conferitario il quale può fruire del plafond maturato dalla conferente (v. n. 67002) quando il conferitario: **89885**

– continua, senza soluzione di continuità, l'attività relativa ai complessi aziendali oggetto del conferimento, in precedenza svolta dal conferente;

– subentra nei rapporti giuridici (attivi e passivi) relativi ai complessi aziendali conferiti. A tal fine, non è necessario che vi sia il trasferimento di tutti i debiti e i crediti dell'azienda conferita, ma solo delle posizioni attive e passive necessarie ad assicurare la prosecuzione dell'attività di impresa rivolta ai clienti non residenti.

Nel caso specifico di conferimento di un **ramo d'azienda**, la mancanza di una contabilità separata non impedisce il trasferimento del plafond se risulta possibile determinare, in base a criteri oggettivi e in modo puntuale ed univoco, l'ammontare del plafond riferibile al ramo d'azienda conferito.

Il trasferimento va **comunicato** all'amministrazione barrando la casella PL del quadro D del modello di dichiarazione variazione dati AA7 o del quadro E del modello AA9 (v. n. 52120).

89888 **Comunicazione liquidazioni periodiche** L'obbligo di presentazione (v. n. 56610 e s.) spetta al conferitario e in alcuni casi al conferente come indicato in tabella (Provv. AE 21 marzo 2018 n. 62214).

operazione avvenuta durante il trimestre oggetto della Comunicazione	il conferente si è estinto o c'è stata cessione del debito o credito IVA **(*)**	il conferitario deve presentare due distinte Comunicazioni: • la prima contenente i dati delle liquidazioni effettuate dal soggetto stesso nel trimestre cui si riferisce la Comunicazione; • la seconda contenente i dati delle liquidazioni effettuate dal conferente nella frazione di trimestre cui si riferisce la Comunicazione e fino all'ultima liquidazione eseguita prima dell'operazione
	non si è estinto e non c'è stata cessione del debito o credito IVA	conferitario e conferente presentano distinte Comunicazioni in relazione alle operazioni da ciascuno di essi effettuate nel trimestre
operazione avvenuta nel periodo compreso tra il 1° giorno del mese successivo al trimestre e la data di presentazione della Comunicazione	il conferente si è estinto	il conferitario deve presentare la Comunicazione relativa alle operazioni poste in essere dal conferente nel corso dell'intero trimestre precedente, se questo non vi ha già provveduto
	non si è estinto	conferitario e conferente assolvono autonomamente l'adempimento relativamente alle liquidazioni effettuate nell'intero trimestre cui si riferisce la Comunicazione; il trasferimento o meno del debito o credito IVA in conseguenza dell'operazione straordinaria assume rilevanza solo ai fini della Comunicazione da presentare nel periodo successivo **(*)**

(*) In caso di riporto da parte del cessionario del credito maturato dal cedente nell'ultima liquidazione periodica (rigo VP8) o una quota o l'intero ammontare del credito emergente dalla dichiarazione annuale IVA del cedente (rigo VP9), relativa all'anno precedente (ceduto, in tutto o in parte, a seguito dell'operazione straordinaria), il cessionario deve barrare la casella «Operazioni straordinarie» nel rigo VP1 del quadro VP.

89895 **Dichiarazione annuale** L'obbligo di presentazione della dichiarazione relativa all'anno in cui è avvenuto il conferimento spetta al conferitario e, in un caso, anche al conferente. Se il conferimento avviene nel periodo compreso tra il 1° gennaio e la data di presentazione della dichiarazione relativa all'anno precedente, e il conferente estinto non vi ha già provveduto, il conferitario deve provvedere a presentare anche quest'ultima (v. **tabella**).

Periodo di riferimento della dichiarazione	Condizione	Soggetti tenuti all'adempimento
• anno in cui è avvenuta l'operazione	– con estinzione del conferente, o cessione del credito o del debito IVA (senza estinzione del conferente)	– il conferitario deve presentare, entro i termini ordinari (v. n. 56440), il modello di dichiarazione IVA composto dal frontespizio e da **due moduli**; uno per se stesso contenente i dati concernenti l'attività svolta nel corso dell'anno, ed uno per l'indicazione dei dati concernenti l'attività svolta dal conferente per la frazione d'anno compresa fino all'ultima liquidazione eseguita prima del conferimento; – il conferente, se non estinto, deve presentare la propria dichiarazione esclusivamente con riferimento alle attività non trasferite

Periodo di riferimento della dichiarazione	Condizione	Soggetti tenuti all'adempimento
	– senza estinzione del conferente e non vi è stata cessione del debito o del credito	la dichiarazione deve essere presentata da ciascuno dei soggetti, in relazione alle operazioni da essi effettuate nell'intero anno d'imposta
• anno precedente (se l'operazione è avvenuta **dopo la chiusura del periodo d'imposta** ma prima della scadenza per la presentazione della dichiarazione annuale)	– con estinzione del conferente	il conferitario deve presentare oltre alla propria dichiarazione anche quella del conferente, se questo non vi ha già provveduto in proprio
	– senza estinzione del conferente	ciascun soggetto deve provvedere autonomamente all'adempimento

IMPOSTE DI REGISTRO, IPOTECARIA E CATASTALE L'atto di conferimento deve essere obbligatoriamente registrato nel rispetto dei seguenti **termini**: 89910
– conferimenti in **società di capitali**, che devono essere stipulati per atto pubblico, entro 20 giorni dalla notizia dell'avvenuta iscrizione nel registro delle imprese;
– conferimenti in **società di persone**, entro 20 giorni dalla stipula dell'atto.
L'imposta è dovuta in **misura fissa** pari a € 200 chiunque sia il soggetto conferente (art. 4 ter Tariffa parte I DPR 131/86).
Se nell'azienda sono compresi immobili, sono inoltre dovute le imposte ipotecaria e catastale in misura fissa (€ 200 ciascuna) (art. 10 e art. 4 Tariffa D.Lgs. 347/90).
Obbligati in solido al **pagamento**, per tutte le imposte, sono il conferente e il conferitario, anche se, nella prassi dei rapporti tra le parti contraenti, l'imposta viene integralmente addossata al conferitario.

Grazie alla nuova formulazione dell'art. 20 DPR 131/86 come modificato dall'art. 1 c. 87 L. 205/2017, l'operazione di conferimento d'azienda (o ramo d'azienda) e **successiva cessione delle partecipazioni** ricevute dal conferente comporta l'applicazione dell'imposta in **misura fissa** per **ciascuno dei due atti**. È venuta meno, infatti, la presunzione di elusività della concatenazione delle due operazioni che aveva portato in passato alla riqualificazione dell'operazione come cessione d'azienda, con conseguente pretesa di tassazione proporzionale (v. n. 70550).

RESPONSABILITÀ PER I DEBITI FISCALI DEL CEDENTE (art. 14 D.Lgs. 472/97) 89914
Si veda quando detto al n. 89794.

II. Effettuato al di fuori dell'esercizio di impresa commerciale

Nei casi in cui i conferimenti non sono effettuati nell'esercizio dell'impresa - ad esempio il conferimento dell'azienda ricevuta per successione se l'erede non ha continuato l'esercizio dell'impresa, o dell'unica azienda dell'imprenditore individuale precedentemente concessa in affitto o in usufrutto - l'eventuale plusvalenza derivante dal conferimento rientra nella categoria dei **redditi diversi**. 89970
Essa si **determina** dalla differenza tra il valore di realizzo dell'azienda e il valore netto contabile (attività meno passività) fiscalmente riconosciuto. Il valore di realizzo è determinato in base alle regole esposte al n. 860 (art. 9 c. 2 e 5 DPR 917/86).
La plusvalenza da conferimento **concorre**, insieme agli altri eventuali redditi, a formare il reddito complessivo del conferente ed è pertanto tassata in base alle regole ordinarie.
Per le **imposte indirette** si rinvia a quanto detto al n. 89880 e s.

SEZIONE 3

Successione nell'azienda

90130 **IMPOSTE DIRETTE** (art. 58 c. 1 DPR 917/86) Il trasferimento di azienda (o di ramo di azienda) dell'imprenditore individuale avvenuto per causa di morte è un'operazione fiscalmente neutrale, ossia non determina plusvalenze tassabili, a condizione che l'azienda venga assunta dagli eredi agli stessi valori **fiscalmente riconosciuti** in capo al defunto.
L'agevolazione si applica anche nell'ipotesi in cui la società di fatto, formatasi tra gli eredi a seguito della successione (v. n. 34120), si sciolga entro 5 anni dall'apertura della successione e l'azienda resti acquisita da uno solo degli eredi stessi.
In caso di **successiva cessione**, anche parziale, dell'azienda caduta in successione, le eventuali plusvalenze realizzate, pur essendo determinate secondo le regole ordinarie del reddito d'impresa, vengono tassate come **redditi diversi** (v. n. 89190). Non sono soggette ad IRAP.

90140 **IVA** In caso di **prosecuzione** dell'attività da parte degli eredi, la successione ereditaria genera una situazione di continuità in quanto comporta il subentro degli stessi in tutti gli obblighi relativi all'azienda stessa, nonché in tutti i rapporti attivi e passivi. Pertanto, l'operazione è irrilevante ai fini dell'applicazione dell'imposta.
Viceversa, nel caso in cui gli eredi **non proseguano** l'attività, sono soggette ad imposta le eventuali operazioni inerenti alla liquidazione dell'azienda e all'assegnazione di beni della stessa agli eredi (autoconsumo) (v. n. 92940).

90150 **ALTRE IMPOSTE INDIRETTE** L'**imposta di successione** non è dovuta se a favore di discendenti che proseguono l'attività per un periodo non inferiore a 5 anni. In caso contrario, l'imposta è applicata con le aliquote e le modalità illustrate nell'apposito capitolo (v. n. 73155). Nel caso in cui nell'azienda siano ricompresi **beni immobili**, v. n. 73310.

90160 **OBBLIGHI DEGLI EREDI** La successione nell'azienda comporta il sorgere di una serie di obblighi in capo agli eredi. Rinviando all'apposito capitolo per quelli connessi alla dichiarazione di successione (v. n. 73015), di seguito saranno indicati sinteticamente gli obblighi principali in materia di imposte dirette ed IVA. Essi sono diversi a seconda che gli eredi decidano di proseguire oppure di non proseguire l'attività d'impresa. Nel primo caso, infatti, si ha il subentro dell'erede, o della società tra gli eredi, in tutti i rapporti e gli obblighi precedentemente facenti capo al de cuius; nel secondo caso, invece, vi è la cessazione dell'attività e, quindi, l'obbligo, in capo agli eredi di liquidare l'azienda.

	Imposte dirette	IVA (1)
Prosecuzione dell'attività	– presentazione modello di dichiarazione dei redditi e dichiarazione IRAP (con modalità e i termini indicati al n. 16081 e s. e n. 39926) – gli adempimenti del sostituto d'imposta devono essere assolti dagli eredi includendo nella propria dichiarazione (Mod. 770) anche i dati relativi al periodo dell'anno nel quale ha operato il de cuius	– presentazione della dichiarazione variazione dati entro 30 giorni dal decesso (v. n. 52355) e apertura della nuova posizione IVA da parte dell'erede, o della società tra gli eredi – presentazione della dichiarazione annuale da parte dell'erede, o della società tra eredi, includendo i dati relativi all'azienda del de cuius in un apposito modulo

	Imposte dirette	IVA (1)
Cessazione dell'attività	– presentazione modello di dichiarazione dei redditi e dichiarazione IRAP (con modalità e i termini indicati al n. 16081 e s. e n. 39926) – la dichiarazione dei sostituti d'imposta deve essere presentata da uno degli eredi relativamente al periodo dell'anno in cui il defunto ha effettivamente operato	– presentazione della dichiarazione variazione dati (v. n. 52355) – emissione dei documenti fiscali e completamento delle operazioni ancora in sospeso (es. fatturazione di cessioni già effettuate dal de cuius con emissione di DdT o di prestazioni già riscosse) **(2)** – liquidazione dell'azienda al fine di portare a termine l'attività aziendale, osservando tutti gli adempimenti nei termini ordinari – presentazione della dichiarazione annuale relativa al periodo in cui è avvenuto il decesso **(2)** – dichiarazione di cessazione dell'attività (v. n. 52350)

(1) Per le **comunicazioni periodiche** delle liquidazioni v. n. 56610 e s.

(2) Gli adempimenti derivanti dalle operazioni effettuate nel **periodo antecedente al decesso** possono essere eseguiti dagli eredi **entro** 6 mesi dal decesso, anche se i relativi termini siano scaduti da non oltre 4 mesi rispetto alla data del decesso (art. 35 bis DPR 633/72).

SEZIONE 4

Donazione d'azienda

IMPOSTE DIRETTE (art. 58 c. 1 DPR 917/86) La donazione d'azienda o di ramo d'azienda è un'operazione fiscalmente neutrale, in quanto, al momento della donazione, i beni continuano ad avere gli stessi valori **fiscalmente riconosciuti** in capo al donante. Se, tuttavia, il donatario iscrive i beni ad un valore superiore rispetto all'ultimo fiscalmente riconosciuto, si determinano plusvalenze tassabili. **90270**

La donazione è fiscalmente neutrale anche se riguarda **più soggetti** (donazione pro-indiviso) che proseguono l'attività del donante dando vita, tra di loro, ad una società di fatto. Se **successivamente** i donatari **sciolgono** la società di fatto e assegnano l'azienda ad un solo soggetto che prosegue individualmente l'attività, le eventuali plusvalenze sono tassabili (Circ. Min. 15 maggio 1997 n. 137/E).

In caso di **successiva cessione**, anche parziale, dell'azienda acquisita a titolo gratuito, le eventuali plusvalenze realizzate sono tassate con le regole illustrate al n. 89070 e s. tenendo conto, ai fini del periodo di possesso dell'azienda, anche di quello in capo al donante (Ris. AE 31 agosto 2015 n. 78/E). Se i donatari **non hanno continuato l'attività** d'impresa, le plusvalenze vengono tassate come **redditi diversi** (v. n. 89190). Non sono, invece, soggette ad IRAP.

In merito agli obblighi di presentazione della **dichiarazione annuale** dei redditi e IRAP non vi sono particolari problemi. Il donante e il donatario devono presentare ciascuno la propria dichiarazione nei termini ordinari, indicando i redditi d'impresa relativi ai rispettivi periodi di possesso dell'azienda. **90275**

Gli obblighi relativi al **sostituto d'imposta** (modello 770 e CU) sono assolti dal donante e dal donatario con le stesse modalità previste per la cessione d'azienda (v. n. 89280).

IVA La donazione d'azienda è un'operazione esclusa da **IVA**. Essa comporta il subentro del donatario in tutti gli obblighi relativi all'azienda donata; in particolare, quelli di presentazione delle comunicazioni periodiche (fatture emesse e ricevute e liquidazioni) e della dichiarazione annuale competono al donante o al donatario secondo le regole indicate al n. 89888 e n. 89895. **90290**

Entro 30 giorni dalla data di efficacia della donazione, il **donatario** deve presentare una dichiarazione di variazione dati o, se non è già imprenditore, di inizio attività, compilando anche l'apposito quadro D del modello AA7 (se soggetto diverso da persona fisica) o E del modello AA9 (se persona fisica). Se a seguito della donazione il donante **cessa l'attività**, la compilazione del quadro determina l'automatica cancellazione della partita IVA (e/o codice fiscale) di quest'ultimo; viceversa, se il donante **continua ad operare** con la propria partita IVA, questi deve provvedere a presentare la propria dichiarazione di variazione dati. Per le modalità di presentazione ed i modelli da utilizzare si rinvia all'apposito capitolo (v. n. 52122).

90300 **ALTRE IMPOSTE INDIRETTE** L'imposta sulle donazioni non è dovuta se la donazione è effettuata a favore di discendenti e questi proseguono l'attività per almeno 5 anni dalla data del trasferimento. In caso contrario, l'imposta è dovuta con le aliquote e le modalità illustrate nell'apposito capitolo (v. n. 73890).
Nel caso in cui nell'azienda siano ricompresi beni **immobili**, v. n. 73925.

SEZIONE 5

Affitto d'azienda

90410 L'affitto di azienda è un contratto con il quale un soggetto concede ad un terzo il diritto di utilizzare la propria azienda o ramo d'azienda dietro corrispettivo di un canone (per la definizione di azienda v. n. 89025).
Il proprietario dell'azienda può anche non essere proprietario di tutti i singoli beni aziendali; è sufficiente che sia munito di un titolo (per esempio usufrutto, locazione, ecc.) per utilizzarli.
L'affittuario deve gestire l'azienda senza modificarne la denominazione e deve conservare l'efficienza economica dei beni ricevuti (art. 2562 c.c.). Le spese di gestione, sia ordinarie che straordinarie, sono a suo carico, così come gli utili derivanti dall'utilizzo nell'impresa sono di sua esclusiva spettanza.
Il contratto di affitto d'azienda deve essere obbligatoriamente provato per iscritto tramite atto pubblico o scrittura privata autenticata (L. 310/93) salva l'osservanza delle forme volute dalla legge per il trasferimento dei singoli beni che compongono l'azienda (es.: immobili, autoveicoli, ecc.), o per la particolare natura del contratto (art. 2556 c.c.). In concreto, il contratto viene **redatto** per atto notarile per assolvere all'obbligo di iscrizione nel Registro delle imprese (entro 30 giorni dalla stipulazione, a cura del notaio rogante).

A. Concedente

90420 Ai fini delle imposte dirette e di quelle indirette (IVA e registro) la tassazione è diversa a seconda che il concedente sia:
– una società o un imprenditore individuale che affitta un ramo d'azienda o una fra più aziende possedute;
– un imprenditore individuale che affitta l'unica azienda (o società semplice che affitta l'unica azienda agricola).
Infatti, mentre nel primo caso il concedente mantiene comunque la qualifica di imprenditore, nel secondo caso, la perde.

1. Società o imprenditore individuale che affitta una fra più aziende

90430 **IMPOSTE DIRETTE** I **canoni di affitto** maturati nel singolo periodo di imposta (al netto delle spese documentate relative al contratto) concorrono, come componenti positivi, alla formazione del **reddito di impresa** complessivo, in base al principio della competenza economica.
A seconda del tipo di attività esercitata dal locatore, rappresentano ricavi o proventi vari, in ogni caso soggetti a tassazione anche ai fini IRAP.

IMPOSTE INDIRETTE Salvo il caso esaminato al paragrafo successivo, l'affitto di azienda è un'operazione soggetta ad **IVA** con **aliquota ordinaria** del 22% e ad imposta di **registro** in **misura fissa** pari a € 200 (art. 3 c. 2 n. 1 DPR 633/72 e art. 40 DPR 131/86). Quest'ultima è dovuta una sola volta a seguito della registrazione del contratto con le modalità ed entro i termini indicati al n. 70320, mentre i canoni di locazione periodicamente corrisposti dall'affittuario devono essere fatturati dal locatore con IVA secondo le regole ordinarie. **90440**

Gli affitti di **aziende agricole** sono esenti da IVA (art. 10 n. 8 DPR 633/72).

Aziende con prevalenza di fabbricati (art. 35 c. 10 quater DL 223/2006 conv. in L. 248/2006) **90445**

Alla locazione di azienda si deve applicare il regime di tassazione previsto per le locazioni di fabbricati (v. n. 61170), qualora si verifichino le condizioni di seguito indicate:
- il **valore normale** dei fabbricati (v. n. 45440) è superiore al 50% del valore complessivo dell'azienda;
- l'eventuale applicazione dell'IVA e dell'imposta di registro secondo le regole ordinarie (v. par. precedente) consentono di conseguire un **risparmio d'imposta** rispetto a quelle previste per le locazioni di fabbricati.

Al fine di verificare il risparmio d'imposta, occorre considerare concretamente l'incidenza dell'imposta di registro e dell'IVA con riferimento alla fattispecie; pertanto, in caso di affitto d'azienda di **durata pluriennale**, al fine del confronto si dovrà tenere conto anche dell'eventuale riduzione dell'imposta di registro dovuta per la locazione di durata pluriennale di immobili urbani in caso di pagamento in unica soluzione per l'intera durata del contratto (v. n. 71085) (Ris. AE 6 febbraio 2008 n. 35/E).

Secondo l'AE la norma ha funzione antielusiva e opera limitatamente all'ipotesi in cui il valore complessivo dell'azienda sia costituito in prevalenza dal valore normale di fabbricati strumentali che non sono suscettibili di diversa utilizzazione senza radicali trasformazioni (v. n. 60530). Pertanto, ai fini del confronto rilevano tutti gli immobili classificati in una delle categorie catastali B, C, D, E, A/10 (Ris. AE 3 aprile 2008 n. 126/E).

---

2. Imprenditore individuale o società semplice che affitta l'unica azienda

IMPOSTE DIRETTE (artt. 67 c. 1 lett. h e 71 c. 2 DPR 917/86) A seguito dell'affitto dell'unica azienda, viene meno in capo al titolare la qualifica di imprenditore; nel caso della società semplice può trattarsi solamente dell'azienda agricola. I proventi percepiti rientrano nella categoria dei **redditi diversi** e come tali non sono soggetti ad IRAP. **90480**

Il reddito imponibile è dato dalla differenza fra l'importo dei canoni percepiti nel periodo d'imposta (principio di cassa) e le spese documentate relative al contratto e alla manutenzione ordinaria e straordinaria sui beni aziendali, ove contrattualmente a carico del proprietario.

In caso di **cessione successiva dell'azienda affittata**, l'eventuale plusvalenza concorrerà alla formazione del reddito di impresa come componente positivo, secondo le regole esposte al n. 89040. Nel caso, poi, che si tratti dell'**unica azienda**, la plusvalenza realizzata, determinata con le regole previste per il reddito di impresa, concorre a formare il reddito complessivo come **reddito diverso** (v. n. 89170).

IMPOSTE INDIRETTE Salvo il caso esaminato al paragrafo n. 90500, l'affitto dell'unica azienda da parte dell'imprenditore individuale è operazione **esclusa da IVA** e soggetta all'imposta di **registro** in misura **proporzionale** (Nota Min. 22 maggio 1995 n. III-7-544 e Circ. Min. 19 marzo 1985 n. 26). **90490**

Ai fini della corretta applicazione dell'**imposta di registro** bisogna verificare se il contratto prevede: **90495**
- **canoni separati** per la parte immobiliare e per tutti gli altri beni: si applica l'aliquota del 2% sulla parte **immobiliare** e quella del 3% sulla parte **mobiliare** dell'azienda;
- **canone unico** per gli immobili e per gli altri beni: l'aliquota applicabile è del 3%.

L'imposta è dovuta una sola volta per tutta la durata del contratto, e si applica alla registrazione sull'ammontare dei canoni previsti per l'intera durata del contratto stesso.

90500 **Aziende con prevalenza di fabbricati** (art. 35 c. 10 quater DL 223/2006 conv. in L. 248/2006) Per le condizioni e le modalità di tassazione dell'affitto di azienda in cui vi sia una prevalenza di fabbricati si fa rinvio al n. 90445.

In realtà, non è chiaro come potrebbe applicarsi la disciplina della locazione dei fabbricati dettata per i soggetti passivi IVA in quanto l'imprenditore individuale, o la società semplice, che affitta l'unica azienda perde la qualifica di imprenditore e quindi di soggetto IVA.

B. Affittuario

90580 **IMPOSTE DIRETTE** Il reddito dell'affittuario si determina secondo le ordinarie regole del reddito d'impresa, con alcune particolarità che sono di seguito evidenziate.

90585 Se non è pattuito diversamente, l'affittuario subentra nei contratti stipulati per l'esercizio dell'azienda stessa, che non abbiano carattere personale, per tutta la durata dell'affitto (art. 2558 c. 3 c.c.). Pertanto, ai fini della determinazione del proprio reddito, l'affittuario prende in carico gli elementi patrimoniali dell'azienda affittata in base agli stessi valori fiscali che questi avevano in capo al concedente.

Ad esempio, nel caso in cui il contratto preveda il passaggio dei crediti e dei beni costituenti magazzino trasferiti in affitto, nonché dei relativi fondi svalutazione tassati, l'affittuario potrà dare rilevanza ad eventuali perdite su crediti ed effettuare eventualmente la variazione in diminuzione per l'importo del fondo tassato utilizzato a copertura delle predette perdite (Ris. AE 5 novembre 2008 n. 424/E).

90590 **Ammortamento** (artt. 102 c. 8 e 103 c. 4 DPR 917/86) Le quote di ammortamento possono essere **dedotte dall'affittuario**, che è l'effettivo utilizzatore, per il periodo di durata del contratto e, comunque, fino a quando i beni restano nella libera disponibilità dello stesso, qualora questa si prolunghi oltre la durata stessa (Cass. 24 gennaio 2001 n. 997).

Le quote sono **commisurate** al costo originario dei beni quale risulta dalla contabilità del concedente, e sono deducibili fino a concorrenza del costo non ancora ammortizzato.

ESEMPIO
Libro dei cespiti del concedente: bene iscritto per il costo di 20.000 euro ammortizzato per 10.000 euro. L'affittuario dedurrà le quote di ammortamento calcolate su 20.000 euro, ma fino a che non avranno assorbito il residuo ammortizzabile di 10.000 euro.

Se il concedente **non ha tenuto regolarmente la contabilità** relativa ai beni ammortizzabili, vanno considerate già dedotte, per il 50% del loro ammontare, le quote relative al periodo di ammortamento già trascorso; in pratica, fermo restando che la quota andrà commisurata al costo originario, l'affittuario potrà dedurre le quote di ammortamento fino alla metà del valore di riferimento del bene.

> In realtà, si tratta di accantonamenti effettuati a fronte dell'onere che l'affittuario dovrà sostenere, alla scadenza del contratto, per reintegrare l'eventuale perdita di valore subita dai beni stessi. Pertanto, anche il **fondo** costituitosi a fronte dei suddetti accantonamenti, non è un vero e proprio fondo ammortamento.

90595 Alla regola sopra esposta (ammortamento in capo all'affittuario), può farsi **eccezione** se il contratto di affitto prevede **espressamente** che l'affittuario **non ha l'obbligo** di restituire i beni aziendali nello stesso stato di efficienza nel quale si trovavano all'inizio del rapporto (deroga all'art. 2561 c.c.). In tale ipotesi le quote di ammortamento dei beni aziendali concessi in affitto continuano ad essere dedotte dal proprietario dell'azienda, se questo conserva la qualifica di imprenditore (per esempio se è concessa in affitto o in usufrutto una delle aziende possedute). Se non è più imprenditore (es. affitto dell'unica azienda), non potrà dedurre alcun costo.

90600 **Conguaglio di fine contratto** La differenza tra le consistenze di inventario all'inizio e al termine dell'affitto va regolata in denaro sulla base dei valori correnti a quest'ultima data (art. 2561 c. 4 c.c.).

Se dalla differenza emerge un **incremento** delle consistenze di inventario - ad esempio nel caso in cui l'affittuario abbia provveduto ad acquisire nuovi beni in sostituzione di quelli originari - potrà essere riconosciuto a suo favore un conguaglio, salvo diverso accordo delle parti con cui si stabilisca, ad esempio, che i beni acquistati dall'affittuario restino nella sua disponibilità. Tale somma costituisce una componente positiva di reddito per l'affittuario tassabile come sopravvenienza attiva.
Se dalla differenza emerge un **decremento** delle consistenze, il conguaglio in denaro deve essere corrisposto dall'affittuario al concedente; si avranno effetti fiscali differenti a seconda che la somma sia pari, superiore o inferiore all'ammontare accantonato a fronte degli ammortamenti dedotti dall'affittuario stesso:
- se è pari all'ammontare accantonato (ipotesi piuttosto rara), non vi sono conseguenze fiscali;
- se è superiore, l'affittuario realizzerà una sopravvenienza passiva deducibile dal proprio reddito d'impresa;
- se è inferiore, l'affittuario realizzerà una sopravvenienza attiva tassabile nella determinazione del proprio reddito d'impresa.

IRAP L'affittuario determina l'IRAP sul reddito d'impresa, prodotto tramite l'azienda condotta in affitto, secondo le regole ordinarie previste, a seconda dei casi, per le società di capitali (v. n. 39120) o per l'impresa individuale e le società di persone (v. n. 39290). **90610**
Gli accantonamenti stanziati dall'affittuario per **ripristinare le immobilizzazioni** allo stato in cui devono essere restituiti al concedente sono deducibili, in ciascun periodo d'imposta, attraverso l'effettuazione di una **variazione in diminuzione** in sede di dichiarazione IRAP, in deroga alla regola generale sull'indeducibilità degli accantonamenti (Circ. AE 20 giugno 2012 n. 26/E). La deducibilità delle suddette quote non è comunque concessa se il contratto non prevede l'obbligo della restituzione dei beni aziendali nello stesso stato di efficienza nel quale si trovavano all'inizio del rapporto (v. n. 90595).

IVA Va segnalato che insieme all'azienda o al ramo d'azienda concessi in locazione il proprietario può trasferire all'affittuario anche il **plafond** maturato dall'azienda stessa (v. n. 67002). A tal fine, è necessario che tale trasferimento sia **espressamente previsto** nel relativo contratto di affitto (art. 8 c. 4 DPR 633/72). La comunicazione all'Ufficio delle Entrate competente viene effettuata compilando l'apposita sezione del quadro D del modello di comunicazione variazione dati AA7 o del quadro E del modello AA9 (v. n. 52120). **90620**

> Secondo la Suprema Corte, inoltre, il locatore è tenuto a fornire anche la **prova** dell'effettivo trasferimento dell'insieme delle posizioni creditorie e debitorie, anche di carattere tributario, formatesi nel corso dell'attività d'impresa da esso svolta per il tramite dell'azienda successivamente data in locazione (Cass. 23 maggio 2019 n. 13998); al contrario, l'AF aveva ritenuto tale prova non rilevante, fermo restando, la possibilità di contestare eventuali profili elusivi (Risp. int. parl. 27 gennaio 2010 n. 5-02385).

SEZIONE 6
Usufrutto d'azienda

Si costituisce usufrutto di azienda allorché il proprietario attribuisce ad un altro soggetto (usufruttuario) un diritto reale di godimento sulla stessa. **90780**
L'usufruttuario deve gestire l'azienda senza modificarne la denominazione, la capacità economica, e conservando l'efficienza economica dei beni ricevuti (art. 2561 c.c.).
Le **spese di gestione** dell'azienda, sia ordinarie che straordinarie, sono a carico dell'usufruttuario, così come gli utili sono di sua esclusiva spettanza.
Sia ai fini dell'**imposizione diretta** che **indiretta** si applicano le stesse regole sopra esposte per l'affitto di azienda.

SEZIONE 7

Trasformazione

90890 **NOZIONE** (art. 2498 c.c.) La trasformazione è un istituto applicabile a tutti i tipi di **società**, che consiste nella modificazione della forma giuridica. Essa non comporta l'estinzione di una società e la nascita di un'altra, ma la **continuazione** della stessa società con un'altra veste giuridica (per esempio, società in nome collettivo che continua l'attività come società in accomandita semplice). Conseguenza della trasformazione è che tutto il patrimonio, mobile ed immobile, della società trasformata deve essere considerato automaticamente di proprietà della nuova società (Cass. 3 agosto 1988 n. 4815).

Tecnicamente si tratta di una modificazione dell'atto costitutivo, attuata tramite delibera dell'assemblea dei soci, secondo le modalità e con le maggioranze richieste dalla legge per il tipo di società che intende trasformarsi.

È generalmente un'operazione facoltativa, decisa dagli amministratori della società per motivi di carattere gestionale o per esigenze particolari, quali quelle di diminuire la responsabilità dei soci, di allargare le fonti di finanziamento da terzi, di eliminare il costo del collegio sindacale, ecc.; in alcuni casi, è alternativa alla liquidazione o scioglimento della società: ad esempio, quando, per perdite, si riduce il capitale al di sotto del limite legale o si ha perdita integrale dello stesso, come alternativa alla sua ricostituzione, l'assemblea della società di capitali può deliberare la trasformazione (ad es. s.p.a. in s.r.l. o in società di persone). La trasformazione può essere dettata anche da ragioni di opportunità fiscale, posto che sono diverse le regole di determinazione del reddito per le società di capitali e di persone, e quindi può verificarsi che per l'esercizio di una determinata attività sia più conveniente una forma societaria rispetto ad un'altra.

90895 **Tipi di trasformazione** La trasformazione può essere attuata:
– nell'ambito di uno **stesso tipo di società** (ad esempio società di persone che si trasforma in altra società di persone);
– tra tipi di **società diversi** (per esempio, una società di persone che si trasforma in società di capitali o viceversa);
– tra istituti giuridici aventi **finalità diverse** - c.d. «trasformazione eterogenea»: per esempio, un'associazione riconosciuta in società di capitali (art. 2500 septies c.c.) o, viceversa, società di capitali in consorzio (art. 2500 octies c.c.).

La trasformazione di **società commerciale** in **società semplice** e viceversa è equiparabile ad una trasformazione **eterogenea** (Risp. AE 15 dicembre n. 811).

Invece, la cosiddetta trasformazione di **impresa individuale in società** costituisce un conferimento d'azienda in società che è soggetta alle regole esposte al n. 89570.

90900 Di seguito esponiamo gli effetti fiscali della trasformazione, sia per quanto riguarda le imposte dirette che per quelle indirette.

Indicheremo la società esistente prima della trasformazione come **trasformanda**, e quella risultante dalla modifica della forma sociale, come **trasformata**.

I. Imposte dirette

90910 **EFFETTI DELLA TRASFORMAZIONE** L'atto di trasformazione è soggetto alla disciplina e alle forme di pubblicità previste dal codice civile per il tipo di società o ente risultante, nonché alla pubblicità richiesta per la cessazione della trasformanda; pertanto, la trasformazione ha **efficacia** dalla data dell'ultimo degli adempimenti pubblicitari predetti (art. 2500 c.c.).

Gli effetti fiscali della trasformazione sono diversi a seconda che si tratti di trasformazione di società in altra forma societaria, o di trasformazione eterogenea ossia di società in ente non commerciale e viceversa.

A. Trasformazione di società in altra società

(art. 170 DPR 917/86)

La trasformazione di società in altra forma societaria (dello stesso tipo o di tipo diverso) costituisce di per sé un'operazione generalmente neutrale ai fini della determinazione del reddito. Infatti essa non comporta il sorgere di componenti positivi o negativi né di plusvalenze o minusvalenze. 90920

L'irrilevanza permane anche nei seguenti casi:

• trasformazione da società di persone a società di capitali, ove è obbligatorio procedere alla stima del capitale sociale della trasformanda (art. 2500 ter c.c.);

• quando le plusvalenze o le minusvalenze siano iscritte in contabilità (e in bilancio) per effetto del raffronto tra i valori contabili - storici e quelli correnti (art. 21 c. 3 L. 449/97).

Tuttavia la trasformazione comporta alcune **conseguenze fiscali** che verranno di seguito analizzate, a seconda che venga attuata nell'ambito dello stesso tipo societario o comporti il passaggio da società di persone a società di capitali e viceversa.

a. Trasformazione nell'ambito dello stesso tipo societario

Nel caso di trasformazioni senza mutamento del tipo di società, il regime fiscale della società non cambia. 90930

Si rientra in questa ipotesi, ad esempio, quando una società in nome collettivo si trasforma in una società in accomandita semplice o quando una società per azioni si trasforma in una società a responsabilità limitata.

La trasformazione ha luogo realizzando una **continuità** nel periodo d'imposta non solo giuridica, ma anche **contabile** e **fiscale**.

Pertanto, la società trasformata dovrà presentare un'unica **dichiarazione** dei redditi, nei termini ordinari previsti. Questa dichiarazione dovrà comprendere tutti gli elementi positivi e negativi (sia relativi alla vecchia che alla nuova società) volti alla determinazione di un unico reddito d'impresa relativo all'esercizio in cui si è verificata la trasformazione.

Problemi potrebbero sorgere, tuttavia, nel caso in cui la trasformanda abbia precedentemente optato per l'applicazione del regime di **tassazione per trasparenza** e a seguito della trasformazione non abbia più i requisiti per mantenerla: ad **esempio**, una s.r.l. partecipata da sole persone fisiche che ha optato per il regime di trasparenza (v. n. 26915) si trasforma in una s.p.a. che non avrebbe i requisiti per proseguire tale regime. In questo caso, infatti pur essendoci continuità giuridica e contabile non ci sarebbe continuità nei criteri di tassazione del reddito - l'uno per trasparenza come nel caso delle società di persone, l'altro in capo alla società. Per le conseguenze della decadenza dall'opzione si rinvia al n. 26840.

b. Trasformazione in diverso tipo di società

Nel caso di trasformazione in diverso tipo di società, da società di persone in società di capitali e viceversa, le conseguenze fiscali previste dalla legge riguardano: 90950

1) la divisione dell'esercizio in **due periodi fiscali**;

2) il trattamento delle **riserve pregresse**.

1. Trasformazione di società di persone in società di capitali

DIVISIONE DELL'ESERCIZIO IN DUE PERIODI FISCALI (art. 170 c. 2 DPR 917/86, art. 5 bis c. 1 DPR 322/98) La trasformazione deliberata nel corso del periodo d'imposta lo interrompe; pertanto, il **reddito** deve essere **ripartito** per ciascuno dei due periodi (prima e dopo la trasformazione), visto il diverso regime di determinazione previsto per le società di persone e di capitali, e per ciascuno di essi va presentata **apposita dichiarazione** (v. **tabella**). 90960

Trattandosi di due periodi inferiori ai 12 mesi, per alcuni componenti di reddito - redditi forfettari, ammortamenti, accantonamenti, spese di manutenzione e riparazione - è richiesto

ragguaglio alla minore durata del periodo (v. n. 21070). Le **rimanenze finali** del periodo compreso dall'inizio dell'anno fino alla data della trasformazione costituiscono esistenze iniziali di quello successivo alla trasformazione.
La società trasformata può continuare ad utilizzare i libri e i registri della trasformanda per effettuare le **scritture contabili**.

Periodo di riferimento	Contenuto	Termine presentazione	Eventuali versamenti
da inizio dell'esercizio a data di trasformazione	reddito prodotto dalla società trasformanda determinato secondo le regole proprie delle società di persone	ultimo giorno del 9° mese successivo alla data in cui ha effetto la trasformazione, utilizzando il modello approvato nell'anno oggetto di dichiarazione	**Società**: IRAP risultante dalla dichiarazione **entro** l'ultimo giorno del mese successivo a quello di presentazione della stessa (art. 17 c. 1 DPR 435/2001) **Soci**: effettuano i versamenti relativi al reddito imputato per trasparenza secondo le modalità e le scadenze ordinarie
restante periodo (fino alla fine dell'esercizio)	redditi prodotti dalla società trasformata determinati secondo le regole delle società di capitali	termini ordinari previsti per le società di capitali (v. n. 26295)	**Società**: – IRES saldo; no acconto relativamente all'esercizio nel corso del quale è avvenuta la trasformazione, in quanto si tratta del suo primo esercizio e non vi è base storica su cui effettuare il calcolo – IRAP acconto e saldo, entro la scadenza ordinaria (Circ. Min. 12 novembre 1998 n. 263/E)

90965 **Sostituto d'imposta** I termini e le modalità di presentazione dell'apposita dichiarazione (**modello 770**) non subiscono alcuna deroga.
Pertanto essa va **presentata** entro i termini ordinari, e deve comprendere gli imponibili relativi all'intero anno precedente.

90980 **TRATTAMENTO DELLE RISERVE PREGRESSE** (art. 170 c. 3 DPR 917/86) La **distribuzione** delle riserve costituite prima della trasformazione con **utili imputati ai soci** non è tassata in capo ai soci stessi, se si verificano le seguenti **concorrenti condizioni**:
– le riserve devono risultare **iscritte** nel bilancio della società trasformata;
– deve essere indicato che sono di **provenienza ante trasformazione** e quindi che si tratta di riserve di capitale già tassate in capo ai soci al momento della produzione del reddito (art. 5 DPR 917/86).

Non occorre recepire in contabilità le stesse appostazioni delle riserve presenti nella trasformanda; è sufficiente accorparle in un'unica posta del tipo «riserve esistenti ex-società di persone».

90985 La **distribuzione delle riserve** per le quali si verificano le due condizioni del numero precedente, non è ugualmente tassata se le stesse sono prima **imputate** ad **aumento** di **capitale** della società trasformata e, successivamente, vengono **distribuite ai soci** a seguito di una delibera di riduzione del capitale sociale.

90990 **Fondi non tassati** I fondi liberi da imposta in capo alla società di persone (v. n. 11090 come ad es. fondo rivalutazione monetaria L. 576/75 e L. 72/83), conservano tale caratteristica e non sono soggetti a tassazione in caso di distribuzione, sempre che siano rispettate le condizioni esposte al n. 90980.
Ugualmente, qualora sia stato attuato un **aumento di capitale** con utilizzo dei fondi in sospensione, l'eventuale riduzione del capitale esuberante, successivamente deliberata, non costituisce distribuzione di riserve.

2. Trasformazione di società di capitali in società di persone

DIVISIONE DELL'ESERCIZIO IN DUE PERIODI FISCALI (art. 170 c. 2 DPR 917/86) **91020**
Il periodo d'imposta si considera fiscalmente diviso in due distinti periodi (v. n. 90960) per ciascuno dei quali deve presentare apposita dichiarazione:

Periodo di riferimento	Contenuto	Termine presentazione	Eventuali versamenti
da inizio dell'esercizio a data in cui ha effetto la trasformazione	reddito prodotto dalla società trasformanda determinato secondo le regole proprie delle società di capitali	entro l'ultimo giorno del nono mese successivo alla data in cui ha effetto la trasformazione	**Società**: – IRES saldo – IRAP acconto e saldo, entro la scadenza ordinaria
restante periodo (fino alla fine dell'esercizio)	redditi prodotti dalla società trasformata determinati secondo le regole delle società di persone	termini ordinari (v. n. 16030 e s.)	**Società**: IRAP risultante dalla dichiarazione nei termini ordinari **Soci**: effettuano i versamenti relativi al reddito imputato per trasparenza secondo le modalità e le scadenze ordinarie; possono calcolare il proprio acconto IRPEF con metodo storico, senza tenere conto del reddito della trasformata, o con metodo previsionale in cui dovranno tenere conto del reddito presunto che verrà loro imputato dalla società di persone

TRATTAMENTO DELLE RISERVE PREGRESSE (art. 170 c. 4 e 5 DPR 917/86) **91030**
Le riserve costituite prima della trasformazione, escluse quelle la cui ripartizione non è mai gravata da imposta (ad esempio, fondo sovrapprezzo azioni, versamenti dei soci in conto capitale, ecc.), se sono **iscritte separatamente** nel bilancio della società di persone, con indicazione della loro provenienza, sono tassate in capo ai soci nel periodo d'imposta in cui, **alternativamente**, sono:
– effettivamente distribuite;
– o comunque utilizzate, **eccetto** il caso in cui siano utilizzate per la copertura di perdite dell'esercizio.
Se **non iscritte con separata indicazione** nel bilancio della trasformata, o se la trasformata adotta il regime di contabilità semplificata, la tassazione deve avvenire nel periodo d'imposta immediatamente successivo alla trasformazione.
Nell'ipotesi di distribuzione effettiva o figurativa, le riserve sono assoggettate ad imposta secondo il regime applicabile alla distribuzione delle riserve delle società di capitali: per il socio imprenditore, come utile o plusvalenza a seconda che si tratti di riserve di utili o di capitale (v. n. 21886 e n. 21888); per il socio persona fisica, come reddito di capitale (v. n. 11060 e n. 11090).
Tuttavia, la **distribuzione** del **saldo attivo** risultante da **rivalutazione** ex DL 185/2008, **non affrancato**, poiché la relativa riserva in sospensione d'imposta confluisce virtualmente tra le riserve di utili propriamente dette nel periodo d'imposta in cui si verifica la relativa distribuzione (deve quindi considerarsi formata, ai fini fiscali, con utili prodotti nel medesimo periodo d'imposta - Risp. AE 8 agosto 2019 n. 332), è soggetto ad imposta con le regole della società di persone (Risp AE 10 dicembre 2019 n. 505).

> Va segnalato, tuttavia, che la norma non dovrebbe trovare applicazione in riferimento alle riserve formatesi nel periodo in cui la società trasformanda abbia optato per la **tassazione per trasparenza** del reddito (v. n. 26455).

RIPORTO PERDITE E TRATTAMENTO INTERESSI PASSIVI ECCEDENTI Secondo l'AE, le **perdite** pregresse della società trasformanda possono essere utilizzate dalla trasformata (società di persone) in diminuzione del proprio reddito, prima dell'attribuzione dello stesso per trasparenza ai soci; non possono, viceversa, essere attribuite direttamente ai soci in diminuzione del loro reddito (Ris. AE 16 maggio 2005 n. 60/E). Esse mantengono le **91040**

regole di utilizzo che avevano in capo alla trasformanda (v. n. 25915) (Istr. Mod. Redditi SP e Circ. CNDCEC 14 settembre 2011 n. 24/IR).
Gli **interessi passivi eccedenti** la quota deducibile nel periodo, che risultano riportabili nei periodi successivi in applicazione delle regole previste per le società di capitali (v. n. 23055), non possono essere utilizzati in deduzione dalla società di persone risultante dalla trasformazione (Circ. AE 27 giugno 2011 n. 29/E).

B. Trasformazione eterogenea

(art. 171 DPR 917/86)

91120 La trasformazione eterogenea consiste nella possibilità per le società di capitali di trasformarsi in specifiche tipologie di enti e associazioni di natura non prettamente commerciale e viceversa.

Per quanto non espressamente previsto dalla norma, si deve ritenere che nel caso di trasformazione di una società commerciale in ente non commerciale (e viceversa), il reddito dovrà essere determinato separatamente, in base alle regole proprie degli enti non commerciali e delle società, in relazione alla frazione intercorrente fra l'inizio del periodo d'imposta e l'atto di trasformazione e della frazione intercorrente fra questo momento e la chiusura dell'esercizio, con conseguente necessità di presentare due distinte **dichiarazioni** (Ris. AE 9 aprile 2009 n. 102/E).

91130 **TRASFORMAZIONE DI SOCIETÀ DI CAPITALI IN ENTI DIVERSI** (art. 2500 septies c.c.) Le s.p.a., le s.a.p.a., e le s.r.l. possono trasformarsi in: consorzi, società consortili, società cooperative, comunioni di azienda, associazioni non riconosciute e fondazioni.
Alcuni dei soggetti risultanti dalla trasformazione possono essere sia enti commerciali che enti non commerciali a seconda che abbiano o non abbiano come oggetto esclusivo o principale l'esercizio di attività commerciali (v. n. 97010). Pertanto, per quanto riguarda la disciplina fiscale applicabile, si possono avere le seguenti situazioni:
1. trasformazione in altro **ente commerciale** (soggetto IRES), ad esempio, in società cooperativa: trova applicazione la disciplina illustrata per le trasformazioni omogenee (v. n. 90930);
2. trasformazione in **comunione d'azienda**: la norma assimila questa fattispecie all'affitto dell'unica azienda dell'imprenditore individuale (v. n. 89170);
3. trasformazione in un **ente non commerciale**, quale, ad esempio, una fondazione: trova applicazione la specifica disciplina di seguito illustrata.

91140 **Trasformazione in ente non commerciale** (art. 171 c. 1 DPR 917/86)
La trasformazione comporta il **realizzo al valore normale** dei beni della società, salvo che non siano confluiti nell'azienda o complesso aziendale dell'ente stesso. In pratica, si assoggettano a tassazione i maggiori valori dei beni in capo all'ente a causa della loro destinazione a finalità estranee all'esercizio d'impresa.
Le **riserve** costituite prima della trasformazione sono assoggettate a tassazione con le stesse regole illustrate al n. 91030.

91150 **TRASFORMAZIONE DI ENTI DIVERSI IN SOCIETÀ DI CAPITALI** (art. 2500 octies c.c.) I consorzi, le società consortili, le comunioni d'azienda, le associazioni riconosciute e le fondazioni possono trasformarsi in una delle seguenti società di capitali: s.p.a., s.a.p.a. o s.r.l.
Anche in questa ipotesi occorre, in primo luogo, verificare se l'ente che si trasforma sia o meno commerciale (v. n. 97010).
Pertanto, per quanto riguarda la disciplina fiscale applicabile, si possono avere le seguenti situazioni:
– trasformazione di ente commerciale: la trasformazione è neutrale (v. n. 90930);
– trasformazione di ente non commerciale.

91155 **Trasformazione di ente non commerciale** (art. 171 c. 2 DPR 917/86) L'operazione è assimilata ad un conferimento limitatamente ai beni diversi da quelli compresi nell'azienda o complesso aziendale dell'ente non commerciale.
Pertanto, se l'ente non commerciale **svolge anche un'attività commerciale**, i beni appartenenti alla stessa risultano conferiti in neutralità fiscale in quanto si trovano già in regime d'impresa. Viceversa, il passaggio di **beni appartenenti all'attività non commerciale** costi-

tuisce ipotesi di realizzo di plusvalenze assoggettabili a tassazione come redditi diversi con le regole proprie dei singoli beni e qualora, ovviamente, ne ricorrano i presupposti (art. 67 c. 1 lett. n DPR 917/86). Ad esempio, se oggetto del conferimento sono beni immobili, il presupposto per la tassazione della plusvalenza come reddito diverso si verifica se il periodo di possesso è inferiore a 5 anni.
Conseguentemente, i beni stessi sono acquisiti, in capo alla società di capitali risultante dalla trasformazione, in base al valore normale.

II. Imposte indirette

IVA Indipendentemente dal tipo di trasformazione, entro 30 giorni dall'effettuazione, è previsto l'obbligo di **comunicare** all'Ufficio delle Entrate territorialmente competente, l'avvenuta variazione del tipo di società (v. n. 52280). **91220**
Ai fini dell'applicazione o meno dell'imposta, invece, si hanno effetti diversi a seconda che si tratti di trasformazione omogenea o di trasformazione eterogenea.

La trasformazione **omogenea** e quella **eterogenea** di società commerciale **in altro ente commerciale**, sono operazioni non soggette ad IVA (art. 2 c. 3 lett. f DPR 633/72). Infatti, non sono considerate cessioni di beni i passaggi (anche di merci) effettuati in dipendenza di trasformazioni sia nell'ambito dello stesso tipo societario, sia in diverso tipo di società o ente commerciale, in quanto viene mantenuta la destinazione all'esercizio dell'impresa la quale prosegue nella nuova veste societaria. **91225**

La **società trasformata** prosegue con la numerazione delle fatture della vecchia società e può continuare ad utilizzare dell'eventuale **plafond per gli esportatori abituali** esistente; anche gli altri adempimenti - liquidazioni periodiche, tenuta dei registri, ecc. - non subiscono mutamenti. **91230**
Gli obblighi di presentazione della **dichiarazione annuale** e delle **comunicazioni dati liquidazioni periodiche** devono essere eseguiti dalla trasformata entro i termini ordinari (v. n. 56400 e s.).

Per gli **adempimenti relativi** all'assolvimento degli obblighi fiscali cui è tenuta la società trasformata, deve aversi riguardo alla data della iscrizione del soggetto trasformato nel registro delle imprese (Ris. Min. 15 settembre 1978 n. 11/1776).

Nel caso di **trasformazione eterogenea** di società in ente non commerciale, si realizza l'ipotesi di tassazione per destinazione dei beni a finalità estranee dall'attività d'impresa (v. n. 40370), salvo che i beni stessi non siano confluiti nell'azienda o complesso aziendale dell'ente: ad esempio, una società di capitali che si trasforma in un ente che svolge, sia pure in via non prevalente, anche attività d'impresa. In quest'ultimo caso, non si ha rilevanza IVA fino a quando i beni rimangono nella sfera dell'attività commerciale dell'ente. **91235**
Gli obblighi di presentazione della **dichiarazione annuale** e delle **comunicazioni dati liquidazioni periodiche** devono essere assolti dalla trasformata entro i termini ordinari (v. n. 56400 e s.). In caso di trasformazione in associazione non commerciale (che comporti la cessazione di ogni attività commerciale), va presentata la dichiarazione di cessazione dell'attività (v. n. 52340) e, entro gli ordinari termini, la dichiarazione annuale per la frazione d'anno antecedente la trasformazione.

IMPOSTA DI REGISTRO (artt. 4 lett. c tar. parte I e 21 DPR 131/86) L'atto di trasformazione va registrato nel **termine** ordinario di 20 giorni ed è soggetto ad imposta in **misura fissa** (€ 200). **91250**
In caso di contestuale **aumento del capitale** sociale la tassazione varia come indicato in **tabella**.

Trasformazione	Trattamento ai fini dell'imposta
– di società, con capitale **inferiore** al minimo previsto per la società risultante dalla trasformazione e contestuale aumento del capitale sociale, attuato mediante nuovi conferimenti dei soci	è atto contenente più disposizioni che derivano necessariamente le une dalle altre; è dovuta unicamente l'imposta in misura fissa (€ 200), o quella percentuale se sono conferiti beni immobili o diritti reali immobiliari, in base alle aliquote specificamente previste (v. n. 71810)
– di società, con capitale **pari** al minimo legale richiesto per la società risultante dalla trasformazione e contestuale aumento del capitale sociale, attuato mediante nuovi conferimenti dei soci	ciascuna disposizione è soggetta ad imposizione, trattandosi di disposizioni che non derivano necessariamente le une dalle altre (v. n. 70590): la trasformazione sconta l'imposta di registro in misura fissa (€ 200) e l'aumento di capitale l'imposta di registro in misura fissa o proporzionale a seconda del tipo di conferimento (v. n. 71810)
– di società di persone in società di capitali con aumento di capitale in base alla **relazione di stima** (artt. 20 e 21 DPR 131/86)	la giurisprudenza ha ritenuto che siano configurabili due atti giuridici distinti con conseguente distinta imposizione (Cass. 19 luglio 1991 n. 8034): l'aumento di capitale, che sconta l'imposta in misura fissa o proporzionale a seconda del tipo di conferimento (v. n. 71810); la trasformazione, che sconta l'imposta in misura fissa

91260 **IMPOSTE IPOTECARIE E CATASTALI** (art. 10 c. 2 D.Lgs. 347/90) Se la società trasformanda possiede degli immobili, l'operazione di trasformazione è soggetta alla tassazione in misura **fissa** in quanto consiste in un mero mutamento della forma giuridica societaria e non in un atto di trasferimento.
Se, a seguito della trasformazione, c'è un aumento di capitale sociale effettuato con **apporto di immobili** da parte dei soci, sono invece dovute le normali imposte proporzionali applicate per i trasferimenti immobiliari.
Si rinvia al n. 71440 per quanto riguarda le regole di tassazione.

SEZIONE 8

Fusione

91420 **NOZIONE** (artt. 2501-2505 quater c.c.) La fusione è un istituto specifico delle società, consistente in una concentrazione aziendale attuata a seguito di apposita delibera delle assemblee straordinarie dei soci delle singole società partecipanti alla fusione. Comporta l'unificazione di due o più società in una sola e contemporaneamente l'estinzione di tutte o di alcune delle società partecipanti. Può avvenire tra sole società di persone, sole società di capitali o tra società di persone e di capitali.
Se alla fusione partecipano s.p.a., s.a.p.a. o società cooperative per azioni, la partecipazione non è consentita alle società in **liquidazione** che abbiano iniziato la distribuzione dell'attivo.
La fusione può avvenire secondo differenti modalità, a seconda che comporti la creazione di un nuovo soggetto (fusione propria) oppure la prosecuzione di una delle società preesistenti (fusione per incorporazione) (v. n. 91450).

Secondo la Cassazione la fusione può avvenire anche tra due soggetti diversi dalle società commerciali (Cass. 23 gennaio 2007 n. 1476). Nel caso di fusione tra enti non commerciali, tuttavia, la neutralità fiscale si applica limitatamente ai beni gestiti dall'ente incorporato in regime di impresa che dopo la fusione confluiscano in una attività d'impresa dell'ente incorporante; in caso contrario si considerano realizzati al valore normale, generando plusvalenze imponibili. I beni relativi all'attività istituzionale dell'ente incorporato se confluiscono in un'attività d'impresa dell'ente incorporante generano in capo all'ente incorporato una plusvalenza tassabile, se ne sussistono i presupposti, come reddito diverso (art. 67 DPR 917/86); viceversa, se confluiscono in un'attività istituzionale restano fuori dal regime d'impresa. Il **riporto delle perdite** è soggetto ai limiti propri delle operazioni di fusione.
Per quanto riguarda l'**IVA**, si applica la regola generale secondo cui i passaggi di beni a seguito di atti di fusione non sono soggette ad imposta (v. n. 91720).
Si applica l'**imposta di registro** in misura proporzionale pari al 3%; infatti l'imposta in misura fissa è subordinata alla condizione che le operazioni di fusione avvengano tra società od enti aventi per oggetto esclusivo o principale l'esercizio di attività commerciale od agricola (art. 9 tariffa parte I DPR 131/86). In-

vece, le imposte **ipotecaria** e **catastale** si applicano in misura fissa (Ris. AE 15 aprile 2008 n. 152/E e Ris. AE 18 aprile 2008 n. 162/E).

Nella trattazione che segue si esaminano gli **effetti** della fusione con riferimento alle imposte dirette e alle imposte indirette (IVA e Registro). 91425
Per quanto riguarda l'**IRAP**, l'incorporante o la società risultante dalla fusione determina la base imponibile applicando le regole ordinarie previste per le società commerciali illustrate al n. 39110, tenendo conto che i **maggiori valori** iscritti in bilancio dalla incorporante o risultante dalla fusione, a seguito dell'operazione straordinaria, sono riconosciuti fiscalmente solo se affrancati con le modalità illustrate al n. 91520.

I. Imposte dirette

EFFETTI DELLA FUSIONE (art. 172 c. 1 DPR 917/86) La fusione è un'operazione fiscalmente neutrale, nel senso che non produce plusvalenze o minusvalenze in relazione ai beni (comprese le rimanenze e l'avviamento) delle società fuse o incorporate, a condizione che tali beni trasfusi alla società risultante dalla fusione mantengano lo **stesso valore** che già avevano nel bilancio delle società fuse o incorporate (c.d. valore fiscalmente riconosciuto). 91430
Dalla fusione possono, tuttavia, derivare delle **differenze contabili**, dette **avanzi** o **disavanzi** di fusione, che tratteremo nell'ambito dei differenti tipi di fusione di seguito esposti.

Efficacia fiscale L'efficacia della fusione decorre dalla data dell'ultima iscrizione dell'atto di fusione nel registro delle imprese in cui hanno sede le società partecipanti alla fusione, la società risultante o quella incorporante (art. 2504 bis c.c.). In caso di fusione per incorporazione, la stessa può avere effetto dall'eventuale data successiva indicata nell'atto di fusione. 91435

Retrodatazione della fusione all'inizio del periodo d'imposta (art. 172 c. 9 DPR 917/86) È ammesso dalla legge che gli effetti della fusione retroagiscano, rispetto alla data di iscrizione dell'atto, sino all'inizio del periodo di imposta **a condizione** che la retrodatazione: 91440
- sia espressamente prevista nell'atto di fusione;
- non sia anteriore alla data in cui si è chiuso l'ultimo esercizio di ciascuna delle società fuse o incorporate, o a quella in cui si è chiuso l'ultimo esercizio della società incorporante, se più recente.
- avvenga tra **soggetti omogenei**; infatti, in caso di fusione eterogenea (es. tra società di capitali e di persone), i diversi soggetti devono determinare separatamente il reddito dell'intervallo tra l'inizio del periodo d'imposta e la data di efficacia dell'operazione, secondo le rispettive regole IRES e IRPEF (Ris. AE 28 gennaio 2009 n. 22/E).

La retrodatazione della fusione permette di chiudere l'ultimo periodo d'imposta delle società fuse o incorporate, in data anteriore rispetto all'atto di fusione stesso; di conseguenza, le operazioni economiche della società fusa o incorporata relative alla frazione di esercizio compresa fra la data di inizio dell'esercizio e quella dell'atto di fusione, confluiscono nella società risultante o incorporante. A tal fine, le società partecipanti devono determinare il proprio **risultato di periodo** - relativo alla frazione di esercizio compresa tra l'inizio del periodo d'imposta e la data di fusione - e se questo è **negativo** applicare le stesse limitazioni previste in generale per il riporto delle perdite pregresse delle società partecipanti alla fusione (v. n. 91580).
Se i **principi** contabili adottati per la redazione del bilancio d'esercizio **non consentono** la retrodatazione contabile dell'operazione, non si può operare retrodatazione fiscale (Risp. AE 10 ottobre 2019 n. 405).

In caso di **fusione vera e propria**, la retrodatazione è concessa anche se, alla data stabilita (comunque non anteriore a quella in cui si è chiuso l'ultimo esercizio di ciascuna delle società fuse) non risulta ancora chiuso alcun esercizio della società risultante dalla fusione (Ris. Min. 30 maggio 1997 n. 134/E). Viceversa, in caso di **fusione per incorporazione** posta in essere nello stesso esercizio in cui è stata costituita la società incorporante, non è stata ritenuta ammissibile la retrodatazione ad una data stabilita (comunque non anteriore alla chiusura dell'ultimo esercizio delle società incorporate) in quanto a quella data non era stato chiuso il primo esercizio dell'incorporante.

91450 **TIPI DI FUSIONE** In base alle modalità con cui si realizza la fusione, si distingue tra:
- **fusione propria** (o per unione o pura), nella quale le società partecipanti all'operazione si estinguono e danno origine ad una nuova entità giuridica;
- **fusione per incorporazione** di società **senza rapporti di partecipazione** oppure di società **partecipata** al 100% o solo parzialmente.

L'ipotesi di fusione **inversa** (società controllata che incorpora la controllante) ha identica disciplina giuridica di quella diretta (OIC 4 par. 4.6).

91455 **Fusione di società senza partecipazioni tra loro** (art. 172 c. 2 DPR 917/86) Quando la fusione avviene tra società che non possiedono partecipazioni tra loro, ovvero si tratta di fusione vera e propria con costituzione di una nuova società, ai soci delle società fuse o incorporate sono assegnate, in **sostituzione delle loro vecchie azioni** o quote, delle nuove azioni o quote della società risultante o incorporante secondo il **rapporto di cambio** stabilito nell'atto di fusione (per esempio due azioni della società Alfa incorporante per ogni quattro azioni della società Beta incorporata).

La determinazione del capitale sociale della risultante o l'aumento del capitale della incorporante, in base alle azioni o quote da assegnare ai soci delle società estinte, può dar luogo ad una differenza (c.d. da **concambio**) che può essere positiva (avanzo) o negativa (disavanzo).

Per il socio il concambio di azioni **non ha rilevanza ai fini impositivi**. Infatti si tratta di una sostituzione di azioni o quote e non di cessione delle vecchie e acquisto delle nuove.

91460 **Avanzo da concambio** Se il capitale sociale della risultante o l'aumento dello stesso attuato dalla incorporante è **inferiore** al valore del patrimonio netto delle società incorporate o fuse, la differenza costituisce l'avanzo di fusione.

Per quanto riguarda la modalità d'utilizzo o la distribuzione ai soci dell'avanzo di fusione, si rinvia al n. 91530.

ESEMPIO

Se il patrimonio della società incorporata è 500 e l'aumento di capitale dell'incorporante è 400, avremo un avanzo di 100 così rappresentato nelle scritture contabili dell'incorporante:

dare	avere
patrimonio incorporata 500	aumento capitale 400
	avanzo 100

91465 **Disavanzo da concambio** Se il capitale della risultante o l'aumento dello stesso attuato dalla incorporante è **superiore** al valore del patrimonio netto delle società incorporate o fuse, la differenza costituisce il disavanzo. Tale differenza, di solito, fa sì che i soci abbiano nella nuova società una partecipazione di «valore effettivo» equivalente a quella detenuta in precedenza.

Per le modalità di utilizzo del disavanzo v. n. 91510.

ESEMPIO

Se il patrimonio della società incorporata è 600 e l'aumento di capitale dell'incorporante è 800, avremo un disavanzo di 200 così rappresentato nelle scritture contabili dell'incorporante:

dare	avere
patrimonio incorporata 600	aumento capitale 800
disavanzo 200	

91470 **Fusione per incorporazione con una società partecipata al 100%** (art. 172 c. 2 DPR 917/86) Se la società incorporante detiene la totalità del capitale sociale della società incorporata, si procede all'**annullamento** della partecipazione e all'iscrizione in bilancio, in sostituzione della stessa, delle attività e passività della società incorporata (in tal caso non occorre procedere ad alcun aumento del capitale sociale).

La **differenza** che emerge da tale annullamento costituisce l'avanzo o il disavanzo di fusione.

91475 **Avanzo da annullamento** Si determina un avanzo se il costo della partecipazione è inferiore al patrimonio netto della società incorporata.

Per le modalità di utilizzo dell'avanzo v. n. 91530.

ESEMPIO

Se il costo della partecipazione nella società incorporata è 500 e i beni della società incorporata sono di valore superiore, pari a 700, avremo un avanzo derivante dalla fusione pari a 200.
Infatti nelle scritture contabili della società **incorporante** si avrà:

dare	avere
patrimonio incorporata 700	partecipazione annullata 500
	avanzo 200

Disavanzo da annullamento Si determina un disavanzo se il costo della partecipazione sostenuto dalla incorporante è superiore al patrimonio netto contabile della società incorporata. Ciò può significare che i beni dell'attivo hanno un valore superiore o che la partecipante ha pagato la differenza a titolo di avviamento. 91480
Per le modalità di utilizzo del disavanzo v. n. 91510.

ESEMPIO

Se il costo della partecipazione nella società incorporata è 1.000 e i beni della società incorporata sono di valore inferiore pari a 700, avremo un disavanzo derivante dalla fusione pari a 300.
Infatti nelle scritture contabili della società **incorporante** si avrà:

dare	avere
patrimonio incorporata 700	partecipazione annullata 1.000
disavanzo 300	

Fusione con una società partecipata parzialmente Se la società incorporante possiede una partecipazione solo parziale nella società incorporata, dovrà sia annullare la partecipazione sia aumentare il capitale sociale in corrispondenza delle azioni o quote da assegnare ai soci della società che si estingue e sulla base del rapporto di cambio pattuito (v. n. 91455 e n. 91470). 91485
In tal caso può perciò verificarsi sia un avanzo che un disavanzo, da annullamento della partecipazione e da concambio.

Avanzo e disavanzo vanno **tenuti distinti**, in quanto fiscalmente **non sono compensabili tra loro**. 91490
Se si verificano **due avanzi**, essi si sommano, mentre nel caso di **due disavanzi**, devono essere tenuti **distinti**.

ESEMPIO

La società Alfa incorpora la società Beta che ha un patrimonio netto contabile di 1.250 euro. La società Alfa possiede una partecipazione dell'80% nella società Beta, iscritta in bilancio per 950. Per il restante 20% del capitale sociale vengono emesse nuove azioni da assegnare agli ex soci Beta in base al rapporto di cambio pattuito, che comporta un aumento del capitale sociale della incorporante di 200 euro.
Avremo quindi contabilmente:

dare	avere
patrimonio incorporata 1.250	partecipazione 950
	aumento capitale 200
	avanzo di fusione 100

Il **cambio delle partecipazioni** originarie non costituisce realizzo o distribuzione di plusvalenze o di minusvalenze, né conseguimento di ricavi per i soci della società incorporata o fusa. 91495
In caso di **conguaglio**, le somme o il valore normale dei beni ricevuti dai soci costituiscono utile per la parte che eccede il prezzo pagato per l'acquisto o la sottoscrizione delle partecipazioni annullate. Tuttavia, se ricorrono le condizioni per l'applicazione della participation exemption (v. n. 24705), concorrono alla formazione del reddito imponibile dei soci nei limiti ivi previsti (art. 172 c. 3 DPR 917/86).

UTILIZZO DEL DISAVANZO In via ordinaria, il disavanzo di fusione, sia da annullamento che da concambio, è una posta fiscalmente **neutrale** e non ne è ammessa la deduzione (neppure a titolo di perdita); se in sede di fusione vengono attribuiti **compendi aziendali** (non singoli beni - Circ. AE 13 marzo 2009 n. 8/E e Circ. AE 11 giugno 2009 n. 28/E), la società 91510 risultante può optare per il riconoscimento fiscale dei maggiori valori con versamento di un'imposta sostitutiva (n. 91520).

91515 **Regime neutrale** (art. 172 c. 2 DPR 917/86) Nel caso in cui venga mantenuta la neutralità del disavanzo, i valori fiscali dei beni confluiti nel patrimonio della società risultante o incorporante sono gli stessi riconosciuti in capo alle società incorporate o fuse con i seguenti effetti:
– i **maggiori valori** iscritti rispetto agli ultimi valori contabili del bilancio dell'incorporata non costituiscono plusvalenze tassabili se il disavanzo è utilizzato per rivalutare i beni o per iscrivere l'avviamento al solo fine della redazione del bilancio «civilistico»;
– gli **ammortamenti** calcolati sui maggiori valori non sono deducibili e quindi nella dichiarazione dei redditi occorrerà provvedere ad effettuare le relative variazioni fiscali in aumento;
– occorre predisporre, ai fini della dichiarazione, un **prospetto di riconciliazione** (quadro RV Mod. Redditi SC) fra i valori esposti in bilancio e quelli fiscalmente riconosciuti, in relazione ai singoli beni dell'attivo sui quali sono stati iscritti i maggiori valori derivanti dall'utilizzo del disavanzo.

91520 **Riconoscimento oneroso dei maggiori valori** (art. 172 c. 10 bis DPR 917/86) Il riconoscimento fiscale dei maggiori valori iscritti in bilancio può essere ottenuto dalla società **incorporante** o **risultante** dalla fusione mediante il pagamento di un'**imposta sostitutiva**. Nella **tabella** seguente sono elencate le diverse modalità di affrancamento previste a seconda della tipologia di beni e attività rivalutabili con il rinvio al paragrafo in cui sono trattate approfonditamente.

> **Precisazioni** 1) Possono avvalersi del regime opzionale anche i soggetti IAS che iscrivono nei propri bilanci i plusvalori sui beni acquisiti a seguito e per effetto di una fusione senza dare luogo a disavanzi.
> 2) Per le operazioni che interessano complessi aziendali per i quali si è **già fruito del riconoscimento**, gratuito o a pagamento, di maggiori valori, si veda quanto detto al n. 89670.

Tipologia di beni/attività rivalutabili	MF n.
– immobilizzazioni materiali e immateriali (incluso l'avviamento) **(*)**	89640
– avviamento, marchi e altre attività immateriali	89680
– avviamento, marchi, ecc. (a fronte di partecipazioni di controllo incluse nel consolidamento)	89688
– attività diverse dalle precedenti	89700

(*) Anche se il tenore letterale della norma fa riferimento alla possibilità di ottenere il riconoscimento delle differenze di valore dei beni ricevuti in occasione dell'operazione e l'ultimo valore fiscalmente riconosciuto dei beni stessi presso il soggetto incorporato o fuso, nel caso particolare di **fusione inversa**, la società incorporante-partecipata potrà iscrivere i maggiori valori sui propri beni che già facevano parte (ante fusione) del proprio patrimonio aziendale (Ris. AE 27 aprile 2009 n. 111/E).

91530 **UTILIZZO DELL'AVANZO** Anche l'avanzo rappresenta una posta fiscalmente neutrale, iscrivibile nel bilancio della società risultante dalla fusione o incorporante, senza alcun effetto sulla determinazione del reddito imponibile.
Esso può scaturire dall'annullamento della partecipazione posseduta (avanzo da annullamento) o dall'aumento del capitale sociale in base al rapporto di cambio fissato (avanzo da concambio) e non è tassato al momento della sua formazione, ma costituisce materia imponibile in caso di **successiva distribuzione ai soci**.

91540 L'avanzo deve essere utilizzato **in primo luogo** per la ricostituzione **delle riserve in sospensione d'imposta** eventualmente esistenti nel patrimonio delle società fuse o incorporate (v. n. 91565).
Se dopo tale operazione **residua un'ulteriore quota** di avanzo (o di aumento di capitale), si applica il regime fiscale del capitale e delle riserve, della società incorporata o fusa, diverse dalle precedenti che hanno proporzionalmente concorso alla sua formazione, senza tener conto del capitale e delle riserve di capitale fino a concorrenza del valore delle partecipazioni annullate (art. 172 c. 6 DPR 917/86).

> In caso di **fusione inversa**, la disposizione si applica alla riserva da «differenza di fusione», rilevata come incremento del patrimonio netto della partecipata-incorporante che residua dopo l'annullamento delle azioni della partecipata stessa (Ris. AE 24 maggio 2017 n. 62/E).

RISERVE DELLE SOCIETÀ FUSE O INCORPORATE (art. 172 c. 5 DPR 917/86) 91550
Le riserve (e i fondi) risultanti dall'ultimo bilancio delle società incorporate o fuse devono essere ricostituite nel bilancio della società risultante dalla fusione o incorporante. La ricostituzione di queste riserve (e fondi) avviene applicando **regole differenti** a seconda che siano riserve già tassate o in sospensione di imposta.

Riserve già tassate Le riserve già tassate (c.d. **libere** - per esempio la riserva legale, quella statutaria e tutte quelle riserve e fondi che hanno già scontato le imposte), sono normalmente annullate a seguito della fusione. 91555
Nel caso dovessero sopravvivere conservano nella società incorporante o risultante dalla fusione la loro natura di riserve o fondi liberi, cioè non tassabili.

Riserve in sospensione d'imposta Tra le riserve (o altri fondi) in sospensione occorre **distinguere tra**: 91560
- quelle tassabili in ogni caso (v. n. 91565);
- quelle tassabili in caso di distribuzione (v. n. 91570).

> **Precisazioni** 1) Non si considerano tali le riserve iscritte a bilancio a seguito della valutazione delle partecipazioni con equity method (Cass. 10 novembre 2010 n. 22849).
> 2) Se una **società cooperativa** (avente fine mutualistico) viene **incorporata da una società per azioni**, le riserve indisponibili esistenti alla data della fusione presso la cooperativa non possono continuare a fruire del regime di non tassabilità una volta acquisite dalla società incorporante. Pertanto, tali riserve non possono essere iscritte nel bilancio della Spa tra quelle in sospensione di imposta (Ris. Min. 23 maggio 1997 n. 126/E).

Le riserve **in sospensione d'imposta tassabili in ogni caso**, se iscritte nell'ultimo bilancio delle società fuse o incorporate, devono essere ricostituite nel bilancio della società risultante o incorporante. 91565
In mancanza, esse concorrono a formare il reddito imponibile dell'incorporante o della società risultante dalla fusione nell'esercizio in cui avviene la fusione stessa.
Per ricostituire le riserve in esame occorre usare prioritariamente l'eventuale avanzo di fusione e, in seconda battuta, le riserve libere.
In caso di avanzo insufficiente o di incapienza di riserve libere, è possibile vincolare in tutto o in parte il capitale sociale della società risultante o incorporante, senza che lo stesso abbia separata evidenza, essendo sufficiente la menzione nella nota integrativa del vincolo sul capitale.
Se tali poste non sono sufficientemente capienti, la differenza delle riserve in sospensione non ricostituite è tassata.

Riserve in sospensione d'imposta tassabili solo in caso di distribuzione (art. 172 c. 5 secondo periodo DPR 917/86) Queste riserve (per esempio i saldi attivi di rivalutazione) devono essere ricostituite solo nei limiti in cui vi sia avanzo o aumento di capitale per ammontare superiore al capitale complessivo delle società fuse o incorporate, al netto delle quote del capitale delle stesse già posseduto dalla società incorporante o da altre. 91570
Esse concorrono a formare il reddito della società risultante o incorporante solo in caso di distribuzione dell'avanzo o di distribuzione del capitale ai soci. Infatti, il regime di sospensione d'imposta si trasferisce, in eguale importo, nell'avanzo di fusione o nell'aumento di capitale sociale che eccede il capitale della società incorporata.
Le riserve che sono state **imputate a capitale** dalle società fuse o incorporate **prima della fusione**, si considerano trasferite nel capitale della società incorporante e vengono tassate in caso di riduzione del capitale per esuberanza sempre, però, nei limiti di cui sopra, e, quindi, in nessun caso qualora vi sia disavanzo (Ris. AE 11 gennaio 2001 n. 1/E).

> In sostanza, eventuali utilizzi della riserva diversi dall'attribuzione ai soci non hanno alcuna conseguenza sul reddito della società né su quello dei soci. Rientra in tale tipologia il caso di riduzione o annullamento della riserva per **eliminare un disavanzo di fusione** non imputabile a maggior valore delle attività o ad avviamento (AIDC Norma di comportamento 28 aprile 2021 n. 211).

RIPORTO DELLE PERDITE DELLE SOCIETÀ FUSE O INCORPORATE (art. 172 c. 7 DPR 917/86) Le perdite fiscali pregresse delle società che partecipano alla fusione, compresa l'incorporante, possono essere utilizzate dalla società risultante o incorporante, secondo le regole ordinarie (v. n. 25915), previa verifica, in capo alle società in perdita, dei parametri qualitativi (test di vitalità) e quantitativi (patrimonio aziendale) indicati nei paragrafi seguenti. In 91580

caso di **fusione retrodatata**, va considerato anche il risultato negativo che si sarebbe generato in modo autonomo in capo alle società partecipanti in relazione alla frazione di esercizio compresa tra l'inizio del periodo d'imposta e la data di fusione (v. n. 91440).
Si tratta, essenzialmente di una disposizione volta ad escludere che l'operazione sia strumentale al commercio di c.d. «bare fiscali»; è, pertanto, possibile chiedere all'AF la **disapplicazione**, presentando istanza di **interpello,** dimostrando la mancanza di questo intento elusivo (per le modalità di presentazione v. n. 80040 e s.). Per alcuni **esempi** di disapplicazione v. Risp. AE 22 aprile 2022 n. 211, Risp. AE 3 aprile 2020 n. 101, Risp. AE 15 ottobre 2019 n. 416, Risp. AE 5 dicembre 2018 n. 93 e 94.

Secondo l'Associazione italiana dottori commercialisti, il soddisfacimento dei **parametri di vitalità** espressamente richiesta dalla norma è sufficiente a precludere eventuali azioni di disconoscimento da parte dell'amministrazione, salvo, ovviamente, vi sia stato un abuso nel costruire artificiosamente i suddetti parametri (ADC norma di comportamento ottobre 2006 n. 165).

91585 **Test di vitalità** Il test va verificato in capo alle società che presentano perdite ed è soddisfatto se dal rispettivo conto economico, relativo all'**esercizio precedente** a quello in cui è stata deliberata la fusione, risulta un ammontare di **ricavi e proventi** dell'attività caratteristica e di **spese per lavoro** dipendente e relativi contributi **superiore** al 40% di quello risultante dalla media degli ultimi due esercizi precedenti a quello suddetto. Secondo l'AE tale condizione deve continuare a **permanere** fino al momento in cui la fusione viene deliberata (Risp. AE 28 aprile 2022 n. 234 e 235, Ris. AE 24 ottobre 2006 n. 116/E); nel caso di retrodatazione degli effetti fiscali, l'ammontare dei ricavi e proventi e delle spese di lavoro relativi all'intervallo di tempo tra l'inizio del periodo d'imposta e la data di efficacia giuridica dell'operazione deve essere ragguagliato ad anno (Ris. AE 10 aprile 2008 n. 143/E). Contro tale estensione temporale si è espressa l'Associazione italiana dottori commercialisti (ADC Norma di comportamento 176).

>Precisazioni **1)** In caso di società **neocostituite**, per le quali manchi la possibilità del raffronto col biennio precedente, o in cui **manchino** oggettivamente i **parametri** previsti dalla norma (ad esempio assenza in bilancio di costi per il personale), è stata ammessa la disapplicazione, venendo meno, nei casi specifici, le finalità dei vincoli posti dal test di vitalità (Princ. dir. AE 15 ottobre 2018 n. 6, Ris. AE 29 ottobre 2002 n. 337/E e Ris. AE 10 aprile 2008 n. 143/E).
2) Le voci di ricavo da considerare ai fini del test di vitalità sono, generalmente, i ricavi delle vendite e delle prestazioni indicati alla voce A1 del conto economico ed i proventi della voce A5, riconducibili all'attività caratteristica dell'impresa e aventi **natura ricorrente**; non vanno, quindi, inclusi eventuali contributi straordinari per la ristrutturazione di un settore economico (Ris. AE 13 luglio 2009 n. 183/E). Nel caso particolare delle società **holding**, potranno essere considerati anche i proventi finanziari iscritti nelle voci C15 e C16 del conto economico (Ris. AE 10 aprile 2008 n. 143/E).

91590 **Importo massimo utilizzabile** È dato dall'ammontare del patrimonio netto aziendale della società che riporta le perdite risultanti dall'ultimo bilancio chiuso prima della data di efficacia giuridica della fusione, anche se non ancora approvato a tale data, o se inferiore, dalla situazione patrimoniale eventualmente redatta ai fini della fusione in base a quanto previsto dall'art. 2501 quater c.c. (Ris. AE 9 maggio 2011 n. 54/E). In caso di compresenza di perdite e di interessi passivi non dedotti v. n. 91610.
Nella determinazione del patrimonio netto sono esclusi i **versamenti ed i conferimenti** fatti nei **ventiquattro mesi** che precedono la data cui risale il documento contabile assunto per individuare il patrimonio netto della società che riporta le perdite; non vanno, invece, esclusi i **contributi** erogati dallo Stato e da altri enti pubblici a norma di legge. Tuttavia, non sono stati considerati elusivi i versamenti soci effettuati in detto periodo conseguenti all'obbligo civilistico di ripianare le perdite superiori al terzo del capitale sociale (artt. 2446 e 2447 c.c.) (Risp. 17 dicembre 2018 n. 109).
In caso di fusione con un soggetto che fruisce di un **regime di esenzione dall'utile**, come nel caso di una cooperativa a mutualità prevalente che incorpora una s.r.l., la perdita è riportabile per l'ammontare che eccede l'utile che non ha concorso alla formazione del reddito negli esercizi precedenti della cooperativa (in applicazione della regola ordinaria illustrata al n. 25928), senza distinguere tra le perdite proprie e quelle acquisite in sede di fusione (Risp. AE 15 dicembre 2021 n. 813).

L'AE ha ritenuto superabile tale paramento, disapplicando, di fatto tale vincolo, a seguito di interpello con cui si è dimostrato il rispetto dei parametri di vitalità (Risp. AE 13 dicembre 2019 n. 527).

Limitazione in caso di svalutazioni Nel caso in cui le azioni o quote della società in perdita erano possedute dalla società incorporante o da altra società partecipante alla fusione, la perdita è deducibile solo per l'eccedenza rispetto alla svalutazione di tali azioni o quote eventualmente effettuata, ai fini della determinazione del reddito, dalla partecipante o dall'impresa che le ha ad essa cedute dopo l'esercizio al quale si riferisce la perdita e prima dell'atto di fusione. 91595

Scomputo delle perdite nel caso di fusione di società di persone Se la società incorporante è una società di persone, le perdite dell'incorporata fiscalmente ammesse in deduzione possono essere dedotte dai redditi dei singoli soci (c.d. principio della trasparenza), secondo le regole esposte al n. 34055. Analoga regola vale per le società di capitali che hanno optato per la tassazione per trasparenza e che abbiano confermato l'opzione anche a seguito della fusione (v. n. 26840). 91600

RIPORTO DELLA QUOTA DI INTERESSI PASSIVI INDEDUCIBILI (art. 172 c. 7 u.p. DPR 917/86 e Circ. AE 21 aprile 2009 n. 19/E) Alla quota di interessi passivi **eccedenti** il 30% del ROL, che sarebbero riportabili in deduzione negli esercizi successivi (v. n. 23055), si applicano le disposizioni sopra descritte per il riporto delle perdite pregresse delle società partecipanti alla fusione relativamente al test di vitalità e al limite del patrimonio netto contabile (v. n. 91585 e n. 91590), fatta salva la possibilità per la società di chiedere la disapplicazione tramite interpello con le modalità illustrate al n. 80040 e s. 91610

In caso di **retrodatazione** dell'operazione, i suddetti limiti al riporto in avanti devono essere applicati anche agli interessi passivi indeducibili, che si sarebbero generati in modo autonomo in capo ai soggetti che partecipano alla fusione in relazione al periodo che intercorre tra l'inizio del periodo d'imposta e la data antecedente a quella di efficacia giuridica dell'operazione. 91612
Nel caso in cui la società partecipante presenti **sia perdite fiscali che interessi passivi** eccedenti, l'ammontare di patrimonio netto dovrà essere raffrontato con la **somma** di interessi passivi e perdite fiscali pregresse. Ad **esempio**, la partecipante Alfa presenta un patrimonio netto pari a 1.000, perdite fiscali per 800 e interessi passivi indeducibili per 600: gli interessi passivi indeducibili e la perdita pregressa saranno utilizzabili solo fino al limite complessivo di 1.000, mentre l'eccedenza, pari a 400 non sarà utilizzabile. La società potrà **decidere** se imputare l'eccedenza non utilizzabile alle perdite, riportando interessi passivi per 600 e perdite per 400, o agli interessi passivi, riportando perdite per 800 e interessi passivi per 200.
In caso di eccedenze di ROL e di interessi attivi, la possibilità di riporto dovrebbe risultare svincolata dalla verifica del test di vitalità.

BASE ACE E RIPORTO DELLE ECCEDENZE Dalla data in cui ha effetto la fusione, la società risultante o incorporante determina la **base** ACE assumendo anche le variazioni (sia positive che negative) del capitale proprio delle società fuse o incorporate (art. 172 c. 4 DPR 917/86, Risp. AE 6 dicembre 2018 n. 98). Inoltre, in caso di incorporazione di una società controllata che è stata destinataria di **conferimenti in denaro provenienti** dall'incorporante, si annulla la variazione incrementativa di base ACE della controllata e viene meno la sterilizzazione in capo alla controllante senza, tuttavia, impattare sull'ACE ordinaria eventualmente già fruita. Viceversa, in caso di conferimento di denaro **avvenuto nel 2021** per il quale la conferitaria ha fruito della super Ace, la società incorporante deve procedere a riversare l'incentivo già fruito qualora la fusione si realizzi entro il primo o il secondo esercizio successivo al 2021 (c.d. periodo di sorveglianza) (Risp. AE 23 gennaio 2023 n. 135). 91614
All'**eccedenza** ACE delle società che partecipano alla fusione, invece, si applicano le disposizioni anti elusive previste per il riporto delle perdite pregresse relativamente al test di vitalità e al limite del patrimonio netto contabile (n. 91585 e n. 91590), fatta salva la possibilità per la società di chiedere la disapplicazione tramite interpello con le modalità illustrate al n. 80040 e s. (art. 172 c. 7 DPR 917/86).

ATTIVITÀ PER IMPOSTE ANTICIPATE (art. 1 c. 233-243 L. 178/2020) Per le fusioni il cui **progetto** sia stato **approvato** dall'organo amministrativo competente delle società partecipanti **tra** il 1° gennaio 2021 e il 30 giugno 2022, il soggetto risultante dalla fusione o incorporante può trasformare in **credito d'imposta** la quota di attività per imposte anticipate (DTA) riferita a **perdite** fiscali ed **eccedenze ACE** maturate fino al periodo d'imposta prece- 91616

dente a quello in corso alla data di efficacia giuridica dell'operazione e non ancora utilizzate, per un **ammontare** complessivo **non superiore** al minore importo tra 500 milioni di euro e il 2% della somma delle attività dei soggetti partecipanti alla fusione, come risultanti dalla situazione patrimoniale di cui all'art. 2501-quater c.c. senza considerare il soggetto che presenta le attività di importo maggiore.
Per le condizioni, gli effetti e l'utilizzo del credito si rinvia alla trattazione effettuata al n. 89781 e s.

Obblighi della società risultante o incorporante

91620 La società risultante dalla fusione o incorporante succede in tutti i diritti e in tutti gli obblighi delle società fuse o incorporate relativi alle imposte sui redditi (Circ. Min. 7 novembre 1988 n. 5/3401) nonché relativi al pagamento delle sanzioni (art. 15 c. 1 D.Lgs. 472/97).

> **Precisazioni** 1) L'**incremento delle rimanenze** a seguito dell'incorporazione non è soggetto al LIFO in relazione all'esercizio di acquisto. Il valore delle merci, infatti, è quello ad esse attribuito dalla società incorporata, in base alla stratificazione storica delle rimanenze avvenuta presso la società stessa (Cass. 25 maggio 1989 n. 2511).
Inoltre, il principio della successione comporta, nel caso di categorie omogenee presenti nel magazzino dell'incorporante e dell'incorporata, la determinazione di **valori unitari**, nell'ambito di ciascuna fascia LIFO, pari alla media dei valori delle due società (Ris. Min. 2 aprile 1975 n. 2/033).
2) La società incorporante o risultante dalla fusione continuerà a godere, fino alla scadenza del termine, di eventuali **agevolazioni** od **esenzioni** già fruite dalle società fuse o incorporate (Nota Min. 20 dicembre 1966 n. 340497).

91625 **DICHIARAZIONI E VERSAMENTI** Per gli obblighi relativi alla dichiarazione dei redditi e IRAP e ai connessi versamenti, si distingue a seconda che l'operazione abbia effetto nel corso del periodo di imposta o all'inizio dello stesso.
In ogni caso, nella dichiarazione dei redditi deve essere compilato il **prospetto relativo alle operazioni di fusione**.

Nell'ipotesi di esercizi sociali di durata superiore o inferiore all'anno gli stessi si considerano come unico periodo d'imposta ai fini della determinazione dell'acconto (Circ. Min. 31 ottobre 1977 n. 96).

Effetto fusione	Termini presentazione	Versamenti (art. 172 c. 10 DPR 917/86)
Fusione con effetto durante il periodo d'imposta (art. 172 c. 8 DPR 917/86)	Si determina l'interruzione del periodo d'imposta e la divisione in **due distinti periodi**, ante e post fusione. Periodo compreso tra l'inizio del periodo d'imposta e la data in cui ha effetto la fusione: la società risultante o incorporante presenta, telematicamente, la dichiarazione dei redditi e quella IRAP relative a tale frazione di esercizio per conto di ciascuna società fusa o incorporata, **entro** l'ultimo giorno del 9° mese successivo alla data in cui ha effetto la fusione stessa (art. 5 bis c. 2 DPR 322/98) **(1)**	**Società di capitali**: le società che si estinguono per la fusione devono effettuare i versamenti IRES e IRAP (compresi gli acconti), nei termini ordinari, fino alla data di efficacia della stessa (v. n. 91435); se i termini di versamento scadono successivamente, gli obblighi sono trasferiti all'incorporante (non ha rilevanza l'eventuale retrodatazione dell'efficacia della fusione) **(2)**. **Società di persone**: effettuano il versamento dell'IRAP **entro** l'ultimo giorno del mese successivo a quello di scadenza per la presentazione della dichiarazione (art. 17 c. 1 DPR 435/2001)
	Periodo successivo alla fusione, la società incorporante o risultante presenta normalmente la propria dichiarazione nei termini ordinari (v. n. 26300); inoltre, se la fusione ha effetto **prima della scadenza del termine** ordinario di presentazione della dichiarazione relativa ai redditi (e IRAP) dell'anno precedente, la stessa deve presentare anche tale dichiarazione per la società fusa o incorporata (Ris. Min. 3 giugno 1978 n. 11/1228) **(3)**	Termini ordinari

Effetto fusione	Termini presentazione	Versamenti (art. 172 c. 10 DPR 917/86)
Fusione con effetto dall'inizio del periodo d'imposta	La società risultante o l'incorporante è tenuta ad assolvere gli obblighi di dichiarazione secondo i **termini ordinari**. In questo caso presenta un'unica dichiarazione in quanto dall'inizio del periodo di imposta le società fuse o incorporate erano già estinte	Termini ordinari

(1) Il reddito prodotto nella suddetta frazione di periodo dalle **singole società** fuse o incorporate è determinato in base ad un **apposito conto economico**, applicando le ordinarie regole di determinazione del reddito proprie di ciascuna società fusa o incorporata (ad **esempio**, occorre calcolare il rateo di ammortamento per la frazione di esercizio in cui i beni strumentali sono stati utilizzati - Circ. Min. 7 novembre 1988 n. 5/3401).

(2) È consentita la **compensazione** dell'eventuale credito IRES dell'incorporata con i versamenti d'imposta dovuti dall'incorporante. A tal fine le società devono compilare in dichiarazione i rispettivi quadri RK: l'incorporata per evidenziare la cessione del credito e l'incorporante per riportare a nuovo l'eccedenza come nel caso della cessione dei crediti infragruppo (Ris. AE 12 giugno 2002 n. 187/E).

(3) Esempio: fusione con effetto dal 31 marzo 2014; società incorporata è una s.r.l. con esercizio coincidente con l'anno solare. L'incorporante deve presentare per conto dell'incorporata la dichiarazione relativa al 2013 il cui termine scade il 30 settembre 2014, in quanto a quella data l'incorporata è estinta.

OBBLIGHI DEI SOSTITUTI D'IMPOSTA (art. 172 c. 10 DPR 917/86) La **società risultante** dalla fusione o incorporante, dalla data in cui ha effetto la fusione, è tenuta ad adempiere tutti gli obblighi derivanti dalla disciplina fiscale in materia di sostituti d'imposta con le particolarità di seguito indicate. 91650

ritenute operate dalle società che si estinguono	– fino alla data di efficacia della fusione: il versamento deve essere effettuato dalle stesse; – successivamente, gli obblighi si intendono trasferiti, a tutti gli effetti, alla società incorporante o risultante dalla fusione
dichiarazione dei sostituti d'imposta relativa all'anno in cui avviene la fusione	va presentata dalla società risultante o incorporante, comprendendo anche i redditi e i compensi corrisposti, delle società fuse o incorporate, nel periodo precedente alla fusione **(*)**

(*) A tal fine deve compilare i quadri del modello 770 in modo tale da esporre, separatamente, la situazione riferibile sia al dichiarante stesso che ai soggetti estinti: nello spazio riservato all'indicazione del codice fiscale del dichiarante, dovrà indicare il proprio, mentre, nel rigo riservato al codice fiscale del sostituto d'imposta, indicherà quello del soggetto estinto.

II. Imposte indirette

IVA La fusione e i relativi passaggi di beni effettuati tra le società fuse e la società risultante non sono operazioni soggette ad IVA (art. 2 lett. f DPR 633/72). 91720
Tuttavia, l'operazione di fusione comporta il trasferimento di determinate posizioni e l'adempimento di alcuni obblighi. Di seguito analizzeremo i seguenti aspetti:
- utilizzo di registri e documenti della società fusa o incorporata;
- dichiarazione di variazione dati;
- dichiarazione annuale;
- liquidazioni e versamenti periodici;
- acconto IVA;
- plafond esportatori abituali.

Per gli adempimenti connessi alla presentazione delle **comunicazioni dati liquidazioni periodiche**, si veda n. 89888 in cui quanto detto, rispettivamente, per il conferente e il conferitario valgono con riferimento alla società fusa/incorporata e alla incorporante e/o risultante dalla fusione.

91725 **Utilizzo di registri e documenti della società fusa o incorporata** Possono essere mantenuti in uso i seguenti registri della società fusa o incorporata:
- registri o schede per conto lavorazione;
- registri o schede per conto deposito, prestiti d'uso e simili;
- registri o tabulati per la registrazione delle fatture emesse o per quelle d'acquisto;
- altri stampati prenumerati.

A tal fine devono essere posti in essere i **seguenti adempimenti**:
- sui registri o tabulati dovrà essere menzionata l'avvenuta operazione di fusione con l'indicazione della società risultante o incorporante. Se varia il luogo di conservazione dovrà essere fatta comunicazione in sede di variazione dati di cui al paragrafo successivo;
- per gli stampati prenumerati, è necessario che ciascun esemplare sia integrato dalla denominazione della società risultante o incorporante e dalla citazione dell'atto di fusione. La società risultante o incorporante dovrà comunicare all'Ufficio delle Entrate competente la serie dei documenti, con l'indicazione del numero iniziale e finale (Ris. Min. 12 marzo 1982 n. 333266 - Ris. Min. 7 settembre 1998 n. 134/E).

91730 **Dichiarazione di variazione dati** (art. 35 DPR 633/72) Verificandosi una variazione nel soggetto passivo, la società risultante o incorporante deve presentare la dichiarazione di variazione dati, con le modalità illustrate al n. 52370, entro **30 giorni** dalla data di effetto dell'atto di fusione, intendendosi per tale quella in cui è stata eseguita l'ultima delle iscrizioni prescritte per l'atto di fusione dall'art. 2504 c.c., ovvero l'ultima iscrizione nel registro delle imprese (Ris. Min. 27 agosto 1998 n. 120/E).

91740 **Dichiarazione annuale** La dichiarazione annuale IVA deve essere presentata in via telematica **entro** i termini ordinari (v. n. 56440), con le particolarità di seguito descritte. Gli eventuali **crediti IVA** risultanti dall'ultima dichiarazione della società fusa o incorporata possono essere riportati nelle liquidazioni IVA della società risultante o incorporante, nonché utilizzati dalla stessa in compensazione di imposte e contributi diversi, tramite F24.

>**Precisazioni** 1) In caso di **utilizzo in compensazione** tramite F24, la società risultante può disporre dei crediti maturati in capo ai soggetti fusi o incorporati, considerandoli distintamente al fine del raggiungimento del limite di 5.000 euro oltre il quale la compensazione può essere effettuata previa presentazione della dichiarazione annuale (v. n. 55530) e utilizzando modelli F24 distinti, in ciascuno dei quali dovrà indicare anche il codice fiscale del soggetto in capo a cui il credito si è originariamente generato (Circ. AE 15 gennaio 2010 n. 1/E); a tal fine, sono stati istituiti appositi codici tributo (Ris. AE 22 dicembre 2009 n. 286/E).
2) In caso di dichiarazione IVA a credito, per poter richiedere il **rimborso IVA** si distinguono le seguenti ipotesi:
– **rimborso** ai sensi dell'art. 30 c. 3 DPR 633/72 (v. n. 55680); la valutazione della ricorrenza delle condizioni richieste per poter presentare la dichiarazione IVA a rimborso, deve essere fatta sulla base della situazione complessiva emergente dalla dichiarazione presentata dalla società risultante o incorporante;
– **rimborso della minore eccedenza detraibile del triennio** (art. 30 c. 4 DPR 633/72 - v. n. 55690): in tal caso le eccedenze di credito emergenti dalle ultime tre dichiarazioni delle società partecipanti alla fusione, si sommano per anno di formazione.

Dichiarazione relativa all'anno in cui è avvenuta la fusione	La società incorporante o risultante deve presentare il modello di dichiarazione IVA composto dal frontespizio e da **due o più moduli**, in relazione al numero dei soggetti interessati all'operazione; uno per sé stessa contenente i dati concernenti l'attività svolta nel corso dell'anno, gli altri per l'indicazione dei dati concernenti l'attività svolta dalle partecipanti per la frazione d'anno compresa tra l'inizio dell'anno fino all'ultima liquidazione eseguita prima della fusione **(*)**
Dichiarazione relativa all'anno precedente la fusione	Se la fusione è avvenuta dopo la chiusura del periodo d'imposta ma **prima** della scadenza per la **presentazione** della dichiarazione IVA: la società risultante dalla fusione o incorporante deve presentare oltre alla propria dichiarazione anche quella delle società partecipanti o incorporate, se queste non vi hanno già provveduto in proprio
(*) Se una delle società partecipanti alla fusione beneficia della **dispensa dagli adempimenti** prevista dall'art. 36 bis DPR 633/72 (v. n. 57670), la dichiarazione deve essere comunque presentata (Ris. Min. 21 gennaio 1981 n. 383961).	

91745 **Liquidazioni e versamenti periodici** (art. 27 DPR 633/72) A partire dalla liquidazione del periodo in corso alla data di effettuazione della fusione, la società risultante dalla fusione o incorporante deve far confluire nella propria liquidazione periodica anche gli elementi contabili,

riferiti alle società fuse, antecedenti alla data di effetto della fusione (Ris. Min. 13 marzo 1989 n. 570624).
Pertanto l'eccedenza a credito della società fusa o incorporata dovrà essere conteggiata nella dichiarazione della società risultante o incorporante.
La **periodicità dei versamenti** non subisce variazioni. Per cui se la società risultante o incorporante effettua versamenti trimestrali, può continuare con tale periodicità anche se, per effetto della fusione, il volume d'affari supera i limiti previsti.

Acconto IVA A seconda della data in cui ha effetto la fusione, l'AF ha precisato a carico di quale soggetto incombe l'obbligo di effettuare il versamento dell'acconto di dicembre (Circ. Min. 3 dicembre 1991 n. 52). **91750**

Effetto della fusione	Fusione propria	Fusione per incorporazione
1° gennaio-30 novembre / 30 settembre **(1)**	non deve essere corrisposto né dalle società fuse né da quella risultante dalla fusione	deve essere corrisposto dalla società incorporante **(2)**
1° dicembre / 1° ottobre-27 dicembre **(1)**	deve essere corrisposto dalla società risultante, utilizzando quale dato storico l'ammontare delle risultanze delle società fuse in relazione all'ultima liquidazione periodica dell'anno precedente, e, quale dato previsionale, l'importo delle risultanze relative a ciascuna di esse, concernenti le sole operazioni per le quali è stata emessa fattura alla data da cui ha effetto la fusione. Può anche scegliere di determinarlo in base ai dati effettivi, ossia in base alle operazioni effettuate nel mese di dicembre o nel quarto trimestre (v. n. 55330)	la società incorporante deve calcolare l'acconto dovuto per le società incorporate sulla base degli stessi criteri indicati per la fusione propria, tenendo conto, altresì, dei dati relativi alla propria attività. Deve, quindi, effettuare un versamento unico, per l'importo complessivamente dovuto, mentre nessun versamento deve essere effettuato dalle società fuse o incorporate
28 dicembre-31 dicembre	le società fuse devono autonomamente provvedere all'acconto nei termini di legge; nessun versamento è dovuto dalla società risultante dalla fusione	le incorporate e la società incorporante devono autonomamente provvedere al versamento dell'acconto nei termini di legge, sulla base delle loro risultanze

(1) A seconda che le partecipanti siano in regime di liquidazione IVA mensile o trimestrale.
(2) Per il calcolo può utilizzare uno dei seguenti metodi: il dato storico riguardante esclusivamente le proprie risultanze contabili; i dati previsionali, comprendenti anche le risultanze riferibili alle società incorporate; i dati effettivi, in base alle operazioni effettuate nel mese di dicembre o nel quarto trimestre (v. n. 55330).

Plafond per gli esportatori abituali La società risultante dalla fusione o l'incorporante può utilizzare il plafond degli esportatori, relativo agli acquisti in sospensione di imposta, costituito in capo ad una delle società partecipanti alla fusione (Ris. Min. 23 gennaio 1976 n. 520828). In proposito, occorre barrare la casella PL del quadro D del modello di comunicazione variazione dati AA7 (v. n. 52120). **91755**

IMPOSTA DI REGISTRO La fusione consta di **due momenti** ai fini dell'imposizione, che sono la deliberazione e l'atto di fusione (artt. 27 c. 1, 50 c. 5, art. 4 lett. b tar. parte I DPR 131/86). In entrambi i casi è dovuta l'imposta in misura fissa (€ 200), entro i **seguenti termini**: **91770**
– la **deliberazione** (riportata nel verbale di assemblea straordinaria da un notaio) deve essere presentata alla registrazione entro 20 giorni successivi all'iscrizione nel registro delle imprese;
– l'**atto di fusione** deve essere presentato alla registrazione entro 20 giorni dalla stipulazione (art. 10 c. 5 DL 323/96).

SEZIONE 9

Scissione

91930 **REGOLE GENERALI** (artt. 2506-2506 quater c.c.) La normativa civilistica definisce l'operazione di scissione distinguendo fra scissione totale e scissione parziale. Non è consentita la partecipazione di società in liquidazione che abbiano iniziato la distribuzione dell'attivo.

Nella **scissione totale** (detta anche in senso proprio) le società beneficiarie succedono a titolo universale in tutti i rapporti attivi e passivi già facenti capo alla società scissa, ciascuna per la parte corrispondente alla quota di patrimonio loro trasferita. È necessario che vi siano due o più società beneficiarie: se, infatti, l'intero patrimonio fosse trasferito ad un'unica società si avrebbe una fusione per incorporazione. Ai soci della società scissa sono assegnate azioni o quote delle società beneficiarie, proporzionalmente alla porzione di patrimonio che ciascuna di esse ha ricevuto.

Nella **scissione parziale** la società scissa prosegue la propria attività conservando la titolarità di determinati rapporti attivi e passivi sia pure con un patrimonio ridotto. I suoi **soci** ricevono azioni o quote della o delle società beneficiarie, proporzionalmente al valore del patrimonio ceduto. La società scissa può, con la scissione, attuare il proprio **scioglimento senza liquidazione**, o continuare la propria attività. Inoltre, è consentito, per consenso unanime, che ad alcuni soci vengano attribuite azioni della società scissa, anziché azioni di una delle società beneficiarie.

> Dal progetto di scissione devono risultare i **criteri di distribuzione** delle **azioni** o **quote** delle società beneficiarie; esso può prevedere, a determinate condizioni, un'attribuzione delle partecipazioni ai soci non proporzionale alla loro quota di partecipazione originaria (art. 2506 bis c.c.).

91940 **DECORRENZA DELL'EFFICACIA DELLA SCISSIONE** (art. 2506 quater c.c. e art. 173 c. 11 DPR 917/86) La scissione ha effetto dalla data dell'ultima registrazione dell'atto di scissione presso l'Ufficio del registro delle imprese competente per le società beneficiarie oppure da una data successiva indicata nell'atto di scissione (c.d. **postdatazione**). Tale facoltà di postdatare l'efficacia della scissione non è ammessa in caso di **costituzione di nuove società** (ossia di società beneficiarie costituitesi a seguito della scissione stessa).

91945 La **retrodatazione** dell'operazione di scissione consiste nella possibilità di stabilire che i diritti delle azioni o quote emesse a seguito della scissione, nonché le operazioni delle società partecipanti alla scissione, vengano attribuiti alla società beneficiaria a partire da una data anteriore a quella in cui l'atto di scissione viene registrato. Si tratta di un'ipotesi di retrodatazione ai soli fini contabili.

La normativa fiscale limita tale facoltà ai soli casi di scissione totale ed **a condizione** che la chiusura dell'ultimo periodo d'imposta della società scissa coincida con quella delle società beneficiarie; se ciò si verifica, la retrodatazione è ammessa al massimo fino alla data di chiusura dell'ultimo esercizio per le suddette società. Infine, vi è la necessità, per le società partecipanti, di determinare un proprio **risultato di periodo** - relativo alla frazione di esercizio compresa tra l'inizio del periodo d'imposta e la data dell'operazione di scissione; se questo è **negativo** si devono applicare le stesse limitazioni previste in generale per il riporto delle perdite pregresse (v. n. 92045).

91950 Nella trattazione che segue si esaminano gli effetti della scissione con riferimento alle imposte dirette e alle imposte indirette (IVA e Registro).

Per quanto riguarda l'**IRAP**, le beneficiarie e la scissa determinano la base imponibile applicando le regole ordinarie previste per le società commerciali illustrate al n. 39110, tenendo conto che i **maggiori valori**, iscritti in bilancio a seguito della scissione, sono riconosciuti fiscalmente solo se affrancati con le modalità illustrate al n. 91988.

I. Imposte dirette

EFFETTI (art. 173 c. 1 DPR 917/86) La scissione totale o parziale di una società in altre preesistenti o di nuova costituzione non dà luogo a realizzo né a distribuzione di plusvalenze e di minusvalenze dei beni della società scissa, comprese quelle relative alle rimanenze ed al valore di avviamento, **a condizione** che gli elementi attivi e passivi trasferiti mantengano gli **stessi valori fiscali** che avevano presso la società scissa e che sia la scissa che la beneficiaria svolgano attività d'impresa; non è, pertanto, neutrale la scissione di società commerciale a favore di una società semplice (Ris. AE 10 giugno 2009 n. 150/E). 91960
Alle scissioni di società soggette ad IRES in favore di società non soggette a tale imposta, e viceversa, si applicano, per quanto riguarda le **riserve preesistenti**, le regole viste ai n. 90980 e n. 91030.

Per l'analisi dei particolari effetti sulle beneficiarie nell'ipotesi di **scissione parziale non proporzionale con attribuzione di patrimonio netto negativo** (valore contabile dei debiti assegnati superiore a quello degli elementi dell'attivo trasferiti, a fronte di un valore corrente di entrambi equivalente) v. Ris. AE 16 gennaio 2009 n. 12/E.

DIFFERENZE DI SCISSIONE (art. 173 c. 2 DPR 917/86) Dall'operazione di scissione emergono generalmente delle differenze contabili, iscritte nei bilanci delle società beneficiarie, che possono essere positive (**avanzo**) o negative (**disavanzo**). 91970
Tali differenze possono derivare sia dall'annullamento di azioni o quote, se la società beneficiaria, già esistente prima della scissione, deteneva una partecipazione nella società scissa, sia dal rapporto di concambio, cioè dal numero di azioni o quote delle società beneficiarie assegnate ai soci della società scissa a fronte del trasferimento patrimoniale attuato.
Il disavanzo e l'avanzo, sia da annullamento che da concambio, sono normalmente poste fiscalmente neutrali: quindi, non costituiscono né maggiori costi fiscalmente deducibili né reddito imponibile per le società beneficiarie.

Utilizzo del disavanzo Poiché il disavanzo, in via ordinaria, è una posta fiscalmente **neutrale** e non ne è ammessa la deduzione (neppure a titolo di perdita), se la società beneficiaria della scissione lo utilizza per rivalutare, civilisticamente, al valore di mercato dei beni ricevuti dalla scissa, questi maggiori valori non sono riconosciuti fiscalmente. 91975
In **alternativa**, nel caso in cui, in sede di scissione, vengano attribuiti alla società risultante dall'operazione **compendi aziendali** (non singoli beni - Circ. AE 13 marzo 2009 n. 8/E e Circ. AE 11 giugno 2009 n. 28/E), questa può optare per il riconoscimento fiscale dei maggiori valori con versamento di un'imposta sostitutiva (n. 91988).

Regime neutrale (art. 173 c. 2 DPR 917/86) Nel caso in cui venga mantenuta la neutralità del disavanzo, senza che si opti per il riconoscimento fiscale dei maggiori valori, i valori fiscali dei beni confluiti nel patrimonio della società beneficiaria della scissione sono gli stessi riconosciuti in capo alla società scissa con i seguenti effetti: 91980
- i **maggiori valori** iscritti rispetto agli ultimi valori contabili del bilancio della scissa non costituiscono plusvalenze tassabili se il disavanzo è utilizzato per rivalutare i beni o per iscrivere l'avviamento al solo fine della redazione del bilancio «civilistico»;
- gli **ammortamenti** calcolati sui maggiori valori non sono deducibili e quindi nella dichiarazione dei redditi occorrerà provvedere ad effettuare le relative variazioni fiscali in aumento;
- occorre predisporre, ai fini della dichiarazione, un prospetto di riconciliazione (quadro RV Mod. Redditi SC) fra i valori esposti in bilancio e quelli fiscalmente riconosciuti, in relazione ai singoli beni dell'attivo sui quali sono stati iscritti i maggiori valori derivanti dall'utilizzo del disavanzo.

Il **valore della partecipazione** nella società scissa fiscalmente riconosciuto, si trasferisce sulle azioni o quote delle società beneficiarie ricevute in cambio, senza che ciò comporti realizzo o distribuzione di plusvalenze o minusvalenze, o conseguimento di reddito per i soci della società scissa, se questo corrisponde al prezzo pagato originariamente per l'acquisto o la sottoscrizione delle azioni o delle quote. 91985
In caso di **conguaglio** in denaro, a favore dei soci della scissa, le somme o il valore normale dei beni ricevuti dai soci costituiscono utile per la parte che eccede il prezzo pagato per l'acquisto

o la sottoscrizione delle partecipazioni annullate. Tuttavia, se ricorrono le condizioni per l'applicazione della «participation exemption» (v. n. 24705), concorrono alla formazione del reddito imponibile dei soci nei limiti ivi previsti (art. 173 c. 3 DPR 917/86). Un eventuale conguaglio a carico dei soci della scissa si qualifica come un sovrapprezzo emissione e va ad incrementare il costo fiscalmente riconosciuto in capo al socio della partecipazione ricevuta nella società beneficiaria.

Per ciascun socio, la **suddivisione del valore** fiscalmente riconosciuto della partecipazione originariamente detenuta nella società scissa deve rispettare la proporzione esistente tra valore effettivo delle partecipazioni ricevute in ciascuna società beneficiaria (e della partecipazione che eventualmente residua nella stessa scissa) rispetto al valore effettivo della partecipazione detenuta da ciascun socio nella scissa prima della scissione (Ris. AE 26 maggio 2015 n. 52/E).

ESEMPIO
Il socio Alfa detiene una partecipazione nella società X il cui valore economico è pari a 100. A seguito di un'operazione di scissione parziale non proporzionale riceve una partecipazione nella beneficiaria Y, di nuova costituzione, il cui valore economico è pari a 80, residuando in capo ad Alfa una partecipazione nella scissa X il cui valore economico risulta pari a 20. Il valore fiscale della partecipazione originariamente detenuta nella società scissa X deve essere attribuito per l'80% alla partecipazione ricevuta nella beneficiaria Y e per il restante 20% alla partecipazione che residua nella scissa X, a prescindere dalla percentuale di partecipazione al capitale sociale attribuita al socio Alfa, rispettivamente nella scissa e nella beneficiaria per effetto della scissione.

91988 **Riconoscimento oneroso dei maggiori valori** Il riconoscimento fiscale dei maggiori valori iscritti in bilancio può essere ottenuto dalla società risultante dalla scissione mediante il pagamento di un'**imposta sostitutiva**. Nella **tabella** seguente sono elencate le diverse modalità di affrancamento previste a seconda della tipologia di beni e attività rivalutabili con il rinvio al paragrafo in cui sono trattate approfonditamente.

>**Precisazioni** 1) Possono avvalersi del regime opzionale anche i **soggetti IAS** che iscrivono nei propri bilanci i plusvalori sui beni acquisiti a seguito e per effetto di una scissione senza dare luogo a disavanzi.
2) Per le operazioni che interessano complessi aziendali per i quali si è **già fruito del riconoscimento** di maggiori valori, si veda quanto detto al n. 89670.

Tipologia di beni/attività rivalutabili	MF n.
– immobilizzazioni materiali e immateriali (incluso l'avviamento)	89640
– avviamento, marchi e altre attività immateriali	89680
– avviamento, marchi, ecc. (a fronte di partecipazioni di controllo incluse nel consolidamento)	89688
– attività diverse dalle precedenti	89700

92000 **POSIZIONI SOGGETTIVE E PATRIMONIO NETTO** La normativa sulla scissione regola i criteri di attribuzione alle società beneficiarie delle cosiddette posizioni soggettive, di seguito esaminate, della società scissa e dei relativi obblighi, a partire dalla data di effetto della scissione (art. 173 c. 4 DPR 917/86).
Ne deriva che, fatta eccezione per le riserve in sospensione d'imposta per le quali vi è l'obbligo di ricostruzione nel patrimonio della beneficiaria, in ordine alle voci ideali del **patrimonio netto** che la scissa può utilizzare per alimentare il patrimonio della società beneficiaria vi è piena libertà di scelta. Le poste patrimoniali provenienti dalla scissa mantengono la medesima natura che avevano in capo alla stessa, ancorché confluite nel capitale sociale della beneficiaria. Questo rileva anche ai fini del trattamento fiscale nel caso in cui la beneficiaria proceda alla distribuzione delle poste del proprio patrimonio netto (Ris. AE 2 ottobre 2002 n. 317/E).

92005 Sono definite **posizioni soggettive** le seguenti:
– i crediti d'imposta relativi a precedenti dichiarazioni ed i crediti per ritenute d'acconto concernenti redditi non ancora dichiarati (v. n. 92010);
– la rateizzazione delle plusvalenze (v. n. 92015);
– il versamento degli acconti (v. n. 92020);
– i fondi di accantonamento preesistenti (v. n. 92025);
– le riserve in sospensione di imposta e altre riserve (v. n. 92030);
– le rimanenze di merci e titoli (v. n. 92035);

– le quote d'ammortamento e le spese di manutenzione (v. n. 92040);
– il riporto delle perdite fiscali (v. n. 92045), degli interessi eccedenti il limite deducibile (v. n. 92050) e delle eccedenze ACE (v. n. 92053).

Tali posizioni soggettive della società scissa sono attribuite:
– in caso di **scissione totale**: alle società beneficiarie in proporzione alle quote di patrimonio netto loro trasferito;
– in caso di **scissione parziale**: alla società scissa e alle beneficiarie in proporzione alle quote di patrimonio netto rispettivamente rimasto o trasferito.

In **deroga** al criterio di ripartizione proporzionale, per le posizioni soggettive **connesse agli elementi del patrimonio scisso** in modo specifico o per insiemi, le stesse seguono tali elementi presso le rispettive società titolari.

Ad **esempio** il fondo ammortamento dei beni strumentali non va suddiviso proporzionalmente, ma segue per intero il bene cui si riferisce.

Per stabilire il corretto criterio di attribuzione di ciascuna singola posizione soggettiva occorre, quindi, verificare, in primo luogo, se la posizione medesima possa considerarsi connessa agli elementi del patrimonio scisso. In caso affermativo essa seguirà integralmente la sorte di tali elementi, mentre in caso contrario troverà applicazione il criterio di attribuzione proporzionale.

Crediti e ritenute Per i crediti d'imposta relativi a precedenti dichiarazioni e i crediti per ritenute d'acconto concernenti redditi non ancora dichiarati, non è prevista una disciplina particolare. **92010**

I crediti d'imposta seguiranno perciò il criterio di imputazione proporzionale suddetto, mentre i crediti per ritenute saranno riconosciuti alla società a cui è attribuito il relativo reddito assoggettato a ritenuta.

Rateizzazione delle plusvalenze (art. 173 c. 4 DPR 917/86) Si tratta delle plusvalenze per le quali si è optato per la rateazione, precedentemente alla scissione. **92015**

L'obbligo di apportare le **variazioni in aumento** corrispondenti alle quote di plusvalenza da assoggettare a tassazione negli esercizi successivi a quello di realizzo, fa capo al soggetto che ha **ricevuto il credito** originato dalla cessione del cespite cui la plusvalenza si riferisce. Se ciò non è possibile (perché esso risulta già estinto), occorrerà far ricorso al criterio di attribuzione in proporzione alle quote del patrimonio netto trasferite o rimaste.

Versamento degli acconti e delle ritenute (art. 173 c. 5 DPR 917/86, art. 4 DL 50/97 conv. in L. 122/97) In caso di **scissione parziale**, gli obblighi della scissa per il versamento degli acconti di imposte e delle ritenute operate restano a carico della stessa. **92020**

Viceversa, in caso di **scissione totale**, sono adempiuti dalla stessa fino alla data di efficacia della scissione (v. n. 91940); successivamente a tale data, si intendono trasferiti alle società beneficiarie.

I versamenti sono effettuati nei **termini** ordinari (v. n. 37150 e s.); tuttavia, in caso di **società di persone**, l'IRAP scaturente dalla dichiarazione relativa alla frazione di periodo precedente alla scissione si versa entro l'ultimo giorno del mese successivo a quello di scadenza per la presentazione della stessa (v. n. 92055) (art. 17 c. 1 DPR 435/2001).

Fondi di accantonamento (art. 173 c. 6 DPR 917/86) In merito ai fondi di accantonamento aventi riconoscimento fiscale (quali, ad esempio, il fondo ammortamento, il fondo trattamento di fine rapporto, il fondo rischi su crediti, ecc.), viene stabilito che il valore fiscale si trasferisce alle società beneficiarie in proporzione alle quote in cui risultano attribuiti gli elementi del patrimonio (ad esempio i crediti) ai quali, specificamente o per insieme, detti fondi si riferiscono. **92025**

Nell'ipotesi in cui, poi, non fosse possibile correlare i fondi agli elementi di patrimonio relativi, l'attribuzione avviene in relazione alle quote di patrimonio netto attribuite alle società beneficiarie, cioè in base al criterio proporzionale.

> La disposizione non riguarda gli accantonamenti aventi natura di fondi in sospensione di imposta o di fondi tassati, i quali non hanno un valore fiscalmente riconosciuto.

Riserve in sospensione d'imposta e altre riserve (art. 173 c. 9 DPR 917/86 e Circ. Min. 17 maggio 2000 n. 98/E) Le riserve in sospensione d'imposta devono essere ricostituite dalle beneficiarie **in proporzione** alle quote di patrimonio netto contabile attribuite a ciascuna di esse; in caso di scissione parziale le riserve della scissa si riducono in corrispondenza. È, ad **92030**

esempio, il caso delle riserve da rivalutazione monetaria per le quali il mantenimento della sospensione d'imposta non è legato alle successive vicende dei beni che le hanno generate.
Se la sospensione d'imposta dipende da eventi che riguardano **specifici elementi patrimoniali** della società scissa, le riserve devono essere ricostituite dalle beneficiarie che acquisiscono tali elementi: è, ad esempio, il caso degli accantonamenti a riserva dei contributi in natura o delle riserve emergenti in conseguenza di conferimenti agevolati, qualora, naturalmente, persista al momento della scissione l'originario legame con gli elementi stessi.
Quest'ultimo criterio, nel caso specifico delle riserve da **rivalutazione dei cespiti**, va rispettato per tutto il «**periodo di sorveglianza**» in cui permane una stretta connessione tra le vicende giuridiche ed economiche dei beni rivalutati ed il trattamento fiscale della riserva in sospensione, nel senso che le sorti dei primi incidono sulla seconda e viceversa. **Decorso** tale periodo, la ripartizione di tali riserve avviene in base al criterio generale (Risp. AE. 27 marzo 2020 n. 97).
In merito alle **modalità** e agli **obblighi di ricostituzione** delle riserve in sospensione d'imposta e delle altre riserve in capo alla beneficiaria si applicano, per le rispettive quote, le disposizioni previste per la società incorporante o risultante dalla fusione (v. n. 91540 e n. 91560).

> Non si considerano in sospensione d'imposta le riserve iscritte a bilancio a seguito della valutazione delle partecipazioni con **equity method** (Cass. 10 novembre 2010 n. 22849).

92035 **Rimanenze di merci e di titoli** (art. 173 c. 7 e 8 lett. a DPR 917/86) In caso di **scissione parziale** (mai retroattiva) e di **scissione totale non retroattiva**, le rimanenze di merci e titoli si presumono provenienti proporzionalmente dalle voci delle esistenze iniziali distinte per esercizio di formazione della società scissa, e dalla eventuale eccedenza realizzatasi nel periodo precedente la scissione.
Nel caso in cui gli **effetti della scissione** vengano fatti **retroagire** ad una data anteriore rispetto all'atto di scissione, il trasferimento delle rimanenze di merci e di titoli avviene sommando proporzionalmente le voci individuate per periodo di formazione nella società scissa all'inizio del periodo d'imposta, alle corrispondenti voci delle società beneficiarie, ove esistano. Nel caso in cui non esistano poste corrispondenti presso le società beneficiarie, dette voci costituiscono distinte categorie omogenee di rimanenze o di titoli.

92040 **Quote di ammortamento e spese di manutenzione** (art. 173 c. 8 lett. b DPR 917/86) In caso di scissione parziale o totale non retroattiva, le quote di ammortamento dei beni materiali ed immateriali, le spese di manutenzione relative ai beni trasferiti, nonché le spese relative a più esercizi e gli accantonamenti vanno **ragguagliate** (per dodicesimi) alla durata dell'utilizzo, nel periodo di imposta, dei beni medesimi da parte della società scissa e delle società beneficiarie.

92045 **Riporto delle perdite fiscali** (art. 173 c. 10 DPR 917/86) La **ripartizione** delle perdite della scissa tra le società beneficiarie (e la scissa stessa in caso di scissione parziale) avviene in proporzione alle rispettive quote di patrimonio netto contabile trasferite o rimaste.
Alle perdite fiscali delle società partecipanti alla scissione si applicano le **limitazioni** previste in tema di fusioni, riferendo alla società scissa le disposizioni riguardanti le società fuse o incorporate e alle beneficiarie quelle riguardanti la società risultante dalla fusione o incorporante (v. n. 91580); **non si applicano** limitazioni alle perdite maturate in capo alla scissa e rimaste in carico alla stessa, non essendo state trasferite alla beneficiaria, o alle perdite trasferite alla beneficiaria neocostituita insieme al ramo scisso (Risp. AE 10 maggio 2022 n. 252, Risp. AE 14 marzo 2022 n. 111, Ris. AE 30 giugno 2009 n. 168/E).
Con riferimento al **test di vitalità**, occorre distinguere il caso in cui per effetto della scissione sia trasferito alla beneficiaria un **ramo d'azienda** oppure siano trasferiti **beni non integranti un ramo d'azienda** (Circ. AE 1° agosto 2022 n. 31/E):
– nel primo caso, il test va calcolato secondo i parametri indicati al n. 91585, avendo riguardo ai dati contabili relativi al compendio scisso;
– nel secondo caso, occorre individuare criteri alternativi (come, ad esempio, la presenza di plusvalori latenti nei beni trasferiti) che siano rappresentativi, nel contempo, sia della vitalità del compendio scisso e sia della sua capacità di riassorbire le posizioni fiscali soggettive trasferite alla società beneficiaria.
In caso di **scissioni retrodatate**, le limitazioni si applicano anche al risultato negativo che si sarebbe generato in modo autonomo in capo ai soggetti partecipanti all'operazione di scissione in relazione alla frazione di esercizio compresa tra l'inizio del periodo d'imposta e la data di scissione.

È possibile chiedere la **disapplicazione** dimostrando la mancanza di intento elusivo, tramite interpello con le modalità indicate ai nn. 80040 e s. (Risp. AE 10 maggio 2021 n. 316).

> Ai fini della determinazione dell'importo massimo utilizzabile, si deve tener conto dell'ammontare del patrimonio netto risultante dall'ultimo bilancio o, se inferiore, di quello risultante dal progetto di scissione (art. 2506 bis c.c.), o dalla situazione patrimoniale della società scissa in base a quanto previsto dall'art. 2506 ter c.c.

Riporto della quota di interessi passivi indeducibili Alla quota di interessi passivi **eccedenti il 30% del ROL**, che sarebbero riportabili in deduzione negli esercizi successivi (v. n. 23055), si applicano le disposizioni descritte per la fusione (v. n. 91610). 92050

Riporto dell'eccedenza ACE (art. 173 c. 10 DPR 917/86) La **ripartizione** delle eccedenze ACE della scissa tra le società beneficiarie (e la scissa stessa in caso di scissione parziale) avviene in proporzione alle rispettive quote di patrimonio netto contabile trasferite o rimaste (Risp. AE 2 marzo 2021 n. 129). Si applicano le disposizioni antielusive previste per il riporto delle perdite pregresse (v. n. 92045), salvo la possibilità di chiederne la disapplicazione tramite interpello (v. n. 80040 e s.). 92053

ATTIVITÀ PER IMPOSTE ANTICIPATE (art. 1 c. 233-243 L. 178/2020) Per le scissioni il cui **progetto** sia stato **approvato** dall'organo amministrativo competente delle società partecipanti **tra** il 1° gennaio 2021 e il 30 giugno 2022, il soggetto beneficiario può trasformare in **credito d'imposta** la quota di attività per imposte anticipate (DTA) riferita a **perdite** fiscali ed **eccedenze ACE** maturate fino al periodo d'imposta precedente a quello in corso alla data di efficacia giuridica dell'operazione e non ancora utilizzate, per un **ammontare** complessivo **non superiore** al minore importo tra 500 milioni di euro e il 2% della somma delle attività dei soggetti partecipanti alla scissione, come risultanti dalla situazione patrimoniale di cui all'art. 2501 quater c.c. senza considerare il soggetto che presenta le attività di importo maggiore. 92054
Per le condizioni, gli effetti e l'utilizzo del credito si rinvia alla trattazione effettuata al n. 89781 e s.

ALTRI OBBLIGHI TRIBUTARI (art. 173 c. 12 DPR 917/86) In caso di **scissione parziale**, la scissa è tenuta agli adempimenti ordinari di propria competenza che derivano dalla prosecuzione dell'attività non trasferita a seguito della scissione: presentazione della dichiarazione dei redditi e IRAP, nonché di quella dei sostituti d'imposta, se ne ricorre l'obbligo. 92055
In caso di **scissione totale**, le obbligazioni sono trasferite in capo alle società beneficiarie appositamente designate nell'atto di scissione. Pertanto, queste ultime sono tenute a presentare:
– la **dichiarazione dei redditi** e la dichiarazione **IRAP** relative alla **frazione di periodo precedente** la scissione, **entro** l'ultimo giorno del 9° mese successivo alla data in cui è stata eseguita l'ultima delle iscrizioni prescritte nel registro delle imprese dell'atto di scissione, in via telematica (art. 5 bis c. 3 DPR 322/98). L'obbligo sussiste anche nel caso di scissione con **effetti retrodatati**, salvo che la retrodatazione coincida con l'inizio del periodo d'imposta della società scissa. Infatti, in questo caso i componenti negativi e positivi di reddito della stessa, relativi alla frazione di periodo d'imposta fino alla data della scissione, sono ricompresi nelle dichiarazioni dei redditi delle società beneficiarie (Ris. Min. 18 luglio 1996 n. 132);
– la **dichiarazione dei sostituti d'imposta**, comprensiva dei dati relativi al periodo dell'anno in cui la scissa ha operato, **entro** i termini ordinari.
In tutti i casi, la responsabilità per i **debiti fiscali** riguardanti gli anni di imposta antecedenti la scissione si estende a tutte le società partecipanti all'operazione (art. 173 c. 13 DPR 917/86, art. 15 c. 2 D.Lgs. 472/97) non solo solidalmente, ma anche illimitatamente indipendentemente dalle quote di patrimonio assegnato (Cass. 11 novembre 2022 n. 33436).

II. Imposte indirette

IMPOSTA SUL VALORE AGGIUNTO La scissione e i relativi passaggi di beni effettuati tra la società scissa e le beneficiarie non sono operazioni soggette ad IVA (art. 2 lett. f DPR 92120

633/72). Ciascuna società beneficiaria è tenuta a presentare una propria dichiarazione variazione dati, **entro** 30 giorni dalla data in cui ha effetto la scissione, con le modalità illustrate al n. 52130, avendo cura di **compilare** il quadro D, barrando l'apposita casella ed indicando negli appositi spazi il codice fiscale della società scissa; in caso di scissione totale con cessazione della scissa, tale comunicazione determina l'automatica estinzione del codice fiscale nonché della partita IVA della stessa.
Se in esecuzione della scissione, sia totale che parziale, sono **trasferite aziende** o uno o più complessi aziendali, gli obblighi e i diritti derivanti dall'applicazione dell'imposta sul valore aggiunto, relativi alle operazioni realizzate tramite le aziende o i complessi aziendali trasferiti, sono assunti dalle società beneficiarie del trasferimento. Queste ultime devono presentare le **comunicazioni dati liquidazioni periodiche** e la **dichiarazione annuale** secondo le modalità illustrate al n. 89888 e al n. 89895 intendendo riferiti alla scissa gli obblighi del conferente e alle beneficiarie quelli della società conferitaria.

> **Precisazioni** 1) La **riduzione della detrazione** di cui al n. 48200 per le società beneficiarie costituite a seguito della scissione, è operata, se l'oggetto dell'attività è modificato rispetto a quello della società scissa, in base ad una percentuale determinata presuntivamente, salvo conguaglio nella dichiarazione annuale.
> 2) Le disposizioni contenenti la **rettifica della detrazione** (v. n. 48230) continuano ad applicarsi nei confronti della società beneficiaria tenendo conto della data in cui i beni ammortizzabili sono stati acquistati dalla società scissa.
> 3) Il **plafond** maturato dalla scissa (v. n. 67002) è trasferito alle società beneficiarie, che, in proposito devono barrare la casella PL del quadro D contenuto nella dichiarazione di variazione dati AA7 (v. n. 52120).
> 4) Se la scissione comporta la cessione **del credito IVA** da dichiarazione già vantato dalla scissa, tale credito potrà essere riportato nelle liquidazioni IVA della società beneficiaria o utilizzato dalla stessa in compensazione di imposte e contributi diversi, tramite F24; in quest'ultimo caso, si veda quanto detto al n. 91740 precisazione 1.

92125 In caso di **scissione totale non comportante trasferimento di azienda** o complessi aziendali, gli obblighi ed i diritti derivanti dall'applicazione dell'IVA per le operazioni effettuate dalla società scissa, compresi quelli relativi alla presentazione della dichiarazione annuale della società scissa e al versamento dell'imposta che ne risulta, devono essere adempiuti, dalla **società beneficiaria appositamente designata** nell'atto di scissione. **In mancanza** si considera designata la beneficiaria nominata per prima nell'atto di scissione, con responsabilità solidale delle altre società beneficiarie.

92140 **IMPOSTA DI REGISTRO** (art. 4 tar. parte I DPR 131/86) La scissione tra società è soggetta all'imposta di registro in misura fissa (€ 200).

SEZIONE 10

Scambio di partecipazioni

92300 Lo scambio di partecipazioni tra società o enti residenti può essere effettuato secondo due distinte modalità: permuta o conferimento.
La neutralità dell'operazione è riconosciuta fiscalmente solo se sono soddisfatte le condizioni richieste dalla legge, come di seguito illustrato.
Per le operazioni realizzate in ambito comunitario, si rinvia al n. 93920.

A. Permuta

(art. 177 c. 1 DPR 917/86)

92310 **SCHEMA** L'operazione è la seguente: una società o un ente permuta **azioni proprie**, detenute in portafoglio, con **azioni** di un'altra società: es. la società Alfa dà azioni proprie ai soci della società Beta, e i soci di Beta danno azioni di Beta ad Alfa.
I **soggetti** che intervengono nell'operazione sono **almeno tre**:

– la società o ente che dà le azioni proprie e riceve i titoli in permuta (società acquirente, che diventerà controllante);
– la società o ente le cui azioni sono acquistate per ottenere il controllo sulla stessa da parte della prima società (società «scambiata»);
– il possessore di tali azioni (socio della società controllata), che può essere indifferentemente una persona fisica, un ente o una società (residente o non residente).
Data la natura dell'operazione si evince che sia il soggetto acquirente che quello le cui partecipazioni sono scambiate devono essere società di capitali o enti commerciali.

IMPOSTE DIRETTE Lo scambio di partecipazioni è **neutrale**, cioè non dà luogo, per i soggetti interessati, a componenti positivi o negativi del reddito imponibile, se sono soddisfatte le **condizioni** indicate in **tabella**. 92320

– le azioni o quote ricevute dalla società acquirente devono consentire alla stessa di acquisire il controllo, ai sensi dell'art. 2359 n. 1 c.c., della società scambiata o di incrementare, a seguito di un obbligo legale o statutario, la percentuale di controllo **(1) (2);**

– il costo delle azioni date in permuta viene attribuito alle azioni ricevute in cambio **(3)**.

(1) In pratica, l'acquisizione può avere ad oggetto o una partecipazione che sia di per sé di controllo o una partecipazione che pur non essendo tale, unitamente a quella eventualmente già posseduta dalla società acquirente, consenta alla stessa di raggiungere una partecipazione di controllo. È ammessa anche l'acquisizione effettuata mediante **cessione da parte di più soggetti**, sempreché sia ravvisabile, in modo oggettivo, che l'operazione di acquisto della partecipazione si innesta in un progetto unitario di acquisizione del controllo (Circ. Min. 19 dicembre 1997 n. 320/E).
(2) La possibilità di fruire della neutralità fiscale anche nel caso in cui l'**acquirente abbia già il controllo** della società scambiata e acquisisca un'ulteriore partecipazione al fine di incrementare il controllo è stata introdotta, con apposito decreto, a decorrere dal 1° gennaio 2007, condizionandola, tuttavia, all'esistenza di obblighi legali o statutari. In tal modo è stata solo in parte superata la precedente prassi ministeriale che ammetteva la neutralità solo in caso di acquisto ex novo del controllo della società «target» (fra le altre, Ris. AE 22 marzo 2007 n. 57/E).
(3) L'operazione è perciò redditualemente irrilevante se sono mantenuti i **valori fiscalmente riconosciuti**. Viceversa se sono contabilizzate **differenze di valore**, queste rilevano per la determinazione del reddito.

Il regime di neutralità viene meno qualora le partecipazioni date in permuta siano prive dei **requisiti per l'esenzione** (v. n. 24705) mentre quelle ricevute li abbiano (senza considerare quello del periodo minimo di possesso - v. n. 24730) (art. 177 c. 3 DPR 917/86). In tal caso, il **valore di realizzo** si determina in base al valore normale (v. n. 855). 92325

L'eventuale **conguaglio in denaro** concorre a formare il reddito imponibile del percipiente; le somme ricevute sono tassate parzialmente se si tratta di partecipazioni cedute in regime di reddito d'impresa che hanno i requisiti per la participation exemption (v. n. 24705). 92330

IMPOSTE INDIRETTE La permuta di azioni (o quote) rappresenta un'**operazione esente** da IVA (art. 10 n. 4 DPR 633/72). Lo scambio deve essere pertanto fatturato da entrambe le società con l'indicazione del titolo di esenzione. 92340

B. Conferimento

(art. 177 c. 2 e 2 bis DPR 917/86)

SCHEMA L'operazione è la seguente: il socio di Beta conferisce le proprie partecipazioni in una società Alfa, che aumenta di conseguenza il proprio capitale; il socio sostituisce le partecipazioni in Beta con quelle in Alfa. 92400
L'operazione riguarda i seguenti soggetti:
– la società **conferitaria** che riceve le azioni o quote di un'altra società;
– la **società** (che diventa controllata) **le cui azioni o quote sono conferite**;
– il **soggetto conferente**: può essere indifferentemente una persona fisica, un ente o una società (residente o non residente).

IMPOSTE DIRETTE Se ricorrono le **condizioni** di cui alla lettera A o alla lettera B indicate in tabella, le azioni o quote ricevute dal conferente sono valutate in base alla corrispondente 92410 quota delle voci di patrimonio netto formato dalla società conferitaria per effetto del conferimento. Pertanto, se la conferitaria contabilizza le partecipazioni ricevute al **medesimo costo fiscale** del conferente, in capo a questi non emergono plusvalenze; per contro, la plusvalenza di tali partecipazioni rimane latente in capo alla società conferitaria ed è tassata solo in caso di eventuale rivendita da parte di quest'ultima, potendo fruire dell'esenzione PEX in presenza dei requisiti (v. n. 24705 e. s.). Se il conferimento avviene nel rispetto delle condizioni di cui alla lettera B l'holding period (n. 24730) si estende fino a 60 mesi.

N.B. Si tratta del **regime naturale** al ricorrere delle condizioni sopra esposte, quindi non è possibile scegliere di applicare il criterio del valore normale (Princ. dir. AE 28 luglio 2020 n. 10). Peraltro, la regola vale solo per le plusvalenze; viceversa, eventuali **minusvalenze** possono considerarsi realizzate e fiscalmente deducibili in capo al conferente solo se determinate in base al valore normale, ossia solo se il minor valore della partecipazione conferita iscritto dalla conferitaria è supportato da un effettivo minor valore della rispettiva frazione di patrimonio netto della società scambiata (Ris. AE 20 aprile 2012 n. 38/E).

Condizioni		Precisazioni
A (art. 177 c. 2 DPR 917/86)	le azioni o quote ricevute dalla società conferitaria devono consentire alla stessa di acquisire il controllo, ai sensi dell'art. 2359 n. 1 c.c., della società scambiata o di incrementare, a seguito di un obbligo legale o statutario, la percentuale di controllo	il conferimento può avere ad oggetto: – una partecipazione che sia di per sé di controllo; – una partecipazione che pur non essendo tale, unitamente a quella eventualmente già posseduta dalla società acquirente, consenta alla stessa di raggiungere una partecipazione di controllo. – **diritti parziari** (di usufrutto o di nuda proprietà priva del diritto di voto) su azioni o quote qualora vi sia il contestuale conferimento, nell'ambito della medesima operazione, degli specifici complementari diritti (rispettivamente, di nuda proprietà o di usufrutto) necessari ad attribuire al soggetto la proprietà piena delle partecipazioni; – azioni o quote di partecipazioni in nuda proprietà cui siano associati i diritti di voto esercitabili in assemblea ordinaria che consentano alla conferitaria di acquisire o incrementare il controllo della società scambiata (Risp. AE 22 luglio 2019 n. 290). È ammessa anche l'acquisizione effettuata mediante cessione da parte di più soggetti, sempreché sia ravvisabile, in modo oggettivo, che l'operazione di acquisto della partecipazione si innesta in un progetto unitario di acquisizione del controllo (Circ. Min. 19 dicembre 1997 n. 320/E). La neutralità dell'operazione è applicabile anche ai casi in cui, anteriormente al conferimento, fra il soggetto conferente e la società conferitaria esistano rapporti di partecipazione - diretti o indiretti, di minoranza o di controllo, ossia ai casi in cui il conferimento avvenga all'interno di uno stesso gruppo (Circ. AE 17 giugno 2010 n. 33/E)
B (art. 177 c. 2 bis DPR 917/86)	le partecipazioni sono conferite in società esistenti o di nuova costituzione interamente partecipate dal conferente e devono rappresentare complessivamente una percentuale di diritti di voto esercitabili nell'assemblea ordinaria superiore al 2 o al 20% (ovvero una partecipazione al capitale o al patrimonio superiore al 5 o al 25%) a seconda che si tratti di titoli negoziati in mercati regolamentati o di altre partecipazioni	in caso di conferimenti di partecipazioni detenute in società la cui attività consiste in via esclusiva o prevalente nell'assunzione di partecipazioni (holding), le percentuali di diritto di voto (e di partecipazione al capitale) si devono riferire a tutte le società indirettamente partecipate che esercitano un'impresa commerciale (v. n. 5020) e si determinano tenendo conto dell'eventuale demoltiplicazione prodotta dalla catena partecipativa

Il regime di neutralità viene meno qualora le azioni o partecipazioni conferite siano prive dei **requisiti per l'esenzione** Pex (v. n. 24705) mentre quelle ricevute li abbiano (senza considerare quello del periodo minimo di possesso - v. n. 24730) (art. 177 c. 3 DPR 917/86). **92415**
In tal caso, il **valore di realizzo** si determina in base al valore normale (v. n. 855).

IMPOSTE INDIRETTE Vale quanto detto per il caso di permuta (al n. 92340). **92430**

SEZIONE 11

Liquidazione ordinaria

Con la liquidazione l'azienda cessa di essere destinata a fini produttivi per procedere al realizzo delle singole attività, all'estinzione delle eventuali passività e alla ripartizione, se esistente, dell'attivo residuo. Tale residuo, libero dai vincoli dell'impresa, rientra nel patrimonio privato dell'imprenditore o viene attribuito ai soci, nel caso di impresa collettiva (società di persone o di capitali). **92590**
La liquidazione ordinaria è civilisticamente una procedura obbligatoria solo per le società di capitali, mentre è facoltativa per le società di persone e assimilate e per le imprese individuali (art. 2275 c.c.). Tale facoltatività ha valore anche ai fini fiscali.
Tratteremo in questa parte della liquidazione dell'impresa commerciale qualunque sia la forma in cui viene esercitata (impresa individuale o societaria), sia con riguardo alle imposte dirette, che a quelle indirette.

>**Precisazioni 1)** La cessazione delle **società di persone** può verificarsi anche in conseguenza della richiesta avanzata dai soci stessi, direttamente al giudice, per la definizione dei rispettivi rapporti di credito e di debito (Cass. 27 ottobre 1972 n. 3320).
2) La liquidazione si applica anche alle società irregolari o di fatto che svolgono attività commerciali (Ris. Min. 18 febbraio 1983 n. 9/2773).

I. Imposte dirette

(art. 182 DPR 917/86)

Con la cessazione dell'attività produttiva e la messa in liquidazione dell'impresa si ha contemporaneamente la fine del normale periodo d'imposta e l'inizio di un altro periodo, soggetto a regole particolari, il quale termina con la chiusura della procedura stessa. La liquidazione costituisce infatti, nei limiti che diremo, un **unico periodo d'imposta**. **92600**
Di seguito si illustra la disciplina applicabile alle società di capitali e agli enti soggetti IRES (comprese le cooperative) da una parte e alle società di persone e all'imprenditore individuale dall'altra.

a. Società di capitali

DATA DI INIZIO LIQUIDAZIONE (artt. 2484 e 2485 c.c.) La data di inizio della liquidazione **decorre** dalla data di iscrizione nel Registro delle imprese della delibera assembleare che dispone lo scioglimento oppure dalla data di iscrizione, nel medesimo Registro, della dichiarazione con cui gli amministratori accertano la causa di scioglimento o del decreto del tribunale che accerta il verificarsi di una causa di scioglimento, ossia dalla data in cui si determinano gli effetti dello scioglimento della società ai fini civilistici. **92610**

1. Periodo d'imposta ante-liquidazione
(art. 182 c. 1 DPR 917/86)

92620 **DETERMINAZIONE DEL REDDITO** Il reddito d'impresa del periodo compreso tra l'inizio dell'esercizio e l'inizio della liquidazione è determinato secondo le regole ordinarie, predisponendo il rendiconto di gestione previsto dall'art. 2487 bis c.c.
Il Codice Civile, inoltre, prevede a carico degli amministratori delle società di capitali l'obbligo di predisporre una **situazione dei conti** riferita alla data di effetto dello scioglimento, che può essere considerato un bilancio iniziale di liquidazione, la cui struttura è composta unicamente dallo stato patrimoniale. Esso, tra l'altro, ha la funzione di accertare la situazione iniziale di liquidazione e di determinare le quantità e i valori che gli amministratori consegnano ai liquidatori (art. 2487 bis c. 3 c.c.).

92622 **ADEMPIMENTI** Il liquidatore o, in mancanza, il rappresentante legale, devono presentare le seguenti dichiarazioni:
– dei **redditi e IRAP** relativamente al periodo compreso tra l'inizio del periodo d'imposta e la data in cui si determinano gli effetti dello scioglimento della società, **entro** l'ultimo giorno del 9° mese successivo a tale data (art. 5 DPR 322/98). Nel caso in cui la liquidazione sia decisa con **decreto del presidente del tribunale**, la data di riferimento dovrebbe coincidere con il provvedimento giudiziale;
– dei **sostituti d'imposta** nei **termini ordinari**, in nome e per conto del sostituto, relativamente al periodo dell'anno in cui lo stesso ha effettivamente operato. Il liquidatore che sottoscrive la dichiarazione deve indicare i propri dati esclusivamente nel frontespizio nell'apposito spazio denominato «dati relativi al rappresentante firmatario».

92626 Il versamento delle imposte risultanti dalla dichiarazione dei redditi e IRAP a **saldo** vanno effettuati nei **termini** ordinari (v. n. 37180). Non sussiste l'obbligo di versamento di **acconti**.

2. Periodo di liquidazione

92630 **IRES** (art. 182 c. 3 DPR 917/86) Se la liquidazione si **chiude nello stesso esercizio** in cui ha avuto inizio, il reddito d'impresa prodotto nel periodo di liquidazione è determinato e tassato, secondo le regole ordinarie, in via definitiva.
Se si **protrae per più esercizi**, invece, è determinato in via provvisoria e/o definitiva a seconda della **durata** della liquidazione e solo in via definitiva se la società ha optato per la trasparenza o il consolidato come illustrato in **tabella**.

si protrae **non oltre il quinto esercizio**, compreso quello in cui ha avuto inizio	il reddito degli esercizi intermedi è determinato in via provvisoria, salvo conguaglio in base al **bilancio finale di liquidazione**. Le imposte sono calcolate in via provvisoria e all'atto della chiusura si procede al calcolo definitivo e all'evidenziazione dell'eventuale conguaglio (a debito o a credito). In caso di **omessa presentazione** del bilancio finale di liquidazione, i redditi e la relativa tassazione divengono definitivi
oltre il quinto esercizio	il reddito degli esercizi intermedi e la relativa tassazione, già determinati in via provvisoria, sono considerati definitivi (non si può fare il conguaglio). Stessa regola vale per i redditi degli esercizi successivi
società di capitali partecipata che applica la tassazione per **trasparenza** o di società che ha optato per il **consolidato fiscale**	la determinazione del reddito si considera sempre effettuata in via definitiva. Il risultato di ciascun esercizio è imputato ai soci per trasparenza e tassato in capo agli stessi in via definitiva o, in caso di consolidato, partecipa alla determinazione del reddito complessivo del gruppo (art. 10 c. 3 DM 23 aprile 2004 e artt. 11 c. 7 e 12 c. 1 lett. a, c DM 1° marzo 2018)

92634 **Utilizzo delle perdite** Le perdite di **esercizi anteriori alla liquidazione** sono utilizzabili a scomputo dei redditi eventualmente conseguiti nei periodi intermedi di liquidazione secondo

le regole ordinarie (v. n. 25915). Le perdite **non utilizzate** in quanto non hanno trovato copertura negli esercizi provvisori, sono ammesse in deduzione in sede di **conguaglio** in base al bilancio finale (art. 182 c. 3 DPR 917/86). In tale sede, non dovrebbe trovare applicazione il limite di utilizzo dell'80% (Circ. CNDCEC 14 settembre 2011 n. 24/IR e Circ. Assonime 22 dicembre 2011 n. 33 par. 4.5).
Le perdite **maturate nel periodo di liquidazione** che risultano definitive alla chiusura della stessa sono sempre compensabili a prescindere dalla durata della liquidazione.

Distribuzione dividendi I soci della società di capitali, sono tassati sui dividendi loro distribuiti durante la liquidazione, nell'esercizio di incasso, cioè in base al principio di cassa. Per le regole di tassazione si rinvia rispettivamente al n. 11045 per i soci persone fisiche, al n. 21886 e s. per i soci persone giuridiche e al n. 5160 e s. per gli imprenditori individuali. 92637

Se il socio è una società residente in uno Stato membro UE, si ha l'esenzione dalla ritenuta alla fonte ove siano verificate le condizioni richieste (v. n. 95200).

Adempimenti Il liquidatore deve presentare, nei termini ordinari, la **dichiarazione dei redditi** e dei **sostituti d'imposta** relative alla **residua frazione** del periodo in cui la liquidazione ha inizio e per i **successivi periodi** d'imposta, se la liquidazione dura più di un esercizio (art. 5 c. 3 DPR 322/98). 92640

In caso di presentazione di una **dichiarazione integrativa**, il termine di presentazione va riferito a quello ordinario di presentazione della dichiarazione relativa al periodo di imposta unitariamente considerato. Non rileva, quindi, la divisione del periodo in due (ante e post liquidazione) (Ris. AE 26 aprile 2012 n. 41/E).

Il versamento delle imposte risultanti dalla dichiarazione dei redditi (a saldo e in acconto) va effettuato nei **termini** ordinari (v. n. 37150 e s.) (Circ. Min. 31 ottobre 1977 n. 96). 92643

IRAP In ciascun periodo di durata della liquidazione, occorre determinare la base imponibile IRAP e la relativa imposta è dovuta a **titolo definitivo** senza alcun conguaglio finale, indipendentemente dalla durata della procedura. 92650
Il liquidatore deve presentare, nei termini ordinari, la dichiarazione relativa alla **residua frazione** del periodo in cui la liquidazione ha inizio e per i **successivi periodi** d'imposta, se la liquidazione dura più di un esercizio. I **versamenti** vanno effettuati entro i **termini** ordinari.

---

3. Chiusura della liquidazione

Residuo attivo (artt. 20 bis e 47 c. 7 DPR 917/86) Se alla fine della liquidazione, esiste un residuo attivo da distribuire, il socio otterrà una quota comprensiva di reddito (avviamento, utile, ecc.) e di patrimonio (capitale, riserve tassate, ecc.). 92760
Le somme o il valore normale dei beni ricevuti costituiscono reddito tassabile per la parte che **eccede il prezzo pagato** per l'acquisto o la sottoscrizione delle azioni o delle quote (v. n. 11122). Pertanto, se il **socio** è **persona fisica** (che non opera in regime di impresa), tale eccedenza è tassata come reddito di capitale; se è un **soggetto che svolge attività d'impresa**, l'eccedenza è tassata come dividendo - se sono distribuite riserve di utili - o come plusvalenza - se sono distribuite riserve di capitale - e, qualora ricorrano i requisiti per la participation exemption, è soggetta ad imposizione solo parzialmente (v. n. 24705).
Eventuali **minusvalenze** derivanti dall'assegnazione di beni ai soci non sono deducibili dal reddito della società.

Eccedenze IRES a credito La cancellazione della società dal registro imprese determina la sua immediata cessazione (art. 2595 c.c.) anche in presenza di rapporti non definiti (Cass. SU 22 febbraio 2010 n. 4060, Cass. SU 22 febbraio 2010 n. 4061, Cass. SU 22 febbraio 2010 n. 4062 e Cass. SU 9 aprile 2010 n. 8426). 92765
In caso di eccedenza IRES a credito maturata prima della cessazione, ciò comporta che la sua sussistenza è assicurata anche in caso di omessa evidenziazione di tale credito nel bilancio finale di liquidazione (Cass. 15 giugno 2011 n. 13086). Sul punto, la legge si limita invece a stabilire che se il credito è stato evidenziato nel bilancio finale di liquidazione depositato presso la

cancelleria del tribunale, il rimborso può essere eseguito al liquidatore (art. 5 DM 26 febbraio 1992).
La **titolarità** del rimborso può essere riconosciuta anche direttamente ai soci pro-quota; tuttavia, soprattutto in relazione alle società di capitali, i soci possono delegare uno solo di essi o un terzo (ad esempio, lo stesso ex liquidatore) alla relativa riscossione (Ris. AE 27 luglio 2011 n. 77/E.

92768 **Adempimenti** (art. 5 DPR 322/98) Il liquidatore, sulla base del bilancio finale di liquidazione, deve **presentare** la dichiarazione dei redditi e IRAP, **entro** l'ultimo giorno del 9° mese successivo alla chiusura della liquidazione stessa o al deposito del bilancio finale, per l'**intero periodo di liquidazione**. Esso include anche la frazione del periodo intercorrente tra il 1° gennaio e la data di chiusura della liquidazione che, pertanto, non deve essere oggetto di dichiarazione autonoma (Ris. AE 6 luglio 2010 n. 66/E).
Deve, infine, essere predisposto un **prospetto** dal quale risultino i redditi e le perdite dichiarate negli esercizi intermedi.
Il versamento delle imposte eventualmente risultanti dalla dichiarazione vanno effettuati nei **termini** ordinari (v. n. 37150 e s.).

4. Revoca della liquidazione

92780 È possibile revocare lo stato di liquidazione in ogni momento, con conseguente ritorno alla normalità del soggetto.
Con riferimento all'obbligo di presentazione delle dichiarazioni dei redditi, si possono distinguere i seguenti casi a seconda del momento in cui ha effetto la revoca (art. 5 c. 3 bis DPR 322/98).

Revoca (1)	Effetti
anteriore al termine di presentazione della dichiarazione del periodo ante liquidazione	I liquidatori (o i rappresentanti legali, se i liquidatori non sono stati ancora nominati) sono esonerati dal presentare la dichiarazione per il periodo ante liquidazione, non sussistendone più i motivi **(2)**
posteriore al termine di presentazione della dichiarazione del periodo ante liquidazione, ma anteriore al termine di presentazione della dichiarazione del primo periodo di liquidazione	È necessario presentare una dichiarazione per l'intero periodo d'imposta, come se la messa in liquidazione non fosse mai stata dichiarata; la dichiarazione del periodo ante liquidazione perde efficacia
posteriore al termine di presentazione della dichiarazione del primo periodo di liquidazione o di quelle intermedie	Le dichiarazioni già presentate e i versamenti già effettuati restano validi ed efficaci per il periodo d'imposta a cui si riferiscono

(1) La revoca ha effetto solo dopo 60 giorni dall'iscrizione nel registro delle imprese della relativa deliberazione, salvo che si abbia il consenso dei creditori della società o il pagamento dei creditori che non hanno dato il consenso (art. 2487 ter c.c.).
(2) In coerenza con il principio contabile OIC n. 5, 8.3.

b. Società di persone e impresa individuale

92800 **DATA DI INIZIO LIQUIDAZIONE** (art. 5 c. 1 DPR 322/98) Per le **società di persone**, assimilate ed associazioni, pur mancando un richiamo esplicito nella norma, si dovrebbe fare riferimento alla data in cui si determinano gli effetti dello scioglimento della società ai fini civilistici, ossia all'adozione della relativa delibera da parte dei soci (art. 2272 c.c.).
Per le **imprese individuali** la data di inizio della liquidazione è quella indicata nella dichiarazione variazione dati AA9 che va presentata all'ufficio competente, barrando l'apposita casella «L» contenuta nel quadro «A» (v. n. 52120); nel caso di omessa comunicazione della data di inizio, non si applica la procedura della liquidazione ed il reddito d'impresa deve essere determinato con i modi ordinari.

Nel seguito si illustrano le regole applicabili alle società di persone nel periodo ante-liquidazione, in quello di liquidazione e alla chiusura della liquidazione, indicando, ove vi siano, le particolarità per l'impresa individuale. In caso di **revoca** della liquidazione si applicano le disposizioni illustrate al n. 92780. **92802**

PERIODO ANTE-LIQUIDAZIONE (art. 182 c. 1 e 2 DPR 917/86) Il reddito d'impresa del periodo compreso tra l'inizio dell'esercizio e l'inizio della liquidazione è **determinato** in base ad apposito conto economico o, se si tratta di soggetti che adottano la contabilità semplificata, in base alle relative disposizioni (art. 66 DPR 917/86). **92805**
Il liquidatore o, in mancanza, il rappresentante legale, devono presentare: la dichiarazione dei **redditi e IRAP**, **entro** l'ultimo giorno del 9° mese successivo alla data in cui si determinano gli effetti dello scioglimento; quella dei **sostituti d'imposta** nei **termini ordinari**, in nome e per conto del sostituto, relativamente al periodo dell'anno in cui lo stesso ha effettivamente operato.
L'**IRAP a saldo** scaturente dalla relativa dichiarazione va **versata entro** l'ultimo giorno del mese successivo a quello di scadenza del termine di presentazione; i soci pagano l'IRPEF, derivante dall'attribuzione del reddito del periodo, alle scadenze ordinarie.

Impresa individuale I risultati della dichiarazione dei redditi per il periodo ante liquidazione e della dichiarazione per la residua frazione del periodo di imposta in cui è iniziata la liquidazione devono confluire in un'**unica dichiarazione** relativa a tutti i redditi percepiti dal soggetto nel medesimo periodo di imposta (compresi quelli relativi ad altre categorie reddituali, quali, fondiari, diversi, di lavoro dipendente, ecc.). Tale unica dichiarazione va presentata **entro** i termini ordinari e in essa vanno indicati: il reddito di impresa relativo al periodo ante liquidazione (nell'apposito quadro RF), il reddito di impresa relativo all'esercizio provvisorio per il quale si intende optare per la tassazione separata (nell'apposito quadro RM sezione II), e tutti gli altri redditi percepiti nei quadri corrispondenti. **92807**

PERIODO DI LIQUIDAZIONE (art. 182 c. 2 DPR 917/86) Se la liquidazione si **chiude nello stesso esercizio** in cui ha avuto inizio, il reddito d'impresa prodotto nel periodo di liquidazione è determinato e tassato, secondo le regole ordinarie, in via definitiva. **92810**
Se si **protrae per più esercizi**, l'IRAP si applica sempre in via definitiva; viceversa, l'IRPEF a carico dell'imprenditore individuale (Ris. AE 4 febbraio 2009 n. 31/E) o dei soci-persone fisiche, si applica in via provvisoria o definitiva a seconda della durata della liquidazione, come indicato in **tabella**.

non supera i tre esercizi	– per ogni esercizio intermedio l'IRPEF è calcolata in via provvisoria e quindi all'atto della chiusura si procede al calcolo definitivo e all'evidenziazione dell'eventuale conguaglio **(*)** – inoltre, se ne ricorrono i presupposti, si applica la tassazione separata (v. n. 92815)
se la liquidazione **supera i tre esercizi** o non viene presentato il bilancio finale di liquidazione	– la tassazione degli esercizi intermedi è definitiva e non si può fare il conguaglio – si ha la decadenza dalla tassazione separata eventualmente applicata negli esercizi precedenti
(*) Ad **esempio**, in caso di plusvalenze rateizzate, le relative quote vanno normalmente imputate negli esercizi intermedi; alla chiusura della liquidazione, le eventuali quote residue di plusvalenza, devono concorrere alla formazione del reddito dell'esercizio di chiusura della procedura (Circ. Min. 3 maggio 1996 n. 108/E).	

Tassazione separata (art. 17 c. 1 lett. g ed l DPR 917/86) La tassazione separata si applica alla quota di reddito imputato ai soci, persone fisiche, al reddito prodotto dall'impresa individuale durante la liquidazione, a **condizione** che alla data di inizio della liquidazione l'impresa sia esercitata o la società costituita da più di 5 anni (non rileva la data di assunzione della partecipazione da parte del socio). **92815**
È il regime normale per i soci (non imprenditori) delle società di persone, salvo opzione per la tassazione ordinaria; viceversa, l'imprenditore individuale e i soci che conseguono il reddito in regime d'impresa devono esercitare l'opzione in sede di dichiarazione dei redditi.

Se la liquidazione **supera i tre esercizi** oppure non viene presentato il bilancio finale di liquidazione, si ha la decadenza con effetto retroattivo dal beneficio della tassazione separata. In tal caso i redditi attribuiti in ciascun esercizio si considerano definitivi e concorrono a formare il reddito complessivo del contribuente per i vari periodi di competenza. Pertanto si deve procedere alla **riliquidazione** dell'imposta secondo il criterio ordinario, anche per i redditi già tassati separatamente.

In caso di liquidazione di un'**impresa familiare**, anche i redditi provvisori attribuiti al collaboratore familiare possono essere assoggettati a tassazione separata; pertanto, al fine di imputare a ciascun collaboratore la quota del reddito spettante, il titolare dell'impresa deve compilare il quadro RS della propria dichiarazione, al solo fine di rappresentare il reddito d'impresa prodotto nell'esercizio provvisorio (Ris. AE 4 febbraio 2009 n. 31/E).

92818 **Liquidazione chiusa in perdita** (art. 182 c. 2 DPR 917/86) Se la liquidazione si chiude in perdita, questa può essere attribuita ai soci (v. n. 34030 e s.) o utilizzata in compensazione dall'imprenditore individuale (con le regole illustrate al n. 5220). A tal fine, si ritiene che ci si debba riferire all'intero bilancio di liquidazione, anche se di durata superiore a tre esercizi.

In pratica, nei periodi intermedi, prima del conguaglio finale, l'eventuale insorgenza di perdite di esercizio non permette alcuna attribuzione o compensazione. Occorre attendere la chiusura della liquidazione per verificare se è presente una perdita complessiva, che può verificarsi sia alternandosi, negli esercizi intermedi, utili e perdite, sia presentandosi una successione di perdite.

92830 **CHIUSURA** Si applicano le disposizioni illustrate al n. 92760 con le seguenti particolarità. In caso di **distribuzione del residuo attivo** ai soci, il costo delle partecipazioni va ulteriormente aumentato e diminuito, rispettivamente, degli utili e delle perdite imputati per trasparenza e diminuito degli utili distribuiti e che le somme eccedenti costituiscono redditi di partecipazione; se i **soci** sono **persone fisiche** si applica la tassazione separata (salvo opzione per quella ordinaria). Le riserve, essendo costituite con utili già tassati, sono **distribuibili** ai soci **liberamente**. L'unica **eccezione** è data dalla distribuzione di fondi in sospensione d'imposta. L'**IRAP** determinata dalla società di persone va **versata entro** l'ultimo giorno del mese successivo a quello di presentazione della dichiarazione (art. 17 c. 1 DPR 435/2001).

II. Imposte indirette

92930 Le imposte indirette gravano sia sulla liquidazione di società, che sull'eventuale assegnazione ai soci dei beni appartenenti al patrimonio residuo della stessa.

92940 **IVA** La messa in liquidazione deve essere comunicata, entro 30 giorni dalla data di inizio liquidazione, all'Ufficio delle Entrate competente tramite l'apposita **dichiarazione** di **variazione dati** (v. n. 52280). Al termine delle operazioni di liquidazione occorre comunicare la **cessazione** dell'attività all'Ufficio delle Entrate, entro 30 giorni dalla chiusura della procedura (v. n. 52340).

92945 Nel caso in cui il soggetto in liquidazione compia delle operazioni per il raggiungimento dell'obiettivo della liquidazione, quali, ad esempio, la vendita di immobilizzazioni o di merci in giacenza, permangono gli **ordinari obblighi** di fatturazione, registrazione e liquidazione dell'imposta.

Le **assegnazioni ai soci**, fatte in seguito alla ripartizione dell'attivo, seguono il trattamento IVA delle cessioni di beni o delle prestazioni di servizi a seconda dei casi:

– le assegnazioni aventi per oggetto **beni materiali** mobili o immobili sono assimilate alle cessioni di beni (salvo alcune eccezioni - v. n. 40505 e n. 45500), tenendo presente che le assegnazioni aventi ad oggetto particolari tipologie di beni, quali i terreni agricoli, denaro o complessi aziendali non sono, oggettivamente, soggette ad IVA;

– le assegnazioni aventi ad oggetto cessioni, concessioni o licenze, di **beni in locazione**, affitto, noleggio e simili (v. n. 40230), di **diritti d'autore** (v. n. 40550), **invenzioni** industriali, **formule** e simili (v. n. 40560), nonché le cessioni di **contratti** di ogni tipo e oggetto (v. n. 40230) sono assimilate alle prestazioni di servizi, tenendo conto che la base imponibile è costituita dalle spese sostenute dalla società per l'esecuzione dei servizi (art. 13 c. 2 lett. c DPR 633/72).

Per tutta la durata della liquidazione, l'IVA è calcolata in via definitiva in ciascun anno solare con le modalità e i termini ordinari. Per ciascun anno di durata della liquidazione, il liquidatore deve presentare, nei termini e secondo le regole ordinarie, la **dichiarazione annuale**, quella relativa all'esercizio in cui ha inizio la liquidazione deve comprendere le operazioni e i versamenti effettuati sia prima, sia dopo la data di messa in liquidazione. Inoltre, è necessario tener conto delle operazioni effettuate per autoconsumo (v. n. 40370) anche se per esse non si è verificata l'esigibilità dell'imposta (art. 35 c. 4 DPR 633/72). Per gli adempimenti connessi alle **comunicazioni dati liquidazioni periodiche** v. n. 56610 e s. **92950**
Nel caso in cui la liquidazione termini con un **credito IVA** è possibile chiedere il rimborso con le modalità indicate al n. 55670.

IMPOSTA DI REGISTRO Lo scioglimento delle società di qualsiasi tipo, siano esse di persone che di capitali, non dà luogo all'estinzione della società, che si verificherà unicamente al termine della procedura di liquidazione. **92960**
Pertanto si configura una **semplice modifica statutaria** che sconta l'imposta in **misura fissa** (€ 200) nel **termine** di 20 giorni dall'iscrizione nel registro delle imprese, se trattasi di società di capitali, e nel termine di 20 giorni dalla data dell'atto, se trattasi di società di persone (Circ. Min. 10 giugno 1986 n. 37).

Assegnazione di beni ai soci L'imposta di registro è dovuta in misura fissa (€ 200) se l'assegnazione riguarda **beni soggetti ad IVA** in generale, azioni, obbligazioni o altri titoli non rappresentativi di merci, nonché utili in denaro e beni mobili. **92965**
Per le assegnazioni di **beni immobili**, anche per le imposte ipotecaria e catastale, si applicano le regole previste per le cessioni (v. n. 71505).

SEZIONE 12

Fallimento e liquidazione coatta

Le procedure di fallimento e di liquidazione coatta amministrativa si instaurano, normalmente, quando un'impresa o una società presentano uno stato di insolvenza a carattere continuativo ed insanabile. **93140**
Tali procedure hanno lo scopo di liquidare l'attivo e soddisfare equamente i creditori. La chiusura del fallimento, tuttavia, non determina automaticamente l'estinzione del soggetto, né la cessazione dell'attività che può proseguire anche dopo il rientro «in bonis» del fallito.

Fallimento Sono soggetti a fallimento gli imprenditori individuali e le società commerciali, comprese le società di fatto e le società irregolari. Sono **esclusi** gli enti pubblici che esercitano un'attività commerciale, gli imprenditori agricoli e i piccoli imprenditori, le banche e le assicurazioni e le società semplici in quanto non producono reddito d'impresa. **93145**
Il fallimento è un procedimento esecutivo concorsuale che presuppone lo stato di insolvenza, ossia l'impossibilità di soddisfare regolarmente le obbligazioni contratte.

> Il fallimento di una **società di persone** con soci illimitatamente responsabili comporta anche il fallimento dei suoi soci. Diversamente il fallimento di un **socio illimitatamente responsabile** non produce il fallimento della società ma costituirà causa di esclusione del socio fallito dalla società.

Liquidazione coatta Si tratta di una procedura che interessa solo alcuni soggetti quali: le imprese bancarie e assicurative, le società cooperative, ecc. Essa si differenzia dal fallimento per le finalità che si perseguono, ossia l'esclusione dal mercato di quelle imprese che non appaiono più in grado di esercitare la loro attività senza danni per la collettività, nonché per i presupposti, come ad esempio l'insufficienza dell'attivo patrimoniale e la struttura del procedimento. **93150**
Poiché per la liquidazione coatta è prevista la **medesima disciplina del fallimento**, nella trattazione successiva si fa riferimento solo a quest'ultimo.

I. Imposte dirette

93160 Per il **periodo d'imposta** relativo al fallimento sono previste norme particolari sia in relazione alla determinazione del reddito (art. 183 DPR 917/86), sia per la presentazione della dichiarazione dei redditi.

Tali regole sono applicabili anche all'amministrazione straordinaria non autorizzata alla continuazione dell'esercizio dell'attività imprenditoriale.

93170 **SOGGETTO PASSIVO** (art. 183 c. 1 e 3 DPR 917/86) Soggetto passivo d'imposta è il **contribuente** fallito (persona fisica o persona giuridica, per esempio società di capitali, ecc.), sia con riferimento alla frazione d'esercizio che precede l'apertura del procedimento concorsuale, che per il periodo intercorrente tra l'apertura e la chiusura del fallimento.
Egli infatti resta esclusivo titolare del patrimonio e conserva la qualità di contribuente che, di fatto, sopporta l'onere tributario.
Il **curatore fallimentare** ed il **commissario liquidatore** agiscono solo in qualità di organi di gestione liquidatoria del fallito ed a loro incombono, come vedremo, gli obblighi derivanti dal fallimento.

>**Precisazioni** 1) Le modifiche del reddito dichiarato dal curatore vanno effettuate direttamente nei confronti dell'ex fallito, responsabile delle obbligazioni sorte in dipendenza del fallimento (Circ. Min. 16 febbraio 1978 n. 7).
2) Le **sanzioni** imputabili al comportamento del curatore fanno carico allo stesso e non al fallito che resta responsabile solo degli obblighi tributari derivanti dal fallimento (Ris. Min. 19 febbraio 1979 n. 7/1984).

A. Determinazione del reddito

93180 Ai fini della determinazione del reddito d'impresa si considerano **due periodi di imposta**: quello antecedente la procedura fallimentare e quello di durata del fallimento.

a. Periodo antecedente la dichiarazione di fallimento

(art. 183 c. 1 DPR 917/86)

93190 **SOCIETÀ DI CAPITALI** Per le società di capitali la frazione di esercizio compreso tra l'inizio del periodo d'imposta e la dichiarazione di fallimento (o il provvedimento che ordina la liquidazione) costituisce un **autonomo periodo** d'imposta, cui si applicano le ordinarie regole per la determinazione del reddito d'impresa, ai fini IRES, e della base imponibile IRAP.
Per gli adempimenti v. n. 93375.

93195 **SOCIETÀ DI PERSONE E IMPRESA INDIVIDUALE** Il reddito di questa frazione di esercizio deve risultare da un **apposito bilancio** redatto, secondo le regole ordinarie, dal curatore fallimentare o dal commissario liquidatore.
Tuttavia, ai fini della determinazione del reddito dell'imprenditore individuale (nonché dei familiari-collaboratori dell'impresa familiare) e dei soci della società di persone, **non costituisce un autonomo periodo** d'imposta e conserva la sua naturale scadenza (anno solare).

Il bilancio della fase pre-concorsuale è costituito dallo stato patrimoniale e dal conto economico, ed ha lo scopo di determinare sia il risultato economico (utile o perdita) del periodo immediatamente precedente la procedura concorsuale, sia i valori fiscalmente riconosciuti delle attività e passività patrimoniali del fallito. Per le imprese c.d. «minori» la determinazione del reddito, a nostro avviso, avviene secondo l'ordinario regime loro applicabile.

93200 **Reddito imputabile ai fini IRPEF** Il reddito complessivo dell'imprenditore o dei soci illimitatamente responsabili (persone fisiche alle quali si estende il fallimento) è costituito:
– dal **reddito o dalla perdita d'impresa** della frazione di esercizio, determinato con le regole ordinarie;

– dai seguenti **redditi non compresi nel fallimento** (art. 46 L.Fall.):
- redditi derivanti da beni e diritti di natura strettamente personale;
- assegni aventi carattere alimentare;
- stipendi, salari, pensioni e ciò che il fallito guadagna con la sua attività, entro i limiti di quanto occorre per il mantenimento suo e della sua famiglia;
- frutti derivanti da usufrutto legale sui beni dei figli ed i redditi dei beni costituiti in patrimonio familiare, fatto salvo quanto disposto dagli artt. 170 e 326 c.c.;
- frutti dei beni propri costituiti in dote ed i crediti dotali, salvo quanto previsto dall'art. 188 c.c.;
- redditi derivanti da cose che non possono essere pignorate per disposizione di legge.

IRAP L'imposta si applica, con le modalità proprie esposte al n. 39000, per il periodo intercorrente tra l'inizio dell'esercizio e la data di dichiarazione del fallimento. Per gli adempimenti v. n. 93375. 93205

b. Periodo d'imposta del fallimento

(art. 183 c. 2 DPR 917/86)

Il periodo d'imposta del fallimento, ai fini **IRES** e **IRPEF**, è costituito da un **unico periodo** pari all'intera durata del procedimento, anche se vi è stato esercizio provvisorio dell'impresa. 93230
Viceversa, ai fini **IRAP** si applica, con le regole ordinarie (v. n. 39000), solo nel caso in cui vi sia **esercizio provvisorio** dell'impresa.
Per gli adempimenti v. n. 93375.

Ai fini IRPEF, il **risultato della procedura** non è autonomamente tassato in capo all'imprenditore fallito o, per la società, ai soci, ma concorre con gli altri redditi a formare il reddito complessivo nello stesso periodo d'imposta in cui si è concluso il procedimento concorsuale se vi è stato eventuale riparto dell'attivo. Se la procedura termina con una **perdita**, questa è ammessa in deduzione dal reddito complessivo dello stesso periodo secondo le regole ordinarie. 93232
I redditi derivanti dai **beni** dell'imprenditore o del socio **acquisiti al fallimento** vanno in ogni caso imputati agli stessi nel periodo in cui sono realizzati. A tal fine il curatore dovrà lasciare nella disponibilità del fallito un ammontare pari all'imposta gravante sull'imponibile a lui attribuito (Ris. AE 5 giugno 2002 n. 171/E). Ad **esempio**, devono essere dichiarati dall'imprenditore fallito, o dai soci di società di persone, i redditi derivanti da fitti attivi relativi ad immobili di loro proprietà, dividendi o plusvalenze su partecipazioni; queste ultime vanno indicate nella dichiarazione dei redditi relativa al periodo in cui la cessione si è perfezionata, anche se il corrispettivo è stato incassato nel periodo precedente.

> In caso di beni sottoposti a **sequestro giudiziario**, questi configurano un **patrimonio separato** e trovano applicazione le disposizioni sull'eredità giacente (art. 187 DPR 917/86 e art. 5 ter DPR 322/98). In pratica, fino alla cessazione del sequestro giudiziario, il custode giudiziario (che potrà anche coincidere con il curatore fallimentare) deve gestire i beni interessati e dichiarare gli eventuali redditi da essi derivanti presentando dichiarazioni autonome (nei termini ordinari) ed effettuando i versamenti delle relative imposte liquidate in via provvisoria (Ris. AE 29 maggio 2008 n. 216/E).

1. Determinazione del reddito

(art. 183 c. 2 e 3 DPR 917/86)

Il reddito del fallimento è determinato dalla differenza tra il **residuo attivo**, eventualmente risultante al termine della procedura concorsuale, e il **patrimonio netto** dell'impresa o della società, quale risulta all'inizio del procedimento; se quest'ultimo **è negativo**, si assume pari a zero. 93240
Il risultato è diminuito dei corrispettivi delle cessioni di **beni personali** dell'imprenditore o dei soci compresi nel fallimento ed è aumentato dei **debiti personali** dell'imprenditore o dei soci falliti pagati dal curatore.
Si ha quindi reddito (o perdita) se e nella misura in cui il residuo attivo è superiore (o inferiore) al patrimonio netto iniziale.

93245 Eventuali **perdite pregresse**, maturate nei periodi d'imposta precedenti all'inizio della procedura concorsuale, sono utilizzabili in diminuzione del risultato della procedura stessa (Circ. AE 22 marzo 2002 n. 26/E), in base alle regole ordinarie di riporto delle perdite.
Se, anteriormente all'apertura del fallimento, si è optato per la **tassazione rateizzata di plusvalenze**, non si procede a tassazione delle quote che sarebbero state ordinariamente assoggettate ad imposizione nei periodi d'imposta compresi nel maxi-periodo fallimentare; le stesse, saranno recuperate a tassazione nel **primo periodo** d'imposta **successivo** alla chiusura del fallimento dall'imprenditore tornato in bonis.

Secondo l'amministrazione, anche in caso di **ripresa dell'attività** da parte dell'imprenditore tornato «in bonis» le perdite possono essere utilizzate in compensazione di eventuali redditi della nuova impresa, nel rispetto delle condizioni stabilite per il riporto delle perdite pregresse (v. n. 25915).

93250 **Patrimonio netto e residuo attivo** (Circ. AE 22 marzo 2002 n. 26/E e Circ. AE 4 ottobre 2004 n. 42/E) Il **patrimonio netto all'inizio della procedura** deve ricomprendere tutte le attività e passività accertate dal curatore anche se non registrate nelle scritture contabili; inoltre, va considerato il costo fiscalmente riconosciuto degli elementi patrimoniali attivi e passivi e non il loro eventuale valore di stima. Sono, invece, esclusi gli elementi, attivi o passivi, appartenenti al patrimonio personale dell'imprenditore (v. n. 93200).
Il **residuo attivo** è costituito dagli elementi attivi che rimangono dopo aver soddisfatto tutti i creditori ammessi al concorso e dopo aver pagato compensi, spese e altri debiti. Le **passività estranee** alla procedura fallimentare - in quanto non insinuate o, qualora insinuate, oggetto di successiva rinuncia - sono irrilevanti solo nel caso in cui il curatore non ne abbia tenuto conto al fine della quantificazione del patrimonio netto iniziale.

All'atto dell'eventuale **ritorno in bonis**, il soggetto ex fallito - nel riprendere l'attività imprenditoriale precedentemente esercitata - prenderà nuovamente in carico le proprie passività residue, comprese quelle (seppur non insinuate) computate in diminuzione del residuo attivo. Queste ultime saranno prese in considerazione, in base alle ordinarie regole di determinazione del reddito d'impresa, al fine della determinazione del reddito complessivo dei periodi d'imposta successivi alla chiusura del fallimento. Pertanto, in caso di definitiva **rinuncia alla pretesa** da parte del creditore, o di una **estinzione** della passività secondo **modalità diverse dal pagamento**, si avrà una sopravvenienza attiva imponibile ai fini IRES.

---

2. Trattamento del reddito prodottosi durante la procedura
(Circ. AE 4 ottobre 2004 n. 42/E)

93260 Ai fini del corretto trattamento del reddito d'impresa prodottosi durante la procedura concorsuale è necessario analizzare le **diverse ipotesi** di chiusura del fallimento previste dalla legge (art. 118 RD 267/42), partendo dal presupposto che la chiusura della procedura non comporta di per sé la cessazione dell'impresa il cui esercizio aveva determinato l'insorgere dello stato d'insolvenza.

93265 **1) PER AVVENUTO ESAURIMENTO DELL'ATTIVO** Questa ipotesi si realizza quando l'intero attivo realizzato dagli organi della procedura sia stato ripartito tra gli aventi diritto, anche se tra essi alcuni siano ancora, in tutto o in parte, insoddisfatti; oppure quando manchi addirittura un attivo da ripartire.
In tal caso, non vi è un residuo attivo da restituire al soggetto fallito, né reddito d'impresa ascrivibile alla procedura concorsuale.

93270 **2) PER INTEGRALE PAGAMENTO DEI CREDITORI** Questa ipotesi si verifica quando è intervenuto l'integrale pagamento della totalità dei crediti ammessi al passivo, o questi sono in altro modo estinti, e sono stati pagati il compenso del curatore e le spese di procedura, e quindi il fallimento non ha più motivo di sussistere.
Ne consegue che all'atto della **chiusura del fallimento** il soggetto fallito (individuale o società) ritornerà in bonis in qualità di **imprenditore**, dovendo, pertanto, riassumere nel proprio patrimonio i beni del residuo attivo al costo fiscalmente rilevante, assoggettandoli al regime proprio dei beni relativi all'impresa.
Il **curatore** dovrà valorizzare i beni compresi nel residuo attivo secondo il valore preesistente al fallimento e, quindi, sulla base del costo fiscalmente riconosciuto; viene così a realizzarsi una continuità tra il valore di carico precedente l'apertura del fallimento e il valore con cui i beni

vengono fiscalmente ripresi al momento del reingresso nella disponibilità del soggetto tornato in bonis.

Effetti fiscali Al momento della **restituzione dei beni** al soggetto ex fallito non si verifica alcuna tassazione. L'assoggettamento ad imposta è rinviato al momento della manifestazione del presupposto impositivo: alienazione dei cespiti a titolo oneroso, assegnazione ai soci o destinazione a finalità estranee all'esercizio dell'impresa. **93275**
Pertanto, se il soggetto ex fallito, a seguito della chiusura del fallimento, decide di **cessare l'attività** con una **ripartizione del residuo attivo**, quest'ultimo sarà oggetto di tassazione in capo ai soci (e all'imprenditore stesso in caso di autoconsumo) con le modalità indicate in **tabella**.

Le **ritenute a titolo d'acconto** relative agli interessi attivi maturati nel corso della procedura possono essere scomputate, in sede di dichiarazione dei redditi finale, dalle imposte dovute sull'eventuale residuo attivo oppure chieste a **rimborso** nel caso in cui non siano dovute imposte (Ris. AE 24 maggio 2002 n. 154/E). Quest'ultimo, a seguito della chiusura del fallimento, verrà effettuato a favore del fallito (Circ. AE 22 marzo 2002 n. 26/E).

imprenditore individuale	tassazione normale o separata se l'impresa è esercitata da più di 5 anni
società di persone	le somme ricevute per la parte che eccede il costo fiscalmente riconosciuto della partecipazione, costituiscono redditi di partecipazione (v. n. 92830); se i soci sono persone fisiche, il reddito ad essi attribuito è soggetto a tassazione separata (o, su opzione, ordinaria) se il periodo di tempo intercorso tra la costituzione della società e l'inizio della procedura concorsuale è **superiore a 5 anni**; se i soci sono imprenditori, gli utili sono imputati al normale periodo d'imposta di ciascun socio e, se del caso, assoggettati a **tassazione separata**, se il periodo di tempo intercorso tra la costituzione della società e l'inizio della procedura concorsuale è **superiore a 5 anni**
società di capitali	le somme e il valore normale dei beni ricevuti, che eccedono il prezzo pagato per l'acquisto delle azioni o quote, sono imputate al normale periodo d'imposta di ciascun socio e sono soggetti a tassazione come redditi di capitale, se il socio è persona fisica, o in base alle regole del reddito d'impresa, se trattasi di socio-imprenditore (v. n. 21888 e n. 24710)

Le **riserve e i fondi in sospensione d'imposta** risultanti dal bilancio redatto dal curatore, all'apertura del fallimento, devono essere ricostituiti nel primo bilancio successivo alla chiusura della procedura concorsuale, al netto dell'importo eventualmente utilizzato nel corso di quest'ultima. Gli eventuali utilizzi che il curatore abbia compiuto nel corso della procedura al fine del pagamento dei crediti insinuati, nonché del proprio compenso o delle spese della procedura, non determinano il venir meno della condizione di sospensione d'imposta delle predette poste, né il conseguente assoggettamento a tassazione in sede di determinazione del reddito imponibile della procedura stessa. **93280**

3) PER INESISTENZA DEL PASSIVO Questa ipotesi si verifica nel caso in cui non siano state proposte, entro i termini, domande di ammissione al passivo o, se presentate, non ne sia stata autorizzata l'insinuazione. Si tratta di un caso del tutto analogo al precedente anche ai fini degli **effetti fiscali** del ritorno in bonis dell'imprenditore ex fallito (v. n. 93270). **93285**
Per quanto riguarda il **residuo attivo** occorre considerare che, poiché nessuna attività liquidatoria viene effettuata dalla curatela nei confronti del patrimonio del soggetto fallito, esso sarà rappresentato da quanto realizzato dalla curatela una volta detratte le spese sostenute per la gestione della procedura e per il compenso del curatore. Di norma, entreranno **nel computo** del residuo attivo le somme corrispondenti al saldo attivo presente sul libretto di conto corrente intestato alla procedura, nonché gli eventuali canoni riscossi dalla curatela relativamente a beni locati compresi nel patrimonio attratto al fallimento, o relativamente all'affitto dell'azienda del soggetto fallito, qualora autorizzato dagli organi competenti per prevenire il danno grave e irreparabile conseguente alla chiusura dell'attività.

B. Adempimenti del curatore e del fallito

93370 **ADEMPIMENTI DEL CURATORE** (art. 5 c. 4 DPR 322/98) Non essendo stata attribuita all'istituto del fallimento (o della liquidazione coatta) un'autonomia soggettiva di imposta, anche la gestione liquidatoria del patrimonio del fallito ricade sul curatore o sul commissario liquidatore.

Nella **tabella** seguente sono riassunti gli adempimenti che hanno rilevanza fiscale. Per una trattazione completa degli adempimenti a carico del curatore fallimentare si rinvia al MFALL.

Anche se la legge non prevede alcun obbligo dichiarativo in capo al curatore con riferimento al **periodo d'imposta anteriore** a quello prefallimentare, secondo l'AE, l'obbligo sussiste qualora i termini di presentazione della dichiarazione non siano scaduti al momento della sentenza di fallimento (Ris. AE 2 febbraio 2007 n. 18/E, Circ. Min. 7 novembre 1988 n. 5/3401). È comunque opportuno che tale dichiarazione sia presentata dal fallito o dal legale rappresentante.

93375

	Adempimenti	Modalità/termini
contabili/ dichiarativi	redigere il bilancio per la determinazione del reddito eventualmente prodotto nella frazione di periodo antecedente l'inizio del procedimento concorsuale	art. 89 c. 2 L.Fall.
	presentare la dichiarazione «iniziale» per redditi ed IRAP della frazione dell'esercizio che precede il fallimento **(1)** L'IRES e l'IRAP delle società di capitali vanno versate nei termini ordinari (v. n. 37150 e s.) mentre l'IRAP delle società di persone è versata **entro** l'ultimo giorno del mese successivo a quello di presentazione della dichiarazione (art. 17 c. 1 DPR 435/2001)	in via telematica, direttamente o tramite i soggetti abilitati, entro l'ultimo giorno del 9° mese successivo a quello della nomina
	presentare la dichiarazione «finale» relativa al risultato della procedura di fallimento, provvedendo al versamento delle imposte eventualmente dovute	stesse modalità, entro l'ultimo giorno del 9° mese successivo a quello della chiusura della procedura **(2) (3)**
	in caso di esercizio provvisorio: presentare la dichiarazione relativa ai periodi d'imposta intermedi esclusivamente ai fini **IRAP**	stesse modalità, entro l'ultimo giorno del 9° mese successivo a quello di chiusura di ciascun esercizio
sostituto d'imposta	effettuare le ritenute sui redditi corrisposti dal fallimento per i quali sussiste tale obbligo: ad esempio, redditi di lavoro dipendente e assimilati, redditi di lavoro autonomo, ecc. (per l'elenco completo v. n. 37430) **(4)**	al momento della corresponsione del reddito
	versare le ritenute di cui al punto precedente	tramite F24, entro il 16 del mese successivo a quello della corresponsione del reddito
	rilasciare per ciascun percipiente apposita certificazione	in forma libera, annualmente (per la scadenza e i contenuti si rinvia al n. 37515)
	presentare apposita dichiarazione - modello 770 **(5)**	telematicamente, entro i termini ordinari (v. n. 37530)

(1) In caso di **soggetti IRPEF** - imprenditore individuale, soci di società di persone - le dichiarazioni sono strumentali ai fini della determinazione del reddito complessivo del fallito, il quale provvederà a liquidare le dovute imposte con la propria dichiarazione. A tal fine, il curatore, contemporaneamente alla presentazione della dichiarazione iniziale e finale, è tenuto a consegnare o spedire, per raccomandata, copia della stessa all'imprenditore, o ai soci, ai fini dell'inclusione del reddito o della perdita nelle rispettive dichiarazioni (essa dovrebbe in ogni caso essere inviata in tempo utile a consentire il tempestivo adempimento dei loro obblighi).

(2) Il momento di **chiusura del fallimento**, ai fini del termine di presentazione della dichiarazione finale, coincide con l'emissione del decreto del tribunale (Circ. AE 22 marzo 2002 n. 26/E).

(3) Nel caso in cui la procedura si trasformi in **concordato fallimentare**, il termine per la presentazione della dichiarazione decorre dal momento in cui la sentenza che omologa il concordato stesso è passata in giudicato (Ris. AE 1° ottobre 2003 n. 191/E).

(4) Vanno assoggettati a ritenuta anche i compensi, inerenti alle operazioni di vendita, spettanti all'**Istituto vendite giudiziarie**. Nel caso in cui l'IVG trattenga il compenso direttamente dal ricavato della vendita dei beni, è tenuto a versare al curatore anche l'importo della ritenuta (Ris. AE 2 febbraio 2007 n. 18/E).

(5) Quella relativa all'anno in cui è stato dichiarato il fallimento dovrà includere anche il periodo che intercorre tra l'inizio dell'esercizio e la data di dichiarazione di fallimento. Il curatore deve, inoltre, provvedere agli adempimenti in esame con riferimento all'anno precedente a quello in cui il fallimento è stato dichiarato, nel caso in cui i relativi termini non siano ancora scaduti.
In caso di fallimento **in estensione** (dei soci anche non imprenditori) il curatore deve ottemperare agli obblighi di presentazione della dichiarazione dei sostituti d'imposta anche per il socio fallito in estensione, indicando, in tal caso, il codice fiscale dello stesso socio nel quadro «dati relativi al sostituto» e il codice attività della società fallita in luogo del codice attività del socio non imprenditore (Ris. AE 14 luglio 2008 n. 297/E).

ADEMPIMENTI DEL CONTRIBUENTE FALLITO Il contribuente fallito, o il suo rappresentante legale, deve redigere la dichiarazione relativa sia ai **redditi esclusi** dal fallimento che a quelli **attratti** ma di cui comunque mantiene la titolarità (ad esempio, plusvalenze da cessione di partecipazioni). 93390
Inoltre, il fallito deve includere nella stessa il reddito risultante dalla dichiarazione iniziale e da quella finale, presentate dal curatore, di cui deve aver ricevuto apposita copia da parte dello stesso (v. n. 93375).

II. Imposte indirette

Nel seguito vengono analizzate le modalità di applicazione delle principali imposte indirette: IVA; imposta di registro e IMU alla procedura fallimentare. 93510

a. IVA

In materia IVA non sono previste regole di applicazione dell'imposta particolari; quindi alle vendite dei beni dell'azienda fallita si applicano le norme generali in materia di IVA (fatturazione, registrazione, liquidazione dell'imposta, ecc.). 93520
Al fine della regolare registrazione delle operazioni effettuate dalla procedura in sede di liquidazione delle attività e delle passività, il curatore può utilizzare i **registri già in uso** presso la società prima del fallimento, oppure approntare **registri nuovi**. Nel primo caso occorre che indichi il momento in cui sono cessate le scritturazioni da parte del fallito.
Nelle **tabelle** seguenti sono raggruppati gli **adempimenti** previsti a carico del curatore durante le diverse fasi della procedura: inizio, svolgimento e conclusione della stessa.
La **comunicazione dati liquidazioni periodiche** va presentata solo se nel periodo di riferimento (mese o trimestre) sono state registrate operazioni imponibili per le quali vanno effettuate le liquidazioni periodiche (v. n. 93540).

93530 # INIZIO DELLA PROCEDURA

	Adempimenti	Termini/Modalità
dichiarativi	presentazione della dichiarazione di variazione dati	entro 15 giorni dall'accettazione della nomina, utilizzando il modello AA7 o AA9 tramite Comunicazione Unica (v. n. 52280) **(1)**
	presentazione dichiarazione relativa all'imposta dovuta **per l'anno solare precedente** alla dichiarazione di fallimento (sempreché i relativi termini di presentazione non siano ancora scaduti)	entro i termini ordinari (v. n. 56440) o entro 4 mesi dalla nomina, se questa scadenza è successiva, in via telematica e in forma autonoma
	dichiarazione relativa alle operazioni registrate nell'**anno solare in cui è dichiarato il fallimento** (2)	entro i termini ordinari (v. n. 56440), telematicamente, in maniera autonoma
	dichiarazione relativa alle operazioni registrate nel periodo compreso tra l'**inizio dell'esercizio** e la data in cui viene **dichiarato il fallimento**, utilizzando l'apposito modello «IVA 74-bis» **(3)**	entro 4 mesi dalla nomina, all'Ufficio dell'AE territorialmente competente in base al domicilio fiscale del fallito; in via telematica, direttamente o tramite intermediari abilitati (art. 8 c. 4 DPR 322/98)
altri adempimenti	fatturazione e registrazione dei documenti relativi alle operazioni effettuate anteriormente alla dichiarazione di fallimento per i quali i rispettivi termini non sono ancora scaduti al momento dell'apertura della procedura **(4)**	entro 4 mesi dalla nomina (art. 74 bis c. 1 DPR 633/72)

(1) Nonostante la norma faccia riferimento al termine di 30 giorni dalla data in cui è intervenuta la variazione, si ritiene che il termine utile per presentare la dichiarazione di variazione dati debba coincidere con quello stabilito per la comunicazione al registro delle imprese (tramite, appunto, ComUnica), dei dati necessari ai fini dell'eventuale insinuazione al passivo della procedura concorsuale (art. 29 c. 6 DL 78/2010 conv. in L. 122/2010). La stessa dichiarazione deve essere presentata in caso di inizio di esercizio provvisorio.

(2) Deve comprendere **due moduli**: il primo contenente le operazioni registrate nella parte di anno anteriore alla dichiarazione di fallimento e il secondo contenente le operazioni registrate successivamente a tale data. Nel caso in cui emerga un debito IVA relativo alle operazioni effettuate nella frazione d'anno antecedente all'apertura del fallimento e un credito IVA relativo alla frazione d'anno successiva, i detti saldi non possono essere compensati tra loro (Circ. Min. 26 aprile 1999 n. 92/E). Viceversa, se per entrambi i periodi risulta un'imposta a debito, deve essere indicato solo quella emergente dalla seconda frazione d'anno. Per la prima frazione, infatti, si provvede con il modello IVA 74-bis.

(3) Tale dichiarazione vale ai fini dell'eventuale **insinuazione al passivo**. Sull'utilizzo e la portata di questa particolare dichiarazione «IVA 74-bis» vanno segnalate due posizioni discordanti:

a) secondo l'orientamento, da tempo consolidato, dell'**AF**, la dichiarazione, avendo come unico scopo quello di «fotografare» la situazione debitoria e creditoria all'apertura del fallimento, non è assimilabile ad una vera e propria dichiarazione annuale. Pertanto, se dalla stessa risulta un'eccedenza di **IVA a credito**, non è possibile chiederne il rimborso; il curatore potrà, tuttavia, scegliere tra le seguenti alternative:

- portare in detrazione tale eccedenza dall'IVA periodica da versare nei periodi successivi;
- in assenza di operazioni imponibili, computare l'IVA a credito in detrazione nell'anno successivo, previa presentazione della dichiarazione annuale;
- richiedere il rimborso del credito con la dichiarazione annuale, rispettando le condizioni di cui al n. 55680 (Ris. Min. 12 luglio 1995 n. 181/E), tenendo presente, tuttavia, che per i rimborsi fino a 258.228,45 euro, non è necessaria la presentazione delle garanzie normalmente prescritte. Il limite vale sia per i rimborsi non ancora liquidati alla data della dichiarazione di fallimento, sia per quelli successivi e va riferito a tutti i rimborsi erogati nel corso della procedura e non ai singoli periodi d'imposta (Circ. AE 19 giugno 2002 n. 54/E);

b) contrariamente si è espressa la **Suprema Corte**, secondo cui la dichiarazione di fallimento rappresenta il momento di **cessazione dell'attività** d'impresa; pertanto, l'apertura della procedura concretizza il presupposto per ottenere il rimborso, per cessata attività (v. n. 55670), del credito IVA eventualmente emergente dalla dichiarazione in oggetto (Cass. 15 dicembre 2003 n. 19169).

(4) Non è, invece, previsto l'obbligo di effettuare gli eventuali **versamenti** che ne derivano; in tal caso, il competente Ufficio delle Entrate procederà all'insinuazione nella procedura concorsuale del corrispondente credito (Ris. Min. 3 ottobre 1985 n. 383065).

SVOLGIMENTO DELLA PROCEDURA 93540

	Adempimenti	Termine/Modalità
dichiarativi (1) (2)	presentazione dichiarazione annuale relativa a ciascun anno durante il quale si protrae la procedura	termini ordinari (v. n. 56440), telematicamente e in forma autonoma
altri adempimenti	fatturazione operazioni attive effettuate durante la procedura **(3) (4)**	30 giorni dal momento di effettuazione dell'operazione
	registrazione delle operazioni attive e passive relativamente alle operazioni effettuate nel corso della procedura - anche se è stato disposto l'esercizio provvisorio (art. 74 bis c. 2 DPR 633/72)	termini e modalità ordinari (v. n. 55130)
	effettuare le liquidazioni periodiche se nel mese o trimestre sono registrate operazioni imponibili (in caso contrario, non si effettua alcuna liquidazione). Solo in questo caso va presentata la relativa Comunicazione periodica (Provv. AE 27 marzo 2017)	termini e modalità ordinari (v. n. 54510, n. 54730 e n. 56610)

(1) In caso di **prestazioni realizzate ante** fallimento per le quali l'IVA risulta **addebitata** in via di rivalsa **nel corso** della procedura concorsuale, l'imposta non costituisce un debito prededucibile ma concorsuale, con conseguente necessità di annotare separatamente le fatture emesse per documentare l'incasso del corrispettivo, senza far confluire il debito IVA nella liquidazione periodica e annuale, nonché l'obbligo di comunicare tempestivamente all'AE il debito non versato per consentirne l'insinuazione, seppur tardiva, al passivo. In tal caso, la dichiarazione annuale deve essere contenere due moduli (v. nota 2 tabella 93530) per l'indicazione delle suddette operazioni ante fallimento (Risp. AE 8 aprile 2021 n. 230).

(2) Nel caso in cui alcuni beni facenti parte del fallimento siano sottoposti a **sequestro giudiziario** e il curatore fallimentare venga nominato custode giudiziario, questi può proseguire l'attività svolta come curatore, senza aprire una nuova partita IVA, previa comunicazione all'ufficio locale dell'avvenuta variazione. Sarà, tuttavia, opportuno adottare una **contabilità separata** con conseguente presentazione di un'unica dichiarazione annuale comprendente un modello per ciascuna contabilità (Ris. AE 29 maggio 2008 n. 216/E).

(3) In caso di **vendita** all'incanto di un **bene oggetto di azione revocatoria**, nonostante la soggettività passiva d'imposta faccia capo al terzo che ha subìto l'azione, il curatore deve (Ris. AE 30 marzo 2007 n. 68/E):
- emettere fattura in nome e per conto del terzo;
- versare l'IVA incassata;
- consegnare o spedire una copia della fattura al terzo, dandone comunicazione al competente Ufficio dell'AE.

(4) La **cessione di beni personali** (dunque non relativi all'impresa) dell'imprenditore individuale fallito è fuori dal campo di applicazione dell'IVA (Ris. Min. 22 ottobre 1992 n. 531237).

CONCLUSIONE DELLA PROCEDURA 93550

	Adempimenti	Termine/Modalità
dichiarativi	presentazione della denuncia di cessazione all'Ufficio delle entrate competente	entro 30 giorni dalla chiusura del fallimento, secondo le modalità ordinarie (v. n. 52340)
	presentazione dichiarazione annuale relativa al periodo compreso tra il 1° gennaio dell'anno di chiusura della procedura e la data di chiusura del fallimento	termini ordinari (v. n. 56440), telematicamente
altri adempimenti	presentazione domanda di rimborso dell'eventuale credito IVA per cessata attività (a prescindere quindi dai limiti di cui al n. 55680) **(1) (2)**	termini e modalità ordinari

(1) Il credito eventualmente emergente dalla dichiarazione finale non può essere utilizzato dall'AF in compensazione di carichi pendenti antecedenti il fallimento (Ris. AE 12 agosto 2002 n. 279/E).

(2) Il rimborso può essere chiesto anteriormente alla chiusura della procedura, in sede di ultima dichiarazione, dopo aver presentato la dichiarazione di cessazione dell'attività e sempreché risultino ultimate le operazioni rilevanti ai fini IVA (escluse le parcelle del curatore stesso); ciò anche se rimangono in essere eventuali rapporti debitori e creditori (Circ. Min. 11 agosto 1993 n. 19, Ris. Min. 12 luglio 1995 n. 181/E).
Se dalla dichiarazione presentata risulta un credito per eccedenza d'imposta ed un debito per sanzioni pecuniarie dovute in dipendenza di violazioni, ogni rimborso deve essere sospeso (c.d. **fermo amministrativo**) sino alla definizione creditoria e debitoria delle parti (Ris. Min. 14 luglio 1980 n. 420242).

b. Imposta di registro

93570 Le **cessioni** effettuate dal curatore per la liquidazione dell'attivo sono soggette ad imposta di registro e ipo-catastali nei casi in cui sono dovute.
Poiché la vendita di **beni mobili** relativi all'impresa è normalmente soggetta ad IVA, si applica solo l'imposta di registro in misura fissa.
Le **vendite immobiliari** avvengono, salvo rare eccezioni, mediante asta; a tal proposito occorre:
– registrare a tassa fissa (pari a € 200) il **verbale di asta** contenente l'aggiudicazione dell'immobile;
– dopo aver incassato dall'aggiudicatario il residuo prezzo e predisposto l'istanza di trasferimento del bene immobile, registrare il **decreto di trasferimento** sottoscritto dal Giudice Delegato, soggetto a imposte di registro e ipo-catastali ordinarie (v. n. 60500).

93574 **Decreto di esecutività del piano di riparto** (artt. 2 tabella e 8 lett. c, d tar. parte I DPR 131/86) I decreti del giudice di approvazione del piano di riparto dell'attivo fallimentare seguono i seguenti criteri:
1) se i decreti in questione approvano o dichiarano esecutivo il piano **senza modifiche**, per mancanza di osservazioni dei creditori, o con modifiche che corrispondono ad osservazioni o richieste di alcuni creditori non contestate dagli altri creditori o dal curatore, non ricorre l'obbligo di registrazione in termine fisso;
2) se **risolvono contestazioni** tra i creditori e tra questi il curatore, che non pongano in discussione i risultati dello stato passivo, sono assoggettabili: ad imposta fissa se respingono le istanze avanzate, o ad imposta proporzionale se le accolgono;
3) se intervengono su **pretese non fatte valere nella precedente fase** di ammissione al passivo, sono tassabili con l'imposta fissa se dichiarano inammissibili le istanze medesime, o con imposta proporzionale se provvedano nel merito di tali istanze (Circ. Min. 30 luglio 1990 n. 58).

c. IMU

93590 Per quanto riguarda l'IMU, il curatore o il commissario liquidatore devono:
– entro 90 giorni dalla loro nomina, **presentare** al comune di ubicazione degli immobili una **dichiarazione** attestante l'avvio della procedura (art. 10 c. 6 D.Lgs. 504/92);
– **versare** l'imposta dovuta per il periodo di durata dell'intera procedura entro tre mesi dalla data del decreto di trasferimento degli immobili stessi (art. 1 c. 768 L. 160/2019).

SEZIONE 13

Trasferimento della residenza e di attivi all'estero

(art. 166 DPR 917/86)

93760 Il trasferimento della residenza fiscale all'estero da parte di soggetti che esercitano attività commerciali (imprese individuali, società di persone, di capitali o enti commerciali) comporta l'emersione di un reddito (c.d. «exit tax»), determinato e assoggettato a tassazione in Italia con le modalità di seguito illustrate.
La disposizione si applica anche nel caso in cui il soggetto residente trasferisca **attivi ad una propria S.O.** estera per la quale si applica la branch exemption (di seguito BEX - v. n. 95300 e s.) con le particolarità che verranno indicate a parte (v. n. 93780).

> La **cancellazione dal registro delle imprese** di una società a seguito del suo trasferimento all'estero non determina alcun **effetto** estintivo nell'ambito dei **rapporti tributari** rimanendo ferme sia la titolarità passiva delle obbligazioni tributarie sia la capacità processuale della società (Cass. 6 agosto 2020 n. 16775).

93763 **BASE IMPONIBILE** La base imponibile è determinata in via definitiva alla fine dell'ultimo periodo d'imposta di residenza fiscale in Italia ed è **costituita**:

– dalla **plusvalenza**, determinata in **maniera unitaria**, pari alla **differenza** tra valore di mercato complessivo e il corrispondente costo fiscale delle attività e passività che non siano eventualmente confluite nel patrimonio di una S.O. situata in Italia del soggetto che si trasferisce; pertanto, se oggetto di delocalizzazione all'estero è un **compendio aziendale**, anche se costituito prevalentemente da partecipazioni, il regime PEX astrattamente applicabile alle partecipazioni ricomprese nel suddetto compendio non trova applicazione (AE Princ. dir. 11 maggio 2021 n. 10);
– e dalle **riserve in sospensione d'imposta**, incluse quelle tassabili solo in caso di distribuzione, risultanti **iscritte in bilancio** al termine dell'ultimo periodo d'imposta di residenza se e nella misura in cui non sono ricostituite nel patrimonio contabile di una S.O. situata in Italia.
Se, nel medesimo periodo d'imposta risultano delle perdite, queste possono essere utilizzate in diminuzione della base imponibile con le modalità illustrate al n. 93765.
Non rilevano le plusvalenze o le minusvalenze realizzate successivamente.

Il **valore di mercato** è **determinato** con riferimento alle condizioni e ai prezzi che sarebbero stati pattuiti tra soggetti indipendenti operanti in condizioni di libera concorrenza e in circostanze comparabili. Se ad essere trasferita è un'aziendale o un ramo d'azienda, va considerato anche il valore dell'avviamento, calcolato tenendo conto delle funzioni e dei rischi trasferiti. Valgono le indicazioni fornite in materia di transfer pricing (v. n. 21645 e s.).

Utilizzo delle perdite Le perdite realizzate **fino al termine** dell'ultimo periodo d'imposta di residenza sono **compensate** in **misura** intera con il reddito prodotto nel medesimo periodo; l'eventuale **eccedenza** può essere utilizzata, in misura intera, in diminuzione della plusvalenza soggetta a exit tax (n. 93763). **93765**
Se dopo il trasferimento **permane una S.O. in Italia**, le perdite possono essere compensate col reddito del medesimo periodo, ma in misura pari all'80%; le eventuali perdite eccedenti, vanno ripartite tra la quota di perdite proporzionalmente riferibile agli elementi dell'attivo e del passivo che non transitano nel patrimonio della S.O. in Italia dell'incorporante estera e quota di perdite che vi transitano (v. n. 93970). Solo la prima può essere utilizzata per abbattere l'eventuale plusvalenza soggetta a exit tax in misura piena (senza il limite dell'80%); la seconda può essere riportata in avanti dall'incorporante estera solo al superamento del test di vitalità (v. n. 91580).

DETERMINAZIONE E VERSAMENTO DELL'IMPOSTA L'imposta è determinata e versata in base alle **regole ordinarie** previste a seconda del soggetto che si trasferisce: **93766**
– **società di capitali**, IRES al 24% (e non vi è imposizione in capo ai soci della società trasferita);
– **imprenditore individuale**, applicazione dell'aliquota IRPEF per scaglioni, con possibilità di optare per la tassazione separata se oggetto di trasferimento è l'azienda posseduta da più di 5 anni (v. n. 3320);
– **società di persone**, tassazione separata in capo ai soci se la partecipazione è **detenuta da più di 5 anni**, salvo opzione per la tassazione ordinaria.

Se il trasferimento della residenza avviene **verso Stati UE** o **SEE** con cui l'Italia ha stipulato un accordo sulla reciproca assistenza in materia di riscossione dei crediti tributari, è possibile **optare** per il **versamento dell'imposta in 5 rate annuali di pari importo**. Il **pagamento** della **prima rata** va effettuato **entro** il termine di versamento del saldo delle imposte sui redditi relative all'ultimo periodo d'imposta di residenza in Italia; le restanti rate vanno versate (unitamente ai relativi interessi in misura pari al 4%) negli anni successivi, entro il medesimo giorno. **93770**
Il **mancato** pagamento comporta la decadenza dell'opzione, **salvo** si provveda a regolarizzazione **entro** 5 mesi dalla data di scadenza.
In caso di opzione per il versamento rateale potrebbe essere richiesta una garanzia.

Costituiscono ulteriori ipotesi di **decadenza** dall'opzione, con conseguente obbligo di versamento dell'intera imposta residua dovuta entro il termine previsto per il successivo versamento: **93775**
a) trasferimento della residenza in Stati o territori diversi da UE o SEE;
b) fusione, scissione o conferimento di azienda che comportano il trasferimento ad un soggetto residente in uno Stato diverso da UE o SEE delle attività e passività il cui valore di mercato ha contribuito a determinare la plusvalenza oggetto di tassazione (v. n. 93763);

c) cessione a terzi degli attivi il cui valore di mercato ha concorso a formare la plusvalenza, incluse le operazioni assimilate alle cessioni (v. n. 850 e s.) e il realizzo tramite **risarcimento**, anche in forma assicurativa, della perdita o del danneggiamento dei beni (v. n. 24595 lett. b);
d) dichiarazione di fallimento o estinzione del soggetto trasferito;
e) cessione delle quote da parte dei soci delle società di persone.

93780 **PARTICOLARITÀ IN CASO DI TRASFERIMENTO DI ATTIVI AD UNA S.O.** Nel caso in cui il soggetto residente trasferisca **attivi ad una** propria S.O. estera per la quale si applica la BEX, la disciplina sopra descritta si applica con le seguenti particolarità.
La **base imponibile** è determinata in via definitiva nel momento in cui si considera effettuato il trasferimento alla S.O. all'estero ed è costituita dalla **differenza** tra il valore di mercato e il corrispondente costo fiscalmente riconosciuto degli attivi trasferiti alla S.O.
L'**opzione** per il versamento rateale dell'imposta è consentito se gli attivi sono trasferiti a una S.O. situata in uno Stato UE o SEE con cui l'Italia ha stipulato un accordo sulla reciproca assistenza in materia di riscossione dei crediti tributari. Valgono le cause di decadenza sopra indicate (v. n. 93770 e n. 93775) dove alla lettera a) per trasferimento della residenza si intende successivo trasferimento degli attivi a una S.O. situata in uno Stato non UE o SEE.

> Il **trasferimento di attivi** a una S.O. si intende effettuato quando, in applicazione dei criteri definiti dall'OCSE, considerando la S.O. un'entità separata e indipendente, che svolge le medesime o analoghe attività, in condizioni identiche o similari, e tenendo conto delle funzioni svolte, dei rischi assunti e dei beni utilizzati, tali attività si considerano entrate nel patrimonio di tale stabile organizzazione (art. 166 c. 2 DPR 917/86).

SEZIONE 14

Operazioni straordinarie comunitarie

93920 Sono le operazioni ove **almeno uno dei soggetti** interessati risiede in un altro **Stato membro** dell'UE (la disciplina recepisce le disposizioni della Dir. 2009/133/CE).
Esse riguardano:
- fusioni (v. n. 93940);
- scissioni (v. n. 93980);
- conferimenti di aziende (v. n. 94000);
- scambi di azioni o quote (v. n. 94020).

93930 **SOGGETTI** Si distingue tra soggetti residenti in Italia e soggetti residenti in altri Stati membri dell'UE.
I **soggetti residenti** interessati sono:
- società di capitali (società per azioni, in accomandita per azioni, a responsabilità limitata, cooperative e di mutua assicurazione);
- enti pubblici e privati aventi per oggetto esclusivo o principale l'esercizio di attività commerciali;
- stabili organizzazioni;
- società europea e società cooperativa europea.

I **soggetti non residenti** sono quelli elencati nell'apposito allegato «I parte A» alla citata Direttiva i quali essi possono fruire della disciplina a condizione che siano sottoposti, senza possibilità di opzione, a una delle imposte indicate al medesimo allegato «parte B» (Allegato I parte A e B Dir. 2009/133/CE).
Le disposizioni si applicano anche se effettuate tra soggetti comunitari non residenti, con riguardo alle S.O. in Italia oggetto delle operazioni stesse (art. 178 c. 1 lett. d DPR 917/86).

93940 **FUSIONI** (art. 178 lett. a DPR 917/86) Si tratta delle fusioni (vere e proprie o per incorporazione) realizzate tra i predetti soggetti, residenti in Stati membri diversi, dove l'eventuale conguaglio in danaro pattuito non superi il 10% del valore nominale della partecipazione ricevuta.

Regime fiscale (artt. 179-181 DPR 917/86) La legge disciplina il regime fiscale applicabile al soggetto residente in Italia. Quest'ultimo rappresenta la società fusa o incorporata, che a seguito dell'operazione diventa una **stabile organizzazione** (S.O.) dell'incorporante o della società risultante estera. 93945
Le regole riguardano: i beni trasferiti, le eventuali azioni o quote date in cambio, il trattamento del disavanzo o dell'avanzo e dei fondi in sospensione di imposta, il trasferimento dei diritti e degli obblighi tributari.

Il regime si applica anche se, a seguito della fusione tra due soggetti residenti in Stati membri diversi, si ha lo scioglimento di una S.O. purché i componenti del complesso aziendale confluiscano in un'altra S.O. in Italia (Ris. AE 6 luglio 2009 n. 175/E).

Le plusvalenze o le minusvalenze dei **beni trasferiti** non assumono alcuna rilevanza fiscale per il soggetto italiano, se: 93950
- si riferiscono a beni provenienti dal patrimonio dell'incorporata;
- i beni sono valutati in base all'ultimo valore fiscalmente riconosciuto presso la società incorporata;
- i beni sono effettivamente connessi ad una S.O. esistente in Italia e figurano iscritti nel bilancio relativo all'esercizio in cui è eseguita l'operazione.

Dopo la fusione, i beni mantengono il valore fiscale che avevano presso le società fuse o incorporate; se nel bilancio civilistico sono iscritti valori differenti, tali differenze devono risultare da un apposito **prospetto di riconciliazione** allegato alla dichiarazione dei redditi (quadro RV Mod. Redditi SC).

Nel caso in cui i beni oggetto dell'operazione **non confluiscano** in una S.O. **situata in Italia**, si ha l'emersione di un reddito imponibile (c.d. **exit tax**) determinato con le modalità illustrate al n. 93760 e s., tenendo conto delle seguenti particolarità. 93952
In merito alla **base imponibile**, il riferimento alle attività e passività si intende a quelle che **prima del perfezionamento** dell'operazione facevano parte del patrimonio del soggetto residente e che successivamente al perfezionamento non confluiscono nel patrimonio di una S.O. in Italia del soggetto non residente.
Il riferimento alle **riserve in sospensione** d'imposta si intende a quelle risultanti iscritte in bilancio prima del perfezionamento dell'operazione.
La possibilità di optare per il **versamento rateale** dell'imposta è concesso se l'incorporante è fiscalmente residente in uno Stato UE o SEE (v. n. 93780).

Sono ugualmente **irrilevanti**: 93955
- gli eventuali **avanzi** o **disavanzi** iscritti in bilancio. Inoltre, sono non imponibili le plusvalenze iscritte dalla società beneficiaria italiana a fronte dell'utilizzo del disavanzo da annullamento;
- le plusvalenze o minusvalenze su **azioni e quote date in cambio**, se le nuove partecipazioni sono iscritte al costo delle partecipazioni precedenti.

L'eventuale **conguaglio in denaro** concorre a formare il reddito imponibile dei soci della società incorporata o fusa per la parte che eccede il prezzo pagato per l'acquisto o la sottoscrizione delle azioni o quote; su tali somme si applica, inoltre, la tassazione parziale se ricorrono i requisiti per la participation exemption (v. n. 24705).

Per i **fondi in sospensione di imposta**, si applicano le regole viste per le fusioni nazionali, cioè la S.O. italiana ha l'obbligo di ricostruirli nel suo bilancio, così come risultavano da quello della società fusa o incorporata. Se tale ricostruzione non è effettuata, i fondi sono recuperati a tassazione. 93960

I **diritti** e gli **obblighi tributari** dell'incorporata residente vengono assunti dal soggetto incorporante non residente in Italia (art. 179 c. 3 DPR 917/86). 93965

Le perdite fiscali, le eccedenze di interessi passivi indeducibili e le eccedenze ACE riportabili, sono ammesse in deduzione da parte del soggetto non residente alle condizioni e nei limiti stabiliti per le fusioni nazionali, proporzionalmente alla differenza tra gli elementi dell'attivo e del passivo effettivamente connessi alla S.O. sita in Italia risultante dall'operazione e nei limiti di tale differenza (art. 181 DPR 917/86 - v. n. 91580). 93970
In caso di fusione **tra una società italiana e una S.O.** di una società non residente, il **limite del patrimonio netto** deve essere riferito alla somma di (Ris. AE 17 giugno 2014 n. 63/E):

– fondo di dotazione contabile risultante dallo specifico rendiconto (art. 14 c. 5 DPR 600/73);
– adeguamenti posti in essere sul piano fiscale (purché abbiano concorso alla formazione della base imponibile) al fine di ottenere la riclassificazione figurativa dei debiti (produttivi di interessi passivi) risultanti dal proprio passivo patrimoniale in fondo di dotazione.
Inoltre, l'**esclusione dei versamenti** fatti nei 24 mesi anteriori alla data cui si riferisce la situazione patrimoniale, si applica anche all'ipotesi in cui la casa madre incrementi, in tale periodo di sorveglianza, il fondo di dotazione della S.O., prendendo in considerazione tutte le modalità con cui l'incremento può essere realizzato (es. apporti in denaro della casa madre, riclassificazione dei debiti risultanti dal proprio passivo patrimoniale in fondo di dotazione, riclassificazione figurativa dei debiti operata a fini fiscali). La S.O. può chiedere la disapplicazione di tale disposizione tramite interpello disapplicativo (v. n. 80040 e s.).

> La disciplina è applicabile a tutte le operazioni di riorganizzazione tra soggetti comunitari che comportino una aggregazione o trasferimento di S.O. in Italia, ad **esclusione** del caso in cui l'intero patrimonio della S.O. della incorporata confluisce nella S.O. dell'incorporante costituita appositamente in occasione dell'operazione straordinaria, non potendoci essere integrazione di attivi (Ris. AE 22 dicembre 2017 n. 161/E).

93980 **SCISSIONI** (art. 178 lett. b, b bis DPR 917/86) Le operazioni considerate sono le scissioni attuate tra i soggetti indicati al n. 93930, ove il soggetto scisso o almeno uno dei soggetti beneficiari siano residenti in Italia, che comportino il trasferimento, ad una o più società beneficiarie preesistenti o di nuova costituzione:
– dell'intero patrimonio della società scissa (scissione totale);
– di parte del patrimonio della società scissa (scissione parziale).
La scissione deve rispettare le **seguenti caratteristiche**:
– l'assegnazione ai partecipanti delle azioni o quote di ciascuno dei soggetti beneficiari deve essere effettuata in misura proporzionale alle rispettive partecipazioni nel soggetto scisso;
– la quota di patrimonio trasferita a ciascun beneficiario deve essere costituita da aziende o da rami di aziende;
– l'eventuale conguaglio in danaro pattuito a favore dei partecipanti della società scissa non deve superare il 10% del valore nominale della partecipazione ricevuta.

93985 **Regime fiscale** (artt. 179-181 DPR 917/86) La legge disciplina il regime fiscale applicabile al soggetto beneficiario residente in Italia. Le regole applicabili sono le stesse illustrate per le fusioni, cui, pertanto, si rinvia.

94000 **CONFERIMENTI** (art. 178 lett. c DPR 917/86) Il conferimento deve essere effettuato tra i soggetti indicati al n. 93930, dove, indifferentemente, il soggetto conferente e quello conferitario siano **uno residente e uno non residente**. Deve avere ad **oggetto** un'azienda o un complesso aziendale relativo ad un singolo ramo dell'impresa (per la definizione v. n. 89020).

> La disciplina si applica anche al conferimento da parte di una società non residente di un **ramo d'azienda, appartenente** a una sua **stabile organizzazione in Italia**, a favore di una società residente a **condizione** che la partecipazione nella conferitaria confluisca nella medesima contabilità della stabile organizzazione conferente da cui provengono gli asset conferiti. In caso contrario (o nell'ipotesi in cui dopo il conferimento le partecipazioni della conferitaria detenute dalla stabile organizzazione dovessero essere trasferite alla società non residente), le stesse si considereranno realizzate al valore normale (Risp. AE 6 aprile 2022 n. 164, Ris. AE 9 agosto 2018 n. 63/E).

94005 **Regime fiscale** (art. 179 DPR 917/86) Si applica il regime di neutralità in «doppia sospensione d'imposta» previsto per i conferimenti tra soggetti residenti (v. n. 89600 e n. 89730). In pratica non emergono plusvalenze tassabili per il conferente a condizione che si realizzi la **continuità dei valori fiscali**, e cioè:
– la **società conferente** assume come valore fiscale della partecipazione ricevuta l'ultimo valore fiscalmente riconosciuto dell'azienda conferita;
– la **società conferitaria** subentra nella posizione del conferente in ordine agli elementi attivi e passivi dell'azienda; pertanto, dal punto di vista fiscale, i beni sono assunti allo stesso valore che avevano presso il conferente. La differenza tra tale valore e quello, eventualmente diverso, iscritto in bilancio a fini civilistici (per adeguarsi al valore di perizia) deve essere indicato in un apposito **prospetto di riconciliazione** della dichiarazione dei redditi (quadro RV del Mod. Redditi SC).

Se i beni appartenenti all'azienda del conferente italiano **non confluiscono in una S.O. in Italia**, si ha emersione di un reddito (c.d. exit tax) come illustrato al n. 93952.

> **N.B.** Le partecipazioni ricevute in cambio di quelle conferite, in regime di neutralità fiscale, si considerano iscritte come immobilizzazioni finanziarie nei bilanci in cui risultavano iscritte come immobilizzazioni le partecipazioni date in cambio (art. 6 c. 4 L. 342/2000).

Se il soggetto italiano è il conferitario, i diritti e gli obblighi tributari del soggetto conferente non residente vengono assunti dal soggetto beneficiario residente in Italia. **94010**

SCAMBI DI PARTECIPAZIONI (art. 178 lett. e DPR 917/86) La norma prende in esame l'operazione tramite cui un soggetto residente in Italia o in un altro Stato membro (indicati al n. 93930) acquista o integra una partecipazione di controllo (ai sensi dell'art. 2359 n. 1 c.c.), o incrementa, in virtù di un obbligo legale o statutario, la percentuale di controllo, su un altro soggetto residente in uno Stato membro diverso (almeno uno dei partecipanti deve essere residente in Italia o la partecipazione scambiata deve essere relativa ad una S.O. in Italia di un soggetto non residente di cui sopra). **94020**
L'operazione può essere attuata tramite la permuta o il conferimento e consiste nell'attribuire ai partecipanti (anche persone fisiche non imprenditori) della società di cui si acquisisce il controllo le proprie azioni in portafoglio, in cambio di quelle ricevute (in permuta o in conferimento). Se è pattuito anche un conguaglio in denaro, questo non deve superare il 10% del valore nominale delle azioni o quote proprie date in cambio.

> Rientra nel caso in esame lo scambio di azioni fra una società italiana, la quale cede azioni di una società nazionale controllata, e una società olandese che offre in cambio proprie azioni, allo scopo di permettere a quest'ultima di aumentare il proprio capitale sociale (Ris. Min. 17 aprile 1996 n. 55/E).

Regime fiscale (art. 179 DPR 917/86) Lo scambio di partecipazioni, attuato con le caratteristiche suddette, è un'operazione neutrale, cioè non comporta il realizzo di plusvalenze (né di minusvalenze) sulle azioni o quote date in cambio, a condizione che le azioni o quote ricevute in cambio dalla società che diventa controllata siano iscritte in bilancio allo stesso valore fiscale di quelle date in cambio. **94025**
L'eventuale **conguaglio in denaro** concorre a formare il reddito imponibile del percipiente; le somme ricevute sono tassate parzialmente se si tratta di partecipazioni cedute in regime di reddito d'impresa che hanno i requisiti per la participation exemption (v. n. 24705).
Le **partecipazioni ricevute** in cambio di quelle conferite, in regime di neutralità fiscale, si considerano iscritte come immobilizzazioni finanziarie nei bilanci in cui risultavano iscritte come immobilizzazioni le partecipazioni date in cambio (art. 176 c. 4 DPR 917/86).

> Ai fini della neutralità fiscale, la continuità dei valori contabili non è condizione indispensabile anche se renderebbe più agevoli i controlli da parte dell'AF (Ris. AE 25 luglio 2003 n. 159/E).

SEZIONE 15

Trasferimento della residenza e di attivi in Italia

(art. 166 bis DPR 917/86)

In caso di trasferimento in Italia della residenza fiscale da parte di un soggetto estero che esercita un'impresa commerciale, le attività e passività facenti parte del suo patrimonio sono **valutate** fiscalmente con modalità differenti a seconda che lo Stato di provenienza appartenga all'UE o sia incluso nell'elenco degli Stati o territori che consentono un adeguato scambio di informazioni (v. n. 99115) o, invece, sia uno Stato diverso dai precedenti. **94050**
La disposizione si applica anche in caso di trasferimento in Italia di un **complesso aziendale** o se il soggetto estero è oggetto di **incorporazione** da parte di un soggetto residente, effettua **scissione** in favore di uno o più beneficiari residenti, effettua un **conferimento** di una S.O. estera a favore di un soggetto residente.

> La disciplina è stata completamente rivista dal D.Lgs. 142/2018 che ha recepito la c.d. normativa europea ATAD. Con appositi provvedimenti sono stabilite le modalità di **segnalazione** dei valori delle attività e delle passività. In caso di omessa o incompleta segnalazione si applica la sanzione minimo € 500, massimo € 50.000 (v. n. 86950).

94054 **TRASFERIMENTO DA STATI COLLABORATIVI** Il valore fiscalmente rilevante delle attività e passività è assunto in misura pari al **valore di mercato**, determinato con riferimento alle condizioni e ai prezzi che sarebbero stati pattuiti tra soggetti indipendenti operanti in condizioni di libera concorrenza e in circostanze comparabili. Se si tratta di valore riferibile ad una azienda o a un ramo d'azienda va considerato anche il valore dell'avviamento, calcolato tenendo conto delle funzioni e dei rischi trasferiti. Valgono le indicazioni fornite in materia di transfer pricing (v. n. 21645 e s.).

94058 **TRASFERIMENTO DA STATI NON COLLABORATIVI** Se il soggetto ha utilizzato la **procedura di accordo** preventivo con l'AF (v. n. 80180 e s.), si assume il valore di mercato delle attività e passività determinato in base all'accordo stesso.
In **mancanza di accordo**, il valore fiscale delle **attività** è assunto in misura pari al minore tra il costo di acquisto, il valore di bilancio e il valore di mercato determinato in base ai criteri sopra illustrati; il valore delle **passività** è assunto in base al maggiore tra questi.

94065 **Trasferimento di CFC** (Circ. AE 28 luglio 2022 n. 29/E) Se la società estera è stata qualificata come CFC nel periodo di residenza all'estero, occorre distinguere a seconda che il reddito della stessa sia stato tassato per trasparenza (in capo al controllante residente) **in continuità**, per **tutti i periodi** di imposta che precedono il trasferimento di sede in Italia o **solo in alcuni** (per le disposizioni CFC v. n. 21938 e s.).
1) Nella **prima ipotesi**, le attività e le passività della società devono assumere valori fiscali pari a quelli utilizzati ai fini della disciplina CFC al 31 dicembre dell'ultimo esercizio di tassazione per trasparenza (in caso di trasferimento al 1° gennaio e di esercizio coincidente con l'anno solare).
2) Nella **seconda ipotesi**, invece, occorre valutare caso per caso. Se, ad esempio, il reddito della controllata è imputato per trasparenza in applicazione del regime CFC in un **periodo d'imposta anteriore** a quello **immediatamente precedente** al suo trasferimento in Italia, si applica quanto detto al punto 1), salvo che nel periodo d'imposta precedente al trasferimento, non si verifichino i presupposti applicativi della disciplina CFC ovvero sia dimostrata la circostanza esimente (v. n. 21940). In caso di dubbi sul **criterio** da applicare, è possibile chiedere il parere dell'AE tramite interpello ordinario (v. n. 80035 e s.), fermo restando, che la **quantificazione** delle attività e delle attività della CFC può essere valutata comunque solo in sede di accordo preventivo (v. n. 80180).
Se il trasferimento di sede avviene **dopo** che sia decorsa la **maggior parte del periodo d'imposta**, occorre far riferimento a tale periodo d'imposta come ultimo periodo di residenza all'estero cui riferire la verifica sopra descritta.

> Nell'ipotesi si cui al punto 2) l'eventuale riconoscimento dei maggiori valori fiscali al momento dell'ingresso prescinde dall'eventuale mantenimento della residenza fiscale dell'entità anche nello Stato di origine (ad esempio nel caso di doppia residenza).

CAPITOLO 6

Strumenti contro le doppie imposizioni internazionali

SOMMARIO

DOPPIA IMPOSIZIONE Si origina quando due diversi Stati - quello della fonte del reddito e quello della residenza del percettore - pretendono, in modo concorrente fra loro e non coordinato, di tassare l'operazione che ha generato il reddito. 95000
Complice dell'insorgenza del problema è la regola - applicata in Italia nei confronti della maggioranza degli Stati esteri - della tassazione globale (c.d. **worldwide principle**) secondo cui:
- i **residenti** in Italia sono tassati sull'insieme dei loro redditi, indipendentemente da dove questi siano prodotti o dalla cittadinanza del soggetto;
- i **non residenti**, invece, sono tassati solo per i redditi prodotti nel territorio dello Stato.

Di conseguenza, i soggetti residenti che producono redditi all'estero sono tassati sia nello Stato di residenza che nello Stato estero ove il reddito è eventualmente prodotto.

Problemi di doppia imposizione possono sorgere anche in materia **successoria**, per la cui soluzione sono state stipulate apposite Convenzioni, i cui estremi sono riportati al n. 73340.

Si distingue fra doppia imposizione: 95012

Ipotesi	Descrizione	Esempi
giuridica	un contribuente è tassato sullo stesso reddito da due Stati nell'esercizio della rispettiva potestà impositiva	Un soggetto è considerato residente in due Stati e da questi assoggettato ad imposizione per tutti i redditi ovunque prodotti sulla base di una tassazione di tipo personale.
economica	il reddito tassato è prodotto e percepito in due Stati diversi, da contribuenti formalmente diversi, ma nella sostanza legati da vincoli economici forti (società madre e figlia; società e soci)	– un'impresa, con sede in Italia, ha partecipazioni in una società estera dalla quale percepisce dividendi; – l'AF italiana, a seguito di verifica contabile, accerta alla società-madre maggiori ricavi (es. royalties), pagate dalla società-figlia estera. In tale caso, la società-madre subisce una maggiore imposizione, ma la società-figlia non si vede riconoscere un corrispondente aumento dei costi (royalties pagate) dall'altra AF.

STRUMENTI Per evitare la doppia imposizione del medesimo reddito gli Stati prevedono delle misure correttive, fra cui: 95020
- **misure unilaterali**, alcune delle quali assunte a seguito del recepimento di direttive Comunitarie;
- **convenzioni bilaterali**, ossia trattati internazionali con cui due Stati limitano reciprocamente la propria potestà impositiva relativamente alle categorie di reddito più rilevanti.

In presenza di reddito estero, la prima cosa da verificare è **se esista e sia in vigore una Convenzione** con lo Stato della fonte:
- se è presente, si devono considerare le misure unilaterali che generalmente si applicano in aggiunta o in maniera coordinata con la disciplina della Convenzione stessa;
- se è assente, si applicano le misure unilaterali in via esclusiva.

Per i Paesi appartenenti alla UE, è prevista una **convenzione multilaterale** riguardante principalmente il problema dei prezzi di trasferimento.

I. Misure unilaterali

95080 Le misure unilaterali comunemente adottate dagli Stati consistono nel **metodo dell'esenzione** del reddito prodotto all'estero o in quello **del credito d'imposta** (foreign tax credit) per i redditi di fonte estera. Quest'ultimo è quello generalmente riconosciuto in Italia.
Tuttavia, per le **società**, nei seguenti casi si applica un regime di esenzione parziale:
– società **consociate** situate in **Stati UE** con determinate caratteristiche: esenzione per i dividendi, gli interessi e le royalties (v. n. 95198 e s.);
– c.d. **regime della «branch exemption»**: opzione per l'esenzione degli utili e delle perdite della S.O. estera (v. n. 95300).
In tutti i casi, è fatta salva la possibilità di applicare le Convenzioni, se contenenti disposizioni più favorevoli (art. 169 DPR 917/86).

a. Credito per le imposte pagate all'estero

(art. 165 DPR 917/86, Circ. AE 5 marzo 2015 n. 9/E)

95090 Per i redditi di fonte estera tassati anche in Italia, in quanto concorrono alla formazione del reddito complessivo del soggetto residente, è riconosciuto un credito per le imposte sui redditi che il contribuente ha pagato all'estero a titolo definitivo.
Sono previste delle regole specifiche per le **imprese** (v. n. 95160 e s.), per gli **artisti e professionisti** (v. n. 95189) e per le **S.O.** (v. n. 95192 e s.).
L'utilizzazione del credito può avvenire anche in aggiunta all'applicazione di eventuali agevolazioni contenute nelle **Convenzioni** per evitare le doppie imposizioni (v. n. 95110, Ris. Min. 31 marzo 1999 n. 59/E).

1. Regole comuni a tutti i soggetti

95100 **REDDITI PRODOTTI ALL'ESTERO** (art. 165 c. 2 DPR 917/86, Circ. AE 5 marzo 2015 n. 9/E) Per identificare quando i redditi si considerano prodotti all'estero (compresi gli Stati o territori a fiscalità privilegiata, Ris. AE 28 giugno 2007 n. 147/E) rilevano le norme delle **Convenzioni** contro le doppie imposizioni.
In **assenza** di Convenzioni, si devono applicare, in maniera speculare, i medesimi criteri utilizzati per stabilire quando i redditi si considerano prodotti in Italia, riferendoli però al territorio dello Stato estero (v. n. 17004 e s.). In sostanza, si considerano redditi prodotti all'estero tutti quei redditi che, se prodotti da un soggetto non residente, sarebbero soggetti ad imposizione in Italia, compresi quelli che in capo ai non residenti non sono imponibili in Italia per scelta del legislatore (es. interessi sui conti correnti, plusvalenze derivanti da cessioni di partecipazioni di società quotate, ecc.).

95102 Il credito d'imposta è applicabile solo in relazione ai **redditi che concorrono** alla formazione del reddito complessivo; quindi non spetta per i redditi assoggettati a ritenuta a titolo di imposta, a imposta sostitutiva o a imposizione sostitutiva operata dallo stesso contribuente nella dichiarazione dei redditi (interessi su obbligazioni estere, dividendi relativi a partecipazioni non in regime d'impresa e altri redditi di capitale percepiti all'estero senza l'intervento di sostituti d'imposta) ovvero per i redditi assoggettati all'imposta sostitutiva forfettaria nell'ambito del regime dei «neo residenti facoltosi» (v. n. 224) o per i titolari di pensione estera che si trasferiscono nelle regioni del Mezzogiorno (v. n. 226). Ciò, ovviamente, a meno che il contribuente decida, ove possibile, di non avvalersi del citato regime sostitutivo, ma del regime ordinario (art. 18 DPR 917/86).

IMPOSTA ESTERA PAGATA A TITOLO DEFINITIVO (art. 165 c. 4 DPR 917/86, Circ. AE 5 marzo 2015 n. 9/E) Danno diritto al credito solo le **imposte dirette sui redditi**, ossia le imposte simili all'IRPEF e all'IRES; rilevano sia le imposte estere oggetto di una convenzione contro le doppie imposizioni in vigore tra l'Italia e lo Stato estero in cui il reddito che concorre alla formazione dell'imponibile è prodotto sia le altre imposte o gli altri tributi esteri sul reddito (es. per gli USA si considerano sia l'imposta federale che le imposte societarie degli Stati membri generalmente calcolate sul reddito) (Circ. AE 4 agosto 2016 n. 35/E). 95110
In caso di **incertezza** e/o in assenza di convenzioni, il contribuente può presentare un'istanza di interpello ordinario con le modalità illustrate al n. 80035 e s. (art. 15 c. 2 D.Lgs. 147/2015).

Se l'imposta estera è stata versata o trattenuta **in misura superiore** a quella prevista dalla **Convenzione** (o nonostante quest'ultima prevedesse l'esenzione da ritenuta), la maggiore imposta subita non può essere recuperata attraverso il credito in esame, ma mediante apposita istanza da presentare alle autorità estere nei termini stabiliti dalla relativa legislazione. 95113
Nel caso di **imposte estere forfettarie** che sostituiscano sia le imposte dirette che quelle indirette e i diritti doganali, rileva solo la quota di imposta che sostituisce l'imposta sui redditi (Ris. AE 7 marzo 2008 n. 83/E). Analogamente, nel caso di **imposte miste**, di cui solo una quota è relativa al reddito (l'altra ha natura di imposta indiretta), rileva la predetta quota (nel caso concreto, trattenuta alla fonte, Risp. AE 2 aprile 2020 n. 100).

Un'imposta si ritiene definitivamente pagata quando non può essere ottenuto **alcun rimborso** parziale o totale. Sono tali anche le imposte pagate (all'estero) **nell'anno in corso**, se sono già state dichiarate all'estero e pagate definitivamente prima di effettuare la dichiarazione dei redditi in Italia. 95116
Le imposte pagate in **acconto** e quelle eventualmente corrisposte in via provvisoria **in pendenza di un contenzioso** estero, non sono considerate definitive (queste ultime lo diventano nel periodo d'imposta in cui si conclude in via definitiva il contenzioso).
Se sono **suscettibili di rimborso**, si possono detrarre nell'anno in corso, al netto del rimborso spettante, solo se questo è già stato richiesto ed ottenuto prima di effettuare la dichiarazione in Italia e si possa considerare certo nel suo ammontare.
Non importa, invece, che il reddito estero sia stato **accertato** in via definitiva o che si sia in possesso delle relative **certificazioni**.

> **Caso particolare** Alcune **Convenzioni con Paesi emergenti** (es. Argentina, Brasile, Egitto, Marocco, ecc.), per attrarre gli investimenti, riconoscono eccezionalmente un **credito d'imposta figurativo** (c.d. matching credit), a fronte di imposte non effettivamente pagate, al fine di non far perdere le agevolazioni fiscali agli investitori esteri. La detrazione del credito d'imposta figurativo avviene con le medesime modalità previste per il credito d'imposta ordinario (dichiarazione dei redditi). 95117
> Per determinare la detrazione spettante, la quota d'imposta italiana relativa al reddito prodotto all'estero va confrontata con le imposte estere figurative secondo l'aliquota prevista dalla Convenzione; il credito spettante coincide con il minor valore tra l'imposta estera figurativa e la quota d'imposta italiana riferita al reddito estero.

DETERMINAZIONE DEL CREDITO (art. 165 c. 1 DPR 917/86, Circ. AE 5 marzo 2015 n. 9/E) Il credito d'imposta spetta fino a concorrenza della quota d'imposta corrispondente al rapporto tra i redditi prodotti all'estero (**RE**) ed il reddito complessivo **al netto delle perdite** di precedenti periodi d'imposta ammesse in diminuzione (**RCN**). A certe condizioni, può essere chiesto anche prima che il pagamento dell'imposta estera sia avvenuto in via definitiva (v. n. 95125). 95120
Il **reddito estero** va rideterminato secondo le disposizioni italiane (salvo per i redditi dei terreni e dei fabbricati situati all'estero che rilevano secondo la valutazione effettuata nello Stato estero) e va generalmente **assunto al lordo** dei costi di produzione, **tranne** che per i redditi di impresa (prodotti con S.O.) e di lavoro autonomo, che sono assunti **al netto** dei costi stessi (sempre come rideterminati in base alle legge italiana).

> Vanno assunte al lordo anche le **royalties** per beni immateriali in regime di **patent box**, non essendo il sistema di tracciamento dei costi previsto specificamente per quel regime idoneo ad essere esteso ad altri fini (Princ. dir. 5 novembre 2021 n. 15).

In ogni caso, il credito non può essere superiore all'**imposta netta italiana** relativa all'anno di produzione del reddito estero (quindi si applica la **formula** RE/RCN × Imposta italiana). 95122
Per individuare il **limite dell'imposta italiana** si deve tener conto anche dell'eventuale credito già utilizzato nelle precedenti dichiarazioni, riferito allo stesso anno di produzione del reddito.

Ciò significa che il recupero delle imposte pagate all'estero potrà essere totale solo se il tasso di imposizione nello Stato estero è inferiore o uguale a quello italiano. In caso contrario il recupero potrà essere solo parziale.

Se l'**imposta netta** del periodo in cui il tributo estero diviene definitivo e scomputabile (X), è **inferiore** a quella del periodo in cui il reddito estero ha concorso alla formazione del reddito e che rileva ai fini della determinazione dell'imposta estera detraibile (X+1), l'eventuale credito d'imposta che non sia integralmente assorbito dall'imposta netta X, può essere, alternativamente, riportato e dedotto dall'imposta relativa ai periodi successivi, entro un limite temporale (v. n. 95128), compensato o richiesto a rimborso in dichiarazione dei redditi (art. 11 c. 4 DPR 917/86).

95124 **ESEMPIO**
RE = 12.000
Reddito italiano = 33.000
RCN = 45.000
Imposta estera totale = 3.840
Imposta italiana = 11.250 (lorda)
Credito d'imposta spettante (12.000/45.000 × 11.250) = 3.000

Se il rapporto tra RE e RCN è superiore ad «1», a causa della **presenza di perdite**, correnti e/o pregresse, esso si considera pari a «1» (v. n. 95168).

95125 **PERIODO IN CUI VA RICHIESTO IL CREDITO** (art. 165 c. 4 e 5 DPR 917/86, Circ. AE 5 marzo 2015 n. 9/E) La detrazione del credito va generalmente calcolata nella dichiarazione relativa al periodo d'imposta cui appartiene il reddito prodotto all'estero al quale si riferisce l'imposta estera, a **condizione che il pagamento** a titolo definitivo avvenga prima della sua presentazione. Il reddito «appartiene» a un determinato periodo di imposta, in base alle ordinarie regole che disciplinano il momento impositivo, illustrate al n. 830 (es. redditi di lavoro dipendente, autonomo o di capitale secondo il criterio di cassa, di impresa secondo il criterio di competenza, salvo per i dividendi soggetti al criterio di cassa, ecc.).
È tuttavia **facoltà** del contribuente applicare la detrazione dall'imposta del periodo di competenza anche se il pagamento a titolo definitivo avviene entro il termine di presentazione della dichiarazione relativa al primo periodo d'imposta successivo, ma in tal caso deve **indicare nelle dichiarazioni** dei redditi, le imposte estere detratte per le quali ancora non è avvenuto il pagamento a titolo definitivo.
Se però le imposte estere **non sono pagate entro il termine** indicato, la detrazione è considerata indebita e, in assenza di ravvedimento operoso, verrà iscritta a ruolo con le relative sanzioni per omesso versamento e gli interessi.

Per i differenti casi di **pagamento anticipato** o **posticipato** dell'imposta estera, rispetto al periodo in cui il reddito estero ha concorso a formare l'imponibile in Italia, v. n. 95146.

95128 **RIPORTO DEL CREDITO INUTILIZZATO** (art. 165 c. 6 DPR 917/86, Circ. AE 5 marzo 2015 n. 9/E) È un meccanismo che serve per recuperare l'eventuale credito non fruito in un determinato periodo d'imposta per incapienza dell'imposta italiana derivante da **disallineamenti** con la disciplina dello Stato della fonte (es. maggiori o minori aliquote estere, differenti regole di determinazione della base imponibile, ecc.).
Esso consente quindi ai soggetti residenti di utilizzare il credito anche in un **periodo d'imposta diverso** da quello nel quale il reddito estero ha concorso alla formazione dell'imponibile italiano.

95129 In pratica, per il reddito prodotto da soggetti residenti, nello stesso Paese estero, si può computare a credito, nella dichiarazione Mod. Redditi (ma non nel Mod. 730), l'**imposta estera** pagata a titolo definitivo che eccede la quota d'imposta italiana relativa al medesimo reddito, **fino a concorrenza** dell'opposta eccedenza dell'imposta **italiana** rispetto a quella estera sullo stesso reddito, eventualmente verificatasi negli 8 esercizi precedenti.
La residua **eccedenza** può essere memorizzata per il riporto a nuovo negli esercizi successivi, fino all'ottavo.
Alla **scadenza** dell'ultimo periodo in cui è consentito il riporto, l'eventuale residuo di eccedenze di imposte estere è azzerato e non può essere portato in diminuzione dal reddito imponibile del soggetto residente, né altrimenti recuperato in Italia.

›Precisazioni 1) Pertanto, il credito d'imposta che, per incapienza dell'imposta italiana, non può essere riconosciuto nel periodo di «appartenenza» del reddito estero, può essere fruito in un arco temporale più ampio (**16 esercizi**) al verificarsi della opposta situazione di insufficienza delle imposte estere rispetto a quella italiana relativa al reddito prodotto nel medesimo Paese estero.
2) Si devono quindi **rilevare separatamente 2 opposte eccedenze**:
– dell'imposta estera pagata a titolo definitivo che eccede la quota di imposta italiana relativa al reddito prodotto nel medesimo Paese (Ecc IE);
– della quota d'imposta italiana che eccede le imposte estere pagate su tale reddito Paese (Ecc II).

ESEMPIO 95131
Imposta estera = 120
Quota di imposta lorda = 100
Imposta netta = 70
Credito spettante = 70
Eccedenza di imposta estera riportabile 100 - 70 = 30

REDDITI PRODOTTI IN PIÙ STATI (art. 165 c. 3 DPR 917/86, Circ. AE 5 marzo 2015 n. 9/E) La determinazione delle detrazioni spettanti a titolo di credito d'imposta e delle eventuali eccedenze deve essere effettuata separatamente Stato per Stato. 95132
Il **credito** si determina in base al rapporto tra RE di ciascuno Stato e il RCN (quest'ultimo tiene conto anche delle perdite sofferte in Italia e all'estero); non è ammessa la compensazione fra utile realizzato in uno Stato e perdita sofferta in un altro.
Il **totale dei crediti d'imposta** non può comunque superare l'ammontare dell'imposta netta dovuta in Italia; pertanto, dopo avere effettuato, Stato per Stato, il calcolo delle detrazioni teoriche, è necessario verificarne la capienza nell'imposta netta di periodo ed eventualmente procedere alla loro riduzione.

ESEMPIO

Reddito Stato A	100
Reddito Stato B	200
Reddito di fonte italiana	300
Reddito complessivo	600
Imposta pagata in A	22
Imposta pagata in B	65
Imposta italiana netta dovuta	144

Quota d'imposta italiana relativa al reddito Stato A = 100 × 144/600 = 24
Quota d'imposta italiana relativa al reddito Stato B = 200 × 144/600 = 48
L'imposta pagata in A (22) è interamente detraibile perché inferiore alla quota di imposta italiana riferibile al reddito prodotto nello Stato estero (24).
Per lo stesso motivo, l'imposta pagata in B (65) è detraibile solo fino a 48.
La somma delle imposte detraibili, pari a 72 (24 + 48), è inferiore all'imposta netta effettivamente dovuta in Italia (144).
L'eccedenza di imposta estera pagata nello Stato B (17) è ancora utilizzabile mediante il riporto.
In caso di **imprese** e di **artisti/professionisti** si possono verificare anche perdite in uno Stato o in Italia che influiscono sulla determinazione del credito (v. n. 95166).

Dopo aver determinato il credito e le eccedenze relative a ciascuno Stato, occorre **verificare se** il totale dei crediti, separatamente determinati, trovi capienza nell'imposta netta totale italiana: 95134
– se **trova capienza**, il totale dei crediti attribuibili a ciascuno Stato è dedotto per il suo intero ammontare e occorre memorizzare, separatamente per ciascuno Stato estero, le eccedenze derivanti dal confronto tra le imposte pagate a titolo definitivo in ciascuno Stato estero e la quota d'imposta italiana;
– se **non trova capienza**, il credito d'imposta è deducibile parzialmente, andando ad incrementare l'eccedenza riportabile. In questi casi, l'attribuzione del credito detraibile e dell'eccedenza utilizzabile all'uno o all'altro Stato estero, avviene in funzione di **valutazioni discrezionali** del contribuente (non quindi necessariamente in maniera proporzionale). Ovviamente, a ciascun Stato non può essere attribuita una detrazione maggiore di quella massima spettante, avendo riguardo alla corrispondente imposta lorda italiana, né un'eccedenza di imposta estera maggiore di quella che trova capienza nell'imposta estera effettivamente pagata.

ESEMPIO
(aliquota IRES del 24%)

Luogo di produzione del reddito	Reddito	Imposte estere	Imposta italiana	Quota d'imposta italiana relativa al reddito estero
Stato A	1.000	400		1.000/1.000 × 240 = 240
Stato B	500	50		500/1.000 × 240 = 120
Italia	– 500			
RCN	**1.000**		240	

Il contribuente può scegliere fra le seguenti **alternative**:
a) far valere interamente la detrazione per lo Stato B, nei limiti di quella massima attribuibile (50) e ridurre la detrazione spettante per lo Stato A da 240 a 190, memorizzando a suo favore l'intera eccedenza di imposta estera di 210, che trova capienza nell'effettiva imposta estera pagata.
Stato A: credito spettante = 190 (240 – 50); eccedenza dell'imposta estera = 210 (400 – 190);
Stato B: credito spettante = 50; eccedenza dell'imposta estera = 0; eccedenza dell'imposta italiana = 0.
b) ridurre entrambe le detrazioni, anche in modo non proporzionale, e ripartire nella stessa percentuale l'eccedenza globale delle imposte estere, tenendo presente tuttavia i limiti dell'imposta effettivamente pagata e della detrazione massima spettante per ciascun Stato estero. Ad esempio:
Stato A = credito spettante: 225; eccedenza dell'imposta estera: 175;
Stato B = credito spettante: 30; eccedenza dell'imposta estera: 20.
Non è invece possibile far valere interamente la detrazione di 240 per lo Stato A (nei limiti di quella massima attribuibile) e memorizzare l'intera eccedenza di imposta estera di 210 a favore dello Stato B che, invece, ha pagato imposte estere soltanto per 50.

95135 **ADEMPIMENTI** (Circ. AE 5 marzo 2015 n. 9/E) Il contribuente, per dimostrare la spettanza del credito d'imposta, deve conservare i seguenti documenti:
- **prospetto** con l'indicazione, separata **Stato per Stato**, dell'ammontare dei redditi prodotti all'estero, l'ammontare delle imposte pagate in via definitiva in relazione ai medesimi, la misura del credito spettante;
- **copia della dichiarazione dei redditi** presentata nel Paese estero, se prevista (se non è prevista, il contribuente attesta tale circostanza con una dichiarazione sostitutiva di atto di notorietà, Circ. AE 2 marzo 2016 n. 3/E);
- **ricevuta di versamento** delle imposte pagate nel Paese estero;
- eventuale **certificazione** rilasciata dal soggetto che ha corrisposto i redditi di fonte estera;
- eventuale **richiesta di rimborso**, qualora non inserita nella dichiarazione dei redditi.

95136 **Dichiarazione** (art. 165 c. 5 DPR 917/86) I **lavoratori dipendenti** possono chiedere il riconoscimento del credito d'imposta al datore di lavoro, che lo concede nelle operazioni di conguaglio indicandolo conseguentemente nella CU che rilascia al dipendente.
Altrimenti la detrazione del credito d'imposta è calcolata, come per tutti gli altri redditi esteri, nella dichiarazione relativa al periodo d'imposta cui appartiene il reddito prodotto all'estero al quale si riferisce l'imposta pagata definitivamente, a **condizione che il pagamento** stesso avvenga entro il termine di presentazione della dichiarazione relativa al periodo d'imposta successivo (termine che non varia in caso di presentazione in ritardo della dichiarazione).
Al riguardo, occorre compilare il quadro CE del modello Redditi oppure, per i soggetti che hanno i requisiti per presentare il mod. 730, il quadro G; nel 730, tuttavia, non è possibile effettuare il riporto in avanti e indietro del credito inutilizzato, v. n. 95128 né il recupero anticipato del credito, v. n. 95125 (Circ. AE 4 aprile 2017 n. 7/E).

ESEMPIO
I soggetti con periodo d'imposta coincidente con l'anno solare possono fruire del credito d'imposta riguardante un reddito prodotto nel 20XX a condizione che il pagamento dell'imposta a titolo definitivo avvenga entro il 30 novembre 20XX+2.

95138 Se il **pagamento** a titolo definitivo avviene **successivamente** alla presentazione della dichiarazione in Italia - quindi l'imposta dovuta in Italia per il periodo d'imposta nel quale il reddito estero ha concorso a formare l'imponibile è stata già liquidata - si procede a nuova liquidazione tenendo conto anche dell'eventuale maggior reddito estero, e la detrazione si opera dall'imposta dovuta per il periodo d'imposta cui si riferisce la dichiarazione nella quale è stata richiesta.

Se è già **decorso il termine per l'accertamento**, la detrazione è limitata alla quota dell'imposta estera proporzionale all'ammontare del reddito prodotto all'estero acquisito a tassazione in Italia.

Se il contribuente **ha utilizzato il credito**, nonostante l'imposta estera sia divenuta definitiva solo dopo la presentazione della dichiarazione in Italia, deve riliquidare l'imposta e versare quanto effettivamente dovuto, oltre a interessi e sanzioni calcolati dal giorno di scadenza del pagamento dell'imposta originariamente dovuta.

Omessa dichiarazione dei redditi esteri (art. 165 c. 8 DPR 917/86) Se **non è stata presentata la dichiarazione** (o è stata presentata con un ritardo superiore a 90 giorni) o se **è stata presentata**, ma senza l'indicazione dei redditi esteri, il credito d'imposta non spetta. 95139
Tuttavia, secondo l'AE e parte della giurisprudenza, il credito spetta se è presentata una **dichiarazione integrativa** (c.d. ravvedimento operoso), non oltre i termini stabiliti per l'accertamento (Cass. 31 gennaio 2011 n. 2277, Cass. 14 maggio 2014 n. 10465 e Circ. AE 5 marzo 2015 n. 9/E).

Si ricorda che la normativa interna va applicata nel caso in cui non esista una **Convenzione contro le doppie imposizioni** che regoli la materia. Tale principio è stato richiamato dalla Cassazione che, anche in caso di mancata presentazione della dichiarazione, in presenza delle Convenzioni contro le doppie imposizioni, ha riconosciuto la spettanza del credito (Cass. 14 aprile 2021 n. 9725).

CASI PARTICOLARI Si esaminano alcuni casi in cui la disciplina sopra esaminata subisce alcune variazioni per la presenza di situazioni particolari. 95141

Parziale concorso del reddito estero (art. 165 c. 10 DPR 917/86) Se il reddito prodotto all'estero concorre parzialmente alla formazione del reddito complessivo - es. **dividendi di partecipazioni**, che concorrono per il 5% (soggetto IRES) o **royalties** per beni immateriali in regime di patent box (Princ. dir. 29 maggio 2019 n. 15) - anche l'imposta estera va ridotta in misura corrispondente. 95143
Analogamente, per i **lavoratori all'estero in via continuativa** che sono tassati in base alle retribuzioni convenzionali (v. n. 8055), il credito per le imposte pagate all'estero va riconosciuto soltanto proporzionalmente alla quota-parte che concorre alla formazione della base imponibile (Ris. AE 8 luglio 2013 n. 48/E); in sostanza, le imposte pagate all'estero a titolo definitivo vanno ridotte in proporzione al rapporto tra la retribuzione convenzionale ed il reddito di lavoro dipendente che sarebbe stato tassabile in via ordinaria in Italia, cioè secondo le regole di determinazione dell'art. 51 DPR 917/86 (escluso il c. 8 bis) (vedi esempio).
La regola suddetta si applica anche se le **Convenzioni** contro le doppie imposizioni che l'Italia ha stipulato con Paesi stranieri non contengano una clausola di tenore analogo (Princ. dir. AE 29 maggio 2019 n. 15).
L'imposta estera che risulta non detraibile, non è deducibile, né altrimenti recuperabile in Italia.

La riduzione dell'imposta estera detraibile non riguarda le ipotesi in cui - per effetto di **differenti modalità di determinazione del reddito** nei vari ordinamenti - l'ammontare del reddito estero assoggettato a tassazione in Italia non corrisponda a quello tassato nello Stato estero (v. n. 95120).

ESEMPIO

Retribuzione effettiva percepita all'estero	100.000	
Imposta estera definitiva	30.000	
Retribuzione netta	70.000	
Retribuzione rideterminata secondo la legislazione italiana	105.000	
Retribuzione convenzionale imponibile in Italia	85.000	
IRPEF (35%)		29.750
Credito d'imposta fruibile: (85.000/105.000) × 30.000 =		– 24.285
IRPEF netta da versare		5.465
Reddito netto (70.000 – 29.750 + 24.285)		64.535

Redditi soggetti a ritenuta d'imposta in Italia (Cass. 1° settembre 2022 n. 25698) Se il reddito prodotto all'estero non concorre per nulla al reddito complessivo tassato in Italia, come 95144

nel caso dei **dividendi assoggettati ritenuta a titolo d'imposta** o ad imposta sostitutiva (v. n. 12400 e s.), si deve distinguere se l'applicazione della ritenuta:
– è stata richiesta dal percettore, l'imposta estera non può essere detratta dalla ritenuta;
– è obbligatoria, l'imposta estera può essere detratta dalla ritenuta.

Alcune **Convenzioni** contro le doppie imposizioni possono consentire la detrazione anche se l'applicazione della ritenuta avviene su richiesta del percettore del reddito.

95146 **Divergenza tra periodo di produzione del reddito e periodo di pagamento dell'imposta estera** (Circ. AE 5 marzo 2015 n. 9/E) Occorre **distinguere**:
– se le **imposte estere** sono state pagate a titolo definitivo **prima** delle imposte italiane, il credito d'imposta spetta nell'esercizio di pagamento delle imposte italiane;
– se invece sono pagate **in un esercizio successivo** a quello in cui è stato prodotto il reddito o, se ci si è avvalsi della relativa facoltà, a quello successivo ancora (v. n. 95125), il credito d'imposta spetta nell'esercizio in cui avviene il pagamento a titolo definitivo, con riferimento all'anno in cui il reddito è prodotto. In tal caso bisogna procedere a una nuova liquidazione dell'imposta dovuta per tale periodo, nella prima dichiarazione utile, fermo restando che la quota d'imposta italiana e l'imposta netta dovuta, rilevanti ai fini del computo della detrazione, saranno quelle relative al periodo d'imposta in cui il reddito estero ha concorso alla formazione del reddito complessivo.

95148 **Imposte pagate a titolo definitivo in maniera frazionata** (Circ. AE 5 marzo 2015 n. 9/E) È necessario effettuare ogni volta una **nuova liquidazione**. In tal caso, mentre la quota di imposta italiana riferita al reddito estero rimane un parametro fisso, ai fini dell'individuazione della detrazione massima di competenza, le imposte estere pagate in maniera frazionata devono essere sommate mano a mano che diventano definitive, così da tener conto di tutte quelle già portate in detrazione fino all'anno cui si riferisce la dichiarazione.

95151 **Accertamento di un maggior reddito estero** (art. 165 c. 7 DPR 917/86) Occorre preliminarmente **stabilire se** il maggior reddito estero rileva anche in Italia:
– se **non rileva** (rettifica dovuta a regole specifiche estere non valide in Italia), si effettua una nuova liquidazione del credito d'imposta riconoscendo le maggiori imposte estere pagate (come nel caso di pagamento dell'imposta estera in un periodo successivo illustrato al n. 95146);
– se invece **rileva** (es. reddito non dichiarato), bisogna ulteriormente distinguere a seconda che sia o meno scaduto il termine per l'accertamento:
1) se il **termine non è scaduto**, l'imponibile e la relativa imposta devono essere riliquidati, su iniziativa del contribuente (dichiarazione integrativa o produzione documentazione in sede di accertamento con adesione) o per effetto dell'attività di controllo da parte dell'AF;
2) se è **scaduto**, la maggiore imposta estera rileva solo proporzionalmente al reddito già a suo tempo tassato, non essendo possibile tenere conto del maggior reddito percepito (in quanto non più accertabile).

95153 **Accertamento di un maggior reddito italiano** (Circ. AE 21 marzo 2019 n. 4/E) Nel caso in esame, caso **inverso al precedente**, il contribuente, nell'ottica di ripristino della situazione che si sarebbe realizzata se avesse dichiarato sin da subito il proprio imponibile nella misura corretta, può chiedere che il credito per le imposte pagate all'estero sia detratto dall'imposta italiana nella misura conseguente al corretto imponibile dichiarato.
La sede più idonea per farlo riconoscere è il **contradditorio** derivante dall'**accertamento con adesione**, mediante specifica richiesta del contribuente (v. n. 88018 e s.).

---

2. Imprese

95160 Le disposizioni specifiche che sono state previste sono **volte a mitigare** eventuali effetti distorsivi derivanti dai disallineamenti tra la norma italiana e quella dello Stato estero.
Esse riguardano:
– l'individuazione dei redditi prodotti all'estero in **assenza di una S.O.** (così come definita nella Convenzione internazionale o, in assenza, nella legge italiana, v. n. 36010 e s.);

– la rilevanza di una **perdita** subita in uno Stato in presenza di utili ottenuti in un altro Stato e in Italia;
– la rilevanza delle **perdite pregresse** sul credito d'imposta;
– il meccanismo per il **riporto**, all'indietro e in avanti, delle eccedenze di imposta estera o italiana che va analizzato in presenza di perdite;
– la spettanza del credito d'imposta in caso di **società trasparenti**.

REDDITI PRODOTTI ALL'ESTERO SENZA S.O. (Circ. AE 5 marzo 2015 n. 9/E) I redditi di natura commerciale prodotti all'estero da un'impresa residente in assenza di una S.O. all'estero, se derivano da singoli elementi reddituali quali **interessi**, **dividendi**, **royalties**, anche se non sono qualificabili come redditi d'impresa ai sensi dell'art. 23 DPR 917/86 (v. n. 17004), rilevano comunque ai fini della concessione del credito d'imposta. **95163**
Se derivano da **prestazioni commerciali non riconducibili** a una delle singole categorie previste dal suddetto art. 23 DPR 917/86, non spetta il credito d'imposta (i redditi non si considerano prodotti all'estero). Ciò sia quando lo Stato estero, nella propria legislazione interna, adotta una definizione di S.O. diversa da quella adottata in Italia (es. un cantiere che dura un solo mese), sia quando assoggetta a imposizione i redditi commerciali prodotti nel proprio territorio anche in assenza di una S.O. In tal caso, le imposte ivi pagate sono detraibili come componenti negativi ai fini della determinazione del reddito complessivo.

ESEMPIO
Una società ha venduto un impianto in Perù (Paese senza convenzione) per il quale fornisce assistenza tecnica. Il cliente peruviano, in base a una norma interna, applica una ritenuta a titolo d'imposta.
In assenza di una S.O. in Perù l'imposta estera non dà diritto al credito d'imposta ma è deducibile dal reddito come costo.

REDDITI NEGATIVI E POSITIVI PRODOTTI IN PIÙ STATI (Circ. AE 5 marzo 2015 n. 9/E) Regole specifiche riguardano la rilevanza di una **perdita** subita in uno Stato in presenza di **utili** ottenuti in un altro Stato e in Italia (esempio 1) o viceversa (esempio 2). **95166**

ESEMPIO
1)

Reddito Stato estero A	200
Perdita Stato estero B	– 200
Reddito di fonte italiana	200
Reddito complessivo	200
Imposta pagata in A	40
Imposta pagata in B	0
Imposta italiana netta dovuta = imposta lorda	48

Quota d'imposta italiana relativa al reddito Stato A = 200 × 48/200 = 48
Quota d'imposta italiana relativa al reddito Stato B = 0
L'imposta pagata in A (40), è interamente detraibile perché inferiore alla quota d'imposta italiana riferibile al reddito estero di 48.
La detrazione per singolo Stato deve essere calcolata in base al rapporto tra il reddito estero di ciascuno Stato e il reddito complessivo netto; il denominatore tiene conto sia dei redditi che delle perdite conseguiti in Italia e all'estero.
Infatti, la perdita dello Stato B azzera il reddito di fonte italiana, anziché ridurre proporzionalmente anche quello dello Stato A, come, invece, avverrebbe nel caso in cui al denominatore del rapporto fossero computabili i soli redditi positivi (reddito Stato estero A 200 + reddito di fonte italiana 200), e non il reddito complessivo, ossia la somma algebrica di tutti i redditi e le perdite conseguiti sia in Italia che all'estero (reddito Stato estero A 200 + reddito di fonte italiana 200 – reddito Stato estero B 200).
Il totale dei crediti d'imposta, separatamente calcolati per ciascuno Stato, non può comunque superare l'ammontare dell'imposta netta dovuta in Italia. Pertanto, dopo avere effettuato, Paese per Paese, il calcolo delle detrazioni in astratto consentite, è necessario verificarne la capienza nell'imposta netta di periodo ed eventualmente procedere alla loro riduzione
2)
Perdita subita in Italia e utili ottenuti in altri Stati.

Luogo di produzione del reddito	Reddito	Imposte estere	Imposta italiana	Quota d'imposta italiana relativa al reddito estero
Stato A	1.000	400		1000/1000 × 240 = 240
Stato B	500	50		500/1000 × 240 = 120
Italia	– 500			
RCN	1.000		240	

* Imposta netta dovuta = imposta lorda

L'impresa potrebbe in astratto fruire di una detrazione per le imposte pagate nello Stato A pari a 240 (importo minore tra la quota d'imposta italiana relativa al reddito estero e le imposte pagate nello Stato A) e di una detrazione per le imposte pagate nello Stato B pari a 50 (importo minore tra la quota d'imposta italiana relativa al reddito estero e le imposte pagate nello Stato B).
Tuttavia, poiché l'ammontare totale delle detrazioni in astratto fruibili (290) è superiore all'imposta netta dovuta (240), la detrazione effettivamente spettante è ridotta a 240, mentre la restante eccedenza di 50 andrà riportata.

95168 **PERDITE PREGRESSE** (Circ. AE 5 marzo 2015 n. 9/E) La presenza di perdite pregresse riduce l'importo del credito d'imposta.
Se le perdite pregresse sono di importo **inferiore** al reddito prodotto in Italia, il credito d'imposta spetta regolarmente.
Se le perdite sono di importo pari o **superiore al reddito complessivo**, il credito d'imposta non spetta.
Invece, se le perdite pregresse sono di importo **superiore al reddito prodotto in Italia**, il risultato del rapporto RE/RCN deve intendersi uguale a 1 e il credito d'imposta spetta.

95175 **RIPORTO DEL CREDITO INUTILIZZATO** (art. 165 c. 6 DPR 917/86, Circ. AE 5 marzo 2015 n. 9/E) In relazione al riporto del credito inutilizzato (v. n. 95128), regole particolari riguardano le imprese che rilevano **perdite estere** o redditi esteri positivi ma **con valore negativo in Italia**, oppure che, pur avendo redditi esteri positivi, hanno il **reddito complessivo netto negativo** per la presenza di perdite, anche pregresse.
In sostanza, possono verificarsi delle situazioni in cui la rilevazione delle eccedenze è possibile pur in assenza di un reddito estero assoggettato a tassazione in Italia o in assenza di un'imposta italiana dovuta.
Nella **tabella** seguente sono sintetizzati i chiarimenti operativi.

Caso	Chiarimento
RE tassato nello Stato estero diventa **pari a zero o negativo** a seguito della rideterminazione con le disposizioni italiane	RE, divenuto perdita in Italia, riduce di pari importo il reddito imponibile e di conseguenza la relativa imposta dovuta in Italia. Pertanto, ai fini di un successivo riporto, **si memorizzano**, separatamente, l'eccedenza negativa d'imposta italiana e le imposte assolte all'estero. Tuttavia, se il **reddito imponibile in Italia è negativo** ed è superiore, in valore assoluto, alla perdita estera, non va memorizzata alcuna eccedenza negativa d'imposta italiana (restano rilevanti, per gli esercizi successivi, le imposte pagate all'estero).
RCN negativo (che azzera quindi un reddito estero positivo) a causa di perdite correnti della gestione italiana o di perdite pregresse a riporto	Se RCN negativo deriva da **perdite correnti**, queste vengono azzerate da RE e non sono più disponibili per il riporto. Pertanto, comportano soltanto la formazione e memorizzazione di un'eccedenza di imposta estera sulla quota d'imposta italiana, pari alla differenza tra le imposte estere pagate in via definitiva e la quota di imposta italiana pari a zero. Se deriva da **perdite pregresse** riportabili è possibile alternativamente (art. 84 c. 1 DPR 917/86): 1) utilizzare le perdite pregresse in diminuzione del reddito imponibile dell'esercizio in misura non superiore all'80% del medesimo e per l'intero importo che trova capienza nel loro ammontare; 2) computare le perdite in diminuzione del RCN in misura tale che l'imposta corrispondente al reddito imponibile risulti compensata da eventuali crediti d'imposta, ritenute alla fonte, versamenti in acconto o eccedenze riportate a nuovo. Di conseguenza, è possibile non utilizzare pienamente le perdite pregresse disponibili per l'ulteriore riporto, in modo da far emergere un RCN al quale corrisponda, al massimo, un'imposta pari a quella estera.

Gruppi societari (Circ. AE 5 marzo 2015 n. 9/E) Le disposizioni relative al riporto in avanti ed all'indietro del credito si applicano anche ai redditi d'impresa prodotti all'estero dalle singole **società controllate** estere partecipanti al **consolidato nazionale e mondiale** ai sensi della legge italiana, anche se residenti nello stesso Paese. Tuttavia, nel caso in cui le controllate estere siano interessate ad eventuali consolidati in tali Paesi, gli imponibili negativi non rilevano se la controllante, in presenza delle condizioni richieste, non si avvale di tale forma estera di tassazione di gruppo. **95186**

Per le regole specifiche di determinazione del credito d'imposta in caso di **consolidato fiscale** v. n. 27505 e s.

SOCIETÀ IN REGIME DI TRASPARENZA Nel caso di imposte pagate all'estero da: **società di persone**, **associazioni** e soggetti equiparati, **società di capitali** che hanno esercitato l'opzione per il regime della trasparenza (v. n. 26455 e s.), consorzi con attività esterna, il **credito** di imposta **spetta** ai singoli soci o consorziati, in proporzione alla quota di partecipazione agli utili (Ris. AE 3 ottobre 2008 n. 368/E). **95187**

Gli **utili** distribuiti ai soci residenti da società ed enti non residenti trasparenti vanno **quantificati** al netto delle imposte pagate all'estero per trasparenza dal socio italiano (modalità analoghe a quelle dei dividendi distribuiti da società estere non trasparenti, c.d. opache).

Se l'utile viene **distribuito parzialmente**, le relative imposte devono essere ridotte in proporzione.

Il socio deve dimostrare quale sia l'**annualità di formazione** dell'utile percepito; in mancanza di un adeguato supporto documentale, si ritengono distribuiti al socio italiano, in via prioritaria, gli utili più recenti.

---

3. Artisti e professionisti

REDDITI NEGATIVI E POSITIVI PRODOTTI IN PIÙ STATI Le regole specifiche previste per le imprese, riguardanti la rilevanza di una **perdita** subita in uno Stato in presenza di **utili** ottenuti in un altro Stato e in Italia o viceversa, valgono anche per gli artisti e i professionisti (v. n. 95166). **95189**

---

4. Stabili organizzazioni
(Circ. AE 5 marzo 2015 n. 9/E)

S.O. ITALIANE DI IMPRESE ESTERE Il credito d'imposta (e il riporto delle eccedenze) spetta anche alla S.O. di un soggetto estero (anche se persona fisica non residente) che produce redditi esteri. **95192**

In caso di **triangolazione** - Paese della fonte dei redditi diverso da quello in cui è situata la casa madre di una S.O. situata in Italia - se il Paese della fonte ha prelevato le imposte sulla base di una Convenzione contro le doppie imposizioni in vigore con il Paese della casa madre, le imposte estere rilevanti ai fini del credito d'imposta non possono eccedere quelle che il Paese della fonte avrebbe prelevato se fosse stata applicabile la Convenzione con l'Italia nei confronti di un soggetto ivi residente. Ciò in quanto non è possibile riconoscere alle S.O. situate in Italia un credito per imposte estere in misura superiore a quello che sarebbe stato concesso ad un soggetto residente.

S.O. ESTERE DI IMPRESE ITALIANE Consentono l'utilizzo del credito d'imposta. Se la S.O. estera produce redditi anche in uno **Stato estero diverso** da quello in cui è stabilita (es. impresa italiana con S.O. in Olanda che percepisce royalties soggette a ritenuta in Germania) il credito d'imposta è riconosciuto per le imposte pagate nello Stato di localizzazione (Olanda) al lordo degli eventuali crediti di imposta ivi concessi per le imposte pagate nel Paese terzo (Germania), purché sussistano **condizioni di reciprocità** (in caso di S.O. in Italia di un soggetto residente in Olanda, occorre che questo Stato riconosca il credito per le imposte italiane al lordo di quelle pagate in Germania). **95195**

Se l'impresa italiana e la S.O. estera **non hanno periodi d'imposta coincidenti** (es. 1/1/2023-31/12/2023 e 1/7/2023-30/6/2024), le imposte estere che gravano sul reddito complessivo della S.O. vanno ripartite in proporzione ai ricavi contabilizzati nelle due frazioni del medesimo esercizio che rilevano, a loro volta, in due diversi esercizi della casa madre.

In **alternativa** all'utilizzo del credito d'imposta della propria S.O. estera, è possibile per l'impresa residente **optare** per una esenzione (c.d. «**branch exemption**») degli utili o delle perdite da questa prodotti (v. n. 95300 e s.)

b. Utili corrisposti a soggetti non residenti

95198 La tassazione degli utili corrisposti a **società ed enti** varia a seconda dello Stato estero di residenza e del tipo di società (v. **tabella**).
Per le **persone fisiche** v. n. 17090.

Non sono soggetti a tassazione gli utili corrisposti a (**OICR**) di diritto estero con sede nella UE o nello SEE conformi alle specifiche direttive il cui gestore sia soggetto a forme di vigilanza nel Paese estero (art. 1 c. 631 e 632 L. 178/2020; per la non rilevanza di talune plus e minusvalenze, v. art. 1 c. 633 L. 178/2020).

Percipiente	Residenza	Condizione	Trattamento
Società	Stato UE o in Norvegia e Islanda	soggetta nello Stato di residenza ad un'imposta sul reddito delle società **(1)**	ritenuta a titolo di imposta con aliquota dell'**1,20% (2) (3)** (art. 27 c. 3 ter DPR 600/73)
	Stato UE	se gli utili derivano da una partecipazione nella società italiana non inferiore al 10% del capitale, detenuta da almeno un anno ininterrottamente (v. n. 95200)	nessuna ritenuta (o rimborso di quella già subita) (art. 27 bis DPR 600/73)
	Stati diversi		ritenuta del **26% (4)** (art. 27 c. 3 DPR 600/73)
Fondi pensione	Istituiti negli Stati UE o in Norvegia e Islanda		ritenuta dell'**11%** (art. 27 c. 3 DPR 600/73)
Soggetti diversi	Qualunque Stato estero		ritenuta del **27% (4)** (art. 27 c. 3 DPR 600/73)

(1) Si considera **soggetta a tale imposta** anche la società non residente che, concretamente, non paga l'imposta in virtù di particolari esenzioni oggettive collegate alla tipologia del reddito prodotto o al luogo in cui è svolta l'attività.
(2) L'aliquota ridotta **si applica** con riferimento agli utili **corrisposti** alle società e agli enti soggetti ad un'imposta sul reddito delle società negli Stati membri che sono inclusi nella white list e sono ivi residenti, solo **su richiesta** della società non residente corredata di idonea certificazione di residenza e di status fiscale rilasciata dalle autorità fiscali del Paese di appartenenza (v. n. 95210); in mancanza, si applica la ritenuta del 26%. L'aliquota ridotta **precedentemente applicabile**, fino ai periodi d'imposta in corso al 31 dicembre 2016, era dell'1,375%.
(3) I pagamenti a residenti nel **Regno Unito** non beneficiano dell'aliquota del 1,2% in quanto non appartenenti al SEE (Risp. AE 20 gennaio 2023 n. 128).
(4) Con diritto ad ottenere il **rimborso**, fino a concorrenza degli 11/26 della stessa, dell'imposta pagata all'estero in via definitiva sui medesimi utili (previa certificazione dell'ufficio fiscale straniero); in alternativa, la società o ente può chiedere alla società che distribuisce gli utili di applicare la minore imposta eventualmente prevista dalla Convenzione o, se la maggiore ritenuta è già stata applicata, il rimborso con la procedura illustrata al n. 17095.

95200 **UTILI CORRISPOSTI A SOCIETÀ RESIDENTI IN UN ALTRO STATO UE (DISCIPLINA MADRE-FIGLIA)** (art. 27 bis DPR 600/73) Le società residenti in un altro Stato della UE che soddisfano le **condizioni** elencate al n. 95205 possono chiedere il rimborso (all'AF) o la non applicazione (direttamente alla società-figlia) della ritenuta ordinaria di cui al n. 95198 sugli utili corrisposti dalla società-figlia.
Il rimborso o la non applicazione della ritenuta è comunque limitato alla quota di profitti indeducibili in capo alla società-figlia (art. 26 c. 2 L. 7 luglio 2016 n. 122): la società-madre assoggetta quindi a tassazione la quota di utili nella stessa misura in cui essi sono deducibili per la società-figlia.
Sono **assimilati agli utili** le somme corrisposte dalla società-figlia a titolo di:
– utili relativi ai contratti di associazione in partecipazione con apporto di lavoro e/o capitale e ai contratti di cointeressenza (v. n. 11145);

– remunerazioni dei titoli e degli strumenti finanziari similari alle azioni di cui al n. 11050 lett. d).

>Precisazioni 1) Il regime in esame **si applica anche** in caso di:
– partecipazioni detenute tramite **fiduciarie**, purché i requisiti sussistano in capo ai titolari effettivi delle partecipazioni stesse (Ris. AE 13 marzo 2006 n. 37/E);
– utili percepiti da **S.O.** di società residenti in altro Stato membro, purché sussistano i requisiti necessari;
– utili corrisposti in sede di liquidazione della società-figlia;
– società controllate, direttamente od indirettamente, da **soggetti non residenti nella UE**, purché le stesse dimostrino, su richiesta dell'AF, di non detenere la partecipazione allo scopo esclusivo o principale di beneficiare di questo regime agevolato. In caso contrario, infatti, la società italiana si dovrà fare carico del pagamento della ritenuta, degli interessi e delle sanzioni.

2) La richiesta di non applicazione della ritenuta è alternativa alla richiesta del **credito d'imposta** eventualmente disciplinato dalle **norme convenzionali**: direttiva e convenzione operano infatti congiuntamente ma secondo un regime di alternatività (Cass. 28 dicembre 2016 n. 27111).

Condizioni 95205

forma societaria	le società estere devono rivestire una delle forme previste nell'Allegato I parte A della Dir. 2011/96/UE (v. n. 99120) e devono essere soggette alle imposte espressamente elencate nell'Allegato I parte B della stessa direttiva (v. n. 99120), senza fruire di regimi di opzione o di esonero che non siano territorialmente o temporalmente limitati; inoltre, non devono essere considerate residenti al di fuori della UE, ai sensi di una convenzione in materia di doppia imposizione sui redditi con uno Stato terzo
partecipazione minima	le società estere devono detenere una partecipazione diretta non inferiore al 10% del capitale di una società di capitali residente
periodo di possesso	la partecipazione deve risultare detenuta ininterrottamente per **almeno un anno**; qualora la condizione non risulti soddisfatta al momento della corresponsione dei dividendi, il percettore deve subire la ritenuta (Ris. AE 29 luglio 2005 n. 109/E). Potrà chiederne eventualmente il rimborso, nel momento in cui matura il requisito

La società-madre che ha i requisiti sopra illustrati (o il rappresentante autorizzato) può chiedere direttamente alla società-figlia la non applicazione della ritenuta, o il rimborso dell'imposta eventualmente già applicata, compilando, in duplice copia, l'apposito **modello E**, indicando i dati necessari per l'ottenimento del rimborso o della non applicazione della ritenuta e fornendo l'**attestazione** dell'Autorità fiscale estera circa la sussistenza dei requisiti relativi alla residenza nello Stato UE, alla forma sociale e alle imposte estere cui la società è sottoposta (Provv. AE 10 luglio 2013). Quest'ultima ha validità annuale dalla data di rilascio, a condizione che permangano tutti i requisiti richiesti. 95210

In base alle risposte apparse sul sito www.agenziaentrate.gov.it, l'Autorità fiscale del Paese di residenza del beneficiario può rilasciare tale Attestato di residenza fiscale utilizzando una **propria modulistica** e in esso può essere attestato il soddisfacimento del **requisito** di residenza anche solo con riferimento **alla data di attestazione**, non necessariamente quindi in relazione a tutto il periodo d'imposta.

Se la **non applicazione** della ritenuta è richiesta, il modello e la documentazione utile per comprovare la sussistenza dei requisiti vanno consegnati alla società-figlia (o all'intermediario in caso di custodia titoli), **entro** la data di pagamento degli utili. La società-figlia li deve conservare fino a quando non siano decorsi i termini per gli accertamenti relativi al periodo d'imposta in corso alla data del pagamento dei dividendi, e comunque fino a quando non siano definitivi gli accertamenti.

Se si chiede il **rimborso**, il modello e la documentazione vanno inviati, **entro** 48 mesi dalla data in cui è stata operata o versata la ritenuta, all'AE, Centro Operativo di Pescara - via Rio Sparto, 21 65129 Pescara - Italia (fax 085/ 52145 - indirizzo email: cop.pescara.rimborsinonresidenti @agenziaentrate.it). Nel caso in cui il rimborso si riferisca a **ritenute operate in anni diversi**, l'attestazione dell'autorità fiscale estera contenuta nel modello può coprire diverse annualità.

Il modello è **reperibile sul sito** www.agenziaentrate.gov.it.

Se le partecipazioni sono detenute tramite **fiduciaria**, la stessa deve acquisire dal fiduciante il modello contenente la richiesta di disapplicazione della ritenuta e la documentazione circa la sussistenza dei requisiti, trasmettendo un'apposita dichiarazione di responsabilità alla società-figlia. Inoltre, deve conservare il tutto nei termini sopra visti, e comunque fino a quando non siano definitivi gli accertamenti (Ris. AE 13 marzo 2006 n. 37/E). In quest'ultimo caso, infine, la società-figlia, in relazione ai dividendi cui è stata applicata l'esenzione, indica nel proprio modello 770 i dati relativi alla fiduciaria; quest'ultima, nel proprio modello 770 deve indicare i dati identificativi degli effettivi proprietari delle partecipazioni.

c. Interessi e canoni corrisposti a società consociate residenti in Stati UE

(art. 26 quater DPR 600/73 e Circ. AE 2 novembre 2005 n. 47/E)

95230 Gli interessi o i canoni **pagati da una società di capitali** (o da un ente commerciale pubblico o privato) **residente** in Italia - soggetta all'IRES senza fruire di regimi di esonero - ad una società o ad una S.O. residente in un altro Stato UE, sono esenti da imposta se sono soddisfatti alcuni **requisiti** soggettivi e partecipativi.

L'esenzione si applica anche se gli interessi o i canoni sono **pagati da una S.O.** in Italia di una società residente in uno Stato UE, **se** è assoggettata all'IRES senza fruire di regimi di esonero **e** gli interessi o i canoni sono inerenti all'attività della S.O.

> **Precisazioni 1)** Per eventuali **ritenute applicate ma non dovute**, può essere presentata richiesta di rimborso, con le modalità indicate al n. 95260. Il **rimborso** deve essere effettuato **entro** un anno dalla presentazione della richiesta o dalla successiva data di acquisizione degli elementi informativi richiesti; in caso contrario sulle somme rimborsate sono dovuti gli interessi (art. 38 c. 6 DPR 602/73).
> **2)** A seguito della Brexit i pagamenti di interessi e canoni corrisposti a soggetti residenti nel **Regno Unito** non beneficiano più del regime di esenzione (FAQ AE 31 dicembre 2020).

95240 **REQUISITI PER ESENZIONE**

del beneficiario degli interessi /canoni	– rivestire una delle **forme giuridiche** elencate nell'Allegato A del DPR 600/73 (v. n. 99125); – **risiedere** ai fini fiscali in UE senza essere considerato, ai sensi di una Convenzione con uno Stato terzo, residenti al di fuori dell'UE; – essere assoggettato, senza fruire di regimi di esonero, a una delle **imposte** di cui all'Allegato B DPR 600/73 (v. n. 99125), o ad altra analoga applicata in sostituzione o in aggiunta alle stesse; – essere **beneficiario effettivo** degli interessi e dei canoni **(1) (2)**
partecipativi (3)	– la società residente deve **detenere direttamente almeno il** 25% dei diritti di voto esercitabili nell'assemblea ordinaria del beneficiario (o della CM della S.O. beneficiaria) **o viceversa**; – una terza società, avente i requisiti soggettivi, detiene i diritti di voto sia nella società pagatrice che nella beneficiaria (o nella CM della S.O. beneficiaria)
periodo di possesso	le partecipazioni devono essere detenute ininterrottamente per almeno un anno. Se, al momento del pagamento degli interessi e dei canoni, non si è ancora verificato il requisito temporale relativo all'ininterrotta detenzione dei diritti di voto nella percentuale richiesta, il beneficiario non può chiedere l'esenzione, ma può chiedere il rimborso nel momento successivo in cui si realizza il requisito (v. n. 95260)

(1) Quindi quando riceve gli interessi o i canoni in qualità di beneficiario finale **e non di** intermediario, agente, delegato o fiduciario; in caso di S.O., quando il credito, il diritto o l'utilizzo che generano i pagamenti degli interessi e dei canoni si ricollegano effettivamente alla S.O. e costituiscono redditi per i quali la stessa è assoggettata, nello Stato UE in cui è situata, ad una delle imposte previste o, in Belgio, all'«impôt des non-residents/belasting der niet-verblijfhouders», e in Spagna all'«impuesto sobre la Renta de no Residentes». L'**attestazione di residenza fiscale** in uno Stato rilasciata dalle competenti autorità di quello Stato non può essere disconosciuta avendo validità probatoria vincolante (CTP Milano 27 novembre 2017 n. 6579 e Cass. 3 febbraio 2012 n. 1553).
(2) Se il pagatore è **controllato**, direttamente o indirettamente, dal beneficiario effettivo, o entrambi sono controllati direttamente o indirettamente da un terzo e l'importo degli interessi e dei canoni è superiore al valore normale (v. n. 842), l'esenzione da ritenuta si applica entro il valore normale, l'eccedenza è assoggettata alla ritenuta ordinaria (o alla minore prevista dalle Convenzioni).
(3) Rileva qualsiasi diritto reale che attribuisca il diritto di voto nell'assemblea ordinaria (es. pegno).

95250 **INTERESSI E CANONI** Sono **interessi** i redditi da crediti di qualsiasi natura (anche moratoria), garantiti o non da ipoteca e, in particolare, i redditi derivanti da titoli, da obbligazioni e da prestiti, compresi gli altri proventi derivanti dai suddetti titoli e prestiti. Vi rientrano, inoltre, i proventi di certificati di deposito, dei buoni fruttiferi, i proventi di ogni tipo di titolo non aventi natura partecipativa, sia di massa (ad esempio, certificati di partecipazione ad organismi d'investimento collettivo e i titoli atipici) sia individuali (quali le cambiali finanziarie e le accettazioni bancarie).

Sono **canoni** i compensi di qualsiasi natura percepiti per l'uso o la concessione in uso:
- del diritto di autore su opere letterarie, artistiche o scientifiche, comprese le pellicole cinematografiche e il software;
- di brevetti, marchi di fabbrica o di commercio, disegni o modelli, progetti, formule o processi segreti o per informazioni concernenti esperienze di carattere industriale, commerciale o scientifico;
- di attrezzature industriali, commerciali o scientifiche (v. n. 17170).

Viceversa, non sono interessi (in particolare, nei primi tre casi, in presenza delle condizioni ivi previste, si applica la disciplina di favore degli utili corrisposti da società-figlie a società-madri residenti UE di cui al n. 95200):
- utili relativi ai contratti di associazione in partecipazione con apporto di lavoro e/o capitale e dai contratti di cointeressenza (v. n. 11145);
- remunerazioni dei titoli e degli strumenti finanziari similari alle azioni di cui al n. 11050 lett. d);
- remunerazioni degli strumenti finanziari indicati al n. 22805, anche per la quota che non comporta la partecipazione ai risultati economici della società emittente o di altre società appartenenti allo stesso gruppo o dell'affare in relazione al quale gli strumenti finanziari sono stati emessi;
- pagamenti relativi a crediti che autorizzano il creditore a rinunciare al suo diritto agli interessi in cambio del diritto a partecipare agli utili del debitore;
- pagamenti relativi a crediti che non contengono disposizioni per la restituzione del capitale o per i quali il rimborso debba essere effettuato trascorsi più di cinquanta anni dalla data di emissione.

MODALITÀ PER OTTENERE ESENZIONE (Provv. AE 10 luglio 2013 n. 2013/84404) 95260

Il beneficiario deve compilare un apposito **modello F** (reperibile sul sito dell'AE: www.agenziaentrate.gov.it) in due esemplari, uno dei quali va presentato, entro la data di pagamento degli interessi e canoni, al soggetto debitore che applica l'esenzione. Se il beneficiario deve ricevere sia interessi che canoni dallo stesso debitore, può presentare un'unica domanda di esenzione.

In caso di richiesta di **rimborso**, il modello va presentato **entro il termine** di 48 mesi dalla data in cui la ritenuta è stata operata o versata, all'AE - Centro operativo, via Rio Sparto 21, 65129 Pescara - Italia (fax 085/ 52145 - indirizzo email: cop.pescara.rimborsinonresidenti@agenziaentrate.it). In tal caso, al modello deve essere allegata la documentazione comprovante il diritto al rimborso (es. documentazione dei requisiti della detenzione, copia del contratto relativo agli interessi/canoni, documenti da cui risulti il pagamento dei redditi, dichiarazione del debitore circa l'applicazione della ritenuta, ecc.).

Il modello ha **validità annuale** dalla data del rilascio dell'attestazione di residenza fiscale o di esistenza della S.O., a condizione che sussistano durante l'intero periodo tutti i requisiti richiesti.
La documentazione va conservata fino a quando non siano decorsi i termini per gli accertamenti relativi al periodo d'imposta in corso alla data di pagamento degli interessi o dei canoni e, comunque, fino a quando non siano definiti gli accertamenti stessi.

d. Dividendi, interessi e canoni corrisposti da/a consociate svizzere

Misure analoghe a quelle sopra illustrate per le società consociate appartenenti alla UE sono applicabili anche con la Svizzera, dato l'Accordo stipulato con la UE, in vigore da tempo (Gazzetta ufficiale UE serie L. n. 385 del 29 dicembre 2004 ed integralmente sostituito dal protocollo di modifica approvato con Decisione UE 8 dicembre 2015 n. 2400). 95280

In pratica, se una delle due società (madre o figlia) ha la residenza fiscale in Italia e l'altra in Svizzera, i **dividendi** corrisposti dalla società-figlia non sono soggetti a ritenuta, a condizione che:
- la società-madre detenga direttamente almeno il 25% del capitale della società-figlia per un periodo minimo di due anni;
- nessuna delle due abbia la residenza fiscale in uno Stato terzo sulla base di un accordo in materia di doppie imposizioni con lo stesso;
- entrambe adottino la forma di società di capitali e siano assoggettate all'imposta diretta sugli utili senza beneficiare di esenzioni. A tal fine, la società svizzera deve dimostrare, con idonea documentazione, di non godere di particolari regimi agevolativi consistenti nell'esenzione dei redditi da uno dei tre livelli di tassazione diretta - federale, cantonale e municipale - in applicazione di disposizioni di legge o per effetto di provvedimenti amministrativi (Risp. AE 15 febbraio 2019 n. 57 e Ris. AE 10 maggio 2007 n. 93/E)

Gli **interessi e i canoni** corrisposti da società consociate sono esenti da ritenuta a condizione che:
– una delle società abbia la residenza fiscale (o una S.O. sia situata) in Italia e l'altra società abbia la residenza fiscale (o la S.O. sia situata) in Svizzera;
– le società siano collegate da una partecipazione diretta minima pari al 25%, detenuta per almeno due anni, o siano entrambe detenute da una terza società che detiene direttamente almeno il 25% del capitale di entrambe per un minimo di due anni;
– nessuna delle società abbia residenza fiscale in uno Stato terzo sulla base di un accordo in materia di doppie imposizioni con lo stesso;
– tutte le società adottino la forma di società di capitali e siano assoggettate all'imposta diretta sugli utili delle società senza beneficiare di esenzioni, in particolare con riguardo al pagamento di interessi e di canoni.

>Precisazioni **1)** La Svizzera ha dato **attuazione** alla disciplina prevista per i dividendi, stabilendo una procedura diretta per ottenere l'esenzione all'atto del pagamento e una procedura di rimborso; per quanto riguarda l'Italia l'esenzione dalla ritenuta, o il rimborso, sono richiesti mediante apposito modello disponibile sul sito dell'AE www.agenziaentrate.gov.it (Provv. AE 15 gennaio 2008).

2) Il **trasferimento di sede** di una società madre dalla Svizzera al Lussemburgo **in continuità giuridica** (trasferimento ammesso nei due ordinamenti di «provenienza» e di «arrivo»), che non comporta quindi lo scioglimento e la successiva ricostituzione della società trasferita, assicura la continuità del periodo di possesso che consente di mantenere i benefici di esenzione da ritenuta già applicati sull'incasso dei dividendi distribuiti dalla società figlia italiana (Risp. AE 11 settembre 2019 n. 380).

e. Branch exemption

(art. 168 ter DPR 917/86 e Provv. AE 28 agosto 2017 n. 165138)

95300 L'impresa casa madre residente (d'ora in avanti CM) può optare per l'esenzione degli utili di tutte le stabili organizzazioni (S.O.) estere possedute (c.d. branch exemption, d'ora in avanti **BEX**). Il meccanismo, alternativo al credito per imposte pagate all'estero, comporta l'esclusione da tassazione domestica della CM dell'utile o della perdita conseguite dalle S.O., che scontano così le imposte solo nel Paese di localizzazione.

Nel caso in cui la CM trasferisca **attivi ad una** propria S.O. estera per la quale si applica la BEX si genera un reddito tassabile (c.d. **«exit tax»**) come illustrato al n. 93780. **Viceversa**, gli eventuali attivi facenti parte del patrimonio della S.O. trasferiti alla CM sono valutati fiscalmente in Italia con le modalità illustrate al n. 94050 e s.

95305 **BENEFICIARI** Possono optare per la BEX tutte le CM residenti **titolari di reddito d'impresa**.

È discusso se anche le **S.O. italiane di soggetti non residenti** possano, con riferimento ad altre loro eventuali S.O. all'estero (c.d. S.O. di secondo livello), optare per la BEX.

95307 **CONFIGURABILITÀ DI UNA S.O.** La BEX è efficace a **condizione** che, nello Stato estero di localizzazione, la S.O. si qualifichi come tale ai sensi della Convenzione contro le doppie imposizioni, in mancanza, ai sensi della legislazione domestica dello Stato di localizzazione o del TUIR (art. 162 DPR 917/86).

95310 **RESIDENZA DELLA S.O. IN PARADISI FISCALI** La BEX ha validità solo per le S.O. residenti in Stati a fiscalità privilegiata per le quali ricorre **l'esimente** per la disapplicazione delle regole sulle CFC (v. n. 21940 e s.) (c.d. «black branch»).

95313 **OPZIONE** Per aderire alla BEX la CM **esercita** un'opzione **irrevocabile** e **totalitaria** (necessariamente inclusiva di **tutte** le S.O. **esistenti al momento** dell'esercizio e valida, senza necessità di esprimere un'ulteriore opzione, anche per quelle **costituite successivamente**).
L'opzione deve essere esercitata nella dichiarazione dei redditi relativa al periodo d'imposta di costituzione della S.O., con effetto dallo stesso.
In ogni caso, il mancato esercizio dell'opzione nei termini indicati non impedisce alla CM di accedere **successivamente** alla BEX. Essa infatti può accedervi in seguito, ogni volta che costituisce una nuova S.O. e con riferimento al periodo di costituzione della stessa (in tal caso, sono coinvolte tutte le S.O. esistenti).

>**Precisazioni** 1) In caso di **cessazione** di efficacia dell'opzione (chiusura di tutte le S.O. esenti), la costituzione, nei successivi tre periodi d'imposta, di una o più S.O. nei medesimi Stati o territori esteri, in assenza di una nuova opzione, può essere valutata in termini di un'eventuale elusività dell'operazione. La CM ha, comunque, il diritto di presentare istanza di interpello probatorio per conoscere se le operazioni poste in essere rappresentino ipotesi di abuso del diritto.
2) Le **operazioni straordinarie** non determinano l'interruzione della BEX quando l'incorporante, la società risultante dalla fusione, il conferitario o il beneficiario («avente causa») è già in regime di BEX o sceglie di esercitare l'opzione nella dichiarazione dei redditi relativa al periodo di imposta di efficacia giuridica dell'operazione straordinaria.
3) L'**irrevocabilità dell'opzione** comporta che, anche nel caso si presenti successivamente una **dichiarazione integrativa a «sfavore»** pagando le maggiori imposte, sanzioni ed interessi, dovute alla rinuncia all'esenzione, l'originaria scelta non è comunque modificabile (Princ. dir. AE 28 novembre 2018 n. 13).

EFFETTI L'esercizio dell'opzione comporta che gli **utili attribuibili alla CM** dalle S.O. sono esenti (e le **perdite** non utilizzabili). L'esenzione si realizza tramite apposite variazioni fiscali (in diminuzione per gli utili, in aumento per le perdite) che la CM indica nel quadro RF. **95315**

DETERMINAZIONE DEL REDDITO DELLA S.O. ESENTE La base di partenza è il **rendiconto** economico e patrimoniale di cui al n. 36055 (art. 152 c. 1 DPR 917/86). Le operazioni intercorse tra S.O. esente e CM o tra S.O. e altra S.O. appartenenti al medesimo gruppo, si rilevano nel rendiconto applicando i principi del transfer pricing. **95317**
L'utile (o la perdita) esente, da trasferire alla CM, si ottiene apportando al risultato del rendiconto le **variazioni** in aumento e diminuzione previste dalle disposizioni in materia di reddito d'impresa dei soggetti residenti (con le particolarità indicate sotto per ACE e CFC).
È possibile **affrancare** gli utili **risultanti dal bilancio 2021** attribuibili dalle **partecipate estere** alla S.O. esercitando l'opzione per l'applicazione dell'**imposta sostitutiva** con le regole e alle condizioni illustrate ai n. 21960 e s.

ACE La disciplina dell'ACE (v. n. 25947 e s.) si applica alle S.O. con **riferimento** alla variazione in aumento del fondo di dotazione rispetto a quello esistente alla chiusura dell'esercizio in corso al 31 dicembre 2010 e tenendo conto delle seguenti particolarità (Provv. AE 28 agosto 2017): **95320**
– la **base** di partenza cui commisurare gli eventuali incrementi rilevanti è rappresentata dal maggiore tra il fondo di dotazione contabile al 31/12/2010 e il fondo congruo a fini fiscali a tale data;
– la **variazione** del fondo di dotazione è formata dalla somma algebrica degli incrementi derivanti da apporti in denaro operati dalla CM alla S.O., dagli utili mantenuti nell'economia della S.O. e dalle rettifiche contabili e fiscali e i decrementi derivanti dalle riduzioni del fondo di dotazione contabile della S.O. con attribuzione alla CM, effettuate a qualsiasi titolo;
– l'**ammontare complessivo** del rendimento nozionale relativo a tutte le S.O. non può essere superiore al rendimento nozionale relativo all'impresa nel complesso; l'eventuale eccedenza, viene imputata in proporzione al rendimento nozionale relativo a ogni singola S.O., che viene conseguentemente ridotto.
Il rendimento nozionale relativo ad ogni singola S.O. viene dedotto dal reddito complessivo netto della stessa fino a concorrenza dello stesso; la **parte eccedente** deve essere riportata dalla medesima nei periodi d'imposta successivi, senza alcun limite quantitativo e temporale.
Per la CM l'attribuzione del fondo di dotazione alla S.O. non rileva come elemento negativo della variazione del capitale proprio.

CFC Gli utili e le perdite delle S.O., site in Stati o territori a **regime fiscale privilegiato** o in **territori particolari** e per le quali **non ricorre l'esimente** richiesta per la disapplicazione delle regole CFC, **concorrono integralmente** alla formazione del reddito della CM (tassazione per trasparenza) al momento della distribuzione ai suoi soci. In altri termini, la tassazione avviene in misura piena in capo alla società e non in capo ai soci. **95323**
Per individuare la quota di utili proveniente da Stati a regime fiscale privilegiato, la CM deve **documentare** di volta in volta la provenienza degli utili distribuiti ai suoi soci. In assenza di un'adeguata documentazione di detta provenienza, si ritengono **presuntivamente** distribuiti, in via prioritaria e fino a concorrenza, gli utili provenienti da Stati a regime fiscale privilegiato.
Se nello Stato estero vi sono **più siti produttivi** e ognuno di essi configura una S.O., ciascun sito produttivo, che integri i presupposti per l'applicazione del regime CFC, viene considerato come una singola S.O. Diversamente, se **solo alcuni siti produttivi** integrano i presupposti per

l'applicazione della CFC o dimostrano la sussistenza delle esimenti per la disapplicazione della stessa, gli stessi sono considerati come un'unica S.O.
La **dimostrazione delle esimenti** deve essere fornita singolarmente per ciascuna S.O., anche in presenza di più siti produttivi. Se la S.O. esente dimostra che:
– svolge un'effettiva attività industriale o commerciale nel territorio estero ed è ivi concretamente radicata, viene riconosciuto il credito d'imposta indiretto (sui dividendi distribuiti) per imposte assolte dalla S.O.;
– con la S.O. non si consegue l'effetto di localizzare i redditi in Stati o territori a fiscalità privilegiata, viene esclusa direttamente la tassazione dei dividendi provenienti dagli Stati indicati.
In assenza di esimenti per la disapplicazione della CFC, il reddito da imputare alla CM viene determinato dopo aver attribuito alla S.O. gli utili e le perdite come se fosse un'entità separata.

> **Precisazioni 1)** Il possesso di una S.O. alla quale si applicano le previsioni CFC, in caso di BEX, deve essere **indicato separatamente** dall'impresa nella dichiarazione dei redditi. Tale **obbligo non sussiste** se la CM ha ottenuto parere favorevole all'interpello probatorio delle esimenti.
> **2)** In caso di **omessa indicazione** in dichiarazione, in assenza di parere favorevole all'istanza di interpello, si applicano le specifiche sanzioni (10% del reddito conseguito dal soggetto estero partecipato e imputabile nel periodo d'imposta, anche solo teoricamente, al soggetto residente in proporzione alla partecipazione detenuta, con un minimo di € 1.000 ed un massimo di € 50.000).

95325 **RECAPTURE DELLE PERDITE FISCALI PREGRESSE** Eventuali perdite **prodotte nei cinque periodi d'imposta antecedenti** l'opzione sono soggette ad un particolare meccanismo di riassorbimento (c.d. recapture): i redditi realizzati dalla S.O. BEX partecipano alla formazione del reddito imponibile della CM, **fino a concorrenza** delle perdite fiscali nette pregresse prodotte ed effettivamente utilizzate (le perdite non utilizzate non formano oggetto di recapture ma non possono nemmeno essere riportate in avanti secondo le ordinarie regole).
Si considerano **effettivamente utilizzate** le perdite che hanno compensato in tutto o in parte il reddito imponibile della CM (se sono state conseguite perdite fiscali sia dalla S.O. sia dalla CM si considerano prioritariamente utilizzate quelle di quest'ultima).
In caso di adesione al regime di **consolidato fiscale** nazionale (o alla **trasparenza fiscale**), la CM può scegliere di considerare definitivamente utilizzate le perdite fiscali realizzate dalla S.O. nei cinque periodi d'imposta antecedenti quello in cui ha effetto l'opzione, nell'ipotesi in cui, non avendo utilizzato essa stessa dette perdite, siano state trasferite al regime di consolidato (trasparenza). In alternativa, le perdite fiscali della S.O. trasferite al regime di consolidato (trasparenza) e non utilizzate vengono sterilizzate in misura corrispondente e quindi non sono riportabili.

> In presenza di **più siti produttivi**, CM deve calcolare il recapture per singolo Stato, assumendo che esista solo una S.O.: il recapture delle perdite si determina sommando algebricamente, per singolo Stato, per i cinque periodi antecedenti all'opzione, i risultati conseguiti dalla S.O.

95327 **Trasferimento della S.O.** Se la S.O., o parte di essa, soggetta al meccanismo del recapture, è trasferita, a qualsiasi titolo:
– **ad altra impresa dello stesso gruppo** della CM: la regola sul recupero delle perdite fiscali pregresse prosegue sempre sull'avente causa;
– a un **soggetto non residente o non appartenente allo stesso gruppo** della CM: in caso di operazione realizzativa, il dante causa scomputa il recapture, ove esistente, dall'eventuale plusvalenza esente realizzata e fino a concorrenza della stessa; in caso di operazione neutrale, il recapture prosegue in capo all'avente causa.

> L'impresa che cede la S.O., o parte di essa, deve **indicare nell'atto di trasferimento** l'ammontare dell'eventuale perdita netta realizzata dalla S.O. ceduta nei 5 periodi d'imposta precedenti al trasferimento. L'eventuale plus/minusvalenza concorre alla formazione del recapture che prosegue nei confronti dell'avente causa, se questi è residente in Italia, abbia esercitato l'opzione per la BEX o la eserciti successivamente al trasferimento.

95330 **IPOTESI DI DOPPIA DEDUZIONE/ESENZIONE E ALTRE FATTISPECIE ELUSIVE** Eventuali fenomeni di doppia deduzione o doppia esenzione (c.d. «**mismatching**»), derivanti da **disallineamenti** tra l'ordinamento italiano e quello estero della S.O. esente, devono essere **sterilizzati**. I casi che si verificano sono pubblicati sul sito istituzionale dell'AE, aggiornato periodicamente, tenendo anche conto degli sviluppi della normativa e delle raccomandazioni elaborate dall'UE e dall'OCSE.

IRAP Il valore della produzione netta della CM da assoggettare a IRAP si determina **scomputando** quello relativo alla S.O. esente, calcolato in via analitica partendo dal rendiconto economico e patrimoniale e non va compilata la sezione II del quadro IS del modello IRAP. 95333

II. Convenzioni bilaterali

Una Convenzione fiscale è un trattato internazionale con cui due Stati limitano la propria potestà impositiva relativamente alle categorie di reddito più rilevanti e regolano alcuni aspetti generali (es. principio di non discriminazione, procedura amichevole, ecc.). 95450
Le Convenzioni devono essere ratificate con legge ordinaria ed entrano in vigore dopo che i due Paesi contraenti si scambiano gli strumenti di ratifica.
Le norme contenute nelle Convenzioni **prevalgono su quelle interne**: in caso di conflitto si applica la norma del trattato.
Con l'entrata in vigore delle Convenzioni gli obblighi tributari ordinari dei contribuenti possono risultare limitati o addirittura annullati. Le Convenzioni, peraltro, **non possono** in nessun caso **imporre** nuove imposte o nuovi obblighi non stabiliti dalla legge interna. È necessario, quindi, **verificare preliminarmente** se nella legge interna è prevista la tassazione di un determinato reddito; in caso affermativo si deve appurare se tale tassazione viene o meno limitata dal trattato. Se, invece, la **Convenzione prevede una maggiore tassazione**, si applica la norma interna più favorevole (art. 169 DPR 917/86).

In data 7 luglio 2017 è stata approvata dall'OCSE la **Convenzione Multilaterale** che, una volta ratificata dagli Stati, permetterà l'adozione dei principi del progetto BEPS nelle singole Convenzioni senza la necessità di passare per modifiche concordate a livello bilaterale. La Convenzione Multilaterale consente ai singoli Stati di esercitare apposite riserve al fine di disapplicare più disposizioni in essa contenute. La Convenzione è entrata in vigore il 1° luglio 2018 con primo periodo di imposta interessato 2021, non ancora per l'Italia che non ha depositato lo strumento di ratifica.

CONCETTI GENERALI Le Convenzioni definiscono al loro interno i concetti presi in considerazione (imposte, soggetti passivi, autorità competenti, ecc.). 95480
Tra questi meritano particolare attenzione le nozioni di: residenza, stabile organizzazione, imprese associate.

Relativamente ai **soggetti** ai quali le Convenzioni si **applicano**, il modello OCSE suggerisce l'**esclusione** dei casi in cui le società sono possedute da soci non residenti nello stesso Paese della società e, comunque, dei casi in cui l'intento di approfittare del più favorevole regime convenzionale è il motivo dello scambio (c.d. società conduit).

Residenza	individua i soggetti ai quali si applicano le norme convenzionali. I soggetti devono essere persone (fisiche e non) od enti residenti in uno dei due Stati contraenti. In base alla verifica della residenza in uno dei due Stati, la tassazione di uno stesso reddito viene ripartita in diversa misura fra lo Stato di residenza del beneficiario e quello della fonte **(1)**
Stabile organizzazione (S.O.)	la nozione è di grande importanza, soprattutto in relazione alla possibilità di tassare il reddito d'impresa nello Stato dove questo è prodotto. Di norma nelle Convenzioni è contenuto un elenco, solamente indicativo, di casi particolari che costituiscono S.O. - es.: sede di direzione, succursale, ufficio, officina, laboratorio, miniera - mutuando, a tal fine, la nozione di stabile organizzazione contenuta nel modello OCSE **(2) (3)**
Imprese associate (4)	in genere due imprese sono considerate associate quando: – un'impresa di uno Stato partecipa, direttamente od indirettamente, alla direzione, al controllo od al capitale di un'impresa di un altro Stato; – le medesime persone o società partecipano, direttamente od indirettamente alla direzione, al controllo o al capitale di due imprese situate in due Stati diversi

(1) Normalmente, per la definizione del concetto di residenza, vi è un rinvio alle legislazioni interne dei due Stati contraenti. Se un soggetto, in base alle legislazioni interne, è considerato residente da entrambi gli Stati - è il caso della c.d. **doppia residenza** - sono previsti criteri suppletivi per stabilire il Paese di residenza: dimora permanente, centro degli interessi vitali (legami personali ed economici), soggiorno abituale, nazionalità. Se, infine, il soggetto possiede la **nazionalità di entrambi gli Stati**, la questione sarà risolta dalle Autorità competenti per il tramite di una procedura amichevole.

(2) Non è, invece, prevista un'analoga definizione per la **base fissa**, relativa all'**esercizio di arti e professioni.** Ciò viene ovviato, in via interpretativa, adattando i concetti della stabile organizzazione.
(3) La **normativa italiana** contiene una definizione di S.O. ai fini dell'applicazione delle imposte dirette e dell'IRAP, comunque basata sul modello OCSE (v. n. 36010), che trova applicazione sia nei casi in cui manca una Convenzione che disciplina le specifiche situazioni sia nei casi in cui la norma interna è più favorevole di quella convenzionale (art. 169 DPR 917/86). Per le cosiddette ipotesi negative (tipologie di attività che escludono la presenza della stabile) si devono verificare le singole Convenzioni in quanto normalmente non richiedono come precondizione il carattere preparatorio o ausiliario.
(4) Tale legame assume rilievo quando le **relazioni finanziarie ed economiche** tra le imprese sono poste in essere a **condizioni diverse** da quelle che sarebbero state utilizzate con **terze parti**. In tal caso è possibile, per lo Stato nel quale si è avuta la riduzione dell'utile in seguito ai particolari rapporti tra le imprese, procedere alla **ripresa a tassazione** dello stesso. L'altro Stato, conseguentemente, dovrebbe procedere a rettificare l'imposta già applicata su tali utili in capo all'altra società.

95490 **METODI PER EVITARE LE DOPPIE IMPOSIZIONI** Le Convenzioni prevedono una clausola per evitare la doppia imposizione e, al tempo stesso, indicano il criterio di tassazione applicabile.
L'Italia applica di norma il sistema del **credito d'imposta**, in base al quale se il percettore del reddito è un residente in Italia, il reddito estero entra a comporre il reddito complessivo tassabile in Italia ed al percettore è riconosciuto un credito d'imposta per le imposte pagate all'estero (v. n. 95090).
In alcuni trattati sono previste **norme particolari** per non fare perdere agli investitori esteri gli eventuali **incentivi fiscali** previsti - da leggi nazionali o dai trattati stessi - per lo sviluppo dell'economia. Per tale motivo in alcune Convenzioni è previsto che l'Italia, quale Stato di residenza, accordi un credito corrispondente all'imposta che sarebbe astrattamente applicabile sul reddito nel Paese della fonte, se questo non avesse applicato le misure agevolative.
Si tratta di un **credito** fittizio o **figurativo**, in quanto l'imposta estera non è stata effettivamente pagata.
Il credito figurativo può essere correlato all'imposta che sarebbe pagabile in assenza della disposizione interna agevolativa (c.d. **tax sparing credit**) oppure essere stabilito in misura forfettaria da una disposizione interna o convenzionale (c.d. **matching credit**).
Nel primo caso il credito figurativo non spetta se l'esenzione dalla tassazione deriva da una disposizione convenzionale, anziché da una norma interna dello Stato della fonte.

Esempi di crediti figurativi
Nel trattato Italia-**Argentina** (art. 24 c. 5) è previsto che se l'imposta argentina sugli utili d'impresa non è prelevata in tutto o in parte per un periodo di tempo, verrà concesso un credito corrispondente al 15% degli utili, come se fosse stata pagata l'imposta in tale misura.
Nel trattato Italia-**Brasile** (art. 23 par. 4) si considera che il tributo brasiliano su dividendi, interessi e royalties sia sempre pagato nella misura del 25% ai fini della detrazione che il residente italiano opera dall'imposta italiana.

95494 **Procedura amichevole (c.d. MAP)** (art. 25 Modello di Convenzione OCSE) Serve alle AF degli Stati contraenti (per l'Italia, dal 1° gennaio 2017, l'AE) per risolvere una controversia internazionale, che si origina se un soggetto residente di uno dei due Stati ritiene che le misure adottate da una, o entrambe, le AF comportino o comporteranno nei suoi confronti un'imposizione non conforme alle disposizioni della Convenzione. Rimane comunque ferma la possibilità di adire anche l'**autorità giudiziaria** per evitare che, in pendenza di procedura amichevole, l'imposta accertata in Italia diventi definitiva e, quindi, non più modificabile nonostante l'eventuale accordo poi raggiunto fra le autorità competenti. Per ulteriori approfondimenti si veda anche Circ. AE 5 giugno 2012 n. 21/E.

95496 **Convenzione arbitrale** (Convenzione CEE 23 luglio 1990 n. 436) Oltre alle convenzioni bilaterali, **per i Paesi UE** è previsto questo strumento per facilitare il raggiungimento dell'accordo, con particolare riferimento alla problematica del c.d. «**transfer-price**». Esso consente, in caso di disaccordo tra le autorità competenti, di chiedere un parere ad apposita commissione consultiva. La procedura può essere attivata solo dalla società che ne ritrarrebbe vantaggio. A differenza della procedura amichevole, essa implica l'obbligo, per le autorità competenti, di raggiungere un accordo che elimini la doppia imposizione. Se non si arriva a una soluzione entro 2 anni, le autorità istituiscono una commissione consultiva, con l'avvio di una fase arbitrale, al cui parere, se non trovano autonomamente un accordo, sono tenute ad adeguarsi.

Meccanismo di risoluzione delle controversie (D.Lgs. 49/2020, Dir. UE 2017/1852) 95497

In aggiunta agli altri strumenti è stato introdotto nell'ordinamento italiano un meccanismo vincolante di risoluzione delle controversie tra Stati membri che possono derivare dall'interpretazione e dall'applicazione di accordi e convenzioni per l'eliminazione della doppia imposizione (c.d. Dispute Resolution Mechanism «**DRM**»).

La procedura, **diversamente** dalla Convenzione arbitrale, può essere esperita per le seguenti **fattispecie**:

- il transfer pricing;
- la contestazione della residenza fiscale in Italia di persone fisiche, società o altri enti esteri (c.d. esterovestizione);
- l'esistenza di una S.O. occulta in Italia di società o enti non residenti;
- la debenza, o meno, di imposte estere ai sensi di una Convenzione contro le doppie imposizioni al fine di beneficiare del credito di imposta di cui all'art. 165 DPR 917/86;
- l'ammontare delle ritenute applicabili su interessi, royalties, e dividendi di fonte italiana ai sensi delle Convenzioni contro le doppie imposizioni.

Il meccanismo prevede una **procedura** amichevole in **combinazione** con una fase arbitrale. 95498

La MAP **può essere attivata** anche in caso di ricorso alla Corte Tributaria di primo grado e di definizione della pretesa tributaria mediante uno degli istituti deflativi del contenzioso (es. omessa impugnazione dell'atto, acquiescenza, accertamento con adesione, mediazione tributaria).

In caso di esperimento del ricorso giurisdizionale il processo è sospeso per effetto della presentazione dell'istanza di accesso alla procedura amichevole.

La procedura amichevole **non** può essere attivata in caso di ravvedimento operoso del contribuente, nel caso in cui sia intervenuta una sentenza passata in giudicato (a partire dal 15 agosto 2020 per l'art. 113 DL 104/2020 conv. in L. 126/2020, in precedenza qualsiasi sentenza di merito) o in caso di decisione pronunciata dal giudice a seguito di conciliazione giudiziale.

Diversamente dalle MAP convenzionali, che non prevedono per gli Stati un **vincolo** a raggiungere un accordo, la procedura amichevole vincola espressamente le Amministrazioni finanziarie degli Stati membri coinvolti a raggiungere un risultato nei casi in cui:

a) entro due anni dalla presentazione dell'istanza non viene raggiunto un accordo tra le amministrazioni (fase amichevole);

b) l'istanza è stata rigettata da una sola delle due Autorità competenti;

c) da entrambe ma il soggetto interessato ha ricevuto una sentenza favorevole.

In tali casi è necessario attivare una procedura di risoluzione della controversia mediante ricorso ad una Commissione consultiva (**fase arbitrale**) che avrà il compito di emanare un parere sulle modalità di risoluzione del caso.

La procedura è attivabile su **istanza** del contribuente, che deve presentare reclamo nel **termine** di 3 anni dal ricevimento della notifica dell'atto che comporta la tassazione non conforme alla Convenzione o all'Accordo, all'AE e alle altre Autorità competenti coinvolte nella controversia (con le modalità di cui al Provv. AE 16 dicembre 2020 n. 381180). 95499

L'istanza **deve contenere**:

- la descrizione dell'operazione, delle relazioni tra i soggetti interessati e di eventuali altre parti coinvolte;
- l'atto all'origine della controversia, il reddito percepito in Italia o nell'altro Stato UE e l'inclusione nel reddito imponibile dell'uno o dell'altro;
- copia dell'avviso di accertamento, del PVC o altro documento dell'AF attinente la controversia;
- le imposte riscosse o dovute sul reddito in entrambi gli Stati;
- copia degli elementi giustificativi della pretesa;
- le disposizioni nazionali e gli accordi o le convenzioni applicabili;
- il motivo che i soggetti interessati considerano alla base della controversia;
- eventuali cause e ricorsi ed eventuali sentenze o decisioni, relativi alla controversia;
- l'indicazione di un domiciliatario nazionale per la procedura al quale indirizzare le comunicazioni.

Determinazione dei singoli redditi imponibili

95500 **INDICAZIONE DELLA POTESTÀ IMPOSITIVA DI CIASCUNO STATO CONTRAENTE** In dipendenza delle diverse categorie di reddito, vengono stabilite regole diverse di ripartizione del potere impositivo fra i due Stati:
– tassazione **esclusiva** nel Paese di residenza del **beneficiario**: es. trattamenti pensionistici di natura privata nella maggior parte delle Convenzioni, interessi nei trattati con Cecoslovacchia, Kuwait e Ungheria, le royalties nel trattato con l'ex Unione Sovietica;
– tassazione **definitiva ma non esclusiva** nel Paese di residenza del **beneficiario** e tassazione limitata nel Paese della **fonte del reddito**. È ciò che accade generalmente per dividendi, interessi e royalties, per i quali il Paese di provenienza può stabilire una determinata aliquota di imposizione;
– tassazione **esclusiva** nel Paese della **fonte del reddito**: es. trattamenti pensionistici di natura pubblica percepiti da residenti aventi nazionalità diversa dal Paese di residenza in quasi tutte le Convenzioni.

Per gli **adempimenti** che i soggetti **non residenti** devono effettuare per chiedere l'applicazione diretta della Convenzione a chi eroga il reddito v. n. 17008.

1. Dividendi, interessi e royalties

95510 In genere le norme dei trattati prevedono la tassazione nello Stato di residenza del beneficiario, fatta salva la possibilità, per lo Stato della fonte, di effettuare un prelievo entro un limite prestabilito. In questo caso vi sono **due possibili opzioni**:
– il sostituto effettua la normale ritenuta e successivamente il beneficiario non residente chiede il rimborso della differenza presentando **apposita istanza**, attraverso i Modelli (A per i dividendi, B per gli interessi, C per i canoni e D per le altre tipologie di redditi) che vanno indirizzati al Centro operativo di Pescara - Italia (fax 085/52145 - e-mail: cop.pescara.rimborsinonresidenti@agenziaentrate.it) (Provv. AE 10 luglio 2013 n. 2013/84404);
– il sostituto può applicare direttamente il **regime convenzionale più favorevole** (Circ. Min. 12 aprile 1978 n. 115; Circ. Min. 25 marzo 1981 n. 7), sotto la propria responsabilità e dopo aver acquisito la necessaria documentazione che può essere fornita anche tramite gli appositi modelli di cui sopra, o gli altri particolari di cui al n. 95515. Tale regime può essere applicato, in **assenza di un sostituto d'imposta** (ad es. pagamento di interessi da parte di una persona fisica cui è stato erogato un finanziamento da una banca non residente), direttamente dal beneficiario, che liquida l'imposta dovuta (nell'es. ritenuta convenzionale del 12,5%) nella propria dichiarazione dei redditi, da presentare allo Stato della fonte (Risp. AE 23 ottobre 2018 n. 41).

>Precisazioni 1) La **scelta fra le due opzioni** è libera, quindi, è legittimo il comportamento del sostituto d'imposta italiano che opera la ritenuta d'imposta per intero, qualora non voglia assumersi la responsabilità circa l'idoneità della documentazione presentata (Ris. Min. 10 giugno 1999 n. 95/E).
2) Nel caso in cui i soggetti interessati siano società residenti in **Paesi dell'Unione Europea**, conviene verificare la sussistenza dei requisiti previsti dalle Direttive CE al fine di ottenere la disapplicazione delle ritenute sui dividendi (v. n. 95200) e sugli interessi e le royalties (v. n. 95230).
3) In mancanza di apposita previsione convenzionale, i **proventi** derivanti dalla **partecipazione a fondi immobiliari** rientrano nella categoria degli interessi (Circ. AE 9 marzo 2011 n. 11/E).

95515 Per le istanze di rimborso, i residenti in Germania, Portogallo, Regno Unito, Svizzera, Svezia, Stati Uniti hanno a disposizione **appositi modelli** reperibili sul sito dell'AE www.agenziaentrate.gov.it. I modelli vanno preventivamente inviati, in duplice copia, all'autorità fiscale straniera che, dopo aver apposto la necessaria attestazione, restituisce una copia all'interessato. Quest'ultima deve essere **inviata entro** 48 mesi dalla data in cui l'imposta è stata prelevata al Centro operativo dell'AE di Pescara, via Rio Sparto 21, 65129 Pescara.

L'accertamento effettivo dell'esistenza o meno della S.O. in Italia può essere effettuato solo dall'AF italiana e ciò, in genere, avviene soltanto **dopo il pagamento** del reddito da assoggettare a ritenuta e, più opportunamente, in sede di controllo della certificazione allegata alla **richiesta di rimborso** effettuata dal contribuente o dal sostituto d'imposta (Ris. Min. 10 giugno 1999 n. 95/E).

Per il rimborso dovuto ai **residenti italiani** è disponibile un'apposita modulistica per Austria, Danimarca, Francia, Paesi Bassi. 95520
L'istanza completa in ogni sua parte, sottoscritta dal beneficiario o dal suo rappresentante e corredata della documentazione richiesta, deve essere fatta pervenire all'AF estera, all'indirizzo indicato nel relativo modulo. Su di essa deve essere apposta la **certificazione di residenza** rilasciata dall'Ufficio dell'AE territorialmente competente in base al luogo di residenza del soggetto richiedente (Com. Stampa Mef 19 ottobre 2004).
Per tutti gli altri Paesi il soggetto residente in Italia per ottenere il rimborso o l'esonero dall'imposta estera deve produrre all'AF dello Stato estero di produzione del reddito l'**attestato di residenza in Italia** rilasciato da qualsiasi Direzione Provinciale dell'AE (Provv. AE 10 luglio 2013 n. 2013/84404).

Di seguito si riassumono le particolarità che caratterizzano la **tassazione in base alle convenzioni** delle tre tipologie di reddito in esame. 95525

Tipologia di reddito	Regole più comuni di tassazione
Dividendi	sono imponibili in via definitiva nel Paese di residenza del beneficiario ed in misura limitata in quello della fonte, a **condizione** che il percipiente sia l'effettivo beneficiario e che questi non possegga una S.O. (o base fissa, in caso di professionista) nel Paese in cui ha sede la società che distribuisce i dividendi. Se la possiede, i dividendi non devono essere ad essa ricollegabili **(1) (2)**
Interessi	sono tassati in via definitiva nel Paese del beneficiario ed in misura limitata nello Stato del soggetto erogante, a **condizione** che il percettore sia l'effettivo beneficiario e non operi nello Stato di provenienza dei redditi per mezzo di una S.O. o base fissa e per le cui esigenze sia stato contratto il debito che ha generato gli interessi **(3) (4)**
Interessi derivanti da titoli di Stato	v. n. 95530
Royalties (5) (6)	sono tassate in via definitiva nel Paese del beneficiario ed in misura limitata nello Stato della fonte, spesso con aliquote differenziate a seconda dei vari tipi di diritti oggetto di royalties **(7)**

(1) In casi limitati, per escludere l'applicazione della ritenuta convenzionale è sufficiente che il beneficiario abbia una S.O. o base fissa nell'altro Stato (forza di attrazione della S.O.), senza l'ulteriore condizione che i dividendi siano a questa connessi (trattato con Svizzera e Irlanda).
(2) Se l'**effettivo beneficiario** risiede in un Paese legato all'Italia da Convenzione diverso da quello in cui risiede il soggetto che detiene fiduciariamente i titoli, per individuare la normativa applicabile si fa riferimento al trattato con lo Stato di residenza dell'effettivo beneficiario (ritenuta, condizioni agevolate, ecc.) (Ris. Min. 7 maggio 1987 n. 12/431, Ris. AE 21 aprile 2008 n. 167/E).
(3) Lo **Stato della fonte** è quello dove risiede il debitore degli interessi; tuttavia, se il prestito è stato contratto a favore di una S.O. che paga direttamente gli interessi, lo Stato della fonte è quello dove è situata la S.O.
(4) Per le obbligazioni emesse da società quotate e titoli di Stato v. n. 17128.
(5) La nozione comprende i compensi corrisposti per l'uso o la **concessione in uso** di diritti d'autore su opere letterarie, brevetti, marchi di fabbrica e commercio, disegni, processi, formule, informazioni di carattere scientifico industriale. Per i compensi di **concessioni di attrezzature industriali o commerciali**, il modello OCSE 2003 prevede che siano considerati nel reddito di impresa e non più quali royalties.
(6) I compensi percepiti da società estere, senza S.O. in Italia, per la **concessione in uso di software** non costituiscono royalties, se l'utilizzo da parte degli acquirenti residenti è per fini personali o commerciali dell'impresa, e non rivolto ad uno sfruttamento commerciale nei confronti di terzi. Tali compensi sono componenti del reddito di impresa o di lavoro autonomo della società estera e, quindi, secondo il modello OCSE, non sono tassati in Italia. Il soggetto residente che eroga il compenso, con il supporto di idonea documentazione, può non operare la ritenuta (Ris. Min. 30 luglio 1997 n. 169/E).
(7) Generalmente si considera **Stato della fonte**, quello dove risiede il debitore dei compensi; tuttavia, se il contratto è stato concluso per le esigenze di una S.O. che ne sopporta l'onere, le royalties si considerano provenienti dal Paese dove è situata la S.O. Nel caso in cui i canoni siano percepiti da un soggetto che opera in qualità di agente, fiduciario o comunque **intermediario** (ad es. quale intermediario nella concessione di sub-licenze), occorre applicare la Convenzione dello Stato di residenza del beneficiario effettivo (Ris. AE 12 luglio 2006 n. 86/E).

Interessi dei titoli di Stato (DL 556/86 e Circ. Min. 11 aprile 1991 n. 12/12/384) L'imposta non è applicata nei confronti dei soggetti non residenti, a condizione che siano rispettate le norme illustrate al n. 17135 (residenza in Stati con i quali vi è scambio di informazioni, deposito dei titoli presso una banca, ecc.). 95530

Negli altri casi, invece, permane l'obbligo di applicare l'imposta sostitutiva sugli interessi dei titoli pubblici, e dunque può sorgere il diritto al rimborso sia per i soggetti residenti in Paesi con i quali le Convenzioni prevedono un'esenzione totale o parziale, sia nei confronti di Organismi esenti, in base agli Atti costitutivi o Protocolli, per tutti i redditi di loro pertinenza.

95535 Il rimborso si ottiene mediante la c.d. **procedura manuale**, con utilizzo di **due appositi modelli** - Mod. n. 111/IMP e n. 112/IMP - che consentono di richiedere:
– il **Mod. 111/IMP,** il rimborso totale o parziale della ritenuta operata sui titoli di Stato per i non residenti che ne hanno diritto sulla base della Convenzione (ad esempio Austria, Spagna);
– il **Mod. 112/IMP**, la restituzione totale della ritenuta per Enti ed Organismi internazionali che godono di esenzione soggettiva.
I modelli devono essere **presentati** alla DRE di Roma **entro il termine** di 10 anni dalla effettuazione della ritenuta (art. 37 DPR 602/73). L'istanza presentata sul modello 111/IMP è valida anche se l'attestazione di residenza non è rilasciata dalle autorità estere sul modello stesso, ma su un certificato sostitutivo (Ris. Min. 26 luglio 1999 n. 126/E).

Per i titoli emessi prima del 1997, è possibile avvalersi anche della c.d. **procedura automatica** prevista dal DL 377/93 (Circ. Min. 7 agosto 1997 n. 234/E).

95540 **TAVOLA RIEPILOGATIVA** Sono riportate le **aliquote delle ritenute** alla fonte applicabili su interessi, dividendi e royalties nelle varie Convenzioni attualmente vigenti. Le aliquote indicate si riferiscono al trattamento applicabile in Italia, quale Paese della fonte, nei confronti di **percettori non residenti** privi di S.O., ad eccezione di casi in cui si verifichino condizioni soggettive od oggettive particolari (es. presenza dei requisiti previsti dalle Direttive comunitarie per l'**esenzione da ritenuta** su utili, interessi e canoni corrisposti a società residenti in altro **Stato UE**, v. n. 95200 e n. 95230).

>Precisazioni 1) Accanto agli estremi della Convenzione viene indicata anche la data di entrata in vigore. Nel caso di entrata in vigore di una **nuova** Convenzione, approvata in sostituzione della precedente, l'individuazione del regime convenzionale applicabile alle imposte prelevate mediante ritenuta avviene con riferimento al **momento di percezione** dei redditi, mentre per le imposte versate con la dichiarazione ha rilevanza il periodo di maturazione dei redditi medesimi (Ris. Min. 20 maggio 1996 n. 72/E).
2) Le Convenzioni stipulate prima della riforma tributaria del 1973 sono state estese alle nuove imposte con singole risoluzioni del Ministero delle Finanze. L'**IRAP** non potrà definitivamente ritenersi inclusa nel regime convenzionale se non al raggiungimento delle intese con le singole Autorità estere e nei limiti delle intese stesse.

Convenzione Stato	Legge di ratifica	In vigore dal	Dividendi		Interessi		Royalties	
			Art.	%	Art.	%	Art.	%
Albania	L. 175/98	21.12.1999	10	10	11	5-0	12	5
Algeria	L. 711/94	30.6.1995	10	15	11	15	12	5-15
Arabia Saudita	L. 159/2009	1.12.2009	10	5-10	11	5	12	10
Argentina	L. 282/82	15.12.1983	10	15	11	20	12	10-18
Armenia	L. 190/2007	5.6.2008	10	5-10	11	10	12	7
Australia	L. 292/85	5.11.1985	10	15	11	10	12	10
Austria	L. 762/84	6.4.1985	10	15	11	10	12	10 **(1)**
Azerbaigian (repubblica di)	L. 6/2011	13.8.2011	10	10	11	10	12	5-10
Bangladesh	L. 301/95	7.7.1996	10	10-15	11	10-15	12	10
Barbados	L. 84/2017	17.10.2017	10	5-15	11	5	12	5
Belgio	L. 148/89	29.7.1989	10	15	11	15	12	5
Bielorussia	L. 74/2009	30.11.2009	10	5-15	11	8	12	6
Brasile	L. 844/80	24.4.1981	10	15	11	5	12	21-15
Bulgaria	L. 389/90	10.6.1991	8	10	9	0	10	5
Canada	L. 42/2011	25.11.2011	10	15	11	15	12	0-10
Cile	L. 212/2016	20.12.2016	10	5-10	11	5-15	12	5-10
Cina **(2)**	L. 376/89	13.12.1990	10	10	11	10	12	10
Cipro	L. 564/82	9.6.1983	10	15	11	10	12	0
Colombia	L. 92/2020	7.10.2021	10	5-15	11	0-5-10	12	10
Congo	L. 288/2005	26.6.2014	10	8-15	11	0	12	10
Corea del Sud	L. 199/92	14.7.1992	10	10-15	11	10	12	10
Costa d'Avorio	L. 293/85	15.5.1987	10	15-18	11	15	12	10

95540 (segue)

Convenzione Stato	Legge di ratifica	In vigore dal	Dividendi		Interessi		Royalties	
			Art.	%	Art.	%	Art.	%
Croazia	L. 75/2009	15.12.2010	10	15	11	10	12	5
Danimarca	L. 170/2002	27.1.2003	10	15	11	10	12	5
Ecuador	L. 377/89	1.2.1990	10	15	11	10	12	5
Egitto	L. 387/81	28.4.1982	10	20	11	25	12	15
Emirati arabi	L. 309/97	5.11.1997	10	5-15	11	0	12	10
Estonia	L. 427/99	22.2.2000	10	5-15	11	10	12	5-10
Etiopia	L. 242/2003	9.8.2005	10	10	11	10	12	20
Federazione Russa	L. 370/97	30.11.1998	10	5-10	11	10	12	0
Filippine	L. 312/89	15.6.1990	10	15	11	10-15	12	25
Finlandia	L. 38/83	23.10.1983	10	10-15	11	15	12	0-5
Francia	L. 20/92	1.5.1992	10	5-15	11	10	12	0-5
Gabon	L. 146/2020	5.11.2020	10	15	11	10	12	10
Georgia	L. 205/2003	19.2.2004	10	5-10	11	0	12	0
Germania	L. 459/92	26.12.1992	10	10-15	11	10	12	0-5
Ghana	L. 48/2006	5.7.2006	10	5-15	11	10	12	10
Giamaica	L. 93/2020	6.8.2020	10	5-10	11	0-10	12	10
Giappone	L. 855/72	17.3.1973	10	10-15	11	10	12	10
Giordania	L. 160/2009	10.5.2010	10	10	11	10	12	10
Grecia	L. 445/89	20.9.1991	10	15-35	11	10	12	5
Hong Kong	L. 96/2015	10.8.2015	10	10	11	12,5	12	15
India	L. 319/95	23.11.1995	11	15-25	12	15	13	20
Indonesia	L. 707/94	2.9.1995	10	10-15	11	10	12	10-15
Irlanda	L. 583/74	14.2.1975	9	15	10	10	11	0
Islanda	L. 138/2008	14.10.2008	10	5-15	11	0	12	5
Israele	L. 371/97	6.8.1998	10	10-15	11	10	12	10
Jugoslavia Ex **(3)**	L. 974/84	3.7.1985	10	10	11	10	12	10
Kazakhistan	L. 174/96	26.2.1997	10	5-15	11	10	12	10
Kenya	L. 666/81	non ancora in vigore						
Kuwait	L. 53/92	11.1.1993	10	0-5	11	0	12	10
Lettonia	L. 73/2008	16.4.2008	10	5-15	11	10	12	5-10
Libano	L. 87/2011	21.11.2011	10	5-15	11	0	12	0
Lituania	L. 31/99	3.6.1999	10	5-15	11	10	12	5-10
Lussemburgo	L. 747/82	4.2.1983	10	15	11	10	12	10
Macedonia	L. 428/99	8.6.2000	10	5-10	11	10	12	
Malaysia	L. 607/85	18.4.1986	10	10	11	15	12	15
Malta	L. 304/83	8.5.1985	10	0-15	11	10	12	0-10
Marocco	L. 504/81	10.3.1983	10	10-15	11	10	12	5-10
Mauritius	L. 712/94	28.4.1995	10	5-15-40	11	0	12	15
Messico	L. 710/94	12.3.1995	10	15	11	15	12	15
Moldova	L. 8/2011	14.7.2011	10	5-15	11	5	12	5
Mongolia	L. 241/2012	15.12.2021	10	5-15	11	10	12	5
Mozambico	L. 110/2003	6.8.2004	10	15	11	10	12	10
Norvegia	L. 108/87	25.5.1987	10	15	11	15	12	5
Nuova Zelanda	L. 566/82	23.3.1983	10	15	11	10	12	10
Oman	L. 50/2002	22.10.2002	10	5-10	11	0-5	12	10
Paesi Bassi	L. 305/93	3.10.1993	10	5-10-15	11	0-10	12	5
Pakistan	L. 313/89	27.2.1992	10	15-25	11	30	12	30
Panama	L. 208/2016	1.6.2017	10	5-10	11	5-10	12	10
Polonia	L. 97/89	26.9.1989	10	10	11	10	12	10
Portogallo	L. 562/82	15.1.1983	10	15	11	15	12	12
Qatar	L. 118/2010	29.7.2010	10	5-15	11	5	12	5
Regno Unito **(4)**	L. 329/90	31.12.1990	10	5-15	11	0-10	12	8
Repubblica Ceca	L. 303/83	26.6.1984	10	15	11	0	12	0-5
Repubblica di San Marino	L. 88/2013	3.10.2013	10	5-15	11	13-0	12	10

Convenzione Stato	Legge di ratifica	In vigore dal	Dividendi		Interessi		Royalties	
			Art.	%	Art.	%	Art.	%
Repubblica orientale dell'Uruguay	L. 89/2020	4.8.2020	10	5-15	11	0-10	12	10
Repubblica Slovacca	L. 303/83	26.6.1984	10	15	11	0	12	0-5
Romania	L. 78/2017	25.9.2017	10	10	11	10	12	10
Senegal	L. 417/2000	24.10.2001	10	10-15	11	15	12	15
Singapore	L. 575/78	12.1.1979	10	10	11	12,5	12	15-20
Siria	L. 130/2004	15.1.2007	10	5-10	11	10	12	18
Slovenia	L. 76/2009	12.1.2010	10	5-15	11	10	12	5
Spagna	L. 663/80	24.11.1980	10	15	11	12	12	4-8
Sri Lanka	L. 314/89	9.5.1991	10	15	11	0-10	12	10-15
Sudafrica	L. 473/98	2.3.1999	10	5-15	11	10	12	6
Svezia	L. 439/82	5.7.1983	10	10-15	11	15	12	5
Svizzera	L. 943/78	27.3.1979	10	15	11	12.5	12	5
Taiwan	L. 62/2015 **(5)**	31.5.2015	10	10	11	10	12	10
Tanzania	L. 667/81	6.5.1983	10	10	11	15	12	15
Thailandia	L. 202/80	31.5.1980	10	15-20	11	10	12	5-15
Trinidad e Tobago	L. 167/73	19.4.1974	10	10-20	11	10	12	5
Tunisia	L. 388/81	17.9.1981	10	15	11	12	12	5-12-16
Turchia	L. 195/93	1.12.1993	10	15	11	15	12	10
Ucraina	L. 169/2002	25.2.2003	10	5-15	11	0-10	12	7
Uganda	L. 18/2005	18.11.2005	10	15	11	15	12	10
Ungheria	L. 509/80	1.12.1980	10	10	11	0	12	0
Unione Sovietica Ex **(6)**	L. 311/88	30.7.1989	8	15	11	0	5	0
U.S.A.	L. 20/2009	1.1.2010	10	5-15	11	10	12	5-8 **(7)**
Uzbekistan	L. 22/2004	26.5.2004	10	0-10	11	0-5	12	0-5
Venezuela	L. 200/92	14.9.1993	10	10	11	10	12	7-10
Vietnam	L. 474/98	22.2.1999	10	5-10-15	11	10	12	10
Zambia	L. 286/82	30.3.1990	10	5-15	11	10	12	10

N.B. Dove è indicata l'aliquota 0 (zero) significa che la tassazione avviene di norma, in via esclusiva, nel Paese di residenza del beneficiario.

(1) La ritenuta è applicata soltanto se il beneficiario possiede più del 50% del capitale sociale della società erogante i canoni.

(2) La Convenzione non si estende alla Regione di Hong Kong né al territorio di Macao.

(3) La Convenzione stipulata con l'ex Jugoslavia si applica attualmente ai seguenti Paesi: Bosnia Erzegovina, Serbia e Montenegro.

(4) Di Gran Bretagna e Irlanda del Nord.

(5) La Legge di approvazione della Convenzione tiene conto della mancanza di riconoscimento di Taiwan quale entità politica autonoma e adatta i modelli OCSE alle peculiarità dei sistemi fiscali dei territori interessati. Le norme sono efficaci dal 1° gennaio 2016 (Com. Ministero Affari esteri 5 aprile 2016).

(6) La Convenzione stipulata con l'ex URSS si applica ai seguenti Stati: Azerbaijan, Moldavia, Kirghizistan, Tagikistan, Turkmenistan.

(7) Non vi è ritenuta per i diritti d'autore su opere letterarie, artistiche o scientifiche (escluse le pellicole cinematografiche e i mezzi per trasmissioni radiofoniche o televisive).

2. Redditi di lavoro dipendente e autonomo

95600 **LAVORO DIPENDENTE** Il soggetto **residente** che presta lavoro all'estero, di norma, è tassato nel Paese in cui viene prestata l'attività, secondo le regole stabilite dalla legislazione interna del Paese stesso.

Per i residenti in Italia che lavorano all'estero occorre distinguere a seconda delle modalità di svolgimento e della durata del soggiorno all'estero (v. n. 8055).

Per i soggetti non residenti che prestano lavoro in Italia v. n. 17020.

Per le **pensioni estere** si veda al n. 9810.

95620 **LAVORO AUTONOMO** I redditi derivanti dalle professioni indipendenti, per la maggior parte delle Convenzioni, sono imponibili nello **Stato di residenza del percettore**, a meno che

questi non operi nell'altro Stato mediante una **base fissa**. In tal caso, i redditi sono tassabili nel Paese dove si trova la base fissa, secondo la legislazione interna, ma soltanto nella misura in cui i redditi stessi siano attribuibili alla base stessa.
In generale, la clausola si riferisce ai redditi che sono qualificati di lavoro autonomo in senso stretto, quindi, quelli derivanti dall'**esercizio abituale di arti e professioni** (v. n. 10015 e s.).
Per quanto riguarda gli altri **redditi** che nella nostra legislazione sono **assimilati** al lavoro autonomo, è necessario verificare caso per caso se rientrano nella clausola in esame o se, invece, trovano la loro disciplina in specifici articoli della Convenzione. Per ulteriori approfondimenti v. n. 17045.

ARTISTI E SPORTIVI I redditi percepiti dagli artisti e sportivi sono tassati nello Stato in cui **95630**
è **svolta l'attività**. Per le regole di tassazione dei redditi prodotti in Italia da soggetti non residenti v. n. 17052.

CAPITOLO 7

Consorzi

SOMMARIO

Gli accordi di collaborazione tra imprese autonome, individuali o societarie, che generalmente hanno ad oggetto la realizzazione di un determinato affare o lo svolgimento di un'attività a favore delle imprese partecipanti, possono dar luogo a figure giuridiche quali i consorzi e le società consortili. Da queste figure occorre distinguere il fenomeno dei gruppi societari (costituiti da imprese legate da rapporti vari di partecipazione e/o soggette al controllo di un unico soggetto), per i quali si rinvia alle particolari disposizioni in tema di imposizione sul reddito delle società di capitali. **96000**

Nascono dalla volontà di una **pluralità di imprenditori** (individuali o societari) che sono interessati a coordinare ed organizzare in comune lo svolgimento totale o parziale delle loro attività produttive (consorzi c.d. «**volontari**» e privati). Possono essere costituiti anche da enti pubblici (consorzi pubblici). **96010**
Determinano la costituzione di un **fondo consortile**, formato sia dai contributi, versati dai consorziati nella misura stabilita dal contratto, sia dai beni acquistati mediante i contributi stessi (artt. 2602-2620 c.c.).
Si è in presenza di **società consortile** quando una società commerciale (di qualunque tipo) assume come proprio oggetto sociale l'attività consortile (art. 2615 ter c.c.). La società consortile si definisce **mista**, quando vi è la partecipazione anche di enti pubblici (art. 17 L. 240/81). A tali società si applicano le norme proprie del tipo sociale prescelto (società di persone o di capitali) e quindi per l'esposizione delle regole che le riguardano si rinvia ai rispettivi capitoli.

Esistono anche i consorzi c.d. «**obbligatori**» che, per legge, sono finalizzati all'intervento in particolari settori, e rimangono, pertanto, soggetti alle norme speciali che li istituiscono e che ne regolano il funzionamento (es. consorzi di bonifica, consorzi tra piccole e medie imprese, consorzi per il commercio con l'estero, consorzi tra imprese artigiane, consorzi fidi, consorzi di cooperative).

Scopo del consorzio Consiste nell'organizzare in comune un'attività che può essere svolta: **96025**
- **internamente**, solo nei confronti dei consorziati, esercitando, quindi, attività non commerciale;
- **esternamente**, intrattenendo rapporti con i terzi e svolgendo, conseguentemente, attività commerciale.

a. Imposte dirette

IRES (art. 73 c. 2 DPR 917/86) In relazione alla sede e all'attività del consorzio si possono verificare le seguenti ipotesi. **96040**

Tipologia	Descrizione
Commerciali residenti (art. 73 c. 1 lett. d DPR 917/86)	hanno per oggetto esclusivo o principale l'esercizio di un'attività commerciale. Detti anche **operativi**, svolgono **attività esterna**, che generalmente consiste nell'esecuzione di una qualche fase del processo produttivo (ad es. vendita dei prodotti dei consorziati, realizzazione di iniziative promozionali, effettuazione di studi ed indagini di mercato, ricerca tecnologica, ecc.) **(1)**

Tipologia	Descrizione
Non commerciali residenti (art. 73 c. 1 lett. d DPR 917/86)	non hanno per oggetto esclusivo o principale l'esercizio di un'attività commerciale. Detti anche **normativi**, in generale svolgono **attività interna** limitandosi a disciplinare la concorrenza e le modalità della produzione e a controllare il rispetto degli accordi da parte dei consorziati e non esplicano la propria attività nei confronti di terzi **(2)**
Non residenti (art. 73 c. 1 lett. d DPR 917/86)	sia commerciali sia non commerciali, non hanno nello Stato italiano la sede legale, amministrativa o l'oggetto principale dell'attività (v. n. 21045 e s.)

1) Ne sono esempi i consorzi:
– per la fornitura di acqua ai comuni (Ris. Min. 1° aprile 1980 n. 11/242);
– di mutuo soccorso per i danni da sinistri subiti dai consorziati (Ris. Min. 4 agosto 1981 n. 11/935);
– portuali (Ris. Min. 18 marzo 1986 n. 11/177);
– fra imprese di costruzione per l'esecuzione di opere pubbliche (Ris. Min. 19 dicembre 1976 n. 9/1450; Ris. Min. 30 maggio 1986 n. 9/888-85);
– di bonifica (art. 862 c.c.), di irrigazione e di miglioramento fondiario, anche di secondo grado (art. 1 c. 1 bis DL 125/89).
2) Ne sono esempi il consorzio:
– del prosciutto di Parma (Ris. Min. 27 aprile 1976 n. 10/537);
– Centro Ortofrutticolo, costituito con la partecipazione di enti pubblici territoriali, con lo scopo di promuovere lo sviluppo ortofrutticolo (Ris. Min. 3 agosto 1984 n. 11/621);
– di bonifica, di irrigazione e di miglioramento fondiario, anche di secondo grado, ai sensi delle vigenti disposizioni legislative statali e regionali (art. 1 c. 1 bis DL 125/89 e Risp. AE 22 novembre 2018 n. 80);
– che svolge attività di prestazione di garanzie mutualistiche (art. 8 c. 2 DL 90/90).

Determinazione del reddito

96070 I **consorzi** tra più imprenditori nei cui confronti il presupposto dell'imposta si verifica in modo unitario ed autonomo sono soggetti passivi IRES, in funzione delle caratteristiche di ogni singolo consorzio.
Se svolge attività commerciale è soggetto alle ordinarie regole di determinazione del reddito proprie degli enti commerciali (v. n. 21025); viceversa, se esercita attività non commerciali, si applicano le norme relative agli enti non commerciali (v. n. 97000).
Di norma, quando svolge **esclusivamente attività interna**, il consorzio non produce reddito imponibile, poiché i proventi dell'attività consortile vengono tassati direttamente in capo ai consorziati.
I **consorzi non residenti** sono soggetti alla disciplina delle società ed enti non residenti (v. n. 36000).

96075 Particolare attenzione va rivolta ai seguenti componenti di reddito caratteristici:
- **contributi** versati dai consorziati o da altri soggetti;
- **corrispettivi** derivanti dall'attività svolta dal consorzio per conto dei consorziati.

Componenti	Descrizione	Tassazione
Contributi periodici	versati indistintamente da tutti i consorziati per far fronte alle spese di **ordinario funzionamento** del consorzio	– se versati ad un consorzio non commerciale, non concorrono a formarne il reddito imponibile (art. 148 c. 1 DPR 917/86); – se versati ad un consorzio commerciale, costituiscono ricavi d'esercizio (art. 85 c. 1 lett. g DPR 917/86)
Contributi straordinari	versati all'atto della costituzione dei consorzi o anche successivamente e sono destinati ad affluire al fondo consortile, che non può essere distribuito fino allo scioglimento del consorzio	non concorrono alla determinazione del reddito imponibile

Componenti	Descrizione	Tassazione
Contributi o somme diverse	versati dai consorziati a fronte di prestazioni di **servizi specifici** a loro favore	sono **ricavi** che concorrono alla formazione del reddito, anche se, potendo essere determinati, come avviene di norma, in **misura pari ai costi**, pareggiano i risultati di gestione
Contributi pubblici	erogati dallo Stato, possono essere in conto: – capitale (erogati per l'acquisto o la costruzione di beni strumentali), – in conto esercizio (per la copertura di costi di gestione)	sono sempre componenti positivi di reddito, ma: – nel primo caso: v. n. 22085; – nel secondo caso sono ricavi solo se spettanti a norma di legge (Ris. Min. 6 novembre 1978 n. 9/839, Ris. Min. 13 febbraio 1979 n. 8/103, Ris. Min. 28 luglio 1981 n. 8/1102)
Corrispettivi pagati da terzi	somme percepite per l'attività svolta nei confronti dei terzi, ma per conto delle imprese consorziate: non sono imputabili al consorzio, ma ai consorziati stessi	il consorzio, infatti, resta estraneo al risultato economico dell'opera svolta (utile o perdita), il quale si produce direttamente in capo alle imprese consorziate (Circ. Min. 30 maggio 1986 n. 9/888) **(*)**

(*) Esempio: il consorzio riscuote i corrispettivi dovuti dall'ente appaltante per conto delle imprese consorziate e li ripartisce tra di esse secondo le rispettive quote di partecipazione. Le suddette somme non interessano il rendiconto economico del consorzio, ma sono contabilizzate come debiti verso le imprese consorziate e vengono ad esse immediatamente riversate, costituendone ricavi che, contrapponendosi ai costi (comprensivi dei contributi periodici versati al consorzio) fanno sì che il risultato economico dell'appalto si realizzi direttamente in capo alle singole imprese.

AGEVOLAZIONI Nella tabella sono indicate le agevolazioni spettanti ai consorzi costituiti tra particolari soggetti o esercenti una determinata attività. **96140**

Tipologie	Descrizione	Agevolazione
Consorzi di cooperative	–	godono del particolare trattamento previsto per le cooperative cui si rinvia (v. n. 25435 e s.)
Consorzi tra piccole e medie imprese	sono costituiti, anche in forma cooperativa, tra piccole e medie imprese (devono essere almeno cinque ed avere determinati requisiti dimensionali; tali consorzi non possono distribuire utili sotto qualsiasi forma alle imprese associate)	usufruiscono dell'esenzione dall'imposizione diretta degli utili, a condizione che tali **utili siano accantonati** in un apposito fondo del passivo e siano **reinvestiti**, entro il secondo esercizio successivo a quello in cui sono stati conseguiti, per la realizzazione di investimenti fissi o iniziative rientranti nell'oggetto del consorzio (art. 7 L. 240/81) **(*)**

(*) Ai medesimi benefici sono ammessi i **consorzi artigiani** (art. 1 c. 2 L. 240/81 e art. 6 L. 443/85).

b. IVA

I Consorzi sono soggetti passivi IVA, quando effettuano cessioni di beni o prestazioni di servizi nell'esercizio di imprese commerciali (art. 1 DPR 633/72). **96190**
Ai fini dell'applicazione dell'IVA, per i consorzi che **non** hanno **forma societaria**, assume rilevanza la distinzione tra: enti che svolgono attività con mera rilevanza **interna**, diretta a regolare i rapporti tra i consorziati, ed enti che svolgono anche **attività commerciale** nei confronti dei propri associati o **esterna** nei confronti di terzi.
In ogni caso, **non** sono considerate **commerciali**:
– le prestazioni, alle imprese consorziate, di **garanzie mutualistiche** e di servizi concernenti il controllo qualitativo dei prodotti, compresa l'applicazione di **marchi di qualità** (art. 4 c. 5 DPR 633/72);
– le operazioni istituzionalmente proprie svolte da **consorzi di bonifica** di irrigazione e di miglioramento fondiario, anche di secondo grado, secondo le vigenti disposizioni delle leggi statali e regionali (art. 1 c. 1 bis DL 125/89 conv. in L. 214/89).
Per i consorzi (comprese le società consortili e le società cooperative con funzioni consortili) costituiti tra soggetti per i quali, nel triennio solare precedente, la percentuale di detrazione del

pro-rata è stata **non superiore** al 10%, le prestazioni di servizi effettuate nei confronti dei consorziati o soci sono esenti. Le prestazioni imponibili eseguite nei confronti di un soggetto pubblico non consorziato né socio (che commissiona tali prestazioni in via esclusiva al consorzio per previsione normativa) non rientrano nel calcolo del pro-rata eccedente il 10% che dà diritto a fatturare in esenzione (Princ. dir. AE 2 novembre 2018 n. 9).

La Corte di giustizia UE ha fissato i seguenti principi in materia di cessioni di beni e di prestazioni di servizi eseguiti da aziende consorziate nei confronti del consorzio (C.Giust. UE 29 aprile 2004 C-77/01):
– i lavori effettuati dai membri del consorzio conformemente alle clausole del contratto consortile e corrispondenti alla **quota assegnata** in base al contratto stesso non configurano una prestazione di servizi a titolo oneroso. Sono, pertanto, fuori campo IVA;
– viceversa, quando il **superamento della quota** di lavori fissata dal contratto consortile per un membro del consorzio implichi il pagamento, da parte degli altri membri, di un corrispettivo per i lavori eccedenti tale quota, questi ultimi configurano una prestazione di servizi effettuata a titolo oneroso e, pertanto, sono soggetti ad IVA;
– infine, sono sempre soggette ad IVA le **cessioni di beni** eseguite nei confronti del consorzio.

96200 **CONSORZI CHE SVOLGONO PREVALENTEMENTE ATTIVITÀ INTERNA** Rientrano nel campo di applicazione dell'IVA soltanto le cessioni di beni e le prestazioni di servizi poste in essere nell'ambito di un'attività commerciale o agricola eventualmente esercitata in via secondaria od accessoria all'attività istituzionale.
Si considerano, in ogni caso, effettuate nell'esercizio di attività commerciali le cessioni di beni e le prestazioni di servizi alle imprese consorziate verso pagamento di **corrispettivi specifici** o di **contributi supplementari** determinati in funzione delle maggiori o diverse prestazioni alle quali danno diritto (art. 4 c. 4 DPR 633/72).

ESEMPIO
1) Non sono imponibili i contributi versati ad un consorzio svolgente attività di irrigazione di miglioramento fondiario esclusivamente per la parte relativa a spese di impianto, manutenzione, esercizio e amministrazione.
Viceversa sono imponibili quelli versati per l'erogazione dell'acqua ai consorziati (Ris. Min. 3 ottobre 1985 n. 323765).
2) Non sono imponibili i contributi versati ai consorzi svolgenti le attività di coordinamento della produzione, contingentamento delle vendite e di disciplina del prezzo (Ris. Min. 9 dicembre 1977 n. 362109).
3) La somma pagata dall'allevatore a favore del caseificio come penalità è esclusa da IVA, dato che non si origina da un rapporto sinallagmatico fra i due soggetti facenti parte del Consorzio (Risp. AE 12 luglio 2019 n. 228).

96210 **CONSORZI CHE SVOLGONO ATTIVITÀ ESTERNA** (art. 4 c. 2 n. 2 e c. 4 DPR 633/72) La rilevanza ai fini IVA è connessa sia all'**attività effettivamente svolta**, sia alla tipologia del **rapporto giuridico** intercorrente tra consorzio e imprese consorziate, come indicato in **tabella**.

Elemento discriminante	Descrizione	Rilevanza IVA?
Attività svolta	svolgimento in via esclusiva o principale di attività **commerciali** o **agricole** **(1)**	sì, il consorzio è un autonomo soggetto passivo: le cessioni di beni e le prestazioni di servizi si considerano in ogni caso effettuate nell'esercizio di imprese commerciali e come tali sono soggette ad IVA **(2)**
	svolgimento in via prevalente di attività **non commerciali**	no, il consorzio non è autonomo soggetto passivo: solo le cessioni di beni e le prestazioni di servizi poste in essere nell'ambito dell'attività commerciale o agricola eventualmente esercitata in via secondaria o accessoria all'attività istituzionale sono soggette ad IVA
Mandato: – **con rappresentanza**	il consorzio: – agisce nell'interesse **e in nome** dei consorziati, sui quali ricadono pro-quota gli effetti giuridici dei contratti da questo stipulati	no, sono imputati al consorzio solo i compensi che gli sono corrisposti, anche a titolo di rimborso spese, dalle imprese consorziate per l'attività di intermediazione (art. 15 c. 1 n. 3 DPR 633/72) **(3)**

Elemento discriminante	Descrizione	Rilevanza IVA?
– **senza rappresentanza**	– opera nell'interesse, **ma non nel nome**, dei consorziati: gli effetti giuridici dei contratti ricadono direttamente sul consorzio stesso. Il rapporto può prevedere che il consorzio esegua (o riceva) **direttamente** le prestazioni o le forniture **(4)** o che **le faccia eseguire** pro-quota dalle imprese consorziate **(5)**	sì, però la provvigione spettante al consorzio per la propria attività di mandatario non va assoggettata direttamente ad imposta: essa viene considerata in diminuzione della base imponibile della fattura del mandante (imprese consorziate) al mandatario (consorzio) o, viceversa, in aumento di quella del mandatario al mandante a seconda che si tratti di mandato per la vendita o per l'acquisto di servizi

1) Le cessioni di beni e le prestazioni di servizi alle imprese consorziate verso pagamento di **corrispettivi specifici** o di **contributi supplementari** determinati in funzione delle maggiori o diverse prestazioni alle quali danno diritto si considerano sempre effettuate nell'esercizio di attività commerciali.
Esempio: Sono imponibili i contributi (considerati corrispettivi) versati ai consorzi svolgenti l'attività di acquisto e messa a disposizione dei consorziati di merci, prodotti, macchine ed attrezzature; impianto, costruzione e gestione di stabilimenti per la lavorazione di prodotti per i consorziati; vendita di prodotti per i consorziati (Ris. Min. 22 marzo 1976 n. 503292).
2) Un consorzio creato per lo svolgimento di attività di ricerca scientifica i cui risultati sono ceduti ai propri consorziati e a soggetti terzi è un soggetto passivo IVA (Cass. 2 dicembre 2004 n. 22644).
3) Le imprese consorziate sono tenute a **fatturare direttamente ai terzi** il corrispettivo delle cessioni o delle prestazioni, mentre le eventuali attribuzioni dei corrispettivi alle singole imprese consorziate da parte del consorzio non sono operazioni rilevanti agli effetti del tributo, costituendo semplici ripartizioni di somme (Ris. Min. 5 gennaio 1985 n. 399932).
4) I terzi che forniscono i beni o i servizi fatturano al consorzio stesso, che successivamente ripartisce pro-quota tra i consorziati gli oneri sostenuti, emettendo le relative fatture e riaddebitando l'imposta pagata (Ris. Min. 21 febbraio 1989 n. 550168). Specularmente, il consorzio fattura direttamente le cessioni o le prestazioni effettuate per conto delle imprese consorziate e queste ultime fatturano ed assoggettano ad IVA i corrispettivi di propria pertinenza quando, a loro volta, li ricevono dal consorzio (Ris. Min. 29 novembre 1988 n. 550253).
Esempio: Un consorzio che svolge attività di gestione di un centro commerciale sia nei confronti dei propri consorziati che di terzi è soggetto passivo IVA: i terzi che forniscono beni e servizi emettono fattura nei confronti del consorzio; il consorzio riaddebita, ai consorziati e ai terzi, sia gli oneri sostenuti, che le proprie competenze, mediante fatture soggette a IVA (Ris. Min. 11 agosto 1994 n. III-7-529).
5) Ciascuna impresa deve fatturare al consorzio il costo della parte di esecuzione compiuta, assoggettandola ad IVA. Il consorzio, a sua volta, emette un'unica fattura nei confronti del committente il cui importo è comprensivo delle prestazioni fatturate dalle imprese consorziate nonché della provvigione spettante al consorzio stesso quale mandatario.
Esempio: Il consorzio Beta, soggetto IVA costituito da imprese artigiane che esercitano l'autotrasporto merci, movimento terra, ecc., acquisisce commesse in nome proprio e per conto delle imprese stesse. Acquisita la commessa, l'esecuzione materiale della prestazione è effettuata dalle imprese consorziate che, per il servizio ricevuto dal consorzio Beta, pagano una provvigione del 10% calcolata sull'importo dovuto dal terzo committente. Se il terzo committente paga al consorzio un importo di € 7.000, il consorziato che esegue la prestazione deve al consorzio € 700.
Per effetto di tali operazioni:
– il consorzio emette fattura nei confronti del terzo committente di € 7.000 più IVA;
– l'associato emette fattura nei confronti del consorzio Beta indicando come imponibile € 6.300 più IVA (ossia lo stesso importo fatturato al terzo-committente, € 7.000, diminuito della provvigione del 10%, € 700).
La provvigione di € 700 corrisposta al consorzio-mandatario non deve essere assoggettata autonomamente ad IVA.

Data la neutralità della struttura consortile, generalmente, le prestazioni rese dai consorziati al consorzio assumono la medesima valenza di quelle rese dal consorzio ai terzi. **96245**
Se, ad es., un consorzio effettua prestazioni di **subappalto** nel settore dell'edilizia che comportano l'obbligo di applicazione del **reverse-charge**, le società consorziate applicano le medesime modalità di fatturazione nei confronti del consorzio, sempreché le prestazioni rese da queste ultime al consorzio siano riconducibili alla disciplina stessa (Circ. AE 4 aprile 2007 n. 19/E).
Per individuare il trattamento IVA delle **somme addebitate** da una società consortile ai propri consorziati occorre valutare se il rapporto giuridico, cui imputare le prestazioni rese dalla prima verso i secondi, sia riconducibile a un contratto di mandato senza rappresentanza o a una più generica obbligazione di fare: nel primo caso si rende applicabile lo stesso trattamento fiscale applicato nel rapporto tra mandatario e terzo; nel secondo caso si rende applicabile l'aliquota propria del bene che la «società consortile» va a realizzare (Ris. AE 21 agosto 2007 n. 229/E).
Se il consorzio si è aggiudicato una **commessa nei confronti di un ente pubblico** al quale deve emettere fattura in base alle regole specifiche (split payment, v. n. 52950 e s.), le

prestazioni di servizi rese dalle imprese consorziate nei confronti dello stesso consorzio di appartenenza devono essere emesse con il meccanismo del reverse charge. L'efficacia di tale procedura è però in attesa di specifica autorizzazione da parte del Consiglio dell'UE (art. 17 c. 6 lett. a quater DPR 633/72).

Infine, se il consorzio effettua, nei confronti dei consorziati, un **servizio complesso e strutturato** - non rientrante nell'ambito del mandato senza rappresentanza - i contributi percepiti dai propri soci devono essere assoggettati ad IVA con aliquota ordinaria, senza poter applicare il regime IVA (imponibile, esente o escluso) proprio del bene o del servizio acquistato. Infatti, in tal caso, non si tratterebbe di un semplice ribaltamento dei costi dei singoli beni o servizi acquistati (Ris. AE 23 luglio 2007 n. 176/E).

> **Precisazioni 1)** Secondo l'AE il principio secondo cui il trattamento IVA agevolato per la costruzione o la ristrutturazione di edifici «**Tupini**», previsto per l'appalto principale, può essere esteso anche ai subappalti riguardanti «parte dei lavori relativi alla costruzione» del bene oggetto dell'appalto principale si applica anche ai rapporti consortili. Pertanto, in presenza di tali rapporti, l'aliquota IVA ridotta, applicabile nel rapporto principale di appalto (corrente tra l'ente appaltante ed i consorziati), trova applicazione anche nell'ambito del rapporto tra i consorziati e la società consortile, atteso che il risultato dell'opera, cui è preposta detta società concorre al risultato finale delle opere oggetto dell'appalto principale (Ris. AE 21 agosto 2007 n. 229/E e Ris. AE 11 ottobre 2007 n. 287/E).
> **2)** Le **spese ribaltate** dal consorzio alle consorziate scontano la stessa aliquota IVA indicata nelle fatture emesse dalle consorziate all'ente appaltante il servizio: i rapporti tra l'ente e gli associati e tra questi e il committente devono avere quindi lo stesso trattamento. Ad es., l'IVA agevolata al 10%, prevista per il servizio smaltimento dei rifiuti effettuato dai consorziati, deve essere applicata anche ai costi che il consorzio imputa a quest'ultimi (Cass. 26 luglio 2017 n. 18436).

c. Imposta di registro

96270 Di seguito si illustrano le particolarità che riguardano l'applicazione dell'imposta di registro ai consorzi. Per le regole generali si rinvia agli appositi capitoli (v. n. 70010).

contributi versati dai consorziati in sede di costituzione o successivamente e destinati ad affluire al fondo consortile	imposta di registro in misura fissa pari a 200,00 euro (art. 4 n. 5 Tariffa parte I DPR 131/86)
atti propri dei consorzi quali gli **atti costitutivi**	imposte di registro in misura fissa (art. 4 Tariffa parte I DPR 131/86)

CAPITOLO 8

Enti non commerciali

SOMMARIO

Nel presente capitolo si illustra la disciplina degli enti non commerciali residenti e delle ONLUS, dal punto di vista delle imposte sui redditi, IVA e IRAP, applicabile fino alla completa attuazione di quella introdotta con il c.d. «**Codice del terzo settore**» (D.Lgs. 117/2017, di seguito Cts) che si applicherà agli enti iscritti nel **Registro unico nazionale del Terzo settore** (c.d. «**Runts**», istituito con DM 106/2020) **a decorrere dal** periodo di imposta successivo all'autorizzazione della Commissione UE. **97000**

Il Registro, che serve a dare pubblicità dell'esistenza di un ente del Terzo settore (Ets), della sua struttura e della sua attività, ha una funzione di trasparenza, anche con riguardo all'applicazione della normativa fiscale, e di certezza del diritto verso i terzi che entrano in rapporto con l'ente. Gli enti che entreranno a farne parte potranno accedere ai regimi fiscali agevolati previsti dal Cts, oltre che al cinque per mille dell'IRPEF che in futuro sarà riservato ai soli enti iscritti al Runts.

La sua struttura si compone delle seguenti **sezioni** (art. 3 DM 15 settembre 2020 n. 106):

a) organizzazioni di volontariato (Odv) (artt. 32 e s. Cts);
b) associazioni di promozione sociale (Aps) (artt. 35 e s. Cts);
c) enti filantropici (artt. 37 e ss. Cts);
d) imprese sociali (D.Lgs. 112/2017), comprese le cooperative sociali (L. 381/91);
e) reti associative (art. 41 Cts);
f) società di mutuo soccorso (art. 42 Cts) non tenuti all'obbligo di iscrizione nella sezione «imprese sociali». Per le società di mutuo soccorso soggette all'obbligo di iscrizione nella sezione speciale, la stessa soddisfa il requisito dell'iscrizione nella sezione del Runts di cui alla presente lettera;
g) **altri enti** del Terzo settore.

Tutti gli enti di **nuova iscrizione** possono richiedere l'iscrizione al Runts in via telematica, sul portale dedicato raggiungibile dalla pagina www.lavoro.gov.it.

Con l'entrata in vigore del Cts saranno abrogate le leggi quadro di riferimento per le associazioni di promozione sociale (L. 383/2000) e per il volontariato (L. 266/91), nonché la normativa sulle ONLUS (artt. 10-29 D.Lgs. 460/97), alla quale si sostituirà la nuova disciplina fiscale prevista per gli enti del terzo settore.

SEZIONE 1

Enti non commerciali diversi dalle ONLUS

Sono enti non commerciali residenti gli enti, pubblici o privati, diversi dalle società, nonché i trust, che non hanno per oggetto esclusivo o principale l'esercizio di attività commerciali, residenti nel territorio dello Stato (art. 73 c. 1 lett. c DPR 917/86). Per il requisito di residenza v. n. 21045. Rientrano nella definizione gli enti che svolgono anche un'attività commerciale **97005** purché in via secondaria; se l'esercizio dell'attività commerciale diventa principale o esclusivo, l'ente perde la qualifica non commerciale.

97010 Per verificare se l'ente possa qualificarsi come non commerciale, occorre individuare l'attività essenziale svolta per il raggiungimento degli scopi dell'ente, facendo riferimento sia all'**oggetto** determinato in base alla legge, all'atto costitutivo o allo statuto, se esistenti in forma di atto pubblico o di scrittura privata autenticata, sia, in mancanza di questi, all'**attività effettivamente esercitata** nel territorio dello Stato (art. 73 c. 4 DPR 917/86).
La qualifica di «imprenditore» può, infine, determinarsi anche in conseguenza del compimento di un **unico affare**, in considerazione della sua **rilevanza economica** e della complessità delle operazioni in cui si articola (Ris. AE 11 ottobre 2007 n. 286/E).

In tal senso si è espressa l'AE nel caso specifico di un ente non commerciale che intendeva porre in essere attività di costruzione e successiva locazione di posti auto, realizzata mediante la stipulazione di contratti di appalto, l'accensione di un mutuo ipotecario per il reperimento delle risorse finanziarie necessarie alla realizzazione dell'opera e la successiva stipulazione di contratti di locazione.

97015 **Perdita della qualifica non commerciale** L'ente può **perdere** la propria qualifica «non commerciale», quando, indipendentemente dalle previsioni statutarie, esercita prevalentemente attività commerciale per un intero periodo d'imposta, tenendo conto anche dei **parametri** di commercialità cui fa riferimento la legge (v. **tabella**) (art. 149 DPR 917/86 e art. 4 c. 9 DPR 633/72).

>Precisazioni 1) La regola non si applica agli **enti ecclesiastici** riconosciuti come persone giuridiche agli effetti civili e alle associazioni sportive dilettantistiche.
2) Persa la qualifica non commerciale, l'ente ha l'obbligo di iscrivere tutti i beni facenti parte del patrimonio nel registro degli inventari (v. n. 26075).

Parametri indicativi della natura commerciale (1)
– prevalenza delle immobilizzazioni (materiali, immateriali e finanziarie) nette, cioè dedotti gli ammortamenti, relative all'attività commerciale rispetto alle restanti attività **(2)**; – prevalenza dei ricavi risultanti dalle attività commerciali rispetto al valore normale delle cessioni o prestazioni riguardanti l'attività istituzionale; – prevalenza dei redditi derivanti da attività commerciali rispetto alle entrate istituzionali, quali contributi, sovvenzioni, liberalità e quote associative **(3)**; – prevalenza dei componenti negativi inerenti all'attività commerciale rispetto alle altre spese.
(1) Il verificarsi di una o più circostanze in capo ad un ente la cui attività essenziale sia di natura **obiettivamente** non commerciale (ad esempio, partiti politici, associazioni sindacali e di categoria rappresentate nel Cnel), non può, di per sé, far venir meno la qualifica non commerciale, risultante dall'atto costitutivo o dallo statuto, purché l'attività effettivamente esercitata corrisponda in modo obiettivo a quella espressamente indicata nelle previsioni statutarie (Circ. Min. 12 maggio 1998 n. 124/E). **(2)** Per stabilire la **prevalenza delle immobilizzazioni** relative all'attività commerciale, il raffronto va effettuato tra le immobilizzazioni relative all'attività commerciale, tra le quali devono comprendersi tutte le tipologie indicate nell'art. 2424 c.c. (e cioè le immobilizzazioni materiali quali fabbricati, impianti, macchinari, automezzi, mobili, ecc.; le immobilizzazioni immateriali quali brevetti, diritti d'autore, avviamento, spese d'impianto, ecc.; le immobilizzazioni finanziarie), e gli investimenti relativi alle attività decommercializzate (Circ. Min. 12 maggio 1998 124/E). **(3)** La locuzione «**redditi derivanti da attività commerciale**» deve essere intesa come riferita ai componenti positivi del reddito d'impresa. Da entrambi i termini di raffronto vanno esclusi i contributi di cui al n. 97045 in quanto essi comunque non concorrono alla formazione del reddito.

97016 **Casi particolari** L'attività di mediazione svolta da **organismi di mediazione** istituiti dai Consigli degli ordini sia quali dipartimenti interni agli stessi, sia quali soggetti autonomi è considerata commerciale. Pertanto, i contributi erogati in favore di tali organismi da parte dei Consigli degli ordini o da altri enti pubblici sono considerati reddito d'impresa, salvo il caso in cui si tratti di contributi erogati dal Consiglio ad un organismo istituito come dipartimento interno, e il loro trattamento IVA richiede l'esame dei singoli rapporti giuridici instaurati tra il soggetto erogante e l'organismo di mediazione (Ris. AE 29 novembre 2011 n. 113/E).
Per i **Gruppi di acquisto solidale** (c.d. GAS), non rileva, né ai fini IVA né ai fini IRES, l'attività svolta esclusivamente nei confronti dei propri aderenti a condizione che vengano rispettati i requisiti statutari illustrati al n. 97435 (art. 1 c. 266-267 L. 244/2007). Si tratta di soggetti associativi senza scopo di lucro costituiti al fine di svolgere attività di **acquisto collettivo di beni** e **distribuzione** dei medesimi, senza applicare alcun ricarico, esclusivamente agli aderenti, con

finalità etiche, di solidarietà sociale e di sostenibilità ambientale, in diretta attuazione degli scopi istituzionali e con esclusione di attività di somministrazione e di vendita.

Di seguito si esamina il regime fiscale degli enti **distinguendo** tra: 97018
- **enti privati**, intendendo come tali quelli con attività prevalentemente rivolta verso l'esterno, ad esempio, fondazioni e comitati;
- **associazioni**, ossia quelli con attività prevalentemente rivolta a vantaggio dei propri associati.

I. Enti privati

A. IRES

97030 Agli enti privati si applica il principio generale per cui le prestazioni di servizi diverse da quelle propriamente commerciali (v. n. 5020), svolte senza fine di lucro, **non** danno origine ad **attività commerciale** a patto che siano rispettate le **tre condizioni** seguenti:
- siano conformi alle finalità istituzionali dell'ente;
- manchi una specifica organizzazione;
- i corrispettivi non eccedano i costi di diretta imputazione. Ciò significa che i corrispettivi conseguiti dall'ente devono remunerare solo le spese sostenute per lo svolgimento delle prestazioni, senza dar luogo alla formazione di utili (Ris. Min. 23 ottobre 1992 n. 11/274).

Per gli enti privati **di previdenza obbligatoria**, non si considera commerciale l'esercizio di attività previdenziali e assistenziali (art. 74 c. 2 lett. b DPR 917/86).
Per i soggetti che operano nella cooperazione allo sviluppo, iscritti nell'apposito elenco, tali attività di cooperazione allo sviluppo e aiuto umanitario si considerano non commerciali (art. 26 L. 125/2014).

a. Determinazione del reddito

(artt. 143 c. 1 e 144 c. 1 DPR 917/86)

97040 Il reddito complessivo è formato dalle categorie reddituali indicate in **tabella** ed è dato dalla sommatoria dei singoli risultati ottenuti applicando criteri analoghi a quelli previsti per le persone fisiche (in tabella sono indicati i rinvii alle rispettive trattazioni).
Sono inoltre previste delle **disposizioni specifiche** con riferimento ad alcune fattispecie di **esclusione** dalla formazione del reddito e alla determinazione del **reddito d'impresa**.

Redditi (*)	n. MF
fondiari	22046
capitale	11000. In generale, i **dividendi** concorrono alla formazione del reddito per intero o in misura ridotta (77,74% del loro ammontare) a seconda che siano formati con **utili prodotti a partire** dall'esercizio successivo a quello in corso al 31 dicembre 2016, o con utili prodotti **anteriormente** (art. 1 c. 2 DM 26 maggio 2017 e art. 4 c. 1 lett. q D.Lgs. 344/2003). In caso di **partecipazione di controllo** detenuta in un'impresa, società o ente localizzato in un Paese a **fiscalità privilegiata** si applicano le disposizioni particolari previste (v. n. 21900). È prevista poi una parziale detassazione per i dividendi, i proventi degli strumenti finanziari partecipativi e gli utili derivanti dai contratti di associazione in partecipazione e cointeressenza (Risp. Telefisco 2021) percepiti da enti che **svolgono attività** di interesse generale per il perseguimento di **finalità** civiche, solidaristiche e di utilità sociale in specifici settori (si deve fare riferimento ai settori specificamente indicati dalla norma agevolativa - v. n. 97042 e non alle attività elencate dall'art. 5 D.Lgs. 117/2017 - Codice del Terzo settore) (Risp. Telefisco 2021).

Redditi (*)	n. MF
diversi	13000
impresa	97050

(*) I redditi di ciascuna categoria concorrono a formare il reddito complessivo qualunque sia il **luogo di produzione**. Relativamente all'**imputazione** dei redditi a ciascun **periodo d'imposta** si applicano i criteri stabiliti per ciascuna categoria di reddito nella quale gli stessi rientrano. Pertanto, l'imputazione avviene nel periodo di imposta nel quale si verifica:
- la **percezione**, per i redditi di capitale ed i redditi diversi;
- il **possesso dell'immobile**, per i redditi fondiari;
- la **chiusura dell'esercizio**, per i redditi di impresa.

97042 A **decorrere dal** periodo d'imposta in corso al 1° gennaio 2021, gli utili percepiti non concorrono alla formazione del reddito imponibile nella misura del 50%, se vengono rispettate alcune **condizioni** relativamente al tipo di attività svolta dall'ente e all'utilizzo del risparmio d'imposta conseguito (art. 1 c. 44-47 L. 178/2020).

Sono **esclusi** dalla parziale detassazione gli utili provenienti da partecipazioni in imprese o enti residenti o localizzati in Stati o territori a **regime fiscale privilegiato** (v. n. 21900 e s.).

Condizioni	
Attività svolta in via esclusiva o principale	**una o più** attività di interesse generale per il perseguimento di **finalità** civiche, solidaristiche e di utilità sociale nei seguenti **settori**: **a)** famiglia e valori connessi; crescita e formazione giovanile; educazione, istruzione e formazione, compreso l'acquisto di prodotti editoriali per la scuola; volontariato, filantropia e beneficenza; religione e sviluppo spirituale; assistenza agli anziani; diritti civili; **b)** prevenzione della criminalità e sicurezza pubblica; sicurezza alimentare e agricoltura di qualità; sviluppo locale ed edilizia popolare locale; protezione dei consumatori; protezione civile; salute pubblica, medicina preventiva e riabilitativa; attività sportiva; prevenzione e recupero delle tossicodipendenze; patologia e disturbi psichici e mentali; **c)** ricerca scientifica e tecnologica; protezione e qualità dell'ambiente; **d)** arte, attività e beni culturali.
Destinazione dell'imposta «risparmiata»	l'IRES non dovuta, e quindi risparmiata a seguito delle disposizioni agevolative, deve essere destinata al **finanziamento** delle attività di interesse generale sopra indicate, accantonando l'**importo non ancora erogato** in una riserva indivisibile e non distribuibile per tutta la durata dell'ente.

97045 **Redditi esclusi** (art. 143 DPR 917/86) Non concorrono alla formazione del reddito complessivo:
- redditi **esenti** da imposta;
- redditi soggetti a **ritenuta alla fonte** a titolo di imposta o a **imposta sostitutiva**;
- **fondi raccolti** durante manifestazioni pubbliche **occasionali** (v. n. 97225);
- **contributi** (sia a fondo perduto che a titolo di corrispettivo) corrisposti da amministrazioni pubbliche per lo svolgimento di attività con finalità sociale esercitate in conformità ai fini istituzionali dell'ente, in regime di convenzione o accreditamento.

Reddito d'impresa

97050 Gli enti non commerciali possono avere un reddito d'impresa derivante da un'attività commerciale esercitata in via secondaria (es. un'associazione ricreativa che gestisce uno spaccio).
Per la determinazione del reddito di impresa si applica un regime **ordinario**, salvo opzione per quello **forfettario** se ricorrono i requisiti per la contabilità semplificata.
Per gli enti che esercitano attività di agriturismo si rinvia al n. 6360.

97055 **Perdite** Se il risultato dell'attività di impresa è una perdita, questa può essere compensata nei limiti e secondo le condizioni previste per le imprese individuali (v. n. 5220).

97060 **REGIME ORDINARIO** (art. 144 c. 2-5 DPR 917/86) Il reddito di impresa è determinato dalla differenza tra i proventi conseguiti ed i costi sostenuti, specificamente attribuibili all'attività

commerciale, secondo le regole stabilite per la generalità delle imprese (v. n. 5000) con la particolarità che i dividendi percepiti concorrono a formare il reddito nella misura indicata al n. 97040. Per l'individuazione dei **beni relativi all'impresa** v. n. 5140.
Le erogazioni in denaro di enti pubblici e di fondazioni o associazioni legalmente riconosciute, effettuate per il pagamento delle spese di difesa dei soggetti ammessi al gratuito patrocinio a spese dello Stato, sono interamente deducibili dal reddito.
Accanto alle regole ordinarie, sono previste anche regole specifiche per i **componenti promiscui**, cioè che afferiscono sia alle attività commerciali che alle altre attività esercitate. In particolare:
- le **spese** e gli altri componenti negativi relativi a beni e servizi adibiti promiscuamente all'esercizio di attività commerciale e di altre attività sono deducibili solo in proporzione al rapporto, determinato al termine di ciascun esercizio, tra i ricavi che concorrono a formare il reddito di impresa e i ricavi complessivi dell'ente. In caso di adozione del **regime di cassa** (v. n. 5360 e s.), se l'ente utilizza il principio di competenza per quantificare i proventi derivanti dall'attività istituzionale, il rapporto va effettuato tra i ricavi che concorrono a formare il reddito d'impresa per cassa e i ricavi complessivi (Circ. AE 13 aprile 2017 n. 11/E par. 3.2);
- per gli **immobili** utilizzati promiscuamente è deducibile la rendita catastale o il canone di locazione (anche finanziaria) per la sola parte relativa al rapporto sopra esposto.

Gli **istituti religiosi**, previsti dall'art. 26 L. 222/85, per ciascuno dei membri che presti **continuativamente** la propria opera nell'attività commerciale, possono dedurre un importo pari all'ammontare del limite minimo annuo previsto per le pensioni corrisposte dal fondo pensioni dei lavoratori dipendenti dell'INPS. Tale deduzione **sostituisce** gli altri costi ed oneri relativi alla prestazione d'opera, ad eccezione dei costi previdenziali. **97065**
Se l'attività è svolta solo per una parte del periodo di imposta, la deduzione deve essere ragguagliata all'opera prestata.

> Ai fini della deduzione di tale importo occorre istituire un **apposito registro numerato** che deve contenere gli elementi anagrafici dei membri dell'ente per i quali spetta la deduzione, le mansioni loro affidate e la durata dell'opera prestata nel periodo di imposta (DM 28 marzo 1986).

Obblighi contabili Gli enti non commerciali sono obbligati alla tenuta di un'apposita **contabilità separata**, relativa alle attività commerciali esercitate. Gli obblighi contabili sono i medesimi previsti per le imprese individuali, secondo le regole proprie del regime contabile ordinario o semplificato, per gli enti che ne possono beneficiare. Per le caratteristiche dei due regimi e per i presupposti di applicabilità degli stessi si rinvia rispettivamente al n. 26065 e n. 5340. È sempre possibile optare per il regime di contabilità superiore. **97070**

> L'obbligo di tenuta di una **contabilità separata** è soddisfatto anche tramite l'utilizzo di un piano dei conti dettagliato nelle singole voci, tale da permettere di distinguere le diverse movimentazioni relative ad ogni attività (Ris. AE 13 marzo 2002 n. 86).

REGIME FORFETTARIO (art. 145 DPR 917/86)

Il regime forfettario di determinazione del reddito di impresa è applicabile, su opzione, da parte degli enti non commerciali **ammessi al regime di contabilità semplificata** (v. n. 5340). **97080**
Il regime forfettario è adottabile di anno in anno se i limiti di ricavi non vengono superati; pertanto, qualora i predetti limiti risultino superati alla chiusura del periodo d'imposta, esso non potrà trovare applicazione, per il periodo medesimo.
L'**opzione** si desume dal comportamento concludente (v. n. 5455) che, nel caso specifico, si esplica e si esaurisce in sede di dichiarazione dei redditi, non risultando necessaria neppure la comunicazione dell'opzione (Circ. Min. 12 maggio 1998 n. 124/E).

Il **reddito** si **determina** applicando all'ammontare dei ricavi conseguiti nell'esercizio di attività commerciali, le **percentuali di redditività** di seguito indicate e aggiungendo all'importo così ottenuto le plusvalenze, le sopravvenienze attive, i proventi finanziari (dividendi e interessi) e immobiliari (Circ. AE 7 luglio 2015 n. 25/E par. 3.2): **97085**
a) **prestazioni di servizi**:
- per ricavi fino a € 15.493,71: **15%**;
- per ricavi compresi tra € 15.493,71 e € 400.000: **25%**;

b) **altre attività**:
- per ricavi fino a € 25.822,84: **10%**;
- per ricavi compresi tra € 25.822,84 e € 700.000: **15%**.

Per gli enti esercenti **contemporaneamente** prestazioni di servizi e altre attività: se i ricavi delle diverse attività sono distintamente annotati, si applica la percentuale prevista per l'ammontare dei ricavi relativi **all'attività prevalente**. In mancanza di distinta annotazione, si considerano prevalenti le attività di prestazione di servizi e perciò si applicano le relative percentuali.

97090 **Obblighi contabili** Gli enti che adottano il regime forfettario sono soggetti agli obblighi contabili previsti per le imprese individuali in **regime semplificato** (v. n. 5340). È sempre possibile optare per il regime di contabilità superiore.
Se l'ente effettua raccolte pubbliche di fondi, deve adempiere gli obblighi indicati al n. 97225.

b. Deduzioni, detrazioni e crediti d'imposta

97110 Gli enti non commerciali possono dedurre dal reddito alcuni oneri e possono fruire di alcune detrazioni e/o crediti d'imposta, di seguito indicati.
Possono, inoltre, fruire di alcune detrazioni specifiche previste per le spese sostenute per **interventi** di recupero sugli **immobili**, quali, ad esempio, quelle sostenute per l'eliminazione delle **barriere architettoniche** (v. n. 1615).

97120 **Oneri deducibili** (art. 146 DPR 917/86) Dal reddito complessivo degli enti non commerciali si deducono, se non sono deducibili nella determinazione del reddito d'impresa che concorre a formarlo, alcuni oneri (debitamente documentati):
– i contributi per i Paesi in via di sviluppo (v. n. 1325);
– i canoni, livelli, censi ed altri oneri gravanti sui redditi degli immobili (v. n. 1339);
– le somme corrisposte ai dipendenti chiamati a svolgere funzioni elettorali (v. n. 1339);
– contributi o liberalità per il finanziamento della ricerca, in favore di università, fondazioni universitarie e di istituzioni universitarie pubbliche, degli enti di ricerca pubblici, delle fondazioni e delle associazioni regolarmente riconosciute, nonché degli enti parco regionali e nazionali (v. n. 23445 lett. c).
L'eventuale rimborso di oneri dedotti in precedenza concorre alla formazione del reddito complessivo del periodo di imposta.

97125 **Oneri detraibili** (art. 147 DPR 917/86) Nella tabella seguente sono elencati i principali oneri che risultano detraibili dall'imposta, fino a concorrenza del suo ammontare. La detrazione è ammessa purché i medesimi oneri non siano deducibili nella determinazione dei singoli redditi che concorrono a formare il reddito complessivo e risultino da idonea documentazione.
In caso di eventuale rimborso di oneri detratti in precedenza, l'imposta dovuta per il periodo in cui sono rimborsati è aumentata di un importo pari al 19% dell'onere rimborsato.

Onere detraibile	n. MF
a) interessi passivi e oneri accessori pagati a soggetti residenti nel territorio dello Stato o della UE o a stabili organizzazioni nel territorio dello Stato di soggetti non residenti, in dipendenza di prestiti o mutui agrari di ogni specie	1870
b) spese sostenute dai soggetti obbligati alla manutenzione, protezione o restauro dei beni vincolati	1652
c) erogazioni in denaro e/o cessioni gratuite di beni effettuate a favore di attività culturali, artistiche e di spettacolo	2115 e 2117
d) erogazioni liberali in denaro di importo (entro limiti stabiliti) a favore di ONLUS e associazioni di promozione sociale	2160
e) erogazioni liberali a favore di istituti scolastici statali e paritari, finalizzate all'innovazione tecnologica, all'edilizia scolastica e all'ampliamento dell'offerta formativa	2160
f) contributi associativi (entro limiti stabiliti) versati dai soci alle **società di mutuo soccorso** che operano esclusivamente nei settori di cui all'art. 1 L. 3818/1886	2160

97130 **Crediti d'imposta** È possibile fruire dei **seguenti** crediti d'imposta previsti a fronte di:
– spese sostenute dal 2021 al 2023, fino a un massimo di € 5.000 per ciascun immobile adibito

all'attività commerciale, per l'acquisto e l'installazione di sistemi di filtraggio dell'acqua e/o del miglioramento qualitativo delle acque erogate da acquedotti (v. n. 38995);
– spese per la formazione del personale (v. n. 38540);
– erogazioni liberali in denaro effettuate a favore di determinate attività culturali e di spettacolo, c.d. **art-bonus** (v. n. 2385);
– erogazioni liberali in denaro destinate a finanziare **interventi su immobili pubblici** (v. n. 2398);
– erogazioni liberali in denaro per interventi di manutenzione e restauro di impianti sportivi pubblici e per la realizzazione di nuove strutture sportive pubbliche, c.d. **sport-bonus** (v. n. 23475);
– canoni relativi ai contratti di locazione, leasing e concessione di immobili non abitativi destinati allo svolgimento dell'attività istituzionale, pagati per i mesi da gennaio a maggio 2021, in misura pari al 60% del canone. L'eventuale svolgimento di attività commerciale in maniera non prevalente rispetto a quella istituzionale non pregiudica la fruizione del credito d'imposta anche in relazione a quest'ultima attività (Circ. AE 6 giugno 2020 n. 14/E);

c. Aliquota IRES

L'aliquota ordinaria, pari al 24%, si applica in misura **ridotta** del 50% ai redditi derivanti dallo svolgimento delle **attività istituzionali** da parte degli enti indicati nella tabella sottostante, tenuto conto che l'appartenenza a una di tali categorie, va dimostrata non solo sotto il profilo formale, con riferimento agli scopi individuati dalle norme e dallo statuto, ma anche dal punto di vista sostanziale, considerato che la natura dell'attività in concreto esercitata dall'ente prevale, comunque, sul fine dichiarato (artt. 6 e 17 DPR 601/73) (Circ. AE 17 maggio 2022 n. 15/E). 97135

La riduzione sarà **abrogata dal** periodo d'imposta di prima applicazione delle specifiche misure di favore che verranno introdotte nei confronti degli enti in questione nel rispetto delle condizioni previste dal Codice del Terzo settore (art. 1 c. 51 e 52 bis L. 145/2018 e art. 1 c. 8 bis DL 135/2018 conv. in L. 12/2019).

– enti e istituti di assistenza sociale e società di mutuo soccorso;
– enti ospedalieri **(1)**;
– enti di assistenza e beneficenza;
– enti risultanti dalla trasformazione delle IPAB (art. 4 c. 2 D.Lgs. 207/2001);
– istituti di istruzione e di studio e sperimentazione di interesse generale senza fini di lucro, corpi scientifici, accademie, fondazioni e associazioni storiche, letterarie e scientifiche, di esperienze e ricerche aventi scopi esclusivamente culturali;
– enti il cui fine è equiparato per legge ai fini di beneficenza o all'istruzione **(2)**;
– istituti autonomi delle case popolari (IACP) e loro consorzi e società, costituite e operanti al 31 dicembre 2013, aventi le stesse finalità degli IACP, rispondenti ai requisiti dell'UE in materia di «house providing».

(1) Il riferimento va inteso alle «aziende ospedaliere» e ai «presidi ospedalieri» delle Aziende Sanitarie Locali (ex Unità Sanitarie Locali) di natura pubblica, nei quali sono confluiti i vecchi «enti ospedalieri». Vi rientrano, inoltre, gli istituti di ricovero e cura a carattere scientifico («IRCCS», comprese le società), limitatamente alle prestazioni di ricovero e cura in convenzione, e di ricerca scientifica. Sono, invece, **escluse** dalla riduzione: le Aziende unità sanitarie locali e le Aziende sanitarie locali e le case di cura private anche se riconosciute come presidi ospedalieri (per queste ultime, quindi, l'AE ha invertito la propria posizione).

(2) Vi rientrano gli **enti ecclesiastici** ed enti aventi fini di religione e culto anche appartenenti a confessioni religiose diverse dalla Chiesa cattolica. L'agevolazione può applicarsi in relazione alle attività dirette di culto e religione, nonché a quelle diverse, anche se commerciali, purché siano svolte in maniera non prevalente e siano in rapporto di strumentalità immediata e diretta con i fini di religione o di culto (Ris. AE 19 luglio 2005 n. 91/E). Sono inoltre, agevolabili anche i redditi derivanti dal godimento statico-conservativo del **patrimonio immobiliare** (come nel caso di immobili ricevuti per lasciti e donazioni) a condizione che si configuri in concreto un mero godimento del patrimonio immobiliare e non lo svolgimento di un'attività commerciale e i proventi provenienti dalle locazioni o dalle vendite siano effettivamente impiegati nelle attività di religione o di culto (Circ. AE 17 maggio 2022 n. 15/E).

d. Adempimenti

INIZIO ATTIVITÀ All'inizio dell'attività l'ente non commerciale deve richiedere l'attribuzione di un numero di codice fiscale presentando telematicamente il **Mod. AA5/6** approvato 97140

con Provv. AE 21 dicembre 2009 n. 189273 (che va utilizzato anche per le variazioni dati e per la comunicazione delle avvenute fusioni, concentrazioni, trasformazioni ed estinzioni).
Se, successivamente, l'ente intraprende un'attività commerciale deve richiedere anche l'attribuzione di un numero di partita IVA con le modalità illustrate al n. 52120.

97145 **DURANTE L'ATTIVITÀ** Indipendentemente dalle modalità gestionali ed organizzative dell'ente e dalla qualificazione giuridica dell'attività esercitata dallo stesso, è richiesta in ogni caso la redazione di un rendiconto annuale economico e finanziario (art. 20 c. 2 DPR 600/73, Ris. AE 16 dicembre 2011 n. 126/E).

97150 **DICHIARAZIONE ANNUALE** La dichiarazione dei redditi deve essere redatta, a pena di nullità, sugli appositi modelli «Redditi Enc» approvati dal Ministero e prelevabili gratuitamente in formato elettronico, connettendosi al sito dell'AE www.agenziaentrate.gov.it.
Per le modalità ed i termini di presentazione si rinvia a quanto detto per le società di capitali (v. n. 26295).
Le associazioni che hanno **solo attività istituzionali** e non hanno anche redditi fondiari, di capitale, d'impresa o diversi e non hanno dipendenti, collaboratori o lavoratori occasionali, non sono obbligate a presentare la dichiarazione.

Per quanto riguarda i **versamenti**, v. n. 37150 e s. (acconti) e n. 37180 e s. (saldo).

B. IVA

97220 **DISCIPLINA APPLICABILE** (artt. 4 c. 4 e 5 DPR 633/72) Gli enti che non hanno per oggetto esclusivo o principale l'esercizio di attività commerciali o agricole, si considerano soggetti passivi **soltanto** quando effettuano **in via occasionale** operazioni **commerciali** o **agricole**. Pertanto, per le operazioni effettuate nell'ambito della propria attività istituzionale essi restano estranei dall'ambito di applicazione dell'IVA.
Sono, inoltre, **esclusi** dal campo di applicazione dell'imposta i fondi raccolti durante manifestazioni pubbliche occasionali (v. n. 97225).
Viceversa, sono considerate **sempre commerciali** per legge le attività indicate al n. 97230.

Ad **esempio**, la cessione, la locazione o la permuta di immobili utilizzati da un ente non commerciale per lo svolgimento di attività commerciali è soggetta ad IVA; è invece esclusa da IVA la medesima operazione riguardante immobili afferenti all'attività istituzionale dell'ente (Ris. Min. 29 ottobre 1998 n. 163/E).

97225 **Occasionali raccolte pubbliche di fondi** (art. 2 D.Lgs. 460/97) I fondi raccolti durante manifestazioni pubbliche occasionali, anche a seguito di offerte di beni di modico valore o di servizi ai soggetti eroganti i fondi, sono **esclusi** dal campo di applicazione dell'IVA. Le manifestazioni devono realizzarsi in concomitanza di celebrazioni, ricorrenze o campagne di sensibilizzazione.

Unico **obbligo** a carico degli enti che effettuano raccolte pubbliche di fondi è quello di redigere **entro quattro mesi** dalla chiusura dell'esercizio, in aggiunta all'eventuale bilancio, un apposito e **separato rendiconto**, accompagnato da una **relazione illustrativa**, da cui devono risultare le entrate e le spese relative ad ogni manifestazione (celebrazione, ricorrenza o campagna di sensibilizzazione) in cui si è realizzata la pubblica sottoscrizione di fondi (art. 20 c. 2 DPR 600/73). Il rendiconto va tenuto e conservato secondo le regole prescritte per le scritture contabili (v. n. 26145).

97230 **Attività considerate commerciali** Sono **in ogni caso** considerate commerciali e, pertanto, sono sempre assoggettate all'imposta in base alle regole ordinarie (v. n. 45250):
a) le cessioni di beni e le prestazioni di servizi ai soci, associati o partecipanti verso pagamento di **corrispettivi specifici** o contributi supplementari in funzione delle maggiori o diverse prestazioni alle quali danno diritto. Tali contributi, pertanto, vanno distinti dalle **quote associative** versate al solo fine di acquisire lo status di socio, le quali non sono soggette a IVA, a prescindere dalle caratteristiche dei soci che le versano (Risp. AE 30 agosto 2021 n. 576, Ris. Min. 6 luglio 1996 n. 108/E);
b) le operazioni elencate nella **tabella** seguente.

Elenco delle operazioni commerciali per legge (art. 4 c. 5 DPR 633/72) 97235

1. cessioni di beni nuovi prodotti per la vendita;
2. erogazione di acqua e servizi di fognatura e depurazione, gas, energia elettrica e vapore;
3. gestione di fiere ed esposizioni a carattere commerciale;
4. gestione di spacci aziendali, di mense e somministrazione di pasti **(1)**;
5. trasporto e deposito di merci;
6. trasporto di persone;
7. organizzazione di viaggi e soggiorni turistici e prestazioni alberghiere o di alloggio;
8. servizi portuali e aeroportuali;
9. pubblicità commerciale **(2)**;
10. telecomunicazioni e radiodiffusioni circolari;
11. prestazioni di tenuta e conservazione delle scritture contabili e di predisposizione delle dichiarazioni dei redditi rese ai propri associati (art. 78 c. 8 L. 413/91);
12. prestazioni corrispondenti a quelle rese dai centri di assistenza fiscale (CAF), rientranti tra le finalità istituzionali delle stesse, in quanto richieste dall'associato per ottemperare agli obblighi di legge derivanti dall'esercizio dell'attività (art. 12 L. 146/98).

(1) La Cassazione ha considerato non commerciale la fornitura di pasti avvenuta ai medesimi prezzi d'acquisto dei beni senza alcun margine di guadagno (Cass. pen. 13 gennaio 1999 n. 310).

(2) Secondo l'amministrazione è attività commerciale anche la **sponsorizzazione**, la quale costituisce una forma atipica di pubblicità commerciale (Ris. AE 11 luglio 2005 n. 88/E).

DETRAZIONE DELL'IMPOSTA (art. 19 ter DPR 633/72) La detrazione dell'imposta sugli acquisti è ammessa solo per quelli effettuati nell'esercizio dell'attività commerciale o agricola, purché siano rispettate le seguenti condizioni (per l'applicazione delle regole, anche nel caso di operazioni esenti, si rinvia al n. 48000 e s.): 97250
- l'attività commerciale o agricola deve essere gestita con **contabilità separata** rispetto a quella istituzionale;
- la contabilità deve essere conforme alle disposizioni in materia di corretta tenuta delle scritture contabili (art. 20 DPR 600/73).

L'**assenza** della contabilità separata o la tenuta in **modo irregolare** della contabilità obbligatoria per legge e per statuto, anche della sola attività principale, impedisce la detrazione, non essendoci la possibilità per l'AF di evidenziare l'imposta relativa agli acquisti e alle importazioni fatte nell'esercizio di attività commerciali o agricole.

Beni usati promiscuamente Nel caso di beni o servizi utilizzati promiscuamente, per l'esercizio dell'attività commerciale o agricola e dell'attività principale-istituzionale, è ammessa in detrazione l'IVA per la parte imputabile all'esercizio dell'attività commerciale o agricola. 97255

La legge non detta alcuna regola per la ripartizione dell'imposta tra la quota detraibile e quella indetraibile. Essa, tuttavia, si può desumere dalle indicazioni fornite dall'AF secondo cui i criteri adottati devono essere oggettivi e coerenti con la natura dei beni e dei servizi acquistati; in tale ottica, ad **esempio**, la ripartizione delle spese di riscaldamento di un fabbricato utilizzato promiscuamente per l'attività istituzionale e per quella commerciale potrà essere effettuata in base alla cubatura dei rispettivi locali (Circ. Min. 24 dicembre 1997 n. 328/E).

Inoltre, in caso di acquisto di **servizi di pulizia**, di demolizione, di installazione di impianti e di completamento **relativi ad edifici** (v. n. 52940) destinati in parte allo svolgimento dell'attività commerciale e in parte allo svolgimento dell'attività istituzionale, il **reverse charge** si applica alla quota di servizi da imputare all'attività commerciale individuata, ad esempio, in base alla superficie destinata alla stessa (Circ. AE 27 marzo 2015 n. 14/E).

ESEMPIO

1) L'ente Alfa impiega alcuni collaboratori oltre che per l'esercizio dell'attività istituzionale anche per l'esercizio di un'attività commerciale. Ai fini della determinazione della quota di imposta detraibile sulle collaborazioni si possono assumere elementi oggettivi quali: le ore di lavoro prestate per ciascuna attività e l'incidenza dei compensi sulle spese complessive di ciascuna attività.

Supponendo che dalla rilevazione emerga un'incidenza dei suddetti elementi pari al 20% per l'attività commerciale e dell'80% per quella istituzionale, la detrazione dell'IVA sulle prestazioni dei collaboratori è ammessa in misura pari al 20%.

2) L'ente Beta acquista, al costo di 7.200 euro, un servizio di pulizia dei propri locali di mq 400, di cui mq 30 adibiti allo svolgimento di attività commerciali (ad esempio, un bar) e mq 370 adibiti allo svolgimento della propria attività istituzionale. La proporzione di locali adibiti ad attività commerciale è pari a 7,5%; pertanto la quota di costo da attribuire a tale attività e che dovrà essere fatturata all'ente con il reverse charge è pari a 7.200 × 7,5% = 540.

Adempimenti

97270 Dal momento in cui l'ente inizia l'esercizio di un'attività commerciale, deve chiedere il rilascio del numero di partita IVA con le modalità illustrate al n. 52120.
Per le operazioni **commerciali** o **agricole** svolte, sia pure in via secondaria, deve rispettare tutti gli adempimenti prescritti per gli enti commerciali (emissione della fattura in formato elettronico, registrazione dei documenti emessi e ricevuti, dichiarazione annuale, ecc.), compresa la possibilità di applicare il regime IVA per cassa (v. n. 46270). Per l'analisi di tali adempimenti si rinvia ai capitoli specifici: per gli adempimenti di fatturazione, registrazione e liquidazione, n. 52600 e s.; per quanto riguarda gli obblighi dichiarativi, n. 56300 e s.
Per quanto riguarda le fatture di **acquisto**, può trattare quelle per fini esclusivamente istituzionali e per fini esclusivamente commerciali separatamente: analogiche le prime, elettroniche le seconde, tenendo conto che, comunque, se i fornitori sono soggetti obbligati alla fatturazione elettronica, tutte le fatture (sia quelle con partita IVA che quelle con CF numerico dell'ente) sono consultabili sul portale «Fatture e Corrispettivi» dell'AE (FAQ 19 luglio 2019 n. 67).

97275 **ADEMPIMENTI RELATIVI AD ACQUISTI INTRACOMUNITARI** La disciplina prevista per gli acquisti intracomunitari varia a seconda che si tratti di enti con o senza partita IVA.

Si ricorda che i soggetti che **intendono intraprendere** operazioni intracomunitarie devono manifestare preventivamente tale intenzione compilando l'apposito campo («Operazioni Intracomunitarie» del Quadro I) del modello di inizio attività, se si tratta di enti soggetti passivi d'imposta, o selezionando la casella «C» del Quadro A del modello AA7 se si tratta di enti non commerciali non soggetti passivi d'imposta (v. n. 65410).

Tipologia di ente		Adempimento
Enti **con partita IVA**	**A)** acquisti inerenti all'attività commerciale **(1)**	adempimenti ordinari della normativa comunitaria (v. n. 65137 e s.); l'IVA versata può essere detratta a condizione che venga tenuta contabilità separata (v. n. 97250).
	B) acquisti inerenti all'attività istituzionale **(1)**	devono eseguire gli stessi adempimenti prescritti per gli enti senza partita IVA di cui alla lettera **b)**, separatamente rispetto agli adempimenti previsti per gli acquisti in ambito commerciale (quindi, distinta numerazione delle autofatture, registrazione su apposito registro, separato versamento dell'IVA, ecc.) (art. 49 c. 4 DL 331/93).
Enti **senza partita IVA**	**a)** acquisti di beni (diversi dai mezzi di trasporto nuovi e da quelli soggetti ad accisa) inerenti all'attività istituzionale fino ad un **limite annuo** pari a € 10.000 **(2)**	non sono considerati soggetti passivi ai fini della disciplina intracomunitaria; **prima dell'acquisto**, l'ente deve dichiarare, all'Ufficio delle entrate competente, l'ammontare dell'acquisto in corso e quello degli acquisti effettuati nell'anno, presentando telematicamente il modello Intra 13 (art. 50 c. 4 DL 331/93).
	b) acquisti inerenti all'attività istituzionale **superiori** al suddetto limite	L'AE attribuisce all'ente il numero di partita IVA, previa presentazione, da parte dello stesso, della dichiarazione di inizio attività e questi viene considerato soggetto passivo ai fini della disciplina intracomunitaria **(3)**; pertanto deve rispettare gli **adempimenti** di emissione e annotazione di apposita autofattura (v. n. 65137 e s.) e versamento dell'IVA risultante (cod. trib. 6043) (art. 30 bis DPR 633/72). Infine, deve **presentare** telematicamente, **entro** la fine di ciascun mese, il modello Intra 12, indicando l'ammontare degli acquisti registrati con riferimento al secondo mese precedente, l'ammontare dell'imposta dovuta e gli estremi del relativo versamento (per i limiti oltre cui occorre presentare anche il modello Intrastat 2 a fini statistici, v. n. 65513).

(1) Gli acquisti ad **uso promiscuo** devono essere imputati, all'atto dell'annotazione nei registri IVA, all'attività istituzionale e a quella commerciale per la parte di rispettiva competenza (Circ. Min. 23 febbraio 1994 n. 13/E).
(2) Se, però, l'ente opta per l'applicazione del regime ordinario si applicano le regole illustrate sopra per gli enti con partita IVA. Il regime ordinario si applica in ogni caso quando vengono acquistati mezzi di trasporto nuovi o beni soggetti ad accisa.
L'**opzione** per l'applicazione del **regime ordinario** va effettuata nella dichiarazione IVA relativa all'anno precedente o nella dichiarazione di inizio attività o comunque anteriormente all'effettuazione dell'acquisto. Essa ha effetto dal 1° gennaio dell'anno in corso o, negli altri casi, dal momento in cui è esercitata, fino a quando non sia revocata e, in ogni caso, per il periodo di tre anni (sempre che ne permangano i presupposti). La revoca ha effetto dall'anno in corso e va comunicata mediante lettera raccomandata entro il termine di presentazione della dichiarazione annuale (art. 38 c. 6 DL 331/93).
(3) L'attribuzione della partita IVA, tuttavia, non fa assumere agli enti non commerciali la qualifica di soggetti passivi in senso stretto; pertanto, anche l'IVA versata non potrà essere recuperata in detrazione (Circ. AE 31 dicembre 2009 n. 58/E).

C. IRAP

(art. 10 D.Lgs. 446/97)

Per la corretta determinazione dell'IRAP, occorre distinguere a seconda che l'ente svolga esclusivamente attività non commerciali o anche attività commerciali. **97280**

ENTI CHE SVOLGONO ESCLUSIVAMENTE ATTIVITÀ NON COMMERCIALI La base imponibile ai fini IRAP è determinata in un importo pari all'ammontare di: **97282**
a) retribuzioni spettanti (anche se non corrisposte) al personale dipendente in misura pari all'imponibile previdenziale (sono escluse le spese relative agli apprendisti, ai disabili e per il personale assunto con contratti di formazione e lavoro);
b) redditi assimilati a quelli di lavoro dipendente;
c) compensi erogati per collaborazione coordinata e continuativa (v. n. 9900);
d) compensi per le attività di lavoro autonomo non esercitate abitualmente (v. n. 10700).
Sono **escluse** dalla base imponibile: le remunerazioni dei sacerdoti e gli assegni ad esse equiparati (v. precisazione); le somme relative a **borse di studio** e assegni in regime di **esenzione** IRPEF (v. n. 17175 e n. 9960); gli emolumenti relativi a percettori che svolgono l'**attività** in uffici operanti all'**estero** per un periodo di tempo non inferiore a tre mesi (Ris. AE 5 marzo 2003 n. 57/E).
Spetta la **deduzione forfettaria** per scaglioni di base imponibile (v. **tabella** al n. 97293).

> Sono **esclusi** anche gli assegni per il sostentamento dei ministri di culto e dei missionari delle Confessioni religiose per le quali un'apposita legge preveda l'assimilazione dei suddetti redditi a quelli di lavoro dipendente. Le leggi di ratifica fino ad ora stipulate riguardano l'Unione Cristiana Avventista del 7° giorno, le Assemblee di Dio in Italia, l'Unione Cristiana Evangelica Battista d'Italia e la Chiesa Evangelica Luterana in Italia (Ris. Min. 10 febbraio 2000 n. 12/E).

La deduzione analitica delle somme per **assicurazioni obbligatorie sugli infortuni** (es. premi INAIL) è consentita se tali somme non sono già state computate in deduzione della base imponibile, come accade nel caso dei lavoratori dipendenti le cui retribuzioni sono assunte a tassazione già al netto dei premi stessi; **97285**
– i costi relativi a personale titolare di **borse di studio** finalizzate all'esecuzione di specifici temi di **ricerca e sviluppo**, sono deducibili qualora non rientranti già nell'esclusione di cui al par. precedente (Ris. AE 13 dicembre 2006 n. 138/E);
– **non competono** le deduzioni forfettarie sul costo del lavoro (v. **tabella** al n. 97293).

ENTI CHE ESERCITANO ANCHE ATTIVITÀ COMMERCIALI Se l'ente esercita anche attività commerciali, occorre determinare la base imponibile **separatamente** per l'attività commerciale e per quella non commerciale. **97290**
Quella relativa all'**attività commerciale** è determinata secondo le regole previste per le società di capitali, computando i **costi** deducibili **non** specificamente **riferibili** alle attività commerciali per un importo corrispondente al rapporto tra l'ammontare dei ricavi e degli altri proventi considerati per la determinazione della base imponibile delle imprese industriali e l'ammontare complessivo di tutti i ricavi e proventi.

La base imponibile relativa alle **attività non commerciali** è determinata secondo le regole illustrate ai par. precedenti. Tuttavia, l'ammontare degli **emolumenti** è ridotto dell'importo di essi specificamente riferibile alle attività commerciali.

In riferimento alle attività commerciali per le quali **non è possibile l'individuazione specifica** degli emolumenti, in quanto il personale è utilizzato anche per l'attività istituzionale, l'ammontare degli emolumenti da portare in riduzione della base imponibile è pari al rapporto tra l'ammontare dei ricavi e degli altri proventi riferiti all'attività commerciale interessata e l'ammontare complessivo dei ricavi e proventi, relativi all'attività istituzionale e non, cui è riferito l'utilizzo promiscuo dei dipendenti.

97293 **Deduzioni** (art. 11 c. 4 bis 2 D.Lgs. 446/97) Ricorrendone le condizioni, trovano applicazione le seguenti deduzioni forfettarie:

Attività	Tipo di deduzione	n. MF
in relazione sia all'attività istituzionale che a quella commerciale	forfettaria per scaglioni di base imponibile	39250
in relazione al personale impiegato nell'esercizio di attività commerciali **(*)**	per dipendenti diversi da quelli a tempo indeterminato, con riferimento ad un importo forfettario massimo fino ad un numero di 5 dipendenti	39205

(*) A tal fine, non rilevano i trasferimenti di dipendenti dall'attività istituzionale a quella commerciale e nel caso di parziale impiego anche nelle attività istituzionali la deduzione spetta in base al rapporto tra l'ammontare dei ricavi e proventi che formano il reddito d'impresa e l'ammontare complessivo dei proventi dell'ente.

97297 **Criterio forfettario** (art. 17 c. 2 D.Lgs. 446/97) Gli enti che determinano il reddito d'impresa secondo criteri forfettari (v. n. 97080) possono determinare l'imponibile applicando le stesse percentuali, aggiungendo il costo del personale dipendente (solo quello che produce reddito di lavoro dipendente in capo al percipiente), i compensi spettanti ai collaboratori coordinati e continuativi, le retribuzioni di coloro che esercitano lavoro autonomo occasionale e gli interessi passivi.

97300 **CALCOLO DELL'IMPOSTA** (art. 16 c. 1 e 3 D.Lgs. 446/97) L'imposta **si applica** sul valore della produzione netta separatamente per la parte della stessa attribuibile al territorio di **ciascuna regione**. L'aliquota è stabilita in misura pari al **3,9%**.
Per la determinazione della quota di imponibile da attribuire a ciascuna regione o da escludere dalla tassazione, in caso di esercizio dell'attività parzialmente all'estero, si applicano i criteri esposti al n. 39430.

Molte regioni hanno deliberato riduzioni o addirittura esenzioni per gli enti non commerciali in generale o più in particolare per le ONLUS.

97305 **DICHIARAZIONE** (art. 19 D.Lgs. 446/97) La dichiarazione deve essere presentata, per ogni periodo d'imposta, entro i termini previsti per la dichiarazione dei redditi (v. n. 26300). Va inviata telematicamente, direttamente o tramite intermediari, all'AE; quest'ultima, a sua volta, provvede a trasmetterla alle regioni e province autonome in cui il soggetto ha domicilio fiscale e in cui viene ripartito il valore della produzione netta, nel caso in cui l'attività sia esercitata in più regioni (DM 11 settembre 2008 e art. 1 c. 52 L. 244/2007).

97310 **VERSAMENTO** (art. 30 D.Lgs. 446/97) L'imposta deve essere versata a ciascuna regione secondo le **modalità** ed i **termini** stabiliti per le imposte sui redditi (v. n. 37110).
Se col versamento del saldo l'ente si trova a ripartire, fra le regioni, in modo diverso l'imposta rispetto a quanto versato in sede d'acconto, il conguaglio viene effettuato direttamente dall'AF (Circ. Min. 16 luglio 1998 n. 188/E).
Per le modalità e i termini di **rimborso** dell'imposta si veda n. 37300.

II. Associazioni

Gli enti di tipo associativo sono caratterizzati, oltre che dallo scopo non lucrativo e dalla dotazione di un patrimonio per perseguirlo, dall'attività prevalentemente indirizzata all'interno dell'associazione stessa in favore dei propri associati. 97360

In generale, se **dimostrano** il possesso dei suddetti requisiti con apposita dichiarazione, fruiscono di un regime di non imponibilità (ai fini IRES) dei corrispettivi più ampio rispetto alla generalità degli enti non commerciali. In aggiunta, per alcune tipologie di associazioni non sono considerate commerciali, sia ai fini IRES che ai fini IVA, alcune attività caratteristiche a condizione che gli statuti contengano determinate clausole.

Per l'IRAP non è prevista una disciplina specifica, pertanto si rimanda a quanto detto al n. 97280.

Dimostrazione del possesso dei requisiti (Provv. AE 2 settembre 2009, art. 30 DL 185/2008) Salvo specifici esoneri, i requisiti devono essere certificati mediante l'invio telematico all'AE di un'apposita dichiarazione (modello EAS), **entro** 60 giorni dalla data di costituzione dell'associazione. 97365

La dichiarazione resta valida, salvo variazioni o l'intervenuta perdita dei requisiti: nel primo caso, il modello va ripresentato entro il 31 marzo dell'anno successivo a quello in cui si è verificata la variazione; nel secondo caso, entro 60 giorni dalla data in cui si è verificato l'evento (e comporta il venir meno dei benefici fiscali).

È considerata valida anche la presentazione entro i termini della prima dichiarazione utile salvo il versamento di una sanzione pari a 250 euro, a condizione che la violazione non sia stata contestata e non siano iniziati accessi, ispezioni o verifiche dei quali l'ente abbia avuto formale conoscenza (art. 2 c. 1 DL 16/2012 conv. in L. 44/2012 e Circ. AE 28 settembre 2012 n. 38/E).

> Gli enti i cui dati sono disponibili presso **pubblici registri** possono compilare il modello solo in parte; si tratta di: associazioni e società sportive dilettantistiche riconosciute dal Coni; associazioni di promozione sociale; organizzazioni di volontariato non esonerate; associazioni che sono iscritte nel registro delle persone giuridiche tenuto da prefetture, regioni o province autonome; associazioni religiose riconosciute come enti che svolgono in via preminente attività di religione e culto; movimenti e partiti politici tenuti alla presentazione del rendiconto di esercizio per il riparto dei rimborsi per le spese elettorali; associazioni sindacali e di categoria rappresentate nel CNEL; associazioni riconosciute con scopo statutario lo svolgimento o la promozione della ricerca scientifica destinatarie delle disposizioni dell'art. 14 DL 35/2005 (Circ. AE 29 ottobre 2009 n. 45/E); associazioni combattentistiche e d'arma iscritte nell'apposito albo tenuto dal Ministero della difesa (Circ. AE 1° dicembre 2009 n. 51/E).

Sono **esonerate** dall'obbligo di trasmissione: 97367

- le **organizzazioni di volontariato** di cui alla L. 266/91 che non svolgono attività commerciali diverse da quelle indicate al n. 97670;
- le **associazioni pro-loco** che optano per l'applicazione del regime forfettario di cui al n. 97470;
- le **associazioni sportive dilettantistiche** iscritte nel registro del CONI che non svolgono attività commerciale (art. 30 c. 3 bis DL 185/2008).

> Viceversa, sono tenute all'invio le associazioni sportive dilettantistiche che, oltre all'attività sportiva dilettantistica riconosciuta dal CONI, effettuano cessioni di beni (ad es. somministrazione di alimenti e bevande, vendita di materiali sportivi e gadget pubblicitari) e prestazioni di servizi (es. prestazioni pubblicitarie, sponsorizzazioni) rilevanti ai fini dell'IVA e delle imposte sui redditi. L'onere della comunicazione grava anche sulle associazioni che effettuano operazioni strutturalmente commerciali anche se non imponibili in quanto rientranti nei criteri particolari illustrati al n. 97460 (Circ. AE 9 aprile 2009 n. 12/E).

a. Regola generale

IRES (art. 148 c. 1 e 2 DPR 917/86) Sono considerate **non commerciali** le seguenti attività: 97380

- svolte nei confronti dei propri associati o partecipanti, in conformità alle finalità istituzionali, purché non siano previsti corrispettivi specifici (che qualificherebbero l'attività come commerciale - v. par. successivo);

– prestazioni di servizi, diverse da quelle propriamente commerciali, svolte nel rispetto delle condizioni illustrate al n. 97030.
Sono, inoltre, **escluse** dalla formazione del reddito, oltre ai redditi indicati al n. 97045, le somme versate dagli associati o partecipanti a titolo di quote o contributi associativi.

97385 Si qualificano come **commerciali**:
– le **cessioni di beni** e le **prestazioni di servizi** resi agli associati o partecipanti verso **corrispettivi specifici**, compresi i contributi e le quote supplementari determinati in funzione delle maggiori o diverse prestazioni alle quali essi danno diritto; tali corrispettivi concorrono alla formazione del reddito complessivo come componenti di reddito d'impresa o come redditi diversi, a seconda che le relative operazioni abbiano carattere di abitualità o di occasionalità;
– le attività elencate nella **tabella** al n. 97235 (art. 148 c. 4 DPR 917/86).

97390 **Determinazione del reddito, obblighi contabili e dichiarativi** Per la determinazione del reddito, anche d'impresa, e per gli obblighi contabili e dichiarativi si rinvia a quanto detto per gli enti non commerciali in generale (v. n. 97040) con la particolarità che gli enti di tipo associativo sono soggetti all'obbligo di redigere e approvare ogni anno un **rendiconto economico-finanziario**.
Le associazioni **sportive dilettantistiche**, le associazioni senza fini di lucro, **pro-loco** (art. 9 bis DL 417/91), associazioni bandistiche e cori amatoriali, filodrammatiche, di musica e danza popolare, legalmente costituite senza fini di lucro (art. 2 c. 31 L. 350/2003), che hanno conseguito, dall'esercizio di attività commerciali, proventi per un importo **non superiore** a € 400.000, possono **optare** per il regime forfettario di applicazione dell'IRES e dell'IVA illustrato al n. 97470.
Le associazioni di promozione sociale e le organizzazioni di volontariato nonché le associazioni sportive dilettantistiche, limitatamente ai lavori destinati ai soli immobili o parti di immobili adibiti a **spogliatoi** effettuati **fino al 30 giugno**, possono fruire della **detrazione** del **110%** (c.d. «superbonus» - v. tabella n. 1702).

97400 **IVA** (art. 4 c. 4 DPR 633/72) Sono escluse dal campo di applicazione dell'imposta le attività istituzionali (v. n. 97220) e le occasionali raccolte pubbliche di fondi (v. n. 97225).
Viceversa, sono considerate sempre **commerciali** le attività indicate al n. 97230.

b. Disposizioni specifiche per singole tipologie

(art. 148 c. 3-7 DPR 917/86 e art. 4 c. 4-6 DPR 633/72)

97420 Nella **tabella** seguente sono elencate le diverse associazioni cui sono indirizzate le disposizioni di favore, con l'indicazione delle attività che sono considerate non commerciali ai fini IRES e/o IVA e delle eventuali condizioni richieste dalla legge.
A parte sono illustrate le **particolarità** delle associazioni **sportive dilettantistiche** (v. n. 97460), delle associazioni **sindacali del settore agricolo** (v. n. 97595) e delle associazioni di **volontariato** (v. n. 97660).
Inoltre, fino a quando non saranno operative le disposizioni del CTS, le **organizzazioni di volontariato** e le **associazioni di promozione sociale** che hanno conseguito ricavi, ragguagliati ad anno, **non superiori** a € 65.000 applicano, ai soli fini IVA, il regime forfettario di cui al n. 5623 e s. (art. 5 c. 15 quinquies DL 146/2021 conv. in L. 215/2021).

97420
(segue)

Associazioni	Attività non commerciali	Disciplina di favore a fini IRES e/o IVA	Condizioni
– culturali; – assistenziali; – di formazione extrascolastica della persona **(1)**	– cessione anche a terzi di pubblicazioni effettuate prevalentemente ai propri associati; – cessioni di beni e prestazioni di servizi, diversi da quelli elencati nella tabella al n. 97235, rese in conformità alle finalità istituzionali, anche a fronte di corrispettivi specifici, nei confronti dei seguenti **soggetti**: • iscritti, associati o partecipanti; • altre associazioni che svolgono la medesima attività e che, per legge, regolamento o statuto, fanno parte di un'unica organizzazione locale o nazionale, nonché dei rispettivi soci, associati o partecipanti; • tesserati delle rispettive organizzazioni nazionali	**IRES e IVA**	requisiti statutari
– sportive dilettantistiche	v. n. 97460		
– di promozione sociale **(2)**	come per associazioni culturali + (per le associazioni che sono conformi alla L. 287/91 e le cui finalità assistenziali sono riconosciute dal Ministero dell'Interno)	come sopra	come sopra
	– somministrazione di alimenti e bevande effettuata da bar ed esercizi similari, anche a fronte di corrispettivi specifici, presso le sedi in cui viene svolta l'attività istituzionale	**IRES e IVA**	– requisiti statutari; – l'attività sia strettamente complementare a quelle svolte in diretta attuazione degli scopi istituzionali e sia resa nei confronti dei soggetti elencati sopra **(3)**
	– organizzazione di viaggi e soggiorni turistici	**solo IRES**	
– politiche	come associazioni culturali +	**IRES e IVA**	come ass. culturali
	– organizzazione di viaggi e soggiorni turistici	**solo IRES**	– requisiti statutari – l'attività sia strettamente complementare a quelle svolte in diretta attuazione degli scopi istituzionali e sia resa nei confronti dei soggetti elencati sopra
	– cessioni di beni e prestazioni di servizi effettuate in occasione di manifestazioni propagandistiche	**solo IVA**	– non sono richieste condizioni specifiche
– sindacali e di categoria (v. anche n. 97595)	come associazioni culturali +	**IRES e IVA**	come ass. culturali
	– organizzazione di viaggi e soggiorni turistici	**solo IRES**	– requisiti statutari – l'attività sia strettamente complementare a quella istituzionale e sia resa nei confronti dei soggetti elencati sopra
	– cessioni di pubblicazioni riguardanti i contratti collettivi di lavoro, anche se non sono prevalentemente rivolte agli associati; – assistenza per l'applicazione dei suddetti contratti e della legislazione sul lavoro, prestata prevalentemente agli iscritti, associati o partecipanti		se effettuate verso il pagamento di corrispettivi che non eccedano i costi di diretta imputazione

Associazioni	Attività non commerciali	Disciplina di favore a fini IRES e/o IVA	Condizioni
– religiose (con le quali lo Stato ha stipulato accordi e intese)	come associazioni politiche	come associazioni politiche	come associazioni politiche
– di volontariato	v. n. 97660		

(1) L'espressione «formazione extrascolastica della persona» individua un limitato ambito di attività che privilegia la crescita intellettuale dell'individuo, mirata allo sviluppo della sua personalità complessiva e che esclude la formazione professionale; pertanto sono interessate dalla norma di favore le associazioni che **non svolgono** come attività principale l'organizzazione di corsi (Circ. Min. 12 maggio 1998 n. 124/E).

(2) Si possono ritenere tali le associazioni che promuovono la solidarietà e il volontariato nonché l'aggregazione sociale attraverso lo svolgimento di attività culturali o sportive al fine di innalzare la qualità della vita come ad esempio le Acli e l'Arci (Circ. Min. 12 maggio 1998, n. 124/E). Dal 2018, è esente IRES il reddito degli immobili destinati in via esclusiva allo svolgimento di attività non commerciale (art. 85 c. 7 D.Lgs. 117/2017); per gli immobili che **non sono esenti totalmente** possono fruire del c.d. «**superbonus**» per interventi edilizi con un potenziamento in caso di svolgimento di **attività** di prestazione di servizi **socio-sanitari** e **assistenziali** per gli interventi su immobili accatastati nelle **categorie catastali** B/1, B/2 e D/4 (v. n. 98135).

(3) Le cessioni di beni e le prestazioni di servizi rese nei confronti dei familiari conviventi degli associati sono equiparate a quelle rese agli associati stessi (art. 20 L. 383/2000).

97435 **Requisiti statutari** (art. 148 c. 8 e 9 DPR 917/86 e art. 4 c. 7 DPR 633/72) L'atto costitutivo o statuto, redatto in forma di atto pubblico o di scrittura privata autenticata o registrata, deve contenere le seguenti **clausole**.

Per gli enti che non hanno provveduto ad adeguare lo statuto o l'atto costitutivo possono farlo in qualsiasi momento successivo, tenendo presente che il regime agevolato, in tal caso, si applica, ai fini delle imposte sui redditi, per l'intero periodo d'imposta in corso alla data di adeguamento; mentre, ai fini IVA, per le operazioni effettuate a partire dalla data di adeguamento in poi (Circ. Min. 22 gennaio 1999 n. 22/E).

Associazioni	Clausole statutarie (*)
politiche sindacali e di categoria religiose	1. divieto di distribuire, anche in modo indiretto, durante la vita dell'associazione, sotto qualsiasi forma, utili o avanzi di gestione, nonché fondi, riserve e capitale (a meno che la distribuzione sia imposta dalla legge) (per la nozione di distribuzione indiretta v. n. 98082); 2. obbligo di devolvere il proprio patrimonio ad altra associazione con scopi simili o comunque a fini di pubblica utilità (salvo eccezioni imposte dalla legge), in caso di scioglimento dell'associazione stessa; 3. obbligo di redigere un rendiconto economico e finanziario annuale; 4. intrasmissibilità della quota degli associati per atto tra vivi e divieto di rivalutazioni della stessa.
assistenziali culturali di formazione extra-scolastica della persona sportive dilettantistiche (*) di promozione sociale	– **clausole da 1 a 4 più le seguenti**: 5. uniformità nell'ambito del rapporto e delle modalità associative, volte a garantire l'effettività del rapporto medesimo: va, pertanto, esclusa espressamente la temporaneità della partecipazione alla vita associativa, nonché previsto, per gli associati o partecipanti maggiori d'età, il diritto di voto per l'approvazione e le modificazioni dello statuto e dei regolamenti e per la nomina degli organi direttivi dell'associazione; 6. eleggibilità libera degli organi amministrativi, principio del voto singolo per ogni associato e sovranità dell'assemblea dei soci, associati o partecipanti e criteri di loro ammissione ed esclusione, criteri e idonee forme di pubblicità delle convocazioni assembleari, delle relative deliberazioni, dei bilanci o rendiconti. È, tuttavia, ammesso il voto per corrispondenza per le associazioni che abbiano rilevanza a livello nazionale e siano prive di organizzazione a livello locale; naturalmente l'atto costitutivo, anteriore al 1° gennaio 1997, deve prevedere tale modalità di voto.

(*) Per le associazioni sportive è richiesto anche il rispetto dei principi generali dell'ordinamento sportivo. Inoltre, è consentita la **convocazione** delle assemblee via mail e, in merito al **principio di uguaglianza** dei soci nell'esercizio dei diritti, in caso di violazioni occasionali o di lieve entità (es. irregolare convocazione dell'assemblea o mancata elencazione dei soci nel verbale, ecc.) non si ha decadenza dai benefici fiscali, a meno che non ne risulti sostanzialmente limitata la partecipazione alle decisioni (Circ. AE 24 aprile 2013 n. 9/E).

1. Associazioni sportive dilettantistiche

Per tali soggetti sono previsti due regimi agevolativi specifici: 97458
– «decommercializzazione» di determinate prestazioni rese prevalentemente ai propri associati;
– regime forfettario di applicazione dell'IRES e dell'IVA per gli enti che hanno **proventi** di natura **commerciale inferiori** ad un limite stabilito.
Dopo la completa attuazione della riforma del Terzo settore (v. n. 97000), gli enti che decideranno di iscriversi al Runts potranno avvalersi solo delle agevolazioni previste da Cts (art. 102 c. 2 D.Lgs. 117/2017).

Le associazioni sportive con **volume d'affari** annuo fino a **€ 25.822,84** possono applicare il regime forfettario IVA previsto per le **attività spettacolistiche** (art. 74 quater c. 5 DPR 633/72), salvo opzione per il regime ordinario. Per la trattazione si rinvia all'apposito capitolo (v. n. 63640).

Le agevolazioni si applicano anche alle **società** sportive dilettantistiche, costituite in società di capitali senza fine di lucro, aventi i requisiti individuati dalla legge (D.Lgs. 36/2021). 97459
A tal fine, è richiesto, tra le altre, il soddisfacimento delle seguenti **condizioni**:
– iscrizione al Registro nazionale delle attività sportive dilettantistiche (di cui al D.Lgs. 39/2021);
– indicazione, nella denominazione sociale, della **finalità** sportiva dilettantistica;
– inserimento, nello statuto o nell'atto costitutivo, di clausole necessarie per garantire l'assenza di lucro e il rispetto dei principi generali comuni dell'ordinamento sportivo (art. 30 c. 3 DL 185/2008);
– invio del **modello EAS**, per attestare la presenza dei requisiti, con le modalità illustrate al n. 97365.

Non devono, invece, integrare lo statuto/atto costitutivo con le clausole concernenti la democraticità del rapporto associativo previste per le associazioni sportive (Circ. AE 1° agosto 2018 n. 18/E).

DECOMMERCIALIZZAZIONE (art. 148 c. 3 DPR 917/86, art. 4 c. 4 e 5 DPR 633/72) Per le associazioni che rispettano i requisiti statutari indicati al n. 97435, non sono considerate commerciali (ai fini IRES e IVA): 97460
• la **cessione** anche a terzi di **pubblicazioni** effettuate prevalentemente ai propri associati;
• le attività (diverse da quelle elencate nella **tabella** al n. 97235) svolte in **diretta attuazione** degli scopi istituzionali, effettuate verso pagamento di corrispettivi specifici nei confronti dei seguenti **soggetti**:
– iscritti, associati o partecipanti;
– altre associazioni che svolgono la medesima attività e che, per legge, regolamento o statuto, fanno parte di un'unica organizzazione locale o nazionale, nonché dei rispettivi soci, associati o partecipanti;
– tesserati delle rispettive organizzazioni nazionali.

L'attività svolta in **diretta attuazione** degli scopi istituzionali è quella che costituisce il naturale completamento degli scopi specifici e particolari che caratterizzano l'ente; tale requisito, normalmente, va valutato caso per caso in base al rapporto esistente in concreto tra l'associazione e l'associato/socio o il tesserato (per alcuni esempi v. Circ. AE 1° agosto 2018 n. 18/E). **Non sono** considerate tali, ad **esempio**: le prestazioni relative al bagno turco e all'idromassaggio (Ris. AE 17 maggio 2010 n. 38/E); la somministrazione di alimenti o bevande resa in locali interni all'associazione, anche se svolta nei confronti dei propri soci o associati. I proventi di tale attività possono eventualmente, in alternativa alla tassazione secondo le regole generali, essere assoggettati ad imposizione secondo il regime forfettario (v. n. 97470 e s.), qualora ricorrano le condizioni indicate nella tabella n. 97478.

97470 **REGIME FORFETTARIO** (artt. 1 e 2 L. 398/91) Possono optare per il regime forfettario i soggetti che nel **periodo d'imposta precedente** hanno conseguito dall'esercizio di attività commerciali proventi per un importo **non superiore** a € 400.000. La **determinazione** di tale limite si effettua applicando le seguenti regole:

– si applica il criterio di cassa, tenendo però presente che vanno computati gli introiti fatturati ma non ancora riscossi;

– si computano le somme percepite in virtù di **contratti di sponsorizzazione**, in quanto proventi di natura commerciale (Ris. AE 23 giugno 2010 n. 57/E);

– **non si computano** le plusvalenze patrimoniali (Circ. Min. 11 febbraio 1992 n. 1) e i premi di addestramento e formazione tecnica degli atleti (v. art. 6 L. 91/81 e DM 18 maggio 1995);

– per i soggetti di **nuova costituzione**, per il primo periodo d'imposta, il limite va ragguagliato ad anno (Ris. AE 16 maggio 2006 n. 63/E).

> I **contributi** (sia a fondo perduto che a titolo di corrispettivo) **corrisposti da amministrazioni pubbliche** alle associazioni sportive per lo svolgimento di attività con finalità sociale esercitate in conformità ai fini istituzionali dell'ente, in regime di convenzione o accreditamento non concorrono al calcolo del limite; lo stesso non vale per le società sportive che, invece, devono includere tali somme (Circ. AE 1° agosto 2018 n. 18/E).

97475 **Determinazione del reddito imponibile IRES** Il reddito imponibile è determinato applicando all'ammontare dei proventi conseguiti nell'esercizio di attività commerciale, il **coefficiente di redditività** del **3%** ed aggiungendo all'importo risultante le plusvalenze patrimoniali.

97478 **Non concorrono** a formare il reddito imponibile, per un **numero di eventi** complessivamente **non superiore** a due per anno e per un **importo** complessivamente non superiore a 51.645,69 euro, i proventi realizzati mediante (art. 25 c. 2 L. 133/99 e DM 10 novembre 1999):

– occasionali raccolte pubbliche di fondi (v. n. 97225);

– svolgimento di attività commerciali connesse agli scopi istituzionali.

A tal fine, è necessario che le attività commerciali siano **strutturalmente funzionali** alle manifestazioni sportive e siano rese in concomitanza con le medesime (alcuni **esempi** sono illustrati in tabella - Circ. AE 1° agosto 2018 n. 18/E).

Gli stessi proventi, inoltre, sono **esclusi dal computo** ai fini della determinazione del limite di reddito per avvalersi del regime forfettario.

Attività commerciali connesse con gli scopi istituzionali		Attività non connesse
– somministrazione di alimenti e bevande effettuata nel contesto dello svolgimento dell'attività sportiva dilettantistica, – vendita di materiali sportivi, gadget pubblicitari, – sponsorizzazioni, cene sociali, lotterie **(*)**	qualora la connessione con gli scopi istituzionali risulti assicurata dalla circostanza che le attività siano svolte all'interno della struttura dove si svolge l'attività sportiva, senza l'impiego di strutture e mezzi organizzati per fini di concorrenzialità sul mercato	– attività svolte da ristoranti – prestazioni relative al bagno turco e all'idromassaggio
– prestazioni rese in relazione alla partecipazione a gare o manifestazioni sportive		
– attività di formazione, didattica, preparazione e assistenza all'attività sportiva dilettantistica		corsi per attività sportive che non rientrano nell'ambito delle discipline sportive riconosciute dal CONI

Attività commerciali connesse con gli scopi istituzionali		Attività non connesse
– servizi di utilizzo dei campi da gioco, degli spogliatoi, degli armadietti e di altre strutture/beni dell'ente	purché tali prestazioni siano strettamente finalizzate alla pratica sportiva così come delineata dai programmi dell'organismo affiliante (Federazione Sportiva Nazionale, Ente di Promozione Sportiva, Disciplina Sportiva Associata)	dirette alla vendita di beni o alla prestazione di servizi per le quali l'ente si avvalga di strumenti pubblicitari o comunque di diffusione di informazioni a soggetti terzi, diversi dagli associati, ovvero utilizzi altri strumenti propri degli operatori di mercato come, ad esempio, insegne, marchi distintivi, o locali attrezzati secondo gli standard concorrenziali di mercato, al fine di acquisire una clientela estranea all'ambito associativo
(*) Resta ferma l'esclusione da IRES per i proventi derivanti da tali attività qualora le stesse siano rese nel rispetto dei limiti quantitativi e delle condizioni indicati al n. 97478.		

Regime IVA (art. 9 c. 1 DPR 544/99) Per tutti i proventi conseguiti nell'esercizio delle attività commerciali, **connesse** agli scopi istituzionali (per la definizione, vedi par. precedente), si applicano le disposizioni previste per le attività di intrattenimento (art. 74 c. 6 DPR 633/72) che prevedono, in generale, la detrazione forfetizzata dell'IVA pari al 50% dell'imposta relativa alle operazioni imponibili e, per le cessioni o le concessioni di diritti di ripresa televisiva e di trasmissione radiofonica, una specifica percentuale di detrazione forfettizzata in misura pari ad un terzo dell'imposta relativa alle operazioni stesse (v. n. 63560). **97480**
Per i proventi conseguiti nell'esercizio di attività commerciali **non direttamente connesse** (es. cessione di beni durante le manifestazioni sportive), si applica il regime ordinario con tutti i relativi adempimenti.

Adempimenti (art. 9 DPR 544/99, DM 26 novembre 1999 n. 473) I soggetti in esame sono **esonerati** dagli obblighi di: **97485**
– tenuta delle scritture contabili prescritte a fini fiscali (art. 2 c. 1 L. 398/91), resta fermo, per le società sportive dilettantistiche, l'obbligo di tenuta delle scritture contabili previste dal codice civile;
– fatturazione (salvo quanto indicato in tabella);
– certificazione mediante scontrini fiscali e ricevute fiscali delle prestazioni diverse da quelle di intrattenimento e spettacolo (che sono certificate dai relativi titoli di accesso - Circ. Min. 7 settembre 2000 n. 165/E par. 3.4);
– registrazione e dichiarazione ai fini IVA (art. 74 c. 6 DPR 633/72).
Devono, invece, rispettare gli adempimenti di seguito elencati (Circ. Min. 29 dicembre 1999 n. 247/E e Ris. AE 24 giugno 2010 n. 58/E):

– **conservare** copia della documentazione relativa ai propri **incassi e pagamenti** a norma di legge;
– certificare i corrispettivi mediante titoli di accesso emessi con misuratore fiscale per le attività di intrattenimento e spettacolo rese a favore di **soggetti diversi** dai soci;
– **numerare** progressivamente e conservare le **fatture di acquisto** secondo le norme stabilite in materia IVA (v. n. 52833);
– **annotare**, anche con un'unica registrazione, i corrispettivi e gli altri proventi conseguiti nell'esercizio di attività commerciali, **entro** il 15 del mese successivo a quello di riferimento, su un apposito **prospetto riepilogativo**, opportunamente integrato, conforme al modello approvato con DM 11 febbraio 1997 **(1) (2)**;
– redigere il **rendiconto economico e finanziario** (per le associazioni) o il bilancio di esercizio (per le società sportive);
– fatturare le prestazioni di **sponsorizzazione**, cessioni o concessioni di **diritti di ripresa televisiva** e trasmissione radiofonica e prestazioni **pubblicitarie**, con obbligo di emissione di **fattura elettronica**, autonomamente o, per loro conto, da parte dei committenti o cessionari, solo se nel periodo d'imposta precedente hanno conseguito dall'esercizio di attività commerciali proventi per un importo **superiore** a € 65.000 (art. 1 c. 3 D.Lgs. 127/2015);
– procedere alla **liquidazione** e al **versamento** dell'IVA, entro il termine di liquidazione trimestrale (mediante modello F24 senza maggiorazione dell'1% - v. n. 55155 e s.);

– se di importo superiore a € 1.000 i pagamenti **effettuati o ricevuti** devono essere eseguiti tramite strumenti tracciabili (es. bollettini postali, assegni, bonifici, carte di credito, bancomat) (art. 25 c. 5 L. 133/99) **(3)**.
(1) La **mancata tenuta** del prospetto riepilogativo o la irregolare annotazione dei corrispettivi e proventi sullo stesso, non comporta la perdita delle agevolazioni del regime forfettario, ma l'applicazione delle sanzioni ordinarie per irregolare od omessa tenuta delle scritture contabili (v. n. 87025), purché però sussistano mezzi alternativi di prova (es. fatture, ricevute, scontrini, ecc.), in assenza dei quali si decade dal regime agevolato (Circ. AE 24 aprile 2013 n. 9/E). **(2)** Devono essere annotati anche i proventi che non concorrono a formare reddito imponibile fino a € 51.645,69 (v. n. 97478), le plusvalenze patrimoniali e le operazioni intracomunitarie. **(3)** L'**inosservanza** comporta l'applicazione della sanzione da € 250 a € 2.000.

97488 In relazione alle **manifestazioni sportive** dilettantistiche, sono previsti ulteriori semplificazioni e **adempimenti** di seguito elencati.

– in **alternativa ai titoli di accesso** emessi tramite misuratori fiscali, è consentito utilizzare titoli di ingresso o abbonamenti provvisti del contrassegno SIAE **(1)**;
– entro 4 mesi dalla chiusura dell'esercizio, deve essere redatto in modo chiaro e trasparente, un rendiconto (entrate e spese) relativo a ciascuna manifestazione in cui sono realizzati i proventi esclusi dal reddito imponibile (v. n. 97478), al quale è necessario allegare una relazione illustrativa (art. 5 c. 5 DM 26 novembre 1999 n. 473) **(2)**;
– effettuare la ritenuta d'imposta su compensi, indennità e rimborsi corrisposti (v. n. 37440).
(1) L'annotazione delle movimentazioni e delle rimanenze di questi ultimi vanno effettuati su appositi modelli (SD/1, SD/2 e SD/3). **(2)** In **mancanza** del rendiconto, il soggetto può comunque provare l'entità dei proventi esclusi da tassazione attraverso la contabilità o altra idonea documentazione (salvo l'applicazione della sanzione di cui al n. 87025). In caso contrario, essi sono tassati forfettariamente al 3% e concorrono alla determinazione del limite massimo di proventi commerciali (v. n. 97470). Resta fermo l'obbligo di redazione della relazione illustrativa (Circ. AE 24 aprile 2013 n. 9/E).

97490 **Opzione, revoca e cessazione** (Circ. AE 1° agosto 2018 n. 18/E) L'opzione va **comunicata**:
– all'ufficio della SIAE competente in ragione del domicilio fiscale dell'associazione, **prima** dell'inizio dell'anno solare per il quale si intende fruirne, con effetto dall'inizio di tale anno (art. 9 c. 2 DPR 544/99);
– all'AE mediante la prima dichiarazione annuale IVA (quadro VO), da presentare successivamente alla scelta operata. Se non si è tenuti a presentare la dichiarazione IVA, bisogna presentare comunque il quadro VO allegandolo alla dichiarazione dei redditi.

Tuttavia, il **comportamento concludente** adottato sin dall'inizio dell'anno o dell'attività e la successiva comunicazione all'AE rendono l'opzione valida, salvo l'applicazione della sanzione da 250 a 2.000 euro.

È **vincolante** per 5 anni e **ha effetto** sino a quando non è revocata (con le modalità sopra descritte).

Se nel corso del periodo d'imposta **vengono meno i presupposti** per usufruire del regime forfettario, compreso il superamento del limite massimo di proventi commerciali (v. n. 97470), il regime ordinario deve essere applicato dal mese successivo. In pratica, dall'inizio del periodo d'imposta fino al mese in cui sono venuti meno i presupposti, il reddito imponibile e l'IVA sono determinati secondo il regime agevolativo (compresi gli adempimenti ridotti); dal mese successivo, fino alla fine del periodo d'imposta, si applicherà il regime tributario ordinario.

In caso di **decadenza** dal regime, **contestata in sede di controllo** fiscale, la deducibilità dei costi sostenuti dall'ente al fine della ricostruzione della base imponibile IRES è riconosciuta, purché lo stesso sia in grado di fornire all'AE i relativi riscontri contabili (fatture, ricevute, scontrini fiscali o altra documentazione utile ai fini della corretta determinazione del reddito). Analogamente, è riconosciuto il diritto alla detrazione dell'IVA pagata sugli acquisti anche nell'ipotesi di mancata registrazione della relativa fattura d'acquisto, purché l'ente sia comunque in grado di dimostrare la presenza dei requisiti sostanziali (soggetto passivo IVA, effettiva vendita di un bene o prestazione di un servizio, fattura regolare, ecc.) (Circ. AE 1° agosto 2018 n. 18/E).

2. Associazioni sindacali agricole
(art. 78 c. 8 L. 413/91)

Per l'attività di **assistenza fiscale** resa ai propri associati, le associazioni in esame possono applicare un criterio forfettario sia ai fini delle imposte sui redditi che dell'IVA: **97595**
- il **reddito imponibile** è determinato applicando all'ammontare dei ricavi il coefficiente di redditività del **9%**;
- l'**IVA** viene determinata riducendo l'imposta relativa alle operazioni imponibili in misura pari a un terzo del suo ammontare, a titolo di detrazione forfettaria dell'imposta afferente agli acquisti ed alle importazioni.

Per tale attività gli obblighi di tenuta delle scritture contabili sono limitati alla registrazione delle ricevute fiscali su apposito registro.

Resta ferma la facoltà di optare per la determinazione del reddito e dell'IVA nei modi ordinari.

Per le **attività commerciali diverse** da quelle di assistenza fiscale, per la determinazione del reddito può applicarsi il regime forfettario generale, tenendo presente che i ricavi derivanti da tali attività devono essere autonomamente considerate sia ai fini del limite dei ricavi che dei coefficienti di redditività (v. n. 97090) (Circ. Min. 12 maggio 1998 n. 124/E).

3. Organizzazioni di volontariato
(L. 266/91)

Sono tali le associazioni che si avvalgono in modo prevalente delle prestazioni personali, volontarie e gratuite dei propri aderenti e che sono **iscritte nei registri regionali o provinciali** (Ris. Min. 6 giugno 1994 n. VI-12-0011). **97660**

Le associazioni di volontariato, che non svolgono attività commerciali diverse da quelle considerate marginali, sono ONLUS di diritto. Per queste associazioni, pertanto, si tratterà di scegliere tra l'applicazione delle **disposizioni speciali** sotto indicate e l'applicazione delle agevolazioni fiscali proprie delle ONLUS (v. n. 98040).

IRES (art. 8 c. 4 L. 266/91) I proventi derivanti dalle attività commerciali e produttive **marginali** non costituiscono reddito imponibile ai fini IRES, qualora sia documentato il loro totale impiego per fini istituzionali e siano svolte in assenza di mezzi organizzati professionalmente (pubblicità, insegne luminose, locali attrezzati ad esercizi commerciali, marchi di distinzione). **97670**

I redditi degli **immobili,** destinati in via esclusiva allo svolgimento di attività non commerciale, sono esenti da IRES (art. 84 c. 2 D.Lgs. 117/2017). Per gli immobili che **non sono esenti totalmente** possono fruire del c.d. «superbonus» per interventi edilizi con un potenziamento in caso di Odv che svolgono **attività** di prestazione di servizi **socio-sanitari** e **assistenziali** per gli interventi su immobili accatastati nelle **categorie catastali** B/1, B/2 e D/4 (v. n. 98135).

Non rientrano tra i proventi delle attività marginali quelli derivanti da convenzioni. Tale disposizione, alquanto ermetica, dovrebbe significare che i proventi derivanti da convenzioni non si considerano derivanti da un'attività commerciale, ma sono qualificati come rimborsi spese non imponibili.

Attività marginali (DM 25 maggio 1995)
– vendita occasionale o iniziative occasionali di solidarietà svolte nel corso di celebrazioni, ricorrenze o in concomitanza di campagne di sensibilizzazione pubblica verso i fini dell'associazione; – vendita di beni acquisiti a titolo gratuito da terzi a fini di sovvenzione, curata direttamente dall'organizzazione senza intermediari; – vendita di beni prodotti dagli assistiti e dai volontari, curata direttamente dall'organizzazione; – somministrazione di alimenti e bevande in occasione di raduni, manifestazioni, celebrazioni e simili a carattere occasionale; – prestazioni di servizi rese in conformità alle finalità istituzionali, non rientranti tra quelle indicate al n. 97460, verso pagamento di corrispettivi specifici che non eccedono del 50% i costi di diretta imputazione.

IVA (art. 8 c. 2 L. 266/91) Sono **escluse** dal campo di applicazione IVA tutte le operazioni effettuate dai soggetti in esame. **97680**

c. Casi pratici

97710 Di seguito sono riportati, a titolo esemplificativo, alcuni casi concreti in cui l'AF o la giurisprudenza hanno ritenuto di dover attribuire o meno natura commerciale all'attività svolta da un ente.

Caso	Soluzione
Parziale commercializzazione, da parte di un'associazione sportiva, di una **rivista** destinata in prevalenza alla distribuzione gratuita agli associati, nei confronti di terzi estranei	Entrambe le cessioni restano escluse dal campo di applicazione dell'IVA purché siano rispettate le condizioni prescritte. Se ciò non avviene, tutte le cessioni (ad associati e ad estranei) sono soggette ad IVA, in quanto si considerano effettuate nell'esercizio di impresa (Ris. Min. 24 maggio 1996 n. 75/E)
Attività di formazione svolta da un'associazione di categoria, a favore dei propri soci, resa in conformità ai propri fini istituzionali	Non è commerciale in quanto l'attività, espressamente prevista dallo statuto, è svolta dall'associazione nei confronti dei propri soci per il conseguimento delle proprie finalità istituzionali nei confronti dei soci (Ris. Min. 23 settembre 1995 n. 241)
La messa a disposizione, a fronte di corrispettivi specifici, delle proprie **strutture sportive**, da parte di un'associazione, a favore dei soci di altri circoli sportivi affiliati alla medesima Federazione nazionale	Non è attività commerciale. Il rispetto delle condizioni (v. clausole statutarie) deve, comunque, risultare da idonea documentazione o da specifiche annotazioni nelle scritture contabili alla cui tenuta sono obbligati gli organismi sportivi (Ris. Min. 6 luglio 1996 n. 108/E)
Prestazioni rese dai circoli sportivi italiani nei confronti di **ospiti stranieri**	È attività commerciale. Si tratta del trattamento applicabile ai corrispettivi (cosiddetti green fees) pagati ai circoli sportivi nazionali da giocatori stranieri, soci di circoli sportivi esteri affiliati alle rispettive federazioni nazionali; federazioni a loro volta aderenti agli organismi sovranazionali, F.E.G. e F.I. Tali corrispettivi vengono versati a fronte della messa a disposizione giornaliera delle strutture attrezzate del circolo ospitante e devono essere assoggettati ad IVA con aliquota ordinaria (Ris. Min. 6 luglio 1996 n. 108/E)
Attività di un **circolo ricreativo** che fornisce servizi - consistenti nel mettere a disposizione il locale, il consumo di energia, la custodia - nei confronti di un gestore di apparecchi elettronici di divertimento	È attività commerciale. Si tratta, infatti, di una prestazione di servizi nei confronti del gestore degli apparecchi (non dei propri soci) e, pertanto, va assoggettata ad IVA previa verifica se, in concreto, sussiste una complessa struttura organizzativa diretta alle attività suddette, tenuto conto anche dell'entità dell'attività svolta attraverso l'utilizzo degli apparecchi. Viceversa, la natura commerciale sarebbe esclusa se gli apparecchi fossero concessi in locazione al circolo ricreativo il quale, attraverso gli stessi, presta il servizio di intrattenimento a favore dei soci, incassando direttamente i proventi (Ris. AE 15 marzo 2004 n. 38/E)
Somministrazione di alimenti e bevande all'interno di circoli associativi	Vanno segnalati due orientamenti contrastanti della Cassazione: – secondo quello più favorevole alle associazioni, l'esercizio di un bar a favore degli associati all'interno di un circolo con finalità nel campo culturale, ricreativo-sportivo ed assistenziale, è considerato quale attività accessoria a quella istituzionale e come tale non assoggettabile ad IVA (Cass. 13 gennaio 2004 n. 280 e Cass. 20 settembre 2005 da n. 18560 a n. 18563); – secondo quello meno favorevole, invece, l'attività di bar assume un'inequivocabile natura commerciale con le conseguenze relative a livello di obblighi contabili (Cass. 30 marzo 2007 n. 7953, Cass. 13 gennaio 2006 n. 612, Cass. 12 ottobre 2005 n. 19840 e Cass. 12 ottobre 2005 n. 19843)

SEZIONE 2

ONLUS

Possono assumere la qualifica di ONLUS (organizzazioni non lucrative di utilità sociale) la maggior parte degli enti non commerciali e le società cooperative a condizione che si adeguino a determinati requisiti statutari; solo alcuni enti espressamente previsti dalla legge sono considerati ONLUS di diritto indipendentemente dai requisiti predetti; infine, alcuni sono esclusi per legge (si veda **tabella** seguente). 98040
Le ONLUS si identificano, innanzitutto, dall'attività istituzionalmente svolta e dalle particolari finalità di solidarietà sociale perseguite (v. n. 98060); esse, inoltre, sono tenute ad alcuni adempimenti contabili e all'iscrizione all'Anagrafe unica appositamente istituita.

SOGGETTI 98050

Ente	Ammessi/non ammessi	Condizioni
– enti non commerciali che non siano espressamente esclusi per legge: associazioni, comitati, fondazioni e altri enti privati con o senza personalità giuridica (purché aventi autonoma soggettività passiva ai fini tributari) **(1)**	sì	– adeguamento ai requisiti statutari (v. n. 98080); – tenuta di apposite scritture contabili (v. n. 98090); – iscrizione all'anagrafe unica (v. n. 98110)
– enti non commerciali residenti all'estero (Circ. AE 26 giugno 2006 n. 24/E)	sì	– adeguamento a tutti i requisiti stabiliti dalla legge relativamente all'attività esercitata (v. n. 98060) e ai requisiti statutari (v. n. 98080)
– società cooperative	sì	– come sopra
– organismi di volontariato di cui alla L. 266/91 che non svolgono attività commerciali diverse da quelle indicate al n. 97670 **(2)**; – cooperative sociali di cui alla L. 381/91; – consorzi, costituiti come società cooperative, la cui base sociale sia composta solo da cooperative sociali	sì, di diritto **(3)**	– tenuta di apposite scritture contabili (v. n. 98090)
– organizzazioni non governative (ONG) riconosciute idonee ai sensi della abrogata L. 49/87 (vedi L. 125/2014 e DM 22 luglio 2015 n. 113)	sì	– iscrizione all'anagrafe unica su istanza (art. 32 c. 7 L. 125/2014)
– enti ecclesiastici delle confessioni religiose che hanno stipulato accordi con lo Stato; – associazioni di promozione sociale, di cui alla L. 287/91	sì, solo per attività elencate al n. 98060	– tenuta di contabilità separata per le attività ONLUS; – comunicazione all'anagrafe unica per le sole attività ONLUS **(4)**
– enti pubblici; – società commerciali (diverse da quelle cooperative); – fondazioni bancarie; – partiti e i movimenti politici; – organizzazioni sindacali, di categoria e associazioni di datori di lavoro; – consorzi di cooperative diversi da quelli di cui sopra (Circ. Min. 26 giugno 1998 n. 168/E)	non ammessi **(5)**	

(1) Tra questi rientra il trust senza beneficiari individuati (c.d. trust opaco), a condizione che le disposizioni contenute nella legge straniera - individuata nell'atto costitutivo del trust come legge applicabile - siano compatibili con i requisiti e le condizioni previste per le ONLUS. Se durante la vita del trust vengono individuati uno o più beneficiari, questo comporta la decadenza da ONLUS (Circ. AE 1° agosto 2011 n. 38/E).

(2) In mancanza dei requisiti, le associazioni di volontariato sono riconosciute come ONLUS solamente se soddisfano le condizioni richieste per gli enti non commerciali in generale.

(3) A tali enti si applica automaticamente la disciplina di favore prevista per le organizzazioni non lucrative di utilità sociale, salvo la possibilità di beneficiare delle disposizioni di maggior favore eventualmente previste dalle normative speciali (es. quelle per le associazioni di volontariato).
(4) Agli enti ecclesiastici della Chiesa cattolica non sono applicabili le norme dettate dal Codice Civile in tema di costituzione, struttura, amministrazione ed estinzione delle persone giuridiche private. Non può dunque richiedersi ad essi, ad esempio, la costituzione per atto pubblico, il possesso in ogni caso dello statuto, né la conformità del medesimo, ove l'ente ne sia dotato, alle prescrizioni riguardanti le persone giuridiche private. Tali enti devono, tuttavia, comunque predisporre un regolamento, nella forma della scrittura privata registrata, che recepisca le clausole.
(5) Tuttavia, tali soggetti possono costituire o partecipare ad ONLUS anche se siano numericamente prevalenti nella compagine sociale o assumano un ruolo determinante nelle decisioni e nella gestione dell'associazione (Circ. AE 1° agosto 2011 n. 38/E).

98060 **ATTIVITÀ** (art. 10 c. 1 lett. a e 4 D.Lgs. 460/97) La legge stabilisce tassativamente i settori in cui le ONLUS possono svolgere la propria attività nel perseguimento del proprio **fine**, che deve essere esclusivamente di **solidarietà sociale**.
Per alcune attività la finalità solidaristica si considera **sempre presente** (attività di **tipo «A»**), per altre essa si considera perseguita **solo quando** le cessioni di beni e le prestazioni di servizi sono dirette ad arrecare beneficio a **particolari categorie di soggetti** (attività di **tipo «B»**).
Sono stabiliti, anche, i criteri ed i limiti entro i quali le ONLUS possono svolgere **attività connesse**, ossia funzionali allo svolgimento delle attività istituzionali (v. n. 98065).

È consentita la detenzione di partecipazioni in imprese sociali disciplinate dal D.Lgs. 155/2006 (Circ. AE 1° agosto 2011 n. 38/E), nonché in società di capitali, in tal caso, a condizione che le partecipazioni siano finalizzate alla percezione di utili da destinare agli scopi istituzionali e non all'esercizio di un'attività di gestione della società partecipata, anche se quest'ultima svolga attività affini a quelle istituzionali dell'ONLUS controllante. Non è, invece, compatibile con la qualifica di ONLUS la detenzione di partecipazioni in società di persone (Ris. AE 30 giugno 2005 n. 83).

98062 **Attività di tipo «A»** (Circ. Min. 26 giugno 1998 n. 168/E) Di seguito si elencano le attività per le quali il fine di solidarietà sociale si considera sempre. Nello specifico, esso è considerato **immanente** per le attività di assistenza sociale, socio-sanitaria e beneficenza, in quanto la condizione di svantaggio dei destinatari è presupposto essenziale dell'attività stessa. Per i settori della tutela e valorizzazione del patrimonio storico e artistico o della natura e dell'ambiente e la ricerca scientifica, il fine solidaristico si intende perseguito indirettamente a beneficio non di singole persone ma della collettività diffusa.

Assistenza sociale e socio-sanitaria	Sono riconducibili all'attività istituzionale delle ONLUS le seguenti prestazioni di enti che gestiscono **case di riposo**: – rese nei confronti di anziani in situazioni di disagio economico, se la retta viene fatta gravare sull'ospite in misura inferiore alla metà del suo ammontare (o non gli viene accollata del tutto anche grazie al concorso di Enti pubblici); a tal fine, non rientra nel computo del corrispettivo a carico dell'assistito l'indennità di accompagnamento (Circ. AE 18 novembre 2004 n. 48/E); – assistenziali e socio-sanitarie rese a soggetti anziani in condizioni di non autosufficienza riconosciuta e documentata grave (Ris. AE 21 dicembre 2006 n. 146/E). Rientra in quest'ambito un'associazione che gestisce, anche in regime di convenzione, un consultorio, qualora lo stesso realizzi gli scopi previsti dall'art. 1 L. 405/75 senza oneri economici a carico dell'utente (Ris. AE 20 marzo 2009 n. 70/E) **(1)**.
Beneficenza	Si considera attività di beneficenza anche la concessione di **erogazioni gratuite in denaro** con utilizzo di somme provenienti dalla gestione patrimoniale o da donazioni appositamente raccolte, **a favore di enti** (sia pubblici che privati) senza scopo di lucro che operano prevalentemente in uno dei settori sopra elencati, per la **realizzazione diretta** di progetti di utilità sociale (art. 10 c. 2 bis D.Lgs. 460/97). La donazione deve essere tracciabile attraverso strumenti bancari o postali che evidenzino la particolare causa del versamento nonché l'esistenza di un progetto già definito nell'ambito del settore di attività dell'ente destinatario prima dell'effettuazione dell'erogazione. L'utilità sociale del progetto comporta che esso si connoti per la realizzazione di finalità solidaristiche indirizzate, a seconda del settore di appartenenza del-

	l'ente (ad es. formazione, istruzione, ecc.), a particolari tipologie di soggetti o collettività svantaggiate o, per la rilevanza artistica, scientifica o ambientale dell'intervento proposto (ad es. tutela di beni di interesse artistico e storico, ricerca scientifica di particolare interesse sociale, ecc.) a vantaggio della collettività diffusa (Circ. AE 9 aprile 2009 n. 12/E).
Tutela, promozione e valorizzazione delle cose di interesse artistico e storico ivi comprese le biblioteche	
Tutela e valorizzazione della natura e dell'ambiente con esclusione delle attività esercitate abitualmente di raccolta e riciclaggio dei rifiuti urbani, speciali e pericolosi	
Ricerca scientifica di particolare interesse sociale svolta direttamente da fondazioni o da esse affidata ad università, enti di ricerca o altre fondazioni che la svolgono direttamente **(2)**	Le attività di ricerca scientifica di particolare interesse sociale sono quelle svolte nei seguenti ambiti (DPR 135/2003): a) prevenzione, diagnosi e cura di tutte le patologie dell'essere umano; b) prevenzione e limitazione dei danni derivanti da abuso di droghe; c) studio delle malattie ad eziologia di carattere ambientale; d) produzione di nuovi farmaci e vaccini per uso umano e veterinario; e) metodi e sistemi per aumentare la sicurezza nella categoria agroalimentare e nell'ambiente a tutela della salute pubblica; f) riduzione dei consumi energetici; g) smaltimento dei rifiuti; h) simulazioni, diagnosi e previsione del cambiamento climatico; i) prevenzione, diagnosi e cura di patologie sociali e forme di emarginazione sociale; l) miglioramento dei servizi e degli interventi sociali, socio-sanitari e sanitari.
Cooperazione allo sviluppo e solidarietà internazionale	
Attività di promozione della cultura e dell'arte per le quali sono riconosciuti apporti economici da parte dell'amministrazione centrale dello Stato per due periodi d'imposta consecutivi (Circ. AE 1° agosto 2002 n. 63/E)	

(1) L'eventuale svolgimento di attività a pagamento al fine di assicurare il completamento della terapia e garantire il proficuo trattamento dell'utente, è considerata attività connessa se effettuata nel rispetto delle condizioni indicate al n. 98065 (Ris. AE 23 gennaio 2015 n. 10/E).

(2) Per una Fondazione-ONLUS operante nel campo della ricerca scientifica, l'attività svolta nell'ambito di **collaborazioni scientifiche** finanziate da case farmaceutiche può essere ricondotta tra le attività istituzionali qualora la stessa Fondazione rimanga proprietaria dei risultati della sperimentazione; in caso contrario l'attività può essere ricondotta tra le attività direttamente connesse, sempre che sia svolta in stretta connessione con quella istituzionale (Ris. AE 22 settembre 2004 n. 123/E).

Attività di tipo «B» Per le attività di seguito elencate, il fine di solidarietà si considera perseguito solo quando le cessioni di beni e le prestazioni di servizi sono dirette ad **arrecare beneficio a persone** con particolari condizioni fisiche, psichiche, economiche, sociali o familiari **svantaggiate**. In **mancanza** di tale requisito, le medesime attività si considerano direttamente connesse a quella istituzionale e seguono le regole illustrate al n. 98065. **98063**

Si tratta delle seguenti:
- assistenza sanitaria;
- istruzione;
- sport dilettantistico;
- formazione;
- promozione della cultura e dell'arte;
- tutela dei diritti civili.

98064 A titolo esemplificativo, **situazioni di svantaggio** possono riscontrarsi nei seguenti casi (Circ. Min. 26 giugno 1998 n. 168/E):
- disabili fisici e psichici affetti da malattie comportanti menomazioni non temporanee;
- tossico-dipendenti;
- alcolisti;
- indigenti;
- anziani non autosufficienti in condizioni di disagio economico;
- minori abbandonati, orfani o in situazioni di disadattamento o devianza;
- profughi;
- immigrati non abbienti.

Le suddette finalità si intendono realizzate anche quando tra i beneficiari vi siano i soci, associati, partecipanti, ecc. purché si trovino nelle condizioni di svantaggio sopra elencate.

Nei settori dell'istruzione, della formazione e della promozione della cultura dell'arte, al fine di individuare la condizione di disagio economico dei beneficiari è possibile fare riferimento ai limiti ISEE stabiliti per l'esenzione dal pagamento delle tasse universitarie nell'ambito regionale di operatività della ONLUS (Ris. AE 17 luglio 2009 n. 186/E).

98065 **Attività connesse** Lo svolgimento di attività connesse è consentito a condizione che in ciascun esercizio e nell'ambito di ciascun settore siano rispettate le seguenti condizioni (art. 10 c. 5 D.Lgs. 460/97):
1) le stesse **non** siano **prevalenti** rispetto a quelle istituzionali;
2) i relativi proventi **non superino il 66%** delle spese complessive dell'organizzazione.

Il criterio della prevalenza, che, peraltro, è autonomo rispetto al secondo, comporta l'esame di una pluralità di elementi quali, ad **esempio**, gli investimenti, l'impiego delle risorse materiali e umane, nonché il numero delle prestazioni effettuate (Circ. Min. 26 giugno 1998 n. 168/E).

Si considerano direttamente connesse le attività **strettamente accessorie per natura** come, ad esempio, la vendita di depliant all'interno di musei o di magliette pubblicitarie e altri oggetti di modico valore in occasione di campagne di sensibilizzazione, o, ad esempio, l'attività di **preparazione** del **personale specializzato** da utilizzare esclusivamente all'interno dell'organizzazione per il perseguimento delle finalità istituzionali (Circ. Min. 26 giugno 1998 n. 168/E). L'accessorietà presuppone, in ogni caso, un collegamento non solo su un piano funzionale, ma anche su un piano meramente materiale, nel senso che l'attività connessa non deve potersi configurare come attività commerciale esercitabile anche separatamente dall'attività istituzionale (Ris. AE 21 maggio 2001 n. 75/E).

98080 **REQUISITI STATUTARI** (art. 10 c. 1 D.Lgs. 460/97) Nella **tabella** sono elencate le clausole che devono essere obbligatoriamente inserite nello statuto degli enti ONLUS.

Il venir meno di anche uno solo dei requisiti comporta l'immediata **perdita della qualifica** di ONLUS e, in alcuni casi, l'irrogazione di **sanzioni amministrative** (artt. 27 e 28 D.Lgs. 460/97).

È consentita la detenzione di partecipazioni in società di capitali a condizione che siano finalizzate alla percezione di utili da destinare agli scopi istituzionali e non all'esercizio di un'attività di gestione della società partecipata, anche se quest'ultima svolga attività affini a quelle istituzionali dell'ONLUS controllante. Viceversa, non è compatibile con la qualifica di ONLUS la detenzione di partecipazioni in società di persone (Ris. AE 30 giugno 2005 n. 83).

a) **divieto** di svolgere attività **diverse** da quelle **istituzionali** ad eccezione di quelle **direttamente connesse** (v. n. 98065); b) esclusivo perseguimento di **finalità di solidarietà sociale** (v. n. 98060); c) **divieto di distribuire**, anche in modo indiretto, **utili**, avanzi di gestione, fondi, riserve o capitale durante la vita dell'organizzazione, a meno che la distribuzione non sia imposta dalla legge o sia effettuata a favore di altre ONLUS che fanno parte della medesima struttura unitaria (v. n. 98082); d) obbligo di impiegare i suddetti utili per la realizzazione delle **attività istituzionali** e direttamente connesse (tale obbligo è assolto anche con la costituzione di riserve vincolate ai suddetti fini) **(1)**; e) obbligo, in caso di scioglimento, di **devolvere il patrimonio** ad altre ONLUS o a fini di **pubblica utilità** (previo parere vincolante dell'Agenzia per le ONLUS) salvo diversa destinazione prevista dalla legge; f) obbligo di redigere il **bilancio o rendiconto annuale** (v. n. 98090); g) **trattamento paritetico nel rapporto associativo** e delle modalità associative volte a garantire l'effettività del rapporto medesimo, escludendo espressamente la temporaneità della partecipazione alla vita associativa e prevedendo per gli associati o partecipanti maggiori d'età il diritto di voto per l'approvazione e le modificazioni dello statuto e dei regolamenti e per la nomina degli organi direttivi (la disposizione non si applica alle fondazioni e agli enti riconosciuti dalle confessioni religiose) **(2)**; h) uso, nella denominazione e in ogni segno distintivo o comunicazione rivolta al pubblico, della locuzione **«organizzazione non lucrativa di utilità sociale»** o dell'acronimo **ONLUS** (non è previsto per gli enti riconosciuti dalle confessioni religiose).

(1) È, tuttavia, consentita la destinazione del 3% degli utili ai fondi mutualistici, quale destinazione imposta dall'art. 11 L. 59/92 (Circ. Min. 26 giugno 1998 n. 168/E).
(2) La Cassazione ha escluso che la possibilità per gli associati di esprimere il voto per delega sia in contrasto con la clausola in oggetto (Cass. 25 maggio 2009 n. 11986).

È considerata **distribuzione indiretta di utili** qualsiasi operazione che tenda a concedere a determinati soggetti condizioni di maggior favore rispetto alle normali regole di mercato. Sono pertanto **vietate**: 98082
- **l'acquisto** di beni o servizi a fronte di **corrispettivi** che, senza valide ragioni economiche, siano **superiori** al loro **valore normale**;
- la **corresponsione** ai componenti gli organi amministrativi e di controllo **di compensi superiori** a quelli massimi stabiliti dalle leggi in materia;
- la **corresponsione** a soggetti diversi da banche e intermediari finanziari autorizzati di **interessi** passivi per prestiti che superino di 4 punti il tasso ufficiale di sconto (tasso ufficiale di riferimento);
- la **corresponsione** ai dipendenti di **salari o stipendi** che superino del **20%** quelli previsti dai contratti collettivi per le medesime qualifiche. Trattandosi, tuttavia, di una norma antielusiva di tipo sostanziale è possibile **chiederne la disapplicazione** tramite interpello (Ris. AE 10 settembre 2002 n. 294/E);
- le **cessioni** di beni o **prestazioni** di servizi a coloro che a qualsiasi titolo operino per l'organizzazione o ne facciano parte (inclusi i componenti degli organi amministrativi e di controllo e i soggetti che effettuano erogazioni liberali a favore dell'ONLUS), a loro parenti e affini, nonché a società da questi direttamente o indirettamente controllate o collegate, effettuate a **condizioni più favorevoli** in ragione della loro qualità.

SCRITTURE CONTABILI OBBLIGATORIE (art. 20 bis DPR 600/73) Gli obblighi variano in relazione all'ammontare dei proventi. 98090
In generale, per tutte le ONLUS diverse dalle società cooperative, le scritture contabili obbligatorie ai fini fiscali vanno distinte in **due categorie**:
- quelle che interessano l'attività complessivamente svolta;
- quelle che interessano le attività direttamente connesse.

In relazione **all'attività complessivamente svolta**, occorre redigere scritture contabili che evidenzino cronologicamente e sistematicamente le operazioni poste in essere in ciascun periodo di gestione. Sulla base di tali scritture, **entro quattro mesi** dalla chiusura dell'esercizio, occorre redigere un apposito documento che rappresenti in maniera adeguata la situazione patrimoniale, economica e finanziaria dell'ONLUS, distinguendo le attività istituzionali da quelle direttamente connesse. Ai fini dei predetti adempimenti è, pertanto, sufficiente la tenuta del libro giornale e del libro inventari, in conformità alle disposizioni stabilite in materia dal Codice Civile (artt. 2216 e 2217 c.c.).
In relazione alle **sole attività direttamente connesse**, in quanto considerate per natura commerciali, devono essere tenute tutte le scritture contabili obbligatorie per le imprese commerciali, in base ai diversi regimi adottabili (ordinario v. n. 26065, semplificato v. n. 5340).

Tuttavia, le ONLUS i cui proventi **superino per due anni** consecutivi l'ammontare di € 1.032.913,80 (importo da modificare ogni anno in base alle variazioni del costo della vita) devono, inoltre, allegare al bilancio una **relazione di controllo** sottoscritta da uno o più revisori contabili, già a partire dal secondo anno medesimo (Circ. Min. 26 giugno 1998 n. 168/E). 98095
In deroga alle disposizioni suddette, possono limitarsi a redigere l'apposito rendiconto delle spese e delle entrate previsto per gli enti non commerciali che effettuano raccolte di fondi (v. n. 97225):
- le ONLUS che in un anno abbiano conseguito proventi, relativi all'attività complessiva, di ammontare **non superiore** a € 51.645,69 (limite da modificare ogni anno in funzione delle variazioni del costo della vita) limitatamente all'anno successivo in cui tale importo non è stato superato;
- le organizzazioni di volontariato e le organizzazioni non governative.

> **Precisazioni** 1) Per le modalità ed i termini di conservazione delle scritture contabili si rimanda a quanto previsto per la contabilità dell'imprenditore (v. n. 26175).
> 2) Per gli enti religiosi, le norme in oggetto si applicano limitatamente alle attività che li qualificano come ONLUS.

98110 **ANAGRAFE UNICA DELLE ONLUS** (art. 11 D.Lgs. 460/97, DM 19 gennaio 1998, DM 18 luglio 2003 n. 266) I soggetti che intendono intraprendere una delle attività consentite, con la qualifica di ONLUS, al fine della fruizione dei benefici fiscali, devono iscriversi **nell'Anagrafe Unica**, appositamente istituita presso il MEF.

L'iscrizione viene fatta inviando, alla Direzione regionale delle entrate nel cui ambito territoriale si trova il proprio domicilio fiscale, un'apposita **comunicazione** corredata da una **dichiarazione sostitutiva** (Provv. AE 29 dicembre 2003), resa dal legale rappresentante, nella quale sono attestate le attività svolte ed il possesso dei requisiti (in alternativa è possibile inviare copia dello statuto o dell'atto costitutivo) entro **30 giorni** dalla data di redazione (se atto pubblico) o di autenticazione e registrazione (se scrittura privata) dello statuto o atto costitutivo.

L'ente si intende iscritto se, **entro 40 giorni** dal ricevimento dalla comunicazione, la direzione regionale fornisce risposta positiva o non fornisce alcuna risposta (silenzio-assenso).

Sono **esonerate** dalla presentazione della comunicazione le organizzazioni di volontariato e le cooperative sociali (v. **tabella** al n. 98050).

Alla medesima direzione devono essere comunicate eventuali successive modifiche che comportino la **perdita della qualifica** di ONLUS.

Qualora, a seguito dell'attività di controllo, la Direzione Regionale ravvisi l'insussistenza dei presupposti per l'iscrizione, o il venir meno di uno o più requisiti, può emettere un provvedimento per la cancellazione, che è impugnabile dinanzi alla Corte tributaria di primo grado nella cui circoscrizione ha sede la DRE che lo ha emanato (Circ. AE 16 maggio 2005 n. 22/E).

>**Precisazioni** 1) Se la comunicazione avviene nei termini (30 giorni), ai fini della fruizione delle agevolazioni, gli **effetti dell'iscrizione** retroagiscono alla data di redazione dello statuto o dell'atto costitutivo, se in forma di atto pubblico, o di registrazione degli stessi, se redatti con scrittura privata autenticata; viceversa, gli effetti decorrono dalla data della comunicazione stessa (Circ. AE 16 maggio 2005 n. 22/E).
2) La comunicazione, corredata dalla dichiarazione sostitutiva, deve essere **spedita mediante raccomandata**, in plico senza busta (in tal caso si ritiene presentata nel giorno di consegna all'ufficio postale), **oppure consegnata** in duplice copia alla Direzione regionale delle Entrate competente.
3) L'iscrizione nell'anagrafe non si sostituisce all'iscrizione nel registro delle imprese ove previsto dalla legge.
4) Le Direzioni Regionali non sono tenute a rilasciare alcuna certificazione che attesti il carattere di ONLUS dell'organizzazione; eventuali attestazioni possono solo dar conto della presenza dell'ente nell'anagrafe, a seguito dell'invio della comunicazione, fatto salvo l'esito di successivi controlli (Circ. AE 26 febbraio 2003 n. 14/E).

98120 **PERDITA DELLA QUALIFICA DI ONLUS** Il venir meno di anche uno solo dei requisiti di cui al n. 98080 comporta i seguenti **effetti**: cancellazione dall'anagrafe; decadenza dalle agevolazioni fiscali fruite dalla data in cui i requisiti sono venuti meno e l'obbligo di restituire i tributi eventualmente non corrisposti per tale periodo; in alcuni casi, l'irrogazione di **sanzioni** (v. **tabella**).

I soggetti che svolgono attività di **promozione della cultura e dell'arte** e che hanno ottenuto la qualifica di ONLUS in quanto destinatari di contributi da parte dell'Amministrazione centrale dello Stato, la perdono se per due periodi d'imposta consecutivi non ricevono i suddetti contributi (Circ. AE 1° agosto 2002 n. 63/E).

La perdita di qualifica equivale, ai fini della destinazione del patrimonio, allo scioglimento dell'ente (v. n. 98080 lett. e); tuttavia, nel caso in cui l'ente intenda **continuare ad operare** come ente privo della qualifica, lo stesso è tenuto a devolvere il patrimonio limitatamente all'incremento patrimoniale realizzato nei periodi d'imposta in cui ha fruito della qualifica di ONLUS. A tal fine, l'ente deve allegare alla richiesta di parere sulla devoluzione del patrimonio rivolta all'Agenzia per le ONLUS la documentazione rappresentativa della situazione patrimoniale alla data in cui ha acquisito la qualifica e quella relativa alla data in cui la qualifica è venuta meno (Circ. AE 31 ottobre 2007 n. 59/E).

Sanzioni (artt. 27 e 28 D.Lgs. 460/97) **(1)**	
Violazione	**Sanzione**
– fruizione dei benefici fiscali in assenza dei requisiti (v. n. 98080) **(2)** – svolgimento di attività diverse da quelle espressamente consentite **(2)** – distribuzione di utili anche in forma indiretta	da € 1.033 a 6.197
– omessa comunicazione delle variazioni successive (v. n. 98110) **(2)**	da € 103 a 1.033
– uso della dizione «organizzazione non lucrativa di utilità sociale», o dell'acronimo ONLUS, o di altre parole anche in lingua straniera atte a trarre in inganno, da parte di qualunque soggetto diverso dalla ONLUS **(3)**	da € 310 a 3.099

(1) Le sanzioni sono irrogate dall'AE nel cui ambito territoriale si trova il domicilio fiscale dell'ONLUS; sono di natura tributaria (Circ. AE 16 maggio 2005 n. 22/E).
(2) Destinatari sono i **rappresentanti legali** ed i **membri degli organi amministrativi** delle ONLUS.
(3) Destinatario è chiunque abusi dell'acronimo.
N.B. I **rappresentanti legali** ed i **membri degli organi amministrativi** che hanno indebitamente fruito dei benefici fiscali riservati alle ONLUS, conseguendo o consentendo a terzi di conseguire indebiti risparmi di imposte, sono **obbligati in solido** con il soggetto passivo o con il soggetto inadempiente, delle imposte dovute e delle relative sanzioni e interessi.

1. Imposte dirette
(art. 150 DPR 917/86)

Ai fini **IRES**, il reddito è determinato con i criteri generali stabiliti per tutti gli enti non commerciali illustrati al n. 97040, cui si aggiungono le seguenti agevolazioni specifiche: 98130
– non costituisce esercizio di attività commerciale lo svolgimento delle **attività istituzionali** nel perseguimento di esclusive finalità di solidarietà;
– sono **esclusi** dal reddito imponibile i proventi derivanti dall'esercizio delle **attività direttamente connesse** di cui al n. 98065;
– sui **contributi** corrisposti dagli enti pubblici alle ONLUS non si applica la ritenuta del 4% (art. 16 D.Lgs. 460/97).
Per gli adempimenti di **inizio attività** e **dichiarativi** si rinvia a quanto detto per gli enti non commerciali in generale (v. n. 97140 e n. 97150).
Ai fini **IRAP**, la base imponibile si determina con le regole illustrate per gli enti non commerciali cui, pertanto, si rinvia (v. n. 97280); normalmente, le regioni stabiliscono esenzioni o aliquote agevolate.

> **Precisazioni** 1) La previsione di non commercialità delle attività istituzionali vale per tutte le ONLUS, ad **eccezione** delle **società cooperative**; per esse, ancorché destinatarie delle altre disposizioni agevolative in materia di ONLUS, resta applicabile il regime fiscale proprio delle società di capitali (v. n. 21015), fatta salva l'applicabilità, ove ne ricorrano le condizioni, della disciplina fiscale in favore delle cooperative (v. n. 25435).
> **2)** Gli **immobili** adibiti allo svolgimento delle attività istituzionali o delle attività connesse (es. collegi, ricoveri, orfanotrofi, ospizi, case di cura, ospedali, scuole, biblioteche, ecc.) non producono reddito d'impresa; sono, invece, produttivi di **reddito fondiario** (Circ. Min. 28 dicembre 1999 n. 244/E). Per gli immobili residenziali non di pregio possono fruire della **detrazione** del **110%** (c.d. «superbonus») sulle spese sostenute **dal 1° luglio 2020 al 30 giugno 2022** (v. n. 1700 e s.).

Gli **immobili** adibiti allo svolgimento delle **attività istituzionali** o delle attività connesse (es. collegi, ricoveri, orfanotrofi, ospizi, case di cura, ospedali, scuole, biblioteche, ecc.) non producono reddito d'impresa; sono, invece, produttivi di **reddito fondiario** (Circ. Min. 28 dicembre 1999 n. 244/E). 98135
Con riferimento agli immobili **residenziali non di pregio**, le ONLUS possono fruire del c.d. «superbonus» con le regole indicate al n. 1700 e s.
Per le ONLUS (anche se iscritte al Runts) che soddisfano i requisiti illustrati nella **tabella** seguente, il **limite di spesa** ammesso alle detrazioni previsto per le singole unità immobiliari (v. n. 1715) è **moltiplicato** per il rapporto tra la superficie complessiva dell'immobile oggetto degli interventi (di efficientamento energetico, di miglioramento o di adeguamento antisismico) e la superficie media (riferibile alla media nazionale e non a quello del comune ove è ubicato l'immobile) di una unità abitativa immobiliare, come ricavabile dal Rapporto Immobiliare pubblicato dall'OMI.(art. 119 c. 10 bis DL 34/2020 conv. in L. 77/2020) come modif. dall'art. 33 c. 1 lett. b DL 77/2021, Circ. AE 8 febbraio 2023 n. 3/E).

> Per le spese effettuate nel **2023** per gli interventi di installazione degli impianti fotovoltaici spetta la detrazione del 110% fino alla soglia di 200 chilowatt (art. 1 c. 10 L. 197/2022).

svolgono **attività** di prestazione di servizi **socio-sanitari** e **assistenziali**;	anche in via mediata attraverso la stipula di un contratto di affitto di azienda con un altro soggetto purché permanga, in capo alla Onlus, lo svolgimento di attività di prestazioni di servizi socio-sanitari, e che questa detenga l'immobile. Non è necessario che l'azienda o il ramo di azienda già esercitasse un'attività di servizi socio-sanitari e assistenziali che, quindi, può essere anche avviata successivamente alla stipula del contratto di affitto d'azienda

i membri del Consiglio di amministrazione non percepiscono alcun compenso o indennità di carica	la condizione deve risultare dallo **statuto vigente alla data** del 1° giugno 2021 e deve permanere per tutta la durata del periodo di fruizione dell'agevolazione (anche se si opta per la cessione del credito o lo sconto in fattura). Non viene meno se un membro del consiglio di amministrazione percepisce compensi non collegati allo svolgimento di tale carica (es. per svolgimento di attività di lavoro dipendente o di lavoro autonomo che non dissimulino indennità riferite alla carica di amministratore)
gli immobili agevolabili siano accatastati nelle **categorie catastali** B/1, B/2 e D/4	è sufficiente che, alla data di inizio lavori, l'immobile rientri in una delle categorie catastali indicate; non è necessario che sia già utilizzato per l'esercizio delle attività suddette
risultino detenuti, al 1° giugno 2021, a titolo di proprietà, nuda proprietà, usufrutto oppure con contratto di comodato d'uso gratuito regolarmente registrato, in data certa anteriore al 1° giugno 2021	la condizione deve permanere per tutta la durata del periodo di fruizione dell'agevolazione anche se si opta per la cessione del credito o lo sconto in fattura

2. IVA

98160 La disciplina IVA delle ONLUS si differenzia da quella degli enti non commerciali, caratterizzata essenzialmente dalla distinzione tra attività istituzionali e attività diverse.
In pratica, nello svolgimento delle attività istituzionali o delle attività connesse (v. n. 98060 e n. 98065), le ONLUS possono effettuare anche cessioni di beni o prestazioni di servizi dietro corrispettivi, assoggettando ad IVA le attività qualificabili come commerciali (indipendentemente dalla «decommercializzazione» stabilita ai fini delle imposte sui redditi); per queste ultime devono rispettare le regole ordinarie in materia IVA (fatturazione, registrazione, dichiarazione, ecc.), salvo l'**esonero** dagli obblighi di **certificazione dei corrispettivi**, mediante ricevute o scontrino fiscale, per le **attività istituzionali** (art. 15 D.Lgs. 460/97).
Per contro, una serie di attività che sono considerate di particolare **rilevanza sociale**, se svolte da ONLUS, rientrano tra le operazioni esenti (v. elenco al n. 98165); ciò significa che, pur non applicando l'imposta, l'ONLUS resta soggetta agli adempimenti di fatturazione, registrazione e dichiarazione.
Per l'esame degli **adempimenti** ordinari in materia IVA si vedano gli appositi capitoli (v. n. 52000). In proposito si ricorda che essendo le ONLUS soggette al regime IVA ordinario applicano le ordinarie regole di **detrazione** dell'imposta sugli acquisti compresa l'applicazione del **pro-rata** nel caso di presenza di operazioni esenti (v. n. 48200 e s.).
Sono comunque **esclusi** dal campo di applicazione dell'imposta i proventi da **raccolte pubbliche di fondi** occasionali in concomitanza di ricorrenze o celebrazioni. In pratica, tali proventi non sono rilevanti ai fini dell'applicazione dell'imposta e quindi essi non sono neppure soggetti ai relativi obblighi formali; unico adempimento a carico dell'ONLUS è di redigere un apposito rendiconto (v. n. 97225).

Si ricorda che sono previste particolari agevolazioni per cessioni e prestazioni effettuate a favore delle ONLUS: ad **esempio**, esclusione dall'applicazione dell'IVA per le prestazioni gratuite di divulgazione pubblicitaria volte alla promozione delle attività istituzionali delle ONLUS (art. 3 c. 3 DPR 633/72) e per le cessioni gratuite di alcune tipologie di beni non idonei alla commercializzazione (v. **tabella** al n. 40320); nonché esenzione per altri tipi di cessioni da parte delle imprese a favore delle ONLUS (v. n. 40410).

98165 **Attività esenti** Nella **tabella** sono indicate le attività con il rinvio al paragrafo del Memento in cui sono trattate in maniera approfondita.

Attività esenti	Art. DPR 633/72	V. n.
1) Trasporto di feriti o malati con veicoli equipaggiati, ad esempio, ambulanze, elicotteri, ecc.	10 n. 15	40630
2) Prestazioni sanitarie di diagnosi, cura e riabilitazione rese alla persona.	10 n. 18	40580

98165 (segue)

Attività esenti	Art. DPR 633/72	V. n.
3) Prestazioni di ricovero e cura rese a ricoverati o in via ambulatoriale. Dato il loro carattere accessorio al ricovero e alla cura, sono, inoltre, esenti: la somministrazione di medicinali, presidi sanitari e vitto, nonché le prestazioni di laboratori radiologici e di laboratori di analisi mediche e di ricerche cliniche, se rese nei confronti di soggetti ricoverati (Circ. Min. 14 aprile 1983 n. 40/362756).	10 n. 19	40595
4) Prestazioni socio-sanitarie di assistenza domiciliare o ambulatoriale, in comunità e simili, rese direttamente o in esecuzione di appalti o di convenzioni, in favore dei seguenti soggetti **(*)**: – anziani, inabili adulti; – tossicodipendenti, malati di AIDS; – handicappati psicofisici; – minori, anche coinvolti in situazioni di disadattamento e di devianza; – persone migranti, senza fissa dimora, richiedenti asilo; – persone detenute; – donne vittime di tratta a scopo sessuale e lavorativo.	10 n. 27 ter	40600
5) Prestazioni in favore di minori, anziani e disagiati.	10 n. 21	40610
6) Prestazioni educative dell'infanzia, della gioventù e quelle didattiche di ogni genere (comprese quelle in discipline sportive), anche per la formazione, l'aggiornamento, la riqualificazione e riconversione professionale, comprese le prestazioni relative all'alloggio, al vitto e alla fornitura di libri e materiali didattici, anche fornite da istituzioni, collegi o pensioni annessi, dipendenti o funzionalmente collegati.	10 n. 20	40650
(*) Le prestazioni rese nei confronti di soggetti svantaggiati diversi da quelli espressamente elencati, sono assoggettate ad IVA (con aliquota ordinaria del 22%) (Circ. Min. 26 giugno 1998 n. 168/E).		

Appendice

A. Addizionali regionali IRPEF

Nella **tabella** seguente si riportano le aliquote delle addizionali regionali per il applicabili per scaglioni di reddito o al reddito complessivo determinato a fini IRPEF, al netto degli oneri deducibili. **99000**

In caso di mancato raggiungimento degli obiettivi previsti per il controllo della spesa sanitaria, le regioni deliberano e applicano **aliquote superiori** a quella massima, senza differenze per settori di attività e per categorie di soggetti passivi e fino all'integrale copertura dei mancati obiettivi (art. 1 c. 796 L. 296/2006).

Anno 2022 (e 2023)		
Regione	**Scaglioni di reddito/Reddito complessivo (€)**	**Aliquota (%)**
Abruzzo (1)	–	1,73
Basilicata (1)	–	1,23
Calabria (1)	–	1,73
Campania (1)	fino a 15.000 **(2)**	1,73
	da 15.001 a 28.000 **(2)**	1,96
	da 28.001 a 50.000	3,20
	oltre 50.000	3,33
Emilia Romagna (1)	fino a 15.000	1,33
	da 15.001 a 28.000	1,93
	da 28.001 a 50.000	2,03
	oltre 50.000	2,27
Friuli Venezia Giulia (1)	fino a 15.000	0,70
	da 15.001 in poi	1,23
Lazio (1) (3)	fino a 15.000	1,73
	da 15.001 in poi	3,33
Liguria (4)	fino a 15.000	1,23
	da 15.001 a 28.000	1,81
	da 28.001 a 50.000	2,31
	oltre 50.000	2,33
Lombardia (1)	fino a 15.000	1,23
	da 15.001 a 28.000	1,58
	da 28.001 a 50.000	1,72
	oltre 50.000	1,73

99000
(segue)

Anno 2022 (e 2023)		
Regione	**Scaglioni di reddito/Reddito complessivo (€)**	**Aliquota (%)**
Marche (1)	fino a 15.000	1,23 **(4)**
	da 15.001 a 28.000	1,53
	da 28.001 a 50.000	1,70
	oltre 50.000	1,73
Molise (1)	fino a 15.000	1,73
	da 15.001 a 28.000	1,93
	da 15.001 a 28.000	2,13
	oltre 50.000	2,33
Piemonte (1) (6)	fino a 15.000	1,62
	da 15.001 a 28.000	2,13
	da 28.001 a 50.000	2,75
	oltre 50.000	3,33
Puglia (1) (7)	fino a 15.000	1,33
	da 15.001 a 28.000	1,43
	da 28.001 a 50.000	1,63
	oltre 50.000	1,85
Sardegna (1) (8)	–	1,23
Sicilia (1)	–	1,23
Toscana (1)	fino a 15.000	1,42
	da 15.001 a 28.000	1,43
	da 28.001 a 50.000	1,68
	oltre 50.000	1,73
Umbria (1)	fino a 15.000	1,23
	da 15.001 a 28.000	1,62
	da 28.001 a 50.000	1,67
	oltre 50.000	1,83
Valle d'Aosta (1) (8)	–	1,23
Veneto (1) (9)	–	1,23
Provincia di Bolzano (1) (10)	da 0 a 50.000	1,23
	oltre 50.000	1,73
Provincia di Trento (1) (11)	da 0 a 50.000	1,23
	oltre 50.000	1,73

(1) Per il **2023** si applicano le stesse aliquote.
(2) Ai soggetti con reddito non superiore a € 28.000 e con almeno 2 figli a carico spetta una detrazione di € 30 (€ 40 se con disabilità) per ciascun figlio, in proporzione alla percentuale e ai mesi a carico. Se l'imposta dovuta è minore della detrazione, non sorge alcun credito d'imposta.
(3) Per il 2022, si applica l'aliquota del 1,73% in caso di:
a) reddito non superiore a € 35.000;
b) reddito non superiore a € 50.000 e 3 figli a carico; se i figli sono a carico di più soggetti, si applica l'aliquota indicata in tabella se la somma dei redditi dei soggetti è superiore a € 50.000; la soglia di reddito è innalzata di € 5.000 per ogni figlio a carico oltre il terzo;
c) reddito non superiore a € 50.000 e uno o più figli portatori di handicap a carico; se i figli sono a carico di più soggetti, si applica l'aliquota indicata in tabella se la somma dei redditi dei soggetti è pari o superiore a € 50.000;
d) soggetti ultrasettantenni portatori di handicap con reddito del nucleo familiare non superiore a € 50.000.
Inoltre, per i soggetti con un reddito non superiore a € 40.000, che non beneficiano dell'esenzione dalla maggiorazione dell'aliquota, è prevista una detrazione pari a € 300.
(4) Per il 2022, ai soggetti con reddito non superiore a € 28.000 e con almeno due figli a carico spetta una detrazione pari a € 40 per ciascun figlio. La detrazione è aumentata a € 45,00 per ogni figlio portatore di handicap. Se l'imposta dovuta è minore della detrazione, non sorge alcun credito d'imposta.
Per il **2023**, l'aliquota del 1,81% per i redditi da € 15.001 a € 28.000 è ridotta al 1,79%.

(5) Dal 2022, l'aliquota del 1,23% si applica ai contribuenti con un reddito fino a € 50.000 con uno o più figli portatori di handicap, compresi i figli naturali riconosciuti, i figli adottivi o affidati, comunque a carico. Se i figli sono a carico di più soggetti, l'aliquota si applica solo nel caso in cui la somma dei redditi imponibili ai fini dell'addizionale di tali soggetti non sia superiore a € 50.000.
(6) Le detrazioni per carichi di famiglia sono maggiorate delle seguenti detrazioni regionali: € 250 per ogni figlio portatore di handicap; € 100 per i contribuenti con più di tre figli a carico, per ciascun figlio, a partire dal primo, compresi i figli naturali riconosciuti, adottivi o affidati.
(7) Ai soggetti con più di tre figli a carico spetta una detrazione di € 20 per ciascun figlio, in proporzione alla percentuale e ai mesi di carico, a partire dal primo compresi i figli naturali riconosciuti, adottivi o affidati. La detrazione è aumentata di € 375 per ogni figlio con disabilità.
(8) Ai soggetti con reddito non superiore a € 50.000 spetta una detrazione di € 200 per ogni figlio a carico (€ 300 se con disabilità), in proporzione alla percentuale e ai mesi a carico. Se l'imposta dovuta è minore della detrazione non sorge alcun credito d'imposta.
(9) Per il 2022, i soggetti con reddito complessivo fino a € 15.000 sono esentati dal pagamento dell'addizionale regionale.
(10) Per i soggetti disabili o con familiari disabili a carico e aventi redditi non superiori a € 45.000, si applica l'aliquota 0,9%. Se la persona con disabilità è a carico di più soggetti, detta aliquota si applica se la somma dei redditi delle persone di cui è a carico non è superiore a € 45.000.
Dal **2023**, la soglia di € 45.000 è innalzata a € 50.000.
(11) A tutti i soggetti spetta una detrazione di € 430,50. Per i redditi imponibili di importo superiore a € 50.000 spetta un'ulteriore detrazione determinata dall'importo di € 125 moltiplicato per il rapporto tra il reddito imponibile diminuito di € 50.000 e l'importo di € 25.000; l'importo massimo detraibile è pari a € 125.
Ai soggetti con reddito non superiore a € 70.000 e con figli a carico spetta una detrazione di € 252 per ogni figlio, in proporzione alla percentuale e ai mesi di carico. Nella verifica della soglia di € 70.000 si tiene conto del reddito assoggettato a cedolare secca sugli affitti e dei redditi assoggettati al regime forfettario.
Le citate detrazioni sono cumulabili, ma non possono generare credito d'imposta.
(12) Ai soggetti con reddito non superiore a € 15.000 spetta una deduzione di € 15.000.

B. Definizione di piccola e media impresa

(DM 18 aprile 2005)

Le imprese devono rispettare, contemporaneamente, due requisiti dimensionali di cui uno riferito al fatturato annuo (o, in alternativa, il totale di bilancio annuo) e uno al numero dei dipendenti. I parametri devono essere determinati tenendo conto anche delle eventuali imprese che risultino associate o collegate, con i seguenti criteri: **99050**
– se l'impresa è **associata** ad una o più imprese, ai dati della stessa si devono sommare, in proporzione alle percentuali di partecipazione al capitale sociale o di diritti di voto detenuti, i dati delle imprese situate immediatamente a monte o a valle dell'impresa richiedente. In caso di partecipazioni incrociate si applica la percentuale più elevata. Ai fini della determinazione dei dati delle imprese associate, inoltre, devono essere interamente aggiunti i dati relativi alle imprese che sono collegate alle stesse, a meno che non siano già ripresi tramite consolidamento;
– se l'impresa richiedente l'agevolazione è **collegata** ad una o più imprese, i dati da prendere in considerazione sono quelli desunti dal bilancio consolidato o, in mancanza, dalla somma dei dati riferiti a ciascuna impresa collegata; devono essere anche aggiunti, in misura proporzionale, i dati delle eventuali imprese associate a quelle collegate, situate immediatamente a monte o a valle di queste ultime, a meno che i dati non siano già ripresi tramite i conti consolidati.
La verifica dell'esistenza di imprese associate o collegate è effettuata con riferimento alla data di sottoscrizione della domanda di agevolazione sulla base dei dati in possesso della società, ad esempio libri sociali, e dalle risultanze del registro delle imprese.
Nella seguente **tabella** sono riportati i valori dei parametri per individuare, rispettivamente, le microimprese, le piccole e le medie imprese.

Agli **organismi dello spettacolo** costituiti in forma d'impresa è riconosciuta la qualifica di micro, piccola e media impresa per poter usufruire delle relative agevolazioni (art. 51 bis DL 83/2012 conv. in L. 134/2012).

Parametri di identificazione (1)	Microimpresa	Piccola impresa	Media impresa
n° massimo dipendenti	10	50	250
fatturato annuo massimo **(2)**	2	10	50
totale attivo patrimoniale massimo **(2)**	2	10	43

(1) I parametri devono essere determinati tenendo conto anche delle eventuali imprese che risultino **associate** o **collegate** in base alle condizioni che verranno di seguito specificate.
(2) I valori sono espressi in milioni di euro.

Vediamo ora in dettaglio quali sono gli elementi rilevanti al fine della corretta determinazione dei parametri dimensionali tenendo presente che:
– **l'esercizio** da prendere in considerazione è l'ultimo chiuso e approvato prima della data di sottoscrizione della domanda di agevolazione;
– per le imprese **costituite da meno di un anno**, i parametri richiesti sono quelli esistenti alla data di sottoscrizione della richiesta di agevolazione.

Numero dei dipendenti

Si fa riferimento al numero di **unità-lavorative-annuo** (U.L.A.), ossia al numero medio mensile di dipendenti occupati durante l'anno (esclusi quelli posti in cassa integrazione straordinaria). I dipendenti occupati a tempo pieno (sia con contratti a tempo indeterminato che a tempo determinato) vengono considerati come unità, mentre i lavoratori a tempo parziale e quelli stagionali sono conteggiati come frazioni di U.L.A.

Fatturato

Per individuare il fatturato di riferimento occorre distinguere tra imprese obbligate alla tenuta della contabilità ordinaria e/o alla redazione del bilancio e imprese che ne sono esonerate.
Per le **imprese obbligate** alla tenuta della **contabilità ordinaria** e/o alla **redazione del bilancio** il **fatturato** si deve intendere come l'ammontare dei ricavi compresi nel punto 1) della voce A) del conto economico redatto secondo le vigenti norme del codice civile.
Per le **imprese esonerate** dalla tenuta di contabilità ordinaria e dalla redazione del bilancio, il fatturato annuo e il totale dell'attivo patrimoniale si desumono, rispettivamente, dall'ultima dichiarazione dei redditi presentata e sulla base del prospetto delle attività e passività redatto con i criteri stabiliti dal DPR 689/74 e in conformità alle norme del codice civile (artt. 2423 e s. c.c.).

Imprese collegate

Sono considerate collegate le imprese in cui un'altra impresa:
– dispone della maggioranza dei voti esercitabili nell'assemblea ordinaria;
– dispone dei voti sufficienti per esercitare un'influenza dominante nell'assemblea ordinaria:
– ha il diritto, in virtù di contratto o di clausola statutaria, di esercitare un'influenza dominante, quando la legge applicabile consenta tali contratti o clausole;
– controlla da sola, in base ad accordi con altri soci, la maggioranza dei diritti di voto.

Imprese associate

Sono considerate associate le imprese, non identificabili come collegate, in cui una detiene, da sola o insieme ad una o più imprese collegate, il 25% o più del capitale o dei diritti di voto di un'altra impresa.
Non sono considerate associate, anche se raggiungono o superano la quota del 25%, a condizione che le medesime non siano individualmente o congiuntamente collegate all'impresa richiedente, le seguenti categorie di investitori:
– società pubbliche di partecipazione, società di capitale di rischio, persone fisiche o gruppi di persone esercitanti regolari attività di investimento di capitale di rischio che investono fondi propri in imprese non quotate a condizione che il totale investito in una stessa impresa non superi 1.250.000 euro;
– università o centri di ricerca pubblici e privati senza scopo di lucro;
– investitori istituzionali, compresi i fondi di sviluppo regionale;
– enti pubblici locali, aventi un bilancio annuale inferiore a 10 milioni di euro e meno di 5.000 abitanti.

N.B. Si segnala che sul sito del MISE (www.mise.gov.it) sono disponibili una serie di **chiarimenti** sui criteri e le modalità di determinazione delle dimensioni aziendali elaborati da un'apposita commissione sulla base dei quesiti posti dalle imprese.

C. Paradisi fiscali e Stati collaborativi

Attualmente, a livello normativo italiano permane un unico elenco di Stati o territori considerati a regime fiscale privilegiato (c.d. paradisi fiscali) individuati per la presunzione di residenza delle **persone fisiche** che vi si trasferiscono (art. 2 c. 2 bis DPR 917/86) e un elenco di Stati «collaborativi» che rileva nei casi in cui le norme fanno riferimento a Stati che consentono un **adeguato scambio di informazioni** (art. 6 D.Lgs. 239/96). 99100
Al di fuori di tali casistiche, le condizioni per individuare gli Stati o territori a regime fiscale privilegiato sono contenute nell'art. 47 bis DPR 917/86 ai fini della tassazione degli utili da partecipazione in soggetti non residenti e delle relative plusvalenze da cessione (n. 21916 e n. 21950), nonché nell'art. 167 DPR 917/86 ai fini dell'applicazione della disciplina CFC (v. n. 21938 e s.).

Elenco dei paradisi fiscali (ai sensi dell'art. 2 c. 2 bis DPR 917/86) (DM 4 maggio 1999) 99110

Alderney (Aurigny) Andorra (Principato d'Andorra) Anguilla Antigua e Barbuda (Antigua and Barbuda) Antille Olandesi (Nederlandse Antillen) Aruba Bahama (Bahamas) Bahrein (Dawlat al-Bahrain) Barbados Belize Bermuda Brunei (Negara Brunei Darussalam) Costa Rica (Republica de Costa Rica) Dominica Ecuador (Republica del Ecuador) Emirati Arabi Uniti (Al-Imarat al-'Arabiya al Mullahida) Filippine (Pilipin) Gibilterra (Dominion of Gibraltar) Gibuti (Djibouti) Grenada Guernsey (Bailiwick of Guernsey)	Hong Kong (Xianggang) Isola di Man (Isle of Man) Isole Cayman (The Cayman Islands) Isole Cook Isole Marshall (Republic of the Marshall Islands) Isole Vergini Britanniche (British Virgin Islands) Jersey Libano (Al-Jumhuriya al Lubnaniya) Liberia (Republic of Liberia) Liechtenstein (Furstentum Liechtenstein) Macao (Macau) Malaysia (Persekutuan Tanah Malaysia) Maldive (Dive hi) Maurizio (Republic of Mauritius) Monaco (Principauté de Monaco) Monserrat Nauru (Republic of Nauru) Niue Oman (Saltanat 'Oman) Panama (Republica de Panamà)	Polinesia Francese (Polynesie Française) Saint Kilts e Nevis (Federation of Saint Kilts and Nevis) Saint Lucia Saint Vincent e Grenadine (Saint Vincent and the Grenadines) Samoa (Indipendent State of Samoa) Sark (Sercq) Seicelle (Republic of Seychelles) Singapore (Republic of Singapore) Svizzera (Confederazione Svizzera) Taiwan (Chunghua MinKuo) Tonga (Puleanga Tonga) Turks e Caicos (The Turks and Caicos Islands) Tuvalu (The Tuvalu Islands) Uruguay (Republica Oriental del Uruguay) Vanuatu (Republic of Vanuatu)

Elenco degli Stati collaborativi (che consentono un adeguato scambio di informazioni) (art. 11 c. 4 lett. c D.Lgs. 239/96, DM 4 settembre 1996 e successive modifiche e integrazioni) 99115

Albania Alderney Algeria Andorra Anguilla Arabia Saudita Argentina Armenia Aruba Australia Austria Azerbaijan	Cina Cipro Colombia Congo (Repubblica del) Corea del Sud Costa d'Avorio Costa Rica Croazia Curacao Danimarca Ecuador	Giappone Gibilterra Giordania Grecia Groenlandia Guernsey Herm Hong Kong India Indonesia Irlanda Islanda	Lettonia Libano Liechtenstein Lituania Lussemburgo Macedonia Malaysia Malta Marocco Mauritius Messico Moldova	Polonia Portogallo Qatar Regno Unito Repubblica Ceca Repubblica Slovacca Romania Saint Kitts e Nevis Saint Vincent e Grenadine	Sudafrica Svezia Svizzera Tagikistan Taiwan Tanzania Thailandia Trinidad e Tobago Tunisia Turchia Turkmenistan

99115
(segue)

Bangladesh Barbados Belgio Belize Bermuda Bielorussia Bosnia Erzegovina Brasile Bulgaria Camerun Canada Cile	Egitto Emirati Arabi Uniti Estonia Etiopia Federazione Russa Filippine Finlandia Francia Georgia Germania Ghana	Isola di Man Isole Cayman Isole Cook Isole Færøer Isole Turks e Caicos Isole Vergini Britanniche Israele Jersey Kazakistan Kirghizistan Kuwait	Monaco Montenegro Montserrat Mozambico Nauru Nigeria Niue Norvegia Nuova Zelanda Oman Paesi Bassi Pakistan	Samoa San Marino Santa Sede Senegal Serbia Seychelles Singapore Sint Maarten Siria Slovenia Spagna Sri Lanka Stati Uniti d'America	Ucraina Uganda Ungheria Uruguay Uzbekistan Venezuela Vietnam Zambia

D. Società e imposte ammesse al regime madre-figlia

ELENCO DELLE SOCIETÀ E DELLE IMPOSTE AMMESSE AL REGIME «MADRI-FIGLIE» (Allegato I Parte A e B Dir. 2011/96/UE) Forme societarie 99120

a) Le società registrate a norma del regolamento (CE) n. 2157/2001 del Consiglio, dell'8 ottobre 2001, relativo allo statuto della Società europea (SE) (1) e della direttiva 2001/86/CE del Consiglio, dell'8 ottobre 2001, che completa lo statuto della società europea per quanto riguarda il coinvolgimento dei lavoratori (2) e le società cooperative registrate a norma del regolamento (CE) n. 1435/2003 del Consiglio, del 22 luglio 2003, relativo allo statuto della Società cooperativa europea (SCE) (3) e della direttiva 2003/72/CE del Consiglio, del 22 luglio 2003, che completa lo statuto della società cooperativa europea per quanto riguarda il coinvolgimento dei lavoratori (4);

b) le società di diritto belga denominate «société anonyme»/«naamloze vennootschap», «société en commandite par actions»/«commanditaire vennootschap op aandelen», «société privée à responsabilité limitée»/«besloten vennootschap met beperkte aansprakelijkheid», «société coopérative à responsabilité limitée»/«coöperatieve vennootschap met beperkte aansprakelijkheid», «société coopérative à responsabilité illimitée»/«coöperatieve vennootschap met onbeperkte aansprakelijkheid», «société en nom collectif»/«vennootschap onder firma», «société en commandite simple»/«gewone commanditaire vennootschap», le imprese pubbliche che hanno adottato una delle forme giuridiche summenzionate e altre società costituite in conformità della legislazione belga e soggette all'imposta belga sulle società;

c) le società di diritto bulgaro denominate «събирателно дружество», «командитно дружество», «дружество с ограничена отговорност», «акционерно дружество», «командитно дружество с акции», «неперсонифицирано дружество», «кооперации», «кооперативни съюзи», «държавни предприятия» costituite in conformità della legislazione bulgara e dedite ad attività commerciali;

d) le società di diritto ceco denominate: «akciová společnost», «společnost s ručením omezeným»;

e) le società di diritto danese denominate «aktieselskab» e «anpartsselskab». Altre società soggette ad imposizione ai sensi della legge sull'imposizione delle società, nella misura in cui il loro reddito imponibile è calcolato e tassato conformemente alle disposizioni fiscali generali applicabili alle «aktieselskaber»;

f) le società di diritto tedesco denominate «Aktiengesellschaft», «Kommanditgesellschaft auf Aktien», «Gesellschaft mit beschränkter Haftung», «Versicherungsverein auf Gegenseitigkeit», «Erwerbs- und Wirtschaftsgenossenschaft», «Betriebe gewerblicher Art von juristischen Personen des öffentlichen Rechts», e altre società costituite in conformità della legislazione tedesca e soggette all'imposta tedesca sulle società;

g) le società di diritto estone denominate: «täisühing», «usaldusühing», «osaühing», «aktsiaselts», «tulundusühistu»;

h) le società registrate o costituite a norma del diritto irlandese, gli enti registrati sotto il regime dell'«Industrial and Provident Societies Act», le «building societies» registrate sotto il regime dei «Building Societies ACTS» e le «trustee savings banks» ai sensi del «Trustee Savings Banks Act» del 1989;

i) le società di diritto greco denominate «ανώνυμη εταιρεία», «εταιρεία περιορισμένης ευθύνης (Ε.Π.Ε.)» e altre società costituite in conformità della legislazione greca e soggette all'imposta greca sulle società;

j) le società di diritto spagnolo denominate «sociedad anónima», «sociedad comanditaria por acciones», «sociedad de responsabilidad limitada», enti di diritto pubblico che operano in regime di diritto privato e altre entità soggette all'imposta spagnola sulle società («Impuesto sobre sociedades»);

k) le società di diritto francese denominate «société anonyme», «société en commandite par actions», «société à responsabilité limitée», «sociétés par actions simplifiées», «sociétés d'assurances mutuelles», «caisses d'épargne et de prévoyance», «sociétés civiles» che sono soggette automaticamente all'imposta sulle società, «coopératives», «unions de coopératives» e istituti e imprese pubblici di carattere industriale e commerciale e altre società costituite in conformità della legislazione francese e soggette all'imposta francese sulle società;

l) le società di diritto italiano denominate «società per azioni», «società in accomandita per azioni», «società a responsabilità limitata», «società cooperative», «società di mutua assicurazione», nonché gli enti pubblici e privati la cui attività è totalmente o principalmente commerciale;

m) in diritto cipriota: «εταιρείες» così come definite nella legge relativa all'imposta sul reddito;

n) le società di diritto lettone denominate: «akciju sabiedrība», «sabiedrība ar ierobežotu atbildību»;

o) le società di diritto lituano dotate di personalità giuridica;

p) le società di diritto lussemburghese denominate «société anonyme», «société en commandite par actions», «société à responsabilité limitée», «société coopérative», «société coopérative organisée comme une société anonyme», «association d'assurances mutuelles», «association d'épargne-pension», «entreprise de nature commerciale, industrielle ou minière de l'Etat, des communes, des syndicats de communes, des établissements publics et des autres personnes morales de droit public» e altre società costituite in conformità della legislazione lussemburghese e soggette all'imposta lussemburghese sulle società;

q) le società di diritto ungherese denominate: «közkereseti társaság», «betéti társaság», «közös vállalat», «korlátolt felelősségű társaság», «részvénytársaság», «egyesülés», «szövetkezet»;

r) le società di diritto maltese denominate: «Kumpaniji tà Responsabilità Limitata», «Soċjetajiet en commandite lil-kapital tagħhom maqsum f'azzjonijiet»;

s) le società di diritto olandese denominate «naamloze vennootschap», «besloten vennootschap met beperkte aansprakelijkheid», «Open commanditaire vennootschap», «Coöperatie», «onderlinge waarborgmaatschappij», «Fonds voor gemene rekening», «vereniging op coöperatieve grondslag», «vereniging welke op onderlinge grondslag als verzekeraar of kredietinstelling optreedt» e altre società costituite in conformità della legislazione olandese e soggette all'imposta olandese sulle società;

t) le società di diritto austriaco denominate «Aktiengesellschaft», «Gesellschaft mit beschränkter Haftung», «Versicherungsvereine auf Gegenseitigkeit», «Erwerbs- und Wirtschaftsgenossenschaften», «Betriebe gewerblicher Art von Körperschaften des öffentlichen Rechts», «Sparkassen» e altre società costituite in conformità della legislazione austriaca e soggette all'imposta austriaca sulle società;

u) le società di diritto polacco denominate: «spółka akcyjna», «spółka z ograniczoną odpowiedzialnością»;

v) le società commerciali o le società di diritto civile aventi forma commerciale e le cooperative e le imprese pubbliche registrate a norma del diritto portoghese;

w) le società di diritto rumeno denominate: «societăți pe acțiuni», «societăți în comandită pe acțiuni», «societăți curăspundere limitată»;

x) le società di diritto sloveno denominate: «delniška družba», «komanditna družba», «družba z omejeno odgovornostjo»;

y) le società di diritto slovacco denominate: «akciová spoločnosť», «spoločnosť s ručením obmedzeným», «komanditná spoločnosť»;

z) le società di diritto finlandese denominate «osakeyhtiö/aktiebolag», «osuuskunta/andelslag», «säästöpankki/sparbank» e «vakuutusyhtiö/försäkringsbolag»;

aa) le società di diritto svedese denominate «aktiebolag», «försäkringsaktiebolag», «ekonomiska föreningar», «sparbanker», «ömsesidiga försäkringsbolag», «försäkringsföreningar»;

ab) le società registrate a norma del diritto del Regno Unito.

(1) GU L 294 del 10.11.2001, pag. 1.
(2) GU L 294 del 10.11.2001, pag. 22.
(3) GU L 207 del 18.8.2003, pag. 1.
(4) GU L 207 del 18.8.2003, pag. 25.

99120 (segue)

Elenco delle imposte

— impôt des sociétés/vennootschapsbelasting in Belgio,
— корпоративен данък in Bulgaria,
— daň z příjmů právnických osob nella Repubblica ceca,
— selskabsskat in Danimarca,
— Körperschaftssteuer in Germania,
— tulumaks in Estonia,
— corporation tax in Irlanda,
— φόρος εισοδήματος νομικών προσώπων κερδοσκοπικού χαρακτήρα in Grecia,
— impuesto sobre sociedades in Spagna,
— impôt sur les sociétés in Francia,
— imposta sul reddito delle società in Italia,
— φόρος εισοδήματος in Cipro,
— uzņēmumu ienākuma nodoklis in Lettonia,
— pelno mokestis in Lituania,
— impôt sur le revenu des collectivités in Lussemburgo,
— társasági adó, osztalékadó in Ungheria,
— taxxa fuq l-income in Malta,
— vennootschapsbelasting nei Paesi Bassi,
— Körperschaftssteuer in Austria,
— podatek dochodowy od osób prawnych in Polonia,
— imposto sobre o rendimento das pessoas colectivas in Portogallo,
— impozit pe profit in Romania,
— davek od dobička pravnih oseb in Slovenia,
— daň z príjmov právnických osôb in Slovacchia,
— yhteisöjen tulovero/inkomstskatten för samfund in Finlandia,
— statlig inkomstskatt in Svezia,
— corporation tax nel Regno Unito.

E. Società e imposte ammesse al regime interessi e royalties

ELENCO DELLE SOCIETÀ E DELLE IMPOSTE AMMESSE AL REGIME DI ESONERO DALLA RITENUTA SUGLI INTERESSI E LE ROYALTIES CORRISPOSTI A SOCIETÀ CONSOCIATE UE, AI SENSI DELL'ART. 26 QUATER DPR 600/73 99125

(art. 26 quater allegati A e B DPR 600/73)

Società della UE
a) Le società di diritto belga denominate «société anonyme/naamloze vennootschap», «société en commandite par actions/commanditaire vennootschap op aandelen», «société privée à responsabilité limitée/besloten vennootschap met beperkte aansprakelijkheid», nonché gli enti di diritto pubblico che operano in regime di diritto privato; **b)** le società di diritto danese denominate «aktieselskab» e «anpartsselskab»; **c)** le società di diritto tedesco denominate «Aktiengesellschaft», «Kommanditgesellschaft auf Aktien», «Gesellschaft mit beschränkter Haftung» e «bergrechtliche Gewerkschaft»; **d)** le società di diritto greco denominate ανωνυμη εταιρια; **e)** le società di diritto spagnolo denominate «sociedad anònima», «sociedad comanditaria por acciones», «sociedad de responsabilidad limitada», nonché gli enti di diritto pubblico che operano in regime di diritto privato; **f)** le società di diritto francese denominate «société anonyme», «société en commandite par actions», «société à responsabilité limitée», nonché gli stabilimenti ed imprese pubblici a carattere industriale e commerciale; **g)** le società di diritto irlandese denominate «public companies limited by shares or by guarantee», «private companies limited by shares or by guarantee», gli enti registrati sotto il regime degli «Industrial and Provident Societies Acts» o le «building societies» registrate sotto il regime dei «Building Societies Acts»; **h)** le società di diritto italiano denominate «società per azioni», «società in accomandita per azioni», «società a responsabilità limitata», nonché gli enti pubblici e privati che esercitano attività industriali e commerciali; **i)** le società di diritto lussemburghese denominate «société anonyme», «société en commandite par actions» e «société à responsabilité limitée»; **l)** le società di diritto olandese denominate «naamloze vennootschap» e «besloten vennootschap met beperkte aansprakelijkheid»; **m)** le società di diritto austriaco denominate: «Aktiengesellschaft» e «Gesellschaft mit beschränkter Haftung»; **n)** le società commerciali e società civili di forma commerciale, le cooperative e le imprese pubbliche costituite conformemente al diritto portoghese; **o)** le società di diritto finlandese denominate: «osakeyhtiö/aktiebolag», «osuuskunta/andelslag», «säästöpankki/sparbank» e «vakuutusyhtiö/försäkringsbolag»; **p)** le società di diritto svedese denominate «aktieboag» e «försäkringsaktiebolag»; **q)** le società costituite conformemente al diritto del Regno Unito; **r)** le società di diritto ceco denominate «akciová spolecnost», «spolecnost s rucenim omezenm», «verejná obchodni spolecnost», «komanditni spolecnost», «druzstvo»; **s)** le società di diritto estone denominate «täisuhing», «usaldusuhing», «osauhing», «aktsiaselts», «tulundusuhistu»; **t)** le società di diritto cipriota denominate società conformemente alla normativa societaria, gli enti di diritto pubblico nonché ogni altro ente considerato una società conformemente alla normativa in materia di imposta sul reddito; **u)** le società di diritto lettone denominate «akciju sabiedriba», «sabiedriba ar ierobezotu atbildibu»; **v)** le società costituite conformemente al diritto della Lituania; **z)** le società di diritto ungherese denominate «közkereseti társaság», «betéti társaság», «közös vállalat», «korlátolt felelösségu társaság», «részvenytársaság», «egyesulés», «közhasznu társaság», «szövetkezet»; **aa)** le società di diritto maltese denominate «Kumpaniji tà Responsabilità limitata», «Socjetajiet in akkomandita li l-kapital taghhom maqsum fazzjonijiet»; **bb)** le società di diritto polacco denominate «spolka akcyjna», «spolka z ograniczona odpowiedzialnoscia»; **cc)** le società di diritto sloveno denominate «delnka druzba», «komanditna delnika druzba», «komanditna druzba», «druzba z omejeno odgovornostjo», «druzba z neomejeno odgovornostjo»; **dd)** le società di diritto slovacco denominate «akciová spolocnos», «spolocnost's rucenim obmedzenym», «komanditna spolocnos», «verejná obchodná spolocnos», «druzstvo»; **ee)** società di diritto bulgaro denominate: "събирателното дружество", "командитното дружество", "дружеството с ограничена отговорност", "акционерното дружество", "командитиото дружество с акции", "коопераци", "кооперативни сьози", "държавни предприятия" costituite in conformità della legislazione bulgara e dedite ad attività commerciali; **ff)** società di diritto rumero denominate: "societăți pe acțiuni", "societăți în comandită pe acțiuni", "societăți cu răspundere limitată".

99125
(segue)

Elenco imposte UE
1) impot des sociétés/vennootschapsbelasting in Belgio;
2) selskabsskat in Danimarca;
3) Körperschaftsteuer in Germania;
4) φορος εισοδηματος νομικων προσωπων in Grecia;
5) impuesto sobre sociedades in Spagna;
6) impôt sur les sociétés in Francia;
7) corporation tax in Irlanda;
8) imposta sul reddito delle società in Italia;
9) impôt sur le revenu des collectivités in Lussemburgo;
10) vennootschapsbelasting nei Paesi Bassi;
11) Körperschaftsteuer in Austria;
12) imposto sobre o rendimento da pessoas colectivas in Portogallo;
13) yhteisöjen tulovero/inkomstskatten för samfund in Finlandia;
14) statlig inkomstskatt in Svezia;
15) corporation tax nel Regno Unito;
16) Danz prijmu pravnickch osob nella Repubblica ceca;
17) Tulumaks in Estonia;
18) φορος εισοδηματος a Cipro;
19) Uznemumu ienakuma nodoklis in Lettonia;
20) Pelno mokestis in Lituania;
21) Társasági ado in Ungheria;
22) Taxxa fuq l-income a Malta;
23) Podatek dochodowy od osob prawnych in Polonia;
24) Davek od dobicka pravnih oseb in Slovenia;
25) Dan z prijmov právnickch osob in Slovacchia;
26) корпоративсн даньк in Bulgaria;
27) impozit pe profit, impozitul pe veniturile obtinute din Romania de nerezidenti in Romania.

F. Tavola riepilogativa delle imposte, tasse e altre entrate

La seguente tavola riepiloga le imposte, le tasse e le altre entrate esaminate nel Memento, con il richiamo del paragrafo in cui è illustrata la disciplina generale. Per gli aspetti particolari si rinvia all'indice analitico. **99200**

Imposte	Imposta sul reddito delle persone fisiche (IRPEF)	100
	– addizionale regionale	2500
	– addizionale comunale	2520
	Imposta sul reddito delle società (IRES)	20000
	Imposta sul valore aggiunto (IVA)	40000
	Imposta regionale sulle attività produttive (IRAP)	39000
	Imposta municipale propria (IMU)	74500
	Cedolare secca	7080
	Imposta di bollo	74000
	Imposta di registro	70000
	Imposte ipotecaria e catastale	70000
	Imposta sulle successioni	73005
	Imposta sulle donazioni	73890
	Imposte sulle assicurazioni	76200
	Imposta sugli intrattenimenti (ISI)	76360
	Imposta unica su concorsi pronostici e scommesse	76540
	Imposta unica su giochi a distanza con vincite in denaro	76570
	Imposta sulle transazioni finanziarie (Tobin tax)	72251
	Imposta provinciale di trascrizione	79495
	Imposta di scopo per la realizzazione di opere pubbliche	79470
	Imposta di soggiorno	79420
	Imposta sul valore degli immobili all'estero (IVIE)	75480
	Imposta sul valore delle attività finanziarie all'estero (IVAFE)	77010
	Imposta sostitutiva sui finanziamenti a medio e lungo termine	72420
	Imposta di bollo speciale sulle attività finanziarie scudate	77180
	Imposta immobiliare sulle piattaforme marine (IMPI)	75420
	Sugar tax e Plastic tax	76700
	Imposta sui servizi digitali (web tax)	76900
	Imposta erariale sugli aeromobili privati	77520
	Imposta erariale sui voli di passeggeri di aerotaxi	77580
Tasse	Tassa sui rifiuti (TARI)	75350
	Tasse automobilistiche	79485
	Tasse sulle concessioni governative (TTCCGG)	76010
Altre entrate	Contributo unificato di iscrizione a ruolo	74070
	Canone unico patrimoniale	78005
	Canone per l'occupazione temporanea delle aree mercatali	78065
	Tributo speciale per il deposito in discarica dei rifiuti solidi	79400

G. Definizioni agevolate (tregua fiscale)

99300 La Legge di bilancio 2023 ha previsto diverse forme di definizione che consentono di chiudere le controversie in essere o potenziali con l'AF, di regolarizzare gli errori formali commessi nelle dichiarazioni degli anni pregressi e che consentono di ottenere lo stralcio di parte dei debiti in riscossione come di seguito esaminato.

Oggetto	Definizione	v. n.
Irregolarità formali commesse nelle dichiarazioni presentate fino al 31 ottobre 2022	Sanatoria tramite rimozione dell'irregolarità e versamento sanzione forfetaria ridotta entro il 31 marzo 2023	99310
Violazioni diverse da quelle del punto precedente e riguardanti le dichiarazioni relative al periodo d'imposta in corso al 31 dicembre 2021 e precedenti	Ravvedimento speciale (maggior riduzione della sanzione dovuta) entro il 31 marzo 2023	87320
Comunicazioni di irregolarità emesse ai sensi dell'art. 36 bis DPR 600/73 e art. 54 bis DPR 633/72 in relazione ai periodi d'imposta 2019, 2020 e 2021	Riduzione delle sanzioni irrogate	99340
Avvisi di accertamento, accertamenti con adesione, atti di recupero di crediti d'imposta, ecc.	Riduzione della sanzione a 1/18 entro il termine per il ricorso o per il versamento della prima rata da adesione	99360
Omesso versamento rate istituti deflattivi	Esclusione delle sanzioni e degli interessi, entro il 31 marzo 2023	99390
Liti pendenti innanzi alle Corti di Giustizia tributaria e innanzi alla Corte di Cassazione	Riduzione forfetaria degli importi dovuti e contestati e delle sanzioni, con domanda entro il 30 giugno 2023	99450
Conciliazione agevolata delle liti pendenti innanzi alle Corti di Giustizia tributaria	Riduzione delle sanzioni dovute, con accordo conciliativo entro il 30 giugno 2023	-
Transazione agevolata delle liti pendenti innanzi alla Corte di Cassazione	Riduzione delle sanzioni dovute, entro il 30 giugno 2023	-
Carichi (ruoli, accertamenti esecutivi e avvisi di addebito) consegnati all'AdR fino al 30 giugno 2022	Sgravio delle sanzioni e degli interessi con domanda entro il 30 aprile 2023	99500
Ruoli di importo non superiore a euro 1.000 consegnati all'AdR fino al 31 dicembre 2015	Sgravio integrale automatico	-

a. Correzione delle irregolarità formali

(art. 1 c. 166-173 L. 197/2022)

99310 I contribuenti possono sanare le irregolarità, le infrazioni e le inosservanze di obblighi o adempimenti di natura formale, che non rilevano per la determinazione della base imponibile II.RR., relative addizionali, imposte sostitutive, ritenute alla fonte e crediti d'imposta, IRAP e IVA, **commesse fino al** 31 ottobre 2022, anche se già contestate ma con provvedimento non definitivo alla data del 1° gennaio 2023 (Circ. AE 27 gennaio 2023 n. 2/E).
La **non definitività** deve sussistere anche al momento del versamento della prima o unica rata dell'importo dovuto per la definizione.
La regolarizzazione **si effettua** con la rimozione dell'irregolarità o dell'omissione e con il versamento della somma di euro 200 per ogni periodo d'imposta.

> **>Precisazioni 1)** Per la contestazione di violazioni commesse fino al 31 ottobre 2022, oggetto di PVC, il **termine** di cinque anni **per la contestazione** (art. 20 D.Lgs. 472/97) è prorogato di 2 anni (art. 1 c. 171 L. 197/2022).
> **2)** Non sono definibili le violazioni per le quali, alla data di effettuazione del versamento della prima o unica rata, sia intervenuta **sentenza definitiva o altra forma di definizione**.

IRREGOLARITÀ FORMALI **Sono tali** le irregolarità, le infrazioni, le inosservanze e le omissioni di obblighi o adempimenti che non incidono sulla determinazione della base imponibile e sul pagamento dei tributi sopra richiamati la cui contestazione è di competenza dell'AE ma che possono creare pregiudizio al controllo da parte dell'AE medesima. **99315**
Si tratta ad esempio di violazioni anche relative al contenuto delle dichiarazioni ma che non incidono sulla determinazione dell'imponibile o dell'imposta (come la comunicazione di minusvalenze e la separata indicazione di costi black list).
Non sono invece violazioni formali, ad esempio, l'omessa dichiarazione anche quando non è dovuta imposta, né la deduzione di costi o spese sostenuti in relazione a beni o servizi non effettivamente scambiati o prestati.
Sono comunque **escluse** dalla definizione, anche quando formali, le irregolarità:
– oggetto di atti di contestazione o irrogazione delle sanzioni emessi nell'ambito della **voluntary disclosure**;
– relative all'emersione di **attività finanziarie e patrimoniali estere** (ad esempio, mancata o errata compilazione del quadro RW, violazioni relative a IVIE e IVAFE, Circ. AE 27 gennaio 2023 n. 2/E).

Rientrano ad esempio tra le violazioni definibili in quanto formali (Circ. AE 27 gennaio 2023 n. 2/E): **99317**
– la presentazione di dichiarazioni annuali redatte su **modelli non conformi**, ovvero l'errata indicazione o l'incompletezza dei dati relativi al contribuente;
– l'omessa o irregolare presentazione delle **liquidazioni periodiche** IVA (tale violazione può essere definita solo quando l'imposta risulta assolta e non anche quando la violazione ha avuto effetti sulla determinazione e sul pagamento dell'imposta);
– l'omessa, irregolare o incompleta presentazione degli **elenchi Intrastat**;
– l'irregolare tenuta e conservazione delle **scritture contabili**, se non ha prodotto effetti sull'imposta complessivamente dovuta;
– l'omessa restituzione dei **questionari** inviati dall'AE o dalla GdF o da altri soggetti autorizzati, oppure la restituzione con risposte incomplete o non veritiere;
– l'omissione, incompletezza o inesattezza delle **dichiarazioni d'inizio, o variazione attività** a fini IVA;
– l'erronea compilazione della **dichiarazione d'intento** che abbia determinato l'annullamento della dichiarazione precedentemente trasmessa invece della sua integrazione;
– l'anticipazione di ricavi o la posticipazione di costi in **violazione del principio di competenza**, sempre che la violazione non incida sull'imposta complessivamente dovuta nell'anno di riferimento;
– la tardiva trasmissione delle dichiarazioni da parte degli **intermediari**;
– le irregolarità od omissioni compiute dagli **operatori finanziari**;
– l'omessa o tardiva comunicazione dei dati al **sistema tessera sanitaria**;
– l'omessa comunicazione della proroga o della risoluzione del contratto di locazione soggetto a **cedolare secca**;
– la violazione degli obblighi di **documentazione e registrazione operazioni** imponibili ai fini IVA, quando la violazione non ha inciso sulla corretta liquidazione del tributo; per quelle non imponibili, esenti o non soggette ad IVA, quando la violazione non rileva neppure ai fini della determinazione del reddito;
– la detrazione dell'**IVA**, erroneamente applicata in misura superiore a quella effettivamente dovuta a causa di un errore di aliquota e, comunque, **assolta dal cedente** o prestatore, in assenza di frode;
– l'irregolare applicazione delle disposizioni concernenti il **reverse charge**, in assenza di frode (solo quando l'imposta risulta, ancorché irregolarmente, assolta e non anche quando la violazione ne ha comportato il mancato pagamento);
– l'omesso esercizio dell'**opzione in dichiarazione annuale**, sempre che si sia tenuto un comportamento concludente conforme al regime contabile o fiscale scelto (escluse però quelle per le quali non è sufficiente il comportamento concludente);
– la **mancata iscrizione al VIES**.
Non è invece necessaria la regolarizzazione di violazioni considerate non sanzionabili perché **meramente formali** in quanto non arrecano pregiudizio neppure all'esercizio dell'azione di controllo e non incidono sulla determinazione della base imponibile, dell'imposta e sul versamento del tributo (come ad esempio l'errata indicazione del codice tributo o dell'anno di riferimento nel mod. F24 che può essere corretto senza sanzione).

Non vi rientra, perché non formale, l'**omessa certificazione all'ENEA** per beneficiare della detrazione per risparmio energetico.

99320 **MODALITÀ DI CORREZIONE** Il contribuente deve **rimuovere** le irregolarità commesse, ad esempio presentando la comunicazione omessa o presentando la dichiarazione in cui aveva omesso dati formali, **entro** il 31 marzo 2024 (Circ. AE 27 gennaio 2023 n. 2/E).
La mancata rimozione di tutte le violazioni formali non pregiudica gli effetti della regolarizzazione su quelle correttamente rimosse.
Il contribuente deve inoltre **versare** tramite mod. F24 (codice tributo TF44 della sezione erario, Ris. AE 14 febbraio 2023 n. 6/E) l'importo di euro 200 per ogni periodo d'imposta, senza utilizzo della compensazione, in unica rata entro il 31 marzo 2023 o in due rate di pari importo entro il 31 marzo 2023 e il 31 marzo 2024 utilizzando apposito codice tributo.

Con Provv. AE saranno disciplinate le modalità di attuazione della definizione.

b. Definizione delle comunicazioni di irregolarità

99340 Sono definibili le **comunicazioni di irregolarità** (c.d. avvisi bonari) emesse ai sensi dell'art. 36 bis DPR 600/73 e art. 54 bis DPR 633/72 e derivanti da controllo automatizzato delle dichiarazioni II.DD. e IVA **relative ai periodi d'imposta** in corso al 31 dicembre 2019, 2020 e 2021, recapitate dal 1° gennaio 2023 o per le quali, se recapitate anteriormente, alla predetta data non fosse scaduto il termine di pagamento (30 o 90 giorni a seconda che si trattasse di comunicazione al contribuente o telematica all'intermediario).
Il **vantaggio**, rispetto alla disciplina ordinaria, è che le sanzioni sono dovute nella misura del 3% (piuttosto che del 10%).
Il **pagamento** deve essere effettuato secondo le ordinarie modalità e termini (v. n. 88080) in unica soluzione o fino a 20 rate trimestrali di pari importo.
In caso di **mancato pagamento**, in tutto o in parte, alle prescritte scadenze, la definizione non produce effetti e si applicano le sanzioni ordinarie; tuttavia in caso di inadempimento lieve, non si ha decadenza, secondo quanto detto al n. 88090 (Circ. AE 13 gennaio 2023 n. 1/E cui si rinvia anche per degli esempi di calcolo).

99345 Le comunicazioni di irregolarità per le quali **al 1° gennaio 2023 è regolarmente in corso il pagamento rateale**, possono essere definite con il pagamento del debito residuo ma con le sanzioni nella misura del 3%, senza riduzione delle imposte non versate o versate in ritardo.
Vi rientrano le comunicazioni relative a qualunque **periodo d'imposta** (Circ. AE 13 gennaio 2023 n. 1/E).
In pratica va rideterminata la sanzione sulla parte di imposta non ancora versata.
Quanto **già versato** fino a concorrenza dei debiti definibili, anche anteriormente alla definizione, resta definitivamente acquisito e non può essere rimborsato.
La **rateazione** in essere prosegue con le scadenze già in essere.
In caso di **mancato pagamento**, in tutto o in parte, alle prescritte scadenze, la definizione non produce effetti e si applicano le sanzioni ordinarie; tuttavia in caso di inadempimento lieve, non si ha decadenza, secondo quanto detto al n. 88090.

Sul sito www.agenziaentrate.gov.it è disponibile un foglio di calcolo per la **rideterminazione delle rate**.

c. Definizione degli avvisi di accertamento e altri provvedimenti

(art. 1 c. 180 e s. L. 197/2022)

99360 Gli avvisi di accertamento, gli **avvisi di rettifica e liquidazione** e gli **atti di recupero** emessi ai fini della generalità dei tributi di competenza dell'Agenzia delle entrate, non impugnati e impugnabili alla data del 1° gennaio 2023 nonché quelli notificati successivamente ma entro il 31 marzo 2023, sono definibili in **acquiescenza** secondo quanto detto al n.88060, con la particolarità che:
- le **sanzioni** irrogate sono ridotte a 1/18 piuttosto che a 1/3;
- il **pagamento** può essere effettuato anche in 20 rate trimestrali di pari importo con scadenza

l'ultimo giorno di ciascun trimestre successivo a quello di pagamento della prima rata. Sulle rate successive alla prima si applicano gli interessi al tasso legale.
È **escluso** il pagamento tramite **compensazione** in F24.
Per quanto qui non previsto, si applicano le disposizioni ordinarie in tema di acquiescenza (v. n. 88060).

> **Precisazioni 1)** Sono esclusi dalla definizione gli atti emessi nell'ambito della **voluntary disclosure** (art. 1 c. 183 L. 197/2022).
> **2)** Vi rientrano e sono quindi definibili gli avvisi emessi dopo il mancato perfezionamento dell'**adesione attivata prima della notifica** dell'atto impositivo mentre non lo sono gli accertamenti per i quali il contribuente ha presentato **istanza di accertamento con adesione** (Circ. AE 27 gennaio 2023 n. 2/E).
> **3)** Con Provv. AE possono essere definite **ulteriori disposizioni** necessarie di attuazione.

d. Definizione delle adesioni e degli inviti al contraddittorio

(art. 1 c. 179 L. 197/2022)

Per gli accertamenti con adesione **aventi ad oggetto** tributi amministrati dall'AE, non ancora perfezionati al 1° gennaio 2023 **e relativi a**: 99390
– PVC consegnati entro il 31 marzo 2023;
– avvisi di accertamento e avvisi di rettifica e liquidazione non impugnati e ancora impugnabili al 1° gennaio 2023;
– avvisi di accertamento e avvisi di rettifica e liquidazione notificati fra il 2 gennaio 2023 e il 31 marzo 2023;
– inviti al contraddittorio notificati entro il 31 marzo 2023;
le sanzioni si applicano nella misura di 1/18 del minimo previsto dalla legge (piuttosto che nella misura di 1/3 ordinariamente prevista).
Il **versamento** delle somme dovute può essere effettuato anche in 20 rate trimestrali di pari importo con scadenza l'ultimo giorno di ciascun trimestre successivo a quello di pagamento della prima rata. Sulle rate successive alla prima si applicano gli interessi al tasso legale.
È **escluso** il pagamento tramite **compensazione** in F24.
Per quanto qui non previsto, si applicano le disposizioni ordinarie sull'accertamento con adesione (v. n. 87983 e s.) comprese le disposizioni relative all'**irregolare o mancato versamento delle rate** (v. n. 88043).

> **Precisazioni 1)** Sono esclusi dalla definizione gli atti emessi nell'ambito della **voluntary disclosure** (art. 1 c. 183 L. 197/2022).
> **2)** Con Provv. AE possono essere definite **ulteriori disposizioni** necessarie di attuazione.
> **3)** Si ritengono validi i **chiarimenti forniti dalla prassi** (Circ. AE 1° aprile 2019 n. 6/E) in relazione alla precedente disposizione sulla definizione delle liti che verranno pertanto richiamati in quanto compatibili.

e. Definizione delle liti pendenti

(art. 1 c. 197-205 L. 197/2022)

I soggetti che hanno una lite fiscale rientrante nella giurisdizione tributaria (v. n. 87618) **pendente al** 1° gennaio 2023 **contro** l'Agenzia delle entrate o l'Agenzia delle dogane e dei monopoli, possono definirla in via agevolata secondo quanto di seguito illustrato, presentando apposita domanda prima che la lite sia definita con sentenza definitiva. 99450
La definizione **comporta** che non sono dovute sanzioni e interessi oggetto degli atti impugnati mentre le maggiori imposte sono dovute per intero o in misura ridotta a seconda che alla medesima data fosse intervenuta una sentenza favorevole o meno al contribuente. Gli **effetti** della definizione prevalgono su quelli delle eventuali pronunce non definitive al 1° gennaio 2023.

> Per i **tributi locali**, gli enti, entro il 31 marzo 2023 possono prevedere l'applicazione delle medesime disposizioni ai contenziosi di cui sono parte gli stessi o loro enti strumentali.

LITI DEFINIBILI (art.1 c. 186 L. 197/2022) Sono definibili le liti (Circ. AE 27 gennaio 2023 n. 2/E e Circ. AE 1° aprile 2019 n. 6/E): 99452
– rientranti nella **giurisdizione** tributaria (v. n. 87618);

– in cui **controparte** è l'Agenzia delle entrate o l'Agenzia delle Dogane e dei Monopoli (non lo sono quindi quelle contro AeR salvo che l'AE non vi sia intervenuta o sia stata chiamata in causa);
– **pendenti**, in ogni stato e grado del giudizio, alla data del 1° gennaio 2023;
– aventi **ad oggetto** atti impositivi.

È pendente la lite in cui, alla predetta data, il ricorso introduttivo sia stato notificato all'AE (o all'ADM) e che alla data della domanda non sia conclusa con pronuncia definitiva. È sufficiente che il **ricorso** introduttivo sia stato **notificato** all'Ufficio, anche se questo l'ha ricevuto successivamente e anche se non vi è stato ancora il deposito presso la Corte di Giustizia.

È **definitiva** (in quanto non impugnabile con mezzi ordinari) la sentenza della Cassazione che rigetta il ricorso, o lo accoglie, senza rinvio; pertanto, in caso di giudizio pendente in Cassazione, è opportuno presentare istanza di sospensione del giudizio (v. n. 99490). Per i giudizi pendenti nei gradi di merito, anche se interviene la sentenza, questa diviene definitiva solo decorso il termine di impugnazione (in alcuni sospeso secondo quanto detto al n. 99492).

Non sono definibili (in quanto esaurite) le liti per le quali si sia perfezionata la **mediazione** o la **conciliazione**.

Sono **atti impositivi** quelli con cui l'AE (o l'ADM) rettifica la dichiarazione e/o accerta maggiori imposte (vi rientrano ad esempio gli atti di recupero dei crediti d'imposta mentre non vi rientrano gli atti di mera riscossione).

Fanno **eccezione** e non sono definibili le liti aventi ad oggetto, anche parzialmente, le risorse proprie dell'UE (dazi doganali, accise, IVA riscossa all'importazione) e le somme dovute a titolo di recupero di aiuti di Stato dichiarati illegittimi.

Non è ammessa **definizione parziale** della lite.

> **Precisazioni 1)** In caso di **ricorso per Cassazione discusso** ma la cui sentenza non è stata ancora depositata, è possibile aderire alla definizione ma non è possibile richiedere la sospensione del giudizio.
> **2)** Possono essere definite anche le controversie tributarie **erroneamente instaurate avanti al giudice ordinario o amministrativo** (Circ. AE 1° aprile 2019 n. 6/E).
> **3)** Sono definibili anche le liti instaurate con **ricorsi inammissibili** (ad esempio perché tardivi) purché notificati prima del 1° gennaio 2023, salvo che non sia configurabile un abuso del processo che sarebbe instaurato solo al fine di poter addivenire alla definizione.

99455 **Esclusioni** Non sono definibili le liti aventi ad oggetto:
– atti di **mera liquidazione e riscossione** dei tributi;
– **rimborsi** richiesti dal contribuente e relativi dinieghi;
– avvisi di **rettifica di classamento** e rendita in quanto non comportano diretto pagamento di imposte e sanzioni;
– cancellazione dal **registro delle ONLUS**;
– avvisi di accertamento emessi nei confronti di **soggetti trasparenti** (società di persone, associazioni professionali ecc.) che rettificano in aumento il reddito imputabile ai soci (manca un importo definibile); i soci possono definire autonomamente gli accertamenti emessi nei loro confronti (Circ. AE 1° aprile 2019 n. 6/E);
– **dinieghi di condono** o precedenti definizioni di liti pendenti;
– **dinieghi di agevolazioni** senza contestuale liquidazione d'imposta o irrigazione sanzioni (in caso contrario, la definizione può riguardare la pretesa impositiva e le sanzioni ma non la spettanza in astratto dell'agevolazione);
– atti dell'**AdR** in cui l'AE o l'ADM non sia stata chiamata in giudizio o non sia intervenuta (esempio, cartella di pagamento impugnata per vizi propri);
– materie **non rientranti nella giurisdizione** tributaria (es. contributi previdenziali) anche se erroneamente instaurate innanzi le Commissioni tributarie;
– la **revocazione straordinaria** di una sentenza.I giudizi instaurati in merito alle **tasse automobilistiche** delle regioni a statuto speciale instaurate contro l'AE che ne cura la gestione, sono definibili se non di mera riscossione.

99457 I giudizi (proposti contro l'AE o l'ADM in cui questa sia intervenuta) aventi ad oggetto **cartelle di pagamento** e ruoli sono definibili quando questi rappresentano atti impositivi e non di mera riscossione (Circ. AE 1° aprile 2019 n. 6/E).

Nel caso di cartella emessa a seguito di **controllo formale della dichiarazione** (ai sensi degli artt. 36 bis DPR 600/73 e 36 ter DPR 600/73 o dell'art. 54 bis DPR 633/72) la lite è definibile quando in sede di controllo sono state ridotte o escluse deduzioni o detrazioni o in tutti quei casi in cui vi sia una rettifica o correzione della dichiarazione presentata dal contribuente. Non sono invece definibili quelle emesse per la riscossione di tributi dichiarati dal contribuente.

Generalmente, la cartella **successiva ad avviso di accertamento** non è definibile, in quanto atto di riscossione. Tuttavia, se con l'impugnazione della cartella il contribuente fa valere l'omessa o irregolare notifica dell'accertamento, il giudizio attiene alla pretesa impositiva e dunque è definibile.Se pende separato giudizio sull'accertamento, può essere definito solo questo.
I giudizi aventi ad oggetto **avvisi di liquidazione** delle imposte di **registro e ipocatastali**, sono definibili quando con essi l'AE fa valere una pretesa impositiva nuova o maggiore rispetto a quella applicata in sede di registrazione; sono ad esempio definibili gli avvisi per recupero dell'agevolazione prima casa.
Anche l'avviso di liquidazione dell'imposta principale di **successione** (quella dovuta sulla base della dichiarazione) è definibile se con esso l'AE corregge errori commessi dal contribuente o disconosce riduzioni o detrazioni; non è definibile se è mera riscossione del tributo sulla base della dichiarazione del contribuente (Circ. AE 1° aprile 2019 n. 6/E).

IMPORTO DOVUTO (art. 1 c. 186-191 L. 197/2022 e Circ. AE 27 gennaio 2023 n. 2/E) La definizione comporta il pagamento delle **imposte** oggetto del contenzioso, in misura integrale o parziale, a seconda dello stato della lite mentre non sono dovuti **interessi** (di ritardata iscrizione a ruolo o di mora) né le **sanzioni** collegate al tributo (v. **tabella**). **99460**
Se la lite riguarda esclusivamente sanzioni collegate al tributo, non è dovuto alcun importo se il rapporto su questo è stato definito anche con modalità diverse; è il caso, ad esempio, delle sanzioni irrogate all'amministratore di fatto in concorso con la società e calcolata sulla base dell'imposta accertata in capo alla società (Risp. AE Telefisco 31 gennaio 2019).
Se la lite riguarda invece esclusivamente **sanzioni non collegate al tributo** per la definizione è dovuto un importo parziale a seconda dello stato della lite (v. tabella).
La definizione perfezionata da un **coobbligato** ha effetto anche per gli altri, anche per i quali la lite non è più pendente (o che non abbiano impugnato), ma non spetta il rimborso di quanto eventualmente già versato.

> **Precisazioni** 1) I **contributi previdenziali e assistenziali**, anche se indicati negli avvisi di accertamento non concorrono alla determinazione dell'importo dovuto in quanto non oggetto di definizione.
> 2) Ai fini della determinazione dell'importo dovuto, vanno esclusi gli importi dell'atto che non formano oggetto della materia del contendere, come in caso di **contestazione parziale** dell'atto impugnato, di formazione di un **giudicato interno**, di conciliazione o mediazione perfezionate, che non abbiano definito per intero la lite, ovvero in caso di parziale annullamento dell'atto in **autotutela** formalizzata tramite apposito provvedimento.
> 3) Ai fini della soccombenza non rileva la statuizione sulle **spese di lite** e la condanna alle spese perde efficacia in caso di definizione. Le spese eventualmente già rifuse alla controparte potrebbero dover essere restituite in caso di definizione.
> 4) Le sanzioni irrogate sull'ammontare delle spese o altri componenti negativi relativi a **beni o servizi non effettivamente scambiati** (art. 8 c. 2 DL 16/2012) si considerano non collegate al tributo (Risp. AE 19 aprile 2019 n. 113).

Importi dovuti per la definizione della lite pendente	
Stato della lite al 1° gennaio 2023 (1)	**Importo dovuto per la definizione (2) (3)**
Liti aventi ad oggetto imposte e sanzioni	
In fase di **reclamo/mediazione** o con ricorso notificato ma non ancora depositato in CGT I grado **(4)**	100% delle maggiori imposte contestate, senza sanzioni né interessi
Pendente in **CGT I grado** (contribuente già costituito in giudizio) **(4)**	90% delle maggiori imposte contestate, senza sanzioni né interessi
Pendente con **pronuncia CGT I grado favorevole** al contribuente	40% delle maggiori imposte contestate, senza sanzioni e interessi **(5)**
Pendente con **pronuncia CGT I grado sfavorevole** al contribuente	100% delle maggiori imposte contestate, senza sanzioni né interessi
Pendente con **pronuncia CGT II grado favorevole** al contribuente, salvo quanto detto sul ricorso pendente in Cassazione	15% delle maggiori imposte contestate, senza sanzioni né interessi **(5)**
Pendente con **pronuncia CGT II grado sfavorevole** al contribuente	100% delle maggiori imposte contestate, senza sanzioni né interessi
Pendente **in Cassazione con pronunce favorevoli al contribuente** in tutti i precedenti gradi di giudizio	5% delle maggiori imposte contestate, senza sanzioni né interessi

Importi dovuti per la definizione della lite pendente	
Stato della lite al 1° gennaio 2023 (1)	**Importo dovuto per la definizione (2) (3)**
Pendente **in fase di rinvio** dopo pronuncia della Cassazione o se pendono i termini per la riassunzione **(6)**	90% delle maggiori imposte contestate, senza sanzioni e interessi
Liti aventi ad oggetto solo sanzioni non collegate al tributo	
Pendente con ultima **pronuncia favorevole** al contribuente (ma se sentenza di Cassazione con rinvio si applica riga successiva)	15% delle sanzioni contestate
Pendente in **altri casi**	40% delle sanzioni contestate
Liti aventi ad oggetto solo sanzioni collegate al tributo	
Pendente con **rapporto, relativo al tributo, definito** anche con modalità diverse rispetto alla presente definizione (solo sanzioni collegate al tributo)	nessun importo
Pendente in tutti gli **altri casi**	stesse percentuali previste per le imposte

(1) Quando rileva la **pronuncia**, si fa riferimento all'ultima **non cautelare** pubblicata alla data indicata
(2) Dal dovuto si scomputa quanto **versato in pendenza di giudizio.**
(3) Nel caso di **rettifica di perdita**, l'imposta dovuta è determinata differentemente a seconda che sia stata liquidata l'imposta virtuale o meno (Circ. AE 28 luglio 2017 n. 22/E).
(4) In questo senso, Circ. AE 1° aprile 2019 n. 6/E. La soluzione non è condivisa dalla dottrina in quanto non sembra logico distinguere il caso del ricorso solo notificato da quello con ricorso notificato e depositato.
(5) Anche quando pronunciano **in sede di rinvio** dalla Cassazione.
(6) La pronuncia della Cassazione che cassa con rinvio fa perdere efficacia alle sentenze precedentemente emesse e dunque si ritiene applicabile stessa soluzione prevista per pendenza del primo grado.

99465 **Soccombenza reciproca** In presenza di pronuncia solo parzialmente favorevole al contribuente o comunque di soccombenza reciproca con l'AE, per la definizione sono dovute le imposte per intero sulla parte di atto confermata dalla sentenza e in misura ridotta secondo quanto sopra detto sulla parte annullata. In questo caso il contribuente **deve ricalcolare** l'imposta sulla base della pronuncia e separatamente per la parte oggetto di annullamento e per quella invece confermata.
In valore della lite va rideterminato in tutti i casi in cui una parte del provvedimento impositivo non è oggetto della lite pendente come nei casi di:
- **autotutela** parziale dell'Ufficio;
- **impugnazione solo parziale** dell'atto;
- conciliazione o mediazione parziale;
- **giudicato** interno (Circ. AE 27 gennaio 2023 n. 2/E).

99467 **Somme versate in pendenza di giudizio** Dall'importo così determinato si scomputa tutto quanto versato in pendenza di giudizio (anche tramite compensazione) relativamente all'atto oggetto della lite pendente.
Fra queste rientrano tutte le somme **di spettanza dell'AE o dell'ADM** a qualunque titolo: imposte, sanzioni, interessi, compresi quelli di dilazione, indennità di mora; non si scomputano le somme di spettanza dell'AdR: **aggi della riscossione**, spese di notifica e di procedure esecutive.
Se quanto scomputabile **è maggiore del dovuto**, la definizione si perfeziona con la presentazione della domanda senza alcun versamento ma non spetta mai il rimborso.

> **Precisazioni** 1) Non si scomputa, perché non relativo all'atto oggetto della lite, quanto **versato per l'acquiescenza** alle sanzioni.
> 2) Un soggetto non può scomputare quanto **versato dal coobbligato** che non si sia avvalso della definizione mentre può essere scomputato se il coobbligato si avvale anch'egli della definizione. In questo caso, il versamento del residuo può essere effettuato da uno solo dei coobbligati mentre gli altri definiscono con la presentazione della sola domanda.

99470 **PROCEDIMENTO** (art. 1 c. 195 L. 197/2022) Il contribuente che intende definire la lite deve, per ogni atto impugnato ed **entro** il 30 giugno 2023:

– presentare autonoma domanda all'AE o ADM che è parte nel giudizio;
– autoliquidare l'importo dovuto e versare la prima o unica rata.

La definizione **si perfeziona** con la presentazione della domanda e il versamento, quando dovuto, nel termine, della prima o unica rata.

Domanda (Provv. AE 1° febbraio 2023) Il **ricorrente** deve presentare domanda di definizione **entro** il 30 giugno 2023 (può presentare domanda anche chi, diverso dal ricorrente, è **subentrato nel giudizio** o ha legittimazione a farlo come, ad esempio, gli **eredi** del contribuente che non si sono ancora costituiti in giudizio). 99475

In caso di più soggetti **coobbligati** (ad esempio, ricorso avverso avviso di liquidazione di registro notificato a tutte le parti dell'atto), la definizione perfezionata da uno ha effetto anche per gli altri e quindi può essere presentata una sola domanda, si veda però quanto detto in merito alla possibilità di scomputo di quanto versato in pendenza di giudizio.

Il ricorrente deve presentare autonoma domanda (esente da bollo) per **ogni atto impugnato**, utilizzando il **modello** reperibile e compilabile sul sito dell'AE.

Prima di presentare la domanda, deve **effettuare il versamento** della prima o unica rata di quanto dovuto.

Nella domanda **vanno indicati**, fra gli altri, i dati necessari per individuare la controversia (atto impugnato, organo presso cui pende il giudizio e numero di ruolo generale), il valore della stessa, gli importi versati in pendenza di giudizio, quello dovuto per la definizione e la data di versamento della prima o unica rata nonché l'anno oggetto di accertamento o di registrazione dell'atto.

La domanda va **presentata** in via telematica, anche tramite intermediario abilitato.

In attesa dell'attivazione del servizio di **trasmissione telematica** è consentita la presentazione tramite invio all'indirizzo di posta elettronica certificata (PEC) dell'Ufficio che è parte nel giudizio.

Non è ammessa modalità diversa (es. servizio postale o posta elettronica ordinaria).

> **Precisazioni 1)** Se nel medesimo giudizio sono stati **impugnati più atti**, occorre addivenire a distinte definizioni con domanda e versamento autonomi; è possibile definire solo alcuni atti e non tutti (Circ. AE 1° aprile 2019 n. 6/E).
> **2)** L'**intermediario abilitato** deve consegnare alla parte copia della domanda di definizione predisposta con l'apposito software nonché copia dell'attestazione di ricezione della domanda da parte dell'AE.
> **3)** La parte deve **conservare**, fino all'estinzione del giudizio, la domanda sottoscritta (anche dall'eventuale intermediario), prova della presentazione e documentazione attestante i pagamenti effettuati anche in pendenza di giudizio.

Versamento Il richiedente deve versare gli importi dovuti per la definizione in massimo 20 **rate** trimestrali di pari importo, la prima **entro** il 30 giugno 2023 e le successive entro: 30 settembre, 20 dicembre e 31 marzo di ciascun anno successivo. 99480

Sulle rate successive alla prima si applicano gli **interessi** al tasso legale calcolati dalla data di versamento della prima rata.

L'importo **inferiore a euro 1.000** (considerato per ciascuna controversia autonoma) non è rateizzabili.

Per **ogni atto impugnato** deve essere effettuato un separato versamento.

Il pagamento va effettuato con mod. F24, senza **compensazione**, utilizzando, nella sezione erario, i seguenti **codici tributo** (Ris. AE 14 febbraio 2023 n. 6/E):

voce	cod.trib.	voce	cod.trib.
IVA e interessi	TF20	IRAP e add. reg. IRPEF	TF23
Atri tributi erariali e interessi	TF21	Sanzioni IRAP e add. reg.	TF24
Sanzioni di trib. erariali	TF22	Add. com. IRPEF e interessi	TF25
		Sanzioni add. com. IRPEF	TF26

Nel mod. F24 va sempre indicato il **codice ufficio** (codice della Dir. regionale o provinciale - ufficio legale - o Centro di Servizi o Uff. prov. - territorio, reperibile sul sito dell'AE) e, dove previsto, va compilato il **campo rateazione/regione/prov.** solo con il codice della regione o con il codice catastale del comune. Il campo **anno di riferimento** va compilato secondo quanto indicato nella domanda di definizione.

In caso di **irregolarità** nel pagamento rateale, si applica quanto detto al n. 88043.

99482 **Deposito presso la Corte** (art. 1 c. 198 L. 197/2022) Il contribuente deve depositare presso la Corte di Giustizia o la Cassazione presso cui pende il giudizio, prova della domanda e del versamento **entro il** 10 luglio 2023.
Il deposito è **necessario** per la dichiarazione di estinzione del giudizio definito.

99485 **Perfezionamento** (art. 1 c. 194 L. 197/2022) La definizione si perfeziona **con** la presentazione della domanda e il versamento della prima o unica rata **entro** il 30 giugno 2023.
Se **non ci sono importi da versare**, la definizione si perfeziona con la presentazione della domanda.

99490 **SOSPENSIONE DEL GIUDIZIO** (art. 1 c. 197 L. 197/2022) Il contribuente **può richiedere** al Giudice presso cui pende la lite definibile, la sospensione del giudizio, dichiarando di volersi avvalere della definizione (per Cass. 7 dicembre 2018 n. 31720 la richiesta di sospensione dovrebbe essere avanzata dal contribuente e non dal difensore, in senso contrario: Circ. AE 1° aprile 2019 n. 6/E); in questo caso il processo è sospeso fino al 10 luglio 2023.
Se entro tale data il contribuente **deposita** quanto così richiesto, il processo è dichiarato estinto con decreto del Presidente della Sezione o con ordinanza in camera di consiglio. Le **spese** del giudizio estinto restano a carico della parte che le ha anticipate.
Se il contribuente **non deposita** la domanda con il versamento, il giudizio dovrebbe proseguire regolarmente.

99492 **SOSPENSIONE DEI TERMINI DI IMPUGNAZIONE** (art. 1 c. 199 L. 197/2022) Relativamente alle controversie definibili, i termini di impugnazione, anche **incidentale**, delle pronunce giurisdizionali (sentenze, ordinanze), di **riassunzione** e di proposizione del **controricorso** per Cassazione che scadono tra il 1° gennaio e il 31 luglio 2023, sono automaticamente **sospesi per** 9 mesi.
La sospensione incide sia sul termine lungo (6 mesi) che su quello breve (60 giorni dalla notifica).
Si ritiene che la predetta sospensione non si cumuli con la **sospensione feriale** dei termini (di fatto vi sarebbe sempre sovrapposizione fra le due sospensioni e per tali casi la Cassazione esclude il cumulo, Cass. 11 marzo 2010 n. 5924).

99495 **ESITO** (art. 1 c. 200 L. 197/2022) L'AE non comunica l'accoglimento della definizione ma deve notificare (con le modalità previste per gli atti processuali) eventuale **diniego entro** il 31 luglio 2024.
Il diniego deve essere motivato e il contribuente lo può **impugnare entro** 60 giorni dalla notificazione, con ricorso all'organo (CGT I grado, CGT II grado o Cassazione) presso il quale pendeva la controversia.
Se, come probabile, il relativo giudizio è già **stato dichiarato estinto**, il contribuente impugna il diniego innanzi al medesimo organo e congiuntamente può chiedere la revocazione del provvedimento di estinzione sempre entro il termine di 60 giorni dalla notifica del diniego.
Se la definizione è stat richiesta **in pendenza del termine per impugnare**, il contribuente può impugnare congiuntamente la sentenza (o altro provvedimento) e il diniego (quindi all'organo superiore) entro 60 giorni dalla notifica di quest'ultimo e anche oltre il termine di scadenza per l'impugnazione della sentenza; non può invece impugnare separatamente i due provvedimenti ma ne può impugnare anche solo uno (Circ. AE 1° aprile 2019 n. 6/E).
Entro lo stesso termine può impugnare la controparte.

99497 **In assenza di diniego**, la definizione si intende accolta.
Gli effetti della definizione prevalgono su quelli di eventuali **sentenze** (o altre pronunce) non passate in giudicato fino al 1° gennaio 2023. Ciò rileva nel caso di definizione richiesta in pendenza di termine per impugnare.
Gli effetti si estendono ai soggetti **coobbligati** anche se non avevano una lite pendente (non hanno comunque diritto al rimborso di quanto eventualmente versato).

f. Rottamazione quater dei carichi pendenti

Con la definizione dei carichi pendenti (c.d. **rottamazione quater** dei ruoli e delle cartelle), i contribuenti possono definire in via agevolata i debiti pendenti con l'AdR non solo di natura tributaria ma anche previdenziale e amministrativa. **99500**

Salvo quanto di seguito esposto, l'**agevolazione consiste** nell'estinzione del debito senza pagamento delle somme dovute a titolo di interessi, sanzioni, interessi di mora e relativi aggi. Restano in ogni caso dovuti, oltre alla sorte capitale, anche le somme dovute a titolo di rimborso delle spese esecutive e di notifica della cartella.

Per i carichi riguardanti le sanzioni per **violazioni del Codice della strada**, nonché le altre **sanzioni amministrative** (diverse da quelle irrogate per violazioni tributarie o per violazione degli obblighi relativi ai contributi e ai premi dovuti agli enti previdenziali), non sono dovute le somme dovute a titolo di interessi, maggiorazioni, interessi di mora e di rateizzazione e aggi.

La definizione **si applica ai carichi** affidati agli AdR dal 1° gennaio 2000 al 30 giugno 2022.

> **Precisazioni** 1) A quella in oggetto si affianca lo stralcio automatico dei **debiti fino a 1.000 euro** affidati all'AdR fra il 1° gennaio 2000 e il 31 dicembre 2015 dalle amministrazioni statali, dalle agenzie fiscali e dagli enti pubblici previdenziali, anche se già inclusi nella precedente rottamazione ter o nel saldo e stralcio (art. 1 c. 222 L. 197/2022) per i quali non è necessario presentare domanda di rottamazione.
> 2) Gli Enti **previdenziali e assistenziali** diversi dall'INPS, possono prevedere l'inclusione dei loro carichi nella definizione (art. 1 c. 201 L. 197/2022).
> 3) Rispetto alle **precedenti rottamazioni**, sono esclusi anche gli interessi iscritti a ruolo sulle sanzioni del codice della strada e sono definibili anche le sanzioni amministrative diverse da queste.

CHI PUÒ ADERIRE Possono usufruire della definizione i contribuenti che hanno in sospeso debiti inclusi in ruoli o avvisi di presa in carico o avvisi di addebito **affidati all'AdR dal 1° gennaio 2000 al 30 giugno 2022**. **99502**

La definizione può quindi riguardare anche i debiti affidati all'AdR entro i predetti termini ma notificati successivamente al contribuente.

La definizione invece **non si applica** ai carichi relativi a:

– somme dovute a titolo di recupero degli aiuti di Stato;

– crediti derivanti da pronunce di condanna della Corte dei conti;

– multe, ammende e sanzioni pecuniarie dovute a seguito di provvedimenti e sentenze penali di condanna;

– «risorse proprie tradizionali» dell'Unione Europea e l'Imposta sul Valore Aggiunto riscossa all'importazione;

– le somme affidate dagli enti della fiscalità locale e/o territoriale per la riscossione a mezzo **avvisi di pagamento**;

– i carichi affidati dalle **casse/enti previdenziali di diritto privato** che **non hanno provveduto**, entro il 31 gennaio 2023, ad adottare uno specifico provvedimento volto a ricomprendere gli stessi carichi nell'ambito applicativo.

Il contribuente può definire il singolo carico iscritto a ruolo o affidato, potendo quindi fare una scelta di convenienza.

> La **data di affidamento** all'AdR è indicata nell'avviso di presa in carico mentre non è indicata nelle cartelle di pagamento e negli avvisi di addebito; il contribuente può richiedere un estratto di ruolo oppure accedere alla propria area riservata del sito dell'AdR per visualizzare i carichi definibili e non. L'AdR fornisce i dati necessari per individuare i carichi definibili.

Contenzioso pendente (art. 1 c. 236 L. 197/2022) I contribuenti che hanno un contenzioso pendente relativamente al carico da definire, possono accedere alla definizione rinunciando al giudizio. Occorre tuttavia distinguere a seconda che **oggetto d'impugnazione** sia il carico stesso (ad esempio il ruolo o l'avviso di presa in carico) oppure l'avviso di accertamento da cui deriva. **99505**

Nel caso di contenzioso sul carico definibile, occorre valutare la **convenienza della definizione** perché quanto già versato a titolo di sanzioni e interessi di mora non è ripetibile e non viene sottratto dall'importo dovuto per la definizione; in questo caso, il perfezionamento della definizione con il pagamento di tutte le rate, comporta l'estinzione del giudizio con compensazione delle spese di lite.

Presentata la dichiarazione di adesione alla definizione, il contribuente la produce in giudizio per chiedere la **sospensione** dello stesso; successivamente produce documentazione attestante l'integrale pagamento del dovuto e il processo si estingue. In caso di mancato perfezionamento della definizione, il giudice revoca la sospensione su istanza di una delle parti.

>**Precisazioni** 1) Non è previsto un **termine** entro cui il contribuente deve produrre in giudizio la prova dei pagamenti e non è chiaro se, in assenza di istanza di revoca della sospensione, il giudizio si estingua per mancata riassunzione nel termine di 6 mesi dalla cessazione della causa di sospensione (art. 43 D.Lgs. 546/92) ed è quindi opportuno che il contribuente ricorrente o appellante presenti istanza di revoca della sospensione.
2) Il **carico annullato da sentenza** (non definitiva) ma ancora in essere presso l'AdR può essere definito.

99507 Quando **il contenzioso è sull'accertamento** dal quale deriva il carico definibile, occorre distinguere se si tratta di affidamento dell'intero importo accertato o parziale in pendenza di giudizio.
Nel primo caso, è possibile definire l'**intero carico** e il relativo giudizio si estingue secondo quanto sopra detto.
Nel caso di affidamento **provvisorio in pendenza di giudizio** (ad esempio per la quota di 2/3 dopo la sentenza della CGT I grado che ha respinto il ricorso), il contribuente può definire questa parte e il giudizio prosegue per la restante; in questo caso deve valutare la convenienza anche rispetto alla definizione delle liti pendenti.

99510 **Adesione alle precedenti rottamazioni** Il contribuente può definire anche i carichi per i quali aveva già aderito alle precedenti ipotesi di rottamazione ma ne era poi **decaduto** per il mancato, tardivo, insufficiente versamento delle relative rate.

99515 **Procedure concorsuali e da sovraindebitamento** (art. 1 c. 245 L. 197/2022) Possono essere definiti i carichi affidati all'AdR che rientrano nei procedimenti di accordo di composizione della crisi da sovraindebitamento o di ristrutturazione dei debiti del consumatore e concordato minore (v. Circ. AE 27 gennaio 2023 n. 2/E).
In questo caso i debitori possono estinguere il debito, sempre senza sanzioni e interessi di mora, anche falcidiato, nelle modalità e nei tempi eventualmente previsti nel decreto di omologazione.
Le somme necessarie per la definizione agevolata sono prededucibili nella **procedura concorsuale** o nella procedura di **composizione negoziale della crisi** d'impresa.

99520 **COME ADERIRE** Il contribuente può richiedere tramite il sito dell'AdR, nell'area riservata o anche senza registrazione, il **prospetto riepilogativo** dei carichi definibili che contiene anche indicazione delle somme dovute per la rottamazione. La richiesta presentata dall'area riservata consente di accedere immediatamente al prospetto. Quella presentata diversamente, viene inviata successivamente ed entro 5 giorni.
Il contribuente (o l'intermediario abilitato Entratel) deve presentare **domanda di adesione** alla rottamazione esclusivamente tramite il sito dell'AdR, nell'area riservata o anche senza registrazione, **entro** il 30 aprile 2023.
Nella dichiarazione il contribuente deve **indicare**, fra l'altro, i carichi che intende definire, il numero di rate (massimo 18) in cui richiede la dilazione, la rinuncia all'eventuale contenzioso avente ad oggetto il carico in definizione e l'eventuale delega alla presentazione della domanda e a ricevere le relative comunicazioni.
Può altresì richiedere l'**addebito delle rate** su c.c.
La dichiarazione va presentata anche **se** per la definizione **non sono dovuti importi** per lo scomputo di quanto in precedenza versato.
La domanda può essere **integrata** sempre entro il 30 aprile 2023.

99523 **Effetti della domanda** (art. 1 c. 240 L. 197/2022) Dalla presentazione della domanda di adesione, relativamente ai carichi oggetto della stessa, sono sospesi i termini di **prescrizione e decadenza** e l'AdR non può:
- iscrivere **fermi e ipoteche** ma quelli già iscritti rimangono validi;
- avviare nuove **azioni esecutive**;
- proseguire con **azioni esecutive già in essere** a condizione che non si sia ancora tenuto il primo incanto con esito positivo ovvero non sia stata presentata istanza di assegnazione o vi sia già stato provvedimento di assegnazione del credito pignorato. Anche il pignoramento presso terzi in cui **il terzo ha iniziato a versare**, viene interrotto.

Per il contribuente, dalla presentazione:

– sono sospesi gli obblighi di pagamento delle **precedenti rateizzazioni** sui carichi definiti;
– non è considerato inadempiente e non subisce il **blocco di rimborsi e di pagamenti** della PA;
– può ottenere il rilascio del documento di regolarità contributiva (**DURC**) (art. 54 DL 50/2017 conv. in L. 96/2017).

Esito L'**AdR comunica**, entro il 30 giugno 2023 al contribuente l'importo dovuto per la definizione e quello delle singole rate e invia i bollettini di pagamento. **99525**
Entro la stessa data comunica eventuale motivato **diniego** della domanda di definizione (provvedimento impugnabile).

PAGAMENTO (art. 1 c. 232 L. 197/2022) Le somme dovute per la rottamazione devono essere versate in unica soluzione **entro** il 31 luglio 2023 oppure in un numero massimo di 18 **rate** consecutive di pari importo (con interessi del 2% annuo dal 1° agosto 2023), con le seguenti **scadenze**: **99527**
– la prima e la seconda, entro il 31 luglio e il 30 novembre 2023, di importo pari al 10% delle somme complessivamente dovute;
– le restanti 16, tutte di pari importo, scadenti il 28 febbraio, il 31 maggio, il 31 luglio e il 30 novembre di ciascun anno a decorrere dal 2024.
Il pagamento può essere **effettuato**:
– con domiciliazione su c.c. come indicato nella domanda;
– mediante moduli di pagamento precompilati inviati dall'AdR;
– presso gli sportelli dell'AdR.
Il pagamento della prima rata determina l'estinzione delle **rateazioni già in essere**.

Omesso pagamento Il mancato, **tardivo o insufficiente** versamento, superiore a 5 giorni, dell'unica rata ovvero di una delle rate, comporta la decadenza della rottamazione e pertanto: **99530**
– l'AdR può riprendere attività di riscossione coattiva;
– riprendono a decorrere i termini di prescrizione e decadenza che erano stati sospesi;
– i versamenti effettuati sono considerati in acconti di quanto dovuto.
Il contribuente decaduto potrà comunque richiedere **rateazione** del debito residuo.

Indice analitico

A

B

C

D

F

G

M

N

O

P

S

V

Questo volume sprovvisto del talloncino è da considerarsi copia fuori commercio come da normativa vigente, mentre il solo talloncino costituisce prova d'acquisto.

FISCALE 2023

MEMENTO
GIUFFRÈ FRANCIS LEFEBVRE

024209185

024209185
ISBN 978-88-28-81922-6
9 788828 819226

€ 160,00 I.V.A. INCLUSA